U0689778

〔唐〕李延壽　撰

南史

中華書局

二十四史

中華書局

唐李延壽撰

南史

第一册

卷一至卷一〇（紀）

中華書局

南史北史出版說明

一

南史八十卷，北史一百卷，唐李延壽撰。南史起公元四二〇年（宋武帝永初元年），終公元五八九年（陳后主禎明三年），記述南朝宋、南齊、梁、陳四個封建政權共一百七十年的歷史。北史起公元三八六年（北魏道武帝登國元年），終公元六一八年（隋恭帝義寧二年），記述北朝魏、北齊（包括東魏）、周（包括西魏）、隋四個封建政權共二百三十三年的歷史。兩書合稱南北史。

李延壽，唐初相州人，官至符璽郎。在唐太宗時代，他曾先後參加隋書紀傳、十志和晉書的編寫工作，還參預過編輯唐朝的「國史」，並著有太宗政典。

南北史的撰著，是由李延壽的父親李大師開始的。隋末，李大師曾在農民起義軍領袖竇建德所建立的夏政權中做過尚書禮部侍郎。竇建德失敗後，他被唐朝流放到西會州（今甘肅境內），後遇赦放回，死於公元六二八年（唐太宗貞觀二年）。

當李大師開始編纂南北史的時候，沈約的宋書、蕭子顯的齊書、魏收的魏書已經流傳

很久，魏澹的魏書和王劭的齊志等也已成書。而當李延壽繼續編纂南北史的時候，梁、陳、北齊、周、隋五代史的編纂工作也正在進行或定稿。既然關於南北朝的史書已有多種，那麼，李氏父子爲什麼還要另外編寫這一時期的歷史著作呢？李延壽的自序回答了這個問題。他說他的父親「常以宋、齊、梁、陳、魏、齊、周、隋南北分隔，南書謂北爲『索虜』，北書指南爲『島夷』。又各以其本國周悉，書別國並不能備，亦往往失實。常欲改正」。顯然，在隋、唐全國統一的局面形成後，人們很需要綜合敍述南北各朝歷史的新著。同時，分裂的封建政權互相敵視的用語如「索虜」、「島夷」之類，已與全國統一後南北各民族大融合的形勢不相適應，比李延壽時代稍後的劉知幾也强烈反對這種稱謂。所以李氏父子打破了朝代的斷限，通敍南北各朝歷史，又在書中删改了一些不利於統一的提法，正是反映了當時歷史的要求。這也是南北史取得成功的一個重要原因。

李大師本是仿照吳越春秋，採用編年體，沒有成書。李延壽在他的基礎上，改用史記紀傳的體裁，删節宋、南齊、梁、陳、魏、北齊、周、隋八書，又補充了一些史料，寫成南史和北史。公元六五九年（唐高宗顯慶四年），這兩部書經唐朝政府批准流傳。唐高宗對它很重視，曾親自爲之作序，但這篇序到宋代已經失傳。

二

南北史的一個顯著特點是突出門閥士族的地位。它用家傳形式，按世系而不按時代先後編次列傳，一姓一族的人物，集中在一起。這種編纂方法並不開始於李延壽。劉宋時，何法盛著晉中興書，就有瑯邪王録、陳郡謝録等篇名，就是將東晉大族王、謝兩家的人物集中爲傳。北齊魏收著魏書，也是參用家傳形式。但魏書對大族中的重要人物還是抽出來單獨立傳，南北史則凡是子孫都附於父祖傳下，因此家傳的特徵更爲突出。這不僅是方法問題，而是南北朝時期社會現實的反映。

南北朝是門閥士族統治的時代，世家大族倚仗祖先的政治地位和宗族姻親的黨援，享有政治特權，佔有大量部曲、佃客、奴婢、蔭户和土地。高門子弟從青少年時期就在中央或地方任官，三四十歲便可飛黃騰達。大族之間以及大族與皇室之間由婚姻關係聯結起來，構成一個膠漆堅固的特權階層。他們也排斥着庶族地主。「地望」和「婚」、「宦」，是門第高下的重要標幟，這些都記載在他們的譜牒裏。所以南北朝的大族特別重視譜牒，講究譜學。但是，激烈的階級鬥争衝擊着高門大族，從南北朝到隋末的歷次大規模農民起義，沉重地打擊了門閥士族。許多大族地主被革命的農民所鎮壓，或被趕出他們原來盤據的地區。

他們的譜牒連同他們的家業，也被革命的洪流衝刷得蕩然無存。他們的政治和經濟地位迅速下降，門閥士族的「盛世」已經江河日下。

但是，「百足之蟲，死而不僵」，爲了挽救自己的頽運，他們用盡了各種手法。在史書裏塞進家譜，就是其中的一種。魏收就曾直言不諱地說：「往因中原喪亂，人士譜牒遺逸略盡，是以具書其枝派。」這就是企圖通過修史來肯定門閥士族的世襲特權。唐朝初年編纂梁、陳、北齊、周、隋五代史，對「朝廷貴臣，必父祖有傳」，也是要把新貴和舊門閥聯繫起來，從而恢復舊門閥的政治地位。出身隴西大族的李延壽就是在這種時代背景下寫成南北史的。

三

南北史和宋、南齊、梁、陳、魏、北齊、周、隋八書相比較，從史料的角度來説是長短互見的。八書保存史料較多較詳，經過南北史的删節，篇幅僅及原書總和的二分之一，自然不免缺略。它所删掉的，在本紀中多屬册文、詔令，在列傳中多屬奏議、文章。删節以後，敍事部分相對突出，讀來比較醒目。可是，也有删所不當删的地方，例如北魏李安世關於均田的奏疏，梁朝范縝關於神滅的著名辯論，都是有關當時階級關係和思想鬥争的重要資

料，南北史一則摒棄不録，一則删存無幾。在删節過程中，還有由於疏忽而造成的史實錯誤，甚至文氣不接，辭義晦澀。這些都是這兩史在編纂上的缺點。

南北史並非單純節抄八書，它也根據當時所能見到的資料作了不少補充。例如南史補了王琳、張彪等人的專傳，在循吏、文學、隱逸、恩倖等類傳中也補了若干人的整篇傳記。北史因魏書不記西魏史事，所以它根據魏澹魏書補了西魏三帝紀，后妃傳中補了西魏諸帝后，宗室傳中對入關的元魏宗室都增補了資料，此外還補了梁覽、雷紹、毛遐、乙弗朗、魏長賢等人的專傳。至於增加附傳或在原來的紀傳中補充史實的地方也爲數不少。有的原傳文字無幾，增補的部分超出數倍，如南史的恩倖傳就是例子。所補史料，也有些價值較高的。例如南史郭祖深傳，通過他所上的封事，揭露了梁武帝殘民佞佛的弊政。茹法亮傳保存了唐寓之起義的部分史料。巴陵王子倫傳和吕文顯傳記録了宋、齊兩代中書舍人和典籤權力膨脹的事例。范縝傳增加了他不肯「賣論取官」的一段對話，表現了這位唯物主義思想家的戰鬥精神。北史李弼等人傳後，對西魏、北周的軍事制度有較詳細的記載。蘇威傳補充了江南人民反隋鬥争的史實。這些都是有關政治經濟和階級鬥争的重要史料，有助於我們了解和研究南北朝時期的歷史。

李延壽自序説他補充的史料很多出於當時的「雜史」，即所謂「小説短書」，故事性較

强，且多口語材料，增補入傳，常常能使人物形象更加生動，更能反映當時真實情況。這類資料在南史的何佟之傳，北史的東魏孝静帝紀、高昂傳、斛律金傳、李稚廉傳、尒朱榮傳中都可以發現。但因此也摻入了大量神鬼故事、謡言讖語、戲謔笑料，這又是它的嚴重缺點。

總之，南北史就史料的豐富完整來説，不如八書，但也不乏勝過八書的地方。作爲研究南北朝歷史的資料，可以和八書互相補充，而不可以偏廢。

四

我們這次點校，南史和北史都是採用百衲本（即商務印書館影印元大德本）爲工作本。南史以汲古閣本、武英殿本進行通校，以南、北監本和金陵書局本作爲參校。北史以南監本、武英殿本進行通校，以北監本、汲古閣本作爲參校，又查對了北京圖書館所藏宋本殘卷。版本異同，一般擇善而從，不作校記；但遇有一本獨是或可能引起誤解的地方，則仍寫校記説明。

除版本校勘外，還參校了宋書、南齊書、梁書、陳書、魏書、北齊書、周書、隋書和通志。因爲南北史本是節删八書，它的原則是「若文之所安，則因而不改」，這八部史書當然可以作爲校勘的主要根據。而通志的南北朝部分，則基本上是鈔録南北史，文字上的異同，對

於校正這兩部史書也有一定的參考價值。此外，還參考了通鑑、太平御覽、通典等書。

前人成果利用最多的是錢大昕的二十二史考異和張元濟、張森楷的南北史校勘記稿本。其他如王鳴盛的十七史商榷，張熷的讀史舉正，洪頤煊的諸史考異，李慈銘的南史札記和北史札記等書，也都曾參考。

各卷目錄基本上保持元大德本原目，只改正了其中若干錯誤。總目則是我們新編的，目的在便於尋檢。

南史由盧振華同志點校，經王仲犖同志覆閱，趙守儼、魏連科同志參加了編輯整理工作。北史由陳仲安同志點校。不妥之處，希望讀者隨時指正。

中華書局編輯部

南史目錄

卷十二　列傳第二

卷十三　列傳第三

卷十四　列傳第四

卷十五　列傳第五

卷二十二 列傳第十二

卷二十三 列傳第十三

卷二十四 列傳第十四

卷二十五 列傳第十五

卷二十六 列傳第十六

卷二十七 列傳第十七

卷二十八 列傳第十八

卷二十九 列傳第十九

卷三十 列傳第二十

卷三十一 列傳第二十一

卷三十二 列傳第二十二

卷三十三 列傳第二十三

卷三十四 列傳第二十四

卷三十五 列傳第二十五

卷三十六 列傳第二十六

中華書局

卷三十七 列傳第二十七

卷三十八 列傳第二十八

卷三十九 列傳第二十九

卷四十 列傳第三十

卷四十一 列傳第三十一

卷四十二 列傳第三十二

卷四十三 列傳第三十三

卷四十四 列傳第三十四

卷四十五 列傳第三十五

卷四十六 列傳第三十六

卷四十七 列傳第三十七

卷四十八 列傳第三十八

卷四十九 列傳第三十九

卷五十五　列傳第四十五

卷五十六　列傳第四十六

卷五十七　列傳第四十七

卷五十八　列傳第四十八

卷五十九　列傳第四十九

卷六十　列傳第五十

卷六十一　列傳第五十一

卷六十二　列傳第五十二

卷六十三　列傳第五十三

卷六十四 列傳第五十四

卷六十五 列傳第五十五

卷六十六 列傳第五十六

卷六十七 列傳第五十七

中華書局

卷六十八 列傳第五十八

卷六十九 列傳第五十九

卷七十 列傳第六十

卷七十一 列傳第六十一

卷七十二 列傳第六十二

卷七十三 列傳第六十三

中華書局

卷七十八 列傳第六十八

卷七十九 列傳第六十九

卷八十 列傳第七十

南史卷一

宋本紀上第一

宋高祖武皇帝諱裕，字德輿，小字寄奴，彭城縣綏輿里人，姓劉氏，漢楚元王交之二十一世孫也。〔一〕彭城楚都，故苗裔家焉。晉氏東遷，劉氏移居晉陵丹徒之京口里。皇祖靖，晉東安太守。皇考翹，字顯宗，郡功曹。帝以晉哀帝興寧元年歲在癸亥三月壬寅夜生，神光照室盡明，是夕甘露降于墓樹。及長，雄傑有大度，身長七尺六寸，風骨奇偉，不事廉隅小節，奉繼母以孝聞。

嘗游京口竹林寺，獨臥講堂前，上有五色龍章，衆僧見之，驚以白帝，帝獨喜曰：「上人無妄言。」皇考墓在丹徒之候山，其地秦史所謂曲阿、丹徒間有天子氣者也。時有孔恭者，妙善占墓，帝嘗與經墓，欺之曰：「此墓何如？」孔恭曰：「非常地也。」帝由是益自負。行止時見二小龍附翼，樵漁山澤，同侶或亦覩焉。及貴，龍形更大。

帝素貧，時人莫能知，唯琅邪王謐獨深敬焉。帝嘗負刁逵社錢三萬，經時無以還，被逵

執，謐密以己錢代償，由是得釋。後伐荻新洲，見大蛇長數丈，射之，傷。明日復至洲，裏聞有杵臼聲，往覘之，見童子數人皆青衣，於榛中擣藥。問其故，答曰：「我王爲劉寄奴所射，合散傅之。」帝曰：「王神何不殺之？」答曰：「劉寄奴王者不死，不可殺。」帝叱之，皆散，仍收藥而反。又經客下邳逆旅，會一沙門謂帝曰：「江表當亂，安之者，其在君乎。」帝先患手創，積年不愈，沙門有一黃藥，因留與帝，既而忽亡，帝以黃散傅之，其創一傅而愈。寶其餘及所得童子藥，每遇金創，傅之並驗。

初爲冠軍孫無終司馬。晉隆安三年十一月，袄賊孫恩作亂於會稽，朝廷遣衞將軍謝琰、前將軍劉牢之東討。牢之請帝參府軍事，命與數十人覘賊，遇賊衆數千，帝便與戰，所將人多死，而帝奮長刀，所殺傷甚衆。牢之子敬宣疑帝爲賊所困，乃輕騎尋之，既而衆騎並至，遂平山陰，恩遁入海。

四年五月，恩復入會稽，殺謝琰。十一月，牢之復東征，使帝戍句章，句章城小人少，帝每戰陷陣，賊乃退還浹口。時東伐諸將，士卒暴掠，百姓皆苦之，惟帝獨無所犯。

五年春，恩頻攻句章，帝屢破之，恩復入海。三月，恩北出海鹽，帝築城于故海鹽，賊日來攻城，城內兵少，帝乃選敢死士擊走之。時雖連勝，帝深慮衆寡不敵，乃一夜偃旗示以羸弱，覩其懈，乃奮擊，大破之。恩知城不可下，進向滬瀆，帝棄城追之。海鹽令鮑陋遣子嗣

之以吳兵一千爲前驅，帝以吳人不習戰，命之在後，不從。是夜帝多設奇兵，兼置旗鼓，明日戰，伏發，賊退，嗣之追奔陷沒。帝且退且戰，麾下死傷將盡，乃至向處止，令左右解取死人衣以示暇。賊疑尚有伏，乃引去。六月，恩浮海至丹徒，帝兼行與俱至，奔擊大破之。恩至建鄴，知朝廷有備，遂走鬱洲。八月，晉帝以帝爲下邳太守。帝又追恩至鬱洲及海鹽，頻破之。恩自是飢饉，奔臨海。

元興元年，荆州刺史桓玄舉兵東下，驃騎將軍司馬元顯遣牢之拒之，帝又參其軍事。玄至，帝請擊之，牢之不許，乃遣子敬宣詣玄請和。帝與東海何無忌並固諫，不從。玄剋建鄴，以牢之爲會稽內史。牢之懼，招帝於廣陵舉兵，帝曰：「人情去矣，廣陵亦豈可得之？」牢之竟縊于新洲。何無忌謂帝曰：「我將何之？」帝曰：「可隨我還京口。玄必守臣節，當與卿事之；不然，與卿圖之。」

玄從兄脩以撫軍將軍鎮丹徒，以帝爲中兵參軍。孫恩自敗後，懼見獲，乃投水死於臨海，餘衆推恩妹夫盧循爲主。玄復遣帝東征。

二年，循奔永嘉，帝追破之。六月，加帝彭城內史。十二月，桓玄篡位，遷晉帝於尋陽。桓脩入朝，帝從至建鄴，玄見帝，謂司徒王謐曰：「昨見劉裕，風骨不恒，蓋人傑也。」每游集，贈賜甚厚。玄妻劉氏，尙書令耽之女也，聰明有

智鑒，嘗見帝，因謂玄曰：「劉裕龍行虎步，視瞻不凡，恐必不爲人下，宜早爲其所。」玄曰：「我方平蕩中原，非裕莫可，待關、隴平定，然後議之。」

脩尋還京口，帝託以金創疾動，不堪步從，乃與無忌同船共還，建興復計，及弟道規、沛國劉毅、平昌孟昶、任城魏詠之、高平檀憑之、琅邪諸葛長人、〔二〕太原王元德、隴西辛扈興、東莞童厚之，並同義謀。時桓脩弟弘爲青州刺史，鎮廣陵，道規爲弘中兵參軍，昶爲州主簿，乃令毅就昶謀共襲弘。長人爲豫州刺史刁逵左軍府參軍，謀據歷陽相應，元德、厚之謀於建鄴攻玄，剋期齊發。

三年二月乙卯，帝託游獵，與無忌、詠之、憑之、毅從弟藩、憑之從子韶、祗、隆、道濟、昶族弟懷玉等，集義徒凡二十七人，願從者百餘人。丙辰，候城門開，無忌等義徒服傳詔服，稱詔居前，義衆馳入齊叫，吏士驚散，卽斬脩以徇。帝哭之甚慟，厚加斂卹。昶勸弘其日出獵，未明，開門出獵人，昶、道規、毅等率壯士五六十人，因開門直入。弘方噉粥，卽斬之，因收衆濟江。

義軍初剋京城，脩司馬刁弘率文武佐吏來赴，帝登城謂曰：「郭江州已奉乘輿反正於尋陽，我等並被密詔誅逆黨，今日賊玄之首已當梟於大航。諸君非大晉之臣乎？」弘等信之而退。毅既至，帝命誅弘等。

中華書局

毅兄邁先在建鄴，事未發數日，帝遣同謀周安穆報之，使爲內應。邁甚懼，安穆慮事發，馳歸。時玄以邁爲竟陵太守，邁便下船，欲之郡。是夜玄與邁書曰：「北府人情云何？卿近見劉裕何所道？」邁謂玄已知其謀，晨起白之。玄驚，封邁爲重安侯，又以不執安穆故殺之，誅元德、扈興、厚之等。乃遣頓丘太守吳甫之、右衞將軍皇甫敷北拒義軍。

先是，帝遣游擊將軍何澹之，左右見帝光曜滿室，以告澹之，澹之以白玄，玄不以爲意，至是，聞義兵起，甚懼。或曰：「裕等甚弱，陛下何慮之深？」玄曰：「劉裕足爲一世之雄，劉毅家無儋石之儲，摴蒱一擲百萬，何無忌，劉牢之之外甥，酷似其舅，共舉大事，何謂無成。」時衆推帝爲盟主，以孟昶爲長史，總後事，檀憑之爲司馬，百姓願從者千餘人。軍次竹里，移檄都下曰：

夫成敗相因，理不常泰，狡焉肆虐，或遇聖明。自我大晉，屢遘陽九，隆安以來，皇家多故，貞良斃於豺狼，忠臣碎於虎口。逆臣桓玄敢肆陵慢，阻兵荆郢，肆暴都邑，天未忘難，凶力實繁，踰年之閒，遂傾皇祚。主上播越，流幸非所，神器沈辱，七廟毀墜，雖夏后之離浞、殪，有漢之遭莽、卓，方之於茲，未足爲喻。自玄篡逆，于今歷載，彌年亢旱，人不聊生，士庶疲於轉輪，文武困於板築，室家分析，父子乖離，豈惟大東有杼軸之悲，摽梅有頃筐之怨而已哉！仰觀天文，俯察人事，此而可存，孰有可亡！凡在有

心，誰不扼腕。裕等所以叩心泣血，不遑啓處者也。

是故夕寐宵興，搜奬忠烈，潛構崎嶇，過於履虎，乘機奮發，義不圖全。輔國將軍劉毅、廣武將軍何無忌、鎭北主簿孟昶、兗州主簿魏詠之、寧遠將軍劉道規、龍驤參軍劉藩、振威將軍檀憑之等，忠烈斷金，精貫白日，荷戈俟奮，志在畢命。益州刺史毛璩，萬里齊契，掃定荆楚。江州刺史郭昶之奉迎主上，宮于尋陽。鎭北參軍王元德等並率部曲，保據石頭。〔三〕揚武將軍諸葛長人收集義士，已據歷陽。征虜參軍庾賾之等潛相連結，以爲內應。同力協契，所在蠭起，卽日斬僞徐州刺史安成王脩、青州刺史弘。義衆既集，文武爭先，咸謂不有一統，則事無以輯。裕辭不獲命，遂總軍要，庶上憑祖宗之靈，下罄義夫之節，翦馘逋逆，蕩淸京華。〔四〕公侯諸君，或世樹忠貞，或身荷爵寵，而並俛眉猾豎，無由自效，顧瞻周道，寧不弔乎！今日之舉，良其會也。裕以虛薄，才非古人，受任於既頹之運，接勢於已替之機，丹誠未宣，感慨憤激。望霄漢以永懷，眄山川以增佇，投檄之日，神馳賊庭。

三月戊午，遇吳甫之於江乘，帝躬執長刀，大呼，卽斬甫之。進至羅落橋，遇皇甫敷，檀憑之戰敗，死之，衆退，帝進戰彌厲，又斬敷首。初，帝建大謀，有工相者相帝與無忌等近當大貴，惟云憑之無相。至是，憑之戰死，帝知其事必捷。

玄聞敗等沒，使桓謙屯東陵口，卞範之屯覆舟山西。己未，義軍進至覆舟東，張疑兵，以油帔冠諸樹，布滿山谷。帝先馳之，將士皆殊死戰，無不一當百，呼聲動天地。因風縱火，煙焰張天，謙等大敗。玄始雖遣軍，而走意已決，別遣領軍殷仲文具舟石頭，聞謙敗，輕船南逸。

庚申，帝鎭石頭城，立留臺百官，〔五〕焚桓溫主於宣陽門外，造晉新主於太廟。遣諸將追玄，命尚書王嘏率百官奉迎乘輿。司徒王謐與衆議推帝領揚州，帝固辭，乃以謐爲錄尚書事、領揚州刺史，帝爲鎭軍將軍、都督八州諸軍事、徐州刺史、領軍將軍。

初，晉陵人韋叟善相術，桓脩令相帝當得州不，叟曰：「當得邊州刺史。」退而私於帝曰：「君相貴不可言。」帝笑曰：「若中，當相用爲司馬。」至是，叟詣帝曰：「成王不負桐葉之信，公亦應不忘司馬之言。今不敢希鎭軍司馬，願得領軍佐。」於是用焉。

時諸葛長人失期，爲刁逵執送，未至而玄敗。玄經尋陽，江州刺史郭昶之爲具乘輿法物。初，荆州刺史王綏以江左冠族，又桓氏之甥，素甚陵帝，至是，及其父尚書左僕射愉有自疑志，並及誅。

四月戊子，奉武陵王遵爲大將軍，承制，大赦，惟桓玄一祖後不免。〔六〕桓玄之篡，王謐佐命，手解安帝璽紱。及義旗建，衆謂謐宜誅，惟帝素德謐，保持之。劉毅嘗因朝會，問謐

璽紱所在，謐益懼。及王愉父子誅，謐從弟諶謂謐曰：「王駒無罪而誅，此是翦除勝己，兄既桓氏黨附，求免得乎？」駒，愉小字也。謐懼，奔曲阿。帝牋白大將軍迎還，復其位。

玄挾天子走江陵，又浮江東下，與劉毅、何無忌、劉道規等遇於崢嶸洲，衆軍大破之。玄黨殷仲文奉晉二皇后還建鄴。玄復挾天子至江陵，因走南郡，太守王騰之、荆州別駕王康產奉天子入南郡府。

初，益州刺史毛璩遣從孫祐之與參軍費恬送弟喪下州，璩弟子脩之時爲玄屯騎校尉，誘玄入蜀，至枚回洲，恬與祐之迎射之，益州督護馮遷斬玄，傳首建鄴。玄從子振逃於華容之涌中，招集逆黨，襲江陵城，騰之、康產皆被殺。桓謙先匿沮川，亦聚衆應振。爲玄舉哀，立喪庭。謙率衆官奉璽綬于安帝。劉毅、何無忌進及桓振戰，敗績于靈谿。

十月，帝領青州刺史，甲仗百人入殿。

義熙元年正月，毅等至江津，破桓謙、桓振，江陵平。三月甲午，〔七〕晉帝至自江陵。庚子，詔進帝侍中、車騎將軍、都督中外諸軍、錄尚書事。帝固讓，旋鎭丹徒。九月乙巳，加帝領兗州刺史。

盧循浮海破廣州，獲刺史吳隱之，卽以循爲廣州刺史，以其黨徐道覆爲始興相。

二年三月，進帝督交、廣二州。十月，論匡復勳，封帝豫章郡公，邑萬戶，賜絹三萬疋。

其餘封賞各有差。

三年十二月，司徒、錄尚書、揚州刺史王謐薨。

四年正月，徵帝入輔，授侍中、車騎將軍、開府儀同三司、揚州刺史、錄尚書事，徐、兗二州刺史如故。表解兗州。先是，帝遣冠軍劉敬宣伐蜀賊譙縱，無功而還。九月，帝以敬宣挫退，遜位，不許。十月，乃降爲中軍將軍，開府如故。

五年二月，僞燕主慕容超大掠淮北。三月，帝抗表北討，以丹陽尹孟昶監中軍留府事。乃浮淮入泗，五月，至下邳，留船，步軍進琅邪，所過築城留守。

超大將公孫五樓請斷大峴，堅壁清野以待，超不從。初謀是役，議者以爲賊若嚴守大峴，軍無所資，何能自反？帝曰：「不然。鮮卑性貪，略不及遠，既幸其勝，且愛其穀，必將引我，且亦輕戰。師一入峴，吾何患焉。」及入峴，帝舉手指天曰：「吾事濟矣。」衆問其故，帝曰：「師既過險，士有必死之志，餘糧栖畝，軍無匱乏之憂，勝可必矣。」

六月，超留羸老守廣固，使其廣甯王賀剌盧及公孫五樓悉力據臨朐。去城四十里有巨蔑水，超告五樓急據之。比至，爲龍驤將軍孟龍符所保，五樓乃退。

大軍分車四千兩爲二翼，方軌徐行，車張幰，御者執矟，以騎爲游軍，軍令嚴肅。比及臨朐，賊騎交至，帝命兗州刺史劉藩、并州刺史劉道憐等陷其陣。日向昃，戰猶酣，帝用參

軍胡藩策，襲剋臨朐，賊乃大奔。超遁還廣固，獲其玉璽、豹尾、輦等，送于都。丙子，剋廣固大城，超固其小城。乃設長圍以守之，館穀於青土，停江、淮轉輸。

七月，超尚書郎張綱乞師於姚興，自長安反，泰山太守申宣執送之。綱有巧思，先是，帝修攻具，城上人曰：「汝不得張綱，何能爲也。」及至，升諸樓車以示之，城內莫不失色。超既求救不獲，綱反見虜，乃求稱藩，割大峴爲界，獻馬千匹，不聽。

時姚興遣使，聲言將涉淮左，帝謂曰：「爾報姚興，我定青州，將過函谷，虜能自送，今其時矣。」錄事參軍劉穆之遽入曰：「此言不足威敵，容能怒彼。若鮮卑未拔，西羌又至，公何以待之？」帝乃笑曰：「此兵機也，非子所及。羌若能救，不有先聲，是自强也。」

十月，張綱修攻具成，設飛樓縣梯，木幔板屋，冠以牛皮，弓矢無所用之。劉毅遣上黨太守趙恢以千餘人來援，帝夜潛遣軍會之。明旦，恢衆五千，方道而進，每晉使將到，輒復如之。

六年二月丁亥，屠廣固，超踰城走，追獲之，斬于建康市。殺其王公以下，納生口萬餘，馬二千匹。

初，帝之北也，徐道覆勸盧循乘虛而出，循不從，道覆乃至番禺說循曰：「今日之機，萬不可失。若剋京都，劉公雖還，無能爲也。」循從之。是月，寇南康、廬陵、豫章諸郡，郡守皆

奔走。時帝將鎮下邳，進兵河、洛，及徵使至，即日班師。鎮南將軍何無忌與道覆戰，敗死於豫章，內外震駭，朝議欲奉乘輿北走。帝次山陽，聞敗，卷甲與數十人造江上徵問，知賊尚未至。

四月癸未，帝至都。劉毅自表南征，帝以賊新捷鋒銳，須嚴軍偕進，使劉藩止之，毅不從。五月壬午，〔八〕盧循敗毅于桑落洲。及審帝凱入，相視失色，欲還尋陽，平江陵，據二州以抗朝廷。道覆請乘勝遂下，爭之旬日，乃從。

于時北師始還，傷痍未復，戰士纔數千，賊衆十餘萬，舳艫亘千里。孟昶、諸葛長人懼，欲擁天子過江，帝曰：「今兵士雖少，猶足一戰，若其剋濟，臣主同休；如其不然，不復能草間求活，吾計決矣。」初，帝征慕容超，惟孟昶勸行，丙辰，昶乃表天子，引罪，仰藥而死。

時議者欲分兵屯守諸津，帝曰：「賊衆我寡，分其兵則人測虛實，一處失利，則沮三軍之心，若聚衆石頭，則衆力不分。」戊午，帝移鎮石城。乙丑，賊大至，帝曰：「賊若新亭直上，且將避之；若回泊蔡洲，成禽耳。」徐道覆欲自新亭焚舟而戰，循多疑少決，每求萬全，乃泊蔡洲以待軍潰。帝登石頭以望，見之，悅。庚辰，賊設伏於南岸，疑兵向白石。帝率劉毅、諸葛長人北拒焉，留參軍徐赤特戍查浦，戒令勿戰。帝既北，賊焚查浦而至張侯橋，赤特與戰，大敗，賊進屯丹陽郡。帝馳還石頭，斬徐赤特。解甲久之，乃出陣於南塘。七月庚申，

循自蔡洲退，將還歸尋陽，帝遣輔國將軍王仲德等追之。使建威將軍孫處自海道襲番禺，戒之曰：「我十二月必破祆寇，卿亦足至番禺，先傾其巢窟也。」

十月，帝率舟師南伐，使劉毅監太尉留府。〔九〕是月，徐道覆寇江陵，荊州刺史劉道規大破之，道覆走還湓口。十一月，孫處至番禺，剋其城，盧循父嘏奔始興，處撫其人以守。十二月己卯，大軍次大雷。庚辰，賊方江而下，帝躬提幡鼓，命衆軍齊力擊之，軍中多萬鈞神弩，所至莫不摧陷。帝自於中流蹙之，因風水之勢，賊艦悉薄西岸，岸上軍先備火具焚之，大敗。循還尋陽，遂走豫章，悉力柵左里。丙申，大軍次左里，將戰，帝麾之，麾竿折，幡沉于水，衆咸懼，帝笑曰：「昔覆舟之役亦如此，今勝必矣。」攻其柵，循單舸走，衆皆降。師旋，晉帝遣侍中黃門勞師于行所。

七年正月己未，振旅而歸，改授大將軍、揚州牧，給班劍二十人，本官並如故。固辭。凡南北征伐戰亡者，並列上賻贈，屍喪未反者，遣主帥迎接，致還本土。

二月，盧循至番禺，爲孫處所破，收餘衆南走。劉藩、孟懷玉斬徐道覆于始興。

自晉中興以來，朝綱弛紊，權門兼并，百姓流離，不得保其產業。桓玄頗欲釐改，竟不能行。帝既作輔，大示軌則，豪强肅然，遠近禁止。至是，會稽餘姚虞亮復藏匿亡命千餘人。〔一〇〕帝誅亮，免會稽內史司馬休之。

中華書局

晉帝又申前詔，帝固辭。於是改授太尉、中書監，乃受命，奉送黃鉞。

交州刺史杜惠度斬盧循父子，函七首送都。

先是，諸州郡所遣秀才、孝廉多非其人，帝乃表申明舊例，策試之。

荊州刺史劉道規疾患，求歸，八年四月，改授豫州刺史，以豫州刺史劉毅代之。毅既有雄才大志，與帝俱興復晉室，自謂京城、廣陵功足相抗，雖權事推帝，而心不服也。厚自矜許，朝士素望者並多歸之，與尚書僕射謝混、丹陽尹郗僧施並深相結。及鎮江陵，豫州舊府多割以自隨，請僧施爲南蠻校尉。帝知毅終爲異端，心密圖之。毅至西，稱疾篤，表求從弟兗州刺史藩以爲副貳，帝僞許焉。九月，藩入朝，帝命收藩及謝混，並賜死。自表討毅，又假黃鉞，率諸軍西征。以前鎮軍將軍司馬休之爲平西將軍、荊州刺史，兗州刺史道憐鎮丹徒，豫州刺史諸葛長人監太尉留府事，加太尉司馬丹陽尹劉穆之建威將軍，配以實力。壬午，發建鄴，遣參軍王鎮惡、龍驤將軍蒯恩前襲江陵，剋之，毅及黨與皆伏誅。

十一月，帝至江陵，分荊州十郡爲湘州，帝仍進督焉。以西陽太守朱齡石爲益州刺史，〔一一〕使伐蜀。晉帝進帝太傅、揚州牧，加羽葆、鼓吹，班劍二十人。

九年二月乙丑，帝至自江陵。初，諸葛長人貪淫驕橫，帝每優容之。劉毅既誅，長人謂所親曰：「昔年醢彭越，今年殺韓信，禍其至矣。」將謀作亂。帝剋期至都，而每淹留不進。公

卿以下，頻日奉候於新亭，長人亦驟出。既而帝輕舟密至，已還東府矣。長人到門，引前，却人閑語，凡平生言所不盡者，皆與及之，長人甚悅。帝已密命左右丁旿自幔後出，於坐拉焉，死於牀側。輿屍付廷尉，并誅其弟黎人。〔一二〕旿驍勇有力，時人語曰：「勿跋扈，付丁旿」。

先是，山湖川澤皆爲豪强所奪，百姓薪採漁釣，皆責稅直，至是禁斷之。時人居未一，帝上表定制，於是依界土斷，惟徐、兗、青三州居晉陵者不在斷例。諸流寓郡縣，多所併省。以帝領鎮西將軍、豫州刺史。帝固讓太傅、揚州牧及班劍，奉還黃鉞。

七月，朱齡石平蜀，斬譙縱，傳首建鄴。

九月，晉帝以帝平齊、定盧循功，封帝次子義眞爲桂陽縣公；并重申前命，授帝太傅、揚州牧，加羽葆、鼓吹，班劍二十人。將吏百僚敦勸，乃受羽葆、鼓吹、班劍，餘固辭。

十年，息人簡役，築東府城，起府舍。

帝以荊州刺史司馬休之宗室之重，又得江、漢人心，疑其有異志，而休之子譙王文思在都，招聚輕俠，帝執送休之，令自爲其所。休之表廢文思，并與帝書陳謝。

十一年正月，帝收休之子文寶、兄子文祖，並賜死，率衆西討。復假黃鉞，〔一三〕領荊州刺史。以中軍將軍道憐監留府事。休之上表自陳，并罪狀帝。休之府錄事參軍韓延之有幹用才，帝未至江陵，密書招之。延之報書曰：「承親率戎馬，遠履西偏，闔境士庶，莫不惶駭。辱疏，知以譙王前事，良增歎息。司馬平西體國忠貞，款懷待物，以公有匡復之勳，家國蒙賴，推德委誠，每事諮仰。譙王往以微事見劾，猶自表遜位；況以大過而當默邪！來示云，『處懷期物，自有由來』。今伐人之君，啗人以利，眞可謂『處懷期物』者矣。劉藩死於閶闔之門，諸葛斃於左右之手，甘言詫方伯，襲之以輕兵，遂使席上靡款懷之士，閫外無自信諸侯，以爲得算，良所恥也。吾雖鄙劣，嘗聞道於君子，以平西之至德，寧可無授命之臣乎？假天長喪亂，九流渾濁，當與臧洪游於地下。不復多云。」帝視書歎息，以示將佐曰：「事人當如此。」

三月，軍次江陵。初，雍州刺史魯宗之負力好亂，且慮不爲帝容，常爲讖曰：「魚登日，輔帝室。」與休之相結。至是，率其子竟陵太守軌會于江陵。帝濟江，休之衆潰，與軌等奔襄陽，江陵平。加領南蠻校尉。將拜南蠻，遇四廢日，佐史鄭鮮之等白遷日，不許。下書開寬大之恩。

四月，進軍襄陽，休之等奔姚興。晉帝復申前令，授太傅、揚州牧，劍履上殿，入朝不趨，讚拜不名，加前部羽葆、鼓吹，置左右長史、司馬、從事中郎四人，封第三子義隆爲北彭城縣公。八月甲子，帝至自江陵，奉還黃鉞，固辭太傅、州牧、前部羽葆、鼓吹，其餘受命。

十二年正月，晉帝詔帝依舊辟士，加領平北將軍、兗州刺史，增督南秦，凡二十二州。帝以平北文武寡少，不宜別置，於是罷平北府，以併大府。三月，加帝中外大都督。

初，帝平齊，仍有定關、洛意，遇盧循侵逼，故寢。及荊、雍平，乃謀外略。會姚興死，子泓新立，兄弟相殺，關中擾亂。四月乙丑，帝表伐關、洛，乃戒嚴北討，加領征西將軍、司豫二州刺史。以世子爲徐、兗二州刺史。帝欲以義聲懷遠，奉琅邪王北伐。〔一四〕五月，廬江霍山崩，獲六鍾，獻之天子。癸巳，加領北雍州刺史，前後部羽葆、鼓吹，增班劍爲四十人。八月丁巳，〔一五〕率大衆進發，以世子爲中軍將軍，監太尉留府事，尚書右僕射劉穆之爲左僕射，領監軍、中軍二府軍司，〔一六〕入居東府，總攝內外。九月，帝至彭城，加領北徐州刺史。十月，衆軍至洛，圍金墉，降之。修復晉五陵，置守衞。

十二月壬申，晉帝加帝位相國、總百揆、揚州牧，封十郡爲宋公，備九錫之禮，加璽紱、遠游冠、綠綟綬，位在諸侯王上。策曰：

朕以寡昧，仰纘洪基，夷羿乘釁，蕩覆王室，越在南鄙，遷于九江。宗祀絕饗，人神無位，提挈羣凶，寄命江浦，則我祖宗之烈，奄墜于地，七百之祚，翦焉既傾，若涉巨海，〔一七〕罔知攸濟。天未絕晉，誕育英輔，振厥弛維，再造區宇，興亡繼絕，俾昏作明，元勳至德，朕實攸賴。

今將授公典策，其敬聽朕命：乃者，桓玄肆僭，滔天泯夏，拔本塞源，顛蹶六位，庶僚俛眉，四方莫恤。公精貫朝日，氣陵虹蜺，奮其靈武，大殲羣慝，剋復皇邑，奉歆神祇。此公之大節，始於勤王者也。授律羣后，泝流長騖，〔一八〕薄伐崢嶸，獻捷南郢，大憝折首，羣逆畢夷，三光旋采，舊物反正。此又公之功也。出藩入輔，弘茲保弼，阜財利用，繁殖黎元，編戶歲滋，疆宇日啓，導德明刑，四境有截。此又公之功也。鮮卑負衆，僭盜三齊，介恃遐阻，仍爲邊害，公蒐乘秣馬，夐入遠疆，銜櫓四臨，萬雉俱潰，拓土三千，申威龍漠。此又公之功也。盧循祆凶，伺隙五嶺，侵覆江、豫，矢及王城，國議遷都之規，家獻徙卜之計，公乘轅南濟，義形于色，運奇攄略，英謨不世，狡寇窮衂，喪旗宵遁，俾我畿甸，拯於將墜。此又公之功也。追奔逐北，揚旍江澨，偏旅浮海，指日遄至，番禺之功，俘級萬數，左里之捷，鳥散魚潰，元凶遠竄，傳首萬里。此又公之功也。劉毅叛換，負釁西夏，陵上罔主，志肆姦暴，公禦軌以刑，消之不日，罪人斯得，荆、衡寧晏。此又公之功也。譙縱怙亂，寇竊一隅，王化阻閡，三巴淪溺，公指命偏帥，授以良圖，陵波憑湍，致屆井絡，僭豎伏鑕，梁、岷草偃。此又公之功也。馬休、魯宗，阻兵內侮，驅率二方，連旗稱亂，公投袂星言，硏其上略，江津之師，勢踰風電，回旆沔川，實繁震慴，二叛奔迸，荆、雍來蘇。此又公之功也。永嘉不競，四夷擅華，五都傾蕩，山陵幽

辱，祖宗懷沒世之憤，遺甿有匪風之思，公遠齊阿衡納隍之仁，近同小白滅亡之耻，鞠旅陳師，赫然大號，分命羣帥，北徇司、兗，許、鄭風靡，鞏、洛載清，百年榛穢，一朝掃滌。此又公之功也。

公有康宇內之勳，重之以明德。爰初發跡，則奇謨冠古，電擊强祆，則鋒無前對，聿寧東畿，大造黔首。若乃草昧經綸，化融於歲計，扶危靜亂，道固於苞桑。蠲削煩苛，較若畫一，淳風美化，盈塞區宇。是以絕域獻琛，遐夷納賮，王略所宣，〔一九〕九服率從。雖文命之東漸西被，咎繇之邁于種德，何以尚茲。

朕聞先王之宰世也，庸勳尊賢，建侯胙土，褒以寵章，崇其徽物，所以協輔皇室，永隆藩屏。故曲阜光啓，遂荒徐宅，營丘表海，四履有聞。其在襄王，亦賴匡霸，又命晉文，備物光賜。惟公道冠前烈，勳高振古，而殊典未飾，朕甚憯焉！今進授相國，以徐州之彭城沛蘭陵下邳淮陽山陽廣陵、兗州之高平魯泰山十郡封公爲宋公，錫茲玄土，苴以白茅，爰定爾居，用建冢社。昔晉、鄭啓藩，入作卿士，周、召保傅，出總二南，內外之任，公實兼之。今命使持節、兼太尉、尚書左僕射晉寧縣五等男湛授相國印綬，宋公璽紱，使持節、兼司空、散騎常侍、尚書陽遂鄉侯泰授宋公茅土，金虎符第一至第五左，竹使符第一至第十左。相國位無不總，禮絕朝班，居常之名，宜與事革。其以相國

總百揆，去錄尚書之號；上送所假節、侍中貂蟬、中外都督太傅太尉印綬、豫章公印策、進揚州刺史爲牧，領征西將軍、司豫北徐雍四州刺史如故。

公紀綱禮度，萬國是式，乘介蹈方，〔二〇〕罔有遷志，是用錫公大路、戎路各一，玄牡二駟；公抑末敦本，務農重積，采蘩實殷，稼穡惟阜，是用錫公衮冕之服，赤舃副焉；公閑邪納正，移風改俗，陶鈞品物，如樂之和，是用錫公軒縣之樂、六佾之舞；公宣美王化，導揚休風，華夷企踵，遠人胥萃，是用錫公朱戶以居；公官方任能，網羅幽滯，九皐辭野，髦士盈朝，是用錫公納陛以登；公當軸處中，率下以義，式遏寇讎，滌除苛慝，是用錫公虎賁之士三百人；公明罰恤刑，庶獄詳允，放命干紀，罔有攸縱，是用錫公鈇鉞各一；公龍驤鳳矯，咫尺八紘，括囊四海，折衝無外，是用錫公彤弓一、彤矢百，旅弓十、旅矢千；公溫恭孝思，致虔禋祀，忠肅之志，儀刑四方，是用錫公秬鬯一卣，圭瓚副焉。宋國置丞相以下，一遵舊儀。欽哉，其祗服往命，茂對天休，簡恤庶邦，敬敷顯德，以終我高祖之嘉命！

置宋國侍中、黃門侍郎、尚書左丞，卽隨大使奉迎。〔二一〕

枹罕虜乞伏熾盤遣使謁帝，求效力討姚泓，拜爲平西將軍、河南公。

十三年正月，帝以舟師進討，留彭城公義隆鎮彭城。軍次陳留城，經張良廟，下令以時

修飾棟宇致薦焉。晉帝追贈帝祖爲太常，父爲特進、左光祿大夫，讓不受。二月，冠軍將軍檀道濟等軍次潼關。三月庚辰，帝率大軍入河。五月，帝至洛陽，謁晉五陵。七月，至陝，龍驤將軍王鎮惡舟師自河浮渭。八月，扶風太守沈田子大破姚泓軍於藍田，王鎮惡剋長安，禽姚泓。始義熙九年，歲、鎮、熒惑、太白聚東井，至是而關中平。九月，帝至長安。長安豐稔，帑藏盈積，帝先收其彝器、渾儀、土圭、記里鼓、指南車及秦始皇玉璽送之都；其餘珍寶珠玉，悉以班賜將帥。遷姚宗于江南，送泓斬于建康市。謁漢長陵，大會文武於未央殿。

十月，晉帝詔進宋公爵爲王，加十郡益宋國，並前爲二十郡。其相國、揚州牧、領征西將軍、司豫北徐雍四州刺史如故。帝欲息駕長安，經略趙、魏，十一月，前將軍劉穆之卒，乃歸。十二月庚子，發自長安，以桂陽公義眞爲雍州刺史，鎮長安，留腹心將佐以輔之。

十四年正月壬戌，帝至彭城，解嚴息甲。以輔國將軍劉遵考爲并州刺史，領河東太守，鎮蒲坂。帝解司州，領徐、冀二州刺史，固讓進爵。時漢中成固縣漢水崖際有異聲如雷，俄頃岸崩，有銅鍾十二，出自潛壤。犨縣人宗曜於其田所獲嘉禾，九穗同莖，帝以獻，晉帝以歸于我。帝沖讓，乃止。

六月丁亥，受相國宋公九錫之命，下令赦國內殊死以下。詔崇豫章太夫人爲宋公太妃，世子爲中軍將軍副貳，相國府百官悉依天朝之制。又詔宋國所封十郡之外，悉得除用。

德，孝武不答，獨曰：「田舍公得此，已爲過矣。」故能光有天下，克成大業，盛矣哉。

少帝諱義符，小字車兵，武帝長子也。母曰張夫人，晉義熙二年，生帝於京口。時武帝年踰不惑，尚未有男，及帝生，甚悅。年十歲，拜豫章公世子。〔一七〕帝膂力絕人，善騎射，解音律。宋臺建，拜宋世子。元熙元年，進爲宋太子。武帝受禪，立爲皇太子。

永初三年五月癸亥，武帝崩，是日太子卽皇帝位，大赦，制服三年，尊皇太后曰太皇太后。

六月壬申，以尚書僕射傅亮爲中書監、尚書令，司空徐羨之、領軍將軍謝晦及亮輔政。戊子，太尉長沙王道憐薨。

秋九月丁未，有司奏武皇帝配南郊，武敬皇后配北郊。

冬十一月戊午，有星孛于營室。

十二月庚戌，魏軍剋滑臺。

景平元年春正月己亥朔，大赦，改元，文武賜位二等。辛丑，祀南郊。魏軍攻金墉城。

癸卯，河南郡失守。乙卯，有星孛于東壁。

二月丁丑，太皇太后崩。鎮軍大將軍大且渠蒙遜、河南鮮卑吐谷渾阿豺並遣使朝貢。庚辰，進蒙遜驃騎大將軍，封河西王。以阿豺爲安西將軍、沙州刺史，封澆河公。

三月壬寅，孝懿皇后祔葬于興寧陵。是月，高麗國遣使朝貢。

夏四月己未，魏軍剋虎牢。

秋七月癸酉，尊所生張夫人爲皇太后。丁丑，赦五歲刑以下。

冬十月己未，有星孛于氐。

是歲，魏明元皇帝崩。

二年春二月癸巳朔，〔一八〕日有蝕之。廢南豫州刺史廬陵王義眞爲庶人，徙新安郡。乙巳，大風，天有雲五色，占者以爲有兵。執政使使者誅皇弟義眞于新安。高麗國遣使朝貢。時帝居處所爲多乖失。

夏五月乙酉，〔一九〕皇太后令暴帝過惡，廢爲營陽王。一依漢昌邑、晉海西故事。奉迎鎮西將軍宜都王義隆入纂皇統。始徐羨之、傅亮將廢帝，諷王弘、檀道濟求赴國訃，〔二〇〕弘等來朝，使中書舍人邢安泰、潘盛爲內應。是旦，道濟、謝晦領兵居前，羨之等隨後，因東掖門開，入自雲龍門，盛等先戒宿衞，莫有禦者。時帝於華林園爲列肆，親自酤賣，又開瀆聚土，以象破岡埭，與左右引船唱呼，以爲歡樂。夕游天泉池，〔二一〕卽龍舟而寢。其朝未興，兵士進，殺二侍者於帝側，傷帝指，扶出東閤，就收璽紱，〔二二〕羣臣拜辭送于東宮，遂幽于吳郡。是日，赦死罪以下。太后令奉還璽紱，檀道濟入守朝堂。

六月癸丑，徐羨之等使中書舍人邢安泰弒帝於金昌亭。帝有勇力，不卽受制，突走出昌門，追以門關踣之致殞，時年十九。

論曰：晉自社稷南遷，王綱弛紊，朝權國命，遞歸台輔，君道雖存，主威久謝。桓溫雄才蓋世，勳高一時，移鼎之業已成，天人之望將改。自斯以後，帝道彌昏，道子開其禍端，元顯成其釁末。桓玄乘時藉運，加以先資，革命受終，人無異望。宋武地非齊、晉，衆無一旅，曾不浹旬，夷凶翦暴，誅內清外，功格上下。若夫樂推所歸，謳歌所集，校之魏、晉，可謂收其實矣。然武皇將涉知命，弱嗣方育，顧有慈顏，前無嚴訓。少帝體易染之質，稟可下之姿，外物莫犯其心，所欲必從其志，喻縱非學而能，危亡不期而集，其至顚沛，非不幸也。悲哉！

校勘記

〔一〕漢楚元王交之二十一世孫也　王鳴盛十七史商榷五四以推算世次之法，「乃連前後並及身而總言之」，據宋書自楚元王交（一世）順次數至劉裕之父翹得二十一世，因謂裕「當爲交二十二世孫」。今云二十一世者，傳寫誤。

〔二〕琅邪諸葛長人　「諸葛長人」宋書作「諸葛長民」，此避唐諱改。

〔三〕鎮北參軍王元德等並率部曲保據石頭　「參軍」各本作「將軍」，誤，據宋書、資治通鑑（下簡稱通鑑）改。

〔四〕蕩淸京華　「京華」宋書作「京輦」。

〔五〕立留臺百官　「百官」上各本有「總」字。按宋書無「總百」二字，作「立留臺官」；通鑑無「總」字，作「立留臺百官」。據下文「司徒王謐與衆議推帝領揚州，帝固辭」，明裕此時無總百官事，「總」字衍文，刪。

〔六〕惟桓玄一祖後不免　「桓玄」各本作「桓氏」，據宋書改。

〔七〕三月甲午　「甲午」原作「甲子」。按義熙元年三月壬午朔，十三日甲午，是月無甲子。通鑑作

中華書局

「甲午」，是，據改。

〔八〕 五月壬午　按義熙六年五月壬子朔，是月無壬午。

〔九〕 十月帝率舟師南伐使劉毅監太尉留府　錢大昕廿二史考異：「據宋書是歲六月更授公太尉、中書監，加黃鉞。受黃鉞，餘固辭。至次年改授太尉、中書監，乃受命。則南伐盧循之時，只是中軍將軍，未爲太尉，不當云監太尉留府也。晉書劉毅傳但云知內外留事。」

〔一〇〕 會稽餘姚虞亮復藏匿亡命千餘人　「虞」各本作「唐」，據宋書改。按虞氏，餘姚大姓。

〔一一〕 以西陽太守朱齡石爲益州刺史　「西陽」各本誤作「西陵」，據宋書改。

〔一二〕 幷誅其弟黎人　「黎人」宋書作「黎民」，此避唐諱改。

〔一三〕 復假黃鉞　「假」各本作「加」。錢大昕廿二史考異：「加當作假。晉、宋之制，使持節得殺二千石以下，假黃鉞則可專戮節將矣。宋武西伐劉毅，已假黃鉞，毅平仍奉還之。至是，伐司馬休之又假黃鉞。毅與休之皆持節大臣，必假黃鉞乃可行戮。」今從改。

〔一四〕 帝欲以義聲懷遠奉琅邪王北伐　「欲」字據宋書補。

〔一五〕 八月丁巳　「丁巳」各本作「乙巳」。按是月丙午朔，無乙巳，十一日丁巳，據宋書改。

〔一六〕 尙書右僕射劉穆之爲左僕射領監軍中軍二府軍司　孫虨宋書考論：「軍司即軍師，皆諱師改。」

〔一七〕 若涉巨海　「海」宋書作「淵」，此避唐諱改。

〔一八〕 泝流長驁　「泝流」各本作「順流」。張森楷南史校勘記：「據建業至江陵是泝流，非順流。」按宋書作「泝流」，今據改。

〔一九〕 王略所宣　「宣」各本誤作「亘」，據宋書改。

〔二〇〕 乘介蹈方　「乘」宋書作「秉」。

〔二一〕 置宋國侍中黃門侍郎尙書左丞即隨大使奉迎　「即隨」各本作「相」，據宋書改。並參李慈銘南史札記。

〔二二〕 六月壬戌帝至都甲寅晉帝禪位于宋　張元濟、張森楷南史校勘記並云：壬戌後，同月內不得有甲寅。按是月甲寅朔，初九日壬戌、十一日甲子。宋書但云「六月至京師，晉帝禪位於王」。通鑑出「壬戌」、「甲子」而無「甲寅」。疑「壬戌」與「甲寅」互倒。

〔二三〕 顧深永懷　「深」各本作「探」，據宋書禮志改。

〔二四〕 戊申聽訟於華林園　「戊申」各本作「戊辰」。按永初二年四月己卯朔，無戊辰，三十日戊申。據宋書改。

〔二五〕 九月己丑　「己丑」晉書作「丁丑」。按是月丙午朔，無丁丑、己丑。

〔二六〕 詔刑罰無輕重悉原之　「罰」各本作「罪」，據宋書改。

〔二七〕 年十歲拜豫章公世子　孫虨宋書考論：「按五行志言拜授世子，皆義熙七年事，則此云十歲，誤。」今按：義符於晉義熙二年生，則至七年當爲六歲。

〔二八〕 二年春二月癸巳朔　「癸巳」各本作「己卯」。按是年二月癸巳朔，無己卯，據宋書五行志改。

〔二九〕 夏五月乙酉　「乙酉」各本作「己酉」。按是月辛酉朔，二十五日乙酉，無己酉，據宋書改。

〔三〇〕 諷王弘檀道濟求赴國訃　「國訃」元大德本作「國許」，各本作「國計」，據宋書改。王懋竑讀書記疑以「國訃」爲是。

〔三一〕 夕游天泉池　「天泉池」即「天淵池」，避唐諱改。

〔三二〕 就收璽紱　「紱」各本作「綬」，據宋書改。按下文「太后令奉還璽紱」，則作「紱」爲是。

中華書局

南史卷二

宋本紀中第二

太祖文皇帝諱義隆，小字車兒，武帝第三子也。晉義熙三年生於京口。十一年，封彭城縣公。永初元年，封宜都郡王，位鎮西將軍、荆州刺史，加都督，時年十四。長七尺五寸，博涉經史，善隸書。是歲來朝，會武帝當聽訟，仍遣上訊建康獄囚，辯斷稱旨，武帝甚悅。

景平初，有黑龍見西方，五色雲隨之。二年，江陵城上有紫雲。望氣者皆以爲帝王之符，當在西方。其年少帝廢，百官議所立，徐羨之、傅亮等以禎符所集，備法駕奉迎，入奉皇統。行臺至江陵，尚書令傅亮奉表進璽紱，州府佐吏並稱臣，請題榜諸門，一依宮省，上皆不許。教州、府、國綱紀宥所統內見刑。是時，司空徐羨之等新有弑害，及鑾駕西迎，人懷疑懼，惟長史王曇首、司馬王華、南蠻校尉到彥之共朝臣未有異志。帝曰：「諸公受遺，不容背貳。且勞臣舊將，內外充滿，今兵力又足以制物，夫何所疑！」

甲戌，〔一〕乃發江陵，命王華知州府，留鎮陝西，令到彥之監襄陽。車駕在道，有黑龍躍

負上所乘舟，左右莫不失色，上謂王曇首曰：「此乃夏禹所以受天命，我何德以堪之。」及至都，羣臣迎拜於新亭。先謁初寧陵，還次中堂，百官奉璽紱，沖讓未受，勸請數四，乃從之。

元嘉元年秋八月丁酉，皇帝卽位于中堂，備法駕入宮，御太極前殿，大赦，改元，文武賜位二等。戊戌，拜太廟。詔追復廬陵王先封，奉迎靈柩。辛丑，謁臨川烈武王陵。癸卯，進司空徐羨之位司徒，江州刺史王弘位司空，尚書令傅亮左光祿大夫、開府儀同三司。甲辰，追尊所生胡婕妤爲章皇太后，封皇弟義恭爲江夏王，義宣爲竟陵王，義季爲衡陽王。己酉，減荆、湘二州今年稅布之半。

九月丙子，立妃袁氏爲皇后。

是歲，魏太武皇帝始光元年。

二年春正月丙寅，司徒徐羨之、尚書令傅亮奉表歸政，上始親覽萬機。辛未，祀南郊，大赦。

秋八月乙酉，驃騎將軍、南徐州刺史彭城王義康以本號開府儀同三司，改授司空王弘車騎大將軍、開府儀同三司。

冬十一月癸酉，〔二〕以武都王世子楊玄爲北秦州刺史，襲封武都王。

是歲，赫連屈丐死。

三年春正月丙寅，司徒徐羨之、尚書令傅亮有罪伏誅。遣中領軍到彥之、征北將軍檀道濟討荆州刺史謝晦，上親率六師西征。大赦。丁卯，以江州刺史王弘爲司徒、錄尚書事。

二月戊午，以金紫光祿大夫王敬弘爲尚書左僕射，豫章太守鄭鮮之爲右僕射。戊辰，到彥之、檀道濟大破謝晦於隱磯。丙子，車駕自蕪湖反旆。己卯，禽晦於延頭，送都伏誅。

夏五月乙未，以征北將軍、南兗州刺史檀道濟爲征南大將軍、開府儀同三司、江州刺史。乙巳，驃騎大將軍、涼州牧大且渠蒙遜改爲車騎大將軍。詔大使巡行四方，觀省風俗。丙午，臨延賢堂聽訟，自是每歲三訊。秋，旱且蝗。

冬十二月，前吳郡太守徐佩之謀反，伏誅。

四年春正月乙亥朔，曲赦建鄴百里內。辛巳，祀南郊。

二月乙卯，行幸丹徒，謁京陵。

三月丙子，宴丹徒宮，帝鄉父老咸與焉。蠲丹徒今年租布，原五歲刑以下。丁亥，車駕

還宮。戊子，尚書右僕射鄭鮮之卒。壬寅，採富陽令諸葛闡議，禁斷夏至日五絲命縷之屬。

夏五月，都下疾疫，遣使存問，給醫藥，死無家屬者，賜以棺器。

六月癸卯朔，日有蝕之。

五年春正月乙亥，詔以陰陽愆序，求讜言。甲申，臨玄武館閱武。戊子，都下大火，遣使巡慰振卹。

夏六月庚戌，司徒王弘降爲衞將軍、開府儀同三司。都下大水。乙卯，遣使檢行振贍。

十二月，天竺國遣使朝貢。

是歲，魏神䴥元年，太武皇帝伐赫連昌，滅之。乞伏熾盤死。

六年春正月辛丑，祀南郊。癸丑，以荆州刺史彭城王義康爲司徒、錄尚書事。

三月丁巳，立皇子劭爲皇太子。戊午，大赦，賜文武位一等。

夏四月癸亥，以尚書左僕射王敬弘爲尚書令，丹陽尹臨川王義慶爲尚書左僕射，吏部尚書江夷爲右僕射。

五月壬辰朔，日有蝕之。

中華書局

秋七月，百濟國遣使朝貢。

冬十一月己丑朔，日有蝕之，星晝見。

十二月，河西、河南國並遣使朝貢。

七年春二月壬戌，雪且雷。

三月戊子，遣右將軍到彥之侵魏。〔三〕

夏六月己卯，封氐楊難當爲武都王。

冬十月戊午，立錢署，鑄四銖錢。戊寅，魏剋金墉城。

十一月癸未，又剋虎牢。壬辰，遣征南大將軍檀道濟拒魏，右將軍到彥之自滑臺奔退。

十二月，都下火，延燒于太社北牆。

是歲，馮跋死。倭、百濟、呵羅單、林邑、呵羅他、師子等國並遣使朝貢。吳興、晉陵、義興大水，遣使巡行振卹。

八年春二月辛酉，魏剋滑臺。癸酉，檀道濟引軍還，自是河南復亡。

三月，大雩。

夏六月乙丑，大赦，旱故。又大雩。

閏六月乙巳，遣使省行獄訟，簡息徭役。

九年春二月辛卯，詔曰：「故太傅長沙景王、故大司馬臨川烈武王、故司徒南康文宣公穆之、衞將軍華容公弘、征南大將軍永脩公道濟、故左將軍龍陽侯鎮惡，或履道廣深、執德沖邈；或雅量高劭，風鑒明遠；或識準弘正，才略開邁。咸文德以弘帝載，武功以隆景業。而太常未銘，從祀闕享，寤寐屬慮，永言興懷。便宜配祭廟庭，勸功天府。」

三月庚戌，進衞將軍王弘爲太保。丁巳，加江州刺史檀道濟爲司空。

夏五月壬申，新除太保王弘薨。

六月癸未，置積射、强弩將軍官。乙未，以征西將軍、沙州刺史吐谷渾慕璝爲征西大將軍、西秦河二州刺史、隴西王。壬寅，以撫軍將軍江夏王義恭爲征北將軍、開府儀同三司、南兗州刺史。

秋七月庚午，以領軍將軍殷景仁爲尙書僕射。

冬十二月庚寅，立皇子紹爲廬陵王，奉孝獻王祀；江夏王義恭子朗爲南豐王，奉營陽王祀。

是歲，魏延和元年。

十年春正月甲寅，改封竟陵王義宣爲南譙王。己未，大赦。

夏，林邑、闍婆娑州、訶羅單國並遣使朝貢。〔四〕

秋七月戊戌，曲赦益、梁、秦三州。

冬十一月，氐楊難當據有梁州。是月，且渠蒙遜死。

十一年夏四月，梁、秦二州刺史蕭思話破氐，梁州平。

五月丁卯，曲赦梁、南秦二州劍閣以北。戊寅，以大且渠茂虔爲征西大將軍、涼州刺史，封河西王。

是歲，林邑、扶南、訶羅單國並遣使朝貢。

十二年春正月辛酉，大赦。辛未，祀南郊。癸酉，封馮弘爲燕王。

夏四月丙辰，詔內外舉士。都下地震。

六月，禁酒。師子國遣使朝貢。丹陽、淮南、吳、吳興、義興大水，都下乘船。己酉，以徐豫南兗三州、會稽宣城二郡米穀百萬斛，賜五郡遭水人。

秋七月辛酉，闍婆娑達、扶南國並遣使朝貢。〔五〕

八月乙亥，〔六〕原除遭水郡諸逋負。

九月，蜀賊張尋爲寇。

是歲，魏太延元年。

十三年春正月癸丑朔，上有疾，不朝會。

三月己未，誅司空江州刺史檀道濟。庚申，大赦。

夏六月，高麗、武都等國並遣使朝貢。

秋七月己未，零陵王太妃殂，追崇爲晉皇后，葬以晉禮。

九月癸丑，立皇子濬爲始興王，駿爲武陵王。

是歲，馮弘奔高麗。

十四年春正月辛卯，祀南郊，大赦。戊戌，鳳凰二見于都下，衆鳥隨之，改其地曰鳳凰里。

夏四月，蜀賊張尋、趙廣降，遷之建鄴。

冬十二月辛酉，初停賀雪。河南、河西、訶羅單國並遣使朝貢。

十五年春二月，以平東將軍吐谷渾慕延爲鎮西將軍、秦河二州刺史，封隴西王。〔七〕

秋七月辛未，地震。新作東宮。

是歲，武都、河南、高麗、倭、扶南、林邑等國並遣使朝貢。立儒學館于北郊，命雷次宗居之。

十六年春正月戊寅，閱武于北郊。庚寅，進彭城王義康爲大將軍、領司徒，以開府儀同三司江夏王義恭爲司空。

夏六月己酉，改封隴西王吐谷渾慕延爲河南王。

秋八月庚子，立皇子鑠爲南平王。

九月，魏滅且渠茂虔。

冬十二月乙亥，皇太子冠，大赦。

是歲，武都、河南、林邑、高麗等國並遣使朝貢。上好儒雅，又命丹陽尹何尚之立玄素

學，〔八〕著作佐郎何承天立史學，司徒參軍謝元立文學，各聚門徒，多就業者。江左風俗，於斯爲美，後言政化，稱元嘉焉。

十七年夏四月戊午朔，日有蝕之。

秋七月壬子，皇后袁氏崩。

八月，徐、兗、青、冀四州大水，遣使振卹。

九月壬子，葬元皇后于長寧陵。〔九〕

冬十月戊午，前丹陽尹劉湛有罪伏誅。大赦，文武賜爵一級。以大將軍、領司徒、錄尚書事彭城王義康爲江州刺史，大將軍如故。甲戌，以司空江夏王義恭爲司徒、錄尚書事。

十一月，尚書僕射、揚州刺史殷景仁卒。

十二月癸亥，以光祿大夫王球爲尚書僕射。戊辰，武都、河南、百濟等國並遣使朝貢。〔一〇〕

是歲，魏太平眞君元年。

十八年春三月庚子，雨雹。戊申，置尚書删定郎官。

夏五月壬午，衞將軍南兗州刺史臨川王義慶、征北將軍南徐州刺史南譙王義宣，並開府儀同三司。甲申，沔水汎溢，〔一一〕害居人。

六月戊辰，遣使巡行賑贍。

冬十一月戊子，尚書僕射王球卒。己亥，以丹陽尹孟顗爲尚書僕射。氐楊難當寇漢川。

十二月，晉寧太守爨松子舉兵反，寧州刺史徐循討平之。

是歲，河南、肅特、高麗、蘇摩黎、林邑等國並遣使來朝貢。

十九年夏四月甲戌，上以久疾愈，始奉初礿，〔一二〕大赦。

五月庚寅，梁秦二州刺史劉眞道、龍驤將軍裴方明破楊難當，仇池平。

閏月，都下水，遣使巡行賑卹。

六月，以大且渠無諱爲征西大將軍、涼州刺史，封河西王。

秋七月甲戌晦，日有蝕之。

九月丙辰，有客星在北斗，因爲彗，入文昌，貫五車，掃畢，拂天節，經天苑，季冬乃滅。

冬十二月丙申，詔奉聖之胤，速議承襲；及令修廟，四時饗祀；并命蠲近墓五家供洒掃，

栽松柏六百株。

是歲，蠕蠕、河南、扶南、婆皇國並遣使朝貢。西涼武昭王孫李寶始歸于魏。

二十年春正月辛亥，祀南郊。

二月甲申，閱武於白下。魏軍剋仇池。

夏四月甲午，立皇子誕爲廣陵王。

秋七月癸丑，以楊文德爲征西將軍、北秦州刺史，封武都王。

冬十月，雷。

十二月壬午，置藉田。

是歲，河西、高麗、百濟、倭國並遣使朝貢。自去歲至是，諸州郡水旱傷稼。人大飢，遣使開倉賑卹。

二十一年春正月己亥，南徐、南兗、南豫州、揚州之浙江西，並禁酒。辛酉，親耕藉田，大赦。

二月己丑，司徒、錄尚書事江夏王義恭進位太尉，領司徒。辛卯，立皇子宏爲建平王。

秋八月戊辰，以荆州刺史衡陽王義季爲征北大將軍、開府儀同三司、南兗州刺史。

九月甲辰，以大且渠安周爲征西將軍、涼州刺史，封河西王。

冬十月己亥，〔三〕命刺史郡守修東耕。丙子，雷且雹。

二十二年春正月辛卯朔，改用御史中丞何承天元嘉新曆。

二月甲戌，立皇子褘爲東海王，昶爲義陽王。

秋七月己未，以尚書僕射孟顗爲左僕射，中護軍何尚之爲右僕射。

九月己未，開酒禁。癸酉，宴于武帳堂，上將行，敕諸子且勿食，至會所賜饌。日旰，食不至，有飢色。上誡之曰：「汝曹少長豐佚，不見百姓艱難，今使爾識有飢苦，知以節儉期物。」

冬十二月乙未，太子詹事范曄謀反，及黨與皆伏誅。丁酉，免大將軍彭城王義康爲庶人，絕屬籍。

是冬，浚淮，起湖熟廢田千餘頃。

二十三年夏四月丁未，大赦。

六月癸未朔，日有蝕之。交州刺史檀和之伐林邑國，克之。

是歲，大有年。築北堤，立玄武湖於樂游苑北，興景陽山于華林園，役重人怨。

二十四年春正月甲戌，大赦，賜文武位一等。

夏四月，河、濟俱清。

六月，都下疫癘，使巡省給醫藥。以貨貴，制大錢，一當兩。

秋八月乙未，徐州刺史衡陽王義季薨。

冬十一月甲寅，立皇子渾爲汝陰王。

是歲，徐、兗、靑、冀四州大水。

二十五年春閏二月己酉，大蒐於宣武場。

三月庚辰，校獵。

夏四月乙巳，新作閶闔、廣莫二門，改先廣莫門曰承明，開陽門曰津陽。

五月己卯，〔四〕罷當兩大錢。

六月庚戌，零陵王司馬元瑜薨。丙寅，加荆州刺史南譙王義宣位司空。

八月甲子，立皇子彧爲淮陽王。

九月辛未，以尚書右僕射何尚之爲左僕射。

冬，靑州城南遠望，見地中如水，有影，謂之「地鏡」。

二十六年春正月辛巳，祀南郊。

二月己亥，幸丹徒，謁京陵。

三月丁巳，宴于丹徒宮，〔五〕大赦；復丹徒縣僑舊今歲租布之半，行所經過，蠲田租之半。癸亥，使祭晉故司空忠肅公何無忌墓。

五月壬午，至自丹徒。〔六〕丙戌，婆皇國，壬辰，婆達國並遣使朝貢。

冬十月庚子，改封廣陵王誕爲隨郡王。癸卯，彗星見于太微。甲辰，以揚州刺史始興王濬爲征北將軍、開府儀同三司、徐兗二州刺史。

二十七年春正月辛卯，百濟國遣使朝貢。

二月，魏軍攻縣瓠。以軍興，減百官奉祿三分之一。

三月乙丑，淮南太守諸葛闡求減奉祿，同內百官，於是諸州郡縣丞尉並悉同減。戊寅，

罷國子學。

秋七月庚午，遣寧朔將軍王玄謨拒魏，太尉江夏王義恭出次彭城，總統諸軍。

冬十一月丁未，大赦。

十二月庚午，魏太武帝率大衆至瓜步，聲欲度江，都下震懼，咸荷擔而立。壬午，內外戒嚴，緣江六七百里舳艫相接。始議北侵，朝士多有不同，至是，帝登烽火樓極望，不悅，謂江湛曰：「北伐之計，同議者少，今日士庶勞怨，不得無慚。貽大夫之憂，在予過矣。」甲申，使饋百牢于魏。

二十八年春正月丁亥，魏太武帝自瓜步退歸，俘廣陵居人萬餘家以北，徐、豫、靑、冀、二兗六州殺略不可勝算，所過州郡，赤地無餘。

二月甲戌，降太尉、領司徒江夏王義恭爲驃騎將軍、開府儀同三司。壬午，幸瓜步。是日，解嚴。

三月乙酉，車駕還宮。丙申，拜初寧陵。大旱。

夏四月癸酉，婆達國遣使朝貢。己卯，彗星見于昴。是月，都下疾疫，使巡省給醫藥。

五月乙酉，亡命司馬順則自號齊王，據梁鄒城。丁巳，婆皇國，戊戌，河南國並遣使朝

中華書局

貢。〔一七〕戊申，以尚書左僕射何尚之爲尚書令，太子詹事徐湛之爲左僕射、護軍將軍。壬子，彗星見太微中，對帝坐。

秋七月甲辰，進安東將軍倭王綏濟爲安東大將軍。

八月癸亥，梁鄒平，斬司馬順則。是秋，猛獸入郭內爲災。

冬十月癸亥，高麗國遣使朝貢。

十一月壬寅，曲赦二兗、徐、豫、青、冀六州，徙彭城流人於瓜步，淮西流人于姑孰，合萬許家。

是歲，魏正平元年。

二十九年春正月甲午，詔經寇六州，仍逢災澇，可量加救贍。

二月乙卯，雷且雪。戊午，立皇子休仁爲建安王。

三月壬午，大風拔木，都下火。

夏四月戊午，訶羅單國遣使朝貢。

秋七月壬辰，改封汝陰王渾爲武昌王，淮陽王彧爲湘東王。丁酉，省大司農、太子僕、廷尉監官。

九月丁亥，〔一八〕以平西將軍吐谷渾拾寅爲安西將軍、秦河二州刺史，封河南王。

冬十一月壬寅，揚州刺史廬陵王紹薨。

十二月戊辰，黃霧四塞。辛未，以南兗州刺史江夏王義恭爲大將軍、南徐州刺史，錄尚書如故。

是歲，魏中常侍宗愛構逆，太武皇帝崩，乃奉南安王余爲帝，改元爲承平，後又賊余，於是殿中尚書長孫渴侯、尚書陸麗奉皇孫，是爲文成皇帝，改元曰興安。

三十年春正月乙亥朔，會羣臣於太極前殿，有青黑氣從東南來，覆映宮上。戊寅，以司空、荊州刺史南譙王義宣爲司徒、中軍將軍、揚州刺史。壬午，以南徐州刺史始興王濬爲衞將軍、開府儀同三司、荊州刺史。戊子，使江州刺史武陵王駿統衆軍伐西陽蠻。

二月甲子，元凶劭構逆，帝崩于合殿，時年四十七。謚景皇帝，廟號中宗。三月癸巳，葬長寧陵。孝武帝踐阼，追改謚曰文帝，廟號太祖。

帝聰明仁厚，雅重文儒，躬勤政事，孜孜無怠，加以在位日久，惟簡靖爲心。于時政平訟理，朝野悅睦，自江左之政，所未有也。又性存儉約，不好奢侈。車府令嘗以輦篷故，請改易之，又輦席舊以烏皮緣故，欲代以紫皮，上以竹篷未至於壞，紫色貴，並不聽改。其率素如此云。

世祖孝武皇帝，諱駿，字休龍，小字道人，〔一九〕文帝第三子也。元嘉七年八月庚午夜生，有光照室。少機穎，神明爽發，讀書七行俱下，才藻甚美，雄決愛武，長於騎射。

十二年，立爲武陵王，二十二年，累遷雍州刺史。自晉江左以來，襄陽未有皇子重鎮，時文帝欲經略關、河，故有此授。及魏太武大舉至淮南，時帝鎮彭城，魏使尚書李孝伯至，帝遣長史張暢與語，而帝改服觀之。孝伯目帝不輟，及出，謂人曰：「張侯側有人風骨視瞻，非常士也。」二十八年，爲都督、江州刺史。時緣江蠻爲寇，文帝遣太子步兵校尉沈慶之等伐之，使上總統衆軍。

三十年正月，出次西陽之五洲，會元凶弒逆，上率衆入討。荊州刺史南譙王義宣、雍州刺史臧質並舉義兵。

三月乙未，建牙于軍門。是時多不悉舊儀，有一翁斑白，自稱少從武帝征伐，頗悉其事，因使指麾，事畢，忽失所在。自冬至春，常東北風，連陰不霽，其日牙立之後，風轉而西南，景色開霽，有紫雲二陰于牙上。

四月辛酉，上次溧洲。丙寅，次江寧。丁卯，大將軍江夏王義恭來奔，奉表上尊號。戊辰，上至新亭。己巳，即皇帝位，大赦，改文帝號謚。以大將軍江夏王義恭爲太尉、南徐州刺史。庚午，以荊州刺史南譙王義宣爲中書監、丞相、揚州刺史，並錄尚書六條事。以安東將軍隨王誕爲衞將軍、荊州刺史。加雍州刺史臧質車騎將軍、江州刺史。並開府儀同三司。〔二〇〕撫軍將軍蕭思話爲尚書左僕射。壬申，以征虜將軍王僧達爲右僕射。改新亭爲中興亭。

夏五月乙亥，輔國將軍朱脩之剋東府。丙子，剋建鄴，〔二一〕二凶及同逆並伏誅。庚辰，詔分遣大使巡省方俗。是日解嚴。辛巳，幸東府城。甲申，尊所生路淑媛爲皇太后。乙酉，立妃王氏爲皇后。壬辰，以太尉江夏王義恭爲太傅，領大司馬。甲午，謁初寧陵，曲赦建鄴二百里內，并蠲今年租稅。戊戌，以撫軍將軍南平王鑠爲司空，建平王宏爲尚書左僕射。

六月丙午，車駕還宮。初置殿門及上閤門屯兵。庚午，〔二二〕以丹陽尹褚湛之爲尚書右僕射。庚申，詔有司論功班賞各有差。辛酉，安西將軍、西秦河二州刺史吐谷渾拾寅進號鎮西大將軍、開府儀同三司。辛未，改封南譙王義宣爲南郡王，隨王誕爲竟陵王。

閏月丙子，遣兼散騎常侍樂詢等十五人巡行風俗。庚申，〔二三〕加太傅江夏王義恭錄尚

二十四史

書事，以荆州刺史竟陵王誕爲侍中、驃騎大將軍、開府儀同三司、揚州刺史。甲申，蠲尋陽、西陽郡租布三年。是月，置衞尉官。

秋七月辛丑朔，日有蝕之。辛酉，詔崇儉約，禁淫侈。己巳，司空南平王鑠薨，以侍中南郡王世子恢爲尚書右僕射。

冬十月癸未，聽訟於閱武堂。

十一月丙辰，停臺省衆官朔望問訊。丙寅，高麗國遣使朝貢。

十二月甲戌，省都水使者官，置水衡令官。癸未，以將置東宮，省太子率更令、步兵、翊軍校尉、旅賁中郎將、冗從僕射、左右積弩將軍官。中庶子、中舍人、庶子、舍人、洗馬各減舊員之半。

孝建元年春正月己亥朔，祀南郊，大赦，改元。壬戌，更鑄四銖錢。丙寅，立皇子子業爲皇太子，賜天下爲父後者爵一級。是月，起正光殿。

二月庚午，〔二四〕豫州刺史魯爽，車騎將軍、江州刺史臧質，丞相、荆州刺史南郡王義宣，兗州刺史徐遺寶舉兵反。〔二五〕壬午，曲赦豫州。

三月己亥，〔二六〕內外戒嚴。

夏五月甲寅，義宣等攻梁山，左衞將軍王玄謨大破之。己未，解嚴。癸亥，以吳興太守劉延孫爲尚書右僕射。

六月戊辰，臧質走至武昌，爲人所斬，傳首建鄴。甲戌，撫軍將軍柳元景進號撫軍大將軍，及鎮北大將軍沈慶之並開府儀同三司。癸未，罷南蠻校尉官。戊子，省錄尚書官。庚寅，義宣於江陵賜死。

秋七月丙申朔，日有蝕之，既。丙辰，大赦，賜文武爵一級。

冬十月戊寅，詔開建仲尼廟，制同諸侯之禮，詳擇爽塏，厚給祭秩。

十一月癸卯，復置都水使者官。始課南徐州僑人租。

是歲，魏興光元年。

二年春二月己丑，婆皇國遣使朝貢。丙寅，以南兗州刺史沈慶之爲左光祿大夫、開府儀同三司。

夏四月壬申，河南國遣使朝貢。

五月乙未，熒惑入南斗。戊戌，以湘州刺史劉遵考爲尚書右僕射。

六月甲子，以國哀除釋，大赦。

秋七月癸巳，立皇弟休祐爲山陽王、休茂爲海陵王、休業爲鄱陽王。己酉，槃槃國遣使朝貢。

八月庚申，雍州刺史武昌王渾有罪，廢爲庶人，自殺。辛酉，干陁利國遣使朝貢。〔二七〕三吳饑，詔所在振貸。

九月丁亥，〔二八〕閱武於宣武場。

冬十月壬午，以揚州刺史竟陵王誕爲司空、南徐州刺史，以尚書左僕射建平王宏爲尚書令。

十一月辛亥，高麗國遣使朝貢。

是歲，魏太安元年。

三年春正月庚寅，立皇弟休範爲順陽郡王，休若爲巴陵郡王。戊戌，立皇子子尚爲西陽郡王。辛丑，祀南郊。以驃騎將軍建昌忠公到彥之，衞將軍、左光祿大夫新建文宣侯王華，豫寧文侯王曇首配饗文帝廟庭。壬子，皇太子納妃。甲寅，大赦。羣臣上禮。

二月丁丑，制朔望臨西堂，接羣下，受奏事。

閏三月癸酉，鄱陽王休業薨。

夏四月甲子，〔二九〕初禁人車及酒肆器用銅。

五月辛酉，制荆、徐、兗、豫、雍、青、冀七州統內，家有馬一匹者，蠲復一丁。

秋九月壬戌，以丹陽尹劉遵考爲尚書右僕射。〔三〇〕

冬十月丙午，太傅江夏王義恭進位太宰，領司徒。

大明元年春正月辛亥朔，大赦，改元。庚午，都下雨水。辛未，遣使檢行，賜以樵米。

三月壬戌，制大臣加班劍者不得入宮城門。

夏四月，都下疾疫。丙申，遣使巡，賜給醫藥；死而無收斂者，官爲斂埋。

五月，吳興、義興大水，人飢。乙卯，遣使開倉振卹。癸酉，〔三一〕聽訟于華林園。自是，非巡狩軍役，則車駕歲三臨訊。丙寅，芳香琴堂東西有雙橘連理，景陽樓上層西南梁栱間有紫氣，清暑殿西甍鴟尾中央生嘉禾，一株五莖。改景陽樓爲慶雲樓，清暑殿爲嘉禾殿，芳香琴堂爲連理堂。乙亥，以輔國將軍梁瑾葱爲河州刺史，封宕昌王。

秋七月辛未，土斷雍州諸僑郡縣。

九月，建康、秣陵二縣各置都官從事一人，司水、火、劫、盜。

冬十月甲辰，以百濟王餘慶爲鎮東大將軍。

中華書局

十二月丁亥，改封順陽王休範爲桂陽王。

二年春正月辛亥，祀南郊。丙辰，復郡縣田秩，并九親祿奉。壬戌，拜初寧陵。

二月丙戌，衞將軍、尚書令建平王宏以本號開府儀同三司，以丹陽尹褚湛之爲尚書左僕射。

三月丁未，尚書令建平王宏薨。乙卯，以田農要月，命太官停殺牛。

夏四月甲申，立皇子子綏爲安陸王。辛丑，地震。

六月戊寅，增置吏部尚書一人，省五兵尚書官。丁亥，加左光祿大夫何尚之開府儀同三司。

秋八月丙戌，中書令王僧達下獄死。

九月壬戌，襄陽大水，遣使巡行振卹。庚午，置武衞將軍、武騎常侍官。

冬十二月己亥，制諸王及妃主庶姓位從公者，喪事聽設凶門，餘悉斷。

是歲，河南、高麗、林邑等國並遣使朝貢。

三年春正月己丑，以領軍將軍柳元景爲尚書令。

二月乙卯，以揚州所統六郡爲王畿，以東揚州爲揚州。甲子，復置廷尉監官。

夏四月乙卯，司空、南兗州刺史竟陵王誕有罪，貶爵，誕不受命，據廣陵反。以沈慶之爲車騎大將軍、開府儀同三司、南兗州刺史，討誕。

秋七月己巳，〔三三〕剋廣陵城，斬誕，悉誅城內男丁，以女口爲軍賞。是日解嚴。辛未，大赦。丙子，以丹陽尹劉秀之爲尚書右僕射。丙戌，加南兗州刺史沈慶之位司空。

九月壬辰，於玄武湖北立上林苑。甲午，移南郊壇於牛頭山，以正陽位。

冬十一月甲子，立皇后蠶宮於西郊。

十二月辛酉，置謁者僕射官。

是歲，婆皇、河西、高麗、肅愼等國各遣使朝貢。西域獻儛馬。

四年春正月辛未，祀南郊。甲戌，宕昌國遣使朝貢。乙亥，親耕藉田，大赦。庚寅，立皇子子勛爲晉安王，子房爲尋陽王，子頊爲歷陽王，子鸞爲襄陽王。

三月甲申，皇后親桑于西郊。

夏四月丙午，詔四時供限，詳減太半。辛亥，太宰江夏王義恭等表請封岱宗，詔不從。

辛酉，詔以都下疾疫，遣使存問，并給醫藥。其亡者隨宜賑卹。

五月丙戌，尚書左僕射褚湛之卒。

秋七月甲戌，左光祿大夫、開府儀同三司何尚之薨。〔三四〕

八月，雍州大水，甲寅，遣加賑卹。

九月丁亥，改封襄陽王子鸞爲新安王。

冬十月庚寅，遣新除司空沈慶之討緣江蠻。

十一月戊辰，改細作署令爲左右御府令。丙戌，復置大司農官。

十二月辛丑，幸廷尉寺，宥繫囚。魏遣使通和。丁未，幸建康縣，原放獄囚。倭國遣使朝貢。

是歲，魏和平元年。

五年春正月戊午朔，華雪降，散爲六出，上悅，以爲瑞。

二月癸巳，閱武，軍幢以下，普加班錫，多所原宥。

三月甲戌，行幸江乘，遣祭故太保王弘、光祿大夫王曇首墓。

夏四月癸巳，改封西陽王子尚爲豫章王。丙申，加尚書令柳元景左光祿大夫、開府儀同三司。丙午，雍州刺史海陵王休茂殺司馬庾深之，舉兵反，參軍尹玄慶起義，斬之，傳首

建鄴。

五月，起明堂於國學南丙巳之地。癸亥，制帝室朞親，官非祿官者，月給錢十萬。

秋七月丁卯，高麗國遣使朝貢。庚午，曲赦雍州。

八月戊子，立皇子子仁爲永嘉王，子眞爲始安王。己丑，詔以來歲修葺庠序，旌延國胄。庚寅，制方鎮所假白板郡縣，年限依臺除，食祿三分之一，不給送故。衞將軍東海王禕以本號開府儀同三司。

九月甲寅，日有蝕之。丁卯，行幸琅邪郡，原遣囚繫。庚午，河、濟淸。

閏月丙申，初立馳道，自閶闔門至于朱雀門，又自承明門至于玄武湖。壬寅，改封歷陽王子頊爲臨海王。

冬十月甲寅，以南徐州刺史劉延孫爲尚書左僕射。

十二月壬申，以領軍將軍劉遵考爲尚書右僕射。甲戌，制天下人戶歲輸布四匹。

六年春正月辛卯，祀南郊。是日，又宗祀文皇帝于明堂，以配上帝。大赦。乙未，置五官中郎將、左右中郎將官。

二月乙卯，復百官祿。

中華書局

二十四史

三月庚寅，立皇子子元爲邵陵王。壬寅，以倭世子興爲安東將軍、倭國王。

夏四月庚申，新作大航門。

五月丙戌，置凌室于覆舟山，修藏冰之禮。

六月辛酉，尚書左僕射劉延孫卒。

秋七月甲申，地震，有聲如雷，兗州尤甚，於是魯郡山搖者二。乙未，立皇子子雲爲晉陵王。

八月乙丑，置清臺令官。

九月，制沙門致敬人主。乙未，以尚書右僕射劉遵考爲左僕射，以丹陽尹王僧朗爲右僕射。

冬十月丁卯，詔上林苑內士庶丘墓欲還合葬者，勿禁。

十一月己卯，陳留王曹虔秀薨。

七年春正月癸未，詔克日於玄武湖大閱水師，并巡江右，講武校獵。丁亥，以右衞將軍顏師伯爲尚書左僕射。

二月甲寅，車駕巡南豫、南兗二州。丁巳，校獵烏江。己未，登烏江縣六合山。壬戌，

大赦，行幸所經，無出今年租布，賜人爵一級，女子百戶牛酒，郡守邑宰及人夫從蒐者，普加霑賚。又詔蠲歷陽郡租輸三年，遣使巡慰，問人疾苦。癸亥，行幸尉氏，觀溫泉。壬申，車駕至都，拜二廟，乃還宮。

夏四月甲子，詔自今非臨軍戰陣，一不得專殺；其罪入重辟者，〔三四〕皆依舊先上須報，有司嚴加聽察，犯者以殺人罪論。

五月丙子，詔自今刺史守宰動人興軍，皆須手詔施行；〔三五〕惟邊隅外警及姦釁內發，變起倉卒者，不從此例。

六月戊申，蠕蠕、高麗等國並遣使朝貢。

秋七月乙亥，進高麗王高璉位車騎大將軍、開府儀同三司。

八月乙丑，立皇子子孟爲淮南王、子產爲臨賀王。車駕幸建康、秣陵縣訊獄囚。

九月庚寅，以南徐州刺史新安王子鸞爲兼司徒。乙未，幸廷尉訊獄囚。丙申，立皇子子嗣爲東平王。

冬十月壬寅，皇太子冠，賜王公以下帛各有差。戊申，車駕巡南豫州，奉太后以行。癸丑，行幸江寧縣訊獄囚。加車騎將軍、揚州刺史豫章王子尚開府儀同三司。癸亥，以開府儀同三司東海王禕爲司空，加中軍將軍義陽王昶開府儀同三司。己巳，校獵於姑孰。

十一月丙子，曲赦南豫州殊死以下。巡幸所經，詳減今歲田租。乙酉，詔祭晉大司馬桓溫、征西將軍毛璩墓。上於行所訊溧陽、永世、丹陽縣囚。癸巳，祀梁山，大閱水師。於中江，有白雀二集華蓋，有司奏改元爲神雀，詔不許。乙未，原放行獄徒繫。浙江東諸郡大旱。

十二月壬寅，遣使開倉賑卹，聽受雜物當租。丙午，行幸歷陽。甲寅，大赦，賜歷陽郡女子百戶牛酒，蠲郡租十年。己未，加太宰江夏王義恭尚書令。於博望梁山立雙闕。癸亥，至自歷陽。〔三六〕

八年春正月辛巳，祀南郊。是日，還宗祀文帝于明堂。甲戌，詔曰：「東境去歲不稔，宜廣商貨，遠近販鬻米粟者，可停道中雜稅。其以仗自防，悉勿禁。」

夏閏五月壬寅，以太宰江夏王義恭領太尉。庚申，帝崩於玉燭殿，時年三十五。七月丙午，葬于丹陽秣陵縣巖山景寧陵。

帝末年爲長夜之飲，每旦寢興，盥嗽畢，仍復命飲，俄頃數斗，憑几惛睡，若大醉者。或外有奏事，便肅然整容，無復酒色。外內服其神明，莫敢弛惰。

前廢帝諱子業，小字法師，孝武帝長子也。元嘉二十六年正月甲申生。孝武鎮尋陽，帝留都下。三十年，孝武入伐，元凶囚帝於侍中下省，將加害者數矣，卒得無恙。及孝武踐阼，立爲皇太子。始未之東宮，中庶子、二率並入直永福省。大明二年，出居東宮。〔三七〕七年，加元服。

八年閏五月庚申，〔三八〕孝武崩，其日，太子卽皇帝位，大赦。加驃騎大將軍柳元景尚書令。甲子，置錄尚書官，以太宰江夏王義恭錄尚書事，加驃騎大將軍柳元景開府儀同三司。

秋七月庚戌，婆皇國遣使朝貢。崇皇太后爲太皇太后，皇后曰皇太后。乙卯，罷南北二馳道，改孝建以來所變制度，還依元嘉。丙辰，追崇獻妃爲獻皇后。

八月己丑，皇太后崩。〔三九〕

九月乙卯，文穆皇后祔葬景寧陵。

冬十二月乙酉，以尚書左僕射顏師伯爲尚書僕射。〔四〇〕壬辰，以王畿諸郡爲揚州，以揚州爲東揚州。癸巳，加車騎將軍、揚州刺史豫章王子尚位司徒。

去歲及是歲，東諸郡大旱，甚者米一斗數百，都下亦至百餘，餓死者十六七。孝建以來，又立錢署鑄錢，百姓因此盜鑄，錢轉僞小，商貨不行。

中華書局

景和元年春正月乙未朔，大赦，改元爲永光。乙巳，省諸州臺傳。

二月乙丑，減州郡縣田祿之半。庚寅，鑄二銖錢。

夏五月，魏文成皇帝崩。

秋八月庚午，以尚書僕射顏師伯爲左僕射，吏部尚書王景文爲右僕射。癸酉，帝自率宿衞兵誅太宰江夏王義恭、尚書令柳元景、左僕射顏師伯、廷尉劉德願。改元爲景和。甲戌，以司徒、揚州刺史豫章王子尚領尚書令。乙亥，帝釋素服，御錦衣。以始興公沈慶之爲太尉。庚辰，以石頭城爲長樂宮，東府城爲未央宮。甲申，以北邸爲建章宮，南第爲長楊宮。己丑，復立南北二馳道。

九月癸巳，幸湖熟，奏鼓吹。戊戌，還宮。帝自以爲昔在東宮，不爲孝武所愛，及卽位，將掘景寧陵，太史言於帝不利而止。乃縱糞於陵，肆罵孝武帝爲「齇奴」，又遣發殷貴嬪墓，忿其爲孝武所寵。初，貴嬪薨，武帝爲造新安寺，乃遣壞之。又欲誅諸遠近僧尼。辛丑，免南徐州刺史新安王子鸞爲庶人，賜死。丁未，加衞將軍湘東王彧開府儀同三司。己酉，車駕討徐州刺史義陽王昶，內外戒嚴，昶奔魏。戊午，解嚴。開百姓鑄錢。

冬十月癸亥，曲赦徐州。丁卯，東陽太守王藻下獄死。以文帝第十女新蔡公主爲貴嬪

夫人，改姓謝氏。加武賁鈒戟，鸞輅龍旂，出警入蹕。矯言公主薨，空設喪事焉。乙酉，以豫州刺史山陽王休祐爲鎮軍大將軍、開府儀同三司。

十一月壬辰，寧朔將軍何邁下獄死。癸巳，殺新除太尉沈慶之。壬寅，立皇后路氏，四廂奏樂。曲赦揚、南徐二州。丁未，皇子生，少府劉曚之子也。大赦，贓汙淫盜，悉皆原蕩，賜爲父後者爵一級。壬子，以護軍將軍建安王休仁爲驃騎大將軍、開府儀同三司。戊午，南平王敬猷、廬陵王敬先、安南侯敬深並賜死。〔四〕

時帝凶悖日甚，誅殺相繼，內外百官，不保首領。先是，訛言湘中出天子，帝將南巡荆、湘以厭之，期旦誅除四叔，然後發引。是夜湘東王彧與左右阮佃夫、王道隆、李道兒密結帝左右壽寂之、姜產之等十一人，謀共廢帝。先是，帝好遊華林園竹林堂，使婦人倮身相逐，有一婦人不從命，斬之。經少時，夜夢游後堂，有一女子罵曰：「帝悖虐不道，明年不及熟矣。」帝怒，於宮中求得似所夢者一人戮之。其夕復夢所戮女罵曰：「汝枉殺我，已訴上帝。」至是，巫覡云「此堂有鬼」。帝與山陰公主及六宮綵女數百人隨羣巫捕鬼，屏除侍衞，帝親自射之。事畢，將奏靡靡之聲，壽寂之懷刀直入，姜產之爲副，諸姬迸逸，廢帝亦走。追及之，大呼：「寂！寂！」如此者三，手不能舉，乃崩於華光殿，時年十七。太皇太后令奉湘東王彧纂承皇統。於是葬帝於丹陽秣陵縣南郊壇西。

帝蠭目鳥喙，長頸銳下，幼而狷急，在東宮每爲孝武所責。孝武西巡，帝啓參承起居，書迹不謹，上詰讓之曰：「書不長進，此是一條耳。聞汝比素業都懈，狷戾日甚，何以頑固乃爾！」初踐阼，受璽紱，傲然無哀容。蔡興宗退而歎曰：「昔魯昭不戚，叔孫請死，國家之禍其在此乎。」帝始猶難諸大臣及戴法興等，既殺法興，諸大臣莫不震懾。於是又誅羣公，元凱以下，皆被毆捶牽曳，內外危懼，殿省騷然。太后疾篤，遣呼帝，帝曰：「病人間多鬼，可畏，那可往！」太后怒，語侍者曰：「將刀來破我腹，那得生寧馨兒！」及太后崩後數日，帝夢太后謂曰：「汝不仁不孝，本無人君之相，子尚愚悖如此，亦非運祚所及。孝武險虐滅道，怨結人神，兒子雖多，並無天命；大命所歸，應還文帝之子。」故帝聚諸叔都下，慮在外爲患。

山陰公主淫恣過度，謂帝曰：「妾與陛下雖男女有殊，俱託體先帝，陛下後宮數百，妾惟駙馬一人，事不均平，一何至此！」帝乃爲立面首左右三十人，進爵會稽郡長公主，秩同郡王，湯沐邑二千戶，給鼓吹一部，加班劍二十人。帝每出，公主與朝臣常共陪輦。

帝少好讀書，頗識古事，粗有文才，自造孝武帝誄及雜篇章，往往有辭采。以魏武有發丘中郎將、摸金校尉，乃置此二官，以建安王休仁、山陽王休祐領之，其餘事迹，分見諸列傳。

論曰：文帝幼年特秀，自稟君德。及正位南面，歷年長久，綱維備舉，條禁明密，罰有恒科，爵無濫品。故能內清外晏，四海謐如。而授將遣師，事乖分閫。才謝光武，而遙制兵略，至於攻戰日時，咸聽成旨，雖覆師喪旅，將非韓、白，而延寇蹙境，抑此之由。及至言泄衾衽，難結凶豎，雖禍生非慮，蓋亦有以而然。夫盡人命以自養，蓋惟桀、紂之行；觀夫大明之世，其將盡人命乎。雖周公之才之美，亦當終之以亂，由此言之，得歿亦爲幸矣。至如廢帝之事，行著于篇，假以中才之君，有一於此，足以致霣，況乎兼斯衆惡，不亡其可得乎！

校勘記

〔一〕甲戌　按上文僅出景平二年，則此甲戌竟不知屬何月。當據宋書補「七月」二字。

〔二〕冬十一月癸酉　「癸酉」各本作「庚午」。據宋書改。

〔三〕遣右將軍到彥之侵魏　「右」各本作「左」。按下文「右將軍到彥之自滑臺奔退」，則作「右」是，據宋書改。

〔四〕夏林邑闍婆娑州訶羅單國並遣使朝貢　「闍婆娑州」宋書作「闍婆州」。按下文十二年，宋書及本書又出「闍婆娑達國」，而宋書夷蠻傳、本書夷貊傳並有「闍婆達國」傳。疑衍「娑」字，脫「達」字。

字，「州」爲「國」之誤。當以傳爲正。

〔五〕闍婆娑達扶南國並遣使朝貢　「闍婆娑達」疑衍「娑」字，參上頁第四條校勘記。

〔六〕八月乙亥　按元嘉十二年八月丙戌朔，是月無乙亥。

〔七〕十五年春二月至封隴西王　「二月」各本作「正月」。據宋書改。按宋書「十五年春二月」下有「丁未」二字。是年二月辛丑朔，有丁未。正月辛未朔，無丁未，故當從宋書作「二月」。

〔八〕又命丹陽尹何尚之立玄素學　王懋竑讀書記疑：「素字衍文」。按王說是，「玄素學」僅此一見。

〔九〕葬元皇后於長寧陵　「元」各本作「袁」，惟元大德本作「元」。按「元」爲袁皇后謚號，本書始興王濬傳亦出「元皇后」。

〔一〇〕戊辰武都河南百濟等國並遣使朝貢　宋書「戊辰」下有「以南豫州刺史始興王濬爲揚州刺史」等三十八字，「武都」上有「是歲」二字。此於「戊辰」下删去三十八字，而入之以武都諸國並遣使朝貢，致諸國使來同在「戊辰」一日之內，非是，當據宋書以正。

〔一一〕沔水汎溢　「沔水」各本作「河水」，誤，據宋書改。

〔一二〕十九年夏四月甲戌上以久疾愈始奉初礿　「礿」各本作「祠」。按春祭曰祠，夏祭曰礿，據册府元龜二〇七改。

〔一三〕冬十月己亥　下有丙子。按元嘉二十一年十月癸亥朔，無己亥。十三日乙亥，十四日丙子，「己亥」當是「乙亥」之譌。

〔一四〕五月己卯　「己卯」各本作「乙卯」。按五月辛未朔，初九日己卯，無乙卯，據宋書改。

〔一五〕三月丁巳宴於丹徒宮　按元嘉二十六年三月丁卯朔，無丁巳，四月丙申朔，二十二日丁巳。疑「三月」爲「四月」之譌。

〔一六〕五月壬午至自丹徒　「壬午」上各本脫「五月」二字。按三月丁卯朔，無「壬午」及下文之「丙戌」、「壬辰」，五月丙寅朔，有此三日辰，據宋書補。

〔一七〕丁巳婆皇國戊戌河南國並遣使朝貢　按五月甲申朔，初二日乙酉，十五日戊戌，無丁巳。而上出「乙酉」，下出「戊戌」，中間有丁亥、丁酉及癸巳，不知究爲何日干支之譌。

〔一八〕九月丁亥　「丁亥」各本作「乙亥」。按是月壬午朔，初六日丁亥，無乙亥，據宋書改。

〔一九〕小字道人　「道人」宋書作「道民」，此避唐諱改。

〔二〇〕加雍州刺史臧質車騎將軍江州刺史並開府儀同三司　「江州刺史」上各本有「以」字，在「並開府儀同三司」下。按宋書作「安東將軍隨王誕爲衞將軍、開府儀同三司，荆州刺史；雍州刺史臧質爲車騎將軍、開府儀同三司、江州刺史」。此不當有「以」字，今據删。「江州刺史」亦移在「並」字上。「並」謂隨王誕、臧質並爲儀同三司。

〔二一〕丙子剋建鄴　「丙子」各本作「丙申」。按五月癸酉朔，初四日丙子，二十四日丙申。下文出初八日「庚辰」、初九日「辛巳」以至二十二日「甲午」諸日辰，則其前不得有「丙申」。建康實錄作「丙子」，是，今據改。

〔二二〕庚午　下有「辛未」。按元嘉三十年六月壬寅朔，辛未爲三十日，庚午當在辛未之前，卽二十九日。

〔二三〕庚申　上有「閏月丙子」，下有「甲申」。按元嘉三十年閏六月壬申朔，初五日丙子，十三日甲申，中間有九日庚辰，無庚申。疑「庚申」爲「庚辰」之譌。

〔二四〕二月庚午　「庚午」各本作「庚子」。按是月戊辰朔，初三日庚午，無庚子，據宋書改。

〔二五〕兗州刺史徐遺寶舉兵反　「遺」各本作「道」。張森楷南史校勘記：「宋書『道』作『遺』，據義宣及垣護之傳並作『遺寶』，則『道』字誤也。」按建康實錄作「遺」，今據改。

〔二六〕三月己亥　「己亥」各本作「癸亥」。宋書「癸亥」下出「辛丑」，通鑑考異云：「按長曆是月戊戌朔，癸亥二十六日，辛丑乃四日也。當作己亥。」按是月己亥爲初二日。考異說是，今從改。

〔二七〕干陀利國遣使朝貢　「干」各本作「斤」。據夷貊傳改。按此「干陀利」宋書作「斤陀利」，實卽一國。南史誤分爲二。

〔二八〕九月丁亥　按孝建二年九月己丑朔，是月無丁亥。

〔二九〕夏四月甲子　按孝建三年四月乙酉朔，是月無甲子。

〔三〇〕以丹陽尹劉遵考爲尚書右僕射　「右」各本作「左」。按宋書大明三年春正月己丑紀：「尚書右

僕射劉遵考爲領軍將軍」，則作「右」是，據通鑑改。

〔三一〕癸酉　下有丙寅。按大明元年五月己酉朔，十八日丙寅，二十五日癸酉，癸酉不應在丙寅前。

〔三二〕秋七月己巳　「七月」各本作「八月」，「己巳」南監本、局本並作「乙巳」。按七月丁卯朔，有己巳，無乙巳。八月丙申朔，有乙巳，無下文之辛未、丙子、丙戌。宋書作「秋七月己巳」，今據改。

〔三三〕左光祿大夫開府儀同三司何尚之薨　「左」各本並脫。按大明二年六月丁亥紀：「加左光祿大夫何尚之開府儀同三司」，據宋書補。

〔三四〕其罪入重辟者　「入」各本作「人」，形近而譌，今改正。按宋書作「甚」，通鑑作「應」。

〔三五〕皆須手詔施行　「手」各本作「守」。王懋竑讀書記疑：「『守』當作『手』。」按宋書作「手」，今據改。

〔三六〕癸亥至自歷陽　「癸亥」各本作「癸未」。按十二月辛丑朔，二十三日癸亥，無癸未，據宋書改。

〔三七〕出居東宮　各本脫「居」字，據册府元龜二六七補。

〔三八〕八年閏五月庚申　「庚申」各本作「庚午」。按是月戊戌朔，無庚午。孝武紀作「庚申」，今據改。

〔三九〕八月己丑皇太后崩　「己丑」各本作「乙丑」。按是月丁卯朔，無乙丑，據建康實錄及通鑑改。

〔四〇〕以尚書左僕射顏師伯爲尚書僕射　「左」各本作「右」。按孝武大明七年春正月丁亥紀：「以右衞將軍顏師伯爲尚書左僕射」，今據改。

〔四一〕南平王敬猷廬陵王敬先安南侯敬深並賜死　「深」宋書作「淵」，此避唐諱改。

二十四史
中華書局

南史卷三

宋本紀下第三

太宗明皇帝諱彧，字休景，〔一〕小字榮期，文帝第十一子也。元嘉十六年十月生。二十五年，封淮陽王，二十九年改封湘東王。孝武踐阼，累遷鎮軍將軍、雍州刺史。

是歲入朝，時廢帝疑畏諸父，以上付廷尉，明日將加禍害，上乃與腹心阮佃夫、李道兒等密謀。時廢帝左右直閤將軍宗越、譚金、童太一等是夜並外宿，佃夫、道兒因結壽寂之等，十一月二十九日，弒廢帝於後堂。〔二〕建安王休仁便稱臣，奉引升西堂，登御坐。事出倉卒，上失履，跣，猶著烏紗帽，休仁呼主衣以白紗代之。未卽位，凡衆事悉稱令書。己未，司徒豫章王子尙、山陰公主並賜死，宗越、譚金、童太一伏誅。

十二月庚申朔，令書以東海王禕爲中書監、太尉，以晉安王子勛爲車騎將軍、開府儀同三司。癸亥，以建安王休仁爲司徒、尙書令、揚州刺史。乙丑，改封安陸王子綏爲江夏王。

泰始元年卽大明九年也，〔三〕魏和平六年。冬十二月丙寅，皇帝卽位于太極前殿，大赦，改元。辛未，改封臨賀王子產爲南平王，晉熙王子輿爲廬陵王。壬申，以王景文爲尙書僕射。乙亥，追尊所生沈婕妤曰宣皇太后。戊寅，改太皇太后爲崇憲皇太后，〔四〕立皇后王氏。罷二銖錢。

江州刺史晉安王子勛舉兵反，鎭軍長史鄧琬爲其謀主，雍州刺史袁顗赴之。〔五〕壬午，謁太廟。甲申，郢州刺史安陸王子綏、會稽太守尋陽王子房、臨海王子頊並舉兵同逆。

二年春正月乙未，〔六〕晉安王子勛僭卽僞位於尋陽，年號義嘉。壬辰，徐州刺史薛安都舉兵反。甲午，內外戒嚴，司徒建安王休仁都督諸軍南討。丙申，徐州刺史申令孫、司州刺史龐孟虯、豫州刺史殷琰、青州刺史沈文秀、冀州刺史崔道固、湘州行事何慧文、廣州刺史袁曇遠、益州刺史蕭惠開、梁州刺史柳元怙並同逆。〔七〕丙午，車駕親御六軍，頓中興堂。辛亥，南豫州刺史山陽王休祐改爲豫州刺史，西討。吳郡太守顧琛、吳興太守王曇生、義興太守劉延熙、晉陵太守袁標、山陽太守程天祚並舉兵反。鎭東將軍巴陵王休若統軍東討。壬子，崇憲皇太后崩。

二月乙丑，以蔡興宗爲尙書右僕射。壬申，吳興太守張永、右軍將軍蕭道成東討，〔八〕平晉陵。丁亥，建武將軍吳喜公率諸軍破賊於吳、吳興、會稽，平定三郡，同逆皆伏誅。〔九〕輔國將軍蕭道成前鋒北討，輔國將軍劉勔前鋒西討。劉胡衆四萬據赭圻。

三月庚寅，撫軍將軍殷孝祖攻赭圻，死之。以輔國將軍沈攸之代爲南討前鋒。賊衆稍盛，袁顗頓鵲尾，連營至濃湖，衆十餘萬。丙申，南徐州刺史桂陽王休範總統北討諸軍事。戊戌，貶尋陽王子房爵爲松滋縣侯。癸卯，令人入米七百石者除郡，減此各有差。壬子，斷新錢，專用古錢。

夏五月甲寅，葬崇憲皇太后於脩寧陵。

秋七月丁酉，以仇池太守楊僧嗣爲北秦州刺史，封武都王。

八月己卯，司徒建安王休仁率衆軍大破賊，斬僞尙書僕射袁顗，進討江、郢、荆、湘、雍五州，平之。晉安王子勛、安陸王子綏、臨海王子頊、邵陵王子元並賜死，同黨皆伏誅。諸將帥封賞各有差。

九月癸巳，六軍解嚴。戊戌，以王玄謨爲左光祿大夫、開府儀同三司，領護軍將軍。

冬十月乙卯，永嘉王子仁、始安王子眞、淮南王子孟、南平王子產、廬陵王子輿、松滋侯子房並賜死。丁卯，以沈攸之爲中領軍，與張永俱北討。戊寅，立皇子昱爲皇太子。

十一月壬辰，立建平王景素子延年爲新安王。

十二月，薛安都要引魏軍，張永、沈攸之大敗，於是遂失淮北四州及豫州淮西地。

是歲，魏天安元年。

三年春正月庚子，以農役將興，詔太官停宰牛。癸卯，曲赦豫、南豫二州。

閏正月庚午，都下大雨雪，遣使巡行，振貸各有差。

二月甲申，爲戰亡將士舉哀。丙申，曲赦靑、冀二州。

夏四月丙戌，詔以故丞相江夏文獻王、故太尉巴東忠烈公柳元景、故司空始興襄公沈慶之、故征西將軍洮陽肅侯宗愨陪祭孝武廟庭。庚子，立桂陽王休範第二子德嗣爲廬陵王，立侍中劉韞第二子銑爲南豐王，以奉廬江昭王、南豐哀王祀。

五月丙辰，詔宣太后崇寧陵禁內墳瘞遷徙者給葬直，蠲復其家。壬戌，以太子詹事袁粲爲尙書僕射。

秋八月壬寅，以中領軍沈攸之行南兗州刺史，率衆北伐。

九月戊午，以皇后六宮以下雜衣千領、金釵千枚，賜北伐將士。

冬十月壬午，改封新安王延年爲始平王。辛丑，以鎭西大將軍、西秦河二州刺史吐谷渾拾寅爲征西大將軍。

中華書局

十一月，立建安王休仁第二子伯猷爲江夏王。

是歲，魏皇興元年。

四年春正月丙辰朔，雨草于宮。乙亥，零陵王司馬勗薨。

二月乙巳，左光祿大夫、開府儀同三司王玄謨薨。

三月，交州人李長仁據州叛。祅賊攻廣州，殺刺史羊希，龍驤將軍陳伯紹討平之。

夏四月丙申，改封東海王禕爲廬江王，山陽王休祐爲晉平王。

秋九月戊辰，詔定黥刖之制。有司奏：「自今凡劫竊執官仗、拒戰邏司、攻剽亭寺及傷害吏人，并監司將吏自爲劫，皆不限人數，悉依舊制斬刑。若遇赦，黥及兩頰『劫』字，斷去兩脚筋，徙付交、梁、寧州。五人以下止相逼奪者，亦依黥作『劫』字，斷去兩脚筋，徙付遠州。若遇赦，原斷徒猶黥面，依舊補冶士。家口應及坐，悉依舊結讁。」及上崩，其例乃寢。

庚午，上備法駕幸東宮。

冬十月癸酉朔，日有蝕之，發諸州兵北伐。

五年春正月癸亥，親耕藉田。乙丑，魏剋青州，執刺史沈文秀以歸。

二月丙申，以廬江王禕爲車騎將軍、開府儀同三司、南豫州刺史。

夏六月辛未，立晉平王休祐子宣曜爲南平王。

秋七月壬戌，改輔國將軍爲輔師將軍。

九月甲寅，立長沙王纂子延之爲始平王。

冬十月丁卯朔，日有蝕之。

十一月丁未，魏人來聘。

十二月庚申，分荆、益之五郡置三巴校尉。

六年春正月乙亥，初制間二年一祭南郊，間一年一祭明堂。

夏四月癸亥，立皇子燮爲晉熙王。

六月癸卯，以王景文爲尚書左僕射、揚州刺史，以袁粲爲右僕射。己未，改臨賀郡爲臨慶郡。

秋七月丙戌，臨慶王智井薨。

九月戊寅，立總明觀，徵學士以充之。置東觀祭酒，訪舉各一人，舉士二十人，分爲儒、道、文、史、陰陽五部學，言陰陽者遂無其人。

冬十月辛卯，立皇子贊爲武陵王。〔10〕

十二月癸巳，以邊難未息，制父母陷在異域者，悉使婚宦。

七年春正月甲戌，置散騎奏舉郎。

二月癸丑，征西將軍、荆州刺史巴陵王休若進號征西大將軍，及征南大將軍、江州刺史桂陽王休範並開府儀同三司。甲寅，南徐州刺史晉平王休祐薨。

三月辛酉，魏人來聘。

夏五月戊午，鴆司徒建安王休仁。庚午，以袁粲爲尚書令，褚彥回爲右僕射。〔11〕丙戌，追免晉平王休祐爲庶人。

秋七月丁巳，罷散騎奏舉郎。乙丑，江州刺史巴陵王休若賜死。

八月戊子，以皇子躋繼江夏文獻王義恭。庚寅，帝疾間。戊戌，立皇子準爲安成王。

是歲，魏孝文帝延興元年。

泰豫元年春正月甲寅朔，上以疾未瘥，故改元。丁巳，巨人跡見西池冰上。

夏四月己亥，上疾大漸。加江州刺史桂陽王休範位司空，以劉勔爲尚書右僕射，蔡興

宗爲征西將軍、開府儀同三司、荆州刺史，郢州刺史沈攸之進號安西將軍。〔12〕袁粲、褚彥回、劉勔、蔡興宗、沈攸之入閤被顧命。是日，上崩于景福殿，時年三十四。五月戊寅，葬臨沂縣莫府山高寧陵。

帝好讀書，愛文義，在藩時撰江左以來文章志，又續衞瓘所注論語二卷。及即大位，舊臣才學之士多蒙引進。末年好鬼神，多忌諱，言語文書有禍敗凶喪疑似之言應回避者，犯即加戮。改「騧」馬字爲「馬」邊「瓜」，以「騧」字似「禍」故也。嘗以南苑借張永，云：「且給三百年，期盡更請。」宣陽門謂之白門，上以白門不祥，諱之。尚書右丞江謐嘗誤犯，上變色曰：「白汝家門！」路太后停屍漆牀移出東宮，上幸宮見之，怒，免中庶子，以之坐死者數十人。內外常慮犯觸，人不自保。移牀修壁，先祭土神，使文士爲祝策，如大祭饗。

阮佃夫、楊運長、王道隆皆擅威權，言爲詔敕，郡守令長一缺十除，內外混然，官以賄命，王、阮家富於公室。中書舍人胡母顥專權，奏無不可。時人語曰：「禾絹閉眼諾，胡母大張橐。」「禾絹」謂上也。及泰始、泰豫之際，左右失旨，往往有刳斮斷截，禁中懍懍若踐刀劍。夜夢豫章太守劉愔反，遣就郡殺之。軍旅不息，府藏空虛，內外百官並斷祿奉。在朝造官者皆市井傭販之子。而又令小黃門於殿內埋錢以爲私藏。以蜜漬鱁鮧，一食數升，噉臘肉常至二百臠。奢費過度，每所造制，必爲正御三十，副御、次副又各三十。須一物，輒

二十四史 中華書局

遣九十枚。天下騷然，民不堪命。宋氏之業，自此衰矣。

後廢帝諱昱，字德融，明帝長子也。大明七年正月辛丑，生於衞尉府。帝母陳氏，李道兒妾，明帝納之，故人呼帝爲李氏子，帝亦自稱李將軍。明帝諸子在孕，皆以周易筮之，卽以所得卦爲小字，故帝小字慧震。泰始二年，立爲皇太子。六年，出東宮。又制太子元正朝賀，服衮冕九章衣。明帝崩，庚子，太子卽皇帝位，大赦。尚書令袁粲、護軍將軍褚彥回共輔朝政，班劍依舊入殿。

六月乙巳，尊皇后曰皇太后，立皇后江氏。

秋七月戊辰，拜帝所生陳貴妃爲皇太妃。

八月戊午，中書監、左光祿大夫、開府儀同三司蔡興宗薨。

冬十一月己亥，新除郢州刺史劉彥節爲尚書左僕射。[一三]

元徽元年春正月戊寅，大赦改元。詔自元年以前徙放者並聽還本。魏人來聘。

夏六月乙卯，壽陽大水。

秋八月，都下旱。庚午，陳留王曹銑薨。

九月丁亥，立衡陽王嶷子伯玉爲南平王。

冬十二月癸卯朔，日有蝕之。乙巳，進桂陽王休範位太尉。癸亥，立前建安王世子伯融爲始安縣王。

二年夏五月壬午，江州刺史桂陽王休範舉兵反。庚寅，內外戒嚴，中領軍劉勔、右衞將軍蕭道成前鋒南討，出屯新亭；征北將軍張永屯白下；前南兗州刺史沈懷明戍石頭；衞將軍袁粲、中軍將軍褚彥回入衞殿省。壬辰，賊奄至，攻新亭壘，道成拒擊，大破之。越騎校尉張苟兒斬休範，賊黨杜黑蠡、丁文豪分軍向朱雀航，劉勔拒賊，敗績，死之。右將軍王道隆奔走，遇害。張永潰于白下，沈懷明自石頭奔散。甲午，車騎典籤茅恬開東府納賊，賊入屯中堂，羽林監陳顯達擊，大破之。丙申，張苟兒等又破賊，進平東府城，梟禽羣賊。丁酉，大赦，解嚴。荆州刺史沈攸之、南徐州刺史建平王景素、郢州刺史晉熙王燮、湘州刺史王僧虔、雍州刺史張興世並舉義兵赴建鄴。[一四]

六月癸卯，晉熙王燮遣軍剋尋陽，江州平。壬戌，改輔師將軍還爲輔國。

秋七月庚辰，立皇弟友爲邵陵王。乙酉，南徐州刺史建平王景素進號征北將軍、開府儀同三司。

九月丁酉，以袁粲爲中書監，領司徒。加護軍將軍褚彥回爲尚書令。

冬十一月丙戌，帝加元服。

十二月癸亥，立皇弟躋爲江夏王，贊爲武陵王。

三年春三月己巳，都下大水。

夏六月，魏人來聘。

秋七月庚戌，以袁粲爲尚書令。

九月丙辰，征西大將軍河南王吐谷渾拾寅進號車騎大將軍。[一五]

四年夏六月乙亥，加蕭道成尚書左僕射。

秋七月戊子，建平王景素據京城反。己丑，內外纂嚴。遣驍騎將軍任農夫、冠軍將軍黃回北討，蕭道成總統衆軍。始安王伯融、都鄉侯伯猷並賜死。乙未，剋京城，斬景素，同逆皆伏誅。

八月丁卯，立皇弟翽爲南陽王，嵩爲新興王，禧爲始建王。

九月戊子，驍騎將軍高道慶有罪，賜死。己丑，車騎將軍、揚州刺史安成王準進號驃騎大將軍、開府儀同三司。

冬十月辛酉，以王僧虔爲尚書右僕射。

五年夏四月甲戌，豫州刺史阮佃夫、步兵校尉申伯宗、朱幼謀廢立，皆伏誅。

五月，地震。

六月甲戌，誅司徒左長史沈勃、散騎常侍杜幼文、游擊將軍孫超之、長水校尉杜叔文。

七月戊子夜，帝遇弒於仁壽殿，時年十五。己丑，皇太后令貶帝爲蒼梧郡王，葬丹陽秣陵縣郊壇西。

初帝之生夕，明帝夢人乘馬，馬無頭及後足，有人曰：「太子也。」及在東宮，五六歲能緣漆帳竿，去地丈餘，如此者半食久乃下。[一六]漸長，喜怒乖節，左右失旨者手加撲打，徒跣蹲踞。及嗣位，內畏太后，外憚大臣，猶未得肆志。自加元服，三年，好出入，單將左右，或十里、二十里，或入市里，遇慢罵則悅而受焉。四年，無日不出，與左右解僧智、張五兒恒夜出開承明門，夕去晨反，晨出暮歸，從者並執鋌矛，行人男女及犬馬牛驢逢無免者。人間擾懼，晝日不開門，道無行人。嘗著小袴，不服衣冠。有白梧數十，各有名號，鉗鑿錐鋸，不離左右，爲擊腦、槌陰、剖心之誅，日有數十。常見卧屍流血，然後爲樂。左右人見有嚬眉者，帝令其正立，以矛刺洞之。曜靈殿上養驢數十頭，所自乘馬，養於御牀側。與右衞翼輦營女子私通，每從之遊，持數千錢爲酒肉之費。出逢婚姻葬送，輒與挽車小兒羣聚飲酒，以爲歡適。阮佃夫腹心人張羊爲佃夫委信，佃夫敗，叛走，復捕得，自於承明門以車轢殺之。殺杜延載、杜幼文、躬運矛鋋，手自臠割。察孫超有蒜氣，剖腹視之。執楯馳馬，自往刺杜叔文於玄武北湖。孝武帝二十八子，明帝殺其十六，餘皆帝殺之。吳興沈勃多寶貨，往劫之，揮刀獨前，左右未至，勃時居喪在廬，帝望見之，便投鋋，不中；勃知不免，手搏帝耳，唾罵之曰：「汝罪踰桀、紂，屠戮無日！」遂見害，帝自臠割。制露車一乘，施筝，乘以出入，從數十人，羽儀追之，恒不相及；又各慮禍，亦不敢追，但整部伍，別在一處瞻望而已。凡諸鄙事，過目則能，鍛銀、裁衣、作帽，莫不精絕。未嘗吹篪，執管便韻。天性好殺，一日無事，輒慘慘不樂。內外憂惶，夕不及旦。領軍將軍蕭道成與直閤將軍王敬則謀之。七月戊子，帝微行出北湖，單馬先走，羽儀不及，左右張五兒馬墜湖，帝怒，自馳騎刺馬，屠割之。與左右作羌胡伎爲樂。又於蠻岡賭跳，因乘露車，無復鹵簿，往青園尼寺。晚至新安寺偸狗，〔一七〕就曇度道人煮之飲酒。楊玉夫常得意，忽然見憎，遇輒切齒，曰：「明日當殺小子，取肝肺。」是夜七夕，令玉夫伺織女度，報已，因與內人穿針訖，大醉，卧於仁壽殿東阿氊幄中。帝出入

無禁，王敬則先結玉夫、陳奉伯、楊萬年等合二十五人，其夕玉夫候帝眠熟，至乙夜，與萬年同入氊幄內，取千牛刀殺之。

順皇帝，諱準，字仲謀，小字知觀，明帝第三子也。泰始五年七月癸丑生。七年，封安成王。帝姿貌端華，眉目如畫，見者以爲神人。廢帝卽位，加揚州刺史。元徽二年，加都督揚、南豫二州諸軍事。四年，進號驃騎大將軍。及廢帝殞，蕭道成奉太后令迎王入居朝堂。

昇明元年秋七月壬辰，皇帝卽位，大赦，改元徽五年爲昇明元年。甲午，蕭道成出鎭東城，輔政。荆州刺史沈攸之進號車騎大將軍，蕭道成司空、錄尙書事。以袁粲爲中書監、司徒，以褚彥回爲衞將軍，劉彥節爲尙書令，加中軍將軍。辛丑，以王僧虔爲尙書僕射。癸卯，車駕謁太廟。

八月癸亥，司徒袁粲鎭石頭。戊辰，崇拜帝所生陳昭華爲皇太妃。庚午，以蕭道成爲驃騎大將軍、開府儀同三司，錄尙書如故。

九月己酉，廬陵王暠薨。

十二月丁巳，荆州刺史沈攸之舉兵，不從執政。丁卯，蕭道成入守朝堂，侍中蕭嶷鎭東府。戊辰，中外纂嚴。壬申，司徒袁粲據石頭，謀誅道成，不果，旋見覆滅。乙亥，以王僧虔爲左僕射，王延之爲右僕射。吳郡太守劉遐據郡不從執政，令張瓌攻斬之。

閏月辛巳，〔一八〕屯騎校尉王宜興貳於執政，見誅。癸巳，沈攸之攻郢城，前軍長史柳世隆固守。己亥，中外戒嚴，假蕭道成黃鉞。乙巳，道成出頓新亭。

是歲，魏太和元年。

二年春正月丁卯，沈攸之敗，己巳，華容縣人斬攸之首送之。辛未，雍州刺史張敬兒剋江陵，荆州平。丙子，解嚴。以柳世隆爲尙書右僕射。蕭道成旋鎭東府。

二月庚辰，以王僧虔爲尙書令，王延之爲左僕射。癸未，蕭道成加授太尉，以褚彥回爲中書監、司空。丙戌，撫軍將軍、揚州刺史晉熙王燮進號中軍將軍。

三月己酉朔，日有蝕之。

夏四月，南兗州刺史黃回貳于執政，賜死。

五月戊午，以倭國王武爲安東大將軍。

六月丁酉，以輔國將軍楊文弘爲北秦州刺史，封武都王。

秋九月乙巳朔，日有蝕之。丙午，加太尉蕭道成黃鉞、都督中外諸軍事、太傅，領揚州牧，賜殊禮。以揚州刺史晉熙王燮爲司徒。

冬十月壬寅，立皇后謝氏。

十一月，立故武昌太守劉琨息頒爲南豐縣王。癸亥，誅臨澧侯劉晃。甲子，改封南陽王翽爲隨郡王。

十二月丙戌，皇后見于太廟。

三年春正月辛亥，領軍將軍蕭賾加尙書右僕射，進號中軍大將軍、開府儀同三司。

二月丙子，南豫州刺史邵陵王友薨。丙申，地震建陽門。

三月癸卯朔，日有蝕之。甲辰，加蕭道成相國，總百揆，封十郡爲齊公，備九錫之禮。庚戌，誅臨川王綽。

夏四月壬申，進齊公蕭道成爵爲王。壬午，安西將軍武陵王贊薨。辛卯，帝禪位於齊。壬辰，遜于東邸。是日，王敬則以兵陳于殿庭，帝猶居內，聞之，逃于佛蓋下。太后懼，自帥閹豎索，扶幸板輿。黃門或促之，帝怒，抽刀投之，中項而殞。帝既出，宮人行哭，俱遷。備羽儀，乘畫輪車，出東掖門。封帝爲汝陰王，居丹徒宮，〔一九〕齊兵衞之。建元元年五月己未，

中華書局

帝聞外有馳馬者，懼亂作；監人殺王而以疾赴，齊人德之，賞之以邑。六月乙酉，葬于遂寧陵，謚曰順帝。宋之王侯無少長皆幽死矣。

論曰：文帝負扆南面，實有人君之美，經國之義雖弘，而隆家之道不足。彭城照不窺古，本無卓爾之資，徒見昆弟之義深，未識君臣之禮異。以此家情，行之國道，主忌而猶犯，恩離而未悟。致以陵逼之愆，遂成滅親之禍。開端樹隙，垂之後人。明帝因猜忍之情，據已行之典，翦落洪枝，願不待慮。〔二〇〕既而本根莫庇，幼主孤立，下無磐石之託，上有累卵之危。方復藏璽懷紱，魚服忘反，危冠短制，匹馬孤征，以至覆亡，理固然矣。神器以勢弱傾移，靈命隨樂推回改。斯蓋履霜有漸，夫豈一夕，何止區區汝陰揖讓而已。

校勘記

〔一〕太宗明皇帝諱彧字休景　「景」宋書作「炳」，此避唐諱改。

〔二〕十一月二十九日弒廢帝於後堂　「二」各本皆脫。按廢帝死於景和元年十一月戊午。是月庚寅朔，戊午爲二十九日，據廢帝紀訂補。

〔三〕泰始元年即大明九年也　王鳴盛十七史商榷五四：「按世祖孝武帝大明之號終於八年，是歲在甲辰閏五月帝崩，然則大明本無九年，何得自相矛盾？復以泰始元年爲即大明九年，此句謬不可言。」

〔四〕改太皇太后爲崇憲皇太后　「崇憲皇太后」各本脫「皇」字，據宋書補。

〔五〕鎭軍長史鄧琬爲其謀主雍州刺史袁顗赴之　各本並作「鎭軍長史袁顗赴之，鄧琬爲其謀主」。今據宋書及鄧琬、袁顗傳乙正。

〔六〕二年春正月乙未　下有壬辰、甲午。按泰始二年正月乙丑朔，初四日壬辰，初六日甲午，初七日乙未，乙未不應在壬辰、甲午前。

〔七〕丙申至並同逆　「丙申」各本作「丙戌」。按正月己丑朔，初八日丙申，無丙戌，據宋書改。「袁曇遠」各本作「袁曇」，「柳元怙」各本作「柳元怡」，並據宋書改補。

〔八〕右軍將軍蕭道成東討　「軍」字各本皆脫，據宋書補。按本書齊高帝紀亦云：「宋明帝即位，爲右軍將軍。」

〔九〕建武將軍吳喜公率諸軍破賊於吳吳興會稽平定三郡同逆皆伏誅　各本脫一「吳」字，不足三郡之數，據宋書補。

〔一〇〕立皇子贊爲武陵王　通鑑考異：「宋本紀作智贊，宋書作贊，列傳作智隨。按太宗諸子皆筮之以卦爲其字，今從列傳。」按今本宋本紀亦作「贊」。明帝諸子筮卦爲字，見後廢帝紀。

〔一一〕褚彥回爲右僕射　「褚彥回」宋書作「褚淵」，此避唐諱而以字行。

〔一二〕郢州刺史沈攸之進號安西將軍　「郢州刺史」四字據宋書補。

〔一三〕新除郢州刺史劉彥節爲尚書左僕射　「劉彥節」宋書作「劉秉」，此避唐諱而以字行。

〔一四〕湘州刺史王僧虔雍州刺史張興世並舉義兵赴建鄴　「王僧虔雍州刺史」七字，各本並脫，據宋書補。

〔一五〕征西大將軍河南王吐谷渾拾寅進號車騎大將軍　「車騎」下各本有「征西」二字，張森楷南史校勘記：「拾寅本號征西大將軍，車騎在征西上一等，故進之。無征西大將軍仍兼本號之理也。」據宋書刪。

〔一六〕如此者半食久乃下　各本脫「久乃下」三字，據宋書補。

〔一七〕晚至新安寺偸狗　各本脫「晚至」二字，據宋書補。

〔一八〕閏月辛巳　「辛巳」各本作「辛亥」，按是月庚辰朔，初二日辛巳，無辛亥，據宋書改。

〔一九〕居丹徒宮　「丹徒」宋書作「丹陽」，是。按齊高帝紀亦云「築室於丹陽故縣」。

〔二〇〕願不待慮　「願」各本作「飲」，據宋書改。

中華書局

南史卷四

齊本紀上第四

齊太祖高皇帝諱道成，字紹伯，小字鬬將，姓蕭氏。其先本居東海蘭陵縣中都鄉中都里，晉元康元年，惠帝分東海郡爲蘭陵，故復爲蘭陵郡人。中朝喪亂，皇高祖淮陰令整，字公齊，過江居晉陵武進縣之東城里，寓居江左者，皆僑置本土，加以「南」名，更爲南蘭陵人也。

皇曾祖儁，字子武，位卽丘令。皇祖樂子，字閨子，位輔國參軍，宋昇明中贈太常。皇考承之，字嗣伯，少有大志，才力過人，仕宋爲漢中太守。梁州之平，以功加龍驤將軍，後爲南泰山太守，封晉興縣五等男，還右軍將軍。〔一〕元嘉二十四年殂，梁土思之，於峨公山立廟祭祀。昇明二年，贈散騎常侍、金紫光祿大夫。

高帝以宋元嘉四年丁卯歲生，姿表英異，龍顙鍾聲，長七尺五寸，鱗文徧體。舊宅在武進縣，宅南有一桑樹，擢本三丈，橫生四枝，狀似華蓋。帝年數歲，好戲其下，從兄敬宗曰：「此樹爲汝生也。」儒生雷次宗立學於雞籠山，帝年十三，就受禮及左氏春秋。

十七年，宋大將軍彭城王義康被黜，徙豫章，皇考領兵防守，帝捨業南行。十九年，竟陵蠻動，宋文帝遣帝領偏軍討沔北蠻。二十三年，雍州刺史蕭思話鎮襄陽，啓帝自隨，初爲左軍中兵參軍。二十九年，領偏軍征仇池，破其武興、蘭皐二壘，遂從谷口入關。未至長安八十里，梁州刺史劉秀之遣司馬馬注助帝，攻拔談提城。〔二〕魏救兵至，帝軍力疲少，又聞文帝崩，乃燒城還南鄭。

後襲爵晉興縣五等男。爲建康令，有能名。少府蕭惠開雅有知人鑒，謂人曰：「昔魏武爲洛陽北部時，人服其英，今看蕭建康，但當過之耳。」

宋明帝卽位，爲右軍將軍。時四方叛，會稽太守尋陽王子房及在東諸郡皆起兵。明帝加帝輔國將軍，東討。至晉陵，一日破賊十二壘，分軍定諸縣。及徐州刺史薛安都據彭城歸魏，遣從子索兒攻淮陰，又徵帝討破之，索兒走鍾離，帝追至蹛䵟而還。除驍騎將軍，封西陽縣侯，遷巴陵王衞軍司馬，隨鎮會稽。

江州刺史晉安王子勛遣臨川內史張淹自鄱陽嶠道入三吳，明帝遣帝討之。時朝廷器甲皆充南討，帝軍容寡闕，乃編櫻皮爲馬具裝，折竹爲寄生，夜舉火進軍。賊望見恐懼，未戰而走。還，除桂陽王征北司馬、南東海太守，行南徐州事，及張永等敗於彭城，淮南孤弱，以帝爲假冠軍將軍、持節、都督北討前鋒諸軍事，鎮淮陰。遷南兗州刺史，加督五州，督北

討如故。

明帝嫌帝非人臣相，而人間流言，帝當爲天子，明帝愈以爲疑，遣冠軍將軍吳喜留軍破釜，自持銀壺酒封以賜帝。帝戎服出門迎，懼鴆，不敢飲，將出奔，喜告以誠，先飲之，帝卽酌飲之。喜還，明帝意乃悅。

泰始七年，徵還都，部下勸勿就徵。帝曰：「主上自誅諸弟，爲太子幼弱，作萬歲後計，何關他族。惟應速發，事緩當見疑。今骨肉相害，自非靈長之運，禍難將興，方與卿等勠力耳。」至，拜散騎常侍、太子左衞率。明帝崩，遺詔爲右衞將軍，領衞尉，加兵五百人，與尙書令袁粲、護軍褚彥回、領軍劉勔共掌機事。尋解衞尉，加侍中，領石頭戍軍事。

元徽二年五月，江州刺史桂陽王休範舉兵於尋陽，朝廷惶駭，帝與褚彥回等集中書省計議，莫有言者。帝曰：「昔上流謀逆，皆因淹緩以敗，休範必遠懲前失，輕兵急下，乘我無備，請頓新亭以當其鋒。」因索筆下議，餘並注同。中書舍人孫千齡與休範有密契，獨曰：「宜依舊遣軍據梁山。」帝正色曰：「賊今已近，梁山豈可得至！新亭旣是兵衝，所欲以死報國耳。」乃單車白服出新亭。加帝使持節、都督征討諸軍事、平南將軍，加鼓吹一部。築新亭城壘未畢，賊前軍已至，帝方解衣高臥，以安衆心。乃索白虎幡，登西垣，使寧朔將軍高道慶、羽林監陳顯達、員外郎王敬則，浮舸與賊水戰，大破之。未時，張敬兒斬休範首，臺軍

及賊衆俱不知。其別率杜黑蠡急攻東壘，帝挺身上馬，帥數百人出戰，與黑蠡拒戰，自晡達明旦，矢石不息。其夜大雨，鼓叫不復相聞。將士積日不得寢食，軍中馬夜驚，城內亂走。帝執燭正坐，厲聲呵止之，如是者數四。

賊帥丁文豪設伏，破臺軍於皁莢橋，直至朱雀航，王道隆、劉勔並戰沒。初，勔高尙其意，託造園宅，名爲「東山」，頗忽時務。帝謂曰：「將軍以顧命之重，此是艱難之日，而深尙從容，廢省羽翼，一朝事至，悔可追乎！」勔不納，竟敗。及賊進至杜姥宅，車騎典籤茅恬開東府納賊，冠軍將軍沈懷明於石頭奔散，張永潰於白下，宮內傳新亭亦陷，太后執蒼梧王手泣曰：「天下事敗矣。」帝遣軍主陳顯達、任農夫、張敬兒、周盤龍等從石頭濟淮，間道自承明門入衞宮闕。

時休範典籤許公與詐稱休範在新亭，〔三〕士庶惶惑，詣壘期赴休範，投名者千數，及至，乃是帝。隨得輒燒之。登城北謂曰：「劉休範父子先昨皆已死，戮屍在南岡下，身是蕭平南，諸君善見觀。汝等名皆已焚除，勿懼也。」臺分遣衆軍擊平賊，帝振旅凱入。百姓緣道聚觀，曰：「全國家者，此公也。」帝與袁粲、褚彥回、劉彥節引咎解職，不許。遷散騎常侍、中領軍、都督、南兗州刺史、鎭軍將軍，進爵爲公。與袁粲、褚彥回、劉彥節等更日入直決事，號爲「四貴」。

二十四史
中華書局

休範平後，蒼梧王漸行凶暴，屢欲害帝，嘗率數十人直入鎮軍府。〔四〕時暑熱，帝晝臥裸袒，蒼梧立帝於室內，畫腹爲射的，自引滿，將射之。帝神色不變，斂板曰：「老臣無罪。」蒼梧左右王天恩諫曰：「領軍腹大，是佳射堋，而一箭便死，後無復射，不如以雹箭射之。」乃取雹箭，一發卽中帝臍。蒼梧投弓於地，大笑曰：「此手何如？」時建平王景素爲朝野歸心，潛爲自全計，布誠於帝，帝拒而不納。景素尋舉兵，帝出屯玄武湖，事平乃還。

帝威名既重，蒼梧深相猜忌，刻木爲帝形，畫腹爲射堋，自射之，又命左右，射中者加賞，皆莫能中。時帝在領軍府，蒼梧自來燒之，冀帝出，因作難，帝堅臥不動。蒼梧益懷忿恚，〔五〕所見之物，呼之爲帝。加以手自磨鋋，曰：「明日當以刃蕭道成。」陳太妃罵之曰：「蕭道成有大功於國，今害之，誰爲汝盡力？」故止。高帝謀與袁褚廢立，皆不見從。

五年七月戊子，楊玉夫等與直閤將軍王敬則通謀弑蒼梧。齎首，使左右陳奉伯藏衣袖中，依常行法稱敕開承明門，出囊貯之，以與敬則。敬則馳至領軍府，叩門大呼，自言報帝，〔六〕門猶不開，敬則自門窐中以首見帝，帝猶不信，乃於牆上投進其首，帝索水洗視，敬則乃踰垣入。帝跣出，敬則叫曰：「事平矣。」帝乃戎服，乘常所騎赤馬，夜入殿中，殿中驚怖；及知蒼梧死，咸稱萬歲。至帝踐阼，號此馬爲「龍驤赤」。明旦，召袁粲、褚彥回、劉彥節入會西鍾槐樹下計議。帝以事讓彥節，彥節未答。帝鬚髯盡張，眼光如電。次讓袁粲，又不受。

敬則乃拔刀，在牀側躍麾衆曰：「天下之事，皆應關蕭公，敢有開一言者，血染敬則刀！」仍呼虎賁劍戟羽儀，手自取白紗帽加帝首，令帝卽位，曰：「今日誰敢復動，事須及熱。」帝正色呵之曰：「卿都不自解。」粲欲有言，敬則又叱之，乃止。帝乃下議，備法駕，詣東城，迎立順帝。於是長刀遮粲、彥節等，失色而去。甲午，帝移鎮東府，與袁粲、褚彥回、劉彥節各甲仗五十人入殿。丙申，加侍中、司空、錄尚書事、驃騎大將軍，封竟陵郡公，給油幢絡車，〔七〕班劍三十人。帝固辭上台，卽授以驃騎大將軍、開府儀同三司。

十二月，荊州刺史沈攸之反，稱太后詔己下都。丁卯，帝入居朝堂，〔八〕命諸將西討，平西將軍黃回爲都督前驅。先是，太后兄子前湘州刺史王蘊，遭母喪罷任，還至巴陵，停舟與攸之密謀，乃下達郢州。武帝時爲郢州長史，蘊伺武帝出弔，因作亂，據郢城。武帝知之，不出。蘊還至東府前，又期見高帝，帝又不出弔。再計不行，外謀愈固。司徒袁粲、尚書令劉彥節見帝威權稍盛，慮不自安，與蘊及黃回等相結舉事，殿內宿衞主帥無不協同。及攸之反問初至，帝往石頭詣粲謀，粲稱疾不相見，剋壬申夜起兵據石頭。其夜丹陽丞王遜告變。彥節從弟領軍韞及直閤將軍卜伯興等嚴兵爲內應，帝命王敬則於宮內誅之。遣諸將攻石頭，王蘊將數百精手，帶甲赴粲，城門已閉，官軍又至，乃散。衆軍攻石頭，斬粲，彥節走額擔湖，蘊逃鬬場，並禽斬之。粲典籤莫嗣祖同粲謀，蘊孌人張承伯藏匿蘊，高帝亦並赦而用之。時黃回頓新亭，聞石頭已下，因稱救援，高帝知而不言，撫之愈厚，遣回西上，流涕告別。

二年正月，沈攸之平。二月，宋帝進高帝太尉，都督十六州諸軍事，高帝表送黃鉞。三月己酉，增班劍四十人、甲仗百人入殿。丙子，加羽葆、鼓吹。大明、泰始以來，相承奢侈，百姓成俗，及高帝輔政，奏罷御府，省二尚方諸飾玩，至是，又上表禁人間華僞雜物，凡十七條。其中宮及諸王服用，雖依舊例，亦請詳制。

九月丙午，加帝假黃鉞、都督中外諸軍事、太傅，領揚州牧，劍履上殿，入朝不趨，贊拜不名，置左右長史、司馬、從事中郎、掾、屬各四人。固辭，詔遣敦勸，乃受黃鉞，辭殊禮。甲寅，給三望車。

三年正月乙巳，〔九〕高帝表蠲百姓逋責。丙辰，加前部羽葆、鼓吹。丁巳，命太傅府依舊辟召。丁卯，給高帝甲仗五百人，出入殿省。甲午，重申前命，〔一〇〕劍履上殿，入朝不趨，贊拜不名。三月甲辰，宋帝詔進帝位相國，總百揆，封十郡爲齊公，備九錫禮，加遠游冠，位在諸侯王上，加相國綠綟綬。甲寅，使以備物典禮進，策曰：

朕以不造，夙罹閔凶，嗣君失德，書契未紀，威侮五行，虔劉九縣，神歇靈繹，海水羣飛，綴旒之殆，未足爲譬，豈直小宛興刺，黍離作歌而已哉。天贊皇宋，實啓明宰，爰

登寡昧，纂承大業，高勳至德，振古絕倫，雖保衡翼殷，博陸匡漢，方斯蔑如也。今將授公典禮，其敬聽朕命：

乃者袁、鄧構禍，實繁有徒，子房不臣，稱兵協亂，顧瞻宮掖，將成茂草，言念邦國，翦爲仇讎。當此之時，人無固志。公投袂徇難，超然奮發，登寅車而戒路，執金板而先驅，麾鉞一臨，凶黨冰泮，此則霸業之基，勳王之始也。安都背叛，竊據徐方，敢率犬羊，陵虐淮浦。索兒愚悖，同惡相濟，天祚無象，背順歸逆，北鄙黔黎，奄墜塗炭。公受命宗祊，精貫朝日，擁節和門，氣蹈霄漢，破釜之捷，斬馘蔽野，石梁之戰，禽其渠帥，保境全人，江陽卽序，此又公之功也。張淹迷昧，弗顧本朝，爰自南區，志圖東夏，潛軍間入，竊覬不虞。于時江服未夷，皇塗荐沮，公忠誠慷慨，在險彌亮，以寡制衆，所向風偃，朝廷無東顧之憂，閩、越有來蘇之慶，此又公之功也。匈奴野心，侵掠疆埸，醜羯倄張，勢振彭、泗。公奉辭伐罪，戒旦晨征，兵車始交，氛祲時蕩，弔死扶傷，弘宣皇澤，俾我淮、肥，復霑盛化，此又公之功也。自茲厥後，獫狁孔熾，封豕長蛇，重窺上國。而世故相仍，師出已老，角城高壘，指日淪陷。公眷言王事，發憤忘食，躬擐甲冑，視險若夷，分疆畫界，開創靑、兗，此又公之功也。桂陽負衆，輕問九鼎，裂冠毀冕，拔本塞源，烈火焚于王城，飛矢集乎君屋，羣后憂惶，元戎無主。公按劍凝神，則奇謨冠世，把旄指

中華書局

麾，則懦夫成勇，信宿之間，宣陽底定，此又公之功也。皇室多難，釁起戚藩，建平失圖，興兵內侮，公指授六師，義形于色，役未踰旬，朱方寧晏，此又公之功也。蒼梧肆虐，諸夏糜沸，淫刑以逞，誰則無辜，黔首相悲，朝不謀夕，高祖之業已淪，文、明之軌誰嗣。公遠稽殷、漢之義，近遵魏、晉之典，猥以眇身，入奉宗祏，七廟清謐，九區反政，此又公之功也。袁、劉攜貳，成此亂階，醜圖潛構，危機竊發，據有石頭，志犯廛、路。公神謀內運，霜鋒外舉，祆沴載澄，國塗悅穆，此又公之功也。沈攸苞禍，歲月滋彰，蠭目豺聲，阻兵安忍，乃眷西顧，緬同異域。而經綸惟始，九伐未申，長惡不悛，遂逞凶逆。公把鉞出關，凝威江甸，正情與皦日同亮，明略與秋雲競爽，至義所感，人百其心，積年逋誅，一朝顯戮，沮浦安流，章臺順軌，此又公之功也。

公有濟天下之勳，重之以明哲，道庇生靈，志匡宇宙，勠力肆心，劬勞王室，險阻艱難，備嘗之矣。若乃締構宗稷之勤，造物資始之澤，雲布霧散，光被六幽，弼予一人，永清四海。是以秬草騰芳於郊園，景星垂暉於清漢，遐方款關而慕義，荒服重譯而來庭，汪哉邈乎，無得而名也。朕聞嘯庸表德，前王盛典，崇樹侯伯，有國攸同，所以文命成功，玄圭顯錫，姬旦宣哲，曲阜啓藩。或改玉以弘風，或胙土以宣化，禮絕常班，寵冠羣辟。爰逮桓、文，車服異數。惟公勳業超於先烈，而褒賞闕於舊章，古今之道，何其爽

歟！靜言欽歎，良有缺然。今進授相國，以青州之齊郡、徐州之梁郡、南徐州之蘭陵魯郡琅邪東海晉陵義興、揚州之吳郡會稽，凡十郡，封公爲齊公。錫茲玄土，苴以白茅，定爾邦家，用建冢社。斯實尚父故藩，世作盟主，紀綱侯甸，率由舊則。往者周、召建國，師保兼任，毛、畢執珪，入作卿士，內外之寵，同規在昔。今命使持節、兼太尉、侍中、中書監、司空、衞將軍雩都縣開國侯彥回，授公相國印綬、齊公璽紱。持節、兼司空副、守尚書令僧虔授齊公茅土，〔二〕金虎符第一至第五左，竹使符第一至第十左。相國位總百辟，秩踰三事，職以禮移，號隨事革，其以相國總百揆，去錄尚書之稱，送所假節、侍中貂蟬、中外都督太傅太尉印綬、竟陵公印策，其驃騎大將軍、揚州牧、南徐州刺史如故。

又加公九錫，其敬聽後命：

以公執禮弘律，儀刑區宇，遐邇一體，人無異業。是用錫公大輅、戎輅各一，玄牡二駟。公崇修南畝，所寶惟穀，王府充實，百姓繁衍。是用錫公袞冕之服，赤舄副焉。公居身以謙，導物以義，鎔鈞庶品，罔不和悅。是用錫公軒縣之樂，六佾之舞。公翼贊王猷，聲教遠洽，蠻夷竭歡，回首內附。是用錫公朱戶以居。公明鑒人倫，澄辨涇、渭，官方與能，英乂克舉。是用錫公納陛以登。公保佑皇朝，厲身化下，杜漸防萌，含生寅式。是用錫公虎賁之士三百人。公禦宄以刑，禦姦以德，君親無將，將而必誅。是用錫公鈇鉞各一。公鳳翥四維，龍騰八表，威靈所振，異類同乂。是用錫公彤弓一、彤矢百，盧弓十、盧矢千。公明發載懷，肅恭禋祀，孝敬之重，義感靈祇。是用錫公秬鬯一卣，圭瓚副焉。齊國置丞相以下，敬遵舊式。往欽哉，其祗服朕命，經緯乾坤，宏亮洪業，茂昭爾大德，闡揚我高祖之休命。

高帝三讓，公卿敦勸固請，乃受之。丁巳，下令赦國內殊死以下。宋帝詔齊公十郡之外，隨宜除用。以齊國初建，給錢五百萬、布五千疋、絹五千疋。以太尉左長史王儉爲尚書右僕射，領吏部。

四月癸酉，宋帝又詔進齊公爲王，以豫州之南梁陳潁川陳留、南兗州之盱眙山陽秦廣陵海陵南沛增王封爲二十郡。〔三〕使司空褚彥回奉策授璽紱，改立王社，餘如故。丙戌，命齊王冕十有二旒，建天子旌旗，出警入蹕，乘金根車，駕六馬，備五時副車，置旄頭、雲罕，樂儛八佾，設鍾虡宮縣，王世子爲太子，王女、王孫爵命，一如舊儀。

辛卯，宋帝以歷數在齊，乃下詔禪位，是日遜于東邸。壬辰，遣使奉策曰：

咨爾齊王：伊太古初陳，萬化紛綸，開曜靈以鑒品物，立元后以馭黎元。若夫容成、大庭之世，伏羲、五龍之辰，靡得而詳焉。自軒黃以降，墳索所紀，略可言者，莫崇

乎堯、舜。披金繩而握天鏡，開玉匣而總地維，德之休明，宸居靈極，期運有終，歸禪與能。所以大唐遜位，謗然興歌，有虞揖讓，卿雲發采，遺風餘烈，光被無垠。漢、魏因循，不敢失墜，爰逮有晉，亦遵前典。昔我祖宗英叡，旁格幽明，末葉不造，仍世多故。惟王聖哲欽明，榮鏡區宇，仁育羣生，義征不譓，聲化遠洎，荒服無虞，殊類同規，華戎一族。是以五色來儀於軒庭，九穗含芳於郊牧。象緯昭徹，布新之符已顯，圖讖彪煥，受終之義既彰，靈祇乃眷，兆庶引領。

朕聞至道深微，惟人是弘，天命無常，惟德是與。所以仰鑒玄情，俯察羣議，敬禪神器，授帝位于爾躬。四海困窮，天祿永終。於戲！王其允執厥中，儀刑前式，以副率土之欣望。命司衮而謁蒼旻，奏雲門而升圓丘，時膺大禮，永保洪業，豈不盛歟！并命璽書，遣兼太保、司空褚彥回，兼太尉、守尚書令王僧虔奉皇帝璽綬，受終之禮，一依唐、虞故事。

高帝固讓，宋朝王公以下陳留王粲等，詣門陳請，帝猶未許。齊世子卿士以下固請，兼太史令、將作匠陳文建奏符瑞，〔四〕因言漢自建武至建安二十五年，一百九十六年而禪魏；魏自黃初至咸熙二年，四十六年而禪晉；晉自泰始至元熙二年，一百五十六年而禪宋；宋自永初元年至昇明三年，凡六十年；咸以六終六受，六，九位也。驗往揆今，若斯昭著，敢以職任，

備陳管穴，伏願順天時，膺符瑞。二朝百辟又固請。尚書右僕射王儉奏：「被宋詔遜位，臣等參議，宜剋日受禪。」高帝乃許焉。

建元元年夏四月甲午，皇帝卽位於南郊，柴燎告天曰：

皇帝臣道成，敢用玄牡，昭告于皇皇后帝：夫肇自生靈，樹以司牧，所以闡極立則，開元創物，肆茲大道。天下惟公，命不于常。昔在虞、夏，受終上代，粤自漢、魏，揖讓中葉，咸煥諸方策，載在典謨。水德既微，仍世多故，實賴道成匡救之功，以弘濟乎厥艱。〔一四〕大造顛墜，再構區宇，誕惟天人，罔弗和會。迺仰協歸運，景屬與能，用集大命于茲。辭德匪嗣，至于累仍，而羣公卿士，庶尹御事，爰及黎獻，暨乎百蠻，僉曰皇天眷命，不可以固違，人神無統，不可以曠主。畏天之威，敢不祗順鴻曆。敬簡元辰，虔奉皇符，升壇受禪，告類上帝，以答人衷，式敷萬國。惟明靈是饗。

禮畢，備大駕，幸建康宮，臨太極前殿。大赦，改元。賜人爵二級，文武位二等，鰥寡孤獨不能自存者，穀人五斛。逋租宿責勿收。犯鄉論清議、贓汙淫盜者，一皆蕩滌，洗除先注，與之更始。長徒敕繫者，特加原遣。亡官失爵，禁錮奪勞，一依舊典。封宋帝爲汝陰王，築宮於丹

陽故縣，行宋正朔，車旗服色，一如晉、宋故事，上書不爲表，答表不稱詔。宋諸王皆降爲公，郡公主爲縣君，縣公主爲鄉君。詔降宋南康郡公爲縣公，華容公爲侯，萍鄉侯爲伯，減戶有差，以奉劉穆之、王弘、何無忌之祀。追尊皇考曰宣皇帝，皇妣曰孝皇后，陵曰永安。妃曰昭皇后，陵曰泰安。詔劫賊餘口沒在臺府者，悉原赦。諸負釁流徙者，皆聽還本土。戊戌，以荊州刺史嶷爲尚書令、驃騎大將軍、開府儀同三司。斷四方上慶禮。己亥，詔二宮諸王，悉不得營立屯邸，封略山湖。乃停太官池籞稅。〔一五〕庚子，詔宋帝后藩王諸陵，量置守衞。

五月丙午，以河南王吐谷渾拾寅爲驃騎大將軍。詔宋氏第秩，〔一六〕量所廢置。有司奏留襄陽郡公張敬兒等六十二人，除廣興郡公沈曇亮等一百二十二人。改元嘉曆爲建元曆，祖以正月卯，臘以十二月未。丁未，詔曰：「設募取將，縣賞購士，蓋出權宜，自今可斷衆募。」乙卯，河南國遣使朝貢。丙辰，詔遣兼散騎常侍十二人，巡行四方。己未，汝陰王殂，齊志也，追謚爲宋順帝。辛酉，誅陰安公劉燮等。

六月乙亥，詔宋末以來，枯骸毀櫬，宜下埋藏。庚辰，備法駕，奉七廟主于太廟。甲申，立齊太子賾爲皇太子。斷諸州郡禮慶，降死罪以下刑，并申前赦恩百日。立皇子嶷爲豫章王，映爲臨川王，晃爲長沙王，曅爲武陵王，暠爲安成王，鏘爲鄱陽王，鑠爲桂陽王，鑑爲廣

興王，皇孫長懋爲南郡王。乙酉，葬宋順帝于遂寧陵。

秋七月丁未，曲赦交州部內。丁巳，詔南蘭陵桑梓本鄉，長蠲租布；武進王業所基，給復十年。

八月癸巳，省陳留國。丁巳，立皇子鈞爲衡陽王。

九月辛丑，詔以二吳、義興三郡遭水，減今年田租。乙巳，復置南蠻校尉官。丙午，加司空褚彥回尚書令。

冬十月丙子，立彭城劉胤爲汝陰王，奉宋後。己卯，享太廟。辛巳，汝陰王太妃王氏薨，追贈宋恭皇后。己丑，荊州天井湖出綿，人用與常綿不異。

二年春正月戊戌朔，大赦。以司空褚彥回爲司徒，〔一七〕以尚書右僕射王儉爲左僕射。辛丑，祀南郊。

二月丁卯，魏軍攻壽陽，豫州刺史垣崇祖破走之。癸巳，遣大使巡慰淮、肥、徐、豫邊人尤貧遘難者。

三月，百濟國遣使朝貢，以其王牟都爲鎭東大將軍。

夏四月丙寅，進高麗王樂浪公高璉號驃騎大將軍。

五月，立六門都牆。

秋九月甲午朔，日有蝕之。丙子，〔一八〕蠕蠕國遣使朝貢。壬子，以驃騎豫章王嶷爲司空。

冬十二月戊戌，以司空褚彥回爲司徒。

三年春正月壬戌朔，詔王公卿士薦讜言。丙子，立皇子鋒爲江夏王。

二月癸丑，罷南蠻校尉官。

夏四月辛亥，始制東宮臣僚用下官禮敬聞喜公子良等。

六月壬子，大赦。

秋七月己未朔，日有蝕之。

九月辛未，蠕蠕國王遣使欲俱攻魏，獻師子皮袴褶。烏程令吳郡顧昌玄，坐父法秀宋泰始中北征死亡，屍骸不反，而昌玄宴樂嬉游，與常人無異。有司請加以清議。丙戌，置會稽山陰縣獄丞。

冬十月戊子，以河南王世子吐谷渾度易侯爲西秦河二州刺史、河南王。

十二月丁亥，高麗國遣使朝貢。命散騎常侍虞炎等十二人巡行諸州郡，觀省風俗。

二十四史

四年春二月乙未，上不豫。庚戌，詔原都下囚繫有差，免元年以前逋責。三月庚申，召司徒褚彥回、左僕射王儉受顧託。壬戌，皇帝崩于臨光殿，年五十六。羣臣上謚曰高皇帝，廟號太祖。梓宮於東府前渚升龍舟。四月丙午，葬於武進泰安陵，於龍舟卒哭，內外反吉。

上少有大量，喜怒不形於色，深沈靜默，常有四海之心。博學，善屬文，工草隸書，弈棊第二品。雖經綸夷險，不廢素業。及卽位後，身不御精細之物，主衣中有玉介導，以長侈奢之源，命打破之。凡異物皆令隨例毀棄。後宮器物欄檻，以銅爲飾者，皆改用鐵。內殿施黃紗帳，宮人著紫皮履。華蓋除金華爪，用鐵回釘。每曰：「使我臨天下十年，當使黃金與土同價。」欲以身率下，移風易俗。性寬，嘗與直閤將軍周覆、給事中褚思莊共棊，累局不倦，覆乃抑上手，不許易行。其弘厚如此。所著文，詔中書侍郎江淹撰次之。又詔東觀學士撰史林三十篇，魏文帝皇覽之流也。

始帝年十七時，嘗夢乘青龍上天，西行逐日。帝舊塋在武進彭山，岡阜相屬，數百里不絕，其上常有五色雲，又有龍出焉。上時已貴矣，宋明帝甚惡之，遣善占墓者高靈文往墓所占相。靈文先給事太祖，還，詭答曰：「不過出方伯耳。」密白太祖曰：「貴不可言。」明帝意猶不已，遣人踐藉，以左道厭之。上後於所樹華表柱忽龍鳴，震響山谷。明帝寢疾，爲身後之慮，多翦功臣，上亦見疑，每云：「蕭道成有不臣相。」時鎮淮陰，每懷憂懼，忽見神人謂上曰：「無所憂，子孫當昌盛。」泰始三年，宋明帝遣前淮南太守孫奉伯往淮陰監元會。奉伯舊與帝款，是行也，帝與奉伯同室臥，奉伯夢上乘龍上天，於下捉龍脚，不得。及覺，敍夢，因謂曰：「兗州當大庇生靈，而弟不得與也。」奉伯竟卒於宋世。又參軍崔靈建夢天謂已：「蕭道成是我第十九子，我去年已使授其天子位。」考自三皇、五帝以降，受命之次，至帝爲十九也。及爲領軍，望氣者陳安寶見上身上恒有紫黃氣。安寶謂王洪範曰：「此人貴不可言。」所居武進縣有一道，相傳云「天子路」。或謂秦皇所游，或云孫氏舊迹。時訛言東城天子出。其後建安王休仁鎮東府，宋明帝懼，殺休仁，而常閉東府不居。明帝又屢幸，改「代」作「伐」，以厭王氣。又使子安成王代之。及蒼梧王敗，安成王代立，時咸言爲驗。術數者推之，上舊居武進東城村，「東城」之言，其在此也。昇明二年冬，延陵縣季子廟沸井之北，忽聞金石聲，疑其異，鑿深三尺，得沸井，奔涌若浪。其地又響，卽復鑿之，復得一井，涌沸亦然。井中得一木簡，長一尺，廣二分，上有隱起字，曰：「廬山道人張陵再拜，詣闕起居。」簡木堅白，〔一九〕字色乃黃。瑞應圖云「浪井不鑿自成，王者清靜，則仙人主之」。會稽剡縣有山，名刻石。父老相傳云，「山雖名刻石，而不知文字所在」。昇明末，縣人兒襲祖行獵，忽見石上有文字，凡三處，苔生其上，字不可識，乃去苔視之，其大石文曰：「此齊者，黃石公之化氣也。」立石文曰：「黃天星，姓蕭，字道成，得賢帥，天下太平。」小石文曰：「刻石者誰？會稽南山李斯刻秦望之封也。」〔二〇〕孝經鉤命決曰：「誰者起，視名將。」將，帝小字也。河洛讖曰：「歷年七十水滅緒，〔二一〕風雲俱起龍鱗舉。」又曰：「肅肅草成，道德盡備。」案宋水德也。義熙元年，宋武帝王業之始，至齊受命，七十年。又讖曰：「蕭爲二士天下樂。」案二士「主」字也。郭文舉金雄記曰：「當復有作，肅入草。」易曰：「聖人作，萬物覩。」「當復有作」，言聖人作也。王子年歌曰：「欲知其姓草肅肅，穀中最細低頭熟，鱗身甲體永興福。」穀中精細者，稻也，卽道也，熟猶成也。又歌曰：「金刀利刃齊刈之。」金刀「劉」字，刈猶翦也。孔子河洛讖曰：「埸河梁，塞龍泉，消除水災泄山川。」水卽宋也，宋氏爲災害，故曰水災。梁亦水也，埸河梁，則行路成矣。路，猶道也。消除水災，除宋水氏之災害也。河圖讖又曰：「上參南斗第一星，下立草屋爲紫庭，神龍之岡梧桐生，鳳鳥戢翼朔旦鳴。」〔二二〕南斗，吳分野，草屋者居上，「蕭」字象也。先是，益州有山，古老相傳曰齊后山。昇明三年四月二十三日，有沙門玄暢者，於此山立精舍，其日上登尊位。其月二十四日，滎陽郡人尹千，〔二三〕於嵩山東南隅見天雨石，墜地石開，有玉璽在其中。璽方三寸，文曰：「戊丁之人與道俱，肅然入草應天符，掃平河、洛清魏都。」又曰：「皇帝運興。」千奉璽詣雍州刺史蕭赤斧，赤斧以獻。案宋武帝於嵩高山得玉璧三十二枚，神人云：「此是宋卜世之數。」三十二者，二「三十」也，宋自受命至禪齊凡六十年。然則帝之符應也若是，今備之云。

世祖武皇帝諱賾，字宣遠，高帝長子也。以宋元嘉十七年六月己未生於建康縣之青溪宮。〔二四〕將產之夕，孝皇后、昭皇后並夢龍據屋，故小字上爲龍兒。年十三，夢人以筆畫身左右爲兩翅，又著孔雀羽衣裳空中飛，舉體生毛，髮長至足。有人指上所踐地曰「周文王之田」。又於所住堂內得璽一枚，文曰「皇帝行璽」。又得異錢，文爲「北斗星」，雙刀、雙貝及有人形帶劍焉。

仕宋爲贛令。江州刺史晉安王子勛反，上不從命。南康相沈肅之繫上郡獄，族人蕭欣祖、門客桓康等破郡迎出上，上遂率部曲百餘人起義。避難揭陽山，有白雀來集，聞山中有清聲傳漏響。又於山累石爲佛圖，其側忽生一樹，狀若華蓋，青翠扶疎，有殊羣木。上將討戴凱之，大饗士卒。是日大熱，上各令折荆枝自蔽，言未終而有雲垂蔭，正當會所，會罷乃散。及爲廣興相，嶺南積旱，連水阻澗，商旅不通。上部伍旣至，無雨而川流暴起，遂得利涉。

元徽四年，累遷晉熙王鎮西長史、江夏內史，行郢州事。順帝立，徵晉熙王燮爲撫軍、

中華書局

揚州刺史，以上爲左衞將軍，輔燮俱下。沈攸之事起，未得朝廷處分，上以中流可以待敵，卽據盆口城爲戰守備。高帝聞之曰：「此眞我子也。」於盆城掘塹，得一大錢，文曰「太平百歲」。于時城內乏水，欲引水入城，始鑿城內，遇伏泉涌出，如此者九處，用之不竭。上表求西討，不許，乃遣偏軍援郢，平西將軍黃回等，皆受上節度。昇明二年，事平，遷江州刺史，封聞喜縣侯。其年，徵侍中、領軍將軍。尋加督京畿諸軍事。三年，又加尚書僕射、中軍大將軍、開府儀同三司，進爵爲公，給班劍二十人。

齊國建，爲齊公世子。改加侍中、南豫州刺史，給油絡車、羽葆、鼓吹，增班劍爲三十人。以石頭爲世子宮，官置二率以下，坊省服章，一如東宮。進爲王太子。高帝卽位，爲皇太子。

建元四年三月壬戌，高帝崩，是日，皇太子卽皇帝位，大赦。征鎭州郡令長、軍屯營部，各行喪三日，不得擅離任。都邑城守，防備幢隊，一不得還。乙丑，稱先帝遺詔，以司徒褚彥回錄尚書事，尚書左僕射王儉爲尚書令，車騎將軍張敬兒開府儀同三司。詔曰：「喪禮雖有定制，先旨每存簡約，內官可三日一還臨，外官間日一還臨，後有大喪皆如之。」丁卯，以前將軍王奐爲尚書左僕射。庚午，以司空豫章王嶷爲太尉。癸酉，詔免逋城錢，自今以後，申明舊制。初晉、宋舊制，受官二十日，輒送修城錢二千。宋泰始初，軍役大起，受官者

萬計，兵戎機急，事有未遑，自是令僕以下，並不輸送。二十年中，大限不可勝計，文符督切，擾亂在所，至是除蕩，百姓悅焉。

夏四月辛卯，追尊穆妃爲皇后。

五月庚申，以高皇帝配南郊，高昭皇后配北郊。

六月甲申朔，立南郡王長懋爲皇太子。〔二五〕詔申壬戌赦恩百日。丙申，立皇太子妃王氏。進封聞喜公子良爲竟陵王，臨汝公子卿爲廬陵王，應城公子敬爲安陸王，江陵公子懋爲晉安王，枝江公子隆爲隨王，皇子子眞爲建安王，皇孫昭業爲南郡王。〔二六〕戊戌，以水潦爲患，星緯乖序，剋日訊都下囚，諸遠獄委刺史以時察判。建康、秣陵二縣貧人加振賜，必令周悉。吳興、義興遭水縣，蠲除租調。〔二七〕以司徒褚彥回爲司空。

秋八月癸卯，司空褚彥回薨。

九月丁巳，以國哀故，罷國子學。辛未，以征南將軍王僧虔爲左光祿大夫、開府儀同三司。

冬十月乙未，以中書令王延之爲尚書左僕射。

十二月己丑，詔曰：「緣淮戍將，久處邊勞，三元行始，宜霑恩慶，可遣中書舍人宣旨臨會。」後每歲如之。

永明元年春正月辛亥，祀南郊。大赦，改元。壬子，詔內外羣僚，各進讜言，王公卿士，各舉所知。又詔守宰祿奉，蓋有恒準，往以邊虜告警，故沿時損益，今區宇寧晏，宜加優獎，郡縣丞尉，可還田秩。壬戌，立皇弟銳爲南平王，鏗爲宜都王，皇子子明爲武昌王，子罕爲南海王。望氣者云：新林、婁湖、東府西有天子氣。〔二八〕甲子，築靑溪舊宮，作新林、婁湖苑以厭之。〔二九〕

二月庚寅，以征虜將軍楊炅爲沙州刺史，封陰平王。

三月丙辰，詔以星緯失序，陰陽愆度，申辛亥赦恩五十日，以期訖爲始。戊寅，詔四方見囚，罪無輕重，及劫賊餘口，長徒敕繫，悉皆原赦。

夏五月丁酉，〔三〇〕車騎將軍張敬兒有罪伏誅。

秋八月壬申，魏人來聘。

冬十月丙寅，使驍騎將軍劉纘聘于魏。

十一月己卯，雷。

十二月乙巳朔，日有蝕之。

二年春正月乙亥，以護軍將軍柳世隆爲尚書右僕射，以南兗州刺史竟陵王子良爲護軍將軍，兼司徒。壬寅，以新除尚書右僕射柳世隆爲左僕射，以丹陽尹李安人爲右僕射。〔三一〕

秋七月甲申，立皇子子倫爲巴陵王。

八月丙午，幸舊宮，申都下獄及三署見徒，量所降宥。戊申，幸玄武湖講武。壬子，扶南國遣使朝貢，并獻頌章云。甲子，詔都下二縣，墳墓毀發，隨宜掩埋，遺骸未槻者，並加斂瘞。疾困不能存者，詳加霑賚。

冬十二月庚申，魏人來聘。

三年春正月辛卯，祀南郊。大赦，都邑三百里內罪應入重者降一等，餘依赦制。〔三二〕

三月甲寅，〔三三〕使輔國將軍劉纘聘于魏。

夏五月，省總明觀。

秋七月甲戌，左光祿大夫、開府儀同三司王僧虔薨。辛卯，於益州置平蠻校尉官。

八月乙未，幸中堂聽訟。乙巳，以行宕昌王梁彌頡爲河、涼二州刺史，封隴西公、宕昌王。

冬十月丙辰，〔三四〕魏人來聘。

十二月，以江州刺史王奐爲尚書右僕射。改封武昌王子明爲西陽王。

四年春閏正月癸巳，立皇子子貞爲邵陵王。丁未，以武都王楊集始爲北秦州刺史。辛亥，耕藉田。詔宥殊死以下。甲寅，幸閱武堂，勞酒小會，賜王公以下在位者帛有差。戊午，幸宣武堂講武。

二月丙寅，大風，吳興偏甚，樹葉皆赤。己未，〔三五〕立皇弟銶爲晉熙王，鉉爲河東王。壬午，使通直郎裴昭明聘于魏。

五年春正月戊子，以太尉豫章王嶷爲大司馬，車騎將軍竟陵王子良爲司徒，驃騎將軍臨川王映、衞將軍王儉、中軍將軍王敬則並以本號開府儀同三司。以尚書右僕射王奐爲尚書左僕射。辛卯，賜孤寡老疾各有差。

夏四月庚午，殷祀太廟，降諸囚徒。

先是，立商飇館於孫陵岡，世呼爲九日臺，秋九月辛卯，車駕幸焉。

冬十月，初起新林苑。

六年春三月甲申，詔皇太子於東宮玄圃園宣猷堂臨訊及三署徒隸。己亥，封皇子子響爲巴東王。

夏五月庚辰，左衞殿中將軍邯鄲超表陳射雉，書奏賜死。又潁川荀丕亦以諫諍，託他事及誅。

六月辛未，詔省州郡縣送故輸錢者。

秋七月，齊興太守劉元寶於郡城壍得錢三十七萬，皆輪厚徑一寸半，以獻，上以爲瑞，班賜公卿。

九月壬寅，於琅邪城講武，習水步軍。

冬十月庚申，立冬，初臨太極殿讀時令。

十一月丙戌，〔三六〕土霧竟天，如煙，入人眼鼻，二日乃止。

七年春正月丙午，以鎭南將軍柳世隆爲尚書左僕射，以豫州刺史西昌侯鸞爲右僕射。辛亥，祀南郊，大赦。申明不舉子之科；若有產子者，復其父。壬戌，驃騎將軍、開府儀同三司臨川王映薨。戊辰，詔以諸大夫年秩隆重，增俸，給見役。

三月甲寅，立皇子子岳爲臨賀王，子峻爲廣漢王，子琳爲宣城王，子珉爲義安王。

夏五月乙巳，尚書令、衞將軍、開府儀同三司王儉薨。甲子，以新除尚書左僕射柳世隆爲尚書令。

秋九月壬寅，魏人來聘。

冬十一月戊申，詔平南參軍顏幼明聘于魏。

八年春正月庚子，以領軍王奐爲尚書左僕射。丁巳，以行百濟王泰爲鎭東大將軍、百濟王。

二月辛卯，零陵王司馬藥師薨。

夏四月戊辰朔，詔公卿以下各舉所知。

六月己巳，魏人來聘。庚午，長沙王晃薨。丙申，大雷雨，〔三七〕有黃光竟天，照地狀如金。乙酉，都下大風發屋。

秋七月癸卯，詔以陰陽舛和，緯象愆度，儲胤嬰患，淹歷旬晷，可大赦。

八月乙酉，以河南王世子休留代爲西秦、河二州刺史，封河南王。壬辰，荆州刺史巴東王子響反，遣丹陽尹蕭順之討之，子響伏誅。〔三八〕

冬十二月戊寅，〔三九〕詔量增尚書丞郎賜祿。己卯，改封宣城王子琳爲南康王，立皇子子建爲湘東王。

九年春正月甲午，省平蠻府。辛丑，祀南郊，降都下見囚。戊午，詔射聲校尉裴昭明聘于魏。

三月癸巳，明堂災。

夏五月丙申，林邑國獻金簟。丁未，魏人來聘。安成王暠薨。己未，樂游正陽堂災。

秋八月己亥，使司徒參軍蕭琛聘于魏。吳興、義興大水。乙卯，蠲二郡租。

九月戊辰，幸琅邪城講武，觀者傾都，普頒酒肉。

冬十月甲寅，魏人來聘。

十年春正月戊午，以司徒竟陵王子良領尚書令，以尚書右僕射西昌侯鸞爲左僕射。詔增內外有務衆官祿奉。丙戌，詔故太宰褚彥回、故太尉王儉、故司空柳世隆、驃騎大將軍王敬則、鎭軍大將軍陳顯達、故鎭東將軍李安人配饗太祖廟庭。

十二月乙巳，〔四〇〕使司徒參軍蕭琛聘于魏。

十一年春正月戊午，以驃騎大將軍、豫州刺史王敬則爲司空。乙亥，皇太子長懋薨。

二月，雍州刺史王奐有罪，伏誅。

三月丙寅，以金紫光祿大夫王晏爲尚書右僕射。

夏四月癸未，魏人來聘。甲午，立皇孫昭業爲皇太孫，賜天下爲父後者爵一級。

五月戊辰，以旱故，都下二縣、朱方、姑孰權斷酒。

秋七月丁巳，曲赦南兗兗豫司徐五州，南豫州之歷陽譙臨江廬江四郡三調，衆逋宿責，並同原除。其緣淮及青、冀新附僑人，復除已訖，更申五年。

先是魏地謠言，「赤火南流喪南國」。是歲，有沙門從北齎此火而至，色赤於常火而微，云以療疾。貴賤爭取之，多得其驗。二十餘日，都下大盛，咸云「聖火」。詔禁之不止。火灸至七炷而疾愈。吳興丘國賓密以還鄉，邑人楊道慶虛疾二十年，依法灸卽差。

是月，上不豫，徙御延昌殿，始登階而殿屋鳴吒，上惡之。魏軍將至，上慮朝野憂惶，力疾召樂府奏正聲伎。戊寅，大漸，詔曰：「始終大期，聖賢不免，吾行年六十，亦復何恨。但皇業艱難，萬機自重，〔四〕不能無遺慮耳。太孫進德日茂，社稷有寄，子良善相毗輔，思弘正道。內外衆事無大小，悉與鸞參懷。尙書是職務根本，悉委王晏、徐孝嗣。軍旅捍邊之略，委王敬則、陳顯達、王廣之、王玄邈、沈文季、張瓌、薛深等。〔四三〕百辟庶僚，各奉爾職，謹事太

孫，勿有懈怠。」又詔曰：「我識滅後，身上著夏衣畫天衣，純烏犀導，應諸器服，悉不得用寶物及織成等，〔四三〕唯裝複袂衣各一通。常所服刀長短二口，鐵環者，隨入梓宮。祭敬之典，本在因心，靈上愼勿以牲爲祭。祭惟設餅、茶飲、干飯、酒脯而已。天下貴賤，咸同此制。未山陵前，朔望設菜食。陵墓萬世所宅，意常恨休安陵未稱，今可用東三處地最東邊以葬我，名爲景安陵。喪禮每存省約，不須煩人，百官停六時入臨，朔望祖日可依舊。諸主六宮，並不須從山陵。內殿鳳華、壽昌、曜靈三處，是吾所改制。夫貴有天下，富兼四海，宴處寢息，不容乃陋，謂此爲奢儉之中，愼勿壞去。顯陽殿玉像諸佛及供養，具如別牒，可盡心禮拜供養之。應有功德事，可專在中。自今公私皆不得出家爲道，及起立塔寺，以宅爲精舍，並嚴斷之。惟年六十，必有道心，聽朝賢選序，已有別詔。諸小小賜乞，及閤內處分，亦有別牒。內外禁衞勞舊主帥左右，悉令蕭諶優量驅使之。」是日上崩于延昌殿，年五十四。羣臣上謚曰武皇帝，廟號世祖。九月丙寅，葬景安陵。

上剛毅有斷，政總大體，以富國爲先。頗喜游宴、彫綺之事，言常恨之，未能頓遣。臨崩，又詔：「凡諸游費，宜從休息。自今遠近薦獻，務存節儉，不得出界營求，相高奢麗。金粟繒纊，敝人已甚，珠玉玩好，傷俗尤重，嚴加禁絕。」

論曰：齊高帝基命之初，武功潛用，泰始開運，大拯時艱。及蒼梧暴虐，釁結朝野，而百姓懔懔，命縣朝夕。權道既行，兼濟天下。元功振主，利器難以假人，羣方勠力，實懷尺寸之望，豈惟天厭水行，固已人希木德，歸功與能，事極乎此。武帝雲雷伊始，功參佐命，雖爲繼體，事實艱難。御衰垂旒，深存政典，文武授任，不革舊章，明罰厚恩，皆由己出。外表無塵，內朝多豫，機事平理，職貢有恒，府藏內充，人鮮勞役。〔四四〕宮室苑圃，未足以傷財，安樂延年，衆庶所同幸，亦有齊之良主也。據齊、梁紀錄，並云出自蕭何，又編御史大夫望之以爲先祖之次。案何及望之於漢俱爲勳德，而望之本傳不有此陳，齊典所書，便乖實錄。近秘書監顏師古博考經籍，注解漢書，已正其非，今隨而改削云。

校勘記

〔一〕遷右軍將軍　「右軍」文選齊安陸昭王碑文作「冠軍」，疑「右軍」爲「冠軍」之譌。

〔二〕梁州刺史劉秀之遣司馬馬注助帝攻拔談提城　「注」各本作「汪」，據南齊書改。「談提城」南齊書作「談堤城」。

〔三〕時休範典籤許公與詐稱休範在新亭　「與」宋書桂陽王休範傳作「輿」，册府元龜一八四同。

〔四〕嘗率數十人直入鎭軍府　「鎭軍府」通鑑一三三及通志並作「領軍府」。按下文云王敬則齎蒼梧王首馳至領軍府。是時蕭道成爲中領軍、都督、南兗州刺史、鎭軍將軍。

〔五〕蒼梧忿懷忿恚　「恚」各本作「患」，據通志改。

〔六〕叩門大呼自言報帝　各本脫「呼」字，據通鑑補。

〔七〕給油幢絡車　各本脫「絡」字，據南齊書高帝紀及輿服志補。

〔八〕丁卯帝入居朝堂　「丁卯」各本作「乙卯」。宋書順帝紀作「丁卯」，其前有「丁巳」。按十二月庚戌朔，初六日乙卯，初八日丁巳，十八日丁卯，丁巳後不得有乙卯，據宋書改。

〔九〕三年正月乙巳　「乙巳」各本作「乙丑」。下文有「丙辰」、「丁巳」、「丁卯」諸日辰，按正月癸卯朔，初三日乙巳，十五日丁巳，二十三日乙丑，二十五日丁卯，「乙丑」不得在丙辰、丁巳前，據南齊書改。

〔一〇〕甲午重申前命　按正月癸卯朔，無「甲午」。二月癸酉朔，有甲午。疑「甲午」上脫「二月」二字。

〔一一〕持節兼司空副守尙書令僧虔授齊公茅土　各本脫「副」字，據宋書補。

〔一二〕以豫州之南梁陳潁川陳留至增王封爲二十郡　「豫州」各本作「徐州」。按南梁等四郡屬豫州，據南齊書改。

〔一三〕兼太史令將作匠陳文建奏符瑞　「陳文建」各本作「文建陳」，「奏」各本作「天」，並據南齊書訂

中華書局

正。

〔一四〕以弘濟乎厥艱　「艱」各本作「難」，據南齊書改。

〔一五〕乃停太官池籞稅　「籞」各本作「塞」，據南齊書改。

〔一六〕詔宋氏第秩　「第」王懋竑讀書記疑云：「當作爵。」

〔一七〕以司空褚彦回爲司徒　「司徒」下通鑑有「淵不受」三字（彦回爲淵字，此避唐諱改以字行）。考異云：「建元二年正月以淵爲司徒，十二月戊戌以淵爲司徒，蓋二年正月辭，十二月受耳。」按南齊書褚淵傳有「不受」二字，通鑑是。

〔一八〕丙子　按建元二年九月甲午朔，是月無丙子。

〔一九〕簡木堅白　「簡木」各本作「簡大」或「簡文」，據南齊書符瑞志改。

〔二〇〕會稽南山李斯刻秦望之封也　「封」各本譌「風」，據南齊書祥瑞志改。

〔二一〕歷年七十水滅緒　「七十」南齊書祥瑞志作「七七」。下文「至齊受命七十年」，亦作「凡七十七年」。

〔二二〕鳳鳥戢翼朔旦鳴　「戢」南齊書祥瑞志作「舒」，「朔旦」作「翔且」。

〔二三〕滎陽郡人尹千　「尹千」南齊書祥瑞志作「尹午」。

〔二四〕以宋元嘉十七年六月己未生於建康縣之青溪宮　「十七年」各本作「二十七年」。張森楷南史校

勘記：「帝若以元嘉二十七年生，則數至永明十一年帝崩之年爲四十四年，與帝年五十四崩之文，與行年六十之詔尤謬。疑此『二』字衍文，則帝年適合。」今訂正。

〔二五〕立南郡王長懋爲皇太子　「南郡王」各本作「河南王」。按高帝紀建元元年六月甲申，立皇孫長懋爲南郡王。今據改。

〔二六〕皇孫昭業爲南郡王　「南郡王」各本作「河南郡王」。「河」字衍文，據南齊書删。

〔二七〕蠲除租調　「除」各本作「降」，據南齊書改。

〔二八〕新林婁湖東府西有天子氣　各本脱「天子」，據通志補。按和帝中興二年紀云：「又永明中，望氣者云，新林、婁湖、青溪並有天子氣，於其處大起樓苑宮觀，武帝屢游幸以應之。」明此脱「天子」二字。

〔二九〕作新林婁湖苑以厭之　各本脱「林」字，今補。

〔三〇〕夏五月丁酉　按永明元年五月己酉朔，是月無丁酉。

〔三一〕以丹陽尹李安人爲右僕射　「安人」本字「安民」，南齊書有李安民傳，此避唐諱改。

〔三二〕大赦都邑三百里內罪應入重者降一等餘依赦制　「大」、「都邑」各本並脱，據南齊書補。

〔三三〕三月甲寅　按永明三年三月戊辰朔，是月無甲寅。

〔三四〕冬十月丙辰　「冬十月」各本作「冬十一月」。按十一月甲子朔，無丙辰，據通志訂正。

〔三五〕己未　按永明四年二月壬戌朔，是月無己未。

〔三六〕十一月丙戌　按永明六年十一月丙午朔，是月無丙戌。

〔三七〕丙申大雷雨　據張森楷南史校勘記，上有「庚午」，下有「乙酉」，則中間只有壬申、丙子、甲申，無丙申也，「丙申」字誤。如丙申不誤，則當在乙酉後。

〔三八〕八月乙酉以河南王世子休留代爲西秦河二州刺史封河南王壬辰至子響伏誅　「壬辰」至「子響伏誅」各本繫於「乙酉」事後。按是月丙寅朔，「乙酉」在前，「壬辰」在後。今據南齊書乙正。又「休留代」南齊書武帝紀作「休留成」，河南傳作「休留茂」，而魏書作「伏連籌」。

〔三九〕冬十二月戊寅　「十二月」各本作「十一月」。按十一月乙未朔，無戊寅，據南齊書改。

〔四〇〕十二月乙巳　「十二月」各本脱「十」字，據通鑑補。

〔四一〕萬機自重　「自」南齊書作「事」。

〔四二〕委王敬則至薛深等　「深」南齊書作「淵」，此避唐諱改。按南齊書有薛淵傳。

〔四三〕絓諸器服悉不得用寶物及織成等　「絓」南齊書作「應」。

〔四四〕人鮮勞役　「人鮮」各本作「鮮人」。據南齊書乙正。「人鮮勞役」，即「民鮮勞役」，以避唐諱改「民」作「人」。

中華書局

爲散騎常侍、左衞將軍，清道而行。十年，累遷尙書左僕射，領右衞將軍。武帝遺詔爲侍中、尙書令，尋加鎭軍將軍，給班劍二十人。隆昌元年，卽本號爲大將軍，給鼓吹一部，親兵五百人。尋加中書監、開府儀同三司。

海陵王立，爲驃騎大將軍、錄尙書事、揚州刺史，加都督，增班劍爲三十人，封宣城郡公，鎭東府城，給兵五千人，錢二百萬，布千匹。九江事難，假黃鉞，事寧，表送之。尋加黃鉞、都督中外諸軍事、太傅，領大將軍、揚州牧，增班劍爲四十人，給幢絡三望車，前後部羽葆、鼓吹，劍履上殿，入朝不趨，贊拜不名，置左右長史、司馬、從事中郎、掾、屬各四人，封宣城王。未拜，太后令廢海陵王，以上入纂高帝爲第三子，羣臣三請，乃受命。

建武元年冬十月癸亥，皇帝卽位，大赦，改元，文武賜位二等。以太尉王敬則爲大司馬，以司空陳顯達爲太尉。乙丑，詔斷遠近上禮。丁卯，詔「自今雕文篆刻，歲時光新，可悉停省。蕃牧守宰，或有薦獻，事非任土，嚴加禁斷」。

十一月壬申，日有蝕之。帝宿沐浴，不御內。其日，潔齋蔬食，斷朝務，屏人，單衣帢危坐，以至事畢。追尊始安貞王爲景皇，妃江氏爲懿后，別立寢廟，號陵曰脩安。封桂陽王鑠等諸王子皆爲列侯。凡諸王侯得罪者，諸子皆復屬籍。又詔遣大使覲省四方。癸酉，革永

明之制，依晉、宋舊典，太子以師禮敬少傅。甲戌，進大司馬尋陽公王敬則等十三人爵邑各有差。省新林苑，先是百姓地者，悉以還主。廢南蠻校尉官。己卯，追崇妃劉氏爲敬皇后，號陵曰興安。庚辰，立皇子寶義爲晉安王，寶玄爲江夏王，寶源爲廬陵王，寶寅爲建安王，寶融爲隨郡王，寶攸爲南平王。甲申，斷官長貢獻及私餉遺。以安陸昭王緬第二子寶晊襲封安陸王。丁亥，詔細作、中署、材官、車府，凡諸工可悉開番假，遞令休息。戊子，立皇子寶卷爲皇太子，賜天下爲父後者爵一級。己丑，詔東宮肇建，遠近或有慶禮，可悉斷之。永明中，御史中丞沈淵表〔一〇〕百官年登七十者，皆令致仕，並窮困私門。庚子，詔「自縉紳年及，可一遵永明七年以前銓敘之科」。

十二月庚戌，宣德太僕劉朗之、游擊將軍劉璩之子，坐不贍給兄子，致使隨母他嫁，免官，禁錮終身，付之鄉論。

是歲，魏孝文皇帝遷都洛陽。

二年春正月辛未，降都下繫囚殊死以下。詔王公以下各舉所知，內外羣僚各進忠言，無有所諱。魏攻豫、司、徐、梁四州。壬申，遣鎭南將軍王廣之督司州，〔一一〕右衞將軍蕭坦之督徐州，尙書右僕射沈文季督豫州，以拒魏。己卯，詔都下二縣，有毀發墳壠，隨宜修理。乙未，魏軍攻鍾離，徐州刺史蕭惠休破之。丙申，加太尉陳顯達使持節、都督西北道諸軍事。丁酉，內外纂嚴。

二月己未，〔一二〕司州刺史蕭誕與衆軍攻敗魏軍。詔雍、豫、司、南兗、徐五州遭遇兵戎之家，悉停今年稅調。丙寅，停青州麥租。魏軍自壽春退。

三月甲申，〔一三〕解嚴。

夏四月己亥朔，親錄三百里內獄訟，自外委州郡訊察，三署徒隸，原遣有差。魏軍圍漢中，梁州刺史蕭懿拒退之。

五月甲午，寢廟成，詔監作長帥賜位一等。

六月壬戌，誅領軍蕭諶、西陽王子明、南海王子罕、邵陵王子貞。

秋九月己丑，改封南平王寶攸爲邵陵王，蜀郡王子文爲西陽王，廣漢王子峻爲衡陽王，臨海王昭秀爲巴陵王，永嘉王昭粲爲桂陽王。

冬十月癸卯，詔罷東田，毀興光樓，〔一四〕幷詔水衡量省御乘。乙卯，納皇太子妃褚氏，大赦，王公以下班賜各有差，斷四方上禮。

十二月丁酉，詔晉帝諸陵，悉皆修理，幷增守衞。吳、晉陵失稔之鄉，蠲三調有差。

三年春正月丁卯，以陰平王楊炅子崇祖爲沙州刺史，封陰平王。己巳，〔一五〕詔申明守長六周之制，事竟不行。乙酉，詔以去歲魏攻緣邊諸州郡，將士有臨陣及病死者，並送還本土。

三月壬午，詔車府乘輿有金銀校飾者，皆剔除之。〔一六〕

夏四月，魏軍攻司州，櫟城戍主魏僧岷擊破之。

冬閏十二月戊寅，皇太子冠，賜王公以下帛各有差，爲父後者賜爵一級，斷遠近上禮。

四年春正月庚午，大赦。壬寅，〔一七〕詔「人產子者，蠲其父母調役一年，又賜米十斛。新婚者，蠲夫役一年」。丙辰，誅尙書令王晏。〔一八〕

二月以尙書左僕射徐孝嗣爲尙書令。

秋八月甲午，〔一九〕追尊景皇所生王氏爲恭太后。魏軍攻沔北。

冬十月，又逼司、雍二州。甲戌，遣太子中庶子蕭衍、右軍司馬張稷禦之。

十一月丙辰，〔二〇〕以氐楊靈珍爲北秦刺史，封仇池公、武都王。

十二月丁丑，遣度支尙書崔慧景率衆救雍州。

永泰元年春正月癸未朔，大赦。中軍大將軍徐孝嗣即本號開府儀同三司。沔北諸郡，

中華書局

爲魏所攻，相繼亡敗，新野太守劉思忌隨宜應接，〔二一〕食盡，煮土爲粥，而救兵不至，城被剋，死之。乙巳，遣太尉陳顯達持節救雍州。丁未，誅河東王鉉、臨賀王子岳、西陽王子文、衡陽王子峻、南康王子琳、永陽王子珉、湘東王子建、南郡王子夏、巴陵王昭秀、桂陽王昭粲。

二月癸丑，遣左衞將軍蕭惠休假節援壽陽。辛未，豫州刺史裴叔業敗魏軍於淮北。

三月丙午，蠲雍州遇魏軍之縣租布。戊申，詔增仲尼祭秩。

上以疾患不瘳，望氣者云宜改元，夏四月甲寅，大赦，改元，文武賜位二等。己未，立武陵昭王子子坦爲衡陽王。丁丑，大司馬會稽太守王敬則舉兵反。

五月壬午，遣輔國將軍劉山陽率軍東討。乙酉，斬敬則，傳首建鄴，曲赦浙東吳、晉陵等七郡。

秋七月己酉，帝崩于正福殿，年四十七。遺詔：「徐孝嗣可重申八命，中書監、本官悉如故。沈文季可尚書左僕射，常侍、護軍如故。江祏可右僕射，江祀可侍中，劉暄可衞尉卿。軍政大事委陳太尉。內外衆事無大小委徐孝嗣、遙光、坦之、江祏；其大事與沈文季、江祀、劉暄參懷。心腹之任，可委劉悛、蕭惠休、崔慧景。」羣臣上謚曰明皇帝，廟號高宗，葬興安陵。

帝明審有吏才，持法無所借。制御親幸，臣下肅清。驅使寒人，不得用四幅繖。大存

儉約，罷武帝所起新林苑，以地還百姓。廢文惠太子所起東田，斥賣之。永明中，輿輦舟乘，悉剔取金銀，還主衣庫，以牙角代之。嘗用皁莢，訖，授餘濼與左右，曰：「此猶堪明日用。」太官進御食，有裹蒸，帝十字畫之，曰：「可四片破之，餘充晚食。」而武帝掖庭中宮殿服御，一無所改。其儉約如此。

性猜忌，亟行誅戮。信道術，用計數。每出行幸，先占利害。簡於出入，將南則詭言之西，將東則詭言之北，皆不以實，竟不南郊。初有疾，無輟聽覽，羣臣莫知。及疾篤，敕臺省府署文簿求白魚以爲藥，外始知之。身衣絳衣，服飾皆赤，以爲厭勝。巫覡云「後湖水頭經過宮內，致帝有疾」。帝乃自至太官行水溝，左右啓「太官無此水則不立」。決意塞之，欲南引淮流，會崩，事寢。

廢帝東昏侯諱寶卷，字智藏，明帝第二子也。本名明賢，明帝輔政後改焉。建武元年，立爲皇太子。

永泰元年七月己酉，明帝崩，太子卽皇帝位。

八月庚申，鎭北將軍晉安王寶義進號征北大將軍、開府儀同三司。

冬十月己未，詔删省律科。癸亥，詔蕭坦之、江祏更直殿省，總監宿衞。辛未，詔劉暄、江祏更直延明殿省。

十一月戊子，立皇后褚氏。庚寅，尚書令徐孝嗣議：「王侯貴人昏，連卺以眞銀盃，蓋出近俗，又牢燭俢績，亦虧曩制。今除金銀連鎖，自餘新器，悉用埏陶，牢燭華侈，亦宜停之。」奏可。

永元元年春正月戊寅朔，大赦，改元。辛卯，祀南郊。丁酉，改封隨王寶融爲南康王，安陸王寶晊爲湘東王，竟陵王昭胄爲巴陵王。

二月，太尉陳顯達敗績於馬圈。

夏四月丙午朔，魏孝文皇帝崩。己巳，立皇子誦爲皇太子，大赦，賜爲父後者爵一級。

五月癸亥，〔二二〕加撫軍大將軍始安王遙光開府儀同三司。

六月甲子，詔原雍州今年三調。

秋七月辛未，〔二三〕淮水變赤如血。丙戌，殺尚書右僕射江祏、侍中江祀。地震自此至來歲，晝夜不止，小屋多壞。丁亥，都下大水，死者甚衆。賜死者材器，並加振卹。

八月乙巳，蠲遇水資財漂蕩者今年調稅。又詔爲馬圈戰亡將士舉哀。丙辰，揚州刺史

始安王遙光據東府反。詔曲赦都下，中外戒嚴，遣領軍將軍蕭坦之致討。戊午，斬遙光，傳首。己巳，以尚書令徐孝嗣爲司空，以領軍蕭坦之爲尚書左僕射。

閏月丙子，以江陵公寶覽爲始安王。

九月甲辰，殺尚書左僕射蕭坦之，右衞將軍曹武。〔二四〕戊午，殺領軍將軍劉暄。壬戌，以頻殺大臣，大赦。

冬十月乙未，誅尚書令新除司空徐孝嗣、右僕射新除鎭軍將軍沈文季。庚子，以吳興太守蕭惠休爲尚書右僕射。辛丑，以侍中王亮爲左僕射。

十一月丙辰，太尉、江州刺史陳顯達舉兵反於尋陽。乙丑，加護軍將軍崔慧景平南將軍，督衆軍南討。

十二月甲申，陳顯達至都，宮城嚴警。乙酉，〔二五〕斬顯達，傳其首。餘黨盡平。

二年春正月庚午，詔討豫州刺史裴叔業。

二月己丑，叔業病死，兄子植以壽春降魏。

三月乙卯，〔二六〕命平西將軍崔慧景攻壽春。丙午，尚書右僕射蕭惠休卒。丁未，崔慧景於廣陵反，〔二七〕舉兵內向。壬子，命右衞將軍左興盛督都下水步衆軍禦之。南徐州刺史江

夏王寶玄以京城納慧景。乙卯,遣中領軍王瑩率衆軍屯北籬門。壬戌,慧景至,瑩等敗績。甲子,慧景入建鄴,臺城內閉門拒守。豫州刺史蕭懿興兵入援。己巳,以懿爲尙書右僕射。

夏四月癸酉,慧景棄衆走,斬之。詔曲赦都下及南徐、南兗二州。乙亥,以新除尙書右僕射蕭懿爲尙書令。丙子,以中領軍王瑩爲尙書右僕射。

五月己酉,江夏王寶玄伏誅。壬子,赦。乙丑,曲赦都下及南徐、兗二州。〔二八〕

六月庚寅,車駕於樂游苑內會,如三元,都下放女人觀。

秋七月甲辰夜,宮內火,唯東閤內明帝舊殿數區及太極以南得存,餘皆蕩盡。

冬十月己卯,〔二九〕殺尙書令蕭懿。

十一月甲寅,西中郎長史蕭穎胄起兵於荆州。

十二月,雍州刺史蕭衍起兵於襄陽。

是歲,魏宣武皇帝景明元年。

三年春正月丙申朔,日有蝕之。帝與宮人於閱武堂元會,皇后正位,閹人行儀,帝戎服臨視。丁酉,以驃騎大將軍晉安王寶義爲司徒,以新除撫軍將軍建安王寶寅爲車騎將軍、開府儀同三司。乙巳,長星見,竟天。辛亥,祀南郊,大赦,詔百官陳讜言。

二月丙寅,乾和殿西廂火。壬午,詔遣羽林兵征雍州,中外纂嚴。始內橫吹五部於殿內,晝夜奏之。壬戌,〔三〇〕蚩尤旗見。

三月乙巳,南康王寶融卽皇帝位於江陵。癸丑,遣平西將軍陳伯之西征。

六月,蕭穎胄弟穎孚起兵廬陵。戊子,赦江州安成、廬陵二郡。

秋七月癸巳,曲赦荆、雍二州。雍州刺史張欣泰、前南譙太守王靈秀率石頭文武奉建安王寶寅向臺,至杜姥宅,宮門閉,乃散走。丙辰,龍闕于建康淮,激水五里。

八月辛卯,以太子左率李居士總督西討諸軍事,屯新亭。

九月甲辰,蕭衍至南豫州,輔國將軍、監南豫州事申胄軍二萬人於姑孰奔歸。丙辰,李居士與衍軍戰於新亭,見敗。

冬十月甲戌,王珍國又戰敗於朱雀航。戊寅,寧朔將軍徐元瑜以東府城降。青、冀二州刺史桓和入衞,屯東宮,尋亦降衍,於是閉宮城門自守。

十二月丙寅,新除雍州刺史王珍國、侍中張稷率兵入殿殺帝,時年十九。

帝在東宮,便好弄,不喜書學,明帝亦不以爲非,但勗以家人之行,令太子求一日再入朝,發詔不許,使三日一朝。在宮嘗夜捕鼠達旦,以爲笑樂。明帝臨崩,屬後事,以隆昌爲戒,曰:「作事不可在人後。」故委任羣小,誅諸宰臣,無不如意。性訥澀少言,不與朝士接。

欲速葬,惡靈在太極殿,徐孝嗣固爭,得踰月。每當哭,輒云喉痛。太中大夫羊闡入臨,無髮,號慟俯仰,幘遂脫地,帝輟哭大笑,謂宦者王寶孫曰:「此謂禿鶖啼來乎。」自江祏、始安王遙光等誅後,無所忌憚,日夜於後堂戲馬,鼓譟爲樂。合夕,便擊金鼓吹角,令左右數百人叫,雜以羌胡橫吹諸伎。常以五更就臥,至晡乃起,王侯以下節朔朝見,晡後方前,或際暗遣出。臺閣案奏,月數十日乃報,或不知所在。閹豎以紙包裹魚肉還家,並是五省黃案。二年元會,食後方出,朝賀裁竟,便還殿西序寢,自巳至申,百僚陪位,皆僵仆菜色。比起就會,忽遽而罷。

太子所生母黃貴嬪早亡,令潘妃母養之。拜潘氏爲貴妃,乘臥輿,帝騎馬從後,著織成袴褶,金薄帽,執七寶縛矟。又有金銀校具,錦繡諸帽數十種,各有名字。戎服急裝縛袴,上著絳衫,以爲常服,不變寒暑。陵冒雨雪,不避阬穽。馳騁渴乏,輒下馬解取腰邊蠡器,酌水飲之,復上馳去。馬乘具用錦繡處,患爲雨所濕,織雜采珠爲覆蒙,備諸雕巧。敎黃門五六十人爲騎客,又選營署無賴小人善走者爲逐馬鷹犬,左右數百人,常以自隨,奔走往來,略不暇息。置射雉場二百九十六處,翳中帷帳及步障,皆袷以綠紅錦,金銀鏤弩牙,瑇瑁帖箭。每出,輒與鷹犬隊主徐令孫、媒翳隊主兪靈韻齊馬而走,左右爭逐之。又甚有筋力,牽弓至三斛五斗。能擔幢,初學擔幢,每傾倒在幢杪者,必致踠傷。其後,白虎幢七丈

五尺,齒上擔之,折齒不倦。擔幢諸校具服飾,皆自製之,綴以金華玉鏡衆寶。舍人、主書及至左右主帥,並皆侍側,逞諸變態,曾無愧顏。始欲騎馬,未習其事,兪靈韻爲作木馬,人在其中,行動進退,隨意所適,其後遂爲善騎。

陳顯達平,〔三一〕漸出游走,不欲令人見之,驅斥百姓,唯置空宅而已。是時率一月二十餘出,既往無定處,尉司常慮得罪,東行驅西,南行驅北,應旦出,夜便驅逐,吏司奔驅,叫呼盈路。打鼓蹋圍,鼓聲所聞,便應奔走,臨時驅迫,衣不暇披,乃至徒跣走出,犯禁者應手格殺。百姓無復作業,終日路隅。從萬春門由東宮以東至郊外,數十里,皆空家盡室。巷陌縣幔爲高障,置人防守,謂之「屛除」。高障之內,設部伍羽儀,復有數部,皆奏鼓吹羌胡伎,鼓角橫吹。夜反,火光照天。每三四更中,鼓聲四出,幡戟橫路,百姓喧走,士庶莫辨。或於市肆左側過親幸家,環繞宛轉,周偏都下,老小震驚,啼號塞道。處處禁斷,不知所過。疾患困篤者,悉掆移之。無人掆者,扶匐道側,吏司又加捶打,絕命者相係。從騎及左右因之入富家取物,無不蕩盡。工商莫不廢業,樵蘇由之路斷。至於乳婦昏姻之家,移產寄室,或與病棄屍,不得殯葬。有棄病人於青溪邊者,吏懼爲監司所問,推置水中,泥覆其面,須臾便死,遂失骸骨。前魏興太守王敬賓新死未斂,家人被驅,不得留視,及家人還,鼠食兩眼都盡。如此非一。又嘗至沈公城,有一婦人當產不去,帝入其家,問:「何獨在?」答曰:「臨產

中華書局

不得去。」因剖腹看男女。又長秋卿王儇病篤，不聽停家，死於路邊。丹陽尹王志被驅急，狼狽步走，惟將二門生自隨，藏朱雀航南酒壚中，夜方得羽儀而歸。喜游獵，不避危險。至蔣山定林寺，一沙門病不能去，藏於草間，爲軍人所得，應時殺之。左右韓暉光曰：「老道人可念。」帝曰：「汝見麞鹿亦不射邪？」仍百箭俱發。故貴人富室者，皆數處立宅，以爲避圍之舍。每還宮，常至三更，百姓然後得反。禁斷又不即通，處處屯咽，或泥塗灌注，或冰凍嚴結，老幼啼號，不可聞見。時人以其所圍處號爲「長圍」。及建康城見圍，亦名長圍，識者以爲讖焉。

三年，殿內火，合夕便發，其時帝猶未還，宮內諸房閤已閉，內人不得出，外人又不敢輒開，比及開，死者相枕。領軍將軍王瑩率衆救火，太極殿得全。內外叫喚，聲動天地。帝三更中方還，先至東宮，慮有亂，不敢便入，參覘審無異，乃歸。其後出游，火又燒璿儀、曜靈等十餘殿及柏寢，北至華林，西至秘閣，三千餘間皆盡。左右趙鬼能讀西京賦，云「柏梁既災，建章是營」。於是大起諸殿，芳樂、芳德、仙華、大興、含德、清曜、安壽等殿，又別爲潘妃起神仙、永壽、玉壽三殿，皆帀飾以金璧。其玉壽中作飛仙帳，四面繡綺，窗間盡畫神仙。又作七賢，皆以美女侍側。鑿金銀爲書字，靈獸、神禽、風雲、華炬，爲之玩飾。椽桷之端，悉垂鈴佩。江左舊物，有古玉律數枚，悉裁以鈿笛。莊嚴寺有玉九子鈴，外國寺佛面有光

相，禪靈寺塔諸寶珥，皆剝取以施潘妃殿飾。性急暴，所作便欲速成，造殿未施梁桷，便於地畫之，唯須宏麗，不知精密。酷不別畫，但取絢曜而已，故諸匠賴此得不用情。又鑿金爲蓮華以帖地，令潘妃行其上，曰：「此步步生蓮華也。」塗壁皆以麝香，錦幔珠簾，窮極綺麗。縶役工匠，自夜達曉，猶不副速，乃剔取諸寺佛刹殿藻井、仙人、騎獸以充足之。武帝興光樓上施青漆，世人謂之「青樓」，帝曰：「武帝不巧，何不純用瑠璃。」潘氏服御，極選珍寶，主衣庫舊物，不復周用，貴市人間金銀寶物，價皆數倍，虎珀釧一隻，直百七十萬。都下酒租，皆折輸金，以供雜用。猶不能足，下揚、南徐二州橋桁塘埭丁計功爲直，斂取見錢，供太樂主衣雜費。由是所在塘瀆，悉皆隳廢。又訂出雄雉頭、鶴氅、白鷺縗，百品千條，無復窮已。親倖小人，因緣爲姦，科一輸十。又各就州縣求爲人輸，準取見直，不爲輸送。守宰懼威，口不得道，須物之處，以復重求。如此相仍，前後不息，百姓困盡，號泣道路。少府太官，凡諸市買，事皆急速，催求相係。吏司奔馳，遇便虜奪，市廛離散，商旅靡依。

又以閱武堂爲芳樂苑，窮奇極麗。當暑種樹，朝種夕死，死而復種，率無一生。於是徵求人家，望樹便取，毀徹牆屋，以移置之。大樹合抱，亦皆移掘，插葉繫華，取玩俄頃。劃取細草，來植階庭，烈日之中，至便焦燥。紛紜往還，無復已極。山石皆塗以采色，跨池水立紫閣諸樓，壁上畫男女私褻之像。明帝時多聚金寶，至是金以爲泥，不足周用，令富室賣金，〔三〕不問多少，限以賤價，又不還直。張欣泰嘗謂舍人裴長穆曰：「宮殿何事頓爾！夫以秦之富，起一阿房而滅，今不及秦一郡，而頓起數十阿房，其危殆矣。」答曰：「非不悅子之道，顧言不用耳。」

潘妃放恣，威行遠近。父寶慶與諸小共逞姦毒，富人悉誣爲罪，田宅貲財，莫不啓乞。或云寄附隱藏，復加收沒，計一家見陷，禍及親隣。又慮後患，男口必殺。明帝之崩，竟不一日蔬食，居處衣服，無改平常。潘妃生女，百日而亡，制斬衰絰杖，衣悉粗布。羣小來弔，盤旋地坐，舉手受執蔬膳，積旬不聽音伎。左右直長閹豎王寶孫諸人，共營肴羞，云爲天子解菜。

又於苑中立店肆，模大市，日游市中，雜所貨物，與宮人閹豎共爲裨販。以潘妃爲市令，自爲市吏錄事，將鬬者就潘妃罰之。帝小有得失，潘則與杖，乃敕虎賁威儀不得進大荆子，閤內不得進實中荻。雖畏潘氏，而竊與諸姊妹淫通。每游走，潘氏乘小輿，宮人皆露褌，著綠絲屩，帝自戎服騎馬從後。又開渠立埭，躬自引船，埭上設店，坐而屠肉。于時百姓歌云：「閱武堂，種楊柳，至尊屠肉，潘妃酤酒。」

又偏信蔣侯神，迎來入宮，晝夜祈禱。左右朱光尚詐云見神，動輒諮啓，並云降福。始安之平，遂加位相國，末又號爲「靈帝」，車服羽儀，一依王者。又曲信小祠，日有十數，師巫

魔嫗，迎送紛紜。光尚輒託云神意。范雲謂光尚曰：「君是天子要人，當思百全計。」光尚曰：「至尊不可諫正，當託鬼神以達意耳。」後東入樂游，人馬忽驚，以問光尚，光尚曰：「向見先帝大瞋，不許數出。」帝大怒，拔刀與光尚等尋覓，既不見處，乃縛菰爲明帝形，北向斬之，縣首苑門。

上自永元以後，魏每來伐，繼以內難，揚、南徐二州人丁，三人取兩，以此爲率。遠郡悉令上米準行，一人五十斛，輸米既畢，就役如故。又先是諸郡役人，多依人士爲附隸，謂之「屬名」。又東境役苦，百姓多注籍詐病，遣外醫巫，在所檢占諸屬名，并取病身。凡屬名多不合役，止避小小假，並是役蔭之家。凡注病者，或已積年，皆攝充將役。又追責病者租布，隨其年歲多少。衡命之人，皆給貨賂，隨意縱捨。又橫調徵求，皆出百姓。

羣小以陳顯達下數日便敗，崔慧景圍城正得十日，及蕭衍師至，亦謂爲然。裹糧食、樵鍋，凡所須物，爲百日備。帝謂茹法珍曰：「須來至白門前，當一決。」及至近郊，乃聚兵爲固守計，召王侯分置尚書都坐及殿省。尚書舊事，悉充紙鎧。使冠軍將軍王珍國領三萬人據大桁，莫有鬬志，遣王寶孫督戰，呼爲王倀子。寶孫切罵諸將帥，直閤將軍席豪發憤突陣死。豪，驍將也，既斃，衆軍於是土崩。軍人從朱雀觀上自投及赴淮水死者無數。於是閉城自守，城內軍事委王珍國。兗州刺史張稷入衞，以稷爲副，實甲猶七萬人。

帝著烏帽袴褶，備羽儀，登南掖門臨望。又虛設鎧馬齋仗千人，皆張弓拔白，出東掖門，稱蔣王出盪。又受刀敕等教著五音兒衣，登城望戰。還與御刀左右及六宮於華光殿立軍壘，以金玉爲鎧仗，親自臨陣，詐被創勢，以板擱將去，以此厭勝。又於閱武堂設牙門軍頓，每夜嚴警。帝於殿內騎馬，從鳳莊門入徽明門，馬被銀蓮葉具裝鎧，雜羽孔翠寄生，逐馬左右衞從，晝眠夜起如平常。聞外鼓吹叫聲，被大紅袍，登景陽樓望，弩幾中之。衆皆怠怨，不爲致力，募兵出戰，至城門數十步，皆坐甲而歸。慮城外有伏兵，乃燒城傍諸府署，六門之內皆盡。城中閤道、西掖門內，相聚爲市，販死牛馬肉。蕭衍長圍既立，塹柵嚴固，然後出盪，屢戰不捷。

帝尤惜金錢，不肯賞賜，茹法珍叩頭請之，帝曰："賊來獨取我邪，何爲就我求物？"後堂儲數百具榜，啓爲城防，帝曰："擬作殿。"竟不與。城防巧手，而悉令作殿，晝夜不休。又催御府細作三百人精仗，須圍解以擬屏除。金銀雕鏤雜物，倍急於常。法珍、蟲兒又說帝曰："大臣不留意，使圍不解，宜悉誅之。"珍國、張稷懼禍，乃謀應蕭衍，以計告後閤舍人錢强。强許之，密令游盪主崔叔智夜開雲龍門，稷及珍國勒兵入殿，分軍又從西上閤入後宮，御刀豐勇之爲內應。是夜，帝在含德殿。吹笙歌作女兒子，臥未熟，聞兵入，趨出北戶，欲還後宮。清曜閣已閉，閹人禁防黃泰平刀傷其膝，仆地，顧曰："奴反邪！"直後張齊斬首，送蕭

衍。宣德太后令依漢海昏侯故事，追封東昏侯。

和帝諱寶融，字智昭，明帝第八子也。建武元年，封隨郡王。永元元年，改封南康王，出爲西中郎將、荆州刺史，督七州軍事。〔三三〕

二年十一月甲寅，長史蕭穎胄奉王舉兵。其日太白及辰星俱見西方。乙卯，教纂嚴。丙辰，以雍州刺史蕭衍爲使持節、都督前鋒諸軍事。戊午，衍表勸進。

十二月乙亥，羣僚勸進，並不許。壬辰，驍騎將軍夏侯亶自建鄴至江陵，稱宣德太后令："西中郎將南康王宜纂承皇祚，光臨億兆，可且封宣城王、相國、荆州牧，加黃鉞，置僚屬。"

三年正月乙巳，王受命，大赦；唯梅蟲兒、茹法珍等不在例。是日，長星見，竟天。甲寅，建牙于城南。二月己巳，羣僚上尊號，立宗廟及南北郊。

中興元年春三月乙巳，皇帝卽位，大赦，改永元三年爲中興，文武賜位二等。是夜彗星竟天。以相國左長史蕭穎胄爲尚書令，加雍州刺史蕭衍尚書左僕射、都督征討諸軍。以晉安王寶義爲司空，廬陵王寶源爲車騎將軍、開府儀同三司。丙午，有司奏封庶人寶卷爲零陵侯，詔不許。又奏爲涪陵王，詔可。

夏四月戊辰，詔凡東討衆軍及諸向義之衆，普復除五年。

秋七月丁巳，〔三四〕魯山城主孫樂祖以城降。己未，郢城主薛元嗣降。

八月丙子，平西將軍陳伯之降。

九月己未，詔假黃鉞蕭衍，若定京邑，得以便宜從事。

冬十一月壬寅，尚書令、鎭軍將軍蕭穎胄卒。

十二月丙寅，建康城平。己巳，宣德皇太后令，以征東大將軍蕭衍爲大司馬、錄尚書、驃騎大將軍、揚州刺史，封建安郡公，依晉武陵王遵承制故事。壬申，改封建安王寶寅爲鄱陽王。癸酉，以司徒、揚州刺史晉安王寶義爲太尉，領司徒。乙酉，以尚書右僕射王瑩爲左僕射。

二年春正月戊戌，宣德皇太后臨朝，入居內殿。壬寅，大司馬蕭衍都督中外諸軍事，加殊禮。己酉，以大司馬長史王亮爲守尚書令。甲寅，加大司馬蕭衍位相國，梁公，備九錫禮。

二月壬戌，誅湘東王寶晊。丙戌，進梁公蕭衍爵爲王。

三月辛丑，鄱陽王寶寅奔魏。誅邵陵王寶攸、晉熙王寶嵩、桂陽王寶貞。〔三五〕庚戌，車駕東歸至姑孰。丙辰，遜位于梁。丁巳，廬陵王寶源薨。

四月辛酉，禪詔至，皇太后遜居外宮。梁受命，奉帝爲巴陵王，宮于姑孰。戊辰，巴陵王殂，年十五。追尊爲齊和帝，葬恭安陵。

初，梁武帝欲以南海郡爲巴陵國邑而遷帝焉，以問范雲，雲俛首未對。沈約曰："今古殊事，魏武所云，『不可慕虛名而受實禍』。"梁武頷之。於是遣鄭伯禽進以生金，帝曰："我死不須金，醇酒足矣。"乃引飲一升，伯禽就加摺焉。先是，文惠太子與才人共賦七言詩，句後輒云"愁和帝"，〔三六〕至是其言方驗。又永明中，望氣者云新林、婁湖、青溪並有天子氣，於其處大起樓苑宮觀，武帝屢游幸以應之；又起舊宮於青溪，以弭其氣。而明帝舊居東府城西，延興末，明帝龍飛，至是梁武帝衆軍城於新林，而武帝舊宅亦在征虜。

百姓皆著下屋白紗帽，而反裙覆頂。東昏曰："裙應在下，今更在上，不祥。"命斷之。於是百姓皆反裙向下，此服祆也。帽者首之所寄，今而向下，天意若曰，元首方爲猥賤乎。東昏又令左右作逐鹿帽，形甚窄狹，後果有逐鹿之事。東昏宮裏又作散叛髮，反髻根向後，百姓爭學之，及東昏狂惑，天下散叛矣。東昏又與羣小別立帽，褰其口而舒兩翅，名曰"鳳度三橋"。帬向後，總而結之，名曰"反縛黃麗"。東昏與刀敕之徒親自著之，皆用金寶，鑿以

璧璫。又作著調帽，鏤以金玉，間以孔翠，此皆天意。梁武帝舊宅在三橋，而「鳳度」之名，鳳翔之驗也。「黃麗」者「皇離」，爲日而反縛之，東昏戮死之應也。「調」者，梁武帝至都，而風俗和調。先是百姓及朝士，皆以方帛塡胸，名曰「假兩」，此又服祅。假非正名也，儲兩而假之，明不得眞也。東昏誅，其子廢爲庶人，假兩之意也。

論曰：鬱林地居長嫡，瑕釁未彰，而武皇之心，不變周道，故得保茲守器，正位尊極。既而愆鄙內作，兆自宮闈，雖爲害未遠，而足傾社稷。郭璞稱永昌之名，有二日之象，隆昌之號，實亦同焉。明帝越自支庶，任當負荷，乘機而作，大致殲夷，流涕行誅，非云義舉，事苟非安，〔二七〕能無內愧。既而自樹本枝，根胤孤弱，貽厥所授，屬在凶愚，用覆宗祊，亦其理也。夫名以行義，往賢垂範，𤗵而之禪，術士誡之，東昏以「卷」名，「藏」以終之，其兆先徵，蓋亦天所命矣。

校勘記

〔一〕取諸寶器以相擊剖破碎之　「取」各本無，據南齊書補。

〔二〕雜采祖服　「祖」各本譌「祖」，據南監本、局本南齊書改。

〔三〕徐龍駒爲後閤舍人　「後閤」各本譌「後宮」。據南齊書、通鑑改。胡注：「後閤，禁中後閤也。」

〔四〕帝在壽昌殿裸身與霍氏相對　張森楷南史校勘記：「據上云霍氏改姓徐氏，則當書徐氏；而此仍從其實書霍氏。下又依南齊書紀稱『帝走向愛姬徐氏房』，遂若兩人然者。」

〔五〕宿衞將士皆執弓楯欲戰　「皆」下各本衍一「衞」字，據南齊書刪。

〔六〕八月壬辰　按八月癸卯朔，無壬辰及下之「甲午」、「辛丑」；七月癸酉朔，則有此諸日辰，然「壬辰」（二十日）、「甲午」（二十二日）又不當繫在上文「丁酉」（二十五日）後。

〔七〕冬十月丁酉　下有戊戌。按隆昌元年十月壬寅朔，是月無丁酉，亦無戊戌。

〔八〕加宣城公鸞黃鉞至揚州牧　「揚州牧」各本作「揚州刺史」。按上文蕭鸞已爲「揚州刺史」，據南齊書改。

〔九〕禪者禪也靈者神明之目也武帝晏駕而鼎業傾移也　元大德本作「武帝」，其他各本並作「文帝」；而又譌第二「也」字爲「漢」。錢大昕廿二史考異：「漢字誤，文帝謂文惠太子也。」按文惠太子未即位死，不當稱晏駕。元大德本作武帝不誤。

〔一〇〕御史中丞沈深表　「深」南齊書作「淵」，此避唐諱改。

〔一一〕遣鎭南將軍王廣之督司州　「鎭南」各本作「鎭軍」，又誤脫「之」，據南齊書、通鑑改補。

〔一二〕二月己未　「二月」各本作「三月」。按二月庚子朔，二十日己未，三月庚午朔，無己未，據通鑑改。

〔一三〕三月甲申　「三月」各本無。按三月庚午朔，十五日甲申，據通鑑補。

〔一四〕毀興光樓　「興光」各本作「光興」，據南齊書、通鑑改。

〔一五〕三年春正月丁卯至己巳　「丁卯」各本作「丁酉」；「己巳」上各本有「二月」二字。按是年正月乙丑朔，無丁酉，有丁卯、己巳。通鑑作「丁卯」，今據改。南齊書無「二月」二字，今據刪。

〔一六〕詔車府乘輿有金銀校飾者皆剔除之　「校」字各本並脫，據南齊書、通鑑補。胡注：「校，欄格也。飾其校，飾其欄格也。義又與鉸同，以金銀飾器謂之鉸。」

〔一七〕四年春正月庚午大赦壬寅　按是年正月己丑朔，無庚午。通鑑作「春正月大赦」，考異云：「是月無庚午，故不日。」又，「壬寅」原作「庚辰」，據南齊書改。

〔一八〕丙辰誅尚書令王晏　「丙辰」各本作「壬辰」，據南齊書、通鑑改。考異云：「晏傳云，元會畢，乃召晏誅之。本紀，丙辰，晏伏誅。丙辰，正月二十八日也。本傳蓋言元會禮後耳。」

〔一九〕秋八月甲午　按是月丙辰朔，無甲午。

〔二〇〕十一月丙辰　按是月甲申朔，無丙辰。

〔二一〕新野太守劉思忌隨宜應接　「劉思忌」各本作「劉忌」。張森楷南史校勘記：「魏虜傳作劉思忌，疑此誤脫『思』字。」按通鑑亦作「劉思忌」，今據補。

〔二二〕五月癸亥　按永元元年五月丙子朔，是月無癸亥。

〔二三〕秋七月辛未　按是月乙亥朔，無辛未。下出「丙戌」，其前只有辛巳，疑「辛未」爲「辛巳」之譌。

〔二四〕右衞將軍曹武　「武」南齊書作「虎」，有曹虎傳，此避唐諱改。

〔二五〕乙酉　各本作「己酉」，據南齊書改。按是年十二月壬申朔，十三日甲申，十四日乙酉，無己酉。

〔二六〕三月乙卯　下文出「丙午」。按三月辛丑朔，初六日丙午，十五日乙卯。「丙午」不得在「乙卯」前。又下出「乙卯」，與此重複，則此之「乙卯」必誤。參下條校勘記。

〔二七〕丙午尚書右僕射蕭惠休卒丁未崔慧景於廣陵反　「丙午」、「丁未」上各本有「夏四月」三字。而「丙午」、「丁未」及下文之「壬子」以迄「己巳」，皆在三月內。通鑑考異：「按長曆，是歲三月辛丑朔，四月庚午朔。丁未三月七日，壬子十二日，乙卯十五日，壬戌二十二日，甲子二十四日，四月皆無也，蓋『四月』當作『三月』。至『癸酉』乃四月四日。」今按「丙午」三月六日，「己巳」二十九日，亦四月所無。今移植「夏四月」三字於「癸酉」上，於是月日全無牴牾。

〔二八〕乙丑曲赦都下及南徐兗二州　「乙丑」各本作「己丑」，「南徐」作「徐」，按五月庚子朔，無乙丑，並據南齊書改補。

〔二九〕冬十月己卯　「己卯」各本作「己亥」。按是月丁卯朔，無己亥，據南齊書改。

〔三〇〕壬戌　按永元三年二月乙丑朔，是月無壬戌。

〔三一〕陳顯達平　「平」各本作「卒」，據南齊書改。
〔三二〕令宮室賣金　「賣」各本作「買」，據通志改。
〔三三〕督七州軍事　「七」各本作「九」。按南齊書和帝紀：「督荆雍益寧梁南北秦七州軍事」，今據改。
〔三四〕秋七月丁巳　「丁巳」各本作「丁卯」。按是月癸巳朔，無丁卯，據通鑑改。
〔三五〕誅邵陵王寶攸晉熙王寶嵩桂陽王寶貞　「晉熙王」下各本脫「寶嵩桂陽王」五字。據南齊書補。
〔三六〕句後輒云愁和帝　李慈銘南史札記：「『帝』，南齊書五行志作『諦』。」
〔三七〕事苟非安　「非」南齊書作「求」。

南史卷六

梁本紀上第六

梁高祖武皇帝諱衍，字叔達，小字練兒，南蘭陵中都里人，姓蕭氏，與齊同承淮陰令整。整生皇高祖鎋，位濟陰太守。鎋生皇曾祖副子，位州治中從事。副子生皇祖道賜，位南臺治書侍御史。道賜生皇考，諱順之，字文緯，於齊高帝爲始族弟。

皇考外甚清和，而內懷英氣，與齊高少而款狎。嘗共登金牛山，路側有枯骨縱橫，齊高謂皇考曰：「周文王以來幾年，當復有掩此枯骨者乎？」言之懔然動色。皇考由此知齊高有大志，常相隨逐。齊高每外討，皇考常爲軍副。及北討，薛索兒夜遣人入營，提刀徑至齊高眠牀，皇考手刃之。頻爲齊高鎮軍司馬、長史。時宋帝昏虐，齊高謀出外，皇考以爲一旦奔亡，則危幾不測，不如因人之欲，行伊、霍之事，齊高深然之。歷黃門郎，安西長史，吳郡內史，所經皆著名。吳郡張緒常稱：「文武兼資，有德有行，吾敬蕭順之。」袁粲之據石頭，黃回與之通謀，皇考聞難作，率家兵據朱雀橋，回覘人還告曰：「朱雀橋南一長者，英威毅然，坐

胡牀南向。」回曰：「蕭順之也。」遂不敢出。時微皇考，石頭幾不據矣。及齊高創造皇業，推鋒決勝，莫不垂拱仰成焉。齊建元末，齊高從容謂皇考曰：「當令阿玉解揚州相授。」玉，豫章王嶷小名也。齊武帝在東宮，皇考嘗問訊，及退，齊武指皇考謂嶷曰：「非此翁，吾徒無以致今日。」及即位，深相忌憚，故不居台輔。以參豫佐命，封臨湘縣侯。歷位侍中，衞尉，太子詹事，領軍將軍，丹陽尹，贈鎮北將軍，謚曰懿。

帝以宋孝武大明八年歲次甲辰生于秣陵縣同夏里三橋宅。〔一〕初，皇妣張氏嘗夢抱日，已而有娠，遂產帝。帝生而有異光，狀貌殊特，日角龍顏，重岳虎顧，舌文八字，項有浮光，身映日無影，兩髂駢骨，項上隆起，有文在右手曰「武」。帝爲兒時，能蹈空而行。及長，博學多通，好籌略，有文武才幹。所居室中，常若雲氣，人或遇者，〔二〕體輒肅然。

初爲衞軍王儉東閤祭酒，儉一見深相器異，請爲戶曹屬。謂廬江何憲曰：「此蕭郎三十內當作侍中，出此則貴不可言。」竟陵王子良開西邸，招文學，帝與沈約、謝朓、王融、蕭琛、范雲、任昉、陸倕等並游焉，號曰「八友」。融俊爽，識鑒過人，尤敬異帝，每謂所親曰：「宰制天下，必在此人。」累遷隨王鎮西諮議參軍。行經牛渚，逢風，入泊龍濆，有一老人謂帝曰：「君龍行虎步，相不可言，天下方亂，安之者其在君乎？」問其名氏，忽然不見。尋以皇考艱去職，歸建鄴。

二十四史

及齊武帝不豫，竟陵王子良以帝及兄懿、王融、劉繪、王思遠、顧暠之、范雲等爲帳內軍主。融欲因帝晏駕立子良，帝曰：「夫立非常之事，必待非常之人，融才非負圖，視其敗也。」范雲曰：「憂國家者，惟有王中書。」帝曰：「憂國欲爲周、召？欲爲豎、刁邪？」懿曰：「直哉史魚，何其木强也！」

初，皇考之薨，不得志，事見齊魚復侯傳。至是，鬱林失德，齊明帝作輔，將爲廢立計，帝欲助齊明，傾齊武之嗣，以雪心恥，〔三〕齊明亦知之，每與帝謀。時齊明將追隨王，恐不從，又以王敬則在會稽，恐爲變，以問帝。帝曰：「隨王雖有美名，其實庸劣，既無智謀之士，爪牙惟仗司馬垣歷生、武陵太守卞白龍耳。此並惟利是與，〔四〕若啗以顯職，無不載馳。隨王止須折簡耳。敬則志安江東，窮其富貴，宜選美女以娛其心。」齊明曰：「亦吾意也。」卽徵歷生爲太子左衞率，白龍游擊將軍，並至。續召隨王至都，賜自盡。

豫州刺史崔慧景旣齊武舊臣，不自安，齊明憂之，乃起帝鎭壽陽，外聲備魏，實防慧景。師次長瀨，慧景懼罪，白服來迎，帝撫而宥之。將軍房伯玉、徐玄慶並曰：「慧景反跡旣彰，實是見賊，我曹武將，譬如韝上鷹，將軍一言見命，便卽制之。」帝笑曰：「其如掌中嬰兒，殺之不武。」於是曲意和釋之，慧景遂安。隆昌元年，拜中書侍郎，遷黃門侍郎。

建武二年，魏將王肅、劉昶攻司州刺史蕭誕甚急，齊明遣左衞將軍王廣之赴救，帝爲偏

帥隸廣之。行次騣斗洲，有人長八尺餘，容貌衣冠皓然皆白，緣江呼曰：「蕭王大貴。」帝旣屢有徵祥，心益自負。時去誕百里，衆軍以魏軍盛，莫敢前。帝欲大振威略，謂諸將曰：「今屯下梁之城，塞鑿峴之險，守雉腳之路，據賢首之山，以通西關，以臨賊壘，三方犄角，出其不備，破賊必矣。」廣之等不從。後遣徐玄慶進據賢首山，魏絕其糧道，衆懼，莫敢援之，惟帝獨奮請先進。於是廣之益帝精甲，銜枚夜前。失道，望見如持兩炬者，隨之果得道，徑上賢首山，廣之軍因得前。魏軍來脅，帝堅壁不進。時王肅自攻城，一鼓而退，劉昶有疑心，帝因與書，閒成其隙。一旦，有風從西北起，陣雲隨之來，當肅營，尋而風回雲轉，還向西北，帝曰：「此所謂歸氣，魏師遁矣。」令軍中曰：「望麾而進，聽鼓而動。」肅乃傾壁十萬，陣于水北，帝揚麾鼓譟，響振山谷，敢死之士，執短兵先登，長戟翼之。城中見援至，因出軍攻魏柵，魏軍表裏受敵，因大崩。肅、昶單騎走，斬獲千計，流血絳野。得肅、昶巾箱中魏帝敕曰：「聞蕭衍善用兵，勿與爭鋒，待吾至；若能禽此人，則江東吾有也。」以功封建陽縣男。

尋爲司州刺史。有沙門自稱僧惲，謂帝曰：「君項有伏龍，非人臣也。」復求，莫知所之。帝在州，甚有威名。嘗有人餉馬，帝不受，餉者密以馬繫齋柱而去。帝出見馬，答書殷勤，縛之馬首，令人驅出城外，馬自還。還都爲太子中庶子，〔五〕領四廂直。出鎭石頭。齊明性猜忌，帝避時嫌，解遣部曲，常乘折角小牛車。齊明每稱帝清儉，勗勵朝臣。

四年，魏孝文帝自率大衆逼雍州，刺史曹武度沔守樊城，武舊齊武腹心，齊明忌之，欲使后弟劉暄爲雍州，暄不願出外，因江祏得留。齊明帝擬帝雍州，受密旨出頓，聲爲軍事發遣。又命五兵尚書崔慧景、征南將軍陳顯達相續援襄陽。慧景與帝進行鄧城，魏孝文帥十餘萬騎奄至，慧景引退，帝止之，不從，於是大敗。帝帥衆拒戰，獨得全軍。及魏軍退，以帝爲輔國將軍，監雍州事。

先是，雍州相傳樊城有王氣，至是謠言更甚。及齊明崩，遺詔以帝爲都督、雍州刺史。時揚州刺史始安王遙光、尚書令徐孝嗣、右僕射江祏、右將軍蕭坦之、侍中江祀、衞尉劉暄更直內省，分日帖敕，世所謂「六貴」。又有御刀茹法珍、梅蟲兒、豐勇之等八人，號爲「八要」，及舍人王咺之等四十餘人，皆口擅王言，權行國憲。帝謂張弘策曰：「政出多門，亂其階矣。當今避禍，惟有此地，勤行仁義，可坐作西伯；但諸弟在都，恐離時患，須與益州圖之耳。」時上長兄懿罷益州還，仍行郢州事，乃使弘策詣郢，陳計於懿，語在懿傳。〔六〕言旣不從，弘策還，帝乃召弟偉及憺，是歲至襄陽。乃潛造器械，多伐竹木，沉於檀溪，密爲舟裝之備。時帝所住齋常有氣，五色回轉，狀若蟠龍。季秋出九日臺，忽暴風起，煙塵四合，帝所居獨白日清朗，其上紫雲騰起，形如繖蓋，望者莫不異焉。

尋而大臣相次誅戮。永元二年冬，懿又被害。信至，帝密召長史王茂、中兵呂僧珍、別

駕柳慶遠、功曹史吉士瞻等謀之。旣定，以十一月乙巳召僚佐集於聽事，告以舉兵。是日建牙，出檀溪竹木裝舸艦，旬日大辦。百姓願從者，得鐵馬五千匹，甲士三萬人。

先是，東昏以劉山陽爲巴西太守，使過荆州就行事蕭穎胄以襲襄陽。帝知其謀，乃遣參軍王天武、龐慶國詣江陵，〔七〕偏與州府人書論軍事。天武旣發，帝謂諮議參軍張弘策曰：「今日天武坐收天下矣。〔八〕荆州得天武至，必回遑無計，若不見同，取之如拾地芥耳。斷三峽，據巴、蜀，分兵定湘中，便全有上流。以此威聲，臨九派，斷彭蠡，傳檄江南，風之靡草，不足比也，政小引日月耳。江陵本憚襄陽人，加脣亡齒寒，必不孤立，寧得不閽見同邪。挾荆、雍之兵，掃定東夏，韓、白重出，不能爲計，況以無算之昏主，役御刀應敕之徒哉。」及山陽至巴陵，帝復令天武齎書與穎胄兄弟。去後，帝謂張弘策曰：「用兵之道，攻心爲上，攻城次之；心戰爲上，兵戰次之，今日是也。近遣天武往州府，人皆有書，今段止有兩封，與行事兄弟，云『一二天武口具』。及問天武，口無所說。天武是行事心膂，彼聞必謂行事與天武共隱其事，〔九〕則人人生疑。山陽惑於衆口，判相嫌貳，則行事進退無以自明，是馳兩空函定一州矣。」山陽至江安，聞之，果疑不上。柳忱勸斬天武，送首山陽，穎胄乃謂天武曰：「天下之事，縣之在卿，今就卿借頭，以詐山陽；昔樊於期亦以頭借荆軻。」於是斬之，送首山陽，山陽信之，馳入城，將踰閾，縣門發，折其車轅，投車而走，中兵參軍陳秀拔戟逐之，斬于門

中華書局

外，傳首于帝。仍以南康王尊號之議來告，且曰：「時有未利，當須來年二月。遽便進兵，恐非廟算。」帝答曰：「今坐甲十萬，糧用自竭，若頓兵十旬，必生悔吝。且太白出西方，仗義而動，天時人謀，有何不利？昔武王伐紂，行逆太歲，復須待年月乎？」竟陵太守曹景宗遣杜思沖勸帝迎南康，都襄陽，待正尊號，〔一〇〕帝不從。王茂又私于張弘策曰：「今以南康置人手中，彼挾天子以令諸侯，節下前去爲人所使，此豈歲寒之計。」弘策言之於帝，帝曰：「若前途大事不捷，故自蘭艾同焚；若功業克建，誰敢不從？豈是碌碌受人處分！」於沔南立新野郡，以集新附。

三年二月，南康王爲相國，以帝爲征東將軍。戊申，帝發襄陽。〔一一〕自冬積嚴，至是開霽，士卒咸悅。帝遂留弟偉守襄陽城，謂曰：「當置心於襄陽人腹中，推誠信之，勿有疑也。天下一家，乃當相見。」遂移檄建鄴，闡揚威武。及至竟陵，命長史王茂與太守曹景宗爲前軍，中兵參軍張法安守竟陵城。茂、景宗帥衆濟岸，進頓九里。其日，郢州刺史張沖迎戰，茂等大破之。荆州遣冠軍將軍鄧元起、軍主王世興、田安等會大軍於夏口。帝築漢口城以守魯山，命水軍主張惠紹、朱思遠等游遏中江，絕郢、魯二城信使。時張沖死，其衆推軍主薛元嗣及沖長史程茂爲主。

三月乙巳，南康王卽帝位於江陵。遙廢東昏爲涪陵王，以帝爲尚書左僕射，加征東大

將軍、〔一二〕都督征討諸軍，假黃鉞。西臺又遣冠軍將軍蕭穎達領兵來會。四月，帝出沔，命王茂、蕭穎達等逼郢城。五月己酉，帝移屯漢南。是日，有紫雲如蓋，蔭于壘幕。甲寅，東昏遣寧朔將軍吳子陽、光子衿等十三軍救郢州，進據巴口。七月，帝命王茂帥軍主曹仲宗、康絢、武會超等潛師襲加湖，將逼子陽。水涸不通艦，子衿喜。其夜流星墜其城，四更中無雨而水暴長，衆軍乘流齊進，鼓譟攻之，俄而大潰，子陽等竄走，衆盡溺于江，王茂虜其餘而旋。郢、魯二城相視奪氣。

先是，東昏遣冠軍將軍陳伯之鎭江州，爲子陽等聲援。帝謂諸將曰：「夫征討未必須實力，所聽威聲耳。今加湖之敗，誰不讋服。陳武牙卽伯之之子，〔一三〕狼狽奔歸，彼間人情，理當兇懼。我謂九江傳檄可定也。」因命搜所獲俘囚，得伯之幢主蘇隆之，厚加賞賜，使致命焉。

戊午，魯山城主孫樂祖降。己未夜，郢城有數百毛人踰堞且泣，因投黃鵠磯，蓋城之精也。及旦，其城主程茂、薛元嗣遣參軍朱曉求降。帝謂曰：「城中自可不識天命，何意恒罵？」曉曰：「明公未之思耳，桀犬何嘗不吠堯。」初，郢城之閉，將佐文武男女口十餘萬人，疾疫流腫死者十七八。及城開，帝並加隱卹，其死者命給棺櫝。

東昏聞郢城沒，乃爲城守計，簡二尙方二冶囚徒以配軍。其不可活者，於朱雀門內日

斬百餘人。尙書令王亮苦諫，不從。陳伯之遣蘇隆之反命，求未便進軍。帝曰：「伯之此言，意懷首鼠，可及其猶豫逼之。」乃命鄧元起卽日沿流。八月，天子遣兼黃門郎蘇回勞軍。帝登舟，命諸軍以次進路，留上庸太守韋叡守郢城，行州事。鄧元起將至尋陽，陳伯之猶懼，乃收兵退保湖口，留其子武牙守盆城。及帝至，乃束甲請罪。

九月，天子詔帝平定東夏，以便宜從事。前軍之次蕪湖，南豫州刺史申胄棄姑孰走，至是大軍進據之。自發雍州，帝所乘艦恒有兩龍導引，左右莫不見者。緣道奉迎百姓，皆如挾纊。仍遣曹景宗、蕭穎達領馬步進頓江寧。東昏遣征虜將軍李居士迎戰，景宗擊走之。於是王茂、鄧元起、呂僧珍進據赤鼻邏，曹景宗、陳伯之爲游兵。是日，新亭城主江道林率兵出戰，衆軍禽之於陣。大軍次新林，建康士庶傾都而至，送款或以血爲書。命王茂進據越城，曹景宗據皁莢橋，鄧元起據道士墩，陳伯之據籬門。道林餘衆退屯航南，迫之，因復散走，退保朱雀，憑淮自固。時李居士猶據新亭壘，請東昏燒南岸邑屋，以開戰場。自大航以西，新亭以北，蕩然矣。

十月，東昏石頭軍主朱僧勇歸降。東昏又遣征虜將軍王珍國列陣於航南大路，悉配精手利器，尙十餘萬。閹人王倀子持白虎幡督諸軍。王茂、曹景宗等掎角奔之，珍國之衆，一時土崩。衆軍追至宣陽門，〔一四〕李居士以新亭壘、徐元瑜以東府城降，石頭、白下諸軍並宵

潰。壬午，帝鎭石頭，命衆軍圍六門。東昏悉焚門內，驅逼營署官府並入城，有衆二十萬。青州刺史桓和紿東昏出戰，因降。先是，俗語謂密相欺變者爲「和欺」。於是蟲兒、法珍等曰：「今日敗於桓和，可謂和欺矣。」帝命諸軍築長圍。

初，衆軍旣逼，東昏遣軍主左僧慶鎭京口，常僧景鎭廣陵，李叔獻屯瓜步。及申胄自姑孰奔歸，又使屯破墩，以爲東北聲援。至是帝遣曉喩，並降。帝乃遣弟輔國將軍秀鎭京口，輔國將軍恢屯破墩，從弟寧朔將軍景鎭廣陵。〔一五〕吳郡太守蔡夤棄郡赴降。

十二月丙寅，兼衞尉張稷、北徐州刺史王珍國斬東昏，其夜以黃油裹首送軍。帝命呂僧珍、張彌勒兵封府庫及圖籍。帝乃入，收嬖妾潘妃誅之，及兇黨王咺之以下四十八人屬吏，以宮女二千人，分賚將士。宣德皇后令追廢涪陵王爲東昏侯，授帝中書監、大司馬、錄尙書、驃騎大將軍、都督、揚州刺史，封建安郡公，食邑萬戶，給班劍四十人，黃鉞、侍中、征討諸軍事並如故。依晉武陵王遵承制故事，百僚致敬。己卯，帝入屯閱武堂，下令大赦。丙戌，入鎭殿內。是日，鳳皇集建鄴。又下令：「凡昏制謬賦、淫刑濫役，外可詳檢前源，悉皆除蕩。其主守散失，諸所損耗，精立科條，咸從原例。」丁亥，遣豫州刺史李元履以兵五千慰勞東方十二郡。

二年正月辛卯，下令：「通檢尙書衆曹東昏時諸諍訟失理及主者淹停不時施行者，精加

訊辯，依事議奏。其義師臨陣致命，疾病死亡者，並加葬斂，收卹遺孤。」甲午，天子遣兼侍中席闡文、兼黃門侍郎樂法才慰勞都下。追贈皇祖散騎常侍、左光祿大夫，皇考侍中、丞相。乙未，下令：「朱雀之捷，逆徒送死者，特許家人殯葬；若無親屬，或有貧苦，二縣長尉卽爲埋掩。建康城內不達天命，自取淪滅，亦同此科。」又下令減損浮費，自非奉粢盛，修紱冕，習禮樂之容，繕甲兵之備，此外一皆禁絕。御府中署，量宜罷省，命外詳爲條格。

戊戌，宣德皇后臨朝，入居內殿，拜帝大司馬，解承制，百僚致敬如前。壬寅，詔進帝都督中外諸軍事，〔一六〕劍履上殿，入朝不趨，贊拜不名，加前後部羽葆、鼓吹，置左右長史、司馬、從事中郎、掾、屬各四人，并依舊辟士，餘並如故。甲寅，齊帝進帝位相國，總百揆，封十郡爲梁公，備九錫之禮，加遠游冠，綠綟綬，位在諸王上。策曰：

上天不造，難鍾皇室，世祖以休明早崩，世宗以仁德不嗣。高宗襲統，宸居弗永，雖夙夜劬勞，而隆平不洽。嗣君昏暴，書契弗睹，朝權國柄，委之羣孽，勦戮忠賢，誅殘台輔，含冤抱痛，噍類靡餘。公藉昏明之期，因兆庶之願，爰率羣后，翊成中興，宗社之危已固，天人之望允塞，此實公紐我絕綱，大造皇家者也。

永明季年，邊隙大啓，荆河連率，招引戎荒。公受言本朝，輕兵赴襲，排危冒險，剛柔遞用，坦然一方，還成藩服，此又公之功也。在昔隆昌，洪基已謝，高宗慮深社稷，將

行權道。公定策帷帳，激揚大節，廢帝立王，謀猷深著，此又公之功也。建武闡業，厥猷雖遠，戎狄內侵，憑陵關塞，司部危逼，淪陷指期。公總兵外討，卷甲長鶩，焚廬毀帳，胡哭言歸，此又公之功也。樊、漢阽切，羽書續至。公星言鞠旅，稟命徂征，拯我邊危，重獲安堵，此又公之功也。漢南迥弱，咫尺勍寇。公作藩爰始，因資靡託，練兵訓卒，蒐狩有序，俾我危城，翻爲强鎮，此又公之功也。永元紀號，瞻烏已及，雖廢昏有典，而伊、霍難行。公首建大策，爰立明聖，義踰邑綸，勳高代入，此又公之功也。文王之風，雖被江、漢，京邑蠢蠢，湮爲洪流。公投袂萬里，事惟拯溺，義聲所覃，無思不韙，此又公之功也。魯城、夏汭，梗據中流，乘山置壘，縈川自固。公御此烏集，陵茲地險，費無遺矢，戰未窮兵，踐華之固，相望俱拔，此又公之功也。惟此羣凶，同惡相濟，緣江負險，蟻聚加湖。〔一七〕桴旝一臨，應時褫潰，此又公之功也。姦孽震皇，復懷舉斧，畜兵九派，用擬勤王。公稜威直指，勢踰風電，旌旆小臨，全州稽服，此又公之功也。姑孰衝要，密邇京畿，兇徒熾聚，斷塞津路。公兵威所震，望旗自駭，此又公之功也。羣豎猖狂，志在借一，豕突淮涘，武騎如雲。公爰命英勇，因機騁銳，氣冠阪泉，勢踰洹水，此又公之功也。琅邪、石首，襟帶岨固，新壘、東墉，金湯是埒，憑險作守，兵食兼資，風激電駭，莫不震疊，城復于隍，於是乎在，此又公之功也。獨夫昏很，憑城靡懼，鼓鍾鞺

鞳，慠若有餘，狎是邪孽，忌斯冠冕，凶狡因之，將逞孥戮。公奇謀密運，威略潛回，忠勇之徒，得申厥效，白旗宣室，未之或比，此又公之功也。公有拯億兆之勳，重之以明德。爰初厲志，服道儒門，濯纓來仕，清猷映世。時運艱難，宗社危殆，崐岡已燎，玉石同焚，驅率貔貅，抑揚霆電，義等南巢，功齊牧野。若夫禹功寂寞，微管誰嗣，拯其將魚，驅其祖髮，解茲亂網，理此棼絲，復禮衽席，反樂河海。永平故事，聞之者歎息，司隸舊章，見之者隕涕，請我人命，還之斗極，憫憫搢紳，重符戴天之慶，哀哀黔首，復蒙履地之恩，德踰於嵩、岱，功鄰於造物，超哉邈矣，越無得而言焉。

朕又聞之：疇庸命德，建侯作屏，咸用克固四維，永隆萬葉。是以二南流化，九伯斯征，王道淳洽，刑厝罔用。惟公經綸天地，寧濟區夏，道冠乎伊、稷，賞薄於桓、文，豈所以憲章齊、魯，長轡宇宙。敬惟前烈，朕甚懼焉。今進授相國，改揚州刺史爲牧，以豫州之梁郡歷陽、南徐州之義興、揚州之淮南宣城吳吳興會稽新安東陽十郡，封公爲梁公，錫茲白土，苴以白茅，爰定爾邦，用建冢社。在昔旦、奭，入居保佑，逮于畢、毛，亦作卿士，任兼內外，禮實宜之。今命使持節、兼太尉王亮授相國揚州牧印綬、梁公璽紱；使持節、兼司空王志授梁公茅土，金虎符第一至第五左，竹使符第一至第十左。相國位冠羣后，任總百司，恒典彝數，宜與事革。其以相國總百揆，去錄尚書之號，上所

假節、侍中貂蟬、中書監印、中外都督大司馬印綬、建安公印策，驃騎大將軍如故。

又加公九錫，其敬聽後命：

以公禮律兼修，刑德備舉，哀矜折獄，罔不用情。是用錫公大輅、戎輅各一，玄牡二駟。公勞心稼穡，念在人天，丕崇務本，惟穀是寶。是用錫公袞冕之服，赤舄副焉。公鎔鈞所被，變風以雅，易俗陶人，載和邦國。是用錫公軒縣之樂，六佾之舞。公文德廣覃，義聲遠洽，椎髻髽首，夷歌請吏。是用錫公朱戶以居。公揚清抑濁，官方有序，多士聿興，棫樸流詠。是用錫公納陛以登。公正色御下，以身範物，式遏不虞，折衝惟遠。是用錫公虎賁之士三百人。公威同夏日，志清姦宄，放命圮族，刑茲罔赦。是用錫公鈇鉞各一。公跨躡嵩溟，陵厲區宇，譬諸日月，容光必至。是用錫公彤弓一、彤矢百，盧弓十、盧矢千。公永言惟孝，至感通神，恭嚴祀典，祭有餘敬。是用錫公秬鬯一卣，圭瓚副焉。梁國置丞相以下，一遵舊式。欽哉，其敬循往策，祗服大禮，對揚天眷，用膺多福，以弘我太祖之休命。

帝固辭，府僚勸進，不許。

二月辛酉，府僚重請曰：「近以朝命藴策，冒奏丹誠，奉被還令，未蒙虛受，搢紳顒顒，深所未達。蓋聞受金於府，通人之弘致，高蹈海隅，匹夫之小節，是以履乘石而周公不以爲

疑，贈玉璜而太公不以爲讓。況世哲繼軌，先德在人，經綸草昧，歎深微管，加以朱方之役，荆河是依，班師振旅，大造王室，雖復累繭救宋，重胝存楚，居今觀古，曾何足云。而惑甚盜鍾，功疑不賞，皇天后土，不勝其酷。是以玉馬駿奔，表微子之去，金板出地，告龍逄之冤。明公據鞍輟哭，〔一八〕厲三軍之志，獨居掩涕，激義士之心，故能使海若登祇，罄圖効祉，山戎、孤竹，束馬景從，伐罪弔人，一匡靜亂，匪叨天功，實勤濡足。龜玉不毁，誰之功歟，獨爲君子，將使伊、周何地。」於是始受相國、梁公之命。命焚東昏淫奢異服六十二種於都街。齊帝追贈梁公夫人爲梁國妃。

乙丑，南兗州隊主陳文興於宣武城內鑿井，得玉鏤騏驎、金鏤玉璧、水精環各二。又鳳凰見建康縣桐下里。宣德皇后稱美符瑞，歸于相國府。丙寅，詔梁國依舊選諸要職，悉依天朝之制。帝上表，以「前代選官，皆立選簿，請自今選曹，精加隱括，依舊立簿，使冠履無爽，名實不違，庶人識涯涘，造請自息。且聞中間立格，甲族以二十登仕，後門以過立試吏，豈所以弘奬風流，希向後進。此實巨蠹，尤宜刊革」。詔依表施行。丙戌，詔進梁公爵爲王，以豫州之南譙、廬江、江州之尋陽、郢州之武昌西陽、南徐州之南琅邪南東海晉陵、揚州之臨海永嘉十郡益梁國，并前爲二十郡。其相國、揚州牧、驃騎大將軍如故。帝固辭，有詔斷表。相國左長史王瑩等率百僚敦請。

三月癸巳，受梁王之命。下令赦國內殊死以下，鰥寡孤獨不能自存者，賜穀五斛，府州所統亦同蠲蕩。丙午，齊帝命帝冕十有二旒，建天子旌旗，出警入蹕，乘金根車，駕六馬，備五時副車，置旄頭雲罕，樂儛八佾，設鍾虡宮縣，王妃、王子、王女爵命之號，一如舊儀。丙辰，齊帝下詔禪位，卽安姑孰。

四月辛酉，宣德皇后令曰：「西詔至，帝憲章前代，敬禪神器于梁，明可臨軒，遣使恭授璽紱，未亡人便歸于別宮。」壬戌，策曰：

咨爾梁王，惟昔邃古之載，肇有生靈，皇雄、大庭之辟，赫胥、尊盧之后，斯並龍圖鳥跡以前，慌惚杳冥之世，固無得而詳焉。洎乎農、軒、炎、皞之代，放勛、重華之主，莫不以大道君萬姓，公器御八紘，居之如執朽索，去之若釋重負，一駕汾陽，便有窅然之志，暫適箕嶺，卽動讓王之心。故知戴黃屋、服玉璽，非所以示貴稱尊，乘大輅、建旂旗，〔一九〕蓋欲令歸趣有地。是故忘己而字兆庶，徇物而君四海。及於菁華內竭，畚橇外勞，則撫茲歸運，惟能是與。四百告終，有漢所以高揖，黃德既謝，魏氏所以樂推。爰及晉、宋，亦弘斯典。我太祖握河受歷，應符啓運，二葉重光，三聖係軌。嗣君喪德，昏棄紀度，毁紊天綱，彫絕地紐。是以谷滿川枯，山飛鬼哭，七廟已危，人神無主。惟王體茲上哲，明聖在躬，端冕而協邕熙，推鋒而拯塗炭，武功與日車並運，文教與鵬翼齊舉。固以幽顯宅心，謳訟斯屬；豈徒桴鼓播地，卿雲叢天而已哉。至於晝睹爭明，夜飛枉矢，除舊之徵必顯，更姓之符允集。今便仰祗乾象，俯從人願，敬禪神器，授帝位于爾躬。大祚告窮，天祿永終。於戲，王允執其中，式遵前典，以副昊天之望，禋上帝而臨億兆，格文祖而膺大業，以傳無疆之祚，豈不盛與。并命璽書，遣兼太保、中書監、兼尚書令王亮，兼太尉、中書令王志奉皇帝璽紱，受終之禮，一依唐、虞故事。

帝抗表陳讓，表不獲通。於是齊百官豫章王元琳等八百一十九人，及梁臺侍中范雲等一百一十七人，並上表勸進，帝謙讓不受。是日，太史令蔣道秀陳天文符讖六十四條，事並明著，羣臣重表固請，乃從之。

天監元年夏四月丙寅，皇帝卽位于南郊，設壇柴燎告天曰：

皇帝臣衍，敢用玄牡，昭告于皇皇后帝。齊氏以歷運斯旣，否終則亨，欽若天應，以命于衍。夫任是司牧，惟能是授，天命不于常，帝王非一族，唐謝虞受，漢替魏升，爰及晉、宋，憲章在昔，咸以君德馭四海，元功子萬姓，故能大庇甿黎，光宅區宇。齊代云季，世主昏凶，狡焉羣慝，是崇是長，肆厥姦回暴亂，以播虐于我有邦，俾九服八荒之內，連率岳牧之君，蹶角頓顙，匡救無術。衍

投袂星言，推鋒萬里，厲其挂冠之情，用拯兆庶之切，遂因時來，宰司邦國，濟物康世，實有厥勞。而晷緯呈祥，川岳効祉，代終之符旣顯，革運之期已萃，殊俗百蠻，重譯獻款，人神遠邇，罔不和會。於是羣公卿士，咸致厥誠，並以皇乾降命，難以謙拒。衍自惟匪德，辭不獲遂，仰迫上玄之眷，俯惟億兆之心，宸極不可久曠，人神不可乏主，遂藉樂推，膺此嘉祚。以茲寡薄，臨馭萬方，顧求夙志，永言祗惕。敬簡元辰，恭茲大禮，升壇受禪，告類上帝，克播休祉，以弘盛烈，式傳厥後，用永保于我有梁，惟明靈是饗。

禮畢，有詔放觀。

乃備法駕還建康宮，臨太極前殿，大赦，改元，賜人爵二級，文武位二等；鰥寡孤獨不能自存者，人穀五斛；逋布、口錢、宿責勿復收；其犯鄉論清議、贓汙淫盜，一皆蕩滌，洗除前注，與之更始。封齊帝爲巴陵王，全食一郡，載天子旌旗，乘五時副車，行齊正朔，郊祀天地，禮樂制度，皆用齊典。以齊宣德皇后爲齊文帝妃，齊帝后王氏爲巴陵王妃。齊代王侯封爵，悉皆降省，其効著艱難者，別有後命。惟宋汝陰王不在除例。劫賊餘口沒在臺府者，悉皆蠲放。諸流徙之家，並聽還本。以兼尚書令王亮爲尚書令，兼尚書右僕射沈約爲尚書僕射。封皇弟中護軍宏爲臨川王，南徐州刺史秀爲安成王，雍州刺史偉爲建安王，左衞將軍恢爲鄱陽王，〔二〇〕荆州刺史憺爲始興王。自郡王以下，列爵爲縣六等。皇弟、皇子封郡王，

二千戶，王之庶子爲縣侯，五百戶，謂之諸侯；功臣爵邑無定科。鳳凰集南蘭陵。

丁卯，詔凡後宮、樂府、西解、暴室諸如此例被幽逼者，一皆放遣。若衰老不能自存者，官給稟食。戊辰，遣巴陵王錢二百萬，絹布各千疋，綿二千斤。車騎將軍高麗王高雲進號車騎大將軍，鎮東大將軍百濟王餘太進號征東大將軍，鎮東大將軍倭王武進號征東大將軍。〔二一〕己巳，巴陵王殂于姑孰，追謚爲齊和帝，終禮一依故事。

庚午，詔分遣內侍，周省四方，觀政聽謠，訪賢舉滯。其有田野不闢，獄訟無章，忘公徇私，侵漁是務者，悉隨事以聞。若懷寶迷邦，蘊奇待價，蓄響藏真，不求聞達，各依名騰奏，罔或遺隱。又詔曰：「金作贖刑，有聞自昔，入縑以免，施於中代。永言叔季，偷薄成風，嬰愆入罪，厥塗匪一。死者不可復生，刑者無因自反，由此而望滋實，庸可致乎。可依周、漢舊典，有罪入贖，外詳爲條格，以時奏聞。」

辛未，以新除謝沐公寶義爲巴陵王，以奉齊祀。復南蘭陵武進縣，依前代之科。徵新除相國軍諮祭酒謝朏爲侍中、左光祿大夫、開府儀同三司。改南東海爲蘭陵郡，土斷南徐州諸僑郡縣。癸酉，詔「於公車府謗木、肺石傍各置一函。若肉食莫言，山阿欲有橫議，投謗木函。若從我江、漢，功在可策，犀兕徒弊，龍蛇方縣；次身才高妙，擯壓莫通，懷傅、呂之術，抱屈、賈之歎，其理有皦然，受困包匭；夫大政侵小，豪門陵賤，百姓已窮，九重莫達，

若欲自申，並可投肺石函」。甲戌，詔斷遠近上慶禮。

閏月丁酉，以行宕昌王梁彌邕爲安西將軍、河涼二州刺史，正封宕昌王。壬寅，詔以憲綱日弛，漸以爲俗，令端右以風聞奏事，依元熙舊制。有司奏，追尊皇考爲文皇帝，廟號太祖，皇妣張氏爲獻皇后，陵曰建陵，郗氏爲德皇后，陵曰脩陵。

五月乙亥夜，盜入南北掖，燒神武門、總章觀，〔二二〕害衛尉卿張弘策。戊子，〔二三〕江州刺史陳伯之舉兵反。以領軍將軍王茂爲征南將軍、江州刺史，率衆討之。

六月庚戌，封北秦州刺史楊紹先爲武都王。是月陳伯之奔魏，江州平。前益州刺史劉季連據成都反。

秋七月丁巳朔，日有蝕之。

八月戊戌，置建康三官。癸卯，鸞鳥見樂游苑。乙巳，平北將軍、西涼州刺史象舒彭進號安西將軍，封鄧至王。丁未，命中書監王瑩等八人參定律令。詔尚書郎依昔奏事。交州獻能歌鸚鵡，詔不納。林邑、干陁利國各遣使朝貢。

冬十一月己未，立小廟。甲子，立皇子統爲皇太子，賜天下爲父後者爵一級。

十二月，大雪，深三尺。

是歲大旱，米斗五千，人多餓死。

二年春正月乙卯，以尚書僕射沈約爲左僕射，吏部尚書范雲爲右僕射。辛酉，祀南郊，降死罪以下囚。庚辰，以仇池公楊靈珍爲北梁州刺史，封仇池王。〔二四〕

夏四月癸卯，尚書删定郎蔡法度上梁律二十卷，令三十卷，科四十卷。

五月，尚書右僕射范雲卒。乙丑，益州刺史鄧元起剋成都，曲赦益州。

六月丁亥，以新除左光祿大夫謝朏爲司徒、尚書令。甲午，以中書監王瑩爲尚書右僕射。

是夏，多癘疫。

秋七月，扶南、龜茲、中天竺國各遣使朝貢。

冬十月，皇子綱生，降都下死罪以下囚。

十一月乙卯，雷電，大雨，晦。

三年春正月癸丑，以尚書右僕射王瑩爲左僕射，太子詹事柳惔爲右僕射。

二月，魏剋梁州。

三月，隕霜殺草。

夏五月丁巳，以扶南王憍陳如闍耶跋摩爲安南將軍。

六月丙子，詔分遣使巡察州部，視人冤酷。癸未，大赦。

秋七月甲子，立皇子綜爲豫章王。

八月，魏剋司州。

九月壬子，以河南王世子伏連籌爲鎮西將軍、西秦河二州刺史，封河南王。北天竺國遣使朝貢。

冬十一月甲子，詔除贖罪科。

是歲，魏正始元年。

四年春正月癸卯，詔「自今九流常選，年未三十，不通一經，不得解褐；若有才同甘、顏，勿限年次」。置五經博士各一人。有司奏：吳令唐傭鑄盤龍火鑪、翔鳳硯蓋。詔禁錮終身。丙午，省鳳凰銜書伎。戊申，詔「往代多命宮人帷宮觀禋郊之禮，非所以仰虔蒼昊，自今停止」。辛亥，祀南郊，大赦。

二月，初置胄子律博士。壬午，遣衛尉卿楊公則率宿衛兵塞洛口。壬辰，交州刺史李凱據州反，長史李㬊討平之，曲赦交州。是月立建興苑於秣陵建興里。

夏四月丁巳，以行宕昌王梁彌博爲安西將軍、河涼二州刺史，正封宕昌王。

中華書局

六月庚戌，立孔子廟。

冬十月，使中軍將軍、揚州刺史臨川王宏都督北討諸軍事侵魏。以興師費用，王公以下各上國租及田穀以助軍資。

是歲大穰，米斛三十。

五年春正月丁卯朔，詔「凡諸郡國舊族邦內無在朝位者，選官搜括，使郡有一人」。乙亥，起前司徒謝朏爲中書監、司徒。甲申，立皇子綱爲晉安王。

三月丙寅朔，日有蝕之。

夏四月甲寅，初立詔獄。詔建康縣置三官，與廷尉三官分掌獄事，號建康爲南獄，廷尉爲北獄。

五月，置集雅館以招遠學。

秋七月乙丑，鄧至國遣使朝貢。

八月辛酉，作東宮。

九月，臨川王宏軍至洛口，大潰，所亡萬計，宏單騎而歸。

冬十一月甲子，都下地震，生白毛。乙丑，以師出淹時，大赦。魏人乘勝攻鍾離。

十二月癸卯，司徒謝朏薨。

六年春三月庚申，隕霜殺草。是月，有三象入建鄴。

夏四月壬辰，置左右驍騎、左右游擊將軍官。癸巳，曹景宗、韋叡等破魏師於邵陽洲，斬獲萬計。己酉，以江州刺史王茂爲尚書右僕射。丁巳，以揚州刺史臨川王宏爲驃騎大將軍、開府儀同三司，以右光祿大夫沈約爲尚書左僕射。

五月己巳，置中衞、中權將軍，改驍騎爲雲騎，游擊爲游騎。

秋八月戊子，赦。戊戌，都下大水。

九月乙亥，改閱武堂爲德陽堂，聽訟堂爲儀賢堂。

冬閏十月乙丑，以開府臨川王宏爲司徒，以行太子太傅；尚書左僕射沈約爲尚書令，以行太子少傅；吏部尚書袁昂爲兼尚書右僕射。甲申，以左光祿大夫夏侯詳爲左僕射。

十二月丙辰，左僕射夏侯詳卒。

七年春正月戊子，以元樹爲恒、朔二州都督，封魏郡王。戊戌，詔作神龍、仁獸闕於端門、大司馬門外。〔二五〕

二月乙卯，新作國門于越城南。乙丑，增置鎮衞將軍以下爲十品，以法日數；凡二十四班，以法氣序；不登十品，別有八班，以象八風；又置施外國將軍二十四班，合一百九號。庚午，詔於州郡縣置州望、郡宗、鄉豪各一人，專掌搜薦。乙亥，以車騎大將軍高麗王高雲爲撫東大將軍、開府儀同三司。

夏四月乙卯，以皇太子納妃故，赦大辟以下，頒賜朝臣及近侍各有差。

五月，都下大水。戊子，詔蘭陵縣建脩二陵周回五里內居人賜復終身。己亥，詔復置宗正、太僕、大匠、鴻臚，又增太府、太舟，仍先爲十二卿，及置朱衣直閤將軍官。

六月辛酉，改陵監爲令。

秋八月丁巳，皇子繹生，赦大辟以下未結正者。

九月壬辰，置童子奉車郎。癸巳，立皇子續爲南康王。

冬十月丙寅，以吳興太守張稷爲尚書左僕射。丙子，詔大舉北侵。丁丑，魏縣瓠鎮主白阜生、豫州刺史胡遜以城內屬。

是歲，魏永平元年。

八年春正月辛巳，祀南郊，大赦。壬辰，魏鎮東參軍成景儁以宿預城內屬。

夏四月戊申，以司徒臨川王宏爲司空、揚州刺史，以車騎將軍、領太子詹事王茂即本號開府儀同三司。

秋七月癸巳，巴陵王蕭寶義薨。

冬十一月壬寅，立皇子續爲廬陵王。

九年春正月乙亥，以右光祿大夫王瑩爲尚書令。〔二六〕庚寅，新作緣淮塘。

三月己丑，幸國子學，親臨講肄，賜祭酒以下各有差。乙未，詔皇太子及王侯之子，年在從師者，皆入學。

夏四月丁巳，選尚書五都令史，革用士流。

六月癸丑，盜殺宣城太守朱僧勇。

閏六月己丑，宣城盜轉寇吳興，太守蔡撙討平之。

冬十二月癸未，幸國子學，策試胄子，賜訓授之司各有差。

是歲，于闐、林邑國並遣使朝貢。

十年春正月辛丑，祀南郊，大赦。戊申，荊州言騶虞見。

中華書局

三月，盜殺東莞、琅邪二郡太守劉晣，以朐山引魏徐州刺史盧昶。

夏六月，以國子祭酒張充爲尚書右僕射。〔二七〕

冬十二月，山車見臨城縣。振遠將軍馬仙琕大破魏軍，斬馘十餘萬，復朐山城。

是歲，初作宮城門三重樓及開二道。宕昌國遣使朝貢，婆利國貢金席。

十一年春正月壬辰，詔「自今逋讁之家，及罪應質作，若年有老小，可停將送」。加鎮南將軍、江州刺史建安王偉開府儀同三司，司空、揚州刺史臨川王宏進位太尉，以驃騎將軍王茂爲司空。

二月戊辰，新昌、濟陽二郡野蠶成繭。

三月丁巳，爲旱故，曲赦揚、徐二州。庚申，高麗國遣使朝貢。

夏四月，百濟、扶南、林邑等國各遣使朝貢。

秋九月，宕昌國遣使朝貢。

冬十一月乙未，〔二八〕以吳郡太守袁昂爲兼尚書右僕射。己酉，降太尉、揚州刺史臨川王宏爲驃騎將軍、開府同三司之儀。癸丑，齊宣德太妃王氏薨。

是歲，魏延昌元年。

十二年春正月辛卯，祀南郊，赦大辟罪以下。

二月辛酉，〔二九〕兼尚書右僕射袁昂即正。丙寅，詔「明下遠近，若委骸不葬，或蔭衣莫改，量給棺具收斂」。辛巳，新作太極殿，改爲十三間，以從閏數。

閏三月乙丑，特進、中軍將軍沈約卒。

夏四月，都下大水。

六月癸巳，新作太廟，增基九尺。

秋九月，加揚州刺史臨川王宏位司空，以司空王茂爲驃騎將軍、開府同三司之儀、江州刺史。

冬十月丁亥，詔曰：「明堂地居卑濕，可量就埤起，以盡誠敬。」

十三年春二月庚辰朔，震于西南，天如裂。丁亥，耕藉田，大赦，賜孝悌力田爵一級。

夏六月，都下訛言有根根，取人肝肺及血，以飴天狗。百姓大懼，二旬而止。

秋七月乙亥，立皇子綸爲邵陵王，繹爲湘東王，紀爲武陵王。

是歲，林邑、扶南、于闐國各遣使朝貢。作浮山堰。

十四年春正月乙巳朔，皇太子冠，大赦，賜爲父後者爵一級，王公以下班賚各有差。停遠近上慶禮。辛亥，祀南郊，詔班下遠近，博採英異。又前以墨刑用代重辟者，除其條。丙辰，汝陰王劉胤薨。丁巳，魏宣武皇帝崩。

夏四月丁丑，驃騎將軍、開府同三司之儀、江州刺史王茂薨。

冬十月，浮山堰壞。

是歲，蠕蠕、狼牙脩國各遣使來朝貢。

十五年春三月戊辰朔，日有蝕之，既。

夏四月，高麗國遣使朝貢。

六月庚子，以尚書令王瑩爲左光祿大夫、開府儀同三司，尚書右僕射袁昂爲左僕射，吏部尚書王暕爲右僕射。

秋八月，蠕蠕、河南國各遣使朝貢。

九月辛巳，左光祿大夫、開府儀同三司王瑩薨。壬辰，大赦。

冬十一月，交州刺史李㬎斬反者阮宗孝，傳首建鄴。曲赦交州。

是歲，魏孝明皇帝熙平元年。

十六年春正月辛未，祀南郊。詔尤貧家勿收今年三調，無田業者，所在量宜賦給；及優蠲產子之家，恤理寃獄，幷賑孤老鰥寡不能自存者。

二月辛亥，耕藉田。甲寅，赦罪人。

三月丙子，敕太醫不得以生類爲藥；公家織官紋錦飾，並斷仙人鳥獸之形，以爲褻衣，裁翦有乖仁恕。於是祈告天地宗廟，以去殺之理，欲被之含識。郊廟牲牷，皆代以麪，其山川諸祀則否。時以宗廟去牲，則爲不復血食，雖公卿異議，朝野喧囂，竟不從。

冬十月，宗廟薦羞，始用蔬果。

是歲，河南、扶南、婆利等國各遣使朝貢。

十七年春二月癸巳，雍州刺史安成王秀薨。甲辰，大赦。

三月丙寅，〔三〇〕改封建安郡王偉爲南平王。

夏六月乙酉，中軍將軍、中書監臨川王宏以本號行司徒。

秋八月壬寅，詔「兵騶奴婢，男年六十六，女年六十，免爲編戶」。

閏八月，干陁利國遣使朝貢。

冬十月乙亥，以行司徒臨川王宏即正。

十一月辛亥，以南平王偉爲左光祿大夫、開府儀同三司。

是歲，魏神龜元年。

十八年春正月甲申，以領軍將軍鄱陽王恢爲征西將軍、荆州刺史，以荆州刺史始興王憺爲中撫將軍，並開府儀同三司。以尚書左僕射袁昂爲尚書令，以右僕射王暕爲左僕射，以太子詹事徐勉爲右僕射。辛卯，祀南郊，孝悌力田賜爵一級。

夏四月丁巳，帝於無礙殿受佛戒，赦罪人。

秋七月，于闐、扶南國各遣使朝貢。

校勘記

〔一〕帝以宋孝武大明八年歲次甲辰生于秣陵縣同夏里三橋宅　「八年」各本作「元年」。按「甲辰」爲大明八年，「元年」譌，據梁書改。

〔二〕人或遇者　「遇」梁書作「過」。

〔三〕以雪心恥　「心恥」册府元龜一八五作「先恥」。

〔四〕此並惟利是與　「此並」册府元龜一八五作「此輩」。

〔五〕馬自還還都爲太子中庶子　「都」上各本不叠「還」字，據梁書、通志補。

〔六〕語在懿傳　錢大昕廿二史考異：其語乃在張弘策傳，非長沙王懿傳也。

〔七〕乃遣參軍王天武龐慶國詣江陵　「武」本字「虎」，此避唐諱改。

〔八〕今日天武坐收天下矣　疑句有譌脫。

〔九〕彼聞必謂行事與天武共隱其事　「彼聞」通鑑、通志作「彼間」，疑是。

〔一〇〕待正尊號　「待」各本作「時」。李慈銘南史札記：「梁書作『待正尊號』，其下有『然後進軍』四字，此疑脫誤。」今改正。

〔一一〕戊申帝發襄陽　按「戊申」爲正月十三日，不應列在二月之下。而二月乙丑朔，亦無戊申。

〔一二〕加征東大將軍　「大」各本並脫，據梁書補。

〔一三〕陳武牙即伯之之子　「武」本字「虎」，此避唐諱改。按北監、殿本作「虎」，其他各本作「武」。後各卷遇避諱有回改者，不出校。

〔一四〕衆軍追至宣陽門　「追」各本作「退」。按此衆軍指王茂、曹景宗之軍，下文「命衆軍圍六門」可證。「退」字譌，據梁書改。

十月乙亥，宋前主構殂。庚辰，祫享于太廟。庚寅，上謂宰臣曰：「朕觀唐史，惟魏徵善諫，所言皆國家大事，甚得諫臣之體。近時臺諫惟指摘一二細碎事，姑以塞責，未嘗有及國家大利害者，豈知而不言歟，無乃亦不知也。」宰臣無以對。

十一月庚戌，以左副都點檢崇安爲賀宋正旦使。甲寅，詔「河水泛溢，農夫被災者，與免差稅一年。衞、懷、孟、鄭四州塞河勞役，并免今年差稅」。庚申，平章政事崇尹致仕。甲子，上謂宰臣曰：「卿等老矣，殊無可以自代者乎，必待朕知而後進乎？」顧右丞張汝霖曰：「若右丞者亦石丞相所言也。」平章政事襄及汝霖對曰：「臣等苟有所知，豈敢不言，但無人耳。」上曰：「春秋諸國分裂，土地褊小，皆稱有賢。卿等不舉而已。今朕自勉，庶幾致治，他日子孫，誰與共治者乎。」宰臣皆有慚色。

十二月庚午，以翰林待制趙可爲高麗生日使。丁丑，獵于近郊。壬午，宋遣使告哀。甲申，上諭宰臣曰：「人皆以奉道崇佛設齋讀經爲福，朕使百姓無寃，天下安樂，不勝於彼乎。爾等居輔相之任，誠能匡益國家，使百姓蒙利，不惟身享其報，亦將施及子孫矣。」左丞幹特剌曰：「臣等敢不盡心，第才不逮，不能稱職耳。」上曰：「人亦安能每事盡善，但加勉勵可也。」戊子，禁女直人不得改稱漢姓，學南人衣裝，犯者抵罪。

〔二六〕以右光祿大夫王瑩爲尚書令　「右」各本作「左」。按下天監十五年，王瑩始進爲左光祿，據梁書改。

〔二七〕以國子祭酒張充爲尚書右僕射　「右」梁書作「左」。

〔二八〕冬十一月乙未　「十一月」各本作「十月」。按十月戊午朔，無乙未，據梁書改。

〔二九〕二月辛酉　「二月」二字各本並脫。按是年正月丙戌朔，無「辛酉」，二月丙辰朔，有辛酉及下之「丙寅」、「辛巳」諸日辰，據梁書補。

〔三〇〕三月丙寅　「丙寅」各本作「丙申」。按是月丙辰朔，十一日丙寅，無丙申，據建康實錄改。

中華書局

南史卷七

梁本紀中第七

普通元年春正月乙亥朔，大赦，改元。丙子，日有蝕之。己卯，以司徒臨川王宏爲太尉、揚州刺史，以金紫光祿大夫王份爲尚書左僕射。庚子，扶南、高麗等國並遣使朝貢。

二月癸丑，以高麗王嗣子安爲寧東將軍、高麗王。

三月，滑國遣使朝貢。

夏四月，河南國遣使朝貢。

秋七月己卯，江、淮、海並溢。

九月乙亥，有星晨見東方，光爛如火。

是歲，魏正光元年。

二年春正月辛巳，祀南郊，詔置孤獨園以恤孤幼。戊子，大赦。

二月辛丑，祀明堂。

三月庚寅，大雪，平地三尺。

夏四月乙卯，改作南北郊。丙辰，詔曰：「平秩東作，義不在南，前代因襲，有乖禮制。可於震方，具茲千畝。」於是徙藉田於東郊外十五里。

五月己卯，[一]琬琰殿火，延燒後宮屋三千間。

閏月丁巳，詔自今可停賀瑞。

六月丁卯，義州刺史文僧明以州歸魏。

秋七月丁酉，假大匠卿裴邃節，督衆軍侵魏。甲寅，魏荊州刺史桓叔興帥衆降。

八月丁亥，始平郡石鼓村地自開成井，方六尺六寸，深三十二丈。

冬十一月，百濟、新羅國各遣使朝貢。

十二月戊辰，以鎮東大將軍百濟王餘隆爲寧東大將軍。

三年春正月庚子，以吳郡太守王暕爲尚書左僕射。庚戌，都下地震。

三月乙卯，巴陵王蕭屏薨。

夏四月丁卯，汝陰王劉端薨。

五月壬辰朔，日有蝕之，既。癸巳，大赦。詔公卿百僚各上封事，連率郡國舉賢良、方正、直言之士。

秋八月甲子，婆利、白題國各遣使朝貢。

冬十一月甲午，[二]開府儀同三司始興王憺薨。

四年春正月辛卯，祀南郊，大赦。辛亥，祀明堂。

二月乙亥，耕藉田，孝弟力田賜爵一級，豫耕之司，剋日勞酒。

冬十月庚午，以中衞將軍袁昂爲尚書令，即本號開府儀同三司。

十一月癸未朔，日有蝕之。甲辰，尚書左僕射王暕卒。

十二月戊午，用給事中王子雲議，始鑄鐵錢。狼牙脩國遣使朝貢。

五年夏六月乙酉，龍鬬于曲阿王陂，因西行至建陵城，所經樹木倒折，開地數十丈。[三]庚子，以員外散騎常侍元樹爲平北將軍、北青兗二州刺史，率衆侵魏。

六年春正月辛亥，祀南郊，大赦。庚申，魏徐州刺史元法僧以彭城來降。自去歲以來，

北侵諸軍，所在剋獲。甲戌，以元法僧爲司空，封始安郡王。

二月辛巳，改封法僧爲宋王。

三月丙午，賜新附人長復除，詿誤罪失，一無所問。

夏五月己酉，修宿預堰，又修曹公堰於濟陰。壬子，遣中護軍夏侯亶督壽陽諸軍侵魏。

六月庚辰，豫章王綜奔魏，魏復據彭城。

秋七月壬戌，大赦。

冬十二月壬辰，都下地震。

是歲，魏孝昌元年。

七年春正月辛丑朔，赦死罪以下。

夏四月乙酉，太尉臨川王宏薨。南州津改置校尉，增加奉秩。詔在位羣臣，各舉所知，凡是清吏，咸使薦聞。

秋九月己酉，荊州刺史鄱陽王恢薨。

冬十一月庚辰，丁貴嬪薨，大赦。

是歲，河南、高麗、林邑、滑國並遣使朝貢。

中華書局

大通元年春正月乙丑，以尚書右僕射徐勉爲尚書僕射。〔四〕詔百官奉祿，自今可長給見錢。辛未，祀南郊。詔流亡者聽復宅業，蠲役五年，尤貧家勿收今年三調，孝弟力田賜爵一級。是月，司州刺史夏侯夔進軍三關，所至皆剋。初，帝創同泰寺，至是開大通門以對寺之南門，取反語以協同泰。自是晨夕講義，多由此門。

三月辛未，幸寺捨身。甲戌還宮，大赦，改元大通，以符寺及門名。

夏五月丙寅，成景儁剋魏臨潼、竹邑。

冬十月庚戌，魏東豫州刺史元慶和以渦陽內屬。甲寅，曲赦東豫州。

十一月丁卯，以中護軍蕭藻爲都督侵魏，〔五〕鎮于渦陽。

是歲，林邑、師子、高麗等國各遣使朝貢。

二年春正月乙酉，蠕蠕國遣使朝貢。

二月，築寒山堰。癸丑，魏孝明皇帝崩。

夏四月戊戌，魏尒朱榮推奉孝莊帝。庚子，榮殺幼主及太后胡氏。辛丑，魏郢州刺史元顯達以義陽降，封顯達爲樂平王。是時魏大亂，其北海王顥、臨淮王彧、汝南王悅並來

奔。北青州刺史元儁、南荆州刺史李志皆以地降。〔六〕

冬十月丁亥，以魏北海王顥主魏，遣東宮直閤將軍陳慶之衞送還北。魏豫州刺史鄧獻以地降。

是歲，魏武泰元年，尋改爲建義，又改曰永安。

中大通元年春正月辛酉，祀南郊，大赦，賜孝悌力田爵一級。辛巳，祀明堂。

夏四月癸巳，陳慶之攻拔魏梁城，進屠考城，禽魏濟陰王暉業。

五月癸酉，進剋虎牢，魏孝莊帝出居河北。乙亥，元顥入京師，僭號建武。

六月壬午，以永興公主疾篤故，大赦，公主志也。是月，都下疫甚，帝於重雲殿爲百姓設救苦齋，以身爲禱。

閏月，護軍將軍南康王績薨。己卯，魏將尒朱榮攻殺元顥，京師反正。

秋九月辛巳，朱雀航華表災。癸巳，幸同泰寺，設四部無遮大會。上釋御服，披法衣，行清淨大捨，以便省爲房，素牀瓦器，乘小車，私人執役。甲午，升講堂法坐，爲四部大衆開涅槃經題。癸卯，羣臣以錢一億萬奉贖皇帝菩薩大捨，僧衆默許。乙巳，百辟詣寺東門奉表，請還臨宸極，三請乃許。帝三答書，前後並稱頓首。

冬十月己酉，又設四部無遮大會，道俗五萬餘人。會畢，帝御金輅還宮，御太極殿，大赦，改元。

十一月戊子，魏巴州刺史嚴始欣以城降。

是歲，盤盤、蠕蠕國並遣使朝貢。

二年夏四月癸丑，幸同泰寺，設平等會。庚申，大雨雹。

六月丁巳，遣魏汝南王悅還北主魏。庚申，以魏尚書左僕射范遵爲司州牧，隨悅北侵。是月，林邑、扶南國遣使朝貢。

秋八月庚戌，幸德陽堂，祖魏主元悅。山賊寇會稽郡縣。

九月壬午，假超武將軍湛海珍節以討之。

是歲，魏莊帝殺其權臣尒朱榮，其黨奉魏長廣王曄爲主而殺孝莊帝，年號建明。

三年春正月辛巳，祀南郊，大赦。丙申，以魏尚書僕射鄭先護爲征北大將軍。〔七〕

二月辛丑，祀明堂。

夏四月乙巳，皇太子統薨。〔八〕

六月癸丑，立昭明太子子華容公歡爲豫章郡王，枝江公譽爲河東郡王，曲江公詧爲岳陽郡王。是月，丹丹國遣使朝貢。

秋七月乙亥，立晉安王綱爲皇太子，大赦。賜爲父後者，及出處忠孝、文武清勤，並爵一級。庚寅，詔宗戚有服屬者，並賜湯沐食，鄉亭侯各隨遠近以爲差次。壬辰，以吏部尚書何敬容爲尚書右僕射。

九月，狼牙脩國遣使朝貢。是秋，吳興生野稻，飢者賴焉。

冬十月己酉，上幸同泰寺，升法坐，爲四部衆說涅槃經，迄于乙卯。前樂山縣侯蕭正則有罪流徙，至是招誘亡命，欲寇廣州，在所討平之。

十一月乙未，上幸同泰寺，升法座，爲四部衆說般若經，迄于十二月辛丑。

是歲，魏尒朱兆又廢其主曄而奉節閔皇帝，改建明二年爲普泰元年。又魏勃海王高歡舉兵信都，別奉勃海太守朗爲主，改普泰元年爲中興。

四年春正月丙寅，以開府儀同三司南平王偉爲大司馬，以司空宋王元法僧爲太尉，以尚書令、開府儀同三司袁昂爲司空。〔九〕立臨川靖惠王宏子正德爲臨賀郡王。庚午，立嫡皇孫大器爲宣城郡王，位列諸王上。癸未，魏南兗州刺史劉世明以城降。

二月壬寅，以太尉元法僧還北主魏，以侍中元景隆爲徐州刺史，封彭城郡王，通直常侍元景宗爲青州刺史，〔一〇〕封平昌郡王，隨法僧北侵。庚戌，新除揚州刺史邵陵王綸有罪，免爲庶人。

三月庚午，侍中、領國子博士蕭子顯表置制旨孝經助教一人，生十人，專通帝所釋孝經義。

夏四月，盤盤國遣使朝貢。

秋七月甲辰，星隕如雨。

九月乙巳，加司空袁昂尚書令。

冬十一月，高麗國遣使朝貢。

十二月丙子，魏彭城王尒朱仲遠來奔，以爲定洛將軍，封河南王，北侵。隨所剋土，使自封建。庚辰，以太尉元法僧爲郢州刺史、驃騎大將軍、開府同三司之儀。

是歲，魏相勃海王高歡平尒朱氏，廢節閔皇帝及自所奉勃海故王朗，而奉平陽王脩，是爲孝武皇帝。改中興二年爲太昌，尋又改爲永熙元年。

五年春正月辛卯，祀南郊，大赦。賜孝悌力田爵一級。先是一日丙夜，南郊令解滌之

等到郊所履行，忽聞異香三隨風至。及將行事，奏樂迎神畢，有神光圓滿壇上，朱紫黃白雜色，食頃乃滅。戊申，都下地震。己酉，長星見。辛亥，祀明堂。

二月癸未，幸同泰寺，設四部大會，升法坐，發金字般若經題，訖于己丑。

三月丙辰，大司馬南平王偉薨。

夏五月戊子，都下大水，御道通船。

六月己卯，魏建義城主蘭保殺東徐州刺史崔庠，〔一一〕以下邳降。

冬十月庚申，以尚書右僕射何敬容爲左僕射，以吏部尚書謝舉爲右僕射。

是歲，河南、波斯、盤盤等國並遣使朝貢。

六年春二月癸亥，耕藉田，大赦。賜孝悌力田爵一級。

三月己亥，以行河南王可沓振爲西秦、河二州刺史，正封河南王。甲辰，百濟國遣使朝貢。

夏四月丁卯，熒惑在南斗。

秋七月甲辰，林邑國遣使朝貢。

冬十月丁卯，以信武將軍元慶和爲鎭北將軍，封魏王，率衆北侵。

閏十二月丙午，西南有雷聲二。

是歲，魏孝武帝迫于其相高歡，出居關中。歡又別奉清河王世子善見爲主，是爲孝靜帝。改永熙三年爲天平元年。魏於是始分爲兩。孝武既至關中，又與丞相宇文泰不平，未幾，遇鴆而崩。

大同元年春正月戊申朔，大赦，改元。

二月辛巳，祀明堂。丁亥，耕藉田。辛丑，高麗、丹丹國並遣使朝貢。

三月丙寅，幸同泰寺，設無遮大會。辛未，滑國遣使朝貢。

夏四月庚子，波斯國遣使朝貢。壬戌，〔一三〕幸同泰寺，鑄十方銀像，并設無礙會。

秋七月辛卯，〔一二〕扶南國遣使朝貢。

冬十月，雨黃塵如雪。

十一月壬戌，北梁州刺史蘭欽攻漢中，魏梁州刺史元羅降。癸亥，復梁州。

是歲，西魏文皇帝大統元年。

二年春二月乙亥，耕藉田。

三月庚申，詔求讜言，及令文武在位舉士。戊寅，帝幸同泰寺，〔一四〕設平等法會。

夏四月乙未，以開府同三司之儀元法僧爲太尉。

五月癸卯，以魏梁州刺史元羅爲青、冀二州刺史，封東郡王。

六月丁亥，詔郊明堂陵廟等令，〔一五〕改視散騎侍郎。

秋九月辛亥，幸同泰寺，設四部無礙法會。

冬十月乙亥，詔大舉北侵。壬午，幸同泰寺，設無礙大會。

十一月，雨黃塵如雪，攬之盈掬。己亥，詔北侵衆軍班師。辛亥，都下地震，生白毛，長二尺。

十二月壬申，與東魏通和。

三年春正月辛丑，祀南郊，大赦。賜孝悌力田爵一級。是夜，朱雀門災。壬寅，雨灰，黃色。

二月丁亥，耕藉田。癸巳，以護軍將軍蕭藻爲尚書左僕射。

三月戊戌，立昭明太子子譽爲武昌郡王，譽爲義陽郡王。

夏五月癸未，〔一六〕幸同泰寺，鑄十方金銅像，設無礙法會。

六月，青州朐山隕霜。

秋七月，青州雪，害苗稼。癸卯，東魏人來聘。己酉，義陽王㬙薨。

八月辛卯，幸阿育王寺，設無碍法喜食，大赦。

九月，使兼散騎常侍張皐聘于東魏。

閏九月甲子，侍中、太尉元法僧薨。

冬十月丙辰，都下地震。

是歲饑。

四年春二月己亥，耕藉田。

三月，河南、蠕蠕國並遣使朝貢。

夏五月甲戌，東魏人來聘。

六月辛丑，日有蝕之。

秋七月癸亥，詔以東冶徒李胤之降象牙如來眞形，大赦。戊辰，使兼散騎常侍劉孝儀聘于東魏。

八月甲辰，詔南兗等十二州，既經饑饉，曲赦逋租宿責，勿收今年三調。

九月，閱武于樂游苑。

五年春正月乙卯，以護軍將軍廬陵王續爲驃騎將軍，安右將軍、尚書左僕射蕭藻爲中衞將軍，並開府儀同三司。中權將軍、丹陽尹何敬容以本號爲尚書令，吏部尚書張纘爲尚書僕射。〔一七〕丁巳，御史中丞、參禮儀事賀琛奏：「今南北二郊及藉田往還，並宜御輦，不復乘路。二郊請用素輦，藉田往還乘常輦，皆以侍中陪乘。停大將軍及太僕。」詔付尚書博議施行。改素輦名大同輦。郊祀宗廟乘玉輦。〔一八〕辛未，祀南郊，詔孝悌力田及州閭鄉黨稱爲善人者，各賜爵一級。

秋八月乙酉，扶南國獻生犀。

冬十一月乙亥，東魏人來聘。

十二月，使兼散騎常侍柳豹聘于東魏。

是歲，都下訛言天子取人肝以飴天狗，大小相警，日晚便閉門持仗，數月乃止。

六年春正月庚戌朔，曲赦司、豫、徐、兗四州。

二月己亥，耕藉田。

夏四月癸未，詔晉、宋、齊三代諸陵有職司者，勤加守護。

五月己卯，河南王遣使朝，獻馬及方物，求釋迦像并經論十四條。敕付像并制旨涅槃、般若、金光明講疏一百三卷。

秋七月丁亥，東魏人來聘。遣散騎常侍陸晏子報聘。

八月戊午，大赦。辛未，槃槃國遣使朝貢。

九月戊戌，司空袁昂薨。

冬十一月己卯，曲赦都下。

十二月壬子，江州刺史豫章王歡薨。

七年春正月辛巳，祀南郊，大赦。辛丑，祀明堂。

二月乙巳，以行宕昌王梁彌泰爲平西將軍、河涼二州刺史，正封宕昌王。辛亥，耕藉田。乙卯，都下地震。

夏四月戊申，東魏人來聘，遣兼散騎常侍明少遐報聘。

冬十一月丙子，詔停所在使役女丁。

十二月壬寅，東魏人來聘，遣兼散騎常侍袁狎報聘。丙辰，於宮城西立士林館，延集學者。

是歲，宕昌、蠕蠕、高麗、百濟、滑國各遣使朝貢。百濟求涅槃等經疏及醫工、畫師、毛詩博士，並許之。交州人李賁攻刺史蕭諮。

八年春正月，安成郡人劉敬躬挾左道以反。

二月戊戌，江州刺史湘東王繹遣中兵曹子郢討禽之，送于都，斬之建康市。

三月，於江州新蔡高塘立頌平屯，墾作蠻田。

九年春閏正月丙申，地震，生毛。

三月，以太子詹事謝舉爲尚書僕射。

夏四月，林邑王破德州，攻李賁，賁將范脩又破林邑王於九德，敗走之。

冬十一月，益州刺史武陵王紀進號征西將軍、開府儀同三司。

十年春正月，李賁竊號於交阯，年號天德。

三月甲午，幸蘭陵。庚子，謁建陵，有紫雲蔭陵上，食頃乃散。帝望陵流涕，所霑草皆變色。陵傍有枯泉，至是而流水香潔。辛丑，哭于脩陵。壬寅，於皇基寺設法會，詔賜蘭陵老少位一階，并加頒賚。所經縣邑，無出今年租賦。因賦還舊鄉詩。癸卯，詔園陵職司，恭事勤勞，並錫位一階，并加賜賚。己酉，幸京口城北固樓，因改名北顧。庚戌，幸回賓亭，宴帝鄉故老及所經近縣奉迎侯者少長數千人，各賚錢二千。

夏四月乙卯，至自蘭陵。詔鰥寡孤獨尤貧者，贍卹各有差。

五月，廣州人盧子略反，刺史新渝侯映討平之。詔曲赦廣州。

秋九月己丑，赦。

冬十一月，大雪，平地三尺。

十一年春正月，震華林園光嚴殿、重雲閣。帝自貶拜謝上天，累刻乃止。

夏四月，東魏人來聘。

冬十月己未，詔復開贖罪典。

中大同元年春正月丁未，曲阿縣建陵隆口石辟邪起舞，有大蛇鬬隆中，其一被傷奔走。青蟲食陵樹葉略盡。癸丑，交州刺史楊瞟剋交阯嘉寧城，李賁竄入屈獠洞。交州平。

三月乙巳，大赦。庚戌，幸同泰寺講金字三慧經，仍施身。

夏四月丙戌，皇太子以下奉贖，仍於同泰寺解講，[一九]設法會，大赦，改元。是夜，同泰寺災。

六月辛巳，竟天有聲，如風水相薄。

秋七月甲子，詔自今有犯罪者，非大逆，父母祖父母勿坐。丙寅，詔曰：「朝四暮三，衆狙皆喜，名實未虧，而喜怒爲用。頃聞外間多用九佰錢，佰減則物貴，佰足則物賤，非物有貴賤，是心有顚倒。至於遠方，日更滋甚。自今可通用足佰錢。」

八月丁丑，東揚州刺史武昌王警薨。甲午，渴槃陁國遣使獻方物。

冬十月癸酉，[二〇]汝陰王劉哲薨。

太清元年春正月己亥朔，日有蝕之。壬寅，荆州刺史廬陵王續薨。辛酉，祀南郊，大赦。甲子，祀明堂。是月，東魏相勃海王高歡薨。

二月己卯，白虹貫日。庚辰，東魏司徒侯景求以河南十三州內屬。壬午，以景爲大將軍，封河南王，大行臺，承制如鄧禹故事。丁亥，耕藉田。

三月庚子，幸同泰寺，設無遮大會。上釋御服，服法衣，行清淨大捨，名曰「羯磨」。以五明殿爲房，設素木牀、葛帳、土瓦器，乘小輿，私人執役。乘輿法服，一皆屏除。甲辰，遣司州刺史羊鴉仁率土州刺史桓和、仁州刺史湛海珍等應接侯景。兵未至，而東魏遣兵攻景，景又割地求救於西魏，方解圍。乙巳，帝升光嚴殿講堂，坐師子座，[二一]講金字三慧經，捨身。

夏四月庚午，羣臣以錢一億萬奉贖皇帝菩薩，僧衆默許。戊寅，百辟詣鳳莊門奉表，三請三答，頓首，並如中大通元年故事。丁亥，服袞冕，御輦還宮。幸太極殿，如即位禮，大赦，改元。是月，神馬出，皇太子獻寶馬頌。

六月戊辰，以前雍州刺史鄱陽王範爲征北將軍，總督漢北征討諸軍事。

秋七月庚申，羊鴉仁入縣瓠城。

八月乙丑，諸軍北征，以南豫州刺史蕭明爲大都督。[二二]赦緣邊初附諸州。戊子，以大將軍侯景錄行臺尚書事。

九月癸卯，王游苑成，輿駕幸苑。

冬十一月，東魏將慕容紹宗大敗蕭明于寒山，明被俘執。紹宗進圍潼州。

十二月戊辰，命太子舍人元貞還北爲東魏主。

二年春正月癸巳朔，兩月相承如鉤，見于西方。戊戌，詔在位各舉所知。己亥，東魏克渦陽。辛丑，以尚書僕射謝舉爲尚書令，以守吏部尚書王克爲尚書僕射。甲辰，東魏剋殷、豫二州。

三月甲辰，撫東將軍高麗王高延卒，[二三]以其子成爲寧東將軍、高麗王、樂浪公。己未，屈獠洞斬李賁，傳首建鄴。

夏四月丙子，詔在朝及州郡各舉士。

五月辛丑，以新除中書令邵陵王綸爲安前將軍、開府儀同三司。辛亥，曲赦交、愛、德三州。

六月，天裂于西北，長十丈，闊二丈，光出如電，其聲若雷。

秋七月，使兼散騎常侍謝班聘于東魏結和。

八月戊戌，侯景舉兵反。甲辰，使開府儀同三司邵陵王綸都督衆軍討景，曲赦南豫州。

九月戊辰，地震，江左尤甚，壞屋殺人。地生白毛，長二尺。益州市有飛蠭萬羣，螫人死。

冬十月，侯景襲譙州，進攻陷歷陽。戊申，以臨賀王正德爲平北將軍，都督諸軍屯丹陽郡。己酉，景自橫江濟采石。辛亥，至建鄴，臨賀王正德率衆附賊。

十一月戊午朔，設壇，刑白馬，祀蚩尤於太極殿前。己未，景立蕭正德爲天子於南闕前。辛酉，賊攻陷東府城。庚辰，邵陵王綸帥武州刺史蕭弄璋、前譙州刺史趙伯超等入援。乙酉，進軍湖頭，與賊戰，敗績。[二四]丙戌，安北將軍鄱陽王範遣世子嗣、雄信將軍裴之高等率衆入援，次張公洲。

十二月戊申，天西北裂，有光如火。尚書令謝舉卒。丙辰，司州刺史柳仲禮、前衡州刺史韋粲、高州刺史李遷仕、前司州刺史羊鴉仁等率軍入援。

三年春正月丁巳，大都督柳仲禮率衆軍分據南岸，賊濟軍於青塘，襲殺韋粲。庚申，白虹貫日三重。邵陵王綸、臨城公大連等率兵集南岸。戊辰，有流星長三十丈，墮武庫。李遷仕及天門太守樊文皎進軍青溪東，爲賊所破，文皎死之。壬午，熒惑守心。

二月，侯景遣使求和，皇太子固請，帝乃許之。盟于西華門下。景既運東城米歸于石頭，亦不解圍，啓求遣諸軍退。丁未，皇太子又命南兗州刺史南康王會理、前青冀二州刺史湘潭侯退率江北之衆，頓于蘭亭苑。[二五]甲子，[二六]以開府儀同三司、丹陽尹邵陵王綸爲司空，以合州刺史鄱陽王範爲征北大將軍、開府儀同三司，以司州刺史柳仲禮爲侍中、尚書僕射。時景姦計既成，乃表陳帝失，復舉兵向闕。

三月，城內以景違盟，設壇告天地神祇。戊午，前司州刺史羊鴉仁等進軍東府北，與賊戰，大敗。時四方征鎮入援者三十餘萬，莫有鬭志，自相抄奪而已。丁卯，賊攻陷宮城，縱兵大掠。己巳，賊矯詔遣石城公大款解外援軍。庚午，侯景自爲都督中外諸軍事、大丞相、錄尚書事。辛未，援軍各退散。丙子，熒惑守心。

夏四月己丑，都下地震。丙申，又震。己酉，帝以所求不供，憂憤寢疾。是月，青冀二州刺史明少遐、東徐州刺史湛海珍、北青州刺史王奉伯各舉州附東魏。

五月丙辰，帝崩于淨居殿，時年八十六。辛巳，遷梓宮于太極前殿。[二七]十一月乙卯，葬于脩陵，追尊爲武皇帝，廟號高祖。

帝性淳孝，六歲，獻皇太后崩，水漿不入口三日，哭泣有過成人。及丁文帝憂，時爲齊隨王諮議，隨府在荊鎮，以病聞，便投劾星馳，不復寢食，倍道就路。憤風驚浪，不暫停止。帝形容本壯，及至都，銷毀骨立，親表士友，皆不復識。望宅奉諱，氣絕久之。每哭，輒歐血數升。服內，日惟食麥二溢。拜掃山陵，涕淚所洒，松草變色。及居帝位，卽於鍾山造大愛敬寺，青溪邊造智度寺，於臺內立至敬等殿，又立七廟堂。月中再設淨饌，每至展拜，涕泗滂沱，哀動左右。

少而篤學，能事畢究。雖萬機多務，猶卷不輟手，然燭側光，常至戊夜。撰通史六百卷，金海三十卷，[二八]制旨孝經義、周易講疏及六十四卦、二繫、文言、序卦等義，樂社義、毛詩、春秋答問、尚書大義、中庸講疏、孔子正言、孝經講疏，凡二百餘卷。王侯朝臣皆奉表質疑，帝皆爲解釋。修飾國學，增廣生員，立五館，置五經博士。天監初，何佟之、賀瑒、嚴植之、明山賓等覆述制旨，并撰吉凶賓軍嘉五禮，一千餘卷，帝稱制斷疑焉。大同中，於臺西立士林館，領軍朱异、太府卿賀琛、舍人孔子祛等遞互講述。皇太子、宣城王亦於東宮宣猷堂及揚州廨開講。於是四方郡國，莫不向風。爰自在田，及登寶位，躬制贊、序、詔誥、銘、誄、說、箴、頌、牋、奏諸文，又百二十卷。六藝備閑，棊登逸品，陰陽、緯候、卜筮、占決、草隸、尺牘、騎射，莫不稱妙。

晚乃溺信佛道，日止一食，膳無鮮腴，惟豆羹糲飯而已。或遇事擁，日儻移中，便嗽口以過。製涅槃、大品、淨名、三慧諸經義記數百卷。聽覽餘閑，卽於重雲殿及同泰寺講說，名僧碩學，四部聽衆，常萬餘人。

身衣布衣，木綿皁帳，一冠三載，一被二年。自五十外便斷房室，後宮職司貴妃以下，六宮褘褕三翟之外，皆衣不曳地，傍無錦綺。不飲酒，不聽音聲，非宗廟祭祀、大會饗宴及諸法事，未嘗作樂。

勤於政務，孜孜無怠。每冬月四更竟，卽敕把燭看事，執筆觸寒，手爲皴裂。然仁愛不斷，親親及所愛愆犯多有縱捨，故政刑弛紊。每決死罪，常有哀矜涕泣，然後可奏。

性方正，雖居小殿暗室，恒理衣冠小坐，暑月未嘗褰袒。雖見內豎小臣，亦如遇大賓也。

初，齊高帝夢屐而登殿，顧見武、明二帝後一人手張天地圖而不識，問之，答曰：「順子後。」及崔慧景之逼，長沙宣武王入援，至越城，夢乘馬飛半天而墜，帝所馭化爲赤龍，騰虛獨上。時臺內有宿衞士爲覡，常見太極殿有六龍各守一柱，末忽失其二，後見在宣武王宅。時宣武爲益州，覡乃往蜀伏事。及宣武在郢，此覡還都，乃見六龍俱在帝所寢齋，遂去郢之雍。中途遇疾且死，謂同侶曰：「蕭雍州必作天子。」具以前事語之。推此而言，蓋天命也。

雖在蒙塵，齋戒不廢，及疾不能進膳，盥漱如初。皇太子日中再朝，每問安否，涕泗交面。賊臣侍者，莫不掩泣。疾久口苦，索蜜不得，再曰：「荷，荷！」遂崩。賊祕之，太子問起居不得見，慟于閤下。

始天監中，沙門釋寶誌爲詩曰：「昔年三十八，今年八十三，四中復有四，城北火酣酣。」帝使周捨封記之。及中大同元年，同泰寺災，帝啓封見捨手迹，爲之流涕。帝生於甲辰，三十八，剋建鄴之年也。遇災歲實丙寅，八十三矣。四月十四日而火，火起之始，自浮屠第三層。[二九]三者，帝之昆季次也。帝惡之，召太史令虞履筮之，遇巛。履曰：「無害。其繇云：

中華書局

『西南得朋，東北喪朋，安貞吉。』文言云：『東北喪朋，乃終有慶。』」帝曰：「斯魔鬼也。酉應見卯，金來尅木，卯爲陰賊。鬼而帶賊，非魔何也。孰爲致之？酉爲口舌，當乎說位。說言乎兌，故知善言之口，宜前爲法事。」於是人人讚善，莫不從風。或刺血灑地，或刺血書經，穿心然燈，坐禪不食。及太淸元年，帝捨身光嚴、重雲殿，游仙化生皆震動，三日乃止。當時謂之祥瑞。識者以非動而動，在鴻範爲祆。以比石季龍之敗，殿壁畫人頸皆縮入頭之類。

時海中浮鵠山，去餘姚岸可千餘里，上有女人年三百歲，有女官道士四五百人，年並出百，但在山學道。遣使獻紅席。帝方捨身時，其使適至，云此草常有紅鳥居下，故以爲名。觀其圖狀，則鸞鳥也。時有男子不知何許人，於大衆中自割身以飴飢鳥，血流徧體，而顏色不變。又沙門智泉鐵鉤挂體，以然千燈，一日一夜，端坐不動。開講日，有三足鳥集殿之東戶，自戶適于西南縣楣，三飛三集。白雀一，見于重雲閣前連理樹。又有五色雲浮於華林園昆明池上。帝既流遁益甚，境內化之，遂至喪亡云。

論曰：梁武帝時逢昏虐，家遭寃禍，旣地居勢勝，乘機而作，以斯文德，有此武功。始用湯、武之師，終濟唐、虞之業，豈曰人謀，亦惟天命。及據圖籙，多歷歲年，制造禮樂，敦崇儒

雅，自江左以來，年踰二百，文物之盛，獨美于茲。然先王文武遞用，德刑備舉，方之水火，取法陰陽，爲國之道，不可獨任，而帝留心俎豆，忘情干戚，溺於釋教，弛於刑典。旣而帝紀不立，悖逆萌生，反噬彎弧，皆自子弟，履霜弗戒，卒至亂亡。自古撥亂之君，固已多矣，其或樹置失所，而以後嗣失之，未有自己而得，自己而喪。追蹤徐偃之仁，以致窮門之酷，可爲深痛，可爲至戒者乎！

校勘記

〔一〕五月己卯　「己卯」各本作「癸卯」。按是月戊辰朔，十二日己卯，無癸卯，據建康實錄改。

〔二〕冬十一月甲午　「甲午」各本作「甲申」。按是月己丑朔，初六日甲午，無甲申，據梁書改。

〔三〕所經樹木倒折開地數十丈　「地」字各本並脫，據梁書補。

〔四〕以尙書右僕射徐勉爲尙書僕射　「尙書僕射」各本作「尙書左僕射」。張森楷南史校勘記：「據本傳及上紀文證之，『左』字不當有，誤衍文。」據梁書刪。

〔五〕以中護軍蕭藻爲都督侵魏　「蕭藻」本名「蕭淵藻」，以避唐諱，梁書作「蕭深藻」，此則省作「蕭藻」。

〔六〕北靑州刺史元儁南荊州刺史李志皆以地降　「元儁」梁書作「元世儁」，疑此避唐諱而省。

〔七〕以魏尙書僕射鄭先護爲征北大將軍　「先」各本作「元」。梁書作「先」，與魏書合，今據改。

〔八〕夏四月乙巳皇太子統薨　「乙巳」各本作「己巳」。按本傳作「乙巳」，與梁書同，今據改。

〔九〕以尙書令開府儀同三司袁昂爲司空　「以尙書令」各本作「尙書令以」，據梁書乙正。

〔一〇〕通直常侍元景宗爲靑州刺史　張森楷南史校勘記：「元法僧傳有元景仲，是法僧第二子，無景宗其人。疑『宗』字是『仲』字之誤。」

〔一一〕魏建義城主蘭保殺東徐州刺史崔庠　「蘭保」梁書作「蘭寶」。「崔庠」各本作「崔祥」。魏書孝明紀、通鑑並作「崔庠」。張森楷南史校勘記：「據魏書崔光傳，庠字元序，則作『祥』誤。」今據改。

〔一二〕壬戌　上有夏四月庚子。按大同元年四月丁丑朔，是月無壬戌。五月丙午朔，十七日壬戌。

〔一三〕秋七月辛卯　按大同元年七月乙巳朔，是月無辛卯。

〔一四〕戊寅帝幸同泰寺　按三月壬寅朔，無戊寅。而「庚申」後有丙寅、戊辰，疑爲此二日辰之譌。

〔一五〕詔郊明堂陵廟等令　「郊」梁書作「南郊」。按上文中大通五年有南郊令解滌之。

〔一六〕夏五月癸未　按大同三年五月乙未朔，是月無癸未。

〔一七〕吏部尙書張纘爲尙書僕射　「僕射」上各本有「左」字。按梁書無「左」字，與張纘傳合，今據刪。

〔一八〕郊祀宗廟乘玉輦　「玉輦」各本作「佩輦」，據梁書改。

〔一九〕仍於同泰寺解講　各本並脫「講」字，據梁書、册府元龜一九四補。

〔二〇〕冬十月癸酉　「冬十月」各本作「冬十一月」。按是年十一月甲午朔，無「癸酉」，十月甲子朔，初十日癸酉，據梁書刪「一」字。

〔二一〕坐師子座　「師子」下各本脫「座」字，據册府元龜一九四補。

〔二二〕以南豫州刺史蕭明爲大都督　「蕭明」本名「蕭淵明」，以避唐諱省。

〔二三〕撫東將軍高麗王高延卒　「撫東」各本作「撫軍」，據梁書改。

〔二四〕進軍湖頭與賊戰敗績　「敗績」上各本有「賊」字。按湖頭之戰，邵陵王綸敗績，梁書無「賊」字，今據刪。

〔二五〕頓于蘭亭苑　「蘭亭苑」太淸紀、典略並作「江潭苑」。

〔二六〕甲子　按太淸三年二月丁亥朔，是月無甲子，梁書作「庚戌」，二月二十四日也，是。

〔二七〕辛巳遷梓宮于太極前殿　「辛巳」各本作「辛亥」。按是月乙卯朔，二十七日辛巳，無辛亥，據梁書改。

〔二八〕金海三十卷　「金海」梁書、册府元龜一九二作「金策」。王應麟玉海五四：「南史武帝撰金海三十卷。」「金海」、「金策」未知孰是。

〔二九〕四月十四日而火火起之始自浮屠第三層　「而火」之「火」各本並脫，據通志補。

南史卷八

梁本紀下第八

太宗簡文皇帝諱綱，字世讚，小字六通，武帝第三子，昭明太子母弟也。天監二年十月丁未，生于顯陽殿。五年，封晉安王。普通四年，累遷都督、雍州刺史。中大通三年，被徵入朝，未至，而昭明太子謂左右曰：「我夢與晉安王對奕擾道，我以班劍授之，王還，當有此加乎。」四月，昭明太子薨。五月丙申，立晉安王爲皇太子。七月乙亥，臨軒策拜。以修繕東宮，權居東府。四年九月，移還東宮。

太清三年，臺城陷，太子坐永福省見侯景，神色自若，無懾容。五月丙辰，帝崩。辛巳，太子卽皇帝位，大赦。癸未，追尊穆貴嬪爲皇太后，追謚妃王氏爲簡皇后。

六月丙戌，以南康王會理爲司空。丁亥，立宣城王大器爲皇太子。壬辰，立當陽公大心爲尋陽郡王，石城公大款爲江夏郡王，寧國公大臨爲南海郡王，臨城公大連爲南郡王，西豐公大春爲安陸郡王，新淦公大成爲山陽郡王，〔一〕臨湘公大封爲宜都郡王，高唐公大莊爲

新興郡王。

秋七月甲寅，廣州刺史元景仲謀應侯景，西江督護陳霸先攻之，景仲自殺。霸先迎定州刺史蕭勃爲刺史。庚午，以司空南康王會理爲兼尚書令。是月，九江大饑，人相食者十四五。

八月癸卯，征東大將軍、開府儀同三司、南徐州刺史蕭藻薨。丙午，侯景矯詔：「儀同三司位比正公，自今悉不加將軍，以爲定準。」

冬十月丁未，地震。是月，百濟國遣使朝貢，見城寺荒蕪，哭于闕下。

大寶元年春正月辛亥朔，大赦，改元。丁巳，天雨黃沙。己未，西魏尅安陸，執司州刺史柳仲禮，盡有漢東地。丙寅，月晝見于東方。癸酉，前江都令祖皓起義兵于廣陵。

二月癸未，侯景攻下廣陵，皓見害。乙巳，以尚書僕射王克爲左僕射。丙午，侯景逼帝幸西州。

夏五月丙辰，東魏靜帝遜位于齊。庚午，開府儀同三司鄱陽王範薨。自春迄夏大旱，人相食，都下尤甚。

六月庚子，前司州刺史羊鴉仁自尚書省出奔江陵。

秋七月戊辰，賊行臺任約寇江州，刺史尋陽王大心以州降之。

八月甲午，湘東王繹遣領軍將軍王僧辯逼郢州，邵陵王綸棄郢州走。

九月乙亥，侯景自進位相國，封二十郡爲漢王。

冬十月乙未，景又逼帝幸西州曲宴，自加宇宙大將軍、都督六合諸軍事。立皇子大鈞爲西陽郡王，大威爲武寧郡王，大球爲建安郡王，大昕爲義安郡王，大摯爲綏建郡王，大圜爲樂梁郡王。壬寅，侯景害司空南康王會理。

十一月，任約進據西陽，分兵寇齊昌，執衡陽王獻送都下，害之。湘東王繹遣前寧州刺史徐文盛拒約，南郡王前中兵參軍張彪起義於會稽若邪山，攻破浙東諸縣。

二年春二月，邵陵王綸走至安陸董城，爲魏所攻，見殺。

三月庚戌，魏文帝崩。

夏四月，侯景圍巴陵。〔二〕

六月乙巳，解圍宵遁。

秋七月，景還至建鄴。

八月戊午，景遣僞衞尉卿彭儁、廂公王僧貴入殿，廢帝爲晉安王。害皇太子大器、尋陽

王大心、西陽王大鈞、武寧王大威、建安王大球、義安王大昕及尋陽王諸子二十餘人。矯爲帝詔，以爲次當支庶，宜歸正嫡，禪位于豫章王棟。使呂季略送詔，令帝寫之。帝書至「先皇念神器之重，思社稷之固，越升非次，遂主震方」，嗚咽不能自止，賊衆皆爲掩泣。乃幽帝于永福省。棟卽位，改元天正。使害南海王大臨於吳郡、南郡王大連於姑孰、安陸王大春於會稽、新興王大莊於京口。

冬十月壬寅，帝崩於永福省，時年四十九。賊僞謚曰明皇帝，廟稱高宗。明年三月己丑，王僧辯平侯景，率百官奉梓宮升朝堂。元帝追崇爲簡文皇帝，廟號太宗。四月乙丑，葬莊陵。

帝幼而聰睿，六歲便能屬文，武帝弗之信，於前面試，帝攬筆立成文。武帝歎曰：「常以東阿爲虛，今則信矣。」及長，器宇寬弘，未嘗見喜慍色，尊嚴若神。方頤豐下，須鬢如畫，直髮委地，雙眉翠色。項毛左旋，連錢入背。手執玉如意，不相分辨。眄睞則目光燭人。讀書十行俱下，辭藻艷發，博綜羣言，善談玄理。自十一便能親庶務，歷試藩政，所在稱美。性恭孝，居穆貴嬪憂，哀毀骨立，所坐席霑濕盡爛。在襄陽拜表侵魏，遣長史柳津、司馬董當門、壯武將軍杜懷寶、振遠將軍曹義宗等進軍尅南陽、新野等郡，拓地千餘里。及居監撫，多所弘宥，文案簿領，纖豪必察。弘納文學之士，〔三〕賞接無倦。嘗於玄圃

中華書局

述武帝所製五經講疏，聽者傾朝野。雅好賦詩，其自序云：「七歲有詩癖，長而不倦。」然帝文傷於輕靡，時號「宮體」。所著昭明太子傳五卷，諸王傳三十卷，禮大義二十卷，長春義記一百卷，法寶連璧三百卷，謝客文涇渭三卷，玉簡五十卷，光明符十二卷，易林十七卷，竈經二卷，沐浴經三卷，馬槊譜一卷，棊品五卷，彈棊譜一卷，新增白澤圖五卷，如意方十卷，文集一百卷，並行於世。

初卽位，制年號將曰「文明」，以外制強臣，取周易「內文明而外柔順」之義。恐賊覺，乃改爲大寶。雖在蒙塵，尚引諸儒論道說義，披尋墳史，未嘗暫釋。及見南康王會理誅，知不久，指所居殿謂舍人殷不害曰：「龐涓死此下。」又曰：「吾昨夢吞土，試思之。」不害曰：「昔重耳饋塊，卒反晉國，陛下所夢，將符是乎。」帝曰：「儻幽冥有徵，冀斯言不妄。」

初，景納帝女溧陽公主，公主有美色，景惑之，妨於政事，王偉每以爲言，景以告主，主出惡言。偉知之，懼見讒，乃謀廢帝而後間主。苦勸行殺，以絕衆心。廢後，王偉乃與彭儁、王脩纂進觴於帝曰：「丞相以陛下幽憂既久，使臣上壽。」帝笑曰：「已禪帝位，何得言陛下？此壽酒將不盡此乎。」於是儁等並齎酒餚、曲項琵琶，與帝極飲。帝知將見殺，乃盡酣，謂曰：「不圖爲樂，一至於斯。」既醉而寢，偉乃出，儁進土囊，王脩纂坐上，乃崩。竟協於夢。偉撤戶扉爲棺，遷殯于城北酒庫中。

帝自幽縶之後，賊乃撤內外侍衞，使突騎圍守，牆垣悉有枳棘。無復紙，乃書壁及板鄣爲文。自序云：「有梁正士蘭陵蕭世讚，立身行道，終始若一，風雨如晦，雞鳴不已。弗欺暗室，豈況三光？數至於此，命也如何！」又爲文數百篇。崩後，王偉觀之，惡其辭切，卽使刮去。有隨偉入者，誦其連珠三首，詩四篇，絕句五篇，文並悽愴云。

世祖孝元皇帝諱繹，字世誠，小字七符，武帝第七子也。初，武帝夢眇目僧執香鑪，稱託生王宮。既而帝母在采女次侍，始褰戶幔，有風回裾，武帝意感幸之。采女夢月墮懷中，遂孕。天監七年八月丁巳生帝，舉室中非常香，有紫胞之異。武帝奇之，因賜采女姓阮，進爲修容。十三年，封湘東王。太清元年，累遷爲鎮西將軍、都督、荊州刺史。

三年三月，侯景陷建鄴。四月，世子方等至自建鄴，知臺城不守。帝命柵江陵城，周回七十里。鎮西長史王沖等拜牋請爲太尉、都督中外諸軍事，承制主盟。帝不許，曰：「吾於天下不賤，寧俟都督之名，帝子之尊，何藉上台之位。議者可斬。」投筆流淚。沖等重請，不從。又請爲司空，以主諸侯，亦弗聽。乃開鎮西府，辟天下士。

是月，帝徵兵於湘州刺史河東王譽，譽拒命。尋上甲侯韶自建鄴至，宣三月十五日密

詔，授帝位假黃鉞、大都督中外諸軍事、司徒、承制。於是立行臺於南郡而置官司焉。

七月，遣世子方等討河東王譽，軍敗，死之。又遣鎮兵將軍鮑泉討譽。

九月乙卯，雍州刺史岳陽王詧舉兵寇江陵，其將杜崱兄弟來降，詧遁走。鮑泉攻湘州，未剋，又遣左衞將軍王僧辯代將。

及簡文帝卽位，改元爲大寶元年。帝以簡文制于賊臣，卒不遵用。正月，使少子方略質于魏，魏不受質而結爲兄弟。

四月，剋湘州，斬譽，湘州平。雍州刺史岳陽王詧自稱梁王，蕃于魏，魏遣兵助伐襄陽。先是，邵陵王綸書已言凶事，祕之，以待湘州之捷。是月壬寅，始命陳瑩報武帝崩問，帝哭于正寢。

六月，江夏王大款、山陽王大成、宜都王大封自信安來奔。

九月辛酉，以前郢州刺史南平王恪爲中衞將軍、尚書令、開府儀同三司。改封大款爲臨川郡王，大成爲桂陽郡王，大封爲汝南郡王。

十一月甲子，南平王恪等奉牋進位相國，總百揆。帝不從。

二年三月，侯景悉兵西上。

四月，景遣其將宋子仙、任約襲郢州，〔四〕執刺史方諸。庚戌，領軍王僧辯屯師巴陵。

五月癸未，帝遣將胡僧祐、陸法和援巴陵。

六月，僧祐等擊破景將任約軍，禽約，景解圍宵遁。以王僧辯爲征東將軍、開府儀同三司、尚書令，帥衆追景，所至皆捷。進圍郢州，獲賊將宋子仙等。

九月，盤盤國獻馴象。

十月辛丑朔，紫雲如蓋臨江陵城。是月，簡文帝崩，開府儀同三司王僧辯等奉表勸進。帝奉諱，大臨三日，百官縞素，答表不許。司空南平王恪率宗室，領軍將軍胡僧祐率羣僚，江州別駕張佚率吏人，並奉牋勸進。帝固讓。

十一月乙亥，僧辯又奉表勸進，又不從。時巨寇尚存，帝未欲卽位，而四方表勸，前後相屬，乃下令斷表。

承聖元年二月，王僧辯衆軍發自尋陽，帝馳檄四方，購獲景及逆者，〔五〕封萬戶開國公，絹布五萬疋。

三月，僧辯等平景，傳首江陵。戊子，以賊平告明堂、太社。己丑，僧辯等又表勸進曰：「衆軍以今月戊子，總集建康，賊景鳥伏獸窮，頻擊頻挫，姦竭詐盡，深溝自固。臣等分勒武旅，〔六〕百道同趨，突騎短兵，犀函鐵楯，結隊千羣，持戟百萬，止紂七步，圍項三

重，轟然大潰，羣凶四滅。京師少長，俱稱萬歲。長安酒食，於此價高。九縣雲開，六合清朗，矧伊黔首，誰不載躍。

伏惟陛下咀痛茹哀，嬰憤忍酷。自紫庭絳闕，胡塵四起，壖垣好畤，冀馬雲屯，泣血臨兵，嘗膽誓衆。而吳、楚一家，方與七國俱反，管、蔡流言，又以三監作亂。西涼義衆，阻秦塞而不通，并州遺黎，跨飛狐而見絕。豺狼當路，非止一人，鯨鯢不梟，倏焉五載。英武克振，怨耻並雪，永尋霜露，伊何可勝。臣等輒依故實，奉修社廟，使者持節，分告園陵。嗣后升遐，龍輴未殯，承華掩曜，梓宮莫測。並即隨由備辦，禮具凶荒，四海同哀，六軍袒哭。聖情孝友，理當感慟。

日者，百司岳牧，仰祈宸鑒，以錫珪之功，既歸有道，當璧之禮，允屬聖明。而優詔謙冲，杳然凝邈，飛龍可躋，而乾爻在四，帝閽云叫，而閶闔未開。謳歌再馳，是用翹首。所以越人固執，熏丹穴以求君，周人樂推，踰岐山而事主。漢王不即位，無以貴功臣，光武止蕭王，豈謂紹宗廟。黃帝遊於襄城，〔七〕尚訪御人之道，放勛寂於姑射，猶使鐏俎有歸。伊此儻來，豈聖人所欲，帝王所應，不獲已而然。伏讀璽書，尋諷制旨，傾懷物外，未奉慈衷。陛下日角龍顏之姿，表於徇齊之日，彤雲素靈之瑞，基於應物之初。博學則大哉無所與名，深言則曄乎文章之觀。忠爲令德，孝實動天。加以英威茂

略，雄圖武算，指麾則丹浦不戰，顧眄則阪泉自蕩。地維絕而重紐，天柱傾而更植。鑿河津於孟門，百川復啓；補穹儀以五石，萬物再生。縱陛下拂袗衣而游廣成，〔八〕登峰山而去東土，羣臣安得仰訴，兆庶何所歸仁。況郊祀配天，罍篚禮曠，齋宮清廟，匏竹不陳。仰望鸞輿，匪朝伊夕，瞻言法駕，載渴且飢。豈可久稽衆議，有曠彝則。舊邦凱復，函、洛已平，高奴、櫟陽，宮館雖毀，濁河清渭，佳氣猶存。皐門有伉，甘泉四敞，土圭測景，仙人承露。斯蓋九州之赤縣，六合之樞機。博士捧圖書而稍還，太常定禮儀其已立，豈得不揚清警而赴名都，〔九〕具玉鑾而旋正寢。昔東周既遷，鎬京遂其不復，長安一亂，郟、洛永以爲居。夏后以萬國朝諸侯，文王以六州匡天下，方之跡基百里，劍仗三尺，以殘楚之地，抗拒六戎，一旅之卒，翦夷三叛，坦然大定，御輦東歸。〔一〇〕解五牛於冀州，秣六馬於譙郡，緬求前古，其可得歟？對揚天命，無所讓德，有理存焉，敢重祈奏。

帝尚未從。

辛卯，宣猛將軍朱買臣奉帝密旨，害豫章王棟及其二弟橋、樛。

四月乙巳，益州刺史、新除假黃鉞、太尉武陵王紀僭位於蜀，年號天正。帝遣兼司空蕭泰、祠部尚書樂子雲拜謁塋陵，修復社廟。丁巳，下令解嚴。

五月庚午，司空南平王恪及宗室王侯、大都督王僧辯等，復拜表上尊號。帝猶固讓。甲申，以開府儀同三司、江州刺史王僧辯爲司徒。乙酉，斬賊左僕射王偉、尚書呂季略、少府卿周石珍、舍人嚴亶於江陵市，乃下令赦境內。齊將潘樂、辛術等攻秦郡，王僧辯遣將杜崱帥衆拒之。以陳霸先爲征北大將軍、開府儀同三司、徐州刺史。齊人賀平侯景。

八月，武陵王紀率巴、蜀之衆東下，遣護軍將軍陸法和屯巴峽以拒之。

九月甲戌，司空南平王恪薨。

十月乙未，前梁州刺史蕭循自魏至江陵，以爲平北將軍、開府儀同三司。戊申，執湘州刺史王琳於殿內。庚戌，琳長史陸納及其將潘烏累等舉兵反，攻陷湘州。是月，四方征鎮王公卿士復勸進表，三上，乃許之。

冬十一月丙子，皇帝即位於江陵，改太清六年爲承聖元年。逋租宿責，並許弘宥。孝子順孫，悉皆賜爵。長徒鎖士，特加原宥。禁錮奪勞，一皆曠蕩。是日，帝不升正殿，公卿陪列而已。時有兩日俱見。己卯，立王太子方矩爲皇太子，改名元良。立皇子方智爲晉安郡王，方略爲始安郡王。追尊所生妣阮脩容爲文宣太后。改謚忠壯太子爲武烈太子，封武烈子莊爲永嘉王。是月，陸納遣將軍潘烏累等破衡州刺史丁道貴於淥口，道貴走零陵。

十二月，陸納分兵襲巴陵，湘州刺史蕭循擊走之。天門山獲野人，出山三日而死。星

隕吳郡。淮南有野象數百，壞人室廬。宣城郡猛獸暴食人。

是歲，魏廢帝元年。

二年春正月乙丑，詔王僧辯討陸納。戊寅，以吏部尚書王褒爲尚書右僕射。〔一一〕己卯，江夏宮南門籥牡飛。

三月庚寅，有兩龍見湘州西江。

夏五月甲申，魏大將尉遲迥進兵逼巴西，潼州刺史楊乾運以城納迥。己丑，武陵王紀軍至西陵。

六月乙卯，王僧辯平湘州。

秋七月，武陵王紀衆大潰，見殺。

八月戊戌，尉遲迥平蜀。

九月，齊遣郭元建及將邢杲遠、步大汗薩、東方老帥衆頓合肥。

冬十一月辛酉，僧辯留鎮姑孰，豫州刺史侯瑱據東關壘，徵吳興太守裴之橫帥衆繼之。戊戌，以尚書右僕射王褒爲左僕射，〔一二〕湘東太守張綰爲右僕射。

十二月，宿預土人東方光據城歸化，〔一三〕齊江西州郡皆起兵應之。

中華書局

三年春正月，魏帝爲相安定公所廢，而立齊王廓，是爲恭帝元年。

三月，主衣庫見黑蛇長丈許，數十小蛇隨之，舉頭高丈餘南望，俄失所在。帝又與宮人幸玄洲苑，復見大蛇盤屈於前，羣小蛇遶之，並黑色。帝惡之，宮人曰：「此非怪也，恐是錢龍。」帝敕所司卽日取數千萬錢鎭於蛇處以厭之。因設法會，赦囚徒，振窮乏，退居栖心省。又有蛇從屋墮落帝帽上，忽然便失。又龍光殿上所御肩輿復見小蛇縈屈輿中，以頭駕夾膝前金龍頭上，見人走去，逐之不及。城濠中龍騰出，煥爛五色，竦躍入雲，六七小龍相隨飛去。羣魚騰躍，墜死於陸道。龍處爲窟若數百斛圖。舊大城上常有紫氣，至是稍復消歇。〔一四〕甲辰，以司徒王僧辯爲太尉、車騎大將軍。戊申，以護軍將軍、郢州刺史陸法和爲司徒。

夏四月癸酉，以征北大將軍、開府儀同三司陳霸先爲司空。

六月癸未，有黑氣如龍見于殿內。

秋九月辛卯，帝於龍光殿述老子義。先是，魏使宇文仁恕來聘，齊使又至江陵，帝接仁恕有闕，魏相安定公憾焉。乙巳，使柱國萬紐于謹來攻。

冬十月丙寅，魏軍至襄陽，梁王蕭詧率衆會之。丁卯，停講，內外戒嚴，輿駕出行城柵，大風拔木。丙子，續講，百僚戎服以聽。詔徵王僧辯。

十一月甲申，幸津陽門講武，置南北兩城主。帝親觀閱，風雨總集，部分未交，旗幟飄亂，帝趣駕而回，無復次序。風雨隨息，衆竊驚焉。乙酉，以領軍胡僧祐爲都督城東城北諸軍事，右僕射張綰爲副；左僕射王褎都督城西城南諸軍事，直殿省元景亮爲副。丁亥，魏軍至柵下。丙申，徵廣州刺史王琳入援。丁酉，大風，城內火燒居人數千家。以爲失在婦人，斬首尸之。是日，帝猶賦詩無廢。以胡僧祐爲開府儀同三司。庚子，信州刺史徐世譜、晉安王司馬任約軍次馬頭岸。是夜，有流星墜城中，帝援蓍筮之，卦成，取龜式驗之，因抵于地曰：「吾若死此下，豈非命乎？」因裂帛爲書催僧辯曰：「吾忍死待公，可以至矣。」戊申，胡僧祐、朱買臣等出戰，買臣敗績。辛亥，魏軍大攻，帝出枇杷門親臨陣督戰。僧祐中流矢薨，軍敗，反者斬西門守卒以納魏軍。帝見執，如梁王蕭詧營，甚見詰辱。他日，乃見魏僕射長孫儉，譎儉云：「埋金千斤於城內，欲以相贈。」儉乃將帝入城，帝因述詧相辱狀，謂儉曰：「向聊相譎，欲言耳，豈有天子自埋金乎？」儉乃留帝於主衣庫。

十二月丙辰，徐世譜、任約退戍巴陵。辛未，魏人戕帝。明年四月，梁王方智承制，追尊爲元皇帝，廟號世祖。

帝聰悟俊朗，天才英發，出言爲論，音響若鍾。年五六歲，武帝嘗問所讀書，對曰：「能誦曲禮。」武帝使誦之，卽誦上篇。左右莫不驚歎。初生患眼，醫療必增，武帝自下意療之，遂盲一目。乃憶先夢，彌加愍愛。及長好學，博極羣書。武帝嘗問曰：「孫策在江東，于時年幾？」答曰：「十七。」武帝曰：「正是汝年。」

帝性不好聲色，頗慕高名，爲荆州刺史，起州學宣尼廟。嘗置儒林參軍一人，勸學從事二人，生三十人，加稟餼。帝工書善畫，自圖宣尼像，爲之贊而書之，時人謂之三絕。與裴子野、劉顯、蕭子雲、張纘及當時才秀爲布衣交。常自比諸葛亮、桓溫，惟纘許焉。

性好矯飾，多猜忌，於名無所假人。微有勝己者，必加毀害。帝姑義興昭長公主子王銓兄弟八九人有盛名。帝妬害其美，遂改寵姬王氏兄王珩名琳以同其父名。忌劉之遴學，使人鴆之。如此者甚衆，雖骨肉亦徧被其禍。始居文宣太后憂，依丁蘭作木母。及武帝崩，祕喪踰年，乃發凶問，方刻檀爲像，置于百福殿內，事之甚謹。朝夕進蔬食，動靜必啓聞，迹其虛矯如此。

性愛書籍，既患目，多不自執卷，置讀書左右，番次上直，晝夜爲常，略無休已，雖睡，卷猶不釋。五人各伺一更，恒致達曉。常眠熟大鼾，左右有睡，讀失次第，或偷卷度紙。帝必驚覺，更令追讀，加以檟楚。雖戎略殷湊，機務繁多，軍書羽檄，文章詔誥，點毫便就，殆不游手。常曰：「我韜於文士，愧於武夫。」論者以爲得言。

始在尋陽，夢人曰：「天下將亂，王必維之。」又背生黑子，巫媪見曰：「此大貴不可言。」初，武帝敕賀革爲帝府諮議，使講三禮。革西上，意甚不悅，過別御史中丞江革。江革告之曰：「吾嘗夢主上偏見諸子，至湘東王，脫帽授之。此人後必當璧，卿其行乎。」革領之。及太清之禍，遂膺歸運。

自侯景之難，州郡太半入魏，自巴陵以下至建康，緣以長江爲限。荆州界北盡武寧，西拒峽口，自嶺以南，復爲蕭勃所據。文軌所同，千里而近，人戶著籍，不盈三萬。中興之盛，盡於是矣。

武陵之平，議者欲因其舟艦遷都建鄴，宗懍、黃羅漢皆楚人，不願移，帝及胡僧祐亦俱未欲動。僕射王褎、左戶尚書周弘正驟言卽楚非便。宗懍及御史中丞劉懿以爲建鄴王氣已盡，〔一五〕且渚宮洲已滿百，於是乃留。尋而歲星在井，熒惑守心，帝觀之慨然而謂朝臣文武曰：「吾觀玄象，將恐有賊。但吉凶在我，運數由天，避之何益？」及魏軍逼，閤人朱買臣按劍進曰：「惟有斬宗懍、黃羅漢，可以謝天下。」帝曰：「曩實吾意，宗、黃何罪。」二人退入於人中。

及魏人燒柵，買臣、謝答仁勸帝乘暗潰圍出就任約。帝素不便馳馬，曰：「事必無成，徒增辱耳。」答仁又求自扶，帝以問僕射王褎。褎曰：「答仁，侯景之黨，豈是可信？成彼之勳，

中華書局

不如降也。」乃聚圖書十餘萬卷盡燒之。答仁又請守子城，收兵可得五千人。帝然之，卽授城內大都督，以帝鼓吹給之，配以公主。既而又召王褒謀之，答仁請入不得，歐血而去。遂使皇太子、王褒出質請降。有頃，黃門郎裴政犯門而出。帝乘白馬素衣出東門，抽劍擊闔曰：「蕭世誠一至此乎！」魏師至凡二十八日，徵兵四方，未至而城見剋。

在幽逼，求酒飮之，製詩四絕。其一曰：「南風且絕唱，西陵最可悲，今日還蒿里，終非封禪時。」其二曰：「人世逢百六，天道異貞恒，何言異螻蟻，一旦損鵾鵬。」其三曰：「松風侵曉哀，霜霧當夜來，寂寥千載後，誰畏軒轅臺。」其四曰：「夜長無歲月，安知秋與春？原陵五樹杏，空得動耕人。」梁王詧遣尚書傅準監行刑，帝謂之曰：「卿幸爲我宣行。」準捧詩，流淚不能禁，進土囊而殞之。梁王詧使以布帊纏屍，斂以蒲席，束以白茅，以車一乘，葬于津陽門外。愍懷太子元良及始安王方略等，皆見害。徐世譜、任約自馬頭走巴陵。約後降于齊。將軍裴畿、畿弟機並被害。謝答仁三人相抱，俱見屠。汝南王大封、尙書左僕射王褒以下，並爲俘以歸長安。乃選百姓男女數萬口，分爲奴婢，小弱者皆殺之。

帝於伎術無所不該，嘗不得南信，筮之，遇剝之艮。曰「南信已至，今當遣左右季心往看」。果如所說，賓客咸驚其妙。凡所占決皆然。初從劉景受相術，因訊以年，答曰：「未至五十，當有小厄，禳之可免。」帝自勉曰：「苟有期會，禳之何益？」及是四十七矣。特多禁忌，

牆壁崩倒，屋宇傾頹，年月不便，終不修改。庭草蕪沒，令鞭去之，其愼護如此。

著孝德傳、忠臣傳各三十卷，丹陽尹傳十卷，注漢書一百十五卷，周易講疏十卷，內典博要百卷，連山三十卷，詞林三卷，〔一六〕玉韜、金樓子、補闕子各十卷，老子講疏四卷，懷舊傳二卷，古今全德志、荆南地記、貢職圖、古今同姓名錄一卷，筮經十二卷，式贊三卷，文集五十卷。

初，承聖二年三月，有二龍自南郡城西升天，百姓聚觀，五采分明。江陵故老竊相泣曰：「昔年龍出建康淮，而天下大亂，今復有焉，禍至無日矣。」帝聞而惡之，踰年而遘禍。又江陵先有九十九洲，古老相承云：「洲滿百，當出天子。」桓玄之爲荆州刺史，內懷篡逆之心，乃遣鑿破一洲，以應百數。隨而崩散，竟無所成。宋文帝爲宜都王，在藩，一洲自立，俄而文帝纂統。後遇元凶之禍，此洲還沒。太清末，枝江楊之閣浦復生一洲，羣公上疏稱慶，明年而帝卽位。承聖末，其洲與大岸相通，惟九十九云。

敬皇帝諱方智，字慧相，小字法眞，元帝第九子也。太清三年，封興梁侯。承聖元年，封晉安郡王。二年，出爲江州刺史。三年十一月，魏剋江陵，太尉王僧辯、

司空陳霸先定議，以帝爲梁王、太宰、承制。

四年二月癸丑，於江州奉迎至建鄴，入居朝堂。以太尉王僧辯爲中書監、錄尙書、驃騎大將軍、都督中外諸軍事，加司空陳霸先班劍二十人。以湘州刺史蕭循爲太尉，廣州刺史蕭勃爲司徒。

三月，齊遣其上黨王高渙送貞陽侯蕭明來主梁嗣，至東關，遣吳興太守裴之橫拒之。與戰，敗績，死之。

四月，司徒陸法和以郢州附齊，遣江州刺史侯瑱討之。

七月辛丑，僧辯納貞陽侯蕭明，自采石濟江。甲辰，入建鄴。丙午，卽僞位。年號天成，以帝爲皇太子。司空陳霸先襲殺王僧辯，黜蕭明而奉帝焉。

紹泰元年秋九月丙午，皇帝卽位。冬十月己巳，〔一七〕大赦，改元。以貞陽侯蕭明爲司徒，封建安郡公。壬子，加司空陳霸先尙書令、都督中外諸軍事。震州刺史杜龕舉兵，攻信武將軍陳蒨於長城，義興太守韋載應之。癸丑，以太尉蕭循爲太保，以司徒蕭明爲太傅，司徒蕭勃爲太尉，以鎭南將軍王琳爲車騎將軍、開府儀同三司。戊午，尊所生夏貴妃爲皇太后，立妃王氏爲皇后。辛未，司空陳霸先東討韋載，降之。丙子，南豫州刺史任約、譙秦二州刺

史徐嗣徽舉兵據石頭反。

十一月庚辰，齊安州刺史翟子崇、楚州刺史劉仕榮、淮州刺史柳達摩率衆赴任約，〔一八〕入石頭。

十二月庚戌，任約、徐嗣徽等至采石迎齊援。丙辰，遣猛烈將軍侯安都於江寧邀擊，敗之，約、嗣徽等奔江西。庚申，翟子崇等降，並放還北。

太平元年春正月戊寅，大赦。追贈諡簡文帝諸子。封故永安侯確子後爲邵陵王，奉攜王後。癸未，震州刺史杜龕降，詔賜死，赦吳興郡。己亥，以太保宜豐侯蕭循襲封鄱陽王。東揚州刺史張彪圍臨海太守王懷振於剡巖。

二月庚戌，遣周文育、陳蒨襲會稽討彪，彪敗走。〔一九〕以中衞將軍臨川王大款卽本號開府儀同三司。丙辰，若邪村人斬張彪，傳首建鄴，赦東揚州。甲子，以東土經杜龕、張彪之亂，遣大使巡省。是月，齊人來聘，使侍中王廓報聘。

三月壬午，班下遠近，並雜用今古錢。戊戌，齊將蕭軌出柵口，向梁山，陳霸先大敗之。

夏四月壬申，侯安都輕兵襲齊行臺司馬恭於歷陽，大破之。

五月癸未，太傅建安公蕭明薨。庚寅，齊軍水步入丹陽縣，內外纂嚴。

六月壬子，齊軍至玄武湖西北。乙卯，陳霸先大破齊軍。戊午，大赦。辛酉，解嚴。

秋七月丙子，司空陳霸先進位司徒。丁亥，以開府儀同三司侯瑱爲司空。[二〇]

八月己酉，太保鄱陽王循薨。

九月壬寅，大赦，改元。司徒陳霸先進位丞相、録尚書事，改封義興郡公。加中權將軍王沖開府儀同三司，以吏部尚書王通爲尚書右僕射。

冬十月乙亥，魏相安定公薨。

十一月，起雲龍、神武門。

十二月壬申，進太尉蕭勃爲太保。甲午，封前壽昌令劉叡爲汝陰王，前鎮西法曹行參軍蕭沇爲巴陵王，奉宋、齊二代後。庚子，魏恭帝遜位于周。

二年春正月壬寅，詔求魯國孔氏族爲奉聖侯，幷繕廟堂，供備祀典。又詔諸州各置中正。舊放舉選，[二一]不得輒承單狀序官，皆須中正押上，然後量授。其選中正，每求耆德該悉，以他官領之。以開府儀同三司王琳爲司空，以尚書右僕射王通爲左僕射。

二月庚午，遣領軍將軍徐度入東關。太保、廣州刺史蕭勃舉兵反，詔平西將軍周文育、平南將軍侯安都等南討。戊子，徐度至合肥，燒齊船舶三千艘。癸巳，周文育軍於巴山，獲蕭勃僞帥歐陽頠。

三月甲寅，德州刺史陳法武、前衡州刺史譚遠於始興攻殺蕭勃。[二二]

夏四月癸酉，曲赦江、廣、衡三州，幷督內爲賊所拘逼者。己卯，鑄四柱錢，一當二十。齊遣使通和。壬辰，改四柱錢，一當十。丙申，復閉細錢。[二三]

五月乙巳，平西將軍周文育進號鎮南將軍，平南將軍侯安都進號鎮北將軍，並開府儀同三司。戊辰，余孝頃遣使詣丞相府求降。

秋八月，加丞相陳霸先殊禮。

九月，周冢宰宇文護殺閔帝。丞相陳霸先改授相國，封陳國公。

冬十月戊辰，進陳國公爵爲王。辛未，帝遜位于陳。陳受命，奉帝爲江陰王，薨于外邸，時年十六，追謚敬皇帝。

論曰：帝王之位，天下之重職，文武之道，守國所常遵。其於行用，義均水火，相資則可，專任成亂。觀夫有梁諸帝，皆一之而已。簡文文明之姿，稟乎天授，粤自支庶，入居明兩，經國之算，其道弗聞。宮體所傳，且變朝野，雖主虛號，何救滅亡。元帝居勢勝之地，啓

中興之業，既雪讎恥，且應天人。而內積猜忍，外崇矯飾，攀號之節，忍酷於踰年；定省之制，申情於木偶。竟而雍州引寇，釁起河東之戮，益部親尋，事習邵陵之窘。悖辭屈於僧辯，殘虐極於圓正，不義不昵，若斯之甚。而復謀無經遠，心勞志大，近捨宗國，遠迫強隣，外弛藩籬，內崇講肆，卒於溘至戕隕，方追始皇之迹，雖復文籍滿腹，何救社廟之墟。歷觀書契以來，蓋亦廢興代有，未見三葉遘愍，頓若蕭宗之酷。敬皇以此沖年，當斯頹運，將不高揖，其可得乎。初，武帝末年，都下用錢，每百皆除其九，謂爲九佰，竟而有侯景之亂。及江陵將覆，每百復除六文，稱爲六佰。識者以爲九者陽九，六者百六，蓋符歷數，非人事也。

善乎鄭文貞公論之曰：高祖固天攸縱，聰明稽古，道亞生知，學爲博物，允文允武，多藝多才。爰自諸生，有不羈之度，屬昏凶肆虐，天倫及禍，糾合義旅，將雪家冤。曰紂可伐，不期而會，龍躍樊、漢，電擊湘、郢。翦離德如振槁，取獨夫如拾遺，其雄才大略，固無得而稱矣。既縣白旗之首，方應皇天之眷，布德施惠，悅近來遠。開蕩蕩之王道，革靡靡之商俗。大修文教，盛飾禮容，鼓扇玄風，闡揚儒業。介胄仁義，折衝尊俎，聲振寰宇，澤流遐裔，干戈載戢，凡數十年，濟濟焉，洋洋焉，魏、晉以來，未有若斯之盛也。然不能息末敦本，斲彫爲樸，慕名好事，崇尚浮華，抑揚孔、墨，流連釋、老。或終夜不寢，或日旰不食，非弘道以利物，惟飾智以驚愚。且心未遺榮，虛厠蒼頭之伍，高談脫屣，終戀黃屋之尊。夫人之大欲，

在乎飲食男女，至於軒冕殿堂，非有切身之急。高祖屛除嗜欲，眷戀軒冕，得其所難，而滯於所易，可謂神有所不達，智有所不通矣。逮夫精華稍竭，鳳德已衰，惑於聽受，權在姦佞，儲后百辟，莫能盡言。險躁之心，暮年逾甚，見利而動，愎諫違卜。開門揖盜，棄好卽讎，釁起蕭牆，禍成戎、羯，身殞非命，災被億兆。衣冠甃鋒鏑之下，老幼粉戎馬之足，瞻彼黍離，痛深周廟；永言麥秀，悲甚殷墟。自古以安爲危，既成而敗，顚覆之速，書契所未聞也。易曰：「天之所助者順，人之所助者信。」高祖之遇斯屯剝，不得其死，蓋動而之險，不由信順，失天人之助，其能免於此乎。太宗敏叡過人，神采秀發，多聞博達，富贍詞藻。然文艷用寡，華而不實，體窮淫麗，義罕疎通，哀思之音，遂移風俗，以此而貞萬國，異乎周誦、漢莊矣。我生不辰，載離多難，桀逆構扇，巨猾滔天，始同牖里之拘，終類望夷之禍，悠悠蒼昊，其可問哉。昔國步初屯，兵纒魏闕，羣后釋位，投袂勤王。元帝以盤石之宗，受分陝之任，屬君親之難，居連率之長，不能撫劍嘗膽，枕戈泣血，躬先士卒，致命前驅。遂乃擁衆逡巡，內懷觖望，坐觀國變，以爲身幸。不急莽、卓之誅，先行昆弟之戮。又沈猜忍酷，多行無禮，騁智辯以飾非，肆忿戾以害物，爪牙重將，心膂謀臣，或顧眄以就拘囚，或一言而及葅醢，朝之君子，相顧懍然。自謂安若泰山，算無遺策，怵於邪說，卽安荊楚。雖元惡克翦，社稷未寧，而西隣責言，禍敗旋及，斯乃上靈降鑒，此焉假手，天道人事，其可誣乎。其篤志藝文，

中華書局

採浮華而棄忠信，戎昭果毅，先骨肉而後寇讎。口誦六經，心通百氏，有仲尼之學，有公旦之才，適足以益其驕矜，增其禍患，何補金陵之覆沒，何救江陵之滅亡哉！敬帝遭家不造，紹茲屯運，征伐有所自出，政刑不由於己。時無伊、霍之輔，焉得不爲高讓歟。

校勘記

〔一〕新淦公大成爲山陽郡王　「新淦」各本作「新塗」，據通志改。

〔二〕夏四月侯景圍巴陵　「夏四月」各本作「夏閏四月」。按是年閏三月，據通鑑删。

〔三〕弘納文學之士　「弘」梁書作「引」。

〔四〕四月景遣其將宋子仙任約襲郢州　「四月」上各本有「閏」字。據侯景傳删。

〔五〕購獲景及逆者　「及逆者」梁書作「及送首者」。王懋竑讀書記疑：「送誤作逆，又脫首字。」

〔六〕臣等分勒武旅　「武」本字「虎」，此避唐諱改。

〔七〕黄帝遊於襄城　「遊」各本作「迷」，據梁書改。

〔八〕縱陛下拂衫衣而遊廣成　「成」各本作「城」，據梁書改。

〔九〕豈得不揚清警而赴名都　「清警」梁書作「清蹕」。

〔一〇〕御輦東歸　「御輦」各本作「御辯」，據梁書改。

〔一一〕以吏部尚書王褒爲尚書右僕射　「右僕射」各本無「右」字，據梁書補。

〔一二〕以尚書右僕射王褒爲左僕射　各本脫「右」字，據梁書補。

〔一三〕宿預土人東方光據城歸化　「東方光」北齊書作「東方白額」。「歸化」各本譌「歸北」，據梁書改。

〔一四〕至是稍復消歇　「至是」各本作「至時」，據通志改。

〔一五〕宗懍及御史中丞劉慤以爲建鄴王氣已盡　「御史中丞」各本作「御史大夫」。按御史大夫乃秦漢官，時無此稱，當爲御史中丞之譌，今改正。又，「劉慤」，張森楷南史校勘記疑即「劉瑴」。

〔一六〕詞林三卷　「詞林」梁書作「洞林」。

〔一七〕冬十月己巳　下有壬子、癸丑、戊午、辛未、丙子。按紹泰元年十月戊申朔，初五日壬子，初六日癸丑，十一日戊午，二十二日己巳，二十四日辛未，二十九日丙子。己巳當在戊午下、辛未上。

〔一八〕齊安州刺史翟子崇楚州刺史劉仕榮淮州刺史柳達摩率衆赴任約　「楚州刺史」下各本脫「劉仕榮淮州刺史」七字，據梁書補。

〔一九〕遣周文育陳蒨襲會稽討彪彪敗走　「敗走」上據梁書、通志補一「彪」字。

〔二〇〕以開府儀同三司侯瑱爲司空　錢大昕廿二史考異：「按瑱傳不載此事。陳本紀，永定二年正月，以車騎將軍開府儀同三司侯瑱爲司空，則梁時不應先有司空之拜。」

〔二一〕舊放舉選　梁書作「依舊訪舉」。通典職官典作「仍舊選舉」。

〔二二〕前衡州刺史譚遠於始興攻殺蕭勃　「譚遠」梁書作「譚世遠」，此避唐諱省。按陳書武帝紀亦作「譚世遠」。

〔二三〕復閉細錢　「復閉」各本作「復用」，據梁書、通鑑改。胡注：「閉者，閉絕不使行。細錢，民間私鑄者也，時私錢細小，交易以車載錢，不復計數。」

中華書局

南史卷九

陳本紀上第九

陳高祖武皇帝諱霸先，字興國，小字法生，吳興長城下若里人。姓陳氏。其本甚微，自云漢太丘長寔之後也。寔玄孫晉太尉準。準生匡，匡生達，永嘉中南遷，爲丞相掾，太子洗馬，出爲長城令，悅其山水，遂家焉。嘗謂所親曰：「此地山川秀麗，當有王者興焉，二百年後，我子孫必鍾斯運。」達生康，復爲丞相掾，咸和中土斷，故爲長城人。康生盱眙太守英，英生尚書郎公弼，公弼生步兵校尉鼎，鼎生散騎侍郎高，高生懷安令詠，詠生安成太守猛，猛生太常卿道巨，道巨生皇考文讚。

帝以梁天監二年癸未歲生。少俶儻有大志，長於謀略，意氣雄傑，不事生產。及長，涉獵史籍，好讀兵書，明緯候、孤虛、遁甲之術，多武藝，明達果斷，爲當時推服。身長七尺五寸，日角龍顏，垂手過膝。嘗游義興，館於許氏，夢天開數丈，有四人朱衣，捧日而至，納之帝口，及覺，腹內猶熱，帝心獨喜。初仕鄉爲里司，後至建鄴爲油庫吏，徙爲新喻侯蕭映傳

敎，勤於其事，爲映所賞。及映爲吳興太守，甚重帝，謂僚佐曰：「此人將來遠大，必勝於我。」及映爲廣州，帝爲中直兵參軍，隨之鎮，映令帝招集士馬。

先是武林侯蕭諮爲交州刺史，以嚴刻失和，土人李賁連結數州豪傑同時反，臺遣高州刺史孫冏、新州刺史盧子雄將兵擊賁。冏等不時進，皆於廣州伏誅。子雄弟子略與冏子姪及其主帥杜天合、杜僧明共舉兵，執南江督護沈顗，進寇廣州，晝夜苦攻，州中震恐。帝率精兵救之，賊衆大潰。僧明後有功業，遂降。[一]梁武帝深歎異焉，授直閤將軍，封新安縣子，[二]仍遣圖帝貌而觀之。

其年冬，蕭映卒。明年，帝送喪還，至大庾嶺，會有詔以帝爲交州司馬，與刺史楊瞟南討。帝益招勇敢，器械精利，瞟委帝經略。時蕭勃爲定州刺史，於西江相會，勃知軍士憚遠役，因詭說留瞟。瞟集諸將問計，帝曰：「交阯叛換，罪由宗室，節下奉辭伐罪，故當死生以之。」於是鼓行而進。軍至交州，瞟推帝爲前鋒，所向摧陷。賁竄入屈獠洞中，屈獠斬賁，傳首建鄴。是歲太清元年也。賁兄天寶遁入九眞，與劫帥李紹隆收餘兵，殺德州刺史陳文戒，進圍愛州，帝討平之。除西江督護、高要太守，督七郡諸軍事。

二年冬，侯景寇逼，帝將赴援，廣州刺史元景仲陰將圖帝。帝知之，與成州刺史王懷明等，集兵於南海，馳檄以討景仲。景仲縊於閤下，帝迎蕭勃鎮廣州。

時臨賀內史歐陽頠監衡州，蘭裕、蘭京禮扇誘始興等十郡共攻頠，頠請援於勃，勃令帝救之，悉禽裕等。仍監始興郡事。帝遣杜僧明、胡穎將二千人頓于嶺上，并厚結始興豪傑，同謀義舉，侯安都、張偲等率衆來附。蕭勃聞之，遣鍾休悅說停帝，帝泣謂休悅曰：「君辱臣死，誰敢愛命，僕行計決矣。」時蔡路養起兵據南康，勃遣腹心譚世遠爲曲江令，與路養相結，同遏義軍。

大寶元年正月，帝發始興，次大庾嶺，大破路養軍，進頓南康。湘東王繹承制授帝交州刺史，改封南野縣伯，於是修理崎頭古城徙居之。劉惠騫等望見恒有紫氣冒城上，遠近驚異，故惠騫等深自結於帝。尋改封長城縣侯，南江州刺史。時寧都人劉藹等資高州刺史李遷仕舟艦兵仗，[三]將襲南康，帝遣杜僧明等據白口禦之。

二年，僧明禽遷仕，送南康斬之。承制授帝江州刺史。帝發南康，灨石舊有二十四灘，灘多巨石，行旅以爲難。帝之發，水暴起數丈，三百里間，巨石皆沒。進軍頓西昌，有龍見水濱，高五丈，五采鮮曜，軍民觀者數萬人。帝又嘗獨坐胡牀於閤下，忽有神光滿閤，廊廡之間，並得相見。趙知禮侍側，怪而問帝，帝笑不答。時承制遣征東將軍王僧辯督衆軍討侯景，次湓城，帝率杜僧明等合三萬人將會焉。[四]時西軍乏食，帝先貯軍糧五十萬石，[五]至是分三十萬石以資之。仍頓巴丘。會侯景廢簡文，立豫章嗣王棟，帝遣兼長史沈袞奉表

於江陵勸進。承制授帝東揚州刺史，領會稽太守。

三年，帝帥師發自豫章。[六]二月，次桑落洲。時僧辯已發湓城，會帝于白茅灣，乃登岸結壇，刑牲盟約。進次大雷，軍人杜稜夢雷池君、周、何神，自稱征討大將軍，乘朱航，陳甲仗，稱下征侯景，須臾便還，云已殺景竟。

三月，帝與諸軍進剋姑孰，仍次蔡洲。侯景登石頭城，望官軍之盛，不悅，曰：「一把子人，何足可打。」密謂左右曰：「此軍上有紫氣，不易可當。」乃以舣舫貯石，沈塞淮口，緣淮作城，自石頭迄青溪十餘里中，樓雉相接。僧辯遣杜崱問計於帝，帝以諸將不敢當鋒，請先往立柵。即於石頭西橫壟築柵。衆軍次連八城，直出東北。賊恐西州路斷，亦於東北果林作五城，以遏大路。帝曰：「善用兵者，如常山之蛇，使救首救尾，困而無暇。今我師既來，賊徒甚寡，應分賊兵力，以强制弱。」[七]乃命諸將分處置兵，帝與王琳、杜龕等悉力乘之，景衆大潰。僧辯啓命帝鎮京口。

五月，齊遣將辛術圍嚴超達于秦郡，帝命徐度領兵助其固守。齊衆起土山，穿地道，攻之甚急；帝乃自率萬人解其圍，振旅南歸。承制授帝征北大將軍、開府儀同三司、南徐州刺史，進封長城縣公。及王僧辯征陸納於湘州，承制命帝代鎮揚州。

承聖二年，湘州平，帝旋鎮京口。

中華書局

三年三月，進帝位司空。及魏平江陵，帝與王僧辯等進啓請晉安王以太宰承制。十二月，晉安王至自尋陽，入居朝堂，給帝班劍二十人。

四年五月，齊送貞陽侯明還主社稷，王僧辯納之。明即位，改元天成，以晉安王爲皇太子。初，齊之納貞陽也，帝固爭之，以爲不可，不見從。帝居常憤歎曰：「嗣主高祖之孫，元皇之子，竟有何辜，坐致廢黜？假立非次，此情可知。」乃密具袍數千領及錦綵金銀，以爲賞賜之資。

九月壬寅，帝召徐度、侯安都、周文育，仍部列將士，水陸俱進，夜發南徐州，討王僧辯。甲辰，帝至石頭，前遣勇士自城北踰入。時僧辯方視事，聞外白有兵，遽走。帝大兵尋至，因風縱火，僧辯就禽。是夜縊之，及其子頠。於是廢貞陽侯，而奉晉安王即位，改承聖四年爲紹泰元年。壬子，[八]詔授帝侍中、大都督中外諸軍事、車騎將軍、揚南徐二州刺史，持節、司空、班劍、鼓吹並如故。仍詔甲仗百人出入殿省。

震州刺史杜龕據吳興，與義興太守韋載舉兵逆命。辛未，帝表自東討，留高州刺史侯安都、石州刺史杜稜宿衞臺省。甲戌，軍至義興。秦州刺史徐嗣徽，據城入齊，又要南豫州刺史任約舉兵應龕，齊人資其兵食。嗣徽乘虛奄至闕下，侯安都出戰，嗣徽等退據石頭。丁丑，載及龕從弟北叟來降，帝撫而釋之，仍以載兄鼎知郡事。以嗣徽寇逼，卷甲還都，命周

文育進討杜龕。

十一月己卯，齊遣兵五千，度據姑孰，又遣安州刺史翟子崇、楚州刺史劉士榮、淮州刺史柳達摩，領兵萬人，於胡墅度米粟三萬石、馬千匹入石頭。帝乃遣侯安都領水軍夜襲胡墅，燒齊船，周鐵武率舟師斷齊運輸，[九]帝領鐵騎自西明門襲之。齊人大潰，嗣徽留達摩等守城，自率親屬腹心，往南州采石，以迎齊援。

先是，太白自十一月丙戌不見，十二月乙卯出于東方。丙辰，帝盡命衆軍分部甲卒，對冶城立航，[一〇]度兵攻其水南二柵。柳達摩等度淮置陣，帝督兵疾戰，縱火燒柵，煙塵漲天，齊人大潰，盡收其船艦。是日，嗣徽、約等領齊兵還據石頭，帝遣侯安都領水軍襲破之，嗣徽等單舸脫走。丁巳，拔石頭南岸柵，移度北岸起柵，以絕其汲路。又堙塞東門故城中諸井。齊所據城中無水，水一合貿米一升，一升米貿絹一匹，或炒米食之。達摩謂其衆曰：「頃在北，童謠云，『石頭擣兩襠，擣青復擣黃』。侯景服靑，已倒於此，今吾徒衣黃，豈謠言驗邪。」庚申，達摩遣侯子欽、劉士榮等請和，帝許之。乃於城外盟約，其將士恣其南北。辛酉，帝出石頭南門陳兵，送齊人歸北者。及至，齊人殺之。壬戌，齊和州長史烏丸遠自南州奔還歷陽，江寧令陳嗣、黃門侍郎曹朗據姑孰，不從。帝命侯安都、徐度等討平之，聚其首爲京觀。是月，杜龕以城降。

二年正月癸未，誅龕，其弟龕、從弟北叟、司馬沈孝敦並賜死。

三月戊戌，齊遣水軍儀同蕭軌、庫狄伏連、堯難宗、東方老、侍中裴英起、東廣州刺史獨狐辟惡、洛州刺史李希光幷任約、徐嗣徽、王僧愔等衆十萬出柵口，向梁山，帳內盪主黃叢逆擊，敗之，燒其前軍船艦。齊頓軍保蕪湖。五月丙申，齊兵至秣陵故城。己亥，帝率宗室王侯及朝臣，於大司馬門外白虎闕下，刑牲告天，以齊人背約，發言慷慨，涕泗交流，士卒觀者益奮。辛丑，齊軍於秣陵故城，跨淮立橋柵，引度兵馬。癸卯，自方山進及兒塘，游騎至臺，都下震駭。帝潛以精卒三千配沈泰，度江襲齊行臺趙彥深於瓜步，獲其舟粟。六月甲辰，齊兵潛至鍾山龍尾。丁未，進至莫府山。帝遣錢明領水軍出江乘，要擊齊人糧運，盡獲之。齊軍大餒，殺馬驢而食之。壬子，齊軍至玄武湖西北莫府山南，將據北郊壇。衆軍自覆舟東移，頓郊壇北，與齊人相對。其夜，大雨震電，暴風拔木，平地水丈餘。齊軍晝夜坐立泥中，縣鬲以爨，足指皆爛。而臺中及潮溝北，水退路燥，官軍每得番易。甲寅，少霽。是時食盡，調市人餽軍，皆是麥屑爲飯，以荷葉裹而分給，間以麥䴵，兵士皆困。會文帝遣送米三千石，鴨千頭，帝即炊米煮鴨，誓申一戰。士及防身，計糧數臠，人人裹飯，媲以鴨肉。帝命衆軍蓐食，攻之，齊軍大潰。執嗣徽及其弟嗣宗，斬之以徇。虜蕭軌、東方老、王敬寶、李希光、裴英起、王僧智等將帥四十六人。其軍士得竄至江者，縛筏以濟，中江而溺，流屍至

京口者彌岸。惟任約、王僧愔獲免。先是童謠云：「虜萬夫，入五湖，城南酒家使虜奴。」自晉、宋以後，經緯在魏境江、淮以北，南人皆謂爲虜，于時以賞俘貿酒者，一人裁得一醉。丁巳，衆軍出南州，燒賊舟。己未，斬劉歸義、徐嗣產、傅野猪于建康市。[一一]是日解嚴。庚申，誅蕭軌、東方老、王敬寶、李希光、裴英起等。

太平元年九月壬寅，帝進位丞相、錄尚書事、鎭衞大將軍、揚州牧，進封義興郡公。庚申，追贈皇考侍中、光祿大夫，封義興郡公，謚曰恭。十月甲戌，梁帝敕丞相自今問訊，可施別榻，以近扆坐。

二年正月壬寅，詔加帝班劍十人，幷前爲三十。丁未，詔贈皇兄道談南兗州刺史、長城縣公，謚曰昭烈。皇弟休先侍中、南徐州刺史、武康縣侯，[一二]謚曰忠壯。甲寅，遣兼侍中謁者僕射陸繕策拜長城縣夫人章氏爲義興國夫人。丁卯，詔贈皇祖侍中、太常卿，謚曰孝。追封皇祖妣許氏吳郡嘉興縣君，謚曰敬。皇妣張氏義興國太夫人，謚曰宣。

二月庚午，蕭勃舉兵自廣州度嶺，頓南康，遣其將歐陽頠、傅泰及其子孜爲前軍，[一三]至豫章，分屯要險，南江州刺史余孝頃起兵應勃，帝命周文育、侯安都率衆討平之。

八月甲午，帝進位太傅，加黃鉞，劍履上殿，入朝不趨，贊拜不名。丙申，加前後部羽葆、鼓吹。是時，湘州刺史王琳擁兵不應命，遣周文育、侯安都率衆討之。

中華書局

九月辛丑，梁帝進帝位相國，總百揆，封十郡爲陳公，備九錫之禮，加璽紱，遠游冠，綠綟綬，位在諸侯王上。策曰：

大哉乾元，資日月以貞觀，至哉坤元，憑山川以載物。故惟天爲大，陟配者欽明，惟王建國，翼輔者齊聖。是以文、武之佐，磻谿藴其玉璜，堯、舜之臣，榮河鏤其金板！況乎體得一之鴻姿，寧陽九之危厄，拯橫流於碣石，撲燎火於崑岡，驅馭於韋、彭，跨躡於齊、晉，神功行而靡用，聖道運而無名者乎。今將授公典策，其敬聽朕命：

日者，昊天不弔，鍾亂于我國家，網漏吞舟，强胡內鼠，茫茫宇宙，慄慄黎元，方趾圓顱，萬不遺一。太清否亢，橋山之痛以深，大寶屯如，平陽之禍相繼。上宰膺運，康救黔黎，鞠旅於溟池之南，揚旌於桂嶺之北，縣三光於已墜，謐四海於羣飛，光啓中興，蕩寧上國。此則公之大造於皇家者也。既而天未悔禍，夷醜荐臻，南夏崩騰，西京蕩覆。冢司昏撓，旁引寇讎，既見貶於桐宮，方謀危於漢閣，皇運已殆，何殊贅旒，中國搖然，非徒如綫。公赫然投袂，匡救本朝，復莒齊都，平戎王室。朕所以還膺寶歷，重履宸居，挹建武之風猷，歌宣王之雅頌。此又公之再造於皇家者也。

公應務之初，登庸惟始，孫、盧肇亹，越貊爲災，番部阽危，勢將淪殄。公亦旗所指，祆壘洞開，白羽纔撝，凶徒紛潰。[一四]此又公之功也。大同之末，邊政不修，李賁狂

迷，竊我交、愛。公英謩雅筭，電掃風行，馳御樓船，直跨滄海。三山獠洞，八角蠻陬，逖矣水寓之鄉，悠哉火山之國，馬援之所不屆，陶璜之所未開，莫不懼我王靈，爭朝邊候，歸賧天府，獻狀鴻臚。此又公之功也。自寇虜陵江，宮闈幽辱，而番禺連率，本自諸夷，言得其朋，是懷同惡。公仗此忠誠，乘機勦定，執沛令而釁鼓，平新野而據鞌。此又公之功也。世道初艱，方隅多難，公以國盜邊警，知無不爲，恤是同盟，誅其醜類，南土黔黎，重保蘇息。此又公之功也。長驅嶺嶠，夢想京畿，緣道酋豪，遞爲榛梗，路養渠帥，全據大都，蓄聚逋逃，方謀阻亂。公龍驤虎步，嘯吒風雲，山靡堅城，野無强陣，清祆氛於灨石，滅沴氣於雩都。此又公之功也。遷仕凶慝，屯據大皐，乞活類馬騰之軍，流人多杜弢之衆。公坐揮三略，遙制六奇，義勇同心，貔貅騁力，雷奔電擊，谷靜山空，列郡無犬吠之驚，叢祠罷狐鳴之盜。此又公之功也。王師討虜，次屆淪波，兵乏兼儲，士有飢色。公回麾彭蠡，積穀巴丘，億庾之詠斯豐，壺漿之甿是衆。故使三軍勇銳，百戰無前，承此兵糧，遂殄凶逆。此又公之功也。盆壘猜攜，用淹戎略。公志惟同獎，師克在和，屈禮交盟，神祇感咽，故能使舟師並路，遠邇朋心。此又公之功也。姑孰襟要，崤、函所憑，寇虜據其關梁，大盜負其扃鐍。公一校纔撝，三雄並奮，左賢右角，沙潰土崩，鄂坂之隘斯開，夷庚之道無塞。此又公之功也。義軍大衆，俱集帝京，逆豎凶徒，

猶屯皇邑。公回茲地軸，抗此天羅，曾不崇朝，俾無遺噍。此又公之功也。內難初靜，諸侯出關，外郡傳烽，鮮卑犯塞。公舟師步甲，亘野橫江，殲厥羣氐，遂殫封豕。此又公之功也。公克黜禍難，劬勞皇室，而孫、甯之黨，翻啓狄人，伊、洛之間，咸爲虜戍，朝闇戎塵，夜喧胡鼓。公三籌既晝，八陣斯張，裁舉靈鉦，亦抽金僕，咸俘醜類，悉反高墉。此又公之功也。任約叛渙，梟聲不悛，戎羯貪婪，狠心無改。公左甄右落，箕張翼舒，掃是欃槍，驅其獫狁，投秦阬而盡沸，壹灉水而不流。[一五]此又公之功也。一相居中，自折彝鼎，五湖小守，妄懷同惡。公夙駕兼道，衣製杖戎，玉斧將揮，金鉦且戒，祆酋震慴，遽請灰釘。此又公之功也。賊龕凶橫，陵虐具區，阻兵安忍，憑災怙亂。公雖宗居汝、潁，世寓東南，眷言桑梓，公私憤切，戮此大憝，如烹小鮮。此又公之功也。同姓有扈，頑凶不賓，憑藉宗盟，圖危社稷。公論兵於廟堂之上，決勝於尊俎之間，寇、賈、樊、滕，浮江下瀨，一朝翦撲，無待旬師。此又公之功也。豫章祆寇，依憑山澤，繕甲完聚，多歷歲時，結從連橫，爰洎交、廣。呂嘉既獲，吳濞已鏦，命我還師，征其不恪，連營盡拔，僞黨斯禽。此又公之功也。自八紘九野，瓜剖豆分，竊帝偷王，連州比縣。公武靈已暢，文德又宣，折簡馳書，風猷斯遠。此又公之功也。京師禍亂，亟積寒暄，雙闕低昂，九門寥豁。公求衣昧旦，昃食高舂，興構宮闈，具瞻遐邇。郊庠宗稷之典，

六符十等之章，還聞泰始之風流，重覩永平之遺事。此又公之功也。

公有濟天下之勳，重之以明德，凝神體道，合德符天。用百姓以爲心，隨萬機而成務，[一六]上德不德，無爲以爲。夏長春生，顯仁藏用，功成化洽，樂奏咸雲，安上御人，禮兼文質。是以天無藴寶，地有呈祥，既景煥於圖書，[一七]方葳蕤於史牒，高勳踰於象緯，積德冠於嵩、華，固無得而稱者矣。

朕又聞之：前王宰世，茂賞尊賢，式樹藩長，總征羣伯。二南崇絕，四履遐曠，泱泱表海，祚土維齊；巖巖泰山，俾侯于魯。況復經營宇宙，寧惟斷鼇足之功，弘濟蒼生，非直鑿龍門之險。而疇庸報德，寂爾無聞，朕所以垂拱當宁，載懷慚悸者也。今授公相國，以南豫州之陳留南丹陽宣城、揚州之吳興東陽新安新寧、南徐州之義興、江州之鄱陽臨川十郡，封公爲陳公。錫茲青土，苴以白茅，爰定爾邦，用建冢社。昔旦、奭分陜，俱爲保師，晉、鄭諸侯，咸作卿士。兼其內外，禮實攸宜。今命使持節、兼太尉王通授相國印綬，陳公璽紱；使持節、兼司空王瑒授陳公茅土，金虎符第一至第五左，竹使符第一至第十左。相國秩踰三鉉，任總百司，位絕朝班，禮由事革。以相國總百揆，除錄尚書之號，上所假節、侍中貂蟬、中書監印章、中外都督太傅印綬、義興公印策，其鎮衛大將軍、揚州牧如故。

二十四史　中華書局

又加公九錫，其敬聽後命：以公禮爲楨榦，律等銜策，四維皆舉，八柄有章。是用錫公大輅、戎輅各一，玄牡二駟。以公賤寶崇穀，疏爵待農，室富京坻，人知榮辱。是用錫公袞冕之服，赤舄副焉。以公調理陰陽，燮諧風雅，三靈允降，萬國同和。是用錫公軒縣之樂，六佾之儛。以公宣導王猷，弘闡風教，光景所照，鞮象必通。是用錫公朱戶以居。以公抑揚清濁，褒德進賢，髦士盈朝，幽人虛谷。是用錫公納陛以登。以公嶷然廊廟，爲世鎔範，折衝四表，臨御八荒。是用錫公虎賁之士三百人。以公軌茲明罰，期在刑厝，象恭無赦，干紀必誅。是用錫公斧鉞各一。以公英猷遠量，跨厲嵩、溟，包一車書，括囊寰宇。是用錫公彤弓一、彤矢百，盧弓十、盧矢千。以公天經地義，貫徹幽明，春露秋霜，允供粢盛。是用錫公秬鬯一卣，圭瓚副焉。陳國置丞相以下，一遵舊式。往欽哉！其恭循朕命，克相皇天，弘建邦家，允興鴻業，以光我高祖之休命。

十月戊辰，又進帝爵爲王。以揚州之會稽臨海永嘉建安、南徐州之晉陵信安、江州之尋陽豫章安成廬陵，〔一八〕幷前爲二十郡，益封陳國。其相國、揚州牧、鎮衞大將軍並如故。又命陳王冕十有二旒，建天子旌旗，出警入蹕，乘金根車，駕六馬，備五時副車，置旄頭雲罕，樂儛八佾，設鍾虡宮縣。王妃、王子、王女爵命之號，陳臺百官，一依舊典。

辛未，梁帝禪位于陳，策曰：

咨爾陳王，惟昔上古，厥初生人，驪連、栗陸之前，容成、大庭之世，杳冥慌忽，故靡得而詳焉。自羲、農、軒、昊之君，陶唐、有虞之主，或垂衣而御四海，或無爲而子萬姓，居之如馭朽索，去之如脫弊屣，裁遇許由，便能捨帝，暫逢善卷，即以讓王。故知玄扈琁璣，非關尊貴，金根玉輅，示表君臨。及南觀河渚，東沉刻璧，菁華既竭，耄勤已倦，則抗首而笑，惟賢是與，謗然作歌，簡能斯授。遺風餘烈，昭晰圖書，漢、魏因循，是爲故實，宋、齊授受，又弘斯義。我高祖應期撫運，握樞御宇，三后重光，祖宗齊聖。及時屬陽九，封豕荐食，西都失馭，夷狄交侵。乃豎天成，輕弄龜鼎，慄慄黔首，若崩厥角，徽徽皇極，將甚綴旒。

惟王乃聖乃神，欽明文思，二儀並運，四時合序，天錫智勇，人挺雄傑，珠庭日角，龍行虎步。爰初投袂，曰廼勤王，〔一九〕電掃番禺，雲撤彭蠡，翦其元惡，定我京畿。及王賀帝弘，貿茲冠履，既行伊、霍，用保冲人。震澤、稽陰，〔二〇〕並懷叛逆，獯、羯醜虜，三亂皇都，裁命偏師，二邦自殄，薄伐獫狁，六戎盡殪。嶺南叛換，湘、郢連結，賊帥既禽，凶渠傳首。用能百揆時序，四門允穆，無思不服，無遠不屆，上達穹昊，下漏深泉，蛟魚並見，謳歌攸屬。況乎長彗橫天，已徵布新之兆，璧日斯既，實表更姓之符。七百無常期，皇王非一族。昔木德既季，而傳祚于我有梁。天之歷數，允集明哲。式遵前典，廣詢

羣議，王公卿尹，莫不攸屬，敬從人祇之願，授帝位于爾躬。四海困窮，天祿永終，王其允執厥中，軌儀前式，以副溥天之望。禋郊祀帝，時膺大禮，永固洪業，豈不盛與！

又命璽書，遣兼太保、尚書左僕射王通，兼太尉、司徒左長史王瑒，奉皇帝璽紱，受終之禮，一依唐、虞故事。是日，梁帝遜于別宮。帝謙讓再三，羣臣固請，乃許之。

永定元年冬十月乙亥，皇帝即位于南郊，柴燎告天曰：

皇帝臣霸先，敢用玄牡昭告于皇皇后帝：

梁氏以圮剝荐臻，歷運有極，欽若天應，以命于霸先。夫肇有黎烝，乃樹司牧，選賢與能，未常厥姓。有梁末運，仍葉遘屯，獯醜憑陵，久移神器。承聖在外，非能祀夏，天未悔禍，復罹寇逆。嫡嗣廢黜，宗枝僭詐，天地板蕩，紀綱泯絕。霸先爰初投袂，大拯橫流，重舉義兵，實戡多難。廢王立帝，實有厥功，安國定社，用盡其力，是謂小康，方期大道。既而煙雲表色，日月呈祥，除舊布新，既彰玄象，遷虞事夏，且協謳謌，九域八荒，同布衷款，百神羣祀，皆有誠願，梁帝高謝萬邦，授以大寶。霸先自惟菲薄，讓德不嗣，至于再三，辭弗獲許。僉以百姓須主，萬機難曠，皇靈眷命，非可謙拒。畏天之

威，用膺嘉祚，永言夙志，能無慚德。敬簡元辰，升壇受禪，告類上帝，用答甿心，永保于我有陳。惟明靈尚饗。

先是氛霧雨雪，晝夜晦冥，至是日，景氣清晏。禮畢，輿駕還宮，臨太極前殿，大赦，改元。賜百姓爵二級，文武二等。鰥寡孤獨不能自存者，人穀五斛。逋租宿責，皆勿復收。有犯鄉論清議、贓汚淫盜者，皆洗除先注，與之更始。其長徒敕繫，特皆原之。亡官失爵，禁錮奪勞，一依舊典。又詔以江陰郡奉梁主爲江陰王，行梁正朔，車旗服色，一依前準。梁皇太后爲江陰國太妃，皇后爲江陰國妃。又詔百司各依位攝職。丙子，幸鍾山，祭蔣帝廟。戊寅，幸華林園覽辭訟，臨赦囚徒。己卯，分遣大使宣勞四方。庚辰，詔出佛牙於杜姥宅，集四部設無遮大會。辛巳，追尊皇考曰景皇帝，廟號太祖，皇妣董太夫人曰安皇后，前夫人錢氏爲昭皇后，世子克爲孝懷太子。立夫人章氏爲皇后。癸未，尊景帝陵曰瑞陵、昭皇后陵曰嘉陵，依梁初園陵故事。立刪定郎，刊定律令。戊子，還景皇帝神主祔于太廟。

是月，西討都督周文育、侯安都於郢州敗績，沒于王琳。

十一月丙申，封皇兄子長城縣侯蒨爲臨川郡王，頊襲封始興郡王，皇弟子曇朗襲封南康郡王。庚申，都下火。

十二月庚辰，皇后謁太廟。

是歲，周閔帝元年，及九月，冢宰宇文護廢閔帝而奉明帝。又爲明帝元年。

二年春正月乙未，以車騎將軍、開府儀同三司侯瑱爲司空。辛丑，祀南郊；大赦。甲寅，遣中書舍人韋鼎、策吳興楚王神爲帝。戊午，祀明堂。

二月壬申，南豫州刺史沈泰奔齊。辛卯，詔司空侯瑱總督水陸衆軍以禦齊。

三月，王琳立梁永嘉王蕭莊以奉梁後，卽位于郢州。

夏四月甲子，祀太廟。乙丑，江陰王殂，陳志也。追謚梁敬帝。詔太宰弔祭，司空監護喪事。以梁武林侯蕭諮子季卿嗣爲江陰王。戊辰，重雲殿東鴟尾有紫煙屬天。

五月乙未，都下地震。壬寅，立梁邵陵攜王廟室，祭以太牢。辛酉，帝幸大莊嚴寺，捨身。壬戌，羣臣表請還宮。

六月己巳，詔司空侯瑱、領軍將軍徐度討王琳。初，侯景之平也，太極殿被焚，承聖中議欲營之，獨闕一柱。秋七月，有樟木大十八圍，長四丈五尺，流泊陶家後渚，監軍鄒子度以聞。詔中書令沈衆兼起部尙書，構太極殿。

八月，周文育、侯安都等於王琳所逃歸，自劾廷尉，卽日引見，宥之，並復本官。丁亥，加江州刺史周迪平南將軍、開府儀同三司。

冬十月庚午，遣鎭南將軍周文育都督衆軍出豫章，討余孝勱。乙亥，幸莊嚴寺，發金光明經題。丁酉，〔二〕加高州刺史黃法𣰰平南將軍、開府儀同三司。

十二月甲子，幸大莊嚴寺，設無碍大會，捨乘輿法物，羣臣備法駕奉迎，卽日還宮。丙戌，加北江州刺史熊曇朗平西將軍、開府儀同三司。

三年春正月丁酉，鎭南將軍、廣州刺史歐陽頠卽本號開府儀同三司。是夜大雪，及旦，太極殿前有龍跡見。甲子，廣州言仙人見于羅浮山寺小石樓。〔三〕

二月辛酉，加平西將軍、桂州刺史淳于量鎭西大將軍、開府儀同三司。

夏閏四月甲午，詔依前代置西省學士，兼取伎術士。是時久不雨。丙午，幸鍾山祭蔣帝廟。是日降雨，迄于月晦。

五月丙辰朔，日有蝕之。有司奏舊儀帝御前殿，服朱紗袍、通天冠。詔曰：「此乃前代承用，意有未同，合朔仰助太陽，宜備袞冕之服，自今永可爲準。」丙子，扶南國遣使朝貢。乙酉，北江州刺史熊曇朗殺都督周文育，舉兵反。王琳遣其將常衆愛、曹慶率兵援余孝勱。

六月戊子，儀同侯安都敗衆愛等於左里，獲琳從弟襲、主帥羊暕等四十餘人，衆愛遁走。庚寅，廬山人斬之，傳首建鄴。甲午，衆軍凱歸。

丁酉，帝不豫，遣兼太宰、尙書右僕射王通以疾告太廟，兼太宰、中書令謝哲告太社、南北郊。辛丑，帝小瘳。故司空周文育之柩至自建昌。壬寅，帝素服哭于朝堂，哀甚。癸卯，上臨訊獄訟。是夜，熒惑在天尊，上疾甚。丙午，帝崩于璿璣殿，時年五十七。遺詔追臨川王蒨入纘大業。甲寅，殯于太極殿西階。八月甲午，羣臣上謚曰武皇帝，廟號高祖。丙申，葬萬安陵。

帝雄武多英略，性甚仁愛。及居阿衡，恒崇寬簡。雅尙儉素，常膳不過數品。私饗曲宴，皆瓦器蚌盤，肴核庶羞，裁令充足，不爲虛費。初平侯景及立敬帝，子女玉帛皆班將士。其充閨房者，衣不重采，飾無金翠，聲樂不列於前。踐阼之後，彌厲恭儉。故能隆功茂德，光于江左云。

世祖文皇帝諱蒨，字子華，始興昭烈王之長子也。少沉敏，有識量，美容儀，留意經史。武帝甚愛之，常稱吾家英秀。梁太清初，帝夢兩日鬬，一大一小，大者光滅墜地，色正黃，其大如斗，帝三分取一懷之。侯景之亂，避地臨安縣郭文舉舊宅。及武帝舉兵南下，景遣吳興太守信都遵收帝及衡陽獻王出都。帝乃密袖小刀，候見景欲圖之。及至，以付郎中王翻

幽守，故其事不遂。武帝圍石頭，景欲加害者數矣，會景敗，乃得出。

起家吳興太守。武帝之討王僧辯也，先召帝與謀。時僧辯壻杜龕據吳興，兵衆甚盛，武帝密令帝還長城，立柵備之。龕遣將杜泰乘虛掩至，將士相視失色，帝言笑自若，部分益明，於是衆心乃定。及武帝遣周文育討龕，帝遣將軍劉澄、蔣元舉攻下龕。拜會稽太守。武帝受禪，立爲臨川王。夢梁武帝以寶刀授己。周文育、侯安都之敗於沌口，武帝詔帝入總軍政。尋命率兵城南皖。永定三年六月丙午，武帝崩，皇后稱遺詔徵帝入纂皇統。甲寅，至自南皖，入居中書省。皇后令帝嗣膺寶籙，帝辭讓至于再三，公卿固請，其日卽皇帝位於太極前殿，大赦，詔州郡悉停奔赴。

秋七月丙辰，尊皇后爲皇太后。辛酉，以司空侯瑱爲太尉，以南豫州刺史侯安都爲司空，以南徐州刺史徐度爲侍中、中撫軍將軍、開府儀同三司。乙丑，重雲殿災。

八月庚戌，立皇子伯茂爲始興王，奉昭烈王後，徙封始興嗣王頊爲安成王。

九月辛酉，立皇子伯宗爲皇太子，〔三〕王公以下賜帛各有差。乙亥，立妃沈氏爲皇后。

冬十月甲子，〔四〕齊文宣帝殂。

十一月乙卯，王琳寇大雷，詔太尉侯瑱、司空侯安都、儀同徐度禦之。

是歲，周明帝改天王稱皇帝，復建年號曰武成元年。

中華書局

天嘉元年春正月癸丑，大赦，改元。詔賜鰥寡孤獨不能自存者，人粟五斛。孝悌力田，殊行異等，加爵一級。甲寅，分遣使者宣勞四方。辛酉，祀南郊。詔賜人爵一級。

二月丙申，太尉侯瑱敗王琳于梁山，敗齊兵于博望，禽齊將劉伯球。王琳及其主蕭莊奔齊。庚子，分遣使者齎璽書宣勞四方。乙巳，遣太尉侯瑱鎮湓城。庚戌，立武帝第六子昌爲衡陽王。

三月丙辰，蕭莊所署郢州刺史孫瑒舉州內附。丁巳，江州刺史周迪平南中，斬賊帥熊曇朗，傳首建鄴。戊午，齊軍棄魯山城走，詔南豫州刺史程靈洗守之。丙子，衡陽王昌沉于江。

夏四月丁亥，立皇子伯信爲衡陽王，奉獻王後。辛丑，周明帝崩。

六月辛巳，改謚皇祖妣景安皇后曰景文皇后。壬辰，詔改葬梁元帝於江寧舊塋，車旗禮章，〔二五〕悉用梁典，仍依魏葬漢獻帝故事。甲午，追策故始興昭烈王妃曰孝妃。辛丑，國哀周忌，上臨于太極前殿，百僚陪哭。赦建鄴殊死以下。

秋七月丙辰，立皇子伯山爲鄱陽王。

八月壬午，齊孝昭帝廢其主殷而自立。戊子，詔非兵器及國容所須，金銀珠玉衣服雜玩，悉皆禁斷。丁酉，幸正陽堂閱武。

九月癸丑，彗星見。乙卯，周將獨孤盛領水軍趣巴、湘，與賀若敦水陸俱進，太尉侯瑱自尋陽禦之。

冬十月癸巳，侯瑱襲破獨孤盛於楊葉洲，盛登岸築城自保。丁酉，詔司空侯安都率衆會侯瑱南拒周軍。

十二月己亥，周巴陵城主尉遲憲降。庚子，獨孤盛潛遁走。

二年春正月庚戌，大赦。辛未，周湘州城主殷亮降，湘州平。

二月庚寅，曲赦湘州諸郡。

三月乙卯，太尉、湘州刺史侯瑱薨。

夏六月己亥，齊人通好。

秋七月丙午，周將賀若敦遁歸，武陵、天門、南平、義陽、河東、宜都郡悉平。

九月甲寅，詔以故太尉侯瑱、故司空周文育、故開府儀同三司杜僧明、故中護軍胡穎、故領軍陳擬配食武帝廟庭。

冬十月癸丑，霍州西山蠻率部內屬。乙卯，高麗國遣使朝貢。

十一月甲辰，齊孝昭帝殂。〔二六〕

十二月甲申，立始興國廟于都下，用王者禮。以國用不足，立煮海鹽賦及榷酤科。〔二七〕先是縉州刺史留異應王琳，丙戌，詔司空侯安都討之。

是歲，周武帝保定元年。

三年春正月庚戌，設帷宮於南郊，幣告胡公以配天。辛亥，祀南郊，詔賜人爵一級，孝悌力田加一等。

二月，梁宣帝殂。〔二八〕

閏月己酉，以百濟王餘明爲撫東大將軍，高麗王高湯爲寧東將軍。江州刺史周迪舉兵應留異。甲子，改鑄五銖錢。

三月丙子，安成王頊至自周。丁丑，以安右將軍吳明徹爲安南將軍、江州刺史，督衆軍南討。甲申，大赦。庚寅，司空侯安都破留異於桃枝嶺，〔二九〕異奔晉安，東陽郡平。

夏四月癸卯，曲赦東陽郡。乙巳，齊人來聘。

秋七月己丑，皇太子納妃王氏，在位文武賜帛各有差，孝悌力田爲父後者，賜爵二級。

九月戊辰朔，日有蝕之。以侍中到仲舉爲尚書右僕射。丁亥，周迪請降。

四年春正月丙子，干陁利國遣使朝貢。甲申，周迪走投閩州，刺史陳寶應納之。

夏四月辛丑，設無碍大會，捨身於太極前殿。乙卯，加驃騎將軍、揚州刺史安成王頊開府儀同三司。

六月癸巳，司空侯安都賜死。

秋九月壬戌，開府儀同三司、廣州刺史歐陽頠薨。癸亥，曲赦都下。辛未，周迪復寇臨川，詔護軍將軍章昭達討平之。

冬十二月丙申，大赦。詔昭達進軍建安，討陳寶應。

五年春三月壬午，詔以故護軍將軍周鐵武配食武帝廟庭。

夏五月，周、齊並遣使來聘。

秋七月丁丑，曲赦都下。

九月，城西城。

冬十一月己丑，章昭達禽陳寶應、留異，送建鄴，晉安郡平。甲辰，以護軍將軍章昭達

中華書局

爲鎭軍將軍、開府儀同三司。〔三〇〕

十二月甲子，曲赦建安、晉安二郡。討陳寶應將士死王事者，並給棺櫬，送還本鄉，并復其家。癸未，齊人來聘。

六年春正月甲午，皇太子加元服，王公以下，賜帛各有差，孝悌力田爲父後者，賜爵一級，鰥寡孤獨不能自存者，穀人五斛。

夏四月甲寅，以開府儀同三司、揚州刺史安成王頊爲司空。

五月，齊武成帝傳位於太子緯，〔三二〕自號太上皇帝。

六月辛酉，彗星見于上台北。周人來聘。

秋七月癸未，有大風自西南至，廣百餘步，激壞靈臺候樓。甲申，儀賢堂無故自壞。丙戌，臨川太守駱牙斬周迪，傳首建鄴，梟於朱雀航。

八月己卯，立皇子伯固爲新安王，伯恭爲晉安王，伯仁爲廬陵王，伯義爲江夏王。

九月，新作大航。

冬十月辛亥，齊人來聘。

十二月乙卯，立皇子伯禮爲武陵王。癸亥，曲赦都下。

天康元年春二月丙子，大赦，改元。

三月己卯，以司空安成王頊爲尚書令。

夏四月乙卯，皇孫至澤生，賜在位文武帛各有差，爲父後者賜爵一級。癸酉，皇帝崩于有覺殿。遺詔皇太子可卽君臨，山陵務存儉速，大斂竟，羣臣三日一臨，公除之制，率依舊典。六月甲子，羣臣上謚曰文皇帝，廟號世祖。丙寅，葬永寧陵。

文帝起自布衣，知百姓疾苦，國家資用，務從儉約。妙識眞僞，下不容姦。一夜內刺閨取外事分判者，前後相續。每雞人伺漏傳籤於殿中者，令投籤於階石上，鎗然有聲，云：「吾雖得眠，亦令驚覺。」其自强若此云。

廢帝諱伯宗，字奉業，小字藥王，文帝嫡長子也。梁承聖三年五月庚寅生。永定二年二月戊辰，拜臨川王世子。三年，文帝嗣位，八月庚戌，立爲皇太子。自梁室亂離，東宮焚燼，太子居于永福省。

天康元年四月癸酉，文帝崩，是日太子卽皇帝位于太極前殿，大赦。詔內外文武各復其職，遠方悉停奔赴。

五月己卯，尊皇太后曰太皇太后，皇后曰皇太后。庚寅，以司空、揚州刺史、新除尚書令安成王頊爲司徒、錄尚書、都督中外諸軍事。丁酉，以中軍大將軍、開府儀同三司徐度爲司空，以鎭東將軍、東揚州刺史始興王伯茂爲征東將軍、開府儀同三司。以吏部尚書袁樞爲尚書左僕射。以吳興太守沈欽爲右僕射。

秋七月丁酉，立妃王氏爲皇后。

冬十月庚申，享太廟。

十一月乙亥，周人來弔。

十二月甲子，高麗國遣使朝貢。

是歲，周天和元年。

光大元年春正月癸酉，尚書左僕射袁樞卒。乙亥，大赦，改元，賜孝悌力田爵一級。辛卯，祀南郊。

二月辛亥，南豫州刺史余孝頃謀反，伏誅。

三月甲午，以尚書右僕射沈欽爲侍中、尚書僕射。

夏五月乙未，湘州刺史華皎不從執政，丙申，以中撫軍大將軍淳于量爲征南大將軍，總舟師討之。

六月壬寅，以中軍大將軍、司空徐度爲車騎將軍，總督都下衆軍，自步道襲湘州。

秋七月戊申，立皇子至澤爲皇太子，賜天下爲父後者爵一級，王公以下賚帛各有差。

九月丙辰，百濟國遣使朝貢。是月，周將拓拔定入郢州，與華皎水陸俱進，都督淳于量、吳明徹等大破之，皎單舸奔江陵，禽定送建鄴。

冬十月辛巳，曲赦湘、巴二州爲皎所詿誤者。

十一月甲子，中權將軍、開府儀同三司王沖薨。

十二月庚寅，以儀同三司兼從事中郎孔英哲爲奉聖亭侯，奉孔子祀。

二年春正月己亥，司徒、安成王頊進位太傅，領司徒，加殊禮。以新除征南大將軍淳于量爲中軍大將軍，及安南將軍、湘州刺史吳明徹卽本號並開府儀同三司。庚子，詔討華皎軍人死王事者，並給棺櫬，送還本鄉，仍復其家。甲子，司空徐度薨。

夏五月丙辰，太傅安成王頊獻玉璽一。

六月丁亥，彗星見。

中華書局

秋七月戊申，新羅國遣使朝貢。壬戌，立皇弟伯智爲永陽王，伯謀爲桂陽王。

九月，林邑、狼牙脩國並遣使朝貢。

冬十一月甲寅，慈訓太后令曰：「伯宗昔在儲宮，本無令問，及居崇極，遂騁凶淫。太傅親承顧託，義深垣屏，而攢塗未御，翌日無淹，仍遣劉師知、殷不佞等顯言排斥，陰謀禍亂，賴元相維持，但除君側。又以余孝頃密邇京師，便相徵召，宗社之靈，祆氛是滅。於是密詔華皎，稱兵上流，國祚憂惶，幾移醜類。又別敕歐陽紇等攻逼衡州，嶺表紛紜，殊淹弦望。但賊豎皆亡，日望懲改，而悖禮忘德，情性不悛。盪主侯法喜等，太傅麾下，恒游府內，啗以深利，謀興肘腋；又盪主孫泰等潛相連結，大有交通，天誘其衷，自然開發。此諸文迹，今以相示，豈可復肅恭禋祀，臨御生靈。今可特降爲臨海郡王，送還藩邸。太傅安成王，固天生德，齊聖廣深，〔二二〕二后鍾心，三靈佇眷。自前朝不豫，任總邦家，威惠相宜，刑禮兼設。且地彰靈璽，天表長彗，布新除舊，禎祥咸顯。文皇知子之鑒，事甚帝堯，傳弟之懷，久符太伯。〔二三〕今可還申舊志，崇立賢君，外宜依舊典，奉迎輿駕。」是日，帝出居別第。太建二年四月乙卯薨，時年十九。

帝性仁弱，無人君之器，及卽尊位，政刑皆歸冢宰，故宣太后稱文帝遺志而廢焉。

論曰：陳武帝以雄毅之姿，屬殷憂之運，功存拯溺，道濟橫流，應變無方，蓋惟人傑。及乎西都盪覆，江表阽危，僧辯任同伊尹，空結桐宮之恨，貞陽入假秦兵，不息穆嬴之泣。〔二四〕帝乘隙以舉，乃蹈玄機，王業所基，始自於此，柴天改物，蓋有憑云。文帝以宗枝承統，情存兢惕，加以崇尚儒術，愛悅文義，恭儉行己，勤勞濟物，志度弘遠，有前哲之風，至於臨下明察，得永平之政矣。臨海懦弱，有同於帝摯，文后雖欲不鑒殷道，蓋亦其可得邪。

校勘記

〔一〕僧明後有功業遂降　「後有功業」陳書無此四字。王懋竑讀書記疑以爲「四字衍文」。按：此四字疑當在「遂降」下，故接以「梁武帝深歎異焉」。

〔二〕封新安縣子　「新安」各本作「新枋」，據陳書改正。

〔三〕時寧都人劉藹等資高州刺史李遷仕舟艦兵仗　「劉藹」杜僧明傳、周文育傳並作「劉孝尙」。

〔四〕帝率杜僧明等合三萬人將會焉　「人」各本並脫，據陳書補。

〔五〕帝先貯軍糧五十萬石　「貯」各本作「計」，據陳書改。

〔六〕三年帝帥師發自豫章　王鳴盛十七史商榷五五：「大寶本無三年，簡文帝已於去年被弒矣。是年實元帝之承聖元年，但時尙未即位，事無所系，史家姑就陳高祖語，故書大寶三年。」

〔七〕以强制弱　各本作「以弱制强」。按上文云「今我師旣衆，賊徒甚寡」。知各本强弱互倒，據通鑑乙正。

〔八〕壬子　下有甲戌、丁丑。按紹泰元年九月戊寅朔，是月無壬子、甲戌、丁丑。十月戊申朔，初五日壬子，二十七日甲戌，三十日丁丑。「壬子」上當加「冬十月」三字。

〔九〕周鐵武率舟師斷齊運輸　「武」本字「虎」，此避唐諱改。周鐵虎，陳書有傳。

〔一〇〕對冶城立航　「冶城」下各本衍一「日」字，據陳書、通鑑刪。胡注：「航，連舟爲橋也。」

〔一一〕斬劉歸義徐嗣產傳野猪于建康市　「產」陳書作「彥」，梁書敬帝紀同。

〔一二〕皇弟休先侍中南徐州刺史武康縣侯　「休先」各本作「休光」，南康愍王曇朗傳、陳書高祖紀並作「休先」，今據改。「武康縣侯」曇朗傳作「武康縣公」，與上文詔贈皇兄道談長城縣公同爲公爵合，「縣侯」當是「縣公」之譌。

〔一三〕遣其將歐陽頠傅泰及其子孜爲前軍　按梁書敬帝紀，孜爲勃從子，與此異。

〔一四〕凶徒紛潰　「紛潰」各本作「粉潰」，陳書同，今據文苑英華四四七改正。

〔一五〕噎濉水而不流　「濉水」各本作「瀣水」。語本史記高祖紀，彼文作「睢水」，今據文苑英華四四七改。

〔一六〕用百姓以爲心隨萬機而成務　「用」、「而」各本作「周」、「以」，並據陳書改正。

〔一七〕旣景煥於圖書　「景」本字「炳」，此避唐諱改。

〔一八〕南徐州之晉陵信安江州之尋陽豫章安成廬陵　「信安」陳書作「信義」。

〔一九〕曰迺勤王　「曰」各本並譌「日」，今改正。

〔二〇〕震澤稽陰　「稽陰」各本作「稽塗」，據陳書改。

〔二一〕丁酉　上有冬十月庚午、乙亥。按永定二年十月辛酉朔，是月無丁酉。陳書丁酉下有甲寅，十一月庚寅朔，丁酉十八日，甲寅二十五日，是「丁酉」上當加「十一月」三字。

〔二二〕甲子廣州言仙人見于羅浮山寺小石樓　「甲子」陳書作「甲午」。按是年正月己丑朔，無甲子，有甲午；然甲午在「丁酉」前三日，不得在後。又陳書其下更出「辛丑」、「戊申」，其間惟有丙午，疑此「甲子」及「甲午」並爲「丙午」之譌，則前後日辰無一違戾。

〔二三〕九月辛酉立皇子伯宗爲皇太子　「九月辛酉」廢帝紀作「八月庚戌」。

〔二四〕冬十月甲子　按永定三年十月乙酉朔，初十日甲午，是月無甲子，「甲子」爲「甲午」之譌。北齊書文宣帝紀，帝死於十月甲午。

〔二五〕車旗禮章　「旗」各本作「騎」，據陳書改。

〔二六〕冬十月癸丑至十一月甲辰齊孝昭帝殂　按十月癸酉朔，無「癸丑」、「乙卯」。十一月癸卯朔，有癸丑」、「乙卯」，但不得在「甲辰」前。疑當刪「十月」二字，著「冬」字於「十一月甲辰」上，而移「癸丑」、「乙卯」記事之文於「齊孝昭帝殂」後，則合矣。

〔二七〕立煮海鹽賦及權酤科　「鹽賦」各本作「鹽傳」，據陳書及册府元龜四九三改。

〔二八〕二月梁宣帝殂　「二月」通鑑作「閏二月」，是。周書：保定二年二月癸丑，梁主蕭詧薨。周閏正月，陳閏二月，周二月實陳之閏二月也。

〔二九〕司空侯安都破留異於桃枝嶺　「桃枝嶺」各本作「姚支嶺」。按侯安都傳、陳書、建康實錄、通鑑並作「桃枝嶺」，今據改。

〔三〇〕以護軍將軍章昭達爲鎭軍將軍開府儀同三司　「鎭軍將軍」章昭達傳同，陳書紀傳並作「鎭前將軍」。

〔三一〕五月齊武成帝傳位於太子緯　按齊武成帝傳位事，北齊書、通鑑並繫於四月丙子，此「五月」二字疑衍文。

〔三二〕齊聖廣深　「深」本字「淵」，此避唐諱改。

〔三三〕久符太伯　「久」陳書、通鑑作「又」。

〔三四〕不息穆贏之泣　「息」陳書作「思」。

南史卷十

陳本紀下第十

高宗孝宣皇帝諱頊，字紹世，小字師利，始興昭烈王第二子也。梁中大通二年七月辛酉生，有赤光滿室。少寬容，多智略。及長，美容儀，身長八尺三寸，垂手過膝，有勇力，善騎射。武帝平侯景，鎭京口，梁元帝徵武帝子姪入侍，武帝遣帝赴江陵。累官爲中書侍郎。時有軍主李總與帝有舊，每同游處，帝嘗夜被酒，張燈而寐，總適出，尋反，乃見帝是大龍，便驚走他室。魏平江陵，遷于長安。帝貌若不慧，魏將楊忠門客張子煦見而奇之，曰：「此人虎頭，當大貴也。」

永定元年，遙襲封始興郡王。文帝嗣位，改封安成王。天嘉三年，自周還，授侍中、中書監、中衞將軍，置佐史。〔一〕歷位司空、尚書令。廢帝卽位，拜司徒、錄尚書、都督中外諸軍事。光大二年正月，進位太傅，領司徒，加殊禮，劍履上殿。十一月甲寅，慈訓太后黜廢帝爲臨海王，以帝入纘皇統。

是月，齊武成帝殂。

太建元年春正月甲午，皇帝卽位於太極前殿，大赦，改元。文武賜位一階，孝悌力田及爲父後者，賜爵一級，鰥寡不能自存者，人賜穀五斛。復太皇太后尊號曰皇太后。立妃柳氏爲皇后，世子叔寶爲皇太子。封皇子江州刺史康樂侯叔陵爲始興王，奉昭烈王祀。乙未，謁太廟。丁酉，分命大使，觀省四方風俗。以尚書僕射沈欽爲左僕射，度支尚書王勱爲右僕射。辛丑，祀南郊。壬寅，封皇子建安侯叔英爲豫章王，豐城侯叔堅爲長沙王。

二月乙亥，耕藉田。

夏五月甲午，齊人來聘。丁巳，以吏部尚書徐陵爲尚書右僕射。

秋七月辛卯，皇太子納妃沈氏，王公以下賜帛各有差。

冬十月，新除左衞將軍歐陽紇據廣州反。辛未，遣開府儀同三司章昭達討之。

二年春二月癸未，章昭達禽歐陽紇送都，斬于建康市，廣州平。

三月丙申，皇太后崩。丙午，曲赦廣、衡二州。丁未，大赦。又詔自討周迪、華皎以來，兵所有死亡者，並令收斂，幷給棺槥，送還本鄉。

夏四月乙卯，臨海王伯宗薨。戊寅，皇太后祔葬于萬安陵。

五月壬午，齊人來弔。

六月戊子，新羅國遣使朝貢。辛卯，大雨雹。乙巳，分遣大使巡州郡，省冤屈。

冬十一月辛酉，高麗國遣使朝貢。

十二月癸巳，雷。

三年春正月癸丑，以尚書右僕射徐陵爲尚書僕射。辛酉，祀南郊。

二月辛巳，祀明堂。丁酉，耕藉田。

三月丁丑，大赦。

夏四月壬辰，齊人來聘。

五月辛亥，高麗、新羅、丹丹、天竺、盤盤等國並遣使朝貢。

六月丁亥，江陰王蕭季卿以罪免。甲辰，封東中郎長沙王府諮議參軍蕭彝爲江陰王。

冬十月乙酉，周人來聘。

十二月壬辰，司空章昭達薨。

四年春正月丙午，以尚書僕射徐陵爲左僕射，中書監王勱爲右僕射。

二月乙酉，立皇子叔卿爲建安王。

三月乙丑，扶南、林邑國並遣使朝貢。

夏五月癸卯，尚書右僕射王勱卒。

是月周人誅冢宰宇文護。[二]

秋八月辛未，周人來聘。

九月庚子朔，日有蝕之。辛亥，大赦。丙寅，以故太尉徐度、儀同三司杜稜、程靈洗配食武帝廟庭，故司空章昭達配食文帝廟庭。

冬十一月己亥，地震。

是歲，周建德元年。

五年春正月癸酉，以吏部尚書沈君理爲尚書右僕射，領吏部。辛巳，祀南郊。

二月辛丑，祀明堂。乙卯夜，有白氣如虹，自北方貫北斗紫宮。

三月壬午，以開府儀同三司吳明徹都督征討諸軍事，略地北邊。丙戌，西衡州獻馬生角。己丑，皇孫胤生，內外文武賜帛各有差，爲父後者賜爵一級。

夏六月癸亥，周人來聘。[三]

秋九月癸未，尚書右僕射沈君理卒。壬辰晦，夜明。

冬十月己亥，以特進周弘正爲尚書右僕射。乙巳，吳明徹剋壽陽城，斬王琳，傳首建鄴，梟于朱雀航。

十二月壬辰，詔熊曇朗、留異、陳寶應、周迪、鄧緒等及王琳首並還親屬，以弘廣宥。乙巳，立皇子叔明爲宜都王，叔獻爲河東王。

是歲，諸軍略地，所在剋捷。

六年春正月壬戌，赦江右淮北諸州。甲申，周人來聘。高麗國遣使朝貢。

二月壬辰朔，日有蝕之。辛亥，耕藉田。

夏四月庚子，彗星見。

六月壬辰，尚書右僕射周弘正卒。

冬十一月乙亥，詔北邊行軍之所，並給復十年。

十二月戊戌，以吏部尚書王瑒爲尚書右僕射。

七年春正月辛未，祀南郊。

三月辛未，詔豫、二兗、譙、徐、合、霍、南司、定九州及南豫、江、郢所部在江北諸郡，置雲旗義士，往大軍及諸鎮備防。

夏四月丙戌，有星孛于大角。庚寅，監豫州陳桃根獻青牛，詔以還百姓。乙未，桃根又上織成羅紋錦被表各二，[四]詔於雲龍門外焚之。壬子，郢州獻瑞鍾六。

六月丙戌，詔爲北行將士死王事者，剋日舉哀。壬辰，以尚書右僕射王瑒爲尚書僕射。己酉，改作雲龍、神獸門。[五]

秋八月癸卯，周人來聘。

閏九月壬辰，都督吳明徹大破齊軍於呂梁。是月，甘露頻降樂游苑。丁未，輿駕幸苑採甘露，宴羣臣，詔於苑龍舟山立甘露亭。

冬十月己巳，立皇子叔齊爲新蔡王，叔文爲晉熙王。

十二月壬戌，以尚書僕射王瑒爲左僕射，太子詹事陸繕爲右僕射。甲子，南康郡獻瑞鍾一。

八年春二月壬申，以開府儀同三司吳明徹爲司空。

夏五月庚寅，尚書左僕射王瑒卒。

六月甲寅，以尚書右僕射陸繕爲左僕射，新除晉陵太守王克爲右僕射。〔六〕

秋九月戊戌，立皇子叔彪爲淮南王。

九年春正月乙亥，齊主傳位於其太子恒，自號太上皇。

是月，周滅齊。

二月壬子，耕藉田。

秋七月己卯，百濟國遣使朝貢。庚辰，大雨，震萬安陵華表。己丑，震慧日寺刹及瓦官寺重門，一女子震死。

冬十月戊午，司空吳明徹破周將梁士彥於呂梁。

十二月戊申，東宮成，皇太子移于新宮。

十年春二月甲子，周軍救梁士彥，大敗司空吳明徹於呂梁，及將卒皆見囚俘不反。

三月辛未，震武庫。丙子，分命衆軍以備周。乙酉，大赦。

夏四月庚戌，詔絓在軍者，並賜爵二級。又詔御府堂署所營造，禮樂儀服軍器之外，悉皆停息。掖庭常供，王侯妃主諸有奉卹者，並各量減。庚申，大雨雹。

六月丁酉，周武帝崩。

閏六月丁卯，大雨，震大皇寺刹、莊嚴寺露盤、重陽閣東樓、千秋門內槐樹及鴻臚府門。〔七〕

秋七月戊戌，新羅國遣使朝貢。

八月戊寅，隕霜殺稻菽。

九月乙巳，立方明壇于婁湖。戊申，以揚州刺史始興王叔陵兼王官伯，臨盟。甲寅，幸婁湖，臨誓衆。乙卯，分遣大使以盟誓班下四方，以上下相警。

冬十月戊子，以尚書左僕射陸繕爲尚書僕射。

十二月乙亥，合州廬江蠻田伯興出寇樅陽，刺史魯廣達討平之。

是歲，周宣政元年。

十一年春正月丁酉，南兗州言龍見。

二月癸亥，耕藉田。

秋七月辛卯，初用大貨六銖錢。

八月丁卯，幸大壯觀閱武。

冬十月甲戌，以尚書僕射陸繕爲尚書左僕射，以祠部尚書晉安王伯恭爲右僕射。十一月辛卯，大赦。戊戌，周將梁士彥圍壽陽，剋之。辛亥，又剋霍州。癸丑，以揚州刺史始興王叔陵爲大都督，總督水步衆軍。

十二月乙丑，南、北兗、晉三州及盱眙、山陽、陽平、馬頭、秦、歷陽、沛、北譙、南梁等九郡民並自拔向建鄴。周又剋譙、北徐二州。自是淮南之地，盡歸于周矣。己巳，詔非軍國所須，多所減損，歸于儉約。

是歲，周宣帝大象元年。

十二年夏四月癸亥，尚書左僕射陸繕卒。己卯，大雩。壬午，雨。

五月癸巳，以尚書右僕射晉安王伯恭爲尚書僕射。己酉，周宣帝崩。

六月壬戌，大風，吹壞皐門中闥。

秋八月己未，周鄖州總管司馬消難以所統九州八鎮之地來降。詔因以消難爲大都督，加司空，封隨郡公。庚申，詔鎮西將軍樊毅進督沔、漢諸軍事。遣南豫州刺史任忠率衆趨歷陽，超武將軍陳慧紀爲前軍都督，趨南兗州。戊辰，以司空司馬消難爲大都督水陸諸軍事。庚午，通直散騎常侍淳于陵剋臨江郡。癸酉，智武將軍魯廣達剋郭默城。甲戌，大雨霖。丙子，淳于陵剋祐州城。

九月癸未，周臨江太守劉顯光率衆來降。是夜，天東南有聲，如風水相激，三夜乃止。丁亥，周將王延貴率衆援歷陽，任忠擊破之，禽延貴等。己酉，周廣陵義軍主曹藥率衆來降。

冬十月癸丑，大雨，震電。

十二月庚辰，南徐州刺史河東王叔獻薨。

十三年春正月壬午，以中權將軍、護軍將軍鄱陽王伯山卽本號開府儀同三司。以尚書僕射晉安王伯恭爲左僕射，吏部尚書袁憲爲右僕射。

二月乙亥，耕藉田。

秋九月癸亥夜，大風從西北來，發屋拔樹，大雨雹。

冬十月壬寅，丹丹國遣使朝貢。

十二月辛巳，彗星見西南。

是歲，周靜帝大定元年，遜位于隋文帝，改元開皇元年。

十四年春正月己酉，上弗豫。甲寅，崩于宣福殿，時年五十三。遺詔：「凡厥終制，事從省約，金銀之飾，不以入壙，明器皆用瓦。以日易月及公除之制，悉依舊準。在位百司，三日一臨。四方州鎮，五等諸侯，各守所職，並停奔赴。」二月辛卯，羣臣上謚曰孝宣皇帝，廟號高宗。癸巳，葬顯寧陵。

帝之在田，本有恢弘之度，及居尊位，實允天人之屬。于時國步初弭，創痍未復，淮南之地，並入于齊。帝志復舊境，意反侵地，强弱之形，理則縣絕，犯斯不韙，適足爲禽。及周兵滅齊，乘勝而舉，略地還至江際，自此懼矣。旣而修飾都城，爲扞禦之備，獲銘云：「二百年後，當有癡人修破吾城者。」時莫測所從云。

後主諱叔寶，字元秀，小字黃奴，宣帝嫡長子也。梁承聖二年十一月戊寅，生于江陵。明年，魏平江陵，宣帝遷于長安，留後主於穰城。天嘉三年，歸建鄴，立爲安成王世子。光大二年，累遷侍中。

太建元年正月甲午，立爲皇太子。十四年正月甲寅，宣帝崩。乙卯，始興王叔陵構逆

伏誅。丁巳，太子卽皇帝位于太極前殿，大赦，在位文武及孝悌力田爲父後者，並賜爵一級，孤老鰥寡不能自存者，賜穀人五斛、帛二匹。癸亥，以侍中、丹陽尹、長沙王叔堅爲驃騎將軍、開府儀同三司、揚州刺史。乙丑，尊皇后爲皇太后。丁卯，立皇弟叔重爲始興王，[八]奉昭烈王祀。己巳，立妃沈氏爲皇后。辛未，立皇弟叔儼爲尋陽王，叔慎爲岳陽王，叔達爲義陽王，叔熊爲巴山王，[九]叔虞爲武昌王。甲戌，設無碍大會於太極前殿。

三月癸亥，詔內外衆官九品以上，各薦一人。又詔求忠讜，無所隱諱。己巳，以新除翊左將軍永陽王伯智爲尚書僕射。

夏四月丙申，立皇子永康公胤爲皇太子，賜天下爲父後者爵一級，王公以下賚帛各有差。庚子，詔：「鏤金銀薄，庶物化生，土木人，綵華之屬，及布帛短狹輕疎者，並傷財廢業，尤成蠹患。又僧尼道士，挾邪左道，不依經律，人間淫祀祅書諸珍怪事，詳爲條制，並皆禁絕。」

秋七月辛未，大赦。是月，自建鄴至荆州，江水色赤如血。

八月癸未，天有聲如風水相激。乙酉夜，又如之。

九月丙午，設無碍大會於太極前殿，捨身及乘輿御服，大赦。辛亥夜，天東北有聲如蟲飛，漸移西北。丙寅，以驃騎將軍、開府儀同三司、揚州刺史長沙王叔堅爲司空，征南將軍、江州刺史豫章王叔英卽本號開府儀同三司。

至德元年春正月壬寅，大赦，改元。以征南將軍、江州刺史豫章王叔英爲中衛大將軍，以司空、驃騎將軍、開府儀同三司、揚州刺史長沙王叔堅爲江州刺史，征東將軍、開府儀同三司、東揚州刺史司馬消難進號車騎將軍。[一〇]癸卯，立皇子深爲始安王。

秋八月丁卯，以驃騎將軍、開府儀同三司長沙王叔堅爲司空。

九月丁巳，天東南有聲如蟲飛。

冬十一月丁酉，[一一]立皇弟叔平爲湘東王，叔敖爲臨賀王，叔宣爲陽山王，叔穆爲西陽王，叔儉爲南安王，叔澄爲南郡王，叔興爲沅陵王，叔韶爲岳山王，叔純爲新興王。

十二月丙辰，頭和國遣使朝貢。司空、長沙王叔堅有罪免。戊午夜，天開，自西北至東南，其內有青黃雜色，隆隆若雷聲。

二年春正月丁卯，分遣大使，巡省風俗。癸巳，大赦。

夏五月戊子，以吏部尚書江總爲尚書僕射。

秋七月壬午，皇太子加元服，在位文武賜帛各有差。孝悌力田爲父後者，賜爵一級；鰥寡癃老不能自存者，人穀五斛。

冬十一月丙寅，大赦。是月，盤盤、百濟國並遣使朝貢。

三年春正月戊午朔，日有蝕之。庚午，鎮左將軍長沙王叔堅卽本號開府儀同三司。

三月辛酉，前豐州刺史章大寶舉兵反。

夏四月庚戌，豐州義軍主陳景詳斬大寶，傳首建鄴。

冬十月己丑，丹丹國遣使朝貢。

十一月己未，詔修復仲尼廟。辛巳，幸長干寺，大赦。

十二月癸卯，高麗國遣使朝貢。

是歲，梁明帝殂。

四年春正月甲寅，詔王公以下各薦所知，無隔輿皁。

二月丙申，立皇弟叔謨爲巴東王，叔顯爲臨江王，叔坦爲新會王，叔隆爲新寧王。

夏五月丁巳，立皇子莊爲會稽王。

秋九月甲午，幸玄武湖，肄艫艦閱武。丁未，百濟國遣使朝貢。

冬十月癸亥，以尚書僕射江總爲尚書令，吏部尚書謝伷爲尚書僕射。

十一月己卯，大赦。

禎明元年春正月戊寅，大赦，改元。乙未，地震。

秋九月庚寅，梁太傅安平王蕭巖、荆州刺史蕭瓛，遣其都官尚書沈君公詣荆州刺史陳慧紀請降。〔三〕辛卯，巖等帥其文武官男女濟江。甲午，大赦。

冬十一月丙子，以蕭巖爲平東將軍、開府儀同三司、東揚州刺史。丁亥，以驃騎大將軍、開府儀同三司豫章王叔英爲兼司徒。

十二月丙辰，以前鎮衛大將軍、開府儀同三司、東揚州刺史鄱陽王伯山爲鎮衛大將軍、開府儀同三司。

二年春正月辛巳，立皇子恮爲東陽王，恬爲錢唐王。

夏四月戊申，有羣鼠無數，自蔡洲岸入石頭，渡淮至于青塘兩岸，數日自死，隨流出江。

是月，郢州南浦水黑如墨。

五月甲午，東冶鑄鐵，有物赤色，大如數升，自天墜鎔所，有聲隆隆如雷，鐵飛出牆外，燒人家。

六月戊戌，扶南國遣使朝貢。庚子，廢皇太子胤爲吳興王，立揚州刺史始安王深爲皇太子。辛丑，以太子詹事袁憲爲尚書僕射。丁巳，大風自西北激濤水入石頭城，淮渚暴溢，漂沒舟乘。

冬十月己亥，立皇子藩爲吳王。己酉，幸莫府山，大校獵。

十一月丁卯，詔剋日於大政殿訊獄。丙子，立皇弟叔榮爲新昌王，叔匡爲太原王。

初隋文帝受周禪，甚敦鄰好，宣帝尚不禁侵掠。太建末，隋兵大舉，聞宣帝崩，乃命班師，遣使赴弔，修敵國之禮，書稱姓名頓首。而後主益驕，書末云：「想彼統內如宜，此宇宙清泰。」隋文帝不說，以示朝臣。清河公楊素以爲主辱，再拜請罪，及襄邑公賀若弼並奮求致討。後副使袁彥聘隋，竊圖隋文帝狀以歸，後主見之，大駭曰：「吾不欲見此人。」每遣間諜，隋文帝皆給衣馬，禮遣以歸。

後主愈驕，不虞外難，荒于酒色，不恤政事，左右嬖佞珥貂者五十人，婦人美貌麗服巧態以從者千餘人。常使張貴妃、孔貴人等八人夾坐，江總、孔範等十人預宴，號曰「狎客」。先令八婦人襞采箋，製五言詩，十客一時繼和，遲則罰酒。君臣酣飲，從夕達旦，以此爲常。而盛修宮室，無時休止。稅江稅市，徵取百端。刑罰酷濫，牢獄常滿。

覆舟山及蔣山栢林，冬月常多采醴，後主以爲甘露之瑞。前後災異甚多。有神自稱老子，游於都下，與人對語而不見形，言吉凶多驗，得酒輒酬之，經三四年乃去。船下有聲云「明年亂」。視之，得嬰兒長三尺而無頭。蔣山衆鳥鼓兩翼以拊膺，曰「奈何帝！奈何帝！」又建鄴城無故自壞。青龍出建陽門，井涌霧，赤地生黑白毛，大風拔朱雀門，臨平湖草舊塞，忽然自通。後主又夢黃衣人圍城，〔四〕乃盡去繞城橘樹。又見大蛇中分，首尾各走。夜中索飲，忽變爲血。有血霑階至於坐牀頭而火起。有狐入其牀下，捕之不見。以爲祆，乃自賣於佛寺爲奴以禳之。於郭內大皇佛寺起七層塔，未畢，火從中起，飛至石頭，燒死者甚衆。又采木湘州，擬造正寢，栰至牛渚磯，盡沒水中，既而漁人見栰浮於海上。起齊雲觀，國人歌曰：「齊雲觀，寇來無際畔。」始北齊末，諸省官人多稱省主，未幾而滅。至是舉朝亦有此稱，識者以爲省主，主將見省之兆。

隋文帝謂僕射高熲曰：「我爲百姓父母，豈可限一衣帶水不拯之乎？」命大作戰船。人請密之，隋文帝曰：「吾將顯行天誅，何密之有！使投柹於江，若彼能改，吾又何求。」及納梁蕭瓛、蕭巖，隋文愈忿，以晉王廣爲元帥，督八十總管致討。乃送璽書，暴後主二十惡。又散寫詔書，書三十萬紙，徧喻江外。

諸軍既下，江濱鎮戍相繼奏聞。新除湘州刺史施文慶、中書舍人沈客卿掌機密，並抑而不言。

初蕭巖、蕭瓛之至也，德教學士沈君道夢殿前長人，朱衣武冠，頭出欄上，攘臂怒曰：「那忽受叛蕭誤人事。」後主聞之，忌二蕭，故遠散其衆，以巖爲東揚州刺史，瓛爲吳州刺史。使領軍任忠出守吳興郡，以襟帶二州。使南平王嶷鎮江州，永嘉王彥鎮南徐州。尋召二王赴期明年元會，命緣江諸防船艦，悉從二王還都爲威勢，以示梁人之來者，由是江中無一鬬船。上流諸州兵，皆阻楊素軍不得至。都下甲士尚十餘萬人。及聞隋軍臨江，後主曰：「王氣在此，齊兵三度來，周兵再度至，無不摧沒。虜今來者必自敗。」孔範亦言無渡江理。但奏伎縱酒，作詩不輟。

三年春正月乙丑朔，朝會，大霧四塞，入人鼻皆辛酸。後主昏睡，至晡時乃罷。是日，隋將賀若弼自北道廣陵濟，韓擒趣橫江濟，〔五〕分兵晨襲采石，取之。進拔姑孰，次於新林。時弼攻下京口，緣江諸戍望風盡走，弼分兵斷曲阿之衝而入。丙寅，采石戍主徐子建至告變。戊辰，乃下詔曰：「犬羊陵縱，侵竊郊畿，蠭蠆有毒，宜時掃定，朕當親御六師，廓清八表，內外並可戒嚴。」於是以蕭摩訶爲皇畿大都督，樊猛爲上流大都督，樊毅爲下流大都督，司馬消難、施文慶並爲大監軍，重立賞格，分兵鎮守要害，僧尼道士盡皆執役。

庚午，賀若弼攻陷南徐州。辛未，韓擒又陷南豫州。隋軍南北道並進。辛巳，賀若弼進軍鍾山，頓白土岡之東南，衆軍敗績。弼乘勝進軍宮城，燒北掖門。是時，韓擒率衆自新林至石子岡，鎭東大將軍任忠出降擒，仍引擒經朱雀航趣宮城，自南掖門入。城內文武百司皆遁出，唯尙書僕射袁憲、後閤舍人夏侯公韻侍側。憲勸端坐殿上，正色以待之。後主曰：「鋒刃之下，未可及當，吾自有計。」乃逃於井。二人苦諫不從，以身蔽井，後主與爭久之方得入。沈后居處如常。太子深年十五，閉閤而坐，舍人孔伯魚侍焉。戍士叩閤而入，深安坐勞之曰：「戎旅在塗，不至勞也。」既而軍人窺井而呼之，後主不應。欲下石，乃聞叫聲。以繩引之，驚其太重，及出，乃與張貴妃、孔貴人三人同乘而上。隋文帝聞之大驚。開府鮑宏曰：「東井上於天文爲秦，今王都所在，投井其天意邪。」先是江東謠多唱王獻之桃葉辭，云：「桃葉復桃葉，度江不用檝，但度無所苦，我自接迎汝。」及晉王廣軍於六合鎭，其山名桃葉，果乘陳船而度。丙戌，晉王廣入據臺城，送後主于東宮。

三月己巳，後主與王公百司，同發自建鄴，之長安。隋文帝權分京城人宅以俟，內外修整，遣使迎勞之，陳人謳詠，忘其亡焉。使還奏言：「自後主以下，大小在路，五百里纍纍不絕。」隋文帝嗟歎曰：「一至於此。」及至京師，列陳之輿服器物於庭，引後主於前，及前後二太子、諸父諸弟衆子之爲王者，凡二十八人；司空司馬消難、尙書令江總、僕射袁憲、驃騎蕭摩訶、護軍樊毅、中領軍魯廣達、鎭軍將軍任忠、吏部尙書姚察、侍中中書令蔡徵、左衞將軍

樊猛，自尙書郞以上二百餘人，文帝使納言宣詔勞之。次使內史令宣詔讓後主，後主伏地屏息不能對，乃見宥。隋文帝詔陳武、文、宣三帝陵，總給五戶分守之。

初，武帝始卽位，其夜奉朝請史普直宿省，夢有人自天而下，導從數十，至太極殿前，北面執玉策金字曰：「陳氏五帝三十二年。」及後主在東宮時，有婦人突入，唱曰「畢國主」。有鳥一足，集其殿庭，以嘴畫地成文，曰：「獨足上高臺，盛草變爲灰，欲知我家處，朱門當水開。」解者以爲獨足蓋指後主獨行無衆，盛草言荒穢，隋承火運，草得火而灰。及至京師，與其家屬館於都水臺，所謂上高臺當水也。其言皆驗。或言後主名叔寶，反語爲「少福」，亦敗亡之徵云。

既見宥，隋文帝給賜甚厚，數得引見，班同三品。每預宴，恐致傷心，爲不奏吳音。後監守者奏言：「叔寶云：『既無秩位，每預朝集，願得一官號。』」隋文帝曰：「叔寶全無心肝。」監者又言：「叔寶常耽醉，罕有醒時。」隋文帝使節其酒，既而曰：「任其性，不爾，何以過日。」未幾，帝又問監者叔寶所嗜。對曰：「嗜驢肉。」問飲酒多少？對曰：「與其子弟日飲一石。」隋文帝大驚。及從東巡，登芒山，侍飲，賦詩曰：「日月光天德，山川壯帝居，太平無以報，願上東封書。」幷表請封禪，隋文帝優詔謙讓不許。後從至仁壽宮，常侍宴，及出，隋文帝目之曰：「此敗豈不由酒，將作詩功夫，何如思安時事。當賀若弼度京口，彼人密啓告急，叔寶爲

飲酒，遂不省之。高熲至日，猶見啓在牀下，未開封。此亦是可笑，蓋天亡也。昔苻氏所征得國，皆榮貴其主。苟欲求名，不知違天命，與之官，乃違天也。」隋文帝以陳氏子弟既多，恐京下爲過，皆分置諸州縣，每歲賜以衣服以安全之。

後主以隋仁壽四年十一月壬子，終於洛陽，時年五十二。贈大將軍，封長城縣公，諡曰煬。葬河南洛陽之芒山。

論曰：陳宣帝器度弘厚，有人君之量。文帝知冢嗣仁弱，早存太伯之心，及乎弗悆，咸已委託矣。至於纘業之後，拓土開疆，蓋德不逮文，智不及武，志大不已，晚致呂梁之敗，江左日蹙，抑此之由也。後主因削弱之餘，鍾滅亡之運，刑政不樹，加以荒淫。夫以三代之隆，歷世數十，及其亡也，皆敗於婦人。況以區區之陳，外鄰明德，覆車之跡，尙且追蹤叔季，其獲支數年，亦爲幸也。雖忠義感慨，致慟井隅，何救麥秀之深悲，適足取笑乎千祀。嘵乎！始梁末童謠云：「可憐巴馬子，一日行千里。不見馬上郞，但見黃塵起。黃塵汙人衣，皁莢相料理。」及僧辯滅，羣臣以謠言奏聞，曰：僧辯本乘巴馬以擊侯景，馬上郞，王字也，塵謂陳也，而不解皁莢之謂。既而陳滅於隋，說者以爲江東謂羖羊角爲皁莢，隋氏姓楊，楊，

羊也，言終滅於隋。然則興亡之兆，蓋有數云。

校勘記

〔一〕置佐史　「史」各本作「吏」，據陳書改。

〔二〕是月周人誅冢宰宇文護　宇文護之死，周書、通鑑並繫於三月丙辰，此「是月」當移置上文「三月」記事之下方合。

〔三〕夏六月癸亥周人來聘　「癸亥」各本作「癸卯」。按是月乙未朔，癸卯爲九日，陳書於其前出「乙卯」爲二十一日，則「癸卯」必譌，今據陳書改。又陳書書周之聘陳與陳將黃法氍克合州城在同一日辰，而通鑑則繫克合州於「癸亥」爲二十九日，是。

〔四〕桃根又上織成羅紋錦被表各二　陳書「表」字在「又上」之間作「又表上」，「紋」（文）作「又」。「各二」下有「百首」二字。按册府元龜一九八引文同南史，太平御覽七〇七引文無「表」字。張元濟陳書校勘記：意謂「織成羅」與「錦被」各二百耑（端），「首」爲「耑」字之誤。

〔五〕改作雲龍神獸門　「獸」本字「虎」，避唐諱改。

〔六〕新除晉陵太守王克爲右僕射　「晉陵」各本作「晉陽」，按南齊書州郡志，晉陵爲南徐州領郡，據陳書改。

中華書局

〔七〕六月丁酉周武帝崩閏六月丁卯大雨震大皇寺剎莊嚴寺露盤重陽閣東樓千秋門內槐樹及鴻臚府門　按是年南朝置閏在五月，北朝置閏在六月。此六月丁酉，實北朝之六月丁酉也，在南朝爲閏五月丁酉。閏六月丁卯，亦據北朝曆，在南朝爲六月丁卯。

〔八〕立皇弟叔重爲始興王　「叔重」各本作「叔敦」。據本傳及陳書紀傳改。

〔九〕叔熊爲巴山王　「叔熊」宣帝諸子傳作「叔雄」。

〔一〇〕以征南將軍江州刺史豫章王叔英爲中衞大將軍以司空驃騎將軍開府儀同三司揚州刺史長沙王叔堅爲江州刺史征東將軍開府儀同三司東揚州刺史司馬消難進號車騎將軍　各本於官階、軍號、進位及人名等並有譌奪，其在叔英則脫「征南將軍」、「中衞大將軍」；其在叔堅則「以司空」原在「揚州刺史」上，當移於「驃騎將軍」上；而「征東將軍、開府儀同三司」下脫「東揚州刺史司馬消難進號車騎將軍」。今據陳書並參稽前後文訂正。

〔一一〕冬十一月丁酉　「冬十一月」各本脫「一」字。按十月丙寅朔，無丁酉；十一月乙未朔，初三日「丁酉」，今補正。

〔一二〕詣荊州刺史陳慧紀請降　「陳慧紀」各本作「陳紀」。按宜黃侯陳慧紀見陳宗室諸王傳，今補正。

〔一三〕後主又夢黃衣人圍城　各本並脫「人」字，隋書五行志下作「黃衣人」，今據補。

〔一四〕韓擒趨橫江濟　「韓擒」即「韓擒虎」，避唐諱省。下同，不復出校。

南史

唐 李延壽 撰

第 二 册

卷一一至卷二三(傳)

中 華 書 局

中華書局

南史卷十一

列傳第一

后妃上

宋孝穆趙皇后　孝懿蕭皇后　武敬臧皇后　武張夫人
文章胡太后　少帝司馬皇后　文元袁皇后　潘淑妃
孝武昭路太后　明宣沈太后　孝武文穆王皇后　宣貴妃
前廢帝何皇后　明恭王皇后　後廢帝陳太妃
後廢帝江皇后　順陳太妃　順謝皇后
齊宣孝陳皇后　高昭劉皇后　武穆裴皇后　文安王皇后
鬱林王何妃　海陵王王妃　明敬劉皇后　東昏褚皇后
和王皇后

六宮位號，前史代有不同。晉武帝采漢魏之制，置貴嬪、夫人、貴人，是爲三夫人，位視三公；淑妃、淑媛、淑儀、修華、修容、修儀、婕妤、容華、充華，是爲九嬪，位視九卿；其餘有美人、才人、中才人，爵視千石以下。宋武帝省二才人，其餘仍用晉制。案貴嬪，魏文帝所制。夫人，魏武初建魏國所制。貴人，漢光武所制。淑妃，魏明帝所制。淑媛，魏文帝所制。淑儀、修華，晉武帝所制。修容，魏文帝所制。修儀，魏明帝所制。婕妤、容華，前漢舊號。充華，晉武帝所制。美人，漢光武所制。及孝武孝建三年，省夫人，置貴妃，位比相國，進貴嬪比丞相，貴人比三司，以爲三夫人。又置昭儀、昭容、昭華，以代修華、修儀、修容。又置中才人、充衣，以爲散位。案昭儀，漢元帝所制。昭容，孝武所制。昭華，魏明帝所制。中才人，晉武帝所制。充衣，前漢舊制。

及明帝泰始二年，〔二〕省淑妃、昭華、中才人、充衣，復置修華、修儀、修容、才人、良人；三年，又省貴人，置貴姬，以備三夫人之數；又置昭華，增淑容、承徽、列榮，以淑媛、淑儀、淑容、昭華、昭儀、昭容、修華、修儀、修容爲九嬪，婕妤、容華、充華、承徽、列榮，凡五職，亞九嬪；美人、才人、良人三職爲散役。其後，帝留心後房，擬百官，備置內職焉。

及齊高帝建元元年，有司奏置貴嬪、夫人、貴人爲三夫人，修華、修儀、修容、淑妃、淑媛、淑儀、婕妤、容華、充華爲九嬪，美人、中才人、才人爲散職。三年，太子宮置三內職：良

娣比開國侯，保林比五等侯，才人比駙馬都尉。及永明元年，有司奏貴妃、淑妃並加金章紫綬，佩于窴玉，淑妃舊擬九棘，以淑爲溫恭之稱，妃爲亞后之名，進同貴妃，以比三司，夫人之號，不殊蕃國，降淑媛以比九卿。七年，復置昭容，位在九嬪焉。

梁武撥亂反正，深鑒奢逸，配德早終，長秋曠位。定令制貴妃、貴嬪、貴姬爲三夫人；淑媛、淑儀、淑容、昭華、昭儀、昭容、修華、修儀、修容爲九嬪；婕妤、容華、充華、承徽、列榮爲五職；美人、才人、良人爲三職。東宮置良娣、保林爲二職。及簡文、元帝出自儲蕃，或迫在拘縶，或逼於寇亂，且妃並先殂，更不建椒闈。

陳武光膺天歷，以樸素自居，故後宮員位，其數多闕。文帝天嘉之後，詔宮職備員。其所制立，無改梁舊。編之令文，以爲後法。然帝性恭儉，而嬪嬙不備。宣帝、後主，無所改作。今總綴緝，以立此篇云。

宋孝穆趙皇后諱安宗，下邳僮人也。父裔，平原太守。后以晉穆帝升平四年嬪于孝皇帝，以產武帝，殂于丹徒官舍，葬晉陵丹徒縣東鄉練壁里雩山。宋初追崇號謚，陵曰興寧。永初二年，有司奏追贈裔光祿大夫，加金章紫綬，裔命婦孫氏封豫章郡建昌縣君。其年，又

追封裔臨賀縣侯。裔子倫之自有傳。

孝懿蕭皇后諱文壽，蘭陵人也。父卓字子略，洮陽令。后爲孝皇帝繼室，生長沙景王道憐、臨川烈武王道規。義熙七年，拜豫章公太夫人。武帝爲宋公、宋王，又加太妃、太后之號。帝踐阼，尊曰皇太后，居宣訓宮。上以恭孝爲行，奉太后素謹，及即大位，春秋已高，每旦朝太后，未嘗失時刻。少帝即位，加崇曰太皇太后。景平元年，崩于顯陽殿，年八十一。遺令：「漢世帝后，陵皆異處。今可於塋域之內別爲一壙，一遵往式。」乃開別壙，與興寧合墳。初，武帝微時，貧約過甚，孝皇之殂，葬禮多闕。帝遺旨：「太后百歲後不須祔葬。」至是故稱后遺令云。

卓初與趙裔俱贈金紫光祿大夫，又追封封陽縣侯。妻下邳趙氏封吳郡壽昌縣君。卓子源之襲爵，源之見子思話傳。

武敬臧皇后諱愛親，東莞人也。祖汪，尚書郎，父儁，郡功曹。后適武帝，生會稽宣長公

二十四史

主興弟。帝以儉正率下，后恭謹不違。義熙四年正月甲子，殂於東城，追贈豫章公夫人，〔二〕還葬丹徒。帝臨崩，遺詔留葬建鄴。於是備法駕迎梓宮，祔葬初寧陵。宋初追贈僑金紫光祿大夫，妻高密叔孫氏還陵永平鄉君。僑子燾、熹，並自有傳。

武帝張夫人，諱闕，不知何許人也。生少帝及義興恭長公主惠媛。永初元年拜夫人。少帝即位，有司奏上尊號爲皇太后，宮曰永樂。少帝廢，太后還璽紱，隨居吳郡。文帝元嘉元年，拜營陽國太妃，二年薨。

文章胡太后諱道安，〔三〕淮南人也。義熙初，武帝所納。文帝生五年，被譴賜死，葬丹徒。武帝踐阼，追贈婕妤。文帝即位，有司奏上尊號曰章皇太后，陵曰熙寧，立廟建鄴。

少帝司馬皇后諱茂英，晉恭帝女也。初封海鹽公主，少帝以公子尚焉。宋初拜皇太子

妃，少帝即位，爲皇后。元嘉元年，降爲營陽王妃，又爲南豐王太妃。十六年薨。

文元袁皇后諱齊嬀，陳郡陽夏人，左光祿大夫湛之庶女也。母本卑賤，后年至六歲方見舉。後適文帝，初拜宜都王妃，生子劭、東陽獻公主英娥。上待后恩禮甚篤，袁氏貧薄，后每就上求錢帛以贍之。上性儉，所得不過五三萬、五三十匹。後潘淑妃有寵，愛傾後宮，咸言所求無不得。后聞之，未知信否，乃因潘求三十萬錢與家，以觀上意，宿昔便得。因此恚恨稱疾，不復見上，遂憤恚成疾。元嘉十七年疾篤，上執手流涕，問所欲言。后視上良久，乃引被覆面，崩于顯陽殿。上甚悼痛之，詔前永嘉太守顏延之爲哀策，文甚麗。及奏，上自益「撫存悼亡，感今懷昔」八字以致意焉。有司奏謚宜皇后，詔謚曰元。

初，后生劭，自詳視之，使馳白帝：「此兒形貌異常，必破國亡家，不可舉。」便欲殺之。文帝狼狽至后殿戶外，手撥幔禁之乃止。

后亡後，常有小小靈應。明帝所生沈美人嘗以非罪見責，應賜死，從后昔所住徽音殿前度。此殿有五間，自后崩後常閉。美人至殿前流涕大言曰：「今日無罪就死，先后若有靈當知之。」殿戶應聲豁然開，職掌者遽白文帝，驚往視之，美人乃得釋。

大明五年，孝武乃詔追后之所生外祖親王夫人爲豫章郡新淦平樂鄉君，又詔趙、蕭、臧光祿、袁敬公、平樂鄉君墓，先未給塋戶，各給蠻戶三以供灑掃。后父湛之自有傳。〔四〕

潘淑妃者，本以貌進，始未見賞。帝好乘羊車經諸房，淑妃每莊飾褰帷以候，并密令左右以鹹水灑地。帝每至戶，羊輒舐地不去。帝曰：「羊乃爲汝徘徊，況於人乎。」於此愛傾後宮。

孝武昭路太后諱惠男，丹陽建康人也。以色貌選入後宮，生孝武帝，拜爲淑媛。及年長，無寵，常隨孝武出蕃。孝武即位，有司奏奉尊號曰太后，宮曰崇憲。太后居顯陽殿，上於閨房之內禮敬甚寡，有所御幸，或留止太后房內，故人間咸有醜聲。宮掖事祕，亦莫能辨也。

孝建二年，追贈太后父興之散騎常侍，興之妻餘杭縣廣昌鄉君。大明四年，太后弟子撫軍參軍瓊之上表自陳。有司承旨，奏贈瓊之父道慶給事中，瓊之及弟休之、茂之並居顯職。太后頗豫政事，賜與瓊之等財物，家累千金，居處器服與帝子相侔。大明五年，太后隨

上巡南豫州，妃主以下並從。廢帝立，號太皇太后。明帝踐阼，號崇憲太后。

初，明帝少失所生，爲太后所攝養，撫愛甚篤。及即位，供奉禮儀，不異舊日。有司奏宜別居外宮，詔欲親奉晨昏，盡歡閨禁，不如所奏。及聞義嘉難作，太后心幸之，延上飲酒，置毒以進。侍者引上衣，上寤，起以其巵上壽。是日太后崩，祕之，喪事如禮。還殯東宮，題曰崇憲宮。又詔述太后恩慈，特齊衰三月，以申追遠。謚曰昭皇太后，葬孝武陵東南，號曰脩寧陵。

先是，晉安王子勛未平，巫者謂宜開昭太后陵，毀去梓宮以厭勝。修復倉卒，不得如禮。上性忌，慮將來致災，泰始四年夏，詔有司曰：「崇憲昭太后脩寧陵地，大明之世，久所考卜。前歲遭諸蕃之難，禮從權宜，未暇營改，而塋隧之所，山原卑陋，可式遵舊典，以禮改創。」有司奏請「脩寧陵玄宮補葺毀壞，權施油殿，暫出梓宮，事畢即窆」。〔五〕詔可。

廢帝景和中，又追贈興之侍中、金紫光祿大夫，謚曰孝侯。道慶光祿大夫、開府儀同三司，謚曰敬侯。道慶女爲皇后，以休之爲侍中。

明宣沈太后諱容姬，不知何許人也。爲文帝美人，生明帝，拜婕妤。元嘉三十年卒，葬

中華書局

建康之莫府山。孝武卽位，追贈湘東國太妃。明帝卽位，有司奏上尊號爲皇太后，謚曰宣，陵號崇寧。

孝武文穆王皇后諱憲嫄，琅邪臨沂人也。元嘉二十年，拜武陵王妃，生廢帝、豫章王子尙、山陰公主楚玉、臨淮康哀公主楚佩、皇女楚琇、康樂公主脩明。孝武在蕃，后甚寵異，及卽位爲皇后焉。

大明四年，后率六宮躬桑于西郊，皇太后觀禮，妃主以下並加班錫。廢帝卽位，尊曰皇太后，宮曰永訓。其年崩于含章殿，祔葬景寧陵。父偃別有傳。

殷淑儀，南郡王義宣女也。麗色巧笑。義宣敗後，帝密取之，寵冠後宮。假姓殷氏，左右宣泄者多死，故當時莫知所出。及薨，帝常思見之，遂爲通替棺，欲見輒引替覩屍，如此積日，形色不異。追贈貴妃，謚曰宣。及葬，給轀輬車、虎賁、班劍。鑾輅九旒、黃屋左纛，前後部羽葆、鼓吹，上自於南掖門臨，過喪車，悲不自勝，左右莫不掩泣。上痛愛不已，精神罔罔，頗廢政事。每寢，先於靈牀酌奠酒飲之，既而慟哭不能自反。又諷有司奏曰：「據春秋，仲子

非魯惠公元嫡，尙得考別宮。今貴妃蓋天秩之崇班，理應創新。」乃立別廟於都下。

時有巫者能見鬼，說帝言貴妃可致。帝大喜，令召之。有少頃，果於帷中見形如平生。帝欲與之言，默然不對。將執手，奄然便歇，帝尤哽恨，於是擬李夫人賦以寄意焉。謝莊作哀策文奏之，帝臥覽讀，起坐流涕曰：「不謂當今復有此才。」都下傳寫，紙墨爲之貴。或云，貴妃是殷琰家人入義宣家，義宣敗入宮云。

前廢帝何皇后諱令婉，廬江灊人也。孝建三年，納爲皇太子妃。大明五年，薨于東宮徽光殿，謚曰獻妃。廢帝卽位，追崇曰獻皇后。明帝踐阼，遷后與廢帝合葬龍山北。

后父瑀字幼玉，〔六〕晉尙書左僕射澄曾孫也。瑀尙武帝少女豫章康長公主諱欣男。〔七〕公主先適徐喬，美容色，聰敏有智數。文帝世，禮待特隆。瑀豪競於時，與平昌孟靈休、東海何勗等並以輿馬相尙。公主與瑀情愛隆密，何氏疎戚莫不霑被恩禮。瑀位右衞將軍，公主薨，瑀墓開，〔八〕孝武追贈瑀金紫光祿大夫。

子邁尙文帝第十女新蔡公主諱英媚。邁少以貴戚居顯官，好犬馬馳逐，多聚才力士，位南濟陰太守。廢帝納公主於後宮，僞言薨殞，殺一婢送出邁第，殯葬行喪禮，常疑邁有異圖。邁亦招聚同志，欲因行廢立，事覺見誅。明帝卽位，追封建寧縣侯。

瑀兄子衍性躁動，位黃門郎，拜竟，求司徒司馬，得司馬，復求太子右率，拜一二日，復求侍中。旬日之間，求進無已。不得侍中，以怨詈賜死。

明恭王皇后諱貞風，琅邪臨沂人也。初拜淮陽王妃，明帝改封，又爲湘東王妃。生晉陵長公主伯姒、建安長公主伯媛。明帝卽位，立爲皇后。上嘗宮內大集，而裸婦人觀之，以爲歡笑。后以扇鄣面，獨無所言。帝怒曰：「外舍家寒乞，今共作笑樂，何獨不視。」后曰：「爲樂之事，其方自多；豈有姑姊妹集聚，而裸婦人形體，以此爲樂。外舍爲歡適，與此不同。」帝大怒，令后起。后兄揚州刺史景文以此事語從舅陳郡謝緯曰：〔九〕「后在家爲傳弱婦人，不知今段遂能剛正如此。」

廢帝卽位，尊爲皇太后，宮曰弘訓。廢帝失德，太后每加勗譬，始猶見順，後狂慝稍甚。太后嘗賜帝玉柄毛扇，帝嫌毛扇不華，因此欲加酖害，令太醫煮藥。左右止之曰：「若行此事，官便作孝子，豈得出入狡獪。」帝曰：「汝語大有理。」乃止。順帝卽位，齊高帝執權，宗室劉晃、劉綽、卜伯興等有異志，太后頗與相關。順帝禪位，太后與帝遜于東邸，因還居丹陽

宮，拜汝陰王太妃。順帝殂于丹陽，更立第都下。建元元年，薨于第，追加謚，葬以宋禮。后父僧朗，別有傳。

後廢帝陳太妃諱妙登，丹陽建康屠家女也。孝武嘗使尉司采訪人間子女有姿色者，太妃家在建康縣，居有草屋兩三間。上出行，問尉曰：「御道那得此草屋，當由家貧。」賜錢三萬，令起瓦屋。尉自送錢與之，家人並行，唯太妃在家，時年十二三。尉見其美，卽以白孝武，於是迎入宮，在路太后房內。經二年再呼不見幸，太后因言於上，以賜明帝。始有寵，一年衰歇，以賜李道兒。尋又迎還，生廢帝。先是人間言明帝不男，故皆呼廢帝爲李氏子。廢帝後每微行，自稱李將軍，或自謂李統。明帝卽位，拜貴妃，秩同皇太子。廢帝踐阼，有司奏上尊號曰皇太妃，輿服一如晉孝武李太妃故事。宮曰弘化，置家令一人，改諸國太妃曰太姬。昇明初，降爲蒼梧王太妃。

後廢帝江皇后諱簡珪，濟陽考城人也。泰始五年，明帝訪太子妃而雅信小數，名家女

中華書局

多不合。江氏雖爲華族，而后父祖並已亡，弟又弱小，以卜筮吉，故爲太子納之。六年，拜皇太子妃，諷朝士州郡皆令獻物，多者將直百金。始興太守孫奉伯止獻琴書，其外無餘物。上大怒，封藥賜死，既而原之。太子卽帝位，立爲皇后。帝旣廢，降后爲蒼梧王妃。祖智深自有傳。

順陳太妃諱法容，丹陽建康人也。明帝素肥，晚年廢疾不能內御，諸弟姬人有懷孕者，輒取以入宮。及生男，皆殺其母，而與六宮所愛者養之。順帝，桂陽王休範子也，以陳昭華爲母。明帝崩，昭華拜安成王太妃。順帝卽位，進爲皇太妃。順帝禪位，去皇存太妃之號。

順謝皇后諱梵境，陳郡陽夏人。右光祿大夫莊之孫也。父颺，車騎功曹。昇明二年，立爲皇后。順帝禪位，降爲汝陰王妃。祖莊自有傳。

齊宣孝陳皇后諱道止，臨淮東陽人，魏司徒矯之後也。后家貧，少勤織作，家人矜其勞，或止之，后終不改。嫁于宣帝。宣帝庶生子衡陽元王道度、始安貞王道生，后生高帝。高帝年二歲，乳人乏乳，后夢人以兩甌麻粥與之，覺而乳驚，因此豐足。宣帝從任在外，后常留家，有相者謂后曰：「夫人有貴子而不見之。」后歎曰：「我三子，誰當應之？」呼高帝小字曰：「政應是汝耳。」

宣帝殂後，后親執勤，婢使有過，皆恕而不問。高帝雖從宦，而家業本貧，爲建康令時，明帝等冬月猶無縑纊，而奉膳甚厚，后每撤去兼肉，曰：「於我過足矣。」殂于縣舍。昇明二年，追贈竟陵公國太夫人。齊國建，爲齊國太妃，並蜜印、畫青綬，祠以太牢。建元元年，追尊孝皇后。贈外祖父肇之金紫光祿大夫，謚敬侯，后母胡氏爲永昌縣靖君。

永明九年，詔太廟四時祭，宣皇帝薦起麵餅鴨臛，孝皇后薦筍鴨卵脯醬炙白肉，高皇帝薦肉膾葅羹，昭皇后薦茗粣炙魚。並生平所嗜也。

高昭劉皇后諱智容，廣陵人也。祖玄之，父壽之，並員外郎。后母桓氏，夢呑玉勝生后，時有紫光滿室，以告壽之。壽之曰：「恨非是男。」桓笑曰：「雖女亦足興家矣。」后寢臥，見有羽蓋蔭其上，家人試察之，常見其上掩藹如有雲氣。〔一〇〕

年十七，裴方明爲子求婚，酬許已定，后夢見先有迎車至，猶如常家迎法，后不肯去，次有迎至，龍旂豹尾，有異於常，后喜而從之。既而與裴氏不成婚，竟嬪于上。嚴整有軌度，造次必依禮法。生太子及豫章王嶷。太子初在孕，后嘗歸寧，遇家奉祠，爾日陰晦失曉，舉家狼狽共營祭食。后助炒胡麻，始復內薪，未及索火，火便自然。宋泰豫元年殂，歸葬宣帝墓側，則泰安陵也。門生王淸與墓工始下鍤，有白兔跳起，尋之不得。及墳成，兔還栖其上。昇明二年，贈竟陵公國夫人。三年，贈齊國妃印綬。齊建元元年，尊謚昭皇后。二年，贈后父壽之金紫光祿大夫，母桓氏上虞都鄉君。

武穆裴皇后諱惠昭，河東聞喜人也。祖封之，給事中。父璣之，左軍參軍。后少與豫章王妃庾氏爲娣姒，庾氏勤女工，奉事高昭后恭謹不倦，后不能及，故不爲舅姑所重，武帝亦薄焉。

性剛嚴，竟陵王子良妃袁氏布衣時有過，后加訓罰。昇明三年，爲齊世子妃。建元元年，爲皇太子妃。二年，后薨，謚穆妃，葬休安陵。

時議欲立石誌，王儉曰：「石誌不出禮典，〔一一〕起宋元嘉中顏延之爲王球石誌。素族無銘策，故以紀行。自爾以來，共相祖習。儲妃之重，禮絕恒例，既有哀策，不煩石誌。」從之。武帝卽位，追尊皇后。贈父璣之金紫光祿大夫，后母檀氏餘杭廣昌鄉元君。

舊顯陽、昭陽二殿，太后皇后所居也。永明中無太后皇后，羊貴嬪居昭陽殿西，范貴妃居昭陽殿東，寵姬荀昭華居鳳華栢殿。宮內御所居壽昌畫殿南閤，置白鷺鼓吹二部，乾光殿東西頭，置鍾磬兩廂，皆宴樂處也。上數游幸諸苑囿，載宮人從後車。宮內深隱，不聞端門鼓漏聲，置鍾於景陽樓上，應五鼓及三鼓。宮人聞鍾聲，早起莊飾。車駕數幸琅邪城，宮人常從，早發，至湖北埭，雞始鳴，故呼爲雞鳴埭。

婦人吳郡韓蘭英有文辭，宋孝武時獻中興賦，被賞入宮。宋明帝時用爲宮中職僚。及武帝以爲博士，教六宮書學。以其年老多識，呼爲韓公云。

文安王皇后諱寶明，琅邪臨沂人也。祖韶之，吳興太守。父曄之，太宰祭酒。宋世，高帝爲文惠太子納后，建元元年，爲南郡王妃。四年，爲皇太子妃，無寵。太子爲宮人製新麗衣裳及首飾，〔一三〕而后牀帷陳故，古舊釵鑷十餘枚。永明十一年，爲皇太孫太妃。鬱林卽

中華書局

位，尊爲皇太后，稱宣德宮，置男左右三十人，前代所未有也。贈后父曄之金紫光祿大夫，母桓氏豐安縣君。其年十二月，備法駕謁太廟。明帝卽位，出居鄱陽王故第，爲宣德宮。永元三年，梁武帝定建鄴，迎入宮，后稱制。至禪位，遜居外宮。梁天監十一年薨，葬崇安陵，謚曰安后。祖韶之自有傳。

鬱林王何妃諱婧英，廬江灊人，撫軍將軍戢女也。初將納爲南郡王妃，文惠太子嫌戢無男，門孤，不欲與昏。王儉以南郡王妃，便爲將來外戚，唯須高胄，不須强門。今何氏蔭華族弱，實允外戚之義。永明三年，乃成昏。

妃稟性淫亂，南郡王所與無賴人游，妃擇其美者，皆與交歡。南郡王侍書人馬澄年少色美，甚爲妃悅，常與鬭腕較力，南郡王以爲歡笑。

澄者本剡縣寒人，嘗於南岸逼略人家女，爲秣陵縣所錄，南郡王語縣散遣之。澄又逼求姨女爲妾，姨不與，澄詣建康令沈徽孚訟之。徽孚曰：「姨女可爲婦，不可爲妾。」澄曰：「僕父爲給事中，門戶旣成，姨家猶是寒賤，政可爲妾耳。」徽孚訶而遣之。十一年，爲皇太孫妃。又有女巫子楊珉之，亦有美貌，妃尤愛悅之，與同寢處，如伉儷。及太孫卽帝位，爲皇后，封

后嫡母劉爲高昌縣都鄉君，所生母宋爲餘杭廣昌鄉君。后將拜，鏡在牀無因墮地。其冬，與太后同日謁太廟。楊珉之爲帝所幸，常居中侍。明帝爲輔，與王晏、徐孝嗣、王廣之並面請，不聽。又令蕭諶、坦之固請，皇后與帝同席坐，流涕覆面，謂坦之曰：「楊郎好年少，無罪過，何可枉殺。」坦之耳語於帝曰：「此事別有一意，不可令人聞。」帝謂皇后爲阿奴，曰「阿奴暫去」。坦之乃曰：「外間並云楊珉之與皇后有異情，彰聞遐邇。」帝不得已，乃爲敕。坦之馳報明帝，卽令建康行刑，而果有敕原之，而珉之已死。

后旣淫亂，又與帝相愛褻，故帝恣之。又迎后親戚入宮，嘗賜人百數十萬，以武帝曜靈殿處后家屬。帝廢，后貶爲王妃。父戢自有傳。

海陵王王妃諱韶明，琅邪臨沂人，太常慈之女也。永明八年，納爲臨汝公夫人。〔一三〕鬱林王卽位，爲新安王妃。延興元年，爲皇后。其年，降爲海陵王妃。妃父慈自有傳。

明敬劉皇后諱惠端，彭城人，光祿大夫道弘孫也。高帝爲明帝納之。建元三年，除西昌侯夫人。永明七年卒，葬江乘縣張山。延興元年，贈宣城王妃。明帝卽位，追尊敬皇后。贈父通直郎景猷爲金紫光祿大夫，母王氏平陽鄉君。明帝崩，改葬，祔于興安陵。

東昏褚皇后諱令璩，河南陽翟人，太常澄之女也。建武二年，納爲皇太子妃而無寵。帝謂左右曰：「若得如山陰主無恨矣。」山陰主，明帝長女也，後遂與之爲亂。明年，妃謁敬后廟。東昏卽位，爲皇后。帝寵潘妃，后不被遇，黃淑儀生太子誦而卒，東昏廢，后及誦並爲庶人。后父澄自有傳。

和王皇后諱蕣華，琅邪臨沂人，太尉儉之孫也。初爲隨王妃，中興元年爲皇后。帝禪位，后降爲妃。妃祖儉自有傳。

校勘記

〔一〕及明帝泰始二年　「二年」宋書作「元年」。

〔二〕追贈豫章公夫人　「追」各本作「故」，據宋書改。

〔三〕文章胡太后諱道安　「安」各本作「女」，據太平御覽一四二改。

〔四〕后父湛之自有傳　「湛之」宋書袁湛傳無「之」字。本書亦作袁湛傳。

〔五〕事畢卽窆　「窆」各本譌「定」，據宋書改。

〔六〕后父瑀字幼玉　「幼」宋書作「稚」，此避唐高宗小名而改。

〔七〕瑀尚武帝少女豫章康長公主諱欣男　「豫章」各本脫「章」字，據宋書補。「欣男」宋書作「欣男」，宋詳孰是。殿本考證云：「凡公主之名皆不書諱，獨本傳此處與下文邁尙文帝第十女新蔡公主諱英媚，各衍一諱字。」

〔八〕瑀位右衞將軍公主薨瑀墓開　「右衞將軍」宋書作「衞將軍」。「公主薨」各本脫「公」字，據宋書補。

〔九〕后兄揚州刺史景文以此事語從舅陳郡謝緯曰　「謝緯」宋書作「謝綽」。張森楷南史校勘記：「據謝述傳是『緯』字，疑此作『綽』爲誤。」

〔一〇〕常見其上掩藹如有雲氣　「有」各本作「似」，據宋書改。

〔一一〕石誌不出禮典　各本脫「典」字，據南齊書禮志補。

〔一五〕太子爲宮人製新麗衣裳及首飾　「爲」字各本並脫，據南齊書補。

〔一三〕納爲臨汝公夫人　「臨汝公」各本作「臨沂公」。按廢帝海陵王紀「封臨汝公」，南齊書紀傳並作「臨汝公」，今據改。

南史卷十二

列傳第二

后妃下

梁文獻張皇后　武德郗皇后　武丁貴嬪　武阮修容
簡文王皇后　元徐妃　敬夏太后　敬王皇后
陳武宣章皇后　文沈皇后　廢帝王皇后　宣柳皇后
後主沈皇后　張貴妃

梁文獻張皇后諱尚柔，范陽方城人也。父穆之娶文帝從姑而生后。后以宋元嘉中嬪於文帝，生長沙宣武王懿、永陽昭王敷，次生武帝。方孕，忽見庭前昌蒲花，〔一〕光采非常，驚報，侍者皆云不見。〔二〕后曰：「常聞見昌蒲花者當富貴。」因取呑之，是月生武帝。將產之夕，后見庭內若有衣冠陪列焉。次生衡陽宣王暢、義興昭長公主令嫕。后宋泰始七年殂

於秣陵縣同夏里舍，葬晉陵武進縣東城里山。

天監元年五月甲辰，追上尊號爲皇后，謚曰獻。〔三〕

穆之字思靜，晉司空華六世孫也。少方雅，有識鑒。初爲員外散騎侍郎，深被始興王濬引納。穆之鑒其禍萌，求爲交阯太守，政有異績。宋文帝將以爲交州刺史，會病卒。子弘籍字眞藝，齊初爲鎭西參軍，卒於官。梁武踐阼，追贈穆之光祿大夫，加金章紫綬。贈弘籍廷尉卿。弘籍無子，從父弟弘策以子纘嗣，別有傳。

武德郗皇后諱徽，高平金鄉人也。祖紹，宋國子祭酒、領東海王師。父曄，太子舍人，早卒。后母宋文帝女尋陽公主也，方娠，夢當生貴子。及后生，有赤光照室，器物盡明，家人怪之。巫言此女光高，將有所妨，乃於水濱祓除之。

后幼明慧，善隸書，讀史傳。女工之事，無不閑習。宋後廢帝將納爲后，齊初，安陸王緬又欲結婚，郗氏並辭以女疾，乃止。齊建元末，嬪于武帝，生永興公主玉姚、永世公主玉婉、永康公主玉嬛。及武帝爲雍州刺史，殂于襄陽官舍，年三十二。其年歸葬南徐州南東海武進縣東城里山。中興二年，武帝爲梁公，齊帝詔贈后爲梁公妃。及武帝踐阼，追崇爲

中華書局

歲旱，自暴而誦佛經，應時雨降。無子，養孫姬子胤爲己子。數上書諫爭，後主將廢之，而立張貴妃，會國亡不果，乃與後主俱入長安。及後主薨，后自爲哀辭，文甚酸切。隋煬帝每巡幸，恒令從駕。及煬帝被殺，后自廣陵過江，於毗陵天靜寺爲尼，名觀音。貞觀初卒。

張貴妃名麗華，兵家女也。父兄以織席爲業。後主爲太子，以選入宮。時龔貴嬪爲良娣，貴妃年十歲，爲之給使。後主見而悅之，因得幸，遂有娠，生太子深。後主卽位，拜爲貴妃。性聰慧，甚被寵遇。

後主始以始興王叔陵之亂，被傷，臥于承香殿。時諸姬並不得進，唯貴妃侍焉。而柳太后猶居柏梁殿，卽皇后之正殿也。而沈皇后素無寵於後主，不得侍疾，別居求賢殿。

至德二年，乃於光昭殿前起臨春、結綺、望仙三閣，高數十丈，並數十間。其窗牖、壁帶、縣楣、欄檻之類，皆以沈檀香爲之，又飾以金玉，間以珠翠，外施珠簾。內有寶牀寶帳，其服玩之屬，瑰麗皆近古未有。每微風暫至，香聞數里，朝日初照，光映後庭。其下積石爲山，引水爲池，植以奇樹，雜以花藥。後主自居臨春閣，張貴妃居結綺閣，龔、孔二貴嬪居望仙閣，並複道交相往來。又有王、李二美人，〔三〕張、薛二淑媛，袁昭儀、何婕妤、江修容等七

人，並有寵，遞代以游其上。以宮人有文學者袁大捨等爲女學士。後主每引賓客，對貴妃等游宴，則使諸貴人及女學士與狎客共賦新詩，互相贈答。采其尤豔麗者，以爲曲調，被以新聲。選宮女有容色者以千百數，令習而歌之，分部迭進，持以相樂。其曲有玉樹後庭花、臨春樂等。其略云：「璧月夜夜滿，瓊樹朝朝新。」大抵所歸，皆美張貴妃、孔貴嬪之容色。

張貴妃髮長七尺，鬒黑如漆，其光可鑑。特聰慧，有神彩，進止閑華，容色端麗。每瞻視眄睞，光彩溢目，照映左右。嘗於閣上靚粧，臨于軒檻，宮中遙望，飄若神仙。才辯强記，善候人主顏色。薦諸宮女，後宮咸德之，競言其善。又工厭魅之術，假鬼道以惑後主。置淫祀於宮中，聚諸女巫使之鼓舞。

時後主怠於政事，百司啓奏，並因宦者蔡臨兒、李善度進請，後主倚隱囊，置張貴妃於膝上共決之。李、蔡所不能記者，貴妃並爲疏條，無所遺脫。因參訪外事，人間有一言一事，貴妃必先知白之，由是益加寵異，冠絕後庭。而後宮之家，不遵法度，有絓於理者，但求恩於貴妃，貴妃則令李、蔡先啓其事，而後從容爲言之。大臣有不從者，因而譖之，言無不聽。於是張、孔之權，熏灼四方，內外宗族，多被引用，大臣執政，亦從風而靡。閹宦便佞之徒，內外交結，轉相引進。賄賂公行，賞罰無常，綱紀瞀亂矣。及隋軍剋臺城，貴妃與後主俱入井，隋軍出之，晉王廣命斬之於青溪中橋。〔一三〕

論曰：飲食男女，人之大欲存焉，故聖人順于人情而爲之度。王宮六列，士室二等，皆隨事升降，以立節文。若夫義篤閨閫，政刑邦國，古先哲王有以之致化矣。夫后妃專夕，配以德升，姬嬙並御，進非色幸，欲使情有覃被，愛罔偏流，專貞內表，妖蠱外息，乃可以輔興君德，燮理陰政。

宋氏因晉之舊典，聘納有方，俔天作儷，必四岳之後。自元嘉以降，內職稍繁，所選止於軍署，徵引極乎廝阜，非若晉氏采擇，濫及冠冕者焉。而愛止帷房，權無外授，戚屬饋賚，歲時不過肴漿，斯爲美矣。及文帝之傾惑潘嫗，謀及婦人；大明之淪沒殷姬，並后匹嫡，其爲喪敗，亦已甚矣。

齊氏孝、昭二后，並有賢明之訓，惜乎早世，不得母臨萬國。有婦人焉，空慕周典，禎符顯瑞，徒萃徽名。高皇受命，宮禁貶約，衣不文繡，色無紅采，永巷貧空，有同素室。武帝嗣位，運藉休平，壽昌前興，鳳華晚構，香栢文檉，花梁繡柱，雕金鏤寶，照燭房帷，趙瑟吳趨，承閑奏曲，事由私蓄，無損國儲。明帝統業，矯情儉陋，奉己之制，曾莫云改。東昏喪道，侈風大扇，哲婦傾城，同符殷、夏，可以垂誡，其在斯乎。

梁武志在約己，示存宮掖，雖貴嬪之徽華早著，誕育元良，唯見崇重，無聞正位。徐妃無行，其殲滅也宜哉。陳武撫茲歸運，奄開帝業。若夫儷天作則，燮隆王化，則宣太后其懿焉。文、宣宮壼，無聞於喪德；後主嗣業，實敗于椒房，既曰牝晨，亦唯家之索也。

校勘記

〔一〕忽見庭前昌蒲花　「昌蒲」下，梁書及太平御覽九九九有「生」字。

〔二〕驚報侍者皆云不見　梁書作「后驚視，謂侍者曰：『汝見不？』對曰：『不見。』」「驚視」此作「驚報」。

〔三〕諡曰獻　「獻」各本作「文獻」。「文」字衍文，據梁書刪。

〔四〕及終化爲龍入于後宮井　「井」字各本並脫，據太平御覽九二九補。按下文云「於露井上爲殿」，則此當有「井」字。

〔五〕又奏爲貴嬪　「爲」各本作「初」，據梁書改。

〔六〕帝所立經義　「經」字各本並脫，據梁書補。

〔七〕天監七年八月生元帝于後宮　「七年」各本作「六年」。王鳴盛十七史商榷五九：「按帝於承聖三

中華書局

三年十一月爲魏人所戕，梁書云年四十七。從是年逆溯至天監七年，恰四十七。」據元帝紀及册府元龜一八二改。

〔八〕大同九年六月薨于江州正寢　「九年」各本作「六年」。王鳴盛十七史商榷五九據梁元帝所著金樓子云，「阮太后生於宋順帝昇明元年丁巳，薨於大同九年癸亥，年六十七。自丁巳至癸亥，正六十七年」。按王說是，今改正。

〔九〕如曹爽願作富家公不可得也　「富家公」按三國魏志曹爽傳裴注引魏氏春秋作「富家翁」。陳書亦作「富家翁」。

〔一〇〕此自師知等所爲　「所」字各本並脫，據陳書補。

〔一一〕太建元年拜爲皇太子妃　「元年」各本作「二年」。按陳書及本書宣帝紀並作「元年」，今據改。

〔一二〕又有王季二美人　「季」陳書作「李」。

〔一三〕晉王廣命斬之於青溪中橋　各本脫「橋」字，據通志補。按陳書作「晉王廣命斬貴妃，勝於青溪中橋」。

南史卷十三

列傳第三

宋宗室及諸王上

長沙景王道憐　臨川烈武王道規 鮑照　營浦侯遵考

武帝諸子

長沙景王道憐，〔一〕宋武帝中弟也。謝琰爲徐州，命爲從事史。武帝剋京城及平建鄴，道憐常留侍太后，後以軍功封新淦縣男。從武帝征廣固，所部獲慕容超，以功改封竟陵縣公。及討司馬休之，道憐監太尉留府事。江陵平，爲驃騎將軍、開府儀同三司、荆州刺史，護南蠻校尉，加都督，北府文武悉配之。

道憐素無才能，言音甚楚，舉止多諸鄙拙，畜聚常若不足。去鎮日，府庫爲空。徵拜司空、徐兗二州刺史，加都督，出鎮京口。武帝受命，遷太尉，封長沙王。

先是，廬陵王義眞爲揚州刺史，太后謂上曰：「道憐汝布衣兄弟，宜用爲揚州。」上曰：「寄奴於道憐，豈有所惜。揚州根本所寄，事務至重，非道憐所了。」太后曰：「道憐年五十，豈不如十歲兒邪？」上曰：「車士雖爲刺史，事無大小，皆由寄奴。道憐年長，不親其事，於聽望不足。」太后乃無言，竟不授。

永初三年薨，加贈太傅，葬禮依晉太宰安平王孚故事，鸞輅九旒，〔二〕黃屋左纛，轀輬車，挽歌二部，前後羽葆、鼓吹，虎賁班劍百人。文帝元嘉九年，詔故太傅長沙景王、故大司馬臨川烈武王、故司徒南康文宣公劉穆之、開府儀同三司華容縣公王弘、開府儀同三司永脩縣公檀道濟、故青州刺史龍陽縣侯王鎮惡，並勒功天府，〔三〕配祭廟庭。

道憐子義欣嗣，位豫州刺史，鎮壽陽，境內畏服，道不拾遺，遂爲盛藩强鎮。薨，贈開府儀同三司，謚曰成王。

子悼王瑾嗣，傳爵至子，齊受禪，國除。

瑾弟韞字彥文，位雍州刺史，侍中，領右衞將軍，領軍將軍。昇明元年，〔四〕被齊高帝誅。韞人才凡鄙，特爲明帝所寵。在湘州、雍州，使善畫者圖其出行鹵簿羽儀，常自披玩。嘗以圖示征西將軍蔡興宗，興宗戲之，陽若不解畫者，指韞形問之曰：「此何人而在輿？」韞曰：「政是我。」其庸鄙類如此。

中華書局

韞弟逑字彥思，亦甚庸劣。從子俁疾危篤，父彥節母蕭對之泣，逑嘗候之，便命左右取酒肉令俁進之，皆莫知其意。或問焉，答曰：「禮云，有疾飲酒食肉。」逑又嘗新有緦慘，或詣之，問其母安否。逑曰：「惟有愁悟。」次訪其子，對曰：「所謂父子聚麀。」蓋謂麀爲憂也。

義欣弟義融封桂陽縣侯，邑千戶。凡王子爲侯，食邑皆千戶。義融位五兵尚書，領軍，有質幹，善於用短楯。[五]卒，謚恭侯。子孝侯覬嗣，無子，弟襲以子晃繼。襲字茂德，性庸鄙，爲郢州刺史，暑月露褌上聽事，時綱紀政伏閤，怪之，訪問乃知是襲。

義融弟義宗，幼爲武帝所愛，字曰伯奴，封新渝縣侯，位太子左衞率。坐門生杜德靈放橫打人，入義宗第蔽隱，免官。德靈以姿色，故義宗愛寵之。義宗卒於南兗州刺史，謚曰惠侯。子懷珍嗣，無子，弟彥節以子承繼。

彥節少以宗室清謹見知，孝武時，其弟遐坐通嫡母殷氏養女雲敷，殷每禁之。及殷亡，口血出，衆疑遐行毒害。孝武使彥節從弟祗諷彥節啓證其事。彥節曰：「行路之人尚不應爾，今日迺可一門同盡，無容奉敕。」衆以此稱之。後廢帝即位，累遷尚書左僕射，參選。元徽元年，領吏部，加兵五百人。桂陽王休範爲逆，中領軍劉勔出守石頭，彥節權兼領軍將軍，所給加兵，自隨入殿。封當陽侯，與齊高帝、袁粲、褚彥回分日入直，平決機事，遷中書令，加撫軍將軍。及帝廢爲蒼梧王，彥節出集議，於路逢從弟韞。韞問曰：「今日之事，故當

歸兄邪？」彥節曰：「吾等已讓領軍矣。」韞搥胸曰：「兄肉中詎有血邪，今年族矣。」齊高帝聞而惡之。順帝即位，轉尚書令。時齊高帝輔政，彥節知運祚將遷，密懷異圖。及沈攸之舉兵，齊高帝入屯朝堂，袁粲鎮石頭，潛與彥節及諸大將黃回等謀夜會石頭，詰旦乃發。彥節素怯，騷擾不自安。再晡後，便自丹陽郡車載婦女，盡室奔石頭。臨去，婦蕭氏強勸令食，彥節歠羹寫胸中，手振不自禁。其主簿丁靈衞聞難即入，語左右曰：「今日之事，難以取濟。但我受劉公厚恩，義無二情。」及至見粲，粲驚曰：「何遽便來，事今敗矣。」彥節曰：「今得見公，萬死何恨。」從弟韞直省內，與直閤將軍卜伯興謀其夜共攻齊高帝，會彥節事覺，秣陵令劉實、建康令劉遐密告齊高帝，高帝夜使驍騎將軍王敬則收殺之，伯興亦遇害。粲敗，彥節踰城走，於額檐湖見禽被殺。彥節子俁嘗賦詩云：「城上草，植根非不高，所恨風霜早。」時咸云此爲祆句。事敗，俁與弟陔剃髮被法服向京口，於客舍爲人識，執於建康獄盡殺之。彥節既貴，士子自非三署不得上方榻，時人以此少之。其妻蕭思話女也，常懼禍敗，每謂曰：「君富貴已足，故應爲兒作計。」彥節不從，故及禍。

彥節弟遐字彥道，爲嫡母殷暴亡，有司糾之，徙始安郡。後得還，位吳郡太守，至是亦見誅。遐人才甚凡，自諱名有同主諱，常對客曰：「孝武無道，見枉殺母。」其頑騃若此。及彥節當權，遐累求方伯。彥節曰：「我在事，而用汝作州，於聽望不足。」遐曰：「富貴則言不可相關，從坐之日得免不？」至是果死。

義宗弟義賓，封興安侯，位徐州刺史。卒，謚曰肅侯。義賓弟義綦，封營道縣侯，凡鄙無識。始與王濬嘗謂曰：「陸士衡詩云『營道無烈心』，其何意苦阿父如此。」義綦曰：「下官初不識士衡，何忽見苦。」其庸塞皆然。位湘州刺史，謚僖侯。

臨川烈武王道規字道則，武帝少弟也。倜儻有大志，預謀誅桓玄。時桓弘鎮廣陵，以爲征虜中兵參軍。武帝剋京城，道規亦以其日與劉毅、孟昶斬弘。玄敗走，道規與劉毅、何無忌追破之。無忌欲乘勝直造江陵。[六]道規曰：「諸桓世居西楚，羣小皆爲竭力，桓振勇冠三軍。且可頓兵以計策縻之。」無忌不從，果爲振敗。乃退還尋陽，繕舟甲復進，遂平巴陵。江陵之平，道規推毅爲元功，無忌爲次，自居其末。以起義勳，封華容縣公，累遷領護南蠻校尉、荊州刺史，加都督。善於刑政，士庶畏而愛之。

盧循寇逼建鄴，道規遣司馬王鎮之及揚武將軍檀道濟、廣武將軍到彥之等赴援朝廷，至尋陽，爲循黨荀林所破。林乘勝伐江陵，聲言徐道覆已剋建鄴。而桓謙自長安入蜀，譙縱以謙爲荊州刺史，與其大將譙道福俱寇江陵。道規乃會將士告之曰：「吾東來文武足以濟

事，欲去者不禁。」因夜開城門，衆咸憚服，莫有去者。雍州刺史魯宗之自襄陽來赴，或謂宗之未可測。道規乃單車迎之，衆咸感悅。衆議欲使檀道濟、到彥之共擊荀林等。道規曰：「非吾自行不決。」乃使宗之居守，委以心腹，率諸將大敗謙，斬之。諮議劉遵追荀林，斬之巴陵。初，謙至枝江，江陵士庶皆與謙書，言城內虛實。道規一皆焚燒，衆乃大安。

徐道覆奄至破冢，魯宗之已還襄陽，人情大震。或傳循已剋都，遣道覆上爲刺史。江、漢士庶感其焚書之恩，無復二志。道規使劉遵爲游軍，自拒道覆，[七]前驅失利。道規壯氣愈厲，遵自外橫擊，大破之。初使遵爲游軍，衆咸言不宜割見力置無用之地。及破道覆，果得游軍之力，衆乃服焉。遵字慧明，臨淮海西人，[八]道規從母兄也，位淮南太守，追封監利縣侯。

道規進號征西大將軍、開府儀同三司，改授豫州，以疾不拜。義熙八年薨于都，贈司徒，謚曰烈武，進封南郡公。武帝受命，贈大司馬，追封臨川王。無子，以長沙景王第二子義慶嗣。初，文帝少爲道規所養，武帝命紹焉。咸以禮無二繼，文帝還本，而定義慶爲後。義慶爲荊州，廟主當隨往江陵，文帝下詔褒美勳德及慈蔭之重，追崇丞相，加殊禮，鸞輅九旒，黃屋左纛，給節鉞，前後部羽葆、鼓吹，虎賁班劍百人。及長沙太妃檀氏、臨川太妃曹氏後薨，葬皆準給。

義慶幼爲武帝所知，年十三襲封南郡公。永初元年，襲封臨川王。元嘉中爲丹陽尹。有百姓黃初妻趙殺子婦遇赦，應避孫讎。義慶議以爲「周禮父母之仇，避之海外，蓋以莫大之冤，理不可奪。至於骨肉相殘，當求之法外。禮有過失之宥，律無讎祖之文。況趙之縱暴，本由於酒，論心卽實，事盡荒耄。豈得以荒耄之王母，等行路之深讎，宜共天同域，無虧孝道」。六年，加尚書左僕射。八年，太白犯左執法，義慶懼有災禍，乞外鎭。文帝詔諭之，以爲「玄象茫昧，左執法嘗有變，王光祿至今平安。日蝕三朝，天下之至忌，晉孝武初有此異。彼庸主耳，猶竟無他」。義慶固求解僕射，乃許之。

九年，出爲平西將軍、荆州刺史，加都督。荆州居上流之重，資實兵甲居朝廷之半，故武帝諸子偏居之。義慶以宗室令美，故特有此授。性謙虛，始至及去鎭，迎送物並不受。十二年，普使內外羣臣舉士，義慶表舉前臨沮令新野庾實、前徵奉朝請武陵龔祈、處士南陽師覺授。〔九〕義慶留心撫物，州統內官長親老不隨在官舍者，一年聽三吏餉家。先是，王弘爲江州，亦有此制。在州八年，爲西土所安。撰徐州先賢傳十卷奏上之。又擬班固典引爲典敍，以述皇代之美。

改授江州，又遷南兗州刺史，並帶都督。尋卽本號加開府儀同三司。性簡素，寡嗜慾，愛好文義，文辭雖不多，足爲宗室之表。歷任無浮淫之過；唯晚節奉沙門頗致費損。少善

騎乘，及長，不復跨馬，招聚才學之士，遠近必至。太尉袁淑文冠當時，義慶在江州，請爲衞軍諮議。其餘吳郡陸展、東海何長瑜、鮑照等，並有辭章之美，引爲佐吏國臣。〔一〇〕所著世說十卷，撰集林二百卷，並行於世。文帝每與義慶書，常加意斟酌。

鮑照字明遠，東海人，文辭贍逸。嘗爲古樂府，文甚遒麗。元嘉中，河濟俱清，當時以爲美瑞。照爲河清頌，其序甚工。照始嘗謁義慶未見知，欲貢詩言志，人止之曰：「卿位尙卑，不可輕忤大王。」照勃然曰：「千載上有英才異士沉沒而不聞者，安可數哉。大丈夫豈可遂蘊智能，使蘭艾不辨，終日碌碌，與燕雀相隨乎。」於是奏詩，義慶奇之。賜帛二十匹，尋擢爲國侍郎，甚見知賞。還秣陵令。文帝以爲中書舍人。〔一一〕上好爲文章，〔一二〕自謂人莫能及，照悟其旨，爲文章多鄙言累句。咸謂照才盡，實不然也。臨海王子頊爲荆州，照爲前軍參軍，掌書記之任。子頊敗，爲亂兵所殺。

義慶在廣陵有疾，而白虹貫城，野麕入府，心甚惡之。因陳求還，文帝許解州，以本號還朝。二十一年，薨于都下，追贈司空，諡曰康王。子哀王曄嗣，爲元凶所殺。曄子綽嗣，昇明三年見殺，國除。

營浦侯遵考，武帝族弟也。曾祖淳，皇曾祖武原令混之弟，位正員郎。祖巖，海西令。父涓子，彭城內史。始武帝諸子並弱，宗室唯有遵考。及北伐平定，以爲幷州刺史，領河東太守，鎭蒲坂。關中失守，南還，再遷冠軍將軍。晉帝遜位，居秣陵宮，遵考領兵防衞。武帝卽位，封營浦縣侯。元嘉中，累遷寧蠻校尉、雍州刺史，加都督。爲政嚴暴，聚斂無節，爲有司所糾，上寢不問。孝武大明中，位尙書左僕射，領崇憲太僕。後老疾失明。元徽元年卒，贈左光祿大夫、開府儀同三司，諡曰元公。

子澄之，昇明末貴達。澄之弟琨之爲竟陵王誕司空主簿。誕有寶琴，左右犯其徽，誕罰焉。琨之諫，誕曰：「此余寶也。」琨之曰：「前哲以善人爲寶，不以珠玉爲寶，故王孫圉稱觀父爲楚國之寶。未聞以琴瑟爲寶。」誕怛然不悅。誕之叛，以爲中兵參軍。辭曰：「忠孝不得並，琨之老父在，將安之乎。」誕殺之。後贈黃門郎，詔謝莊爲誄。

遵考從父弟思考亦官歷清顯，卒於散騎常侍、金紫光祿大夫。

子季連字惠續，早歷清官。齊高帝受禪，將及誅，太宰褚彥回素善之，固請乃免。建武中，爲平西蕭遙欣長史、南郡太守。遙欣多招賓客，明帝甚惡之。季連有憾於遙欣，乃密表明帝言其有異迹。明帝乃以遙欣爲雍州刺史，而心德季連，以爲益州刺史，令據遙欣上流。

季連父思考，宋時爲益州，雖無政績，州人猶以義故，故善待之。季連存問故老，見父時人吏皆泣對之。遂寧人龔愜累世有學行，辟爲府主簿。及聞東昏失德，稍自驕矜。性忌褊，遂嚴愎酷佷，士人始怨。

永元元年九月，因聲講武，遂遣中兵參軍宋買以兵襲中水穰人李託。買戰不利，退還，州郡遂多叛亂。明年十月，巴西人趙續伯反，奉其鄉人李弘爲聖主。弘乘佛輿，以五綵裹青石，誑百姓云，天與己玉印，當王蜀。季連遣中兵參軍李奉伯大破獲之。將刑，謂刑人曰：「我須臾飛去。」復曰：「汝空殺我，我三月三日會更出。」遂斬之。

梁武帝平建鄴，遣左右陳建孫送季連二子及弟通直郎子深喻旨，〔一三〕季連受命，修還裝。武帝以西臺將鄧元起爲益州刺史。元起，南郡人，季連爲南郡時，待之素薄。元起典籤朱道琛者，嘗爲季連府都錄，無賴，季連欲殺之，逃免。至是說元起請先使檢校緣路奉迎。及至，言語不恭；又歷造府州人士，見器物輒奪之，曰「會屬人，何須苦惜」。軍府大懼，言於季連，季連以爲然。又惡昔之不禮元起，益憤懣。司馬朱士略說季連求爲巴西郡守，三子爲質，季連許之。既而召兵算之，精甲十萬。臨軍歎曰：「據天嶮之地，握此盛兵，進可以匡社稷，退不失作劉備，欲以此安歸乎。」遂矯稱齊宣德皇后令，復反，收朱道琛殺之。書報朱士略，兼召涪令李膺，並不受命。

天監元年六月，元起至巴西，季連遣其將李奉伯拒戰，見敗。季連固守，元起圍之。城中餓死者相枕，又從而相食。二年，乃肉袒請罪。元起遷季連于外，俄而造焉，待之以禮。季連謝曰：「早知如此，豈有前日之事。」元起誅李奉伯，送季連還都。將發，人莫之視，唯龔愜送焉。初，元起在道，懼事不集無以賞，士之至者皆許以辟命，於是受別駕、中從事檄者將二千人。

季連既至，詣闕謝罪，自東掖門入，數步一稽首以至帝前。帝笑謂曰：「卿欲慕劉備而曾不及公孫述，豈無臥龍之臣乎。」赦爲庶人。四年，出建陽門，爲蜀人蘭相如所殺。〔一四〕季連在蜀，殺其父。變名走建鄴，至是報焉。乃面縛歸罪，帝壯而赦之。

宋武帝七男：張夫人生少帝，孫修華生廬陵孝獻王義眞，胡婕妤生文帝，王修容生彭城王義康，桓美人生江夏文獻王義恭，孫美人生南郡王義宣，呂美人生衡陽文王義季。

廬陵孝獻王義眞，美儀貌，神情秀徹。初封桂陽縣公。年十二，從北征。及關中平，武

帝東還，〔一五〕欲留偏將，恐不足固人心，乃以義眞爲雍州刺史，加都督。以太尉諮議參軍京兆王脩爲長史，委以關中任。帝將還，三秦父老泣訴曰：「殘生不霑王化，於今百年。始覩衣冠，方仰聖澤。長安十陵，是公家墳墓，咸陽宮殿，是公家屋宅，捨此何之？」武帝爲之憫然，慰譬曰：「受命朝廷，不得擅留。今留第二兒與文武才賢共鎭此境。」〔一六〕臨還，自執義眞手以授王脩，令脩執其子孝孫手授帝。義眞又進都督幷、東秦二州，領東秦州刺史。時隴上流戶多在關中，望得歸本。及置東秦州，父老知無復經略隴右、固關中之意，咸共歎息。而赫連勃勃寇逼交至。

沈田子既殺王鎭惡，王脩又殺田子，兼裁減義眞賜左右物。左右怨之，因白義眞曰：「鎭惡欲反，故田子殺之；脩殺田子，豈又欲反也。」義眞使左右劉乞殺脩。脩字叔，〔一七〕京兆霸城人。初南度見桓玄，玄謂曰：「君平世吏部郎才也。」脩既死，人情離異。武帝遣右將軍朱齡石代義眞鎭關中，使義眞疾歸。諸將競斂財貨，方軌徐行。建威將軍傅弘之曰：「虜騎若至，何以待之？」賊追兵果至。至青泥，大敗，義眞獨逃草中。中兵參軍段宏單騎追尋，義眞識其聲，曰：「君非段中兵邪？身在此。行矣，必不兩全，可刎身頭以南，使家公望絕。」宏泣曰：「死生共之，下官不忍。」乃束義眞於背，單馬而歸。義眞謂宏曰：「丈夫不經此，何以知艱難。」

初，武帝未得義眞審問，怒甚，剋日北伐。謝晦諫不從，及得宏啓，知義眞免乃止。義眞尋爲司州刺史，加都督。以段宏爲義眞諮議參軍。宏鮮卑人，爲慕容超尚書左僕射，武帝伐廣固歸降。

義眞改揚州刺史，鎭石頭。永初元年，封廬陵王。武帝始踐阼，義眞色不悅，侍讀博士蔡茂之問其故。對曰：「安不忘危，何可恃也。」明年遷司徒。武帝不豫，以爲車騎將軍、開府儀同三司、南豫州刺史，加都督，鎭歷陽。未之任而武帝崩。義眞聰敏，愛文義，而輕動無德業，與陳郡謝靈運、琅邪顏延之、慧琳道人並周旋異常，云「得志日，以靈運、延之爲宰相，慧琳道人爲西豫州刺史」。徐羨之等嫌義眞與靈運、延之昵狎過甚，使故吏范晏戒之。〔一八〕義眞曰：「靈運空疎，延之隘薄，魏文云『鮮能以名節自立』者。但性情所得，未能忘言於悟賞，故與游耳。」將之鎭，列部伍於東府前。既有國哀，義眞與靈運、延之、慧琳等坐視部伍，因宴舫裏，使左右剔母舫函道施己船而取其勝者，及至歷陽，多所求索，羨之等每不盡與。深怨執政，表求還都。

初，少帝之居東宮，多狎羣小，謝晦嘗言於武帝曰：「陛下春秋既高，宜思存萬代。神器至重，不可使負荷非才。」帝曰：「廬陵何如？」晦曰：「臣請觀焉。」晦造義眞，義眞盛欲與談，晦不甚答，還曰：「德輕於才，非人主也。」由是出居于外。及羨之等專政，義眞愈不悅。時

少帝失德，羨之等謀廢立，次第應在義眞。以義眞輕訬，不任主社稷，因其與少帝不協，奏廢爲庶人，徙新安郡。前吉陽令張約之上疏諫，徙爲梁州府參軍，〔一九〕尋殺之。

景平二年，羨之等遣使殺義眞於徙所，時年十八。元嘉元年八月，詔追復先封，迎靈柩，幷孫修華、謝妃一時俱還。三年正月，誅徐羨之、傅亮等。是日，詔追崇侍中、大將軍，王如故。贈張約之以郡。

義眞無子，文帝以第五子紹字休胤嗣，〔二〇〕襲廬陵王。紹少寬雅，位揚州刺史。薨。無子，以南平王鑠子敬先嗣。

彭城王義康，永初元年，封彭城王。歷南豫、南徐二州刺史，並加都督。文帝卽位，爲驃騎將軍、開府儀同三司。元嘉三年，改授都督、荆州刺史，給班劍三十人。

義康少而聰察，及居方任，職事修理。六年，司徒王弘表義康宜還入輔。徵爲侍中、司徒、錄尚書事、都督、南徐州刺史。二府置佐領兵，與王弘共輔朝政。弘既多疾，且每事推謙，自是內外衆務一斷之義康。太子詹事劉湛有經國才用，義康昔在豫州，湛爲長史，既素情款，至是待遇特隆，動皆諮訪，故前後在藩多善政。九年，王弘薨，又領揚州刺史。十二

年，又領太子太傅。

義康性好吏職，銳意文案，糾剔是非，莫不精盡。既專朝權，事決自己，生殺大事，皆以錄命斷之。凡所陳奏，入無不可，方伯以下，並委義康授用，由是朝野輻湊，權傾天下。義康亦自强不息，無有懈倦。府門每旦常有數百乘車，雖復位卑人微，皆被接引。又聰識過人，一聞必記，嘗所暫遇，終身不忘。稠人廣坐，每標題所憶，以示聰明，人物益以此推服之。愛惜官爵，未嘗以階級私人。凡朝士有才用者，皆引入己府，自下樂爲竭力，不敢欺負。文帝有虛勞疾，每意有所想，便覺心中痛裂，屬纊者相係。義康入侍醫藥，盡心衞奉，湯藥飲食，非口所嘗不進。或連夕不寢，彌日不解衣。內外衆事，皆專決施行。

十六年，進位大將軍，領司徒。義康素無術學，待文義者甚薄。袁淑嘗詣義康，義康問其年，答曰：「鄧仲華拜袞之歲。」義康曰：「身不識也。」淑又曰：「陸機入洛之年。」義康曰：「身不讀書，君無爲作才語見向。」其淺陋若此。既闇大體，自謂兄弟至親，不復存君臣形迹。率心而行，曾無猜防。私置僮六千餘人，不以言臺。時四方獻饋，皆以上品薦義康，而以次者供御。上嘗冬月噉柑，歎其形味並劣。義康在坐，曰：「今年柑殊有佳者。」遣還東府取柑，大供御者三寸。

僕射殷景仁爲帝所寵，與劉湛素善，而意好晚乖，湛常欲因宰輔之權傾之。景仁爲帝

所保持，義康屢言不見用，湛愈憤。南陽劉斌，湛之宗也，有涉俗才用，〔三一〕爲義康所知，自司徒右長史擢爲左長史。從事中郎琅邪王履、主簿沛郡劉敬文、祭酒魯郡孔胤秀並以傾側自入，見帝疾篤，皆謂宜立長君。上嘗危殆，使義康具顧命詔。義康還省，流涕以告湛及景仁。湛曰：「天下艱難，詎是幼主所御。」義康、景仁並不答；〔三二〕而胤秀等輒就尚書儀曹索晉咸康立康帝舊事，義康不知也。及帝疾瘳，微聞之；而斌等既爲義康所寵，遂結朋黨，若有盡忠奉國不同己者，必構以罪黜。每采景仁短長，或虛造同異以告湛，自是主相之勢分矣。

義康欲以斌爲丹陽尹，言其家貧。上覺之，曰：「以爲吳郡。」後會稽太守羊玄保求還，義康又欲以斌代之。上時未有所擬，倉卒曰：「我已用王鴻。」上以嫌隙既成，將致大禍，十七年，乃收劉湛，又誅斌及大將軍錄事參軍劉敬文并賊曹孔邵秀、中兵邢懷明、主簿孔胤秀、丹陽丞孔文秀、司空從事中郎司馬亮、烏程令盛曇泰；徙尚書庫部郎何默子、餘姚令韓景之、永興令顏遙之、湛弟黃門郎素、斌弟給事中溫於廣州；王履廢於家。青州刺史杜驥勒兵殿內，以備非常。義康時入宿，留止中書省，遣人宣旨告以湛等罪。義康上表遜位，改授江州刺史，出鎮豫章，實幽之也。停省十餘日，桂陽侯義融、新渝侯義宗、秘書監徐湛之往來慰視。於省奉辭，便下渚，上唯對之慟哭，遣沙門慧琳視之。義康曰：「弟子有還理不？」琳公曰：「恨公不讀數百卷書。」征虜司馬蕭斌爲義康所昵，劉斌等讒之被斥，乃以斌爲諮議，

領豫章太守，事無大小皆委之。司徒主簿謝綜素爲義康所狎，以爲記室。左右愛念者並聽隨從至豫章。辭州見許，資奉優厚，朝廷大事，皆報示之。

義康未敗時，東府聽事前井水忽涌，野雉江鷗並入所住齋前。龍驤參軍巴東扶令育上表申明義康，奏，即收付建康獄賜死。〔三三〕

會稽長公主於兄弟爲長，帝所親敬。上嘗就主宴集甚歡，主起再拜頓首，悲不自勝。上不曉其意，起自扶之，主曰：「車子歲暮，必不見容，特乞其命。」因慟哭。上亦流涕，指蔣山曰：「必無此慮，若違今誓，便是負初寧陵。」即封所飲酒賜義康曰：「會稽姊飲憶弟，所飲餘，今封送。」車子，義康小字也。

二十二年，太子詹事范曄等謀反，事連義康，詔特有大辟，并子女並免爲庶人，絕屬籍，徙安成郡。義康在安成讀漢書見淮南厲王長事，廢書歎曰：「前代乃有此，我得罪爲宜也。」

二十四年，豫章胡誕世、前吳平令袁惲等謀奉戴義康，太尉江夏王義恭奏徙義康廣州，奏可，未行，會魏軍至瓜步，天下擾動，上慮有異志者奉義康爲亂，孝武時鎮彭城及尚書左僕射何尚之並言宜早爲之所。二十八年正月，遣中書舍人嚴龢持藥賜死。〔三四〕義康不肯服藥，曰：「佛教自殺不復人身。」乃以被掩殺之，以侯禮葬安成郡。子允，元凶殺之。孝武大明四年，義康女玉秀等乞反葬舊塋，詔聽之。

江夏文獻王義恭，幼而明穎，姿顏端麗，武帝特所鍾愛。帝性儉，諸子飲食不過五醆盤。義恭求須果食，日中無算，得未嘗噉，悉以與傍人。諸王未嘗敢求，求亦不得。元嘉六年，爲都督、荆州刺史。義恭涉獵文義，而驕奢不節。及出藩，文帝與書誡之曰：

禮賢下士，聖人垂訓，驕侈矜尚，先哲所去。豁達大度，漢祖之德，猜忌褊急，魏武之累。漢書稱衞青云：「大將軍遇士大夫以禮，與小人有恩。」西門、安于，矯性齊美，關羽、張飛，任偏同弊。行己舉事，深宜鑒此。汝一月日自用不可過三十萬，若能省此益美。

西楚殷曠，常宜早起，接對賓侶。園池堂觀，計無須改作。凡訊獄前一二日，可取訊簿密與劉湛輩粗共詳論，慎無以喜怒加人。能擇善者從之，美自歸己。不可專意自決，以矜獨斷之明也。刑獄不可壅滯，一月可再訊。

凡事皆應慎密。名器深宜慎惜，不可妄以假人。聲樂嬉游，不宜令過。宜數引見佐吏，非惟臣主自應相見。不數則彼我不親，不親無因得盡人情，人情不盡，何由具知

中華書局

衆事。〔二五〕

九年，爲南兗州刺史，加都督，鎭廣陵。十六年，進位司空。明年，彭城王義康有罪出藩，徵義恭爲侍中、都督揚南徐兗三州、司徒、錄尚書事，領太子太傅。給班劍二十人，置佐領兵。二十一年，進太尉，領司徒。義恭小心，且戒義康之失，雖爲總錄，奉行文書而已。文帝安之。年給相府錢二千萬，他物稱此。而義恭性奢，用常不足，文帝又別給錢年至千萬。時有獻五百里馬者，以賜義恭。

二十七年，文帝欲有事河、洛，義恭總統羣帥，出鎭彭城。及魏軍至瓜步，義恭與孝武閉城自守。初，魏軍深入，上慮義恭不能固彭城，備加誡勒。義恭答曰：「臣雖未能臨瀚海，濟居延，庶免劉仲奔逃之恥。」及魏軍至，義恭果欲走，賴衆議得停。降號驃騎將軍、開府儀同三司。魯郡孔子舊廟有栢樹二十四株，歷漢、晉，其大連抱。有二株先倒折，土人崇敬，莫之敢犯。義恭悉遣伐取，父老莫不歎息。又以本官領南兗州刺史，加都督，移鎭盱眙，修館宇擬東城。

二十九年冬，還朝，上以御所乘蒼鷹船上迎之。遭太妃憂，改授大將軍、南徐州刺史。還鎭東府。元凶肆逆，其日劭急召義恭。先是，詔召太子及諸王，慮有詐妄致害者，召皆有人，至是，義恭求常所遣傳詔，劭遣之而後入。義恭凡府內兵仗，並送還臺。進位太保。

孝武入討，劭疑義恭有異志，使入住尚書下省，分諸子並住神獸門外侍中下省。〔二六〕孝武前鋒至新亭，劭挾義恭出戰，故不得自拔。戰敗，義恭單馬南奔。劭大怒，遣始興王濬殺義恭十二子。

義恭既至，勸孝武卽位。授太尉、錄尚書六條事、假黃鉞。事寧，進位太傅，領大司馬，增班劍爲三十人，以在藩所服玉環大綬賜之。上不欲致禮太傅，諷有司奏「天子不應加拜」，從之。及立太子，東宮文案，使先經義恭。

及南郡王義宣等反，又加黃鉞，白直百人入六門。事平，以臧質七百里馬賜義恭。孝武以義宣亂逆，由於强盛，欲削王侯。義恭希旨，請省錄尚書，上從之。又與驃騎大將軍竟陵王誕奏陳貶損之格九條，詔外詳議。於是有司奏九條之格猶有未盡，更加附益，凡二十四條。大抵「聽事不得南面坐施帳；國官正冬不得跣登國殿；公主妃傅令，不得朱服；輿不得重扛；鄣扇不得雉尾；劍不得鹿盧形；槊毦不得孔雀白氅；夾轂隊不得絳襖；平乘但馬不得過二匹；〔二七〕胡伎不得綵衣；舞伎正冬著袿衣，不得莊面；諸妃主不得著緄帶；信幡非臺省官悉用絳；郡縣內史相及封內長官於其封君，罷官則不復追敬，不稱臣；諸鎭常行，車前不得過六隊，刀不得過銀銅飾；諸王女封縣主，諸王子孫襲封王之妃及封侯者夫人行，並不得鹵簿；諸王子繼體爲王者，婚葬吉凶，悉依諸國公侯之禮，不得同皇弟皇子；車輿非軺車不得油幢；平乘船皆下兩頭作露平形，不得擬象龍舟」。詔可。

孝建二年，爲揚州刺史，加入朝不趨，贊拜不名，劍履上殿。固辭殊禮。義恭撰要記五卷，起前漢訖晉太元，表上之。詔付秘閣。時西陽王子尙有盛寵，義恭解揚州以避之。乃進位太宰，領司徒。

義恭常慮爲孝武所疑，及海陵王休茂於襄陽爲亂，乃上表稱「諸王貴重，不應居邊。有州不須置府」。其餘制度又多所減省。時孝武嚴暴，義恭慮不見容，乃卑辭曲意附會，皆有容儀，每有祥瑞輒上賦頌。大明元年，有三脊茅生石頭西岸，又勸封禪，上甚悅。及孝武崩，遺詔：「義恭解尙書令，加中書監。柳元景領尙書令，入住城內。事無巨細，悉關二公，大事與沈慶之參決，若有軍旅，可爲總統。尙書中事委顏師伯，外監所統委王玄謨。」

前廢帝卽位，復錄尙書，本官如故。尙書令柳元景卽本號開府儀同三司，領兵置佐，一依舊準。又增義恭班劍爲四十人，更申殊禮之命。固辭殊禮。

義恭性嗜不恒，與時移變，自始至終，屢遷第宅。與人游款，意好亦多不終。奢侈無度，不愛財寶，左右親幸，一日乞與，或至一二百萬，小有忤意，輒追奪之。大明時，資供豐厚，而用常不足。賖市百姓物，無錢可還，民有通辭求錢者，輒題後作「原」字。善騎馬，解音律，游行或二三百里，孝武恣其所之。東至吳郡，登虎丘山，又登無錫縣烏山以望太湖。大

明中撰國史，孝武自爲義恭作傳。

及永光中，雖任宰輔，而承事近臣戴法興等常若不及。前廢帝狂悖無道，義恭、元景謀欲廢立，廢帝率羽林兵於第害之，幷其四子。〔二八〕斷析義恭支體，分裂腸胃，挑取眼睛以蜜漬之，以爲鬼目粽。〔二九〕明帝定亂，令書「追崇侍中、都督中外諸軍、丞相，領太尉、中書監、錄尙書事、王如故。給九旒鸞輅，虎賁班劍百人，前後部羽葆、鼓吹，轀輬車」。泰始三年，又詔陪祭廟庭。

南郡王義宣，生而舌短，澀於言論。元嘉元年，封竟陵王，都督、南兗州刺史，遷中書監，中軍將軍，給鼓吹。時竟陵羣蠻充斥，役刻民散，改封南譙王。十三年，出爲江州刺史，加都督。

初，武帝以荆州上流形勝，地廣兵强，遺詔諸子次第居之。謝晦平後，以授彭城王義康，義康入相，次江夏王義恭，又以臨川王義慶宗室令望，且臨川烈武王有大功於社稷，義慶又居之。其後應在義宣，上以義宣人才素短，不堪居上流。十六年，以衡陽王義季代義慶，而以義宣爲南徐州刺史。而會稽公主每以爲言，上遲回久之。二十一年，乃以義宣都

督七州諸軍事、車騎將軍、荆州刺史。先賜中詔曰：「師護以在西久，比表求還，出內左右，自是經國常理，亦何必其應於一往。今欲聽許，以汝代之。師護雖無殊績，〔10〕潔己節用，通懷期物，不忝羣下。此信未易，在彼已有次第，爲士庶所安，論者乃謂未議遷之。今之回換，更在欲爲汝耳。汝與師護年時一輩，各有其美，方物之義，亦互有少劣，若今向事脫一減之者，既於西夏交有巨礙，遷代之譏，必歸責於吾矣。」師護，義季小字也。義宣至鎮，勤自課厲，政事修理。白皙，美須眉，長七尺五寸，腰帶十圍。多畜嬪媵，後房千餘，尼媼數百，男女三十人。崇飾綺麗，費用殷廣。進位司空，改侍中。

二十七年，魏軍南侵，義宣慮寇至，欲奔上明。及魏軍退，文帝詔之曰：「善修民務，不須營潛逃計也。」還司徒、揚州刺史，侍中如故。

元凶弒立，以義宣爲中書監、太尉，領司徒。義宣聞之，即時起兵，徵聚甲卒，傳檄近遠。會孝武入討，義宣遣參軍徐遺寶率衆三千，助爲先鋒。孝武即位，以義宣爲中書監、都督揚豫二州，丞相、錄尚書六條事、揚州刺史，加羽葆、鼓吹，給班劍四十人，改封南郡王。追諡義宣所生爲獻太妃。封次子宜陽侯愷爲南譙王。義宣固辭內任及愷王爵。於是改授都督八州諸軍事、荆湘二州刺史，持節、侍中、丞相如故。降愷爲宜陽縣王，將佐以下，並加賞秩。

義宣在鎮十年，兵彊財富。既首創大義，威名著天下，凡所求欲，無不必從。朝廷所下制度，意不同者，一不遵承。嘗獻孝武酒，先自酌飲，封送所餘，其不識大體如此。

初，臧質陰有異志，以義宣凡弱，易可傾移，欲假手爲亂，以成其姦。自襄陽往江陵見義宣，便盡禮，及至江州，每密信說義宣，以爲「有大才，負大功，挾震主之威，自古鮮有全者。宜在人前早有處分，不爾，一旦受禍，悔無所及」。義宣陰納質言。而孝武閨庭無禮，與義宣諸女淫亂，義宣因此發怒，密治舟甲，剋孝建元年秋冬舉兵，報豫州刺史魯爽、兗州刺史徐遺寶使同。爽狂酒失旨，其年正月便反。遣府戶曹送版，以義宣補天子，并送天子羽儀。遺寶亦勒兵向彭城。義宣及質狼狽起兵，二月，加都督中外諸軍事，置左右長史、司馬，使僚佐悉稱名。遣傳奉表，以姦臣交亂，圖傾宗社，輒徵召甲卒，戮此凶醜。詔答之。太傅江夏王義恭又與義宣書，諭以禍福。

義宣移檄諸州郡，遣參軍劉諶之、尹周之等率軍下就臧質。雍州刺史朱脩之起兵奉順。義宣率衆十萬，發自江津，舳艫數百里。是日大風，船垂覆沒，僅得入中夏口。以第八子慆爲輔國將軍，留鎮江陵。遣魯秀、朱曇韶萬餘人北討朱脩之。秀初至江陵見義宣，既出，拊膺曰：「阿兄誤人事，乃與癡人共作賊，今年敗矣。」義宣至尋陽，與質俱下。質爲前鋒至鵲頭，聞徐遺寶敗，魯爽於小峴授首，相視失色。孝武使鎮北大將軍沈慶之送爽首於義

宣并與書，義宣、質並駭懼。

上先遣豫州刺史王玄謨舟師頓梁山洲內，東西兩岸爲却月城，營柵甚固。撫軍柳元景據姑孰爲大統，偏師鄭琨、武念戍南浦。質徑入梁山，去玄謨一里許結營。義宣屯蕪湖。五月十九日，西南風猛，質乘風順流攻玄謨西壘，冗從僕射胡子友等戰失利，棄壘度就玄謨。質又遣將龐法起數千兵趣南浦，仍使自後掩玄謨。與琨、念相遇。法起戰大敗，赴水死略盡。義宣至梁山，質上出軍東岸攻玄謨。玄謨分遣游擊將軍垣護之、竟陵太守薛安都等出壘奮擊，大敗質軍，軍人一時投水。護之等因風縱火，焚其舟乘，風勢猛盛，煙爓覆江。義宣時屯西岸，延火燒營殆盡。諸將乘風火之勢，縱兵攻之，衆一時奔潰。義宣與質相失，各單舸迸走。東人士庶並歸順，西人與義宣相隨者，船舸猶有百餘。女先適臧質子，過尋陽，入城取女，載以西奔。至江夏，聞巴陵有軍被抄斷，回入逕口，步向江陵。衆散且盡，左右唯有十許人。腳痛不復能行，就民僦露車自載。無復食，緣道求告。至江陵郭外，竺超人具羽儀迎之，時帶甲尚萬餘人。

義宣既入城，仍出聽事見客。左右翟靈寶誡使撫慰衆賓，以「臧質違指授之宜，用致失利，今治兵繕甲，更爲後圖。昔漢高百敗，終成大業」。而義宣誤云「項羽千敗」，衆咸掩口而笑。魯秀、竺超人等猶爲之爪牙，欲收合餘燼，更圖一決。而義宣惛墊，無復神守，入內不

復出，左右腹心相率奔叛。魯秀北走，義宣不復自立，欲隨秀去。乃於內戎服，盛糧糗，帶背刀，攜息慆及所愛妾五人，皆著男子服相隨。城內擾亂，白刃交橫，義宣大懼落馬，仍便步地。超人送城外，更以馬與之。超人還守城。

義宣冀及秀，望諸將送北入魏。既失秀所在，未出郭，將士逃盡，唯餘慆及五妾兩黃門而已。夜還向城，入南郡空廨，無牀，席地至旦。遣黃門報超人，超人遣故車一乘，載送刺姦。義宣止獄戶，坐地歎曰：「臧質老奴誤我。」始與五妾俱入獄，五妾尋被遣出。義宣號泣語獄吏曰：「常日非苦，今日分別始是苦。」大司馬江夏王義恭諸公王八座與荆州刺史朱脩之書，言「義宣反道叛恩，便宜專行大戮」。書未達，脩之已至江陵，於獄盡之。孝武聽還葬舊墓。

長子恢年十一，拜南譙王世子。晉氏過江，不置城門校尉及衞尉官。孝武欲重城禁，故復置衞尉卿，以恢爲侍中，領衞尉。衞尉之置，自恢始也。義宣反，錄付廷尉，自殺。恢弟愷字景穆，生而養於宮中，寵均皇子。十歲封宜陽侯，孝武時進爲王。義宣反問至，愷於尚書寺內著婦人衣，乘問訊車投臨汝公孟詡，詡於妻室內爲地窟藏之。事覺，幷詡誅。其餘並爲脩之所殺。

衡陽文王義季，幼而夷簡，無鄙近之累。文帝爲荊州，武帝使隨往，由是特爲文帝所愛。元嘉元年，封衡陽王。十六年，代臨川王義慶爲都督、荊州刺史。

先是義慶在任，遇巴、蜀擾亂，師旅應接，府庫空虛。義季嗇財節用，數年還復充實。隊主續豐母老家貧，無以充養，遂不食肉。義季哀其志，給豐母月米二斛，錢一千，并制豐噉肉。義季素拙書，上聽使人書啓事，唯自署名而已。

嘗大蒐於鄖，〔二〕有野老帶苫而耕，命左右斥之。老人擁耒對曰：「昔楚子盤游，受譏令尹，今陽和扇氣，播厥之始，一日不作，人失其時。大王馳騁爲樂，驅斥老夫，非勸農之意。」義季止馬曰：「此賢者也。」命賜之食。老人曰：「吁！願大王均其賜也。苟不奪人時，則一時皆享王賜，老人不偏其私矣。斯飯也弗敢當。」問其名，不言而退。義季素嗜酒，自彭城王義康廢後，遂爲長夜飲，略少醒日。文帝詰責曰：「此非唯傷事業，亦自損性，皆汝所諳。近長沙兄弟皆緣此致故，將軍蘇徽耽酒成疾，旦夕待盡。一門無此酣法，〔三〕汝於何得之？」義季雖奉旨，酣縱不改成疾，以至於終。

二十一年，徵爲征北大將軍、開府儀同三司、南兗州刺史，加都督。發州之日，帷帳器服諸應隨刺史者，悉留之，荊楚以爲美談。

二十二年，遷徐州刺史。明年，魏攻邊，北州擾動。義季慮禍，不欲以功勳自業，無他經略，唯飲酒而已。文帝又詔責之。

二十四年，薨於彭城。太尉江夏王義恭表解職迎喪，不許。上遣東海王禕迎喪，追贈司空。傳國至孫，齊受禪，國除。

論曰：自古帝王之興，雖係之于歷數，至於經啓多難，莫不兼藉親賢。當於餘祆內侮，荀、桓交逼，荊楚之勢，同于累卵。如使上略未盡，一算或遺，則得喪之機，未可知也。烈武王摯羣才，揚盛策，一舉而掃勍寇，蓋亦人謀之致乎。長沙雖位列台鼎，不受本根之寄，跡其行事，有以知武皇之則哲。廬陵以帝子之重，兼高明之姿，釁跡未彰，禍生忌克，痛矣！夫天倫猶子，分形共氣，親愛之道，人理斯同；富貴之情，其義則舛。善乎龐公之言：比之周公、管、蔡，若處茅屋之內，宜無放殺之酷。觀夫彭城、南郡，其然乎。江夏地居愛子，位當上相，大明之世，親禮冠朝，屈體降身，歸于卑下，得使兩朝暴主，永無猜色，歷載踰十，以尊戚自保。及在永光，幼主南面，公旦之重，屬有所歸，自謂踐冰之慮已除，泰山之安可恃，曾未云幾，而磔體分肌。古人以隱微致誡，斯爲篤矣。衡陽晚存酒德，何先後之云殊，其將存覆車之鑒，不然，何以致於是也。

校勘記

〔一〕長沙景王道憐　嚴可均輯全宋文載宋故散騎常侍護軍將軍臨澧侯劉使君墓誌，「道憐」作「道鄰」，唐顏師古匡謬正俗據其家藏宋高祖集亦作「道鄰」，謂「史牒誤爲『憐』字，莫有知其本實」。按誌、集是。

〔二〕鸞輅九旒　「鸞輅」各本作「鸞路」。按晉書宗室安平獻王孚傳：「給鸞輅輕車。」南齊書輿服志：「黃屋車，建碧旂九旒」，本注：「九旒，鸞輅也。」路輅古今字，今改作「輅」。後類此逕改不出校。

〔三〕故青州刺史龍陽縣侯王鎮惡並勒功天府　「龍陽縣侯」各本作「龍陽縣公」。按宋文帝紀及本傳並作「龍陽縣侯」，今據改。

〔四〕昇明元年　「元年」各本作「二年」，據宋書順帝紀改。

〔五〕善於用短楯　「短楯」各本脫「楯」字，據宋書補。

〔六〕無忌欲乘勝直造江陵　「乘勝」下各本衍「追玄」二字，據宋書删。按宋書云：玄單舸走江陵，欲入蜀，爲馮遷所殺，此即上「玄敗走」之事。道規等軍阻風不能進，乃攻破桓謐於馬頭，攻破桓蔚於寵洲，此即上「道規與劉毅、何無忌追破之」之事。桓玄死，桓謐破，桓謙、桓振復據江陵，故

「無忌欲乘勝直造江陵」。宋書此處無「追玄」二字，得其實。

〔七〕道規使劉遵爲游軍自拒道覆　「自」字各本並脫，據宋書補。

〔八〕臨淮海西人　「臨淮」各本作「淮南」。按宋書州郡志，臨淮屬縣有海西，據宋書改。

〔九〕義慶表舉前臨沮令新野庾實至處士南陽師覺授　「臨沮」、「南陽」各本作「臨汝」、「南郡」。據宋書及宋書宗炳傳改。按本書孝義師覺授傳亦云「南陽涅縣人」。

〔一〇〕引爲佐吏國臣　「佐吏」宋書作「佐史」。

〔一一〕文帝以爲中書舍人　「文帝」宋書作「世祖」，乃孝武帝。錢大昕廿二史考異：「按鮑照爲中書舍人在孝武時（見恩倖傳），此云文帝者誤也。」

〔一二〕上好爲文章　「爲」字各本並脫，據宋書補。

〔一三〕遣左右陳建孫送季連二子及弟通直郎子深喻旨　「子深」梁書作「子淵」，此避唐諱改。

〔一四〕爲蜀人藺相如所殺　「藺相如」梁書作「藺道恭」，此蓋習聞戰國藺相如而譌。

〔一五〕武帝東還　「還」各本作「遷」，據宋書改。

〔一六〕今留第二兒與文武才賢共鎮此境　「與」各本作「令」，據通鑑改。

〔一七〕脩字叔　「叔」宋書作「叔治」，此避唐諱省。

〔一八〕徐羨之等嫌義眞與靈運延之暱狎過甚使故吏范晏戒之　「與」字「使」字各本並脫，據宋書補。

中華書局

〔一九〕徙爲梁州府參軍　「府參軍」各本作「府軍參軍」，據宋書刪。

〔二〇〕文帝以第五子紹字休胤嗣　「以」字各本並脫，據通志補。

〔二一〕有涉俗才用　「涉」字各本並脫，據宋書補。

〔二二〕湛曰至義康景仁並不答　「湛曰」之「湛」各本脫；「義康」各本作「湛」，並據宋書訂正。

〔二三〕巴東扶令育上表申明義康奏即收付建康獄賜死　「扶令育」各本作「令扶育」；「獄」字各本並脫。今據宋書乙補。

〔二四〕遣中書舍人嚴龏持藥賜死　「嚴龏」宋書作「嚴龍」。

〔二五〕不親無因得盡人情人情不盡何由具知衆事　二「情」字各本並脫，據宋書補。

〔二六〕劭疑義恭有異志使入住尙書下省分諸子並住神獸門外侍中下省　「有」字及二「住」字，各本並脫，據宋書補。

〔二七〕平乘但馬不得過二四　「但馬」宋書禮志、冊府元龜二九一並作「誕馬」。張元濟南史校勘記謂「但」、「誕」二字通。

〔二八〕并其四子　「其」字各本並脫，據太平御覽一五一引、通鑑、通志補。

〔二九〕以爲鬼目粽　李慈銘宋書札記：「粽當作粽，即糝字。廣韻：『粽，蜜漬瓜食也』，即今之小菜。」

〔三〇〕師護雖無殊績　「師護」各本作「護」，下「汝與師護年時一輩」同。按古人雙字名無單稱一字者，

據冊府元龜一九六及通鑑補。

〔三一〕嘗大蒐於郢　「郢」太平御覽八三一引南史、又八五〇引宋書並作「郊」。按江陵，楚之郢都，作「郢」可通，然作「郊」義似更長。

〔三二〕一門無此酣法　「酣法」宋書作「酣酒」。

南史卷十四

列傳第四

宋宗室及諸王下

宋文帝諸子　孝武諸子　孝明諸子

文帝十九男：元皇后生元凶劭，潘淑妃生始興王濬，路淑媛生孝武帝，吳淑儀生南平穆王鑠，高修儀生廬陵昭王紹，殷修華生竟陵王誕，曹婕妤生建平宣簡王宏，陳修容生東海王禕，〔一〕謝容華生晉熙王昶，江修容生武昌王渾，沈婕妤生明帝，楊美人生始安王休仁，〔二〕邢美人生山陽王休祐，〔三〕蔡美人生海陵王休茂，董美人生鄱陽哀王休業，顏美人生臨慶沖王休倩，陳美人生新野懷王夷父，荀美人生桂陽王休範，羅美人生巴陵哀王休若。紹出繼廬陵孝獻王義眞。

元凶劭字休遠，文帝長子也。帝卽位後，諒闇中生劭，故秘之。元嘉三年閏正月方云劭生。自前代人君卽位後，皇后生太子，唯殷帝乙踐阼，正妃生紂，至此又有劭焉。

始生三日，帝往視之，簪帽甚堅，無風而墜于劭側，上不悅。初命之曰劭，在文爲召刀，後惡焉，改刀爲力。年六歲，拜爲皇太子，中庶子二率入直永福省，爲更築宮，制度嚴麗。年十二，出居東宮，納黃門侍郎殷淳女爲妃。十三加元服。好讀史傳，尤愛弓馬。及長，美鬚眉，大眼方口，長七尺四寸。親覽宮事，延賓客，意之所欲，上必從之。東宮置兵與羽林等。十七年，劭拜京陵，大將軍彭城王義康、竟陵王誕、桂陽侯義融並從。

二十七年，上將北侵，劭與蕭思話固諫，不從。魏太武帝至瓜步，上登石頭城，有憂色。劭曰：「不斬江湛、徐湛之，無以謝天下。」上曰：「北伐自我意，不關二人，但湛等不異耳。」由是與江、徐不平。

上時務本業，使宮內皆蠶，欲以諷勵天下。有女巫嚴道育夫爲劫，坐沒入奚官。劭姊東陽公主應閤婢王鸚鵡白公主道育通靈，主乃白上託云善蠶，求召入。道育云：「所奉天神，當賜符應。」時主夕臥，見流光相隨，狀若螢火，遂入巾箱化爲雙珠，圓靑可愛。於是主及劭並信惑之。始興王濬素佞事劭，並多過失，慮上知，使道育祈請，欲令過不上聞。歌舞

中華書局

呪詛，不捨晝夜。道育輒云：「自上天陳請，必不泄露。」劭等敬事，號曰天師。後遂爲巫蠱，刻玉爲上形像，埋於含章殿前。

初，東陽公主有奴陳天興，鸚鵡養以爲子而與之淫通。鸚鵡、天興及寧州所獻黃門慶國並與巫蠱事，劭以天興補隊主。東陽主薨，鸚鵡應出嫁，劭慮言語泄，與濬謀之，嫁與濬府佐吳興沈懷遠爲妾。不啓上，慮事泄，因臨賀公主微言之。上後知天興領隊，遣閹人奚承祖讓劭曰：「汝間用隊主副盡是奴邪？欲嫁者又嫁何處？」劭答：「南第昔屬天興求將吏驅使，覘形容粗健，便兼隊副；下人欲嫁者猶未有處。」時鸚鵡已嫁懷遠矣。劭懼，書告濬，并使報臨賀主，上若問嫁處，當言未定。濬答書曰：「啓此事多日，今始來問，當是有感發之者。計臨賀故不應翻覆言語，自生寒熱也。此姥由來挾兩端，難可孤保，正爾自問臨賀冀得審實也。其若見問，當作依違答之。天興先署佞人府位，不審監上當無此簿領，可急宜犍之。〔四〕殿下已見王未？宜依此具令嚴自躬上啓聞。彼人若爲不已，政可促其餘命，或是大慶之漸。」凡劭、濬相與書類如此。所言皆爲名號，謂上爲「彼人」，或以爲「其」；謂太尉江夏王義恭爲「佞人」；東陽主第在西掖門外，故云「南第」。王即鸚鵡姓。「躬上啓聞」者，令道育上天白天神也。鸚鵡既適懷遠，慮與天興私通事泄，請劭殺之。劭密使人害天興。既而慶國謂往來唯有二人，天興既死，慮將見及，乃以白上。上驚惋，即收鸚鵡家，得劭、濬手

書，皆呪詛巫蠱之言。得所埋上形像於宮內。道育叛亡，捕之不得。上詰責劭、濬，劭、濬唯陳謝而已。道育變服爲尼，逃匿東宮。濬往京口，又以自隨，或出止人張旿家。上謂江夏王義恭曰：「常見典籍有此，謂止書傳空言，〔五〕不意親覩。劭南面之日，非復我及汝事。汝兒子多，將來遇此不幸耳。」

先是二十八年，彗星起畢、昴，入太微，掃帝坐端門，滅翼、軫。二十九年，熒惑逆行守氐，自十一月霖雨連雪，陽光罕曜。時道士范材修練形術，是歲自言死期，如期而死。既殯，江夏王疑其仙也，使開棺視之，首如新刎，血流于背，上聞而惡焉。

三十年正月，大風飛霰且雷，上憂有竊發，輒加劭兵，東宮實甲萬人。其年二月，濬自京口入朝，當鎮江陵，復載道育還東宮，欲將西上。有告上云：「京口人張旿家有一尼服食，出入征北內，似是嚴道育。」上使掩得二婢，云：「道育隨征北還都。」上惆悵惋駭，須檢覆，廢劭賜濬死。初，濬母卒，命潘淑妃養以爲子。淑妃愛濬，濬心不附。妃被寵，上以謀告之。妃以告濬，濬報劭，因有異謀。每夜饗將士，或親自行酒，密與腹心隊主陳叔兒、齋帥張超之、任建之謀之。

其月二十一日夜，詐作上詔，云：「魯秀謀反，汝可平明率衆入。」因使超之等集素所養士二千餘人皆被甲，云「有所討」。宿召前中庶子右軍長史蕭斌及左衛率袁淑、中舍人殷仲

素、左積弩將軍王正見並入，告以大事，自起拜斌等，因流涕。並驚愕。明旦，劭以朱服加戎服上，乘畫輪車，與蕭斌同載，衞從如常入朝儀，從萬春門入。舊制，東宮隊不得入城，劭語門衞云：「受詔有所收討。」令後速來，張超之等數十人馳入雲龍東中華門。及齋閤，拔刃徑上合殿。上其夜與尚書僕射徐湛之屛人語，至旦燭猶未滅，門階戶席並無侍衞。上以几自鄣，超之行殺，上五指俱落，并殺湛之。劭進至合殿中閤，文帝已崩。出坐東堂，蕭斌執刀侍直，呼中書舍人顧嘏。〔六〕嘏懼，不時出，及至，問曰：「欲共見廢，何不早啓。」未及答，斬之。遣人於崇禮闥，殺吏部尚書江湛。文帝左細仗主卜天與攻劭於東堂，見殺。又使人入殺潘淑妃，剖其心觀其邪正。使者阿旨，答曰：「心邪。」劭曰：「邪佞之心，故宜邪也。」又殺文帝親信左右數十人。急召始興王濬率衆屯中堂。

劭即僞位，百僚至者裁數十人，乃爲書曰：「徐湛之弒逆，吾勒兵入殿，已無所及。今罪人斯得，元凶克殄，可大赦，改元爲太初。」素與道育所定也。蕭斌曰：「舊踰年改元。」劭以問侍中王僧綽，僧綽曰：「晉惠帝即位便改年。」劭喜而從之。初使蕭斌作詔，斌辭以不文，乃使王僧綽。始文帝未崩前一日甲夜，太史奏：「東方有急兵，其禍不測，宜列萬人兵於太極前殿，可以銷災。」上不從。及劭弒逆，聞而歎曰：「幾誤我事。」乃問太史令曰：「我得幾年。」對曰「得十年」。退而語人曰：「十旬耳。」劭聞而怒，毆殺之。

即位訖，便稱疾還入永福省，然後遷大行皇帝升太極殿，以蕭斌爲尚書僕射，何尚之爲司空。大行大斂，劭辭疾不敢出。先給諸處兵仗，悉收還武庫。遣人謂魯秀曰：「徐湛之常欲相危，我已爲卿除之。」使秀與屯騎校尉龐秀之對掌軍隊。以侍中王僧綽爲吏部尚書，〔七〕司徒左長史何偃爲侍中。

成服日，劭登殿臨靈，號慟不自持。博訪公卿，詢求政道，遣使分行四方。分浙江以東五郡爲會州，省揚州，立司隸校尉，以殷沖補之。以大將軍江夏王義恭爲太保，司徒南譙王義宣爲太尉。荆州刺史始興王濬進號驃騎將軍，王僧綽以先豫廢立見誅。長沙王瑾弟楷、臨川王燁、桂陽侯覬、新渝侯玠，並以宿恨死。禮官希旨，謚文帝不敢盡美稱，謚曰中宗景皇帝。及聞南譙王義宣、隨王誕等起義師，悉聚諸王於城內。移江夏王義恭住尚書下舍，分義恭諸子住侍中下省。

四月，立妻殷爲皇后。

孝武檄至，劭自謂素習武事，謂朝士曰：「卿等助我理文書，勿厝意戎陣。若有寇難，吾當自出，唯恐賊虜不敢動耳。」中外戒嚴。防孝武世子於侍中省，南譙王義宣諸子於太倉空屋。劭使濬與孝武書，言「上親御六師，太保又執鉞臨統，吾與烏羊相尋即道。上聖恩每厚法師，令在殿內住，想弟欲知消息，故及」。烏羊者，南平王鑠，法師，孝武世子小

中華書局

名也。

劭欲殺三鎮士庶家口，江夏王義恭、何尚之說曰：「凡舉大事，不顧家口；且多是驅逼，今忽誅其餘累，政足堅彼意耳。」劭乃下書，一無所問。

濬及蕭斌勸劭勒水軍自上決戰，江夏王義恭慮義兵倉卒，船舫陋小，不宜水戰。乃進策以爲「宜以近待之，遠出則京師空弱，東軍乘虛，容能爲患。不如養銳待期」。劭善其議。蕭斌厲色曰：「南中郎二十年少，業能建如此大事，[六]豈復可量。」劭不納。疑朝廷舊臣不爲之用，厚撫王羅漢、魯秀，悉以兵事委之，多賜珍玩美色以悅其志。羅漢先爲南平王鑠右軍參軍，劭以其有將用，故以心膂委焉。或勸劭保石頭城者，劭曰：「昔人所以固石頭，俟諸侯勤王耳。我若守此，誰當見救，唯應力戰決之。」日日自出行軍，慰勞將士。使有司奏立子偉之爲皇太子。

及義軍至新亭，劭登朱雀門躬自督戰。將士懷劭重賞，皆爲之力戰。將剋，而魯秀打退鼓，軍乃止，爲柳元景等所乘，故大敗。褚湛之攜二子與檀和之同歸順，劭懼，走還臺城。其夜，魯秀又南奔。二十五日，江夏王義恭單馬南奔，劭遣濬殺義恭諸子，以輦迎蔣侯神像於宮內，乞恩，拜爲大司馬，封鍾山郡王，蘇侯爲驃騎將軍。使南平王鑠爲祝文，罪狀孝武。二十七日，臨軒，拜子偉之爲皇太子，百官皆戎服，劭獨袞衣，下書大赦，唯孝武、劉義恭、義

宣、誕不在原例。

五月三日，魯秀等攻大航，鉤得一舶。王羅漢昏酣作伎，聞官軍已度，驚放仗歸降。是夜，劭閉守六門，於門內鑿塹立柵，以露車爲樓。城內沸亂，將吏並踰城出奔。劭使詹叔兒燒輦及袞冕服。蕭斌聞大航不守，惶窘不知所爲，宣令所統皆使解甲，尋戴白幡來降，卽於軍門伏誅。

四日，劭腹心白直諸同逆先屯閶闔門外，並走還入殿。程天祚與薛安都副譚金因而乘之，卽得俱入。臧質從廣莫門入，同會太極殿前。卽斬太子左衞率王正見，建平、東海等七王並號哭俱出。劭穿西垣入武庫井中，副隊高禽執之。濬率左右數十人，與南平王鑠於西明門出，俱南奔，於越城遇江夏王義恭。濬下馬，曰：「南中郎今何在？」義恭曰：「已君臨萬國。」又稱字曰：「虎頭來，得無晚乎？」義恭曰：「恨晚。」又曰：「故當不死？」義恭曰：「可詣行闕請罪。」又曰：「未審猶能得一職自効不？」義恭又曰：「此未可量。」勒與俱自歸，命於馬上斬首。

濬字休明，將產之夕，有鵩鳴於屋上，聞者莫不惡之。元嘉十三年，年八歲，封始興王。濬少好文籍，資質端妍，母潘淑妃有盛寵。時六宮無主，潘專總內政。濬人才既美，母又至愛，文帝甚所留心。與建平王宏、侍中王僧綽、中書郎蔡興宗等，並以文義往復。

初元皇后性忌，以潘氏見幸，恚恨致崩。故劭深病潘氏及濬。濬慮將來受禍，乃曲意事劭，劭與之遂善。多有過失，屢爲上所讓，憂懼，乃與劭共爲巫蠱。後出鎮京口，乃因員外散騎侍郎徐爰求鎮江陵，又求助於尚書僕射徐湛之。而尚書令何尚之等咸謂濬太子次弟，不應遠出。上以上流之重，宜有至親，故以濬爲衞將軍、開府儀同三司、荆州刺史，加都督，領護南蠻校尉。濬入朝，遣還京口，爲行留處分。至京口數日而巫蠱事發，時二十九年七月也。上惋歎彌日，謂潘淑妃曰：「太子圖富貴，更是一理，虎頭復如此，非復思慮所及。汝母子豈可一日無我邪？」明年荆州事方行。二月，濬還朝。十四日，臨軒受拜。其日，藏嚴道育事發，明旦濬入謝，上容色非常，其夕卽加詰問。濬唯謝罪。潘淑妃抱濬泣曰：「汝始咒詛事發，猶冀刻己思愆，何意忽藏嚴道育。今日用活何爲，可送藥來，吾當先自取盡，不忍見汝禍敗。」濬奮衣去，曰：「天下事尋自判，必不上累。」

劭入弒之旦，濬在西州。府舍人朱法瑜曰：「臺內叫喚，宮門皆閉，道上傳太子反，未測禍變所至。」濬陽驚曰：「今當奈何。」濬未得劭信，不知事之濟不，騷擾不知所爲。將軍王慶曰：「今宮內有變，未知主上安危，預在臣子，當投袂赴難。」濬不聽。俄而劭遣張超之馳馬召濬，濬問狀訖，卽戎服乘馬而去。朱法瑜固止濬，濬不從。至中門，王慶又諫不宜從逆。濬曰：「皇太子令，敢有復言者斬。」及入見劭，勸殺荀赤松等。劭謂濬曰：「潘淑妃遂爲

亂兵所害。」濬曰：「此是下情由來所願。」其悖逆如此。劭將敗，勸劭入海，輦珍寶繒帛下船。

及劭入井，高禽於井出之。劭問天子何在，禽曰：「至尊近在新亭。」將劭至殿前，臧質見之慟哭。劭曰：「天地所不覆載，丈人何爲見哭。」質因辨其逆狀，答曰：「先朝當見枉廢，不能作獄中囚。問計於蕭斌，斌見勸如此。」又語質曰：「可得爲乞遠徙不？」質曰：「主上近在航南，自當有處分。」縛劭馬上，防送軍門。及至牙下，據鞍顧望。太尉江夏王義恭與諸王共臨視之，義恭曰：「我背逆歸順，有何大罪，頓殺十二兒。」劭曰：「殺諸弟此一事負阿父。」江湛妻庾氏乘車罵之，龐秀之亦加誚讓。劭厲聲曰：「汝輩復何煩爾。」先殺其四子，語南平王鑠曰：「此何有哉。」乃斬于牙下。臨刑歎曰：「不圖宋室一至於此。」劭、濬及其子並梟首大航，暴尸於市。劭妻殷氏賜死於廷尉，臨刑謂獄丞江恪曰：「汝家骨肉相殘，何以枉殺天下無罪人。」恪曰：「受拜皇后，非罪而何。」殷氏曰：「此權時耳，當以鸚鵡爲后也。」濬妻褚氏，丹陽尹湛之之女。湛之南奔之始，卽見離絕，故免於誅。其餘子女妾媵並於獄賜死。投劭、濬尸首於江，其餘同逆及王羅漢等皆伏誅。張超之聞兵入，遂至合殿故基，止於御床之所，爲亂兵所殺，剖腹刳心，臠割其肉，諸將生噉之。焚其頭骨。時不見傳國璽，問劭，云在嚴道育處。就取得之。道育、鸚鵡並都街鞭殺，於石頭四望山焚其尸，揚灰于江。毀劭

二十四史

中華書局

東宮所住齋，汙瀦其處。封高禽新陽縣男。追贈潘淑妃爲長寧園夫人，〔九〕置守冢。僞司隸校尉殷沖、丹陽尹尹弘並賜死。沖爲劭草立符文，又妃叔父；弘爲劭簡配兵士，盡其心力故也。

南平穆王鑠字休玄，文帝第四子也。元嘉十六年，年九歲，封南平王，少好學，有文才，未弱冠，擬古三十餘首，時人以爲亞迹陸機。二十二年，爲南豫州刺史，加都督。時文帝方事外略，罷南豫州併壽陽，以鑠爲豫州刺史，領安蠻校尉。

二十六年，魏太武圍汝南懸瓠城，行汝南太守陳憲保城自固，魏作高樓施弩射城內，城內負戶以汲。又毀佛圖，取金像以爲大鉤，施之衝車端以牽樓堞。城內有一沙門頗有機思，輒設奇以應之。魏人以蝦蟇車塡壍，肉薄攻城，死者與城等，遂登尸以陵城。憲銳氣愈奮，戰士無不一當百，殺傷萬計，汝水爲之不流。相拒四十餘日，鑠遣安蠻司馬劉康祖與寧朔將軍臧質救之，魏人燒攻具而退。

元凶弒立，以鑠爲侍中、錄尚書事。劭迎蔣侯神於宮內，疏孝武年諱厭呪，祈請假授位號，使鑠造策文。及義軍入宮，鑠與濬俱歸孝武。濬即伏法。上迎鑠入宮，當時倉卒失國璽，事寧更鑄給之。進侍中、司空，領兵置佐。以國哀未闋，讓侍中。

鑠既歸義最晚，常懷憂懼，每於眠中蹶起坐，與人語亦多謬僻。語家人云：「我自覺無復魂守。」鑠爲人負才狡競，每與兄弟計度藝能，與帝又不能和，食中遇毒，尋薨。贈司徒，加以楚穆之謚。三子：敬猷、敬深、敬先。〔一〇〕

敬深封南安縣侯，敬先繼廬陵王紹，前廢帝景和末，召鑠妃江氏入宮，命左右於前逼之。江氏不受命，謂曰：「若不從，當殺汝三子。」江氏猶不從，於是遣使於第殺敬猷、敬深、敬先等，鞭江氏一百。其夕廢帝亦殞。明帝即位，追贈敬猷侍中，謚曰懷。改封孝武帝第十八子臨賀王子産字孝仁爲南平王，繼鑠後，未拜被殺。泰始五年，立晉平王休祐第七子宣曜爲南平王，繼鑠。休祐死，宣曜被廢還本。後廢帝元徽元年，立衡陽恭王嶷第二子伯玉爲南平王，繼鑠後，昇明三年被誅。

竟陵王誕字休文，文帝第六子也。元嘉二十年，年十一，封廣陵王。二十六年，爲雍州刺史，加都督。以廣陵凋弊，改封隨郡王。上欲大舉侵魏，以襄陽外接關河，欲廣其資力，乃罷江州軍府，文武悉配雍州，湘州入臺租稅雜物，悉給襄陽。及大舉北侵，命諸藩並出師，皆奔敗，唯誕遣中兵參軍柳元景剋弘農、關、陝。元凶立，以揚州浙江西屬司隸校尉，浙江東五郡立會州，以誕爲刺史。

孝武入討，遣寧朔將軍顧彬之受誕節度，誕遣參軍劉季之舉兵與彬之并。遇劭將華欽、庾遵於曲阿之奔牛塘，大敗之。事平，以誕爲荆州刺史，加都督、衞將軍、開府儀同三司。誕以位號正與濬同，惡之，請求回改，乃進號驃騎將軍，加班劍二十人。南譙王義宣不肯就徵，以誕爲侍中、驃騎大將軍、揚州刺史，開府如故。改封竟陵王。誕性恭和，得士庶之心，頗有勇略。

明年義宣反，有荆、江、兗、豫四州之力，勢震天下。上即位日淺，朝野大懼。上欲奉乘輿法物以迎義宣，誕固執不可，曰：「奈何持此座與人。」帝加誕節，仗士五十人出入六門。上流平定，誕之力也。誕初討元凶，豫同舉兵，有奔牛之捷，至是又有殊勳。上性多猜，頗相疑憚。而誕造立第舍，窮極工巧，園池之美，冠於一時。多聚材力之士實之。第內精甲利器，莫非上品。上意愈不平。

孝建二年，以司空太子太傅出爲都督南徐州刺史。上以京口去都密邇，猶疑之。大明元年秋，又出爲南兗州刺史，加都督。誕知見猜，亦潛爲之備。至廣陵，因魏侵邊，修城隍，聚糧練甲。嫌隙既著，道路常云誕反。

三年，建康人陳文紹訴父饒爲誕府史，〔一一〕恒使入山圖畫道路，不聽歸家。誕大怒，使人殺饒。吳郡人劉成又訴稱息道龍伏事誕，見誕在石頭城內修乘輿法物，習唱警蹕，向伴

侶言之。誕知，密捕殺道龍。豫章人陳談之又上書稱弟詠之在誕左右，見誕與左右莊慶、傅元禮等潛圖姦逆，常疏陛下年紀姓諱，往巫鄭師憐家呪詛。詠之與建康右尉黃達往來，誕疑其宣漏，誣以罪被殺。

其年四月，上使有司奏誕罪惡，宜絕屬籍，削爵土，收付法獄。上不許。有司又固請，乃貶爵爲侯，遣令之國。

上將謀誕，以義興太守垣閬爲兗州刺史，〔一二〕配以羽林禁兵。遣給事中戴明寶隨閬襲誕，使閬以之鎭爲名。閬至廣陵，誕未悟也。明寶夜報誕典籤蔣成使爲內應，成以告府舍人許宗之，宗之告誕。誕驚起，召錄事參軍王琠之曰：「我何罪於天，以至此。」斬蔣成，勒兵自衞。遣腹心率壯士擊明寶等破之，閬即遇害，明寶逃自海陵界還。

上遣車騎大將軍沈慶之討誕，誕奉表投之城外，自申於國無負，幷言帝宮閫之醜。孝武忿誕深切，凡誕左右腹心同籍朞親並誅之，死者千數。車駕出頓宣武堂，內外纂嚴。誕見衆軍大集，欲棄城北走，行十餘里，衆並不欲去，請誕乃還城。

五月十九日夜，有流星長十餘丈從西北來墜城內，是謂天狗。占曰：「天狗所墜，下有伏尸流血。」廣陵城舊不開南門，云「開南門者不利其主」。〔一三〕誕乃開焉。彭城邵領宗在城內陰結死士欲襲誕，先欲布誠於慶之，乃說誕求爲間構，見許。領宗既出致誠畢，復還城，

內。事泄，誕鞭二百，考問不伏，遂支解之。

上遣送章二紐：其一曰「竟陵縣開國侯，食邑千戶」。募賞禽誕。其二曰「建興縣開國男，食邑三百戶」。募賞先登。若剋外城舉一烽，剋內城舉二烽，禽誕舉三烽。

七月二日，慶之進軍，剋其外城，乘勝又剋小城。誕聞軍入，走趣後園墜水，引出殺之，傳首建鄴，因葬廣陵，貶姓留氏。帝命城中無大小悉斬，慶之執諫，自五尺以下全之，於是同黨悉伏誅。城內女口爲軍賞，男丁殺爲京觀，死者尚數千人，每風晨雨夜有號哭之聲。誕母殷、妻徐並自殺。追贈殷長寧園淑妃。〔一四〕

初，誕爲南徐州刺史，在京口，夜大風飛落屋瓦，城門鹿牀倒覆，誕心惡之。及還鎮廣陵，將入城，衝風暴起，揚塵，晝晦。又嘗中夜閑坐，有赤光照室，見者莫不駭愕。誕左右侍直，眠中夢人告之曰：「宜須髮爲矟毦。」既覺已失髻矣，如此者數十人。誕甚怪懼。大明二年，發人築廣陵城，誕循行，有人干輿，揚聲大罵曰：「大兵尋至，何以辛苦百姓。」誕使執之，問其本末。答曰：「姓夷名孫，家在海陵。天公與道佛先議，欲燒除此間人。道佛苦諫，強得至今。大禍將至，何不立六慎門。」誕問「六慎門云何」？答曰：「古有言，禍不過六慎門。」誕以其言狂悖，殺之。又五音士忽狂易見鬼，驚怖啼哭曰：「外軍圍城，城上張白布帆。」誕執錄二十餘日乃殺。城陷之日，雲霧晦冥，白虹臨北門，亘屬城內。

八年，前廢帝即位，義陽王昶爲徐州刺史，道經廣陵，至墓盡哀，表請改葬誕。詔葬誕及妻子並以庶人禮。明帝泰始四年，又改葬，祭以少牢。

王璵之，琅邪人，有才局。其五子悉在建鄴。璵之嘗乘城，慶之縛其五子，示而招之，許以富貴。璵之曰：「吾受主王厚恩，不可以二心。三十之年，未獲死所耳，安可以私親誘之。」五子號叫於外，呼其父。及城平，慶之悉撲殺之。

建平宣簡王宏字休度，文帝第七子也。早喪母。元嘉二十一年，年十一，封建平王。宏少而閑素，篤好文籍，文帝寵愛殊常，爲立第於雞籠山，盡山水之美。建平國職高他國一階，歷位中護軍、中書令。

元凶弒立，孝武入討，劭錄宏殿內，自拔莫由。孝武先嘗以一手板與宏，宏遣左右親信周法道齎手板詣孝武。事平，以爲尚書左僕射，使迎太后。還加中軍將軍、中書監。爲人謙儉周慎，禮賢接士，明達政事，上甚信仗之。轉尚書令。宏少多病，求解尚書令。以本號開府儀同三司。〔一五〕未拜薨。追贈司徒。上痛悼甚至，每朔望出臨靈，自爲墓誌銘并誄。五年，益諸弟國各千戶，薨者不在其例，唯宏追益。子景素嗣。

景素少有父風，位南徐州刺史，加都督。桂陽王休範爲逆，景素雖纂集兵衆以赴朝廷爲名，而陰懷兩端。及事平，進號鎮北將軍。

景素好文章書籍，招集才義之士，以收名譽，由是朝野屬意。而後廢帝狂凶失道，內外皆謂景素宜當神器，唯廢帝所生陳氏親戚疾忌之，而楊運長、阮佃夫並明帝舊隸，貪幼主以久其權，慮景素立，不見容於長主，深相忌憚。

元徽三年，景素防閤將軍王季符恨景素，因奔告之。運長等便欲遣軍討之。齊高帝及衛將軍袁粲以下並保持之，景素亦馳遣世子延齡還都，具自申理。運長等乃徙季符於梁州，又奪景素鎮北將軍、開府儀同三司。〔一六〕自是廢帝狂悖日甚，朝野並屬心景素。陳氏及運長等彌相猜疑。景素因此稍爲自防之計，多以金帛結材力之士。時大臣誅夷，孝武諸子孫或殺或廢，無復在朝者。且景素在蕃甚得人心，而謗聲日積，深懷憂懼。嘗與故吏劉璡獨處曲臺，有鵲集於承塵上，飛鳴相追。景素泫然曰：「若斯鳥者，遊則參于風煙之上，止則隱于林木之下，飢則啄，渴則飲，形體無累于物，得失不關於心，一何樂哉。」

時廢帝單馬獨出，游走郊野。輔國將軍曹欣之等謀候廢帝出行，因聚衆作難，事剋，奉景素。景素每禁之，未欲怱怱舉動。運長密遣傖人周天賜僞投景素勸爲異計，景素知即斬之，送首還臺。

四年七月，羽林監垣祗祖奔景素，〔一七〕言臺城已潰。景素信之，即舉兵。運長等常疑景素有異志，即纂嚴。景素本乏威略，不知所爲，竟爲臺軍破，斬之。即葬京口。

景素性甚仁孝，事獻太妃，朝夕不違侍養。太妃有不安，景素傍行蓬髮。與人言呴呴，常恐傷其情。又甚儉素，爲荆州時，州有高齋刻楹栢構，景素竟不處。朝廷欲賜以甲第，辭而不當。兩宮所遺珍玩，塵於笥篋。食常不過一肉，器用瓦素。時有獻鏤玉器，景素顧主簿何昌寓曰：「我持此安所用哉。」乃謝而反之。及敗後，昌寓與故記室王摛等上書訟其冤。齊受禪，景素故秀才劉璡又上書述其德美，陳冤，並不見省。至齊武帝即位，下詔曰：「宋建平王劉景素，名父之子，雖末路失圖，而原心有本。可聽以禮葬舊塋。」

廬江王禕字休秀，〔一八〕文帝第八子也。元嘉二十二年，年十一，封東海王。大明七年，進位司空。明帝踐阼，進太尉，封廬江王。初，廢帝目禕似驢，上以廢帝之言類，故改封焉。文帝諸子，禕尤凡劣，諸兄弟並蚩鄙之。南平王鑠薨，子敬深婚，禕覘之，白孝武借伎。孝武答曰：「婚禮既不舉樂，且敬深孤苦，伎非宜也。」至是明帝與建安王休仁詔曰：「人既不比數西方公，汝便爲諸王之長。」時禕住西州，〔一九〕故謂之西方公。泰始五年，河東柳欣慰謀反，欲立禕，禕與相酬和。欣慰結征北諮議參軍杜幼文，幼文具奏其事。上暴其罪惡，黜爲南豫州刺史、車騎將軍、開府儀同三司。上遣腹心楊運長領兵防衛。明年，又令有司奏禕

中華書局

怨懟，逼令自殺，葬宣城。

晉熙王昶字休道，文帝第九子也。元嘉二十二年，年十歲，封義陽王。大明中，位中書令、中軍將軍、開府儀同三司。廢帝卽位，爲徐州刺史，加都督。昶輕訬褊急，不能事孝武，大明中常被嫌責，人間常言昶當有異志。

廢帝既誅羣公，彌縱狂惑，常語左右曰：「我卽大位來，遂未戒嚴，使人邑邑。」江夏王義恭誅後，昶表求入朝，遣典籤蘧法生銜使。帝謂法生：「義陽與太宰謀反，我政欲討之，今知求還，甚善。」又問法生：「義陽謀反，何不啓？」法生懼，走還彭城。帝因此北討。法生至，昶卽起兵，統內諸郡並不受命。昶知事不捷，乃夜開門奔魏，棄母妻，唯携妾一人，作丈夫服騎馬自隨。在道慷慨爲斷句曰：「白雲滿鄣來，黃塵半天起。關山四面絕，故鄉幾千里。」因把姬手南望慟哭，左右莫不哀哽。每節悲慟，遙拜其母。

昶家還都，二妾各生一子，明帝卽位，名長者曰思遠，小者曰懷遠，尋並卒。帝以金千兩贖昶于魏不獲，乃以第六皇子燮字仲綏繼昶，封爲晉熙王。明帝既以燮繼昶，乃詔曰：「晉熙國太妃謝氏，沈刻無親，物理罕比，骨肉至親，尙相棄蔑，況以義合，免苦爲難。可還其本家，削絕蕃秩。」

先是，改謝氏爲射氏。元徽元年，燮年四歲，以爲郢州刺史。明年，復昶所生謝氏爲晉熙國太妃。齊受禪，燮降封陰安縣公，〔二〇〕謀反賜死。

武昌王渾字休深，〔二一〕文帝第十子也。元嘉二十四年，年九歲，封汝陰王。後徙武昌。渾少而凶戾，嘗忿左右，拔防身刀斫之。元凶弒立，以爲中書令。山陵夕，裸身露頭往散騎省戲，因彎弓射通直郞周朗中枕，以爲笑樂。

孝建元年，爲雍州刺史，監雍梁南北秦四州荆州之竟陵隨二郡諸軍事、寧蠻校尉。至鎭，與左右人作文檄，自稱楚王，號年爲元光，備置百官以爲戲笑。長史王翼之得其手迹，封呈孝武。上使有司奏免爲庶人，下太常絕屬籍，使付始安郡，逼令自殺。卽葬襄陽。大明四年，聽還葬母江太妃墓次。明帝卽位，追封武昌縣侯。

建安王休仁，文帝第十二子也。元嘉二十九年，年十歲，立爲建安王。前廢帝景和元年，累遷護軍將軍。時帝狂悖無道，誅害羣公，忌憚諸父，並聚之殿內，毆捶陵曳，無復人理。休仁及明帝、山陽王休祐形體並肥壯，帝乃以籠盛稱之，以明帝尤肥，號爲猪王。號休仁爲殺王，休祐爲賊王。以三王年長，尤所畏憚，故常錄以自近，不離左右。東海王禕凡劣，號之驢王。桂陽王休範、巴陵王休若年少，故並得從容。嘗以木槽盛飯，內諸雜食，攪令和合，掘地爲阬穽，實之以泥水。裸明帝內坑中，以槽食置前，令以口就槽中食之，用爲歡笑。欲害明帝及休仁、休祐，前後以十數。休仁多計數，每以笑調佞諛說悅之，故得推遷。常於休仁前，使左右淫逼休仁所生楊太妃。左右並不得已順命，至右衞將軍劉道隆，道隆歡以奉旨，盡諸醜狀。時廷尉劉蒙妾孕臨月，帝迎入後宮，冀其生男，欲立爲太子。明帝嘗忤旨，帝怒，乃裸之，縛其手脚，以杖貫手脚內，使擔付太官，卽日屠猪。休仁笑謂帝曰：「未應死。」帝問其故，休仁曰：「待皇太子生，殺猪取肝肺。」帝意解，曰：「且付廷尉。」一宿出之。

帝將南游荆、湘二州，明旦欲殺諸父便發，其夕被殺於華林園。休仁卽日便執臣禮於明帝。時南平王敬猷、廬陵王敬先兄弟被害，猶未殯斂，休仁、休祐同載臨之，開帷歡笑，鼓吹往反，時人咸非焉。

明帝以休仁爲侍中、司徒、尙書令、揚州刺史，給三望車。時劉道隆爲護軍，休仁求解職，曰：「臣不得與此人同朝。」上乃賜道隆死。尋諸方逆命，休仁都督征討諸軍事，增班劍爲三十人，出據獸檻，〔二二〕進赭圻。尋領太子太傅，總統諸軍。中流平定，休仁之力也。明帝初與蘇侯神結爲兄弟，以祈福助。及事平，與休仁書曰：「此段殊得蘇兄神力。」

休仁年與明帝相亞，俱好文籍，素相愛。及廢帝世，同經艱危，明帝又資其權譎之力。泰始初，四方逆命，休仁親當矢石，大勳克建，任總百揆，親寄甚隆，四方輻湊。上甚不悅。休仁悟其旨，表解揚州，見許。進位太尉，領司徒，固讓。又加漆輪車，劍履升殿。受漆輪車，固辭劍履。

明帝末年多忌，休仁轉不自安。及殺晉平王休祐，〔二三〕其年上疾篤，與楊運長爲身後計。運長等又慮帝晏駕後，休仁一旦居周公之地，其輩不得執權，彌贊成上使害諸王。及上疾暴甚，內外皆屬意休仁。主書以下皆往東府詣休仁所親信，豫自結納。其或直不得出者皆懼。上與運長等定謀，召休仁入宿尙書下省，其夜遣人齎藥賜休仁死，休仁對使者罵曰：「上有天下，誰之功也。孝武以誅子孫而至于滅，今復遵覆車，枉殺兄弟，奈何忠臣抱此寃濫！我大宋之業，其能久乎。」上疾久，慮人情同異，自力乘輿出端門，休仁死後乃入。詔稱其自殺，宥其二子，并全封爵。有司奏請降休仁爲庶人，絕屬籍，兒息悉徙遠郡。詔休仁特降爲始安縣王，并停子伯融等流徙，聽襲封爵。及帝疾甚，見休仁爲祟，叫曰：「司徒小寬我。」尋崩。伯融，妃殷氏所生。殷氏，吳興太守沖女也。范陽祖翻有醫術，姿貌又美，殷氏有疾，翻入視脉，悅之，遂與姦。事泄，遣還家賜死。

中華書局

晉平剌王休祐，文帝第十三子也。孝建二年，年十一，封山陽王。明帝卽位，以山陽荒弊，改封晉平王，位驃騎大將軍、開府儀同三司、荆州刺史。

休祐素無才能，强梁自用。大明之世，不得自專，至是貪淫好財色，在荆州多營財貨。以短錢一百賦人，田登就求白米一斛，米粒皆令徹白；若碎折者悉不受。人間糴此米一斗一百。至時又不受米，評米責錢，凡諸求利皆如此。百姓嗷然，不復堪命。徵爲南徐州刺史，加都督。[二四]上以休祐貪虐，不可莅人，留之都下，遣上佐行府州事。

休祐狠戾，前後忤上非一。在荆州時，左右范景達善彈棊，上召之，休祐留不遣。上怒詰責之，且慮休祐將來難制，欲方便除之。七年二月，車駕於巖山射雉，有一雉不肯入場，日暮將反，留休祐射之，令不得雉勿歸。休祐時從在黃麾內，左右從者並在部伍後。休祐便馳去，上遣左右數人隨之。上既還，前驅淸道，休祐人從悉散，不復相得。上遣壽寂之等諸壯士追之，日已欲闇，與休祐相及，蹴令墜馬。休祐素勇壯，有氣力，奮拳左右排擊，莫得近。有一人自後引陰，因頓地，卽共拉殺之。遣人馳白上，行唱驃騎落馬，上聞驚曰：「驃騎體大，落馬殊不易。」卽遣御醫上藥相係至，頃之休祐左右人至，久已絕矣。輿以還第，贈司空。時巴陵王休若在江陵，其日卽馳信報休若曰：「吾與驃騎南山射雉，驃騎馬驚，與直閤夏文秀馬相蹋，文秀墮地，驃騎失控，馬重驚，觸松樹墜地落硎中，時頓悶，故馳報弟。」其年

五月，追免休祐爲庶人，十三子並徙晉平。

明帝尋病，見休祐爲祟，使使至晉平撫其諸子。帝尋崩。廢帝元徽元年，聽諸子還都。順帝昇明三年，稱謀反，並賜死。

海陵王休茂，文帝第十四子也。孝建二年，年十一，封海陵王。大明二年，爲雍州刺史，加都督、北中郎將、寧蠻校尉。時司馬庾深之行府州事，休茂性急欲自專，深之及主帥每禁之。常懷忿，因左右張伯超至所親愛，多罪過，[二五]主帥常加訶責。伯超懼罪，謂休茂曰：「主帥密疏官罪，欲以啓聞。」休茂曰：「今爲何計？」伯超曰：「唯殺行事及主帥，舉兵自衞，縱不成，不失入虜中爲王。」休茂從之，夜使伯超等殺司馬庾深之，集兵建牙馳檄。休茂出城行營，諮議參軍沈暢之等閉門拒之。城陷，斬暢之。其日，參軍尹玄度起兵攻休茂，[二六]禽之，斬首。母妻皆自殺，同黨悉伏誅。有司奏絕休茂屬籍，貶姓爲留，不許。卽葬襄陽。

鄱陽哀王休業，文帝第十五子也。孝建二年，年十一，封鄱陽王。三年薨，以山陽王休祐次子士弘嗣，被廢國除。

臨慶沖王休倩，文帝第十六子也。孝建元年，年九歲，疾篤，封東平王，未拜，薨。大明七年，立第二十七皇子子嗣爲東平王，紹休倩。泰始三年還本，遂絕。六年，以第五皇子智井爲東平王，繼休倩，未拜，薨。其年，追改休倩爲臨慶王。休倩爲文帝所愛，故前後屢加紹嗣。

新野懷王夷父，文帝第十七子也。元嘉二十九年薨，明帝泰始五年，追加封諡。

桂陽王休範，文帝第十八子也。孝建三年，年九歲，封順陽王。大明元年，改封桂陽。泰始六年，累遷驃騎大將軍、江州刺史，加都督。遺詔進位司空、侍中，加班劍三十人。休範素凡訥，少知解，不爲諸兄齒遇。明帝常指左右人謂王景文曰：「休範人才不及此，以我弟故，生便富貴。[二七]釋氏願生王家，良有以也。」及明帝晚年，晉平王休祐以狠戾致禍，建安王休仁以權逼不容，巴陵王休若素得人情，以此見害；唯休範謹澀無才，不爲物情所向，故得自保而常憂懼。

及明帝晏駕，主幼時艱，休範自謂宗戚莫二，應居宰輔。事既不至，怨憤彌結。招引勇

士，繕修器械。行人經過尋陽者，莫不降意折節，於是至者如歸。朝廷知之，密相防禦。母荀太妃薨，卽葬廬山，以示不還之志。時夏口闕鎭，朝議以居尋陽上流，欲樹置腹心，重其兵力。元徽元年，乃以第五皇弟晉熙王燮爲郢州刺史，長史王奐行府州事，配以實力，出鎭夏口。慮爲休範所攔留，自太子洑去，不過尋陽。休範怒，欲舉兵，乃上表修城堞。其年進位太尉，明年五月遂反。發自尋陽，晝夜取道。大雷戍主杜道欣馳下告變。道欣至一宿，休範已至新林，朝廷震動。

齊高帝出次新亭壘。時事起倉卒，朝廷兵力甚弱，及開武庫，隨將士意取。休範於新林步上攻新亭壘。屯騎校尉黃回乃僞往降，幷宣齊高帝意。休範大悅，置之左右。休範壯士李恒、鍾爽進諫不宜親之，休範曰：「不欺人以信。」時休範日飲醇酒，以二子德宣、德嗣付與齊高帝爲質，至卽斬之。回與越騎校尉張敬兒直前斬休範首持還，左右並散。

初，休範自新林分遣同黨杜墨蠡、丁文豪等直向朱雀門。休範雖死，墨蠡等不知。王道隆率羽林兵在朱雀門內，聞賊至，急召劉勔，勔自石頭來赴戰，死之。墨蠡等乘勝直入朱雀門，道隆爲亂兵所殺。墨蠡等唱云「太尉至」。休範之死也，齊高帝遣隊主陳靈寶齎首還臺，逢賊，埋首道側，挺身得達。雖唱云已平，而無以爲據，衆愈疑惑。墨蠡徑至杜姥宅，宮省恇擾，無復固志。撫軍長史褚澄以東府納賊。賊擁安成王據東府，稱休範教曰：「安成王

二十四史

中華書局

吾子也，勿得侵。」賊勢方逼，衆莫能振。尋而丁文豪之衆知休範已死，稍欲退散。文豪勇氣殊壯，厲聲曰：「我獨不能定天下邪。」休範首至，又羽林監陳顯達率所領於杜姥宅破墨蠡等，諸賊一時奔散。斬墨蠡、文豪等。晉熙王燮自夏口遣軍平尋陽。

巴陵哀王休若，文帝第十九子也。孝建三年，年九歲，封巴陵王。明帝即位，出爲會稽太守，加都督。二年，還都督、雍州刺史，寧蠻校尉。前在會稽錄事參軍陳郡謝沈以諂側事休若，多受財賂。時內外戒嚴並袴褶，[三八]沈居母喪被起，聲樂酣飲，不異吉人。衣冠既無殊異，並不知沈居喪。沈嘗自稱孤子，衆乃駭愕。休若坐與沈褻黷，降號鎮西將軍。典籤夏寶期事休若無禮，啓明帝殺之。慮不許，啓未報，於獄行刑。信反令鎖送，而寶期已死。上怒敕之曰：「孝建之世，汝何敢爾。」使其母羅加杖三百。

四年，改行湘州刺史。六年，爲荊州刺史，加都督、征西大將軍、開府儀同三司。七年，晉平王休祐被殺，建安王休仁見疑，都下訛言休若有至貴之表，明帝以此言報之。休若甚憂，嘗衆賓滿坐，有一異鳥集席隅，哀鳴墜地死。又聽事上有二大白蛇長丈餘，唅唅有聲。休若甚惡之。

會被徵爲南徐州刺史，加都督、征北大將軍，開府如故。休若腹心將佐咸謂還朝必有

大禍，中兵參軍京兆王敬先勸割據荊楚。休若執錄，馳使白明帝，敬先坐誅。休若至京口，上以休若善能諧緝物情，慮將來傾幼主，欲遣使殺之，慮不奉詔。徵入朝，又恐猜駭。乃僞授爲江州刺史，至，即於第賜死，贈侍中、司空。子沖始襲封。

孝武帝二十八男。文穆皇后生廢帝子業、豫章王子尚。陳淑媛生晉安王子勛。阮容華生安陸王子綏。徐昭容生皇子子深。何淑儀生松滋侯子房。史昭華生臨海王子頊。殷貴妃生始平孝敬王子鸞。次永嘉王子仁與皇子子深同生。何婕妤生皇子子鳳。謝昭容生始安王子眞。江婕妤生皇子子玄。史昭儀生邵陵王子元。次齊敬王子羽與始平孝敬王子鸞同生。江美人生皇子子衡。楊婕妤生淮南王子孟。次皇子子況與皇子子玄同生；次南平王子産與永嘉王子仁同生。次晉陵孝王子雲、次皇子子文並與始平孝敬王子鸞同生；次廬陵王子輿與淮南王子孟同生；次南海哀王子師與始平孝敬王子鸞同生；次淮陽思王子霄與皇子子玄同生；次皇子子雍與始安王子眞同生；次皇子子趨與皇子子鳳同生；次皇子子期與皇子子衡同生；次東平王子嗣與始安王子眞同生。張容華生皇子子悅。安陸王子綏、南平王子産、廬陵王子輿並出繼。皇子子深、子鳳、子玄、子衡、子況、子文、子雍未封早夭。子趨、子期、子悅未封，爲明帝所殺。

豫章王子尚字孝師，孝武第二子也。孝建三年，年六歲，封西陽王。大明三年，分浙江西立王畿；以浙江東爲揚州，以子尚爲刺史，加都督。五年，改封豫章王，[三九]領會稽太守。七年，進號車騎大將軍、開府儀同三司。時東土大旱，鄞縣多𤳰田，孝武使子尚表至鄞縣勸農。[四〇]又立左學，召生徒，置儒林祭酒一人，學生師敬，位比州中從事。文學祭酒一人，比州西曹。勸學從事二人比祭酒從事。

前廢帝即位，罷王畿復舊，徵子尚都督揚、南徐二州諸軍事，領尚書令。初，孝建中，孝武以子尚太子母弟，甚留心；後新安王子鸞以母幸見愛，子尚寵衰。及長凶慝，有廢帝之風。明帝既殞廢帝，乃稱太皇太后令曰：「子尚頑凶，楚玉淫亂，並於第賜盡。」楚玉，廢帝姊山陰公主也。廢帝改封會稽郡長公主，給鼓吹一部，加班劍二十人，未拜受而廢帝敗。[四一]

晉安王子勛字孝德，孝武第三子也。眼患風，不爲孝武所愛。大明四年，年五歲，封晉安王。七年，爲江州刺史，加都督。八年，改授雍州，未拜而孝武崩，還爲江州。

時廢帝狂凶，多所誅害。前撫軍諮議參軍何邁謀因帝出爲變，迎立子勛。事泄，帝誅邁，使八座奏子勛與邁通謀，遣左右朱景送藥賜子勛死。景至盆口，遣報長史鄧琬。琬等奉子勛起兵，以廢立爲名。明帝定亂，進子勛車騎將軍、開府儀同三司。琬等不受命。泰始二年正月七日，奉子勛爲帝，即僞位於尋陽，年號義嘉，備置百官，四方響應。是歲四方貢計，並詣尋陽。及軍敗，子勛見殺，時年十一。即葬尋陽廬山。

松滋侯子房字孝良，孝武第六子也。大明四年，年五歲，封尋陽王。前廢帝景和元年，爲會稽太守，加都督。明帝即位，徵爲撫軍，領太常。長史孔覬不受命，舉兵應晉安王子勛。上虞令王晏殺覬，送子房還建鄴。上宥之，貶爲松滋縣侯。司徒建安王休仁以子房兄弟終爲禍難，勸上除之。廢徙遠郡見殺，年十一。

臨海王子頊字孝烈，孝武第七子也。初封歷陽王，後改封臨海，位荊州刺史。明帝即位，進督雍州，長史孔道存不受命，應晉安王子勛。事敗賜死，年十一。

始平孝敬王子鸞字孝羽，孝武第八子也。大明四年，封襄陽王，尋改封新安。五年，爲

北中郎將、南徐州刺史，領南琅邪太守。母殷淑儀寵傾後宮，子鸞愛冠諸子，凡爲上眄遇者莫不入子鸞府國。爲南徐州，又割吳郡屬之。六年，丁母憂。

前廢帝素疾子鸞有寵，及卽位，旣誅羣臣，乃遣使賜子鸞死，時年十歲。子鸞臨死謂左右曰：「願後身不復生王家。」同生弟妹並死。明帝卽位，改封始平王，以建平王景素子延年嗣。

永嘉王子仁字孝緜，孝武第九子也。大明五年，封永嘉王。明帝卽位，以爲湘州刺史。帝尋從司徒建安王休仁計，未拜賜死，時年十歲。

始安王子眞字孝貞，孝武第十一子也。

邵陵王子元字孝善，孝武第十三子也。並被明帝賜死。

齊敬王子羽字孝英，孝武第十四子也。生二歲而薨，追加封謚。

淮南王子孟字孝光，孝武第十六子也。初封淮南王，明帝改封安成王，未拜賜死。

晉陵孝王子雲字孝舉，孝武第十九子也。大明六年封，未拜而亡。

南海哀王子師字孝友，孝武第二十二子也。大明七年封，未拜，爲前廢帝所害。明帝卽位追謚。

淮陽思王子霄字孝雲，孝武第二十三子也。早薨，追加封謚。

東平王子嗣字孝叔，孝武帝第二十七子也，明帝賜死。

武陵王贊字仲敷，小字智隨，明帝第九子也。明帝旣誅孝武諸子，詔以智隨奉孝武爲子，封武陵郡王。順帝昇明二年薨，國除。

明帝十二男：陳貴妃生後廢帝。謝修儀生皇子法良。陳昭華生順帝。徐婕妤生第四皇子。鄭修容生皇子智井。次晉熙王燮與皇子法良同生。泉美人生邵陵殤王友，次江夏王躋與第四皇子同生。徐良人生武陵王贊。杜修華生隨陽王翽。次新興王嵩與武陵王贊同生。又泉美人生始建王禧。智井、燮、躋、贊並出繼。法良未封。第四皇子未有名，早夭。

邵陵殤王友字仲賢，明帝第七子也。年五歲，出爲南中郎將、江州刺史，封邵陵王。後廢帝元徽二年，桂陽王休範誅後，王室微弱，友府州文案及臣吏不諱「有無」之「有」。〔三〕順帝昇明二年，徙南豫州刺史，薨。無子國除。

隨陽王翽字仲儀，明帝第十子也。初封南陽王，昇明二年，改封隨陽。齊受禪，封舞陰縣公。

新興王嵩字仲岳，明帝第十一子也。齊受禪，降封定襄縣公。

始建王禧字仲安，明帝第十二子也。齊受禪，降封荔浦縣公，尋並云謀反賜死。

論曰：甚矣哉，元嘉之遇禍也。殺逆之釁，事起肌膚，因心之童，遂亡天性。雖鳴鏑之酷，未極於斯，其不至覆亡，亦爲幸也。明皇統運，疑隙內構，尋斧所加，先自王戚。晉剌以獷暴摧軀，巴哀由和良猷體，保身之路，未知攸適。昔之戒子，愼勿爲善，詳求其旨，將遠有以乎。詩云：「不自我先，不自我後。」蓋古人之畏亂也。孝武諸子，提挈以成釁亂，遂至宇內沸騰，王室如燬，而帝之諸胤莫不殲焉。强不如弱，義在於此。明帝負螟之慶，事非己出，枝葉不茂，豈能庇其本乎。

校勘記

〔一〕陳修容生東海王禕　「東海王」目錄及本傳並作「廬陵王」。宋書作「廬江王」，而「東海王」爲其始封。今改目錄「廬陵」爲「廬江」。

〔二〕楊美人生始安王休仁　「始安王」目錄同，本傳作「建安王」。按「始安王」爲其降封。

〔三〕邢美人生山陽王休祐　「山陽王」目錄及本傳並作「晉平王」。按「山陽王」爲其始封。

〔四〕可急宜犍之　「犍」各本作「揵」，據宋書改。按犍之謂閹割之。

〔五〕謂止書傳空言　「謂止書傳」各本作「謂之傳」，據宋書訂正。

〔六〕呼中書舍人顧嘏　「嘏」各本作「瑕」，據宋書改。

〔七〕以侍中王僧綽爲吏部尚書　「王僧綽」各本譌「王僧達」。按王僧綽傳：「劭立，轉僧綽吏部尚書。」今據改。

〔八〕南中郎二十年少業能建如此大事　百衲本、汲古閣本作「中郎二十年業不少，能建如此大事」。此據南、北監本及殿本、局本，通志同，惟無「業」字。

〔九〕追贈潘淑妃爲長寧園夫人　「園」各本作「國」，據宋書改。按長寧宋文帝陵名。

〔一〇〕三子敬猷敬深敬先　「敬深」宋書作「敬淵」，此避唐諱改。

〔一一〕建康人陳文紹訴父饒爲誕府史　「紹」各本作「詔」，據宋書改。

〔一二〕以義興太守垣閬爲兗州刺史　「垣閬」各本作「桓閬」。張森楷南史校勘記：「據垣護之傳附載垣閬事，則是『垣』非『桓』也。」按宋書作「垣閬」，今據改。

〔一三〕廣陵城舊不開南門云開南門者不利其主　「不利其主」各本作「其主王」，今據宋書改。

〔一四〕追贈殷長寧園淑妃　「長寧園」各本作「長寧國」。按長寧園爲宋文帝陵園，據宋書改。

〔一五〕以本號開府儀同三司　「以」字各本並脫，據宋書補。

〔一六〕又奪景素鎭北將軍開府儀同三司　「鎭北」各本作「征北」。按上云「進號鎭北將軍」，通鑑胡注亦云「征北」當作「鎭北」，今改正。

〔一七〕羽林監垣祗祖奔景素　「垣」各本作「桓」，據宋書、通鑑改，南齊書作「袁祗」。

〔一八〕廬江王褘字休秀　「廬江王」各本作「廬陵王」。按宋宗室及諸王傳，「廬陵王」爲武帝子義眞封號，宋書作「廬江王」，是，今改正。

〔一九〕時褘住西州　各本脫「州」字，據宋書補。

〔二〇〕爕降封陰安縣公　「陰安」各本作「安陰」，按陰安爲南豫州晉熙郡屬縣，見宋、齊書州郡志，今乙正。

〔二一〕武昌王渾字休深　「深」宋書作「淵」，此避唐諱改。

〔二二〕出據獸檻　「獸」本字「虎」，避唐諱改。

〔二三〕及殺晉平王休祐　宋書此下有「憂懼彌切」四字，語意始完足。

〔二四〕加都督　宋書作「加侍中」。張森楷南史校勘記：「按休祐自初單爲東揚州、湘州刺史，後凡再爲徐州、荆州，無不都督者，非此除乃特加也。侍中非外任時應得，故云加，與都督不同。」

〔二五〕常懷忿因左右張伯超至所親愛多罪過　「忿」下，宋書有「怒」字，無「因」字。

〔二六〕參軍尹玄度起兵攻休茂　「度」宋書、通鑑並作「慶」。

〔二七〕以我弟故生便富貴　「弟」字各本並脫，據宋書補。

〔二八〕時內外戒嚴並袴褶　「並」下宋書有「著」字。

〔二九〕五年改封豫章王　「五年」各本作「六年」，據孝武紀及册府元龜二六四改。

〔三〇〕孝武使子尙表至鄮縣勸農　「表」宋書作「上表」。

〔三一〕未拜受而廢帝敗　「廢帝」各本脫「帝」字，據宋書補。

〔三二〕友府州文案及臣吏不諱有無之有　「之有」各本譌「君之心」，據宋書删改。

南史卷十五

列傳第五

劉穆之 曾孫祥 從子秀之　徐羨之 從孫湛之 湛之孫孝嗣 孝嗣孫君蒨

傅亮 族兄隆　檀道濟 兄韶 韶孫珪 韶弟祗

劉穆之字道和，小字道人，[一]東莞莒人也，世居京口。初爲琅邪府主簿，嘗夢與宋武帝汎海遇大風，驚俯視船下，見二白龍挾船。既而至一山，山峯聳秀，意甚悅。

及武帝剋京城，從何無忌求府主簿，無忌進穆之。帝曰：「吾亦識之。」卽馳召焉。時穆之聞京城有叫聲，晨出陌頭，屬與信會，直視不言者久之，反室壞布裳爲袴往見帝，帝謂曰：「我始舉大義，須一軍吏甚急，誰堪其選？」穆之曰：「無見踰者。」帝笑曰：「卿能自屈，吾事濟矣。」卽於坐受署。從平建鄴，諸大處分，皆倉卒立定，並穆之所建，遂動見諮詢。穆之亦竭節盡誠，無所遺隱。

時晉綱寬弛，[二]威禁不行，盛族豪家，負勢陵縱；重以司馬元顯政令違舛，桓玄科條繁密。穆之斟酌時宜，隨方矯正，不盈旬日，風俗頓改。

遷尚書祠部郎，復爲府主簿、記室、錄事參軍，領堂邑太守。以平桓玄功，封西華縣五等子。及揚州刺史王謐薨，帝次應入輔。劉毅等不欲帝入，議以中領軍謝混爲揚州，或欲令帝於丹徒領州，以內事付僕射孟昶。遣尚書右丞皮沈以二議諮帝。沈先與穆之言，穆之僞如厠，卽密疏白帝，言沈語不可從。帝旣見沈，且令出外，呼穆之問焉。穆之曰：「公今日豈得居謙，遂爲守蕃將邪？劉、孟諸公俱起布衣，共立大義，事乃一時相推，非宿定臣主分也。力敵勢均，終相吞咀。揚州根本所係，不可假人。前授王謐，事出權道，今若復他授，便應受制於人。一失權柄，無由可得。公功高勳重，不可直置疑貺，便可入朝共盡同異。公至京邑，彼必不敢越公更授餘人。」帝從其言，由是入輔。

從廣固還拒盧循，常居幕中畫策。劉毅等疾之，每從容言其權重，帝愈信仗之。穆之外所聞見，大小必白，雖閭里言謔，皆一二以聞。帝每得人間委密消息以示聰明，皆由穆之。又愛賓游，坐客恒滿，布耳目以爲視聽，故朝野同異，穆之莫不必知。雖親昵短長，皆陳奏無隱。人或譏之，穆之曰：「我蒙公恩，義無隱諱，此張遼所以告關羽欲叛也。」

帝舉止施爲，穆之皆下節度，帝書素拙，穆之曰：「此雖小事，然宣布四遠，願公小復留意。」帝既不能留意，又稟分有在，穆之乃曰：「公但縱筆爲大字，一字徑尺無嫌。大既足有所包，其勢亦美。」帝從之，一紙不過六七字便滿。

穆之凡所薦達，不納不止。常云：「我雖不及荀令君之舉善，然不舉不善。」穆之與朱齡石並便尺牘，嘗於武帝坐與齡石並答書，自旦至日中，穆之得百函，齡石得八十函，而穆之應對無廢。

遷中軍、太尉司馬，加丹陽尹。帝西討劉毅，以諸葛長人監留府，疑其難獨任，留穆之輔之。加建威將軍，置佐吏，配給實力。長人果有異謀，而猶豫不能發，屏人謂穆之曰：「悠悠之言，云太尉與我不平，何以至此？」穆之曰：「公泝流遠伐，以老母弱子委節下，若一豪不盡，豈容若此。」長人意乃小安，穆之亦厚爲之備。長人謂所親曰：[三]「貧賤常思富貴，富貴必踐危機。今日思爲丹徒布衣，不可得也。」帝還，長人伏誅。進前將軍。

帝西伐司馬休之，中軍將軍道憐知留任，而事無大小，一決穆之。還尚書右僕射，領選，[四]將軍、尹如故。帝北伐，留世子爲中軍將軍、監太尉留府。轉穆之左僕射，領監軍中軍二府軍司，將軍、尹、領選如故，甲仗五十人入殿，入居東城。

穆之內總朝政，外供軍旅，決斷如流，事無壅滯。賓客輻湊，求訴百端，內外諮稟，盈階滿室。目覽詞訟，手答牋書，耳行聽受，口並酬應，不相參涉，皆悉贍舉。又言談賞笑，彌日

亙時，未嘗倦苦。裁有閑暇，手自寫書，尋覽篇章，校定墳籍。性奢豪，食必方丈，旦輒爲十人饌，未嘗獨餐。每至食時，客止十人以還，帳下依常下食，以此爲常。嘗白帝曰：「穆之家本貧賤，贍生多闕，叨忝以來，雖每存約損，而朝夕所須，微爲過豐，此外無一豪負公。」

義熙十三年卒。帝在長安，本欲頓駕關中，經略趙、魏，聞問驚慟，哀惋者數日。以根本虛，乃馳還彭城。以司馬徐羨之代管留臺，而朝廷大事常決於穆之者，並悉北諮。穆之前軍府文武二萬人，以三千配羨之建威府，餘悉配世子中軍府。追贈穆之開府儀同三司。帝又表天子曰：「臣聞崇賢旌善，王教所先，念功簡勞，義深追遠。故司勳執策，在勤必記，德之休明，沒而彌著。故尚書左僕射、前將軍臣穆之，爰自布衣，協佐義始，內竭謀猷，外勤庶政，密勿軍國，心力俱盡。及登庸朝右，尹司京畿，敷讚百揆，翼新大猷。頃戎車遠役，居中作捍，撫寧之勳，實洽朝野，識量局致，棟幹之器也。方宣讚盛化，緝隆聖世，忠績未究，遠邇悼心。皇恩褒述，班同三事，榮哀既備，寵靈已泰。臣伏思尋，自義熙草創，艱患未弭，外虞既殷，內難亦荐，時屯世故，靡有寧歲。臣以寡乏，負荷國重，實賴穆之匡翼之益。[五]豈唯讜言嘉謀，溢于人聽，若乃忠規密謨，潛慮帷幕，造膝詭辭，莫見其際。事隔於皇朝，功隱於視聽者，不可勝紀。所以陳力一紀，遂克有成，出征入輔，幸不辱命。微夫人之左右，未有寧濟其事者矣。履謙居寡，守之彌固，每議及封爵，輒深自抑絕。所以勳高當年，而茅土

弗及，撫事永念，胡寧可昧。謂宜加贈正司，追甄土宇。俾忠貞之烈，不泯於身後，大賚所及，永旌於善人。臣契闊屯夷，旋觀終始，金蘭之分，義深情感，是以獻其乃懷，布之朝聽。」於是重贈侍中、司徒，封南昌縣侯。

及帝受禪，每歎憶之，曰：「穆之不死，當助我理天下。可謂『人之云亡，邦國殄瘁。』」光祿大夫范泰對曰：「聖主在上，英彥滿朝，穆之雖功著艱難，未容便關興毀。」帝笑曰：「卿不聞驥騄乎，貴日致千里耳。」帝後復曰：「穆之死，人輕易我。」其見思如此。以佐命元勳，追封南康郡公，諡曰文宣。

穆之少時，家貧誕節，嗜酒食，不修拘檢。好往妻兄家乞食，多見辱，不以爲耻。其妻江嗣女，甚明識，每禁不令往江氏。後有慶會，屬令勿來。穆之猶往，食畢求檳榔。江氏兄弟戲之曰：「檳榔消食，君乃常飢，何忽須此？」妻復截髮市肴饌，爲其兄弟以餉穆之，自此不對穆之梳沐。及穆之爲丹陽尹，將召妻兄弟，妻泣而稽顙以致謝。穆之曰：「本不匿怨，無所致憂。」及至醉飽，〔六〕穆之乃令廚人以金柈貯檳榔一斛以進之。

元嘉二十五年，車駕幸江寧，經穆之墓，詔致祭墓所。

長子慮之嗣，卒。子邕嗣。先是郡縣爲封國者，內史、相並於國主稱臣，去任便止。孝

建中始革此制爲下官致敬。河東王歆之嘗爲南康相，素輕邕。後歆之與邕俱豫元會並坐，邕嗜酒，謂歆之曰：「卿昔見臣，今能見勸一盃酒不？」歆之因斅孫皓歌答曰：「昔爲汝作臣，今與汝比肩，既不勸汝酒，亦不願汝年。」邕性嗜食瘡痂，以爲味似鰒魚。嘗詣孟靈休，靈休先患灸瘡，痂落在牀，邕取食之。靈休大驚，痂未落者，悉褫取飴邕。邕去，靈休與何勗書曰：「劉邕向顧見噉，遂舉體流血。」南康國吏二百許人，不問有罪無罪，遞與鞭，瘡痂常以給膳。

邕卒，子彤嗣，坐刀斫妻奪爵，以弟彪紹。齊建元初，降封南康縣侯、虎賁中郎將。坐廟墓不修，削爵爲羽林監。又坐與亡弟母楊別居，楊死不殯葬，崇聖寺尼慧首剃頭爲尼，以五百錢爲買棺，以泥洹輿送葬，爲有司奏，事寢不出。

穆之中子式之字延叔，爲宣城、淮南二郡太守，犯贓貨，揚州刺史王弘遣從事檢校之。式之召從事謂曰：「還白使君，劉式之於國粗有微分，偷數百萬錢何有，況不偷邪。」從事還白弘，由此得停。從征關洛有功，封德陽縣五等侯。卒，諡曰恭。

子瑀字茂琳，始興王濬爲南徐州，以瑀爲別駕。瑀性陵物護前，時濬征北府行參軍吳郡顧邁輕薄有才能，濬待之厚。瑀乃折節事邁，邁以瑀與之款盡，濬所言密事，悉以語瑀。瑀與邁共進射堂下，忽顧左右索單衣幘，邁問其故，瑀曰：「公以家人待卿，言無不盡，卿外宣泄。我是公吏，何得不啓白之。」濬大怒，啓文帝徙邁廣州。

瑀性使氣尚人，後爲御史中丞，甚得志。彈蕭惠開云：「非才非望，非勳非德。」彈王僧達云：「蔭藉高華，人品冗末。」朝士莫不畏其筆端。

轉右衞將軍。年位本在何偃前，孝武初，偃爲吏部尚書，瑀圖侍中不得。與偃同從郊祀，時偃乘車在前，瑀策駟居後，相去數十步，瑀蹋馬及之，謂偃曰：「君轡何疾？」偃曰：「牛駿馭精，所以疾耳。」偃曰：「君馬何遲？」曰「騏驥羅於羈絆，所以居後」。偃曰：「何不着鞭使致千里？」答曰：「一蹙自造青雲，何至與駑馬爭路。」然甚不得意，謂所親曰：「人仕宦，不出當入，不入當出，安能長居戶限上？」因求益州。及行，甚不得意，至江陵，與顏竣書曰：「朱脩之三世叛兵，一日居荆州，青油幕下，作謝宣明面目見向，使齋帥以長刀引吾下席，〔七〕於吾何有，政恐匈奴輕漢耳。」坐奪人妻爲妾免官。

後爲吳興太守，侍中何偃嘗案之云：〔八〕「參伍時望。」瑀大怒曰：「我於時望何參伍之有。」遂與偃絕。族叔秀之爲丹陽，瑀又與親故書曰：「吾家黑面阿秀遂居劉安衆處，朝廷不爲多士。」

其年疽發背，何偃亦發背癰。瑀疾已篤，聞偃亡，歡躍叫呼，於是亦卒。諡曰剛。

祥字顯徽，式之孫也。父敳，太宰從事中郎。祥少好文學，性韻剛疎，輕言肆行，不避高下。齊建元中，爲正員郎。司徒褚彥回入朝，以腰扇鄣日，祥從側過，曰：「作如此舉止，羞面見人，扇障何益。」彥回曰：「寒士不遜。」祥曰：「不能殺袁、劉，安得免寒士。」

永明初，撰宋書，譏斥禪代，尚書令王儉密以啓聞，上銜而不問。爲臨川王驃騎從事中郎。祥兄整爲廣州，卒官，祥就整妻求還資，事聞朝廷。又於朝士多所貶忽。王奐爲尚書僕射，祥與奐子融同載，行至中堂，見路人驅驢，祥曰：「驢，汝好爲之，如汝人才，皆已令僕。」著連珠十五首，以寄其懷。其譏議者云：「希世之寶，違時必賤，偉俗之器，無聖則淪。是以明玉黜於楚岫，章甫窮於越人。」有以祥連珠啓上，上令御史中丞任遐奏其過惡，付廷尉。上別遣敕祥曰：「我當原卿性命，令卿萬里思愆。卿若能改革，當令卿得還。」乃徙廣州。不得意，終日縱酒，少時卒。

秀之字道實，穆之從父兄子也。祖爽，山陰令。父仲道，餘姚令。秀之少孤貧，十歲時與諸兒戲前渚，忽有大蛇來，勢甚猛，莫不顛沛驚呼，秀之獨不動，衆並異之。東海何承天雅相知器，以女妻之。兄欽之爲朱齡石右軍參軍，隨齡石敗沒，秀之哀慼不歡宴者十年。

中華書局

宋景平二年，除駙馬都尉。元嘉中，再爲建康令，政績有聲。孝武鎭襄陽，以爲撫軍錄事參軍、襄陽令。襄陽有六門堰，良田數千頃，堰久決壞，公私廢業。孝武遣秀之修復，雍部由是大豐。

後除西戎校尉、梁南秦二州刺史，加都督。漢川饑饉，秀之躬自儉約。先是漢川悉以絹爲貨，秀之限令用錢，百姓利之。

二十七年，大舉北侵，遣輔國將軍楊文德、巴西梓潼二郡太守劉弘宗受秀之節度，震蕩汧隴。

元凶弒逆，秀之卽日起兵，求赴襄陽，司空南譙王義宣不許。事寧，還益州刺史，折留奉祿二百八十萬付梁州鎭庫，此外蕭然。梁、益豐富，前後刺史莫不大營聚畜，多者致萬金。所攜賓僚並都下貧子，出爲郡縣，皆以苟得自資。秀之爲政整肅，遠近悅焉。南譙王義宣據荆州爲逆，遣徵兵於秀之，秀之斬其使。以起義功，封康樂縣侯，徙丹陽尹。先是秀之從叔穆之爲丹陽，與子弟聽事上宴，聽事柱有一穿，穆之謂子弟及秀之，汝等試以栗遙擲柱，入穿者後必得此郡。唯秀之獨入焉，其言遂驗。時賒買百姓物不還錢，秀之以爲非宜，陳之甚切。雖納其言，竟不用。

遷尙書右僕射。時定制令，疑人殺長吏科，[九]議者謂會赦宜以徙論。秀之以爲「律文

雖不顯人殺官長之旨，若遇赦但止徙論，便與悠悠殺人曾無一異。人敬官長比之父母，行害之身雖遇赦，謂宜長付尙方，窮其天命，家口補兵」。從之。

後爲寧蠻校尉、雍州刺史，加都督。將徵爲左僕射，會卒。贈司空，謚忠成公。秀之野率無風采，而心力堅正。上以其莅官清潔，家無餘財，賜錢二十萬，布三百疋。傳封至孫，齊受禪，國除。

徐羨之字宗文，東海郯人也。祖寧，尙書吏部郎。父祚之，上虞令。羨之爲桓脩撫軍中兵參軍，與宋武帝同府，深相親結。武帝北伐，稍遷太尉左司馬，掌留任，副貳劉穆之。帝議北伐，朝士多諫，唯羨之默然。或問何獨不言，羨之曰：「今二方已平，拓地萬里，唯有小羌未定。公寢食不安，何可輕豫其議。」

穆之卒，帝欲用王弘代之。謝晦曰：「休元輕易，不若徐羨之。」乃以羨之爲丹陽尹，總知留任，甲仗二十人出入，加尙書僕射。

義熙十四年，軍人朱興妻周生子道扶，年三歲，先得癇病。周因其病，發掘地生埋之，爲道扶姑雙女所告，周棄市。羨之議曰：「自然之愛，豺狼猶仁，周之凶忍，宜加顯戮。臣以

爲法律之外，尙弘通理，母之卽刑，由子明法。爲子之道，焉有自容之地。愚謂可特申之遐裔。」從之。

及武帝卽位，封南昌縣公，位司空、錄尙書事、揚州刺史。羨之起自布衣，又無術學，直以局度，一旦居廊廟，朝野推服，咸謂有宰臣之望。沉密寡言，不以憂喜見色。頗工弈棊，觀戲常若未解，當世倍以此推之。傅亮、蔡廓嘗言徐公曉萬事，安異同。嘗與傅亮、謝晦宴聚，亮、晦才學辯博，羨之風度詳整，時然後言。鄭鮮之歎曰：「觀徐、傅言論，不復以學問爲長。」[一〇]

武帝不豫，加班劍三十人。宮車晏駕，與中書令傅亮、領軍將軍謝晦、鎭北將軍檀道濟同被顧命。少帝詔羨之、亮率衆官內月一決獄。[一一]

帝後失德，羨之等將謀廢立，而廬陵王義眞多過，不任四海。乃先廢義眞，然後廢帝。時謝晦爲領軍，以府舍內屋敗應修理，悉移家人出宅，聚將士於府內。檀道濟以先朝舊將，威服殿省，且有兵衆，召入朝告之謀。旣廢帝，侍中程道惠勸立皇子義恭，羨之不許。及文帝卽位，改封南平郡公，固讓加封。有司奏車駕依舊臨華林園聽訟，詔如先二公權訊。

元嘉二年，羨之與傅亮歸政，三奏乃見許。羨之仍遜位，退還私第。兄子佩之及程道惠、吳興太守王韶之等，並謂非宜，敦勸甚苦。復奉詔攝任。

三年正月，帝以羨之、亮、晦旬月間再肆酖毒，[一二]下詔暴其罪，誅之。爾日，詔召羨之，至西明門外，[一三]時謝晦弟皭爲黃門郎正直，報亮云：「殿中有異處分。」亮馳報羨之，羨之乘內人問訊車出郭，步走至新林，入陶竈中自縊而死，年六十三。羨之初不應召，上遣領軍到彥之、右衞將軍王華追討。及死，野人以告，載尸付廷尉。

初，羨之年少時，嘗有一人來謂曰：「我是汝祖。」羨之拜。此人曰：「汝有貴相而有大厄，宜以錢二十八文埋宅四角，可以免災。過此可位極人臣。」後羨之隨親之縣，住在縣內。嘗暫出，而賊自後破縣，縣內人無免者，雞犬亦盡，唯羨之在外獲全。又隨從兄履之爲臨海樂安縣，嘗行經山中，見黑龍長丈餘，頭有角，前兩足皆具，無後足，曳尾而行。及拜司空，守闕將入，彗星辰見危南。又當拜時，雙鸛集太極殿東鴟尾鳴喚，[一四]竟以凶終。

羨之兄欽之位祕書監。欽之子佩之輕薄好利，武帝以其姻戚，累加寵任，爲丹陽尹。景平初，以羨之知權，頗豫政事，與王韶之、程道惠、中書舍人邢安泰、潘盛爲黨。時謝晦久病連灸，不堪見客，佩之等疑其託疾有異圖，與韶之、道惠同載詣傅亮，稱羨之意，欲令作詔誅之。亮曰：「己等三人同受顧命，豈可自相殘戮。」佩之等乃止。羨之旣誅，文帝特有佩之，免官而已。其冬佩之謀反事發被誅。

佩之弟逵之尙武帝長女會稽宣公主，爲彭城、沛二郡太守。武帝諸子並幼，以逵之姻

戚，將大任之，欲先令立功。及討司馬休之，使統軍爲前鋒，待克當卽授荊州，於陣見害。追贈中書侍郎。子湛之。

湛之字孝源，幼孤，爲武帝所愛。常與江夏王義恭寢食不離帝側。永初三年，詔以公主一門嫡長，且湛之致節之胤，封枝江縣侯。數歲與弟淳之共車行，牛奔車壞，左右人馳來赴之。湛之先令取弟，衆咸歎其幼而有識。及長頗涉文義，善自位待，事祖母及母以孝聞。元嘉中，以爲黃門侍郎。祖母年老，辭以朝直不拜。後拜祕書監。會稽公主身居長嫡，爲文帝所禮，家事大小必諮而後行。西征謝晦，使公主留止臺內，總攝六宮，每有不得意，輒號哭，上甚憚之。

初，武帝微時，貧陋過甚，嘗自往新洲伐荻，〔一五〕有納布衣襖等，皆是敬皇后手自作。武帝既貴，以此衣付公主曰：「後世若有驕奢不節者，可以此衣示之。」湛之爲大將軍彭城王義康所愛，與劉湛等頗相附。及得罪，事連湛之。文帝大怒，將致大辟。湛之憂懼無計，以告公主。公主卽日入宮，及見文帝，因號哭下牀，不復施臣妾之禮。以錦囊盛武帝納衣，擲地以示上曰：「汝家本賤貧，此是我母爲汝父作此納衣。今日有一頓飽食，便欲殘害我兒子。」上亦號哭，湛之由此得全。

再遷太子詹事，尋加侍中。湛之善尺牘，音辭流暢；貴戚豪强，產業甚厚，室宇園池，貴游莫及，伎樂之妙，冠絕一時。門生千餘，皆三吳富人子，姿質端美，衣服鮮麗。每出入行游，塗巷盈滿。泥雨日，悉以後車載之。文帝每嫌其侈縱。時安成公何勗，無忌之子，臨汝公孟靈休，昶之子也，並名奢豪，與湛之以肴膳器服車馬相尙，都下爲之語曰：「安成食，臨汝飾。」湛之美兼何、孟。勗官至侍中，追謚荒公。靈休善彈棊，官至祕書監。

湛之後遷丹陽尹，加散騎常侍，以公主憂不拜。過葬，復授前職。二十二年，范曄等謀反，湛之始與之同，後發其事，所陳多不盡，爲曄等款辭所連。有司以湛之關豫逆黨，事起積歲，末乃歸聞，多有蔽匿，請免官削爵，付廷尉。上不許。湛之詣闕上疏請罪，以爲「初通其謀，爲誘引之辭，曄等並見怨咎，規相禍陷。又昔義康南出之始，敕臣入相伴慰，慇懃異意，頗形言旨。遺臣利刃，期以際會。臣苦相諫譬，深加拒塞，以爲怨憤所至，不足爲虞，便以關啓，懼成虛妄。非爲納受，曲相蔽匿。又令申情范曄，釋中間之慽，致懷蕭思話，恨婚意未申。謂此僥倖，亦不宣達。陛下敦惜天倫，彰於四海，蕃禁優簡，親理咸通。又昔蒙眷顧，不容自絕，音翰信命，時相往來。或言少意多，旨深文淺，辭色之間，往往難測。臣顧惟心無邪悖，故不稍以自嫌，慺慺丹實，具如此啓。臣雖駑下，情匪木石，豈不知醜點難嬰，伏劍爲易，而靦然視息，忍此餘生，實非苟吝微命，假延漏刻。誠以負戾灰滅，貽恥方來，貪

及視息，少自披訴。乞蒙隳放，〔一六〕伏待鈇鑕。」上優詔不許。

二十四年，服闋，轉中書令、太子詹事，出爲南兗州刺史。善政俱肅，威惠並行。廣陵舊有高樓，湛之更修整之，南望鍾山。城北有陂澤，水物豐盛，湛之更起風亭、月觀，吹臺、琴室，果竹繁茂，花藥成行。招集文士，盡游玩之適。時有沙門釋惠休善屬文，湛之與之甚厚。孝武命使還俗。本姓湯，位至揚州從事史。

二十六年，湛之入爲丹陽尹、領太子詹事。二十七年，魏太武帝至瓜步，湛之與皇太子分守石頭。二十八年，魯爽兄弟率部曲來奔，爽等軌子也，湛之以爲廟算特所奬納，不敢苟申私怨，乞屏田里。不許。

轉尙書僕射，領護軍將軍。時尙書令何尙之以湛之國戚，任遇隆重，欲以朝政推之。湛之以令事無不總，又以事歸尙之。互相推委，御史中丞袁淑奏並免官。詔乃使湛之與尙之並受辭訴。尙之雖爲令，而以朝事悉歸湛之。

初，劉湛伏誅，殷景仁卒，文帝任沈演之、庾仲文、范曄等，〔一七〕後又有江湛、何瑀之。自曄誅，仲文免，演之、瑀之並卒，至是江湛爲吏部尙書，與湛之並居權要，世謂之江、徐。上每疾，湛之輒侍醫藥。

二凶巫蠱事發，上欲廢劭，賜濬死，而孝武無寵，故累出外藩，不得停都下。南平王鑠、

建平王宏並被愛，而鑠妃卽湛妹，湛勸上立之，〔一八〕徵鑠自壽陽入朝。至又失旨，欲立宏，嫌其非次，議久不決。〔一九〕與湛之議，或連日累夕。每夜，使湛之自執燭繞壁檢行，慮有竊聽者。劭入弑之旦，其夕上與湛之屏人語，至曉猶未滅燭。湛之驚起趣北戶，未及開，見害，時年四十四。孝武卽位，追贈司空，謚曰忠烈公。子聿之爲元凶所殺。聿之子孝嗣。

孝嗣字始昌。父被害，孝嗣在孕，母年少，欲更行，不願有子，自牀投地者無算，又以擣衣杵舂其腰，幷服墮胎藥，胎更堅。及生，故小字遺奴。

幼而挺立。八歲襲爵枝江縣公，〔二〇〕見宋孝武，升階流涕，迄于就席。帝甚愛之，尙康樂公主，拜駙馬都尉。泰始中，以登殿不著韎，爲書侍御史蔡準所奏，罰金二兩。孝嗣姑適東莞劉舍，舍兄藏爲尙書左丞，孝嗣往詣之。藏退謂舍曰：「徐郎是令僕人，三十餘可知，汝宜善自結。」昇明中，爲齊高帝驃騎從事中郎，帶南彭城太守，轉太尉諮議參軍。齊建元初，累遷長兼侍中。〔二一〕善趨步，閑容止，與太宰褚彥回相埒。尙書令王儉謂人曰：「徐孝嗣將來必爲宰相。」轉御史中丞。武帝問儉曰：「誰可繼卿？」儉曰：「臣東都之日，其在徐孝嗣乎。」

出爲吳興太守，儉贈孝嗣四言詩曰：「方軌叔茂，追清彥輔，柔亦不茹，剛亦不吐。」時人

以比蔡子尼之行狀也。在郡有能名。

王儉亡，上徵孝嗣爲五兵尚書。其年，敕撰江左以來儀典，令諮受孝嗣。明年，遷太子詹事。從武帝幸方山。上曰：「朕經始此山之南，復爲離宮，應有邁靈丘。」靈丘山湖，新林苑也。孝嗣答曰：「繞黃山，款牛首，乃盛漢之事。今江南未廣，願陛下少更留神。」上乃止。竟陵王子良甚善之。歷吏部尚書，右軍將軍，領太子左衞率，臺閣事多以委之。

武帝崩，遺詔以爲尚書右僕射。隆昌元年，爲丹陽尹。明帝謀廢鬱林，遣左右莫智明以告孝嗣，孝嗣奉旨無所釐替，卽還家草太后令。明帝入殿，孝嗣戎服隨後。鬱林旣死，明帝須太后令，孝嗣於袖出而奏之，帝大悅。時議悉誅高、武子孫，孝嗣堅保持之，故得無恙。以廢立功，封枝江縣侯，甲仗五十人入殿。轉左僕射。明帝卽位，進爵爲公，給班劍二十人，加兵百人。舊拜三公乃臨軒，至是，帝特詔與陳顯達、王晏並臨軒拜授。時王晏爲令，人情物望不及孝嗣，晏誅，轉尚書令。孝嗣愛好文學，器量弘雅，不以權勢自居，故見容明帝之世。

初在率府，晝臥齋北壁下，夢兩童子遽云：「移公牀。」孝嗣驚起，聞壁有聲，行數步而壁崩壓牀。建武四年，卽本號開府儀同三司，讓不受。

時連年魏軍動，國用虛乏，孝嗣表立屯田。帝已寢疾，兵事未已，竟不行。及崩，受遺

託，重申開府之命，加中書監。永元初輔政，自尚書下省出住宮城南宅，不得還家。帝失德，孝嗣不敢諫；及江祏誅，內懷憂恐，然未嘗表色。始安王遙光反，衆懷惶惑，見孝嗣入宮乃安，然羣小用事，不能制也。

時孝嗣以帝終亂天常，與沈文季俱在南掖門，欲要文季以門爲應，四五目之，文季輒亂以他語，孝嗣乃止。進位司空，固讓。求解丹陽尹，不許。孝嗣文人，不顯同異，名位雖大，故得未及禍。虎賁中郎將許準有膽力，陳說事機，勸行廢立。孝嗣遲疑，謂必無用干戈理，須少主出游，閉城門，召百僚集議廢之。雖有此懷，終不能決。羣小亦稍憎孝嗣，勸帝除之。其冬，孝嗣入華林省，遣茹法珍賜藥，孝嗣容色不異，謂沈昭略曰：「始安事，吾欲以門應之，賢叔若同，無今日之恨。」少能飲酒，飲藥至斗餘方卒，乃下詔言誅之。于時凡被殺者，皆取其蟬冕，剝其衣服。衆情素敬孝嗣，得無所侵。

長子演，尚齊武帝女武康公主，位太子中庶子，第三子況，尚明帝女山陰公主，並拜駙馬都尉，俱見殺。

孝嗣之誅，衆人懼，無敢至者，唯會稽魏溫仁奔赴，以私財營喪事，當時稱之。

初，孝嗣復故封，使故吏吳興丘叡筮之，當傳幾世。叡曰：「恐不終尊身。」孝嗣容色甚惡，徐曰：「緣有此慮，故令卿決之。」

中興元年，和帝贈孝嗣太尉。二年，改葬宣德太后，詔增班劍四十人，加羽葆、鼓吹，謚曰文忠，改封餘干縣公。

子緄，仕梁，位侍中，太常，信武將軍，謚頃子。

緄子君蒨字懷簡，幼聰朗好學，尤長丁部書，問無不對。善弦歌，爲梁湘東王鎭西諮議參軍。頗好聲色，侍妾數十，皆佩金翠，曳羅綺，服玩悉以金銀。飲酒數升便醉，而閉門盡日酣歌。每遇歡讌，則飲至斗。有時載伎肆意游行，荆楚山川，靡不畢踐。朋從游好，莫得見之。時襄陽魚弘亦以豪侈稱，於是府中謠曰：「北路魚，南路徐。」然其服翫次於弘也。

君蒨辯於辭令，湘東王嘗出軍，有人將婦從者。王曰：「才愧李陵，未能先誅女子，將非孫武，遂欲驅戰婦人。」君蒨應聲曰：「項籍壯士，猶有虞兮之愛，紀信成功，亦資姬人之力。」君蒨文冠一府，特有輕豔之才，新聲巧變，人多諷習，竟卒於官。

傅亮字季友，北地靈州人，晉司隸校尉咸之玄孫也。父瑗以學業知名，位至安成太守。瑗與郗超善，超常造瑗，見二子迪及亮。亮年四五歲，超令人解衣使持去，初無吝色。超謂瑗曰：「卿小兒才名位宦當遠踰於兄，然保家終在大者。」迪字長猷，宋初終五兵尚書，贈太常。

亮博涉經史，尤善文辭。義熙中，累遷中書黃門侍郎，直西省。宋武帝以其久直之勤勞，欲以爲東陽郡。先以語迪，大喜告亮，亮不答，卽馳見武帝，陳不樂出。帝笑曰：「謂卿須祿耳，能如此，甚協所望也。」以爲太尉從事中郎，掌記室。宋國初建，除侍中，領世子中庶子，加中書令。從還壽陽，武帝有受禪意，而難於發言，乃集朝臣宴飲，從容曰：「桓玄暴篡，鼎命已移，我首唱大義，興復皇室，今年時衰暮，欲歸老京師。」羣臣唯盛稱功德，莫曉此意。亮悟旨，日晚宮門已閉，叩扉請見曰：「臣暫宜還都。」帝知意，無復他言，直云：「須幾人自送？」亮曰：「須數十人。」於是奉辭。及出，夜見長星竟天，拊髀曰：「我常不信天文，今始驗矣。」亮至都，卽徵帝入輔。

永初元年，加太子詹事，封建城縣公，入直中書省，專典詔命。以亮任總國權，聽於省見客。神獸門外，每旦車常數百兩。武帝登庸之始，文筆皆是參軍滕演，北征廣固，悉委長史王誕，自此之後至于受命，表策文誥，皆亮辭也。演字彥將，南陽西鄂人，位至祕書監。

二年，加亮尚書僕射。及帝不豫，與徐羨之、謝晦並受顧命，給班劍二十人。少帝卽位，進中書監、尚書令，領護軍將軍。

中華書局

少帝廢，亮奉迎文帝，立行臺於江陵城南，題曰大司馬門，率行臺百僚詣門拜表，威儀甚盛。文帝將下，引見亮，哭泣哀動左右。既而問義眞及少帝薨廢本末，悲號嗚咽，侍側者莫能仰視，亮流汗霑背不能答。於是布腹心於到彥之、王華等。及至都，徐羨之問帝可方誰？亮曰：「晉文、景以上人。」羨之曰：「必能明我赤心。」亮曰：「不然。」

及文帝即位，加左光祿大夫、開府儀同三司。司空府文武即爲左光祿府，進爵始興郡公，固讓進封。

元嘉三年，帝將誅亮，先呼入見，省內密有報之者。亮辭以嫂病暫還，遣信報徐羨之，因乘車出郭門，騎馬奔兄迪墓。屯騎校尉郭泓收之。初至廣莫門，上亦使以詔謂曰：「以公江陵之誠，當使諸子無恙。」亮讀詔訖曰：「亮受先帝布衣之眷，遂蒙顧託。黜昏立明，社稷之計。欲加之罪，其無辭乎。」於是伏誅，妻子流建安。

亮之方貴，兄迪每深誡焉，而不能從。及見世路屯險，著論名曰演愼。及少帝失德，內懷憂懼。直宿禁中，睹夜蛾赴燭，作感物賦以寄意。初奉大駕，道路賦詩三首，其一篇有悔懼之辭。自知傾覆，求退無由，又作辛有、穆生、董仲道贊，稱其見微之美云。

隆字伯祚，亮族兄也。曾祖晞，司徒屬。父祖並早卒。隆少孤貧，有學行。義熙初，年

四十，爲孟昶建威參軍，累遷尚書左丞。以族弟亮爲僕射，緦服不得相臨，徙太子率更令。

元嘉初，爲御史中丞，甚得司直之體，轉司徒左長史。會稽剡縣人黃初妻趙打殺息載妻王遇赦，王有父母及男稱女葉，依法徙趙二千里外。隆議曰：「禮律之興，本之自然。求之情理，非從天墮，非從地出。父子至親，分形同氣，稱之於載，即載之於趙。雖言三世，爲體猶一。稱雖創鉅痛深，固無讎祖之義。向使石厚之子，日磾之孫，砥鋒挺鍔，不與二祖同戴天日，則石碏、秺侯何得流名百代。舊令言殺人父母，徙之二千里外，不施父子孫祖明矣。趙當避王朞功千里外耳。令亦云凡流徙者，同籍親近欲相隨者聽之。此又大通情體，因親以教愛也。趙既流移，載爲人子，何得不從？載從而稱不行，豈名教所許？如此，稱、趙竟不可分。趙雖內愧終身，稱沈痛沒齒，孫祖之義，自不得以永絕，事理然也。」從之。出爲義興太守，有能名。拜左戶尚書，坐正直受節假，對人未至委出，白衣領職。尋轉太常，文帝以新撰禮論付隆，使更下意。隆表上五十二事。

後致仕，拜光祿大夫，歸老於家。手不釋卷，博學多通，特精三禮。年八十三卒。

檀道濟，高平金鄉人也，世居京口。少孤，居喪備禮，奉兄姊以和謹稱。宋武帝建義，道濟與兄韶祗等從平京城，俱參武帝建武將軍事。累遷太尉參軍，封作唐縣男。

義熙十二年，武帝北伐，道濟爲前鋒，所至望風降服。徑進洛陽，議者謂所獲俘囚，應悉戮以爲京觀。道濟曰：「伐罪弔人，正在今日。」皆釋而遣之。於是中原感悅，歸者甚衆。長安平，以爲琅邪內史。

武帝受命，以佐命功，改封永脩縣公，位丹陽尹、護軍將軍。武帝不豫，給班劍二十人。出爲鎭北將軍、南兗州刺史。徐羨之等謀廢立，諷道濟入朝，告以將廢廬陵王義眞，道濟屢陳不可，竟不納。將廢帝夜，道濟入領軍府就謝晦宿，〔一二〕晦悚息不得眠。道濟寢便睡熟，晦以此服之。

文帝即位，給鼓吹一部，進封武陵郡公。固辭進封。道濟素與王弘善，時被遇方深，道濟彌相結附，每構羨之等，弘亦雅仗之。上將誅徐羨之等，召道濟欲使西討。王華曰：「不可。」上曰：「道濟從人者也，曩非創謀，撫而使之，必將無慮。」道濟至之明日，上誅羨之、亮。既而使道濟與中領軍到彥之前驅西伐，上問策於道濟。對曰：「臣昔與謝晦同從北征，入關十策，晦有其九。才略明練，殆難與敵；然未嘗孤軍決勝，戎事恐非其長。臣悉晦智，晦悉臣勇。今奉王命外討，必未陣而禽。」時晦本謂道濟與羨之同誅，忽聞來上，遂不戰自潰。事平，遷征南大將軍、開府儀同三司、江州刺史。

元嘉八年，到彥之侵魏，已平河南，復失之。道濟都督征討諸軍事，北略地，轉戰至濟上，魏軍盛，遂克滑臺。道濟時與魏軍三十餘戰多捷，軍至歷城，以資運竭乃還。時人降魏者具說糧食已罄，於是士卒憂懼，莫有固志。道濟夜唱籌量沙，以所餘少米散其上。及旦，魏軍謂資糧有餘，故不復追，以降者妄，斬以徇。

時道濟兵寡弱，軍中大懼。道濟乃命軍士悉甲，身白服乘輿，〔一三〕徐出外圍。魏軍懼有伏，不敢逼，乃歸。道濟雖不剋定河南，全軍而反，雄名大振。魏甚憚之，圖之以禳鬼。還進位司空，鎭尋陽。〔一四〕

道濟立功前朝，威名甚重，左右腹心並經百戰，諸子又有才氣，朝廷疑畏之。時人或目之曰：「安知非司馬仲達也。」

文帝寢疾累年，屢經危殆，領軍劉湛貪執朝政，慮道濟爲異說，又彭城王義康亦慮宮車晏駕，道濟不復可制。十二年，上疾篤，會魏軍南伐，召道濟入朝。其妻向氏曰：「夫高世之勳，道家所忌，今無事相召，禍其至矣。」及至，上已間。十三年春，將遣還鎭，下渚未發，有似鶴鳥集船悲鳴。會上疾動，義康矯詔召入祖道，收付廷尉，及其子給事黃門侍郎植、司徒從事中郎粲、太子舍人混、征北主簿承伯、祕書郎中尊等八人並誅。時人歌曰：「可憐白浮鳩，枉殺檀江州。」道濟死日，建鄴地震白毛生。又誅司空參軍薛彤、高進之，並道濟心

腹也。

道濟見收，憤怒氣盛，目光如炬，俄爾間引飲一斛。乃脫幘投地，曰：「乃壞汝萬里長城。」魏人聞之，皆曰「道濟已死，吳子輩不足復憚」。自是頻歲南伐，有飲馬長江之志。文帝問殷景仁曰：「誰可繼道濟？」答曰：「道濟以累有戰功，故致威名，餘但未任耳。」帝曰：「不然，昔李廣在朝，匈奴不敢南望，後繼者復有幾人？」二十七年，魏軍至瓜步，文帝登石頭城望，甚有憂色。歎曰：「若道濟在，豈至此！」

韶字令孫，以平桓玄功封巴丘縣侯。〔三五〕從征廣固，率所領先登，位琅邪內史。從討盧循，以功更封宜陽縣侯，〔三六〕拜江州刺史，以罪免。

韶嗜酒貪橫，所莅無政績，上嘉其合門從義，道濟又有大功，故特見寵授。卒。子臻字係宗，位員外郎，臻子珪。

珪字伯玉，位沅南令。元徽中，王僧虔爲吏部尚書，以珪爲征北板行參軍。珪訴僧虔求祿不得，與僧虔書曰：「僕一門雖謝文通，乃忝武達。羣從姑叔，三嫦帝姻，而令子姪餓死，遂不荷潤。蟬腹龜腸，爲日已久。飢彪能嚇，人遽與肉，餓驎不噬，誰爲落毛。雖復孤

微，百世國士，姻媾位宦，亦不後物。尚書同堂姊爲江夏王妃，檀珪同堂姑爲南譙王妃；尚書伯爲江州，檀珪祖亦爲江州。僕於尚書人地本懸，至於婚宦皆不殊絕。今通塞雖異，猶忝氣類，尚書何事爲爾見苦。」僧虔報書曰：「吾與足下素無怨憾，何以相苦？直是意有左右耳。」乃用爲安成郡丞。

祗字恭叔，與兄韶弟道濟俱參義舉，封西昌縣侯，歷位廣陵相。義熙十年，亡命司馬國璠兄弟自北徐州界潛得過淮，因天陰闇，夜率百許人緣廣陵城入，叫喚直上聽事。祗被射傷股，語左右曰：「賊乘暗得入，欲掩我不備，但打五鼓懼之，曉必走矣。」賊聞鼓鳴，直謂爲曉，乃奔散，追殺百餘人。

宋國初建，爲領軍。祗性矜豪，樂在外放恣，不願內職，不得志，發疾不自療，其年卒于廣陵。謚曰威侯。傳嗣至齊受禪，國除。

論曰：自晉網不綱，主威莫樹，亂基王室，毒被江左。宋武一朝創業，事屬橫流，改易紊章，歸于平道。以建武、永平之風，變太元、隆安之俗，此蓋文宣公之爲乎。〔三七〕其配饗清廟，

豈徒然也？若夫怙才驕物，公旦其猶病諸，而以劉祥居之，斯亡亦爲幸焉。秀之行己有道，可謂位無虛授。當徐、傅二公跪承顧託，若使死而可再，固當赴蹈爲期。及至處權定機，當震主之地，甫欲攘抑後禍，禦蔽身災，使桐宮有卒迫之痛，淮王非中霧之疾，若以社稷爲存亡，則義異於此。湛之、孝嗣臨機不決，既以敗國，且以殞身，「反受其亂」，斯其効也。道濟始因鎔用，故得忘瑕，晚困大名，以至顛覆。韶、祗克傳胤嗣，其木雁之間乎。

校勘記

〔一〕小字道人　「道人」宋書作「道民」，此避唐諱改。

〔二〕時晉綱寬弛　「綱」各本作「網」，據宋書改。

〔三〕長人謂所親曰　各本無「長人」二字，據宋書、晉書、通鑑補。按諸書作「長民」，此避唐諱改。

〔四〕遷尚書右僕射領選　「右」各本作「左」。按下云「轉穆之左僕射」，則此當是「右僕射」，據宋書改。

〔五〕實賴穆之匡翼之益　「益」各本作「勳」，據宋書改。

〔六〕及至醉飽　各本並脫「飽」字，據通志補。

〔七〕作謝宣明面目見向使齋帥以長刀引吾下席　各本脫「見」字，據宋書補。初學記二五引此作「作

謝宣明面孔向人」。

〔八〕侍中何偃嘗案之云　「嘗」各本作「當」，據宋書改。

〔九〕疑人殺長吏科　「疑人」各本作「隸人」，宋書作「疑民」。錢大昕廿二史考異：「『隸』當依宋書改『疑』。人殺長吏，謂部民殺官長也。南、北史避『民』字。」今從改。

〔一〇〕不復以學問爲長　「以」字各本並脫，據通志補。

〔一一〕亮率衆官內月一決獄　「官」各本作「宮」，據宋書改。宋書無「內」字，疑此字衍文。

〔一二〕帝以羨之亮晦旬月間再肆酖毒　「酖」各本作「醜」，涉形近而譌，據宋書改。

〔一三〕爾日韶召羨之至西明門外　「明」字各本並脫，據宋書補。

〔一四〕雙鸛集太極殿東鴟尾鳴喚　「鸛」各本作「鶴」，鶴非不祥之物，據宋書五行志改。

〔一五〕嘗自往新洲伐荻　各本並脫「往」字，據太平御覽一五三引補。

〔一六〕乞蒙隳放　「隳」各本作「隨」，據宋書改。

〔一七〕文帝任沈演之庾仲文范曄等　「庾仲文」宋書作「庾炳之」，此避唐嫌諱而稱其字。

〔一八〕而鑠妃即湛妹湛勸上立之　「湛」各本作「湛之」。按湛謂江湛，南平穆王鑠傳：「鑠妃江氏」，則鑠妃非徐湛之妹，據宋書刪。

〔一九〕議久不決　「久」各本作「又」。按宋書江湛傳：「徐湛之欲立隨王誕，江湛欲立南平王鑠，文帝

欲立建平王宏，議久不決。誕妃即湛之女，鑠妃，湛妹也。」今據改。

〔二〇〕八歲襲爵枝江縣公　錢大昕廿二史考異：「湛之封枝江縣侯，身後亦未見加封之文，其子何以得襲公爵？又考宋書州郡志，枝江止云侯相，不云公相，疑此誤也。」

〔二一〕累遷長兼侍中　「長」各本作「長史」。按南齊書百官志：三公府、公督府皆得置長史。此長史而不系府名，其「史」字顯爲後人誤增，當作「長兼侍中」。長兼者，非正授之稱。錢大昕廿二史考異於此辨之甚析。今删正。

〔二二〕道濟入領軍府就謝晦宿　各本脫「宿」字，據宋書補。

〔二三〕身白服乘輿　「白」各本作「自」。李汝梅南北史考證補（未刊本）謂「自」當作「白」，今從改。

〔二四〕鎮尋陽　「尋陽」各本作「壽陽」。按江州治尋陽，前文已言道濟爲江州刺史，此處自以「尋陽」爲是。據宋書改。

〔二五〕以平桓玄功封巴丘縣侯　「平」字各本並脫，「巴」字各本譌「邑」，並據宋書補改。

〔二六〕以功更封宜陽縣侯　「侯」各本作「後」，據宋書改。

〔二七〕此蓋文宣公之爲乎　各本脫「文」字，據宋書補。劉穆之謚文宣。

南史卷十六

列傳第六

王鎮惡　朱齡石 弟超石　毛脩之 孫惠素　傅弘之
朱脩之　王玄謨 子瞻 從弟玄象 玄載 玄邈

王鎮惡，北海劇人也。祖猛，仕苻堅，任兼將相。父休爲河東太守。鎮惡以五月生，家人以俗忌，欲令出繼疏宗。猛曰：「此非常兒。昔孟嘗君惡月生而相齊，是兒亦將興吾門矣。」故名爲鎮惡。年十三而苻氏敗，寓食澠池人李方家。方善遇之，謂方曰：「若遭英雄主，要取萬戶侯，當厚相報。」方曰：「君丞相孫，人材如此，何患不富貴，至時願見用爲本縣令足矣。」

後隨叔父曜歸晉，客荆州，頗讀諸子兵書，喜論軍國大事，騎射非長，而從横善果斷。宋武帝伐廣固，鎮惡時爲天門郡臨澧令。人或薦之武帝，召與語，異焉，因留宿。旦謂諸佐

曰：「鎮惡王猛孫，所謂將門有將。」卽以署前部賊曹。拒盧循有功，封博陸縣五等子。

武帝謀討劉毅，鎮惡曰：「公若有事西楚，請給百舸爲前驅。」及西討，轉鎮惡參軍事，使率龍驤將軍蒯恩百舸前發。鎮惡受命，便晝夜兼行，揚聲劉兗州上。毅謂爲信，不知見襲。鎮惡去江陵城二十里，舍船步上，蒯恩軍在前，鎮惡次之，舸留一二人，對舸岸上竪旗安鼓。語所留人曰：「計我將至城，便長嚴，令如後有大軍狀。〔一〕又分隊在後，令燒江津船。鎮惡徑前襲城，津戍及百姓皆言劉藩實上，晏然不疑。將至城，逢毅要將朱顯之馳前問藩所在，軍人答云「在後」。及至軍後不見藩，又望見江津船艦被燒而鼓聲甚盛，知非藩上，便躍馬告毅，令閉城門。鎮惡亦馳進得入城，便因風放火，燒大城南門及東門。又遣人以詔及赦文并武帝手書凡三函示毅，〔二〕毅皆燒不視。金城內亦未信帝自來。及短兵接戰，鎮惡軍人與毅下將或是父兄子弟中表親親，〔三〕且鬭且語，知武帝在後，人情離懈。

初，毅常所乘馬在城外不得入，倉卒無馬，使就子肅取馬，〔四〕肅不與。朱顯之謂曰：「人取汝父而惜馬，汝走欲何之？」奪馬以授毅，從大城東門出奔牛牧佛寺自縊。鎮惡身被五箭，手所執矟於手中破折。江陵平後二十日，大軍方至，以功封漢壽縣子。

及武帝北伐，爲鎮西諮議，行龍驤將軍，領前鋒。將發，前將軍劉穆之謂曰：「昔晉文王委蜀於鄧艾，今亦委卿以關中，卿其勉之。」鎮惡曰：「吾等因託風雲，並蒙抽擢，今咸陽不

中華書局

剋，誓不濟江。三秦若定，而公九錫不至，亦卿之責矣。」

鎭惡入賊境，戰無不捷，破虎牢及柏谷塢。進次澠池，造故人李方家，升堂見母，厚加酬賚，卽授方澠池令。方軌徑據潼關，將士乏食，乃親到弘農督人租。百姓競送義粟，軍食復振。

初，武帝與鎭惡等期，若剋洛陽，須待大軍，未可輕前。既而鎭惡等至潼關，爲僞大將軍姚紹所拒不得進，馳告武帝求糧援。時帝軍入河，魏軍屯河岸，軍不得進。帝呼所遣人開舫北戶指河上軍示之曰：「我語令勿進而深入，岸上如此，何由得遣軍。」鎭惡既得義租，紹又病死，僞撫軍將軍姚讚代紹守嶮，衆力猶盛。武帝至湖城，讚引退。

大軍次潼關，謀進取計，鎭惡請率水軍自河入渭，直至渭橋。鎭惡所乘皆蒙衝小艦，行船者悉在艦內，泝渭而進，艦外不見有行船人。北土素無舟檝，莫不驚以爲神。鎭惡既至，令將士食畢，便棄船登岸。渭水流急，諸艦悉逐流去，鎭惡撫慰士卒曰：「此是長安城北門外，去家萬里，而舫乘衣糧並已逐流，唯宜死戰，可立大功。」乃身先士卒，卽陷長安城。城內六萬餘戶，鎭惡撫慰初附，號令嚴肅。於灞上奉迎，武帝勞之曰：「成吾霸業者眞卿也。」謝曰：「此明公之威，諸將之力。」帝笑曰：「卿欲學馮異邪。」

時關中豐全，鎭惡性貪，收斂子女玉帛不可勝計，帝以其功大不問。時有白帝言鎭惡

藏姚泓僞輦，有異志，帝使覘之，知鎭惡剔取飾輦金銀，棄輦於垣側，帝乃安。

帝留第二子桂陽公義眞爲安西將軍、雍秦二州刺史，鎭長安。鎭惡以征虜將軍領安西司馬、馮翊太守，委以扞禦之任。

及大軍東還，赫連勃勃逼北地，義眞遣中兵參軍沈田子拒之。虜甚盛，田子退屯劉因堡，〔五〕遣使還報鎭惡。鎭惡對田子使謂安西長史王脩曰：「公以十歲兒付吾等，當共思竭力，今擁兵不進，賊何由得平？」使反言之，田子甚懼。

王猛之相苻堅也，北人以方諸葛亮。入關之功，又鎭惡爲首，時論者深憚之。田子嶢柳之捷，威震三輔，而與鎭惡爭功。武帝將歸，留田子與鎭惡，私謂田子曰：「鍾會不得遂其亂者，爲有衞瓘等也。語曰：『猛獸不如羣狐。』卿等十餘人何懼王鎭惡。」故二人常有猜心。時鎭惡師于涇上，與田子俱會傅弘之壘，田子求屏人，因斬之幕下，幷兄基弟鴻、遵、深從弟昭、朗、弘，凡七人。〔六〕弘之奔告義眞，義眞率王智、王脩被甲登橫門以察其變。俄而田子至，言鎭惡反。脩執田子，以專戮斬焉。是歲，義熙十四年正月十五日也。追贈左將軍、青州刺史。及帝受命，追封龍陽縣侯，謚曰壯。傳國至曾孫叡，齊受禪，國除。

朱齡石字伯兒，沛郡沛人也。世爲將，伯父憲及斌並爲西中郎袁眞將佐。桓溫伐眞於壽陽，眞以憲兄弟潛通溫，並殺之，齡石父綽逃歸溫。壽陽平，眞已死，綽輒發棺戮尸。溫怒將斬之，溫弟沖請得免。綽受沖更生之恩，事沖如父。位西陽、廣平太守。及沖薨，綽歐血而死。

齡石少好武，不事崖檢。舅淮南蔣氏才劣，齡石使舅臥聽事，翦紙方寸帖着舅枕，以刀子縣擲之，相去八九尺，百擲百中。舅畏齡石，終不敢動。舅頭有大瘤，齡石伺眠密割之卽死。

武帝剋京城，以爲建武參軍。從至江乘將戰，齡石言世受桓氏恩，不容以兵刃相向，乞在軍後。帝義而許之。以爲鎭軍參軍，遷武康令。縣人姚係祖專爲刼，郡縣畏不能討，齡石至縣，僞與厚，召爲參軍。係祖恃強，乃出應召。齡石斬之，掩其家，悉殺其兄弟，由是一部得清。後領中兵。齡石有武幹，又練吏職，帝甚親委之。平盧循有功，爲西陽太守。

義熙九年，徙益州刺史，爲元帥伐蜀。初，帝與齡石密謀進取，曰：「劉敬宣往年出黃武，〔七〕無功而退。賊謂我今應從外水往，而料我當出其不意猶從內水來也，必重兵守涪城以備內道。若向黃武，正墮其計。今以大衆自外水取成都，疑兵出內水，此制敵之奇也。」而慮此聲先馳，賊審虛實，別有函封付齡石，署曰至白帝乃開。諸軍雖進，未知處分，至白

帝發書，曰：「衆軍悉從外水取成都；臧熹、朱枚於中水取廣漢；使羸弱乘高艦十餘，由內水向黃武。」譙縱果備內水，使其大將譙道福戍涪城，遣其秦州刺史侯暉、僕射譙詵等屯彭模，夾水爲城。十年六月，齡石至彭模。七月，齡石率劉鍾、蒯恩等於北城斬侯暉、譙詵。朱枚至廣漢，復破譙道福別軍。譙縱奔涪城，巴西人王志斬送之，幷獲道福，斬于軍門。

帝之伐蜀，將謀元帥，乃舉齡石。衆咸謂齡石資名尙輕，慮不克辦，〔八〕論者甚衆，帝不從。乃分大軍之半，令猛將勁卒悉以配之。臧熹，敬皇后弟也，亦命受其節度。及戰克捷，衆咸服帝知人，又美齡石善於事。以平蜀功，封豐城侯。

十四年，桂陽公義眞被徵，以齡石爲雍州刺史，督關中諸軍事。齡石至長安，義眞乃發。義眞敗于青泥，齡石亦舉城奔走見殺。傳國至孫，齊受禪，國除。

齡石弟超石，亦果銳。雖出自將家，兄弟並閑尺牘。桓謙爲衞將軍，以補行參軍。後爲武帝徐州主簿，收迎桓謙身首，躬營殯葬。

義熙十二年北伐，超石爲前鋒入河。〔九〕時軍人緣河南岸牽百丈。有漂度北岸者，輒爲魏軍所殺略。帝遣白直隊主丁旿率七百人及車百乘於河北岸爲却月陣，兩頭抱河，車置七仗士。事畢，使竪一長白毦。魏軍不解其意，並未動。帝先命超石戒嚴二千人，〔一〇〕白毦既

二十四史

中華書局

舉，超石赴之，并齎大弩百張，一車益二十人，設彭排於轅上。魏軍見營陣立，乃進圍營。超石先以弱弓小箭射之，魏軍四面俱至。魏明元皇帝又遣南平公長孫嵩三萬騎肉薄攻營，於是百弩俱發。魏軍旣多，弩不能制，超石初行，別齎大槌幷千餘張矟，乃斷矟三四尺以槌槌之，〔二〕一矟輒洞貫三四人。魏軍不能當，遂潰。大軍進克蒲坂，以超石爲河東太守。後除中書侍郎，封興平縣五等侯。關中亂，帝遣超石慰勞河洛，與齡石俱沒赫連勃勃，見殺。

毛脩之字敬文，滎陽陽武人也。祖武生，〔三〕伯父璩並益州刺史。父瑾，梁、秦二州刺史。

脩之仕桓玄爲屯騎校尉，隨玄西奔。玄欲奔漢川，脩之誘令入蜀。馮遷斬玄於枚洄洲，脩之力也。宋武帝以爲鎭軍諮議，遷右衞將軍。旣有斬玄之謀，又父伯並在蜀，帝欲引爲外助，故頻加榮爵。

及父瑾爲譙縱所殺，帝表脩之爲龍驤將軍，配兵遣奔赴。時益州刺史鮑陋不肯進討，脩之言狀，帝乃令冠軍將軍劉敬宣伐蜀，無功而退。譙縱由此送脩之父伯及中表喪柩口累並得還。

後劉毅西鎭江陵，以爲衞軍司馬，南郡太守。脩之雖爲毅將佐，而深結於帝，及毅敗見宥。時遣朱齡石伐蜀，脩之固求行。帝慮脩之至蜀多所誅殺，且土人旣與毛氏有嫌，亦當以死自固。不許。

脩之不信鬼神，所至必焚房廟。時蔣山廟中有好牛馬，並奪取之。累遷相國右司馬，行司州事。戍洛陽，修立城壘。武帝至，履行善之，賜衣服玩好，當時評直二千萬。

王鎭惡死，脩之代爲安西司馬。桂陽公義眞敗，爲赫連勃勃所禽。及赫連昌滅，入魏。脩之在洛，敬事嵩高道士寇謙之。謙之爲魏太武帝信敬，營護之，故不死。脩之嘗爲羊羹薦魏尚書，尚書以爲絕味，獻之太武，大悅，以爲太官令，被寵，遂爲尚書、光祿大夫，封南郡公，太官令、尚書如故。〔四〕

後朱脩之俘于魏亦見寵，脩之問朱脩之，南國當權者爲誰，答云殷景仁。脩之笑曰：「吾昔在南，殷尚幼少，我歸罪之日，便當巾韝到門。」經年不忍問家消息，久之乃訪焉。脩之具答，并云：「賢子元矯甚能自處。」脩之悲不得言，直視良久，乃長歎曰：「嗚呼！」自此一不復及。

初，北人去來言脩之勸魏侵邊，并教以在南禮制，文帝甚疑責之。朱脩之後得還，具相申理，上意乃釋。脩之在魏多妻妾，男女甚衆，身遂死於魏。

孫惠素，仕齊爲少府卿。性至孝，母服除後，更修母所住處牀帳屏帷，每月朔十五向帷悲泣，〔五〕傍人爲之感傷，終身如此。

惠素吏才强濟，而臨事淸刻，敕市銅官碧靑一千二百斤供御畫，用錢六十五萬。有讒惠素納利，武帝怒，敕尚書評價，貴二十八萬餘，有司奏，伏誅。死後家徒四壁，武帝後知無罪，甚悔恨之。

傅弘之字仲度，北地泥陽人也。傅氏舊屬靈州，漢末失土，寄馮翊，置泥陽、富平二縣，廢靈州，故傅氏悉屬泥陽。晉武帝太康三年復立靈州縣，傅氏還屬靈州。弘之高祖祗，晉司徒，後封靈州公，不欲封本縣，故祗一門還屬泥陽。曾祖暢，祕書丞，沒石勒，生子洪。晉穆帝永和中，石氏亂，度江。洪生梁州刺史歆，歆生弘之。

少倜儻有大志，歷位太尉行參軍。宋武帝北伐，弘之與扶風太守沈田子等七軍自武關入。弘之素習騎乘，於姚泓馳道內戲馬，甚有姿制，羌胡觀者數千，並歎稱善。留爲桂陽公

義眞雍州中從事史。

及義眞東歸，赫連勃勃傾國追躡，於靑泥大戰，弘之躬貫甲冑，氣冠三軍，軍敗陷沒，不爲之屈。時天大寒，裸弘之，弘之叫罵見殺。

朱脩之字恭祖，義陽平氏人也。曾祖燾，晉平西將軍。祖序，豫州刺史。父諶，益州刺史。

脩之初爲州主簿，宋元嘉中，累遷司徒從事中郎。文帝謂曰：「卿曾祖昔爲王導丞相中郎，卿今又爲王弘中郎，可謂不忝爾祖矣。」

後隨右軍到彥之北侵，彥之自河南回，脩之留戍滑臺，被魏將安頡攻圍。糧盡，將士熏鼠食之。脩之被圍旣久，母常悲憂，忽一旦乳汁驚出，母號慟告家人曰：「我年老非復有乳汁時，今如此，兒必沒矣。」魏果以其日剋滑臺，囚之。太武嘉其固守之節，以爲雲中鎭將，妻以宗室女。

脩之潛謀南歸，妻疑之，每流涕謂曰：「觀君無停意，何不告我以實，義不相負。」脩之深嘉其義而不告也。及太武伐馮弘，脩之及同沒人邢懷明並從。又有徐卓者亦沒魏，復欲率

二十四史

南人竊發，事泄見誅。脩之、懷明懼禍，同奔馮弘，不見禮。停一年，會宋使至。脩之名位素顯，傳詔見便拜。彼國敬傳詔，呼爲天子邊人。見傳詔致敬，乃始禮之。時魏屢伐黃龍，弘遣使求救，脩之乃使傳詔說而遣之。泛海，未至東萊，舫柂折，風猛，海師慮向海北，垂長索，舫乃正。海師覩上有鳥飛，知去岸不遠，須臾至東萊。及至，以爲黃門侍郎。

孝武初，累遷寧蠻校尉、雍州刺史，加都督。脩之政在寬簡，士庶悅附。及荊州刺史南郡王義宣反，檄脩之舉兵。雍土時饑，脩之僞與之同；既而遣使陳情於孝武，孝武嘉之，以爲荊州刺史，加都督。義宣乃聞脩之不同，更以魯秀爲雍州刺史，擊襄陽。脩之命斷馬鞍山道，秀不得前乃退。脩之率衆向江陵，竺超已執義宣，〔一五〕脩之至，於獄殺之。以功封南昌縣侯。

脩之立身清約，百城贶贈，一無所受。唯以蠻人宜存撫納，有餉皆受，得輒與佐史賭之，未嘗入己。去鎭之日，秋毫無犯。計在州以來，然油及私牛馬食官穀草，以私錢六十萬償之。而儉刻無潤，薄於恩情，姊在鄉里，飢寒不立，脩之貴爲刺史，未曾供贍。往姊家，姊爲設菜羹粗飯以激之，脩之曰：「此是貧家好食，進之致飽。」先是，新野庾彥達爲益州刺史，攜姊之鎭，資給供奉，中分秩祿，西土稱焉。

脩之後拜左戶尚書、領軍將軍。至建鄴，牛奔墜車折脚，辭尚書，徙崇憲太僕，仍加特進、金紫光祿大夫。脚疾不堪獨行見，特給扶侍。卒，謚貞侯。

王玄謨字彥德，太原祁人也。六世祖宏，河東太守、緜竹侯，〔一六〕以從叔司徒允之難，棄官北居新興，仍爲新興、雁門太守。其自序云爾。祖牢，仕慕容氏爲上谷太守，隨慕容德居青州。父秀，早卒。

玄謨幼而不羣，世父蕤有知人鑒，常笑曰：「此兒氣概高亮，有太尉彥雲之風。」宋武帝臨徐州，辟爲從事史，與語異之。少帝末，謝晦爲荊州，請爲南蠻行參軍、武寧太守。晦敗，以非大帥見原。

元嘉中，補長沙王義欣鎭軍中兵參軍，領汝陰太守。每陳北侵之規，上謂殷景仁曰：「聞王玄謨陳說，使人有封狼居胥意。」

後爲興安侯義賓輔國司馬、彭城太守。義賓薨，玄謨上表，以彭城要兼水陸，請以皇子撫臨州政，乃以孝武出鎭。

及大舉北侵，以玄謨爲寧朔將軍。前鋒入河，受輔國將軍蕭斌節度。軍至碻磝，玄謨進向滑臺，圍城二百餘日。魏太武自來救之，衆號百萬，鼓鞞動天地。玄謨之行也，衆力不少，器械精嚴，而專仗所見，多行殺戮。初圍城，城內多茅屋，衆求以火箭燒之。玄謨曰：「損亡軍實。」不聽。城中卽撤壞之，穴地爲窟室。〔一七〕及魏救將至，衆請發車爲營，又不從。將士並懷離怨。又營貨利，一匹布責人八百梨，以此倍失人心。及太武軍至，乃夜遁，麾下散亡略盡。蕭斌將斬之，沈慶之固諫曰：「佛狸威震天下，控弦百萬，豈玄謨所能當。〔一八〕殺戰將以自弱，非良計也。」斌乃止。

初，玄謨始將見殺，夢人告曰：「誦觀世音千徧則免。」玄謨夢中曰：「何可竟也。」仍見授，既覺誦之，且得千徧。明日將刑，誦之不輟。忽傳唱停刑，遣代守碻磝。江夏王義恭爲征討都督，以碻磝沙城不可守，召令還。爲魏軍所追，大破之，流矢中臂。二十八年正月，還至歷城。義恭與玄謨書曰：「聞因敗爲成，臂上金創，將非金印之徵邪？」

元凶弒立，以玄謨爲冀州刺史。孝武伐逆，玄謨遣濟南太守垣護之等將兵赴義。事平，除徐州刺史，加都督。

及南郡王義宣與江州刺史臧質反，朝廷假玄謨輔國將軍，爲前鋒南討，拜豫州刺史。質尋至，大破之。加都督，封曲江縣侯。中軍司馬劉冲之白孝武，言玄謨在梁山與義宣通謀。檢雖無實，上意不能明，使有司奏玄謨沒匿所得賊寶物，虛張戰簿，與徐州刺史垣護之

並免官。

尋爲寧蠻校尉、雍州刺史，加都督。雍土多諸僑寓，玄謨上言所統僑郡無有境土，新舊錯亂，租課不時，宜加幷合。見許。乃省幷郡縣，自此便之。百姓當時不願屬籍。其年，玄謨又令九品以上租，使貧富相通，境內莫不嗟怨。人間訛言玄謨欲反，時柳元景當權，元景弟僧景爲新城太守，以元景之勢，制令雍土南陽順陽上庸新城諸郡並發兵，欲討玄謨。玄謨令內外晏然，以解衆惑，馳啓孝武，具陳本末。帝知其虛，馳遣主書吳喜公慰撫之。又荅曰：「玄謨啓明白之日，七十老公反欲何求？聊復爲笑，想足以申卿眉頭耳。」玄謨性嚴，未曾妄笑，時人言玄謨眉頭未曾申，故以此見戲。

後爲金紫光祿大夫，領太常。及建明堂，以本官領起部尚書，又領北選。孝武狎侮羣臣，各有稱目，多須者謂之羊，短長肥瘦皆有比擬。顏師伯缺齒，號之曰齴，劉秀之儉吝，常呼爲老慳。黃門侍郎宗靈秀軀體肥壯，拜起艱難，每一集會，輒於坐賜靈秀器服飲食，前後相係，欲其占謝傾踣，以爲歡笑。又刻木作靈秀父光祿勳叔獻像送其家聽事。柳元景、垣護之雖並北人，而玄謨獨受老傖之目。凡諸稱謂，四方書疏亦如之。嘗爲玄謨作四時詩曰：「菫茹供春膳，粟漿充夏飡，𤓰醬調秋菜，白醝解冬寒。」又寵一崑崙奴子名白主，常在左右，令以杖擊羣臣。自柳元景以下皆罹其毒。

中華書局

玄謨尋遷徐州刺史，加都督。時北土災饉，乃散私穀十萬斛牛千頭以賑之。孝武崩，與羣公俱被顧命。時朝政多門，玄謨以嚴直不容，徙青、冀二州刺史，加都督。少帝誅顏師伯、柳元景等，狂悖滋甚，以領軍徵玄謨，子姪咸勸稱疾。玄謨曰：「避難苟免，既乖事君之節，且吾荷先朝厚恩，彌不得逡巡。」及至，屢表諫諍，又流涕請緩刑去殺，以安元元之意。少帝大怒。

明帝即位，禮遇益崇。時四方反叛，玄謨領水軍前鋒南討，以脚疾未差，聽乘輿出入。尋除車騎將軍、江州刺史，[一九]副司徒建安王休仁於赭圻，賜以諸葛亮筩袖鎧。頃之，以爲左光祿大夫、開府儀同三司，領護軍將軍，遷南豫州刺史，加都督。薨年八十二，謚曰莊公。

子深早卒，深子續嗣。深弟寬，泰始初，爲隨郡太守。逢四方反，父玄謨在建鄴，寬棄郡自歸。以母在西，爲賊所執，請西行，遂襲破隨郡，收其母。事平，明帝嘉之，使圖寬形以上。齊永明元年，爲太常，坐於宅殺牛，免官。後卒於光祿大夫。

寬弟瞻字明遠，一字叔鸞。負氣慠俗，好貶裁人物。仕宋爲王府參軍。嘗詣劉彥節，直登榻曰：「君侯是公孫，僕是公子，引滿促膝，唯余二人。」彥節外跡雖酬之，意甚不悅。齊豫章王嶷少時，早與瞻友。瞻常候嶷高論，齊武帝時在大牀寢，瞻謂嶷曰：「帳中人物亦復

隨人寢興。」嶷言次忽問王景文兄楷賢愚何如殷道矜，瞻曰：「卿遂復言他人兄邪。」武帝笑稱嶷小名阿玉，[二〇]「汝兄愚，那得忽來王參軍此句」。瞻曰：「直恐如卿來談。」武帝銜之，未嘗形色。後歷黃門侍郎。

及齊建元初，瞻爲永嘉太守，詣闕跪拜不如儀。武帝知之，召入東宮，仍送付廷尉殺之。命左右啓高帝曰：「父辱子死，王瞻傲朝廷，臣輒已收之。」高帝曰：「此何足計。」及聞瞻已死，乃默無言。

玄謨從弟玄象，位下邳太守。好發冢，地無完槨。人間垣內有小冢，墳上殆平，每朝日初升，見一女子立冢上，近視則亡。或以告玄象，便命發之。有一棺尚全，有金蠶、銅人以百數。剖棺見一女子，年可二十，姿質若生，臥而言曰：「我東海王家女，應生，資財相奉，幸勿見害。」女臂有玉釧，破冢者斬臂取之，於是女復死。玄謨時爲徐州刺史，以事上聞，玄象坐免郡。

玄載字彥休，玄謨從弟也。父蕤，東莞太守。玄載仕宋，位益州刺史。沈攸之之難，玄載起義，送誠於齊高帝，封鄂縣子。齊建元元年，爲左戶尚書。永明四年，位兗州刺史，卒

官。謚烈子。

玄載弟玄邈字彥遠，仕宋位青州刺史。齊高帝之鎮淮陰，爲宋明帝所疑，乃北勸魏，遣書結玄邈。玄邈長史房叔安進曰：「夫布衣韋帶之士，銜一餐而不忘，義使之然也。今將軍居方州之重，託君臣之義，無故舉忠孝而棄之，三齊之士寧蹈東海死耳，不敢隨將軍也。」玄邈意乃定。仍使叔安使建鄴，發高帝謀。高帝於路執之，并求玄邈表。叔安答曰：「寡君使表上天子，不上將軍。且僕之所言，利國家而不利將軍，無所應問。」荀伯玉勸殺之，高帝曰：「物各爲主，無所責也。」玄邈罷州還，高帝塗中要之，玄邈嚴軍直過。還都，啓宋明帝，稱高帝有異謀，高帝不恨也。昇明中，高帝引爲驃騎司馬、泰山太守。玄邈甚懼，高帝待之如初。再遷西戎校尉、梁南秦二州刺史，封河陽縣侯，兄弟同時爲方伯。

齊建元初，亡命李烏奴作亂梁部，玄邈使人僞降烏奴，告之曰：「王使君兵弱，攜愛妾二人已去矣。」烏奴喜，輕兵襲州城，玄邈奇兵破之。高帝聞之曰：「玄邈果不負吾。」延興元年，爲中護軍。明帝使玄邈往江州殺晉安王子懋，玄邈苦辭不行，及遣王廣之往廣陵取安陸王子敬，玄邈不得已奉旨。建武中，卒於護軍，贈雍州刺史，謚壯侯。

叔安字子仁，清河人。高帝即位，懷其忠正，時爲益州司馬、寧蜀太守，就拜前將軍。

方用爲梁州，會病卒。帝歎曰：「叔安節義，古人中求之耳，恨不至方伯而終。」子長瑜，亦有義行，永明中，爲州中從事。

論曰：自晉室播遷，來宅揚、越，關邊遙阻，汧、隴遐荒，區甸分其內外，山河判其表裏。桓溫一代英人，志移晉鼎，自非兵屈霸上，戰衄枋頭，則光宅之運，中年允集。宋武帝屈起布衣，非藉人譽，一旦驅率烏合，奄興霸緒，功雖有餘而德猶未洽。非樹奇功於難立，震大威於四海，則不能成配天之業，一異同之心。故須外積武功，以收人望。及金墉請吏，元勳既立，心欲挂旆龍門，折衝冀、趙，跨功桓氏，取高昔人。方復觀兵崤、澠，陳師天嶮。及靈威薄震，重關自闢，故知英算所包，先勝而後戰也。王鎮惡推鋒直指，前無强陣，爲宋方叔，其壯矣乎。朱齡石、超石、毛脩之、傅弘之等，以歸衆難固之情，逢英勇乘機之運，以至顛陷，爲不幸矣。脩之滑臺之守，有疎勒之難，苟誠節在焉，所在爲重，其取榮大國，豈徒然哉。終假道自歸，首丘之義也。玄謨封狼之心，雖簡帝念，然天方相魏，人豈能支。宋氏以三吳之弱卒，當八州之勁勇，欲以邀勝，不亦難乎。蹙境亡師，固其宜也。觀夫慶之言，可謂達於時變。瞻傲很不悔，卒至亡軀，然齊武追恨魚服，匹夫懼矣。玄邈行己之度，有士君子之

風平。

校勘記

〔一〕令如後有大軍狀 「如」字各本並脫，據册府元龜四二一、太平御覽三一六引晉書補。

〔二〕又遣人以詔及赦文幷武帝手書凡三函示毅 「文」字各本並脫，據宋書補。

〔三〕鎮惡軍人與毅下將或是父兄子弟中表親親 「下將」宋書作「東將」。通典兵典掩襲及太平御覽三一六引作「東來將士」。

〔四〕使就子甝取馬 「甝」宋書作「甝民」，此避唐諱而省。

〔五〕田子退屯劉因堡 「劉因堡」宋書作「劉回堡」。

〔六〕幷兄基弟鴻遵深從弟昭朗弘凡七人 「深」宋書作「淵」，此避唐諱而省。「弘」各本並脫，不足七人之數，據宋書補。

〔七〕劉敬宣往年出黃武 「黃武」宋書作「黃虎」，此避唐諱改。

〔八〕慮不克辦 「克辦」各本作「辦克」，據册府元龜二〇四乙正。

〔九〕超石爲前鋒入河 「爲」字各本並脫，據册府元龜三四四補。

〔一〇〕帝先命超石戒嚴二千人 「二千人」各本並脫，據通典兵典、册府元龜七二四、太平御覽三一八引補。按上云「車百乘」，下云「一車益二十人」，正合二千人之數。

〔一一〕乃斷矟三四尺以槌槌之 各本不疊「槌」字，據宋書補。

〔一二〕祖武生 「武」宋書作「虎」，此避唐諱改。

〔一三〕太官令尙書如故 「尙書」各本作「常」，據宋書改。

〔一四〕每月朔十五向帷悲泣 「朔」各本作「朝」，據册府元龜七五三改。

〔一五〕竺超已執義宣 「竺超」宋書作「竺超民」，此避唐諱省。

〔一六〕六世祖宏河東太守緜竹侯 「緜竹」各本作「緜竺」，據宋書改。

〔一七〕穴地爲窟室 「穴地」各本作「空地」，據通志改。

〔一八〕豈玄謨所能當 「能」字各本並脫，據宋書補。

〔一九〕尋除車騎將軍江州刺史 「將軍」上原有「大」字，據宋書明帝泰始二年紀刪。

〔二〇〕武帝笑稱嶷小名阿玉 「阿玉」各本作「多王」。錢大昕廿二史考異：「嶷小名阿玉，見梁本紀，此文誤。」今據梁書武帝紀改。

南史卷十七

列傳第七

劉敬宣 劉懷肅 弟懷敬 懷愼 劉粹 族弟損 孫處

蒯恩 向靖 子柳 劉鍾 虞丘進 孟懷玉 弟龍符

胡藩 劉康祖 伯父簡之 簡之弟謙之 簡之子道產 道產子延孫

劉敬宣字萬壽，彭城人也。父牢之，晉鎮北將軍。敬宣八歲喪母，晝夜號泣，中表異之。輔國將軍桓序鎮蕪湖，牢之參序軍事。四月八日，敬宣見衆人灌佛，乃下頭上金鏡爲母灌像，因悲泣不自勝。序謂牢之曰：「卿此兒非唯家之孝子，必爲國之忠臣。」

起家王恭前軍參軍，又參會稽世子元顯征虜軍事。隆安二年，王恭起兵京口，以誅司馬尙之爲名，牢之時爲恭前軍司馬。恭以豪戚自居，甚相陵忽，牢之心不能平。及恭此舉，

使牢之爲前鋒，牢之遣敬宣襲恭，敗之。元顯以敬宣爲後將軍諮議參軍。

三年，孫恩爲亂，牢之自表東討，敬宣請以騎傍南山趣其後。吳賊畏馬，又懼首尾受敵，遂大敗之，進平會稽。還後軍從事中郎。

宋武帝既累破祆賊，功名日盛，敬宣深相憑結。元顯進號驃騎，敬宣仍隨府轉。元顯驕肆，羣下化之，敬宣每預宴會，調戲無所酬答，元顯甚不悅。

元興元年，牢之南討桓玄，元顯爲征討大都督，日夜昏酣。牢之以道子昏闇，元顯淫凶，慮平玄之日，亂政方始；會玄遣信說牢之，牢之欲假手於玄誅執政，然後乘玄之隙，可以得志天下。將許玄降。敬宣諫恐玄威望既成，則難圖。牢之怒曰：「吾豈不知今日取之如反覆手，但平後令我奈驃騎何？」遣敬宣爲任。

玄既得志，害元顯，廢道子，以牢之爲會稽太守。牢之與敬宣謀襲玄，期以明旦。爾日大霧，府門晚開，日旰，敬宣不至。牢之謂謀泄，欲奔廣陵，而敬宣還京口迎家。牢之謂已爲玄禽，乃縊而死。敬宣奔喪，哭畢，就司馬休之、高雅之等俱奔洛陽，往來長安，求救於姚興，後奔慕容德。

敬宣素明天文，知必有興復晉室者。尋夢丸土服之，覺而喜曰：「丸者，桓也，桓呑，吾當復本土乎。」乃結青州大姓諸崔、封謀滅德，〔一〕推休之爲主。時德司空劉軌大被任，高雅

二十四史 中華書局

之又要軌，謀泄，乃相與殺軌而去。會宋武帝平京口，手書召敬宣，卽馳還，襲封武岡縣男，後拜江州刺史。

劉毅之少，人或以雄桀許之。敬宣曰：「此人外寬內忌，自伐而尙人，若一旦遭逢，當以陵上取禍。」毅聞深恨。及在江陵，知敬宣還，尋知爲江州，大駭惋。敬宣愈不自安。安帝反正，自表求解。武帝恩款周洽，所賜莫與爲比。敬宣女嫁，賜錢三百萬，雜綵千匹。

帝方大相寵任，欲令立功。義熙三年，表遣敬宣伐蜀。博士周祗諫，以爲「道遠運漕難繼，毛脩之家讎不雪，不應以得死爲恨。劉敬宣蒙生存之恩，亦宜性命仰答。將軍欲驅二死之甘心，忘國家之重計，愚情竊所未安」。不從。假敬宣節，監征蜀諸軍事。敬宣至黃武，去成都五百里，食盡，遇疾疫而還。爲有司奏免官。

五年，武帝伐慕容超，除中軍諮議參軍，與兗州刺史劉藩大破超軍，進圍廣固，屢獻規略。盧循逼建鄴，敬宣分領鮮卑獸班突騎，〔二〕置陣甚整。循走，仍從南討，爲左衞將軍。敬宣寬厚，善待士，多伎藝，弓馬音律，無事不善。尙書僕射謝混美才地，少所交納，與敬宣遇便盡禮。或問混：「卿未嘗輕交，而傾蓋劉壽，〔三〕何也？」混曰：「孔文舉禮太史子義，天下豈有非之邪。」

初，敬宣蜀還，劉毅欲以重法繩之。武帝既相任待，又何無忌謂不宜以私憾傷至公。毅

雖止，猶謂武帝曰：「平生之舊，豈可孤信？光武悔之於龐萌，曹公失之於孟卓。宜深愼之。」毅出爲荊州，謂敬宣曰：「欲屈卿爲長史、南蠻，豈有見輔意乎？」敬宣懼禍，以告武帝。帝笑曰：「但令老兄平安，必無過慮。」後領冀州刺史。

時帝西討劉毅，豫州刺史諸葛長人監太尉軍事，貽敬宣書曰：「盤龍狠戾專恣，自取夷滅。異端將盡，世路方夷，富貴之事，相與共之。」敬宣報曰：「下官常懼福過災生，實思避盈居損。富貴之旨，非所敢當。」便以長人書呈，帝謂王誕曰：「阿壽故爲不負我。」

十一年，進號右軍將軍。〔四〕時晉宗室司馬道賜爲敬宣參軍。會武帝西征司馬休之，而道賜乃陰結同府辟閭道秀、左右小將王猛子等謀反。道賜自號齊王，規據廣固，舉兵應休之。猛子取敬宣刀殺敬宣，文武佐吏卽討道賜、道秀、猛子斬之。先是敬宣嘗夜與僚佐宴，空中有投一隻芒屩於坐，墜敬宣食盤上，長三尺五寸，已經人著，耳鼻間並欲壞，頃之而敗。喪至，武帝臨哭甚哀。子光祖嗣。宋受禪，國除。

劉懷肅，彭城人，宋武帝從母兄也。家世貧窶，而躬耕好學。仕晉爲費令。及聞武帝起義，棄縣來奔。

義熙元年，爲輔國將軍、淮南歷陽二郡太守。二年，又領劉毅撫軍司馬，以建義功，封東興縣侯。其冬，桓石綏、司馬國璠、陳襲於胡桃山聚衆爲寇，懷肅討破之。江、淮間羣蠻及桓氏餘黨爲亂，懷肅自請討之，及行失旨，毅上表免懷肅官。三年卒，追贈左將軍。無子，弟懷愼以子蔚祖嗣，位江夏內史。

蔚祖卒，子道存嗣，位太尉江夏王義恭諮議參軍。孝武伐元凶，道存出奔義軍，元凶乃殺其母以徇。景和中，爲義恭太宰從事中郎。義恭敗，以黨與下獄死。

懷肅次弟懷敬，澀訥無才能。初，武帝產而皇妣殂，孝皇帝貧薄，無由得乳人，議欲不舉，帝從母生懷敬，未朞，乃斷懷敬乳而自養帝。帝以舊恩，懷敬累見寵授，至會稽太守。時以爲速，武帝曰：「亡姨於我恩重，此何可忘？」歷尙書，金紫光祿大夫。

懷敬子眞道爲錢唐令，元嘉十三年，東土饑，帝遣揚州中從事史沈演之巡行在所，演之表眞道及餘杭令劉道錫有美政。上嘉之，各賜穀千斛，以眞道爲步兵校尉。

十四年，出爲梁、南秦二州刺史。十八年，氐帥楊難當侵寇漢中，眞道討破之，而難當寇盜猶不已，文帝遣龍驤將軍裴方明率禁兵五千，受眞道節度。十九年，方明至武興，率太子積弩將軍劉康祖等進軍，大致剋捷，以眞道爲建威將軍、雍州刺史，方明輔國將軍、梁南

秦二州刺史。又詔故晉壽太守姜道盛殞身鋒鏑，可贈給事中，賜錢十萬。道盛注古文尙書行於世。眞道、方明並坐破仇池斷割金銀諸雜寶貨，又藏難當善馬，下獄死。

懷敬弟懷愼，少謹愼質直。從宋武帝征討，位徐州刺史。爲政嚴猛，境內震肅。以平廣固、盧循功，封南城縣男。十二年，武帝北伐，以爲中領軍、征虜將軍，宿衞輦轂。坐府內相殺免官。雖名位轉優，而恭恪愈至。每所之造，位任不踰己者，皆束帶門外下車，其謹退類如此。

永初元年，以佐命功，進爵爲侯，位五兵尙書，加散騎常侍、光祿大夫。景平元年，還護軍將軍。祿賜班於宗族，家無餘財，卒謚肅侯。

子德願嗣。大明初，爲游擊將軍，領石頭戍事。坐受買客韓佛智貨，下獄奪爵。後爲秦郡太守。德願性粗率，爲孝武狎侮。上寵姬殷貴妃薨，葬畢，數與羣臣至殷墓。謂德願曰：「卿哭貴妃若悲，當加厚賞。」德願應聲便號慟，撫膺擗踊，涕泗交流。上甚悅，以爲豫州刺史。又令醫術人羊志哭殷氏，志亦嗚咽。他日有問志：「卿那得此副急淚？」志時新喪愛姬，答曰：「我爾日自哭亡妾耳。」志滑稽，善爲諧謔，上亦愛狎之。

德願善御車，嘗立兩柱，使其中劣通車軸，乃於百餘步上振轡長驅，未至數尺，打牛奔

中華書局

從柱間直過，其精如此。孝武聞其能，爲之乘畫輪車，幸太宰江夏王義恭第。德願岸著籠冠，短朱衣，執轡進止，甚有容狀。永光中，爲廷尉，與柳元景厚善。元景敗，下獄誅。

懷愼庶長子榮祖，少好騎射，爲武帝所知。及盧循攻逼，時賊乘小艦入淮拔柵，武帝宣令三軍不得輒射賊。榮祖不勝憤怒，冒禁射之，所中應弦而倒，帝益奇焉。以戰功，參太尉軍事，從討司馬休之。彭城內史徐逵之敗沒，諸將意沮，榮祖請戰愈厲，上乃解所著鎧授之。榮祖陷陣，身被數創。及帝北伐，轉鎭西中兵參軍。水軍入河，與朱超石大破魏軍於半城。帝大饗戰士，謂榮祖曰：「卿以寡克衆，攻無堅城，雖古名將何以過此。」永初中，爲輔國將軍。追論半城功，賜爵都鄉侯。榮祖爲人輕財貴義，善撫將士，然性褊，頗失士君子心。卒于官。

懷愼弟懷默，江夏內史。子孫登，武陵內史。孫登子亮，少工刀楯，以軍功封順陽縣侯，歷梁、益二州刺史。在任廉儉，所得公祿，悉以還官，宋明帝下詔褒美。亮在梁州忽服食，欲致長生，迎武當山道士孫懷道使合仙藥，藥成，服之而卒。及就斂，屍弱如生。謚曰剛侯。

孫登弟道隆，前廢帝景和中，位右衞將軍，封永昌縣侯，委以腹心之任。泰始初，又爲明帝盡力，遷左衞將軍、中護軍。賜死，事在建安王休仁傳。

劉粹字道冲，沛郡蕭人也。家在京口。初爲州從事，從宋武帝平建鄴，征廣固，以功封西安縣五等侯。累遷中軍諮議參軍。盧循之逼，京口任重，文帝時年四歲，武帝使粹奉文帝鎭京口。後爲江夏相。

族兄毅貳於武帝，粹不與毅同而盡心武帝。帝將謀毅，衆並疑粹在夏口，帝愈信之。及大軍至，竭其誠力。事平，封灄陽縣男。〔五〕永初元年，以佐命功，改封建安縣侯。文帝卽位，爲雍州刺史，加都督。

元嘉三年，討謝晦。初，晦與粹善，以粹子曠之爲參軍，至是帝甚疑之。王弘曰：「粹無私，必無憂也。」及受命南討，一無所顧。文帝以此嘉之。晦亦不害曠之，遣還。粹尋卒，曠之嗣。

粹弟道濟，位益州刺史，任長史費謙等聚斂，傷政害人。初，晉末有司馬飛龍者，自稱晉宗室，走仇池。元嘉九年，聞道濟綏撫失和，遂自仇池入綿竹爲亂，道濟遣軍討斬之。先是道濟以五城人帛氏奴、梁顯爲參軍督護，費謙固執不與；遠方商人至者，謙又抑之。商旅呼嗟，百姓咸欲爲亂，氐奴等因聚黨爲盜，及趙廣等詐言司馬殿下猶在陽泉山中。蜀土僑舊翕然並反，奉道人程道養，言是飛龍。道養，枹罕人也。趙廣改名爲龍興，號爲蜀王、車騎大將軍、益梁二州牧，建號泰始元年，備置百官，以道養弟道助爲驃騎將軍、長沙王，鎭涪城。廣自號鎭軍將軍，帛氏奴爲征虜將軍，梁顯爲鎭北將軍，奉道養圍成都。道濟遣中兵參軍裴方明頻破之。

十年正月，賊復大至，攻逼成都，道濟卒，方明等共埋尸於後齋，使書與道濟相似者爲敎。酬答籤疏，不異常日，雖母妻不知也。二月，道養升壇郊天，方就柴燎，方明擊，大敗之。會平西將軍臨川王義慶使巴東太守周籍之帥衆援成都，廣等屯據廣漢，分守郫川。籍之與方明攻郫，克之。方明禽僞驃騎將軍司馬龍伸，斬之。龍伸卽道助也。涪、蜀皆平。

俄而張尋攻破陰平，復與道養合，逃于郪山，其餘羣賊出爲盜不絕。文帝遣寧朔將軍蕭汪之討之。十四年，餘黨乃平，遷趙廣、張尋等於建鄴。十六年，廣、尋復與國山令司馬敬琳謀反，伏誅。

粹族弟損字子騫，衞將軍毅從父弟也。父鎭之字仲德，以毅貴顯，閑居京口，未嘗應召。常謂毅：「汝必破我家」。毅甚畏憚，每還京口，未嘗敢以羽儀入鎭之門。以左光祿大夫徵，〔六〕不就，卒於家。損元嘉中爲吳郡太守，至昌門，便入太伯廟。時廟室頹毀，垣牆不

修，損愴然曰：「清塵尚可髣髴，衡宇一何摧頹！」卽令修葺。卒，贈太常。

損同郡宗人有劉伯龍者，少而貧薄，及長，歷位尚書左丞、少府、武陵太守，貧窶尤甚。常在家慨然，召左右將營十一之方，忽見一鬼在傍撫掌大笑。伯龍歎曰：「貧窮固有命，乃復爲鬼所笑也。」遂止。

孫處字季高，會稽永興人也。籍注字，故以字行。少任氣，武帝征孫恩，季高樂從。及平建鄴，封新夷縣五等侯。〔七〕盧循之難，武帝謂季高曰：「此賊行破，非卿不能破其窟穴。」卽遣季高泛海襲番禺，拔之。循父嘏、長史孫建之、司馬虞尫夫等輕舟奔始興，卽分遣振武將軍沈田子等討平嶺表諸郡。循於左里走還襲廣州，季高破走之。義熙七年，季高卒，追贈南海太守，封候官縣侯。九年，武帝表贈交州刺史。

蒯恩字道恩，蘭陵承人也。武帝征孫恩，縣差恩伐馬芻，常負大束，兼倍餘人。每捨芻於地，歎曰：「大丈夫彎弓三石，奈何充馬士。」武帝聞之，卽給器仗。自征祅賊，常爲先登，

二十四史

中華書局

膽力過人，甚見愛信。於婁縣戰，箭中右目。平京城，定建鄴，以軍功封都鄉侯。從伐廣固，破盧循，隨劉藩追斬徐道覆，與王鎮惡襲江陵，隨朱齡石伐蜀，又從伐司馬休之。自從征討，凡百餘戰，身被重創。武帝錄其前後功，封新寧縣男。

武帝北伐，留恩侍衞世子，命朝士與之交。恩益自謙損，與人語常呼官位，[八]自稱鄙人，撫士卒甚有恩紀。世子開府，再遷爲司馬。後入關迎桂陽公義眞，沒於赫連勃勃。傳國至孫，無子，國除。

向靖字奉仁，小字彌，河內山陽人也。名與武帝祖諱同，故以小字行。彌與武帝有舊，從平京城，參建武軍事，進平建鄴，以功封山陽縣五等侯。又從征廣固，討盧循，所在著績，封安南縣男。武帝西伐司馬休之，征關中，並見任使。及帝受命，以佐命功，封曲江縣侯，位太子左衞率，加散騎常侍。卒于官。

彌立身儉約，不營室宇，無園田商貨之業，時人稱之。子植嗣，多過失，不受母訓，奪爵。更以植次弟楨紹封，又坐殺人，國除。

楨弟柳字玄季，有學義才能，立身方雅。太尉袁淑、司空徐湛之、東揚州刺史顏竣皆與友善。及竣貴，柳猶以素情自許，不推先之。順陽范璩誡柳曰：「名位不同，禮有異數，卿何得作曩時意邪？」柳曰：「我與士遜心期久矣，豈可一旦以勢利處之。」及柳爲南康郡，涉義宣事敗，繫建康獄。屢密請竣，求相申救。孝武嘗與竣言及柳事，竟不助之。柳遂伏法。璩字伯玉，平北將軍汪曾孫也，位淮南太守。

劉鍾字世之，彭城人也。少孤，依鄉人中山太守劉回共居，常慷慨於貧賤。從宋武帝征伐，盡其心力。及義旗建，帝板鍾爲郡主簿，曰：「豫是彭城鄉人赴義者，並可依劉主簿。」於是立義隊，連戰皆捷。及桓謙屯于東陵，卞範之屯覆舟山西，武帝疑賊有伏兵，顧左右，政見鍾，謂曰：「此山下當有伏兵，卿可往探之。」鍾馳進，果有伏兵，一時奔走。後除南齊國內史，封安丘縣五等侯。求改葬父祖及親屬十喪，帝厚加資給。

從征廣固，孟龍符於陣陷沒，鍾直入取其屍而反。盧循逼建鄴，鍾拒柵，身被重創，賊不得入。循南走，鍾又隨劉藩追徐道覆，斬之。

後隨朱齡石伐蜀爲前鋒，去成都二百里，鍾于時脚疾，齡石乃詣鍾，謀且欲養銳息兵，以伺其隙。鍾曰：「不然，前揚言大衆向內水，譙道福不敢捨涪城，今重軍卒至，出其不意，蜀人已破膽矣。賊今阻兵守險，是其懼不敢戰，非能持久也。因其兇懼攻之，其勢必克；若緩兵，彼將知人虛實，當爲蜀子虜耳。」齡石從之，明日，陷其二城，徑平成都。以廣固功，封永新縣男。

十二年，武帝北伐，鍾居守。累遷右衞將軍。元熙元年卒。傳國至孫，齊受禪，國除。

虞丘進字豫之，東海郯人也。少時隨謝玄討苻堅有功，封關內侯。後從宋武帝征孫恩，頻戰有功。從定建鄴，除燕國內史，封龍川縣五等侯。

及盧循逼都，孟昶等議奉天子過江，進廷議不可，面折昶等，武帝甚嘉之。除鄱陽太守。後隨劉藩斬徐道覆。義熙九年，以前後功，封望蔡縣男。永初二年，累遷太子右衞率。卒，追論討司馬休之功，進爵爲子。傳國至曾孫，齊受禪，國除。

孟懷玉，平昌安丘人也，世居京口。宋武帝東伐孫恩，以爲建武司馬。豫義旗，從平京

口，定建鄴，以功封鄱陽縣五等侯。盧循逼都，以戰功爲中軍諮議參軍。[九]循平，封陽豐縣男，位江州刺史、南中郎將。卒官。無子，國除。

懷玉弟龍符，驍果有膽氣，早爲武帝所知，以軍功封平昌縣五等子。從伐廣固，以車騎參軍加龍驤將軍、廣川太守。[一〇]乘勝追奔，被圍見害，追贈青州刺史，封臨沅縣男。

胡藩字道序，豫章南昌人也。少孤，居喪以毀聞。太守韓伯見之，謂藩叔尚書少廣曰：「卿此姪當以義烈成名。」州府辟不就，須二弟冠婚畢，乃參郗恢征虜軍事。時殷仲堪爲荆州刺史，藩外兄羅企生爲仲堪參軍。藩過江陵省企生，因說仲堪曰：「桓玄意趣不常，節下崇待太過，非將來計也。」仲堪不悅。藩退謂企生曰：「倒戈授人，必至大禍，不早去，後悔無及。」後玄自夏口襲仲堪，藩參玄後軍軍事。仲堪敗，企生果以附從及禍。

藩轉參太尉大將軍相國軍事。宋武帝起兵，玄戰敗將出奔，藩扣馬曰：「今羽林射手猶有八百，皆是義故西人，一旦捨此，欲歸可復得乎？」玄直以鞭指天而已。於是奔散相失，追及玄於蕪湖。玄見藩喜謂張須無曰：「卿州故爲多士，今復見王脩。」桑落之敗，藩艦被燒，

中華書局

并鎧入水，潛行三十許步，方得登岸。乃還家。

武帝素聞藩直言於殷氏，又爲玄盡節，召參鎮軍軍事。從征慕容超，超軍屯聚臨朐。藩言於武帝曰：「賊屯軍城外，留守必寡，今往取其城而斬其旗幟，此韓信所以剋趙也。」帝乃遣檀韶與藩潛往，卽剋其城。賊見城陷，一時奔走，還保廣固。圍之，將拔之夜，忽有鳥大如鵝，蒼黑色，飛入帝帳裏，衆以爲不祥。藩賀曰：「蒼黑者，胡虜色。胡虜歸我，大吉之祥。」明旦攻城，陷之。從討盧循於左里，頻戰有功，封吳平縣五等子。

尋除鄱陽太守，從伐劉毅。初，毅當之荆州，表求東道還建鄴辭墓。去都數十里，不過拜闕。帝出倪塘會毅，藩請殺之，乃謂帝曰：「公謂劉衞軍爲公下乎？」帝曰：「卿謂何如？」對曰：「夫豁達大度，功高天下，連百萬之衆，允天人之望，毅固以此服公。至於涉獵記傳，一詠一談，自許以雄豪，加以誇伐，搢紳白面之士，輻湊而歸，此毅不肯爲公下也。」帝曰：「吾與毅俱有剋復功，其過未彰，不可自相圖。」至是謂藩曰：「昔從卿倪塘之謀，無今舉也。」

又從征司馬休之，復爲參軍。徐逵之敗沒，帝怒，卽日於馬頭岸度江。江津岸壁立數丈，休之臨岸置陣，無由可登。帝呼藩令上，藩有疑色。帝怒，命左右錄來，欲斬之。藩不受命，顧曰：「寧前死耳。」以刀頭穿岸，劣容脚指徑上，隨之者稍多。及登，殊死戰，敗之。

從伐關中，參太尉軍事，統別軍至河東。暴風漂輜重艦度北岸，魏軍牽得此艦。藩氣

憤，率左右十二人乘小船徑往。魏騎五六百，見藩來並笑之。藩素善射，登岸射之，應弦而倒者十許人。魏軍皆退，悉收所失而反。又遣藩及朱超石等追魏軍於半城，魏騎數萬合圍，藩及超石不盈五千，力戰，大破之。武帝還彭城，參相國軍事。論平司馬休之及廣固功，封陽山縣男。元嘉中，位太子左衞率。卒，諡曰壯侯。子隆世嗣。

藩諸子多不遵法度，第十四子遵世同孔熙先逆謀，文帝以藩功臣，不欲顯其事，使江州以他事殺之。十六子誕世，十七子茂世，後欲奉庶人義康，交州刺史檀和之至豫章討平之。

劉康祖，彭城呂人也，世居京口。父虔之，輕財好施，位江夏相。宋武帝西征司馬休之及魯宗之，宗之子軌襲殺虔之，追贈梁、秦二州刺史，封新康縣男。

康祖便弓馬，膂力絕人，以浮蕩蒱酒爲事。每犯法爲郡縣所錄，輒越屋踰牆，莫之能禽。夜入人家，爲有司所圍，突圍去，並莫敢追，因夜還京口，半夕便至。明旦守門詣府州要職，俄而建康移書錄之，府州執事者並證康祖其夕在京口，遂得無恙。前後屢被糾劾，文帝以勳臣子每原貸之。後襲封拜員外郎，再坐蒱戲免官。孝武爲豫州刺史，鎮歷陽，以康祖爲征虜中兵參軍。既被委任，折節自修。歷南平王鑠安蠻府司馬。

元嘉二十七年，魏太武帝親率大衆攻圍汝南，文帝遣諸軍救援，康祖總統爲前驅。次新蔡，攻破魏軍，去懸瓠四十里。太武燒營而還。轉左軍將軍。文帝欲大舉北侵，康祖以歲月已晚，請待明年。上不許。其年秋，蕭斌、王玄謨、沈慶之等入河，康祖率豫州軍出許、洛。玄謨等敗歸，南平王鑠在壽陽，上慮爲魏所圍，召康祖速反。康祖回軍，未至壽陽數十里，會魏永昌王以長安之衆八萬騎，與康祖相及於尉武。康祖有八千人，乃結車營而進。魏軍四面來攻，衆分爲三，且休且戰。康祖率厲將士，無不一當百，魏軍死者太半，流血沒踝。矢中頭而死，於是大敗，舉營淪覆，免者裁數十人。魏人傳康祖首示彭城，面如生。贈益州刺史，諡曰壯。

康祖伯父簡之，有志幹，爲宋武帝所知。帝將謀興復，收集才力之士，嘗再造簡之，會有客。簡之悟其意，謂虔之曰：「劉下邳再來，必當有意。既不得語，汝可試往見之。」及虔之至，武帝已剋京口。虔之卽投義。簡之聞之，殺耕牛，會衆以赴之。位太尉諮議參軍。

簡之弟謙之，好學，撰晉紀二十卷，位廣州刺史，太中大夫。

簡之子道產，初爲無錫令，襲爵晉安縣五等侯。元嘉三年，累遷梁、南秦二州刺史，加

都督。在州有惠化。後爲雍州刺史、領寧蠻校尉，加都督，兼襄陽太守。善於臨職，在雍部政績尤著，蠻夷前後不受化者皆順服，百姓樂業，由此有襄陽樂歌，自道產始也。卒于官，諡曰襄侯。道產澤被西土，及喪還，諸蠻皆備縗經號哭，追送至于沔口。

長子延孫，孝武初，位侍中，封東昌縣侯，累遷尚書右僕射。大明元年，除金紫光祿大夫，領太子詹事。又出爲南徐州刺史。先是，武帝遺詔：京口要地，去都密邇，自非宗室近戚不得居之。劉氏之居彭城者，分爲三里，帝室居綏輿里，左將軍劉懷肅居安上里，豫州刺史劉懷武居叢亭里。三里及延孫所居呂縣凡四劉，雖同出楚元王，由來不序昭穆。延孫於帝室本非同宗，不應有此授。時司空竟陵王誕爲徐州，上深相畏忌，不欲使居京口，還之廣陵。廣陵與京口對岸，使腹心爲徐州據京口以防誕，故以南徐州授延孫，而與之合族，使諸王序親。

三年，南兗州刺史竟陵王誕有罪不受徵，延孫馳遣中兵參軍杜幼文赴討。及至，誕已閉城自守，乃還。誕遣劉公泰齎書要之，延孫斬公泰，送首建鄴，復遣幼文受沈慶之節度。

五年，詔延孫曰：「舊京樹親，由來常準。今此防久弭，當以還授小兒。」乃徵延孫爲侍中、尚書左僕射，領護軍。延孫病，不任拜赴。卒，贈司徒，給班劍二十人。有司奏諡忠穆，

詔改爲文穆。子質嗣。

論曰：劉敬宣與宋武恩結龍潛，義分早合，雖興復之始，事隔逢迎，而深期久要，未之或爽。隆赫之任，遂止於人存，飾終之數，無聞於身後。恩禮之有厚薄，將別有以乎？劉懷肅、劉懷愼、劉粹、孫處、蒯恩、向靖、劉鍾、虞丘進、孟懷玉、孟龍符、胡藩等，或階緣恩舊，一其心力，或攀附風雲，奮其鱗羽，咸能振拔塵滓，自致封侯。詩云「無德不報」，其言信矣。康祖門奉興王，早裂封壤，受委疆埸，赴蹈爲期。道產樹績漢南，歷年踰十，遺風餘烈，有足稱焉。覽其行事，可謂異迹均美。延孫隆名盛寵，擇而後授，遂以腹心之託，自致宗臣之重，亦其遇也。〔一一〕

校勘記

〔一〕乃結青州大姓諸崔封謀滅德　「崔」各本作「省」，據册府元龜七五八改。按崔氏，青州大族。

〔二〕敬宣分領鮮卑獸斑突騎　「獸」本字「虎」，避唐諱改。

〔三〕而傾蓋劉壽　按劉敬宣字萬壽，未可簡稱劉壽，宋書作「萬壽」，疑是。

〔四〕進號右軍將軍　「右軍將軍」宋書作「右將軍」。

〔五〕封灄陽縣男　「灄」下各本並脫「陽」字，據宋書補。錢大昕廿二史考異：「宋州郡志江夏有灄陽縣，徐羨之傳作灄陽縣男。」

〔六〕以左光祿大夫徵　「以」字各本並脫，據通志補。

〔七〕封新夷縣五等侯　「新夷」各本作「新番」，宋書作「新夷」。按宋、齊州郡志有新夷縣，屬廣州新會郡，無新番縣，今據改。

〔八〕與人語常呼官位　「官位」各本作「位官」，據册府元龜八六四乙正。

〔九〕以戰功爲中軍諮議參軍　「中軍」各本並作「中書」，據宋書改。

〔一〇〕以車騎參軍加龍驤將軍廣川太守　「參軍」各本作「將軍」。按宋車騎將軍位二品，龍驤將軍位三品。孫彪宋書考論：「將軍當是參軍之誤」，今從改。

〔一一〕亦其遇也　「遇」各本譌作「過」，今改正。

南史卷十八

列傳第八

趙倫之 子伯符　蕭思話 子惠開　惠明　惠明子睬素　惠明弟惠基　惠基子洽　惠基弟惠休　惠休弟子介　介子允　引　惠開從孫琛　臧燾 玄孫嚴　嚴族叔未甄　未甄子盾　厥　燾弟熹　熹子質

趙倫之字幼成，下邳僮人，宋孝穆皇后之弟也。幼孤貧，事母以孝稱。宋武帝起兵，以軍功封閬中縣五等侯，累遷雍州刺史。

武帝北伐，倫之遣順陽太守傅弘之、扶風太守沈田子出嶢柳，大破姚泓於藍田。及武帝受命，以佐命功，封霄城縣侯。少帝卽位，徵拜護軍。元嘉三年，拜領軍將軍。

倫之雖外戚貴寵，而居身儉素，性野拙澀，於人間世事多所不解。久居方伯，公私富

貴。入爲護軍，資力不稱，以爲見貶。光祿大夫范泰好戲，笑謂曰：「司徒公缺，必用汝老奴。我不言汝資地所任，要是外戚高秩次第所至耳。」倫之大喜，每載酒肴詣泰。五年，卒，諡元侯。子伯符嗣。

伯符字潤遠，少好弓馬，爲寧遠將軍，總領義徒，以居宮城北。每火起及有劫盜，輒身貫甲冑，助郡縣赴討，武帝甚嘉之。

文帝卽位，累遷徐、兗二州刺史。爲政苛暴，吏人畏懼如與虎狼居，而劫盜遠迸，無敢入境。元嘉十八年，徵爲領軍將軍。先是，外監不隸領軍，宜相統攝者，自有別詔，至此始統領焉。後爲丹陽尹，在郡嚴酷，曹局不復堪命，或委叛被戮，透水而死。典筆吏取筆失旨，頓與五十鞭。子倩尙文帝第四女海鹽公主，甚愛重。倩嘗因言戲，以手擊主，事上聞，文帝怒，離婚。伯符慚懼，發病卒，諡曰肅。傳國至孫勗，齊受禪，國除。

蕭思話，南蘭陵人，宋孝懿皇后弟子也。父源之字君流，歷徐、兗二州刺史。永初元年卒，贈前將軍。

思話十許歲時，未知書，好騎屋棟，打細腰鼓，侵暴隣曲，莫不患毒之。自此折節，數年中遂有令譽。頗工隸書，善彈琴，能騎射。後襲爵封陽縣侯。

元嘉中，爲青州刺史。亡命司馬朗之兄弟聚黨謀爲亂，思話遣北海太守蕭汪之討斬之。

八年，魏軍大至，乃棄鎭奔平昌。魏軍定不至，由是徵繫尙方。初在青州，常所用銅斗覆在藥厨下，忽於斗下得二死雀。思話歎曰：「斗覆而雙雀殞，其不祥乎？」既而被繫。及梁州刺史甄法護在任失和，氐帥楊難當因此寇漢中，乃自徒中起思話爲梁、南秦二州刺史，平漢中，悉收侵地，置戍葭萌水。思話遷鎭南鄭。

法護，中山無極人也。過江，寓居南郡。弟法崇自少府爲益州刺史。法護委鎭之罪，爲府所收，於獄賜死。文帝以法崇受任一方，命言法護病卒。文帝使思話上定漢中本末，下之史官。

十四年，遷臨川王義慶平西長史、南蠻校尉。文帝賜以弓琴，手敕曰：「前得此琴，言是舊物，今以相借，并往桑弓一張，材理乃快。〔一〕良材美器，宜在盡用之地，丈人眞無所與讓也。」嘗從文帝登鍾山北嶺，中道有盤石清泉，上使於石上彈琴，因賜以銀鍾酒，謂曰：「相賞有松石間意。」歷寧蠻校尉，雍州刺史，監四州軍事，徵爲吏部尙書。思話以去州無復事

力，倩府軍身九人。文帝戲之曰：「丈人終不爲田父於閭里，何憂無人使邪？」未拜，遷護軍將軍。

是時，魏攻懸瓠，文帝將大舉北侵，朝士僉同，思話固諫不從。魏軍退，卽代孝武爲徐、兗二州刺史，監四州軍事。後爲圍碻磝城不拔，退師歷下，爲江夏王義恭所奏免官。元凶弑立，以爲徐、兗二州刺史，卽起義以應孝武。孝武卽位，徵爲尙書左僕射，固辭，改爲中書令、丹陽尹、散騎常侍。時都下多劫掠，二旬中十七發，引咎陳遜，不許。後拜郢州刺史，加都督。卒，贈征西將軍、開府儀同三司，諡曰穆侯。思話外戚令望，早見任待，歷十二州，杖節監督者九焉。所至雖無皎皎清節，亦無穢黷之累。愛才好士，人多歸之。

長子惠開少有風氣，涉獵文史，家雖貴戚而居服簡素。初爲祕書郎，意趣與人多不同，比肩或三年不共語。外祖光祿大夫沛郡劉成戒之曰：「汝恩戚家子，無多異以取天下之疾。」轉太子舍人，與汝南周朗同官友善，以偏奇相尙。

孝建元年，爲黃門侍郎，與侍中何偃爭推積射將軍徐冲之事，偃任遇甚隆，怒使門下推彈惠開，乃上表解職，由此忤旨。別敕有司以屬疾多，免之。思話素恭謹，與惠開不同，每

加嫌責，及見惠開自解表，歎曰：「兒不幸與周朗周旋，理應如此。」杖之二百。尋除中庶子，丁父艱，居喪有孝性。家素事佛，凡爲父起四寺：南岡下名曰禪岡寺，曲阿舊鄉宅名曰禪鄉寺，京口墓亭名曰禪亭寺，所封封陽縣名曰禪封寺。謂國僚曰：「封秩鮮而兄弟甚多，若全關一人，則在我所讓，若人人等分，又事可悲耻。寺衆既立，自宜悉供僧衆。」襲封封陽縣侯，爲新安王子鸞冠軍長史。

惠開妹當適桂陽王休範，女又當適孝武子，發遣之資，應須二千萬。乃以爲豫章內史，聽其肆意聚納，由是在郡著貪暴之聲。再遷御史中丞。孝武與劉秀之詔曰：「今以蕭惠開爲憲司，冀當稱職。但一往眼額，已自殊有所震。」及在職，百僚憚之。

後拜益州刺史，路經江陵。時吉翰子在荆州，共惠開有舊，爲設女樂。樂人有美者，惠開就求不得，又欲以四女妓易之，不許。惠開怒，收吉斬之，卽納其妓。啓云：「吉爲劉義宣所遇，交結不逞，向臣訕毁朝政，輒已戮之。」孝武稱快。

惠開素有大志，至蜀欲廣樹經略。善於敍述，聞其言者皆以爲大功可立。才疏意廣，覺無成功。嚴用威刑，蜀人號曰「卧虎」。明識過人，嘗供三千沙門，〔二〕一閱其名，退無所失。

明帝卽位，晉安王子勛反，惠開乃集將佐謂曰：「吾荷世祖之眷，當投袂萬里，推奉九江。」蜀人素怨惠開嚴，及是所遣兵皆不得前。晉原郡反，諸郡悉應，〔三〕並來圍城。城內東

兵不過二千，凡蜀人，惠開疑之，悉皆遣出。子勛尋敗，蜀人並欲屠城，以望厚賞。明帝以蜀土險遠，赦其誅責，遣其弟惠基使蜀宣旨。而蜀人志在屠城，不使王命速達，遏留惠基。惠基破其渠帥，然後得前。惠開奉旨歸順，城圍得解。明帝又遣惠開宗人寶首水路慰勞益州，寶首欲以平蜀爲功，更獎說蜀人，處處蜂起。惠開乃啓陳情事，遣宋寧太守蕭惠訓、州別駕費欣業分兵並進，大破之，禽寶首送之。惠開至都，明帝問其故，侍衞左右莫不悚然側目，惠開舉動自若，從容答曰：「臣唯知逆順，不識天命。」又云：「非臣不亂，非臣不平。」

初，惠開府錄事參軍劉希微負蜀人責將百萬，爲責主所制，未得俱還。惠開與希微共事不厚，而厩中凡有馬六十匹，悉以乞希微償責。其意趣不常如是。惠開還資二千餘萬，悉散施道俗，一無所留。

後除桂陽王休範征北長史、南東海太守。其年，會稽太守蔡興宗之郡，惠開自京口請假還都，相逢於曲阿。惠開先與興宗名位略同，又經情款，自以負釁摧屈，慮興宗不能詣己，戒勒部下：蔡會稽部伍若問，愼不得答。惠開素嚴，部下莫敢違。興宗見惠開舟力甚盛，遣人訪訊，事力二三百人皆低頭直去，無一人答者。

尋除少府，加給事中。惠開素剛，至是益不得志，曰：「大丈夫入管喉舌，出莅方伯，乃復低頭入中邪。」寺內所住齋前，嚮種花草甚美，惠開悉剗除別種白楊。每謂人曰：「人生不

中華書局

得行胸懷，雖壽百歲猶爲夭也。」發病嘔血，吐物如肝肺者。卒，子嗜嗣，齊受禪，國除。

惠開與諸弟並不睦，惠基使至益州，遂不相見。與同產弟惠明亦致嫌隙云。

惠明其次弟也，亦有時譽。泰始初，爲吳興太守，郡界有卞山，山下有項羽廟。相承云羽多居郡聽事，前後太守不敢上。惠明謂綱紀曰：「孔季恭嘗爲此郡，未聞有災。」遂盛設筵榻接賓，數日，見一人長丈餘，張弓挾矢向惠明，旣而不見。因發背，旬日而卒。

子眎素，梁天監中，位丹陽尹丞。初拜日，武帝賜錢八萬，眎素一朝散之親友。遷司徒左西屬、南徐州中從事。性靜退，少嗜慾，好學，能淸言，榮利不關於中，喜怒不形於色。在人間及居職，並任情通率，不自矜尙，天然簡素。及在京口，便有終焉之志。後爲中書侍郎。在位少時，求爲諸曁令。到縣十餘日，挂衣冠於縣門而去。獨居屛事，非親戚不得至其籬門。妻卽齊太尉王儉女，久與別居，遂無子。卒，親故迹其事行，謚曰貞文先生。

惠明弟惠基，幼以外戚見宋江夏王義恭，歎其詳審，以女結婚。歷中書黃門郎。惠基善隸書及弈棊，齊高帝與之情好相得。桂陽王休範妃，惠基姊也，高帝謂之曰：「卿家桂陽，遂復作賊。」高帝頓新亭壘，以惠基爲軍副。惠基弟惠朗親爲休範攻戰，惠基在城內了不自疑。後爲長兼侍中。

袁粲、劉彥節起兵之夕，高帝以彥節是惠基妹夫，惠基時直在省，遣王敬則觀其指趣，見惠基安靜，不與彥節相知，由是益加恩信。

仕齊爲都官尙書，掌吏部。永明中爲侍中，領驍騎將軍。尙書令王儉朝宗貴望，惠基同在禮閤，非公事不私覿焉。還太常，加給事中。

自宋大明以來，聲伎所尙，多鄭、衞，而雅樂正聲鮮有好者。惠基解音律，尤好魏三祖曲及相和歌，每奏輒賞悅不能已。

當時能棊人琅邪王抗第一品，吳郡褚思莊、會稽夏赤松第二品。赤松思速，善於大行，思莊戲遲，巧於鬬棊。宋文帝時，羊玄保爲會稽，帝遣思莊入東，與玄保戲，因置局圖，還於帝前覆之。齊高帝使思莊與王抗交賭，自食時至日暮，一局始竟。上倦，遣還省，至五更方決。抗睡於局後寢，〔四〕思莊達旦不寐。時或云，思莊所以品第致高，緣其用思深久，人不能對。抗、思莊並至給事中。永明中，敕使抗品棊，竟陵王子良使惠基掌其事。

初，思話先於曲阿起宅，有閑曠之致。惠基常謂所親曰：「須婚嫁畢，當歸老舊廬。」立身退素，朝廷稱爲善士。卒，贈金紫光祿大夫。

子洽字宏稱。幼敏寤，年七歲，誦楚辭略上口。及長，好學博涉，善屬文。仕梁位南徐州中從事。近畿重鎭，職吏數千人，前後居者皆致巨富。洽淸身率職，饋遺一無所受，妻子不免飢寒。累遷臨海太守，爲政淸平，不尙威猛，人俗便之。還拜司徒左長史。敕撰當塗堰碑，辭甚贍麗。卒於官。文集二十卷行於世。

惠基弟惠休。齊永明四年，爲廣州刺史，罷任，獻奉傾資。上敕中書舍人茹法亮曰：「可問蕭惠休，故當不復私邪？〔五〕吾欲分受之也。」後封建安縣子。永元元年，徙吳興太守。〔六〕徵爲尙書右僕射。吳興郡項羽神舊酷烈，人云惠休事神謹，故得美遷。于時朝士多見殺，二年，惠休還至平望，帝令服藥而卒，贈金紫光祿大夫。

惠休弟惠朗，同桂陽賊，齊高帝赦之。後爲西陽王征虜長史，行南兗州事，坐法免官。

惠朗弟惠蒨，仕齊左戶尙書。子介。

介字茂鏡，少穎悟，有器識。梁大同中，武陵王紀爲揚州刺史，以介爲府長史，在職以淸白稱。武帝謂何敬容曰：「蕭介甚貧，可處以一郡。」〔七〕復曰：「始興郡頻無良守，可以介爲

之。」由是出爲始興太守。及至，甚著威德。

徵爲少府卿，尋加散騎常侍。會侍中闕，選司舉王筠等四人，並不稱旨。帝曰：「我門中久無此職，宜用蕭介爲之。」應對左右，多所匡正，帝甚重之。

遷都官尙書，每軍國大事，必先訪介。帝謂朱异曰：「端右材也。」中大同二年，辭疾致仕，帝優詔不許，終不肯起，乃遣謁者僕射魏祥就拜光祿大夫。

太淸中，侯景於渦陽敗走，入壽陽。帝敕助防韋黯納之，介聞而上表致諫，極言不可。帝省表歎息，卒不能用。

介性高簡，少交游，唯與族兄琛、從兄眎素及洽從弟淑等文酒賞會，時人以比謝氏烏衣之游。

初，武帝招延後進二十餘人，〔八〕置酒賦詩。臧盾以詩不成，罰酒一斗。盾飮盡，顏色不變，言笑自若。介染翰便成，文無加點。帝兩美之曰：「臧盾之飮，蕭介之文，卽席之美也。」年七十三，卒於家。

第三子允字叔佐，少知名。風神凝遠，通達有識鑒，容止醞藉。仕梁位太子洗馬。侯景攻陷臺城，百僚奔散，允獨整衣冠坐于宮坊，景軍敬焉，弗之逼也。尋出居京口。時寇賊

中華書局

縱橫，百姓波駭，允獨不行。人問其故，允曰：「性命自有常分，豈可逃而免乎。方今百姓，爭欲奮臂而論大功，何事於一書生哉。莊周所謂畏影避迹，吾弗爲也。」乃閉門靜處，併日而食，卒免於患。

陳永定中，侯安都爲南徐州刺史，躬造其廬，以申長幼之敬。宣帝即位，爲黃門侍郎。晉安王爲南豫州，以爲長史。時王尚少，未親人務，故委允行府事。入爲光祿卿。允性敦重，未嘗以榮利干懷。及晉安出鎮湘州，又苦攜允。允少與蔡景歷善，子徵修父黨之敬，聞允將行，乃詣允曰：「公年德並高，國之元老，從容坐鎮，旦夕自爲列曹，何爲方辛苦蕃外。」答曰：「已許晉安，豈可忘信。」其恬榮勢如此。

至德中，鄱陽王出鎮會稽，允又爲長史，帶會稽郡丞。行經延陵季子廟，設蘋藻之薦，託異代之交，爲詩以敍意，辭理清典。後主嘗問蔡徵，允之爲人，徵曰：「其清虛玄遠，殆不可測，至於文章，可得而言。」因誦允詩以對。後主嗟賞久之。尋拜光祿大夫。及隋師濟江，允遷于關右。時南士至長安者，例皆授官，允與尚書僕射謝伷辭以老疾，隋文帝義之，並厚賜帛。尋卒，年八十四。

弟引字叔休，方正有器度，性聰敏，博學善屬文。仕梁位西昌侯儀同府主簿。

侯景之亂，梁元帝爲荊州刺史，朝士多歸之。引曰：「諸王力爭，禍患方始，今日逃難，未是擇君之秋。吾家再世爲始興郡，遺愛在人，政可南行以存家門耳。」乃與弟彤及宗親等百餘人南奔嶺表。〔九〕時始興人歐陽頠爲衡州刺史，乃往依焉。

頠遷廣州病死，子紇領其衆，引疑紇異圖，因事規正，由是情禮漸疏。及紇反，時都下士人岑之敬、公孫挺等並惶駭，唯引怡然，謂之敬等曰：「管幼安、袁曜卿亦但安坐耳。君子正身以明道，直己以行義，亦何憂乎。」及章昭達平番禺，引始北還，拜尚書金部侍郎。

引善隸書，〔一〇〕爲當時所重，宣帝嘗披奏事，指引署名曰：「此字筆趣翩翩，似鳥之欲飛。」引謝曰：「此乃陛下假其毛羽耳。」帝又謂引曰：「我每有所忿，見卿輒意解，何也？」引曰：「此自陛下不遷怒，臣何預此恩。」

引性抗直，不事權貴，宣帝每欲遷用，輒爲用事者所裁。及呂梁覆師，戎儲空匱，轉引爲庫部侍郎，掌知營造。引在職一年，而器械充足。歷中書，黃門，吏部侍郎。廣州刺史馬靖甚得嶺表人心，而甲兵精練，每年深入俚洞，數有戰功，朝野頗生異議。宣帝以引悉嶺外物情，且遣引觀靖，審其舉措，諷令送質。及至，靖即悟旨，遣兒弟爲質。

後主即位，爲中庶子、建康令。時殿內隊主吳璡及宦者李善度、蔡脫兒等多所請屬，引一皆不許。引始族子密，時爲黃門郎，諫引曰：「李、蔡之權，在位皆憚，亦宜少爲身計。」引曰：「吾之立身，自有本末，亦安能爲李、蔡致屈；就令不平，不過免職耳。」吳璡竟作飛書，李、蔡證之，坐免官，卒於家。

子德言最知名。引弟彤，位太子中庶子，南康王長史。

琛字彥瑜，惠開從子也。祖僧珍，宋廷尉卿。父惠訓，齊末爲巴東相。梁武帝起兵，齊和帝於荊州即位，惠訓與巴西太守魯休烈並以郡相抗，惠訓使子璝據上明。建康城平，始歸降。武帝宥之，以爲太中大夫，卒官。

琛少明悟，有才辯。數歲時，從伯惠開見而奇之，撫其背曰：「必興吾宗。」起家齊太學博士。時王儉當朝，琛年少，未爲儉所識。負其才氣，候儉宴于樂游，乃著虎皮靴，策桃枝杖，直造儉坐。儉與語大悅。儉時爲丹陽尹，辟爲主簿。

永明九年，魏始通好，琛再銜命北使，還爲通直散騎侍郎。時魏遣李彪來使，齊武帝讌之。琛於御筵舉酒勸彪，彪不受，曰：「公庭無私禮，不容受勸。」琛答曰：「詩所謂『雨我公田，遂及我私』。」坐者皆悅服，彪乃受琛酒。

累遷尚書左丞。時齊明帝用法嚴峻，尚書郎坐杖罰者皆即科行，琛乃密啓曰：「郎有杖起自後漢，爾時郎官位卑，親主文案，與令史不異。故郎三十五人，令史二十人，是以古人

多恥爲此職。自魏、晉以來，郎官稍重。今方參用高華，吏部又近於通貴，不應官高昔品，而罰遵曩科。所以從來彈舉，雖在空文，而許以推遷。或逢赦恩，或入春令，便得息停。宋元嘉、大明中，經有被罰者，別由犯忤主心，非關常準。自泰始、建元以來，未經施行，事廢已久，人情未習。自奉敕之後，已行倉部郎江重欣杖督五十，皆無不人懷慚懼。兼有子弟成長，彌復難爲儀適。其應行罰，可特賜輸贖，使與令史有異，以彰優緩之澤。」帝納之。自是應受罰者，依舊不行。

東昏初嗣立，時議無廟見文。琛議據周頌烈文、閔予，皆爲即位朝廟之典。於是從之。梁武在西邸，與琛有舊。梁臺建，以爲御史中丞。天監九年，累遷平西長史、江夏太守。

始琛爲宣城太守，有北僧南度，唯齎一瓠蘆，中有漢書序傳。僧云：「三輔舊老相傳，〔一一〕以爲班固眞本。」琛固求得之，其書多有異今者，而紙墨亦古，文字多如龍舉之例，非隸非篆。琛甚祕之。及是以書餉鄱陽王範，獻于東宮。

後爲吳興太守，郡有項羽廟，土人名爲「憤王」，甚有靈驗，遂於郡聽事安牀幕爲神座，公私請禱。前後二千石皆於聽拜祠，以軛下牛充祭而避居他室。琛至，著履登聽事，聞室中有叱聲。琛厲色曰：「生不能與漢祖爭中原，死據此聽事，何也？」因遷之於廟。又禁殺牛解

二十四史

中華書局

祀，以脯代肉。琛頻莅大郡，不事產業，有闕則取，不以爲嫌。歷左戶、度支二尚書，侍中。

帝每朝讌，接琛以舊恩。嘗犯武帝偏諱，帝斂容。琛從容曰：「二名不偏諱。〔一二〕陛下不應諱順。」上曰：「各有家風。」琛曰：「其如禮何。」又經預御筵醉伏，上以棗投琛，琛仍取栗擲上，正中面。御史中丞在坐，帝動色曰：「此中有人，不得如此，豈有說邪？」琛卽答曰：「陛下投臣以赤心，臣敢不報以戰栗。」上笑悅。上每呼琛爲宗老，琛亦奉陳昔恩，以「早簉中陽，夙忝同閈，雖迷興運，猶荷洪慈」。上答曰：「雖云早契闊，乃自非同志。勿談興運初，且道狂奴異。」

琛常言：「少壯三好：音律、書、酒。年長以來，二事都廢，唯書籍不衰。」而琛性通脫，常自解竃，事畢餘餕，必陶然致醉。位特進、金紫光祿大夫。卒，遺令諸子：「與妻同墳異藏，祭以蔬菜。葬止車十乘，事存率素。」乘輿臨哭甚哀，諡曰平子。琛所撰漢書文府、齊梁拾遺，幷諸文集，數十萬言。

子遊，位少府卿。遊子密字士幾，幼聰敏，博學有文詞。位黃門郎、太子中庶子，散騎常侍。

臧燾字德仁，東莞莒人，宋武敬皇后兄也。少好學，善三禮，貧約自立，操行爲鄉里所稱。晉太元中，衞將軍謝安始立國學，徐、兗二州刺史謝玄舉燾爲助敎。晉孝武帝追崇庶祖母宣太后，議者或謂宜配食中宗。燾議曰：「陽秋之義，母以子貴，故仲子、成風咸稱夫人。經言考仲子宮，若配食惠廟，則宮無緣別築。前漢孝文孝昭太后並繫子爲號，祭於寢園，不配於高祖、孝武之廟。後漢和帝之母曰恭懷皇后，安帝祖母曰敬隱皇后，順帝之母曰恭愍皇后，雖不繫子爲號，亦祭於陵寢，不配章、安二帝。此則二漢雖有太后皇后之異，至於並不配食，義同陽秋。唯光武追廢呂后，故以薄后配高廟。又衞后既廢，霍光追尊李夫人爲皇后，配孝武廟。此非母以子貴之例，直以高、武二廟無配故耳。又漢世立寢於陵，自是晉制所異。謂宜遠準陽秋考宮之義，近慕二漢不配之典。尊號既正，則罔極之情申，別建寢廟，則嚴禰之義顯。繫子爲稱，兼明母貴之所由。一舉而允三義，固哲王之高致也。」議者從之。

頃之去官，以父母老家貧，與弟熹俱棄人事，躬耕自業，約己養親者十餘年。父母喪亡，居喪六年，以毀瘠著稱。

宋武帝義旗建，參右將軍何無忌軍事，隨府轉鎭南參軍。武帝鎭京口，參帝中軍軍事，入補尚書度支郎，改掌祠部，襲封高陵亭侯。〔一三〕

時太廟鴟尾災，燾謂著作郎徐廣曰：「昔孔子在齊聞魯廟災，曰必桓、僖也。今征西、京兆四府君宜在毀落，而猶列廟饗，此其徵乎。」乃上議曰：

臣聞「國之大事，在祀與戎」。將營宮室，宗廟爲首。古先哲王莫不致肅恭之誠心，盡崇嚴乎祖考，然後能流淳化於四海，通幽感於神明，固宜詳廢興於古典，循情禮以求中者也。〔一四〕

禮，天子七廟，三昭三穆與太祖而七。自考廟以至祖考五廟，皆月祭之。遠廟爲祧，有二祧，享嘗乃止。去祧爲壇，去壇爲墠，有禱然後祭之，此宗廟之次、親疏之序也。鄭玄以爲祧者文王武王之廟，王肅以爲五世六世之祖。尋去祧之言，則祧非文、武之廟矣。文、武，周之祖宗，何云去祧爲壇乎？明遠廟爲祧者，無服之祖也。又遠廟則有享嘗之降，去祧則有壇墠之殊，明世遠者其義彌疏也。若祧是文、武之廟，宜同月祭於太祖，雖推后稷以配天，由功德之所始，非尊崇之義每有差降也。又禮有以多爲貴者，故傳稱「德厚者流光，德薄者流卑」。又言自上以下降殺以兩，禮也。此則尊卑等級之典，上下殊異之文。而云天子諸侯俱祭五廟，何哉？又王祭嫡殤，下及來孫。而上祀之禮不過高祖。推隆恩於下流，替誠敬於尊廟，亦非聖人制禮之意也。是以泰始建廟，從王氏議，以禮父爲士，子爲天子諸侯，祭以天子諸侯，其尸服以士服。故上及

征西，以備六世之數。宣皇雖爲太祖，尚在子孫之位，至於殷祭之日，未申東向之禮，所謂子雖齊聖，不先父食者矣。今京兆以上旣遷，太祖始得居正，議者以昭穆未足，欲屈太祖於卑坐，臣以爲非禮典之旨也。所謂與太祖而七，自是昭穆旣足，太廟在六世之外，非爲須滿七廟乃得居太祖也。

議者又以四府君神主，宜永同於殷祫。臣又以爲不然。傳所謂毀廟之主，陳乎太祖，謂太祖以下先君之主也。故白虎通云：「禘祫祭遷廟者，以其繼君之體，持其統而不絕也。」豈如四府君在太祖之前乎，〔一五〕非繼統之主，無靈命之瑞，非王業之基。昔以世近而及，今則情禮已遠，而當長饗殷祫，永虛太祖之位，求之禮籍，未見其可。昔永和之初，大議斯禮，于時虞喜、范宣並以洪儒碩學，咸謂四府君神主無緣永存於百世。或欲瘞之兩階，或欲藏之石室，或欲爲之改築，雖所執小異，而大歸是同。若宣皇既居羣廟之上，而四主禘祫不已，則大晉殷祭長無太祖之位矣。夫理貴有中，不必過厚，禮與世遷，豈可順而不斷？故臣子之情雖篤，而靈、厲之謚彌彰，追遠之懷雖切，而遷毀之禮爲用。豈不有心於加厚，顧禮制不可踰耳。石室則藏於廟北，改築則未知所處。虞主所以依神，神移則有瘞埋之禮。四主若饗祀宜廢，亦神之所不依也。準傍事例，宜同虞主之瘞埋。然經典難詳，羣言錯繆，非臣淺識所能折中。

中華書局

時學者多從燾議，竟未施行。

宋武帝受命，拜太常。雖外戚貴顯，而彌自沖約。茅屋蔬飧，不改其舊。所得奉祿，與親戚共之。永初三年致事，拜光祿大夫，加金章紫綬。卒，少帝贈左光祿大夫。

長子邃，宜都太守。邃子凝之，學涉有當世才，與司空徐湛之爲異常交。年少時，與傅僧祐俱以通家子，始爲文帝所引見。時上與何尚之論鑄錢事，凝之便干其語次，上因回與語。僧祐引凝之衣令止，凝之大言曰：「明主難再遇，便應政盡所懷。」上與往復十餘反，凝之辭韻詮序，上甚賞焉。後爲尚書左丞，以徐湛之黨，爲元凶所殺。凝之子寅字士若，事在沈攸之傳。寅弟稜，後軍參軍。稜子嚴。

嚴字彥威，幼有孝性，居父憂以毀聞。孤貧勤學，行止書卷不離手。從叔未甄爲江夏郡，攜嚴之官，於途作屯游賦，又作七算，辭並典麗。

性孤介，未嘗造請。梁僕射徐勉欲識之，嚴終不詣。累遷湘東王宣惠輕車府參軍兼記室。嚴於學多所諳記，尤精漢書，諷誦略皆上口。王嘗自執四部書目試之，嚴自甲至丁卷中各對一事，并作者姓名，遂無遺失。王遷荊州，隨府轉西中郎安西錄事參軍，歷義陽、武寧郡守。郡界蠻左，前郡守常選武人以兵鎮之，嚴獨以數門生單車入境，羣蠻悅服。後卒

於鎮南諮議參軍。文集十卷。

嚴族叔未甄，[一六]燾曾孫也。父潭之，左戶尚書。[一七]未甄有才幹，少爲外兄汝南周顒所知，仕梁爲太尉長史。丁所生母憂，三年廬于墓側。歷廷尉卿，江夏太守，卒。子盾。

盾字宣卿，幼從徵士琅邪諸葛璩受五經。璩學徒常有數十百人，盾處其間，無所狎比。璩曰：「此生王佐才也。」爲尚書中兵郎。美風姿，善容止，每趨奏，梁武帝甚悅焉。入兼中書通事舍人。

盾有孝性，嘗隨父宿直廷尉府，母劉氏在宅夜暴亡，盾左手中指忽痛不得寢。及旦，宅信果報凶問，其感通如此。服未終，父卒，居喪五年，不出廬戶，形骸枯悴，家人不識。武帝累敕抑譬。後累遷御史中丞，性公强，甚稱職。

中大通五年，帝幸同泰寺開講，設四部大會，衆數萬人。南越所獻馴象忽於衆中狂逸，衆皆駭散，唯盾與散騎侍郎裴之禮嶷然自若，帝甚嘉焉。

大同二年，爲中領軍。領軍管天下兵要，監局事多，盾爲人敏贍，有風力，長於撥繁，職事甚理。先是吳平侯蕭景居此職著聲，至是盾復繼之。後卒於領軍將軍，謚曰忠。

盾弟厥字獻卿，亦以幹局稱。爲晉安太守，郡居山海，常結聚逋逃，前二千石討捕不能止。厥下車宣化，凶黨皆襁負而出，自是居人復業。然政嚴，百姓謂之臧彪。前後再兼中書通事舍人，卒於兼司農卿。

厥前後居職，所掌之局大事及蘭臺廷尉所不能決者，敕並付厥。辯斷精明，咸得其理。卒後，有撾登聞鼓訴求付清直舍人，帝曰：「臧厥既亡，此事便無所付。」其見知如此。子操，尚書三公郎。

熹字義和，燾之弟也，與燾並好經學。隆安初兵起，熹乃習騎射，志立功名。嘗與溧陽令阮崇獵，遇猛獸突圍，獵徒並散，熹射之，應弦而倒。

從宋武入京城，進至建鄴。桓玄走，武帝便使熹入宮收圖書器物，封府庫。有金飾樂器，武帝問熹：「卿欲此乎？」熹正色曰：「主上幽逼，播越非所，將軍首建大義，劬勞王室，雖復不肖，實無情於樂。」帝笑曰：「聊以戲耳。」以建義功，封始興縣五等侯，參武帝車騎、中軍軍事。

武帝將征廣固，議者多不同，熹贊成其行。

武帝遣朱齡石統大衆伐蜀，命熹奇兵出中水，領建平、巴東二郡太守。蜀主譙縱遣大將譙撫之屯牛脾，又遣譙小苟重兵塞打鼻。熹至牛脾，撫之敗走，追斬之，成都平。熹遇疾卒於蜀，追贈光祿勳。

子質字含文，少好鷹犬，善蒱博意錢之戲。長六尺七寸，出面露口，頹頂拳髮。初爲世子中軍參軍，嘗詣護軍趙倫之，倫之名位已重，不相接。質憤然起曰：「大丈夫各以老嫗作門戶，何至以此中相輕。」倫之慚謝，質拂衣而去。

後爲江夏王義恭撫軍參軍，以輕薄無檢，爲文帝所嫌，徙給事中。會稽長公主每爲之言，乃出爲建平太守，甚得蠻楚心。歷竟陵內史，巴東建平二郡太守，吏人便之。質年始出三十，屢居名郡，涉獵文史，尺牘便敏，有氣幹，好言兵。文帝謂可大任，以爲徐、兗二州刺史，加都督。在鎮奢費，爵命無章，爲有司所糾。遇赦。與范曄、徐湛之等厚善。曄謀反，量質必與之同。會事發，復爲義興太守。

二十七年，遷南譙王義宣司空司馬、南平內史。未之職，會魏太武帝圍汝南，戍主陳憲固守告急，文帝遣質輕往壽陽，與安蠻司馬劉康祖等救憲。後太武率大衆數十萬向彭城，以質爲輔國將軍北救。始至盱眙，太武已過淮。二十八年正月，太武自廣陵北返，悉力攻

中華書局

二十四史

盱眙，就質求酒。質封溲便與之，太武怒甚，築長圍一夜便合。質報太武書云：「爾不聞童謠言邪？虜馬飲江水，佛狸死卯年。冥期使然，非復人事。寡人受命相滅，期之白登，師行未遠，爾自送死，豈容復令爾饗有桑乾哉。假令寡人不能殺爾，爾由我而死。爾若有幸，得爲亂兵所殺；爾若不幸，則生相鎖縛，載以一驢，負送都市。爾識智及衆，豈能勝苻堅邪？頃年展爾陸梁者，是爾未飲江太歲未卯故耳。」時魏地童謠曰：「軺車北來如穿雉，不意虜馬飲江水。虜主北歸石濟死，虜欲度江天不徙。」故答書引之。太武大怒，乃作鐵牀，於上施鐵鑱，云「破城得質，〔一八〕當坐之此上」。質又與魏軍書，寫臺格購斬太武封萬戶侯，賜布絹各萬疋。

魏以鉤車鉤垣樓，城內繫絙，數百人叫呼引之，車不能退。質夜以木桶盛人，縣出城外，截其鉤獲之。〔一九〕明日又以衝車攻城，土堅密，每至，頹落下不過數斗。〔二〇〕魏軍乃肉薄登城，墜而復升，莫有退者。殺傷萬計，死者與城平。如此三旬，死者過半，太武乃解圍而歸。上嘉質功，以爲寧蠻校尉、雍州刺史、監四州諸軍事。明年，文帝又北侵，使質率見力向潼關。質頓兵不肯時發，又顧戀嬖妾，棄軍營壘，單馬還城，散用臺庫見錢六七百萬，爲有司所糾，上不問。

元凶弒立，以質爲丹陽尹。質家遣門生師顗報質，具言文帝崩問。質使告司空義宣及

孝武帝，而自率衆五千馳下討逆，自陽口進江陵見義宣。時質諸子在都，聞質舉義，並逃亡。義宣始得質報，即日舉兵馳信報孝武，板進質號征北將軍。孝武即位，加質車騎將軍、開府儀同三司、都督江州諸軍事。使質自白下步上，薛安都、程天祚等亦自南掖門入，與質同會太極殿庭，生禽元凶，仍使質留守朝堂，封始興郡公。之鎮，舫千餘乘，部伍前後百餘里，六平乘並施龍子幡。

時孝武自攬威權，而質以少主遇之，刑政慶賞，不復諮稟朝廷，自謂人才足爲一世英傑。始聞國禍，便有異圖，以義宣凡闇易制，欲外相推奉以成其志。及至江陵，便致拜稱名。質於義宣雖爲兄弟，而年近大十歲。義宣驚曰：「君何意拜弟？」質曰：「事中宜然。」時義宣已推崇孝武，故其計不行。每慮事泄，及至新亭，又拜江夏王義恭。義恭愕然，問質所以。質曰：「天下屯危，禮異常日，前在荆州，亦拜司空。」

會義宣有憾於孝武，質因此密信說誘，陳朝廷得失。又謂震主之威不可持久。質女爲義宣子悰妻，〔二一〕謂質無復異同，納其說。且義宣腹心將佐蔡超、竺超人等咸有富貴情願，又勸義宣。義宣時未受丞相，質子敦爲黃門侍郎，奉詔敦勸，道經尋陽，質令敦具更譬說義宣。義宣意乃定，馳報豫州刺史魯爽，期孝建元年秋同舉。

爽失旨，即起兵，遣人至都報弟瑜，席卷奔叛。瑜弟弘爲質府佐，孝武馳使報質誅弘，於是執臺使，狼狽舉兵，馳報義宣。孝武遣撫軍將軍柳元景統豫州刺史王玄謨等屯梁山洲，兩岸築偃月壘，水陸待之。元景檄書宣告，而義宣亦相次係至。江夏王義恭書曰：「昔桓玄借兵於仲堪，有似今日。」義宣由此與質相疑。質進計曰：「今以萬人取南州，則梁山中絕，萬人綴玄謨，必不敢輕動。質浮舟外江，直向石頭，此上略也。」義宣將從之，義宣客顏樂之說義宣曰：「質若復拔東城，則大功盡歸之矣。宜遣麾下自行。」義宣遣腹心劉諶之就質陳軍城南。玄謨留羸弱守城，悉精兵出戰。薛安都騎軍前出，垣護之督諸將繼之，乃大潰。質求義宣欲計事，密已走矣。質不知所爲，亦走至尋陽，焚府舍，載妓妾入南湖，摘蓮噉之。追兵至，以荷覆頭，沈於水，出鼻。軍主鄭俱兒望見，〔二二〕射之中心，兵刃亂至，腸胃纏縈水草。隊主裘應斬質，傳首建鄴。錄尚書江夏王義恭等奏依漢王莽事，漆其頭藏于武庫，詔可。

論曰：趙倫之、蕭思話俱以外戚之親，並接風雲之會，言親則在趙爲密，論望則於蕭爲重。古人云「人能弘道」，蓋此之謂乎。惠開親禮雖篤，弟隙尤著，方寸之內，孝友異情。喻於山川，有驗於此。臧氏文義之美，傳于累代，含文以致誅滅，好亂之所致乎。

校勘記

〔一〕材理乃快 「材理」各本作「理材」，據宋書乙正。

〔二〕嘗供三千沙門 「供」字各本並脫，據通志補。

〔三〕晉原郡反諸郡悉應 「反」各本作「及」，據宋書改。

〔四〕抗睡於局後寢 「睡」、「寢」於文爲複，宋書無「寢」字，張森楷南史校勘記謂「寢」字衍文。

〔五〕故當不復私邪 「復」南齊書作「侵」，其敕云：「可問蕭惠休，吾先使卿宣敕，答其勿以私祿足充獻奉。今段殊覺其下情厚於前後人。問之，故當不侵私邪？吾欲分受之也。」則是「復」當作「侵」。

〔六〕徙吳興太守 「徙」各本作「從」，據南齊書改。

〔七〕可處以一郡 「處以」各本作「以處」，據梁書乙正。

〔八〕初武帝招延後進二十餘人 「招」各本作「總」，據梁書改。

〔九〕乃與弟肜及宗親等百餘人南奔嶺表 「肜」陳書作「彤」。

〔一〇〕引善隸書 「隸」字各本並脫，據陳書補。

〔一一〕三輔舊老相傳 「老」各本作「書」，據梁書改。

〔一二〕二名不偏諱 「二」字各本並脫，據禮記補，下云「其如禮何」，即指禮記。

中華書局

〔一三〕襲封高陵亭侯　張森楷南史校勘記：「宋書無『亭』字。按燾前人初未封侯，何以云襲？疑『襲』字衍。」

〔一四〕循情禮以求中者也　「循」各本作「修」，據宋書改。

〔一五〕豈如四府君在太祖之前乎　「乎」字各本並脫，據册府元龜五七六補。

〔一六〕嚴族叔未甄　張森楷南史校勘記：「嚴祖凝之與未甄祖潭之爲同產兄弟，則未甄與嚴父稜爲同堂從兄弟，當云嚴從叔未甄。」按上臧嚴傳亦作「嚴從叔未甄」。

〔一七〕父潭之左戶尚書　「之」字各本並脫，宋書臧燾傳、梁書臧盾傳並有「之」字，今據補。又二書於「左戶」並作「左民」，此避唐諱改。

〔一八〕云破城得質　「云」字各本並脫，據宋書補。

〔一九〕截其鉤獲之　「其」字各本並脫，據通鑑補。

〔二〇〕每至頹落下不過數斗　「至」字據宋書、通鑑補。胡注：「『每至』句絕，謂衝車至芥城身也。」

〔二一〕質女爲義宣子悰妻　「悰」各本作「採」，據通志改。按宋書武二王傳，備載義宣子十八人，無名採者，而悰爲其第三子。

〔二二〕軍主鄭俱兒望見　「軍主」各本作「軍士」，涉形近而譌，據宋書、通鑑改。

南史卷十九

列傳第九

謝晦 兄瞻　弟皭　從叔澹　謝裕 子恂　玄孫微　裕弟純　述　孫朓

謝方明 子惠連　謝靈運 孫超宗　曾孫幾卿

謝晦字宣明，陳郡陽夏人，晉太常裒之玄孫也。裒子奕、據、安、萬、鐵，並著名前史。據子朗字長度，位東陽太守。朗子重字景重，位會稽王道子驃騎長史。重生絢、瞻、晦、皭、遯。絢位至宋武帝鎮軍長史，早卒。〔一〕晦初爲孟昶建威府中兵參軍。昶死，帝問劉穆之，昶府誰堪入府？穆之舉晦，即命爲太尉參軍。

武帝嘗訊獄，其旦，刑獄參軍有疾，以晦代之。晦車中一覽訊牒，隨問，酬對無失。帝奇之，即日署刑獄賊曹。累遷太尉主簿。從征司馬休之，時徐逵之戰死，帝將自登岸，諸將諫不從。晦抱持帝，〔二〕帝曰：「我斬卿。」晦曰：「天下可無晦，不可無公，晦死何有。」會胡藩登岸，賊退，乃止。

晦美風姿，善言笑，眉目分明，鬢髮如墨。涉獵文義，博贍多通，時人以方楊德祖，微將不及。晦聞猶以爲恨。帝深加愛賞，從征關、洛，內外要任悉委之。帝於彭城大會，命紙筆賦詩，晦恐帝有失，起諫帝，即代作曰：「先蕩臨淄穢，却清河洛塵，華陽有逸驥，桃林無伏輪。」於是羣臣並作。時謝混風華爲江左第一，〔三〕嘗與晦俱在武帝前，帝目之曰：「一時頓有兩玉人耳。」

劉穆之遣使陳事，晦往往異同，穆之怒曰：「公復有還時不？」及帝欲以晦爲從事中郎，穆之堅執不與，故終穆之世不遷。及穆之喪問至，帝哭之甚慟，曰：「喪我賢友。」晦時正直，喜甚，自入閤參審。其日教出，轉晦從事中郎。宋臺建，爲右衞將軍，加侍中。

武帝聞咸陽淪沒，欲復北伐，晦諫以士馬疲怠，乃止。於是登城北望，慨然不悅，乃命羣僚誦詩，晦詠王粲詩曰：「南登霸陵岸，回首望長安，悟彼下泉人，喟然傷心肝。」帝流涕不自勝。及帝受命，於石頭登壇，備法駕入宮，晦領游軍爲警。加中領軍，封武昌縣公。

永初二年，坐行璽封鎮西司馬南郡太守王華，而誤封北海太守球，板免晦侍中。尋轉領軍將軍，加散騎常侍，依晉中軍羊祜故事，入直殿省，總統宿衞。及帝不豫，給班劍二十人，與徐羨之、傅亮、檀道濟並侍醫藥。少帝即位，加中書令，與徐、傅輔政。及少帝廢，徐羨之以晦領護南蠻校尉、荊州刺史，加都督，欲令居外爲援。慮文帝至，或別用人，故遽有此授。精兵舊將，悉以配之。文帝即位，晦慮不得去，甚憂惶。及發新亭，顧石頭城喜曰：「今得脫矣。」進封建平郡公，固讓。又給鼓吹一部。至江陵，深結侍中王華，冀以免禍。二女當配彭城王義康、新野侯義賓。元嘉二年，遣妻及長子世休送女還都。先是，景平中，魏師攻取河南，至是欲誅羨之等并討晦，聲言北行，又言拜京陵，裝舟艦。傅亮與晦書，言「薄伐河朔，事猶未已，朝野之慮，憂懼者多」。又言「當遣外監萬幼宗往」。時朝廷處分異常，其謀頗泄。三年正月，晦弟黃門侍郎嚼馳使告晦，晦猶謂不然，呼諮議參軍何承天示以亮書曰：「計幼宗一二日必至，傅公慮我好事，故先遣此書。」承天曰：「外間所聞，咸謂西討已定，幼宗豈有上理？」晦尚謂虛，使承天豫立答詔啓草，北行宜須明年。江夏內史程道慧得尋陽人書，言其事已審，使示晦。[四]晦問計於承天，對曰：「蒙將軍殊顧，常思報德，事變至矣，何敢隱情。然明日戒嚴，動用軍法，區區所懷，懼不得盡。」晦懼曰：「卿豈欲我自裁哉？」承天曰：「尚未至此，其在境外。」晦曰：「荊州用武之地，兵糧易給。聊且決戰，走復何晚。吾不愛死，負先帝之顧，如何？」又謂承天曰：「幼宗尚未至，若後二三日無消息，便是不復來邪？」承天曰：「程說其事已判，豈容復疑。」晦欲焚南蠻兵籍，率見力決戰。士人多勸發兵。晦問諸將：「戰士三千足守城乎？」南蠻司馬周超曰：「非徒守城，若有外寇，亦可立勳。」司馬

庾登之請解司馬、南郡以授之，晦即命超爲司馬，轉登之爲長史。

文帝誅羨之等及晦子世休，收嚼、嚼子世平、兄子紹等。[五]晦知訖，先舉羨之、亮哀，次發子弟凶問。既而自出射堂，集得精兵三萬人，乃奉表，言「臣等若志欲專權，不顧國典，便當輔翼幼主，孤背天日，豈得沿流二千，虛館三月，奉迎鑾駕，以遵下武。故廬陵王於營陽之世，[六]屢彼猜嫌，積怨犯上，自貽非命。不有所廢，將何以興，耿弇不以賊遺君父，臣亦何負於宋室邪」。又言「羨之、亮無罪見誅，王弘兄弟輕躁昧進，王華猜忌忍害」。帝時已戒嚴，尚書符荊州暴其罪狀。

晦率衆二萬發自江陵，舟艦列自江津至于破冢，旗旌相照。歎曰：「恨不得以此爲勤王之師。」移檄建鄴，言王弘、曇首、王華等罪。又上表陳情。初，晦與徐、傅謀爲自全計：晦據上流，檀鎮廣陵，各有強兵，足制朝廷；羨之、亮於中知權，可得持久。及帝將行，召檀道濟委之以衆。晦始謂道濟不全，及聞其來，大衆皆潰。晦得小船還江陵。

初，雍州刺史劉粹遣弟竟陵太守道濟與臺軍主沈敞之襲江陵，至沙橋，周超大破之。俄而晦至江陵，無他處分，唯愧謝周超而已。[七]超其夜詣到彥之降，晦乃攜弟遯兄子世基等七騎北走。遯肥不能騎馬，晦每待不得速。至安陸延頭，晦故吏戍主光順之檻送建鄴。於路作悲人道以自哀。

周超既降，到彥之以參府事。劉粹遣告彥之，沙橋之事，敗由周超。彥之乃執與晦等並伏誅。

世基，絢之子也。有才氣，臨死爲連句詩曰：「偉哉橫海鱗，壯矣垂天翼，一旦失風水，翻爲螻蟻食。」晦續之曰：「功遂侔昔人，保退無智力。既涉太行險，斯路信難陟。」

晦女爲彭城王義康妃，聰明有才貌，被髮徒跣與晦訣曰：「阿父，大丈夫當橫屍戰場，奈何狠藉都市。」言訖叫絕，行人爲之落淚。

晦死時年三十七。庾登之、殷道鸞、何承天自晦下並見原。

瞻字宣遠，一曰名檐字通遠，晦次兄也。六歲能屬文，爲紫石英贊、果然詩，爲當時才士歎異。與從叔混、族弟靈運俱有盛名。嘗作喜霽詩，靈運寫之，混詠之。王弘在坐，以爲三絕。

瞻幼孤，叔母劉撫養有恩，兄弟事之同於至親。劉弟柳爲吳郡，將姊俱行，瞻不能違遠，自楚臺祕書郎解職隨從，故爲柳建威長史。後爲宋武帝相國從事中郎。晦時爲宋臺右衛，權遇已重，於彭城還都迎家，賓客輻湊。時瞻在家，驚駭謂晦曰：「吾家以素退爲業，汝遂勢傾朝野，此豈門戶福邪。」乃籬隔門庭，曰：「吾不忍見此。」後因宴集，靈運問晦：「潘、陸

與賈充優劣。」晦曰：「安仁諂於權門，士衡邀競無已，並不能保身，自求多福。公閭勳名佐世，不得爲並。」靈運曰：「安仁、士衡才爲一時之冠，方之公閭，本自遼絕。」瞻斂容曰：「若處貴而能遺權，斯則是非不得而生，傾危無因而至。君子以明哲保身，其在此乎。」常以裁止晦如此。

及還彭城，言於武帝曰：「臣本素士，父祖位不過二千石。弟年始三十，志用凡近，位任顯密，福過災生，特乞降黜，以保衰門。」前後屢陳。帝欲以瞻爲吳興郡，又自陳請，乃爲豫章太守。

晦或以朝廷密事語瞻，瞻輒向親舊說以爲戲笑，以絕其言。晦遂建佐命功，瞻愈憂懼。永初二年，在郡遇疾不療，幸於不永。晦聞疾奔波，瞻見之曰：「汝爲國大臣，又總戎重，萬里遠出，必生疑謗。」時果有詐告晦反者。

瞻疾篤還都，帝以晦禁旅，不得出宿，使瞻居于晉南郡公主壻羊賁故第，在領軍府東門。瞻曰：「吾有先人弊廬，何爲於此？」臨終遺晦書曰：「吾得歸骨山足，亦何所多恨。弟思自勉，爲國爲家。」卒時年三十五。

瞻文章之美，與從叔混、族弟靈運相抗。靈運父瑍無才能，爲祕書郎早卒，而靈運好臧否人物。混患之，欲加裁折，未有其方。謂瞻曰：「非汝莫能。」乃與晦、曜、弘微等共游

戲，〔八〕使瞻與靈運共車。靈運登車便商較人物，瞻謂曰：「祕書早亡，談者亦互有同異。」靈運默然，言論自此衰止。

弟嚼字宣鏡，年數歲，所生母郭氏疾，嚼晨昏溫凊，勤容戚顏，未嘗暫改。恐僕役營疾懈倦，躬自執勞，母爲疾畏驚，而微踐過甚，〔九〕一家尊卑感嚼至性，咸納屨行，屏氣語，如此者十餘年。位黃門侍郎，從坐伏誅。

澹字景恒，晦從叔也。祖安，晉太傅。父琰，琅邪王友。澹任達仗氣，不營當世，與順陽范泰爲雲霞之交。歷位尙書。宋武帝將受禪，有司議使侍中劉叡進璽，帝曰：「此選當須人望。」乃使澹攝。澹嘗侍帝宴，酣飲大言無所屈，鄭鮮之欲按之，帝以爲澹方外士，不宜規矩繩之，然意不說，不以任寄。後復侍飲，醉謂帝曰：「陛下用羣臣，但須委屈順者乃見貴，汲黯之徒無用也。」帝大笑。景平中，累遷光祿大夫。從子晦爲荊州，將之鎭，詣澹別。晦色自矜，澹問晦年，答曰三十五。澹笑曰：「昔荀中郎年二十九爲北府都督，〔一〇〕卿比之已爲老矣。」晦色甚愧。元嘉中，位侍中、特進、金紫光祿大夫，卒。

初，澹從弟混與劉毅昵，澹常以爲憂，漸疎混，每謂弟璞、從子瞻曰：「益壽此性，終當破家。」混尋見誅，朝廷以澹先言，故不及禍。

璞字景山，幼孝友，祖安深賞愛之，位光祿勳。

謝裕字景仁，朗弟允之子、而晦從父也。名與宋武帝諱同，故以字行。允字令度，位宣城內史。景仁幼爲從祖安所知，始爲前軍行參軍，會稽王世子元顯嬖人張法順權傾一時，內外無不造門，唯景仁不至，年三十而方爲著作佐郎。桓玄誅元顯，見景仁，謂四坐曰：「司馬庶人父子云何不敗，遂令謝景仁三十而方佐著作郎。」玄建楚臺，以補黃門侍郎。及篡位，領驍騎將軍。

景仁博聞强識，善敍前言往行，玄每與言不倦。玄出行，殷仲文、卞範之之徒皆騎馬散從，而使景仁陪輦。宋武帝爲桓脩撫軍中兵參軍，嘗詣景仁諮事，景仁與語說，因留帝食。食未辦，而景仁爲玄所召。玄性促，俄頃間騎詔續至，帝屢求去，景仁不許，曰：「主上見待，要應有方，我欲與客食，豈不得待？」竟安坐飽食然後應召。帝甚感之。及平建鄴，景仁與百僚同見，武帝目之曰：「此名公孫也。」歷位武帝鎭軍司馬，復爲車騎司馬。

義熙五年，帝將伐慕容超，朝議皆謂不可，劉毅時鎭姑孰，固止帝，以爲「苻堅侵境，謝太傅猶不自行。宰相遠出，傾動根本」。景仁獨曰：「公建桓、文之烈，應天人之心，雖業高振古，而德刑未樹，宜推亡固存，廣振威略。平定之後，養銳息徒，然後觀兵洛汭，修復園寢，豈有縱敵貽患者哉。」帝從之。及北伐，大司馬琅邪王天子母弟，屬當儲副，帝深以根本爲憂，轉景仁大司馬左司馬，專總府任。又遷吏部尙書。時從兄混爲尙書左僕射，依制不得相監，帝啓依僕射王彪之、尙書王劭前例不解職。坐選吏部令史邢安泰爲都令史、平原太守，二官共除，安泰以令史職拜謁陵廟，爲御史中丞鄭鮮之所糾，白衣領職。十一年，爲左僕射。

景仁性矜嚴整潔，居宇淨麗，每唾輒唾左右人衣，事畢，即聽一日澣濯。每欲唾，左右爭來受之。武帝雅相知重，申以昏姻，廬陵王義眞妃，景仁女也。十二年卒，贈金紫光祿大夫。葬日，武帝親臨甚慟。

子恂字泰溫，位鄱陽太守。恂子孺子，〔一一〕少與族兄莊齊名。多藝能，尤善聲律。車騎將軍王彧，孺子姑之子也。嘗與孺子宴桐臺，孺子吹笙，彧自起舞，既而歎曰：「今日眞使人飄颻有伊、洛間意。」爲新安王主簿，出爲廬江郡，辭，宋孝武謂有司曰：「謝孺子不可屈爲小

郡。」乃以爲司徒主簿。後以家貧，求西陽太守，卒官。

子璟，少與從叔朓俱知名。齊竟陵王子良開西邸，招文學，璟亦預焉。位中書郎。梁天監中，爲左戶尙書，再遷侍中，固辭年老求金紫，帝不悅，未敍，會卒。

子微字玄度，〔一二〕美風采，好學善屬文，位兼中書舍人。與河東裴子野、沛國劉顯同官友善。時魏中山王元略還北，梁武帝餞於武德殿，賦詩三十韻，限三刻成。微二刻便就，文甚美，帝再覽焉。又爲臨汝侯猷製放生文，亦見賞於世。後除尙書左丞。及昭明太子薨，帝立晉安王綱爲皇太子，將出詔，唯召尙書右僕射何敬容、宣惠將軍孔休源及微三人與議。微時年位尙輕，而任遇已重。後卒於北中郎豫章王長史、南蘭陵太守。文集二十卷。

純字景懋，景仁弟也。劉毅鎭江陵，以爲衞軍長史、南平相。及王鎭惡襲毅，毅時病，佐史聞兵至，馳還入府，左右引車欲還外廨，純叱之曰：「我人吏也，逃欲安之。」及入，毅兵敗衆散，純爲人所殺。純弟飃字景飃，位司徒右長史。

二十四史

甝弟述字景先，小字道兒。少有至行，隨純在江陵，純遇害，述奉純喪還都，至西塞遇暴風，純喪舫流漂不知所在，述乘小船尋求，經純妻庾舫過。庾遣人謂曰：「小郎去必無及，寧可存亡俱盡邪。」述號泣答曰：「若安全至岸，尚須營理；如其已致意外，述亦無心獨存。」因冒浪而進，見純喪幾沒，述號叫呼天，幸而獲免。咸以爲精誠所致，武帝聞而嘉之。及臨豫州，諷中正以爲迎主簿，甚被器遇。

景仁愛甝而憎述，嘗設饌請宋武帝，希命甝豫坐，而帝召述。述知非景仁夙意，又慮帝命之，請急不從。帝馳遣呼述，須至乃飡，其見重如此。及景仁疾，述盡心視湯藥，飲食必嘗而後進。衣不解帶不盥櫛者累旬，景仁深感愧焉，友愛遂篤。及景仁卒，哀號過禮。景仁肥壯，買材數具皆不合用，述哀惶，親選迺獲焉。

爲太尉參軍，從征司馬休之，封吉陽縣五等侯。元嘉二年，拜中書侍郎。後爲彭城王義康驃騎長史，領南郡太守。義康入相，述又爲司徒左長史，轉左衞將軍。莅官清約，私無宅舍，義康遇之甚厚。尚書僕射殷景仁、領軍將軍劉湛並與述爲異常之交。

述美風姿，善舉止，湛每謂人曰：「我見謝道兒未嘗足。」雍州刺史張邵以黷貨將致大辟，述表陳邵先朝舊勳，宜蒙優貸，文帝手詔詶納焉。述語子綜曰：「主上矜邵夙誠，自將曲恕，吾所啓謬會，故特見納。若此跡宣布，則爲侵奪主恩。」使綜對前焚之。帝後謂邵曰：

「卿之獲免，謝述力焉。」

述有心虛疾，性理時或乖謬，卒於吳興太守。喪還未至都數十里，殷景仁、劉湛同乘迎赴，望船流涕。及劉湛誅，義康外鎮，將行歎曰：「謝述唯勸吾退，劉湛唯勸吾進，述亡而湛存，吾所以得罪也。」文帝亦曰：「謝述若存，義康必不至此。」

三子：綜、約、緯。綜有才藝，善隸書，爲太子中舍人。與范曄謀反伏誅；約亦死。緯尚宋文帝第五女長城公主，素爲綜、約所憎，免死，徙廣州，孝建中還都。方雅有父風，位正員郎。子朓。

朓字玄暉，少好學，有美名，文章清麗。爲齊隨王子隆鎮西功曹，轉文學。子隆在荆州，好辭賦，朓尤被賞，不捨日夕。長史王秀之以朓年少相動，欲以啓聞。朓知之，因事求還，道中爲詩寄西府曰：「常恐鷹隼擊，時菊委嚴霜，寄言罻羅者，寥廓已高翔」是也。仍除新安王中軍記室。朓牋辭子隆曰：

朓聞潢汙之水，思朝宗而每竭，駑蹇之乘，希沃若而中疲。何則？皐壤搖落，對之惆悵，歧路東西，或以嗚唈。況乃服義徒擁，歸志莫從，邈若墜雨，飄似秋蔕。朓實庸流，行能無算，屬天地休明，山川受納，褒采一介，搜揚小善，故得捨耒場圃，奉筆兔園。

東泛三江，西浮七澤，契闊戎旃，從容讌語。長裾日曳，後乘載脂，榮立府廷，恩加顏色，沐髮晞陽，未測涯涘，撫臆論報，早誓肌骨。不悟滄溟未運，波臣自蕩，渤澥方春，旅翮先謝。清切蕃房，寂寥舊蓽，輕舟反泝，弔影獨留。白雲在天，龍門不見，去德滋永，思德滋深。唯待青江可望，候歸艎於春渚，朱邸方開，效蓬心於秋實。如其簪屨或存，衽席無改，雖復身塡溝壑，猶望妻子知歸。攬涕告辭，悲來橫集。

時荆州信去倚待，朓執筆便成，文無點易。

以本官兼尚書殿中郎。隆昌初，敕朓接北使，朓自以口訥，啓讓，見許。明帝輔政，以爲驃騎諮議，領記室，掌霸府文筆。又掌中書詔誥，轉中書郎。

出爲晉安王鎮北諮議、南東海太守，行南徐州事。啓王敬則反謀，上甚賞之，遷尚書吏部郎。朓上表三讓。中書疑朓官未及讓，以問國子祭酒沈約。約曰：「宋元嘉中，范曄讓吏部，朱脩之讓黃門，蔡興宗讓中書，並三表詔答。近代小官不讓，遂成恒俗，恐有乖讓意。王藍田、劉安西並貴重，初自不讓，今豈可慕此不讓邪？孫興公、孔覬並讓記室，今豈可三署皆讓邪？謝吏部今授超階，讓別有意，豈關官之大小。撝謙之美，本出人情，若大官必讓，便與詣闕章表不異。例既如此，謂都非疑。」朓讓，優答不許。

朓善草隸，長五言詩，沈約常云「二百年來無此詩也」。敬皇后遷祔山陵，朓撰哀策文，

齊世莫有及者。

東昏失德，江祏欲立江夏王寶玄，末更回惑，與弟祀密謂朓曰：「江夏年少，脫不堪，不可復行廢立。始安年長入纂，不乖物望。非以此要富貴，只求安國家爾。」遙光又遣親人劉渢致意於朓。朓自以受恩明帝，不肯答。少日，遙光以朓兼知衞尉事，朓懼見引，卽以祏等謀告左興盛，又說劉暄曰：「始安一旦南面，則劉渢、劉晏居卿今地，但以卿爲反覆人爾。」暄陽驚，馳告始安王及江祏。始安欲出朓爲東陽郡，祏固執不與。先是，朓常輕祏爲人，祏常詣朓，朓因言有一詩，呼左右取，既而便停。祏問其故，云「定復不急」。祏以爲輕己。後祏及弟祀、劉渢、劉晏俱候朓，朓謂祏曰：「可謂帶二江之雙流」，以嘲弄之。祏轉不堪，至是構而害之。詔暴其過惡，收付廷尉。又使御史中丞范岫奏收朓，下獄死，時年三十六。臨終謂門賓曰：「寄語沈公，君方爲三代史，亦不得見沒。」

初，朓告王敬則反，敬則女爲朓妻，常懷刀欲報朓，朓不敢相見。及當拜吏部，謙挹尤甚，尚書郎范縝嘲之曰：「卿人才無慚小選，但恨不可刑于寡妻。」朓有愧色。及臨誅，歎曰：「天道其不可昧乎！我雖不殺王公，王公因我而死。」

朓好獎人才，會稽孔覬粗有才筆，〔三〕未爲時知，孔珪嘗令草讓表以示朓。〔四〕朓嗟吟良久，手自折簡寫之，謂珪曰：「士子聲名未立，應共獎成，無惜齒牙餘論。」其好善如此。

中華書局

朓及殷叡素與梁武以文章相得，帝以大女永興公主適叡子鈞，第二女永世公主適朓子謨。及帝爲雍州，二女並暫隨母向州。及武帝卽位，二主始隨內還。武帝意薄謨，又以門單，欲更適張弘策子，弘策卒，又以與王志子諲。而謨不堪歎恨，爲書狀如詩贈主。主以呈帝，甚蒙矜歎，而婦終不得還。尋用謨爲信安縣，稍遷王府諮議。時以爲沈約早與朓善，爲制此書云。

謝方明，裕從祖弟也。祖鐵字鐵石，位永嘉太守。父沖字秀度，中書郎，家在會稽，病歸，爲孫恩所殺，贈散騎常侍。方明隨伯父吳興太守邈在郡。孫恩寇會稽，東土諸郡響應，吳興人胡桀、郜驃破東遷縣，方明勸邈避之，不從，賊至被害，方明逃免。

初，邈舅子長樂馮嗣之及北方學士馮翊仇玄達俱投邈，禮待甚簡，二人並恨，遂與恩通謀。劉牢之、謝琰等討恩，恩走臨海，嗣之等不得同去，方更聚合。方明體素羸弱，而勇決過人，結邈門生討嗣之等，悉禽手刃之。時亂後吉凶禮廢，方明合門遇禍，資產無遺，而營舉凶功盡力，數月葬送並畢，平世備禮無以加也。頃之，孫恩重陷會稽，謝琰見害，因購方明甚急。方明於上虞載母妹奔東陽，由黃蘗嶠出鄱陽，附載還都，寄居國子學。流離險戹，

屯苦備經，而貞履之操，在約無改。

桓玄克建鄴，丹陽尹卞範之勢傾朝野，欲以女嫁方明，方明終不回。桓玄聞而賞之，卽除著作佐郎。後從兄景仁舉爲宋武中軍主簿，方明知無不爲，帝謂曰：「愧未有瓜衍之賞，且當與卿共豫章國祿。」屢加賞賜。

方明嚴恪，善自居遇，雖暗室未嘗有惰容。從兄混有重名，唯歲節朝拜而已。丹陽尹劉穆之權重當時，朝野輻湊，其不至者唯混、方明、郗僧施、蔡廓四人而已。穆之甚恨。及混等誅後，方明、廓來往造穆之，穆之大悅，白武帝曰：「謝方明可謂名家駒，及蔡廓直置並台鼎人，無論復有才用。」頃之，轉從事中郎，仍爲左將軍道憐長史，〔一五〕武帝令府中衆事皆諮決之。府轉爲中軍長史，尋加晉陵太守，復爲驃騎長史、南郡相，委任如初。嘗年終，江陵縣獄囚事無輕重，悉放歸家，使過正三日還到，罪重者二十餘人，綱紀以下莫不疑懼。時晉陵郡送故主簿弘季咸、徐壽之並隨在西，固諫，〔一六〕以爲昔人雖有其事，或是記籍過言，且當今人情僞薄，不可以古義相許。方明不納，一時遣之。囚及父兄並驚喜涕泣，以爲就死無恨。至期有重罪一人醉不能歸，違二日乃反。餘一囚十日不來，五官朱千期請見，欲自討之。方明知爲囚事，使左右謝五官不須入，囚自當反。囚逡巡墟里，不能自歸，鄉村責讓率領將送，竟無逃者。遠近歎服焉。

宋武帝受命，位侍中，丹陽尹，有能名。轉會稽太守。江東人戶殷盛，風俗峻刻，強弱相陵，姦吏蜂起，符書一下，文攝相續。方明深達政體，不拘文法，闊略苛細，務在統領。貴族豪士，莫敢犯禁。除比伍之坐，判久繫之獄。前後征伐，每兵運不充，悉倩士庶，事寧皆使還本。而守宰不明，與奪乖謬，人事不至，必被抑塞。方明簡汰精當，各順所宜，東土稱詠之。性尤愛惜人物，〔一七〕未嘗有所是非。承代前人，不易其政，必宜改者，則漸變使無迹可尋。卒官。

子惠連，年十歲能屬文，族兄靈運嘉賞之，〔一八〕云「每有篇章，對惠連輒得佳語」。嘗於永嘉西堂思詩，竟日不就，忽夢見惠連，卽得「池塘生春草」，大以爲工。常云「此語有神功，非吾語也」。本州辟主簿，不就。

惠連先愛幸會稽郡吏杜德靈，及居父憂，贈以五言詩十餘首，「乘流遵歸路」諸篇是也。坐廢不豫榮位。尚書僕射殷景仁愛其才，言次白文帝，言「臣小兒時便見此文，而論者云是惠連，其實非也」。文帝曰：「若此便應通之。」元嘉七年，方爲司徒彭城王義康法曹行參軍。義康修東府城，城壍中得古冢，爲之改葬，使惠連爲祭文，留信待成，其文甚美。又爲雪賦，以高麗見奇。靈運見其新文，每曰「張華重生，不能易也」。文章並行於世，年三十七卒。〔一九〕

旣早亡，輕薄多尤累，故官不顯。無子。惠連弟惠宣，位臨川太守。

謝靈運，安西將軍弈之曾孫而方明從子也。祖玄，晉車騎將軍。父瑍，生而不慧，位祕書郎，早亡。靈運幼便穎悟，玄甚異之。謂親知曰：「我乃生瑍，瑍兒何爲不及我。」〔二〇〕

靈運少好學，博覽羣書，文章之美，與顏延之爲江左第一。縱橫俊發過於延之，深密則不如也。從叔混特知愛之。〔二一〕襲封康樂公，以國公例除員外散騎侍郎，不就。爲琅邪王大司馬行參軍。性豪侈，車服鮮麗，衣物多改舊形制，世共宗之，咸稱謝康樂也。累遷祕書丞，坐事免。

宋武帝在長安，靈運爲世子中軍諮議、黃門侍郎，奉使慰勞武帝於彭城，作撰征賦。後爲相國從事中郎，世子左衞率，坐輒殺門生免官。宋受命，降公爵爲侯，又爲太子左衞率。

靈運多愆禮度，朝廷唯以文義處之，不以應實相許。自謂才能宜參權要，既不見知，常懷憤惋。廬陵王義眞少好文籍，與靈運情款異常。少帝卽位，權在大臣，靈運構扇異同，非毀執政，司徒徐羨之等患之，出爲永嘉太守。郡有名山水，靈運素所愛好。出守既不得志，遂肆意遊遨，徧歷諸縣，動踰旬朔。理人聽訟，不復關懷，所至輒爲詩詠以致其意。

二十四史

中華書局

在郡一周，稱疾去職，從弟晦、曜、弘微等並與書止之，不從。靈運父祖並葬始寧縣，幷有故宅及墅，遂移籍會稽，修營舊業。傍山帶江，盡幽居之美。與隱士王弘之、孔淳之等放蕩爲娛，有終焉之志。每有一首詩至都下，貴賤莫不競寫，宿昔間士庶皆徧，名動都下。作山居賦，幷自注以言其事。

文帝誅徐羨之等，徵爲祕書監，再召不起。使光祿大夫范泰與書敦獎，乃出。使整祕閣書遺闕，又令撰晉書，粗立條流，書竟不就。尋遷侍中，賞遇甚厚。靈運詩書皆兼獨絕，每文竟，手自寫之，文帝稱爲二寶。既自以名輩，應參時政，至是唯以文義見接，每侍上宴，談賞而已。王曇首、王華、殷景仁等名位素不踰之，並見任遇，意既不平，多稱疾不朝直。穿池植援，種竹樹果，驅課公役，無復期度。出郭游行，或一百六七十里，經旬不歸。既無表聞，又不請急。上不欲傷大臣，諷旨令自解。靈運表陳疾，賜假東歸。將行，上書勸伐河北。而游娛宴集，以夜續晝。復爲御史中丞傅隆奏免官，是歲，元嘉五年也。

靈運既東，與族弟惠連、東海何長瑜、潁川荀雍、泰山羊璿之以文章賞會，共爲山澤之游，時人謂之四友。惠連幼有奇才，不爲父方明所知。靈運去永嘉還始寧，時方明爲會稽，靈運造方明，遇惠連，大相知賞。靈運性無所推，唯重惠連，與爲刎頸交。時何長瑜敎惠連讀書，亦在郡內，靈運又以爲絕倫。謂方明曰：「阿連才悟如此，而尊作常兒遇之；長瑜當今

仲宣，而飴以下客之食。尊既不能禮賢，宜以長瑜還靈運。」載之而去。荀雍字道雍，官至員外散騎郎。璿之字曜璠，爲臨川內史，被司空竟陵王誕所遇，誕敗坐誅。長瑜才亞惠連，雍、璿之不及也。臨川王義慶招集文士，長瑜自國侍郎至平西記室參軍。嘗於江陵寄書與宗人何勗，以韻語序義慶州府僚佐云：「陸展染白髮，欲以媚側室，青青不解久，星星行復出。」如此者五六句。而輕薄少年遂演之，凡人士並爲題目，皆加劇言苦句，其文流行。義慶大怒，白文帝，除廣州所統曾城令。及義慶薨，朝士並詣第敍哀，何勗謂袁淑曰：「長瑜便可還也。」淑曰：「國新喪宗英，〔二〕未宜以流人爲念。」廬陵王紹鎭尋陽，以長瑜爲南中郎行參軍，掌書記之任。行至板橋，遇暴風溺死。

靈運因祖父之資，生業甚厚，奴僮既衆，義故門生數百，鑿山浚湖，功役無已。尋山陟嶺，必造幽峻，巖嶂數十重，莫不備盡。登躡常着木屐，上山則去其前齒，下山去其後齒。嘗自始寧南山伐木開徑，直至臨海，從者數百。臨海太守王琇驚駭，謂爲山賊，末知靈運乃安。又要琇更進，琇不肯。靈運贈琇詩曰：「邦君難地嶮，旅客易山行。」在會稽亦多從衆，驚動縣邑。太守孟顗事佛精懇，而爲靈運所輕，嘗謂顗曰：「得道應須慧業，丈人生天當在靈運前，成佛必在靈運後。」顗深恨此言。又與王弘之諸人出千秋亭飲酒，倮身大呼，顗深不堪，遣信相聞。靈運大怒曰：「身自大呼，何關癡人事。」

會稽東郭有回踵湖，靈運求決以爲田，文帝令州郡履行。此湖去郭近，水物所出，百姓惜之，顗堅執不與。靈運既不得回踵，又求始寧休崲湖爲田，〔三〕顗又固執。靈運謂顗非存利人，政慮決湖多害生命，言論傷之。與顗遂隙。因靈運橫恣，表其異志，發兵自防，露板上言。靈運馳詣闕上表，自陳本末。文帝知其見誣，不罪也。不欲復使東歸，以爲臨川內史。

在郡游放，不異永嘉，爲有司所糾。司徒遣使隨州從事鄭望生收靈運。靈運興兵叛逸，遂有逆志。爲詩曰：「韓亡子房奮，秦帝魯連恥，本自江海人，忠義感君子。」追討禽之，送廷尉，廷尉論正斬刑。上愛其才，欲免官而已。彭城王義康堅執，謂不宜恕。詔以「謝玄勳參微管，宜宥及後嗣」，降死徙廣州。

後秦郡府將宋齊受使至涂口，行達桃墟村，見有七人下路聚語，疑非常人，還告郡縣，遣兵隨齊掩討禽之。其一人姓趙名欽，云「同村薛道雙先與靈運共事，道雙因同村成國報欽云：『靈運犯事徙廣州，給錢令買弓箭刀楯等物，使道雙要合鄉里健兒於三江口篡之。若得志如意後，〔四〕功勞是同。』遂合部黨要謝不得，及還饑饉，緣路爲劫。」有司奏收之，文帝詔於廣州棄市。臨死作詩曰：「龔勝無餘生，李業有終盡，嵇公理既迫，霍生命亦殞。」所稱龔勝、李業，猶前詩子房、魯連之意也。時元嘉十年，年四十九。所著文章傳於世。

孟顗字彥重，平昌安丘人，衞將軍昶弟也。昶、顗並美風姿，時人謂之雙珠。昶貴盛，

顗不就辟。昶死後，顗歷侍中、僕射、太子詹事、散騎常侍、左光祿大夫。嘗就徐羨之因敍關、洛中事，顗歎劉穆之終後便無繼者，王弘亦在，甚不平，曰：「昔魏朝酷重張郃，謂不可一日無之。及郃死，何關興廢？」顗不悅，衆賓笑而釋之。後卒於會稽太守。

靈運子鳳，坐靈運徙嶺南，早卒。

鳳子超宗。隨父鳳嶺南，元嘉末得還。與慧休道人來往。好學有文辭，盛得名譽。選補新安王子鸞國常侍。王母殷淑儀卒，超宗作誄奏之，帝大嗟賞，謂謝莊曰：「超宗殊有鳳毛，靈運復出。」時右衞將軍劉道隆在御坐，出候超宗曰：「聞君有異物，可見乎？」超宗曰：「懸罄之室，復有異物邪。」道隆武人無識，正觸其父名，曰：「且侍宴，至尊說君有鳳毛。」超宗徒跣還內。道隆謂檢覓鳳毛，〔五〕至闇待不得，乃去。

泰始中，爲尙書殿中郎。三年，都令史駱宰議策秀孝格，五問並得爲上，四三爲中，二爲下，一不第。超宗議不同，詔從宰議。

齊高帝爲領軍，愛其才，衞將軍袁粲聞之，謂高帝曰：「超宗開亮，善可與語。」取爲長史、臨淮太守。粲誅，高帝以超宗爲義興太守。昇明二年，坐公事免。詣東府門自通，其日風寒，高帝謂四座曰：「此客至，使人不衣自暖矣。」超宗既坐，飲酒數盃，辭氣橫出，高帝對

之甚歡。

及齊受禪，爲黄門郎。有司奏撰郊廟歌，上敕司徒褚彥回、侍中謝朏、散騎侍郎孔珪、太學博士王咺之、總明學士劉融、何法圖、何曇秀作者凡十人，超宗辭獨見用。

爲人恃才使酒，多所陵忽，在直省常醉。上召見，語及北方事，超宗曰：「虜動來二十年矣，佛出亦無如之何。」以失儀出爲南郡王中軍司馬。人問曰：「承有朝命，定是何府？」超宗怨望，答曰：「不知是司馬，爲是司驢；既是驢府，政應爲司驢。」爲有司奏，以怨望免，禁錮十年。後司徒褚彥回因送湘州刺史王僧虔，閣道壞，墜水；僕射王儉驚跣下車。〔二六〕超宗拊掌笑曰：「落水三公，墜車僕射。」彥回出水，霑濕狼藉。超宗先在僧虔舫，抗聲曰：「有天道焉，天所不容，地所不受。投畀河伯，河伯不受。」彥回大怒曰：「寒士不遜。」超宗曰：「不能賈袁、劉得富貴，焉免寒士。」前後言誚，稍布朝野。

武帝即位，使掌國史。除竟陵王征北諮議，領記室，愈不得志。超宗爲子娶張敬兒女爲婦，帝甚疑之。及敬兒誅，超宗謂丹陽尹李安人曰：〔二七〕「往年殺韓信，今年殺彭越，君欲何計？」安人具啟之。上積懷超宗輕慢，使兼中丞袁彖奏超宗請付廷尉。武帝雖可其奏，以彖言辭依違，使左丞王逡之奏彖「輕文略奏，撓法容非，請免彖所居官」。詔「彖匿情欺國，愛朋罔主，免官，禁錮十年」。超宗下廷尉，一宿髮白皓首。詔徙越嶲，行至豫章，上敕豫章內

史虞悰賜盡，勿傷其形骸。

明年，超宗門生王永先又告超宗子才卿死罪二十餘條。上疑其妄，以才卿付廷尉辯，以不實見原。永先於獄盡之。

才卿弟幾卿，清辯，時號神童。超宗徙越嶲，詔家人不得相隨。幾卿年八歲，別父於新亭，不勝其慟，遂投於江。超宗命估客數人入水救之，良久涌出，得就岸，瀝耳目口鼻，出水數斗，十餘日乃裁能言。居父憂哀毀過禮。年十二，召補國子生。齊文惠太子自臨策試，謂王儉曰：「幾卿本長玄理，今可以經義訪之。」儉承旨發問，幾卿辯釋無滯，文惠大稱賞焉。儉謂人曰：「謝超宗爲不死矣。」及長，博學有文采。仕齊爲大尉晉安王主簿。

梁天監中，自尚書三公郎爲書侍御史。舊郎官轉爲此職者，世謂之南奔。幾卿頗失志，多陳疾，臺事略不復理。累遷尚書左丞。

幾卿詳悉故實，僕射徐勉每有疑滯，〔二八〕多詢訪之。然性通脫，會意便行，不拘朝憲。嘗預樂遊苑宴，不得醉而還，因詣道邊酒壚，停車褰幔，與車前三騶對飲。時觀者如堵，幾卿處之自若。後以在省署夜著犢鼻褌，與門生登閣道飲酒酣呼，爲有司糾奏，坐免。

普通六年，詔西昌侯藻督衆軍北侵，幾卿啟求行，擢爲藻軍師長史。將行，與僕射徐勉別，勉云：「淮、淝之役，前謝已著奇功，未知今謝何如？」幾卿應聲曰：「已見今徐勝於前徐，後謝何必愧於前謝。」勉默然。軍至渦陽退敗，幾卿坐免官。

居白楊石井宅，朝中交好者載酒從之，客恒滿坐。時左丞庾仲容亦免歸，二人意相得，並肆情誕縱，或乘露車歷游郊野，醉則執鐸挽歌，不屑物議。湘東王繹在荆鎮與書慰勉之。

後爲太子率更令。放達不事容儀。性不容非，與物多忤，有乖己者，輒肆意罵之，退無所言。遷左丞。僕射省嘗議集公卿，幾卿外還，宿醉未醒，取枕高卧，傍若無人。又嘗於閣省裸袒酣飲，及醉小遺，下霑令史，爲南司所彈，幾卿亦不介意。轉左光祿長史。卒，文集行於世。

幾卿雖不持檢操，然於家門篤睦。兄才卿早卒，子藻幼孤，幾卿撫養甚至。及藻成立，歷清官，皆幾卿獎訓之力也。

論曰：謝晦以佐命之功，當顧托之重，殷憂在日，黜昏揚聖，於社稷之計，蓋爲大矣。但廬陵之殞，事非主命，昌門之覆，有乖臣道。博陸所慎，理異於斯。加以身處上流，兵權總己，將欲以外制內，豈人主所久堪乎。向令徐、傅不亡，道濟居外，四權制命，力足相侔，劉

氏之危，則有逾累卵。以此論罰，豈曰妄誅。宣遠所爲寒心，可謂睹其萌矣。然謝氏自晉以降，雅道相傳，景恒、景仁以德素傳美，景懋、景先以節義流譽。方明行己之度，玄暉藻績之奇，各擅一時，可謂德門者矣。靈運才名，江左獨振，而猖獗不已，自致覆亡。人各有能，茲言乃信，惜乎！

校勘記

〔一〕絢位至宋武帝鎮軍長史早卒 「宋武帝」各本作「宋文帝」。按宋武帝紀，帝於晉元興三年爲鎮軍將軍，義熙元年進爲車騎將軍，絢之卒當在此時，故云「早卒」。宋文帝無爲鎮軍事，且絢先其弟謝晦卒，而晦卒於宋文帝元嘉三年，若作「宋文帝」，則不當云「早卒」矣。宋書「絢高祖鎮軍長史蚤卒」，高祖，宋武帝也。今改正。

〔二〕晦抱持帝 各本脫「抱」字，據宋書補。

〔三〕時謝混風華爲江左第一 「混」各本作「琨」，據通志改。下逕改不出校。

〔四〕使示晦 「示」各本作「執」，據宋書改。

〔五〕收晦晦子世平兄子紹等 各本不疊「晦」字，義晦，據宋書增。

〔六〕故廬陵王於營陽之世 「營陽」各本作「榮陽」。按營陽指宋少帝，廬陵王謂義眞。「榮陽」誤，據

中華書局

宋書改。

〔七〕俄而晦至江陵無他處分唯愧謝周超而已　「處分」、「謝」三字，各本並脫，據宋書補。

〔八〕乃與晦曜弘微等共游戲　「曜」各本作「瞻」，據宋書改。

〔九〕毋爲疾長鶩而微踐過甚　「微踐」各本作「微賤」。李慈銘宋書札記：「微踐過甚者，謂踐履甚微，恐以行步聲驚其母也。故下云『家人咸納履而行』，其情事如見。」據宋書及通志改。

〔一〇〕昔荀中郎年二十九爲北府都督　「二十九」宋書作「二十七」。洪頤煊諸史考異：「按晉書荀羨傳作時年二十八，中興方伯未有如羨之年少者。」

〔一一〕恂子孺子　「孺子」宋書作「稚」，此避唐高宗小名而稱其字。

〔一二〕子徽字玄度　「徽」梁書作「徵」。

〔一三〕會稽孔覬粗有才筆　「孔覬」各本作「孔顗」，據宋書、南史本傳改。前沈約曰：「孫興公、孔覬並讓記室。」各本亦誤作「孔顗」，並改正。

〔一四〕孔珪嘗令草讓表以示朓　孔珪即孔稚珪，南齊書有傳，此避唐高宗小名而省。

〔一五〕仍爲左將軍道憐長史　「左」各本作「右」，據宋書改。按宋書長沙景王道憐傳亦作「左將軍」。

〔一六〕時晉陵郡送故主簿弘季咸徐壽之並隨在西固諫　「弘季咸」宋書作「弘季盛」。

〔一七〕性尤愛惜人物　各本並脫「人物」二字，據通志補。

〔一八〕族兄靈運嘉賞之　「嘉」各本作「加」。王懋竑讀書記疑、張森楷南史校勘記云「當作嘉」，從改。

〔一九〕年三十七卒　文選雪賦注引宋書作「年二十七卒」。按今本宋書作「元嘉十年卒，時年三十七」。孫虨宋書考論：「以謝靈運傳考之，惠連元嘉十年卒，蓋二十七也。」

〔二〇〕我乃生瑍瑍兒何爲不及我　宋書作「我乃生瑍，瑍那得生靈運」。晉書謝安傳附玄傳引語同，惟「那得」下有「不」字。錢大昕廿二史考異、孫虨宋書考論並以有「不」字爲是，宋書無「不」字，乃傳寫脫誤，而南史改易，失去原語之雋永。

〔二一〕從叔混特知愛之　「知」各本作「加」，涉形近而譌，據宋書改。

〔二二〕國新喪宗英　「宗英」二字各本並脫，據宋書補。

〔二三〕又求始寧休崲湖爲田　「休崲湖」宋書作「岯崲湖」。

〔二四〕若得志如意後　「得志」各本作「得者」，據宋書改。

〔二五〕道隆罰檢覓鳳毛　「鳳」字各本並脫，據册府元龜九五四補。按元大德本、南北監本、殿本無「鳳」字，汲古閣本、金陵局本「鳳」作「見」，皆不允合。

〔二六〕僕射王儉驚跳下車　南齊書「驚」上有「牛」字。

〔二七〕超宗謂丹陽尹李安人曰　「李安人」南齊書作「李安民」，有傳，此避唐諱改。

〔二八〕僕射徐勉每有凝滯　「凝滯」梁書作「疑滯」。

南史卷二十

列傳第十

謝弘微　子莊　孫朏　曾孫譓　玄孫哲　朏弟顥　顥弟瀹　瀹子覽　覽弟舉　舉子嘏　舉兄子僑

謝密字弘微，晉西中郎萬之曾孫、尚書左僕射景仁從子也。祖韶，車騎司馬。父思，武昌太守。〔一〕

弘微年十歲，繼從叔峻，名犯所繼內諱，故以字行。童幼時精神端審，時然後言。所繼叔父混名知人，見而異之，謂思曰：「此兒深中夙敏，方成佳器，有子如此足矣。」峻司空琰子也，於弘微本服緦，親戚中表，素不相識，率意承接，皆合禮衷。

義熙初，襲爵建昌縣侯。弘微家素貧儉，而所繼豐泰，唯受數千卷書，國吏數人而已，遺財祿秩，一不關預。混聞而驚歎，謂國郎中令漆凱之曰：「建昌國祿本應與北舍共之，國

侯既不厝意，今可依常分送。弘微重違混言，〔二〕乃少有所受。北舍，弘微本家也。

混風格高峻，少所交納，唯與族子靈運、瞻、晦、曜、弘微以文義賞會，〔三〕常共宴處，居在烏衣巷，故謂之烏衣之游。混詩所言「昔爲烏衣游，戚戚皆親姓」者也。其外雖復高流時譽，莫敢造門。瞻等才辭辯富，弘微每以約言服之，混特所敬貴，號曰微子。謂瞻等曰：「汝諸人雖才義豐辯，未必皆愜衆心，至於領會機賞，言約理要，故當與我共推微子。」常言「阿遠剛躁負氣，阿客博而無檢，曜仗才而持操不篤，晦自知而納善不周。設復功濟三才，終亦以此爲恨。至如微子，吾無間然」。又言「微子異不傷物，同不害正，若年造六十，必至公輔」。嘗因酣讌之餘，爲韻語以獎勸靈運、瞻等曰：「康樂誕通度，實有名家韻，若加繩染功，剖瑩乃瓊瑾。宣明體遠識，穎達且沈儁，若能去方執，穆穆三才順。阿多標獨解，弱冠纂華胤，質勝誠無文，其尚又能峻。通遠懷清悟，采采摽蘭訊，直轡鮮不躓，抑用解偏吝。微子基微尚，無倦由慕藺，勿輕一簣少，進往必千仞。數子勉之哉，風流由爾振。如不犯所知，此外無所慎。」靈運、瞻等並有誠厲之言，唯弘微獨盡褒美。曜，弘微兄，多其小字。通遠卽瞻字。客兒，靈運小名也。晉世名家身有國封者，起家多拜員外散騎侍郎，弘微亦拜員外散騎侍郎、琅邪王大司馬參軍。

義熙八年，混以劉毅黨見誅，混妻晉陵公主改適琅邪王練。公主雖執意不行，而詔與

中華書局

謝氏離絕。公主以混家事委之弘微。混仍世宰相，一門兩封，田業十餘處，僮役千人，唯有二女，年並數歲。弘微經紀生業，事若在公，一錢尺帛出入，皆有文簿。宋武受命，晉陵公主降封東鄉君。以混得罪前代，東鄉君節義可嘉，聽還謝氏。自混亡至是九年，而室宇修整，倉廩充盈，門徒不異平日。田疇墾闢，有加於舊。東鄉君歎曰：「僕射生平重此子，〔四〕可謂知人，僕射爲不亡矣。」中外姻親、道俗義舊見東鄉之歸者，入門莫不歎息，或爲流涕，感弘微之義也。

性嚴正，舉止必循禮度，〔五〕事繼親之黨，恭謹過常。伯叔二母，歸宗兩姑，晨夕瞻奉，盡其誠敬。內外或傳語通訊，輒正其衣冠。婢僕之前，不妄言笑。由是尊卑大小，敬之若神。時有蔡湛之者，及見謝安兄弟，謂人曰：「弘微貌類中郎，而性似文靖。」

文帝初封宜都王，鎮江陵，以琅邪王球爲友，弘微爲文學。母憂去職，居喪以孝稱。服闋，蔬素踰時。文帝卽位，爲黃門侍郎，與王華、王曇首、殷景仁、劉湛等，號曰五臣。遷尚書吏部郎，參機密。尋轉右衞將軍，諸故吏臣佐，並委弘微選擬。

居身清約，器服不華，而飲食滋味盡其豐美。兄曜歷御史中丞，彭城王義康驃騎長史，卒官。弘微哀戚過禮，服雖除猶不噉魚肉。沙門釋慧琳嘗與之食，見其猶蔬素，謂曰：「檀越素既多疾，卽吉猶未復膳。若以無益傷生，豈所望於得理。」弘微曰：「衣冠之變，禮不可

踰，在心之哀，實未能已。」遂廢食歔欷不自勝。

弘微少孤，事兄如父。友睦之至，舉世莫及。口不言人短，見兄曜好臧否人物，每聞之，常亂以他語。歷位中庶子，加侍中。志在素宦，畏忌權寵，固讓不拜，乃聽解中庶子。每獻替及陳事，必手書焚草，人莫之知。上以弘微能膳羞，每就求食，弘微與親舊經營。及進之後，親人問上所御，弘微不答，別以餘語酬之，時人比之漢世孔光。

及東鄉君薨，遺財千萬，園宅十餘所，又會稽、吳興、琅邪諸處太傅安、司空琰時事業，奴僮猶數百人，公私咸謂室內資財宜歸二女，田宅僮僕應屬弘微，弘微一不取。自以私祿營葬。混女夫殷叡素好摴蒱，聞弘微不取財物，乃濫奪其妻妹及伯母兩姑之分以還戲責，內人皆化弘微之讓，一無所爭。弘微舅子領軍將軍劉湛謂弘微曰：「天下事宜有裁衷，卿此不問，何以居官？」弘微笑而不答。或有譏以「謝氏累世財產，充殷君一朝戲責，譬棄物江海以爲廉耳」。弘微曰：「親戚爭財，爲鄙之甚，今內人尚能無言，豈可導之使爭。今分多共少，不至有乏，身死之後，豈復見關。」

東鄉君葬，混墓開，弘微牽疾臨赴，病遂甚。元嘉十年卒，年四十二。文帝歎惜甚至，謂謝景仁曰：「謝弘微、王曇首年踰四十，名位未盡其才，此朕之責也。」

弘微性寬博，無喜慍。末年嘗與友人棊，友人西南棊有死勢，復一客曰：〔六〕「西南風急，或有覆舟者。」友悟乃救之。弘微大怒，投局於地。識者知其暮年之事，果以此歲終。時有一長鬼寄司馬文宣家，言被遣殺弘微。弘微疾每劇，輒豫告文宣。及弘微死，與文宣分別而去。

弘微臨終語左右曰：「有二厨書，須劉領軍至，可於前燒之，愼勿開也。」書是文帝手敕，上甚痛惜之。使二衞千人營畢葬事，追贈太常。

弘微與琅邪王惠、王球並以簡淡稱，人謂沈約曰：「王惠何如？」約曰：「令明簡。」次問王球，約曰：「蒨玉淡。」又次問弘微，約曰：「簡而不失，淡而不流，古之所謂名臣，弘微當之。」其見美如此。子莊。

莊字希逸，七歲能屬文，及長，韶令美容儀，宋文帝見而異之，謂尚書僕射殷景仁、領軍將軍劉湛曰：「藍田生玉，豈虛也哉。」爲隨王誕後軍諮議，領記室。分左氏經傳，隨國立篇。製木方丈，圖山川土地，各有分理。離之則州郡殊別，合之則宇內爲一。

元嘉二十七年，魏攻彭城，遣尚書李孝伯與鎮軍長史張暢語，孝伯訪問莊及王微，其名聲遠布如此。二十九年，除太子中庶子。時南平王鑠獻赤鸚鵡，普詔羣臣爲賦。太子左衞率袁淑文冠當時，作賦畢示莊。及見莊賦，歎曰：「江東無我，卿當獨秀，我若無卿，亦一時

之傑。」遂隱其賦。

元凶弒立，轉司徒左長史。孝武入討，密送檄書與莊，令加改正宣布之。莊遣腹心門生具慶奉啓事密詣孝武陳誠。及帝踐阼，除侍中。時魏求通互市，上詔羣臣博議。莊議以爲拒而觀釁，有足表强。驃騎竟陵王誕當爲荊州，徵丞相荊州刺史南郡王義宣入輔，義宣固辭不入，而誕便剋日下船。莊以丞相既無入志，而驃騎發便有期，如似欲相逼切。帝乃申誕發日，義宣竟亦不下。

孝建元年，遷左將軍。莊有口辯，孝武嘗問顏延之曰：「謝希逸月賦何如？」答曰：「美則美矣，但莊始知『隔千里兮共明月』。」帝召莊以延之答語語之，莊應聲曰：「延之作秋胡詩，始知『生爲久離別，沒爲長不歸』。」帝撫掌竟日。又王玄謨問莊何者爲雙聲，何者爲疊韻。答曰：「玄護爲雙聲，碻磝爲疊韻。」〔七〕其捷速若此。初，孝武嘗賜莊寶劍，莊以與豫州刺史魯爽，後爽叛，帝因宴問劍所在。答曰：「昔以與魯爽別，竊爲陛下杜郵之賜。」上甚悅，當時以爲知言。

于時搜才路狹，莊表陳求賢之義曰：

臣聞功傾魏后，非特照車之珍，德柔秦客，豈徒祕璧之貴。隆陂所漸，成敗之由，何嘗不興資得才，替因失士。故楚書以善人爲寶，虞典以則哲爲難。而進選之舉既臻

中代，登造之律，未聞當今，必欲豐本康務，庇人濟俗，匪更迭懲，奚取九成。

夫才生於時，古今豈貳，士出於世，屯泰焉殊。升曆中陽，英賢起於徐沛，受籙白水，茂異出於荆宛。寧二都智之所產，七隩愚之所育，實遇與不遇、用與不用耳。今大道光亨，萬務俟德，而九服之曠，九流之艱，提鈞懸衡，委之選部。一人之鑒易限，天下之才難源，以易限之鑒，鏡難源之才，使國罔遺賢，野無滯器，其可得乎？昔公叔登臣，管仲升盜，趙文非私親疏嗣，祁奚豈諂讎比子。茹茅以彙，作範前經，擧爾所知，式昭往牒。且自古任薦，弘明賞罰，成子擧三哲而身致魏輔，應侯任二士而己捐秦相，臼季稱冀缺而疇以田采，張勃進陳湯而坐之褫爵。此則先事之盛準，亦後王之彝鑒。臣謂宜普命大臣，各擧所知，以付尚書依分銓用。若任得其才，擧主延賞，有不稱職，宜及其坐。重者免黜，輕者左遷。被擧之身，加以禁錮，年數多少，隨愆議制。若犯大辟，則任者刑論。

又政平訟理，莫先親人，親人之要，實歸守宰。故黃霸莅潁川累稔，杜畿居河東歷載。或就加恩秩，或入崇暉寵。今莅人之職，宜遵六年之限，進得章明庸惰，退得人不勤勞，如此，則上靡棄能，下無浮謬，考績之風載泰，薪槱之歌克昌。

初，文帝世，限年三十而仕郡縣，六周乃選代，刺史或十年餘。至是皆易之，仕者不拘長少，

莅人以三周爲滿，宋之善政於是乎衰。

是年，拜吏部尚書，莊素多疾，不願居選部，與大司馬江夏王義恭牋，自陳「兩脅癖疢，殆與生俱，一月發動，不減兩三。每痛來逼心，氣餘如綖，利患數年，遂成痼疾。吸吸惙惙，常如行尸。眼患五月來便不復得夜坐，恒閉帷避風。晝夜惛懵，爲此不復得朝謁諸王，慶弔親舊。今之所止，唯在小閤。下官微命，於天下至輕，在己不能不重。家世無年，亡高祖四十，曾祖三十三，亡祖四十七，下官新歲便三十五。〔八〕加以疾患如此，當復幾時？入年當申前請，以死自固。願侍坐言次，賜垂接助」。三年，坐疾多免官。

大明元年，起爲都官尚書。上時親覽朝政，慮權移臣下，以吏部尚書選擧所由，欲輕其勢力。二年，詔吏部尚書依郎分置，〔九〕幷詳省閑曹。又別詔太宰江夏王義恭曰：「吏部尚書由來與錄共選，良以一人之識不辨洽通，兼與奪威權不宜專一故也。」於是置吏部尚書二人，省五兵尚書。莊及度支尚書顧覬之並補選職。〔一〇〕遷左衞將軍，加給事中。時河南獻舞馬，詔羣臣爲賦，莊所上甚美。又使莊作舞馬歌，令樂府歌之。

五年，又爲侍中，領前軍將軍。時孝武出行夜還，敕開門。莊居守，以棨信或虛，須墨詔乃開。上後因宴，從容曰：「卿欲効郅君章邪？」對曰：「臣聞蒐巡有度，郊祀有節，盤于游田，著之前誡。陛下今蒙犯塵露，晨往宵還，容致不逞之徒，妄生矯詐，臣是以伏須神筆。」

六年，又爲吏部尚書，領國子博士。坐選公車令張奇免官，事在顏師伯傳。後除吳郡太守。

前廢帝卽位，以爲金紫光祿大夫。初，孝武寵姬殷貴妃薨，莊爲誄，言「贊軌堯門」，引漢昭帝母趙婕妤堯母門事，廢帝在東宮銜之。至是遣人詰莊曰：「卿昔作殷貴妃誄，知有東宮不？」將誅之。孫奉伯說帝曰：「死是人之所同，政復一往之苦，不足爲困。莊少長富貴，且繫之尚方，使知天下苦劇，然後殺之未晚。」帝曰：「卿言有理。」繫於左尚方。明帝定亂得出，使爲赦詔。莊夜出署門方坐，命酒酌之，已微醉，傳詔停待詔成，其文甚工。後爲尋陽王師，加中書令、散騎常侍。尋加金紫光祿大夫，給親信二十人。卒，贈右光祿大夫，諡憲子。所著文章四百餘首行于世。

五子：颺、朏、顥、嵸、瀹，世謂莊名子以風月景山水。颺位晉平太守，女爲順帝皇后，追贈金紫光祿大夫。

朏字敬沖，幼聰慧。莊器之，常置左右。十歲能屬文。莊游土山，使朏命篇，攬筆便就。琅邪王景文謂莊曰：「賢子足稱神童，復爲後來特達。」莊撫朏背曰：「眞吾家千金。」宋孝武帝游姑孰，敕莊攜朏從駕。詔爲洞井讚，於坐奏之。帝曰：「雖小重也。」〔一一〕

仕宋爲衞將軍袁粲長史。粲性簡峻，時人方之李膺。朏謁退，粲曰：「謝令不死矣。」宋明帝嘗敕朏與謝鳳子超宗從鳳莊門入。二人俱至，超宗曰：「君命不可以不往。」乃趨而入。朏曰：「君處臣以禮。」遂退不入。〔一二〕時人兩稱之，以比王尊、王陽。後爲臨川內史，以賄見劾，袁粲寢其事。

齊高帝爲驃騎將軍輔政，選朏爲長史。高帝方圖禪代，欲以朏佐命，遷左長史。每夕置酒，獨與朏論魏、晉故事，言石苞不早勸晉文，死方慟哭，方之馮異，非知機也。朏曰：「昔魏臣有勸魏武卽帝位，魏武曰：『有用我者，其周文王乎。』晉文世事魏氏，將必終身北面。假使魏早依唐、虞故事，亦當三讓彌高。」帝不悅，更引王儉爲左長史，以朏爲侍中，領祕書監。

及齊受禪，朏當日在直，百僚陪位。侍中當解璽，朏佯不知，曰：「有何公事？」傳詔云：「解璽授齊王」。朏曰：「齊自應有侍中。」乃引枕臥。傳詔懼，乃使稱疾，欲取兼人。朏曰：「我無疾，何所道。」遂朝服出東掖門，乃得車，仍還宅。是日，遂以王儉爲侍中解璽。既而武帝請誅朏，高帝曰：「殺之則成其名，正應容之度外。」又以家貧乞郡，辭旨抑揚，詔免官禁錮五年。永明中，爲義興太守，在郡不省雜事，悉付綱紀，曰：「吾不能作主者吏，但能作太守耳。」歷都官尚書，中書令，侍中，領新安王師。求出，仍爲吳興太守。

中華書局

明帝謀入嗣位，引朝廷舊臣，朏內圖止足，且實避事。弟瀹時爲吏部尚書，朏至郡，致瀹數斛酒，遺書曰：「可力飲此，勿豫人事。」朏居郡，每不理，常務聚斂，衆頗譏之，亦不屑也。

建武四年，徵爲侍中、中書令，不應。遣諸子還都，獨與母留，築室郡之西郭。明帝詔加優禮，旌其素概，賜牀帳褥席，奉以卿祿。時國子祭酒廬江何胤亦抗表還會稽。永元中，詔徵朏、胤，並不屈。時東昏皆命迫遣，會梁武帝起兵。及建鄴平，徵朏、胤，並補軍諮祭酒，皆不至。及卽位，詔徵朏爲侍中、左光祿大夫、開府儀同三司，胤散騎常侍、特進、右光祿大夫，又並不屈。仍遣領軍司馬王果敦譬朏，朏謀於何胤，胤欲獨高其節，紿曰：「與王之世，安可久處？」

明年六月，朏輕舟出，詣闕自陳。〔一三〕帝笑曰：「子陵遂能屈志。」詔以爲侍中、司徒、尚書令。朏辭脚疾，不堪拜謁，乃角巾肩輿詣雲龍門謝。〔一四〕詔見於華林園，乘小車就席。明旦，乘輿出幸朏宅，宴語盡歡。朏固陳本志，不許。又固請自還迎母，許之。臨發，輿駕臨幸，賦詩餞別，王人送迎相望於道。到都，敕材官起府於舊宅。武帝臨軒，遣謁者於府拜授。詔停諸公事及朔望朝謁。

三年元會，詔朏乘小輿升殿。朏素憚煩，及居台鉉，兼掌內臺，職事多不覽，以此頗失

衆望。其年母憂，尋有詔攝職如故。

五年，改授中書監、司徒、衞將軍，固讓不受。遣謁者敦授，留府門及暮，至於經春夏。八月，乃拜受焉。是冬薨，車駕出臨哭，謚曰孝靖。

建武初，朏爲吳興，〔一五〕以雞卵賦人，收雞數千。及遯節不全，爲清談所少。著書及文章行於世。

子諼，位司徒右長史，坐殺牛廢黜。爲東陽內史，及還，五官送錢一萬，止留一百。答曰：「數多劉寵，更以爲愧。」

次子譓，不妄交接，門無雜賓。有時獨醉，曰：「入吾室者但有清風，對吾飲者唯當明月。」位右光祿大夫。

子哲，字穎豫，美風儀，擧止醞藉，襟情豁朗，爲士君子所重。仕梁至廣陵太守，侯景之亂，因寓居焉。仕陳歷吏部尚書，中書令，侍中，司徒左長史。卒，謚康子。

顥字仁悠，朏弟也。少簡靜。宋末爲豫章太守，至石頭，遂白服登烽火樓，坐免官。詣齊高帝自占謝，言辭清麗，容儀端雅，左右爲之傾目，宥而不問。齊永明初，高選友學，〔一六〕以顥爲竟陵王友。歷吏部郎，有簡秀之目。卒於北中郎長史。

顥弟瀹字義潔。年七歲，王景文見而異之，言於宋孝武，召見於人衆中。瀹擧止閑詳，應對合旨，帝悅，詔尚公主，景和敗，事寢。僕射褚彥回以女妻之，厚爲資送。

性甚斂贍，嘗與劉悛飲，推讓久之，悛曰：「謝莊兒不可云不能飲。」瀹曰：「苟得其人，自可流湎千日。」悛甚慚，無言。仕齊累遷中書侍郎。衞軍王儉引爲長史，雅相禮遇。後拜吏部尚書。

明帝廢鬱林，領兵入殿，左右驚走報瀹。瀹與客圍棊，每下子，輒云「其當有意」，竟局乃還齋臥，竟不問外事。明帝卽位，瀹又屬疾，不知公事。蕭諶以兵臨起之，瀹曰：「天下事，公卿處之足矣；且死者命也，何足以此懼人。」

後宴會功臣上酒，尚書令王晏等興席，瀹獨不起，曰：「陛下受命應天，王晏以爲己力。」獻觴遂不見報。上大笑解之。座罷，晏呼瀹共載，欲相撫悅，瀹又正色曰：「君巢窟在何處？」晏初得班劍，瀹謂曰：「身家太傅，裁得六人，若何事頓得二十？」晏甚憚之，謂江祏曰：「彼上人者，難爲酬對。」加領右軍將軍。

兄朏在吳興，論啓公事稽晚，瀹輒代朏爲啓，上知非朏手迹，被問見原。永泰元年，卒

於太子詹事，贈金紫光祿大夫，謚簡子。

初，朏爲吳興，瀹於征虜渚送別，朏指瀹口曰：「此中唯宜飲酒。」瀹建武之朝，專以長酣爲事，與劉瑱、沈昭略交，飲各至數斗。齊武帝問王儉：「當今誰能爲五言？」儉曰：「朏得父膏腴，江淹有意。」上起禪靈寺，敕瀹撰碑文。瀹子覽。

覽字景滌，選尚齊錢唐公主，拜駙馬都尉。梁武平建鄴，朝士王亮、王瑩等數人揖，自餘皆拜，覽時年二十餘，爲太子舍人，亦長揖而已。意氣閑雅，視瞻聰明，武帝目送良久，謂徐勉曰：「覺此生芳蘭竟體，想謝莊政當如此。」自此仍被賞味。

天監元年，爲中書侍郎，掌吏部事，頃之卽眞。嘗侍坐，受敕與侍中王暕爲詩答贈，其文甚工，乃使重作，復合旨。帝賜詩云：「雙文既後進，二少實名家，豈伊爾棟隆，信乃俱國華。」爲侍中，頗樂酒，因宴席與散騎常侍蕭琛辭相詆毀，爲有司所奏。武帝以覽年少不直，出爲中權長史。

後拜吏部尚書，出爲吳興太守。中書舍人黃睦之家居烏程，子弟專橫，前太守皆折節事之。覽未到郡，睦之子弟迎覽，〔一七〕覽逐去其船，杖吏爲通者，自是睦之家杜門不出。郡境多劫，爲東道患，覽下車肅然。初齊明帝及覽父瀹、東海徐孝嗣並爲吳興，號爲名守，覽

皆過之。覽昔在新安，頗聚斂，至是遂稱廉潔，時人方之王述。卒於官，贈中書令。

覽弟舉字言揚，幼好學，與覽齊名。年十四，嘗贈沈約詩，爲約所賞。弱冠丁父憂，幾致毀滅。服闋，爲太常博士，與兄覽俱預元會。江淹一見並相欽挹，曰：「所謂『馭二龍於長塗』者也。」

爲太子家令，掌管記，深爲昭明太子賞接。祕書監任昉出爲新安郡，別舉詩云：「詎念耋嗟人，方深老夫託。」其屬意如此。梁武嘗訪舉於覽，覽曰：「識藝過臣甚遠，唯飲酒不及於臣。」帝大悅。尋除安成郡守，母往於郡喪，辭不赴。歷位左戶尚書，遷掌吏部尚書。舉祖莊、父瀹、兄覽並經此職，前代少比。

舉尤長玄理及釋氏義，爲晉陵郡時，常與義學僧遞講經論，徵士何胤自虎丘山出赴之，其盛如此。先是，北度人盧廣有儒術，爲國子博士，於學發講，僕射徐勉以下畢至。舉造坐屢折廣，辭理遒邁。廣深歎服，仍以所執麈尾、斑竹杖、滑石書格薦之，以況重席焉。加侍中，還尚書右僕射。

大同三年，出爲吳郡太守。先是，何敬容居郡有美績，世稱爲「何吳郡」。及舉爲政，聲跡略相比。曾要何徵君講中論，何難以巾褐入南門，乃從東園進。〔一〇〕致詩往復，爲虎丘山

賦題于寺。

入爲侍中、太子詹事、翊左將軍。舉父瀹齊時終此官，累表乞改，敕不許。後還尚書僕射，侍中、將軍如故。舉雖屢居端揆，未嘗肯預時政，保身固寵，不能有所發明。因疾陳解，敕輒賜假，并敕處方，加給上藥，其恩遇如此。

侯景來降，帝詢訪朝臣，舉及朝士皆請拒之。帝從朱异言納之，以爲景能立功趙、魏。舉等不敢復言。太清二年，遷尚書令，卒于內臺。上曰：「舉非止歷官已多，亦人倫儀表，久著公望，恨恨未授之。可贈侍中、中衞將軍、開府儀同三司。」〔一九〕

舉宅內山齋捨以爲寺，泉石之美，殆若自然。臨川、始興諸王常所游踐。邵陵王綸於婁湖立園，廣讌，酒後好聚衆賓冠，手自裂破，投之唾壺，皆莫敢言。舉嘗預宴，王欲取舉幘。舉正色曰：「裂冠毀冕，下官弗敢聞命。」拂衣而退。王屢召不返，甚有慚色。舉託情玄勝，尤長佛理，注淨名經，常自講說。有文集二十卷。子嘏。

嘏字含茂，風神清雅，頗善屬文。仕梁爲太子中庶子，建安太守。侯景之亂，之廣州依蕭勃。勃敗，在周迪門。後依陳寶應，寶應平，方詣闕。歷侍中，中書令，都官尚書。卒，謚曰光子。有文集行於世。

子儼位侍中、御史中丞、太常卿；伷位尚書僕射。

舉兄子僑字國美。父玄大，仕梁侍中。僑素貴，嘗一朝無食，其子啓欲以班史質錢，答曰：「寧餓死，豈可以此充食乎？」太清元年卒，集十卷。長子禕。

僑弟札字世高，亦博涉文史，位湘東王諮議，先僑卒。

論曰：易云，「積善之家，必有餘慶」。弘微立履所蹈，人倫播美，其世濟不隕，蓋有馮焉。敬沖出入三代，驟經遷革，遁俗之志，無聞貞固之道，居官之方，未免貨財之累。因傴成敬，偃仰當年。古人云：處士全盜虛聲，斯之謂矣。

校勘記

〔一〕父思武昌太守　張森楷南史校勘記：「晉書謝萬傳云『韶子思』，即此人也。『恩』、『思』未知誰是。」

〔二〕弘微重違混言　「違」字各本並脫，據宋書補。按重訓難，於義爲順。

〔三〕唯與族子靈運瞻晦曜弘微以文義賞會　各本並脫「弘微」，據宋書補。

〔四〕僕射生平重此子　「子」上各本有「一」字，據宋書删。

〔五〕舉止必循禮度　「循」各本作「脩」，據宋書改。

〔六〕友人西南綦有死勢復一客曰　册府元龜八六九無「復一」二字。

〔七〕玄護爲雙聲碻磝爲疊韻　「碻磝」各本譌「磝碻」，按王玄護，人名，碻磝，地名，今乙正。

〔八〕下官新歲便三十五　「三十五」各本作「四十五」。洪頤煊諸史考異：「莊以泰始二年卒，年四十六，此與江夏王義恭牋在孝建元年，則作四十五者誤也。」據宋書、册府元龜四六三改。

〔九〕詔吏部尚書依郎分置　「郎」各本作「部」，據宋書改。

〔一〇〕莊及度支尚書顧覬之並補選職　「覬之」各本作「顗之」，據宋書改。按宋書及本書並有顧覬之傳。

〔一一〕雖小重也　「重」梁書作「奇童」，北監本、殿本、金陵局本同。元大德本、南監本、汲古閣本作「重」，通志作「重器」。

〔一二〕遂退不入　「遂退」各本作「進退」，據通志改。

〔一三〕朏輕舟出詣闕自陳　「舟」字各本並脫，據梁書補。

〔一四〕乃角巾肩輿詣雲龍門謝　「肩輿」各本作「自輿」，據梁書改。

中華書局

〔一五〕建武初朏爲吳興 「建」字各本並脫，按梁書謝朏傳，朏於齊廢帝隆昌元年出爲吳興太守。是年，齊明帝立，改元建武。「武」上明脫「建」字，今補正。

〔一六〕高選友學 「友學」各本作「文學」，今改正。

〔一七〕睦之子弟迎覽 「子」字各本並脫，據梁書及册府元龜六九六補。

〔一八〕乃從東園進 「東園」各本作「東囿」，據通志改。

〔一九〕可贈侍中中衛將軍開府儀同三司 「中衛將軍」各本作「衛將軍」，不疊「中」字，據梁書增。

南史卷二十一

列傳第十一

王弘 子錫 錫弟僧達 曾孫融 弘弟子微 微兄遠 遠子僧祐 僧祐子籍 弘從孫瞻 弘玄孫沖 沖子瑒 瑜

王弘字休元，琅邪臨沂人也。曾祖導，晉丞相。祖洽，中領軍。父珣，司徒。

弘少好學，以清悟知名。弱冠爲會稽王道子驃騎主簿。珣頗好積聚，財物布在人間，及薨，弘悉燔券書，一不收責，其餘舊業，悉委諸弟。時內外多難，在喪者皆不得終其哀，唯弘徵召一無所就。

桓玄剋建業，收道子付廷尉，臣吏莫敢瞻送，弘時尚居喪，獨道側拜辭，攀車涕泣，論者稱焉。

宋武帝召補鎮軍諮議參軍，以功封華容縣五等侯，累遷太尉左長史。從北征，前鋒已

平洛陽，而未遣九錫，弘銜使還都諷朝廷。時劉穆之掌留任，而旨乃從北來，穆之愧懼發病，遂卒。宋國建，爲尚書僕射掌選，領彭城太守。奏彈世子左衞率謝靈運，爲軍人桂興淫其嬖妾，靈運殺興棄屍洪流，御史中丞王准之曾不彈舉。〔一〕武帝答曰：「端右肅正風軌，誠副所期，自今以爲永制。」於是免靈運官。後遷江州刺史，省賦簡役，百姓安之。

永初元年，以佐命功，封華容縣公。三年入朝，進號衞將軍、開府儀同三司。帝因宴集曰：「我布衣，始望不至此。」傅亮之徒並撰辭，欲盛稱功德。弘率爾對曰：「此所謂天命，求之不可得，推之不可去。」時稱其簡舉。

少帝景平二年，徐羡之等謀廢立，召弘入朝。文帝卽位，以定策安社稷，進位司空，封建安郡公，固辭見許。進號車騎大將軍，開府、刺史如故。徐羡之等以廢弒罪，將及誅，弘以非首謀，且弟曇首又爲上所親委。事將發，密使報弘。羡之既誅，遷侍中、司徒、揚州刺史、錄尚書事，給班劍三十人。上西征謝晦，與彭城王義康居守，〔二〕入住中書下省，引隊仗出入，司徒府權置參軍。元嘉五年春，大旱，弘引咎遜位。先是彭城王義康爲荊州刺史，鎮江陵，平陸令河南成粲與弘書，誡以盈滿，兼陳彭城王宜入知朝政，竟陵、衡陽宜出據列藩。弘由是固自陳請。乃降爲衞將軍、開府儀同三司。〔三〕

六年，弘又上表陳彭城王宜入輔，并求解州，義康由是代弘爲司徒，與之分錄。弘又辭

二十四史 中華書局

分錄。弘博練政體，留心庶事，斟酌時宜，每存優允。與八座丞郎疏曰：「同伍犯法，無人士不罪之科，[四]然每至詰謫，輒有請訴。若常垂恩宥，則法廢不行，依事糾責，則物以爲苦。恐宜更爲其制。」時議多不同，弘以爲：

謂之人士，便無庶人之坐；署爲庶人，輒受人士之罰，不其頗歟？謂人士可不受同伍之謫，取罪其奴客，庸何傷邪？[五]無奴客，可令輸贖。有修身閭閻，與羣小實隔，又或無奴僮，爲衆所明者，官長二千石便親臨列上，依事遣判。

又主守偷五疋，常偷四十疋，並加大辟。議者咸以爲重。弘以爲：

小吏無知，臨財易昧。或由疏慢，事蹈重科。宜進主守偷十疋，常偷五十疋死，四十疋降以補兵。至於官長以上，荷蒙榮祿，冒利五疋乃已爲弘，士人至此，何容復加哀矜。且此輩人士可殺不可謫，謂宜奏聞，決之聖旨。

文帝從弘議。弘又上言：「舊制，人年十三半役，十六全役。今四方無事，應存消息。請以十五至十六爲半丁，十七爲全丁。」從之。及弟曇首亡，文帝嗟悼不已，見弘流涕歔欷，弘斂容而已。既而彭城王義康言於帝曰：「曇首既爲家寶，又爲國器，弘情不稱，何也？」帝曰：「賢者意不可度。」其見體亮如此。

九年進位太保，領中書監，餘如故。其年薨。贈太保、中書監，給節，加羽葆、鼓吹，增

班劍爲六十人。諡曰文昭公，配食武帝廟庭。

弘既人望所宗，造次必存禮法。凡動止施爲及書翰儀體，後人皆依放之，謂爲王太保家法。雖歷藩輔，而不營財利，薨亡之後，家無餘業。而輕率少威儀。客有疑其諱者，弘曰：「家諱與蘇子高同。」性褊隘，人有忤意，輒加詈辱。少嘗摴蒱公城子野舍，及後當權，有人就弘求縣。此人嘗以蒱戲得罪，弘詰之曰：「君得錢會戲，何用祿爲。」答曰：「不審公城子野何所在。」弘默然。自領選及當朝總錄，將加榮爵於人者，每先呵責譴辱之，然後施行；若美相盼接語欣歡者，必無所諧。人問其故，答曰：「王爵既加於人，又相撫勞，便成與主分功，此所謂姦以事君者也。若求者絕官叙之分，既無以爲惠，又不微借顏色，卽大成怨府，亦鄙薄所不任。」問者悅伏。子錫嗣。

錫字寡光，[八]位太子左衞率，江夏內史。高自位遇。太尉江夏王義恭當朝，錫箕踞大坐，殆無推敬。卒，子僧亮嗣，齊受禪，降爵爲侯。僧亮弟僧衍，位侍中。弘少子僧達。[九]

僧達幼聰敏，弘爲揚州時，僧達六七歲，遇有通訟者，竊覽其辭，謂爲有理。及大訟者亦進，弘意其小，留左右，僧達爲申理，闇誦不失一句。兄錫質訥乏風采。文帝聞僧達早慧，召見德陽殿，應對閑敏，上甚知之，妻以臨川王義慶女。

少好學，善屬文，爲太子舍人。坐屬疾而於揚列橋觀鬬鴨，爲有司所糾，原不問。性好鷹犬，與閭里少年相馳逐，又躬自屠牛。義慶聞之，令周旋沙門慧觀造而觀之，僧達陳書滿席，與論文義，[一〇]慧觀酬答不暇，深相稱美。訴家貧求郡，文帝欲以爲秦郡。吏部郎庾仲文曰：「王弘子既不宜作秦郡，僧達亦不堪莅人。」乃止。遷太子洗馬，母憂去職。與兄錫不協。錫罷臨海郡還，送故及奉祿百萬以上，僧達一夕令奴輩取無餘。服闋，爲宣城太守。性好游獵，而山郡無事，僧達肆意馳騁，或五日三日方歸，受辭辯訟，多在獵所。人或逢，不識，問府君所在。僧達且曰：「在近。」其後徙義興。

及元凶弒立，孝武發尋陽，沈慶之謂人曰：「王僧達必來赴義。」人問其所以，慶之曰：「虜馬飲江，王出赴難，見其在先帝前，議論開張，執意明決，以此言之，其必至也。」僧達尋至，孝武卽以爲長史。及卽位，爲尚書右僕射。僧達自負才地，一二年間便望宰相。[一一]嘗答詔曰：「亡父亡祖，司徒司空。」其自負若此。

後爲護軍將軍，不得志，乃求徐州，上不許。固陳，乃以爲吳郡太守。時朞歲五遷，彌不得意。吳郭西臺寺多富沙門，僧達求須不稱意，乃遣主簿顧曠率門義劫寺內沙門竺法瑤得數百萬。荆、江反叛，[一二]加僧達置佐領兵。臺符聽置千人，而輒立三十隊，隊八十人。立宅於吳，多役功力，坐免官。後孝武獨召見，慠然了不陳遜，唯張目而視。及出，帝歎曰：

「王僧達非狂如何？乃戴面向天子。」後顏師伯詣之，僧達慨然曰：「大丈夫寧當玉碎，安可以沒沒求活。」師伯不答，逡巡便退。

初，僧達爲太子洗馬在東宮，愛念軍人朱靈寶，及出爲宣城，靈寶已長。僧達詐列死亡，寄宣城左永之籍，注以爲子，改名元序。啓文帝以爲武陵國典衞令，又以補竟陵國典書令，建平國中軍將軍。孝建元年，事發，又加禁錮。表謝言不能因依左右，傾意權貴。上愈怒。僧達族子確少美姿容，僧達與之私欵。確叔父休爲永嘉太守，當將確之郡，僧達欲逼留之，確知其意，避不往。僧達潛於所住屋後作大阬，欲誘確來別，殺埋之。從弟僧虔知其謀，禁呵乃止。御史中丞劉瑀奏請收案，上不許。二年，除太常，意尤不悅。頃之，上表解職，文旨抑揚。侍中何偃以其言不遜，啓付南臺，又坐免官。

先是，何尚之致仕，復膺朝命，於宅設八關齋，大集朝士，自行香，次至僧達曰：「願郎且放鷹犬，勿復游獵。」僧達答曰：「家養一老狗，放無處去，已復還。」尚之失色。大明中，以歸順功，封寧陵縣五等侯，累遷中書令。黃門郎路瓊之，太后兄慶之孫也，宅與僧達門並。嘗盛車服詣僧達，僧達將獵，已改服。瓊之就坐，僧達了不與語，謂曰：「身昔門下騶人路慶之者，是君何親？」遂焚瓊之所坐牀。太后怒，泣涕於帝曰：「我尚在而人陵之，我死後乞食矣。」帝曰：「瓊之年少，無事詣王僧達門，見辱乃其宜耳。僧達貴公子，豈可以此加罪乎？」

太后又謂帝曰：「我終不與王僧達俱生。」先是，南彭城蕃縣人高闍、沙門釋曇標、道方等共相誑惑，自言有鬼神龍鳳之瑞，常聞簫鼓音，與秣陵人藍宏期等謀爲亂，〔二〕又結殿中將軍苗允食等起兵攻宮門。事發，凡黨與死者數十人。僧達屢經犯忤，上以爲終無悛心，〔三〕因高闍事陷之，收付廷尉，於獄賜死。時年三十六。帝亦以爲恨，謂江夏王義恭曰：「王僧達遂不免死，追思太保餘烈，使人慨然。」於是詔太保華容文昭公門爵國姻，一不貶絕。

時有蘇寶者名寶生，本寒門，有文義之美，官至南臺侍御史、江寧令，坐知高闍謀反，不卽聞啓，亦伏誅。

僧達子道琰，徙新安。元徽中，爲廬陵內史，未至郡，卒。子融。

融字元長，少而神明警慧。母臨川太守謝惠宣女，性敦敏，教融書學。博涉有文才，從叔儉謂人曰：「此兒至四十，名位自然及祖。」舉秀才，累遷太子舍人。以父宦不通，弱年便欲紹興家業，啓齊武帝求自試，遷祕書丞。從叔儉初有儀同之授，贈儉詩及書，儉甚奇之，笑謂人曰：「穰侯印詎便可解。」歷丹陽丞、中書郎。

永明末，武帝欲北侵，使毛惠秀畫漢武北伐圖，融因此上疏，開張北侵之議。圖成，上置琅邪城射堂壁上，游幸輒觀焉。九年，芳林園禊宴，使融爲曲水詩序，當時稱之。上以融才

辯，使兼主客，接魏使房景高、宋弁。弁見融年少，問：「主客年幾？」融曰：「五十之年，久踰其半。」景高又云：「在北聞主客曲水詩序勝延年，實願一見。」融乃示之。後日，宋弁於瑤池堂謂融曰：「昔觀相如封禪，以知漢武之德，今覽王生詩序，用見齊主之盛。」融曰：「皇家盛明，豈直比蹤漢武，更慚鄙製，無以遠匹相如。」上以魏所送馬不稱，使融問之曰：「秦西冀北，實多駿驥，而魏之良馬，乃駑不若，將旦旦信誓，有時而爽，駉駉之牧，遂不能嗣？」宋弁曰：「當是不習地土。」融曰：「周穆馬迹徧於天下，若騏騮之性，因地而遷，則造父之策，有時而躓。」弁曰：「王主客何爲勤勤於千里？」融曰：「卿國旣異其優劣，聊復相訪，若千里斯至，聖上當駕鼓車。」弁曰：「向意旣須，必不能駕鼓車也。」融曰：「買死馬之骨，亦以郭隗之故。」弁不能答。

融躁於名利，自恃人地，三十內望爲公輔。初爲司徒法曹，詣王僧祐，因遇沈昭略，未相識。昭略屢顧盼，謂主人曰：「是何年少？」融殊不平，謂曰：「僕出於扶桑，入於湯谷，照耀天下，誰云不知，而卿此問？」昭略云：「不知許事，且食蛤蜊。」融曰：「物以羣分，方以類聚，君長東隅，居然應嗜此族。」其高自標置如此。

及爲中書郎，嘗撫案歎曰：「爲爾寂寂，鄧禹笑人。」行遇朱雀桁開，路人塡塞，乃搥車壁曰：「車中乃可無七尺，車前豈可乏八騶。」

及魏軍動，竟陵王子良於東府募人，板融寧朔將軍、軍主。融文辭捷速，有所造作，援筆可待，子良特相友好。晚節大習騎馬，招集江西傖楚數百人，並有幹用，融特爲謀主。武帝病篤暫絕，子良在殿內，太孫未入，融戎服絳衫，於中書省閤口斷東宮仗不得進，欲矯詔立子良。詔草已立，上重蘇，朝事委西昌侯鸞。梁武謂范雲曰：「左手據天下圖，右手刎其喉，愚夫不爲。主上大漸，國家自有故事，道路籍籍，將有非常之舉，卿聞之乎？」雲不敢答。俄而帝崩，融乃處分以子良兵禁諸門，西昌侯聞，急馳到雲龍門，不得進，乃曰：「有敕召我。」仍排而入，奉太孫登殿，命左右扶出子良，指麾音響如鍾，殿內無不從命。融知不遂，乃釋服還省，歎曰：「公誤我。」

鬱林深怨融，卽位十餘日，收下廷尉獄。使中丞孔珪倚爲奏曰：「融姿性剛險，立身浮競，動迹驚羣，抗言異類。近塞外微塵，苦求將領，遂招納不逞，扇誘荒傖。狡弄威聲，專行權利，反覆脣齒之間，傾動頰舌之內，威福自己，無所忌憚，誹謗朝政，歷毀王公。謂己才流，無所推下，事暴遠近，使融依源據答。」融辭曰：「囚實頑蔽，觸行多愆。但夙忝門素，得奉教君子。爰自總髮，迄將立年，州閭鄉黨，見許愚脊。過蒙大行皇帝獎育之恩，又荷文皇帝識擢之重，司徒公賜預士林，安陸王曲垂盼接，前後陳伐虜之計，亦仰簡先朝。今段犬羊乍擾，令囚草撰符詔。及司徒宣敕招募，同例非一，實以戎事不小，不敢承教。續蒙軍號，

賜使招集，銜敕而行，非敢虛扇。且『張弄威聲』，應有形迹。『專行權利』，又無贓賄。『反覆脣齒之間』，未審悉與誰言？『傾動頰舌之內』，不容都無主此。〔四〕自上甘露頌及銀甕啓、三日詩序、接虜使語辭，竭思稱揚，得非誹謗。囚才分本劣，謬被策用，悚怍之情，夙宵兢惕，自循自省，並愧流言。伏惟明皇臨宇，普天蒙澤，戊寅赦恩，輕重必宥，百日曠期，始蒙旬日，一介罪身，獨嬰憲劾。」融被收，朋友部曲，參問北寺，相繼於道，請救於子良，子良不敢救；西昌侯固爭不得。詔於獄賜死，時年二十七。臨死歎曰：「我若不爲百歲老母，當吐一言。」融意欲指斥帝在東宮時過失也。

先是，太學生會稽魏準，以才學爲融所賞，旣欲奉子良，而準鼓成其事。太學生虞羲、丘國賓竊相謂曰：「竟陵才弱，王中書無斷，敗在眼中矣。」及融誅，召準入舍人省詰問，遂懼而死，舉體皆青，時人以準膽破。融文集行於時。

微字景玄，弘弟光祿大夫孺之子也。少好學，善屬文，工書，兼解音律及醫方卜筮陰陽數術之事。宋文帝賜以名著。初爲始興王友，父憂去職。微素無宦情，服闋，除南平王鑠右軍諮議參軍，仍爲中書侍郎。時兄遠免官歷年，微歎曰：「我兄無事而屏廢，我何得而叨忝踰分？」文帝卽以遠爲光祿勳。

中華書局

微爲文好古，言頗抑揚，袁淑見之，謂爲訴屈。吏部尚書江湛舉微爲吏部郎，微確乎不拔。時論者或云微之見舉，廬江何偃亦參其議。偃慮爲微所咎，與之書自陳。微報書深言塵外之適。其從弟僧綽宣文帝旨使就職，因留之宿。微妙解天文，知當有大故，獨與僧綽仰視，謂曰：「此上不欺人，非智者其孰能免之。」遂辭不就。尋有元凶之變。

微常住門屋一間，尋書玩古，遂足不履地。終日端坐，牀席皆生塵埃，唯當坐處獨淨。弟僧謙亦有才譽，爲太子舍人，遇疾，微躬自處療，而僧謙服藥失度，遂卒。深自咎恨，發病不復自療，哀痛僧謙不能已，以書告靈。僧謙卒後四旬而微終，遺令薄葬，不設輤旐鼓挽之屬，施五尺牀爲靈，二宿便毀，以常所彈琴置牀上，何長史偃來，以琴與之。無子，家人遵之。所著文集傳於世。贈秘書監。

微兄遠字景舒，位光祿勳。時人謂遠如屏風，屈曲從俗，能蔽風露。言能不乖物理也。

遠子僧祐字胤宗，幼聰悟，叔父微撫其首曰：「兒神明意用，當不作率爾人。」雅爲從兄儉所重，〔一四〕每鳴笳列騶到其門候之，僧祐輒稱疾不前。儉曰：「此吾之所望於若人也。」世皆推儉之愛名德，而重僧祐之不趨勢也。

未弱冠，頻經憂，居喪至孝。服闋，髮落略盡，殆不立冠幘。舉秀才，爲驃騎法曹，羸瘠不堪受命。

雅好博古，善老、莊，不尚繁華。工草隸，善鼓琴，亭然獨立，不交當世。沛國劉瓛聞風而悅，上書薦之。爲著作佐郎，遷司空祭酒，謝病不與公卿游。齊高帝謂王儉曰：「卿從可謂朝隱。」答曰：「臣從非敢妄同高人，直是愛閑多病耳。」經贈儉詩云：「汝家在市門，我家在南郭，汝家饒賓侶，我家多鳥雀。」儉時聲高一代，賓客塡門，僧祐不爲之屈，時人嘉之。

稍遷晉安王文學，而陳郡袁利爲友，時人以爲妙選。齊武帝數閱武，僧祐獻講武賦，王儉借觀不與。竟陵王子良聞其工琴，於座取琴進之，不從命。永明末，爲太子中舍人，在直屬疾，不待對人輒去。中丞沈約彈之云：「肆情運氣，不顧朝典，揚眉闊步，直轡高驅。」坐贖論。時何點、王思遠之徒請交，並不降意。自天子至于侯伯，未嘗與一人游。卒於黃門郎。子籍。

籍字文海，仕齊爲餘杭令，〔一五〕政化如神，善於擿伏，自下莫能欺也。性頗不儉，〔一六〕俄然爲百姓所訟。又爲錢唐縣，下車布政，咸謂數十年來未之有也。

籍好學，有才氣，爲詩慕謝靈運。至其合也，殆無愧色。時人咸謂康樂之有王籍，如仲尼之有丘明，老聃之有嚴周。梁天監中，爲輕車湘東王諮議參軍，隨府會稽郡。至若邪溪賦詩云：「蟬噪林逾靜，鳥鳴山更幽。」劉孺見之，擊節不能已已。以公事免。

及爲中散大夫，彌忽忽不樂，乃至徒行市道，不擇交游。有時塗中見相識，輒以笠傘覆面。後爲作唐侯相，〔一七〕小邑寡事，彌不樂，不理縣事。人有訟者，鞭而遣之。未幾而卒。籍又甚工草書，筆勢遒放，蓋孔琳之流亞也。湘東王集其文爲十卷云。

瞻字思範，弘從孫也。祖柳字休季，位光祿大夫、東亭侯。父猷字世倫，位侍中、光祿大夫。瞻年六歲從師，時有伎經門過，同業皆出觀，瞻獨不視，習業如初。從父僧達聞而異之，〔一八〕謂其父猷曰：「大宗不衰，寄之此子。」年十二居父憂，以孝聞。服闋，襲封東亭侯。後頗好逸游，爲閭里患，以輕薄稱。及長，折節修士操，涉獵書記，善碁工射。

歷位驃騎將軍王晏長史。晏誅，出爲晉陵太守。潔己爲政，妻子不免飢寒，時號廉平。王敬則作亂，瞻赴都，敬則經晉陵郡，人多附之。敬則敗，臺軍討賊黨，瞻言愚人易動，不足窮法。齊明帝從之，所全萬數。遷御史中丞。

梁臺建，爲侍中、吏部尚書。性率亮，居選部，所舉多行其意。頗嗜酒，每飲或彌日，而精神朗贍，不廢簿領。梁武每稱瞻有三術：射、棊、酒也。卒，謚康侯。子長玄早卒。

弘四弟：虞、柳、孺、曇首。虞字休仲，位廷尉卿。虞子深字景度，有美名，位新安太守。柳、孺事列于前，曇首別卷。

沖字長深，弘玄孫也。祖僧衍，位侍中。父茂璋字胤光，仕梁位給事黃門侍郎。沖母，梁武帝妹新安公主，卒於齊世。武帝深鍾愛沖，賜爵東安亭侯。累遷侍中，南郡太守。習於法令，政號平理，雖無赫赫之譽，久而見思。曉音樂，習歌儛，善與人交，貴游之中，聲名籍甚。

侯景之亂，元帝承制，沖求解南郡讓王僧辯，并獻女伎十人，以助軍賞。侯景平，授丹陽尹。魏平江陵，敬帝爲太宰承制，以沖爲左長史。紹泰中，累遷左光祿大夫、尚書左僕射、開府儀同三司，給扶。〔一九〕

陳武帝受禪，領太子少傅，加特進、左光祿大夫，領丹陽尹，參撰律令。帝以沖前代舊臣，特申長幼之敬。文帝卽位，益加尊重，嘗從幸司空徐度宅，宴筵之上，賜以几。光大元年薨，年七十六，贈司空，謚曰元簡。

沖有子三十人，並致通官，第十二子瑒。

二十四史

瑒字子瑛，〔二〇〕沈靜有器局，美風儀。梁元帝時，位太子中庶子。陳武帝入輔，以爲司徒左長史。文帝卽位，累遷太子中庶子、散騎常侍、侍中。父沖嘗爲瑒辭領中庶子，文帝顧沖曰：「所以久留瑒於承華，正欲使太子微有瑒風法耳。」宣帝卽位，歷中書令，吏部尚書。瑒性寬和，務清靜，無所抑揚。遷尚書左僕射，加侍中，參選事。

瑒居家篤睦，每歲時饋遺，徧及近親。敦誘諸弟，稟其規訓。卒，贈特進，謚曰光子。

瑒弟瑜字子珪，亦知名。美容儀。年三十，官至侍中。永定元年使齊，以陳郡袁憲爲副。齊以王琳故，囚之。齊文宣每行，載死囚以從，齊人呼曰供御囚。每佗怒，則召殺之。瑜及憲並危殆者數矣，齊僕射楊遵彥每救護之。天嘉二年還朝，復爲侍中。卒，謚曰貞子。

論曰：語云「不有君子，其能國乎」。晉自中原沸騰，介居江左，以一隅之地，抗衡上國，年移三百，蓋有憑焉。其初諺云：「王與馬，共天下。」蓋王氏人倫之盛，實始是矣。及夫休元弟兄，並舉棟梁之任，下逮世嗣，無虧文雅之風。其所以簪纓不替，豈徒然也。僧達猖狂成性，元長躁競不止。闕

校勘記

〔一〕御史中丞王淮之曾不彈舉　「淮之」各本作「淮之」，據册府元龜五一八改。按王淮之宋書有傳。

〔二〕與彭城王義康居守　「義康」各本作「義恭」，據宋書改。

〔三〕乃降爲衞將軍開府儀同三司　「降」各本作「遷」，據宋書改。按宋書、南史宋文帝紀並作「降」。

〔四〕無人士不罪之科　「人士」宋本册府元龜六一五同。宋書及明本册府元龜六一五並作「士人」，下同。

〔五〕謂人士可不受同伍之謫取罪其奴客庸何傷邪　「取」宋書作「耳」，屬上爲句。

〔六〕錫字寡光　張森楷南史校勘記：「毛本、殿本『宣』作『寡』，誤。」按各本俱作「寡」，無作「宣」者，不知張氏所據何本，然「寡光」字亦可疑。

〔七〕弘少子僧達　「弘少子」各本作「僧衍弟」，據宋書改。按宋書王僧達傳亦云「弘少子」；又載其孝建三年解太常職表云「亡兄臣錫」、「兄子僧亮」，則僧達爲錫之弟、僧亮爲錫之子無疑，今訂正。

〔八〕與論文義　「與」各本作「舉」，據宋書改。

〔九〕一二年間便望宰相　「一二」各本作「三」，蓋誤合「一二」二字爲「三」，據宋書改。

〔一〇〕荆江反叛　「荆江」下各本衍「夏」字，據宋書删。李慈銘南史札記：「荆謂荆州刺史義宣，江謂江州刺史臧質。」

〔一一〕與秣陵人藍宏期等謀爲亂　「宏」各本作「宕」，據宋書改。

〔一二〕上以爲終無悛心　「上」字各本並脫，據宋書補。

〔一三〕不容都無主此　「都」、「主」二字，各本並脫，據南齊書補。

〔一四〕雅爲從兄儉所重　南齊書僧祐傳附王秀之傳，謂僧祐爲儉從祖兄。觀下儉到其門候之，則南齊書爲是。

〔一五〕仕齊爲餘杭令　「餘杭」梁書作「餘姚」。按册府元龜七〇五作「餘杭」。

〔一六〕性頗不儉　王懋竑讀書記疑：「儉疑作檢。」按下云「徒行市道，不擇交遊」。亦是不檢之一端。

〔一七〕後爲作唐侯相　梁書作「帶作唐令」。作唐縣屬荆州南平郡，見南齊書州郡志。

〔一八〕從父僧達開而異之　「僧達」各本作「僧遠」。梁書、册府元龜七九八、八一九及通志俱作「僧達」，今據改。

〔一九〕紹泰中累遷左光祿大夫尚書左僕射開府儀同三司給扶　「左光祿」各本無「左」字，據陳書補。

〔二〇〕瑒字子瑛　「子瑛」陳書作「子璵」。

中華書局

南史卷二十二

列傳第十二

王曇首 子僧綽 孫儉 曾孫騫 騫子規 騫弟暕 暕子承 訓 僧綽弟僧虔 僧虔子慈 慈子泰 慈弟志 志弟子筠 志弟彬 寂

王曇首，太保弘之弟也。幼有素尚，兄弟分財，曇首唯取圖書而已。辟琅邪王大司馬屬。從府公修復洛陽園陵，與從弟球俱詣宋武帝，帝曰：「並膏粱世德，乃能屈志戎旅。」曇首答曰：「既從神武之師，〔一〕自使懦夫立志。」時謝晦在坐，曰：「仁者果有勇。」帝悅。及至彭城，大會戲馬臺，賦詩，曇首文先成。帝問弘曰：「卿弟何如卿？」答曰：「若但如下官，門戶何寄？」帝大笑。

曇首有智局，喜愠不見於色，閨門內雍雍如也。手不執金玉，婦女亦不得以爲飾玩。自非祿賜，一毫不受於人。爲文帝鎮西長史，武帝謂文帝曰：「曇首輔相才也，汝可每事諮

之。」及文帝被迎入奉大統，議者皆致疑，曇首與到彥之、從兄華並勸上行，上猶未許。曇首固陳，〔二〕幷言天人符應。上乃下，率府州文武嚴兵自衞，臺所遣百官衆力不得近部伍。中兵參軍朱容子抱刀在平乘戶外，不解帶者累旬。及卽位，謂曇首曰：「非宋昌獨見，無以致此。」以曇首爲侍中，領驍騎將軍，容子爲右軍將軍。誅徐羨之等及平謝晦，皆曇首及華力也。

元嘉四年，車駕出北堂，使三更竟，開廣莫門。南臺云：「應須白獸幡、銀字棨」。〔三〕不肯開。尚書左丞羊玄保奏免御史中丞傅隆以下。〔四〕曇首曰：「既無墨敕，〔五〕又闕幡棨，雖稱上旨，不異單刺。元嘉元年、二年，雖有再開門例，此乃前事之違。今之守舊，未爲非禮。其不請白獸幡、銀字棨，致開門不時，由尚書相承之失，亦合糾正。」上特無問，更立科條。遷太子詹事，侍中如故。

自謝晦平後，上欲封曇首等，會讌集，舉酒勸之，因拊御牀曰：「此坐非卿兄弟，無復今日。」出詔以示之。曇首曰：「豈可因國之災，以爲身幸。陛下雖欲私臣，當如直史何。」封事遂寢。

時弘錄尚書事，又爲揚州刺史。曇首爲上所親委，任兼兩宮。彭城王義康與弘並錄，意常怏怏，又欲得揚州。以曇首居中分其權任，愈不悅。曇首固乞吳郡，文帝曰：「豈有欲建大厦而遺其棟梁？賢兄比屢稱疾，固辭州任，將來若相申許，此處非卿而誰？」時弘久疾，

屢遜位，不許。義康謂賓客曰：「王公久疾不起，神州詎合臥臨？」曇首勸弘減府兵力之半，以配義康，乃悅。

七年卒，時年三十七。文帝臨慟，歎曰：「王詹事所疾不救，國之衰也。」中書舍人周赳侍側曰：「王家欲衰，賢者先殞。」上曰：「直是我家衰耳。」贈光祿大夫。九年，以預誅徐羨之等謀，追封豫寧縣侯，諡曰文。孝武卽位，配饗文帝廟庭。子僧綽嗣。

僧綽幼有大成之度，衆便以國器許之。好學，練悉朝典。年十三，文帝引見，拜便流涕哽咽，上亦悲不自勝。襲封豫寧縣侯，尚文帝長女東陽獻公主。初爲江夏王義恭司徒參軍。累遷尚書吏部郎，參掌大選，究識流品，任舉咸盡其分。

僧綽深沉有局度，不以才能高人。父曇首與王華並被任遇，華子新建侯嗣，才劣位遇亦輕。僧綽嘗謂中書侍郎蔡興宗曰：「弟名位應與新建齊，〔六〕弟超至今日，蓋姻戚所致也。」遷侍中，時年二十九。始興王濬嘗問其年，僧綽自嫌早達，逡巡良久乃答，其謙退若此。

元嘉末，文帝頗以後事爲念，大相付託，朝政大小皆參焉。從兄微，清介士也，懼其太盛，勸令損抑。僧綽乃求吳郡及廣州，並不許。會巫蠱事洩，上先召僧綽具言之。及將廢立，使尋求前朝舊典。劭於東宮夜饗將士，僧綽密以啓聞。上又令撰漢、魏以來廢諸王故

事送與江湛、徐湛之。湛之欲立隨王誕，〔七〕江湛欲立南平王鑠，文帝欲立建平王宏，議久不決。誕妃卽湛之女，鑠妃湛妹也。僧綽曰：「建立之事，仰由聖懷。臣謂惟宜速斷，幾事雖密，〔八〕不可使難生慮表，取笑千載。」上曰：「卿可謂能斷大事，此事不可不殷勤；且庶人始亡，人將謂我無復慈愛之道。」僧綽曰：「恐千載之後，言陛下惟能裁弟，不能裁兒。」上默然。江湛出閤謂僧綽曰：「卿向言將不傷直邪？」僧綽曰：「弟亦恨君不直。」

及劭弒逆，江湛在尚書上省，聞變，曰：「不用王僧綽言至此。」劭立，轉僧綽吏部尚書。及檢文帝巾箱及湛家書疏，得僧綽所啓饗士幷廢諸王事，乃收害焉，因此陷北第諸侯王，以爲與僧綽有異志。孝武卽位，追贈金紫光祿大夫，諡曰愍侯。

初，太社西空地，本吳時丁奉宅，孫晧流徙其家。江左初，爲周顗、蘇峻宅，後爲袁悅宅，又爲章武王司馬秀宅，皆以凶終；及給臧燾，亦頻遇禍，故世稱凶地。僧綽嘗謂宅無吉凶，請以爲第，始造，未及居而敗。子儉。

儉字仲寶，生而僧綽遇害，爲叔父僧虔所養。數歲，襲爵豫寧縣侯。拜受茅土，流涕嗚咽。幼篤學，手不釋卷。賓客或相稱美，僧虔曰：「我不患此兒無名，政恐名太盛耳。」乃手書崔子玉座右銘以貽之。丹陽尹袁粲聞其名，及見之曰：「宰相之門也。栝柏豫章雖小，已

有棟梁氣矣，終當任人家國事。」言之宋明帝，選尚陽羨公主，拜駙馬都尉。帝以儉嫡母武康公主同太初巫蠱事，[九]不可以爲婦姑，欲開冢離葬。儉因人自陳，密以死請，故事不行。

年十八，解褐祕書郎，太子舍人，超遷祕書丞。依七略撰七志四十卷，表獻之。又撰定元徽四部書目。母憂，服闋，爲司徒右長史。晉令，公府長史著朝服，宋大明以來著朱衣。儉上言宜復舊制，時議不許。及蒼梧暴虐，儉告袁粲求外出，引晉新安主婿王獻之任吳興爲例，補義興太守。

昇明二年，爲長兼侍中，以父終此職，固讓。先是，齊高帝爲相，欲引時賢參贊大業，時謝朏爲長史，帝夜召朏，却人與語久之，朏無言。唯有二小兒捉燭，帝慮朏難之，仍取燭遣兒，朏又無言，帝乃呼左右。儉素知帝雄異，後請間言於帝曰：「功高不賞，古來非一，以公今日位地，欲北面居人臣，可乎？」帝正色裁之，而神采內和。儉因又曰：「儉蒙公殊眄，所以吐所難吐，何賜拒之深。宋以景和、元徽之淫虐，非公豈復寧濟；但人情澆薄，不能持久，公若小復推遷，則人望去矣，豈唯大業永淪，七尺豈可得保？」帝笑曰：「卿言不無理。」儉又曰：「公今名位，故是經常宰相，宜禮絕羣后，微示變革。當先令褚公知之，儉請銜命。」帝曰：「我當自往。」經少日，帝自造彥回，款言移晷，乃謂曰：「我夢應得官。」彥回曰：「今授始爾，恐一二年間未容便移。且吉夢未必便在旦夕。」帝還告儉，儉曰：「褚是未達理。」虞整時爲

中書舍人，甚閑辭翰，儉乃自報整，使作詔。及高帝爲太尉，引儉爲右長史，尋轉左，專見任用。大典將行，禮儀詔策，皆出於儉，褚彥回唯爲禪詔[一〇]，又使儉參懷定之。

齊臺建，遷尚書右僕射，領吏部，時年二十八。多所引進。時客有姓譚者，詣儉求官，儉謂曰：「齊桓滅譚，那得有君？」答曰：「譚子奔莒，所以有僕。」儉賞其善據，卒得職焉。高帝嘗從容謂儉曰：「我今日當以青溪爲鴻溝。」對曰：「天應人順，庶無楚、漢之事。」

時朝儀草創，衣服制則，未有定準，儉議曰：「漢景六年，梁王入朝，中郎謁者金貂出入殿門。左思魏都賦云『藹藹列侍，金貂齊光』，此藩國侍臣有貂之明文。晉百官表云『太尉參軍四人，朝服武冠』，此又宰府之明文。」又疑百僚敬齊公之禮，儉又曰：「晉王受命，勸進云，『沖等眷眷』，稱名則應盡禮。」而世子禮秩未定，儉又曰：「春秋曹世子來朝，待以上公之禮，下其君一等。今齊公九命，禮冠列蕃，世子亦宜異數。」並從之。世子鎮石頭城，仍以爲世子宮，儉又曰：「魯有靈光殿，漢之前例也。聽事爲崇光殿，外齋爲宣德殿，以散騎常侍張緒爲世子詹事，車服悉依東宮制度。」

高帝踐阼，與儉議佐命功臣，從容謂曰：「卿謀謨之功，莫與爲二，卿止二千戶，意以爲少。趙充國猶能自舉西零之任，[一一]況卿與我情期異常。」儉曰：「昔宋祖創業，佐命諸公，開國不過二千，以臣比之，唯覺超越。」上笑曰：「張良辭侯，何以過此。」

建元元年，改封南昌縣公。時都下舛雜，且多姦盜，上欲立符伍，家家以相檢括。儉諫曰：「京師翼翼，四方是湊，必也持符，於事既煩，理成不曠，謝安所謂『不爾何以爲京師』。」乃止。是歲，有司奏定郊殷之禮，儉以爲宜以今年十月殷祭宗廟，自此以後，五年再殷祭。二年正月上辛，有事南郊，卽以其日還祭明堂；又用次辛饗祀北郊，而並無配。從之。明年轉左僕射，領選如故。

初，宋明帝紫極殿珠簾綺柱，飾以金玉，江左所未有，高帝欲以其材起宣陽門，儉與褚彥回及叔父僧虔連名表諫，上手詔酬納。宋世，宮門外六門城設竹籬，是年初，有發白虎樽言「白門三重門，竹籬穿不完」。上感其言，改立都牆。儉又諫，上答曰：「吾欲後世無以加也。」朝廷初基，制度草創，儉問無不決。上每曰：「詩云『惟岳降神，生甫及申』，今天爲我生儉也。」其年固請解選，見許。

帝幸樂遊宴集，謂儉曰：「卿好音樂，孰與朕同？」儉曰：「沐浴唐風，事兼比屋，亦旣在齊，不知肉味。」帝稱善。後幸華林宴集，使各効伎藝。褚彥回彈琵琶，王僧虔、柳世隆彈琴，沈文季歌子夜來，張敬兒舞。儉曰：「臣無所解，唯知誦書。」因跪上前誦相如封禪書。上笑曰：「此盛德之事，吾何以堪之。」後上使陸澄誦孝經，起自「仲尼居」，儉曰：「澄所謂博而寡要。臣請誦之。」乃誦君子之事上章。上曰：「善，張子布更覺非奇也。」於是王敬則脫

朝服袒，以絳糾髻，奮臂拍張，叫動左右。上不悅曰：「豈聞三公如此。」答曰：「臣以拍張，故得三公，不可忘拍張。」時以爲名答。

儉尋以本官領太子詹事，加兵三百人。時皇太子妃薨，左衞將軍沈文季經爲宮臣，未詳服不。儉議曰：「漢、魏以來，宮僚先備臣隸之節，具體在三。存旣盡敬，亡豈無服？昔庾翼喪妻，王允、滕含猶謂府吏宜有小君之服，況臣節之重。宜依禮爲舊君之妻齊衰三月而除。」[一二]上崩，遺詔以儉爲侍中、尚書令、鎮軍。每上朝，令史恒有三五十人隨上，諮事辯析，未嘗壅滯。褚彥回時爲司徒、錄尚書，笑謂儉曰：「觀令判斷甚樂。」儉曰：「所以得眉私懷，實由稟明公不言之化。」武帝卽位，給班劍二十人，進號衞將軍，掌選事。時有司以前代嗣位，或仍前郊年，或別爲郊始，晉、宋以來，未有畫一。儉議曰：「晉明帝太寧三年南郊，其年九月崩；[一三]成帝卽位，明年改元，亦郊。簡文咸安二年南郊，[一四]其年七月崩；孝武卽位，明年改元，亦郊。宋元嘉三十年正月南郊，二月崩；孝武嗣位，明年亦郊。此二代明例，差可依放。今聖明係業，幽顯宅心，言化則頻郊非嫌，語事則元號初改，禋燎登配，孝敬兼遂。謂明年正月宜饗祀二郊，虔祭明堂。」[一五]自茲以後，依舊間歲。」有司又以明年正月上辛應南郊，而立春在上辛後，郊在立春前爲疑。儉曰：「宋景平元年正月三日辛丑南郊，其月十一日立春，元嘉十六年正月六日辛未南郊，其月八日立春，此近世明例也。」並從之。

永明二年，領丹陽尹。三年，領國子祭酒，又領太子少傅。舊太子敬二傅同，至是朝議接少傅以賓友禮。宋時國學頹廢，未暇修復，宋明帝泰始六年，置總明觀以集學士，或謂之東觀，置東觀祭酒一人，總明訪舉郎二人；儒、玄、文、史四科，科置學士十人，其餘令史以下各有差。是歲，以國學既立，省總明觀，於儉宅開學士館，以總明四部書充之。又詔儉以家爲府。四年，以本官領吏部。先是宋孝武好文章，天下悉以文采相尚，莫以專經爲業。儉弱年便留意三禮，尤善春秋，發言吐論，造次必於儒教，由是衣冠翕然，並尚經學，儒教於此大興。何承天禮論三百卷，儉抄爲八帙，又別抄條目爲十三卷。朝儀舊典，晉、宋來施行故事，撰次諳憶，無遺漏者。所以當朝理事，斷決如流。每博議引證，先儒罕有其例，八坐丞郎，無能異者。令史諮事，賓客滿席，儉應接銓序，傍無留滯。十日一還，監試諸生，巾卷在庭，劍衞令史，儀容甚盛。作解散幘，斜插簪，朝野慕之，相與放効。儉常謂人曰，「江左風流宰相，惟有謝安」，蓋自況也。武帝深委仗之，士流選用，奏無不可。

五年，儉卽本號開府儀同三司，固讓。六年，重申前命。先是詔儉三日一還朝，尚書令史出外諮事，〔二六〕上以往來煩數，詔儉還尚書下省，月聽十日出外。儉啓求解選，上不許。七年，乃上表固請，見許，改領中書監，參掌選事。其年疾，上親臨視。薨，年三十八。詔衞軍文武及臺所給兵仗，悉停侍葬。又詔追贈太尉，加羽葆、鼓吹，增班劍爲六十人，葬禮依

太宰文簡公褚彥回故事。謚文憲公。

儉寡嗜慾，唯以經國爲務，車服塵素，家無遺財。手筆典裁，爲當時所重。少便有宰臣之志，賦詩云：「稷契匡虞夏，伊呂翼商周。」及生子，字曰玄成，取仍世作相之義。撰古今喪服集記并文集，並行於世。梁武帝受禪，詔爲儉立碑，降爵爲侯。

儉弟遜，宋昇明中爲丹陽丞，告劉彥節事，不蒙封賞。建元初，爲晉陵太守，有怨言。儉慮爲禍，因褚彥回啓聞，中丞陸澄依事舉奏。詔以儉竭誠佐命，特降刑書宥遜，遠徙永嘉郡，於道伏誅。

長子騫嗣。

騫字思寂，本字玄成，與齊高帝偏諱同，故改焉。性凝簡，慕樂廣爲人，未嘗言人之短。諸女子姪皆嬪王尚主，朔望來歸，輜軿塡咽，非所欲也，敕歲中不過一再見。嘗從容謂諸子曰：「吾家本素族，自可依流平進，不須苟求也。」歷黃門郎、司徒右長史。不事產業，有舊墅在鍾山八十餘頃，與諸宅及故舊共佃之。常謂人曰：「我不如鄭公業有田四百頃，而食常不周。」以此爲愧。永元末，召爲侍中，不拜。三年春，枉矢晝見西方，長十餘丈。騫曰：「此除舊布新之象也。」及梁武起兵，騫曰：「天時人事，其在此乎。」梁武霸府建，引爲大司馬諮

議參軍，遷侍中。及帝受禪，降封爲侯。歷位度支尚書，中書令。武帝於鍾山西造大愛敬寺，騫舊墅在寺側者，卽王導賜田也。帝遣主書宣旨，就騫市之，欲以施寺。答云：「此田不賣；若敕取，所不敢言。」酬對又脫略。帝怒，遂付市評田價，以直逼還之。由是忤旨，出爲吳興太守。

騫性侈於味而儉於服，頗以多忌爲累。又惰於接物，雖主書宣敕，或過時不見。才望不及弟暕，特以儉之嫡，故不棄於時。暕爲尚書左丞僕射，當朝用事，騫自中書令爲郡，邑邑不樂，在郡臥不視事。徵復爲度支尚書，加給事中，領射聲校尉。以母憂去職。普通三年卒，年四十九。贈侍中、金紫光祿大夫，謚曰安。子規。

規字威明，八歲丁所生母憂，居喪有至性。齊太尉徐孝嗣每見必爲流涕，稱曰「孝童」。叔父暕亦深器重之，常曰：「此兒吾家千里駒也。」年十二，略通五經大義。及長，遂博涉有口辯。爲本州迎主簿。起家祕書郎，累遷太子洗馬。

天監十二年，改造太極殿畢，規獻新殿賦，其辭甚工。後爲晉安王綱雲麾諮議參軍，久之，爲新安太守。父憂去職，服闋，襲封南昌縣侯。除中書黃門侍郎，敕與陳郡殷芸、琅邪王錫、范陽張緬同侍東宮，〔二七〕俱爲昭明太子所禮。湘東王繹時爲丹陽尹，與朝士宴集，屬

規爲酒令。規從容曰：「江左以來，未有茲舉。」特進蕭琛、金紫光祿大夫傅昭在坐，並謂爲知言。朱异嘗因酒卿規，規責以無禮。

普通初，陳慶之北侵，陷洛陽，百僚稱慶。規退曰：「可吊也，又何賀焉。道家有云：非爲功難，成功難也。昔桓溫得而復失，宋武竟無成功。我孤軍無援，深入寇境，將爲亂階。」俄見覆沒。

六年，武帝於文德殿餞廣州刺史元景隆，詔羣臣賦詩，同用五十韻。規援筆立奏，其文又美，武帝嘉焉，卽日授侍中。後爲晉安王長史。王立爲太子，仍爲散騎常侍、太子中庶子，侍東宮。太子賜以所服貂蟬，幷降令書，悅是舉也。尋爲吳郡太守，主書芮珍宗家在吳，前守宰皆傾意附之。至是珍宗假還，規遇之甚薄，珍宗還都，密奏規不理郡事。俄徵爲左戶尚書。郡境千餘人詣闕請留，表三奏不許。求於郡樹碑，許之。

規常以門宗貴盛，恒思減退。後爲太子中庶子，領步兵校尉，辭疾不拜，遂於鍾山宋熙寺築室居焉。卒，贈光祿大夫，謚曰文。皇太子出臨哭，與湘東王繹令曰：「王威明風韻遒上，神峰標映，千里絕迹，百尺無枝，實俊人也。一爾過隙，永歸長夜，金刀掩芒，長淮絕涸。去歲冬中，已傷劉子，今茲寒孟，復悼王生。俱往之傷，信非虛說。」規集後漢衆家異同，注續漢書二百卷。文集二十卷。

中華書局

子褒，魏剋江陵，入長安。

暕字思晦，騫弟也。年數歲而風神警拔，有成人之度。時父儉作宰相，賓客盈門，見暕曰："「公才公望，復在此矣。」弱冠選尙淮南長公主，拜駙馬都尉，歷祕書丞。齊明帝詔求異士，始安王遙光薦暕及東海王僧孺。除暕驃騎從事中郞，〔一八〕天監中，歷位侍中，吏部尙書，領國子祭酒。門貴，與物隔，不能留心寒素，頗稱刻薄。後爲尙書左僕射，領國子祭酒。卒，謚曰靖。子承、幼、訓，並通顯。〔一九〕

承字安期，初爲祕書郞，累遷中書黃門侍郞，兼國子博士。時膏腴貴遊，咸以文學相尙，罕以經術爲業；唯承獨好儒業。遷長兼侍中，俄轉國子祭酒。承祖儉父暕皆爲此職，三世爲國師，前代未之有。久之，出爲東陽太守。政存寬惠，吏人悅之。卒郡，謚曰章。

承性簡貴，有風格。右衞朱异當朝用事，每休下，車馬塡門。有魏郡申英者，門寒才俊，好危言高論以忤權右。嘗指异門曰："「此中輻湊，皆爲利往，能不至者，唯大小王東陽耳。」小東陽卽承弟幼也。時唯承兄弟及褚翔不至异門，世並稱之。

訓字懷範，生而紫胞，師媼云「法當貴」。幼聰警，有識量，僧正惠超見而奇之，謂門人羅智國曰："「四郞眉目疎朗，舉動和韻，此是興門戶者。」智國以白暕，暕亦曰："「不墜基業，其在文殊。」文殊，訓小字也。年十三，暕亡，憂毀，家人莫識。十六召見文德殿，應對爽徹，上目送久之，〔二〇〕謂朱异曰："「可謂相門有相。」初補國子生，問說師袁昂。昂曰："「久籍高名，有勞虛想，及覩容止，若披雲霧。」俄而諸袁子弟來，昂謂諸助教曰："「我兒出十數，若有一子如此，實無所恨。」射策，除祕書郞，累遷祕書丞。嘗賦詩云："〔二一〕「且爽匡世功，蕭曹佐甿俗。」追祖儉之志也。

後拜侍中，入見武帝。帝問何敬容曰："「褚彥回年幾爲宰相？」敬容曰："「少過三十。」上曰："「今之王訓，無謝彥回。」訓美容儀，善進止，文章爲後進領袖。年二十六，卒，謚溫子。

僧虔，金紫光祿大夫僧綽弟也。父曇首，與兄弟集會子孫，任其戲適。僧達跳下地作彪子。〔二二〕時僧虔累十二博棊，既不墜落，亦不重作。僧綽採蠟燭珠爲鳳皇，僧達奪取打壞，亦復不惜。伯父弘歎曰："「僧達俊爽，當不減人，然亡吾家者，終此子也。僧虔必至公，僧綽當以名義見美。」或云僧虔採燭珠爲鳳皇，弘稱其長者云。僧虔弱冠，雅善隸書，宋文帝見其書素扇，歎曰："「非唯跡逾子敬，方當器雅過之。」爲太子舍人，退默少交接。與袁淑、謝莊善，淑每歎之曰："「卿文情鴻麗，學解深拔，而韜光潛實，物莫之窺，雖魏陽元之射，王汝南之騎，無以加焉。」遷司徒左西屬。

兄僧綽爲宋元凶所害，親賓咸勸之逃，僧虔泣曰："「吾兄奉國以忠貞，撫我以慈愛，今日之事，苦不見及耳。若同歸九泉，猶羽化也。」孝武初，出爲武陵太守，攜諸子姪。兄子儉中塗得病，僧虔爲廢寢食，同行客慰喩之。僧虔曰："「昔馬援處子姪之間，〔二三〕一情不異，鄧攸於弟子，更逾所生，吾實懷其心，誠未異古。亡兄之胤，不宜忽諸，若此兒不救，便當回舟謝職。」還爲中書郞，再遷太子中庶子。

孝武欲擅書名，僧虔不敢顯跡，大明世常用掘筆書，以此見容。後爲御史中丞，領驍騎將軍。甲族由來多不居憲臺，王氏分枝居烏衣者，位宦微減。僧虔爲此官，乃曰："「此是烏衣諸郞坐處，我亦可試爲耳。」泰始中，爲吳興太守。始王獻之善書，爲吳興郡，及僧虔工書，又爲郡，論者稱之。

徙會稽太守。中書舍人阮佃夫家在東，請假歸，客勸僧虔以佃夫要幸，宜加禮接。僧虔曰："「我立身有素，豈能曲意此輩；彼若見惡，當拂衣去耳。」佃夫言於宋明帝，使御史中丞孫敻奏僧虔，坐免官。尋以白衣領侍中。元徽中，爲吏部尙書，尋加散騎常侍，轉右僕射。昇明二年，爲尙書令。嘗爲飛白書題

尙書省壁曰："「圓行方止，物之定質，修之不已則溢，高之不已則慄，馳之不已則躓，引之不已則迭，是故去之宜疾。」當時嗟賞，以比坐右銘。兄子儉每覲見，輒勗以前言往行、忠貞止足之道。

雅好文史，解音律，以朝廷禮樂，多違正典，人間競造新聲。時齊高帝輔政，僧虔上表請正聲樂，高帝乃使侍中蕭惠基調正清商音律。

齊受命，轉侍中、丹陽尹。郡縣獄相承有上湯殺囚，僧虔上言："「湯本救疾，而實行冤暴，若罪必入重，自有正刑，若去惡宜疾，則應先啓，豈有死生大命，而潛制下邑。」上納其言而止。

文惠太子鎭雍州，有盜發古冢者，相傳云是楚王冢，大獲寶物：玉屐、玉屛風、竹簡書、青絲綸。簡廣數分，長二尺，皮節如新。有得十餘簡以示僧虔，云是科斗書考工記，周官所闕文也。

高帝素善書，篤好不已，與僧虔賭書畢，謂曰："「誰爲第一？」對曰："「臣書第一，陛下亦第一。」帝笑曰："「卿可謂善自爲謀。」或云帝問："「我書何如卿？」答曰："「臣正書第一，草書第二；陛下草書第二，而正書第三。臣無第三，陛下無第一。」帝大笑曰："「卿善爲辭，然天下有道，丘不與易也。」帝示僧虔古迹十一卷，就求能書人名。僧虔得人間所有卷中所無者：吳大皇

中華書局

帝、景帝、歸命侯書，桓玄書，及王丞相導、領軍洽、中書令珉、張芝、索靖、衞伯儒、張翼十一卷，奏之。又上羊欣所撰能書人名一卷。遷湘州刺史，侍中如故。清簡不營財產，百姓安之。

武帝即位，以風疾欲陳解，遷侍中、左光祿大夫、開府儀同三司。僧虔少時，羣從並會，客有相之云：「僧虔年位最高，仕當至公，餘人莫及。」及此授，僧虔謂兄子儉曰：「汝任重於朝，行當有八命之禮，我若復此授，一門有二台司，實所畏懼。」乃固辭，上優而許之。客問其故，僧虔曰：「吾榮位已過，無以報國，豈容更受高爵，方貽官謗邪。」儉既爲朝宰，起長梁齋，制度小過，僧虔視之不悅，竟不入戶。儉即日毀之。永明三年薨，時年六十。追贈司空，侍中如故。謚簡穆。

僧虔頗解星文，夜坐見豫章分野當有事故，時僧虔子慈爲豫章內史，慮有公事；少時而僧虔薨，棄郡奔赴。時有前將軍陳天福，坐討唐寓之於錢唐掠奪百姓財物棄市。先是天福將行，令家人豫作壽冢，未至東，又信催速就。冢成而得罪，因以葬焉。又宋世光祿大夫劉鎮之年三十許，病篤，已辦凶具，既而疾愈，因畜棺以爲壽，九十餘乃亡，此器方用。因此而言，天道未易知也。

僧虔論書云：「宋文帝書，自言可比王子敬。時議者云：『天然勝羊欣，功夫少於欣』。王平南廙，右軍叔，過江，右軍之前以爲最。亡曾祖領軍書，[二四]右軍云：『弟書遂不減吾。』變古制今，惟右軍。領軍不爾，至今猶法鍾、張。亡從祖中書令書，子敬云：『弟書如騎騾，駸駸恒欲度驊騮前。』庾征西翼書，少時與右軍齊名，右軍後進，庾猶不分。在荊州與都下人書云：『小兒輩賤家雞，皆學逸少書，須吾下當比之。』張翼，王右軍自書表，晉穆帝令翼寫題後答，右軍當時不別，久後方悟，云『小人幾欲亂眞』。張芝、索靖、韋誕、鍾會、二衞，並得名前代，無以辨其優劣，唯見其筆力驚異耳。張澄當時亦呼有意。郗愔章草亞於右軍。郗嘉賓草亞於二王，緊媚過其父。[二五]桓玄自謂右軍之流，論者以比孔琳之。謝安亦入能書錄，亦自重，爲子敬書嵇康詩。羊欣書見重一時，親受子敬。行書尤善，正乃不稱名。孔琳之書，天然縱放，極有筆力，規矩恐在羊欣後。丘道護與羊欣俱面受子敬，故當在欣後。范曄與蕭思話同師羊欣，後小叛，既失故步，爲復小有意耳。蕭思話書，羊欣之影，風流趨好，殆當不減，筆力恨弱。謝綜書，其舅云緊生起。是得賞也，恨少媚好。謝靈運書乃不倫，遇其合時，亦得入流。賀道力書亞丘道護。庾昕學右軍，[二六]亦欲亂眞矣。」

僧虔嘗自書讓尚書令表，辭制既雅，筆迹又麗，時人以比子敬崇賢。吳郡顧寶先卓越多奇，自以伎能，僧虔乃作飛白以示之。寶先曰：「下官今爲飛白屈矣。」僧虔著書賦，儉爲注序甚工。

僧虔宋世嘗有書誡子曰：

知汝恨吾未許汝學，欲自悔厲，或以闔棺自欺，[二七]或更擇美業，且得有慨，亦慰窮生。但亟聞斯唱，未覩其實，吾未信汝，非徒然也。往年有意於史，取三國志聚置牀頭，百日許，復徙業就玄。汝曾未窺其題目，未辨其指歸，而終日自欺人，[二八]人不受汝欺也。由吾不學，無以爲訓，然重華無嚴父，放勛無令子，亦各由己耳。汝輩竊議，亦當云『阿越不學，何忽自課』？汝見其一耳，不全爾也。設令吾學如馬、鄭，亦復甚勝，復倍不如，今亦必大減，致之有由，從身上來也。汝今壯年，自勤數倍，許勝劣及吾耳。

吾在世雖乏德素，要復推排人間數十許年，[二九]故是一舊物，人或以比數汝耳。即化之後，若自無調度，誰復知汝事者。舍中亦有少負令譽、弱冠越超清級者，于時王家門中，優者龍鳳，劣猶虎豹。失廕之後，豈龍虎之議？況吾不能爲汝廕，政應各自努力耳。或有身經三公，蔑爾無聞，布衣寒素，卿相屈體，[三〇]父子貴賤殊，兄弟聲名異，何也？體盡讀數百卷書耳。吾今悔無所及，欲以前車誡爾後乘也。汝年入立境，方應從宦，兼有室累，何處復得下帷如王郎時邪？各在爾身已切，[三一]豈復關吾邪！鬼唯知愛深松茂栢，寧知子弟毀譽事。因汝有感，故略敍胸懷。

子慈。

慈字伯寶。年八歲，外祖宋太宰江夏王義恭迎之內齋，施寶物恣所取，慈取素琴石硯及孝子圖而已，義恭善之。袁淑見其幼時，撫其背曰：「叔慈內潤也。」

少與從弟儉共書學。謝鳳子超宗嘗候僧虔，仍往東齋詣慈。慈正學書，未即放筆，超宗曰：「卿書何如虔公？」慈曰：「慈書比大人，如雞之比鳳。」超宗狼狽而退。十歲時，與蔡興宗子約入寺禮佛，正遇沙門懺，約戲慈曰：「衆僧今日可謂虔虔。」慈應聲曰：「卿如此，何以興蔡氏之宗。」歷位吳郡太守，大司馬長史，侍中，領步兵校尉，司徒左長史。慈患脚，齊武帝敕王晏：「慈有微疾，不能騎，聽乘車在仗後。」江左以來少例也。

慈妻劉彥節女，子觀尚武帝長女吳縣公主，修婦禮，姑未嘗交荅。江夏王鋒爲南徐州，王妃，慈女也，以慈爲東海太守，行南徐州府州事。[三二]還爲冠軍將軍、廬陵王中軍長史，未拜，永明九年卒。贈太常，謚懿。子泰。

泰字仲通，幼敏悟。年數歲時，祖母集諸孫姪，散棗栗於牀，羣兒競之，泰獨不取。問其故，對曰：「不取自當得賜。」由是中表異之。少好學，手所抄寫二千許卷。及長，通和溫雅，家人不見喜慍之色。姊夫齊江夏王鋒爲齊明帝所害，外生蕭子友並孤弱，[三三]泰資給撫訓，逾於子姪。

梁天監元年爲祕書丞。自齊永元之末，後宮火延燒祕書，圖書散亂殆盡。泰表校定繕寫，武帝從之。歷中書侍郎，掌吏部，仍卽眞。自過江，吏部郎不復典大選，令史以下，小人求競者輻湊前後，少能稱職。泰爲之，不爲貴賤請屬易意，天下稱平。

轉黃門侍郎，每預朝宴，刻燭賦詩，文不加點，帝深賞歎。沈約常曰：「王有養、炬，謝有覽、舉。」養，泰小字，炬，筠小字也。

始革大理，以泰爲廷尉卿，再歷侍中，後爲都官尚書。泰能接人士，故每願其居選官。頃之，爲吏部尚書，衣冠屬望。未及選舉，仍疾，改除散騎常侍、左驍騎將軍，未拜，卒，諡夷。子廓。

志字次道，慈之弟也。九歲，居所生母憂，哀容毀瘠，爲中表所異。弱冠，選尚宋孝武女安固公主，拜駙馬都尉。褚彥回爲司徒，引志爲主簿。謂其父僧虔曰：「朝廷之恩，本爲殊特，所可光榮，在屈賢子。」

累遷宣城內史，清謹有恩惠。郡人張倪、吳慶爭田，經年不決。志到官，父老相謂曰：「王府君有德政，吾鄉里乃有如此爭。」倪、慶因相攜請罪，所訟地遂成閑田。後爲東陽太

守，郡獄有重囚十餘，冬至日，悉遣還家，過節皆反，唯一人失期。志曰：「此自太守事，主者勿憂。」明旦果至，以婦孕。吏人益歎服之。

爲吏部尚書，在選以和理稱。崔慧景平，以例加右軍將軍，封臨汝侯。固讓，改領右衞將軍。及梁武軍至，城內殺東昏，百僚署名送首。志歎曰：「冠雖弊，可加足乎？」因取庭樹葉挼服之，僞悶不署名。梁武覽牋無志署，心嘉之，弗以讓也。霸府開，爲驃騎大將軍長史。梁臺建，位散騎常侍、中書令。

天監初，爲丹陽尹，爲政淸靜。都下有寡婦無子，姑亡舉責以斂，葬既而無以還之。志愍其義，以俸錢償焉。時年饑，每旦爲粥於郡門以賦百姓，衆悉稱惠。常懷止足，謂諸子姪曰：「謝莊在宋孝武時，位止中書令，吾自視豈可過之。」三年，爲散騎常侍、中書令，因多謝病，簡通賓客。九年，還爲散騎常侍、金紫光祿大夫，卒。

志善草隸，[二四]當時以爲楷法。齊游擊將軍徐希秀亦號能書，常謂志爲「書聖」。志家居建康禁中里馬糞巷。父僧虔門風寬恕，志尤惇厚，所歷不以罪咎劾人。門下客嘗盜脫志車幰賣之，志知而不問，待之如初。賓客遊其門者，專蓋其過而稱其善。兄弟子姪皆篤實謙和，時人號馬糞諸王爲長者。普通四年，志改葬，武帝厚賻贈之，諡曰安。有五子：緝、休、諲、操、素。

志弟揖位太中大夫，揖子筠。

筠字元禮，一字德柔，幼而警悟，七歲能屬文。年十六，爲芍藥賦，其辭甚美。及長，清靜好學，與從兄泰齊名。沈約見筠，以爲似外祖袁粲，謂僕射張稷曰：「王郎非唯額類袁公，風韻都欲相似。」稷曰：「袁公見人輒矜嚴，王郎見人必娛笑。唯此一條，不能酷似。」

仕爲尚書殿中郎，王氏過江以來，未有居郎署，或勸不就，筠曰：「陸平原東南之秀，王文度獨步江東。吾得比蹤昔人，何所多恨。」乃欣然就職。

沈約每見筠文咨嗟，嘗謂曰：「昔蔡伯喈見王仲宣，稱曰王公之孫，吾家書籍悉當相與。僕雖不敏，請附斯言。自謝朓諸賢零落，平生意好殆絕，不謂疲暮復逢於君。」約於郊居宅閣齋，請筠爲草木十詠書之壁，皆直寫文辭，不加篇題。約謂人曰：「此詩指物程形，無假題署。」約製郊居賦，搆思積時，猶未都畢，示筠草。筠讀至「雌霓五兮反連蜷」，約撫掌欣抃曰：「僕常恐人呼爲霓五的反。」次至「墜石磓星」及「冰懸埳而帶坻」，筠皆擊節稱贊。約曰：「知音者希，眞賞殆絕，所以相要，政在此數句耳。」筠又嘗爲詩呈約，約卽報書歎詠，以爲後進擅美。筠又能用強韻，每公宴並作，辭必妍靡。約嘗啓上，言晚來名家無先筠者。又於御筵謂王志曰：「賢弟子文章之美，可謂後來獨步。謝朓常見語云，『好詩圓美流轉如彈丸』。

近見其數首，方知此言爲實。」

累遷太子洗馬，中舍人，並掌東宮管記。昭明太子愛文學士，常與筠及劉孝綽、陸倕、到洽、殷鈞等遊宴玄圃，太子獨執筠袖，撫孝綽肩曰：「所謂左把浮丘袖，右拍洪崖肩。」其見重如此。筠又與殷鈞以方雅見禮。後爲中書郎，奉敕製開善寺寶誌法師碑文，辭甚麗逸。又敕撰中書表奏三十卷，及所上賦頌都爲一集。

後爲太子家令，復掌管記。普通元年，以母憂去職。筠有孝性，毀瘠過禮。中大通二年，[二五]爲司徒左長史。三年，昭明太子薨，敕製哀策文，復見嗟賞。尋出爲臨海太守，在郡侵刻，還資有芒屩兩舫，他物稱是。爲有司奏，不調累年。後歷祕書監，太府卿，度支尚書，司徒左長史。及簡文卽位，爲太子詹事。

筠家累千金，性儉嗇，外服粗弊，所乘牛嘗飼以青草。及遇亂，舊宅先爲賊焚，乃寓居國子祭酒蕭子雲宅。夜忽有盜攻，懼墜井，卒，時年六十九。家人十三口同遇害，人棄尸積於空井中。

筠狀貌寢小，長不滿六尺。性弘厚，不以藝能高人。而少擅才名，與劉孝綽見重當時。其自序云：「余少好抄書，老而彌篤，雖偶見瞥觀，[二六]皆卽疏記。後重省覽，歡興彌深。習與性成，不覺筆倦。自年十三四，建武二年乙亥，至梁大同六年，四十六載矣。[二七]幼年讀五

公主，諱榮男。常倮偃縛諸庭樹，時天夜雪，噤凍久之。偃兄恢排閤詬主，乃免。

偃謙虛恭謹，不以世事關懷，位右光祿大夫，贈開府儀同三司，謚恭公。

長子藻，位東陽太守，尚文帝第六女臨川長公主，諱英媛。公主性妬，而藻別愛左右人吳崇祖。景和中，主讒之於廢帝，藻下獄死，主與王氏離婚。宋世諸主莫不嚴妬，明帝每疾之。湖熟令袁慆妻以妬賜死，使近臣虞通之撰妬婦記。左光祿大夫江湛孫斅當尚孝武帝女，上乃使人爲斅作表讓婚曰：

伏承詔旨，當以臨汝公主降嬪，〔二〕榮出望表，恩加典外。顧審輶蔽，伏用憂惶。臣寒門悴族，人凡質陋，閭閻有對，本隔天姻。如臣素流，家貧業寡，年近將冠，皆已有室。荆釵布裙，足得成禮。每不自解，無偶迄茲，媒訪莫尋，素族弗問。自惟門慶，屬降公主，〔三〕天恩所覃，庸及醜末。懷憂抱惕，慮不獲免，徽命所當，果膺茲舉。雖門泰宗榮，於臣非倖，仰緣聖貸，冒陳愚實。

自晉氏以來，配尚王姬者，雖累經美胄，亟有名才。至如王敦懾氣，桓溫斂威，眞長佯愚以求免，子敬灸足以違禍，王偃無仲都之質，而倮雪於北階，何瑀闕龍工之姿，而投軀於深井，謝莊殆自害於矇叟，殷沖幾不免於强鉏。彼數人者，非無才意，而勢屈於

崇貴，事隔於聞覽，吞悲茹氣，無所逃訴。制勒甚於僕隸，防閑過於婢妾，往來出入，人理之常，當待賓客，〔四〕朋從之義，而令掃轍息駕，無闚門之期，廢筵抽席，絕接對之理。非唯交友離異，乃亦兄弟疏闊。第令受酒肉之賜，制以動靜，監子待錢帛之私，節其言笑。姆嬭爭媚，相勸以嚴，尼媼競前，相諂以急。第令必凡庸下才，監子皆葭萌愚豎。議舉止則未閑是非，聽言語則謬於虛實。姆嬭敢恃耆舊，唯贊妬忌，尼媼自唱多知，務檢口舌。其間又有應答問訊，卜筮師母，乃至殘餘飲食，詰辯與誰，衣被故弊，必責頭領。又出入之宜，繁省難衷，或進不獲前，或入不聽出。不入則嫌於欲疏，求出則疑有別意。召必以三晡爲期，遣必以日出爲限。夕不見晚魄，朝不識曙星。至於夜步月而弄琴，晝拱袂而披卷，一生之內，與此長乖。又聲影裁聞，則少婢奔迸，裾袂向席，則醜老叢來。左右整刷，以疑寵見嫌，賓客未冠，以少容致斥。禮有列媵，象有貫魚，本無嫚嫡之嫌，豈有輕婦之誚？今義絕傍私，虔恭正匹，而每事必言無儀適，設辭輒云輕易我。又竊聞諸主聚集，唯論夫族，緩不足爲急者法，急則可爲緩者師。更相扇誘，本其恒意，不可貸借，固實常辭。或云野敗去，或云人笑我。雖曰家事，有甚王憲，發口所言，恒同科律。王藻雖復强佷，頗經學涉，戲笑之事，遂爲冤魂。褚曖憂憤，用致夭絕。傷理害義，難以具聞。夫螽斯之德，實致克昌，專妬之行，有妨繁衍。是以尚主之門，往往絕嗣，駙馬之身，通離釁咎。以臣凡弱，何以克堪。必將毀族淪門，豈伊身眚？〔五〕前後嬰此，其人雖衆，然皆患彰遐邇，事隔天朝，故吞言咽理，無敢論訴。

臣幸屬聖明，矜照由道，弘物以典，處親以公，臣之鄙懷，可得自盡。如臣門分，世荷殊榮，足守前基，便預提拂。清官顯位，或由才升，一叨婚戚，咸成恩假。是以仰冒非宜，披露丹實，非唯止陳一己，規全身願，實乃廣申諸門受患之切。伏願天慈照察，特賜蠲停，使燕雀微羣，得保叢蔚，蠢物憐生，自己彌篤。若恩詔難降，披請不申，便當刊膺剪髮，投山竄海。

帝以此表遍示諸主以諷切之，幷爲戲笑。元徽中，臨川主表求還身王族，守養弱嗣，許之。

藻弟懋字昌業，光祿大夫，封南鄉侯。懋子瑩。

瑩字奉光，還尚宋臨淮公主，拜駙馬都尉。累遷義興太守，代謝超宗。超宗去郡，與瑩交惡，〔六〕還都就懋求書屬瑩求一吏，曰：「丈人一旨，如湯澆雪耳。」及至，瑩答旨以公吏不可。超宗往懋處，對諸賓謂懋曰：「湯定不可澆雪。」懋面洞赤，唯大恥愧。懋後往超宗處，設精白鮑、美鮓、麞肶。懋問那得佳味，超宗詭言義興始見餉，陽驚曰：「丈人豈應不得邪？」懋大忿，言於朝廷，稱瑩供養不足，坐失郡，廢棄久之。

後歷侍中、東陽太守。以居郡有惠政，遷吳興太守。齊明帝勤憂庶政，瑩頻處二郡，皆有能名。還爲中領軍隨王長史。意不平，改爲太子詹事、中領軍。

永元初，政由羣小，瑩守職而已，不能有所是非。及尚書令徐孝嗣誅，瑩頗綜朝政，啓取孝嗣所居宅，及取孝嗣封名枝江縣侯以爲己封。從弟亮謂曰：「此非盛德也。」瑩怒曰：「我昔從東度爲吳興，東身登岸，徐時爲宰相，不能見知，相用爲領軍長史。今住其宅，差無多慚。」時人咸謂失德。亮既當朝，於瑩素雖不善，時欲引與同事。遷尚書左僕射，未拜，會護軍崔慧景自京口奉江夏王內向，瑩拒慧景於湖頭。衆敗，瑩赴水，乘舫入樂遊，因得還臺城。慧景敗，瑩還居領軍府。梁武兵至，復假節、都督宮城諸軍事。建康平，瑩乃以宅還徐氏。

初爲武帝相國左長史，及踐阼，封建城縣公，累遷尚書令。瑩性淸愼，帝深善之。時有猛獸入郭，〔七〕上意不悅，以問羣臣，羣臣莫對。瑩在御筵，乃斂板答曰：「昔擊石拊石，百獸率舞。陛下膺籙御圖，虎象來格。」帝大悅，衆咸服焉。

十五年，位左光祿大夫、開府儀同三司、丹陽尹。既爲公，須開黃閤。宅前促，欲買南鄰朱侃半宅。侃懼見侵，貨得錢百萬，瑩乃回閤向東。時人爲之語曰：「欲向南，錢可貪；遂向東，爲黃銅。」及將拜，印工鑄印，六鑄而龜六毀。及成，頭空不實，補而用之。居職六日

中華書局

暴疾薨，謚曰靜恭。

少子實嗣。起家祕書郎，尚梁武帝女安吉公主，襲爵建城縣公，爲新安太守。實從兄來郡，就求告。實與銅錢五十萬，不聽於郡及道散用。從兄密於郡市貨，還都求利。及去郡數十里，實乃知，命追之。呼從兄上岸盤頭，令卒與杖，搏頰乞原，劣得免。後爲南康嗣王湘州長史、長沙郡。王三日出禊，實衣冠傾崎，王性方嚴，見之意殊惡。實稱主名謂王曰：「蕭玉誌念實，殿下何見憎？」王驚赧即起。後密啓之，因此廢錮。

亮字奉叔，瑩從父弟也。父攸字昌達，仕宋位太宰中郎，贈給事黄門侍郎。亮以名家子，宋末選尚公主，拜駙馬都尉。歷任祕書丞。齊竟陵王子良開西邸，延才俊，以爲士林館，〔八〕使工圖其像，亮亦預焉。

累遷晉陵太守，在職清公，有美政。時有晉陵令沈巑之性粗疏，好犯亮諱，亮不堪，遂啓代之。巑之怏怏，乃造坐云：「下官以犯諱被代，未知明府諱。若爲攸字，當作無骹尊傍犬？爲犬傍無骹尊？若是有心攸？無心攸？乞告示。」〔九〕亮不履下牀跣而走，巑之撫掌大笑而去。

建武末，累遷吏部尚書。時右僕射江祏管朝政，多所進拔，爲士所歸。亮自以身居選

部，每持異議。始亮未爲吏部郎時，以祏帝之內弟，故深友祏。祏爲之延譽，益爲帝所器重。至是與祏情好攜薄，祏昵之如初。及祏遇誅，羣小放命，凡所除拜，悉由內寵，亮弗能止。外若詳審，內無明鑒，所選用，拘資次而已，當時不謂爲能。後爲尚書左僕射。及東昏肆虐，亮取容以免。

梁武帝至新林，內外百僚皆道迎，其不能拔者亦間路送誠款，亮獨不遣。及東昏遇殺，張稷仍集亮等於太極殿前西鍾下坐，議欲立齊湘東嗣王寶晊。領軍瑩曰：「城閉已久，人情離解，征東在近，何不諮問？」張稷又曰：「桀有昏德，鼎遷于殷。今實微子去殷、項伯歸漢之日。」亮默然。朝士相次下牀，乃遣國子博士范雲齎東昏首送石頭，推亮爲首。

城平，朝士畢至，亮獨後，裙履見武帝。帝謂曰：「顛而不扶，安用彼相？」亮曰：「若其可扶，明公豈有今日之舉。」因泣而去。霸府開，以爲大司馬長史。梁臺建，授侍中、尚書令，固讓，乃爲侍中、中書監，兼尚書令。及受禪，遷侍中、尚書令、中軍將軍，封豫寧縣公。

天監二年，轉左光祿大夫。元日朝會，亮辭疾不登殿，設饌別省，語笑自若。數日，詔公卿問訊，亮無病色。御史中丞樂藹奏亮大不敬，論棄市。詔削爵，廢爲庶人。

四年，帝宴華光殿，求讜言。尚書左丞范縝起曰：「司徒謝朏本有虛名，陛下擢之如此，前尚書令王亮頗有政體，陛下棄之如彼。愚臣所不知。」帝變色曰：「卿可更餘言。」縝固執不已，帝不悅。御史中丞任昉因奏縝妄陳褒貶，請免縝官。詔可。亮因屏居閉掃，不通賓客。遭母憂，居喪盡禮。後爲中書監，加散騎常侍。卒，謚煬子。

王華字子陵，誕從祖弟也。祖薈，衞將軍、會稽內史。父廞，司徒右長史。晉安帝隆安初，王恭起兵討王國寶，時廞丁母憂在家。恭檄令起兵，廞即聚衆應之，以女爲貞烈將軍，以女人爲官屬。及國寶死，恭檄廞罷兵。廞起兵之際，多所誅戮，至是不復得已，因舉兵以討恭爲名。恭遣劉牢之擊廞，廞敗走，不知所在。長子泰爲恭所殺。華時年十三在軍中，與廞相失，隨沙門釋曇冰逃，使提衣襆從後，津邏咸疑焉。華行遲，曇冰罵曰：「奴子怠懈，行不及我。」以杖捶華數十，衆乃不疑，由此得免。遇赦還吳，以父存沒不測，布衣蔬食，不交游者十餘年。

宋武帝欲收其才用，乃發廞喪，使華制服。服闋，武帝北伐長安，領鎮西將軍、北徐州刺史，辟華爲州主簿。後爲別駕，歷職著稱。文帝鎮江陵，爲西中郎主簿、諮議參軍。文帝未親政事，悉委司馬張邵。華性尚物，不欲人在己前。邵性豪，每行來常引夾轂。華出入乘牽車，從者不過兩三人以矯之。嘗相逢，華陽若不知是邵，謂左右曰：「此鹵簿甚盛，必是

殿下。」乃下牽車立於道側，及邵至乃驚。邵白服登城，爲華所糾，邵坐被徵，華代爲司馬。

文帝將入奉大統，以少帝見害，不敢下。華曰：「先帝有大功於天下，四海所服。雖嗣主不綱，人望未改。徐羨之中才寒士，傅亮布衣諸生，非有晉宣帝、王大將軍之心明矣。畏廬陵嚴斷，將來必不自容。殿下寬叡慈仁，天下所知，〔一〇〕且越次奉迎，冀以見德，悠悠之論，殆必不然。羨之、亮、晦又要檀道濟、王弘五人同功，孰肯相讓，勢必不行。今日就徵，萬無所慮。」帝從之，曰：「卿復欲爲吾之宋昌矣。」乃留華總後任。

上即位，以華爲侍中、右衞將軍。先是，會稽孔甯子爲文帝鎮西諮議參軍，以文義見賞，至是爲黄門侍郎，領步兵校尉。甯子先爲何無忌安成國侍郎，還東修宅，令門可容高蓋，鄰里笑之。甯子曰：「大丈夫何常之有。」甯子與華並有富貴之願，自羨之等執權，日夜搆之於文帝。甯子嘗東歸至金昌亭，左右欲泊船，甯子命去之，曰：「此殺君亭，不可泊也。」華每閑居諷詠，常誦王粲登樓賦曰：「冀王道之一平，假高衢而騁力。」出入逢羨之等，每切齒憤吒，歎曰：「當見太平時否？」元嘉二年，甯子卒。三年，誅羨之等。華遷護軍將軍，侍中如故。宋世唯華與南陽劉湛不爲飾讓，得官即拜，以此爲常。

華以情事異人，未嘗預宴集。終身不飲酒，有宴不之詣。若有論事者，乘車造門，主人出車就之。及王弘輔政，而弘弟曇首爲文帝所任，與華相埒。華常謂己力用不盡，每歎曰：

「宰相頓有數人，天下何由得安？」四年卒，年四十三。九年，以誅羡之功，追封新建縣侯，諡曰宣。孝武即位，配享文帝廟庭。

子定侯嗣，卒。〔二〕子長嗣，坐罵母奪爵，以長弟佟紹封。齊受禪，國除。

琨，華從父弟也。父懌不辨菽麥，時以爲殷道矜之流。人無肯與婚，家以獠婢恭心侍之，遂生琨。初名崐崘，懌後娶南陽樂玄女，無子，故即以琨爲名，立以爲嗣。

琨少謹篤，爲從伯司徒謐所愛。宋武帝初爲桓脩參軍，脩待帝厚。後帝以事計圖脩，猶懷昔顧，使王華訪素門，嫁其二女。華爲琨娶大女，以小女適潁川庾敬度，亦是舊族。除琨郎中、駙馬都尉、奉朝請。

先是，琨伯父廞得罪晉世，諸子並從誅，唯華得免。華宋世貴盛，以門衰，提攜琨，恩若同生，爲之延譽。歷位宣城、義熙太守，皆以廉約稱。華終，又託之宋文帝，故琨屢居清顯。孝建中，爲吏部郎。吏曹選局，貴要多所屬請，琨自公卿下至士大夫，例爲用兩門生。江夏王義恭嘗屬琨用二人，後復屬，琨答不許。

出爲平越中郎將、廣州刺史，加都督。南土沃實，在任者常致巨富。世云廣州刺史但經城門一過，便得三千萬。琨無所取納，表獻祿俸之半。鎮舊有鼓吹，又啓輸還。及罷任，

孝武知其清，問還資多少？琨曰：「臣買宅百三十萬，餘物稱之。」帝悅其對。後爲歷陽內史。上以琨忠實，徙爲寵子新安王北中郎長史。再歷度支尚書，加光祿大夫。

初，琨從兄華孫長襲華爵新建縣侯，嗜酒多愆失，琨表以長將傾基緒，請以長小弟佟嗣焉。琨後出爲吳郡太守，遷中領軍，坐在郡用朝舍錢三十六萬，營餉二宮諸王及作絳襖奉獻軍用，左遷光祿大夫。尋加太常及金紫，加散騎常侍。廷尉虞龢議社稷各一神，〔三〕琨案舊糾駁，不爲屈。時龢見寵，朝廷歎琨强正。

明帝臨崩，出爲會稽太守，加都督，坐誤竟囚，降爲冠軍。順帝即位，進右光祿大夫。順帝遜位，百僚陪列，琨攀畫輪獺尾慟泣曰：「人以壽爲歡，老臣以壽爲戚。既不能先驅螻蟻，頻見此事。」嗚噎不自勝，百官人人雨淚。

齊高帝即位，領武陵王師，加侍中。時王儉爲宰相，屬琨用東海郡迎吏，琨使謂曰：「語郎，三臺五省，皆是郎用人，外方小郡，當乞寒賤，省官何容復奪之。」遂不過其事。尋解王師。及高帝崩，琨聞國諱，牛不在宅，去臺數里，遂步行入宮。朝士皆謂曰：「故宜待車，有損國望。」琨曰：「今日奔赴，皆自應爾。」遂得病卒，贈左光祿大夫，年八十四。

琨謙恭謹慎，老而不渝，朝會必早起，簡閱衣裳，料數冠幘，如此數四，或爲輕薄所笑。大明中，尚書僕射顏師伯豪貴，下省設女樂，琨時爲度支尚書，要琨同聽，傳酒行炙，皆悉內妓。琨以男女無親授，傳行每至，令置牀上，回面避之然後取，畢又如此，坐上莫不撫手嗤笑，琨容色自若。師伯後爲設樂邀琨，琨不往。中領軍劉勔，晚節有栖退志，表求東陽郡，尚書令袁粲以下莫不贊美之。琨曰：「永初、景平，唯謝晦、殷景仁爲中領軍，元嘉有到彥之，爲人望才譽，勔不及也。近聞加侍中，已爲怏怏，便求東陽，臣恐子房赤松未易輕擬。」〔二〕其鯁直如此。而儉於財用，設酒不過兩盤，輒云「此酒難遇」。鹽豉薑蒜之屬，並挂屏風，酒槃悉置牀下，內外有求，琨手自賦之。景和中，討義陽王昶，六軍戒嚴，應須紫檞，左右欲營辦，琨曰：「元嘉初征謝晦，有紫檞在匣中，不須更作。」檢取果得焉。而避諱過甚，父名懌，母名恭心，並不得犯焉，時咸謂矯枉過正。

王惠字令明，誕從祖弟也。祖劭，車騎將軍。父默，左光祿大夫。

惠幼而夷簡，爲叔父司徒謐所知。恬靜不交遊，未嘗有雜事。陳郡謝瞻才辯有風氣，嘗與兄弟羣從造惠，談論鋒起，文史間發，惠時相訓應，言清理遠，瞻等慚而退。宋武帝聞其名，以問其從兄誕，誕曰：「惠後來秀令，鄙宗之美也。」即以爲行參軍，累遷世子中軍長史。

時會稽內史劉懷敬之郡，送者傾都，惠亦造別。還過從弟球，球問：「向何所見？」惠言：「唯覺逢人耳。」素不與謝靈運相識，嘗得交言，靈運辯博，辭義鋒起，惠時然後言。時荀伯子在坐，退而告人曰：「靈運固自蕭散直上，王郎有如萬頃陂焉。」嘗臨曲水，風雨暴至，坐者皆馳散。惠徐起，不異常日，不以霑濡而改。

宋國初建，當置郎中令，武帝難其人，謂傅亮曰：「今用郎中令，不可減袁曜卿。」既而曰：「吾得其人矣，曜卿不得獨擅其奇。」乃以惠居之。

宋少帝即位，以蔡廓爲吏部尚書，不肯拜，乃以惠代焉。惠被召即拜，未嘗接客。人有與書求官，得輒聚閣上，及去職，印封如初。時以廓不拜惠即拜，事異而意同也。兄鑒頗好聚斂，惠意不同，謂曰：「何用田爲？」鑒怒曰：「無田何由得食。」惠又曰：「何用食爲？」其標寄如此。卒，贈太常，無子。

球字蒨玉，司徒謐之子，惠從父弟也，少與惠齊名。宋武帝受命，爲太子中舍人，宜都王友，轉諮議參軍。文帝即位，王弘兄弟貴動朝廷，球終日端拱，未嘗相往來，弘亦雅敬之。歷位侍中，中書令，吏部尚書。時中書舍人徐爰有寵於上，上嘗命球及殷景仁與之相知。球辭曰：「士庶區別，國之章也。臣不敢奉詔。」上改容謝焉。

中華書局

球簡貴勢，不交游，〔一四〕筵席虛靜，門無異客。曇首常云：「脩玉亦是玉巵無當耳。」既而尚書僕射殷景仁、領軍將軍劉湛並執重權，傾動內外，球雖通家姻戚，未嘗往來。居選職，接客甚稀，不視求官書疏，而銓衡有序。遷光祿大夫，領廬陵王師。

時大將軍彭城王義康專以政事爲本，刀筆幹練者多被意遇。謂劉湛曰：「王敬弘、王球之屬，竟何所堪施？爲自富貴，復那可解。」球兄子履深結劉湛，委誠義康與劉斌等。球每訓厲，不納。自大將軍從事中郎轉太子中庶子，流涕訴義康不願違離，故復爲從事中郎。文帝甚銜之。及誅湛之夕，履徒跣告球。球命爲取履，先溫酒與之，謂曰：「常日謂汝何？」履怖不得答。球徐曰：「阿父在，汝何憂。」命左右扶郎還齋，上亦以球故，履免死廢於家。〔一五〕

殷景仁卒，球除尚書僕射，王師如故。素有脚疾，多病還家，朝直至少。錄尚書江夏王義恭謂尚書何尚之曰：「當今乏才，羣下宜加勠力，而王球放恣如此，宜以法糾之。」尚之曰：「球有素尚，加又多疾，公應以淡退求之，未可以文案責也。」義恭又面啓文帝曰：「王球誠有素譽，頗以物外自許。端任要切，或非所長。」帝曰：「誠知如此，要是時望所歸。昔周伯仁終日飲酒而居此任，蓋所以崇素德也。」遂見優容。後以白衣領職。十八年，卒，時年四十九。贈特進、金紫光祿大夫。無子，從孫奐爲後。

王彧字景文，球從子也。祖穆字伯遠，司徒謐之長兄，位臨海太守。父僧朗，仕宋位尚書右僕射，明帝初，以后父加特進，贈開府儀同三司，謚元公。彧名與明帝諱同，故以字行。伯父智少簡貴，有高名，宋武帝甚重之。常言「見王智使人思仲祖」。武帝與劉穆之討劉毅而智在焉，他日，穆之白武帝曰：「伐國重事，公言何乃使王智知。」武帝笑曰：「此人高簡，豈聞此輩論議。」其見知如此。爲宋國五兵尚書，封建陵縣五等子，追贈太常。

智無子，故父僧朗以景文繼智。幼爲從叔球所知憐。美風姿，爲一時推謝。袁粲見之歎曰：「景文非但風流可悅，乃哺歠亦復可觀。」有一客少時及見謝混，答曰：「景文方謝叔源，則爲野父矣。」粲惆悵良久，曰：「恨眼中不見此人。」

景文好言理，少與陳郡謝莊齊名。文帝嘗與羣臣臨天泉池，〔一六〕帝垂綸良久不獲。景文越席曰：「臣以爲垂綸者清，故不獲貪餌。」衆皆稱善。文帝甚相欽重，故爲明帝娶景文妹而以景文之名名明帝。武帝第五女新安公主先適太原王景深，離絕，當以適景文，景文固辭以疾，故不成婚。襲爵建陵子。元凶以爲黃門侍郎，未及就，孝武入討，景文遣間使歸款。以父在都下，不獲致身，事平，頗見嫌責。猶以舊恩，累遷司徒左長史。

上以散騎常侍舊與侍中俱掌獻替，欲高其選，以景文及會稽孔覬俱南北之望以補之。

尋復爲司徒左長史。以姊墓開不臨赴，免官。後拜侍中、領射聲校尉、左衞將軍，加給事中、太子中庶子。坐與奉朝請毛法因蒱戲得錢百二十萬，白衣領職。

景和元年，爲尚書右僕射。明帝即位，加領左衞將軍，尋加丹陽尹。遭父憂，起爲尚書左僕射、丹陽尹，固辭僕射。出爲江州刺史，加都督，服闋乃受詔。封江安縣侯，固讓不許。後徵爲尚書左僕射、領吏部、揚州刺史，加太子詹事。不願還朝，求爲湘州，不許。時又謂景文在江州不能潔己，景文與上幸臣王道隆書，深自申理。

景文屢辭內授，上手詔譬之曰：「尚書左僕射，卿已經此任，東宮詹事用人雖美，職次政可比中書令耳。庶姓作揚州，徐干木、王休元、殷鐵並處之不辭，卿清令才望，何愧休元，毗贊中興，豈謝干木，綢繆相與，何後殷鐵邪？司徒以宰相不應帶神州，遠遵先旨，京口鄉基義重，密邇畿內，又不得不用驃騎。〔一七〕陝西任要，由來用宗室，驃騎既去，巴陵理應居之，中流雖曰閑地，控帶三江，〔一八〕通接荆、郢，經塗之要，由來有重鎮。如此，則揚州自成闕刺史。卿若有辭，便不知誰應處之。此選大備與公卿疇懷，非聊爾也。」固辭詹事、領選，徙爲中書令，常侍、僕射、揚州如故。又進中書監，領太子太傅，常侍、揚州如故。景文固辭太傅，上遣新除尚書右僕射褚彥回宣旨，不得已乃受拜。

時太子及諸皇子並小，上稍爲身後計，〔一九〕諸將帥吳喜、壽寂之之徒，慮其不能奉幼主，

並殺之。而景文外戚貴盛，張永累經軍旅，又疑其將來難信，乃自爲謠言曰：「一士不可親，弓長射殺人。」一士王字，指景文，弓長張字，指張永。景文彌懼，乃自陳求解揚州。詔答曰：

人居貴要，但問心若爲耳。大明之世，巢、徐二戴位不過執戟，權亢人主；顏師伯白衣僕射，橫行尚書中。袁粲作僕射領選，而人往往不知有粲。粲遷爲令，居之不疑。今既省錄，令便居昔之錄任，〔二〇〕置省事及幹僮，並依錄格。粲作令來亦不異爲僕射，人情向粲，淡然亦復不改常。以此居貴位要任，當有致憂兢不？卿今雖作揚州、太子太傅，位雖貴而不關朝政，可安不懼，差於粲也。卿虛心受榮，有而不爲累。貴高有危殆之懼，卑賤有溝壑之憂，張單雙災，木雁兩失。有心於避禍，不如無心於任運。夫千仞之木，既摧於斧斤，一寸之草，亦悴於踐蹋。高崖之修幹，與深谷之淺條，存亡之要，巨細一揆耳。晉將畢萬七戰皆獲，死於牖下，〔二一〕蜀相費禕從容坐談，斃於刺客。故甘心於履危，未必逢禍，縱意於處安，不必全福。但貴者自惜，故每憂其身，賤者自輕，故易忘其己。然爲教者每誠貴不誠賤，言其貴滿好自恃也。凡名位貴達，人以存懷，泰則觸人改容，否則行路嗟愕。至如賤者，否泰不足以動人，存亡不足以絓數，死於溝瀆，困於塗路者，天地之間，亦復何限，人不係意耳。以此而推，貴何必難處，賤何必易安。

二十四史
中華書局

但人生自應卑慎爲道，行己用心，務思謹惜。

若乃吉凶大期，正應委之理運。遭隨參差，莫不由命也。既非聖人，不能見吉凶之先，正是依俙於理，[三二]言可行而爲之耳。得吉者是其命吉，遇不吉者是其命凶。以近事論之：景和之世，晉平庶人從壽陽歸亂朝，人皆爲之戰慄，而乃遇中興之運。袁顗圖避禍於襄陽，當時皆羨之，謂爲陵霄駕鳳，遂與義嘉同滅。駱宰見狂主，語人言「越王長頸鳥喙，可與共憂，不可共樂。范蠡去而全身，文種留而遇禍。今主口頸頗有越王之狀，我在尚書中久，不去必危」。遂求南江小縣。[三三]諸都令史住京師者，皆遭中興之慶，人人蒙爵級，宰逢義嘉染罪，金木纏身，性命幾絕。卿耳目所聞見，安危在運，何可豫圖邪？

上既有疾，而諸弟並已見殺，唯桂陽王休範人才本劣，不見疑，出爲江州刺史。慮一旦晏駕，皇后臨朝，則景文自然成宰相，門族强盛，藉元舅之重，歲暮不爲純臣。泰豫元年春，上疾篤，遣使送藥賜景文死，使謂曰：「朕不謂卿有罪，然吾不能獨死，請子先之。」因手詔曰：「與卿周旋，欲全卿門戶，故有此處分。」敕至之夜，景文政與客棊，扣函看，復還封置局下，神色怡然不變。方與客棊思行爭劫竟，斂子內奩畢，徐謂客曰：「奉敕見賜以死。」方以敕示客。酒至未飲，門客焦度在側，憤怒發酒覆地曰：「大丈夫安能坐受死。州中文武可數

百人，足以一奮。」景文曰：「知卿至心，若見念者，爲我百口計。」乃墨啓答敕，并謝贈詔。酌謂客曰：「此酒不可相勸。」自仰而飲之。時年六十。追贈開府儀同三司，謚曰懿。長子絢。

絢字長素，早惠。年五六歲，讀論語至「周監於二代」，外祖何尚之戲之曰：「可改耶耶乎文哉。」絢應聲答曰：「尊者之名，安可戲，寧可道草翁之風必舅？」及長，篤志好學。位祕書丞。先景文卒，謚曰恭世子。絢弟繢。

繢字叔素，弱冠祕書郎、太子舍人，轉中書舍人。景文以此授超階，令繢經年乃受。景文封江安侯，[三四]繢襲其本爵爲始平縣五等男。[三五]元徽末，爲黃門郎，東陽太守。齊武帝爲撫軍，吏部尚書張岱選繢爲長史，呈選牒，高帝笑曰：「此可謂素望。」再遷義興太守，輒錄郡吏陳伯喜付陽羨獄，欲殺之，縣令孔逭不知何罪，不受繢敎，爲有司奏，坐白衣領職。後長兼侍中。武帝出射雉，繢信佛法，稱疾不從。永元元年，卒於太常，謚靖子。繢女適武帝寵子安陸王子敬，永明二年納妃，修外舅姑之敬。武帝遣文惠太子相隨往繢家，置酒設樂，公卿皆冠冕而去，當世榮之。

繢弟約，齊明帝世數年廢錮。梁武帝時爲太子中庶子，嘗謂約曰：「卿方當富貴，必不容久滯屈。」及帝作輔，謂曰：「我嘗相卿當富貴，不言卿今日富貴便當見由。」歷侍中，左戶尚書，廷尉。

繢長子僩，不慧，位止建安太守。

僩子克。克美容貌，善容止，仕梁歷司徒右長史、尚書僕射。臺城陷，仕侯景，位太宰、侍中、錄尚書事。景敗，克迎侯王僧辯，問克曰：「勞事夷狄之君」，克不能對。次問璽紱何在？克默然良久曰：「趙平原將去。」平原名思賢，景腹心也，景授平原太守，故克呼焉。僧辯乃誚克曰：「王氏百世卿族，便是一朝而墜。」仕陳，位尚書右僕射。

蘊字彥深，彧兄子也。父楷，太中大夫。楷人才凡劣，故蘊不爲羣從所禮，常懷恥慨。家貧，爲廣德令。明帝即位，四方叛逆，欲以將領自奮，每撫刀曰：「龍泉太阿，汝知我者。」叔父景文常誡之曰：「阿答，汝滅我門戶。」蘊曰：「答與童烏貴賤異。」童烏，絢小字，答，蘊小字也。及事寧，封吉陽男。歷晉陵、義興太守，所莅並貪縱。後爲給事黃門侍郎。桂陽之逼，王道隆爲亂兵所殺，蘊力戰，重創御溝側，或扶以免。事平，撫軍長史褚澄爲吳郡太守，司徒左長史蕭惠明言於朝曰：[三六]「褚澄開城以納賊，更爲股肱大郡，王蘊被甲死戰，棄而不收，賞罰如此，何憂不亂！」褚彥回慚，乃議用蘊爲湘州刺史。及齊高帝輔政，

蘊與沈攸之連謀，事敗，斬於秣陵市。

奐字道明，彧兄子也。父粹字景深，位黃門侍郎。奐繼從祖球，故小字彥孫。年數歲，常侍球許，甚見愛。奐諸兄出身諸王國常侍，而奐起家著作佐郎。琅邪顏延之與球情款稍異，常撫奐背曰：「阿奴始免寒士。」

奐少而强濟，叔父景文常以家事委之。仕宋歷侍中，祠部尚書，轉掌吏部。昇明初，遷丹陽尹。初，王晏父普曜爲沈攸之長史，常懼攸之舉事，不得還，奐爲吏部，轉普曜爲內職，晏深德之。及晏仕齊，武帝以奐宋室外戚，而從弟蘊又同逆，疑有異意，晏叩頭保奐無異志。時晏父母在都，請以爲質，武帝乃止。

永明中，累遷尚書右僕射。王儉卒，上欲用奐爲尚書令，以問晏。晏位遇已重，意不推奐，答曰：「柳世隆有勳望，恐不宜在奐後。」乃轉左僕射，加給事中。出爲雍州刺史，加都督。與寧蠻長史劉興祖不睦。十一年，奐遣軍主朱公恩征蠻失利，興祖欲以啓聞，奐大怒，收付獄。興祖於獄以針畫漆合盤爲書，報家稱枉，令啓聞，而奐亦馳信啓上，誣興祖扇動荒蠻。上知其枉，敕送興祖還都，奐恐辭情翻背，輒殺之。上大怒，遣中書舍人呂文顯、直閤將軍曹道剛領兵收奐，又別詔梁州刺史曹武自江陵步出襄陽。奐子彪凶愚，頗干時政，士

中華書局

人咸切齒。時文顯以漆匣匣箠篌在船中，因相誑云：「臺使封刀斬王彪」。及道剛、曹武、文顯俱至，衆力既盛，又懼漆匣之言，於是議閉門拒命。長史殷叡，奐女壻也，諫曰：「今開城門，白服接臺使，不過檻車徵還，隳官免爵耳。」彪堅執不從，叡又曰：「宜遣典籤間道送啓自申，亦不患不被宥。」乃令叡書啓，遣典籤陳道齊出城，便爲文顯所執。叡又曰：「忠不背國，勇不逃死，百世門戶，宜思後計，孰與仰藥自全，則身名俱泰，叡請先驅螻蟻。」又不從。奐門生鄭羽叩頭啓奐，乞出城迎臺使，奐曰：「我不作賊，欲先遣啓自申，政恐曹、呂輩小人相陵藉，故且閉門自守耳。」彪遂出戰，敗走歸。土人起義，攻州西門，彪登門拒戰，却之。司馬黃瑤起、寧蠻長史裴叔業於城內起兵攻奐，奐聞兵入，禮佛，未及起，軍人斬之，彪及弟爽、弼、殷叡皆伏誅。奐長子太子中庶子融，融弟司徒從事中郎琛，於都棄市，餘孫皆原宥。琛弟肅、秉並奔魏，後得黃瑤起臠食之。弟伷女爲長沙王晃妃，以男女並長，又且出繼，特不離絕。

奐既誅，故舊無敢至者，汝南許明達先爲奐參軍，躬爲殯斂，經理甚厚，當時高其節。

奐弟份。

份字季文。仕宋位始安內史。袁粲之誅，親故無敢視者，份獨往致慟，由是顯名。累

遷大司農。奐誅後，其子肅奔魏，份自拘請罪，齊武帝宥之。肅屢引魏人至邊，份嘗因侍坐，武帝謂曰：「比有北信不？」份改容對曰：「肅既近忘墳柏，寧遠憶有臣。」帝亦以此亮焉。後位祕書監。仕梁位散騎常侍，領步兵校尉，兼起部尚書。

武帝嘗於宴席問羣臣曰：「朕爲有爲無？」份曰：「陛下應萬物爲有，體至理爲無。」帝稱善。後累遷尚書左僕射。歷侍中，特進，左光祿大夫，監丹陽尹。卒，謚曰胡子。

長子琳，字孝璋，位司徒左長史。〔二七〕琳齊代取梁武帝妹義興長公主，有子九人，並知名。

長子銓，字公衡，美風儀，善占吐，尚武帝女永嘉公主，拜駙馬都尉。銓雖學業不及弟錫，而孝行齊焉，時人以爲銓、錫二王，可謂玉昆金友。母長公主疾，銓形貌瘠貶，人不復識。及居喪，哭泣無常，因得氣疾。位侍中、丹陽尹。卒於衞尉卿。

子溥，字伯淮，尚簡文帝女餘姚公主。

銓弟錫字公嘏，幼而警悟，與兄弟受業，至應休散，輒獨留不起，精力不倦，致損右目。十二爲國子生，十四舉清茂，除祕書郎，再遷太子洗馬。時昭明太子尚幼，武帝敕錫與祕書

郎張纘使入宮，不限日數。與太子游狎，情兼師友。又敕陸倕、張率、謝舉、王規、王筠、劉孝綽、到洽、張緬爲學士，十人盡一時之選。錫以戚屬，封永安侯。

普通初，魏始連和，使劉善明來聘，敕中書舍人朱异接之。善明彭城舊族，氣調甚高，負其才氣，酒酣謂异曰：「南國辯學如中書者幾人？」异曰：「异所以得接賓宴，乃分職是司，若以才辯相尚，則不容見使。」善明乃曰：「王錫、張纘，北間所聞，云何可見？」异具啓聞，敕即使南苑設宴，錫與張纘、朱异四人而已。善明造席，遍論經史，兼以嘲謔。錫、纘隨方酬對，無所稽疑，善明甚相歎挹。他日謂异曰：「一日見二賢，實副所期，不有君子，安能爲國。」引宴之日，敕使左右徐僧權於坐後，言則書之。

累遷吏部郎中，時年二十四。謂親友曰：「吾以外戚謬被時知，兼比羸病，庶務難擁，安能捨其所好而徇所不能。」乃稱疾不拜。便謝遣胥徒，拒絕賓客，掩扉覃思，室宇蕭然。諸子溫凊，隔簾趨倚。公主乃命穿壁，使子涉、湜覩之。〔二八〕卒年三十六，贈侍中，謚貞子。錫弟僉。

僉字公會，八歲丁父憂，哀毀過禮。初補國子生，祭酒袁昂稱爲通理。累遷始興內史，丁所生母憂，固辭不拜。又除南康內史，在郡義興主薨，詔起復郡。後爲太子中庶子，掌東

宮管記。卒，贈侍中。元帝下詔：賢而不伐曰恭，追謚曰恭子。僉弟通。

通字公達，仕梁爲黃門侍郎。敬帝承制，以爲尚書右僕射。陳武帝受禪，遷左僕射。〔二九〕太建元年，爲左光祿大夫。六年，加特進，侍中、將軍、光祿、佐史、扶並如故。〔三〇〕未拜，卒，謚曰成。弟勱。

勱字公齊，美風儀，博涉書史，恬然清簡，未嘗以利欲干懷。仕梁爲輕車河東王功曹史。王出鎮京口，勱將隨之蕃。范陽張纘時典選舉，勱造纘言別，纘嘉其風采，乃曰：「王生才地，豈可游外府乎？」奏爲太子洗馬。後爲南徐州別駕從事史。

大同末，梁武帝謁園陵，道出朱方，勱隨例迎候，敕令從輦側。所經山川，莫不顧問，勱隨事應對，咸有故實。又從登北顧樓賦詩，辭義清典，帝甚嘉之。

時河東王爲廣州刺史，乃以勱爲冠軍河東王長史、南海太守。王至嶺南，多所侵掠，因懼罪稱疾，委州還朝，勱行州府事。越中饒沃，前後守宰，例多貪縱，勱獨以清白著聞。入爲給事黃門侍郎。

侯景之亂，奔江陵，歷位晉陵太守。時兵饑之後，郡中彫弊，勱爲政清簡，吏人便安之。

徵爲侍中，遷五兵尚書。

會魏軍至，元帝徵湘州刺史宜豐侯蕭循入援，以勱監湘州。及魏平江陵，敬帝承制，以爲中書令，加侍中。歷陳武帝司空、丞相長史，侍中、中書令並如故。

及蕭勃平，以勱爲廣州刺史。未行，改爲衡州刺史。王琳據有上流，衡、廣攜貳，勱不得之鎮，留于大庾嶺。

太建元年，累遷尚書右僕射。時東境大水，以勱爲晉陵太守。在郡甚有威惠，郡人表請立碑，頌勱政德，詔許之。徵爲中書監，重授尚書右僕射，〔三〕領右軍將軍。卒，諡曰溫子。勱弟質。

質字子貞，少慷慨，涉獵書史。梁世以武帝甥，封甲口亭侯。位太子中舍人、庶子。侯景濟江，質領步騎頓于宣陽門外。景軍至都，質不戰而潰，爲桑門，潛匿人間。城陷後，西奔荊州。元帝承制，歷位侍中、吳州刺史，領鄱陽內史。

魏平荊州，侯瑱鎮盆城，與質不協，質率所部依于留異。陳永定二年，武帝命質率所部隨都督周文育討王琳。質與琳素善，或譖云於軍中潛信交通，武帝命文育殺質，文育啓救之，獲免。文帝嗣位，以爲五兵尚書。宣帝輔政，爲司徒左長史。坐招聚博徒，免官。後爲

都官尚書。卒，諡曰安子。弟固。

固字子堅，少清正，頗涉文史。梁時以武帝甥，封莫口亭侯。位丹陽尹丞。梁元帝承制，以爲相國戶曹屬，掌管記。尋聘魏，魏人以其梁氏外戚，待之甚厚。

承聖元年，爲太子中庶子，遷尋陽太守。魏剋荊州，固之鄱陽，隨兄質度東嶺，居信安縣。陳永定中，移居吳郡。文帝以固清靜，且欲申以婚姻。天嘉中，歷位中書令，散騎常侍，國子祭酒。以其女爲皇太子妃，禮遇甚重。

廢帝即位，授侍中、金紫光祿大夫。宣帝輔政，固以廢帝外戚，嬭媼恒往來禁中，頗宣密旨，事泄，比黨皆誅，宣帝以固本無兵權，且居處清素，止免所居官，禁錮。太建中，卒於太常卿，諡恭子。

固清虛寡欲，居喪以孝聞。又信佛法。及丁所生母憂，遂終身蔬食，夜則坐禪，晝誦佛經。嘗聘魏，因宴饗際，〔四〕請停殺一羊。羊於固前跪拜。又宴昆明池，魏人以南人嗜魚，大設罟網，固以佛法呪之，遂一鱗不獲。子寬，位侍中。

論曰：王誕夙有名譽，而間關夷險，卒獲攀光日月，遭遇蓋其時焉。奉光、奉叔，並得官成齊代，而亮自著寒松，固爲優矣。瑩印章六毀，豈鬼神之害盈乎？景文弱年立譽，芳聲籍甚，榮貴之來，匪由勢至。若使泰始之朝，身非外戚，與袁粲羣公，方驂並路，傾覆之災，庶幾可免。庾元規之讓中書令，義歸此矣。奐有愚子，自致誅夷。份胤嗣克昌，特鍾門慶，美矣。

校勘記

〔一〕母晉孝武帝女鄱陽公主　張森楷南史校勘記：「晉書王導傳以公主爲簡文帝女，孝武稱長公主，則是孝武帝妹，非女也。女字蓋當爲妹。」此沿宋書文穆皇后傳文而誤。

〔二〕當以臨汝公主降嬪　「臨汝」各本作「臨海」。洪頤煊諸史考異：「按何尚之傳，顒之尚太祖第四女臨海惠公主，封號不應同名。南齊書江斆傳，尚孝武帝女臨汝公主，臨海當是臨汝之譌。」今據改。

〔三〕屬降公主　「屬」各本作「屢」，據宋書后妃孝武文穆王皇后傳改（後簡稱宋書后妃傳）。

〔四〕當待賓客　宋書后妃傳作「當賓待客」。

〔五〕豈伊身眚　「眚」各本作「責」，據宋書后妃傳改。

〔六〕超宗去郡與瑩交惡　各本脫「超宗」二字，據通志補。

〔七〕時有猛獸入郭　「獸」本字「虎」，此避唐諱改。下「虎象來格」李延壽原文本亦作「獸象來格」，經後人追改。

〔八〕以爲士林館　「館」字各本並脫，據梁書補。

〔九〕若爲攸字至乞告示　錢大昕廿二史考異：「予謂無骰賫者，會也。會旁犬爲猷，犬旁會爲猶。有心爲悠，無心爲攸。攸悠猷猶同紐同音，俗讀攸悠如憂音，而史文難通矣。」按骰訓脛，此以指「賫」之「寸」言。

〔一〇〕殿下寬叡慈仁天下所知　「天下」二字各本並脫，據通志補。

〔一一〕子定侯嗣卒　「定侯」宋書作「宣侯」。

〔一二〕廷尉虞龢議社稷各一神　「各一神」南齊書作「合爲一神」。按社、土神，稷、穀神，社稷分立各祭，江左無改，故宋書禮志云：「宋仍舊無所改作。」是虞龢之議當爲「合爲一神」，而下云琨案舊糾駁，乃主「各一神」也。

〔一三〕臣恐子房赤松未易輕擬　張森楷南史校勘記：「『臣』疑當作『誠』。琨非對帝語，無爲稱臣也。若以周秦間語例之則僞矣。」

〔一四〕球簡貴勢不交游　「勢」宋書作「素」，屬下爲句。

〔一五〕命左右扶郎還齋上亦以球故履免死廢於家　「命」、「上」二字各本並脫，據宋書補。

〔一六〕文帝嘗與羣臣臨天泉池　「天泉池」即「天淵池」，此避唐諱改。

〔一七〕又不得不用驛騎　「用」各本作「同」，據宋書改。

〔一八〕控帶三江　「三」各本作「二」，據宋書改。

〔一九〕上稍爲身後計　「稍」各本作「猶」，據宋書改。

〔二〇〕令便居昔之錄任　「任」各本作「至」，據宋書改。

〔二一〕晉將畢萬七戰皆獲死於牖下　「皆獲」二字各本並脫，據宋書補。按事見左傳哀二年。

〔二二〕不能見吉凶之先正是依俙於理　「先」下各本衍一「見」字，據宋書删。

〔二三〕遂求南江小縣　「南江」各本作「江南」，又無「小」字，據宋書乙補。按南江即贛江，謂求一江州小縣也。册府元龜四六三亦作南江。

〔二四〕景文封江安侯　「江安」各本作「曲安」，據南齊書改。按宋書、南史本傳並作「江安」。

〔二五〕績襲其本爵爲始平縣五等男　錢大昕廿二史考異：「本爵之語未詳，景文初襲伯父封建安縣子，非始平男。」

〔二六〕司徒左長史蕭惠明言於朝曰　「蕭惠明」各本作「蕭惠開明」，衍「開」字，據通鑑删。

〔二七〕長子琳字孝璋位司徒左長史　「孝璋」梁書作「孝章」，「司徒」陳書王通傳作「司空」。

〔二八〕使子涉提觀之　「涉」梁書作「泛」，册府元龜三〇〇亦作「泛」。

〔二九〕遷左僕射　「左」各本作「右」，據陳書改。按上云「爲尚書右僕射」，則此作「左」是也。

〔三〇〕侍中將軍光祿佐史扶並如故　「佐史」各本作「佐吏」，據陳書改。按此敍通所歷官不云爲侍中、將軍，則「如故」不知所自來矣。陳書謂爲侍中，自翊右將軍進號安右將軍，又無給扶之文，則此「扶」亦無着落。

〔三一〕重授尚書右僕射　「右」各本作「左」。按上云「累遷尚書右僕射」，此云「重授」，何得爲「左」，據陳書改。

〔三二〕因宴饗際　「際」各本作「祭」，據陳書改。

唐李延壽撰

南史

第三册

卷二四至卷三七（傳）

中華書局

二十四史

南史卷二十四

列傳第十四

王裕之 孫秀之　延之　阮韜　延之子綸之　曾孫峻　峻子琮
王鎮之 弟弘之　弘之孫晏　晏從弟思遠　王韶之　王悅之
王准之 從弟邃之　珪之　族子素

王裕之字敬弘，晉驃騎將軍廙之曾孫，司州刺史胡之之孫也。名與宋武帝諱同，故以字行。父茂之字興元，晉陵太守。

敬弘少有清尚，起家本國左常侍、衞軍參軍。性恬靜，樂山水，求爲天門太守。及之郡，妻弟荊州刺史桓玄遣信要令過己，敬弘至巴陵，謂人曰：「靈寶正當欲見其姊，我不能爲桓氏贅婿。」乃遣別船送妻往江陵，彌年不迎。山郡無事，恣其游適，意甚好之。後爲南平

太守，去官，居作唐縣界。玄輔政及篡位，屢召不下。宋武帝以爲車騎從事中郎、徐州中從事史、征西將軍道規諮議參軍。時府主簿宗協亦有高趣，〔一〕道規並以事外相期。嘗共酣飲，敬弘因醉失禮，爲外司所白，道規即更引還，〔二〕重申初讌。

永初中，累遷吏部尚書，敬弘每被召，即便祇奉，既到宜退，旋復解官。武帝嘉其志，不苟違也。除廬陵王師，加散騎常侍。自陳無德，不可師範令王，固讓不拜。

元嘉三年，爲尚書僕射，關署文案，初不省讀。嘗豫聽訟，上問疑獄，敬弘不對。上變色問左右：「何故不以訊牒副僕射？」敬弘曰：「臣乃得訊牒讀之，正自不解。」上甚不悅。雖加禮敬，亦不以時務及之。六年，遷尚書令，固讓，表求還東。上不能奪。改授侍中、特進、左光祿大夫，給親信三十人。及東歸，車駕幸冶亭餞送。

十二年，徵爲太子少傅，敬弘詣都上表固辭不拜，東歸，上時不豫，自力見焉。十六年，以爲左光祿大夫、開府儀同三司，侍中如故。又詣都表辭，竟不拜東歸。二十三年，復申前命，復辭。明年，薨於餘杭之舍亭山，年八十八。順帝昇明三年，追謚文貞公。

敬弘形狀短而起坐端方，桓玄謂之「彈棊發八勢」。所居舍亭山，林澗環周，備登臨之美，故時人謂之王東山。文帝嘗問爲政得失，對曰：「天下有道，庶人不議。」上高其言。左右嘗使二老婦女，戴五條辮，著青紋袴襹，飾以朱粉。〔三〕女適尚書僕射何尚之弟述之。敬

弘嘗往何氏看女，遇尚之不在，因寄齋中臥。俄頃尚之還，敬弘使二婦女守閤，〔四〕不聽尚之入，云「正熱不堪相見，君可且去」。尚之於是移於他室。上將爲廬陵王納其女，辭曰：「臣女幼，既許孔淳之息。」子恢之被召爲祕書郎，敬弘爲求奉朝請，〔五〕與恢之書曰：「彼祕書有限故有競，朝請無限故無競，吾欲使汝處不競之地。」文帝嘉之，並見許。

敬弘見兒孫，歲中不過一再相見，見輒剋日。未嘗教子孫學問，各隨所欲。人或問之，答曰：「丹朱不應乏教，甯越不聞被捶。」恢之位新安太守，嘗請假定省。敬弘剋日見之，至日輒不果。假日將盡，恢之求辭，敬弘呼前至閤，復不見。恢之於閤外拜辭流涕而去。恢之弟瓚之，位吏部尚書、金紫光祿大夫，謚貞子。瓚之弟昇之，位都官尚書。瓚之子秀之。

秀之字伯奮，幼時，祖父敬弘愛其風采。仕宋爲太子舍人。父卒，廬於墓側，服闋，復職。吏部尚書褚彥回欲與結婚，秀之不肯，以此頻爲兩府外兵參軍。後爲晉平太守，朞年求還，或問其故，答曰：「此郡沃壤，珍阜日至，人所昧者財，財生則禍逐，智者不昧財，亦不逐禍。吾山資已足，豈可久留，以妨賢路。」乃上表請代。時人以爲王晉平恐富求歸。

仕齊爲豫章王嶷驃騎長史。嶷於荊州立學，以秀之領儒林祭酒。武帝即位，累遷侍

中祭酒，轉都官尚書。

秀之祖父敬弘性貞正，徐羨之、傅亮當朝，不與來往。及致仕隱吳興，與秀之父瓚之書，深勗以靜退。瓚之爲五兵尚書，未嘗詣一朝貴。江湛謂何偃曰：「王瓚之今便是朝隱。」及柳元景、顏師伯貴要，瓚之竟不候之。至秀之爲尚書，又不與王儉款接。三世不事權貴，時人稱之。轉侍中，領射聲校尉。

出爲隨王鎮西長史、南郡內史。後爲輔國將軍、吳興太守。秀之先爲諸王長史、行事，便歎曰：「仲祖之識，見於已多。」便無復仕進，止營理舍亭山宅，有終焉之志。及除吳興郡，隱業所在，心願爲之。到郡修舊山，移置輜重。隆昌元年卒，遺令「朱服不得入棺，祭則酒脯而已。世人以僕妾直靈助哭，當由喪主不能淳至，欲以多聲相亂。魂而有靈，吾當笑之」。謚曰簡子。

延之字希季，昇之子也。少靜默，不交人事。仕宋爲司徒左長史。清貧，居宇穿漏，褚彥回以啓宋明帝，即敕材官爲起三間齋屋。歷吏部尚書，尚書左僕射。

宋德既衰，齊高帝輔政，朝野之情，人懷彼此。延之與尚書令王僧虔中立無所去就。時人語曰：「二王居平，不送不迎。」高帝以此善之。昇明三年，出爲江州刺史，加都督。齊

中華書局

建元元年，進號鎮南將軍。

延之與金紫光祿大夫阮韜俱宋領軍將軍劉湛外甥，並有早譽，湛甚愛之，曰：「韜後當爲第一，延之爲次也。」延之甚不平。每致餉下都，韜與朝士同例，高帝聞之，〔六〕與延之書曰：「韜云卿未嘗有別意，當由劉家月旦故邪。」韜字長明，陳留人，晉金紫光祿大夫裕玄孫也。爲南兗州別駕，刺史江夏王義恭逆求資費錢，韜曰：「此朝廷物。」執不與。宋孝武選侍中四人，並以風貌，王彧、謝莊爲一雙，韜與何偃爲一雙。常充兼假，至始興王師，卒。

延之居身簡素，清靜寡慾，凡所經歷，務存不擾。在江州，祿俸外一無所納。獨處齋內，未嘗出戶，吏人罕得見焉，雖子弟亦不妄前。時時見親舊，未嘗及世事，從容談詠而已。後爲尚書左僕射，尋領竟陵王師，卒，謚簡子。

子綸之，字元章。爲安成王記室參軍，偃仰召會，退居僚末。司徒袁粲聞而歎曰：「格外之官，便今日爲重。」貴游居此位者，遂以不掌文記爲高，自綸之始也。齊永明中，歷位侍中，出爲豫章太守。下車祭徐孺子、許子將墓，圖畫陳蕃、華歆、謝鯤像於郡朝堂。爲政寬簡，稱良二千石。武帝幸琅邪城，綸之與光祿大夫全景文等二十一人坐不參承，爲有司奏免官。後位侍中、都官尚書，卒。自敬弘至綸之，並方嚴，皆剋日乃見子孫，蓋家風也。

綸之子昕，有業行，居父憂過禮。謝瀹欲遣參之，孔珪曰：「何假參，此豈有全理。」以憂卒。

峻字茂遠，秀之子也。少美風姿，善容止。仕齊爲桂陽內史。梁天監初，爲中書侍郎。武帝甚悅其風采，與陳郡謝覽同見賞擢。累遷侍中，吏部尚書。處選甚得名譽。

峻性詳雅，無趨競心，嘗與謝覽約，宦至侍中，不復謀進仕。覽自吏部尚書出爲吳興郡，平心不畏強禦，亦由處俗情薄故也。峻爲侍中已後，雖不退身，亦淡然自守，無所營務。遷金紫光祿大夫，未拜，卒，謚惠子。

子琮爲國子生，尚始興王女繁昌主。琮不慧，爲學生所嗤，遂離婚。峻謝王，王曰：「此自上意，僕極不願如此。」峻曰：「下官曾祖是謝仁祖外孫，亦不藉殿下姻媾爲門戶耳。」

王鎮之字伯重，晉司州刺史胡之之從孫、而裕之從祖弟也。祖耆之，位中書郎，父隨之，上虞令。鎮之爲剡、上虞令，並有能名。桓玄輔晉，以爲大將軍錄事參軍。時三吳饑荒，遣鎮之銜命賑卹，而會稽內史王愉不奉符旨，鎮之依事糾奏。愉子綏，玄之外甥，當時貴盛，

鎮之爲所排抑。以母老求補安成太守，以母憂去職。在官清潔，妻子無以自反，乃棄家致喪還上虞舊墓。〔七〕葬畢，爲子標之求安復令，隨子之官。服闋，爲征西道規司馬、南平太守。後爲御史中丞，執正不撓，百僚憚之。

出爲建威將軍、平越中郎將、廣州刺史，加都督。宋武帝謂人曰：「鎮之少著清績，必將繼美吳隱，〔八〕嶺南弊俗，非此不康也。」在鎮不受俸祿，蕭然無營，去官之日，不異初至。武帝初建相國府，爲諮議參軍，領錄事。善於吏職，嚴而不殘。遷宋臺祠部尚書。武帝踐阼，卒於宣訓衞尉。弟弘之。

弘之字方平，少孤貧，爲外祖徵士何準所撫育，從叔獻之及太原王恭並貴重之。仕晉爲司徒主簿。家貧，性好山水，求爲烏傷令。〔九〕桓玄輔晉，桓謙以爲衞軍參軍。時殷仲文還姑孰，祖送傾朝，謙要弘之同行，答曰：「凡祖離送別，必在有情，下官與殷風馬不接，無緣屈從。」謙貴其言。母隨兄鎮之之安成郡，弘之解職同行。義熙中，何無忌及宋武帝辟召，一無所就。

家在會稽上虞，從兄敬弘爲吏部尚書，奏弘之爲太子庶子，不就。文帝即位，敬弘爲尚書左僕射，陳弘之高行，徵爲通直散騎常侍，又不就。敬弘嘗解貂裘與之，即著以採藥。性

好釣，上虞江有一處名三石頭，弘之常垂綸於此。經過者不識之，或問漁師得魚賣不？弘之曰：「亦自不得，得亦不賣。」日夕，載魚入上虞郭，經親故門，各以一兩頭置門內而去。始寧沃川有佳山水，弘之又依巖築室。謝靈運、顏延之並相欽重。靈運與廬陵王義真牋曰：「會境既豐山水，是以江左嘉遁，並多居之。至若王弘之拂衣歸耕，踰歷三紀，孔淳之隱約窮岫，自始迄今。阮萬齡辭事就閑，纂戎先業，既遠同羲、唐，亦激貪厲競。若遣一个有以相存，眞可謂千載盛美也。」

弘之元嘉四年卒，顏延之欲爲作誄，書與其子曇生曰：「君家高世之善，有識歸重，豫染豪翰，所應載述，況僕託慕末風，竊以敍德爲事，但恨短筆不足書美。」誄竟不就。

曇生好文義，以謙和見稱，歷吏部尚書，太常卿。孝武末，爲吳興太守。明帝初興，與四方同逆，戰敗歸降，被宥，終於中散大夫。

阮萬齡，陳留尉氏人。祖思曠，左光祿大夫。父寧，黃門侍郎。萬齡少知名，爲孟昶建威長史。時袁豹、江夷相係爲昶司馬，時人謂昶府有三素望。萬齡家在會稽剡縣，頗有素情，位左戶尚書，太常。出爲湘州刺史，無政績。後爲散騎常侍、金紫光祿大夫，卒。

曇生弟普曜，位祕書監。普曜子晏。

晏字休默，一字士彥。仕宋，初爲建安國左常侍，稍至車騎，晉熙王燮安西板晏主簿。〔一〇〕時齊武帝爲長史，與晏相遇。府轉鎮西，板晏爲記室。沈攸之事難，隨武帝鎮盆城。齊高帝時威權雖重，而衆情猶有疑惑，晏便專心奉事，軍旅書翰皆見委。性甚便僻，漸見親待，常參議機密。

建元初，爲太子中庶子。武帝在東宮，專斷朝事，多不聞啓，晏慮及罪，稱疾自疎。武帝卽位，爲長兼侍中，〔一一〕意任如舊。遷侍中祭酒。遭母喪，起爲司徒左長史。晏父普曜藉晏勢，多歷通官。普曜卒，晏居喪有禮。

永明六年，爲丹陽尹。晏位任親重，自豫章王嶷、尚書令王儉皆降意接之，而晏每以疎漏被責，連稱疾。久之，轉爲江州刺史，泣不願出，留爲吏部尚書、太子右率，終以舊恩見寵。

時尚書令王儉雖貴而疎，晏既領選，權行臺閣，與儉頗不平。儉卒，禮官欲依王導謚爲「文獻」，晏啓上曰：「導乃得此謚，但宋來不加素族。」謂親人曰：「平頭憲事已行矣。」十一年，爲右僕射，領太孫右衞率。

武帝崩，遺旨以尚書事付晏及徐孝嗣。鬱林卽位，轉左僕射。及明帝謀廢立，晏便響應推奉，〔一二〕轉尚書令，封曲江縣侯，給鼓吹一部，甲仗五十人入殿。時明帝形勢已布，而莫

敢先言，蕭諶兄弟握兵權，遲疑未決，晏頻三夜微步詣諶議，時人以此窺之。明帝與晏東府語及時事，晏抵掌曰：「公常言晏怯，今定如何？」建武元年，進號驃騎大將軍，給班劒二十人，又加兵百人，領太子少傅，進爵爲公。以魏軍動，給兵千人。

晏篤於親舊，爲時所稱，至是自謂佐命惟新，言論常非武帝故事，衆始怪之。明帝雖以事際須晏，而心相疑斥，料簡武帝中詔，得與晏手詔三百餘紙，皆是論國家事。永明中，武帝欲以明帝代晏領選，晏啓曰：「鸞清幹有餘，然不諳百氏，恐不可居此職。」乃止。及見此詔，愈猜薄之。帝初卽位，始安王遙光便勸誅晏，帝曰：「晏於我有勳，且未有罪。」遙光曰：「晏尚不能爲武帝，安能爲陛下？」帝默然變色。時帝常遣心腹左右陳世範等出塗巷采聽異言，由是以晏爲事。晏性浮動，志欲無厭，自謂旦夕開府。又望錄尚書，每謂人曰：「徐公應爲令。」又和徐詩云：「槐序候方調。」其名位在徐前，徐若三槐，〔一三〕則晏不言自顯，人或譏之。

晏人望未重，又與上素疎，中興初，雖以事計委任，而內相疑阻，晏無防意。既居朝端，事多專決，內外要職，並用周旋門義，每與上爭用人。數呼相工自視，云當大貴。與客語，好屏人。上聞，疑晏欲反，遂有誅晏意。有鮮于文粲與晏子德元往來，密探朝旨，告晏有異志。又左右單景儁、陳世範等采巫覡言啓上，云晏懷異圖。是時南郊應親奉，景儁等言晏

因此與武帝故主帥於道中竊發。會獸犯郊壇，〔一四〕帝愈懼，未郊前一日，上乃停行，先報晏及徐孝嗣，孝嗣奉旨，而晏陳郊祀事大，必宜自力。景儁言益見信，元會畢，乃召晏於華林省誅之。下詔顯其罪，稱以河東王鉉識用微弱，欲令守以虛器，並令收付廷尉。

晏之爲員外郎也，父普曜齋前栢樹忽變成梧桐，論者以爲梧桐雖有栖鳳之美，而失後凋之節。及晏敗，果如之。又未敗前，見屋桷子悉是大蛇，就視之猶木也。晏惡之，乃以紙裹桷子，猶紙內搖動，蔌蔌有聲。又於北山廟答賽夜還，晏醉，部伍人亦飲酒，羽儀錯亂，前後十餘里中，不復禁制。識者云此不復久也。未幾而敗。

晏子德元，有意尚，位車騎長史。德元初名湛，武帝曰：「劉湛、江湛，並不善終，此非佳名也。」晏乃改之，至是及誅。

晏弟詡，位少府卿。敕未登黃門郎，不得畜女伎，詡與射聲校尉陰玄智坐畜伎免官，禁錮十年。敕特原詡。詡亦篤舊。〔一五〕後拜廣州刺史。晏誅，上遣殺之。

思遠，晏從父弟也。父羅雲，平西長史。思遠八歲父卒，祖弘之及外祖新安太守羊敬元並栖退高尚，故思遠少無仕心。宋建平王景素辟南徐州主簿，深見禮遇。景素被誅，左右離散，思遠親視殯葬，手種松栢，與廬江何昌寓、沛郡劉璡上表理之，事感朝廷。景素女廢

爲庶人，思遠分衣食以相資贍。年長，爲備笄總，訪求素對，傾家送遣。

齊建元初，歷竟陵王司徒錄事參軍、太子中舍人。文惠太子與竟陵王子良素好士，並蒙賞接。思遠求出爲遠郡，除建安內史。長兄思玄卒，思遠友于甚至，表乞自解，不許。及祥日又固陳，武帝乃許之。仍除中書郎、大司馬諮議。詔舉士，竟陵王子良薦思遠及吳郡顧暠之、陳郡殷叡。時邵陵王子貞爲吳郡，除思遠爲吳郡丞，以本官行郡事，論者以爲得人。後拜御史中丞。臨海太守沈昭略贓私，思遠依事劾奏，明帝及思遠從兄晏、昭略叔父文季並請止之，思遠不從，案事如故。

建武中，遷吏部郎。思遠以晏爲尚書令，不欲並居內臺權要之職，上表固讓，乃改授司徒左長史。初明帝廢立之際，思遠謂晏曰：「兄荷武帝厚恩，今一旦贊人如此事，彼或可以權計相須，未知兄將何以自立。及此引決，猶可保全門戶，不失後名。」晏曰：「方噉粥，未暇此事。」及拜驃騎，會子弟，謂思遠兄思徵曰：「隆昌之末，阿戎勸吾自裁，若用其語，豈有今日。」思遠遽應曰：「如阿戎所見，猶未晚也。」晏既不能謙退，位處朝端，事多專斷，內外要職，並用門生，帝外迹甚美，內相疑異。思遠謂曰：「時事稍異，兄覺不？凡人多拙於自謀，而巧於謀人。」晏默然不答。思遠退後，晏方歎曰：「天下人遂勸人自殺。」旬日，晏及禍。明帝後知思遠有此言，謂江祏曰：「王晏早用思遠語，當不至此。」

中華書局

二十四史

思遠立身簡潔，諸客有詣己者，覘知衣服垢穢，方便不前，形儀新楚，乃與促膝。雖然，及去之後，猶令二人交帚拂其坐處。明帝從祖弟季敞性甚豪縱，使詣思遠，令見禮度。都水使者李珪之常曰：〔一六〕「見王思遠終日匡坐，不妄言笑，簪帽衣領，無不整潔，便憶丘明士。見明士蓬頭散帶，終日酣醉，吐論從橫，唐突卿宰，便復憶見思遠。」言其兩反也。

上既誅晏，思遠遷爲侍中，掌優策及起居注。卒，年四十九，贈太常，謚曰貞子。

思遠與顧暠之善，暠之卒後，家貧，思遠迎其妻子，經卹甚至。暠之字士明，少孤好學，有義信，位太子中舍人，兼尚書左丞。

王韶之字休泰，胡之從孫而敬弘從祖弟也。祖羨之，鎭軍掾。父偉之，少有志尚，當世詔命表奏，輒手自書寫。太元、隆安時事，大小悉撰錄。位本國郎中令。

韶之家貧好學，嘗三日絕糧而執卷不輟，家人誚之曰：「困窮如此，何不耕？」答曰：「我常自耕耳。」父偉之爲烏程令，韶之因居縣境。好史籍，博涉多聞。初爲衞將軍謝琰行參軍，得父舊書，因私撰晉安帝陽秋。及成，時人謂宜居史職，卽除著作佐郎，使續後事，訖義熙九年。善敍事，辭論可觀。遷尚書祠部郎。

晉帝自孝武以來常居內殿，武官主書於中通呈，以省官一人管詔誥，住西省，因謂之西省郎。傅亮、羊徽相代在職。義熙十一年，〔一七〕宋武帝以韶之博學有文辭，補通直郎，領西省事，轉中書侍郎。晉安帝之崩，武帝使韶之與帝左右密加酖毒。恭帝卽位，遷黃門侍郎，領著作，西省如故。凡諸詔黃皆其辭也。武帝受命，加驍騎將軍，黃門如故。西省職解，復掌宋書。坐璽封謬誤，〔一八〕免黃門，事在謝晦傳。

韶之爲晉史，序王珣貨殖，王廞作亂。珣子弘、廞子華並貴顯，韶之懼爲所陷，深附結徐羨之、傅亮等。少帝卽位，遷侍中。出爲吳郡太守。羨之被誅，王弘入相，領揚州刺史。弘雖與韶之不絕，諸弟未相識者皆不復往來。韶之在郡，常慮爲弘所繩，夙夜勤勵，政績甚美，弘亦抑其私憾，文帝兩嘉之。韶之稱爲良守。徵爲祠部尚書，加給事中。坐去郡長取送故，免官。後爲吳興太守，卒。撰孝傳三卷，文集行於世。宋廟歌辭，韶之所制也。

子曄，位臨賀太守。

王悅之字少明，〔一九〕晉右軍將軍羲之曾孫也。祖獻之，中書令。父靖之，司徒左長史，爲劉穆之所厚，就穆之求侍中，如此非一。穆之曰：「卿若不求，久自得之。」遂不果。

悅之少厲清操，亮直有風檢。爲吏部郎，鄰省有會同者，遺悅之餅一甌。辭不受，曰：「此費誠小，然少來不顧當之。」宋明帝泰始中爲黃門郎、御史中丞。上以其廉介，賜良田五頃，以爲侍中，在門下盡其心力。掌檢校御府太官太醫諸署。時承奢忲之後，姦竊者衆，悅之按覆無所避，得姦巧甚多，於是衆署共呪詛。悅之病甚，恒見兩烏衣人捶之。及卒，上乃收典掌者十許人，桎梏之送淮陰，密令度瓜步江，投之中流。

王准之字元魯，晉尚書僕射彪玄孫也。〔二〇〕曾祖彪之，位尚書令，祖臨之、父訥之並御史中丞。〔二一〕彪之博聞多識，練悉朝儀，自是家世相傳，並諳江左舊事，緘之青箱，世謂之王氏青箱學。

准之兼明禮傳，贍於文辭。桓玄簒位，以爲尚書祠部郎。宋武帝起兵，爲太尉主簿。出爲山陰令，有能名，預討盧循功，封都亭侯。宋臺建，除御史中丞，爲百僚所憚。自彪之至准之四世居此職。准之嘗作五言詩，范泰嘲之：「卿唯解彈事耳。」准之正色答：「猶差卿世載雄狐。」坐世子左衞率謝靈運殺人不舉，免官。

武帝受命，拜黃門侍郎。永初中奏曰：「鄭玄注禮：三年之喪，二十七月而吉。古今學

者多謂得禮之宜。晉初用王肅議，祥禫共月，故二十五月而除。遂以爲制。江左以來，唯晉朝施用，〔二二〕搢紳之士多遵玄義。夫先王制禮，以大順羣心，『喪也寧戚』，著自前經。今大宋開泰，品物遂理，愚謂宜同卽物情，以玄義爲制。朝野一禮，則家無殊俗。」從之。元嘉中，歷位侍中，都官尚書，改領吏部，出爲丹陽尹。

准之究識舊儀，問無不對。時大將軍彭城王義康錄尚書事，每歎曰：「何須高論玄虛，正得如王准之兩三人，天下便足。」〔二三〕然寡風素，情悁急，不爲時流所重。撰儀注，咸見遵用。卒，贈太常。

子興之，征虜主簿。興之子進之，仕齊位給事黃門侍郎，扶風太守。梁武帝之舉兵也，所在響應，鄰郡多請進之同遣修謁。進之曰：「非吾志也。」竟不行。武帝嘉之。梁臺建，歷尚書左丞，廣平、天門二郡太守，左衞將軍，封建寧公。

進之子清，位散騎常侍，金紫光祿大夫，鎭東府長史，新野、東陽二郡太守，安南將軍，封中廬公。〔二四〕承聖末，陳武帝殺太尉王僧辯，遣文帝攻僧辯壻杜龕，龕告難於清，引兵援龕，大敗陳文帝於吳興，追奔至晉陵。時廣州刺史歐陽頠亦同清援龕，中更改異，殺清而歸陳武帝。子猛。

猛字世雄，本名勇。五歲而父清遇害，陳文帝軍度浙江，訪之，將加夷滅。母韋氏攜之

中華書局

遁于會稽，遂免。及長勤學不倦，博涉經史，兼習孫、吳兵法。以父遇酷，終文帝之世不聽音樂，蔬食布衣，以喪禮自處。宣帝立，乃始求位。太建初，釋褐鄱陽王府中兵參軍，再遷永陽王府錄事參軍。

猛慷慨常慕功名，先是上疏陳安邊拓境之策，甚見嘉納，至是詔隨大都督吳明徹略地，以軍功封應陽縣子。〔二五〕累遷太子右衞率，徙晉陵太守。威惠兼舉，姦盜屏跡，富商野次，云「以付王府君」。郡人歌之，以比漢之趙廣漢。至德初，徵爲左驍騎將軍，加散騎常侍，深見信重。

時孔範、施文慶等並相與比周，害其梗直，議將出之而未有便。會廣州刺史馬靖不受徵，乃除猛都督東衡州刺史，領始興內史，與廣州刺史陳方慶共取靖。猛至，卽禽靖送建鄴，進爵爲公，加光勝將軍、〔二六〕平越中郎將、大都督，發廣、桂等二十州兵討嶺外荒梗，所至皆平。

禎明二年，詔授鎭南大將軍、都督二十四州諸軍事，尋命徙鎭廣州。未之鎭，而隋師濟江，猛總督所部赴援。時廣州刺史臨汝侯方慶、西衡州刺史衡陽王伯信並隸猛督府，各觀望不至。猛使高州刺史戴智烈、淸遠太守曾孝遠各以輕兵就斬之而發其兵。及聞臺城不守，乃舉哀素服，藉槀不食，歎曰：「申包胥獨何人哉。」因勤兵緣江拒守，以固誠節。及審後

主不死，乃遣其部將辛昉馳驛赴京師歸款。隋文帝大悅，謂昉曰：「猛懷其舊主，送故情深，卽是我之誠臣。保守一方，不勞兵甲，又是我之功臣。」卽日拜昉開府儀同三司，仍詔猛與行軍總管韋洸便留嶺表經略。

猛母妻子先留建鄴，因隨後主入京，詔賜宅及什物甚厚，別賚物一千段，及遣璽書勞猛。仍討平山越，馳驛奏聞。時文帝幸河東，會猛使至，大悅。楊素賀，因曰：「昔漢武此地聞喜，用改縣名，王猛今者告捷，遠符前事。」於是又降璽書褒賞，以其長子繕爲開府儀同三司。猛尋卒於廣州，文帝聞而痛之，遣使弔祭，贈上開府儀同三司，封歸仁縣公。命其子繕襲，仍授普州刺史。仁壽元年，繕弟續表陳猛志，求葬關中，詔許之。仍贈使持節、大將軍、宋州刺史、三州諸軍事，謚曰成。

訥之弟瓌之字道茂，位司空諮議參軍。瓌之子逡之。

逡之字宣約，少禮學博聞。仕宋位吳令。昇明末，尚書右僕射王儉重儒術，逡之以著作郎兼尚書左丞，參定齊國儀禮。初，儉撰古今喪服集記，逡之難儉十一條，更撰世行五卷。國學久廢，齊建元二年，逡之先上表立學。轉國子博士，又兼著作。撰永明起居注。〔二七〕後位南康相，光祿大夫，加給事中。逡之率素，衣裳不澣，几案塵黑，年老手不釋卷。建武二年卒。

從弟珪之，位長水校尉，撰齊職儀。永明九年，其子中軍參軍顥啓上其書，凡五十卷，詔付祕閣。

素字休業，彬五世孫而逡之族子也。高祖翹之，晉光祿大夫。曾祖望之、祖泰之，並不仕。父元弘，位平固令。素少有志行，家貧母老，隱居不仕。宋孝建、大明、泰始中，屢徵不就，聲譽甚高。山中有蚿聲淸長，〔二八〕聽之使人不厭，而其形甚醜，素乃爲蚿賦以自況。卒年五十四。

論曰：昔晉初度江，王導卜其家世，郭璞云：「淮流竭，王氏滅。」觀夫晉氏以來，諸王冠冕不替，蓋亦人倫所得，豈唯世祿之所專乎。及于陳亡之年，淮流實竭，曩時人物掃地盡矣。斯乃興亡之兆已有前定。天之所廢，豈智識之所謀乎。

校勘記

〔一〕時府主簿宗協亦有高趣　「宗協」各本作「宋協」，據宋書、册府元龜二九二改。

〔二〕道規即更引還　「更」各本作「便」，據宋書改。

〔三〕藏五條辮著青紋袴襬飾以朱粉　「五條辮」宋書作「五條五辮」。「朱粉」太平御覽六九五引作「朱彩」。

〔四〕敬弘使二婦女守閣　「使」上各本有「還」字，據宋書刪。

〔五〕敬弘爲求奉朝請　「爲求」各本作「求爲」，據宋書乙正。

〔六〕高帝聞之　「高帝」各本作「高武」，南齊書作「太祖」。齊太祖，高帝也。今改正。

〔七〕乃棄家致喪還上虞舊墓　「棄家」各本作「棄官」，據宋書改。按上云：「以母憂去職，在官淸潔，妻子無以自反。」已去職，何得又言棄官。

〔八〕必將繼美吳隱　「吳隱」宋書作「吳隱之」。六朝人名後之「之」字，往往可省略。

〔九〕求爲烏傷令　「烏傷」宋書作「烏程」，未知孰是。

〔一〇〕仕宋初爲建安國左常侍稍至車騎晉熙王燮安西板晏主簿　錢大昕廿二史考異：「齊書本傳云，『宋大明末起家臨賀王國常侍、員外郎，巴陵王征北板參軍，安成王撫軍板刑獄，隨府轉車騎。』今删去『安成王撫軍板刑獄』一語，又改『隨府遷』爲『稍至』，而文義難通矣。齊史云『臨賀國』，

中華書局

此云『建安國』，亦當以臨賀爲是。」

〔一一〕武帝即位爲長兼侍中　「長」字下各本衍一「史」字，據南齊書刪。

〔一二〕晏便響應推奉　「推」各本作「接」，據南齊書改。

〔一三〕徐若三槐　「徐」字各本並脫，據通志補。

〔一四〕會獸犯郊壇　「獸」本字「虎」，避唐諱改。

〔一五〕謝亦篤舊　「謝」字各本並脫，據南齊書補。

〔一六〕都水使者李珪之常曰　「李」各本作「季」。張森楷南史校勘記：「南齊書良政傳有李珪之傳，當即此人，作『季』誤也。」按彼傳云「兼都水使者」，與此亦合，張說是，今改正。

〔一七〕義熙十一年　「義熙」各本譌「義興」。按上云「訖義熙九年」，下云「晉安帝之崩」，則此當是晉安帝義熙十一年，史無「義興」年號，今改正。

〔一八〕坐璽封謬誤　「封」各本譌「制」，據宋書改。按宋書謝晦傳：「坐行璽封鎮西司馬南郡太守王華大封，而誤封北海太守球版。免晦侍中。」即指此事，則作「封」是。

〔一九〕王悅之字少明　「王悅之」宋書良吏王歆之傳作「王悅」，通志同。

〔二〇〕王准之字元魯晉尚書僕射彬玄孫也　「元魯」宋書作「元曾」。

〔二一〕祖臨之父訥之並御史中丞　「訥之」各本作「納之」。世說新語文學篇劉峻注引王氏譜作「訥之

字永言」。按古人名與字應，則永言名訥之正合，今據改。

〔二二〕唯晉朝施用　「唯」各本作「準」，據宋書改。

〔二三〕天下便足　「足」宋書作「治」，此避唐諱改。

〔二四〕封中廬公　「廬」各本作「盧」。按南齊書州郡志雍州襄陽郡屬縣有中廬縣，今改正。

〔二五〕以軍功封應陽縣子　「應陽」陳書南康愍王曇朗傳附子方慶傳云「勇以功封龍陽縣子」。按南齊書州郡志湘州零陵郡有應陽縣；郢州武陵郡有龍陽縣，未詳孰是。

〔二六〕加光勝將軍　「光勝」各本作「先勝」，據陳書方慶傳改。

〔二七〕撰永明起居注　「撰」字各本並脫，據南齊書補。

〔二八〕山中有蚿聲清長　「聲」字各本並脫，據宋書補。

南史卷二十五

列傳第十五

王懿　到彥之 孫撝　撝子沆　沆從兄溉　洽　洽子仲舉　垣護之 弟子崇祖　崇祖從兄榮祖　榮祖從父閎　閎弟子曇深　張興世 子欣泰

王懿字仲德，太原祁人，自言漢司徒允弟幽州刺史懋七世孫也。祖宏仕石季龍，父苗仕苻堅，皆至二千石。

仲德少沈審有意略，事母甚謹，學通陰陽，精解聲律。苻氏之敗，仲德年十七。及兄叡同起義兵，與慕容垂戰敗，仲德被重創走，與家屬相失。路經大澤，困未能去，臥林中。有一小兒青衣，年可七八歲，騎牛行，見仲德驚曰：「漢已食未？」仲德言飢，小兒去，須臾復來，得飯與之。食畢欲行，而暴雨莫知津徑，〔一〕有一白狼至前，仰天而號，號訖銜仲德衣，因度水，仲德隨後得濟，與叡相及。度河至滑臺，復爲翟遼所留，使爲將帥。積年仲德欲南歸，

乃棄遼奔泰山。遼追騎急，夜行忽見前有猛炬導之，乘火行百許里以免。晉太元末，徙居彭城。兄弟名犯晉宣、元二帝諱，故皆以字行。叡字元德。

北土重同姓，並謂之骨肉，有遠來相投者，莫不竭力營贍。若有一人不至者，以爲不義，不爲鄉邑所容。仲德聞王愉在江南貴盛，是太原人，乃遠來歸愉。愉接遇甚薄，因至姑孰投桓玄。值玄篡，見輔國將軍張暢，言及世事。仲德曰：「自古革命誠非一族，然今之起者恐不足以濟大事。」元德果勁有計略，宋武帝甚知之，告以義舉，使於都下襲玄。仲德聞其謀，謂元德曰：「天下事不可不密，且兵亦不貴遲巧。玄情無遠慮，好冒夜出入，今取之正須一夫力耳。」事泄，元德爲玄誅，仲德竄走。會義軍剋建鄴，仲德抱元德子方回出候武帝，帝於馬上抱方回，與仲德相對號慟。追贈元德給事中，封安復縣侯，以仲德爲鎮軍中兵參軍。

武帝伐廣固，仲德爲前驅，戰輒破之，大小二十餘戰。盧循寇逼，衆議並欲遷都，仲德正色曰：「今天子當陽南面，明公命世作輔，新建大功，威震六合。祆寇豕突，恃我遠征，既聞凱入，將自奔散。今日投草莽則同匹夫，〔二〕匹夫號令，何以威物？此謀若立，請從此辭。」帝悅。及武帝與循戰於左里，仲德功冠諸將，封新淦縣侯。義熙十二年北伐，進仲德征虜將軍，加冀州刺史，督前鋒諸軍事。冠軍將軍檀道濟、龍驤將軍王鎮惡向洛陽，寧朔

中華書局

將軍劉遵考、建武將軍沈林子出石門，寧朔將軍朱超石、胡藩向半城，咸受統於仲德。仲德率龍驤將軍朱牧、寧遠將軍竺靈秀、嚴綱等開鉅野入河，〔三〕乃總衆軍進據潼關。長安平，以仲德爲太尉諮議參軍。

武帝欲遷都洛陽，衆議咸以爲宜。仲德曰：「非常之事人所駭，今暴師經載，士有歸心，故當以建鄴爲王基。遷都宜候文軌大同。」帝深納之。使衞送姚泓先還彭城。武帝受命，累遷徐州刺史，加都督。

元嘉中，到彥之北侵，仲德同行。魏棄河南，司、兗三州平定，三軍咸喜，而仲德有憂色，曰：「諸賢不諳北土情僞，必墮其計。」諸軍進屯靈昌，魏軍於委粟津度河，虎牢、洛陽並不守。彥之聞二城並沒，欲焚舟步走。仲德曰：「洛陽既敗，虎牢無以自立，理數必然也。今賊去我猶自千里，〔四〕滑臺尚有强兵。若便捨舟，士卒必散。且當入濟至馬耳谷口，更詳所宜。」乃回軍沿濟南歷城步上，焚舟棄甲，還至彭城。仲德坐免官。尋與檀道濟救滑臺，糧盡乃歸。自是復失河南。

九年，又爲徐州刺史。仲德三臨徐州，威德著於彭城。立佛寺，作白狼、童子像於塔中，以在河北所遇也。進號鎮北大將軍。十五年卒，謚曰桓侯。亦於廟立白狼、童子壇，每祭必祠之。子正循嗣，爲家僮所殺。

仲德兄孫文和，景和中，爲征北義陽王昶府佐。昶於彭城奔魏，部曲皆散，文和獨送至界上。昶謂曰：「諸人皆去，卿有老母，何獨不去？」文和乃去。昇明中，爲巴陵內史。沈攸之事起，文和斬其使，馳白齊武帝。及齊永明年中，歷靑、冀、兗、益四州刺史。

到彥之字道豫，彭城武原人，楚大夫屈到後也。宋武帝討孫恩，以鄉里樂從，每有戰功。

義旗將起，彥之家在廣陵，臨川武烈王道規剋桓弘，彥之時近行，聞事捷馳歸，而道規已南度江，倉卒晚方獲濟。及至京口，武帝已向建鄴，孟昶居守，留之。及見武帝被責，不自陳，昶又不申理，故不加官。

義熙元年，補鎮軍行參軍。六年，盧循逼都，彥之與檀道濟掩循輜重，與循黨苟林戰敗，免官。後以軍功封佷山縣子，爲太尉中兵參軍。驃騎將軍道憐鎮江陵，以彥之爲驃騎諮議參軍，尋遷司馬、南郡太守。又從文帝西鎮，除使持節、南蠻校尉。武帝受命，進爵爲侯。

彥之佐守荆楚，垂二十載，威信爲士庶所懷。及文帝入奉大統，以徐羨之等新有篡虐，懼，欲使彥之領兵前驅。彥之曰：「了彼不貳，便應朝服順流，若使有虞，此師既不足恃，更開嫌隙之端，非所以副遠邇之望也。」會雍州刺史褚叔度卒，乃遣彥之權鎮襄陽。羨之等欲卽以彥之爲雍州，上不許，徵爲中領軍，委以戎政。彥之自襄陽下，謝晦已至鎮，慮彥之不過己，彥之至楊口，步往江陵，深布誠款，晦亦厚自結納。彥之留馬及利劍名刀以與晦，晦由此大安。

元嘉三年討晦，進彥之鎮軍，於彭城洲戰不利，咸欲退還夏口，彥之不回。會檀道濟至，晦乃敗走。江陵平，因監荆州州府事，改封建昌縣公。其秋，還南豫州刺史、監六州諸軍事，鎮歷陽。

上於彥之恩厚，將加開府，欲先令立功。七年，遣彥之制督王仲德、竺靈秀、尹沖、段宏、趙伯符、竺靈眞、庾俊之、朱脩之等北侵，自淮入泗。泗水滲，日裁行十里。自四月至七月，始至東平須昌縣。魏滑臺、虎牢、洛陽守兵並走。彥之留朱脩之守滑臺，尹沖守虎牢，杜驥守金墉。十月，魏軍向金墉城，〔五〕次至虎牢，杜驥奔走，尹沖衆潰而死。魏軍仍進滑臺。時河冰將合，糧食又罄，彥之先有目疾，至是大動，將士疾疫，乃回軍，焚舟步至彭城。初遣彥之，資實甚盛，及還，凡百蕩盡，府藏爲空。文帝遣檀道濟北救滑臺，收彥之下獄，免官。兗州刺史竺靈秀棄軍伏誅。明年夏，起爲護軍。九年，復封邑，固辭。明年卒，乃復先戶邑，謚曰忠公。孝建三年，詔彥之與王華、王曇首配食文帝廟庭。

長子元度位益州刺史。少子仲度嗣，位驃騎從事中郞。兄弟並有才用，皆早卒。仲度子撝。

撝字茂謙。襲爵建昌公。宋明帝立，欲收物情，以撝功臣之後，自長兼左戶郞中擢爲太子洗馬。

撝資藉豪富，厚自奉養，供一身一月十萬。宅宇山池，伎妾姿藝，皆窮上品。才調流贍，善納交游。愛伎陳玉珠，明帝遣求不與，逼奪之，撝頗怨，帝令有司誣奏，將殺之。撝入獄，數宿鬚鬢皆白，免死，繫尚方。奪封與弟賁，撝由是更以貶素自立。明帝崩，弟賁讓封還撝，朝議許之。

弟遁，元徽中爲南海太守，在廣州。昇明元年，沈攸之反，刺史陳顯達起兵應朝廷，遁猶豫見殺。遁家人在都，從野夜歸，見兩三人持堊刷其家門，須臾而滅，明日而遁死問至。撝懼，詣齊高帝謝，卽板撝武帝中軍諮議參軍。建元初，國除。

武帝卽位，累遷司徒左長史。宋時，武帝與撝同從宋明帝射雉郊野，渴倦，撝得早靑瓜，與上對剖食之。上又數游撝家，懷其舊德，至是一歲三遷。永明元年，爲御史中丞。車駕幸丹陽郡，宴飲，撝恃舊，酒後狎侮同列，謂庾杲之曰：「蠢爾蠻荆，其俗鄙。」復謂虞悰曰：「斷髮文身，其風陋。」王晏既貴，雅步從容，又問曰：「王散騎復何故爾。」晏先爲國常侍，轉員外散騎郎，此二職清華所不爲，故以此嘲之。王敬則執榠查，以刀子削之，又曰：「此非元徽頭，何事自契之。」爲左丞庾杲之所糾，以贖論。再遷左衞將軍。隨王子隆帶彭城郡，撝問訊不修部下敬，〔六〕爲有司舉，免官。後爲五兵尚書，廬陵王中軍長史，卒。子沆嗣。

沆字茂瀣，幼聰敏，五歲時，父撝於屏風抄古詩，沆請教讀一遍，便能諷誦。及長，善屬文，工篆隸，美風神，容止可悅。

梁天監初，爲征虜主簿。東宮建，以爲太子洗馬。時文德殿置學士省，召高才碩學待詔，沆通籍焉。武帝宴華光殿，命羣臣賦詩，獨詔沆爲二百字，三刻便成。沆於坐立奏，其文甚美。俄以洗馬管東宮書記及散騎省優策文。

三年，詔尚書郎在職清能者爲侍郎，以沆爲殿中曹侍郎。此曹以文才選，沆從父兄溉、洽並有才名，時相代爲之，見榮當世。遷太子中舍人。

沆爲人謙敬，口不論人短。任昉、范雲皆與善。後卒於北中郎諮議參軍。所著詩賦百餘篇。

溉字茂灌，撝弟子也。父坦，齊中書郎。溉少孤貧，與兄沼弟洽俱知名，起家王國左常侍。樂安任昉大相賞好，恒提攜溉、洽二人，〔七〕廣爲聲價。所生母魏本寒家，悉越中之資，爲二兒推奉昉。

梁天監初，昉出守義興，要溉、洽之郡，爲山澤之遊。昉還爲御史中丞，後進皆宗之。時有彭城劉孝綽、劉苞、劉孺，吳郡陸倕、張率，陳郡殷芸，沛國劉顯及溉、洽，車軌日至，號曰蘭臺聚。陸倕贈昉詩云：「和風雜美氣，下有眞人遊，壯矣荀文若，賢哉陳太丘。今則蘭臺聚，方古信爲儔。〔八〕任君本達識，張子復清修，既有絕塵到，復見黃中劉。」時謂昉爲任君，比漢之三君，到則溉兄弟也。除尚書殿中郎。後爲建安太守，昉以詩贈之，求二衫段云：「鐵錢兩當一，百代易名實，〔九〕爲惠當及時，無待涼秋日。」溉答云：「余衣本百結，閩中徒八蠶，假令金如粟，詎使廉夫貪。」還爲太子中舍人。

溉長八尺，眉目如點，白晳美鬢髯，舉動風華，善於應答。上用爲通事舍人，中書郎，兼吏部，太子中庶子。湘東王繹爲會稽太守，以溉爲輕車長史，行府郡事。武帝敕繹曰：「到溉非直爲汝行事，足爲汝師。」溉嘗夢武帝遍見諸子，至湘東而脫帽與之，於是密敬事焉。遭母憂，居喪盡禮。所處廬開方四尺，毀瘠過人。服闋，猶蔬食布衣者累載。

歷御史中丞，都官、左戶二尚書，掌吏部尚書。時何敬容以令參選，事有不允，溉輒相執。敬容謂人曰：「到溉尚有餘臭，遂學作貴人。」敬容日方貴寵，人皆下之，溉忤之如初。〔一〇〕溉祖彥之初以擔糞自給，故世以爲譏云。後省門鴟尾被震，溉左遷光祿大夫。所莅以清白自修，性又率儉，不好聲色，虛室單牀，傍無姬侍。冠履十年一易，朝服或至穿補，傳呼清路，示有朝章而已。

後爲散騎常侍、侍中、國子祭酒。表求列武帝所撰正言於學，請置正言助教二人，學生二十人。尚書左丞賀琛又請加置博士一人。

溉特被武帝賞接，每與對棊，從夕達旦。或復失寢，加以低睡，帝詩嘲之曰：「狀若喪家狗，又似懸風槌。」當時以爲笑樂。溉第居近淮水，齋前山池有奇礓石，長一丈六尺，帝戲與賭之，并禮記一部，溉並輸焉。未進，帝謂朱异曰：「卿謂到溉所輸可以送未？」斂板對曰：「臣既事君，安敢失禮。」帝大笑，其見親愛如此。石卽迎置華林園宴殿前。〔一一〕移石之日，都下傾城縱觀，所謂到公石也。溉弈棊入第六品，常與朱异、韋黯於御坐校棊比勢，復局不差一道。後因疾失明，詔以金紫光祿大夫、散騎常侍就第養疾。溉少有美名，遂不爲僕射，人爲之恨，溉澹如也。

家門雍睦，兄弟特相友愛，初與弟洽恒共居一齋，洽卒後，便捨爲寺。蔣山有延賢寺，

溉家世所立。溉得祿俸，皆充二寺。因斷腥膻，終身蔬食。別營小室，朝夕從僧徒禮誦。武帝每月三致淨饌，恩禮甚篤。性不好交游，唯與朱异、劉之遴、張綰同志友密。及臥疾，門可羅雀，唯三人每歲時恒鳴騶枉道以相存問，置酒極歡而去。

以太清二年卒，臨終託張、劉勒子孫薄葬之禮。曰：「氣絕便斂，斂以法服，先有冢𥨊，斂竟便葬，不須擇日。凶事必存約儉，孫姪不得違言。」便屏家人請僧讀經贊唄，及卒，顏色如恒，手屈二指，卽佛道所云得果也。時朝廷多事，遂無贈謚。有集二十卷行於時。子鏡。

鏡字圓照，初在孕，其母夢懷鏡，及生，因以名焉。鏡五歲便口授爲詩，婉有辭況。位太子舍人，作七悟文甚美，先溉卒。

鏡子藎，早聰慧，位尚書殿中郎，嘗從武帝幸京口，登北顧樓賦詩。藎受詔便就，上以示溉曰：「藎定是才子，翻恐卿從來文章假手於藎。」因賜絹二十疋。後溉每和御詩，上輒手詔戲溉曰：「得無貽厥之力乎？」又賜溉連珠曰：「硯磨墨以騰文，筆飛毫以書信，如飛蛾之赴火，豈焚身之可吝。必耄年其已及，可假之於少藎。」其見知賞如此。後除丹陽尹丞。太清亂，赴江陵卒。溉弟洽。

洽字茂沿，清警有才學。父坦以洽無外家，乃求娶於羊玄保以爲外氏。洽年十八，爲

中華書局

徐州迎西曹行事。謝朓文章盛於一時，見洽深相賞好，每稱其兼資文武。朓後爲吏部，欲薦之，洽覩時方亂，深相拒絕，遂築室巖阿，幽居積歲，時人號曰居士。任昉與洽兄沼、溉並善，嘗訪洽於田舍，歎曰：「此子日下無雙。」遂申拜親之禮。

梁武帝嘗問待詔丘遲曰：「到洽何如沆、溉？」遲曰：「正情過於沆，文章不減溉；加以清言，〔二〕殆將難及。」即召爲太子舍人。御華光殿，詔洽及沆、蕭琛、任昉侍宴，賦二十韻詩，以洽辭爲工，賜絹二十疋。上謂昉曰：「諸到可謂才子。」昉曰：「臣常竊議，宋得其武，梁得其文。」遷司徒主簿，直待詔省，敕使抄甲部書爲十二卷。遷尚書殿中郎。後爲太子中舍人，與庶子陸倕對掌東宮管記。俄爲侍讀，侍讀省仍置學士二人，洽充其選。遷國子博士，奉敕撰太學碑。累遷尚書吏部郎，請託不行。徙左丞，準繩不避貴戚。時帝欲親戎，軍國禮容多自洽出。

尋遷御史中丞，號爲勁直。少與劉孝綽善，下車便以名教隱穢，首彈之。孝綽託與諸弟書，實欲聞之湘東王。公事左降，猶居職。舊制中丞不得入尚書下舍，洽兄溉爲左戶尚書，洽引服親不應有礙，刺省詳決。左丞蕭子雲議許入溉省，亦以其兄弟素篤不相別也。出爲尋陽太守。卒，贈侍中，謚理子。洽美容質，善言吐，弱年聽伏曼容講，未嘗傍膝，伏深歎之。文集行於世。子仲舉。

仲舉字德言，無他藝業，而立身耿正。仕梁爲長城令，政號廉平。陳文帝居鄉里，嘗詣仲舉，時天陰雨，仲舉獨坐齋內，聞城外有簫鼓聲，俄而文帝至，仲舉異之，乃深自結。帝又嘗因飲夜宿仲舉帳中，忽有神光五采照于室內，由是祗事益恭。及侯景平，文帝爲吳興太守，以仲舉爲郡丞，與潁川庾持俱爲文帝賓客。文帝嗣位，授侍中，參掌選事。天嘉元年，守都官尚書，封寶安縣侯。三年，遷尚書左僕射、丹陽尹，參掌如故。改封建昌縣侯。

仲舉既無學術，朝章非其所長，選舉引用，皆出自袁樞。性疎簡，不干時務，與朝士無所親狎，但聚財酣飲而已。文帝積年寢疾，不親萬機，尚書中書事，皆使仲舉斷決。〔三〕天康元年，遷侍中、尚書僕射。文帝疾甚，入侍醫藥。及帝崩，宣帝受遺詔爲尚書令入輔，〔四〕仲舉與左丞王暹、中書舍人劉師知、殷不佞，以朝望有歸，乃遣不佞宣旨遣宣帝還東府，事發，師知下獄賜死，暹、不佞並付推，乃以仲舉爲貞毅將軍、金紫光祿大夫。

初，仲舉子郁尚文帝妹信義長公主，官至中書侍郎，出爲宣城太守，文帝配以士馬。是年，遷南康內史，以國哀未之任。仲舉既廢居私宅，與郁皆不自安。時韓子高在都，人馬素盛，郁每乘小輿蒙婦人衣與子高謀。子高軍主告其事，宣帝收子高、仲舉及郁，並於獄賜死。郁諸男女以帝甥獲免。

垣護之字彥宗，略陽桓道人也。〔五〕族姓豪強，石季龍時，自略陽徙鄴。祖敞仕苻氏，爲長樂國郎中令。伯父遵、父苗仕慕容超，並見委任。遵爲尚書，苗爲京兆太守。宋武帝圍廣固，遵、苗踰城歸降，並以爲太尉行參軍。元嘉中，遵爲員外散騎常侍，苗屯騎校尉，仍家下邳。

護之少倜儻，不拘小節，形狀短陋而氣幹強果。元嘉初爲殿中將軍，隨到彥之北侵魏。彥之將回師，護之書諫，彥之不納，散敗而歸。文帝聞而善之。累遷鍾離太守，隨王玄謨入河。玄謨攻滑臺，護之百舸爲前鋒，進據石濟。及魏救將至，馳書勸玄謨急攻之，不見從。玄謨敗退，不暇報護之，而魏軍悉牽玄謨水軍大艚，連以鐵鎖三重，斷河以絕護之還路。河水迅急，護之中流而下，每至鐵鎖，以長柯斧斷之，魏人不能禁。唯失一舸，餘舸並全。留戍麋溝城。還爲江夏王義恭驃騎戶曹參軍，戍淮陰，領濟北太守。

三十年，文帝崩，還屯歷下。孝武入討，率所領馳赴，帝以爲冀州刺史。及南郡王義宣反，兗州刺史徐遺寶，護之妻弟也，與護之書，勸使同逆。護之馳使以聞，率軍隨沈慶之等擊魯爽。義宣率大衆至梁山，與王玄謨相持，柳元景率護之及護之弟詢之、柳叔仁、鄭琨等

出鎮新亭，玄謨求救，〔六〕上遣元景等進據南州。護之水軍先發，大破賊將龐法起，元景乃以精兵配護之追討，會朱脩之已平江陵，至尋陽而還。遷徐州刺史，封益陽縣侯。後拜青、冀二州刺史，鎮歷城。

大明三年，〔七〕徵爲右衞將軍還，於道聞竟陵王誕據廣陵反，護之即率部曲受車騎大將軍沈慶之節度。事平，轉臨淮太守，徙豫州刺史。護之所莅，多聚斂賄貨，七年，坐下獄免官。明年，起爲太中大夫，未拜，以憤卒。謚壯侯。

崇祖字敬遠，一字僧寶，護之弟子也。父詢之，驍敢有氣力。元凶弑逆，副輔國將軍張柬。〔八〕時張超之手行大逆，〔九〕亦領軍隸柬，詢之規殺之，慮柬不同，柬宿有此志，又未測詢之同否，互相觀察。會超之來論事，柬色動，詢之覺之，即共定謀，遣召超之。超之疑之不至，改宿他所，詢之不知，逕往斫之，殺其僕於牀，因與柬南奔。時孝武已即位，以爲積射將軍。梁山之役，力戰中流矢卒，贈冀州刺史。

崇祖年十四，有幹略，伯父護之謂門宗曰：「此兒必大吾門。」後隨徐州刺史薛安都入魏。尋又率門宗據朐山歸宋，求淮北立功，明帝以爲北琅邪、蘭陵二郡太守，封下邳子。及齊高帝鎮淮陰，崇祖時戍朐山，既受都督，祗奉甚至，帝以其武勇，善待之。崇祖謂其

妹夫皇甫肅曰：「此眞吾君也」，遂密布誠節。高帝威名已著，宋明帝尤所忌疾，徵爲黃門郎，規害高帝，崇祖建策以免，由是甚見親，參豫密謀。元徽末，高帝懼禍，令崇祖入魏。崇祖卽以家口託皇甫肅，勒數百人將入魏界，更聽後旨，會蒼梧廢，召崇祖還都。及齊高帝新踐阼，恐魏致討，以送劉昶爲辭。以爲軍衝必在壽春，非崇祖莫可爲捍，徙爲豫州刺史、監豫、司二州諸軍事，封望蔡侯。

建元二年，魏遣劉昶攻壽春，崇祖乃於城西北立堰塞肥水，堰北起小城，使數千人守之。謂長史封延伯曰：「虜必悉力攻小城，若破此堰，放水一激，急逾三峽，自然沈溺，豈非小勞而大利邪？」〔三〇〕及魏軍由西道集堰南，分軍東路，肉薄攻小城，崇祖著白紗帽，肩輿上城，手自轉式，日晡時，決小史埭，水勢奔下，魏攻城之衆，溺死千數，大衆退走。初，崇祖於淮陰見高帝，便自比韓、白，唯上獨許之。及破魏軍啓至，上謂朝臣曰：「崇祖恒自擬韓、白，今眞其人也。」進爲都督。崇祖聞陳顯達、李安人皆增給軍儀，乃啓求鼓吹橫吹。上敕曰：「韓、白何可不與衆異。」給鼓吹一部。

崇祖慮魏復攻淮北，啓徙下蔡戍於淮東。其冬，魏果欲攻下蔡，及聞內徙，乃揚聲平除故城。衆疑魏當於故城立戍，崇祖曰：「下蔡去鎭咫尺，魏豈敢置戍，實是欲除此城，正恐奔走，殺之不盡耳。」魏果夷掘下蔡城，崇祖大破之。

武帝卽位，爲五兵尚書，領驍騎將軍。初，豫章王有盛寵，武帝在東宮，崇祖不自附。及破魏軍，詔使還朝，與共密議，武帝疑之，曲加禮待。酒後謂曰：「世間流言，我已豁懷抱，自今已後，富貴見付也。」崇祖拜謝。及去後，高帝復遣荀伯玉敕以邊事，受旨夜發，不得辭東宮，武帝以爲不盡誠心，銜之。永明元年，詔稱其與荀伯玉搆扇邊荒，誅之。故人無敢至者，獨有前豫州主簿夏侯恭叔出家財爲殯，時人以比欒布。

恭叔譙國人，崇祖爲豫州，聞其才義，辟爲主簿，兼掌書翰。高帝卽位，方鎭皆有賀表，王儉見崇祖啓，咨嗟良久，曰：「此恭叔辭也。」時宋氏封爵，隨運遷改，〔三一〕恭叔以柳元景中興元勳，劉勔殞身王事，不宜見廢，上表論之，甚有義理。事雖不從，優詔見答。後爲竟陵令，惠化大行。木連理，上有光如燭，咸以善政所致。

榮祖字華先，崇祖從父兄也。父諒之，宋北中郎府參軍。榮祖少學騎射，或曰：「何不學書？」榮祖曰：「曹操、曹丕，上馬橫槊，下馬談論，此可不負飲食矣。君輩無自全之伎，何異犬羊乎。」

宋孝建中，爲後軍參軍。伯父豫州刺史護之子襲祖爲淮陽太守，孝武以事徙之嶺南，護之不食而死。帝疾篤，又使殺襲祖。臨死與榮祖書曰：「弟嘗勸我危行言遜，今果敗矣。」

明帝初卽位，四方反，除榮祖冗從僕射，遣還徐州，說刺史薛安都曰：「天之所廢，誰能興之？使君今不同八百諸侯，如下官所見，非計中也。」安都曰：「今京都無百里地，莫論攻圍取勝，自可相拍手笑殺；且我不欲負孝武。」榮祖曰：「孝武之行，足致餘殃，今雖天下雷同，正是速死，無能爲也。」安都曰：「不知諸人云何，我不畏此，大蹄馬在近，急便作計。」榮祖被拘不得還，因爲安都將領。安都引魏軍入彭城，榮祖攜家屬南奔朐山。齊高帝在淮陰，榮祖歸附，高帝保持之。及宋明帝崩，高帝書送榮祖詣僕射褚彥回，除東海太守。彥回謂曰：「蕭公稱卿幹略，故以郡相處。」

榮祖善彈，登西樓，見翔鵠雲中，謂左右當生取之。於是彈其兩翅，毛脫盡，墜地無傷，養毛生後飛去，其妙如此。

元徽末，蒼梧凶狂，恒欲危害高帝。帝欲奔廣陵起事，荀伯玉等皆贊成之。榮祖諫曰：「領府去臺百步，公走人豈不知。若單騎輕行，廣陵人一旦閉門不相受，公欲何之？公今動足下牀，恐便有叩臺門者，公事去矣。」蒼梧明夕自至領府扣門，欲害帝，帝嘗以書案下安鼻爲楯，以鐵爲書鎭如意，甚壯大，以備不虞，欲以代杖。蒼梧至府，而曰：「且申今夕，須至一處作適，〔三二〕還當取奴。」尋遇殺。齊高帝謂榮祖曰：「不用卿言，幾無所成。」豫佐命勳，封將樂縣子。

永明二年，爲尋陽相、南新蔡太守。被告作大形棺材盛仗，使鄉人載度江北，案驗無實，見原。後拜兗州刺史。初，巴東王子響事，方鎭皆啓稱子響爲逆，榮祖曰：「此非所宜言，政應云劉寅等孤負恩獎，逼迫巴東，使至於此。」時諸啓皆不得通，事平後，上乃省覩，以榮祖爲知言。九年卒。

從弟歷生，亦爲驍將，位太子右率。性苛暴，與始安王遙光同反，伏誅。

閎字叔通，榮祖從父也。父遵，位員外常侍。閎爲宋孝武帝南中郎參軍。孝武帝卽位，以爲交州刺史。時交土全實，閎罷州還，資財鉅萬。孝武末年貪慾，刺史二千石罷任還都，必限使獻奉，又以蒱戲取之，要令罄盡乃止。閎還至南州，而孝武晏駕，擁南資爲富人。明帝初，以爲司州刺史。北破薛道摽，封樂鄉縣男。出爲益州刺史。蜀還之貨，亦數千金，先送獻物，傾西資之半，明帝猶嫌其少。及閎至都，詣廷尉自簿，先詔獄官留閎，於是悉送資財，然後被遣。凡蠻夷不受鞭罰，輸財贖罪，謂之賧，時人謂閎被賧刺史。歷度支尚書，衞尉。

齊高帝輔政，使褚彥回爲子晃求閎女，閎辭以「齊大非偶」，帝雖嘉其退讓，而心不能歡，卽以晃婚王伷女。謂豫章王嶷曰：「前欲以白象與垣公婚者，重其夷澹，事雖不遂，心常依然。」白象，晃小字也。及高帝即位，以有誠心，封爵如故。卒於金紫光祿大夫，謚曰定。子憘伯襲爵。

憘伯少負氣豪俠，妙解射雉，尤爲武帝所重，以爲直閤將軍。與王文和俱任，頗以地勢陵之。後出爲巴西、梓潼二郡太守，時文和爲益州刺史，曰：「每憶昔日俱在閤下，卿時視我，如我今日見卿。」因誣其罪，馳信啓之，又輒遣蕭寅代憘伯爲郡。憘伯亦別遣啓臺，閉門待報，寅以兵圍之。齊明帝輔政，知其無罪，不欲乖文和，乃敕憘伯解郡。還爲寅軍所躡，束手受害。

閎弟子曇深，以行義稱。爲臨城縣，罷歸，得錢十萬，以買宅奉兄，退無私蓄。先是劉楷爲交州，謂王儉曰：「欲一人爲南土所聞者同行。」儉良久曰：「得之矣。昔垣閎爲交州，閎弟閎又爲九眞郡，皆著信南中。羽林監曇深者，閎之子也，雅有學行，當令同行。」及隨楷，未至交州而卒，楷惆悵良久。曇深妻鄭氏，字獻英，滎陽人，時年二十，子文凝始生，仍隨楷到鎭。晝夜紡織，傍無親援，年旣盛美，甚有容德，自厲冰霜，無敢望其門者。居一年，私裝了，乃告楷求還。楷大驚曰：「去鄉萬里，固非孀婦所濟」，遂不許。鄭又曰：「垣氏羇魂不反，而其孤藐幼，妾若一同灰壤，則何面目以見先姑。」因大悲泣。楷愴然許之，厚爲之送，於是間關危險，遂得至鄉。葬畢，乃曰：「可以下見先姑矣。」時文凝年甫四歲，親敎經禮，訓

以義方，州里稱美。

又有吳興丘景賓，字彥先，亦以節義聞。父康祖，無錫令，亡後，僮僕數十人及宅宇產畜，景賓悉讓與兄鎭之。鎭之又推齋屋三間與之，亦不肯受。太守孔山士歎曰：「聞柳下惠之風，貪夫廉，懦夫有立志。復見之矣。」終於奉朝請。

張興世字文德，竟陵人也。本單名世，宋明帝益爲興世。少家貧，白衣隨王玄謨伐蠻。後隨孝武鎭尋陽，補南中郎參軍督護，從入討元凶。及南郡王義宣反，又隨玄謨出梁山，有戰功。

明帝即位，四方反叛，進興世龍驤將軍，領水軍拒南賊。時臺軍據赭圻，朝廷遣吏部尚書褚彥回就赭圻行選。是役也，皆先戰授位，檄板不供，由是有黃紙札。南賊屯在鵲尾，旣相持久不決，興世建議曰：「賊據上流，兵張地勝，今以奇兵潛出其上，使其首尾周惶，進退疑沮，〔二三〕糧運艱礙，乃制勝之奇。」沈攸之、吳喜並贊其計，分戰士七千配之。興世乃令輕舸泝流而上，旋復回還，一二日中輒復如此，使賊不爲之防。賊帥劉胡聞興世欲上，笑之曰：「我尙不敢越彼下取揚州，興世何人欲據我上。」興世謂攸之等曰：「上流唯有錢溪可

據。」乃往據之。及劉胡來攻，將士欲迎擊之，興世曰：「賊來尙遠而氣驟盛矣。夫驟旣力盡，盛亦易衰，此曹劌所以破齊也。將士不得妄動。」賊來轉近，興世乃命壽寂之、任農夫率壯士擊走之。袁顗慍曰：「賊據人肝藏裏，云何得活。」是月朔，赭圻軍士伐木爲栅，於青山遇一童子曰：「賊下旬當平，無爲自苦。」忽不見。至是果敗。興世又遏其糧道，賊衆漸飢，劉胡棄軍走，袁顗仍亦奔散，興世遂與吳喜共平江陵。遷右軍將軍，封作唐縣侯。歷雍州刺史，左衞將軍。以疾，徙光祿大夫，尋卒。

興世居臨沔水，自襄陽以下至于江二千里，先無洲嶼，興世初生，當其門前水中，一旦忽生洲，年年漸大。及興世爲方伯，而洲上遂十餘頃。〔二四〕

父仲子由興世致位給事中，興世欲將往襄陽，愛鄉里不肯去。嘗謂興世曰：「我雖田舍老公，樂聞鼓角，汝可送一部，行田時欲吹之。」興世素恭謹畏法，譬之曰：「此是天子鼓角，非田舍公所吹。」興世欲拜墓，仲子謂曰：「汝衞從太多，先人必當驚怖。」興世減撤而行。子欣泰。

欣泰字義亨，不以武業自居，好隸書，讀子史。年十餘，詣吏部尚書褚彥回，彥回問：「張郎弓馬多少？」答曰：「性怯畏馬，無力牽弓。」彥回甚異之。歷諸王府佐。

宋元徽中，興世在家，擁雍州還資見錢三千萬，蒼梧王自領人劫之，一夜垂盡，興世憂懼病卒。欣泰兄欣華時爲安成郡，欣泰悉封餘財以待之。齊建元初，爲尙書都官郎。武帝與欣泰早款遇，及即位，以爲直閤將軍。後爲武陵內史，坐贓私殺人被糾，見原。還復爲直閤、步兵校尉，領羽林監。

欣泰通涉雅俗，交結多是名素，下直輒著鹿皮冠，衲衣錫杖，挾素琴。有以啓武帝，帝曰：「將家兒，何敢作此舉止。」後從駕出新林，敕欣泰廉察，欣泰停仗，於松樹下飲酒賦詩。制局監呂文度以啓武帝，帝大怒，遣出。數日意釋，召謂曰：「卿不樂武職，當處卿淸貴。」〔二五〕除正員郎。出爲鎭軍中兵參軍、南平內史。〔二六〕

巴東王子響殺僚佐，上遣中庶子胡諧之西討，使欣泰爲副。欣泰謂諧之曰：「今太歲在西南，逆歲行軍，兵家深忌，若且頓軍夏口，宣示禍福，可不戰而禽也。」諧之不從，進江津，尹略等見殺。事平，欣泰徙爲隨王子隆鎭西中兵，改領河東內史。子隆深相愛重，數與談宴，意遇與謝朓相次。典籤密啓之，武帝怒，召還都。屛居家巷，置宅南岡下，面接松山，欣泰負弩射雉，恣情閑放，聲伎雜藝，頗多開解。〔二七〕明帝即位，爲領軍長史，遷諮議參軍。上書陳便宜二十條，其一條言宜毀廢塔寺，帝並優詔報答。

建武二年，魏圍鍾離，欣泰爲軍主，隨崔慧景救援。及魏軍退，而邵陽洲上餘兵萬人，

中華書局

求輸馬五百匹假道，慧景欲斷路攻之。欣泰說慧景曰：「歸師勿遏，古人畏之，死地兵不可輕也。」慧景乃聽過。時領軍蕭坦之亦援鍾離，還啓明帝曰：「邵陽洲有死賊萬人，慧景、欣泰放而不取」。帝以此皆不加賞。

四年，出爲永陽太守。永元初，還都。崔慧景圍城，欣泰入城守備。事寧，除廬陵王安東司馬。梁武帝起兵，東昏以欣泰爲雍州刺史。欣泰與弟前始安內史欣時密謀結太子右率胡松、前南譙太守王靈秀、直閤將軍鴻選、含德主帥苟勵、直後劉靈運等，並同契會。帝遣中書舍人馮元嗣監軍救郢，茹法珍、梅蟲兒及太子右率李居士、制局監楊明泰等十餘人相送中興堂。欣泰等使人懷刀，於坐斫元嗣，頭墜果柈中。又斫明泰，破其腹。蟲兒傷數創，手指皆墜。居士踰牆得出，茹法珍亦散走還臺。靈秀仍往石頭迎建安王寶寅，率文武數百，唱警蹕，至杜姥宅。欣泰初聞事發，馳馬入宮，冀法珍等在外，城內處分，必盡見委，因行廢立。既而法珍得返，處分關門上仗，不配欣泰兵，鴻選在殿內亦不敢發，城外衆尋散。少日事覺，欣泰、胡松等皆伏誅。

欣泰少時，有人相其當得三公，而年裁三十。後屋瓦墜傷額，又問相者，云：「無復公相，年壽更增，亦可得方伯耳。」死時年三十六。

論曰：王仲德受任二世，能以功名始終。入關之役，檀、王咸出其下。元嘉北討，則受督於人，有蘭生之志，而無關公之憤，長者哉。道豫雖地居豐、沛，榮非恩假，時歷四代，人焉不絕，文武之道，不墜斯門，殆爲優矣。垣氏宋、齊之際，世著武節，崇祖陳力疆場，以韓、白自許，竟而杜郵之酷，可爲痛哉。興世鵠浦之奇，遠有深致，其垂組建旆，豈徒然也。

校勘記

〔一〕而暴雨莫知津逕　「逕」各本作「逗」，太平御覽六五八引南史及通志並作「逕」。「津逗」無義，今改正。

〔二〕今日投草莽則同匹夫　「今日」宋書作「今自」。

〔三〕仲德率龍驤將軍朱牧寧遠將軍竺靈秀嚴綱等開鉅野入河　「牧」朱齡石傳作「枚」。宋書於本傳作「牧」，於朱齡石傳作「林」。

〔四〕今賊去我猶自千里　「今賊」二字各本並脫，據宋書補。

〔五〕十月魏軍向金墉城　「十月」各本作「十年」，據宋文帝元嘉七年紀及通志改。

〔六〕搖問訊不修部下敬　「部下」南齊書作「民」，此避唐諱改。

〔七〕恒提攜溉洽二人　「恒」各本作「坦」，據通志改。

〔八〕方古信爲儔　「方古」元大德本作「万古」，其他各本作「萬古」。按「萬古」一詞用之於此不合。蓋「方」誤爲「万」，「万」又易爲「萬」。今據册府元龜八八二改正。

〔九〕百代易名實　「代易」二字各本互倒，據太平御覽六九三引、通志乙正。

〔一〇〕溉忤之如初　「忤」各本作「仵」或「許」。册府元龜六三七作「訐」，九三九作「忤」。今改從「忤」。

〔一一〕石即迎置華林園宴殿前　按華林園有宴居殿，疑此脫「居」字。

〔一二〕加以清言　「以」各本作「此」，據梁書改。

〔一三〕尙書中書事皆使仲舉斷決　「尙書中書事」陳書作「尙書中事」。按傳不言仲舉爲中書，疑此衍一「書」字。

〔一四〕宣帝受遺詔爲尙書令入輔　「詔」字各本並脫，據陳書補。

〔一五〕略陽桓道人也　「桓道」各本作「垣道」，據宋書改。

〔一六〕玄謨求救　「救」字各本並脫，據宋書補。

〔一七〕大明三年　「三」各本作「二」。按下云「於道聞竟陵王誕據廣陵反」，誕之反在孝武大明三年，見本紀。今改正。

〔一八〕副輔國將軍張柬　「副」各本作「嗣」，據宋書垣護之傳改。按通志作「隸」，錢大昕廿二史考異：

「當是隸字。」或以下文「亦領軍隸柬」而推及之。

〔一九〕時張超之手行大逆　「之」字各本皆脫。元凶劭傳、宋書二凶傳、通鑑並作「張超之」，今補正。

〔二〇〕豈非小勞而大利邪　「利」各本作「制」，據南齊書、册府元龜三六三改。

〔二一〕時宋氏封爵隨運遷改　「運」各本譌「軍」，今改正。

〔二二〕而日且申今夕須至一處作適　「而日」、「今夕」各本作「而曰」、「令夕」，據通志改。

〔二三〕進退疑沮　「沮」各本作「阻」，據宋書、通志改。

〔二四〕而洲上遂十餘頃　「上」通志作「大」。

〔二五〕當處卿清貴　「貴」南齊書作「貫」。

〔二六〕出爲鎭軍中兵參軍南平內史　「中兵」上各本衍「南」字，據南齊書、册府元龜三九八删。

〔二七〕頗多開解　「開」南齊書作「閑」。

中華書局

南史卷二十六

列傳第十六

袁湛 弟豹 豹子淑 淑兄子顗 顗從弟粲 顗弟子彖 彖從弟昂 馬仙琕 昂子君正 君正子樞 憲 君正弟敬 泌

袁湛字士深，陳郡陽夏人也。祖耽，晉歷陽太守，父質，琅邪內史，並知名。湛少與弟豹並爲從外祖謝安所知，安以其兄子玄女妻湛。

宋武帝起兵，以爲鎭軍諮議參軍。以從征功，封晉寧縣五等男。義熙十二年，爲尚書右僕射。武帝北伐，湛兼太尉，與兼司空尙書范泰奉九命禮物拜授武帝，〔一〕帝沖讓。湛等隨軍至洛陽，住栢谷塢。泰議受使未畢，不拜晉帝諸陵，湛獨至五陵展敬，時人美之。

初，陳郡謝重，王胡之外孫也，於諸舅敬禮多闕，重子絢，湛之甥也，嘗於公坐慢湛，湛正色謂曰：「汝便是兩世無渭陽情。」絢有愧色。十四年，卒，贈左光祿大夫。文帝即位，以

后父贈侍中，以左光祿大夫，開府儀同三司，謚曰敬公。大明三年，孝武幸籍田，經湛墓，遣使致祭，增守墓五戶。

子淳，淳子植，並早卒。

湛弟豹字士蔚，好學博聞，善談雅俗。每商較古今，兼以誦詠，聽者忘疲。爲御史中丞時，鄱陽縣侯孟懷玉上母檀拜國太夫人，有司奏許。豹以婦人從夫爵，懷玉父大司農綽見居列卿，妻不宜從子。奏免尙書右僕射劉柳等官，詔並贖論。後爲丹陽尹，太尉長史，義熙九年，卒官。以參伐蜀謀，追封南昌縣五等子。子淑。

淑字陽源，少有風氣。年數歲，伯父湛謂人曰：「此非凡兒。」至十餘歲，爲姑夫王弘所賞，博涉多通，不爲章句學。文采遒豔，從橫有才辯。彭城王義康命爲司徒祭酒。義康不好文學，雖外相禮接，意好甚疎。從母兄劉湛欲其附己，而淑不爲改意，由是大相乖失。淑乃賦詩曰：「種蘭忌當門，懷璧莫向楚。楚少別玉人，門非植蘭所。」尋以久疾免官。

元嘉二十六年，累遷尙書吏部郎。其秋大舉北侵，從容曰：「今當席卷趙、魏，檢玉岱宗，願上封禪書一篇。」文帝曰：「盛德之事，我何足以當之。」出爲始興王濬征北長史、南東海太

守。淑始到府，濬引見謂曰：「不意舅遂垂屈佐？」淑答曰：「朝廷遣下官，本以光公府望也。」還爲御史中丞。

時魏軍南伐至瓜步，文帝使百官議防禦之術，淑上議，其言甚誕。淑喜誇，每爲時人所嘲。始興王濬嘗送錢三萬餉淑，一宿復遣人追取，謂爲使人謬誤，欲以戲淑，淑與濬書曰：「聞之前志曰，『七年之中，一與一奪，義士猶或非之』。況密邇旬次，何其裒益之亟也。竊恐二三諸侯有以觀大國之政。」遷太子左衞率。

元凶將爲逆，其夜淑在直，呼淑及蕭斌等，流涕告以「明旦當行大事，望相與勠力」。淑、斌並曰：「自古無此，願加善思。」劭怒，斌懼曰：「謹奉令。」淑叱之曰：「卿便謂殿下眞有是邪？殿下幼時嘗患風，或是疾動耳。」劭愈怒，因問曰：「事當剋不？」淑曰：「居不疑之地，何患不剋；但既剋之後，爲天地所不容，大禍亦旋至耳。」劭左右引淑衣曰：「此是何事，而可言罷。」劭因起，賜淑等袴褶，又就主衣取錦，裁三尺爲一段，又中裂之，分斌與淑及左右，使以縛袴褶。淑出還省，繞牀至四更乃寢。劭將出，已與蕭斌同載，呼淑甚急，淑眠終不起。劭停車奉化門，催之相續。徐起至車後，劭使登車，辭不上。劭命左右殺之於奉化門外槐樹下。劭即位，追贈太常。孝武即位，贈侍中、太尉，謚曰忠憲公。又詔淑及徐湛之、江湛、王僧綽、卜天與四家長給稟。〔二〕淑文集傳於世。諸子並早卒。

兄洵，吳郡太守，謚曰貞。洵子顗。

顗字國章，〔三〕初爲豫州主簿，累遷晉陵太守，襲南昌縣五等子。大明末，拜侍中，領前軍將軍。時新安王子鸞以母嬖有盛寵，太子在東宮多過，上微有廢太子立子鸞之意，從容言之。顗盛稱太子好學，有日新之美。帝怒，振衣而入，顗亦厲色而出。左丞徐爰言於帝，請宥之，帝意解。後帝又以沈慶之才用不多，言論頗相嗤毀，顗又陳慶之忠勤有幹略，堪當重任。由是前廢帝深感顗，慶之亦懷其德。

景和元年誅羣公，欲引進顗，任以朝政，遷爲吏部尙書，封新淦縣子。〔四〕俄而意趣乖異，寵待頓衰，始令顗與沈慶之、徐爰參知選事，尋復反以爲罪，使有司糾奏，坐白衣領職。從幸湖熟，往反數日不被命，顗慮禍求出，乃除建安王休仁安西長史。休仁不行，即以顗爲領寧蠻校尉、雍州刺史，加都督。顗舅蔡興宗謂曰：「襄陽星惡，〔五〕豈可冒邪？」顗曰：「白刃交前，不救流矢。今日之行，本願生出彪口。且天道遼遠，何必皆驗？如其有徵，當修德以禳之。」於是狼狽上路，恒慮見追。後至尋陽，曰：「今知免矣。」與鄧琬款狎過常，每清閑必盡日窮夜。顗與琬人地本殊，衆知其有異志矣。

及至襄陽，使劉胡繕修兵械，會明帝定大事，進顗號右將軍。遣荆州典籤邵宰乘驛還

中華書局

江陵，道由襄陽。顗反意已定，而糧仗未足，欲且奉表於明帝。顗子祕書丞戩曰：「一奉表疏，便爲彼臣，以臣伐君，於義不可。」顗從之。顗詐云被太皇太后令，使其起兵。便建牙馳檄，奉勸晉安王子勛卽大位，與琬書使勿解甲。子勛卽位，進顗號安北將軍，加尙書左僕射。顗本無將略，在軍中未嘗戎服，語不及戰陣，唯賦詩談義而已，〔六〕不能撫接諸將。劉胡每論事，酬對甚簡，由此大失人情，胡常切齒恚恨。

胡以南運未至，軍士匱乏，〔七〕就顗換襄陽之資。顗答曰：「都下兩宅未成，方應經理，不可損徹。」又信往來之言，言都下米貴，斗至數百，以爲不勞攻伐，行自離散，於是擁甲以待之。明帝使顗舊門生徐碩奉手詔譬顗曰：「卿未經爲臣，今追蹤竇融，猶未晚也。」及劉胡叛走不告顗，顗至夜方知，大怒，罵曰：「今年爲小子所誤。」呼取飛燕，謂其衆曰：「我當自出追之。」因又遁走。至鵲頭，與戍主薛伯珍及其所領數千，步取青林，欲向尋陽。夜止山間宿，殺馬勞將士。顗顧伯珍曰：「我舉八州以謀王室，未一戰而散，豈非天邪。非不能死，豈欲草間求活，望一至尋陽，謝罪主上，然後自刎耳。」因慷慨叱左右索節，無復應者。及旦，伯珍請求間言，乃斬顗首詣錢溪馬軍主襄陽俞湛之降。湛之因斬伯珍併送首以爲己功。明帝忿顗違叛，流尸於江，弟子彖收瘞於石頭後岡。後廢帝卽位，方得改葬。

顗子戩、昂。戩爲黃門侍郎，戍盆城。尋陽敗，伏誅。

粲字景倩，洵弟子也。父濯，揚州秀才，早卒。粲幼孤，祖哀之，名之曰愍孫。伯叔並當世榮顯，而愍孫飢寒不足。母琅邪王氏，太尉長史誕之女也。躬事績紡，以供朝夕。

愍孫少好學，有清才，隨伯父洵爲吳郡，擁弊衣讀書，足不踰戶。其從兄顗出遊，要愍孫，愍孫輒稱疾不動。叔父淑雅重之，語子弟曰：「我門不乏賢，愍孫必當復爲三公。」〔八〕或有欲與顗婚，顗父洵曰：「顗不堪，政可與愍孫婚耳。」愍孫在坐，流涕起出。早以操行見知，宋孝武卽位，稍遷尙書吏部郎，太子右衞率，侍中。孝建元年，文帝諱日，羣臣並於中興寺八關齋，中食竟，愍孫別與黃門郎張淹更進魚肉食。尙書令何尙之奉法素謹，密以白孝武，孝武使御史中丞王謙之糾奏，並免官。

大明元年，復爲侍中，領射聲校尉，封興平縣子。三年，坐納山陰人丁承文貨，舉爲會稽郡孝廉，免官。五年，爲左衞將軍，加給事中。七年，轉吏部尙書，左衞如故。其年，皇太子冠，上臨宴東宮，與顏師伯、柳元景、沈慶之等並摴蒱，愍孫勸師伯酒，師伯不飲，愍孫因相裁辱曰：「不能與佞人周旋。」師伯見寵於上，上常嫌愍孫以寒素陵之，因此發怒曰：「袁濯兒不逢朕，員外郎未可得也，而敢以寒士遇物！」〔九〕將手刃之，命引下席。愍孫色不變，沈、柳並起謝，久之得釋。出爲海陵太守。

廢帝卽位，愍孫在郡，夢日墮其胸上，因驚。尋被徵管機密，歷吏部尙書，侍中，驍衞將軍。愍孫峻於儀範，廢帝倮之迫使走，愍孫雅步如常，顧而言曰：「風雨如晦，雞鳴不已。」明帝泰始元年，〔一〇〕爲司徒左長史、南東海太守。

愍孫清整有風操，自遇甚高，嘗著妙德先生傳以續嵇康高士傳後以自況曰：「有妙德先生，陳國人也。氣志深虛，姿神清映，性孝履順，棲沖業簡，有舜之遺風。先生幼夙多疾，性疎懶，無所營尙，然九流百氏之言，雕龍談天之藝，皆泛識其大歸，而不以成名。家貧嘗仕，非其好也。混其聲迹，晦其心用，席門常掩，三逕裁通。雖揚子寂漠，嚴叟沈冥，不是過也。修道遂志，終無得而稱焉。」又嘗謂周旋人曰：「昔有一國，國中一水號曰狂泉，國人飲此水無不狂，唯國君穿井而汲，獨得無恙。國人既並狂，反謂國主之不狂爲狂，於是聚謀共執國主，療其狂疾。火艾針藥，莫不必具，〔一一〕國主不任其苦，於是到泉所酌水飲之，飲畢便狂，君臣大小其狂若一，衆乃歡然。我既不狂，難以獨立，比亦欲試飲此水矣。」

幼慕荀奉倩爲人，孝武時求改名粲，不許，至明帝立，乃請改爲粲，字景倩。其外孫王筠又云：「明帝多忌諱，反語袁愍爲『殞門』，帝意惡之，乃令改焉。」二年，遷領軍將軍，仗士三十人入六門。其年，徙中書令，領太子詹事。三年，轉尙書僕射，尋領吏部。五年，加中書令，又領丹陽尹。

粲負才尙氣，愛好虛遠，雖位任隆重，不以事務經懷。獨步園林，詩酒自適。家居負郭，每杖策逍遙，當其意得，悠然忘反。郡南一家頗有竹石，粲率爾步往，亦不通主人，直造竹所，嘯詠自得。主人出，語笑款然。俄而車騎羽儀併至門，方知是袁尹。又嘗步屧白楊郊野間，道遇一士大夫，便呼與酣飲，明日此人謂被知顧，到門求進。粲曰：「昨飲酒無偶，聊相要耳。」竟不與相見。嘗作五言詩，言「訪迹雖中宇，循寄乃滄洲」。蓋其志也。

七年，爲尙書令。初，粲忤於孝武，其母候乘輿出，負塼叩頭流血，塼碎傷目。自此後，粲與人語，有誤道眇目者，輒涕泣彌日。嘗疾，母憂念，晝寢，夢見父容色如平生，與母語曰：「愍孫無憂，將爲國家器，不患沈沒。但恐富貴，終當傾滅耳。」母未嘗言及。粲貴重，恒懼傾滅，乃以告之，粲故自挹損。明帝臨崩，粲與褚彥回、劉勔並受顧命，加班劍二十人，給鼓吹一部。後廢帝卽位，加兵五百人。元徽元年，丁母憂，葬竟，攝令親職，加衞將軍，不受。性至孝，居喪毀甚，祖日及祥，詔衞軍斷客。

二年，桂陽王休範爲逆，粲扶曳入殿，詔加兵自隨，府置佐吏。時兵難危急，賊已至南掖門，諸將意沮，咸莫能奮。粲慷慨謂諸將帥曰：「寇賊已逼，而衆情離阻，孤子受先帝顧託，本以死報，今日當與褚護軍同死社稷。」〔一二〕因命左右被馬，辭色哀壯。於是陳顯達等感激出戰，賊卽平殄。事寧，授中書監，卽本號開府儀同三司，領司徒。以揚州解爲府，固

中華書局

不肯移。三年，徙尚書令，衞軍、開府如故，並固辭，服終乃受命。加侍中，進爵爲侯，又不受。

時粲與齊高帝、褚彥回、劉彥節遞日入直，平決萬機。粲閑默寡言，不肯當事，主書每往諮決，或高詠對之。時立一意，則衆莫能改。素寡往來，門無雜賓，閑居高臥，一無所接。談客文士，所見不過一兩人。順帝卽位，遷中書監，司徒、侍中如故。

齊高帝既居東府，故使粲鎭石頭。粲素靜退，每有朝命，逼切不得已，然後方就。及詔移石頭，卽便順旨。有周旋人解望氣，謂粲曰：「石頭氣甚凶，往必有禍。」粲不答。又給油絡通幰車，仗士五十人入殿。

時齊高帝方革命，粲自以身受顧託，不欲事二姓，密有異圖。劉彥節宋氏宗室，前湘州刺史王蘊太后兄子，素好武事，並慮不見容於齊高帝，皆與粲結，諸將帥黃回、任候伯、孫曇瓘、王宜興、彭文之、卜伯興等並與粲合。昇明元年，荆州刺史沈攸之舉兵反，齊高帝自詣粲，粲稱疾不見。粲宗人袁達以爲不宜示異同。粲曰：「彼若劫我入臺，便無辭以拒，一如此，不復得出矣。」時齊高帝入屯朝堂，彥節從父弟領軍將軍韞入直門下省，卜伯興爲直閤，黃回諸將皆率軍出新亭。粲剋日謀矯太后令，使韞、伯興率宿衞兵攻齊高帝於朝堂，〔一三〕回率軍來應，彥節、候伯等並赴石頭。事泄。先是，齊高帝遣將薛深、蘇烈、王天生等領兵戍

石頭，云以助粲，實禦之也。又令腹心王敬則爲直閤，與伯興共總禁兵。王蘊聞彥節已奔，歎曰：「今年事敗矣。」乃狼狽率部曲向石頭，薛深等據門射之。蘊謂粲已敗，乃便散走。齊高帝以報敬則，敬則誅韞幷伯興，〔一四〕又遣軍主戴僧靜向石頭助薛深自倉門入。時粲與彥節等列兵登東門，僧靜分兵攻府西門，彥節與兒踰城出。粲還坐，列燭自照，謂其子最曰：「本知一木不能止大厦之崩，但以名義至此耳。」僧靜挺身暗往，奮刀直前欲斬之。子最覺有異，大叫抱父乞先死，兵士人人莫不隕涕。粲曰：「我不失忠臣，汝不失孝子。」仍求筆作啓云：「臣義奉大宋，策名兩畢，今便歸魂墳壠，永就山丘。」僧靜乃幷斬之。

初，粲大明中與蕭惠開、周朗同車行，逢大舫開駐車，惠開自照鏡曰：「無年可仕。」朗執鏡良久曰：「視死如歸。」粲最後曰：「當至三公而不終。」至是如言。最字文高，時年十七，既父子俱殞，左右分散，任候伯等其夜並自新亭赴石頭，其後皆誅。

粲小兒數歲，乳母將投粲門生狄靈慶。靈慶曰：「吾聞出郎君者有厚賞，今袁氏已滅，汝匿之尚誰爲乎？」遂抱以首。乳母號泣呼天曰：「公昔於汝有恩，故冒難歸汝，奈何欲殺郎君以求小利。若天地鬼神有知，我見汝滅門。」此兒死後，靈慶常見兒騎大羖狗戲如平常，經年餘，鬬場忽見一狗走入其家，遇靈慶於庭噬殺之，少時妻子皆沒。此狗卽袁郎所常騎

者也。〔一五〕

齊永明元年，武帝詔曰：「袁粲、劉彥節並與先朝同奬宋室，沈攸之於景和之世特有乃心，雖末節不終，而始誠可錄。歲月彌往，宜需優隆。」於是並命改葬。

粲省事莫嗣祖，粲常所委信，與劉彥節等宜密謀。至是齊高帝問曰：「汝知袁粲謀逆，何不啓？」嗣祖曰：「小人無識，曲蒙袁公厚恩，實不仰負，今日就死分甘。官若賜性命，亦不忍背粲而獨生也。」戴僧靜勸殺之。帝曰：「彼各爲其主。」遂赦焉，用爲省事。歷朝所賞。梁豫章王直新出閤，中旨用嗣祖爲師。

彖字偉才，顗弟覬之子也。覬好學美才，早有清譽，仕宋位武陵內史。彖少有風氣，善屬文及談玄，舉秀才，歷諸王府參軍，不就。覬臨終與兄顗書曰：「史公才識可喜，足懋先基矣。」〔一六〕史公，彖小字也。及顗見誅，宋明帝投尸江中，不許斂葬。彖與舊奴一人，微服求尸，四十餘日乃得，密瘗石頭後岡，身自負土。懷其文集，未嘗離身。明帝崩後，乃改葬顗。從叔司徒粲、祖舅征西將軍蔡興宗並器之。

仕宋爲齊高帝太傅相國主簿，秘書丞。仕齊爲中書郎，兼太子中庶子。又以中書郎兼御史中丞。坐彈謝超宗簡奏依違，免官。後拜廬陵王諮議。時南郡江陵縣人苟蔣之弟胡

之婦爲曾口寺沙門所淫，夜入苟家，蔣之殺沙門，爲官司所檢，蔣之列家門穢行，欲告則恥，欲忍則不可，實已所殺，胡之列又如此，兄弟爭死。江陵令宗躬啓州，荆州刺史廬江王求博議。彖曰：「夫迅寒急節，乃見松筠之操，危機迴構，方識貞孤之風。竊以蔣之、胡之殺人，原心非暴，辯讞之日，友于讓生，事憐左右，義哀行路。昔文舉引謗，獲漏疏網，蔣之心迹，同符古人，若陷以深刑，實傷爲善。」由是蔣之兄弟免死。

累遷太子中庶子，出爲冠軍將軍，監吳興郡事。彖性剛固，以微言忤武帝，又薄王晏爲人，晏請交不答。武帝在便殿用金柄刀子剸瓜，晏在側曰：「外聞有金刀之言，恐不宜用此物。」帝窮問所以，晏曰：「袁彖爲臣說之。」上銜怒良久。彖到郡，坐過用祿錢，免官付東冶。彖妹爲竟陵王子良妃，子良世子昭胄時年八歲，見武帝而形容慘悴，帝問其故，昭胄流涕曰：「臣舅負罪，今在尚方，臣母悲泣不食已積日，臣所以不寧。」帝曰：「特爲兒赦之。」既而帝遊孫陵，望東冶，曰：「冶中有一好貴囚。」數日，與朝臣幸冶，履行庫藏，因宴飲，賜囚徒酒肉，敕見彖與語，明日釋之。後爲侍中。彖充腴異衆，每從射雉郊野，數人推扶，乃能徒步。幼而母卒，養於伯母王氏，事之如親，閨門孝義。隆昌元年卒，諡靖子。

彖宗人廓之，字思度，宏之曾孫也。父景儁，宋世爲淮南太守，以非罪見誅。廓之終身不聽音樂，布衣蔬食，足不出門，示不臣於宋，時人以比晉之王裒。顏延之見其幼時，歎曰：

中華書局

「有子如袁廓足矣。」〔一七〕齊國建，方出仕，稍至殿中郎，王儉、柳世隆傾心待之。爲太子洗馬。于時何偶亦稱才子，〔一八〕爲文惠太子作楊畔歌，辭甚側麗，太子甚悅。廓之諫曰：「夫楊畔者，既非典雅，而聲甚哀思，殿下當降意簫韶，奈何聽亡國之響。」太子改容謝之。

昂字千里，雍州刺史顗之子也，顗敗，藏於沙門。沙門將以出關，關吏疑非常人，沙門杖而語之，遂免。或云：顗敗時，昂年五歲，乳媪攜抱匿於廬山，州郡於野求之，於乳媪匿所見一彪，因去，遂免。會赦得出，猶徙晉安。在南唯勤學，至元徽中聽還，時年十五。初顗敗傳首建鄴，藏於武庫，以漆題顗名以爲誌，至是始還之。昂號慟嘔血，絕而復蘇，以淚洗所題漆字皆滅，人以爲孝感。葬訖，更制服廬于墓次，從兄彖常撫視抑譬之。

昂容質修偉，冠絕人倫，以父亡不以理，終身不聽音樂。後與彖同見從叔司徒粲，粲謂彖曰：「昂幼孤而能至此，故知名器自有所在。」仕齊爲王儉鎮軍府功曹史。儉後爲丹陽尹，於後堂獨引見昂，指北堂謂曰：「卿必居此。」累遷黃門郎。

昂本名千里，齊永明中，武帝謂曰：「昂昂千里之駒，在卿有之。今改卿名爲昂，卽字千里。」後爲衞軍武陵王長史。丁母憂，哀毀過禮，服未除而從兄彖卒。昂幼孤，爲彖所養，乃制朞服。人有怪而問之，昂致書以喻之曰：

竊聞禮由恩斷，服以情申，故小功他邦，加制一等，同爨有緦，明之典籍。孤子夙以不天，幼傾乾廕，資敬未奉，過庭莫承，藐藐沖年，未達朱紫。從兄提養訓教，示以義方，每假其談價，虛其聲譽，得及人次，實亦有由。兼開拓房宇，處以華曠，同財共有，恣其取足，爾來三十餘年。憐愛之至，言無異色，姊妹孤姪，成就一時。篤念之深，在終彌固，此恩此愛，畢壤不追。既情若同生，而服爲諸從，言心卽事，實未忍安。昔馬稜與從弟毅同居，毅亡，稜爲心服三年。由也之不除喪，亦緣情而致制。雖識不及古，誠懷感慕。常願千秋之後，從服朞齊；不圖門衰禍集，一旦草土，殘息復罹今酷。尋惟慟絕，彌劇彌深。今以餘喘，欲遂素志，庶寄其罔慕之痛，少申無已之情。雖禮無明據，乃事有先例，率迷而至，必欲行之。臨紙哽咽，言不識次。

後爲御史中丞。時尚書令王晏弟詡爲廣州，多納賕貨，昂依事劾奏，不憚權家，當時號爲正直。

初，昂爲洗馬，明帝爲領軍，欽昂風素，頻降駕焉。及踐阼，奏事多留與語，謂曰：「我昔以卿有美名，親經相諧。」昂答曰：「陛下在田之日，遂蒙三顧草廬。」帝甚悅。尋出爲豫章內史，丁所生母憂去職。以喪還，江路風潮暴駭，昂乃縛衣著柩，誓同沉溺。及風止，餘船皆沒，唯昂船獲全，咸謂精誠所致。葬訖，起爲吳興太守。

永元末，梁武帝起兵，州郡望風皆降，昂獨拒境。帝手書喻之曰：

夫禍福無門，興亡有數，天之所棄，人孰能匡。機來不再，圖之宜早。頃藉聽道路，承欲狼顧一隅，既未喻雅懷，聊申往意。獨夫狂悖，振古未聞，窮凶極虐，歲月滋甚。天未絕齊，聖明啓運，億兆有賴，百姓來蘇。吾荷任前驅，掃除京邑，屠潰之期，當不云遠。兼熒惑出端門，太白入氐室，天文表於上，人事符於下，不謀同契，實在茲辰。且范岫、申冑久薦誠款，各率所守，仍爲掎角；而足下欲以區區之郡，禦堂堂之師，根本既傾，枝葉安附？今竭力昏主，未足爲忠，家門屠滅，非所謂孝。忠孝俱盡，將欲何依，去就之宜，幸加詳擇。

昂答曰：

都史至辱誨，承藉以衆論，謂僕有勤王之舉，兼蒙誚責，獨無送款。循復嚴旨，若臨萬仞。三吳內地，非用兵之所，況以偏隅一郡，何能爲役？近奉敕，以此境多虞，見使安慰。自承麾旆屆止，莫不膝袒軍門，唯僕一人敢後至者，正以自揆庸素，文武無施，直是陳國賤男子耳。雖欲獻心，不增大軍之勇，置其愚默，寧沮衆帥之威。幸藉將軍含弘之大，可得從容以禮。竊以一飡微施，尙復投殞；況食人之祿，而頓忘一旦，非唯物議不可，亦恐明公鄙之。

建康城平，昂舉哀慟哭。時帝使豫州刺史李元履巡撫東土，敕元履曰：「袁昂道素之門，世有忠節，天下須共容之，勿以兵威陵辱。」元履至宣旨，昂亦不請降，開門徹備而已。及至，帝亦不問其過。

天監二年，以爲後軍臨川王參軍事。昂啓謝曰：

恩隆絕望之辰，慶集冥心之日，焰灰非喻，荑枯未擬。摳衣聚足，顛狽不勝。臣偏歷三墳，備詳六典，巡校賞罰之科，洞檢生死之律，莫不嚴五辟於明君之朝，峻三章於聖主之日。是以塗山始會，致防風之誅，酆邑方搆，有崇侯之伐。未有緩憲於斲戮之人，賒刑於耐罪之族，出萬死入一生如臣者也。推恩及罪，在臣實大，披心瀝血，敢乞言之。

臣東國賤人，學行何取，既殊鳴雁直木，固無結綬彈冠，徒藉羽儀，易農就仕。往年濫職，守秩東隅，仰屬龔行，風驅電掩，當其時也，負鼎圖者日至，執玉帛者相望，獨在愚臣，頓昏大義，徇鴻毛之輕，忘同德之重。但三吳險薄，五湖交通，屢起田儋之變，每懼殷通之禍，空慕君魚保境，遂失師涓抱器。後至者斬，臣甘斯戮，明刑徇衆，誰曰不然。幸因約法之弘，承解網之宥，猶當降等薪粲，遂乃頓釋鉗赭。斂骨吹魂，還編黔庶，濯疵蕩穢，入楚遊陳，天波既洗，雲油遽沐。古人有言：非死之難，處死之難。臣之

中華書局

所荷，曠古不書，臣之所死，未知何地。」

武帝答曰：「朕遺射鉤，卿無自外。」

尋爲侍中，遷吏部尚書。帝謂曰：「齊明帝用卿爲黑頭尚書，我用卿爲白頭尚書，良以多愧。」對曰：「臣生四十七年于茲矣，四十以前，臣之自有，七年以後，陛下所養。七歲尚書，未爲晚達。」帝曰：「士固不妄有名。」

十五年，爲尚書左僕射，尋爲尚書令。時僕射徐勉勢傾天下，在昂處宴，賓主甚歡。勉求昂出內人傳盃，昂良久不出，勉苦求之。昂不獲已，命出五六人，始至齋閤，昂謂勉曰：「我無少年，老嫗並是兒母，非王妃母，便是主大家，今令問訊卿。」勉聞大驚求止，方知昂爲貴。

昂在朝謇諤，世號宗臣。昭明太子薨，立晉安王綱爲皇太子，昂獨表言宜立昭明長息歡爲皇太孫。雖不見用，擅聲朝野。自是告老乞骸骨，不干時務。

昂雅有人鑒，遊處不雜，入其門者號登龍門。大通中，位司空。大同六年，薨，時年八十。詔卽日舉哀。初，昂臨終遺疏不受贈謚，敕諸子不得言上行狀及立銘誌，凡有所須，悉皆停省。因復曰：「吾釋褐從仕，不期富貴，但官序不失等倫，衣食粗知榮辱，以此闔棺，無慚鄉里。往忝吳興，屬在昏明之際，既闇於前覺，無誠於聖朝，不識天命，甘貽顯戮，幸遇殊

恩，得全門戶。自念負罪私門，階榮望絕，保存性命，以爲幸甚，不謂叨竊寵靈，一至於此。常欲竭誠酬報，申吾乃心，所以朝廷每興師北伐，吾輒啓求行。誓之丹款，實非矯言。既庸懦無施，皆不蒙許，雖欲罄命，其議莫從。今日瞑目，畢恨泉壤，聖朝遵古，如吾名品，或有追遠之恩，脫有贈官，愼勿祗奉。」諸子累表陳奏，詔不許，謚曰穆正公。有集二十卷。

初，昂之歸梁，有馬仙琕者亦以義烈稱。

仙琕字靈馥，扶風郿人。父伯鸞，宋冠軍司馬。仙琕少以果敢聞，父憂毀瘠過禮，負土成墳，手植松柏。仕齊位豫州刺史。

梁武起兵，使其故人姚仲賓說之，仙琕先爲設酒，乃斬於軍門以徇。帝又遣其族叔懷遠說之，仙琕曰：「大義滅親。」又命斬之。懷遠號泣，軍中爲請乃免。

武帝至新林，仙琕猶於江西日抄運漕。建康城平，仙琕舉哀謂衆曰：「我受人任寄，義不容降，今衆寡不侔，勢必屠滅。公等雖無二心，其如親老何。我爲忠臣，君爲孝子，各盡其道，不亦可乎。」於是悉遣城內兵出降，餘壯士數十，閉門獨守。俄而兵入，圍之數十重。仙琕令士皆持滿，兵不敢近。日晚乃投弓曰：「諸君但來見取，我義不降。」乃檻送建康，至石頭而脫之。帝使待袁昂至俱入，曰：「使天下見二義士。」帝勞之曰：「射鉤斬袪，昔人弗忌，卿勿以戮使斷運苟自嫌絕也。」謝曰：「小人如失主犬，後主飼之，便復爲用。」帝笑而美之。俄而母卒，帝知其貧，賻給甚厚。仙琕號泣謂弟仲艾曰：「蒙大造之恩，未獲上報，今復荷殊澤，當與爾以心力自効耳。」

天監四年，師侵魏，仙琕每戰，恒冠三軍，與諸將論議，口未嘗言功。人問其故，仙琕曰：「大丈夫爲時所知，當進不求名，退不逃罪，乃平生願也，何功可論。」爲南義陽太守，累破山蠻，郡境清謐。以功封浛洭縣伯。遷司州刺史，進號貞威將軍。

魏豫州人白早生使以懸瓠來降，[九]武帝使仙琕赴之，又遣直閤將軍武會超、馬廣率衆爲援。仙琕進頓楚王城，遣副將齊苟兒助守懸瓠。魏中山王英攻懸瓠，執齊苟兒，進禽馬廣送洛陽，仙琕不能救。會超等亦相次退散，魏軍進據三關，仙琕坐徵還爲雲騎將軍。

十年，朐山人殺琅邪太守劉晰，以城降魏，詔假仙琕節討之。魏徐州刺史盧昶以衆十餘萬赴焉，仙琕累戰破走之。進爵爲侯，還豫州刺史，加都督。

仙琕自爲將及居州郡，能與士卒同勞逸，身衣不過布帛，所居無幃幕衾屏，行則飲食與廝養最下者同。其在邊境，常單身潛入敵境，伺知壁壘村落險要處所，攻戰多剋捷，[一〇]士卒亦甘心爲用，帝雅愛仗之。卒於州，贈左衞將軍，謚曰剛。初，仙琕幼名仙婢，及長以婢名不典，乃以玉代女云。子巖夫嗣。

昂子君正字世忠，少聰敏。年數歲，父疾，晝夜不眠，專侍左右。家人勸令暫臥，答曰：「官既未差，眠亦不安。」歷位太子庶子。

君正美風儀，善自居處，以貴公子早得時譽。爲豫章內史。性不信巫邪，有師萬世榮稱道術，爲一郡巫長。君正在郡小疾，主簿熊岳薦之。師云：「須疾者衣爲信命。」君正以所著襦與之，事竟取襦，云「神將送與北斗君」。君正使檢諸身，於衣裏獲之，以爲亂政，卽刑於市而焚神，一郡無敢行巫。

還吳郡太守。侯景亂，率數百人隨邵陵王綸赴援，及臺城陷，還郡。君正當官莅事有名稱，而蓄聚財產，服玩靡麗。賊遣張太墨攻之，新城戍主戴僧易勸令拒守，己以戍兵自外擊之，君正不能決。吳人陸映公等懼不濟，賊種族其家，勸之迎賊。君正性怯懦，乃送米及牛酒郊迎賊，賊掠奪其財物子女，因是感疾卒。子樞。

樞字踐言，美容儀，性沈靜，好學，手不釋卷。家本顯貴，貲產充積，而樞獨處率素，傍無交往，非公事未嘗出游，榮利之懷淡如也。

侯景之亂，樞往吳郡省父疾，丁父憂。時四方擾亂，人求苟免，樞居喪以至孝聞。王僧

中華書局

辯平侯景，鎮建鄴，衣冠爭往造請，樞杜門靜居，不求聞達。紹泰中，歷吏部尚書、吳興郡太守。陳永定中，徵爲侍中，掌選。遷都官尚書，掌選如故。

樞博學，明悉舊章。初，陳武帝長女永嗣公主，〔三〕先適陳留太守錢蕆，生子岊，主及岊並卒于梁時。武帝受命，唯主追封。至是將葬，尚書請議加蕆駙馬都尉，并贈岊官。樞議曰：

昔王姬下嫁，必適諸侯。同姓爲主，聞於公羊之說；車服不繫，顯於詩人之篇。漢氏初興，列侯尚主，自斯以後，降嬪素族。駙馬都尉，置由漢武，或以假諸功臣，或以加於戚屬。是以魏曹植表駙馬、奉車取爲一號。齊職儀曰：「凡尚公主，必拜駙馬都尉，魏、晉以來，因爲瞻準。」蓋以王姬之重，庶姓之輕，若不加其等級，寧可合巹而酳。所以假駙馬之位，乃崇於皇女也。今公主早薨，伉儷已絕，既無禮數致疑，何須駙馬之授。案杜預尚晉宣帝第二女，晉武踐阼而主已亡，泰始中追贈公主，元凱無復駙馬之號。梁文帝女新安穆公主早薨，天監初，王氏無追拜之事。遠近二例，足以校明，無勞此授。今宜追贈亭侯。

時議以爲當。

天嘉三年，爲吏部尚書，領丹陽尹。以葬父拜表自解，詔令葬訖停宅視郡事，服闋還職。時僕射到仲舉雖參掌選事，銓衡汲引，並出於樞，舉薦多會上旨。謹慎周密，清白自居，文武職司，鮮有遊其門者。廢帝卽位，遷尚書左僕射，卒，謚曰簡懿。有集十卷行於世。弟憲。

憲字德章，幼聰敏好學，有雅量。梁武帝修建庠序，別開五館，其一館在憲宅西，憲常招引諸生與之談論，新義出人意表，同輩咸嗟服焉。

大同八年，武帝撰孔子正言章句，詔下國學宣制旨義。憲時年十四，被召爲正言生，祭酒到漑目送之，愛其神采。國子博士周弘正謂憲父君正曰：「賢子今茲欲策試不？」君正曰：「未敢令試。」居數日，君正遣門客岑文豪與憲候弘正。會弘正將升講坐，弟子畢集，乃延憲入室，授以麈尾，令憲豎義。時謝岐、何妥在坐，弘正謂曰：「二賢雖窮奧賾，得無憚此後生邪？」何、謝乃遞起義端，深極理致，憲與往復數番，酬對閑敏。弘正謂妥曰：「恣卿所問，勿以童幼期之。」時觀者重沓，憲神色自若，辯論有餘，弘正亦起數難，終不能屈。因告文豪曰：「卿還諮袁吳郡，此郎已堪見代博士矣。」時生徒對策，多行賄賂，文豪請具束脩。君正曰：「我豈能用錢爲兒買第邪？」學司銜之。及憲試，爭起劇難，憲隨問抗答，剖析如流。到

漑顧憲曰：「袁君正其有後矣。」及君正將之吳郡，漑祖道於征虜亭，謂君正曰：「昨策生，蕭敏孫、徐孝克非不解義，至於風神器局，去賢子遠矣。」尋舉高第，以貴公子選尚南沙公主，卽梁簡文帝女也。

大同元年，釋褐祕書郎，遷太子舍人。侯景寇逆，憲東之吳郡。尋丁父憂，哀毀過禮。陳武帝作相，除司徒戶曹，初謁，遂抗禮長揖。中書令王勱謂憲曰：「卿何矯衆，不拜錄公？」憲曰：「於理不應致拜。」衛尉趙知禮曰：「袁生舉止詳中，故有陳、汝之風。」

陳受命，授中書侍郎，兼散騎常侍，與黃門郎王瑜使齊，數年不遣，天嘉初乃還。太建三年，累遷御史中丞，羽林監。時豫章王叔英不奉法度，逼取人馬，憲依事劾奏，免叔英。自是朝野嚴憚。

憲詳練朝章，尤明聽斷，至有獄情未盡而有司具法者，卽伺閑爲帝言之，所申理甚衆。嘗陪宴承香閣，賓退後，宣帝留憲與衛尉樊俊徙席山亭，談宴終日。帝謂俊曰：「袁家故爲有人。」其見重如此。

自侍中遷吳郡太守，以父任固辭，改授南康內史。還吏部尚書。憲以久居清顯，累表自求解任，帝曰：「諸人在職，屢有謗書，卿處事已多，可謂清白，別相甄錄，且勿致辭。」遷右僕射，參掌選事。先是憲長兄樞爲左僕射，至是憲爲右僕射，臺省目樞爲大僕射，

憲爲小僕射，朝廷榮之。

及宣帝不豫，憲與吏部尚書毛喜俱受顧命。始興王叔陵之肆逆也，憲指麾部分，預有力焉。後主被創病篤，執憲手曰：「我兒尚幼，後事委卿。」憲曰：「羣情喁喁，冀聖躬康復，後事之委，未敢奉詔。」

以功封建安縣伯，領太子中庶子。尋除侍中、太子詹事。及太子加元服，行釋奠禮，憲表請解職，不許，尋給扶二人。皇太子頗不率典訓，憲手表陳諫十條，皆援引古今，言辭切直。太子雖外示容納，心無悛改。後主欲立寵姬張貴妃子始安王爲嗣，嘗從容言之，吏部尚書蔡徵順旨稱贊，憲厲色折之曰：「皇太子國家儲副，億兆宅心，卿是何人，輕言廢立。」然是夏竟廢太子爲吳興王。後主知憲有規諫之事，歎曰：「袁德章實骨鯁臣。」〔三〕卽日詔爲尚書僕射。

禎明三年，隋軍來伐，隋將賀若弼進燒宮城北掖門，兵衞皆散走，朝士各藏，唯憲侍左右。後主謂曰：「我從來待卿不先餘人，今日見卿，可謂歲寒知松栢後凋也。非唯由我無德，亦是江東衣冠道盡。」後主將避匿，憲正色曰：「北兵之入，必無所犯，大事如此，陛下安之？臣願陛下依梁武見侯景故事以待之。」不從，因下榻馳去。憲從出後堂景陽殿，後主投井中，憲拜哭而出。

及至長安，隋文帝嘉其雅操，下詔以爲江表稱首，授開府儀同三司、昌州刺史。開皇十四年，授晉王廣府長史。十八年，卒，時年七十，贈大將軍、安成郡公，謚曰簡。

長子承家，仕隋至祕書丞、國子司業。君正弟敬。

敬字子恭，純素有風格。幼便篤學，老而無倦。仕梁位太子中舍人。魏剋江陵，流寓嶺表。陳武帝受禪，敬在廣州依歐陽頠。頠卒，其子紇據州，將有異志，敬累諫不從。宣帝即位，遣章昭達討紇，紇將敗，恨不納敬言。朝廷義之，徵爲太子中庶子。歷左戶、都官二尚書，太常卿，散騎常侍，金紫光祿大夫，加特進。至德三年，卒，謚靖德子。子元友嗣。敬弟泌。

泌字文洋，清正有幹局，容體魁岸，志行修謹。仕梁歷諸王府佐。侯景之亂，泌兄君正爲吳郡太守，梁簡文帝在東宮，板泌爲東宮領直，令往吳中，召募士卒。及景圍臺城，泌率所領赴援。城陷，依鄱陽嗣王範。範卒，泌降景。景平，王僧辯表泌爲富春太守，兼丹陽尹。貞陽侯明僭位，以爲侍中，使於齊。陳武帝受禪，泌自齊從梁永嘉王莊往王琳所。及莊稱尊號，以泌爲侍中、丞相長史。琳

敗，衆皆散，唯泌輕舟送達于北境，屬莊於御史中丞劉仲威，然後拜辭歸陳，請罪，文帝深義之。

累遷通直散騎常侍，兼侍中，聘周。及宣帝入輔，以泌爲司徒左長史，卒于官。臨終戒其子芳華曰：〔二三〕「吾於朝廷素無功績，瞑目之後，斂手足旋葬，無得受贈謚。」其子述泌遺意，朝廷不許，贈金紫光祿大夫，謚曰質。

論曰：天長地久，四時代謝，靈化悠遠，生不再來，所以據洪圖而輕天下，吝寸陰而賤尺璧。夫義重於生，空傳前誥，投軀徇主，罕遇其人。觀夫宋、齊以還，袁門世蹈忠義，固知風霜之概，松筠其性乎。若無陽源之節，丹青夫何取貴。顗雖末路披猖，原心有本。彖之出處所蹈，實懋家風。粲執履之迹，近乎仁勇，古人所謂疾風勁草，豈此之謂乎。昔王經峻節，既被旌於晉世，粲之貞固，亦改葬於齊朝，其激厲之方，異代同符者矣。昂命屬崩離，身逢危季，雖獨夫喪德，臣節無改。拒梁武之命，義烈存焉，隆從兄之服，悌心高已。既而抗言儲嗣，無忘直道，辭榮身後，有心黜殯。自初及末，無虧風範，從微至著，皆爲稱職，蓋一代之名公也。樞風格峻整，憲仁義率由，韓子稱「人臣委質，心無有二」，憲弗渝歲暮，良可稱云。敬、泌立履之地，亦不爲替矣。

校勘記

〔一〕與兼司空尚書范泰奉九命禮物拜授武帝　「物」字各本並脫，據宋書補。

〔二〕又詔淑及徐湛之江湛王僧綽卜天與四家長給稟　「卜天與」各本作「卜天興」，據宋書改。按卜天與本書入孝義傳。

〔三〕顗字國章　「國章」宋書作「景章」。

〔四〕封新淦縣子　「淦」各本譌「塗」，據册府元龜四六一改。

〔五〕襄陽星惡　「星」各本作「至」，據宋書改。

〔六〕唯賦詩談義而已　「談義」各本作「談識」，據宋書改。

〔七〕胡以南運未至軍士匱乏　「運」各本作「軍」，據通鑑改。

〔八〕愍孫必當復爲三公　「爲」字各本並脫，據通志補。

〔九〕而敢以寒士遇物　「以」字各本並脫，據宋書、通志補。

〔一〇〕明帝泰始元年　「泰始」各本譌「泰初」，今改正。

〔一一〕火艾針藥莫不必具　「必」册府元龜九一七、通志並作「畢」。

〔一二〕今日當與褚護軍同死社稷　「褚護軍」各本作「諸護軍」，據宋書改。按南齊書及本書褚彥回傳並云褚爲護軍將軍，而護軍將軍固不得多除，未可言「諸」也。

〔一三〕粲剋日謀矯太后令使韞伯興率宿衞兵攻齊高帝於朝堂　「使」字各本並脫，據宋書補。

〔一四〕敬則誅韞幷伯興　「韞」宋書作「蘊」。按韞謂劉韞，蘊則王蘊也。

〔一五〕此狗即袁郎所常騎者也　「者」字各本並脫，據通志補。

〔一六〕足懋先基矣　「懋」各本作「慰」，據南齊書改。

〔一七〕有子如袁廓足矣　「袁廓」即上之「袁廓之」。六朝人名帶「之」字，有時可省去，非脫文。

〔一八〕于時何倜亦稱才子　「何倜」各本作「何凋」。王鳴盛十七史商榷六十：「何遜傳作『從叔倜字彥夷』，作『凋』誤。」今從改。

〔一九〕魏豫州人白早生使以懸瓠來降　「早生」梁書作「阜生」；魏書、通鑑作「早生」，皆無「使」字。

〔二〇〕攻戰多剋捷　「攻」梁書作「故」，疑「攻」爲「故」之形誤。

〔二一〕初陳武帝長女永嗣公主　「永嗣」陳書作「永世」，此避唐諱改。

〔二二〕歎曰袁德章實骨鯁臣　「歎曰」各本作「咨曰」，據陳書改。

〔二三〕戒其子芳華曰　「芳華」陳書作「蔓華」。

中華書局

南史卷二十七

列傳第十七

孔靖 孫琇之 琇之曾孫奐 孔琳之 孫覬 殷景仁 從祖弟淳

孔靖字季恭，會稽山陰人也，名與宋武帝祖諱同，故以字稱。祖愉，晉車騎將軍。父誾，散騎常侍。

季恭始察孝廉，累遷司徒左西掾，未拜，遭母憂。隆安五年，被起爲山陰令，不就。宋武帝東征孫恩，屢至會稽，過季恭宅，季恭正晝臥，有神人衣服非常，謂曰：「起！天子在門。」既而失之，遽出，適見帝，延入結交，執手曰：「卿後當大貴，願以身爲託。」於是曲意禮接，贍給甚厚。

帝後討孫恩，時桓玄篡形已著，帝欲於山陰建義。季恭以山陰路遠，且玄未居極位，不如待其篡後，於京口圖之，帝亦以爲然。時虞嘯父爲會稽內史，季恭求爲府司馬不得，乃

出詣都。及帝定桓玄，以季恭爲會稽內史，使齎封板拜授，正與季恭遇。季恭便回舟夜還，至即叩扉入郡。嘯父本爲桓玄所授，聞玄敗，開門請罪。季恭慰勉，使且安所住，明日乃移。季恭到任，釐整浮華，翦罰遊惰，由是境內肅清。

累遷吳興太守，加冠軍。〔一〕先是吳興頻喪太守，言項羽神爲卞山王，居郡聽事，二千石常避之。季恭居聽事，竟無害也。遷尚書左僕射，固讓。義熙八年，復爲會稽內史，修飾學校，督課誦習。十年，復爲右僕射，又讓不拜。除領軍，加散騎常侍。十二年致仕，拜金紫光祿大夫。是歲，武帝北伐，季恭求從，以爲太尉軍諮祭酒。從平關、洛。

宋臺初建，以爲尚書令，又讓，乃拜侍中、特進、左光祿大夫。辭事東歸，帝親餞之戲馬臺，百僚咸賦詩以述其美。及受命，加開府儀同三司，讓累年不受，薨以爲贈。

子靈符，位丹陽尹，會稽太守，尋加豫章王子尚撫軍長史。靈符家本豐富，產業甚廣，又於永興立墅，周回三十三里，水陸地二百六十五頃，含帶二山，又有果園九處。爲有司所糾，詔原之。而靈符答對不實，坐免。尋又復官。靈符慤實有材幹，不存華飾，每所莅官，政績修理。廢帝景和中，犯忤近臣，爲所讒構，遣使鞭殺之。二子湛之、深之於都賜死。〔二〕明帝即位，追贈靈符金紫光祿大夫。

深之大明中爲尚書比部郎。時安陸應城縣人張江陵與妻吳共罵母黃令死，黃忿恨自經死，已値赦。案律，子賊殺傷毆父母梟首，罵詈棄市，謀殺夫之父母亦棄市。會赦，免刑補治。江陵罵母，母以自裁，重於傷毆。若同殺科則疑重，用傷毆及罵科則疑輕。制唯有打母遇赦猶梟首，無罵母致死會赦之科。深之議曰：「夫題里逆心而仁者不入，名且惡之，況乃人事？故毆傷呪詛，法所不原，罵之致盡，則理無可有。罰有從輕，蓋疑失善，求之文旨，非此之謂。江陵雖遇赦恩，故合梟首。婦本以義，愛非天屬，黃之所恨，情不在吳，原死補治，有允正法。」詔如深之議，吳免棄市。〔三〕

靈符弟靈運位著作郎。靈運子琇之。

琇之有吏能，仕齊爲吳令。有小兒年十歲，偷刈鄰家稻一束，琇之付獄案罪。或諫之，琇之曰：「十歲便能爲盜，長大何所不爲。」縣中皆震肅。遷尚書左丞，又以職事知名。後兼左戶尚書，廷尉卿。出爲臨海太守，在任清約。罷郡還，獻乾薑二千斤，〔四〕齊武帝嫌其少，及知琇之清，乃歎息。出監吳興郡，尋拜太守，政稱清嚴。

明帝輔政，防備諸蕃，致密旨於上佐，使便宜從事。隆昌元年，遷琇之晉熙王冠軍長

史、江夏內史，行郢州事，欲令殺晉熙。琇之辭，不許，欲自引決，友人陸閑諫之，琇之不從，遂不食而死。

子臻，至太子舍人，尚書三公郎。〔五〕臻子幼孫，〔六〕梁寧遠枝江公主簿、無錫令。幼孫子奐。

奐字休文，數歲而孤，爲叔父虔孫所養，好學善屬文。沛國劉顯以博學稱，每深相歎美，執其手曰：「昔伯喈墳素悉與仲宣，吾當希彼蔡君，足下無愧王氏。」所保書籍，尋以相付。」

仕梁爲尚書儀曹侍郎。時左戶郎沈炯爲飛書所謗，將陷重辟，連官臺閣，人懷憂懼，奐廷議理之，竟得明白。

侯景陷建鄴，朝士並被拘縶，或薦奐於賊率侯子鑒，乃脫桎梏，厚遇之，令掌書記。時子鑒景之腹心，朝士莫不卑屈，奐獨無所下。或諫奐曰：「不宜高抗。」奐曰：「吾性命有在，豈有取媚凶醜，以求全乎。」時賊徒剝掠子女，拘逼士庶，奐保持得全者甚衆。

尋遭母憂。時天下喪亂，皆不能終三年喪，唯奐及吳國張種在寇亂中，守法度，並以孝聞。

二十四史

中華書局

及景平，司徒王僧辯先下辟書，引爲左西掾。梁元帝於荆州卽位，徵奐及沈炯，僧辯累表請留之。帝手敕報曰：「孔、沈二士，今且借公。」其爲朝廷所重如此。

僧辯爲揚州刺史，又補中從事史。時侯景新平，每事草創，憲章故事，無復存者。奐博物强識，甄明故實，問無不知，儀注體式，牋書表翰，皆出於奐。

陳武帝作相，除司徒左長史，遷給事黃門侍郎。齊遣東方老、蕭軌來寇，四方壅隔，糧運不繼，三軍取給，唯在都下，乃除奐建康令。武帝剋日決戰，乃令奐多營麥飯，以荷葉裹之，一宿之間，得數萬裹。軍人旦食訖，盡棄其餘，因而決戰，大破賊。

武帝受禪，遷太子中庶子。永定三年，除晉陵太守。晉陵自宋、齊以來爲大郡，雖經寇擾，猶爲全實，前後二千石多行侵暴，奐清白自守，妻子並不之官，唯以單船臨郡。所得秩俸，隨卽分贍孤寡，郡中號曰神君。曲阿富人殷綺見奐居處儉素，乃餉以衣氈一具。奐曰：「太守身居美祿，何爲不能辦此？但百姓未周，不容獨享溫飽。勞卿厚意，幸勿爲煩。」

陳文帝卽位，徵爲御史中丞。奐性剛直，多所糾劾，朝廷甚敬憚之。又達於政體，每所奏，未嘗不稱善，百司滯事，皆付咨決。

遷散騎常侍，領步兵校尉、中書舍人。重除御史中丞，尋爲五兵尚書。時文帝不豫，臺閣衆事，〔七〕並令僕射到仲舉共決。及帝疾篤，奐與宣帝及到仲舉并吏部尚書袁樞、中書舍

人劉師知等入侍醫藥。文帝嘗謂奐等曰：「今三方鼎峙，宜須長君，朕欲近則晉成，遠隆殷法，卿等須遵此意。」奐乃流涕歔欷跪而對曰：「陛下御膳違和，痊復非久，皇太子春秋鼎盛，聖德日躋，廢立之事，臣不敢聞。」帝曰：「古之遺直，復見之卿。」乃用奐爲太子詹事。

廢帝卽位，除散騎常侍、國子祭酒。出爲南中郎康樂侯長史、尋陽太守，行江州事。宣帝卽位，爲始興王長史。奐在職清儉，多所規正，宣帝嘉之，賜米五百斛，并累降敕書，殷勤勞問。

太建六年，爲吏部尚書。八年，加侍中。時有事北邊，剋復淮、泗，封賞敍用，紛紜重疊，奐應接引進，門無停賓。加以識鑒人物，詳練百氏，凡所甄拔，衣冠搢紳莫不悅服。

性耿介，絕請託，雖儲副之尊，公侯之重，溺情相及，終不爲屈。始興王叔陵之在湘州，累諷有司，固求台鉉。奐曰：「衮章本以德舉，未必皇枝。」因抗言於宣帝。帝曰：「始興那忽望公，且朕兒爲公，須在鄱陽王後。」奐曰：「臣之所見，亦如聖旨。」後主時在東宮，欲以江總爲太子詹事，令管記陸瑜言之奐。奐曰：「江有潘、陸之華，而無園、綺之實，輔弼儲貳，竊謂非材。」後主深以爲恨，乃自言於宣帝。宣帝將許之，奐乃奏曰：「江總文華之人，今皇太子文華不少，無藉於總。如臣愚見，願選敦重之才，以居輔導。」帝曰：「誰可？」奐曰：「都官尚書王廓，代有懿德，識性敦敏，可以居之。」後主時亦在側，乃曰：「廓王泰之子，不可居太子詹事。」奐又曰：「宋朝范曄卽范泰之子，亦爲太子詹事。」後主固爭之，帝以總爲詹事，由是忤旨。

初，後主欲官其私寵，微諷於奐，奐不從。及左僕射陸繕遷職，宣帝欲用奐代繕，已草詔訖，後主抑遂不行。

十四年，爲散騎常侍、金紫光祿大夫，領前軍將軍。未行，改領弘範宮衞尉。至德元年卒，年七十餘。有集十五卷，彈文四卷。

子紹安、紹薪、紹忠。紹忠字孝揚，亦有才學，位太子洗馬、鄱陽王東曹掾。

孔琳之字彥琳，會稽山陰人也。曾祖羣，晉御史中丞。祖沈，丞相掾。父廞，光祿大夫。

琳之强正有志力，少好文義，解音律，能彈棊，妙善草隸。桓玄輔政爲太尉，以爲西閤祭酒。玄時議欲廢錢用穀帛，琳之議曰：

洪範八政，以貨次食，豈不以交易之所資，爲用之至要者乎。故聖王制無用之貨，以通有用之財，既無毀敗之費，又省難運之苦，此錢所以嗣功龜貝，歷代不廢者也。穀

帛爲寶，本充衣食，今分以爲貨，則致損甚多，又勞煩於商販之手，耗棄於割截之用，此之爲弊，著於自曩。故鍾繇曰：「巧僞之人，競濕穀以要利，制薄絹以充資。」魏世制以嚴刑，弗能禁也。是以司馬芝以爲「用錢非徒豐國，亦所以省刑」。今既用而廢之，則百姓頓亡其利，〔八〕是有錢無糧之人，皆坐而飢困，此斷之之弊也。魏明帝時，錢廢穀用四十年矣，以不便於人，乃舉朝大議，精才達政之士，莫不以爲宜復用錢。〔九〕彼尙舍穀帛而用錢，足以明穀帛之弊著於已試也。

玄又議復肉刑，琳之以爲：

唐虞象刑，夏禹立辟，蓋淳薄既異，致化不同。書曰「世輕世重」，言隨時也。夫三代風純而事簡，故罕蹈刑辟，季末俗巧而務殷，故動陷憲網。若三千行於叔世，必有踊貴之尤，此五帝不相循法，肉刑不可悉復者也。漢文發仁惻之意，傷自新之路莫由，革古創制，號稱刑厝；然名輕而實重，反更傷人。故孝景嗣位，輕之以緩，緩而人慢，又不禁邪。期于刑罰之中，所以見美於昔，歷代詳論而未獲厥中者也。兵荒已後，罹法更多，棄市之刑，本斬右趾，漢文一謬，承而弗革，所以前賢悵恨，議之而未辯。鍾繇、陳羣之意雖小有不同，欲以右趾代棄市。若從其言，則所活者衆矣。降死之生，誠爲輕法，可以全其性命，蕃其產育，仁既濟物，功亦益衆。又今之所患，逋逃爲先，屢叛

中華書局

不革，宜令逃身靡所，亦以肅戒未犯，永絕惡原。至於餘條，宜且依舊。

玄好人附悅，而琳之不能順旨，是以不見知。累遷尚書左丞、揚州中從事史，所居著績。時責衆官獻便宜，議者以爲宜修庠序，卹典刑，審官方，明黜陟，舉逸拔才，務農簡調。琳之於衆議之外，別建言曰：

夫璽印者，所以辨章官爵，立契符信。官莫大於皇帝，爵莫尊於公侯，而傳國之璽，歷代遞用，襲封之印，奕世相傳。貴在仍舊，無取改作。今世唯尉一職獨用一印，至於內外羣官，每遷悉改，討尋其義，私所未達。若謂官各異姓，與傳襲不同，則未若異代之爲殊也，若論其名器，雖有公卿之貴，未若帝王之重，若以或有誅夷之臣，忌其凶穢，則漢用秦璽，延祚四百，未聞以子嬰身戮國亡而棄不佩。帝王公侯之尊，不疑於傳璽，人臣衆僚之卑，何嫌於即印？載籍未聞其說，推例自乖其準，[10]而終年刻鑄，喪功消實，金銀銅炭之費，不可稱言，非所以因循舊貫，易簡之道。愚請衆官即用一印，無煩改作，若新置官，又官多印少，文或零失，[11]然後乃鑄，則仰裨天府，非唯小益。

又曰：

凶門柏裝，不出禮典，起自末代，積習生常，遂成舊俗，爰自天子達于庶人。誠行之有由，卒革必駭，然苟無關於情，而有愆禮度，存之未有所明，去之未有所失，固當式

遵先典，釐革後謬，況復兼以游費，實爲人患者乎。凡人士喪儀，多出閭里，每有此須，動十數萬，損人財力，而義無所取。至於寒庶，則人思自竭，雖復室如懸磬，莫不傾產單財，所謂「葬之以禮」，其若此乎。謂宜一罷凶門之式。

遷尚書吏部郎。義熙十一年，除宋武帝平北、征西長史，遷侍中。宋臺初建，除宋國侍中。永初二年，爲御史中丞，明憲直法，無所屈橈，奏劾尚書令徐羨之虧違憲典。時羨之領揚州刺史，琳之弟璩之爲中從事，羨之使璩之解釋琳之，使停寢其事。琳之不許，曰：「我觸忤宰相，政當罪止一身。汝必不應從坐，何須勤勤邪。」自是百僚震肅，莫敢犯禁。武帝甚嘉之，行經蘭臺，親加臨幸。遷祠部尚書，不事產業，家尤貧素。景平元年卒，追贈太常。子邈有父風，官至揚州中從事。邈子覬。

覬字思遠，少骨鯁有風力，以是非爲己任。口吃，好讀書，早知名。歷位中書黃門侍郎。初，晉安帝時，散騎常侍選望甚重，與侍中不異，其後職任閑散，用人漸輕。孝建三年，孝武欲重其選，於是吏部尚書顏竣奏以覬及司徒左長史王景文應舉。帝不欲威權在下，其後分吏部尚書置二人以輕其任。侍中蔡興宗謂人曰：「選曹要重，常侍閑淡，改之以名而不以實，雖主意欲爲輕重，人心豈可變邪？」既而常侍之選復卑，選部之貴不異。

大明元年，徙太子中庶子，領翊軍校尉，歷祕書監，廷尉卿，爲御史中丞。鞭令史，爲有司所糾，原不問。

六年，除安陸王子綏後軍長史、江夏內史。性使酒仗氣，每醉輙彌日不醒，僚類間多所陵忽，尤不能曲意權幸，莫不畏而疾之。居常貧罄，無有豐約，未嘗關懷。爲府長史，典籤諮事，不呼前不敢前，不令去不敢去。雖醉日居多，而明曉政事，醒時判決，未嘗有壅。衆咸曰：「孔公一月二十九日醉，勝世人二十九日醒也。」孝武每欲引見，先遣人覘其醉醒。

性眞素，不尚矯飾，遇得寶玩，服用不疑，而他物粗敗，終不改易。時吳郡顧覬之亦尚儉素，衣裘器服皆擇其陋者。宋世清儉，稱此二人。

覬弟道存，從弟徽，頗營產業，二弟請假東還，覬出渚迎之，輜重十餘船，皆是綿絹紙席之屬。覬見之僞喜，謂曰：「我比乏，得此甚要。」因命置岸側，既而正色謂曰：「汝輩忝預士流，何至還東作賈客邪？」命燒盡乃去。

先是，庾徽之爲御史中丞，性豪麗，服玩甚華，覬代之，衣冠器用莫不粗率。蘭臺令史並三吳富人，咸有輕之之意。覬蓬首緩帶，風貌清嚴，皆重跡屏氣，莫敢欺犯。庾徽之字景猷，潁川鄢陵人也，後卒於南東海太守。

覬後爲司徒左長史，道存代覬爲後軍長史、江夏內史。時東土大旱，都邑米貴，一斗將

百錢。道存慮覬甚乏，遣吏載五百斛米餉之。覬呼吏謂之曰：「我在彼三載，去官之日，不辦有路糧。郎至彼未幾，那能得此米邪？可載米還彼。」吏曰：「自古以來無有載米上水者，都下米貴，乞於此貨之。」不聽，吏乃載米而去。

永光元年，遷侍中，後爲尋陽王右軍長史、行會稽郡事。明帝即位，召爲太子詹事，遣故佐平西司馬庾業爲右軍司馬，代覬行會稽郡事。時上流反叛，上遣都水使者孔璪入東慰勞。璪至，說覬以廢帝侈費，倉儲耗盡，都下罄匱，資用已竭；今南北並起，遠近離叛，若擁五郡之銳，招動三吳，事無不克。覬然其言，遂發兵馳檄。覬子長公，璪二子淹、玄並在都，馳信密報，泰始二年正月，並逃叛東歸。遣書要吳郡太守顧琛，琛以母年篤老，又密邇建鄴，與長子寶素謀議未判。少子寶先時爲山陰令，馳書報琛，以南師已近，朝廷孤弱，不時順從，必有覆滅之禍。覬前鋒軍已度浙江，琛遂據郡同反。吳興太守王曇生、義興太守劉延熙、晉陵太守袁標一時響應。

庾業既東，明帝即以代延熙爲義興，以延熙爲巴陵王休若鎮東長史。業至長塘湖，即與延熙合。明帝遣建威將軍沈懷明東討，尚書張永係進。巴陵王休若董統東討諸軍。時覬所遣孫曇瓘等軍頓晉陵九里，部陣甚盛。懷明至奔牛，所領寡弱，張永至曲阿，未知懷明安否，退還延陵就休若。諸將帥咸勸退破岡，休若宣令敢有言退者斬，衆小定。軍主劉亮

中華書局

又繼至，兵力轉集，人情乃安。

時齊高帝率軍東討，與張永等於晉陵九里曲結營，與東軍相持。上遣積射將軍江方興、南臺御史王道隆至晉陵視賊形勢，賊帥孫曇瓘、程扞宗、陳景遠凡有五城，互相連帶。扞宗城猶未固，道隆率所領急攻之，俄頃城陷，斬扞宗首。劉亮果勁，便刀楯，乃負楯而進，直入重柵，衆軍因之，即皆摧破。齊高帝與永等乘勝馳擊之，又大破之。曇瓘因此敗走，孔璪與曇生焚倉庫，奔錢唐。

會稽聞西軍稍近，將士多奔亡，覬不能復制。上虞令王晏起兵攻郡，覬憂遽不知所爲。其夕率千人聲云東討，實趨石濶。遇潮涸不得去，衆叛都盡，門生載以小船，竄于山嵴村。村人縛以送晏，晏謂曰：「此事孔璪所爲，[一二]無豫卿事，可作首辭，當相爲申上。」覬曰：「江東處分，莫不由身，委罪求活，便是君輩行意耳。」晏乃斬之東閤外。臨死求酒，曰：「此是平生所好。」顧琛、王曇生、袁標等並詣吳喜歸罪，喜皆宥之。東軍主凡七十六人，於陣斬十七人，餘皆原宥。

覬之起兵也，夢行宣陽門道上，顧望皆丘陵。覬寤，私告人曰：「丘陵者弗平，建康其殆難剋。」

覬弟道存，位黃門吏部郎、南郡太守。[一三]晉安王子勛建僞號，以爲侍中，行雍州事，事

敗見殺。

殷景仁，陳郡長平人也。曾祖融，晉太常。祖茂之，特進、左光祿大夫。父道裕，早亡。景仁少有大成之量，司徒王謐見而以女妻之。爲宋武帝太尉行參軍，歷位中書侍郎。景仁不爲文而敏有思致，不談義而深達理，至於國典朝儀，舊章記注，莫不撰錄，識者知其有當世之志也。

嘗建議請百官舉才，以所薦能否黜陟，武帝甚知之。少帝即位，補侍中，累表辭讓。優詔申其請，以爲黃門侍郎，歷左衞將軍。文帝即位，委遇彌厚。俄遷侍中，左衞如故。時與王華、王曇首、劉湛四人並爲侍中，以風力局幹，冠冕一時，同升之美，近代莫及。元嘉三年，車駕征謝晦，司徒王弘入居中書下省，景仁長直，共掌留任。晦平，代到彥之爲中領軍，侍中如故。

文帝所生章太后早亡，上奉太后所生蘇氏甚謹。六年，蘇氏卒，車駕親往臨哭，詔欲遵二漢推恩之典。景仁議以爲「漢氏推恩加爵，于時承秦之弊，儒術蔑如，懼非盛明所宜軌蹈。晉監二代，朝政之所因，君舉必書，哲王之所愼。體至公者懸爵賞於無私，奉天統者每

屈情以申制，所以作孚萬國，貽則後昆」。上從之。

丁母憂，葬竟，起爲領軍將軍，固辭。上使綱紀代拜，遣中書舍人周赳輿載詣府。[一四]服闋，遷尚書僕射。太子詹事劉湛代爲領軍，湛與景仁素善，皆被遇於武帝，俱以宰相許之。湛常居外任。會王弘、王華、王曇首相係亡，景仁引湛還朝，共參朝政。湛既入，以景仁位遇本不踰己，一旦居前，意甚憤憤。知文帝信仗景仁，不可移奪，乃深結司徒彭城王義康，欲倚宰相之重以傾之。十二年，景仁遷中書令、護軍將軍，僕射如故，尋復加領吏部。湛愈怒，義康納湛言，毀景仁於文帝，帝遇之益隆。景仁密陳相王權重，非社稷計，上以爲然。景仁對親舊嘆曰：「引之令入，便噬人。」乃稱疾請解，不見許，使停家養病。湛議欲遣人若劫盜者於外殺之，以爲文帝雖知，當不能傷至親之愛。上微聞之，徙景仁於西掖門外晉鄱陽主第，[一五]以爲護軍府。密邇宮禁，故其計不行。

景仁臥疾者五年，雖不見上，而密函去來，日中以十數，朝政大小必以問焉。影迹周密，莫有窺其際者。及將收湛之日，景仁便拂拭衣冠。寢疾既久，左右皆不悟其意。其夜，上出華林園延賢堂召之，景仁猶稱脚疾，小牀輿以就坐，誅討處分，一皆委之。

代義康爲揚州刺史，僕射、吏部如故。遣使者授印綬，主簿代拜畢，便覺疾甚，情理乖錯。性本寬厚，而忽更苛暴，問左右曰：「今年男婚多，女嫁多？」是冬大雪，景仁乘輿出廳事

觀望，忽驚曰：「當閤何得有大樹？」既而曰：「我誤耳。」疾篤，文帝謂不利在州，使還住僕射下省。爲州凡月餘日卒，或云見劉湛爲祟。追贈侍中、司空，謚曰文成公。大明五年，孝武行經景仁墓，詔遣致祭。

子道矜，幼而不慧，位太中大夫。道矜子恒，明帝時，位侍中、度支尚書。屬父疾積久，爲有司所奏。詔曰：「道矜生便有病，更無横疾，恒因愚習惰，久妨清序，可除散騎常侍。」

淳字粹遠，景仁從祖弟也。祖允，晉太常。父穆，以和謹致稱，自五兵尚書爲宋武帝相國左長史。元嘉中，位特進、右光祿大夫，領始興王師。卒官，謚曰元子。

淳少好學，有美名，歷中書黃門侍郎。黃門清切，直下應留下省，以父老特聽還家。高簡寡言，早有清尚，愛好文義，未嘗違捨。在祕書閣撰四部書大目，[一六]凡四十卷，行於世。元嘉十一年卒，朝廷痛惜之。

子孚有父風。嘗與侍中何勗共食，孚羹盡，勗云：「益殷蓴羹。」勗司空無忌子也，孚徐輟筯曰：「何無忌諱。」孚位吏部郎，爲順帝撫軍長史。

子臻字後同，幼有名行，袁粲、褚彥回並賞異之。每造二公之席，輒清言畢景。王儉爲丹陽尹，引爲郡丞。袁昂先拜祕書丞，求臻爲到省表。臻答曰：「何不見倩拜，而見倩作

中華書局

表。」遂不爲作。歷位太子洗馬。

淳弟沖字希遠，位御史中丞，有司直之稱。再遷度支尚書。元凶妃卽淳女，而沖在東宮爲劭所知遇。劭弒立，以爲司隸校尉。沖有學義文辭，劭使爲尚書符，罪狀孝武，亦爲劭盡力。建鄴平，賜死。

沖弟淡字夷遠，亦歷黃門吏部郎，太子中庶子。大明中，又以文章見知。

論曰：季恭命偶興王，恩深惟舊，及位致崇寵，而每存謙挹。觀夫持滿之戒，足以追蹤古人。琇之貞素之風，不踐無義之地。易曰「王臣蹇蹇，其勤也直」。休文行己之度，可謂近之。琳之二議，深達變通之道。覬持身之節，亦曰一時之良，而聽言則悖，晚致覆沒，痛矣哉！景仁遠大之情，著於初筮，元嘉之盛，卒致宗臣，言聽計從，於斯爲重，美矣乎。

校勘記

〔一〕累遷吳興太守加冠軍　錢大昕廿二史考異：「冠軍下當有將軍二字。」

〔二〕二子湛之深之於都賜死　「深之」宋書作「淵之」，此避唐諱改。

〔三〕吳免棄市　「免」各本作「可」，據宋書改。按深之議吳當「原死」，詔旣「如深之議」，則不得云「可棄市」。

〔四〕獻乾薑二千斤　「二千斤」南齊書作「二十斤」。

〔五〕子臻至太子舍人尚書三公郎　「臻」陳書作「𤢖」。

〔六〕臻子幼孫　「幼」陳書作「稚」，此避唐諱改。

〔七〕臺閣衆事　「衆」各本作「事」，據陳書改。

〔八〕則百姓頓亡其利　「利」各本作「財」，據通典食貨典、册府元龜四九九改。

〔九〕莫不以爲宜復用錢　「爲」字據通典食貨典補。

〔一〇〕推例自乖其準　「例」各本作「別」，據宋書改。

〔一一〕文或零失　「文」宋書、太平御覽六八三引作「又」。

〔一二〕晏謂曰此事孔璩所爲　「所」各本作「之」，據通鑑改。

〔一三〕覬弟道存位黃門吏部郎南郡太守　「南郡」各本作「南海」，據宋書改。按宋書臨海王子頊傳，子頊爲廣州刺史未之鎭，徙荆州刺史，進號前將軍，孔道存爲其府長史。則是以長史而領南郡太守。

〔一四〕遣中書舍人周赳輿載詣府　「輿」各本作「與」，據宋書改。

〔一五〕徙景仁於西掖門外晉鄱陽主第　「主」各本作「王」，據宋書改。

〔一六〕在秘書閣撰四部書大目　宋書無「大」字，疑衍文。

二十四史

中華書局

二十四史

南史卷二十八

列傳第十八

褚裕之 弟淡之 玄孫球 裕之兄子湛之 湛之子彥回 彥回子賁 蓁 蓁子向 向子翔 彥回弟澄 從父弟炤 炫 炫子湮 湮子蒙 蒙子玠

褚裕之字叔度，河南陽翟人，晉太傅裒之曾孫也。祖歆，祕書監。父爽，金紫光祿大夫。長兄秀之字長倩，歷大司馬琅邪王從事中郎，黃門侍郎，宋武帝鎮西長史。秀之妹，晉恭帝后也。秀之雖晉氏姻戚，而盡心於武帝。遷侍中，出補大司馬右司馬。晉恭帝卽位，爲祠部尚書。宋受命，徙太常。元嘉初，卒於官。

秀之弟淡之字仲原，亦歷顯官，爲宋武帝車騎從事中郎，尚書吏部郎，廷尉卿，左衞將軍。宋受命，爲侍中。

淡之兄弟並盡忠事武帝，恭帝每生男，輒令方便殺焉，或誘賂內人，或密加毒害，前後

如此非一。及恭帝遜位居秣陵宮，常懼見禍，與褚后共止一室，慮有酖毒，自煮食於前。武帝將殺之，不欲遣人入內，令淡之兄弟視后。褚后出別室相見，兵人乃踰垣而入，進藥於恭帝。帝不肯飲，曰：「佛教自殺者不得復人身。」乃以被掩殺之。〔一〕

後會稽郡缺，朝議欲用蔡廓，武帝曰：「彼自是蔡家佳兒，何關人事。可用褚佛。」佛，淡之小字也。乃用淡之爲會稽太守。

景平元年，〔二〕富陽孫氏聚合門宗謀逆，其支黨在永興縣潛相影響。永興令羊恂覺其謀，以告淡之，淡之不信，乃以誣人之罪收縣職局。於是孫法先自號冠軍大將軍，與孫道慶等攻沒縣邑，〔三〕更相樹置，遙以鄮令司馬文宣爲征西大將軍，建旗鳴鼓，直攻山陰。淡之自假陵江將軍，以山陰令陸邵領司馬，加振武將軍，前員外散騎常侍王茂之爲長史，前國子博士孔欣、前員外散騎常侍謝苓之並參軍事，召行參軍七十餘人。前鎮西諮議參軍孔甯子、左光祿大夫孔季恭子山士並在艱中，皆起爲將軍。遣隊主陳願、郡議曹掾虞道納二軍過浦陽江。願等戰敗，賊遂推鋒而前，去城二十餘里。淡之遣陸邵水軍禦之，而身率所領出次近郊。邵與行參軍漏恭期合力，〔四〕大敗賊於柯亭。淡之尋卒，諡曰質子。

裕之名與武帝同，故行字焉。初爲太宰琅邪王行參軍，武帝車騎參軍，司徒左西屬，中軍諮議參軍，署中兵，加建威將軍。從征鮮卑，盡其誠力。盧循攻查浦，叔度力戰有功。循南走，武帝板行廣州刺史，加督，建威將軍，領平越中郎將。在任四年，廣營貲貨，資財豐積，坐免官，禁錮終身。還至都，凡諸親舊及一面之款，無不厚加贈遺。尋除太尉諮議參軍、相國右司馬。武帝受命，爲右衞將軍。武帝以其名家，而能竭盡心力，甚嘉之，封番禺縣男。尋加散騎常侍。永初三年，〔五〕出爲雍州刺史，領寧蠻校尉。在任三年，以清簡致稱。景平二年，卒。

子恬之嗣。恬之弟寂之，著作佐郎，早卒。寂之子曖尚宋文帝第六女琅邪貞長公主，〔六〕位太宰參軍，亦早卒。曖子績位太子舍人，亦尚宋公主。

績子球字仲寶，少孤貧，篤志好學，有才思。宋建平王景素，元徽中誅滅，唯有一女存，故吏何昌寓、王思遠聞球清立，以此女妻之。仕齊爲溧陽令，在縣清白，資公奉而已。仕梁歷都官尚書，通直散騎常侍，祕書監，領著作，司徒右長史，常侍、著作如故。自魏孫禮、晉荀組以後，台佐加貂，始自球也。後爲散騎常侍，光祿大夫，加給事中。

湛之字休玄，秀之子也。尚宋武帝第七女始安哀公主，拜駙馬都尉、著作佐郎。哀公

主薨，復尚武帝第五女吳郡宣公主。諸尚主者，並因世胄，不必皆有才能。湛之謹實有意幹，故爲文帝所知。歷顯位，爲太子中庶子，司徒左長史，侍中，左衞將軍，左戶尚書，丹陽尹。

元凶弒逆，以爲吏部尚書，復出爲丹陽尹，統石頭戍事。孝武入伐，劭自攻新亭壘，使湛之率水師俱進，湛之因攜二息彥回、澄，登輕舟南奔。彥回始生一男，爲劭所殺。孝武卽位，以爲尚書右僕射。孝建元年，爲中書令、丹陽尹。後拜尚書左僕射，以南奔賜爵都鄉侯。大明四年卒，諡敬侯。子彥回。

彥回幼有清譽。〔七〕宋元嘉末，魏軍逼瓜步，百姓咸負擔而立。時父湛之爲丹陽尹，使其子弟並著芒屩，於齋前習行。或譏之，湛之曰：「安不忘危也。」彥回時年十餘，甚有慚色。湛之有一牛，至所愛，無故墮聽事前井，湛之率左右躬自營救之，郡中喧擾，彥回下簾不視也。又有門生盜其衣，彥回遇見，謂曰：「可密藏之，勿使人見。」此門生慚而去，不敢復還，後貴乃歸罪，待之如初。

尚宋文帝女南郡獻公主，拜駙馬都尉，除著作佐郎，累遷祕書丞。湛之卒，彥回悉推財與弟澄，唯取書數千卷。湛之有兩厨寶物，在彥回所生郭氏間，嫡母吳郡主求之，〔八〕郭欲

中華書局

不與，彥回曰：「但令彥回在，何患無物。」猶不許，彥回流涕固請，乃從之。襲爵都鄉侯，歷位尙書吏部郎。

景和中，山陰公主淫恣，窺見彥回悅之，以白帝。帝召彥回西上閤宿十日，公主夜就之，備見逼迫，彥回整身而立，從夕至曉，不爲移志。公主謂曰：「君鬚髯如戟，何無丈夫意？」彥回曰：「回雖不敏，〔九〕何敢首爲亂階。」

宋明帝卽位，累遷吏部尙書。有人求官，密袖中將一餅金，因求請間，出金示之，曰：「人無知者。」彥回曰：「卿自應得官，無假此物。若必見與，不得不相啓。」此人大懼，收金而去。彥回敍其事，而不言其名，時人莫之知也。

帝之在蕃，與彥回以風素相善，至是深相委仗，陳事皆見從。改封雩都伯，歷侍中，領尙書，右衞將軍。〔一〇〕

彥回美儀貌，善容止，俯仰進退，咸有風則。每朝會，百僚遠國使，莫不延首目送之。明帝嘗嘆曰：「褚彥回能遲行緩步，便得宰相矣。」時人以方何平叔。嘗聚袁粲舍，初秋涼夕，風月甚美，彥回援琴奏別鵠之曲，宮商旣調，風神諧暢。王彧、謝莊並在粲坐，撫節而歎曰：「以無累之神，合有道之器，宮商暫離，不可得已。」

時傖人常珍奇與薛安都爲逆，降叛非一。後又求降，明帝加以重位。彥回謂全其首領，

於事已弘，不足大加寵異。帝不從。珍奇尋又叛。

彥回後爲吳興太守，〔一一〕帝寢疾危殆，馳使召之，欲託後事。及至召入，帝坐帳中流涕曰：「吾近危篤，故召卿，欲使著黃羅襬。」指牀頭大函曰：「文書皆函內置，此函不得復開。」彥回亦悲不自勝。黃羅襬，乳母服也。帝雖小間，猶懷身後慮。建安王休仁，人才令美，物情宗向，帝與彥回謀誅之，彥回以爲不可。帝怒曰：「卿癡不足與議事。」彥回懼而奉旨。復爲吏部尙書，衞尉卿，尙書右僕射。以母老疾，晨昏須養，辭衞尉，不許。

明帝崩，遺詔以爲中書令、護軍將軍，與尙書令袁粲受顧命，輔幼主。粲等雖同見託，而意在彥回。彥回同心理事，務弘儉約，百姓賴之。旣而王道隆、阮佃夫用事，姦賂公行，彥回不能禁也。

遭所生喪，毀頓不復可識，朞年不盥櫛，唯泣淚處乃見其本質焉。詔斷哭，禁弔客。葬畢，起爲中軍將軍，本官如故。

元徽二年，桂陽王休範反，彥回與衞將軍袁粲入衞宮省，鎭集衆心。彥回初爲丹陽，與從弟炤同載，道逢齊高帝，彥回舉手指高帝車謂炤曰：「此非常人也。」出爲吳興，高帝餉物別，彥回又語人曰：「此人才貌非常，將來不可測也。」及顧命之際，引高帝豫焉。

高帝旣平桂陽，遷中領軍，領南兗州，〔一二〕高帝固讓，與彥回及衞軍袁粲書陳情，彥回、

粲答書不從，高帝乃受命。其年加彥回尙書令、侍中，給班劍二十人，固讓令。三年，進爵爲侯。服闋，改授中書監，侍中、護軍如故，給鼓吹一部。

時淮北屬，江南無復鰒魚，或有間關得至者，一枚直數千錢。人有餉彥回鰒魚三十枚，彥回時雖貴，而貧薄過甚，門生有獻計賣之，云可得十萬錢。彥回變色曰：「我謂此是食物，非曰財貨，且不知堪賣錢，聊爾受之。雖復儉乏，寧可賣餉取錢也。」悉與親游噉之，少日便盡。

明年，嫡母吳郡公主薨，毀瘠骨立。葬畢，詔攝職，固辭，又以朞祭禮及，表解職，並不許。

蒼梧暴虐稍甚，齊高帝與彥回及袁粲言世事，粲曰：「主上幼年，微過易改，伊、霍之事，非季世所行，縱使功成，亦終無全地。」彥回默然，歸心高帝。及廢蒼梧，羣公集議，袁粲、劉彥節旣不受任，彥回曰：「非蕭公無以了此。」手取事授高帝。高帝曰：「相與不肯，我安得辭。」事乃定。順帝立，改號衞將軍、開府儀同三司，侍中如故，甲仗五十人入殿。

及袁粲懷貳，曰：「褚公眼睛多白，所謂白虹貫日，亡宋者終此人也。」他日，粲謂彥回曰：「國家所倚，唯公與劉丹陽及粲耳，願各自勉，無使竹帛所笑。」彥回曰：「願以鄙心寄公之腹則可矣。」然竟不能貞固。

及高帝輔政，王儉議加黃鉞，任遐曰：「此大事，應報褚公。」帝曰：「褚脫不與，卿將何計？」遐曰：「彥回保妻子，愛性命，非有奇才異節，遐能制之。」果無違異。

及沈攸之事起，高帝召彥回謀議，彥回曰：「西夏釁難，事必無成，公當先備其內耳。」高帝密爲其備。事平，進中書監、司空。

齊臺建，彥回白高帝，引何曾自魏司徒爲晉丞相，求爲齊官。高帝謙而不許。建元元年，進位司徒，侍中、中書監如故，改封南康郡公。彥回讓司徒，乃與僕射王儉書，欲依蔡謨事例。儉以非所宜言，勸彥回受命。終不就。尋加尙書令。二年，重申前命爲司徒，又固讓。

魏軍動，高帝欲發王公以下無官者從軍，彥回諫以爲無益實用，空致擾動，上乃止。

三年七月，帝親嘗酎，盛暑欲夜出，彥回與左僕射王儉諫，以爲「自漢宣帝以來，不夜入廟，所以誡非常。人君之重，所宜克愼」。從之。

時朝廷機事，彥回多與議謀，每見從納，禮遇甚重。上大宴集，酒後謂朝臣曰：「卿等並宋時公卿，亦當不言我應得天子。」王儉等未及答，彥回斂板曰：「陛下不得言臣不早識龍顏。」上笑曰：「吾有愧文叔，知公爲朱祐久矣。」〔一三〕

彥回善彈琵琶，齊武帝在東宮宴集，賜以金鏤柄銀柱琵琶。性和雅，有器度，不妄舉

動。宅嘗失火，煙爛甚逼，左右驚擾，彥回神色怡然，索輿徐去。然世頗以名節譏之，于時百姓語曰：「可憐石頭城，寧爲袁粲死，不作彥回生。」

高帝崩，遺詔以爲錄尚書事。江左以來，無單拜錄者，有司疑立優策。尚書令王儉議，以爲「見居本官，別拜錄，應有策書，而舊事不載。中朝以來，三公王侯，則優策並設，官品第二，策而不優。優者褒美，策者兼明委寄。尚書職居天官，政化之本，故尚書令品雖第三，拜必有策。錄尚書品秩不見，而總任彌重，前代多與本官同拜，故不別有策。即事緣情，不容均之凡僚，宜有策書，用申隆寄。既異王侯，不假優文」。從之。尋增彥回班劍爲三十人，五日一朝。

頃之寢疾。彥回少時嘗篤病，夢人以卜蓍一具與之，遂差其一，至是年四十八矣，歲初便寢疾。而太白熒惑相係犯上將，彥回慮不起，表遜位。武帝不許，乃改授司空、驃騎將軍，侍中、錄尚書事如故。薨年四十八，家無餘財，負責數十萬，詔給東園祕器。

時司空掾屬以彥回未拜，疑應爲吏敬以不？王儉議：「依禮，婦在塗，聞夫家喪，改服而入。今掾屬雖未服勤，而吏節稟於天朝，宜申禮敬。」司徒府史又以彥回既解職，而未恭後授，府應上服以不？儉又議：「依中朝士孫德祖從樂陵遷爲陳留，未入境，卒，[一四]樂陵郡吏依見君之禮，陳留迎吏依『娶女有吉日，齊衰弔』。司徒府宜依居官制服。」又詔贈太宰，侍

中、錄尚書，公如故，增班劍爲六十人，葬送禮悉依宋太保王弘故事，謚曰文簡。先是庶姓三公，輼車未有定格，王儉議官品第一，皆加幢絡，自彥回始也。又詔彥回妻宋故巴西主埏暫啓，宜贈南康郡公夫人。

長子賁字蔚先，少耿介。父背袁粲等附高帝，賁深執不同，終身愧恨之，有棲退之志。位侍中。彥回薨，服闋，見武帝，賁流涕不自勝。上甚嘉之，以爲侍中、領步兵校尉、左戶尚書。常謝病在外，上以此望之，遂諷令辭爵，讓與弟蓁，仍居墓下。及王儉薨，乃騎水牛出弔，以繫門外柱，入哭盡哀而退，家人不知也。會疾篤，其子霽載以歸。疾小間，知非故處，大怒，不肯復飲食，內外閤悉釘塞之，不與人相聞，數日裁餘氣息。謝瀹聞其弊，往候之，排閣不可開，以杵搥破，進見賁曰：「事之不可得者身也，身之不可全者名也，名與身俱滅者君也，豈不全之哉！」賁曰：「吾少無人間心，豈身名之可慕。但願啓手歸全，必在舊隴。兒輩不才，未達余趣，移尸徙殯，失吾素心，更以此爲恨耳。」永明七年卒。

蓁字茂緒，位義興太守。八年，改封巴東郡公。[一五]明年，表讓封還賁子霽，詔許之。建武末，蓁位太子詹事、度支尚書，領前軍將軍。永元元年卒，贈太常，謚穆子。[一六]

蓁子向字景政，年數歲，父母相繼亡沒，哀毀若成人，[一七]親表異之。及長，淹雅有器量，位長兼侍中。向風儀端麗，眉目如畫，每公庭就列，爲衆所瞻望焉。仕梁，卒於北中郎廬陵王長史。子翔。

翔字世舉，起家祕書郎，累遷宣城王主簿。中大通五年，梁武帝宴羣臣樂游苑，別詔翔與王訓爲二十韻詩，限三刻成。翔於坐立奏，帝異焉，即日補宣城王文學，俄遷友。時宣城友、文學加正王二等，[一八]翔超爲之，時論美焉。

出爲義興太守，在政潔己，省繁苛，去游費，百姓安之。郡西亭有古樹，積年枯死，翔至郡，忽更生枝葉，咸以爲善政所感。以秩滿，吏人詣闕請之，敕許焉。尋徵爲吏部郎，去郡，百姓無老少追送出境，涕泣拜辭。翔居小選公清，不爲請屬易意，號爲平允。遷侍中。太清二年，守吏部尚書，丁母憂，以毀卒。翔少有孝行，爲侍中時，母病篤，請沙門祈福，中夜忽見戶外有異光，又聞空中彈指。及旦，疾遂愈，咸以爲精誠所致云。

澄字彥道，彥回弟也。初湛之尚始安公主，薨，納側室郭氏，生彥回。後尚吳郡主，生

澄。彥回事主孝謹，主愛之。湛之亡，主表彥回爲嫡。澄尚宋文帝女廬江公主，拜駙馬都尉。歷官清顯，善醫術。建元中，爲吳郡太守，百姓李道念以公事到郡，澄見謂曰：「汝有重疾。」答曰：「舊有冷疾，至今五年，衆醫不差。」澄爲診脈，謂曰：「汝病非冷非熱，當是食白瀹雞子過多所致。」令取蘇一升煮服之。[一九]始一服，乃吐出一物，如升，涎裹之動，開看是雞雛，羽翅爪距具足，能行走。澄曰：「此未盡。」更服所餘藥，又吐得如向者雞十三頭，而病都差，當時稱妙。豫章王感病，高帝召澄爲療，立愈。尋還左戶尚書。

彥回薨，澄以錢一萬一千就招提寺贖高帝所賜彥回白貂坐褥，壞作裘及纓，又贖彥回介幘犀導及彥回常所乘黃牛。永明元年，爲御史中丞袁彖所奏，免官禁錮，見原。遷侍中，領右軍將軍，以勤謹見知。澄女爲東昏皇后。永元元年卒，追贈金紫光祿大夫。

炤字彥宣，彥回從父弟也。父法顯，鄱陽太守。炤少有高節，王儉嘗稱才堪保傅。爲安成郡還，[二〇]以一目眇，召爲國子博士，不拜。常非彥回身事二代。彥回子賁往問訊炤，炤問曰：「司空今日何在？」賁曰：「奉璽紱，在齊大司馬門。」炤正色曰：「不知汝家司空將一家物與一家，亦復何謂。」彥回拜司徒，賓客滿

坐，炤歎曰：「彥回少立名行，何意披猖至此！門戶不幸，乃復有今日之拜。使彥回作中書郎而死，不當是一名士邪？名德不昌，遂有期頤之壽。」

彥回性好戲，以軺車給之，炤大怒曰：「著此辱門戶，那可令人見。」索火燒之，馭人奔車乃免。炤弟炫。

炫字彥緒，少清簡，爲從舅王景文所知。從兄彥回謂人曰：「從弟廉勝獨立，乃十倍於我。」

爲正員郎。從宋明帝射雉，帝至日中無所得，甚猜羞，召問侍臣曰：「吾旦來如皐，遂空行可笑。」坐者莫答，炫獨曰：「今節候雖適，而雲霧尚凝，故斯翬之禽，驕心未警。但得神駕游豫，〔二〕羣情便可載驩。」帝意解，乃於雉場置酒。遷中書侍郎，司徒右長史。

昇明初，炫以清尚，與彭城劉俁、陳郡謝朏、濟陽江斅入殿侍文義，號爲四友。齊臺建，爲侍中，領步兵校尉。以家貧，建元初，出補東陽太守。前後三爲侍中，與從兄彥回操行不同，故彥回之世，不至大官。

永明元年，爲吏部尚書。炫居身清立，非弔問不雜交游，論者以爲美。及在選部，門庭蕭索，賓客罕至。出行，左右常捧一黃紙帽箱，風吹紙剝殆盡。罷江夏郡還，得錢十七萬，

於石頭幷分與親族。病無以市藥，以冠劍爲質。表自陳解，改授散騎常侍，領安成王師。國學建，以本官領博士。未拜卒，無以殯斂，時年四十一。贈太常，謚貞子。子澐。

澐字士洋。仕梁爲曲阿令。歷晉安王中錄事，正員郎，烏程令。兄游亡，棄縣還，爲太尉屬，延陵令，中書侍郎，太子率更令，御史中丞，湘東王府諮議參軍。卒。

澐之爲縣令，清愼可紀。好學，解音律，重賓客，雅爲湘東王所親愛。

澐子蒙位太子舍人。蒙子玠。

玠字溫理，九歲而孤，爲叔父驃騎從事中郎隨所養。早有令譽，先達多以才器許之。及長，美風儀，善占對，博學能屬文，詞義典實，不尚淫靡。〔三〕

陳天嘉中，兼通直散騎常侍聘齊，還遷中書侍郎。

太建中，山陰縣多豪猾，前後令皆以贓汚免，宣帝謂中書舍人蔡景歷曰：「稽陰大邑，久無良宰，卿文士之內，試思其人。」景歷進玠，帝曰：「甚善，卿言與朕意同。」乃除山陰令。縣人張次的、王休達等與諸猾吏賄賂通姦，全丁大戶類多隱沒。玠鎖次的等，具狀啓臺，宣帝手敕慰勞，并遣使助玠搜括，所出軍人八百餘戶。〔四〕時舍人曹義達爲宣帝所寵，縣人陳信家富，諂事義達，信父顯文恃勢橫暴。玠乃遣使執顯文，鞭之一百，於是吏人股慄。信後因義達譖玠，竟坐免官。玠在任歲餘，守祿俸而已，去官之日，不堪自致，因留縣境種蔬菜以自給。或以玠非百里才，玠曰：「吾委輸課最，不後列城，除殘去暴，姦吏局蹐。若謂其不能自潤脂膏，則如來命，以爲不達從政，吾未服也。」時人以爲信然。皇太子知玠無還裝，手書賜粟米二百斛，於是還都。

後累遷御史中丞。玠剛毅有膽決，善騎射。嘗從司空侯安都於徐州出獵，遇猛獸，玠射之，截發皆中口入腹，俄而斃。及爲御史中丞，甚有直繩之稱。卒於官，皇太子親製誌銘，以表惟舊。至德二年，贈祕書監。所製章奏雜文二百餘篇，皆切事理，由是見重於世。

子亮，位尚書殿中侍郎。

論曰：褚氏自至江左，人焉不墜。彥回以此世資，時譽早集，及於逢迎興運，謗議沸騰，旣以人望見推，亦以人望而責也。炤貞勁之性，炫廉勝之風，求之古人，亦何以加此。玠公平諒直，文武兼資，可謂世業無隕者矣。

校勘記

〔一〕乃以被掩殺之 「殺」字各本並脫，據宋書補。

〔二〕景平元年 「元年」各本作「二年」。按宋書少帝紀繫富陽孫氏舉兵事在景平元年二月，此作「二年」誤，今據改。

〔三〕於是孫法先自號冠軍大將軍與孫道慶等攻沒縣邑 「法先」宋書作「法亮」，而於少帝紀又作「法光」，册府元龜六九三同。

〔四〕邵與行參軍漏恭期 「漏」宋書作「濁」。

〔五〕永初三年 「三年」各本作「四年」。按下云「在任三年」。自永初三年（四二二）至景平二年（四二四）卒，適爲三年，據宋書改。

〔六〕寂之子曖尚宋文帝第六女琅邪貞長公主 「貞」各本作「眞」，據宋書改。

〔七〕彥回幼有清譽 彥回本名淵，南齊書有傳，此避唐諱以字行。

〔八〕嫡母吳郡主求之 「郡主」各本作「縣主」。張森楷南史校勘記：「宋書褚湛之傳作『吳郡宣公主』，則非縣主也。」按下云「嫡母吳郡公主薨」，今據改。

〔九〕回雖不敏 「回」通志改「淵」；王懋竑讀書記疑：「回疑本字淵。」按古人雙名無單舉一字以爲稱者（但爲詩文則無此限，故何點爲贊云：「回旣世族。」）此用書傳現成語（見論語顏淵篇），一語

雙闕。

〔一〇〕歷侍中領尚書右衞將軍　錢大昕廿二史考異：「按彥回在明帝時嘗爲吏部尚書及右僕射，此云『領尚書』，則當時無此官也。」按南齊書作「轉侍中，領右衞將軍」。當從之。

〔一一〕彥回後爲吳興太守　「吳興」各本作「吳郡」。錢大昕廿二史考異：「吳郡當作吳興，南齊書本傳及王儉碑文俱無守吳郡事，蓋傳寫之譌。下文亦有『出爲吳興』之語。」今從改。

〔一二〕遷中領軍領南兗州　下「領」字各本並脫，據南齊書補。

〔一三〕知公爲朱祐久矣　「朱祐」南齊書作「朱祜」。按後漢書朱祜傳李賢注引東觀記曰：「祜作福。避安帝諱。」宋劉攽東漢書刊誤：「案注引東觀記安帝諱，則此人當名祐。」祐譌爲祜，沿誤已久，不知所自始。

〔一四〕未入境卒　「卒」字各本並脫，據册府元龜五七七補。

〔一五〕改封巴東郡公　「郡公」各本作「郡侯」。錢大昕廿二史考異：「彥回本封南康郡公，蓁初襲父爵，至是以南康爲王國，而改蓁爲巴東公，見齊武帝諸子傳。此云『郡侯』恐誤。」按本書南康王子琳傳「改封南康公褚蓁爲巴東公」，今據改。

〔一六〕贈太常謚穆子　「贈」字各本並脫，據南齊書補。

〔一七〕哀毀若成人　「哀」字據通志補。

〔一八〕時宣城友文學加正王二等　「正王」梁書作「它王」。

〔一九〕令取蘇一升煮服之　「蘇」太平御覽七二三引南齊書、七三八引南史並作「蒜」，通志同。疑作「蒜」是。

〔二〇〕爲安成郡還　「安成」各本作「成安」，據通鑑乙正。

〔二一〕但得神駕游豫　「游豫」各本作「猶豫」。按此本孟子「一游一豫」語，「猶」字譌，據南齊書改。

〔二二〕詞義典實不尚淫靡　「詞義」各本作「訓義」，據陳書改。

〔二三〕所出軍人八百餘戶　「軍人」陳書作「軍民」，此避唐諱改。

南史卷二十九

列傳第十九

蔡廓　子興宗　孫約　約弟撙　曾孫凝

蔡廓字子度，濟陽考城人，晉司徒謨之曾孫也。祖系，撫軍長史。父綝，司徒左西屬。廓博涉羣書，言行以禮，起家著作佐郎。後爲宋武帝太尉參軍、中書黃門郎，以方鯁閑素，爲武帝所知。載遷太尉從事中郎，未拜，遭母憂。性至孝，三年不櫛沐，殆不勝喪。宋臺建，爲侍中，建議以爲「鞫獄不宜令子孫下辭，明言父祖之罪。虧教傷情，莫此爲大。自今但令家人與囚相見，無乞鞫之訴，便足以明伏罪，不須責家人下辭」。朝議從之。世子左衞率謝靈運輒殺人，御史中丞王准之坐不糾免官。武帝以廓剛直，補御史中丞。多所糾奏，百僚震肅。時中書令傅亮任寄隆重，學冠當時，朝廷儀典，皆取定於亮。亮每事諮廓然後行，亮意若有不同，廓終不爲屈。遷司徒左長史，出爲豫章太守。

徵爲吏部尚書。廓因北地傅隆問亮：「選事若悉以見付，不論；不然，不能拜也。」亮以語錄尚書徐羨之，羨之曰：「黃門郎以下悉以委蔡，吾徒不復厝懷，自此以上，故宜共參同異。」廓曰：「我不能爲徐干木署紙尾。」遂不拜。干木，羨之小字也。選案黃紙，錄尚書與吏部尚書連名，故廓言署紙尾也。羨之亦以廓正直，不欲使居權要，徙爲祠部尚書。

文帝入奉大統，尚書令傅亮率百官奉迎，廓亦俱行。至尋陽，遇疾不堪前，亮將進路，詣別，廓謂曰：「營陽在吳，宜厚加供奉。一旦不幸，卿諸人有殺主之名，欲立於世，將可得邪？」時亮已與羨之議害少帝，乃馳信止之，信至已不及。羨之大怒曰：「與人共計，云何裁轉背便賣惡於人。」

及文帝卽位，謝晦將之荆州，與廓別，屏人問曰：「吾其免乎？」廓曰：「卿受先帝顧命，任以社稷，廢昏立明，義無不可；但殺人二昆，而以之北面，挾震主之威，據上流之重，以古推今，自免爲難也。」

廓年位並輕，而爲時流所推重，每至歲時，皆束帶詣門。〔一〕奉兄軌如父，家事大小，皆諮而後行，公祿賞賜，一皆入軌，有所資須，悉就典者請焉。從武帝在彭城，妻郗氏書求夏服。廓答書曰：「知須夏服，計給事自應相供，無容別寄。」時軌爲給事中。元嘉二年，廓卒。武帝常云：「羊徽、蔡廓，可平世三公。」少子興宗。

中華書局

興宗字興宗，幼爲父廓所重，謂有己風。與親故書曰：「小兒四歲，神氣似可，不入非類室，不與小人游。」故以興宗爲之名，以興宗爲之字。

年十歲喪父，哀毁有異凡童。廓罷豫章郡還，起二宅，先成東宅以與兄軌。軌罷長沙郡還，送錢五十萬以裨宅直。興宗年十一，白母曰：「一家由來豐儉必共，今日宅直不宜受也。」母悅而從焉。軌深有愧色，謂其子淡曰：「我年六十，行事不及十歲小兒。」尋又喪母。

少好學，以業尚素立見稱，爲中書侍郎。中書令建平王宏、侍中王僧綽並與之厚善。元凶弒立，僧綽被誅，凶威方盛，親故莫敢往，興宗獨臨哭盡哀。

孝武踐阼，累遷尚書吏部郎。〔二〕時尚書何偃疾患，上謂興宗曰：「卿詳練清濁，今以選事相付，便可開門當之，無所讓也。」

後拜侍中，每正言得失，無所顧憚。孝武新年拜陵，興宗負璽陪乘。及還，上欲因以射雉，興宗正色曰：「今致虔園陵，情敬兼重，從禽猶有餘日，請待他辰。」上大怒，遣令下車，由是失旨。竟陵王誕據廣陵爲逆，事平，孝武輿駕出宣陽門，敕左右文武叫稱萬歲。興宗時陪輦，帝顧曰：「卿獨不叫？」興宗從容正色答曰：「陛下今日政應涕泣行誅，豈得軍中皆稱萬歲。」帝不悅。

興宗奉旨慰勞廣陵，州別駕范義與興宗素善，〔三〕在城內同誅。興宗至，躬自收殯，致喪還豫章舊墓。上聞謂曰：「卿何敢故爾觸網？」興宗抗言答曰：「陛下自殺賊，臣自葬周旋，既犯嚴制，政當甘於斧鉞耳。」帝有慚色。又廬陵內史周朗以正言得罪，鎖付寧州，親戚故人無敢瞻送，〔四〕興宗時在直，請急，詣朗別。上知尤怒。坐屬疾多日，白衣領職。

後爲廷尉卿，有解士先者告申坦昔與丞相義宣同謀。時坦已死，子令孫作山陽郡，自繫廷尉。興宗議曰：「若坦昔爲戎首，身今尚存，累經肆眚，猶應蒙宥。令孫天屬，理相爲隱。況人亡事遠，追相誣訐，斷以禮律，義不合關。」〔五〕見從。

出爲東陽太守，後爲左戶尚書，轉掌吏部。時上方盛淫宴，虐侮羣臣，自江夏王義恭以下咸加穢辱，唯興宗以方直見憚，不被侵媟。尚書僕射顏師伯謂儀曹郎王耽之曰：「蔡尚書常免昵戲，去人實遠。」耽之曰：「蔡豫章昔在相府，亦以方嚴不狎，武帝宴私之日，未嘗相召。每至官賭，常在勝朋。〔六〕蔡尚書今日可謂能負荷矣。」〔七〕

大明末，前廢帝即位，興宗告太宰江夏王義恭應須策文。義恭曰：「建立儲副，本爲今日，復安用此？」興宗曰：「累朝故事，莫不皆然。近永初之末，營陽王即位，亦有文策，〔八〕今在尚書，可檢視也。」不從。

時義恭錄尚書，受遺輔政，阿衡幼主，而引身避事，政歸近習。越騎校尉戴法興、中書舍人巢尚之專制朝權，威行近遠。興宗職管九流，銓衡所寄，每至上朝，輒與令錄以下陳欲登賢進士之意，又箴規得失，博論朝政。義恭素性恇橈，阿順法興，恒慮失旨，每聞興宗言，輒戰懼無計。

先是，大明世奢侈無度，多所造立，賦調煩嚴，徵役過苦，至是發詔悉皆削除。由此紫極殿南北馳道之屬皆被毁壞，自孝建以來至大明末，凡諸制度，無或存者。興宗於都坐慨然謂顏師伯曰：「先帝雖非盛德，要以道始終。三年無改，古典所貴。今殯宮始撤，山陵未遠，而凡諸制度興造，不論是非，一皆刊削，雖復禪代，亦不至爾，天下有識當以此窺人。」師伯不能用。

興宗每奏選事，法興、尚之等輒點定回換，僅有存者。興宗於朝堂謂義恭及師伯曰：「主上諒闇，不親萬機，選舉密事，多被删改，非復公筆迹，不知是何天子意。」王景文、謝莊等遷授失序，興宗又欲改爲美選。時薛安都爲散騎常侍、征虜將軍，太子率殷恒爲中庶子。興宗先選安都爲左衞將軍，常侍如故；殷恒爲黃門，領校。太宰嫌安都爲多，欲單爲左衞。興宗曰：「率、衞相去，幾何之間。且已失征虜，非乃超越，復奪常侍，則頓爲降貶。若謂安都晚過微人，本宜裁抑，令名器不輕，〔九〕宜有選序，謹依選體，非私安都。」義恭曰：「若宮官宜加越授者，殷恒便應侍中，那得爲黃門而已？」興宗又曰：「中庶、侍中，相去實遠。且安都作率

十年，殷恒中庶百日，今又領校，不爲少也。」使選令史顏禕之、薛慶先等往復論執，義恭然後署案。既而中旨以安都爲右衞，加給事中，由是大忤義恭及法興等。出興宗爲吳郡太守，固辭，又轉南東海太守，又不拜，苦求益州。義恭於是大怒，上表言興宗之失。詔付外詳議，義恭因使尚書令柳元景奏興宗及尚書袁愍孫私相許與，自相選署，亂羣害政，混穢大猷。於是除興宗新昌太守，郡屬交州。〔一〇〕朝廷喧然，莫不嗟駭。先是，興宗納何后寺尼智妃爲妾，姿貌甚美。迎車已去，而師伯密遣人誘之，潛往載取，興宗迎人不得。及興宗被徙，論者並言由師伯，師伯甚病之。法興等既不欲以徙大臣爲名，師伯又欲止息物議，由此停行。

頃之，法興見殺，尚之被繫，義恭、師伯並誅，復起興宗爲臨海王子頊前軍長史、南郡太守，行荆州事，不行。時前廢帝凶暴，興宗外甥袁顗爲雍州刺史，固勸興宗行，曰：「朝廷形勢，人情所見，在內大臣，朝夕難保。舅今出居陝西，爲八州行事，顗在襄、沔，地勝兵强，去江陵咫尺，水陸通便。若一朝有事，可共立桓、文之功，豈與受制凶狂，禍難不測，同年而語乎。」興宗曰：「吾素門平進，與主上甚疏，未容有患。宮省內外既人不自保，比者會應有變。若內難得弭，外釁未必可量。汝欲在外求全，我欲居內免禍，各行所見，不亦善乎。」時士庶危懼，衣冠咸欲遠徙，後皆流離外難，百不一存。

重除吏部尚書。太尉沈慶之深慮危禍，閉門不通賓客，嘗遣左右范羨詣興宗屬事。興宗謂羨曰：「公關門絕客，以避悠悠之請謁耳，身非有求，何爲見拒？」羨復命，慶之使要興宗。興宗因說之曰：「主上比者所行，人倫道盡，今所忌憚，唯在於公。公威名素著，天下所服，今舉朝惶惶，人懷危怖，指撝之日，誰不影從？如其不斷，旦暮禍及。僕昔佐貴府，蒙眷異常，故敢盡言，願思其計。」慶之曰：「僕比日前慮不復自保，但盡忠奉國，始終以之，正當委天任命耳。加老罷私門，兵力頓闕，雖有其意，事亦無從。」興宗曰：「當今懷謀思奮者，非復要富貴，期功賞，各欲救死朝夕耳。殿內將帥，正聽外間消息；若一人唱首，則俯仰可定。況公威風先著，統戎累朝，諸舊部曲，布在宮省，誰敢不從？僕在尚書中，自當唱率百僚，案前世故事，更簡賢明，以奉社稷。又朝廷諸所行造，人間皆言公悉豫之，今若沉疑不決，當有先公起事者，公亦不免附惡之禍也。且車駕屢幸貴第，酣醉彌留。又聞斥屏左右，獨入閤內。此萬世一時，機不可失。僕荷眷深重，故吐去梯之言，公宜詳其禍福。」慶之曰：「此事大，非僕所能行。事至，政當抱忠以沒耳。」頃之，慶之果以見忌致禍。

時領軍將軍王玄謨大將有威名，邑里訛言玄謨當建大事，或言已見誅。玄謨典籤包法榮家在東陽，興宗故郡人也，爲玄謨所信，使至興宗間。興宗謂曰：「領軍比日殊當憂懼。」法榮曰：「頃者殆不復食，夜亦不眠，恒言收已在門，不保俄頃。」興宗因法榮勸玄謨舉事。

玄謨又使法榮報曰：「此亦未易可行，其當不泄君語。」右衞將軍劉道隆爲帝所寵信，專統禁兵，乘輿嘗夜幸著作佐郎江斆宅，興宗乘馬車從。道隆從車後過，興宗謂曰：「劉公，比日思一閑寫。」〔一一〕道隆深達此旨，掐興宗手曰：「蔡公勿言。」

時帝每因朝宴，棰毆羣臣，自驃騎大將軍建安王休仁以下，侍中袁愍孫等咸見陵曳，唯興宗得免。

頃之，明帝定大事。玄謨責所親故吏郭季產、女壻韋希眞等曰：「當艱難時，周旋輩無一言相扣發者。」〔一二〕季產曰：「蔡尚書令包法榮所道，非不會機，但大事難行耳。季產言亦何益。」玄謨有慚色。

當明帝起事之夜，廢帝橫屍太醫閤口。興宗謂尚書右僕射王景文曰：〔一三〕「此雖凶悖，是天下之主，宜使喪禮粗足。若直如此，〔一四〕四海必將乘人。」

時諸方並舉兵反，朝廷所保丹陽、淮南數郡，其間諸縣或已應賊。東兵已至永世，宮省危懼，上集羣臣以謀成敗。興宗曰：「宜鎭之以靜，以至信待人。比者，逆徒親戚布在宮省，若繩之以法，則土崩立至，宜明罪不相及之義。」上從之。

遷尚書右僕射，尋領衞尉。明帝謂興宗曰：「頃日人情言何？事當濟不？」興宗曰：「今米甚豐賤，而人情更安，以此算之，清蕩可必。但臣之所憂，更在事後，猶羊公言既平之後，

方當勞聖慮耳。」尚書褚彥回以手板築興宗，興宗言之不已。上曰：「如卿言。」

赭圻平，函送袁顗首，敕從登南掖門樓以觀之。興宗潸然流涕，上不悅。事平，封興宗始昌縣伯，固讓，不許，改封樂安縣伯，〔一五〕國秩吏力，終以不受。

時殷琰據壽陽爲逆，遣輔國將軍劉勔攻圍之。四方既平，琰嬰城固守。上使中書爲詔譬琰，興宗曰：「天下既定，是琰思順之日，陛下宜賜手詔數行。今直使中書爲詔，彼必疑非眞。」不從。琰得詔，謂劉勔詐造，果不敢降，久乃歸順。

先是，徐州刺史薛安都據彭城反，後遣使歸欵，泰始二年冬，遣鎭軍將軍張永率軍迎之。興宗曰：「安都遣使歸順，此誠不虛，今不過須單使一人，咫尺書耳。若以重兵迎之，勢必疑懼，或能招引北虜，爲患不測。」時張永已行，不見信。安都聞大軍過淮，果引魏軍。永戰大敗，遂失淮北四州。其先見如此。初，永敗問至，上在乾明殿，先召司徒建安王休仁，又召興宗。謂休仁曰：「吾慚蔡僕射。」以敗書示興宗，曰：「我愧卿。」

三年，出爲郢州刺史。初，吳興丘珍孫言論常侵興宗。珍孫子景先人才甚美，興宗與之周旋。及景先爲鄱陽郡，會晉安王子勛爲逆，轉在竟陵，爲吳喜所殺。母老女幼，流離夏口。興宗至郢州，親自臨哭，致其喪柩，家累皆得東還。

遷會稽太守，領兵置佐，加都督。會稽多諸豪右，不遵王憲，幸臣近習，參半宮省。封

略山湖，妨人害政，興宗皆以法繩之。又以王公妃主多立邸舍，子息滋長，督責無窮，啓罷省之，并陳原諸逋負，解遣雜役，並見從。三吳舊有鄉射禮，元嘉中，羊玄保爲吳郡行之，久不復修。興宗行之，禮儀甚整。

明帝崩，興宗與尚書令袁粲、右僕射褚彥回、中領軍劉勔、鎭軍將軍沈攸之同被顧命。以興宗爲征西將軍、開府儀同三司、都督、荊州刺史，加班劍二十人，被徵還都。時右軍將軍王道隆任參國政，權重一時，躡履到興宗前，不敢就席，良久方去。竟不呼坐。元嘉初，中書舍人秋當詣太子詹事王曇首，不敢坐。其後中書舍人弘興宗爲文帝所愛遇，上謂曰：「卿欲作士人，得就王球坐，乃當判耳，〔一六〕殷、劉並雜，無所益也。若往詣球，可稱旨就席。」及至，球舉扇曰：「君不得爾。」弘還，依事啓聞。帝曰：「我便無如此何。」至是，興宗復爾。道隆等以興宗強正，不欲使擁兵上流，改爲中書監、左光祿大夫、開府儀同三司，固辭不拜。

興宗行己恭恪，光祿大夫北地傅隆與父廓善，興宗常修父友之敬。又太原孫敬玉嘗通興宗侍兒，被禽反接，興宗命與杖，敬玉了無怍容。興宗奇其言對，命釋縛，試以伎能，高其筆札，因以侍兒賜之，爲立室宇，位至尚書右丞。其遏惡揚善若此。敬玉子廉，仕梁，以清能位至御史中丞。

中華書局

興宗家行尤謹，奉歸宗姑，事寡嫂，養孤兄子，有聞於世。太子左率王錫妻范，聰明婦人也，有才學。書讓錫弟僧達曰：「昔謝太傅奉寡嫂王夫人如慈母，今蔡興宗亦有恭和之稱。」其爲世所重如此。

妻劉氏早卒，一女甚幼，外甥袁顗始生子彖，而妻劉氏亦亡，興宗姊即顗母也。〔一七〕一孫一姪，躬自撫養，年齒相比，欲爲婚姻，每見興宗，輒言此意。大明初，詔興宗女與南平王敬猷婚。興宗以姊生平之懷，屢經陳啓。帝答曰：「卿諸人欲各行己意，則國家何由得婚。且姊言豈是不可違之處邪？」舊意既乖，彖亦他娶。其後彖家好不終，顗又禍敗，彖亦淪廢當時，孤微理盡。敬猷遇害，興宗女無子孀居，名門高胄，多欲結姻。明帝亦敕適謝氏，興宗並不許，以女適彖。

泰豫元年卒，年五十八。遺命薄葬，奉還封爵。追贈後授，子順固辭不受，又奉表疏十餘上。詔特申其請，以旌克讓之風。

初，興宗爲郢州，府參軍彭城顏敬以式卜曰：「亥年當作公，官有大字者，不可受也。」及有開府之授，而太歲在亥，果薨於光祿大夫云。文集傳於世。

子順字景玄，方雅有父風，位太尉從事中郎。昇明末卒。弟約。

約字景撝，少尚宋孝武女安吉公主，拜駙馬都尉。仕齊，累遷太子中庶子、領屯騎校尉。永明八年八月合朔，約脫武冠解劍，〔一八〕於省眠至下鼓不起，爲有司所奏，贖論。出爲宜都王冠軍長史、淮南太守，行府州事。武帝謂曰：「今用卿爲近蕃上佐，想副我所期。」約曰：「南豫密邇京師，不化自理，臣亦何人，爝火不息。」時諸王行事，多相裁割，約居右任，主佐之間穆如也。

遷司徒左長史。齊明帝爲錄尚書輔政，百僚脫屣到席，約躡屣不改。帝謂江祏曰：「蔡氏是禮度之門，故自可悅。」祏曰：「大將軍有揖客，復見於今。」

約好飲酒，夷淡不與世雜。永元二年，卒於太子詹事，年四十四，贈太常。弟撙。

撙字景節，少方雅退默，與第四兄寅俱知名。仕齊位給事黃門侍郎。丁母憂，廬于墓側。齊末多難，服闋，因居墓所。除太子中庶子、太尉長史，並不就。梁臺建，爲侍中，遷臨海太守。公事左遷太子中庶子，復爲侍中，吳興太守。初，撙在臨海，百姓楊元孫以婢采蘭貼與同里黃權，約生子，酬乳哺直。權死後，元孫就權妻吳贖婢母子五人，吳背約不還。元孫訴，撙判還本主。吳能爲巫，出入撙內，以金釧賂撙妾，遂改判與吳。元孫撾登聞鼓訟之，爲有司劾。時撙已去郡，雖不坐，而常以爲恥。口不言錢，及在吳興，不飲郡井，齋前自種白莧紫茄，以爲常餌，詔褒其清。加信武將軍。

時帝將爲昭明太子納妃，意在謝氏。袁昂曰：「當今貞素簡勝，唯有蔡撙。」乃遣吏部尚書徐勉詣之，停車三通不報。勉笑曰：「當須我召也。」遂投刺乃入。

天監九年，宣城郡吏吳承伯挾祆道聚衆攻宣城，殺太守朱僧勇，轉寇吳興，吏人並請避之。撙堅守不動，命衆出戰，摧破斬承伯，餘黨悉平。

累遷吏部尚書，在選弘簡有名稱。又爲侍中，領祕書監。武帝嘗謂曰：「卿門舊尚有堪事者多少？」撙曰：「臣門客沈約、范岫各已被升擢，此外無人。」約時爲太子少傅，岫爲右衛將軍。

撙風骨鯁正，氣調英嶷，當朝無所屈讓。嘗奏用琅邪王筠爲殿中郎，武帝嫌不取參掌通署，乃推白牒於香橙地下，曰：「卿殊不了事。」撙正色俯身拾牒起，曰：「臣謂舉爾所知，許允已有前事；既是所知而用，無煩參掌署名。臣撙少而仕宦，未嘗有不了事之目。」因捧牒直出，便命駕而去，仍欲抗表自解。帝尋悔，取事爲晝。

帝嘗設大臣麰，撙在坐。帝頻呼姓名，撙竟不答，食麰如故。帝覺其負氣，乃改喚蔡尚書，撙始放筯執笏曰：「爾。」帝曰：「卿向何聾，今何聰？」對曰：「臣預爲右戚，且職在納言，陛下不應以名垂喚。」帝有慚色。

性甚凝厲，善自居適。女爲昭明太子妃，自詹事以下咸來造謁，往往稱疾相聞，間遣之。及其引進，但暄寒而已，此外無復餘言。

後爲中書令，卒於吳郡太守，謚曰康子。司空袁昂嘗謂諸賓曰：「自蔡侯卒，不復更見此人。」其爲名輩所知如此。

子彥深，宣城內史。彥深弟彥高，給事黃門侍郎。彥高子凝。

凝字子居，美容止。及長，博涉經傳，有文詞，尤工草隸。陳太建元年，累遷太子中舍人。以名公子選尚信義公主，拜駙馬都尉、中書侍郎，遷晉陵太守。及將之郡，更令左右修中書廨宇，謂賓友曰：「庶來者無勞。」

尋授吏部侍郎。凝年位未高，而才地爲時所重，常端坐西齋，自非素貴名流，罕所交接，趣時者多譏焉。宣帝嘗謂凝曰：「我欲用義興主壻錢肅爲黃門侍郎，卿意如何？」凝正色曰：「帝鄉舊戚，恩由聖旨，則無所復問。若格以僉議，黃散之職，故須人門兼美。」帝默然而止。肅聞而不平，義興公主日譖之，尋免官，遷交阯。頃之追還。

後主嗣位，爲給事黃門侍郎。後主嘗置酒，歡甚，將移宴弘範宮，衆人咸從，唯凝與袁憲不行。後主曰：「何爲？」凝曰：「長樂尊嚴，非酒後所過，臣不敢奉詔。」衆人失色。後主曰：「卿醉矣。」令引出。他日，後主謂吏部尚書蔡徵曰：「蔡凝負地矜才，無所用也。」尋還信威晉熙王府長史，鬱鬱不得志。乃喟然歎曰：「天道有廢興，夫子云『樂天知命』，斯理庶幾可達。」因著小室賦以見志。陳亡入隋，道病卒，年四十七。子君知，頗知名。

論曰：蔡廓體業弘正，風格峻舉。興宗出內所踐，不隕家聲。位在具臣，而情懷伊、霍，仁者有勇，驗在斯乎。然自廓及凝，年移四代，高風素氣，無乏於時，其所以取貴，不徒然矣。至於矜倨之失，蓋其風俗所通，格以正道，故亦名教之深尤也。

校勘記

〔一〕廓年位並輕而爲時流所推重每至歲時皆束帶詣門　「爲」字各本並脫，據宋書補。「歲時」各本互倒作「時歲」，據宋書乙正。

〔二〕累遷尚書吏部郎　「吏部郎」各本作「吏部侍郎」，據宋書刪。按宋書百官志，尚書諸曹郎有吏部郎，無吏部侍郎。

〔三〕州別駕范義與興宗素善　「范義」各本作「范羲」，據宋書改。張森楷南史校勘記：「案竟陵王誕

傳是『義』字，隋書經籍志有宋兗州別駕范義集十二卷，即此人，作『羲』非也。」

〔四〕又廬陵內史周朗以正言得罪鎖付寧州親戚故人無敢瞻送　「廬陵」各本作「廬江」，據宋書改。按宋書及本書周朗傳並作「廬陵內史」。又「瞻送」各本作「贍送」，世說新語俳調：「謝公將發新亭，朝士咸出瞻送。」「贍」「瞻」涉形近而譌，今改正。

〔五〕義不合關　「不」各本作「有」，據宋書改。

〔六〕每至官賭常在勝朋　「勝朋」各本作「勝明」，據宋書改。

〔七〕蔡尚書今日可謂能負荷矣　「負」字各本並脫，據宋書補。

〔八〕近永初之末營陽王即位亦有文策　「營」各本作「榮」或「榮」，涉形近而譌，據宋書改。

〔九〕令名器不輕　「令」各本作「今」，據宋書改。

〔一〇〕於是除興宗新昌太守郡屬交州　「新昌」各本作「永昌」，據宋書、通鑑改。按南齊書州郡志，新昌屬交州，而永昌則屬寧州也。

〔一一〕比日思一閑寫　「寫」字各本並脫，據宋書補。

〔一二〕當艱難時周旋輩無一言相扣發者　「扣」各本作「和」，據宋書改。

〔一三〕興宗謂尚書右僕射王景文曰　「右」各本作「左」，據宋書改。按本傳亦作「右」，其爲左僕射在明帝時。

〔一四〕宜使喪禮粗足若直如此　「若」各本作「者」，據宋書改。

〔一五〕固讓不許改封樂安縣伯　「改」各本作「之」。張元濟南史校勘記：「宋書無『之』字，疑『之』爲『改』之訛。」今從改。按元大德本作「固讓不許之」與宋書合，其他各本作「固讓而許之」。

〔一六〕其後中書舍人弘興宗爲文帝所愛遇至得就王球坐乃當判耳　「弘興宗」宋書作「王弘」。王鳴盛十七史商榷六〇：「此文於下仍云『弘還』，則其上作『弘興宗』似是一姓弘名興宗之人者，其爲傳寫之誤可知。王弘乃又是一人，非爲太保字休元者，彼乃王導曾孫，門閥甚高，何不坐之有？」李慈銘宋書札記：「王弘乃曇首之兄，球之從祖兄，爲元嘉功臣之首，位司徒太保，必無人敢與之同名。南史作『弘興宗』，其下又云『弘還』，若弘既是姓，則下之還應稱名，蓋皆誤也。南史王球傳作『徐爰』，差爲得之。爰後在孝武時兼著作，修宋書。而在元嘉時，則權寵未盛。蓋『爰』誤作『宏』，又轉爲『弘』。宋書復因上言『王曇首』，遂譌『王弘』；南史因在蔡興宗傳，遂譌作『弘興宗』，皆傳寫之譌，非沈、李之誤。」

〔一七〕外甥袁覬始生子彖而妻劉氏亦亡興宗姊即覬母也　「覬」各本作「顗」，錢大昕廿二史考異：「彖爲顗弟覬之子，此兩『顗』當作『覬』。」今從改。

〔一八〕約脫武冠解劍　「脫」各本作「既」，據南齊書改。

中華書局

二十四史

南史卷三十

列傳第二十

何尚之 子偃 孫戢 偃弟子求 求弟點 點弟胤 胤從弟炯 尚之弟子昌寓 昌寓子敬容

何尚之字彥德，廬江灊人也。曾祖準，高尚不應徵辟。祖惔，南康太守。〔一〕父叔度，恭謹有行業。姨適沛郡劉璩，與叔度母情愛甚篤。叔度母早卒，奉姨若所生。姨亡，朔望必往致哀，并設祭奠，食並珍新，躬自臨視。若朔望應有公事，則先遣送祭，皆手自料簡，流涕對之。公事畢即往致哀，以此爲常。至三年服竟。義熙五年，吳興武康縣人王延祖爲劫，父睦以告官。新制：「凡劫身斬刑，家人棄市。」睦既自告，於法有疑。時叔度爲尚書，議曰：「設法止姦，必本於情理，非謂一人爲劫，闔門應刑。所以罪及同產，欲開其相告，以出造惡之身。睦父子之至，容可悉共逃亡，而割其天屬，還相縛送，解腕求存，於情可愍。並合從

原。」〔二〕從之。後爲金紫光祿大夫，吳郡太守。太保王弘每稱其清身潔己。

尚之少頗輕薄，好摴蒱，及長，折節蹈道，以操立見稱。爲陳郡謝混所知，與之游處。家貧，初爲臨津令。宋武帝領征西將軍，補主簿。從征長安，以公事免，還都。因患勞病積年，飲婦人乳乃得差。以從征之勞，賜爵都鄉侯。

少帝即位，爲廬陵王義眞車騎諮議參軍。義眞與司徒徐羨之、尚書令傅亮等不協，每有不平之言。尚之諫戒不納。義眞被廢，入爲中書侍郎，遷吏部郎。告休定省，傾朝送別於冶渚。及至郡，叔度謂曰：「聞汝來此，傾朝相送，可有幾客？」答曰：「殆數百人。」叔度笑曰：「此是送吏部郎耳，非關何彥德也。昔殷浩亦嘗作豫章定省，〔三〕送別者甚衆，及廢徙東陽，船泊征虜亭積日，乃至親舊無復相窺者。」

後拜左衞將軍，領太子中庶子。尚之雅好文義，從容賞會，甚爲文帝所知。元嘉十三年，彭城王義康欲以司徒長史劉斌爲丹陽尹，上不許，乃以尚之爲之。立宅南郭外，立學聚生徒。東海徐秀，廬江何曇、黃回，潁川荀子華，太原孫宗昌、王延秀，魯郡孔惠宣並慕道來游，〔四〕謂之南學。王球常云：「尚之西河之風不墜。」尚之亦云：「球正始之風尚在。」

尚之女適劉湛子黯，而湛與尚之意好不篤。湛欲領丹陽，乃徙尚之爲祠部尚書，領國子祭酒。尚之甚不平。湛誅，遷吏部尚書。

時左衞將軍范曄任參機密，尚之察其意趣異常，白文帝：「宜出爲廣州，若在內釁成，不得不加以鈇鉞。屢誅大臣，有虧皇化。」上曰：「始誅劉湛等，方欲引升後進。曄事跡未彰，便豫相黜斥，萬姓將謂卿等不能容才，以我爲信受讒說。但使共知如此，不憂致大變也。」〔五〕曄後謀反伏誅，上嘉其先見。

二十二年，爲尚書左僕射。是歲造玄武湖，上欲於湖中立方丈、蓬萊、瀛洲三神山，尚之固諫乃止。時又造華林園，並盛暑役人。尚之又諫，上不許，曰：「小人常日曝背，此不足爲勞。」時上行幸，還多侵夜，尚之又表諫，上優詔納之。

先是患貨少，鑄四銖錢，人間頗盜鑄，多翦鑿古錢以取銅，上患之。二十四年，錄尚書江夏王義恭議，以一大錢當兩，以防翦鑿，議者多同。尚之議曰：「凡創制改法，宜順人情，未有違衆矯物而可久也。泉布廢興，未容驟議。〔六〕前代赤仄白金，俄而罷息，六貨憒亂，人泣於市。良由事不畫一，難用遵行。自非急病權時，宜守長世之業。若今制遂行，富人之貲自倍，貧者彌增其困，懼非所以欲均之意。」中領軍沈演之以爲若以大錢當兩，〔七〕則國傳難朽之寶，家贏一倍之利，不俟加憲，巧源自絕。上從演之議，遂以一錢當兩。行之經時，公私非便，乃罷。

二十八年，爲尚書令、太子詹事。二十九年致仕，於方山著退居賦以明所守，而議者咸

謂尚之不能固志。文帝與江夏王義恭詔曰：「羊、孟尚不得告謝，尚之任遇有殊，便當未宜申許。」尚之還攝職。羊即羊玄保，孟即孟顗。〔八〕

尚之既任事，上待之愈隆，於是袁淑乃錄古來隱士有迹無名者，爲眞隱傳以嗤焉。時或遣軍北侵，資給戎旅，悉以委之。

元凶弒立，進位司空、尚書令。時三方興義，將佐家在都者，劭悉欲誅之。尚之誘說百端，並得全免。

孝武即位，復爲尚書令。丞相南郡王義宣、車騎將軍臧質反，義宣司馬竺超、質長史陸展兄弟並應從誅，〔九〕尚之上言於法爲重，超從坐者由是得原。

時欲分荆州置郢州，議其所居。江夏王義恭、蕭思話以爲宜在巴陵。尚之議曰：「夏口在荆、江之中，正對沔口，通接雍、梁，寔爲津要，於事爲允。」上從其議。荆、揚二州戶口居江南之半，江左以來，揚州爲根本，委荆州以閫外，至是並分，欲以削臣下之權。而荆、揚並因此虛耗。尚之建言宜復合二州，上不許。

大明二年，以爲左光祿、開府儀同三司，〔一〇〕侍中如故。尚之在家，常著鹿皮帽。及拜開府，天子臨軒，百僚陪位，沈慶之於殿庭戲之曰：「今日何不著鹿皮冠？」慶之累辭爵命，朝廷敦勸甚苦。尚之謂曰：「主上虛懷側席，詎宜固辭。」慶之曰：「沈公不效何公去而復還

中華書局

也。」尙之有愧色。

尙之愛尙文義，老而不休。與太常顏延之少相好狎，二人並短小，尙之常謂延之爲猨，延之目尙之爲猴。同游太子西池，延之問路人云：「吾二人誰似猴？」路人指尙之爲似。延之喜笑，路人曰：「彼似猴耳，君乃眞猴。」

有人嘗求爲吏部郎，尙之歎曰：「此敗風俗也。官當圖人，人安得圖官。」延之大笑曰：「我聞古者官人以才，今官人以勢，彼勢之所求，子何疑焉。」所與延之論議往反，並傳於世。尙之立身簡約，車服率素，妻亡不娶，又無姬妾。執衡當朝，畏遠權柄，親故一無薦舉。既以此致怨，亦以此見稱。復以本官領中書令。薨年七十九，贈司空，謚曰簡穆公。子偃。

偃字仲弘，元嘉中，位太子中庶子。元凶弒立，以偃爲侍中，掌詔誥。時尙之爲司空、尙書令，偃居門下。父子並處權要，時爲寒心；而尙之及偃善攝機宜，曲得時譽。會孝武卽位，任遇無改。歷位侍中，領太子中庶子。時求讜言，偃以爲「宜重農卹本，幷官省事，考課以知能否，增奉以除吏姦。責成良守，久於其職；都督刺史，宜別其任」。改領驍騎將軍，親遇隆密，有加舊臣。轉吏部尙書。尙之去選未五載，偃復襲其迹，世以爲榮。侍中顏竣至是始貴，與偃俱在門下，以文義賞會，相得甚歡。竣既任遇隆密，謂宜

居重大，而位次與偃等未殊，意稍不悅。及偃代竣領選，竣逾憤懣，與偃遂隙。竣時權傾朝野，偃不自安，遂發悸病，意慮乖僻。上表解職，告靈不仕。孝武遇偃既深，備加醫療乃得差。

偃素好談玄，注莊子逍遙篇傳於時。卒官，孝武與顏竣詔，甚傷惜之。謚曰靖。子戢。

戢字慧景，選尙宋孝武長女山陰公主，拜駙馬都尉。累遷中書郎。景和世，山陰主就帝求吏部郎褚彥回侍己，彥回雖拘逼，終不肯從。與戢同居止月餘日，由是特申情好。元徽初，彥回參朝政，引戢爲侍中，時年二十九。戢以年未三十，苦辭內侍，改授司徒左長史。

齊高帝爲領軍，與戢來往，數申歡宴。高帝好水引餅，戢每設上焉。久之，復爲侍中。累遷高帝相國左長史。建元元年，遷散騎常侍、太子詹事。尋改侍中，詹事如故。上欲轉戢領選，問尙書令褚彥回，以戢資重，欲加散騎常侍。彥回曰：「宋時王球從侍中、中書令單作吏部尙書，資與戢相似，領選職方昔小輕，不容頓加常侍。聖旨每以蟬冕不宜過多，臣與王儉既已左珥，若復加戢，則八座便有三蟬，若帖以驍、游，亦不爲少。」迺以戢爲吏部尙書，加驍騎將軍。

戢美容儀，動止與褚彥回相慕，時人號爲「小褚公」。家業富盛，性又華侈，衣被服飾，極爲奢麗。出爲吳興太守。上頗好畫扇，宋孝武賜戢蟬雀扇，善畫者顧景秀所畫。時吳郡陸探微、顧寶先皆能畫，〔一〕歎其巧絕。戢因王晏獻之，上令晏厚酬其意。卒年三十六，謚懿子。女爲鬱林王后。又追贈侍中、右光祿大夫。〔二〕

求字子有，偃弟子也。父鑠，仕宋位宜都太守。求元嘉末爲文帝挽郎。歷位太子洗馬，丹陽郡丞，清退無嗜慾。後爲太子中舍人。泰始中，妻亡，還吳葬舊墓。除中書郎，不拜。仍住吳，隱居波若寺，足不踰戶，人莫見其面。宋明帝崩，出奔國哀，除永嘉太守。求時寄住南澗寺，不肯詣臺，乞於野外拜受，見許。一夜忽乘小船逃歸吳，隱武丘山。〔三〕齊永明四年，拜太中大夫，不就，卒。

初，求父鑠素有風疾，無故害求母王氏，坐法死，求兄弟以此無宦情。求弟點。

點字子晳，年十一，居父母憂，幾至滅性。及長，感家禍，欲絕昏宦，尙之強爲娶琅邪王氏。禮畢，將親迎，點累涕泣，求執本志，遂得罷。

點明目秀眉，容貌方雅，眞素通美，不以門戶自矜。博通羣書，善談論。家本素族，親姻多貴仕。點雖不入城府，性率到，好狎人物。遨游人間，不簪不帶，以人地並高，無所與

屈，大言踑踞公卿，敬下。或乘柴車，躡草屩，恣心所適，致醉而歸。故世論以點爲孝隱士，弟胤爲小隱士，大夫多慕從之。時人稱重其通，號曰「游俠處士」。兄求亦隱吳郡武丘山。求卒，點菜食不飲酒，訖于三年，腰帶減半。

宋泰始末，徵爲太子洗馬。齊初，累徵中書侍郎、太子中庶子，並不就。與陳郡謝瀹、吳國張融、會稽孔德璋爲莫逆友。〔四〕

點門世信佛，從弟遁以東籬門園居之，德璋爲築室焉。園有卞忠貞冢，點植花於冢側，每飮必舉酒酹之。招攜勝侶，及名德桑門，淸言賦詠，優游自得。

初，褚彥回、王儉爲宰相，點謂人曰：「我作齊書已竟，贊云『回旣世族，儉亦國華，不賴翼氏，邉恤國家』。」王儉聞之，欲候點，知不可見，乃止。豫章王嶷命駕造點，點從後門遁去。司徒竟陵王子良聞之，曰：「豫章王尙望塵不及，吾當望岫息心。」後點在法輪寺，子良就見之，點角巾登席，子良欣悅無已，遺點嵇叔夜酒盃、徐景山酒鎗。

點少時嘗患渴利，積歲不愈。後在吳中石佛寺建講，於講所晝寢，夢一道人，形貌非常，授丸一掬，夢中服之，自此而差，時人以爲淳德所感。

性通倪好施，遠近致遺，一無所逆，隨復散焉。嘗行經朱雀門街，有自車後盜點衣者，見而不言，旁人禽盜與之，點乃以衣施盜。盜不敢受，點令告有司，盜懼乃受之。

中華書局

點雅有人倫鑒，多所甄拔。知吳興丘遲於幼童，稱濟陽江淹於寒素，悉如其言。哀樂過人。嘗行逢葬者，歎曰：「此哭者之懷，豈可思邪。」於是悲慟不能禁。

老又娶魯國孔嗣女，嗣亦隱者。點雖昏，亦不與妻相見，築別室以處之，人莫諭其意。吳國張融少時免官，而爲詩有高言，〔一五〕點答詩曰：「昔聞東都日，不在簡書前。」雖戲而融久病之。及點後昏，融始爲詩贈點曰：「惜哉何居士，薄暮遘荒淫。」點亦病之。

永元中，崔慧景圍城，人間無薪，點悉伐園樹以贍親黨。慧景性好佛義，先慕交點，點不顧之。至是乃逼召點，點裂裙爲袴，往赴其軍，終日談說，不及軍事。其語默之迹如此。慧景平後，東昏大怒，欲誅之。王瑩爲之懼，求計於蕭暢。暢謂茹法珍曰：「點若不誘賊共講，未必可量，以此言之，乃應得封。」東昏乃止。

梁武帝與點有舊，及踐阼，手詔論舊，賜以鹿皮巾等，幷召之。點以巾褐引入華林園，帝贈詩酒，恩禮如舊，仍下詔徵爲侍中。捋帝鬚曰：「乃欲臣老子。」辭疾不起。復下詔詳加資給，並出在所，日費所須，太官別給。

天監二年卒，詔給第一品材一具，喪事所須，內監經理。點弟胤。

胤字子季，出繼叔父曠，故更字胤叔。年八歲，居憂，毀若成人。及長輕薄不羈，晚乃

折節好學，師事沛國劉瓛，受易及禮記、毛詩。又入鍾山定林寺聽內典，其業皆通。而縱情誕節，時人未之知也，唯瓛與汝南周顒深器異之。

仕齊爲建安太守，政有恩信，人不忍欺。每伏臘放囚還家，依期而反。

歷黃門侍郎，太子中庶子。尚書令王儉受詔撰新禮，未就而卒。又使特進張緖續成，緖又卒，屬在司徒竟陵王子良。子良以讓胤，乃置學士二十人佐胤撰錄。

後以國子祭酒與太子中庶子王瑩並爲侍中。時胤單作祭酒，疑所服。陸澄博古多該，亦不能據，遂以玄服臨試。爾後詳議，乃用朱服。祭酒朱服，自此始也。

及鬱林嗣位，胤爲后族，甚見親待。爲中書令，領臨海、巴陵王師。胤雖貴顯，常懷止足。建武初，已築室郊外，恒與學徒游處其內。至是遂賣園宅欲入東。未及發，聞謝朏罷吳興郡不還，胤恐後之，乃拜表解職，不待報輒去。明帝大怒，使御史中丞袁昂奏收胤。尋有詔許之。

胤以會稽山多靈異，往游焉，居若邪山雲門寺。初，胤二兄求、點並棲遁，求先卒，至是胤又隱，世號點爲「大山」，胤爲「小山」，亦曰「東山」。兄弟發迹雖異，克終皆隱，世謂何氏三高。

永元中，徵爲太常、太子詹事，並不就。梁武帝霸朝建，引爲軍謀祭酒，幷與書詔，不至。〔一六〕及帝踐阼，詔爲特進、光祿大夫，〔一七〕遣領軍司馬王杲之以手敕諭意，〔一八〕幷徵謝朏。

杲之先至胤所，胤恐朏不出，先示以可起，乃單衣鹿皮巾執經卷，下牀跪受。詔出，就席伏讀。胤因謂杲之曰：「吾昔於齊朝欲陳三兩條事：一者欲正郊丘，二者欲更鑄九鼎，三者欲樹雙闕。世傳晉室欲立闕，王丞相指牛頭山云：『此天闕也』。是則未明立闕之意。闕者謂之象魏，懸法於其上，浹日而收之。象者法也，魏者當塗而高大貌也。鼎者神器，有國所先。圓丘南郊，舊典不同。南郊祠五帝靈威仰之類，圓丘祠天皇大帝、北極大星是也。往代合之郊丘，先儒之巨失。今梁德告始，不宜遂因前謬。卿宜陳之。」杲之曰：「僕之鄙劣，豈敢輕議國典，此當敬俟叔孫生耳。」

及杲之從謝朏所還，問胤以出期。胤知朏已應召，答杲之曰：「吾年已五十七，月食四斗米不盡，何容復有宦情？」杲之失色不能答。胤反謂曰：「卿何不遣傳詔還朝拜表，留與我同游邪？」杲之愕然曰：「古今不聞此例。」胤曰：「檀弓兩卷，皆言物始。自卿而始，何必有例？」胤、朏俱前代高士，胤處名譽尤邁矣。

杲之還，以胤意奏聞，有敕給白衣尚書祿。胤固辭。又敕山陰庫錢月給五萬，又不受。乃敕何子朗、孔壽等六人於東山受學。太守衡陽王元簡深加禮敬，月中常命駕式閭，談論終日。

胤以若邪處勢迫隘，不容學徒，乃遷秦望山。山有飛泉，迺起學舍，卽林成援，因巖爲堵，別爲小閣室，寢處其中，躬自啓閉，僮僕無得至者。山側營田二頃，講隙從生徒游之。胤初遷將築室，忽見二人著玄冠，容貌甚偉，問胤曰：「君欲居此邪？」乃指一處云：「此中殊吉。」忽不復見。胤依言而卜焉。尋而山發洪水，樹石皆倒拔，唯胤所居室巋然獨存。元簡乃命記室參軍鍾嶸作瑞室頌，刻石以旌之。

及元簡去郡，入山與胤別。胤送至都賜埭，去郡三里，因曰：「僕自棄人事，交游路斷，自非降貴山藪，豈容復望城邑。此埭之游，於今絕矣。」執手涕零。

何氏過江，自晉司空充並葬吳西山。胤家世年皆不永，唯祖尚之至七十二。〔一九〕胤年登祖壽，乃移還吳，作別山詩一首，言甚悽愴。

至吳，居武丘山西寺講經論，學僧復隨之。東境守宰經途者，莫不畢至。胤常禁殺，有虞人逐鹿，鹿徑來趨胤，伏而不動。又有異鳥如鶴紅色，集講堂，馴狎如家禽。

初，開善寺藏法師與胤遇於秦望山，後還都，卒於鍾山。死日，胤在波若寺見一名僧，授胤香爐奩幷函書，〔二〇〕云：「貧道發自揚都，呈何居士。」言訖失所在。胤開函，乃是大莊嚴論，世中未有。訪之香爐，乃藏公所常用。又於寺內立明珠柱，柱乃七日七夜放光。太守何遠以狀啓昭明太子，太子欽其德，遣舍人何思澄致手令以褒美之。中大通三年卒，年八

中華書局

十六。

先是胤疾，妻江氏夢神告曰：「汝夫壽盡，既有至德，應獲延期，爾當代之。」妻覺說焉，俄得患而卒，胤疾乃瘳。至是胤夢見一神女并八十許人，並衣帢，行列在前，俱拜牀下，覺又見之，便命營凶具。既而疾困不復瘳。

初，胤侈於味，食必方丈，後稍欲去其甚者，猶食白魚、䱇脯、糖蟹，以為非見生物。疑食蚶蠣，使門人議之。學生鍾岏曰：「䱇之就脯，驟於屈申，蟹之將糖，躁擾彌甚。仁人用意，深懷如怛。至於車螯蚶蠣，眉目內闕，慚渾沌之奇，擴殼外緘，非金人之慎。不悴不榮，曾草木之不若，無馨無臭，與瓦礫其何算。故宜長充庖廚，永為口實。」竟陵王子良見岏議大怒。汝南周顒與胤書，勸令食菜，曰：「變之大者，莫過死生，生之所重，無逾性命。性命之於彼極切，滋味之在我可賒。若云三世理誣，則幸矣良快，如使此道果然，而受形未息，一往一來，生死常事，則傷心之慘，行亦自及。丈人於血氣之類，雖不身踐，至於晨鳧夜鯉，不能不取備屠門。財貝之經盜手，猶為廉士所棄，生性之一啓鸞刀，寧復慈心所忍。騶虞雖飢，非自死之草不食，聞其風者，豈不使人多媿。丈人得此有素，聊復片言發起耳。」故胤末年遂絕血味。

胤注百論、十二門論各一卷，注周易十卷，毛詩總集六卷，毛詩隱義十卷，禮記隱義二

十卷，禮答問五十五卷。子撰亦不仕，有高風。

何炯字士光，胤從弟也。父撙，太中大夫。炯年十五，從胤受業，一朞並通五經章句。炯白皙美容貌，從兄求、點每曰：「叔寶神清，杜乂膚清，今觀此子，復見衞、杜在目。」從兄戢謂人曰：「此子非止吾門之寶，亦為一代偉人。」

炯常慕恬退，不樂進仕。從叔昌寓謂曰：「求、點皆已高蹈，汝無宜復爾。且君子出處亦各一途。」

年十九，解褐揚州主簿，舉秀才，累遷梁仁威南康王限內記室，書侍御史。以父疾陳解。炯侍疾踰旬，衣不解帶，頭不櫛沐，信宿之間，形貌頓改。及父卒，號慟不絕聲，藉地腰脚虛腫。醫云：「須服猪蹄湯。」炯以有肉味不肯服，親友請譬，終於不回，遂以毀卒。

先是謂家人曰：「王孫、玄晏所尚不同，長魚、慶緒於事為得。必須儉而中禮，無取苟異。月朝十五日，可置一甌粗粥，如常日所進。」又傷兩兄並淡仕進，故祿所不及，恐而今而後，溫飽無資。乃潸然下泣，自外無所言。

何昌寓字儼望，尚之弟子也。父佟之，位侍中。〔二一〕昌寓少而清靖，獨立不羣，所交者必當世清名，是以風流籍甚。仕宋為尚書儀曹郎、建平王景素征北南徐州府主簿，以風素見重。母老求祿，出為湘東太守。還為齊高帝驃騎功曹。

昌寓在郡，景素被誅，昌寓痛之，至是啓高帝理其冤，又與司空褚彥回書極言之。高帝嘉其義。歷位中書郎、王儉衞軍長史，儉謂昌寓曰：「後任朝事者，非卿而誰？」

臨海王昭秀為荆州，以昌寓為西中郎長史、南郡太守，行荆州事。明帝將踐阼，先使裴叔業賫旨詔昌寓，令以便宜從事。〔二二〕昌寓拒之曰：「國家委身以上流之重，〔二三〕付身以萬里之事，臨海王未有失，寧得從君單詔邪？卽時自有啓聞，須反更議。」叔業曰：「若爾便是拒詔，拒詔，軍法行事耳。」〔二四〕答曰：「能見殺者君也，能拒詔者僕也。君不能見殺，政有沿流之計耳。」昌寓素有名德，叔業不敢逼而退。上聞而嘉之，昭秀由此得還都。

昌寓後為吏部尚書，嘗有一客姓閔求官。昌寓謂曰：「君是誰後？」答曰：「子騫後。」昌寓團扇掩口而笑，謂坐客曰：「遙遙華胄。」

昌寓不雜交游，通和汎愛，歷郡皆以清白稱。後卒於侍中，領驍騎將軍。贈太常，謚曰簡子。子敬容。

敬容字國禮，弱冠尚齊武帝女長城公主，拜駙馬都尉。梁天監中，為建安內史，清公有

美績，吏人稱之。累遷守吏部尚書，銓序明審，號為稱職。出為吳郡太守，為政勤卹人隱，辯訟如神，視事四年，政為天下第一。吏人詣闕請樹碑，詔許之。復為吏部尚書，侍中，領太子中庶子。

敬容身長八尺，白皙美鬚眉，性矜莊，衣冠鮮麗。武帝雖衣浣衣，而左右衣必須潔。嘗有侍臣衣帶卷摺，帝怒曰：「卿衣帶如繩，欲何所縛？」敬容希旨，故益鮮明。常以膠清刷鬢，衣裳不整，伏牀熨之，或暑月背為之焦。每公庭就列，容止出人。為尚書右僕射，參掌選事。遷左僕射、丹陽尹，並參掌大選如故。

敬容接對賓朋，言詞若訥，酬答二宮，則音韻調暢。大同中，朱雀門災，武帝謂羣臣曰：「此門制狹，我始欲改構，遂遭天火。」相顧未答，敬容獨曰：「此所謂先天而天不違。」時以為名對。

五年，改為尚書令，參選事如故。敬容久處臺閣，詳悉晉魏以來舊事，且聰明識達，勤於簿領，詰朝理事，日旰不休。職隆任重，專預機密，而拙於草隸，淺於學術，通包苴餉餽，無賄則略不交語。自晉宋以來，宰相皆文義自逸，敬容獨勤庶務，貪吝為時所嗤鄙。

其署名「敬」字，則大作「苟」，小為「文」，「容」字大為「父」，小為「口」。〔二五〕陸倕戲之曰：「公家『苟』既奇大，『父』亦不小。」敬容遂不能答。又多漏禁中語，故嘲誚日至。嘗有客姓

吉，敬容問：「卿與郗吉遠近？」答曰：「如明公之與蕭何。」時蕭琛子巡頗有輕薄才，因製卦名、離合等詩嘲之，亦不屑也。

帝嘗夢具朝服入太廟拜伏悲感，且於延務殿說所夢。敬容對曰：「臣聞孝悌之至，通於神明。陛下性與天通，故應感斯夢。」上極然之，便有拜陵之議。

後坐妾弟費慧明爲藁倉丞夜盜官米，爲禁司所執，送領軍府。時河東王譽爲領軍，敬容以書解慧明。譽前經屬事不行，因此卽封書以奏。帝大怒，付南司推劾。御史中丞張綰奏敬容協私罔上，合棄市。詔特免職。到溉謂朱异曰：「天時便覺開霽。」其見嫉如此。

初，沙門釋寶誌嘗謂敬容曰：「君後必貴，終是『何』敗耳。」及敬容爲宰相，謂何姓當爲其禍，故抑沒宗族，無仕進者，至是竟爲河東所敗。

中大同元年三月，武帝幸同泰寺講金字三慧經，敬容啓預聽，敕許之。又起爲金紫光祿大夫，未拜，又加侍中。敬容舊時賓客門生諠譁如昔，冀其復用。會稽謝郁致書戒之曰：

「草萊之人，聞諸道路，君侯已得瞻望朝夕，出入禁門。醉尉將不敢呵，灰然不無其漸，甚休！敢賀於前，又將弔也。

昔流言裁至，公旦東奔，燕書始來，子孟不入。夫聖賢被虛過以自斥，未有嬰時釁而求親者也。且暴鰓之魚，不念杯酌之水，雲霄之翼，豈顧籠樊之糧。何者？所託已

盛也。昔君侯納言加首，鳴玉在腰，回豐貂以步文昌，聳高蟬而趨武帳，可謂盛矣。不以此時薦才拔士，少報聖主之恩，今卒如爰絲之說，受責見過，方復欲更窺朝廷，觖望萬分，竊不爲左右取也。昔竇嬰、楊惲亦得罪明時，不能謝絕賓客，猶交黨援，卒無後福，終益前禍。僕之所弔，實在於斯。

人人所以顚猶有踵君侯之門者，未必皆感惠懷仁，有灌夫、任安之義，乃戒翟公之大署，冀君侯之復用也。夫在思過之日，而挾復用之意，未可爲智者說矣。夫君侯宜杜門念失，無有所通，築茅茨於鍾阜，聊優游以卒歲，見可憐之意，著待終之情，復仲尼能改之言，惟子貢更也之譬，少戢言於來口，微自救於竹帛，所謂『失之東隅，收之桑榆』。如此，令明主聞知，尙有冀也。

僕東皋鄙人，入穴幸無銜蹇，恥天下之士，不爲執事道之，故披肝膽，示情素，君侯豈能鑒焉。」

太清元年，遷太子詹事，侍中如故。二年，侯景襲建鄴，敬容自府移家臺內。初，景渦陽退敗，未得審實，傳者乃云其將暴顯反，景身與衆並沒。朝廷以爲憂。敬容尋見東宮，簡文謂曰：「淮北始更有信，侯景定得身免。」敬容曰：「得景遂死，深是朝廷之福。」簡文失色，問其故，對曰：「景翻覆叛臣，終當亂國。」

是年，簡文頻於玄圃自講老莊二書，學士吳孜時寄詹事府，每日入聽。敬容謂孜曰：「昔晉氏喪亂，頗由祖尙虛玄，胡賊遂覆中夏。今東宮復襲此，殆非人事，其將爲戎乎。」俄而侯景難作，其言有徵也。三年，卒于圍內。

何氏自晉司空充、宋司空尙之奉佛法，並建立塔寺，至敬容又捨宅東爲伽藍，趨權者因助財造構，敬容並不拒，故寺堂宇頗爲宏麗。時輕薄者因呼爲「衆造寺」。及敬容免職出宅，止有常用器物及囊衣而已，竟無餘財貨，時亦以此稱之。

敬容特爲從兄胤所親愛，胤在若邪山嘗疾篤，有書云：「田疇館宇悉奉衆僧，書經並歸從弟敬容。」其見知如此。敬容唯有一子，年始八歲。在吳，臨還與胤別，胤問名，敬容曰「仍欲就兄求名。」胤卽命紙筆，名曰瑴。曰：「書云兩玉曰瑴，吾與弟二家共此一子，所謂瑴也。」位祕書丞，早卒。

論曰：尙之以雅道自居，用致公輔，行己之迹，動不踰閑。及乎洗閤取譏，皮冠獲誚，貞粹之地，高人未之全許。然父子一時並處權要，雖經屯詖，咸以功名自卒，古之所謂巧宦，此之謂乎。點、胤弟兄俱云遁逸，求其蹈履，則非曰山林，察其持身，則未捨名譽。覩夫子晳之赴慧景，子季之矯敬沖，〔一〇〕以迹以心，居然可測。而高自標致，一代歸宗，以之入用，

未知所取。斯殆虛勝之風，江東所尙，不然何以至於此也？昌寓雅仗名節，殆曰人望。敬容材實幹蠱，賄而敗業，惜乎。

校勘記

〔一〕祖悏南康太守 「悏」各本作「恢」，據晉書何準傳改。

〔二〕並合從原 宋書此句上有「睦旣縛送，則餘人無應復告」二句，則「從原」爲免其家人，意自顯豁；此處刪節不當，似並其子亦原免。

〔三〕昔殷浩亦嘗作豫章定省 張森楷南史校勘記：「『作』，疑當作『往』，字近而誤。」按張說蓋是。

〔四〕立學聚生徒東海徐秀廬江何曇黃回至並慕道來遊 「立學」宋書作「立玄學」，「回」字各本並脫，據宋書補。

〔五〕不妄致大變也 「變」字各本並脫，據宋書補。

〔六〕泉布廢興未容驟議 「未容」二字各本並脫，據通志補。

〔七〕中領軍沈演之以爲若以大錢當兩 「錢」字各本並脫，據宋書補。

〔八〕孟即孟顗 「顗」各本作「覬」，據宋書改。按孟顗附見謝靈運傳。

〔九〕義宣司馬竺超至並應從誅 「竺超」宋書作「竺超民」，此避唐諱而省。

中華書局

〔一〇〕以爲左光祿開府儀同三司 「爲」字各本並脫，據宋書補。

〔一一〕時吳郡陸探微顧寶先皆能書 「寶」各本作「彥」，據太平御覽九四四引改。按顧寶先附顧琛傳，宋孝武帝大明中爲尚書水部郎，時正相接。本書卷二十二王曇首傳子僧虔附傳稱「吳郡顧寶先卓越多奇，自以伎能，僧虔乃作飛白以示之」，即其人。

〔一二〕又追贈侍中右光祿大夫 「又」各本作「父」，據南齊書改。

〔一三〕隱武丘山 「武」本字「虎」，避唐諱改。

〔一四〕與陳郡謝瀹吳國張融會稽孔德璋爲莫逆友 「孔德璋」即「孔稚珪」，此避唐諱而改稱其字。

〔一五〕而爲詩有高言 「高」下梁書有「尚」字。

〔一六〕梁武帝霸朝建引爲軍謀祭酒并與書詔不至 時梁武帝未即位，不得言詔，疑此「詔」字衍文。通志無「詔」字。

〔一七〕韶爲特進光祿大夫 「光祿」上梁書有「右」字。

〔一八〕遣領軍司馬王杲之以手敕諭意 「王杲之」梁書作「王果」。

〔一九〕唯祖尙之至七十二 按南史及宋書何尙之傳並作薨年七十九，此與梁書處士何胤傳又並作尙之年至七十二，疑當以尙之本傳爲正。

〔二〇〕胤在波若寺見一名僧授胤香爐奩并函書 梁書無「名」字，疑此衍文。

〔二一〕父佟之位侍中 張森楷南史校勘記：「南齊書作『父佟之，太常。』按『佟』當作『攸』，梁書何敬容傳作『攸之』。宋書江湛傳有『侍中何攸之』，即其人也，何尙之傳又作『悠之位太常、侍中』。何佟之別一人，見梁書儒林傳。」

〔二二〕先使裴叔業齎旨詔昌寓令以便宜從事 「詔」通志作「詣」。「齎旨詔昌寓」北監本、殿本作「往密敕昌寓」，其他各本如本文。「裴叔業」南齊書作「徐玄慶」。

〔二三〕國家委身以上流之重 北監本、殿本作「國家委身以六尺之孤」，其他各本如本文。

〔二四〕拒詔軍法行事耳 北監本、殿本作「拒詔恐非佳事耳」，其他各本如本文。

〔二五〕容字大爲父小爲口 各本脫「爲父小」三字，據册府元龜九五四補。按下陸倕云「父亦不小」，則作「大爲父而小爲口」爲是。

〔二六〕子季之嬌敬沖 「子季」各本作「子秀」，據何胤傳改。按子季，何胤之字；敬沖，謝朏之字。

南史卷三十一

列傳第二十一

張裕 子永 岱 岱兄子緒 緒子完 充 永子瓌 瓌子率 率弟盾 瓌弟稷 稷子嶸 稷從子種

張裕字茂度，吳郡吳人也，名與宋武帝諱同，故以字稱。曾祖澄，晉光祿大夫。祖彭祖，廣州刺史。父敞，侍御史、度支尙書、吳國內史。

茂度仕爲宋武帝太尉主簿、揚州中從事，累遷別駕。武帝西伐劉毅，北伐關洛，皆居守留任州事。出爲都督、廣州刺史、平越中郎將，綏靜百越，嶺外安之。

元嘉元年，爲侍中、都督、益州刺史。帝討荆州刺史謝晦，詔益州遣軍襲江陵。晦平，西軍始至白帝。茂度與晦素善，議者疑其出軍遲留。弟邵時爲湘州刺史，起兵應大駕。上以邵誠節，故不加罪。累遷太常，以脚疾出爲義興太守。上從容謂曰：「勿以西蜀介懷。」對

曰：「臣不遭陛下之明，墓木拱矣。」

後爲都官尙書，以疾就拜光祿大夫，加金章紫綬。茂度內足於財，自絕人事，經始本縣之華山爲居止。優游野澤，如此者七年。十八年，除會稽太守。素有吏能，職事甚理。卒於官，謚曰恭子。

子演，位太子中舍人。演四弟鏡、永、辯、岱俱知名，〔一〕時謂之張氏五龍。

鏡少與光祿大夫顏延之鄰居，顏談義飲酒，喧呼不絕，而鏡靜默無言聲。後鏡與客談，延之從籬邊聞之，取胡牀坐聽，辭義淸玄。延之心服，謂客曰：「彼有人焉。」由是不復酣叫。仕至新安太守。演、鏡兄弟中名最高，餘並不及。

初，裕曾祖澄當葬父，郭璞爲占墓地，曰：「葬某處，年過百歲，位至三司，而子孫不蕃。某處年幾減半，位裁卿校，而累世貴顯。」澄乃葬其劣處。位光祿，年六十四而亡，其子孫遂昌云。

永字景雲，初爲郡主簿，累遷尙書中兵郎。先是尙書中條制繁雜，元嘉十八年，欲加修撰，徙永爲删定郎，掌其任。二十二年，除建康令，所居皆有稱績。又除廣陵王誕北中郎錄事參軍。

永涉獵書史，能爲文章，善隸書，騎射雜藝，觸類兼善。又有巧思，益爲文帝所知。紙墨皆自營造，上每得永表啓，輒執玩咨嗟，自歎供御者了不及也。二十三年，造華林園、玄武湖，並使永監統。凡所制置，皆受則於永。永既有才能，每盡心力，文帝謂堪爲將。二十九年，以永爲揚威將軍、冀州刺史，加都督。督王玄謨、申坦等諸將經略河南，[三]進攻碻磝，累旬不拔，爲魏軍所殺甚衆。永即夜撤圍退軍，不報告諸將，衆軍驚擾，爲魏所乘，死敗塗地。永及申坦並爲統府撫軍將軍蕭思話所收，繫於歷城獄。文帝以屢征無功，諸將不可任，詔責永等與思話。又與江夏王義恭書曰：「早知諸將輩如此，恨不以白刃驅之，今者悔何所及。」

三十年，元凶弑立，起永爲青州刺史。及司空南譙王義宣起義，又改永爲冀州刺史，加都督。永遣司馬崔勳之、中兵參軍劉宣則二軍馳赴國難。時蕭思話在彭城，義宣慮二人不相諧緝，與思話書，勸與永坦懷。又使永從兄長史張暢與永書勗之，使遠慕廉、藺在公之德，近効平、勃亡私之美。事平，召爲江夏王義恭大司馬從事中郎，領中兵。

孝武孝建元年，臧質反，遣永輔武昌王渾鎭京口。大明三年，累遷廷尉。上謂曰：「卿既與釋之同姓，欲使天下復無寃人。」永曉音律，太極殿前鍾聲嘶，孝武嘗以問永。永答鍾有銅滓，乃扣鍾求其處，鑿而去之，聲遂淸越。

明帝即位，爲靑冀二州刺史，監四州諸軍事，統諸將討徐州刺史薛安都，累戰剋捷。破薛索兒。又遷鎭軍將軍，尋爲南兗州刺史，加都督。

時薛安都據彭城請降，而誠心不款。明帝遣永與沈攸之重兵迎之，加都督前鋒諸軍事，進軍彭城。安都招引魏兵既至，永狼狽引軍還，爲魏軍追大敗，復遇寒雪，士卒離散。永脚指斷落，僅以身免，失其第四子。

三年，徙會稽太守，加都督，將軍如故。以北行失律，固求自貶，降號左將軍。永痛悼所失之子，有兼常哀，服制雖除，猶立靈座，飲食衣服，待之如生。每出行，常別具名車好馬，號曰侍從。有軍事，輒語左右報郎君知也。以破薛索兒功，封孝昌縣侯。在會稽，賓客有謝方童、阮須、何達之等竊其權，贓貨盈積。方童等坐贓下獄死，永又降號冠軍將軍。

廢帝即位，爲右光祿大夫、侍中，領安成王師。出爲吳郡太守。元徽二年，爲征北將軍、南兗州刺史，加都督。永少便驅馳，志在宣力，其爲將帥，能與士卒同甘苦。朝廷所給賜脯饌，必棊坐齊割，手自頒賜。年雖已老，志氣未衰，優游閑任，意甚不樂。及有此授，喜悅非常，即日命駕還都。未之鎭，遇桂陽王休範作亂，永率所領屯白下。休範至新亭，前鋒攻南掖門，永遣人覘賊，既反，唱言臺城陷，永衆潰，棄軍還。以舊臣不加罪，止免官削爵。以愧發病卒。

岱字景山，州辟從事，累遷東遷令。時殷沖爲吳興太守，謂人曰：「張東遷親貧須養，所以棲遲下邑。然名器方顯，終當大至。」

後爲司徒左西曹掾。母年八十，籍注未滿，岱便去官，從實還養。有司以岱違制，將欲糾舉。宋孝武曰：「觀過可以知仁，不須案也。」

累遷山陰令，職事閑理。巴陵王休若爲北徐州，未親政事，以岱爲冠軍諮議參軍，領彭城太守，行府、州、國事。後臨海王爲征虜將軍廣州，豫章王爲車騎揚州，晉安王爲征虜南兗州，岱歷爲三府諮議三王行事，與典籤主帥共事，事舉而情得。或謂岱曰：「主王既幼，執事多門，而每能緝和公私，云何致此？」岱曰：「古人言，一心可以事百君。我爲政端平，待物以禮，悔吝之事，無由而及；明闇短長，更是才用多少耳。」

入爲黃門郎。新安王子鸞以盛寵爲南徐州，割吳郡屬焉。高選佐史，孝武召岱謂曰：「卿美効夙著，兼資宦已多，今欲用卿爲子鸞別駕，總刺史之任，無謂小屈，終當大申也。」

帝崩，累遷吏部郎。泰始末，爲吳興太守。元徽中，爲益州刺史，加都督。數年，益土安其政。

累遷吏部尚書。王儉爲吏部郎，時專斷曹事，岱每相違執。及儉爲宰相，以此頗不

相善。

兄子瓌、弟恕誅吳郡太守劉遐，齊高帝欲以恕爲晉陵郡。岱曰：「恕未閑從政，美錦不宜濫裁。」高帝曰：「恕爲人我所悉，其又與瓌同勳，自應有賞。」岱曰：「若以家貧賜祿，此所不論；語功推事，臣門之恥。」加散騎常侍。

建元元年，中詔序朝臣，欲以右僕射擬岱。褚彥回謂得此過優，若別有忠誠，特宜升引者，別是一理。」詔更量。

出爲吳郡太守。高帝知岱歷任清直，至郡未幾，手敕曰：「大郡任重，乃未欲回換，但總戎務殷，宜須望實。今用卿爲護軍。加給事中。」岱拜竟，詔以家爲府。

武帝即位，復爲吳興太守。岱晚節在吳興，更以寬恕著名。遷南兗州刺史，未拜卒。

岱初作遺命，分張家財，封置箱中，家業張減，隨復改易，如此十數年。謚曰貞子。

緒字思曼，岱兄子也。父演，宋太子中舍人。緒少知名，淸簡寡欲，從伯敷及叔父鏡、從叔暢並貴異之。鏡比之樂廣，敷云「是我輩人」。暢言於孝武帝，用爲尚書倉部郎。都令史諮詳郡縣米事，緒蕭然直視，不以經懷。宋明帝每見緒，輒歎其清淡。

轉太子中庶子、本州大中正，遷司徒左長史。吏部尚書袁粲言於帝曰：「臣觀張緒有正

二十四史

中華書局

始遺風，宜爲宮職。」復轉中庶子。後爲侍中，遷吏部郎，參掌大選。元徽初，東宮官罷，選曹擬舍人王儉爲格外記室。緒以儉人地兼美，宜轉秘書丞。從之。緒又遷侍中，嘗私謂客曰：「一生不解作諾。」有以告袁粲、褚彥回者，由是出爲吳郡太守，緒初不知也。

昇明二年，自祠部尚書爲齊高帝太傅長史。建元元年，爲中書令。緒善談玄，深見敬異。僕射王儉嘗云：「緒過江所未有，北士可求之耳。〔三〕不知陳仲弓、黃叔度能過之不？」

駕幸莊嚴寺聽僧達道人講維摩，坐遠不聞緒言，上難移緒，乃遷僧達以近之。時帝欲用緒爲右僕射，以問王儉。儉曰：「緒少有清望，誠美選也。南士由來少居此職。」褚彥回曰：「儉少年或未憶耳，江左用陸玩、顧和，皆南人也。」儉曰：「晉氏衰政，不可爲則。」先是緒諸子皆輕俠，中子充少時又不護細行，儉又以爲言，乃止。

及立國學，以緒爲太常卿，領國子祭酒，以王延之代緒爲中書令。何點歎曰：「晉以子敬、季琰爲此職，今以王延之、張緒爲之，可謂清官。後接之者，實爲未易。」緒長於周易，言精理奧，見宗一時。常云「何平叔不解易中七事」。〔四〕

武帝即位，轉吏部尚書，祭酒如故。永明二年，領南郡王師，加給事中。三年，轉太子詹事，師、給事如故。緒每朝見，武帝目送之，謂王儉曰：「緒以位尊我，我以德貴緒。」遷散騎常侍、金紫光祿大夫，師如故，給親信二十人。

復領中正。長沙王晃屬選用吳郡聞人邕爲州議曹，緒以資籍不當，執不許。晃遣書於緒固請之，緒正色謂晃信曰：「此是身家州鄉，殿下何得見逼。」乃止。

緒吐納風流，聽者皆忘飢疲，見者肅然如在宗廟。雖終日與居，莫能測焉。劉悛之爲益州，獻蜀柳數株，枝條甚長，狀若絲縷。時舊宮芳林苑始成，武帝以植於太昌靈和殿前，常賞玩咨嗟，曰：「此楊柳風流可愛，似張緒當年時。」其見賞愛如此。王儉爲尚書令、丹陽尹，時諸令史來問訊，有一令史善俯仰，進止可觀。儉賞異之，問曰：「經與誰共事？」答云：「十餘歲在張令門下。」儉目送之。時尹丞殷存至在坐，曰：「是康成門人也。」

七年，竟陵王子良領國子祭酒，武帝敕王晏曰：「吾欲令司徒辭祭酒以授張緒，物議以爲如何？」子良竟不拜，以緒領國子祭酒。

緒口不言利，有財輒散之。清談端坐，或竟日無食。門生見緒飢，爲之辦餐，然未嘗求也。

死之日，無宅以殯，遺命「凶事不設柳翣，止以蘆葭。〔五〕輀車引柩，靈上置盃水香火，不設祭」。從弟融敬緒，事之如親兄。齎酒於緒靈前酌飲慟哭曰：「阿兄風流頓盡。」追贈散騎常侍、特進、光祿大夫，謚簡子。

子完，宋後廢帝時爲正員郎，險行見寵，坐廢錮。完弟允，永明中安西功曹，淫通殺人伏法。允兄充知名。

充字延符，少好逸遊。緒嘗告歸至吳，始入西郭，逢充獵，右臂鷹，左牽狗。遇緒船至，便放紲脫韝拜於水次。緒曰：「一身兩役，無乃勞乎。」充跪曰：「充聞三十而立，今充二十九矣，請至來歲。」緒曰：「過而能改，顏氏子有焉。」及明年便修改，多所該通，尤明老、易，能清言。與從叔稷俱有令譽。

歷尚書殿中郎、武陵王友。時尚書令王儉當朝用事，齊武帝皆取決焉。儉方聚親賓，充殺巾葛帔，至便求酒，言論放逸，一坐盡傾。及聞武帝欲以緒爲尚書僕射，儉執不可。充以爲慍，與儉書曰：

頃日路長，霖霞韜晦，涼暑未平，想無虧攝。充幸以漁釣之閑，鎌採之暇，時復引軸以自娛，逍遙乎前史。從橫萬古，動默之路多端，紛綸百年，升降之塗不一。故金剛水柔，性之別也；圓行方止，器之異也。善御性者，不違金水之質；善爲器者，不易方圓之用。充生平少偶，不以利欲干懷，三十六年，差得以棲貧自澹。介然之志，峭聳霜崖，確乎之情，峯橫海岸。至如彯纓天閣，既謝廊廟之華，綴組雲臺，終愧衣冠之秀。實由氣岸疏凝，情塗猖隔。獨師懷抱，不見許於俗人，孤秀神崖，每邅回於在世。長羣

魚鳥，畢景松阿。雖復玉沒於訪珪之辰，桂掩於搜芳之日，汎濫於漁父之遊，偃息於卜居之會，如此而已，充何識哉。

若夫驚巖罩日，吐海逢天，竦石崩尋，分危落仞。桂蘭綺靡，叢雜於山幽，松柏陰森，相繚於澗側。元卿於是乎不歸，伯休亦以茲長往。至於飛竿釣渚，濯足滄洲，獨浪煙霞，高臥風月，悠悠琴酒，岫遠誰來，灼灼文言，空擬方寸。不覺鬱然千里，路隔江川，每至西風，何嘗不歎。丈人歲路未强，學優而仕，道佐蒼生，功横海望，可謂德盛當時，孤松獨秀者也。而茂陵之彥，望冠蓋而長懷，渭川之甿，佇簪裾而竦歎，得無惜乎。

充崐西百姓，岱表一人，〔六〕蠶而衣，耕而食。不能事王侯，覓知己，造時人，騁游說。容與於屠博之間，其歡甚矣。然舉世皆謂充爲狂，充亦何能與諸君道之哉。是以披聞見，掃心胸，述平生，論語默。所可通夢交魂、推襟送抱者，唯丈人而已。關廷夐阻，書罷莫因，儻遇樵夫，妄塵執事。

儉以爲脫略，弗之重，仍以書示緒，緒杖之一百。又爲御史中丞到撝所奏，免官禁錮。沈約見其書，歎曰：「充始爲之敗，終爲之成。」久之，爲司徒諮議參軍，與琅邪王思遠、同郡陸慧曉等並爲司徒竟陵王賓客。累遷義興太守，爲政清靜，吏人便之。後爲侍中。

梁武帝兵至建鄴，東昏逢殺，百官集西鍾下，召充，充不至。武帝霸府建，以充爲大司馬

中華書局

諮議參軍。天監初，歷太常卿、吏部尚書，居選以平允稱。再遷散騎常侍、國子祭酒。登堂講說，皇太子以下皆至。時王侯多在學，執經以拜，充朝服而立，不敢當。再遷尚書僕射。頃之，出爲吳郡太守。下車恤貧老，故舊莫不忻悅。卒於吳郡，謚曰穆子。子最嗣。

瓌字祖逸，宋征北將軍、南兗州刺史永之子也。仕宋，累遷桂陽內史。不欲前兄瑋處祿，自免不拜。後爲司徒右長史，通直散騎常侍，驍騎將軍。

初，瓌父永拒桂陽王休範於白下，敗績，阮佃夫等欲加罪，齊高帝固申明之，瓌由此感恩自結。後遭父母喪，〔七〕還吳持服。昇明元年，劉彥節有異圖，弟遐爲吳郡，潛相影響。高帝密遣殿中將軍卞白龍令瓌取遐。諸張世有豪氣，瓌宅中常有父時舊部曲數百。遐召瓌委以軍事，瓌僞受命，與叔恕領兵十八人入郡斬之，郡內莫敢動。事捷，高帝以告左軍張沖。沖曰：「瓌以百口一擲，出手得盧矣。」即授吳郡太守，錫以嘉名，封義城縣侯。〔八〕從弟融聞之，與瓌書曰：「吳郡何晚，何須王反，聞之嗟驚，乃是阿兄。」郡人顧暠、陸閑並少年未知名，瓌並引爲綱紀，後並立名，世以爲知人。

齊建元元年，改封平都侯，遷侍中，與侍中沈文季俱在門下。高帝常謂曰：「卿雖我臣，我親卿不異績、嶷等。」文季每還直，器物若遷，瓌止朝服而已。時集書每兼門下，東省實多

清貧，有不識瓌者，常呼爲散騎。

出爲吳興太守。瓌以既有國秩，不取郡奉。高帝敕上庫別藏其奉，以表其清。

武帝即位，爲寧蠻校尉、雍州刺史，加都督。徵拜左戶尚書，加右軍將軍。還後，安陸王緬臨雍州，行部登蔓山，有野老來乞。緬問：「何不事產而行乞邪？」答曰：「張使君臨州理物，百姓家得相保。後人政嚴，故至行乞。」緬由是深加嗟賞。

後拜太常，自謂閑職，輒歸家。武帝曰：「卿輩未富貴，謂人不與；既富貴，那復欲委去。」瓌曰：「陛下御臣等若養馬，無事就閑廐，有事復牽來。」帝猶怒，遂以爲散騎常侍、光祿大夫。

鬱林之廢，朝臣到宮門參承明帝。瓌託脚疾不至。海陵立，明帝疑外藩起兵，以瓌鎮石頭，督衆軍事。瓌見朝廷多難，遂恒臥疾。

建武末，屢啓求還吳，見許。居室豪富，伎妾盈房。或者譏其衰暮畜伎。瓌曰：「我少好音律，老而方解。平生嗜欲，無復一存，唯未能遣此耳。」

明帝疾甚，防疑大司馬王敬則，授瓌平東將軍、吳郡太守，以爲之備。及敬則反，瓌遣兵迎拒於松江。聞敬則軍鼓聲，一時散走。瓌棄郡逃人間，事平乃還郡，爲有司奏，免官削爵。

永元初，爲光祿大夫。三年，梁武帝起兵，東昏假瓌節，戍石頭，尋棄城還宮。梁天監元年，拜給事中、右光祿大夫，以脚疾拜於家。四年卒。

瓌有子十二人，常云「中應有好者」。子率知名。

率字士簡，性寬雅。十二能屬文，常日限爲詩一篇，或數日不作，則追補之，稍進作賦頌，至年十六，向作二千餘首。有虞訥者見而詆之，率乃一旦焚毀，更爲詩示焉，託云沈約。訥便句句嗟稱，無字不善。率曰：「此吾作也。」訥慚而退。

時陸少玄家有父澄書萬餘卷，率與少玄善，遂通書籍，盡讀其書。

建武三年，舉秀才，除太子舍人，與同郡陸倕、陸厥幼相友狎。嘗同載詣左衞將軍沈約，遇任昉在焉。約謂昉曰：「此二子後進才秀，皆南金也，卿可識之。」由此與昉友。

梁天監中，爲司徒謝朏掾，直文德待詔省，敕使抄乙部書，又使撰古婦人事。使工書人琅邪王深、吳郡范懷約等寫給後宮。率取假東歸，論者謂爲傲世，率懼，乃爲待詔賦奏之，甚見稱賞。手敕答曰：「相如工而不敏，枚皋速而不工，卿可謂兼二子於金馬矣。」又侍宴賦詩，武帝別賜率詩曰：「東南有才子，故能服官政，余雖慚古昔，得人今爲盛。」率奏詩往反六首。後引見於玉衡殿，謂曰：「卿東南物望，朕宿昔所聞。卿言宰相是何人，不從天下，不由

地出。卿名家奇才，若復以禮律爲意，便是其人。祕書丞天下清官，東南望胄未有爲之者，今以相處，爲卿定名譽。」尋以爲祕書丞，掌集書詔策。

四年，禊飲華光殿，其日河南國獻赤龍駒，能拜伏，善舞。詔率與到溉、周興嗣爲賦，武帝以率及興嗣爲工。

其年，父憂去職。有父時妓數十人，其善謳者有色貌，邑子儀曹郎顧玩之求娉，謳者不願，遂出家爲尼。嘗因齋會率宅，玩之乃飛書言與率姦。南司以事奏聞，武帝惜其才，寢其奏，然猶致時論。服闋，久之不仕。

七年，除中權建安王中記室參軍，俄直壽光省，修丙丁部書抄。累遷晉安王宣惠諮議參軍。率在府十年，恩禮甚篤。後爲揚州別駕。率雖歷居職務，未嘗留心簿領。及爲別駕奏事，武帝覽牒問之，並無對，但答云：「事在牒中。」帝不悅。後歷黃門侍郎。出爲新安太守，丁所生母憂卒。

率嗜酒不事，於家務尤忘懷。在新安遣家僮載米三千石還宅，及至遂耗太半。率問其故，答曰：「雀鼠耗。」率笑而言曰：「壯哉雀鼠。」竟不研問。自少屬文，七略及藝文志所載詩賦，今亡其文者，並補作之。所著文衡十五卷，文集四十卷行於世。子長公。率弟盾。

盾宇士宣，以謹重稱。爲無錫令，遇劫，問劫何須，劫以刀斫其頰，盾曰：「咄，咄，不易。」餘無所言。〔九〕於是生資皆盡，不以介懷。爲湘東王記室，出監富陽令。廓然獨處，無所用心。身死之日，家無遺財，唯有文集幷書千餘卷，酒米數甕而已。

稷字公喬，瓌弟也。幼有孝性，所生母劉無寵，遘疾。時稷年十一，侍養衣不解帶，每劇則累夜不寢。及終，毀瘠過人，杖而後起。見年輩幼童，輒哽咽泣淚，州里謂之淳孝。

長兄瑋善彈箏，稷以劉氏先執此伎，聞瑋爲清調，便悲感頓絕，遂終身不聽之。

性疏率，朗悟有才略，起家著作佐郎，不拜。父永及嫡母丘相繼殂，六年廬于墓側。齊永明中，爲豫章王嶷主簿，與彭城劉繪俱見禮接，未嘗被呼名，每呼爲劉四、張五。以貧求爲剡令，略不視事，多爲小山遊。〔一〇〕會山賊唐寓之作亂，稷率厲部人保全縣境。

所生母劉先假葬琅邪黃山，建武中改申葬禮，賻助委積。於時雖不拒絕，事畢隨以還之。自幼及長，數十年中，常設劉氏神座。出告反面，如事生焉。

歷給事中黃門侍郎，新興、永寧二郡太守。郡犯私諱，改永寧爲長寧。永元末，爲侍中，宿衞宮城。梁武師至，兼衞尉江淹出奔，稷兼衞尉卿，副王瑩都督城內諸軍事。時東昏淫虐，北徐州刺史王珍國就稷謀，乃使直閤張齊行弒于含德殿。稷乃召右僕射王亮等列坐

殿前西鍾下，議遣國子博士范雲、中書舍人裴長穆等使石頭城詣武帝，以稷爲侍中、左衞將軍，遷大司馬左司馬。

梁朝建，爲散騎常侍，中書令。及上卽位，封江安縣子，位領軍將軍。武帝嘗於樂壽殿內宴，稷醉後言多怨辭形於色。帝時亦酣，謂曰：「卿兄殺郡守，弟殺其君，袖提帝首，衣染天血，如卿兄弟，有何名稱。」稷曰：「臣乃無名稱，至於陛下不得言無勳。東昏暴虐，義師亦來伐之，豈在臣而已。」帝捋其鬚曰：「張公可畏人。」中丞陸杲彈稷云：「領軍張稷，門無忠貞，官必險達，殺君害主，業以爲常。」武帝留中竟不問。

累遷尚書左僕射。帝將幸稷宅，以盛暑留幸僕射省。舊臨幸供具，皆酬太官饌直。帝以稷清貧，手詔不受。宋時孝武帝經造張永，〔一一〕至稷三世，並降萬乘，論者榮之。

稷雖居朝右，每慚口實，乃名其子伊字懷尹，霍字希光，畯字農人。同宇不見，見宇不同，以旌其志。既懼且恨，乃求出，許之。出爲青冀二州刺史，不得志，常閉閤讀佛經。禁防寬弛，僚吏頗致侵擾。州人徐道角等夜襲州城，乃害之。有司奏削爵土。

稷性明烈，善與人交，歷官無畜聚，奉祿皆頒之親故，家無餘財。爲吳興太守，下車存問遺老，引其子孫置之右職，政稱寬恕。

初去郡就僕射徵，道由吳，鄉人候稷者滿水陸。稷單裝徑還都下，人莫之識，其率素如此。

稷長女楚媛適會稽孔氏，無子歸宗，至逢稷見害，女以身蔽刃，先父卒。

稷與族兄充、融、卷俱知名，時目云充、融、卷、稷爲四張。卷字令遠，少以和理著稱，能清言，位都官尚書，天監初卒。

稷子嵊。

嵊字四山。稷初爲剡令，至嵊亭生之，因名嵊，字四山。少敦孝行，年三十餘，猶斑衣受稷杖，動至數百，收淚歡然。方雅有志操，能清言，感家禍，終身蔬食布衣，手不執刀刃，不聽音樂。弟淮言氣不倫，嵊垂泣訓誘。

起家祕書郎，累遷鎭南湘東王長史、尋陽太守。王暇日玄言，因爲之筮，得節卦，謂嵊曰：「卿後當東入爲郡，恐不得終其天年。」嵊曰：「貴得其所耳。」時伏挺在坐，曰：「君王可畏人也。」

還爲太府卿，吳興太守。侯景圍建鄴，遣弟伊率郡兵赴援。城陷，御史中丞沈浚違難東歸，嵊往見之，謂曰：「賊臣憑陵，人臣効命之日，今欲收集兵刃，保據貴鄉，雖復萬死，誠亦無恨。」浚固勸嵊舉義。時邵陵王綸東奔至錢唐，聞之，遣前舍人陸丘公板授嵊征東將

軍。嵊曰：「天子蒙塵，今日何情復受榮號。」留板而已。

賊行臺劉神茂攻破義興，遣使說嵊，嵊斬其使，仍遣軍破神茂。侯景乃遣其中軍侯子鑒助神茂擊嵊。嵊軍敗，乃釋戎服坐於聽事。賊臨以刃終不屈，執以送景。景將舍之，嵊曰：「速死爲幸。」乃殺之。子弟遇害者十餘人。景欲存其一子，嵊曰：「吾一門已在鬼錄，不就爾處求恩。」於是皆死。賊平，元帝追贈侍中、中衞將軍、開府儀同三司，諡忠貞子。嵊弟罣知名。

種字士苗，永從孫也。祖辯，宋大司農，廣州刺史。父略，太子中庶子，臨海太守。

種少恬靜，居處雅正，傍無造請。時人語曰：「宋稱敷、演，梁則卷、充，清虛學尚，種有其風。」仕梁爲中軍宣城王府主簿，時已四十餘。家貧，求爲始豐令。及武陵王紀爲益州刺史，重選府僚，以種爲左西曹掾。種辭以母老，爲有司奏，坐黜免。

侯景之亂，奉母東奔鄉里。母卒，種時年五十，而毀瘠過甚。又迫以凶荒未葬，服雖畢，居家飲食，恒若在喪。景平，初司徒王僧辯以狀奏，起爲中從事，幷爲具葬禮，葬訖，種方卽吉。僧辯又以種年老無子，賜以妾及居處之具。陳武帝受禪，爲太常卿。歷位左戶尚書，侍中，中書令，金紫光祿大夫。

中華書局

種沉深虛靜，識量宏博，時以爲宰相之器。僕射徐陵嘗抗表讓位於種，以爲宜居左執，其爲所推如此。卒，贈特進，謚元子。

種仁恕寡欲，雖歷顯位，家產屢空，終日晏然，不以爲病。太建初，女爲始興王妃，以居處僻陋，特賜宅一區。又累賜無錫、嘉興縣秩。嘗於無錫見重囚在獄，天寒，呼囚暴日，遂失之，帝大笑而不深責。有集十四卷。

種弟稜亦清靜有識度，位司徒左長史，贈光祿大夫。

論曰：張裕有宋之初，早參霸政，出內所歷，莫非清顯，諸子並荷崇搆，克舉家聲，其美譽所歸，豈徒然也。思曼立身簡素，殆人望乎。夫濯纓從事，理存無二，取信一主，義絕百心。以永元之末，人憂塗炭，公喬重圍之內，首創大謀，而旋見猜嫌，又況異於斯也。然則士之行己，可無深議。四山赴蹈之方，可謂矯其違矣。

校勘記

〔一〕演四弟鏡永辯俱知名　「鏡」本字「敬」，此刻本避宋諱改。參李慈銘宋書札記。

〔二〕督王玄謨申坦等諸將經略河南　「督」字各本並脫，據宋書補。

〔三〕緒過江所未有北士可求之耳　李慈銘南史札記：「南齊書作『北士中覓張緒，過江未有人』。謂北士過江以來，未有如緒者。故下云『不知陳仲弓、黃叔度能過之不』。陳、黃皆漢末北士最有名者也。南史改之，語意便不明。」

〔四〕何平叔不解易中七事　梁玉繩瞥記三：「何平叔不解易中九事，見魏志管輅傳注，南齊書及南史並以爲七事，誤也。梁書伏曼容傳亦云九事，世說同。」

〔五〕止以蘆蓆　「止」各本作「上」，據通志改。

〔六〕岱表一人　「一人」梁書作「一民」，此避唐諱改。

〔七〕後遭父母喪　南齊書無「母」字，疑衍文。

〔八〕錫以嘉名封義城縣侯　「義城」南齊書作「義成」。按南齊書州郡志，司州齊安郡有義城縣，雍州義成郡有義成縣。就「錫以嘉名」言之，似「義成」爲是。

〔九〕劫以刀斫其頰眉曰咄咄不易餘無所言　「眉曰」各本並作「眉目」，據通志改。

〔一〇〕多爲小山遊　「小山遊」梁書作「山水遊」。

〔一一〕宋時孝武帝經造張永　「孝武帝」各本作「武帝」。按永仕宋在文帝以迄廢帝之世，明此「武帝」應爲「孝武帝」，今訂正。

南史卷三十二

列傳第二十二

張邵　子敷　孫沖　兄子暢　暢子融　寶積　徐文伯　嗣伯

張邵字茂宗，會稽太守裕之弟也。初爲晉琅邪內史王誕龍驤府功曹，桓玄徙誕於廣州，親故離棄之，唯邵情禮彌謹，流涕追送。時寇亂年饑，邵又資饋其妻子。

桓玄篡位，父敞先爲尚書，以答事微謬，降爲廷尉卿。及宋武帝討桓玄，邵白敞表獻忠款，帝大悅，命署寺門曰：「有犯張廷尉家者，軍法論。」事平，以敞爲吳郡太守。及王謐爲揚州，召邵補主簿。

劉毅位居亞相，好士愛才，當世莫不輻湊，唯邵不往。親故怪而問之，邵曰：「主公命世人傑，何煩多問。」劉穆之言於帝，帝益親之，轉太尉參軍，署長流賊曹。

盧循至蔡洲，武帝至石頭，使邵守南城。時百姓水際望賊，帝不解其意，以問邵。邵

曰：「節鉞未反，奔散之不暇，亦何暇觀望，今當無復恐耳。」帝以邵勤練憂公，重補州主簿。邵悉心政事，精力絕人，及誅劉藩，邵時在西州直廬，即夜誡衆曹曰：「大軍當大討，可各各條倉庫及舟船人領，至曉取辦。」〔一〕旦日，帝求諸簿最，應時即至，怪問其速。諸曹答曰：「宿受張主簿處分。」帝曰：「張邵可謂同人憂慮矣。」

九年，世子始開征虜府，以邵補錄事參軍，轉號中軍，遷諮議參軍，領記室。

十一年，武帝北伐，邵請見曰：「人生危脆，宜有遠慮。若劉穆之邂逅不幸，誰可代之？尊業如此，若有不諱，則處分云何？」帝曰：「此自委穆之與卿耳。」

青州刺史檀祗鎮廣陵，輒率衆至滁中掩討亡命，劉穆之慮其爲變，議欲遣軍。邵曰：「檀韶據中流，道濟爲軍首，若有相疑之跡，則大府立危。不如逆遣慰勞，必無患也。」祗果不動。

及穆之暴卒，朝廷恇懼，便發詔以司馬徐羨之代之。〔二〕邵獨曰：「今誠急病，任終在徐，然世子無專行之義，宜須諮。」〔三〕信反，方使世子出命曰：「朝廷及大府事悉諮徐司馬，其餘啓還。」武帝善其臨事不撓，得大臣節。

十四年，世子改授荊州，邵諫曰：「儲貳之重，四海所繫，不宜外出，敢以死請。」世子竟不行。

暢子浩，官至義陽王昶征北諮議參軍。浩弟淹，黃門郎，封廣晉縣子，太子右衞率，東陽太守。〔一五〕逼郡吏燒臂照佛。百姓有罪，使禮佛贖愆，動至數千拜。坐免官禁錮。起爲光祿勳，臨川內史。後與晉安王子勛同逆，軍敗見殺。淹弟融。

融字思光，弱冠有名。道士同郡陸脩靜以白鷺羽麈尾扇遺之，曰：「此既異物，以奉異人。」解褐爲宋新安王子鸞行參軍。王母殷淑儀薨，後四月八日建齋并灌佛，僚佐儭者多至一萬，少不減五千，融獨注儭百錢。帝不悅曰：「融殊貧，當序以佳祿。」出爲封溪令。從叔永出後渚送之曰：「似聞朝旨，汝尋當還。」融曰：「不患不還，政恐還而復去。」及行，路經嶂嶮，獠賊執融將殺食之。融神色不動，方作洛生詠，賊異之而不害也。浮海至交州，於海中遇風，終無懼色，方詠曰：「乾魚自可還其本鄉，肉脯復何爲者哉。」又作海賦，文辭詭激，獨與衆異。後以示鎭軍將軍顧覬之，覬之曰：「卿此賦實超玄虛，但恨不道鹽耳。」融卽求筆注曰：「漉沙構白，熬波出素，積雪中春，飛霜暑路。」此四句後所足也。覬之與融兄有恩好，覬之卒，融身負墳土。在南與交阯太守卞展善。展於嶺南爲人所殺，融挺身奔赴。

舉秀才，對策中第。爲尙書殿中郎，不就，改爲儀曹郎。尋請假奔叔父喪，道中罰幹錢

敬道鞭杖五十，寄繫延陵獄。大明五年制，二品清官行僮幹杖，不得出十。爲左丞孫緬所奏，免官。

復位，攝祠部、倉部二曹。時領軍劉勔戰死，融以祠部議，上應哭勔，見從。又俗人忌以正月開太倉，融議不宜拘束小忌。尋兼掌正廚，見宰殺，回車徑去，自表解職。

再遷南陽王友。融父暢爲丞相長史，義宣事難，暢將爲王玄謨所殺，時玄謨子瞻爲南陽王長史，融啓求去官，不許。融家貧欲祿，乃與從叔征北將軍永書曰：「融昔幼學，早訓家風，雖則不敏，率以成性。布衣韋帶，弱年所安，簞食瓢飲，不覺不樂。但世業清貧，人生多待，榛栗棗脩，女贄既長，束帛禽鳥，男禮已大。勉身就官，十年七仕，不欲代耕，何至此事。昔求三吳一丞，雖屬舛錯，今聞南康缺守，願得爲之。融不知階級，階級亦可不知融，政以求丞不得，所以求郡，求郡不得，亦可復求丞。」又與吏部尙書王僧虔書曰：「融天地之逸人也，進不辨貴，退不知賤，實以家貧累積，孤寡傷心，八姪俱孤，二弟頓弱，豈能山海陋祿，申融情累。阮籍愛東平土風，融亦欣晉平閑外。」時議以融非御人才，竟不果。

辟齊太傅掾，稍遷中書郎，非其所好。乞爲中散大夫，不許。張氏自敷以來，並以理音辭、修儀範爲事。至融風止詭越，坐常危膝，行則曳步，翹身仰首，意制甚多。見者驚異，聚觀成市，而融了無慚色。隨例同行，常稽遲不進。高帝素愛融，爲太尉時，與融欵接。見融

常笑曰：「此人不可無一，不可有二。」

卽位後，手詔賜融衣曰：「見卿衣服粗故，誠乃素懷有本。交爾藍縷，亦虧朝望。今送一通故衣，意謂雖故，乃勝新也。是吾所著，已令裁減，稱卿之體，并履一量。」高帝出太極殿西室，融入問訊，彌時方登階。及就席，上曰：「何乃遲爲？」對曰：「自地升天，理不得速。」時魏主至淮而退，帝問：「何意忽來忽去。」未有答者，融時下坐，抗聲曰：「以無道而來，見有道而去。」公卿咸以爲捷。

融善草書，常自美其能。帝曰：「卿書殊有骨力，但恨無二王法。」答曰：「非恨臣無二王法，亦恨二王無臣法。」

融假還鄉，詣王儉別。儉立此地舉袂不前，融亦舉手呼儉曰：「歐曰『王前』。」儉不得已趨就之。融曰：「使融不爲慕勢，而令君爲趍士，豈不善乎。」常歎云：「不恨我不見古人，所恨古人又不見我。」

融與吏部尙書何戢善，往詣戢，誤通尙書劉澄。下車入門，乃曰：「非是。」至戶望澄，又曰：「非是。」既造席視澄曰：「都自非是。」乃去。其爲異如此。

又爲長沙王鎭軍，竟陵王征北諮議，並領記室，司徒從事中郎。永明二年，總明觀講，敕朝臣集聽。融扶入就榻，私索酒飲之。事畢，乃長歎曰：「嗚呼！仲尼獨何人哉。」爲御史

中丞到撝所奏免官，尋復職。

融形貌短醜，精神清徹，王敬則見融革帶寬，殆將至髀，謂曰：「革帶太急。」融曰：「既非步吏，急帶何爲？」

融假東出，武帝問融住在何處，答曰：「臣陸處無屋，舟居無水。」後上問其從兄緖，緖曰：「融近東出，未有居止，權牽小船於岸上住。」上大笑。

後使融接對北使李道固，就席，道固顧而言曰：「張融是宋彭城長史張暢子不？」融嚬蹙久之，曰：「先君不幸，名達六夷。」豫章王大會賓僚，融食炙，始行畢，行炙人便去。融欲求鹽蒜，口終不言，方搖食指，半日乃息。出入朝廷，皆拭目驚觀之。

八年，朝臣賀衆瑞公事，融扶入拜起，復爲有司所奏，見原。遷司徒兼右長史。竟陵張欣時爲諸暨令，坐罪當死，欣時父興世討宋南譙王義宣，官軍欲殺融父暢，興世以袍覆暢而坐之，以此得免。興世卒，融著高履爲負土成墳。至是，融啓竟陵王子良乞代欣時死。子良答曰：「此乃是長史美事，恐朝有常典，不得如長史所懷。」還黃門郎，太子中庶子，司徒左長史。

融有孝義，忌月三旬不聽樂，事嫂甚謹。父暢臨終謂諸子曰：「昔丞相事難，吾以不同將見殺，緣司馬竺超人得活，爾等必報其子。」後超人孫微冬月遭母喪居貧，融弔之，悉脫衣以

爲賻，披牛被而反。常以兄事微。豫章王嶷、竟陵王子良薨，自以身經佐吏，哭輒盡慟。

建武四年，病卒，遺令建白旐無旒，不設祭，令人捉麈尾登屋復魂。曰：「吾生平所善，自當陵雲一笑。三千買棺，無製新衾。左手執孝經、老子，右手執小品法華經。妾二人哀事畢，[一六]各遣還家。」曰：「吾生平之風調，何至使婦人行哭失聲，不須暫停閨閤。」

融玄義無師法，而神解過人，高談鮮能抗拒。永明中遇疾，爲門律，[一七]自序云：「吾文章之體，多爲世人所驚，汝可師耳以心，不可使耳爲心師也。夫文豈有常體，但以有體爲常，政當有其體。丈夫當删詩、書，制禮樂，何至因循寄人籬下。」臨卒，又戒其子曰：「手澤存焉，父書不讀，況父音情，婉在其韻。[一八]吾意不然，別遺爾旨。吾文體英變，變而屢奇，豈吾天挺，蓋不隤家聲。汝可號哭而看之。」融文集數十卷行於世，自名其集爲玉海。司徒褚彥回問其故，融云：「蓋玉以比德，海崇上善耳。」張氏前有敷、演、鏡、暢，後有充、融、卷、稷。

第六弟寶積，建武中，出爲廬陵太守。時名流謝瀹、何點、陸惠曉、孔珪至融弟鐵之舍。點造坐便曰：「今日可謂盛集，二五我兄弟之流，阿六張氏保家之子。」顧見王思遠曰：「卿詐作善，非實得也。」二五謂孔珪及融並第五。

寶積永元中爲湘州行事蕭穎胄於江陵，乘腰輿詣穎胄，舉動自若。穎胄問：「何至之晚？」答曰：「本朝危亂，四海橫流，既不能爲比干之死，實未忍爲微子之去，是以至晚。」穎胄深以爲善，即用爲相府諮議。後位御史中丞。

融與東海徐文伯兄弟厚。文伯字德秀，濮陽太守熙曾孫也。熙好黃、老，隱於秦望山，有道士過求飲，留一瓠𤬫與之，曰：「君子孫宜以道術救世，當得二千石。」熙開之，乃扁鵲鏡經一卷，因精心學之，遂名震海內。生子秋夫，彌工其術，仕至射陽令。嘗夜有鬼呻吟，聲甚悽愴，[一九]秋夫問何須，答言姓某，家在東陽，患腰痛死。雖爲鬼痛猶難忍，請療之。秋夫曰：「云何厝法？」鬼請爲芻人，案孔穴針之。秋夫如言，爲灸四處，又針肩井三處，設祭埋之。明日見一人謝恩，忽然不見。當世伏其通靈。

秋夫生道度、叔嚮，皆能精其業。道度有脚疾不能行，宋文帝令乘小輿入殿，爲諸皇子療疾，無不絕驗。位蘭陵太守。宋文帝云：「天下有五絕，而皆出錢唐。」謂杜道鞠彈棊，范悅詩，褚欣遠模書，褚胤圍棊，徐道度療疾也。

道度生文伯，叔嚮生嗣伯。[二〇]文伯亦精其業，兼有學行，倜儻不屈意於公卿，不以醫自業。融謂文伯、嗣伯曰：「昔王微、嵇叔夜並學而不能，殷仲堪之徒故所不論。得之者由神明

洞徹，然後可至，故非吾徒所及。且褚侍中澄富貴亦能救人疾，[二一]卿此更成不達。」答曰：「唯達者知此可崇，不達者多以爲深累，既鄙之何能不恥之。」文伯爲効與嗣伯相埒。宋孝武路太后病，衆醫不識。文伯診之曰：「此石博小腸耳。」乃爲水劑消石湯，病即愈。除鄱陽王常侍，遺以千金，旬日恩意隆重。宋明帝宮人患腰痛牽心，每至輒氣欲絕，衆醫以爲肉癥。文伯曰：「此髮癥。」以油投之，即吐得物如髮。稍引之長三尺，頭已成蛇能動，挂門上適盡一髮而已，病都差。[二二]宋後廢帝出樂遊苑門，逢一婦人有娠，帝亦善診，診之曰：[二三]「此腹是女也。」問文伯，曰：「腹有兩子，一男一女，男左邊，青黑，形小於女。」帝性急，便欲使剖。文伯惻然曰：「若刀斧恐其變異，請針之立落。」便寫足太陰，補手陽明，胎便應針而落。兩兒相續出，如其言。

子雄亦傳家業，尤工診察，位奉朝請。能清言，多爲貴遊所善。事母孝謹，母終，毀瘠幾至自滅。俄而兄亡，扶杖臨喪，撫膺一慟，遂以哀卒。

嗣伯字叔紹，亦有孝行，善清言，位正員郎，諸府佐，彌爲臨川王映所重。時直閤將軍房伯玉服五石散十許劑，無益，更患冷，夏日常複衣。嗣伯爲診之，曰：「卿伏熱，應須以水發之，非冬月不可。」至十一月，冰雪大盛，令二人夾捉伯玉，解衣坐石，取冷水從頭澆之，盡

二十斛。伯玉口噤氣絕，家人啼哭請止。嗣伯遣人執杖防閤，敢有諫者撾之。又盡水百斛，伯玉始能動，而見背上彭彭有氣。俄而起坐，曰：「熱不可忍，乞冷飲。」嗣伯以水與之，一飲一升，病都差。自爾恒發熱，冬月猶單褌衫，體更肥壯。

常有嫗人患滯冷，積年不差。嗣伯爲診之曰：「此尸注也，當取死人枕煑服之乃愈。」於是往古冢中取枕，枕已一邊腐缺，服之即差。後秣陵人張景，年十五，腹脹面黃，衆醫不能療，以問嗣伯。嗣伯曰：「此石蚘耳，極難療。當取死人枕煑之。」[二四]依語煑枕，以湯投之，得大利，并蚘蟲頭堅如石，五升，[二五]病即差。後沈僧翼患眼痛，又多見鬼物，以問嗣伯。嗣伯曰：「邪氣入肝，可覓死人枕煑服之。竟，可埋枕於故處。」如其言又愈。王晏問之曰：「三病不同，而皆用死人枕而俱差，何也？」答曰：「尸注者，鬼氣伏而未起，故令人沉滯。得死人枕投之，魂氣飛越，不得復附體，故尸注可差。石蚘者久蚘也，醫療既僻，蚘蟲轉堅，[二六]世間藥不能遣，所以須鬼物驅之然後可散，故令煑死人枕也。夫邪氣入肝，故使眼痛而見魍魎，應須邪物以鉤之，故用死人枕也。氣因枕去，故令埋於冢間也。」又春月出南籬門戲，聞笪屋中有呻吟聲。[二七]嗣伯曰：「此病甚重，更二日不療必死。」乃往視，見一老姥稱體痛，而處處有黯黑無數。嗣伯還煑斗餘湯送令服之，服訖痛勢愈甚，跳投床者無數。須臾所黯處皆拔出釘，長寸許。以膏塗諸瘡口，三日而復，云「此名釘疽也」。

中華書局

時又有薛伯宗善徙癰疽，公孫泰患背，伯宗爲氣封之，徙置齋前柳樹上。明旦癰消，樹邊便起一瘤如拳大。稍稍長二十餘日，瘤大膿爛，出黃赤汁斗餘，樹爲之痿損。

論曰：有晉自宅淮海，張氏無乏賢良。及宋齊之間，雅道彌盛。其前則云敷、演、鏡、暢，蓋其尤著者也。然景胤敬愛之道，少微立履所由，其殆優矣。思光行己卓越，非常俗所遵，齊高帝所云「不可有二，不可無一」，斯言其幾得矣。徐氏妙理通靈，蓋非常所至，雖古之和、鵲，何以加茲。融與文伯款好，故附之云爾。

校勘記

〔一〕可各條倉庫及舟船人領至曉取辦　「各各」宋書、通志不重疊「各」字。

〔二〕便發詔以司馬徐湛之代之　下「之」字據宋書補。

〔三〕宜須諮　「諮」上宋書有「北」字。

〔四〕丹浙二川蠻屢爲寇　「川」各本作「州」。孫虨宋書考論：「『州』當作『川』。」按孫說是，時無「丹州」、「浙州」，今從改。「屢」各本作「屬」，據宋書改。

〔五〕九年坐在雍州營私畜取賦貨二百四十五萬　宋書無「九年」二字，通鑑繫此事於元嘉八年，「取」作「聚」。

〔六〕好讀玄言兼屬文論　宋書作「好玄言，善屬文」。

〔七〕中書舍人秋當周赳並管要務　「秋當」各本作「狄當」。按本書「秋當」、「狄當」雜見，今並改作「秋當」。廣韻：「秋，又姓，宋中書舍人秋當。」

〔八〕歎呼左右曰　「歎」各本作「數」，據宋書改。

〔九〕以冲爲郢州刺史　「郢州」各本作「舒州」。錢大昕廿二史考異：「齊無舒州。」據南齊書改。

〔一〇〕遣軍主孫樂祖數千人助僧寄據魯山岸立城壘　「據」各本作「援」。按上云「僧寄留守魯山」，作「援」非，據南齊書改。

〔一一〕而獨曰鄭國之君邪　「獨」宋書作「猶」。

〔一二〕白鹽是魏主所食　「白鹽」下魏書李孝伯傳有「食鹽」二字，是，方足九種之數。

〔一三〕賴丞相司馬竺超人得免　「竺超人」宋書作「竺超民」，此避唐諱改。下同。

〔一四〕隊主張世營救得免　「張世」即張興世，宋書有傳。本單名世，故書中張世、張興世雜用。南齊書張融傳作「張興世」。

〔一五〕太子右衛率東陽太守　「右」各本作「左」。按上云「代子淹領太子右衛率」，此作「左」誤，據宋書改。

〔一六〕妾二人哀事畢　「哀事」各本互倒，據南齊書乙正。

〔一七〕永明中遇疾爲門律　「門律」各本作「問律」。據册府元龜八一七改。按南齊書及本書顧歡傳並云張融作門律。

〔一八〕況父音情婉在其韻　「父」各本作「文」，據南齊書改。

〔一九〕嘗夜有鬼呻吟聲甚悽愴　「吟」字據太平廣記二一八引談藪及通志補。

〔二〇〕叔嚮生嗣伯　「嗣伯」南齊書褚澄傳作「嗣」。

〔二一〕且褚侍中澄富貴亦能救人疾　「富」各本譌「當」，據通志改。

〔二二〕挂門上適盡一髮而已病都差　「適盡一髮」太平御覽七二二引宋書、太平廣記二一八引談藪並作「水滴盡一髮」。

〔二三〕帝亦善診診之曰　據太平御覽七二二引、太平廣記二一八補一「診」字。

〔二四〕當取死人枕煮之　「取」字各本並脫，據册府元龜八五九及通志補。

〔二五〕拼蚘蟲頭堅如石五升　「如石」下，太平御覽七二三引、太平廣記二一八並有「者」字。

〔二六〕蚘蟲轉堅　「蟲」各本作「中」，太平御覽七二七引齊書、太平廣記二一八引南史並作「蟲」，今據改。

〔二七〕又春月出南籬門戲聞笪屋中有呻吟聲　「南籬門」各本作「南離門」，據南齊書、太平御覽七二三引齊書改。「吟」字各本無，據南齊書補。

中華書局

南史卷三十三

列傳第二十三

范泰 子曄　荀伯子 族子萬秋　徐廣 郗紹　廣兄子豁　鄭鮮之

裴松之 孫昭明　曾孫子野　何承天 曾孫遜

范泰字伯倫，順陽人也。祖汪，晉安北將軍、徐兗二州刺史。父甯，豫章太守。並有名前代。

泰初爲太學博士，外弟荊州刺史王忱請爲天門太守。忱嗜酒，醉輒累旬，及醒則儼然端肅。泰陳酒既傷生，所宜深誡，其言甚切。忱嗟歎久之，曰：「見規者衆，未有若此者也。」或問忱，范泰何如謝邈，忱曰：「茂度漫。」又問何如殷覬，忱曰：「伯通易。」〔一〕忱常有意立功，謂泰曰：「今城池既立，軍甲亦充，將欲掃除中原，以申宿昔之志。伯通意銳，當令擁戈前驅；以君持重，欲相委留事，何如？」泰曰：「百年逋寇，前賢挫屈者多矣，功名雖貴，鄙生所

不敢謀。」

會忱病卒，召泰爲驃騎諮議參軍，遷中書郎。時會稽世子元顯專權，內外百官請假，不復表聞，唯籤元顯而已。泰言以爲非宜，元顯不納。以父憂去職，襲爵陽遂鄉侯。〔二〕桓玄輔晉，使御史中丞祖台之奏泰及前司徒左長史王准之、輔國將軍司馬珣之並居喪無禮，泰坐廢，徙丹徒。

宋武帝義旗建，累遷黃門侍郎、御史中丞，坐議殷祠事謬，白衣領職。出爲東陽太守。歷侍中，度支尚書。時僕射陳郡謝混後進知名，武帝嘗從容問混：「泰名輩誰比？」對曰：「王元太一流人也。」〔三〕徙爲太常。

初，司徒道規無子，養文帝。及道規薨，以兄道憐第二子義慶爲嗣。武帝以道規素愛文帝，又令居重。及道規追封南郡公，應以先華容縣公賜文帝。泰議以爲「禮無二主」，由是文帝還本屬。

後加散騎常侍，爲尚書兼司空，與右僕射袁湛授宋公九錫，隨軍到洛陽。武帝還彭城，與泰登城。泰有足疾，特命乘輿。泰好酒，不拘小節，通率任心。雖公坐，笑言不異私室，武帝甚賞愛之。然短於爲政，故不得在政事官。

武帝受命，議建國學，以泰領國子祭酒，泰上表陳獎進之道。時學竟不立。又言事者多以錢貨減少，國用不足，欲更造五銖。泰又諫曰：

臣聞爲國拯弊，莫若務本。「百姓不足，君孰與足」，未有人貧而國富，本不足而末有餘者也。故囊漏貯中，識者不吝，反裘負薪，存毛實難。王者不言有無，諸侯不說多少，食祿之家，不與百姓爭利。故拔葵所以明政，織蒲謂之不仁。是以貴賤有章，職分無爽。今之所憂，在農人尚寡，倉廩未充，轉運無已，資食者衆，家無私積，難以禦荒耳。夫貨存貿易，不在少多，昔日之貴，今者之賤，彼此共之，其揆一也。但令官人均通，則無患不足。若使必資貨廣以收國用者，則龜貝之屬，自古所行。尋銅之爲器，在用也博矣，鍾律所通者遠，機衡所揆者大，夏鼎負圖，實冠衆瑞，晉鐸呈象，亦啓休徵。器有要用，則貴賤同資，物有適宜，則家國共急。今毀必資之器，而爲無施之錢，於貨則功不補勞，在用則君人俱困，校之以實，損多益少。伏願思可久之道，探欲速之情，弘山海之納，擇芻牧之說。

景平初，加位特進，明年致仕，解國子祭酒。少帝在位，多諸愆失，泰上封事極諫。少帝雖不能納，亦不加譴。徐羨之、傅亮等與泰素不平，及廬陵王義眞、少帝見害，泰謂所親曰：「吾觀古今多矣，未有受遺顧託，而嗣君見殺，賢王嬰戮者也。」

元嘉二年，泰表賀元正幷陳旱災，多所奬勸。拜表遂輕舟遊東陽，任心行止，不關朝

廷。有司劾奏之，文帝不問。時文帝雖當陽親覽，而羨之等猶執重權，泰復上表論得失，言及執事。諸子禁之，表竟不奏。

三年，羨之伏誅，進位侍中、左光祿大夫、國子祭酒，領江夏王師，特進如故。上以泰先朝舊臣，恩禮甚重。以有脚疾，宴見之日，特聽乘輿到坐。所陳時事，上每優容之。其年秋，旱蝗，又上表言：「有蝗之處，縣官多課人捕之，無益於枯苗，有傷於殺害。又女人被宥，由來尚矣，謝晦婦女猶在尙方，匹婦一至，亦能有所感激。」書奏，上乃原謝晦婦女。

時司徒王弘輔政，泰謂弘曰：「彭城王，帝之次弟，宜徵還入朝，共參朝政。」弘納其言。時旱災未已，加以疾疫，泰又上表有所勸誡。

泰博覽篇籍，好爲文章，愛奬後生，孜孜無倦。撰古今善言二十四篇及文集傳於世。暮年事佛甚精，於宅西立祇洹精舍。五年卒。初議贈開府，殷景仁曰：「泰素望不重，不可擬議台司。」竟不果。及葬，王弘撫棺哭曰：「君生平重殷鐵，今以此爲報。」追贈車騎將軍，謚曰宣侯。第四子曄最知名。

曄字蔚宗，母如厠產之，額爲塼所傷，故以塼爲小字。出繼從伯弘之，後襲封武興縣五等侯。少好學，善爲文章，能隸書，曉音律。爲秘書丞，父憂去職。服闋，爲征南大將軍檀

道濟司馬，領新蔡太守。後爲尚書吏部郎。

元嘉九年，彭城太妃薨，〔四〕將葬，祖夕，僚故並集東府，曄與司徒左西屬王深及弟司徒祭酒廣夜中酣飲，〔五〕開北牖聽挽歌爲樂。彭城王義康大怒，左遷宣城太守。不得志，乃删衆家後漢書爲一家之作，至於屈伸榮辱之際，未嘗不致意焉。遷長沙王義欣鎮軍長史。兄暠爲宜都太守，嫡母隨暠在官亡，報之以疾，曄不時奔赴。及行，又攜伎妾自隨，爲御史中丞劉損所奏。文帝愛其才，不罪也。服闋，累遷左衞將軍、太子詹事。

曄長不滿七尺，肥黑，禿眉鬢，善彈琵琶，能爲新聲。上欲聞之，屢諷以微旨，曄僞若不曉，終不肯爲。上嘗宴飲歡適，謂曄曰：「我欲歌，卿可彈。」曄乃奉旨。上歌既畢，曄亦止弦。

初，魯國孔熙先博學有從橫才志，文史星算，無不兼善，爲員外散騎侍郎，不爲時知，久不得調。初，熙先父默之爲廣州刺史，以臧貨下廷尉，大將軍彭城王義康保持之，故免。及義康被黜，熙先密懷報効，以曄意志不滿，欲引之，無因進說。曄甥謝綜雅爲曄所知，熙先藉嶺南遺財，家甚富足，乃傾身事綜。始與綜諸弟共博，故爲拙行，以物輸之，情意稍款。綜乃引熙先與曄戲，熙先故爲不敵，前後輸曄物甚多。曄既利其財寶，又愛其文藝，遂與申莫逆之好。熙先始以微言動曄，曄不回。曄素有閨庭論議，朝野所知，故門胄雖華，而國家

不與姻，以此激之曰：「丈人若謂朝廷相待厚者，何故不與丈人婚，爲是門戶不得邪？人作犬豕相遇，而丈人欲爲之死，不亦惑乎。」曄默然不答，其意乃定。

時曄與沈演之並爲上所知待，每被見多同，曄若先至，必待演之，演之先至，常獨被引，曄又以此爲怨。曄累經義康府佐，見待素厚，及宣城之授，意好乖離。綜爲義康大將軍記室參軍，隨鎮豫章。綜還，申義康意於曄，求解晚隙，復敦往好。

曄既有逆謀，欲探時旨，乃言於上曰：「臣歷觀前史二漢故事，諸蕃王政以妖詛幸災，便正大逆之罰。況義康姦心釁跡，彰著遐邇，而至今無恙，臣竊惑焉。且大梗常存，將成亂階。」上不納。

熙先素善天文，云：「文帝必以非道晏駕，當由骨肉相殘。江州應出天子。」以爲義康當之。綜父述亦爲義康所遇，綜弟約又是義康女夫，故文帝使綜隨從南上。既爲熙先獎說，亦有酬報之心。

廣州人周靈甫有家兵部曲，熙先以六十萬錢與之，使於廣州合兵。靈甫一去不反。大將軍府史仲承祖，義康舊所信念，屢銜命下都，亦潛結腹心，規有異志。聞熙先有誠，密相結納。丹陽尹徐湛之素爲義康所愛，雖爲舅甥，恩過子弟，承祖因此結事湛之，告以密計。承祖南下，申義康意於蕭思話及曄，云：「本欲與蕭結婚，恨始意不果。與范本情不薄，中間

相失，傍人爲之耳。」

有法略道人先爲義康所養，粗被知待。又有王國寺法靜尼出入義康家內，皆感激舊恩，規相拯拔，並與熙先往來。使法略罷道。法略本姓孫，改名景玄，以爲臧質寧遠參軍。熙先善療病兼能診脈，法靜尼妹夫許耀領隊在臺，宿衞殿省，嘗有疾，因法靜尼就熙先乞療得損，因成周旋。熙先以耀膽幹，因告逆謀，耀許爲內應。豫章胡藩子遵世與法靜甚款，亦密相酬和。法靜尼南上，熙先遣婢采藻隨之，付以牋書，陳說圖讖。法靜還，義康餉熙先銅匕銅鑷袍段棊奩等物。熙先慮事泄，酖采藻殺之。

湛之又謂曄等：「臧質見與異常，質與蕭思話款密，二人並受大將軍眷遇，必無異同，不憂兵力不足，但當勿失機耳。」乃備相署置：湛之爲撫軍將軍、揚州刺史，曄中軍將軍、南徐州刺史，熙先左衞將軍。其餘皆有選擬。凡素所不善及不附義康者，又有別簿，並入死目。

熙先使弟休先豫爲檄文，言賊臣趙伯符肆兵犯蹕，禍流儲宰，乃奉戴義康。又以既爲大事，宜須義康意旨，乃作義康與湛之書，宣示同黨。

二十二年九月，征北將軍衡陽王義季、右將軍南平王鑠出鎮，上於武帳岡祖道。〔六〕曄等期以其日爲亂，許耀侍上，扣刀以目曄，曄不敢視，俄而坐散，差互不得發。十一月，徐湛之上表告狀，於是悉出檄書選事及同惡人名手迹。詔收綜等，並皆款服，唯曄不首。上頻

使窮詰，乃曰：「熙先苟誣引臣。」熙先聞曄不服，笑謂殿中將軍沈邵之曰：「凡諸處分、符檄書疏，皆曄所造及改定，云何方作此抵。」上示以曄墨迹，曄乃引罪。明日送曄付廷尉，入獄，然後知爲湛之所發。

熙先望風吐款，辭氣不撓，上奇其才，使謂曰：「以卿之才而滯於集書省，理應有異志，此乃我負卿也。」熙先於獄中上書陳謝，并陳天文占候，誡上有骨肉相殘之禍，其言深切。

曄後與謝綜等得隔壁，遙問綜曰：「疑誰所告。」綜曰：「不知。」曄乃稱徐湛之小名曰：「乃是徐僮也。」在獄爲詩曰：「禍福本無兆，性命歸有極，必至定前期，誰能延一息。在生已可知，來緣懵無識，好醜共一丘，何足異枉直。豈論東陵上，寧辨首山側，雖無嵇生琴，庶同夏侯色。寄言生存子，此路行復卽。」上有白團扇甚佳，送曄令書出詩賦美句。曄受旨援筆而書曰：「去白日之炤炤，襲長夜之悠悠。」上循覽悽然。

曄本謂入獄便死，而上窮其獄，遂經二旬，曄更有生望。獄吏因戲之曰：「外傳詹事或當長繫。」曄聞之驚喜。綜、熙先笑之曰：「詹事嘗共論事，無不攘袂瞋目，及在西池射堂上，躍馬顧眄，自以爲一世之雄，而今擾攘紛紜，畏死乃爾。設令今時賜以性命，人臣圖主，何顏可以生存。」曄謂衞獄將曰：「惜哉，埋如此人。」將曰：「不忠之人，亦何足惜。」曄曰：「大將言是也。」

及將詣市，曄最在前，於獄門顧謂綜曰：「次第當以位邪？」綜曰：「賊帥當爲先。」在道語笑，初無慚恥。至市問綜曰：「時欲至未？」綜曰：「勢不復久。」曄既食，又苦勸綜，綜曰：「此異疾篤，何事强飯。」曄家人悉至市，監刑職司問曰：「須相見不？」曄問綜曰：「家人已來，幸得相見，將不暫別？」綜曰：「別與不別，亦何所存，〔七〕來必當號泣，正足亂人意。」曄曰：「號泣何關人，向見道邊親故相瞻望，吾意故欲相見。」於是呼前。曄妻先撫其子，回罵曄曰：「君不爲百歲阿家，不感天子恩遇，身死固不足塞罪，奈何枉殺子孫。」曄乾笑，云罪至而已。曄所生母對泣曰：「主上念汝無極，汝曾不能感恩，又不念我老，今日奈何！」仍以手擊曄頸及頰。曄妻云：「罪人，阿家莫憶莫念。」妹及妓妾來別，曄乃悲泣流漣。綜曰：「舅殊不及夏侯色。」曄收淚而已。綜母以子弟自陷逆亂，獨不出視。曄語綜曰：「姊今不來，勝人多也。」曄轉醉，子藹亦醉，取地土及果皮以擲曄，呼爲別駕數十聲。曄問曰：「汝瞋我邪？」藹曰：「今日何緣復瞋，但父子同死，不能不悲耳。」

曄常謂死爲滅，欲著無鬼論，至是與徐湛之書「當相訟地下」。其繆亂如此。又語人：「寄語何僕射，天下決無佛鬼，若有靈，自當相報。」收曄家，樂器服玩並皆珍麗，妓妾亦盛飾。母住止單陋，唯有二廚盛蘊薪。弟子冬無被，叔父單布衣。

曄及黨與並伏誅，曄時年四十八。謝綜弟緯徙廣州。藹子魯連，吳興昭公主外孫，請全

生命，亦得遠徙。孝武卽位，乃還。

曄性精微，有思致，觸類多善，衣裳器服，莫不增損制度，世人皆法學之。撰和香方，其序之曰：「麝本多忌，過分必害。沈實易和，盈斤無傷。零藿虛燥，詹唐黏溼。甘松、蘇合、安息、鬱金、奈多、和羅之屬，並被珍於外國，無取於中土。又棗膏昏鈍，甲煎淺俗，非唯無助於馨烈，乃當彌增於尤疾也。」所言悉以比類朝士：麝本多忌，比庾仲文；零藿虛燥，比何尚之；詹唐黏溼，比沈演之；棗膏昏鈍，比羊玄保；甲煎淺俗，比徐湛之；甘松蘇合，比慧琳道人；沈實易和，以自比也。

曄獄中與諸生姪書以自序，其略曰：

吾少懶學問，年三十許，始有尙耳。自爾以來，轉爲心化，至於所通處，皆自得之胸懷。常謂情志所託，故當以意爲主，以文傳意。以意爲主，則其旨必見；以文傳意，則其辭不流。然後抽其芬芳，振其金石耳。觀古今文人多不全了此處，年少中謝莊最有其分，手筆差易，於文不拘韻故也。吾思乃無定方，但多公家之言，少於事外遠致，以此爲恨，亦由無意於文名故也。

本未開史書，〔八〕政恒覺其不可解耳。既造後漢，轉得統緒。詳觀古今著述及評論，殆少可意者。班氏最有高名，既任情無例，唯志可推耳。博贍不可及之，整理未必愧也。吾雜傳論皆有精意深旨，至於循吏以下及六夷諸序論，筆勢縱放，實天下之奇作。其中合者，往往不減過秦篇。嘗共比方班氏所作，非但不愧之而已。欲徧作諸志，前漢所有者悉令備，〔九〕雖事不必多，且使見文得盡。又欲因事就卷內發論，以正一代得失，意復不果。贊自是吾文傑思，殆無一字空設，奇變不窮，同合異體，乃自不知所以稱之。此書行，故應有賞音者。紀傳例爲舉其大略耳，諸細意甚多。自古體大而思精，未有此也。恐世人不能盡之，多貴古賤今，所以稱情狂言耳。

吾於音樂，聽功不及自揮，但所精非雅聲爲可恨，然至於一絕處，亦復何異邪。其中體趣，言之不可盡。絃外之意，虛響之音，不知所從而來。亦嘗以授人，士庶中未有一毫似者，此永不傳矣。吾書雖小小有意，筆勢不快，餘竟不成就，每愧此名。

曄自序並實，故存之。藹幼而整潔，衣服竟歲未嘗有塵點，死時年二十。曄少時，兄晏常云：「此兒進利，終破門戶。」果如其言。

初，何尙之處銓衡，自謂天下無滯才，及熙先就拘，帝詰尙之曰：「使孔熙先年三十猶作散騎侍郎，那不作賊。」熙先死後，又謂尙之曰：「孔熙先有美才，地胄猶可論，而翳迹仕流，豈非時匠失乎？」尙之曰：「臣昔謬得待罪選曹，誠無以濯汙揚清；然君子之有智能，猶鵷鳳之有文采，俟時而振羽翼，何患不出雲霞之上。若熙先必蘊文采，自棄於汙泥，終無論矣。」

上曰：「昔有良才而不遇知己者，何嘗不遺恨於後哉。」

荀伯子，潁川潁陰人，晉驃騎將軍羨之孫也。父猗，祕書郎。伯子少好學，博覽經傳，而通率好爲雜語，遨遊閭里，故以此失清塗。解褐駙馬都尉、奉朝請、員外散騎侍郎。著作郎徐廣重其才學，舉伯子及王韶之並爲佐郎，同撰晉史及著桓玄等傳。遷尙書祠部郎。義熙元年，〔一〇〕上表稱：「故太傅鉅平侯羊祜勳參佐命，功盛平吳，而享嗣闕然，烝嘗莫寄。漢以蕭何元功，故絕世輒紹，愚謂鉅平之封，宜同酇國。故太尉廣陵公陳准黨翼孫秀，〔一一〕禍加淮南，竊饗大國，因罪爲利。會西朝政刑失裁，中興復因而不奪，今王道惟新，豈可不大判臧否？謂廣陵之國，宜在削除。故太保衞瓘本爵菑陽縣公，既被橫禍，乃進第秩，加贈蘭陵，又轉江夏。中朝公輔，多非理終，瓘功德不殊，亦無緣獨受偏賞。宜復本封，以正國章。」詔付門下。前散騎常侍江夏公衞璵及潁川陳茂先各自陳先代勳，不伏貶降。詔皆付門下，並不施行。

伯子爲妻弟謝晦薦達，爲尙書左丞，出補臨川內史。車騎將軍王弘稱伯子「沈重不華，有平陽侯之風」。伯子常自矜藉蔭之美，謂弘曰：「天下膏粱，唯使君與下官耳，宣明之徒不

中華書局

之，昭明曰：「臣不欲競執關鍵故耳。」

昭明歷郡皆清勤，常謂人曰：「人生何事須聚畜，一身之外亦復何須。子孫若不才，我聚彼散。若能自立，則不如一經。」故終身一不事產業。中興二年卒。子子野。

子野字幾原，生而母魏氏亡，爲祖母殷氏所養。殷柔明有文義，以章句授之。年九歲，殷氏亡，泣血哀慟，家人異之。少好學，善屬文，仕齊爲江夏王行參軍。遭父憂去職。初，父寢疾彌年，子野禱請備至，涕泗霑濡。父夜夢見其容，旦召視如夢，〔二五〕俄而疾間，以爲至孝所感。命著孝感傳，固辭乃止。及居喪，每之墓所，草爲之枯。有白兔白鳩馴擾其側。

梁天監初，尚書僕射范雲嘉其至行，將表奏之，會雲卒不果。樂安任昉有盛名，爲後進所慕，遊其門者，昉必推薦。子野於昉爲從中表，獨不至，昉亦恨焉，故不之善。

久之，兼廷尉正，時三官通署獄，子野嘗不在，同僚輒署其名。奏有不允，子野從坐免職。或勸言請有司，可無咎，〔二六〕子野笑曰：「雖慚柳季之道，豈因訟以受服。」自此免黜久之，終無恨意。中書郎范縝與子野未遇，聞其行業而善焉。會遷國子博士，乃上表讓之，有司以資歷非次，不爲通。

後爲諸暨令，在縣不行鞭罰，人有爭者，示之以理，百姓稱悅，合境無訟。

初，子野曾祖松之，宋元嘉中受詔續修何承天宋史，未成而卒，子野常欲繼成先業。及齊永明末，沈約所撰宋書稱「松之已後無聞焉」。子野更撰爲宋略二十卷，其敍事評論多善，而云「戮淮南太守沈璞，以其不從義師故也」。約懼，徒跣謝之，請兩釋焉。歎其述作曰：「吾弗逮也。」蘭陵蕭琛言其評論可與過秦、王命分路揚鑣。於是吏部尚書徐勉言之於武帝，以爲著作郎，掌修國史及起居注。頃之，兼中書通事舍人，尋除通直員外，〔二七〕著作、舍人如故。敕又掌中書詔誥。

時西北遠邊有白題及滑國遣使由岷山道入貢，此二國歷代弗賓，莫知所出。子野曰：「漢潁陰侯斬胡白題將一人。服虔注云：『白題，胡名也。』又漢定遠侯擊虜，八滑從之，〔二八〕此其後乎。」時人服其博識。敕仍使撰方國使圖，廣述懷來之盛，自要服至于海表，凡二十國。子野與沛國劉顯、南陽劉之遴、陳郡殷芸、陳留阮孝緒、吳郡顧協、京兆韋稜皆博學，深相賞好，顯尤推重之。時吳平侯蕭勱、范陽張纘每討論墳籍，〔二九〕咸折衷於子野。

繼母曹氏亡，居喪過禮，服闋，再遷員外郎。普通七年，大舉北侵，敕子野爲移魏文，受詔立成。武帝以其事體大，召尚書僕射徐勉、太子詹事周捨、鴻臚卿劉之遴、中書侍郎朱异集壽光殿以觀之，時並歎服。武帝目子野曰：「其形雖弱，其文甚壯。」俄又敕爲書喻魏相元叉。其夜受旨，子野謂可待且方奏，未之爲也，及五鼓，敕催令速上。子野徐起操筆，昧爽便就。及奏，武帝深嘉焉。自是諸符檄皆令具草。

子野爲文典而速，不尚靡麗，制多法古，與今文體異。當時或有詆訶者，及其末，翕然重之。或問其爲文速者，子野答云：「人皆成於手，我獨成於心。」

遷中書侍郎、鴻臚卿，領步兵校尉。子野在禁省十餘年，默靜自守，未嘗有所請謁。外家及中表貧乏，所得奉悉給之。無宅，借官地二畝，起茅屋數間，妻子恒苦飢寒，唯以教誨爲本，子姪祗畏，若奉嚴君。劉顯常以師道推高之。末年深信釋教，終身飯麥食蔬。中大通二年卒。先是，子野自占死期不過庚戌歲，〔三〇〕是年自省移疾，謂同官劉之亨曰：「吾其逝矣。」遺命務存儉約。武帝悼惜，爲之流涕。贈散騎常侍，即日舉哀。先是，五等君及侍中以上乃有謚，及子野特以令望見嘉，賜謚貞子。

子野少時集注喪服、續裴氏家傳各二卷，抄合後漢事四十餘卷。又敕撰衆僧傳二十卷，百官九品二卷，附益謚法一卷，方國使圖一卷，文集二十卷，並行於世。又欲撰齊梁春秋，始草創，未就而卒。及葬，湘東王爲之墓誌銘，陳于藏內。邵陵王又立墓誌，堙于羨道。羨道列誌，自此始焉。子謩，官至通直郎。

何承天，東海郯人也。五歲喪父。母徐廣姊也，聰明博學，故承天幼漸訓義。宋武起義初，撫軍將軍劉毅鎮姑孰，板爲行參軍。毅嘗出行，而鄢陵縣吏陳滿射鳥，箭誤中直帥，雖不傷人，處法棄市。承天議曰：「獄貴情斷，疑則從輕。昔有驚漢文帝乘輿馬者，張釋之劾以犯蹕，罪止罰金。何者？明其無心於驚馬也。故不以乘輿之重，加於異制。今滿意在射鳥，非有心於中人。案律過誤傷人三歲刑，況不傷乎？微罰可也。」〔三一〕

宋臺建，爲尚書祠部郎，與傅亮共撰朝儀。謝晦鎮江陵，請爲南蠻長史。晦進號衞將軍，轉諮議參軍，領記室。

元嘉三年，晦將見討，問計於承天，曰：「大小既殊，逆順又異，境外求全，上計也。以腹心領兵戍義陽，將軍率衆於夏口一戰。若敗，即趣義陽，以出北境，此其次也。」晦良久曰：「荊楚用武之國，且當決戰，走不晚也。」及晦下，承天留府不從。到彥之至馬頭，承天自詣歸罪，見宥。後兼尚書左丞。

吳興餘杭人薄道舉爲劫，制同籍朞親補兵。道舉從弟代公、道生等並爲劫大功親，非應在補謫之例。法以代公等母存爲朞親，則子宜隨母補兵。承天議曰：「尋劫制，同籍朞親補兵，大功則不在此例。〔三二〕婦人三從，既嫁從夫，夫死從子。今道舉爲劫，若其叔父尚存，

中華書局

制應補讁，妻子營居，固其宜也。但爲劫之時，叔父已歿，代公、道生並是從弟，大功之親，不合補讁。今若以叔母爲朞親，令代公隨母補兵，既乖大功不讁之制，又失婦人三從之道。由於主者守朞親之文，不辨男女之異。謂代公等母子並宜見原。」

承天爲性剛愎，不能屈意朝右，頗以所長侮同列，不爲僕射殷景仁所平。出爲衡陽內史。昔在西方與士人多不協，在郡又不公清，爲州司所糾，被收繫獄，會赦免。

十六年，除著作佐郎，撰國史。承天年已老，而諸佐郎並名家年少。潁川荀伯子嘲之，常呼爲嬭母。承天曰：「卿當云鳳凰將九子，嬭母何言邪？」尋轉太子率更令，著作如故。

時丹陽溧陽丁況等久喪而不棺葬，〔三三〕承天議曰：「禮云『還葬』，當謂荒儉一時，故許其稱財而不求備。丁況三家數年中葬輒無棺櫬，〔三四〕實由淺情薄恩同於禽獸者耳。竊以丁寶等同伍積年，未嘗勸之以義，繩之以法。十六年冬，既無新科，又未申明舊制，有何嚴切，欻然相糾。或由鄰曲分爭，以興此言。如聞在東諸處，此例既多，〔三五〕江西、淮北尤爲不少。若但讁此三人，殆無所肅，開其一端，則互相恐動。臣愚謂況等三家，〔三六〕且可勿問，因此附定制旨：若人葬不如法，同伍當卽糾言。三年除服之後，不得追相告引。」

十九年，立國子學，以本官領國子博士。皇太子講孝經，承天與中庶子顏延之同爲執經。頃之，遷御史中丞。

時魏軍南伐，文帝訪羣臣捍禦之略。承天上安邊論，凡陳四事：其一，移遠就近，以實內地；其二，浚復城隍，以增阻防；其三，纂偶車牛，以飾戎械；其四，計丁課仗，勿使有闕。文多不載。

承天素好弈棊，頗用廢事。又善彈箏。文帝賜以局子及銀裝箏。承天奉表陳謝，上答曰：「局子之賜，何必非張武之金邪。」

承天博見古今，爲一時所重。張永嘗開玄武湖遇古冢，冢上得一銅斗，有柄。文帝以訪朝士。承天曰：「此亡新威斗。王莽三公亡，皆賜之。一在冢外，一在冢內。時三台居江左者，唯甄邯爲大司徒，必邯之墓。」俄而永又啓冢內更得一斗，復有一石銘「大司徒甄邯之墓」。時帝每有疑議，必先訪之，信命相望於道。承天性褊促，嘗對主者厲聲曰：「天何言哉，四時行焉，百物生焉。」文帝知之，應遣先戒曰：「善候何顏色，如其不悅，無須多陳。」

二十四年，承天遷廷尉，未拜，上欲以爲吏部郎，已受密旨，承天宣漏之，坐免官。卒於家，年七十八。

先是禮論有八百卷，承天刪減并合，以類相從，凡爲三百卷，并前傳、雜語、所纂文及文集，並傳於世。又改定元嘉曆，改漏刻用二十五箭，皆從之。曾孫遜。

遜字仲言，八歲能賦詩，弱冠，州舉秀才。南鄉范雲見其對策，大相稱賞，因結忘年交。謂所親曰：「頃觀文人，質則過儒，麗則傷俗，其能含清濁，中今古，見之何生矣。」沈約嘗謂遜曰：「吾每讀卿詩，一日三復，猶不能已。」其爲名流所稱如此。

梁天監中，兼尚書水部郎，南平王引爲賓客，掌記室事，後薦之武帝，與吳均俱進倖。後稍失意，帝曰：「吳均不均，何遜不遜。未若吾有朱异，信則異矣。」自是疏隔，希復得見。卒於仁威廬陵王記室。

初，遜爲南平王所知，深被恩禮，及聞遜卒，命迎其柩而殯藏焉，并餼其妻子。東海王僧孺集其文爲八卷。

初，遜文章與劉孝綽並見重，時謂之何、劉。梁元帝著論論之云：「詩多而能者沈約，少而能者謝朓、何遜。」

遜從叔僩字彥夷，亦以才著聞，宦遊不達，作拍張賦以喻意。末云：「東方曼倩發憤於侏儒，遂與火頭食子稟賜不殊。」位至臺郎。

時有會稽虞騫工爲五言，名與遜埒，官至王國侍郎。後又有會稽孔翁歸、濟陽江避並爲南平王大司馬府記室。翁歸工爲詩，避博學有思理，注論語、孝經。二人並有文集。

論曰：夫令問令望，詩人所以作詠，有禮有法，前哲由斯播美。觀夫范、荀二公，並以學業自著，而干時之譽，本期俱不爲弘。雖才則有餘而望乃不足。蔚宗藝用有過人之美，迹其行事，何利害之相傾。徐廣動不違仁，義兼儒行。鮮之時稱「格佞」，斯不佞矣。松之雅道爲貴，實光載德。承天素訓所資，無慚舅氏，美矣乎。

校勘記

〔一〕又問何如殷覬忱曰伯通易　「伯通」各本作「伯道」。按晉書殷覬傳云「字伯通」。册府元龜七八八亦作「伯通」，注云：「南蠻校尉殷覬字」，今據改，下並改。

〔二〕襲爵陽遂鄉侯　「陽遂鄉侯」各本作「遂鄉侯」，據宋書補正。

〔三〕王元太一流人也　「王元太」各本脫「太」字，據宋書補。孫虨宋書考論：「蜀志楊戲輔臣贊有『王元泰』亦時知名士。」

〔四〕元嘉九年彭城太妃薨　「九年」各本作「元年」，據宋書彭城王義康傳改。

〔五〕睥與司徒左西屬王深及弟司徒祭酒廣夜中酣飲　「廣」宋書作「廣淵」，此避唐諱省。

〔六〕上於武帳岡祖道　「武帳岡」各本作「虎帳岡」，據宋書、通鑑改。胡注引杜佑通典曰：「岡在廣莫門外宣武場，設行宮便坐於其上。」王鳴盛十七史商榷：「漢書汲黯傳：『上嘗坐武帳見黯。』應劭曰：『武帳，織成帳爲武士象也。』元嘉武帳取此義也。後之校史者誤以爲李延壽避唐諱改作『武』，實當作『虎』，遂奮筆改之。」

〔七〕別與不別亦何所存　「存」各本作「在」，據宋書改。

〔八〕本未開史書　「未開」宋書作「未關」。

〔九〕前漢所有者悉令備　「所有」各本作「可有」，據宋書改。

〔一〇〕義熙元年　「元年」宋書作「九年」。

〔一一〕故太尉廣陵公陳淮黨翼孫秀　「陳淮」各本作「陳淮」，宋書同，一本作「準」或「淮」。錢大昕廿二史考異謂當作「準」，史家避宋順帝諱改爲「淮」，因譌「淮」。今正爲「淮」。

〔一二〕徐廣字野人　「野人」本字「野民」，宋書有傳，此避唐諱改。

〔一三〕故成風顯夫人之號文公服三年之喪　「文公」各本作「昭公」，宋書作「僖公」。錢大昕廿二史考異：「『成風之薨不在僖公之世，且安帝於李后爲祖母，非僖公於成風之比。竊謂當是文公之譌也。』」按錢說是，今據通典禮典改。

〔一四〕廣獻言武帝多所勸勉　「勉」各本作「免」，今改正。

〔一五〕年過八十　晉書、宋書均言元嘉二年卒，時年七十四。

〔一六〕豁宋永初初爲尚書左丞山陰令　「永初」各本作「永嘉」，據通志改。按宋書良吏徐豁傳作「永初」。

〔一七〕兗州刺史滕恬爲丁零翟遼所沒　「遼」字各本並脫，據晉書滕脩傳補。

〔一八〕今如滕羨情事者　「今」各本作「令」，據通志改。

〔一九〕政以事有變通不可宗一故耳　「宗」宋書作「守」。

〔二〇〕山陰令沈叔任父疾去職　「叔」各本作「淑」，據宋書改。按宋書沈演之傳云「父叔任，吳山陰令」。

〔二一〕今省父母之疾而加以罪名　「今省」二字各本並脫，據通典職官典補。按宋書有「省」字無「今」字。

〔二二〕言無所隱晦亦甚憚焉　「晦亦」宋書作「時人」，覩上范泰讓詒鮮之，疑宋書是。通志改作「言無所隱晦，人甚憚焉」。當亦有見於是。

〔二三〕今召爲世子洗馬　「世子」各本作「太子」，據宋書改。按上言「宋國初建」，是劉裕尚未稱帝，其子不得稱太子。

〔二四〕刺史王蘊謂曰　「蘊」下各本有「之」字，據宋書王景文傳兄子蘊附傳刪。

〔二五〕父夜夢見其容且召視如夢　「且」各本作「旦」，據通志改。

〔二六〕或勸言請有司可無咎　「請」梁書作「諸」。

〔二七〕尋除通直員外　「通直員外」梁書作「通直正員郎」。册府元龜四五四作「通直正員外郎」。按通直正員郎、通直正員外郎非一官。

〔二八〕又漢定遠侯擊虜八滑從之　「八滑」各本作「入滑」，又各本脫「從之」二字，據梁書正補。按後漢書西域車師後王傳，班勇「率後王農哥子加特奴及八滑等，發精兵擊北虜呼衍王」。此「八滑」下當有「從之」二字，文意始足。

〔二九〕時吳平侯蕭勱范陽張纘每討論墳籍　「吳平侯」各本作「長平侯」，據梁書蕭景傳改。

〔三〇〕先是子野自占死期不過庚戌歲　「庚戌」各本作「戊戌」，按中大通二年爲庚戌歲，據梁書改。

〔三一〕微罰可也　「微」各本作「徵」，據宋書改。

〔三二〕大功則不在此例　「此」字各本並脫，據通典刑法典補。

〔三三〕時丹陽溧陽丁況等久喪而不棺葬　「棺」字各本並脫。據下「葬輒無棺櫬」，則非「不葬」，乃無棺櫬。王鳴盛十七史商榷六一謂「『不』下脫『棺』字」，今從補。

〔三四〕丁況三家數年中葬輒無棺櫬　「數年」各本作「數十年」，王懋竑讀書記疑、王鳴盛十七史商榷六一並謂「十」字衍文，今從刪。

〔三五〕此例既多　「此」各本作「比」，據册府元龜五七六改。

〔三六〕臣愚謂況等三家　「謂」各本作「爲」，據宋書改。

中華書局

南史卷三十四

列傳第二十四

顏延之 子竣 從子師伯 沈懷文 子沖 從兄曇慶 周朗 族孫顒

顒子捨 捨弟子弘正 弘讓 弘直 弘直子確

顏延之字延年，琅邪臨沂人也。曾祖含，晉右光祿大夫。〔一〕祖約，零陵太守。父顯，護軍司馬。延之少孤貧，居負郭，好讀書，無所不覽，文章冠絕當時。好飲酒，不護細行。年三十猶未昏。妹適東莞劉穆之子憲之。〔二〕穆之聞其美才，將仕之，先欲相見，延之不往也。後爲宋武帝豫章公世子中軍行參軍。及武帝北伐，有宋公之授，府遣延之慶殊命。行至洛陽，周視故宮室，盡爲禾黍，悽然詠黍離篇。道中作詩二首，爲謝晦、傅亮所賞。武帝受命，補太子舍人。雁門周續之隱廬山，儒學著稱。永初中，徵詣都下，開館以居之。武帝親幸，朝彥畢至。延之宮官列卑，引升上席。上使問續之三義，續之雅仗辭辯，延之每以簡要連挫續之。上又使還自敷釋，言約理暢，莫不稱善。再遷太子中舍人。時尚書令傅亮自以文義一時莫及，延之負其才，不爲之下，亮甚疾焉。廬陵王義眞待之甚厚，徐羨之等疑延之爲同異，意甚不悅。

少帝卽位，累遷始安太守。領軍將軍謝晦謂延之曰：「昔荀勗忌阮咸，斥爲始平郡，今卿又爲始安，可謂『二始』。」黄門郎殷景仁亦謂之曰：「所謂人惡俊異，世疵文雅。」延之之郡，道經汨潭，爲湘州刺史張邵祭屈原文以致其意。

元嘉三年，羨之等誅，徵爲中書侍郎，轉太子中庶子，領步兵校尉，賞遇甚厚。延之既以才學見遇，當時多相推服，唯袁淑年倍小延之，不相推重。延之忿於衆中折之曰：「昔陳元方與孔元駿齊年文學，元駿拜元方於牀下，今君何得不見拜？」淑無以對。

延之疏誕，不能取容當世，見劉湛、殷景仁專當要任，意有不平。常言「天下事豈一人之智所能獨了」。辭意激揚，每犯權要。又少經爲湛父柳後將軍主簿，至是謂湛曰：「吾名器不升，當由作卿家吏耳。」湛恨焉，言於彭城王義康，出爲永嘉太守。延之甚怨憤，乃作五君詠，以述竹林七賢，山濤、王戎以貴顯被黜。詠嵇康云：「鸞翮有時鎩，龍性誰能馴。」詠阮籍云：「物故不可論，途窮能無慟。」詠阮咸云：「屢薦不入官，一麾乃出守。」詠劉伶云：「韜精日沈飲，誰知非荒宴。」此四句蓋自序也。湛及義康以其辭旨不遜，大怒，欲黜爲遠郡。文帝與義康詔曰：「宜令思愆里閭，猶復不悛，當驅往東土；乃至難恕者，自可隨事錄之。」於是延之屏居不豫人間者七載。

中書令王球以名公子遺務事外，與延之雅相愛好，每振其罄匱。晉恭思皇后葬，應須百官，皆取義熙元年除身。以延之兼侍中，〔三〕邑吏送札，延之醉，投札於地曰：「顏延之未能事生，焉能事死。」文帝嘗召延之，傳詔頻不見，常日但酒店裸袒挽歌，了不應對，他日醉醒乃見。帝嘗問以諸子才能，延之曰：「竣得臣筆，測得臣文，㚟得臣義，躍得臣酒。」何尚之嘲曰：「誰得卿狂？」答曰：「其狂不可及。」尚之爲侍中在直，延之以醉詣焉。尚之望見便陽眠，延之發簾熟視曰：「朽木難彫。」尚之謂左右曰：「此人醉甚可畏。」閑居無事，爲庭誥之文以訓子弟。

劉湛誅後，起延之爲始興王濬後軍諮議參軍、御史中丞。在任從容，無所舉奏。遷國子祭酒、司徒左長史。何尚之素與延之狎，書與王球曰：「延之有後命，教府無復光暉。」坐啓買人田不肯還直，尚書左丞荀赤松奏之曰：「求田問舍，前賢所鄙。延之唯利是視，輕冒陳聞，依傍詔恩，抵捍餘直，垂及周年，猶不畢了。昧利苟得，無所顧忌。延之昔坐事屏斥，復蒙抽進，而曾不悛革，怨誹無已。交游闒茸，沈迷麴櫱，横興譏謗，詆毁朝士。仰竊過榮，增憤薄之性，私恃顧眄，成强梁之心。外示寡求，內懷奔競，干祿祈遷，不知極已。預宴班觴，肆詈上席。山海容含，每存遵養。愛兼雕蟲，未忍遐棄。而驕放不節，日月彌甚。臣聞聲問過情，孟軻所恥，況聲非外來，問由己出。雖心智薄劣，而高自比擬，客氣虛張，曾無愧畏。豈可復弼亮五教，增耀台階。請以延之訟田不實，妄干天聽，以强陵弱，免所居官。」詔可。後爲祕書監，光祿勳，太常。

時沙門釋慧琳以才學爲文帝所賞，朝廷政事多與之謀，遂士庶歸仰。上每引見，常升獨榻，延之甚疾焉。因醉白上曰：「昔同子參乘，袁絲正色。此三台之坐，豈可使刑餘居之。」上變色。

延之性既褊激，兼有酒過，肆意直言，曾無回隱，故論者多不與之，謂之顏彪。居身儉約，不營財利，布衣蔬食，獨酌郊野。當其爲適，傍若無人。三十年，致事。

元凶弑立，以爲光祿大夫。長子竣爲孝武南中郎諮議參軍。及義師入討，竣定密謀，兼造書檄。劭召延之示以檄文，問曰：「此筆誰造？」延之曰：「竣之筆也。」又問：「何以知之？」曰：「竣筆體，臣不容不識。」劭又曰：「言辭何至乃爾？」延之曰：「竣尚不顧老臣，何能爲陛下。」劭意乃釋，由是得免。

孝武登阼，以爲金紫光祿大夫，領湘東王師。嘗與何偃同從上南郊，偃於路中遙呼延之曰：「顏公！」延之以其輕脫，怪之，答曰：「身非三公之公，又非田舍之公，又非君家阿公，

二十四史
中華書局

何以見呼爲公？」偃羞而退。

竣既貴重，權傾一朝，凡所資供，延之一無所受。器服不改，宅宇如舊，常乘羸牛車，逢竣鹵簿，卽屏住道側。又好騎馬遨游里巷，遇知舊輒據鞌索酒，得必傾盡，欣然自得。嘗語竣曰：「平生不喜見要人，今不幸見汝。」見竣起宅，謂曰：「善爲之，無令後人笑汝拙也。」表解師職，加給親信二十人。

嘗早候竣，遇賓客盈門，竣方臥不起，延之怒曰：「恭敬撙節，福之基也。驕佷傲慢，禍之始也。況出糞土之中，而升雲霞之上，傲不可長，其能久乎。」延之有愛姬，非姬食不飽，寢不安。姬憑寵，嘗盪延之墜牀致損，竣殺之。延之痛惜甚至，常坐靈上哭曰：「貴人殺汝，非我殺汝。」以冬日臨哭，忽見妾排屏風以壓延之，延之懼墜地，因病。孝建三年卒，年七十三。贈特進，謚曰憲子。

延之與陳郡謝靈運俱以辭采齊名，而遲速縣絕。文帝嘗各敕擬樂府北上篇，延之受詔便成，靈運久之乃就。延之嘗問鮑照己與靈運優劣，照曰：「謝五言如初發芙蓉，自然可愛。君詩若鋪錦列繡，亦雕繢滿眼。」延之每薄湯惠休詩，謂人曰：「惠休制作，委巷中歌謠耳，方當誤後生。」[四]是時議者以延之、靈運自潘岳、陸機之後，文士莫及，[五]江右稱潘、陸，江左稱顏、謝焉。

竣字士遜，延之長子也。早有文義，爲宋孝武帝撫軍主簿，甚被嘉遇，竣亦盡心補益。元嘉中，上不欲諸王各立朋黨，將召竣補尚書郎。江湛以爲在府有稱，不宜回改，乃止。隨府轉安北、鎮軍、北中郎府主簿。[六]

初，沙門釋僧含精有學義，謂竣曰：「貧道常見讖記，當有眞人應符，名稱次第，屬在殿下。」後竣在彭城，嘗於親人敍之，言遂宣布，聞於文帝。時元凶巫蠱事已發，故上不加推案。

孝武鎮尋陽，遷南中郎記室。三十年春，以父延之致仕，固求解職，賜假未發，而文帝崩問至，孝武舉兵入討，轉諮議參軍，領錄事，[七]任總內外，幷造檄書。孝武發尋陽，便有疾，自沈慶之以下並不堪相見，唯竣出入臥內，斷決軍機。時孝武屢經危篤，不任諮稟，凡厥衆務，竣皆專斷施行。

孝武踐阼，歷侍中、左衞將軍，封建城縣侯。孝建元年，轉吏部尚書，領驍騎將軍，[八]留心選舉，自强不息。任遇既隆，奏無不可。後謝莊代竣領選，意多不行。竣容貌嚴毅；莊風姿甚美，賓客喧訴，常歡笑答之。人言顏竣瞋而與人官，謝莊笑而不與人官。

南郡王義宣、臧質等反，以竣兼領右將軍。義宣、質諸子藏匿建康、秣陵、湖熟、江寧縣

界，孝武大怒，免丹陽尹褚湛之官，收四縣官長，以竣爲丹陽尹，加散騎常侍。

先是，竣未有子，而大司馬江夏王義恭諸子爲元凶所殺，[九]至是各產男，上自爲制名，名義恭子爲伯禽，以比魯公伯禽，周公之子。名竣子爲辟强，以比漢侍中辟强，張良之子也。

先是，元嘉中鑄四銖錢，輪郭形制與五銖同，用費損無利，[一〇]故百姓不盜鑄。及孝武卽位，又鑄孝建四銖，所鑄錢形式薄小，輪郭不成，於是人間盜鑄者雜以鉛錫，並不牢固。又翦鑿古錢以取其銅，錢轉薄小，稍違官式。雖重制嚴刑，人吏官長坐死免者相係，而盜鑄彌甚，百物踊貴，人患苦之。乃立品格，薄小無輪郭者悉加禁斷。始興公沈慶之議：「宜聽人鑄錢。置署，樂鑄之家皆居署內。去春所禁新品，一時施用，今鑄悉依此格。萬稅三千，嚴檢盜鑄，幷禁翦鑿。數年之間，公私豐贍，銅盡事息，姦僞自止。禁鑄則銅轉成器，開鑄則器化爲財。」上下其事於公卿，竣議曰：「今云開署放鑄，誠所欲同，但慮采山事絕，器用日耗。銅既轉少，器亦彌貴。設器直一千，則鑄之減半，爲之無利，雖令不行。」時議者又以銅難得，欲鑄二銖錢。竣又議曰：「今鑄二銖，恣行新細，於官無解於乏，而人姦巧大興，[一一]天下之貨將靡碎至盡。空曰嚴禁，而利深難絕，不過一二年間，其弊不可復救。此其甚不可一也。使姦人意騁，而貽厥愆謀，此又甚不可二也。富商得志，貧人困窘，此又甚不可三

也。若使交益深重，尚不可行，況又未見利，而衆弊如此，失算當時，取笑百代乎。」前廢帝卽位，鑄二銖，形式轉細，官錢每出，人間卽模効之，而大小厚薄皆不及也。無輪郭，不磨鑢，如今之翦鑿者，謂之耒子錢。景和元年，沈慶之啓通私鑄，由是錢貨亂敗，一千錢長不盈三寸，大小稱此，謂之鵝眼錢；劣於此者謂之綖環錢。貫之以縷，入水不沈，隨手破碎，市井不復料數，十萬錢不盈一掬。斗米一萬，商貨不行。明帝初，唯禁鵝眼、綖環，其餘皆通用。[一二]復禁人鑄，官署亦廢，尋復普斷，唯用古錢。

竣自散騎常侍、丹陽尹加中書令，表讓中書令，見許。時歲旱人飢，竣上言禁餳一月，息米近萬斛。復代謝莊爲吏部尚書，領太子右衞率，未拜，丁父憂。裁踰月，起爲右將軍，丹陽尹如故。竣固辭，表十上不許。遣中書舍人戴明寶抱竣登車，載之郡舍。[一三]賜以布衣一襲，絮以綵綸，遣主衣就衣諸體。

竣藉蕃朝之舊臣，每極陳得失。上自卽吉之後，宮內頗有醜論，又多所興造。竣諫爭懇切，並無所回避。上意甚不悅，多不見從。竣自謂才足幹時，恩舊莫比，當贊務居中，[一四]永執朝政。而所陳多不被納，疑上欲疎之，乃求出以卜時旨。大明元年，以爲東揚州刺史。所求既許，便憂懼無計。至州又丁母艱，不許去職，聽送喪還都，恩待猶厚，竣彌不自安。每對親故，頗懷怨憤。又言朝廷違謬，人主得失。

中華書局

二十四史

及王僧達被誅，謂爲所讒構，臨死陳竣前後忿懟，恨言不見從。僧達所言，頗相符會，上乃使御史中丞庾徽之奏竣：「窺覘國柄，潛圖久執。受任選曹，驅扇滋甚，出尹京輦，形勢彌放。傳詔犯憲，舊須啓聞，而竣以通訴忤己，輒加鞭辱，罔顧威靈，莫此爲甚。懷挾姦數，包藏隱慝，豫聞中旨，罔不宣露。罰則委上，善必歸己，脅懼上宰，激動閭閻。末慮上聞，內懷猜懼，僞請東牧，以卜天旨。既獲出藩，怨詈方肆，反脣腹誹，方之已輕。前冬母亡，詔賜還葬，事畢不去，盤桓經時。方構間勳貴，造立同異，遂以己被斥外，國道將顚。兼行闕於家，早負世議，天倫怨毒，親交震駭。街談道說，非復風聲，宜加顯戮，以昭盛化。請以見事免竣所居官，下太常削爵土。」上未欲便加大戮，且止免官。竣頻啓謝罪，幷乞性命。上愈怒，詔答曰：「憲司所奏，非宿昔所以相期。卿受榮遇，政當極此。訕訐怨憤，已孤本望，乃復過煩思慮，懼不全立，豈爲下事上誠節之至邪。」

及竟陵王誕爲逆，因此陷之，言通於誕。召御史中丞庾徽之於前立奏，奏成，詔先打折足，然後於獄賜死，妻息宥之以遠。子辟强徙交州，又於宮亭湖沈殺之。竣文集行於世。

竣弟測亦以文章見知，官至江夏王義恭大司馬錄事參軍。以兄貴爲憂，先竣卒。

明帝卽位，詔曰：「延之昔師訓朕躬，情契兼重。前記室參軍、濟陽太守奐，伏事蕃朝，綢繆恩舊，可擢爲中書侍郎。」奐，延之第三子也。

顔師伯字長深，〔一五〕竣族兄也。父邵，剛正有局力，爲謝晦領軍司馬。晦鎭江陵，請爲諮議參軍，領錄事，軍府之務悉委焉。邵慮晦有禍，求爲竟陵太守。未及之郡，會晦見討，邵飲藥死。

師伯少孤貧，涉獵書傳，頗解聲樂。弟師仲妻，臧質女也。質爲徐州，辟師伯爲主簿。孝武爲徐州，師伯仍爲輔國安北行參軍。王景文時爲諮議參軍，愛其諧敏，進之孝武，以爲徐州主簿。善於附會，大被知遇。及去鎭，師伯以主簿送故。孝武鎭尋陽，啓文帝請爲南中郎府主簿，文帝不許，謂典籤曰：「中郎府主簿，那得用顔師伯。」孝武啓爲長流正佐，帝又曰：「朝廷不能除之，郎可自板，〔一六〕然亦不宜署長流。」乃板爲參軍刑獄。及討元凶，轉主簿。

孝武踐阼，以爲黃門侍郎，累遷侍中。大明元年，封平都縣子。親幸隆密，羣臣莫二。多納貨賄，家累千金。孝武嘗與師伯摴蒱，帝擲得雉，大悅，謂必勝。師伯後得盧，帝失色，師伯遽斂子曰：「幾作盧。」爾日，師伯一輸百萬。仍遷吏部尚書、右軍將軍。上不欲威權在下，前後領選者唯奉行文書，師伯專情獨斷，〔一七〕奏無不可。

七年，爲尚書右僕射。時分置二選，陳郡謝莊、琅邪王曇生並爲吏部尚書。師伯子舉周旋寒人張奇爲公車令，上以奇資品不當，使兼市買丞，以蔡道惠代之。令史潘道栖、褚道惠、顔禕之、元從夫、任澹之、石道兒、黃難、周公選等抑道惠敕，使奇先到公車，不施行奇兼市買丞事。師伯坐以子預職，〔一八〕莊、曇生免官，道栖、道惠棄市，禕之等六人鞭杖一百。師伯尋領太子中庶子，雖被黜挫，受任如初。

孝武臨崩，師伯受遺詔輔幼主，尚書中事專以委之。〔一九〕廢帝卽位，復還卽眞，加領衞尉。

師伯居權日久，天下輻湊，游其門者，爵位莫不踰分。多納貨賄，家產豐積，妓妾聲樂，盡天下之選，園池第宅，冠絕當時，驕奢淫恣，爲衣冠所疾。又遷尚書僕射，領丹陽尹。廢帝欲親朝政，轉師伯爲左僕射。以吏部尚書王景文爲右僕射。奪其京尹，又分臺任。師伯至是始懼，與柳元景謀廢立。

初，師伯專斷朝事，不與沈慶之參懷，謂令史曰：「沈公爪牙者耳，安得預政事。」慶之聞而切齒，乃泄其謀。尋與太宰江夏王義恭同誅，六子皆見殺。明帝卽位，謚曰荒。

沈懷文字思明，吳興武康人也。祖寂，晉光祿勳。父宣，新安太守。

懷文少好玄理，善爲文章，爲楚昭王二妃詩，見稱於世。爲江夏王義恭東閤祭酒。丁父憂，新安郡送故豐厚，奉終禮畢，餘悉班之親戚，一無所留。文帝聞而嘉之，賜奴婢六人。服闋，除尚書殿中郎。隱士雷次宗被徵居鍾山，後南還廬江，〔二〇〕何尚之設祖道，文義之士畢集。爲連句詩，懷文所作尤美，辭高一座。隨王誕鎭襄陽，〔二一〕出爲後軍主簿，與諮議參軍謝莊共掌辭令，領義成太守。

元嘉二十八年，誕當爲廣州，欲以懷文爲安南府記室，先除通直郎。懷文固辭南行，上不悅。弟懷遠納東陽公主養女王鸚鵡爲妾，元凶行巫蠱，鸚鵡豫之，事洩，懷文因此失調，爲治書侍御史。

元凶弑立，以爲中書侍郎。孝武入討，呼之使作符檄，固辭。劭大怒，會殷沖救得免。託疾落馬，間行奔新亭，以爲竟陵王誕驃騎錄事參軍、淮陵太守。〔二二〕時國哀未釋，誕欲起內齋。懷文以爲不可，乃止。尋轉揚州中從事史。時議省錄尚書，懷文以爲非宜，上議不從。還別駕從事史。

及江夏王義恭遷西陽王子尚爲揚州，居職如故。時熒惑守南斗，上乃廢西州舊館，使子尚移居東城以厭之。懷文曰：「天道示變，宜應之以德，今雖空西州，恐無益也。」不從，而西州竟廢。

中華書局

大明二年，遷尚書吏部郎，時朝議欲依古制置立王畿，揚州移居會稽，猶以星變故也。懷文曰：「周制封畿，漢置司隸，各因時宜，非存相反。安人定國，其揆一也。苟人心所安，天亦從之。未必改今追古，乃致平一。〔二三〕神州舊壤，歷代相承，異於邊州，或置或罷。既物情不悅，容虧化本。」又不從。

三年，子尚移鎮會稽。遷撫軍長史，行府州事。時囚繫甚多，動經年月，懷文到任，訊五郡九百三十六獄，衆咸稱平。入爲侍中，寵待隆密。竟陵王誕據廣陵反，及城陷，士庶皆裸身鞭面然後加刑，聚所殺人首於石頭南岸，謂之髑髏山。懷文陳其不可，上不納。孝武嘗有事圓丘，未至期而雨晦竟夜。明旦風霽，雲色甚美，帝升壇悅。懷文稱慶曰：「昔漢后郊祀太一，白日重輪，神光四燭。今陛下有事茲禮，而膏雨迎夜，清景麗朝，斯實聖明幽感所致，臣願與侍臣賦之。」上笑稱善。揚州移會稽，上忿浙江東人情不和，〔二四〕欲貶其勞祿，唯西州舊人不改。懷文曰：「揚州徙居，既乖人情，一州兩格，尤失大體。」上不從。

懷文與顏竣、周朗素善，竣以失旨見誅，朗亦以忤意得罪。上謂懷文曰：「竣若知我殺之，亦當不敢如此。」懷文默然。又嘗以歲夕與謝莊、王景文、顏師伯被敕入省，未及進，景文

因談言次稱竣、朗人才之美，懷文與相酬和。師伯後因語次白上，敍景文等此言。懷文屢經犯忤，至此上倍不悅。

上又壞諸郡士族以充將吏，並不服役，至悉逃亡。加以嚴制不能禁，乃改用軍法，得便斬之。莫不奔竄山湖，聚爲盜賊。懷文又以爲言。

齋庫上絹年調鉅萬疋，綿亦稱此，期限嚴峻。人間買絹一疋至三二千，綿一兩三四百，貧者賣妻子，甚者或自縊死。懷文具陳人困，由是綿絹薄有所減，俄復舊。子尚等諸皇子皆置邸舍，逐什一之利，爲患徧天下。懷文又曰：「列肆販賣，古人所非。卜式明不雨之由，弘羊受致旱之責。若以用度不充，故宜量加減省。」不聽。孝建以來，抑黜諸弟，廣陵平後，復欲更峻其科。懷文曰：「漢明不使其子比光武之子，前史以爲美談。陛下既明管、蔡之誅，願崇唐、衞之寄。」及海陵王休茂誅，欲遂前議。太宰江夏王義恭探得密旨，先發議端，懷文固請不可，由是得息。

時游幸無度，太后六宮常乘副車在後。懷文與王景文每諫不宜亟出，後因從坐松樹下，風雨甚驟。景文曰：「卿可以言矣。」懷文曰：「獨言無繼，宜相與陳之。」江智深臥草側，亦謂之善。〔二五〕俄而被召俱入雉場，懷文曰：「風雨如此，非聖躬所宜。」景文又曰：「懷文所啓宜從。」智深未及有言，上方注弩，作色曰：「卿欲効顏竣邪？何以恒知人事。」又曰：「顏竣小子，恨不得鞭其面。」

上每宴集，在坐者咸令沈醉。懷文素不飲酒，又不好戲，上謂故欲異己。謝莊嘗誡懷文曰：「卿每與人異，亦何可久。」懷文曰：「吾少來如此，豈可一朝而變。非欲異物，性之所不能耳。」

五年，出爲晉安王子勛征虜長史、廣陵太守。明年坐朝正事畢，被遣還北，以女病求申，臨辭又乞停三日，訖猶不去，爲有司所糾，免官，禁錮十年。既被免，賣宅還東。上大怒，收付廷尉賜死。

弟懷遠爲始興王濬征北長流參軍，深見親待。坐納王鸚鵡爲妾，孝武徙之廣州。刺史宗慤欲殺之，〔二六〕會南郡王義宣反，懷遠頗閑文筆，慤起義，使造檄書，并銜命至始興，與始興相沈法系論起義事。事平，慤具爲陳請，由此見原。終孝武世不得還。前廢帝世歸，位武康令，撰南越志，及懷文文集並傳於世。

懷文三子：淡、深、沖。〔二七〕

沖字景綽，涉獵文義，仕宋歷位撫軍正佐，兼記室。及懷文得罪被繫，沖兄弟行謝，情哀貌苦，見者傷之。柳元景欲救懷文，言於孝武曰：「沈懷文三子塗炭不可見，願陛下速正

其罪。」帝曰：「宜急殺之，使其意分。」竟殺之。元景爲之歎息，沖兄弟以此知名。累遷司徒錄事。

齊武帝爲江州，沖爲征虜長史、尋陽太守。齊建元中，累遷太子中庶子。武帝在東宮，待以恩舊。及即位，轉御史中丞、侍中。永明四年，爲五兵尚書。沖與兄淡、深名譽有優劣，世號爲「腰鼓兄弟」。淡、深並歷御史中丞。兄弟三人皆爲司直，晉、宋所未有也。

中丞案裁之職，被惡者多結怨。永明中，深彈吳興太守袁彖。建武中，彖從弟昂爲中丞，到官數日，奏彈深子繢父在儭白幰車，免官禁錮。沖母孔氏在東，鄰家失火，疑爲人所焚爇，大呼曰：「我三兒皆作御史中丞，與人豈有善者。方恐肌分骨散，何但焚如。」兄弟後並歷侍中，武帝方欲任沖，尋卒。追贈太常，謚曰恭子。

曇慶，懷文從父兄也。父發，員外散騎侍郎。曇慶仕宋位尚書左丞。時歲有水旱，曇慶議立常平倉以救人急，文帝納其言而事不行。

大明元年，爲徐州刺史。時殿中員外將軍裴景仁助戍彭城，景仁本北人，多悉關中事。曇慶使撰秦記十卷，敍苻氏事，其書傳於世。

曇慶謹實清正，所莅有稱績。常謂子弟曰：「吾處世無才能，圖作大老子耳。」世以長者

中華書局

稱之。卒於祠部尚書。

周朗字義利，汝南安成人也。父淳，宋初歷位侍中，太常。兄嶠尚武帝第四女宣城德公主。二女適建平王宏、廬江王褘。以貴戚顯官。朗少而愛奇，雅有風氣，與嶠志趣不同，嶠甚疾之。爲江夏王義恭太尉參軍。

元嘉二十七年春，朝議北侵魏，當遣義恭出鎮彭城，爲諸軍大統。朗聞之解職。及義恭出鎮，府主簿羊希從行，與朗書戲之，勸令獻奇進策。朗報書援引古義，辭意倜儻。

孝武卽位，除建平王宏中軍錄事參軍。時普責百官讜言，朗上書陳述得失，多自矜誇。書奏忤旨，自解去職。

後爲廬陵內史，郡界荒蕪，頗有野獸。母薛氏欲見獵，朗乃合圍縱火，令母觀之。火逸燒郡解，朗悉以秩米起屋，償所燒之限。稱疾去官，爲州司所糾，還都謝孝武曰：「州司舉臣愆失多不允，臣在郡猛獸三食人，蟲鼠犯稼，以此二事上負陛下。」上變色曰：「州司不允，或可有之。蟲獸之災，寧關卿小物。」

朗尋丁母憂，每哭必慟，其餘頗不依居喪常節。大明四年，上使有司奏其居喪無禮。詔曰：「朗悖禮利口，宜合翦戮，微物不足亂典刑，特鎖付邊郡。」於是傳送寧州，於道殺之。朗族孫顒。

顒字彥倫，晉左光祿大夫顗七世孫也。祖虎頭，員外常侍。父恂，歸鄉相。

顒少爲族祖朗所知，解褐海陵國侍郎。益州刺史蕭惠開賞異顒，攜入蜀，爲厲鋒將軍，帶肥鄉、成都二縣令，〔二八〕仍爲府主簿。常謂惠開性太險，每致諫，惠開不悅，答顒曰：「天險地險，王侯設險，但問用險何如耳。」隨惠開還都。

宋明帝頗好玄理，以顒有辭義，引入殿內，親近宿直。帝所爲慘毒之事，顒不敢顯諫，輒誦經中因緣罪福事，帝亦爲之小止。元徽中，詔爲剡令，有恩惠，百姓思之。齊高帝輔政，爲齊殿中郎。建元初，爲長沙王後軍參軍、山陰令。還爲文惠太子中軍錄事參軍。文惠在東宮，顒還正員郎，始興王前軍諮議，直侍殿省，深見賞遇。

顒音辭辯麗，長於佛理，著三宗論言空假義。西涼州智林道人遺顒書深相贊美，言「捉麈尾來四十餘載，頗見宗錄，唯此塗白黑無一人得者，爲之發病，非意此音猥來入耳」。其論見重如此。顒於鍾山西立隱舍，休沐則歸之。

轉太子僕，兼著作，撰起居注。遷中書郎，兼著作如故。〔二九〕常游侍東宮。少從外氏車騎將軍臧質家得衞恒散隸書法，學之甚工。文惠太子使顒書玄圃茅齋壁。國子祭酒何胤以倒薤書求就顒換之。顒笑答曰：「天下有道，丘不與易也。」

每賓友會同，顒虛席晤語，辭韻如流，聽者忘倦。兼善老、易，與張融相遇，輒以玄言相滯，彌日不解。清貧寡欲，終日長蔬，雖有妻子，獨處山舍。甚機辯，衞將軍王儉謂顒曰：「卿山中何所食？」顒曰：「赤米白鹽，綠葵紫蓼。」文惠太子問顒菜食何味最勝，顒曰：「春初早韭，秋末晚菘。」何胤亦精信佛法，無妻。太子又問顒：「卿精進何如何胤？」顒曰：「三塗八難，共所未免，然各有累。」太子曰：「累伊何？」對曰：「周妻何肉。」其言辭應變如此。

轉國子博士，兼著作如故。太學諸生慕其風，爭事華辯。始著四聲切韻行於時。後卒於官。子捨。

捨字昇逸，幼聰穎，顒異之。臨終謂曰：「汝不患不富貴，但當將之以道德。」及長博學，尤精義理，善誦詩書，音韻清辯。弱冠舉秀才，除太學博士。從兄綿爲剡縣，贓汙不少，籍沒貲財，捨乃推宅助焉。

建武中，魏人吳苞南歸，有儒學。尚書僕射江祏招苞講，捨造坐折苞，辭理遒逸，由是名爲口辯。王亮爲丹陽尹，聞而悅之，辟爲主簿，政事多委焉。遷太常丞。

梁武帝卽位，吏部尚書范雲與顒素善，重捨才器，言之武帝，召拜尚書祠部郎。禮儀損益，多自捨出。先是，帝與諸王及吳平侯書皆云弟，捨立議，引武王、周公故事，皆曰汝，從之。

累遷鴻臚卿。時王亮得罪歸家，故人莫至，捨獨敦恩舊。及亮卒，身營殯葬，時人稱之。遷尚書吏部郎，太子右衞率，右衞將軍。雖居職屢徙，而常留省內，罕得休下。國史詔誥，儀體法律，軍旅謀謨，皆兼掌之。日夜侍上，豫機密二十餘年，未嘗離左右。帝以爲有公輔器。

初，范雲卒，僉以沈約允當樞管，帝以約輕易不如徐勉，於是勉、捨同參國政。勉小嫌中廢，捨專掌權轄，雅量不及勉而清簡過之，兩人俱稱賢相。

時議國史，疑文帝紀傳之名。捨以爲「帝紀之體百事，如乾象之包六爻，今若追而爲紀，則事無所包，若直書功德，則傳而非紀。應於上紀之前，略有仰述」。從之。

捨占對辯捷，嘗居直廬，語及嗜好，裴子野言從來不嘗食薑。捨應聲曰：「孔稱『不徹』，裴乃不嘗。」一坐皆悅。與人論譴，終日不絕，而竟不言漏泄機事，衆尤服之。性儉素，衣服器用，居處牀席，如布衣之貧者。每入官府，雖廣廈華堂，閨閤重邃，捨居之則塵埃滿積。以荻爲障，壞亦不修。歷侍中、太子詹事。普通五年，南津校尉郭祖深獲始興相白渦書，〔三〇〕

中華書局

〔三〇〕普通五年南津校尉郭祖深獲始興相白澗書 梁書周捨傳作「普通五年，南津獲武陵太守白澗書」。梁書武帝紀及本書郭祖深傳皆云南津校尉置於普通七年，則普通五年當作普通七年。白澗是始興相抑武陵太守，則無以決。

〔三一〕以右驍騎將軍知詹事 「驍騎」各本作「驍衞」，據梁書改。參本卷校記第八條。

〔三二〕普通中累獻捷 「普通中」各本作「大通中」。按梁書本傳，捨卒於普通五年，明年下詔「褒美」，又普通五、六年，北伐屢捷。足證以作「普通」爲是，今改正。

〔三三〕中大通三年昭明太子薨 「中」字各本並脫，據梁書昭明太子傳補。

〔三四〕執子臧大賢之節 「大賢」二字各本並脫，據陳書補。

〔三五〕元帝手書與弘正 「元帝」二字各本並脫，據陳書補。

〔三六〕其放達如此 「放達」各本作「作達」，據太平御覽六九六引改。

〔三七〕其於義理清轉無窮 「清」各本作「情」，據陳書改。

〔三八〕今日赴百姓之心 「今日」陳書作「今宜」。

〔三九〕太建五年 「五年」各本作「二年」，據陳書及册府元龜二六〇改。按本紀亦是「五年」。

〔四〇〕與東海鮑泉南陽宗懍平原劉緩沛國劉瑴同掌書記 「劉緩」各本作「劉綬」或「陸綬」，據陳書改。按梁書及本書劉昭傳並作「劉緩」。

〔四一〕棄之獸吻 「棄」各本作「再」，王懋竑讀書記疑：「『再』疑作『棄』」。今從改。「獸吻」猶虎口，避唐諱故作「獸吻」。

南史卷三十五

列傳第二十五

劉湛 庾悅 族弟登之 仲文 仲文子弘遠 仲文族孫仲容 顧琛

顧覬之 孫憲之

劉湛字弘仁，南陽涅陽人也。祖耽，父柳，並晉左光祿大夫、開府儀同三司。湛出繼伯父淡，襲封安衆縣五等男。少有局力，不尚浮華，博涉史傳，諳前代舊典。弱年便有宰物情，常自比管、葛。不爲文章，不喜談議。

除宋武帝太尉行參軍，賞遇甚厚。父柳亡於江州，府州送故甚豐，一無所受，時論稱之。服闋，爲相國參軍。謝晦、王弘並稱其器幹。

武帝入受晉命，以第四子義康爲冠軍將軍、豫州刺史，留鎮壽陽。以湛爲長史、梁郡太守。義康弱年未親政，府州事悉委湛。進號右將軍，仍隨府轉。義康以本號徙南豫州，湛

改領歷陽太守。爲人剛嚴用法，姦吏犯贓百錢以上皆殺之，自下莫不震肅。廬陵王義眞出爲車騎將軍、南豫州刺史，湛又爲長史，太守如故。義眞時居武帝憂，使帳下備膳，湛禁之，義眞乃使左右人買魚肉珍羞，於齋內別立廚帳。會湛入，因命臑酒炙車螯。湛正色曰：「公當今不宜有此設。」義眞曰：「旦甚寒，杯酒亦何傷，長史事同一家，望不爲異。」酒至，湛起曰：「既不能以禮自處，又不能以禮處人。」

後爲廣州刺史，嫡母憂去職。服闋，爲侍中。時王華、王曇首、殷景仁亦爲侍中，文帝於合殿與四人宴飲甚悅。華等出，帝目送良久，歎曰：「此四賢一時之秀，同管喉脣，恐後世難繼。」

及撫軍將軍江夏王義恭鎭江陵，以湛爲使持節、南蠻校尉，領撫軍長史，行府州事。〔一〕王弘輔政，而王華、王曇首任事居中，湛自謂才能不後之，不願外出。是行也，謂爲弘等所斥，意甚不平。常曰：「二王若非代邸之舊，無以至此。可謂遭遇風雲。」

湛負其才氣，常慕汲黯、崔琰爲人，故名長子曰黯字長孺，第二子曰琰字季珪。琰於江陵病卒，湛求自送喪還都，義恭亦爲之陳請。文帝答義恭曰：「吾亦得湛啓事，爲之酸懷，乃不欲苟違所請，但汝弱年，新涉軍務，八州殷曠，專斷事重，疇諮委仗，不可不得其人。量算二三，未獲便相順許。今答湛啓，權停彼葬。頃朝臣零落相係，寄懷轉寡，湛實國器，吾乃

中華書局

二十四史

欲引其令還，直以西夏任重，要且停此事耳。汝慶賞黜罰預關得失者，〔二〕必宜悉相委寄。」

義恭性甚狷隘，年又漸大，欲專政事，每爲湛所裁。主佐之間，嫌隙遂搆。文帝聞之，密遣詰讓義恭。義恭陳湛無居下之禮，又自以年長，未得行意，雖奉詔旨，每出怨言。上友于素篤，欲加酬順，乃詔之曰：「當今之才，委受已爾，宜盡相彌縫，取其可取，棄其可棄。」

先是王華既亡，曇首又卒，領軍將軍殷景仁以時賢零落，白文帝徵湛。八年，召爲太子詹事，加給事中，與景仁並被任遇。湛云：「今代宰相何難，此正可當我南陽郡漢代功曹耳。」明年，景仁轉尚書僕射，領選，護軍將軍，湛代爲領軍。十二年，又領詹事。湛與景仁素款，又以其建議徵之，甚相感悅。及俱被時遇，猜隙漸生。以景仁專內任，謂爲間己。時彭城王義康專執朝權，而湛昔爲上佐，遂以舊情委心自結，欲因宰相之力回主心，傾黜景仁，獨當時務。義康屢言之於文帝，其事不行。義康僚屬及湛諸附隸潛相約勒，無敢歷殷氏門者。湛黨劉敬文父成未悟其機，詣景仁求郡，敬文遽謝湛曰：「老父悖耄，遂就殷鐵干祿。由敬文闇淺，上負生成，合門慚懼，無地自處。」敬文之姦諂如此。

義康擅權專朝，威傾內外，湛愈推崇之，無復人臣之禮，上稍不能平。湛初入朝，委任甚重，善論政道，并諳前代故事，聽者忘疲。每入雲龍門，御者便解駕，左右及羽儀隨意分散，不夕不出，以此爲常。及晚節驅煽義康，陵轢朝廷，上意雖內離而接遇不改。上謂所親

曰：「劉斑初自西還，吾與語常看日早晚，慮其當去；比入亦看日早晚，慮其不去。」湛小字斑獸，故云斑也。〔三〕遷丹陽尹，詹事如故。

十七年，所生母亡。上與義康形迹既乖，釁難將結，湛亦知無復全地。及至丁艱，謂所親曰：「今年必敗，常日賴口舌爭之，故得推遷耳。今既窮毒，無復此望，禍至其能久乎。」伏甲於室，以待上臨弔。謀又泄，竟弗之幸。十月，〔四〕詔收付廷尉，於獄伏誅，時年四十九。子黯等從誅。〔五〕弟素，黃門郎，徙廣州。湛初被收，歎曰：「便是亂邪。」又曰：「不言無我應亂，殺我日自是亂法耳。」入獄見素，曰：「乃復及汝邪？相勸爲惡，惡不可爲，相勸爲善，正見今日，如何！」湛生女輒殺之，爲時流所怪。

庾悅字仲豫，潁川鄢陵人也，晉太尉亮之曾孫也。祖羲，吳興內史。父準，西中郎將、荊州刺史。〔六〕

悅仕晉爲司徒右長史。桓玄篡位，爲中書侍郎。宋武平建鄴，累遷建威將軍、江州刺史，加都督。〔七〕

初，劉毅家在京口，酷貧，嘗與鄉曲士大夫往東堂共射，時悅爲司徒右長史，要府州僚

佐出東堂，毅已先至，遣與悅相聞曰：「身並貧躓，營一遊甚難。君如意人，無處不可爲適，豈不能以此堂見讓。」悅素豪，徑前不答。毅語衆人並避，〔八〕唯毅留射如故。悅廚饌甚盛，不以及毅，毅既不去，悅甚不歡。毅又相聞曰：「身今年未得子鵝，豈能以殘炙見惠。」悅又不答。至是，毅表解悅都督、將軍官，以刺史移鎮豫章。以親將趙恢領千兵守尋陽，建威府文武三千人悉入毅將府，深相挫辱。悅不得志，疽發背，到豫章少日卒。

登之字元龍，悅族弟也。曾祖冰，晉司空。祖藴，廣州刺史。父廓，東陽太守。

登之少以强濟自立，初爲宋武帝鎮軍參軍，預討桓玄功，封曲江縣五等男。累遷新安太守。謝晦爲荊州刺史，請爲長史、南郡太守，仍爲衞軍長史。登之與晦俱曹氏壻，名位本同，一旦爲之佐，意甚不愜。到廳牋唯言「即日恭到」，初無感謝之言。每入覲見，備持箱囊几席之屬，一物不具，則不肯坐。嘗於晦坐誦西征賦云：「生有修短之命，位有通塞之遇。」晦雖恨而常優容之。

晦拒王師，欲登之留守，登之不許。晦敗，登之以無任免官禁錮還家。何承天戲之曰：「因禍爲福，未必皆知。」登之曰：「我亦幾與三豎同戮。」承天爲晦作表云：「當浮舟東下，戮此三豎。」故登之爲嘲。

後爲司徒長史、南東海太守。府公彭城王義康專覽政事，不欲自下厝意。而登之性剛，每陳己志，義康不悅，出爲吳郡太守，以贓貨免官。後拜豫章太守，徵爲中護軍，未拜卒。

子仲遠，〔九〕初爲宋明帝府佐。廢帝景和中，明帝疑防，賓客故人無到門者，唯仲遠朝謁不替。明帝即位，謂曰：「卿所謂疾風知勁草。」自軍錄事參軍擢拜太子中庶子，卒於豫章太守。贈侍中。登之弟仲文。

仲文位廣平太守，〔一〇〕兄登之爲謝晦長史，仲文往省之。時晦權重，朝士並加敬，仲文獨與抗禮。

後爲彭城王義康驃騎主簿，未就，徙爲丹陽丞。既未到府，疑於府公禮敬，下禮官博議。中書侍郎裴松之議曰：「案春秋桓公八年，祭公逆王后于紀。公羊傳曰：『女在國稱女，此其稱王后何？王者無外，其辭成矣。』推此而言，則仲文爲吏之道，定於受敕之日矣。名器既正，則禮亦從之，安可未到廢其節乎？宜執吏禮。」從之。

後始興王濬當鎮湘州，以仲文爲司馬。濬不之任，仍除南梁太守，司馬如故。于時領軍劉湛協附大將軍彭城王義康，而與僕射殷景仁隙。凡朝士遊殷氏者，不得入劉氏之門，

中華書局

獨仲文遊二人間，密盡忠於朝廷。景仁稱疾不朝見者歷年，文帝常令仲文銜命去來，湛不疑也。

義康出蕃，湛伏誅，以仲文爲尚書吏部郎，與右衞將軍沈演之俱參機密。歷侍中、吏部尚書，領義陽王師。內外歸附，勢傾朝野。仲文爲人強急不耐煩，賓客訴非理者，忿罵形於辭色。素無術學，不爲衆望所推。性好潔，士大夫造之者，未出戶輒令人拭席洗牀。時陳郡殷沖亦好淨，小史非淨浴新衣，不得近左右，士大夫小不整潔，每容接之。仲文好潔反是，每以此見譏。

領選既不緝衆論，又頗通貨賄，用少府卿劉道錫爲廣州刺史，道錫至鎮，餉白檀牽車，常自乘焉。或以白文帝，帝見問曰：「道錫餉卿小車，裝飾甚麗，有之乎？」仲文懼起謝。又仲文請急還家，吏部令史錢泰、主客令史周伯齊出仲文宅諮事。泰能彈琵琶，伯齊善歌，仲文因留停宿。尚書制，令史諮事不得宿停外，雖八座命亦不許，爲有司所奏。上於仲文素厚，將恕之，召問尚書右僕射何尚之，具陳仲文得失，奏言：

仲文事如丘山，若縱而不糾，復何以爲政。晉武不爲明主，斷鬲令事，〔一〕遂能奮發，華廙見待不輕，廢錮累年，後起改作城門校尉耳。若言仲文有誠於國，未知的是何事，政當云與殷景仁不失其舊，與劉湛亦復不疎。且景仁當時意事，豈復可蔑，縱有微

誠，復何足掩其惡。賈充勳烈，〔二〕晉之重臣，雖事業不稱，不聞有大罪，諸臣進說，便卽遠出。陛下聖叡，反更遲遲於此。仲文身上之釁，旣自過於范曄，所少賊一事耳。伏願深加三思。試以諸聲傳普訪諸可顧問者，羣下見陛下顧遇旣重，恐不敢苦侵傷，顧問之日，宜布嫌責之旨。若不如此，亦當不辨有所得失。

時仲文自理不諳臺制，令史並言停外非嫌。帝以小事不足傷大臣，尚之又陳：

令史具向仲文說不得停之意，仲文了不聽納，非爲不解，直是苟相留耳。雖是令史出，乃遠虧朝典，又不得謂之小事。謝晦望實非今者之疇，一事錯誤，免侍中官。王珣時賢少失，桓胤春蒐之謬，皆白衣領職，況公犯憲制邪？孔萬祀居左局，言「仲文貴要異他尚書」。〔三〕又云「不癡不聾，不成姑公」。敢作此言，亦爲異也。

文帝猶優遊，使尚之更陳其意。尚之備言仲文愆曰：

臣思張遼之言，關羽雖兄弟，曹公父子豈得不言。觀今人臣憂國甚寡，臣復結舌，日月之明或有所蔽。然不知臣者豈不謂臣有爭競之心，亦追以悵悵。臣與仲文周旋，俱被恩接，不宜復生厚薄。太尉昨與臣言說仲文有諸不可，非唯一條，遠近相崇畏，震動四海。仲文先與劉德願殊惡，德願自持琵琶甚精麗遺之，便復款然。市令盛馥進數百口材助營宅，恐人知，作虛買券。劉道錫驟有所輸，傾南奉之半。劉雍自謂得其力

助，事之如父，夏中送甘蔗，若新發於州。國吏運載藕蘇，無輟於道。諸見人有物，鮮或不求，聞劉遵考有材便乞材，見好燭槃便復乞之。選用不平，不可一二。太尉又言仲文都無共事之體，凡所選舉悉是其意，政令太尉知耳。論虞秀之作黃門，太尉不正答和，故得停。太尉近與仲文疏，欲用德願兒作州西曹，仲文乃啓用爲主簿，卽語德願以謝太尉。前後漏泄賣恩，亦復何極。縱不罪，故宜出之。自從裴、劉刑罰已來，諸將陳力百倍，今日事實好惡可問，若赫然發憤，顯明法憲，陛下便可閑臥紫闥無復一事也。

帝欲出仲文爲丹陽，又以問尚之，答言：

仲文蹈罪負恩，陛下遲遲舊恩，未忍窮法，方復有尹京赫赫之授。恐悉心奉國之人於此而息，貪狠恣意，歲月滋甚。如臣所聞天下議論，仲文恒塵累日月，未見一毫增輝，乃更成形勢，是老王雅也。古人言，無賞罰，雖堯舜不能爲政。陛下豈可坐損皇家之重，迷一凡人。令賈誼、劉向重生，豈不慷慨流涕於聖世邪。臣昔啓范曄，當時亦懼犯觸之尤，苟是愚懷所挹，政自不能不舒達，所謂「雖九死而不悔」也。臣謂仲文且外出，若能修改，在職著稱，還亦不難，而得少明國典，粗酬四海之誚。今愆釁如山，榮任不損，仲文若復有彰大之罪，誰敢以聞。亦知陛下不能採臣之言，故是臣不能以己之

意耳。

又曰：

臣見劉伯龍大慷慨仲文所行，〔四〕言有人送張幼緒，語人「吾雖得一縣，負錢三十萬。庾仲遠仍當送至新林，見縛束猶未得解手」。苟萬秋嘗詣仲文，逢一客姓夏侯，主人問：「有好牛不？」言無。問：「有好馬不？」又言無，政有佳驢耳。仲文便答：「甚是所欲。」客出門，遂相聞索之。劉道錫言是仲文所舉，〔五〕就道錫索嫁女具及祠器，乃當百萬數，猶謂不然。選令史章龍向臣說，亦歎其受納之過。言實得嫁女銅鑪，四人舉乃勝，細葛斗帳等物不可稱數。在尚書中令奴酤酃酒，利其百十，亦是立臺閣所無，不審少簡聖聽不？

帝乃可有司之奏，免仲文官，卒于家。帝錄其宿誠，追贈本官。子弘遠。

弘遠字士操，清實有士譽。仕齊爲江州長史。刺史陳顯達舉兵敗，斬於朱雀航。將刑，索帽著之，曰：「子路結纓，吾不可以不冠而死。」謂看者曰：「吾非賊，乃是義兵，爲諸君請命耳。陳公太輕事，若用吾言，天下將免塗炭。」弘遠子子曜年十四，抱持父乞代命，遂併殺之。

中華書局

仲文從弟徽之位御史中丞。徽之子淵，齊邵陵王記室。淵子仲容。

仲容字子仲，幼孤，爲叔父泳所養。及長，杜絕人事，專精篤學，晝夜手不輟卷。

初爲安西法曹行參軍，泳時貴顯，吏部尚書徐勉擬泳子晏嬰爲宮僚。泳泣曰：「兄子幼孤，人才粗可，願以晏嬰所忝回用之。」勉許焉。轉仲容爲太子舍人，遷安成王主簿。時平原劉峻亦爲府佐，並以强學爲王所禮接。後爲永康、錢唐、武康令，並無績，多被推劾。久之，除安成王中記室。當出隨府，皇太子以舊恩降餞，賜詩曰：「孫生陟陽道，吳子朝歌縣，未若樊林舉，置酒臨華殿。」時輩榮之。

後爲尚書左丞，坐推糾不直免官。仲容博學，少有盛名，頗任氣使酒，好危言高論，士友以此少之。唯與王籍、謝幾卿情好相得，二人時亦不調，遂相追隨，誕縱酣飲，不持檢操。遇太清亂，遊會稽卒。

仲容抄子書三十卷，諸集三十卷，衆家地理書二十卷，列女傳三卷，文集二十卷，並行於代。

顧琛字弘瑋，吳郡吳人，晉司空和之曾孫也。祖履之，父惔，並爲司徒左西曹掾。琛謹確不尚浮華，起家州從事、駙馬都尉，累遷尚書庫部郎。元嘉七年，文帝遣到彥之經略河南，大敗，悉委棄兵甲，武庫爲之空虛。文帝宴會，有歸化人在座，上問琛庫中仗猶有幾許？琛詭辭答有十萬人仗。舊庫仗祕不言多少，上既發問，追悔失言。及琛詭對，上甚善之。尚書寺門有制，〔一六〕八坐以下門生隨入者各有差，不得雜以人士。琛以宗人顧碩寄尚書張茂度門名，而與顧碩同席坐。明年坐譴出，免中正。〔一七〕凡尚書官大罪則免，小罪譴出，譴出者百日無代人，聽還本職。琛仍爲彭城王義康所請，再補司徒錄事參軍。

十五年，出爲義興太守。初，義康請琛入府，欲委以腹心，琛不能承事劉湛，故尋見斥外。十九年，徙東陽太守，欲使琛防守彭城王義康，固辭忤旨，廢黜還家積年。及元凶弒立，分會稽五郡置州，以隨王誕爲刺史，即以琛爲會稽太守。誕起義，加冠軍將軍。事平，遷吳興太守。

孝建元年，爲吳郡太守，以起義功，封永新縣五等侯。大明元年，吳縣令張闓坐居母喪無禮，下廷尉，錢唐令沈文秀判劾違謬，應坐被彈。琛宣言於衆，「闓被劾之始，屢相申明」。又云「當啓文秀留縣」。孝武聞之大怒，謂琛賣惡歸上，免官。琛母老仍停家。琛及前西陽太守張牧並事司空竟陵王誕，誕反，遣客陸延稔齎書板琛及子弟官。時孝武以琛素結事誕，或有異志，遣信就吳郡太守王曇生誅琛父子。會延稔先至，琛等即執斬之，遣二子送延稔首啓聞。孝武所遣誅琛使其日亦至而獲免。

琛母孔氏時年百餘歲，晉安帝隆安初，琅邪王廞於吳中作亂，以女爲貞烈將軍，〔一八〕悉以女人爲官屬，以孔氏爲司馬。及孫恩亂後，東土饑荒，人相食，孔氏散家糧以振邑里，得活者甚衆，生子皆以孔爲名焉。

琛仍爲吳興太守，明年坐郡人多翦錢及盜鑄免官。歷位都官尚書。

廢帝即位，爲吳郡太守。初，琛景平中爲朝請，假還東，日晚至方山。于時商旅數十船，悉泊岸側，有一人玄衣介幘，執鞭屏諸船云：「顧吳郡部伍尋至，應泊此岸。」於是諸船各東西。俄有一假裝至，事力甚寡，仍泊向處，人問：「顧吳郡早晚至？」船人答：「無顧吳郡。」又問：「何船？」曰：「顧朝請耳。」莫不驚怪。琛意竊知爲善徵，因誓之曰：「若得郡，當於此立廟。」至是果爲吳郡，乃立廟方山，號白馬廟云。

明帝泰始初，與四方同反。兵敗，奉母奔會稽，臺軍既至，歸降，後爲員外常侍、中散大夫。卒。

次子寶先，大明中，爲尚書水部郎。先是，琛爲左丞荀萬秋所劾，及寶先爲郎，萬秋猶在職，自陳不拜。孝武詔曰：「敕違糾慢，憲司之職，若有不公，自當更有釐改。而自頃劾無輕重，輒致私絕，此風難長，主者嚴爲其科。」先是宋世江東貴達者，會稽孔季恭子靈符、吳興丘深之及琛，吳音不變。〔一九〕深之字思玄，吳興烏程人，位侍中、都官尚書，卒於太常。

顧覬之字偉仁，吳郡吳人也。高祖謙字公讓，晉平原內史陸機姊夫。祖崇，大司農。父黃老，司徒左西曹掾。

覬之爲謝晦衞軍參軍，晦愛其雅素，深相知待。歷位尚書都官郎。殷、劉隙著，覬之不欲與殷景仁久接，乃辭脚疾免歸。每夜常於床上行脚，家人竊異之而莫曉其意。及義康徙廢，朝廷多受禍，〔二〇〕覬之竟免。

後爲山陰令。山陰劇邑三萬戶，前後官長晝夜不得休，事猶不舉。覬之御繁以約，縣用無事。晝日垂簾，門階閑寂，自宋世爲山陰，務簡而事理，莫能尚也。

後爲尚書吏部郎。嘗於文帝坐論江東人物，言及顧榮，袁淑謂覬之曰：「卿南人怯懦，豈辦作賊。」覬之正色曰：「卿乃復以忠義笑人。」淑有愧色。孝建中，爲湘州刺史，以政績稱。

大明元年，徵守度支尚書，轉吏部尚書。時沛郡相縣唐賜往比村彭家飲酒還，因得病，吐蠱二十餘物。賜妻張從賜臨終言，死後親刳腹，五藏悉縻碎。郡縣以張忍行刳剖，賜子劇又不禁止。論妻傷夫，五歲刑，子不孝父母，〔二一〕子棄市。並非科例。三公郎劉勰議：「賜妻痛遵往言，〔二二〕兒識謝及理，考事原心，非在忍害，謂宜哀矜。」覬之議：「以妻子而行忍酷，不宜曲通小情，謂副為不孝，張同不道。」詔如覬之議。

後為吳郡太守，幸臣戴法興權傾人主，而覬之未嘗低意。左光祿大夫蔡興宗與覬之善，嫌其風節過峻。覬之曰：「辛毗有云，孫、劉不過使吾不為三公耳。」後卒於湘州刺史，謚曰簡子。

覬之家門雍穆，為州郡所重。子綽私財甚豐，鄉里士庶多負責，覬之禁不能止。及後為吳郡，誘出文券一大廚，悉令焚之。宣語遠近，皆不須還。綽懊歎彌日。

覬之常執命有定分，非智力所移，唯應恭己守道，信天任運。而闇者不達，妄意徼倖，徒虧雅道，無關得喪。乃以其意，命弟子愿作定命論。

愿字子恭，父深之，散騎侍郎。〔二三〕愿好學，有才辭，卒於太子舍人。覬之孫憲之。

憲之字士思，性尤清直。宋元徽中，為建康令。時有盜牛者，與本主爭牛，各稱己物，二家辭證等，前後令莫能決。憲之至，覆其狀，乃令解牛任其所去，牛徑還本宅，盜者始伏其罪，時人號曰神明。至於權要請托，長吏貪殘，據法直繩，無所阿縱。性又清儉，強力為

政，甚得人和，故都下飲酒者醇旨輒號為「顧建康」，謂其清且美焉。

仕齊為衡陽內史。先是，郡境連歲疾疫，死者太半，棺櫬尤貴，悉裹以葦席，棄之路傍。憲之下車，分告屬縣，求其親黨，悉令殯葬。其家人絕滅者，憲之出公祿使紀綱營護之。又土俗，山人有病輒云先亡為禍，皆開冢剖棺，水洗枯骨，名為除祟。憲之曉喻，為陳生死之別，事不相由，風俗遂改。時刺史王奐初至，唯衡陽獨無訟者，乃歎曰：「顧衡陽之化至矣，若九郡率然，吾將何事。」

後為東中郎長史，行會稽郡事。山陰人呂文度有寵於齊武帝，於餘姚立邸，頗縱橫。憲之至郡，即日除之。文度後還葬，郡縣爭赴弔，憲之不與相聞，文度甚銜之，亦卒不能傷也。

時西陵戍主杜元懿以吳興歲儉，會稽年登，商旅往來倍歲。西陵牛埭稅，官格日三千五百，求加至一倍，計年長百萬。浦陽南北津及柳浦四埭，乞為官領攝，一年格外長四百許萬。武帝以示會稽，使陳得失。憲之議曰：

尋始立牛埭，非苟通僦以納稅也，當以風濤迅險，人力不捷，濟急以利物耳。既公私是樂，故輸直無怨。京師航渡，即其例也。而後之監領，各務己功，或禁遏別道，互生理外，〔二四〕凡如此類，不經埭煩牛者上詳。被報蒙停格外十條，從來喧訴，始得暫弭。案吳興頻歲失稔，今茲尤饉，去乏從豐，良由饑棘，舊格新減，尚未議登，格外加倍，將以何術？皇慈恤隱，振廩蠲調，而元懿幸災榷利，重增困瘼，人而不仁，古今共疾。且比見加格置市者，前後相屬，非唯新加無贏，並皆舊格有闕，愚恐元懿今啓，亦當不殊。若事不副言，懼貽譴詰，便百方侵苦，為公買怨，其所欲舉腹心，亦當獸而冠耳。〔二五〕書云：「與其有聚斂之臣，寧有盜臣。」言盜公為損蓋微，斂人所害乃大也。然掌斯任者應簡廉平，則無害於人。愚又以便宜者，蓋謂便於公宜於人也。竊見頃之言便宜者，非能於人力之外，用天分地者也，率皆即日不宜於人，方來未便於公，名與實反，有乖政體。凡如此等，誠宜深察。

山陰一縣課戶二萬，其人貲不滿三千者，殆將居半，刻又刻之，猶且三分餘一。凡有貲者多是士人復除，其貧極者悉皆露戶役人，三五屬官，蓋惟分定，〔二六〕百端輸調，又則常然。比眾局檢校，〔二七〕首尾尋續，橫相質累者亦復不少。一人被攝，十人相追，一緒裁萌，千孽互起。蠶事弛而農業廢，賤取庸而貴舉責，應公贍私，日不暇給，欲無為非，其可得乎。死且不憚，矧伊刑罰，身且不愛，何況妻子。是以前檢未窮，後巧復滋，網辟徒峻，猶不能悛。竊尋人之多偽，實由宋季軍旅繁興，役賦殷重，不堪勤劇，奇巧所優，〔二八〕積習生常，遂迷忘反。四海之大，庶黎之衆，心用參差，難卒澄之。化宜以漸，不可疾責。誠存不擾，藏疾納汙。務詳寬簡，則稍自歸淳。又被簡符，前後累千，

符旨既嚴，不敢闇信。縣簡送郡，郡簡呈使，殊形詭狀，千變萬源。聞者忽不經懷，見者實足傷駭。〔二九〕兼親屬里伍，流離道路，時轉窮涸，事方未已，其士人婦女彌難厝衷。不簡則疑其有巧，欲簡復未知所安。愚謂此條宜委縣保，舉其綱領，略其毛目，乃當有漏，不出貯中，庶嬰疾沉痼者重荷生造之恩也。

又永興、諸暨離唐寓寇擾，〔三〇〕公私殘燼，〔三一〕彌復特甚，儻逢水旱，實不易思。俗諺云：「會稽打鼓送恤，吳興步擔令史。」會稽舊稱沃壤，今猶若此，吳興本是塉土，事在可知。因循餘弊，誠宜改張。

武帝並從之，由是深以方直見知。

遷南中郎巴陵王長史、南兗南豫二州事。典籤諮事，未嘗接以顏色，動遵法制。時司徒竟陵王於宣城、臨成、定陵三縣界立屯，封山澤數百里，禁人樵採。憲之固陳不可，言甚切直。王曰：「非君無以聞此德音。」即命罷屯禁。

遷給事黃門，兼尚書吏部郎中。宋時其祖覬之嘗為吏部，於庭列植嘉樹，謂人曰：「吾為憲之植耳。」至是憲之果為此職。永元中為豫章內史，〔三二〕在任清簡，務存寬惠。有貞婦萬晞者，少孀居無子，事舅姑尤孝，父母欲奪而嫁之，誓死不許。憲之賜以束帛，表其節義。梁武帝平建鄴，為揚州牧，徵憲之為別駕從事史，比至而已受禪。憲之風疾漸篤，因求

還吳，就加太中大夫。憲之雖累經宰郡，資無儋石，及歸，環堵不免飢寒。天監八年，卒於家。臨終爲制敕其子曰：「夫出生入死，理均晝夜。生既不知所從，死亦安識所往。延陵云：『精氣上歸于天，骨肉下歸於地，魂氣則無所不之。』良有以也。雖復茫昧難徵，要若非妄。百年之期，迅若馳隙，吾今預爲終制，瞑目之後，念並遵行，勿違吾志也。莊周、澹臺，達生者也；王孫、士安，矯俗者也。吾進不及達，退無所矯。常謂中都之制，允理愜情，衣周於身，示不違禮，棺周於衣，足以蔽臭。入棺之物，一無所須，載以輴車，覆以粗布，爲使人勿惡也。漢明帝天子之尊，猶祭以杅水脯糗，范史雲列士之高，亦奠以寒水乾飯。況吾卑庸之人，其可不節衷也。喪易寧戚，自是親親之情，禮奢寧儉，差可得由吾意。不須常施靈筵，可止設香燈，使致哀者有憑耳。朔望祥忌，可權安小牀，暫施几席，唯下素饌，勿用牲牢。蒸嘗之祠，貴賤罔替，備物難辦，多致疎怠。祠先自有舊典，不可有闕，自吾已下，止用蔬食時果，勿同於上世，示令子孫四時不忘其親耳。〔三二〕孔子云『雖菜羹瓜祭必齋如』者，本貴誠敬，豈求備物哉。」所著詩賦銘讚并衡陽郡記數十篇。

論曰：古人云「利令智昏」，甚矣利害之相傾也。劉湛識用才能，實包經國之略，豈知

移弟爲臣，則君臣之道用，變兄成主，則兄弟之義殊。而執數懷姦，苟相崇悅，與夫推長戴而犯順，何以異哉。昔華元敗則以羊羹而取禍，觀夫庾悅亦鵝炙以速尤。乾餱以愆，斯相類矣。登之因禍而福，倚伏無常，仲文賄而爲災，乃徇財之過也。顧琛吳郡，徵兆於初筮，覬之清白之迹，見於暮年。憲之莅政，所在稱美，時移三代，一德無虧，求之古人，未爲易遇。觀其遺命，可謂有始有卒者矣。

校勘記

〔一〕行府州事　「州」字各本並脫，據宋書補。

〔二〕汝慶賞黜罰預關得失者　「關」字各本並脫，據宋書補。

〔三〕湛小字斑獸故云斑也　「斑獸」宋書作「斑虎」，此避唐諱改。「斑獸」而云「斑」者，則又以避唐諱省。

〔四〕十月　「十月」各本作「十日」，據宋書改。

〔五〕子黯等從誅　「子」字各本並脫，據宋書補。

〔六〕祖羲吳興內史父準西中郎將荆州刺史　「羲」各本作「義」，「準」各本作「淮」：並據晉書庾亮傳改。

〔七〕累遷建威將軍江州刺史加都督　張森楷南史校勘記：「宋書作『督江州豫州』云云，無『都』字此妄加之。」按督、都督權力大小有別。

〔八〕毅語衆人並避　「語」各本作「時」，據宋書改。

〔九〕子仲遠　「仲遠」宋書作「冲遠」。

〔一〇〕仲文位廣平太守　「仲文」本名「炳之」，宋書有傳。此避唐諱以字行。

〔一一〕斷髙令事　「事」各本作「史」，據宋書改。

〔一二〕賈充勳烈　「賈充」上各本有「今」字，或以爲充晉人，「今」當作「昔」。按通志無「今」字，當是衍文，今刪去。

〔一三〕異他尚書　「尚書」下各本有「令」字。按仲文無爲「令」事，據宋書刪。

〔一四〕臣見劉伯龍大慷慨仲文所行　「劉伯龍」宋書作「劉伯寵」。

〔一五〕劉道錫言是仲文所舉　各本無「是」字，據宋書補。

〔一六〕尚書寺門有制　「寺」各本作「等」，據宋書改。

〔一七〕明年坐譴出免中正　「譴」宋書作「遣」，下「譴出」同。張森楷南史校勘記：「據下『小罪譴出』，則字不當從『言』，宋書是。」

〔一八〕以女爲貞烈將軍　「女」字各本並脫，據宋書補。

〔一九〕會稽孔季恭子靈符吳興丘深之及琛吳音不變　宋書「孔季恭」下疊「季恭」二字；「深之」作「淵之」，此避唐諱改。

〔二〇〕朝廷多受禍　「朝廷」通志作「朝士」。

〔二一〕子不孝父母　「父」字各本並脫，據宋書補。

〔二二〕賜妻痛遵往言　「痛遵往言」各本作「痛往遵言」，據通典刑典乙正。

〔二三〕父深之散騎侍郎　「深之」宋書作「淵之」，此避唐諱改。

〔二四〕互生理外　「互」各本作「人」。據南齊書陸慧曉傳附顧憲之傳改。按南齊書此句在「各務己功」下。

〔二五〕亦當獸而冠耳　「獸」本字「虎」。「虎而冠」見史記酷吏楊僕傳，此避唐諱改。

〔二六〕蓋惟分定　「蓋惟分定」各本作「並惟正」，據南齊書改。

〔二七〕比衆局檢校　「比」各本作「皆」，據南齊書改。

〔二八〕奇巧所優　南齊書作「倚巧祈優」。

〔二九〕見者實足傷駭　「見」下各本有「殊刑」二字，據南齊書刪。

〔三〇〕又永興諸曁離唐㝢寇擾　「唐㝢」即「唐㝢之」，六朝人名後之「之」字，往往可省略。

〔三一〕公私殘燼　「殘」各本作「殊」，據南齊書改。

二十四史

中華書局

〔三二〕永元中爲豫章內史　「永元」各本作「永明」，據南齊書、梁書改正。

〔三三〕示令子孫四時不忘其親耳　「示」册府元龜九〇七作「亦」。

南史卷三十六

列傳第二十六

羊欣　羊玄保 子戎　兄子希　沈演之 子勃　兄孫顗　演之從子憲　憲孫浚　江夷 子湛　曾孫斅　玄孫蒨　𧩙　五世孫紑　六世孫總　夷弟子智深　江秉之 孫謐

羊欣字敬元，泰山南城人也。曾祖忱，晉徐州刺史。祖權，黃門郎。父不疑，桂陽太守。

欣少靖默，無競於人，美言笑，善容止。泛覽經籍，尤長隸書。父不疑爲烏程令，欣年十二。時王獻之爲吳興太守，甚知愛之。欣嘗夏月著新絹裙晝寢，獻之入縣見之，書裙數幅而去。欣書本工，因此彌善。

起家輔國參軍，府解還家。隆安中，朝廷漸亂，欣優遊私門，不復進仕。會稽王世子元顯每使書扇，常不奉命。元顯怒，乃以爲其後軍府舍人。此職本用寒人，欣意貌恬然，不以高卑見色，論者稱焉。嘗詣領軍謝混，混拂席改服然後見之。時混族子靈運在坐，退告族兄瞻曰：「望蔡見羊欣，遂改席易衣。」欣由此益知名。桓玄輔政，以欣爲平西主簿，參豫機要。欣欲自疎，時漏密事。玄覺其此意，愈更重之，以爲楚臺殿中郎。謂曰：「尚書政事之本，殿中禮樂所出。卿昔處股肱，方此爲輕。」欣就職少日，稱病自免，屏居里巷十餘年。

義熙中，弟徽被知於武帝，帝謂諮議參軍鄭鮮之曰：「羊徽一時美器，世論猶在兄後。」即板欣補右軍劉藩司馬。

後爲新安太守，在郡四年，簡惠著稱。除臨川王義慶輔國長史，廬陵王義眞車騎諮議參軍，並不就。文帝重以爲新安太守。在郡十三年，樂其山水，嘗謂子弟曰：「人生仕宦至二千石，斯可矣。」及是便懷止足。轉義興太守，非其好也。頃之，稱病篤免歸。除中散大夫。

素好黃、老，常手自書章。有病不服藥，飲符水而已。兼善醫術，撰藥方數十卷。欣以不堪拜伏，辭不朝覲，自非尋省近親，不妄行詣。行必由城外，未嘗入六門。武帝、文帝並

中華書局

恨不識之。元嘉十九年卒。

弟徽字敬猷，時譽多欣，位河東太守，卒。

羊玄保，泰山南城人也。祖楷，晉尚書都官郎。父綏，中書侍郎。

玄保初爲宋武帝鎭軍參軍，少帝景平中，累遷司徒右長史。府公王弘甚知重之，謂左長史庾登之、吏部尚書王准之曰：「卿二賢明美朗詣，會悟多通，然弘懿之望，故當共推羊也。」頃之，入爲黃門侍郎。

善弈棊，品第三。文帝亦好弈，與賭郡，玄保戲勝，以補宣城太守。先是劉式之爲宣城立吏人亡叛制，一人不禽，符伍里吏送州作部；能禽者賞位二階。玄保以爲非宜，陳之曰：「臣伏尋亡叛之由，皆出於窮逼。今立殊制，於事爲苦。又尋此制施一邦而已，若其是邪，則應與天下爲一；若其非邪，亦不宜獨行一郡。」由此制停。

歷丹陽尹，會稽太守，太常，吳郡太守。文帝以玄保廉素寡欲，故頻授名郡。爲政雖無殊績，而去後常必見思。不營財利，產業儉薄。文帝嘗曰：「人仕宦非唯須才，亦須運命。每有好官缺，我未嘗不先憶羊玄保。」元凶弒立，以爲吏部尚書，領國子祭酒。及孝武入伐，

朝士多南奔，劭集羣僚，橫刀怒曰：「卿等便可去矣。」衆並懼莫敢言。玄保容色不異，徐曰：「臣其以死奉朝。」劭爲解。

孝武即位，爲金紫光祿大夫，以謹敬見知。大明五年，加散騎常侍、特進。玄保自少至老，謹於祭奠，四時珍新未得祠薦者，口不妄嘗。卒，謚曰定子。

子戎少有才氣，而輕薄少行檢，語好爲雙聲。江夏王義恭嘗設齋，使戎布牀，須臾王出，以牀狹，乃自開牀。戎曰：「官家恨狹，更廣八分。」王笑曰：「卿豈唯善雙聲，乃辯士也。」文帝好與玄保棊，嘗中使至，玄保曰：「今日上何召我邪？」戎曰：「金溝清泚，銅池搖颺，既佳光景，當得劇棊。」玄保常嫌其輕脫，云「此兒必亡我家」。位通直郎，坐與王僧達謗時政賜死。死後，孝武帝引見玄保，玄保謝曰：「臣無日磾之明，以此上負。」上美其言。戎二弟，文帝並賜名曰咸、曰粲，謂玄保曰：「欲令卿二子有林下正始餘風。」

玄保既善棊，而何尚之亦雅好其事。吳郡褚胤年七歲便入高品，及長，冠絕當時。胤父榮期與臧質同逆，胤應從誅。何尚之固請曰：「胤弈棊之妙，超古冠今。魏犨犯令，以材獲免，父戮子宥，其例甚多。特乞與其微命，使異術不絕。」不許，時人痛惜之。

玄保兄子希字泰聞，少有才氣，爲尚書左丞。時揚州刺史西陽王子尚上言：「山湖之禁，雖有舊科，人俗相因，替而不奉，熂山封水，保爲家利。自頃以來，頹弛日甚，富强者兼嶺而占，貧弱者薪蘇無託，至漁採之地亦又如兹。斯實害人之深弊，爲政所宜去絕。損益舊條，更申恒制。」有司檢壬辰詔書：「占山護澤，〔一〕强盜律論。贓一丈以上皆棄市。」希以「壬辰之制，其禁嚴刻，事既難遵，理與時弛。而占山封水，漸染復滋，更相因仍，便成先業。一朝頓去，易致嗟怨。今更刊革，立制五條：凡是山澤先恒熂爈，養種竹木雜果爲林芿，及陂湖江海魚梁鰌鮆場，恒加功修作者，聽不追奪。官品第一第二聽占山三頃；第三第四品二頃五十畝；第五第六品二頃；第七第八品一頃五十畝；第九品及百姓一頃：皆依定格，條上貲簿。若先已占山，不得更占；先占闕少，依限占足。若非前條舊業，一不得禁。有犯者，水土一尺以上，並計贓依常盜律論。停除咸康二年壬辰之科。」從之。

時益州刺史劉瑀先爲右衞將軍，與府司馬何季穆共事不平，季穆爲尚書令建平王宏所親待，屢毀瑀於宏。會瑀出爲益州，奪士人妻爲妾，宏使希舉察之，瑀坐免官。瑀恨希切齒，有門生謝元伯往來希間，瑀密令訪訊被免之由，希曰：「此奏非我意。」瑀即日到宏門奉牋陳謝，云：「聞之羊希。」希坐漏泄免官。

泰始三年，爲寧朔將軍、廣州刺史。四年，希以沛郡劉思道行晉康太守，領軍伐俚。思道違節失利，希遣收之。思道不受命，率所領襲州，希踰城走，思道獲而殺之。

希子崇字伯遠，尚書主客郎，丁母憂，哀毀過禮。及聞廣州亂，即日便徒跣出新亭，不能步涉，頓伏江渚。門義以小船致之，父葬畢，乃不勝哀而卒。

沈演之字臺眞，吳興武康人也。高祖充，晉車騎將軍、吳國內史。曾祖勁，冠軍陳祐長史，戍金墉，爲燕將慕容恪所陷，不屈見殺，贈東陽太守。祖赤黔，廷尉卿。父叔任，少有幹質，朱齡石伐蜀，爲齡石建威府司馬。平蜀之功，亞於元帥，以功封寧新縣男。後拜益州刺史，卒。

演之年十一，尚書僕射劉柳見而知之，曰：「此童終爲令器。」沈氏家世爲將，而演之折節好學，讀老子百徧，以義理業尚知名。襲父別爵吉陽縣五等侯。舉秀才，爲嘉興令，有能名。

元嘉中，累遷尚書吏部郎。先是劉湛、劉斌等結黨，欲排廢尚書僕射殷景仁。演之雅仗正義，與景仁素善，盡心朝廷。文帝甚嘉之。及彭城王義康出蕃，誅劉湛等，以演之爲右衞將軍。景仁尋卒，乃以後軍長史范曄爲左衞將軍，與演之對掌禁旅，同參機密。尋加侍中，文帝謂之曰：「侍中領衞，望實優顯，此蓋宰相便坐，卿其勉之。」

上欲伐林邑，朝臣多不同，唯廣州刺史陸徽與演之贊成上意。及林邑平，賜羣臣黃金生口銅器等物，演之所得偏多。上謂曰：「廟堂之謀，卿參其力，平此遠夷，未足多建茅土。俟廓清舊都，〔二〕鳴鸞東岱，不憂河山之不開也。」

二十一年，詔以演之爲中領軍。太子詹事范曄懷逆謀，演之覺其有異，言之文帝，曄尋伏誅。歷位吏部尚書，領太子右衛率。素有心氣，寢病歷年。上使臥疾理事。性好舉才，申濟屈滯，而謙約自持，上賜女伎，不受。暴卒。文帝痛惜，贈金紫光祿大夫，謚曰貞。

子睦，位黃門侍郎，與弟西陽王文學勃忿鬩，坐徙始興郡。

勃輕薄好利，位太子右衛率，加給事中，坐贓賄徙梁州。後還，結事阮佃夫、王道隆等，位司徒左長史，爲後廢帝所誅。

演之兄子坦之，仕齊位都官郎。坦之子顗。

顗字處默，幼清靜有至行，慕黃叔度、徐孺子之爲人，讀書不爲章句，著述不尚浮華。常獨處一室，人罕見其面。從叔勃貴顯，每還吳興，賓客填咽，顗不至其門。勃就之，顗送迎不越閫。勃歎曰：「吾乃今知貴不如賤也。」

顗內行甚修，事母兄孝友。兄昂一名顒，亦退素，以家貧仕爲始安令。兄弟不能分離，

相隨之任。

齊永明年中，徵拜著作郎、太子舍人、通直郎，並不起。文惠太子嘗擬古詩云：「磊磊落落玉山崩。」顗聞之曰：「此讖言也。」既而太子薨，至秋，武帝崩，鬱林、海陵相次黜辱。

顗素不事家產，及昂卒，逢齊末兵荒，與家人并日而食。或有饋其粱肉者，閉門不受，唯採蓴荇根供食，以樵採自資，怡怡然恒不改其樂。

梁天監四年，大舉北侵，南陽樂藏爲武康令，以顗從役到建鄴，揚州別駕陸任以書與吳興太守柳惲，責之不能甄善別賢。惲大慚，即表停之。卒家，所著文章數十篇。

憲字彥璋，演之從祖弟子也。祖說道，巴西、梓潼二郡太守。父璞之，北中郎行參軍。憲少有幹局，爲駕部郎。宋明帝與憲棊，謂曰：「卿廣州刺史材也。」補烏程令，甚著政績，太守褚彥回歎美，以爲方圓可施。少府管掌煩冗，材幹者並更其職，憲以吏能，累遷少府卿。

武陵王曄爲會稽，以憲爲左軍司馬。齊高帝以山陰戶衆，欲分爲兩縣。武帝啓曰：「縣豈不可御，但用不得人耳。」乃以憲帶山陰令，政聲大著。孔珪請假東歸，謂人曰：「沈令料事特有天才。」

後爲晉安王後軍長史、廣陵太守。西陽王子明代爲南兗州，憲仍留爲冠軍長史，太守如故。永明八年，子明典籤劉道濟贓私百萬，爲有司所奏，賜死。憲坐不糾，免官。後除散騎常侍，未拜，卒。當時稱爲良吏。

憲同郡丘仲起先是爲晉平郡，清廉自立。褚彥回歎曰：「目見可欲，心能不亂，此楊公所以遺子孫也。」仲起字子震，位至廷尉，卒。

憲孫浚字叔源，少涉學有才幹，仕梁歷山陰、吳、建康三縣，並有能名。

太清二年，累遷御史中丞。時臺城爲侯景所圍，外援並至，景表請和，求解圍還江北。詔許之。遣右衛將軍柳津對景盟歃。景知城內疾疫，稍無守備，因緩去期。城內知其背盟，復舉烽鼓譟。後數日，景復進表請和，簡文使浚往景所。景曰：「即日向熱，非復行時，政欲立效求停，君可見爲申聞。」浚曰：「大將軍此意，意在得城。下風所聞，久已乏食，城內雖困，尚有兵糧。朝廷恐和好乖貳，已密敕外軍：若臺城傾覆，勿以二宮爲念，當以死雪恥。若不能決戰，當深壁自守。大將軍十萬之衆，將欲何資？」景橫刀於膝，瞋目叱之。浚乃正色責景曰：「河南王人臣，而舉兵向闕。今朝廷已赦王罪結盟，口血未乾，而復翻背。沈浚六十之年，且天子使也，奉命而行，何用見脅。」徑去不顧。景歎曰：「是眞司直也。」然密銜

之。又勸張嵊立義，後得殺之。

江夷字茂遠，濟陽考城人也。祖霦，晉護軍將軍。〔三〕父敳，驃騎諮議參軍。夷少自藻厲，爲後進之美。宋武帝板爲鎮軍行參軍，豫討桓玄功，封南郡州陵縣五等侯。累遷大司馬，〔四〕武帝命大司馬府、琅邪國事，一以委焉。武帝受命，歷位吏部尚書，吳郡太守。營陽王於吳縣見害，夷臨哭盡禮。以兄疾去官，後爲右僕射。

夷美風儀，善舉止，歷任以和簡著稱。出爲湘州刺史，加散騎常侍，未之職，卒。遺令薄斂，蔬奠務存儉約。子湛。

湛字徽深，〔五〕居喪以孝聞。愛文義，善彈棊鼓琴，兼明算術。爲彭城王義康司徒主簿、太子中舍人。司空檀道濟爲子求娶湛妹，不許，義康有命，又不從。時人重其立志。義康之盛，人競求自昵，唯湛自疏，固求外出，乃以爲武陵內史。隨王誕爲北中郎將、南徐州刺史，以湛爲長史、南東海太守，委以政事。

中華書局

元嘉二十五年，徵爲侍中，任以機密。遷左衞將軍。時改選學職，以太尉江夏王義恭領國子祭酒，湛領博士。

轉吏部尚書。家甚貧，不營財利，餉饋盈門，一無所受。無兼衣餘食，嘗爲上所召，遇澣衣，稱疾經日，衣成然後起。牛餓，御人求草，湛良久曰：「可與飲。」在選職頗有刻覈之譏，而公平無私，不受請謁，論者以此稱焉。

初，上大舉北侵，舉朝謂爲不可，唯湛贊成之。及魏太武至瓜步，以湛兼領軍，軍事處分，一以委焉。魏遣使求昏，上召太子劭以下集議。衆並謂宜許，湛謂許之無益。劭怒謂湛曰：「今三王在阸，詎宜苟執異議。」聲色甚厲。坐散俱出，劭使班劍及左右推排之，殆於傾倒。劭後宴集，未嘗命湛，上乃爲劭長子偉之娉湛第三女，欲以和之。上將廢劭，使湛具詔草。劭之入弒，湛直上省，聞叫乃匿傍小屋。劭遣求之，舍吏紿云「不在此」。兵卽殺舍吏，乃得見湛。湛據窗受害，意色不橈。五子恁、恕、憼、愻、法壽皆見殺。初，湛家數見怪異，未敗少日，所眠牀忽有數斗血。孝武卽位，追贈左光祿大夫、開府儀同三司，謚曰忠簡公。恁位著作佐郞。恁子斅。

斅字叔文，母宋文帝女淮陽長公主。幼以戚屬召見，孝武謂謝莊曰：「此小兒方當爲名

器。」少有美譽，尚孝武女臨汝公主，拜駙馬都尉，爲丹陽丞。時袁粲爲尹，見斅歎曰：「風流不墜，政在江郞。」數與宴賞，留連日夜。

遷中書郞。斅庶祖母王氏老疾，斅視膳嘗藥，七十餘日不解衣。及累居內官，每以侍養陳請，朝廷優其朝直。初，湛娶褚秀之女，大義不終。褚彥回爲衞軍，重斅爲人，先通意，引爲長史。隨府轉司空長史，領臨淮太守。轉齊高帝太尉從事中郞。齊臺建，爲吏部郞。高帝卽位，斅以祖母久疾，啓求自解。

初，宋明帝敕斅出繼其叔愻爲從祖淳後，於是僕射王儉啓：「禮無後小宗之文，近代緣情，皆由父祖之命，未有既孤之後，出繼宗族也。雖復臣子一揆，而義非天屬。江忠簡胤嗣所寄，唯斅一人，傍無朞屬，斅宜還本。若不欲江愻絕後，可以斅小兒繼愻爲孫。」尚書參議，謂「間世立後，禮無其文。荀顗無子立孫，墜禮之始。何琦又立此論，義無所據」。於是斅還本家，詔使自量立後者。

出爲豫章內史，還除太子中庶子，未拜，門客通贓利，武帝遣信檢覆，斅藏此客而躬自引咎。上甚有怪色，王儉從容啓上曰：「江斅若能臨郡，此便是具美耳。」上意乃釋。

永明中，爲竟陵王司馬。〔六〕斅好文辭，圍棊第五品，爲朝貴中最。遷侍中，歷五兵尚書，東海、吳二郡太守，〔七〕復爲侍中，轉都官尚書，領驍騎將軍。王晏啓武帝曰：「江斅今重登禮閣，兼掌六軍，慈渥所覃，實有優忝，但語其事任，殆同閑輩。天旨既欲升其名位，愚謂以侍中領驍騎，望實清顯，有殊納言。」上曰：「斅常啓吾，爲其鼻中惡。今既以何胤、王瑩還門下，故有此回換耳。」

先是中書舍人紀僧眞幸於武帝，稍歷軍校，容表有士風。謂帝曰：「臣小人，出自本縣武吏，邀逢聖時，階榮至此。爲兒昏，得荀昭光女，卽時無復所須，唯就陛下乞作士大夫。」帝曰：「由江斅、謝瀹，我不得措此意，可自詣之。」僧眞承旨詣斅，登榻坐定，斅便命左右曰：「移吾牀讓客。」僧眞喪氣而退，告武帝曰：「士大夫故非天子所命。」時人重斅風格，不爲權倖降意。

隆昌元年，爲侍中，領國子祭酒。鬱林廢，朝臣皆被召入宮。斅至雲龍門，方知廢立，託散動，醉吐車中而去。

明帝卽位，改領祕書監，又改領晉安王師。卒，遺令不受賻贈。詔賻錢三萬，布百匹。子蒨啓遵斅命不受，詔嘉美之，從其所請。贈散騎常侍、太常卿，謚曰敬子。子蒨。

蒨字彥標，幼聰警，讀書過口便誦。選爲國子生，舉高第，起家祕書郞，累遷廬陵王主簿。居父憂以孝聞，廬于墓側，明帝敕遣齋仗二十人防之墓所。服闋，累遷建安內史。梁

武帝起兵，遣寧朔將軍劉諓之爲郡，蒨拒之。及建鄴平，蒨坐禁錮，俄被原。

歷太尉臨川王長史、尚書吏部郞，領右軍。方雅有風格，僕射徐勉權重，唯蒨及王規與抗禮，不爲之屈。勉因蒨門客翟景爲子繇求昏於蒨女，不答。景再言之，乃杖景四十，由此與勉忤。勉又爲子求蒨弟葺及王泰女，二人並拒之。葺爲吏部郞，坐杖曹中幹免官，泰以疾假出宅，乃遷散騎常侍，皆勉意也。初，天監六年，詔以侍中常侍並侍帷幄，分門下二局入集書，其官品視侍中，而非華冑所悅，故勉斥泰爲之。

蒨尋遷司徒左長史。初王泰出閤，武帝謂勉云：「江蒨資歷，應居選部。」勉曰：「蒨有眼患，又不悉人物。」乃止。遷光祿大夫。卒，謚肅。

蒨好學，尤悉朝儀故事，撰江左遺典三十卷，未就，卒。文集十五卷。

蒨弟曇字彥德，少學涉有器度，位侍中太子詹事，承聖初卒。曇弟祿。

祿字彥遐，幼篤學有文章，工書善琴。形貌短小，神明俊發。位太子洗馬、湘東王錄事參軍，以氣陵府王，王深憾焉。廬陵威王續代爲荆州，留爲驃騎諮議參軍。獻書告別，王答書乃致恨。

祿先爲武寧郡，頗有資產，積錢於壁，壁爲之倒，迮銅物皆鳴。人戲之曰：「所謂『銅山

中華書局

昭略弟昭光聞收兵至，家人勸逃去，昭光不忍捨母，入執母手悲泣，遂見殺。時昭明子曇亮已得逃去，聞昭光死，乃曰：「家門屠滅，獨用生何爲。」又絕吭而死。時人歎其累世孝義。中興元年，贈昭略太常，昭光廷尉。

文季字仲達，文叔弟也。以寬雅正直見知，尤善塞及彈棊，在宋封山陽縣五等伯，位中書郎。父慶之遇害，諸子見收，文叔謂之曰：「我能死，爾能報。」遂自殺。文季揮刀馳馬去，收者不敢追，遂免。

明帝立，爲黃門郎，領長水校尉。明帝宴會朝臣，以南臺御史賀咸爲柱下史，〔七〕糾不醉者，文季不肯飲，被驅下殿。晉平王休祐爲南徐州，帝就褚彥回求幹事人爲上佐，彥回舉文季，轉驃騎長史、南東海太守。休祐被殺，雖用薨禮，僚佐多不敢至，文季獨往墓展哀。元徽初，自秘書監出爲吳興太守。文季飲酒至五斗，妻王氏飲亦至三斗，嘗對飲竟日，而視事不廢。

昇明元年，沈攸之反，齊高帝加文季冠軍將軍、督吳興錢唐軍事。初，慶之之死也，攸之求行，至是文季收攸之弟新安太守登之，誅其宗族，以復舊怨，親黨無吹火焉。君子以文季能報先恥。齊國建，爲侍中，領秘書監。建元元年，轉太子右衞率，侍中如故。改封西豐

縣侯。

文季風采稜岸，善於進止，司徒褚彥回當時貴望，頗以門戶裁之。文季不爲之屈。武帝在東宮，於玄圃宴朝臣，文季數舉酒勸彥回。彥回甚不平，啓武帝曰：「沈文季謂彥回經爲其郡，依然猶有故情。」文季曰：「惟桑與梓，必恭敬止。豈如明府亡國失土，不識枌榆。」遂言及魏軍動事。彥回曰：「陳顯達、沈文季當今將略，足委以邊事。」文季諱稱將門，因是發怒，啓武帝曰：「褚彥回遂品藻人流，臣未知其身死之日，何面目見宋明帝。」武帝笑曰：「沈率醉也。」中丞劉休舉其事，見原。後豫章王北宅後堂集會，文季與彥回並善琵琶，酒闌，彥回取樂器爲明君曲。文季便下席大唱曰：「沈文季不能作伎兒。」豫章王嶷又解之曰：「此故當不損仲容之德。」彥回顏色無異，終曲而止。

永明中，累遷領軍將軍。文季雖不學，發言必有辭采。武帝謂文季曰：「南士無僕射，多歷年所。」文季對曰：「南風不競，非復一日。」當世善其對。

明帝輔政，欲以文季爲江州，遣左右單景儁宣旨。文季陳讓，稱老不願外出，因問右執法有人未，景儁還具言之。延興元年，以爲尚書右僕射。明帝即位，加領太子詹事，尚書令王晏嘗戲文季爲吳興僕射。文季答曰：「琅邪執法，似不出卿門。」

建武二年，魏軍南伐，明帝以爲憂，制文季鎭壽春。文季入，城門嚴加備守。〔八〕魏軍尋

退，百姓無所損。

永元元年，轉侍中、左僕射。始安王遙光反，其夜遣於宅掩取文季，欲以爲都督，而文季已還臺。明日，與尚書令徐孝嗣共坐南掖門上。時東昏已行殺戮，孝嗣深懷憂慮，欲與文季論時事，文季輒引以他辭，終不得及。事寧，加鎭軍將軍，置府史。

文季以時方昏亂，託老疾不豫朝機。兄子昭略謂文季曰：「阿父年六十爲員外僕射，欲求免乎？」文季笑而不答，未幾見害。先被召，便知敗，舉動如常。登車顧曰：「此行恐往而不反。」於華林省死，年五十八，朝野寃之。中興元年，贈司空，謚曰忠憲公。

文秀字仲遠，慶之弟子也。父邵之，南中郎行參軍。文秀宋前廢帝時，累遷青州刺史，將之鎭，部曲出次白下。文秀說慶之以帝狂悖，禍在難測，欲因此衆力圖之。慶之不從。及行，慶之果見殺。又遣直閤江方興領兵誅文秀，未至，而明帝已定亂。時晉安王子勛據尋陽，文秀與徐州刺史薛安都並同子勛反。尋陽平定，明帝遣其弟召之，便歸命請罪。即安本任。

四年，封新城縣侯。先是冀州刺史崔道固亦據歷城同反，文秀遣信引魏，魏遣慕容白曜援之。及至，而文秀已受朝命。文秀善於撫御，被魏圍三載無叛者。五年，爲魏所剋，終于北。

攸之字仲達，慶之從父兄子也。父叔仁爲宋衡陽王義季征西長史，兼行參軍領隊。攸之少孤貧，元嘉二十七年，魏軍南攻，朝廷發三吳之衆，攸之亦行。及至建鄴，詣領軍將軍劉遵考求補白丁隊主。遵考以爲形陋不堪，攸之歎曰：「昔孟嘗君身長六尺爲齊相，今求士取肥大者哉。」因隨慶之征討。

二十九年，征西陽蠻，始補隊主。巴口建義，授南中郎府板長兼行參軍。新亭之戰，身被重創，事寧，爲太尉行參軍，封平洛縣五等侯。隨府轉大司馬行參軍。晉時都下二岸揚州舊置都部從事，分掌二縣非違，永初以後罷省。孝建三年，復置其職，攸之掌北岸，會稽孔璪掌南岸，後又罷。攸之遷員外散騎侍郎，又隨慶之征廣陵屢有功，被箭破骨。孝武以其善戰，配以仇池步矟。事平當加厚賞，爲慶之所抑。遷太子旅賁中郎，攸之甚恨之。

前廢帝景和元年，除豫章王子尚車騎中兵參軍、直閤，與宗越、譚金等並爲廢帝所寵。〔九〕誅戮羣公，攸之等皆爲之用命，封東興縣侯。

明帝即位，以例削封。尋告宗越、譚金等謀反，復召直閤。會四方反叛，南賊已次近

中華書局

道，以攸之爲寧朔將軍、尋陽太守，率軍據虎檻。時王玄謨爲大統未發，前鋒有五軍在虎檻，五軍後又駱驛繼至，每夜各立姓號，不相稟受。攸之謂軍吏曰：「今衆軍同舉，而姓號不同，若有耕夫漁父夜相呵叱，便致駭亂，此敗道也。請就一軍取號。」衆咸從之。

殷孝祖爲前鋒都督，大失人情，〔一〇〕攸之內撫將士，外諧羣帥，衆並安之。時殷孝祖中流矢死，軍主范潛率五百人投賊，人情震駭，並謂攸之宜代孝祖爲統。時建安王休仁屯虎檻，總統衆軍，聞孝祖死，遣寧朔將軍江方興、龍驤將軍劉靈遺各率三千人赴赭圻。攸之以爲孝祖既死，賊有乘勝之心，明日若不更攻，則示之以弱。方興名位相亞，必不爲己下，軍政不一，致敗之由，乃率諸軍主詣方興推重，并慰勉之，方興甚悅。攸之既出，諸軍主並尤之。攸之曰：「卿忘廉藺、寇賈事邪？吾本以濟國活家，豈計此之升降。」明旦進戰，自寅訖午，大破賊於赭圻。

尋進號輔國將軍，代孝祖督前鋒諸軍事。薛常保等在赭圻食盡，〔一一〕南賊大帥劉胡屯濃湖，以囊盛米繫流查及船腹，陽覆船，順風流下，以餉赭圻。攸之疑其有異，遣人取船及流查，大得囊米，尋剋赭圻。

遷寧蠻校尉、雍州刺史，加都督。袁顗復率大衆來入鵲尾，相持既久，軍主張興世越鵲尾上據錢溪，劉胡自攻之。攸之率諸將攻濃湖。錢溪信至大破賊，攸之悉以錢溪所送胡軍

耳鼻示之。顗駭懼，急追胡還。攸之諸軍悉力進攻，多所斬獲，胡於是棄衆而奔，顗亦奔走。赭圻、濃湖之平也，賊軍委棄資財，珍貨山積，諸軍各競收斂，唯攸之、張興世約勒所部，不犯毫芥，諸將以此多之。攸之進平尋陽，還中領軍，封貞陽縣公。時劉遵考爲光祿大夫，攸之在御坐謂遵考曰：「形陋之人今何如？」帝問之，攸之依實對，帝大笑。

累遷郢州刺史，爲政刻暴，或鞭士大夫。上佐以下有忤意，輒面加詈辱。而曉達吏事，自強不息，士庶畏憚，人莫敢欺。聞有猛獸，輒自圍捕，往無不得，一日或得兩三。若逼暮不禽，則宿昔圍守。賦斂嚴苦，徵發無度，繕修船舸，營造器甲。自至夏口，便有異圖。進監豫、司之二郡軍事，進號鎮軍將軍。

泰豫元年，明帝崩，攸之與蔡興宗並在外蕃，同預顧命。會巴西人李承明反，蜀土搔擾。時荆州刺史建平王景素被徵，新除荆州刺史蔡興宗未之鎮，乃遣攸之權行荆州事。會承明已平，乃以攸之爲鎮西將軍、荆州刺史，加都督。聚斂兵力，養馬至二千餘匹，皆分賦邏將士，使耕田而食。廩財悉充倉儲。荆州作部歲送數千人仗，攸之割留之，簿上云「供討四山蠻」。裝戰艦數百千艘，沉之靈溪裏，錢帛器械巨積。漸懷不臣之心，朝廷制度無所遵奉。富貴擬於王者，夜中諸廂廊然燭達旦，後房服珠玉者數百人，皆一時絕貌。

江州刺史桂陽王休範密有異志，欲以微旨動攸之，使道士陳公昭作天公書一函，題言沈丞相，送攸之門者。攸之不開書，推檢得公昭，送之朝廷。後廢帝元徽二年，休範舉兵襲都，攸之謂僚佐曰：「桂陽今逼朝廷，必聲言吾與之同，若不顛沛勤王，必增朝野之惑。」於是遣使受郢州刺史晉熙王燮節度。會休範平，使乃還。進號征西大將軍、開府儀同三司，固讓開府。攸之自擅閫外，朝廷疑憚之，累欲徵入，慮不受命，乃止。

四年，建平王景素據京城反，攸之復應朝廷，景素尋平。時有臺直閤高道慶家在江陵，攸之初至州，道慶在家，牒其親戚十餘人，求州從事西曹，攸之爲用三人。道慶大怒，自入州取教毀之而去。道慶素便馬，攸之與宴飲於聽事前，合馬槊，道慶槊中攸之馬鞍，攸之怒索刃槊，〔一二〕道慶馳馬而出。還都說攸之反狀，請三千人襲之。朝議慮其事難濟，高帝又保持不許。楊運長等常相疑畏，乃與道慶密遣刺客齎廢帝手詔，以金餅賜攸之，州府佐吏進其階級。時有象三頭至江陵城北數里，攸之自出格殺之，忽有流矢集攸之馬鞍泥，其後刺客事發。廢帝既殞，順帝卽位，加攸之車騎大將軍、開府儀同三司。齊高帝遣攸之子司徒左長史元琰齎廢帝刳斮之具以示之，攸之曰：「吾寧爲王淩死，不作賈充生。」尙未得卽起兵，乃上表稱慶，并與齊高帝書推功。

攸之有素書十數行，常韜在兩襠角，云是宋明帝與己約誓。又皇太后使至，賜攸之燭十挺，割之得太后手令，曰「國家之事，一以委公」。明日，遂舉兵。其妾崔氏、許氏諫曰：「官

年已老，那不爲百口作計。」攸之指兩襠角示之。

攸之素畜士馬，資用豐積，至是戰士十萬，鐵馬三千。將發江陵，使沙門釋僧粲筮之，云：「不至都，當自郢州回還。」意甚不悅。初發江津，有氣狀如塵霧從西北來，正蓋軍上。齊高帝遣衆軍西討，攸之盡銳攻郢州，行事柳世隆屢破之。昇明二年，還向江陵，未至，城已爲雍州刺史張敬兒所據，無所歸，乃與第三子中書侍郎文和至華容之鑢頭林，投州吏家。此吏嘗爲攸之所鞭，待攸之甚厚，不以往罰爲怨，殺豘薦食。既而村人欲取之，攸之於櫟林與文和俱自經死，村人斬首送之都。或割其腹，心有五竅。征西主簿苟昭先以家財葬攸之。

攸之晚好讀書，手不釋卷，史、漢事多所記憶。常歎曰：「早知窮達有命，恨不十年讀書。」及攻郢城，夜嘗風浪，米船沉沒。倉曹參軍崔靈鳳女先適柳世隆子，攸之正色謂曰：「當今軍糧要急，而卿不以在意，由與城內婚姻邪。」靈鳳答曰：「樂廣有言，下官豈以五男易一女。」攸之歎然意解。

攸之招集才力之士，隨郡人雙泰眞有幹力，召不肯來。攸之遣二十人被甲追之，泰眞射殺數人，欲過家將母去，事迫不獲，單身走入蠻。追者既失之，錄其母去。泰眞既失母，乃自歸，攸之不罪，曰：「此孝子也。」賜錢一萬，轉補隊主，其抑情待士如此。

初，攸之賤時，與吳郡孫超之、全景文共乘一小船出都，三人共上引埭，有一人止而相

中華書局

之，曰：「君三人皆當至方伯。」攸之曰：「豈有是事。」相者曰：「不驗，便是相書謬耳。」後攸之爲郢、荊二州，超之廣州刺史，景文南豫州刺史。景文字弘達，齊永明中，卒於光祿大夫。

攸之初至郢州，有順流之志，府主簿宗儼之勸攻郢城。功曹臧寅以爲攻守勢異，非旬日所拔，若不時舉，挫銳損威，攸之不從。既敗，諸將帥皆奔散，或呼寅俱亡。寅曰：「我委質事人，豈可幸其成而責其敗。」乃投水死。又倉曹參軍金城邊榮爲府錄事所辱，攸之爲榮鞭殺錄事。攸之自江陵下，以榮爲留府司馬守城。張敬兒將至，人或說之使詣敬兒降。榮曰：「受沈公厚恩，一朝緩急，便改易本心，不能也。」城敗見敬兒，敬兒問曰：「邊公何爲同人作賊，不早來。」榮曰：「沈荊州舉義兵，匡社稷，身雖可滅，要是宋世忠臣。天下尚有直言之士，不可謂之爲賊。身本不蘄生，何須見問。」敬兒曰：「死何難。」命斬之，榮歡笑而去，容無異色。泰山程邕之者，素依隨榮，至是抱持榮謂敬兒曰：「君入人國，不聞仁惠之聲，而先戮義士，三楚之人，寧蹈江、漢而死，豈肯與將軍同日以生。」敬兒曰：「求死甚易，何爲不許。」先殺邕之然後及榮，三軍莫不垂泣，曰：「奈何一日殺二義士。」比之臧洪及陳容。

廢帝之殞，攸之欲起兵，問知星人葛珂之。珂之曰：「起兵皆候太白，太白見則成，伏則敗。昔桂陽以太白伏時舉兵，一戰授首，此近世明驗。今蕭公廢昏立明，正逢太白伏時，此與天合也。且太白尋出東方利用兵，西方不利。」故攸之止不下。及後舉兵，珂之又曰：「今

歲星守南斗，其國不可伐。」攸之不從，果敗。

攸之表檄文疏，皆其記室南陽宗儼之辭也，事敗責之，答曰：「士爲知己，豈爲君輩所識。」遂伏誅。

攸之景和中與齊高帝同直殿省，申以歡好，帝以長女義興憲公主妻攸之第三子文和，生二女，並養之宮中，恩禮甚厚，及嫁皆得素舊，公家營遣焉。齊武帝制以攸之弟雍之孫僧昭爲義興公主後。

僧昭別名法朗，少事天師道士，常以甲子及甲午日，夜著黃巾衣褐醮於私室。時記人吉凶，頗有應驗。自云爲泰山錄事，幽司中有所收錄，必僧昭署名。中年爲山陰縣。梁武陵王紀爲會稽太守，宴坐池亭，蛙鳴聒耳。王曰：「殊廢絲竹之聽。」僧昭呪厭十許口便息。及日晚，王又曰：「欲其復鳴。」僧昭曰：「王歡已闌，今恣汝鳴。」卽便喧聒。又嘗校獵，中道而還，左右問其故，答曰：「國家有邊事，須還處分。」問何以知之，曰：「向聞南山虎嘯知耳。」俄而使至。復謂人曰：「吾昔爲幽司所使，實爲煩碎，今已自解。」乃開匣出黃紙書，上有一大字，字不可識。曰：「教分判如此。」及太清初，謂親知曰：「明年海內喪亂，生靈十不一存。」乃苦求東歸。既不獲許，及亂，百口皆殲。僧昭位廷尉卿，太清三年卒。

宗慤字元幹，南陽涅陽人也。叔父少文高尚不仕，慤年少，問其所志，慤答曰：「願乘長風破萬里浪。」少文曰：「汝若不富貴，必破我門戶。」兄泌娶妻，始入門夜被劫，慤年十四，挺身與劫相拒，十餘人皆披散，不得入室。時天下無事，士人並以文義爲業，少文既高尚，諸子羣從皆愛好墳典，而慤任氣好武，故不爲鄉曲所知。

江夏王義恭爲征北將軍、南兗州刺史，慤隨鎮廣陵。時從兄綺爲征北府主簿，與慤同住，綺妾與給吏牛泰私通，綺入直，而泰潛來就綺妾。慤知之，入殺牛泰然後白綺。義恭壯其意，不罪也。後以補國上軍將軍。

元嘉二十二年，伐林邑，慤自奮願行，義恭舉慤有膽勇，乃除振武將軍，爲安西參軍蕭景憲軍副。隨交州刺史檀和之圍區粟城。林邑遣將范毗沙達來救區粟，和之遣偏軍拒之，爲賊所敗。又遣慤，慤乃分軍爲數道，偃旗潛進討破之，仍攻拔區粟，入象浦。林邑王范陽邁傾國來逆，以具裝被象，前後無際。慤以爲外國有師子威服百獸，乃製其形與象相禦，象果驚奔，衆因此潰亂，遂剋林邑。收其珍異，皆是未名之寶，其餘雜物不可稱計。慤一毫無犯，唯有被梳枕刷，此外蕭然。文帝甚嘉之。

三十年，孝武伐逆，以慤爲南中郎諮議參軍，領中兵。及事平，功次柳元景。孝武卽位，以爲左衞將軍，封洮陽侯。孝建中，累遷豫州刺史，監五州諸軍事。先是鄉人庾業家富豪侈，侯服玉食。與賓客相對，膳必方丈，而爲慤設粟飯菜葅。謂客曰：「宗軍人慣噉粗食。」慤致飽而退，初無異辭。至是業爲慤長史，帶梁郡，慤待之甚厚，不以昔事爲嫌。

大明三年，竟陵王誕據廣陵反，慤表求赴討，乘驛詣都，面受節度。上停輿慰勉，慤聳躍數十，左右顧眄，上壯之。及行，隸車騎大將軍沈慶之。初，誕誑其衆云：「宗慤助我。」及慤至，躍馬繞城呼曰：「我宗慤也。」事平，入爲左衞將軍。五年，從獵墮馬腳折，不堪朝直，以爲光祿大夫，加金章紫綬。有佳牛堪進御，官買不肯賣，坐免官。明年復先職。廢帝卽位，爲寧蠻校尉、雍州刺史，加都督。卒，贈征西將軍，謚曰肅侯，配食孝武廟庭。子羅雲，卒，子元寶嗣。

慤從子夬字明揚，祖少文，名列隱逸傳。父繁，西中郎諮議參軍。夬少勤學，有局幹，仕齊爲驃騎行參軍。時竟陵王子良集學士於西邸，並見圖畫，夬

中華書局

亦預焉。齊鬱林之爲南郡王，居西州，使昳管書記，以筆札貞正見許，故任焉。時與魏和通，敕昳與尚書殿中郎任昉同接魏使，皆時選也。及文惠太子薨，王爲皇太孫，昳仍管書記。

太孫卽位，多失德，昳頗自疎，得爲秣陵令，還尚書都官郎。少帝見誅，舊寵多被其災，唯昳與傅昭以清正免。齊明帝以爲郢州中從事，以父老去官。南康王爲荆州刺史，引爲別駕。

梁武帝起兵，還西中郎諮議。時西土位望，唯昳與同郡樂藹、劉坦爲州人所推服，故領軍蕭穎冑深相委仗。武帝受禪，歷太子右衞率，五兵尚書，參掌大選。天監三年卒。子曬卿。

論曰：沈慶之以武毅之姿，屬殷憂之日，驅馳戎旅，所在見推。其戡難定功，蓋亦宋之方、召。及勤王之業克舉，台鼎之位已隆，年致懸車，宦成名立，而卒至顚覆，倚伏豈易知也。諸子才氣，並有高風，將門有將，斯言得矣。攸之地處上流，聲稱義舉，專威擅命，年且逾十。終從諸葛之覆，代德其有數乎。宗慤氣槪風雲，竟成其志；昳蹈履清正，用升顯級，亦各志能之士也。

校勘記

〔一〕年四十未知名　「四十」宋書作「三十」。

〔二〕脩之失律下獄　「脩之」二字各本並脫，據宋書補。

〔三〕慶之以將軍太守復與隨王誕入沔　「與」字各本並脫，據宋書補。

〔四〕爲國譬如家　宋書作「治國譬如治家」，此以避唐諱而省改。

〔五〕士民悉患之　「民」字各本並脫，據通志補。按南史書例，此「民」字當作「人」，然鄭樵於諱改之「人」字又一律回改爲「民」。今仍之。

〔六〕追贈侍中太尉如故　「追」各本作「遣」，據宋書改。

〔七〕以南臺御史賀咸爲柱下史　「賀咸」南齊書作「賀臧」。

〔八〕文季入城門嚴加備守　南齊書作「文季入城，洞開城門，嚴加守備」。疑此因上下「城」字而誤奪「洞開城」三字。

〔九〕與宗越譚金等並爲廢帝所寵　「宗越」各本作「宋越」，據宋書改。按宋書及本書並有宗越傳。

〔一〇〕大失人情　「大失」各本作「失夫」，據宋書改。

〔一一〕薛常保等在粭圻食盡　「保」宋書及册府元龜三五一並作「寶」，鄧琬傳同。

〔一二〕攸之怒索刃槊　各本並脫「攸之」二字，據通志補。

唐 李延壽 撰

南史

第四冊

卷三八至卷五二（傳）

中華書局

南史卷三十八

列傳第二十八

柳元景 元景弟子世隆 世隆子惔 惔弟惲 惲子偃 偃子盼 惲弟憕 憕弟忱 世隆從弟慶遠 慶遠子津 津子仲禮 敬禮

柳元景字孝仁，河東解人也。高祖純，位平陽太守，不拜。曾祖卓，自本郡遷於襄陽，官至汝南太守。祖恬，西河太守。父憑，馮翊太守。

元景少便弓馬，數隨父伐蠻，以勇稱。寡言語，有器質，荆州刺史謝晦聞其名，要之，未及往而晦敗。雍州刺史劉道產深愛其能，會荆州刺史江夏王義恭復召之，道產謂曰：「久規相屈。今貴王有召，難輒相留，乖意以爲罔罔。」服闋，累遷義恭司徒太尉城局參軍。文帝見又知之。

先是，劉道產在雍州有惠化，遠蠻歸懷皆出，緣沔爲村落，戶口殷盛。及道產死，羣蠻

大爲寇暴。孝武西鎭襄陽，義恭薦元景，乃以爲武威將軍、隨郡太守。〔一〕及至，廣設方略，斬獲數百，郡境肅然。

隨王誕鎭襄陽，元景徙爲後軍中兵參軍。及朝廷大舉北侵，使諸鎭各出軍。二十七年八月，誕遣尹顯祖出貲谷，魯方平、薛安都、龐法起入盧氏，田義仁出魯陽，加元景建威將軍，總統軍帥。

後軍外兵參軍龐季明，三秦冠族，求入長安，招懷關、陝，乃自貲谷入盧氏。盧氏人趙難納之。元景率軍係進，以前鋒深入，懸軍無繼，馳遣尹顯祖入盧氏，以爲諸軍聲援。元景以軍食不足，難可曠日相持，乃束馬懸車，引軍上百丈崖，出溫谷以入盧氏。法起諸軍進次方伯堆，去弘農城五里。元景引軍度熊耳山，安都頓軍弘農。法起進據潼關，季明率方平、趙難諸軍向陝。十一月，元景率衆至弘農，營於開方口。〔二〕仍以元景爲弘農太守。

初，安都留住弘農而諸軍已進陝。元景既到，謂安都曰：「卿無坐守空城，而令龐公孤軍深入，宜急進軍。」衆軍並造陝下，列營以逼之，並大造攻具。

魏城臨河爲固，恃險自守。季明、安都、方平、顯祖、趙難諸軍頻三攻未拔，安都、方平各列陣於城東南以待之。魏兵大合，輕騎挑戰，安都瞋目橫矛，單騎突陣，四向奮擊，左右皆辟易，殺傷不可勝數，於是衆軍並鼓譟俱前。魏多縱突騎，衆軍患之。安都怒甚，乃脫兜

中華書局

鏊，解所帶鎧，唯著絳衲兩當衫，馬亦去具裝，馳入賊陣。猛氣咆勃，所向無前，當其鋒者無不應刃而倒。如是者數四。每入，衆無不披靡。

魏軍之將至也，方平遣驛騎告元景。時諸軍糧盡，各餘數日食。元景方督義租并上驢馬以爲糧運之計，遣軍副柳元怙簡步騎二千以赴陜急，卷甲兼行，一宿而至。詰朝，魏軍又出，列陣於城外。方平諸軍並成列，安都幷領馬軍，方平悉勒步卒左右犄角之，餘諸義軍方於城西南列陣。方平謂安都曰：「今勍敵在前，堅城在後，是吾取死之日。卿若不進，我當斬卿；我若不進，卿當斬我也。」安都曰：「卿言是也。」遂合戰。安都不堪其憤，橫矛直前，殺傷者甚多。流血凝肘。矛折，易之復入，軍副譚金率騎從而奔之。〔三〕自詰旦戰至日晏，魏軍大潰，面縛軍門者二千餘人。諸將欲盡殺之，元景以爲不可，乃悉釋而遣之。皆稱萬歲而去。

時北路諸軍王玄謨等敗退，魏軍深入。文帝以元景不宜獨進，且令班師。諸軍乃自湖關度白楊嶺出于長洲，安都斷後，宗越副之。〔四〕法起自潼關向商城，與元景會，季明亦從胡谷南歸，並有功而入。誕登城望之，以鞍下馬迎元景。

時魯爽向虎牢，復使元景率安都等北出，爽退乃還。再出北侵，威信著於境外。孝武入討元凶，以爲諮議參軍，配萬人爲前鋒，宗慤、薛安都等十三軍皆隸焉。時義軍

船乘小陋，慮水戰不敵。至蕪湖，元景大喜，倍道兼行至新亭，依山建壘柵，東西據險。令軍中曰：「鼓繁氣易衰，叫數力易竭，但各銜枚疾戰，一聽吾營鼓音。」元景察賊衰竭，乃命開壘鼓譟以奔之，賊衆大潰。劭更率餘衆自來攻壘，復大破之，劭僅以身免。上至新亭卽位，以元景爲侍中，領左衞將軍，尋轉寧蠻校尉、雍州刺史，監雍梁南北秦四州荊州之竟陵隨二郡諸軍事。始上在巴口，問元景事平何所欲。對曰：「願還鄉里。」故有此授。

初，臧質起義，以南譙王義宣闇弱易制，欲相推奉，潛報元景，使率所領西還。元景卽以質書呈孝武。語其信曰：「臧冠軍當是未知殿下義舉耳，方應伐逆，不容西還。」質以此恨之。及元景爲雍州，質慮其爲荊、江後患，〔五〕稱爪牙不宜遠出。上重違其言，更以元景爲領軍將軍，加散騎常侍，封曲江縣公。

孝建元年正月，魯爽反，遣左衞將軍王玄謨討之。加元景撫軍將軍，假節置佐，係玄謨。後以爲領南蠻校尉、雍州刺史，加都督。

臧質、義宣並反，王玄謨南據梁山，垣護之、薛安都度據歷陽，元景出屯采石。玄謨求益兵，上使元景進屯姑孰。元景悉遣精兵助王玄謨，以羸弱居守。所遣軍多張旗幟，梁山望之如數萬人，皆謂都下兵悉至，由是剋捷。與沈慶之俱以本號加開府儀同三司，改封晉安郡公。固讓開府。復爲領軍、太子詹事，加侍中。

大明三年，爲尚書令，太子詹事、侍中、中正如故。〔六〕以封在嶺南，改封巴東郡公。又命左光祿大夫、開府儀同三司，侍中、令、中正如故。〔七〕又讓開府。乃與沈慶之俱依晉密陵侯鄭袤不受司空故事。

六年，進司空，侍中、令、中正如故。〔八〕又固讓。乃授侍中、驃騎大將軍、南兗州刺史，留衞都下。

孝武晏駕，與太宰江夏王義恭、尚書僕射顏師伯並受遺詔輔幼主，遷尚書令，領丹陽尹，侍中、將軍如故。加開府儀同三司，給班劍二十人。固辭班劍。

元景少時貧苦，嘗下都至大雷，日暮寒甚，頗有羈旅之歎。岸側有一老父自稱善相，謂元景曰：「君方大富貴，位至三公。」元景以爲戲之，曰：「人生免飢寒幸甚，豈望富貴。」老父曰：「後當相憶。」及貴求之，不知所在。

元景起自將率，及當朝，理務雖非所長，而有弘雅之美。時在朝勳要多事產業，惟元景獨無所營。南岸有數十畝菜園，守園人賣菜得錢三萬，送還宅。元景怒曰：「我立此園種菜，以供家中啖耳，乃復賣以取錢，奪百姓之利邪。」以錢乞守園人。

孝武嚴暴無常，元景雖荷寵遇，恒慮及禍。太宰江夏王義恭及諸大臣莫不重足屏氣，未嘗敢私相往來。孝武崩，義恭、元景等並相謂曰：「今日始免橫死。」義恭與義陽等諸王、

元景與顏師伯等常相馳逐聲樂酣飲，以夜繼晝。前廢帝少有凶德，內不能平，殺戴法興後，悖情轉露，義恭、元景憂懼，乃與師伯等謀廢帝立義恭，持疑未決。發覺，帝親率宿衞兵自出討之，稱詔召元景。左右奔告，兵刃非常。元景知禍至，整朝服乘車，應召出門。逢弟車騎司馬叔仁戎服，左右壯士數十人，欲拒命。元景苦禁之。及出巷，軍士大至，下車受戮，容色恬然。

長子慶宗有幹力，而情性不倫，孝武使元景送還襄陽，於道賜死。次子嗣宗、紹宗、茂宗、孝宗、文宗、仲宗、成宗、秀宗至是並遇禍。元景六弟：僧景、僧珍、叔宗、叔政、叔珍、叔仁。僧珍、叔仁及子姪在都下襄陽死者數十人。元景少子承宗、嗣宗子纂並在孕獲全。明帝卽位，贈太尉，給班劍三十人，羽葆、鼓吹一部，諡曰忠烈公。

元景從父兄元怙，大明末同晉安王子勛逆，事敗歸降。元景從祖弟光世留鄉里，仕魏爲河北太守，封西陵男，與司徒崔浩親。浩被誅，光世南奔。明帝時，位右衞將軍、順陽太守。子欣慰謀反，光世賜死。

世隆字彥緒，元景弟子也。父叔宗字雙驎，位建威參軍事，早卒。

世隆幼孤，挺然自立，不與衆同。雖門勢子弟，獨修布衣之業。及長，好讀書，折節彈

琴，涉獵文史，音吐溫潤。元景愛賞，異於諸子，言於宋孝武，得召見。帝謂元景曰：「此兒將來復是三公一人。」為西陽王撫軍法曹行參軍，出為武威將軍、上庸太守。帝謂元景曰：「卿昔以武威之號為隨郡，今復以授世隆，使卿門世不乏公也。」

元景為前廢帝所殺，世隆以在遠得免。泰始初，四方反叛，世隆於上庸起兵以應宋明帝，為孔道存所敗，衆散逃隱，道存購之甚急。軍人有貌相似者，斬送之。時世隆母郭妻閻並見縶襄陽獄，道存以所送首示之。母見首悲情小歇，而妻閻號叫方甚，竊謂郭曰：「今見不悲，為人所覺，唯當大慟以滅之。」世隆竟以免。

後為太子洗馬，與張緒、王延之、沈琰為君子之交。累遷晉熙王安西司馬，加寧朔將軍。時齊武帝為長史，與世隆相遇甚歡。齊高帝之謀度廣陵也，令武帝率衆同會都下。世隆與長流參軍蕭景先等戒嚴待期，事不行。

時朝廷疑憚沈攸之，密為之防，府州器械，皆有素蓄。武帝將下都，劉懷珍白高帝曰：「夏口是兵衝要地，宜得其人。」高帝納之，與武帝書曰：「汝既入朝，當須文武兼資人，委以後事，世隆其人也。」武帝乃舉世隆自代。轉為武陵王前軍長史、江夏內史，行郢州事。

昇明元年冬，攸之反，遣輔國將軍、中兵參軍孫同等以三萬人為前驅，又遣司馬冠軍劉攘兵等二萬人次之，又遣輔國將軍、中兵參軍王靈秀等分兵出夏口，據魯山。攸之乘輕舸

從數百人先大軍下住白螺洲，坐胡牀以望其軍，有自驕色。既至郢，以郢城弱小不足攻，攸之將去。世隆遣軍於西渚挑戰，攸之果怒，晝夜攻戰。世隆隨宜拒應，衆皆披却。

武帝初下，與世隆別，曰：「攸之一旦為變，雖留攻城，不可卒拔。卿為其內，我為其外，乃無憂耳。」至是，武帝遣軍主桓敬、陳胤叔、苟元賓等八軍據西塞，令堅壁以待賊疲。慮世隆危急，遣腹心胡元直潛使入郢城通援軍消息。內外並喜。

郢城既不可攻，而平西將軍黃回軍至西陽，乘三層艦，作羌胡伎，泝流而進。攸之素失人情，本逼以威力，初發江陵，已有叛者，至此稍多。攸之大怒，於是一人叛，遣十人追，並去不返。劉攘兵射書與世隆請降，開門納之。攸之怒，銜鬚咀之，收攘兵兄子天賜、女壻張平虜斬之。軍旅大散。世隆乃遣軍副劉僧驎緣道追之。

攸之已死，徵為侍中，仍遷尚書右僕射，封貞陽縣侯。出為吳郡太守，居母憂，寒不衣絮。齊高帝踐阼，起為南豫州刺史，加都督，進爵為公。上手詔司徒褚彥回甚傷美之。彥回曰：「世隆事陛下，在危盡忠，居憂杖而後起，立人之本，二理同極，加榮增寵，足以敦厲風俗。」

建元二年，授右僕射，不拜。性愛涉獵，啓高帝借祕閣書，上給二千卷。三年，出為南兗州刺史，加都督。武帝即位，加散騎常侍。

世隆善卜，別龜甲，價至一萬。永明初，世隆曰：「永明九年我亡，亡後三年丘山崩，齊亦於此季矣。」屏人，命典籤李黨取筆及高齒屐，題簾箔旌曰：「永明十一年。」因流涕謂黨曰：「汝當見，吾不見也。」

遷護軍，而衞軍王儉修下官敬甚謹。世隆止之，儉曰：「將軍雖存弘眷，如王典何。」其見重如此。

性清廉，唯盛事墳典。張緒問曰：「觀君舉措，當以清名遺子孫邪？」答曰：「一身之外，亦復何須。子孫不才，將為爭府；如其才也，不如一經。」

光祿大夫韋祖征州里宿德，世隆雖已貴重，每為之拜。人或勸祖征止之，答曰：「司馬公所為，後生楷法，吾豈能止之哉。」

後授尚書左僕射。湘州蠻動，遣世隆以本官總督伐蠻衆軍，仍為湘州刺史，加都督。至鎮，以方略討平之。在州立邸興生，〔九〕為御史中丞庾杲之所奏。詔不問。

復入為尚書左僕射，不拜，乃轉尚書令。世隆少立功名，晚專以談義自業。善彈琴，世稱柳公雙瑣，為士品第一。常自云：「馬矟第一，清談第二，彈琴第三。」在朝不干世務，垂簾鼓琴，風韻清遠，甚獲世譽。以疾遜位，拜左光祿大夫、侍中。永明九年卒，詔給東園祕器，贈司空，班劍二十人，謚曰忠武。

世隆曉數術，於倪塘創墓，與賓客踐履，十往五往，常坐一處。及卒，墓工圖墓，正取其坐處焉。

所著龜經祕要二卷，行於世。

長子悅字文殊，少有清致，位中書郎，早卒，謚曰恭。世隆次子惔。

惔字文通，好學工製文，尤曉音律，少與長兄悅齊名。王儉謂人曰：「柳氏二龍，可謂一日千里。」儉為尚書左僕射，嘗造世隆宅，世隆謂為詣己，徘徊久之。及至門，唯求悅及惔。遺謂世隆曰：「賢子俱有盛才，一日見顧，今故報禮。若仍相造，似非本意，恐年少窺人。」

嘗預齊武烽火樓宴，帝善其詩，謂豫章王嶷曰：「惔非徒風韻清爽，亦屬文遒麗。」後為巴東王子響友，子響為荊州，惔隨之鎮。子響昵近小人，惔知將為禍，稱疾還都。及難作竟以得免。

累遷新安太守，居郡以無政績免。建武末，為梁、南秦二州刺史。及梁武帝起兵，惔舉漢中以應。

梁武受命，為太子詹事，加散騎常侍。武帝之鎮襄陽，惔祖道，帝解茅土玉環贈之。〔一〇〕天監二年元會，帝謂曰：「卿所佩玉環，是新亭所贈邪？」對曰：「既而瑞感神衷，臣謹服之無

二十四史

數。」帝因勸之酒，惔時未卒爵，帝曰：「吾常比卿劉越石，近辭后酒邪。」罷會，封曲江縣侯。帝因宴爲詩貽惔曰：「爾實冠羣后，惟余實念功。」帝又嘗謂曰：「徐元瑜違命嶺南，周書父子兄弟罪不相及，朕已放其諸子，何如？」惔曰：「罰不及嗣，賞延于後，今復見之聖朝。」時以爲知言。

尋遷尚書左僕射，年四十六，卒於湘州刺史，〔一〕謚曰穆。

惔度量寬博，家人未嘗見其喜愠。甚重其婦，頗成畏憚。性愛音樂，女伎精麗，略不敢視。僕射張稷與惔狎密，而爲惔妻賞敬。稷每詣惔，必先相問夫人。惔每欲見妓，恒因稷請奏。其妻隔幔坐，妓然後出。惔因得留目。

惔著仁政傳及諸詩賦，粗有辭義。子昭，位中書郎，襲爵曲江侯。

惔弟惲字文暢，少有志行。好學，善尺牘。與陳郡謝瀹隣居，深見友愛。瀹曰：「宅南柳郎，可爲儀表。」

初，宋時有嵇元榮、羊蓋者，並善琴，云傳戴安道法。惲從之學。惲特窮其妙。齊竟陵王子良聞而引爲法曹行參軍，唯與王暕、陸杲善。〔二〕每歎曰：「暕雖名家，猶恐累我也。」雅被子良賞狎。子良嘗置酒後園，有晉太傅謝安鳴琴在側，援以授惲，惲彈爲雅弄。子良曰：

「卿巧越嵇心，妙臻羊體，良質美手，信在今夜。豈止當今稱奇，亦可追蹤古烈。」

爲太子洗馬，父憂去官，著述先頌，申其罔極之心，文甚哀麗。後試守鄱陽相，聽吏屬得盡三年喪禮，署之文教，百姓稱焉。還除驃騎從事中郎。梁武帝至建鄴，惲候謁石頭，以爲征東府司馬。上牋請城平之日，先收圖籍，及遵漢高寬大之義。帝從之。徙爲相國右司馬。天監元年，除長兼侍中，與僕射沈約等共定新律。

惲立性貞素，以貴公子早有令名，少工篇什，爲詩云：「亭皋木葉下，壠首秋雲飛。」琅邪王融見而嗟賞，因書齋壁及所執白團扇。武帝與宴，必詔惲賦詩。嘗和武帝登景陽樓篇云：「太液滄波起，長楊高樹秋，翠華承漢遠，彫輦逐風游。」深見賞美。當時咸共稱傳。

歷平越中郎將、廣州刺史、祕書監、右衞將軍。再爲吳興太守，爲政清靜，人吏懷之。於郡感疾，自陳解任。父老千餘人拜表陳請，事未施行，卒。

初，惲父世隆彈琴，爲士流第一，惲每奏其父曲，常感思。復變體備寫古曲。嘗賦詩未就，以筆捶琴，坐客過，以筯扣之，惲驚其哀韻，乃製爲雅音。後傳擊琴自於此。惲常以今聲轉棄古法，乃著清調論，具有條流。齊竟陵王嘗宿晏，明旦將朝見，惲投壺梟不絕，停輿久之，進見遂晚。齊武帝遲之，王以實對。武帝復使爲之，賜絹二十四。嘗與琅邪王瞻博射，嫌其皮闊，乃摘梅帖烏珠之上，〔三〕發必命中，觀者驚駭。

梁武帝好弈棊，使惲品定棊譜，登格者二百七十八人，第其優劣，爲棊品三卷。惲爲第二焉。帝謂周捨曰：「吾聞君子不可求備，至如柳惲可謂具美。分其才藝，足了十人。」惲著卜杖龜經。〔四〕性好醫術，盡其精妙。

少子偃字彥游，年十二，梁武帝引見，詔問讀何書，對曰：「尚書。」又問有何美句，對曰：「德惟善政，政在養人。」〔五〕衆咸異之。詔尚武帝女長城公主，拜駙馬都尉、都亭侯，位鄱陽內史，卒。

子盼尚陳文帝女富陽公主，拜駙馬都尉。後主即位，以帝舅加散騎常侍。盼性愚戇，使酒，因醉乘馬入殿門，爲有司劾免，卒於家。贈侍中、中護軍。后從祖弟莊清警有鑒識，自盼卒後，太后宗屬唯莊爲近，兼素有名望，深被恩禮。位度支尚書。陳亡入隋，爲岐州司馬。惲弟憕。

憕字文深，少有大意，好玄言，通老、易。梁武帝舉兵至姑孰，憕與兄惲及諸友朋於小郊候接。時道路猶梗，憕與諸人同憩逆旅

食，俱去行里餘，憕曰：「寧我負人，不人負我。若復有追，堪憩此客。」命左右燒逆旅舍，以絕後追。當時服其善斷。

歷位給事黃門侍郎。與琅邪王峻齊名，俱爲中庶子，時人號爲方王。〔六〕後爲鎮北始興王長史。王移鎮益州，復請憕。帝曰：「柳憕風標才氣，恐不能久爲少王臣。」王祈請數四，不得已，以爲鎮西長史、蜀郡太守。在蜀廉恪爲政，益部懷之。憕弟忱。

忱字文若，年數歲，父世隆及母閻氏並疾，忱不解帶經年，及居喪以毀聞。仕齊爲西中郎主簿。東昏遣巴西太守劉山陽由荆州襲梁武帝于雍州，西中郎長史蕭穎胄計未定，召忱及其所親席闡文等夜入議之。忱及闡文並勸同武帝，穎胄從之。以忱爲寧朔將軍，累遷侍中。郢州平，穎胄議遷都夏口，忱以巴峽未賓，不宜輕捨根本，搖動人心，不從。俄而巴東兵至峽口，遷都之議乃息。論者以爲見機。及梁受命，封州陵伯。歷五兵尚書，祕書監，散騎常侍。改授給事中、光祿大夫。疾篤不拜。卒，謚曰穆。

忱兄弟十五人，多少亡，唯第二兄惔、第三兄惲、第四兄憕及忱三兩年間四人迭爲侍中，復居方伯，當世罕比。子範嗣。

中華書局

慶遠字文和，元景弟子也。父叔珍，義陽內史。慶遠仕齊爲魏興太守，郡遭暴水，人欲移於杞城。[一七]慶遠曰：「吾聞江河長不過三日，命築土而已。」俄而水退，百姓服之。

後爲襄陽令，梁武帝之臨雍州，問京兆人杜惲求州綱紀，惲言慶遠。武帝曰：「文和吾已知之，所問未知者耳。」因辟爲別駕。慶遠謂所親曰：「天下方亂，定霸者其吾君乎。」因盡誠協贊。及起兵，慶遠常居帷幄爲謀主，從軍東下，身先士卒。武帝行營，見慶遠頓舍嚴整，每歎曰：「人人若是，吾又何憂。」建康城平，爲侍中，帶淮陵齊昌二郡太守。城內嘗夜火，衆並驚懼。武帝時居宮中，悉斂諸門籥，問柳侍中何在。慶遠至，悉付之，其見任如此。

霸府建，爲從事中郎。武帝受禪，封重安侯，位散騎常侍，改封雲杜侯。出爲雍州刺史，加都督。帝餞於新亭，謂曰：「卿衣錦還鄉，朕無西顧憂矣。」始武帝爲雍州，慶遠爲別駕，謂曰：「昔羊公語劉弘，卿後當居吾處。今相觀亦復如是。」曾未十年，而慶遠督府，談者以爲逾於魏詠之。

累遷侍中、領軍將軍，給扶。出爲雍州刺史。慶遠重爲本州，頗厲清節，士庶懷之。卒官，贈開府儀同三司，謚曰忠惠侯。喪還都，武帝親出臨之。

初，慶遠從父兄世隆嘗謂慶遠曰：「吾昔夢太尉以褥席見賜，吾遂亞台司。適又夢以吾褥席與汝，汝必光我門族。」至是慶遠亦繼世隆焉。

子津字元舉，雖乏風華，性甚強直。人或勸之聚書，津曰：「吾常請道士上章驅鬼，安用此鬼名邪。」歷散騎常侍，太子詹事，襲封雲杜侯。侯景圍城既急，帝召津問策。對曰：「陛下有邵陵，臣有仲禮，不忠不孝，賊何由可平。」太清三年，城陷，卒。

子仲禮，勇力兼人，少有膽氣，身長八尺，眉目疏朗。初，簡文帝爲雍州刺史，津爲長史。及簡文入居儲宮，津亦得侍從。仲禮留在襄陽，馬仗軍人悉付之。撫循故舊，甚得衆和。起家著作佐郎，稍遷電威將軍，陽泉縣侯。中大通中，西魏將賀拔勝來逼樊、鄧，仲禮出擊破之。除黃門郎，稍遷司州刺史。武帝思見其面，使畫工圖之。

初，侯景潛圖反噬，仲禮先知之，屢啓求以精兵三萬討景，朝廷不許。及景濟江，朝野便望其至。兼蓄雍、司精卒，與諸蕃赴援，見推總督。景素聞其名，甚憚之。仲禮亦自謂當世英雄，諸將莫己若也。

韋粲見攻，仲禮方食，投箸被練馳之，騎能屬者七十。比至，粲已敗，仲禮因與景戰於青塘，大敗之。景與仲禮交戰，各不相知。仲禮稍將及景，而賊將支伯仁自後斫仲禮，再斫仲禮中肩。馬陷于淖，賊聚矟刺之，騎將郭山石救之以免。自此壯氣外衰，不復言戰。神情慠佷，凌蔑將帥。邵陵王綸亦鞭策軍門，每日必至，累刻移時，仲禮亦弗見也。綸既忿歎，怨隙遂成。而仲禮常置酒高會，日作優倡，毒掠百姓，汙辱妃主。父津登城謂曰：「汝君父在難，不能盡心竭力，百代之後，謂汝爲何。」仲禮聞之，言笑自若。晚又與臨城公大連不協。景嘗登朱雀樓與之語，遺以金環。是後閉營不戰，衆軍日固請，皆悉拒焉。南安侯駿謂曰：「城急如此，都督不復處分，如脫不守，何面以見天下義士。」仲禮無以應之。

及臺城陷，侯景矯詔使石城公大款以白虎幡解諸軍。仲禮召諸將軍會議，邵陵王以下畢集。王曰：「今日之命，委之將軍。」仲禮熟視不對。裴之高、王僧辯曰：「將軍擁衆百萬，致宮闕淪沒，正當悉力決戰，何所多言。」仲禮竟無一言，諸軍乃隨方各散。

時湘東王繹遣王琳送米二十萬石以饋軍，至姑孰聞臺城陷，乃沉米於江而退。仲禮及弟敬禮、羊鴉仁、王僧辯、趙伯超並開營降賊。時城雖淪陷，援軍甚衆，軍士咸欲盡力，及聞降，莫不歎憤。論者以爲梁禍始於朱异，成於仲禮。

仲禮等入城，並先拜景而後見帝，帝不與言。既而景留柳敬禮、羊鴉仁，而遣仲禮、僧

辯西上，各復本位。餞於後渚，景執仲禮手曰：「天下之事在將軍耳。」郢州、巴西並以相付。」

及至江陵，會岳陽王詧南寇，湘東王以仲禮爲雍州刺史，襲襄陽。仲禮方覯成敗，未發。及南陽圍急，杜岸請救，仲禮乃以別將夏侯強爲司州刺史，守義陽，自帥衆如安陸，使司馬康昭如竟陵討孫暠。暠執魏戍人以降。仲禮命其將王叔孫爲竟陵太守，副軍馬岫爲安陸太守。置孥於安陸，而以輕兵師于漴頭，將侵襄陽。岳陽王詧告急于魏，魏遣大將楊忠援之。仲禮與戰于漴頭，大敗，幷弟子禮沒于魏。魏相安定公待仲禮以客禮。西魏於是盡得漢東。

仲禮弟敬禮，少以勇烈聞。粗暴無行檢，恒略賣人，爲百姓所苦，故襄陽有柳四郎歌。起家著作佐郎，稍遷扶風太守。侯景度江，敬禮率馬步三千赴援。至都，與景頻戰，甚著威名。

臺城陷，與兄仲禮俱見景，景遣仲禮經略上流，[一八]留敬禮質，以爲護軍將軍。景餞仲禮於後渚。敬禮謂仲禮曰：「景今來會，敬禮抱之，兄便可殺，雖死無恨。」仲禮壯其言，許之。及酒數行，敬禮目仲禮，仲禮見備衛嚴，不敢動，遂不果。

中華書局

會景征晉熙，敬禮與南康王會理謀襲其城，剋期將發，建安侯蕭賁告之，遂遇害。臨死曰：「我兄老婢也，國敗家亡，實余之責，今日就死，豈非天乎。」

論曰：柳元景行己所資，豈徒武毅；當朝任職，實兼雅道。卒至覆族，遭逢亦有命乎。世隆文武器業，殆人望也，諸子門素所傳，俱云克構。仲禮始終之際，其不副也何哉？豈應天方喪梁，不然，何斯人而有斯迹也。

校勘記

〔一〕乃以爲武威將軍隨郡太守　「武威」宋書作「廣威」。按宋書百官志有廣威，無武威。此「武威」乃「虎威」之諱改。通志作「虎威」。南史柳世隆傳亦作「武威」，南齊書柳世隆傳即作「虎威」，云「卿昔以虎威之號爲隨郡，今復以授世隆，使卿門世不絕公也」。

〔二〕營於開方口　「開方口」各本作「關方口」。按宋書、太平御覽三五七引孫巖宋書、通鑑並作「開方口」，今據改。

〔三〕軍副譚金率騎從而奔之　「軍」字各本並脫，據宋書補。

〔四〕諸軍乃自湖關度白楊嶺出於長洲安都斷後宗越副之　「湖關」、「宗越」各本作「狐關」、「宋越」，並據宋書改正。

〔五〕質慮其爲荆江後患　「荆江」各本作「荆州」，據三朝本宋書改。

〔六〕太子詹事侍中中正如故　按宋書有爲「本州大中正」數語，被删去，致此「中正如故」無所本。

〔七〕侍中令中正如故　「令」字各本並脫，據宋書補。按上有云「爲尚書令」。

〔八〕侍中令中正如故　「令」上各本衍「中書」二字，據宋書删。按元景無爲中書令事，已爲「尚書令」，又不當複述全銜。

〔九〕在州立邸興生　「興生」宋書作「治生」，此避唐諱改。

〔一〇〕帝解茅土玉環贈之　太平御覽六九二服章部引梁書無「茅土」二字。按姚思廉梁書不載此事。

〔一一〕尋還尚書左僕射年四十六卒於湘州刺史　「左」梁書武帝天監四年紀及本傳作「右」，是。「年四十六」各本作「年六十」。按梁書傳云：「惔年十七，齊武帝爲中軍，命爲參軍。」又云：「天監六年十月，卒於州。」據南齊書武帝紀，齊武帝爲中軍大將軍在昇明三年（四九九），至天監六年（五〇七），惔卒，適四十六歲，今改正。

〔一二〕唯與王暕陸杲善　「陸杲」各本作「陸果」，據通志改。按梁書有陸杲傳。

〔一三〕乃摘梅帖烏珠之上　「烏珠」册府元龜八四六作「烏味」。

〔一四〕俾著卜杖龜經　「卜」各本作「十」。册府元龜七八六、通志並作「卜」，今據改。

〔一五〕政在養人　「養人」本作「養民」，見尚書大禹謨，此避唐諱改。

〔一六〕時人號爲方王　王懋竑讀書記疑：「方」字疑當作「柳」。

〔一七〕人欲移於杞城　舊本梁書作「吏請移民杞城」，册府元龜六九一「杞城」作「祀城」，標點本梁書已據册府元龜改。此亦疑當作「人欲移民祀城」。

〔一八〕與兄仲禮俱見景景遣仲禮經略上流　三朝本、汲古閣本脫「俱見景，景遣仲禮」七字，此從北監本、殿本。

配之。議者以喜刀筆吏，不嘗爲將，不可遣。中書舍人巢尙之曰：「喜隨沈慶之累經軍旅，性旣勇決，又習戰陣，若能任之，必有成績。」喜乃東討。

喜在孝武世既見驅使，性寬厚，所至人並懷之。及東討，百姓聞吳河東來，便望風降散，故喜所至剋捷。遷步兵校尉，封竟陵縣侯。

東土平定，又率所領南討，遷尋陽太守。泰始四年，改封東興縣侯，除右軍將軍、淮陽太守，兼太子左衞率。五年，轉驍騎將軍，太守、兼率如故。其年，大破魏軍於荆亭。六年，又率軍向豫州拒魏軍，加都督豫州諸軍事。明年還建鄴。

初，喜東征，白明帝得尋陽王子房及諸賊帥卽於東梟斬。東土既平，喜見南賊方熾，慮後翻覆受禍，乃生送子房還都。凡諸大主帥顧琛、王曇生之徒皆被全活。上以喜新立大功，不問而心銜之。及平荆州，恣意剽虜，贓私萬計。又嘗對客言漢高、魏武本是何人。上聞之益不悅。後壽寂之死，喜內懼，因乞中散大夫。上尤疑之。及上有疾，爲身後之慮，疑其將來不能事幼主，乃賜死。上召入內殿，與言謔酬接甚款，賜以名饌並金銀御器。敕將命者勿使食器停凶禍之室故也。及喜死，發詔賻贈，子徽人襲。[一五]

黃回，竟陵郡軍人也。出身充郡府雜使，稍至傳教。臧質爲郡，轉爲齋帥。及去職，以回自隨。質討元凶，回隨從有功，免軍戶。後隨質於梁山敗走，被錄，遇赦，因下都。於宣陽門與人相打，詐稱江夏王義恭馬客，被鞭二百，付右尙方。會中書舍人戴明寶被繫，差回爲戶伯。奉事明寶，竭心盡力，明寶尋得原赦，[一六]委任如初，啓免回以領隨身隊統，知宅及江西墅事。性巧，觸類多能，明寶甚寵任之。

回拳捷果勁，勇力兼人，在江西與諸楚子相結，屢爲劫盜。會明帝初卽位，四方反叛，明寶啓帝使回募江西楚人，得快手八百，隸劉劻西討。累遷至將校，以功封葛陽縣男。元徽初，桂陽王休範爲逆，回以屯騎校尉領軍隸齊高帝，於新亭創詐降之計。回見休範可乘，謂張敬兒曰：「卿可取之，我誓不殺諸王。」敬兒卽日斬休範。事平，進爵爲侯，改封聞喜縣。

四年，還冠軍將軍、南琅邪濟陽二郡太守。建平王景素反，回又率軍前討。城平之日，回軍先入。又以景素讓張倪奴。[一七]

明年還右衞將軍。[一八]沈攸之反，以回爲平西將軍、郢州刺史，率衆出新亭爲前鋒，未發而袁粲據於石頭，不從齊高帝。回與新亭諸將任候伯、彭文之、王宜興等謀應粲，攻高帝於朝堂。事既不果，高帝撫之如舊。回與宜興素不協，斬之。

宜興，吳興人也，形狀短小而果勁有膽力，少年時爲劫不須伴，郡縣討逐，圍繞數十重，終莫能擒。嘗舞刀楯，回使十餘人以水交灑不能著。明帝泰始中爲將，在壽陽間與魏戰，每以少制多，挺身深入。以平建平王景素功，封長壽縣男。至是爲屯騎校尉，見殺。

回進軍未至郢州而沈攸之敗走。回不樂停郢州，固求南兗，遂率部曲輒還，改封安陸郡公，徙南兗州刺史，加都督。

齊高帝以回專殺，終不附己，乃使召之。及上車，愛妾見赤光冠其頭至足，苦止不肯住。及至見誅。

回既貴，祗事戴明寶甚謹。言必自名，未嘗敢坐，躬至帳下及入內料檢有無，隨乏供送，以此爲常。

回同時爲將有南郡高道慶，凶險暴橫，求欲無已，有失其意者，輒加捶拉，[一九]往往有死者。朝廷畏之如虎狼。齊高帝與袁粲等議，收付廷尉賜死。

論曰：凶人之濟其身業，非世亂其莫由焉。魯爽以亂世之譎而行之於平日，其取敗也宜哉。安都自致奔亡，亦爲幸矣。鄧琬以亂濟亂，終致顛隕。宗越釁稔惡盈，旋至夷戮，各其職也。吳喜以定亂之功，勞未酬而禍集；黃回以助順之志，福未驗而災生，唯命也哉。

校勘記

[一] 祖宗之字彥仁仕晉官至南陽太守 「南陽」宋書作「南郡」。

[二] 與宗之同會江陵 「同」各本作「因」，據宋書改。

[三] 仕魏以軍功爲雍州秦州都統 張森楷南史校勘記：「魏時無都統官，疑有誤。」按宋書亦云「爲僞雍秦二州都統」，其下有云「州各有刺史，都統總其事」。「都統」或爲都督諸軍事之俗稱。

[四] 元景慮其不可駐車紿之曰 「車」宋書作「乃」。

[五] 義宣遣將劉諶之及臧質攻玄謨 「之」字各本並脫，據南郡王義宣傳補。

[六] 並受徐州刺史申坦節度 「受」各本作「授」，據宋書改。

[七] 靑州刺史沈文秀冀州刺史崔道固並皆同反 「文秀」各本作「文季」。按文季不曾任靑州刺史，爲靑州者乃文秀。據宋書改。

[八] 深安都從子也本名道深避齊高帝偏諱改爲 「深」、「道深」南齊書作「淵」、「道淵」。始以避齊諱省「道」字，又以避唐諱改「淵」字，於是薛道淵竟成薛深。南齊書有薛淵傳。

中華書局

〔九〕鄧琬字元琰　「元琰」宋書作「元琬」。

〔一〇〕子勛典籤謝道遇主帥潘欣之侍書褚靈嗣等馳以告琬　「道遇」各本作「道邁」，據宋書、通鑑改。

〔一一〕建安王休仁自武檻進據赭圻　「武」本字「虎」，避唐諱改，下同。

〔一二〕第二子詢提刀出　「詢」宋書作「洵」。

〔一三〕蔡那子道深以父爲明帝効力被繫作部　「道深」宋書作「道淵」，此避唐諱改。

〔一四〕演之門生朱重人入爲主書　「重人」宋書作「重民」，此避唐諱改。

〔一五〕子徽人襲　「徽人」宋書作「徽民」，此避唐諱改。

〔一六〕明寶尋得原赦　「赦」各本作「散」，據宋書改。

〔一七〕又以景素讓張倪奴　「張倪奴」各本作「張敬兒奴倪奴」，據宋書删。

〔一八〕明年遷右衞將軍　「右衞」各本作「右軍」，據宋書改。

〔一九〕有失其意者輒加捶拉　「其」字各本並脫，據宋書補。

南史卷四十一

列傳第三十一

齊宗室

衡陽元王道度　始安貞王道生　始安王遙光
曲江公遙欣 子幾　安陸昭王緬　新吳侯景先
南豐伯赤斧 子穎胄　穎達　衡陽公諶　臨汝侯坦之

衡陽元王道度，齊高帝長兄也。始與高帝俱受學于雷次宗，宣帝問次宗二子學業，次宗答曰：「其兄外朗，其弟內潤，皆良璞也。」仕宋位安定太守，卒。齊建元元年，高帝追加封謚。無子，高帝以第十一子鈞繼。

鈞字宣禮，年五歲，所生區貴人病，便加慘悴，左右依常以五色餅飴之，不肯食，曰：「須

待姨差。」年七歲，出繼衡陽元王，見高帝，未拜，便涕泗橫流。高帝執其手曰：「伯叔父猶父，勿怨。所以令汝出繼，以汝有意，堪奉蒸嘗故耳。」卽敕外如先給通幰車、雉尾扇等，事事依正王。

區貴人卒，居喪盡禮。服闋，當問訊武帝，尩羸骨立，登車三上不能升，乃止。典籤曹道人具以聞，武帝卽幸鈞邸，見之愴然，還謂褚蓁曰：「昨見衡陽，猶奇毀損，卿可數相撫悅。」先是貴人以華釵厨子幷翦刻錦繡中倒炬鳳皇蓮芰星月之屬賜鈞，以爲玩弄。貴人亡後，每歲時及朔望，輒開視，再拜鯁咽，見者皆爲之悲。

性好學，善屬文，與琅邪王智深以文章相會，濟陽江淹亦遊焉。武帝謂王儉曰：「衡陽王須文學，當使華實相稱，不得止取貴游子弟而已。」乃以太子舍人蕭敷爲文學。

鈞常手自細書寫五經，部爲一卷，置于巾箱中，以備遺忘。侍讀賀玠問曰：「殿下家自有墳素，復何須蠅頭細書，別藏巾箱中？」答曰：「巾箱中有五經，於檢閱旣易，且一更手寫，則永不忘。」諸王聞而爭効爲巾箱五經，巾箱五經自此始也。

居身清率，言未嘗及時事。會稽孔珪家起園，列植桐柳，多構山泉，殆窮眞趣，鈞往遊之。珪曰：「殿下處朱門，遊紫闥，詎得與山人交邪？」答曰：「身處朱門，而情遊江海，形入紫闥，而意在青雲。」珪大美之。吳郡張融清抗絕俗，雖王公貴人，視之傲如也，唯雅重鈞，謂

中華書局

從兄緒曰：「衡陽王飄飄有凌雲氣，其風情素韻，彌足可懷，融與之遊，不知老之將至。」見賞如此。

歷位祕書監。延興元年，爲明帝所殺。明帝立，以永陽王子珉仍本國繼元王爲孫。子珉字雲瑱，武帝第二十子也。初封義安郡王，後改永陽。永泰元年見害，復以武陵昭王曄子子坦奉元王後。

始安貞王道生字孝伯，高帝次兄也。仕宋位奉朝請，卒。高帝即位，追加封謚。三子：長鳳，次鸞，是爲明帝；次緬，是爲安陸昭王。鳳字景慈，仕宋位正員郎，卒，高帝即位，謚靖世子。

建武元年，明帝追尊道生爲景皇，妃江氏爲后，立寢廟於御道西，陵曰脩安。追封鳳始安靖王，改華林鳳莊門爲望賢門，太極東堂畫鳳鳥，題爲神鳥，而改鸞鳥爲神雀。子遙光嗣。

始安王遙光字元暉，生而躄疾，高帝謂不堪奉拜祭祀，欲封其弟，武帝諫，乃以遙光襲

爵。位中書郎。

明帝輔政，誅賞諸事，唯與遙光共謀議，勸明帝併殺高、武諸子弟，見從。建武元年，爲揚州刺史。三年，進號撫軍將軍。〔一〕好吏事，頗多慘害。足疾不得同朝列，〔二〕常乘輿自望賢門入。每與明帝久清閑，言畢，帝索香火，明日必有所誅。

太子不悅學，唯曼遊是好，〔三〕朝議令蔡仲熊爲太子講禮，未半，遙光從容曰：「文義之事，此是士大夫以爲伎藝欲求官耳。皇太子何用講爲？」上以爲然，乃停講。永泰元年，即本號爲大將軍，給油絡車。

帝不豫，遙光數入侍疾，帝疾漸甚，河東王鉉等十王一夕見殺，〔四〕遙光意也。帝崩，遺詔加遙光侍中、中書令，給扶。永元元年，給班劍二十人，即本號開府儀同三司。遙光多忌，人有餉屐者，以爲戲己，大被嫌責。劉繪嘗爲牋云：「智不及葵。」亦以忤旨。既輔東昏，潛結江祏兄弟，謀自樹立。弟遙欣在荆楚，擁兵居上流，密相影響。遙光當據東府號令，使遙欣急下，潛謀將發，而遙欣病死。江祏被誅，東昏召遙光入殿，告以祏罪。遙光懼，還省便陽狂號哭，自此稱疾不復入臺。先是遙光行還入城，風飄儀繖出城外。

遙光弟遙昌先卒壽春，豫州部曲，皆歸遙光。及遙欣喪還，葬武進，停東府前渚，荆州衆力送者甚盛。東昏誅江祏後，慮遙光不自安，欲轉爲司徒還第，召入喻旨。遙光慮見殺，收集荆、豫二州部曲於東府門，衆頗怪其異，莫知其指趣也。

遙光召親人丹陽丞劉渢及城局參軍劉晏、中兵參軍曹樹生等，并諸傖楚，欲以討劉暄爲名。夜遣數百人破東冶出囚，尚方取仗。又召驍騎將軍垣歷生。歷生隨信至，便勸遙光令率城內兵，夜攻臺，輦荻燒城門，曰：「公但乘輿隨後，反掌可得。」遙光意疑不敢出。天稍曉，遙光戎服至聽事，停輿處分，上仗登城行賞賜，歷生復勸出軍，遙光不肯，望臺內自變。

及日出，臺軍稍至，於是戒嚴，赦都下。〔五〕領軍蕭坦之屯湘宮寺，鎮軍司馬曹武屯青溪大橋，太子右率左興盛屯東府東籬門，〔六〕衆軍圍東城。遙光遣垣歷生從西門出戰，臺軍屢北，殺軍主桑天愛。初遙光問諮議參軍蕭暢，暢正色拒不從。既而暢與撫軍長史沈昭略奔臺，人情大沮。又垣歷生從南門出戰，爲曹武所禽，謂武曰：「卿以主上爲聖明，梅、茹爲賢相者，則我當死。且我今死，卿明亦死。」遂殺之。

遙光聞歷生見獲，大怒，於牀上自竦踊，使殺歷生兒。其晚臺軍射火箭燒東北角樓，至夜城潰。遙光還小齋，令人反拒，左右並踰屋出。臺軍主劉國寶、時當伯等先入，遙光聞外兵至，吹滅火，扶匐下牀，軍人排閤入，斬之。

遙光舉事四日而卒。舉事之夕月蝕，識者以月爲大臣，〔七〕蝕而既，必滅之道。未敗之夕，城內皆蔓蟇蛇緣城四出，各共說之，咸以爲異。臺軍入城，焚屋宇且盡。

遙光幼時甚貞正，明帝傾意待之。東昏爲兒童時，明帝使與遙光共齋居止，呼遙光爲安兄，恩情甚至。及遙光誅後，東昏登舊宮土山望東府，愴然呼曰：「安兄！」乃嗚咽，左右不忍視，見思如此。天下知名之士劉渢、渢弟漾、陸閑、閑子絳、司馬端、崔慶遠皆坐誅。〔八〕

曲江公遙欣字重暉，始安王遙光弟也。宣帝兄西平太守奉之無後，以遙欣繼爲曾孫。遙欣髫齔中便嶷然，明帝謂江祏曰：「遙欣雖幼，觀其神采，殊有局幹，必成令器，未知年命何如耳。」安陸昭王緬曰：「不患其兄弟不富貴，但恐緬不及見耳。」言之慘然而悲。

始年七歲出齋時，有一左右小兒，善彈飛鳥，無不應弦墜落。遙欣謂曰：「凡戲多端，何急彈此，鳥自空中翔飛，何關人事，無趣殺此生，亦復不急。」左右咸其言，遂不復彈鳥。時少年通好此事，所在遂止。

年十五六，便博覽經史。弱冠拜中書郎。明帝入輔，遙欣與始安王遙光等參預政事，凡所談薦，皆得其人。由是朝野輻湊，軒蓋盈門。延興元年，明帝以遙欣爲兗州刺史。時豐城公遙昌亦出鎮壽春，帝於便殿密宴，始安王遙光亦在座，帝慘然謂遙欣曰：「昭王云『不患汝兄弟不富貴，而言不及見』，如何！」因悲慟不自勝，君臣皆嗚咽，侍者雨淚。及洎巘

陽岸，忽謂左右曰：「比何都不見彈？」左右云：「有門生因彈見㲉，遂以此廢，所在皆止。」遙欣笑曰：「我小兒時聊復語耳，那復遂斷邪？」

建武元年，進號西中郎將，封聞喜縣公，遷荆州刺史，加都督，改封曲江公。明帝子弟弱小，晉安王寶義有廢疾，故以遙光爲揚州，居中，遙欣居陝西，在外，威權幷在其門。遙欣好勇，聚畜武士，以爲形援。永泰元年，詔遙欣以本官領雍州刺史、寧蠻校尉，移州鎭襄陽。魏軍退，不行。卒，贈司空，謚康公，葬用王禮。

子幾字德玄，年十歲便能屬文。早孤，有弟九人，並幼，幾恩愛篤睦，聞於朝廷。性溫和，與物無競。清貧自立，好學，善草隸書。湘州刺史楊公則，曲江公故吏也，每見幾，謂人曰：「康公此子，可謂桓靈寶重出。」及公則卒，幾爲之誄，時年十五。沈約見而奇之，謂其舅蔡撙曰：「昨見賢甥楊平南誄文，不減希逸之作，始驗康公積善之慶。」位中書侍郎、尚書左丞。

末年專尚釋教。爲新安太守，郡多山水，特其所好，適性遊履，遂爲之記。卒于官。子清，亦有文才，位永康令。

遙欣弟遙昌字季暉，建武元年，封豐城縣公，位豫州刺史，卒，謚憲公。

安陸昭王緬字景業，善容止。仕宋位中書郎。建元元年，封安陸侯，爲五兵尚書。出爲吳郡太守，政有能名。竟陵王子良與之書曰：「竊承下風，數十年來，姑蘇未有此政。」武帝嘉其能，累遷寧蠻校尉、雍州刺史，加都督。緬留心辭訟，人人呼至案前，親自顧問，有不得理者，勉喻之，退皆無恨，爲百姓所畏愛。及卒，喪還，百姓緣沔水悲泣設祭，於峴山爲立祠。謚曰昭侯。

明帝少相友愛，時爲僕射，領衞尉，表求解職，私第展哀，詔不許。每臨緬靈，輒慟絶，哭不成聲。建武元年，贈司徒、安陸王。

子寶晊嗣，永元元年，改封湘東王。東昏廢，寶晊望物情歸己，坐待法駕，既而城內送款于梁武帝。宣德太后臨朝，拜太常，不自安。謀反，及弟江陵公寶覽、霄城公寶宏皆伏誅。〔九〕

新吳侯景先，高帝從子也。祖爰之，員外郎。父敬宗，始興王國中軍。

景先少孤，有至性。隨母孔氏，爲舅氏鞠養。高帝嘉之，常相提攜。及鎭淮陰，以景先領軍主自隨，防衞城內，委以心腹。武帝爲廣興郡，啓高帝求景先同行，除武帝寧朔府司馬，自此常相隨逐。

建元元年，爲太子左衞率，封新吳縣伯，甚見委任，〔一〇〕勢傾天下。景先本名道先，乃改爲景先，以避上諱。

初武帝少年，與景先共車，行泥路，車久故壞，至領軍府西門，車轅折，俱狼狽。景先謂帝曰：「兩人脫作領軍，亦不得忘今日艱辛。」及武帝踐阼，詔以景先爲兼領軍將軍。拜日，羽儀甚盛，傾朝觀矚。拜還，未至府門，中詔：「相聞領軍，今日故當無折轅事邪？」景先奉謝。

景先事上盡心，故恩寵特密。初西還，上坐景陽樓召景先語，故舊唯豫章王一人在席而已。轉中領軍。車駕射雉郊外，景先常甲仗從，廉察左右。尋進爵爲侯。

始昇明中，沈攸之於荆州舉兵，武帝時鎭江州盆城，景先夜乘城，忽聞塹中有小兒呼蕭丹陽，未測何人，聲聲不絕。試問誰，空中應云：「賊尋當平，何事嚴防？」語訖不復言。即窮討之，了不見。明旦以白帝，帝曰：「攸之自無所至，焉知汝後不作丹陽尹？」景先曰：「寧有作理。」尋而攸之首至。及永明三年，詔以景先爲丹陽尹，謂曰：「此授欲驗往年盆城塹空中

言耳。」後假節、司州諸軍事。卒，謚曰忠侯。

子毅，位北中郎司馬。性奢豪，好弓馬，爲明帝所疑忌。王晏事敗，並陷誅之。

南豐伯赤斧，高帝從祖弟也。祖隆子，衞軍錄事參軍。父始之，冠軍中兵參軍。

赤斧以和謹爲高帝所知。高帝輔政，爲黃門侍郎、淮陵太守。順帝遜位，于丹陽故所立宮，上令赤斧輔送，至因留防衞，薨乃還。後爲雍州刺史，在州不營產利，勤於奉公。遷散騎常侍、左衞將軍。武帝親遇，與蕭景先相比。封南豐縣伯，遷給事中、太子詹事，卒。家貧無絹爲衾，武帝聞之，愈加惋惜，謚懿伯。

子穎胄襲爵。

穎胄字雲長，弘厚有父風。起家祕書郎。高帝謂赤斧曰：「穎胄輕朱被身，覺其趨進轉美，足慰人意。」遷太子舍人。遭父喪，感脚疾，數年然後能行，武帝有詔慰勉之，賜以醫藥。除竟陵王司徒外兵參軍，晉熙王文學。

穎胄好文義，弟穎基好武勇。武帝登烽火樓，詔羣臣賦詩，穎胄詩合旨。上謂穎胄曰：

中華書局

「卿文弟武，宗室便不乏才。」上以穎胄勳戚子弟，自中書郎除左軍將軍，知殿內文武事，得入便殿。出爲新安太守，吏人懷之。後除黃門郎，領四廂直。遷衞尉。

明帝廢立，穎胄從容不爲同異，乃引穎胄預功。建武二年，進爵爲侯，賜以常所乘白輸牛。明帝每存儉約，欲鑄壞太官元日上壽銀酒鎗，尚書令王晏等咸稱盛德，穎胄曰：「朝廷盛禮，莫過三元，此一器既是舊物，不足爲侈。」帝不悅。後預曲宴，銀器滿席，穎胄曰：「陛下前欲壞酒鎗，恐宜移在此器也。」帝甚慚。

後爲廬陵王後軍長史、廣陵太守，行南兗州府州事。〔一一〕是年，魏揚聲當飲馬長江，帝懼，敕穎胄移居人入城，百姓驚恐，席卷欲南度，穎胄以魏軍尚遠，不即施行，魏軍亦尋退。仍爲南兗州刺史，加都督。和帝爲荆州，以穎胄爲西中郎長史、南郡太守，行荆州府州事。時江祏專執朝權，此行由祏，穎胄不平，曰：「江公蘯我輩出。」

東昏侯誅戮羣公，委任厮小，崔、陳敗後，方鎮各懷異計。永元二年十月，尚書令臨湘侯蕭懿及弟衞尉暢見害，先遣輔國將軍劉山陽就穎胄兵襲梁武帝。帝時爲雍州刺史，將起兵，慮穎胄不同，遣穎胄親人王天武詣江陵，聲云山陽西上，幷襲荆、雍，書與穎胄，勸同舉兵，穎胄意猶未決。初，山陽出南州，謂人曰：「朝廷以白虎幡追我，亦不復還矣。」席捲妓妾，盡室西行。至巴陵，遲回十餘日不進。梁武帝復遣天武齎書與穎胄，設奇略以疑之。

是時或云山陽謀殺穎胄，以荆州同舉。山陽至，果不敢入城。穎胄計無所出，夜遣錢唐人朱景思呼西中郎城局參軍席闡文、諮議參軍柳忱閉齋定議。闡文曰：「蕭雍州畜養士馬，非復一日。江陵素畏襄陽人，人衆又不敵，取之不可必制，制之，歲寒復不爲朝廷所容。今若殺山陽，與雍州舉事，立天子以令諸侯，霸業成矣。山陽持疑不進，是不信我，今斬送天武，則彼疑可釋。至而圖之，罔不濟矣。」忱亦勸焉。穎胄乃斬天武，以示山陽。山陽大喜，輕將步騎數百到州，闡文勒兵斬之，傳首于梁武。

東昏聞山陽死，發詔討荆、雍。穎胄有器局，既唱大事，衆情歸之。長沙寺僧鑄黃金爲龍數千兩埋土中，歷相傳付，稱爲下方黃鐵，穎胄因取此龍，以充軍實。乃歎曰：「往年江祏斥我，至今始知禍福之無門也。」十二月，移檄建鄴。

三年正月，和帝爲相國，穎胄爲左長史，進號鎮軍將軍，於是始選用方伯。梁武屢表勸和帝即尊號，穎胄使別駕宗夬撰定禮儀。〔一二〕上尊號、改元。於江陵立宗廟南北郊。州府城門，悉依建康宮，〔一三〕置尚書五省，以城南射堂爲蘭臺，南郡太守爲尹。建武中，荆州大風雨，龍入柏齋中，柱壁上有爪足處，刺史蕭遙欣恐畏，不敢居之，至是以爲嘉福殿。

中興元年三月，穎胄爲侍中、尚書令，監八州軍事、荆州刺史，留衞西朝。以弟穎達爲冠軍將軍。及楊公則等率師隨梁武圍郢城。穎達會軍於漢口，與王茂、曹景宗等攻陷郢城。梁武進漂州，〔一四〕使與曹景宗破東昏將李居士。又從下東城。

初梁武之起也，巴東太守蕭惠訓子璝、巴西太守魯休烈弗從，舉兵侵荆州，敗輔國將軍任漾之於峽口，穎胄遣軍拒之，而梁武已平江、郢，圍建康。時穎胄輔帝主，有安重之勢。素能飲酒，噉白肉膾至三斗。自以職居上將，不能拒制璝等，憂愧發疾而卒。州中祕之，使似其書者假爲教命。

時梁武圍建康，住石頭，和帝密詔報穎胄凶問，亦祕不發喪。及建康平，蕭璝亦衆懼而潰，和帝乃始發喪，詔贈穎胄丞相，前後部羽葆、鼓吹，班劍三十人，轀輬車，黃屋左纛。梁天監元年，追封巴東郡公。喪還，武帝車駕臨哭渚次，葬依晉王導、齊豫章王故事。謚曰獻武。

弟穎達，少好勇使氣。穎胄齊建武末行荆州事，穎達亦爲西中郎外兵參軍，俱在西府。齊季多難，頗不自安，因與兄穎胄舉兵。

穎達弟穎孚自建鄴爲廬陵人脩景智潛引，與南歸。穎孚緣山逾嶂，僅免。道中絕糧，後因食過飽而卒。

建康平，梁武帝以穎達爲前將軍、丹陽尹。及受禪，贈穎孚右衞將軍，封穎達作唐侯，

位侍中、衞尉卿。出爲豫章內史，意甚憤憤。〔一五〕未發前，預華林宴，酒後於座辭氣不悅。沈約因勸酒，欲以釋之。穎達大罵約曰：「我今日形容，正是汝老鼠所爲，何忽復勸我酒！」舉坐驚愕。帝謂之曰：「汝是我家阿五，沈公宿望，何意輕脫。若以法繩汝，汝復何理。」穎達竟無一言，唯大涕泣，帝心愧之。未幾，遷江州刺史。少時，懸瓠歸化，穎達長史沈瑀等苛刻爲盜所害，衆頗疑穎達，或傳謀反。帝遣直閤將軍張豹子稱江中討盜，實使防之。穎達知朝廷之意，唯飲酒不知州事。後卒於左衞將軍，謚康侯。

子敏嗣，位新安太守，好射雉，未嘗在郡，辭訟者遷於畎焉。後張弩損腰而卒。

第七子敳，太清初，爲魏興太守。梁州刺史宜豐侯循以爲府長史。梁州有古墓名曰「尖冢」，或云張騫墳，欲有發者，輒聞鼓角與外相拒，椎埋者懼而退。敳謂無此理，求自監督。及開，唯有銀鏤銅鏡方尺。敳時居母服，清談所貶。

衡陽公諶，字彥孚，高帝絕服族子也。祖道清，員外郎。父仙伯，桂陽國下軍。

宋元徽末，武帝在郢，欲知都下消息，高帝遣諶就武帝宣傳謀計，留爲腹心。昇明中，爲武帝中軍刑獄參軍、南東莞太守，以勞封安復縣男。建元初，武帝在東宮，諶領宿衞。高

帝殺張景眞，武帝令諶啓乞景眞命，高帝不悅，諶懼而退。武帝卽位，除步兵校尉、南蘭陵太守，領御仗主，齋內兵仗，悉委付之，心膂密事，皆使參掌。爲左中郎將、後軍將軍，太守如故。武帝臥疾延昌殿，諶在左右宿直。上崩，遺敕諶領殿內事如舊。

鬱林卽位，深委信諶，諶每請急出宿，帝通夕不能寐，諶還乃安。轉衞軍司馬，兼衞尉。丁母憂，敕還本位，守衞尉。明帝輔政，諶回附明帝，勸行廢立，密召諸王典籤約語之，不許諸王外接人物。諶親要日久，衆皆憚而從之。鬱林被廢日，初聞外有變，猶密爲手敕呼諶，其見信如此。諶性險，無護身計。及廢帝日，領兵先入後宮，齋內仗身，素隸服諶，莫有動者。

海陵立，轉中領軍，進爵爲公，甲仗五十人，入直殿內，月十日還府。建武元年，轉領軍將軍、左將軍、南徐州刺史，給扶，進爵衡陽郡公。明帝初許事剋用諶爲揚州，及有此授，諶恚曰：「見炊飯推以與人。」王晏聞之曰：「誰復爲蕭諶作甌箸者。」

諶恃勳重，干豫朝政，明帝新卽位，遣左右要人於外聽察，具知諶言，深相疑阻。二年六月，上幸華林園，宴諶及尚書令晏等數人盡歡。〔一六〕坐罷，留諶晚出，至華林閣，仗身執還入省。上遣左右莫智明數諶曰：「隆昌之際，非卿無有今日。今一門二州，兄弟三封，朝廷相報，政可極此。卿恒懷怨望，乃云『炊飯已熟，合甑與人邪』，今賜卿死。」諶謂智明曰：

「天去人亦復不遠，我與至尊殺高、武諸王，是卿傳語來去，我今死，還取卿矣。」於省殺之。至秋，而智明死，見諶爲祟。詔乃顯其過惡，收付廷尉。

諶好左道，吳興沈文猷相諶云：「相不減高帝。」諶喜曰：「感卿意，無爲人言也。」至是，文猷伏誅。

諶兄誕字彥偉，永明中，爲建康令，與秣陵令司馬迪之同乘行，車前導四卒。左丞沈昭略奏：「凡有鹵簿官，共乘不得兼列騶寺，請免誕等官。」詔贖論。延興元年，歷徐、司二州刺史。明帝立，封安復侯，徵爲左衞將軍。上欲殺諶，以誕在邊鎮拒魏，故未及行。魏軍退六旬，諶誅，遣梁武帝爲司州別駕，使誅誕。〔一七〕誕子棱妻，江淹女，字才君，聞誕死，曰：「蕭氏皆盡，妾何用生。」慟哭而絕。

諶弟誄，字彥文，與諶同豫廢立，封西昌侯，位太子左衞率。誅諶之日，輔國將軍蕭季敞啓求收誄，深加排苦，乃至手相摧辱。誄徐曰：「已死之人，何足至此，君不憶相提拔時邪？幽冥有知，終當相報。」

季敞粗猛無行，善於彌縫，高帝時爲誄、諶所獎說，〔一八〕故累爲郡守。在政貪穢，諶輒掩之。後爲廣州刺史，白日見誄將兵入城收之。少日，果爲西江都護周世雄所襲，軍敗，奔山中，爲蛭所嚙，肉都盡而死，慘楚備至，後爲村人所斬。論者以爲有天道焉。

臨汝侯坦之字君平，高帝絕服族子也。祖道濟，太中大夫。父欣祖，武進令。

坦之與蕭諶同族，爲東宮直閤，以勤直爲文惠所知，除給事中、蘭陵令。武帝崩，坦之率太孫文武度上臺，除射聲校尉，令如故。未拜，除正員郎、南魯郡太守。少帝以坦之文惠舊人，親信不離，得入內見皇后。帝於宮中及出後堂雜狡獪，〔一九〕坦之皆得在側，或遇醉後倮祖，坦之輒扶持諫喻。見帝不可奉，乃改附明帝，密爲耳目。

隆昌元年，追錄坦之父勳，封臨汝縣男。少帝微聞外有異謀，憚明帝在臺內，敕移西州。後在華林園華光殿露著黃穀褌，跂牀垂腳，謂坦之曰：「人言鎮軍與王晏、蕭諶欲共廢我，似非虛傳，蘭陵所聞云何？」坦之嘗作蘭陵令，故稱之。坦之曰：「天下寧當有此？誰樂無事廢天子邪？昔元徽獨在路上走，三年人不敢近，政坐枉殺孫超、杜幼文等故敗耳。官有何事，一旦便欲廢立？朝貴不容造此論，〔二〇〕政當是諸尼師母言耳。豈可以尼姥言爲信！官若無事除此三人，誰敢自保。安陸諸王在外，寧肯復還，道剛之徒，何能抗此。」帝曰：「蘭陵可好聽察，作事莫在人後。」

帝以爲除諸執政，應須當事人，意在沈文季，夜遣內左右密賂文季，文季不受。帝大怒，

謂坦之曰：「我賜文季不受，豈有人臣拒天子賜。」坦之曰：「官遣誰送？」帝曰：「內左右。」坦之曰：「官若詔敕出賜，令舍人主書送往，文季寧敢不受！政以事不方幅，故仰遣耳。」

帝又夜醉，乘馬從西步廊向北馳走，如此兩三將倒，坦之諫不從，執馬控，帝運拳擊坦之不著，倒地。坦之與曹道剛扶抱還壽昌殿瑇瑁牀上臥，又欲起走，坦之不能制，坦之馳信報皇后，至，請譬良久，乃眠。

時明帝謀廢殺，既與蕭諶及坦之定謀，少帝腹心直閤將軍曹道剛，疑外間有異，密有處分，諶未能發。始興內史蕭季敞、南陽太守蕭穎基並應還都，諶欲待二蕭至，藉其威力以舉事。明帝慮事變，以告坦之，坦之馳謂諶曰：「廢天子古來大事，比聞曹道剛、朱隆之等轉已猜疑，衞尉明日若不就，事無所復及。弟有百歲母，豈能坐聽禍敗，政應作餘計耳。」諶惶遽，明日遂廢帝，坦之力也。

海陵卽位，除黃門郎，兼衞尉。建武元年，遷左衞將軍，進爵爲侯。東昏立，爲侍中、領軍將軍。永元元年，母憂，起復職，加右將軍，置府。〔二一〕江祏兄弟欲立始安王遙光，密告坦之。坦之曰：「明帝取天下已非次第，天下人至今不服，今若復作此事，恐四海瓦解，我其不敢言。」

及遙光起事，遣人夜掩取坦之，坦之科頭著褌踰牆走。逢臺遊邏主顏端，執之。坦之謂

中華書局

曰：「始安作賊，遣人見取，向於宅奔走，欲還臺耳，君何見錄。」端不答，而守防逾嚴。坦之謂曰：「身是大臣，夜半奔走，君理見疑，以爲得罪朝廷。若不信，自可步往東府參視。」亦不答。端至小街，審知遙光舉事，乃走還。未至三十餘步，下馬再拜曰：「今日乞垂將接。」坦之曰：「向語君何所道，豈容相欺。」端以馬與坦之，相隨去。比至新亭，道中收遙光所虜之餘，得二百許人，幷有粗仗。乃進西掖門，開鼓後得入殿內。其夕四更，主書馮元嗣叩北掖門，告遙光反，殿內爲之備。向曉，召徐孝嗣入。左衞將軍沈約五更初聞難，〔三〕馳車走趨西掖門。或勸戎服，約慮外軍已至，若戎衣，或者謂同遙光，無以自明，乃朱服而入。

臺內部分旣立，坦之假節、督衆軍討遙光。事平，遷尚書左僕射、丹陽尹，右將軍如故，〔三〕進爵爲公。

坦之肥黑無鬚，語聲嘶，時人號爲蕭瘂。剛佷專執，羣小畏而憎之。遙光事平二十餘日，帝遣延明主帥黃文濟圍坦之宅，誅之。

坦之從兄翼宗爲海陵郡，將發，坦之謂文濟曰：「從兄海陵宅故應無他。」文濟曰：「海陵宅在何處？」坦之告之。文濟曰：「政應得罪。」仍遣收之。檢家赤貧，唯有質錢帖子數百，還以啓帝，原其死。

和帝中興元年，追贈坦之中軍將軍、開府儀同三司。

論曰：有齊宗室，唯始安之後克昌。明帝取之以非道，遙光濟之以殘酷，其卒至顚仆，所謂「亦以此終」者也。穎冑荆州之任，蓋惟失職，及其末途倚伏，豈預圖之所致乎。諶與坦之俱應顧託，旣以傾國，亦以覆身，各其宜矣。

校勘記

〔一〕三年進號撫軍將軍　「三年」南齊書作「二年」。

〔二〕足疾不得同朝列　「列」各本作「例」，據太平御覽七四〇引改。

〔三〕唯曼遊是好　「曼遊」疑當作「慢遊」。尙書益稷：「惟慢遊是好。」

〔四〕河東王鉉等十王一夕見殺　「十王」各本作「七王」。按南齊書明帝紀：「永泰元年春正月丁未，誅河東王鉉、臨賀王子岳、西陽王子文、衡陽王子峻、南康王子琳、永陽王子珉、湘東王子建、南郡王子夏、桂陽王昭粲、巴陵王昭秀。」凡十王。又十王各本傳並云見殺在永泰元年，則此「七」字爲「十」字之譌，今改正。

〔五〕於是戒嚴赦都下　「於是」上各本衍「遙光」二字，據南齊書删。按通鑑東昏永元元年紀：「詔曲赦建康，中外戒嚴。」

〔六〕太子右率左興盛屯東府東籬門　「府」字上汲古閣本、金陵書局本無「東」字；「府」字下元大德本、南北監本、殿本有「門」字，今從南齊書訂正。

〔七〕舉事之夕月蝕識者以月爲大臣　「月蝕」下、「大臣」下通志有「旣」字、「之象」二字。

〔八〕天下知名之士劉渢渢弟溓陸閑閑子絳司馬端崔慶遠皆坐誅　「溓」各本並作「謙」，據南齊書改。

〔九〕及弟江陵公寶覽霄城公寶宏皆伏誅　「寶覽」各本作「寶賢」，據南齊書、通鑑改。

〔一〇〕甚見委任　「甚」字各本並脫，據通志補。

〔一一〕後爲廬陵王後軍長史廣陵太守行南兗州府州事　「兗州」上「南」字、「府」下「州」字各本並脫，並據南齊書補。按下又云「行荆州府州事」，補「府」下「州」字。

〔一二〕穎冑使別駕宗夬撰定禮儀　「宗夬」各本作「宗史」，據梁書改。按梁書、南史並有宗夬傳。

〔一三〕州府城門悉依建康宮　「城門」、「宮」各本作「門城」、「官」，並據南齊書改正。

〔一四〕梁武進漂洲　「漂洲」疑「深洲」之譌。宋書孝武帝紀「上次深洲」，即此江上洲。

〔一五〕意甚憒憒　「憒憒」各本作「憒憒」，據太平御覽八四六引梁書改。

〔一六〕上幸華林園宴諶及尙書令晏等數人盡歡　「幸」字各本並脫，據南齊書補。

〔一七〕遣梁武帝爲司州別駕使誅誕　「駕」字各本並脫，據南齊書補。

〔一八〕高帝時爲諫譏所奬說　「諫」字各本並脫，據册府元龜九四一補。

〔一九〕帝於宮中及出後堂雜狡獪　「雜」下南齊書有「戲」字。

〔二〇〕朝貴不容造此論　「此」原作「以」，王懋竑讀書記疑云：「以」疑當作「此」。按王說是，今從改。

〔二一〕加右將軍置府　「右」字各本並脫，據南齊書補。

〔二二〕左衞將軍沈約五更初聞難　「左衞將軍」各本作「左將軍」。按梁書沈約傳，約無爲「左將軍」事。齊永元元年遷左衞將軍，正與此合，今訂正。

〔二三〕遷尙書左僕射丹陽尹右將軍如故　「右將軍」各本作「右軍」。按上云「加右將軍」，明此脫「將」字。册府元龜三七一有「將」字，今據補。

二十四史

南史卷四十二

列傳第三十二

齊高帝諸子上

豫章文獻王嶷 子子廉 子恪 子操 子範 子範子乾 子範弟子顯 子雲

齊高帝十九男：昭皇后生武帝、豫章文獻王嶷，謝貴嬪生臨川獻王映、長沙威王晃，羅太妃生武陵昭王曄，任太妃生安成恭王暠，陸修儀生鄱陽王鏘、晉熙王銶，袁修容生桂陽王鑠，何太妃生始興簡王鑑、宜都王鏗，區貴人生衡陽王鈞，張淑妃生江夏王鋒、河東王鉉，李美人生南平王銳。第九、第十三、第十四、第十七皇子早亡，衡陽王鈞出繼高帝兄元王後。

豫章文獻王嶷字宣儼，高帝第二子也。寬仁弘雅，有大成之量，高帝特鍾愛焉。仕宋為尚書左戶郎，錢唐令。高帝破薛索兒，改封西陽，以先爵賜嶷，為晉壽縣侯。後為武陵

內史。

時沈攸之責賧，伐荆州界內諸蠻，遂及五溪。〔一〕禁斷魚鹽，羣蠻怨怒。酉溪蠻王田頭擬殺攸之使，攸之責賧千萬，頭擬輸五百萬，發氣死。其弟婁侯篡立，頭擬子田都走入獠中。於是蠻部大亂，抄掠至郡城下，〔二〕嶷遣隊主張英兒擊破之。田都自獠中請立，而婁侯亦歸附。嶷誅婁侯於郡獄，命田都繼其父，蠻衆乃安。

入為宋順帝驃騎從事中郎。詣司徒袁粲，粲謂人曰：「後來佳器也。」

高帝在領軍府，嶷居青溪宅。蒼梧王夜中微行，欲掩襲宅內，嶷令左右儛刀戟於中庭，蒼梧從牆間窺見已有備，乃去。高帝憂危既切，腹心荀伯玉勸帝度江北起兵。嶷諫曰：「主上狂凶，人不自保，單行道路，易以立功，外州起兵，鮮有剋勝，於此立計，萬不可失。」及蒼梧殞，高帝報嶷曰：「大事已判，汝明可早入。」順帝即位，轉侍中，總宮內直衞。

沈攸之之難，高帝入朝堂，嶷出鎮東府，加冠軍將軍。及袁粲舉兵夕，丹陽丞王遜告變，先至東府，嶷遣帳內軍主戴元孫二千人隨薛道深等俱至石頭，〔三〕焚門之功，元孫預焉。先是王蘊薦部曲六十人助為城防，實以為內應也。嶷知蘊懷貳，不給其仗，散處外省。及難作搜檢，皆已亡去。

上流平後，武帝自尋陽還。嶷出為都督、江州刺史。以定策功，改封永安縣公。仍徙鎮西將軍、都督、荆州刺史。時高帝作輔，嶷務存約省，停府州儀迎物。及至州，坦懷納善，側席思政。王儉與嶷書曰：「舊楚蕭條，仍歲多故，政荒人散，實須緝理。公臨莅甫爾，英風惟穆，江漢來蘇，八荒慕義，〔四〕庾亮以來，荆州無復此政。古人云『朞月有成』，而公旬日成化，豈不休哉。」初，沈攸之欲聚衆，開人相告，士庶坐執役者甚衆。嶷至鎮，一日遣三千餘人，見四五歲刑以下不連臺者，皆原遣。以市稅重，多所寬假。百姓甚悅。禪讓之間，武帝欲速定大業，嶷依違其事，默無所言。建元元年，高帝即位，赦詔未至，嶷先下令蠲除部內昇明二年以前逋負。遷侍中、尚書令、都督、揚州刺史、驃騎大將軍、開府儀同三司，封豫章郡王。

會魏軍動，詔以嶷為南蠻校尉、荆湘二州刺史，都督八州。尋給油絡俠望車。二年，給班劍二十人。其夏，於南蠻園東南開館立學，上表言狀。置生三十人，取舊族父祖位正佐臺郎年二十五以下十五以上補之。置儒林參軍一人，文學祭酒一人，勸學從事二人。行釋菜禮。以穀過賤，聽人以米當口錢，優評斛一百。義陽劫帥張羣亡命積年，鼓行為賊，義陽、武陵、天門、南平四郡界被其殘破，沈攸之連討不禽，末乃首用之。攸之起事，羣從下郢，於路先叛，結柴於三溪，依據深險。嶷遣中兵參軍虞欣祖為義陽太守，使降意誘納之，厚為禮遺，於坐斬首，其黨皆散，四郡獲安。

入為中書監、司空、揚州刺史，都督二州，侍中如故，加兵置佐，以前軍臨川王映府文武配司空。嶷以將還都，修廨宇及路陌，東歸部曲不得齎府州物出城。發江津，士女觀送數千人皆垂泣。嶷發江陵感疾，至都未瘳，上深憂慮，為之大赦，三年六月壬子赦令是也。疾愈，上幸東府，設金石樂，使乘輿至宮六門。

武帝即位，進位太尉，增置兵佐，解侍中，增班劍三十人。建元中，武帝以事失旨，高帝頗有代嫡之意。而嶷事武帝恭悌盡禮，未嘗違忤顏色，故武帝友愛亦深。性至孝，高帝崩，哭泣過度，眼耳皆出血。

永明元年，領太子太傅，解中書監。宋武以來，州郡秩俸及雜供給，多隨土所出，無有定準。嶷上表請明立定格，班下四方，永為恒制，從之。嶷不參朝務，而言事密謀，多見信納。服闋，加侍中。宋元嘉制，諸王入齋閤，得白服裙帽見人主，唯出太極四廂，乃備朝衣。自比以來，此事一斷。〔五〕上與嶷同生相友睦，宮內曲宴，許依元嘉。嶷固辭，不奉敕；唯車駕幸第，乃白服烏紗帽以侍宴焉。至於衣服制度，動皆陳啓，事無專制，務從減省，並不見許。又啓曰：「北第舊邸，本自甚華，臣往歲作小眠齋，皆補接為辦，無乖格制。要是檉栢之華，一時新淨，東府又有此齋，亦為華屋，而臣頓有二處住止，下情竊所未安。訊訪東宮玄圃，乃有栢屋，制甚古拙，臣乃欲壞取以奉太子，非但失之於前，且補接既多，不可見移，亦

中華書局

恐外物或爲異論，不審可有垂許送東府齋理不？」上答曰：「見別紙，汝勞疾，亦復那得不動，何意爲作煩長啓事。」竟不從。

三年，文惠太子講孝經畢，嶷求解太傅，不許。嶷常慮盛滿，又因言宴求解揚州授竟陵王子良，〔六〕上終不許，曰：「畢汝一世，無所多言。」

武帝卽位後，頻發詔拜陵，不果行，遣嶷拜陵。還過延陵季子廟，觀沸井，有水牛突部伍，直兵執牛推問，嶷不許，取絹一疋，橫繫牛角，放歸其家。政在寬厚，故得朝野歡心。

四年，唐寓之賊起，嶷啓上曰：「此段小寇，出於凶愚，天網宏罩，理不足論。但聖明御世，幸可不爾。比藉聲聽，皆云有由而然。但頃小大士庶，每以小利奉公，不顧所損者大。擿籍檢功巧，〔七〕督卹簡小塘，藏丁匿口，凡諸條制，實長怨府。此目前交利，非天下大計。一室之中，尙不可精，宇宙之內，何可周洗。公家何嘗不知人多欺巧，〔八〕古今政以不可細碎，故不爲耳。爲此者實非乖理，但識理者百不有一。陛下弟兒大臣，猶不能伏理，況復天下，悠悠萬品？怨積聚黨，凶迷相類，止於一處，何足不除，脫復多所，便成紜紜。」上答曰：「欺巧那可容！宋世混亂，以爲是不？蚊蟻何足爲憂，至今都應散滅。吾政恨其不辦大耳，亦何時無亡命邪。」後乃詔聽復籍注。

是時武帝奢侈，後宮萬餘人，宮內不容，太樂、景第、暴室皆滿，猶以爲未足。嶷後房亦

千餘人。潁川荀丕獻書於嶷，極言其失，嶷咨嗟良久，爲書答之，又爲之減遣。

丕字令哲，後爲荊州西曹書佐，長史王秀與其書，題之云「西曹荀君」。丕報書曰：「第五之位，不減驃騎，亦不知西曹何殊長史！且人之處世，當以德行稱著，何遽以一爵高人邪？相如不見屈於澠池，毛遂安受辱於郢都，造敵臨事，僕必先於二子，未知足下之貴，足下之威，孰若秦、楚兩王。僕以德爲寶，足下以位爲寶，各寶其寶，於此敬宜。」於是直題云「長史王君」。時尙書令王儉當朝，丕又與儉書曰：「足下建高人之名，而不顯高人之迹，將何以書於齊史哉。」及南郡綱紀啓荊州刺史隨王子隆請罪丕，丕自申乃免。又上書極諫武帝，言甚直，帝不悅，丕竟於荊州獄賜死。徐孝嗣聞其死，曰：「丕縱有罪，亦不應殺，數千年後，其如竹帛何！」

五年，嶷進位大司馬。八年，給皁輪車。尋加中書監，固讓。嶷身長七尺八寸，善持容範，文物衞從，禮冠百僚。每出入殿省，皆瞻望嚴肅。自以地位隆重，深懷退素，北宅舊有園田之美，乃盛修理之。武帝嘗問臨川王映居家何事樂，映曰：「政使劉瓛講禮，顧愳講易，朱廣之講莊、老，臣與二三諸彥兄弟友生時復擊贊，以此爲樂。」上大賞之。他日謂嶷曰：「臨川爲善，遂至於斯。」嶷曰：「此大司馬公之次弟，安得不爾！」上仍以玉如意指嶷曰：「未若皇帝之次弟爲善最多也。」

嶷常戒諸子曰：「凡富貴少不驕奢，以約失之者鮮矣。漢世以來，侯王子弟，以驕恣之故，大者滅身喪族，小者削奪邑地，可不戒哉！」稱疾不利住東城，累求還第，令世子子廉代鎭東府。上數幸嶷第，宋長寧陵隧道出第前路，上曰：「我便是入他家墓內尋人。」乃徙其表闕騏驎於東岡。騏驎及闕，形勢甚巧，宋孝武於襄陽致之，後諸帝王陵皆模範，而莫及也。

永明末，車駕數遊幸，唯嶷陪從。上嘗出新林苑，同輦夜歸，至宮門，嶷下輦辭出，上曰：「今夜行，無使爲尉司所呵也。」嶷對曰：「京輦之內，皆屬臣州，願陛下不垂過慮。」上大笑，賜以魏所送氊車。每幸第，不復屏人，敕外監曰：「我往大司馬第，是還家耳。」嶷妃庾氏，嘗有疾，瘳，上幸嶷邸，後堂設金石樂，宮人畢至。登桐臺，使嶷著烏紗帽，極日盡歡，敕嶷備家人之禮。嶷謂上曰：「古來言願陛下壽比南山，或稱萬歲，此殆近貌言。如臣所懷，實願陛下極壽百年亦足矣。」上曰：「百年復何可得，止得東西一百，於事亦濟。」因相執流涕。

十年，上封嶷諸子。舊例王子封千戶，嶷欲五子俱封，啓減，人五百戶。其年疾篤，表解職，不許，賜錢五百萬營功德。薨，年四十九。其日上視疾，至薨乃還宮。詔斂以衮冕之服，溫明秘器，大鴻臚持節護喪事，太官朝夕送祭奠，大司馬、太傅二府文武悉停過葬。詔贈假黃鉞、都督中外諸軍事、丞相、揚州牧，綠綟綬，具九服錫命之禮，侍中、大司馬、太傅、

王如故。給九旒鸞輅，黃屋左纛，虎賁班劍百人，轀輬車，前後部羽葆、鼓吹。喪葬送儀，並依漢東平王蒼故事。

嶷臨終，召子子廉、子恪曰：「吾無後，當共相勉勵，篤睦爲先。才有優劣，位有通塞，運有富貧，此自然理，無足以相陵侮。勤學行，守基業，修閨庭，尙閑素，如此足無憂患。聖主儲皇及諸親賢，亦當不以吾沒易情也。三日施靈，惟香火、盤水、干飯、酒脯、檳榔而已，朔望菜食一盤，加以甘果，此外悉省。葬後除靈，可施吾常所乘輿扇繖。朔望時節，席地香火、盤水、酒脯、干飯、檳榔便足。棺器及墓中勿用餘物爲後患也。朝服之外，唯下鐵環刀一口。作冢勿令深，一一依格，莫過度也。〔九〕後堂樓可安佛，供養外國二僧，餘皆如舊。與汝遊戲後堂船乘，吾所乘牛馬，送二宮及司徒。服飾衣裘，悉爲功德。」子廉等號泣奉行。

武帝哀痛特至，蔬食積旬。太官朝夕送祭奠，〔一〇〕敕王融爲銘，云：「半岳摧峯，中河墜月。」帝流涕曰：「此正吾所欲言也。」至其年十二月，乃舉樂宴朝臣。樂始舉，上便歔欷流涕。

嶷薨後，第庫無見錢，武帝敕貨雜物服飾得數百萬，〔一一〕起集善寺，月給第見錢百萬，至上崩乃省。

嶷性汎愛，不樂聞人過失，左右投書相告，置靴中，竟不視，取火焚之。齋庫失火，燒荊

州還資，評直三千餘萬，主局各杖數十而已。嶷薨後，忽見形於沈文季曰：「我未應便死，皇太子加膏中十一種藥，使我癰不差，湯中復加藥一種，使利不斷。吾已訴先帝，先帝許還東邸，當判此事。」因胸中出青紙文書示文季曰：「與卿少舊，因卿呈上。」俄失所在。文季祕而不傳，甚懼此事，少時太子薨。

又嘗見形於第後園，乘腰輿，指麾處分，呼直兵，直兵無手板，左右授一玉手板與之，謂曰：「橘樹一株死，可覓補之。」因出後園閤，直兵倒地，仍失手板。

羣吏中南陽樂藹、彭城劉繪、吳郡張稷，最被親禮。藹與竟陵王子良牋，欲率荆、江、湘三州僚吏建碑，託中書侍郎劉繪營辦。藹又與右率沈約書，請爲文。約答曰：「郭有道漢末之匹夫，非蔡伯喈不足以偶三絕。謝安石素族之台輔，時無麗藻，迄乃有碑無文。況文獻王冠冕彝倫，儀刑宇內，自非一代辭宗，難或與此。約閭閈鄙人，名不入第，欻酬今旨，便是以禮許人，聞命慚顏，已不覺汗之霑背也。」建武中，第二子子恪託約及太子詹事孔珪爲文。

妃庾氏，有女功婦德，嶷甚重之。宋時，武帝及嶷位宦尚輕，家又貧薄，庾氏常徹己損身，以相營奉。兄弟每行來公事，晚還飢疲，躬營飲食，未嘗不迎時先辦。雖豐儉隨事，而香淨適口。穆皇后不自營，又不整潔，上亦以此貴之。又不妬忌，嶷倍加敬重。嶷薨後，少時亦亡。

子廉字景藹。初，嶷養魚復侯子響爲嗣子，子廉封永新侯，子響還本。子廉爲世子，位淮陵太守，太子中舍人，前將軍，善撫諸弟。十一年卒，贈侍中，謚哀世子。

子元琳嗣。梁武受禪，詔曰：「豫章王元琳、故竟陵王昭胄子同、齊氏宗國，高、武嫡胤，宜祚井邑，以傳于後。降封新淦侯。」

子廉弟子恪字景沖，永明中，以王子封南康縣侯。年十二，和從兄司徒竟陵王子良高松賦，衞軍王儉見而奇之。

建武中，爲吳郡太守。及大司馬王敬則於會稽反，奉子恪爲名，而子恪奔走，未知所在。始安王遙光勸上并誅高、武諸子孫，於是並敕竟陵王昭胄等六十餘人入永福省，令太醫煮椒二斛，并命辦數十具棺材，謂舍人沈徽孚曰：「椒熟則一時賜死。」期三更當殺之。會上暫臥，主書單景雋啓依旨斃之，徽孚堅執曰：「事須更審。」爾夕三更，子恪徒跣奔至建陽門。上聞驚覺曰：「故當未賜諸侯命邪？」徽孚以答。上撫牀曰：「遙光幾誤人事。」及見子恪，顧問流涕，諸侯悉賜供饌。以子恪爲太子中庶子。

東昏卽位，爲侍中。中興二年，爲相國諮議參軍。梁天監元年，降爵爲子，位司徒左長史。

子恪與弟子範等嘗因事入謝，梁武帝在文德殿引見，謂曰：「夫天下之寶，本是公器，苟無期運，雖有項籍之力，終亦敗亡。宋孝武爲性猜忌，兄弟粗有令名者，無不因事鴆毒，所遺唯景和。至朝臣之中疑有天命而致害者，枉濫相繼。于時雖疑卿祖，無如之何。如宋明帝本爲庸常被免，豈疑得全。又復我于時已年二歲，彼豈知我應有今日。當知有天命者非人所害，害亦不能得。我初平建康城，朝廷內外皆勸我云：『時代革異，物心須一，宜行處分。』我于時依此而行，誰謂不可？政言江左以來，代謝必相誅戮，此是傷於和氣，國祚例不靈長。此是一義。二者，齊、梁雖曰革代，義異往時。我與卿兄弟宗屬未遠，卿勿言兄弟是親，人家兄弟自有周旋者不周旋者，況五服之屬邪？齊業之初，亦是甘苦共嘗，腹心在我，卿兄弟年少，理當不悉。我與卿兄弟便是情同一家，豈當都不念此，作行路事。此是二義。且建武屠滅卿門，我起義兵，非惟自雪門恥，亦是爲卿兄弟報仇。卿若能在建武、永元之時撥亂反正，我雖起樊、鄧，豈得不釋戈推奉。我今爲卿報仇，且時代革異，望卿兄弟盡節報我耳。且我自藉喪亂，代明帝家天下，不取卿家天下。昔劉子輿自稱成帝子，光武言：『假使成帝更生，天下亦不復可得，況子輿乎？』梁初人勸我相誅滅者，我答之猶如向言：『若苟有天命，非我所殺，若其無運，何忽行此，政是示無度量。』曹志親是魏武帝孫，入事晉

武，爲晉室忠臣。此卽卿事例。卿是宗室，情義異他，方坦然相期，小待自當知我寸心。」又文獻王時內齋直帳閣人趙叔祖，天監初入臺爲齋帥在壽光省。武帝呼問曰：「汝比見北第諸郎不？若見道我此意：今日雖是革代，情同一家；但今盤石未立，所以未得用諸郎。非唯在我未宜，我亦是欲使諸郎得安耳。但閉門高枕，後自當見我心。」叔祖卽出具宣敕意。

子恪普通三年累遷都官尚書，四年轉吏部。大通二年，出爲吳郡太守，卒官。謚曰恭子。

子恪兄弟十六人並入梁，有文學者子恪、子質、子顯、子雲、子暉。〔三〕子恪常謂所親曰：「文史之事，諸弟備之矣，不煩吾復牽率。但退食自公，無過足矣。」

子恪亦涉學，頗屬文，隨棄其本，故不傳文集。

子恪次弟子操，封泉陵侯。王侯出身，官無定準，素姓三公長子一人爲員外郎。建武中，子操解褐爲給事中。自此齊末皆以爲例。永泰元年，兄南康侯子恪爲吳郡太守，避王敬則難歸，以子操爲吳郡太守。永元中，爲黃門郎。

子操弟子範字景則，齊永明中封祁陽縣侯，拜太子洗馬。天監初降爵爲子，位司徒主

簿。丁所生母憂去職。

子範有孝性，居喪以毀聞。服闋，累遷大司馬南平王從事中郎。王愛文學士，子範偏被恩遇，常曰：「此宗室奇才也。」使製千字文，其辭甚美。王命記室蔡薳注釋之。自是府中文筆皆使具草。

後爲臨賀王正德長史。正德遷丹陽尹，復爲正德信威長史，領尹丞。歷官十餘年，不出蕃府，而諸弟並登顯列，意不能平。及是爲到府牋曰：「上蕃首僚，於茲再忝，河南雌伏，自此重叨。老少異時，盛衰殊日，雖佩恩寵，還羞年鬢。」子範少與弟子顯、子雲才名略相比，而風采容止不逮，故宦途有優劣。每讀漢書杜緩傳云：「六弟五人至大官，唯中弟欽官不至，最知名。」常吟諷之，以況己也。

後爲秘書監。簡文即位，召爲光祿大夫，加金章紫綬。以逼賊不拜。其年葬簡皇后，使製哀策，文理哀切。帝謂武林侯蕭諮曰：「此段莊陵萬事零落，唯哀册尚有典刑。」敕賚米千石。

子範無居宅，尋卒於招提寺僧房。賊平，元帝追贈金紫光祿大夫，謚曰文。前後文集三十卷。

子滂、確並少有文章，簡文在東宮時，嘗與邵陵王數諸蕭文士，滂、確並預焉。

滂位中軍宣城王記室，先子範卒。確位司徒右長史。魏平江陵，入長安。

滂弟乾字思惕，容止雅正，性恬簡，善隸書，得叔父子雲之法。九歲，補國子周易生，祭酒袁昂深敬重之。仕梁爲宣城王諮議參軍。陳武帝鎮南徐州，引爲司空從事中郎。及受命，永定元年，除給事黃門侍郎。時熊曇朗在豫章，周迪在臨川，留異在東陽，陳寶應在建安，共相連結，閩中豪帥，立柴自保。武帝患之，令乾往，諭以逆順，謂曰：「昔陸賈南征，趙他歸順；隨何奉使，黥布來臣。追想清風，髣髴在目，卿宜勉建功名，不煩更勞師旅。」乾至，示以逆順，所在款附。其年，就除建安太守。

天嘉二年，留異反，陳寶應助之，又資周迪兵糧，出寇臨川，因逼建安。乾單使臨郡，不能守，乃棄郡以避寶應。時閩中宰守並受寶應署置，乾獨不屈，徙居郊野。及寶應平，都督章昭達以聞，文帝甚嘉之，超授五兵尚書。卒，謚靜子。

子顯字景陽，子範弟也。幼聰慧，嶷偏愛之。七歲，封寧都縣侯，梁天監初，降爲子。位太尉錄事參軍。

子顯身長八尺，狀貌甚雅，好學，工屬文。嘗著鴻序賦，尚書令沈約見而稱曰：「可謂明

道之高致，蓋幽通之流也。」〔三〕又採衆家後漢考正同異，爲一家之書。又啓撰齊史，書成表奏，詔付祕閣。累遷邵陵王友。後除黃門郎。

中大通二年，遷長兼侍中。梁武帝雅愛子顯才，又嘉其容止吐納，每御筵侍坐，偏顧訪焉。嘗從容謂曰：「我造通史，此書若成，衆史可廢。」子顯對曰：「仲尼讚易道，黜八索；述職方，除九丘。聖製符同，復在茲日。」時以爲名對。

三年，以本官領國子博士。武帝製孝經義，未列學官，子顯在職，表置助教一人，生十人。又啓撰武帝集并普通北伐記。遷國子祭酒，加侍中，於學遞述武帝五經義。遷吏部尚書，侍中如故。

子顯風神灑落，雍容閑雅，簡通賓客，不畏鬼神。性愛山水，爲伐社文以見其志。飲酒數斗，頗負才氣。及掌選，見九流賓客不與交言，但舉扇一撝而已，衣冠竊恨。然簡文素重其爲人，在東宮時，每引與促宴。子顯嘗起更衣，簡文謂坐客曰：「常聞異人間出，今日始見，知是蕭尚書。」其見重如此。出爲吳興太守。卒時年四十九，詔贈侍中、中書令。及請謚，手敕曰：「恃才傲物，宜謚曰驕。」子顯嘗爲自序，其略云：「余爲邵陵王友，忝還京師，遠思前比，卽楚之唐、宋，梁之嚴、鄒。追尋平生，頗好辭藻，雖在名無成，求心已足。若乃登高目極，臨水送歸，風動春朝，月明秋夜，早雁初鶯，開花落葉，有來斯應，每不能已也。且前代

賈、傅、崔、馬、邯鄲、繆、路之徒，並以文章顯，所以屢上歌頌，自比古人。天監十六年，始預九日朝宴，〔四〕稠人廣坐，獨受旨云：『今雲物甚美，卿將不斐然賦詩。』詩既成，又降旨曰：『可謂才子。』余退謂人曰：一顧之恩，非望而至，遂方賈誼何如哉，未易當也。每有製作，特寡思功，須其自來，不以力構。少來所爲詩賦，則鴻序一作，體兼衆製，文備多方，頗爲好事所傳，故虛聲易遠。」

子顯所著後漢書一百卷，齊書六十卷，普通北伐記五卷，貴儉傳三卷，文集二十卷。

子序、愷並少知名。序太清中位中庶子，卒。愷太子家令。

愷才學譽望，時論以方其父。簡文在東宮早引接之。時中庶子謝嘏出守建安，於宣猷堂餞飲，並召時才賦詩，同用十五劇韻。愷詩先就，其辭又美。簡文與湘東王令曰：「王筠本自舊手，後進有蕭愷可稱，信爲才子。」先是太學博士顧野王奉令撰玉篇，簡文嫌其書詳略未當，以愷博學，於文字尤善，使更與學士删改。太清中，卒於侍中。子顯弟子雲。

子雲字景喬，年十二，齊建武四年，封新浦縣侯。自製拜章，便有文采。梁天監初，降爵爲子。及長，勤學有文藻，弱冠撰晉書，至年二十六，書成百餘卷，表奏之，詔付祕閣。

子雲性沈靜，不樂仕進，風神閑曠，任性不羣。夏月對賓客，恒自裸袒。而兄弟不睦，

中華書局

乃至吉凶不相弔問，時論以此少之。

年三十，方起家爲祕書郎，遷太子舍人，撰東宮新記奏之，敕賜束帛。累遷丹陽郡丞。湘東王繹爲丹陽尹，深相賞好，如布衣之交。中大通三年，爲臨川內史，在郡以和理稱，人吏悅之。還除散騎常侍。歷侍中，國子祭酒。

梁初，郊廟未革牲牷，樂辭皆沈約撰，至是承用。子雲啓宜改之，敕答曰：「此是主者守株，宜急改也。」仍使子雲撰定。敕曰：「郊廟歌辭，應須典誥大語，不得雜用子史文章淺言。而沈約所撰，亦多舛謬。」子雲作成，敕並施用。

子雲善草隸，爲時楷法，自云善效鍾元常、王逸少而微變字體。嘗答敕云：「臣昔不能拔賞，隨時所貴，規摹子敬，多歷年所。年二十六著晉史，至二王列傳，欲作論草隸法，言不盡意，遂不能成，略指論飛白一事而已。十許年，始見敕旨論書一卷，商略筆狀，洞澈字體，始變子敬，全範元常。逮爾以來，自覺功進。」其書迹雅爲武帝所重，帝嘗論書曰：「筆力勁駿，心手相應，巧逾杜度，美過崔寔，當與元常並驅爭先。」其見賞如此。

出爲東陽太守。百濟國使人至建鄴求書，逢子雲爲郡，維舟將發。使人於渚次候之，望船三十許步，行拜行前。子雲遣問之，答曰：「侍中尺牘之美，遠流海外，今日所求，唯在名迹。」子雲乃爲停船三日，書三十紙與之，獲金貨數百萬。性吝，自外答餉不書好紙，好事

者重加賂遺，以要其答。

太清元年，復爲侍中、國子祭酒。二年，侯景寇逼，子雲逃人間。三年，宮城失守，奔晉陵，餒卒于顯雲寺僧房，年六十三。所著晉書一百一十卷，東宮新記二十卷。

子特字世達，早知名，亦善草隸，時人比之衞恒、衞瓘。武帝嘗使特書，及奏，帝曰：「子敬之迹不及逸少，蕭特之書遂逼於父。」位太子舍人，海鹽令，坐事免。先子雲卒，遺啓簡文求爲墓誌銘，帝爲製銘焉。

子雲弟子暉字景光，少涉學，亦有文才。性恬靜，寡嗜慾，嘗預重雲殿聽制講三慧經，退爲講賦奏之，甚見賞。卒於驃騎長史。

校勘記

〔一〕時沈攸之責賧伐荆州界內諸蠻遂及五溪　「責」字各本並脫，「及」字各本作「反」，據南齊書補改。

〔二〕抄掠至郡城下　「郡城」各本作「都城」。按郡城指武陵郡城，據南齊書改。

〔三〕嶷遣帳內軍主戴元孫二千人隨薛道深等俱至石頭　「薛道深」即「薛道淵」，此避唐諱改。

〔四〕八荒慕義　「八荒」南齊書作「八州」。按嶷所督荆湘雍益梁寧南北秦八州，疑作「八州」是。

〔五〕自比以來此事一斷　「比」各本作「此」，據南齊書改。

〔六〕又因言宴求解揚州授竟陵王子良　「言宴」南齊書作「宮宴」，義似較長。

〔七〕擿籍檢功巧　「擿」各本作「擿」，據册府元龜二八八改。

〔八〕公家何嘗不知人多欺巧　「欺」字各本並脫，據南齊書補。按下「上答曰，欺巧那可容」明此脫「欺」字。

〔九〕作冢勿令深一一依格莫過度也　「勿」各本作「每」，據南齊書改。

〔一〇〕太官朝夕送祭奠　「夕」字各本並脫，據南齊書補。

〔一一〕武帝敕貨雜物服飾得數百萬　「得」字各本並脫，據南齊書補。

〔一二〕有文學者子恪子質子顯子雲子暉　「子質」疑當作「子範」，蓋梁書及本書皆無子質傳，而子範與子顯等皆有傳。子範傳亦云：「少與弟子顯、子雲才名略相比。」若作「子範」則相合。

〔一三〕可謂明道之高致蓋幽通之流也　「明道」上梁書有「得」字。

〔一四〕天監十六年始預九日朝宴　「十」字各本並脫，據梁書補。按邵陵之封在天監十三年，此云「始預」亦有遲晚意，當爲「十六年」。

二十四史

中華書局

南史卷四十三

列傳第三十三

齊高帝諸子下

臨川獻王映字宣光，高帝第三子也。少而警悟，美言笑，善容止。仕宋位給事黃門侍郎、南兗州刺史，留心吏事，自下莫不肅然，令行禁止。

高帝踐阼，爲荆州刺史，〔一〕加都督，封臨川王。嘗致錢還都買物，有獻計者，於江陵買貨，至都還換，可得微有所增。映笑曰：「我是賈客邪，乃復求利。」改授都督、揚州刺史。莅事聰敏，府州曹局皆重足以奉禁令，自宋彭城王義康以後，未之有也。

永明元年，爲侍中、驃騎將軍。五年，卽本號開府儀同三司。七年薨。映善騎射，解聲律，工左右書、左右射，應接賓客，風韻韶靡，及薨，朝野莫不惋惜。贈司空。九子皆封侯。長子晉，永元初爲侍中，入梁爲高平太守。第二子子游，州陵侯，爲黃門侍郎。謀

反，兄弟並伏誅。

長沙威王晃字宣明，高帝第四子也。少有武力，爲高帝所愛。昇明二年，代兄映爲淮南、宣城二郡太守。晃便弓馬，初沈攸之事起，晃多從武容，赫奕都街，時人爲之語曰：「煥煥蕭四繖。」其年，遷西中郎將、豫州刺史，監二州諸軍事。〔二〕

高帝踐阼，晃每陳政事，輒爲典籤所裁，晃殺之。上大怒，手詔賜杖。還南徐州刺史，加都督。武帝爲皇太子，拜武進陵，於曲阿後湖鬭隊，使晃御馬軍，上聞之，又不悅。臨崩，以晃屬武帝，處以輦轂近蕃，勿令遠出。

永明元年，以晃爲都督、南徐州刺史。入爲中書監。時禁諸王畜仗，在都下者，唯置捉刀左右四十人。晃愛武飾，罷徐州還，私載數百人仗還都，爲禁司所覺，投之江中。帝聞之大怒，將糾以法，豫章王嶷稽首流涕曰：「晃罪誠不足宥，陛下當憶先朝念白象。」白象，晃小字也。上亦垂泣。高帝大漸時，戒武帝曰：「宋氏若骨肉不相圖，佗族豈得乘其弊？汝深戒之。」故武帝終無異意，然晃亦不見親寵。當時論者，以武帝優於魏文，減於漢明。

後拜車騎將軍、侍中。薨，贈開府儀同三司。武帝嘗幸鍾山，晃從駕。以馬矟刺道邊枯蘖，上令左右數人引之，銀纏皆卷聚而矟不出，乃令晃復馳馬拔之，應手便去。每遠州獻駿馬，上輒令晃於華林中調試之。高帝常曰：「此我家任城也。」武帝緣此意，故謚曰威。

武陵昭王曄字宣昭，〔三〕高帝第五子也。母羅氏，從高帝在淮陰，以罪誅。曄年四歲，思慕不異成人，每慟吐血。高帝勑武帝曰：「三昧至性如此，恐不濟，汝可與共住，每抑割之。」三昧，曄小字也。故曄見愛。

高帝雖爲方伯，而居處甚貧，諸子學書無紙筆，曄常以指畫空中及畫掌學字，遂工篆法。少時又無棊局，乃破荻爲片，縱橫以爲棊局，指點行勢，遂至名品。

性剛穎儁出，與諸王共作短句詩，學謝靈運體，以呈高帝。帝報曰：「見汝二十字，諸兒作中，最爲優者。但康樂放蕩，作體不辨有首尾，安仁、士衡深可宗尙，顏延之抑其次也。」

建元二年，〔四〕爲會稽太守，加都督。上遣儒士劉瓛往郡，爲曄講五經。武帝卽位，歷中書令、祠部尙書。巫覡或言曄有非常之相，以此自負，武帝聞之，故無寵，未嘗處方岳。於御坐曲宴，醉伏地，貂抄肉柈。帝笑曰：「汙貂。」對曰：「陛下愛其羽毛，而疎其骨肉。」帝不悅。

性輕財重義，有古人風。罷會稽還都，齋中錢不滿萬，俸祿所入，皆與參佐賓僚共之。常曰：「兄作天子，何畏弟無錢。」居止附身所須而已。名後堂山爲首陽，蓋怨貧薄也。

嘗於武帝前與竟陵王子良圍棊，子良大北。及退，豫章文獻王謂曄曰：「汝與司徒手談，故當小相推讓。」答曰：「曄立身以來，未嘗一口妄語。」執心疎婞，偏不知悔。好文章，射爲當時獨絕，琅邪王瞻亦稱善射，而不及曄也。

武帝幸豫章王嶷東田，宴諸長王，獨不召曄。嶷曰：「風景殊美，今日甚憶武陵。」上仍呼使射，屢發命中，顧四坐曰：「手何如？」上神色甚怪，嶷曰：「阿五常日不爾，今可謂仰藉天威。」帝意乃釋。後於華林射賭，凡六箭，五破一皮，賜錢五萬文。又上舉酒勸曄，曰：「陛下常不以此處許臣。」上回面不答。

豫章王於邸起土山，列種桐竹，號爲桐山。武帝幸之，置酒爲樂，顧臨川王映：「王邸亦有嘉名不？」映曰：「臣好栖靜，因以爲稱。」又問曄，曄曰：「臣山卑，不曾栖靈昭景，唯有薇蕨，直號首陽山。」帝曰：「此直勞者之歌也。」

久之，出爲江州刺史。上以曄方出鎭，求其宅給諸皇子，遣舍人喩旨。曄曰：「先帝賜臣此宅，使臣歌哭有所，陛下欲以州易宅，臣請不以宅易州。」帝恨之。至鎭百餘日，典籤趙渥之啓曄得失，徵還爲左戶尙書。還太常卿。累不得志。

冬節問訊，諸王皆出，曄獨後來，上已還便殿，聞曄至，引見，問之，曄稱牛羸不能取路。上敕車府給副御牛一頭。敕主客自今諸王來不隨例者，不復爲通。

公事還，過竟陵王子良宅，冬月道逢乞人，脫襦與之。子良見曄衣單，進襦於曄。曄曰：「我與向人亦復何異。」尚書令王儉詣曄，曄留儉設食，盤中菘菜鮑魚而已。儉重其率眞，爲飽食盡歡而去。

尋爲丹陽尹，始不復置行事，自得親政。轉侍中、護軍將軍，給油絡車，又給扶二人。武帝臨崩，遺詔爲衞將軍、開府儀同三司。大行在殯，竟陵王子良在殿內，太孫未至，衆論喧疑，曄衆中言曰：「若立長，則應在我，立嫡，則應立太孫。」及鬱林立，甚見馮賴。隆昌元年薨，贈司空，班劍二十人。

安成恭王暠字宣曜，高帝第六子也。性清和，多疾。歷位南中郎將、江州刺史，侍中，領步兵校尉，中書令。永明九年，爲散騎常侍、祕書監，領石頭戍事。及夏薨。〔五〕

鄱陽王鏘字宣韶，高帝第七子也。建元末，武帝卽位，爲雍州刺史，加都督。武帝服除，鏘方還，始入覲拜便流涕。武帝愕然，問其故，鏘收淚曰：「臣違奉彌年，今奉顏色，聖顏損瘦，所以泣耳。」武帝歎曰：「我復是有此一弟。」

累遷丹陽尹。永明十一年，〔六〕爲領軍將軍。鏘和悌美令，性謙愼，好文章，有寵於武帝。領軍之授，齊室諸王所未爲，鏘在官理事無壅，當時稱之。車駕游幸，常甲仗衞從，恩待次豫章王嶷。其年，給油絡車。

隆昌元年，轉尚書左僕射，遷侍中、驃騎將軍、開府儀同三司，領兵置佐。鏘雍容得物情，爲鬱林依信。鬱林心疑明帝，諸王問訊，獨留鏘，謂曰：「聞鸞於法身何如？」鏘曰：「臣鸞於宗戚最長，且受寄先帝，臣等年皆尚少，朝廷之幹，唯鸞一人，願陛下無以爲慮。」鬱林退謂徐龍駒曰：「我欲與公共計取鸞，公旣不同，我不能獨辦，且復小聽。」及鬱林廢，鏘竟不知。

延興元年，進位司徒，侍中如故。明帝鎭東府，權威稍異，鏘每往，明帝屣履至車迎鏘，語及家國，言淚俱下，鏘以此推信之。而宮臺內皆屬意於鏘，勸令入宮，發兵輔政。制局監謝粲說鏘及隨王子隆曰：「殿下但乘油壁車入宮，出天子置朝堂，二王夾輔號令，粲等閉城門上仗，誰敢不同，宣城公政當投井求活，豈有一步動哉！東城人政共縛送耳。」子隆欲定計，鏘以上臺兵力既悉度東府，且慮難捷，意甚猶豫。馬隊主劉巨，武帝時舊人，詣鏘請閒，叩頭勸鏘立事。鏘命駕將入，復回還內，與母陸太妃別，日暮不成行。典籤知謀告之，數日，明帝遣二千人圍鏘宅，害鏘，謝粲等皆見殺。凡諸王被害，皆以夜遣兵圍宅，或斧斫關排牆，叫噪而入，家財皆見封籍焉。

桂陽王鑠字宣朗，高帝第八子也。永明七年爲中書令，加散騎常侍。時鄱陽王鏘好文章，鑠好名理，人稱爲鄱桂。

鑠清羸有冷疾，常枕臥，武帝臨視，賜牀帳衾褥。性理偏詖，遇其賞興，則詩酒連日，情有所廢，則兄弟不通。隆昌元年，加前將軍，給油絡車，幷給扶二人。

鄱陽王見害，鑠遷中軍將軍、開府儀同三司。不自安，至東府見明帝，及出，處分存亡之計。謂侍讀山悰曰：「吾前日覲王，王流涕嗚咽，而鄱陽、隨郡見誅。今日見王，王又流涕而有愧色，其在吾邪？」其夜三更中兵至，見害。

始興簡王鑑字宣徹，高帝第十子也。性聰警。年八歲，喪所生母，號慕過人，數日中便至骨立。豫章文獻王聞之，撫其首嗚咽，謂高帝曰：「此兒操行異人，恐其不濟。」高帝亦悲不自勝。

初封廣興郡王，袁彖時爲祕書丞，早有令譽，高帝盛重鑑，乃以彖爲友。後改封始興。自晉以來，益州刺史皆以良將爲之。宋泰始中，益州市橋忽生小洲，道士邵碩見之，曰：「當有貴王臨州。」劉亮爲刺史，齋前石榴樹陵冬生華，亮以問碩，碩曰：「此謂狂華，宋諸劉滅亡之象。後二年君當終，後九載宋當滅。滅後有王勝熹來作此州，蜀爾時蜀土平。」碩始康人，元徽二年，忽告人云：「吾命終。」因臥而死。後人見碩在荆州上明，以一隻故履縛左脚，而行甚疾，遂不知所之。永明二年，武帝不復用諸將爲益州，始以鑑爲益州刺史、督益寧二州軍事，加鼓吹一部。「勝熹」反語爲「始興」，碩言於此乃驗。

先是劫帥韓武方常聚黨千餘人，斷流爲暴，郡縣不能禁，行旅斷絕。鑑行至上明，武方乃出降。長史虞悰等咸請殺之。鑑曰：「武方爲暴積年，所在不能制，今降而被殺，失信，且無以勸善。」於是啓臺，果被宥，自是巴西蠻夷凶惡，皆望風降附。行次新城，道路籍籍，云陳顯達大選士馬，不肯就徵，巴西太守陰智伯亦以爲然。乃停新城十許日，遣典籤張曇晳往觀形勢。俄而顯達遣使人郭安明、朱公恩奉書貢遺，咸勸鑑執之。鑑曰：「顯達立節本

中華書局

朝，必自無此。曇晢還，若有同異，執安明等未晚。」居二日，曇晢還，說顯達遣家累已出城，日夕望殿下至。於是乃前。時年十四。

好學，善屬文，不重華飾，器服清素，有高士風。與記室參軍蔡仲熊登張儀樓，商略先言往行及蜀土人物。鑑言辭和辯，仲熊應對無滯，當時以爲盛事。州城北門常閉不開，鑑問其故於虞悰，悰答曰：「蜀中多夷暴，有時抄掠至城下，故相承閉之。」鑑曰：「古人云『善閉無關楗』。且在德不在門。」即令開之。戎夷慕義，自是清謐。於州園地得古冢，無復棺，但有石槨。銅器十餘種，並古形，玉璧三枚；珍寶甚多，不可皆識；金銀爲蠶蛇形者數斗。又以朱沙爲阜，水銀爲池，左右咸勸取之。鑑曰：「皇太子昔在雍，有發古冢者，得玉鏡、玉屛風、玉匣之屬，皆將還都，吾意常不同。」乃遣功曹何佇爲之起墳，諸寶物一不得犯。

性甚清，在蜀積年，未嘗有所營造，資用一歲不滿三萬。王儉常歎云：「始興王雖尊貴，而行履都是素士。」時有廣漢什邡人段祖，以錞于獻鑑，古禮器也。高三尺六寸六分，圍三尺四寸，〔七〕圓如筩，銅色黑如漆，甚薄，上有銅馬，以繩縣馬，令去地尺餘，灌之以水，又以器盛水於下，以芒莖當心跪注淳于，以手振芒，則聲如雷，清響良久乃絕。古所以節樂也。五年，鑑獻龍角一枚，長九尺三寸，色紅，有文。

九年，爲散騎常侍、秘書監，領石頭戍事。上以與鑑久別，車駕幸石頭，宴會賞賜。尋遷左衞將軍，未拜，遇疾。上爲南康王子琳起青楊巷第，新成，車駕與後宮幸第樂飲。其日鑑疾甚，〔八〕上遣騎詔問疾相繼，爲之止樂。尋薨。

江夏王鋒字宣穎，高帝第十二子也。母張氏有容德，宋蒼梧王逼取之，又欲害鋒。高帝甚懼，不敢使居舊宅，匿於張氏舍，時年四歲。

性方整，好學書，張家無紙札，乃倚井欄爲書，書滿則洗之，已復更書，如此者累月。又晨興不肯拂窗塵，而先畫塵上，學爲書字。

五歲，高帝使學鳳尾諾，一學卽工。高帝大悅，以玉麒麟賜之，曰：「麒麟賞鳳尾矣。」至十歲，便能屬文。武帝時，藩邸嚴急，諸王不得讀異書，五經之外，唯得看孝子圖而已。鋒乃密遣人於市里街巷買圖籍，朞月之間，殆將備矣。

好琴書，蓋亦天性。嘗覲武帝，賜以寶裝琴，仍於御前鼓之，大見賞。帝謂鄱陽王鏘曰：「闍梨琴亦是柳令之流亞，其既事事有意，吾欲試以臨人。」鏘曰：「昔鄒忌鼓琴，威王委以國政。」乃出爲南徐州刺史。善與人交，行事王文和、別駕江祏等，皆相友善。後文和被徵爲益州，置酒告別，文和流淚曰：「下官少來未嘗作詩，今日違戀，不覺文生於性。」〔九〕王儉聞之，曰：「江夏可謂善變素絲也。」

工書，爲當時蕃王所推。南郡王昭業亦稱工，謂武帝曰：「臣書固應勝江夏王。」武帝答：「闍梨第一，法身第二。」法身昭業小名，闍梨鋒小名也。

隆昌元年，爲侍中，領驍騎將軍，尋加祕書監。及明帝知權，蕃邸危懼，江祏嘗謂王晏曰：「江夏王有才行，亦善能匿迹，以琴道授羊景之，景之著名，而江夏掩能於世，非唯七絃而已，百氏亦復如之。」鋒聞歎曰：「江祏遂復爲混沌畫眉，欲益反弊耳。〔一〇〕寡人聲酒是耽，狗馬是好，豈復一豪於平生哉。」當時以爲話言。常忽忽不樂，著修栢賦以見志，曰：「既殊羣而抗立，亦含貞而挺正。豈春日之自芳，在霜下而爲盛。衝風不能摧其枝，積雪不能改其性。雖坎壈於當年，庶後凋之可詠。」

時鼎業潛移，鋒獨慨然有匡復之意，逼之行事典籤，故不遂也。嘗見明帝，言次及遙光才力可委之意，鋒答曰：「遙光之於殿下，猶殿下之於高皇，衞宗廟，安社稷，實有攸寄。」明帝失色。

鋒有武力，明帝殺諸王，鋒與書誚責，左右不爲通。明帝深憚之，不敢於第收之。鋒出登車，兵人欲上車防勒，鋒以手擊却數人，皆應時倒地，遂逼害之。江斅聞其死，流涕曰

「芳蘭當門，不得不鋤，其修栢之賦乎。」

南平王銳字宣毅，高帝第十五子也。位左戶尚書，朝直勤謹，未嘗屬疾。永明十年，出爲南中郎將、湘州刺史。〔一一〕延興元年，明帝作輔，害諸王，遣裴叔業平尋陽，仍進湘州。銳防閤周伯玉大言於衆曰：「此非天子意，今斬叔業，舉兵匡社稷，誰敢不同！」銳典籤叱左右斬之，銳見害，伯玉下獄誅。

宜都王鏗字宣儼，〔一二〕高帝第十六子也。生三歲喪母。及有識，問母所在，左右告以早亡，便思慕蔬食自悲。不識母，常祈請幽冥，求一夢見。至六歲，遂夢見一女人，云是其母。鏗悲泣向舊左右說容貌衣服事，皆如平生，聞者莫不歔欷。

清悟有學行。永明十一年，爲南豫州刺史、都督二州軍事。〔一三〕雖未經庶務，而雅得人心。舉動每爲籤帥所制，立意多不得行。

州鎭姑孰，于時人發桓溫女冢，得金巾箱，織金篾爲嚴器，又有金蠶銀繭等物甚多。〔一四〕

條以啓聞，鬱林敕以物賜之。鏗曰：「今取往物，後取今物，如此循環，豈可不熟念。」〔一五〕使長史蔡約自往修復，纖毫不犯。

年十歲時，與吉景曜商略先言往行。左右誤排枏榴屏風，倒壓其背，顏色不異，言談無輟，亦不顧視。彌善射，常以堋的太闊，曰：「終日射侯，何難之有。」乃取甘蔗插地，百步射之，十發十中。

永明中，制諸王年未三十，不得畜妾。及武帝晏駕後，有勸取左右者，鏗曰：「在內不無使役，既先朝遺旨，何忍而違。」

及延興元年，明帝誅高、武、文惠諸子，鏗聞之，馮左右從容雅步，詠陸機弔魏武云：「昔以四海爲己任，死則以愛子託人。」如此者三，左右皆泣。後果遣呂文顯賫藥往，夜進聽事，正逢八關齋。鏗上高坐，謂文顯曰：「高皇昔寵任君，何事乃有今日之行？」答云：「出不獲已。」於是仰藥。時年十八。身長七尺，鏗狀似兄嶷，咸以國器許之。及死，有識者莫不痛惜。

初鏗出閤時，年七歲，陶弘景爲侍讀，八九年中，甚相接遇。後弘景隱山，忽夢鏗來，慘然言別，云：「某日命過。身無罪，〔一六〕後三年當生某家。」弘景訪以幽中事，多祕不出。覺後，卽遣信出都參訪，果與事符同，弘景因著夢記云。

晉熙王銶字宣攸，高帝第十八子也。隆昌元年，位郢州刺史。延興元年見害。

河東王鉉字宣胤，高帝第十九子也。母張氏，有寵於高帝，鉉又最幼，尤所留心。高帝臨崩，以屬武帝，武帝甚加意焉，爲納柳世隆女爲妃。武帝與羣臣看新婦，流涕不自勝，豫章王嶷亦哽咽。及明帝誅高帝諸子，以鉉高帝所愛，亦以才弱年幼，故得全。

初鉉年三四歲，高帝嘗晝臥纏髮，鉉上高帝腹上弄繩，高帝因以繩賜鉉。及崩後，鉉以寶函盛繩，歲時輒開視，流涕嗚咽。人才甚凡，而有此一至。

建武中，高、武子孫憂疑。鉉朝見，常鞠躬俯僂，不敢正行直視。尋遷侍中、衞將軍。鉉年稍長。四年，誅王晏，以謀立鉉爲名，鉉免官，以王還第，禁不得與外人交通。永泰元年，明帝疾暴甚，〔一七〕乃見害。聞收至，欣然曰：「死生命也，終不斆建安乞爲奴而不得。」仰藥而卒。鉉二子在孩抱，亦見殺。

論曰：豫章文獻王珪璋之質，夙表天姿，行己所安，率由忠敬。雖代宗之議早隆皇矚，而天倫之愛無虧永明，故知「爲仁由己」，不虛言也。自宋受晉終，馬氏遂爲廢姓，齊受宋禪，劉宗盡見誅夷，梁武革齊，弗取前轍，子恪兄弟，並皆錄用，雖見梁武之弘裕，亦表文獻之餘慶。昔陳思表云：「權之所存，雖疎必重，勢之所去，雖親必輕。」原夫此言，實存固本。然就國之典，既隨代革，卿士入朝，作貴蕃輔，皇王託體，同稟尊極，仕無常資，秩有恒數，禮地兼隆，易生推擬。武帝顧命，情深尊嫡，密圖遠算，意在求安。以明帝同起布衣，用存顧託，遂韜末命於近戚，寄重任於疎親。以爲子弟布列，外有强大之固，支庶中立，可息覬覦之謀，表裏相維，洊隆家國。曾不慮機能運衡，〔一八〕權可制衆，宗族殲滅，一至于斯。曹植之言，遠有致矣。

校勘記

〔一〕爲荆州刺史　「荆州」各本作「雍州」，據南齊書改。按下云「於江陵買貨至都還換」，則作「荆州」是。

〔二〕遷西中郎將豫州刺史監二州諸軍事　「二」各本作「三」。按南齊書云「監豫司二州」，今據改。

〔三〕武陵昭王曄字宣昭　「宣昭」南齊書作「宣照」。

〔四〕建元二年　「二年」南齊書作「三年」。

〔五〕永明九年爲散騎常侍祕書監領石頭戍事及夏甍　「九年」各本作「元年」。按此删「元年」以下諸年事，而以「九年」之「爲散騎常侍，祕書監，領石頭戍事」承之，遂致舛誤，今據南齊書改正。又「及夏甍」南齊書作「其夏甍」，其夏指永明九年。

〔六〕永明十一年　「十一年」各本作「十年」，據南齊書訂正。

〔七〕圍三尺四寸　「三」南齊書作「二」。

〔八〕其日鑑疾甚　「甚」字各本並脫，據南齊書補。

〔九〕今日違繼不覺文生於性　「性」疑當作「情」。

〔一〇〕江祏遂復爲混沌晝眉欲益反弊耳　「晝」各本作「書」，據册府元龜二七四改。按「晝眉」見漢書張敞傳。

〔一一〕永明十年出爲南中郎將湘州刺史　「十年」各本作「七年」。按南齊書作「十年」，武帝紀同，今據改。

〔一二〕宜都王鏗字宣儼　「宣儼」，南齊書作「宣嚴」。按豫章文獻王字宣儼，此不得與之同字，疑有誤。

〔一三〕爲南豫州刺史都督二州軍事　「都督二州軍事」，南齊書作「都督南豫司州諸軍事」，語意較爲明晰。

〔一四〕又有金蠶銀繭等物甚多　「繭」各本作「璽」，據南齊書及册府元龜二七七改。

〔一五〕豈可不熟念　「不」字各本並脫，據太平御覽七一七引南齊書改。

〔一六〕身無罪　「身」字各本並脫，據通志補。

〔一七〕明帝疾暴甚　各本作「暴疾甚」，據通鑑改。

〔一八〕曾不慮機能運衡　「運」各本作「還」，據南齊書改。

南史卷四十四

列傳第三十四

齊武帝諸子　文惠諸子　明帝諸子

武帝二十三男：穆皇后生文惠太子、竟陵文宣王子良，張淑妃生廬陵王子卿、魚復侯子響，周淑儀生安陸王子敬、建安王子眞，阮淑媛生晉安王子懋、衡陽王子峻，王淑儀生隨郡王子隆，蔡婕妤生西陽王子明，樂容華生南海王子罕，傅充華生巴陵王子倫，謝昭儀生邵陵王子貞，江淑儀生臨賀王子岳，庾昭容生西陽王子文，荀昭華生南康王子琳，顏婕妤生永陽王子珉，宮人謝生湘東王子建，何充華生南郡王子夏。第六、第十二、第十五、第二十二皇子早亡，子珉繼衡陽元王後。

文惠皇太子長懋，字雲喬，小字白澤，武帝長子也。武帝年未弱冠而生太子，姿容豐美，爲高帝所愛。宋元徽末，除祕書郎，不拜，板輔國將軍，遷晉熙王撫軍主簿。事寧，武帝遣太子還都。〔一〕高帝方創霸業，心存嫡嗣，謂太子曰：「汝還，吾事辦矣。」處之府東齋，令通文武賓客。謂荀伯玉曰：「我出行日，城中軍悉受長懋節度。我雖不行，內外直防及諸門甲兵，悉令長懋時時履行。」

轉祕書丞，以與宣帝諱同，不就。歷中書、黃門侍郎。昇明三年，高帝將受禪，以襄陽兵馬重鎭，不欲處他族，出太子爲雍州刺史，加都督、北中郎將、寧蠻校尉。建元元年，封南郡王，江左嫡皇孫封王，始自此也。

先是，梁州刺史范柏年頗著威名，沈攸之事起，候望形勢，事平，朝廷遣王玄邈代之。玄邈已至，柏年遲回魏興不肯下，太子慮其爲變，乃遣說之，許啓爲府長史。及至襄陽，因執誅之。

二年，徵爲侍中、中軍將軍，置府，鎭石頭。穆妃薨，成服日，車駕出臨喪，朝議疑太子應出門迎。左僕射王儉曰：「尋禮記服問：『君所主夫人、妻、太子嫡婦。』言國君爲此三人爲主喪也。今鑾輿臨降，自以主喪而至，雖因事撫慰，義不在弔，南郡以下不應出門奉迎。但尊極所臨，禮有變革，權去杖絰，移立戶外，足表情敬，無煩止哭。皇太子既一宮之主，自應

中華書局

以車駕幸宮，依常奉候。既當成服之日，吉凶不相干，宜以衮幘行事，望拜止哭，率由舊章。尊駕不以臨弔，奉迎則惟常體，求之情禮，如爲可安。」又其年九月有閏，小祥疑應計閏。儉又議，以爲「三百六旬，尚書明義，文公納幣，春秋致譏。故先儒朞喪，歲數沒閏，大功以下，月數數閏。所以吳商云：『含閏以正朞，〔二〕允協情理。』沒閏之理，固在言先」。並從之。

武帝即位，爲皇太子。初高帝好左氏春秋，太子承旨諷誦，以爲口實。及正位東儲，善立名尚，解聲律，工射，飲酒至數斗，而未嘗舉盃。從容有風儀，音韻和辯，引接朝士，人人自以爲得意。文武士多所招集，會稽虞炎、濟陽范岫、汝南周顒、陳郡袁廓，並以學行才能，應對左右。而武人略陽垣歷生、襄陽蔡道貴，拳勇秀出，當時以比關羽、張飛。其餘安定梁天惠、平原劉孝慶、河東王世興、趙郡李居士、襄陽黃嗣祖、魚文、康絢之徒，並爲後來名將。

永明三年，於崇正殿講孝經，少傅王儉令太子僕周顒撰爲義疏。五年冬，太子臨國學，親臨策試諸生，於坐問少傅王儉曲禮云「無不敬」義，儉及竟陵王子良等各有酬答。太子又以此義問諸學生，謝幾卿等一十人，並以筆對。太子問王儉：「周易乾卦本施天位，而說卦云『帝出乎震』，震本非天義，豈當相主？」儉曰：「乾健震動，天以運爲德，故言『帝出乎震』。」儉又諮太子孝經「仲尼居曾子侍」義，臨川王映諮「孝爲德本」義，太子並應機酬答，甚有條貫。

明年，上將訊丹陽所領囚及南北二百里內獄，〔三〕詔太子於玄圃園宣猷堂錄三署囚，原

宥各有差。上晚年好游宴，尚書曹事，亦分送太子省視。

太子與竟陵王子良俱好釋氏，立六疾館以養窮人。而性頗奢麗，宮內殿堂，皆雕飾精綺，過於上宮。開拓玄圃園與臺城北塹等，其中起出土山池閣樓觀塔宇，窮奇極麗，費以千萬。多聚異石，妙極山水。慮上宮中望見，乃旁列修竹，外施高鄣。造游牆數百間，〔四〕施諸機巧，宜須鄣蔽，須臾成立，若應毀撤，應手遷徙。製珍玩之物，織孔雀毛爲裘，光采金翠，過於雉頭遠矣。以晉明帝爲太子時立西池，乃啓武帝引前例，求於東田起小苑，上許之。永明中，二宮兵力全實，太子使宮中將吏更番築役，營城包巷，〔五〕制度之盛，觀者傾都。上性雖嚴，太子所爲，無敢啓者。後上幸豫章王宅，還過太子東田，見其彌亘華遠，壯麗極目，於是大怒，收監作主帥，太子懼，皆藏之，由是見責。

太子素疾，體又過壯，常在宮內，簡於遨遊，玩弄羽儀，多所僭擬。雖咫尺宮禁，而上終不知。又使徐文景造輦及乘輿御物虎賁雲罕之屬，上嘗幸東宮，忽忽不暇藏輦，文景乃以佛像內輦中，故上不疑。文景父陶仁時爲給事中，謂文景曰：「終當滅門，政當掃墓待喪耳。」乃移家避之。其後文景竟賜死，陶仁遂不哭，時人以爲有古人風。

十年，豫章王嶷薨，太子見上友于既至，造碑文奏之，未及鐫勒。十一年春正月，太子有疾，上自臨視，有憂色。疾篤，上表告辭，薨于東宮崇明殿，時年三十六。

太子年始過立，久在儲宮，得參政事，內外百司私咸謂旦暮繼體，〔六〕及薨，朝野驚惋焉。上幸東宮，臨哭盡哀，詔斂以衮冕之服，謚曰文惠，葬崇安陵。有司奏御服朞，朝臣齊衰三月，南郡國臣齊衰朞，臨汝、曲江國臣並不服，六宮不從服。

武帝履行東宮，見太子服玩過制，大怒，敕有司隨事毀除，以東田殿堂處爲崇虛館。鬱林立，追尊爲文帝，廟稱世宗。

初，太子惡明帝，密謂竟陵王子良曰：「我意色中殊不悅此人，當由其福德薄所致。」子良便苦救解，後明帝立，果大相誅害。

竟陵文宣王子良字雲英，武帝第二子也。幼聰敏。武帝爲贛縣時，與裴后不諧，遣人船送后還都，已登路，子良時年小，在庭前不悅。帝謂曰：「汝何不讀書？」子良曰：「孃今何處？何用讀書。」帝異之，即召后還縣。

仕宋爲邵陵王友。時宋道衰謝，諸王微弱，故不廢此官。昇明三年，爲會稽太守，都督五郡。封聞喜公。宋元嘉中，凡事皆責成郡縣，〔七〕孝武後，徵求急速，以郡縣遲緩，始遣臺使，自此公役勞擾。高帝踐阼，子良陳之，請息其弊。

子良敦義愛古，郡人朱百年有至行，先卒，賜其妻米百斛，蠲一人，給其薪蘇。郡閤下有虞翻舊牀，罷任還，乃致以歸。後於西邸起古齋，多聚古人器服以充之。夏禹廟盛有禱祀，子良曰：「禹泣辜表仁，菲食旌約，服玩果粽，足以致誠。」使歲獻扇簟而已。

時有山陰人孔平詣子良訟嫂市米負錢不還。子良歎曰：「昔高文通與寡嫂訟田，義異於此。」乃賜米錢以償平。

建元二年，穆妃薨，去官，仍爲丹陽尹，開私倉振屬縣貧人。先是太妃以七月薨，子良以八月奉凶問。及小祥，疑南郡王應相待。尚書左僕射王儉議以爲「禮有倫序，義無徒設。如令遠則不待，近必相須，禮例既乖，即心無取。若疑兄弟同居，吉凶舛雜，則遠還之子，自應開立別門，以終喪事，靈筵祭奠，隨在家之人，再朞而毀。庶子在家，亦不待嫡。而況儲妃正體王室，中軍長嫡之重，〔八〕天朝又行權制，進退彌復非疑。謂應不相待，中軍祥縞之日，〔九〕聞喜致哀而已，不受弔慰。至聞喜變除，昆弟亦宜相就寫情，不對客」。從之。

武帝即位，封竟陵郡王、南徐州刺史，加都督。永明二年，爲護軍將軍，兼司徒。四年，進號車騎將軍。子良少有清尚，〔一〇〕禮才好士，居不疑之地，傾意賓客，天下才學皆游集焉。善立勝事，夏月客至，爲設瓜飲及甘果，著之文教。士子文章及朝貴辭翰，皆發教撰錄。

是時上新視政，〔一一〕水旱不時，子良密啓請原除逋租。又陳寬刑息役，輕賦省徭。并陳

「泉鑄歲遠，類多翦鑿，江東大錢，十不一在，公家所受，必須輪郭完全，〔一三〕遂買本一千，加子七百，求請無地，捶革相繼。〔一四〕尋完者爲用，既不兼兩，回復遷貿，會非委積，徒令小人每嬰困苦。且錢布相半，爲制永久，或聞長宰須令輸直，進違舊科，退容姦利」。

五年，正位司徒，給班劍二十人，侍中如故。移居雞籠山西邸，集學士抄五經百家，依皇覽例爲四部要略千卷。招致名僧，講論佛法，造經唄新聲，道俗之盛，江左未有。

武帝好射雉，子良啓諫。先是左衞殿中將軍邯鄲超上書諫射雉，武帝爲止，久之，超竟被誅。永明末，上將復射雉，子良復諫，前後所陳，上雖不盡納，而深見寵愛。

又與文惠太子同好釋氏，甚相友悌。子良敬信尤篤，數於邸園營齋戒，大集朝臣衆僧，至賦食行水，或躬親其事，世頗以爲失宰相體。勸人爲善，未嘗厭倦，以此終致盛名。八年，給三望車。九年，都下大水，吳興偏劇，子良開倉振救貧病不能立者，於第北立廨收養，給衣及藥。十年，領尚書令、揚州刺史，本官如故。尋解尚書令，加中書監。文惠太子薨，武帝檢行東宮，見太子服御羽儀，多過制度，上大怒，以子良與太子善，不啓聞，頗加嫌責。

武帝不豫，詔子良甲仗入延昌殿侍醫藥。子良啓進沙門於殿戶前誦經，武帝爲感夢見優曇鉢花。子良案佛經宣旨，使御府以銅爲花，插御牀四角。日夜在殿內，太孫間日入參。武

帝暴漸，內外惶懼，百僚皆已變服，物議疑立子良。俄頃而蘇，問太孫所在，因召東宮器甲皆入，遺詔使子良輔政，明帝知尚書事。子良素仁厚，不樂時務，乃推明帝。詔云：「事無大小，悉與鸞參懷」，子良所志也。太孫少養於子良妃袁氏，甚著慈愛，既懼前不得立，自此深忌子良。大行出太極殿，子良居中書省，帝使虎賁中郎將潘敞二百人仗，屯太極西階之下。成服後，諸王皆出，子良乞停至山陵，不許。

進位太傅，增班劍爲三十人，本官如故，解侍中。隆昌元年，加殊禮，劍履上殿，入朝不趨，贊拜不名，進督南徐州。其年疾篤，謂左右曰：「門外應有異。」遣人視，見淮中魚無算，皆浮出水上向城門。尋薨，年三十五。

帝常慮子良異志，及薨，甚悅。詔給東園溫明祕器，斂以袞冕之服，東府施喪位，大鴻臚持節監護，太官朝夕送祭。又詔追崇假黃鉞、侍中、都督中外諸軍事、大宰、領大將軍、揚州牧，綠綟綬，備九服錫命之禮，使持節、中書監、王如故。給九旒鸞輅、黃屋左纛、輼輬車、前後部羽葆、鼓吹，挽歌二部，虎賁班劍百人，葬禮依晉安平王孚故事。初，豫章王嶷葬金牛山，文惠太子葬夾石。子良臨送，望祖硎山悲感歎曰：「北瞻吾叔，前望吾兄，死而有知，請葬茲地。」及薨，遂葬焉。

所著內外文筆數十卷，雖無文采，多是勸戒。

子良既亡，故人皆來奔赴，陸惠曉於邸門逢袁彖，問之曰：「近者云云，定復何謂？王融見殺，而魏準破膽。道路籍籍，又云竟陵不永天年，有之乎？」答曰：「齊氏微弱，已數年矣，爪牙柱石之臣都盡，命之所餘，政風流名士耳。若不立長君，無以鎮安四海。王融雖爲身計，實安社稷，恨其不能斷事，以至於此。道路之談，自爲虛說耳，蒼生方塗炭矣，政當瀝耳聽之。」

建武中，故吏范雲上表爲子良立碑，事不行。子昭冑嗣。

昭冑字景胤，汎涉書史，有父風，位太常。以封境邊魏，永元元年，改封巴陵王。

先是，王敬則事起，南康侯子恪在吳郡，明帝慮有同異，召諸王侯入宮，晉安王寶義及江陵公寶覽住中書省，高、武諸孫住西省，敕人各兩左右自隨，過此依軍法，孩抱者乳母隨入。其夜並將加害，賴子恪至乃免。自建武以來，高、武王侯，居常震怖，朝不保夕，至是尤甚。

及陳顯達起事，王侯復入宮，昭冑懲往時之懼，與弟永新侯昭穎逃奔江西，變形爲道人。崔慧景舉兵，昭冑兄弟出投之。慧景敗，昭冑兄弟首出投臺軍主胡松，各以王侯還第，不自安，謀爲身計。子良故防閤桑偃爲梅蟲兒軍副，結前巴西太守蕭寅，謀立昭冑。昭冑

許事剋用寅爲尚書左僕射、護軍，以寅有部曲，大事皆委之。時胡松領軍在新亭，寅遣人說之，松許諾。又張欣泰嘗爲雍州，亦有部曲，昭冑又遣房天寶以謀告之，欣泰聞命響應。蕭寅左右華永達知其謀，以告御刀朱光尚。光尚挾左道以惑東昏，因謂東昏曰：「昨見蔣王，云巴陵王在外結黨欲反，須官出行，仍從萬春門入，事不可量。」時東昏日游走，聞此說大懼，不復出四十餘日。偃等議募健兒百餘人，從萬春門入，突取之。昭冑以爲不可。偃同黨王山沙慮事久無成，以事告御刀徐僧重，寅遣人殺山沙於路。吏於麝幐中得其事迹，昭冑兄弟與同黨皆伏誅。

梁受禪，降封昭冑子同爲監利侯。

同弟賁字文奐，形不滿六尺，神識耿介。幼好學，有文才，能書善畫，於扇上圖山水，咫尺之內，便覺萬里爲遙。矜慎不傳，自娛而已。好著述，嘗著西京雜記六十卷。起家湘東王法曹參軍，得一府歡心。及亂，王爲檄，賁讀至「偃師南望，無復儲胥露寒，河陽北臨，或有穹廬氈帳」，迺曰：「聖製此句，非爲過似，如體目朝廷，非關序賊。」王聞之大怒，收付獄，遂以餓終。又追戮賁尸，乃著懷舊傳以謗之，極言誣毀。

中華書局

廬陵王子卿字雲長，武帝第三子也。建元元年，封臨汝縣公。〔一四〕武帝卽位，爲郢州刺史，加都督。子卿諸子中無德，又與魚復侯子響同生，故無寵。徙都督、荆州刺史。始興王爲益州，子卿解督。

子卿在鎭，營造服飾，多違制度，作瑇瑁乘具。詔責之，令速送都；又作銀鐙、金薄裹箭脚，亦便速壞去。凡諸服章，自今不啓專輒作者，當得痛杖。又曰：「汝比令讀學，今年轉成長，學旣勿就，得敕如風過耳，使吾失氣。」〔一五〕

永明十年，爲都督、南豫州刺史。之鎭，道中戲部伍爲水軍，上聞大怒，殺其典籤。遣宜都王鏗代之。子卿還第，至崩不與相見。

隆昌元年，爲衞將軍、開府儀同三司，置兵佐。鄱陽王鏘見害，以子卿代爲司徒。所居屋梁柱際血出溜于地，旬日而見殺。

魚復侯子響字雲音，武帝第四子也。豫章王嶷無子，養子響。後嶷有子，表留爲嫡。武帝卽位，爲南彭城、臨淮二郡太守。

子響勇力絕人，開弓四斛力，數在園池中帖騎馳走竹樹下，身無虧傷。旣出繼，車服異

諸王，每入朝輒忿，拳打車壁，武帝知之，令車服與皇子同。

永明六年，有司奏子響宜還本，乃封巴東郡王。七年，爲都督、荆州刺史。直閤將軍董蠻粗有氣力，子響要與同行。蠻曰：「殿下癲如雷，敢相隨邪？」子響笑曰：「君敢出此語，亦復奇癲。」上聞而不悅，曰：「人名蠻，復何容得蘊藉。」乃改名爲仲舒。謂曰：「今日仲舒，何如昔日仲舒？」答曰：「昔日仲舒，出自私庭，今日仲舒，降自天帝，以此言之，勝昔遠矣。」上稱善。

子響少好武，帶仗左右六十人，皆有膽幹，數在內齋殺牛置酒，與之聚樂。令私作錦袍絳襖，欲餉蠻交易器仗。長史劉寅等連名密啓，上敕精檢，寅等懼，欲祕之。子響聞臺使至，不見敕，〔一六〕乃召寅及司馬席恭穆、諮議參軍江悆、殷曇粲、中兵參軍周彥、典籤吳脩之、王賢宗、魏景深等俱入，〔一七〕於琴臺下併斬之。上聞之怒，遣衞尉胡諧之、游擊將軍尹略、中書舍人茹法亮領羽林三千人檢捕羣小。敕「子響若束手自歸，〔一八〕可全其性命」。

諧之等至江津，築城燕尾洲。子響白服登城，頻遣信與相聞，曰：「天下豈有兒反，身不作賊，直是粗疎。今便單舸還闕，何築城見捉邪？」尹略獨答曰：「誰將汝反父人共語。」子響聞之唯灑泣。又送牛數十頭，酒二百石，果餽三十輿，略棄之江流。子響膽力之士王衝天不勝忿，〔一九〕乃率黨度洲攻壘斬略，而諧之、法亮單艇奔逸。

上又遣丹陽尹蕭順之領兵繼之，子響卽日將白衣左右三十人，乘舴艋中流下都。初，順之將發，文惠太子素忌子響，密遣不許還，令便爲之所。子響及見順之，欲自申明，順之不許，於射堂縊之。有司奏絕子響屬籍，賜爲蛸氏。

子響密作啓數紙，藏妃王氏裙腰中，具自申明，云：「輕舫還闕不得，此苦之深，唯願矜憐，無使竹帛齊有反父之子，父有害子之名。」及順之還，上心甚怪恨。百日於華林爲子響作齋，上自行香，對諸朝士嚬蹙。及見順之，嗚咽移時，左右莫不掩涕。他日出景陽山，見一猨透擲悲鳴，問後堂丞：「此猨何意？」答曰：「猨子前日墮崖致死，其母求之不見，故爾。」上因憶子響，歔欷良久，不自勝。順之慚懼，感病，遂以憂卒。於是豫章王嶷上表曰：「故庶人蛸子響識懷靡樹，見淪不逞，肆憤一朝，取陷凶德，身膏草野，未云塞釁。但歸罪司戮，迷而知返，撫事惟往，載傷心目。伏願一下天矜，使得旋窆餘麓，豈伊窮骸被德，實且天下歸仁。」上不許，貶爲魚復侯。

安陸王子敬字雲端，武帝第五子也。初封應城縣公。先是子敬所生早亡，帝命貴妃范氏母養之，及范氏薨，〔二〇〕而子及婦服制，禮無明文。永明中，尚書令王儉議：「孫爲慈孫，婦

爲慈婦，姑爲慈姑，宜制朞年服。」從之。十年，位散騎常侍、撫軍將軍、丹陽尹。十一年，加車騎將軍。隆昌元年，遷都督、南兗州刺史。延興元年，加侍中。明帝除諸蕃王，遣中護軍王玄邈征九江，王廣之襲殺子敬。

初，子敬爲武帝所留心，帝不豫，有意立子敬爲太子，代太孫。子敬與太孫俱入參畢同出，武帝目送子敬良久，曰：「阿五鈍。」由此代換之意乃息。

晉安王子懋字雲昌，武帝第七子也。諸子中最爲清恬，有意思，廉讓好學。年七歲時，母阮淑媛嘗病危篤，請僧行道。有獻蓮華供佛者，衆僧以銅罌盛水漬其莖，欲華不萎。子懋流涕禮佛曰：「若使阿姨因此和勝，願諸佛令華竟齋不萎。」七日齋畢，華更鮮紅，視罌中稍有根鬚，當世稱其孝感。

永明五年，爲南兗州刺史、監五州軍事。六年，徙監湘州刺史。八年，撰春秋例苑三十卷，奏之，武帝敕付祕閣。十一年，爲都督、雍州刺史，給鼓吹一部。豫章王喪服未畢，上以邊州須威望，許得奏之。啓求所好書，武帝曰：「知汝常以書讀在心，足爲深欣。」賜以杜預手所定左傳及古今善言。

隆昌元年，爲征南大將軍、江州刺史，敕留西楚部曲助鎭襄陽，單將白直俠轂自隨。陳顯達時屯襄陽，入別，子懋謂之曰：「朝廷命身單身而反，身是天王，豈可過爾輕率。今欲將二三千人自隨，公意何如？」顯達曰：「殿下若不留部曲，便是大違敕旨。」顯達因辭出便發去。子懋計未立，還鎭尋陽。

延興元年，加侍中。聞鄱陽、隨郡二王見殺，欲起兵赴難，與參軍周英、防閤陸超之議：「傳檄荆、郢，入討君側，事成則宗廟獲安，不成猶爲義鬼。」防閤董僧慧攘袂曰：「此州雖小，孝武亦嘗用之，今以勤王之師，橫長江，指北闕，以請鬱林之過，誰能對之。」於是部分兵將，入匡社稷。

母阮在都，遣書欲密迎上，阮報同產弟于瑤之爲計。瑤之馳告明帝，於是纂嚴，遣中護軍王玄邈、平西將軍王廣之南北討，使軍主裴叔業與瑤之先襲尋陽，聲云爲郢府司馬。子懋知之，遣三百人守湓城。叔業泝流直上，襲湓城。子懋先已具船於稽亭渚，聞叔業得湓城，乃據州自衞。

子懋部曲多雍土人，皆踴躍願奮，叔業畏之，遣于瑤之說子懋曰：「今還都，必無過憂，政當作散官，不失富貴也。」子懋既不出兵攻叔業，衆情稍沮。中兵參軍于琳之，瑤之兄也，說子懋重賂叔業。子懋

使琳之往，琳之因說叔業請取子懋。叔業遣軍主徐玄慶將四百人隨琳之入城，僚佐皆奔散，唯周英及外兵參軍王皎更移入城內。子懋聞之歎曰：「不意吾府有義士二人。」琳之從二百人仗自入齋，子懋笑謂之曰：「不意渭陽，翻成梟鏡。」琳之以袖障面，使人害之。故人懼罪無敢至者，唯英、皎、僧慧號哭盡哀，爲之喪殯。[二]

董僧慧，丹陽姑孰人，出自寒微而慷慨有節義。好讀書，甚驍果，能反手於背彎五斛弓，當世莫有能者。玄邈知其豫子懋之謀，執之。僧慧曰：「晉安舉義兵，僕實豫議。古人云『非死之難，得死之難』。僕得爲主人死，不恨矣。願至主人大斂畢，退就湯鑊，雖死猶生。」玄邈義而許之。還具白明帝，乃配東冶。言及九江時事，輒悲不自勝。子懋子昭基，九歲，以方二寸絹爲書，參其消息，幷遺錢五百，以金假人，崎嶇得至。僧慧視書，對錢曰：「此郎君書也。」悲慟而卒。

陸超之，吳人，以清靜雅爲子懋所知。子懋既敗，于琳之勸其逃亡。答曰：「人皆有死，此不足懼。吾若逃亡，非唯孤晉安之眷，亦恐田橫客笑人。」玄邈等以其義，欲因將還都，而超之亦端坐待命。超之門生姓周者，謂殺超之當得賞，乃伺超之坐，自後斬之，頭墜而身不僵。玄邈嘉其節，厚爲殯斂。周又助轝棺，未出戶，棺墜，政壓其頭折頸卽死。[三]聞之者莫不以爲有天道焉。

隨郡王子隆字雲興，武帝第八子也。性和美，有文才。娶尚書令王儉女爲妃。武帝以子隆能屬文，謂儉曰：「我家東阿也。」

永明八年，爲都督、荆州刺史。隆昌元年，爲侍中、撫軍將軍，領兵置佐。延興元年，轉中軍大將軍，侍中如故。

子隆年二十一，而體過充壯，常使徐嗣伯合蘆茹丸以服自銷損，猶無益。明帝輔政，謀害諸王，武帝諸子中子隆最以才貌見憚，故與鄱陽王鏘同夜先見殺。文集行於世。

建安王子眞字雲仙，武帝第九子也。永明七年，累遷郢州刺史，加都督。隆昌元年，爲散騎常侍、護軍將軍。

延興元年，明帝遣裴叔業就典籤柯令孫殺之，子眞走入牀下，令孫手牽出之，叩頭乞爲奴贖死，不從，見害，年十九。

西陽王子明字雲光，武帝第十子也。永明元年，封武昌王。三年，失國璽，改封西陽。十年，爲會稽太守，督五郡軍事。

子明風姿明淨，士女觀者，咸嗟嘆之。建武元年，爲撫軍將軍，領兵置佐。二年，誅蕭諶，子明及弟子罕、子貞同謀謀見害，年十七。

南海王子罕字雲華，武帝第十一子也，頗有學。母樂容華有寵，故武帝留心。

母嘗寢疾，子罕晝夜祈禱。于時以竹爲燈纘照夜，此纘宿昔枝葉大茂，母病亦愈，咸以爲孝感所致。主簿劉飉及侍讀賀子喬爲之賦頌，當時以爲美談。建武元年，位護軍將軍。二年，見殺，年十七。

巴陵王子倫字雲宗，武帝第十三子也。永明十年，爲北中郎將、南琅邪彭城二郡太守。鬱林卽位，以南彭城祿力優厚，奪子倫與中書舍人綦母珍之，更以南蘭陵代之。

延興元年，明帝遣中書舍人茹法亮殺子倫，子倫時鎮琅邪城，有守兵，子倫英果，明帝恐不即罪，以問典籤華伯茂。伯茂曰：「公若遣兵取之，恐不即可辦，若委伯茂，一小吏力耳。」既而伯茂手自執鴆逼之，左右莫敢動者。子倫正衣冠，出受詔，謂法亮曰：「積不善之家，必有餘殃。昔高皇帝殘滅劉氏，今日之事，理數固然。」舉酒謂法亮曰：「君是身家舊人，今銜此命，當由事不獲已。此酒差非勸酬之爵。」因仰之而死，時年十六。法亮及左右皆流涕。

先是高帝、武帝爲諸王置典籤帥，一方之事，悉以委之。每至覲接，輒留心顧問，刺史行事之美惡，係於典籤之口，莫不折節推奉，恒慮弗及，於是威行州部，權重蕃君。武陵王曄爲江州，性烈直不可忤，典籤趙渥之曰：「今出都易刺史。」[三]及見武帝相詆，曄遂免還。南海王子罕戍琅邪，欲暫游東堂，典籤姜秀不許而止。還泣謂母曰：「兒欲移五步亦不得，與囚何異。」秀後輒取子罕屐織飲器等供其兒昏，武帝知之，鞭二百，繫尚方，然而擅命不改。邵陵王子貞嘗求熊白，廚人答典籤不在，不敢與。西陽王子明欲送書參侍讀鮑僎病，典籤吳脩之不許，曰：「應諮行事。」乃止。言行舉動，不得自專，徵衣求食，必須諮訪。永明中，巴東王子響殺行事劉寅等，武帝聞之，謂羣臣曰：「子響遂反。」戴僧靜大言曰：「諸王都自應反，豈唯巴東。」武帝問其故，答曰：「天王無罪，而一時被囚，取一挺藕，一杯

漿，皆諮籤帥，不在則竟日忍渴。諸州唯聞有籤帥，不聞有刺史。」

竟陵王子良嘗問衆曰：「士大夫何意諂籤帥？」參軍范雲答曰：「諂長史以下皆無益，諂籤帥便有倍本之價，不諂謂何！」子良有愧色。

及明帝誅異己者，諸王見害，悉典籤所殺，竟無一人相抗。孔珪聞之流涕曰：「齊之衡陽、江夏最有意，而復害之。若不立籤帥，故當不至於此。」

邵陵王子貞字雲松，武帝第十四子也。建武二年見誅，年十五。

臨賀王子岳字雲嶠，武帝第十六子也。明帝誅武帝諸子，唯子岳及弟六人在後，時呼爲「七王」。朔望入朝，上還後宮，輒歎息曰：「我及司徒諸兒子皆不長，高、武子孫日長大。」永泰元年，上疾甚，絕而復蘇，於是誅子岳等。

延興、建武中，凡三誅諸王，每一行事，明帝輒先燒香，嗚咽涕泣，衆以此輒知其夜當殺戮也。子岳死時年十四。

西陽王子文字雲儒，武帝第十七子也。永明七年，封蜀郡王，建武中，改封西陽。永泰元年見殺，年十四。

衡陽王子峻字雲嵩，武帝第十八子也。永明七年，封廣漢郡王，建武中改封。永泰元年見殺，年十四。

南康王子琳字雲璋，武帝第十九子也。母荀昭華盛寵，後宮才人位登采女者，依例舊賜玉鳳凰，荀時始爲采女，得玉鳳凰投地曰：「我不能例受此。」武帝乃拜爲昭華。子琳以母寵故最見愛。太尉王儉因請昏，武帝悅而許之。羣臣奉寶物名好盡直數百金，武帝爲之報答亦如此。及應封，而好郡已盡，乃以宣城封之。既而以宣城屬揚州，不欲爲王國，改封南康公褚蓁爲巴東公，以南康爲王國封子琳。永泰元年見殺，年十四。

湘東王子建字雲立，武帝第二十一子也。母謝無寵，武帝度爲尼。明帝即位，使還母子建。永泰元年見殺，年十三。

南郡王子夏字雲廣，武帝第二十三子也。上春秋高，子夏最幼，寵愛過諸子。初，武帝夢金翅鳥下殿庭，搏食小龍無數，乃飛上天。及明帝初，其夢方驗。永泰元年，子夏誅，年七歲。

文惠太子四男：安皇后生廢帝鬱林王昭業，宮人許氏生廢帝海陵恭王昭文，陳氏生巴陵王昭秀，褚氏生桂陽王昭粲。

巴陵王昭秀字懷尚，太子第三子也。鬱林即位，封臨海郡王。隆昌元年，爲都督、荆州刺史。延興元年，徵爲車騎將軍。明帝建武二年，改封巴陵王。永泰元年見殺，年十六。

桂陽王昭粲，太子第四子也。鬱林立，封永嘉郡王。延興元年，出爲荆州刺史，加都督。建武二年，改封桂陽王。四年，爲太常。永泰元年見殺，年八歲。

明帝十一男：敬皇后生廢帝東昏侯寶卷、江夏王寶玄、鄱陽王寶寅、和帝，殷貴嬪生巴陵隱王寶義、晉熙王寶嵩，袁貴妃生廬陵王寶源，管淑妃生邵陵王寶脩，〔三〕許淑媛生桂陽王寶貞。餘皆早夭。

巴陵隱王寶義字智勇，明帝長子也，本名明基。建武元年，封晉安郡王。

寶義少有廢疾，不堪出人間，止加除授，爲都督、揚州刺史，仍以始安王遙光代之。轉

爲右將軍，領兵置佐，鎮石頭。二年，爲南徐州刺史，加都督。東昏即位，進征北將軍，開府儀同三司，給扶。永元元年，〔四〕爲都督、揚州刺史。三年，進位司徒。和帝西臺建，以爲侍中、司空。

梁武平建鄴，宣德太后令以寶義爲太尉，領司徒，詔云：「不言之化，形于自遠。」時人皆云此實錄也。

梁受禪，封謝沐公。尋封巴陵郡王，奉齊後。天監中薨。

江夏王寶玄字智深，明帝第三子也。建武元年，封江夏郡王。東昏即位，爲都督、南徐兗二州刺史。

寶玄娶尚書令徐孝嗣女爲妃，孝嗣被誅離絕，東昏送少姬二人與之。寶玄恨望有異計。

明年，崔慧景舉兵，還至廣陵，遣使奉寶玄爲主，寶玄斬其使，因是發將吏防城。慧景將度江，寶玄密與相應，開門納慧景，乘八掆輿，手執絳麾幡，隨慧景至都，百姓多往投集。慧景敗，收得朝野投寶玄及慧景軍名，東昏令燒之，曰：「江夏尙爾，豈復可罪餘人。」

寶玄逃奔，數日乃出，帝召入後堂，以步鄣裹之，令羣小數十人鳴鼓角馳繞其外，遣人謂曰：「汝近圍我亦如此。」少日乃殺之。

廬陵王寶源字智泉，明帝第五子也。建武元年封。和帝即位，爲車騎將軍、開府儀同三司。中興二年薨。

鄱陽王寶寅字智亮，明帝第六子也。建武初，封建安郡王。東昏即位，爲都督、郢州刺史。永元三年，爲車騎將軍、開府儀同三司，鎮石頭。其秋，雍州刺史張欣泰等謀起事於新亭，殺臺內諸主帥。難作之日，前南譙太守王靈秀奔往石頭，〔六〕帥城內將吏，去車腳，載寶寅向臺城，百姓數千人皆空手隨後。至杜姥宅，日已欲暗，城門閉，城上人射之，衆棄寶寅走。

寶寅逃亡三日，戎服詣草市尉，尉馳以啓帝，帝迎入宮，問之。寶寅涕泣稱制不自由，

帝笑，乃復爵位。宣德太后臨朝，改封寶寅鄱陽王。中興二年，謀反奔魏。

邵陵王寶脩字智宣，明帝第九子也。建武元年，封南平郡王，二年改封。中興二年謀反，宣德太后令賜死。

晉熙王寶嵩字智靖，明帝第十子也。中興元年，和帝以爲中書令。二年誅。

桂陽王寶貞，明帝第十一子也。中興二年誅。

論曰：守器之重，邦家所憑，觀文惠之在東儲，固已有虧令德，向令負荷斯集，猶當及於禍敗，況先期夙隕，愆失已彰。而武帝不以擇賢，傳之昏孽，推此而論，有冥數矣。子良物

中華書局

望所集，失在儒雅，當斷不斷，以及于災，非止自致喪亡，乃至宗祀覆滅，哀哉！夫帝王子弟，生長尊貴，情僞之事，不經耳目，雖卓爾天悟，自得懷抱，孤寡爲識，所陋猶多。齊氏諸王，並幼踐方岳，故輔以上佐，簡自帝心，劵舊左右，用爲主帥，州國府第，先令後行。飲食游居，動應聞啓，端拱守祿，遵承法度，張弛之要，莫敢厝言。行事執其權，典籤掣其肘，處地雖重，行止莫由。威不在身，恩未接下，倉卒一朝，事難總集，望其釋位扶危，不可得矣。[二七]路溫舒云：「秦有十失，其一尚存。」斯宋氏之餘風，及在齊而彌弊。寶玄親兼一體，欣受家殃，曾不知執柯所指，豈蓴相從而敗。以此而圖萬事，未知其勢槩也。

校勘記

〔一〕事寧武帝遣太子還都　「事寧」上南齊書有「宋元徽末，隨世祖在郢。世祖還鎮盆城拒沈攸之，使太子勞接將帥，親侍軍旅」。此删去，遂不知「事寧」所指爲何。

〔二〕舍閭以正朞　「舍」各本作「含」，據南齊書禮志改。按通典禮典引作「合」。

〔三〕上將訊丹陽所領囚及南北二百里內獄　「及」各本作「爲」，據南齊書改。

〔四〕造游牆數百間　「牆」各本作「觀」，據南齊書改。

〔五〕太子使宮中將吏更番築役營城包巷　「築役」　營城包巷」南齊書作「役築」、「宮城苑巷」，

疑是。

〔六〕內外百司私咸謂旦暮繼體　「百司」各本作「百姓」，據南齊書改，按南齊書無「私」字。

〔七〕凡事皆責成郡縣　「凡事」二字各本並脫，據通鑑補。

〔八〕中軍長嫡之重　「嫡」各本作「奠」，據南齊書禮志改。

〔九〕中軍祥縞之日　「祥」各本作「緟」，據南齊書禮志改。

〔一〇〕子良少有清尚　「尚」各本作「向」，據南齊書、通鑑改。

〔一一〕是時上新視政　「視」南齊書作「親」。

〔一二〕必須輪郭完全　「完全」二字各本並脫，據南齊書、册府元龜補。按下云「尋完者爲用」，即指「完全」而言。

〔一三〕捶革相繼　「繼」各本作「驅」，據南齊書改。

〔一四〕封臨汝縣公　「縣」各本作「郡」。據南齊書改。按臨汝爲江州臨川郡屬縣，見南齊書州郡志。

〔一五〕汝比令讀學今年轉成長學既勿就得敕如風過耳使吾失氣　「就」字各本並脫，據通志補。按南齊書作「汝比在都，讀學不就。年轉成長，吾日冀汝美。勿得敕如風過耳，使吾失氣」。

〔一六〕子響聞臺使至不見敕　「至」字各本並脫，據南齊書、通志補。

〔一七〕乃召寅至魏景深等俱入　「魏景深」南齊書作「魏景淵」，此避唐諱改。

〔一八〕子響若束手自歸　「束手」各本作「來首」，據通鑑改。

〔一九〕子響膽力之士王衝天不勝忿　「王衝天」大德本、南、北監本作「王衡天」，今從汲古閣本、殿本、局本。

〔二〇〕及范氏甍此四字各本並脫，據通志補。

〔二一〕爲之喪殯　「之」字各本並脫，據册府元龜七一五補。

〔二二〕政壓其頭折頸即死　「頸」字各本並脫，據通鑑、通志補。

〔二三〕今出都易刺史　「出都」各本作「出郡」，據通鑑改。按「出都」指出至都，故下云「及見武帝相詆，嘩遂免還」。

〔二四〕管淑妃生邵陵王寶脩　「寶脩」南齊書作「寶攸」，通鑑同。

〔二五〕永元元年　「永元」各本作「永泰」，據南齊書改。按永泰二年改元永元，無三年，而下出「三年」，明爲永元之三年。

〔二六〕前南譙太守王靈秀奔往石頭　「前」字上各本有「幷」字，據南齊書删。

〔二七〕望其釋位扶危不可得矣　「釋位」各本作「擇位」，據南齊書武十七王傳論改。

中華書局

南史卷四十五

列傳第三十五

王敬則　陳顯達　張敬兒　崔慧景

王敬則，臨淮射陽人也。僑居晉陵南沙縣。母爲女巫，常謂人云：「敬則生時胞衣紫色，應得鳴鼓角。」人笑之曰：「汝子得爲人吹角可矣。」敬則年長，而兩腋下生乳，各長數寸。夢騎五色師子。性倜儻不羈，好刀劍，嘗與暨陽縣吏鬭，謂曰：「我若得暨陽縣，當鞭汝小吏背。」吏唾其面曰：「汝得暨陽縣，我亦得司徒公矣。」屠狗商販，徧於三吳。使於高麗，與其國女子私通，因不肯還，被收錄然後反。善拍張，補刀戟左右。宋前廢帝使敬則跳刀，高出白虎幢五六尺，接無不中。仍撫髀拍張，甚爲儇捷。補俠轂隊主，領細鎧左右，與壽寂之殺前廢帝。及明帝卽位，以爲直閤將軍，封重安縣子。

敬則少時於草中射獵，有蟲如烏豆集其身，擿去乃脫，其處皆流血。敬則惡之，詣道士卜，道士曰：「此封侯瑞也。」敬則聞之喜，故出都自効。

後補暨陽令，昔日鬭吏亡叛，勸令出，遇之甚厚。曰：「我已得暨陽縣，汝何時得司徒公邪？」初至暨陽縣陸主山下，宗侶十餘船同發，敬則船獨不進，乃令弟入水推之，見烏漆棺。敬則呪云：「若是吉，使船速進，吾富貴當改葬爾。」船須臾去，〔一〕入縣收此棺葬之。

時軍荒後，縣有一部劫逃入山中爲人患，敬則遣人致意劫帥使出首，當相申論。郭下廟神甚酷烈，百姓信之，敬則引神爲誓，必不相負。劫帥既出，敬則於廟中設酒會，於坐收縛曰：「吾啓神，若負誓，還神十牛。今不得違誓。」卽殺十牛解神，幷斬諸劫，百姓悅之。

元徽二年，隨齊高帝拒桂陽賊於新亭，敬則與羽林監陳顯達、寧朔將軍高道慶乘舸迎戰，大破賊水軍。事寧，帶南泰山太守、右俠轂主，轉越騎校尉、安成王車騎參軍。蒼梧王狂虐，左右不自安。敬則以高帝有威名，歸誠奉事，每下直輒往領軍府。夜著靑衣，扶匐道路，爲高帝聽察。高帝令敬則於殿內伺機。及楊玉夫將首投敬則，敬則馳謁高帝，乃戎服入宮。至承明門，〔二〕門郎疑非蒼梧還，敬則慮人覘見，以刀環塞窐孔，呼開門甚急。衞尉丞顏靈寶窺見高帝乘馬在外，竊謂親人：「今若不開內領軍，天下會是亂爾。」門開，敬則隨帝入殿。

昇明元年，遷輔國將軍，領臨淮太守，知殿內宿衞兵事。沈攸之事起，進敬則冠軍將軍。高帝入守朝堂，袁粲起兵，召領軍劉韞、直閤將軍卜伯興等於宮內相應，戒嚴將發，敬則開關掩襲，皆殺之。殿內竊發盡平，敬則之力也。政事無大小，帝並以委之。

敬則不識書，止下名，然甚善決斷。齊臺建，爲中領軍。高帝將受禪，材官薦易太極殿柱。順帝欲避上，不肯出宮遜位。〔三〕明日當臨軒，順帝又逃宮內。敬則將輿入迎帝，啓譬令出，引令升車。順帝不肯卽上，收淚謂敬則曰：「欲見殺乎？」敬則答曰：「出居別宮爾，官先取司馬家亦復如此。」順帝泣而彈指：「唯願後身生生世世不復天王作因緣。」宮內盡哭，聲徹於外。順帝拍敬則手曰：「必無過慮，當餉輔國十萬錢。」

齊建元元年，出爲都督、南兗州刺史，封尋陽郡公。加敬則妻懷氏爵爲尋陽國夫人。

二年，魏軍攻淮、泗，敬則恐，委鎭還都，百姓皆驚散奔走。上以其功臣不問，以爲都官尙書，遷吳興太守。郡舊多剽掠，有十數歲小兒於路取遺物，敬則殺之以徇。自此路不拾遺，郡無劫盜。又錄得一偸，召其親屬於前鞭之。令偸身長掃街路久之，乃令偸舉舊偸自代。諸偸恐爲所識，皆逃走，境內以淸。仍入烏程，從市過，見屠肉枅，歎曰：「吳興昔無此枅，是我少時在此所作也。」召故人飮酒說平生，不以屑也。還護軍，以家爲府。

三年，以改葬去職，詔贈敬則母尋陽國太夫人，改授侍中、撫軍。高帝遺詔敬則以本官

領丹陽尹，尋遷會稽太守，加都督。永明二年，給鼓吹一部。會土邊帶湖海，人丁無士庶皆保塘役。敬則以功力有餘，悉評歛爲錢送臺庫，以爲便宜。〔四〕上許之。

三年，進號征東將軍。宋廣州刺史王翼之子妾路氏酷暴，殺婢媵，翼之子法朗告之，敬則付山陰獄殺之。路氏家訴，爲有司所奏，山陰令劉岱坐棄市刑。敬則入朝，上謂敬則曰：「人命至重，是誰下意殺之？都不啓聞。」敬則曰：「是臣愚意。臣知何物科法，見背後有節，便言應得殺人。」劉岱亦引罪，上乃赦之；敬則免官，以公領郡。

後與王儉俱卽本號開府儀同三司。時徐孝嗣於崇禮門候儉，因嘲之曰：「今日可謂連璧。」儉曰：「不意老子遂與韓非同傳。」人以告敬則，敬則欣然曰：「我南沙縣吏，徼倖得細鎧左右，逮風雲以至於此。遂與王衞軍同日拜三公，王敬則復何恨。」了無恨色。朝士以此多之。

十一年，授司空。敬則名位雖達，不以富貴自遇。初爲散輩使魏，於北館種楊柳。後員外郎虞長曜北使還，敬則問：「我昔種楊柳樹，今若大小？」長曜曰：「虜中以爲甘棠。」武帝令羣臣賦詩，敬則曰：「臣幾落此奴度內。」〔五〕上問之，敬則對曰：「臣若解書，不過作尙書都令史爾，那得今日。」敬則雖不大識書，而性甚警黠，臨郡令省事讀辭，下教判決，〔六〕皆不失理。

中華書局

明帝輔政，密有廢立意。隆昌元年，出敬則爲會稽太守，加都督。海陵王立，進位太尉。明帝卽位，爲大司馬，臺使拜授日，雨大洪注，敬則文武皆失色。一客旁曰：「公由來如此，昔拜丹陽尹、吳興時亦然。」敬則大悅曰：「我宿命應得雨。」乃引羽儀、備朝服、導引出聽事拜受，意猶不自得，吐舌久之。

帝旣多殺害，敬則自以高、武舊臣，心懷憂懼。帝雖外厚其禮而內相疑備，數訪問敬則飲食體幹。聞其衰老，且以居內地，故得少安。後遣蕭坦之將齋仗五百人行晉陵，〔七〕敬則諸子在都，憂怖無計。上知之，問計於梁武帝，武帝曰：「敬則豎夫，易爲感，唯應錫以子女玉帛，厚其使人，如斯而已。」上納之。

吳人張思祖，敬則謀主也，爲府司馬，頻銜使。上僞傾意待之，以爲游擊將軍。遣敬則世子仲雄入東。〔八〕仲雄善彈琴，江左有蔡邕焦尾琴在主衣庫，上敕五日一給仲雄。仲雄在御前鼓琴，作懊儂曲，歌曰：「常歎負情儂，郎今果行許。」又曰：「君行不淨心，那得惡人題。」帝愈猜愧。

永泰元年，帝疾屢經危殆，以張瓌爲平東將軍、吳郡太守，置兵佐，密防敬則。內外傳言當有處分。敬則聞之，竊曰：「東今有誰，祇是欲平我耳。東亦何易可平，吾終不受金罌。」金罌謂鴆酒也。諸子怖懼，第五子幼隆遣正員將軍徐嶽以情告徐州行事謝朓爲計，若

同者當往報敬則。朓執嶽馳啓之。敬則城局參軍徐庶家在京口，其子密以報庶，庶以告敬則五官王公林。公林，敬則族子也，常所委信。公林勸敬則急送啓賜兒死，單舟星夜還都。敬則曰：「若爾，諸郎要應有信，且忍一夕。」其夜，呼僚佐文武摴蒱賭錢，謂衆曰：「卿諸人欲令我作何計？」莫敢先答。防閤丁興懷曰：「官祇應作爾。」敬則不作聲。〔九〕明旦，召山陰令王詢、臺傳御史鍾離祖願，敬則橫刀跂坐，問詢等發丁可得幾人，庫見有幾錢物，詢、祖願對並乖旨，敬則怒，將出斬之。王公林又諫敬則曰：「官詎不更思？」敬則唾其面，曰：「小子，我作事何關汝小子。」乃起兵，招集配衣，二三日便發。欲劫前中書令何胤還爲尚書令，長史王弄璋、司馬張思祖止之曰：「何令高蹈，必不從，不從便應殺之。舉大事先殺朝賢，事必不濟。」乃率實甲萬人過浙江，謂曰：「應須作檄。」思祖曰：「公今自還朝，何用作此？」乃止。

朝廷遣輔國將軍前軍司馬左興盛、直閤將軍馬軍主胡松三千餘人，築壘於曲阿長岡，尚書左僕射沈文秀爲持節、都督，屯湖頭，備京口路。

敬則以舊將舉事，百姓擔篙荷鍤隨逐之十餘萬衆。至武進陵口慟哭，乘肩輿而前。遇興盛、山陽二柴，盡力攻之。官軍不敵，欲退而圍不開，各死戰。胡松領馬軍突其後，白丁無器仗，皆驚散。敬則大叫索馬，再上不得上，興盛軍容袁文曠斬之傳首。

是時上疾已篤，敬則倉卒東起，朝廷震懼。東昏侯在東宮議欲叛，使人上屋望，見征虜

亭失火，謂敬則至，急裝欲走。有告敬則者，敬則曰：「檀公三十六策，走是上計，汝父子唯應急走耳。」蓋譏檀道濟避魏事也。

敬則之來，聲勢甚盛，凡十日而敗。時年六十四。朝廷漆其首藏在武庫，至梁天監元年，其故吏夏侯亶表請收葬，許之。

陳顯達，南彭城彭城人也。仕宋以軍功封彭澤縣子，位羽林監、濮陽太守，隸齊高帝討桂陽賊於新亭壘。劉勔大桁敗，賊進杜姥宅。及休範死，顯達出杜姥宅，大戰於宣陽津陽門，大破賊，矢中左目而鏃不出。地黃村潘嫗善禁，先以釘釘柱，嫗禹步作氣，釘卽出，乃禁顯達目中鏃出之。事平，封豐城侯，〔一〇〕再遷平越中郎將、廣州刺史，加都督。

沈攸之事起，顯達遣軍援臺，長史到遁、司馬諸葛導勸顯達保境蓄衆，密通彼此。顯達於坐手斬之，遣表疏歸心齊高帝。帝卽位，拜護軍將軍。後御膳不宰牲，顯達上熊蒸一盤，上卽以充飯。後拜都督、益州刺史。

武帝卽位，進號鎭西將軍。益部山險，多不賓服。大度村獠，前刺史不能制，顯達遣使責其租賧。獠帥曰：「兩眼刺史尙不敢調我。」遂殺其使。顯達分部將吏，聲將出獵，夜往襲

之，男女無少長皆斬之。自此山夷震服。

永明二年，徵爲侍中、護軍將軍。顯達累任在外，經高帝之憂。及見武帝，流涕悲咽，上亦泣，心甚嘉之。八年，爲征南大將軍、江州刺史。

顯達謙厚有智計，自以人微位重，每還官常有愧懼之色。子十餘人，誡之曰：「我本意不及此，汝等勿以富貴陵人。」家旣豪富，諸子與王敬則諸兒並精車牛，麗服飾。當世快牛稱陳世子青、王三郎烏、呂文顯折角、江瞿曇白鼻，而皆集陳舍。顯達知此不悅。及子休尙爲郢府主簿，過九江拜別。顯達曰：「凡奢侈者鮮有不敗，麈尾蠅拂是王、謝家物，汝不須捉此自逐。」卽取於前燒除之。其靜退如此。

豫廢鬱林之勳，延興元年，爲司空，進爵爲公。明帝卽位，進太尉，封鄱陽郡公。加兵二百人，給油絡車。後以太尉封鄱陽郡公，爲三公事，而職典連率，〔一一〕人以爲格外三公。上欲悉除高、武子孫，〔一二〕上微言問顯達，答曰：「此等豈足介慮。」上乃止。

顯達建武世心懷不安，深自貶退，車乘朽敗，導從鹵簿皆用羸小。侍宴，酒後啓上借枕，帝令與之。顯達撫枕曰：「臣年已老，富貴已足，唯少枕枕死，特就陛下乞之。」上失色曰：「公醉矣。」以年老告退，不許。

永泰元年，乃遣顯達北侵。永元元年，顯達督平北將軍崔慧景衆軍四萬圍南鄉界馬圈

城，去襄陽三百里。攻之四十日，魏軍食盡，噉死人肉及樹皮。外圍急，魏軍突走。顯達入據其城，遣軍主莊丘黑進取南鄉縣。魏孝文帝自領十餘萬騎奄至，軍主崔恭祖、胡松以烏布幔盛顯達，數人擔之，出汮水口，〔一三〕臺軍緣道奔退，死者三萬餘人。顯達素有威名，著於外境，至是大損喪焉。御史中丞范岫奏免顯達官，又表解職，並不許。以爲江州刺史，鎮盆城。初，王敬則事起，始安王遙光啓明帝慮顯達爲變，欲追軍還，事平乃寢。顯達亦懷危怖。及東昏立，彌不樂還都，得此授甚喜。尋加領征南大將軍，給三望車。

顯達聞都下大相殺戮，徐孝嗣等皆死，傳聞當遣兵襲江州。顯達懼禍，十一月十五日舉兵，欲直襲建鄴，以掩不備，又遙指郢州刺史建安王寶寅爲主。朝廷遣後軍將軍胡松等據梁山，顯達率衆數千人發尋陽，與松戰於采石，大破之，都下震恐。

十二月，潛軍度取石頭北上襲城，宮掖大駭，閉門守備。顯達馬矟從步軍數百人，於西州前與臺軍戰，再合大勝，矟折，手猶殺十餘人。宮軍繼至，顯達不能抗，退走至西州後烏榜村。騎官趙潭注矟刺落馬，斬之籬側，血涌湔籬，似淳于伯之被刑。時年七十三。

顯達在江州遇疾，不療之而差，意甚不悅。是時連冬大雪，梟首朱雀而雪不集，諸子皆伏誅。

張敬兒，南陽冠軍人也。父醜，爲郡將軍，官至節府參軍。敬兒年少便弓馬，有膽氣，好射猛獸，發無不中。南陽新野風俗出騎射，而敬兒尤多膂力。稍官至寧蠻行參軍，隨郡人劉胡伐襄陽諸山蠻，深入險阻，所向皆破。又擊胡陽蠻，官軍引退，敬兒單馬在後，賊不能抗。

山陽王休祐鎮壽陽，求善騎射士，敬兒及襄陽俞湛應選。敬兒善事人，遂見寵，爲長兼行參軍。泰始初，隨府轉驃騎參軍，署中兵，領軍討義嘉賊，與劉胡相拒於鵲尾洲，啓明帝乞本郡。事平，除南陽太守。

敬兒之爲襄陽府將也，家貧，每休假輒傭賃自給。嘗爲城東吳泰家擔水，通泰所愛婢。事發，將被泰殺，逃賣棺材中，以蓋加上，乃免。及在鵲尾洲，啓明帝云：「泰以絲助雍州刺史袁顗爲弩弦，黨同爲逆，〔一四〕若事平之日，乞其家財。」帝許之。至是收籍吳氏，唯家人保身得出，僮役財貨直數千萬，敬兒皆有之。先所通婢，即以爲妾。

後爲越騎校尉，桂陽王事起，隸齊高帝頓新亭。賊矢石既交，休範白服乘輿勞樓下。敬兒與黃回白高帝求詐降以取之。高帝曰：「卿若辦事，當以本州相賞。」敬兒相與出城南，放仗走，大呼稱降。休範喜，召至輿側。回陽致高帝密意，休範信之。回目敬兒，敬兒奪取休範防身刀斬之，其左右百人皆散。敬兒持首歸新亭。除驍騎將軍，加輔國將軍。高帝置酒謂敬兒曰：「非卿之功無今日。」

高帝以敬兒人位既輕，不欲使便爲襄陽重鎮。〔一五〕敬兒求之不已，乃微動高帝曰：「沈攸之在荊州，公知其欲何所作，不出敬兒以防之，恐非公之利也。」帝笑而無言，乃除雍州刺史，加都督，封襄陽縣侯。部伍泊沔口，〔一六〕敬兒乘舴艋過江，詣晉熙王燮。中江遇風船覆，左右丁壯者各泅水走，餘二小史沒船下求敬兒救，敬兒兩掖挾之，隨船仰得在水上，如此翻覆行數十里，方得迎接。失所持節，更給之。

至鎮，厚結攸之，得其事迹，密白高帝，終無二心。又與攸之司馬劉攘兵情款。及蒼梧廢，敬兒疑攸之當因此起兵，密問攘兵，攘兵無所言，〔一七〕寄敬兒馬鐙一隻。敬兒乃爲備。

昇明元年冬，攸之反，遣使報敬兒。〔一八〕勞接周至，爲設食訖，列仗於聽事前斬之。集部曲。偵攸之下，當襲江陵。〔一九〕敬兒告變使至，高帝大喜，進號鎮軍將軍，改督。

攸之至郢城敗走，其子元琰與兼長史江乂、別駕傅宣等還江陵。敬兒軍至白水，元琰聞城外鶴唳，謂是叫聲，恐懼欲走。其夜，乂、宣開門出奔，城潰，元琰奔寵洲見殺。敬兒至江陵，誅攸之親黨，沒入其財物數千萬，善者悉以入私，送臺者百不一焉。攸之於湯渚村自經死，居人送首荊州。敬兒使楯擊之，蓋以青繖，徇諸市郭，乃送建鄴。進爵爲公。

敬兒在雍州貪殘，人間一物堪用，莫不奪取。於襄陽城西起宅，聚物貨，宅大小殆侔襄陽。又欲移羊叔子墮淚碑，於其處置臺。綱紀諫曰：「此羊太傅遺德，不宜遷動。」敬兒曰：「太傅是誰，我不識。」

及齊受禪，轉侍中、中軍將軍，遷散騎常侍、車騎將軍，置佐史。高帝崩，遺詔加開府儀同三司。於家竊泣曰：「官家大老天子可惜，太子年少，向我所不及也。」及拜，王敬則戲之，呼爲褚彥回。敬兒曰：「我馬上所得，終不能作華林閤勳也。」敬則甚恨焉。

初，敬兒微時，有妻毛氏，生子道門，〔二〇〕而鄉里尚氏女有色貌，敬兒悅之，遂棄毛氏而納尚氏爲室。及居三司，尚氏猶居襄陽宅。慮不復外出，乃迎家口悉下至都，啓武帝，不蒙勞問。敬兒心自疑。及垣崇祖死，愈恐懼。性好卜術，信夢尤甚，初征荊州，每見諸將帥，不遑有餘計，唯敍夢云：「未貴時，夢居村中，社樹欻高數十丈。及在雍州，又夢社樹直上至天。」以此誘說部曲，自云貴不可言。由是不自測量，無知。又使於鄉里爲謠言，使小兒輩歌曰：「天子在何處？宅在赤谷口，天子是阿誰？非猪如是狗。」敬兒家在冠軍，宅前有地名赤谷。既得開府，又望班劍，語人曰：「我車邊猶少班蘭物。」

敬兒長自荒遠，少習武事，既從容都下，又四方寧靖，益不得志。其妻尚氏亦曰：「吾昔夢一手熱如火，而君得南陽郡；元徽中，夢一髀熱如火，君得本州；建元中，夢半體熱，尋得

中華書局

開府，今復舉體熱矣。」以告所親，言其妻初夢次夢，又言「今舉體熱矣」。閹人聞其言說之，事達武帝。敬兒又遣使與蠻中交關，武帝疑有異志，永明元年，敕朝臣華林八關齋，於坐收敬兒。初，左右雷仲顯常以盈滿誡敬兒，不能從，至是知有變，抱敬兒泣，敬兒脫冠貂投地曰：「用此物誤我。」及子道門、道暢、道休並伏誅，少子道慶見宥。後數年，上與豫章王嶷三日曲水內宴，舴艋船流至御坐前覆沒，上由是言及敬兒，悔殺之。

敬兒始不識書，及爲方伯，乃習學讀孝經、論語。初徵爲護軍，乃潛於密室中屏人學揖讓答對，空中俯仰，妾侍竊窺笑焉。將拜三司，謂其妻嫂曰：「我拜後府開黃閤。」〔二〕因口自爲鼓聲。初得鼓吹，羞便奏之。又於新林慈姥廟爲妾祈子祝神，〔三〕口自稱三公，其鄙俚如此。

始其母於田中臥，夢犬子有角舐之，已而有娠而生敬兒，故初名苟兒。又生一子，因苟兒之名復名猪兒。宋明帝嫌苟兒名鄙，改爲敬兒，故猪兒亦改爲恭兒，位正員郎，謝病歸本縣，常居上保村，不肯出仕，與居人不異。與敬兒愛友甚篤。及聞敬兒敗，走入蠻。後首出，原其罪。

崔慧景字君山，清河東武城人也。祖構，奉朝請。父系之，州別駕。

慧景少有志業，仕宋爲長水校尉。齊高帝在淮陰，慧景與宗人祖思同時自結。及高帝受禪，封樂安縣子，爲都督、梁南秦二州刺史。永明四年，爲司州刺史。母喪，詔起復本任。慧景每罷州，輒傾資獻奉，動數百萬。武帝以此嘉之。十年，爲都督、豫州刺史。

鬱林卽位，慧景以少主新立，密與魏通，朝廷疑之。明帝輔政，遣梁武帝至壽春安慰之。慧景密啓送誠勸進。建武四年，爲度支尚書，領太子左率。

東昏卽位，爲護軍。時輔國將軍徐世標專權號令，慧景備員而已。帝既誅戮將相，舊臣皆盡，慧景自以年宿位重，轉不自安。及裴叔業以壽陽降魏，卽授慧景平西將軍，假節、侍中、護軍如故。率軍水路征壽陽。軍頓白下將發，帝長圍屏除，出琅邪城送之。帝戎服坐樓上，召慧景騎進圍內，無一人自隨，裁交數言，拜辭而去。慧景出至白下甚喜，曰：「頸非復小豎等所折也。」子覺爲直閤將軍，慧景密與之期。

時江夏王寶玄鎭京口，聞慧景北行，遣左右余文興說之曰：「朝廷任用羣小，猜害忠賢，江、劉、徐、沈，君之所見，身雖魯、衞，亦不知滅亡何時。君今段之舉，有功亦死，無功亦死，欲何求所免。機不可失，今擁强兵，北取廣陵，收吳、楚勁卒，身舉州以相應，取大功如反掌耳。」慧景常不自安，聞言響應。

于時廬陵王長史蕭寅、司馬崔恭祖守廣陵城，慧景以寶玄事告恭祖。恭祖先無宿契，口雖相和，心實不同。還以事告寅，共爲閉城計。寅心謂恭祖與慧景同，謂曰：「廢昏立明，人情所樂，寧可違拒。」恭祖猶執不同。俄而慧景至，恭祖閉門不敢出。慧景知其異己，泣數行而去。

中兵參軍張慶延、明巖卿等勸慧景襲取廣陵，及密遣軍主劉靈運間行突入。慧景俄係至，遂據其城。子覺至，仍使領兵襲京口。寶玄本謂大軍併來，及見人少，極失所望，拒覺，擊走之。恭祖及覺精兵八千濟江。恭祖心本不同反，至蒜山，欲斬覺以軍降京口，事既不果而止。

覺等軍器精嚴，柳憕、沈佚之等謂寶玄曰：〔四〕「崔護軍威名既重，乃誠可見，既已脣齒，忽中道立異。彼以樂歸之衆，亂江而濟，誰能拒之。」於是登北固樓，並千蠟燭爲烽火，舉以應覺。帝聞變，以右衞將軍左興盛假節、督都下水陸衆軍。慧景停二日，便率大衆一時俱濟江，趣京口，寶玄仍以覺爲前鋒，恭祖次之，慧景領大都督爲衆軍節度。東府、石頭、白下、新亭諸城皆潰，左興盛走，不得入宮，逃淮渚荻船中，慧景禽殺之。慧景稱宣德皇后令，廢帝爲吳王。

時柳憕別推寶玄，恭祖爲寶玄羽翼，不復承奉，慧景嫌之。巴陵王昭冑先逃人間，出投

慧景，意更向之，故猶豫未知所立，此聲頗泄。憕、恭祖始貳於慧景。又恭祖勸慧景射火箭燒北掖樓，慧景以大事垂定，後若更造，費用功多，不從其計。性好談義，兼解佛理，頓法輪寺，對客高談，恭祖深懷怨望。

先是，衞尉蕭懿爲豫州刺史，自歷陽步道征壽陽，帝遣密使告之。懿率軍主胡松、李居士等自采石濟岸，頓越城舉火，臺城中鼓叫稱慶。恭祖先勸慧景遣二千人斷西岸軍，令不得度，慧景以城旦夕降，外救自然應散，不許。恭祖請擊義師，又不許。乃遣子覺將精甲數千人度南岸，義師昧旦進戰，覺大敗。慧景人情離沮。

恭祖頓軍興皇寺，於東宮掠得女妓，覺來逼奪，由是忿恨。其夜，崔恭祖與驍將劉靈運詣城降。慧景乃將腹心數人潛去，欲北度江，城北諸軍不知，猶爲拒戰。城內出盪，殺數百人，慧景餘衆皆奔。

慧景圍城凡十二日，軍旅散在都下，不爲營壘。及走，衆於道稍散，單馬至蟹浦，投漁人太叔榮之。榮之故爲慧景門人，時爲蟹浦戍，謂之曰：「吾以樂賜汝，汝爲吾覓酒。」既而爲榮之所斬，以頭內鰌鱣中擔送都。

恭祖者，慧景宗人，驍果便馬矟，氣力絕人，頻經軍陣。討王敬則，與左興盛軍容袁文曠爭敬則首，訴明帝曰：「恭祖禿馬絳衫，手刺倒敬則，故文曠得斬其首。以死易勳而見枉

中華書局

奪。若失此勳，要當刺殺左興盛。」帝以其勇健，謂興盛曰：「何容令恭祖與文曠爭功。」慧景平後，恭祖繫尚方，少時殺之。覺亡命爲道人，見執伏法。

覺弟偃，年十八便身長八尺，博涉書記，善蟲篆，爲始安內史，藏竄得免。和帝西臺立，以爲寧朔將軍。中興元年，詣公車尚書申冤，言多指斥，尋下獄死。

先是，東陽女子婁逞變服詐爲丈夫，粗知圍棊，解文義，徧游公卿，仕至揚州議曹從事。事發，明帝驅令還東。逞始作婦人服而去，歎曰：「如此之伎，還爲老嫗，[二四]豈不惜哉。」此人妖也。陰而欲爲陽，事不果故泄，敬則、遙光、顯達、慧景之應也。舊史裴叔業有傳，事終于魏，今略之云。

論曰：光武功臣所以能終身名者，豈唯不任職事，亦以繼奉章、明，心存正嫡。王、陳拔迹奮飛，則建元、永明之運，身極鼎將，則建武、永元之朝。勳非往時，位踰昔等，禮授雖重，情分不交。加以主猜政亂，危亡慮及，舉手扞頭，人思自免。干戈旣用，誠淪犯上之跡，敵國起於同舟，況又疎於此也。敬兒挾震主之勇，當鳥盡之運，內惑邪夢，跡涉覬覦，其至殲亡，亦其理也。慧景以亂濟亂，能無及乎。

校勘記

〔一〕船須臾去　「去」字各本並脫，據南齊書補。

〔二〕乃戎服入宮至承明門　「乃」上據南齊書當有「高帝」二字。「承明門」各本作「永明門」，「承」、「永」形近而譌，據南齊書改正。

〔三〕材官薦易太極殿柱順帝欲避上不肯出宮遜位　「避上」各本作「避土」，惟大德本作「避上」。張元濟南史校勘記：「按上疑指齊高帝，下文『又逃宮內』。南齊書王敬則傳作『土』。」今按封建迷信之說，動土有忌，或「避土」之意指此。今兩存，以備參考。

〔四〕悉評斂爲錢送臺庫以爲便宜　「評」通典食貨典作「課」。按南齊書此下載竟陵王子良啓曰：「今郡通課此直，悉以還臺。」疑作「課」是。

〔五〕臣幾落此奴度內　「內」字各本並脫，據南齊書補。

〔六〕下教判決　「判」各本作「制」，據南齊書改。

〔七〕後遣蕭坦之將齋仗五百人行晉陵　「晉陵」南齊書作「武進陵」，是。

〔八〕遣敬則世子仲雄入東　李慈銘南史札記：「『世』字衍。據南齊書言敬則長子元遷，則仲雄是次子，且敬則安得有世子？其下收敬則子有員外郎世雄而無仲雄。通鑑注云『此即敬則世子仲雄也。仲世二字必有一誤』。今以敬則諸子之名推之，自以元、仲、季、幼、少爲次，不當有世雄，且南史避世字。」

〔九〕敬則不作聲　「作」字各本並脫，據南齊書補。

〔一〇〕封豐城侯　「豐城」各本作「彭城」，據南齊書改。宋書州郡志，江州豫章太守領豐城侯相。

〔一一〕後以太尉封鄱陽郡公爲三公事而職典連率　「封」各本作「判」，據通志改。

〔一二〕上欲悉除高武子孫　「子」各本作「諸」，今從李慈銘南史札記說訂正。

〔一三〕數人擔之出洶水口　「洶」各本作「均」，今從王鳴盛十七史商榷六三校改。

〔一四〕黨同爲逆　「爲」字各本並脫，據通志補。

〔一五〕高帝以敬兒人位旣輕不欲使便爲襄陽重鎭　「高帝」各本作「安帝」，今改正。

〔一六〕封襄陽縣侯部伍泊沔口　「縣」字「伍」字各本並脫，據南齊書補。

〔一七〕擴兵無所言　「擴兵無」三字各本並脫，據南齊書補。

〔一八〕攸之反遣使報敬兒　「反」各本作「乃」，惟南監本作「下」，據南齊書改。

〔一九〕偵攸之下當襲江陵　「偵」各本作「頓」，據通鑑改。

〔二〇〕生子道門　「道門」南齊書作「道文」。

〔二一〕謂其妻嫂曰我拜後府開黃閤　「妻嫂」南齊書作「妓妾」。「府」南齊書作「應」。

〔二二〕又於新林慈姥廟爲妾祈子祝神　「慈」字各本並脫，據南齊書補。

〔二三〕柳憕沈佚之等謂寶玄曰　「憕」各本作「燈」，「之」各本並脫，據南齊書江夏王寶玄傳及通鑑改補。

〔二四〕如此之伎還爲老嫗　「之」各本在「還」字下，據通志乙正。

南史卷四十六

列傳第三十六

李安人 子元履　戴僧靜　桓康　焦度　曹武 子世宗
呂安國　周山圖　周盤龍 子奉叔　王廣之 子珍國　張齊

李安人，蘭陵承人也。〔一〕祖嶷，衞軍參軍。〔二〕父欽之，薛令。安人少有大志，常拊髀歎曰：「大丈夫處世，富貴不可希，取三將五校，何難之有。」隨父在縣，宋元嘉中，縣被魏剋，安人尋率部曲自拔南歸。明帝時，稍遷武衞將軍，領水軍討晉安王子勛，所向剋捷。事平，明帝大會新亭樓，勞諸軍主。摴蒱官賭，安人五擲皆盧。帝大驚，目安人曰：「卿面方如田，封侯相也。」安人少時貧，有一人從門過，相之。曰：「君後當大富貴，與天子交手共戲。」至是，安人尋此人，不

知所在。

後爲廣陵太守，行南兗州事。齊高帝在淮陰，安人遙相結事。元徽初，除司州刺史，領義陽太守。及桂陽王休範起事，安人遣軍援都。建平王景素起兵，安人破其軍於葛橋。景素誅，留安人行南徐州事。城局參軍王回素爲安人所親，〔三〕盜絹二匹。安人流涕謂曰：「我與卿契闊備嘗，今日犯王法，乃卿負我也。」於軍門斬之，厚爲斂祭，軍府皆震服。轉東中郎司馬，行會稽郡事。時蒼梧縱虐，齊高帝憂迫無計。安人白高帝，欲於東奉江夏王躋起兵。高帝不許，乃止。

高帝即位，爲中領軍，封康樂侯。自宋泰始以來，內外頻有賊寇，將帥以下，各募部曲，屯聚都下。安人上表，以爲自非淮北常備，其外餘軍悉皆輸遣，若親近宜立隨身者，聽限人數。上納之，故詔斷衆募。時王敬則以勳誠見親，至於家國密事，上唯與安人論議。謂曰：「署事有卿名，我便不復細覽也。」

尋爲領軍將軍。魏攻壽春至馬頭，詔安人禦之，魏軍退，安人沿淮進壽春。先是宋時亡命王元初聚黨六合山，僭大號。自云垂手過膝。州郡討不能禽，積十餘年。安人生禽之，斬建康市。

高帝崩，遺詔加侍中。武帝即位，爲丹陽尹，還尚書左僕射。安人時屢啓密謀見賞，又善結尚書令王儉，故世傳儉啓有此授。尋上表，以年疾求退，爲吳興太守。於家載米往郡，時服其淸。吳興有項羽神護郡聽事，太守到郡，必須祀以軛下牛。安人奉佛法，不與神牛，著屐上聽事，又於聽上八關齋。俄而牛死葬廟側，今呼爲李公牛冢。安人尋卒，世以神爲祟。謚肅侯。

子元履，幼有操業，甚閑政體，爲司徒竟陵王子良法曹參軍。與王融游狎，及王融誅，鬱林敕元履隨右衞將軍王廣之北征，密令於北殺之。廣之先爲安人所厚，又知元履無過，甚擁護之。會鬱林敗死，元履拜謝廣之，曰：「二十二載，父母之年，自此以外，丈人之賜也。」仕梁爲吳郡太守，度支尚書，衡、廣、靑、冀四州刺史。

戴僧靜，會稽永興人也。少有膽力，便弓馬。事刺史沈文秀，俱被魏虜，後將家屬叛還淮陰。齊高帝撫畜，常在左右。後於都私齎錦出，事發，繫南兗州獄。高帝遣薛深餉僧靜酒食，〔四〕以刀子置魚腹中。僧靜與獄吏飲酒及醉，以刀刻械，手自折鎖，發屋而出，歸高帝。高帝匿之齋內，以其家貧，年給穀千斛。

會魏軍至，僧靜應募出戰，單刀直前。魏軍奔退，又追斬三級。時天寒甚，乃脫衣，口銜三頭，拍浮而還。

沈攸之事起，高帝入朝堂，遣僧靜將腹心先至石頭經略袁粲。時蘇烈據倉城門，僧靜射書與烈，夜縋入城。粲登城西南門，列燭火坐，臺軍至射之，火乃滅。回登東門，其黨孫曇瓘驍勇善戰，每盪一合，輒大殺傷，官軍死者百餘人。軍主王天生殊死拒戰，故得相持。自亥至丑，有流星赤色照地墜城中，僧靜率力攻倉門，手斬粲於東門，外軍燒門入。以功除前軍將軍、寧朔將軍。

高帝即位，封建昌縣侯，位太子左衞率。武帝踐阼，出爲北徐州刺史。買牛給貧人令耕種，甚得荒情。後除南中郎司馬、淮南太守。

永明八年，巴東王子響殺僚佐，武帝召僧靜使領軍向江陵。僧靜面啓上曰：「巴東王年少，長史司馬捉之太急，忿不思難故耳。天子兒過誤殺人，有何大罪，今急遣軍西上，人情惶懼，無所不至。臣不敢奉敕。」上不答而心善之。徙廬陵王中軍司馬、高平太守。卒，謚壯侯。

中華書局

桓康，北蘭陵承人也。勇果驍悍。宋大明中，隨齊高帝爲軍容，從武帝在贛縣。泰始初，武帝起義，爲郡所縶，衆皆散。康裝擔，一頭貯穆后，一頭貯文惠太子及竟陵王子良，自負置山中。與門客蕭欣祖等四十餘人相結，破郡獄，出武帝。郡追兵急，康等死戰破之。隨武帝起兵，摧堅陷陣，膂力絕人。所經村邑，恣行暴害，江南人畏之，以其名怖小兒，畫其形於寺中。病瘧者寫形帖著牀壁，無不立愈。

後除襄賁令。桂陽王休範事起，康棄縣還都就高帝。會事已平，除員外郎。元徽五年七月六日夜，少帝微行至領軍府，帝左右人曰：「一府皆眠，何不緣牆入？」帝曰：「我今夕欲一處作適，待明日夜。」康與高帝所養健兒盧荒、向黑於門間聽得其語。明旦，王敬則將帝首至，扣府門。康謂是變，與荒、黑拔白刃欲出，仍隨高帝入宮。

高帝鎮東府，除武陵王中兵、寧朔將軍，帶蘭陵太守，常衞左右。高帝誅黃回，回時爲南兗州，部曲數千，欲收恐爲亂，召入東府，停外齋，使康數回罪，然後殺之。時人爲之語曰：「欲侜張，問桓康。」除後軍將軍、直閤將軍、南濮陽太守。

建元元年，封吳平縣侯。高帝謂康曰：「卿隨我日久，未得方伯，亦當未解我意，正欲與卿先共滅虜耳。」三年，魏軍動，康大破魏軍於淮陽。武帝卽位，卒於驍騎將軍。

焦度字文績，〔五〕南安氐也。祖文珪，避難居仇池。宋元嘉中，裴方明平楊難當，度父明與千餘家隨居襄陽，乃立天水郡略陽縣以居之。

度少有氣幹，便弓馬。孝武初，青州刺史顏師伯出鎮，臺差度領幢主送之，〔六〕與魏豹皮公遇，交槊鬭，豹皮公墮地，禽其具裝馬，手殺數十人。師伯啓孝武，稱度氣力弓馬並絕人，帝召還充左右。見度形狀，謂師伯曰：「此眞健人也。」

補晉安王子勛夾轂隊主，隨鎮江州。子勛起兵，以度爲龍驤將軍。爲前鋒，所向無不勝。事敗，逃宮亭湖爲賊。朝廷聞其勇，甚患之。使江州刺史王景文誘降之。景文以爲己鎮南參軍，領中軍直兵，厚待之。

隨景文還都，常在府州內。景文被害夕，度大怒，勸景文拒命，景文不從，明帝不知也。以度武勇，補晉熙王燮防閤，隨鎮夏口。武陵王贊代燮爲郢州，度仍留鎮，爲贊前軍參軍。沈攸之事起，轉度中直兵。齊高帝又使假度輔國將軍、屯騎校尉，轉右將軍。

度容貌壯醜，皮膚若漆，質直木訥，口不能出言。晉熙王夾轂主周彥與度俱在郢州，彥有左右人與度父同名，彥常呼其名使役之。度積忿，呵責彥曰：「汝知我諱『明』，而恒呼明何也！」

及在郢城，尤爲沈攸之所忿。攸之大衆至夏口，將直下都，留偏兵守郢而已。度於城樓上肆言罵辱攸之，至自發露形體穢辱之，故攸之怒，改計攻城。度親力戰，攸之衆蒙楯將登，度令投以穢器，賊衆不能冒，後呼此樓爲焦度樓。事寧，度功居多，封東昌縣子、東宮直閤將軍。還都，爲貴戚追敍郢城時褰露穢褻之事，其戇如此。

爲人朴澀，欲就高帝求州，比及見，竟不涉一語。帝以其不閑政事，竟不用。後求竟陵郡，不知所以置辭，親人授之辭百餘言，度習誦數日，皆得上口。會高帝履行石頭城，度於大衆中欲自陳，臨時卒忘所教，乃大言曰：「度啓公，度啓公，度無食。」帝笑曰：「卿何憂無食。」卽賜米百斛。建元四年，乃除淮陵太守。〔七〕性好酒，醉輒暴怒，上常使人節之。年雖老而氣力如故，除游擊將軍，卒。

曹武字士威，〔八〕下邳人也。本名虎頭。齊高帝鎮東府，使武與戴僧靜各領白直三百人。後爲屯騎校尉，帶南城令。石頭平，封羅江縣男。及高帝受禪，改封監利縣。武帝卽位，累遷驍騎將軍。帝以虎頭名鄙，敕改之。鬱林卽位，進號前將軍。隆昌元年，爲雍州刺史。建武二年，進爵爲侯。東昏卽位，爲前將軍、鎮軍司馬。永元元年，始安王遙光反，武

領軍屯青溪大橋，事寧，轉散騎常侍、右衞將軍。

武形幹甚毅，善於誘納。晚節在雍州，致見錢七千萬，皆厚輪大郭，他物稱是，馬八百匹。僕妾蔬食，膳無膏腴。嘗爲梅蟲兒、茹法珍設女伎，金翠曜眼，器服精華，蟲兒等因是欲誣而奪之。

人傳武每好風景，輒開庫招拍張武戲。〔九〕帝疑武舊將領，兼利其財，新除未及拜，遇誅。及收兵至，歎曰：「諸人知我無異意，所以殺我，政欲取吾財貨伎女耳。恨令衆輩見之。」諸子長成者皆見誅，唯子世宗兄弟三人未冠，繫尙方，梁武帝兵至得免。

武雖武士，頗有知人鑒。梁武及崔慧景之在襄陽，于時崔方貴盛，武性儉嗇，無所餉遺，獨饋梁武，謂曰：「卿必大貴，我當不及見，今以弱子相託。」每密送錢物并好馬。時帝在戎多乏，就武換借，未嘗不得，遂至十七萬。及帝卽位，忘其惠。天監二年，帝忽夢如田塍下行，兩邊水深無底，夢中甚懼。忽見武來負，武帝得過，曰：「卿今爲天下主，乃爾忘我顧託之言邪？我兒飢寒無依，〔一〇〕昔所換十七萬，可還其市宅。」帝覺，卽使主書送錢還之，使用市宅。子世澄、世宗並蒙抽擢，三二年間，迭爲大郡。世宗性嚴明，頗識兵勢，末遂封侯富顯。歷位太子左衞率，卒，贈左散騎常侍、左衞將軍，謚曰壯侯。

中華書局

呂安國，廣陵人也。宋大明末，以將領見任，隱重有幹局，爲劉勔所稱。泰始二年，爲勔軍副，征殷琰，以功封鍾武縣男。累遷兗州刺史。及沈攸之事起，齊高帝以安國爲湘州刺史。建元元年，進爵爲侯，轉右衛將軍，加給事中。後改封湘鄉侯。武帝即位，累遷光祿大夫，加散騎常侍。

安國欣有文授，謂其子曰：「汝後勿袴褶驅使，單衣猶恨不稱，當爲朱衣官也。」歷都官尚書，太子左率，領軍將軍。安國累居將率，在朝以宿舊見遇。尋遷散騎常侍、金紫光祿大夫，給扶。永明八年卒，諡肅侯。

周山圖，字季寂，義興義鄉人也。家世寒賤，年十五六，氣力絕衆，食噉恒兼數人。鄉里獵戲集聚，常爲主帥，指麾處分皆見從。不事產業，恒願爲將，雖勇健而不閑弓馬。於書題甚拙，謹直少言，不嘗說人短長。與人周旋，皆白首不異。

宋元嘉二十七年，魏軍至瓜步，臺符取健兒，山圖應募，領白衣隊主。軍功除員外郎，

加振武將軍。及鎮軍將軍張永侵魏，山圖領二千人迎運至武原，〔二〕爲魏軍所追，合戰多傷殺，魏軍稱其勇，呼爲武原將。及永軍大敗，山圖收散卒，守下邳城。還除給事中、冗從僕射、直閤將軍。

山圖好酒多失，明帝數加怒誚，後遂自改。累遷淮南太守。時盜發桓溫冢，大獲寶物，客竊取以遺山圖。山圖不受，簿以還官。還左中郎將。

齊高帝輔政，山圖密啓沈攸之久有異圖，宜爲之備。帝笑而納之。攸之事起，武帝爲西討都督，啓山圖爲軍副。攸之攻郢城，武帝令山圖量其形勢。山圖曰：「攸之爲人，性度險刻，無以結固士心。如頓兵堅城之下，適所以爲離散之漸耳。」及攸之敗，高帝謂曰：「周公前言，可謂明於見事矣。」

建元元年，封晉興縣男。武帝踐阼，遷竟陵王鎮北司馬，帶南平昌太守。以盆城之舊，出入殿省，甚見親信。義鄉縣長風廟神姓鄧，先經爲縣令，死遂發靈，山圖啓乞加神位輔國將軍。上答曰：「足狗肉便了事，何用階級爲。」

轉黃門郎，領羽林監四廂直衞。山圖於新林立墅舍，晨夜往還。上謂曰：「卿罷萬人都督而輕行郊外，自今往墅可以仗身自隨，以備不虞。」及疾，上手敕問疾。尋卒，年六十四。

周盤龍，北蘭陵人也。膽氣過人，尤便弓馬。宋泰始中，以軍功封晉安子。元徽二年，桂陽構難，盤龍時爲冗從僕射，隨齊高帝頓新亭。稍至驍騎將軍，改封沌陽侯。

高帝即位，進號右將軍。建元元年，魏攻壽春，以盤龍爲軍主、假節，助豫州刺史垣崇祖拒魏，大破之。上聞之喜，下詔稱美，送金釵以二十枚與其愛妾杜氏。手敕曰：「餉周公阿杜。」

明年，魏攻淮陽，圍角城。先是，上遣軍主成買戍角城，辭於王儉曰：「今段之行，必以死報。衡門蓬戶，不朱斯白。小人弱息當得一子。」儉問其故，答曰：「若不殺賊，便爲賊殺。弱息不爲世子，便爲孝子；孝子則門加素堊，世子則門施丹赭。」至是買被圍，上遣領軍將軍李安人救之，敕盤龍率馬步下淮陽就李安人。〔三〕買與魏拒戰，手所傷殺無數。晨起手中忽有數升血，其日遂戰死。首見斬，猶尸據鞍奔還軍然後僵。

盤龍子奉叔單馬率二百餘人陷陣，魏軍萬餘騎張左右翼圍之。一騎走還報奉叔已沒，盤龍方食，棄筯。馳馬奮矟，直奔魏陣，自稱「周公來」。魏人素畏盤龍驍名，莫不披靡。時奉叔已大殺魏軍，得出在外，盤龍不知，乃東西觸擊，魏軍莫敢當。奉叔見其父久不出，復躍馬入陣，父子兩騎縈攪數萬人，魏軍大敗。盤龍父子由是名播北國。形甚羸而臨軍勇

果，諸將莫逮。

永明五年，爲大司馬，〔三〕加征虜將軍、濟陽太守。武帝數講武，嘗令盤龍領馬軍，校騎騁矟。後以疾，爲光祿大夫。

尋出爲兗州刺史，進爵爲侯。角城戍將張蒲與魏潛通，因大霧乘船入清中採樵，載魏人直向城東門，坐爲有司所奏，詔白衣領職。八坐尋奏復位，加領東平太守。盤龍表年老才弱，不可鎮邊，求解職，見許。

還爲散騎常侍、光祿大夫。武帝戲之曰：「卿著貂蟬，何如兜鍪？」盤龍曰：「此貂蟬從兜鍪中生耳。」尋病卒，年七十九。

子奉叔，勇力絕人，少隨盤龍征討，所在暴掠。爲東宮直閤將軍。鬱林在西州，奉叔密得自進，及即位，與直閤將軍曹道剛爲心膂。奉叔善騎馬，帝從其學騎，尤見親寵，得入內，無所忌憚。陵轢朝士，就司空王敬則換米二百斛，敬則以百斛與之，不受。敬則大懼，乃更餉二百斛并金鈴等物。〔四〕敬則有一內妓，帝令奉叔求。奉叔不通遥前，從者執單刀皆半拔，敬則跳走入內。既而自計不免，乃出，遥呼奉叔曰：「弟那忽能顧？」奉叔宣旨求妓意，乃得釋。與綦母珍、曹道剛、朱隆之共相脣齒，煽弄威權。奉叔常翼單刀二十口，出入禁闥，

中華書局

既無別詔，門衞莫敢訶。每語人云：「周郎刀不識君。」求武帝御角及輿，幷求御仗以給左右。事無不從。又求黃門郎，明帝作輔，固執不能得，乃令蕭諶、蕭坦之說帝出奉叔爲外鎭，樹腹心。又說奉叔以方伯之重，奉叔納其言。隆昌元年，出爲青、冀二州刺史。奉叔就帝求千戶侯，帝許之。明帝以爲不可。忽謂蕭諶曰：「若不能見與千戶侯，不復應減五百戶；不爾，周郎當就刀頭取辦耳。」既而封曲江縣男，奉叔大怒，於衆中攘刀，厲目切齒。明帝說諭乃受。及將之鎭，明帝慮其不可復制，因其早入，引往後堂，執送廷尉盡之。

王廣之字士林，一字林之，沛郡相人也。少好弓馬，便捷有勇力。初爲馬隊主，隨劉勔征殷琰。兵既盛而合肥戍又阻兵爲寇。勔宜令軍中求征合肥者，以大郡賞之。廣之曰：「若得將軍所乘馬，判能制之。」勔幢主皇甫肅謂勔曰：「廣之敢奪節下馬，可斬。」勔曰：「觀其意必能立功。」卽推鞍下馬與之。及行，合肥果拔，勔大賞之，卽擢爲軍主。廣之於勔前謂肅曰：「節下若從卿言，非唯斬壯士，亦自無以平賊。卿不賞才乃至此邪！」廣之由此知名。初封蒲圻子。肅有學術，善舉止，廣之亦雅相推慕。勔亡後，肅更依廣之，廣之盛相賞接，啓武帝以爲東海太守，不念舊惡如此。

廣之後以征伐功，位給事中、冠軍將軍，改封寧都縣子。齊高帝廢蒼梧，出廣之爲徐州刺史、鍾離太守。沈攸之事起，廣之留都下，豫平石頭，仍從高帝頓新亭。高帝誅黃回，回弟駟及從弟馬、兄子奴亡逸。高帝與廣之書曰：「黃回雖有微勳，而罪過轉不可容。近遂啓請御大小二輿爲刺史服飾，吾乃不惜爲其啓聞，政恐得輿復求畫輪車。此外罪不可勝數，弟自悉之。今啓依法。」令廣之於江西搜捕駟等。

建元元年，進爵爲侯。武帝卽位，累遷右衞將軍，散騎常侍，前軍將軍。延興元年，爲豫州刺史，豫廢鬱林。後拜鎭南將軍、江州刺史，進應城縣公。建武中，位侍中、鎭軍將軍，給扶。後卒，贈車騎將軍，謚壯公。〔一五〕

子珍國字德重，仕齊爲南譙太守，有能名。時郡境苦饑，乃發米散財以振窮乏。高帝手敕云：「卿愛人活國，甚副吾意。」

永明初，遷桂陽內史，討捕賊盜，境內肅清。罷任還都，路經江州，刺史柳世隆臨渚餞別，見珍國還裝輕素，歎曰：「此眞良二千石也。」還爲大司馬中兵參軍。武帝雅相知賞，謂其父廣之曰：「珍國應堪大用，卿可謂老蚌也。」廣之曰：「臣不敢辭。」帝大笑。帝每歎曰：「晚代將家子弟如珍國者少矣。」累遷游擊將軍，父憂去職。

建武末，魏軍圍司州，明帝使徐州刺史裴叔業攻拔渦陽，以爲聲援，起珍國爲輔國將軍助焉。魏將楊大眼大衆奄至，叔業懼，棄軍走。珍國率其衆殿，故不至大敗。及會稽太守王敬則反，珍國又率衆拒之。永元中，爲北徐州刺史，將軍如故。

梁武起兵，東昏召珍國以衆還都，使出屯朱雀門，爲王茂所敗。乃入城，密遣郗纂奉明鏡獻誠於梁武帝，帝斷金以報之。時侍中、衞尉張稷都督衆軍，珍國潛結稷腹心張齊要稷，稷許之。十二月丙寅旦，珍國引稷於衞尉府勒兵入自雲龍門，殺東昏於內殿，與稷會尚書僕射王亮等於西鍾下，使國子博士范雲等奉東昏首歸梁武。

後因侍宴，帝曰：「卿明鏡尚存，昔金何在？」珍國曰：「黃金謹在臣肘，不敢失墜。」歷位左衞將軍，加散騎常侍，封灄陽侯。遷都官尚書。初，珍國自以廢殺東昏，意望台鼎。先是出爲梁、秦二州刺史，心常鬱怏，酒後於坐啓云：「臣近入梁山便哭。」帝大驚曰：「卿若哭東昏則已晚，若哭我，我復未死。」珍國起拜謝，竟不答，坐卽散，因此疎退，久方有此進。

天監五年，魏任城王澄攻鍾離，帝遣珍國爲援，因問討賊方略。對曰：「臣常患魏衆少，不苦其多。」武帝壯其言，乃假節與衆軍同赴。魏軍退，班師。又出爲南秦、梁二州刺史，會梁州長史夏侯道遷以州降魏，珍國步道出魏興，將襲之，不果，遂留鎭焉。改封宜陽縣侯，累遷丹陽尹。卒，贈車騎將軍，謚曰威。子僧度嗣。

張齊字子響，馮翊郡人。少有膽氣。初事荊州司馬垣歷生，歷生酗酒，遇下嚴酷，不禮之。及吳郡張稷爲荊府司馬，齊復從之，甚見重，以爲腹心。齊盡心事稷，稷爲南兗州，擢爲府中兵參軍。

梁武帝起兵，東昏徵稷歸，都督宮城諸軍事。齊夜引珍國就稷，齊手自執燭定謀。明旦與稷、珍國卽東昏於殿內，齊手殺焉。武帝受禪，封齊安昌侯，位歷陽太守。齊手不知書，目不識字，在郡清整，吏事甚修。

天監四年，魏將王足攻蜀，圍巴西，帝以齊爲輔國將軍救蜀，未至，足退。齊進戍南安，遷巴西太守。〔一六〕

初，南鄭沒于魏，乃於益州西置南梁州。州鎭草創，皆仰益州取足。齊上夷獠義租，得米二十萬斛。

十一年，進假節，督益州外水諸軍。齊在益部累年，討擊蠻獠，身無寧歲。其居軍中，能身親勞辱，與士卒同勤苦，自頓舍城壘皆委曲得其便。調給衣糧資用，人無困乏。既爲物情所歸，蠻獠亦不敢犯，是以威名行於庸蜀。

巴西郡居益州之半，又當東道衝要，刺史經過，軍府遠涉多窮匱。齊緣路聚糧食，種蔬

中華書局

棐，行者皆取給焉。歷南梁州刺史。遷信武將軍、征西鄱陽王司馬、新興永寧二郡太守，未發卒，謚曰壯。

論曰：宋氏將季，亂離日兆，家懷逐鹿，人有異圖。高帝觀釁深視，將符興運。李安人、戴僧靜、桓康、焦度、曹武、呂安國、周山圖、周盤龍、王廣之等，或早見誠款，或備盡心力，或受委方面，或功成麾下，其所以自致榮寵，夫豈徒然，蓋亦驗人心之有歸，樂推之非妄也。語云：「勇而無禮則亂。」觀夫李叔取進之道，不亦幾於亂乎。其致屠戮，亦其宜矣。珍國明鏡雖在，而斷金莫驗，報爵之義，理則宜然，台輔之冀，其何爽也。張齊人位本下，志望易充，績宣所莅，其殆優也。

校勘記

〔一〕李安人蘭陵承人也　「安人」本字「安民」，此避唐諱改，南齊書有李安民傳。

〔二〕祖嶷衛軍參軍　「參軍」各本作「將軍」，據南齊書改。

〔三〕城局參軍王回素爲安人所親　「王回素」南齊書作「王迴素」，太平御覽二九六引、册府元龜四

〇一皆作「王迴素」。

〔四〕高帝遣薛深領僧靜酒食　「薛深」即「薛淵」，此避唐諱改。

〔五〕焦度字文績　「文績」南齊書作「文續」。

〔六〕青州刺史顏師伯出鎮臺差度領幢主送之　「臺差」各本作「滑臺」，據南齊書改。

〔七〕乃除淮陵太守　「淮陵」各本作「淮陽」。據南齊書改。按州郡志南徐州領郡無「淮陽」，有「淮陵」。

〔八〕曹武字士威　「武」本字「虎」，此避唐諱改。南齊書有曹虎傳。

〔九〕輒開庫招拍張武戲　南齊書作「輒開庫拍張向之」。

〔一〇〕我兒飢寒無依　「依」各本作「衣」，據册府元龜八九三改。

〔一一〕山圖領二千人迎運至武原　「運」南齊書同。太平御覽四三五引、册府元龜三九二、三九五並作「軍」。疑作「軍」是。

〔一二〕至是買被圍上遣領軍將軍李安人救之敕盤龍率馬步下淮陽就李安人　「淮陽」南齊書作「淮陰」，是。按時魏軍攻淮陽，圍角城，而李安民大軍則在淮陰也。淮陽、角城在淮水北，淮陰在淮水南。

〔一三〕爲大司馬　「大司馬」下當有脫文，蓋爲大司馬府僚。時豫章王嶷爲大司馬。參錢大昕廿二史考異。

〔一四〕乃更餉二百斛并金鈴等物　「金鈴」通志作「金鈐」。

〔一五〕謚壯公　「壯公」南齊書作「莊公」。

〔一六〕遷巴西太守　「巴西」各本作「巴郡」，據梁書改。按下云「巴西郡居益州之半」，明此「巴郡」爲譌。

二十四史
中華書局

南史卷四十七

列傳第三十七

荀伯玉　崔祖思 祖思叔父景眞　景眞子元祖　祖思宗人文仲

蘇侃　虞悰　胡諧之 范柏年　虞玩之　劉休

江祏 劉暄

荀伯玉字弄璋，廣陵人也。祖永，南譙太守。父闡之，給事中。伯玉仕宋爲晉安王子勛鎮軍行參軍。泰始初，隨子勛舉事。及事敗還都，賣卜自業。

齊高帝鎮淮陰，伯玉爲高帝冠軍刑獄參軍。高帝爲宋明帝所疑，被徵爲黃門郎，深懷憂慮，見平澤有群鶴，仍命筆詠之曰：「八風儛遙翮，九野弄清音，一摧雲間志，爲君苑中禽。」以示伯玉深指，伯玉勸高帝遣數十騎入魏界，安置標榜。魏果遣游騎數百履行界上，高

帝以聞。猶懼不得留，令伯玉占。伯玉言不成行，而帝卒復本任。由是見親待。高帝有故吏東莞竺景秀嘗以過繫作部，高帝謂伯玉：「卿比看景秀不？」答曰：「數往候之，備加責誚，云『若許某自新，必吞刀刮腸，飲灰洗胃』。」帝善其答，卽釋之，卒爲忠信士。

後隨高帝還都，除奉朝請。高帝使主家事。武帝罷廣興還，立別宅，遣人於大宅掘樹數株，伯玉不與，馳以聞。高帝善之。

高帝爲南兗州，伯玉從轉鎮軍中兵參軍，帶廣陵令。初，高帝在淮陰，伯玉假還廣陵，夢上廣陵城南樓，上有二青衣小兒語伯玉云：「草中肅，九五相追逐。」伯玉視城下人頭皆有草。泰始七年，又夢高帝乘船在廣陵北渚，兩腋下有翅不舒。伯玉問何當舒，帝曰：「却後三年。」伯玉夢中自謂是呪師，凡六唾呪之，有六龍出，兩腋下翅皆舒，還復斂。元徽二年，而高帝破桂陽，威名大震，五年而廢蒼梧，謂伯玉曰：「卿夢今且效矣。」

昇明初，〔一〕仍爲高帝驃騎中兵參軍，帶濟陽太守。霸業既建，伯玉忠勤盡心，常衞左右，加前將軍，大見委信。齊建元元年，封南豐縣子，爲豫章王司空諮議，太守如故。

時武帝在東宮，自以年長，與高帝同創大業，朝事大小悉皆專斷，多違制度。左右張景眞偏見任遇，又多僭侈。武帝拜陵還，景眞白服乘畫舴艋，坐胡牀。觀者咸疑是太子，內外祇畏，莫敢有言者。驍騎將軍陳胤叔先已陳景眞及太子前後得失，伯玉因武帝拜陵之後，

密啓之，上大怒。豫章王嶷素有寵，政以武帝長嫡，又南郡王兄弟並列，故武帝爲太子，至是有改易之意。武帝東還，遣文惠太子、聞喜公子良宣敕詰責，〔二〕幷示以景眞罪狀，使以太子令收景眞殺之。胤叔因白武帝，皆言伯玉以聞。武帝憂懼，稱疾月餘日。上怒不解，晝臥太陽殿，王敬則直入叩頭，啓請往東宮以慰太子。高帝無言，敬則因大聲宣旨往東宮，命裝束。又敕太官設饌，密遣人報武帝，令奉迎。因呼左右索輿，高帝了無動意。敬則索衣以衣高帝，仍牽上輿。遂幸東宮，召諸王宴飲，因游玄圃園。長沙王晃捉華蓋，臨川王映執雉尾扇，聞喜公子良持酒鎗，南郡王行酒，武帝與豫章王嶷及敬則自捧肴饌。高帝大飲，賜武帝以下酒，並大醉盡歡，日暮乃去。是日微敬則，則東宮殆廢。

高帝重伯玉盡心，愈見信任，使掌軍國密事，〔三〕權動朝右。每暫休外，軒蓋塡門。嘗遭母憂，成服日，左率蕭景先、侍中王晏共載弔之。五更便巾車，〔四〕未到伯玉宅二里許，王侯朝士已盈巷，至下鼓尚未得前，司徒褚彥回、衞軍王儉俱進繼後方得前，又倚聽事久之。中詔遣中書舍人徐希秀斷哭止客，久方得弔。比出，二人飢乏，氣息惙然，切齒形于聲貌。明日入宮，言便云：「臣等所見二宮門及齋閤方荀伯玉宅，政可設雀羅。」續復言：「外論云，千敕萬令，不如荀公一命。」

武帝深怨伯玉，高帝臨崩，指伯玉以屬武帝。〔五〕武帝卽位，伯玉憂懼。上聞之，以其與

垣崇祖善，崇祖田業在江西，慮相扇爲亂，加意撫之，伯玉乃安。永明元年，與崇祖並見誣伏誅，而胤叔爲太子左率。呂文顯歎曰：「伯玉能謀太祖而不能自謀，豈非天哉。」

初，伯玉微時，有善相墓者謂其父曰：「君墓當出暴貴者，但不得久耳；又出失行女子。」伯玉聞之曰：「朝聞道，夕死可矣。」頃之，伯玉姊當嫁，明日應行，今夕逃隨人去，家尋求不能得。後遂出家爲尼。伯玉卒敗亡。

崔祖思字敬元，清河東武城人，魏中尉琰七世孫也。祖諲，宋冀州刺史。父僧護，州秀才。

祖思少有志氣，好讀書。年十八，爲都昌令，隨青州刺史垣護之入堯廟，廟有蘇侯神偶坐。護之曰：「唐堯聖人而與蘇侯神共坐，今欲正之何如？」祖思曰：「使君若清蕩此坐，則是堯廟重去四凶。」由是諸雜神並除。

齊高帝在淮陰，祖思聞風自結，爲上輔國主簿，甚見親待，參豫謀議。宋朝初議封高帝爲梁公，祖思啓高帝曰：「讖云『金刀利刃齊刈之』。今宜稱齊，實應天命。」從之。自相國從事中郎還齊國內史。

中華書局

高帝既爲齊王，置酒爲樂，羹膾既至，祖思曰：「此味故爲南北所推。」侍中沈文季曰：「羹膾吳食，非祖思所解。」祖思曰：「炰鼈鱠鯉，似非句吳之詩。」文季曰：「千里蓴羹，豈關魯、衞。」帝甚悅，曰：「蓴羹故應還沈。」

帝之輔政，衆議將加九錫，內外皆贊成之，祖思獨曰：「公以仁恕匡社稷，執股肱之義。君子愛人以德，不宜如此。」帝聞而非之，曰：「祖思遠同荀令，豈孤所望也。」由此不復處任職之官，而禮見甚重。垣崇祖受密旨參訪朝臣，光祿大夫垣閎曰：「身受宋氏厚恩，復蒙明公眷接，進不敢同，退不敢異。」祖思又曰：「公退讓誠節，故宜受之以禮。」次問冠軍將軍崔文仲，文仲問崇祖曰：「卿意云何？」對曰：「聖人云『知幾其神』。又云『見幾而作』。」文仲撫髀曰：「政與吾意同。」崇祖具說之。及帝受禪，閎存故爵，文仲、崇祖皆封侯，祖思加官而已。除給事中、黃門侍郎。

武帝卽位，祖思啓陳政事，以爲：「自古開物成務，必以教學爲先。宜太廟之南，弘修文序，司農以北，廣開武校。」又曰：「劉備取帳鉤銅鑄錢，以充國用；〔六〕魏武遣女皁帳，婢十人；東阿婦以繡衣賜死；王景興以折米見誚；宋武節儉過人，張妃房唯碧綃蚊幬、三齊苮席、五盞盤桃花米飯，殷仲文勸令畜伎，答云：『我不解聲。』仲文曰：『但畜自解。』又答：『畏解故不畜。』歷觀帝王，未嘗不以約素興侈麗亡也。伏惟陛下體唐成儉，踵虞爲樸，寢殿則素

木卑構，膳器則陶瓢充御。瓊簪玉笏，碎以爲塵；珍裘繡服，焚之如草。宜察朝士有柴車蓬館，高以殊等，馳禽荒色，長違清編，則調風變俗，不俟終日。」又曰：「憲律之重，由來尚矣。實宜清置廷尉，茂簡三官。漢來習律有家，子孫並傳其業。今廷尉律生，乃令史門戶，刑之不厝，抑此之由。」又曰：「案前漢編戶千萬，太樂伶官方八百二十九人，孔光等奏罷不合經法者四百四十一人，正樂定員唯置三百八十八人。今戶口不能百萬，而太樂雅鄭，元徽時校試千有餘人，後堂雜伎不在其數。糜費力役，傷敗風俗。今欲撥邪歸道，莫若罷雜伎，王庭唯置鍾簴羽戚登歌而已。」上詔報答。

後爲青、冀二州刺史，在政清勤，而謙卑下士，言議未嘗及時事，上更以敬重之。未幾卒，上深加歎惜。

祖思叔父景眞，位平昌太守，有惠政，常懸一蒲鞭而未嘗用。去任之日，士人思之爲立祠。

子元祖有學行，好屬文，仕至射聲校尉。武帝取爲延昌主帥。從駕至何美人墓，上爲悼亡詩，特詔元祖使和，稱以爲善。

永明九年，魏使李道固及蔣少游至。元祖言臣甥少游有班、倕之功，今來必令模寫宮掖，未可令反。上不從。少游果圖畫而歸。

元祖歷位驍騎將軍，出爲東海太守。上每思之，時節恒賜手敕，賞賜有加。時青州刺史張沖啓：「淮北頻歲不熟，今秋始稔。此境鄰接戎寇，彌須沃實，乞權斷穀過淮南。」而徐、兗、豫、司諸州又各私斷穀米，不聽出境，自是江北荒儉，有流亡之弊。元祖乃上書，謂宜豐儉均之。書奏見從。

祖思宗人文仲，位徐州刺史，封建陽縣子，在政爲百姓所懼。除黃門侍郎，領越騎校尉，徙封隨縣。嘗獻高帝纏鬚繩一枚，上納受。後卒於汝陰太守，贈徐州刺史，謚襄子。

蘇侃字休烈，武邑人也。祖護，本郡太守。父端，州中從事。侃涉獵書傳，薛安都反，引侃爲其府參軍，使掌書記。侃自拔南歸，齊高帝在淮上，便自委結。高帝鎭淮陰，取爲冠軍錄事參軍。

時高帝在兵久見疑，乃作塞客吟以喻志曰：

寶緯紊宗，神經淡序，〔七〕德晦河、晉，曆宣江、楚。〔八〕雲雷兆壯，天山繇武。直髮指秦關，凝精越漢渚。秋風起，塞草衰，鵰鴻思，邊馬悲。平原千里顧，但見轉蓬飛。星嚴海淨，月澈河明，淸暉映幕，素液凝庭。金笳夜厲，羽轊晨征。斡晴潭而悵泗，〔九〕枻松洲而悼情。蘭涵風而寫豔，菊籠泉而散英。曲繞首燕之歎，吹軫絕越之聲。欷園琴之孤弄，想庭藿之餘馨。青關望斷，白日西斜，恬源靚霧，壟首暉霞。戒旋鷁，躍還波。情緜緜而方遠，思嫋嫋而遂多。粵擊秦中之筑，因爲塞上之歌。歌曰：朝發兮江泉，日夕兮陵山。驚飈兮瀄汩，淮流兮潺湲。胡埃兮雲聚，楚旆兮星懸。愁墉兮思宇，惻愴兮何言。定寰中之逸鑒，審雕陵之迷泉。悟樊籠之或累，悵遐心以栖玄。

侃達高帝此旨，更自勤厲，遂見委以府事，〔一〇〕深被知待。桂陽之難，帝以侃爲平南錄事，領軍主，從頓新亭，使分金銀賦賜將士。後爲帝太尉諮議。侃事高帝既久，備悉起居，乃與丘巨源撰蕭太尉記，載帝征伐之功。封新建縣侯。

齊臺建，爲黃門郎，領射聲校尉，任以心膂。帝卽位，侃撰聖皇瑞命記一卷，奏之。建元元年卒，上惜之甚至，謚質侯。

中華書局

虞悰字景豫，會稽餘姚人也。祖嘯父，晉左戶尚書。父秀之，黄門郎。

悰少以孝聞，父病不欲見人，雖子弟亦不得前，時悰年十三，晝夜伏戶外問內豎消息。問未知，轉嗚咽流涕，如此者百餘日。及亡，終喪日唯食麥飦二枚。仕宋位黄門郎。宋明帝誅山陽王休祐，至葬日，寒雪厚三尺，故人無至者，唯悰一人來赴。

初，齊武帝始從宦，家尚貧薄，悰傾相分遺。每行必呼帝同載，帝甚德之。齊建元初，爲太子中庶子，累遷豫章內史。

悰家富於財而善爲滋味，豫章王嶷盛饌享賓，謂悰曰：「肴羞有所遺不？」悰曰：「何曾食疏有黄頷臛，恨無之。」累遷太子右率。永明八年大水，百官戎服救太廟，悰朱衣乘車鹵簿，於宣陽門外入行馬內驅逐人，被奏見原。上以悰布衣之舊，從容謂悰曰：「我當令卿復祖業。」轉侍中，朝廷咸驚其美。遷祠部尚書。武帝幸芳林園就悰求味，悰獻粣及雜肴數十輿，太官鼎味不及也。上就悰求諸飲食方，悰秘不出。上醉後體不快，悰乃獻醒酒鯖鮓一方而已。

鬱林王立，兼大匠卿，起休安陵，於陵所受局下牛酒，坐免官。隆昌元年，以白衣領職。鬱林廢，悰竊歎曰：「王、徐遂縛袴廢天子，天下豈有此理耶？」延興元年，領右軍。明帝立，悰稱疾不陪位。帝使尚書令王晏齎廢立事示悰，以悰舊人，引參佐命。悰謂晏曰：「主上聖

明，公卿勠力，寧假朽老以匡贊惟新乎，不敢聞命。」因慟不自勝。朝議欲糾之，僕射徐孝嗣曰：「此亦古之遺直。」衆議乃止。

悰稱疾篤還東，詔賜假百日。轉給事中、光祿大夫，尋加正員常侍，卒。悰性敦實，與人知識，必相存訪，親疎皆有終始，世以此稱之。

胡諧之，豫章南昌人也。祖廉之，書侍御史。父翼之，州辟不就。

諧之仕宋爲邵陵王左軍諮議。齊武帝爲江州，以諧之爲別駕，委以事任。

建元二年，爲給事中、驍騎將軍。上方欲獎以貴族盛姻，以諧之家人語傒音不正，乃遣宮內四五人往諧之家教子女語。二年後，帝問曰：「卿家人語音已正未？」諧之答曰：「宮人少，臣家人多，非唯不能得正音，遂使宮人頓成傒語。」帝大笑，徧向朝臣說之。

永明五年，爲左衞將軍，加給事中。諧之風采瓌潤，善自居處，兼以舊恩見遇，朝士多與交游。六年，遷都官尚書。上欲遷諧之，嘗從容謂曰：「江州有幾侍中邪？」答曰：「近世唯程道惠一人而已。」上曰：「當令有二。」後以語尚書令王儉，儉意更異，乃以爲太子中庶子，領左衞率。

諧之有識具，每朝廷官缺及應遷代，密量上所用人，皆如其言。虞悰以此稱服之。既居權要，多所徵求。就梁州刺史范柏年求佳馬，柏年患之，謂使曰：「馬非狗子，那可得爲應無極之求。」接使人薄，使人致恨歸，謂諧之曰：「柏年云，胡諧是何傒狗，無厭之求。」諧之切齒致忿。時王玄邈代柏年，柏年稱疾推遷不時還。諧之言於帝曰：「柏年恃其山川險固，聚衆欲擅一州。」及柏年下，帝欲不問，諧之又言：「見獸格得而放上山。」於是賜死。

十年，諧之轉度支尚書，領衞尉。明年卒，謚肅侯。

柏年本梓潼人，士斷屬梁州華陽郡。初爲州將，劉亮使出都諮事，見宋明帝。帝言次及廣州貪泉，因問柏年：「卿州復有此水不？」答曰：「梁州唯有文川、武鄉，廉泉、讓水。」又問：「卿宅在何處？」曰：「臣所居廉讓之間。」帝嗟其善答，因見知。歷位內外，終於梁州刺史。

虞玩之字茂瑤，會稽餘姚人也。祖宗，晉尚書庫部郎。父玫，通直常侍。

玩之少閑刀筆，汎涉書史。仕宋爲烏程令。路太后外親朱仁彌犯罪，玩之依法案之。太后怨訴孝武，坐免官。

元徽中，爲尚書右丞。齊高帝參政，與玩之書曰：「張華爲度支尚書，事不徒然。今漕藏有闕，吾賢居右丞，已覺金粟可積也。」玩之上表，陳府庫錢帛，器械役力，所懸轉多，興用漸廣，慮不支歲月。〔一一〕朝議優報之。高帝鎮東府，朝廷致敬，玩之爲少府，猶躡屐造席。高帝取屐親視之，訛黑斜銳，蔕斷以芒接之。問曰：「卿此屐已幾載？」玩之曰：「初釋褐拜征北行佐買之，著已三十年，〔一二〕貧士竟不辦易。」高帝咨嗟，因賜以新屐。玩之不受。帝問其故，答曰：「今日之賜，恩華俱重，但著簪弊席，復不可遺，所以不敢當。」帝善之。拜驃騎諮議參軍。〔一三〕霸府初開，賓客輻湊，高帝留意簡接。玩之與樂安任遐俱以應對有席上之美，齊名見遇。玩之遷黄門郎。

先時，宋世人籍欺巧，及高帝即位，敕玩之與驍騎將軍傅堅意檢定之。〔一四〕建元二年，詔朝臣曰：「黄籍人之大綱，國之政端。自頃甿俗巧僞，乃至竊注爵位，盜易年月，增損三狀，貿襲萬端。或戶存而文書已絕，或人在而反託死叛，停私而云隸役，身強而稱六疾。此皆政之巨蠹，教之深疵。若約之以刑，則人僞已遠，若綏之以德，則勝殘未易。諸賢並深明政體，各獻嘉謀。」玩之表言便宜，多見采納。於是朝廷乃別置校籍官，置令史，限人一日得數巧，以防懈怠。既連年不已，貨賄潛通，百姓怨望。

富陽人唐寓之僑居桐廬，父祖相傳圖墓爲業。寓之自云其家墓有王氣。山中得金印，

中華書局

轉相誑惑。永明二年冬，寓之聚黨，遂陷富陽。至錢唐僭號，置太子。賊遂據郡，又遣僞會稽太守孫泓取山陰。時會稽太守王敬則朝正，故寓之謂可乘虛而襲。泓至浦陽江，而郡丞張思祖遣浹口戍主楊休武拒戰，大破之。朝廷遣禁兵東討，至錢唐，一戰便散，禽斬寓之。進兵平諸郡縣，臺軍乘勝，百姓頗被强奪。軍還，上聞之，收軍主、前軍將軍陳天福棄市。天福善馬矟，爲諸將法，上寵將也。既伏誅，內外莫不震肅。

玩之以久宦衰疾，上表告退，許之。玩之於人物好臧否，宋末，王儉舉員外郎孔逷使魏，玩之言論不相饒，逷、儉並恨之。至是，玩之東歸，儉不出送，朝廷無祖餞者。中丞劉休與親知書曰：「虞公散髮海隅，同古人之美，而東都之送，殊不藹藹。」

玩之歸家數年卒，其後員外郎孔瑄就儉求會稽五官。儉方盥，投皁莢於地曰：「卿鄉俗惡，虞玩之至死煩人。」

劉休字弘明，沛郡相人也。初爲駙馬都尉，宋明帝居藩，休爲湘東國常侍，不爲帝所知。襲祖封南鄉侯。[一五]友人陳郡謝儼同丞相義宣反，休坐匿之，被繫尚方。孝武崩乃得出。

泰始初，諸州反，休素能筮，知明帝當勝，靜處不預異謀。休之繫尚方也，尚方令吳喜愛其才，後投吳喜，爲喜輔師府錄事參軍。喜進之明帝，得在左右，板桂陽王征北參軍。

帝頗有好尚，尤嗜飮食。休多藝能，爰至鼎味，莫不閑解，遂見親賞，長直殿內。後宮孕者，帝使筮其男女，無不如占。帝憎婦人妬，尚書右丞勞彥遠以善棊見親，婦妬傷其面，帝曰：「我爲卿斷之，何如？」彥遠率爾從旨。其夕，遂賜藥殺其妻。休妻王氏亦妬，帝聞之，賜休妾，敕與王氏二十杖。令休於宅後開小店，使王氏親賣皁莢掃帚，以此辱之。其見親如此。

尋除員外郎，領輔國司馬，中書通事舍人，帶南城令。後爲都水使者，南康相。善談政體，而在郡無異績。齊建元初，爲御史中丞。頃之啓言：「宋世載祀六十，歷斯任者五十有三，校其年月，不過盈歲。於臣叨濫，宜請骸骨。」四年，出爲豫章內史，卒。

宋末，造指南車，高帝以休有思理，使與王僧虔對共監試。又元嘉中，羊欣重王子敬正隸書，世共宗之，右軍之體微輕，不復見貴。及休始好右軍法，因此大行云。

江祏字弘業，濟陽考城人也。祖遵，寧朔參軍。父德驎，司徒右長史。[一六]

祏姑爲齊高帝兄始安貞王道生妃，追謚景皇后，生齊明帝。祏少爲明帝所親，恩如兄弟。明帝爲吳興，以祏爲郡丞。後除通直郎，補南徐州別駕。明帝輔政，委以腹心，引爲驃騎諮議參軍，領南平昌太守。

時新立海陵，人情未服，祏每說明帝以君臣大節，明帝轉顧而不言。明帝髀上有赤誌，常祕不傳，既而祏勸帝出以示人。晉壽太守王洪範罷任還，上袒示之曰：「人皆謂此是日月相，卿幸無泄之。」洪範曰：「公日月在軀，如何可隱？轉當言之公卿。」上大悅。會直後張伯、尹瓚等屢謀竊發，祏憂虞無計，每夕輒託事外出。及明帝入纂議定，加祏寧朔將軍。

明帝爲宣城王，太史密奏圖緯云：「一號當得十四年。」祏入，帝喜以示祏曰：「得此復何所望。」及卽位，遷守衞尉，安陸縣侯。祏祖遵以后父贈金紫光祿大夫，父德驎以帝舅亦贈光祿。

建武二年遷左衞將軍，掌甲仗廉察。四年，轉太子詹事。祏以外戚親要，權冠當時。魏軍南伐，明帝欲以劉暄爲雍州。暄時方希內職，不願遠役，投於祏。祏謂明帝曰：「昔人相暄得一州便躓，今爲雍州，儻相中乎。」上默然。俄召梁武帝謂曰：「今使卿爲雍州，閫外一以相委。」祏既見任，遂遠致餉遺，或取諸王名書好物，然家行甚睦，待子姪有恩。

永泰元年，明帝寢疾，轉祏侍中、中書令，出入殿省。及崩，遺詔轉尚書左僕射，祏弟衞尉祀爲侍中，皇后弟劉暄爲衞尉，與始安王遙光、徐孝嗣、蕭坦之等輔政。誡東昏曰：「五年中汝勿厝意，過此自覽，勿復委人。」及卽位，祏參掌選事。明帝雖顧命羣臣，而意寄多在祏兄弟，至是更直殿內，動止關諮。

永元元年，領太子詹事，劉暄遷散騎常侍、右衞將軍。帝稍欲行意，徐孝嗣不能奪。蕭坦之雖時有異同，而祏堅意執制，帝深忌之。孝嗣謂祏曰：「主上稍有異同，詎可爲相乖反？」祏曰：「但以見付，必無所憂。」左右小人會稽茹法珍、吳興梅蟲兒、東海祝靈勇、東冶軍人俞靈韻、右衞軍人豐勇之等，並爲帝所委任。祏常裁折之，羣小切齒。

帝失德既彰，祏議欲立江夏王寶玄。劉暄初爲寶玄郢州行事，執事過刻。有人獻馬，寶玄欲看之，暄曰：「馬何用看。」妃索煮肫，帳下諮暄，暄曰：「旦已煮鵝，不煩復此。」寶玄恚曰：「舅殊無渭陽之情。」暄聞之亦不悅。至是不同祏議，欲立建安王寶寅。密謀於遙光，遙光自以年長，屬當鼎命，微旨動祏。祏弟祀以少主難保，勸祏立遙光。暄以遙光若立，己失元舅之望，不肯同。故祏遲疑久不決。遙光大怒，遣左右黃曇慶於青溪橋道中刺殺暄。曇慶見暄部伍人多，不敢發。事覺，暄告祏謀，帝處分收祏兄弟。祀時直在殿內，疑有異，遣信報祏曰：「劉暄似有謀，今作何計？」祏曰：「政當靜以鎭之。」俄而召祏入見，停中書省。先是，直齋袁文曠以王敬則勳當封，祏執不與。帝使文曠取祏，以刀環築其心，曰：「復能奪我封不？」祏、祀同日見殺。祏任寄雖重，而不忘財利，論者以此少之。

祏等既誅，帝恣意遊走，單騎奔馳，謂左右曰：「祏常禁吾騎馬，小子若在，吾豈能得此。」因問祏親親餘誰，答曰：「江祥今猶在冶。」乃於馬上作敕，賜祥死。

祀字景昌，歷位晉安王鎮北長史、南東海太守，行府州事。祀弟禧，早卒。有子廞字偉卿，年十二，聞收至，謂家人曰：「伯既如此，無心獨存。」赴井死。

劉暄字士穆，彭城人。及聞祏等戮，眠中大驚，投出戶外。問左右：「收至未？」良久意定，還坐，大悲曰：「不念江，行自痛也。」

遙光事起，以討暄爲名。事平，暄遷領軍將軍，封平都縣侯。其年，茹法珍、梅蟲兒、徐世標譖暄有異志。帝曰：「領軍是我舅，豈應有此？」世標曰：「明帝是武帝同堂，恩遇如此，尚滅害都盡，舅復焉可信。」乃誅之。

暄爲人性軟弱，當軸居政，每事讓江祏，羣弟不得進官。死之日，皆怨之。

和帝中興元年，贈祏衞將軍，暄散騎常侍、撫軍將軍，並開府儀同三司，祀散騎常侍、太常卿。

論曰：「君老不事太子」，義烈之遺訓也，欲夫專心所奉，在節無二。伯玉始遵其事，旋及誅夷，有以驗「行之惟艱」，且知齊武之非弘量矣。高帝作牧淮、兗，將興霸業，崔、蘇睹徵知著，自同奔走。虞悰筒餌之恩，諧之心腹之寄，並得攀光日月，亦各時運之所躋乎。玩之臧否之尤，著在懸車之日，是知嗣宗所誡，蓋亦遠有致乎。江祏立辟非時，覺蹈龍逢之血，「人之多僻」，〔一七〕蓋詩人所深懼也。

校勘記

〔一〕昇明初　「昇明」各本譌「昇平」。按宋順帝改元徽五年爲昇明元年，今改正。

〔二〕遣文惠太子聞喜公子良宣敕詰責　南齊書於「遣」上有「上」字。

〔三〕愈見信任使掌軍國密事　「任」字各本並脫，據通志補。

〔四〕五更便巾車　「便」各本作「使」，據通志改。

〔五〕高帝臨崩指伯玉以屬武帝　「武帝」二字各本並脫，據通志補。

〔六〕劉備取帳鉤銅鑄錢以充國用　「帳鉤」各本作「帳搆」，據南齊書改。

〔七〕神經淡序　「淡」南齊書作「越」。

〔八〕曆宣江楚　「曆」南齊書作「力」。

〔九〕斡晴潭而悵泗　「斡晴潭」各本作「斡精潭」，據南齊書改。

〔一〇〕遂見委以府事　「以府」各本作「付」，據南齊書補改。

〔一一〕所懸轉多興用漸廣慮不支歲月　「所懸」各本作「州縣」，「慮」各本脫去，據南齊書改補。按「懸」「縣」古今字，「州」「所」形近易譌。

〔一二〕初釋褐拜征北行佐買之著已三十年　「三十」南齊書作「二十」，其告退表云：「宋元嘉二十八年，爲王府行佐。」又據齊高帝紀：「元徽五年七月，帝移鎮東府。」自元嘉二十八年至元徽五年四五一——四七七，爲二十七年。

〔一三〕拜驃騎諮議參軍　「驃」各本作「驍」，據南齊書改。按驃騎將軍得置諮議參軍，驍騎則不得置。

〔一四〕敕玩之與驍騎將軍傅堅意檢定之　「驍」各本作「驃」，據南齊書改。

〔一五〕襲祖封南鄉侯　「封」字各本並脫，據南齊書補。

〔一六〕父德驎司徒右長史　「德驎」南齊書作「德鄰」。

〔一七〕人之多僻　詩大雅生民板「民之多僻」，此避唐諱作「人」。

中華書局

南史卷四十八

列傳第三十八

陸澄 陸慧曉 子倕 孫纘 兄子閑 閑子絳 絳弟厥 厥弟襄 襄兄子雲公 雲公子瓊 瓊子從典 瓊從父弟琰 琰弟瑜 瑜從兄玠 從弟琛

陸杲 子罩

陸澄字彦深，〔一〕吴郡吴人也。祖劭，臨海太守。父瑗，州從事。

澄少好學，博覽無所不知，行坐眠食，手不釋卷。宋泰始初，爲尚書殿中郎，議皇后諱班下應依舊稱姓。左丞徐爰案司馬孚議皇后不稱姓，〔二〕春秋逆王后于齊，並不言姓。澄以意立議，坐免官，白衣領職。

郎官舊坐杖，有名無實，澄在官積前後罰凡至千數。後兼左丞。

泰始六年，詔皇太子朝服衮冕九章，澄與儀曹郎丘仲起議：「服冕以朝，實著經文，秦除六冕，漢明還備。魏、晉以來，不欲令臣下服衮冕，故位公者加侍官。今皇太子禮絶羣后，宜遵聖王盛典，革近代之制。」累遷御史中丞。

齊建元元年，驃騎諮議沈憲等家奴客爲劫，子弟被劾，憲等晏然。左丞任遐奏澄不糾，請免澄官。上表自理，言舊例無左丞糾中丞之義。詔外詳議。尚書令褚彦回檢宋以來左丞糾正而中丞不糾免官者甚衆，奏澄「謏聞膚見，貽撓後昆，上掩皇明，下籠朝議。請以見事免澄所居官」。詔澄以白衣領職。

永明元年，累遷度支尚書，尋領國子博士。尚書令王儉謂之曰：「昔曹志、繆悦爲此官，以君係之，始無慚德。」儉嘗問澄曰：「崇禮門有鼓而未嘗鳴，其義安在？」答曰：「江左草創，崇禮闥皆是茅茨，故設鼓，有火則扣以集衆，相傳至今。」又與儉書陳：「王弼注易，玄學之所宗。今若弘儒，鄭注不可廢。弁言左氏杜學之長。穀梁舊有糜信，近益以范甯，不足兩立。且爲世有一孝經，題爲鄭玄注，觀其用辭，不與注書相類。案玄自序所注衆書，亦無孝經。且爲小學之類，不宜列在帝典。」儉答曰：「易體微遠，實貫羣籍，豈可專據小王便爲該備，依舊存鄭，高同來說。元凱注傳，超邁前儒，穀梁小書，無俟兩注。存糜略范，率由舊式。凡此諸議，並同雅論。疑孝經非鄭所注，僕以此書明百行之首，實人倫所先，七略、藝文並陳之六藝，不與蒼頡、凡將之流也。鄭注虚實，前代不嫌，意謂可安，仍舊立置。」

儉自以博聞多識，讀書過澄。澄謂曰：「僕少來無事，唯以讀書爲業；且年位已高。令君少便鞅掌王務，〔三〕雖復一覽便諳，然見卷軸未必多僕。」儉集學士何憲等盛自商略，澄待儉語畢，然後談所遺漏數百十條，〔四〕皆儉所未覩。儉乃歎服。儉在尚書省出巾箱几案雜服飾，令學士隸事事多者與之，人人各得一兩物。澄後來，更出諸人所不知事，復各數條，弁舊物奪將去。

轉散騎常侍，祕書監，吴郡中正，光禄大夫，加給事中，尋領國子祭酒。竟陵王子良得古器，小口方腹，而底平可容七八升，以問澄。澄曰：「此名服匿，單于以與蘇武。」子良詳視器底有字，彷彿可識，如澄所言。

隆昌元年，以老疾，轉光禄大夫，加散騎常侍，未拜，卒，謚靖子。

澄當世稱爲碩學，讀易三年不解文義，欲撰宋書竟不成。王儉戲之曰：「陸公，書厨也。」家多墳籍，人所罕見，撰地理書及雜傳，死後乃出。

澄弟鮮，得罪宋世，當死。澄於路見舍人王道隆叩頭流血，以此見原。揚州主簿顧測以兩奴就鮮質錢，鮮死，子暉誣爲買券。澄爲中丞，測遂爲澄所抑，世以此少之。

陸慧曉字叔明，吴郡吴人，晉太尉玩之玄孫也。自玩至慧曉祖萬載，世爲侍中，皆有名行。慧曉伯父仲元，又爲侍中，時人方之金、張二族。

父子眞，仕宋爲海陵太守。時中書舍人秋當見幸，家在海陵，假還葬父，子眞不與相聞。當請發人修橋，又以妨農不許。彭城王義康聞而賞之。王僧達貴公子孫，以才傲物，爲吴郡太守，入昌門曰：「彼有人焉。顧琛一公兩掾，英英門戶；陸子眞五世內侍，我之流亞。」子眞自臨海太守眼疾歸，爲中散大夫，卒。

慧曉清介正立，不雜交游，同郡張緒稱之曰：「江東裴、樂也。」〔五〕初應州郡辟，舉秀才，歷諸府行參軍，以母老還家侍養，十餘年不仕。

齊高帝輔政，除爲尚書殿中郎。鄰族來相賀，慧曉舉酒曰：「陸慧曉年踰三十，婦父領選，始作尚書郎，卿輩乃復以爲慶邪？」

高帝表禁奢侈，慧曉撰答詔草，爲帝所賞，引爲太傅東閤祭酒。齊建元初，遷太子洗馬。廬江何點常稱「慧曉心如照鏡，遇形觸物，無不朗然」。王思遠恒如懷冰，暑月亦有霜氣」。當時以爲實録。

慧曉與張融並宅，其間有池，池上有二株楊柳。點歎曰：「此池便是醴泉，此木便是交

二十四史

中華書局

讓。」及武陵王曄守會稽，上爲精選僚吏，以慧曉爲征虜功曹，與府參軍沛國劉璡同從述職。璡清介士也，行至吳，謂人曰：「吾聞張融與慧曉並宅，其間有水，此必有異味。」故命駕往酌而飲之。曰：「飲此水，則鄙吝之萌盡矣。」

何點薦慧曉於豫章王嶷，補司空掾，加以恩禮。累遷安西諮議、領冠軍錄事參軍。

武帝第三子廬陵王子卿爲南豫州刺史，帝稱其小名謂司徒竟陵王子良曰：「烏熊癡如熊，不得天下第一人爲行事，無以壓一州。」既而曰：「吾思得人矣。」乃使慧曉爲長史、行事。別帝，問曰：「卿何以輔持廬陵？」答曰：「靜以修身，儉以養性。靜則人不擾，儉則人不煩。」上大悅。

後爲司徒右長史。時陳郡謝朏爲左長史，府公竟陵王子良謂王融曰：「我府前世誰比？」融曰：「明公二上佐，天下英奇，古來少見其比。」子良西邸抄書，令慧曉參知其事。

尋遷西陽王征虜、巴陵王後軍、臨汝公輔國三府長史，行府州事。復爲西陽王左軍長史，領會稽郡丞，行郡事。隆昌元年，徙爲晉熙王冠軍長史、江夏內史，行郢州事。慧曉歷輔五政，立身清肅，僚佐以下造詣，必起送之。或謂慧曉曰：「長史貴重，不宜妄自謙屈。」答曰：「我性惡人無禮，不容不以禮處人。」未嘗卿士大夫，或問其故，慧曉曰：「貴人不可卿，而賤者乃可卿，人生何容立輕重於懷抱。」終身常呼人位。

建武初，除西中郎長史，行事、內史如故。俄徵黃門郎，未拜，遷吏部郎。尚書令王晏選門生補內外要局，慧曉爲用數人而止。晏恨之。送女妓一人，欲與申好，慧曉不納。吏曹都令史歷政來諮執選事，〔六〕慧曉任己獨行，未嘗與語。帝遣主書單景儁謂曰：「都令史諳悉舊貫，可共參懷。」慧曉謂景儁曰：「六十之年，不復能諮都令史爲吏部郎也。上若謂身不堪，便當拂衣而退。」帝甚憚之。後欲用爲侍中，以形短小乃止。

出爲晉安王鎮北司馬、征北長史、東海太守，行府州事。入爲五兵尚書，行揚州事。崔慧景事平，領右軍將軍。出監南徐州。朝議又欲以爲侍中，王亮曰：「濟、河須人，今且就朝廷借之，以鎮南兗州。」王瑩、王志皆曰：「侍中彌須英華，方鎮猶應有選者。」亮曰：「角其二者，則貂璫緩，拒寇切。當今朝廷甚弱，宜從切者。」乃以爲輔國將軍、南兗州刺史，加督。至鎮，俄爾以疾歸。卒，贈太常。

三子：僚、任、倕並有美名，時人謂之三陸。初授慧曉兗州，三子依次第各作一讓表，辭並雅麗，時人歎伏。僚學涉子史，長於微言。美姿容，鬚眉如畫。位西昌侯長史、蜀郡太守。

倕字佐公，少勤學，善屬文。於宅內起兩茅屋，杜絕往來，晝夜讀書，如此者數歲。所讀一徧，必誦於口。嘗借人漢書，失五行志四卷，乃暗寫還之，略無遺脫。幼爲外祖張岱所異。岱嘗謂諸子曰：「此兒，汝家陽元也。」十七，舉本州秀才。刺史竟陵王子良開西邸，延英俊，倕預焉。

梁天監初，爲右軍安成王主簿，與樂安任昉友，爲感知己賦以贈昉，昉因此名以報之。及昉爲中丞，簪裾輻湊，預其讌者，殷芸、到溉、劉苞、劉孺、劉顯、劉孝綽及倕而已，號曰「龍門之游」。雖貴公子孫不得預也。遷臨川王東曹掾。

梁武帝雅愛倕才，乃敕撰新漏刻銘，其文甚美。遷太子中舍人，又詔爲石闕銘，敕褒美之，賜絹三十匹。累遷太常卿，卒。子纘早慧，七歲通經，爲童子郎，卒。次緬，有似於倕，一看殆不能別。

繕字士繻，〔七〕倕兄子也。父任，御史中丞。繕幼有志尚，〔八〕以雅正知名。梁承聖中，爲中書侍郎，掌東宮管記。魏平江陵，繕微服遁還建鄴。

紹泰元年，除司徒右長史、御史中丞，以父任所終，固辭。陳武帝作輔，爲司徒司馬。及受命，位侍中。出爲新安太守。文帝嗣位，徵爲中庶子，領步兵校尉，掌東宮管記。繕儀表端麗，進退閑雅，趨步躡履，文帝使太子諸王咸取則焉。

後復拜御史中丞，猶以父所終，固辭，不許，乃權換廨宇，徙以居之。太建中，歷度支尚書，侍中，太子詹事，尚書右僕射。尋遷左僕射，參掌選事。別敕與徐陵等七人參議政事。卒，贈特進，謚曰安子。以繕東宮舊臣，特賜祖奠。

繕子辯慧，年數歲，詔引入殿內，進止有父風，宣帝因賜名辯慧字敬仁。繕兄子見賢亦方雅，位少府卿，卒。

閑字遐業，慧曉兄子也。有風概，與人交不苟合，少爲同郡張緒所知。仕至揚州別駕。齊明帝崩，閑謂所親人曰：「宮車晏駕，百司將聽冢宰。主王地重才弱，〔九〕必不能振，難將至矣。」乃感心疾，不復預州事。

永元末，刺史始安王遙光據東府作亂，或勸去之。閑曰：「吾爲人吏，何可逃死。」臺軍攻陷城，閑以綱佐被收，至杜姥宅，尚書令徐孝嗣啓閑不預逆謀。未及報，徐世標命殺之。閑四子：厥、絳、完、襄也。絳字魏卿，時隨閑，抱頸求代死，不獲，遂以身蔽刀刃，行刑者俱害之。

厥字韓卿，少有風概，好屬文。齊永明九年，詔百官舉士，同郡司徒左西曹掾顧暠之表

中華書局

二十四史

薦厥，州舉秀才。

時盛爲文章，吳興沈約、陳郡謝朓、琅邪王融以氣類相推轂，汝南周顒善識聲韻。約等文皆用宮商，將平上去入四聲，以此制韻，有平頭、上尾、蠭腰、鶴膝。五字之中，音韻悉異，兩句之內，角徵不同，不可增減。世呼爲「永明體」。沈約宋書謝靈運傳後又論其事，厥與約書曰：

范詹事自序：「性別宮商，識清濁，特能適輕重，濟艱難。古今文人多不全了斯處，縱有會此者，不必從根本中來。」尚書亦云：「自靈均以來，此祕未覩。或暗與理合，匪由思至。張、蔡、曹、王曾無先覺，潘、陸、顏、謝去之彌遠。」大旨欲「宮商相變，低昂舛節，若前有浮聲，則後須切響，一簡之內，音韻盡殊，兩句之中，輕重悉異」。辭既美矣，理又善焉，但觀歷代衆賢似不都闇此處，而云「此祕未覩」，近於誣乎。案范云「不從根本中來」，尚書云「匪由思至」，斯則揣情謬於玄黃，擿句著其音律也。〔一〇〕范又云「時有會此者」，尚書云「或闇與理合」。則美詠清謳，有辭章調韻者，雖有差謬，亦有會合。推此以往，可得而言。夫思有合離，前哲同所不免，文有開塞，即事不得無之。子建所以好人譏彈，士衡所以遺恨終篇。既曰遺恨，非盡美之作。理可詆訶，君子執其詆訶，便謂合理爲闇，豈如指其合理，而寄詆訶爲遺恨邪。

自魏文屬論，深以清濁爲言，劉楨奏書，大明體勢之致。齟齬妥怗之談，操末續巔之說，興玄黃於律呂，比五色之相宜。苟此祕未覩，茲論爲何所指邪？愚謂前英已早識宮徵，但未屈曲指的，若今論所申。至於掩瑕藏疾，合少謬多，則臨淄所云「人之著述，不能無病」者也。非知之而不改，謂不改則不知，斯曹、陸又稱「竭情多悔，不可力強」者也。今許以有病有悔爲言，則必自知無悔無病之地。引其不了不合爲闇，何獨誣其一合一了之明乎？〔一一〕意者亦質文時異，今古好殊，將急在情物，而緩於章句。情物，文之所急，美惡猶且相半；章句，意之所緩，故合少而謬多。義兼於斯，必非不知明矣。長門、上林，殆非一家之賦，洛神、池雁，便成二體之作。孟堅精正，詠史無虧於東主，平子恢富，羽獵不累於憑虛。王粲初征，他文未能稱是，楊脩敏捷，暑賦彌日不獻。率意寡尤，則事促乎一日，翳翳愈伏，而理賖於七步。一人之思，遲速天懸，一家之文，工拙壤隔，何獨宮商律呂必責其如一邪？論者乃可言未窮其致，不得言曾無先覺也。

約答曰：

宮商之聲有五，文字之別累萬。以累萬之繁，配五聲之約，高下低昂，非思力所學，又非止若斯而已。十字之文，顚倒相配，字不過十，巧歷已不能盡，何況復過於此者乎？靈均以來，未經用之於懷抱，固無從得其髣髴矣。若斯之妙，而聖人不尙，何耶？此蓋曲折聲韻之巧，無當於訓義，非聖哲玄言之所急也，是以子雲譬之「雕蟲篆刻」，云「壯夫不爲」。自古辭人豈不知宮羽之殊、商徵之別。雖知五音之異，而其中參差變動，所昧實多，故鄙意所謂「此祕未覩」者也。以此而推，則知前世文士，便未悟此處。若以文章之音韻，同絃管之聲曲，美惡妍蚩，不得頓相乖反，譬猶子野操曲，安得忽有闡緩失調之聲。以洛神比陳思他賦，有似異手之作，故知天機啓，則律呂自調，六情滯，則音律頓舛也。士衡雖云煥若縟錦，寧有濯色江波，其中復有一片是衞文之服。此則陸生之言，卽復不盡者矣。韻與不韻，復有精粗，輪扁不能言之，老夫亦不盡辯此。

約論四聲，妙有詮辯，而諸賦亦往往與聲韻乖。

時有王斌者，不知何許人。著四聲論行於時。斌初爲道人，博涉經籍，雅有才辯，善屬文，能唱導而不修容儀。〔一二〕嘗弊衣於瓦官寺聽雲法師講成實論，無復坐處，唯僧正慧超尙空席，斌直坐其側。慧超不能平，乃罵曰：「那得此道人，祿蔌似隊父唐突人。」因命驅之。斌笑曰：「既有敍勳僧正，何爲無隊父道人。」不爲動。而撫機問難，辭理清舉，四座皆屬目。後還俗，以詩樂自樂，人莫能名之。

永元元年，始安王遙光反，厥父閑被誅，厥坐繫尙方。尋有赦，厥感慟而卒，年二十八。

文集行於世。

時有會稽虞炎以文學與沈約俱爲文惠太子所遇，意眄殊常，官至驍騎將軍。

襄字師卿，厥第四弟也。本名衰字趙卿，有奏事者誤字爲襄，梁武帝乃改爲襄字師卿。天監三年，都官尙書范岫表薦襄，起家著作佐郎。後昭明太子統聞襄業行，啓武帝引與遊處。自廬陵王記室除太子洗馬，遷中舍人，並掌管記。出爲揚州中從事，以父終此官，固辭。武帝不許，聽與府司馬換廨居之。昭明太子敬耆老，襄母年將八十，與蕭琛、傅昭、陸杲每月常遣存問，加賜珍羞衣服。襄母常卒患心痛，醫方須三升粟漿。時冬月，日又逼暮，求索無所，忽有老人詣門貨漿量如方劑。始欲酬直，無何失之，時以襄孝感所致。

後爲太子家令，復掌管記，母憂去職。襄年已五十，毀頓過禮，太子憂之，日遣使誡喩。中大通七年，〔一三〕爲鄱陽內史。先是郡人鮮于琛服食修道法，〔一四〕常入山采藥，拾得五色幡旄，又於地中得石璽，竊怪之。琛先與妻別室，望琛所處常有異氣，益以爲神。大同元年，遂結門徒殺廣晉令王筠，號上願元年，署置官屬。其黨轉相誑惑，有衆萬餘人，將出攻郡。襄先已率人吏修城隍爲備，及賊至破之，生獲琛。時鄰郡豫章、安成等守宰案其黨與，

中華書局

因求貨賄，皆不得其實。或有善人盡室罹禍，唯襄郡枉直無濫。人作歌曰：「鮮于抄後善惡分，人無橫死賴陸君。」

又有彭、李二家，先因忿爭，遂相誣告。襄引入內室，不加責誚，但和言解喻之。二人感恩，深自悔咎。乃爲設酒食令其盡歡，酒罷同載而還，因相親厚。人又歌曰：「陸君政，無怨家。鬬既罷，讎共車。」在政六年，郡中大寧。郡人李睍等四百二十人詣闕拜表，陳襄德化，求於郡立碑，降敕許之。又表乞留襄，襄固乞還。

太清元年，爲度支尚書。侯景圍臺城，以襄直侍中省。城陷，襄逃還吳。景將宋子仙進攻錢唐，會海鹽人陸黯舉義襲郡，殺僞太守蘇單于，推襄行郡事。時淮南太守文成侯蕭寧逃賊入吳，襄遣迎寧爲盟主，遣黯及兄子映公帥衆躡子仙，與戰，黯敗走，吳下軍聞之亦散。襄匿于墓下，一夜憂憤卒。

襄弱冠遭家禍，釋服猶若居憂，終身蔬食布衣，不聽音樂，口不言殺害五十年。侯景平，元帝贈侍中，追封餘干縣侯。

雲公字子龍，襄兄完子也。完位寧遠長史、琅邪彭城二郡丞。

雲公五歲誦論語、毛詩，九歲讀漢書，略能記憶。從祖倕與沛國劉顯質問十事，雲公對

無所失，顯歎異之。及長，好學，有才思，爲平西湘東王繹行參軍。雲公先製太伯廟碑，吳興太守張纘罷郡經途，讀其文歎曰：「今之蔡伯喈也。」纘至都掌選，言之武帝，召爲尚書儀曹郎，入直壽光省，以本官知著作郎事。累遷中書黃門郎，兼掌著作。

雲公善弈棊，嘗夜侍坐，武冠觸燭火。帝笑謂曰：「燭燒卿貂。」帝將用爲侍中，故以此戲之。時天泉池新製鯿魚舟，形闊而短，〔一五〕帝暇日常泛此舟，朝中唯引太常劉之遴、國子祭酒到溉、右衞朱异，雲公時年位尚輕亦預焉。

太清元年卒，張纘時爲湘州，與雲公叔襄兄晏子書曰：「都信至，承賢兄子賢弟黃門殞逝，非唯貴門喪寶，實有識同悲。」其爲士流稱重如此。

雲公從父兄才子，亦有才名，位太子中庶子、廷尉，與雲公並有文集行於世。

雲公子瓊字伯玉，幼聰慧，有思理。六歲爲五言詩，頗有詞采。大同末，雲公受梁武帝詔校定棊品，到溉、朱异以下並集。瓊時年八歲，於客前覆局，由是都下號曰神童。异言之武帝，召見，瓊風神警亮，進退詳審，帝甚異之。

十一，丁父憂，毀瘠有至性，從祖襄歎曰：「此兒必荷門基，所謂一不爲少。」及侯景作逆，攜母避地于縣之西鄉，勤苦讀書，晝夜無怠，遂博學善屬文。

陳天嘉中，以文學累遷尚書殿中郎。瓊素有令名，深爲陳文帝所賞。及討周迪、陳寶應等，都官符及諸大手筆，並中敕付瓊。遷新安王文學，掌東宮管記。

及宣帝爲司徒，妙簡僚佐，吏部尚書徐陵薦瓊於宣帝，言瓊「識具優敏，文史足用，進居郎署，歲月過淹，左西掾缺，允膺茲選，雖階次小踰，其屈滯已積」。乃除司徒左西掾。尋兼通直散騎常侍，聘齊。

太建中爲給事黃門侍郎，轉中庶子，領大著作，撰國史。後主卽位，直中書省，掌詔誥。至德元年，除度支尚書，參選事，掌誥詔，并判廷尉、建康二獄事。初，瓊父雲公奉梁武敕撰嘉瑞記，瓊述其旨而續焉，自永定訖于至德，勒成一家之言。遷吏部尚書，著作如故。瓊詳練譜牒，雅有識鑑。先是吏部尚書宗元饒卒，尚書右僕射袁憲舉瓊，〔一六〕宣帝未之用，至是居之，號爲稱職。

瓊性謙儉，不自封植，雖位望日隆，而執志逾下。園池室宇，無所改作，車馬衣服，不尚鮮華，四時祿俸，皆散之宗族，家無餘財。暮年深懷止足，思避權要，恒謝疾不視事。俄丁母憂。初瓊之侍東宮，母隨在官舍，及喪還鄉，詔加賻贈，〔一七〕後主自制誌銘，朝野榮之。瓊哀慕過毀，以至德四年卒。有集二十卷行於世。

子從典，字由儀，幼聰敏。年八歲，讀沈約集，見回文研銘，援筆擬之，便有佳致。十二作柳賦，其詞甚美。從父瑜特所賞愛。及瑜將終，命家中墳籍皆付之，從典乃集瑜文爲十卷，仍製集序，其文甚工。

從典篤好學業，博涉羣書，位太子洗馬、司徒左西掾。陳亡入隋，位著作佐郎。尚書右僕射楊素奏從典續司馬遷史記迄于隋，其書未就，坐弟受漢王諒職免。後卒於南陽縣主簿。

琰字溫玉，瓊之從父弟也。父令公，梁中軍宣城王記室參軍。

琰幼孤，好學，有志操，州舉秀才。累遷宣惠始興王外兵參軍，直嘉德殿學士。陳文帝聽覽餘暇，頗留心史籍，以琰博學，善占誦，引置左右。嘗使製刀銘，琰援筆卽成，無所點竄，帝嗟賞久之，賜衣一襲。俄兼通直散騎常侍，副琅邪王厚聘齊，至鄴而厚卒，琰爲使主。時年二十餘，風氣韶亮，占對閑敏，齊士大夫甚傾心焉。太建初，爲武陵王明威府功曹史，兼東宮管記。丁母憂去官，卒。至德二年，追贈司農卿。

琰寡慾，鮮矜競，遊心經籍，晏如也。所製文筆，多不存本，後主求其遺文，撰成二卷。

中華書局

弟瑜字幹玉，少篤學，美詞藻，州舉秀才。再遷軍師晉安王外兵參軍，東宮學士。兄琰時爲管記，並以才學娛侍左右，時人比之二應。

太建中，累遷太子洗馬，中舍人。瑜聰敏強記，常受莊、老於汝南周弘正，學成實論於僧滔法師，並通大旨。時皇太子好學，欲博覽羣書，以子集繁多，命瑜抄撰，未就而卒。太子爲之流涕，親製祭文，仍與詹事江總論述其美，詞甚傷切。至德二年，追贈光祿卿。有集十卷。瑜有從父兄玠，從父弟琛。

玠字潤玉，梁大匠卿晏子之子也。弘雅有識度，好學能屬文。後主在東宮，徵爲管記，仍兼中舍人。尋以疾失明。將還鄉里，太子解衣贈之，爲之流涕。太建八年卒，至德二年，追贈少府卿。有集十卷。

琛字潔玉，宣毅臨川王長史丘公之子也。少警俊，事後母以孝聞。後主嗣位，爲給事黃門侍郎，中書舍人，參掌機密。琛性頗疎，坐漏泄禁中語，詔賜死。

陸杲字明霞，吳郡吳人也。祖徽字休猷，宋補建康令，清平無私，爲文帝所善。元嘉十五年，除平越中郎將、廣州刺史，加督，清名亞王鎮之，爲士庶所愛詠。二十三年，爲益州刺史，亦加督，衈隱有方，威惠兼著，寇盜靜息，人物殷阜，蜀土安之。卒於官，身亡之日，家無餘財，文帝甚痛惜之，謚曰簡子。父叡，揚州中從事。

杲少好學，工書畫，舅張融有高名，杲風韻舉止頗類，時稱曰「無對日下，唯舅與甥」。爲尚書殿中曹郎，拜日，八坐丞郎並到上省交禮，而杲至晚，不及時刻，坐免官。後爲司徒從事中郎。梁臺建，爲相國西曹掾。

天監五年，位御史中丞。性婞直，無所顧望。時山陰令虞肩在任贓汙數百萬，杲奏收劾之。中書舍人黃睦之以肩事託杲，杲不答。梁武聞之以問杲，杲答曰：「有之。」帝曰：「識睦之不？」答曰：「臣不識其人。」時睦之在御側，上指示曰：「此人是也。」杲謂曰：「君小人，何敢以罪人屬南司。」睦之失色。領軍將軍張稷是杲從舅，杲嘗以公事彈稷，稷因侍宴訴帝曰：「陸杲是臣親通，小事彈臣不貸。」帝曰：「杲職司其事，卿何得爲嫌。」杲在臺，號不畏強禦。

爲義興太守，在郡寬惠，爲下所稱。歷左戶尚書、太常卿。出爲臨川內史，將發，辭武帝，於坐通啓，求募部曲。帝問何不付所由呈聞。杲答所由不爲受。帝頗怪之，以其臨路不咎問。後入爲金紫光祿大夫，特進。卒，謚質子。

杲素信佛法，持戒甚精，著沙門傳三十卷。

弟煦，學涉有思理，位太子家令，撰晉書未就。又著陸史十五卷，陸氏驪泉志一卷，並行於時。

子罩字洞元，少篤學，多所該覽，善屬文。簡文居蕃，爲記室參軍，撰帝集序。稍遷太子中庶子，掌管記，禮遇甚厚。大同七年，以母老求去，公卿以下祖道於征虜亭，皇太子賜黃金五十斤，時人方之疎廣。母終，後位終光祿卿。

初，簡文在雍州，撰法寶聯璧，罩與羣賢並抄掇區分者數歲。中大通六年而書成，命湘東王爲序。其作者有侍中國子祭酒南蘭陵蕭子顯等三十人，以比王象、劉劭之皇覽焉。

論曰：陸澄學稱博古，而用不合今。夫千將見重於時，貴其所以立斷，於事未能周務，書廚得所譏矣。叔明持身有檢，殆爲人望，雅道相傳，可謂載德者也。杲諒直見稱，罩文以取達，亦足美乎。舊陸徽著傳，事迹蓋寡，今以附孫杲上云。

校勘記

〔一〕陸澄字彥深　「彥深」南齊書作「彥淵」，此避唐諱改。

〔二〕左丞徐爰案司馬孚議皇后不稱姓　「不稱姓」三字各本並脫，據南齊書補。

〔三〕令君少便鞅掌王務　「令」各本作「今」，據南齊書改。按王儉爲尚書令，故稱令君。

〔四〕然後談所遺漏數百十條　「十」各本作「千」，據通志改。

〔五〕同郡張緒稱之曰江東裴樂也　「同郡」上各本有「會稽內史」四字。王懋竑讀書記疑、王鳴盛十七史商榷六二並云係衍文。按南齊書云：「會稽內史同郡張暢見慧曉童幼，便嘉異之。張緒稱之曰：『江東裴、樂也。』」此刪張暢語而以張緒亦吳郡吳人，遂幷「會稽內史同郡」歸之，誤。今刪正。

〔六〕吏曹都令史歷政來諮執選事　「都」各本作「郎」，據南齊書改。

〔七〕緝字士繻　「繻」各本作「儒」，據陳書改。

〔八〕繻幼有志尚　「繻」字各本並脫，據陳書補。

〔九〕主王地重才弱　「主王」各本作「主上」。按上「仕至揚州別駕」，據梁書陸襄傳，揚州謂揚州刺史始安王遙光。時州朝佐史稱所佐之王爲「主王」，今改正。

〔一〇〕斯則揣情謬於玄黄，擿句著其音律也 「著」，南齊書作「差」。

〔一一〕引其不了不合爲闇，何獨誣其一合一了之明乎 「明」各本作「地」。按「明」與「闇」爲對文，據南齊書改。

〔一二〕能唱導而不修容儀 「唱」各本作「昌」，「不」各本脫，並據通志改補。

〔一三〕中大通七年 「中」字各本並脫，據梁書補。按大通盡三年，其年十月改元中大通。然中大通盡六年，不得有七年，疑「七」字譌。

〔一四〕先是郡人鮮于琮服食修道法 「琮」，梁書、通鑑並作「琛」。

〔一五〕時天泉池新製鯿魚舟形闊而短 「天泉池」即「天淵池」，此避唐諱改。「闊」各本作「狹」，與鯿魚形不類，據梁書改。

〔一六〕尚書右僕射袁憲舉瓊 「右」各本作「左」，據陳書改。按陳書及本書袁憲傳並作「右」。

〔一七〕詔加賻贈 「賻」字各本並脫，據陳書補。

南史卷四十九

列傳第三十九

庾杲之 叔父蓽 王諶 從叔摛 何憲 孔逷 孔珪

劉懷珍 子靈哲 從父弟峻 劉沼 懷珍從子懷慰 懷慰子霽 杳 歊 懷珍從孫訏 懷珍族弟善明

庾杲之字景行，新野人也。祖深之，位義興太守，〔一〕以善政聞。父粲爲宋南郡王義宣丞相城局參軍，王舉兵，見殺。

杲之幼有孝行，宋司空劉勔見而奇之，謂曰：「見卿足使江漢崇望，杞梓發聲。」解褐奉朝請，稍遷尚書駕部郎。清貧自業，食唯有韮葅、瀹韮、生韮雜菜。任昉嘗戲之曰：「誰謂庾郎貧，食鮭嘗有二十七種。」

累遷尚書左丞。王儉謂人曰：「昔袁公作衞軍，欲用我爲長史，雖不獲就，要是意向如此。今亦應須如我輩人也。」乃用杲之爲衞將軍長史。安陸侯蕭緬與儉書曰：「盛府元僚，實難其選。庾景行汎淥水，依芙蓉，何其麗也。」時人以入儉府爲蓮花池，故緬書美之。

歷位黃門吏部郎，御史中丞，參大選。美容質，善言笑。嘗兼侍中夾侍，柳世隆在御坐，謂齊武帝曰：「庾杲之爲蟬冕所映，彌有華采，陛下故當與其即眞。」上甚悅。王儉仍曰：「國家以杲之清美，所以許其假職。若以其即眞，當在胡諧之後。」

武帝嘗與朝臣商略，酒後謂羣臣曰：「我後當得何謚？」羣臣莫有答者。王儉因目杲之，從容曰：「陛下壽等南山，方與日月齊明，千載之後，豈是臣子輕所仰量。」時人雅歎其辯答。

杲之嘗兼主客郎對魏使，使問杲之曰：「百姓那得家家題門帖賣宅？」答曰：「朝廷旣欲掃蕩京洛，剋復神州，所以家家賣宅耳。」魏使縮鼻而不答。

時諸王年少，不得妄稱接人，敕杲之及濟陽江淹五日一詣諸王，使申遊好。再遷尚書吏部郎，參大選事，太子右衞率，加通直常侍。九年卒，上甚惜之，謚曰貞子。

蓽字休野，杲之叔父也。仕齊爲驃騎功曹史。博涉羣書，有口辯。永明中與魏和親，以蓽兼散騎常侍，報使還，拜散騎侍郎、知東宮管記事。

中華書局

後爲荆州別駕，前後紀綱皆致富饒，蓽再爲之，清身率下，杜絕請託，布被蔬食，妻子不免飢寒。齊明帝聞而嘉焉，手敕褒美，州里榮之。初，梁州人益州刺史鄧元起功勳甚著，名地卑瑣，願名挂士流。時始興忠武王憺爲州將，元起位已高，而解巾不先州官，則不爲鄉里所悉，元起乞上籍出身州從事，憺命蓽用之，蓽不從。憺大怒，召蓽責之曰：「元起已經我府，卿何爲苟惜從事？」蓽曰：「府是尊府，州是蓽州，宜須品藻。」憺不能折，遂止。

累遷會稽郡丞，行郡府事。時承彫弊之後，百姓凶荒，米斗至數千，人多流散。蓽撫循甚有理，唯守公祿，清節愈厲，至有經日不舉火。太守永陽王聞而饋之，蓽謝不受。天監元年卒，停屍無以斂，柩不能歸。梁武帝聞之，詔賜絹百疋，穀五百斛。

初，蓽爲西楚望族，兄子杲之又有寵於齊武帝，蓽早歷顯官。鄉人樂藹有幹用，素與蓽不平，互相陵競。藹事齊豫章王嶷，嶷薨，藹仕不得志，自步兵校尉求助戍歸荆州。時蓽爲州別駕，益忽藹。及梁武帝踐阼，藹以西朝勳，爲御史中丞，蓽始得會稽行事，既恥之矣，會職事微有譴，帝以藹其鄉人也，使宣旨誨之。蓽大憤，故發病卒。

子喬復仕爲荆州別駕，時元帝爲荆州刺史，而州人范興話以寒賤仕叨九流，選爲州主簿，又皇太子令及之，故元帝勒喬聽興話到職。及屬元日，府州朝賀，喬不肯就列，曰：「庾喬忝爲端右，不能與小人范興話爲雁行。」元帝聞，乃進喬而停興話。興話羞慚還家憤卒。

世以喬爲不墜家風。

喬子夐少聰慧，家富於財，好賓客，食必列鼎。又狀貌豐美，頤頰開張，人皆謂夐必爲方伯，無餒乏之慮。及魏剋江陵，卒致餓死。時又有水軍都督褚蘿面甚尖危，有從理入口，竟保衣食而終。

王諶字仲和，東海郯人，晉少傅雅玄孫也。祖慶，員外常侍。父元閔，護軍司馬。宋大明中，沈曇慶爲徐州，辟諶爲迎主簿，又爲州迎從事，湘東王彧國常侍，鎮北行參軍。及彧即帝位，是爲明帝，除司徒參軍，帶薛令，兼中書舍人。諶有學義，見親遇，常在左右。帝所行慘僻，諶屢諫不從，請退，坐此繫尚方。

後拜中書侍郎。明帝好圍棊，置圍棊州邑，以建安王休仁爲圍棊州都大中正，諶與太子右率沈勃、尚書水部郎庾珪之、彭城丞王抗四人爲小中正，朝請褚思莊、傅楚之爲清定訪問。後爲尚書左丞，領東觀祭酒，即明帝所置總明觀也。遷黃門郎。

齊永明初，累遷豫章王太尉司馬。武帝與諶相遇於宋明之世，甚委任之。歷黃門郎，領驍騎將軍，太子中庶子。諶貞正和謹，朝廷稱爲善人，多與之厚。八年，轉冠軍將軍、長沙王車騎長史，徙廬江王中軍長史，又徙西陽王子明征虜長史，行南兗府州事。諶少貧，常自紡績，及通貴後，每爲人說之，世稱其達。九年卒。

諶從叔摛，以博學見知。尚書令王儉嘗集才學之士，總校虛實，類物隸之，謂之隸事，自此始也。儉嘗使賓客隸事多者賞之，事皆窮，唯廬江何憲爲勝，乃賞以五花簟、白團扇。坐簟執扇，容氣甚自得。摛後至，儉以所隸示之，曰：「卿能奪之乎？」摛操筆便成，文章既奧，辭亦華美，舉坐擊賞。摛乃命左右抽憲簟，手自掣取扇，登車而去。儉笑曰：「所謂大力者負之而趨。」竟陵王子良校試諸學士，唯摛問無不對。爲秣陵令，清直，請謁不行。羽林隊主潘敞有寵二宮，勢傾人主。婦弟犯法，敞爲之請摛，摛投書於地，更鞭四十。敞怒譖之，明日而見代。

永明八年，天忽黃色照地，衆莫能解。司徒法曹王融上金天頌。摛曰：「是非金天，所謂榮光。」武帝大悅，用爲永陽郡。後卒於尚書左丞。

何憲字子思，廬江灊人。博涉該通，羣籍畢覽，天閣寶祕，人間散逸，無遺漏焉。任昉、

劉渢共執祕閣四部書，試問其所知，自甲至丁，書說一事，并敍述作之體，連日累夜，莫見所遺。宗人何遁，退讓士也，見而美之，願與爲友。憲位本州別駕，國子博士。永明十年使于魏。

時又有孔逷字世遠，會稽山陰人也。好典故學，與王儉至交。昇明中爲齊臺尚書儀曹郎，屢箴闕禮，多見信納。上謂王儉曰：「逷眞所謂儀曹，不忝厥職也。」儉爲宰相，逷常謀議幄帳，每及選用，頗失鄉曲情。儉從容啓上曰：「臣有孔逷，猶陛下之有臣。」永明中爲太子家令卒。時人呼孔逷何憲爲王儉三公。及卒，儉惜之，爲撰祭文。

孔珪字德璋，〔一〕會稽山陰人也。祖道隆，位侍中。父靈產，泰始中，晉安太守，有隱遁之志。於禹井山立館，事道精篤。吉日於靜屋四向朝拜，涕泣滂沱。東出過錢唐北郭，輒於舟中遙拜杜子恭墓。自此至都，東向坐，不敢背側。元徽中，爲中散大夫，頗解星文，好術數。齊高帝輔政，沈攸之起兵，靈產白高帝曰：「攸之兵衆雖强，以天時冥數而觀，無能爲也。」高帝驗其言，擢遷光祿大夫，以簏盛靈產上靈臺，令其占候。餉靈產白羽扇、素隱几，

二十四史 中華書局

形。晉永嘉中，賊曹嶷於青州發齊景公冢又得二樽，形亦爲牛象。二處皆古之遺器，知非虛也。」約大以爲然。約又云：「何承天纂文奇博，其書載張仲師及長頸王事，此何所出？」杳曰：「仲師長尺二寸，唯出論衡。[一一]長頸是毗騫王，朱建安扶南以南記云：『古來至今不死』。」約即取二書尋檢，一如杳言。約郊居宅時新構閣齋，杳爲贊二首，幷以所撰文章呈約，約即命工書人題其贊於壁。仍報杳書，共相歎美。又在任昉坐，有人餉昉榼酒而作榐字，昉問杳此字是不，杳曰：「葛洪字苑作木旁名。」昉又曰：「酒有千日醉，當是虛言。」杳曰：「桂陽程鄉有千里酒，飲之至家而醉。亦其例。」昉大驚曰：「吾自當遺忘，實不憶此。」杳云：「出楊元鳳所撰置郡事。元鳳是魏代人，此書仍載其賦『三重五品，商溪摖里』。」昉即檢楊記，言皆不差。王僧孺被使撰譜，訪杳血脈所因。杳云：「桓譚新論云：『太史三代世表旁行邪上，並効周譜。』以此而推，當起周代。」僧孺歎曰：「可謂得所未聞。」周捨又問杳尚書著紫荷橐，相傳云挈橐，竟何所出？」杳曰：「張安世傳云：[一二]『持橐簪筆，事孝武皇帝數十年。』韋昭、張晏注並曰『橐，囊也。簪筆以待顧問。』」范岫撰字書音訓又訪杳焉。尋佐周捨撰國史。

出爲臨津令，有善績，秩滿，縣三百餘人詣闕請留，敕許焉。後詹事徐勉舉杳及顧協等五人入華林撰徧略，書成，以晉安王府參軍兼廷尉正，以足疾解。因著林庭賦，王僧孺見而

歎曰：「郊居以後，無復此作。」累遷尚書儀曹郎，僕射徐勉以臺閣文議專委杳焉。出爲餘姚令，在縣清潔。湘東王繹發教褒美之。

大通元年，爲步兵校尉，兼東宮通事舍人。昭明太子謂曰：「酒非卿所好，而爲酒廚之職，政爲卿不愧古人耳。」太子有瓠食器，因以賜焉，曰：「卿有古人之風，故遺卿古人之器。」俄有敕代裴子野知著作郎事。昭明太子薨，新宮建，舊人例無停者，敕特留杳焉。僕射何敬容奏轉杳王府諮議，武帝曰：「劉杳須先經中書。」仍除中書侍郎。尋爲平西湘東諮議參軍，兼舍人、著作如故。遷尚書左丞，卒。

杳清儉無所嗜好，自居母憂，便長斷腥羶，持齋蔬食。臨終遺命：「斂以法服，載以露車，還葬舊墓，隨得一地，容棺而已。不得設靈筵及祭醊。」其子遵行之。

撰要雅五卷，楚辭草木疏一卷，高士傳二卷，東宮新舊記三十卷，古今四部書目五卷，文集十五卷，並行於世。

歊字士光，生夕有香氣，氛氳滿室。幼有識慧，四歲喪父，與羣兒同處，獨不戲弄。六歲誦論語、毛詩，意所不解，便能問難。十二讀莊子逍遙篇曰：「此可解耳。」客問之，隨問而答，皆有情理，家人每異之，謂爲神童。及長，博學有文才，不娶不仕，與族弟訏並隱居求

志，遨遊林澤，以山水書籍相娛而已。

奉母兄以孝悌稱，寢食不離左右。母意有所須，口未及言，歊已先知，手自營辦，狼狽供奉。母每疾病，夢歊進藥，及翌日轉有間効，其誠感如此。性重興樂，尤愛山水，登危履嶮，必盡幽遐，人莫能及，皆歎其有濟勝之具。常欲避人世，以母老不忍違。每隨兄霽、杳從宦。

少時好施，務周人之急，人或遺之，亦不拒也。久而歎曰：「受人者必報；不則有愧於人。吾固無以報人，豈可常有愧乎。」

天監十七年，忽著革終論。以爲：

形者無知之質，神者有知之性。有知不獨存，依無知以自立，故形之於神，逆旅之館耳。及其死也，神去此館，速朽得理。是以子羽沈川，漢伯方壙，文楚黃壤，士安麻索：此四子者得理也。若從四子而遊，則平生之志得矣。然積習生常，難卒改革，一朝肆志，儻不見從。今欲翦截煩厚，務存儉易，進不裸尸，退異常俗，[一三]不傷存者之念，有合至人之道。且張奐止用幅巾，王肅唯盥手足，范冉斂畢便葬，爰珍無設筵几，[一四]文度故舟爲棺，子廉牛車載柩，叔起誡絕墳隴，康成使無卜吉。此數公者，尚或如之，況爲吾人，而尚華泰。今欲髣髴景行，以爲軌則。氣絕不須復魂，盥漱而斂。以一千

錢市成棺，單故裙衫，衣巾枕履。此外送往之具，棺中常物，一不得有所施。世多信李、彭之言，可謂惑矣。余以孔、釋爲師，差無此惑。斂訖，載以露車，歸於舊山，隨得一地，地足爲坎，坎足容棺。不須塼甓，不勞封樹，勿設祭饗，勿置几筵。其蒸嘗繼嗣，言象所絕，事止余身，無傷世教。

初，訏之疾，歊盡心救療，及卒哀傷，爲之誄，又著悲友賦以序哀情。忽有老人無因而至，謂曰：「君心力堅猛，必破死生；但運會所至，不得久留一方耳。」彈指而去。歊心知其異，試遣尋之，莫知其所。於是信心彌篤。既而寢疾，恐貽母憂，乃自言笑，勉進湯藥。謂兄霽、杳曰：「兩兄祿仕，足伸供養。歊之歸泉，復何所憾。願深割無益之悲。」十八年，年三十二卒。

始沙門釋寶誌遇歊於興皇寺，驚起曰：「隱居學道，清淨登仙。」如此三說。歊未死之春，有人爲其庭中栽柿，歊謂兄子弇曰：「吾不見此實，爾其勿言。」至秋而亡，人以爲知命。親故誄其行迹，謚曰貞節處士。

先是有太中大夫琅邪王敬胤以天監八年卒，遺命：「不得設復魄旌旐，一蘆蓆藉下，一枚覆上。吾氣絕便沐浴，籃輿載尸，還忠侯大夫塋中。若不行此，則戮吾尸於九泉。」敬胤外甥許慧詔因阮研以聞。詔曰：「敬胤令其息崇素，氣絕便沐浴，藉以二蘆蓆，鑿地周身，歸

中華書局

葬忠侯。此達生之格言，賢夫玉匣石槨遠矣。然子於父命，亦有所從有所不從。今崇素若信遺意，土周淺薄，屬辟不施，一朝見侵狐鼠，戮屍已甚。父可以訓子，子亦不可行之。外內易棺，此自奉親之情，藉土而葬，亦通人之意。宜兩捨兩取，以達父子之志。棺周於身，土周於槨，去其牲奠，斂以時服。一可以申情，二可以稱家。禮教無違，生死無辱，此故當爲安也。」

訏字彥度，懷珍從孫也。祖承宗，宋太宰參軍。父靈真，齊鎮西諮議、武昌太守。

訏幼稱純孝，數歲父母繼卒，訏居喪哭泣孺慕，幾至滅性，赴弔者莫不傷焉。後爲伯父所養，事伯母及昆姊孝友篤至，爲宗族所稱。自傷早孤，人有誤觸其諱者，未嘗不感結流涕。長兄絜爲娉妻，剋日成婚，訏聞而逃匿，事息乃還。本州刺史張稷辟爲主簿，主者檄召訏，乃挂檄於樹而逃。陳留阮孝緒博學隱居，不交當世，恒居一鹿牀，環植竹木，寢處其中，時人造之，未嘗見也。訏經一造，孝緒卽顧以神交。訏族兄歊又履高操，三人日夕招攜，故都下謂之三隱。

訏善玄言，尤精意釋典，曾與歊聽講鍾山諸寺，因共卜築宋熙寺東澗，有終焉之志。尚書郎何炯嘗遇之於路，曰：「此人風神穎俊，蓋荀奉倩、衞叔寶之流也。」命駕造門，拒而不

見。族祖孝標與書稱之曰：「訏超超越俗，如半天朱霞。歊矯矯出塵，如雲中白鶴。皆儉歲之粱稷，寒年之纖纊。」

訏嘗著穀皮巾，披納衣，每遊山澤，輒留連忘返。神理閑正，姿貌甚華，在林谷之間，意氣彌遠，或有遇之者，皆謂神人。家甚貧苦，併日而食，隆冬之月，或無氈絮，訏處之晏然，人不覺其飢寒也。自少至長，無喜慍之色。每於可競之地，輒以不競勝之。或有加陵之者，莫不退而愧服，由是衆論咸歸重焉。

天監十七年，卒於歊舍。[一五]臨終執歊手曰：「氣絕便斂，斂畢卽埋，靈筵一不須立。勿設饗祀，無求繼嗣。」歊從而行之。宗人至友，相與刊石立銘，謚曰玄貞處士。

善明，懷珍族弟也。父懷人，仕宋爲齊、北海二郡太守。元嘉末，青州饑荒，人相食。善明家有積粟，躬食饘粥，開倉以救，鄉里多獲全濟，百姓呼其家田爲續命田。

善明少而靜處讀書，刺史杜驥聞名候之，辭不相見。年四十，刺史劉道隆辟爲中從事。懷人謂善明曰：「我已知汝立身，復欲見汝立宦也。」善明應辟，仍舉秀才。宋孝武見其策强直，甚異之。

泰始初，徐州刺史薛安都反，青州刺史沈文秀應之。時州居東陽城，善明家在郭內，不能自拔。伯父彌之詭說文秀求自効，文秀使領軍主張靈慶等五千人援安都。彌之出門，密謂部曲曰：「始免禍坑矣。」行至下邳，乃背文秀，善明從伯懷恭爲北海太守，據郡相應。善明密契，收集門宗部曲，得三千人。夜斬關奔北海。族兄乘人又聚衆勃海以應朝廷。[一六]而彌之尋爲薛安都所殺，明帝贈青州刺史。以乘人爲冀州刺史，善明爲北海太守，除尚書金部郎。乘人病卒，[一七]仍以善明爲冀州刺史。文秀既降，除善明海陵太守，郡境邊海，無樹木，善明課人種楡櫝雜果，遂獲其利。還爲直閤將軍。

五年，魏剋青州，善明母在焉，移置代郡。善明布衣蔬食，哀戚如持喪，明帝每見，爲之歎息。轉巴西梓潼二郡太守。善明以母在魏，不願西行，泣涕固請，見許。朝廷多哀善明心事，元徽初遣北使，朝議令善明舉人。善明舉州鄉北平田惠紹使魏，贖母還。

時宋後廢帝新立，羣臣執政，善明獨事齊高帝，委身歸誠。出爲西海太守，行青冀二州刺史。善明從弟僧副與善明俱知名於鄉里，泰始初，魏攻淮北，僧副將部曲二千人東依海島。齊高帝在淮陰，壯其所爲，召與相見，引爲安成王撫軍參軍。後廢帝肆暴，高帝憂恐，常令僧副微行，伺察聲論。使密告善明及東海太守垣崇祖，使動魏兵。善明勸靜以待之，高帝納焉。

廢帝見殺，善明爲高帝驃騎諮議、南東海太守，行南徐州事。沈攸之反，高帝深以爲

憂。善明獻計曰：「沈攸之控引八州，縱情蓄斂，苞藏賊志，於焉十年。性既險躁，才非持重，起逆累旬，遲回不進，豈應有所待也？一則闇於兵機，二則人情離怨，三則有掣肘之患，四則天奪其魄。本疑其輕速，掩襲未備；今六師齊奮，諸侯同舉，此已籠之鳥耳。」事平，高帝召善明還都，謂曰：「卿策沈攸之，雖張良、陳平適如此耳。」仍遷太尉右司馬。齊臺建，爲右衞將軍，辭疾不拜。司空褚彥回謂善明曰：「高尚之事，乃卿從來素意，今朝廷方相委待，詎得便學松、喬邪。」善明答曰：「我本無宦情，既逢知己，所以勠力驅馳。天地廓清，朝廷濟濟，鄙吝既申，[一八]不敢昧於富貴矣。」

高帝踐阼，以善明勳誠，欲與之祿，召謂曰：「淮南近畿，國之形勝，非親賢不居，卿與我臥理之。」乃代明帝爲淮南宣城二郡太守。遣使拜授，封新淦伯。[一九]善明至郡，上表陳事凡一十一條：其一以爲「天地開創，宜存問遠方，廣宜慈澤」。其二以爲「京都遠近所歸，宜遣醫藥，問其疾苦，年九十以上及六疾不能自存者，隨宜量賜」。其三以爲「宋氏赦令，蒙原者寡。愚謂今下赦書，宜令事實相副」。其四以爲「劉昶猶存，容能送死境上，諸城宜應嚴備」。其五以爲「宜除宋氏大明以來苛政細制，以崇簡易」。其六以爲「凡諸土木之費，且可權停」。其七以爲「帝子王女，宜崇儉約」。其八以爲「宜詔百官及府州郡縣，各貢讜言，以弘唐、虞之美」。其九以爲「忠貞孝悌，宜擢以殊階；清儉苦節，應授以政務」。其十以爲「革命惟始，宜

擇才北使」。其十一以爲「交州險敻，要荒之表，宋末政苛，遂至怨叛。今宜懷以恩德，未應遠勞將士，搖動邊甿」。又撰賢聖雜語奏之，託以諷諫。上優詔答之。

又諫起宣陽門，表陳：「宜明守宰賞罰，立學校，制齊禮，開賓館以接鄰國。」上答曰：「夫賞罰以懲守宰，飾館以待遐荒，皆古之善政，吾所宜勉。更撰新禮，或非易制。國學之美，已敕公卿。宣陽門今敕停。寡德多闕，思復有聞。」

善明身長七尺九寸，質素不好聲色，所居茅齋，斧木而已。牀榻几案，不加剗削。少立節行，常云：「在家當孝，爲吏當清，子孫楷栻足矣。」及累爲州郡，頗黷財賄，崔祖思怪而問之，答曰：「管子云，鮑叔知我。」〔一〇〕因流涕曰：「方寸亂矣，豈暇爲廉。」所得金錢皆以贖母。及母至，清節方峻。所歷之職，廉簡不煩，俸祿散之親友。

與崔祖思友善，祖思出爲青冀二州，善明遺書敍舊，因相勗以忠概。及聞祖思死，慟哭，仍得病。建元二年卒，遺命薄殯。贈左將軍、豫州刺史，諡烈伯。子滌嗣。

善明家無遺儲，唯有書八千卷。高帝聞其清貧，賜滌家葛塘屯穀五百斛，曰：「葛屯亦吾之垣下，令後世知其見異。」

善明從弟僧副字士雲，位前將軍，封豐陽男，卒於巴西、梓潼二郡太守。上圖功臣像讚，僧副亦在焉。

兄法護字士伯，有學業，位濟陰太守。

論曰：詩稱「抑抑威儀，惟人之則。」又云：「其儀不忒，正是四國。」觀夫杲之風流所得，休野行己之度，蓋其有焉。仲和性履所遵，德璋業尚所守，殆人望也。懷珍宗族文質斌斌，自宋至梁，時移三代，或以隱節取高，或以文雅見重。古人云立言立德，斯門其有之乎。

校勘記

〔一〕祖深之位義興太守　張森楷南史校勘記：「南齊書作『祖深之，雍州刺史』。梁書庾蓽傳作『深之，應州刺史』。宋書孝武紀有大明五年庾深之爲豫州刺史文；海陵王休茂傳稱深之轉海陵王司馬見害，贈雍州刺史。不云爲義興太守，即守義興，亦非終於其官也。當以南齊書爲是。」

〔二〕孔珪字德璋　「孔珪」南齊書作「孔稚珪」，有傳。此避唐高宗小名而省。

〔三〕凡一千七百三十二條　「七」各本作「五」，據上所舉條數核之，「五」爲「七」之誤，今改正。

〔四〕取爲驃騎長史兼墨曹行參軍　「史」字疑衍文。按宋、齊官制，諸曹有「署正參軍」，有「署行參軍」，其行參軍無署者爲「長兼員」。此不當有「史」字。

〔五〕上乃遣軍主房靈人領百騎進送晃　「靈人」南齊書作「靈民」，此避唐諱改。

〔六〕父琁之　「琁之」梁書作「珽」。

〔七〕會策錦被事咸言已罄　「會」各本作「曾」，據册府元龜二一八改。

〔八〕普通三年卒年六十　按梁書及宋本册府元龜五九五作「普通二年卒，年六十」。據上文「宋泰始初，青州陷魏，竣年八歲」，則峻生於宋大明二年，至梁普通二年應爲六十五歲。卒於普通三年，則應爲六十六歲。疑「六十」下脫「五」字或「六」字。

〔九〕父乘人冀州刺史　「乘人」南齊書作「乘民」，此避唐諱改。後劉善明傳「父懷人」同。

〔一〇〕靈字士溼　「士溼」梁書作「士烜」。按古人名與字相應，梁書是。

〔一一〕仲師長尺二寸唯出論衡　檢今本論衡作「潁川張仲師長一丈二寸」，殆誤。按太平御覽三七八引何承天纂文作「潁川張仲師長二尺二寸」。「一尺二寸」與「二尺二寸」，未知孰是。

〔一二〕張安世傳云　當作「趙充國傳云」，見漢書。

〔一三〕進不裸尸退異常俗　「異」各本作「畢」，據梁書改。

〔一四〕炱珍無設筵几　「炱珍」梁書作「奚珍」，未知孰是。

〔一五〕天監十七年卒於歙舍　「十」字各本並脫，據梁書補。按上云「本州刺史張稷辟爲主簿」。據梁書本傳「劉訏平原人」，平原屬冀州，又據武帝紀，張稷爲青冀二州刺史在天監十年，可證劉訏之死必在十年以後。

〔一六〕族兄乘人又聚衆勃海以應朝廷　「衆」字各本並脫，據南齊書補。

〔一七〕乘人病卒　錢大昕廿二史考異：「按劉懷慰傳云父乘民死於義嘉事難，與此互異，當有一誤。」

〔一八〕鄙吝既申　「鄙吝」南齊書作「鄙懷」。

〔一九〕封新淦伯　「新淦」各本作「新塗」，據通志改。

〔二〇〕管子云鮑叔知我　「鮑叔」各本作「夷吾」，據册府元龜七五三改。按史記管晏列傳「管仲夷吾者，少時嘗與鮑叔牙游。管仲曰：『生我者父母，知我者鮑子也。』」

中華書局

南史卷五十

列傳第四十

劉瓛 弟璡 族子顯 歊 明僧紹 子山賓 庾易 子黔婁 於陵 肩吾

劉虬 子之遴 之亨 虬從弟坦

劉瓛字子珪，沛郡相人，晉丹陽尹惔六世孫也。祖弘之，給事中。父惠，臨賀太守。

瓛篤志好學，博通訓義。年五歲，聞舅孔熙先讀管寧傳，欣然欲讀，舅更爲說之，精意聽受，曰：「此可及也。」宋大明四年，舉秀才，兄璲亦有名，先應州舉，至是別駕東海王元曾與瓛父惠書曰：「比歲賢子充秀，州閭可謂得人。」[一]

除奉朝請不就，兄弟三人共處蓬室一間，爲風所倒，無以葺之。怡然自樂，習業不廢。聚徒教授，常有數十。丹陽尹袁粲於後堂夜集，聞而請之，指聽事前古柳樹謂瓛曰：「人謂

此是劉尹時樹，每想高風；今復見卿清德，可謂不衰矣。」薦爲祕書郎，不見用。

後拜安成王撫軍行參軍，公事免。瓛素無宦情，自此不復仕。袁粲誅，瓛微服往哭，并致賻助。

齊高帝踐阼，召瓛入華林園談語，問以政道。答曰：「政在孝經。宋氏所以亡，陛下所以得之是也。」帝咨嗟曰：「儒者之言，可寶萬世。」又謂瓛曰：「吾應天革命，物議以爲何如？」瓛曰：「陛下戒前軌之失，加之以寬厚，雖危可安；若循其覆轍，雖安必危。」及出，帝謂司徒褚彥回曰：「方直乃爾。學士故自過人。」敕瓛使數入，而瓛自非詔見，未嘗到宮門。

上欲用瓛爲中書郎，使吏部尚書何戢喻旨。戢謂瓛曰：「上意欲以鳳池相處，恨君資輕，可且就前除。少日當轉國子博士，便即所授。」瓛笑曰：「平生無榮進意，今聞得中書郎而拜記室，豈本心哉。」

後以母老闕養，拜彭城郡丞，司徒褚彥回宣旨喻之，答曰：「自省無廊廟才，所願唯保彭城丞耳。」上又以瓛兼總明觀祭酒，除豫章王驃騎記室參軍，丞如故。瓛終不就。武陵王曄爲會稽太守，上欲令瓛爲曄講，除會稽郡丞。學徒從之者轉衆。

永明初，竟陵王子良請爲征北司徒記室，瓛與張融、王思遠書曰：

奉教使恭召，會當停公事，但念生平素抱，有乖恩顧。吾性拙人間，不習仕進，昔嘗爲行佐，便以不能及公事免黜，此眷者所共知也。量己審分，不敢期榮，夙嬰貧困，加以疎懶，衣裳容髮，有足駭者。中以親老供養，褰裳徒步，脫爾逮今，二代一紀。先朝使其更自修正，勉勵於階級之次，見其縕縷，或復賜以衣裳。袁、褚諸公，咸加勸勵，終於不能自反也。一不復爲，安可重爲哉。昔人有以冠一免，不重加於首，每謂此得進止之儀。又上下年尊，益不願居官次廢晨昏也。[二]先朝爲此，曲申從許，故得連年不拜。既習此歲久，又齒長疾侵，豈宜攝齋河間之聽，厠迹東平之僚？本無絕俗之操，亦非能偃蹇爲高，此又聽覽所當深察者也。近初奉教，便自希得託迹客游之末，而固辭榮級，其故何邪？以古之王侯大人，或以此延四方之士，有追申、白而入楚，羨鄒、枚而游梁，吾非敢叨夫曩賢，庶欲從九九之遺迹，既於聞道集泮不殊，而幸無職司拘礙，可得奉溫清，展私計，志在此耳。

除步兵校尉，不拜。

瓛姿狀纖小，儒業冠於當時，都下士子貴游，莫不下席受業，當世推其大儒，以比古之曹、鄭。性謙率，不以高名自居，之詣於人，[三]唯一門生持胡牀隨後。主人未通，便坐門待答。住在檀橋，瓦屋數間，上皆穿漏，學徒敬慕，不敢指斥，呼爲青溪焉。竟陵王子良親往修謁。七年，表武帝爲瓛立館，以楊烈橋故主第給之，生徒皆賀。瓛

曰：「室美豈爲人哉，[四]此華宇豈吾宅邪？幸可詔作講堂，猶恐見害也。」未及徙居，遇疾。子良遣從瓛學者彭城劉繪、順陽范縝將廚於瓛宅營齋。及卒，門人受學者並弔服臨送。

瓛有至性，祖母病疽經年，手持膏藥，漬指爲爛。母孔氏甚嚴明，謂親戚曰：「阿稱便是今世曾子。」稱，瓛小名也。年四十餘，未有婚對。建元中，高帝與司徒褚彥回爲瓛娶王氏女。王氏穿壁挂履，土落孔氏牀上，孔氏不悅。瓛即出其妻。及居母憂，住墓下不出廬，足爲之屈，杖不能起。此山常有鵂鶹鳥，瓛在山三年不敢來，服釋還家，此鳥乃至。

梁武帝少時嘗經伏膺，及天監元年下詔爲瓛立碑，謚曰貞簡先生。所著文集行於世。

初，瓛講月令畢，謂學生嚴植之曰：「江左以來，陰陽律數之學廢矣，吾今講此，曾不得其彷彿。」學者美其退讓。時濟陽蔡仲熊禮學博聞，謂人曰：「五音本在中土，故氣韻調平。今既東南土氣偏詖，故不能感動木石。」瓛亦以爲然。仲熊執經議論，往往與時宰不合，亦終不改操求同，故坎壈不進，歷年方至尚書左丞，當時恨其不遇。

又東陽婁幼瑜字季玉，著禮捃拾三十卷。

瓛弟璡字子敬，方軌正直，儒雅不及瓛而文采過之。宋泰豫中，爲明帝挽郎。齊建元初，爲武陵王曄冠軍征虜參軍。曄與僚佐飲，自割鵝炙。璡曰：「應刃落俎，是膳夫之事。

二十四史

中華書局

殿下親執鸞刀，下官未敢安席。」因起請退。與友人會稽孔逷同舟入東，於塘上遇一女子，逷目送曰：「美而豔。」璡曰：「斯豈君子所宜言乎，非吾友也。」於是解裳自隔。或曰：與友孔徹同舟入東，徹留目觀岸上女子。璡舉席自隔，不復同坐。兄瓛夜隔壁呼璡，璡不答，方下牀著衣立，然後應。瓛怪其久，璡曰：「向東帶未竟。」其立操如此。

文惠太子召璡入侍東宮，每上事輒削草。尋署射聲校尉，卒於官。

時濟陽江重欣亦清介，雖處闇室，如對嚴賓，而不及璡也。重欣位至射聲校尉。

顯字嗣芳，瓛族子也。父鬷字仲翔，博識强正，名行自居。幼爲外祖臧質所鞠養。質既富盛，恒有音樂。質亡後，母沒十許年，鬷每聞絲竹之聲，未嘗不歔欷流涕。梁天監初，終於晉安內史。

顯幼而聰敏，六歲能誦呂相絕秦、賈誼過秦。琅邪王思遠、吳國張融見而稱賞，號曰神童。族伯瓛儒學有重名，卒無嗣，齊武帝詔顯爲後，時年八歲。本名頲，齊武以字難識，改名顯。天監初，舉秀才，解褐中軍臨川王行參軍，俄署法曹。

顯博涉多通。任昉嘗得一篇缺簡，文字零落，示諸人莫能識者，顯見云是古文尚書所删逸篇。昉檢周書，果如其說。昉因大相賞異。丁母憂，服闋，尚書令沈約時領太子少傅，

引爲少傅五官。約爲丹陽尹，命駕造焉。於坐策顯經史十事，顯對其九。約曰：「老夫昏忘，不可受策；雖然，聊試數事，不可至十。」顯問其五，約對其二。陸倕聞之擊席喜曰：「劉郎子可謂差人，雖吾家平原詣張壯武，王粲謁伯喈，必無此對。」其爲名流推賞如此。五兵尚書傅昭掌著作，撰國史，顯自兼廷尉正，被引爲佐。及革選尚書五都，〔五〕顯以法曹兼吏部郎。後爲尚書儀曹郎。嘗爲上朝詩，沈約見而美之，命工書人題之於郊居宅壁。後兼中書通事舍人，再遷驃騎鄱陽王記室，兼中書舍人。後爲中書郎，舍人如故。

顯與河東裴子野、南陽劉之遴、吳郡顧協連職禁中，遞相師友，人莫不慕之。顯博聞强記，過於裴、顧。時波斯獻生師子，帝問曰：「師子有何色？」顯曰：「黃師子超不及白師子超。」魏人送古器，有隱起字無識者，顯案文讀之無滯，考校年月，一字不差。武帝甚嘉焉。遷尚書左丞，除國子博士。時有沙門訟田，帝大署曰「貞」。有司未辯，徧問莫知。顯曰：「貞字文爲與上人。」帝因忌其能，出之。後爲雲麾邵陵王長史、尋陽太守。魏使李諧至聞之，恨不相識。歎曰：「梁德衰矣。善人國之紀也，而出之，無乃不可乎。」王遷鎭郢州，除平西府諮議參軍，久在府不得志。大同九年終于夏口，時年六十三。

凡佐两府，並事驕王，人爲之憂，而每見禮重。友人劉之遴啓皇太子爲之銘誌，葬於秣陵縣劉眞長舊塋。

子荖、恁、臻。臻早有名，載北史。

顯從弟斅字仲寶。形貌短小，儒雅博洽，善辭翰，隨湘東王在蕃十餘年，寵寄甚深。當時文檄皆其所爲。位吏部尚書、國子祭酒。魏剋江陵，入長安。

明僧紹字休烈，平原鬲人，一字承烈。其先吳太伯之裔，百里奚子孟明，以名爲姓，其後也。祖玩，州中從事。父略，給事中。僧紹明經有儒術，宋元嘉中，再舉秀才，永光中，鎭北府辟功曹，並不就。隱長廣郡嶗山，聚徒立學。魏剋淮北，乃度江。〔六〕

昇明中，齊高帝爲太傅，教辟僧紹及顧歡、臧榮緒，以旌幣之禮，徵爲記室參軍，不至。僧紹弟慶符爲青州，僧紹乏糧食，隨慶符之鬱洲，住弇榆山，栖雲精舍，欣玩水石，竟不一入州城。

泰始季年，岷、益有山崩，淮水竭齊郡，僧紹竊謂其弟曰：「夫天地之氣，不失其序，若夫陽伏而不泄，陰迫而不蒸，於是乎有山崩川竭之變。昔伊、洛竭而夏亡，河竭而殷亡，三川竭岐山崩而周亡，五山崩而漢亡。〔七〕夫有國必依山川而爲固，山川作變，不亡何待？今宋

德如四代之季，爾誌吾言而勿泄也。」竟如其言。

齊建元元年冬，徵爲正員郎，稱疾不就。其後帝與崔祖思書，令僧紹與慶符俱歸。帝又曰：〔八〕「不食周粟而食周薇，古猶發議，在今寧得息談邪？聊以爲笑。」

慶符罷任，僧紹隨歸住江乘攝山。僧紹聞沙門釋僧遠夙德，往候定林寺。高帝欲出寺見之，僧遠問僧紹曰：「天子若來，居士若爲相對？」僧紹曰：「山藪之人，政當鑿坏以遁；若辭不獲命，便當依戴公故事。」既而遁還攝山、建栖霞寺而居之，高帝甚以爲恨。昔戴顒高臥牖下，以山人之服加其身，僧紹故云。

高帝後謂慶符曰：「卿兄高尚其事，亦堯之外臣。朕夢想幽人，固已勤矣。所謂『逕路絕，風雲通』。」仍賜竹根如意、筍籜冠，隱者以爲榮焉。勃海封延伯者，高行士也，聞之歎曰：「明居士身彌後而名彌先，亦宋、齊之儒仲也。」永明中，徵國子博士不就，卒。

僧紹長兄僧胤能言玄，仕宋爲江夏王義恭參軍，王別爲立榻，比之徐孺子。位冀州刺史。子慧照，元徽中，爲齊高帝平南主簿，從拒桂陽，累至驃騎中兵參軍，與荀伯玉對領直。建元元年，爲巴州刺史，綏懷蠻蜒，上許爲益州刺史，未還卒。

僧胤次弟僧暠亦好學，宋大明中再使魏，于時新誅司空劉誕。孝武謂曰：「若問廣陵之事，何以答之？」對曰：「周之管、蔡，漢之淮南。」帝大悅。及至魏，魏問曰：「卿銜此命，當緣

中華書局

上國無相踰者邪？」答曰：「聰明特達，舉袂成帷，比屋之甿，又無下僕。晏子所謂『看國善惡。』故再辱此庭。」位至青州刺史。

僧紹子元琳、仲璋、山賓並傳家業，山賓最知名。

山賓字孝若，七歲能言名理。〔九〕十三，博通經傳，居喪盡禮。起家奉朝請。兄仲璋痼疾，家道屢空，山賓乃行干祿，後爲廣陽令，頃之去官。會詔使公卿舉士，左衞將軍江祏上書薦山賓才堪理劇。齊明帝不重學，謂祏曰：「聞山賓談書不輟，何堪宦邪。」遂不用。梁臺建，累遷右軍記室參軍，掌吉禮。時初置五經博士，山賓首應其選。歷中書侍郎，國子博士，太子率更令，中庶子。天監十五年，出爲持節、都督緣淮諸軍事、北兗州刺史。普通二年，徵爲太子右衞率，加給事中。遷御史中丞，以公事左遷黃門侍郎。四年，爲散騎常侍。東宮新置學士，又以山賓居之。俄以本官兼國子祭酒。

初，山賓在州，所部平陸縣不稔，啓出倉米以振百姓。後刺史檢州曹，失簿，以山賓爲耗損。有司追責，籍其宅入官。山賓不自理，更市地造宅。昭明太子聞築室不就，有令曰：「明祭酒雖出撫大蕃，擁旄推轂，〔一〇〕珥金拖紫，而恒事屢空。聞構宇未成，今送薄助。」幷貽詩曰：「平仲古稱奇，夷吾昔擅美，〔一一〕令則挺伊賢，東秦固多士。築室非道傍，置宅歸仁里。

庚桑方有係，原生今易擬。必來三徑人，將招五經士。」

山賓性篤實，家中嘗乏困，貨所乘牛。既售受錢，乃謂買主曰：「此牛經患漏蹄，療差已久，恐後脫發，無容不相語。」買主遽追取錢。處士阮孝緒聞之，歎曰：「此言足使還淳反朴，激薄停澆矣。」

五年，又假節攝北兗州事，後卒官，贈侍中，謚曰質子。山賓累居學官，甚有訓導之益，然性頗疏通，接於諸生多狎比，人皆愛之。所著吉禮儀注二百二十四卷，禮儀二十卷，孝經喪服義十五卷。

子震字興道，亦傳父業，位太子舍人，尚書祠部郎，餘姚令。

山賓弟少遐字處默，亦知名，位都官尚書。簡文謂人曰：「我不喜明得尚書，更喜朝廷得人。」後拜青州刺史。太清之亂奔魏，仕北齊，卒於太子中庶子。子[illegible]，司空記室。

明氏南度雖晚，並有名位，自宋至梁爲刺史者六人。

庾易字幼簡，新野人也，徙居江陵。祖玟，巴郡太守。父道驥，安西參軍。易志性恬靜，不交外物，齊臨川王映臨州，表薦之，餉麥百斛。易謂使人曰：「走樵採麇鹿之伍，終其解毛之衣，〔一二〕馳騁日月之車，得保自耕之祿，於大王之恩亦已深矣。」辭不受，以文義自樂。安西長史袁彖欽其風，贈以鹿角書格、蚌盤、蚌研、白象牙筆。幷贈詩曰：「白日清明，青雲遼亮，昔聞巢、許，今覩臺、尙。」易以連理几、竹翹書格報之。

建武三年，詔徵爲司空主簿，〔一三〕不就，卒。子黔婁。〔一四〕

黔婁字子貞，一字貞正。少好學，多所講誦。性至孝，不曾失色於人。南陽高士劉虬、宗測並歎異之。仕齊爲編令，政有異績。先是縣境多猛獸暴，黔婁至，猛獸皆度往臨沮界，時以爲仁化所感。

徙孱陵令，到縣未旬，易在家遘疾，黔婁忽心驚，舉身流汗，卽日棄官歸家。家人悉驚其忽至。時易疾始二日，醫云欲知差劇，但嘗糞甜苦。易泄利，黔婁輒取嘗之，味轉甜滑，心愈憂苦。至夕，每稽顙北辰，求以身代。俄聞空中有聲曰：「徵君壽命盡，不復可延。汝誠禱既至，政得至月末。」及晦而易亡。黔婁居喪過禮，廬于家側。

梁臺建，黔婁自西臺尚書儀曹郎爲益州刺史鄧元起表爲府長史、巴西梓潼二郡太守。及成都平，城中珍寶山積，元起悉分與僚佐，唯黔婁一無所取。元起惡其異衆，厲聲曰：「長史何獨爲高？」黔婁示不違之，請書數篋。尋除蜀郡太守，在職清素，百姓便之。元起死于

蜀郡，部曲皆散，黔婁身營殯斂，攜持喪柩歸鄉里。

東宮建，以中軍記室參軍侍皇太子讀，甚見知重。詔與太子中庶子殷鈞、中舍人到洽、國子博士明山賓遞日爲太子講五經義。遷散騎侍郎，卒。弟於陵。

於陵字子介，七歲能言玄理。及長，淸警博學，有才思。齊隨王子隆爲荊州，召爲主簿，使與謝朓、宗夬抄撰羣書。子隆代還，又以爲送故主簿。子隆爲明帝所害，僚吏畏避莫至，唯於陵與夬獨留經理喪事。永元末，除東陽遂安令，爲人吏所稱。梁天監初，爲建康獄平，遷尙書功論郎，待詔文德殿。後兼中書通事舍人，拜太子洗馬。舊東宮官屬通爲淸選，洗馬掌文翰，尤其淸者。近代用人，皆取甲族有才望者，時於陵與周捨並擢充此職。武帝曰：「官以人淸，豈限甲族。」時論以爲美。累遷中書黃門侍郎，舍人如故。後終於鴻臚卿。弟肩吾。

肩吾字愼之，〔一五〕八歲能賦詩，爲兄於陵所友愛。初爲晉安王國常侍，王每徙鎭，肩吾常隨府。在雍州被命與劉孝威、江伯搖、孔敬通、申子悅、徐防、徐摛、王囿、孔鑠、鮑至等十人抄撰衆籍，豐其果饌，號高齋學士。王爲皇太子，兼東宮通事舍人。後爲安西湘東王錄

事、諮議參軍，〔六〕太子率更令，中庶子。

簡文開文德省置學士，肩吾子信、徐摛子陵、吳郡張長公、北地傅弘、東海鮑至等充其選。齊永明中，王融、謝朓、沈約文章始用四聲，以爲新變，至是轉拘聲韻，彌爲麗靡，復踰往時。簡文與湘東王書論之曰：

比見京師文體，懦鈍殊常，〔七〕競學浮疎，爭事闡緩，既殊比興，正背風騷。若夫六典三禮，所施則有地，吉凶嘉賓，用之則有所，未聞吟詠情性，反擬內則之篇，操筆寫志，更摸酒誥之作。遲遲春日，翻學歸藏，湛湛江水，遂同大傳。

吾既拙於爲文，不敢輕有掎摭，但以當世之作，歷方古之才人，〔八〕遠則楊、馬、曹、王，近則潘、陸、顏、謝，觀其遣辭用心，了不相似。若以今文爲是，則昔賢爲非，若以昔賢可稱，則今體宜棄。俱爲盍各，則未之敢許。又時有效謝康樂、裴鴻臚文者，亦頗有惑焉。何者？謝客吐言天拔，出於自然，時有不拘，是其糟粕。裴氏乃是良史之才，了無篇什之美。是爲學謝則不屆其精華，但得其冗長，師裴則蔑絕其所長，唯得其所短。謝故巧不可階，裴亦質不宜慕。故胸馳臆斷之侶，好名忘實之類，決羽謝生，豈三千之可及，伏膺裴氏，懼兩唐之不傳。故玉徽金銑，反爲拙目所嗤，巴人下俚，更合郢中之聽。陽春高而不和，妙聲絕而不尋。竟不精討錙銖，覈量文質，有異巧心，終愧妍手。是以

握瑜懷玉之士，瞻鄭邦而知退，章甫翠履之人，望閩鄉而歎息。詩既若此，筆又如之。徒以煙墨不言，受其驅染，紙札無情，任其搖襞。甚矣哉，文章橫流，一至於此。

至如近世謝朓、沈約之詩，任昉、陸倕之筆，斯文章之冠冕，述作之楷模。張士簡之賦，周升逸之辯，亦成佳手，難可復遇。文章未墜，必有英絕，領袖之者，非弟而誰。每欲論之，無可與語，思吾子建，一共商榷。辨茲清濁，使如涇、渭，論茲月旦，類彼汝南。朱白既定，雌黃有別，使夫懷鼠知慚，濫竽自恥。相思不見，我勞如何！

及簡文即位，以肩吾爲度支尚書。時上流蕃鎮，並據州拒侯景，景矯詔遣肩吾使江州喻當陽公大心。大心乃降賊，肩吾因逃入東。後賊宋子仙破會稽，購得肩吾欲殺之，先謂曰：「吾聞汝能作詩，今可即作，若能，將貸汝命。」肩吾操筆便成，辭采甚美，子仙乃釋以爲建昌令。仍間道奔江陵，歷江州刺史，領義陽太守，封武康縣侯。卒，贈散騎常侍、中書令。子信。

劉虯字靈預，一字德明，南陽涅陽人，晉豫州刺史喬七世孫也。徙居江陵。

虯少而抗節好學，須得祿便隱。宋泰始中，仕至晉平王驃騎記室、當陽令。罷官歸家靜處，常服鹿皮袷，斷穀，餌术及胡麻。齊建元初，豫章王嶷爲荊州，教辟虯爲別駕，與同郡宗測、新野庾易並遣書禮請之。虯等各修牋答而不應命。

永明三年，刺史廬陵王子卿表虯及同郡宗測、宗尚之、庾易、劉昭五人，請加蒲車束帛之命。詔徵爲通直郎，不就。竟陵王致書通意，虯答曰：「虯四節臥疾，三時營灌植，暢餘陰於山澤，託暮情於魚鳥，寧非唐、虞重恩，周、邵宏施。」

虯精信釋氏，衣粗布，禮佛長齋，注法華經，自講佛義。以江陵西沙洲去人遠，乃徙居之。建武二年，詔徵國子博士，不就。其冬虯病，正晝有白雲徘徊簷戶之內，又有香氣及磬聲。其日卒，年五十八。虯子之遴。

之遴字思貞，八歲能屬文。虯曰：「此兒必以文興吾宗。」常謂諸子曰：「若比之顏氏，之遴得吾之文。」由是州里稱之。時有沙門僧惠有異識，每詣虯必呼之遴小字曰：「僧伽福德兒。」握手而進之。

年十五，舉茂才，明經對策，沈約、任昉見而異之。吏部尚書王瞻嘗候任昉，遇之遴在坐，昉謂瞻曰：「此南陽劉之遴，學優未仕，水鏡所宜甄擢。」即辟爲太學博士。〔九〕昉曰：「爲之美談，不如面試。」時張稷新除尚書僕射，託昉爲讓表，昉令之遴代作，操筆立成。昉曰：

「荊南秀氣，果有異才，後仕必當過僕。」御史中丞樂藹即之遴之舅，憲臺奏彈，皆令之遴草焉。後爲荊州中從事，梁簡文臨荊州，仍遷宣惠記室。之遴篤學明審，博覽羣籍，時劉顯、韋稜並稱強記，之遴每與討論，咸不過也。

累遷中書侍郎，後除南郡太守。武帝謂曰：「卿母年德並高，故令卿衣錦還鄉，盡榮養之理。」轉西中郎湘東王繹長史，太守如故。初，之遴在荊府，常寄居南郡，忽夢前太守袁彖謂曰：「卿後當爲折臂太守，即居此中。」之遴後牛奔墮車折臂，右手偏直，不復得屈伸，書則以手就筆，歎曰：「豈黥而王乎？」周捨嘗戲之曰：「雖復並坐可橫，政恐陋巷無枕。」後連相兩王，再爲此郡，歷祕書監。

出爲郢州行事，之遴意不願出，固辭曰：「去歲命絕離巽，不敢東下；今年所忌又在西方。」武帝手敕曰：「朕聞妻子具，孝衰於親；爵祿具，忠衰於君。卿既內足，理忘奉公之節。」遂爲有司奏免。後爲都官尚書、太常卿。

之遴好古愛奇，在荊州聚古器數十百種，有一器似甌可容一斛，上有金錯字，時人無能知者。又獻古器四種於東宮。其第一種，鏤銅鴟夷榼二枚，兩耳有銀鏤，銘云：「建平二年造。」其第二種，金銀錯鏤古鐏二枚，有篆銘云：「秦容成侯適楚之歲造。」其第三種，外國澡灌一口，有銘云：「元封二年，龜茲國獻。」其第四種，古製澡盤一枚，銘云：「初平二年造。」

時鄱陽嗣王範得班固所撰漢書眞本獻東宮，皇太子令之遴與張纘、到溉、陸襄等參校異同，之遴錄其異狀數十事，其大略云：「案古本漢書稱永平十六年五月二十一日己酉，郎班固上，而今本無上書年月日子。又案古本敍傳號爲中篇，今本稱爲敍傳，又今本敍傳載班彪事行，而古本云「彪自有傳」。又今本紀及表志列傳不相合爲次，而古本相合爲次，總成三十八卷。又今本外戚在西域後，古本外戚次帝紀下。又今本高五子、文三王、景十三王、孝武六子、宣元六王雜在諸傳帙中，〔三〇〕古本諸王悉次外戚下，在陳項傳上。又今本韓彭英盧吳述云：「信惟餓隸，布實黥徒，越亦狗盜，芮尹江湖。雲起龍驤，化爲侯王。」古本述云：「淮陰毅毅，仗劍周章，〔三一〕邦之傑子，實惟彭、英。化爲侯王，雲起龍驤。」又古本第三十七卷解音釋義，以助雅詁，而今本無此卷也。」

之遴好屬文，多學古體，與河東裴子野、沛國劉顯恒共討論古籍，因爲交好。時周易、尚書、禮記、毛詩並有武帝義疏，唯左氏傳尚闕，之遴乃著春秋大意十科，左氏十科，三傳同異十科。合三十事上之。帝大悅，詔答曰：「省所撰春秋義，比事論書，辭微旨遠，編年之教，言闡義繁。丘明傳洙、泗之風，公羊宗西河之學，鐸椒之解不追，瑕丘之說無取。繼踵胡母，仲舒云盛，因循穀梁，千秋最篤。張蒼之傳左氏，賈誼之襲荀卿，源本分鑣，指歸殊致，詳略紛然，其來舊矣。昔在弱年，久經研味，一從遺置，迄將五紀。兼晚秋晷促，機事罕暇，

夜分求衣，未遑披括。須待夏景，試欲推尋，若溫故可求，別酬所問也。」

始武帝於齊代爲荆府諮議，時之遴父虯隱在百里洲，早相知聞。帝偶匱乏，遣就虯換穀百斛。之遴時在父側，曰：「蕭諮議躓士，云何能得舂，願與其米。」虯從之。及帝卽位常懷之。侯景初以蕭正德爲帝，之遴時落景所，將使授璽紱。之遴預知，仍剃髮披法服乃免。先是，平昌伏挺出家，之遴爲詩嘲之曰：「傳聞伏不鬬，化爲支道林。」及之遴遇亂，遂披染服，時人笑之。

尋避難還鄉，湘東王繹嘗嫉其才學，聞其西上至夏口，乃密送藥殺之。不欲使人知，乃自製誌銘，厚其賻贈。前後文集五十卷。

子三達字三善，數歲能清言及屬文。州將湘東王繹聞之，盛集賓客，召而試之。說義屬詩，皆有理致。年十二，聽江陵令賀革講禮還，仍覆述，不遺一句。年十八卒。之遴深懷悼恨，乃題墓曰「梁妙士」以旌之。之遴弟之亨。

之亨字嘉會，年四歲，出後叔父嵩。及長好學，美風姿，善占對。武帝之臨荆州，唯與虯談。虯見之遴之亨，帝曰：「之遴必以文章顯，之亨當以功名著。」後州舉秀才，除太學博士，仍代兄之遴爲中書通事舍人。累遷步兵校尉，湘東王繹諮議參軍，敕賜金策幷賜詩焉。

大通六年，出師南鄭，詔湘東王節度諸軍。之亨以司農卿爲行臺承制，途出本州北界，總督衆軍，杖節而西，樓船戈甲甚盛。老小緣岸觀曰：「是前舉秀才者。」鄉部偉之。是行也，大致剋復，軍士有功皆錄，唯之亨爲蘭欽所訟，執政因而陷之，故封賞不行，但復本位而已。久之，帝讀陳湯傳，恨其立功絕域而爲文吏所抵。宦者張僧胤曰：「外聞論者，竊謂劉之亨似之。」帝感悟，乃封爲臨江子。固辭不拜。

之亨美績嘉聲，在朱异之右，旣不協，懼爲所害，故美出之，以代之遴爲安西湘東王繹長史、南郡太守。上問朱异曰：「之亨代兄喜不？兄弟因循，豈直大馮、小馮而已。」又謂尚書令何敬容曰：「荆州長史、南郡太守，皆是僕射出入。今者之亨便是九轉。」在郡有異績，吏人稱之。卒，荆土懷之，不復稱名，號爲大南郡小南郡。

子廣德，亦好學，負才任氣。承聖中，位湘東太守。魏平荆州，依于王琳。琳平，陳太建中，歷河東太守，卒官。〔三二〕

之亨弟之遲，位荆州中從事史。子仲威，少有志氣，頗涉文史。梁承聖中，爲中書侍郎。蕭莊稱尊號，以爲御史中丞，隨莊終鄴中。

坦字德度，虯從弟也。仕齊歷孱陵令，南中郎錄事參軍，所居以幹濟稱。

梁武帝起兵，時輔國將軍楊公則爲湘州刺史，帥師赴夏口。西朝議行州事者，坦求行，乃除輔國長史、長沙太守，行湘州刺史。坦嘗在湘州，多舊恩，道迎者甚衆。齊東昏遣安成太守劉希祖破西臺所選太守范僧簡於平都，希祖移檄湘部，於是始興內史王僧粲應之，湘部諸郡，悉皆蜂起。州人咸欲汎舟逃走，坦悉聚船焚之。前湘州鎮軍鍾玄紹潛應僧粲，〔三三〕坦聞其謀，僞爲不知，因理訟至夜，城門遂不閉以疑之。玄紹未及發，明旦詣坦問其故。久留與語，密遣親兵收其家。玄紹在坐未起，而收兵已報具得其文書本末。玄紹卽首伏，於坐斬之，焚其文書，餘黨悉無所問。

梁天監初，論功封荔浦子。三年，遷西中郎長史、蜀郡太守，行益州事。未至蜀，道卒。

論曰：劉瓛弟兄，僧紹父子，並業盛專門，飾以儒行，持身之節，異夫苟得患失者焉。庾易、劉虯取高一代，其所以行己，事兼隱德，諸子學業之美，各著家聲。顯及之遴見嫉時主，或以非罪而斥，或以非疾而亡，異夫自古哲王屈己下賢之道，有以知武皇之不弘，元后之多忌。梁祚之不永也，不亦宜哉。

校勘記

〔一〕比歲賢子充秀州閭可謂得人 「比歲」各本作「此歲」，據南監本、殿本南齊書改，參李慈銘南史札記說。

〔二〕又上下年尊益不顧居官次廢晨昏也 梁書同。通志郭世通傳作「尊上」，無「下」字。然考本書孝義郭世通傳附子平原傳，載建安郡丞許瑤之以緜一斤遺平原，並云「以此奉尊上下耳」。據此則六朝時似稱人之母爲「尊上下」，而自稱其母爲「上下」。

〔三〕之詣於人 南齊書作「遊詣故人」。

〔四〕室美豈爲人哉 南齊書作「室美爲人災」，疑「豈」字衍。「哉」當作「災」，下「猶恐見害也」可證。

〔五〕及革選尙書五都 梁書作「及革尙書五都選」。按尙書五都令史本用寒人，革選改用士流。

〔六〕魏剋淮北乃度江 「淮北」各本作「淮南」，據通志改。按南齊書云：「淮北沒虜，乃南渡江。」

〔七〕五山崩而漢亡 「五山」疑當作「三山」。按漢書五行志：「成帝河平三年，犍爲柏江山崩，捐江山崩，皆壅江水，元延三年，蜀郡岷山崩，廱江，江水逆流。劉向以爲周時岐山崩，三川竭而幽王亡。岐山者，周所興也。漢家本起於蜀，漢今所起之地，山崩川竭，殆必亡矣。其後三世無嗣，王莽簒位。」僧紹之言本此。三山者，柏江山、捐江山與岷山。

〔八〕其後帝與崔祖思書至帝又曰 「崔祖思」各本作「崔思祖」。按崔祖思傳見南齊書，今乙正。「帝

又曰」各本作「僧紹又曰」，據南齊書改。

〔九〕七歲能言名理 「名理」北監本、汲古閣本、殿本、局本作「玄理」，與梁書合。大德本、南監本作「名理」。

〔一〇〕擁旄推轂 「擁旄」梁書作「擁麾」。

〔一一〕夷吾昔擅美 「夷吾」各本作「夷齊」。孫志祖讀書脞錄：「山賓非棲隱者，何爲遠擬夷、齊邪。」據梁書改。

〔一二〕終其解毛之衣 「毛之」各本作「之毛」，據南齊書乙正。

〔一三〕詔徵爲司空主簿 「司空主簿」南齊書作「司徒主簿」。

〔一四〕子黔婁 「黔婁」下各本衍「嗣」字，今刪。

〔一五〕肩吾字愼之 「愼之」梁書作「子愼」。按肩吾兄於陵字子介，似作「子子愼」爲是。

〔一六〕後爲安西湘東王錄事諮議參軍 「錄事」各本作「中錄事」。按南齊書百官志諸曹無「中錄事」，據梁書刪。

〔一七〕懦鈍殊常 「懦」各本作「儒」，據梁書改。

〔一八〕歷方古之才人 「方」各本作「萬」，據梁書改。按「方」比也。李慈銘南史札記：「此緣誤方作万遂爲萬耳。」

〔一九〕即辟爲太學博士 「辟」各本作「調」，據梁書、册府元龜六三七改。

〔二〇〕又今本高五子文三王景十三王孝武六子宣元六王雜在諸傳帙中 「帙」各本作「表」，據梁書改。

〔二一〕淮陰毅毅仗劍周章 「仗」各本作「伏」，據梁書改。

〔二二〕依于王琳琳平陳太建中歷河東太守卒官 「王琳琳」各本作「王綝綝」，據陳書劉廣德傳改。按傳云廣德光大中爲河東太守，大建元年卒於郡，與此異。

〔二三〕前湘州鎭軍鍾玄紹潛應僧粲 「湘州鎭軍」各本及梁書、通鑑同。胡三省注：「按當時州府官屬無鎭軍之稱。」

南史卷五十一

列傳第四十一

梁宗室上

吳平侯景字子昭，〔一〕梁武帝從父弟也。祖道賜以禮讓稱，居鄉有爭訟，專賴平之，又周其疾急，鄉里號曰「墟王」。〔二〕皆竊言曰「其後必大」。仕宋終于書侍御史，〔三〕齊末追贈左

光祿大夫。三子：長曰尚之，次曰文帝，次曰崇之。尚之敦厚有器業，爲司徒建安王中兵參軍，一府稱爲長者。遷步兵校尉，卒官。梁天監初，追謚曰文宣侯。子靈鈞，仕齊爲廣德令。武帝起兵，行會稽郡事。頃之，卒。追封東昌縣侯。子審嗣。崇之仕齊官至東陽太守，以幹能顯，政尚嚴厲。永明中，錢唐唐寓之反，〔四〕別衆破東陽，崇之遇害。天監初，追謚忠簡侯。

景，崇之子也。八歲，隨父在郡，居喪以毀聞。及長好學，才辯有識斷。仕齊爲永寧令，政爲百城最。永嘉太守范述曾居郡，號稱廉平，雅服景爲政，乃牓郡門曰：「諸縣有疑滯者，可就永寧令決。」以疾去官。永嘉人胡仲宣等千人詣闕表請景爲郡，不許。永元二年，以長沙宣武王懿勳，除步兵校尉。是冬懿遇害，景亦逃難。

武帝起兵，以景行南兗州事。時天下未定，江北傖楚，各據塢壁。〔五〕景示以威信，渠帥相率面縛請罪，旬日境內皆平。武帝踐阼，封吳平縣侯，南兗州刺史，加都督。詔景母毛氏爲國太夫人，禮如王國太妃，假金章紫綬。景居州清恪，有威裁，明解吏職，文案無壅，下不敢欺，吏人畏敬如神。會年荒，計口振恤，又爲饘粥於路以賦之，死者給棺具，人甚賴焉。

天監七年，爲左驍騎將軍，兼領軍將軍。領軍管天下兵要，宋孝建以來，制局用事，與領軍分權，典事以上皆得呈奏，領軍垂拱而已。及景在職峻切，官曹肅然，制局監皆近倖，頗不堪命，以是不得久留中。

尋出爲寧蠻校尉、雍州刺史，加都督。八年，魏荊州刺史元志攻潺溝，驅迫羣蠻，羣蠻悉度漢水來降。議者以爲蠻累爲邊患，可因此除之。景曰：「窮來歸我，誅之不祥；且魏人來侵，每爲矛楯，若悉誅蠻，則魏軍無礙，非長策也。」乃開樊城受降，因命司馬朱思遠、寧蠻長史曹義宗、中兵參軍孟惠儁擊志於潺溝，大破之。景初到州，省除參迎羽儀器服，不得煩擾吏人。修葺城壘，申警邊備，理辭訟，勸農桑。郡縣皆改節自勵，州內清靜，抄盜絕迹。

十三年，復爲領軍將軍，直殿省，知十州損益事，月加祿五萬。景爲人雅有風力，長於辭令。其在朝廷，爲衆所瞻仰。於武帝雖屬爲從弟，而禮寄甚隆，軍國大事皆與議決。

十五年，加侍中。及太尉、揚州刺史臨川王宏坐法免，詔景以安右將軍監揚州，置佐史，即宅爲府。景越親居揚州，固讓至于涕泣，帝弗許。在州尤稱明斷，符教嚴整。有田舍老姥訴得符，還至縣，縣吏未即發，姥語曰：「蕭監州符如火，汝手何敢留之！」其爲人所畏敬如此。

遷都督、郢州刺史。將發，帝幸建興苑餞別，爲之流涕。在州復有能名。齊安、竟陵郡接魏界，多盜賊，景移書告示，魏即焚塢戍保境，不復侵略。卒于州，贈開府儀同三司，謚曰忠。子勱。〔六〕

勱字文約，弱不好弄，喜慍不形於色。位太子洗馬，母憂去職，殆不勝喪。每一思至，必徒步之墓。或遇風雨，仆臥中路，坐地號慟，起而復前，家人不能禁。景特所鍾愛，曰：「吾百年後，其無此子乎。」使左右節哭。服闋，除太子中舍人。景薨于郢鎮，或以路遠，祕其凶問，以疾漸爲辭。勱乃奔波，屆于江夏，不進水漿者七日。廬于墓所，親友隔絕。會叔父昺下詔獄，勱乃率昆弟羣從同詣大理，雖門生故吏，莫能識之。後襲封吳平侯，對揚王人，悲慟嗚咽，傍人亦爲隕涕。

除淮南太守，以善政稱。遷宣城內史，郡多猛獸，常爲人患，及勱在任，獸暴爲息。又遷豫章內史，道不拾遺，男女異路。徙廣州刺史，去郡之日，吏人悲泣，數百里中，舟乘塡塞，各齎酒肴以送勱。勱人爲納受，隨以錢帛與之。至新淦縣岓山村，有一老姥以槃擎鯿魚，自送舟側奉上之，童兒數十人入水扳舟，或歌或泣。

廣州邊海，舊饒，外國舶至，多爲刺史所侵，每年舶至不過三數。及勱至，纖豪不犯，歲十餘至。俚人不賓，多爲海暴，勱征討所獲生口寶物，軍賞之外，悉送還臺。前後刺史皆營私蓄，方物之貢，少登天府。自勱在州，歲中數獻，軍國所須，相繼不絕。武帝歎曰：「朝廷便是更有廣州。」有詔以本號還朝，而西江俚帥陳文徹出寇高要，〔七〕又詔勱重申蕃任。未

二十四史

中華書局

幾，文徹降附。勱以南江危險，宜立重鎮，乃表臺於高涼郡立州。敕仍以爲高州，以西江督護孫固爲刺史。〔八〕徹爲太子左衞率。

勱性率儉，而器度寬裕，左右嘗將羹至胸前翻之，顏色不異，徐呼更衣。聚書至三萬卷，披翫不倦，尤好東觀漢記，略皆誦憶。劉顯執卷策勱，酬應如流，乃至卷次行數亦不差失。少交結，唯與河東裴子野、范陽張纘善。卒於道，贈侍中，諡曰光侯。勱弟勸。

勸字文肅，少以清靜自立，封西鄉侯，位南康內史，太舟卿。大寶元年，與南康王會理謀誅侯景，事發遇害。

勸弟勔。

勔字文祗，封東鄉侯，位太子洗馬，及勸同見害。

勔弟勃位定州刺史，封曲江鄉侯。大寶初，廣州刺史元景仲將謀應侯景，西江督護陳霸先攻景仲，迎勃爲刺史。時湘東王繹在荆州，雖承制授職，力不能制，遂從之。勃乃鎮嶺南，爲廣州刺史。後江表定，以王琳代爲廣州，以勃爲晉州刺史。魏剋江陵，勃復據廣州。

敬帝承制，加司徒。紹泰中，爲太尉，尋進爲太保。及陳武禪代之際，舉兵不從，尋敗，遇害。

昌字子建，景弟也。位衡州刺史。性好酒，在州每醉，徑出入人家，〔九〕或獨詣草野，刑戮頗無期度，醉時所殺，醒或求焉，亦無悔也。累遷衆宗正卿，屢爲有司所劾。〔一〇〕久留都，忽忽不樂，遂縱酒虛悸。在石頭東齋，引刀自刺而卒。弟昂。

昂字子明，位輕車將軍，監南兗州。初，兄景再爲兗州，德惠在人，及昂來代，時人方之馮氏。徵爲琅邪、彭城二郡太守。時有女子年二十許，散髮黃衣，在武窟山石室中，〔一一〕無所修行，唯不甚食。或出人間，時飲少酒，鵝卵一兩枚，人呼爲聖姑。就求子往往有效，造者充滿山谷。昂呼問無所對，以爲祆惑，鞭之二十。創卽差，失所在。中大通元年，爲領軍將軍。久之，封湘陰侯，出爲江州刺史。卒，諡曰恭侯。

昂弟昱字子眞，少而狂狷，不拘禮度，異服危冠，交遊冗雜。尤善屠牛，業以爲常。於宅內酤酒。好騎射。歷位中書侍郎。每求試邊州，武帝以其輕脫無威望，抑而不許。遷給事黃門侍郎，上表請自解，帝手詔責之，坐免官。因此杜門絕朝覲。

普通五年，坐於宅內鑄錢，爲有司所奏，下廷尉，得免死，徙臨海郡。行至上虞，有敕追還，令受菩薩戒。既至，恂恂盡禮，改意蹈道，持戒又精潔。帝甚嘉之。

以爲晉陵太守，〔一二〕下車勵名迹，除煩苛，明法憲，嚴於姦吏，旬日之間，郡中大安。俄而暴卒，百姓行號巷哭，市里爲之諠沸，設祭奠於郡庭者四百餘人。田舍有婦女夏氏年百餘歲，扶曾孫出郡，悲泣不自勝。其惠化所感如此。百姓相率爲立廟建碑，以紀其德，又詣都表求贈諡。詔贈湘州刺史，諡曰恭子。

文帝十男：張皇后生長沙宣武王懿、永陽昭王敷、武帝、衡陽宣王暢。李太妃生桂陽簡王融。融爲東昏所害，敷、暢齊建武中卒，武帝踐阼，並追封郡王。陳太妃生臨川靖惠王宏、南平元襄王偉。吳太妃生安成康王秀、始興忠武王憺。費太妃生鄱陽忠烈王恢。

長沙宣武王懿字元達，文帝長子也。少有令譽，解褐齊安南邵陵王行參軍，襲爵臨湘

縣侯。歷位晉陵太守，以善政稱。永明末，爲梁、南秦二州刺史，加督。是歲，魏軍入漢中，遂圍南鄭。懿隨機拒擊，乃解圍遁去。又遣氐帥楊元秀攻取魏歷城等六戍。魏人震懼，邊境遂寧。

永元二年，裴叔業據豫州反，懿以豫州刺史領歷陽、南譙二郡太守討之，叔業懼，遂降魏。武帝時在雍州，遣典籤趙景悅說懿與晉陽之甲，誅君側之罪。懿不答。既而平西將軍崔慧景入寇，奉江夏王寶玄圍臺城，齊室大亂，馳信召懿。懿時方食，投箸而起，率銳卒三千人入援。武帝馳遣虞安福下都說懿曰：「誅賊之後，則有不賞之功，當明君賢主，尙或難立；況於亂朝，何以自免。若賊滅之後，仍勒兵入宮，行伊、霍故事，此萬世一時。若不欲爾，便放表還歷陽，託以外拒爲事，則威振內外，誰敢不從。一朝放兵，受其厚爵，高而無人，必生後悔。」長史徐曜甫亦苦勸，並不從。慧景遣其子覺來拒，懿擊大破之，乘勝而進，慧景衆潰，追斬之。授尙書令、都督征討水陸諸軍事。〔一三〕

時東昏肆虐，茹法珍、王咺之等執政，宿臣舊將，並見誅夷。懿旣勳高，獨居朝右，深爲法珍等所憚，乃說東昏，將加酷害。徐曜甫知之，密具舟江渚，勸令西奔。懿不從，曰：「古皆有死，豈有叛走尙書令邪？」尋見留省賜藥，與弟融俱殞。謂使者曰：「家弟在雍，深爲朝廷憂之。」中興元年，贈司徒。宣德太后臨朝，改贈太傅。天監元年，追崇丞相，封長沙郡王，

中華書局

謚曰宣武。給九旒鑾輅、黃屋左纛，葬禮依晉安平王故事。

懿名望功業素重，武帝本所崇敬。帝以天監元年四月丙寅即位，是日即見褒崇。戊辰，乃始贈第二兄敷、第四弟暢、第五弟融。至五月，有司方奏追皇考皇妣尊號，遷神主于太廟。帝不親奉，命臨川王宏侍從。七月，帝臨軒，遣兼太尉、散騎常侍王份奉策上太祖文皇帝、獻皇后及德皇后尊號。既先卑後尊，又臨軒命策，識者頗致譏議焉。

懿子業字靜曠，[一四]幼而明敏，仕齊爲太子舍人。宣武之難，與二弟藻、象俱逃匿於王嚴秀家。東昏知之，收嚴秀付建康獄，考掠備極，乃以鉗拔手爪，至死不言，竟以免禍。天監二年，襲封長沙王，歷位祕書監，侍中，都督南兗州刺史。運私邸米，僦人作甓以砌城，武帝善之。徙湘州，尤著善政。零陵舊有二猛獸爲暴，無故相枕而死。郡人唐睿見猛獸傍一人曰：「刺史德感神明，所以兩猛獸自斃。」言訖不見，衆並異之。業性敦篤，所在留惠。[一五]普通四年，爲侍中、金紫光祿大夫。薨，謚曰元王。文集行於世。子孝儼嗣。

孝儼字希莊，射策甲科，除祕書郎、太子舍人。從幸華林園，於坐獻相風烏、華光殿、

景陽山等頌，其文甚美，帝深賞異之。薨，謚曰章。子睿嗣。業弟藻。

藻字靖藝，仕齊位著作佐郎。天監元年，封西昌縣侯，爲益州刺史。時鄧元起在蜀，自以有剋劉季連功，恃宿將，輕少藻，藻怒乃殺之。既天下草創，邊徼未安，州人焦僧護聚衆數萬，據郫、繁作亂。藻年未弱冠，集僚佐議，欲自擊之。或陳不可，藻大怒，斬之階側。乃乘平肩輿，巡行賊壘。賊聚弓亂射，矢下如雨，從者舉楯禦箭，又命除之，由此人心大安，賊乃夜遁。藻命騎追擊，平之。

九年，徵爲太子中庶子。初，鄧元起之在蜀也，崇於聚斂，財貨山積。金玉珍帛爲一室，名爲內藏；綺縠錦罽爲一室，號曰外府。藻以外府賜將帥，內藏歸王府，不有私焉。及是還朝，輕裝就路。再遷侍中。

藻性謙退，不求聞達，善屬文，尤好古體。自非公宴，未嘗妄有所爲，縱有小文，成輒棄本。歷雍、兗二州刺史。頻莅州鎮，人吏咸稱之。推善下人，常如弗及。普通六年，爲軍師將軍，與西豐侯正德北侵渦陽，輒班師，爲有司奏，免官削爵土。八年，復封爵。中大通三年，爲中軍將軍，太子詹事，出爲丹陽尹。帝每稱其小字，歎曰：「子弟並如迦葉，吾復何憂。」入爲尚書左僕射，加侍中，固辭，不許。大同五年，遷中衞將軍、開府儀同三司、中書令，侍中如故。

藻性恬靜，獨處一室，牀有膝痕，宗室衣冠莫不楷則。常以爵祿太過，每思屏退，門庭閑寂，賓客罕通。簡文尤敬愛之。自遭家禍，恒布衣蒲席，不食鮮禽，非公庭不聽音樂，武帝每以此稱之。

出爲南徐州刺史。侯景亂，藻遣世子彧率兵入援。及城開，加散騎常侍。侯景遣其儀同蕭邕代之據京口，藻因感氣疾。或勸奔江北，藻曰：「吾國之台鉉，任寄特隆，既不能誅翦逆賊，正當同死朝廷耳。」因不食而薨。

藻弟猷，封臨汝侯，爲吳興郡守。性倜儻，與楚王廟神交，飲至一斛。每酹祀，盡歡極醉，神影亦有酒色，所禱必從。

後爲益州刺史，侍中，中護軍。時江陽人齊苟兒反，衆十萬攻州城，猷兵糧俱盡，人有異心。乃遙禱請救。是日有田老逢一騎浴鐵從東方來，問去城幾里，曰「百四十」。時日已晡，騎舉猾曰：「後人來，可令之疾馬，欲及日破賊。」俄有數百騎如風，一騎過請飲，田老問爲誰，曰：「吳興楚王來救臨汝侯。」當此時，廟中請祈無驗。十餘日，乃見侍衞土偶皆泥濕如汗者。是日，猷大破苟兒。[一六]猷在州頗僭濫，客筵內遂有香橙，不置連榻。[一七]武帝末知

之，以此爲愆。還都，以憂愧成疾，卒，謚曰靈，以與神交也。

猷子韶字德茂，初封上甲縣都鄉侯。太清初爲舍人，城陷奉詔西奔。及至江陵，人士多往尋覓，令韶說城內事，韶不能人人爲說，乃疏爲一卷，客問者便示之。湘東王聞而取看，謂曰：「昔王韶之爲隆安紀十卷，說晉末之亂離。今之蕭韶亦可爲太清紀十卷矣。」韶乃更爲太清紀。其諸議論，多謝吳爲之。韶既承旨撰著，多非實錄，湘東王德之，改超繼宣武王，封長沙王，遂至郢州刺史。

韶昔爲幼童，庾信愛之，有斷袖之歡，衣食所資，皆信所給。遇客，韶亦爲信傳酒。後爲郢州，信西上江陵，途經江夏，韶接信甚薄，坐青油幕下，引信入宴，坐信別榻，有自矜色。信稍不堪，因酒酣，乃逕上韶牀，踐蹋肴饌，直視韶面，謂曰：「官今日形容大異近日。」時賓客滿坐，韶甚慚恥。

韶弟駿字德款，善草隸，工文章，晚更習武，膂力絕人，與永安侯確相類。位尚書殿中郎、超武將軍，封南安侯。[一八]城陷，爲賊任約所禮。謀召鄱陽嗣王範襲約，反爲所害。

猷弟朗字靖徹，天監五年，例以王子封侯。歷太子洗馬，桂州刺史，加都督。性倨而虐，羣下患之。記室庾丹以忠諫見害，帝聞之，使於嶺表以功自効。丹父景休位御史中丞。丹少有儁才，與伏挺、何子朗俱爲周捨所狎。初景休罷巴東郡頗有資產，丹負錢數百萬，責者塡門。景休怒，不爲之償。既而朝賢之丹不之景休，景休悅，乃悉爲還之。爲建康正，坐事流廣州。

朗弟明字靖通，少被武帝親愛，封貞陽侯。〔一九〕太清元年，爲豫州刺史，百姓詣闕拜表，言其德政，樹碑于州門內。及碑匠採石出自肥陵，明乃廣營厨帳，多召人物，躬自率領牽至州。識者笑之，曰：「王自立碑，非州人也。」

武帝既納侯景，大舉北侵，使南康王會理總兵，明乃拜表求行。固請，乃許之。會理已至宿預，詔改以明代爲都督水陸諸軍趣彭城，大圖進取。敕曰：「侯景志淸鄴、洛，以雪讎恥。其先率大軍，隨機撫定。汝等衆軍可止於寒山築堰，引淸水以灌彭城。大水一汎，孤城自殄，愼勿妄動。」明師次呂梁十八里，作寒山堰以灌彭城，水及于堞，不沒者三板。魏遣將慕容紹宗赴救，明謀略不出，號令莫行。諸將每諮事，輒怒曰：「吾自臨機制變，勿多言。」衆乃各掠居人，明亦不能制，唯禁其一軍無所侵掠。

紹宗至，決堰水，明命將救之，莫肯出。魏軍轉逼，人情大駭。胡貴孫謂趙伯超曰：「不戰何待。」伯超懼不能對。貴孫乃入陳苦戰，伯超擁衆弗敢救，曰：「與戰必敗，不如全軍早歸。」乃使具良馬，載其愛妾自隨。貴孫遂沒。伯超子威方將赴戰，伯超懼其出，使人召之，遂相與南還。

明醉不能興，衆軍大敗，明見俘執。北人懷其不侵掠，謂之義王。及至魏，魏帝引見明及諸將帥，釋其禁，送晉陽。勃海王高澄禮明甚重，謂曰：「先王與梁主和好十有餘年，聞彼禮佛文，常云奉爲魏主幷及先王，此甚是梁主厚意。不謂一朝失信，致此紛擾。」因欲與梁通和，使人以明書告武帝，方致書以慰高澄。

東魏除明散騎常侍。及聞社稷淪蕩，哀泣不捨晝夜。魏平江陵，齊文宣使送明至梁，幷前所獲梁將湛海珍等皆聽從明歸。令上黨王渙率衆送之。是時太尉王僧辯、司空陳霸先在建康，推晉安王方智爲太宰、都督中外諸軍事，承制置百官。渙軍漸進，明與僧辯書求迎，僧辯不從。及渙破東關，斬裴之橫，僧辯懼，乃納明。於是梁輿東度，齊師北反。

明至，望朱雀門便長慟，迄至所止，道俗參問，皆以哭對之。及稱尊號，改承聖四年爲天成元年，大赦境內。以方智爲太子，授王僧辯大司馬，遣其子章馳到齊拜謝。齊遇明及僧辯使人，在館供給宴會豐厚，一同武帝時使。及陳霸先襲殺僧辯，復奉晉安王，是爲敬帝，而以明爲太傅、建安王。報齊云：「僧辯陰謀篡逆，故誅之。」仍請稱臣于齊，永爲蕃國。齊遣行臺司馬恭及梁人盟於歷陽。明年，齊人徵明，霸先猶稱蕃，將遣使送明，疽發背死。時王琳與霸先相抗，齊文宣遣兵納永嘉王莊主梁祀，追謚明曰閔皇帝。

永陽昭王敷字仲達，文帝第二子也。少有學業，仕齊爲隨郡內史。招懷遠近，士庶安之，以爲前後之政莫及。明帝謂徐孝嗣曰：「學士舊聞例不解理官，聞蕭隨郡唯置酒淸言，而路不拾遺，行何風化以至於此？」答曰：「古者修文德以來遠人，況止郡境而已。」帝稱善。徵爲廬陵王諮議參軍，卒。武帝卽位，贈司空，封永陽郡王，謚曰昭。天監二年，子伯游嗣。

伯游字士仁，位會稽太守，薨，謚曰恭。

衡陽宣王暢，文帝第四子也。有美名，仕齊位太常，封江陵縣侯，卒。天監元年，追贈開府儀同三司，封衡陽郡王，謚曰宣。

三年，子元簡位郢州刺史，卒於官，謚曰孝。葬將引，柩有聲，議者欲開視。王妃柳氏

曰：「晉文已有前例，不聞開棺。無益亡者之生，徒增生者之痛。」遂止。少子獻嗣。

桂陽簡王融，文帝第五子也。仕齊位太子洗馬，與宣武王懿俱遇害。天監元年，贈撫軍大將軍，封桂陽郡王，謚曰簡。無子，詔以長沙宣武王第九子象嗣。

象字世翼，容止閑雅，簡於交游，事所生母以孝聞。位丹陽尹。象生長深宮，始親庶政，擧無失德，朝廷稱之。再遷湘州刺史，加都督。湘州舊多猛獸爲暴，及象任州日，四猛獸死于郭外，自此靜息，故老咸稱德政所感。歷位太常卿，加侍中，遷祕書監。薨，謚曰敦。子慥嗣。

慥字元貞，位信州刺史，有威惠。太清二年，赴援臺城，遇赦還蕃。尋爲張纘所構，書報湘東王曰：「河東、桂陽二蕃，掎角欲襲江陵。」湘東乃水步兼行至荆鎭。慥尙軍江津，不以爲意，湘東至，乃召慥，深加慰喻，慥心乃安。後留止省內，慥心知禍及，遂肆醜言。湘東大怒，付獄殺之。

臨川靖惠王宏字宣達，〔二〇〕文帝第六子也。長八尺，美鬚眉，容止可觀。仕齊爲北中郎桂陽王功曹史。宣武之難，兄弟皆被收。道人釋惠思藏宏。及武帝師下，宏至新林奉迎。建康平，爲中護軍，領石頭戍事。天監元年，封臨川郡王，位揚州刺史，加都督。

四年，武帝詔宏都督諸軍侵魏。宏以帝之介弟，所領皆器械精新，軍容甚盛，北人以爲百數十年所未之有。軍次洛口，前軍剋梁城。宏部分乖方，多違朝制，諸將欲乘勝深入，宏聞魏援近，畏懦不敢進，召諸將欲議旋師。呂僧珍曰：「知難而退，不亦善乎。」宏曰：「我亦以爲然。」柳惔曰：「自我大衆所臨，何城不服，何謂難乎？」裴邃曰：「是行也，固敵是求，何難之避？」馬仙琕曰：「王安得亡國之言。天子掃境內以屬王，有前死一尺，無却生一寸。」昌義之怒鬚盡磔，曰：「呂僧珍可斬也。豈有百萬之師，輕言可退，何面目得見聖主乎！」朱僧勇、胡辛生拔劍而起曰：「欲退自退，下官當前向取死！」議者已罷，僧珍謝諸將曰：「殿下昨來風動，意不在軍，深恐大致沮喪，欲使全師而反。」又私裴邃曰：「王非止全無經略，庸怯過甚。吾與言軍事，都不相入。觀此形勢，豈能成功。」宏不敢便違羣議，停軍不前。魏人知其不武，遺以巾幗。北軍歌曰：「不畏蕭娘與呂姥，但畏合肥有韋武。」武謂韋叡也。〔二一〕僧珍歎曰：

「使始興、吳平爲元帥，我相毗輔，中原不足平。今遂敵人見欺如此。」乃欲遣裴邃分軍取壽陽，大衆停洛口。宏固執不聽，乃令軍中曰：「人馬有前行者斬。」自是軍政不和，人懷憤怒。魏奚康生馳遣楊大眼謂元英曰：「梁人自剋梁城已後，久不進軍，其勢可見，當是懼我。王若進據洛水，彼自奔敗。」元英曰：「蕭臨川雖騃，其下有好將韋、裴之屬，亦未可當。望氣者言九月賊退，今且觀形勢，未可便與交鋒。」

張惠紹次下邳，號令嚴明，所至獨剋，下邳人多有欲來降。惠紹曰：「我若得城，諸卿皆是國人，若不能破賊，徒令公等失鄉，非朝廷弔人本意也。今且安堵復業，勿妄自辛苦。」降人咸悅。

九月，洛口軍潰，宏棄衆走。其夜暴風雨，軍驚，宏與數騎逃亡。諸將求宏不得，衆散而歸。棄甲投戈，填滿水陸，捐棄病者，强壯僅得脫身。宏乘小船濟江，夜至白石壘，款城門求入。臨汝侯登城謂曰：「百萬之師，一朝奔潰，國之存亡，未可知也。恐姦人乘間爲變，城門不可夜開。」宏無辭以對，乃縋食饋之。惠紹聞洛口敗，亦退軍。

六年，遷司徒，領太子太傅。八年，爲司空、揚州刺史。十一年正月，爲太尉。其年冬，以公事左遷驃騎大將軍、開府同三司之儀，未拜，遷揚州刺史。十二年，加司空。十五年，所生母陳太妃薨，去職。尋起爲中書監，驃騎大將軍、揚州刺史如故。

宏妾弟吳法壽性粗狡，恃宏無所畏忌，輒殺人。死家訴，有敕嚴討。法壽在宏府內，無如之何。武帝制宏出之，卽日償辜。南司奏免宏司徒、驃騎、揚州刺史。武帝注曰：「愛宏者兄弟私親，免宏者王者正法，所奏可。」

宏自洛口之敗，常懷愧憤，都下每有竊發，輒以宏爲名，屢爲有司所奏，帝每貰之。十七年，帝將幸光宅寺，有士伏於驃騎航待帝夜出。帝將行心動，乃於朱雀航過。事發，稱爲宏所使。帝泣謂宏曰：「我人才勝汝百倍，當此猶恐顚墜，汝何爲者。我非不能爲周公、漢文，念汝愚故。」宏頓首曰：「無是，無是。」於是以罪免。而縱恣不悛，奢侈過度，修第擬於帝宮，後庭數百千人，皆極天下之選。所幸江無畏服玩侔於齊東昏潘妃，寶屧直千萬。好食鱭魚頭，常日進三百，其佗珍膳盈溢，後房食之不盡，棄諸道路。江本吳氏女也，世有國色，親從子女偏游王侯後宮，男免兄弟九人，因權勢橫於都下。

宏未幾復爲司徒。普通元年，遷太尉、揚州刺史，侍中如故。七年四月薨，自疾至薨，輿駕七出臨視。及薨，詔贈侍中、大將軍、揚州牧，假黃鉞，幷給羽葆、鼓吹一部，增班劍爲六十人，謚曰靖惠。

宏以介弟之貴，無佗量能，恣意聚斂。庫室垂有百間，在內堂之後，關籥甚嚴。有疑是鎧仗者，密以聞。武帝於友于甚厚，殊不悅。宏愛妾江氏寢膳不能暫離，上佗日送盛饌與

江曰：「當來就汝歡宴。」唯攜布衣之舊射聲校尉丘佗卿往，與宏及江大飲，半醉後謂曰：「我今欲履行汝後房。」便呼後閤輿徑往屋所。宏恐上見其賄貨，顏色怖懼。上意彌信是仗，〔二二〕屋屋檢視。宏性愛錢，百萬一聚，黃牓標之，千萬一庫，懸一紫標，如此三十餘間。帝與佗卿屈指計見錢三億餘萬，餘屋貯布絹絲綿漆蜜紵蠟朱沙黃屑雜貨，但見滿庫，不知多少。帝始知非仗，大悅，謂曰：「阿六，汝生活大可。」方更劇飲，至夜舉燭而還。兄弟情方更敦睦。

宏都下有數十邸出懸錢立券，每以田宅邸店懸上文券，期訖便驅券主，奪其宅。都下東土百姓，失業非一。帝後知，制懸券不得復驅奪，自此後貧庶不復失居業。晉時有錢神論，豫章王綜以宏貪吝，遂爲錢愚論，其文甚切。帝知以激宏，宜旨與綜：「天下文章何限，那忽作此？」雖令急毀，而流布已遠，宏深病之，聚斂稍改。

宏又與帝女永興主私通，因是遂謀弑逆，許事捷以爲皇后。帝嘗爲三日齋，諸主並豫，永興乃使二僮衣以婢服。僮踰閾失屨，閤帥疑之，密言於丁貴嬪，欲上言懼或不信，乃使宮帥圖之。帥令內輿人八人，纏以純綿，立於幕下。齋坐散，主果請閒，帝許之。主升階，而僮先趣帝後。八人抱而擒之，帝驚墜於扆。搜僮得刀，辭爲宏所使。帝祕之，殺二僮於內，以漆車載主出。主恚死，帝竟不臨之。帝諸女臨安、安吉、長城三主並有文才，而安吉最得令稱。

宏性好內樂酒，沈湎聲色，侍女千人，皆極綺麗。愼衞寡方，故屢致降免。

宏子十人許，可知者七人，長子正仁字公業，位祕書丞，早卒，謚哀世子。正仁弟正義嗣。

正義字公威，初以王子封平樂侯，位太常卿，南徐州刺史。屬武帝幸朱方，正義修解宇以待輿駕。初，京城之西有別嶺入江，高數十丈，三面臨水，號曰北固。蔡謨起樓其上，以置軍實。是後崩壞，頂猶有小亭，登降甚狹。及上升之，下輦步進。正義乃廣其路，傍施欄楯。翌日上幸，遂通小輿。上悅，登望久之，敕曰：「此嶺不足須固守，然京口實乃壯觀。」乃改曰北顧。賜正義束帛。後爲東揚州刺史，薨。正義弟正德。

正德字公和，少而凶慝，招聚亡命，破冢屠牛，兼好弋獵。齊建武中，武帝胤嗣未立，養以爲子。及平建康，生昭明太子，正德還本。天監初，封西豐縣侯，累遷吳郡太守。正德自謂應居儲嫡，心常怏怏，每形於言。普通三年，以黃門侍郎爲輕車將軍，置佐史。頃之奔魏。初去之始，爲詩一絕，內火籠中，即詠竹火籠，曰：「楨榦屈曲盡，蘭麝氛氳銷，欲知懷炭日，正是履冰朝。」至魏稱是被廢太子。時齊蕭寶寅先在魏，乃上表魏帝曰：「豈有伯爲天

子，父作揚州，棄彼密親，遠投佗國。不若殺之。」魏既不禮之，正德乃殺一小兒稱爲己子，遠營葬地，魏人不疑，又自魏逃歸。見於文德殿，至庭叩頭。武帝泣而誨之，特復本封。

正德志行無悛，常公行剝掠。時東府有正德及樂山侯正則，潮溝有董當門子暹，世謂之董世子者也；南岸有夏侯夔世子洪。此四凶者，爲百姓巨蠹，多聚亡命，黃昏多殺人於道，謂之「打稽」。時勳豪子弟多縱恣，以淫盜屠殺爲業，父祖不能制，尉邏莫能禦。車服牛馬，號西豐駱馬，樂山烏牛。董暹金帖織成戰襖，直七百萬。後正則爲劫，殺沙門，徙嶺南死。洪爲其父夔奏繫東冶，死於徒。暹坐與永陽王妃王氏亂，誅。三人既除，百姓少安。正德淫虐不革，尋除給事黃門侍郎。

六年爲輕車將軍，隨豫章王北侵。正德輒棄軍委走，爲有司所奏下獄。帝復詔曰：「汝以猶子，情兼常愛，故越先汝兄，剖符連郡。往年在蜀，昵近小人，猶謂少年情志未定。更於吳郡殺戮無辜，劫盜財物，雅然無畏。及還京師，專爲逋逃，乃至江乘要道，湖頭斷路，遂使京邑士女，早閉晏開。又奪人妻妾，略人子女，徐敖非直失其配匹，乃橫屍道路；王伯敖列卿之女，誘爲妾媵。我每加掩抑，冀汝自新，了無悛革，怨讎逾甚。遂匹馬奔亡，志懷反噬。遣信慰問，冀汝能還，果能來歸，遂我夙志。謂汝不好文史，志在武功，令汝杖節，董戎前驅。豈謂汝狼心不改，包藏禍胎，志欲覆敗國計，以快汝心。今當宥汝以遠，無令房累自

隨。敕所在給汝稟餼。王新婦、見理等當停太尉間，汝餘房累悉許同行。」於是免官削爵土，徙臨海郡。未至徙所，道追赦之。八年，復封爵。

正德北還，求交朱异。帝既封昭明諸子，异言正德失職。中大通四年，特封臨賀郡王。〔三〕後爲丹陽尹，坐所部多劫盜，復爲有司所奏，去職。出爲南兗州，在任苛刻，人不堪命。廣陵沃壤，遂爲之荒，至人相食噉。既累試無能，從是黜廢，轉增憤恨，乃陰養死士，常思國釁。聚蓄米粟，宅內五十間室，並以爲倉。自征虜亭至于方山，悉略爲墅。蓄奴僮數百，皆黥其面。

太清二年秋，侯景反，知其有姦心。景黨徐思玉在北經與正德相知，至是景遣思玉至建鄴，具以事告。又與正德書曰：「今天子年尊，姦臣亂國，以景觀之，計日必敗。大王屬當儲貳，中被廢辱，天下義士，竊所忿慨。大王豈得顧此私情，棄茲億兆。景雖不武，實思自奮。」正德得書大喜，曰：「侯景之意，暗與人同，天贊我也。」遂許之。及景至，正德潛運空舫，詐稱迎荻，以濟景焉。朝廷未知其謀，以正德爲平北將軍，屯朱雀航。景至，正德乃北向望闕三拜跪辭，歔欷流涕，引賊入宣陽門。與景交揖馬上，退據左衞府。先是，其軍並著絳袍，袍裏皆碧，至是悉反之。賊以正德爲天子，號曰正平元年。初童謠有之，故以應也；又世人相佷，必稱正平耳。

正德乃以長子見理爲太子，以女妻景。景爲丞相，與約曰：「平城之日，不得全二宮。」又令畿內王侯三日不出者，誅之。及臺城開，正德率衆揮刀欲入，賊先使其徒守門，故正德不果。乃復太清之號，降正德爲侍中、大司馬。正德入問訊，拜且泣。武帝曰：「啜其泣矣，何嗟及矣。」正德知爲賊所賣，深自咎悔，密書與鄱陽嗣王契，以兵入。賊遮得書，乃矯詔殺之。

先是，正德妹長樂主適陳郡謝禧，正德姦之，燒主第，縛一婢，加玉釧於手，以金寶附身，聲云主被燒死，檢取婢屍并金玉葬之。仍與主通，呼爲柳夫人，生二子焉。日月稍久，風聲漸露。後黃門郎張準有一雉媒，正德見而奪之。尋會重雲殿爲淨供，皇儲以下莫不畢集。準於衆中吒罵曰：「張準雉媒非長樂主，何可略奪！」皇太子恐帝聞之，令武陵王和止之乃休，及出，送雉媒還之。其後梁室傾覆既由正德，百姓至聞臨賀郡名亦不欲道。童謠云：「寧逢五虎入市，不欲見臨賀父子。」其惡之如是。

見理字孟節，性甚凶粗，長劍短衣，出入廛里，不爲宗室所齒。及肆逆，甚得志焉。招聚羣盜，每夜輒掠劫，於大航爲流矢所中死。正德弟正則。

正則字公衡，天監初，以王子封樂山侯。累遷太子洗馬、舍人。恒於第內私械百姓令養馬，又盜鑄錢。大通二年，坐匿劫盜，削爵徙鬱林。帝敕廣州日給酒肉，南中官司猶處以侯禮。

正則滋怨諸父，與西江督護靳山顧通室，招誘亡命，將襲番禺。未及期而事發，遂鳴鼓會將攻州城。刺史元景仲命長史元孝深討之。正則敗，逃于厠，村人縛送之，詔斬於南海。有司請絕屬籍，收妻子。詔聽絕屬籍，妻子特原。正則弟正立。

正立字公山，初封羅平侯。母江有寵。初，正仁之亡，宏溺情曲制，以正立爲世子。正立微有學，宏薨後，知非朝議，表求讓兄，帝甚嘉焉。諸侯例封五百戶，正立改封實土建安縣侯，食邑一千戶。後位丹陽尹，薨，諡曰敏。子賁嗣。

賁字世文，性躁薄。正德爲侯景所立，賁出投之，專監造攻具，以攻臺城，常爲賊耳目。南康嗣王會理謀襲景，賁與中宿世子子邕告之，賊矯封賁竟陵王，子邕隨郡王，並改姓侯氏。賁爲宗正卿，子邕都官尚書，專權陵蔑朝政，〔二四〕居嘗晝臥，見柳敬禮、蕭勸入室毆之，賁驚起乞恩。俄而賊惡其翻覆，殺之。

正立弟正表，封封山侯，後奔樂山。正表弟正信。〔二五〕

正信字公理，封武化侯。與正立同生，亦被宏鍾愛。然幼不慧，常執白團扇，湘東王取題八字銘玩之。正信不知嗤之，終常搖握。位給事中，卒。

校勘記

〔一〕吳平侯景字子昭　「景」本字「昞」，即魏書世宗紀之蕭昞，此避唐諱改。「子昭」各本作「子照」，據梁書改。按文館詞林四五七有蕭子昭碑銘。

〔二〕鄉里號曰墟王　「墟王」通志作「墟主」。

〔三〕仕宋終于書侍御史　「書侍御史」梁書作「治書侍御史」，此避唐諱省「治」字。

〔四〕錢唐唐寓之反　「寓之」各本作「瑀之」，據梁書改。

〔五〕沔北傖楚各據塢壁　「沔北」梁書作「江北」，張森楷梁書校勘記：「景爲南兗州，與江近，與沔遠，不當及沔，南史非也。」

〔六〕子勱　「勱」各本作「勵」，王懋竑讀書記疑謂當作「勱」，今改正。

〔七〕而西江俚帥陳文徹出寇高要　「西江」各本作「江西」。按高要屬廣州南海郡。廣州有西江、南江，各設督護，南齊書所謂「西南二江，川源深遠，別置都護，專征討之」。今乙正。

〔八〕以西江督護孫固爲刺史　按陳書杜僧明傳有高州刺史孫冏，或即一人。

〔九〕每醉徑出入人家　「入」字各本並脫，據梁書補。

〔一〇〕屢爲有司所劾　「屢」梁書作「屬」。

〔一一〕在武窟山石室中　「武窟山」通志作「虎窟山」，此避唐諱改。

〔一二〕以爲晉陵太守　「以」字各本並脫，據梁書及册府元龜二七四補。

〔一三〕授尚書令都督征討水陸諸軍事　「尚書令」各本作「中書令」，據梁書改。按册府元龜二七六、二九〇及安成康王秀傳並作「尚書令」，南齊書東昏紀同。下逕改。

〔一四〕懿子業字靜曠　王鳴盛十七史商榷六三：「長沙王懿六子，業、藻、猷、朗、明、象，疑皆冠以『淵』字，南史、梁書皆避諱去上一字。惟淵藻、淵明於他傳中可考而知，而又或改淵爲深。」按王説是。「業」梁書武帝紀作「深業」，後不出。

〔一五〕業性敦篤所在留惠　「惠」各本作「意」，據梁書、册府元龜二九三改。

〔一六〕是日猷大破苟兒　「是日」各本作「是月」，據太平御覽八二二引及通志改。

〔一七〕客筵內遂有香橙不置連榻　按「橙」爲「凳」之或體字。太平御覽七〇六引，注「橙」音「都稜切」，則非柑屬之香橙。

〔一八〕位尚書殿中郎超武將軍封南安侯　「超武」各本譌「起武」，據册府元龜七八六及梁書侯景傳改。按梁官制有超武將軍。

〔一九〕封貞陽侯　「貞陽」册府元龜四四二作「湞陽」。按南齊書州郡志湘州始興郡領湞陽。

〔二〇〕臨川靖惠王宏字宣達　「靖」各本作「靜」。王鳴盛十七史商榷六三：「標題云『靜惠』，文中作『靖惠』，標題傳寫誤。張敦頤六朝事迹類編卷下墳陵、碑刻二門皆作『靖惠』，是。」按靜、靖古字通用，册府元龜所引各條多作「靖」，今改從一律。

〔二一〕但畏合肥有韋武武謂韋叡也　「武」通志作「虎」，此避唐諱改。

〔二二〕上意彌信是仗　「信」各本作「言」，據通志改。

〔二三〕中大通四年特封臨賀郡王　「中大通」各本作「大通」。按大通無四年，武帝紀，立正德爲臨賀郡王在中大通四年，今據補。

〔二四〕專權陵蔑朝政　「朝政」通志作「朝士」。

〔二五〕後奔樂山正表弟正信　錢大昕廿二史考異：「樂山二字誤，當云後奔東魏。」又「正表」各本脫「正」字，據通志補。

中華書局

南史卷五十二

列傳第四十二

梁宗室下

安成康王秀 子機 機弟推　南平元襄王偉 子恪 恪弟恭 恭子靜 恭弟祇　鄱陽忠烈王恢 子範 範子嗣 範弟諮 諮弟脩 脩弟泰　始興忠武王憺 子亮 亮弟暎 暎弟曄

安成康王秀字彥達，文帝第七子也。年十三，吳太妃亡，〔一〕秀母弟始興王憺時年九歲，與秀並以孝聞。居喪累日不進飲，文帝親取粥授之。哀其早孤，命側室陳氏并母二子。陳亦無子，〔二〕有母德，視二子如己生。秀美風儀，性方靜，雖左右近侍，非正衣冠弗之見，由是親友及家人咸敬焉。仕齊爲太子舍人。

長沙王懿平崔慧景後，爲尚書令，居端右。衡陽王暢爲衞尉，掌管籥。東昏日夕逸游，衆頗勸懿廢之，懿弗聽。東昏左右惡懿勳高，又慮廢立，並間懿。懿亦危之，自是諸親咸爲之備。及難作，臨川王宏以下諸弟姪俱隱人間，罕有發泄，唯桂陽王融及禍。武帝兵至新林，秀及諸親並自拔赴軍。建康平，爲南徐州刺史。天監元年，封安成郡王。京口自崔慧景亂後，累被兵革，人戶流散，秀招懷撫納，惠愛大行。仍屬饑年，以私財贍百姓，所濟甚多。

六年，爲江州刺史。將發，主者求堅船以爲齋舫。秀曰：「吾豈愛財而不愛士。」乃敎以牢者給參佐，下者載齋物。既而遭風，齋舫遂破。及至州，聞前刺史取徵士陶潛曾孫爲里司，歎曰：「陶潛之德，豈可不及後胤。」卽日辟爲西曹。時夏水汎長，津梁斷絕，外司請依舊僦度，收其價。秀敎曰：「刺史不德，水潦爲患，可利之乎。」給船而已。

七年，遭慈母陳太妃憂，詔起視事。尋遷荊州刺史，加都督。立學校，招隱逸。辟處士河東韓懷明、南平韓望、南郡庾承先、河東郭麻等。是歲，魏縣瓠城人反，殺豫州刺史司馬悅，〔三〕引司州刺史馬仙琕，仙琕籤荊州求應赴。衆咸謂宜待臺報，秀曰：「彼待我爲援，援之宜速，待敕非應急也。」卽遣兵赴之。及沮水暴長，頗敗人田，秀以穀二萬斛贍之。使長史蕭琛簡州貧老單丁吏，一日散遣百餘人，百姓甚悅。荊州嘗苦旱，咸欲徙市開渠，秀乃責

躬，親祈楚望。俄而甘雨卽降，遂獲有年。又武寧太守爲弟所殺，乃僞云土反，〔四〕秀照其姦慝，望風首款，咸謂之神。於荊州起天居寺，以武帝游梁館也。及去任，行次大雷，風波暴起，船艫淪溺，秀所問唯恐傷人。

十三年，爲郢州刺史，加都督。郢州地居衝要，賦斂殷煩，人力不堪，至以婦人供作。秀務存約已，省去游費，百姓安堵，境內晏然。夏口常爲戰地，多暴露骸骨，秀於黃鶴樓下祭而埋之。一夜夢數百人拜謝而去。每冬月，常作襦袴以賜凍者。時司州叛蠻田魯生、魯賢、超秀據蒙籠來降，武帝以魯生爲北司州刺史，魯賢北豫州刺史，超秀定州刺史，爲北境捍蔽。而魯生、超秀互相讒毀，有去就心。秀撫喻懷納，各得其用，當時賴之。

遷雍州刺史，在路薨。武帝聞之，甚痛悼焉。遣南康王績緣道迎候。初，秀之西也，郢州人相送出境，聞其疾，百姓商賈咸爲請命。及薨，四州人裂裳爲白帽哀哭以迎送之。雍州蠻迎秀，聞薨，祭哭而去。喪至都，贈司空，謚曰康。

秀美容儀，每在朝，百僚屬目。性仁恕，喜慍不形於色。左右嘗以石擲殺所養鵠，齋帥請按其罪。秀曰：「吾豈以鳥傷人。」在都旦臨公事，厨人進食，誤覆之，去而登車，竟朝不飯，亦弗之誚也。時諸王並下士，建安、安成二王尤好人物，世以二安重士，方之「四豪」。秀精意學術，搜集經記，招學士平原劉孝標使撰類苑，書未及畢，而已行於世。秀於武

帝布衣昆弟，及爲君臣，小心畏敬，過於疎賤者，帝益以此賢之。少偏孤，於始興王憺尤篤。憺久爲荊州刺史，常以所得奉中分秀，秀稱心受之，不辭多也。昆弟之睦，時議歸之。佐史夏侯亶等表立墓碑誌，詔許焉。當世高才遊王門者，東海王僧孺、吳郡陸倕、彭城劉孝綽、河東裴子野，各製其文，欲擇用之，而咸稱實錄，遂四碑並建。世子機嗣。

機字智通，位湘州刺史，薨於州。機美姿容，善吐納，家既多書，博學强記。然而好弄尚力，遠士子，邇小人。爲州專意聚斂，無政績，頻被案劾。將葬，有司請謚，詔曰：「王好內怠政，宜謚曰煬。」所著詩賦數千言。元帝集而序之。子操嗣。

機弟推字智進，少清敏，好屬文，深爲簡文所親賞。普通六年，以王子封南浦侯，歷淮南、晉陵、吳郡太守。所臨必赤地大旱，吳人號「旱母」焉。侯景之亂，守東府，城陷，推握節死之。

南平元襄王偉字文達，文帝第八子也。幼清警好學，仕齊爲晉安王驃騎外兵參軍。武

中華書局

帝爲雍州，慮天下將亂，求迎偉及始興王憺。俄聞已入沔，帝欣然謂佐史曰：「阿八、十一行至，吾無憂矣。」及起兵，留行雍州州府事。及帝剋郢、魯，下尋陽，圍建鄴，而巴東太守蕭惠訓子璝及巴西太守魯休烈起兵逼荆州，蕭穎冑憂憤暴卒，西朝兇懼，徵兵於偉。偉乃割州府將吏配始興王憺往赴之。憺至，璝等皆降。齊和帝詔以偉爲都督、雍州刺史。

天監元年，封建安王。初，武帝軍東下，用度不足，偉取襄陽寺銅佛，毀以爲錢。富僧藏鏹，多加毒害，後遂惡疾。十三年，累遷爲左光祿大夫，加親信四十人，歲給米萬斛，藥直二百四十萬，厨供月二十萬，幷二衞兩營雜役二百人，倍先置防閤、白直左右職局一百人。以疾甚，故不復出蕃而加奉秩。

十五年，所生母陳太妃薨，毀頓過禮，水漿不入口累日。帝每臨幸抑譬之。偉雖奉詔，而殆不勝喪，惡疾轉增，因求改封。十七年，改封南平郡，位侍中、左光祿大夫、開府儀同三司。中大通四年，〔五〕爲中書令、大司馬。薨，贈侍中、太宰，謚曰元襄。

偉性端雅，持軌度。少好學，篤誠通恕。趨賢重士，常如弗及，由是四方游士、當時知名者莫不畢至。疾亟喪明，便不復出。齊世青溪宮改爲芳林苑，天監初，賜偉爲第。又加穿築，果木珍奇，窮極彫靡，有侔造化。立游客省，寒暑得宜，冬有籠爐，夏設飲扇，每與賓客游其中，命從事中郎蕭子範爲之記。梁蕃邸之盛無過焉。而性多恩惠，尤愍窮乏。常遣

腹心左右歷訪閭里，人士有貧困吉凶不舉者，卽遣贍卹之。平原王曼穎卒，〔六〕家貧無以殯，友人江革往哭之。其妻兒對革號訴，革曰：「建安王當知，必爲營理。」言未訖，而偉使至，給其喪事，得周濟焉。每祁寒積雪，則遣人載樵米，隨乏絕者賦給之。晚年崇信佛理，尤精玄學，著二旨義，〔七〕製性情、幾神等論。其義僧寵及周捨、〔八〕殷鈞、陸倕並名精解而不能屈。朝廷得失，時有匡正。子姪邪僻，義方訓誘。斯人斯疾，而不得助主興化，梁政漸替，自公薨焉。世子恪嗣。

世子恪字敬則，弘雅有風則，姿容端麗。位雍州刺史。年少未閑庶務，委之羣下，百姓每通一辭，數處輸錢，方得聞徹。賓客有江仲舉、蔡薳、王臺卿、庾仲容四人，〔九〕俱被接遇，並有蓄積。故人間歌曰：「江千萬，蔡五百，王新車，庾大宅。」遂達武帝。帝接之曰：「主人憒憒不如客。」尋以廬陵王代爲刺史。恪還奉見，武帝以人間語問之，恪大慚，不敢一言。後折節學問，所歷以善政稱。

太清中，爲郢州刺史。及亂，邵陵王至郢，恪郊迎之，讓位焉，邵陵不受。及王僧辯至郢，恪歸荆州。元帝以爲尚書令、司空。賊平，爲揚州刺史。時帝未還都，以恪宗室令譽，故先使歸鎭社稷。大寶三年，薨于長沙，未之鎭也。贈太尉，謚曰靖節王。恪弟恭。

恭字敬範，天監八年，封衡山縣侯。初，樂山侯正則有罪，敕讓諸王，獨謂元襄王曰：「汝兒非直無過，並有義方。」

歷位監南徐州事。時衡州刺史武會超在州，子姪縱暴，州人朱朗聚黨反，武帝以恭爲刺史。時朗已圍始興，恭至綏服徇賊，示以恩信。羣賊伏其勇，是夜退三舍以避。軍吏請追，恭曰：「賊以政苛致叛，非有陳、吳之心。緩之則自潰，急之則併力，諸君置之。」明日，朗遣使請降，恭杖節受之，一無所問。卽日收始興太守張寶生及會超弟之子子仁斬之軍門，以其賄而虐也。有司奏恭縱罪人，專戮二千石，有詔宥之。

還湘州刺史，善解吏事，所在見稱。而性尙華侈，廣營第宅，重齋步閣，模寫宮殿。尤好賓友，酣宴終辰，坐客滿筵，言談不倦。時元帝居蕃，頗事聲譽，勤心著述，卮酒未嘗妄進。恭每從容謂曰：「下官歷觀時人，多有不好歡興，乃仰眠牀上，看屋梁而著書，千秋萬歲，誰傳此者。勞神苦思，竟不成名。豈如臨清風，對朗月，登山泛水，肆意酣歌也。」

尋除寧蠻校尉、雍州刺史，便道之鎭。簡文少與恭游，特被賞狎，至是手令勗以政事。恭至州，政績有聲，百姓請於城南立碑頌德，詔許焉，名爲政德碑。是夜聞數百人大叫碑石下，〔一〇〕明旦視之，碑涌起一尺。恭命以大柱置于碑上，使力士數十人抑之不下，又以酒

脯祭之，使人守視，俄而自復，視者竟不見之。恭聞而惡焉。

先是，武帝以雍爲邊鎭，運數州粟以實儲倉。恭乃多取官米，還贍私宅，又典籤陳保印侵剋百姓，爲荆州刺史廬陵王所啓，被詔徵還。在都朝謁，白服隨列。〔一一〕帝曰：「白衣者爲誰？」對曰：「前衡山侯恭。」帝厲色曰：「不還我陳保印，吾當白汝未已。」而保印實投湘東王，王改其姓名曰袁逢。恭竟不敍用。侯景亂，卒於城中，詔特復本封。元帝追謚曰僖侯。

子靜字安仁，少有美名，號爲宗室後進。有文才，而篤志好學。旣內足於財，多聚經史，散書滿席，手自讎校。何敬容欲以女妻之，靜忌其太盛，拒而不納，時論服焉。然好戲笑，輕論人物，時以此少之。位給事黃門侍郎，深爲簡文所愛賞。太清三年卒，贈侍中。

恭弟祗字敬謹，美風儀，幼有令譽。天監中，封定襄縣侯。後歷位北兗州刺史。侯景亂，與從弟湘潭侯退謀起兵內援，會州人反城應景，祗遂奔東魏。

鄱陽忠烈王恢字弘達，文帝第十子也。〔一二〕幼聰穎，七歲能通孝經、論語義，發擿無遺。

二十四史
中華書局

業，追增國封。嗣王陳讓，既不獲許，乃乞頒邑諸弟。帝許之，改封新淦縣侯。後居太妃憂泣血，三年服闋，爲吳興太守。郡累不稔，中大通三年，野穀生武康，凡二十二處，自此豐穰。暎製嘉穀頌以聞，中詔稱美。

後爲北徐州刺史，在任弘恕，人吏懷之。常載粟帛遊於境內，遇有貧者，卽以振焉。勝境名山，多所尋履。及徵將還，鍾離人顧思遠挺叉行部伍中。暎見甚老，使人問，對曰：「年一百一十二歲。凡七娶，有子十二，死亡略盡。今唯小者，年已六十，又無孫息，家闕養乏，是以行役。」暎大異之，召賜之食，食兼於人。檢其頭有肉角長寸，遂命後舟載還都，謁見天子。與之言往事，多異所傳，擢爲散騎侍郎，賜以奉宅，朝夕進見，年百二十卒。又普通中北侵，攻穰城，城內有人年二百四十歲，不復能食穀，唯飲曾孫婦乳。簡文帝命勞之，賜以束帛。荆州上津鄉人張元始年一百一十六歲，膂力過人，進食不異，至年九十七方生兒，兒遂無影。將亡，人人告別，乃至山林樹木處處履行，少日而終，時人以爲知命。湘東王愛奇重異，遂留其枕。

暎後歷給事黃門侍郎，衞尉卿，廣州刺史，卒官，諡曰寬侯。〔二〇〕

暎弟曄字通明，美姿容，善談吐。初封安陸侯。憺特所鍾愛，常目送之曰：「吾所深憂。」

左右問其故，答曰：「其過俊發，恐必無年。」及憺不豫，侍疾衣不釋帶，言與淚幷。憺薨，扶而後起。服闋，改封上黃侯，位兼宗正卿。簡文入居監撫，曄獻儲德頌，還給事黃門侍郎。出爲晉陵太守。美才仗氣，言多激揚。常乘折角牛，穀木履，被服必於儒者。名盛海內，爲宗室推重，特被簡文友愛。與新渝、建安、南浦並預密宴，號東宮四友。簡文日有五六使來往。曄初至郡，屬旱，躬自祈禱，果獲甘潤。郡雀林村舊多猛獸爲害，曄在政六年，此暴遂息。卒于郡。初，曄寢疾歷年，官曹壅滯，有司案諡法「言行相違曰替」，乃諡替侯。

論曰：自昔王者創業，莫不廣植親親，割裂州國，封建子弟。是以大旆少帛，崇於魯、衞，盤石犬牙，寄深梁、楚。梁武遠遵前軌，蕃屏懿親，至於戚枝，咸被任遇。若蕭景才辯，固亦梁之令望者乎。臨川不才，頻叨重寄，古者睦親之道，粲而不殊，加之重名，則有之矣。而宏屢黷彝典，一撓師徒，〔二一〕梁之不綱，於斯爲甚。正德穢行早顯，逆心夙構，比齊襄而迹可匹，似吳濞而勢不侔，徒爲賊景之階梯，竟取國敗而身滅，哀哉！安成、南平、鄱陽、始興俱以名迹著美，蓋亦有梁之間、平也。

校勘記

〔一〕年十三吳太妃亡　「年十三」梁書作「年十二」。

〔二〕命側室陳氏幷母二子陳亦無子　張森楷南史校勘記：「按上卷傳序言臨川王宏、南平王偉並陳太妃所生，則陳非無子也。此或別一陳氏之妾，與宏、偉母別一人歟？然『亦』字詎可不有，容誤衍文。」

〔三〕殺豫州刺史司馬悅　「司馬悅」各本作「司馬懷悅」。按梁書、魏書、通鑑及册府元龜四一四並無「懷」字，今據删。

〔四〕又武寧太守爲弟所殺乃僞云土反　「土」各本作「士」，據册府元龜六九〇改。

〔五〕中大通四年　「中大通」各本皆作「大通」。按大通僅三年，此據梁書補「中」字。

〔六〕平原王曇穎卒　「平原」梁書作「太原」。

〔七〕著二旨義　「二旨」各本作「二暗」，據梁書及册府元龜二九三改。

〔八〕其義僧寵及周捨　「其」字據梁書補。

〔九〕賓客有江仲舉蔡薳王臺卿庾仲容四人　「庾仲容」汲古閣本、金陵局本作「庾仲雍」；他本作「庾仲容」，册府元龜二七四同。按庾仲容傳，仲容不與恪相關涉，此或別爲一人，然「仲容」、「仲雍」亦未詳孰是。

〔一〇〕是夜聞數百人大叫碑石下　「下」字各本並脫，據通志補。

〔一一〕白服隨列　「列」各本作「例」，據通志改。

〔一二〕文帝第十子也　「十」梁書作「九」。按册府元龜二六四、二七〇、二七六、二八〇並作「九」。

〔一三〕中山聽樂可得任性　「任性」各本作「任悅」，據梁書、册府元龜二七三改。「性」「悅」蓋涉形近而譌。

〔一四〕軍於樅陽　「樅陽」各本作「嵫陽」，據梁書、通鑑改。

〔一五〕諸弟脩字世和　「脩」北史周文帝紀同。梁書元帝紀、敬帝紀，周書文帝紀、劉璠傳並作「循」。

〔一六〕適有臺使見之　「適」各本作「過」，據册府元龜六八一改。

〔一七〕脩中直兵參軍陳暴甚勇有口　「口」通志作「力」，疑是。

〔一八〕徵爲侍中中撫軍將軍開府儀同三司領軍將軍卽開府黃閤　張森楷南史校勘記：「梁書無『撫』下『軍』字。『開府』卽開黃閤，此文重複，疑有脫衍。」

〔一九〕詔諸生答策宗室則否　「答策」、「則否」各本作「口策」、「可否」，據册府元龜二七〇改。

〔二〇〕諡曰寬侯　張森楷南史校勘記：「隋書經籍志有新渝惠侯蕭暎賦集五十卷，當卽其人，而『寬』、『惠』各異。」

〔二一〕一撓師徒　王鳴盛十七史商榷六三：「『一』當作『大』，大撓，大衂也。」

中華書局

二十四史

唐李延壽撰

南史

第五册

卷五三至卷六七（傳）

中華書局

南史卷五十三

列傳第四十三

梁武帝諸子

武帝八男。丁貴嬪生昭明太子統、簡文皇帝、廬陵威王續。阮修容生孝元皇帝。吳淑媛生豫章王綜。董昭儀生南康簡王績。丁充華生邵陵攜王綸。葛修容生武陵王紀。

昭明太子統字德施，小字維摩，武帝長子也。以齊中興元年九月生于襄陽。武帝既年垂強仕，方有冢嗣；時徐元瑜降，而續又荆州使至，云：「蕭穎胄暴卒。」時人謂之三慶。少日而建鄴平，識者知天命所集。

天監元年十一月，立爲皇太子。時年幼，依舊居於內，〔一〕拜東宮官屬，文武皆入直永

福省。五年六月庚戌，出居東宮。〔二〕

太子生而聰叡，三歲受孝經、論語，五歲徧讀五經，悉通諷誦。性仁孝，自出宮，恒思戀不樂。帝知之，每五日一朝，多便留永福省，或五日三日乃還宮。八年九月，於壽安殿講孝經，盡通大義。講畢，親臨釋奠于國學。

年十二，於內省見獄官將讞事。問左右曰：「是皁衣何爲者？」曰：「廷尉官屬。」召視其書，曰：「是皆可念，我得判否？」有司以統幼，紿之曰：「得。」其獄皆刑罪上，統皆署杖五十。有司抱具獄，不知所爲，具言於帝，帝笑而從之。自是數使聽訟，每有欲寬縱者，即使太子決之。建康縣讞誣人誘口，獄翻，縣以太子仁愛，故輕當杖四十。令曰：「彼若得罪，便合家孥戮，今縱不以其罪罪之，豈可輕罰而已，可付治十年。」

十四年正月朔旦，帝臨軒，冠太子於太極殿。舊制太子著遠游冠、金蟬翠緌纓，至是詔加金博山。太子美姿容，善舉止，讀書數行並下，過目皆憶。每游宴祖道，賦詩至十數韻，或作劇韻，皆屬思便成，無所點易。帝大弘佛教，親自講說。太子亦素信三寶，徧覽衆經。乃於宮內別立慧義殿，專爲法集之所。招引名僧，自立二諦、法身義。〔三〕普通元年四月，甘露降于慧義殿，咸以爲至德所感。時俗稍奢，太子欲以己率物，服御朴素，身衣浣衣，膳不兼肉。

中華書局

三年十一月，始興王憺薨。舊事以東宮禮絕傍親，書翰並依常儀。太子以爲疑，命僕劉孝綽議其事。孝綽議曰：「案張鏡撰東宮儀記，稱『三朝發哀者，踰月不舉樂；鼓吹寢奏，服限亦然』。尋傍絕之義，義在去服，服雖可奪，情豈無悲。鐃歌輟奏，良亦爲此。既有悲情，宜稱兼慕，卒哭之後，依常舉樂，稱悲竟，此理例相符。謂猶應稱兼慕，請至卒哭。」〔四〕僕射徐勉、左率周捨、家令陸襄並同孝綽議。太子令曰：「張鏡儀記云『依士禮，終服月稱慕悼』。又云，『凡三朝發哀者，踰月不舉樂』。〔五〕劉僕議云，『傍絕之義，義在去服，服雖可奪，情豈無悲。卒哭之後，依常舉樂，稱悲竟，此理例相符』。尋情悲之說，非止卒哭之後，緣情爲論，此自難一也。用張鏡之『舉樂』，棄張鏡之『稱悲』，一鏡之言，取捨有異，此自難二也。陸家令止云『多歷年所』，恐非事證。雖復累稔所用，意常未安。近亦嘗以此問外，由來立意，謂猶應有慕悼之言。張豈不知舉樂爲大，稱悲事小。〔六〕所以用小而忽大，良亦有以。至如元正六佾，事爲國章，雖情或未安，而禮不可廢。鐃吹軍樂，比之亦然，書疏方之，事則成小。差可緣心。聲樂自外，書疏自內，樂自他，書自己。劉僕之議，卽情未安。可令諸賢更共詳衷。」司農卿明山賓、步兵校尉朱异議，稱「慕悼之解，宜終服月」。〔七〕於是付典書遵用，以爲永準。

七年十一月，貴嬪有疾，太子還永福省，朝夕侍疾，衣不解帶。及薨，步從喪還宮，至

殯，水漿不入口，每哭輒慟絕。武帝敕中書舍人顧協宣旨曰：「毀不滅性，聖人之制，不勝喪比於不孝。有我在，那得自毀如此。可卽強進飲粥。」太子奉敕，乃進數合，自是至葬，日進麥粥一升。武帝又敕曰：「聞汝所進過少，轉就羸瘦。我比更無餘病，政爲汝如此，胸中亦塡塞成疾。故應強加饘粥，不使我恒爾懸心。」〔八〕雖屢奉敕勸逼，終喪日止一溢，不嘗菜果之味。體素壯，腰帶十圍，至是減削過半。每入朝，士庶見者莫不下泣。

太子自加元服，帝便使省萬機，內外百司奏事者塡塞於前。太子明於庶事，每所奏謬誤巧妄，皆卽辯析，示其可否，徐令改正，未嘗彈糾一人。平斷法獄，多所全宥，天下皆稱仁。性寬和容衆，喜慍不形於色。引納才學之士，賞愛無倦。恒自討論墳籍，或與學士商榷古今，繼以文章著述，率以爲常。于時東宮有書幾三萬卷，名才並集，文學之盛，晉、宋以來未之有也。

性愛山水，於玄圃穿築，更立亭館，與朝士名素者遊其中。嘗泛舟後池，番禺侯軌盛稱此中宜奏女樂。太子不答，詠左思招隱詩云：「何必絲與竹，山水有清音。」軌慚而止。出宮二十餘年，不畜音聲。未薨少時，敕賜太樂女伎一部，略非所好。

普通中，大軍北侵，都下米貴。太子因命菲衣減膳。每霖雨積雪，遣腹心左右周行閭巷，視貧困家及有流離道路，以米密加振賜，人十石。又出主衣絹帛，年常多作襦袴，各三

千領，冬月以施寒者，不令人知。若死亡無可斂，則爲備棺槥。每聞遠近百姓賦役勤苦，輒斂容變色。常以戶口未實，重於勞擾。吳興郡屢以水災不熟，〔九〕有上言當漕大瀆以瀉浙江。中大通二年春，詔遣前交州刺史王弈假節發吳、吳興、信義三郡人丁就役。〔一〇〕太子上疏曰：「伏聞當遣王弈等上東三郡人丁開漕溝渠，導洩震澤，使吳興一境無復水災，暫勞永逸，必獲後利。未萌難覩，竊有愚懷。所聞吳興累年失收，人頗流移，吳郡十城，亦不全熟，唯信義去秋有稔，復非恒役之民。卽日東境穀稼猶貴，劫盜屢起，在所有司，皆不聞奏。今征戍未歸，強丁疎少，此雖小舉，竊恐難合。吏一呼門，動爲人蠹。又出丁之處，遠近不一，比得齊集，已妨蠶農。去年稱爲豐歲，公私未能足食，如復今茲失業，慮恐爲弊更深。且草竊多伺候人間虛實，若善人從役，則抄盜彌增。吳興未受其益，內地已離其弊。不審可得權停此功，待優實以不？」武帝優詔以喻焉。

太子孝謹天至，每入朝，未五鼓便守城門開。東宮雖燕居內殿，一坐一起，恒向西南面臺。宿被召當入，危坐達旦。

三年三月，游後池，乘彫文舸摘芙蓉。姬人蕩舟，沒溺而得出，因動股，恐貽帝憂，深誡不言，以寢疾聞。武帝敕看問，輒自力手書啓。及稍篤，左右欲啓聞，猶不許，曰：「云何令至尊知我如此惡。」因便嗚咽。四月乙巳，暴惡，馳啓武帝，比至已薨，時年三十一。帝臨哭

盡哀，詔斂以袞冕，謚曰昭明。五月庚寅，葬安寧陵，詔司徒左長史王筠爲哀册文。朝野惋愕，都下男女奔走宮門，號泣滿路。四方甿庶及疆徼之人，聞喪皆哀慟。〔一一〕

太子性仁恕，見在宮禁防捉荊子者，問之，云以清道驅人。太子恐復致痛，使捉手板代之。頻食中得蠅蟲之屬，密置柈邊，恐厨人獲罪，不令人知。又見後閤小兒攤戲，後屬有獄牒攤者法，士人結流徒，〔一二〕庶人結徒。太子曰：「私錢自戲，不犯公物，此科太重。」令注刑止三歲，士人免官。獄牒應死者必降長徒，自此以下莫不減半。

所著文集二十卷，又撰古今典誥文言爲正序十卷，五言詩之善者爲英華集二十卷，〔一三〕文選三十卷。

薨後，長子東中郎將南徐州刺史華容公歡封豫章郡王，次子枝江公譽封河東郡王，曲江公詧封岳陽郡王，䛒封武昌郡王，鑒封義陽郡王，各二千戶。〔一四〕女悉同正主。蔡妃供侍一同常儀，唯別立金華宮爲異。帝既廢嫡立庶，海內噂嗒，故各封諸子大郡以慰其心。岳陽王詧流涕受拜，累日不食。

初，丁貴嬪薨，太子遣人求得善墓地，將斬草，有賣地者因閹人俞三副求市，若得三百萬，許以百萬與之。三副密啓武帝，言太子所得地不如今所得地於帝吉，帝末年多忌，便命市之。葬畢，有道士善圖墓，云「地不利長子，若厭伏或可申延」。乃爲蠟鵝及諸物埋墓側長

中華書局

子位。有宮監鮑邈之、魏雅者，二人初並爲太子所愛，邈之晚見疎於雅，密啓武帝云：「雅爲太子厭禱。」帝密遣檢掘，果得鵝等物。大驚，將窮其事。徐勉固諫得止，於是唯誅道士，由是太子迄終以此慚慨，故其嗣不立。後邵陵王臨丹陽郡，因邈之與鄉人爭婢，議以爲誘略之罪牒宮，簡文追感太子冤，揮淚誅之。邈之兄子僧隆爲宮直，前未知邈之姪，即日驅出。

先是人間謠曰：「鹿子開城門，城門鹿子開，當開復未開，使我心徘徊。城中諸少年，逐歡歸去來。」鹿子開者，反語爲來子哭，云帝哭也。歡前爲南徐州，太子果薨，遣中書舍人臧厥追歡於崇正殿解髮臨哭。歡既嫡孫，次應嗣位，而遲疑未決。帝既新有天下，恐不可以少主主大業，又以心銜故，意在晉安王，猶豫自四月上旬至五月二十一日方決。歡止封豫章王還任。往謠言「心徘徊」者，未定也。「城中諸少年，逐歡歸去來」，復還徐方之象也。歡字孟孫，位雲麾將軍、江州刺史。薨，諡安王。子棟嗣。

棟字元吉。及簡文見廢，侯景奉以爲主。棟方與妃張氏鋤葵，而法駕奄至，棟驚不知所爲，泣而升輦。及即位，升武德殿，欻有迴風從地涌起，翻飛華蓋，徑出端門，時人知其不終。於是年號天正，追尊昭明太子曰昭明皇帝，安王爲安皇帝，金華敬妃蔡氏爲敬皇后，太妃王氏爲皇太后，妃爲皇后。未幾，行禪讓禮，棟封淮陰王，及二弟橋、樛，並鎖於密室。景

敗走，兄弟相扶出，逢杜崱於道，崱去其鎖。弟曰：「今日免橫死矣。」棟曰：「倚伏難知，吾猶有懼。」初，王僧辯之爲都督，將發，諮元帝曰：「平賊之後，嗣君萬福，未審有何儀注？」帝曰：「六門之內，自極兵威。」僧辯曰：「平賊之謀，臣爲己任，成濟之事，請別舉人。」由是帝別敕宣猛將軍朱買臣使行忍酷。會簡文已被害，棟等與買臣遇見，呼往船共飲，未竟，並沈于水。

河東王譽字重孫，普通二年，封枝江縣公。中大通三年，改封河東郡王。累遷南中郎將、湘州刺史。未幾，侯景寇建鄴，譽入援，至青草湖，臺城沒，有詔班師。譽還湘鎮。

時元帝軍于武城，新除雍州刺史張纘密報元帝曰：「河東起兵，岳陽聚米，將來襲江陵。」元帝甚懼，沈米斷纜而歸。因遣諮議周弘直至譽所督其糧衆。譽曰：「各自軍府，何忽隸人。」[三]使三反，譽並不從。元帝大怒，遣世子方等征之，反爲譽敗死。又令信州刺史鮑泉討譽，幷陳示禍福。譽謂曰：「欲前即前，無所多說。」泉軍于石槨寺，譽逆擊不利而還。泉進軍橘洲，譽攻之又見敗。於是遂圍之。譽幼而驍勇，馬上用弩，兼有膽氣，能撫士卒，甚得衆心。元帝又遣領軍王僧辯代鮑泉攻譽。譽將潰圍而出，會其麾下將慕容華引僧辯入城，遂被執。謂守者曰：「勿殺我，得一見七官，申此讒賊，死無恨。」主者曰：「奉令不許。」遂

斬首，送荆鎮。元帝返其首以葬焉。

初，譽之將敗，引鏡照面，不見其頭。又見長人蓋屋，兩手據地瞰其臍。又見白狗大如驢，從城出，不知所在。譽甚惡之，俄而城陷。

豫章王綜字世謙，武帝第二子也。天監三年，封豫章郡王。累遷北中郎將、南徐州刺史。入爲侍中、鎮右將軍。

初，綜母吳淑媛在齊東昏宮，寵在潘、余之亞。及得幸於武帝，七月而生綜，宮中多疑之。淑媛寵衰怨望。及綜年十四五，恒夢一年少肥壯自挈其首對綜，如此非一，綜轉成長，心驚不已。頻密問淑媛曰：「夢何所如？」夢既不一，淑媛問夢中形色，頗類東昏。因密報之曰：「汝七月日生兒，安得比諸皇子。汝今太子次弟，幸保富貴勿洩。」綜相抱哭，每日夜恒泫泣。又每靜室閉戶，藉地被髮席藁。輕財好士，分施不輟，唯留身上故衣，外齋接客，分粗服。厨庫恒致罄乏。常於內齋布沙於地，終日跣行，足下生胝，日能行三百里。嘗有人士姓王，以屯蹶投告，綜于時大乏，唯有眠牀故皁複帳，即下付之。其降意下士，以伺風雲之會，諸侯王妃主及外人並知此懷，唯武帝不疑。

及長有才學，善屬文。武帝御諸子以禮，朝見不甚數。綜恒怨不見知。每出蕃，淑媛恒隨之至鎮。時年十五，尙裸袒嬉戲於前，晝夜無別。妃袁氏，尙書令昂之女也。淑媛恒節其宿止，遇袁妃尤不以道，內外咸有穢聲。

綜後在徐州，政刑酷暴，又有勇力，制及奔馬，擽殺駒犢。常陰服微行，著烏絲布帽，夜出無有期度，招引道士，探求數術。性聰敏多通，每武帝有敕疏至，輒忿恚形於顏色。帝性嚴，羣臣不敢輕言得失，凡綜所行，弗之知也。於徐州還，頻裁表陳便宜，求經略邊境。帝並優敕答之。徐州所有練樹，並令斬殺，以帝小名練故。累致意尙書僕射徐勉，求出鎮襄陽。勉未敢言，因是怒勉，餉以白團扇，圖伐檀之詩，言其賄也。

在西州，於別室歲時設席，祠齊氏七廟。又累微行至曲阿拜齊明帝陵。然猶無以自信，聞俗說以生者血瀝死者骨滲，即爲父子。綜乃私發齊東昏墓，出其骨，瀝血試之。既有徵矣，在西州生次男月餘日，潛殺之。既瘞，夜遣人發取其骨又試之，其酷忍如此。每對東宮及諸王辭色不恭遜。嘗改歲後，問訊臨川王宏，出至中閤，登宏羊車次遺糞而出。居都下所爲多如此者。

普通四年，爲都督、南兗州刺史。頗勤於事，而不見賓客。其辭訟則隔簾理之。方幅出行，垂帷於輿，每云惡人識其面也。

初，齊故建安王蕭寶寅在魏，綜求得北來道人釋法鸞使入北通問於寶寅，謂為叔父。襄陽人梁話母死，法鸞說綜厚賜之，言終可任使。綜遺話錢五萬。及葬畢，引在左右。法鸞在廣陵，往來通魏尤數，每舍淮陰苗文寵家。言文寵於綜，綜引為國常侍。

六年，魏將元法僧以彭城降，帝使綜都督衆軍，權鎮彭城，幷攝徐州府事。武帝曉別玄象，知當更有敗軍失將，恐綜為北所擒，手敕綜令拔軍。每使居前，勿在人後。綜恐帝覺，與魏安豐王元延明相持，夜潛與梁話苗文寵三騎開北門，涉汴河，遂奔蕭城。自稱隊主，見延明而拜。延明坐之，問其名氏，不答，曰：「殿下問人有見識者。」延明召使視之，曰「豫章王也」。延明喜，下地執其手，答其拜，送于洛陽。及旦，齋內諸閤猶閉不開，衆莫知所以，唯見城外魏軍叫曰：「汝豫章王昨夜已來在我軍中。」城中既失王所在，衆軍乃退，不得還者甚衆。湘州益陽人任煥常有騅馬，乘之退走。煥脚為抄所傷，人馬俱弊，煥於橋下歇，抄復至。煥脚痛不復得上馬，於是向馬泣曰：「騅子，我於此死矣。」馬因跪其前脚，煥乃得上馬，遂免難。綜長史江革、太府卿祖暅並為魏軍所禽，武帝聞之驚駭。綜至魏，位侍中、司空、高平公、丹陽王，梁話、苗文寵並為光祿大夫。綜改名贊字德文，〔一六〕追服齊東昏斬衰，魏太后及羣臣並弔。八月，有司奏削爵土，絕其屬籍，改子直姓悖氏。未及旬日，有詔復屬籍，封直永新侯。久之乃策免吳淑媛，俄遇鴆而卒，有詔復其品秩，謚曰敬，使直主其喪。

及蕭寶寅據長安反，綜復去洛陽欲奔之。魏法，度河橋不得乘馬，綜乘馬而行，橋吏執之送洛陽。魏孝莊初，歷位司徒、太尉，尚帝姊壽陽長公主。陳慶之之至洛也，送綜啓求還。時吳淑媛尚在，敕使以綜小時衣寄之。信未達而慶之敗。未幾，終於魏。

初，綜在魏不得志，嘗作聽鍾鳴、悲落葉以申其志，當時莫不悲之。後梁人盜其柩來奔，武帝猶以子禮祔葬陵次。

直字思方，位晉陵太守、沙州刺史。

南康簡王績字世謹，小字四果，武帝第四子也。天監七年，封南康郡王。十年，為南徐州刺史。時年七歲，主者有受貨洗改解書，長史王僧孺弗之覺，績見而詰之，便即首服，衆咸歎其聽警。

十七年，為都督、南兗州刺史，在州以善政稱。尋有詔徵還，百姓曹樂等三百七十人詣闕上表，〔一七〕稱績尤異一十五條，乞留為州任。優詔許之。普通四年，徵為侍中、雲麾將軍，領石頭戍軍事。五年，出為江州刺史。丁董淑媛憂，〔一八〕居喪過禮，固求解職。乃徵授安右

將軍，領石頭戍軍事。尋加護軍。羸瘠，不親視事。大通三年，因感疾薨于任。贈開府儀同三司，謚曰簡。

績寡玩好，少嗜欲，居無僕妾，躬事儉約。所有租秩，悉寄天府。及薨後，少府有南康國無名錢數千萬。子會理嗣。

會理字長才，少聰慧，好文史。年十一而孤，特為武帝所愛，衣服禮秩與正王不殊。十五為湘州刺史，多信左右。行事劉納每禁之，會理心不平，證以贓貨，收送建鄴。納歎曰：「我一見天子，使汝等知。」會理厚送資糧，歘遣慰喻。令心腹於青草湖為盜，殺納百口俱盡。累遷都督、南兗州刺史。太清元年，督衆軍北侵，至彭城，為魏師所敗，退歸本鎮。

二年，侯景圍城，會理入援。會北徐州刺史封山侯正表將應其兄正德，外託赴援，實謀襲廣陵。會理擊破之，方得進路。臺城陷，會理歸鎮。侯景遣前臨江太守董紹先以武帝手敕召會理。其僚佐曰：「紹先書豈天子意。」咸勸拒之。會理用其典籤范子鸞計，曰：「天子年尊，受制賊虜，今有手敕召我入朝，臣子之心，豈得違背。且處江北，功業難成，不若身赴京都，圖之肘腋。」遂納紹先。紹先入，以烏幡麾衆，單馬遣之至都。景以為司空兼尚書令。雖在寇手，每思匡復，與西鄉侯勸等潛布腹心，〔一九〕要結壯士。時范陽祖皓斬董紹先，據廣陵城起義，期以會理為內應。皓敗，辭相連及。侯景矯詔免會理官，猶以白衣領尚書令。

是冬，景往晉熙，都下虛弱，會理復與柳敬禮及北兗州司馬成欽謀之。敬禮曰：「舉大事必有所資，今無寸兵，安可以動。」會理曰：「湖熟有吾故舊三千餘人，昨來相知，剋期響集。計賊守兵不過千人，若大兵外攻，吾等內應，直取王偉，事必有成。縱景後歸，無能為也。」敬禮曰「善」。于時百姓厭賊，咸思用命。建安侯賁以謀告王偉，偉遂收會理及其弟通理。

時有錢唐褚冕，會理之舊，亦囚於省，問事之所起，考掠千計，終無所言。會理隔壁閒之，遙曰：「褚郎，卿豈不為吾致此邪，然勿言。」王偉害會理等，冕竟以不服，偉赦之。

會理弟通理字仲宣，位太子洗馬，封祈陽侯，至是亦遇害。

通理弟乂理字季英。生十旬而簡王薨，至三歲能言，見內人分散，涕泣相送，問其故，或曰：「此簡王宮人喪畢去耳。」乂理便號泣，悲不自勝。諸宮人見之，莫不哀感，為之停者三人。服闋見武帝，升殿，又悲不自勝，帝為之收涕，謂左右曰：「此兒大必為奇士。」大同八年，封安樂縣侯。

乂理慷慨慕立功名，每讀書見忠臣烈士，未嘗不廢卷歎曰：「一生之內，當無愧古人。」

中華書局

博覽多識，有文才。嘗祭孔文舉墓，并爲立碑，製文甚美。

及侯景內寇，乂理聚客赴南兗州，隨兄會理入援。及城陷，又隨會理還廣陵，因入齊爲質乞師。行二日，會景遣董紹先據廣陵，遂追獲之，防嚴不得與兄相見。乃僞請先還都，入辭母，因謂其姊安固主曰：〔三〇〕「兄若至，願使善爲計自勉，勿顧以爲念。前途亦思立効，但未知天命何如耳。」至都，以魏降人元貞忠正可以託孤，乃以玉柄扇贈之。貞怪不受，乂理曰：「後當見憶。」會祖皓起兵，乂理奔長蘆，爲景所害。元貞始悟其前言，往收葬焉。

廬陵威王續字世訢，武帝第五子也。天監八年，封廬陵王。少英果，膂力絕人，馳射應發命中。武帝歎曰：「此我之任城也。」嘗馳射於帝前，續中兩麞，冠於諸人。帝大悅。中大通二年，爲都督、雍州刺史、寧蠻校尉。大同元年，遷江州刺史，又爲驃騎將軍、開府儀同三司。又爲都督、荆州刺史。薨，贈司空，謚曰威。

始元帝母阮脩容得幸，由丁貴嬪之力，故元帝與簡文相得，而與廬陵王少相狎，長相謗。元帝之臨荆州，有宮人李桃兒者，以才慧得進，及還，以李氏行。時行宮戶禁重，〔三一〕續具狀以聞。元帝泣對使訴於簡文，簡文和之得止。〔三二〕元帝猶懼，送李氏還荆州，世所謂西

歸內人者。自是二王書問不通。及續薨，元帝時爲江州，聞問，入閤而躍，屧爲之破。尋自江州復爲荆州，荆州人迎于我境，帝數而遣之，吏人失望。

續多聚馬仗，蓄養趫雄，耽色愛財，極意收斂，倉儲庫藏盈溢。臨終有啓，遣中錄事參軍謝宣融送所上金銀器千餘件，武帝始知其富。以爲財多德寡，因問宣融曰：「王金盡於此乎？」宣融曰：「此之謂多，安可加也。夫王之過如日月之蝕，欲令陛下知之，故終而不隱。」帝意乃解。

世子憑以罪前誅死，〔三三〕次子應嗣。應不慧，王薨，至內庫閱珍物，見金鋌，問左右曰：「此可食不？」答曰：「不可。」應曰：「既不可食，並特乞汝。」他皆此類。

邵陵攜王綸字世調，小字六眞，武帝第六子也。少聰穎，博學善屬文，尤工尺牘。天監十三年，封邵陵郡王。

普通五年，以西中郎將權攝南徐州事。〔三四〕在州輕險躁虐，喜怒不恒，車服僭擬，肆行非法。遨遊市里，雜於厮隸。嘗問賣䱉者曰：「刺史何如？」對者言其躁虐，綸怒，令吞䱉以死，自是百姓惶駭，道路以目。嘗逢喪車，奪孝子服而著之，匍匐號叫。籤帥懼罪，密以聞。帝始嚴責，綸不能改，於是遣代。綸悖慢逾甚，乃取一老公短瘦類帝者，加以衮冕，置之高坐，朝以爲君，自陳無罪。使就坐剝褫，捶之於庭。忽作新棺木，貯司馬崔會意，以轜車挽歌爲送葬之法，使嫗乘車悲號。會意不堪，輕騎還都以聞。帝恐其奔逸，以禁兵取之，將於獄賜盡。昭明太子流涕固諫，得免，免官削爵土還第。大通元年，復封爵。

中大通四年，爲揚州刺史。綸素驕縱，欲盛器服，遣人就市賒買錦采絲布數百疋，擬與左右職局防閤爲絳衫、內人帳幔。百姓並關閉邸店不出。臺續使少府市采，經時不能得，敕責，府丞何智通具以聞，因被責還第。恒遣心腹馬容戴子高、戴瓜、李撤、趙智英等於路尋目智通，於白馬巷逢之，以槊刺之，刃出於背。智通以血書壁作「邵陵」字乃絕，遂知之。帝懸錢百萬購賊，有西州游軍將宋鵲子條姓名以啓，敕遣舍人諸曇粲領齋仗五百人圍綸第，於內人檻中禽瓜、撤、智英。子高驍勇，踰牆突圍，遂免。智通子敞之剸炙食之，即載出新亭，四面火炙之焦熟，敞車載錢設鹽蒜，雇百姓食撤一臠，賞錢一千。徒黨并母肉遂盡。

綸鎖在第，舍人諸曇粲并主帥領仗身守視。免爲庶人。經三旬乃脫鎖，頃之復封爵。後預餞衡州刺史元慶和，於座賦詩十二韻，末云「方同廣川國，寂寞久無聲」。大爲武帝賞，曰：「汝人才如此，何慮無聲。」旬日間，拜郢州刺史。

太清二年，位中衞將軍、開府儀同三司。侯景構逆，加征討大都督，率衆討景。將發，

帝誡曰：「侯景小豎，頗習行陣，未可以一戰即殄，當以歲月圖之。」綸發白下，中江而浪起，有物蕩舟將覆，識者尤異之。及次鍾離，景已度采石，綸乃晝夜兼道，旋軍入赴。濟江，中流風起，人馬溺者十一二。遂率西豐公大春、新淦公大成等步騎三萬發京口，將軍趙伯超請從徑路直指鍾山，出其不意，綸從之。衆軍奄至，賊徒大駭，分爲三道攻綸，綸大破之。翌日，賊又來攻，日晚賊稍退。南安侯駿以數十騎馳之，賊回拒駿，駿部亂，賊因逼大軍，大軍潰。綸至鍾山戰敗，奔還京口。軍主霍俊見獲，賊送于城下，逼云已禽邵陵王。俊僞許之，乃曰：「王小失利，政爲糧盡還京口。俊爲託邏所獲，非軍敗也。」賊以刀背毆其髀，俊色不變，賊義而捨之。俊，中書舍人靈超子也。

三年正月，綸與東揚州刺史大連等入援至驃騎洲，進位司空。臺城陷，綸奔禹穴，東土皆附。臨城公大連懼將害己，乃圖之。綸覺乃去。至尋陽，尋陽公大心欲以州讓之，不受。

大寶元年，綸至郢州，刺史南平王恪讓州於綸，綸不受。乃上綸爲假黃鉞、都督中外諸軍事。綸於是置百官，改聽事爲正陽殿，內外齋省悉題署焉。而數有變怪，祭城隍神，將烹牛，有赤蛇繞牛口出。南浦施安幄帳，無何風起，飄沒于江。

于時元帝圍河東王譽於長沙既久，譽請救於綸，綸欲往救之，爲軍糧不繼遂止。乃與元帝書曰：「道之斯美，以和爲貴，況天時地利不及人和。豈可手足肱支，自相屠害。即日

大敵猶强，天讎未雪。余爾昆弟，在外三人，如不匡救，安用臣子。如使逆寇未除，家禍仍搆，料今訪古，未或弗亡。夫征戰之理，義在克勝。至於骨肉之戰，愈勝愈酷，捷則非功，敗則有喪，勞兵損義，虧失多矣。侯景之軍所以未窺江外者，政爲藩屏盤固，宗鎮强密。若自相魚肉，是謂代景行師，景便不勞兵力，坐致成効，醜徒聞此，何快如之！」元帝復書，陳譽有罪不可解圍之狀。綸省書流涕曰：「天下之事，一至於斯！」左右聞之，莫不掩泣。於是大修器甲，將討侯景。

元帝聞其盛，乃遣王僧辯帥舟師一萬以逼綸。綸將劉龍武等降僧辯，綸遂與子躓等十餘人輕舟走武昌。沙門法馨與綸有舊，藏之巖石之下。時綸長史韋質、司馬姜偉先在外，[三五]聞綸敗，馳往迎。元帝復遣將徐文盛追攻之。綸復收卒屯于齊昌郡，將引魏軍共攻南陽。侯景將任約襲綸，綸敗走。定州刺史田龍祖迎綸，綸懼爲所執，復歸齊昌。行收兵至汝南，魏所署汝南城主李素孝者，[三六]綸之故吏，開城納之。綸乃修復城池，收集士卒，將攻竟陵。魏聞之，遣大將楊忠、儀同侯幾通攻破城，執綸，綸不爲屈。通乃臥大鼓，使綸坐上殺之，投于江岸，經日色不變，鳥獸莫敢近。時飛雪飄零，屍橫道路，周回數步，獨不霑灑。舊主帥安陸人郝破敵斂之於襄陽。葬之日，黃雪霏糅，唯冢壙所獨不下雪。楊忠知而悔焉，使以太牢往祭殯焉。百姓憐之，爲立祠廟。岳陽王詧遣迎喪，葬於襄陽望楚山南，贈太宰，謚曰

安。後元帝議追加謚，尚書左丞劉瑴議，謚法「怠政交外曰攜」。從之。

綸任情卓越，輕財愛士，不競人利，府無儲積。聞有輒求，既得即散，士亦以此歸之。初鎮京口，大造器甲，既涉聲論，投之于江。及後出征，戎備頗闕，乃歎曰：「吾昔造仗，本備非常，無事涉疑，遂使零散。今日討抄，卒無所資。」

初，昭明之薨，簡文入居監撫，綸不謂德舉，而云「時無豫章，故以次立」。及廬陵之沒，綸觖望滋甚，於是伏兵于莽，用伺車駕。而臺舍人張僧胤知之，其謀頗洩。又綸獻曲阿酒百器，上以賜寺人，飲之而斃。上乃不自安，頗加衞士，以警宮內。於是傳者諸相疑阻，而綸亦不懼。武帝竟不能有所廢黜，卒至宗室爭競，爲天下笑。

長子堅字長白，大同元年，以例封汝南侯。亦善草隸，性頗庸短，嘗與所親書，題云「嗣王」。其人得書大駭，執以諫堅，堅曰：「前言戲耳。」人曰：「不願以此爲戲耳。」侯景圍城，堅屯太陽門，終日蒱飲，不撫軍政。吏士有功，未嘗申理，疫癘所加，亦不存恤，士咸憤怨。太清三年，堅書佐董勛華、白曇朗等以堅私室醞釀，亟有烹宰，不相霑及，忿恨，夜遣賊登樓，城遂陷，堅遇害。弟確。

確字仲正，少驍勇，有文才，尤工楷隸，公家碑碣皆使書之。除祕書丞，武帝謂曰：「爲汝能文，所以特有此授。」大同二年，封爲正階侯，復徙封永安。常在第中習騎射，學兵法，時人以爲狂。左右或進諫，確曰：「聽吾爲國家破賊，使汝知之。」

鍾山之役，確所向披靡，羣賊憚之。確每臨陣對敵，意甚詳贍，帶甲據鞍，自朝及夕，馳驟往返，不以爲勞，諸將服其壯勇。軍敗，賊使負砲，不之知也。確因隙自拔，得達朱方。

及後侯景乞盟，憚確及趙威方在外，慮爲後患，啓求召確入城。詔乃召確爲南中郎將、廣州刺史。確知此盟多貳，城必淪沒，欲先遣趙威方入，確因南奔。綸聞之，逼確使入。確猶不肯，綸流涕謂曰：「汝欲反邪！」時臺使周石珍在坐，確曰：「侯景雖云欲去，而不解長圍，以意而推，其事可見。今召我入，未見益也。」石珍曰：「敕旨如此，侯豈得辭。」確執意猶堅，綸大怒，謂趙伯超曰：「譙州，卿爲我斬之。當齎首赴闕。」伯超揮刃眄曰：「我識君耳，刀豈識君。」確流涕而出，遂入城。及景背盟復圍城，城陷，確排闥入啓。時武帝方寢，確曰：「城已陷矣。」帝曰：「猶可一戰不？」對曰：「人心不可。臣向格戰不禁，縋下僅得至此。」武帝歎曰：「自我得之，自我失之，亦復何恨，幸不累子孫。」乃使確爲慰勞文，謂曰：「爾速去謂汝父，無以二宮爲念。」

及出見景，景愛其膂力，恒令在左右。後從景仰見飛鳶，羣賊爭射不中，確射之應弦卽

落。賊徒忿嫉，咸勸除之。先是綸遣典籤唐法隆密導確，確謂使者曰：「侯景輕佻，可一夫力致。確不惜死，欲手刃之。卿還啓家王，願勿以一子爲念。」後與景獵鍾山，同逐禽，引弓將射景，弦斷不得發，賊覺殺之。

武陵王紀字世詢，武帝第八子也。少而寬和，喜怒不形於色，勤學有文才。天監十三年，封武陵王。尋授揚州刺史。中書詔成，武帝加四句曰：「貞白儉素，是其淸也；臨財能讓，是其廉也；知法不犯，是其愼也；庶事無留，是其勤也。」紀特爲帝愛，故先作牧揚州。大同三年，爲都督、益州刺史。以路遠固辭，帝曰：「天下方亂，唯益州可免，故以處汝，汝其勉之。」紀歔欷，既出復入。帝曰：「汝嘗言我老，我猶再見汝還益州也。」紀在蜀，開建寧、越巂，貢獻方物，十倍前人。朝嘉其績，加開府儀同三司。

初，天監中，震太陽門，成字曰：「紹宗梁位唯武王。」解者以武陵王當之，[三七]於是朝野屬意焉。及侯景陷臺城，上甲侯韶西上至硤，出武帝密敕，加紀侍中、假黃鉞、都督征討諸軍事、驃騎大將軍、太尉、承制。大寶元年六月辛酉，[三八]紀乃移告諸州征鎮，遣世子圓照領二蜀精兵三萬，受湘東王繹節度。繹命圓照且頓白帝，未許東下。七月甲辰，湘東王繹遣

鮑檢報紀以武帝崩問。十一月壬寅，紀總戎將發益鎮，繹使胡智監至蜀，以書止之曰：「蜀中斗絕，易動難安，弟可鎭之，吾自當滅賊。」又別紙云：「地擬孫、劉，各安境界，情深魯、衞，書信恒通。」

二年四月乙丑，紀乃僭號於蜀，改年曰天正，暗與蕭棟同名。識者尤之，以爲於文「天」爲二人，「正」爲一止，言各一年而止也。紀又立子圓照爲皇太子，圓正爲西陽王，圓滿竟陵王，圓普南譙王，圓肅宜都王。以巴西、梓潼二郡太守永豐侯撝爲征西大將軍、益州刺史，封秦郡王。司馬王僧略、直兵參軍徐怦並固諫，皆殺之。僧略，僧辯弟；怦，勉從子也。以諫，且以怦與將帥書云「事事往人口具」，以爲反於己，誅之。永豐侯撝歎曰：「王不克矣。夫善人國之基也，今乃誅之，不亡何待。」又謂所親曰：「昔桓玄年號大亨，識者爲謂『二月了』，而玄之敗實在仲春。今年曰天正，在文爲『一止』，其能久乎！」丁卯，元帝遣萬州刺史宋簉襲圓照於白帝，圓照弟圓正時爲西陽太守，召至，鎖于省內。

初，楊乾運求爲梁州刺史不得，紀以爲潼州刺史。楊法深求爲黎州刺史亦不得，〔二九〕以爲沙州刺史。二人皆憾不獲所請，〔三〇〕各遣使通西魏。及聞魏軍侵蜀，紀遣其將譙淹回軍赴援，魏將尉遲迥逼涪水，楊乾運降之。迥即趣成都。

五月己巳，紀次西陵，軍容甚盛。元帝命護軍將軍陸法和立二城於峽口，名七勝城，鎖

江以斷峽。時陸納未平，蜀軍復逼，元帝甚憂。法和告急，旬日相繼。元帝乃拔任約於獄，以爲晉安王司馬，撤禁兵以配之。并遣宣猛將軍劉棻共約西赴。六月，紀築連城，攻絕鐵鎖。元帝復於獄拔謝答仁爲步兵校尉，配衆一旅上赴。紀之將發也，江水可揭，前部不得行。及登舟，無雨而水長六尺。劉孝勝喜曰：「殆天贊也。」將至峽，有黑龍負舟，其將帥咸謂天助。及頓兵日久，頻戰不利，師老糧盡，智力俱殫。又魏人入劍閣，成都虛弱，憂懣不知所爲。

先是，元帝已平侯景，執所俘馘，頻遣報紀。世子圓照鎭巴東，留執不遣。啓紀云：「侯景未平，宜急征討。已聞荆鎭爲景所滅，疾下大軍。」紀謂爲實然，故仍率衆沿江急進。於路方知侯景已平，使有悔色，召圓照責之。圓照曰：「侯景雖誅，江陵未服，宜速平蕩。」紀亦以既居尊位，宣言於衆，敢諫者死。蜀中將卒日夜思歸。所署江州刺史王開業進曰：「宜還救根本，更思後圖。」諸將僉以爲然。圓照、劉孝勝獨言不可，紀乃止。既而聞王琳將至，潛遣將軍侯叡傍險出法和後，臨水築壘與琳及法和。元帝書遺紀，遣光州刺史鄭安中往喻意於紀，許其還蜀，專制崏方。紀不從命，報書如家人禮。既而侯叡爲任約、謝答仁所破，又陸納平，諸軍並西赴，元帝乃與紀書曰：「甚苦大智！季月煩暑，流金鑠石，聚蚊成雷，封狐千里。以茲玉體，辛苦行陣，乃眷西顧，我勞如何。自獯醜憑陵，羯胡叛換，吾年爲一日之長，屬有平亂之功，膺此樂推，事歸當璧。儻遣使乎，良所希也。如曰不然，於此投筆。友于兄弟，分形共氣，兄肥弟瘦，無復相代之期；讓棗推梨，長罷歡愉之日。上林靜拱，聞四鳥之哀鳴，宣室披圖，嗟萬始之長逝。心乎愛矣，書不盡言。」大智，紀別字也。帝又爲詩曰：「回首望荆門，驚浪且雷奔，四鳥嗟長別，三聲悲夜猿。」圓正在獄中連句曰：「水長二江急，雲生三峽昏，願貰淮南罪，思報阜陵恩。」帝看詩而泣。

紀頻敗，知不振，遣署度支尚書樂奉業往江陵論和緝之計。元帝知紀必破，遂拒而不許，於是兩岸十餘城遂俱降。游擊將軍樊猛率所領至紀所，紀在船中遶牀而走，以金擲猛等曰：「此顧卿送我一見七官，卿必當富貴。」猛曰：「天子何由可見。殺足下，此金何之。」猶不敢逼，圍而守之。法和馳啓，上密敕樊猛曰：「生還不成功也。」猛率甲士祝文簡、張天成拔刃升舟，猶左右奔擲。第五子圓滿馳來就父，紀首既落，圓滿軀亦分。法和收太子圓照兄弟三人，問圓照曰：「阿郎何以至此？」圓照曰：「失計，願爲公作奴。」法和叱遣之。

圓照字明周，中大同初，爲益州東齋郎、宋寧宋興二郡太守。遠鎭諸王世子皆在建鄴質守，帝特愛紀，故遣以副紀。紀之搆釁，悉其謀也。次弟圓正先見鎖在江陵，及紀既以兵終，元帝使謂曰：「西軍已敗，汝父不知存亡。」意欲使其自裁。而圓正既奉此問，便號哭盡哀。以禍難之興皆由圓照，於是唯哭世子，言不絕聲。上謂圓正聞問悲感，必應自殺，頻看

知不能死，又付廷尉獄。及見圓照曰：「阿兄，何乃亂人骨肉，使酷痛如此。」圓照更無所言，唯云計誤。並命絕食於獄，齧臂啖之，十三日死，天下聞而悲之。

圓正字明允，紀第二子。美風儀，善談論，寬和好施，愛接士人。封江安侯。歷西陽太守，有惠政。既居上流，人附者甚衆。及侯景作逆，圓正收兵衆且一萬，後遂跋扈中流，不從王命。及景破，復謀入蜀。元帝將圖之，署爲平南將軍。及至弗見，使南平嗣王恪等醉而囚之。

時紀稱梁王。及紀敗死，爲有司奏請絕紀屬籍，元帝許之，賜姓饕餮氏。紀最爲武帝所愛。武帝諸子罕登公位，唯紀以功業顯著，先啓黃屝。兄邵陵王綸屢以罪黜，心每不平。及聞紀爲征西，綸撫枕歎曰：「武陵有何功業，而位乃前我？朝廷憒憒，似不知人。」武帝聞之，大怒曰：「武陵有恤人拓境之勳，汝有何績。」

太清初，帝思之，使善畫者張僧繇至蜀圖其狀。在蜀十七年，南開寧州、越嶲，西通資陵、吐谷渾。內修耕桑鹽鐵之功，外通商賈遠方之利，故能殖其財用，器甲殷積。馬八千匹，上足者置之內廐，開寢殿以通之，日落，輒出步馬。便騎射，尤工舞矟。九日講武，躬領幢隊。及聞國難，謂僚佐曰：「七官文士，豈能匡濟。」既東下，黃金一斤爲餅，百餅爲簉，至有百簉；銀五倍之，其他錦罽繒采稱是。每戰則懸金帛以示將士，終不賞賜。寧州刺史陳

知祖請散金銀募勇士，不聽，慟哭而去。自是人有離心，莫肯爲用。紀頗學觀占，善風角，亦知不復能濟。瞻望氣色，歎吒天道，椎牀擊閧于外。有請事者，以疾辭不見。既死，埋於沙洲，不封無櫬。元帝以劉孝勝付廷尉，尋免之。

初，紀將僭號，祆怪不一，內寢柏殿柱繞節生花，其莖四十有六，靃靡可愛，狀似荷花。識者曰：「王敦祆花，非佳事也。」時蜀知星人說紀曰：「官若東下，當用申年，太白出西，從之爲利。申歲發蜀，酉年入荆，不可失也。」發蜀之歲，太白在西，比及明年，則已東出矣。

論曰：甚矣，讒佞之爲巧也！夫言附正直，跡在恭敬，悅目會心，無施不可。至乃離父子，間兄弟，廢楚嫡，疎漢嗣，可爲太息，良非一塗。以昭明之親之賢，梁武帝之愛之信，謗言一及，至死不能自明，況於下此者也。綜處秦政之疑，懷負尺之志，肆行狂悖，卒致奔亡。廬陵多財爲累，雄心自立，未及騁暴，早沒爲幸。南康爲政有方，居喪以禮，惜乎早夭，不拯危季。邵陵少而險躁，人道頓亡，晚致勤王，其殆優矣。武陵地居勢勝，卒致傾覆，才輕志大，能無及乎。

校勘記

〔一〕依舊居於內　「居」字各本並脫，據梁書補。

〔二〕五年六月庚戌出居東宮　「六月」各本作「五月」。按五月乙丑朔，無庚戌，六月甲午朔，庚戌爲十七日。據通鑑改。

〔三〕自立二諦法身義　「二諦」各本作「三諦」；「法身義」各本脫「身」字。按全梁文載蕭統令旨解二諦義及令旨解法身義，謂二諦爲「眞諦」、「俗諦」。謂「法者，軌則爲旨；身者，有體之義。軌則之體，故曰法身」。今據正。

〔四〕謂猶應稱兼慕請至卒哭　「稱」字各本並脫，據梁書補。

〔五〕凡三朝發哀者踰月不舉樂　「樂」字各本並脫，據梁書補。

〔六〕張豈不知舉樂爲大稱悲事小　「知」各本作「以」，據梁書改。

〔七〕稱慕悼之解宜終服月　「解」各本作「辭」，據梁書改。

〔八〕不佊我恒爾懸心　「不佊」梁書及太平御覽八五九引並作「不使」。

〔九〕吳興郡屢以水災不熟　「吳興郡」各本作「吳郡」，據梁書補。按下疏云「使吳興一境無復水災」，是此「吳」下脫「興」字。

〔一〇〕詔遣前交州刺史王弈假節發吳吳興信義三郡人丁就役　「王弈」梁書作「王弁」。「信義」梁書作「義興」。按義興自晉歷宋齊爲郡，見州郡志。梁廢義興置信義，見隋志地理志。陳後主有子祗封信義王，見陳書後主諸子傳。隋平陳後廢義興爲縣，見隋志毗陵郡。南史修成於唐，故改義興爲信義。

〔一一〕聞喪皆哀慟　「皆」各本作「者」，據梁書、册府元龜二五八改。

〔一二〕士人結流徙　「徙」通志作「從」。

〔一三〕爲英華集二十卷　梁書、册府元龜並作「文章英華二十卷」，隋書經籍志同。

〔一四〕各二千戶　「二」各本作「三」。按梁制諸王戶封數以二千爲限，册府元龜二六四封建三，自臨川靖惠王宏至簡文子樂梁王大圜共二十二王皆然。梁書河東王譽傳：「改封河東郡王，邑二千戶。」今據改。

〔一五〕何忽隸人　「隸」各本作「疑」，據梁書改。

〔一六〕綜改名贊字德文　「贊」各本作「纘」。錢大昕廿二史考異：「北史『纘』作『贊』，當從之。綜旣自稱東昏子，必不肯與梁武諸兒名同從『糸』旁。」

〔一七〕百姓曹樂等三百七十人詣闕上表　「曹樂」梁書作「曹嘉樂」。

〔一八〕丁董淑媛憂　「淑媛」前序作「昭儀」，梁書作「淑儀」。疑「淑媛」、「昭儀」並「淑儀」之譌。

〔一九〕與西鄉侯勸等潛布腹心　「勸」各本作「歡」。按歡爲昭明太子長子豫章郡王名，勸爲吳平侯景

次子名，封西鄉侯，附景傳，今改正。

〔二〇〕因謂其姊安固主曰　「安固」各本作「固安」，據梁書、册府元龜二八五乙。按南齊書州郡志安固屬秦州安固郡。

〔二一〕時行宮戶禁重　册府元龜二九八及通志並作「時得營戶禁重」。

〔二二〕簡文和之得止　「得止」各本作「不得」，據册府元龜二九八改。按下云「元帝猶懼」，應是「和之得止」，非「和之不得」。

〔二三〕世子濦以罪前誅死　「世子濦」梁書作「長子安」。「罪」各本作「非」，當爲爛缺，通志作「罪」，今據正。

〔二四〕以西中郎將權攝南徐州事　「南徐州」梁書作「南兗州」，册府元龜二八〇同。

〔二五〕時綸長史韋質司馬姜偉先在外　「姜偉」梁書作「姜律」，通鑑梁大寶元年亦作「姜律」。

〔二六〕魏所署汝南城主李素孝者　「李素孝」梁書、通鑑梁大寶元年作「李素」。

〔二七〕解者以武陵王當之　「當之」二字各本並脫，據通鑑補。

〔二八〕大寶元年六月辛酉　按是年六月無辛酉。下七月無甲辰，十一月無壬寅，二年五月癸酉朔，亦無己巳。

〔二九〕楊法深求爲黎州刺史亦不得　「法深」北史作「法琛」。

〔三〇〕二人皆慽不獲所請　「二人皆慽」各本並作「二慽」，不辭，據通志補正。

南史卷五十四

列傳第四十四

梁簡文帝諸子　元帝諸子

簡文二十子。王皇后生哀太子大器、南郡王大連。陳淑容生尋陽王大心。左夫人生南海王大臨、安陸王大春。謝夫人生瀏陽公大雅。張夫人生新興王大莊。包昭華生西陽王大鈞。范夫人生武寧王大威。褚修華生建平王大球。陳夫人生義安王大昕。朱夫人生綏建王大摯。其臨川王大款、桂陽王大成、汝南王大封、樂良王大圜，並不知母氏。潘美人生皇子大訓，早亡無封。其餘不知不載。

哀太子大器字仁宗，簡文嫡長子也。中大通四年，封宣城郡王。〔一〕太清二年十月，侯

景寇建鄴，敕太子爲臺內大都督。三年五月，簡文卽位。六月丁亥，〔二〕立爲皇太子。

大寶二年八月，景廢簡文，將害太子。時景黨稱景命召之，太子方講老子，將下牀而刑人掩至。太子顏色不變，徐曰：「久知此事，嗟其晚耳。」刑者將以衣帶絞之，太子曰：「此不能見殺。」乃指繫帳竿下繩，命取絞之而絕。時年二十八。

太子性寬和，兼神用端嶷，在賊中每不屈意。左右竊問其故，答曰：「賊若未須見殺，雖復陵慠呵叱，其終不敢言。若見害時至，雖一日百拜，無益於死。」問者又曰：「官今憂逼而神貌怡然，未喻此意。」答曰：「吾自度死必在賊前，若諸叔外來，平夷羯寇，必前見殺，然後就死。若其遂開拓上流，必先見殺，後取富貴。何能以無益之愁，橫憂必死之命。」景之西上，攜太子同行，及敗歸，船往往相失。所乘船入樅陽浦，舟中腹心並勸因此入北。太子曰：「自國家喪敗，志不圖生。主上蒙塵，寧忍違離。吾今若去，乃是叛父，非謂避賊。天下豈有無父之國。」便涕泗嗚咽，命卽前進。賊以太子有器度，每憚之。恐爲後患，故先及禍。承聖元年四月，追謚哀太子，祔太廟陰室。

尋陽王大心字仁恕，簡文第二子也。幼而聰朗，善屬文。中大通四年，以皇孫封當陽縣公。大同元年，爲都督、郢州刺史，時年十三。簡文以其幼，戒之曰：「事無大小，悉委行事。」大心雖不親州務，發言每合於理，衆皆驚服。太清元年，爲雲麾將軍、江州刺史。貪冒財賄，不能綏接百姓。二年，侯景寇都，大心招集士卒，與上流諸軍赴援宮闕。三年，臺城陷，上甲侯蕭韶南奔宣密詔，加散騎常侍，進號平南將軍。大寶元年，封尋陽王。

初，歷陽太守莊鐵以城降侯景，既而又奉其母來奔。大心以鐵舊將，厚爲其禮，軍旅之事，悉以委之，以爲豫章內史。景數遣軍西上寇抄，大心輒令鐵擊破之，禽其將趙加婁，賊不能進。時鄱陽王範率衆棄合肥，屯于柵口，待援兵總集，欲俱進。大心聞之，遣要範西上，以盆城處之，廩餽甚厚，欲與勠力共除禍難。會鐵據豫章反，大心令中兵參軍韋約討之，鐵敗乞降。鄱陽世子嗣先與鐵善，乃謂範曰：「昔與鐵游處，其人才略從橫，若降江州，必不全其首領，請援之。」乃遣將侯瑱救鐵，夜破韋約等營。大心大懼。於是二蕃釁起。

景將任約略地至盆城，大心遣司馬韋質拒戰敗績，時帳下猶有勇士千餘人，咸說曰：「既無糧儲，難以守固，若輕騎往建州，以圖後舉，策之上也。」其母陳淑容不從，撫胸慟哭，大心乃止，遂與約和。二年，將遇害，遽淋謂賊廂公王僧貴曰：「我以全州歸命，何忍相苦。」乃見射而殞。

臨川王大款字仁師，簡文第三子也。初封石城縣公，位中書侍郎。太清三年，簡文卽

位，封江夏郡王。大寶元年，奔江陵，湘東王承制，改封臨川王。魏剋江陵，遇害。

南海王大臨字仁宣，簡文帝第四子也。大同二年，封寧國縣公。少而敏慧。年十一，遭左夫人憂，哭泣毀瘠，以孝聞。後入國學，明經射策甲科，拜中書侍郎，遷給事黃門侍郎。十一年，長兼侍中，出爲琅邪、彭城二郡太守。侯景亂，屯端門，都督城南諸軍事。大寶元年，封南海郡王，出爲都督、東揚州刺史，又除吳郡太守。時張彪起義於會稽，吳人陸令公、潁川庾孟卿等勸大臨投之。大臨曰：「彪若成功，不藉我力；如其撓敗，以我說焉，不可往也。」二年遇害。

南郡王大連字仁靖，簡文第五子也。少俊爽，能屬文。舉止風流，雅有巧思，妙達音樂，兼善丹青。大同二年，封臨城縣公。七年，與南海王俱入國學，並射策甲科，皆拜中書侍郎。十年，武帝幸朱方，大連與兄大臨並從。武帝問曰：「汝等習騎不？」對曰：「臣等未奉詔，不敢輒習。」敕令給馬試之。大連兄弟據鞍往還，各得馳驟之節。帝大說，卽賜所乘馬。及爲啓謝，辭又甚美。帝他日謂簡文曰：「昨見大臨、大連，風韻可愛，足慰吾老年。」遷給事黃門侍郎，轉侍中。

太清元年，出爲東揚州刺史。侯景入寇建鄴，大連率衆四萬來赴。及臺城沒，援軍散還東揚州。會稽豐沃，糧仗山積，東人懲景苛虐，咸樂爲用，而大連恒沈湎于酒。宋子仙攻之，大連棄城走，追及於信安縣，大連猶醉弗之覺。於是三吳悉爲賊有。大寶元年，封南郡王。賊遣將趙伯超、劉神茂來攻。大連專委部將留異，以城應賊，大連棄走，爲賊所獲。侯景以爲江州刺史。二年遇害。

安陸王大春字仁經，簡文第六子也。少博涉書記，善吹笙。天性孝謹，體貌瓌偉，腰帶十圍。大同六年，封西豐縣公，[三]拜中書侍郎。後爲寧遠將軍，知石頭戍軍事。侯景內寇，大春奔京口，隨邵陵王入援，戰于鍾山。軍敗，肥大不能行，爲賊所獲。大寶元年，封安陸郡王，出爲東揚州刺史。二年遇害。

桂陽王大成字仁和，簡文第八子也。初封新淦公。太清三年，簡文卽位，封山陽郡王。大寶元年，奔江陵。湘東王承制，改封桂陽王。大成性甚兇粗，兼便弓馬。至江陵，被甲夜出，人謂爲劫，斫之，遂失左髻。魏剋江陵，遇害。

汝南王大封字仁叡，簡文第九子也。初封臨汝公。太清三年，簡文卽位，封宜都郡王。大寶元年，奔江陵。湘東王承制，封汝南王。魏剋江陵，遇害。

瀏陽公大雅字仁風，簡文第十二子也。大同九年，封瀏陽縣公。少聰警，美姿儀，特爲武帝所愛。臺城陷，大雅猶命左右格戰。賊至漸衆，乃自縋而下，發憤感疾薨。

新興王大莊字仁禮，簡文第十三子也。性躁動。大同九年，[四]封高唐縣公。大寶元年，封新興郡王，位南徐州刺史。二年遇害。

西陽王大鈞字仁博，[五]簡文第十四子也。性厚重，不妄戲弄。年七歲，武帝嘗問讀何書，對曰學詩。因令諷誦，卽誦周南，音韻清雅。帝重之，因賜王羲之書一卷。大寶元年，封西陽郡王，位丹陽尹。二年，監揚州，遇害。

武寧王大威字仁容，簡文第十五子也。美風儀，眉目如畫。大寶元年，封武寧郡王。二年，爲丹陽尹，遇害。

皇子大訓字仁德，簡文第十六子也。少而脚疾，不敢躡履。太清三年，未封而亡，年十歲。

建平王大球字仁玉，[六]簡文帝第十七子也。大寶元年，封建平郡王。[七]性明慧夙成。初，侯景圍臺城，武帝素歸心釋教，每發誓願，恒云：「若有衆生應受諸苦，衍身代當。」時大球年甫七歲，聞而驚謂母曰：「官家尚爾，兒安敢辭。」乃六時禮佛，亦云：「凡有衆生應獲苦報，悉大球代受。」其早慧如此。二年遇害。

義安王大昕字仁朗，簡文帝第十八子也。年四歲，母陳夫人卒，便哀毀有若成人，晨夕涕泣，眼爲之傷。及武帝崩，大昕奉慰簡文，嗚噎不自勝，左右莫不掩泣。大寶元年，封義安郡王。二年遇害。

綏建王大摯字仁瑛，簡文第十九子也。幼雄壯有膽氣，及臺城陷，乃歎曰：「大丈夫會當滅虜屬。」嬭媼驚掩其口，曰：「勿妄言，禍將及。」大摯笑曰：「禍至非由此。」大寶元年封，二年遇害。

樂良王大圜，簡文第二十子也。大寶元年封。後入周。仕隋位內史侍郎。

元帝諸子。徐妃生武烈世子方等。[八]王貴嬪生貞惠世子方諸、始安王方略。袁貴人生愍懷太子方矩。夏貴妃生敬皇帝。自餘不顯。

武烈世子方等字實相，元帝長子也。少聰敏，有俊才，善騎射，尤長巧思。性愛林泉，特好散逸。嘗著論曰：「人生處世，如白駒過隙耳。一壺之酒，足以養性；一簞之食，足以怡形。生在蓬蒿，死葬溝壑，瓦棺石槨，何以異茲。吾嘗夢爲魚，因化爲鳥。方其夢也，何樂如之，及其覺也，何憂斯類，良由吾之不及魚鳥者遠矣。故魚鳥飛浮，任其志性，吾之進退，恒在掌握。舉首懼觸，搖足恐墮。若使吾終得與魚鳥同遊，則去人間如脫屣耳。」初，徐妃以嫉妬失寵，方諸母王氏以冶容倖嬖。及王夫人終，元帝歸咎徐妃，方等意不自安。元帝聞之，又惡方等，方等益懼，故述此論以申其志。

中華書局

時武帝年高，欲見諸王長子。元帝遣方等，方等欣然升舟，冀免憂辱。行至繇水，遇侯景亂，元帝召之，方等啓曰：「昔申生不愛其死，方等豈顧其生。」元帝省書歎息，知無還意，乃配步騎一萬，使援臺城。賊每來攻，方等必身當矢石。城陷，方等歸荆州，收集士馬，甚得衆和。元帝始歎其能。方等又勸修築城柵，以備不虞，既成，樓雉相望，周回七十餘里。元帝觀之甚說，入謂徐妃曰：「若更有一子如此，吾復何憂。」徐妃不答，垂泣而退。元帝忿之，因疏其穢行牓于大閤，方等入見，益以自危。

時河東王爲湘州刺史，不受令。方等求征之，元帝謂曰：「汝有水厄，深宜慎之。」拜爲都督，令南討。方等臨行謂所親曰：「吾此段出征，必死無二，死而獲所，吾豈愛生。」及至麻溪，軍敗溺死，求屍不得。元帝聞之心喜，不以爲戚。後追思其才，贈侍中、中軍將軍、揚州刺史，諡忠壯世子，并招魂以葬之。

方等注范曄後漢書，未就。所撰三十國春秋及篤靜子行於世。〔九〕

元帝即位，改諡武烈世子。封子莊爲永嘉王。及魏剋江陵，莊年甫七歲，爲人家所匿。後王琳迎送建鄴。及敬帝立，出質于齊。敬帝太平二年，陳武帝將受禪，王琳請莊于齊以主梁嗣，自盆城濟江。二月，即帝位于郢州，年號天啓，置百官。王琳總其軍國。明年，莊爲陳人所敗，其御史中丞劉仲威奉以奔壽陽，遂入齊。齊武平元年，授特進、開府儀同三

司，封梁王。齊朝許以興復，竟不果而齊亡，莊在鄴飲氣而死。

貞惠世子方諸字明智，〔一〇〕元帝第二子也。幼聰警博學，明老、易，善談玄，風采清越，特爲元帝所愛，母王氏又有寵。及方等敗後，元帝謂曰：「不有所廢，其何以興。勿以汝兄爲念。」因拜中撫軍將軍以自副。〔一一〕又出爲郢州刺史，鎮江夏，以鮑泉爲行事。時元帝遣徐文盛與侯景將任約相持，方諸年十五，童心未革，恃文盛在近，不恤軍政，日與鮑泉蒱酒爲樂。侯景知之，乃遣其將宋子仙從間道襲之。百姓奔告，方諸與鮑泉並不信，曰：「文盛大軍在下，虜安得來？」始命閉門，賊已入城。方諸方踞泉腹，以五色毦辮其鬚。子仙執方諸以歸。王僧辯軍至蔡洲，景遂害之。元帝追諡貞惠世子。

愍懷太子方矩字德規，元帝第四子也。少勤學，美容止。初封南安侯。太清初，累遷侍中、中衞將軍。元帝承制，拜王太子，改名元良。承聖元年十一月丙子，立爲皇太子。〔一二〕及升儲位，昵狎羣下，好著微服。嘗入朝，公服中著碧絲布袴，摳衣高，元帝見之大怪，遣尚書周弘正責之，因使太子師弘正。佗日，弘正謁見，元帝問曰：「太子比頗受卿導不？」對曰：「太子聖德乃未極日新，幸無大過。」帝曰：「卿以我父子故未直言，從容之閒，無失和嶠之對。」便有廢立計。未及行而江陵喪亡，遇害。太子聰穎凶暴猜忍，俱有元帝風。敬帝承制，追諡愍懷太子。

始安王方略，元帝第十子，貞惠世子母弟也。母王氏，王琳之次姊，元帝即位，拜貴嬪，次妹又爲良人，並蒙寵幸，方略益鍾愛。侯景亂，元帝結好于魏，方略年數歲便遣入關。元帝親送近畿，執手歔欷，既而旋駕憶之，賦詩曰：「如何吾幼子，勝衣已別離，十日無由宴，千里送遠垂。」至長安即得還，贈遺甚厚。江陵喪亡，遇害。貴嬪、良人並更誕子，未出閤，無封失名。

論曰：簡文提挈寇戎，元帝崎嶇危亂，諸子之備踐艱棘，蓋時運之所鍾乎。武烈以幹蠱之材，居冢嗣之任，竟亦當年擯落，通塞亦云命也，哀哉！

校勘記

〔一〕中大通四年封宣城郡王 「四年」各本作「三年」，據武帝紀改。

〔二〕六月丁亥 「丁亥」各本作「癸酉」。按是月乙酉朔，無癸酉，據武帝紀改。

〔三〕封西豐縣公 「公」各本作「侯」，據梁書改。張森楷南史校勘記：「按太子子例皆封公。」各本並誤。

〔四〕大同九年 「九年」各本作「元年」，據梁書改。

〔五〕西陽王大鈞字仁博 「仁博」梁書作「仁輔」。

〔六〕建平王大球字仁玉 「仁玉」梁書作「仁珽」。

〔七〕封建平郡王 「建平」各本作「建安」。按本卷前序及梁書皆作「建平」，是，今據改。

〔八〕徐妃生武烈世子方等 「武烈」北監本、殿本作「忠壯」，傳文同，而總目及後論作「忠烈」。元大德本、南監本、汲古閣本、金陵局本亦並作「忠烈」。按梁書皆作「忠壯」，並無「忠烈」之文；而本傳乃云：「元帝即位，改諡武烈世子。」本書元帝紀：「承聖元年冬十一月，改諡忠壯太子爲武烈太子。」皆與傳合，今據改。

〔九〕所撰三十國春秋及篤靜子行於世 「篤靜子」梁書作「靜住子」。按隋書經籍志著錄淨住子，謂南齊竟陵王子良撰。

〔一〇〕貞惠世子方諸字明智 「明智」梁書作「智相」。

〔一一〕因拜中撫軍將軍以自副 「中撫軍」下「將軍」二字，梁書無。

〔一三〕承聖元年十一月丙子立爲皇太子　「丙子」當依梁書元帝紀作「己卯」。丙子是蕭繹即帝位日，至己卯始立皇太子。

南史卷五十五

列傳第四十五

王茂　曹景宗　席闡文　夏侯詳 子亶　夔　魚弘

吉士瞻　蔡道恭　楊公則　鄧元起 羅研　李膺

張惠紹　馮道根　康絢　昌義之

王茂字休連，〔一〕一字茂先，太原祁人也。祖深，北中郎司馬。父天生，宋末爲列將，剋司徒袁粲，以勳歷位郡守，封上黃縣男。

茂年數歲，爲大父深所異，常曰：「此吾家千里駒，成門戶者必此兒也。」及長，好讀兵書，究其大指。性隱不交游，身長八尺，潔白美容儀。齊武帝布衣時嘗見之，歎曰：「王茂先年少堂堂如此，必爲公輔。」

後爲臺郎，累年不調。亦知齊之將亡，求爲邊職。久之，爲雍州長史、襄陽太守。梁武便以王佐許之，事無大小皆詢焉。人或譖茂反，帝弗之信。譖者驟言之，遣視其甲矟，則蟲網焉，乃誅言者。或云茂與帝不睦，帝諸腹心並勸除之。而茂少有驍名，帝又惜其用，曰：「將舉大事，便害健將，此非上策。」乃令腹心鄭紹叔往候之。遇其臥，因問疾。茂曰：「我病可耳。」紹叔曰：「都下殺害日甚，使君家門塗炭，今欲起義，長史那猶臥。」茂因擲枕起，卽袴褶隨紹叔入見。武帝大喜，下牀迎，因結兄弟，被推赤心，遂得盡力。

發雍部，遣茂爲前驅。郢、魯既平，從武帝東下爲軍鋒。師次秣陵，東昏遣大將王珍國盛兵朱雀門，衆號二十萬。及戰，梁武軍引却，茂下馬單刀直前，外甥韋欣慶勇力絕人，執鐵纏矟翼茂而進，故大破之。茂勳第一，欣慶力也。建康城平，以茂爲護軍將軍，遷侍中、領軍將軍。時東昏妃潘玉兒有國色，武帝將留之，以問茂。茂曰：「亡齊者此物，留之恐貽外議。」帝乃出之。軍主田安啓求爲婦，玉兒泣曰：「昔者見遇時主，今豈下匹非類。死而後已，義不受辱。」及見縊，潔美如生。輿出，尉吏俱行非禮。乃以余妃賜茂，亦潘之亞也。

羣盜之燒神獸門，茂率所領應赴，爲盜所射。茂躍馬而進，羣盜反走。茂以不能式遏姦盜，自表解職，優詔不許。加鎭軍將軍，封望蔡縣公。

是歲，江州刺史陳伯之叛，茂出爲江州刺史，南討之。伯之奔魏。時九江新經軍寇，茂

二十四史

中華書局

務農省役，百姓安之。四年，魏攻漢中，茂受詔西禦，魏乃班師。歷位侍中、中衞將軍、太子詹事、車騎將軍、開府儀同三司、丹陽尹。時天下無事，武帝方敦文雅，茂心頗怏怏，侍宴醉後，每見言色。武帝宥而不責。進位司空。

茂性寬厚，居官雖無美譽，亦爲吏人所安。居處方正，在一室衣冠儼然，雖僕妾莫見其惰容。姿表瓌麗，須眉如畫，爲衆所瞻望。徙驃騎將軍、開府同三司之儀、江州刺史。在州不取奉，獄無滯囚，居處被服，同於儒者。薨于州。武帝甚悼惜之，詔贈太尉，謚曰忠烈公。

初，茂以元勳，武帝賜鐘磬之樂。茂在州，夢鐘磬在格，無故自墮，心惡之。及覺，命奏樂，既成列，鐘磬在格，果無故編皆絕墮地。茂謂長史江詮曰：「此樂，天子所以惠勞臣也。樂既極矣，能無憂乎。」俄而病卒。

子貞秀嗣，以居憂無禮，爲有司所奏，徙越州，後詔留廣州。與魏降人杜景欲襲州城，刺史蕭昂斬之。〔一〕

曹景宗字子震，新野人也。父欣之，仕宋位徐州刺史。

景宗幼善騎射，好畋獵，常與少年數十人澤中逐麞鹿，每衆騎赴鹿，〔二〕鹿馬相亂，景宗

於衆中射之，人皆懼中馬足，鹿應弦輒斃，〔三〕以此爲樂。未弱冠，欣之於新野遣出州，以匹馬將數人，於中路卒逢蠻賊數百圍之。景宗帶百餘箭，每箭殺蠻，蠻遂散走。因以膽勇聞。頗愛史書，每讀穰苴、樂毅傳，輒放卷歎息曰：「丈夫當如是！」少與州里張道門善，道門，車騎將軍敬兒少子也，爲武陵太守。敬兒誅，道門於郡伏法，親屬故吏莫敢收。景宗自襄陽遣船到武陵，收其屍，迎還殯葬。鄉里以此義之。

仕齊以軍功累加游擊將軍。建武四年，隨太尉陳顯達北圍馬圈，以奇兵二千破魏援中山王英四萬人。及剋馬圈，顯達論功，以景宗爲後。景宗退無怨言。魏孝文率衆大至，顯達宵奔，景宗導入山道，故顯達父子獲全。

梁武爲雍州刺史，景宗深自結附，數請帝臨其宅。時天下方亂，帝亦厚加意焉，表爲竟陵太守。及帝起兵，景宗聚衆并率五服內子弟三百人從軍，遣親人杜思冲勸先迎南康王於襄陽即位，武帝不從。及至竟陵，以景宗爲軍鋒。道次江寧，東昏將李居士以重兵鎮新亭，景宗被甲馳戰，居士棄甲奔走，景宗皆獲之。又與王茂、呂僧珍掎角，破王珍國於大航。景宗軍士皆桀黠無賴，御道左右莫非富室，抄掠財物，略奪子女，景宗不能禁。及武帝入頓西城，嚴申號令，然後稍息。城平，封湘西縣侯，除郢州刺史，加都督。天監元年，改封竟陵縣侯。景宗在州，鬻貨聚斂，於城南起宅，長堤以東，夏口以北，開街列門，東西數里。而部曲

殘橫，人頗厭之。

二年十月，魏攻司州，圍刺史蔡道恭。城中負板而汲，景宗望關門不出，但耀軍游獵而已。及司州城陷，爲御史中丞任昉所奏。帝以功臣不問，徵爲右衞將軍。

五年，魏中山王英攻鍾離，圍徐州刺史昌義之，武帝詔景宗督衆軍援義之，豫州刺史韋叡亦援焉，而受景宗節度。詔景宗頓道人洲，待衆軍齊集俱進。景宗欲專其功，乃違敕而進，遇暴風卒起，頗有沈溺，復還守先頓。帝聞之曰：「此所以破賊也。景宗不進，蓋天意乎。若孤軍獨往，城不時立，必見狼狽。今得待衆軍同進，〔四〕始可大捷矣。」及韋叡至，與景宗進頓邵陽洲，立壘與魏城相去百余步。魏連戰不能卻，傷殺者十二三，自是魏軍不敢逼。景宗等器甲精新，魏人望而奪氣。魏將楊大眼對橋北岸立城，以通糧運。每牧人過岸伐芻藁，皆爲大眼所略。景宗乃募勇敢士千餘人，徑度大眼城南數里築壘，親自舉築。大眼來攻，景宗破之，因得壘成。使別將趙草守之，因謂爲趙草城。是後恣芻牧焉。大眼遣抄掠，輒爲趙草所獲。

先是，詔景宗等預裝高艦，使與魏橋等，爲火攻計。令景宗與叡各攻一橋。叡攻其南，景宗攻其北。六年三月，因春水生，淮水暴長六七尺。叡遣所督將馮道根、李文釗、裴邃、韋寂等乘艦登岸，擊魏洲上軍盡殪。景宗使衆軍復鼓譟亂登諸城，呼聲震天地，大眼於西

岸燒營，英自東岸棄城走，諸壘相次土崩，悉棄其器甲，爭投水死，淮水爲之不流。景宗命軍主馬廣躡大眼至濊水上四十餘里，伏屍相枕。義之出逐英至洛口，英以匹馬入梁城，緣淮百餘里屍骸相藉。虜五萬餘人，收其軍糧器械山積，牛馬驢騾不可稱計。景宗乃搜所得生口萬餘人，馬千匹，遣獻捷。

先是旱甚，詔祈蔣帝神求雨，十旬不降。帝怒，命載荻欲焚蔣廟并神影。爾日開朗，欲起火，當神上忽有雲如繖，倏忽驟雨如寫，臺中宮殿皆自振動。帝懼，馳詔追停，少時還靜。自此帝畏信遂深。自踐阼以來，未嘗躬自到廟，於是備法駕將朝臣修謁。是時，魏軍攻圍鍾離，蔣帝神報敕，必許扶助。既而無雨水長，遂挫敵人，亦神之力焉。凱旋之後，廟中人馬脚盡有泥濕，當時並目覩焉。

景宗振旅凱入，帝於華光殿宴飲連句，令左僕射沈約賦韻。景宗不得韻，意色不平，啓求賦詩。帝曰：「卿伎能甚多，人才英拔，何必止在一詩。」景宗已醉，求作不已，詔令約賦韻。時韻已盡，唯餘競病二字。景宗便操筆，斯須而成，其辭曰：「去時兒女悲，歸來笳鼓競。借問行路人，何如霍去病。」帝歎不已。約及朝賢驚嗟竟日，詔令上左史。於是進爵爲公，拜侍中、領軍將軍。

景宗爲人自恃尚勝，每作書字，有不解，不以問人，皆以意造，雖公卿無所推，唯以韋叡

南史卷五十六

列傳第四十六

張弘策 子緬 纘 綰　庾域 子子輿　鄭紹叔　呂僧珍

樂藹 子法才

張弘策字眞簡，范陽方城人，梁文獻皇后之從父弟也。父安之，青州主簿、南蠻行參軍。

弘策幼以孝聞，母嘗有疾，五日不食，弘策亦不食。母强爲進粥，弘策乃食母所餘。遭母憂，三年不食鹽菜，幾至滅性。兄弟友愛，不忍暫離。雖各有室，常同臥起，世比之姜肱兄弟。

弘策與梁武帝年相輩，幼見親狎，恒隨帝游處。每入室，常覺有雲氣，體輒肅然，弘策

由此特加敬異。建武末，與兄弘冑從武帝宿，酒酣，移席星下，語及時事。帝曰：「天下方亂，舅知之乎？冬下魏軍方動，則亡漢北。王敬則猜嫌已久，當乘間而作。」弘策曰：「敬則張兩赤眼，容能立事？」帝曰：「敬則庸才，爲天下唱先爾。主上運祚盡於來年，國權當歸江、劉。而江甚隘，劉又闇弱，都下當大亂，死人如亂麻。齊之歷數自茲亡矣。梁、楚、漢當有英雄興。」弘策曰：「瞻烏爰止，于誰之屋？」帝笑曰：「光武所云，『安知非僕』。」弘策起曰：「今夜之言，是天意也，請定君臣之分。」帝曰：「舅欲斆鄧晨乎？」是冬，魏軍攻新野，齊明帝密詔武帝代曹武監雍州事。弘策聞之心喜，謂帝曰：「夜中言當驗。」帝笑曰：「且勿多言。」弘策從帝西行，仍參帷幄，身親勞役，不憚辛苦。齊明帝崩，遺詔以帝爲雍州刺史，乃表弘策爲錄事參軍，帶襄陽令。帝覩海內方亂，有匡濟之心，密爲儲備。謀猷所及，唯弘策而已。

時帝長兄懿罷益州還，爲西中郎長史、行郢州事。帝使弘策到郢，陳計於懿曰：「昔晉惠庸主，諸王爭權，遂內難九興，外寇三作。方今喪亂有甚於此，六貴爭權，人握王憲，制主畫敕，各欲專成。且嗣主在宮本無令譽，媟近左右，蜂目忍人。一居萬機，恣其所欲，豈肯虛坐主諾，委政朝臣。積相嫌貳，必大誅戮。始安欲爲趙倫，形迹已露，蹇人上天，信無此理。且性甚猜狹，徒取禍機，所可當軸，江、劉而已。祏怯而無斷，暄弱而不才，折鼎覆餗，

跂踵可待。蕭坦胸懷猜忌，動言相傷。徐孝嗣才非柱石，聽人穿鼻。若隙開釁起，必中外土崩。今得外藩，幸圖身計。及今猜防未生，宜召諸弟，以時聚集。郢州控帶荆、湘，西注漢、沔。雍州士馬，呼吸數萬。時安則竭誠本朝，時亂則爲國翦暴，如不早圖，悔無及也。」懿聞之變色，心未之許。

及懿遇禍，帝將起兵，夜召弘策、呂僧珍入定議，旦乃發兵。以弘策爲輔國將軍、軍主，[一]領萬人督後部事。及郢城平，蕭穎達、楊公則諸將皆欲頓軍夏口，帝以爲宜乘勝長驅，直指建鄴，弘策與帝意合。又訪寧朔將軍庾域，域又同。卽日上道，凡磯浦、村落，軍行宿次，立頓處所，弘策預爲圖，皆在目中。城平，帝遣弘策與呂僧珍先往淸宮，封檢府庫。于時城內珍寶委積，弘策申勒部曲，秋毫無犯。遷衞尉卿，加給事中。天監初，加散騎常侍，封洮陽縣侯。弘策盡忠奉上，知無不爲，交友故舊，隨才薦拔，搢紳皆趨焉。

時東昏餘黨孫文明等初逢赦令，多未自安。文明又嘗夢乘馬至雲龍門，心惑其夢，遂作亂。帥數百人，因運荻炬束仗，得入南、北掖門，至夜燒神獸門、總章觀，入衞尉府，弘策踰垣匿于龍廄，遇賊見害。賊又進燒尚書省及閤道雲龍門，前軍司馬呂僧珍直殿省，帥羽林兵邀擊不能却。上戎服御前殿，謂僧珍曰：「賊夜來是衆少，曉則走矣。」命打五鼓。賊謂已曉，乃散，官軍捕文明斬于東市，張氏親屬臠食之。帝哭之慟，曰：「痛哉衞尉！天下事當

復與誰論？」詔贈車騎將軍，謚曰閔侯。

弘策爲人寬厚通率，篤舊故。及居隆重，不以貴地自高，故人賓客接之如布衣，[二]祿賜皆散之親友。及遇害，莫不痛惜焉。子緬嗣。

緬字元長，年數歲，外祖中山劉仲德異之曰：「此兒非常器，非止爲張氏寶，方爲海內令名也。」齊永元末兵起，弘策從武帝向都，留緬襄陽，年始十歲，每聞軍有勝負，憂喜形於顏色。及弘策遇害，緬喪過于禮，武帝每遣喻之。服闋，襲封洮陽縣侯。起家祕書郎，出爲淮南太守。時年十八，武帝疑其年少，未閑吏事，遣主書封取郡曹文案，見其斷決允愜，甚稱賞之。再遷雲麾外兵參軍。

緬少勤學，自課讀書，手不輟卷。有質疑者，隨問便對，略無遺失。殿中郎缺，帝謂徐勉曰：「此曹舊用文學，且雁行之首，宜詳擇其人。」勉舉緬充選。頃之，爲武陵太守，還拜太子洗馬、中舍人。緬母劉氏以父沒家貧，葬禮有闕，遂終身不居正室，不隨子入官府。緬在郡所得俸祿不敢用，至乃妻子不易衣裳，及還都，並供之母振遺親屬。雖累載所蓄，一朝隨盡，緬私室常闃然如貧素者。

累遷豫章內史。緬爲政任恩惠，不設鉤距，吏人化其德，亦不敢欺。故老咸云「數十年

中華書局

未有也」。

後爲御史中丞，坐收捕人與外國使鬭，左降黃門，兼領先職，俄復舊任。緬居憲司，推繩無所顧望，號爲勁直。武帝乃遣圖其形於臺省，以勵當官。還侍中，未拜卒，詔便舉哀。昭明太子亦往臨哭。

緬抄後漢、晉書衆家異同爲後漢紀四十卷，晉抄三十卷，[三]又抄江左集未及成，文集五卷。緬弟纘。

纘字伯緒，出繼從伯弘籍。武帝舅也，[四]梁初贈廷尉卿。纘年十一，尚武帝第四女富陽公主，拜駙馬都尉，封利亭侯。召補國子生。起家祕書郎，時年十七，身長七尺四寸，眉目疎朗，神采爽發。武帝異之，嘗曰：「張壯武云『後八世有遠吾者』，其此子乎。」纘好學，兄緬有書萬餘卷，晝夜披讀，殆不輟手。祕書郎四員，宋、齊以來，爲甲族起家之選，待次入補，其居職例不數十日便遷任。纘固求不徙，欲遍觀閣內書籍。嘗執四部書目曰：「若讀此畢，可言優仕矣。」[五]如此三載，方還太子舍人，轉洗馬，中舍人，並掌管記。

纘與琅邪王錫齊名。普通初，魏使彭城人劉善明通和，求識纘與錫。纘時年二十三，善明見而嗟服。累遷尚書吏部郎，俄而長兼侍中，時人以爲早達。河東裴子野曰：「張吏部有

喉脣之任，已恨其晚矣。」子野性曠達，自云年出三十不復詣人。初未與纘遇，便虛相推重，因爲忘年之交。大通中，爲吳興太守，居郡省煩苛，務淸靜，人吏便之。

大同二年，徵爲吏部尚書。後門寒素一介者，皆見引拔，不爲貴門屈意，人士翕然稱之。負其才氣，無所與讓。定襄侯祗無學術，頗有文性，與兄衡山侯恭俱爲皇太子愛賞。時纘從兄謐、聿並不學問，性又凡愚。恭、祗嘗預東宮盛集，太子戲纘曰：「丈人謐、聿皆何在？」纘從容曰：「纘有謐、聿，亦殿下之衡、定。」太子色慚。或云纘從兄聿及弼愚短，湘東王在坐，問纘曰：「丈人二從聿、弼藝業何如？」纘曰：「下官從弟雖並無多，猶賢殿下之有衡、定。」舉坐愕然，其忤物如此。

五年，武帝詔曰：「纘外氏英華，朝中領袖，司空已後，名冠范陽。可尚書僕射。」纘本寒門，以外戚顯重，高自擬倫，而詔有「司空范陽」之言，深用爲狹。以朱异草詔，與异不平。初，纘與參掌何敬容意趣不協，敬容居權軸，賓客輻湊，有過詣纘，纘輒距不前，曰：「吾不能對何敬容殘客。」及是遷，爲讓表曰：「自出守股肱，入居衡尺，可以仰首伸眉，論列是非者矣。而寸衿所滯，近蔽耳目，深淺淸濁，豈有能預。加以矯心飾貌，酷非所閑，不喜俗人，與之共事。」此言以指敬容也。在職議南郊御乘素輦，適古今之衷。又議印綬官若備朝服，宜並著綬。時並施行。

改爲湘州刺史，述職經塗，作南征賦。初，吳興吳規頗有才學，邵陵王綸引爲賓客，深相禮遇。及綸作牧郢蕃，規隨從江夏。遇纘出之湘鎭，路經郢服，綸餞之南浦。纘見規在坐，意不能平，忽舉盃曰：「吳規，此酒慶汝得陪今宴。」規尋起還，其子翁孺見父不悅，問而知之，翁孺因氣結，爾夜便卒。規恨纘慟兒，憤哭兼至，信次之間又致殞。規妻深痛夫、子，翌日又亡。時人謂張纘一盃酒殺吳氏三人，其輕傲皆此類也。

至州務公平，遣十郡慰勞，[六]解放老疾吏役，及關市戍邏、先所防人，一皆省併。州界零陵、衡陽等郡有莫徭蠻者，依山險爲居，歷政不賓服，因此向化。益陽縣人作田二頃，皆異畝同穎。在政四年，流人自歸，戶口增十餘萬，州境大寧。晚頗好積聚，多寫圖書數萬卷，有油二百斛，米四千石，佗物稱是。

太清二年，徙授領軍，俄改雍州刺史。初聞邵陵王綸當代己爲湘州，其後更用河東王譽。纘素輕少王，州府候迎及資待甚薄，譽深銜之。及至州，譽遂託疾不見纘，仍檢括州府庶事，[七]留纘不遣。會聞侯景寇建鄴，譽當下援。湘東王時鎭江陵，與纘有舊，纘將因之以斃譽兄弟。時湘東王與譽及信州刺史桂陽王慥各率所領入援臺，下陜至江津，譽次江口，湘東王屆郢州之武城。屬侯景已請和，武帝詔罷援軍。譽自江口將旋湘鎭，欲待湘東至，謁督府，方還州。纘乃貽湘東書曰：「河東戴檣上水，欲襲江陵，岳陽在雍，共謀不逞。」

江陵遊軍主朱榮又遣使報云：「桂陽住此欲應譽、詧。」湘東信之，乃鑿船沈米，斬纜而歸。至江陵收慥殺之。荊、湘因構嫌隙。

纘尋棄其部曲，攜其二女，單舸赴江陵。湘東遣使責讓譽，索纘部下，仍遣纘向雍州。前刺史岳陽王詧推遷未去鎭，但以城西白馬寺處之。會聞賊陷臺城，詧因不受代。州助防杜岸紿纘曰：「觀岳陽不容使君，使君素得物情，若走入西山義舉，事無不濟。」纘以爲然。因與岸兄弟盟，乃要雍州人席引等於西山聚衆。乃服婦人衣，乘青布輿，與親信十餘人奔引等。杜岸馳告詧，詧令中兵參軍尹正等追討。纘以爲赴期，大喜，及至並禽之。纘懼不免，請爲沙門，名法緒。詧襲江陵，常載纘隨後，逼使爲檄，固辭以疾。及軍退敗，行至湕水南，防守纘者慮追兵至，遂害之，棄尸而去。元帝承制，贈開府儀同三司，諡簡憲公。

元帝少時，纘便推誠委結，及帝卽位，追思之，嘗爲詩序云：「簡憲之爲人也，不事王侯，負才任氣。見余則申旦達夕，不能已已。懷夫人之德，何日忘之。」纘著鴻寶一百卷，文集二十卷。

初，纘之往雍州，資產悉留江陵。性旣貪婪，南中貲賄塡積。及死，湘東王皆使收之，書二萬卷並摙還齋，珍寶財物悉付庫，以粽蜜之屬還其家。

次子希字子顏，早知名，尙簡文第九女海鹽公主。承聖初，位侍中。纘弟綰。

縚字孝卿，少與兄纘齊名。湘東王繹嘗策之百事，縚對闕其六，號爲百六公。位員外散騎常侍、中軍宣城王長史。遷御史中丞。武帝遣其弟中書舍人絢宣旨曰：「爲國之急，唯在執憲直繩，用人之本，〔八〕不限升降。晉、宋時，周閔、蔡廓並以侍中爲之，卿勿疑是左遷。」時宣城王府望重，故有此旨焉。大同四年元日，舊制僕射中丞坐位東西相當，時縚兄纘爲僕射，及百司就列，兄弟並導騶分趨兩陛，〔九〕前代未有，時人榮之。出爲豫章內史，在郡述制旨禮記正言義，四姓衣冠士子聽者常數百人。

八年，安成人劉敬宮挾祆道，遂聚黨攻郡，進寇豫章，〔一〇〕刺史湘東王遣司馬王僧辯討賊，受縚節度。旬月間，賊黨悉平。

十年，復爲御史中丞。縚再爲憲司，彈糾無所回避，豪右憚之。時城西開士林館聚學者，縚與右衛朱异、太府卿賀琛遞述制旨禮記中庸義。太清三年，爲吏部尚書，宮城陷，奔江陵，位尚書右僕射。魏剋江陵，朝士皆俘入關，縚以疾免，卒於江陵。

次子交，字少游，尚簡文第十一女定陽公主。〔一一〕承聖二年，官至祕書丞，掌東宮管記。

庾域字司大，新野人也。少沈靜，有名鄉曲。梁文帝爲郢州，辟爲主簿，〔一二〕歎美其才，曰：「荆南杞梓，其在斯乎。」加以恩禮。長沙宣武王爲梁州，以爲錄事參軍，帶華陽太守。時魏軍攻圍南鄭，州有空倉數十所，域手自封題，指示將士曰：「此中粟皆滿，足支二年。但努力堅守。」衆心以安。軍退，以功拜羽林監。及長沙王爲益州，域隨爲懷寧太守。罷任還家，妻子猶事井臼，而域所衣大布，餘奉專充供養。母好鶴唳，域在位營求，孜孜不怠，一旦雙鶴來下，論者以爲孝感所致。

永元初，南康王板西中郎諮議參軍，母憂去職。梁武帝舉兵，起爲寧朔將軍，領行選。武帝東下，師次楊口，和帝遣御史中丞宗夬勞軍。域乃諷夬曰：「黃鉞未加，非所以總率侯伯。」夬反，西臺卽授武帝黃鉞。蕭穎胄既都督中外諸軍事，論者謂武帝應致牋，域爭不聽，乃止。郢城平，域及張弘策議與武帝意同，卽命衆軍便下，域謀多被納用。霸府初開，爲諮議參軍。

天監初，封廣牧縣子、後軍司馬。出爲寧朔將軍、巴西梓潼二郡太守。梁州長史夏侯道遷降魏，魏襲巴西，域固守。城中糧盡，將士皆齕草供食，無有離心。魏軍退，進爵爲伯。于時兵後人飢，域上表振貸，不待報輒開倉，爲有司所糾。上遷域西中郎司馬、輔國將軍寧蜀太守。卒于官。子子輿。

子輿字孝卿，幼而歧嶷。五歲讀孝經，手不釋卷。或曰：「此書文句不多，何用自苦？」答曰：「孝，德之本，何謂不多。」齊永明末，除州主簿。時父在梁州遇疾，子輿奔侍醫藥，言淚恒幷。長沙宣武王省疾見之，顧曰：「庾錄事雖危殆，可憂更在子輿。」尋丁母憂，哀至輒嘔血，父戒以滅性，乃禁其哭泣。梁初爲尚書郎。

天監三年，父出守巴西，子輿以蜀路險難，啓求侍從，以孝養獲許。父還寧蜀，子輿亦相隨。父於路感心疾，每痛至必叫，〔一三〕子輿亦悶絕。及父卒，哀慟將絕者再。奉喪還鄉，秋水猶壯。巴東有淫預，石高出二十許丈，及秋至，則纔如見焉，次有瞿塘大灘，行旅忌之，部伍至此，石猶不見。子輿撫心長叫，其夜五更水忽退減，安流南下。及度，水復舊，行人爲之語曰：「淫預如幞本不通，瞿塘水退爲庾公。」初發蜀，有雙鳩巢舟中，及至又栖廬側，每聞哭泣之聲，必飛翔簷宇，悲鳴激切。

欲爲父立佛寺，未有定處。夢有僧謂曰：「將修勝業，嶺南原卽可營造。」明往履歷，果見標度處所，有若人功，因立精舍。居墓所以終喪，服闋，手足枯攣，待人而起。仍布衣蔬食，志守墳墓。叔該謂曰：「汝若固志，吾亦抽簪。」於是始仕。雖以嫡長襲爵，國秩盡推諸弟。累遷兼中郎司馬。

大通二年，除巴陵內史，便道之官，路中遇疾。或勸上郡就醫，子輿曰：「吾疾患危重，全濟理難，豈可貪官，陳尸公廨。」因勒門生不得輒入城市，卽於渚次卒。遺令單衣帢履以斂，酒脯施靈而已。

鄭紹叔字仲明，滎陽開封人也。累世居壽陽。祖琨，宋高平太守。

紹叔年二十餘，爲安豐令，有能名。後爲本州中從事史。時刺史蕭誕弟諶被誅，臺遣收誕，兵使卒至，左右驚散，紹叔獨馳赴焉。誕死，侍送喪柩，衆咸稱之。到都，司空徐孝嗣見而異之，曰「祖逖之流也」。

梁武帝臨司州，命爲中兵參軍，領長流。因是厚自結附。帝罷州還都，謝遣賓客，紹叔獨固請願留。帝曰：「卿才幸自有用，我今未能相益，宜更思佗塗。」固不許。於是乃還壽陽。刺史蕭遙昌苦要引，紹叔終不受命。遙昌將囚之，鄉人救解得免。及帝爲雍州，紹叔間道西歸，補寧蠻長史、扶風太守。東昏既害朝宰，頗疑于帝。紹叔兄植爲東昏直後，東昏遣至雍州，託候紹叔，潛使爲刺客。紹叔知之，密白帝。及植至，帝於紹叔處置酒宴之，戲植曰：「朝廷遣卿見圖，今日閑宴，是見取良會也。」賓主大笑。令植登城隍，周觀府署，士卒

中華書局

器械，舟艦戎馬，莫不富實。植退謂紹叔曰：「雍州實力，未易圖也。」紹叔曰：「兄還具爲天子言之，兄若取雍州，紹叔請以此衆一戰。」送兄於南峴，相持慟哭而別。續復遣主帥杜伯符亦欲爲刺客，詐言作使，上亦密知，宴接如常。伯符懼不敢發。上後卽位，作五百字詩具及之。

初起兵，紹叔爲冠軍將軍，改驍騎將軍，從東下。江州平，留紹叔監州事，曰：「昔蕭何鎮關中，漢祖得成山東之業；寇恂守河內，光武建河北之基。今之九江，昔之河內，我故留卿以爲羽翼。前途不捷，我當其咎，糧運不繼，卿任其責。」紹叔流涕拜辭，於是督江、湘糧運無闕乏。

天監初，入爲衞尉卿。紹叔少孤貧，事母及祖母以孝聞，奉兄恭謹。及居顯要，糧賜所得及四方遺餉，悉歸之兄室。忠於事上，所聞纖豪無隱。每爲帝言事，善則曰：「臣愚不及，此皆聖主之策。」不善，則曰：「臣智慮淺短，以爲其事當如是，殆以此誤朝廷也。臣之罪深矣。」帝甚親信之。母憂去職。紹叔有至性，帝常使人節其哭。頃之，封營道縣侯，復爲衞尉卿。以營道縣戶凋弊，改封東興縣侯。

三年，魏圍合肥，紹叔以本號督衆軍鎮東關。事平，復爲衞尉。既而義陽入魏，司州移鎮關南，以紹叔爲司州刺史。紹叔至，創立城隍，繕兵積穀，流人百姓安之。性頗矜躁，以

權勢自居，然能傾心接物，多所舉薦。士亦以此歸之。

徵爲左衞將軍，[一四]至家疾篤，詔於宅拜授，輿載還府。中使醫藥，一日數至。卒於府舍。帝將臨其殯，紹叔宅巷陋，不容輿駕，乃止。詔贈散騎常侍、護軍將軍，謚曰忠。紹叔卒後，帝嘗潸然謂朝臣曰：「鄭紹叔立志忠烈，善必稱君，過則歸己，當今殆無其比。」其見賞惜如此。子貞嗣。

呂僧珍字元瑜，東平范人也。[一五]世居廣陵，家甚寒微。童兒時從師學，有相工歷觀諸生，指僧珍曰：「此兒有奇聲，封侯相也。」事梁文帝爲門下書佐。身長七尺七寸，容貌甚偉，曹輩皆敬之。文帝爲豫州刺史，以爲典籤，帶蒙令。[一六]帝遷領軍將軍，補主簿。祆賊唐寓之寇東陽，文帝率衆東討，使僧珍知行軍衆局事。僧珍宅在建陽門東，自受命當行，每日由建陽門道，不過私室。文帝益以此知之。司空陳顯達出軍沔北，見而呼坐，謂曰：「卿有貴相，後當不見滅，深自努力。」

建武二年，魏軍南攻，五道並進。武帝帥師援義陽，僧珍從在軍中。時長沙宣武王爲梁州刺史，魏軍圍守連月，義陽與雍州路斷。武帝欲遣使至襄陽，求梁州問，衆莫敢行。僧珍固請充使，卽日單舸上道。及至襄陽，督遣援軍，且獲宣武王書而反，武帝甚嘉之。

東昏卽位，司空徐孝嗣管朝政，欲要僧珍與共事。僧珍知不久當敗，竟弗往。武帝臨雍州，僧珍固求西歸，得補邔令。[一七]及至，武帝命爲中兵參軍，委以心膂。僧珍陰養死士，歸之者甚衆。武帝頗招武猛，士庶響從，會者萬餘人。因命按行城西空地，將起數千間屋爲止舍。多伐材竹，沈於檀溪，積茅蓋若山阜，皆未之用。僧珍獨悟其指，因私具櫓數百張。及兵起，悉取檀溪材竹，裝爲船艦，葺之以茅，並立辦。衆軍將發，諸將須櫓甚多，僧珍乃出先所具，每船付二張，爭者乃息。

武帝以僧珍爲輔國將軍、步兵校尉，出入臥內，宣通意旨。大軍次江寧，武帝使僧珍與王茂率精兵先登赤鼻邏。其日，東昏將李居士來戰，僧珍等大破之，乃與茂進白板橋。壘立，茂移頓越城，僧珍守白板。李居士知城中衆少，直來薄城。僧珍謂將士曰：「今力不敵，不可戰，亦勿遙射。須至塹裏，當幷力破之。」俄而皆越塹，僧珍分人上城，自率馬步三百人出其後，內外齊擊，居士等應時奔散。及武帝受禪，爲冠軍將軍、前軍司馬，封平固縣侯。再遷左衞將軍，加散騎常侍，入直祕書省，總知宿衞。

天監四年，大舉北侵，自是僧珍晝直中書省，夜還祕書。[一八]五年旋軍，以本官領太子中庶子。

僧珍去家久，表求拜墓，武帝欲榮以本州，乃拜南兗州刺史。僧珍在任，見士大夫迎送過禮，平心率下，不私親戚。兄弟皆在外堂，並不得坐。指客位謂曰：「此兗州刺史坐，非呂僧珍牀。」及別室促膝如故。從父兄子先以販葱爲業，僧珍至，乃棄業求州官。僧珍曰：「吾荷國重恩，無以報効，汝等自有常分，豈可妄求叨越。當速反葱肆耳。」僧珍舊宅在市北，前有督郵廨，鄉人咸勸徙廨以益其宅。僧珍怒曰：「豈可徙官廨以益吾私宅乎。」姊適于氏，住市西小屋臨路，與列肆雜。僧珍常導從鹵簿到其宅，不以爲恥。

在州百日，徵爲領軍將軍，直祕書省如先。常以私車輦水灑御路。僧珍既有大勳，任總心膂，性甚恭愼。當直禁中，盛暑不敢解衣。每侍御坐，屏氣鞠躬，對果食未嘗舉箸。因醉後取一甘食，武帝笑謂曰：「卿今日便是大有所進。」祿俸外，又月給錢十萬，其餘賜賚不絕於時。

初，武帝起兵，攻郢州久不下，咸欲走北。僧珍獨不肯，累日乃見從。一夜，僧珍忽頭痛壯熱，及明而顙骨益大，其骨法蓋有異焉。

十年，疾病，車駕臨幸，中使醫藥日有數四。僧珍語親舊曰：「吾昔在蒙縣熱病發黃，時必謂不濟。主上見語，『卿有富貴相，必當不死』。俄而果愈。吾今已富貴，而復發黃，所苦與昔政同，必不復起。」竟如言卒于領軍官舍。武帝卽日臨殯，贈驃騎將軍、開府儀同三司，

中華書局

謚曰忠敬。武帝痛惜之，言爲流涕。子淡嗣。

初，宋季雅罷南康郡，市宅居僧珍宅側。僧珍問宅價，曰「一千一百萬」。怪其貴，季雅曰：「一百萬買宅，千萬買鄰。」及僧珍生子，季雅往賀，署函曰「錢一千」。閽人少之，弗爲通，强之乃進。僧珍疑其故，親自發，乃金錢也。遂言於帝，陳其才能，以爲壯武將軍、衡州刺史。將行，謂所親曰：「不可以負呂公。」在州大有政績。

樂藹字蔚遠，南陽淯陽人，晉尚書令廣之六世孫也。家居江陵。方頤隆準，舉動醞藉。其舅雍州刺史宗愨嘗陳器物，試諸甥姪。藹時尚幼，而無所取，愨由此奇之。又取史傳各一卷授藹等，使讀畢言所記。藹略讀具舉，愨益善之。

齊豫章王嶷爲荊州刺史，以藹爲驃騎行參軍，領州主簿，參知州事。嶷嘗問藹城隍風俗、山川險易，藹隨問立對，若案圖牒，嶷益重焉。州人嫉之，或譖藹廨門如市，嶷遣覘之，方見藹閉閣讀書。後爲大司馬記室。

永明八年，荊州刺史巴東王子響稱兵反，及敗，焚燒府舍，官曹文書一時蕩盡。齊武帝見藹，問以西事，藹占對詳敏，帝悅，用爲荊州中從事，敕付以修復府州事。藹還州，繕修廨

署數百區，頃之咸畢。豫章王嶷薨，藹解官赴喪，率荊、湘二州故吏建碑墓所。南康王爲西中郎，以藹爲諮議參軍。蕭穎胄引藹及宗夬、劉坦任以經略。

天監初，累遷御史中丞。初，藹發江陵，無故於船得八車輻，如中丞健步避道者，至是果還焉。性公强，居憲臺甚稱職。時長沙宣武王將葬，而車府忽於庫失油絡，欲推主者。藹曰：「昔晉武庫火，張華以爲積油萬石必然，今庫若灰，非吏罪也。」既而檢之，果有積灰，時稱其博物弘恕。

二年，出爲平越中郎將、廣州刺史。前刺史徐元瑜罷歸，遇始興人士反，逐內史崔睦舒，因掠元瑜財產。元瑜走歸廣州，借兵於藹，託欲討賊，而實謀襲藹。藹覺誅之。尋卒於官。

藹姊適徵士同郡劉虬，亦明識有禮訓。藹爲州，迎姊居官舍，三分祿秩以供焉，西土稱之。子法才。

法才字元備，幼與弟法藏俱有美名。沈約見之曰：「法才實才子。」爲建康令，不受奉秩，比去將至百金，縣曹啓輪臺庫。武帝嘉其清節，曰「居職若斯，可以爲百城表矣」。還太舟卿，尋除南康內史。恥以讓奉受名，辭不拜。歷位少府卿，江夏太守，因被代，表求便道還鄉。至家，割宅爲寺，棲心物表。尋卒。法藏位征西錄事參軍，早亡。

子子雲，美容貌，善舉止。位江陵令，元帝承制，〔一九〕除光祿卿。魏剋江陵，衆奔散，呼子雲。子雲曰：「終爲虜矣，不如守以死節。」遂仆地，卒於馬蹄之下。

論曰：張弘策惇厚慎密，首預帝圖，其位遇之隆，豈徒外戚云爾。至如太清板蕩，親屬離貳，纘不能叶和蕃岳，克濟溫、陶之功；〔二〇〕而苟懷私怨，以成釁隙之首。風格若此，而爲梁之亂階，惜乎！庾域、鄭紹叔、呂僧珍等，或忠誠亮藎，或恪勤匪懈，締構王業，皆有力焉。僧珍之肅恭禁省，紹叔之勤誠靡貳，蓋有人臣之節矣。藹雖異帷幄之勳，亦讚雲雷之業，其當官任事，寵秩不亦宜乎。

校勘記

〔一〕以弘策爲輔國將軍軍主　「主」上各本並脫「軍」字，據梁書補。

〔二〕故人賓客接之如布衣　梁書及册府元龜八〇六「布衣」下有「時」字。

〔三〕緬抄後漢晉書衆家異同爲後漢紀四十卷晉抄三十卷　「衆家異同爲後漢紀四十卷晉」十二字

各本並脫，據梁書增補，從李慈銘南史札記說。

〔四〕武帝舅也　「武帝」上梁書有「弘籍」二字。

〔五〕嘗執四部書目曰若讀此畢可言優仕矣　「嘗」、「若」各本作「帝」、「君」，誤以纘語爲武帝語，據梁書改正。

〔六〕遣十郡樾勞　梁書及册府元龜六八九「遣」上有「停」字。

〔七〕仍檢括州府庶事　「庶事」各本作「付度事」，據梁書改。

〔八〕用人之本　梁書、册府元龜五一二無「之」字。

〔九〕舊制僕射中丞坐位東西相當時綰兄纘爲僕射及百司就列兄弟導騶分趨兩陛　「相」、「陛」各本作「時」、「塗」，據梁書改。又按據梁書及本書張纘傳，纘爲尚書僕射在大同五年，此云「大同四年元日」，綰兄纘已爲僕射，此「四年」，疑有誤。

〔一〇〕安成人劉敬宮挾祆道至進寇豫章　「劉敬宮」武帝紀及王僧辯傳作「劉敬躬」，通鑑同。「豫章」各本作「豫州」，據梁書改。

〔一一〕尚簡文第十一女定陽公主　「定陽公主」梁書作「安陽公主」。

〔一二〕梁文帝爲郢州辟爲主簿　按梁武帝紀敍文帝歷官無爲郢州事，乃位終丹陽尹，疑此有誤。

〔一三〕每痛至必叫　「痛」字各本並脫，據册府元龜七五七及通志補。

〔一四〕徵爲左衞將軍　「左衞將軍」梁書作「左將軍」。又梁書載鄭紹叔卒後詔文稱「右衞將軍」，未知孰是。

〔一五〕東平范人也　「東平范人」各本作「東海范陽人」，據梁書改。按宋書州郡志，兗州東平郡有范縣，徐州東海郡領縣無范或范陽。

〔一六〕文帝爲豫州刺史以爲典籤帶蒙令　按蒙縣屬豫州梁郡，然文帝又無爲豫州事。

〔一七〕得補郘令　「郘」各本作「卭」。張森楷梁書校勘記：「卭、邛皆非縣名，不得有令。據漢書地理志南郡有郘縣，續漢志、晉志幷屬荊州，宋、南齊志屬雍州。時高祖爲雍州，僧珍從之，當補郘令。」今從改。

〔一八〕夜還祕書　「書」字各本並脫，據梁書補。

〔一九〕元帝承制　「元帝」二字各本並脫，據通志補。

〔二〇〕克濟溫陶之功　「溫陶」各本作「陶治」，據梁書改。按溫謂溫嶠，陶謂陶侃，平定蘇峻，爲晉勳臣。

南史卷五十七

列傳第四十七

沈約 子旋　孫衆　范雲 從兄縝

沈約字休文，吳興武康人也。昔金天氏有裔子曰昧，爲玄冥師，生子允格、臺駘。臺駘能業其官，宣汾洮，障大澤，以處太原。帝顓頊嘉之，封諸汾川。其後四國沈、姒、蓐、黃，沈子國今汝南平輿沈亭是也。春秋之時，列於盟會。魯昭四年，晉使蔡滅沈，其後因國爲氏。自茲以降，譜諜罔存。

秦末有沈逞，徵丞相不就。〔一〕漢初，逞曾孫保封竹邑侯。保子遵自本國遷居九江之壽春，官至齊王太傅，封敷德侯。遵生驃騎將軍達，達生尚書令乾，乾生南陽太守弘，弘生河內太守勗，勗生御史中丞奮，奮生將作大匠恪，恪生尚書關內侯謙，謙生濟陽太守靖，靖生戎。戎字威卿，仕爲州從事，說降劇賊尹良，漢光武嘉其功，封爲海昏縣侯，辭不受，因避地

徙居會稽烏程縣之餘不鄉，遂家焉。順帝永建元年，分會稽爲吳郡，復爲吳郡人。靈帝初平五年，分烏程、餘杭爲永安縣，吳孫皓寶鼎二年，分吳郡爲吳興郡。晉太康三年，改永安爲武康縣，〔二〕復爲吳興武康人焉。雖邦邑屢改，而築室不遷。

戎子酆字聖通，位零陵太守，致黃龍芝草之瑞。第二子仲高，安平相，〔三〕少子景河間相，演之、慶之、曇慶、懷文其後也。仲高子鸞字建光，少有高名，州舉茂才，公府辟州別駕從事史。時廣陵太守陸稠，鸞之舅也，以義烈政績顯名漢朝，復以女妻鸞，早卒。子直字伯平，州舉茂才，亦有清名，卒。子瑜、儀俱少有至行。瑜十歲，儀九歲而父亡，居喪毀瘠，過於成人。外祖會稽盛孝章，漢末名士也，深加憂傷，每撫慰之，曰：「汝並黃中英爽，終成奇器，何遽逾制自取殄滅邪。」三年禮畢，殆至滅性，故兄弟並以孝著。瑜早卒。儀字仲則，篤學有雅才，以儒素自業。時海內大亂，兵革並起，經術廢弛，士少全行。而儀淳深隱默，守道不移，風操貞整，不妄交納，唯與族子仲山、叔山及吳郡陸公紀友善。州郡禮請，二府交辟，公車徵，並不屈，以壽終。子曼字元禮，〔四〕左中郎、新都都尉、定陽侯，才志顯於吳朝。子矯字仲桓，以節氣立名，仕爲立武校尉、偏將軍。孫皓時，有將帥之稱。吳平，爲鬱林、長沙二郡太守，不就。太康末卒。子陵字景高，晉元帝之爲鎮東將軍，命參軍事。子延字思長，潁川太守，始居縣東鄉之博陸里餘烏村。延子賀字子寧，桓沖南中郎參軍。

中華書局

賀子警字世明，惇篤有行業，學通左氏春秋，家產累千金。後將軍謝安命爲參軍，甚相敬重。警內足於財，爲東南豪士，無進仕意，謝病歸。安固留不止，乃謂曰：「沈參軍，卿有獨善之志，不亦高乎。」警曰：「使君以道御物，前所以懷德而至，既無用佐時，故遂飲啄之願爾。」還家積載，以素業自娛。前將軍王恭鎮京口，與警有舊好，復引爲參軍。手書殷勤，苦相招致，不得已而應之。尋復謝去。子穆夫字彥和，少好學，通左氏春秋。王恭命爲前將軍主簿，謂警曰：「足下既執不拔之志，高臥東南，故屈賢子共事，非吏職嬰之也。」

初，錢唐人杜炅字子恭，通靈有道術，東土豪家及都下貴望並事之爲弟子，執在三之敬。警累世事道，亦敬事子恭。子恭死，門徒孫泰、泰弟子恩傳其業，警復事之。隆安三年，恩於會稽作亂，自稱征東將軍，三吳皆響應。穆夫在會稽，恩以爲餘姚令。及恩爲劉牢之所破，穆夫見害。先是穆夫宗人沈預與穆夫父警不協，至是告警及穆夫弟仲夫、任夫、預夫、佩夫，並遇害。唯穆夫子深子、雲子、田子、林子、虔子獲全。〔五〕田子、林子知名。

田子字敬光，從武帝剋京城，進平建鄴，參鎮軍事，封營道縣五等侯。帝北伐廣固，田子領偏師與龍驤將軍孟龍符爲前鋒。龍符戰沒，田子力戰破之。及盧循逼都，帝遣田子與建威將軍孫季高海道襲破廣州，還除太尉參軍、淮陵內史，賜爵都鄉侯。義熙八年，從討劉毅。十一年，從討司馬休之，除振武將軍、扶風太守。十二年，武帝北伐，田子與順陽太守

傅弘之各領別軍，從武關入，屯據青泥。姚泓將自禦大軍，慮田子襲其後，欲先平田子，然後傾國東出。乃率步騎數萬，奄至青泥。田子本爲疑兵，所領裁數百，欲擊之。傅弘之曰：「彼衆我寡，難可與敵。」田子曰：「師貴用奇，不必在衆。」弘猶固執，田子曰：「衆寡相傾，勢不兩立，若使賊圍既固，人情喪沮，事便去矣。及其未整，薄之必剋，所謂先人有奪人之志也。」便獨率所領，鼓譟而進。賊合圍數重，田子乃棄糧毀舍，躬勒士卒，前後奮擊，賊衆一時潰散，所殺萬餘人，得泓僞乘輿服御。武帝表言其狀。長安既平，武帝讌于文昌殿，舉酒賜田子曰：「咸陽之平，卿之功也，卽以咸陽相賞。」卽授咸陽、始平二郡太守。

大軍既還，桂陽公義眞留鎮長安，以田子爲安西中兵參軍、龍驤將軍、始平太守。時赫連勃勃來寇，田子與安西司馬王鎮惡俱出北地禦之。初，武帝將還，田子及傅弘之等並以鎮惡家在關中，不可保信，屢言之。帝曰：「今留卿文武將士、精兵萬人，彼若欲爲不善，政足自滅耳。勿復多言。」及俱出北地，論者謂鎮惡欲盡殺諸南人，以數十人送義眞南還，因據關中反叛。田子乃於弘之營內請鎮惡計事，使宗人敬仁於坐殺之，率左右數十人自歸義眞。長史王脩收殺田子於長安稾倉門外，是歲十四年正月十五日也。武帝表天子以田子卒發狂易，不深罪也。

林子字敬士，少有大度，年數歲，隨王父在京口，王恭見而奇之，曰「此兒王子師之流

也。」嘗與衆人共見遺寶，咸爭趨之，林子直去不顧。年十三，遇家禍，既門陷祆黨，兄弟並應從誅，而沈預家甚强富，志相陷滅，林子兄弟沈伏山澤，無所投厝。會孫恩屢出會稽，武帝致討，林子乃自歸陳情，率老弱歸罪請命，因流涕哽咽，三軍爲之感動。帝甚奇之，乃載以別船，遂盡室移京口，帝分宅給焉。

林子博覽衆書，留心文義，從剋京城，進平都邑。時年十八，身長七尺五寸。沈預慮林子爲害，常被甲持戈。至是林子與兄田子還東報讎。五月夏節日至，預政大集會，子弟盈堂。林子兄弟挺身直入，斬預首，男女無論長幼悉屠之，以預首祭父祖墓。及帝爲揚州，辟爲從事，領建熙令，封資中縣五等侯。從伐慕容超，平盧循，並著軍功。後從征劉毅，參太尉軍事。復從討司馬休之。武帝每征討，林子輒推鋒居前。時賊黨郭亮之招集蠻、晉，屯據武陵，武陵太守王鎮惡出奔。林子率軍討之，斬亮之於七里澗而納鎮惡。武陵既平，復討魯軌於石城，軌棄衆走襄陽，復追躡之。襄陽既定，權留守江陵。

武帝伐姚泓，復參征西軍事，加建武將軍，統軍爲前鋒，從汴入河。僞并州刺史、河東太守尹昭據蒲坂，林子於陝城與冠軍檀道濟同攻蒲坂，龍驤王鎮惡攻潼關。姚泓聞大軍至，遣僞東平公姚紹爭據潼關。林子謂道濟曰：「潼關天岨，所謂形勝之地。鎮惡孤軍，勢危力屈，若使姚紹據之，則難圖也。及其未至，當并力爭之。若潼關事捷，尹昭可不戰而

服。」道濟從之。及至，紹舉關右之衆，設重圍，圍林子及道濟、鎮惡等。道濟議欲度河避其鋒，或欲棄捐輜重還赴武帝。林子按劍曰：「下官今日之事，自爲將軍辦之。然二三君子或同業艱難，或荷恩罔極，以此退撓，亦何以見相公旗鼓邪。」塞井焚舍，示無全志。率麾下數百人，犯其西北。紹衆小靡，乘其亂而薄之，紹乃大潰，俘虜以千數，悉獲紹器械資實。時諸將破賊皆多其首級，而林子獻捷書至，每以實聞。武帝問其故，林子曰：「夫王者之師，本有征無戰，豈可復增張虜獲，以示誇誕。昔魏尚以盈級受罰，此亦後乘之良轍也。」武帝曰：「乃所望於卿也。」

初，紹退走，還保定城，留僞武衞將軍姚鸞精兵守嶮，林子銜枚夜襲，卽屠其城，劓鸞而坑其衆。紹復遣撫軍將軍姚讚將兵屯河上，林子連破之。紹又遣長史姚伯子等屯據九泉，憑河固險，以絕糧援。武帝復遣林子累戰大破之，卽斬伯子，所俘獲悉以還紹，使知王師之弘。紹志節沈勇，林子每戰輒勝，白武帝曰：「姚紹氣蓋關右，而力以勢屈，但恐凶命先盡，不得以釁齊斧爾。」尋紹疽發背死。武帝以林子之驗，乃賜書嘉美之。於是讚統後軍復襲林子，林子禦之，連戰皆捷。

帝至閿鄉，姚泓掃境內兵屯嶢柳。時田子自武關北入，屯軍藍田，泓自率大衆攻之。帝慮衆寡不敵，遣林子步自秦嶺以相接援。比至，泓已破走。田子欲窮追，進取長安，林子

止之曰：「往取長安，如指掌爾。復剋賊城，便爲獨平一國，不賞之功也。」田子乃止。林子威震關中，豪右望風請附。帝以林子、田子綏略有方，頻賜書褒美，并令深慰納之。長安既平，姚氏十餘萬口西奔隴上，林子追討至寡婦水，轉鬬至槐里。大軍東歸，林子領水軍於石門以爲聲援。還至彭城，帝令林子差次勳勤，隨才授用。

文帝出鎮荆州，議以林子及謝晦爲蕃佐。帝曰：「吾不可頓無二人，林子行則晦不宜出。」乃以林子爲西中郎中兵參軍，領新興太守。林子以行役久，士有歸心，乃深陳事宜。并言：「聖王所以戒慎祇肅，非以崇威立武，實乃經國長甿。宜廣建蕃屏，崇嚴宿衞。」武帝深相酬納。俄而謝翼謀反，帝歎曰：「林子之見，何其明也。」

文帝進號鎮西，隨府轉，加建威將軍、河東太守。時武帝以方隅未靜，復欲親戎，林子固諫。帝答曰：「吾輒當不復自行。」帝踐阼，以佐命功，封漢壽縣伯，固讓不許。永初三年卒，追贈征虜將軍。元嘉二十五年，謚曰懷。少子璞嗣。〔六〕

璞字道眞，童孺時神意閑審。文帝召見，奇璞應對，謂林子曰：「此非常兒也。」初除南平王左常侍，文帝引見，謂之曰：「吾昔以弱年出蕃，卿家以親要見輔，今日之授，意在不薄。王家之事，一以相委。勿以國官乖清塗爲罔罔也。」元嘉十七年，始興王濬爲揚州刺史，寵愛殊異，以爲主簿。時順陽范曄爲長史行州事，曄性頗疎，文帝謂璞曰：「范曄性疎，必多不

同，卿腹心所寄，當密以在意。彼行事，其實卿也。」璞以任遇既深，所懷輒以密啓，每至施行，必從中出。曄政謂聖明留察，故深更恭愼，而莫見其際也。在職八年，神州大寧，人無誘讟，〔七〕璞有力焉。二十二年，范曄坐事誅，時濬雖曰親覽，州事一以付璞。濬年既長，璞固求辭事。以璞爲濬始興國大農，累遷淮南太守。

三十年，元凶弑立，璞以奉迎之晚見殺。有子曰約，其制自序大略如此。

約十三而遭家難，潛竄，會赦乃免。既而流寓孤貧，篤志好學，晝夜不釋卷。母恐其以勞生疾，常遣減油滅火。而晝之所讀，夜輒誦之，遂博通羣籍，善屬文。濟陽蔡興宗聞其才而善之，及爲郢州，引爲安西外兵參軍，兼記室。興宗常謂其諸子曰：「沈記室人倫師表，宜善師之。」及爲荆州，又爲征西記室，帶厥西令。〔八〕

齊初爲征虜記室，帶襄陽令，所奉主卽齊文惠太子。太子入居東宮，爲步兵校尉，管書記，直永壽省，校四部圖書。時東宮多士，約特被親遇，每旦入見，景斜方出。時王侯到宮或不得進，約每以爲言。太子曰：「吾生平嬾起，是卿所悉，得卿談論，然後忘寢。卿欲我夙興，可恒早入。」遷太子家令。後爲司徒右長史、黃門侍郎。時竟陵王招士，約與蘭陵蕭琛、琅邪王融、陳郡謝脁、南鄉范雲、〔九〕樂安任昉等皆游焉。當世號爲得人。

隆昌元年，除吏部郎，出爲東陽太守。齊明帝卽位，徵爲五兵尚書，遷國子祭酒。明帝

崩，政歸冢宰，尚書令徐孝嗣使約撰定遺詔。永元中，復爲司徒左長史，進號征虜將軍、南清河太守。

初，梁武在西邸，與約游舊。建康城平，引爲驃騎司馬。時帝勳業既就，天人允屬。約嘗扣其端，帝默然而不應。佗日又進曰：「今與古異，不可以淳風期萬物。士大夫攀龍附鳳者，皆望有尺寸之功，以保其福祿。今童兒牧豎悉知齊祚之終，且天文人事表革運之徵，永元以來，尤爲彰著。讖云，『行中水，作天子』。此又歷然在記。天心不可違，人情不可失。」帝曰：「吾方思之。」約曰：「公初起兵樊、沔，此時應思。今日王業已就，何所復思。昔武王伐紂，始入人便曰吾君。武王不違人意，亦無所思。公自至京邑，已移氣序，比於周武，遲速不同。若不早定大業，稽天人之望，脫一人立異，便損威德。且人非金石，時事難保，豈可以建安之封，遺之子孫。若天子還都，公卿在位，則君臣分定，無復異圖。君明於上，臣忠於下，豈復有人方更同公作賊。」帝然之。約出，召范雲告之，雲對略同約旨。帝曰：「智者乃爾暗同，卿明早將休文更來。」雲出語約，約曰：「卿必待我。」雲許諾。而約先期入，帝令草其事。約乃出懷中詔書并諸選置，帝初無所改。俄而雲自外來，至殿門不得入，徘徊壽光閣外，但云「咄咄」。約出，雲問曰：「何以見處？」約舉手向左，雲笑曰：「不乖所望。」有頃，帝召雲謂曰：「生平與沈休文羣居，不覺有異人處，今日才智縱橫，可謂明識。」雲曰：「公今知

約，不異約今知公。」帝曰：「我起兵於今三年矣，功臣諸將實有其勞，然成帝業者乃卿二人也。」

梁臺建，爲散騎常侍、吏部尚書，兼右僕射。及受禪，爲尚書僕射，封建昌縣侯。又拜約母謝爲建昌國太夫人。奉策之日，吏部尚書范雲等二十餘人咸來致拜，朝野以爲榮。俄遷左僕射。〔一〇〕天監二年，遭母憂，輿駕親出臨弔，以約年衰，不宜致毀，遣中書舍人斷客節哭。起爲鎮軍將軍、丹陽尹，置佐史。服闋，遷侍中、右光祿大夫，領太子詹事，奏尚書八條事。還尚書令，累表陳讓，改授左僕射，領中書令。尋遷尚書令，領太子少傅。九年，轉左光祿大夫。

初，約久處端揆，有志台司，論者咸謂爲宜。而帝終不用，乃求外出，又不見許。與徐勉素善，遂以書陳情於勉，言己老病，「百日數旬，革帶常應移孔；以手握臂，率計月小半分」。欲謝事，求歸老之秩。勉爲言於帝，請三司之儀，弗許，但加鼓吹而已。

約性不飲酒，少嗜慾，雖時遇隆重，而居處儉素。立宅東田，矚望郊阜，常爲郊居賦以序其事。尋加特進，遷中軍將軍、丹陽尹，侍中、特進如故。十二年卒官，年七十三，謚曰隱。

約左目重瞳子，腰有紫志，聰明過人，好墳籍，聚書至二萬卷，都下無比。少孤貧，約干

宗黨得米數百斛，爲宗人所侮，覆米而去。及貴不以爲憾，用爲郡部傳。嘗侍宴，有妓婢師是齊文惠宮人，〔一一〕帝問識座中客不？曰：「唯識沈家令。」約伏地流涕，帝亦悲焉，爲之罷酒。約歷仕三代，該悉舊章，博物洽聞，當世取則。謝玄暉善爲詩，任彥昇工於筆，約兼而有之，然不能過也。自負高才，昧於榮利，乘時射勢，頗累清談。及居端揆，稍弘止足，每進一官，輒殷勤請退，而終不能去，論者方之山濤。用事十餘年，未常有所薦達，政之得失，唯唯而已。

初，武帝有憾於張稷，及卒，因與約言之。約曰：「左僕射出作邊州刺史，已往之事，何足復論。」帝以爲約昏家相爲，怒約曰：「卿言如此，是忠臣邪！」乃輦歸內殿。約懼，不覺帝起，猶坐如初。及還，未至牀，憑空頓於戶下，因病。夢齊和帝劍斷其舌，召巫視之，巫言如夢。乃呼道士奏赤章於天，稱禪代之事，不由己出。先此，約嘗侍宴，會豫州獻栗，徑寸半。帝奇之，問栗事多少，與約各疏所憶，少帝三事。約出謂人曰：「此公護前，不讓卽羞死。」帝以其言不遜，欲抵其罪，徐勉固諫乃止。及疾，上遣主書黃穆之專知省視，穆之夕還，增損不卽啓聞，懼罪，竊以赤章事因上省醫徐奘以聞，又積前失。帝大怒，中使譴責者數焉，約懼遂卒。有司謚曰「文」，帝曰「懷情不盡曰隱」，故改爲隱。

約少時常以晉氏一代竟無全書，年二十許，便有撰述之意。宋泰始初，征西將軍蔡興

宗爲啓，明帝有敕許焉。自此踰二十年，所撰之書方就，凡一百餘卷。條流雖舉，而採綴未周。永明初遇盜，失第五帙。又齊建元四年被敕撰國史，永明二年又兼著作郎，撰次起居注。五年春又被敕撰宋書，六年二月畢功，表上之。其所撰國史爲齊紀二十卷。天監中，又撰梁武紀十四卷，又撰邇言十卷，謚例十卷，文章志三十卷，文集一百卷，皆行於世。又撰四聲譜，以爲「在昔詞人累千載而不悟，而獨得胸衿，窮其妙旨」，自謂入神之作。武帝雅不好焉，嘗問周捨曰：「何謂四聲？」捨曰：「『天子聖哲』是也。」然帝竟不甚遵用約也。

子旋，字士規，襲爵，位司徒右長史，太子僕。以母憂去官，因蔬食辟穀，服除，猶絕粳粱。終于南康內史，謚曰恭。集注邇言，行於世。旋弟趨字孝鯉，亦知名，位黃門郎。旋卒，子寔嗣。寔弟衆。

衆字仲師，好學，頗有文詞。仕梁爲太子舍人。時梁武帝制千文詩，衆爲之注解。〔一二〕與陳郡謝景同時召見于文德殿，帝令衆爲竹賦。賦成奏之，手敕答曰：「卿文體翩翩，可謂無忝爾祖。」

累遷太子中舍人，兼散騎常侍，聘魏，還爲驃騎廬陵王諮議參軍。侯景之亂，表求還吳

興召募故義部曲以討賊，梁武許之。及景圍臺城，衆率宗族及義附五千餘人入援都，軍容甚整，景深憚之。梁武於城內遙授太子右衞率。臺城陷，衆乃降景。景平，元帝以爲司徒左長史。魏剋江陵，見虜，尋亦逃歸。

陳武帝受命，位中書令。帝以衆州里知名，甚敬重之，賞賜超於時輩。性吝嗇，財帛億計，無所分遺。自奉甚薄，每朝會中，衣裳破裂，或躬提冠履。永定二年，兼起部尚書，監起太極殿。恒服布袍芒屩，以麻繩爲帶，又囊麥飯鉼以噉之，朝士咸共誚其所爲。衆性狷急，因忿恨，遂歷詆公卿，非毀朝廷。武帝大怒，以衆素有令望，不欲顯誅，因其休假還武康，遂於吳中賜死。

范雲字彥龍，南鄉舞陰人，晉平北將軍汪六世孫也。祖璩之，宋中書侍郎。雲六歲就其姑夫袁叔明讀毛詩，日誦九紙。陳郡殷琰名知人，候叔明見之，曰「公輔才也」。

雲性機警，有識具，善屬文，〔一三〕下筆輒成，時人每疑其宿構。父抗爲郢府參軍，雲隨在郢。時吳興沈約、新野庾杲之與抗同府，見而友之。

起家郢州西曹書佐，轉法曹行參軍。俄而沈攸之舉兵圍郢城，抗時爲府長流，入城固

守，留家屬居外。雲爲軍人所得，攸之召與語，聲色甚厲。雲容貌不變，徐自陳說。攸之笑曰：「卿定可兒，且出就舍。」明旦又召雲令送書入城內，餉武陵王酒一石，犢一頭；餉長史柳世隆鱠魚二十頭，皆去其首。城內或欲誅雲，雲曰：「老母弱弟，懸命沈氏。若其違命，禍必及親。今日就戮，甘心如薺。」世隆素與雲善，乃免之。

後除員外散騎郎。齊建元初，竟陵王子良爲會稽太守，雲爲府主簿。王未之知。後刻日登秦望山，乃命雲。雲以山上有秦始皇刻石，此文三句一韻，人多作兩句讀之，並不得韻；又皆大篆，人多不識，乃夜取史記讀之令上口。明日登山，子良令賓僚讀之，皆茫然不識。末問雲，雲曰：「下官嘗讀史記，見此刻石文。」乃進讀之如流。〔一四〕子良大悅，因以爲上賓。自是寵冠府朝。王爲丹陽尹，復爲主簿，深相親任。時進見齊高帝，會有獻白烏，帝問此何瑞，雲位卑最後荅，曰：「臣聞王者敬宗廟則白烏至。」時謁廟始畢，帝曰：「卿言是也。感應之理，一至此乎。」

子良爲南徐州、南兗州，雲並隨府遷，每陳朝政得失於子良。尋除尚書殿中郎。子良爲雲求祿，齊武帝曰：「聞范雲諂事汝，政當流之。」子良對曰：「雲之事臣，動相箴諫，諫書存者百有餘紙。」帝索視之，言皆切至，咨嗟良久，曰：「不意范雲乃爾，方令弼汝。」

子良爲司徒，又補記室。時巴東王子響在荊州，殺上佐，都下匈匈，人多異志。而豫章

中華書局

王嶷鎮東府，多還私邸，動移旬日。子良築第西郊，游戲而已。而梁武帝時爲南郡王文學，與雲俱爲子良所禮。梁武勸子良還石頭，幷言大司馬宜還東府，子良不納。梁武以告雲。時廷尉平王植爲齊武帝所狎，雲謂植曰：「西夏不靜，人情甚惡，大司馬詎得久還私第？司徒亦宜鎮石頭。卿入旣數，言之差易。」植因求雲作啓自呈之。俄而二王各鎮一城。

文惠太子嘗幸東田觀穫稻，雲時從。文惠顧雲曰：「此刈甚快。」雲曰：「三時之務，亦甚勤勞，願殿下知稼穡之艱難，無徇一朝之宴逸也。」文惠改容謝之。及出，侍中蕭緬先不相識，就車握雲手曰：「不謂今日復見讜言。」

永明十年使魏，魏使李彪宣命，至雲所，甚見稱美。彪爲設甘蔗、黃甘、粽，隨盡復益。〔三〕彪笑謂曰：「范散騎小復儉之，一盡不可復得。」使還，再遷零陵內史。初，零陵舊政，公田奉米之外，別雜調四千石。及雲至郡，止其半，百姓悅之。深爲齊明帝所知，還除正員郎。

時高、武王侯並懼大禍，雲因帝召次曰：「昔太宰文宣王語臣，言嘗夢在一高山上，上有一深阬，見文惠太子先墜，次武帝，次文宣。望見僕射在室坐御牀，備王者羽儀，不知此是何夢，卿愼勿向人道。」明帝流涕曰：「文宣此惠亦難負。」於是處昭胄兄弟異於餘宗室。

雲之幸於子良，江祏求雲女婚姻，酒酣，巾箱中取翦刀與雲，曰：「且以爲娉。」雲笑受之。至是祏貴，雲又因酣曰：「昔與將軍俱爲黃鵠，今將軍化爲鳳皇，荆布之室，理隔華盛。」因出翦刀還之，祏亦更姻他族。及祏敗，妻子流離，每相經理。

又爲始興內史，舊郡界得亡奴婢，悉付作，部曲卽貨去，買銀輸官。雲乃先聽百姓誌之，若百日無主，依判送臺。又郡相承後堂有雜工作，雲悉省還役，並爲帝所賞。郡多豪猾大姓，二千石有不善者，輒共殺害，不則逐之。邊帶蠻俚，尤多盜賊，前內史皆以兵刃自衞。雲入境，撫以恩德，罷亭候，商賈露宿，郡中稱爲神明。

遷廣州刺史、平越中郎將。至任，遣使祭孝子南海羅威唐頌、蒼梧丁密頓琦等墓。時江祏姨弟徐藝爲曲江令，祏深以託雲。有譚儼者，縣之豪族，藝鞭之，儼以爲恥，至都訴雲，雲坐徵還下獄，會赦免。

初，梁武爲司徒祭酒，與雲俱在竟陵王西邸，情好歡甚。永明末，梁武與兄懿卜居東郊之外，雲亦築室相依。梁武每至雲所，其妻常聞蹕聲。又嘗與梁武同宿顧暠之舍，暠之妻方產，有鬼在外曰：「此中有王有相。」雲起曰：「王當仰屬，相以見歸。」因是盡心推事。及帝起兵，將至都，雲雖無官，自以與帝素款，慮爲昏主所疑，將求入城，先以車迎太原孫伯翳謀之。伯翳曰：「今天文顯於上，災變應於下，蕭征東以濟世雄武，挾天子而令諸侯，天時人事，寧俟多說。」雲曰：「此政會吾心，今羽翮未備，不得不就籠檻，希足下善聽之。」及入城，除國子博士，未拜，而東昏遇弑。侍中張稷使雲銜命至石頭，梁武恩待如舊，遂參贊謀謨，毗佐大業。仍拜黃門侍郎，與沈約同心翊贊。俄遷大司馬諮議參軍，領錄事。

梁臺建，遷侍中。武帝時納齊東昏余妃，頗妨政事，雲嘗以爲言，未之納。後與王茂同入臥內，雲又諫，王茂因起拜曰：「范雲言是，公必以天下爲念，無宜留惜。」帝默然。雲便疏令以余氏賚茂，帝賢其意而許之。明日，賜雲、茂錢各百萬。及帝受禪，柴燎南郊，雲以侍中參乘。禮畢，帝升輦謂雲曰：「朕之今日，所謂懍乎若朽索之馭六馬。」雲對曰：「亦願陛下日愼一日。」帝善其言，卽日遷散騎常侍、吏部尚書。以佐命功，封霄城縣侯。

雲以舊恩，超居佐命，盡誠翊亮，知無不爲。帝亦推心仗之，所奏多允。雲本大武帝十三歲，嘗侍宴，帝謂臨川王宏、鄱陽王恢曰：「我與范尚書少親善，申四海之敬。今爲天下主，此禮旣革，汝宜代我呼范爲兄。」二王下席拜，與雲同車還尚書下省，時人榮之。帝嘗與雲言及舊事，云：「朕司州還，在三橋宅，門生王道牽衣云，『聞外述圖讖云，齊祚不久，別應有王者。官應取富貴』。朕齊中坐讀書，內感其言而外迹不得無怪，欲呼人縛之，道叩頭求哀，乃不復敢言。今道爲羽林監、文德主帥，知管籥。」雲曰：「此乃天意令道發耳。」帝又云：「布衣時，嘗夢拜兩舊妾爲六宮，有天下，此嫗已卒，所拜非復其人，恒以爲恨。」

其年，雲以本官領太子中庶子。二年，遷尚書右僕射，猶領吏部。頃之，坐違詔用人，

免吏部，猶爲右僕射。

雲性篤睦，事寡嫂盡禮，家事必先諮而後行。好節尚奇，專趣人之急。少與領軍長史王畡善，雲起宅新成，移家始畢，畡亡於官舍，屍無所歸，雲以東廂給之。移屍自門入，躬自營唅，招復如禮，時人以爲難。及居選官，任寄隆重，書牘盈案，賓客滿門，雲應答如流，無所壅滯，官曹文墨，發擿若神，時人咸服其明贍。性頗激厲，少威重，有所是非，形於造次，士或以此少之。初，雲爲郡號廉潔，及貴重，頗通餽遺，然家無蓄積，隨散之親友。

武帝九錫之出，雲忽中疾，居二日半，召醫徐文伯視之。文伯曰：「緩之一月乃復，欲速卽時愈，政恐二年不復可救。」雲曰：「朝聞夕死，而況二年。」文伯乃下火而壯焉，〔六〕重衣以覆之。有頃，汗流於背卽起。〔七〕二年果卒。帝爲流涕，卽日輿駕臨殯，詔贈侍中、衞將軍，禮官請謚曰宣，敕賜謚曰文。有集三十卷。子孝才嗣。

孫伯翳，太原人，晉祕書監盛之玄孫。曾祖放，晉國子博士、長沙太守。父康，起部郎，貧常映雪讀書，淸介，交游不雜。伯翳位終驃騎鄱陽王參軍事。

雲從父兄縝。

縝字子眞。父濛，奉朝請，早卒。縝少孤貧，事母孝謹。年未弱冠，從沛國劉瓛學，瓛

二十四史

甚奇之，親爲之冠。在瓛門下積年，恒芒屩布衣，徒行於路。瓛門下多車馬貴游，縝在其間，聊無恥愧。及長，博通經術，尤精三禮。性質直，好危言高論，不爲士友所安。唯與外弟蕭琛善，琛名曰口辯，每服縝簡詣。年二十九，髮白皤然，乃作傷暮詩、白髮詠以自嗟。仕齊位尚書殿中郎。永明中，與魏氏和親，簡才學之士以爲行人，縝及從弟雲、蕭琛、琅邪顏幼明、河東裴昭明相繼將命，皆著名鄰國。

時竟陵王子良盛招賓客，縝亦預焉。嘗侍子良，子良精信釋教，而縝盛稱無佛。子良問曰：「君不信因果，何得富貴貧賤？」縝答曰：「人生如樹花同發，隨風而墮，自有拂簾幌墜於茵席之上，自有關籬牆落於糞溷之中。墜茵席者，殿下是也；落糞溷者，下官是也。貴賤雖復殊途，因果竟在何處。」子良不能屈，然深怪之。退論其理，著神滅論。以爲：「神卽形也，形卽神也，形存則神存，形謝則神滅。形者神之質，神者形之用。是則形稱其質，神言其用，形之與神，不得相異。神之於質，猶利之於刀，〔八〕形之於用，猶刀之於利。利之名非刀也，刀之名非利也，然而捨利無刀，捨刀無利。未聞刀沒而利存，豈容形亡而神在。」此論出，朝野諠譁。子良集僧難之而不能屈。太原王琰乃著論譏縝曰：「嗚呼范子！曾不知其先祖神靈所在。」欲杜縝後對。縝又對曰：「嗚呼王子！知其祖先神靈所在，而不能殺身以從之。」其險詣皆此類也。子良使王融謂之曰：「神滅既自非理，而卿堅執之，恐傷名教。以

卿之大美，〔九〕何患不至中書郎，而故乖剌爲此，可便毀棄之。」縝大笑曰：「使范縝賣論取官，已至令僕矣，何但中書郎邪。」

後爲宜都太守。性不信神鬼，時夷陵有伍相廟、唐漢三神廟、胡里神廟，縝乃下教斷不祠。後以母憂去職。居于南州。梁武至，縝墨縗來迎。武帝與縝有西邸之舊，見之甚悅。及建康城平，以縝爲晉安太守，在郡清約，資公祿而已。遷尚書左丞，及還，雖親戚無所遺，唯餉前尚書令王亮。縝在齊時，與亮同臺爲郎，舊相友愛。至是亮擯棄在家，縝自以首迎武帝，志在權軸，而所懷未滿，亦怏怏，故私相親結，以矯於時。竟坐亮徙廣州。在南累年，追爲中書郎，國子博士，卒。文集十五卷。

子胥字長才，傳父業，位國子博士，有口辯。大同中，常兼主客郎，應接北使，卒於鄱陽內史。

論曰：齊德將謝，昏虐君臨，喋喋黔黎，命懸晷刻。梁武撫茲歸運，嘯召風雲。范雲恩結龍潛，沈約情深惟舊，並以茲文義，首居帷幄，追蹤亂傑，各其時之遇也。而約以高才博洽，名亞董、遷，末迹爲躓，亦鳳德之衰乎。縝婞直之節，著于終始，其以王亮爲尤，亦不足非也。

校勘記

〔一〕秦末有沈逞徵丞相不就　張森楷南史校勘記：「『相』下當有脫字，世固無以丞相徵之事也。」

〔二〕晉太康三年改永安爲武康縣　「三」宋書作「二」，州郡志謂永安更名在太康元年。

〔三〕第二子仲高安平相　「仲高」宋書作「濳字仲高」，此唐人避李虎嫌名而行其字。

〔四〕子曼字元禮　宋書作「子憲字元禮」。

〔五〕唯穆夫子深子雲子田子林子虔子獲全　「深子」宋書作「淵子」，此避唐諱改。

〔六〕少子璞嗣　宋書：「子邵嗣，邵子道輝卒，子侃嗣，侃卒，子整應襲爵，齊受禪，國除。」是璞未嘗嗣林子封爵。

〔七〕人無謗讟　「人」各本作「又」。按宋書作「民」，此避唐諱作「人」而譌爲「又」，今改正。

〔八〕又爲征西記室帶厥西令　「厥西」各本作「闕西」。李慈銘南史札記：「按厥西縣，宋齊皆屬荆州南義陽郡。梁書作闕西。考齊雖有闕西縣，屬司州隨郡。約爲荆州掾屬，不應帶司州縣令也。闕爲厥之誤，更由闕譌闕。」今從改。

〔九〕南鄉范雲　「南鄉」各本作「南郡」，據梁書改。

〔一〇〕俄還左僕射　「左」各本作「右」，據梁書改。

〔一一〕嘗侍宴有妓婢師是齊文惠宮人　「師」各本作「帥」，據梁書及册府元龜九五三改。按梁書無「婢」字。

〔一二〕時梁武帝制千文詩衆爲之注解　顧炎武日知錄：「千字文有二本，一蕭子範撰，一周興嗣撰，見舊唐書經籍志。此云『梁武帝制千文詩』，則凡三本矣。隋志載興嗣千字文，國子祭酒蕭子雲注，而梁書蕭子範傳又謂子範作之，記室蔡薳注釋，今又有沈衆注，亦彼此互異。」

〔一三〕雲性機警有識具善屬文　「具」各本作「且」，屬下爲句。按太平御覽六〇〇引、册府元龜八五〇並作「具」，「識具」常用詞，今據改。

〔一四〕乃進讀之如流　「乃進」各本作「進乃」，據册府元龜七一八乙正。

〔一五〕隨盡復益　「復」各本作「絕」，據太平御覽八五一引改。

〔一六〕文伯乃下火而壯焉　「壯」各本作「牀」，據太平御覽七二三、七三八引改。按針灸以艾柱爲壯。

〔一七〕汗流於背即起　「背」各本作「此」。按「此」爲「背」之爛文，太平御覽七三八引作「背」，今據改。

〔一八〕神之於質猶利之於刀　據范縝神滅論原文「刀」應作「刃」，下同。

〔一九〕以卿之大美　「大美」通志作「才美」。

中華書局

南史卷五十八

列傳第四十八

韋叡 兄纂 闡 叡子放 孫粲 放弟正 正子載 鼎 正弟稜 稜弟黯

裴邃 邃子之禮 兄子之高 之高弟之平 子忌 之高弟之橫

韋叡字懷文，京兆杜陵人也。世爲三輔著姓。祖玄，避吏隱長安南山。宋武帝入關，以太尉掾徵，不至。伯父祖征，宋末爲光祿勳。父祖歸，寧遠長史。

叡事繼母以孝聞。祖征累爲郡守，每攜叡之職，視之如子。時叡內兄王憕、姨弟杜惲並有鄉里盛名，祖征謂叡曰：「汝自謂何如憕、惲？」叡謙不敢對。祖征曰：「汝文章或小減，學識當過之。然幹國家，成功業，皆莫汝逮也。」外兄杜幼文爲梁州刺史，要叡俱行。梁土富饒，往者多以賄敗，叡雖幼，獨以廉聞。

宋永光初，袁顗爲雍州刺史，見而異之，〔一〕引爲主簿。顗到州，與鄧琬起兵，叡求出爲義成郡，故免顗之禍。累遷齊興太守，本州別駕，長水校尉，右軍將軍。齊末多故，欲還鄉里，求爲上庸太守。

俄而太尉陳顯達、護軍將軍崔慧景頻逼建鄴，人心惶駭。西土人謀之，叡曰：「陳雖舊將，非高人才，崔頗更事，懦而不武。天下眞人，殆興吾州矣。」乃遣其二子自結於梁武。及兵起檄至，叡率郡人伐竹爲筏，倍道來赴，有衆二千，馬二百匹。帝見叡甚悅，撫几曰：「他日見君之面，今日見君之心，吾事就矣。」師剋郢、魯，平加湖，叡多建策，皆見用。

大軍發郢，謀留守將，上難其人。久之，顧叡曰：「棄騏驥而不乘，焉遑遑而更索。」卽日以爲江夏太守，行郢州府事。初，郢城之拒守也，男女垂十萬，閉壘經年，疾疫死者十七八，皆積屍於牀下，而生者寢處其上，每屋盈滿。叡料簡隱卹，咸爲營理，百姓賴之。

梁臺建，徵爲大理。武帝卽位，遷廷尉，封都梁子。〔二〕天監二年，改封永昌，再遷豫州刺史，領歷陽太守。魏遣衆來伐，叡率州兵擊走之。

四年侵魏，詔叡都督衆軍。叡遣長史王超宗、梁郡太守馮道根攻魏小峴城，未能拔。叡巡行圍柵，魏城中忽出數百人陳於門外，叡欲擊之。諸將皆曰：「向本輕來，請還授甲而後戰。」叡曰：「魏城中二千餘人，閉門堅守，足以自保。今無故出人於外，必其驍勇，若能挫

之，其城自拔。」衆猶遲疑，叡指其節曰：「朝廷授此，非以爲飾，韋叡之法，不可犯也。」乃進兵，魏軍敗，因急攻之，中宿而城拔。遂進討合肥。

先是右軍司馬胡景略至合肥，久未能下，叡案行山川，曰：「吾聞『汾水可以灌平陽』，卽此是也。」乃堰肥水。頃之堰成水通，舟艦繼至。魏初分築東西小城，夾合肥。〔三〕叡先攻二城。既而魏援將楊靈胤帥軍五萬奄至，衆懼不敵，請表益兵。叡曰：「賊已至城下，方復求軍。且吾求濟師，彼亦徵衆。『師克在和』，古人之義也。」因戰，破之，軍人少安。

初，肥水堰立，使軍主王懷靜築城於岸守之，魏攻陷城，乘勝至叡隄下。〔四〕軍監潘靈祐勸叡退還巢湖，諸將又請走保三义。叡怒曰：「將軍死綏，有前無却。」因令取繖扇麾幢樹之隄下，示無動志。叡素羸，每戰不嘗騎馬，以板輿自載，督勵衆軍。魏兵鑿堤，叡親與爭。魏軍却，因築壘於堤以自固。起鬭艦高與合肥城等，四面臨之。城潰，俘獲萬餘，所獲軍實，無所私焉。初，胡景略與前軍趙祖悅同軍交惡，志相陷害，景略一怒，自齧其齒，齒皆流血。叡以將帥不和，將致患禍，酌酒自勸景略曰：「且願兩武勿復私鬭。」〔五〕故終於此役得無害焉。

叡每晝接客旅，夜算軍書，三更起張燈達曙，撫循其衆，常如不及，故投募之士爭歸之。所至頓舍修立，館宇藩籬墉壁皆應準繩。

合肥既平，有詔班師，去魏軍既近，懼爲所躡。叡悉遣輜重居前，身乘小輿殿後，魏人服叡威名，望之不敢逼，全軍而還。於是遷豫州於合肥。

五年，魏中山王元英攻北徐州，圍刺史昌義之於鍾離，衆兵百萬，連城四十餘。武帝遣征北將軍曹景宗拒之。次邵陽洲，築壘相守，未敢進。帝怒，詔叡會焉，賜以龍環御刀，曰：「諸將有不用命者斬之。」叡自合肥徑陰陵大澤，過澗谷，輒飛橋以濟師。人畏魏軍盛，多勸叡緩行。叡曰：「鍾離今鑿穴而處，負戶而汲，車馳卒奔，猶恐其後，而況緩乎。」旬日而至邵陽。初，帝敕景宗曰：「韋叡卿鄉望，宜善敬之。」景宗見叡甚謹。帝聞曰：「二將和，師必濟矣。」叡於景宗營前二十里，夜掘長塹，樹鹿角，截洲爲城，比曉而營立。元英大驚，以杖擊地曰：「是何神也！」景宗慮城中危懼，乃募軍士言文達、洪騏驎等齎敕入城，使固城守，潛行水底，得達東城。城中戰守日苦，始知有援，於是人百其勇。

魏將楊大眼將萬餘騎來戰，大眼以勇冠三軍，所向皆靡。叡結車爲陣，大眼聚騎圍之。叡以强弩二千一時俱發，洞甲穿中，殺傷者衆。矢貫大眼右臂，亡魂而走。明旦，元英自率衆來戰，叡乘素木輿，執白角如意以麾軍，一日數合，英甚憚其强。魏軍又夜來攻城，飛矢雨集。叡子黯請下城以避箭，叡不許。軍中驚，叡於城上厲聲呵之乃定。

魏人先於邵陽洲兩岸爲兩橋，樹柵數百步，跨淮通道。叡裝大艦，使梁郡太守馮道根、

廬江太守裴邃、秦郡太守李文釗等爲水軍。會淮水暴長，叡卽遣之，鬬艦競發，皆臨賊壘。以小船載草，灌之以膏，從而焚其橋。風怒火盛，敢死之士拔柵斫橋，水又漂疾，倏忽之間，橋柵盡壞。道根等皆身自搏戰，軍人奮勇，呼聲動天地，無不一當百。魏人大潰，元英脫身遁走。魏軍趨水死者十餘萬，斬首亦如之，其餘釋甲稽顙乞爲囚奴猶數十萬。叡遣報昌義之，義之且悲且喜，不暇答，但叫曰「更生！更生！」帝遣中書郎周捨勞軍於淮上。叡積所獲於軍門，捨觀之，謂叡曰：「君此獲復與熊耳山等矣。」以功進爵爲侯。

七年，遷左衞將軍，俄爲安西長史、南郡太守。會司州刺史馬仙琕自北還軍，爲魏人所躡，三關擾動。詔叡督衆軍援焉。叡至安陸，增築城二丈餘，更開大塹，起高樓。衆頗譏其示弱，叡曰：「不然，爲將當有怯時。」是時，元英復追仙琕，將復邵陽之恥，聞叡至乃退，帝亦詔罷軍。

十三年，爲丹陽尹，以公事免。十四年，爲雍州刺史。初，叡起兵鄉中，客陰雙光泣止叡，〔六〕叡還爲州，雙光道候。叡笑曰：「若從公言，乞食於路矣。」餉耕牛十頭。叡於故舊無所惜，士大夫年七十以上，多與假板縣令，鄉里甚懷之。

十五年，拜表致仕，優詔不許。徵拜護軍，給鼓吹一部，入直殿省。居朝廷恂恂，未嘗忤視，武帝甚禮敬之。性慈愛，撫孤兄子過於己子，歷官所得祿賜，皆散之親故，家無餘財。

後爲護軍，居家無事，慕萬石、陸賈之爲人，因畫之於壁以自玩。時雖老，暇日猶課諸兒以學。第三子稜尤明經史，世稱其洽聞。叡每坐使稜說書，其所發擿，稜猶弗之逮。武帝方銳意釋氏，天下咸從風而化。叡自以信受素薄，位居大臣，不欲與衆俯仰，所行略如佗日。

普通元年，遷侍中、車騎將軍，未拜，卒於家，年七十九。遺令薄葬，斂以時服。武帝卽日臨哭甚慟，贈車騎將軍、開府儀同三司，諡曰嚴。

叡雅有曠世之度，涖人以愛惠爲本，所居必有政績。將兵仁愛，士卒營幕未立，終不肯舍，井竈未成，亦不先食。被服必於儒者，雖臨陣交鋒，常緩服乘輿，執竹如意以麾進止，與裴邃俱爲梁世名將，餘人莫及。

初，邵陽之役，昌義之甚德叡，請曹景宗與叡會，因設錢二十萬官賭之。景宗擲得雉，叡徐擲得盧，遽取一子反之，曰「異事」，遂作塞。景宗時與羣帥爭先啓之捷，〔七〕叡獨居後，其不尙勝率多如是，世尤以此賢之。

叡兄纂、闡，並早知名。纂仕齊位司徒記室、特進，沈約嘗稱纂於上曰：「恨陛下不與此人同時，其學非臣輩也。」闡爲建寧縣，所得俸祿百餘萬，還家悉委伯父處分，鄉里宗事之。位通直郎。

叡子放字元直，身長七尺七寸，腰帶八圍，容貌甚偉。襲封永昌縣侯，位竟陵太守。在郡和理，爲吏人所稱。

大通元年，武帝遣兼領軍曹仲宗等攻渦陽，又以放爲明威將軍，總兵會之。魏大將軍費穆帥衆奄至，放軍營未立，麾下止有二百餘人。放從弟洵驍果有勇力，單騎擊刺，屢折魏軍，洵馬亦被傷不能進，放胄又三貫矢。衆皆失色，請放突去。放厲聲叱之曰：「今日唯有死爾。」乃免胄下馬，據胡牀處分。士卒皆殊死戰，莫不一當百，逐北至渦陽。魏又遣常山王元昭、大將軍李獎、乞伏寶、費穆等五萬人來援，放大破之。渦陽城主王緯以城降。〔八〕魏人棄諸營壘，一時奔潰。衆軍乘之，斬獲略盡，禽穆弟超幷王緯送建鄴，還爲太子右衞率。

中大通二年，徙北徐州刺史。卒於鎭，諡曰宣侯。

放性弘厚篤實，輕財好施，於諸弟尤雍穆。每將遠別及行役初還，常同一室臥起，時比之三姜。初，放與吳郡張率皆有側室懷孕，因指爲昏姻。其後各產男女，未及成長而率亡，遺嗣孤弱，放常贍卹之。及爲北徐州，時有貴族請昏者，放曰：「吾不失信於故友。」乃以息岐娶率女，又以女適率子，時稱放能篤舊。子粲。

粲字長倩，〔九〕少有父風，好學仗氣，身長八尺，容觀甚偉。初爲雲麾晉安王行參軍，後爲外兵參軍兼中兵。時潁川庾仲容、吳郡張率前輩才名，與粲同府，並忘年交好。及王爲皇太子，粲自記室遷步兵校尉，入爲東宮領直，後襲爵永昌縣侯，累遷左衞率，領直。〔一〇〕粲以舊恩，任寄綢密，雖居職累徙，常留宿衞。頗擅權誕倨，不爲時輩所平。右衞朱异嘗於酒席厲色謂粲曰：「卿何得已作領軍面向人！」大同中，帝嘗不豫，一日暴劇，皇太子以下並入侍疾，內外咸云帝崩。粲將率宮甲度臺，微有喜色，問所由那不見辦長梯。以爲大行幸前殿，須長梯以復也。帝後聞之，怒曰：「韋粲願我死。」有司奏推之，帝曰：「各爲其主，不足推。」故出爲衡州刺史。皇太子出餞新亭，執粲手曰：「與卿不爲久別。」久之，帝復召還爲散騎常侍。

還至廬陵，聞侯景作逆，便簡閱部下，倍道赴援。至豫章，卽就內史劉孝儀共謀之。孝儀曰：「必如此，當有敕，安可輕信單使，妄相驚動。或恐不然。」時孝儀置酒，粲怒以杯抵地曰：「賊已度江，便逼宮闕，水陸阻斷，何暇有報；假令無敕，豈得自安。韋粲今日何情飲酒。」卽馳馬出，部分將發。會江州刺史當陽公大心遣使要粲，粲乃分麾下配第八弟助、第九弟警爲前軍。粲馳往見大心曰：「上游蕃鎭，江州去都最近，殿下情計，實宜在先。但中流任重，當須應接，不可闕鎭。今宜張軍聲勢，移鎭盆城，遣偏將賜隨，於事便足。」大心然

二十四史

之，遣中兵柳昕帥兵二千隨粲。粲悉留家累於江州，以輕舸就路。至南洲，粲外弟司州刺史柳仲禮亦帥步騎萬餘人至橫江。粲卽送糧仗給之，幷散私金帛以賞其戰士。

先是，安北鄱陽王範亦自合肥遣西豫州刺史裴之高與其世子嗣帥江西之衆赴都，屯于張公洲，待上流諸軍。至是，之高遣船度仲禮，與粲合軍進屯新林王游苑。粲建議推仲禮爲大都督，報下流衆軍。裴之高自以年位高，恥居其下。乃云：「柳節下已是州將，何須我復鞭板。」累日不決。粲乃抗言於衆曰：「今同赴國難，義在除賊，所以推柳司州者，政以久捍邊疆，先爲侯景所憚。且士馬精銳，無出其前。若論位次，柳在粲下，語其年齒，亦少於粲，直以社稷之計，不得復論。今日貴在將和，若人心不同，大事去矣。裴公朝之舊齒，豈應復挾私以阻大計。粲請爲諸君解釋之。」乃單舸至之高營切讓之。之高泣曰：「吾荷國榮，自應帥先士卒，顧恨衰老，不能効命，企望柳使君共平凶逆。前謂衆議已定，無俟老夫爾。若必有疑，當剖心相示。」於是諸將定議，仲禮方得進軍。次新亭，賊列陣於中興寺，相持至晚各解歸。

是夜，仲禮入粲營部分衆軍，且日將戰，諸將各有據守。令粲頓青塘，當石頭中路。粲慮柵壘未立，賊爭之，頗以爲憚，謂仲禮曰：「下官才非禦侮，〔二〕直欲以身徇國，節下善量其宜，不可致有虧喪。」仲禮曰：「青塘立營，迫近淮渚，欲以糧儲船乘盡就迫之。此事大，非兄

不可。若疑兵少，當更差軍相助。」粲帥所部水陸俱進。時昏霧，軍人失道，比及青塘，夜已過半，壘柵至曉未合。景登禪靈寺門，望粲營未立，便率銳卒來攻。軍敗，乘勝入營，左右高馮牽粲避賊，粲不動，兵死略盡，遂見害。粲子尼及三弟助、警、構、從弟昂皆戰死，親戚死者數百人。賊傳粲首闕下，以示城內。簡文聞之流涕，謂御史中丞蕭愷曰：「社稷所寄，唯在韋公，如何不幸，先死行陣。」詔贈護軍將軍。元帝平侯景，追謚忠貞。放弟正。

子諒，以學業爲陳始興王叔陵所引，爲中錄事參軍兼記室。叔陵敗，伏誅。

正字敬直，位襄陵太守。初，正與東海王僧孺善，及僧孺爲吏部郎，參掌大選，賓友故人莫不傾意，正獨澹然。及僧孺擯廢，正復篤素分，有踰曩日，論者稱焉。卒於給事黃門侍郎。子載。

載字德基，少聰慧，篤志好學。年十二，隨叔父稜見沛國劉顯，顯問漢書十事，載隨應無疑滯。及長，博涉文史，沈敏有器局。仕梁爲尙書三公郎。

侯景之亂，元帝承制，以爲中書侍郎。尋爲尋陽太守，隨都督王僧辯東討侯景。景平，歷位琅邪、義興太守。陳武帝誅王僧辯，乃遣周文育襲載，載嬰城自守。載所屬縣卒，並陳武舊兵，〔三〕多善用弩，載收得數十人，繫以長鎖，令所親監之，使射文育軍。約曰：「十發不兩中者死。」每發輒中，所中皆斃，相持數旬。陳武帝聞文育軍不利，以書喻載以誅王僧辯意，幷奉梁敬帝敕，敕載解兵。載得書，乃以衆降。陳武帝引載恒置左右，與之謀議。徐嗣徽、任約等引齊軍濟江，據石頭城，帝問計於載。載曰：「齊軍若分兵先據三吳之路，略地東境，則時事去矣。今可急於淮南卽侯景故壘築城，以通東道轉輸，別令輕兵絕其糧運，使進無所虜，退無所資，則齊將之首，旬日可致。」帝從之。

永定中，位散騎常侍、太子右衞率。天嘉元年，以疾去官。載有田十餘頃，在江乘縣之白山，至是遂築室而居，屏絕人事，吉凶慶弔，無所往來，不入籬門者幾十載。卒於家。載弟鼎。

鼎字超盛，少通曉，博涉經史，明陰陽逆剌，尤善相術。仕梁起家湘東王法曹參軍。遭父憂，水漿不入口者五日，哀毀過禮，殆將滅性。服闋，爲邵陵王主簿。侯景之亂，鼎兄昂於京口戰死，鼎負屍出，寄于中興寺，求棺無所得。鼎哀憤慟哭，忽見江中有物流至鼎所，竊異之，往視乃新棺也，因以充斂。元帝聞之，以爲精誠所感。

侯景平，司徒王僧辯以爲戶曹屬。累遷中書侍郎。陳武帝在南徐州，鼎望氣知其當

王，遂寄孥焉。因謂陳武帝曰：「明年有大臣誅死，後四歲，梁其代終。天之曆數，當歸舜後。昔周滅殷氏，封嬀汭于宛丘，其裔子孫，因爲陳氏。僕觀明公，天縱神武，繼絕統者無乃是乎。」武帝陰有圖僧辯意，聞其言大喜，因而定策。及受禪，拜黃門侍郎。太建中，以廷尉卿爲聘周使，加散騎常侍。後爲太府卿。

至德初，鼎盡貨田宅，寓居僧寺。友人大匠卿毛彪問其故，答曰：「江東王氣，盡於此矣。吾與爾當葬長安，期運將及，故破產爾。」

初，鼎之聘周也，嘗遇隋文帝，謂曰：「觀公容貌，不久必大貴，貴則天下一家。歲一周天，老夫當委質，願深自愛。」及陳亡，驛召入京，授上儀同三司，待遇甚厚，每公宴，鼎恒預焉。性簡貴，雖爲亡國之臣，未嘗俯仰當世。時吏部尙書韋世康兄弟顯貴，隋文帝從容謂鼎曰：「世康與公遠近？」對曰：「臣宗族南徙，昭穆非臣所知。」帝曰：「卿百代卿族，豈忘本也。」命官給酒肴，遣世康請鼎還杜陵。鼎乃自楚太傅孟以下二十餘世，並考論昭穆，作韋氏譜七卷示之，歡飲十餘日乃還。時蘭陵公主寡，上爲之求夫，選親衞柳述及蕭瑒等以示鼎，鼎曰：「瑒當封侯，而無貴妻之相；述亦通顯，而守位不終。」上曰：「位由我爾。」遂以主降述。上又問鼎，諸兒誰爲嗣位。答曰：「至尊皇后所最愛者，當與之，非臣敢預知也。」上笑曰：「不肯顯言乎？」

中華書局

開皇十三年，除光州刺史，以仁義教導，務弘淸靜。州中有土豪，外修邊幅，而內行不軌，常爲劫盜。鼎於都會時謂之曰：「卿是好人，那忽作賊。」因條其徒黨姦謀逗遛，其人驚懼，卽自首伏。又有人客游，通主家之妾，及其還去，妾盜珍物，於夜逃亡，尋於草中爲人所殺。主家知客與妾通，因告客殺之。縣司鞫問，具得姦狀，因斷客死。獄成，上於鼎，鼎覽之，曰：「此客實姦，而不殺也。乃某寺僧詃妾盜物，令奴殺之，贓在某處。」卽放此客，遣人掩僧，幷獲贓物。自是部內肅然，咸稱其神，道無拾遺。尋追入京，頃之，而卒于長安，年七十九。正弟稜。

稜字威直，性恬素，以書史爲業，博物强記，當世士咸就質疑。位終光祿卿。著漢書續訓三卷。〔一三〕稜弟黯。

黯字務直，性强正，少習經史，位太府卿。侯景濟江，黯屯六門，尋改爲都督城西面諸軍。時景於城外起東西二土山，城內亦應之，簡文親自負土，哀太子以下，躬執畚鍤。黯守西土山，晝夜苦戰。以功授輕車將軍，加持節，卒於城內。初，黯爲太僕卿，而兄子粲爲左衞率，黯以故常怏怏，〔一四〕謂人曰：「韋粲已落驊騮前，朝

廷是能用才不？」識者頗以此鬨之。

裴邃字深明，〔一五〕河東聞喜人，魏冀州刺史徽之後也。祖壽孫，寓居壽陽，爲宋武帝前軍長史。父仲穆，驍騎將軍。

邃十歲能屬文，善左氏春秋。齊東昏踐阼，始安王蕭遙光爲揚州刺史，引邃爲參軍。遙光敗，邃還壽陽，會刺史裴叔業以壽陽降魏，邃遂隨衆北徙。魏宣武帝雅重之。仕魏爲魏郡太守。魏遣王肅鎭壽陽，邃固求隨肅，密圖南歸。梁天監初，自拔南還，除後軍諮議參軍。邃求邊境自効，以爲廬江太守。

五年，征邵陽洲，魏人爲長橋斷淮以濟，邃築壘逼橋，每戰輒剋，於是密作沒突艦。會甚雨，淮水暴溢，邃乘艦徑造橋側，進擊，大破之。以功封夷陵縣子。

遷廣陵太守，與鄉人共入魏武廟，因論帝王功業。其妻甥王篆之密啓梁武帝云：「裴邃多大言，有不臣跡。」由是左遷始安太守。邃志立功邊陲，不願閑遠，乃致書於呂僧珍曰：「昔阮咸、顏延有二始之歎，吾才不逮古人，今爲三始，非其願也，將如之何！」後爲竟陵太守，開置屯田，公私便之。再遷西戎校尉、北梁秦二州刺史，復開創屯田數千頃，倉廩盈實，省息邊運，人吏獲安。乃相率餉絹千餘匹，邃從容曰：「汝等不應爾，吾又不可逆。」納其二匹而已。入爲大匠卿。

普通二年，義州刺史文僧明以州入魏，魏軍來援，以邃爲信武將軍，督衆軍討焉。邃深入魏境，出其不意。魏所署義州刺史封壽據檀公峴，邃擊破之，遂圍其城。壽請降，義州平。除豫州刺史，加督，鎭合肥。

四年，大軍北侵，以邃督征討諸軍事，先襲壽陽，攻其郛，斬門而入，一日戰九合，爲後軍蔡秀成失道不至，邃以援絕拔還。於是邃復整兵，收集士卒，令諸將各以服色相別。邃自爲黃袍騎，先攻拔狄丘、甓城、黎漿，又屠安成、馬頭、沙陵等戍。〔一六〕明年，略地至汝、潁間，所在響應。魏壽陽守將長孫承業、河間王元琛出城挑戰，邃臨淮歎曰：「今日不破河間，方爲謝玄所笑。」乃爲四甄以待之。令直閤將軍李祖憐僞遁以引承業，承業等悉衆追之，四甄競發，魏衆大敗，斬首萬餘級。承業奔走，閉門不敢復出。

在軍疾篤，命衆軍守備，送喪還合肥。尋卒，贈侍中、左衞將軍，進爵爲侯，諡曰烈。

邃沈深有思略，爲政寬明，能得士心，居身方正，有威重。將吏憚之，少敢犯法。及卒，淮、肥間莫不流涕，以爲邃不死，當大鬭士宇。子之禮嗣。

之禮字子義，美容儀，能言玄理。爲西豫州刺史。母憂居喪，唯食麥飯。〔一七〕邃廟在光宅寺西，堂宇弘敞，松柏鬱茂。范雲廟在三橋，蓬蒿不翦。梁武帝南郊，道經二廟，顧而歎曰：「范爲已死，裴爲更生。」大同初，都下旱蝗，四籬門外桐栢凋盡，唯邃墓犬牙不入，當時異之。歷位黃門侍郎。

武帝設無遮會，僞象驚，排突陛衞，王公皆散，唯之禮與散騎常侍臧盾不動。帝壯之，以之禮爲壯勇將軍、北徐州刺史，盾兼中領軍將軍。

之禮卒於少府卿，諡曰壯。子政，承聖中位給事黃門侍郎。魏剋江陵，隨例入長安。

之高字如山，邃兄中散大夫髦之子也。頗讀書，少負意氣，常隨叔父邃征討，所在立功，甚爲邃所器重，戎政咸以委焉。

壽陽之役，邃卒於軍所，之高隸夏侯夔平壽陽，仍除梁郡太守，封都城縣男。時魏汝陰來附，敕之高應接，仍除潁州刺史。父憂還都，起爲光遠將軍，令討平陰陵盜，以爲譙州刺史。

侯景之亂，之高爲西豫州刺史，率衆入援。南豫州刺史鄱陽嗣王範命之高總督江右援軍諸軍事，頓張公洲。柳仲禮至橫江，之高遣船舸迎致仲禮，與韋粲等俱會靑塘。及城陷，

之高還合肥，與鄱陽王範西上。元帝遣召之，以爲侍中、護軍將軍，到江陵。

時之高第六弟之悌在侯景中。或傳之悌斬侯景，元帝使兼中書舍人黃羅漢報之高，之高竟無言，直云：「賊自殺賊，非之高所聞。」元帝深嗟其介直。承制除特進、金紫光祿大夫。卒，謚曰恭。

子畿，官至太子右衞率。魏剋江陵，力戰死之。

之高第五弟之平字如原，少倜儻有志略，以軍功封費縣侯。承聖中，累遷散騎常侍、太子詹事。陳文帝初，除光祿大夫、慈訓宮衞尉，〔一八〕並不就。乃築山穿池，植以卉木，居處其中，有終焉志。天康元年卒，謚曰僖子。子忌。

忌字無畏，少聰敏，有識量，頗涉史傳，爲當時所稱。侯景之亂，招集勇力，乃隨陳武帝征討。及陳武帝誅王僧辯，僧辯弟僧智舉兵據吳郡，陳武帝遣黃他攻之，不能剋。命忌勒部下精兵，自錢唐直趣吳郡，〔一九〕夜至城下，鼓譟薄之。僧智疑大軍至，輕舟奔杜龕，忌入據吳郡。陳武帝嘉之，表授吳郡太守。

天嘉五年，累遷衞尉卿，封東興縣侯。及華皎稱兵上流，宣帝時爲錄尚書輔政，盡命衆

軍出討，委忌總知中外城防諸軍事。宣帝卽位，改封樂安縣侯。歷位都官尚書。及吳明徹督衆北伐，詔忌以本官監明徹軍。淮南平，授豫州刺史。忌善於綏撫，甚得人和。及明徹進軍彭、汴，以忌爲都督，與明徹俱進。〔二〇〕呂梁軍敗，見囚于周，授上開府。隋開皇十四年，卒於長安，年七十三。之高第十二弟之横。

之横字如岳，少好賓游，重氣俠，不事產業。之高以其縱誕，乃爲狹被蔬食以激厲之。之横歎曰：「大丈夫富貴，必作百幅被。」遂與僮屬數百人於芍陂大營田墅，遂致殷積。梁簡文在東宮，聞而要之，以爲河東王常侍。遷直閤將軍。

侯景之亂，隸鄱陽王範討景，景濟江，仍與範世子嗣入援臺城。城陷，退還合肥。侯景遣任約逼晉熙，範令之横下援。未及至，範薨，之横乃還。時尋陽王大心在江州，範副梅思立密要大心襲湓城，之横斬思立而拒大心。大心以州降侯景，之横與兄之高歸元帝，位廷尉卿、河東內史，隨王僧辯拒侯景。景退，遷東徐州刺史，封豫寧侯。又隨僧辯破景，景東奔，僧辯命之横與杜崱入守臺城。及陸納據湘州叛，又隸僧辯南討，斬納將李賢明，平之。又破武陵王於峽口。還除吳興太守，乃作百幅被以成其志。

魏剋江陵，齊遣上黨王高渙挾貞陽侯明攻東關。晉安王承制，以之横爲徐州刺史，都督衆軍，出守蘄城。之横營壘未周，而齊軍大至，兵盡矢窮，遂於陣沒。贈司空，謚曰忠壯。子鳳寶嗣。

論曰：韋、裴少年勵操，俱以學尚自立，晚節驅馳，各著功於戎馬。觀叡制勝之道，謂爲魁梧之傑，然而形甚羸瘠，身不跨鞍，板輿指麾，隱如敵國，其器分有在，隆名豈虛得乎。邃自効邊疆，盛績克舉，其志不遂，良可悲夫。二門子弟，各著名節，與梁終始，克荷隆構。「將門有將」，斯言豈曰妄乎。

校勘記

〔一〕宋永光初袁顗爲雍州刺史見而異之　「永光」各本作「永元」，據梁書改。按永元爲齊東昏年號，宋書及本書袁顗傳載顗之死在宋明帝泰始二年，其爲雍州應在泰始之前，當作永光。

〔二〕封都梁子　「都梁」各本互倒爲「梁都」。按南齊書州郡志都梁屬湘州邵陵郡，今乙正。

〔三〕魏初分築東西小城夾合肥　「合」字各本並脫，據梁書及册府元龜三六八、四〇四補。

〔四〕魏攻陷城乘勝至叡隄下　「隄下」各本作「城下」，據梁書及册府元龜三六八、四一九改。按下

「因令取繖扇麾幢樹之隄下，示無動志」，則作「城下」誤。

〔五〕且願兩武勿復私鬬　「兩武」卽「兩虎」，此避唐諱改。

〔六〕客陰雙光泣止叡　「陰雙光」梁書作「陰儁光」。

〔七〕景宗時與羣帥爭先啓之捷　通志「捷」上無「之」字。

〔八〕渦陽城主王緯以城降　「王緯」各本作「王偉」，據册府元龜三五二及陳慶之傳改。下同。

〔九〕粲字長倩　「倩」梁書作「蒨」。

〔一〇〕累遷左衞率領直　「左」各本作「右」，據梁書改。按韋黯傳「而兄子粲爲左衞率」，是「右」爲「左」之譌。

〔一一〕下官才非禦侮　「侮」各本作「武」，據梁書改。

〔一二〕載所屬縣卒並陳武舊兵　「卒」字各本並脫，據陳書補。

〔一三〕著漢書續訓三卷　「三」各本作「二」，據梁書稜傳附韋叡傳及册府元龜六〇六改。按隋書經籍志亦作「三卷」，云「梁北平諮議參軍韋稜撰」。

〔一四〕黯以故常怏怏　「故」字各本並脫，據通志補。

〔一五〕裴邃字深明　「深」梁書作「淵」，此避唐諱改。

〔一六〕乂屠安成馬頭沙陵等戍　「安成」當依梁書武帝紀普通五年十一月作「安城」。

〔一七〕母憂居喪唯食麥飯　按梁書云「丁父憂」，無「母憂」事。册府元龜七五七「丁父遘憂，遘墓在光宅寺西」云云，疑「母」當作「父」。

〔一八〕慈訓宮衞尉　「衞尉」上衍「徽」字，據陳書删。按陳書之平見其子裴忌傳。

〔一九〕命忌勒部下精兵自錢唐直趣吳郡　按通鑑梁紀紹泰元年胡注：「陳霸先自義興還建康，遣裴忌助黃他攻吳郡。自錢唐直趣吳郡，非路也。錢唐必誤。」

〔二〇〕以忌爲都督與明徹俱進　「忌」各本作「明徹」，誤，據陳書改。

南史卷五十九

列傳第四十九

江淹　任昉　王僧孺

江淹字文通，濟陽考城人也。父康之，南沙令，雅有才思。淹少孤貧，常慕司馬長卿、梁伯鸞之爲人，不事章句之學，留情於文章。早爲高平檀超所知，常升以上席，甚加禮焉。起家南徐州從事，轉奉朝請。宋建平王景素好士，淹隨景素在南兗州。廣陵令郭彥文得罪，辭連淹，言受金，淹被繫獄。自獄中上書曰：

昔者，賤臣叩心，飛霜擊於燕地；庶女告天，振風襲於齊臺。下官每讀其書，未嘗不廢卷流涕。何者？士有一定之論，女有不易之行。信而見疑，貞而爲戮，是以壯夫義士伏死而不顧者以此也。下官聞仁不可恃，善不可依，謂徒虛語，乃今知之。伏願大王暫停左右，少加矜察。

下官本蓬戶桑樞之人，布衣韋帶之士，退不飾詩書以驚愚，進不買聲名於天下。日者，謬得升降承明之闕，出入金華之殿，何嘗不局影凝嚴，側身扃禁者乎。竊慕大王之義，復爲門下之賓，備鳴盜淺術之餘，豫三五賤伎之末。大王惠以恩光，顧以顏色，實佩荊卿黃金之賜，竊感豫讓國士之分矣。常欲結纓伏劍，少謝萬一，剖心摩踵，以報所天。不圖小人固陋，坐貽謗缺，迹墜昭憲，身限幽圄，履影弔心，酸鼻痛骨。下官聞虧名爲辱，虧形次之，是以每一念來，忽若有遺，加以涉旬月，迫季秋，天光沈陰，左右無色，身非木石，與獄吏爲伍。此少卿所以仰天搥心，泣盡而繼之以血者也。下官雖乏鄉曲之譽，然嘗聞君子之行矣：其上則隱於簾肆之間，臥於巖石之下；次則結綬金馬之庭，高議雲臺之上；退則虜南越之君，係單于之頸。俱啓丹册，並圖青史。寧爭分寸之末，競錐刀之利哉！下官聞積毀銷金，積讒摩骨，遠則直生取疑於盜金，近則伯魚被名於不義。彼之二才，猶或如是，況在下官，焉能自免？昔上將之恥，絳侯幽獄，名臣之羞，史遷下室，至如下官，當何言哉。夫以魯連之智，辭祿而不反，接輿之賢，行歌而忘歸，子陵閉關於東越，仲蔚杜門於西秦，亦良可知也。若使下官事非其虛，罪得其實，亦當鉗口吞舌，伏匕首以殞身，何以見齊魯奇節之人，燕趙悲歌之士乎。

方今聖歷欽明，天下樂業，青雲浮洛，榮光塞河，西泊臨洮、狄道，北距飛狐、陽原，莫不寖仁沐義，照景飲醴，而下官抱痛圜門，〔一〕含憤獄戶，一物之微，有足悲者。仰惟大王少垂明白，則梧丘之魂不愧於沈首，鵠亭之鬼無恨於灰骨。

景素覽書，卽日出之。尋舉南徐州秀才，對策上第，再遷府主簿。

景素爲荆州，淹從之鎭。少帝卽位，多失德，景素專據上流，咸勸因此舉事。淹每從容進諫，景素不納。及鎭京口，淹爲鎭軍參軍，領南東海郡丞。景素與腹心日夜謀議，淹知禍機將發，乃贈詩十五首以諷焉。會東海太守陸澄丁艱，淹自謂郡丞應行郡事，景素用司馬柳世隆。淹固求之，景素大怒，言於選部，黜爲建安吳興令。

及齊高帝輔政，聞其才，召爲尙書駕部郎、驃騎參軍事。俄而荆州刺史沈攸之作亂，高帝謂淹曰：「天下紛紛若是，君謂何如？」淹曰：「昔項强而劉弱，袁衆而曹寡，羽卒受一劍之辱，紹終爲奔北之虜，此所謂『在德不在鼎』，公何疑哉。」帝曰：「試爲我言之。」淹曰：「公雄武有奇略，一勝也；寬容而仁恕，二勝也；賢能畢力，三勝也；人望所歸，四勝也；奉天子而伐叛逆，五勝也。彼志銳而器小，一敗也；有威無恩，二敗也；〔二〕士卒解體，三敗也；搢紳不懷，四敗也；懸兵數千里，而無同惡相濟，五敗也。雖豺狼十萬，而終爲我獲焉。」帝笑曰：「君談過矣。」

桂陽之役，朝廷周章，詔檄久之未就。齊高帝引淹入中書省，先賜酒食，淹素能飲啖，

食鵝炙垂盡，進酒數升訖，文誥亦辦。相府建，補記室參軍。高帝讓九錫及諸章表，皆淹製也。齊受禪，復爲驃騎豫章王嶷記室參軍。

建元二年，始置史官，淹與司徒左長史檀超共掌其任，所爲條例，並爲王儉所駁，其言不行。淹任性文雅，不以著述在懷，所撰十三篇竟無次序。又領東武令，參掌詔策。〔三〕後拜中書侍郎，王儉嘗謂曰：「卿年三十五，已爲中書侍郎，才學如此，何憂不至尙書金紫。所謂富貴卿自取之，但問年壽何如爾。」淹曰：「不悟明公見眷之重。」

永明三年，兼尙書左丞。時襄陽人開古冢，得玉鏡及竹簡古書，字不可識。王僧虔善識字體，亦不能諳，直云似是科斗書。淹以科斗字推之，則周宣王之前也。〔四〕簡殆如新。

少帝初，兼御史中丞。明帝作相，謂淹曰：「君昔在尙書中，非公事不妄行，在官寬猛能折衷。今爲南司，足以振肅百僚也。」淹曰：「今日之事，可謂當官而行，更恐不足仰稱明旨爾。」於是彈中書令謝朏、司徒左長史王績、護軍長史庾弘遠，並以託疾不預山陵公事。又奏收前益州刺史劉悛、梁州刺史陰智伯，並贓貨巨萬，輒收付廷尉。臨海太守沈昭略、永嘉太守庾曇隆及諸郡二千石幷大縣官長，多被劾，內外肅然。明帝謂曰：「自宋以來，不復有嚴明中丞，君今日可謂近世獨步。」

累遷祕書監，侍中，衞尉卿。初，淹年十三時，孤貧，常采薪以養母，曾於樵所得貂蟬一具，將鬻以供養。其母曰：「此故汝之休徵也，汝才行若此，豈長貧賤也，可留待得侍中著之。」至是果如母言。

永元中，崔慧景舉兵圍都，衣冠悉投名刺，淹稱疾不往。及事平，時人服其先見。

東昏末，淹以祕書監兼衞尉，又副領軍王瑩。及梁武至新林，淹微服來奔，位相國右長史。天監元年，爲散騎常侍、左衞將軍，封臨沮縣伯。淹乃謂子弟曰：「吾本素宦，不求富貴，今之忝竊，遂至於此。平生言止足之事，亦以備矣。人生行樂，須富貴何時。吾功名既立，正欲歸身草萊耳。」以疾遷金紫光祿大夫，改封醴陵伯，〔五〕卒。武帝爲素服舉哀，諡曰憲。

淹少以文章顯，晚節才思微退，云爲宣城太守時罷歸，始泊禪靈寺渚，夜夢一人自稱張景陽，謂曰：「前以一匹錦相寄，今可見還。」淹探懷中得數尺與之，此人大恚曰：「那得割截都盡。」顧見丘遲謂曰：「餘此數尺旣無所用，以遺君。」自爾淹文章躓矣。又嘗宿於冶亭，夢一丈夫自稱郭璞，謂淹曰：「吾有筆在卿處多年，可以見還。」淹乃探懷中得五色筆一以授之。爾後爲詩絕無美句，時人謂之才盡。凡所著述，自撰爲前後集，幷齊史十志，並行於世。嘗欲爲赤縣經以補山海之闕，竟不成。子蒍嗣。

任昉字彥升，樂安博昌人也。父遙，齊中散大夫。遙兄遐字景遠，少敦學業，家行甚謹，位御史中丞、金紫光祿大夫。〔六〕永明中，遐以罪將徙荒裔，遙懷名請訴，言淚交下，齊武帝聞而哀之，竟得免。

遙妻河東裴氏，高明有德行，嘗晝臥，夢有五色采旗蓋四角懸鈴，自天而墜，其一鈴落入懷中，心悸因而有娠。占者曰：「必生才子。」及生昉，身長七尺五寸，幼而聰敏，早稱神悟。四歲誦詩數十篇，八歲能屬文，自製月儀，辭義甚美。褚彥回嘗謂遙曰：「聞卿有令子，相爲喜之。所謂百不爲多，一不爲少。」由是聞聲藉甚。年十二，從叔晷有知人之量，見而稱其小名曰：「阿堆，吾家千里駒也。」昉孝友純至，每侍親疾，衣不解帶，言與淚并，湯藥飲食必先經口。

初爲奉朝請，舉兗州秀才，拜太學博士。永明初，衞將軍王儉領丹陽尹，復引爲主簿。儉每見其文，必三復殷勤，以爲當時無輩，曰：「自傅季友以來，始復見於任子。」若孔門是用，其入室升堂。」於是令昉作一文，及見，曰：「正得吾腹中之欲。」乃出自作文，令昉點正，昉因定數字。儉拊几歎曰：「後世誰知子定吾文。」其見知如此。

後爲司徒竟陵王記室參軍。時琅邪王融有才儁，自謂無對當時，見昉之文，怳然自失。

以父喪去官，泣血三年，杖而後起。齊武帝謂昉伯遐曰：「聞昉哀瘠過禮，使人憂之，非直亡卿之寶，亦時才可惜。宜深相全譬。」遐使進飲食，當時勉勵，回卽歐出。昉父遙本性重檳榔，以爲常餌，臨終嘗求之，剖百許口，不得好者，昉亦所嗜好，深以爲恨，遂終身不嘗檳榔。遭繼母憂，昉先以毀瘠，每一慟絕，良久乃蘇，因廬於墓側，以終喪禮。哭泣之地，草爲不生。昉素强壯，腰帶甚充，服闋後不復可識。

齊明帝深加器異，欲大相擢引，爲愛憎所白，乃除太子步兵校尉，掌東宮書記。齊明帝廢鬱林王，始爲侍中、中書監、驃騎大將軍、開府儀同三司、揚州刺史、錄尙書事，封宣城郡公，使昉具草。帝惡其辭斥，甚慍，昉亦由是終建武中位不過列校。

昉尤長爲筆，頗慕傅亮才思無窮，當時王公表奏無不請焉。昉起草卽成，不加點竄。沈約一代辭宗，深所推挹。永元中，紆意於梅蟲兒，東昏中旨用爲中書郎。謝尙書令王亮，亮曰：「卿宜謝梅，那忽謝我。」昉慚而退。末爲司徒右長史。

梁武帝剋建鄴，霸府初開，以爲驃騎記室參軍，專主文翰。每制書草，沈約輒求同署。嘗被急召，昉出而約在，是後文筆，約參製焉。

始梁武與昉遇竟陵王西邸，從容謂昉曰：「我登三府，當以卿爲記室。」昉亦戲帝曰：「我若登三事，當以卿爲騎兵。」以帝善騎也。至是引昉符昔言焉。昉奉牋云：「昔承清宴，屬有緒言，提挈之旨，形乎善謔。豈謂多幸，斯言不渝。」蓋爲此也。梁臺建，禪讓文誥，多昉所具。

奉世叔父母不異嚴親，事兄嫂恭謹。外氏貧闕，恒營奉供養。祿奉所收，四方餉遺，皆班之親戚，卽日便盡。性通脫，不事儀形，喜慍未嘗形於色，車服亦不鮮明。

武帝踐阼，歷給事黃門侍郎，吏部郎。出爲義興太守。歲荒民散，以私奉米豆爲粥，活三千餘人。時產子者不舉，昉嚴其制，罪同殺人。孕者供其資費，濟者千室。在郡所得公田奉秩八百餘石，昉五分督一，餘者悉原，兒妾食麥而已。友人彭城到溉、溉弟洽從昉共爲山澤游。及被代登舟，止有絹七匹，米五石。至都無衣，鎭軍將軍沈約遣裙衫迎之。

重除吏部郎，參掌大選，居職不稱。尋轉御史中丞、祕書監。自齊永元以來，祕閣四部，篇卷紛雜，昉手自讎校，由是篇目定焉。

出爲新安太守，在郡不事邊幅，率然曳杖，徒行邑郭。人通辭訟者，就路決焉。爲政清省，吏人便之。卒於官，唯有桃花米二十石，無以爲斂。遺言不許以新安一物還都，雜木爲棺，浣衣爲斂。闔境痛惜，百姓共立祠堂於城南，歲時祠之。武帝聞問，方食西苑綠沈瓜，投之於盤，悲不自勝。因屈指曰：「昉少時常恐不滿五十，今四十九，可謂知命。」卽日舉哀，哭之甚慟。追贈太常，謚曰敬子。

昉好交結，獎進士友，不附之者亦不稱述，得其延譽者多見升擢，故衣冠貴游莫不多與交好，坐上客恒有數十。時人慕之，號曰任君，言如漢之三君也。在郡尤以清潔著名，百姓年八十以上者，遣戶曹掾訪其寒溫。嘗欲營佛齋，調楓香二石，始入三斗，便出教長斷，曰：「與奪自己，不欲貽之後人。」郡有蜜嶺及楊梅，舊爲太守所采，昉以冒險多物故，卽時停絕，吏人咸以百餘年未之有也。爲家誡，殷勤甚有條貫。陳郡殷芸與建安太守到溉書曰：「哲人云亡，儀表長謝。元龜何寄，指南何託？」其爲士友所推如此。

昉不事生產，至乃居無室宅。時或譏其多乞貸，亦隨復散之親故，常自歎曰：「知我者亦以叔則，不知我者亦以叔則。」既以文才見知，時人云「任筆沈詩」。昉聞甚以爲病。晚節轉好著詩，欲以傾沈，用事過多，屬辭不得流便，自爾都下士子慕之，轉爲穿鑿，於是有才盡之談矣。博學，於書無所不見，家雖貧，聚書至萬餘卷，率多異本。及卒後，武帝使學士賀縱共沈約勘其書目，官無者就其家取之。所著文章數十萬言，盛行於時。東海王僧孺嘗論之，以爲「過於董生、揚子。昉樂人之樂，憂人之憂，虛往實歸，忘貧去吝，行可以厲風俗，義可以厚人倫，能使貪夫不取，懦夫有立」。其見重如此。

有子東里、西華、南容、北叟，並無術業，墜其家聲。兄弟流離不能自振，生平舊交莫有收卹。西華冬月著葛帔練裙，道逢平原劉孝標，泫然矜之，謂曰：「我當爲卿作計。」乃著廣絕交論以譏其舊交曰：

客問主人曰：「朱公叔絕交論，爲是乎，爲非乎？」主人曰：「客奚此之問？」客曰：「夫草蟲鳴則阜螽躍，彫虎嘯而清風起，故絪氳相感，霧涌雲蒸，嚶鳴相召，星流電激。是以王陽登則貢公喜，罕生逝而國子悲。且心同琴瑟，言鬱郁於蘭茝，道叶膠漆，志婉孌於塤篪。聖賢以此鏤金板而鐫盤盂，書玉牒而刻鍾鼎。若乃匠石輟成風之妙巧，伯牙息流波之雅引，范、張款款於下泉，尹、班陶陶於永夕。駱驛從橫，烟霏雨散，巧歷所不知，心計莫能測。而朱益州汨彝敍，粵謨訓，捶直切，絕交遊，視黔首以鷹鸇，媲人靈於豺虎。蒙有猜焉，請辯其惑。」

主人听然曰：「客所謂撫弦徽音，未達燥濕變響，張羅沮澤，不睹鴻雁高飛。蓋聖人握金鏡，闡風烈，龍驤蠖屈，從道汙隆。日月連璧，贊亹亹之弘致，雲飛雷薄，顯棣華之微旨。若五音之變化，濟九成之妙曲，此朱生得玄珠於赤水，謨神睿以爲言。至夫組織仁義，琢磨道德，歡其愉樂，恤其陵夷，寄通靈臺之下，遺跡江湖之上，風雨急而不輟其音，霜雪零而不渝其色，斯賢達之素交，歷萬古而一遇。逮叔世人訛，狙詐飈起，溪谷不能踰其險，鬼神無以究其變，競毛羽之輕，趨錐刀之末。於是素交盡，利交興，天下蚩蚩，鳥驚雷駭。然利交同源，派流則異，較言其略，有五術焉：

「若其寵均董、石，權壓梁、竇，彫刻百工，鑪錘萬物，吐嗽興雲雨，呼噏下霜露，九域聳其風塵，四海疊其熏灼。靡不望影星奔，藉響川鶩。雞人始唱，鶴蓋成陰，高門旦開，流水接軫，皆願摩頂至踵，隳膽抽腸。約同要離焚妻子，誓殉荊卿湛七族。是曰勢交，其流一也。

「富埒陶、白，貲巨程、羅，山擅銅陵，家藏金穴，出平原而聯騎，居里閈而鳴鐘。則有窮巷之賓，繩樞之士，冀宵燭之末光，邀潤屋之微澤。魚貫鳧踊，颯沓鱗萃，分雁鶩之稻粱，霑玉斝之餘瀝。銜恩遇，進款誠，援青松以示心，指白水而旌信。是曰賄交，其流二也。

「陸大夫宴喜西都，郭有道人倫東國，公卿貴其籍甚，搢紳羨其登仙。加以頗頤蹙頞，涕唾流沫，騁黃馬之劇談，縱碧雞之雄辯。敍溫燠則寒谷成暄，論嚴苦則春叢零葉，飛沈出其顧指，榮辱定其一言。於是有弱冠王孫，綺紈公子，道不挂於通人，聲未遒於雲閣，攀其鱗翼，丐其餘論，附騏驥之旄端，軼歸鴻於碣石。是曰談交，其流三也。

「陽舒陰慘，生靈大情，憂合歡離，品物恒性。故魚以泉涸而呴沫，鳥因將死而鳴哀。同病相憐，綴河上之悲曲，恐懼置懷，昭谷風之盛典。斯則斷金由於湫隘，刎頸起於苦蓋。是以伍員濯溉於宰嚭，張王撫翼於陳相。是曰窮交，其流四也。

「馳騖之俗，澆薄之倫，無不操權衡，秉纖纊。衡所以揣其輕重，纊所以屬其鼻息。若衡不能舉，纊不能飛，雖顏、冉龍翰鳳鶵，曾、史蘭薰雪白，舒、向金玉泉海，卿、雲黼黻河漢，視若游塵，遇同土梗，莫肯費其半菽，罕有落其一毛。若衡重錙銖，纊微影撇，雖共工之蒐慝，驩兜之掩義，南荊之跋扈，東陵之巨猾，皆爲匍匐委蛇，折枝舐痔。金膏翠羽將其意，脂韋便辟導其誠。故輪蓋所游，必非夷、惠之室，包苴所入，實行張、霍之家。謀而後動，芒豪寡忒。是曰量交，其流五也。

「凡斯五交，義同賈鬻，故桓譚譬之於闤闠，〔七〕林回諭之於甘醴。夫寒暑遞進，盛衰相襲，或前榮而後悴，或始富而終貧，或初存而末亡，或古約而今泰。循環翻覆，迅若波瀾，此則徇利之情未嘗異，變化之道不得一。由是觀之，張、陳所以凶終，蕭、朱所以隙末，斷焉可知矣。而翟公方規規然勒門以箴客，何所見之晚乎？然因此五交，是生三釁：敗德殄義，禽獸相若，一釁也；難固易攜，讎訟所聚，二釁也；名陷饕餮，貞介所羞，三釁也。古人知三釁之爲梗，懼五交之速尤，故王丹威子以檟楚，朱穆昌言而示絕，有旨哉！有旨哉！

「近世有樂安任昉，海內髦傑，早綰銀黃，夙昭人譽。遒文麗藻，方駕曹、王，英時俊邁，聯衡許、郭。類田文之愛客，同鄭莊之好賢。見一善則盱衡扼腕，遇一才則揚眉抵掌。雌黃出其脣吻，朱紫由其月旦。於是冠蓋輻湊，衣裳雲合，輜軿擊轊，坐客恒滿。蹈其閫閾，若升闕里之堂，入其隩隅，謂登龍門之坂。至於顧眄增其倍價，翦拂使其長鳴，彭組雲臺者摩肩，趨走丹墀者疊跡。莫不緟恩狎，結綢繆。想惠、莊之清塵，〔八〕庶羊、左之徽烈。及瞑目東粵，歸骸洛浦，繐帳猶懸，門罕漬酒之彥，墳未宿草，野絕動輪之賓。藐爾諸孤，朝不謀夕，流離大海之南，寄命瘴癘之地。自昔把臂之英，金蘭之友，曾無羊舌下泣之仁，寧慕郈成分宅之德。嗚呼！世路嶮巇，一至於此！太行孟門，豈云嶃絕。是以耿介之士，疾其若斯，裂裳裹足，棄之長鶩。獨立高山之頂，歡與麋鹿同羣，皦皦然絕其雰濁，誠恥之也，誠畏之也。」

到溉見其論，抵几於地，〔九〕終身恨之。

昉撰雜傳二百四十七卷，地記二百五十二卷，文章三十三卷。東里位尚書外兵郎。

王僧孺字僧孺，東海郯人也。魏衞將軍肅八世孫也。曾祖雅，晉左光祿大夫、儀同三司。祖準之，宋司徒左長史。〔一〇〕父延年，員外常侍，未拜卒。

僧孺幼聰慧，年五歲便機警，初讀孝經，問授者曰：「此書何所述？」曰：「論忠孝二事。」

僧孺曰：「若爾，願常讀之。」又有餽其父冬李，〔一一〕先以一與之，僧孺不受，曰：「大人未見，不容先嘗。」七歲能讀十萬言，及長篤愛墳籍。家貧，常傭書以養母，寫畢諷誦亦了。仕齊爲太學博士，尚書僕射王晏深相賞好。晏爲丹陽尹，召補功曹，使撰東宮新記。司徒竟陵王子良開西邸，招文學，僧孺與太學生虞羲、丘國賓、蕭文琰、丘令楷、江洪、劉孝孫並以善辭藻游焉。而僧孺與高平徐夤俱爲學林。文惠太子欲以爲宮僚，乃召入直崇明殿。會薨，出爲晉安郡丞，仍除候官令。建武初舉士，爲始安王遙光所薦，除儀曹郎，遷書侍御史，出爲錢唐令。初僧孺與樂安任昉遇於竟陵王西邸，以文學會友，及將之縣，昉贈詩曰：「唯子見知，唯余知子，觀行視言，要終猶始。敬之重之，如蘭如芷，形應影隨，曩行今止。百行之首，立人斯著，子之有之，誰毀誰譽。修名既立，老至何遽，誰其執鞭，吾爲子御。劉略班藝，虞志荀錄，伊昔有懷，交相欣勗。下帷無倦，升高有屬，嘉爾晨登，惜余夜燭。」〔一二〕其爲士友推重如此。

梁天監初，除臨川王後軍記室，待詔文德省。出爲南海太守。南海俗殺牛，曾無限忌，僧孺至便禁斷。又外國舶物、高涼生口歲數至，皆外國賈人以通貨易。舊時州郡就市，回而即賣，其利數倍，歷政以爲常。僧孺歎曰：「昔人爲蜀部長史，〔一三〕終身無蜀物，吾欲遺子孫者，不在越裝。」並無所取。視事二歲，聲績有聞。詔徵將還，郡中道俗六百人詣闕請留，不許。至，拜中書侍郎，領著作，復直文德省。撰起居注、中表簿，遷尚書左丞，俄兼御史中丞。僧孺幼貧，其母鬻紗布以自業，嘗攜僧孺至市，道遇中丞鹵簿，驅迫墜溝中。及是拜日，引騶清道，悲感不自勝。頃之卽眞。

時武帝制春景明志詩五百字，敕沈約以下辭人同作，帝以僧孺爲工。歷少府卿，尚書吏部郎，參大選，請謁不行。出爲仁威南康王長史、蘭陵太守，行府、州、國事。初，帝問僧孺妾媵之數，對曰：「臣室無傾視。」及在南徐州，友人以妾寓之，行還，妾遂懷孕。爲王典籤湯道愍所糺，逮詣南司，坐免官，久之不調。友人廬江何炯猶爲王府記室，僧孺乃與炯書以見其意。後爲安成王參軍事，鎭右中記室參軍。

僧孺工屬文，善楷隸，多識古事。侍郎全元起欲注素問，訪以砭石。〔一〕僧孺答曰：「古人當以石爲針，必不用鐵。說文有此砭字，許愼云：『以石刺病也。』東山經：『高氏之山多針石。』郭璞云：『可以爲砭針。』春秋：『美疢不如惡石。』服子愼注云：『石，砭石也。』季世無復佳石，故以鐵代之爾。」

轉北中郎諮議參軍，入直西省，知撰譜事。先是，尚書令沈約以爲「晉咸和初，蘇峻作亂，文籍無遺。後起咸和二年以至于宋，所書並皆詳實，並在下省左戶曹前廂，謂之晉籍，有東西二庫。此籍既並精詳，實可寶惜，位宦高卑，皆可依案。宋元嘉二十七年，始以七條

徵發，既立此科，人姦互起，僞狀巧籍，歲月滋廣。以至于齊，患其不實，於是東堂校籍，置郎令史以掌之。競行姦貨，以新換故，昨日卑細，今日便成士流。凡此姦巧，並出愚下，不辨年號，不識官階。或注隆安在元興之後，或以義熙在寧康之前。此時無此府，此時無此國。元興唯有三年，而猥稱四、五，詔書甲子，不與長曆相應。校籍諸郎亦所不覺，不才令史固自忘言。臣謂宋、齊二代，士庶不分，雜役減闕，職由於此。竊以晉籍所餘，宜加寶愛」。武帝以是留意譜籍，州郡多離其罪，因詔僧孺改定百家譜。始晉太元中，員外散騎侍郎平陽賈弼篤好簿狀，乃廣集衆家，大搜羣族，所撰十八州一百一十六郡，合七百一十二卷。凡諸大品，略無遺闕，藏在祕閣，副在左戶。及弼子太宰參軍匪之、匪之子長水校尉深世傳其業。太保王弘、領軍將軍劉湛並好其書。弘日對千客，不犯一人之諱。湛爲選曹，始撰百家以助銓序，而傷於寡略。齊衞將軍王儉復加去取，得繁省之衷。僧孺之撰，通范陽張等九族以代雁門解等九姓。其東南諸族別爲一部，不在百家之數焉。普通二年卒。

僧孺好墳籍，聚書至萬餘卷，率多異本，與沈約、任昉家書埒。少篤志精力，於書無所不覩，其文麗逸，多用新事，人所未見者，時重其富博。集十八州譜七百一十卷，百家譜集抄十五卷，東南譜集抄十卷，文集三十卷，兩臺彈事不入集，別爲五卷，及東宮新記並行於世。

虞羲字士光，會稽餘姚人，盛有才藻，卒於晉安王侍郎。丘國賓，吳興人，以才志不遇，著書以譏揚雄。蕭文琰，蘭陵人。丘令楷，吳興人。江洪，濟陽人。竟陵王子良嘗夜集學士，刻燭爲詩，四韻者則刻一寸，以此爲率。文琰曰：「頓燒一寸燭，而成四韻詩，何難之有。」乃與令楷、江洪等共打銅鉢立韻，響滅則詩成，皆可觀覽。劉孝孫，彭城人，博學通敏，而仕多不遂，常歎曰：「古人或開一說而致卿相，立談間而降白璧，書籍妄耳。」徐夤，高平人，有學行。父榮祖位祕書監，嘗有罪繫獄，旦日原之，而髮皓白。齊武問其故，曰：「臣思愆於內，而髮變於外。」當時稱之。

論曰：二漢求士，率先經術，近代取人，多由文史。觀江、任之所以効用，蓋亦會其時焉。而淹實先覺，加之以沈靜，昉乃舊恩，持之以內行。其所以名位自畢，各其宜乎。僧孺碩學，而中年遭躓，非爲不遇，斯乃窮通之數也。

校勘記

〔一〕而下官抱痛圜門　「而」下各本有「已」字，據梁書、册府元龜八七五刪。

〔二〕有威無恩二敗也　「威」、「恩」各本互倒。按梁書、册府元龜七一一及通志並作「有威而無恩」，與下「士卒解體」、「搢紳不懷」敗因相合，今乙正。

〔三〕又領東武令參掌詔策　「領」梁書作「帶」。王鳴盛十七史商榷：「若淹以記室帶東武令　當是食其祿不赴任，南史改『帶』爲『領』，未確。」

〔四〕則周宣王之前也　「之前」從元大德本，其他各本作「之簡」。王懋竑讀書記疑：「王僧虔傳，雍州有盜發古冢，得竹簡以示僧虔，云是科斗書考工記，周官所闕文也。江淹傳，襄陽人開古冢得竹簡，則周宣王之簡也。既是科斗書，僧虔何以不識其爲考工記？淹傳『周宣王』下疑脫『以前』二字。宣王時，史籀作大篆，此簡既非大篆，故以爲宣王以前之簡耳。」按時雍州鎭襄陽，雍州與襄陽古冢實爲一事。記疑意謂王僧虔善識字體，不容不識傳世之科斗文與大篆，故以爲「之簡」上當有「以前」二字，示所得古書之字更在科斗、大篆之前。據是，則元大德本作「之前」是。

〔五〕改封醴陵伯卒　「伯」各本作「侯」。按淹原封臨沮縣伯，此改封，非進封，不應爲侯。下「謚曰憲」，梁書作「謚曰憲伯」，明此「侯」爲「伯」之譌，今改正。

〔六〕位御史中丞金紫光祿大夫　各本「光祿大夫」下有「始興」二字，通志無，此當爲衍文，今刪去。

〔七〕故桓譚譬之於闤闠　文選李善注：「譚集及新論並無以市喻交之文。戰國策譚拾子謂孟嘗君曰：『富貴則就之，貧賤則去之，請以市喻。』疑『拾』誤爲『桓』，遂居『譚』上耳。」

中華書局

〔八〕想惠莊之淸塵 「惠莊」各本作「慧莊」。按惠謂惠施，莊謂莊周，今改正。

〔九〕到溉見其論抵几於地 「几」北監本、殿本作「之」，其他各本作「几」。

〔一〇〕祖準之宋司徒左長史 張森楷梁書校勘記：「宋書范泰傳言王準之爲司徒左長史在晉隆安時，則非宋也。符瑞志有義興太守王準之，則非宋司徒左長史也。」今按晉書王雅傳：「雅長子準之散騎侍郎。」疑「宋」爲「晉」之譌。

〔一一〕又有餽其父冬李 「冬李」太平御覽五一八引作「柰」。按柰一名頻婆，今稱蘋果，秋結實，冬日猶可得之。若李則不能保存至冬，且亦不聞有冬李之名。疑當作「柰」。

〔一二〕嘉爾晨登惜余夜燭 「晨登」梁書作「晨燈」。

〔一三〕昔人爲蜀部長史 「蜀部」各本作「蜀郡」。按郡無長史之官。魏景元後，益州鎭成都，故益州以蜀部爲稱，據梁書改。

〔一四〕侍郎全元起欲注素問訪以砭石 「全」各本作「金」，據册府元龜七八〇改。按隋書經籍志：「黃帝素問八卷，全元越注。」元起、元越，當是一人，然「起」、「越」未詳孰是。

南史卷六十

列傳第五十

范岫 傅昭 弟映 孔休源 江革 子德藻 徐勉

許懋 子亨 殷鈞 宗人芸

范岫字懋賓，濟陽考城人也。高祖宣，晉徵士。父羲，宋尚書殿中郎，本州別駕。竟陵王誕反，羲在城中，事平遇誅。

岫幼而好學，早孤，事母以孝聞。外祖顏延之早相題目，以爲中外之寶。蔡興宗臨荆州，引爲主簿。及蔡將卒，以岫貧乏，遺旨賜錢二十萬，固辭拒之。

仕齊爲太子家令。文惠太子之在東宮，沈約之徒以文才見引，岫亦預焉。岫文雖不逮約，而名行爲時輩所與。博涉多通，尤悉魏、晉以來吉凶故事。約常稱曰：「范公好事該博，

胡廣無以加。」南鄉范雲謂人曰：「諸君進止威儀，當問范長頭。」以岫多識前代舊事也。

遷國子博士。岫長七尺八寸，姿容奇偉。永明中，魏使至，詔妙選朝士有辭辯者，接使於界首，故以岫兼淮陰長史迎焉。入爲尚書左丞。丁母憂，居喪過禮。朝廷頻起，並不拜。朝廷亮其哀款，得終喪制。出爲安成內史，創立鈞折行倉，公私弘益。徵黃門侍郎，兼御史中丞，吏將送一無所納。永元末，爲輔國將軍、冠軍晉安王長史，行南徐州事。梁武帝平建鄴，承制徵爲尚書吏部郎，參大選。天監五年，爲散騎常侍、光祿大夫，侍皇太子，給扶。累遷祠部尚書，金紫光祿大夫。卒官。

岫恭敬儼恪，進止以禮，自親喪後，蔬食布衣以終身。每所居官，恒以廉潔著稱。爲長城令時，有梓材巾箱，至數十年，經貴遂不改易。在晉陵唯作牙管筆一雙，猶以爲費。所著文集、禮論、雜儀、字訓行於世。二子褒、偉。

傅昭字茂遠，北地靈州人，晉司隸校尉咸七世孫也。祖和之，父淡，善三禮，知名宋世。淡事宋竟陵王誕，誕反坐誅。

昭六歲而孤，哀毀如成人，爲外祖所養。十歲，於朱雀航賣曆日，雍州刺史袁顗見而奇

之。顗嘗來昭所，昭讀書自若，神色不改。顗歎曰：「此兒神情不凡，必成佳器。」司徒建安王休仁聞而悅之，因欲致昭。昭以宋氏多故，遂不往。或有稱昭於廷尉虞愿，乃遣車迎昭。時愿宗人通之在坐，並當時名流。通之貽昭詩曰：「英妙擅山東，才子傾洛陽，清塵誰能嗣，及爾遘遺芳。」太原王延秀薦昭於丹陽尹袁粲，深見禮，辟為郡主簿，使諸子從昭受學。會明帝崩，粲造哀策文，乃引昭定其所製，昭有其半焉。粲每經昭戶，輒歎曰：「經其戶寂若無人，披其帷其人斯在，〔一〕豈非名賢。」尋為總明學士、奉朝請。

齊永明中，累遷尚書儀曹郎。先是御史中丞劉休薦昭於齊武帝，永明初，以昭為南郡王侍讀。王嗣帝位，故時臣隸爭求權寵，唯昭及南陽宗夬保身而已，守正無所參入，竟不罹禍。明帝踐阼，引昭為中書通事舍人。時居此職者，皆權傾天下，昭獨廉靜無所干豫，器服率陋，身安粗糲。常插燭板牀，明帝聞之，賜漆合燭盤，敕曰：「卿有古人之風，故賜卿古人之物。」累遷尚書左丞。

梁武帝素重昭，梁臺建，以為給事黃門侍郎，領著作，兼御史中丞。天監三年，兼五兵尚書，參選事。四年即真。歷位左戶尚書，安成內史。郡自宋來，兵亂相接，府舍稱凶。每昏旦聞，人鬼相觸，在任者鮮以吉終。及昭至，有人夜見甲兵出，曰：「傅公善人，不可侵犯。」乃騰虛而去。有頃風雨總至，飄郡聽事入隍中，自是郡遂無患，咸以昭貞正所致。郡

溪無魚，或有暑月薦昭魚者，昭既不納，又不欲拒，遂餧于門側。郡多猛獸為害，常設檻穽，昭曰：「人不害猛獸，猛獸亦不害人。」乃命去檻穽，猛獸竟不為害。

歷祕書監，太常卿，還臨海太守。郡有蜜巖，前後太守皆自封固，專收其利。昭以周文之囿，與百姓共之，大可喻小，乃教勿封。縣令嘗餉栗，置絹于薄下，昭笑而還之。普通五年，為散騎常侍、金紫光祿大夫。

昭所莅官，常以清靜為政，不尚嚴肅。居朝廷，無所請謁，不畜私門生，不交私利。終日端居，以書記為樂，雖老不衰。博極古今，尤善人物，魏、晉以來，官宦簿閥，姻通內外，舉而論之，無所遺失，世稱為學府。性尤篤慎，子婦嘗得家餉牛肉以進昭，昭召其子曰：「食之則犯法，告之則不可。取而埋之。」其居身行己，不負闇室，類皆如此。後進宗其學，重其道，人人自以為不逮。卒，謚曰貞。

長子諝，位尚書郎，湘東王外兵參軍。諝子準有文才，梁宣帝時，位度支尚書。

昭弟映字徽遠，三歲而孤。兄弟友睦，修身勵行，非禮不動。始昭之守臨海，陸倕餞之，賓主俱歡，日暮不反。映以昭年高，不可連夜極樂，乃自往候接，同乘而歸。兄弟並已斑白，時人美而服焉。及昭卒，映喪之如父，年踰七十，哀戚過禮，服制雖除，每言輒慟。天監中，位烏程令，卒於太中大夫。子弘。

孔休源字慶緒，會稽山陰人，晉尚書沖之八世孫，沖即開府儀同三司愉之世父也。曾祖遙之，宋尚書水部郎。父佩，齊通直郎。〔二〕

休源十一而孤，居喪盡禮，每見父手所寫書，必哀慟流涕不能自勝，見者莫不為之垂泣。後就吳興沈驎士受經，〔三〕略通大義。州舉秀才，太尉徐孝嗣省其策，深善之，謂同坐曰：「董仲舒、華令思何以尚此，可謂後生之準的也。觀此足稱王佐之才。」琅邪王融雅相友善，乃薦之於司徒竟陵王，為西邸學士。

梁臺建，與南陽劉之遴同為太學博士，當時以為美選。休源初到都，寓於宗人少府孔登。曾以祠事入廟，侍中范雲一與相遇，深加褒賞，曰：「不期忽覯清顏，頓祛鄙吝，觀天披霧，驗之今日。」後雲命駕到少府，登便拂筵整帶，謂當詣己，備水陸之品。雲駐筯命休源，及至，命取其常膳，止有赤倉米飯，蒸鮑魚。雲食休源食，不舉主人之饌。高談盡日，同載還家。登深以為愧。尚書令沈約當朝貴顯，軒蓋盈門，休源或時後來，必虛襟引接，處之坐右，商略文義。其為通人所推如此。

武帝嘗問吏部尚書徐勉求一有學藝解朝儀者，為尚書儀曹郎，勉曰：「孔休源識見清

通，詳練故事，自晉、宋起居注，誦略上口。」武帝亦素聞之，即日除兼尚書儀曹郎。時多所改作，每逮訪前事，休源即以所誦記隨機斷決，曾無疑滯。吏部郎任昉常謂之為「孔獨誦」。

遷建康獄正，平反辯析，時罕冤人。後有選人為獄司者，帝常引休源以勵之。除中書舍人。後為尚書左丞，彈肅禮闈，雅允朝望。時周捨撰禮疑義，自漢、魏至于齊、梁，並皆搜采，休源所有奏議，咸預編錄。再遷長兼御史中丞，正色直繩，無所回避，百僚憚之。

後為晉安王長史、南郡太守，行荊州府州事。帝謂曰：「荊州總上流衝要，義高分陝，今以十歲兒委卿，善匡翼之，勿憚周昌之舉也。」乃敕晉安王曰：「孔休源人倫儀表，汝年尚幼，當每事師之。」尋始興王憺代鎮荊州，復為憺府長史，太守、行府事如故。在州累政，甚有政績，平心決斷，請託弗行。帝深嘉之。歷祕書監，復為晉安王府長史、南蘭陵太守，別敕專行南徐州事。休源累佐名蕃，甚得人譽，王深相倚仗，常於中齋別施一榻，云「此是孔長史坐」，人莫得預焉，其見敬如此。歷都官尚書。

普通七年，揚州刺史臨川王宏薨，武帝與羣臣議代居州任者，時貴戚王公咸望遷授。帝曰：「朕已得人，孔休源才識通敏，實應此選。」乃授宣惠將軍、監揚州事。休源初為臨川王行佐，及王薨而管州任，時論榮之。神州都會，簿領殷繁，休源剖斷如流，傍無私謁。中大通二年，加金紫光祿大夫。在州晝決辭訟，夜覽墳籍。每車駕巡幸，常以軍國事

中華書局

委之。昭明太子薨，有敕夜召休源入宴居殿與羣公參定謀議，立晉安王綱爲皇太子。自公卿珥貂插筆奏決於休源前，休源怡然無愧，時人名爲兼天子。四年，卒，遺令薄葬，節朔薦蔬菲而已。帝爲之流涕，顧謝舉曰：「孔休源居職清忠，方欲共康政道，奄至隕沒，朕甚痛之。」舉曰：「此人清介强直，臣竊爲陛下惜之。」謚曰貞子。

休源風範强正，明練政體，常以天下爲己任。武帝深委仗之。累居顯職，性縝密，未嘗言禁中事。聚書盈七千卷，手自校練。凡奏議彈文勒成十五卷。

長子雲章頗有父風，[四]位東揚州別駕。少子宗範聰敏有識度，[五]位中書郎。

江革字休映，濟陽考城人也。祖齊之，宋都水使者，尚書金部郎。父柔之，齊尚書倉部郎，有孝行，以母憂毁卒。

革幼而聰敏，早有才思，六歲便解屬文。柔之深加賞器，曰：「此兒必興吾門。」九歲丁父艱，與第四弟觀同生，少孤貧，傍無師友，兄弟自相訓勗，讀書精力不倦。十六喪母，以孝聞。服闋，與觀俱詣太學，補國子生，舉高第。齊中書郎王融、吏部郎謝朓雅相欽重。朓嘗行還過候革，時大寒雪，見革弊絮單席，而耽學不倦，嗟歎久之，乃脫其所著襦，幷手割半氈

與革充臥具而去。司徒竟陵王聞其名，引爲西邸學士。

弱冠舉南徐州秀才。時豫章胡諧之行州事，王融與諧之書令薦革。諧之方貢琅邪王汎，便以革代之。僕射江祏深相引接，祏爲太子詹事，啓革爲丞。祏時權傾朝右，以革才堪經國，令參掌機務，詔誥文檄皆委以具。革防杜形迹，外人不知。祏誅，賓客皆罹其罪，革獨以智免。除尚書駕部郎。

中興元年，梁武帝入石頭，時吳興太守袁昂據郡拒義不從，革製書與昂，於坐立成，辭義典雅，帝深賞歎之，令與徐勉同掌書記。建安王爲雍州刺史，表求管記，以革爲征北記室參軍，帶中廬令。與弟觀少長共居，不忍離別，苦求同行。以觀爲征北行參軍，兼記室。時吳興沈約、樂安任昉與革書云：「比聞雍府妙選英才，文房之職，總卿昆季，可謂馭二龍於長途，騁騏驥於千里。」途次江夏，觀卒。革在雍州，爲府王所禮，款若布衣。

後爲建康正，頻遷秣陵、建康令，爲政明肅，豪强憚之。歷中書舍人，尚書左丞，晉安王長史、尋陽太守，行江州府事。徙廬陵王長史，太守、行事如故。以清嚴爲屬城所憚。時少王行事，多傾意於籤帥，革以正直自居，不與典籤趙道智坐。道智因還都啓事，面陳革墮事好酒，以琅邪王曇聰代爲行事。南州士庶爲之語曰：「故人不道智，新人佞散騎，莫知度不度，新人不如故。」還御史中丞，彈奏豪權，一無所避。

後爲鎭北豫章王長史、廣陵太守。時魏徐州刺史元法僧降附，革被敕隨府王鎭彭城。城既失守，革素不便馬，汎舟而還。途經下邳，爲魏人所執。魏徐州刺史安豐王延明聞革才名，厚加接待。革稱脚疾不拜，延明將害之，見革辭色嚴正，更加敬重。時祖暅同被拘縶，延明使暅作欹器漏刻銘，革唾罵暅曰：「卿荷國厚恩，已無報答，乃爲虜立銘，孤負朝廷。」延明聞之，乃令革作丈八寺碑幷祭彭祖文，革辭以囚執既久，無復心思。延明將加箠扑，革厲色曰：「江革行年六十，不能殺身報主，今日得死爲幸，誓不爲人執筆。」延明知不可屈乃止。日給脫粟三升，僅餘性命。會魏帝請中山王元略反北，乃放革及祖暅還朝。上大宴，舉酒勸革曰：「卿那不畏延明害？」對曰：「臣行年六十，死不爲夭，豈畏延明。」帝曰：「今日始見蘇武之節。」於是以爲太尉臨川王長史。

時帝惑於佛教，朝賢多啓求受戒。革精信因果，而帝未知，謂革不奉佛法，乃賜革覺意詩五百字，云：「唯當勤精進，自强行勝修，豈可作底突，如彼必死囚。以此告江革，幷及諸貴遊。」[六]又手敕曰：「果報不可不信，豈得底突如對元延明邪。」革因乞受菩薩戒。

時武陵王紀在東州，頗驕縱，上以臧盾性弱，不能匡正，召革慰遣，乃除武陵王長史、會稽郡丞，行府州事。革門生故吏家多在東，聞革應至，並齎持緣道迎候。革曰：「我通不受餉，不容獨當故人筐篚。」至鎭唯資公俸，食不兼味。郡境殷廣，辭訟日數百，革分判辯析，

曾無疑滯，人安吏畏，百城震恐。琅邪王騫爲山陰令，贓貨狼籍，望風自解。府王憚之。每侍讌，言論必以詩、書，王因此耽學好文。典籤沈熾文以王所制詩呈武帝，帝謂僕射徐勉曰：「革果稱職。」乃除都官尚書。將還，贈遺一無所受，送故依舊訂舫，革並不納，唯乘臺所給一舸。舸艚偏欹，不得安臥。或請濟江徙重物以迮輕艚，革既無物，乃於西陵岸取石十餘片以實之。其清貧如此。

尋監吳郡，時境內荒儉，劫盜公行。革至郡唯有公給仗身二十人，百姓皆懼不能靜寇，革反省游軍尉，[七]百姓逾恐。革乃廣施恩惠，盜賊靜息。

武陵王出鎭江州，乃曰：「我得江革文，得革清貧，[八]豈能一日忘之，當與其同飽。」乃表革同行。除南中郎長史、尋陽太守。徵入爲度支尚書。好獎進閭閻，爲後生延譽，由是衣冠士子翕然歸之。時尚書令何敬容掌選，序用多非其人。革性强直，每朝宴恒有褒貶，以此爲權貴所疾。乃謝病還家，除光祿大夫，優游閑放，以文酒自娛。卒，謚曰彊子。有集二十卷行於世。革歷官八府長史，四王行事，三爲二千石，傍無姬侍，家徒壁立，時以此高之。長子行敏早卒，[九]次子德藻。

德藻字德藻，好學，美風儀，身長七尺四寸。性至孝，事親盡禮。與異產昆弟居，恩惠

中華書局

甚篤。涉獵經籍，善屬文。仕梁爲尚書比部郎，以父憂去職。服闋後，容貌毁瘠，如居喪時。

及陳武帝受禪，爲祕書監，兼尚書左丞。尋以本官兼中書舍人。天嘉中，兼散騎常侍，與中書郎劉師知使齊，著北征道里記三卷。還除太子中庶子。遷御史中丞，坐公事免。後自求宰縣，補新淦令。政尚恩惠，頗有異績。卒於官，文帝贈散騎常侍。文筆十五卷。子椿亦善屬文，位尚書右丞。

德藻弟從簡，少有文情，年十七，作采荷調以刺何敬容，爲當時所賞。位司徒從事中郎。侯景亂，爲任約所害。子兼叩頭流血，乞代父命，以身蔽刃，遂俱見殺，天下痛之。

徐勉字脩仁，東海郯人也。祖長宗，宋武帝霸府行參軍。父融，南昌相。

勉幼孤貧，早勵清節。年六歲，屬霖雨，家人祈霽，率爾爲文，見稱耆宿。及長好學，宗人孝嗣見之歎曰：「此所謂人中之騏驥，必能致千里。」又嘗謂諸子曰：「此人師也，爾等則而行之。」年十八，召爲國子生，便下帷專學，精力無怠。同時儕輩肅而敬之。祭酒王儉每見，常目送之，曰：「此子非常器也。」每稱有宰輔之量。射策甲科，起家王國侍郎，補太學博士。

時每有議定，勉理證明允，莫能貶奪，同官咸取則焉。

遷臨海王西中郎田曹行參軍，俄徙署都曹。時琅邪王融一時才儁，特相慕悅，嘗請交焉。勉謂所親曰：「王郎名高望促，難可輕襲衣裾。」融後果陷於法，以此見推識鑒。累遷領軍長史。

初與長沙宣武王游，梁武帝深器賞之，及武帝兵至建鄴，勉於新林謁見，帝甚加恩禮，使管書記。及帝卽位，拜中書侍郎，進領中書通事舍人，直內省。遷臨川王後軍諮議、尚書左丞。自掌樞憲，多所糾舉，時論以爲稱職。

天監三年，〔一〇〕除給事黃門侍郎，尚書吏部郎，參掌大選。遷侍中。時師方侵魏，候驛塡委。勉參掌軍書，劬勞夙夜，動經數旬，乃一還家。羣犬驚吠，勉歎曰：「吾憂國忘家，乃至於此。若吾亡後，亦是傳中一事。」

六年，除給事中、五兵尚書，遷吏部尚書。勉居選官，彝倫有序。既閑尺牘，兼善辭令，雖文案塡積，坐客充滿，應對如流，手不停筆。又該綜百氏，皆避其諱。嘗與門人夜集，客有虞暠求詹事五官。勉正色答云：「今夕止可談風月，不宜及公事。」故時人服其無私。天監初，官名互有省置，勉撰立選簿奏之，有詔施用。其制開九品爲十八班，自是貪冒苟進者以財貨取通，守道淪退者以貧寒見沒矣。

後爲左衞將軍，領太子中庶子，侍東宮。昭明太子尚幼，敕知宮事，太子禮之甚重，每事詢謀。嘗於殿講孝經，臨川王宏、尚書令沈約備二傅，勉與國子祭酒張充爲執經，王瑩、張稷、柳憕、王暕爲侍講。時選極親賢，妙盡人譽。勉陳讓數四，又與沈約書，求換侍講，詔弗許，然後就焉。舊揚、徐首迎主簿，盡選國華中正，取勉子崧充南徐選首。帝敕之曰：「卿寒士，而子與王志子同迎，偃王以來未之有也。」勉恥以其先爲戲，答旨不恭，由是左遷散騎常侍，領游擊將軍。

後爲太子詹事，又遷尚書右僕射，詹事如故。時人間喪事多不遵禮，朝終夕殯，相尚以速。勉上疏曰：「禮記問喪云：『三日而後斂者，以俟其生也。三日而不生，亦不生矣。』頃來不遵斯制，送終之禮，殯以朞日。潤屋豪家，乃或半晷。衣衾棺槨，以速爲榮。親戚徒隸，各念休反。故屬纊纔畢，灰釘已具。忘狐鼠之顧步，媿燕雀之徊翔，傷情滅理，莫此爲大。且人子承衾之時，志懣心絕，喪事所資，悉關他手。愛憎深淺，事實難原。如覘視或爽，存沒違濫，使萬有其一，怨酷已多，豈若緩其告斂之辰，〔一一〕申其望生之冀。請自今士庶宜悉依古，三日大斂。如其不奉，加以糾繩。」詔可其奏。

又除尚書僕射、中衞將軍。勉以舊恩，繼升重位，盡心奉上，知無不爲。爰自小選迄于此職，常參掌衡石，甚得士心。禁省中事，未嘗漏泄，每有表奏，輒焚藁草。博通經史，多識前載。齊世王儉居職已後，莫有逮者。朝儀國典，昏冠吉凶，勉皆預圖議。

初，勉受詔知撰五禮，普通六年功畢，表上之曰：

夫禮以安上化人，弘風訓俗，經國家，利後嗣者也。唐、虞、三代，咸必由之。在乎有周，憲章尤備，因殷革夏，損益可知。雖復經禮三百，曲禮三千，經文三百，威儀三千，其大歸有五，卽宗伯所掌典禮，吉爲上，凶次之，賓次之，軍次之，嘉爲下也。故祠祭不以禮，則不齊不莊；喪紀不以禮，則背死忘生者衆；賓客不以禮，則朝覲失其儀；軍旅不以禮，則致亂於師律；冠昏不以禮，則男女失其時。爲國修身，於斯攸急。洎周室大壞，王道既衰，官守斯文，日失其序。暴秦滅學，掃地無餘。漢氏鬱興，日不暇給，猶命叔孫於外野，方知帝王之爲貴。末葉紛綸，遞有興毁。及東京曹褒，南宮制述，集其散略，百有餘篇。雖寫以尺簡，而終闕平奏。其後兵革相尋，異端互起，章句既淪，俎豆斯輟。方領矩步之容，事滅於旌鼓，蘭臺石室之典，用盡於帷蓋。至乎晉氏，爰定新禮，荀顗制之於前，摯虞删之於末。既而中原喪亂，罕有所遺，江左草創，因循而已。釐革之風，是則未暇。

伏惟陛下睿明啓運，先天改物，〔一二〕撥亂惟武，經俗以文。作樂在乎功成，制禮弘於業定。伏尋所定五禮，起齊永明三年，太子步兵校尉伏曼容表求制一代禮樂。于時

中華書局

參議，置新舊學士十人，止修五禮，諮稟衞將軍丹陽尹王儉，學士亦分住郡中，制作歷年，猶未克就。及文憲薨，遺文散逸，又以事付國子祭酒何胤，經涉九載，猶復未畢。建武四年，胤還東山，齊明帝敕委尚書令徐孝嗣，舊事本末，隨在南第。永元中，孝嗣於此遇禍，又多零落。當時鳩集所餘，權付尚書左丞蔡仲熊、驍騎將軍何佟之共掌其事。時禮局住在國子學中門外，東昏之時，頻有軍火，其所散失，又踰太半。天監元年，佟之啓審省置之宜，敕使外詳。時尚書參詳，以天地初革，庶務權輿，宜俟隆平，徐議刪撰。欲且省禮局，併還尚書儀曹。詔旨云：「禮壞樂缺，故國異家殊，實宜以時修定，以爲永準。」於是尚書僕射沈約等參議，請五禮各置舊學士一人，人各自舉學士二人相助，抄撰其中。有疑者依前漢石渠、後漢白虎，隨源以聞，請旨斷決。乃以舊學士右軍記室參軍明山賓掌吉禮，中軍騎兵參軍嚴植之掌凶禮，中軍田曹行參軍兼太常丞賀瑒掌賓禮，征虜記室參軍陸璉掌軍禮，右軍參軍事司馬褧掌嘉禮，尚書右丞何佟之總參其事。佟之亡後，以鎮北諮議參軍伏暅代之。後又以暅代嚴植之掌凶禮。暅尋遷官，以五經博士繆昭掌凶禮。復以禮儀深廣，記載殘缺，宜須博論，共盡其致，更使鎮軍將軍丹陽尹沈約、太常卿張充及臣三人同參厥務，臣又奉別敕總知其事。末又使中書侍郎周捨、庾於陵二人復豫參知。若有疑義，所掌學士當職先立議，通諸五禮舊

學士及參知各言同異，條牒啓聞，決之制旨。疑事既多，歲時又積，制旨裁斷，其數不少。莫不網羅經誥，玉振金聲。凡諸奏決，皆載篇首，具列聖旨，爲不刊之則。寧孝宣之能擬，豈孝章之足云。

五禮之職，事有繁簡，及其列畢，不得同時。嘉禮儀注以天監六年五月七日上尚書，合十有二帙，一百一十六卷，五百三十六條。賓禮儀注以天監六年五月二十日上尚書，合十有七帙，一百三十三卷，五百四十五條。軍禮儀注以天監九年十月二十九日上尚書，合十有八帙，一百八十九卷，二百四十條。吉禮儀注以天監十一年十一月十日上尚書，合二十有六帙，二百二十四卷，一千五條。凶禮儀注以天監十一年十一月十七日上尚書，合四十有七帙，五百一十四卷，五千六百九十三條。大凡一百二十帙，一千一百七十六卷，八千一十九條。又列副祕閣及五經典書各一通，繕寫校定，以普通五年二月始獲洗畢。

竊以撰正履禮，歷代罕就，皇明在運，厥功克成。周代三千，舉其盈數，今之八千，隨事附益。質文相變，故其數兼倍，猶如八卦之爻，因而重之，錯綜成六十四也。臣以庸識，謬司其任，淹留歷稔，允當斯責。兼勤成之初，未遑表上，實由才輕務廣，思力不周，永言慚惕，無忘寤寐。自今春輿駕將親六師，搜尋軍禮，閱其條章，靡不該備，可以

懸諸日月，頒之天下者矣。

詔有司案以遵行。

尋加中書令，勉以疾求解內任，詔不許，乃令停下省，三日一朝，有事遣主書論決。患脚轉劇，久闕朝覲，固陳求解，〔三〕詔許疾差還省。

勉雖居顯職，不營產業，家無畜積，奉祿分贍親族之貧乏者。門人故舊或從容致言，勉乃答曰：「人遺子孫以財，我遺之清白。子孫才也，則自致輜軿；如不才，終爲佗有。」嘗爲書戒其子崧曰：

吾家本清廉，故常居貧素。至於產業之事，所未嘗言，非直不經營而已。薄躬遭逢，遂至今日，尊官厚祿，可謂備之。每念叨竊若斯，豈由才致，仰藉先門風範及以福慶，故臻此爾。古人所謂「以清白遺子孫，不亦厚乎」。又云「遺子黃金滿籯，不如一經」。詳求此言，信非徒語。吾雖不敏，實有本志，庶得遵奉斯義，不敢墜失。所以顯貴以來，將三十載，門人故舊，承薦便宜，或使創闢田園，或勸興立邸店；又欲舳艫運致，亦令貨殖聚斂。若此衆事，皆距而不納。非謂拔葵去織，且欲省息紛紜。

中年聊於東田開營小園者，非存播藝以要利，政欲穿池種樹，少寄情賞。又以郊際閑曠，終可爲宅，儻獲懸車致事，實欲歌哭於斯。慧日、十住等既應營昏，又須住止。

吾清明門宅無相容處，所以爾者，亦復有以。前割西邊施宣武寺，既失西廂，不復方幅，意亦謂此逆旅舍爾，何事須華。常恨時人謂是我宅。古往今來，豪富繼踵，高門甲第，連闥洞房，宛其死矣，定是誰室？但不能不爲培塿之山，聚石移果，雜以花卉，以娛休沐，用託性靈。隨便架立，不存廣大，唯功德處小以爲好，所以內中逼促，無復房宇。近修東邊兒孫二宅，乃藉十住南還之資，其中所須，猶爲不少。既牽挽不至，又不可中途而輟，郊間之園，遂不辦保，貨與韋黯，乃獲百金。成就兩宅，已消其半。尋園價所得，何以至此？由吾經始歷年，粗已成立，桃李茂密，桐竹成陰，塍陌交通，渠畎相屬。華樓迥榭，頗有臨眺之美，孤峯叢薄，不無糾紛之興。濆中並饒荇菝，〔四〕湖裏殊富芰蓮。雖云人外，城闕密邇，韋生欲之，亦雅有情趣。追述此事，非有吝心，蓋是事意所至爾。憶謝靈運山家詩云：「中爲天地物，今成鄙夫有。」吾此園有之二十載，今爲天地物。物之與我，相校幾何哉。此直所餘，今以分汝營小田舍，〔五〕親累既多，理亦須此。且釋氏之教，以財物謂之外命。外典亦稱「何以聚人曰財」。況汝常情，安得忘此。聞汝所買湖熟田地，甚爲舄鹵，彌復可安，〔六〕所以如此，非物競故也。雖事異寢丘，聊可髣髴。孔子曰：「居家理事，可移於官。」既已營之，宜使成立，進退兩亡，更貽恥笑。若有所收穫，汝可自分贍內外大小，宜令得所，非吾所知，又復應霑之諸女爾。汝既居

中華書局

長，故有此及。

凡爲人長，殊復不易，當使中外諧緝，人無間言，先物後己，然後可貴。老生云：「後其身而身先。」若能爾者，更招巨利。汝當自勗，見賢思齊，不宜忽略以棄日也。棄日乃是棄身，身名美惡，豈不大哉，可不愼歟！今之所敕，略言此意。政謂爲家以來，不事資產，暨立墅舍，似乖舊業，陳其始末，無愧懷抱。兼吾年時朽暮，心力稍單，牽課奉公，略不克舉，其中餘暇，裁可自休。或復冬日之陽，夏日之陰，良辰美景，文案間隙，負杖躡履，逍遙陋館，臨池觀魚，披林聽鳥，濁酒一杯，彈琴一曲，求數刻之暫樂，庶居常以待終，不宜復勞家間細務。汝交關既定，此書又行，凡所資須，付給如別。自茲以後，吾不復言及田事，汝亦勿復與吾言之。假使堯水湯旱，豈如之何。若其滿庾盈箱，爾之幸遇，如斯之事，並無俟令吾知也。〔七〕記云：「夫孝者善繼人之志，善述人之事。」今且望汝全吾此志，則無所恨矣。

第二子悱卒，痛悼甚至，不欲久廢王務，乃爲答客以自喩焉。普通末，武帝自算擇後宮吳聲、西曲女妓各一部，並華少，賚勉，因此頗好聲酒。祿奉之外，月別給錢十萬，信遇之深，故無與匹。

中大通中，又以疾自陳，移授特進、右光祿大夫、侍中、中衞將軍，置佐史，餘如故。〔八〕

增親信四十人。兩宮參問，冠蓋結轍。有敕每欲臨幸，勉以拜伏有虧，頻啓停出，詔許之，遂停輿駕。及卒，帝聞而流涕。卽日車駕臨殯，贈右光祿大夫、開府儀同三司。皇太子亦舉哀朝堂。有司奏諡「居敬行簡曰簡」，帝益「執心決斷曰肅」，因諡簡肅公。勉雖骨鯁不及范雲，亦不阿意苟合，後知政事者莫及，梁世之言相者稱范、徐云。

善屬文，勤著述，雖當機務，下筆不休。常以起居注煩雜，乃撰爲流別起居注六百六十卷，左丞彈事五卷。在選曹，撰選品三卷。齊時撰太廟祝文二卷。以孔、釋二教殊途同歸，撰會林五十卷。凡所著前後二集五十卷，又爲人章表集十卷。〔九〕

大同三年，故佐史尙書左丞劉覽等詣闕陳勉行狀，請刊石紀德，卽降詔立碑於墓焉。

悱字敬業，幼聰敏，能屬文，位太子舍人，掌書記。累遷洗馬，中舍人，猶管書記。出入宮坊者歷稔。以足疾出爲湘東王友，俄遷晉安內史。

許懋字昭哲，高陽新城人，魏鎭北將軍允九世孫也。五世祖詢，晉徵士。祖珪，宋給事中，〔一〇〕著作郎，桂陽太守。父勇慧，齊太子家令，冗從僕射。

懋少孤，性至孝，居父憂執喪過禮。篤志好學，爲州黨所稱。十四入太學，受毛詩，旦領師說，晚而覆講，坐下聽者常數十百人，因撰風雅比興義十五卷，〔一一〕盛行於時。尤明故事，稱爲儀注學。

起家後軍豫章王行參軍，〔一二〕轉法曹。舉秀才，遷驃騎大將軍儀同中記室。文惠太子聞而召之，侍講於崇明殿。後兼國子博士，與司馬褧同志友善。僕射江祏甚推重之，號爲經史笥。

梁天監初，吏部尙書范雲舉懋參詳五禮，除征西鄱陽王諮議參軍，兼著作郎，待詔文德省。時有請會稽封禪者，武帝因集儒學士草封禪儀，將行焉，懋建議獨以爲不可。帝見其議，嘉納之，由是遂停。十年，轉太子家令。凡諸禮儀，多所刊正。以足疾，出爲始平太守，政有能名。加散騎常侍，轉天門太守。中大通三年，皇太子召與諸儒錄長春義記。四年，拜中庶子。是歲卒。撰述行記四卷，有集十五卷。子亨。

亨字亨道，少傳家業，孤介有節行。博通羣書，多識前代舊事，甚爲南陽劉之遴所重。梁太清初，爲西中郎記室，兼太常丞。侯景之亂，避地郢州。會梁邵陵王自東至，引爲諮議參軍。王僧辯之襲郢州，素聞其名，召爲儀同從事中郎。遷太尉從事中郎，與吳興沈炯對掌書記，府政朝務，一以委之。晉安王承制，授給事黃門侍郎。

陳武帝受禪，爲太中大夫，領大著作，知梁史事。初僧辯之誅也，所司收僧辯及其子頠屍，於方山同坎埋瘞，至是無敢言者，亨以故吏抗表請葬之。與故義徐陵、張種、孔奐等相率以家財營葬，凡七柩，皆改窆焉。

光大中，宣帝入輔，以亨貞正有古人風，甚相欽重，常以師禮事之。及到仲舉之謀出宣帝，宣帝問亨，亨勸勿奉詔。宣帝卽位，拜衞尉卿。卒於官。

亨初撰齊書并志五十卷，遇亂亡失。後撰梁史，成者五十八卷。梁太清之後，所製文筆六卷。子善心，位尙書度支侍郎。

殷鈞字季和，陳郡長平人，晉荊州刺史仲堪五世孫也。曾祖元素，宋南康相，坐元凶事誅。元素娶尙書僕射琅邪王僧朗女，生子寧早卒，寧遺腹生子叡，亦當從戮，僧朗啓孝武救之得免。叡有口辯，司徒褚彥回甚重之，謂曰：「諸殷自荊州以來無出卿。」叡斂容答曰：「殷族衰悴，誠不如昔，若此旨爲虛，故不足降，此旨爲實，彌不可聞。」仕齊歷司徒從事中郎。

叡妻琅邪王奐女，奐爲雍州刺史，啓叡爲府長史。奐誅，叡亦見害。

鈞九歲以孝聞，及長，恬靜簡交游，好學有思理，善隸書，爲當時楷法。南鄉范雲、樂安

中華書局

任昉並稱美之。梁武帝與叡少故舊，以女永興公主妻鈞，拜駙馬都尉。歷祕書丞，在職啓校定祕閣四部書，更爲目錄。又受詔料檢西省法書古迹，列爲品目。累遷侍中，東宮學士。

自宋、齊以來，公主多驕淫無行，永興主加以險虐。鈞形貌短小，爲主所憎，每被召入，先滿壁爲殷叡字，鈞輒流涕以出，主命婢束而反之。鈞不勝怒而言於帝，帝以犀如意擊主碎於背，然猶恨鈞。

自侍中出爲王府諮議，後爲明威將軍、臨川內史。鈞體羸多疾，閉閤臥理，而百姓化其德，劫盜皆奔出境。嘗禽劫帥，不加考掠，和言誚責。劫帥稽顙乞改過，鈞便命遣之，後遂爲善人。郡舊多山瘧，更暑必動，自鈞在任，郡境無復瘧疾。

母憂去職，居喪過禮，昭明太子憂之，手書誡喻。服闋，爲散騎常侍，領步兵校尉，侍東宮。改領中庶子，後爲國子祭酒。卒，謚貞。二子構、渥。鈞宗人芸。

芸字灌蔬，倜儻不拘細行，然不妄交游，門無雜客。勵精勤學，博洽羣書。幼而廬江何憲見之，深相歎賞。天監中，位祕書監、司徒左長史。後直東宮學士省，卒。

論曰：范懋賓之德美，傅茂遠之清令，孔休源之政事，江休映之强直，並加之以學植，飾之以文采，其所以取高時主，豈徒然哉。徐勉少而勵志，發憤忘食，修身慎行，遭厲興王，依光日月，致位公輔，提衡端軌，時無異議，爲梁氏宗臣，信爲美矣。許懋業藝，以經笥見推，亨懷道好古，以博覽歸擧，其所以折議封禪，求葬僧辯，正直存焉，豈唯文義而已。古人云「仁者有勇」，斯言近之。殷鈞德業自居，又加之以政績，文質斌斌，亦足稱也。

校勘記

〔一〕披其帷共人斯在 「帷」各本作「室」，據梁書改。按室不可以言披，通志亦作「帷」。

〔二〕父佩齊通直郎 「佩」梁書作「珮」，册府元龜七五三同。

〔三〕後就吳興沈麟士受經 「麟士」梁書作「驎士」。按南齊書有沈驎士傳，驎、麟本一字。

〔四〕長子雲章頗有父風 「雲章」梁書作「雲童」。

〔五〕少子宗範聰敏有識度 「宗範」梁書作「宗軌」。

〔六〕以此告江革并及諸貴遊 「江」、「并」二字據梁書補。按上「乃賜革覺意詩五百字」，則此末二句不應四字爲句也。

〔七〕革反省遊軍尉 「反」各本作「乃」，據梁書改。

〔八〕我得江革文得革清貧 南、北監本，殿本，局本「文」作「又」；大德本、汲古閣本作「文」。按梁書云：「我得江革，文華清麗。」疑此有誤脫。

〔九〕長子行敏早卒 「行」字各本並脫，據梁書、通志補。

〔一〇〕天監三年 「三年」梁書、通鑑作「二年」。

〔一一〕豈若綏其告敏之辰 「若」各本作「不」，據梁書、册府元龜五七九改。

〔一二〕先天改物 「先」各本作「光」，據梁書、册府元龜五六三改。

〔一三〕固陳求解 「陳」、「求」各本誤倒，據梁書、册府元龜四六一乙正。

〔一四〕瀆中並饒荇莜 「荇莜」梁書作「菰蔣」。

〔一五〕此直所餘今以分汝營小田舍 「直」梁書、通志作「吾」。

〔一六〕聞汝所買湖熟田地甚爲舃鹵彌復可安 「湖熟」、「可」，梁書作「姑孰」、「何」。

〔一七〕如斯之事並無俟令吾知也 「並」上各本衍「過」字，據梁書刪。

〔一八〕餘如故 「餘」各本作「扶」，據梁書改。

〔一九〕凡所著前後二集五十卷又爲人章表集十卷 「五十卷」梁書作「四十五卷」，通志同。「又爲人章表集」梁書作「又爲婦人集」。

〔二〇〕宋給事中 「中」字各本並脫，據梁書及陳書許亨傳補。

〔二一〕因撰風雅比興義十五卷 「義」下陳書許亨傳有「類」字。

〔二二〕起家後軍豫章王行參軍 「後軍」各本作「後爲」，據梁書、通志改。

中華書局

南史卷六十一

列傳第五十一

陳伯之　陳慶之子昕　暄　蘭欽

陳伯之，濟陰睢陵人也。年十三四，好著獺皮冠，帶刺刀，候鄰里稻熟，輒偸刈之。嘗爲田主所見，呵之曰：「楚子莫動！」伯之曰：「君稻幸多，取一擔何苦。」田主將執之。因拔刀而進，曰：「楚子定何如！」田主皆反走，徐擔稻而歸。及年長，在鍾離數爲劫盜，嘗授面覘人船，〔一〕船人斫之，獲其左耳。後隨鄉人車騎將軍王廣之，廣之愛其勇，每夜卧下榻，征伐常將自隨。頻以戰功，累遷驃騎司馬，封魚復縣伯。

梁武起兵，東昏假伯之節，督前驅諸軍事、豫州刺史，轉江州，據尋陽以拒梁武。郢城平，武帝使說伯之，卽以爲江州刺史。子武牙爲徐州刺史。〔二〕伯之雖受命，猶懷兩端。帝及其猶豫逼之，伯之退保南湖，然後歸附，與衆軍俱下。建康城未平，每降人出，伯之輒喚

與耳語。帝疑其復懷翻覆，會東昏將鄭伯倫降，帝使過伯之，謂曰：「城中甚忿卿，欲遣信誘卿，須卿降，當生割卿手脚。卿若不降，復欲遣刺客殺卿。」伯之大懼，自是無異志矣。城平，封豐城縣公，遣之鎭。

伯之不識書，及還江州，得文牒辭訟，唯作大諾而已。有事，典籤傳口語，與奪決於主者。

伯之與豫章人鄧繕、永興人戴承忠並有舊，〔三〕繕經藏伯之息免禍，伯之尤德之。及在州，用繕爲別駕，承忠爲記室參軍。河南褚緭，都下之薄行者，武帝卽位，頻造尙書范雲。雲不好緭，堅拒之。緭益怒，私語所知曰：「建武以後，草澤底下悉成貴人，吾何罪而見棄。今天下草創，喪亂未可知。陳伯之擁强兵在江州，非代來臣，有自疑之意。且復熒惑守南斗，詎非爲我出？今者一行，事若無成，入魏，何減作河南郡。」於是投伯之書佐王思穆事之，大見親狎。及伯之鄉人朱龍符爲長流參軍，並乘伯之愚闇，恣行姦險。

伯之子武牙時爲直閤將軍，武帝手疏龍符罪親付武牙，武牙封示伯之。帝又遣代江州別駕鄧繕，伯之並不受命，曰：「龍符健兒，鄧繕在事有績。臺所遣別駕，請以爲中從事。」繕於是日夜說伯之云：「臺家府庫空竭，無復器仗，三倉無米。此萬世一時，機不可失。」緭、承忠等每贊成之。伯之謂繕：「今段啓卿，若復不得，便與卿共下。」使反，武帝敕部內一郡處繕。伯之於是集府州佐史，謂曰：「奉齊建安王教，率江北義勇十萬已次六合，見使以江州見力運糧速下。我荷明帝厚恩，誓以死報。」使緭詐爲蕭寶寅書以示僚佐，於聽事前爲壇，殺牲以盟。伯之先歃，長史以下次第歃。緭說伯之：「今舉大事，宜引人望。程元沖不與人同心，臨川內史王觀，僧虔之孫，人身不惡，可召爲長史，以代元沖。」伯之從之，仍以緭爲尋陽太守，承忠輔義將軍，龍符豫州刺史。

豫章太守鄭伯倫起郡兵拒守。程元沖旣失職，於家合率數百人，使伯之典籤呂孝通、戴元則爲內應。伯之每旦常作伎，日晡輒卧，左右仗身皆休息。元沖因其解弛，從北門入，徑至聽事前。伯之聞叫，自率出盪。元沖力不能敵，走逃廬山。

伯之遣使還報武牙兄弟，武牙等走盱眙，盱眙人徐文安、莊興紹、張顯明邀擊之，〔四〕不能禁，反見殺。武帝遣王茂討伯之，敗走，間道亡命出江北，與子武牙及褚緭俱入魏。魏以伯之爲使持節、散騎常侍、都督淮南諸軍事、平南將軍、光祿大夫、曲江縣侯。

天監四年，詔太尉臨川王宏北侵，宏命記室丘遲私與之書曰：

陳將軍足下，無恙，幸甚，幸甚。將軍勇冠三軍，才爲世出。棄燕雀之毛羽，慕鴻鵠以高翔。昔因機變化，遭遇時主，立功立事，開國稱孤，朱輪華轂，擁旄萬里，何其壯也！如何一旦爲奔亡之虜，聞鳴鏑而股戰，對穹廬以屈膝，又何劣邪？尋君去就之際，

非有他故，直以不能內審諸己，外受流言，沈迷猖蹷，以至於此。

聖朝赦罪責功，棄瑕錄用，推赤心於天下，安反側於萬物，此將軍之所知，非假僕一二談也。昔朱鮪涉血於友于，張繡傳刃於愛子，漢主不以爲疑，魏君待之若舊。況將軍無昔人之罪，而勳重於當代。夫迷塗知反，往哲是與，不遠而復，先典攸高。主上屈法申恩，吞舟是漏。將軍松栢不翦，親戚安居；高堂未傾，愛妾尙在。悠悠爾心，亦何可言。當今功臣名將，雁行有序，佩紫懷黃，讚帷幄之謀；乘軺建節，奉疆埸之任。並刑馬作誓，傳之子孫。將軍獨靦顏借命，驅馳氈裘之長，寧不哀哉！

夫以慕容超之强，身送東市，姚泓之盛，面縛西都。故知霜露所均，不育異類，姬漢舊邦，無取雜種。北虜僭號中原，多歷年所，惡積禍盈，理至焦爛。況僞孽昏狡，自相夷戮，部落攜離，酋豪猜貳。方當係頸蠻邸，縣首藁街。而將軍魚游於沸鼎之中，燕巢於飛幕之上，不亦惑乎！

暮春三月，江南草長，雜花生樹，羣鶯亂飛。見故國之旗鼓，感生平於疇日，撫絃登陴，豈不愴恨。所以廉公之思趙將，吳子之泣西河，人之情也，將軍獨無情哉？想早勵良規，自求多福。

當今皇帝盛明，天下安樂，白環西獻，楛矢東來，夜郎、滇池解辮請職，朝鮮、昌海

驟角受化，唯北狄野心，掘強沙塞之間，欲延歲月之命耳。中軍臨川殿下，明德茂親，總茲戎重，方弔人洛汭，伐罪秦中，若遂不改，方思僕言。聊布往懷，君其詳之。

伯之得書，乃於壽陽擁衆八千歸降。武牙為魏人所殺。

伯之既至，以為平北將軍、西豫州刺史、永新縣侯。未之任，復為驍騎將軍，又為太中大夫。久之，卒於家。其子猶有在魏者。

褚緭在魏，魏人欲用之。魏元會，緭戲為詩曰：「帽上著籠冠，袴上著朱衣，不知是今是，不知非昔非。」魏人怒，出為始平太守。日日行獵，墮馬而死。

陳慶之字子雲，義興國山人也。幼隨從梁武帝。帝性好棊，每從夜至旦不輟，等輩皆寐，唯慶之不寢，聞呼卽至，甚見親賞。從平建鄴，稍為主書，散財聚士，恒思立效。除奉朝請。

普通中，魏徐州刺史元法僧於彭城求入內附，以慶之為武威將軍，與胡龍牙、成景儁率諸軍應接。還除宣猛將軍、文德主帥，仍率軍送豫章王綜入鎮徐州。魏遣安豐王元延明、臨淮王元彧率衆十萬來拒。延明先遣其別將丘大千觀兵近境，慶之擊破之。後豫章王

棄軍奔魏，慶之乃斬關夜退，軍士獲全。

普通七年，安西將軍元樹出征壽春，除慶之假節、總知軍事。魏豫州刺史李憲遣其子長鈞別築兩城相拒，慶之攻拔之，憲力屈遂降，慶之入據其城。轉東宮直閤。

大通元年，隸領軍曹仲宗伐渦陽，魏遣常山王元昭等來援，〔五〕前軍至駝澗，去渦陽四十里。韋放曰：「賊鋒必是輕銳，戰捷不足為功，如不利，沮我軍勢，不如勿擊。」慶之曰：「魏人遠來，皆已疲倦，須挫其氣，必無不敗之理。」於是與麾下五百騎奔擊，破其前軍，魏人震恐。慶之還共諸將連營西進，據渦陽城，與魏相持，自春至冬，各數十百戰。師老氣衰，魏之援兵復欲築壘於軍後。仲宗等恐腹背受敵，謀退。慶之杖節軍門，曰：「須虜圍合，然後與戰，若欲班師，慶之別有密敕。」仲宗壯其計，乃從之。魏人掎角作十三城，慶之陷其四壘，九城兵甲猶盛，乃陳其俘馘，鼓譟攻之，遂奔潰，斬獲略盡，渦水咽流。詔以渦陽之地置西徐州。衆軍乘勝前頓城父。武帝嘉焉，手詔慰勉之。

大通初，魏北海王元顥來降，武帝以慶之為假節、飈勇將軍，送顥還北。顥於渙水卽魏帝號，授慶之前軍大都督。自銍縣進，遂至睢陽。魏將丘大千有衆七萬，分築九壘以拒。慶之自旦至申，攻陷其三，大千乃降。〔六〕

時魏濟陰王元暉業率羽林庶子二萬人來救梁、宋，〔七〕進屯考城。慶之攻陷其城，禽暉

業，仍趣大梁。顥進慶之徐州刺史、武都郡王，〔八〕仍率衆而西。

魏左僕射楊昱等率御仗羽林宗子庶子衆七萬據滎陽拒顥，兵強城固，魏將元天穆大軍復將至，先遣其驃騎將軍爾朱兆、騎將魯安等援楊昱，又遣右僕射爾朱世隆、西荊州刺史王羆據虎牢。時滎陽未拔，士衆皆恐。慶之乃解鞍秣馬，宣喩衆曰：「我等纔有七千，賊衆四十餘萬。今日之事，義不圖存，須平其城壘。」一鼓悉使登城，壯士東陽宋景休、義興魚天愍踰堞而入，遂剋之。俄而魏陣外合，慶之率精兵三千大破之。魯安於陣乞降，天穆、兆單騎獲免。進赴虎牢，爾朱世隆棄城走。魏孝莊出居河北。其臨淮王彧、安豐王延明率百僚備法駕迎顥入洛陽宮，御前殿，改元大赦。顥以慶之為車騎大將軍。

魏上黨王元天穆又攻拔大梁，分遣王老生、費穆據虎牢，刁宣、刁雙入梁、宋，慶之隨方掩襲，並降。天穆與十餘騎北度河。慶之麾下悉著白袍，所向披靡。先是洛中謠曰：「名軍大將莫自牢，千兵萬馬避白袍。」自發銍縣至洛陽，十四旬平三十二城，四十七戰，所向無前。

初，魏莊帝單騎度河，宮衞嬪侍無改於常。顥既得志，荒于酒色，不復視事，與安豐、臨淮計將背梁，以時事未安，且資慶之力用。慶之心知之，乃說顥曰：「今遠來至此，未伏尚多，宜啓天子，更請精兵，并勒諸州有南人沒此者，悉須部送。」顥欲從之，元延明說顥曰：

「慶之兵不出數千，已自難制，今更增其衆，寧肯為用？魏之宗社，於斯而滅。」顥由是疑慶之，乃密啓武帝停軍。洛下南人不出一萬，魏人十倍。軍副馬佛念言於慶之曰：「勳高不賞，震主身危，二事既有，將軍豈得無慮？今將軍威震中原，聲動河塞，屠顥據洛，則千載一時。」慶之不從。顥前以慶之為徐州刺史，因求之鎮，顥心憚之，遂不遣。

魏將爾朱榮、爾朱世隆、元天穆、爾朱兆等衆號百萬，挾魏帝來攻顥。顥據洛陽六十五日，凡所得城一時歸魏，慶之度河守北中郎城。三日十一戰，傷殺甚衆。榮將退還，時有善天文人劉靈助謂榮曰：「不出十日，河南大定。」榮乃為栰濟自硤石，與顥戰於河橋。顥大敗，走至臨潁被禽，洛陽復入魏。慶之馬步數千結陣東反，榮親自來追，軍人死散。慶之乃落鬚髮為沙門，閒行至豫州，州人程道雍等潛送出汝陰。至都，仍以功除右衞將軍，封永興侯。

出為北兗州刺史、都督緣淮諸軍事。會有祆賊沙門僧強自稱為帝，土豪蔡伯寵起兵應之，〔九〕攻陷北徐州。詔慶之討焉。慶之斬伯寵、僧強，傳其首。

中大通二年，除南北司二州刺史，加都督。慶之至鎮，遂圍縣瓠，破魏潁州刺史婁起、揚州刺史是云寶於溱水。〔一〇〕又破行臺孫騰、豫州刺史堯雄、梁州刺史司馬恭於楚城。罷義陽鎮兵，停水陸轉運，江湘諸州並得休息。開田六千頃，二年之後，倉廩充實。又表省南司

州，復安陸郡，置上明郡。

大同二年，魏遣將侯景攻下楚州，執刺史桓和。景仍進軍淮上，慶之破之。時大寒雪，景棄輜重走。是歲豫州饑，慶之開倉振給，多所全濟。州人李昇等八百人表求樹碑頌德，詔許焉。五年卒，謚曰武。

慶之性祗慎，每奉詔敕，必洗沐拜受。儉素不衣紈綺，不好絲竹。射不穿札，馬非所便，而善撫軍士，能得其死力。長子昭嗣。

梁世寒門達者唯慶之與俞藥，藥初爲武帝左右，帝謂曰：「俞氏無先賢，世人云『俞錢』，非君子所宜，改姓喻。」藥曰：「當令姓自於臣。」歷位雲旗將軍，安州刺史。

慶之第五子昕字君章，七歲能騎射。十二隨父入洛，遇疾還都，詣鴻臚卿朱异。异訪北間事，昕聚土畫城，指麾分別，异甚奇之。

慶之在縣瓠，魏驍將堯雄子寶樂特爲敢勇，〔一一〕求單騎校戰，昕躍馬直趣寶樂，雄即潰散。後爲臨川太守。

太清二年，侯景圍歷陽，敕召昕還。昕啓云：「采石急須重鎮，王質水軍輕弱，恐虜必濟。」乃板昕爲雲騎將軍代質，未及下渚，景已度江，爲景所禽。令收集部曲將用之，昕誓而

不許。景使其儀同范桃棒嚴禁之，昕因說桃棒令率所領歸降，襲殺王偉、宋子仙。桃棒許之。遂立盟射城中，遣昕夜縋而入。武帝大喜，敕即受降。簡文遲疑，累日不決。外事泄，昕弗之知，猶依期而下。景邀得之，逼昕令更射書城中，云「桃棒且輕將數十人先入」。景欲裹甲隨之。昕不從，遂見害。

少弟暄，學不師受，文才俊逸。尤嗜酒，無節操，徧歷王公門，沈湎諠譊，過差非度。其兄子秀常憂之，致書於暄友人何胥，冀以諷諫。暄聞之，與秀書曰：

旦見汝書與孝典，陳吾飲酒過差。吾有此好五十餘年，昔吳國張長公亦稱耽嗜，吾見張時，伊已六十，自言引滿大勝少年時。吾今所進亦多於往日。老而彌篤，唯吾與張季舒耳。吾方與此子交歡於地下，汝欲夭吾所志邪？昔阮咸、阮籍同遊竹林，宣子不聞斯言。王湛能玄言巧騎，武子呼爲癡叔。何陳留之風不嗣，太原之氣巋然，翻成可怪！

吾既寂漠當世，朽病殘年，產不異於顏原，名未動於卿相，若不日飲醇酒，復欲安歸？汝以飲酒爲非，吾以不飲酒爲過。昔周伯仁度江唯三日醒，吾不以爲少；鄭康成一飲三百盃，吾不以爲多。然洪醉之後，有得有失。成厮養之志，是其得也；使次公之

狂，是其失也。吾常譬酒之猶水，亦可以濟舟，亦可以覆舟。故江諮議有言：「酒猶兵也，兵可千日而不用，不可一日而不備。酒可千日而不飲，不可一飲而不醉。」美哉江公，可與共論酒矣。汝驚吾憶馬侍中之門，陷池武陵之第，徧布朝野，自言焦悚。「丘也幸，苟有過，人必知之」。吾生平所願，身沒之後，題吾墓云「陳故酒徒陳君之神道」。若斯志意，豈避南征之不復，賈誼之慟哭者哉。何水曹眼不識盃鐺，吾口不離瓢杓，〔一二〕汝寧與何同日而醒，與吾同日而醉乎？政言其醒可及，其醉不可及也。速營糟丘，吾將老焉。爾無多言，非爾所及。

暄以落魄不爲中正所品，久不得調。陳天康中，〔一三〕徐陵爲吏部尚書，精簡人物，縉紳之士皆嚮慕焉。暄以玉帽簪插髻，紅絲布裹頭，袍拂踝，靴至膝，不陳爵里，直上陵坐。陵不之識，命吏持下。暄徐步而出，舉止自若，竟無怍容。作書謗陵，陵甚病之。

後主之在東宮，引爲學士。及即位，遷通直散騎常侍，與義陽王叔達、尚書孔範、度支尚書袁權、侍中王瑳、金紫光祿大夫陳褒、御史中丞沈瓘、散騎常侍王儀等恒入禁中陪侍游宴，謂爲狎客。暄素通脫，以俳優自居，文章諧謬，語言不節，後主甚親昵而輕侮之。嘗倒縣于梁，臨之以刃，命使作賦，仍限以晷刻。暄援筆即成，不以爲病，而傲弄轉甚。後主稍不能容，後遂搏艾爲帽，加于其首，火以爇之，然及於髮，垂泣求哀，聲聞于外而弗之釋。會

衛尉卿柳莊在坐，遽起撥之，拜謝曰：「陳暄無罪，臣恐陛下有翫人之失，輒矯赦之。造次之愆，伏待刑憲。」後主素重莊，意稍解，敕引暄出，命莊就坐。經數日，暄發悸而死。

蘭欽字休明，中昌魏人也。〔一四〕幼而果決，趫捷過人。宋末隨父子雲在洛陽，恒於市騎橐駝。〔一五〕後子雲還南，梁天監中以軍功至冀州刺史。欽兼文德主帥，征南中五郡諸洞反者，所至皆平。

欽有謀略，勇決善戰，步行日二百里，勇武過人。善撫馭，得人死力。以軍功封安懷縣男。〔一六〕累遷都督、梁南秦二州刺史，進爵爲侯。

征梁、漢，事平，進號智武將軍。改授都督、衡州刺史。未及述職，會西魏攻圍南鄭，梁州刺史杜懷寶來請救，欽乃大破魏軍，追入斜谷，斬獲略盡。魏相安定公遺致馬二千疋，請結鄰好。欽百日之中再破魏軍，威振鄰國。詔加散騎常侍，仍令述職。

經廣州，因破俚帥陳文徹兄弟，並禽之。至衡州，進號平南將軍，改封曲江縣公。在州有惠政，吏人詣闕請立碑頌德，詔許焉。

後爲廣州刺史。前刺史新渝侯映之薨，南安侯恬權行州事，冀得即眞。及聞欽至嶺，

厚貨廚人，塗刀以毒，削瓜進之，欽及愛妾俱死。帝聞大怒，檻車收恬，削爵土。

欽子夏禮，侯景至歷陽，率其部曲邀景，兵敗死之。

論曰：陳伯之雖輕狡爲心，而勇勁自立，其累至爵位，蓋有由焉。及喪亂既平，去就不已，卒得其死，亦爲幸哉。慶之初同鷰雀之游，終懷鴻鵠之志，及乎一見任委，長驅伊、洛。前無强陣，攻靡堅城，雖南風不競，晚致傾覆，其所剋捷，亦足稱之。蘭欽戰有先鳴，位非虛受，終逢鴆毒，唯命也夫。

校勘記

〔一〕嘗授面覘人船　「授」各本作「援」，據梁書改。

〔二〕子武牙爲徐州刺史　「武」本字「虎」，此避唐諱改。下同。

〔三〕伯之與豫章人鄧繕永興人戴承忠並有舊　「承忠」梁書作「永忠」。

〔四〕盱眙人徐文安莊興紹張顯明邀擊之　「徐文安」梁書作「徐安」。

〔五〕魏遣常山王元昭等來援　「來」各本作「東」，據梁書、通志改。

〔六〕慶之自旦至申攻陷其三大千乃降　「申」、「降」各本作「中」、「退」，據梁書、通鑑改。張森楷南史校勘記：「按魏書孝莊紀，大千被執，則『降』字是。」

〔七〕時魏濟陰王元暉業率羽林庶子二萬人來救梁宋　「暉業」各本作「徽業」，據魏書改。下同。

〔八〕顥進慶之徐州刺史武都郡王　「武都郡王」梁書作「武都公」。

〔九〕土豪蔡伯寵起兵應之　「伯寵」梁書作「伯龍」。

〔一〇〕破魏潁州刺史婁起揚州刺史是云寶於溱水　「是云寶」各本作「是玄寶」，據梁書、魏書改。

〔一一〕魏驍將堯雄子寶樂特爲敢勇　「子」梁書作「兄子」。

〔一二〕吾口不離瓢杓　「瓢杓」太平御覽八四六引作「觚杓」。

〔一三〕陳天康中　「天康」各本作「太康」。按天康陳文帝年號，今改正。

〔一四〕中昌魏人也　錢大昕廿二史考異：「按齊魏二志未見中昌魏之名。」

〔一五〕恒於市騎槖駝　「騎」各本作「騙」，據通志改。

〔一六〕以軍功封安懷縣男　「安懷」梁書同，通志作「懷安」。

南史卷六十二

列傳第五十二

賀瑒 子革　弟子琛　司馬褧　朱异　顧協　徐摛 子陵

陵子儉　份　儀　陵弟孝克　鮑泉 鮑行卿　行卿弟客卿

賀瑒字德璉，會稽山陰人，晉司空循之玄孫也。世以儒術顯。伯祖道養工卜筮，經遇工歌女人病死，爲筮之，曰：「此非死也，天帝召之歌耳。」乃以土塊加其心上，俄頃而蘇。祖道力善三禮，有盛名，仕宋爲尚書三公郎，建康令。父損亦傳家業。

瑒少聰敏，齊時沛國劉瓛爲會稽府丞，見瑒深器異之。嘗與俱造吳郡張融，指瑒謂曰：「此生將來爲儒者宗矣。」薦之爲國子生，舉明經。後爲太學博士。梁天監初，爲太常丞，有司舉修賓禮，召見說禮義。武帝異之，詔朝朔望，預華林講。

四年，初開五館，以瑒兼五經博士。別詔爲皇太子定禮，撰五經義。時武帝方創定禮樂，瑒所建議多見施行。七年，拜步兵校尉，領五經博士。卒于館。所著禮、易、老、莊講疏，朝廷博士議數百篇，〔一〕賓禮儀注一百四十五卷。

瑒於禮尤精，館中生徒常數百，弟子明經對策至數十人。二子革、季，弟子琛，並傳瑒業。

革字文明，少以家貧，躬耕供養，年二十，始輟耒就父受業，〔二〕精力不怠。有六尺方牀，思義未達，則橫臥其上，不盡其義，終不肯食。通三禮。及長，徧治孝經、論語、毛詩、左傳，爲兼太學博士。長七尺八寸，雍容都雅，吐納蘊藉。敕於永福省爲邵陵、湘東、武陵三王講禮。後爲國子博士，於學講授，生徒常數百人。出爲西中郎湘東王諮議參軍，帶江陵令。王於州置學，以革領儒林祭酒，講三禮，荊楚衣冠聽者甚衆。前後再監南平郡，爲人吏所懷。尋兼平西長史、南郡太守。革至孝，常恨食祿代耕，不及爲養。在荊州歷爲郡縣，所得俸秩，不及妻孥，專擬還鄉造寺，以申感思。子徽，美風儀，能談吐，深爲革愛，先革卒。革哭之，因遘疾而卒。

季亦明三禮，位中書黃門郎，兼著作。

琛字國寶，幼孤，伯父瑒授其經業，一聞便通義理。瑒異之，常曰：「此兒當以明經致貴。」瑒卒後，琛家貧，常往還諸暨販粟以養母。雖自執舟檝，閑則習業，尤精三禮。年二十餘，瑒之門徒稍從問道。

初，瑒於鄉里聚徒教授，四方受業者三千餘人。瑒天監中亡，至是復集，琛乃築室郊郭之際，茅茨數間，年將三十，便事講授。既世習禮學，究其精微，占述先儒，吐言辯絜，[三]坐之聽受，[四]終日不疲。

湘東王幼年臨郡，彭城到溉爲行事，聞琛美名，命駕相造。會琛正講，學侶滿筵，既聞上佐忽來，莫不傾動。琛說經無輟，曾不降意。溉下車，欣然就席，便申問難，往復從容，義理該贍。溉嘆曰：「通儒碩學，復見賀生。今且還城，尋當相屈。」琛了不酬答，神用穨然。溉言之王，請補郡功曹史。琛辭以母老，終於固執。

俄遭母憂，廬於墓所。服闋，猶未還舍，生徒復從之。琛哀毀積年，骨立而已，未堪講授。諸生營救，稍稍習業。

普通中，太尉臨川王宏臨州，召補祭酒從事，琛年已四十餘，始應辟命。武帝聞其有學術，召見文德殿，與語悅之，謂僕射徐勉曰：「琛殊有門業。」仍補王國侍郎，稍遷兼中書通事

舍人，參禮儀事。[五]累遷尚書左丞，詔琛撰新謚法，便即施用。時皇太子議大功之末，可以冠子嫁女。琛駁議曰：

令旨以「大功之末，可得冠子嫁女，不得自冠自嫁」。[六]推以記文，竊猶致惑。案嫁冠之禮，本是父之所成。無父之人，乃可自冠，故記稱大功小功，並以「冠子嫁子」爲文，非關唯得爲子，己身不得也。小功之末既得自嫁娶，[七]而亦云「冠子娶婦」，其義益明。故先列二服，每明冠子嫁子，結於後句，方顯自娶之義。既明小功自娶，即知大功自冠矣。蓋是約言而見旨。若謂緣父服大功，子服小功，小功服輕，故得爲子冠嫁，大功服重，故不得自嫁自冠者，則小功之末，非明父子服殊，不應復云「冠子嫁子」也。若謂小功之文，言己可娶，大功之文，不言己冠，故知身有大功，不得自行嘉禮，但得爲子冠嫁。竊謂有服不行嘉禮，本爲吉凶不可相干。子雖小功之末，可得行冠嫁，猶應須父得爲其冠嫁。若父於大功之末可以冠子嫁子，是於吉凶禮無礙；吉凶禮無礙，豈不得自冠自嫁？若自冠自嫁於事有礙，則冠子嫁子寧獨可通？今許其冠子而塞其自冠，是琛之所惑也。

又令旨推「下殤小功不可娶婦，則降服大功亦不得爲子冠嫁」。伏尋此旨，若爲降服大功不可冠子嫁子，則降服小功亦不可自冠自嫁，是爲凡厥降服大功小功皆不得冠

娶矣。記文應云降服則不可，寧得唯稱下殤？今不言降服，的舉下殤，實有其義。夫出嫁出後，或有再降，出後之身，於本姊妹降爲大功，若是大夫服士父，又以尊降，則成小功，其於冠嫁義無以異。所以然者，出嫁則有受我，出後則有傳重，並欲使薄於此而厚於彼。此服雖降，彼服則隆。昔實朞親，雖復再降，猶依小功之禮，可冠可娶。若夫朞降大功，大功降爲小功，止是一等，降殺有倫，服末嫁冠，故無有異。唯下殤之服特明不娶之義者，蓋緣以幼弱之故。天喪情深，既無受厚他姓，又異傳重彼宗，嫌其年幼服輕，[八]頓成殺略，故特明不娶，以示本重之恩。是以凡厥降服，冠嫁不殊，唯在下殤，乃明不娶。其義若此，則不得言大功之降服皆不冠嫁也。且記云「下殤小功」，言下殤則不得通於中上，語小功又不兼於大功。若實大功小功降服皆不冠嫁，上中二殤亦不冠嫁者，記不得直云「下殤小功則不可」。恐非文意，此又琛之所疑也。

遂從琛議。加員外散騎常侍。舊尚書南坐無貂，貂自琛始也。遷御史中丞，參禮儀如先。琛性貪嗇，多受賕賂，家產既豐，買主第爲宅，爲有司奏，坐免官。後爲通直散騎常侍，領尚書左丞，參禮儀事。琛前後居職，凡郊廟諸儀多所創定，每進見武帝，與語常移晷刻，故省中語曰：「上殿不下有賀雅。」琛容止閑雅，故時人呼之。遷散騎常侍，參禮儀如故。

時武帝年高，任職者緣飾姦諂，深害時政。琛啓陳事條封奏，大略：其一事曰，[九]「今北

邊稽服，政是生聚教訓之時，而天下戶口減落，誠當今之急務。國家之於關外，賦稅蓋微，乃至年常租調，動致逋積，而人失安居，寧非牧守之過」。其二事曰，「今天下宰守所以皆尙貪殘，罕有廉白者，良由風俗侈靡使之然也。欲使人守廉隅，吏尙清白，安可得邪？今誠宜嚴爲禁制，導之以節儉，貶黜雕飾，糾奏浮華，使衆皆知變其耳目，改其好惡，則易於反掌」。其三事曰，「斗筲之人，詭競求進，運挈瓶之智，徼分外之求，以深刻爲能，以繩逐爲務，長弊增姦，實由於此。今誠願責其公平之効，黜其殘愚之心，[一〇]則下安上謐，無徼倖之患矣」。其四事曰，「自征伐北境，帑藏空虛，今天下無事，而猶日不暇給者，良有以也。[一一]夫國弊則省其事而息其費，事省則養人，費息則財聚。若言小費不足害財，則終年不息矣，以小役不足妨人，則終年不止矣」。書奏，武帝大怒，召主書於前，口受敕責琛曰：「朕有天下四十餘年，公車讜言，日聞聽覽。[一二]每苦倥偬，更增惛惑。卿珥貂紆組，博問洽聞，不宜同於闒茸，止取名字，言我能上事，恨朝廷不能受。卿云『今北邊稽服，政是生聚教訓之時，而人失安居，牧守之過』。但大澤之中有龍有蛇，縱不盡善，不能皆惡。卿可分明顯出其人。卿云『宜導之以節儉』。又云『至道者必以淳素爲先』。此言大善。夫子言『其身正，不令而行，其身不正，雖令不從』。朕絕房室三十餘年，不與女人同屋而寢亦三十餘年，於居處不過一牀之地，雕飾之物不入於宮，此亦人所共知。受生不飲酒，受生不好音聲，所以朝中曲宴未嘗奏樂。

中華書局

眹三更出理事，隨事多少。事或少，中前得竟，事多，至日昃方得就食。既常一食，若晝若夜，無有定時，疾苦之日，或亦再食。昔腰過於十圍，今之瘦削，裁二尺餘。舊帶猶存，非爲妄說。爲誰爲之？救物故也。書云『股肱惟人，良臣惟聖』。向使眹有股肱，可得中主，今乃不免居九品之下。『不令而行』，徒虛言耳。卿又云『百司莫不奏事，詭競求進』。今不許外人呈事，於義可否？以噎廢飡，此之謂也。若斷呈事，誰尸其任？專委之人，云何可得？是故古人云『專聽生姦，獨任成亂』。何者是宜，具以奏聞。」琛奉敕但謝過而已，不敢有所指斥。

太清二年，爲中軍宣城王長史。侯景陷城，琛被創未死，賊求得之，輿至闕下，求見僕射王克、領軍朱异，勸開城納賊。克等讓之，涕泣而止。賊復輿送莊嚴寺療之。明年，臺城不守，琛逃歸鄉里。其年，賊寇會稽，復執琛送出都，以爲金紫光祿大夫。卒。琛所撰三禮講疏、五經滯義及諸儀注凡百餘篇。子翙，位巴山太守。

司馬褧字元表，[一三]河內溫人也。曾祖純之，晉大司農高密敬王。祖讓之，員外常侍。父燮，善三禮，仕齊位國子博士。

褧少傳家業，强力專精，手不釋卷。沛國劉瓛爲儒者宗，嘉其學，深相賞好。與樂安任

昉善，昉亦推重之。梁天監初，詔通儒定五禮，有舉褧修嘉禮，除尚書祠部郎。時創定禮樂，褧所建議，多見施行。兼中書通事舍人，每吉凶禮，當時名儒明山賓、賀瑒等疑不能斷者，皆取決焉。累遷御史中丞。

十六年，出爲宣毅南康王長史，行府國并石頭戍軍事。褧雖居外官，有敕預文德、武德二殿長名問訊，不限日。遷晉安王長史，卒。王命記室庾肩吾集其文爲十卷。所撰嘉禮儀注一百一十六卷。[一四]

朱异字彥和，吳郡錢唐人也。祖昭之，以學解稱於鄉。叔父謙之字處光，以義烈知名。年數歲，所生母亡，昭之假葬於田側，爲族人朱幼方燎火所焚。同產姊密語之，謙之雖小，便哀感如持喪，[一五]長不昏娶。齊永明中，手刃殺幼方，詣獄自繫。縣令申靈勗表上之。齊武帝嘉其義，慮相報復，乃遣謙之隨曹武西行。將發，幼方子懌於津陽門伺殺謙之。謙之兄巽之，卽异父也，[一六]又刺殺懌。有司以聞。武帝曰：「此皆是義事，不可問。」悉赦之。吳興沈顗聞而歎曰『弟死於孝，兄殉於義，孝友之節，萃此一門。』巽之字處林，有志節，著辯相論。幼時，顧歡見而異之，以女妻焉。仕齊官至吳平令。

异年數歲，外祖顧歡撫之，謂其祖昭之曰：「此兒非常器，當成卿門戶。」年十餘，好羣聚蒲博，頗爲鄉黨所患。及長，乃折節從師。梁初開五館，异服膺於博士明山賓。居貧，以傭書自業，寫畢便誦。徧覽五經，尤明禮、易。涉獵文史，兼通雜藝，博弈書算，皆其所長。年二十，出都詣尚書令沈約，面試之，因戲异曰：「卿年少，何乃不廉？」异逡巡未達其旨，約乃曰：「天下唯有文義棊書，卿一時將去，可謂不廉也。」尋上書言建康宜置獄司，比廷尉。敕付尚書詳議，從之。

舊制，年二十五方得釋褐，時异適二十一，特敕擢爲揚州議曹從事史。尋有詔求異能之士，五經博士明山賓表薦异：「年時尚少，德備老成，在獨無散逸之想，處闇有對賓之色。器宇弘深，神表峰峻。金山萬丈，緣陟未登；玉海千尋，窺映不測。加以珪璋新琢，錦組初構，觸響鏗鏘，遇采便發。觀其信行，非唯十室所稀，若使負重遙途，必有千里之用。」武帝召見，使說孝經、周易義，甚悅之，謂左右曰：「朱异實異。」後見明山賓曰：「卿所舉殊得人。」仍召直西省，俄兼太學博士。其年，帝自講孝經，使异執讀。遷尚書儀曹郎，入兼中書通事舍人。後除中書郎，時秋日，始拜，有飛蟬正集异武冠上，時咸謂蟬珥之兆。遷太子右衞率。

普通五年，大舉北侵，魏徐州刺史元法僧遣使請舉地內屬，詔有司議其虛實。异曰：「自王師北討，剋獲相繼，徐州地轉削弱，咸願歸罪。法僧懼禍，其降必非僞也。」帝仍遣异

報法僧，並敕衆軍應接，受异節度。及至，法僧遵承朝旨，如异策焉。遷散騎常侍。

异容貌魁梧，能舉止，雖出自諸生，甚閑軍國故實。自周捨卒後，异代掌機密，其軍旅謀謨，方鎮改換，朝儀國典，詔誥敕書，並典掌之。每四方表疏，當局簿領，諮詳請斷，塡委於前，异屬辭落紙，覽事下議，縱橫敏贍，不暫停筆，頃刻之間，諸事便了。

遷右衞將軍。啓求於儀賢堂奉述武帝老子義，敕許之。及就講，朝士及道俗聽者千餘人，爲一時之盛。時城西又開士林館以延學士，异與左丞賀琛遞日述武帝禮記中庸義。皇太子又召异於玄圃講易。

大同八年，改加侍中。异博解多藝，圍棊上品，而貪財冒賄，欺罔視聽，以伺候人主意，不肯進賢黜惡。四方餉饋，曾無推拒，故遠近莫不忿疾。起宅東陂，窮乎美麗，晚日來下，酣飲其中。每迫曛黃，慮臺門將闔，乃引其鹵簿自宅至城，使捉城門停留管籥。既而聲勢所驅，薰灼內外，產與羊侃相埒。好飲食，極滋味聲色之娛，子鵝炰鰌不輟於口，雖朝謁，從車中必齎飴餌。而輕傲朝賢，不避貴戚。人或誨之，异曰：「我寒士也，遭逢以至今日。諸貴皆恃枯骨見輕，我下之，則爲蔑尤甚。我是以先之。」

自徐勉、周捨卒後，外朝則何敬容，內省則异。敬容質慤無文，以綱維爲己任，异文華敏洽，曲營世譽，二人行異而俱見倖。异在內省十餘年，未嘗被譴。司農卿傅岐嘗謂异曰：

中華書局

「今聖上委政於君，安得每事從旨。頃者外聞殊有異論。」异曰：「政言我不能諫爭耳。當今天子聖明，吾豈可以其所聞干忤天聽。」

太清二年，爲中領軍，舍人如故。初，武帝夢中原盡平，舉朝稱慶，甚悅，以語异曰：「吾生平少夢，夢必有實。」异曰：「此宇內方一之徵。」及侯景降，敕召羣臣廷議，尚書僕射謝舉等以爲不可許。武帝欲納之，未決，嘗夙興至武德閤口，獨言：「我國家猶若金甌，無一傷缺，承平若此，今便受地，詎是事宜？脫至紛紜，悔無所及。」异探帝微旨，答曰：「聖明御宇，上應蒼玄，北土遺黎，誰不慕仰，爲無機會，未達其心。今侯景分魏國太半，遠歸聖朝，若不容受，恐絕後來之望。」帝深納异言，又感前夢，遂納之。及貞陽侯敗沒，帝憂曰：「今勿作晉家事乎？」尋而貞陽自魏遣使述魏相高澄欲申和睦。敕有司定議。异又議以和爲允，帝從之。其年六月，遣建康令謝挺、通直郎徐陵使北通好。時侯景鎭壽春，疑懼，累啓請絕和，及致書與异餉金二百兩，又致書於制局監周石珍令具申聞。异納其金而不停北使，景遂反。

初，景謀反，合州刺史鄱陽王範、司州刺史羊鴉仁並累有啓聞。异以景孤立寄命，必不應爾，乃謂使曰：「鄱陽王遂不許國家有一客！」並不爲聞奏。及賊至板橋，使前壽州司馬徐思玉先至求見於上，上召問之，思玉紿稱反賊，請閒陳事。上將屏左右，舍人高善寶曰：「思玉從賊中來，情僞難測，安可使其獨在殿上。」時异侍坐，乃曰：「徐思玉豈是刺客邪？何言

之僻。」善寶曰：「思玉已將臨賀入北，詎可輕信。」言未卒，思玉果出賊啓，异大慚。賊遂以討异及陸驗爲名。及景至城下，又射啓言「朱异等蔑弄朝權，輕作威福，臣爲讒臣所陷，欲加屠戮。陛下誅异等，臣斂轡北歸」。帝問簡文曰：「有是乎？」對曰：「然」。帝召有司將誅之，簡文曰：「賊特以异等爲名耳，今日殺异，無救於急，適足貽笑將來。若祅氛既息，誅之未晚。」帝乃止。

异之方倖，在朝莫不側目，雖皇太子亦不能平。至是城內咸尤异，簡文爲四言愍亂詩曰：「愍彼阪田，嗟斯氛霧。謀之不臧，褰我王度。」又製圍城賦，末章云：「彼高冠及厚履，並鼎食而乘肥。升紫霄之丹地，排玉殿之金扉。陳謀謨之啓沃，宣政刑之福威。四郊以之多壘，萬邦以之未綏。問豺狼其何者？訪虺蜴之爲誰？」並以指异。又帝登南樓望賊，顧謂异曰：「四郊多壘，誰之罪歟？」异流汗不能對，慚憤發病卒，時年六十七。詔贈尚書右僕射。舊尚書官不以爲贈，及异卒，武帝悼惜之，方議贈事，左右有善异者，乃啓曰：「异生平所懷，願得執法。」帝因其宿志，特有此贈。

异居權要三十餘年，善承上旨，故特被寵任。歷官自員外常侍至侍中，四官皆珥貂，自右衞率至領軍，四職並驅鹵簿，近代未之有也。异及諸子自潮溝列宅至靑溪，其中有臺池翫好，每暇日與賓客遊焉。四方饋遺，財貨充積，性吝嗇，未嘗有散施。厨下珍羞恒腐爛，每月常棄十數車，雖諸子別房亦不分贍。所撰禮、易講疏及儀注文集百餘篇。子肅，位國子博士；次閏，司徒掾。並遇亂卒。

顧協字正禮，吳郡吳人，晉司空和六世孫也。〔一七〕幼孤，隨母養於外氏。外從祖右光祿大夫張永嘗攜內外孫姪游虎丘山，協年數歲，永撫之曰：「兒欲何戲？」協曰：「兒政欲枕石漱流。」永歎息曰：「顧氏興於此子。」及長好學，以精力稱。外氏諸張多賢達，有識鑒，內弟率尤推重焉。

初爲揚州議曹從事，舉秀才。尚書令沈約覽其策而歎曰：「江左以來，未有斯作。」爲兼廷尉正。太尉臨川王聞其名，召掌書記，仍侍西豐侯正德讀。正德爲巴西、梓潼郡，協除所部新安令。〔一八〕未至縣遭母憂，刺史始興王厚資遺之，送喪還。於峽江遇風，同旅皆漂溺，唯協一舫觸石得泊焉。咸謂精誠所致。

張率嘗薦之於帝，問協年，率言三十有五。帝曰：「北方高涼，四十强仕，南方卑濕，三十已衰。如協便爲已老，但其事親孝，與友信，亦不可遺於草澤。卿便稱敕喚出。」於是以協爲兼太學博士。累遷湘東王參軍，兼記室。

普通中，有詔舉士，湘東王表薦之，即召拜通直散騎侍郎，兼中書通事舍人。大通三年，鑾擊大航華表然盡。建康縣馳啓，協以爲非吉祥，未即呈聞。後帝知之，曰：「鑾之所擊，一本罰惡龍，二彰朕之有過。協掩惡揚善，非曰忠公。」由是見免。後守鴻臚卿，員外散騎常侍，〔一九〕卿、舍人並如故。

自爲近臣，便繁幾密，每有述製，敕前示協，時輩榮之。卒官無衾以斂，爲士子所嗟歎。武帝悼惜之，爲舉哀。贈散騎常侍，謚曰溫子。

協少清介，有志操，初爲廷尉正，冬服單薄，寺卿蔡法度欲解襦與之，憚其清嚴，不敢發口，謂人曰：「我願解身上襦與顧郎，顧郎難衣食者。」竟不敢以遺之。及爲舍人，同官者皆潤屋，協在省十六載，器服飲食不改於常。有門生始來事協，知其廉潔，不敢厚餉，止送錢二千，協發怒，杖二十，因此事者絕於饋遺。自丁艱憂，遂終身布衣蔬食。少時將娉舅息女，未成昏而協母亡，免喪後不復娶。年六十餘，此女猶未他適，協義而迎之。晚雖判合，卒無胤嗣。

協博極羣書，於文字及禽獸草木尤稱精詳，撰異姓苑五卷，瑣語十卷，文集十卷，並行於世。

中華書局

徐摛字士秀，東海郯人也，一字士績。祖憑道，宋海陵太守。父超之，梁天監初位員外散騎常侍。

摛幼好學，及長，徧覽經史，屬文好爲新變，不拘舊體。晉安王綱出戍石頭，武帝謂周捨曰：「爲我求一人，文學俱長，兼有行者，欲令與晉安游處。」捨曰：「臣外弟徐摛，形質陋小，若不勝衣，而堪此選。」帝曰：「必有仲宣之才，亦不簡貌。」乃以摛爲侍讀。大通初，王總戎北伐，以摛兼寧蠻府長史，參贊戎政，教命軍書，多自摛出。王入爲皇太子，轉家令，兼管記，尋帶領直。

摛文體既別，春坊盡學之，「宮體」之號，自斯而始。帝聞之怒，召摛將加誚責，及見，應對明敏，辭義可觀，乃意釋。因問五經大義，次問歷代史及百家雜記，末論釋教。摛商較從橫，應答如響，帝甚加歎異，更被親狎，寵遇日隆。領軍朱异不悅，謂所親曰：「徐叟出入兩宮，漸來見逼，我須早爲之所。」遂承閒白帝曰：「摛年老，又愛泉石，意在一郡自養。」帝謂摛欲之，乃召摛曰：「新安大好山水，任昉等並經爲之，卿爲我臨此郡。」中大通三年，遂出爲新安太守。爲政清靜，教人禮義，勸課農桑，朞月風俗便改。秩滿，爲中庶子。

時臨城公納夫人王氏，卽簡文妃姪女。晉、宋以來，初昏三日，婦見舅姑，衆賓皆列觀，

引春秋義云「丁丑，夫人姜氏至。戊寅，公使大夫宗婦覿用幣」。戊寅卽丁丑之明日，故禮官據此皆云「宜依舊觀」。簡文問摛，摛議曰：「儀禮云：『質明贊見婦於舅姑。』雜記又云：『婦見舅姑，兄弟姊妹皆立於堂下。』政言婦是外宗，未審嫺令，所以舅延外客，姑率內賓，堂下之儀，以備盛禮。近代婦於舅姑本有戚屬，不相瞻者。夫人乃妃姪女，有異他姻，覿見之儀，謂應可略。」簡文從其議。除太子左衞率。

及侯景攻陷臺城，時簡文居永福省。賊衆奔入，侍衞走散，莫有存者。摛獨侍立不動，徐謂景曰：「侯公當以禮見，何得如此。」凶威遂折，侯景乃拜。由是常憚摛。簡文嗣位，進授左衞將軍，固辭不拜。簡文被閉，摛不獲朝謁，因感氣疾而卒，年七十八。贈侍中、太子詹事，謚貞子。長子陵，最知名。

陵字孝穆。母臧氏，嘗夢五色雲化爲鳳，集左肩上，已而誕陵。年數歲，家人攜以候沙門釋寶誌，寶誌摩其頂曰：「天上石麒麟也。」光宅寺慧雲法師每嗟陵早就，謂之顏回。八歲屬文，十三通莊、老義。及長，博涉史籍，從橫有口辯。父摛爲晉安王諮議，王又引陵參寧蠻府軍事。王立爲皇太子，東宮置學士，陵充其選。稍遷尚書度支郎。出爲上虞令。御史中丞劉孝儀與陵先有隙，風聞劾陵在縣贓汙，因坐免。久之，爲通

直散騎侍郎。梁簡文在東宮，撰長春殿義記，使陵爲序。又令於少傅府述己所製莊子義。

太清二年，兼通直散騎常侍使魏，魏人授館宴賓。是日甚熱，其主客魏收謿陵曰：「今日之熱，當由徐常侍來。」陵卽答曰：「昔王肅至此，爲魏始制禮儀；今我來聘，使卿復知寒暑。」收大慚。齊文襄爲相，以收失言，囚之累日。

及侯景入寇，陵父摛先在圍城之內，陵不奉家信，便蔬食布衣，若居哀恤。會齊受魏禪，梁元帝承制於江陵，復通使於齊。陵累求復命，終拘留不遣，乃致書於僕射楊遵彥，不報。及魏平江陵，齊送貞陽侯明爲梁嗣，乃遣陵隨還。太尉王僧辯初拒境不納，明往復致書，皆陵辭也。及明入，僧辯得陵大喜，以爲尚書吏部郎，兼掌詔誥。其年陳武帝誅僧辯，仍進討韋載，而任約、徐嗣徽乘虛襲石頭，陵感僧辯舊恩，往赴約。約平，武帝釋陵不問，以爲尚書左丞。

紹泰二年，又使齊。還除給事黃門侍郎，祕書監。陳受禪，加散騎常侍。天嘉四年，爲五兵尚書，領大著作。六年，除散騎常侍，御史中丞。時安成王頊爲司空，以帝弟之尊，權傾朝野。直兵鮑僧叡假王威風，抑塞辭訟，大臣莫敢言，陵乃奏彈之。文帝見陵服章嚴肅，若不可犯，爲斂容正坐。陵進讀奏狀，時安成王殿上侍立，仰視文帝，流汗失色，陵遣殿中郎引王下殿。自是朝廷肅然。

遷吏部尚書，領大著作。陵以梁末以來，選授多失其所，於是提舉綱維，綜覈名實。時有冒進求官，馳競不已者，乃爲書宣示之，曰：「永定之時，聖朝草創，干戈未息，尙無條序。府庫空虛，賞賜懸乏，白銀難得，黃札易營。權以官階，代於錢絹，義在撫接，無計多少。致令員外常侍，路上比肩，諮議參軍，市中無數，豈是朝章應其如此。今衣冠禮樂，日富年華，何可猶作舊意，非理望也。所見諸君多踰本分，猶言大屈，未諭高懷。若問梁朝朱領軍异亦爲卿相，此不踰其本分耶？此是天子所拔，非關選序。梁武帝云：『世間人言有目色，我特不目色范悌。』宋文帝亦云：『人豈無運命，每有好官缺，輒憶羊玄保。』此則淸階顯職，不由選也。既忝衡流，諸賢深明鄙意。」自是衆咸服焉。時論比之毛玠。

及宣帝入輔，謀黜異志者，引陵預其議。宣帝卽位，封建昌縣侯。〔一〇〕太建中，爲尙書左僕射，抗表推周弘正、王勱等。帝召入內殿，曰：「卿何爲固辭而舉人乎？」陵曰：「弘正舊蕃長史，王勱太平中相府長史，張種帝鄉賢戚，若選賢舊，臣宜居後。」固辭累日，乃奉詔。

及朝議北侵，宣帝命舉元帥，衆議在淳于量。陵獨曰：「不然。吳明徹家在淮左，悉彼風俗，將略人才，當今無過者。」於是爭論數日不能決，都官尚書裴忌曰：「臣同徐僕射。」陵應聲曰：「非但明徹良將，忌卽良副也。」是日詔明徹爲大都督，令忌監軍事，遂剋淮南數十州地。宣帝因置酒，舉杯屬陵曰：「賞卿知人。」

中華書局

七年，領國子祭酒，以公事免侍中、僕射。尋加侍中，給扶。十三年，爲中書監，領太子詹事。[二一]以年老累表求致事，宣帝亦優禮之，詔將作爲造大齋，令陵就第攝事。後主卽位，遷左光祿大夫、太子少傅。至德元年卒，年七十七，詔贈特進。初，後主爲文示陵，云他人所作。陵嗤之曰：「都不成辭句。」後主銜之，至是謚曰章僞侯。[二二]

陵器局深遠，容止可觀，性又清簡，無所營樹，俸祿與親族共之。太建中，食建昌戶，戶送米至水次，親戚有貧匱者，皆召令取焉，數日便盡。陵家尋致乏絕。府僚怪問其故，陵云：「我有車牛衣裳可賣，餘家有可賣不？」其周給如此。少而崇信釋教，經論多所釋解。後主在東宮，令陵講大品經，義學名僧，自遠雲集，每講筵商較，四坐莫能與抗。目有青精，時人以爲聰慧之相也。自陳創業，文檄軍書及受禪詔策，皆陵所製，爲一代文宗。亦不以矜物，未嘗詆訶作者。其於後進，接引無倦。文、宣之時，國家有大手筆，必命陵草之。其文頗變舊體，緝裁巧密，多有新意。每一文出，好事者已傳寫成誦，遂傳于周、齊，家有其本。後逢喪亂，多散失，存者三十卷。陵有四子：儉、份、儀、僔。

儉一名報，[二三]幼而修立，勤學有志操。汝南周弘直重其爲人，妻之以女。[二四]梁元帝召爲尚書金部郎中。常侍宴賦詩，元帝歎賞之，曰：「徐氏之子，復有文矣。」魏平江陵，還建鄴，累遷中書侍郎。

太建初，廣州刺史歐陽紇舉兵反，宣帝令儉持節喻旨。紇見儉，盛列仗衞，言辭不恭。儉曰：「呂嘉之事，誠當已遠，將軍獨不見周迪、陳寶應乎？」紇默然不答。懼儉沮衆，不許入城，置儉於孤園寺。紇嘗出見儉，儉謂曰：「將軍業已舉事，儉須還報天子。儉之性命雖在將軍，將軍成敗不在於儉。幸不見留。」紇於是遣儉。從間道馳還。宣帝乃命章昭達討紇，以儉監昭達軍。紇平，爲兼中書通事舍人。

後主立，累遷尋陽內史，爲政嚴明，盜賊靜息。遷散騎常侍，襲封建昌侯。入爲御史中丞。儉公平無所阿附，尚書令江總望重一時，爲儉所劾，後主深委任焉。禎明二年卒。

份少有父風。九歲爲夢賦，陵見之，謂所親曰：「吾幼屬文亦不加此。」爲海鹽令，有政績。入爲太子洗馬。性孝弟，陵嘗疾篤，份燒香泣涕，跪誦孝經，日夜不息，如是者三日，陵疾豁然而愈，親戚皆謂份孝感所致。先陵卒。

儀少聰警，仕陳位尚書殿中郎。陳亡，隱于錢唐之赭山。隋煬帝召爲學士，尋除著作佐郎。大業四年卒。

陵弟孝克，有口辯，能談玄理。性至孝，遭父憂殆不勝喪。事所生母陳氏，盡就養之道。梁末，侯景寇亂，孝克養母，饘粥不能給。妻東莞臧氏，領軍將軍盾女也，甚有容色。孝克乃謂曰：「今饑荒如此，供養交闕，欲嫁卿與富人，望彼此俱濟，[二五]於卿如何？」臧氏弗許之。時有孔景行者，爲侯景將，多從左右逼而迎之，臧氏涕泣而去，所得穀帛，悉以遺母。孝克又剃髮爲沙門，改名法整，兼乞食以充給焉。臧氏亦深念舊恩，數私致饋餉，故不乏絕。後景行戰死，臧氏伺孝克於途中，累日乃見，謂孝克曰：「往日之事，非爲相負，今既得脫，當歸供養。」孝克默然無答。於是歸俗，更爲夫妻。

後東遊，居錢唐之佳義里，與諸僧討論釋典，遂通三論。每日二時講，旦講佛經，晚講禮傳，道俗受業者數百人。天嘉中，除剡令，非其好，尋去職。太建四年，徵爲祕書丞，不就。乃蔬食長齋，持菩薩戒，晝夜講誦法華經。宣帝甚嘉其操行。

後爲國子祭酒。孝克每侍宴，無所食噉，至席散，當其前膳羞損減。帝密記以問中書舍人管斌，斌自是伺之，見孝克取珍果納紳帶中。斌當時莫識其意，後尋訪，方知其以遺母。斌以啓，宣帝嗟歎良久，乃敕自今宴享，孝克前饌，並遣將還，以餉其母。時論美之。

至德中，皇太子入學釋奠，百司陪列。孝克發孝經題，後主詔皇太子北面致敬。禎明元年，入爲都官尚書。自晉以來，尚書官僚，皆攜家屬居省。省在臺城內下舍門中，有閤道東西跨路，通于朝堂。其第一郎都官省，西抵閤道，年代久遠，多有鬼怪。每夜昏之際，無故有聲光，或見人著衣冠從井中出，須臾復沒；或門閤自然開閉。居多死亡，尚書周確卒於此省。孝克代確，便卽居之，經兩載，祅變皆息，時人咸以爲貞正所致。

孝克性清素，好施惠，故不免飢寒。後主敕以石頭津稅給之，孝克悉用設齋寫經，隨盡。二年，爲散騎常侍，侍東宮。陳亡，隨例入長安。家道壁立，所生母患，欲粳米爲粥，不能常辦。母亡後，孝克遂常噉麥，有遺粳米者，孝克對而悲泣，終身不復食焉。開皇十二年，長安疾疫，隋文帝聞其名行，召令於尚書都堂講金剛般若經。尋授國子博士。後侍東宮，講禮傳。

十九年，以疾卒，年七十三。臨終政坐念佛，室內有非常香氣，鄰里皆驚異之。子萬載，位太子洗馬。

鮑泉字潤岳，東海人也。父幾字景玄，[二六]家貧，以母老詣吏部尚書王亮干祿，亮一見

中華書局

嗟賞，擧爲春陵令。後爲明山賓所薦，爲太常丞。以外兄傅昭爲太常，依制緦服不得相臨，改爲尚書郎，終於湘東王諮議參軍。

泉美鬚髯，善擧止，身長八尺，性甚警悟。博涉史傳，兼有文筆。少事元帝爲國常侍，早見擢任，謂曰：「我文之外無出卿者。」後爲通直侍郎。常乘高幰車，從數十左右，繖蓋服玩甚精。道逢國子祭酒王承，承疑非舊貴，遣訪之，泉從者答曰「鮑通直」。承怪焉，復欲辱之，遣逼車問：「鮑通直復是何許人，而得如此！」都下少年遂爲口實，見尚豪華人，相戲曰「鮑通直復是何許人，而得如此」，以爲笑謔。

及元帝承制，累遷至信州刺史。方等之敗，元帝大怒，泉與王僧辯討之。僧辯曰：「計將安出？」泉曰：「事等沃雪，何所多慮。」僧辯曰：「君言文士常談耳，河東少有武幹，〔一七〕非精兵一萬不可以往。竟陵甲卒不久當至，猶可重申。欲與卿入言之。」泉許諾，及僧辯如向言，泉默然不繼。元帝大怒，於是械繫僧辯，時人比泉爲酈寄。

泉旣專征長沙，久而不剋。元帝乃數泉二十罪，爲書責之曰：「面如冠玉，還疑木偶，鬚似蝟毛，徒勞繞喙。」乃從獄中起王僧辯代泉爲都督，使舍人羅重歡領齋仗三百人與僧辯往。及至長沙，遣通泉曰：「羅舍人被令送王竟陵來。」泉愕然，顧左右曰：「得王竟陵助我經略，賊不足平矣。」乃拂席坐而待之。僧辯入，乃背泉而坐曰：「鮑郎，卿有罪，令旨使我鎖

卿，卿勿以故意見期。」命重歡出令示泉，鎖之牀下。泉顏色自若，了無懼容，曰：「稽緩王師，罪乃甘分，但恐後人更思鮑泉之憒憒耳。」僧辯色甚不平，泉乃啓陳淹遲之罪。元帝尋復其任，令與僧辯等東逼邵陵王於郢州。

郢州平，元帝以世子方諸爲刺史，泉爲長史，行州府事。方諸見泉和弱，每有諧陳未嘗用，使泉伏牀騎背爲馬，書其衣作其姓名，由是州府盡相欺。侯景密遣將宋子仙、任約襲之。方諸與泉不恤軍政，唯蒱酒自樂，云「賊何由得至」。旣而傳告者衆，始命闔門。城陷，賊執方諸及泉送之景所。後景攻王僧辯於巴陵不剋，敗還，乃殺泉於江夏，沉其屍於黃鶴磯。

初，泉夢著朱衣行水上，及死，舉身帶血而沉于江如其夢。泉於儀禮尤明，撰新儀三十卷行於世。

時又有鮑行卿以博學大才稱，位後軍臨川王錄事，兼中書舍人，遷步兵校尉。上玉璧銘，武帝發詔褒賞。好韻語，及拜步兵，面謝帝曰：「作舍人，不免貧，得五校，實大校。」例皆如此。有集二十卷。撰皇室儀十三卷，乘輿龍飛記二卷。

弟客卿位南康太守。客卿三子，檢、正、至，並才藝知名，俱爲湘東王五佐。正好交遊，無日不適人，人爲之語曰：「無處不逢烏噪，無處不逢鮑佐。」正不爲湘東王所知，獻書告退。王恨之。及建鄴城陷，正爲尚書外兵郎，病不能起。景維於死屍焚之。王聞之曰：「忠非紀信，利非象齒，焚如棄如，於是乎得。」君子以此知湘東王不仁。檢爲湘東鎭西府中記室，使蜀，不屈於武陵王，見害。

論曰：夏侯勝云，「士患不明經術，經術明，取青紫如拾地芥耳」。於賀瑒、賀琛、朱异、司馬褧其得之矣。而异遂徼寵倖，任事居權，不能以道佐時，苟取容媚。及延寇敗國，實异之由，禍難旣彰，不明其罪，亦旣身死，寵贈猶殊。罰旣弗加，賞亦斯濫。夫太清之亂，固其宜矣。顧協淸介，足以追蹤古人，徐擒貞正，仁者信乎有勇。孝穆聰明特達，締構興王，獻替謀猷，亮直斯在。泉本文房之士，每處荷戈之任，非材之責，勝任不亦難乎。

校勘記

〔一〕朝廷博士議數百篇　「博士議」梁書、册府元龜六〇六並無「士」字。

〔二〕始輟未就父受業　「父」各本作「文」，據太平御覽七〇六、八二三引及通志改。

〔三〕占述先儒吐言辯絜　「占述」各本作「古述」。按占述有口授義，故下云「吐言辯絜」，古述無義，太平御覽六一五誤引爲「占術」今改正。又通志作「祖述」，亦可通。

〔四〕坐之聽受　「聽受」各本作「聽授」，據太平御覽六一五引改。

〔五〕參禮儀事　各本作「參軍禮事」，據梁書改。按下有云「參禮儀如先」。

〔六〕不得自冠自嫁　「得」字各本並脫，據梁書、册府元龜五七九補。

〔七〕小功之末旣得自嫁娶　「嫁」字各本並脫，據梁書、册府元龜五七九補。

〔八〕嫌其年幼服輕　「服輕」二字各本並脫，據梁書補。

〔九〕其一事曰　「事」字據梁書、册府元龜四七一補。

〔一〇〕黜其殘愚之心　「殘愚」梁書、册府元龜四七一並作「讒愚」。

〔一一〕而猶日不暇給者良有以也　「者」字據梁書、册府元龜五二九補。

〔一二〕日閱聽覽　梁書作「日見聽覽」。通鑑作「日闢聽覽」，疑作「闢」是。

〔一三〕司馬褧字元表　「元表」梁書作「元素」。

〔一四〕所撰嘉禮儀注一百一十六卷　「六」各本作「二」，據梁書徐勉傳改。

〔一五〕便哀慼如持喪　「哀慼」南齊書孝義朱謙之傳作「哀戚」，疑是。

〔一六〕謙之兄巽之即昇父也　「謙之」二字據南齊書孝義朱謙之傳補。按傳「巽之」作「選之」。惠棟松匡筆記二：「選、巽字相似，故譌爲巽。」

〔一七〕晉司空和六世孫也　「六世孫」梁書作「七世孫」。

〔一八〕正德爲巴西梓潼郡協除所部新安令　「新安」梁書作「安都」。按南齊書州郡志，巴西、梓潼二郡屬縣俱無新安縣及安都縣。

〔一九〕後守鴻臚卿員外散騎常侍　「員外散騎常侍」上，王懋竑讀書記疑謂疑有「遷」或「轉」字。

〔二〇〕宣帝即位封建昌縣侯　「宣帝」各本作「廢帝」，今訂正。按陳書作「高宗纂曆，封建昌縣侯」。高宗，宣帝廟號。

〔二一〕十三年爲中書監領太子詹事　「十三年」各本作「十二年」，據陳書改。按宣帝紀亦作「十三年」。

〔二二〕至是諡曰章僞侯　錢大昕廿二史考異：「按陳書諡曰章，無『僞』字。周書諡法篇亦無以『僞』爲諡者，恐未足信。」

〔二三〕儉一名報　「報」梁書作「来」，是。

〔二四〕汝南周弘直重其爲人妻之以女　「周弘直」陳書作「周弘正」。

〔二五〕欲嫁卿與富人望彼此俱濟　「富人」各本作「當世人」，據陳書改。張森楷南史校勘記：「此蓋誤『富』爲『當』，校者以不可通，而又誤讀下『望』斷句，於是妄添『世』字。而不知當世人望何能濟

之。且孔景行不過富耳，何嘗爲人望也。」按張說是。「世」爲唐諱，李延壽亦不可能改「富人」爲「當世人」。

〔二六〕父幾字景玄　「幾」梁書作「機」。

〔二七〕河東少有武幹　「河東」各本作「江東」，據梁書王僧辯傳改。按河東指河東王譽。

南史卷六十三

列傳第五十三

王神念 子僧辯　羊侃　羊鴉仁

王神念，太原祁人也。少好儒術，尤明內典。仕魏位潁川太守，與子僧辯據郡歸梁，封南城縣侯。歷安成、武陽、宣城內史，皆著政績。後爲青、冀二州刺史。神念性剛正，所更州郡必禁止淫祠，時青州東北有石鹿山臨海，先有神廟祆巫，欺惑百姓，遠近祈禱，糜費極多。及神念至，便令毀撤，風俗遂改。後徵爲右衞將軍，卒於官，諡曰壯。及元帝初，追贈侍中、中書令，改諡忠公。

神念少善騎射，及老不衰。嘗於武帝前手執二刀楯，左右交度，馭馬往來，冠絕羣伍。時復有楊華者，能作驚軍騎，亦一時妙捷，帝深賞之。華本名白花，武都仇池人。父大眼爲魏名將。華少有勇力，容貌瓌偉，魏胡太后逼幸之。華懼禍，及大眼死，擁部曲，載父

屍，改名華，來降。胡太后追思不已，爲作楊白花歌辭，使宮人晝夜連臂蹋蹄歌之，聲甚悽斷。華後位太子左衞率，卒於侯景軍中。

神念長子遵業，位太僕卿。次子僧辯。

僧辯字君才，學涉該博，尤明左氏春秋。言辭辯捷，器宇肅然，雖射不穿札，而有陵雲之氣。元帝爲江州刺史，僧辯隨府爲中兵參軍。時有安成望族劉敬躬者，田間得白蛆化爲金龜，將銷之，龜生光照室，敬躬以爲神而禱之。所請多驗，無賴者多依之。平生有德有怨者必報，遂謀作亂，遠近響應。元帝命中直兵參軍曹子郢討之，使僧辯襲安成。子郢既破其軍，敬躬走安成，僧辯禽之。又討平安州反蠻，由是以勇略稱。

元帝除荆州，僧辯爲貞毅府諮議參軍，代柳仲禮爲竟陵太守。及侯景反，元帝命僧辯總督舟師一萬赴援。及至，臺城陷沒，侯景悉收其軍實而厚加綏撫，遣歸竟陵。於是倍道兼行，西就元帝。元帝承制，以爲領軍將軍。及荆、湘疑貳，元帝令僧辯及鮑泉討之。時僧辯以竟陵間部下皆勁勇，猶未盡來，意欲待集然後上頓。與泉俱入，使泉先言之，泉入不敢言。元帝問僧辯，僧辯以情對。元帝性忌，以爲遷延不去，大怒厲聲曰：「卿憚行拒命，欲同賊邪？今唯死耳。」僧辯對曰：「今日就戮甘心，但恨不見老母。」帝自斫之，中其髀，流血至

地，悶絕，久之方蘇。卽送廷尉，幷收其子姪並繫之。其母脫簪珥待罪，帝意解，賜以良藥，故不死。會岳陽軍襲江陵，人情擾擾。元帝遣就獄出僧辯以爲城內都督。俄而岳陽奔退，而鮑泉力不能剋長沙，帝命僧辯代之。僧辯仍部分將帥，幷力攻圍，遂平湘土。還復領軍將軍。

侯景浮江西寇，軍次夏首。僧辯爲大都督，軍次巴陵。景既陷郢城，將進寇荆州，於是緣江屯戍望風請服。僧辯並沉公私船於水，分命衆軍乘城固守，偃旗臥鼓，安若無人。翌日，賊衆濟江，輕騎至城下，謂城中曰：「語王領軍，何不早降？」僧辯使答曰：「大軍但向荆州，此城自當非礙。僧辯百口在人掌握，豈得便降。」景軍肉薄苦攻，城內同時鼓譟，矢石雨下，賊乃引退。元帝又命平北將軍胡僧祐率兵援僧辯。是日，賊復攻城不剋，又爲火艦燒柵，風不便，自焚而退。有流星墮其營中，賊徒大駭，相顧失色。賊帥任約又爲陸法和所禽，景乃燒營夜遁，旋軍夏首。

元帝以僧辯爲征東將軍、開府儀同三司、江州刺史，封長寧縣公，命卽率巴陵諸軍沿流討景。攻拔魯山，仍攻郢，卽入羅城。又有大星如車輪墜賊營，去地十丈變成火，一時碎散。有龍自城出，五色光曜，入城前鸚鵡洲水中。景聞之，倍道歸建鄴。賊帥宋子仙等困蹙，求輸郢城，身還就景。僧辯僞許之。子仙謂爲信然，浮舟將發，僧辯命杜龕鼓譟掩至，

大破之，禽子仙、丁和等送江陵。元帝命生釘和舌臠殺之。

郢州既平，僧辯進師尋陽。軍人多夢周何二廟神云：「吾已助天子討賊。」自稱征討大將軍，並乘朱航。俄而反曰：「已殺景。」同夢者數十百焉。

元帝加僧辯侍中、尚書令、征東大將軍。僧辯頻表勸進，並蒙優答。於是發江州直指建鄴，乃先命南兗州刺史侯瑱襲南陵、鵲頭等戍，並剋之。

先是，陳武帝率衆五萬出自南江，前軍五千行至盆口。陳武名蓋僧辯，僧辯憚之。既至盆口，與僧辯會于白茅洲爲盟。於是升壇歃血，共讀盟文，辭氣慷慨，皆淚下霑衿。及發鵲頭，中江而風浪，師人咸懼。僧辯再拜告天曰：「僧辯忠臣，奉辭伐罪，社稷中興，當使風息；若鼎命中淪，請從此逝。」言訖風止，自此遂泛安流。有羣魚躍水飛空引導，賊望官軍上有五色雲，雙龍挾艦，行甚迅疾。

景自出戰於石頭城北，僧辯等大破之。盧暉略聞景戰敗，以石頭城降。僧辯引軍入據之。景走朱方，僧辯命衆將入據臺城。其夜軍人失火燒太極殿及東西堂。僧辯雖有滅賊之功，而馭下無法，軍人鹵掠，驅逼居人。都下百姓父子兄弟相哭，自石頭至于東城，被執縛者，男女裸露，袒衣不免。緣淮號叫，翻思景焉。

僧辯命侯瑱、裴之橫東追景，僞行臺趙伯超自吳松江降侯瑱，瑱送至僧辯，僧辯謂曰：

「卿荷國重恩，遂復同逆，今日之事，將欲如何。」因命送江陵。伯超既出，僧辯顧坐客曰：「朝廷昔唯知有趙伯超，豈識王僧辯乎。社稷既傾，爲我所復，人之興廢，亦復何常。」賓客皆前稱歎功德，僧辯矍然，乃謬答曰：「此乃聖上威德，羣帥用命，老夫雖濫居戎首，何力之有焉。」於是逆寇悉平。

元帝卽位，授鎭衞將軍、司徒，加班劍二十人，改封永寧郡公，侍中、尚書令如故。

先是，天監中沙門釋寶誌爲讖云：「太歲龍，將無理。蕭經霜，草應死。餘人散，十八子。」時言蕭氏當滅，李氏代興。及湘州賊陸納等攻破衡州刺史丁道貴，而李洪雅又自零陵稱助討納。既而朝廷未達其心，詔徵僧辯就宜豐侯循南征，爲都督東上諸軍事，以陳武帝爲都督西下諸軍事。先是，陳武讓都督於僧辯，僧辯不受，故元帝分爲東西都督而俱南討焉。尋而洪雅降納，納以爲應符，於是共議拜洪雅爲大將軍，尊事爲主。洪雅乘平肩大輿，織蓋、鼓吹，羽儀悉備，翼從入長沙城。時納等據車輪，夾岸爲城，士卒皆百戰之餘，器甲精嚴，徒黨勇銳，蒙衝鬬艦，亘水陵山。時天日清明，初無雲霧，軍發之際，忽然風雨，時人謂爲泣軍，百姓竊言知其敗也。三月庚寅，有兩龍自城西江中騰躍升天，五色分明，遙映江水。百姓咸仰面日之，父老或聚而悲，竊相謂曰：「地龍已去，國其亡乎。」初，納造大艦，一名曰三王艦者，邵陵王、河東王、桂陽嗣王三人並爲元帝所害，故立其像於艦，祭以太牢，加

其節蓋羽儀鼓吹，每戰輒祭之以求福。又造二艦，一曰青龍艦，一曰白虎艦，皆衣以牛皮，並高十五丈，選其中尤勇健者乘之。僧辯憚之，稍作連城以逼焉。賊不敢交鋒，並懷懈怠。僧辯因其無備，親執旗鼓以誡進止，羣賊大敗，歸保長沙。僧辯乃命築壘圍之，而自出臨視。賊知不設備，其黨吳藏、李賢明等蒙楯直進，僧辯尚據胡牀不爲之動，指麾勇敢，遂斬賢明，賊乃退歸。初，陸納作逆，以王琳爲辭，云「若放琳則自服」。時衆軍未之許，而武陵王紀擁衆上流，內外駭懼。元帝乃遣琳和解之，湘州乃平。因被詔會衆軍西討。尋而武陵敗績。

是時，齊遣郭元建謀襲建鄴，又遣其大將東方老等繼之。陳武帝聞之，馳報江陵。元帝卽詔僧辯急下赴援。僧辯次姑孰，卽留鎭焉。先命豫州刺史侯瑱築壘於東關以拒北軍，徵吳郡太守張彪、吳興太守裴之橫會瑱而大敗之。僧辯振旅歸建鄴。

承聖三年二月，詔以僧辯爲太尉、車騎大將軍。頃之丁母憂。母姓魏氏，性甚安和，善於綏接，家門內外莫不懷之。初，僧辯下獄，母流淚徒行，將入謝罪，元帝不與相見。時貞惠世子有寵，母詣閤自陳無訓，涕泗嗚咽，衆並矜之。及僧辯罪免，母深相責厲，辭色俱嚴。雖剋復舊都，功蓋宇宙，母恒自謙損，不以富貴驕物，朝野稱之，謂爲明哲婦人。及亡，甚見愍悼，且以僧辯勳重，故喪禮加焉。命侍中、謁者監護喪事，謚曰貞敬太夫人。靈柩將歸建

康，又遣謁者至舟渚弔祭。

其年十月，魏遣兵及梁王督合衆將襲江陵，元帝徵僧辯於建鄴，為大都督、荆州刺史。未至，而荆州已滅。及敬帝初即梁王位，僧辯預援立功，承制進驃騎大將軍、中書監、都督中外諸軍事、錄尚書。與陳武帝參謀討伐。

時齊文宣又納貞陽侯明以為梁嗣，與僧辯書，并貞陽亦頻與僧辯書，論還國繼統之事。僧辯不納。及貞陽與齊上黨王高渙至東關，散騎常侍裴之横軍敗，僧辯遂謀納貞陽，仍書定君臣之禮。因遣第七子顯、顯所生劉并弟子珍往充質，遣左戶尚書周弘正至歷陽迎明。又遣吏部尚書王通送啓，因求以敬帝為皇太子。明報書許之。僧辯遣使送質于鄴，貞陽求度衞士三千。僧辯慮其為變，止受散卒千人而已，并遣龍舟法駕往迎。貞陽濟江之日，僧辯擁檝中流，不敢就岸，末乃同會于江寧浦。明踐位，授僧辯大司馬，領太子太傅、揚州牧，餘如故。

陳武帝時為司空、南徐州刺史，因自京口舉兵襲之。僧辯常處石頭城，是日視事，軍人已踰城北而入，南門又白有兵來。僧辯與子頠遽走出閤，計無所出，乃據南門樓拜請求哀。陳武縱火焚之，方共頠下就執。陳武謂曰：「我有何辜，公欲與齊師賜討。」又曰：「何意全無防備。」僧辯曰：「委公北門，何謂無備？」是夜，及子頠俱被絞殺。

初，僧辯平建鄴，遣陳武守京口，推以赤心，結廉、藺之分。且為第三子頠許娶陳武章后所生女，未昏而僧辯母亡，然情好甚密。〔一〕其長子顗屢諫不聽。至是，會江淮人報云「齊兵大舉至壽春」，僧辯謂齊軍必出江表，因遣記室參軍江旰以事報陳武，〔二〕仍使整舟艦器械。陳武宿有圖僧辯志，及聞命，留旰城中，銜枚而進。知謀者唯侯安都、周文育而已，外人但謂江旰徵兵扞北。安都舟艦將趣石頭，陳武控馬未進。安都大懼，乃追陳武罵曰：「今日作賊，事勢已成，生死須決，在後欲何所望？若敗俱死，後期得免斫頭邪？」陳武曰：「安都嗔我。」乃敢進，遂剋之。時壽春竟無齊軍，又非陳武之譎，殆天授也。

顗承聖初位侍中，魏剋江陵，隨王琳入齊，為竟陵郡守。齊遣王琳鎮壽春，將圖江左。及陳平淮南殺琳，顗聞之，乃出郡城南登高冢上，號哭一慟而絕。

顗弟頒，少有志節，恒隨梁元帝。及荆州覆滅，入于魏。

僧辯既亡，弟僧智得就任約。約敗走，僧智肥不能行，又遇害。

僧智弟僧愔位譙州刺史，征蕭勃，及聞兄死，引軍還。時吳州刺史羊亮隸在僧愔下，與僧愔不平，密召侯瑱見禽。僧愔以名義責瑱，瑱乃委罪於將羊鯤斬之。僧愔復得奔齊，與徐嗣徽等挾齊軍攻陳。軍敗，竄逸荒野，莫知所之，仰天嘆曰：「雖耻不雪，未欲身膏野草，若精誠有感，當得道路，誓不受辱人手。」拔刀將自刎，聞空中催令急去，僧愔異之，勉力馳進，行一里許，顧向處已有陳人。踰越江山，僅得歸齊。

徐嗣徽，高平人，父雲伯自青部南歸，位終新蔡太守。侯景之亂，嗣徽歸荆州，元帝以為羅州刺史，及弟嗣宗、嗣產並有武用。〔三〕嗣徽從征巴丘，以功為太子右衞率、監南荆州。徐州之亡，任秦州刺史。嗣產先在建鄴，嗣宗自荆州滅亡中逃得至都。從弟嗣先即僧辯之甥，復為比丘慧暹藏，得脫俱還。及僧辯見害，兄弟抽刀裂眦，志在立功，俱逃就兄嗣徽，密結南豫州刺史任約與僧辯故舊，圖陳武帝。帝遣江旰說之，嗣徽執旰送鄴乞師焉。齊文宣帝授為儀同，命將應赴。及石頭敗退，復請兵於齊，與任約、王曄、席皐同心度江。及戰敗，嗣徽墮馬，嗣宗援兄見害。嗣產為陳武軍所禽，辭色不撓而死。任約、王曄得北歸。

羊侃字祖忻，泰山梁父人也。父祉，北史有傳。侃少而瓌偉，身長七尺八寸，雅愛文史。弱冠隨父在梁州立功，初為尚書郎，以力聞。魏帝常謂曰：「郎官謂卿為虎，豈羊質虎皮乎？試作虎狀。」侃因伏，以手抉殿沒指。魏帝壯之，賜以珠劍。正光中，秦州羌莫折念生據州反，仍遣其弟天生攻陷岐州，寇雍州。侃為偏將，隸蕭寶寅往討之，射殺天生，其衆即潰。以功為征東大將軍、東道行臺，領泰山太守，進爵鉅平侯。

初，其父祉恒使侃南歸，侃至是將舉濟、河以成先志。其從兄兗州刺史敦密知之，據州拒侃，侃乃率精兵三萬襲之，不剋，仍築十餘城以守之。梁朝賞授一與元法僧同。魏帝聞之，使授侃驃騎大將軍、司徒、泰山郡公，長為兗州刺史。侃斬其使。魏人大駭，令僕射于暉率衆十萬及高歡、爾朱陽都等相繼而至。柵中矢盡，南軍不進，乃夜潰圍而出。一日一夜，乃出魏境。至渣口，衆尚萬餘人，馬二千匹。將入南，士卒竟夜悲歌，侃乃謝曰：「卿等懷土，幸適去留。」各拜辭而去。

侃以大通三年至建鄴，授徐州刺史，并其兄默及三弟忱、給、元皆拜刺史。侃封高昌縣侯，累遷太子左衞率，侍中。車駕幸樂游苑，侃預宴。時少府奏新造兩刃矟成，長二丈四尺，圍一尺三寸。帝因賜侃河南國紫騮令試之。侃執矟上馬，左右擊刺，特盡其妙。觀者登樹。帝曰：「此樹必為侍中折矣。」俄而果折，因號此矟為折樹矟。北人降者，唯侃是衣冠餘緒，帝寵之踰於他者，謂曰：「朕少時捉矟，形勢似卿，今失其舊體，殊覺不奇。」上又製武宴詩三十韻示侃，侃即席上應詔。帝覽曰：「吾聞仁者有勇，今見勇者有仁，可謂鄒、魯遺風，英賢不絕。」是日詔入直殿省，啓尚方仗不堪用。上大怒，坐者非一。及侯景作逆，果弊於仗粗。

後還都官尚書，尚書令何敬容用事，與之並省，未嘗游造。左衞蘭欽同侍宮宴，詞色少交，侃於坐折之曰：「小子！汝以銅鼓買朱异作父，韋粲作兄，何敢無宜適。」朱時在席。後華林法會，欽拜謝於省中。王銓謂欽曰：「卿能屈膝廉公，彌見盡美；然羊公意猶未釋，容能更置一拜？」欽從之。宦者張僧胤嘗候侃，侃曰：「我牀非閹人所坐。」竟不前之。時論美其貞正。

太清元年，爲侍中，會大舉北侵，以侃爲冠軍將軍，監作寒山堰事。堰立，侃勸元帥貞陽侯明乘水攻彭城，不見納。既而魏援大至，侃頻言乘其遠來可擊，旦日又勸出戰，並不從。侃乃率所領頓堰上。及衆軍敗，侃結陣徐還。

二年，復爲都官尚書。侯景反，攻陷歷陽，帝問侃討景之策。侃求以二千人急據采石，令邵陵王襲取壽春，使景進不得前，退失巢窟，烏合之衆，自然瓦解。議者謂景未敢便逼都，遂寢其策。令王質往。侃曰：「今茲敗矣。」乃令侃率千餘騎頓望國門。景至新林，追侃入副宣城王都督城內諸軍事。

時景既卒至，百姓競入，公私混亂，無復次序。侃乃區分防擬，皆以宗室間之。軍人爭入武庫，自取器甲，所司不能禁，侃命斬數人方得止。是時梁興四十七年，境內無事，公卿在位，及閭里士大夫莫見兵甲。賊至卒迫，公私駭震。時宿將已盡，後進少年並出在外，城中唯有侃及柳津、韋黯。津年老且疾，黯懦而無謀，軍旅指撝，一決於侃，膽力俱壯，簡文深

仗之。

及賊逼城，衆皆兇懼，侃僞稱得外射書，云「邵陵、西昌侯已至近路」，衆乃少安。賊攻東掖門，縱火甚盛。侃以水沃滅火，射殺數人，賊乃退。加侍中、軍師將軍。有詔送金五千兩、銀萬兩、絹萬匹賜戰士。侃辭不受，部曲千餘人並私加賞賚。

賊爲尖頂木驢攻城，〔四〕矢石所不能制。侃作雉尾炬，施鐵鏃，以油灌之，擲驢上焚之俄盡。賊又東西起二土山以臨城，城中震駭。侃命爲地道，潛引其土山，不能立。賊又作登城樓車，〔五〕高十餘丈，欲臨射城中。侃曰：「車高塹虛，彼來必倒，可臥而觀之。」及車動果倒，衆皆服焉。

賊既頻攻不捷，乃築長圍。朱异、張綰議出擊之。帝以問侃，侃曰：「不可，賊多日攻城，既不能下，故立長圍，欲引城中降者耳。今擊之，出人若少，不足破賊；若多，則一旦失利，門隘橋小，必大致挫衄。」不從，遂使千餘人出戰。未及交鋒，望風退走，果以爭橋赴水，死者太半。

初，侃長子鷟爲景所獲，執來城下示侃。侃謂曰：「我傾宗報主，猶恨不足，豈復計此一子。幸早殺之。」數日復持來，侃謂鷟曰：「久以汝爲死，猶在邪？吾以身許國，誓死行陣，終不以爾而生進退。」因引弓射之。賊以其忠義，亦弗之害。

景遣儀同傅士哲呼侃與語，曰：「侯王遠來問訊天子，何爲閉拒不時進納？尚書國家大臣，宜啓朝廷。」侃曰：「侯將軍奔亡之後，歸命國家，重鎮方城，懸相任寄，何所患苦，忽致稱兵，豈有人臣而至於此。吾不能妄受浮說，開門揖盜。」士哲曰：「在北之日，久挹風猷，願去戎服，得一相見。」侃爲免冑，士哲瞻望久之而去，其爲北人所欽慕如此。

後大雨，城內土山崩，賊乘之垂入，苦戰不能禁。侃乃令多擲火，爲火城以斷其路，徐於城內築城，賊不能進。尋以疾卒於城內，贈侍中、護軍將軍。子球嗣。

侃少雄勇，膂力絕人，所用弓至二十石，馬上用六石弓。嘗於兗州堯廟蹋壁，直上至五尋，橫行得七跡。泗橋有數石人，長八尺，大十圍。侃執以相擊，悉皆破碎。性豪侈，善音律，自造采蓮、棹歌兩曲，甚有新致。姬妾列侍，窮極奢靡。有彈箏人陸太喜著鹿角爪，長七寸。儛人張淨琬腰圍一尺六寸，時人咸推能掌上儛。又有孫荊玉能反腰帖地，銜得席上玉簪。敕賚歌人王娥兒，東宮亦賚歌者屈偶之，並妙盡奇曲，一時無對。初赴衡州，於兩艖䑼起三間通梁水齋，飾以珠玉，加之錦繢，盛設帷屏，列女樂。乘潮解纜，臨波置酒，緣塘傍水，觀者填咽。大同中，魏使陽斐與侃在北嘗同學，有詔命侃延斐同宴。賓客三百餘人，食器皆金玉雜寶，奏三部女樂。至夕，侍婢百餘人俱執金花燭。侃不飲酒而好賓游，終日獻酬，同其醉醒。

性寬厚，有器局。嘗南還至漣口置酒，有客張孺才者，醉於船中失火，延燒七十餘艘，所燔金帛不可勝數。侃聞聊不挂意，命酒不輟。孺才慚懼自逃，侃慰喻使還，待之如舊。

第三子鵾字子鵬，隨侃臺內，城陷，竄於陽平。侯景以其妹爲小妻，呼還待之甚厚，以爲庫直都督。及景敗，鵾密圖之，乃隨其東走。景於松江戰敗，惟餘三舸，下海欲向蒙山。會景晝寢，鵾語海師：「此中何處有蒙山，汝但聽我處分。」遂直向京口，至胡豆洲，景覺，大驚。問岸上，云「郭元建猶在廣陵」。景大喜，將依之。鵾拔刀叱海師使向京口。鵾與王元禮、謝答仁弟葳蕤，並景之昵也，三人謂景曰：「我等爲王百戰百勝，自謂無敵，卒至於此，豈非天乎。今就王乞頭以取富貴。」景欲透水，鵾抽刀斫之。景乃走入船中，以小刀抉船。鵾以矟入刺殺之。景僕射索超世在別船，葳蕤以景命召之，斬于京口。

元帝以鵾爲青州刺史，封昌國縣侯，又領東陽太守。征陸納，加散騎常侍，除西晉州刺史。破郭元建於東關，遷東晉州刺史。承聖三年，西魏圍江陵，鵾赴援不及。從王僧愔征蕭勃於嶺表，聞僧辯敗，乃還，爲侯瑱所破，遇害，年二十八。

羊鴉仁字孝穆，泰山鉅平人也。少驍勇，仕郡爲主簿。普通中，率兄弟自魏歸梁，封廣

二十四史

中華書局

晉侯。征伐青、齊間，累有功績，位至都督、北司州刺史。及侯景降，詔鴉仁督土州刺史桓和之、仁州刺史湛海珍等趣縣瓠應接。景至，仍爲都督、司豫二州刺史，鎮縣瓠。會侯景敗於渦陽，魏軍漸逼，鴉仁恐糧運不繼，遂還北司，上表陳謝。帝大怒鴉仁，鴉仁懼，頓軍於淮上。〔六〕及侯景反，鴉仁率所部入援。

太清二年，景既背盟，鴉仁乃與趙伯超及南康王會理共攻賊於東府城，反爲賊敗。臺城陷，景以爲五兵尚書。鴉仁常思奮發，謂所親曰：「吾以凡流，受寵朝廷，竟無報效，以答重恩。今若以此終，沒有餘責。」因泣下，見者傷焉。

三年，出奔江西，將赴江陵，至東莞，爲故北徐州刺史荀伯道子晷所害。臨死以報效不終，因而泣下。後鴉仁兄子海珍知之，掘晷父伯道并祖及所生母合五喪，〔七〕各分其半骨，共棺焚之，半骨雜他骨，作五袋盛之，銘袋上曰「荀晷祖父母某之骨」。鴉仁子亮，侯景亂後移至吳州刺史，隨王琳，以名將子見禮甚隆。爲人多酒無賴，酒醉爲閹豎所殺。

論曰：王神念、羊侃、羊鴉仁等，自北徂南，咸受寵任。既而侃及鴉仁晚遇屯剝。侃則

臨危不撓，鴉仁則守義以殞。古人所謂「心同鐵石」，此之謂乎。僧辯風格秀舉，有文武奇才，而逢茲酷濫，幾致隕覆。幸全首領，卒樹奇功，事人之道，於斯爲得。及時鍾交喪，地居元宰，內有輿主而外求君，遂使尊卑易位，親疎貿序，既同兒戲，且類弈棊。延敵開釁，實基於此，喪國傾宗，爲天下笑。豈天將啓陳，何斯人而斯謬也，哀哉！

校勘記

〔一〕然情好甚密　「然」上各本衍「雖」字，今删。

〔二〕因遣記室參軍江旰以事報陳武　「江旰」各本作「江盱」，大德本作「江盰」，百衲本影印時，誤從諸本改作「江盱」。按北齊書文苑傳有江旰，則字當作「旰」，今改回。下出「旰」字并改。

〔三〕及弟嗣宗嗣產並有武用　「嗣產」各本並無。按下「嗣產先在建鄴」，「俱逃就兄嗣徽」，明此脫「嗣產」二字，據通志補。

〔四〕賊爲尖頂木驢攻城　「尖頂」各本誤「尖項」，據梁書改。

〔五〕賊又作登城樓車　「車」字據梁書及册府元龜三九九補。按下「車高塹虛」，明當有「車」字。

〔六〕頓軍於淮上　「於」各本作「入」，據梁書改。

〔七〕掘晷父伯道并祖及所生母合五喪　「道」字各本並脫，據通志補。下「荀晷祖父母某之骨」，不及其伯，伯道乃其父名。

南史卷六十四

列傳第五十四

江子一　胡僧祐　徐文盛　陰子春 子鏗

杜崱 兄岸　弟幼安　兄子龕　王琳　張彪

江子一字元亮，〔一〕濟陽考城人，晉散騎常侍統之七世孫也。父法成，奉朝請。

子一少慷慨有大志。家貧，以孝聞，苦侍養多闕，因終身蔬食。仕梁起家爲王國侍郎、奉朝請。上書言事，爲當軸所排，乃拜表求入北爲刺客。武帝異之。又啓求觀書秘閣，武帝許之，有敕直華林省。其姑夫左衞將軍朱异權要當朝，休下之日，賓客輻湊。异不爲物議所歸，欲引子一爲助，子一未嘗造門，其高潔如此。爲遂昌、曲阿令，皆著美績。後爲南津校尉。

弟子四，歷尚書金部郎。大同初，遷右丞。兄弟性並剛烈。子四自右丞上封事，極言得失，武帝甚善之，詔曰：「屋漏在上，知之在下，其令尚書詳擇，施於時政。」左戶郎沈炯、少府丞顧璵嘗奏事不允，帝厲色呵責之。子四乃趨前代炯等對，對甚激切。帝怒呼縛之，子四乃據地不受。帝怒亦歇，乃釋之，猶坐免職。

及侯景攻陷歷陽，自横江將度，子一帥舟師千餘人於下流欲邀之，其副董桃生走，子一乃退還南洲，收餘衆步赴建鄴，見於文德殿。帝怒之，具以事對，且曰：「臣以身許國，常恐不得其死，今日之事，何所復惜。不死闕前，終死闕後耳。」及城被圍，開承明門出戰。子一及弟尚書左丞子四、東宮直殿主帥子五並力戰直前，賊坐甲不起。子一引矟撞之，賊縱突騎，衆並縮。子一刺其騎，騎倒矟折，賊解其肩，時年六十二。弟曰：「與兄俱出，何面獨旋。」乃免冑赴敵，子四矟洞胸死，子五傷脰，還至塹一慟而絕。賊義子一之勇，歸之，面如生。詔贈子一給事黃門侍郎，子四中書侍郎，子五散騎侍郎。侯景平，元帝又追贈子一侍中，諡義子；子四黃門侍郎，諡毅子；子五中書侍郎，諡烈子。

子一續黃圖及班固「九品」，并辭賦文章數十篇，行於世。

中華書局

胡僧祐字願果，南陽冠軍人也。少勇決，有武幹。仕魏位銀青光祿大夫。以大通三年避爾朱氏之難歸梁。〔二〕頻上封事，武帝器之，拜文德主帥，使戍項城。〔三〕魏剋項城，因入北。中大通元年，陳慶之送魏北海王元顥入洛陽，僧祐又歸梁，除南天水、天門二郡太守，有善政。性好讀書，愛緝綴，然文辭鄙野，多被謿謔，而自謂實工，矜伐彌甚。

晚事梁元帝。侯景之亂，西沮蠻反，元帝令僧祐討之，使盡誅其渠帥。僧祐諫忤旨，下獄。

大寶二年，景圍王僧辯於巴陵，元帝乃引僧祐於獄，拜爲假節、武猛將軍，封新市縣侯，令援僧辯。將發泣下，謂其子玘曰：「汝可開朱白二門，吾不捷則死。吉則由朱，凶則由白也。」元帝聞而壯之。前至赤沙亭，會陸法和至，乃與幷軍，大敗景將任約軍，禽約送江陵。侯景聞之遂遁。後拜領軍將軍，厚自封殖。以所加鼓吹恒置齋中，對之自娛。人曰：「此是羽儀，公名望隆重，不宜若此。」答曰：「我性愛之，恒須見耳。」或出游亦以自隨，人士笑之。

承聖二年，爲車騎將軍、開府儀同三司。及魏軍至，以僧祐爲都督城東諸軍事。俄中流矢卒，城遂潰。

徐文盛字道茂，彭城人也。家本魏將。父慶之，梁天監初自北歸南，未至道卒。文盛仍統其衆，稍立功績。大同末，爲寧州刺史。州在僻遠，羣蠻劫竊相尋，前後刺史莫能制。文盛推心撫慰，夷人感之，風俗遂改。

太清二年，聞國難，乃召募得數萬人來赴，元帝以爲秦州刺史，加都督，授以東討之略。東下至武昌，遇侯景將任約，遂與相持。元帝又命護軍將軍尹悅、平東將軍杜幼安、巴州刺史王珣等會之，〔四〕並受文盛節度。大敗約於貝磯。約退保西陽，文盛進據蘆洲，又與相持。景聞之，率大衆西上援約，至西陽。諸將咸曰：「景水軍輕進，又甚飢疲，擊之必大捷。」文盛不許。文盛妻石氏先在建鄴，至是，景載以還之。文盛深德景，遂密通信使，都無戰心，衆咸憤怨。杜幼安、宋簉等乃率所領獨進，大破景，獲其舟艦以歸。會景密遣騎間道襲陷郢州，軍中懼，遂大潰，文盛奔還荊州。元帝仍以爲城北面大都督，又聚斂贓汙甚多，元帝大怒，下令數其十罪，除其官爵。文盛私懷怨望，帝聞之，乃以下獄。時任約被禽，與文盛同禁。文盛謂約曰：「何不早降，令我至此。」約曰：「門外不見卿馬跡，使我何處得降。」文盛無以答，遂死獄中。

陰子春字幼文，武威姑臧人也。晉義熙末，曾祖襲隨宋武帝南遷，至南平，因家焉。父智伯與梁武帝鄰居，少相善，嘗入帝臥內，見有異光成五色，因握帝手曰：「公後必大貴，非人臣也。天下方亂，安蒼生者其在君乎。」帝曰：「幸勿多言。」於是情好轉密，帝每有求，如外府焉。及帝踐阼，官至梁、秦二州刺史。

子春仕歷位朐山戍主、東莞太守。時青州石鹿山臨海，先有神廟，刺史王神念以百姓祈禱糜費，毀神影，壞屋舍。當坐棟上有一大蛇長丈餘，役夫打撲不禽，得入海水。爾夜，子春夢見人通名詣子春云：「有人見苦，破壞宅舍。既無所託，欽君厚德，欲憩此境。」子春心密記之。經二日而知之，甚驚，以爲前所夢神。因辦牲醑請召，安置一處。數日，復夢一朱衣人相聞，辭謝云：「得君厚惠，當以一州相報。」子春心喜，供事彌勤。經月餘，魏欲襲朐山，間諜前知，子春設伏摧破之，詔授南青州刺史，鎮朐山。又遷都督、梁秦二州刺史。

子春雖無佗才行，臨人以廉潔稱。閨門混雜，而身服垢汙，脚數年一洗，言每洗則失財敗事，云在梁州，以洗足致梁州敗。

太清二年，徵爲左衞將軍，還侍中。屬侯景亂，元帝令子春隨王僧辯攻平邵陵王。又與左衞將軍徐文盛東討景，至貝磯與景遇，子春力戰，恒冠諸軍。會郢州陷沒，軍遂退，卒於江陵。子鏗。

鏗字子堅，博涉史傳，尤善五言詩，被當時所重。爲梁湘東王法曹行參軍。初鏗嘗與賓友宴飲，見行觴者，因回酒炙以授之，衆坐皆笑。鏗曰：「吾儕終日酣酒，而執爵者不知其味，非人情也。」及侯景之亂，鏗嘗爲賊禽，或救之獲免。〔五〕鏗問之，乃前所行觴者。

陳天嘉中，爲始興王中錄事參軍。文帝嘗宴羣臣賦詩，徐陵言之，帝即日召鏗預宴，使賦新成安樂宮。鏗援筆便就，帝甚歎賞之。累遷晉陵太守，員外散騎常侍，頃之卒。有文集三卷行於世。

杜崱，京兆杜陵人也。其先自北歸南，居於雍州之襄陽，子孫因家焉。父懷寶少有志節，梁天監中累有軍功，後又立功南鄭，位梁、秦二州刺史。大同初，魏軍復圍南鄭，懷寶命第三子嶷帥二百人與魏前鋒戰於光道寺，流矢中其目，〔六〕失馬，敵人交矟將至，嶷斬其一騎而上，馳以歸。嶷膂力絕人，便馬善射，一日中戰七八合。所佩霜明朱弓四石餘力，斑絲纏矟長二丈五，同心敢死士百七十人。每出殺傷數百人，敵人憚之，號爲杜彪。懷寶卒於州，謚曰桓侯。

中華書局

巖位西荆州刺史，時讖言「獨梁之下有瞎天子」，元帝以巖其人也。會巖改葬父祖，帝敕圖墓者惡爲之，逾年而巖卒。

崱，巖弟也。幼有志氣，居鄉里以膽勇稱，後爲新興太守。太清三年，隨岳陽王來襲荆州，元帝與崱兄岸有舊，[七]密書邀之。崱乃與岸、弟幼安、兄子龕等夜歸元帝，以爲武州刺史，封枝江縣侯，令隨領軍王僧辯東討侯景。至巴陵，景遁。加侍中，進爵爲公，仍隨僧辯追景至石頭。景敗，崱入據臺城。景平，加散騎常侍、江州刺史。

是月，齊將郭元建攻秦州刺史嚴超達於秦郡，王僧辯令崱赴援，陳武帝亦自歐陽來會。元建衆却，崱因縱兵大破之，元建遁。時元帝執王琳於江陵，琳長史陸納等於長沙反。元帝徵崱與王僧辯討之。及納等戰于車輪，大敗之。後納等降，崱又與王僧辯西討平武陵王於硤口。[八]旋鎮遘疾卒，謚曰武。

崱兄弟九人，兄嵩、岑、巖、岌、巘、岸及弟崱、幼安並知名。

岸字公衡，太清中，與崱隨岳陽王詧攻荆州，同歸元帝。帝以爲北梁州刺史，封江陵縣侯。岸請以五百騎襲襄陽，去城三十里，城中覺之。詧夜知其師掩襄陽，以岸等襄陽豪帥，於是夜遁歸襄陽。岸等知詧至，遂奔其兄南陽太守巘於廣平。[九]詧遣將尹正、薛暉等攻拔

之，獲巘、岸等幷其母妻子女，幷斬於襄陽北門。詧母龔保林數岸於衆，岸曰：「老婢教汝兒殺汝叔，乃枉殺忠良。」詧命拔其舌，臠殺而烹之。盡誅諸杜宗族親者，幼弱下蠶室，又發其墳墓，燒其骸骨，灰而揚之，幷以爲漆鋺。及建鄴平，崱兄弟發安寧陵焚之，以報漆椀之酷，元帝亦不責也。

幼安性至孝寬厚，雄勇過人，與兄崱同歸元帝，帝以爲西荆州刺史，封華容縣侯。與王僧辯討河東王譽於長沙，平之。又令助徐文盛東討侯景，至貝磯，大破景將任約，斬其儀同叱羅子通、湘州刺史趙威方等。仍進軍大舉口，[一〇]別攻拔武昌。景度蘆洲上流以壓文盛，幼安與衆軍大敗之。會景密遣騎襲陷郢州，執刺史方諸，人情大駭，文盛由漢口遁歸，衆軍大敗，幼安降景，景以其多反覆，殺之。

龕，岑之子也，少驍勇，善用兵，與諸父歸元帝，帝以爲郢州刺史，封中廬縣侯，[一一]與王僧辯討平河東王譽。又隨僧辯下，繼徐文盛軍至巴陵。聞侯景陷郢州西上將至，乃與僧辯等守巴陵。景至圍之數旬，不剋而遁。還太府卿、定州刺史。及衆軍至姑孰，景將侯子鑒逆戰，龕與陳武帝、王琳等擊之，大敗子鑒，遂至石頭。景親會戰，龕與衆軍大破之。論功爲最，授東揚州刺史。又與王僧辯降陸納，平武陵王。

及魏平江陵，後齊納貞陽侯明以紹梁嗣，以龕爲震州刺史、吳興太守，遷南豫州刺史，封溧陽縣侯，又加散騎常侍、鎮南大將軍。

龕，僧辯婿也，始爲吳興太守，以陳武帝既非素貴，及爲之本郡，以法繩其宗門，無所縱捨。武帝銜之切齒。及僧辯敗，龕乃據吳興以拒之，頻敗陳文帝軍。龕好飲酒，終日恒醉，勇而無略，部將杜泰私通於文帝，說龕降文帝，龕然之。其妻王氏曰：「霸先讎隙如此，何可求和。」因出私財賞募，復大敗文帝軍。後杜泰降文帝，龕尚醉不覺，文帝遣人負出項王寺前斬之。王氏因截髮出家，杜氏一門覆矣。

王琳字子珩，會稽山陰人也。本兵家。元帝居蕃，琳姊妹並入後庭見幸，琳由此未弱冠得在左右。少好武，遂爲將帥。太清二年，帝遣琳獻米萬石，未至，都城陷，乃中江沈米，輕舸還荆。稍遷岳陽內史，以軍功封建寧縣侯。侯景遣將宋子仙據郢州，琳攻剋之，禽子仙。又隨王僧辯破景。後拜湘州刺史。

琳果勁絕人，又能傾身下士，所得賞物不以入家，麾下萬人，多是江淮羣盜。平景之

勳，與杜龕俱爲第一。恃寵縱暴於建鄴，王僧辯禁之不可，懼將爲亂，啓請誅之。琳亦疑禍，令長史陸納率部曲前赴湘州，身輕上江陵陳謝。將行謂納等曰：「吾若不反，子將安之？」咸曰「請死」。相泣而別。及至，帝以下吏，而使廷尉卿黃羅漢、太舟卿張載宣喻琳軍。陸納等及軍人並哭對使者，莫肯受命。乃縶黃羅漢，殺張載。載性刻，爲帝所信，荆州疾之如讎，故納等因人之欲，抽其腸繫馬腳，使繞而走，腸盡氣絕，又臠割備五刑而斬之。[一二]

元帝遣王僧辯討納，納等敗走長沙。是時湘州未平，武陵王兵下又甚盛，江陵公私恐懼，人有異圖。納啓申琳無罪，請復本位，求爲奴婢。元帝乃鎖琳送僧辯。[一三]時納出兵方戰，會琳至，僧辯升諸樓車以示之。納等投戈俱拜，舉軍皆哭，曰：「乞王郎入城即出。」乃放琳入，納等乃降。湘州平，仍復琳本位，使拒武陵王紀。紀平，授衡州刺史。

元帝性多忌，以琳所部甚盛，又得衆心，故出之嶺外。又授都督、廣州刺史。其友人主書李膺，帝所任遇，琳告之曰：「琳蒙拔擢，常欲畢命以報國恩。今天下未平，遷琳嶺外，如有萬一不虞，安得琳力。忖官正疑琳耳，琳分望有限，可得與官爭爲帝乎？何不以琳爲雍州刺史，使鎮武寧。琳自放兵作田，爲國禦捍，若警急動靜相知。孰若遠棄嶺南，相去萬里，一日有變，將欲如何！琳非願長坐荆南，政以國計如此耳。」膺然其言而不敢啓，故遂率其衆鎮嶺南。

元帝爲魏圍逼，乃徵琳赴援，除湘州刺史。琳師次長沙，知魏平江陵，已立梁王詧，乃爲元帝舉哀，三軍縞素。遣別將侯平率舟師攻梁，琳屯兵長沙，傳檄諸方，爲進趣之計。時長沙蕃王蕭韶及上游諸將推琳主盟。侯平雖不能度江，頻破梁軍。又以琳兵威不接，翻更不受指麾，琳遣將討之，不剋。又師老兵疲不能進，乃遣使奉表詣齊，并獻馴象；又使獻款于魏求其妻子；亦稱臣于梁。

陳武帝既殺王僧辯，推立敬帝，以侍中、司空徵琳。不從命，乃大營樓艦，將圖義舉。琳將張平宅乘一艦，每將戰勝，艦則有聲如野猪，故琳戰艦以千數，以野猪爲名。陳武帝遣將侯安都、周文育等討琳，仍受梁禪。安都歎曰：「我其敗乎，師無名矣。」逆戰於沌口。琳乘平肩輿，執鉞而麾之，〔一四〕禽安都、文育，其餘無所漏，唯以周鐵武一人背恩，斬之。〔一五〕鎖安都、文育，置琳所坐艦中，令一閹豎監守之。琳乃移湘州軍府就郢城，帶甲十萬，練兵於白水浦。琳巡軍而言曰：「可以爲勤王之師矣，溫太眞何人哉！」南江渠帥熊曇朗、周迪懷貳，琳遣李孝欽、樊猛與余孝頃同討之。三將軍敗，並爲迪所囚。安都、文育等盡逃還建鄴。

初，魏剋江陵之時，永嘉王莊年甫七歲，逃匿人家。後琳迎還湘中，衞送東下。及敬帝立，出質于齊，請納莊爲梁主。齊文宣遣兵援送，仍遣兼中書令李騊駼册拜琳爲梁丞相、都

督中外諸軍、錄尚書事。又遣中書舍人辛慤、游詮之等齎璽書江表宣勞，自琳以下皆有頒賜。琳乃遣兄子叔寶率所部十州刺史子弟赴鄴，奉莊纂梁祚於郢州。莊授琳侍中、使持節、大將軍、中書監，改封安成郡公，其餘並依齊朝前命。

及陳文帝立，琳乃輔莊次于濡須口。齊遣揚州道行臺慕容儼率衆臨江，爲其聲援。陳遣安州刺史吳明徹江中夜上，將襲湓城。琳遣巴陵太守任忠大敗之，明徹僅以身免。琳兵因東下，陳遣太尉侯瑱、司空侯安都等拒之。瑱等以琳軍方盛，引軍入蕪湖避之。時西南風至急，琳謂得天道，將直取揚州，侯瑱等徐出蕪湖躡其後。比及兵交，西南風翻爲瑱用，琳兵放火燧以擲瑱船者，皆反燒其船。琳船艦潰亂，兵士透水死者十二三。其餘皆棄船上岸，爲陳軍所殺殆盡。

初，琳命左長史袁泌、御史中丞劉仲威同典兵侍衞莊，及軍敗，泌遂降陳。仲威以莊投歷陽，又送壽陽。琳尋與莊同入齊，齊孝昭帝遣琳出合肥，鳩集義故，更圖進取。琳乃繕艦，分遣招募淮南傖楚，皆願戮力。陳合州刺史裴景暉，琳兄珉之壻也，請以私屬導引齊師，孝昭委琳與行臺左丞盧潛率兵應赴。沈吟不決，景暉懼事泄，挺身歸齊。齊孝昭賜琳璽書令鎮壽陽，其部下將帥悉聽以從，乃除琳驃騎大將軍、開府儀同三司、揚州刺史，封會稽郡公。又增兵秩，兼給鐃吹。琳水陸戒嚴，將觀釁而動，屬陳氏結好於齊，使琳更聽

後圖。

琳在壽陽，與行臺尚書盧潛不協，更相是非，被召還鄴。齊武成置而不問，除滄州刺史。後以琳爲特進、侍中。所居屋脊無故剝破，出赤蛆數升，落地化爲血，蠕動。〔一六〕有龍出於門外之池，雲霧起，晝晦。會陳將吳明徹寇齊，齊帝敕領軍將軍尉破胡等出援秦州，令琳共爲經略。琳謂所親曰：「今太歲在東南，歲星居牛斗分，太白已高，皆利爲客，我將有喪。」又謂破胡曰：「吳兵甚銳，宜長策制之，愼勿輕鬬。」破胡不從。戰，軍大敗。琳單馬突圍，僅而獲免。還至彭城，齊令便赴壽陽，并許召募。又進封琳巴陵郡王。陳將吳明徹進兵圍之，堰肥水灌城。而齊將皮景和等屯於淮西，竟不赴救。明徹晝夜攻擊，城內水氣轉侵，人皆患腫，死病相枕。從七月至十月，城陷被執，百姓泣而從之。吳明徹恐其爲變，殺之城東北二十里，時年四十八。哭者聲如雷。有一叟以酒脯來至，號酹盡哀，收其血懷之而去。傳首建康，懸之於市。

琳故吏梁驃騎府倉曹參軍朱瑒致書陳尚書僕射徐陵求琳首，曰：

竊以朝市遷貿，時傳骨鯁之風；歷運推移，間表忠貞之迹。故典午將滅，徐廣爲晉家遺老；當塗已謝，馬孚稱魏室忠臣。用能播美於前書，垂名於後世。梁故建寧公琳，洛濱餘冑，沂川舊族，立功代邸，効績中朝。當離亂之辰，總蕃伯之任。爾乃輕躬殉

主，以身許國，實追蹤於往彥，信踵武於前修。而天厭梁德，尙思匡繼，徒蘊包胥之念，終遘萇弘之眚。洎王業光啓，鼎祚有歸，於是遠跡山東，寄命河北。雖輕旅臣之歎，猶懷客卿之禮。感茲知己，忘此捐軀。至使身沒九泉，頭行萬里。誠復馬革裹屍，遂其生平之志；原野暴骸，會彼人臣之節。然身首異處，有足悲者。封樹靡卜，良可愴焉。

瑒早簉末僚，預參下席，降薛君之吐握，荷魏公之知遇。是用霑巾雨袂，痛可識之顏，回腸疾首，切猶生之面。伏惟聖恩博厚，明詔爰發，赦王經之哭，許田橫之葬。瑒雖芻賤，竊亦有心。琳經莅壽陽，頗存遺愛，曾游江右，非無舊德。比肩東閣之吏，繼踵西園之賓，願歸彼境，還修窀穸。庶孤墳旣築，或飛銜土之鷰，豐碑式樹，時留墮淚之人。近故舊王綸等已有論牒，仰蒙制議，不遂所陳。昔廉公告逝，卽肥川而建塋域，〔一七〕孫叔云亡，仍芍陂而植楸檟。〔一八〕由此言之，抑有其例。不使壽春城下，唯傳報葛之人，滄洲島上，獨有悲田之客。昧死陳祈，伏待刑憲。

陵嘉其志節，又明徹亦數夢琳求首，並爲啓陳主而許之。仍與開府主簿劉韶慧等持其首還于淮南，權瘞八公山側，義故會葬者數千人。瑒等乃間道北歸，別議迎接。尋有揚州人茅智勝等五人密送喪柩達于鄴，贈十五州諸軍事、揚州刺史、侍中、特進、開府、錄尚書事，謚曰忠武王，葬給轀輬車。

中華書局

琳體貌閑雅，立髮委地，喜怒不形於色。雖無學業，而强記內敏，軍府佐史千數，皆識其姓名。刑罰不濫，輕財愛士，得將卒之心。少爲將帥，屢經喪亂，雅有忠義之節。雖本圖不遂，齊人亦以此重之，待遇甚厚。及敗爲陳軍所執，吳明徹欲全之，而其下將領多琳故吏，爭來致請，并相資給，明徹由此忌之，故及於難。當時田夫野老，知與不知，莫不爲之歔欷流泣。觀其誠信感物，雖李將軍之恂恂善誘，殆無以加焉。

琳十七子，長子敬在齊襲王爵，武平末通直常侍。第九子衎，隋開皇中開府儀同三司，大業初，卒於渝州刺史。

張彪不知何許人，自云家本襄陽，或云左衞將軍、衡州刺史蘭欽外弟也。少亡命在若邪山爲盜，頗有部曲。臨城公大連出牧東揚州，彪率所領客焉。始爲防閤，後爲中兵參軍，禮遇甚厚。及侯景將宋子仙攻下東揚州，復爲子仙所知。後去子仙，還入若邪舉義，〔一九〕征子仙不捷，仍走向剡。

趙伯超兄子稜爲侯景山陰令，去職從彪。後懷異心，僞就彪計，請酒爲盟，引刀子披心出血自歃，彪信之，亦取刀刺血報之。刀始至心，稜便以手案之，望入彪心，刀斜傷得不深。

稜重取刀刺彪，頭面被傷頓絕。稜謂已死，因出外告彪諸將，言已殺訖，欲與求富貴。彪左右韓武入視，彪已蘇，細聲謂曰：「我尚活，可與手。」於是武遂誅稜。彪不死，復奉表元帝，帝甚嘉之。

及侯景平，王僧辯遇之甚厚，引爲爪牙，與杜龕相似，世謂之張、杜。貞陽侯踐位，爲東揚州刺史，并給鼓吹。室富於財，晝夜樂聲不息。剡令王懷之不從，彪自征之。〔二〇〕留長史謝岐居守。會僧辯見害，彪不自展拔。時陳文帝已據震澤，將及會稽，彪乃遣沈泰、吳寶眞還州助岐保城。彪後至，泰等反與岐迎陳文帝入城。彪因其未定，踰城而入。陳文帝遂走出，彪復城守。沈泰說陳文帝曰：「彪部曲家口並在香巖寺，可往收取。」遂往盡獲之。彪將申進密與泰相知，因又叛彪，彪復敗走，不敢還城。據城之西山樓子，及暗得與弟崑崙、妻楊氏去。猶左右數人追隨，彪疑之皆發遣，唯常所養一犬名黃蒼在彪前後，未曾捨離。乃還入若邪山中。

沈泰說陳文帝遣章昭達領千兵重購之，并圖其妻。彪眠未覺，黃蒼驚吠劫來，便嚙一人中喉卽死。彪拔刀逐之，映火識之，曰：「何忍舉惡。卿須我者但可取頭，誓不生見陳蒨。」劫曰：「官不肯去，請就平地。」彪知不免，謂妻楊呼爲鄉里曰：「我不忍令鄉里落佗處，今當先殺鄉里然後就死。」楊引頸受刀，曾不辭憚。彪不下刀，便相隨下嶺到平處。謂劫

曰：「卿須我頭，我身不去也。」呼妻與訣，曰：「生死從此而別，若見沈泰、申進等爲語曰，功名未立，猶望鬼道相逢。」劫不能生得，遂殺彪并弟，致二首於昭達。黃蒼號叫彪屍側，宛轉血中，若有哀狀。

昭達進軍，迎彪妻便拜，稱陳文帝敎迎爲家主。楊便改啼爲笑，欣然意悅，請昭達殯彪喪。墳冢既畢，黃蒼又俯伏冢間，號叫不肯離。楊還經彪宅，謂昭達曰：「婦人本在容貌，辛苦日久，請暫過宅莊飾。」昭達許之。楊入屋，便以刀割髮毀面，哀哭慟絕，誓不更行。陳文帝聞之，歎息不已，遂許爲尼。後陳武帝軍人求取之，楊投井決命。時寒，比出之垂死，積火溫燎乃蘇，復起投於火。

彪始起於若邪，興於若邪，終於若邪。及妻犬皆爲時所重異。楊氏，天水人，散騎常侍曒之女也。有容貌，先爲河東裴仁林妻，因亂爲彪所納。彪友人吳中陸山才嗟泰等翻背，刊吳昌門爲詩一絕曰：「田橫感義士，韓王報主臣，若爲留意氣，持寄禹川人。」

論曰：忠義之道，安有常哉。善言者不必能行，蹈之者恒在所忽。江子一、胡僧祐，太清之季，名宦蓋微。江則自致亡軀，胡亦期之殞命，然則貞勁之節，歲寒自有性也。文盛克

終有鮮，詩人得所誡焉。子春戰乃先鳴，幽通有助，及乎梁州之敗，而以濯足爲尤。杜氏終致覆亡，亦云圖墓之咎。吉凶之兆，二者豈易知乎。王琳亂朝忠節，志雪仇恥，然天方相陳，義難弘濟，斯則大廈落構，豈一木所能支也。張彪一遇何懷，死而後已；唯妻及犬，義悉感人，記傳所陳，何以加此，異乎！

校勘記

〔一〕江子一字元亮　「元亮」梁書作「元貞」。

〔二〕以大通三年避爾朱氏之難歸梁　「三年」，册府元龜二一五、四四四同。梁書作「二年」。

〔三〕使戍項城　「使」上各本衍「歸」字，今删。

〔四〕巴州刺史王珣等會之　「王珣」各本作「王徇」，據梁書、册府元龜二〇〇改。

〔五〕鎣嘗爲賊禽或救之獲免　「嘗」各本作「當」，據陳書、太平御覽八四四引改。

〔六〕流矢中其目　「流矢」各本作「溪矢」，據通志改。

〔七〕元帝與岿兄岸有舊　「有」字各本並脫，據梁書、通志補。

〔八〕岿又與王僧辯西討平武陵王於硤口　「硤口」各本作「硤石」，據梁書、通鑑改。胡注：「峽口，巫峽之口也。」按南史於巴峽之「峽」每易作「硤」。

中華書局

〔九〕遂奔其兄南陽太守獻於廣平　「廣平」梁書作「南陽」，云「遂走依其兄獻於南陽，獻時爲南陽太守」。按廣平、南陽並爲雍州領郡。

〔一〇〕仍進軍大舉口　「大舉口」各本作「大舉漢口」，據通鑑改。按胡注云：「水經注，江水東過邾縣南，東逕白虎磯北，又東逕貝磯北，北岸烽火洲，即舉洲也，北對舉口。」

〔一一〕封中廬縣侯　「中廬」各本作「中盧」，據通志改。按南齊書州郡志中廬爲雍州襄陽郡屬縣。

〔一二〕又釁劄備五刑而斬之　「備五刑」各本作「被五刑」，據册府元龜六六三改。按北齊書、通志並作「備五刑」。

〔一三〕元帝乃鎖琳送僧辯　「僧辯」二字各本並脫，據册府元龜二一五補。

〔一四〕琳乘平肩輿執鉞而麾之　「平肩輿」各本作「平輿」，據北齊書、通志補。

〔一五〕唯以周鐵武一人背恩斬之　「鐵武」北齊書作「鐵虎」，此避唐諱改。

〔一六〕出赤蚓數升落地化爲血蠕動　「落地」上各本有「汁」字，據北齊書、太平御覽九五一引刪。

〔一七〕昔廉公告逝即肥川而建塋域　「塋域」各本作「營域」，據北齊書改。按廉公謂廉頗，肥川即肥水。史記廉頗傳，頗卒，葬於壽春。清一統志：廉頗墓在鳳臺縣八公山下。

〔一八〕孫叔云亡仍芍陂而植楸檟　「孫叔」各本作「叔孫」，今乙正。按孫叔謂孫叔敖。水經肥水注：「芍陂，周百二十許里，在壽春縣南八十里，言楚相孫叔敖所造。」水經注又云：「陂水北逕孫叔敖祠下。」植楸檟，言祀孫叔敖。

〔一九〕還入若邪舉義　「舉義」各本互倒，據通志乙。

〔二〇〕剡令王懷之不從彪自征之　王鳴盛十七史商榷六三：陳書文帝紀作臨海太守王懷振。按東揚州即會稽也，臨海相距遠，故往征之而留岐居守。若剡則會稽屬縣，且其時僧辯尙在，剡令未必敢爲梗，何至舍郡城而往圍一縣乎？當從陳書。

南史卷六十五

列傳第五十五

陳宗室諸王

永脩侯擬　遂興侯詳　宜黃侯慧紀　衡陽獻王昌 子伯信

南康愍王曇朗 子方泰 方慶　文帝諸子　宣帝諸子　後主諸子

永脩侯擬字公正，陳武帝之疎屬也。少孤貧，質直彊記。武帝南征交阯，擬從焉。梁紹泰二年，除員外散騎常侍、明威將軍，以雍州刺史資，監南徐州事。

武帝踐阼，廣封宗室，詔從子監南徐州擬封永脩縣侯，北徐州刺史褒封鍾陵縣侯，晃封建城縣侯，炅封上饒縣侯。從孫明威將軍訬封虔化縣侯，吉陽縣侯詡仍前封，信威將軍祏封豫寧縣侯，〔一〕青州刺史詳封遂興縣侯，貞威將軍慧紀封宜黃縣侯，敬雅封寧都縣侯，敬

泰封平固縣侯。

文帝嗣位，擬除丹陽尹，坐事以白衣知郡，尋復本職。卒，謚曰定。天嘉二年，配享武帝廟庭。子黨嗣。

遂興侯詳字文幾，少出家爲沙門。善書記，談論清雅。武帝討侯景，召令還俗，配以兵馬，從定建鄴。永定二年，封遂興縣侯。天嘉三年，累遷吳州刺史。五年，討周迪，戰敗，死之。以所統失律，無贈謚。子正理嗣。

宜黃侯慧紀字元方，武帝之從孫也。涉獵書史，負材任氣。從武帝平侯景。及帝踐阼，封宜黃縣侯，除黃門侍郎。

太建十年，吳明徹北侵敗績，以慧紀爲緣江都督、兗州刺史。至德二年，爲都督、荆州刺史。及梁安平王蕭巖、晉熙王蕭瓛等詣慧紀請降，慧紀以兵迎之。以應接功，位開府儀同三司。

中華書局

禎明三年，隋師濟江，慧紀率將士三萬人，船艦千餘乘，沿江而下，欲趣臺城。遣南康太守呂肅將兵據巫峽，〔三〕以五條鐵鎖橫江，肅竭其私財以充軍用。隋將楊素奮兵擊之，四十餘戰，爭馬鞍山及磨刀澗守險。隋軍死者五千餘人，陳人盡取其鼻，以求功賞。既而隋軍屢捷，獲陳之士，三縱之。肅乃遁保延洲。別帥廖世寵領大舫詐降，欲燒隋艦，更決一死戰。於是有五黃龍備衆色，各長十餘丈，驤首連接，順流而東，風浪大起，雲霧晦冥，陳人震駭，不覺火自焚。隋軍乘高艦，張大弩以射之，陳軍大敗，風浪應時頓息。肅收餘衆東走。

慧紀時至漢口，爲隋秦王俊拒，不得進。聞肅敗，盡燒公安之儲，僞引兵東下，因推湘州刺史晉熙王叔文爲盟主。水軍都督周羅㬋與郢州刺史荀法尚守江夏。及建鄴平，隋晉王廣遣一使以慧紀子正業來喻，又使樊毅喻羅㬋，其上流城戍悉解甲。於是慧紀及巴州刺史畢寶並慟哭俱降。慧紀入隋，依例授儀同三司，卒。子正平，頗有文學。

衡陽獻王昌字敬業，武帝第六子也。梁太清末，武帝南征李賁，命昌與宣后隨沈恪還吳興。及武帝東討侯景，昌與宣后、文帝並爲景囚。景平，拜長城國世子，吳興太守，時年十六。

昌容貌偉麗，神情秀朗，雅性聰辯，明習政事。武帝遣陳郡謝哲、濟陽蔡景歷輔昌臨郡，又遣吳郡杜之偉授昌以經。昌讀書一覽便誦，明於義理，剖析如流。尋與宣帝俱往荆州。魏剋荆州，又與宣帝俱遷長安。

武帝即位，頻遣使請宣帝及昌，周人許而未遣。及武帝崩，乃遣之。時王琳作梗中流，昌不得還，居于安陸。王琳平後，天嘉元年二月，昌發自安陸，由魯山濟江。而巴陵王蕭沇等率百僚上表，請以昌爲湘州牧，封衡陽郡王。詔曰「可」。三月甲戌入境，詔令主書舍人緣道迎接。丙子濟江，於中流殞之，使以溺告。四月庚寅，喪柩至都，上親臨哭。乃下詔贈假黃鉞、都督中外諸軍事、太宰、揚州牧，葬送之儀，一依漢東平憲王、齊豫章文獻王故事，謚曰獻。無子，文帝以第七皇子伯信嗣。

伯信字孚之，位西衡州刺史。及隋師濟江，與臨汝侯方慶並爲東衡州刺史王勇所害。

南康愍王曇朗，武帝母弟忠壯王休先之子也。休先少倜儻有大志，梁簡文之在東宮，深被知遇，爲文德主帥，頃之卒。敬帝即位，追贈南徐州刺史，封武康縣公。武帝受禪，贈司徒，封南康郡王，謚曰忠壯。

曇朗少孤，尤爲武帝所愛。有膽力，善綏御。侯景平後，起家著作郎。武帝誅王僧辯，留曇朗鎮京口，知留府事。

紹泰元年，除中書侍郎，監南徐州。二年，齊兵攻逼建鄴，因請和，求武帝子姪爲質。時四方州郡，並多未賓，本根虛弱，糧運不繼，在朝文武，咸願與齊和親。武帝難之，而重違衆議，乃決遣曇朗。恐曇朗憚行，或當奔竄，乃自率步騎往京口迎之，〔三〕使質於齊。齊背約，遣蕭軌等隨徐嗣徽度江。武帝大破之，虜蕭軌、東方老等誅之，齊人亦害曇朗于晉陽。時陳與齊絕，弗之知。武帝踐阼，猶以曇朗襲封南康郡王，奉忠壯王祀，禮秩一同皇子。天嘉二年，齊人結好，始知其亡，文帝詔贈開府儀同三司、南徐州刺史，謚曰愍。乃遣兼郎中令隨聘使江德藻迎曇朗喪柩，〔四〕三年春至都。

初，曇朗未質於齊，生子方泰、方慶；及將適齊，以二妾自隨，在北又生二子方華、方曠，亦同得還。

方泰少粗獷，與諸惡少年羣聚，游逸無度，文帝以南康王故，特寬宥之。天嘉二年，以爲南康王世子。及聞曇朗薨，於是襲爵南康王。太建四年，爲都督、廣州刺史。爲政殘暴，爲有司奏免。六年，授豫章內史，在郡不修政事。秩滿之際，屢放部曲爲劫，又縱火延燒邑

居，因行暴掠，驅錄富人，徵求財賄。代至，又淹留不還。至都，以爲宗正卿。未拜，爲御史中丞宗元饒所劾，免官，以王還第。十一年，起爲寧遠將軍，直殿省。尋加散騎常侍。其年八月，宣帝幸大壯觀，因大閱武。命都督任忠領步騎十萬，陣於玄武湖，都督陳景領樓艦五百出於瓜步江。上登玄武門觀，宴羣臣以觀之。〔五〕因幸樂游苑，設絲竹會。仍重幸大壯觀，集衆軍，振旅而還。時方泰當從，啓稱所生母疾，不行。因與亡命楊鍾期等二十人微行往人間，淫淳于岑妻，爲州長流所錄。又率人仗抗拒，傷損禁司，爲有司所奏。上大怒，下方泰獄。方泰初承行淫，不承拒格禁司。上曰：「不承則上測。」方泰乃投列承引。於是兼御史中丞徐君整奏請解方泰所居官，下宗正削爵土，上可其奏。

禎明初，爲侍中。陳亡，與後主俱入長安。隋大業中，爲掖縣令。

方慶少清警，涉獵書傳。及長有幹略。天嘉中，封臨汝縣侯。至德二年，累遷智武將軍、武州刺史。

初，廣州刺史馬靖久居嶺表，大得人心，士馬強盛，朝廷疑之，以方慶爲廣州刺史，以兵襲靖。靖誅，進號宣毅將軍。方慶性清謹，甚得人和。

禎明三年，隋師濟江，都督、東衡州刺史王勇徵兵於方慶，欲與赴援臺城。時隋行軍總

中華書局

管韋洸帥兵度嶺，宣隋文帝敕云：「若嶺南平定，留勇與豐州刺史鄭萬頃且依舊職。」方慶聞之，恐勇賣己，且欲觀變，乃不從。勇使高州刺史戴智烈斬方慶於廣州，而收其兵。

鄭萬頃，滎陽人，梁司州刺史紹叔之族子也。父旻，梁末入魏。萬頃通達有材幹，周武帝時，爲司城大夫，出爲溫州刺史。至德中，與司馬消難奔陳，拜散騎常侍、昭武將軍、豐州刺史。在州甚有惠政，吏人表請立碑，詔許焉。初，萬頃在周，甚被隋文帝知遇，及隋文帝踐阼，常思還北。及王勇殺方慶，萬頃乃率州兵拒勇降隋，隋授上儀同，尋卒。

文帝十三男：沈皇后生廢帝、始興王伯茂。嚴淑媛生鄱陽王伯山、晉安王伯恭。潘容華生新安王伯固。劉昭華生衡陽王伯信。王充華生廬陵王伯仁。張修容生江夏王伯義。韓修華生武陵王伯禮。江貴妃生永陽王伯智。孔貴妃生桂陽王伯謀。二男早卒，無名。伯信出繼衡陽王昌。

始興王伯茂字鬱之，文帝第二子也。初，武帝兄始興昭烈王道談仕梁爲東宮直閤將軍。侯景之亂，援臺中流矢卒。太平二年，贈南兗州刺史，封長城縣公，〔六〕謚曰昭烈。武

帝受禪，重贈太傅，改封始興郡王。道談生文帝及宣帝。宣帝以梁承聖末遷於長安，至是武帝遙以宣帝襲封始興嗣王，以奉昭烈王祀。武帝崩，文帝入纂帝位。時宣帝在周未還，文帝以本宗乏饗，徙封宣帝爲安成王，封伯茂爲始興王，以奉昭烈王祀。賜天下爲父後者爵一級。舊制，諸王受封未加戎號者，不置佐史。於是尚書八坐奏加伯茂寧遠將軍，置佐史，除揚州刺史。

伯茂性聰敏，好學，謙恭下士，又以太子母弟，文帝深愛重之。時軍人於丹徒盜發晉郗曇墓，大獲晉右軍將軍王羲之書及諸名賢遺跡。〔七〕事覺，其書並沒縣官，藏于祕府。文帝以伯茂好古，多以賜之。由是伯茂大工草隸書，甚得右軍法。

遷東揚州刺史、鎮東將軍、開府儀同三司。廢帝時，伯茂在都，劉師知等矯詔出宣帝，伯茂勸成之。師知等誅後，宣帝恐伯茂扇動朝廷，乃進號中衞將軍，令入居禁中，專與廢帝游處。時四海之望，咸歸宣帝，伯茂深不平，數肆惡言。宣帝以其無能，不以爲意。及建安人蔣裕與韓子高等謀反，伯茂並陰豫其事。光大二年，皇太后令黜廢帝爲臨海王，其日又下令降伯茂爲溫麻侯。時六門之外有別館，以爲諸王冠昏之所，名爲昏第，至是命伯茂出居之，宣帝遣盜殞之於車中，年十八。

鄱陽王伯山字靜之，文帝第三子也。偉容儀，舉止閑雅，喜慍不形於色。武帝時，天下草創，諸王受封，儀注多闕。及伯山受封，文帝欲重其事，天嘉元年七月丙辰，尚書八坐奏封鄱陽郡王，乃遣度支尚書蕭睿持節兼太宰告于太廟，又遣五兵尚書王質持節兼太宰告于太社。其年十月，上臨軒策命，策訖，令王公以下，並宴於王第。六年，爲緣江都督、平北將軍、南徐州刺史。宣帝輔政，不欲令伯山處邊，光大元年，徙爲東揚州刺史。累遷征南將軍，護軍將軍，加開府儀同三司，給鼓吹幷扶。

伯山性寬厚，美風儀，又於諸王最長，後主深敬重之。每朝庭有冠昏饗宴，恒使爲主。及遭所生憂，居喪以孝聞。後主嘗幸吏部尚書蔡徵宅，因往弔之，伯山號慟殆絕，因起爲鎮衞將軍，乃謂羣臣曰：「鄱陽王至性可嘉，又是西第之長，豫章已兼司空，其亦須遷太尉。」未及發詔，禎明三年薨。尋屬陳亡，遂無贈謚。

長子君範，未襲爵而隋師至。時宗室王侯在都者百餘人，後主恐其爲變，乃並召入，屯朝堂，使豫章王叔英總督之，又陰爲之備。六軍敗績，相率出降，因從後主入長安。隋文帝並配隴右及河西諸州，各給田業以處之。大業二年，隋煬帝以後主第六女婤爲貴人，絕愛幸，因召陳氏子弟盡還京師，隨才敍用，由是並爲守宰，徧於天下。君範位溫縣令。

新安王伯固字牢之，文帝第五子也。生而龜胸，目通睛揚白，形狀眇小，而俊辯善言論。天嘉六年，立爲新安郡王。太建七年，累遷都督、南徐州刺史。伯固性嗜酒，不好積聚，所得祿奉，用度無節。酣醉以後，多所乞丐，於諸王中最爲貧窶。宣帝每矜之，特加賞賜。性輕率，好行鞭捶。在州不知政事，日出田獵。或乘眠輿至於草間，輒呼人從游，〔八〕動至旬日。所捕麞鹿，多使生致。宣帝頗知之，遣使責讓者數矣。

十年，爲國子祭酒。頗知玄理，而墯業無所通；至於擿句問難，往往有奇意。爲政嚴苛，國學有墯游不修習者，重加檟楚，生徒懼焉，由是學業頗進。

十三年，爲都督、揚州刺史。後主初在東宮，與伯固甚親狎。伯固又善嘲謔，宣帝每宴集，多引之。叔陵在江州，心害其寵，陰求瑕疵，將中以法。及叔陵入朝，伯固懼罪，諂求其意，乃共訕毀朝賢，歷詆文武，雖耆年高位，皆面折無所畏忌。伯固性好射雉，叔陵又好開發冢墓，出游田野，必與偕行，於是情好大協，遂謀不軌。伯固侍禁中，每有密語，必報叔陵。及叔陵奔東府，遣使告之，伯固單馬馳赴，助叔陵指麾。知事不捷，便欲走。會四門已閉，不得出，因趣白楊道。臺馬容至，爲亂兵所殺，尸於東昌館門，〔九〕時年二十八。詔特許以庶人禮葬。子及所生王氏，並特宥爲庶人，〔一〇〕國除。

晉安王伯恭字肅之，文帝第六子。天嘉六年封。尋爲吳郡太守。時年十餘歲，便留心政事，官曹緝理。歷位尙書左僕射，後爲中衞將軍、右光祿大夫。陳亡入長安。大業初，爲成州刺史、太常少卿。〔一一〕

廬陵王伯仁字壽之，文帝第八子。天嘉六年立。爲侍中、國子祭酒，領太子中庶子。〔一二〕陳亡，卒于長安。

江夏王伯義字堅之，文帝第九子。天嘉六年封。位金紫光祿大夫。陳亡入長安。還於瓜州，道卒。

武陵王伯禮字用之，文帝第十子。天嘉六年立。太建初，爲吳興太守。在郡恣行暴掠，後爲有司所劾。十一年，被代徵還，遂還延不發，爲御史中丞徐君整所劾，免。〔一三〕陳亡入長安。大業中，爲臨洮太守。

永陽王伯智字策之，文帝第十二子。少敦厚，有器局，博涉經史。太建中立。〔一四〕累遷

尙書左僕射，〔一五〕後爲特進。陳亡入長安。大業中，爲國子司業。

桂陽王伯謀字深之，文帝第十三子。太建中立。〔一六〕位散騎常侍，薨。子鄲，大業中，爲番禾令。

宣帝四十二男：柳皇后生後主。彭貴人生始興王叔陵。曹淑華生豫章王叔英。何淑儀生長沙王叔堅、宜都王叔明。魏昭華生建安王叔卿。錢貴妃生河東王叔獻。劉昭儀生新蔡王叔齊。袁昭容生晉熙王叔文、義陽王叔達、新會王叔坦。王姬生淮南王叔彪、巴山王叔雄。吳姬生始興王叔重。徐姬生尋陽王叔儼。淳于姬生岳陽王叔愼。王修華生武昌王叔虞。韋修容生湘東王叔平。施姬生臨賀王叔敖、沅陵王叔興。曾姬生陽山王叔宣。楊姬生西陽王叔穆。申婕妤生南安王叔儉、南郡王叔澄、岳山王叔韶、太原王叔匡。袁姬生新興王叔純。吳姬生巴東王叔謨。劉姬生臨海王叔顯。秦姬生新寧王叔隆、新昌王叔榮。其皇子叔叡、叔忠、叔泓、叔毅、叔訓、叔武、叔處、叔封八人，並未及封。三子早卒，無名。

始興王叔陵字子嵩，宣帝之第二子也。梁承聖中，生於江陵。魏剋江陵，宣帝遷關右，叔陵留穰城。宣帝之還，以後主及叔陵爲質。天嘉三年，隨後主還朝，封康樂縣侯。叔陵少機辯，狥聲名，强梁無所推屈。太建元年，封始興王，奉昭烈王祀。位都督、江州刺史，時年十六，政自已出，僚佐莫預焉。性嚴刻，部下慴憚。諸公子姪及罷縣令長，皆逼令事已。豫章內史錢法成詣府進謁，即配其子季卿將領馬仗。季卿慚耻不時至，叔陵大怒，侵辱法成，法成憤怨，自縊而死。州縣非其部內，亦徵攝案之。朝貴及下吏有乖忤者，輒誣奏其罪，陷以重辟。

四年，遷都督、湘州刺史。諸州鎭聞其至，皆震恐股慄。叔陵日益橫，征伐夷、獠，所得皆入已，絲毫不以賞賜。徵求役使，無有紀極。夜常不臥，執燭達曉，呼召賓客，說人間細事，戲謔無所不爲。性不飲酒，唯多置餚胾，晝夜食噉而已。自旦至中，方始寢寐。曹局文案，非呼不得輒白。笞罪者皆繫獄，動數年不省視。瀟、湘以南，皆逼爲左右，廛里殆無遺者。其中脫有逃竄，輒殺其妻子。州縣無敢上言，宣帝弗之知。

九年，除都督、揚州刺史。十年，至都，加扶，給油幢車。叔陵居東府，事務多關涉省閣，執事之司，承意順旨，即諷上進用之。微致違忤，必抵大罪，重者至殊死。道路藉藉，皆言其有非常志。叔陵修飾虛名，每入朝，常於車中馬上，執卷讀書，高聲長誦，陽陽自若。歸

坐齋中，或自執斧斤，爲沐猴百戲。又好游冢墓間，遇有塋表主名可知者，輒命左右發掘，取其石誌、古器并骸骨肘脛，持爲翫弄，藏之府庫。人間少妻處女，微有色貌者，並即逼納。

十一年，丁所生母彭氏憂，去職。頃之，起爲本職。晉世王公貴人，多葬梅嶺，及彭氏卒，叔陵啓求梅嶺葬之，乃發故太傅謝安舊墓，棄去安柩，以葬其母。初喪日，僞爲哀毁，自稱刺血寫涅槃經。未及十旬，乃日進甘膳。又私召左右妻女，與之姦合，所作尤不軌，侵淫上聞。宣帝責御史中丞王政以不舉奏，免政官。又黜其典籤、親事，仍加鞭捶。宣帝素愛叔陵，不繩以法，但責讓而已。服闋，又爲侍中、中軍大將軍。

及宣帝不豫，後主諸王並入侍疾。叔陵陰有異志，命典藥吏礪切藥刀。及倉卒之際，又命左右取劍，左右不悟，乃取朝服所佩木劍以進，叔陵怒。及翌日小斂，後主哀頓俯伏，叔陵以剉藥刀斫後主中項。太后馳來救焉，叔陵又斫太后數下。後主乳媪樂安君吳氏時在太后側，自後掣肘，後主因得起。叔陵仍持後主衣，後主自奮得免。長沙王叔堅以手搤叔陵，奪去其刀，仍牽就柱，以其褶袖縛之。時吳媪已扶後主避賊，叔堅求後主所在，將受命。叔陵多力，因奮袖得脫，〔一七〕突出雲龍門，馳車還東府，呼其甲士斷青溪橋道。放東城囚，以充戰士。又遣人往新林追所部兵馬。仍

中華書局

自被甲，著白帽，登城西門，招募百姓，散金銀以賞賜。外召諸王將帥，無有應者，唯新安王伯固聞而赴之。叔陵聚兵僅得千人，欲據城保守。

時衆軍並緣江防守，臺內空虛，叔堅白太后，使太子舍人司馬申急召右衛將軍蕭摩訶，將兵至府西門。叔陵事急，遣記室韋諒送鼓吹與摩訶，謂曰：「事捷以公爲台鼎。」摩訶紿報曰：「須王心膂節將自來，方敢從命。」叔陵卽遣戴溫、譚騏驎二人詣摩訶。〔一八〕摩訶執以送臺，斬於閣道下，持其首徇東城，仍懸於朱雀門。叔陵自知不濟，遂入沈其妃張氏及寵妾七人于井中。叔陵有部下兵先在新林，於是率人馬數百，自小航度，欲趣新林，以舟艦入北。行至白楊路，爲臺軍所邀。伯固見兵至，旋避入巷，叔陵拔刀追之，伯固復還。叔陵部下多棄甲潰散，摩訶馬容陳智深迎刺叔陵，閹豎王飛禽斫之數十下，馬容陳仲華就斬首送臺。自寅至巳乃定。尚書八坐奏：「請依宋世故事，流尸江中，汙瀦其室，并毁其所生彭氏墳廟，還謝氏之塋。」後主從所奏。叔陵諸子，卽日並賜死。

豫章王叔英字子烈，宣帝第三子也。寬厚仁愛。太建元年封。後位司空。隋大業中，位涪陵太守，卒。

長沙王叔堅字子成，宣帝第四子也。母本吳中酒家婢，相者言當生貴子。宣帝微時，因飲通焉，生叔堅。及貴，召拜淑儀。

叔堅少而嚴整，又頗使酒，兄弟憚之。好數術，卜筮、風角、鎔金、琢玉，並究其妙。初封豐城侯。太建元年封。累遷丹陽尹。

初，叔堅與始興王叔陵並招聚賓客，各爭權寵，甚不平。每朝會鹵簿，不肯爲先後，必分道而趨，左右或爭道而鬭，至有死者。及宣帝不豫，叔堅與叔陵等並從後主侍疾。叔陵陰有異志，叔堅疑之，微伺其所爲。及行逆，賴叔堅以免。以功進驃騎將軍、開府儀同三司、揚州刺史。尋遷司空，將軍、刺史如故。

時後主患創，不能視事，政無大小，悉決于叔堅，權傾朝廷，後主由是疎忌之。孔範、管斌、施文慶等，並東宮舊臣，日夕陰持其短。至德元年，乃詔令卽本號用三司之儀，出爲江州刺史。未發，尋以爲司空，實欲奪其權。又陰令人造其厭魅，刻木爲偶人，衣以道士服，施機關，能拜跪，晝夜於星月下醮之，祝詛於上。又令人上書告其事，案驗令實。後主召叔堅囚于西省，將黜之，令近侍宣敕數之。叔堅自陳爲佞人所構，死日慚見叔陵。後主感其前功，乃赦之，免所居官，以王還第。後位中軍大將軍、開府儀同三司、荊州刺史。秩滿還都。

陳亡入隋，遷于瓜州。叔堅素貴，不知家人生產，至是與妃沈氏酤酒，不以耕種爲事。大業中，爲遂寧郡守，卒。

建安王叔卿字子弼，宣帝第五子也。性質直，有材器，容貌甚偉。太建四年立。位中書監。陳亡入隋。大業中，爲都官郎，上黨通守。

宜都王叔明字子昭，宣帝第六子也。儀容美麗，舉止和柔，狀似婦人。太建五年立。位侍中。陳亡入隋。大業中，爲鴻臚少卿。

河東王叔獻字子恭，宣帝第九子也。性恭謹，聰敏好學。太建五年立。位南徐州刺史。薨，贈司空，諡康簡。子孝寬嗣，隋大業中，爲汶城令。

新蔡王叔齊字子肅，宣帝第十一子也。風采明贍，博涉經史，善屬文。太建七年立。位侍中。陳亡入隋。大業中，爲尚書主客郎。

晉熙王叔文字子才，宣帝第十二子也。性輕險，好虛譽，頗涉書史。太建七年立。位都督、湘州刺史。徵爲侍中，未還而隋軍濟江，隋秦王至漢口。時叔文自湘州還朝，至巴州，乃率巴州刺史畢寶等請降，致書於秦王。王遣使往巴州迎勞叔文。叔文與畢寶、荊州刺史陳慧紀及文武將吏赴漢口，秦王並厚待之。及至京，隋文帝坐于廣陽門觀，叔文從後主至朝堂。文帝使內史令李德林宣旨，責其君臣不能相弼，以致喪亡。後主與其羣臣並愧懼拜伏，莫能仰視，叔文獨欣然有自得志。後上表陳在巴州先送款，望異常例。文帝嫌其不忠，而方懷柔江表，遂授開府、宜州刺史。

淮南王叔彪字子華，宣帝第十三子也。少聰慧，善屬文。太建八年立。位侍中。入隋，卒于長安。

始興王叔重字子厚，宣帝第十四子也。性質朴，無伎藝。宣帝崩，始興王叔陵爲逆，誅，其年立叔重爲始興王，以奉昭烈王後。位江州刺史。隋大業中，爲太府少卿。

尋陽王叔儼字子思，宣帝第十五子也。性凝重，舉止方正。後主卽位立。位侍中。入

中華書局

隋卒。

岳陽王叔慎字子敬，宣帝第十六子也。少聰敏，十歲能屬文。太建十四年立。至德中，爲丹陽尹。時後主尤愛文章，叔慎與衡陽王伯信、新蔡王叔齊等，日夕陪侍賦詩，恒被嗟賞。

禎明元年，出爲湘州刺史，加都督。及隋師濟江，清河公楊素兵下荆門，[一九]遣將龐暉略地至湘州，州內將士，剋日請降。叔慎置酒會文武，酒酣，歎曰：「君臣之義，盡於此乎？」長史謝基伏而流涕。湘州助防遂興侯正理在坐，起曰：「主辱臣死，諸君獨非陳國臣乎？縱其無成，猶見臣節，青門之外，有死不能。今日後應者斬。」衆咸許諾，乃刑牲結盟。遣人詐奉降書於龐暉，叔慎伏甲待之。暉入，伏兵發，縛暉等以徇，皆斬之。叔慎招士衆，數日中，兵至五千人。隋遣內陽公薛冑爲湘州刺史，[二〇]聞龐暉死，乃益請兵。隋又遣行軍總管劉仁恩救之。未至，薛冑禽叔慎，秦王斬之漢口。

義陽王叔達字子聰，宣帝第十七子也。太建十四年立。位丹陽尹。入隋，大業中，爲內史舍人，絳郡通守。武德中，位侍中，封江國公，歷禮部尚書，卒。

巴山王叔雄字子猛，宣帝第十八子也。太建十四年立。入隋，卒于長安。

武昌王叔虞字子安，宣帝第十九子也。太建十四年立。入隋，大業中，爲高苑令。

湘東王叔平字子康，宣帝第二十子也。至德元年立。入隋，大業中，爲胡蘇令。

臨賀王叔敖字子仁，宣帝第二十一子也。至德元年立。入隋，大業中，位儀同三司。

陽山王叔宣字子通，宣帝第二十二子也。至德元年立。入隋，大業中，爲涇城令。

西陽王叔穆字子和，宣帝第二十三子也。至德元年立。入隋，卒于長安。

南安王叔儉字子約，宣帝第二十四子也。至德元年立。入隋，卒于長安。

南郡王叔澄字子泉，宣帝第二十五子也。至德元年立。入隋，大業中，爲靈武令。

沅陵王叔興字子推，宣帝第二十六子也。至德元年立。入隋，大業中，爲給事郎。

岳山王叔韶字子欽，宣帝第二十七子也。至德元年立。位丹陽尹。入隋，卒于長安。

新興王叔純字子洪，[二一]宣帝第二十八子也。至德元年立。入隋，大業中爲河北令。

巴東王叔謨字子軌，宣帝第二十九子也。至德四年立。入隋，大業中，爲汧陽令。

臨海王叔顯字子亮，[二二]宣帝第三十子也。至德四年立。入隋，大業中，爲鶉觚令。

新會王叔坦字子開，宣帝第三十一子也。至德四年立。入隋，大業中，爲涉縣令。

新寧王叔隆字子遠，宣帝第三十二子也。至德四年立。入隋，卒于長安。

新昌王叔榮字子徹，宣帝第三十三子也。禎明二年立。[二三]入隋，大業中，爲內黃令。

太原王叔匡字子佐，宣帝第三十四子也。禎明二年立。入隋，大業中，爲壽光令。

後主二十二男：張貴妃生太子深、會稽王莊。孫姬生吳興王胤。高昭儀生南平王嶷。呂淑媛生永嘉王彥、邵陵王兢。龔貴嬪生南海王虔、錢唐王恬。張淑華生信義王祗。徐淑儀生東陽王恮。孔貴人生吳郡王藩。其皇子總、觀、明、綱、統、沖、洽、縚、綽、威、辯十一人，並未及封。

太子深字承源，後主第四子也。少聰慧，有志操，容止儼然，左右近侍，未嘗見其喜慍。以母張貴妃故，特爲後主所愛。至德元年，封始安王。位揚州刺史。禎明二年，皇太子胤廢，後主乃立深爲皇太子。隋師濟江，隋將韓擒自南掖門入，百僚奔散，深時年十餘歲，閉閤而坐，舍人孔伯魚侍。隋軍排閤入，深使宣令勞之曰：「軍旅在道，不乃勞也！」軍人咸致敬焉。隋大業中，爲枹罕太守。武德初，爲祕書丞，卒官。

吳興王胤字承業，後主長子也。太建五年二月乙丑，生於東宮。母孫姬，因產卒，沈皇后哀而養之，以爲己子。後主年長未有嗣，宣帝命以爲嫡孫，詔爲父後者賜爵一級。十年，封永康公。後主即位，爲皇太子。

胤性聰敏好學，執經肄業，終日不倦，博通大義，兼善屬文。時張貴妃、孔貴嬪並愛幸，沈皇后無寵，日夜構成后及太子之短。孔範之徒，又於外合成其事。禎明二年，廢爲吳興王，加侍中、中衞將軍。[二四]入隋，卒于長安。

南平王嶷字承岳，後主第二子也。方正有器局，年數歲，風采舉動，有若成人。至德元年立。位揚州刺史。遷都督、郢州刺史。入隋，卒于長安。

永嘉王彥字承懿，後主第三子也。至德元年立。位都督、江州刺史。入隋，大業中，爲襄武令。

南海王虔字承恪，後主第五子也。至德元年立。位南徐州刺史。入隋，大業中，爲涿令。

信義王祇字承敬，後主第六子也。至德元年立。位琅邪、彭城二郡太守。入隋，大業中，爲通議郎。

邵陵王兢字承檢，後主第七子也。禎明元年立。入隋，大業中，爲國子監丞。

會稽王莊字承肅，後主第八子也。容貌蕞陋。性嚴酷，數歲時，左右有不如意，輒刻刺其面，或加燒爇。性嗜酒，愛博。以母張貴妃寵，後主甚愛之。至德四年立。〔三五〕位揚州刺史。入隋，大業中，爲昌隆令。

東陽王恮字承厚，後主第九子也。禎明二年立。入隋，大業中，爲通議郎。

吳郡王藩字承廣，後主第十子也。禎明二年封。隋大業中，爲任城令。

錢唐王恬字承惔，後主第十一子也。禎明二年封。入隋，卒于長安。

江左承西晉，諸王開國，並以戶數相差爲大小三品。大國置上、中、下三將軍，又置司馬一人。次國置中、下二將軍。小國置將軍一人。餘官亦準此爲差。武帝受命，自永定訖于禎明，唯衡陽王昌特加禮命，至五千戶，自餘大國不過二千，小國則千戶云。

論曰：有陳受命，雖疆土日蹙，然封建之典，無革先王。永脩等並以疏屬列居蕃屏，慧紀始終之迹，其殆優乎。衡陽、南康，地皆懿戚，提攜以殞，惟命也夫！文、宣二帝，諸子不一，鄱陽、岳陽風迹可紀，古所謂維城盤石，叔慎其近之乎。

校勘記

〔一〕信威將軍祏封豫寧縣侯　「信威」、「豫寧」陳書作「信武」、「豫章」。

〔二〕遣南康太守呂肅將兵據巫峽　「呂肅」陳書作「呂忠肅」，隋書楊素傳作「呂仲肅」。隋書「忠」作「仲」，避隋文帝父忠而改；此又省「忠」字作呂肅，亦避隋諱。

〔三〕乃自率步騎往京口迎之　各本無「往」字，據陳書補。

〔四〕乃遣兼郎中令隨聘使江德藻迎曇朗喪柩　「郎中令」各本作「中郎令」，據陳書改。按曇朗襲封南康郡王，國官有郎中令，見南齊書百官志。

〔五〕上登玄武門觀宴羣臣以觀之　上「觀」字殿本作「親」，其他各本作「觀」。張元濟南史校勘記：「按置兩觀以表宮門，見三輔黃圖，疑門觀不訛。」蓋以「觀」屬上讀。殿本考證：「親，監本訛觀，今改正。」蓋以「親」屬下讀。今按「觀」、「親」並通。陳書各本或作「觀」，或作「親」。

〔六〕太平二年贈南兗州刺史封長城縣公　「太平」、「長城」各本作「紹泰」、「義興」。錢大昕廿二史考異：「按高祖紀，梁太平二年詔贈高祖兄道談散騎常侍、使持節、平北將軍、南兗州刺史、長城縣公。敬帝以紹泰二年改元太平，始進封陳霸先義興郡公，則道談贈官必在太平以後。且紀於永定元年書追贈皇兄長城縣公道談太尉，封始興郡王，似無追封義興郡公之事。」按錢氏說是，今從改。

〔七〕大獲晉右軍將軍王羲之書及諸名賢遺迹　「右軍將軍」，各本作「右將軍」，據晉書王羲之傳改。

〔八〕輒呼人從游　「人」陳書作「民下」，此避唐諱改。

〔九〕尸於東昌館門　「東」字各本並脫，據陳書補。

〔一〇〕子及所生王氏並特宥爲庶人　「王氏」前序作「潘容華」，必有一譌。

〔一一〕爲成州刺史太常少卿　「太常少卿」陳書作「太常卿」。

〔一二〕爲侍中國子祭酒領太子中庶子　「中庶子」各本作「左庶子」，據陳書改。按南齊書百官志東宮職僚有太子中庶子，無左右庶子。

〔一三〕爲御史中丞徐君整所劾免　「徐君整」陳書作「徐君敷」。

〔一四〕太建中立　按廢帝紀，伯智之立爲永陽王及下伯謀之立爲桂陽王，並在光大二年。

〔一五〕累遷尚書左僕射　「尚書左僕射」陳書本傳同，但陳書後主紀及南史陳本紀並言伯智於後主即位之年三月乙巳，爲尚書僕射，不言爲尚書左僕射。

〔一六〕太建中立　陳書本傳同。但陳書廢帝紀及南史陳本紀，立伯謀爲桂陽王在光大二年七月壬戌，不在太建中。

〔一七〕因奮袖得脫　「袖」字各本並脫，據陳書補。按上云「以其褶袖縛之」，則當有「袖」字。

〔一八〕叔陵即遣戴洫譚騏驎二人詣摩訶　「戴洫」陳書、通鑑作「戴溫」，疑「洫」爲「溫」字之譌。

〔一九〕清河公楊素兵下荆門　「清河」、「荆門」各本作「清和」、「荆州」，據陳書改。按隋書楊素傳，素封清河郡公。

〔二〇〕隋遣內陽公薛胄爲湘州刺史　「內陽」陳書作「中牟」。按隋書薛胄傳，胄襲文城縣公，無封內陽及中牟事，疑南史、陳書有譌。

〔三一〕新興王叔純字子洪　「子洪」陳書作「子共」。

〔三二〕臨海王叔顯字子亮　「臨海王」本書陳後主紀及陳書後主紀、叔顯傳並作「臨江王」。按陳皇子皆以郡爲封。時南豫州有臨江郡，治烏江；東揚州有臨海郡，治章安。後主至德世，江北已失，臨江郡改屬周，隋，疑作臨海爲是。

〔三三〕禎明二年立　「二年」各本作「三年」，據陳書改。

〔三四〕加侍中中衞將軍　「中衞將軍」各本作「衞將軍」，據陳書改。

〔三五〕至德四年立　「四年」各本作「元年」，據陳書改。按陳書後主紀，立莊爲會稽王在至德四年夏五月丁巳。

南史卷六十六

列傳第五十六

杜僧明　周文育子寶安　侯瑱　侯安都　歐陽頠子紇

黃法𣰰　淳于量　章昭達　吳明徹裴子烈

杜僧明字弘照，廣陵臨澤人也。形貌眇小，而有膽氣，善騎射。梁大同中，盧安興爲新州刺史、南江督護，〔一〕僧明與兄天合及周文育並爲安興所啓，請與俱行。頻征俚、獠有功，爲新州助防。天合亦有材幹，預在征伐。安興死，僧明復副其子子雄。及交州豪士李賁反，逐刺史蕭諮，諮奔廣州。臺遣子雄與高州刺史孫冏討賁。時春草已生，瘴癘方起，子雄請待秋討之，廣州刺史新渝侯蕭映不聽，蕭諮又促之，子雄等不得已遂行。至合浦，死者十六七，衆並憚役潰散。禁之不可，乃引其餘兵退還。蕭諮啓子雄及冏與賊交通，逗遛不進，

梁武帝敕於廣州賜死。子雄弟子略、子烈並豪俠，家屬在南江。天合謀於衆曰：「盧公累葉待遇我等亦甚厚矣，今見枉死而不能爲報，非丈夫也。我弟僧明，萬人之敵，若圍州城，召百姓，誰敢不從。城破斬二侯，然後待臺使至，束手詣廷尉，死猶勝生。縱其不捷，亦無恨矣。」衆咸慷慨曰：「是所願也，唯足下命之。」乃與周文育等率衆結盟，奉子雄弟子略爲主，以攻刺史蕭映。子略頓城南，天合頓城北，僧明、文育分據東西，吏人並應之，一日之中，衆至數萬。陳武帝時在高要，聞事起，率衆來討，大破之。殺天合，禽僧明及文育等，並釋之，引爲主帥。

武帝征交阯及討元景仲，僧明、文育並有功。侯景之亂，俱隨武帝入援建鄴。武帝於始興破蘭裕，僧明爲前鋒，斬裕。又與蔡路養戰於南野，僧明馬被傷，武帝馳救之，以所乘馬授僧明。僧明上馬復進，殺數十人，因而乘之，大敗路養。高州刺史李遷仕又據大皐，入灨石，以逼武帝。武帝遣周文育爲前軍，與僧明擊走之。遷仕與寧都人劉孝尚并力將襲南康，陳武又令僧明與文育等拒之。相持連戰百餘日，卒禽遷仕，送于武帝。及帝下南康，留僧明頓西昌，督安成、廬陵二郡軍事。梁元帝承制，授新州刺史、臨江縣子。

侯景遣于慶等寇南江，武帝頓豫章，命僧明爲前驅，所向剋捷。武帝表僧明爲長史，仍隨東討。軍至蔡洲，僧明率麾下燒賊水門大艦。及景平，除南兗州刺史，進爵爲侯，仍領晉

陵太守。及荆州覆亡，武帝使僧明率吳明徹等隨侯瑱西援，於江州病卒。贈散騎常侍，謚曰威。陳文帝即位，追贈開府儀同三司，配享武帝廟庭。子晉嗣。

周文育字景德，義興陽羨人也。少孤貧，本居新安壽昌縣，姓項氏，名猛奴。年十一，能反覆游水中數里，跳高六尺，與羣兒聚戲，衆莫能及。義興人周薈爲壽昌浦口戍主，見而奇之，因召與語。文育對曰：「母老家貧，兄弟姊並長大，困於賦役。」薈哀之，乃隨文育至家，就其母請文育養爲己子，母遂與之。及薈秩滿，與文育還都，見太子詹事周捨，請制名字，捨因爲立名爲文育，字景德。命兄子弘讓教之書計。弘讓善隸書，寫蔡邕勸學及古詩以遺之，文育不之省，謂弘讓曰：「誰能學此，取富貴但有大槊耳。」弘讓壯之，教之騎射，文育大悅。

司州刺史陳慶之與薈同郡，素相善，啓薈爲前軍軍主。[二]慶之使薈將五百人往新蔡懸瓠慰勞白水蠻。蠻謀執薈以入魏，事覺，薈與文育拒之。時賊徒甚盛，一日中戰數十合，文育前鋒陷陣，勇冠軍中。薈於陣戰死，文育馳取其尸，賊不敢逼。及夕，各引去。文育身被九創，創愈，辭請還葬，慶之壯其節，厚加賵遺而遣之。

葬訖，會盧安興爲南江督護，啓文育同行。累征有功，除南海令。安興死後，文育與杜僧明攻廣州，爲陳武帝所敗，帝赦之。

後監州王勱以文育爲長流，深被委任。勱被代，文育欲與勱俱下。至大庾嶺，詣卜者，卜者曰：「君北下不過作令長，南入則爲公侯。」文育曰：「足錢便可，誰望公侯。」卜人又曰：「君須臾當暴得銀至二千兩，若不見信，以此爲驗。」其夕，宿逆旅，有賈人求與文育博，文育勝之，得銀二千兩。旦辭勱，勱問其故，文育以告，勱乃遣之。武帝聞其還，大喜，分麾下配焉。

武帝之討侯景，文育與杜僧明爲前軍，尅蘭裕，援歐陽頠，皆有功。武帝破蔡路養於南野，文育爲路養所圍，四面數重，矢石雨下，所乘馬死，文育右手搏戰，左手解鞍，潰圍而出。與杜僧明等相得，幷力復進，遂大敗之。武帝乃表文育爲府司馬。

李遷仕之據大皐，遣其將軍杜平虜入灨石魚梁作城。武帝命文育擊之，平虜棄城走，文育據其城。遷仕聞平虜敗，留老弱於大皐，悉選精兵自將以攻文育。文育與戰，遷仕稍却，相持未解。會武帝遣杜僧明來援，別破遷仕水軍，遷仕衆潰，不敢過大皐，直走新淦。梁元帝授文育義州刺史。遷仕又與劉孝尙謀拒義軍，武帝遣文育與侯安都、杜僧明、徐度、杜稜築城於白口拒之。文育頻出與戰，遂禽遷仕。

武帝發自南康，遣文育將兵五千，開通江路。侯景將王伯醜據豫章，文育擊走之，遂據其城。累功封東遷縣侯。武帝軍至白茅灣，命文育與杜僧明常爲軍鋒。及至姑孰，與侯景將侯子鑒戰，破之。景平，改封南移縣侯，累遷散騎常侍。

武帝誅王僧辯，令文育督衆軍，會文帝於吳興，圍尅杜龕。又濟江襲會稽太守張彪，得其郡城。及文帝爲彪所襲，文育時頓城北香巖寺，文帝夜往趨之。彪又來攻，文育苦戰，遂破平彪。

武帝以侯瑱擁據江州，命文育討之，仍除南豫州刺史，率兵襲盆城。未尅，徐嗣徽引齊人度江，據蕪湖，詔徵文育還都。嗣徽等乃列艦於青墩至于七磯，以斷文育歸路。及夕，文育鼓譟而發，嗣徽等不能制。至旦，反攻嗣徽，嗣徽驍將鮑砰獨以小艦殿，文育乘單舴艋，跳入砰艦，斬砰，仍牽其艦而還，賊衆大駭。因留船蕪湖，自丹陽步上。時武帝拒嗣徽於白城，適與文育會。將戰，風急，武帝曰：「矢不逆風。」文育曰：「事急矣，當決之，何用古法。」抽槊上馬而進，衆軍隨之，風亦尋轉，殺傷數百人。嗣徽等移營莫府山，文育徙頓對之。頻戰功最，進爵壽昌縣公，給鼓吹一部。

及廣州刺史蕭勃舉兵踰嶺，詔文育督衆軍討之。時新吳洞主余孝頃舉兵應勃，遣其弟孝勱守郡城，自出豫章，據于石頭。勃使其子孜將兵與孝頃相會，又遣其別將歐陽頠頓軍

苦竹灘，傅泰據墌口城，以拒官軍。[三]官軍船少，孝頃有舴艋三百艘、艦百餘乘在上牢，文育遣軍主焦僧度、羊柬潛軍襲之，悉取而歸，仍於豫章立柵。

時官軍食盡，欲退還，文育不許。乃使人間行，遺周迪書，約爲兄弟，幷陳利害。迪得書甚喜，許饋以糧。於是文育分遣老小，乘故船舫沿流俱下，燒豫章所立柵，僞退，孝頃望之大喜，因不設備。文育由間道信宿達芊韶。芊韶上流則歐陽頠、蕭勃，下流則傅泰、余孝頃，文育據其中間，築城饗士，賊徒大駭。歐陽頠乃退入泥溪，作城自守。文育遣嚴威將軍周鐵武與長史陸山才襲頠，禽之。於是盛陳兵甲，與頠乘舟而宴，以巡傅泰城下，因攻泰，尅之。

蕭勃在南康，聞之，衆皆股慄。其將譚世遠斬勃欲降，爲人所害。世遠軍主夏侯明徹持勃首以降。蕭孜、余孝頃猶據石頭，武帝遣侯安都助文育攻之，孜降文育，孝頃退走新吳，廣州平。文育還頓豫章，以功授開府儀同三司。

王琳擁據上流，詔侯安都爲西道都督，文育爲南道都督，同會武昌。與琳戰於沌口，爲琳所執，後得逃歸，請罪，詔不問，復其官爵。及周迪破余孝頃，孝頃子公颺、弟孝勱猶據舊柵，擾動南土，武帝復遣文育及周迪、黃法𣰰等討之。豫章內史熊曇朗亦率衆來會。文育遣吳明徹爲水軍，配周迪運糧，自率衆軍入象牙江，築城於金口。公颺僞降，謀執文育，事

覺，文育因之送都，以其部曲分隸衆軍。乃捨舟爲步軍，進據三陂。

王琳遣將曹慶救孝勱，分遣主帥常衆愛與文育相拒，自帥所領攻周迪、吳明徹軍。迪等敗，文育退據金口。熊曇朗因其失利，謀害文育以應衆愛。文育監軍孫白象頗知其事，勸令先之。文育曰：「不可。我舊兵少，客軍多，若取曇朗，人皆驚懼，亡立至矣，不如推心撫之。」初，周迪之敗，棄船走，莫知所在。及得迪書，文育喜，齎示曇朗，曇朗害之於坐。武帝聞之，卽日舉哀，贈侍中、司空，謚曰忠愍。

初文育之據三陂，有流星墜地，其聲如雷，地陷方一丈，中有碎炭數斗。又軍市中忽聞小兒啼，一市並驚，聽之在土下，軍人掘焉，得棺，長三尺，文育惡之。俄而迪敗，文育見殺。天嘉二年，有詔配享武帝廟庭。子寶安嗣。

文育本族兄景曜，因文育官至新安太守。

寶安字安人，〔四〕年十餘歲，便習騎射。以貴公子驕蹇游逸，好狗馬，樂騙馳，靡衣媮食。文育之爲晉陵，以征討不遑之郡，令寶安監知郡事，尤聚惡少年，武帝患之。及文育西征敗績，縶於王琳，寶安便折節讀書，與士君子游，綏御文育士卒，甚有威惠。文育歸，復除吳興太守。文育爲熊曇朗所害，徵寶安還，起爲猛烈將軍，領其舊兵，仍令南討。

文帝卽位，深器重之，寄以心膂，精卒多配焉。及平王琳，頗有功。周迪之破熊曇朗，寶安南入，窮其餘燼。天嘉二年，重拜吳興太守，襲封壽昌縣公。三年，征留異，爲侯安都前軍。異平，除給事黃門侍郎、衞尉卿。再遷左衞將軍，領衞尉卿。卒，謚曰成。

子晳嗣，位晉陵、定遠二郡太守。〔五〕

侯瑱字伯玉，巴西充國人也。父弘遠，累世爲西蜀酋豪。蜀賊張文萼據白崖山，有衆萬人，梁益州刺史鄱陽王蕭範命弘遠討之，弘遠戰死。瑱固請復讎，每戰先鋒，遂斬文萼，由是知名。因事範，範委以將帥之任。〔六〕山谷夷、獠不附者，並遣瑱征之。累功授輕車府中兵參軍、晉康太守。範爲雍州刺史，瑱除馮翊太守。範遷鎭合肥，瑱又隨之。

侯景圍臺城，範乃遣瑱輔其世子嗣入援都。及城陷，瑱、嗣同退還合肥。仍隨範徙鎭湓城。俄而範及嗣皆卒，瑱領其衆，依于豫章太守莊鐵。鐵疑之，瑱懼不自安，詐引鐵謀事，因刃之，據豫章之地。

後降於侯景將于慶。慶送瑱於景，景以瑱與己同姓，託爲宗族，待之甚厚。留其妻子及弟爲質，遣瑱隨慶平蠡南諸郡。及景敗巴陵，景將宋子仙、任約等並爲西軍所獲，瑱乃誅景黨與以應義師，景亦誅其弟及妻子。梁元帝授瑱南兗州刺史、郫縣侯。仍隨都督王僧辯討景，恒爲前鋒。既復臺城，景奔吳郡，僧辯使瑱追景，大敗之於吳松江。以功除南豫州刺史，鎭姑孰。

及齊遣郭元建出濡須，僧辯遣瑱扞之，大敗元建。魏攻荆州，王僧辯以瑱爲前軍赴援，未至而魏剋荆州。瑱頓九江，因衞晉安王還都。承制以瑱爲侍中、江州刺史，加都督，改封康樂縣公。及司徒陸法和據郢州，引齊兵來寇，乃使瑱西討，未至而法和入齊。齊遣慕容恃德鎭夏首，瑱攻之，恃德食盡請和，瑱還鎭豫章。僧辯使其弟僧愔與瑱共討蕭勃，及陳武帝誅僧辯，僧愔陰欲圖瑱而奪其軍，瑱知之，盡收僧愔徒黨，僧愔奔齊。

是時瑱據中流，甚强，又以本事王僧辯，雖外示臣節，未肯入朝。初，余孝頃爲豫章太守，及瑱鎭豫章，乃於新吳縣別立城柵，與瑱相拒。瑱留軍人妻子於豫章，令從弟奫知後事，悉衆以攻孝頃，自夏迄冬弗能剋。奫與其部下侯方兒不協，方兒下攻奫，虜瑱軍府妓妾金玉，歸于武帝。瑱既失根本，輕歸豫章，豫章人拒之，乃趨湓城，就其將焦僧度。僧度勸瑱投齊，瑱以武帝有大量，必能容己，乃詣闕請罪，武帝復其爵位。永定二年，進位司空。文帝卽位，進授太尉。王琳至柵口，又以瑱爲都督，侯安都等並隸焉。

天嘉元年二月，王琳引合肥漅湖之衆，舳艫相次而下。瑱率軍進獸檻洲。〔七〕明日合

戰，琳軍少却。及夕，東北風吹其舟艦並壞。〔八〕夜中有流星墜于賊營。及旦風靜，琳入浦，以鹿角繞岸，不敢復出。時西魏將史寧躡其上流，瑱聞之，知琳不能持久，收軍却據湖浦，以待其弊。及史寧至，圍郢州，琳恐衆潰，乃率船東下，〔九〕去蕪湖十里而泊。明日，齊人遣兵助琳，瑱令軍中晨炊蓐食，頓蕪湖洲尾以待之。將戰，有微風至自東南，衆軍施拍縱火，定州刺史章昭達乘平虜大艦中江而進，琳軍大敗，脫走以免者十二三，琳因此入齊。

其年，詔以瑱爲都督五州諸軍事，鎭湓城。周將賀若敦、獨孤盛等來攻巴、湘，又以瑱爲西討都督，大敗盛軍。以功授湘州刺史，改封零陵郡公。二年薨，贈大司馬，謚曰壯肅，配享武帝廟庭。子淨藏嗣，尙文帝女富陽公主。

侯安都字成師，始興曲江人也，爲郡著姓。父捍，少仕州郡，以忠謹稱。安都貴後，官至光祿大夫、始興內史。

安都工隸書，能鼓琴，涉獵書傳，爲五言詩頗清靡，兼善騎射，爲邑里雄豪。侯景之亂，招集兵甲，至三千人。陳武帝入援臺城，安都引兵從武帝，攻蔡路養，破李遷仕，剋平侯景，並力戰有功，封富川縣子。隨武帝鎭京口，除蘭陵太守。

武帝謀襲王僧辯，唯與安都定計。仍使安都率水軍自京口趣石頭，武帝自從江乘羅落會之。安都至石頭北，棄舟登岸，僧辯弗之覺。石頭城北接岡阜，不甚危峻，安都被甲，帶長刀，軍人捧之，投於女垣內，衆隨而入，進逼僧辯臥室。武帝大軍亦至，與僧辯戰于聽事前，安都自內閤出，腹背擊之，遂禽僧辯。以功授南徐州刺史。

武帝東討杜龕，安都留臺居守。徐嗣徽、任約等引齊寇入據石頭，游騎至于闕下。安都閉門示弱，令城中登陴看賊者斬。及夕，賊收軍還石頭。安都夜令士卒密營禦敵之具。將旦，賊騎至，安都與戰，大敗之，賊乃退還石頭，不敢逼臺城。及武帝至，以安都爲水軍。於中流斷賊糧運。又襲秦郡，破嗣徽柵，收其家口，得嗣徽所彈琵琶及所養鷹，遣信餉之，曰：「昨至弟住處，得此，今以相還。」嗣徽等見之大懼，尋求和，武帝聽其還北。及嗣徽等濟江，齊之餘軍猶據采石，守備甚嚴，又遣安都攻之，多所俘獲。

明年春，詔安都率兵鎮梁山以備齊。徐嗣徽等復入，至湖熟，武帝追安都還拒之，戰於耕壇南。安都率十二騎突其陣，破之，禽齊儀同乞伏無芳，〔一〇〕又刺齊將東方老墮馬，會賊騎至，救老，獲免。賊北度蔣山。安都又與齊將王敬寶戰於龍尾，使從弟曉、軍主張纂前犯其陣，曉被創墜馬，張纂死之。安都馳往救曉，斬其騎士十二人，取纂尸而還，齊軍不敢逼。武帝與齊軍戰於莫府山，命安都自白下橫擊其後，大敗之。以功進爵爲侯，又進號平南將軍，改封西江縣公。

仍督水軍出豫章，助豫州刺史周文育討蕭勃。安都未至，文育已斬勃，并禽其將歐陽頠、傅泰等。唯余孝頃與勃子孜猶於豫章之石頭作兩城，孝頃與孜各據其一，又多設船艦，夾水而陣。安都至，乃銜枚夜燒其艦。文育率水軍，安都領步騎，登岸結陣。孝頃俄斷後路，安都乃令軍士豎柵，引營漸進，頻致剋獲，孜乃降。孝頃奔歸新吳，請入子爲質，許之。以功加開府儀同三司。

仍率衆會武昌，與周文育西討王琳。將發，王公以下餞於新林，安都躍馬度橋，人馬俱墜水中。又坐艑內墜於櫓井，時以爲不祥。至武昌，琳將樊猛棄城走，文育亦自豫章至。時兩將俱行，不相統攝，因部下交爭，稍不平。軍至郢州，琳將潘純於城中遙射官軍，安都怒，圍之。未剋，而王琳至弇口，安都乃釋郢州，悉衆往沌口以禦之，遇風不得進。琳據東岸，官軍據西岸，相持數日，乃合戰。安都等敗，與周文育、徐敬成並爲琳囚，總以一長鎖繫之，置于艑下，令所親宦者王子晉掌視之。琳下至盆城白水浦，安都等甘言許賂子晉，子晉乃僞以小船依艑而釣，〔一一〕夜載安都、文育、敬成上岸，入深草，步投官軍。還都自劾，詔並赦之，復其官爵。

尋爲丹陽尹，出爲南豫州刺史，令繼周文育攻余孝勱及王琳將曹慶、常衆愛等。安都自宮亭湖出松門，躡衆愛後。文育爲熊曇朗所害，安都回取大艦，遇琳將周炅、周協南歸，與戰，破之，禽炅、協。孝勱弟孝猷率部下四千家，欲就王琳，遇炅敗，乃詣安都降。安都又進軍於禽奇洲，破曹慶、常衆愛等，焚其船艦。衆愛奔廬山，爲村人所殺，餘衆悉平。

還軍至南皖，而武帝崩，安都隨文帝還朝，乃與羣臣議，翼奉文帝。時帝謙讓弗敢當，太后又以衡陽王故，未肯下令，羣臣不能決。安都曰：「今四方未定，何暇及遠。臨川王有功天下，須共立之。今日之事，後應者斬。」便按劍上殿，白太后出璽，又手解文帝髮，推就喪次。〔一二〕文帝卽位，遷司空，仍授南徐州刺史，給扶。

王琳下至柵口，大軍出頓蕪湖。時侯瑱爲大都督，而指麾經略多出安都。及王琳入齊，安都進軍盆城，討琳餘黨，所向皆下。

仍別奉中旨，迎衡陽獻王昌。初昌之將入，致書於文帝，辭甚不遜。帝不懌，召安都，從容而言曰：「太子將至，須別求一蕃，吾其老焉。」安都對曰：「自古豈有被代天子，愚臣不敢奉詔。」因自迎昌，中流而殺之。以功進爵清遠郡公。自是威名甚重，羣臣無出其右。

安都父捍爲始興內史，卒於官，文帝徵安都爲發喪。尋起復本官，贈其父散騎常侍、金紫光祿大夫，拜其母爲清遠國太夫人，仍迎赴都。母固求停鄉里，上乃下詔，改桂陽郡之汝城縣爲盧陽郡，〔一三〕分衡州之始興、安遠二郡，合三郡爲東衡州，以安都從弟曉爲刺史。安都第三子祕年九歲，上以爲始興內史，並令在鄉侍養。改封安都桂陽郡公。

王琳敗後，周兵入據巴、湘，安都奉詔西捍。及留異擁據東陽，又奉詔東討。異本謂臺軍自錢唐江上，安都乃步由會稽之諸暨，出永康。異大恐，奔桃枝嶺，處巖谷間，豎柵以拒守。安都躬自接戰，爲流矢所中，血流至踝。安都乘輿麾軍，容止不變。因其山隴爲堰。屬夏潦水漲，安都引船入堰，樓艦與異城等，放拍碎其樓雉。〔一四〕異與第二子忠臣脫身奔晉安，虜其妻子，振旅而歸。加侍中、征北大將軍，仍還本鎭。吏人詣闕，表請立碑頌美安都功績，詔許之。

自王琳平後，安都勳庸轉大，又自以功安社稷，漸驕矜。招聚文武士，騎馭馳騁，或命以詩筆，第其高下，以差次賞賜之。文士則褚玠、馬樞、陰鏗、張正見、徐伯陽、劉刪、祖孫登，武士則蕭摩訶、裴子烈等，並爲之賓，齋內動至千人。部下將帥，多不遵法度，檢問收攝，則奔歸安都。文帝性嚴察，深銜之。安都日益驕慢，表啓封訖，有事未盡，乃開封自書之，云又啓某事。及侍宴酒酣，或箕踞傾倚。嘗陪樂游禊飲，乃白帝曰：「何如作臨川王時？」帝不應。安都再三言之，帝曰：「此雖天命，抑亦明公之力。」宴訖，又啓便借供張水飾，將載妻妾於御堂歡會，帝雖許其請，甚不懌。明日，安都坐於御坐，賓客居羣臣位，稱觴上壽。初，重雲殿災，安都率將士帶甲入殿，帝甚惡之，自是陰爲之備。又周迪之反，朝望當使安都討

中華書局

之，帝乃使吳明徹討迪。又頻遣臺使案問安都部下，檢括亡叛。安都內不自安。

天嘉三年冬，遣其別駕周弘實，自託於舍人蔡景歷，并問省中事。景歷錄其狀奏之，稱安都謀反。帝慮其不受召，明年春，乃除安都爲征南大將軍、江州刺史。自京口還都，部伍入於石頭，帝引安都宴於嘉德殿，又集其部下將帥會于尚書朝堂，於坐收安都，囚于西省。又收其將帥，盡奪馬仗而釋之。因出景歷表於朝，乃下詔暴其罪，明日於西省賜死。尋有詔宥其妻子家口，葬以士禮。

初，武帝嘗與諸將宴，杜僧明、周文育、侯安都爲壽，各稱功伐。帝曰：「卿等悉良將也，而並有所短。杜公志大而識暗，狎於下而驕於尊，矜其功不收其拙。周侯交不擇人，而推心過差，居危履嶮，猜防不設。侯郎傲誕而無厭，輕佻而肆志。並非全身之道。」卒皆如言。

太建三年，宣帝追封安都陳集縣侯。子亶爲嗣。

歐陽頠字靖世，長沙臨湘人也。爲郡豪族。少質直，有思理，以言行著於嶺表。父喪，哀毁甚至。家產累積，悉讓諸兄。廬於麓山寺傍，專精習業，博通經史。年三十，其兄逼令從宦。梁左衞將軍蘭欽少與頠善，故頠常隨欽征討。欽南征夷獠，擒陳文徹，所獲不可勝計，獻大銅鼓，累代所無。[一五]頠預其功，還爲直閤將軍。欽征交州，復啓頠同行。欽度嶺而卒，頠除臨賀內史，啓乞送欽喪還都，然後之任。時湘、衡界五十餘洞不賓，敕衡州刺史韋粲討之。粲委頠爲都督，悉皆平殄。

侯景構逆，粲自解還都征景，以頠監衡州。臺城陷後，嶺南互相吞併，蘭欽弟前高州刺史裕攻始興內史蕭昭基，[一六]奪其郡。以兄欽與頠舊，遣招之。頠不從，謂使曰：「高州昆季隆顯，莫非國恩，今應赴難援都，豈可自爲跋扈。」及陳武帝入援都，將至始興，頠乃深自結託。裕遣兵攻頠，武帝援之。裕敗，武帝以王懷明爲衡州刺史，遷頠爲始興內史。武帝之討蔡路養、李遷仕也，頠助帝平之。梁元帝承制以始興郡爲東衡州，以頠爲刺史，封新豐縣伯。

侯景平，元帝徧問朝宰，使各舉所知，羣臣未對。元帝曰：「吾已得一人矣。歐陽頠甚公正，本有匡濟才，恐蕭廣州不肯致之。」乃授武州刺史。尋授郢州，欲令出嶺，蕭勃留之，不獲拜命。尋授衡州刺史，進封始興縣侯。

時蕭勃在廣州，兵强位重，元帝深患之，遣王琳代爲刺史。琳已至小桂嶺，勃遣其將孫瑒監州，盡率部下至始興避琳兵鋒。頠別據一城，不往謁勃，閉門高壘，亦不拒戰。勃怒，遣兵襲頠，盡收其貲財馬仗。尋赦之，還復其所，復與結盟。魏平荆州，頠委質於勃。及勃

度嶺出南康，以頠爲前軍都督，周文育破禽之，送于武帝，帝釋而禮之。

蕭勃死後，嶺南亂，頠有聲南土，且與武帝有舊，乃授安南將軍、衡州刺史，封始興縣侯。未至嶺，頠子紇已剋始興。及頠至，嶺南皆懾伏，仍進廣州，盡有越地。改授都督交廣等十九州諸軍事、平越中郎將、廣州刺史。

王琳據有中流，頠自海道及東嶺奉使不絕。永定三年，即本號開府儀同三司。文帝即位，進號征南將軍，改封陽山郡公。

初，交州刺史袁曇緩密以金五百兩寄頠，令以百兩還合浦太守龔蒍，[一七]四百兩付兒智矩，餘人弗之知。頠尋爲蕭勃所破，貲財並盡，唯所寄金獨存，曇緩亦尋卒，至是，頠並依信還之，時人莫不歎伏之。

時頠合門顯貴，威振南土，又多致銅鼓生口，獻奉珍異，前後委積，頗有助軍國。天嘉四年薨，贈司空，謚曰穆。子紇嗣。

紇字奉聖，頗有幹略，襲父官爵，在州十餘年，威惠著於百越。宣帝以紇久在南服，頗疑之。太建元年，徵爲左衞將軍，其部下多勸之反，遂舉兵攻衡州刺史錢道戢。詔儀同章昭達討禽之，送至都，伏誅。子詢以年幼免。

黃法𣰰字仲昭，巴山新建人也。少勁捷有膽力，日步行二百里，能距躍三丈。頗便書疏，閑明簿領，出入州郡中，爲鄉閭所憚。

侯景之亂，於鄉里合徒衆。太守賀詡下江州，法𣰰監知郡事。陳武帝將踰嶺入援建鄴，李遷仕作梗中途，武帝命周文育屯西昌，法𣰰遣兵助文育。時法𣰰出頓新淦縣，景遣行臺于慶來襲新淦，法𣰰敗之。梁元帝承制授交州刺史，領新淦縣令，封巴山縣子。敬帝即位，改封新建縣侯。

太平元年，割江州四郡置高州，[一八]以法𣰰爲刺史，鎭巴山。蕭勃遣歐陽頠來攻，[一九]法𣰰破之。

永定二年，王琳遣李孝欽、樊猛、余孝頃攻周迪，且謀取法𣰰，[二〇]法𣰰援迪，禽孝頃等三將。以功授平南將軍、開府儀同三司。熊曇朗於金口害周文育，法𣰰共周迪討平之。

天嘉三年，周迪反，法𣰰與吳明徹討平迪，法𣰰功居多。廢帝即位，進爵爲公。

太建五年，大舉北侵，法𣰰爲都督，出歷陽。於是爲拋車及步艦，竪拍以逼之，砲加其樓堞，[二一]剋之，盡誅其戍卒。進兵合肥，望旗降款。法𣰰禁侵掠，躬自勞撫而與之盟，並放還

北。以功加侍中，改封義陽郡公。七年，爲豫州刺史，鎮壽陽。薨，贈司空，謚曰威。子玩嗣。

淳于量字思明，其先濟北人也。世居建鄴。父文成，仕梁爲將帥，位梁州刺史。量少善自居處，偉姿容，有幹略，便弓馬。梁元帝爲荊州刺史，文成分量人馬，令往事焉。以軍功封廣晉縣男。

侯景之亂，梁元帝凡遣五軍入援臺，量預其一。臺城陷，量還荊州。元帝承制以爲巴州刺史。侯景西上攻巴州，元帝使都督王僧辯入據巴陵，量與僧辯并力拒景，大敗之，禽其將任約。進攻郢州，獲宋子仙。仍隨僧辯平侯景。封謝沐縣侯。尋出爲都督、桂州刺史。〔三〕及魏剋荊州，量保桂州。王琳擁割湘、郢，累遣召量，量外雖與琳往來，而別遣使歸陳武帝。武帝受禪，進位鎮西大將軍、開府儀同三司。

天嘉五年，徵爲中撫軍大將軍。量所部將率多戀本土，並欲逃入山谷，不願入朝。文帝使湘州刺史華皎征衡州，且以兵迎量。天康元年，至都，以在道淹留，爲有司奏，免儀同，餘如故。

華皎構逆，以量爲征南大將軍、西討大都督，總率大艦，自郢州樊浦拒之。皎平，幷降周將長湖公元定等。以功授侍中、中軍大將軍、開府儀同三司，進封醴陵縣公。未拜，出爲南徐州刺史。

太建元年，進號征北大將軍，給扶。三年，就江陰王蕭季卿買梁陵中樹，季卿坐免，量免侍中。尋復侍中。

吳明徹之北侵也，量讚成其事。又遣第六子岑率所領從軍。淮南剋定，量改封始安郡公。及周獲吳明徹，乃以量爲都督水陸諸軍事、車騎將軍、都督、南兗州刺史。十四年薨，贈司空。

章昭達字伯通，吳興武康人也。性倜儻，輕財尚氣。少時，遇相者謂曰：「卿容貌甚善，須小虧，則當富貴。」梁大同中，昭達爲東宮直後，因醉墮馬，鬢角小傷，昭達喜之，相者曰：「未也。」侯景之亂，昭達率鄉人援臺，爲流矢所中，眇其一目。相者見之，曰：「卿相善矣，不久當富貴。」

臺城陷，昭達還鄉里，與陳文帝游，因結君臣分。侯景平，文帝爲吳興太守，昭達杖策來謁。文帝見之大喜，因委以將帥，恩寵超於儕等。陳武帝謀討王僧辯，令文帝還長城招聚兵衆，以備杜龕，頻使昭達往京口稟承計畫。僧辯誅後，杜龕遣其將杜泰來攻長城，昭達因從文帝進軍吳興以討龕。龕平，又從討張彪於會稽，剋之。累功除定州刺史。時留異擁據東陽，武帝患之，乃使昭達爲長山令，居其心腹。

天嘉元年，追論長城功，封欣樂縣侯。尋隨侯安都拒王琳，昭達乘平虜大艦，中流而進，先鋒發拍，中賊艦。王琳平，昭達策勳第一。二年，除都督、郢州刺史。周迪據臨川反，詔昭達便道征之。迪敗走，徵爲護軍將軍，改封邵武縣侯。

四年，陳寶應納周迪，共寇臨川，又以昭達爲都督討迪。迪走，昭達乃踰嶺討陳寶應。與戰不利，因據上流爲筏，施拍其上，壞其水柵。又出兵攻其步軍。方大合戰，會文帝遣余孝頃出自海道，適至，因幷力乘之，遂定閩中，盡禽留異、寶應。以功授鎮軍將軍、開府儀同三司。

初，文帝嘗夢昭達升台鉉，及旦，以夢告之。至是，侍宴酒酣，顧昭達曰：「卿憶夢不？何以償夢？」昭達對曰：「當效犬馬之用，以盡臣節，自餘無以奉償。」尋出爲都督、江州刺史。

廢帝卽位，改封邵陵郡公。華皎之反，其移文並假以昭達爲辭，又頻遣使招之，昭達盡執其使送都。秩滿，徵爲中撫大將軍。

宣帝卽位，進號車騎大將軍，以還朝遲留，爲有司所劾，降號車騎將軍。歐陽紇據嶺南反，詔昭達都督衆軍征之。紇聞昭達奄至，乃出頓洭口，聚沙石，盛以竹籠，置於水柵之外，用遏舟艦。昭達居其上流，裝艦造拍，以臨賊柵。又令人銜刀潛行水中，以斫竹籠，籠篾皆解。因縱大艦突之，大敗紇，禽之送都。廣州平，進位司空。

太建二年，征江陵。時梁明帝與周軍大蓄舟艦於青泥中，昭達分遣偏將錢道戢、程文季乘輕舟焚之。周又於峽口南岸築壘，名安蜀城，於江上橫引大索，編葦爲橋，以度軍糧。昭達乃命軍士爲長戟，施樓船上，仰割其索。索斷糧絕，因縱兵攻其城，降之。三年，於軍中病薨，贈大將軍。

昭達性嚴刻，每奉命出征，必晝夜倍道；然其所剋，必推功將帥。廚膳飲食，並同羣下，將士亦以此附之。每飲會，必盛設女伎雜樂，備羌、胡之聲，音律姿容，並一時之妙，雖臨敵弗之廢也。四年，配享文帝廟庭。

子大寶，襲邵陵郡公，位豐州刺史。在州貪縱，百姓怨酷，後主以太僕卿李暈代之，乃襲殺暈而反。尋被禽，梟首朱雀航，夷三族。

二十四史　中華書局

吳明徹字通炤，〔三三〕秦郡人也。父樹，梁右軍將軍。明徹幼孤，性至孝。年十四，感墳塋未修，家貧無以取給，乃勤力耕種。時天下亢旱，苗稼焦枯，明徹哀憤，每之田中號哭，仰天自訴。居數日，有自田還者，云苗已更生，明徹疑其紿己，及往如言，秋而大穫，足充葬用。時有伊氏者，善占墓，謂其兄曰：「君葬日，必有乘白馬逐鹿者經墳，此是最小孝子大貴之徵。」至時果有應。明徹卽樹之小子也。

及侯景寇都，明徹有粟麥三千餘斛，而鄰里飢餒，乃白諸兄曰：「今人不圖久，奈何不與鄉里共此。」於是計口平分，同其豐儉，羣盜聞而避焉，賴以存者甚衆。

陳武帝鎭京口，深相要結，明徹乃詣武帝，帝爲之降堦，執手卽席。明徹亦微涉書史經傳，就汝南周弘正學天文、孤虛、遁甲，略通其術，頗以英雄自許，武帝亦深奇之。及受禪，授安南將軍，與侯安都、周文育將兵討王琳。及衆軍敗沒，明徹自拔還都。

文帝卽位，以本官加右衞將軍。及周迪反，詔以明徹爲江州刺史，領豫章太守，總衆軍以討迪。明徹雅性剛直，統內不甚和，文帝聞之，遣安成王頊代明徹，令以本號還朝。天嘉五年，還吳興太守。及引辭之郡，帝謂曰：「吳興雖郡，帝鄉之重，故以相授。」

廢帝卽位，授領軍將軍，尋遷丹陽尹，仍詔以甲仗四十人出入殿省。到仲舉之矯令出宣帝也，毛喜知其詐，宣帝懼，遣喜與明徹籌焉。明徹曰：「嗣君諒闇，萬機多闕，殿下親實周、

召，德冠伊、霍，願留中深計，愼勿致疑。」及湘州刺史華皎陰有異志，詔授明徹都督、湘州刺史，仍與征南大將軍淳于量等討皎。皎平，授開府儀同三司，進爵爲公。

太建五年，朝議北征，公卿互有異同，明徹決策請行。詔加侍中、都督征討諸軍事，總衆軍十餘萬發都，緣江城鎭，相續降款。軍至秦郡，齊大將軍尉破胡將兵爲援，破走之，秦郡降。宣帝以秦郡明徹舊邑，詔具太牢，令拜祠上冢，文武羽儀甚盛，鄉里榮之。進剋仁州。授征北大將軍，進封南平郡公。進逼壽陽，齊遣王琳拒守，明徹乘夜攻之，中宵而潰。齊兵退據相國城及金城。明徹令軍中益修攻具，又遏肥水灌城，城中苦濕，多腹疾，手足皆腫，死者十六七。會齊遣大將皮景和率兵數十萬來援，去壽春三十里，頓軍不進。諸將咸曰：「計將安出？」明徹曰：「兵貴在速，而彼結營不進，自挫其鋒，吾知其不敢戰明矣。」於是躬擐甲胄，四面疾攻，城中震恐，一鼓而禽王琳等送建鄴。景和懼而遁走。詔以爲車騎大將軍、豫州刺史，增封并前三千五百戶。遣謁者蕭淳就壽陽授策，〔三四〕明徹於城南設壇，士卒二十萬，陳旗鼓戈甲，登壇拜受，成禮而退。

六年，自壽陽入朝，輿駕幸其第，賜鐘磬一部。七年，進攻彭城，軍至呂梁，又大破齊軍。八年，進位司空，給大都督鈇鉞、龍麾。尋授都督、南兗州刺史。九年，詔明徹北侵，令其世子慧覺攝行州事。軍至呂梁；

周徐州總管梁士彥率衆拒戰，明徹頻破之。仍迮清水以灌其城，攻之甚急，環列舟艦於城下。周遣上大將軍王軌救之。軌輕行自清水入淮口，〔三五〕橫流豎木，以鐵鎖貫車輪，遏斷船路。諸將聞之甚恐，議欲破堰拔軍，以舫載馬。馬明戍裴子烈曰：〔三六〕「君若決堰下船，船必傾倒，豈可得乎？不如前遣馬出。」適會明徹苦背疾甚篤，知事不濟，遂從之。乃遣蕭摩訶帥馬軍數千前還，明徹仍自決其堰，乘水力以退軍。及至清口，水力微，舟艦並不得度，衆軍皆潰。明徹窮蹙，乃就執。周封懷德郡公，位大將軍。以憂遘疾，卒於長安，後故吏盜其柩歸。至德元年，詔追封邵陵侯，以其息慧覺嗣。

裴子烈字大士，河東聞喜人。梁員外散騎常侍猗之子。少孤，有志氣，以驍勇聞。位北譙太守，岳陽內史，封海安伯。

論曰：古人云「知臣莫若君」，書曰「知人則哲」，觀夫陳武論將，而周、侯遇禍，有以知斯言之非妄矣。若不然者，亦何以驅駕雄傑，而創基撥亂者乎。故瑱、頗並自奔囚，翻同有亂，㲲、量望風景附，自等誠臣，良有以也。昭達勤王之略，遠符耿弇，行己之方，頗同吳漢，

既眇而貴，亦黥而王，吉凶之算，豈人事也。明徹屬運否之期，當鬪士之任，才非韓、白，識暗孫、吳，知進而不知止，知得而不知喪，犯斯不韙，師亡國蹙，宜矣哉。

校勘記

〔一〕盧安興爲新州刺史南江督護　「新州」各本作「廣州」。按下文，時廣州刺史爲新渝侯蕭映。又安興死，杜僧明復副其子子雄；而據陳書武帝紀，子雄時爲新州刺史。則此廣州當爲新州之譌，今改正。

〔二〕晵蕃爲前軍軍主　各本不疊「軍」字，據陳書補。

〔三〕傳泰據墟口城以拒官軍　「墟口」各本作「壚口」，據陳書改。

〔四〕寶安字安人　「安人」本作「安民」，避唐諱改。

〔五〕位晉陵定遠二郡太守　「太守」二字各本並脫，據陳書、通志補。

〔六〕範委以將帥之任　「將帥」各本作「將節」，據陳書、通志改。

〔七〕瑱率軍進獸檻洲　「獸」本字「虎」，此避唐諱改。

〔八〕東北風吹其舟艦並壞　「東北風」各本作「東西風」，據陳書、通志改。

〔九〕乃率船東下　「東下」各本作「來下」，據通志改。

〔一〇〕禽齊儀同乞伏無芳　「乞伏無芳」南監本、汲古閣本、局本作「乞扶無芳」，其他各本作「乞伏無芳」，陳書作「乞伏無勞」。

〔一一〕子晉乃僞以小船依䑼而釣　「依」各本作「住」，據陳書改。

〔一二〕又手解文帝髮推就喪次　「又」各本作「叉」，據陳書改。

〔一三〕上乃下詔改桂陽郡之汝城縣爲盧陽郡　「盧陽」各本作「廬陽」，據陳書文帝紀天嘉元年紀改。按隋書地理志有「盧陽」。

〔一四〕放拍碎其樓雉　「雉」字各本並脫，據陳書補。

〔一五〕獻大銅鼓累代所無　「獻大」各本互倒，據陳書乙正。

〔一六〕蘭欽弟前高州刺史裕攻始興內史蕭昭基　「蕭昭基」陳書作「蕭紹基」。

〔一七〕令以百兩還合浦太守龔𧿁　「龔𧿁」陳書作「龔䎗」。

〔一八〕割江州四郡置高州　「江州」各本作「江西」，據陳書改。

〔一九〕蕭勃遣歐陽頠來攻　「遣」字各本並脫，據陳書補。

〔二〇〕永定二年王琳遣李孝欽樊猛余孝頃攻周迪且謀取法氍　「二年」各本作「三年」，據陳書改。按陳書黃法氍傳、周迪傳並作「二年」。

〔二一〕豎拍以逼之砲加其樓堞　陳書作「施拍加其樓堞」，疑「炮」字衍。

〔二二〕尋出爲都督桂州刺史　「桂州」各本作「桂陽」，據陳書改。按下「量保桂州」，則「桂陽」爲誤。

〔二三〕吳明徹字通炤　「通炤」陳書作「通昭」。

〔二四〕遣謁者蕭淳就壽陽授策　「蕭淳」陳書、通鑑作「蕭淳風」。

〔二五〕軌轤行自清水入淮口　「淮口」各本作「灌口」，據陳書、通鑑改。胡注：「淮口，清水入淮之口，即清口也。」

〔二六〕馬明戌裴子烈曰　「馬明戌」陳書作「馬主」，通鑑從之，考異云：「馬主，馬軍主也。」

南史卷六十七

列傳第五十七

胡穎　徐度子敬成　杜稜　周鐵武　程靈洗子文季　沈恪
陸子隆　錢道戢　駱文牙　孫瑒　徐世譜　周敷
荀朗子法尚　周炅　魯悉達弟廣達　蕭摩訶子世廉
任忠　樊毅弟猛

胡穎字方秀，吳興人也。偉姿容，性寬厚。梁末，陳武帝在廣州，穎深自結託。從克元景仲，平蔡路養、李遷仕皆有功。武帝進軍頓西昌，以穎爲巴丘令，鎮大皐，督糧運。下至豫章，以穎監豫章郡。武帝率衆與王僧辯會白茅灣，同討侯景，以穎知留府事。

梁承聖初，元帝授穎羅州刺史，封漢陽縣侯。尋除豫章內史，隨武帝鎮京口。齊遣郭元建出東關，武帝令穎率府內驍勇隨侯瑱，於東關大破之。後從武帝襲王僧辯，又隨周文育於吳興討杜龕。武帝受禪，兼左衞將軍。天嘉元年，除散騎常侍，吳興太守。卒官，謚曰壯。二年，配享武帝廟庭。子六同嗣。

徐度字孝節，安陸人也。少倜儻，不拘小節。及長，姿貌瓌偉，嗜酒好博，恒使僮僕酤爲事。

初從梁始興內史蕭介征諸山洞，以驍勇聞。陳武帝征交阯，乃委質焉。〔一〕侯景之亂，武帝剋廣州，平蔡路養，破李遷仕，計畫多出於度。侯景平後，追錄前後戰功，封廣德縣侯。武帝鎮朱方，除蘭陵太守。武帝遣衡陽獻王往荆州，度率所領從焉。江陵覆亡，間行東歸。

武帝東討杜龕，奉敬帝幸京口，以度領宿衞，并知留府事。徐嗣徽、任約等來寇，武帝與敬帝還都，時賊已據石頭，使度頓軍於冶城寺。明年，嗣徽等又引齊寇濟江，度隨衆軍破之於北郊壇。以功除郢州刺史，兼領吳興太守。

中華書局

文帝卽位，累遷侍中、中撫將軍、開府儀同三司，進爵爲公。天嘉元年，以平王琳功，改封湘東郡公。及太尉侯瑱薨于湘州，以度代瑱爲都督、湘州刺史。秩滿，復爲侍中、中軍大將軍。文帝崩，度預顧命，許以甲仗五十人入殿省。廢帝卽位，進位司空。薨，贈太尉，謚曰忠肅。太建四年，配享武帝廟庭。子敬成嗣。

敬成幼聰慧，好讀書。起家著作佐郎。永定元年，領度所部士卒，隨周文育、侯安都征王琳，於沌口敗績，爲琳所縶。二年，隨文育、安都得歸。父度爲吳郡太守，以敬成監郡。光大元年，爲巴州刺史。尋爲水軍，隨吳明徹平華皎。二年，以父憂去職。尋起爲南豫州刺史，襲爵湘東郡公。

太建五年，除吳興太守。〔二〕隨都督吳明徹北討，出秦郡，別遣敬成爲都督，乘金翅自歐陽引埭泝江，由廣陵，齊人皆城守，弗敢出。自繁梁湖下淮，剋淮陰、山陽、鹽城三郡，仍進剋鬱洲。進號壯武將軍，鎭朐山。坐於軍中輒科訂，幷誅新附者，免官。尋除安州刺史，鎭宿預。卒，謚曰思。子敞嗣。

杜稜字雄盛，吳郡錢唐人也。少落泊，不爲時知。頗涉書傳。游嶺南，事梁廣州刺史新渝侯蕭映。映卒，從陳武帝，平蔡路養、李遷仕皆有功。梁元帝承制，授石州刺史、上陌縣侯。

侯景平後，武帝鎭朱方，以稜監義興、琅邪二郡。武帝謀誅王僧辯，引稜與侯安都等共議，稜難之。武帝懼其泄己，乃以手巾絞稜，稜悶絕於地，因閉於別室。軍發，召與同行。及僧辯平後，武帝東征杜龕等，留稜與安都居守。徐嗣徽、任約引齊師濟江，攻臺城，安都與稜隨方抗拒，未嘗解帶。賊平，以功除右衞將軍、丹陽尹。

永定元年，位侍中、中領軍。武帝崩，文帝在南皖。時內無嫡嗣，外有强敵，侯瑱、侯安都、徐度等並在軍中，朝廷宿將，唯稜在都，獨典禁兵，乃與蔡景歷等祕不發喪，奉迎文帝。文帝卽位，遷領軍將軍，以預建立功，改封永城縣侯，位丹陽尹。廢帝卽位，加特進、侍中。光大元年，解尹，量置佐史，給扶。

太建元年，出爲吳興太守。二年，徵爲侍中。尋加特進、護軍將軍。三年，以公事免侍中、護軍。四年，復爲侍中、右光祿大夫，將軍、佐史、扶並如故。

稜歷事三帝，並見恩寵。末年不預征役，優游都下。頃之，卒于官。贈開府儀同三司，謚曰成，配享武帝廟庭。子安世嗣。

周鐵武，〔三〕不知何許人也。語音傖重，膂力過人，便馬槊。事梁河東王蕭譽，以勇敢聞。譽爲湘州，以爲臨蒸令。侯景之亂，梁元帝遣世子方等伐譽，譽拒戰，大捷，方等死，鐵武功最。及王僧辯討譽，於陣獲之，將烹焉，鐵武呼曰：「侯景未滅，奈何殺壯士！」僧辯奇其言，宥之，還其麾下。及侯景西上，鐵武從僧辯剋任約，獲宋子仙，每戰有功。元帝承制，授潼州刺史，封沌陽縣子。又從僧辯定建鄴，降謝答仁，平陸納於湘州，錄前後功，進爵爲侯。

陳武帝誅僧辯，鐵武率所部降，因復其本職。徐嗣徽引齊寇度江，鐵武破其水軍。嗣徽平，還太子左衞率。尋隨周文育拒蕭勃，文育命鐵武偏軍襲勃，禽勃前軍歐陽頠。又隨文育西征王琳於沌口，敗績，與文育、侯安都並爲琳所禽。琳見諸將與語，唯鐵武辭氣不屈，故琳盡宥文育之徒，獨鐵武見害。贈侍中、護軍。天嘉五年，〔四〕文帝又詔配食武帝廟庭。子瑜嗣。

程靈洗字玄滌，新安海寧人也。少以勇力聞，步行日二百里，便騎善游，素爲鄉里畏伏。侯景之亂，據黟、歙聚徒以拒景。景軍據有新安，新安太守湘西鄉侯蕭隱奔依靈洗，靈洗奉以主盟。梁元帝授靈洗譙州刺史資，領新安太守，封巴丘縣侯。後助王僧辯鎭防。

及武帝誅僧辯，靈洗率所領來援，其夜力戰於石頭西門，武帝軍不利，遣使招喻，久之乃降，帝深義之。授蘭陵太守，仍助防京口。及平徐嗣徽，靈洗有功，除南丹陽太守，封遂安縣侯。後隨周文育西討王琳，軍敗，爲琳所拘。尋與侯安都等逃歸。累遷太子左衞率。

武帝崩，王琳前軍東下，靈洗於南陵破之，虜其兵士，幷獲靑龍十餘乘。以功授都督、南豫州刺史。侯瑱等敗王琳于柵口，靈洗逐北，據有魯山。徵爲左衞將軍。天嘉四年，周迪重寇臨川，以靈洗爲都督，自鄱陽別道擊之，迪又走山谷間。還中護軍，出爲都督、郢州刺史。

廢帝卽位，進號雲麾將軍。華皎之反，遣使招靈洗，靈洗斬皎使以聞。朝廷深嘉其忠，因推心待之，使其子文季領水軍助防。時周將元定率步騎二萬助皎，圍靈洗，靈洗嬰城固守。乃皎敗，及出軍躡定，定不獲濟江，以其衆降。因進攻，剋周沔州，禽其刺史裴寬。以功改封重安縣公。

靈洗性嚴急，御下甚苛刻，士卒有小罪，必以軍法誅之。號令分明，與士卒同甘苦，衆亦以此德之。性好播植，躬勤耕稼，至於水陸所宜，刈穫早晚，雖老農不能及也。妓妾無游手，並督之紡績。至於散用貲財，亦弗儉吝。卒，贈鎮西將軍、開府儀同三司，謚曰忠壯。太建四年，配享武帝廟庭。子文季嗣。

文季字少卿，幼習騎射，多幹略，果決有父風。靈洗與周文育、侯安都等敗於沌口，爲王琳所執，武帝召陷賊諸將子弟厚遇之，〔五〕文季最有禮容，深見賞。

文帝嗣位，除宣惠始興王府限內中直兵參軍。累遷臨海太守。後乘金翅助父鎮郢城。華皎平，靈洗及文季並有扞禦之功。及靈洗卒，文季盡領其衆。起爲超武將軍，仍助防郢州。

文季性至孝，雖軍旅奪禮，而毀瘠甚至。服闋，襲封重安縣公。隨都督章昭達率軍往荆州征梁。梁人與周軍多造舟艦，置于青泥水中，昭達遣文季共錢道戢盡焚其舟艦。既而周兵大出，文季僅以身免。以功加通直散騎常侍。

太建五年，都督吳明徹北討，至秦郡。秦郡前江浦通涂水，齊人並下大柱爲杙，柵水中。文季乃前領驍勇，拔開其柵，明徹率大軍自後而至，攻剋秦郡。又別遣文季攻涇州，屠其城。進拔盱眙。仍隨明徹圍壽陽。文季臨事謹飭，御下嚴整，前後所克城壘，率皆迮水

爲堰，土木之功，動踰數萬。置陣役人，文季必先於諸將，夜則早起，迄暮不休，軍中莫不服其勤幹。每戰爲前鋒，齊軍深憚之，謂爲程彪。以功除散騎常侍，帶新安內史。累遷北徐州刺史，加都督。

後隨明徹北侵，軍敗，爲周所囚，仍授開府儀同三司。十一年，自周逃歸，至渦陽，爲邊吏執送長安，死于獄。是時既與周絕，不之知。至德元年，後主知之，贈散騎常侍。又詔傷其廢絕，降封重安縣侯，以子饗襲封。

沈恪字子恭，吳興武康人也。深沈有幹局。梁新渝侯蕭暎之爲廣州，兼暎府中兵參軍。陳武帝與恪同郡，情好甚昵。蕭暎卒後，武帝南討李賁，仍遣妻子附恪還鄉。尋補東宮直後。以嶺南勳，除員外散騎侍郎。仍令總集宗從子弟。

侯景圍臺城，起東西二土山以逼城，城內亦作土山應之，恪爲東土山主，晝夜拒戰。以功封東興侯。及城陷，間行歸鄉。武帝討景，遣使報恪，恪於東起兵相應。賊平後，授都軍副。

及武帝謀討王僧辯，恪預其事。武帝使文帝還長城立柵備杜龕，使恪還武康招集兵

衆。及僧辯誅，龕果遣副將杜泰襲文帝於長城，恪時已出縣，誅龕黨與。武帝尋遣周文育來援長城，文育至，泰乃走。及龕平，文帝襲東揚州刺史張彪，以恪監吳興郡。

武帝受禪，時恪自吳興入朝，武帝使中書舍人劉師知引恪，令勒兵入，因衞敬帝如別宮。恪排闥入見武帝，叩頭謝曰：「恪身經事蕭家來，今日不忍見此事，分受死耳，決不奉命。」武帝嘉其意，不復逼，更以盪主王僧志代之。

帝踐阼，除吳興太守。永定三年，除散騎常侍、會稽太守。歷事文帝及廢帝，累遷護軍將軍。至宣帝即位，除平越中郎將、都督、廣州刺史。恪未至嶺，前刺史歐陽紇舉兵拒嶮，不得進。朝廷遣司空章昭達討平紇，乃得入州。兵荒之後，所在殘毀，恪綏懷安輯，被以恩惠，嶺表賴之。後主即位，爲特進、金紫光祿大夫。卒，謚曰光。〔六〕子法興嗣。

陸子隆字興世，吳郡人也。祖敞之，梁嘉興令。父悛，封氏令。

子隆少慷慨，有志功名。侯景之亂，於鄉里聚徒。時張彪爲吳郡太守，引爲將帥，仍隨彪徙鎮會稽。及文帝討彪，彪將沈泰、吳寶眞、申縉等皆降，〔七〕而子隆力戰敗績。文帝義之，復使領其部曲。

文帝嗣位，子隆領甲仗宿衞。封益陽縣子，累遷廬陵太守。周迪據臨川反，子隆隨章昭達討迪，迪退走，因隨昭達討陳寶應。晉安平，子隆功最，遷武州刺史，改封朝陽縣伯。華皎據湘州反，以子隆居其心腹，皎深患之，頻遣使招，子隆不從，攻又不剋。及皎敗於郢州，子隆出兵襲其後，因與大軍相會。進爵爲侯。尋遷都督、荆州刺史。荆州新置，居公安，城池未固，子隆修立城郭，綏集夷夏，甚得人和，號爲稱職。吏人詣闕求立碑頌美功績，詔許之。卒，謚威。子之武嗣。

之武年十六，領其舊軍。後爲弘農太守，乃隸吳明徹，於呂梁軍敗逃歸，爲人所害。子隆弟子才，亦有幹略。從子隆征討有功，除始平太守，封始康縣子。〔八〕卒於信州刺史。

錢道戢字子韜，吳興長城人也。父景深，梁漢壽令。道戢少以孝行著聞，及長，頗有材幹，陳武帝微時，以從妹妻焉。武帝輔政，道戢隨文帝平張彪于會稽，以功拜東徐州刺史，封永安縣侯。

天嘉元年，爲臨海太守。侯安都之討留異，道戢帥軍出松陽以斷其後。異平，以功拜都督、衡州刺史，領始興內史。後與章昭達討歐陽紇，紇平，除左衞將軍。

二十四史

中華書局

太建二年，又隨昭達征江陵，以功加散騎常侍。後爲都督、郢州刺史。與儀同黄法𣰰攻下歷陽，因以道戢鎮之。卒官，謚曰肅。子邀嗣。

駱文牙字旗門，[九]吳興臨安人也。父裕，梁鄱陽嗣王中兵參軍事。文牙年十二，宗人有善相者，云：「此郎容貌非常，必將遠致。」梁太清末，陳文帝避地臨安，文牙母陳，覩帝儀表，知非常人，賓待甚厚。及帝爲吳興太守，引文牙爲將帥。從平杜龕、張彪，勇冠衆軍。文帝卽位，封臨安縣侯，位越州刺史。初，文牙母卒，時兵荒，至是始葬，詔贈臨安國太夫人，謚曰恭。

太建八年，文牙累遷散騎常侍，入直殿省。十年，授豐州刺史。至德二年卒，贈廣州刺史。子義嗣。

孫瑒字德璉，吳郡吳人也。父循道，[一〇]梁中散大夫，以雅素知名。瑒少倜儻，好謀略，博涉經史，尤便書翰。仕梁爲邵陵王中兵參軍事。太清之難，授假節、宣猛將軍、軍主。

王僧辯之討侯景也，王琳爲前軍，琳與瑒親姬，乃表薦爲宜都太守。後以軍功封富陽侯。敬帝立，累遷巴州刺史。

及陳武帝受禪，王琳立梁永嘉王蕭莊於郢州，徵瑒爲少府卿，[一一]仍徙都督、郢州刺史，總留府之任。周遣大將軍史寧乘虛攻之，瑒兵不滿千人，乘城拒守，周兵不能克。及聞大軍敗王琳，乘勝而進，[一二]周兵乃解，瑒於是盡有中流之地。旣而遣使奉表歸陳。

天嘉元年，授湘州刺史，封定襄縣侯。瑒懷不自安，乃固請入朝，徵爲侍中、領軍將軍。[一三]未拜，文帝謂曰：「昔朱買臣願爲本郡，卿豈有意乎？」[一四]改授吳郡太守，給鼓吹一部。秩滿，徵拜散騎常侍、中護軍。及留異反，據東陽，詔瑒督舟師進討。異平，還鎮右將軍。頃之，出爲建安太守。

太建四年，爲都督、荆州刺史，出鎮公安，爲鄰境所憚。居職六年，以公事免。及吳明徹軍敗呂梁，詔授都督緣江水陸諸軍事。尋授都督、郢州刺史。

十二年，坐疆埸交通抵罪。後主嗣位，復爵邑。歷位度支尚書，侍中，祠部尚書。後主頻幸其宅，賦詩述勛德之美。遷五兵尚書，領左軍將軍，[一五]侍中如故。禎明元年，卒官，謚曰桓。

瑒事親以孝聞，於諸弟甚篤睦。性通泰，有財散之親友。居家頗失於侈，家庭穿築，極林泉之致，[一六]歌鍾舞女，當世罕儔。賓客塡門，軒蓋不絕。及出鎮郢州，乃合十餘船爲大舫，於中立亭池，植荷芰，每良辰美景，賓僚並集，泛長江而置酒，亦一時之勝賞焉。常於山齋設講肆，集玄儒之士，冬夏資奉，爲學者所稱。而處己率易，不以名位驕物。時興皇寺慧朗法師該通釋典，[一七]瑒每造講筵，時有抗論，法侶莫不傾心。又巧思過人，爲起部尚書，軍國器械，多所創立。有鑒識，男女婚姻，皆擇素貴。及卒，尚書令江總爲之銘誌，後主又題銘後四十字，遣左戶尚書蔡徵就宅宣敕鐫之。其詞曰：「秋風動竹，烟水驚波。幾人樵徑，何處山阿。今時日月，宿昔綺羅。天長路遠，地久靈多。功臣未勒，此意如何。」時論以爲榮。

瑒二十一子，第二子訓頗知名，位高唐太守，陳亡入隋。

徐世譜字興宗，巴東魚復人也。世居荆州爲主帥，征伐蠻蜒。至世譜尤勇敢，有膂力，善水戰。梁元帝之爲荆州刺史，世譜將領鄉人事焉。侯景之亂，因預征討，累遷至員外散騎常侍。尋領水軍，從司徒陸法和與景戰於赤亭湖。時景軍甚盛，世譜乃別造樓船、拍艦、火舫、水車以益軍勢。將戰，又乘大艦居前，大敗

景軍，禽景將任約。景退走，因隨王僧辯攻郢州，世譜復乘大艦臨其倉門，賊將宋子仙據城降。以功除信州刺史，封魚復縣侯。仍隨僧辯東下，恒爲軍鋒。景平，以衡州刺史資，領河東太守。

西魏攻荆州，世譜鎮馬頭岸，[一八]據有龍洲。元帝授侍中、都督江南諸軍事、鎮南將軍、護軍將軍。魏剋江陵，世譜東下依侯瑱。

紹泰元年，徵爲侍中、左衞將軍。陳武帝之拒王琳，其水戰之具，悉委世譜。世譜性機巧，諳解舊法，所造器械，並隨機損益，妙思出人。

永定二年，遷護軍將軍。文帝卽位，歷特進、右光祿大夫。以疾失明，謝病不朝。卒，謚曰桓。

周敷字仲遠，臨川人也。爲郡豪族。敷形貌眇小，如不勝衣，膽力勁果，超出時輩。性豪俠，輕財重士，鄉黨少年任氣者咸歸之。

侯景之亂，鄉人周續合衆以討賊爲事，梁內史始興蕃王蕭毅以郡讓續，續所部有欲侵掠毅者，敷擁護之，親率其黨，捍送至豫章。時梁觀寧侯蕭永、長樂侯蕭基、豐城侯蕭泰避

中華書局

難流寓，聞歙信義，皆往依之。歙愍其危懼，屈體崇敬，厚加給卹，送之西上。俄而續部下將帥爭權，殺續以降周迪。迪素無簿閥，又失衆心，倚歙族望，深求交結。歙未能自固，事迪甚恭，迪大憑仗之。迪據臨川之工塘，歙鎮臨川故郡。侯景平，梁元帝授歙寧州刺史，封西豐縣侯。

陳武帝受禪，王琳據有上流，余孝頃與琳黨李孝欽等共圍周迪，歙助於迪，迪禽孝頃等，歙功最多。熊曇朗之殺周文育，據豫章，將兵襲歙，歙大破之。曇朗走巴山郡，歙因與周迪、黃法𣰰等進兵屠之。王琳平，授散騎常侍、豫章太守。

時南江酋帥，並顧戀巢窟，唯歙獨先入朝。天嘉二年，詣闕，進號安西將軍，令還鎮豫章。周迪以歙素出己下，超致顯達，深不平，乃舉兵反，遣弟方興襲歙，歙大破之。仍從都督吳明徹攻破迪，禽方興。再遷都督、南豫州刺史。迪又收餘衆襲東興，文帝遣都督章昭達征迪，歙又從軍。至定川縣與迪相對，迪紿歙求還朝，欲立盟，歙許之。方登壇，爲迪所害。諡曰脫。子智安嗣，位至太僕卿。

荀朗字深明，潁川潁陰人也。祖延祖，梁潁川太守。父伯道，衞尉卿。[一九]

朗少慷慨，有將帥大略。侯景之亂，據巢湖，無所屬。臺城陷沒後，梁簡文帝密詔授朗豫州刺史，令與外蕃討景。景使儀同宋子仙、任約等頻征之，不能剋。時都下饑，朗更招致部曲，衆至數萬。侯景敗於巴陵，朗截破其後軍。景平後，又別破齊將郭元建於踟蹰山。及魏剋荊州，陳武帝入輔，齊遣蕭軌、東方老等來寇，據石頭，朗自宣城來赴，與侯安都等大破之。

武帝受禪，賜爵興寧縣侯，以朗兄昂爲左衞將軍，弟晷爲太子右衞率。武帝崩，宣太后與舍人蔡景歷祕不發喪，朗弟曉在都微知之，謀率其家兵襲臺。事覺，景歷殺曉，仍繫其兄弟。文帝卽位，並釋之。因厚撫朗，令與侯安都等拒王琳。琳平，遷都督、合州刺史。卒，諡曰壯。子法尚嗣。

法尚少倜儻，有文武幹略。禎明中，爲都督、郢州刺史。及隋軍濟江，法尚降。入隋，歷邵、觀、綿、豐四州刺史，巴東、敦煌二郡太守。

周炅字文昭，汝南安成人也。祖強，齊梁州刺史。父靈起，梁廬、桂二州刺史，保城縣侯。

炅少豪俠任氣，有將帥才。梁太清元年，爲弋陽太守。侯景之亂，元帝承制改授西陽太守，封西陵縣伯。以軍功累遷都督、江州刺史，進爲侯。陳武帝踐阼，王琳擁據上流，炅以州從之。後爲侯安都所禽，送都。文帝釋之，授定州刺史，帶西陽、武昌二郡太守。

太建五年，爲都督、安州刺史，改封龍源縣侯。其年，隨都督吳明徹北討，所向剋捷，一月之中，獲十二城。敗齊尚書左丞陸騫軍。進攻巴州，剋之。於是江北諸城及穀陽士人，並誅其渠帥以城降。進號和戎將軍。仍敕追炅入朝。

後梁定州刺史田龍昇以城降，詔以爲定州刺史，封赤亭王。及炅入朝，龍昇以江北六州七鎮叛入于齊，齊遣歷陽王高景安應之。於是令炅爲江北道大都督，總統衆軍以討龍昇，斬之，盡復江北之地。進號平北將軍。卒於官，贈司州刺史，改封武昌郡公，諡曰壯。

魯悉達字志通，扶風郿人也。祖斐，齊衡州刺史、陽塘侯。父益之，梁雲麾將軍、新蔡義陽二郡太守。

悉達幼以孝聞。侯景之亂，糾合鄉人保新蔡，力田蓄穀。時兵荒，都下及上川餓死者十八九，有得存者，皆攜老幼以歸焉，悉達所濟活者甚衆。招集晉熙等五郡，盡有其地。[二〇]

使其弟廣達領兵隨王僧辯討平侯景。梁元帝授北江州刺史。

敬帝卽位，王琳據有上流，留異、余孝頃、周迪等所在蜂起，悉達撫綏五郡，甚得人和。琳授悉達鎮北將軍，陳武帝亦遣趙知禮授征西將軍、江州刺史，悉達兩受之，遷延顧望。武帝遣安西將軍沈泰潛師襲之，不能剋。齊遣行臺慕容紹宗來攻鬱口諸鎮，[二一]悉達與戰，大敗齊軍，紹宗僅以身免。王琳欲圖東下，以悉達制其中流，遣使招誘，悉達終不從。琳不得下，乃連結於齊，齊遣清河王高岳助之。會裨將梅天養等懼罪，乃引齊軍入城，悉達勒麾下數千人濟江而歸武帝。帝見之喜曰：「來何遲也。」授北江州刺史，封彭澤縣侯。[二二]

悉達雖仗氣任俠，不以富貴驕人。雅好詞賦，招禮賢才，與之賞會。文帝卽位，遷吳州刺史。遭母憂，哀毀過禮，因遘疾卒，諡孝侯。子覽嗣。弟廣達。

廣達字偏覽，少慷慨，志立功名，虛心愛士，賓客自遠而至。時江表將帥各領部曲，動以千數，而魯氏尤爲多。仕梁爲平南當陽公府中兵參軍。侯景之亂，與兄悉達聚衆保新蔡。梁元帝承制授晉州刺史。王僧辯之討侯景，廣達出境候接，資奉軍儲。僧辯謂沈炯曰：「魯晉州亦是王師東道主人。」仍率衆隨僧辯。景平，加員外散騎常侍。陳武受禪，授東海太守。後代兄悉達爲吳州刺史，封中宿縣侯。光大元年，遷南豫州

中華書局

刺史。華皎稱兵上流，詔司空淳于量進討。軍至夏口，見皎舟師强盛，莫敢進。廣達首率驍勇，直衝賊軍。廣達墮水，沈溺久之，因救獲免。皎平，授巴州刺史。

太建初，與儀同章昭達入峽口，招定安蜀等諸州鎮。時周圖江左，大造舟艦於蜀，幷運糧青泥，廣達與錢道戢等將兵掩襲，縱火焚之，仍還本鎮。廣達爲政簡要，推誠任下，吏人便之。及秩滿，皆詣闕表請，於是詔申二年。

五年衆軍北伐，[二三]略淮南舊地，廣達與齊軍會於大峴，大破之，斬其敷城王張元範。[二四]進剋北徐州。仍授北徐州刺史。十年，授都督、合州刺史。

十一年，周將梁士彥圍壽春，詔遣中領軍樊毅、左衞將軍任忠等分部趣陽平、秦郡，廣達率衆入淮爲掎角以擊之。周軍攻陷豫、霍二州，南北兗、晉等各自拔，諸將並無功，盡失淮南之地，廣達因免官，以侯還第。

十二年，與南豫州刺史樊毅北討，[二五]剋郭默城。尋授平西將軍、都督郢州以上七州諸軍事，頓兵江夏。周安州總管元景山征江外，[二六]廣達命偏師擊走之。

至德二年，爲侍中，改封綏越郡公。尋爲中領軍。及賀若弼進軍鍾山，廣達於白土岡置陣，與弼旗鼓相對。廣達躬擐甲冑，手執桴鼓，率勵敢死而進，隋軍退走。如是者數四。及弼乘勝至宮城，燒北掖門，廣達猶督餘兵苦戰不息。會日暮，乃解甲，面臺再拜慟哭。謂

衆曰：「我身不能救國，負罪深矣。」士卒皆涕泣歔欷，於是就執。

禎明三年，依例入隋。廣達追愴本朝淪覆，遘疾不療，尋以憤慨卒。尚書令江總撫柩慟哭，乃命筆題其棺頭，爲詩曰：「黃泉雖抱恨，白日自留名，悲君感義死，不作負恩生。」又製廣達墓銘，述其忠概。

初，隋將韓擒濟江，廣達長子世眞在新蔡，乃與其弟世雄及所部奔擒，擒遣使致書招廣達。廣達時屯兵都下，乃自劾廷尉請罪，後主謂曰：「世眞雖異路中大夫，公國之重臣，吾所恃賴，豈得自同嫌疑之間乎？」加賜黃金，即日還營。

廣達有隊主楊孝辯，時從廣達在軍中，力戰陷陣，其子亦隨孝辯揮刀殺隋兵十餘人，力窮，父子俱死。

蕭摩訶字元胤，蘭陵人也。父諒，梁始興郡丞。摩訶隨父之郡，年數歲而父卒，其姊夫蔡路養時在南康，[二七]乃收養之。稍長，果毅有勇力。

侯景之亂，陳武帝赴援建鄴，路養起兵拒武帝，摩訶時年十三，單騎出戰，軍中莫有當者。及路養敗，摩訶歸侯安都，常從征討，安都遇之甚厚。及任約、徐嗣徽引齊兵爲寇，武

帝遣安都北拒齊軍於鍾山龍尾及北郊壇。安都謂摩訶曰：「卿驍勇有名，千聞不如一見。」摩訶對曰：「今日令公見之。」及戰，安都墜馬被圍，摩訶獨騎大呼，直衝齊軍，齊軍稍解去，安都乃免。以平留異、歐陽紇功，累遷巴山太守。

太建五年，衆軍北伐，摩訶隨都督吳明徹濟江攻秦郡。時齊遣大將尉破胡等率衆十萬來援，其前隊有「蒼頭」、「犀角」、「大力」之號，皆身長八尺，膂力絕倫，其鋒甚銳。又有西域胡，妙於弓矢，弦無虛發，衆軍尤憚之。及將戰，明徹謂摩訶曰：「若殪此胡，則彼軍奪氣，君有關、張之名，可斬顏良矣。」摩訶曰：「願得識其形狀。」明徹乃召降人有識胡者，云胡絳衣，樺皮裝弓，兩端骨弭。明徹遣人覘伺，知胡在陣，仍自酌酒飲摩訶。摩訶飲訖，馳馬衝齊軍，胡挺身出陣前十餘步，彀弓未發，摩訶遙擲銑鋧，正中其額，應手而仆。齊軍「大力」十餘人出戰，摩訶又斬之，於是齊師退走。以功封廉平縣伯。尋進爲侯，位太僕卿。又隨明徹進圍宿預，擊走齊將王康德，以功除晉熙太守。

九年，明徹進軍呂梁，與齊大戰，摩訶率七騎先入，手奪齊軍大旗，齊衆大潰。以功授譙州刺史。

及周武帝滅齊，遣其將宇文忻爭呂梁。忻時有精騎數千，摩訶領十二騎，深入周軍，從橫奮擊，斬馘甚衆。及周遣大將王軌來赴，結長圍連鎖於呂梁下流，斷大軍還路。摩訶謂

明徹曰：「聞軌始鎖下流，其兩頭築城，今尚未立，公若見遣擊之，彼必不敢相拒。彼城若立，則吾屬虜矣。」明徹奮髯曰：「搴旗陷陣，將軍事也；長算遠略，老夫事也。」摩訶失色而退。一旬之中，水路遂斷，周兵益至。摩訶又請曰：「今求戰不得，進退無路，若潛軍突圍，未足爲恥。願公率步卒乘馬輿徐行，摩訶驅馳前後，必使公安達京邑。」明徹曰：「弟計乃良圖也。然老夫受脤專征，今被圍逼，慚置無地。且步軍既多，吾爲總督，必須身居其後，相率兼行，弟馬軍宜須在前。」摩訶因夜發，選精騎八千，[二八]率先衝突，自後衆騎繼焉。比旦，達淮南。宣帝徵還，授右衞將軍。

及宣帝崩，始興王叔陵於殿內手刃後主，遂奔東府城。摩訶入受敕，乃率馬步數百趣東府城，斬之。以功授車騎大將軍，[二九]封綏建郡公。叔陵素所蓄聚金帛累巨萬，後主悉以賜之。改授侍中、驃騎大將軍、左光祿大夫。舊制三公黃閤聽事置鴟尾。後主特詔摩訶開黃閤，門施行馬，聽事寢堂，並置鴟尾。仍以其女爲皇太子妃。

會隋總管賀若弼鎭廣陵，後主委摩訶禦之，授南徐州刺史。禎明三年元會，徵摩訶還朝，弼乘虛濟江，襲京口。摩訶請率兵逆戰，後主不許。及弼進鍾山，摩訶又曰：「弼懸軍深入，壘塹未堅，出兵掩襲，必剋。」又不許。及將出戰，後主謂曰：「公可爲我一決。」摩訶曰：「從來行陣，爲國爲身，今日之事，兼爲妻子。」後主多出金帛賦諸軍，以充賞賜。令中領軍

魯廣達陳兵白土岡，居衆軍南，鎮東大將軍任忠次之，護軍將軍樊毅、都官尚書孔範又次之，摩訶軍最居北。衆軍南北亘二十里，首尾進退不相知。

弼初謂未戰，將輕騎登山，望見衆軍，因馳下置陣。後主通於摩訶之妻，故摩訶雖領勁兵八千，初無戰意，唯魯廣達、田端以其徒力戰。賀若弼及所部行軍七總管楊牙、韓洪、員明、黃昕、張默言、達奚隆、張辯等甲士凡八千人，各勒陣以待之。弼躬當魯廣達，麾下戰死者二百七十三人，弼縱煙以自隱，窘而復振。陳兵得人頭，皆走獻後主，求賞金銀。弼更趣孔範，範兵暫交便敗走。陳軍盡潰，死者五千人。諸門衞皆走，黃昕馳燒北掖門而入。員明禽摩訶以送弼，弼以刀臨頸，詞色不撓，乃釋而禮之。

及城平，弼置後主於德教殿，令兵衞守，摩訶請弼曰：「今爲囚虜，命在斯須，願一見舊主，死無所恨。」弼哀而許之。入見後主，俯伏號泣，仍於舊厨取食進之，辭訣而出，守衞者皆不能仰視。隋文帝聞摩訶抗答賀若弼，曰：「壯士也，此亦人之所難。」入隋，授開府儀同三司。尋從漢王諒詣并州，同諒作逆，伏誅，年七十三。

摩訶訥於言，恂恂長者。至於臨戎對寇，志氣奮發，所向無前。年未弱冠，隨侯安都在京口，性好獵，無日不畋游。及安都征伐，摩訶功居多。

子世廉，有父風。性至孝，及摩訶凶終，服闋後，追慕彌切。其父時賓故，脫有所言及，世廉對之，哀慟不自勝，言者爲之歔欷。終身不執刀斧，時人嘉焉。

摩訶有騎士陳智深者，勇力過人，以平叔陵功，爲巴陵內史。摩訶之戮也，其子先已籍沒，智深收摩訶屍，手自殯斂，哀感行路，君子義之。

潁川陳禹，亦隨摩訶征討。聰敏有識量，涉獵經史，解風角兵書，頗能屬文，便騎射，官至王府諮議。

任忠字奉誠，小名蠻奴，汝陰人也。少孤微，不爲鄉黨所齒。及長，譎詭多計略，膂力過人，尤善騎射，州里少年皆附之。梁鄱陽王蕭範爲合州刺史，聞其名，引置左右。

侯景之亂，忠率鄉黨數百人，隨晉熙太守梅伯龍討景將王貴顯於壽春，[三〇]每戰却敵。會土人胡通聚衆寇抄，範命忠與主帥梅思立并軍討平之。仍隨範世子嗣率衆入援，會京城陷，旋戍晉熙。侯景平，授蕩寇將軍。

王琳立蕭莊，署忠爲巴陵太守。琳敗，還朝，授明毅將軍、安湘太守，仍隨侯瑱進討巴、湘。累遷豫寧太守，衡陽內史。華皎之舉兵也，忠預其謀。及皎平，宣帝以忠先有密啓於朝廷，釋而不問。

太建初，隨章昭達討歐陽紇於廣州，以功授直閤將軍。遷武毅將軍、廬陵內史。秩滿，入爲右軍將軍。

五年，衆軍北伐，忠將兵出西道，[三一]擊走齊歷陽王高景安於大峴，逐北至東關，仍克其東西二城。進軍蘄、譙，並拔之。徑襲合肥，入其郛。進克霍州。以功授員外散騎常侍，封安復縣侯。呂梁之喪師也，忠全軍而還。尋授忠都督壽陽、新蔡、霍州緣淮衆軍，霍州刺史。入爲左衞將軍。還平南將軍、南豫州刺史，加都督。率步騎趣歷陽。周遣王延貴率衆爲援，忠大破之，生禽延貴。

後主嗣位，進號鎮南將軍，給鼓吹一部。入爲領軍將軍，加侍中，改封梁信郡公。出爲吳興內史。

及隋兵濟江，忠自吳興入赴，屯軍朱雀門。後主召蕭摩訶以下於內殿定議，忠曰：「兵法客貴速戰，主貴持重。今國家足食足兵，宜固守臺城，緣淮立柵。北軍雖來，勿與交戰，分兵斷江路，無令彼信得通。給臣精兵一萬，金翅三百艘，下江徑掩六合。彼大軍必言其度江將士已被獲，自然挫氣。淮南土人，與臣舊相知悉，今聞臣往，必皆景從。臣復揚聲欲往徐州，斷彼歸路，則諸軍不擊而自去。待春水長，上江周羅睺等衆軍，必沿流赴援，此良

計矣。」後主不能從。明日欻然曰：「腹煩殺人，喚蕭郎作一打。」忠叩頭苦請勿戰，後主從孔範言，乃戰，於是據白土岡陣。及軍敗，忠馳入臺，見後主，言敗狀，曰：「官好住，無所用力。」後主與之金兩縢曰：[三二]「爲我南岸收募人，猶可一戰。」忠曰：「陛下唯當具舟檝，就上流衆軍，臣以死奉衞。」後主信之，敕忠出部分。忠辭云：「臣處分訖，即奉迎。」後主令宮人裝束以待忠，久望不至。時隋將韓擒自新林進軍，忠率數騎往石子岡降之。仍引擒軍共入南掖門。臺城平，入長安，隋授開府儀同三司。卒，年七十七。

隋文帝後以散騎常侍袁元友能直言於後主，嘉之，擢拜主爵侍郎，謂羣臣曰：「平陳之初，我悔不殺任蠻奴。受人榮祿，兼當重寄，不能橫屍，云『無所用力』，與弘演納肝，何其遠也。」子幼武，位儀同三司。

樊毅字智烈，南陽湖陽人也。祖方興，梁散騎常侍、司州刺史、魚復縣侯。父文熾，梁散騎常侍、東益州刺史、新蔡縣侯。

毅家本將門，少習武，善騎射。侯景之亂，率部曲隨叔父文皎援臺城。文皎於青溪戰歿，毅赴江陵，仍隸王僧辯討河東王蕭譽，以功除右中郎將。代兄俊爲梁興太守，領三州游

軍，隨宜豐侯蕭循討陸納於湘州。軍次巴陵，營頓未立，納潛軍夜至薄營，大譟，軍中將士皆驚擾，毅獨與左右數十人當營門力戰，斬十餘級，擊鼓申令，衆乃定焉。以功封夷道縣伯。尋除天門太守，進爵爲侯。及西魏圍江陵，毅率郡兵赴援。會魏剋江陵，爲後梁所俘，久之遁歸。

陳武帝受禪，毅與弟猛舉兵應王琳，琳敗奔齊，太尉侯瑱遣使招毅，毅率子弟部曲還朝。太建初，爲豐州刺史，封高昌縣侯。入爲左衞將軍。

五年，衆軍北伐，毅攻廣陵楚子城，拔之，擊走齊軍。及呂梁喪師，詔以毅爲大都督，率衆度淮，對清口築城，與周人相抗。霖雨城壞，毅全軍自拔。尋遷中領軍。十一年，周將梁士彥圍壽陽，詔以毅爲都督北討諸軍事。[二三]十三年，爲荊州刺史。

後主卽位，改封逍遙郡公。入爲侍中、護軍將軍。及隋軍濟江，毅謂僕射袁憲曰：「京口、采石，俱是要所，各須銳卒數千，金翅二百，都下江中，上下防捍。如其不然，大事去矣。」諸將咸從其議。會施文慶等寢隋兵消息，毅計不行。臺城平，隨例入關，卒。

毅弟猛字智武，幼倜儻，有幹略。及長，便弓馬，膽氣過人。青溪之戰，猛自旦訖暮，與侯景軍短兵接戰，殺傷甚衆。臺城陷，隨兄毅西上。[二四]梁南安侯方矩爲湘州刺史，以猛

爲司馬。會武陵王紀舉兵自漢江東下，方矩遣猛隨都督陸法和進軍拒之。猛手禽紀父子三人，斬於艑中，盡收其船艦器械。以功封安山縣伯。進軍撫定梁、益。還遷司州刺史，進爵爲侯。

陳永定元年，周文育等敗於沌口，爲王琳所獲。琳乘勝將事南中諸郡，遣猛與李孝欽等將兵攻豫章，進逼周迪。軍敗，爲迪所執。尋遁歸王琳，琳敗，還朝。天嘉二年，授永陽太守。太建中，以軍功封富川縣侯。歷散騎常侍，荊州刺史。入爲左衞將軍。

後主卽位，爲南豫州刺史。隋將韓擒之濟江，猛在都下，第六子巡攝行州事，擒進軍攻陷之，巡及家口並見執。時猛與左衞將軍蔣元遜領青龍八十艘爲水軍，於白下游弈，以禦隋六合兵。後主知猛妻子在隋，懼有異志，欲使任忠代之，令蕭摩訶徐喩毅，毅不悅。摩訶以聞，後主重傷其意，乃止。禎明三年，入隋。

論曰：梁氏云季，運屬雲雷，陳武帝杖旗掃難，經綸伊始，胡穎、徐度、杜稜、周鐵武、程靈洗等，或感會風雲，畢力驅馳之日，或擢自降附，乃贊興王之始，咸得配享清廟，豈徒然哉。沈恪行己之方，不踐非義之迹，子隆持身之節，無失事人之道，仁矣乎！錢道戢、駱文牙、孫瑒、徐世譜、周敷、荀朗、周炅、魯悉達、廣達、蕭摩訶、任忠、樊毅等，所以獲用當年，其道雖異，至於功名自立，亦各因時。當金陵覆沒，抑惟天數，然任忠與亡之義，無乃致虧，與夫蕭、魯所行，固不同日。持此百心，而事二主，欲求取信，不亦難乎？首領獲全，亦爲幸也。

校勘記

〔一〕陳武帝征交阯乃委質焉　「征」各本作「在」，據陳書、通志改。

〔二〕二年以父憂去職至太建五年除吳興太守　「二年」上各本有「太建」二字；「五年」上各本無「太建」二字，此蓋錯簡，今移正。按陳書廢帝紀、徐度傳並云度死於光大二年，敬成「丁父憂」不得在太建二年。

〔三〕周鐵武　「武」本字「虎」，避唐諱改。

〔四〕天嘉五年　「五年」各本作「三年」，據陳書改。

〔五〕武帝召陷賊諸將子弟厚遇之　「將」字各本並脫，據陳書補。

〔六〕謚曰光　「光」陳書作「元」。

〔七〕彪將沈泰吳寶眞申縉等皆降　「申縉」張彪傳作「申進」。

〔八〕除始平太守封始康縣子　「始平」、「始康」陳書作「南平」、「始興」。

〔九〕駱文牙字旗門　「駱文牙」陳書作「駱牙」。

〔一〇〕父脩道　「脩道」陳書作「循道」。脩循形似，未知孰是。

〔一一〕徵瑒爲少府卿　「少府卿」陳書作「太府卿」。

〔一二〕及聞大軍敗王琳乘勝而進　「聞大軍敗」四字各本並脫，據陳書補。按大軍謂陳軍。時王琳攻陳，周乘虛攻郢。及聞陳大軍勝琳而進，乃解圍去。

〔一三〕徵爲侍中領軍將軍　陳書作「徵爲散騎常侍、中領軍」。

〔一四〕卿豈有意乎　「乎」上各本衍一「授」字，據陳書刪。

〔一五〕領左軍將軍　「左軍將軍」陳書作「右軍將軍」。

〔一六〕家庭穿築極林泉之致　「家庭」陳書作「庭院」。

〔一七〕時興皇寺慧朗法師該通釋典　「慧朗」各本作「朗」，據陳書、册府元龜八二一補。按陳書陸繂傳作「惠朗法師」，慧、惠古字通。

〔一八〕西魏攻荊州世譜鎭馬頭岸　「荊州」各本作「荊門」，據陳書改。按「馬頭岸」近荊州，荊門非是。

〔一九〕父伯道衞尉卿　「伯道」各本作「伯通」。據陳書改。按羊鴉仁傳，鴉仁爲荀伯道子暑所殺。

〔二〇〕招集曾熙等五郡盡有其地　「五郡」各本作「五部」，據陳書改。按下「悉達撫綏五郡」，則「五部」譌。

中華書局

〔二一〕齊遣行臺慕容紹宗來攻鬱口諸鎮　錢大昕廿二史考異：「按慕容紹宗之死在齊未受禪以前，安得此時尚存。此史家傳聞之誤，南史亦仍舊聞，而未據北史以正之。」

〔二二〕封彭澤縣侯　各本脫「封」字，據陳書補。

〔二三〕五年衆軍北伐　「五年」二字各本並脫，據陳書補。按下所出各事，皆繫之以年，與陳書合，不應此條獨異。

〔二四〕斬其敷城王張元範　「敷城王」各本作「敷城主」。按魏書地形志，晉州有敷城郡及敷城縣，肆州秀容郡有敷城縣。大峴在合肥之南，歷陽之北，其地無名敷城者。且若是城主，當云敷城城主，不當言敷城主。蓋「主」是「王」字之譌。北齊張保洛封敷城王，張元範或是張保洛之子，襲爵爲王。今訂正。

〔二五〕十二年與南豫州刺史樊毅北討　按陳書樊毅傳毅無爲南豫州事，其弟猛爲南豫州乃在後主至德四年。或樊毅爲任忠之譌，任忠爲南豫州刺史正在太建十二年。

〔二六〕周安州總管元景山征江外　「元景山」各本作「元景」，據隋書元景山傳訂正。

〔二七〕其姊夫蔡路養時在南康　「姊夫」陳書作「姑夫」。

〔二八〕摩訶因夜發選精騎八千　「精騎八千」陳書作「精騎八十」，疑南史有誤。

〔二九〕以功授車騎大將軍　「大將軍」陳書後主紀無「大」字，下「驃騎大將軍」同。

〔三〇〕隨晉熙太守梅伯龍討景將王貴顯於壽春　「王貴顯」梁書侯景傳、通鑑並作「王顯貴」。

〔三一〕忠將兵出西道　「兵」字各本並脫，據陳書補。

〔三二〕後主與之金兩縢曰　「曰」字各本並脫，據通志補。

〔三三〕詔以毅爲都督北討諸軍事　「諸軍事」各本作「前軍事」，據陳書宣帝紀改。按都督北討前軍事者乃任忠，見本傳及宣帝紀。

〔三四〕臺城陷隨兄毅西上　「臺城陷」各本作「臺城平」，據陳書改。按臺城陷，謂侯景陷臺城；臺城平，謂王僧辯平臺城。據樊毅傳毅赴江陵即在青溪役後，景陷臺城時，猛隨兄西上自不得在臺城平時。

南史

唐李延壽撰

第六册

卷六八至卷八〇（傳）

中華書局

二十四史

中華書局

南史卷六十八

列傳第五十八

趙知禮　蔡景歷子徵　宗元饒　韓子高　華皎
劉師知　謝岐　毛喜　沈君理　陸山才

趙知禮字齊旦，天水隴西人也。父孝穆，梁候官令。知禮涉獵文史，善書翰。陳武帝之討元景仲也，或薦之，引爲書記。知禮爲文贍速，每占授軍書，下筆便就，率皆稱旨。由是恒侍左右，深被委任，當時計畫，莫不預焉。武帝征侯景，至白茅灣，上表於梁元帝及與王僧辯論軍事，其文並知禮所製。及景平，授中書侍郎，封始平縣子。陳受命，位散騎常侍、太府卿，權知領軍事。

天嘉元年，進爵爲伯。王琳平，授吳州刺史。知禮沈靜有謀謨，每軍國大事，文帝輒令

璽書問之。再遷右將軍，〔一〕領前軍將軍。卒，贈侍中，謚曰忠。子元恭嗣。〔二〕

蔡景歷字茂世，濟陽考城人也。祖點，梁尚書左戶侍郎。父大同，輕車岳陽王記室參軍。景歷少俊爽，有孝行，家貧好學，善尺牘，工草隸。爲海陽令，政有能名。在侯景中，與南康嗣王會理通，謀匡復，事泄被執，賊黨王偉保護之，獲免，因客游京口。

侯景平，陳武帝鎮朱方，素聞其名，以書要之。景歷對使人荅書，筆不停綴，文無所改。帝得書，甚加欽賞，即日授征北府中記室參軍，仍領記室。

衡陽獻王昌爲吳興太守，帝以鄉里父老，尊卑有數，恐昌年少接對乖禮，乃遣景歷輔之。承聖中，還掌記室。武帝將討王僧辯，獨與侯安都等數人謀之，景歷弗之知。部分既畢，召令草檄，景歷援筆立成，辭義感激，事皆稱旨。及受禪，遷祕書監、中書通事舍人，掌詔誥。

永定二年，坐妻弟受周寶安餉馬，爲御史中丞沈炯所劾，降爲中書侍郎，舍人如故。

三年，武帝崩。時外有强寇，文帝鎮南皖，朝無重臣，宣后呼景歷及江大權、杜稜定議，祕不發喪，疾召文帝。景歷躬共宦者及內人密營斂服，時既暑熱，須營梓宮，恐斤斧之聲聞外，乃以蠟爲祕器，文詔依舊宣行。

文帝即位，復爲祕書監，舍人如故。以定策功，封新豐縣子。累遷散騎常侍。文帝誅侯安都，景歷勸成其事，以功遷太子左衞率，進爵爲侯，常侍、舍人如故。坐妻兄劉洽依倚景歷權勢前後姦詭，〔三〕并受歐陽威餉絹百匹，免官。

華皎反，以景歷爲武勝將軍、吳明徹軍司。皎平，明徹於軍中輒戮安成內史楊文通，又受降人馬仗有不分明，景歷又坐不能匡正被收。久之獲宥。

宣帝即位，累遷通直散騎常侍、中書通事舍人，掌詔誥，仍復封邑。

太建五年，都督吳明徹北侵，所向尅捷，大破周梁士彥於呂梁，方進圍彭城。時宣帝銳意河南，以爲指麾可定，景歷稱師老將驕，不宜過窮遠略。帝惡其沮衆，大怒，猶以朝廷舊臣，不加深罪，出爲豫章內史。未行，爲飛章所劾，以在省之日，贓汚狼籍，帝令有司案問，景歷但承其半。於是御史中丞宗元饒奏免景歷所居官，徙居會稽。

及吳明徹敗，帝追憶景歷前言，即日追還，以爲征南鄱陽王諮議。數日，遷員外散騎常侍，兼御史中丞，復本爵封，入守度支尚書。舊式拜官在午後，景歷拜日，適逢輿駕幸玄武觀，在位皆侍宴，帝恐景歷不預，特令早拜，其見重如此。

卒官，贈太常卿，謚曰敬。十三年，改葬，重贈中領軍。禎明元年，配享武帝廟庭。二

年，車駕親幸其宅，重贈景歷侍中、中撫將軍，〔四〕謚曰忠敬，給鼓吹一部，於墓所立碑。

景歷屬文，不尚雕靡，而長於敍事，應機敏速，爲當時所稱。有文集三十卷。子徵嗣。

江大權字伯謀，濟陽考城人，位少府，封四會縣伯。太建二年，卒於通直散騎常侍。

徵字希祥，幼聰敏，精識强記。年六歲，詣梁吏部尚書河南褚翔，嗟其穎悟。七歲丁母憂，居喪如成人禮。繼母劉氏，性悍忌，視之不以道，徵供侍益謹，初無怨色。徵本名覽，景歷以其有王祥之性，更名字焉。

陳武帝爲南徐州，召補迎主簿，尋授太學博士。太建中，累遷太子中舍人，兼東宮領直，襲封新豐侯。至德中，位太子中庶子、中書舍人，掌詔誥。尋授左戶尚書，與僕射江總知撰五禮事。後主器其才幹，任寄日重。遷吏部尚書，每十日一往東宮，於皇太子前論述古今得喪及當時政務。又敕以廷尉寺獄，事無大小，取徵議決。俄敕遣徵收募兵士，自爲部曲，徵善撫卹，得物情，旬月之間，衆近一萬。位望既重，兼聲位熏灼，物議咸忌憚之。尋徙中書令。中書清簡無事，或云徵有怨言，後主聞之大怒，收奪人馬，將誅之，左右致諫，獲免。

禎明三年，〔五〕隋軍濟江，後主以徵有幹用，令權知中領軍事。徵日夜勤苦，備盡心力，

中華書局

後主嘉焉，謂曰：「事寧有以相報」。及決戰於鍾山南岡，敕徵守宮城西北大營，尋令督衆軍戰事。陳亡，隨例入長安。

徵美容儀，有口辯，多所詳究。至於士流官宦，陳宗戚屬，及當朝制度，憲章儀軌，戶口風俗，山川土地，問無不對。然性頗便佞進取，不能以退素自業。初拜吏部尚書，啓後主借鼓吹，後主謂所司曰：「鼓吹軍樂，有功乃授，蔡徵不自量揆，紊我朝章。然其父景歷既有締構之功，宜且如啓，拜訖即追還。」徵不修廉隅，皆此類也。

隋文帝聞其敏贍，召見顧問，言輒會旨。然累年不調，久之，除太常丞。歷尚書戶部儀曹郎，轉給事郎，卒。子翼，位司徒屬。入隋，爲東宮學士。

宗元饒，南郡江陵人也。少好學，以孝聞。仕梁爲征南府外兵參軍。及司徒王僧辯幕府初建，元饒與沛國劉師知同爲主簿。陳武帝受禪，稍遷廷尉卿、尚書左丞。宣帝初，軍國務廣，事無巨細，一以咨之，〔六〕臺省號爲稱職。

遷御史中丞，知五禮事。時合州刺史陳裒贓汚狼籍，遣使就渚斂魚，又令人於六郡乞米，百姓甚苦之，元饒劾奏免之。吳興太守武陵王伯禮，豫章內史南康嗣王方泰等，驕蹇放

橫，元饒案奏，皆見削黜。元饒性公平，善持法，諳曉故事，明練政體，吏有犯法，政不便時，及於名教不足者，隨事糾正，多所裨益。遷南康內史，以秩米三千餘斛助人租課，存問高年，拯救乏絕，百姓甚賴焉。以課最入朝，詔加散騎常侍。後爲吏部尚書，卒。

韓子高，會稽山陰人也。家本微賤。侯景之亂，寓都下。景平，陳文帝出守吳興，子高年十六，爲總角，容貌美麗，狀似婦人，於淮渚附部伍寄載欲還鄉里，文帝見而問曰：「能事我乎？」子高許諾。子高本名蠻子，帝改名之。性恭謹，恒執備身刀及傳酒炙。帝性急，子高恒會意旨。稍長，習騎射，頗有膽決，願爲將帥。及平杜龕，配以士卒。文帝甚愛之，未嘗離左右。

帝嘗夢騎馬登山，路危欲墮，子高推捧而升。

文帝之討張彪也，沈泰等先降，帝據有州城，周文育鎮北郭香巖寺，張彪自剡縣夜還襲城，文帝自北門出，倉卒闇夕，軍人擾亂，唯子高在側。文帝乃遣子高自亂兵中往見文育，反命酬答，於闇中又往慰勞衆軍。文帝散兵稍集，子高引入文育營，因共立柵。明日敗彪，彪奔松山，〔七〕浙東平。文帝乃分麾下多配子高，子高亦輕財禮士，歸之者甚衆。

文帝嗣位，除右軍將軍，封文招縣子。及王琳平，子高所統益多，將士依附之，其有所論進，帝皆任使焉。天嘉六年，爲右衞將軍。文帝不豫，入侍醫藥。

廢帝即位，加散騎常侍。宣帝入輔，子高兵權過重，深不自安，好參訪臺閣，又求出爲衡、廣諸鎮。光大元年八月，前上虞縣令陸昉及子高軍主告其謀反，宣帝在尚書省，因召文武在位議立皇太子，子高預焉，執送廷尉。其夕與到仲舉同賜死。父延慶及子弟並原宥。

華皎，晉陵暨陽人也。世爲小吏。皎梁代爲尚書比部令史。侯景之亂，事景之黨王偉。陳武帝南下，文帝爲景所囚，皎遇文帝甚厚。及景平，文帝爲吳興太守，以皎爲都錄事，深見委任。及文帝平杜龕，仍配以甲兵。御下分明，善於撫接，解衣推食，多少必均。天嘉元年，封懷仁縣伯。

王琳東下，皎隨侯瑱拒之。琳平，知江州事。後隨都督吳明徹征周迪，迪平，以功進爵爲侯，仍授都督、湘州刺史。皎起自下吏，善營產業，又征川洞，多致銅鼓及生口，並送都下。廢帝即位，改封重安縣公。

韓子高誅後，皎內不自安，光大元年，密啓求廣州，以觀時主意。宣帝僞許之，而詔書

未出。皎亦遣使引周兵，又崇奉梁明帝，士馬甚盛。詔乃以吳明徹爲湘州刺史，實欲以輕兵襲之。慮皎先發，乃前遣明徹率衆三萬，乘金翅直趣郢州，又遣撫軍大將軍淳于量率衆五萬，乘大艦繼之。

時梁明帝遣水軍爲皎聲援，周武帝遣衞公宇文直頓魯山，又遣柱國長湖公元定攻圍郢州。梁明帝授皎司空，巴州刺史戴僧朔，衡陽內史任蠻奴，巴陵內史潘智虔，岳陽太守章昭裕，桂陽太守曹宣，湘東太守錢明，並隸於皎。又長沙太守曹慶等本隸皎下，因爲之用。帝恐上流宰守並爲皎扇惑，乃下詔曲赦湘、巴二州，其賊主帥節將，並許開恩出首。

皎以大艦載薪，因風放火，俄而風轉自焚，皎大敗，乃與戴僧朔奔江陵。元定等無復船渡，步趣巴陵，巴陵城已爲陳軍所據，乃降，送于建鄴。皎遂終於江陵，其黨並誅，唯任蠻奴、章昭裕、曹宣、劉廣業獲免。

劉師知，沛國相人也。家本素族。祖奚之，齊淮南太守，以善政聞。父景彥，梁司農卿。

師知本名師智，以與敬帝諱同，改焉。好學，有當務才，博涉書傳，工文筆，善儀體，臺

閣故事，多所詳悉。紹泰初，陳武帝入輔，以師知爲中書舍人，掌詔誥。時兵亂後，朝儀多闕，武帝爲丞相及加九錫並受禪，其儀注多師知所定。

梁敬帝在內殿，師知常侍左右。及將加害，師知詐帝令出，帝覺，遶牀走曰：「師知賣我，陳霸先反。我本不須作天子，何意見殺。」師知執帝衣，行事者加刃焉。既而報陳武帝曰：「事已了。」武帝曰：「卿乃忠於我，後莫復爾。」師知不對。武帝受命，仍兼舍人。性疏簡，與物多忤，雖位宦不遷，而任遇甚重，其所獻替，皆有弘益。

及武帝崩，六日成服，時朝臣共議大行皇帝靈座俠御人衣服吉凶之制，博士沈文阿議宜服吉，師知議云：「既稱成服，本備喪禮。案梁昭明太子薨，成服，俠侍之官，悉著衰斬，唯著鎧不異，此即可擬。愚謂六日成服，俠靈座須服衰絰。」中書舍人蔡景歷、江德藻、謝岐等同師知議。時以二議不同，乃啓取左丞徐陵決斷。陵云：「案山陵鹵簿吉部伍中，公卿以下導引者，爰及武賁、鼓吹、執蓋、奉車，並是吉服，〔八〕豈容俠御獨爲衰絰？若言公卿胥吏並服衰絰，此與梓宮部伍有何差別？若言文物並吉，司事者凶，豈容衽絰而奉華蓋，衰衣而升玉路邪？同博士議。」謝岐議曰：「靈筵祔宗廟，梓宮祔山陵，實如左丞議。〔九〕但山陵鹵簿，備有吉凶，從靈輿者儀服無變，從梓宮者皆服苴衰，爰至士禮，悉同此制。此自是山陵之儀，非關成服。今謂梓宮靈扆，共在西階，稱爲成服，亦無鹵簿，直是爰自胥吏，上至王公，四海

之內，必備衰絰。案梁昭明太子薨，略是成例，豈容凡百士庶，悉皆服重，〔一〇〕而侍中至於武衛，最是近官，反鳴玉紆青，與平吉不異？左丞既推以山陵事，愚意或謂與成服有殊。」陵重答云：「老病屬纊，不能多說。古人爭議，多成怨府，傅玄見尤於晉代，王商取陷於漢朝。謹自三緘，敬同高命。若萬一不死，猶得展言，庶與羣賢，更申揚榷。」文阿猶執所見，衆議不能決，乃具錄二議奏聞，上從師知議。

遷鴻臚卿，舍人如故。天嘉元年，坐事免。尋起爲中書舍人，復掌詔誥。天康元年，文帝不豫，師知與尚書僕射到仲舉等入侍醫藥。帝崩，豫顧命。宣帝入輔，師知與仲舉等遣舍人殷不佞矯詔令宣帝還東府，〔一一〕事覺，於北獄賜死。

初，文帝敕師知撰起居注，自永定二年秋至天嘉元年爲十卷。

謝岐，會稽山陰人也。父達，梁太學博士。

岐少機警，好學，仕梁爲山陰令。侯景亂，流寓東陽。景平，依于張彪。彪在吳郡及會稽，庶事委之。彪每征討，恒留岐監郡知後事。彪敗，陳武帝引參機密，爲兼尚書右丞。時軍旅屢興，糧儲多闕，岐所在幹理，深被知遇。永定元年，爲給事黃門侍郎、中書舍人，兼右丞如故。天嘉二年卒，贈通直散騎常侍。

弟嶠，篤學，爲通儒。

毛喜字伯武，滎陽陽武人也。祖稱，梁散騎侍郎。父栖忠，中權司馬。

喜少好學，善草隸。陳武帝素知之。及鎮京口，命喜與宣帝往江陵，仍敕宣帝諮稟之。及梁元帝即位，以宣帝爲領直，喜爲尚書功論侍郎。及魏平江陵，喜與宣帝俱還長安。文帝即位，喜自周還，進和好之策，陳朝乃遣周弘正等通聘。及宣帝反國，又遣喜入周，以家屬爲請。周冢宰宇文護執喜手曰：「能結二國之好者，卿也。」仍迎柳皇后及後主還。天嘉三年至都，宣帝時爲驃騎將軍，仍以喜爲府諮議參軍，領中記室，府朝文翰，皆喜詞也。

文帝嘗謂宣帝曰：「我諸子皆以『伯』爲名，汝諸子宜用『叔』爲稱。」宣帝以訪喜，喜即條自古名賢杜叔英、虞叔卿等二十餘人以啓之，文帝稱善。

文帝崩，廢帝沖昧，宣帝錄尚書輔政，僕射到仲舉等矯太后令，遣宣帝還東府，當時疑懼，無敢厝言。喜即馳入，謂宣帝曰：「今日之言，必非太后之意，宗社至重，願加三思。」竟

如其策。

右衞將軍韓子高始與仲舉通謀，其事未發，喜謂宣帝曰：「宜簡人馬配與子高，并賜鐵炭，使修器甲。」宣帝曰：「子高即欲收執，何更如是？」喜曰：「山陵始畢，邊寇尚多，而子高受委前朝，名爲杖順，宜推心安誘，使不自疑，圖之一壯士之力耳。」宣帝卒行其計。

及帝即位，除給事黃門侍郎，兼中書舍人，典軍國機密。宣帝議北侵，敕喜撰軍制十三條，詔頒天下，文多不載。論定策功，封東昌縣侯，以太子右衞率、右將軍行江夏、武陵、桂陽三王府國事。〔一二〕母憂去職，詔封喜母庾氏東昌國太夫人，遣員外散騎常侍杜緬圖其墓田，上親與緬案圖指畫，其見重如此。歷位御史中丞，五兵尚書，參掌選事。

及得淮南之地，喜陳安邊之術，宣帝納之，即日施行。帝又欲進兵彭、汴，以問喜，喜以爲「淮左新平，邊人未輯，周氏始吞齊國，難與爭鋒，未若安人保境，斯久長之術也」。上不從。吳明徹卒俘于周。

喜後歷丹陽尹，吏部尚書。及宣帝崩，叔陵構逆，敕中庶子陸瓊宣旨，令南北諸軍皆取喜處分。賊平，加侍中。

初，宣帝委政於喜，喜數有諫爭，事並見從。自明徹敗後，帝深悔不用其言，謂袁憲曰：「一不用喜計，遂令至此。」由是益見親重，喜乃言無回避。時皇太子好酒德，每共親幸人爲

長夜之宴，喜嘗言之宣帝，太子遂銜之，卽位後稍見疏遠。及被始興王傷，創愈，置酒引江總以下，展樂賦詩，醉酣而命喜。于時山陵初畢，未及踰年，喜見之不懌，欲諫而後主已醉。喜言心疾，仆于階下，移出省中。後主醒，乃謂江總曰：「我悔召毛喜，知其無病，但欲阻我歡宴，非我所爲耳。」乃與司馬申謀曰：「此人負氣，吾欲將乞鄱陽兄弟，聽其報讎，可乎？」對曰：「終不爲官用，願如聖旨。」傅縡爭之曰：「若許報讎，欲置先皇何地？」後主曰：「當與一小郡，勿令見人事耳。」

至德元年，授永嘉內史。喜至郡，不受奉秩，政弘清靜，人吏安之。遇豐州刺史章大寶舉兵反，郡與豐州接，而素無備，喜乃修城隍器械，又遣兵援建安。賊平，授南安內史。禎明元年，徵爲光祿大夫，領左驍騎將軍，道卒。有集十卷。子處沖嗣。

沈君理字仲倫，吳興人也。祖僧畟，梁左戶尚書。父巡，元帝時位少府卿。魏平荊州，梁宣帝署金紫光祿大夫。

君理美風儀，博涉有識鑒。陳武帝鎮南徐州，巡遣君理致謁，深見器重，命尚會稽長公主。及帝受禪，拜駙馬都尉，封永安亭侯，爲吳郡太守。時兵革未寧，百姓荒弊，君理總集

士卒，修飾器械，深以幹理見稱。

文帝嗣位，累遷左戶尚書。天嘉六年，爲東陽太守。天康元年，以父憂去職，自請往荊州迎柩。朝議以在位重臣，難令出境，乃遣長兄君嚴往焉。及還，將葬，詔贈巡侍中、領軍將軍，諡曰敬子。

太建中，歷位太子詹事，吏部尚書。宣帝以君理女爲皇太子妃，賜爵望蔡縣侯，位侍中、尚書右僕射。卒，贈翊左將軍、開府儀同三司，諡曰貞憲。君理弟君高、君公。

君高字季高，少知名，性剛直，有吏能。位衞尉卿，平越中郎將、都督、廣州刺史，甚得人和。卒，諡祁子。

君公自梁元帝敗後，常在江陵。禎明中，與蕭瓛、蕭巖叛隋歸陳，後主擢爲太子詹事。君公博學有才辯，善談論，後主深器之。陳亡入隋，文帝以其叛亡，命斬于建康。

君理第五叔邁，〔一三〕亦方正有幹局，位通直散騎常侍，侍東宮。

陸山才字孔章，吳郡吳人也。祖翁寶，梁尚書水部郎。父汎，中散大夫。

山才倜儻，好尚文史，范陽張纘、纘弟綰並欽重之。

紹泰中，都督周文育出鎮南豫州，不知書疏，以山才爲長史，政事悉以委之。文育南討，剋蕭勃，禽歐陽頠，計畫多出山才。後文育重鎮豫章金口，山才復爲鎮南長史、豫章太守。

文育爲熊曇朗所害，曇朗囚山才等，送于王琳。未至，而侯安都敗琳將常衆愛，由是山才獲反。累遷度支尚書，坐侍宴與蔡景歷言語過差，爲有司所奏，免官。尋授散騎常侍，遷西陽、武昌二郡太守。卒，諡曰簡子。

論曰：趙知禮、蔡景歷屬陳武經綸之日，居文房書記之任，此乃宋、齊之初傅亮、王儉之職。若乃校其才用，理不同年，而卒能膺務濟時，蓋其遇也。希祥勞臣之子，才名自致，迹涉便佞，貞介所羞。元饒始終任遇，無虧公道，名位自卒，其殆優乎。子高權重爲戮，亦其宜也。華皎經綸云始，旣蹈元功，殷憂之辰，自同勁草，雖致奔敗，未足爲非。師知送往多闕，見忌新主，謀人之義，可無慎哉；然晚遇誅夷，非其過也。毛喜逢時遇主，好謀而成，見廢昏朝，不致公輔，惜矣。沈、陸所以見重，固亦雅望之所致焉。

校勘記

〔一〕再還右將軍　「右將軍」陳書作「右衞將軍」。

〔二〕子元恭嗣　「元恭」陳書作「允恭」。

〔三〕坐妻兄劉洽依倚景歷權勢前後姦詭　「劉洽」各本作「劉裕」，據陳書改。按此或因當時習聞劉裕之名致誤，宋陳相去未遠，當無命名與之相同者。又各本脫「勢」字，據陳書補。

〔四〕重贈景歷侍中中撫將軍　「中撫將軍」各本作「中撫軍將軍」，據陳書刪。

〔五〕禎明三年　「三年」各本作「二年」，據陳書改。按隋師濟江，陳亡，事在禎明三年。

〔六〕事無巨細一以咨之　「咨」各本作「貫」，據陳書改，通志作「責」。

〔七〕彪奔松山　「松山」張彪傳作「若邪山」。

〔八〕爰及武賁鼓吹執蓋奉車並是吉服　「武賁」本字「虎賁」，此避唐諱改。

〔九〕靈筵祔宗廟梓宮祔山陵實如左丞議　「祔山陵」各本作「還山陵」，據陳書改。按陳書備載陵議本爲「祔山陵」。左丞，指徐陵。

〔一〇〕豈容凡百士庶悉皆服重　「皆」各本作「此日」二字，據陳書改。

〔一一〕令宣帝還東府　「東」字各本並脫，據陳書補。按後毛喜傳亦作「令宣帝還東府」，明此脫文。

〔一二〕以太子右衞率右將軍行江夏武陵桂陽三王府國事　「右將軍」陳書作「右衞將軍」。

二十四史

中華書局

二十四史

〔三〕君理第五叔邁　各本作「君理弟叔邁」，據陳書改。按君理兄君嚴，弟君高、君公，並以君字爲名。君理父名巡，叔名邁，字並從辵。

南史卷六十九

列傳第五十九

沈炯　虞荔 弟寄　傅縡 章華　顧野王 蕭濟　姚察

沈炯字初明，〔一〕吳興武康人也。祖瑀，梁尋陽太守。父續，王府記室參軍。

炯少有儁才，爲當時所重。仕梁爲尚書左戶侍郎、吳令。侯景之難，吳郡太守袁君正入援建鄴，以炯監郡。臺城陷，景將宋子仙據吳興，使召炯，方委以書記，炯辭以疾，子仙怒，命斬之。炯解衣將就戮，礙於路間桑樹，乃更牽往他所，或救之，僅而獲免。子仙愛其才，終逼之令掌書記。及子仙敗，王僧辯素聞其名，軍中購得之，酬所獲者錢十萬，自是羽檄軍書，皆出於炯。及簡文遇害，四方岳牧上表勸進，僧辯令炯制表，當時莫有逮者。陳武帝南下，與僧辯會白茅灣，登壇設盟，炯爲其文。及景東奔，至吳郡，獲炯妻虞氏及子行簡，並殺之，炯弟攜其母逃免。侯景平，梁元帝愍其妻子嬰戮，特封原鄉侯。僧辯爲司徒，以炯

爲從事中郎。梁元帝徵爲給事黃門侍郎，領尚書左丞。

魏尅荊州，被虜，甚見禮遇，授儀同三司。以母在東，恒思歸國，恐以文才被留，閉門卻掃，無所交接。時有文章，隨卽棄毀，不令流布。

嘗獨行經漢武通天臺，爲表奏之，陳己思鄉之意。曰：「臣聞橋山雖掩，鼎湖之竈可祠；有魯遂荒，大庭之跡無泯。伏惟陛下降德猗蘭，纂靈豐谷，漢道既登，神仙可望。射之罘於海浦，禮日觀而稱功，橫中流於汾河，指柏梁而高宴，何其甚樂，豈不然歟！既而運屬上僊，道窮晏駕，甲帳珠簾，一朝零落，茂陵玉盌，遂出人間。陵雲故基，與原田而膴膴，別風餘跡，帶陵阜而芒芒，羈旅縲臣，豈不落淚。昔承明見厭，嚴助東歸，駟馬可乘，長卿西反，恭聞故實，竊有愚心。黍稷非馨，敢望徵福。但雀臺之弔，空愴魏君，雍丘之祠，未光夏后，瞻仰煙霞，伏增悽戀。」奏訖，其夜夢有宮禁之所，兵衞甚嚴，炯便以情事陳訴。聞有人言：「甚不惜放卿還，幾時可至。」少日，便與王克等並獲東歸。歷司農卿，御史中丞。

陳武帝受禪，加通直散騎常侍。表求歸養，詔不許。文帝嗣位，又表求去，詔答曰：「當敕所由，相迎尊累，使卿公私無廢也。」

初，武帝嘗稱炯宜居王佐，軍國大政，多預謀謨。文帝又重其才，欲寵貴之。會王琳入寇大雷，留異擁據東境，帝欲使炯因是立功，乃解中丞，加明威將軍，遣還鄉里，收徒衆。以

中華書局

疾卒于吳中，贈侍中，謚恭子。有集二十卷行於世。

虞荔字山披，會稽餘姚人也。祖權，梁廷尉卿、永嘉太守。父檢，平北始興王諮議參軍。

荔幼聰敏，有志操。年九歲，隨從伯闡候太常陸倕，倕問五經十事，荔對無遺失，倕甚異之。又嘗詣徵士何胤，時太守衡陽王亦造之，胤言於王，王欲見荔，荔辭曰：「未有板刺，無容拜謁。」王以荔有高尚之志，雅相欽重，還郡，即辟為主簿，荔又辭以年小不就。及長，美風儀，博覽墳籍，善屬文。仕梁為西中郎法曹外兵參軍，兼丹陽詔獄正。

梁武帝於城西置士林館，荔乃制碑奏上，帝命勒之于館，仍用荔為士林學士。尋為司文郎，遷通直散騎侍郎，兼中書舍人。時左右之任，多參權軸，內外機務，互有帶掌，唯荔與顧協泊然靜退，居于西省，但以文史見知。尋領大著作。

及侯景之亂，荔率親屬入臺，除鎮西諮議參軍，舍人如故。[三]臺城陷，逃歸鄉里。侯景平，元帝徵為中書侍郎。貞陽侯僭位，授揚州別駕，並不就。

張彪之據會稽，荔時在焉。及文帝平彪，武帝及文帝並書招之，迫切不得已，乃應命至

都，而武帝崩，文帝嗣位，除太子中庶子，仍侍太子讀。尋領大著作。

初，荔母隨荔入臺，卒於臺內，尋而城陷，情禮不申，由是終身蔬食布衣，不聽音樂。雖任遇隆重，而居止儉素，淡然無營。文帝深器之，常引在左右，朝夕顧訪。荔性沈密，少言論，凡所獻替，莫有見其際者。

第二弟寄，寓于閩中，依陳寶應，荔每言之輒流涕。文帝哀而謂曰：「我亦有弟在遠，此情甚切，他人豈知。」乃敕寶應求寄，寶應終不遣。荔因以感疾，帝欲數往臨視，令將家口入省。荔以禁中非私居之所，乞停城外，帝不許，乃令住蘭臺。乘輿再三臨問，手敕中使相望於道。又以蔬食積久，非羸疾所堪，乃敕曰：「卿年事已多，氣力稍減，方欲仗委，良須克壯。今給卿魚肉，不得固從所執。」荔終不從。卒，贈侍中，謚曰德子。及喪柩還鄉里，上親出臨送，當時榮之。子世基、世南，並少知名。

寄字次安，少聰敏。年數歲，客有造其父，遇寄於門，嘲曰：「郎子姓虞，必當無智。」寄應聲曰：「文字不辨，豈得非愚！」客大慚。入謂其父：「此子非常人，文舉之對，不是過也。」及長，好學，善屬文。性沖靜，有栖遁志。弱冠舉秀才，對策高第。起家梁宣城王國左常侍。大同中，嘗驟雨，殿前往往有雜色寶珠，梁武觀之，甚有喜色，寄因上瑞雨頌。帝謂寄兄荔曰：「此頌典裁清拔，卿之士龍也，將如何擢用？」寄聞之歎曰：「美盛德之形容，以申擊壤之情耳，吾豈買名求仕者乎？」乃閉門稱疾，唯以書籍自娛。岳陽王詧為會稽太守，寄為中記室，領郡五官掾。在職簡略煩苛，務存大體，曹局之內，終日寂然。

侯景之亂，寄隨兄荔入臺，及城陷，遁還鄉里。張彪往臨川，強寄俱行。寄與彪將鄭瑋同舟而載，瑋嘗忤彪意，乃劫寄奔晉安。時陳寶應據有閩中，得寄甚喜。陳武帝平侯景，寄勸令自結，寶應從之，乃遣使歸誠。承聖元年，除中書侍郎，寶應愛其才，託以道阻不遣。每欲引寄為僚屬，委以文翰，寄固辭獲免。

及寶應結昏留異，潛有逆謀，寄微知其意，言說之際，每陳逆順之理，微以諷諫。寶應輒引說他事以拒之。又嘗令左右讀漢書，臥而聽之，至蒯通說韓信曰「相君之背，貴不可言」，寶應蹶然起曰：「可謂智士。」寄正色曰：「覆酈驕韓，未足稱智，豈若班彪王命識所歸乎？」寄知寶應不可諫，慮禍及己，乃為居士服以拒絕之。常居東山寺，偽稱腳疾，不復起。寶應以為假託，遣人燒寄所臥屋，寄安臥不動。親近將扶寄出，寄曰：「吾命有所懸，避欲安往？」所縱火者，旋自救之。寶應自此方信之。

及留異稱兵，寶應資其部曲，寄乃因書極諫曰：

東山居士虞寄致書於明將軍使君節下：寄流離艱故，飄寓貴鄉，將軍待以上賓之

禮，申以國士之眷，意氣所感，何日忘之。而寄沈痼彌留，愒陰將盡，常恐卒填溝壑，涓塵莫報，是以敢布腹心，冒陳丹款，願將軍留須臾之慮，少思察之，則瞑目之日，所懷畢矣。

夫安危之兆，禍福之機，匪獨天時，亦由人事。失之毫釐，差以千里。是以明智之士，據重位而不傾，執大節而不失，豈惑於浮辭哉。將軍文武兼資，英威動俗，往因多難，仗劍興師，援旗誓衆，抗威千里。豈不以四郊多壘，共謀王室，匡時報主，寧國庇人乎。此所以五尺童子，皆願荷戟而隨將軍者也。及高祖武皇帝肇基草昧，初濟艱難，于時天下沸騰，人無定主，豺狼當道，鯨鯢橫擊，海內業業，未知所從。將軍運動微之鑒，[三]折從衡之辯，策名委質，自託宗盟，此將軍妙算遠圖，發於衷誠者也。及主上纘業，欽明睿聖，選賢與能，羣臣輯睦，結將軍以維城之重，崇將軍以裂土之封，豈非宏謨廟略，推赤心於物者也。屢申明詔，款篤殷勤，君臣之分定矣，骨肉之恩深矣。不意將軍惑於邪說，翻然異計，寄所以疾首痛心，泣盡繼之以血，萬全之策，竊為將軍惜之。寄雖疾侵耄及，言無足采，千慮一得，請陳愚算。願將軍少戢雷霆，賒其暴剋，使得盡狂瞽之說，披肝膽之誠，則雖死之日，猶生之年也。

自天厭梁德，多難荐臻，寰宇分崩，英雄互起，不可勝紀，人人自以為得之。然夷

凶篡亂，拯溺扶危，四海樂推，三靈眷命，揖讓而居南面者，陳氏也。豈非歷數有在，惟天所授，當璧應運，其事甚明，一也。主上承基，明德遠被，天綱再張，地維重紐。夫以王琳之強，侯瑱之力，進足以搖蕩中原，爭衡天下，退足以屈強江外，雄張偏隅。然或命一旅之師，或資一士之說，琳即瓦解冰泮，投身異域，瑱則厥角稽顙，委命闕庭。斯又天假之威，而除其患，其事甚明，二也。今將軍以藩戚之重，擁東南之衆，盡忠奉上，勠力勤王，豈不勳高竇融，寵過吳芮，析珪判野，南面稱孤，其事甚明，三也。且聖朝棄瑕忘過，寬厚待人，[四]改過自新，咸加敍擢。至如余孝頃、潘純陀、李孝欽、歐陽頠等，悉委以心腹，任以爪牙，胸中豁然，曾無纖芥。況將軍釁非張繡，罪異畢諶，當何慮於危亡，何失於富貴？此又其事甚明，四也。方今周、齊鄰睦，境外無虞，并兵一向，匪朝伊夕。非有劉、項競逐之機，楚、趙連從之事，可得雍容高拱，坐論西伯，其事甚明，五也。且留將軍狼顧一隅，[五]亟經摧衄，聲實虧喪，膽氣衰沮。高瓌、向文政、留瑜、黃子玉此數人者，將軍所知，首鼠兩端，唯利是視，其餘將帥亦可見矣。孰能被堅執銳，長驅深入，繫馬埋輪，[六]奮不顧命，以先士卒者乎？此又其事甚明，六也。且將軍之強，孰如侯景？將軍之衆，孰如王琳？武皇滅侯景於前，今上摧王琳於後，此乃天時，非復人力。且兵革已後，人皆厭亂，其孰能棄墳墓，捐妻子，出萬死不顧之計，從將軍

於白刃之間乎？此又其事甚明，七也。歷觀前古，鑒之往事，子陽、季孟傾覆相尋，餘善、右渠危亡繼及，天命可畏，山川難恃。況將軍欲以數郡之地，當天下之兵，以諸侯之資，拒天子之命，強弱逆順，可得侔乎？此又其事甚明，八也。且非我族類，其心必異，不愛其親，豈能及物？留將軍身縻國爵，子尙王姬，猶且棄天屬而弗顧，背明君而孤立，危急之日，豈能同憂共患，不背將軍者乎？至於師老力屈，懼誅利賞，必有韓、智晉陽之謀，張、陳井陘之事。此又其事甚明，九也。且北軍萬里遠鬪，鋒不可當，將軍自戰其地，人多顧後，梁安背向爲心，修旿匹夫之力，衆寡不敵，將帥不侔，師以無名而出，事以無機而動，以此稱兵，未知其利。夫以漢朝吳、楚，[七]晉室穎、顒，連城數十，長戟百萬，拔本塞源，自圖家國，其有成功者乎？此又其事甚明，[八]十也。

為將軍計者，莫若不遠而復，絕親留氏，秦郎、快郎，隨遣入質，釋甲偃兵，一遵詔旨。且朝廷許以鐵券之要，申以白馬之盟，朕不食言，誓之宗社。寄聞明者鑒未形，[九]智者不再計，此成敗之效，將軍勿疑，吉凶之幾，間不容髮。方今藩維尙少，皇子幼沖，凡預宗枝，皆蒙寵樹。況以將軍之地，將軍之才，將軍之名，將軍之勢，而能克修藩服，北面稱臣，寧與劉澤同年而語其功業哉？豈不身與山河等安，名與金石相弊？願加三思，慮之無忽。

寄氣力綿微，餘陰無幾，感恩懷德，不覺狂言，鈇鉞之誅，甘之如薺。

寶應覽書大怒。或謂寶應曰：「虞公病篤，言多錯謬。」寶應意乃小釋。[一〇]亦以寄人望，且容之。及寶應敗走，夜至蒲田，顧謂其子扞秦曰：「早從虞公計，不至今日。」扞秦但泣而已。寶應既禽，凡諸賓客微有交涉者皆誅，唯寄以先識免禍。

初，沙門慧標涉獵有才思，及寶應起兵，作五言詩以送之曰：「送馬猶臨水，離旗稍引風。好看今夜月，當照紫微宮。」寶應得之甚悅。慧標以示寄，寄一覽便止，正色無言。慧標退，寄謂所親曰：「標公既以此始，必以此終。」後竟坐是誅。

文帝尋敕都督章昭達發遣寄還朝，及至，謂曰：「管寧無恙，甚慰勞懷。」頃之，帝謂到仲舉曰：「衡陽王既出閤，須得一人旦夕游處，兼掌書記，宜求宿士有行業者。」仲舉未知所對，帝曰：「吾自得之。」乃手敕用寄。寄入謝，帝曰：「所以暫屈卿游蕃，非止以文翰相煩，乃令以師表相事也。」後除東中郎建安王諮議，加戎昭將軍。寄乃辭以疾，不堪旦夕陪列。王於是令長停公事，其有疑議，就以決之，但朔望牋修而已。[一一]太建八年，加太中大夫，後卒。

寄少篤行，造次必於仁厚，雖僮豎未嘗加以聲色。至臨危執節，則辭氣凜然，白刃不憚也。自流寓南土，與兄荔隔絕，因感氣病。每得荔書，氣輒奔劇，危殆者數矣。前後所居官，未嘗至秩滿，裁朞月，便自求解退。常曰：「知足不辱，吾知足矣。」及謝病私庭，每諸王

爲州將，下車必造門致禮，命釋鞭板，以几杖侍坐。嘗出游近寺，閭里傳相告語，老幼羅列，望拜道左。或言誓爲約者，但指寄便不欺，其至行所感如此。所制文筆，遭亂並多散失。

傅縡字宜事，北地靈州人也。父彝，梁臨沂令。縡幼聰敏，七歲誦古詩賦至十餘萬言。長好學，能屬文。太清末，丁母憂，在兵亂中，居喪盡禮，哀毀骨立，士友以此稱之。後依湘州刺史蕭循。循頗好士，廣集墳籍，縡肆志尋閱，因博通羣書。王琳聞其名，引爲府記室。琳敗，隨琳將孫瑒還都。時陳文帝使顏晃賜瑒雜物，瑒託縡啓謝，詞理周洽，文無加點。晃還言之文帝，召爲撰史學士。再遷驃騎安成王中記室，撰史如故。

縡篤信佛教，從興皇寺慧朗法師受三論，盡通其學。尋以本官兼通直散騎侍郎使齊，還，累遷太子庶子、僕。[一二]

後主即位，遷祕書監、右衞將軍，兼中書通事舍人，掌詔誥。縡爲文典麗，性又敏速，雖軍國大事，下筆輒成，未嘗起草，沈思者亦無以加，甚爲後主所重。然性木強，不持檢操，負才使氣，陵侮人物，朝士多銜之。會施文慶、沈客卿以佞見幸，專制衡軸，而縡益疏。文慶等因共譖之，後主收縡下獄。縡素剛，因憤恚，於獄中上書曰：「夫人君者，恭事上帝，子愛

中華書局

黔黎，省嗜慾，遠諂佞，未明求衣，日旰忘食，是以澤被區宇，慶流子孫。陛下頃來酒色過度，不虔郊廟之神，專媚淫昏之鬼。小人在側，宦豎弄權，惡忠直若仇讎，視百姓如草芥。後宮曳綺繡，廐馬餘菽粟，兆庶流離，轉尸蔽野，貨賄公行，帑藏損耗，神怒人怨，衆叛親離。恐東南王氣，自斯而盡。」書奏，後主大怒。頃之稍解，使謂曰：「我欲赦卿，卿能改過不？」縡對曰：「臣心如面，臣面可改，則臣心可改。」後主於是益怒，令宦者李善度窮其事，[一三]賜死獄中。有集十卷。

縡雖强直有才，而毒惡傲慢，爲當世所疾。及死，有惡蛇屈尾來上靈牀，當前受祭酹，去而復來者百餘日。時時有彈指聲。

時有吳興章華，字仲宗，家本農夫，至華獨好學，與士君子游處，頗通經史，善屬文。侯景之亂，游嶺南，居羅浮山寺，專精習業。歐陽頠爲廣州刺史，署爲南海太守。頠子紇敗，乃還都。後主時，除太市令，非其所好，乃辭以疾。禎明初，上書極諫，其大略曰：「陛下即位，于今五年，不思先帝之艱難，不知天命之可畏。溺於嬖寵，惑於酒色。祠七廟而不出，拜妃嬪而臨軒。老臣宿將，棄之草莽，諂佞讒邪，升之朝廷。今疆場日蹙，隋軍壓境，陛下如不改絃易張，臣見麋鹿復游於姑蘇矣。」書奏，後主大怒，即日斬之。

顧野王字希馮，吳郡吳人也。祖子喬，梁東中郎武陵王府參軍事。[一四]父烜，信威臨賀王記室，兼本郡五官掾，以儒術知名。

野王幼好學，七歲讀五經，略知大旨。九歲能屬文。嘗制日賦，領軍朱异見而奇之。十二，隨父之建安，撰建安地記二篇。長而偏觀經史，精記默識，天文地理，蓍龜占候，蟲篆奇字，無所不通。爲臨賀王府記室。宣城王爲揚州刺史，野王及琅邪王褒並爲賓客，王甚愛其才。野王又善丹青，王於東府起齋，令野王畫古賢，命王褒書贊，時人稱爲二絕。及侯景之亂，野王丁父憂，歸本郡，乃召募鄉黨，隨義軍援都。野王體素清羸，裁長六尺，又居喪過毀，殆不勝哀。及杖戈被甲，陳君臣之義，逆順之理，抗辭作色，見者莫不壯之。城陷，逃歸會稽。

陳天嘉中，敕補撰史學士。太建中，爲太子率更令，尋領大著作，掌國史，知梁史事。後爲黃門侍郎，光祿卿，知五禮事。卒，贈祕書監，右衞將軍。

野王少以篤學至性知名，在物無過辭失色。觀其容貌，似不能言，其厲精力行，皆人所莫及。所撰玉篇三十卷，輿地志三十卷，符瑞圖十卷，顧氏譜傳十卷，分野樞要一卷，續洞冥記一卷，玄象表一卷，並行於時。又撰通史要略一百卷，國史紀傳二百卷，未就而卒。有文集二十卷。

時有蕭濟字孝康，東海蘭陵人也。好學，博通經史。仕梁爲太子舍人。預平侯景功，封松陽縣侯。陳文帝爲會稽太守，以濟爲宣毅府長史。及即位，授侍中。太建中，歷位五兵、度支、祠部三尚書，卒。

姚察字伯審，吳興武康人，吳太常卿信之九世孫也。父僧垣，梁太醫正。[一五]及元帝在荆州，爲晉安王諮議參軍。後入周，位遇甚重。

察幼有至性，六歲誦書萬餘言。不好戲弄，勵精學業，十二能屬文。僧垣精醫術，知名梁代，二宮所得供賜，皆回給察兄弟，爲游學之資。察並用聚蓄圖書，由是聞見日博。年十三，梁簡文帝時在東宮，盛修文義，即引於宣猷堂聽講論難，爲儒者所稱。及簡文嗣位，尤加禮接。起家南海王國左常侍，兼司文侍郎。後兼尚書駕部郎。遇梁室喪亂，隨二親還鄉里。在亂離間，篤學不廢。元帝於荆州即位，授察原鄉令。後爲佐著作，撰史。

陳永定中，吏部尚書徐陵領大著作，復引爲史佐。太建初，補宣明殿學士。尋爲通直散騎常侍，報聘于周。江左耆舊先在關右者，咸相傾慕。沛國劉臻竊於公館訪漢書疑事十餘條，並爲剖析，皆有經據。臻謂所親曰：「名下定無虛士。」著西聘道里記。使還，補東宮學士，遷尚書祠部侍郎。

舊魏王肅奏祀天地，設宮懸之樂，八佾之舞，爾後因循不革。至梁武帝以爲事人禮縟，事神禮簡，古無宮懸之文。陳初承用，莫有損益。宣帝欲設備樂，付有司立議，以梁武爲非。時碩學名儒，朝端在位，咸希旨注同。察乃博引經籍，獨違羣議，據梁樂爲是。當時驚駭，莫不慚服。僕射徐陵因改同察議。其不順時隨俗，皆此類也。

後歷仁威淮南王、平南建安王二府諮議參軍。丁內憂去職。俄起爲戎昭將軍，知撰梁史。後主立，兼東宮通事舍人，知撰史。至德元年，除中書侍郎，轉太子僕，餘並如故。

初，梁室淪沒，察父僧垣入長安，察蔬食布衣，不聽音樂，至是凶問因聘使到江南。時察母韋氏喪制適除，後主以察羸瘠，慮加毀頓，乃密遣中書舍人司馬申就宅發哀，仍敕申專加譬抑。尋以忠毅將軍起兼東宮通事舍人，察頻讓不許。俄敕知著作郎事。服闋，除給事黃門侍郎，領著作。察既累居憂戚，齋素日久，因加氣疾。後主嘗別召見，爲之動容，命停長齋，令從晚食。又詔授祕書監，領著作，奏撰中書表集。歷度支、吏部二尚書。

中華書局

兄坦頗涉史傳，宋武帝平長安，隨從南還。元嘉中，位青、冀二州刺史，晚度北人，南朝常以傖荒遇之，〔五〕雖復人才可施，每爲清途所隔，坦恒以此慨然。〔六〕嘗與文帝言及史籍，上曰：「金日磾忠孝淳深，漢朝莫及，恨今世無復此輩人。」坦曰：「日磾之美，誠如聖詔，假使出乎今世，養馬不暇，豈辦見知。」上變色曰：「卿何量朝廷之薄也。」坦曰：「請以臣言之，臣本中華高族，亡曾祖因晉氏喪亂，播遷涼土，〔七〕直以南度不早，便以荒傖賜隔。日磾胡人，身爲牧圉，便超入內侍，齒列名賢。聖朝雖復拔才，臣恐未必能也。」上默然。北土舊法，問疾必遣子弟。驥年十三，父使候同郡韋華。華子玄有高名，見而異之，以女妻焉。累還長沙王義欣後軍錄事參軍。

元嘉七年，隨到彥之入河南，加建武將軍。魏撤河南戍悉歸河北，彥之使驥守洛陽。洛陽城廢久，又無糧食，及彥之敗退，驥欲棄城走，慮爲文帝誅。初，武帝平關、洛，致鍾虡舊器南還。一大鍾墜洛水中，至是帝遣將姚聳夫領千五百人迎致之。時聳夫政率所領牽鍾於洛水，驥乃遣使紿之曰：「虜既南度，洛城勢弱，今修理城池，並已堅固，軍糧又足，所乏者人耳。君率衆見就，共守此城，大功既立，取鍾無晚。」聳夫信之，率所領就驥。及至城不可守，又無糧食，於是引衆去，驥亦委城南奔。白文帝：「本欲以死固守，姚聳夫入城便走，人情沮敗，不可復禁。」上怒，使建威將軍鄭順之殺聳夫於壽陽。聳夫，吳興武康人，勇果有

氣力，宋偏裨小將莫及。

十七年，驥爲青、冀二州刺史，在任八年，惠化著於齊土。自義熙至于宋末，刺史唯羊穆之及驥爲吏人所稱詠。後徵爲左軍將軍，兄坦代爲刺史，北土以爲榮焉。

坦長子琬爲員外散騎侍郎，文帝嘗有函詔敕坦，琬輒開視。信未及發，又追取之，敕函已發，大相推檢。上遣主書詰責驥，并檢開函之主。驥答曰：「開函是臣第四息季文，伏待刑坐。」上特原不問。卒官。

第五子幼文薄於行，明帝初，以軍功封邵陽縣男，尋坐巧妄奪爵。後以發太尉廬江王褘謀反事，拜給事黃門侍郎。廢帝元徽中爲散騎常侍。幼文所莅貪橫，家累千金。與沈勃、孫超之居止接近，又並與阮佃夫厚善。佃夫既死，廢帝深疾之。帝微行，夜輒在幼文門墉間聽其絃管，積久轉不能平，於是自率宿衞兵誅幼文、勃、超之等。兄叔文爲長水校尉，亦誅。

申恬字公休，〔八〕魏郡魏人也。曾祖鍾，爲石季龍司徒。宋武帝平廣固，恬父宣、宣從父兄永皆得歸晉，並以幹用見知。武帝踐阼，拜太中大夫。宣元嘉初，歷兗、青二州刺史。

恬兄謨與朱脩之守滑臺。魏剋滑臺見虜。後得還，爲竟陵太守。

恬初爲驃騎劉道憐長兼行參軍。宋受命，辟東宮殿中將軍，度還臺，直省十年，不請休急。歷下邳、北海二郡太守，所至皆有政績。又爲北譙、梁二郡太守。郡境邊接任榛，屢被寇抄。恬到任，密知賊來，乃伏兵要害，出其不意，悉皆禽殄。

元嘉十二年，遷督魯東平濟北三郡諸軍事、泰山太守，威惠兼著，吏人便之。二十一年，冀州移鎮歷下，以恬爲冀州刺史，加督。明年，加濟南太守。孝武踐阼，爲青州刺史，尋加督。齊地連歲興兵，百姓雕弊，恬防禦邊境，勸課農桑，二三年間，遂皆優實。

性清約，頻處州郡，妻子不免飢寒，世以此稱之。後拜豫州刺史，以疾徵還，道卒。死之日，家無遺財。

子寔，南譙太守。謨子元嗣，海陵太守。元嗣弟謙，臨川內史。

永子坦，孝建初爲太子右衞率，徐州刺史。大明元年，魏攻兗州，孝武遣太子左衞率薛安都、東陽太守沈法系北捍，至兗州，魏軍已去。坦建議任榛亡命，屢犯邊人，今軍出無功，宜因此翦撲，上從之。亡命先已聞知，舉村逃走，安都、法系坐白衣領職，坦棄市，羣臣爲請莫得。將行刑，始興公沈慶之入市抱坦慟哭曰：「卿無罪，爲朝廷所枉誅，我入市亦當不久。」市官以白上，乃原生命，繫尙方。尋被宥，復爲驍騎將軍。疾卒。

子令孫，明帝時爲徐州刺史，討薛安都。行至淮陽，即與安都合。弟闡時爲濟陰太守，戍睢陵城，奉順不同安都，安都攻圍不能剋。會令孫至，遣往睢陵說闡，闡降，殺之。令孫亦見殺。

杜慧度，交阯朱䳒人也。〔九〕本屬京兆。曾祖元爲寧浦太守，遂居交阯。父瑗字道言，仕州府爲日南、九德、交阯太守。初，九眞太守李遜父子勇壯有權力，威制交土，聞刺史滕遯之當至，分遣二子斷遏水陸津要，瑗收衆斬遜，州境獲寧。後爲龍驤將軍、交州刺史。宋武帝義旗建，進號冠軍將軍。盧循竊據廣州，遣使通好，瑗斬之。義熙六年卒，年八十四，贈右將軍。

慧度，瑗第五子也。七年，除交州刺史，詔書未到，其年春，盧循襲破合浦，徑向交州，慧度乃率文武六千人拒循於石碕，破之。循雖破，餘黨皆習兵事，李遜子孫李弈、李移、李脫等皆奔竄石碕，盤結俚、獠，各有部曲。循知弈等與杜氏有怨，遣使招之。弈等受循節度。六月庚子，循晨造南津，令三軍入城乃食。慧度悉出宗族私財以充勸賞，自登高艦合戰，放火箭，循衆艦俱然，一時散潰。循中箭赴水死。斬循及父嘏并循二子，並傳首建鄴。

中華書局

封慧度龍編縣侯。

武帝踐阼，進號輔國將軍。其年，南討林邑，林邑乞降，輸生口大象金銀古貝等，乃釋之。遣長史江攸奉表獻捷。慧度布衣蔬食，儉約質素。能彈琴，頗好莊、老。禁斷淫祀，崇修學校，歲荒人飢，則以私祿振給。爲政纖密，有如居家，〔一〇〕由是威惠霑洽，姦盜不起。乃至城門不夜閉，道不拾遺。卒，追贈左將軍。以慧度長子弘文爲振遠將軍、交州刺史。

初，武帝北征關、洛，慧度板弘文行九眞太守。及繼父爲刺史，〔一一〕亦以寬和得衆，襲爵龍編侯。元嘉四年，文帝以廷尉王徽爲交州刺史，〔一二〕弘文被徵，會得重疾，牽以就路。親舊見其患篤，勸待病愈。弘文曰：「吾世荷皇恩，杖節三世。常欲投軀帝庭，以報所荷；況親被徵命，而可晏然者乎。」弘文母阮年老，見弘文輿疾就路，不忍別，與到廣州，遂卒。臨死，遣弟弘猷詣建鄴，朝廷甚哀之。

孝建中，以豫章太守檀和之爲豫州刺史，和之先歷始興太守、交州刺史，所在有威名，盜賊屛迹。每出獵，猛獸伏不敢起。

阮長之字景茂，〔一三〕一字善業，陳留尉氏人也。祖思曠，金紫光祿大夫。父普，驃騎諮議參軍。

長之年十五喪父，有孝性，哀感傍人。除服，蔬食者猶積載。閑居篤學，未嘗有惰容。

初爲諸府參軍，母老，求補襄垣令，督郵無禮鞭之，去職。後拜武昌太守。時王弘爲江州，雅相知重，引爲車騎從事中郎。

元嘉十一年，除臨海太守，在官常擁敗絮。至郡少時，母亡，葬畢不勝憂卒。

時郡田祿以芒種爲斷，此前去官者則一年秩祿皆入後人。始以元嘉末改此科，計月分祿。長之去武昌郡，代人未至，以芒種前一日解印綬。初發都，親故或以器物贈別，得便緘錄，後歸，悉以還之。爲中書郎直省，夜往鄰省，誤著屐出閤，依事自列。門下以闇夜人不知，不受列。長之固遣送曰：「一生不侮暗室。」前後所莅官，皆有風政，爲後人所思。宋世言善政者咸稱之。文帝深惜之，曰：「景茂方堪大用，豈直以清苦見惜。」子師門，原鄉令。

元嘉初，文帝遣大使巡行四方，兼散騎常侍王歆之等上言：「宣威將軍、陳南頓二郡太守李元德清勤均平，姦盜止息。彭城內史魏恭子廉惜修愼，在公忘私，安約守儉，久而彌固。前宋縣令成浦爲政寬濟，遺詠在人。前鮦陽令李熙國在事有方，人思其政。故山桑令何道自少清廉，白首彌厲。應加褒賚，以勸于後。」各被褒賜。歆之字叔道，河東人。曾祖愆期有名晉世，官至南蠻校尉。歆之位左戶尙書、光祿大夫，卒官。

甄法崇，中山人也。父匡，位少府卿，以清聞。法崇，宋永初中爲江陵令，在任嚴整，縣境肅然。于時，南平繆士通爲江安令卒官，至其年末，法崇在聽事，士通前見。法崇知其已亡，愕然未言。坐定，云：「卿縣人宋雅見負米千餘石不還，令兒窮弊不自存，故自訴。」法崇因命口受爲辭，因遜謝下席。而法崇爲問，宋家狼狽輸送。〔一四〕太守王華聞而歎美之。

法崇孫彬。彬有行業，鄉黨稱善。嘗以一束苧就州長沙寺庫質錢，後贖苧還，於苧束中得五兩金，以手巾裹之，彬得，送還寺庫。道人驚云：「近有人以此金質錢，時有事不得舉而失。檀越乃能見還，輒以金半仰酬。」往復十餘，彬堅然不受，因謂曰：「五月披羊裘而負薪，豈拾遺金者邪。」卒還金。梁武帝布衣而聞之，及踐阼，以西昌侯藻爲益州刺史，乃以彬爲府錄事參軍，帶郫縣令。將行，同列五人，帝誡以廉愼。至彬，獨曰：「卿昔有還金之美，故不復以此言相屬。」由此名德益彰。及在蜀，藻禮之甚厚云。

傅琰字季珪，北地靈州人也。曾祖弘仁，宋武帝之外弟，以中表歷顯官，位太常卿。祖劭字彥先，員外散騎侍郎。父僧祐，山陰令，有能名。

琰美姿儀，仕宋爲武康令，遷山陰令，並著能名，二縣皆謂之傅聖。賜爵新亭侯。元徽中，遷尙書左丞。母喪，鄰家失火，延燒琰屋，抱柩不動。鄰人競來赴救，乃得俱全。琰股髀之間已被烟焰。

齊高帝輔政，以山陰獄訟煩積，復以琰爲山陰令。賣針、賣糖老姥爭團絲來詣琰，琰掛團絲於柱鞭之，密視有鐵屑，乃罰賣糖者。又二野父爭雞，琰各問何以食雞，一人云粟，一人云豆。乃破雞得粟，罪言豆者。縣內稱神明，無敢爲偸。琰父子並著奇績，時云諸傅有理縣譜，子孫相傳，不以示人。

昇明中，遷益州刺史。自縣遷州，近世罕有。齊建元四年，徵驍騎將軍、黃門郎。永明中，爲廬陵王安西長史、南郡內史，行荆州事。卒。琰喪西還，有詔出臨哭。

時長沙太守王沈、新蔡太守劉聞慰、晉平太守丘仲起、長城縣令何敬叔、故鄣縣令丘寂之，皆有能名，而不及琰也。沈字彥流，東海人，歷錢唐、山陰、秣陵令，南平、長沙太守，清廉戒愼，身恒居祿而居處日貧。死之日無宅可憩，故吏爲營棺柩。聞慰自有傳。仲起見沈憲傳，敬叔見子思澄傳。

寂之字德玄，吳興烏程人。年十七，爲州西曹，兼直主簿。刺史王彧行縣夜還，〔一五〕前驅已至，而寂之不肯開門，曰：「不奉墨旨。」彧方於車中爲教，然後開。彧歎曰：「不意郅君章近在閣下。」即轉爲主簿。在縣專以廉潔御下。于時丹徒縣令沈巑之以清廉抵罪，寂之聞之曰：「清吏眞不可爲也，政當處季、孟之閒乎。」

巑之，吳興武康人，性疎直，在縣自以清廉不事左右，浸潤日至，遂鎖繫尙方。歎曰：「一見天子足矣。」上召問曰：「復欲何陳？」答曰：「臣坐清所以獲罪。」上曰：「清復何以獲罪？」曰：「無以承奉要人。」上曰：「要人爲誰？」巑之以手板四面指曰：「此赤衣諸賢皆是。若臣得更鳴，必令清譽日至。」巑之雖危言，上亦不責。後知其無罪，重除丹徒令。入縣界，吏人候之，謂曰：「我今重來，當以人肝代米，不然清名不立。」

又有汝南周洽，歷句容、曲阿、上虞、吳令，廉約無私，卒於都水使者。無以殯斂，吏人爲買棺器。齊武帝聞而非之，曰：「洽累歷名邑而居處不理，遂坐無車宅死，令吏衣棺之，此故宜罪貶，無論褒恤。」乃敕不給賻賵。

琰子翽，爲官亦有能名，後爲吳令，別建康令孫廉，廉因問曰：「聞丈人發姦擿伏，惠化如神，何以至此？」答曰：「無他也，唯勤而清。清則憲綱自行，勤則事無不理。憲綱自行則吏不能欺，事自理則物無疑滯，欲不理得乎。」時臨淮劉玄明亦有吏能，歷山陰、建康令，政

常爲天下第一，終於司農卿。後翽又代玄明爲山陰令，問玄明曰：「願以舊政告新令尹。」答曰：「我有奇術，卿家譜所不載，臨別當相示。」既而曰：「作縣令唯日食一升飯而莫飲酒，此第一策也。」翽天監中爲建康令，復有能名，位驃騎諮議。子岐。

岐字景平，仕梁起家南康王左常侍，後兼尙書金部郎，母憂去職，居喪盡禮。服闋後疾廢久之，復除始新令。縣人有因鬬相毆而死，死家訴郡，郡錄其仇人，考掠備至，終不引咎。郡乃移獄於縣，岐即令脫械，以和言問之，便即首服。法當償死，會冬節至，岐乃放其還家。獄曹掾固爭曰：「古者有此，今不可行。」岐曰：「其若負信，縣令當坐。」竟如期而反。太守深相歎異，遂以狀聞。岐後去縣，人無老少皆出境拜送，號哭聞數十里。至都，除廷尉正，入兼中書通事舍人，累遷安西中記室，兼舍人如故。

岐美容止，博涉能占對。大同中與魏和親，其使歲中再至，常遣岐接對焉。

太清元年，累遷太僕，司農卿，舍人如故。岐在禁省十餘年，機事密勿，亞於朱异。此年冬，貞陽侯蕭明伐彭城，兵敗，囚於魏。二年，明遣使還述魏欲通和好，〔一六〕敕有司及近臣定議。左衞朱异曰：「邊境且得靜寇息人，於事爲便。」議者並然之。岐獨曰：「高澄既新得志，何事須和？必是設閒，故令貞陽遣使，令侯景自疑，當以貞陽易景，景意不安，必圖禍亂。若許通好，政是墮其計中。且彭城去歲喪師，渦陽復新敗退，今使就和，益示國家之弱。和不可許。」异等固執，帝遂從之。及遣使，景果有此疑，遂舉兵入寇，請誅朱异。

三年，遷中領軍，舍人如故。二月，侯景於闕前通表，乞割江右四州安置部下，當解圍還鎭。敕許之，乃於城西立盟。求遣召宣城王出送。岐固執宣城王嫡嗣之重，不宜許之。乃遣石城公大款送之。及與景盟訖，城中文武喜躍，冀得解圍。岐獨言於衆曰：「賊舉兵爲逆，豈有求和。」及景背盟，莫不歎服。尋有詔，以岐勤勞，封南豐縣侯。固辭不受。宮城失守，岐帶疾出圍，卒於宅。

虞愿字士恭，會稽餘姚人也。祖賚，給事中、監利侯。父望之早卒。賚中庭橘樹冬熟，子孫競來取之。愿年數歲獨不取，賚及家人皆異之。

宋元嘉中，爲湘東王國常侍。及明帝立，以愿儒吏學涉，兼蕃國舊恩，意遇甚厚。除太常丞，尙書祠部郎，通直散騎侍郎。帝性猜忌，體肥憎風，夏月常著小皮衣。拜左右二人爲司風令史，風起方面，輒先啓聞。星文災變，不信太史，不聽外奏，敕靈臺知星二人給愿，常內省直，有異先啓，以相檢察。

帝以故宅起湘宮寺，費極奢侈。以孝武莊嚴刹七層，帝欲起十層，不可立，分爲兩刹，各五層。新安太守巢尙之罷郡還見帝，曰：「卿至湘宮寺未？我起此寺是大功德。」愿在側曰：「陛下起此寺，皆是百姓賣兒貼婦錢，〔一七〕佛若有知，當悲哭哀愍。罪高佛圖，有何功德！」尙書令袁粲在坐，爲之失色。帝大怒，使人驅曳下殿，〔一八〕愿徐去無異容。以舊恩，少日中已復召入。

帝好圍棊，甚拙，去格七八道，物議共欺爲第三品，與第一品王抗圍棊，依品賭戲。抗饒借帝，曰：「皇帝飛棊，臣抗不能斷。」帝終不覺，以爲信然，好之愈篤。愿又曰：「堯以此教丹朱，非人主所宜好也。」雖數忤旨，而蒙賞賜猶異餘人。遷兼中書郎。

帝寢疾，愿常侍醫藥。帝尤好逐夷，以銀鉢盛蜜漬之，一食數鉢。謂揚州刺史王景文曰：「此是奇味，卿頗足不？」景文答曰：「臣夙好此物，貧素致之甚難。」帝甚悅。食逐夷積多，胸腹痞脹，氣將絕。左右啓飲數升酢酒，乃消。疾大困，一食汁滓猶至三升。水患積久，藥不復効。大漸日，正坐呼道人，合掌便絕。

愿以侍疾久，轉正員郎。出爲晉平太守。〔一九〕在郡不事生業。前政與百姓交關，質錄其兒婦，愿遣人於道奪取將還。在郡立學堂教授。郡舊出髯蛇，膽可爲藥。有遺愿蛇者，愿不忍殺，放二十里外山中。一夜蛇還牀下。復送四十里山，經宿復歸。論者以爲仁心所

致。海邊有越王石，常隱雲霧，相傳云「清廉太守乃得見」。愿往就觀視，清徹無所隱蔽。後琅邪王秀之爲郡，與朝士書曰：「此郡承虞公之後，善政猶存，遺風易遵，差得無事。」以母老解職，除後軍將軍。褚彥回嘗詣愿，愿不在，見其眠牀上積塵埃，有書數袠。彥回歎曰：「虞君之清至於此。」令人掃地拂牀而去。遷中書郎，領東觀祭酒。兄季爲上虞令卒，愿從省步出還家，不待詔便歸東。〔二〇〕除驍騎將軍，遷廷尉，祭酒如故。愿嘗事宋明帝，齊初，神主遷汝陰廟，愿拜辭流涕。建元元年卒。愿著五經論問，撰會稽記，文翰數十篇。

王洪範，上谷人也。〔二一〕宋泰始中，魏剋青州，洪範得別駕清河崔祖歡女，仍以爲妻。祖歡女說洪範南歸。宋桂陽王之難，隨齊高帝鎭新亭，常以身捍矢。高帝曰：「我自有楯，卿可自防。」答曰：「天下無洪範何有哉，蒼生方亂，豈可一日無公。」帝甚賞之。

後爲晉壽太守，多昧贓賄，爲州所按。大懼，棄郡奔建鄴。高帝輔政，引爲腹心。建武初，爲青、冀二州刺史，悔爲晉壽時貨賕所敗，更勵清節。先是青州資魚鹽之貨，或强借百

姓麥地以種紅花，多與部下交易，〔二二〕以祈利益。洪範至，一皆斷之。啓求侵魏，得黃郭、鹽倉等數戍。後遇敗，死傷塗地，深自咎責。乃於謝祿山南除地，廣設茵席，殺三牲，招戰亡者魂祭之。人人呼名，躬自沃酹，仍慟哭不自勝，因發病而亡。洪範既北人而有清正，州人呼爲「虜父使君」，言之咸落淚。

永明中，有江夏李珪之字孔璋，位尚書右丞，兼都水使者，歷職稱爲清能。後兼少府卒。

沈瑀字伯瑜，吳興武康人也。父昶，事宋建平王景素。景素謀反，昶先去之，及敗坐繫獄。瑀詣臺陳請得免罪，由是知名。爲奉朝請，嘗詣齊尚書左丞殷瀰，瀰與語及政事，甚器之，謂曰：「觀卿才幹，當居吾此職。」

司徒竟陵王子良聞瑀名，引爲府行參軍，領揚州部傳從事。時建康令沈徽孚恃勢傲瑀，瑀以法繩之，衆憚其强。子良甚相知賞，雖家事皆以委瑀。子良薨，瑀復事刺史始安王遙光，嘗使送人丁，速而無怨，遙光謂同使吏曰：「爾何不學沈瑀所爲。」乃令瑀專知州獄事。湖熟縣方山埭高峻，冬月，公私行侶以爲艱。明帝使瑀行修之。瑀乃開四洪，斷行客就作，三日便辦。揚州書佐私行，詐稱州使，不肯就作，瑀鞭之四十。書佐歸訴遙光，遙光曰：「沈瑀必不枉鞭汝。」覆之果有詐。明帝復使瑀築赤山塘，所費減材官所量數十萬。帝益善之。爲建德令，教人一丁種十五株桑、四株柹及梨栗，女子丁半之。人咸歡悅，頃之成林。

去官還都，兼行選曹郎，隨陳伯之軍至江州。會梁武起兵圍郢城，瑀說伯之迎武帝。伯之泣曰：「余子在都。」瑀曰「不然人情匈匈，皆思改計；若不早圖，衆散難合」。伯之遂降。

初，瑀在竟陵王家，素與范雲善，齊末嘗就雲宿，夢坐屋梁柱上，仰見天中有字曰「范氏宅」。至是瑀爲帝說之，帝曰：「雲得不死，此夢可驗。」及帝卽位，雲深薦瑀，自暨陽令擢兼尚書右丞。時天下初定，陳伯之言瑀催督運輸，軍國獲濟。帝以爲能，遷尚書駕部郎，兼右丞如故。瑀薦族人沈僧隆、僧照有吏幹，帝並納之。

以母憂去職，起爲餘姚令。縣大姓虞氏千餘家，請謁如市，前後令長莫能絕。自瑀到，非訟訴無所通，以法繩之。縣南又有豪族數百家，〔二三〕子弟縱橫，遞相庇廕，厚自封植，百姓甚患之。瑀召其老者爲石頭倉監，少者補縣僮，皆號泣道路，自是權右屏跡。瑀初至，富吏

皆鮮衣美服以自彰別，瑀怒曰：「汝等下縣吏，何得自擬貴人！」悉使著芒屩粗布，侍立終日，足有蹉跌，輒加榜捶。瑀微時嘗至此鬻瓦器，爲富人所辱，故因以報焉。由是士庶駭怨。瑀廉潔自守，故得遂行其意。

後爲安南長史、尋陽太守。江州刺史曹景宗卒，仍爲信威蕭穎達長史，太守如故。瑀性屈强，每忤穎達，穎達銜之。天監八年，因入諮事，辭又激厲。穎達作色曰：「朝廷用君作行事邪？」瑀出，謂人曰：「我死而後已，終不能傾側面從。」是日於路爲人所殺，多以爲穎達害焉。〔二四〕子續累訟之。遇穎達尋卒，事不窮竟。續乃布衣蔬食終其身。

范述曾字子玄，一字穎彥，吳郡錢唐人也。幼好學，從餘杭呂道惠受五經，略通章句。道惠曰：「此子必爲王者師。」齊文惠太子、竟陵文宣王幼時，齊高帝引述曾爲之師友，起家宋晉熙王國侍郎。齊初至南郡王國郎中令，還太子步兵校尉，帶開陽令。述曾爲人謇諤，在宮多所諫爭，〔二五〕太子雖不能全用，然亦弗之罪也。竟陵王深相器重，號爲周舍。太子左衞率沈約亦以述曾方汲黯。

齊明帝卽位，爲永嘉太守。爲政清平，不尚威猛，甿俗便之。所部橫陽縣山谷嶮峻，爲

中華書局

遣逃所聚，前後二千石討捕莫能息。述曾下車，開示恩信，凡諸凶黨，襁負而出，編戶屬籍者二百餘家。自是商旅流通，居人安業。勵志清白，不受饋遺。明帝下詔褒美，徵爲游擊將軍。郡送故舊錢二十餘萬，一無所受，唯得白桐木火籠朴十餘枚而已。

東昏時，拜中散大夫，還鄉里。梁武帝踐阼，乃輕行詣闕，仍辭還。武帝下詔褒美，以爲太中大夫。述曾生平所得奉祿，皆以分施，及老遂壁立無資。以天監八年卒。注易文言，著雜詩賦數十篇。

後有吳興丘師施亦廉潔稱，罷臨安縣還，唯有二十籠簿書，並是倉庫券帖。當時以比述曾。位至臺郎。

孫謙字長遜，東莞莒人也。客居歷陽，躬耕以養弟妹，鄉里稱其敦睦。仕宋爲句容令，清慎強記，縣人號爲神明。宋明帝以爲巴東、建平二郡太守。郡居三峽，恒以威力鎮之。謙將述職，敕募千人自隨。謙曰：「蠻夷不賓，蓋待之失節耳。何煩兵役，以爲國費。」固辭不受。至郡，布恩惠之化，蠻獠懷之，競餉金寶。謙慰喻而遣，一無所納。及掠得生口，皆放還家。奉秩出吏人者，悉原除之。郡境翕然，威恩大著。

視事三年，徵還爲撫軍中兵參軍，遷越騎校尉、征北司馬。府主建平王將稱兵，患謙強直，託事遣使至都，然後作亂。及建平誅，遷左軍將軍。[二六]

齊初，爲錢唐令，御煩以簡，獄無繫囚。及去官，百姓以謙在職不受餉遺，追載縑帛以送之。謙辭不受。每去官輒無私宅，借空車廐居焉。

永明初，爲江夏太守，坐被代輒去郡，繫尙方，頃之，免爲中散大夫。明帝將廢立，欲引謙爲心膂，使兼衞尉，給甲仗百人。謙不願處際會，輒散甲士，帝雖不罪而弗復任焉。

梁天監六年，爲零陵太守，年已衰老，猶強力爲政，吏人安之。先是郡多猛獸暴，謙至絕跡。及去官之夜，猛獸卽害居人。謙爲郡縣，常勤勸課農桑，務盡地利，收入常多於鄰境。

九年，以老徵爲光祿大夫。及至，帝嘉其清潔，甚禮異焉。每朝見，猶請劇職自効。帝笑之曰：「朕當使卿智，不使卿力。」十四年，詔加優秩，給親信二十人，幷給扶。

謙自少及老，歷二縣五郡，[二七]所在廉潔。居身儉素，牀施蘧篨屏風，冬則布被莞席。夏日無幬帳，而夜臥未嘗有蚊蚋，人多異焉。年逾九十，強壯如五六十者。每朝會，輒先衆到公門。力於仁義，行己過人甚遠。從兄靈慶嘗病寄謙，謙行出，還問起居，靈慶曰：「向飲冷熱不調，卽時猶渴。」謙退遣其妻。有彭城劉融行乞，疾篤無所歸，友人與送謙舍，謙開廳事以受之。及融死，以禮殯葬，衆咸服其行義。末年，頭生二肉角，各長一寸。

十五年，卒官，時年九十二。臨終遺命諸子曰：「吾少無人間意，故自不求聞達，而仕歷三代，官成兩朝，如我資名，或蒙贈謚，自公體耳。氣絕卽以幅巾就葬，每存儉率。比見輀車過精，非吾志也。士安束以蘧篨，王孫倮入后地，雖是匹夫之節，取於人情未允。今使棺足周身，壙足容柩。旐書爵里，無曰不然。旒表命數，差可停息。直僦輀牀，裝之以麤。以常所乘者爲魂車，他無所用。」第二子貞巧，乃織細麤裝轜，以篾爲鈴佩，雖素而華。帝爲舉哀，甚悼惜之。

從子廉字思約。父奉伯位少府卿、淮南太守。[二八]廉便辟巧宦，齊時已歷大縣，尙書右丞。天監初，沈約、范雲當朝用事，廉傾意奉之。及中書舍人黃睦之等，亦尤所結附。凡貴要每食，廉必日進滋旨，皆手自煎調，不辭勤劇，遂得爲列卿，御史中丞，晉陵吳興太守。廣陵高爽有險薄才，客於廉，廉委以文記。爽嘗有求不遂，乃爲屐謎以喻廉曰：「刺鼻不知嚏，蹋面不知嗔，齧齒作步數，持此得勝人。」譏其不計恥辱，以此取名位。然處官平直，遂以善政稱。武帝嘗曰：「東莞二孫，謙、廉而已。」

何遠字義方，東海郯人也。父慧炬，齊尙書郎。遠仕齊爲奉朝請，豫崔慧景敗亡事，抵尙書令蕭懿，懿深保匿焉。會赦出。頃之，懿遭難，子弟皆潛伏，遠求得懿弟融藏之。既而發覺，遠踰垣以免，融遇禍，遠家屬繫尙方。遠遂亡度江，因降魏。入壽陽見刺史王肅，求迎梁武帝，肅遣兵援送。武帝見遠謂張弘策曰：「何遠丈夫，而能破家報舊德，未易及也。」[二九]

武帝踐阼，以奉迎勳，封廣興男，爲後軍鄱陽王恢錄事參軍。遠與恢素善，在府盡其志力，知無不爲。恢亦推心仗之，恩寄甚密。

遷武昌太守。遠本倜儻，尙輕俠。至是乃折節爲吏，杜絕交游，饋遺秋毫無所受。武昌俗皆汲江水，盛夏，遠患水溫，每以錢買人井寒水。不取錢者，則摙水還之，其他事率多如此。跡雖似僞，而能委曲用意。車服尤弊素，器物無銅漆。江左水族甚賤，遠每食不過乾魚數片而已。然性剛嚴，吏人多以細事受鞭罰，遂爲人所訟，徵下廷尉，被劾十數條。當時士大夫坐法皆不受測，遠度已無贓，就測立三七日不款，猶以私藏禁仗除名。

後爲武康令，愈厲廉節，除淫祀，正身率職，人甚稱之。太守王彬巡屬縣，諸縣皆盛供帳以待焉。[三〇]至武康，遠獨設糗水而已。彬去，遠送至境，進斗酒隻鵝而別。彬戲曰：「卿

中華書局

禮有過陸納，將不爲古人所笑乎。」武帝聞其能，擢爲宣城太守。自縣爲近畿大郡，近代未之有也。郡經寇抄，遠盡心綏理，復著名迹。朞年，遷樹功將軍、始興內史。時泉陵侯朗爲桂州，〔三一〕緣道多剽掠，入始興界，草木無所犯。

遠在官好開途巷，修葺牆屋，人居市里，城隍廄庫，所過若營家焉。田秩奉錢，並無所取，歲暮擇人尤窮者充其租調，以此爲常。然其聽訟猶人也，不能過絕。而性果斷，人畏而惜之，所至皆生爲立祠，表言政狀，帝每優詔答焉。後歷給事黃門侍郎，信武將軍，監吳郡。在吳頗有酒失。遷東陽太守。遠處職，疾强富如仇讎，視貧細如子弟，特爲豪右所畏憚。在東陽歲餘，復爲受罰者所謗，坐免歸。

遠性耿介，無私曲，居人間絕請謁，不造詣。與貴賤書疏，抗禮如一。其所會遇，未嘗以顏色下人。是以多爲俗士所疾惡。其清公實爲天下第一。居數郡，見可欲終不變其心，妻子飢寒如下貧者。及去東陽歸家，經年歲，口不言榮辱，士類益以此多之。其輕財好義，周人之急，言不虛妄，蓋天性也。每戲語人云：「卿能得我一妄語，則謝卿以一縑。」衆共伺之，不能記也。後爲征西諮議參軍、中撫軍司馬，卒。

郭祖深，襄陽人也。梁武帝初起，以客從。後隨蔡道恭在司州。陷北還，上書言境上事，不見用。選爲長兼南梁郡丞，從後軍行參軍。帝溺情內教，朝政縱弛，祖深輿櫬詣闕上封事，其略曰：

大梁應運，功高百王，慈悲既弘，憲律如替。愚輩罔識，褫慢斯作。〔三二〕各競奢侈，貪穢遂生。頗由陛下寵勳太過，馭下太寬，故廉潔者自進無途，貪苛者取入多徑，直弦者淪溺溝壑，曲鉤者升進重沓。飾口利辭，競相推薦，訥直守信，坐見埋沒。勞深勳厚，祿賞未均，無功側入，反加寵擢。昔宋人賣酒，犬惡致酸，陛下之犬，其甚矣哉。

臣聞人爲國本，食爲人命，故禮曰國無六年之儲，謂非其國也。推此而言，農爲急務。而郡縣苛暴，不加勸奬，今年豐歲稔，猶人有飢色，設遇水旱，何以救之？陛下昔歲尙學，置立五館，行吟坐詠，誦聲溢境。比來慕法，普天信向，家家齋戒，人人懺禮，不務農桑，空談彼岸。夫農桑者今日濟育，功德者將來勝因，豈可墮本勤末，置邇効賒也。今商旅轉繁，游食轉衆，耕夫日少，杼軸日空。陛下若廣興屯田，賤金貴粟，勸農桑者擢以階級，惰耕織者告以明刑。如此數年，則家給人足，廉讓可生。

夫君子小人，智計不同，君子志於道，小人謀於利。志於道者安國濟人，志於利者損物圖己。道人者害國小人也，忠良者捍國君子也。臣見疾者詣道士則勸奏章，僧尼

則令齋講，俗師則鬼禍須解，醫診則湯熨散丸，皆先自爲也。臣謂爲國之本，與瘵病相類，瘵病當去巫鬼，尋華、扁，爲國當黜佞邪，用管、晏。今之所任，腹背之毛耳。論外則有勉、捨，說內則有雲、旻。雲、旻所議則傷俗盛法，勉、捨之志唯願安枕江東。主慈臣恇，息謀外甸，使中國士女南望懷冤，若賈誼重生，豈不慟哭。臣今直言犯顏，罪或容宥，而乖忤貴臣，則禍在不測。所以不憚鼎鑊區區必聞者，正以社稷計重而螻蟻命輕。使臣言入身滅，臣何所恨。

夫謀臣良將，何代無之，貴在見知，要在用耳。陛下皇基兆運二十餘載，臣子之節，諫爭是誰？執事皆同而不和，答問唯唯而已。入對則言聖旨神衷，出論則云誰敢逆耳。過實在下而譴見於上，遂使聖皇降誠，〔三三〕躬自引咎，宰輔晏然，曾無謙退。且百僚卿士，尠有奉公，尸祿競利，不尙廉潔。累金積鏹，侍列如仙，不田不商，何故而爾？法者人之父母，惠者人之仇讎，法嚴則人思善，德多則物生惡，惡不可長，欲不可縱。伏願去貪濁，進廉平，明法令，嚴刑罰，禁奢侈，薄賦斂，則天下幸甚。謹上封事二十九條，伏願抑獨斷之明，少察愚瞽。

時帝大弘釋典，將以易俗，故祖深尤言其事，條以爲：

都下佛寺五百餘所，窮極宏麗。僧尼十餘萬，資產豐沃。所在郡縣，不可勝言。

道人又有白徒，尼則皆畜養女，皆不貫人籍，天下戶口幾亡其半。而僧尼多非法，養女皆服羅紈，其蠹俗傷法，抑由於此。請精加檢括，若無道行，四十已下，皆使還俗附農。罷白徒養女，聽畜奴婢。婢唯著青布衣，僧尼皆令蔬食。如此，則法興俗盛，國富人殷。不然，恐方來處處成寺，家家剃落，尺土一人，非復國有。

朝廷擢用勳舊，爲三陲州郡，不顧御人之道，唯以貪殘爲務。迫脅良善，害甚豺狼。江、湘人尤受其弊。自三關以外，是處遭毒。而此勳人投化之始，但有一身，及被任用，皆募部曲。而揚、徐之人，逼以衆役，多投其募，利其貨財。皆虛名上籍，止送出三津，名在遠役，身歸鄉里。又懼本屬檢問，於是逃亡他境，僑戶之興，良由此故。又梁興以來，發人征役，號爲三五。及投募將客，主將無恩，存卹失理，多有物故，輒刺叛亡。或有身殞戰場，而名在叛目，監符下討，稱爲逋叛，錄質家丁。合家又叛，則取同籍，同籍又叛，則取比伍，比伍又叛，則望村而取。一人有犯，則合村皆空。雖肆眚時降，蕩滌惟始，而監符猶下舊日，限以嚴程。上不任信下，〔三四〕轉相督促。臺使到州，州又遣押使至郡，州郡競急切，同趣下城。令宰多庸才，望風畏伏。於是斂戶課，薦其筐篚，使人納重貨，許立空文。其百里微欲矯俗，則嚴科立至，自是所在恣意貪利，以事上官。

二十四史　中華書局

又「請斷界首將生口入北，及關津廢替，須加糾擿」，又言「廬陵年少，不宜鎮襄陽，左僕射王暕在喪，被起爲吳郡，曾無辭讓」。其言深刻。又「請復郊四星」。帝雖不能悉用，然嘉其正直，擢爲豫章鍾陵令，員外散騎常侍。

普通七年，改南州津爲南津校尉，以祖深爲之。加雲騎將軍，秩二千石。使募部曲二千。及至南州，公嚴清刻。由來王侯勢家出入津，〔三〕不忌憲綱，俠藏亡命。祖深搜檢姦惡，不避彊禦，動致刑辟。奏江州刺史邵陵王、太子詹事周捨贓罪。遠近側足，莫敢縱恣。淮南太守畏之如上府。

常服故布襦，素木案，食不過一肉。有姥餉一早青瓜，祖深報以疋帛。後有富人効之以貨，鞭而徇衆。朝野憚之，絕於干請。所領皆精兵，令行禁止。有所討逐，越境追禽。江中嘗有賊，祖深自率討之，列陣未敢進，仍令所親人先登，不時進，斬之。遂大破賊，威振遠近，長江肅清。

論曰：善政之於人，猶良工之於埴也，用功寡而成器多焉。漢世戶口殷盛，刑務簡闊，郡縣之職，外無橫擾，勸賞威刑，事多專斷，尺一詔書，希經邦邑。吏居官者或長子孫，皆敷

德政以盡人和，興義讓以存簡久。故龔、黃之化，易以有成。降及晚代，情僞繁起，人滅昔時，務殷前世。立績垂風，難易百倍。若以上古之化，御此世之人，今吏之良，撫前代之俗，則武城弦歌，將有未暇，淮陽臥鎮，如或可勉。未必今才陋古，蓋化有醇薄者也。

校勘記

〔一〕孝武末年 按此孝武謂晉孝武帝曜，下「及孝武承統」，謂宋孝武帝駿。

〔二〕突不得黔席未暇暖 「席」各本作「竈」。按文選班固答賓戲：「孔席不暖，墨突不黔。」突，煙囪；席，座位。宋書作「席未暇煖」，是。今據改。

〔三〕遷徐州刺史監徐兗二州豫州之梁郡諸軍事 「之」字各本並脫，據宋書補。

〔四〕語令且去 「令」，宋書作「今」。

〔五〕晚度北人南朝常以傖荒遇之 「北人」各本作「北入」，據宋書改。按「晚度北人」，謂北人渡江之後者。

〔六〕坦恒以此慨然 「此」字各本並脫，據宋書、通志補。

〔七〕亡曾祖因晉氏喪亂播遷涼土 「曾祖」各本作「高祖」，據宋書改。按坦爲驥兄，上云「曾祖耽避難河西」，此不得云「亡高祖播遷涼土」，宋書是。

〔八〕申恬字公休 「申恬」各本作「申怙」，據宋書、通志改，下同。按太平御覽六三四引徐爰宋書：「申恬字道獻。」

〔九〕杜慧度交阯朱鳶人也 「杜慧度」各本作「杜慧慶」，總目、傳目同。宋書良吏傳作「杜慧度」，本書宋武帝紀亦作「杜慧度」。王懋竑讀書記疑、王鳴盛十七史商榷六四並云「度」是「慶」非，此傳誤。今從改。

〔一〇〕有如居家 「居家」宋書作「治家」，此避唐諱改。

〔一一〕及繼父爲刺史 「及」各本作「乃」，據宋書改。

〔一二〕文帝以廷尉王徽爲交州刺史 「王徽」宋書文帝紀作「王徽之」。

〔一三〕阮長之字景茂 「景茂」宋書作「茂景」。

〔一四〕宋家狼狽輸送 「宋家」各本作「繆家」，誤，今改正。

〔一五〕刺史王或行縣夜還 「縣」字各本並脫，據通志補。

〔一六〕二年明遣使還泝魏欲通和好 「二年」各本作「三年」，據梁書改。按下「三年，遷中領軍」，明此爲「二年」之譌。

〔一七〕皆是百姓賣兒貼婦錢 「錢」字各本並脫，據南齊書補。

〔一八〕使人驅曳下殿 「驅」各本作「馳」，據南齊書改。

〔一九〕出爲晉平太守 「晉平」各本作「晉安」，據南齊書改。

〔二〇〕不待詔便歸東 「待」各本作「得」，據南齊書改。

〔二一〕王洪範上谷人也 「王洪範」各本及本書蠕蠕傳作「王洪軌」。南齊書張沖傳、芮芮傳亦作「王洪軌」。然本書齊高帝紀、江祏傳及南齊書明帝紀建武元年、柳世隆傳、江祏傳、魏虜傳悉作「王洪範」。通鑑齊高帝建元元年「帝遣王洪範約柔然寇魏」，考異云：「齊書作『王洪軌』，今從齊紀。」今依通鑑一律改爲「王洪範」。

〔二二〕多與部下交易 「易」字各本並脫，據通志補。

〔二三〕縣南又有豪族數百家 「有」字各本並脫，據梁書、册府元龜七〇四補。

〔二四〕多以爲穎達害焉 「爲」字各本並脫，據梁書補。

〔二五〕在宮多所諫爭 「在宮」各本作「在官」，據梁書改。按此在宮，指在太子東宮。

〔二六〕遷左軍將軍 梁書作「左將軍」，册府元龜七一九作「左軍參軍」。按「左將軍」或「左軍將軍」軍號資敍均甚高，謙齊初尚爲錢唐令，疑當從册府元龜作「左軍參軍」。

〔二七〕謙自少及老歷二縣五郡 按據謙傳，謙祇歷巴東、建平、江夏、零陵四郡太守，疑「五郡」有譌。

〔二八〕父奉伯位少府卿淮南太守 張森楷南史校勘記云：「宋書明帝紀作南譙太守，隋書經籍志作南海太守。」未知孰是。

〔二九〕末易及也 「及」各本作「人」，據册府元龜九四九改。

〔三〇〕諸縣皆盛供帳以待焉 各本並脫「縣」字，據梁書補。

〔三一〕時泉陵侯朗爲桂州 「朗」梁書作「淵朗」，此避唐諱省。

〔三二〕褊慢斯作 册府元龜五四一作「悖慢斯作」。

〔三三〕遂使聖皇降誡 「降誡」册府元龜五四一作「降誠」。

〔三四〕上不任信下 「不」各本譌「下」，今改正。

〔三五〕由來王侯勢家出入津 「津」册府元龜二〇〇作「南津」。

南史卷七十一

列傳第六十一

儒林

伏曼容 子暅 暅子挺　何佟之　嚴植之　司馬筠　卞華　崔靈恩
孔僉　盧廣　沈峻 太史叔明 峻子文阿　孔子袪　皇侃　沈洙
戚衮　鄭灼 張崖 陸詡 沈德威 賀德基　全緩　張譏
顧越 龔孟舒　沈不害　王元規 陸慶

蓋今之儒者，本因古之六學，以弘風正俗，斯則王政之所先也。自秦氏坑焚，其道用缺。及漢武帝時，開設學校，立五經博士，置弟子員，射策設科，勸以官祿，傳業者故益衆矣。其後太學生徒，動至萬數，郡國黌舍，悉皆充滿，其學於山澤者，或就而爲列肆焉。故

自兩漢登賢，咸資經術。洎魏正始以後，更尚玄虛，公卿士庶，罕通經業。時荀顗、摯虞之徒，雖議創制，未有能易俗移風者也。自是中原橫潰，衣冠道盡。逮江左草創，日不暇給，以迄宋、齊，國學時或開置，而勸課未博，建之不能十年，蓋取文具而已。是時鄉里莫或開館，公卿罕通經術，朝廷大儒，獨學而弗肯養衆，後生孤陋，擁經而無所講習，大道之鬱也久矣乎。至梁武創業，深愍其弊，天監四年，乃詔開五館，建立國學，總以五經教授，置五經博士各一人。於是以平原明山賓、吳郡陸璉、吳興沈峻、建平嚴植之、會稽賀瑒補博士，各主一館。館有數百生，給其餼廩，其射策通明經者，卽除爲吏，於是懷經負笈者雲會矣。又選學生遣就會稽雲門山，受業於廬江何胤，分遣博士、祭酒，到州郡立學。七年，又詔皇太子、宗室、王侯始就學受業，武帝親屈輿駕，釋奠於先師先聖，申之以讌語，勞之以束帛，濟濟焉，洋洋焉，大道之行也如是。及陳武創業，時經喪亂，衣冠殄瘁，寇賊未寧，敦獎之方，所未遑也。天嘉以後，稍置學官，雖博延生徒，成業蓋寡。其所采綴，蓋亦梁之遺儒，今並集之，以備儒林云。

伏曼容字公儀，平昌安丘人，晉著作郎滔之曾孫也。父胤之，宋司空主簿。

二十四史

中華書局

曼容早孤，與母兄客居南海。少篤學，善老、易，倜儻好大言。常云：「何晏疑易中九事，以吾觀之，晏了不學也。故知平叔有所短。」聚徒教授以自業。爲驃騎行參軍。宋明帝好周易，嘗集朝臣於清暑殿講，詔曼容執經。曼容素美風采，明帝恒以方嵇叔夜，使吳人陸探微畫叔夜像以賜之。爲尚書外兵郎，嘗與袁粲罷朝相會言玄理，時論以爲一臺二絕。昇明末，爲輔國長史、南海太守，至石門作貪泉銘。

齊建元中，上書勸封禪，高帝以爲其禮難備，不從。仕爲太子率更令，侍皇太子講。衞將軍王儉深相愛好，令與河內司馬憲、吳郡陸澄共撰喪服義。〔一〕及竟，又欲與定禮樂，會儉薨。建武中，拜中散大夫。時明帝不重儒術，曼容在瓦官寺東，施高坐於聽事，有賓客，輒升高坐爲講說，生徒常數十百人。

梁臺建，召拜司徒司馬，出爲臨海太守。天監元年卒官，年八十二。

曼容多伎術，善音律，射馭、風角、醫算，莫不閑了。爲周易、毛詩、喪服集解，老、莊、論語義。子晅。

晅字玄曜，幼傳父業，能言玄理，與樂安任昉、彭城劉曼俱知名。仕齊位東陽郡丞、鄱令。時曼容已致仕，故頻以外職處晅，令得養焉。

梁武帝踐阼，兼五經博士，與吏部尚書徐勉、中書侍郎周捨總知五禮事。出爲永陽內史，在郡清潔，政務安靜，郡人何貞秀等一百五十四人詣州言狀，湘州刺史以聞。詔勘有十五事爲吏人所懷，帝善之。徙新安太守，在郡清恪如永陽時。人賦税不登者，輒以太守田米助之。郡多麻苧，家人乃至無以爲繩，其厲志如此。屬縣始新、遂安、海寧並同時生爲立祠。

徵爲國子博士，領長水校尉。時始興內史何遠累著清績，武帝擢爲黃門侍郎，俄遷信武將軍、監吳郡事。晅自以名輩素在遠前，爲吏俱稱廉白，遠累見擢，晅循階而已，意望不滿，多託疾居家。尋求假到東陽迎妹喪，因留會稽築宅，自表解職。詔以爲豫章內史，乃出拜。書侍御史虞嚼奏曰：「風聞豫章內史伏晅，去歲啓假，以迎妹喪爲辭，因停會稽不去。入東之始，貨宅賣車，以此而推，則是本無還意。晅歷典二邦，少免貪濁，此自爲政之本，豈得稱功？常謂人才品望居何遠之右，而遠以清見擢，名位轉隆。〔二〕晅深懷誹怨，形於辭色。天高聽卑，無私不照。去年十二月二十一日下詔曰：『國子博士、領長水校尉伏晅爲政廉平，宜加將養，勿使恚望，致虧士風，可豫章內史。』豈有人臣奉如此之詔，而不亡魂破膽，歸罪有司。而冒寵不辭，吝斯苟得。故以士流解體，行路沸騰，辨跡求心，無一可恕。請以晅大不敬論。」有詔勿論，晅遂得就郡。

徵爲給事黃門侍郎，領國子博士，未赴卒。

初，晅父曼容與樂安任遙皆昵於齊太尉王儉，遙子昉及晅並見知。頃之，昉才遇稍盛，齊末已爲司徒左長史，晅獨滯於參軍事，〔三〕及終名位略相侔。晅性儉素，車服粗惡，外雖退靜，內不免心競，故見譏於時。然能推薦後來，常若不及，少年士子或以此依之。子挺。

挺字士標，幼敏悟，七歲通孝經、論語。及長，博學有才思，爲五言詩，善効謝康樂體。父友樂安任昉深相歎異，常曰：「此子日下無雙。」齊末，州舉秀才，對策爲當時第一。〔四〕梁武帝師至，挺迎謁於新林，帝見之甚悅，謂之顏子，引爲征東行參軍，時年十八。天監初，除中軍參軍事。居宅在潮溝，於宅講論語，聽者傾朝。挺三世同時聚徒教授，罕有其比。累爲晉陵、武康令。罷縣還，仍於東郊築室，不復仕。

挺少有盛名，又善處當世，朝中勢素多與交游，故不能久事隱靜。後遂出仕，除南臺書侍御史。因事納賄被劾，懼罪，乃變服出家名僧挺，久之藏匿，後遇赦，乃出天心寺。〔五〕會邵陵王爲江州，攜挺之鎭。王好文義，深被恩禮。挺不堪疏素，因此還俗。侯景亂中卒。著邇說十卷，文集二十卷。

子知命，以其父宦途不進，怨朝廷，後遂盡心侯景。襲郢州，圍巴陵，軍中書檄皆其文

也。言及西臺，莫不劇筆。及景纂位，爲中書舍人，權傾內外。景敗，被送江陵，於獄幽死。挺弟捶亦有才名，爲邵陵王記室參軍。

何佟之字士威，廬江灊人，晉豫州刺史惲六世孫也。祖邵之，宋員外散騎常侍。父歆，齊奉朝請。

佟之少好三禮，師心獨學，强力專精，手不輟卷。讀禮論三百餘篇，略皆上口。太尉王儉雅相推重。起家揚州從事，仍爲總明館學士。仕齊，初爲國子助教，爲諸生講喪服，〔六〕結草爲絰，屈手巾爲冠，諸生有未曉者，委曲誘誨，都下稱其醇儒。

建武中，爲鎭北記室參軍，侍皇太子講。時步兵校尉劉瓛、徵士吳苞皆已卒，都下碩儒唯佟之而已，當時國家吉凶禮則皆取決焉。後爲驃騎司馬。永元末，都下兵亂，佟之常集諸生講論，孜孜不怠。性好潔，一日之中洗滌者十餘過，猶恨不足，時人稱爲水淫。有至性，父母亡後，常設一屋，晦朔拜伏流涕，如此者二十餘年。當世服其孝行。

于時又有遂安令劉澄，爲性彌潔，在縣掃拂郭邑，路無橫草，水翦蟲穢，百姓不堪命，坐免官。然甚貞正，善醫術，與徐嗣伯埒名。子聰能世其家業。

佟之自東昏即位，以其兇虐，乃謝病，終身不涉其流。〔七〕梁武帝踐阼，以爲尚書左丞。時百度草創，佟之依禮定議，多所裨益。天監二年卒官。故事，左丞無贈官者，帝特詔贈黃門侍郎，儒者榮之。所著文章禮議百許篇。子朝隱、朝晦。

嚴植之字孝源，建平秭歸人也。少善莊、老，能玄言，精解喪服、孝經、論語。及長，徧習鄭氏禮、周易、毛詩、左氏春秋。性淳孝謹厚，不以所長高人。少遭父憂，因菜食二十三載。

仕齊爲廣漢王國右常侍，仍侍王讀。及王誅，國人莫敢視，植之獨奔哭，手營殯斂，徒跣送喪墓所，爲起冢，葬畢乃還。當時義之。後爲康樂令。植之在縣清白，人吏稱之。梁天監二年，詔求通儒修五禮，有司奏植之主凶禮。四年，初置五經博士，各開館教授，以植之兼五經博士。植之館在潮溝，生徒常百數。講說有區段次第，析理分明。每當登講，五館生畢至，聽者千餘人。遷中撫記室參軍，猶兼博士。卒於館。植之自疾後便不受稟奉，妻子困乏。及卒，喪無所寄，生徒爲市宅，乃得成喪。

植之性慈仁，好行陰德，在闇室未嘗怠也。少嘗山行，見一患者，問其姓名不能答。載

與俱歸，爲營醫藥，六日而死，爲棺斂殯之，卒不知何許人也。又嘗緣柵塘行，見患人臥塘側，問之，云「姓黃，家本荊州，爲人傭賃。疾篤，船主將發，棄之于岸」。植之惻然，載還療之，經年而愈。請終身充奴僕以報厚恩。植之不受，遺以資糧遣之。所撰凶禮儀注四百七十九卷。

司馬筠字貞素，河內溫人也。晉譙王承七代孫。祖亮，宋司空從事中郎。父端字敬文，齊奉朝請，始安王遙光使掌文記。遙光之敗，曹武入城見之，端曰：「身蒙始安厚恩，君宜見殺。」武叱令速去。答曰：「死生命也，君見事不捷，便以義師爲賊。」武捨之去，尋兵至見殺。

筠少孤貧好學，師沛國劉瓛，強力專精，深爲瓛所器。及長，博通經術，尤明三禮。梁天監初爲暨陽令，有清績。入拜尚書祠部郎。

七年，安成國太妃陳氏薨，江州刺史安成王秀、荊州刺史始興王憺，並以慈母表解職，詔不許，還攝本任。而太妃在都，喪祭無主。中書舍人周捨議曰：「賀彥先稱：『慈母之子不服慈母之黨，婦又不從夫而服慈姑，小功服無從故也。』庾蔚之云：『非徒子不從母而服其黨，孫又不從父而服其慈母。』由斯而言，慈祖母無服明矣。尋門內之哀，不容自同於常。案父之祥禫，子並受弔，今二王諸子，宜以成服日單衣一日爲位受弔。」制曰：「二王在遠，世子宜攝祭事。」捨又曰：「禮云『縞冠玄武，子姓之冠』。則世子衣服宜異於常，可著細布衣，絹爲領帶，三年不聽樂。又禮及春秋，庶母不世祭，蓋謂無王命者耳。吳太妃既朝命所加，得用安成禮秩，則當祔廟，五世親盡乃毀。陳太妃命數之重，雖則不異，慈孫既不從服，廟食理無傳祀，子祭孫止，是會經文。」武帝由是敕禮官議皇子慈母之服。筠議：「宋朝五服制，皇子服訓養母，依禮庶母慈己，宜從小功之制。案曾子問云：『子游曰：「喪慈母如母，禮歟？」』〔八〕孔子曰：『非禮也。古者男子外有傅，內有慈母，君命所使教子也，何服之有。』鄭玄注云：『此指謂國君之子也。』若國君之子不服，則王者之子不服可知。又喪服經云：『君子子爲庶母慈己者。』傳曰：『君子子者，貴人子也。』鄭玄引內則，三母止施於卿大夫。以此而推，則慈母之服，上不在五等之嗣，下不逮三士之息。儻其服者止卿大夫，尋諸侯之子尚無此服，況乃施之皇子。謂宜依禮刊除，以反前代之惑。」武帝以爲不然，曰：「禮言慈母凡有三條：一則妾子之無母，使妾之無子者養之，命爲母子，服以三年，喪服齊衰章所言『慈母如母』是也。二則嫡妻之子無母，使妾養之，慈撫隆至，雖均乎慈愛，但嫡妻之子，妾無爲母之義，而恩深事重，故服以小功，喪服小功章所以不直言慈母，而云『庶母慈己』者，明異於三年之慈

母也。其三則子非無母，正是擇賤者視之，義同師保，而不無慈愛，故亦有慈母之名。師保既無其服，則此慈母亦無服矣。〔九〕內則云：『擇於諸母與可者，使爲子師。其次爲慈母，其次爲保母。』〔一〇〕此其明文。此言擇諸母，〔一一〕是擇人而爲此三母，非謂擇取兄弟之母也。何以知之？若是兄弟之母其先有子者，則是長妾。長妾之禮，實有殊加，何容次妾生子，乃退成保母，斯不可也。又有多兄弟之人，於義或可，若始生之子，便應三母俱闕邪。由是推之，內則所言諸母，是謂三母，非兄弟之母明矣。子游所問，自是師保之慈母，非三年小功之慈母也。〔一二〕故夫子得有此對，豈非師保之慈母無服之證乎？鄭玄不辨三慈，混爲訓釋，引彼無服，以注慈己，後人致謬，實此之由。經言『君子子』者，此雖起於大夫，明大夫猶爾，自斯以上，彌應不異。故傳云『君子子者，貴人之子也』。總言曰貴，無所不包。經傳互文，交相顯發，則知慈加之義，〔一三〕通乎大夫以上矣。宋代此科，不乖禮意，便加除削，良是所疑。」於是筠等請依制改定嫡妻之子，母沒爲父妾所養，服之五月，貴賤並同，以爲永制。

後爲尚書左丞，卒於始興內史。子壽傳父業，明三禮，位尚書祠部郎，曲阿令。

卞華字昭岳，濟陰宛句人，晉驃騎將軍壼六世孫也。父倫之，齊給事中。

華幼孤貧好學，年十四，召補國子生，通周易。及長，徧習五經，與平原明山賓、會稽賀瑒同業友善。梁天監中，爲安成王功曹參軍，兼五經博士，聚徒教授。華博涉有機辯，說經析理，爲當時之冠。江左以來，鍾律絕學，至華乃通焉。位尚書儀曹郎，吳令，卒。

崔靈恩，清河東武城人也。少篤學，徧習五經，尤精三禮、三傳。仕魏爲太常博士。天監十三年歸梁，累遷步兵校尉，兼國子博士。靈恩聚徒講授，聽者常數百人。性拙朴，無風采，及解經析理，[一四]甚有精致，都下舊儒咸稱重之。助教孔僉尤好其學。靈恩先習左傳服解，不爲江東所行，乃改說杜義。每文句常申服以難杜，遂著左氏條義以明之。時助教虞僧誕又精杜學，因作申杜難服以答靈恩，世並傳焉。僧誕會稽餘姚人，以左氏教授，聽者亦數百人。該通義例，當世莫及。

先是儒者論天，互執渾蓋二義，論蓋不合渾，論渾不合蓋。靈恩立義，以渾蓋爲一焉。出爲長沙內史，還除國子博士，講衆尤盛。又出爲桂州刺史，卒官。靈恩集注毛詩二十二卷，集注周禮四十卷，制三禮義宗三十卷，[一五]左氏經傳義二十二卷，左氏條例十卷，公羊、穀梁文句義十卷。

孔僉，會稽山陰人，少師事何胤，通五經，尤明三禮、孝經、論語。講說並數十徧，生徒亦數百人。三爲五經博士，後爲海鹽、山陰二縣令。僉儒者不長政術，在縣無績。太清亂，卒於家。

子淑玄，頗涉文學，官至太學博士。僉兄子元素又善三禮，有盛名，早卒。

盧廣，范陽涿人，自云晉司空從事中郎諶之後也。少明經，有儒術。天監中歸梁，位步兵校尉，兼國子博士。徧講五經。時北來人儒學者有崔靈恩、孫詳、蔣顯並聚徒講說，而音辭鄙拙；唯廣言論清雅，不類北人。僕射徐勉兼通經術，深相賞好。後爲尋陽太守、武陵王長史，卒官。

沈峻字士嵩，吳興武康人也。家世農夫，至峻好學。與舅太史叔明師事宗人沈驎士，

在門下積年，晝夜自課。睡則以杖自擊，其篤志如此。遂博通五經，尤長三禮。爲兼國子助教。時吏部郎陸倕與僕射徐勉書薦峻曰：「凡聖賢所講之書，必以周官立義，則周官一書，實爲羣經源本。此學不傳，多歷年世。北人孫詳、蔣顯亦經聽習，而音革楚、夏，故學徒不至；唯助教沈峻特精此書，比日時開講肆，羣儒劉嵒、沈宏、沈熊之徒，並執經下坐，北面受業，莫不歎服，人無間言。弟謂宜即用此人，令其專此一學，周而復始，使聖人正典廢而更興。」勉從之。奏峻兼五經博士，於館講授，聽者常數百人。及中書舍人賀琛奉敕撰梁官，乃啓峻及孔子袪補西省學士，助撰錄。書成，入兼中書通事舍人。出爲武康令，卒官。

傳峻業者，又有吳郡張及、會稽孔子雲，官皆至五經博士、尚書祠部郎。

太史叔明，吳興烏程人，吳太史慈後也。少善莊、老，兼通孝經、論語、禮記，尤精三玄。每講說，聽者常五百餘人。爲國子助教。邵陵王綸好其學，及出爲江州，攜叔明之鎮。王遷郢州，又隨府，所至輒講授，故江外人士皆傳其學。[一六]峻子文阿。

文阿字國衞，性剛强，有膂力。少習父業，研精章句。祖舅太史叔明、舅王慧興並通經術，而文阿頗傳之。又博采先儒異同，自爲義疏。通三禮、三傳，位五經博士。梁簡文引爲

東宮學士。及撰長春義記，多使文阿撮異聞以廣之。

及侯景寇逆，簡文別遣文阿募士卒援都。臺城陷，與張嵊保吳興，嵊敗，文阿竄于山野。景素聞其名，求之甚急，文阿窮迫，登樹自縊，遇有所親救之，自投而下，折其左臂。及景平，陳武帝以文阿州里，表爲原鄉令、監江陰郡。紹泰元年，入爲國子博士。尋領步兵校尉，兼掌儀禮。自太清之亂，臺閣故事，無有存者，[一七]文阿父峻，梁武時常掌朝儀，頗有遺藁，於是斟酌裁撰，禮度皆自之出。

及陳武帝受禪，文阿輒棄官還武康，帝大怒，發使往誅之。時文阿宗人沈恪爲郡，請使者寬其死，即面縛鎖頸，致於上前。上視而笑之，曰：「腐儒復何爲者。」遂赦之。

武帝崩，文阿與尚書左丞徐陵、中書舍人劉師知等，議大行皇帝靈座俠御衣服之制，語在師知傳。及文帝即位，剋日謁廟，尚書左丞庾持奉詔遣博士議其禮。文阿議曰：

人物推移，質文殊軌，聖賢因機而立教，王公隨時以適宜。夫千人無君，不敗則亂，萬乘無主，不危則亡。當隆周之日，公旦叔父，呂、召爪牙，成王在喪，禍幾覆國。是以既葬便有公冠之儀，始殯受麻冕之策，斯蓋示天下以有主，慮社稷之艱難。逮乎末葉從横，漢承其弊，雖文、景刑厝，而七國連兵，或踰月即尊，或崩日稱詔，此皆有爲而爲之，非無心於禮制也。今國諱之日，雖抑哀於璽紱之重，猶未序於君臣之儀。古

中華書局

禮，朝廟退坐正寢，聽羣臣之政。今皇帝拜廟還，宜御太極前殿，以正南面之尊，此卽周康在朝，一二臣衛者也。

其壤奠之節，周禮以玉作贄，公侯以珪，子男執璧，此以玉作瑞也。〔一八〕奠贄竟，又復致享，天子以璧，王后用琮。秦燒經典，威儀散滅，叔孫通定禮，尤失前憲，奠贄不珪，致享無帛，公王同璧，鴻臚奏賀。若此數事，未聞於古，後相沿襲，至梁行之。夫稱觴奉壽，家國大慶，四廂雅樂，歌奏歡欣。今君臣呑哀，兆庶抑割，豈同於惟新之禮乎？且周康賓稱奉珪，無萬壽之獻，此則前準明矣。愚以今坐正殿，止行薦璧之儀，無賀酒之禮。謹撰謁廟還升正寢、羣臣陪薦儀注如別。

詔可施行。尋遷通直散騎常侍，兼國子博士，領羽林監。仍令於東宮講孝經、論語。天嘉中卒，贈廷尉卿。所撰儀禮八十餘條，〔一九〕春秋、禮記、孝經、論語義記七十餘卷，經典大義十八卷，並行於時。儒者多傳其學。

孔子袪，會稽山陰人也。少孤貧好學，耕耘樵採，常懷書自隨，役閑則誦讀，勤苦自勵，遂通經術。尤明古文尚書，爲兼國子助教，講尚書四十徧，聽者常數百人。爲西省學士，助

賀琛撰錄，〔二〇〕書成，兼司文侍郎，不就。累遷兼中書通事舍人，加步兵校尉。梁武帝撰五經講疏及孔子正言，專使子袪檢閱羣書以爲義證。事竟，敕子袪與右衛朱异、左丞賀琛於士林館遞日執經。後加通直正員郎，卒官。

子袪凡著尚書義二十卷，集注尚書三十卷，續朱异集注周易一百卷，續何承天集禮論一百五十卷。

皇侃，吳郡人，青州刺史皇象九世孫也。少好學，師事賀瑒，精力專門，盡通其業，尤明三禮、孝經、論語。爲兼國子助教，於學講說，聽者常數百人。撰禮記講疏五十卷。書成奏上，詔付祕閣。頃之，召入壽光殿說禮記義，梁武帝善之，加員外散騎侍郎。

侃性至孝，常日限誦孝經二十徧，以擬觀世音經。丁母憂還鄉里，平西邵陵王欽其學，厚禮迎之。及至，因感心疾卒。所撰論語義、禮記義，見重於世，學者傳焉。

沈洙字弘道，吳興武康人也。祖休季，〔二一〕梁餘杭令。父山卿，梁國子博士、中散大夫。

洙少方雅好學，不妄交游。通三禮、春秋左氏傳。精識强記，五經章句，諸子史書，問無不答。仕梁爲尚書祠部郎，時年蓋二十餘。大同中，學者多涉獵文史，不爲章句，而洙獨積思經術，吳郡朱异、會稽賀琛甚嘉之。及异、琛於士林館講制旨義，常使洙爲都講。侯景之亂，洙竄於臨安，時陳文帝在焉，親就習業。及陳武帝入輔，除國子博士，與沈文阿同掌儀禮。

武帝受禪，加員外散騎常侍，位揚州別駕從事史，大匠卿。有司奏：「建康令沈孝軌門生陳三兒牒稱，主人翁靈柩在周，主人奉使關右，因欲迎喪，久而未反。此月晦卽是再周，主人弟息見在此者，爲至月末除靈，內外卽吉？爲待主人還情禮申竟？」以事諮左丞江德藻。德藻議謂：「王衛軍云：『久喪不葬，唯主人不變，其餘親各終月數而除。』此蓋引禮文論在家內有事故未得葬者耳。孝軌既在異域，雖已迎喪，還期無指，諸弟若遂不除，永絕昏嫁，此於人情，或未爲允。中原淪陷以後，理有事例，宜諮沈常侍詳議。」洙議曰：「禮有變正，又有從宜。禮小記云：『久而不葬者，唯主喪者不除，其餘以麻終月數者，除喪則已。』注云：『其餘謂傍親。』如鄭所解，衆子皆應不除，王衛軍所引，此蓋禮之正也。但魏氏東關之役，既失亡屍柩，葬禮無期，時議以爲禮無終身之喪，故制使除服。晉氏喪亂，或死於虜庭，無由迎殯，江左故復申明其制。李胤之祖，王華之父，並存亡不測，其子制服，依時釋衰，此

並變禮之宜也。孝軌雖因奉使便欲迎喪，而還期未剋，宜依東關故事，在此者並應釋除衰麻，毀靈祔祭；若喪柩得還，別行改葬之禮。自天下寇亂，西朝傾覆，若此之徒，諒非一二，寧可喪期無數，而弗除衰服？朝廷自應爲之限制，以義斷恩。」德藻依洙議。奏可。

文帝卽位，累遷光祿卿，侍東宮讀。廢帝嗣位，歷尚書左丞，衡陽王長史，行府國事。梁代舊律，測囚之法，日一上，起自晡鼓，盡于二更。及比部郎范泉刪定律令，以舊法測立時久，非人所堪，分其刻數，日再上。廷尉以爲新制過輕，請集八座丞郎幷祭酒孔奐、行事沈洙五舍人會尚書省詳議。時宣帝錄尚書，集衆議之。都官尚書周弘正議曰：「凡小大之獄，必應以情，政言依準五聽，驗其虛實，豈可令恣考掠，以判刑罪。且測人時節，本非古制，近代以來，方有此法。起自晡鼓，迄于二更，豈是常人所能堪忍？所以重械之下，危墮之上，無人不服，誣枉者多。朝晚二時，同等刻數，進退而求，於事爲衷。若謂小促前期數，致實罪不服，如復時節延長，則無愆妄款。且人之所堪，既有强弱，人之立意，固亦多途。至如貫高榜笞刺爇，身無完者，戴就熏針並極，困篤不移，豈關時刻長短，掠測優劣？夫『與殺不辜，寧失不經』，『罪疑惟輕，功疑惟重』。斯則古之聖王，垂此明法。愚謂依范泉著制爲允。」洙議曰：「夜中測立，緩急易欺，兼用晝漏，於事爲允。但漏刻賒促，今古不同。漢書律歷，何承天、祖冲之、祖暅之父子漏經，並自關鼓至下鼓，〔二二〕自晡鼓至關鼓，皆十三刻，冬夏

四時不異。若其日有長短，分在中時前後。今用梁末改漏，下鼓之後，分其短長，夏至之日各十七刻，冬至之日各十二刻。廷尉今牒以時刻短促，致罪人不款。愚意願去夜測之昧，從晝漏之明，斟酌今古之間，[三三]參會二漏之義，捨秋冬之少刻，從夏日之長晷，不問寒暑，並依今之夏至，朝夕上測各十七刻。比之古漏，則一上多昔四刻，即用今漏，則冬至多五刻。雖冬至之時，數刻侵夜，正是少日，於事非疑。庶罪人不以漏短而為捍，獄囚無以在夜而致誣。求之鄙意，竊謂為宜依范泉前制。」[三四]宣帝曰：「沈長史議得中，宜更博議。」左丞宗元饒議曰：「沈議非頓異范，正是欲使四時均其刻數。請寫還刪定曹詳改前制。」宣帝依事施行。

洙以太建元年卒。

戚袞字公文，吳郡鹽官人也。少聰慧，游學都下，受三禮於國子助教劉文紹。一二年中，大義略舉。年十九，梁武帝敕策孔子正言并周禮、禮記義，袞對高第。除揚州祭酒從事史。就國子博士宋懷方質儀禮義。懷方北人，自魏攜儀禮、禮記疏，祕惜不傳。及將亡，謂家人曰：「吾死後，戚生若赴，便以儀禮、禮記義本付之，若其不來，即隨屍而殯。」為儒者推

許如此。

尋兼太學博士。簡文在東宮，召袞講論。又嘗置宴集玄儒之士，先命道學互相質難，次令中庶子徐摛馳騁大義，間以劇談。摛辭辯從橫，難以答抗，諸儒懾氣。時袞說朝聘義，摛與往復，袞精采自若，領答如流，[三五]簡文深加歎賞。

敬帝立，為江州長史。仍隨沈泰鎮南豫州。泰之奔齊，逼袞俱行，後自齊逃還。又隨程文季於呂梁，軍敗入周，久之得歸。卒於始興王府錄事參軍。

袞於梁代撰三禮義記，逢亂亡失。禮記義四十卷行於世。

鄭灼字茂昭，東陽信安人也。幼聰敏，勵志儒學。少受業於皇侃。梁簡文在東宮，雅愛經術，引灼為西省義學士。承聖中，為兼中書通事舍人。仕陳，武帝、文帝時，累遷中散大夫，後兼國子博士，未拜卒。

灼性精勤，尤明三禮。少時，嘗夢與皇侃遇於途，侃謂曰：「鄭郎開口。」侃因唾灼口中，自後義理益進。灼家貧，抄義疏以日繼夜，筆豪盡，每削用之。常蔬食，講授多苦心熱，若瓜時，輒偃臥以瓜鎮心，起便讀誦，其篤志如此。

時有晉陵張崖、吳郡陸詡、吳興沈德威、會稽賀德基，俱以禮學自命。

張崖傳三禮於同郡劉文紹。天嘉元年，為尚書儀曹郎，廣沈文阿儀注，撰五禮。後為國子博士。

陸詡少習崔靈恩三禮義宗，[三六]梁時百濟國表求講禮博士，詔令詡行。天嘉中，位尚書祠部郎。

沈德威字懷遠，少有操行。梁太清末，遁於天目山，築室以居。雖處亂離，而篤學無倦。天嘉元年，徵出都，後為國子助教。每自學還私室講授，道俗受業數百人，率常如此。遷太常丞，兼五禮學士，後為尚書祠部郎。陳亡入隋，官至秦王府主簿，卒年五十五。

賀德基字承業，世傳禮學。祖文發、父淹，仕梁俱為祠部郎，並有名當世。德基少游學都下，積年不歸，衣資罄乏，又恥服故弊，盛冬止衣祫襦袴。嘗於白馬寺前逢一婦人，容服甚盛，呼德基入寺門，脫白綸巾以贈之。仍謂曰：「君方為重器，不久貧寒，故以此相遺耳。」

問姓名，不答而去。德基於禮記稱為精明，位尚書祠部郎。雖不至大官，而三世儒學，俱為祠部郎，時論美其不墜。

全緩字弘立，吳郡錢唐人也。幼受易于博士褚仲都，篤志研翫，得其精微。陳太建中，位鎮南始興王府諮議參軍。緩通周易、老、莊，時人言玄者咸推之。

張譏字直言，清河武城人也。祖僧寶，梁太子洗馬。父仲悅，梁尚書祠部郎。

譏幼聰俊，有思理。年十四，通孝經、論語，篤好玄言。受學于汝南周弘正，每有新意，為先輩推服。梁大同中，召補國子正言生。梁武帝嘗於文德殿釋乾、坤文言，譏與陳郡袁憲等預焉。敕令論議，諸儒莫敢先出，譏乃整容而進，諮審循環，辭令溫雅。帝甚異之，賜裙襦絹等，云「表卿稽古之力」。

譏幼喪母，有錯綵經帕，即母之遺制，及有所識，家人具以告之。每歲時輒對帕哽噎不能勝。及丁父憂，居喪過禮。為士林館學士。簡文在東宮，出士林館，發孝經題，譏論義往

復，甚見嗟賞。及侯景寇逆，於圍城之中，獨侍哀太子於武德後殿，講老、莊。臺城陷，譏崎嶇避難，卒不事景。

陳天嘉中，爲國子助教。時周弘正在國學，發周易題，弘正第四弟弘直亦在講席。譏與弘正論議，弘正屈，弘直危坐厲聲，助其申理。譏乃正色謂弘直曰：「今日義集，辯正名理，雖知兄弟急難，四公不得有助。」弘直謂曰：「僕助君師，何爲不可？」舉坐以爲笑樂。弘正嘗謂人曰：「吾每登坐，見張譏在席，使人懍然。」

宣帝時，爲武陵王限內記室，兼東宮學士。後主在東宮，集宮僚置宴，時造玉柄麈尾新成，後主親執之曰：「當今雖復多士如林，至於堪捉此者，獨張譏耳。」卽手授譏。仍令於溫文殿講莊、老。宣帝幸宮臨聽，賜御所服衣一襲。

後主嗣位，爲國子博士、東宮學士。後主嘗幸鍾山開善寺，召從臣坐於寺西南松林下，敕譏豎義。時索麈尾未至，後主敕取松枝，手以屬譏，曰：「可代麈尾。」顧羣臣曰：「此卽張譏後事。」陳亡入隋，終於長安，年七十六。

譏性恬靜，不求榮利，常慕閑逸。所居宅營山池，植花果，講周易、老、莊而教授焉。吳郡陸元朗、朱孟博、一乘寺沙門法才、法雲寺沙門慧拔、[二七]至眞觀道士姚綏，皆傳其業。譏所撰周易義三十卷，尚書義十五卷，毛詩義二十卷，孝經義八卷，論語義二十卷，老

子義十一卷，莊子內篇義十二卷、外篇義二十卷、雜篇義十卷，玄部通義十二卷，游玄桂林二十四卷。後主嘗敕就其家寫入祕閣。

子孝則，官至始安王記室參軍。

顧越字允南，[二八]吳郡鹽官人也。所居新坂黃岡，世有鄉校，由是顧氏多儒學焉。祖道望，齊散騎侍郎。父仲成，梁護軍司馬、豫章王府諮議參軍。家傳儒學，並專門教授。

越幼明慧，有口辯，勵精學業，不捨晝夜。弱冠游學都下，通儒碩學，必造門質疑，討論無倦。至於微言玄旨，九章七曜，音律圖緯，咸盡其精微。時太子詹事周捨以儒學見重，名知人，一見越，便相歎異，命與兄子弘正、弘直游，厚爲之談，由是聲譽日重。時又有會稽賀文發，學兼經史，與越名相埒，故都下謂之發、越焉。

初爲南平元襄王偉國右常侍，與文發俱入府，並見禮重。尋轉行參軍。大通中，詔颺勇將軍陳慶之送魏北海王顥還北主魏，慶之請越參其軍事。時慶之所向剋捷，直至洛陽。既而顥遂肆驕縱，又上下離心，越料其必敗，以疾得歸。裁至彭城，慶之果見摧衄，越竟得先反，時稱其見機。及至，除安西湘東王府參軍。及武帝撰制旨新義，選諸儒在所流通，遣

越還吳，敷揚講說。

越徧該經藝，深明毛詩，傍通異義。特善莊、老，尤長論難，兼工綴文，閑尺牘。長七尺三寸，美鬚眉。武帝嘗於重雲殿自講老子，僕射徐勉舉越論義，越抗首而請，音響若鍾，容止可觀，帝深贊美之。由是擢爲中軍宣城王記室參軍，尋除五經博士，仍令侍宣城王講。

大同八年，轉安西武陵王府內中錄事參軍，尋遷府諮議。及侯景之亂，越與同志沈文阿等逃難東歸，賊黨數授以爵位，越誓不受命。承聖二年，詔授宣惠晉安王府諮議參軍，領國子博士。越以世路未平，無心仕進，因歸鄉，棲隱于武丘山，與吳興沈炯、同郡張種、會稽孔奐等，每爲文會。

紹泰元年，復徵爲國子博士。陳天嘉中，詔侍東宮讀。除東中郎鄱陽王府諮議參軍，甚見優禮。尋領羽林監，遷給事黃門侍郎，[二九]國子博士、侍讀如故。時朝廷草創，疑議多所取決，咸見施用。每侍講東宮，皇太子常虛己禮接。越以宮僚未盡時彥，且太子仁弱，宣帝有奪宗之兆，內懷憤激，乃上疏曰：「臣梁世薄宦，祿不代耕。季年板蕩，竄身窮谷。幸屬聖期，得奉昌運。朝廷以臣微涉藝學，遠垂徵引，擢臣以貴仕，賫臣以厚秩，二宮恩遇，有異凡流。木石知感，犬馬識養，臣獨何人，罔懷報德。伏惟皇太子天下之本，養善春宮，臣陪侍經籍，於今五載。如愚所見，多有曠官，輔弼丞疑，未極時選。至如文宗學府，廉潔正人，

當趨奉龍樓，晨游夕論，恒聞前聖格言，往賢政道。如此，則非僻之語，無從而入。臣年事侵迫，非有邀求，政是懷此不言，則爲有負明聖。敢奏狂瞽，願留中不泄。」疏奏，帝深感焉，而竟不能改革。

及廢帝卽位，拜散騎常侍，兼中書舍人，黃門侍郎如故。領天保博士，掌儀禮，猶爲帝師，入講授，甚見尊寵。時宣帝輔政，華皎舉兵不從，越因請假東還。或譖之宣帝，言越將扇動蕃鎭，遂免官。太建元年，卒於家，年七十七。

所著喪服、毛詩、老子、孝經、論語等義疏四十餘卷，詩頌碑誌牋表凡二百餘篇。

時有東陽龔孟舒者，亦通毛詩，善談名理。仕梁位尋陽郡丞。元帝在江州，遇之甚重，躬師事焉。天嘉中，位太中大夫。

沈不害字孝和，吳興武康人也。幼孤，而修立好學。陳天嘉初，除衡陽王府中記室參軍，兼嘉德殿學士。自梁季喪亂，至是國學未立，不害上書請崇建儒宮，帝優詔答之。又表改定樂章，詔使製三朝樂歌詞八首，合二十曲，[三〇]行之樂府。後爲國子博士，領羽林監。

敕修五禮，掌策文謚議等事。太建中，位光祿卿，通直散騎常侍，兼尚書左丞，卒。

不害通經術，善屬文，雖博綜經典，而家無卷軸。每製文，操筆立成，曾無尋檢。汝南周弘正常稱之曰：「沈生可謂意聖人乎。」著五禮儀一百卷，文集十四卷。

子志道字崇基，少知名，位安東新蔡王記室參軍。陳亡入隋，卒。

王元規字正範，太原晉陽人也。祖道實，齊晉安郡守。〔三一〕父瑋，梁武陵王府中記室參軍。

元規八歲而孤。兄弟三人，隨母依舅氏往臨海郡，時年十二。郡土豪劉瑱者，資財巨萬，欲妻以女。母以其兄弟幼弱，欲結强援，元規泣請曰：「因不失親，古人所重，豈得苟安異壤，輒昏非類。」母感其言而止。

元規性孝，事母甚謹，晨昏未嘗離左右。梁時山陰縣有暴水，流漂居宅，元規唯有一小船，倉卒引其母妹并姑姪入船，〔三二〕元規自執櫂棹而去，留其男女三人，閣於樹杪。及水退，俱獲全，時人稱其至行。

少從吳興沈文阿受業，十八，通春秋左氏、孝經、論語、喪服。仕梁位中軍宣城王記室

參軍。陳天嘉中，爲鎮東鄱陽王府記室參軍，領國子助教。後主在東宮，引爲學士，就受禮記、左傳、喪服等義。遷國子祭酒。〔三三〕新安王伯固嘗因入宮，適會元規將講，乃啓請執經，時論榮之。俄除尚書祠部郎。自梁代諸儒相傳爲左氏學者，皆以賈逵、服虔之義難駁杜預，凡一百八十條。元規引證通析，無復疑滯。每國家議吉凶大禮，常參預焉。後爲南平王府限內參軍。王爲江州，元規隨府之鎮，四方學徒，不遠千里來請道者，常數十百人。陳亡入隋，卒於秦王府東閤祭酒。

元規著春秋發題辭及義記十一卷，〔三四〕續經典大義十四卷，孝經義記兩卷，左傳音三卷，禮記音兩卷。

子大業，聰敏知名。

時有吳郡陸慶，少好學，徧通五經，尤明春秋左氏傳，節操甚高。仕梁爲婁令。陳天嘉初，徵爲通直散騎侍郎，不就。永陽王爲吳郡太守，聞其名，欲與相見，慶辭以疾。時宗人陸榮爲郡五官掾，慶嘗詣焉，王乃微服往榮宅，穿壁以觀之。王謂榮曰：「觀陸慶風神凝峻，殆不可測，嚴君平、鄭子眞何以尚茲。」鄱陽、晉安王俱以記室徵，不就。乃築室屏居，以禪誦爲事，由是傳經受業者蓋鮮焉。

論曰：語云：「上好之，下必有甚焉者。」是以鄒纓齊紫，且以移俗，況祿在其中，可無尙歟。當天監之際，時主方崇儒業，如崔、嚴、何、伏之徒，前後互見升寵，于時四方學者，靡然向風，斯亦曩時之盛也。自梁迄陳，年且數十，雖時經屯詖，郊生戎馬，而風流不替，豈俗化之移人乎。古人稱上德若風，下應猶草，美矣，豈斯之謂也。

校勘記

〔一〕令與河內司馬憲吳郡陸澄共撰喪服義　「義」字各本並脫，據梁書補。

〔二〕名位轉隆　「名」各本作「在」，據梁書、册府元龜五一九改。

〔三〕晦獨滯於參軍事　「獨」梁書、册府元龜九一五作「猶」。

〔四〕對策爲當時第一　「對」字各本並脫，據梁書、册府元龜六五〇、七六五補。

〔五〕乃出天心寺　「天心」各本作「大心」，據册府元龜九四九改。

〔六〕爲諸生講喪服　「諸生」各本作「諸王」，據通志改。按下「諸生有未曉者，委曲誘誨」，則作「諸王」誤。

〔七〕乃謝病終身不涉其流　「其流」通志作「其廷」。

〔八〕喪慈母如母禮歟　「如母」二字各本並脫，據禮記曾子問補。

〔九〕師保既無其服則此慈母亦無服矣　「母」字據册府元龜五七九及通志補。按日知錄五慈母如母引南史有「毋」字。

〔一〇〕其次爲保母　「其」字各本並脫，據梁書補。按禮記內則有「其」字。

〔一一〕此言擇諸母　「此」字各本並脫，據梁書、册府元龜五七九補。

〔一二〕自是師保之慈母非三年小功之慈母也　二「母」字各本並脫，據册府元龜五七九補。

〔一三〕則知慈加之義　「慈加」册府元龜五七九作「慈母加」，通志作「慈母」。疑作「慈母」是。

〔一四〕及解經析理　「經析」二字各本作「析經」，今從梁書。

〔一五〕制三禮義宗三十卷　「三十卷」隋書經籍志同。梁書及册府元龜六〇〇作「四十七卷」。

〔一六〕故江外人士皆傳其學　「江外」各本作「江州」，據梁書改。按齊梁後江州僅有尋陽一帶地，叔明隨府至江州、郢州，所至輒講授，則傳其學者非但江州而已，故當以江外爲是。江外，約指江、郢、湘等州地區。

〔一七〕臺閣故事無有存者　「存」各本作「在」，據陳書、通志改。

〔一八〕此以玉作瑞也　「以」字各本並脫，據通志補。按周禮春官典瑞：「人執以見曰瑞。」

中華書局

〔一九〕所撰儀禮八十餘條　「條」陳書作「卷」。

〔二〇〕爲西省學士助賀琛撰錄　按梁書云：「中書舍人賀琛受敕撰梁官，啓子袪爲西省學士，助撰錄。」沈峻傳：「時中書舍人賀琛奉敕撰梁官，乃啓峻及孔子袪補西省學士，助撰錄。」則子袪助賀琛撰錄者，乃撰錄梁官。

〔二一〕祖休季　「季」陳書作「稚」，此避唐高宗小名改。

〔二二〕何承天祖沖之祖暅之父子漏經並自關鼓至下鼓　「祖暅之」各本作「祖暅」，據陳書補「之」字。按祖暅之入文學傳。

〔二三〕斟酌今古之間　「間」各本作「聞」，據陳書改。

〔二四〕竊謂爲宜依范泉前制　「竊謂」下陳書有「允合衆議以」五字。

〔二五〕領答如流　「領答」陳書作「對答」。

〔二六〕陸詡少習崔靈恩三禮義宗　「宗」字各本並脫，據陳書補。按崔靈恩傳有三禮義宗。

〔二七〕法雲寺沙門慧拔　「慧拔」陳書作「慧休」。

〔二八〕顧越字允南　「允南」陳書、册府元龜五九七作「思南」。

〔二九〕遷給事黃門侍郎　「給事」下各本有「中」字，據陳書删。按南齊書百官志有給事中與給事黃門侍郎。下文「黃門侍郎如故」，則此「中」字衍文。

〔三〇〕合二十曲　陳書作「合二十八曲」。

〔三一〕祖道實齊晉安郡守　「道實」陳書作「道寶」。

〔三二〕倉卒引其母妹并姑姪入船　「姑姪」陳書作「孤姪」。

〔三三〕遷國子祭酒　「遷」字各本並脫，據陳書補。

〔三四〕元規著春秋發題辭及義記十一卷　按「義記」當作「義略」。經典釋文敍錄謂王元規續成沈文阿春秋義略；隋書經籍志著錄王元規春秋左氏義略，皆即此書全稱。

南史卷七十二

列傳第六十二

文學

易云：「觀乎人文以化成天下。」孔子曰：「煥乎其有文章。」自漢以來，辭人代有，大則憲

章典誥，小則申抒性靈。至於經禮樂而緯國家，通古今而述美惡，非斯則莫可也。是以哲王在上，咸所敦悅。故云「言之不文，行之不遠」。自中原沸騰，五馬南度，綴文之士，無乏於時。降及梁朝，其流彌盛。蓋由時主儒雅，篤好文章，故才秀之士，煥乎俱集。于時武帝每所臨幸，輒命羣臣賦詩，其文之善者賜以金帛。是以縉紳之士，咸知自勵。至有陳受命，運接亂離，雖加奬勵，而向時之風流息矣。詩云：「人之云亡，邦國殄悴。」豈金陵之數將終三百年乎？不然，何至是也。宋史不立文學傳，齊、梁皆有其目。今綴而序之，以備此篇云爾。

丘靈鞠，吳興烏程人也。祖系，祕書監。父道真，護軍長史。

靈鞠少好學，善屬文，州辟從事。詣領軍沈演之，演之曰：「身昔爲州職，詣領軍謝晦，賓主坐處，政如今日。卿將來復如此也。」累遷員外郎。

宋孝武殷貴妃亡，靈鞠獻挽歌三首，云：「雲橫廣階闇，霜深高殿寒。」帝擿句嗟賞。後爲烏程令，不得志。泰始初，坐事禁錮數年。褚彥回爲吳興太守，謂人曰：「此郡才士唯有丘靈鞠及沈勃耳。」乃啓申之。明帝使著大駕南討記論。久之，除太尉參軍。昇明中，爲正員

中華書局

郎，兼中書郎。時方禪讓，齊高帝使靈鞠參掌詔策。建元元年，轉中書郎，敕知東宮手筆。嘗還東，詣司徒褚彥回別，彥回不起，曰：「比脚疾更增，不復能起。」靈鞠曰：「脚疾亦是大事，公爲一代鼎臣，不可復爲覆餗。」其强切如此。不持形儀，唯取笑適。尋又掌知國史。

武帝即位，爲通直常侍，尋領東觀祭酒。靈鞠曰：「人居官願數遷，使我終身爲祭酒不恨也。」永明二年，領驍騎將軍。靈鞠不樂武位，謂人曰：「我應還東掘顧榮冢。江南地方數千里，士子風流皆出此中。顧榮忽引諸傖輩度，妨我輩塗轍，死有餘罪。」

靈鞠好飲酒，臧否人物，在沈深座，〔一〕見王儉詩，深曰：「王令文章大進。」靈鞠曰：「何如我未進時。」此言達儉。靈鞠宋時文名甚盛，入齊頗減，蓬髮弛縱無形儀，不事家業。王儉謂人曰：「丘公仕宦不進，才亦退矣。」位長沙王車騎長史，卒。著江左文章錄序，起太興，訖元熙。文集行於時。子遲。

遲字希範，八歲便屬文。靈鞠常謂「氣骨似我」。黃門郎謝超宗、徵士何點並見而異之。在齊，以秀才累遷殿中郎。梁武帝平建鄴，引爲驃騎主簿，甚被禮遇。時勸進梁王及殊禮，皆遲文也。及踐阼，遷中書郎，待詔文德殿。時帝著連珠，詔羣臣繼作者數十人，遲文最美。坐事免，乃獻責躬詩，上優辭答之。

後出爲永嘉太守，在郡不稱職，爲有司所糾。帝愛其才，寢其奏。天監四年，中軍將軍臨川王宏北侵魏，以爲諮議參軍，領記室。時陳伯之在北，與魏軍來拒，遲以書喻之，伯之遂降。還拜中書侍郎，遷司空從事中郎，卒官。

遲辭采麗逸，時有鍾嶸著詩評云：「范雲婉轉清便，如流風回雪。遲點綴映媚，似落花依草。雖取賤文通，而秀於敬子。」其見稱如此。

仲孚字公信，靈鞠從孫也。少好學，讀書常以中宵鐘鳴爲限。靈鞠嘗稱爲千里駒也。齊永明初，爲國子生。王儉曰：「東南之美，復見丘生。」舉高第，未調，還鄉里。家貧，乃結羣盜爲之計，劫掠三吳。仲孚聰明有智略，羣盜畏服，所行皆果，故亦不發。爲于湖令，有能名，太守呂文顯當時倖臣，陵詆屬縣，仲孚獨不爲屈。

明帝即位，爲曲阿令，會稽太守王敬則反，乘朝廷不備，反問至而前鋒已屆曲阿。仲孚豐長岡埭，瀉瀆水，以阻其路。敬則軍至，遇瀆涸，果頓兵不得進，遂敗。仲孚以拒守功，遷山陰令，居職甚有聲稱。百姓謠曰：「二傅、沈、劉，不如一丘。」前世傅琰父子、沈憲、劉玄明相繼宰山陰，並有政績，言仲孚皆過之。齊末政亂，頗有贓賄，爲有司所舉，將見收，竊逃還都，會赦不問。

梁武帝踐阼，復爲山陰令。仲孚長於撥煩，善適權變，吏人敬服，號稱神明，政爲天下第一。後爲衞尉卿，恩任甚厚。初起雙闕，以仲孚領大匠，累遷豫章內史，在郡更勵清節。頃之卒，贈給事黃門侍郎。喪將還，豫章老幼號哭攀送，車輪不得前。仲孚爲左丞，撰皇典二十卷，南宮故事百卷，又撰尚書具事雜儀行於世。

檀超字悅祖，高平金鄉人也。祖嶷之字弘宗，宋南琅邪太守。父道彪字萬壽，位正員郎。

超少好文學，放誕任氣，解褐州西曹。蕭惠開爲別駕，超便抗禮。惠開自以地位居前，稍相陵辱，而超舉動嘯傲，不以地勢推之，張目謂曰：「我與卿俱是國家微賤時外戚耳，何足以一爵高人！」蕭太后，惠開之祖姑，長沙景王妃，超祖姑也，故超以此議之。惠開欣然，更爲刎頸之交。

後位國子博士，兼左丞。超嗜酒，好談詠，自比晉郗超，言高平有二超，又謂人曰：「猶覺我爲優也。」齊高帝賞愛之，後爲司徒右長史。建元二年，初置史官，以超與驃騎記室江淹掌史職，上表立條例：開元紀號，不取宋年，

封爵各詳本傳，無假年表。又制著十志，多爲左僕射王儉所不同。既與物多忤，史功未就，徙交州，於路見殺。江淹撰成之，猶不備也。

時有豫章熊襄著齊典，上起十代，〔二〕其序云：「尚書堯典謂之虞書，則附所述通謂之齊書，名爲河洛金匱。」

又有吳邁遠者，好爲篇章，宋明帝聞而召之。及見曰：「此人連絕之外，無所復有。」邁遠好自誇而蚩鄙他人，每作詩，得稱意語，輒擲地呼曰：「曹子建何足數哉！」超聞而笑曰：「昔劉季緒才不逮於作者，而好抵訶人文章。季緒瑣瑣，焉足道哉，至於邁遠，何爲者乎。」

超叔父道鸞字萬安，位國子博士、永嘉太守，亦有文學，撰續晉陽秋二十卷。

卞彬字士蔚，濟陰宛句人也。祖嗣之，中領軍。父延之，弱冠爲上虞令，有剛氣。會稽太守孟顗以令長裁之，積不能容，脫幘投地曰：「我所以屈卿者，政爲此幘耳。今已投之卿

中華書局

矣。卿以一世勳門，而傲天下國士。」拂衣而去。

彬險拔有才，而與物多忤。齊高帝輔政，袁粲、劉彥節、王蘊等皆不同，而沈攸之又稱兵反。粲、蘊雖敗，攸之尚存。彬意猶以高帝事無所成，乃謂帝曰：「比聞謠云：『可憐可念尸著服，孝子不在日代哭，列管暫鳴死滅族』。公頗聞不？」時蘊居父憂，與粲同死，故云「尸著服」也。「服」者，衣也。「孝子不在日代哭」者，褚字也。彬謂沈攸之得志，褚彥回當敗，故言哭也。列管謂蕭也。高帝不悅，及彬退，曰：「彬自作此。」後常於東府謁高帝，高帝時爲齊王。彬曰：「殿下即東宮爲府，〔三〕則以青溪爲鴻溝，鴻溝以東爲齊，以西爲宋。」仍詠詩云：「誰謂宋遠，跂予望之。」遂大忤旨，因此擯廢數年，不得仕進。乃擬趙壹窮鳥爲枯魚賦以喻意。

後爲南康郡丞。彬頗飲酒，擯棄形骸，仕既不遂，乃著蚤蝨、蝸蟲、蝦蟆等賦，皆大有指斥。其蚤蝨賦序曰：「余居貧，布衣十年不製，一袍之縕，有生所託，資其寒暑，無與易之。爲人多病，起居甚疎，縈寢敗絮，不能自釋。兼攝性懈墮，嬾事皮膚，澡刷不謹，澣沐失時。四體䩄䩄，加以臭穢，故葦席蓬纓之間，蚤蝨猥流。淫癢渭濩，無時恕肉，探揣擭撮，日不替手。蝨有諺言，『朝生暮孫』，若吾之蝨者，無湯沐之慮，絕相弔之憂，晏聚乎久袴爛布之裳，復不懃於討捕，〔四〕孫孫子子，三十五歲焉。」其略言皆實錄也。又爲禽獸決錄。目禽獸云：

「羊性淫而佷，猪性卑而率，鵝性頑而傲，狗性險而出。」皆指斥貴勢。其羊淫佷，謂呂文顯；猪卑率，謂朱隆之；鵝頑傲，謂潘敞；狗險出，謂文度。其險詣如此。蝦蟆賦云：「紆青拖紫，名爲蛤魚。」世謂比令僕也。又云：「蝌斗唯唯，羣浮闇水，唯朝繼夕，聿役如鬼。」比令史諮事也。文章傳於閭巷。後歷尚書比部郎，安吉令，車騎記室。彬性好飲酒，以瓠壺瓢勺杬皮爲具，〔五〕著帛冠，十二年不改易。以大瓠爲火籠，什物多諸詭異。自稱卞田居，〔六〕婦爲傅蠶室。或謂曰：「卿都不持操，名器何由得升？」彬曰：「擲五木子，十擲輒鞬，豈復是擲子之拙。吾好擲，政極此耳。」後爲綏建太守，卒官。

永明中，琅邪諸葛勗爲國子生，作雲中賦，指祭酒以下，皆有形似之目。坐事繫東冶，作東冶徒賦。武帝見，赦之。

又有陳郡袁嘏，自重其文，謂人云：「我詩應須大材迮之，不爾飛去。」建武末，爲諸暨令，被王敬則賊所殺。

時有廣陵高爽，博學多材。劉蒨爲晉陵縣，爽經途詣之，了不相接，爽甚銜之。俄而爽

代蒨爲縣，蒨遣迎贈甚厚。爽受餉，答書云：「高晉陵自答。」人問其所以，答云：「劉蒨餉晉陵令耳，何關爽事。」又有人送書與爽告躓，云：「比日守羊困苦。」爽答曰：「守羊無食，何不貨羊糴米。」孫抱爲延陵縣，爽又詣之，抱了無故人之懷。爽出從縣閤下過，取筆書鼓云：「徒有八尺圍，腹無一寸腸，面皮如許厚，受打未詎央。」爽機悟多如此。坐事被繫，作鑊魚賦以自況，其文甚工。後遇赦免，卒。抱東莞人。父廉，吳興太守。抱善吏職，形體肥壯，腰帶十圍，爽故以此激之。

丘巨源，蘭陵蘭陵人也。少舉丹陽郡孝廉，爲宋孝武所知。大明五年，敕助徐爰撰國史。帝崩，江夏王義恭取掌書記。明帝即位，使參詔誥，引在左右。自南臺御史爲王景文鎮軍參軍。寧喪還家。

元徽初，桂陽王休範在尋陽，以巨源有筆翰，遣船迎之，餉以錢物。巨源因齊高帝自啓，敕板起之，使留都下。桂陽事起，使於中書省撰符檄，事平，除奉朝請。巨源望有封賞，既而不獲，乃與尚書令袁粲書自陳，竟不被申。沈攸之事，高帝又使爲尚書符荊州，以此又望賞異，自此意常不滿。

後除武昌太守，拜竟，不樂江外行。武帝問之，巨源曰：「古人云，『寧飲建鄴水，不食武昌魚』。臣年已老，寧死於建鄴。」乃以爲餘杭令。明帝爲吳興，巨源作秋胡詩，有譏刺語，以事見殺。時又有會稽孔廣、孔逭皆才學知名。

廣字淹源，美容止，善吐論。王儉、張緒咸美之。儉常云：「廣來使人廢簿領，匠不須來，來則莫聽去。」緒數巾車詣之，每歎云：「孔廣使吾成輕薄祭酒。」仕至揚州中從事。

逭抗直有才藻，製東都賦，于時才士稱之。陳郡謝瀹年少時遊會稽還，父莊問：「入東何見，見孔逭不？」見重如此。著三吳決錄，不傳。終於衞軍武陵王東曹掾。又時有虞通之、虞龢、司馬憲、袁仲明、孫詵等，〔七〕皆有學行，與廣埒名。

通之、龢皆會稽餘姚人，通之善言易，至步兵校尉。

龢位中書郎、廷尉，少好學，居貧屋漏，恐濕墳典，乃舒被覆書，書獲全而被大濕。時人以比高鳳。

中華書局

憲字景思，河內溫人，待詔東觀爲學士，至殿中郎，口辯有才地，使魏見稱於北。

仲明，陳郡人，撰晉史，未成而卒。初仲明與劉融、卞鑠俱爲袁粲所賞，恒在坐席。粲爲丹陽尹，取鑠爲主簿。好詩賦，多譏刺世人，坐徙巴州。

誂字休羣，太原中都人，愛文，尤賞泉石。卒於御史中丞。

王智深字雲才，琅邪臨沂人也。少從陳郡謝超宗學屬文。好飲酒，拙澀乏風儀。仕齊爲豫章王大司馬參軍，兼記室。

武帝使太子家令沈約撰宋書，疑立袁粲傳，以審武帝。帝曰：「袁粲自是宋家忠臣。」約又多載孝武、明帝諸褻黷事，上遣左右語約曰：「孝武事迹不容頓爾。我昔經事宋明帝，卿可思諱惡之義。」於是多所省除。又敕智深撰宋紀，召見芙蓉堂，[八]賜衣服給宅。智深告貧於豫章王，王曰：「須卿書成，當相論以祿。」書成三十卷。武帝後召見智深於璿明殿，令

拜表奏上，表未奏而武帝崩。隆昌元年，敕索其書。智深遷爲竟陵王司徒參軍。免官。家貧無人事，嘗餓五日不得食，掘莞根食之。司空王僧虔及子志分與衣食。卒於家。

崔慰祖字悅宗，清河東武城人也。父慶緒，永明中爲梁州刺史。慰祖解褐奉朝請。父喪不食鹽，母曰：「汝既無兄弟，又未有子胤。毁不滅性，政當不進肴羞耳，如何絕鹽。吾今亦不食矣。」慰祖不得已，從之。父梁州之資，家財千萬，散與宗族。漆器題爲「日」字，「日」字之器流乎遠近。料得父時假貰文疏，謂族子紘曰：「彼有自當見還，彼無吾何言哉。」悉火焚之。

好學，聚書至萬卷。隣里年少好事者來從假借，日數十袠。慰祖親自取與，未嘗爲辭。爲始安王遙光撫軍刑獄，兼記室。遙光好棊，數召慰祖對戲。慰祖輒辭拙，非朔望不見也。

建武中詔舉士，從兄慧景舉慰祖及平原劉孝標並碩學。帝欲試以百里，慰祖辭不就。國子祭酒沈約、吏部郎謝朓嘗於吏部省中賓友俱集，各問慰祖地理中所不悉十餘事，慰祖口吃無華辭，而酬據精悉，一座稱服之。朓歎曰：「假使班、馬復生，無以過此。」

慰祖賣宅須四十五萬，買者云：「寧有減不？」答曰：「誠異韓伯休，何容二價。」買者又曰：「君但賣四十六萬，一萬見與。」慰祖曰：「豈是我心乎？」

少與侍中江祀款，及祀貴，常來候之，而慰祖不往也。與丹陽丞劉渢素善，遙光據東府反，慰祖在城內。城未潰一日，渢謂之曰：「卿有老母，宜出。」命門者出之。慰祖詣闕自首，繫尙方，病卒。

慰祖著海岱志，起太公迄西晉人物，爲四十卷，半成。臨卒，與從弟緯書云：「常欲更注遷、固二史，採史、漢所漏二百餘事，在厨簏，可檢寫之，以存大意。海岱志良未周悉，可寫數本付護軍諸從事人一通，及友人任昉、徐寅、劉洋、裴揆，令後世知吾微有素業也。」又令以棺親土，不須甎，勿設靈座。

祖沖之字文遠，范陽遒人也。[九]曾祖台之，晉侍中。祖昌，宋大匠卿。父朔之，奉朝請。沖之稽古，有機思，宋孝武使直華林學省，賜宅宇車服。解褐南徐州從事、公府參軍。始元嘉中，用何承天所製歷，比古十一家爲密。沖之以爲尙疏，乃更造新法，上表言之。孝武令朝士善歷者難之，不能屈。會帝崩不施行。

歷位爲婁縣令，謁者僕射。初，宋武平關中，得姚興指南車，有外形而無機杼，[一〇]每行，使人於內轉之。昇明中，齊高帝輔政，使沖之追修古法。沖之改造銅機，圓轉不窮，而司方如一，馬鈞以來未之有也。[一一]時有北人索馭驎者亦云能造指南車，高帝使與沖之各造，使於樂游苑對共校試，而頗有差僻，乃毁而焚之。晉時杜預有巧思，造欹器，三改不成。永明中，竟陵王子良好古，沖之造欹器獻之，與周廟不異。文惠太子在東宮，見沖之歷法，啓武帝施行。文惠尋薨又寢。

轉長水校尉，領本職。沖之造安邊論，欲開屯田，廣農殖。建武中，明帝欲使沖之巡行四方，興造大業，可以利百姓者，會連有軍事，事竟不行。

沖之解鍾律博塞，當時獨絕，莫能對者。以諸葛亮有木牛流馬，乃造一器，不因風水，施機自運，不勞人力。又造千里船，於新亭江試之，日行百餘里。於樂游苑造水碓磨，武帝親自臨視。又特善算。永元二年卒，年七十二。著易老莊義，釋論語、孝經，注九章，造綴述數十篇。子暅之。

暅之字景爍，少傳家業，究極精微，亦有巧思。入神之妙，般、倕無以過也。當其詣微之時，雷霆不能入。嘗行遇僕射徐勉，以頭觸之，勉呼乃悟。父所改何承天歷時尙未行，梁

中華書局

天監初，晊之更修之，於是始行焉。位至太舟卿。

晊之子皓，志節慷慨，有文武才略。少傳家業，善算歷。大同中爲江都令，後拜廣陵太守。

侯景陷臺城，皓在城中，將見害，乃逃歸江西。百姓感其遺惠，每相蔽匿。廣陵人來嶷乃說皓曰：「逆豎滔天，王室如燬，正是義夫發憤之秋，志士忘軀之日。府君荷恩重世，又不爲賊所容。今逃竄草間，知者非一，危亡之甚，累棊非喻。董紹先雖景之心腹，輕而無謀，新剋此州，人情不附，襲而殺之，此一壯士之任耳。今若糾率義勇，立可得三二百人。意欲奉戴府君，勦除兇逆，遠近義徒，自當投赴。如其剋捷，可立桓、文之勳；必天未悔禍，事生理外，百代之下，猶爲梁室忠臣。若何？」皓曰：「僕所願也，死且甘心。」爲要勇士耿光等百餘人襲殺景兗州刺史董紹先，推前太子舍人蕭勔爲刺史，結東魏爲援。馳檄遠近，將討景。景大懼，卽日率侯子鑒等攻之。城陷，皓見執，被縛射之，箭遍體，然後車裂以徇。城中無少長，皆埋而射之。

來嶷字德山，幼有奇節，兼資文武。旣與皓義舉，邵陵王承制除步兵校尉、秦郡太守，

封永寧縣侯。及皓敗，并兄弟子姪遇害者十六人。子法敏逃免，仕陳爲海陵令。

賈希鏡，平陽襄陵人也。祖弼之，晉員外郎。父匪之，驃騎參軍。〔一二〕家傳譜學。宋孝武時，青州人發古冢，銘云：「青州世子，東海女郎。」帝問學士鮑照、徐爰、蘇寶生，並不能悉。希鏡對曰：「此是司馬越女嫁苟晞兒。」檢訪果然，由是見遇，敕希鏡注郭子。

昇明中，齊高帝嘉希鏡世學，取爲驃騎參軍，武陵王國郎中令。歷大司馬司徒府參軍。竟陵王子良使希鏡撰見客譜，出爲句容令。

先是，譜學未有名家，希鏡祖弼之廣集百氏譜記，專心習業。晉太元中，朝廷給弼之令史書吏，〔一三〕撰定繕寫，藏秘閣及左戶曹。希鏡三世傳學，凡十八州士族譜，合百帙，七百餘卷，該究精悉，皆如貫珠，當時莫比。永明中，衞將軍王儉抄次百家譜，與希鏡參懷撰定。

建武初，希鏡遷長水校尉。〔一四〕傖人王泰寶買襲琅邪譜，尚書令王晏以啓明帝，希鏡坐被收，當極法。子棲長謝罪，稽顙流血，朝廷哀之，免希鏡罪。後爲北中郎參軍，卒。撰氏族要狀及人名書，並行於時。

袁峻字孝高，陳郡陽夏人，魏郎中令渙之八世孫也。早孤，篤志好學。家貧無書，每從人假借，必皆抄寫，自課日五十紙，紙數不登則不止。訥言語，工文辭。梁武帝雅好辭賦，時獻文章於南闕者相望焉。天監六年，峻乃擬揚雄官箴奏之。〔一五〕帝嘉焉，賜束帛，除員外郎，散騎侍郎，直文德學士省，抄史記、漢書各爲二十卷。又奉敕與陸倕各製新闕銘云。

劉昭字宣卿，平原高唐人，晉太尉寔九世孫也。祖伯龍，居父憂以孝聞，宋武帝敕皇太子諸王並往弔慰，官至少府卿。父彪，齊征虜晉安王記室。

昭幼清警，通老、莊義。及長，勤學善屬文，外兄江淹早相稱賞。梁天監中，累遷中軍臨川王記室。

初，昭伯父肜集衆家晉書注干寶晉紀爲四十卷，至昭集後漢同異以注范曄後漢，世稱博悉。卒於剡令。集注後漢一百三十卷，幼童傳一卷，〔一六〕文集十卷。

子緄字言明，亦好學，通三禮，位尚書祠部郎，著先聖本記十卷行於世。

緄弟緩字含度，爲湘東王中錄事。性虛遠，有氣調，風流迭宕，名高一府。常云：「不須名位，所須衣食。不用身後之譽，唯重目前知見。」

鍾嶸字仲偉，潁川長社人，晉侍中雅七世孫也。父蹈，齊中軍參軍。

嶸與兄岏、弟嶼並好學，有思理。嶸齊永明中爲國子生，明周易。衞將軍王儉領祭酒，頗賞接之。建武初，爲南康王侍郎。時齊明帝躬親細務，綱目亦密，於是郡縣及六署九府常行職事，莫不爭自啓聞，取決詔敕。文武勳舊皆不歸選部，於是憑勢互相通進，人君之務，粗爲繁密。嶸乃上書言：「古者明君揆才頒政，量能授職，三公坐而論道，九卿作而成務，天子可恭己南面而已。」書奏，上不懌，謂太中大夫顧暠曰：「鍾嶸何人，欲斷朕機務，卿識之不？」答曰：「嶸雖位末名卑，而所言或有可採。且繁碎職事，各有司存，今人主總而親之，是人主愈勞而人臣愈逸，所謂代庖人宰而爲大匠斲也。」上不顧而他言。

永元末，除司徒行參軍。梁天監初，制度雖革，而未能盡改前弊，嶸上言曰：「永元肇亂，坐弄天爵，勳非卽戎，官以賄就。揮一金而取九列，寄片札以招六校。騎都塞市，郎將

中華書局

壇街。服旣纓組，尚爲臧獲之事，職雖黄散，猶躬胥徒之役。名實淆紊，茲焉莫甚。臣愚謂永元諸軍官是素族士人，自有清貫，而因斯受爵，一宜削除，以懲澆競。若吏姓寒人，聽極其門品，不當因軍遂濫清級。若僑雜傖楚，應在綏撫，正宜嚴斷禄力，絕其妨正，直乞虛號而已。」敕付尚書行之。

衡陽王元簡出守會稽，引爲寧朔記室，專掌文翰。時居士何胤築室若邪山，[七]山發洪水，漂拔樹石，此室獨存。元簡令嶸作瑞室頌以旌表之，辭甚典麗。遷西中郎晉安王記室。

嶸嘗求譽於沈約，約拒之。及約卒，嶸品古今詩爲評，言其優劣，云「觀休文衆製，五言最優。齊永明中，相王愛文，王元長等皆宗附約。于時謝朓未遒，江淹才盡，范雲名級又微，故稱獨步。故當辭密於范，意淺於江」。蓋追宿憾，以此報約也。頃之卒官。

岏字長丘，位建康令卒。著良吏傳十卷。

嶼字季望，永嘉郡丞。

周興嗣字思纂，陳郡項人也。世居姑孰，博學善屬文。嘗步自姑孰，投宿逆旅，夜有人

謂曰：「子才學邁世，初當見識貴臣，卒被知英主。」言終不測所之。齊隆昌中，侍郎謝朏爲吳興太守，唯與興嗣談文史而已。及罷郡，因大相談薦。

梁天監初，奏休平賦，其文甚美，武帝嘉之，拜安成王國侍郎，直華林省。其年，河南獻舞馬，詔興嗣與待詔到沆、張率爲賦，帝以興嗣爲工，擢拜員外散騎侍郎，進直文德、壽光省。時武帝以三橋舊宅爲光宅寺，敕興嗣與陸倕各製寺碑，及成俱奏，帝用興嗣所製。自是銅表銘、柵塘碣、檄魏文、次韻王羲之書千字，並使興嗣爲文。每奏，帝稱善，賜金帛。後佐撰國史。興嗣兩手先患風疽，十二年，又染癘疾，左目盲。帝撫其手，嗟曰：「斯人而有斯疾。」手疏疽方以賜之。任昉又愛其才，常曰：「興嗣若無此疾，旬日當至御史中丞。」十七年，爲給事中，直西省。周捨奉敕注武帝所製歷代賦，啓興嗣與焉。普通二年卒。所撰皇帝實錄、皇德記、起居注、職儀等百餘卷，文集十卷。

吳均字叔庠，吳興故鄣人也。家世寒賤，至均好學有俊才，沈約嘗見均文，頗相稱賞。梁天監初，柳惲爲吳興，召補主簿，日引與賦詩。均文體清拔，有古氣，好事者或斅之，謂爲「吳均體」。均嘗不得意，贈惲詩而去，久之復來，惲遇之如故，弗之憾也。薦之臨川靖惠王，王稱之於武帝，即日召入賦詩，悅焉。待詔著作，累遷奉朝請。

先是，均將著史以自名，欲撰齊書，求借齊起居注及羣臣行狀，武帝不許，遂私撰齊春秋奏之。書稱帝爲齊明帝佐命，帝惡其實錄，以其書不實，使中書舍人劉之遴詰問數十條，竟支離無對。敕付省焚之，坐免職。尋有敕召見，使撰通史，起三皇訖齊代。均草本紀、世家已畢，唯列傳未就，卒。

均注范曄後漢書九十卷，著齊春秋三十卷、廟記十卷、十二州記十六卷、錢唐先賢傳五卷、續文釋五卷，文集二十卷。

先是有濟陽江洪，工屬文，爲建陽令，坐事死。

劉勰字彥和，東莞莒人也。父尚，越騎校尉。勰早孤，篤志好學。家貧不婚娶，依沙門僧祐居，遂博通經論，因區別部類，錄而序之。定林寺經藏，勰所定也。

梁天監中，兼東宮通事舍人，時七廟饗薦已用蔬果，而二郊農社猶有犧牲，勰乃表言二郊宜與七廟同改。詔付尚書議，依勰所陳。遷步兵校尉，兼舍人如故，深被昭明太子愛接。

初，勰撰文心雕龍五十篇，論古今文體，其序略云：「予齒在踰立，嘗夜夢執丹漆之禮器，隨仲尼而南行，寤而喜曰：大哉，聖人之難見也，廼小子之垂夢歟！自生靈以來，未有如夫子者也。敷讚聖旨，莫若注經，而馬、鄭諸儒弘之已精，就有深解，未足立家。唯文章之用，實經典枝條，五禮資之以成，六典因之致用。於是搦筆和墨，乃始論文。」其爲文用四十九篇而已。既成，未爲時流所稱。勰欲取定於沈約，無由自達，乃負書候約於車前，狀若貨鬻者。約取讀，大重之，謂深得文理，常陳諸几案。勰爲文長於佛理，都下寺塔及名僧碑誌，必請勰製文。敕與慧震沙門於定林寺撰經證。功畢，遂求出家，先燔鬢髮自誓，敕許之。乃變服改名慧地云。

何思澄字元靜，東海郯人也。父敬叔，齊長城令，有能名。在縣清廉，不受禮遺，夏節至，忽牓門受餉，數日中得米二千餘斛，他物稱是，悉以代貧人輸租。

思澄少勤學工文，爲遊廬山詩，沈約見之，大相稱賞，自以爲弗逮。約郊居宅新構閣齋，因命工書人題此詩於壁。傅昭嘗請思澄製釋奠詩，辭文典麗。

天監十五年，敕太子詹事徐勉舉學士入華林撰遍略，勉舉思澄、顧協、劉杳、王子雲、鍾

嶼等五人以應選。八年乃書成，合七百卷。思澄重交結，分書與諸賓朋校定，而終日造謁。每宿昔作名一束，曉便命駕，朝賢無不悉狎，狎處卽命食。有人方之樓護，〔一〇〕欣然當之。投晚還家，所齎名必盡。自廷尉正遷書侍御史。宋、齊以來，此職甚輕，天監初始重其選。車前依尚書二丞給三騶，執盛印青囊，舊事糾彈官印綬在前故也。後除安西湘東王錄事參軍，兼東宮通事舍人。時徐勉、周捨以才具當朝，並好思澄學，常遞日招致之。後卒於宣惠武陵王中錄事參軍。文集十五卷。

初，思澄與宗人遜及子朗俱擅文名，時人語曰：「東海三何，子朗最多。」思澄聞之曰：「此言誤耳。如其不然，故當歸遜。」思澄意謂宜在己也。

子朗字世明，早有才思。周捨每與談，服其精理。嘗爲敗冢賦，擬莊周馬棰，其文甚工。世人語曰：「人中爽爽有子朗。」卒於國山令，年二十四。集行於世。

王子雲，太原人，及江夏費昶，並爲閭里才子。昶善爲樂府，又作鼓吹曲。武帝重之，勑曰：「才意新拔，有足嘉異。昔郎惲博物，卞蘭巧辭。束帛之賜，實惟勸善。可賜絹十匹。」子雲嘗爲自弔文，甚美。

任孝恭字孝恭，臨淮人也。曾祖農夫，宋南豫州刺史。農夫弟候伯，位輔國將軍、行湘州事，並任將帥。

孝恭幼孤，事母以孝聞。精力勤學，家貧無書，常崎嶇從人假借，每讀一遍，諷誦略無所遺。外祖丘它與武帝有舊，帝聞其有才學，召入西省撰史。初爲奉朝請，進直壽光省，爲司文侍郎，俄兼中書通事舍人。勑遣製建陵寺刹下銘，又啓撰武帝集序文，並富麗。自是專掌公家筆翰。孝恭爲文敏速，若不留思，每奏稱善，累賜金帛。少從蕭寺雲法師讀經論，明佛理，至是蔬食持戒，信受甚篤。而性頗自伐，以才能尚人，於流輩中多有忽略，世以此少之。

太清二年，〔一九〕侯景寇逼，孝恭啓募兵，隸蕭正德。正德入賊，孝恭還赴臺，臺門閉，侯景獲之，使作檄。求還私第檢討，景許之，因走入東府。城陷，景斬剉之。文集行於世。

顏協字子和，琅邪臨沂人，晉侍中含七世孫也。父見遠，博學有志行。初，齊和帝鎮荆州，以爲錄事參軍；及卽位，兼御史中丞。梁武帝受禪，見遠不食，發憤數日而卒。帝聞之，曰：「我自應天從人，何豫天下士大夫事？而顏見遠乃至於此。」

協幼孤，養於舅氏。少以器局稱。博涉羣書，工於草隸飛白。時吳人范懷約能隸書，協學其書，殆過眞也。荆楚碑碣皆協所書。時又有會稽謝善勛能爲八體六文，方寸千言，京兆韋仲善飛白，並在湘東王府。善勛爲錄事參軍，仲爲中兵參軍。府中以協優於韋仲而減於善勛。善勛飲酒至數斗，醉後輒張眼大駡，雖復貴賤親疏無所擇也，時謂之謝方眼。而胸衿夷坦，有士君子之操焉。

協家雖貧素，而修飾邊幅，非車馬未嘗出游。湘東王出鎭荆州，以爲記室。時吳郡顧協亦在蕃邸，與協同名，才學相亞，府中稱爲二協。舅陳郡謝暕卒，協以有鞠養恩，居喪如伯叔禮，議者甚重焉。又感家門事義，不求顯達，恒辭徵辟，游於蕃府而已。卒，元帝甚歎惜之，爲懷舊詩以傷之。

協所撰晉仙傳五篇，日月災異圖兩卷，行於世。其文集二十卷，遇火湮滅。子之儀、之推，並早知名。

紀少瑜字幼瑒，丹陽秣陵人也。本姓吳，養于紀氏，因而命族。早孤，幼有志節，常慕王安期之爲人。年十三，能屬文。初爲京華樂，王僧孺見而賞之，曰：「此子才藻新拔，方有高名。」少瑜嘗夢陸倕以一束青鏤管筆授之，云：「我以此筆猶可用，卿自擇其善者。」其文因此遒進。

年十九，始遊太學，備探六經，博士東海鮑皦雅相欽悅。時皦有疾，請少瑜代講。少瑜旣妙玄言，善談吐，辯捷如流。爲晉安國中尉，卽梁簡文也，深被恩遇。後侍宣城王讀。當陽公爲郢州，以爲功曹參軍，轉輕車限內記室，坐事免。大同七年，始引爲東宮學士。邵陵王在郢，啓求學士，武帝以少瑜充行。

少瑜美容貌，工草書，吏部尚書到漑嘗曰：「此人有大才而無貴仕。」將拔之，會漑去職。後除武陵王記室參軍，卒。

杜之偉字子大，吳郡錢唐人也。家世儒學，以三禮專門。父規，梁奉朝請。之偉幼精敏，有逸才。年十五，遍觀文史及儀禮故事，時輩稱其早成。僕射徐勉嘗見其文，重其有筆力。

中大通元年，梁武帝幸同泰寺捨身，敕勉撰儀注。〔三〇〕勉以先無此禮，召之偉草具其儀。乃啓補東宮學士，與學士劉陟等抄撰羣書，各爲題目，所撰富教、政道二篇，皆之偉爲序。後兼太學限內博士。

大同七年，梁皇太子釋奠於國學，時樂府無孔子、顏子登歌詞，令之偉製文，伶人傳習，以爲故事。再遷安前邵陵王刑獄參軍。

之偉年位甚卑，特以强識俊才，頗有名當世。吏部尚書張纘深知之，以爲廊廟之器。陳武帝爲丞相，素聞其名，召補記室參軍。還中書侍郎，領大著作。及受禪，除鴻臚卿，餘並如故。之偉求解著作，優敕不許。再遷太中大夫，仍敕撰梁史，卒官。文集十七卷。

顏晃字元明，琅邪臨沂人也。少孤貧，好學，有辭采。解褐梁邵陵王兼記室參軍。時東宮學士庾信使府中，王使晃接對，信輕其少，曰：「此府兼記室幾人？」晃曰：「猶當少於宮中學士。」當時以爲善對。

侯景之亂，奔荊州。承聖初，除中書侍郎。陳天嘉初，累遷員外散騎常侍，兼中書舍人，掌詔誥。卒，贈司農卿，謚曰貞子。

晃家世單門，傍無戚援，而介然修立，爲當世所知。其表奏詔誥，下筆立成，便得事理。有集二十卷。

岑之敬字思禮，南陽棘陽人也。父善紆，梁世以經學聞，官至吳寧令，司義郎。

之敬年五歲，讀孝經，每燒香正坐，親戚咸加歎異。十六，策春秋左氏、制旨孝經義，擢爲高第。御史奏曰：「皇朝多士，例止明經，若顏、閔之流，乃應高第。」梁武帝省其策，曰：「何妨我復有顏、閔邪。」因召入面試。令之敬升講坐，敕中書舍人朱异執孝經，唱士孝章，武帝親自論難。之敬剖釋從横，左右莫不嗟服。仍除童子奉車郎，賞賜優厚。

十八，預重雲殿法會，時武帝親行香，熟視之敬曰：「未幾見兮，突而弁兮。」即日除太學限內博士。尋爲壽光學士、司義郎。太清元年，表請試吏，〔三一〕除南沙令。

承聖二年，除晉安王宣惠府中記室參軍。時蕭勃據嶺表，敕之敬宣旨慰喻。會魏克江陵，仍留廣州。陳太建初還朝，授東宮義省學士。累遷南臺書侍御史，征南府諮議參軍。

之敬始以經業進，而博涉文史，雅有詞筆，不爲醇儒。性謙謹，未嘗以才學矜物，接引後進，恂恂如也。每母忌日營齋，必躬自洒掃，涕泣終日，士君子以篤行稱之。十一年卒。有集十卷行於世。

子德潤，有父風，位中軍吳興王記室。

何之元，廬江灊人也。祖僧達，齊南臺書侍御史。父法勝，以行業聞。

之元幼好學，有才思，居喪過禮。梁天監末，司空袁昂表薦之，因得召見。累遷信義令。其宗人敬容，位望隆重，頻相顧訪，之元終不造焉。或問其故，之元曰：「昔楚人得寵於觀起，有馬者皆亡。夫德薄任隆，必近覆敗，吾恐不獲其利而招其禍。」識者以是稱之。

侯景之亂，武陵王以太尉承制，授南梁州刺史、北巴西太守。武陵王自成都舉兵東下，之元與蜀中人庶抗表請無行，王以爲沮衆，囚之于艦中。及武陵兵敗，之元從邵陵太守劉棻之郡。俄而魏剋江陵，劉棻卒，〔三二〕王琳召爲記室參軍。及琳立蕭莊，署爲中書侍郎。王琳敗，齊主以爲揚州別駕，所居卽壽春也。

及衆軍北伐，湘州刺史始興王叔陵遣功曹史柳咸齎書召之。之元始與陳朝有隙，書至大惶恐。讀書至「孔璋無罪，左車見用」，遂隨咸至湘州。再還中衞府諮議參軍。

及叔陵誅，之元乃屏絕人事，著梁典，起齊永元元年，迄于琳遇獲，七十五年行事，爲三

十卷。

陳亡，移居常州之晉陵縣。隋開皇十三年，卒于家。

徐伯陽字隱忍，東海人也。父僧權，梁東宮通事舍人，領祕書，以善書知名。

伯陽敏而好學，善色養。家有史書，所讀者近三千餘卷。梁大同中，爲侯官令，甚得人和。侯景之亂，至廣州依蕭勃。勃平，還都。陳天嘉中，除司空侯安都府記室參軍。太建初，與中記室李爽、記室張正見、左戶郎賀徹、學士阮卓、黃門郎蕭詮、三公郎王由禮、處士馬樞、記室祖孫登、比部郎賀循、長史劉刪等爲文會友，後有蔡凝、劉助、陳暄、孔範亦預焉，皆一時士也。遊宴賦詩，動成卷軸，〔三三〕伯陽爲其集序，盛傳於世。

後除鎮北新安王府中記室參軍，兼南徐州別駕，帶東海郡丞。鄱陽王爲江州刺史，伯陽常奉使造焉。王率府僚與伯陽登匡嶺置宴，酒酣，命筆賦劇韻三十，伯陽與祖孫登前成，王賜以奴婢雜物。後除鎮右新安王府諮議參軍事。聞姊喪，發疾卒。

中華書局

張正見字見賾，清河東武城人也。祖善之，〔一四〕魏散騎常侍、勃海長樂二郡太守。父脩禮，魏散騎侍郎，歸梁，仍拜本職，遷懷方太守。

正見幼好學，有清才。梁簡文在東宮，正見年十三，獻頌，簡文深贊賞之。梁元帝卽位，爲彭澤令。屬喪亂，避地匡俗山。陳武帝受禪，正見還都。累遷尙書度支郎，撰史著士，卒。有集十四卷，其五言尤善。

阮卓，陳留尉氏人也。祖詮，梁散騎侍郎。父問道，梁岳陽王府記室參軍。

卓幼聰敏，篤志經籍，尤工五言。性至孝，父隨岳陽王出鎭江州，卒，卓時年十五，自都奔赴，水漿不入口者累日。載柩還都，度彭蠡湖，中流遇疾風，船幾沒者數四，卓仰天悲號，俄而風息，人以爲孝感之至。

陳天康元年，〔一五〕爲新安王府記室參軍，隨府轉翊右記室，帶撰史著士。及平歐陽紇，交阯夷獠往往聚爲寇抄，卓奉使招慰。交阯通日南、象郡，多金翠珠貝珍怪之產，前後使者皆致之，唯卓挺身而還，時論咸伏其廉。

後爲始興王中衞府記室參軍。及叔陵誅，後主謂朝臣曰：「阮卓素不同逆，宜加旌異。」

至德元年，入爲德教殿學士。尋兼通直散騎常侍，副王話聘隋。隋文帝夙聞其名，遣河東薛道衡、琅邪顏之推等與卓談宴賦詩，賜遺加禮。

還除南海王府諮議參軍，以目疾不之官。退居里舍，改構亭宇，修山池卉木，招致賓友，以文酒自娛。陳亡入隋，行至江州，追感其父所終，遘疾卒。

論曰：文章者，蓋情性之風標，神明之律呂也。蘊思含豪，遊心內運，放言落紙，氣韻天成。莫不禀以生靈，遷乎愛嗜，機見殊門，賞悟紛雜，感召無象，變化不窮。發五聲之音響，而出言異句，寫萬物之情狀，而下筆殊形。暢自心靈，而宜之簡素，輪扁之言，未或能盡。然縱假之天性，終資好習，是以古之賢哲，咸所用心。至若丘靈鞠等，或克荷門業，或夙懷慕尙，雖位有窮通，而名不可滅。然則立身之道，可無務乎。

校勘記

〔一〕在沈深座　「沈深」南齊書作「沈淵」，此避唐諱改。

〔二〕時有豫章熊襄著齊典上起十代　李慈銘南史札記：「十代恐是宋代之譌。」按下序云：「尙書堯典謂之虞書，則附所述通謂之齊書。」觀其以虞書通堯爲範例，則齊書所通者當止於宋，安得「上起十代」以附所述？李說可從。

〔三〕殿下卽東宮爲府　「爲」字各本並脫，據通志補。

〔四〕復不懃於討捕　「於」各本作「之」，據南齊書改。

〔五〕彬性好飲酒以瓠壺瓢勺杬皮爲具　「好」字各本並脫，據太平御覽九七九引補；「具」各本作「肴」，據通志改。按杬木皮厚，與瓠瓢皆可製爲容器，故彬以之爲酒具。

〔六〕自稱卞田居　王鳴盛十七史商榷六四引何焯曰：「當作『田君』。韓翃用文韻押君字，可知其誤。」

〔七〕又時有虞通之虞龢司馬憲袁仲明孫詵等　張森楷南史校勘記：「按下文言仲明撰晉史未成卒，則卽南齊書王智深傳所附之袁炳叔明也。炳字避唐諱而去，仲、叔未知誰是。」

〔八〕召見芙蓉堂　「芙蓉堂」各本作「扶容堂」，據南齊書、通志改。

〔九〕范陽遒人也　「遒」南齊書作「薊」。

〔一〇〕有外形而無機杼　「機杼」南齊書作「機巧」。

〔一一〕馬鈞以來未之有也　「馬鈞」各本作「馬均」。按三國志魏志方技杜夔傳注：「時有扶風馬鈞巧思絕世。」又引傅玄序云：「先生名鈞字德衡。鈞者器之模，而衡者所以定物之輕重。」是「均」當作「鈞」，今從改。

〔一二〕賈希鏡平陽襄陵人也祖弼之晉員外郎父匪之驃騎參軍　南齊書「賈淵字希鏡」，此避唐諱而稱其字。王僧儒傳弼之作弼，淵作深，則又以避唐諱而改字。

〔一三〕晉太元中朝廷給弼之令史書吏　「太元」、「書吏」各本作「泰元」、「書史」，並據南齊書及本書王僧孺傳改正。按太元，晉孝武帝年號。

〔一四〕建武初希鏡遷長水校尉　「建武」各本作「建元」，據南齊書改。按上出「永明中」，永明之前爲建元，永明之後爲建武，南齊書是。

〔一五〕峻乃擬揚雄官箴奏之　「官箴」各本作「言箴」，據梁書及册府元龜一九二、八三九改。後漢書胡廣傳：「初，揚雄依虞箴作十二州二十五官箴，其九篇亡闕。」

〔一六〕集注後漢一百三十卷幼童傳一卷　按今本范曄後漢書一百卷，益以司馬彪續漢志三十卷，凡一百三十卷。「一百三十卷」各本作「一百八十卷」，王鳴盛十七史商榷二九訂其誤，今從改。「幼童傳一卷」梁書、册府元龜五五五並作「十卷」。

〔一七〕時居士何胤築室若邪山　「若邪山」梁書同。按梁書處士何胤傳：「胤以若邪處勢迫隘，不容生徒，乃遷秦望山。」是築室於秦望非若邪。

〔一八〕狎處卽命食有人方之樓護　「樓護」各本作「婁護」。按漢書游俠樓護傳：「是時王氏方盛，五侯兄弟爭名，其客各有所厚，唯護盡入其門，咸得其驩心。」西京雜記謂「護傳食五侯間」，此即用其事。今改正。

〔一九〕太清二年　「二年」各本作「三年」，據梁書改。

〔二〇〕中大通元年梁武帝幸同泰寺捨身敕勉撰儀注　「中大通」各本作「中大同」。按徐勉卒於大同元年，中大同在大同之後。又據梁書武帝紀，蕭衍於同泰寺捨身凡三次，一在大通元年，一在中大通元年，一在太清元年。無中大同元年事。觀下出「大同七年」，則此爲其前之「中大通元年」無疑，今訂正。

〔二一〕表請試吏　「請」字各本並脫，據陳書補。

〔二二〕之元從邵陵太守劉棻之郡俄而魏剋江陵劉棻卒　張森楷南史校勘記：「梁書敬帝紀書盜殺邵陵太守劉棻，而此云卒，蓋誤。陳書作劉恭，故於此云劉恭卒。」按通鑑紹泰元年紀作「劉棻」。

〔二三〕動成卷軸　「動」陳書作「勒」。

〔二四〕祖善之　「善之」陳書作「蓋之」。

〔二五〕陳天康元年　「天康」各本作「天嘉」，據陳書改。按文帝諸子傳陳伯固封新安王在天嘉六年，阮卓爲新安王記室參軍當在天康元年。

南史卷七十三

列傳第六十三

孝義上

龔穎　劉瑜　董陽　賈恩　郭世通　子原平　嚴世期　吳逵
潘綜　陳遺　秦綿　張進之　俞僉　張楚　丘傑　師覺授　王彭
蔣恭　徐耕　孫法宗　范叔孫　吳國夫　卜天與　弟天生　許昭先
余齊人　孫棘　妻許　徐元妻許　錢延慶　何子平　崔懷順
王虛之　顧昌衍　江柔之　江軻　吳慶之　蕭叡明　鮮于文宗
蕭矯妻羊　羊緝之女佩任　吳康之妻趙　蔣儁之妻黃　吳翼之母丁
會稽陳氏三女　永興概中里王氏女　諸暨屠氏女　吳興乘公濟妻姚

吳郡范法恂妻褚　公孫僧遠　吳欣之　韓係伯　丘冠先　孫淡
華寶　薛天生　劉懷胤　解叔謙　宗元卿　庾震　朱文濟　匡昕　魯康祚
謝昌寓　韓靈敏　劉渢　弟溓　柳叔夜　封延伯　陳玄子　邵榮興
文獻叔　徐生之　范安祖　李聖伯　范道根　譚弘寶　何弘　陽黑頭　王續祖
郝道福　吳達之　蔡曇智　何伯璵　王文殊　樂頤之　弟預　沈昇之
江泌　庾道愍　族孫沙彌　沙彌子持

易曰：「立人之道，曰仁與義。」夫仁義者，合君親之至理，實忠孝之所資。雖義發因心，情非外感，然企及之旨，聖哲貽言。至於風漓化薄，禮違道喪，忠不樹國，孝亦愆家，而一代之甿，權利相引，仕以勢招，榮非行立。乏翱翔之感，棄舍生之分，〔一〕霜露未改，大痛已忘於心，名節不變，戎車遽爲其首，斯並軌訓之理未弘，汲引之塗多闕。若夫情發於天，行成乎己，捐軀捨命，濟主安親，雖乘理闇至，匪由勸賞，而宰世之人，曾微誘激。乃至事隱閭閻，無聞視聽，考于載籍，何代無之。故宜被之圖篆，用存旌勸。今搜綴湮落，以備闕文云爾。

中華書局

龔穎，遂寧人也。少好學，益州刺史毛璩辟爲勸學從事。璩爲譙縱所殺，故佐吏並逃亡，穎號哭奔赴，殯送以禮。縱後設宴延穎，不獲已而至。樂奏，穎流涕起曰：「北面事人，亡不能死，何忍舉觴聞樂，蹈跡逆亂乎。」縱大將譙道福引出將斬之，道福母卽穎姑也，跣出救之得免。及縱僭號，備禮徵又不至，乃脅以兵刃，執志終無回改，至于蜀平，遂不屈節。其後刺史至，輒加辟引。歷府參軍，州別駕從事史。宋文帝元嘉二十四年，刺史陸徽表穎節義，遂不被朝命，終於家。

劉瑜，歷陽歷陽人也。七歲喪父，事母至孝。年五十二，又喪母，三年不進鹽酪，號泣晝夜不絕聲，勤身力以營葬事。服除，二十餘年，布衣蔬食，言輒流涕，常居墓側，未嘗暫違。宋文帝元嘉初卒。

又元嘉七年，南豫州舉所統西陽縣人董陽三世同居，外無異門，內無異煙。詔榜門曰「篤行董氏之閭」，蠲一門租布。

賈恩，會稽諸暨人也。少有志行。元嘉三年母亡，居喪過禮。未葬，爲鄰火所逼，恩及妻桓氏號哭奔救，鄰近赴助，棺櫬得免，恩及桓俱燒死。有司奏改其里爲孝義里，蠲租布三世。追贈恩天水郡顯親左尉。

郭世通，[二] 會稽永興人也。年十四喪父，居喪殆不勝哀。家貧，傭力以養繼母。婦生一男，夫妻恐廢侍養，乃垂泣瘞之。母亡，負土成墳。親戚或共賻助，微有所受，葬畢，傭賃還先直。服除後，思慕終身如喪者，未嘗釋衣帢。仁孝之風，行於鄉黨。鄰村小大莫有呼其名者。嘗與人共於山陰市貨物，誤得一千錢，當時不覺，分背方悟，追還本主。錢主驚歎，以半直與之，世通委之而去。元嘉四年，大使巡行天下，散騎常侍袁愉表其淳行，文帝嘉之，敕榜表門閭，蠲其租調，改所居獨楓里爲孝行焉。太守孟顗察孝廉，不就。

子原平字長恭，又稟至行，養親必以己力，傭賃以給供養。性甚巧，每爲人作正，取散夫價。[三] 主人設食，原平自以家貧，父母不辦有肴味，唯飡鹽飯而已。若家或無食，則虛中竟日，義不獨飽。須日暮作畢，受直歸家，於里糴買，然後舉爨。

父篤疾彌年，原平衣不解帶，口不嘗鹽菜者，跨積寒暑，又未嘗睡臥。父亡，哭踊慟絕，數日方蘇。以爲奉終之義，情禮自畢，塋壙凶功，不欲假人。本雖巧而不解作墓，乃訪邑中有營墓者，助人運力，經時展勤，久乃閑練。又自賣十夫以供衆費，窀穸之事，儉而當禮。性無術學，因心自然。葬畢，詣所買主執役無懈，與諸奴分務，讓逸取勞。主人不忍使，每遣之。原平服勤未嘗暫替，傭賃養母，有餘聚以自贖。既學構冢，尤善其事，每至吉歲，求者盈門。原平所起必自貧始，既取賤價，又以夫日助之。及父喪終，自起兩間小屋以爲祠堂，每至節歲，常於此數日中哀思，絕飲粥。父服除後，不復食肉。高陽許瑤之罷建安郡丞還家，以綿一斤遺之，不受。瑤之乃自往，曰：「今歲過寒，而建安綿好，以此奉尊上下耳。」[四] 原平乃拜而受之。

及母終，毀瘠彌甚，僅乃免喪。墓前有數十畝田，不屬原平，每至農月，耕者恒裸袒。原平不欲使人慢其墳墓，乃貿家資，貴買此田，三農之月，輒束帶垂泣，躬自耕墾。

每出賣物，裁求半價，邑人皆共識悉，輒加本價與之，彼此相讓，要使微賤，然後取直。宅上種竹，夜有盜其筍者，原平遇見之，盜者奔走墜溝。原平乃於所植竹處溝上立小橋令

通，又採筍置籬外，鄰里慚愧，無復取者。

宋文帝崩，原平號慟，日食麥餅一枚，如此五日。人曰：「誰非王臣，何獨如此？」原平泣而答曰：「吾家見異先朝，蒙褒贊之賞，不能報恩，私心感動耳。」[五]

又以種瓜爲業，大明七年大旱，瓜瀆不復通船。縣令劉僧秀愍其窮老，下瀆水與之。原平曰：「普天大旱，百姓俱困，豈可減溉田之水，以通運瓜之船。」乃步從他道往錢唐貨賣。每行來見人牽埭未過，輒迅檝助之。已自引船，不假旁人。若自船已度，後人未及，常停住須待，以此爲常。嘗於縣南郭鳳埭助人引船，遇有鬭者爲吏所錄，鬭者逃散，唯原平獨住，吏執以送縣。縣令新到，未相諳悉，將加嚴罰，原平解衣就罪，義無一言。左右大小咸稽顙請救，然後得免。由來不謁官長，自此乃始修敬。太守蔡興宗臨郡，深加貴異，以私米饋原平及山陰朱百年妻各百斛。原平誓死不受，百年妻亦固辭。

會稽郡貴重望計及望孝，盛族出身，不減祕、著。明帝泰始七年，興宗欲舉山陰孔仲智子爲望計，原平次息爲望孝。仲智會土高門，原平一邦至行，欲以相敵。會明帝別敕用人，故二選並寢。興宗徵還都，表其殊行，舉爲太學博士。會興宗薨，事不行。卒於家。三子一弟，並有門行。

中華書局

四百餘里，一日而至。至門，方知父死，號踊慟絕，良久乃蘇。問父所遺言，母曰：「汝父臨終，恨不見汝。」齊人卽曰：「相見何難。」於是號叫殯所，須臾便絕。州縣上言，有司奏改其里爲孝義里，蠲租布，賜其母穀百斛。

孫棘，彭城人也。宋大明五年，發三五丁，弟薩應充行，坐違期不至。棘詣郡辭列：「棘爲家長，令弟不行，罪應百死，乞以身代薩。」薩又辭列自引。太守張岱疑其不實，以棘、薩各置一處，報云「聽其相代」。顏色並悅，甘心赴死。棘妻許又寄語屬棘：「君當門戶，豈可委罪小郎？且大家臨亡，以小郎屬君。竟未妻娶，家道不立。君已有二兒，死復何恨。」岱依事表上，孝武詔特原罪。州加辟命，幷賜帛二十疋。

先是，新蔡徐元妻許二十一喪夫，子甄年三歲，父攬愍其年少，以更適同縣張買。許自誓不行，父逼載送買。許自經氣絕，家人奔赴，良久乃蘇。買夜送還攬。許歸徐氏，養元父季。元嘉中，八十餘卒。

又明帝泰始二年，長城吳慶恩殺同郡錢仲期。子延慶屬役在都，聞父死馳還，於庾浦埭逢慶恩，[一四]手刃殺之，自繫烏程獄。吳興太守郗顒表不加罪，許之。

何子平，廬江灊人也。曾祖楷，晉侍中。祖友，會稽王道子驃騎諮議參軍。父子先，建安太守。

子平世居會稽，少有志行，事母至孝。揚州辟從事史，月奉得白米，輒貨市粟麥。人曰：「所利無幾，何足爲煩。」子平曰：「尊老在東，不辦得米，何心獨饗白粲。」每有贈鮮肴者，若不可寄致至家，則不肯受。母本側庶，籍注失實，實未及養，而籍年已滿，便去職歸家。時鎮軍將軍顧覬之爲州上綱，謂曰：「尊上年實未八十，親故所知，州中差有微祿，當啓相留。」子平曰：「公家正取信黃籍，籍年既至，便應扶侍，何容苟冒榮利。」乃歸家竭力供養。

元嘉三十年，元凶弒逆，隨王誕入討，以爲行參軍。子平以凶逆滅理，故廢己受職，事寧自解。末除吳郡海虞令，縣祿唯供養母一身，不以及妻子。人疑其儉薄，子平曰：「希祿本在養親，不在爲己。」問者慚而退。母喪去官，哀毁踰禮，每至哭踊，頓絕方蘇。屬大明末東土饑荒，繼以師旅，八年不得營葬。晝夜號哭，常如袒括之日。冬不衣絮，暑避清涼，[一五]一日以數合米爲粥，不進鹽菜。所居屋敗，不蔽風日，兄子伯興欲爲葺理，子平不肯，曰：「我情事未申，天地一罪人耳，屋何宜覆。」蔡興宗爲會稽太守，甚加矜賞，爲營冢壙。

子平居喪毁甚，及免喪，殆至不立。幼持操檢，敦厲名行，雖處闇室，如接大賓。學義堅明，處之以默，安貧守善，不求榮進。好退之士彌以此貴之。卒年六十。

崔懷順，[一六]清河東武城人也。父邪利，魯郡太守，宋元嘉中爲魏所獲。懷順與妻房氏篤愛，聞父見虜，卽日遣妻，布衣蔬食如居喪禮，歲時北向流涕。邪利後仕魏，書戒懷順不許如此。懷順得書更號泣。懷順從叔模爲滎陽太守，亦入魏，模子雖居處改節，不廢婚宦。宋大明中，懷順宗人冀州刺史元孫北使魏，魏人問之曰：「崔邪利、模並力屈歸命，二家子姪出處不同，義將安在？」元孫曰：「王尊驅驥，王陽回車，欲令忠孝並弘，臣子兩遂。」

泰始初，淮北入魏，懷順因此歸北，至代都而邪利已卒，懷順絕而後蘇，載喪還青州。徒跣氷雪，土氣寒酷，而手足不傷，時人以爲孝感。喪畢，以弟在南，齊建元初又逃歸，而弟已亡。懷順孤貧，宗黨哀之，日斂給其斗米。永明中卒。

王虛之字文靜，廬江石陽人也。十三喪母，三十三喪父，二十五年鹽酢不入口。疾病著牀，忽有一人來問疾，謂之曰：「君病尋差。」俄而不見，病果尋差。庭中楊梅樹隆冬三實，又每夜所居有光如燭，墓上橘樹一冬再實，時人咸以爲孝感所致。齊永明中，詔榜門，蠲其三世。

時又有顧昌衍、江柔之、江軻並以篤行知名。昌衍吳人，居喪幾致滅性。王儉言之天子曰：「昌衍既有至行，且張永之甥，宜居禮閣，以光郎署。」乃以爲尚書庫部郎。柔之、軻並濟陽人。柔之字叔遠，孝悌通亮，亦至臺郎。軻字伯倫，貞嚴有行。宗人江斅位至侍中，性豪侈，唯見軻則敬挹焉。

吳慶之字文悅，濮陽人也，寓居吳興。[一七]宋江夏王義恭爲揚州，召爲西曹書佐。及義恭誅，慶之自傷爲吏無狀，不復肯仕，終身蔬食。後王琨爲吳興太守，欲召爲功曹。答曰：「走素無人世情，直以明府見接有禮，所以奔走歲時。若欲見吏，則是蓄魚於樹，栖鳥於泉

中華書局

耳。」不辭而退。琨追謝之，望塵不及矣。

蕭叡明字景濟，南蘭陵人也。母病風，積年沉卧。叡明晝夜祈禱，時寒，叡明下淚爲之冰如筯，額上叩頭血亦冰不溜。〔一八〕忽有一人以小石函授之，曰：「此療夫人病。」叡明跪受之，忽不見。以函奉母，函中唯有三寸絹，丹書爲「日月」字，母服之卽平復。

于時秣陵朱緒無行，母病積年，忽思菰羹，緒妻到市買菰爲羹欲奉母，緒曰：「病復安能食。」先嘗之，遂併食盡。母怒曰：「我病欲此羹，汝何心併啖盡。天若有知，當令汝哽死。」緒聞便心中介介然，〔一九〕卽利血，明日而死。叡明聞之，大悲慟，不食積日。問緒尸在何處，欲手自戮之。既而曰：「洿吾刀。」乃止。永明五年，居母喪，不勝哀，卒，詔贈中書郎。

時又有鮮于文宗，漁陽人，年七歲喪父。父以種芋時亡，至明年芋時，對芋嗚咽，如此終身。姊文英適荀氏，七日而夫亡，執節不嫁。及母卒，晝夜哭泣，遂喪明。

蕭矯妻羊字淑禕，性至孝，居父喪，哭輒吐血。母嘗有疾，淑禕於中夜祈禱，忽見一人在樹下自稱枯桑君，曰：「若人無患，今泄氣在亥，〔二〇〕西南求白石鎭之。」言訖不見。明日如言而疾愈。

又時有羊緝之女佩任者，烏程人。隨母還舅氏，母亡，晝夜號哭，不飲食三日而亡，鄉里號曰「女表」。

又有晉陵吳康之妻趙氏，父亡弟幼，遇歲饑，母老病篤，趙詣鄉里告乞，言辭哀苦，鄉里憐之，各分升米，遂得免。及嫁康之，少時夫亡，家欲更嫁，誓言不貳焉。〔二一〕

又義興蔣儁之妻黃氏，夫亡不重嫁，家逼之，欲自殺，乃止。建元三年，詔蠲表門閭。

又會稽永興吳翼之母丁氏，〔二二〕少喪夫。性仁愛，遭年荒，分衣食以飴里中飢餓者，隣里求借未嘗違。同里陳攘父母死，孤單無親戚，丁收養之。及長爲營婚娶。又同里王禮妻徐氏，荒年客死山陰，丁爲買棺器，〔二三〕自往斂葬。元徽末，大雪，商旅斷行，村里比室飢餓，丁自出鹽米，計口分賦。同里左僑家露四喪無以葬，丁爲辦冢椁。有三調不登者，代爲輸送。〔二四〕丁長子婦王氏守寡，執志不再醮。州郡上言，詔表門閭，蠲租稅。

又會稽寒人陳氏，有三女，無男，祖父母年八九十，老無所知，父篤癃病，母不安其室。遇歲饑，三女相率於西湖採菱蓴，更日至市貨賣，未嘗虧怠，鄉里稱爲義門，多欲娶爲婦。長女自傷煢獨，誓不肯行。祖父母尋相繼卒，三女自營殯葬，爲菴舍居墓側。

又永興概中里王氏女年五歲，得毒病，兩目皆盲。性至孝，年二十父死，臨尸一叫，眼皆血出。小妹娥舐其血，左目卽開，時人稱爲孝感。

又諸暨東洿里屠氏女，父失明，母痼疾，親戚相棄，鄉里不容。女移父母遠住苧羅，〔二五〕晝採樵，夜紡績，以供養。父母俱卒，親營殯葬，負土成墳。忽空中有聲云：「汝至性可重，山神欲相驅使，汝可爲人療病，必得大富貴。」女謂是魃魅，弗敢從。遂得病積時。隣舍人有中溪蜮毒者，〔二六〕女試療之，自覺病便差，遂以巫道爲人療疾，無不愈。家產日益，鄉里多欲娶之。女以無兄弟，誓守墳墓不嫁，爲山劫所殺。

又吳興乘公濟妻姚氏，生二男，而公濟及兄公願、乾伯並卒，各有一子，姚養育之，賣田宅爲取婦，自與二男寄止隣家。明帝詔爲其二子婚，表閭復徭役。

又吳郡范法恂妻褚氏，亦勤苦執婦業。宋昇明中，孫曇瓘謀反亡命，褚謂其子僧簡曰：「孫越州先姑之姊子，與汝父親則從母兄弟，交則義重古人，逃竄脫不免，汝宜收之。」曇瓘尋伏法，褚氏令僧簡往斂葬。年七十餘，永明中卒。僧簡在都聞病馳歸，未至，褚已卒，將殯舉尸不起，尋而僧簡至焉。

公孫僧遠，會稽剡人也。居父喪至孝，事母及伯父甚謹。年饑，僧遠省飧減食以養母及伯父。弟亡，貧無以葬，〔二七〕身自販貼與隣里，供斂送終之費，躬負土，手種松柏。兄姉未婚嫁，乃自賣爲之成禮。名聞郡縣。齊高帝卽位，遣兼散騎常侍虞炎等十二部使行天下，〔二八〕表列僧遠等二十三人，詔並表門閭，蠲租稅。

中華書局

吳欣之，晉陵利城人也。〔二九〕宋元嘉末，弟慰之爲武進縣吏。隨王誕起義，元凶遣軍主華欽討之，〔三〇〕吏人皆散，慰之獨留見執。將死，欣之詣欽乞代弟命，辭淚哀切，兄弟皆見原。齊建元三年，有詔蠲表之。

永明初，廣陵人童超之二息犯罪爭死，〔三一〕太守劉悛表以聞。

韓係伯，襄陽人也，事父母謹孝。襄陽人隣居種桑樹於界上爲誌，係伯以桑枝蔭妨他地，遷界上開數尺，隣畔隨復侵之，係伯輒更改種。久之，隣人慚愧，還所侵地，躬往謝之。齊建元三年，蠲表門閭，以壽終。

時有吳興人聞人夐，年十七，結客報父仇，爲高帝所賞，位至長水校尉。

丘冠先字道玄，吳興烏程人也，少有節義。齊永明中，位給事中。時求使蠕蠕國，〔三二〕尚書令王儉言：「冠先雖名位未升，而義行甚重。若爲行人，則蘇武、鄭衆之流也。」於是使蠕

蠕。蠕蠕逼令拜，冠先執節不從。以刃臨之，冠先曰：「能殺我者蠕蠕也，不能以天子使拜戎狄者，我也。」遂見殺。武帝以冠先不辱命，賜其子雄錢一萬、布三十疋。雄不受，詣闕上書曰：「臣父執節如蘇武，守死如谷吉，遂不書之良史，甄之褒策，萬代之後，誰死社稷。建元四年，車僧朗銜使不異，抗節是同，詔贈正員外郎，此天朝舊準，臣父成例也。今僧朗反葬冢塋，臣父湮棄絕域，語忠烈則亦不謝車，論荼苦則彼優而此劇，名位不殊，禮數宜等，乞申哀贈。」書奏不省。

孫淡，太原人也，世居長沙。事母至孝，母疾，不眠食，以差爲期。母哀之，後有疾不使知也。齊建元三年，蠲表門閭。卒於家。

華寶，晉陵無錫人也。父豪，晉義熙末戍長安，寶年八歲，〔三三〕臨別謂寶曰：「須我還當爲汝上頭。」長安陷，寶年至七十不婚冠。或問之，寶輒號慟彌日，不忍答也。

同郡薛天生，母遭艱菜食，天生亦菜食。母未免喪而死，天生終身不食魚肉。齊建元三年，並表門閭。

又同郡劉懷胤與弟懷則，年十歲遭父喪，不衣絮帛，不食鹽菜。齊建元三年，並表門閭。

解叔謙字楚梁，雁門人也。〔三四〕母有疾，叔謙夜於庭中稽顙祈福，聞空中語云：「此病得丁公藤爲酒便差。」即訪醫及本草注，皆無識者。乃求訪至宜都郡，遙見山中一老公伐木，問其所用，答曰：「此丁公藤，療風尤驗。」叔謙便拜伏流涕，具言來意。此公愴然，以四段與之，并示以漬酒法。叔謙受之，顧視此人，不復知處。依法爲酒，母病即差。齊建武初，以奉朝請徵，不至。

時又有宗元卿、庾震、朱文濟、匡昕、魯康祚、謝昌寓皆有素履，而叔謙尤高。元卿字希蔣，南陽人，有至行。早孤，爲祖母所養。祖母病，元卿在遠輒心痛，大病則大痛，小病則小痛，以此爲常。鄉里宗事之，號曰宗曾子。

震字彥文，新野人。喪父母，居貧無以葬，賃書以營事，至手掌穿然後葬事獲濟。南陽劉虬因此爲撰孝子傳。

文濟字敬達，吳興人。自賣以葬母，太守謝瀹命爲儒林，不就。

昕字令先，廬陵人，有至性，隱金華山，服食不與俗人交。母病亡已經日，昕奔還號叫，母即蘇。皆以爲孝感所致。

康祚，扶風人，亦有至行。母患乳癰，諸醫療不愈，康祚乃跪，兩手捧癰大悲泣，母即覺小寬，因此漸差。時人以其有冥應。康祚位至屯騎校尉。

昌寓，陳郡人也，爲劉悛廣州參軍。孝性甚至。嘗養一鵠，昌寓病二旬，而鵠二旬不食。昌寓亡而鵠遂飛去。

中華書局

韓靈敏，會稽剡人也。早孤，與兄靈珍並有孝性。母尋又亡，家貧無以營凶，兄弟共種瓜，朝採瓜子，暮生已復，[三五]遂辦葬事。靈珍亡無子，妻朝氏守節不嫁，[三六]慮家人奪其志，未嘗告歸。靈敏事之如母。

劉渢字處和，南陽人也。父紹，仕宋位中書郎。渢母早亡，紹被敕納路太后兄女爲繼室。渢年數歲，路氏不以爲子，奴婢輩捶打之無期度。渢母亡日，輒悲啼不食，彌爲婢輩所苦。路氏生溓，兄渢憐愛之不忍捨，恒在牀帳側，輒被驅捶，終不肯去。路氏病經年，渢晝夜不離左右，每有增加，輒流涕不食。路氏病差，感其意，慈愛遂隆。路氏富盛，一旦爲渢立齋宇，筵席不減侯王。溓有識，事渢過於同產，事無大小，必諮兄而後行。

渢妹適江祏弟禧，與祏兄弟異常。自尚書比部郎，後爲遙光諮議，專知腹心任。時遙光任當顧託，朝野向渢如雲。渢忌之，求出爲丹陽丞，[三七]雖外遷而意任無改。及遙光舉事，且方召渢，渢以爲宜悉呼佐史。渢之徙丹陽丞也，遙光以蕭懿第四弟晉安王之文學暢爲諮議，領錄事。及召入，遙光謂曰：「劉暄欲有異志，今夕當取之。」遙光去歲暴風，性理乖

錯，多時方愈。暢曰：「公去歲違和，今欲發動。」顧左右急呼師視脉。遙光厲聲曰：「諮議欲作異邪！」因訶令出。須臾渢入，暢謂曰：「公昔年風疾，今復發。」渢曰：「卿視今夕處分，云何而作此語。」及迎垣歷生至，與渢俱勸夜攻臺。既不見納，渢、歷生並撫膺曰：「今欲作賊而坐守此城，今年坐公滅族矣。」及遙光敗，渢靜坐園舍。溓爲度支郎亦奔亡，遇渢仍不復肯去。渢曰：「吾爲人作吏，自不避死，汝可去，無相守同盡。」答曰：「向若不逢兄，亦草間苟免，今既相逢，何忍獨生。」因以衣帶結兄衣，俱見殺。何胤聞之歎曰：「兄死君難，弟死兄禍，美哉。」

又柳叔夜，河東人。父宗，宋黃門郎。叔夜年十六爲新野太守，甚有名績，補遙光諮議參軍。及事敗，左右扶上馬，欲與俱亡，答曰：「吾已許始安以死，豈可負之邪。」遂自殺。

封延伯字仲連，[三八]勃海人也。世爲州郡著姓，寓居東海，三世同財，爲北州所宗附。延伯好學退讓，事寡嫂甚謹。垣崇祖爲兗州，請爲長史，不就。崇祖軾其門，不肯相見。後爲豫州，上表薦之，詔書優禮。起家爲平西長史、梁郡太守。爲政清靜，有高士風。俄以疾

免，還東海。于時四州入魏，士子皆依海曲，爭往宗之，如遼東之仰邴原也。

建元三年，大使巡行天下，義興陳玄子四世同居，一百七口。[三九]武陵郡榮興、文獻叔並八世同居。東海徐生之、武陵范安祖、李聖伯、范道根，並五世同居。零陵譚弘寶、衡陽何弘、華陽陽黑頭，疎從四世同居。詔俱表門閭，蠲租稅。

又蜀郡王續祖、華陽郝道福並累世同爨，建武三年，明帝詔表門，蠲調役。

吳逵之，義興人也。嫂亡無以葬，自賣爲十夫客，以營冢椁。從祖弟敬伯，夫妻荒年被略賣江北，逵之有田十畝，貨以贖之，與同財共宅。郡命爲主簿，固以讓兄。又讓世業舊田與族弟，[四〇]弟亦不受，田遂閑廢。齊建元三年，詔表門閭。

先是有蔡曇智，鄉里號蔡曾子，廬江何伯璵兄弟，鄉里號爲何展禽，並爲高士沈顗所重。常云「聞蔡曇智之風，怯夫勇，鄙夫有立志。聞何伯璵之風，僞夫正，薄夫厚」云。伯璵與弟幼璵俱厲節操，養孤兄子，及長爲婚，推家業盡與之。安貧枯槀，誨人不倦，

郡守下車莫不修謁。伯璵卒，幼璵末好佛法，翦落長齋，持行精苦，梁初卒。兄弟年八十餘。

王文殊字令章，吳興故鄣人也。父沒魏，文殊思慕泣血，終身蔬食，不衣帛，服麻縕而已。不婚，不交人物。吳興太守謝瀹聘爲功曹，不就。立小屋於縣西，端拱其中，歲時伏臘，月朝十五，未嘗不北望長悲，如此三十餘年。太守孔琇之表其行，鬱林詔榜門，改所居爲孝行里。

樂頤之字文德，[四一]南陽涅陽人也，世居南郡，少而言行和謹。仕爲京府參軍，父在郢病亡。頤之忽悲戀涕泣，因請假還，中路果得父凶問，便徒跣號咷，出陶家後渚，[四二]遇商人附載西上，水漿不入口數日。嘗遇病，與母隔壁，忍病不言，嚙被至碎，恐母之哀己也。湘州刺史王僧虔引爲主簿，以同僚非人，棄官去。吏部郎庾杲之嘗往候，頤之爲設食，唯枯魚菜葅。杲之曰：「我不能食此。」母聞之，自出常膳魚羹數種。杲之曰：「卿過於茅季偉，我非

郭林宗。」仕至郢州中從事。

弟預字文介，亦至孝。父臨亡，執手以託郢州行事王奐。[四三]預悲慼悶絕，吐血數升，遂發病。官至驃騎錄事參軍。

隆昌末，預謂丹陽尹徐孝嗣曰：「外傳藉藉，似有伊、周之事。君蒙武帝殊常之恩，荷託付之重，恐不得同人此事。人笑褚公，至今齒冷，無為效尤。」孝嗣故吏吳興沈昇之亦說之曰：「昇之與君俱有項領之功，今一言而二功俱解，豈願聞之乎。君受恩二祖，而更參惟新之政，以君為反覆人，事成則無處逃咎矣。昇之草萊百姓，言出禍已隨之，孰與超然謝病，高枕家園，則與松柏比操，風霜等烈，豈不美邪。」孝嗣並改容謝之。

預建武中為永世令，人懷其德，卒官。時有一嫗年可六七十，擔檞蘇葉造市貨之，[四四]聞預亡大泣，棄溪中，曰：「失樂令，我輩孤獨老姥政應就死耳。」市人亦皆泣，其惠化如此。

江泌字士清，濟陽考城人也。父亮之，員外郎。泌少貧，晝日斫屧為業，夜讀書隨月光，光斜則握卷升屋，睡極墮地則更登。性行仁義，衣弊蝨多，綿裏置壁上，恐蝨飢死，乃復

置衣中。數日間，終身無復蝨。母亡後，以生闕供養，遇鮭不忍食。菜不食心，以其有生意，唯食老葉而已。母墓為野火所燒，依「新宮災，三日哭」。淚盡係之以血。

歷仕南中郎行參軍，所給募吏去役，得時病，莫有舍之者。吏扶杖投泌，泌自隱卹。吏死，泌為買棺。無僮役，兄弟共輿埋之。後領國子助教，乘牽車至染烏頭，見一老公步行，下車載之，躬自步去染。武帝以為南康王子琳侍讀。[四五]

建武中，明帝害諸王，後泌憂念子琳，訪誌公道人，問其禍福。誌公覆香鑪灰示之曰：「都盡無餘。」及子琳被害，泌往哭之，淚盡續以血，親視殯葬畢乃去。泌尋卒。族人兗州中從事泌，黃門郎悆子也，與泌同名，世謂泌為「孝泌」以別之。

庾道愍，潁川鄢陵人，晉司空冰之玄孫也。有孝行，頗能屬文。少出孤悴，時人莫知。其所生母流漂交州，道愍尚在襁褓。及長知之，求為廣州綏寧府佐。至南而去交州尚遠，乃自負擔冒嶮，僅得自達。及至交州，尋求母雖經年，日夜悲泣。嘗入村，日暮雨驟，乃寄止一家。旦有一嫗負薪外還，而道愍心動，因訪之，乃其母也。於是行伏號泣，遠近赴之，莫不揮淚。

道愍尤精相板，宋明帝時，山陽王休祐屢以言語忤顏，見道愍，託以己板為他物，令道愍占之。道愍曰：「此乃甚貴，然使人多愆忤。」休祐以褚彥回詳密，求換其板。他日，彥回侍明帝，自稱下官。帝多忌，甚不悅。休祐具以狀言，帝乃意解。

道愍仕齊，位射聲校尉。族孫沙彌亦以孝行著。

沙彌，晉司空冰之六世孫也。父佩玉，仕宋位長沙內史，昇明中，坐沈攸之事誅。時沙彌始生。及年五歲，所生母為製采衣，輒不肯服。母問其故，流涕對曰：「家門禍酷，用是何為？」及長，終身布衣蔬食。為中軍田曹行參軍。嫡母劉氏寢疾，沙彌晨昏侍側，衣不解帶。或應針灸，輒以身先試。及母亡，水漿不入口累日。初進大麥薄飲，經十旬方為薄粥。終喪不食鹽酢，冬日不衣綿纊，夏日不解衰絰。不出廬戶，晝夜號慟，隣人不忍聞。所坐薦，淚霑為爛。墓在新林，忽生旅松百許株，枝葉鬱茂，有異常松。劉好噉甘蔗，沙彌遂不食焉。宗人都官尚書詠表言其狀，應純孝之舉，梁武帝召見嘉之，以補歙令。還除輕車邵陵王參軍事，隨府會稽，復丁所生母憂，[四六]喪還都，濟浙江，中流遇風，舫將覆沒。沙彌抱柩號哭，俄而風靜，咸以為孝感所致。後卒於長城令。子持。

持字元德，[四七]少孤，性至孝，父憂，居喪過禮。篤志好學，仕梁為尚書左戶郎，後兼建康監。陳文帝為吳興太守，以為郡丞，兼掌書翰。天嘉初，為尚書左丞，封崇德縣子。拜封之日，請令史為客，受其餉遺，文帝怒之，因坐免。後為臨安令，坐杖殺人免封。[四八]還為給事黃門侍郎，歷鹽官令，祕書監，知國史事。又為少府卿，遷太中大夫，領步兵校尉，卒。持善字書，每屬辭，好為奇字，文士亦以此譏之。有集十卷。

校勘記

〔一〕棄舍生之分　「舍生」各本作「捨生」，據宋書改。

〔二〕郭世通　「世通」宋書前後並作「世道」。

〔三〕每為人作正取散夫價　「正」殿本作「止」。張元濟南史校勘記：「按正疑正夫之簡稱，對下散夫言。」按宋書作「匠」。

〔四〕以此奉尊上下耳　「尊上下」通志作「尊上」，無「下」字。下何子平傳亦有「尊上年未八十」語，故或疑「下」字為衍文。然本書劉瓛傳有「上下年尊，益不願居官次廢晨昏也」之語，是六朝人稱人之母曰「尊上下」，自稱其母曰「上下」，蓋當時之習用語。

〔五〕私心感動耳　「感動」宋書作「感慟」。

中華書局

〔六〕又孫恩之亂永嘉太守司馬逸之被害　「司馬逸之」晉書安帝紀無「之」字，孫恩傳作「謝逸」。

〔七〕十四遭母喪　「母」字各本並脫，據太平御覽九四九引補。

〔八〕郡縣不能判　「判」各本作「制」，據宋書、通志改。

〔九〕喪屍經月不收　「經月」各本作「經日」，據宋書改。

〔一〇〕又同里施夫疾病　「施夫」宋書作「施淵夫」，此避唐諱而省。

〔一一〕文帝以其舊將子　「子」字各本並脫，據宋書補。按天與父名祖為宋武帝隊主，故云「舊將子」。

〔一二〕舊將羅訓徐罕皆望風屈附　「徐罕」、「屈附」各本作「徐牢」、「屈謝」，據宋書、冊府元龜二一〇及通鑑改，下同。

〔一三〕余齊人　「齊人」宋書作「齊民」，有傳。此避唐諱改。

〔一四〕長城吳慶恩殺同郡錢仲期子延慶屬役在都聞父死馳還於庾浦埭逢慶恩　「吳慶恩」、「同郡」、「庾浦埭」宋書作「奚慶思」、「同縣」、「庚浦埭」。按長城為吳興郡屬縣，「同縣」是。

〔一五〕暑避清涼　「暑」下各本衍「不」字，據宋書刪。

〔一六〕崔懷順　「懷順」南齊書作「懷慎」，蓋蕭子顯避梁武帝父諱而改。

〔一七〕寓居吳興　「吳興」各本作「江興」，據通志改。按揚州領郡有吳興，無江興；且下出「後王琨為吳興太守，欲召為功曹」，則當作吳興。

〔一八〕叡明下淚為之冰如筯額上叩頭血亦冰不溜　冊府元龜五七五「為」下無「之」字，「亦」下有「為」字。

〔一九〕緒聞便心中介介然　「聞便」二字各本互倒，今乙正。

〔二〇〕今泄氣在亥　「今」各本作「令」，據通志改。

〔二一〕誓言不貳焉　「誓言」南齊書作「誓死」。

〔二二〕又會稽永興吳翼之母丁氏　「吳翼之」南齊書作「倪翼之」。

〔二三〕荒年客死山陰丁為買棺器　「丁」字各本並脫，據南齊書補。

〔二四〕代為輸送　「輸」字各本並脫，據南齊書補。按上云「三調不登」，則此當有「輸」字。

〔二五〕女移父母遠住苧羅　「苧羅」各本作「紵舍」，據南齊書改。按苧羅即苧蘿山，在諸暨縣南。

〔二六〕鄰舍人有中溪蜮毒者　「中」字各本並脫，據南齊書補。

〔二七〕弟亡貧無以葬　「弟」上各本衍「兄」字，據南齊書刪。按下「兄姊未婚嫁」，是兄並未亡。

〔二八〕遣兼散騎常侍虞炎等十二部使行天下　「行天下」三字各本並脫，據南齊書補。

〔二九〕晉陵利城人也　按南齊書州郡志南徐州晉陵郡無利成縣，而南東海郡有之。錢大昕廿二史考異：「利成縣本屬東海，晉南渡，僑立江南，宋、齊州郡志俱屬南東海郡。」

〔三〇〕元凶遣軍主華欽討之　「華欽」宋書二凶傳作「燕欽」。

〔三一〕廣陵人童超之二息犯罪爭死　「童超之」南齊書作「章起之」。

〔三二〕時求使蠕蠕國　按南齊書河南傳謂冠先兩次使河南，與此異。

〔三三〕寶年八歲　「寶」字各本並脫，據南齊書補。

〔三四〕解叔謙字楚梁雁門人也　張森楷南史校勘記：「南齊書樂頤傳末所附解仲恭事一與叔謙同，不知何以駁文。」

〔三五〕暮生已復　南齊書作「暮已復生」，疑此誤倒。

〔三六〕妻朝氏守節不嫁　「朝氏」南齊書作「卓氏」。

〔三七〕溗忌之求出為丹陽丞　王懋竑讀書記疑謂「忌當作患」。

〔三八〕封延伯字仲連　「仲連」南齊書作「仲璉」。

〔三九〕一百七口　南齊書作「一百七十口」。

〔四〇〕又讓世業舊田與族弟　「業」字各本並脫，據南齊書補。

〔四一〕樂頤之字文德　「樂頤之」南齊書作「樂頤」，有傳。

〔四二〕出陶家後渚　「家」字各本並脫，據南齊書補。

〔四三〕執手以託郢州行事王奐　「王奐」各本作「王英」，據南齊書改。按南齊書王奐傳，奐宋末為晉熙王鎮西長史，加冠軍將軍、江夏武昌太守。又宋書晉熙王昶傳，嗣子燮，元徽元年為郢州刺史，

「以黃門郎王奐為長史，總府州之任」。即此所謂「郢州行事」。

〔四四〕擔檞蔌葉造市貨之　「檞蔌葉」宋本、毛本、殿本南齊書作「斛若葉」，南監本、局本南齊書作「斛蔌葉」。

〔四五〕乘牽車至染烏頭見一老公步行下車載之躬自步去染武帝以為南康王子琳侍讀　下一「染」字各本作「梁」，大德本作「染」。王懋竑、錢大昕並以為「梁當作齊」。張元濟南史校勘記：「按染即染烏頭。武帝，南齊書作世祖。」其南史跋云：「按本史梁武帝諸子傳有南康簡王績而無子琳其人。子琳實為齊武帝第十九子，見齊武帝諸子傳。染為上染烏頭之省文，『步去』下綴此一字，於文義亦較完足。是知『梁』誤而『染』實不誤也。」

〔四六〕復丁所生母憂　「母」字各本並脫，據梁書、冊府元龜七五七補。

〔四七〕持字元德　「元」陳書作「允」。

〔四八〕坐杖殺人免封　「封」字各本並脫，據陳書補。按上「因坐免」指免官，此「免封」乃免封爵。

中華書局

南史卷七十四

列傳第六十四

孝義下

滕曇恭 徐普濟 張悌 陶季直 沈崇傃 荀匠 吉翂 甄恬
趙拔扈 韓懷明 褚脩 張景仁 宛陵女子 衞敬瑜妻王 劉景昕
陶子鏘 成景儁 李慶緒 謝藺 子貞 殷不害 弟不佞
司馬暠 張昭 弟乾 王知玄

滕曇恭，豫章南昌人也。年五歲，母楊氏患熱，思食寒瓜，土俗所不產。曇恭歷訪不能得，銜悲哀切。俄遇一桑門問其故，曇恭具以告。桑門曰：「我有兩瓜，分一相遺。」還以與母，舉室驚異，尋訪桑門，莫知所在。及父母卒，曇恭並水漿不入口者旬日，感慟嘔血，絕而

復蘇。隆冬不著繭絮，蔬食終身。每至忌日，思慕不自堪，晝夜哀慟。其門外有冬生樹二株，時忽有神光自樹而起，俄見佛像及夾侍之儀，容光顯著，自門而入。曇恭家人大小咸共禮拜，久之乃滅。遠近道俗咸傳之。太守王僧虔引曇恭為功曹，固辭不就。王儉時隨僧虔在郡，號為滕曾子。梁天監元年，陸璉奉使巡行風俗，表言其狀。曇恭有子三人，皆有行業。

時有徐普濟者，長沙臨湘人。居喪未葬，而鄰家火起，延及其舍。普濟號慟伏棺上，以身蔽火。鄰人往救之，焚炙已悶絕，累日方蘇。

又有建康人張悌，家貧無以供養，以情告鄰富人。富人不與，不勝忿，遂結四人作劫，所得衣物，三劫持去，實無一錢入己。縣抵悌死罪。悌兄松訴稱：「與弟景是前母子，後母唯生悌，松長不能教誨，乞代悌死。」景又曰：「松是嫡長，後母唯生悌。若從法，母亦不全。」亦請代死。〔一〕母又云：「悌應死，豈以弟罪枉及諸兄。悌亦引分，乞全兩兄供養。」〔二〕縣以上讞，帝以為孝義，特降死，後不得為例。

陶季直，丹陽秣陵人也。祖愍祖，宋廣州刺史。父景仁，中散大夫。季直早慧，愍祖甚愛異之，嘗以四函銀列置於前，令諸孫各取其一。季直時年四歲，獨不取，曰：「若有賜，當先父伯，不應度及諸孫，故不取。」愍祖益奇之。五歲喪母，哀若成人。初母未病，令於外染衣，卒後，家人始贖。季直抱之號慟，聞者莫不酸感。及長好學，澹於榮利，徵召不起，時人號曰聘君。後為望蔡令，以病免。時劉彥節、袁粲以齊高帝權盛，將圖之。彥節素重季直，欲與謀。季直以袁、劉儒者，必致顛殞，固辭不赴。俄而彥節等敗。

齊初為尚書比部郎，時褚彥回為尚書令，素與季直善，頻以為司空司徒主簿，委以府事。彥回卒，尚書令王儉以彥回有至行，欲謚「文孝公」。季直曰：「文孝是司馬道子謚，恐其人非具美，不如文簡。」儉從之。季直又請為彥回立碑，始終營護，甚有吏節。再遷東莞太守，在郡號為清和。後為鎮西諮議參軍。

齊武帝崩，明帝作相，誅鋤異己。季直不能阿意取容，明帝頗忌之，出為輔國長史、北海太守。邊職上佐，素士罕為之者，或勸季直造門致謝，明帝留以為驃騎諮議參軍，兼尚書左丞，還建安太守。為政清靜，百姓便之。

梁臺建，為給事黃門侍郎，常稱仕至二千石始願畢矣，無為久預人間事，乃辭疾還鄉里。梁天監初，就拜太中大夫。武帝曰：「梁有天下，遂不見此人。」十年，卒于家。季直素清苦絕倫，又屏居十餘載，及死，家徒四壁，子孫無以殯斂，聞者莫不傷其志事云。

沈崇傃字思整，吳興武康人也。父懷明，宋兗州刺史。崇傃六歲丁父憂，哭踊過禮。及長，事所生母至孝，家貧，常傭書以養。天監二年，太守柳惲辟為主簿。崇傃從惲到郡，還迎其母，未至而母卒。崇傃以不及侍疾，將欲致死，水漿不入口，晝夜號哭，旬日殆將絕氣。兄弟謂曰：「殯葬未申，遽自毀滅，非全孝道也。」崇傃心悟，乃稍進食。母權瘞，去家數里，哀至輒之瘞所，不避雨雪。每倚墳哀慟，飛鳥翔集。夜恒有猛獸來望之，有聲狀如歎息者。家貧無以遷厝，乃行乞經年，始獲葬焉。既而廬于墓側，自以初行喪禮不備，復以葬後更服三年。久食麥屑，不噉鹽酢，坐臥於單薦，因虛腫不能起。郡縣舉至孝。梁武聞，即遣中書舍人慰勉之，乃詔令釋服，擢補太子洗馬，旌其門閭。崇傃奉詔釋服，而涕泣如居喪。固辭不受官，乃除永寧令。自以祿不及養，哀思不自堪，未至縣，卒。

二十四史

荀匠字文師，潁陰人，晉太保勗九世孫也。祖瓊，年十五復父仇於成都市，以孝聞。宋元嘉末度淮，逢武陵王舉義，爲元凶追兵所殺，贈員外散騎侍郎。父法超，仕齊爲安復令，卒官。匠號慟氣絕，身體皆冷，至夜乃蘇。既而奔喪，每宿江渚，商侶不忍聞其哭聲。

梁天監元年，其兄斐爲鬱林太守，征俚賊，爲流矢所中，死於陣。喪還，匠迎于豫章，望舟投水，傍人赴救，僅而得全。及至，家貧不得時葬，〔三〕居父憂幷兄服，歷四年不出廬戶。自括髮不復櫛沐，髮皆禿落。哭無時。聲盡則係之以泣，目眥皆爛，形骸枯顇，皮骨裁連，雖家人不復識。郡縣以狀言，武帝詔遣中書舍人爲其除服，擢爲豫章王國左常侍。匠雖即吉而毀顇逾甚，外祖孫謙誡之曰：「主上以孝臨天下，汝行過古人，故擢汝此職。非唯君父之命難拒，故亦揚名後世，所顯豈獨汝身哉。」匠乃拜，竟以毀卒。

吉翂字彥霄，馮翊蓮勺人也。家居襄陽。翂幼有孝性，年十一遭所生母憂，水漿不入口，殆將滅性，親黨異之。

梁天監初，父爲吳興原鄉令，爲吏所誣，逮詣廷尉。翂年十五，號泣衢路，祈請公卿，行

人見者皆爲隕涕。其父理雖清白，而恥爲吏訊，乃虛自引咎，罪當大辟。翂乃撾登聞鼓，乞代父命。武帝異之，尙以其童幼，疑受敎於人，敕廷尉蔡法度嚴加脅誘，取其款實。法度乃還寺，盛陳徽纆，厲色問曰：「爾求代父死，敕已相許，便應伏法；然刀鋸至劇，審能死不？且爾童孺，志不及此，必爲人所敎，姓名是誰？若有悔異，亦相聽許。」對曰：「囚雖蒙弱，豈不知死可畏憚；顧諸弟幼藐，唯囚爲長，不忍見父極刑，自延視息，所以內斷胸臆，上干萬乘。今欲殉身不測，委骨泉壤，此非細故，奈何受人敎邪。」法度知不可屈撓，乃更和顏誘語之，曰：「主上知尊侯無罪，行當釋亮。觀君神儀明秀，足稱佳童，今若轉辭，幸父子同濟，奚以此妙年苦求湯鑊。」翂曰：「凡鯤鮞螻蟻尙惜其生，況在人斯，豈願齏粉。但父挂深劾，必正刑書，故思殞仆，冀延父命。」翂初見囚，獄掾依法備加桎梏，法度矜之，命脫其二械，更令著一小者。翂弗聽，曰：「翂求代父死，死囚豈可減乎。」竟不脫械。法度以聞，帝乃宥其父。

丹陽尹王志求其在廷尉故事，幷請鄕居，〔四〕欲於歲首舉充純孝。翂曰：「異哉王尹，何量翂之薄，夫父辱子死，斯道固然，若翂有靦面目，當其此舉，則是因父買名，一何甚辱。」拒之而止。

年十七，應辟爲本州主簿，出監萬年縣。攝官朞月，風化大行。自雍還郢，湘州刺史柳忱復召爲主簿。後秣陵鄕人裴儉、丹陽尹丞臧盾、〔五〕揚州中正張仄連名薦翂，以爲孝行純

至，明通易、老。敕付太常旌舉。初，翂以父陷罪，因成悸疾，後因發而卒。

甄恬字彥約，中山無極人也，世居江陵。數歲喪父，哀感有若成人。家人矜其小，以肉汁和飯飼之，恬不肯食。年八歲，嘗問其母，恨生不識父，遂悲泣累日。忽若有見，言形貌則其父也，時以爲孝感。家貧養母，常得珍羞。及居喪，廬於墓側，恒有鳥玄黃雜色集於廬樹，恬哭則鳴，哭止則止。又有白鳩白雀栖宿其廬。州將始興王憺表其行狀，詔旌表門閭，加以爵位。恬官至安南行參軍。

趙拔扈，新城人也。兄震動富於財，太守樊文茂求之不已，震動怒曰：「無厭將及我。」文茂聞其語，聚其族誅之。拔扈走免，亡命聚黨，至社樹呪曰：「文茂殺拔扈兄，今欲報之，若事克，斫樹處更生，不克即死。」三宿三栟生十丈餘，人間傳以爲神，附者十餘萬。既殺文茂，轉攻傍邑。將至成都，十餘日戰敗，退保新城求降。文茂，黎州刺史文熾弟，襄陽人也。

韓懷明，上黨人也。客居荆州。十歲，母患尸疰，每發輒危殆。懷明夜於星下稽顙祈禱，時寒甚切，忽聞香氣，空中有人曰：「童子母須臾永差，無勞自苦。」未曉而母平復，鄕里以此異之。十五喪父，幾至滅性，負土成墳，賻助無所受。免喪，與鄕人郭麻俱師南陽劉虬。〔六〕虬嘗一日廢講，獨居涕泣，懷明竊問虬家人，答云是外祖亡日。時虬母亦已亡矣，懷明聞之，即日罷學，還家就養。虬歎曰：「韓生無丘吾之恨矣。」家貧，肆力以供甘脆，嬉怡膝下，朝夕不離母側。母年九十，以壽終。〔七〕懷明水漿不入口一旬，號哭不絕聲。有雙白鳩巢其廬上，字乳馴狎，若家禽焉，服釋乃去。及除喪，蔬食終身，衣衾無所改。梁天監初，刺史始興王憺表言之。州累辟不就，卒于家。

褚脩，吳郡錢唐人也。父仲都，善周易，爲當時之冠。梁天監中，歷位五經博士。脩少傳父業，武陵王紀爲揚州，引爲宣惠參軍，兼限內記室。脩性至孝，父喪毀瘠過禮，因患冷氣。及丁母憂，水漿不入口二十三日，每號慟輒嘔血，遂以毀卒。

中華書局

張景仁，廣平人也。父梁天監初爲同縣韋法所殺，景仁時年八歲。及長，志在復讎。普通七年，遇法於公田渚，手斬其首以祭父墓。事竟，詣郡自縛，乞依刑法。太守蔡天起上言於州，時簡文在鎮，乃下教褒美之，原其罪，下屬長蠲其一戶租調，以旌孝行。

又天監中，宣城宛陵女子與母同床眠，母爲猛獸所取，〔八〕女啼號隨挈猛獸，行數十里，獸毛盡落，獸乃置其母而去。女抱母猶有氣息，經時乃絕。鄉里言於郡縣，太守蕭琛表上，〔九〕詔榜其門閭。

又霸城王整之姊嫁爲衞敬瑜妻，年十六而敬瑜亡，父母舅姑咸欲嫁之，誓而不許，乃截耳置盤中爲誓乃止。遂手爲亡墳種樹數百株，墓前栢樹忽成連理，一年許還復分散。女乃爲詩曰：「墓前一株栢，根連復並枝。妾心能感木，頹城何足奇。」所住戶有鷰巢，常雙飛來去，後忽孤飛。女感其偏栖，乃以縷繫脚爲誌。後歲此鷰果復更來，猶帶前縷。女復爲詩曰：「昔年無偶去，今春猶獨歸。故人恩既重，不忍復雙飛。」雍州刺史西昌侯藻嘉其美節，乃起樓於門，題曰「貞義衞婦之閭」。又表於臺。

後有河東劉景昕事母孝謹，母常病癖三十餘年，一朝而瘳，鄉里以爲景昕誠感。荆州刺史湘東王繹辟爲主簿。

陶子鏘字海育，丹陽秣陵人也。父延，尚書比部郎。兄尚，宋末爲倖臣所怨，被繫。子鏘公私緣訴，流血稽顙，行路嗟傷。逢謝超宗下車相訪，回入縣詣建康令勞彥遠曰：「豈忍見人昆季如此而不留心。」勞感之，兄得釋。母終，居喪盡禮。與范雲隣，雲每聞其哭聲，必動容改色，欲相申薦。會雲卒。初，子鏘母嗜蓴，母沒後，恒以供奠。梁武義師初至，此年冬營蓴不得，子鏘痛恨，慟哭而絕，久之乃蘇。遂長斷蓴味。

成景儁字超，范陽人也。祖興，仕魏爲五兵尚書。父安樂，淮陽太守。梁天監六年，常邕和殺安樂，以城內附。景儁謀復讎，因殺魏宿預城主，以地南入。普通六年，邕和爲鄱陽內史，景儁購人刺殺之。未久，重購邕和家人鴆殺其子弟，噍類俱盡。武帝義之，每爲屈法。景儁家讎既雪，每思報効，後除北豫州刺史，使魏，所向必推其智勇，時以比馬仙琕。兼有政績見懷，北豫州吏人樹碑紀德。卒，謚曰忠烈云。

李慶緒字孝緒，廣漢郪人也。父爲人所害，慶緒九歲而孤，爲兄所養，日夜號泣，志在復讎。投州將陳顯達，仍於部伍白日手刃其仇，自縛歸罪，州將義而釋之。梁天監中，爲東莞太守。丁母憂去職，廬于墓側，每慟嘔血數升。後爲巴郡太守，號良吏。累遷衞尉，封安陸縣侯。益州三百年無復貴仕，慶緒承恩至此，便欲西歸。尋徙太子右衞率，未拜而卒。

謝藺字希如，陳郡陽夏人，晉太傅安之八世孫也。父經，北中郎諮議參軍。藺五歲時，父未食，乳媼欲令先飯，藺終不進。舅阮孝緒聞之，歎曰：「此兒在家則曾子之流，事君則藺生之匹。」因名曰藺。稍授以經史，過目便能諷誦，孝緒每曰：「吾家陽元也。」及丁父憂，晝夜號慟，毀瘠骨立。母阮氏常自守視譬抑之。服闋，吏部尚書蕭子顯嘉其至行，擢爲王法曹行參軍。累遷外兵、記室參軍。

時甘露降士林館，藺獻頌，武帝嘉之。有詔使製北兗州刺史蕭楷德政碑。又奉詔令製宣城王奉述中庸頌。後爲兼散騎常侍，使魏。會侯景入附，境上交兵，藺母既慮不得還，感氣而卒。及藺還，入境夜夢不祥，旦便投列馳歸。及至，號慟嘔血，氣絕久之，水漿不入口。每哭，眼耳口鼻皆血流，經月餘日，因夜臨而卒。所製詩賦碑頌數十篇。子貞。

貞字元正，幼聰敏，有至性。祖母阮氏先苦風眩，每發，便一二日不能飲食。貞時年七歲，祖母不食，貞亦不食，往往如此。母王氏授以論語、孝經，讀訖便誦。八歲，嘗爲春日閑居詩，從舅王筠奇之，謂所親曰：「至如『風定花猶落』，乃追步惠連矣。」年十三，尤善左氏春秋，工草隸蟲篆。

十四，丁父艱，號頓於地，絕而復蘇者數矣。初，貞父藺以憂毀卒，家人賓客復憂貞，從父洽、族兄暠乃共請華嚴寺長爪禪師爲貞說法。仍譬以母須侍養，不宜毀滅，乃少進饘粥。及魏剋江陵，入長安。暠逃難番禺，貞母出家于宣明寺。及陳武帝受禪，暠還鄉里，供養貞母，將二十年。

初貞在周，嘗侍周武帝愛弟趙王招讀，招厚禮之。聞其獨處，必晝夜涕泣，私問知母在鄉，乃謂曰：「寡人若出居藩，當遣侍讀還家。」後數年，招果出，因辭，面奏請放貞還。帝奇

中華書局

招仁愛，遣隨聘使杜子暉歸國。是歲陳太建五年也。

始自周還時，始興王叔陵爲揚州刺史，引祠部侍郎阮卓爲記室，辟貞爲主簿。尋遷府錄事參軍，領丹陽丞。貞知叔陵有異志，因與卓自疎於王，〔一〇〕每有宴遊，輒以疾辭，未嘗參預，叔陵雅重之，弗之罪也。及叔陵肆逆，唯貞與卓不坐。

再遷南平王友，掌記室事。府長史汝南周確新除都官尚書，請貞爲讓表，後主覽而奇之。及問知貞所作，因敕舍人施文慶曰：「謝貞在王家未有祿秩，可賜米百石。」以母憂去職。頃之，敕起還府，累啓固辭，敕不許。貞哀毀羸瘠，終不能之官舍。

吏部尚書姚察與貞友善，及貞病篤，問以後事。貞曰：「孤子釁禍所集，將隨灰壤，族子凱等粗自成立，已有疏付之，此固不足仰塵厚德。弱兒年甫六歲，名靖，字依仁，情累所不能忘，敢以爲託。」是夜卒。後主問察曰：「謝貞有何親屬？」察以靖答，即敕長給衣糧。初貞之病，有遺疏告族子凱：「氣絕之後，若依僧家尸陁林法，是吾所願，正恐過爲獨異。可用薄板周身，載以露車，覆以草席，坎山次而埋之。又靖年尚小，未閑人事，但可三月施小床，設香水，盡卿兄弟相厚之情。即除之，無益之事，勿爲也。」

殷不害字長卿，陳郡長平人也。祖汪，齊豫章王行參軍。父高明，梁尚書中兵郎。〔一一〕不害性至孝，居父憂過禮，由是少知名。家世儉約，居甚貧窶。有弟五人，皆幼弱。不害事老母，養小弟，勤劇無所不至，士大夫以篤行稱之。

年十七，仕梁爲廷尉平，長於政事，兼飾以儒術，名法有輕重不便者，輒上書言之，多見納用。大同五年，兼東宮通事舍人。時朝政多委東宮，不害與舍人庾肩吾直日奏事，梁武帝嘗謂肩吾曰：「卿是文學之士，吏事非卿所長，何不使殷不害來邪？」其見知如此。簡文以不害善事親，賜其母蔡氏錦裙襦氈席被褥，單複畢備。

侯景之亂，不害從簡文入臺。及臺城陷，簡文在中書省，景帶甲將兵，入朝陛見，過謁簡文，衞突左右，甚不遜，〔一二〕侍衞者莫不驚恐辟易，唯不害與中庶子徐摛侍側不動。簡文爲景所幽，遣人請不害與居處，景許之，不害供侍益謹。

梁元帝立，以不害爲中書郎，兼廷尉卿。魏平江陵，失母所在。時甚寒雪，凍死者塡滿溝壑。不害行哭尋求，聲不暫輟。遇見死人溝中，〔一三〕即投身捧視，舉體凍僵，水漿不入口者七日，始得母屍。憑屍而哭，每舉音輒氣絕，〔一四〕行路皆爲流涕。即江陵權殯，與王褒、庾信俱入長安。自是蔬食布衣，枯槁骨立，見者莫不哀之。太建七年，自周還陳，除司農卿。遷晉陵太守。在郡感疾，詔以光祿大夫徵還養疾。

後主即位，加給事中。初，不害之還也，周留其長子僧首，因居關中。禎明三年，陳亡，僧首來迎，不害道卒，年八十五。不害弟不佞。

不佞字季卿，少立名節，居父喪以至孝稱。好讀書，尤長吏術。梁承聖初，爲武康令。時兵荒饑饉，百姓流移，不佞循撫招集，繦負至者以千數。會魏剋江陵，而母卒，道路隔絕，久不得奔赴。四載之中，晝夜號泣，居處飲食，常爲居喪之禮。陳武帝受禪，除婁令。至是第四兄不齊始於江陵迎母喪柩歸葬。不佞居處之節，如始聞問，若此者又三年。身自負土，手植松栢，每歲時伏臘，必三日不食。

文帝時，兼尚書右丞，遷東宮通事舍人。及廢帝嗣立，宣帝爲太傅、錄尚書輔政，甚爲朝望所歸。不佞素以名節自立，又受委東宮，乃與僕射到仲舉、中書舍人劉師知、尚書左丞王暹等謀，矯詔出宣帝。衆人猶豫未敢先發，不佞乃馳詣相府，面宣詔旨，令相王還第。及事發，仲舉等皆伏誅，宣帝雅重不佞，特赦之，免其官而已。及即位，以爲軍師始興王諮議參軍。後兼尚書左丞，加通直散騎常侍，卒官。不佞兄不疑、不占、不齊並早亡，事第二寡嫂張氏甚謹，所得祿奉，不入私室。長子梵童，位尚書金部郎。

司馬暠字文昇，河內溫人也。高祖柔之，晉侍中，以南頓王孫紹齊文獻王攸後。父子產，即梁武帝之外兄也，位岳陽太守。

暠幼聰警，有至性。年十二，丁內艱，哀慕過禮，水漿不入口，殆經一旬。每號慟，必至悶絕，父每喻之，令進粥，然猶毀瘠骨立。服闋，以姻戚子弟入問訊，梁武帝見其羸疾，歎息久之。字其小字謂其父曰：「昨見羅兒面顏顦顇，使人惻然，便是不墜家風，爲有子矣。」後累遷正員郎。丁父艱，哀毀愈甚，廬于墓側，日進薄麥粥一升。墓在新林，連接山阜，舊多猛獸，暠結廬數載，豺狼絕迹。常有兩鳩栖宿廬所，馴狎異常。

承聖中，除太子庶子。魏剋江陵，隨例入長安。而梁宗屠戮，太子殯瘞失所，及周受禪，暠以宮臣，乃抗表求還江陵改葬，辭甚酸切。周朝優詔答之，即敕荊州以禮安厝。陳太建八年，自周還，宣帝特降殊禮。歷位通直散騎常侍、太中大夫，卒。有集十卷。

子延義字希忠，少沈敏好學。初隨父入關，丁母憂，喪過于禮。及暠還都，延義乃躬負靈櫬，晝伏宵行，冒履冰霜，手足皸瘃。至都，遂致攣廢，數年乃愈。位司徒從事中郎。

武帝王業漸隆，不復肯仕。所著文章，皆題其年月。義熙以前，明書晉氏年號，自永初以來，唯云甲子而已。與子書以言其志，并爲訓戒曰：

吾年過五十，而窮苦荼毒。性剛才拙，與物多忤。自量爲己，必貽俗患。僶俛辭事，〔五〕使汝幼而飢寒耳。常感孺仲賢妻之言，敗絮自擁，何慚兒子。此既一事矣。但恨隣靡二仲，室無萊婦，抱茲苦心，良獨罔罔。少來好書，偶愛閑靖，開卷有得，便欣然忘食。見樹木交蔭，時鳥變聲，亦復歡爾有喜。嘗言五六月北窗下臥，遇涼風暫至，自謂是羲皇上人。意淺識陋，日月遂往，疾患以來，漸就衰損。親舊不遺，每有藥石見救，自恐大分將有限也。汝輩幼小，家貧無役，柴水之勞，何時可免。念之在心，若何可言。然雖不同生，當思四海皆兄弟之義。鮑叔、敬仲，分財無猜，歸生、伍舉，班荊道舊，遂能以敗爲成，因喪立功。佗人尚爾，況共父之人哉。潁川韓元長，漢末名士，身處卿佐，八十而終，兄弟同居，至於沒齒。濟北氾幼春，〔六〕晉時操行人也。七世同財，家人無怨色。詩云「高山景行」，汝其愼哉。

又爲命子詩以貽之。

元嘉四年，將復徵命，會卒。世號靖節先生。其妻翟氏，志趣亦同，能安苦節，夫耕於前，妻鋤於後云。

宗少文，〔七〕南陽涅陽人也。祖承，宜都太守。父繇之，湘鄉令。母同郡師氏，聰辯有學義，教授諸子。

少文善居喪，爲鄉閭所稱。宋武帝既誅劉毅，領荊州，問毅府諮議參軍申永曰：「今日何施而可？」永曰：「除其宿釁，倍其惠澤，貫叙門次，顯擢才能，如此而已。」武帝納之，乃辟少文爲主簿，不起，問其故。答曰：「栖丘飲谷，三十餘年。」武帝善其對而止。

少文妙善琴書圖畫，精於言理，每游山水，往輒忘歸。征西長史王敬弘每從之，未嘗不彌日也。乃下入廬山，就釋慧遠考尋文義。兄臧爲南平太守，逼與俱還，乃於江陵三湖立宅，閑居無事。武帝召爲太尉行參軍，驃騎道憐命爲記室參軍，並不就。

二兄早卒，孤累甚多，家貧無以相贍，頗營稼穡。人有餉遺，並受之。武帝敕南郡長給吏役，又數致餼賚。後子弟從祿，乃悉不復受。武帝開府辟召，下書召少文與鴈門周續之並爲太尉掾，皆不起。宋受禪及元嘉中頻徵，並不應。

妻羅氏亦有高情，與少文協趣。羅氏沒，少文哀之過甚，既乃悲情頓釋，謂沙門釋慧堅曰：「死生之分，未易可達，三復至教，方能遣哀。」

衡陽王義季爲荊州，親至其室，與之歡宴，命爲諮議參軍，不起。好山水，愛遠遊，西陟荊、巫，南登衡岳，因結宇衡山，欲懷尚平之志。有疾還江陵，歎曰：「老疾俱至，名山恐難徧覩，唯澄懷觀道，臥以游之。」凡所游履，皆圖之於室，謂之「撫琴動操，欲令衆山皆響」。〔八〕古有金石弄，爲諸桓所重，桓氏亡，其聲遂絕，唯少文傳焉。文帝遣樂師楊觀就受之。少文孫測，亦有祖風。

測字敬微，一字茂深，家居江陵。少靜退，不樂人間。歎曰：「家貧親老，不擇官而仕，先哲以爲美談，余竊有惑。誠不能潛感地金，冥致江鯉，但當用天之道，分地之利。孰能食人厚祿，憂人重事乎？」

齊驃騎豫章王嶷徵爲參軍，不起，測答府云：「何爲謬傷海鳥，橫斤山木。」母喪，身自負土，植松柏。嶷復遣書請之，辟爲參軍。測答曰：「性同鱗羽，愛止山壑，眷戀松雲，輕迷人路。縱宕巖流，有若狂者，忽不知老至。而今鬢已白，豈容課虛責有，限魚鳥慕哉。」〔九〕

永明三年，詔徵太子舍人，不就。欲游名山，乃寫祖少文所作尚子平圖於壁上。測長子賓宦在都，知父此旨，便求祿還爲南郡丞，測遂付以家事。〔一〇〕刺史安陸王子敬、長史劉寅以下皆贈送之，測無所受，齎老子、莊子二書自隨。子孫拜辭悲泣，測長嘯不視，遂往廬山，

止祖少文舊宅。

魚復侯子響爲江州，厚遺贈遺。測曰：「少有狂疾，尋山採藥，遠來至此，量腹而進松朮，度形而衣薜蘿，淡然已足，豈容當此橫施。」子響命駕造之，測不見。後子響不告而來，奄至所住，測不得已，巾褐對之，竟不交言。子響不悅而退。侍中王秀之彌所欽慕，乃令陸探微畫其形與己相對，又貽書曰：「昔人有圖畫僑、札，輕以自方耳。」王儉亦雅重之，贈以蒲褥筍席。

頃之，測送弟喪還西，仍留舊宅永業寺，絕賓友，唯與同志庾易、劉虬、宗人尚之等往來講說。荊州刺史隨王子隆至鎮，〔一一〕遣別駕宗忻口致勞問。測笑曰：「貴賤理隔，何以及此。」竟不答。建武二年，徵爲司徒主簿，不就，卒。

測善畫，自圖阮籍遇蘇門於行鄣上，坐臥對之。又畫永業佛影臺，皆爲妙作。好音律，善易、老，續皇甫謐高士傳三卷。嘗游衡山七嶺，著衡山、廬山記。

尚之字敬文，〔一二〕亦好山澤，徵辟一無所就，以壽終。

彧之字叔粲，少文從父弟也。早孤，事兄恭謹。家貧好學，雖文義不逮少文，而眞澹過之。徵辟一無所就。宋元嘉初，大使陸子眞觀採風俗，三詣彧之。每辭疾不見，告人曰：「我

中華書局

布衣草萊之人，少長壟畝，何宜枉軒冕之客。」子眞還，表薦之，又不就徵。卒於家。

沈道虔，吳興武康人也。少仁愛，好老、易，居縣北石山下。孫恩亂後饑荒，縣令庾肅之迎出縣南廢頭里，爲立宅臨溪，有山水之玩。時復還石山精廬，與諸孤兄子共釜庾之資，困不改節。受琴於戴逵，王敬弘深貴重之。郡州府凡十二命，皆不就。

有人竊其園菜者，外還見之，乃自逃隱，待竊者去後乃出。人又拔其屋後大筍，令人止之，曰：「惜此筍欲令成林，更有佳者相與。」乃令人買大筍送與之，盜者慚不取，道虔使置其門內而還。常以捃拾自資，同捃者或爭穟，道虔諫之不止，悉以其所得與之。爭者愧恧，後每爭輒云「勿令居士知」。〔一三〕冬月無複衣，戴顒聞而迎之，爲作衣服，幷與錢一萬。及還，分身上衣及錢悉供諸兄弟子無衣者。

鄉里少年相率受學，道虔常無食以立學徒。武康令孔欣之厚相資給，受業者咸得有成。宋文帝聞之，遣使存問，賜錢三萬，米二百斛，悉供孤兄子嫁娶。徵員外散騎侍郎，不就。

累世事佛，推父祖舊宅爲寺。至四月八日每請像，請像之日，輒舉家感慟焉。

道虔年老菜食，恒無經日之資，而琴書爲樂，孜孜不倦。文帝敕郡縣使隨時資給。卒。子慧鋒，修父業，不就州辟。

孔淳之字彥深，魯人也。祖惔，尚書祠部郎。父粲，祕書監徵，不就。淳之少有高尚，愛好墳籍，爲太原王恭所稱。居會稽剡縣。性好山水，每有所游，必窮其幽峻，或旬日忘歸。嘗游山，遇沙門釋法崇，因留共止，遂停三載。法崇歎曰：「緬想人外三十年矣，今乃傾蓋于茲，不覺老之將至也。」及淳之還，乃不告以姓。除著作佐郎、太尉參軍，並不就。

居喪至孝，廬于墓側。服闋，與徵士戴顒、王弘之及王敬弘等共爲人外之游，又申以婚姻。敬弘以女適淳之子尚，遂以烏羊繫所乘車轅，提壺爲禮。至則盡歡共飲，迄暮而歸。或怪其如此，答曰：「固亦農夫田父之禮也。」

會稽太守謝方明苦要之不能致，使謂曰：「苟不入吾郡，何爲入吾郭？」淳之笑曰：「潛游者不識其水，巢栖者非辯其林，飛沈所至，何問其主。」終不肯往。茅室蓬戶，庭草蕪徑，唯牀上有數帙書。元嘉初，復徵爲散騎侍郎，乃逃于上虞縣界，家人莫知所在。弟默之爲廣

州刺史，出都與別，司徒王弘要淳之集冶城，即日命駕東歸，遂不顧也。元嘉七年卒。

默之儒學，注穀梁春秋。默之子熙先，事在范曄傳。

周續之字道祖，雁門廣武人也。其先過江，居豫章建昌縣。續之八歲喪母，哀戚過於成人，奉兄如事父。豫章太守范甯於郡立學，招集生徒，遠方至者甚衆。續之年十二，詣甯受業。居學數年，通五經、五緯，號曰十經，名冠同門，稱爲顏子。〔一四〕既而閑居讀老、易，入廬山事沙門釋慧遠。時彭城劉遺人遁迹廬山，〔一五〕陶深明亦不應徵命，謂之尋陽三隱。劉毅鎮姑孰，命爲撫軍參軍，徵太學博士，並不就。江州刺史每相招請，續之不尚峻節，頗從之游。常以嵇康高士傳得出處之美，因爲之注。

武帝北討，世子居守，迎續之館于安樂寺，延入講禮，月餘復還山。江州刺史劉柳薦之武帝，俄辟太尉掾，不就。武帝北伐，還鎮彭城，遣使迎之，禮賜甚厚，每曰「眞高士也」。尋復南還。武帝踐阼，復召之。上爲開館東郭外，招集生徒，乘輿降幸，幷見諸生，問續之禮記「傲不可長」、「與我九齡」、「射於矍圃」之義，辯析精奧，稱爲名通。

續之素患風痺，不復堪講，乃移病鍾山。景平元年卒。通毛詩六義及禮論，注公羊傳，皆傳於世。〔一六〕無子。兄子景遠有續之風。

戴顒字仲若，譙郡銍人也。父逵，兄勃，並隱遁有高名。顒十六遭父憂，幾於毀滅，因此長抱羸患。以父不仕，復修其業。父善琴書，顒並傳之。凡諸音律，皆能揮手。會稽剡縣多名山，故世居剡下。顒及兄勃並受琴於父，父沒，所傳之聲不忍復奏，各造新弄。勃制五部，顒制十五部，顒又制長弄一部，並傳於世。中書令王綏嘗攜客造之，勃等方進豆粥，綏曰：「聞卿善琴，試欲一聽。」不答，綏恨而去。

桐廬縣又多名山，兄弟復共游之，因留居止。勃疾，患醫藥不給。顒謂勃曰：「顒隨兄得閑，非有心於語默，兄今疾篤，無可營療，顒當干祿以自濟耳。」乃求海虞令，事垂行而勃卒，乃止。桐廬僻遠，難以養疾，乃出居吳下。吳下士人共爲築室，聚石引水，植林開澗，少時繁密，有若自然。乃述莊周大旨，著逍遙論，注禮記中庸篇。〔一七〕三吳將守及郡內衣冠要其同游野澤，堪行便去，不爲矯介，衆論以此多之。

宋國初建，元嘉中徵，並不就。衡陽王義季鎮京口，長史張邵與顒姻通，迎來止黃鵠山，山北有竹林精舍，林澗甚美，顒憩于此澗。義季亟從之游，顒服其野服，不改常度。爲

義季鼓琴，並新聲變曲，其三調游弦、廣陵、止息之流，皆與世異。文帝每欲見之，嘗謂黃門侍郎張敷曰：「吾東巡之日，當宴戴公山下也。」以其好音，長給正聲伎一部。顒合何嘗、白鵠二聲以爲一調，號爲清曠。

自漢世始有佛像，形制未工，逵特善其事，顒亦參焉。宋世子鑄丈六銅像於瓦官寺，既成，面恨瘦，工人不能改，乃迎顒看之。顒曰：「非面瘦，乃臂胛肥耳。」及減臂胛，瘦患卽除，無不歎服。十八年卒，無子。景陽山成，顒已亡矣。上歎曰：「恨不得使戴顒觀之。」

翟法賜，尋陽柴桑人也。曾祖湯，祖莊，父矯，並高尚不仕，逃避徵辟。法賜少守家業，立室廬山頂。喪親後，便不復還家，不食五穀，以獸皮及結草爲衣，雖鄉親中表莫得見焉。徵辟一無所就。後家人至石室尋求，因復遠徙，違避徵聘，遁跡幽深，卒於巖石間。

雷次宗字仲倫，豫章南昌人也。少入廬山，事沙門釋慧遠，篤志好學，尤明三禮、毛詩。隱退不受徵辟。

宋元嘉十五年，徵至都，開館於雞籠山，聚徒教授，置生百餘人。會稽朱膺之、潁川庾蔚之並以儒學總監諸生。時國子學未立，上留意藝文，使丹陽尹何尚之立玄學，太子率更令何承天立史學，司徒參軍謝元立文學，凡四學並建。車駕數至次宗館，資給甚厚。久之，還廬山，公卿以下並設祖道。後又徵詣都，爲築室於鍾山西巖下，謂之招隱館，使爲皇太子、諸王講喪服經。次宗不入公門，乃使自華林東門入延賢堂就業。二十五年，卒于鍾山。子肅之頗傳其業。

郭希林，武昌人也。曾祖翻，晉世高尚不仕。希林少守家業，徵召一無所就，卒。子蒙亦隱居不仕。

劉凝之字隱安，小名長生，[一八]南郡枝江人也。父期公，衡陽太守。兄盛公，高尚不仕。凝之慕老萊、嚴子陵爲人，推家財與弟及兄子，立屋於野外，非其力不食。州里重其行，辟召一無所就。妻梁州刺史郭銓女也，遣送豐麗，凝之悉散之屬親。妻亦能不慕榮華，與凝之共居儉苦。夫妻共乘蒲笨車，出市買易，周用之外，輒以施人。爲村里所誣，一年三輸公調，求輒與之。又嘗有人認其所著屐，[一九]笑曰：「僕著已敗，令家中覓新者備君。」[二〇]此人後田中得所失屐，送還不肯復取。

臨川王義慶、衡陽王義季鎮江陵，並遣使存問。凝之答書頓首稱僕，[二一]不爲百姓禮，人或譏焉。凝之曰：「昔老萊向楚王稱僕，嚴陵亦抗禮光武，未聞巢、許稱臣堯、舜。」時戴顒與衡陽王義季書亦稱僕。荊州年饑，義季慮凝之餒斃，餉錢十萬。凝之大喜，將錢至市門，觀有飢色者悉分與之，俄頃立盡。

性好山水，一旦攜妻子泛江湖，隱居衡山之陽，登高嶺，絕人跡，爲小屋居之。採藥服食，妻子皆從其志。卒年五十九。

龔祈字孟道，[二二]武陵漢壽人也。從祖玄之，父黎人，並不應徵辟。[二三]祈風姿端雅，容止可觀。中書郎范述見之歎曰：「此荊楚之僊人也。」自少及長，徵辟一無所就。時或賦詩，而言不及世事。卒年四十二。

朱百年，會稽山陰人也。祖凱之，晉左衞將軍。父濤，揚州主簿。

百年少有高情，親亡服闋，攜妻孔氏入會稽南山，伐樵採箬爲業。每以樵箬置道頭，輒爲行人所取，[二四]明旦已復如此，人稍怪之，積久方知是朱隱士所賣，須者隨其所堪多少，留錢取樵箬而去。或遇寒雪，樵箬不售，無以自資，輒自榜船送妻還孔氏，天晴迎之。有時出山陰爲妻買繒采五三尺，好飲酒，遇醉或失之。頗言玄理，時爲詩詠，往往有高勝之言。隱迹避人，唯與同縣孔覬友善。[二五]覬亦嗜酒，相得輒酣對盡歡。

百年室家素貧，母以冬月亡，衣並無絮，自此不衣緜帛。嘗寒時就覬宿，衣悉裌布，飲酒醉眠，覬以臥具覆之，百年不覺也。既覺，引臥具去體，謂覬曰：「緜定奇溫。」因流涕悲慟，覬亦爲之傷感。除太子舍人，不就。顏竣爲東揚州，發教餉百年穀五百斛，不受。

時山陰又有寒人姚吟亦有高趣，爲衣冠所重。竣餉吟米二百斛，吟亦辭之。

百年卒山中。蔡興宗爲會稽太守，餉百年妻米百斛。百年妻遣婢詣郡門奉辭固讓，時人美之，以比梁鴻妻。

中華書局

關康之字伯愉，河東楊人也。世居京口，寓屬南平昌。〔二六〕少而篤學，姿狀豐偉。下邳趙繹以文義見稱，康之與友善。特進顏延之等當時名士十許人入山候之，見其散髮被黃布帊，席松葉，枕一塊白石而臥，了不相眄。延之等咨嗟而退，不敢干也。晉陵顧悅之難王弼易義四十餘條，康之申王難顧，遠有情理。又為毛詩義，經籍疑滯，多所論釋。嘗就沙門支僧納學算，妙盡其能。徵辟一無所就，棄絕人事，守志閑居。弟雙之為臧質車騎參軍，與質俱下至赭圻，病卒，瘞於水濱。康之時得病小差，牽以迎喪，因得虛勞病，寢頓二十餘年。時有閑日，輒臥論文義。

宋孝武即位，遣大使巡行天下。使反，薦康之宜加徵聘，不見省。康之性清約，獨處一室，希與妻子相見，不通賓客。弟子以業傳受，尤善左氏春秋。齊高帝為領軍時，素好此學，送本與康之，康之手自點定。又造禮論十卷，高帝絕賞愛之，及崩，遺詔以入玄宮。康之以宋明帝泰始初與平原明僧紹俱徵，辭以疾。時又有河南辛普明、東陽樓惠明皆以篤行聞。

普明字文達，少就康之受業，至性過人。居貧與兄共處一帳，兄亡，仍以帳施靈。〔二七〕蚊甚多，通夕不得寢，而終不道侵螫。僑居會稽，會稽士子高其行，當葬兄，皆送金為贈，後至

者不復受。人問其故，答曰：「本以兄墓不周，故不逆親友之意。今實已足，豈可利亡者餘贈邪。」齊豫章王嶷為揚州，徵為議曹從事，不就。

惠明字智遠，立性貞固，有道術。居金華山，舊多毒害，自惠明居之，無復辛螫之苦。藏名匿迹，人莫之知。宋明帝召不至，齊高帝徵又不至。文惠太子在東宮，苦延方至，仍又辭歸。俄自金華輕棹西下，及就路，回之豐安。旬日之間，唐寓之祆賊入城塗地，唯豐安獨全，時人以為有先覺。齊武帝敕為立館。

漁父者，不知姓名，亦不知何許人也。太康孫緬為尋陽太守，落日逍遙渚際，見一輕舟陵波隱顯。俄而漁父至，神韻蕭灑，垂綸長嘯，緬甚異之。乃問：「有魚賣乎？」漁父笑而答曰：「其釣非釣，寧賣魚者邪？」緬益怪焉。遂褰裳涉水，謂曰：「竊觀先生有道者也，終朝鼓枻，良亦勞止。吾聞黃金白璧，重利也，駟馬高蓋，榮勢也。今方王道文明，守在海外，隱鱗之士，靡然向風。子胡不贊緝熙之美，何晦用其若是也？」漁父曰：「僕山海狂人，不達世務，未辨賤貧，無論榮貴。」乃歌曰：「竹竿籊籊，河水溦溦。相忘為樂，貪餌吞鉤。非夷非惠，聊以忘憂。」於是悠然鼓棹而去。

緬字伯緒，太子僕興曾之子也。有學義，宋明帝甚知之。位尚書左丞，東中郎司馬。

褚伯玉字元璩，吳郡錢唐人也。高祖含，始平太守。父邊，征虜參軍。伯玉少有隱操，寡慾。年十八，父為之昏。婦入前門，伯玉從後門出。遂往剡，居瀑布山。性耐寒暑，時人比之王仲都。在山三十餘年，隔絕人物。王僧達為吳郡，苦禮致之，伯玉不得已，停郡信宿，纔交數言而退。寧朔將軍丘珍孫與僧達書曰：「聞褚先生出居貴館，此子滅景雲棲，不事王侯，抗高木食，有年載矣。自非折節好賢，何以致之。昔文舉棲冶城，安道入昌門，於茲而三焉。却粒之士，飡霞之人，乃可暫致，不宜久羈。君當思遂其高步，成其羽化。望其還策之日，暫紆清塵，亦願助為譬說。」僧達答曰：「褚先生從白雲游舊矣。古之逸人，或留慮兒女，或使華陰成市，而此子索然，唯朋松石，介於孤峯絕嶺者，積數十載。近故要其來此，冀慰日夜。比談討芝桂，借訪荔蘿，若已窺煙液，臨滄洲矣。知君欲見之，輒當申譬。」

宋孝建二年，散騎常侍樂詢行風俗，表薦伯玉，加徵聘本州議曹從事，不就。齊高帝即

位，手詔吳、會二郡以禮迎遣，又辭疾。上不欲違其志，敕於剡白石山立太平館居之。建元元年卒，年八十六。伯玉常居一樓上，仍葬樓所。孔珪從其受道法，為於館側立碑。

顧歡字景怡，一字玄平，吳郡鹽官人也。〔二八〕家世寒賤，父祖並為農夫，歡獨好學。年六七歲，知推六甲。家貧，父使田中驅雀，歡作黃雀賦而歸，雀食稻過半。父怒欲撻之，見賦乃止。鄉中有學舍，歡貧無以受業，於舍壁後倚聽，無遺忘者。夕則然松節讀書，或然糠自照。及長，篤志不倦。聞吳興東遷邵玄之能傳五經文句，假為書師，從之受業。同郡顧顗之臨縣，見而異之，遣諸子與游，及孫憲之並受經焉。年二十餘，更從豫章雷次宗諮玄儒諸義。

母亡，水漿不入口六七日，廬于墓次，遂隱不仕。於剡天台山開館聚徒，受業者常近百人。歡早孤，讀詩至「哀哀父母」，輒執書慟泣，由是受學者廢蓼莪篇，不復講焉。

晚節服食，不與人通。每旦出戶，山鳥集其掌取食。好黃、老，通解陰陽書，為數術多効驗。〔二九〕初以元嘉中出都，寄住東府。忽題柱云「三十年二月二十一日」，因東歸。後元凶弑逆，是其年月日也。

弟子鮑靈綬門前有一株樹，大十餘圍，上有精魅，數見影。歡印樹，樹即枯死。山陰白石村多邪病，村人告訴求哀，歡往村中爲講老子，規地作獄。有頃，見狐狸黿鼉自入獄中者甚多，即命殺之。病者皆愈。又有病邪者問歡，歡曰：「家有何書？」答曰：「唯有孝經而已。」歡曰：「可取仲尼居置病人枕邊恭敬之，自差也。」而後病者果愈。後人問其故，答曰：「善禳惡，正勝邪，此病者所以差也。」

齊高帝輔政，徵爲揚州主簿。及踐阼乃至，稱「山谷臣顧歡上表」，進政綱一卷。時員外郎劉思効表陳讜言，優詔並稱美之。歡東歸，上賜麈尾、素琴。

永明元年，詔徵爲太學博士，同郡顧黯爲散騎侍郎。黯字長孺，有隱操，與歡不就徵。會稽孔珪嘗登嶺尋歡，共談四本。歡曰：「蘭石危而密，宣國安而疎，士季似而非，公深謬而是。總而言之，其失則同；曲而辯之，其塗則異。何者？同昧其本而競談其末，猶未識辰緯而意斷南北。羣迷暗爭，失得無準，情長則申，意短則屈。所以四本並通，莫能相塞。夫中理唯一，豈容有二？四本無正，失中故也。」於是著三名論以正之。尚書劉澄、臨川王常侍朱廣之，並立論難，與之往復；而廣之才理尤精詣也。廣之字處深，吳郡錢唐人也，善淸言。

初，歡以佛道二家教異，學者互相非毁，乃著夷夏論曰：

夫辯是與非，宜據聖典。道經云：「老子入關之天竺維衞國，[三〇]國王夫人名曰淨

妙，老子因其晝寢，乘日精入淨妙口中，後年四月八日夜半時，剖右腋而生。墜地即行七步，於是佛道興焉。」此出玄妙內篇。佛經云「釋迦成佛，有塵劫之數」，出法華無量壽。或「爲國師道士，儒林之宗」。出瑞應本起。

歡論之曰：五帝三皇，不聞有佛；國師道士，無過老、莊；儒林之宗，孰出周、孔。若孔、老非聖，誰則當之？然二經所說，如合符契。道則佛也，佛則道也，其聖則符，其跡則反。或和光以明近，或曜靈以示遠。道濟天下，故無方而不入，智周萬物，故無物而不爲。其入不同，其爲必異，各成其性，不易其事。是以端委搢紳，諸華之容；剪髮曠衣，羣夷之服。擎跽磬折，侯甸之恭；狐蹲狗踞，荒流之肅。棺殯槨葬，中夏之風；火焚水沉，西戎之俗。全形守禮，繼善之教；毁貌易性，絕惡之學。豈伊同人，爰及異物，鳥王獸長，往往是佛。無窮世界，聖人代興，或昭五典，或布三乘。在鳥而鳥鳴，在獸而獸吼，教華而華言，化夷而夷語耳。雖舟車均於致遠，而有川陸之節，佛道齊乎達化，而有夷夏之別。若謂其致既均，其法可換者，而車可涉川，舟可行陸乎？今以中夏之性，効西戎之法，既不全同，又不全異。下棄妻孥，[三一]上絕宗祀。嗜欲之物，皆以禮伸，孝敬之典，獨以法屈。悖禮犯順，曾莫之覺，弱喪忘歸，孰識其舊。且理之可貴者道也，事之可賤者俗也，捨華効夷，義將安取？若以道邪？道固符合矣。若以俗邪？

俗則大乖矣。屢見刻舷沙門，守株道士，交諍小大，互相彈射。或域道以爲兩，或混俗以爲一，是牽異以爲同，破同以爲異，則乖爭之由，淆亂之本也。

尋聖道雖同，而法有左右，始乎無端，終乎無末，泥洹仙化，各是一術。佛號正眞，道稱正一，一歸無死，眞會無生。在名則反，在實則合。但無生之教賒，無死之化切，切法可以進謙弱，賒法可以退夸强。佛教文而博，道教質而精，精非粗人所信，博非精人所能。佛言華而引，道言實而抑，抑則明者獨進，引則昧者競前。佛經繁而顯，道經簡而幽，幽則妙門難見，顯則正路易遵。此二法之辯也。

聖匠無心，方圓有體，器既殊用，教亦易施。佛是破惡之方，道是興善之術，興善則自然爲高，破惡則勇猛爲貴。佛跡光大，宜以化物。道跡密微，利用爲己。優劣之分，大略在茲。

夫蹲夷之儀，婁羅之辯，各出彼俗，自相聆解。猶蟲躍鳥聒，何足述効。

歡雖同二法，而意黨道教。宋司徒袁粲託爲道人通公駁之。其略曰：

白日停光，恒星隱照，誕降之應，事在老先，似非入關，方昭斯瑞。又西域之記，佛經之說，俗以膝行爲禮，不慕蹲坐爲恭。道以三遶爲虔，不尙踞傲爲肅。豈專戎土，爰亦茲方。襄童謁帝，膝行而進，趙王見周，三環而止。今佛法垂化，或因或革。淸信之

士，容衣不改，息心之人，服貌必變。變本從道，不遵彼俗，俗風自殊，無患其亂。

孔、老、釋迦，其人或同，觀方設教，其道必異。孔、老教俗爲本，[三二]釋氏出世爲宗，發軫既殊，其歸亦異。又仙化以變形爲上，泥洹以陶神爲先。變形者白首還緇，而未能無死；陶神者使塵惑日損，湛然常存。泥洹之道，無死之地，乖詭若此，何謂其同？

歡答曰：

案道經之作，著自西周，佛經之來，始乎東漢。年踰八百，代懸數十。若謂黃、老雖久而濫在釋前，是呂尙盜陳恒之齊，劉季竊王莽之漢也。又夷俗長跽，法與華異，翹左跂右，全是蹲踞。故周公禁之於前，仲尼誡之於後。又佛起於戎，豈非戎俗素惡邪？道出於華，豈非華風本善邪？今華風既變，惡同戎狄，佛來破之，良有以矣。佛道實貴，故戒業可遵；戎俗實賤，故言貌可棄。今諸華士女，氏族弗革，而露首偏踞，濫用夷禮。

又若觀風流教，其道必異。佛非東華之道，道非西夷之法，魚鳥異川，永不相關。安得老、釋二教，交行八表。今佛既東流，道亦西邁，故知俗有精粗，教有文質。然則道教執本以領末，佛教救末以存本。請問所歸，異在何許？若以翦落爲異，則胥靡翦落矣；若以立像爲異，則俗巫立像矣。此非所歸，歸在常住，常住之象，常道孰異。

神仙有死，權便之說。神仙是大化之總稱，非窮妙之至名。至名無名，其有名者二十七品。[二三]仙變成眞，眞變成神，或謂之聖，各有九品。品極則入空寂，無爲無名。若服食茹芝，延壽萬億，壽盡則死，藥極則枯，此修考之士，非神仙之流也。明僧紹正二敎論，以爲「佛明其宗，老全其生。守生者蔽，明宗者通。今道家稱長生不死，名補天曹，大乖老、莊立言本理」。文惠太子、竟陵王子良並好釋法，吳興孟景翼爲道士，太子召入玄圃，衆僧大會。子良使景翼禮佛，景翼不肯。子良送十地經與之，景翼造正一論，大略曰：「寶積云『佛以一音廣說法』。老子云『聖人抱一以爲天下式』。一之爲妙，空玄絕於有境，神化贍於無窮。爲萬物而無爲，處一數而無數。莫之能名，强號爲一。在佛曰『實相』，在道曰『玄牝』。道之大象，卽佛之法身。以不守之守守法身，以不執之執執大象。但物有八萬四千行，說有八萬四千法。法乃至於無數，行亦達於無央，[二四]等級隨緣，須導歸一。歸一曰回向，向正卽無邪。邪觀旣遣，億善日新。三五四六，隨用而施，獨立不改，絕學無憂。曠劫諸聖，共遵斯一。老、釋未始於嘗分，迷者分之而未合。億善偏修，修偏成聖，雖十號千稱，終不能盡。終不能盡，豈可思議。」司徒從事中郎張融作門律云：「道之與佛，逗極無二。[二五]吾見道士與道人戰儒墨，道人與道士辨是非。昔有鴻飛天首，積遠難亮，越人以爲鳧，楚人以爲乙。人自楚、越，鴻常一耳。」以示太子僕周顒。顒難之曰：「虛

無法性，其寂雖同，位寂之方，其旨則別。論所謂『逗極無二』者，爲逗極於虛無，當無二於法性邪。足下所宗之本一物爲鴻乙耳，驅馳佛道，無免二末，未知高鑒，緣何識本？輕而宗之，其有旨乎。」往復文多不載。

歡口不辯，善於著論。又注王弼易二繫，學者傳之。知將終，賦詩言志曰：「五塗無恒宅，三清有常舍。精氣因天行，游魂隨物化。鵬鶡適大海，蜩鳩之桑柘。達生任去留，善死均日夜。委命安所乘，何方不可駕。翹心企前覺，融然從此謝。」自剋死日，自擇葬時，卒於剡山，時年六十四。身體香軟，道家謂之屍解仙化焉。還葬舊墓，木連理生墓側。縣令江山圖表狀，武帝詔歡諸子撰歡文議三十卷。

又始興人盧度字孝章，亦有道術。少隨張永北侵魏。永敗，魏人追急，阻淮水不得過。度心誓曰：「若得免死，從今不復殺生。」須臾見兩楯流來，接之得過。後隱居廬陵西昌三顧山，[二六]鳥獸隨之。夜有鹿觸其壁，度曰：「汝勿壞我壁。」鹿應聲去。[二七]屋前有池養魚，皆名呼之，次第來取食乃去。逆知死年月，與親友別。永明末，以壽終。

杜京產字景齊，吳郡錢唐人也。祖運，劉毅衞軍參軍。父道鞠，州從事，善彈棊。

京產少恬靜，閉意榮宦，頗涉文義，專修黃、老。會稽孔覬，[二八]清剛有峻節，一見而爲款交。郡命主簿，州辟從事，稱疾去。與同郡顧歡同契。於始寧東山開舍授學。[二九]齊建元中，武陵王曄爲會稽，齊高帝遣儒士劉瓛入東爲曄講，瓛故往與之游，曰：「杜生，當今之臺、尙也。」京產請瓛至山舍講書，傾資供待。子栖躬自屣履，爲瓛生徒下食。孔珪、周顒、謝瀹並致書以通慇勤。

永明十年，珪及光祿大夫陸澄、祠部尙書虞悰、太子右率沈約、司徒右長史張融表薦京產，徵爲奉朝請，不至。於會稽日門山聚徒教授。建武初，徵員外散騎侍郎。京產曰：「莊生持釣，豈爲白璧所回。」辭疾不就，卒。

會稽山陰人孔道徽，守志業不仕，與京產友善。道徽父祐至行通神，隱於四明山，嘗見山谷中有數百斛錢，視之如瓦石不異。采樵者競取，入手卽成沙礫。曾有鹿中箭來投祐，祐爲之養創，愈然後去。太守王僧虔與張緒書曰：「孔祐，敬康曾孫也。行動幽祇，德標松桂，引爲主簿，遂不可屈。此古之遺德也。」道徽少厲高行，能世其家風。隱居南山，終身不窺都邑。豫章王嶷爲揚州，辟西曹書佐，不至。鄉里宗慕之。道徽兄子總，有操行，遇飢寒

不可得衣食，縣令吳興丘仲孚薦之，除竟陵王侍郎，竟不至。

永明中，會稽鍾山有人姓蔡，不知名，隱山中，養鼠數千頭，呼來卽來，遣去卽去。言語狂易，時謂之謫仙，不知所終。

京產高祖子恭以來及子栖世傳五斗米道不替。栖字孟山，善清言，能彈琴。刺史齊豫章王嶷聞其名，辟議曹從事，仍轉西曹書佐。竟陵王子良數致禮接。國子祭酒何胤掌禮，又重栖，以爲學士，掌昏冠儀。以父老歸養。栖肥白長壯，及京產病，旬日間便皮骨自支。京產亡，水漿不入口七日，晨夜不罷哭，不食鹽菜。每營買祭奠，身自看視，號泣不自持。朔望節歲，絕而復續，嘔血數升。時何胤、謝朏並隱東山，遺書敦譬，誡以毀滅。至祥禫，暮夢見其父，慟哭而絕。初，胤兄點見栖歎曰：「卿風韻如此，雖獲嘉譽，不永年矣。」卒時年三十六，當時咸嗟惜焉。

建武二年，剡縣有小兒年八歲，與母俱得赤斑病，母死，家人以小兒猶惡，不令其知。小兒疑之，問云：「母嘗數問我病，昨來覺聲羸，今不復問，何也？」因自投下牀，扶匐至母尸側，頓絕而死。鄉隣告之縣令宗善才，求表廬，事竟不行。

中華書局

校勘記

〔一〕陶潛字淵明或云字深明名元亮　按宋書隱逸傳本作「陶潛字淵明，或云淵明字元亮」，與此異。又「或云字深明」，乃南史避唐諱，改「淵」作「深」。傳文首句「字淵明」，據例亦當作「字深明」，今作「淵明」，蓋經後人追改。

〔二〕裋褐穿結　「裋褐」各本作「短褐」，據宋書改。按漢書貢禹傳注：「裋，僮豎所著布長襦；褐，毛布之衣。」指粗服。

〔三〕弱子候門　「弱子」宋書作「稚子」，此避唐高宗小名而改。

〔四〕或命巾車　文選江文通擬陶徵君詩注引作「或巾柴車」。

〔五〕僶俛辭事　「辭事」宋書作「辭世」，此避唐諱改。

〔六〕濟北氾幼春　「氾幼春」宋書作「氾稚春」，此避唐諱改。王應麟困學記聞：「氾稚春，謂氾毓，晉書有傳。」

〔七〕宗少文　宗少文本名炳，此避唐諱以字行。宋書隱逸有宗炳傳。

〔八〕謂之撫琴動操欲令衆山皆響　「謂之」宋書作「謂人曰」，是。

〔九〕限魚鳥慕哉　「限魚鳥慕」南齊書作「限魚慕鳥」。册府元龜二九二、八一〇作「恨魚慕鳥」。

〔一〇〕測遂付以家事　「測遂」二字各本並脫，據通志補。

〔一一〕荆州刺史隨王子隆至鎭　「鎭」字各本並脫，據南齊書補。

〔一二〕尙之字敬文　「敬文」各本作「敬之」，據南齊書改。

〔一三〕後每爭輒云勿令居士知　「爭」各本作「事」，據宋書改。

〔一四〕名冠同門稱爲顏子　建康實錄作「名冠當時，同門稱爲顏子」。

〔一五〕時彭城劉遺人遁迹廬山　「遺人」宋書作「遺民」，此避唐諱改。

〔一六〕通毛詩六義及禮論注公羊傳皆傳於世　「皆傳」二字各本並脫，據宋書補。按此因上下兩「傳」字相混而誤奪。

〔一七〕注禮記中庸篇　「注」字各本並脫，據宋書補。

〔一八〕劉凝之字隱安小名長生　「隱安」、「長生」宋書作「志安」、「長年」。

〔一九〕又嘗有人認其所著屐　「有人」二字，各本並脫，據宋書補。按下「此人後田中得所失屐」，明此爲脫文。

〔二〇〕令家中覓新者備君　「令」各本作「今」，據通志改。「備君」汲古閣本、局本作「償君」，其他各本作「備君」，李慈銘南史札記：「備即今賠字。」

〔二一〕凝之答書頓首稱僕　「答書」下各本有「曰」字，據宋書删。

〔二二〕龔祈字孟道　「孟道」各本作「盂道」，據宋書改。

〔二三〕從祖玄之父黎人並不應徵辟　「黎人」宋書作「黎民」，此避唐諱改。

〔二四〕每以樵箬置道頭輒爲行人所取　「每」字各本並脫，據太平御覽五〇四引補。

〔二五〕唯與同縣孔覬友善　「孔覬」各本作「孔顗」，據宋書孔覬傳改，下同。

〔二六〕世居京口寓屬南平昌　「屬」各本作「居」，據宋書改。錢大昕廿二史考異：「宋書孟懷玉平昌安丘人，而世居京口。蓋南平昌即僑立京口，非有兩地。」

〔二七〕仍以帳施靈　「以」字各本並脫，據南齊書孝義傳、通志補。

〔二八〕顧歡字景怡一字玄平吳郡鹽官人也　「吳郡」各本作「吳興」。按鹽官屬吳郡，下「同郡顧顗之臨縣」，顗之亦吳郡人。今改正。

〔二九〕好黃老通解陰陽書爲數術多效驗　「好黃、老，通解陰陽書」南齊書作「事黃老道，解陰陽書」。

〔三〇〕老子入關之天竺維衞國　王鳴盛十七史商榷六四以爲入關當作出關，下引袁粲駁語亦誤。

〔三一〕下乘妻孥　「棄」各本作「育」，據弘明集七改。

〔三二〕孔老教俗爲本　「教俗」南齊書作「治世」，此因避唐諱而改。

〔三三〕其有名者二十七品　「名」字各本並脫，據南齊書補。

〔三四〕行亦達於無央　「達」南齊書作「逮」。

〔三五〕道之與佛逗極無二　「逗」各本作「遙」，據南齊書改。按「逗極」謂投合無間，作「遙」誤。

〔三六〕後隱居廬陵西昌三顧山　「後」字上各本衍「然」字，據南齊書删。

〔三七〕汝勿壞我壁鹿應聲去　「勿」字各本並脫，據太平御覽九〇六引、通志補。

〔三八〕會稽孔覬　「覬」各本作「顗」，據南齊書改。按宋書有孔覬傳。

〔三九〕於始寧東山開舍授學　「於」字各本並脫，據通志補。

中華書局

南史卷七十六

列傳第六十六

隱逸下

臧榮緒 吳苞 趙僧巖 蔡薈 孔嗣之 徐伯珍 婁幼瑜 沈麟士
阮孝緒 鄧郁 陶弘景 釋寶誌 諸葛璩 劉慧斐 兄慧鏡
慧鏡子曇淨 范元琰 庾詵 張孝秀 庾承先 馬樞

臧榮緒，東莞莒人也。祖奉先，建陵令。父庸人，國子助教。〔一〕榮緒幼孤，躬自灌園，以供祭祀。母喪後，乃著嫡寢論，掃洒堂宇，置筵席，朔望輒拜薦焉，甘珍未嘗先食。純篤好學，括東、西晉爲一書，紀錄志傳百一十卷。隱居京口教授。齊高帝爲揚州刺史，徵榮緒爲主簿，不到。建元中，司徒褚彥回啓高帝稱述其美，以置

祕閣。榮緒惇愛五經，謂人曰：「昔呂尙奉丹書，武王致齋降位，李、釋教誡，並有禮敬之儀，因甄明至道。」乃著拜五經序論。常以宣尼庚子日生，其日陳五經拜之。自號披褐先生。又以飲酒亂德，言常爲誡。永明六年卒。

初，榮緒與關康之俱隱在京口，時號爲二隱。

吳苞字天蓋，一字懷德，濮陽鄄城人也。儒學，善三禮及老、莊。宋泰始中過江，聚徒教學。冠黃葛巾，竹麈尾，蔬食二十餘年。與劉瓛俱於褚彥回宅講授。瓛講禮，苞講論語、孝經，諸生朝聽瓛，晚聽苞也。

齊隆昌元年，徵爲太學博士，不就。始安王遙光及江祏、徐孝嗣共爲立館於鍾山下教授，朝士多到門焉，當時稱其儒者。自劉瓛以後，聚徒講授，唯苞一人而已。以壽終。時有趙僧巖、蔡薈，皆有景行，慕苞爲人。

僧巖，北海人。寥廓無常，人不能測。與劉善明友。善明爲青州，欲舉爲秀才，大驚，拂衣而去。後忽爲沙門，棲遲山谷，常以一壺自隨。一旦謂弟子曰：「吾今夕當死。壺中大錢一千，以通九泉之路，蠟燭一挺，以照七尺之尸。」至夜而亡。時人以爲知命。

蔡薈字休明，陳留人。清抗不與俗人交。李撝謂江斅曰：「古人稱安貧清白曰夷，涅而不緇曰白，至如蔡休明者，可不謂之夷白乎。」

又有魯國孔嗣之字敬伯，宋時與齊高帝俱爲中書舍人，並非所好。自廬江郡守去官，隱居鍾山。朝廷以爲太中大夫，卒。

徐伯珍字文楚，東陽太末人也。祖、父並郡掾史。伯珍少孤貧，學書無紙，常以竹箭、箬葉、甘蕉及地上學書。山水暴出，漂溺宅舍，村鄰皆奔走，伯珍累牀而坐，誦書不輟。叔父璠之與顏延之友善，還祛蒙山立精舍講授，伯珍往從學。積十年，究尋經史，游學者多依之。太守琅邪王曇生、吳郡張淹並加禮辟，伯珍應召便退，如此者凡十二焉。徵士沈儼造膝談論，〔二〕申以素交。吳郡顧歡擿出尙書滯義，伯珍訓答，甚有條理，儒者宗之。好釋氏、老、莊，兼明道術。歲嘗旱，伯珍筮之，如期而雨。舉動有禮，過曲木之下，趍而避之。早喪

妻，晚不復重娶，自比曾參。

宅南九里有高山，班固謂之九巖山，後漢龍丘萇隱處也。山多龍鬚檉柏，望之五采，世呼爲婦人巖。二年，〔三〕伯珍移居之，階戶之間，木生皆連理。門前生梓樹，一年便合抱。館東石壁，夜忽有赤光洞照，俄爾而滅。白雀一雙棲其戶牖，論者以爲隱德之感焉。刺史豫章王辟議曹從事，不就。家甚貧窶，兄弟四人皆白首相對，時人呼爲「四皓」。建武四年卒，年八十四。受業生凡千餘人。

伯珍同郡婁幼瑜字季玉，〔四〕亦聚徒教授，不應徵辟，彌爲臨川王映所賞異，著禮捃拾三十卷。

沈麟士字雲禎，吳興武康人也。〔五〕祖膺期，晉太中大夫。父虔之，宋樂安令。

麟士幼而俊敏，年七歲，聽叔父岳言玄。賓散，言無所遺失。岳撫其肩曰：「若斯文不絕，其在爾乎。」及長，博通經史，有高尙之心。親亡，居喪盡禮。服闋，忌日輒流涕彌旬。居貧織簾誦書，口手不息，鄉里號爲織簾先生。嘗爲人作竹誤傷手，便流淚而還。同作者

二十四史 中華書局

謂曰：「此不足損，何至涕零。」答曰：「此本不痛，但遺體毀傷，感而悲耳。」嘗行路，隣人認其所著屐，麟士曰：「是卿屐邪？」卽跣而反。隣人得屐，送前者還之，麟士曰：「非卿屐邪？」笑而受之。

宋元嘉末，文帝令僕射何尚之抄撰五經，訪舉學士，縣以麟士應選。不得已至都，尚之深相接。及至，尚之謂子偃曰：「山藪故多奇士，沈麟士，黃叔度之流也，豈可澄清淆濁邪。汝師之。」

麟士嘗苦無書，因游都下，歷覩四部畢，乃歎曰：「古人亦何人哉。」少時稱疾歸鄉，不與人物通。養孤兄子，義著鄉曲。或勸之仕，答曰：「魚縣獸檻，天下一契。聖人玄悟，所以每履吉先。吾誠未能景行坐忘，何爲不希企日損。」乃作玄散賦以絕世。太守孔山士辟不應，宗人徐州刺史曇慶、侍中懷文、左率勃來候之，麟士未嘗答也。

隱居餘不吳差山，講經教授，從學士數十百人，各營屋宇，依止其側，時爲之語曰：「吳差山中有賢士，開門教授居成市。」〔六〕麟士重陸機連珠，每爲諸生講之。征北張永爲吳興，請麟士入郡。麟士聞郡後堂有好山水，卽戴安道游吳興，因古墓爲山池也。欲一觀之，乃往停數月。永欲請爲功曹，麟士曰：「明府德履冲素，留心山谷，是以被褐負杖，忘其疲病。必欲飾渾沌以蛾眉，冠越客於文冕，走雖不敏，請附高節，有蹈東海死耳，不忍受此黔劓。」

永乃止。

昇明末，太守王奐，永明中，中書郎沈約並表薦之，徵皆不就。乃與約書曰：「名者實之賓，本所不庶。中央無心，空勤南北。爲惠反凶，將在於斯。」

麟士無所營求，以篤學爲務，恒憑素几鼓素琴，不爲新聲。負薪汲水，幷日而食。守操終老，讀書不倦。遭火燒書數千卷，年過八十，耳目猶聰明，以反故抄寫，火下細書，復成二三千卷，滿數十篋。時人以爲養身靜默所致。製黑蝶賦以寄意。著周易兩繫、莊子內篇訓。註易經、禮記、春秋、尚書、論語、孝經、喪服、老子要略數十卷。梁天監元年，與何點同徵，又不就。二年，卒於家，年八十五。以楊王孫、皇甫謐深達生死而終禮矯俗，乃自爲終制，遺令：「氣絕剔被，取三幅布以覆屍。及斂，仍移布於屍下，以爲斂服。反被左右兩際以周上，不復製覆被。不須沐浴唅珠。以本裙衫、先着褌，凡二服，上加單衣幅巾履枕，〔七〕棺中唯此。依士安用孝經。既殯不復立靈座，四節及祥，權鋪席於地，以設玄酒之奠。人家相承漆棺，今不復爾。亦不須旐。成服後卽葬，作冢令小，後祔更作小冢於濱。合葬非古也。冢不須聚土成墳，使上與地平。王祥終制亦爾。葬不須輀車、靈舫、魌頭也。不得朝夕下食。祭奠之法，至于葬，唯清水一盃。」子彝奉而行之，州鄉皆稱歎焉。

阮孝緒字士宗，陳留尉氏人也。父彥之，宋太尉從事中郎，以清幹流譽。

孝緒七歲出繼從伯胤之，胤之母周氏卒，遺財百餘萬應歸孝緒，孝緒一無所納，盡以歸胤之姊琅邪王晏之母，聞者咸歎異之。乳人憐其傳重辛苦，輒竊玉羊金獸等物與之。孝緒見而駭愕，啓彥之送還王氏。

幼至孝，性沉靜，雖與童兒游戲，恒以穿池築山爲樂。年十三，徧通五經。十五冠而見其父彥之，彥之誡曰：「三加彌尊，人倫之始，宜思自勗，以庇爾躬。」答曰：「願迹松子於瀛海，追許由於窮谷，庶保促生，以免塵累。」自是屏居一室，非定省未嘗出戶，家人莫見其面，親友因呼爲居士。

年十六，父喪不服緜纊，雖蔬菜有味亦吐之。外兄王晏貴顯，屢至其門，孝緒度之必至顚覆，聞其笳管，穿籬逃匿，不與相見。曾食醬美，問之，云是王家所得，便吐餐覆醬。及晏誅，親戚咸爲之懼。孝緒曰：「親而不黨，何坐之及。」竟獲免。梁武起兵圍建鄴，家貧無以爨，僮妾竊隣人墓樵以繼火。孝緒知之，乃不食，更令撤屋而炊。所居以一鹿牀爲精舍，以樹環繞。天監初，御史中丞任昉尋其兄履之，欲造而不敢，望而歎曰：「其室雖邇，其人甚遠。」其爲名流所欽尚如此。自是欽慕風譽者，莫不懷刺斂

衽，望塵而息。殷芸欲贈以詩，昉曰：「趣舍既異，何必相干。」芸乃止。唯與比部郎裴子野交。子野薦之尚書徐勉，言其「年十餘歲隨父爲湘州行事，不書官紙，以成親之清白。論其志行粗類管幼安，比以采章如似皇甫謐」。〔八〕

天監十二年，詔公卿舉士，祕書監傅照上疏薦之，與吳郡范元琰俱徵，並不到。陳郡袁峻謂曰：「往者天地閉，賢人隱。今世路已清，而子猶遁，可乎？」答曰：「昔周德雖興，夷、齊不厭薇蕨。漢道方盛，黃、綺無悶山林。爲仁由己，何關人世？況僕非往賢之類邪？」初，謝朏及伏暅應徵，天子以爲隱者苟立虛名，以要顯譽，故孝緒與何胤並得遂其高志。

後於鍾山聽講，母王氏忽有疾，兄弟欲召之。母曰：「孝緒至性冥通，必當自到。」果心驚而反，隣里嗟異之。合藥須得生人薓，舊傳鍾山所出。孝緒躬歷幽險，累日不逢。忽見一鹿前行，孝緒感而隨後，至一所遂滅，就視，果獲此草。母得服之遂愈，時皆言其孝感所致。

有善筮者張有道曰：「見子隱迹而心難明，自非考之龜著，無以驗也。」及布卦，既揲五爻，曰：「此將爲咸，應感之法，非嘉遯之兆。」孝緒曰：「安知後爻不爲上九。」果成遯卦。有道歎曰：「此所謂『肥遯無不利』，象實應德，心迹幷也。」孝緒曰：「雖獲遯卦，而上九爻不發，升遐之道，便當高謝許生。」乃著高隱傳，上自炎皇，終于天監末，斟酌分爲三品：言行超逸，

名氏弗傳，爲上篇，始終不耗，姓名可錄，爲中篇，挂冠人世，栖心塵表，爲下篇。湘東王著忠臣傳、集釋氏碑銘、丹陽尹錄、研神記，並先簡孝緒而後施行。南平元襄王聞其名，致書要之，不赴，曰：「非志驕富貴，但性畏廟堂，若使麏麚可驂，何以異夫驥騄。」

初，建武末，青溪宮東門無故自崩，大風拔東宮門外楊樹，或以問孝緒。孝緒曰：「青溪皇家舊宅，齊爲木行，東爲木位。今東門自壞，木其衰矣。」

武帝禁畜讖緯，孝緒兼有其書，或勸藏之。答曰：「昔劉德重淮南秘要，適爲更生之禍，杜瓊所謂不如不知，此言美矣。」客有求之，答曰：「己所不欲，豈可嫁禍於人。」乃焚之。

鄱陽忠烈王妃，孝緒姊也。王嘗命駕欲就之游，孝緒鑿垣而逃，卒不肯見。王悵然歎息。王諸子篤渭陽之情，歲時之貢，無所受納，未嘗相見，竟不之識。或問其故，孝緒曰：「我本素賤，不應爲王侯姻戚，邂逅所逢，豈關始願。」劉歊嘗以米饋之，孝緒不納，歊亦棄之。末年蔬食斷酒，[九]其恒供養石像先有損壞，心欲補之，罄心敬禮，經一夜忽然完復。衆並異之。

大同二年正月，孝緒自筮卦，「吾壽與劉著作同年」。[一〇]及劉杳卒，孝緒曰：「劉侯逝矣，吾其幾何。」其年十月卒，年五十八。梁簡文在東宮，隆恩厚贈，子恕等述先志不受。顧協以爲恩異常均，議令恭受。門徒追論德行，謚曰文貞處士。所著七錄、削繁等一百八十一卷，並行於世。

初，孝緒所撰高隱傳中篇所載一百三十七人，劉歊、劉訏覽其書曰：「昔嵇康所贊，缺一自擬，今四十之數，將待吾等成邪。」對曰：「所謂荀君雖少，後事當付鍾君。若素車白馬之日，輒獲麟於二子。」歊、訏果卒，乃益二傳。及孝緒亡，訏兄絜錄其所遺行次篇末，成絕筆之意云。

南嶽鄧先生名郁，荊州建平人也。少而不仕，隱居衡山極峻之嶺，立小板屋兩間，足不下山，斷穀三十餘載，唯以澗水服雲母屑，日夜誦大洞經。梁武帝敬信殊篤，爲帝合丹，帝不敢服，起五嶽樓貯之供養，道家吉日，躬往禮拜。白日，神仙魏夫人忽來臨降，乘雲而至，從少嫗三十，並着絳紫羅繡袿襡，年皆可十七八許。色豔桃李，質勝瓊瑤，言語良久，謂郁曰：「君有仙分，所以故來，尋當相候。」至天監十四年，忽見二青鳥悉如鶴大，鼓翼鳴舞，移晷方去。謂弟子等曰：「求之甚勞，得之甚逸。近青鳥既來，期會至矣。」少日無病而終。山內唯聞香氣，世未嘗有。武帝後令周捨爲鄧玄傳，[一一]具序其事。

陶弘景字通明，丹陽秣陵人也。祖隆，王府參軍。父貞，孝昌令。

初，弘景母郝氏夢兩天人手執香鑪來至其所，已而有娠。以宋孝建三年丙申歲夏至日生。幼有異操，年四五歲，恒以荻爲筆，畫灰中學書。至十歲，得葛洪神仙傳，晝夜研尋，便有養生之志。謂人曰：「仰青雲，覩白日，不覺爲遠矣。」父爲妾所害，弘景終身不娶。及長，身長七尺七寸，神儀明秀，朗目疎眉，細形長額聳耳，耳孔各有十餘毛出外二寸許，右膝有數十黑子作七星文。讀書萬餘卷，一事不知，以爲深恥。善琴棊，工草隸。未弱冠，齊高帝作相，引爲諸王侍讀，除奉朝請。雖在朱門，閉影不交外物，唯以披閱爲務。朝儀故事，多所取焉。

家貧，求宰縣不遂。永明十年，脫朝服挂神武門，[一二]上表辭祿。詔許之，賜以束帛，敕所在月給伏苓五斤，白蜜二升，以供服餌。及發，公卿祖之征虜亭，供帳甚盛，車馬填咽，咸云宋、齊以來未有斯事。於是止于句容之句曲山。恒曰：「此山下是第八洞宮，名金壇華陽之天，[一三]周回一百五十里。昔漢有咸陽三茅君得道來掌此山，故謂之茅山。」乃中山立館，自號華陽陶隱居。人間書札，即以隱居代名。

始從東陽孫游嶽受符圖經法，徧歷名山，尋訪仙藥。身既輕捷，性愛山水，每經澗谷，必坐臥其間，吟詠盤桓，不能已已。謂門人曰：「吾見朱門廣廈，雖識其華樂，而無欲往之心。望高巖，瞰大澤，知此難立止，自恒欲就之。且永明中求祿，得輒差舛，若不爾，豈得爲今日之事。豈唯身有仙相，亦緣勢使之然。」沈約爲東陽郡守，高其志節，累書要之，不至。

弘景爲人員通謙謹，出處冥會，心如明鏡，遇物便了。言無煩舛，有亦隨覺。永元初，更築三層樓，弘景處其上，弟子居其中，賓客至其下。與物遂絕，唯一家僮得至其所。本便馬善射，晚皆不爲，唯聽吹笙而已。特愛松風，庭院皆植松，每聞其響，欣然爲樂。有時獨游泉石，望見者以爲仙人。

性好著述，尚奇異，顧惜光景，老而彌篤。尤明陰陽五行、風角星算、山川地理、方圖產物、醫術本草，著帝代年曆，[一四]以算推知漢熹平三年丁丑冬至，加時在日中，而天實以乙亥冬至，加時在夜半，凡差三十八刻，是漢曆後天二日十二刻也。又以歷代皆取其先妣母后配饗地祇，以爲神理宜然，碩學通儒，咸所不悟。又嘗造渾天象，高三尺許，地居中央，天轉而地不動，以機動之，悉與天相會。云「修道所須，非止史官是用」。[一五]深慕張良爲人，云「古賢無比」。

齊末爲歌曰「水丑木」爲「梁」字。及梁武兵至新林，遣弟子戴猛之假道奉表。及聞議禪代，弘景援引圖讖，數處皆成「梁」字，令弟子進之。武帝既早與之游，及即位後，恩禮愈

中華書局

篤，書問不絕，冠蓋相望。

弘景既得神符祕訣，以為神丹可成，而苦無藥物。帝給黃金、朱砂、曾青、雄黃等。後合飛丹，色如霜雪，服之體輕。及帝服飛丹有驗，益敬重之。每得其書，燒香虔受。帝使造年曆，至己巳歲而加朱點，實太清三年也。帝手敕招之，錫以鹿皮巾。後屢加禮聘，並不出，唯畫作兩牛，一牛散放水草之間，一牛著金籠頭，有人執繩，以杖驅之。武帝笑曰：「此人無所不作，欲斆曳尾之龜，豈有可致之理。」國家每有吉凶征討大事，無不前以諮詢。月中常有數信，時人謂為山中宰相。二宮及公王貴要參候相繼，贈遺未嘗脫時。多不納受，縱留者即作功德。

天監四年，移居積金東澗。弘景善辟穀導引之法，〔一八〕自隱處四十許年，年逾八十而有壯容。仙書云：「眼方者壽千歲。」弘景末年一眼有時而方。曾夢佛授其菩提記云，名為勝力菩薩。乃詣鄮縣阿育王塔自誓，受五大戒。後簡文臨南徐州，欽其風素，召至後堂，以葛巾進見，與談論數日而去，簡文甚敬異之。天監中，獻丹於武帝。中大通初，又獻二刀，其一名善勝，一名威勝，並為佳寶。〔一九〕

無疾，自知應逝，逆剋亡日，仍為告逝詩。大同二年卒，時年八十一。〔二〇〕顏色不變，屈申如常，香氣累日，氛氲滿山。遺令：「既沒不須沐浴，不須施牀，止兩重席於地，因所著舊

衣，上加生裓裙及臂衣靺冠巾法服。左肘錄鈴，右肘藥鈴，佩符絡左腋下。繞腰穿環結於前，釵符於髻上。通以大袈裟覆衾蒙首足。明器有車馬。道人道士並在門中，道人左，道士右。百日內夜常然燈，旦常香火。」弟子遵而行之。詔贈太中大夫，謚曰貞白先生。

弘景妙解術數，逆知梁祚覆沒，預制詩云：「夷甫任散誕，平叔坐論空。豈悟昭陽殿，遂作單于宮。」詩祕在篋裏，化後，門人方稍出之。大同末，人士競談玄理，不習武事，後侯景篡，果在昭陽殿。

初，弘景母夢青龍無尾，自己升天，弘景果不妻無子。從兄以子松喬嗣。所著學苑百卷，孝經、論語集注，帝代年曆，本草集注，效驗方，肘後百一方，古今州郡記，圖像集要及玉匱記，七曜新舊術疏，占候，合丹法式，共祕密不傳，及撰而未訖又十部，唯弟子得之。

時有沙門釋寶誌者，不知何許人，有於宋泰始中見之，出入鍾山，往來都邑，年已五六十矣。齊、宋之交，稍顯靈跡，被髮徒跣，語默不倫。或被錦袍，飲啖同於凡俗，恒以銅鏡剪刀鑷屬挂杖負之而趍。〔二一〕或徵索酒肴，或累日不食，預言未兆，識他心智。〔二二〕一日中分身易所，遠近驚赴，所居噂喈。齊武帝忿其惑衆，收付建康獄。旦日，咸見游行市里，既而檢校，猶在獄中。其夜，又語獄吏：「門外有兩輿食，金鉢盛飯，汝可取之。」果是文惠太子及竟陵王子良所供養。縣令呂文顯以啓武帝，帝乃迎入華林園。少時忽重著三布帽，亦不知於何得之。俄而武帝崩，文惠太子、豫章文獻王相繼薨，齊亦於此季矣。

靈味寺沙門釋寶亮欲以納被遺之，〔二三〕未及有言，寶誌忽來牽被而去。蔡仲熊嘗問仕何所至。了自不答，直解杖頭左索繩擲與之，莫之解。仲熊至尚書左丞，方知言驗。

永明中，住東宮後堂，從平旦門中出入。末年忽云「門上血汙衣」，褰裳走過。至鬱林見害，果以犢車載屍出自此門，舍故閹人徐龍駒宅，而帝頸血流於門限焉。

梁武帝尤深敬事，嘗問年祚遠近。答曰：「元嘉元嘉。」帝欣然，以為享祚倍宋文之年。雖剃鬚髮而常冠帽，下裙納袍，〔二四〕故俗呼為誌公。好為讖記，所謂誌公符是也。高麗聞之，遣使齎緜帽供養。

天監十三年卒。將死，忽移寺金剛像出置戶外，語人云：「菩薩當去。」旬日無疾而終。先是琅邪王筠至莊嚴寺，寶誌遇之，與交言歡飲。至亡，敕命筠為碑，蓋先覺也。

諸葛璩字幼玫，琅邪陽都人也。世居京口。璩幼事徵士關康之，博涉經史。復師徵士臧榮緒，榮緒著晉書，稱璩有發擿之功，方之壼遂。

齊建武初，南徐州行事江祀薦璩於明帝，言璩安貧守道，悅禮敦詩，如其簡退，可揚清厲俗，請辟為議曹從事。帝許之。璩辭不赴。陳郡謝朓為東海太守，下教揚其風概，餉穀百斛。梁天監中，舉秀才，不就。

璩性勤於誨誘，後生就學者日至。居宅狹陋，無以容之。太守張友為起講舍。璩處身清正，妻子不見喜愠之色，旦夕孜孜，講誦不輟，時人益以此宗之。卒於家。璩所著文章二十卷，門人劉曒集而錄之。

劉慧斐字宣文，彭城人也。父元直，淮南太守。〔二五〕慧斐少博學，能屬文，起家梁安成王法曹行參軍。嘗還都，途經尋陽，游於匡山，遇處士張孝秀，相得甚歡，遂有終焉之志。因不仕，居東林寺。又於山北構園一所，號曰離垢園，時人仍謂為離垢先生。

慧斐尤明釋典，工篆隸，在山手寫佛經二千餘卷，常所誦者百餘卷。晝夜行道，孜孜不怠，遠近欽慕之。簡文臨江州，遺以几杖。論者云，自遠法師沒後將二百年，始有張、劉之盛矣。元帝及武陵王等書問不絕。大同三年卒。

慧斐兄慧鏡，安成內史。初，元直居郡得罪，慧鏡歷詣朝士乞哀，懇惻甚至，遂以孝聞。

子曇淨字元光，篤行有父風，解褐安成王國左常侍。父卒於郡，曇淨奔喪，不食飲者累日，絕而又蘇，每哭輒嘔血。服闋，因毀成疾。會有詔士姓各舉四科，曇淨叔父慧斐舉以應孝行，武帝用爲海寧令。曇淨又以兄未爲縣，因以讓兄，乃除安西行參軍。父亡後，事母尤淳至，身營飡粥，不以委人。母疾，衣不解帶，及母亡，水漿不入口者殆一旬。母喪權瘞藥王寺，時天寒，曇淨身衣單布衣，廬於瘞所。晝夜哭臨不絕聲，哀戚行路，未朞而卒。

范元琰字伯珪，一字長玉，吳郡錢塘人也。祖悅之，太學博士徵，不至。父靈瑜，居父憂以毀卒。元琰時童孺，哀慕盡禮，親黨異之。及長好學，博通經史，兼精佛義，然謙敬不以所長驕人。祖母患癰，恒自含吮。與人言常恐傷物。居家不出城市，雖獨居如對賓客，見者莫不改容憚之。

家貧，唯以園蔬爲業。嘗出行，見人盜其菘，元琰遽退走。母問其故，具以實答。母問

盜者爲誰，答曰：「向所以退，畏其愧恥，今啓其名，願不泄也。」於是母子祕之。或有涉溝盜其筍者，元琰因伐木爲橋以度之，自是盜者大慚，一鄉無復草竊。

齊建武初，徵爲曹武平西參軍，不至。于時始安王遙光爲揚州，謂徐孝嗣曰：「曹武參軍，豈是禮賢之職。」欲以西曹書佐聘之，會遙光敗，不果，時人以爲恨。沛國劉瓛深加器異，嘗表稱之。天監九年，縣令管慧辯上言義行，揚州刺史臨川王宏辟命，不至。卒于家。

庾詵字彥寶，新野人也。幼聰警篤學，經史百家，無不該綜。緯候書射，棊算機巧，並一時之絕。而性託夷簡，特愛林泉，十畝之宅，山池居半。蔬食弊衣，不修產業。遇火，止出書數簣坐於池上，有爲火來者，答云「唯恐損竹」。乘舟從沮中山舍還，載米一百五十石。有人寄載三十石，及至宅，寄載者曰：「君三十斛，我百五十斛。」詵默然不言，恣其取足。隣人有被誣爲盜，見劾妄欵。詵矜之，[二四]乃以書質錢二萬，令門生詐爲其親，代之酬備。隣人獲免謝詵，詵曰：「吾矜天下無辜，豈期謝也。」

梁武帝少與詵善，及起兵，署爲平西府記室參軍，詵不屈。平生少所游狎，河東柳惲欲與交，拒而弗納。普通中，詔以爲黃門侍郎，稱疾不起。晚年尤遵釋教，宅內立道場，環繞禮懺，六時不輟。誦法華經，每日一徧。後夜中忽見一道人自稱願公，容止甚異，呼詵爲上行先生，授香而去。中大通四年，因寢忽驚覺，曰：「願公復來，不可久住。」顏色不變，言終而亡，年七十八。舉室咸聞空中唱「上行先生已生彌陁淨域矣」。武帝聞而下詔，謚貞節處士，以顯高烈。

詵所撰帝歷二十卷，易林二十卷，續伍端休江陵記一卷，晉朝雜事五卷，總抄八十卷，行於世。

子曼倩字世華，亦早有令譽。元帝在荆州，爲中錄事。每出，帝常目送之，謂劉之遴曰：「荆南信多君子。」後轉諮議參軍。所著喪服儀，文字體例，老子義疏，算經及七曜歷術，幷所製文章，凡九十五卷。子季才有學行，承聖中，位中書侍郎。江陵平，隨例入長安。

張孝秀字文逸，南陽宛人也。徙居尋陽。曾祖須無，祖僧監，父希，並別駕從事。孝秀長六尺餘，白皙美鬚眉，仕州中從事史。遇刺史陳伯之叛，孝秀與州中士大夫謀襲之，事覺，逃於湓水側。有商人置諸褚中，展轉入東林。伯之得其母郭，以蠟灌殺之。孝秀遣妻妾，入匡山修行學道。服闋，建安王召爲別駕。因去職歸山，居于東林寺，有田數十

頃，部曲數百人，率以力田，盡供山衆。遠近歸慕，赴之如市。

孝秀性通率，不好浮華，常冠穀皮巾，躡蒲履，手執幷閭皮麈尾，服寒食散，盛冬臥於石上。博涉羣書，專精釋典。僧有虧戒律者，集衆佛前，作羯磨而笞之，多能改過。善談論，工隸書，凡諸藝能，莫不明習。普通三年卒，室中皆聞非常香。梁簡文甚傷悼焉，與劉慧斐書，述其貞白云。

庾承先字子通，潁川鄢陵人也。少沉靜有志操，是非不涉於言，喜慍不形於色，人莫能窺也。弱歲受學於南陽劉虬，强記敏識，出於羣輩。玄經釋典，靡不該悉；九流七略，咸所精練。辟功曹不就，乃與道士王僧鎮同游衡岳。晚以弟疾還鄉里，遂居土臺山。梁鄱陽忠烈王在州，欽其風味，要與游處，令講老子。遠近名僧，咸來赴集，論難鋒起，異端競至，承先徐相酬答，皆得所未聞。忠烈王尤所欽重。

中大通三年，廬山劉慧斐至荆州，承先與之有舊，往從之，荆陝學徒因請承先講老子。[二五]湘東王親命駕臨聽，論議終日，留連月餘，乃還山。王親祖道，幷贈篇什，隱者美之。其年卒，刺史厚有贈賻。門人黃士龍讓曰：「先師平素食不求飽，衣不求輕，凡有贈遺，皆無

中華書局

所受。臨終之日，誡約家門，薄棺周形，巾褐爲斂。雖蒙賚及，不敢輕承敎旨，以違平生之操。錢布輒付使反。」時論高之。

馬樞字要理，扶風郿人也。祖靈慶，齊竟陵王錄事參軍。樞數歲而孤，爲其姑所養。六歲，能誦孝經、論語、老子。及長，博極經史，尤善佛經及周易、老子義。梁邵陵王綸爲南徐州刺史，素聞其名，引爲學士。綸時自講大品經，令樞講維摩、老子、周易，同日發題，道俗聽者二千人。王欲極觀優劣，乃謂衆曰：「與馬學士論義，必使屈服，不得空立客主。」於是數家學者，各起問端。樞乃依次剖判，開其宗旨，然後枝分派別，轉變無窮，論者拱默聽受而已，綸甚嘉之。

尋遇侯景之亂，綸舉兵援臺，乃留書二萬卷付樞。樞肆志尋覽，殆將周遍，乃喟然歎曰：「吾聞貴爵位者以巢、由爲桎梏，愛山林者以伊、呂爲管庫，束名實則芻芥柱下之言，翫清虛則糠粃席上之說，稽之篤論，亦各從其好也。比求志之士，望塗而息，豈天之不惠高尚，何山林之無聞甚乎。」乃隱于茅山，有終焉之志。

陳天嘉元年，文帝徵爲度支尚書，辭不應命。時樞親故並居京口，每秋冬之際，時往游

焉。及鄱陽王爲南徐州刺史，欽其高尚，鄙不能致，乃卑辭厚意，令使者邀之，〔一六〕樞固辭以疾。門人勸請，不得已乃行。王別築室以處之，樞惡其崇麗，乃於竹林間自營茅茨而居。每以王公餽餉，辭不獲已者，率十分受一。

樞少屬亂離，凡所居處，盜賊不入，依託者常數百家。目精洞黃，能視闇中物。有白鷰一雙，巢其庭樹，馴狎櫩廡，時至几案，春來秋去，幾三十年。太建十三年卒。撰道覺論行於世。

論曰：夫獨往之人，皆稟偏介之性，不能摧志屈道，借譽期通。若使夫遇見信之主，逢時來之運，豈其放情江海，取逸丘樊？不得已而然故也。且巖壑閑遠，水石清華，雖復崇門八襲，高城萬雉，莫不蓄壤開泉，髣髴林澤。故知松山桂渚，非止素玩，碧澗清潭，翻成麗矚。挂冕東都，夫何難之有。

校勘記

〔一〕父庸人國子助教　「庸人」南齊書作「庸民」，此避唐諱改。

〔二〕徵士沈儼造膝談論　「沈儼」南齊書沈驎士傳作「沈儼之」。

〔三〕二年　錢大昕、張元濟、張森楷並云二年於上下文不相屬，疑有誤脫。

〔四〕同郡婁幼瑜字季玉　「婁」南齊書作「樓」。「玉」字各本並脫，據劉瓛傳補。

〔五〕沈驎士字雲禎吳興武康人也　「驎士」南齊書作「驎士」，有傳。梁書孔休源傳亦作「驎士」。按國策趙策：「刳胎焚夭，而騏驎不至。」史記孔子世家作「麒麟」。騏驎即麒麟之異體字。

〔六〕吳差山中有賢士開門教授居成市　「吳差山」各本作「差山」。按「吳」字不可省，且此七字爲句，顯係偶脫，今據上文補正。

〔七〕不須沐浴唅珠以本裙衫先着褌凡二服上加單衣幅巾履枕　「以本」各本作「以米」，連上「唅珠」爲句，謂以米代珠納亡者口中爲唅。然「裙衫先着褌」不成語。通志作「以本」，則「以本裙衫」頓「先着褌」頓「凡二服」句，謂以本來之裙衫，原先穿着之褌袴，總凡二服，其上加「單衣幅巾枕履」。今從改。

〔八〕比以柔章如似皇甫謐　「比」字各本並脫，據通志補。

〔九〕末年蔬食斷酒　「末年」下各本衍「以」字，據太平御覽六五七引删。

〔一〇〕大同二年正月孝緒自筮卦吾壽與劉著作同年　按劉杳傳杳以大同二年卒，年五十。此「吾壽與劉著作同年」，謂與劉杳同年死。

〔一一〕武帝後令周捨爲鄧玄傳　按鄧郁爲道士，此不欲斥其名，故云「鄧玄傳」。

〔一二〕脫朝服挂神武門　「神武門」本「神虎門」，此避唐諱改。

〔一三〕此山下是第八洞宮名金壇華陽之天　「金壇」各本作「金陵」，據梁書改。王鳴盛十七史商榷六四：「考弘景所作眞誥第十一卷稽神樞篇云：『大天之內有地中洞天三十六所，其第八是句曲山之洞，名曰金壇華陽之天。』作『壇』是。」

〔一四〕尤明陰陽五行風角星算山川地理方圖產物醫術本草著帝代年曆　「方圖」各本作「方圓」，「著」字各本並脫，據梁書改補。

〔一五〕非止史官是用　「是用」各本互倒，據梁書乙。

〔一六〕弘景善辟穀導引之法　「善」字各本並脫，據梁書補。

〔一七〕中大通初又獻二刀其一名善勝一名威勝並爲佳寶　「二刀」、「威勝」各本作「二丹」、「成勝」。按王應麟玉海一五一引神劍錄略謂「大通中，弘景獻二刀於武帝，一名善勝，一名威勝」。此二刀武帝仍賜與太宗簡文帝，藝文類聚六〇載梁簡文帝謝敕賚善勝威勝刀啓，可知「二丹」、「成勝」爲譌，今從改。

〔一八〕大同二年卒時年八十一　「八十一」各本作「八十五」，據全梁文載藝文類聚三七梁簡文帝華陽陶先生墓誌銘及文苑英華八七三邵陵王綸隱居貞白先生陶君碑改。按傳云「宋孝建三年生」，

至梁大同二年四五六——五三六，正八十一歲。

〔一九〕恒以銅鑷剪刀鑷屬挂杖負之而趍　「銅鑷」二字各本互倒，據太平御覽八三〇引乙。

〔二〇〕預言未兆識他心智　「識他心智」太平御覽八三〇引作「識之多驗」。

〔二一〕靈味寺沙門釋寶亮欲以納被遺之　「靈味」味，和本字各本作「靈昧」，據通志改。

〔二二〕雖剃鬚髮而常冠帽下裙納袍　「帽」各本在「裙」下，據通志移正。

〔二三〕劉慧斐字宣文彭城人也父元直淮南太守　「宣文」梁書作「文宣」，太平御覽五〇五、六五四引南史並作「宣文」。「元直」册府元龜七五三作「元眞」。

〔二四〕隣人有被誣爲盜見劾妄款誂矜之　「誣」各本作「執」，「妄款」下各本多一「誂」字，並據梁書訂正。

〔二五〕荆陜學徒因請承先講老子　「荆陜」各本作「荆峽」，據梁書改。按梁以荆州在西，有如周之分陜，故稱荆陜。

〔二六〕令使者邀之　「者」字各本並脫，據陳書補。

南史卷七十七

列傳第六十七

恩倖

戴法興 戴明寶　徐爰　阮佃夫　紀僧眞　劉係宗　茹法亮

呂文顯　茹法珍 梅蟲兒　周石珍　陸驗 徐驎　司馬申

施文慶　沈客卿　孔範

夫鮑魚芳蘭，在於所習，中人之性，可以上下。然則謀於管仲，齊桓有邵陵之師，邇於易牙，小白掩陽門之扇。夫以霸者一身，且有洿隆之別，況下於此，胡可勝言者乎。故古之哲王，莫不斯愼。自漢氏以來，年且千祀，而近習用事，無乏於時，莫不官由近親，情因狎重。至如中書所司，掌在機務。漢元以令、僕用事，魏明以監、令專權，在晉中朝，常爲重

寄，故公曾之歎，恨於失職。于時舍人之任，位居九品，江左置通事郎，管司詔誥，其後郎還爲侍郎，而舍人亦稱通事。元帝用琅邪劉超，以謹愼居職。宋文世，秋當、周赳並出寒門。孝武以來，士庶雜選，如東海鮑照以才學知名，又用魯郡巢尙之，江夏王義恭以爲非選。帝遣尙之送尙書四十餘牒，宣敕論辯，義恭乃歎曰：「人主誠知人。」及明帝世，胡母顥、阮佃夫之徒，專爲佞倖矣。齊初亦用久勞及以親信，關讞表啓，發署詔敕，頗涉辭翰者，亦爲詔文，侍郎之局復見侵矣。建武世，詔命始不關中書，專出舍人。省內舍人四人，所直四省，其下有主書令史，舊用武官，宋改文吏，人數無員，莫非左右要密。天下文簿板籍，入副其省，萬機嚴祕，有如尙書外司。領武官有制局監、外監，領器仗兵役，亦用寒人。爰及梁、陳，斯風未改。其四代之被恩倖者，今立以爲篇，以繼前史之作云爾。

戴法興，會稽山陰人也。家貧，父碩子以販紵爲業。法興二兄延壽、延興並修立，延壽善書，法興好學。山陰有陳戴者，〔一〕家富有錢三千萬，鄉人或云：「戴碩子三兒敵陳戴三千萬錢。」

法興少賣葛山陰市，後爲尙書倉部令史。大將軍彭城王義康於尙書中覓了了令史，得

中華書局

法興等五人，以法興爲記室令史。義康敗，仍爲孝武征虜撫軍記室掾。及從江州，仍補南中郎典籤。帝於巴口建義，法興與典籤戴明寶、蔡閑俱轉參軍督護。上卽位，並爲南臺侍御史，同兼中書通事舍人。法興等專管內務，權重當時。孝建元年，爲南魯郡太守，解舍人，侍太子於東宮。大明二年，以南下預密謀，封法興吳昌縣男，明寶湘鄉縣男。閑時已卒，追加爵封。法興轉太子旅賁中郎將。

孝武親覽朝政，不任大臣，而腹心耳目不得無所委寄。法興頗知古今，素見親待，雖出侍東宮，而意任隆密。魯郡巢尙之，人士之末，元嘉中，侍始興王濬讀書，亦涉獵文史，爲上所知。孝建初，補東海國侍郎，仍兼中書通事舍人。凡選授遷轉誅賞大處分，上皆與法興、尙之參懷。內外諸雜事多委明寶。上性嚴暴，睚眦之間，動至罪戮。尙之每臨事解釋，多得全免，殿省甚賴之。而法興、明寶大通人事，多納貨賄，凡所薦達，言無不行，天下輻湊，門外成市，家產並累千金。明寶驕縱尤甚，長子敬爲揚州從事，與上爭買御物。六宮嘗出，敬盛服騎馬，於車左右馳驟去來。上大怒，賜敬死，繫明寶尙方。尋被原釋，委任如初。

孝武崩，前廢帝卽位，法興遷越騎校尉。時太宰江夏王義恭錄尙書事，任同總己，而法興、尙之執權日久，威行內外，義恭積相畏服，至是懾憚尤甚。廢帝未親萬機，凡詔敕施爲，悉決法興之手，尙書中事無大小專斷之，顏師伯、義恭守空名而已。尙之甚聰敏，時百姓欲

爲孝武立寺，疑其名。尙之應聲曰：「宜名天保。詩云：『天保，下報上也。』」時服其機速。

廢帝年已漸長，凶志轉成，欲有所爲，法興每相禁制。謂帝曰：「官所爲如此，欲作營陽邪？」帝意稍不能平。所愛幸閹人華願兒有盛寵，賜與金帛無算。法興常加裁減，願兒甚恨之。帝嘗使願兒出入市里，察聽風謠，而道路之言，謂法興爲眞天子，帝爲贋天子。願兒因此告帝曰：「外間云宮中有兩天子，官是一人，戴法興是一人。官在深宮中，人物不相接，法興與太宰、顏、柳一體，往來門客恒有數百，內外士庶無不畏服之。法興是孝武左右，復久在宮闈，今將他人作一家，深恐此坐席非復官許。」帝遂免法興官，徙付遠郡，尋於家賜死。法興臨死，封閉庫藏，使家人謹錄籥牡。死一宿，又殺其二子，截法興棺兩和，〔二〕籍沒財物。法興能爲文章，頗行於世。

死後，帝敕巢尙之曰：「不謂法興積釁累愆，遂至於此。吾今自覽萬機，卿等宜竭誠盡力。」尙之時爲新安王子鸞撫軍中兵參軍、淮陵太守，乃解舍人，轉爲撫軍諮議參軍，太守如故。明帝初，復以尙之兼中書通事舍人、南清河太守。累遷黃門侍郎，出爲新安太守，病卒。

戴明寶，南東海丹徒人，亦歷員外散騎侍郎、給事中。孝武時，帶南清河太守。前廢帝

卽位，權任悉歸法興，而明寶輕矣。明帝初，天下反叛，以明寶舊人，屢經戎事，復委任之。後坐納貨賄繫尙方，尋被宥。位宣城太守。昇明初，年老，拜太中大夫，〔三〕病卒。

武陵國典書令董元嗣與法興、明寶等俱爲孝武南中郎典籤，元嘉三十年，奉使還都，會元凶弑立，遣元嗣南還，報上以徐湛之等反。上時在巴口，元嗣具言弑狀。上遣元嗣下都奉表於劭，旣而上舉義兵，劭詔責元嗣，元嗣答云：「始下未有反謀。」劭不信，備加考掠，不服遂死。孝武事剋，贈員外散騎侍郎，使文士蘇寶生爲之誄焉。

大明中，又有奚顯度者，南東海郯人，官至員外散騎侍郎。孝武嘗使主領人功，而苛虐無道，動加捶撲，暑雨寒雪，不聽暫休，人不堪命，或自經死。時建康縣考囚，或用方材壓額及踝脛，人間謠曰：「寧得建康壓額，不能受奚度拍。」又相戲曰：「勿反顧，付奚度。」其酷暴如此。前廢帝嘗戲云：「顯度刻虐爲百姓疾，比當除之。」左右因唱「諾」，卽日宣殺焉。〔四〕時人比之孫晧殺岑昏。

徐爰字長玉，南琅邪開陽人也。本名瑗，後以與傅亮父同名，亮啓改爲爰。初爲晉琅邪王大司馬府中典軍，從北征，微密有意理，爲武帝所知。少帝在東宮，入侍左右。文帝

初，又見親任，遂至殿中侍御史。元嘉十二年，轉南臺御史，始興王濬後軍行參軍。〔五〕復侍太子於東宮，遷員外散騎侍郎。文帝每出軍，常懸授兵略。二十九年，重遣王玄謨等北侵，配爰五百人，隨軍碻磝，銜中旨臨時宣示。孝武至新亭，江夏王義恭南奔，爰時在殿內，詐劭追義恭，因卽得南走。時孝武將卽大位，軍府造次，不曉朝章，爰素諳其事，及至，莫不喜悅，以兼太常丞撰立儀注。後兼尙書右丞，遷左丞。

先是，元嘉中使著作郎何承天草創國史，孝武初又使奉朝請山謙之、南臺御史蘇寶生踵成之。孝建六年，又以爰領著作郎，使終其業。爰雖因前作，而專爲一家之書。上表「起元義熙，爲王業之始，載序宣力，爲功臣之斷」。於是內外博議。太宰江夏王義恭等三十五人同爰，宜以義熙元年爲斷。散騎常侍巴陵王休若、尙書金部郎檀道鸞二人謂宜以元興三年爲始。太學博士虞龢謂宜以開國爲宋公元年。詔曰：「項籍、聖公，編錄二漢，前史已有成例。桓玄傳宜在宋典，餘如爰議。」

孝武崩，營景寧陵，以本官兼將作大匠。爰便僻善事人，能得人主微旨，頗涉書傳，尤悉朝儀。元嘉初，便入侍左右，預參顧問。長於附會，又飾以典文，故爲文帝所任遇。大明世，委寄尤重，朝廷大禮儀，非爰議不行。雖復當時碩學所解過之者，既不敢立異議，所言亦不見從。孝武崩，公除後，晉安王子勛侍讀博士諮爰宜習業與不？爰答曰：「居喪讀喪

中華書局

禮，習業何嫌。」少日，始安王子眞博士諮爰，爰曰：「小功廢業，三年喪何容讀書。」其專斷乖謬皆如此。

前廢帝凶暴無道，殿省舊人多見罪黜，唯爰巧於將迎，始終無忤。誅羣公後，以爰爲黃門侍郎，領射聲校尉，著作如故，封吳平縣子。寵待隆密，羣臣莫二。帝每出行，常與沈慶之、山陰公主同輦，爰亦預焉。

明帝卽位，以黃門侍郎，改領長水校尉，兼尚書左丞。明年，除太中大夫，著作並如故。爰執權日久，上在蕃素所不悅，及景和世，屈辱卑約，爰禮敬甚簡，益銜之。泰始三年，詔暴其罪，徙交州。及行，又詔除廣州統內郡。有司奏以爲宋隆太守。除命既下，爰已至交州。久之聽還，仍除南康郡丞。明帝崩，還都，以爰爲濟南太守，復除中散大夫。元徽三年卒，年八十二。

爰子希秀，甚有學解，亦閑篆隸，正覺、禪靈二寺碑，卽希秀書也。爰之徙交州，明帝召希秀謂曰：「比當令卿父還。」希秀再拜答曰：「臣父年老，恐不及後恩。」帝大嗟賞，卽召爰還。希秀位驍騎將軍、淮南太守。子泓甚閑吏職，而在事刻薄，於人少恩。仕齊歷位臺郎，秣陵、建康令，湘東太守。

阮佃夫，會稽諸暨人也。明帝初出閤，選爲主衣，後又請爲世子師，甚見信待。景和末，明帝被拘於殿內，住在祕書省，爲帝所疑，大禍將至。佃夫與王道隆、李道兒及帝左右琅邪淳于文祖謀共廢立。時直閤將軍柳光世亦與帝左右蘭陵繆方盛、丹陽周登之有密謀，未知所奉。登之與明帝有舊，方盛等乃使登之結佃夫，佃夫大悅。先是，帝立皇后，普暫撤諸王奄人，明帝左右錢藍生亦在例，事畢未被遣，密使藍生候帝。慮事泄，藍生不欲自出，帝動止輒以告淳于文祖，令報佃夫。

景和元年十一月二十九日晡時，帝出華林園。建安王休仁、山陽王休祐、山陰主並侍側，明帝猶在祕書省不被召，益懼。佃夫以告外監典事東陽朱幼，又告主衣吳興壽寂之、細鎧主南彭城姜產之。產之又語所領細鎧將臨淮王敬則，幼又告中書舍人戴明寶，並響應。明寶、幼欲取其日向曉，佃夫等勸取開門鼓後。〔六〕幼預約勒內外，使錢藍生密報建安王休仁等。

時帝欲南巡，腹心直閤將軍宗越等，其夕並聽出外裝束，唯有隊主樊僧整防華林閣，是柳光世鄉人。光世要之，卽受命。姜產之又要隊副陽平聶慶及所領壯士會稽富靈符、吳郡兪道龍、丹陽宋逵之、陽平田嗣，並聚於慶省。佃夫慮力少，更欲招合，壽寂之曰：「謀廣或

泄，不煩多人。」時巫覡言後堂有鬼，其夕帝於竹林堂前與巫共射之，建安王休仁等、山陰主並從。帝素不悅寂之，見輒切齒。寂之既與佃夫等成謀，又慮禍至，抽刀前入，姜產之隨其後，淳于文祖、繆方盛、周登之、富靈符、聶慶、田嗣、王敬則、兪道龍、宋逵之又繼進。休仁聞行聲甚疾，謂休祐曰：「作矣。」相隨奔景陽山。帝見寂之至，引弓射之，不中，乃走。寂之追殺之。事定，宣令宿衞曰：「湘東王受太后令除狂主，今已太平。」

明帝卽位，論功，壽寂之封應城縣侯，產之汝南縣侯，佃夫建城縣侯，王道隆吳平縣侯，淳于文祖陽城縣侯，李道兒新淦縣侯，繆方盛劉陽縣侯，周登之曲陵縣侯，富靈符惠懷縣子，聶慶建陽縣子，田嗣將樂縣子，王敬則重安縣子，兪道龍茶陵縣子，宋逵之零陵縣子。佃夫遷南臺侍御史。

薛索兒度淮爲寇，山陽太守程天祚又反，佃夫與諸軍破薛索兒，降天祚。後轉太子步兵校尉、南魯郡太守，侍太子於東宮。泰始四年，以本官兼游擊將軍，及輔國將軍孟次陽與二衞參員直。〔七〕次陽字崇基，平昌安丘人也，位冠軍將軍卒。

時佃夫及王道隆、楊運長並執權，〔八〕亞於人主，巢、戴大明之世，方之蔑如也。嘗正旦應合朔，尚書奏遷元會。佃夫曰：「元正慶會，國之大禮，何不遷合朔日邪？」其不稽古如此。大通貨賄，凡事非重賂不行。人有餉絹二百疋，嫌少不答書。宅舍園池，諸王邸第莫及。女

妓數十，藝貌冠絕當時。金玉錦繡之飾，宮掖不逮也。每製一衣，造一物，都下莫不法效焉。於宅內開瀆東出十許里，塘岸整潔，汎輕舟，奏女樂。中書舍人劉休嘗詣之，遇佃夫出行，中路相逢，要休同反。就席便命施設，一時珍羞，莫不畢備。凡諸火劑，並皆始熟，如此者數十種。佃夫常作數十人饌以待賓客，故造次便辦，類皆如此，雖晉世王、石不能過也。泰始初，軍功既多，爵秩無序，佃夫僕從附隸皆受不次之位：捉車人武賁中郎將，傍馬者員外郎。朝士貴賤，莫不自結，而矜傲無所降意，入其室者唯吳興沈勃、吳郡張澹數人而已。

明帝晏駕，後廢帝卽位，佃夫權任轉重，兼中書通事舍人，加給事中、輔國將軍，餘如故。欲用張澹爲武陵郡，衞將軍袁粲以下皆不同，而佃夫稱敕施行。又廬江何恢有妓張耀華美而有寵，爲廣州刺史將發，要佃夫飲，設樂，見張氏，悅之，頻求。恢曰：「恢可得，此人不可得也。」佃夫拂衣出戶，曰：「惜指失掌邪？」遂諷有司以公事彈恢。凡如此，粲等並不敢執。

元徽三年，還黃門侍郎，領右衞將軍。明年，改領驍騎將軍，還南豫州刺史、歷陽太守，猶管內任。時廢帝猖狂，好出游走。始出宮，猶整羽儀隊仗，俄而棄部伍，單騎與數人相隨，或出郊野，或入市鄽，內外莫不憂懼。佃夫密與直閤將軍申伯宗、步兵校尉朱幼、于天寶謀共廢帝，立安成王。

五年春，帝欲往江乘射雉。帝每出，常留隊仗在樂游苑前，棄之而去。佃夫欲稱太后令喚隊仗還，閉城門，分人守石頭、東府，遣人執帝廢之，自爲揚州刺史輔政。與幼等已成謀，會帝不成向江乘，故事不行。于天寶因以其謀告帝，帝乃收佃夫、幼、伯宗於光祿外部賜死。佃夫、幼等罪止一身，其餘無所問。

幼泰始初爲外監配衣，諸軍征討，有濟辦之能，遂官陟三品，[九]爲奉朝請、南高平太守，封安浦縣侯。

于天寶，其先胡人，豫竹林堂功，元徽中封鄂縣子。發佃夫謀，以爲清河太守、右軍將軍。昇明中，齊高帝以其反覆賜死。

壽寂之位太子屯騎校尉、南泰山太守，多納貨賄，請謁無窮。有一不從，便切齒罵詈，常云「利刀在手，何憂不辦」。鞭尉吏，斫邏將，後爲有司所奏，徙送越州。至豫章謀叛，乃殺之。

姜產之位南濟陽太守。後北侵魏，戰敗見殺。

王道隆，吳興烏程人。兄道迄涉學善書，形貌又美，吳興太守王韶之謂人曰：「有子弟如王道迄，無所少。」道隆亦知書，泰始二年，兼中書通事舍人。道隆爲明帝所委，過於佃夫，而和謹自保，不妄毀傷人。執權既久，家產豐積，豪麗雖不及佃夫，而精整過之。元徽

二年，桂陽王休範舉兵，乃以討佃夫、道隆及楊運長爲名。休範奄至新亭見殺。

楊運長，宣城懷安人。素善射，爲射師。性謹慤，爲明帝委信。及卽位，親遇甚厚。後廢帝卽位，與佃夫俱兼通事舍人。以平桂陽王休範功，封南城縣子。運長質木廉正，修身甚清，不事園宅，不受餉遺。而凡鄙無識，唯與寒人潘智、徐文盛厚善。動止施爲，必與二人量議。文盛爲奉朝請，預平桂陽王休範，封廣晉縣男。順帝卽位，運長爲宣城太守，尋還家。沈攸之反，運長有異志，齊高帝遣驃騎司馬崔文仲誅之。

紀僧眞，丹陽建康人也。少隨逐征西將軍蕭思話及子惠開，皆被賞遇。惠開性苛，僧眞以微過見罰，既而委任如舊。及罷益州還都，不得志，而僧眞事之愈謹。惠開臨終歎曰：「紀僧眞方當富貴，我不見也。」以僧眞託劉彥節、周顒。

初，惠開在益州，土反，被圍危急，有道人謂之曰：「城圍尋解，檀越貴門後方大興，無憂外賊也。」惠開密謂僧眞曰：「我子弟見在者並無異才，政是蕭道成耳。」僧眞憶其言，乃請事齊高帝，隨從在淮陰。以閑書題，令答遠近書疏。自寒官歷至高帝冠軍府參軍主簿。僧眞夢蒿艾生滿江，驚而白之。高帝曰：「詩人採蕭，蕭卽艾也。蕭生斷流，卿勿廣言。」其見親

如此。後除南臺御史、高帝領軍功曹。

上將廢立，謀之袁粲、褚彥回。僧眞啓上曰：「今朝廷猖狂，人不自保，天下之望，不在袁、褚，明公豈得默己，坐受夷滅？存亡之機，仰希熟慮。」高帝納之。高帝欲度廣陵起兵，僧眞又曰：「主上雖復狂釁，而累代皇基，猶固盤石。今百口北度，何必得俱；縱得廣陵城，天子居深宮，施號令，目明公爲逆，何以避此？如其不勝，則應北走。竊謂此非萬全策也。」上曰：「卿顧家，豈能逐我行邪？」僧眞頓首稱無貳。

昇明元年，除員外郎，帶東武城令，尋除給事中。高帝坐東府高樓望石頭城，僧眞在側。上曰：「諸將勸我誅袁、劉，我意未願便爾。」及沈攸之事起，從高帝入朝堂。石頭反夜，高帝遣衆軍掩討。宮城中望石頭火光及叫聲甚盛，人懷不測。僧眞謂衆曰：「叫聲不絕，是必官軍所攻。火光起者，賊不容自燒其城，此必官軍勝也。」尋而啓石頭平。

上出頓新亭，使僧眞領千人在帳內。初，上在領軍府，令僧眞學上手迹下名，至是報答書疏皆付僧眞。上觀之笑曰：「我亦不復能別也。」

初，上在淮陰修理城，得古錫趺九枚，下有篆文，莫能識者。僧眞省事獨曰：「何須辯此文字，此自久遠之物。錫而有九，九錫之徵也。」高帝曰：「卿勿妄言。」及上將拜齊公，已剋日，有楊祖之謀於臨軒作難，僧眞請上更選吉辰，尋而祖之事覺。上曰：「無卿言，亦當致小

狼狽，此亦何異滹沱之冰。」轉齊國中書舍人。建元初，帶東燕令，封新陽縣男。轉羽林監，遷尚書主客郎，太尉中兵參軍，兼中書舍人。

高帝疾甚，令僧眞典遺詔。永明元年，丁父喪。起爲建威將軍，尋除南泰山太守，又爲舍人。僧眞容貌言吐，雅有士風，武帝嘗目送之，笑曰：「人生何必計門戶，紀僧眞堂堂，貴人所不及也。」諸權要中最被眄遇。後除前軍將軍。遭母喪，開冢得五色兩頭蛇。武帝崩，僧眞號泣思慕。

明帝以僧眞歷朝驅使，建武初，除游擊將軍，兼司農，待之如舊。欲令僧眞臨郡，僧眞啓進其弟僧猛爲鎭蠻護軍、晉熙太守。永泰元年，除司農卿。明帝崩，掌山陵事，出爲廬陵內史。卒于官。僧猛後卒於晉熙太守。兄弟皆有風姿舉止，並善隸書。僧猛又能飛白書，作飛白賦。僧眞子交卿，甚有解用。

宋時道人楊法持與高帝有舊，元徽末，宣傳密謀。昇明中，以爲僧正。建元初，罷道，爲寧朔將軍，封州陵男。二年，遣法持爲軍主，領支軍救援朐山。永明四年，坐役使將客，奪其鮭稟，削封，卒。

中華書局

劉係宗，丹陽人也。少便書畫，爲宋竟陵王誕子景粹侍書。誕舉兵，廣陵城內皆死，敕沈慶之赦係宗，以爲東宮侍書。泰始中，爲主書，以寒官累至勳品。〔一〇〕元徽初，爲奉朝請，兼中書通事舍人、員外郎，封始興南亭侯，帶秣陵令。

齊高帝廢蒼梧，明旦呼正直舍人虞整，醉不能起，係宗歡喜奉敕。高帝曰：「今天地重開，是卿盡力之日。」使寫諸處分敕令及四方書疏。使主書十人、書吏二十人配之，事皆稱旨。高帝即位，除龍驤將軍、建康令。永明初，爲右軍將軍、淮陵太守，兼中書通事舍人。母喪自解，起復本職。

四年，白賊唐寓之起，宿衞兵東討，遣係宗隨軍慰勞。遍至遭賊郡縣，百姓被驅逼者，悉無所問，還復人伍。係宗還，上曰：「此段有征無戰，以時平蕩，百姓安怗，甚快也。」賜係宗錢帛。

上欲修白下城，難於動役。係宗啓讁役在東人丁隨寓之爲逆者，上從之。後車駕出講武，上履行白下城曰：「劉係宗爲國家得此一城。」永明中，魏使書常令係宗題答，祕書局皆隸之。再爲少府。鬱林即位，除寧朔將軍、宣城太守。

係宗久在朝省，閑於職事，武帝常云：「學士輩不堪經國，唯大讀書耳。經國，一劉係宗足矣。沈約、王融數百人，於事何用。」其重吏事如此。建武二年，卒官。

茹法亮，吳興武康人也。宋大明中，出身爲小史。〔一一〕歷齋幹扶侍。孝武末年，鞭罰過度，校獵江右，選白衣左右百八十人，皆面首富室，從至南州，得鞭者過半。法亮憂懼，因緣啓出家得爲道人。明帝初，罷道，結事阮佃夫，累至齊高帝冠軍府行參軍。及武帝鎭盆城，須舊驅使人，法亮求留爲武帝江州典籤，除南臺御史，帶松滋令。法亮便僻解事，善於承奉，稍見委信。建元初，度東宮主書，除奉朝請，補東宮通事舍人。武帝即位，仍爲中書通事舍人，除員外郎，帶南濟陰太守。與會稽呂文度、臨海呂文顯並以姦佞諂事武帝。文度爲外監，專制兵權，領軍將軍守虛位而已。天文寺常以上將星占文度吉凶。文度尤見委信，上嘗云：「公卿中有憂國如文度者，復何憂天下不寧。」

文度既見委用，大納財賄，廣開宅宇，盛起土山，奇禽怪樹，皆聚其中，後房羅綺，王侯不能及。又啓上籍被却者悉充遠戍，百姓嗟怨，或逃亡避咎。富陽人唐寓之因此聚黨爲亂，鼓行而東，乃於錢唐縣僭號，以新城戍爲僞宮，以錢唐縣爲僞太子宮，置百官皆備。三吳却籍者奔之，衆至三萬。竊稱吳國，僞年號興平。其源始於虞玩之，而成於文度，事見虞玩之傳。

法亮、文度並勢傾天下，太尉王儉常謂人曰：「我雖有大位，權寄豈及茹公。」永明二年，封望蔡縣男。七年，除臨淮太守，轉竟陵王司徒中兵參軍。

巴東王子響於荊州殺僚佐，上遣軍西上，使法亮宣旨安撫子響。法亮至江津，子響呼法亮，疑畏不肯往。又求見傳詔，法亮又不遣。故子響怒，遣兵破尹略軍。事平，法亮至江陵，誅賞處分，皆稱敕斷決。軍還，上悔誅子響，法亮被責，少時親任如舊。廣開宅宇，杉齋光麗，與延昌殿相埒。延昌殿，武帝中齋也。宅後爲魚池釣臺，土山樓館，長廊將一里。竹林花藥之美，公家苑囿所不能及。鬱林即位，除步兵校尉。

時有綦母珍之，居舍人之任，凡所論薦，事無不允。內外要職及郡丞尉，皆論價而後施行。貨賄交至，旬月之間，累至千金。帝給珍之宅，宅邊又有空宅，從即併取，輒令材官營作，不關詔旨。材官將軍細作丞相語云：「寧拒至尊敕，不可違舍人命。」珍之母隨弟欽之作曁陽令，欽之罷縣還，珍之迎母至湖熟，輒將青氅百人自隨，鼓角橫吹，都下富人追從者百數。欽之自行佐作縣，還除廬陵王驃騎正將軍，又詐宣敕使欽之領青氅。珍之有一銅鏡，背有「三公」字，常語人云：「徵祥如此，何患三公不至。」乃就蔣王廟乞願得三公，封郡王。啓帝求封，朝議未許。又自陳曰：「珍之西州伏事，侍從入宮，契闊心膂，竭盡誠力。王融姦謀潛構，自非珍之翼衞扶持，事在不測。今惜千戶侯，誰爲官使者。」又有牒自論於朝廷曰：

「當世祖晏駕之時，內外紛擾，珍之手抱至尊，口行處分，忠誠契闊，人誰不知。今希千戶侯，於分非過。」乃許三百戶。瞋恚形於言色，進爲五百戶，又不肯受。明帝議誅之，乃許封汝南縣。

有杜文謙者，吳郡錢唐人。帝爲南郡王，文謙侍五經文句，歷太學博士。出爲溧陽令，未之職。會明帝知權，蕭諶用事，文謙乃謂珍之曰：「天下事可知，灰盡粉滅，匪朝伊夕，不早爲計，吾徒無類矣。」珍之曰：「計將安出？」答曰：「先帝故人多見擯斥，今召而使之，誰不慷慨。近聞王洪範與趙越常、徐僧亮、萬靈會共語，〔一二〕皆攘袂搥牀。君其密報周奉叔，使萬靈會、魏僧勔殺蕭諶，則宮內之兵皆我用也。即勒兵入尚書斬蕭令，兩都伯力耳。其次則遣荊軻、豫讓之徒，因諮事，左手頓其胸，則方寸之刃，足以立事，亦萬世一時也。今舉大事亦死，不舉事亦死，二死等耳，死社稷可乎。若遲疑不斷，復少日，錄君稱敕賜死，父母爲殉，在眼中矣。」珍之不能用。時徐龍駒亦當得封，珍之恥與龍駒共詔，因求別立。事未及行而事敗。珍之在西州時有一手板，相者云「當貴」。每以此言動帝，又圖黃門郎，帝嘗問之曰：「西州時手板何在？」珍之曰：「此是黃門手板，官何須問？」帝大笑。珍之時爲左將軍、南彭城太守，領中書通事舍人。正直宿，宣旨使即往蔣王廟祈福，因收送廷尉，與周奉叔、杜文謙同死。

中華書局

文謙有學行，善言吐。其父聞其死，曰：「吾所以憂者，恐其不得死地耳。今以忠義死，復何恨哉。王經母所以欣經之義也。」時人美其言。

龍駒以奄人本給安陸侯，後度東宮爲齋帥。帝卽位後，以便佞見寵。凡諸鄙黷雜事，皆所誘勸。位羽林監、後閤舍人、黃門署令、淮陵太守。帝爲龍駒置嬪御妓樂。常住含章殿，著黃綸帽，被貂裘，南面向案，代帝畫敕。內左右侍直，與帝不異。前代趙忠、張讓之徒，莫之能比。封惠懷縣男，事未行，明帝請誅之，懇至，乃見許。

曹道剛，廢帝之日直閤省，蕭諶先入，若欲論事，兵隨後奄進，以刀刺之，洞胸死，因進宮內廢帝。直後徐僧亮甚怒，大言於衆曰：「吾等荷恩，今日應死報。」又見殺。道剛字景昭，彭城人，性質直。帝雖與之狎而未嘗敢訓。帝悅市里雜事，以爲歡樂。道剛輒避之。益州人韓護善騎馬，帝嘗呼入華林園令騎，大賞狎之。道剛出謂明帝：「主上猶是小兒，左右皆須正人，使日見禮則。近聞韓護與天子齊馬並馳，此導人君於危地，道剛欲殺之。」既而遣人刺殺護。及道剛死，張融謂劉繪曰：「道剛似不爲諂，亦復不免也。」答曰：「夫徑寸之珠，非不寶也，而蜂之所病，云何不療之哉，此道剛所以死也。」

明帝卽位，高、武舊人鮮有存者，法亮以主署文事，[一三]故不見疑，位任如故。先是延昌殿爲武帝陰室，藏諸服御，二少帝並居西殿。及明帝居東齋，開陰室，出武帝白紗帽、防身

刀，法亮歔欷流涕。永泰元年，王敬則事平，法亮復受敕宣慰諸郡，無所納受。東昏卽位，出法亮爲大司農。中書權利之職，法亮不樂去，固辭不受。既而代人已到，法亮垂涕而出，卒官。

呂文顯，臨海人也。昇明初，[一四]爲齊高帝錄尚書省事，累遷殿中侍御史。[一五]後爲秣陵令，封劉陽縣男。永明元年，爲中書通事舍人。文顯臨事以刻覈被知。三年，帶南清河太守，與茹法亮等迭出入爲舍人，並見親幸。多四方餉遺，並造大宅，聚山開池。時中書舍人四人各住一省，世謂之四戶。既總重權，勢傾天下。晉、宋舊制，宰人之官，以六年爲限，近世以六年過久，又以三周爲期，謂之小滿。而遷換去來，又不依三周之制，送故迎新，吏人疲於道路。四方守宰餉遺，一年咸數百萬。舍人茹法亮於衆中語人曰：「何須覓外祿，此一戶內年辦百萬。」蓋約言之也。其後玄象失度，史官奏宜修祈禳之禮。王儉聞之，謂上曰：「天文乖忤，此禍由四戶。」仍奏文顯等專擅愆和，極言其事。上雖納之而不能改也。文顯累遷左中郎將，南東莞太守。

故事，府州部內論事，皆籤前直敍所論之事，後云謹籤，日月下又云某官某籤，故府州

置典籤以典之。本五品吏，宋初改爲七職。宋氏晚運，多以幼少皇子爲方鎭，時主皆以親近左右領典籤，典籤之權稍重。大明、泰始，長王臨蕃，素族出鎭，莫不皆出內教命，刺史不得專其任也。宗慤爲豫州，吳喜公爲典籤。慤刑政所施，喜公每多違執。慤大怒曰：「宗慤年將六十，爲國竭命，政得一州如斗大，不能復與典籤共臨！」喜公稽顙流血乃止。自此以後，權寄彌隆，典籤遞互還都，一歲數反，時主輒與閑言，訪以方事。刺史行事之美惡，係於典籤之口，莫不折節推奉，恒慮不及。於是威行州郡，權重蕃君。劉道濟、柯孟孫等姦慝發露，雖卽顯戮，而權任之重不異。明帝輔政，深知之，始制諸州急事宜密有所論，不得遣典籤還都，而典籤之任輕矣。後以文顯守少府，見任使，歷建武、永元之世，至尚書右丞，少府卿，卒官。

茹法珍，會稽人，梅蟲兒，吳興人，齊東昏時並爲制局監，俱見愛幸。自江祏、始安王遙光等誅後，及左右應敕捉刀之徒並專國命，人間謂之刀敕，權奪人主。都下爲之語曰：「欲求貴職依刀敕，須得富豪事御刀。」

時又有新蔡人徐世檦，尤見寵信，自殿內主帥爲直閤驍騎將軍。凡諸殺戮，皆世檦所

勸。殺徐孝嗣後，封臨汝縣子。陳顯達事起，加輔國將軍。雖用護軍崔慧景爲都督，而兵權實在世檦，當時權勢傾法珍、蟲兒。又謂法珍、蟲兒曰：「何世天子無要人，但阿儂貨主惡耳。」法珍等與之爭權，遂以白帝，帝稍惡其凶強。世檦竊欲生心，左右徐僧重密知之，發其事，收得千餘人仗及呪詛文，又畫帝十餘形像，備爲刑斬刻射支解之狀，而自作己像著通天冠袞服，題云徐氏皇帝。永元二年事發，乃族之。自是法珍、蟲兒並爲外監，口稱詔敕，中書舍人王咺之與相脣齒，專掌文翰。其餘二十餘人，皆有勢力。崔慧景平後，法珍封餘干縣男，蟲兒封竟陵縣男。

崔慧景之平，曲赦都下及南兗州，本以宥賊黨，而羣凶用事，刑辟不依詔書。無罪家富者，不論赦令，莫不受戮，籍其家產，與慧景深相關爲盡力而家貧者，一無所問。始安、顯達時亦已如此，至慧景平復然。或說王咺之云：「赦書無信，人情大惡。」咺之曰：「政當復有赦耳。」復赦，羣小誅戮亦復如先。

帝自羣公誅後，無復忌憚，無日不游走。所幸潘妃本姓俞名尼子，王敬則伎也。或云宋文帝有潘妃，在位三十年，於是改姓曰潘，其父寶慶亦從改焉。帝呼寶慶及法珍爲阿丈，蟲兒及東冶營兵俞靈韻爲阿兄。帝與法珍等俱詣寶慶，帝躬自汲水，助厨人作膳，爲市中雜語以爲諧謔。又帝輕騎戎服往諸刀敕家游宴，有吉凶輒往慶弔。奄人王寶孫年十三四，

中華書局

號爲倀子，最有寵，參預朝政，雖王咺之、蟲兒之徒亦下之。控制大臣，移易敕詔，乃至騎馬入殿，詆訶天子。公卿見之，莫不懾息。其佐成昏亂者：法珍、蟲兒及王咺之、俞寶慶、俞靈韻、祝靈勇、范亮之、徐僧重、時崇濟、芮安泰、劉文泰、呂文慶、胡輝光、繆買養、章道之、楊敬子、李粲之、周管之、范曇濟、石曇悅、張惡奴、王勝公、王懷藻、梅師濟、鄒伯兒、史元益、王靈範、席休文、解滂及太史令駱文叔、大巫朱光尚，凡三十一人。又有奄官王寶孫、王法昭、許朗之、許伯孫、方佛念、馬僧猛、盛劭、王竺兒、隨要、袁係世等十人。梁武平建鄴，皆誅。又朱興光爲茹法珍所疾，得罪被繫，豐勇之與王珍國相知，行殺皆免。初，左右刀敕之徒悉號爲鬼，宮中訛云：「趙鬼食鴨劑，諸鬼盡著調。」當時莫解。梁武平建鄴，東昏死，羣小一時誅滅，故稱爲諸鬼也。俗間以細剉肉糅以薑桂曰劑，意者以凶黨皆當細剉而烹之也。

周石珍，建康之厮隸也，世以販絹爲業。梁天監中，稍遷至宣傳左右。身長七尺，頗閑應對，後遂至制局監，帶開陽令。歷位直閤將軍。太清三年，封南豐縣侯，猶領制局。臺城未陷，已射書與侯景相結，門初開，石珍猶侍左右。時賊遣其徒入直殿內，或驅驢馬出入殿庭。武帝方坐文德殿，怪問之，石珍曰：「皆丞相甲士。」上曰：「何物丞相？」對曰：「侯丞相。」

上怒叱之曰：「是名侯景，何謂丞相！」石珍求媚於賊，乃養其黨田遷以爲己子，遷亦父事之。景篡位，制度羽儀皆石珍自出。景平後，及中書舍人嚴亶等送于江陵。

亶本爲齋監，居臺省積久，多閑故實。在賊居要，亞於石珍。及簡文見立，亶學北人著靴上殿，無肅恭之禮。有怪之者，亶曰：「吾豈畏劉禪乎。」從景圍巴陵郡，叫曰：「荆州那不送降！」及至江陵，將刑于市，泣謂石珍曰：「吾等死亦是罪盈。」石珍與其子昪相抱哭。亶謂監刑人曰：「倩語湘東王，不有廢也，君何以興？」俱腰斬。自是更殺賊黨，以板柙舌，釘釘之，不復得語。

陸驗、徐驎，並吳郡吳人。驗少而貧苦，落魄無行。邑人郁吉卿者甚富，驗傾身事之。吉卿貸以錢米，驗借以商販，遂致千金。因出都下，散貲以事權貴。朱异，其邑子也，故嘗有德，遂言於武帝拔之，與徐驎兩人遞爲少府丞、太市令。驗本無藝業，而容貌特醜。先是，外國獻生犀，其形甚陋，故閭里咸謂驗爲生犀。驗、驎並以苛刻爲務，百賈畏之，异尤與之昵，世人謂之三蠹。司農卿傅岐，梗直士也，嘗謂异曰：「卿任參國鈞，榮寵如此，比日所聞，鄙穢狼藉，若使聖主發悟，欲免得乎？」异曰：「外間謗讟，知之久矣，心苟無媿，何卹人言。」岐

謂人曰：「朱彥和將死矣，恃諂以求容，肆辯以拒諫，聞難而不懼，知惡而不改。天奪其鑒，其能久乎。」驗竟以侵削爲能，數年遂登列棘，鳴佩珥貂，並肩英彥。仕至太子右衞率，卒，贈右衞將軍。遠近聞其死，莫不快之。

驎素爲邵陵王綸所憾，太清二年，爲綸所殺。

司馬申字季和，河內溫人也。祖慧遠，梁都水使者。父玄通，梁尚書左戶郎。

申早有風鑒，十四便善弈棊。嘗隨父候吏部尚書到溉，時梁州刺史陰子春、領軍朱异在焉，呼與棊。申每有妙思，异觀而奇之，因引申游處。太清之難，父母俱沒，因此自誓，擔土菜食終身。

梁元帝承制，累遷鎮西外兵記室參軍。及侯景寇郢州，申隨都督王僧辯據巴陵，每進策，皆見行用。僧辯歎曰：「此生要鞬汗馬，或非所長，若使撫衆守城，必有奇績。」僧辯之討陸納也，于時賊衆奄至，左右披靡，申躬蔽僧辯，蒙楯而前，會裴之橫救至，賊乃退。僧辯顧而笑曰：「仁者必有勇，豈虛言哉。」

陳太建中，除秣陵令，在職以清能見紀，有白雀集于縣庭。復爲東宮通事舍人。叔陵

之肆逆也，事既不捷，出據東府，申馳召右衞將軍蕭摩訶帥兵先至，追斬之，後主深嘉焉。以功除太子左衞率，封文招縣伯，兼中書通事舍人。遷右衞將軍。歷事三帝，內掌機密，頗作威福。性忍害，好飛書以譖毀，朝之端士，遍罹其殃。參預謀謨，乃於外宣說，以爲己力，省中祕事，往往泄漏。性又果敢，善應對，能候人主顏色。有忤己者，必以微言譖之；附己者，因機進之。是以朝廷內外，皆從風靡。

初，尚書右僕射沈君理卒，朝廷議以毛喜代之。申慮喜預政，乃短喜於後主曰：「喜臣之妻兄，高帝時稱陛下有酒德，請逐去宮臣，陛下寧忘之邪！」喜由是廢錮。又與施文慶、李脫兒比周，譖殺傅縡，奪任忠部曲以配蔡徵、孔範，是以文武解體，至於覆滅。申嘗晝寢於尚書下省，有烏啄其口，流血及地，時論以爲譖賢之效也。

後加散騎常侍，右衞、舍人如故。至德四年卒，後主嗟悼久之。贈侍中、護軍將軍，進爵爲侯，謚曰忠。及葬，後主自爲製誌銘。子璓嗣，官至太子舍人。

施文慶，不知何許人也。〔二六〕家本吏門，至文慶好學，頗涉書史。陳後主之在東宮，文慶事焉。及卽位，擢爲中書舍人。仍屬叔陵作亂，隋師臨境，軍國事務，多起倉卒，文慶聰敏

强記，明閑吏職，心算口占，應時條理，由是大被親幸。又自太建以來，吏道疏簡，百司弛縱，文慶盡其力用，無所縱捨，分官聯事，莫不振懼。又引沈客卿、陽惠朗、徐哲、暨慧景等，云有吏能，後主信之。然並不達大體，督責苛碎，聚斂無厭，王公大人，咸共疾之。後主益以文慶爲能，尤更親重，內外衆事，無不任委。累遷太子左衞率，舍人如故。禎明三年，湘州刺史晉熙王叔文在職既久，大得人和，後主以其據有上流，陰忌之。自度素與羣臣少恩，恐不爲用，無所任者，乃擢文慶爲都督、湘州刺史，配以精兵，欲令西上，仍徵叔文還朝。文慶深喜其事，然懼居外，後執事者持己短長，因進其黨沈客卿以自代。未發閒，二人共掌機密。

時隋軍大舉，分道而進，尚書僕射袁憲、驃騎將軍蕭摩訶及文武羣臣共議，請於京口、采石各置兵五千，并出金翅二百，緣江上下，以爲防備。文慶恐無兵從己，廢其述職，而客卿又利文慶之任己得專權，俱言於朝曰：「必有論議，不假面陳，但作文啓，即爲通奏。」憲等以爲然。二人齎啓入白後主曰：「此是常事，邊城將帥，足以當之。若出人船，必恐驚擾。」

及隋軍臨江，間諜驟至，憲等慇懃奏請，至于再三。文慶等曰：「元會將逼，南郊之日，太子多從，今若出兵，事便廢闕。」後主曰：「今且出兵，若北邊無事，因以水軍從郊，何爲不可。」又對曰：「如此，則聲聞鄰境，便謂國弱。」後又以貨動江總，總內爲之游說，後主重違其

意，而迫羣官之請，乃令付外詳議，又抑憲等，由是未決，而隋師濟江。

後主性怯懦，不達軍事，晝夜啼泣，臺內處分，一以委之。文慶既知諸將疾己，恐其有功，乃奏曰：「此等怏怏，素不服官，迫此事機，那可專信。」凡有所啓請，經略之計，並皆不行。尋敕文慶領兵頓于樂游苑。陳亡，隋晉王廣以文慶受委不忠，曲爲諂佞，以蔽耳目，比黨數人，並於石闕前斬之，以謝百姓。

沈客卿，吳興武康人也。美風采，善談論，博涉羣書，與施文慶少相親昵。仕陳，累遷至尚書儀曹郎。聰明有口辯，頗知故事。每朝廷體式，吉凶儀注，凡所疑議，客卿斟酌裁斷，理雖有不經，而衆莫能屈，事多施行。

至德初，以爲中書舍人，兼步兵校尉，掌金帛局。以舊制軍人士人，二品清官，並無關市之稅。後主盛修宮室，窮極耳目，府庫空虛，有所興造，恒苦不給。客卿每立異端，唯以刻削百姓爲事，奏請不問士庶，並責關市之估，而又增重其舊。於是以陽惠朗爲太市令，暨慧景爲尚書金、倉都令史。二人家本小吏，考校簿領，豪釐不差，糾謫嚴急，百姓嗟怨。而客卿居舍人，總以督之，每歲所入，過於常格數十倍，後主大悅。尋加客卿散騎常侍、左衞將

軍，舍人如故。惠朗、慧景奉朝請。

禎明三年，客卿遂與文慶俱掌機密。隋師至，文慶出頓樂游苑，內外事客卿總焉。臺城失守，隋晉王以客卿重賦厚斂，以悅於上，與文慶、暨慧景、陽惠朗等，俱斬於石闕前。

徐哲，不知何許人，施文慶引爲制局監，掌刑法，亦與客卿同誅。

孔範字法言，會稽山陰人也。曾祖景偉，齊散騎常侍。祖滔，梁海鹽令。父岱，歷職清顯。

範少好學，博涉書史。陳太建中，位宣惠江夏王長史。後主即位，爲都官尚書，與江總等並爲狎客。範容止都雅，文章贍麗，又善五言詩，尤見親愛。後主性愚狠，惡聞過失，每有惡事，範必曲爲文飾，稱揚贊美。時孔貴人絕愛幸，範與孔氏結爲兄妹，寵遇優渥，言聽計從。朝廷公卿咸畏範，〔一七〕範因驕矜，以爲文武才能舉朝莫及。從容白後主曰：「外間諸將，起自行伍，匹夫敵耳。深見遠慮，豈其所知。」後主以問施文慶，文慶畏範，益以爲然。自是將帥微有過失，即奪其兵，分配文吏。

隋師將濟江，羣官請爲備防，文慶沮壞之，後主未決。範奏曰：「長江天塹，古來限隔，

虜軍豈能飛度？邊將欲作功勞，妄言事急。臣自恨位卑，虜若能來，定作太尉公矣。」或妄言北軍馬死，範曰：「此是我馬，何因死去。」後主笑以爲然，故不深備。

尋而隋將賀若弼陷南徐州，執城主莊元始，韓擒陷南豫州，敗水軍都督高文泰。範與中領軍魯廣達頓于白塔寺。〔一八〕後主多出金帛，募人立功，範素於武士不接，莫有至者，唯負販輕薄多從之，高麗、百濟、昆崙諸夷並受督。時任蠻奴請不戰，而己度江攻其大軍。又司馬消難言於後主曰：「弼若登高舉烽，與韓擒相應，鼓聲交震，人情必離。請急遣兵北據蔣山，南斷淮水，質其妻子，重其賞賜。陛下以精兵萬人，守城莫出。不過十日，食盡，二將之頭可致闕下。」範冀欲立功，志在於戰，乃曰：「司馬消難狼子野心，任蠻奴淮南傖士，語並不可信。」事遂不行。

隋軍既逼，蠻奴又欲爲持久計，範又奏：「請作一決，當爲官勒石燕然。」後主從之。明日，範以其徒居中，以抗隋師，未陣而北，範脫身遁免。尋與後主俱入長安。

初，晉王廣所戮陳五佞人，範與散騎常侍王瑳、王儀、御史中丞沈瓘，過惡未彰，故免。〔一九〕及至長安，事並露，隋文帝以其姦佞諂惑，並暴其過惡，名爲四罪人，流之遠裔，以謝吳、越之人。瑳、儀並琅邪人。瑳刻薄貪鄙，忌害才能。儀候意承顏，傾巧側媚，又獻其二女，以求親昵。瓘險慘苛酷，發言邪諂，故同罪焉。

中華書局

論曰：自宋中世以來，宰御朝政，萬機碎密，不關外司。尚書八座五曹，各有恒任，係以九卿六府，事存副職。至於冠冕搢紳，任疎人貴，伏奏之務既寢，趨走之勞亦息。關宣所寄，屬當事有所歸。〔二〇〕通驛內外，切自音旨。若夫竭忠盡節，仕子恒圖，隨方致用，明君盛典，舊非本舊，因新以成舊者也，狎非先狎，因疎以成狎者也。而任隔疎情，殊塗一致，權歸近狎，異世同揆。故環纓斂笏，俯仰晨昏，瞻幄坐而竦躬，陪蘭檻而高眄，探求恩色，習覩威顏，遷蘭變鮑，久而彌信。因城社之固，執開壅之機。長主君世，振裘持領，賞罰事殷，能不踰漏，宮省咳唾，義必先知。故窺盈縮於望景，獲驪珠於龍睡，坐歸聲勢，臥震都鄙。賄賂日積，苞苴歲通，富擬公侯，威行州郡。制局小司，專典兵力，雲陛天居，亘設蘭綺，羽林精卒，重屯廣衞。至於元戎啓轍，武候還麾，遮迾清道，神行按轡，督察往來，馳騖輦轂，驅役分部，親承几案，領護所攝，示總成規。若徵兵動衆，大興人役，優劇遠近，斷於外監之心，譴辱詆訶，恣於典事之口。抑符緩詔，姦僞非一，書死爲生，請謁成市，左臂揮金，右手刊字，紙爲銅落，筆由利染。故門同玉署，家號金穴，嬙媛侍女，燕、秦、蔡、鄭之聲，琁池碧梁，魚龍雀馬之翫，莫不充牣錦室，照徹青雲，害政傷人，於斯爲切。況乎主幼時昏，讒慝亦何可勝紀也。〔二一〕

校勘記

〔一〕山陰有陳戴者　「戴」宋書作「載」。

〔二〕截法興棺兩和　「兩和」南北監本、汲古閣本、殿本、局本俱作「焚之」，大德本作「兩和」。張元濟南史校勘記：「既焚何必截？疑『兩和』是。」按「和」指棺頭，此截斷棺材兩頭故曰兩和。

〔三〕昇明初年老拜太中大夫　「年」字各本並脫，據宋書補。

〔四〕即日宣殺焉　「宣」宋書作「宣旨」。

〔五〕始興王濬後軍行參軍　「後」下「軍」字各本並脫，據宋書補。

〔六〕佃夫等勸取開門鼓後　「後」字各本並脫，據宋書補。

〔七〕以本官兼游擊將軍及輔國將軍孟次陽與二衞參員直　「孟次陽」各本作「蓋次陽」，據宋書改。

〔八〕時佃夫及王道隆楊運長並執權　「楊運長」各本作「楊運夫」，據宋書改。

〔九〕遂官陟三品　「陟」各本作「涉」，據通志改。

〔一〇〕以寒官累至勳品　「寒官」各本作「寒宦」，據南齊書改。按紀僧眞傳「自寒官歷至高帝冠軍府參軍主簿」，寒官謂微賤之官。

〔一一〕出身爲小史　「小史」各本同。南監本南齊書作「小吏」。

〔一二〕近聞王洪範與趙越常徐僧亮萬靈會共語　「王洪範」各本並作「王洪軌」，據通鑑齊高帝建元元年紀改。參見本書卷七十循吏傳校勘記第二十一條。

〔一三〕法亮以主署文事　「署文」各本作「者久」，據南齊書改。

〔一四〕昇明初　「昇明」各本譌「昇平」，據南齊書改。按昇明爲宋順帝年號。

〔一五〕累遷殿中侍御史　「侍」字各本並脫，據南齊書補。

〔一六〕施文慶不知何許人也　按施文慶事附陳書任忠傳，云「吳興烏程人」。

〔一七〕朝廷公卿咸畏範　「範」字各本並脫，據通志補。

〔一八〕範與中領軍魯廣達頓于白塔寺　「範」字各本並脫，依讀書記疑說補。

〔一九〕範與散騎常侍王瑳王儀御史中丞沈瓘過惡未彰故免　「沈瓘」隋書文帝紀作「沈觀」，通鑑一七七作「沈瓘」。

〔二〇〕屬當事有所歸　南齊書無「事」「所」二字。

〔二一〕讒慝亦何可勝紀也　「紀」字各本並脫，據南齊書補。

南史卷七十八

列傳第六十八

夷貊上

海南諸國

海南諸國，大抵在交州南及西南大海洲上，相去或四五千里，遠者二三萬里。其西與西域諸國接。漢元鼎中，遣伏波將軍路博德開百越，置日南郡。其徼外諸國，自武帝以來皆朝貢。後漢桓帝世，大秦、天竺皆由此道遣使貢獻。及吳孫權時，遣宣化從事朱應、中郎康泰通焉。其所經過及傳聞則有百數十國，因立記傳。晉代通中國者蓋鮮，故不載史官。及宋、齊至梁，其奉正朔、修貢職，航海往往至矣。今采其風俗粗著者列爲海南云。

林邑國，本漢日南郡象林縣，古越裳界也。伏波將軍馬援開南境，置此縣。其地從廣

可六百里。城去海百二十里，去日南南界四百餘里，北接九德郡。其南界，水步道二百餘里，有西圖夷亦稱王，〔一〕馬援所植二銅柱，表漢家界處也。其國有金山，石皆赤色，其中生金。金夜則出飛，狀如螢火。又出瑇瑁、貝齒、古貝、沉木香。古貝者，樹名也，其華成時如鵝毳，抽其緒紡之以作布，布與紵布不殊。亦染成五色，織爲斑布。沉木香者，土人斫斷，積以歲年，朽爛而心節獨在，置水中則沉，故名曰沉香，次浮者棧香。

漢末大亂，功曹區連殺縣令，〔二〕自立爲王。數世，其後王無嗣，外甥范熊代立，死，子逸嗣。晉成帝咸康三年，〔三〕逸死，奴文篡立。文本日南西卷縣夷帥范幼家奴，〔四〕嘗牧牛於山澗，得鱧魚二化而爲鐵，因以鑄刀。刀成，文向石呪曰：「若斫石破者，文當王此國。」因斫石如斷芻藁，文心異之。范幼嘗使之商賈至林邑，因教林邑王作宮室及兵車器械，王寵任之。後乃讒言諸子，各奔餘國。及王死無嗣，文僞於鄰國迓王子，置毒於漿中殺之，遂脅國人自立。時交州刺史姜莊使所親韓戢、謝幼前後監日南郡，並貪殘，諸國患之。穆帝永和三年，臺遣夏侯覽爲太守，侵刻尤盛。林邑素無田土，貪日南地肥沃，常欲略有之。至是因人之怨，襲殺覽，以其屍祭天。留日南三年，乃還林邑。交州刺史朱藩後遣督護劉雄戍日南，文復滅之，進寇九德郡，害吏人。遣使告藩，願以日南北境橫山爲界。藩不許。文歸林邑，尋復屯日南。文死，子佛立，猶屯日南。征西將軍桓溫遣督護滕畯、九眞太守灌邃討

之，追至林邑，佛乃請降。安帝隆安三年，佛孫須達復寇日南、九德諸郡，〔五〕無歲不至，殺傷甚多，交州遂致虛弱。

須達死，子敵眞立，其弟敵鎧攜母出奔。敵眞追恨不能容其母弟，捨國而之天竺，禪位於其甥。國相藏驎固諫不從。其甥立而殺藏驎，藏驎子又攻殺之，而立敵鎧同母異父弟曰文敵。文敵復爲扶南王子當根純所殺，大臣范諸農平其亂，自立爲王。諸農死，子陽邁立。陽邁初在孕，其母夢生兒，有人以金席藉之，其色光麗。夷人謂金之精者爲陽邁，若中國云紫磨者，因以爲名。宋永初二年，遣使貢獻，以陽邁爲林邑王。陽邁死，子咄立，慕其父復曰陽邁。〔六〕

其國俗，居處爲閣，名曰干闌。門戶皆北向。書樹葉爲紙。男女皆以橫幅古貝繞腰以下，謂之干漫，亦曰都漫。穿耳貫小環。貴者著革屣，賤者跣行。自林邑、扶南以南諸國皆然也。其王者著法服，加瓔珞，如佛像之飾。出則乘象，吹螺擊鼓，罩古貝繖，以古貝爲幡旗。國不設刑法，有罪者使象蹋殺之。其大姓號婆羅門，嫁娶必用八月。女先求男，由賤男而貴女。同姓還相婚姻。使婆羅門引壻見婦，握手相付，呪曰「吉利吉利」爲成禮。死者焚之中野，謂之火葬。其寡婦孤居，散髮至老。國王事尼乾道，〔七〕鑄金銀人像大十圍。元嘉初，陽邁侵暴日南、九德諸郡，交州刺史杜弘文建牙欲討之，聞有代乃止。八年，

又寇九德郡，入四會浦口。交州刺史阮彌之遣隊主相道生帥兵赴討，攻區栗城不剋，乃引還。十二年、十五年、十六年、十八年，每遣使貢獻，獻亦陋薄，而寇盜不已。文帝忿其違慠，二十三年，使交州刺史檀和之、振武將軍宗慤伐之。和之遣司馬蕭景憲爲前鋒，陽邁聞之懼，欲輸金一萬斤、銀十萬斤、銅三十萬斤，還所略日南戶。其大臣𡗝僧達諫止之。乃遣大帥范扶龍戍其北界區栗城。景憲攻城剋之，乘勝卽剋林邑，陽邁父子並挺身逃奔。獲其珍異，皆是未名之寶。又銷其金人，得黃金數十萬斤。

和之，高平金鄉人，檀憑之子也。以功封雲杜縣子。孝建三年，爲南兗州刺史，坐酣飲黷貨，迎獄中女子入內，免官禁錮。後病死，見胡神爲祟。追贈左將軍，諡曰襄子。

孝武孝建二年，林邑又遣長史范龍跋奉使貢獻，除龍跋揚武將軍。大明二年，林邑王范神成又遣長史范流奉表獻金銀器、香、布諸物。明帝泰豫元年，又遣使獻方物。齊永明中，范文贊累遣使貢獻。梁天監九年，文贊子天凱奉獻白猴，詔加持節、督緣海諸軍事、威南將軍、林邑王。死，子弼毳跋摩立，奉表貢獻。普通七年，王高戍勝鎧遣使獻方物，〔八〕詔以爲持節、督緣海諸軍事、綏南將軍、林邑王。大通元年，又遣使貢獻。大通二年，行林邑王高戍律陁羅跋摩遣使貢獻，詔以爲持節、督緣海諸軍事、綏南將軍、林邑王。六年，又遣使獻方物。

中華書局

廣州諸山並狸獠，種類繁熾，前後屢爲侵暴，歷世患之。宋孝武大明中，合浦大帥陳檀歸順，拜龍驤將軍。檀乞官軍征討未附，乃以檀爲高興太守，遣前朱提太守費沈、龍驤將軍武期南伐，并通朱崖道，並無功，輒殺檀而反，沈下獄死。

扶南國，在日南郡之南，海西大灣中，〔九〕去日南可七千里。在林邑西南三千餘里。城去海五百里，有大江廣十里，從西流東入海。其國廣輪三千餘里，土地洿下而平博，氣候風俗大較與林邑同。出金、銀、銅、錫、沈木香、象、犀、孔翠、五色鸚鵡。

其南界三千餘里有頓遜國，在海崎上，地方千里。城去海十里。有五王，並羈屬扶南。頓遜之東界通交州諸賈人。其西界接天竺、安息徼外諸國，往還交易。其市東西交會，日有萬餘人。珍物寶貨無不有。又有酒樹似安石榴，采其花汁停甕中，數日成酒。頓遜之外大海洲中，又有毗騫國，去扶南八千里。傳其王身長丈二，頸長三尺，〔一〇〕自古不死，莫知其年。王神聖，國中人善惡及將來事，王皆知之，是以無敢欺者。南方號曰長頸王。國俗，有室屋衣服，噉粳米。其人言語小異扶南。有山出金，金露生石上，無央限也。〔一一〕國法，刑人並於王前噉其肉。國內不受估客，有往者亦殺而噉之，是以商旅不敢至。王常樓居，不血食，不事鬼神。其子孫生死如常人，唯王不死。扶南王數使與書相報答。

常遺扶南王純金五十人食器，形如圓盤，又如瓦塸，名爲多羅，受五升，又如椀者受一升。王亦能作天竺書，書可三千言，說其宿命所由，與佛經相似，並論善事。

又傳扶南東界卽大漲海，海中有大洲，洲上有諸薄國，國東有馬五洲。復東行漲海千餘里，至自然大洲，其上有樹生火中，洲左近人剝取其皮，紡績作布，以爲手巾，與蕉麻無異而色微青黑。若小垢洿，則投火中，復更精潔。或作燈炷，用之不知盡。

扶南國俗本裸，文身被髮，不製衣裳。以女人爲王，號曰柳葉。年少壯健，有似男子。其南有激國，有事鬼神者字混塡。夢神賜之弓，乘賈人舶入海。混塡晨起卽詣廟，於神樹下得弓，便依夢乘舶入海，遂至扶南外邑。柳葉人衆見舶至，欲劫取之。混塡卽張弓射其舶，穿度一面，矢及侍者。柳葉大懼，舉衆降混塡。塡乃教柳葉穿布貫頭，形不復露，遂君其國，納柳葉爲妻，生子分王七邑。其後王混盤況以詐力間諸邑，令相疑阻，因舉兵攻併之。乃選子孫中分居諸邑，號曰小王。盤況年九十餘乃死，立中子盤盤，以國事委其大將范蔓。〔一二〕盤盤立三年死，國人共舉蔓爲王。蔓勇健有權略，復以兵威攻伐旁國，咸服屬之，自號扶南大王。乃作大船窮漲海，開國十餘，闢地五六千里。次當伐金鄰國，蔓遇疾，遣太子金生代行。蔓姊子旃因篡蔓自立，遣人詐金生而殺之。蔓死時有乳下兒名長在人間，至年二十，乃結國中壯士，襲殺旃。旃大將范尋又攻殺長而代立。更繕國內，起觀閣遊戲之，朝

旦中晡三四見客。百姓以蕉蔗龜鳥爲禮。

國法，無牢獄，有訟者，先齋三日，乃燒斧極赤，令訟者捧行七步。又以金鐶、雞卵投沸湯中，令探取之，若無實者手卽爛，有理者則不。又於城溝中養鱷魚，門外圈猛獸，有罪者輒以餧猛獸及鱷魚，魚獸不食爲無罪，三日乃放之。鱷大者長三丈餘，狀似鼉，有四足，喙長六七尺，兩邊有齒利如刀劍，常食魚，遇得麞鹿及人亦噉之，蒼梧以南及外國皆有之。

吳時，遣中郎康泰、宣化從事朱應使於尋國，國人猶裸，唯婦人著貫頭。泰、應謂曰：「國中實佳，但人褻露可怪耳。」尋始令國內男子着橫幅。橫幅，今干漫也。大家乃截錦爲之，貧者乃用布。

晉武帝太康中，尋始遣使貢獻。穆帝升平元年，王竺旃檀奉表獻馴象，詔以勞費停之。其後王憍陳如本天竺婆羅門也，有神語曰應王扶南。憍陳如心悅，南至盤盤。扶南人聞之，舉國欣戴，迎而立焉。復改制度，用天竺法。憍陳如死，後王持梨陁跋摩，宋文帝元嘉十一年、十二年、十五年，奉表獻方物。齊永明中，王憍陳如闍邪跋摩遣使貢獻。梁天監二年，跋摩復遣使送珊瑚佛像，并獻方物，詔授安南將軍、扶南王。

其國人皆醜黑拳髮，所居不穿井，數十家共一池引汲之。俗事天神，天神以銅爲像，二面者四手，四面者八手，手各有所持。或小兒，或鳥獸，或日月。其王出入乘象，嬪侍亦然。

王坐則偏踞翹膝，垂左膝至地，以白疊敷前，設金盆香鑪於其上。國俗，居喪則剃除鬚髮。死者有四葬：水葬則投之江流，火葬則焚爲灰燼，土葬則瘞埋之，鳥葬則棄之中野。人性貪吝無禮義，男女恣其奔隨。

十年、十三年，跋摩累遣使貢獻，其年死。庶子留陁跋摩殺其嫡弟自立。十六年，遣使竺當抱老奉表貢獻。十八年，復遣使送天竺旃檀瑞像、婆羅樹葉，并獻火齊珠、鬱金、蘇合等香。普通元年、中大通二年、大同元年，累遣使獻方物。五年，復遣使獻生犀。又言其國有佛髮，長一丈二尺。詔遣沙門釋雲寶隨使往迎之。先是，三年八月，武帝改造阿育王佛塔，出舊塔下舍利及佛爪髮，髮青紺色，衆僧以手伸之，隨手長短，放之則旋屈爲蠡形。按僧伽經云：「佛髮青而細，猶如藕莖絲。」佛三昧經云：「我昔在宮沐頭，以尺量髮，長一丈二尺。放已右旋，還成蠡文。」則與帝所得同也。阿育王卽鐵輪王，王閻浮提一天下。佛滅度後，一日一夜，役鬼神造八萬四千塔，此卽其一。吳時有尼居其地爲小精舍，孫綝尋毀除之，塔亦同滅。吳平後，諸道人復於舊處建立焉。晉元帝初度江，更修飾之。至簡文咸安中，使沙門安法程造小塔，〔一三〕未及成而亡。弟子僧顯繼而修立，至孝武太元九年，上金相輪及承露。

其後，有西河離石縣胡人劉薩何遇疾暴亡，而心猶暖，其家未敢便殯，經七日更蘇。說

中華書局

云：「有兩吏見錄，向西北行，不測遠近。至十八地獄，隨報重輕，受諸楚毒。觀世音語云：『汝緣未盡，若得活可作沙門。洛下、齊城、丹陽、會稽並有阿育王塔，可往禮拜。若壽終則不墮地獄。』」語竟如墜高巖，忽然醒寤。因此出家名慧達。遊行禮塔，次至丹陽，未知塔處，及登越城四望，見長干里有異氣，因就禮拜，果是先阿育王塔所，屢放光明，由是定知必有舍利。乃集衆就掘入一丈，得三石碑，並長六尺。中一碑有鐵函，函中有銀函，函中又有金函，盛三舍利及髮爪各一枚，髮長數尺。卽遷舍利近北對簡文所造塔西造一層塔。十六年，又使沙門僧尚加爲三層。〔一四〕卽是武帝所開者也。初穿土四尺，得龍窟及昔人所捨金銀環釧釵鑷等諸雜寶物。可深九尺許至石磉，磉下有石函，函內有鐵壺以盛銀坩，坩內有金鏤罌盛三舍利如粟粒大，圓正光潔。函內有瑠璃椀，椀內得四舍利及髮爪。爪有四枚，並爲沈香色。至其月二十七日，帝又到寺禮拜，設無礙大會，大赦。是日以金鉢盛水泛舍利，其最小者隱不出，帝禮數十拜，舍利乃於鉢內放光，旋回久之，乃當中而止。帝問大僧正慧念曰：「見不可思議事不？」慧念答曰：「法身常住，湛然不動。」帝曰：「弟子欲請一舍利還臺供養。」至九月五日，又於寺設無礙大會，遣皇太子王侯朝貴等奉迎。是日風景明淨，傾都觀屬。所設金銀供具等物，並留寺供養，幷施錢一千萬爲寺基業。至四年九月十五日，帝又至寺設無礙大會，竪二剎，各以金罌，次玉罌，重盛舍利及爪髮內七寶塔內。又以石函盛寶

塔，分入兩剎剎下，及王侯妃主百姓富室所捨金銀環釧等珍寶充積。十一年十一月二日，寺僧又請帝於寺發般若經題。爾夕二塔俱放光明，敕鎮東邵陵王綸製寺大功德碑文。先是，二年改造會稽鄮縣塔，開舊塔中出舍利，遣光宅寺釋敬脫等四僧及舍人孫照暫迎還臺。帝禮拜竟，卽送還縣，入新塔下，此縣塔亦是劉薩何所得也。

晉咸和中，丹陽尹高悝行至張侯橋，見浦中五色光長數尺，不知何怪，乃令人於光處得金像，無有光趺。悝乃下車載像還至長干巷首，牛不肯進。悝乃令馭人任牛所之，牛徑牽至寺，悝因留像付寺僧。每至夜中，常放光明，又聞空中有金石之響。經一歲，臨海漁人張係世於海口忽見有銅花趺浮出，取送縣，縣人以送臺，乃施像足，宛然合。會簡文咸安元年，交州合浦人董宗之採珠沒水底，得佛光燄，交州送臺，以施於像，又合焉。自咸和中得像，至咸安初，歷三十餘年，光趺始具。

初，高悝得像，後有西域胡僧五人來詣悝曰：「昔於天竺得阿育王造像，來至鄴下，逢胡亂，埋於河邊。今尋覓失所。」五人嘗一夜俱夢見像曰：「已出江東，爲高悝所得。」悝乃送此五僧至寺，見像噓欷涕泣，像便放光，照燭殿宇。又瓦官寺慧邃欲摸寫像形，寺主僧尙慮損金色，謂邃曰：「若能令像放光，回身西向，乃可相許。」慧邃便懇拜請。其夜像卽轉坐放光，回身西向。明旦便許摸之。像趺先有外國書，莫有識者，後有三藏那跋摩識之，云是阿育王爲第四女所造也。〔一五〕

及大同中，出舊塔舍利，敕市寺側數百家宅地以廣寺域，造諸堂殿幷瑞像周回閣等，窮於輪奐焉。其圖諸經變，並吳人張繇運手。繇丹青之工，一時冠絕。

西南夷訶羅陁國，宋元嘉七年，遣使奉表曰：「伏承聖主信重三寶，興立塔寺，周滿世界。今故遣使二人，表此微心。」

呵羅單國都闍婆洲，元嘉七年，遣使獻金剛指環、赤鸚鵡鳥、天竺國白疊、古貝、葉波國古貝等物。十年，呵羅單國王毗沙跋摩奉表曰：「常勝天子陛下，諸佛世尊，常樂安隱，三達六通，爲世間導，是名如來，是故至誠五體敬禮。」其後爲子所篡奪。十三年，又上表。二十六年，文帝詔曰：「呵羅單、婆皇、婆達三國，頻越遐海，欵化納貢，遠誠宜甄，可並加除授。」乃遣使策命之。二十九年，又遣長史婆和沙彌獻方物。

婆皇國，元嘉二十六年，國王舍利婆羅跋摩遣使獻方物四十一種，文帝策命之爲婆皇

國王。二十八年，復遣使貢獻。孝武孝建三年，又遣長史竺那婆智奉表獻方物，以那婆智爲振威將軍。大明三年，獻赤白鸚鵡。大明八年、明帝泰始二年，又遣使貢獻。明帝以其長史竺須羅達、〔一六〕前長史振威將軍竺那婆智並爲龍驤將軍。

婆達國，元嘉二十六年，國王舍利不陵伽跋摩遣使獻方物，文帝策命之爲婆達國王。二十六年、二十八年，復遣使獻方物。〔一七〕

闍婆達國，〔一八〕元嘉十二年，國王師黎婆達呵陁羅跋摩遣使奉表曰：〔一九〕「宋國大主大吉天子足下，敎化一切，種智安隱，天人師降伏四魔，成等正覺，轉尊法輪，度脫衆生。我雖在遠，亦霑靈潤。」

槃槃國，元嘉、孝建、大明中，並遣使貢獻。梁中大通元年、四年，其王使使奉表累送佛牙及畫塔，幷獻沉檀等香數十種。六年八月，復遣使送菩提國舍利及畫塔圖，幷菩提樹葉、詹糖等香。

二十四史

丹丹國，中大通三年，其王遣使奉表送牙像及畫塔二軀，并獻火齊珠、古貝、雜香藥。大同元年，復遣使獻金銀、瑠璃、雜寶、香藥等物。

干陁利國，在南海洲上，[二〇]其俗與林邑、扶南略同，出斑布、古貝、檳榔。檳榔特精好，爲諸國之極。宋孝武世，王釋婆羅那鄰陁遣長史竺留陁獻金銀寶器。梁天監元年，其王瞿曇脩跋陁羅以四月八日夢一僧謂曰：「中國今有聖主，十年之後，佛法大興。汝若遣使貢奉禮敬，則土地豐樂，商旅百倍；若不信我，則境土不得自安。」初未之信，既而又夢此僧曰：「汝若不信我，當與汝往觀。」乃於夢中至中國拜覲天子。既覺心異之，陁羅本工畫，乃寫夢中所見武帝容質，飾以丹青，仍遣使并畫工奉表獻玉盤等物。使人既至，摸寫帝形以還其國，比本畫則符同焉。因盛以寶函，日加敬禮。後跋陁死，子毗邪跋摩立，[二一]十七年，遣長史毗員跋摩奉表獻金芙蓉、雜香藥等。普通元年，復遣使獻方物。

狼牙脩國，在南海中。其界東西三十日行，南北二十日行，北去廣州二萬四千里。土氣物產與扶南略同，偏多棧、沉、婆律香等。其俗，男女皆袒而被髮，以古貝爲干漫，其王及貴臣乃加雲霞布覆胛，以金繩爲絡帶，金環貫耳。女子則被布，[二二]以瓔珞繞身。其國累塼

爲城，重門樓閣。王出乘象，有幡旄旗鼓，罩白蓋，兵衞甚嚴。國人說，立國以來四百餘年，後嗣衰弱，王族有賢者，國人歸向之。王聞乃加囚執，其鎖無故自斷。王以爲神，因不敢害，乃逐出境，遂奔天竺。天竺妻以長女。俄而狼牙王死，大臣迎還爲王。二十餘年死，子婆伽達多立。天監十四年，遣使阿撤多奉表。

婆利國，在廣州東南海中洲上，去廣州二月日行。國界東西五十日行，南北二十日行。有一百三十六聚。土氣暑熱，如中國之盛夏。穀一歲再熟，草木常榮。海出文螺、紫貝。有石名坩貝羅，初采之柔軟，及刻削爲物暴乾之，遂大硬。其國人披古貝如帊，及爲都縵。王乃用斑絲者，[二三]以瓔珞繞身，頭著金冠高尺餘，形如弁，綴以七寶之飾。帶金裝劍，偏坐金高坐，以銀蹬支足。侍女皆爲金花雜寶之飾，或持白毦拂及孔雀扇。王出以象駕輿，輿以雜香爲之，上施羽蓋、珠簾。其導從吹螺擊鼓。王姓憍陳如，自古未通中國，問其先及年數不能記。自言白淨王夫人卽其國女。

天監十六年，遣使奉表獻金席等。普通三年，其王頻伽復遣使珠智獻白鸚鵡、[二四]青蟲、兜鍪、瑠璃器、古貝、螺杯、雜香藥等數十種。

中天竺國，在大月支東南數千里，地方三萬里，一名身毒。漢世張騫使大夏，見邛竹杖、蜀布，國人云市之身毒，卽天竺也。從月支、高附西，南至西海，東至盤越，列國數十，每國置王，其名雖異，皆身毒也。漢時羈屬月支。其俗土著與月支同，而卑濕暑熱，人畏戰，弱於月支。國臨大江，名新陶，源出崑崙。分爲五江，總名恒水。其水甘美，下有眞鹽，色正白如水精。土出犀、象、貂鼠、瑇瑁、火齊、金銀銅鐵、金縷織成金罽、細靡白疊、好裘、毾㲪。火齊狀如雲母，色如紫金，有光耀，別之則薄如蟬翼，[二五]積之則如紗縠之重沓也。西與大秦、安息交市海中。多大秦珍物，珊瑚、琥珀、金碧、珠璣、琅玕、鬱金、蘇合。蘇合是合諸香汁煎之，[二六]非自然一物也。又云大秦人采蘇合，先笮其汁以爲香膏，乃賣其滓與諸國賈人，是以展轉來達中國不大香也。鬱金獨出罽賓國，華色正黃而細，與芙蓉華裏被蓮者相似。國人先取以上佛寺，積日槀乃糞去之，賈人以轉賣與他國也。

漢桓帝延熹九年，大秦王安敦遣使自日南徼外來獻，漢世唯一通焉。其國人行賈往往至扶南、日南、交阯。其南徼諸國人少有到大秦者。孫權黃武五年，有大秦賈人字秦論來到交阯，太守吳邈遣送詣權。權問論方土風俗，論具以事對。時諸葛恪討丹陽，獲黝、歙短人。論見之曰：「大秦希見此人。」權以男女各十人，差吏會稽劉咸送論，咸於道物故，乃徑還本國也。

漢和帝時，天竺數遣使貢獻，後西域反叛遂絕。至桓帝延熹二年、四年，頻從日南徼外來獻，魏、晉世絕不復通。唯吳時扶南王范旃遣親人蘇勿使其國，從扶南發投拘利口，循海大灣中正西北入，歷灣邊數國，可一年餘到天竺江口，逆水行七千里乃至焉。天竺王驚曰：「海濱極遠，猶有此人乎！」卽令觀視國內，仍差陳、宋等二人以月支馬四疋報旃，勿積四年方至。其時吳遣中郎康泰使扶南，及見陳、宋等，具問天竺土俗，云：「佛道所興國也。人敦厖，土饒沃，其王號茂論。所都城郭，水泉分流，繞于渠塹，下注大江。其宮殿皆雕文鏤刻。街曲市里，屋舍樓觀，鍾鼓音樂，服飾香華，水陸通流，百賈交會，器玩珍瑋，恣心所欲。左右嘉維、舍衞、葉波等十六大國，去天竺或二三千里，共尊奉之，以爲在天地之中。」

天監初，其王屈多遣長史竺羅達奉表獻瑠璃唾壺、雜香、古貝等物。

天竺迦毗黎國，元嘉五年，國王月愛遣使奉表，獻金剛指環、摩勒金環諸寶物，赤白鸚鵡各一頭。明帝泰始二年，又遣使貢獻，以其使主竺扶大、竺阿珍並爲建威將軍。[二七]元嘉十八年，蘇摩黎國王那羅跋摩遣使獻方物。孝武孝建二年，斤陁利國王釋婆羅那鄰陁遣長史竺留陁及多獻金銀寶器。後廢帝元徽元年，婆黎國遣使貢獻。[二八]凡此諸國皆事佛道。

佛道自後漢明帝法始東流，自此以來，其教稍廣，別爲一家之學。元嘉十二年，丹陽尹

中華書局

蕭摹之奏曰：「佛化被于中國，已歷四代，而自頃以來，更以奢競爲重。請自今以後有欲鑄銅像者，悉詣臺自聞；興造塔寺精舍，皆先列言，須許報然後就功。」詔可。又沙汰沙門罷道者數百人。孝武大明二年，有曇標道人與羌人高闍謀反，上因是下詔，所在精加沙汰，後有違犯，嚴其誅坐。於是設諸條禁，自非戒行精苦，並使還俗，而諸寺尼出入宮掖，交關妃后，此制竟不能行。先是，晉世庾冰始創議欲使沙門敬王者，後桓玄復述其義，並不果行。大明六年，孝武使有司奏沙門接見皆盡敬，詔可。前廢帝初復舊。

孝武寵姬殷貴妃薨，爲之立寺，貴妃子子鸞封新安王，故以新安爲寺號。前廢帝殺子鸞，乃毀廢新安寺，驅斥僧徒，尋又毀中興、天寶諸寺。明帝定亂，下令修復。

宋世名僧有道生道人，彭城人，父爲廣戚令。道生爲沙門法大弟子，幼而聰悟。年十五便能講經，及長有異解，立頓悟義，時人推服。元嘉十一年，卒於廬山，沙門慧琳爲之誄。慧琳者，秦郡秦縣人，姓劉氏。少出家，住冶城寺。有才章，兼內外之學，爲廬陵王義眞所知。嘗著均善論，頗貶裁佛法，云：「有白學先生，以爲中國聖人經綸百世，其德弘矣，智周萬變，天人之理盡矣。道無隱旨，教罔遺筌，聰叡迪哲，何負於殊論哉。有黑學道士陋之，謂不照幽冥之塗，弗及來生之化，雖尙虛心，未能虛事，不逮西域之深也。」爲客主酬答，其歸以爲「六度與五教並行，信順與慈悲齊立」。論行於世。舊僧謂其貶黜釋氏，欲加

擯斥。文帝見論賞之，元嘉中，遂參權要，朝廷大事皆與議焉。賓客輻湊，門車常有數十兩。四方贈賂相係，勢傾一時。方筵七八，座上恒滿。琳著高屐，披貂裘，置通呈書佐，權侔宰輔。會稽孔覬嘗詣之，〔二九〕遇賓客塡咽，暄涼而已。覬慨然曰：「遂有黑衣宰相，可謂冠屨失所矣。」注孝經及莊子逍遙篇文論傳於世。

又有慧嚴、慧議道人，並住東安寺。學行精整，爲道俗所推。時鬬場寺多禪僧，都下爲之語曰：「鬬場禪師窟，東安談義林。」

孝武大明四年，於中興寺設齋，有一異僧，衆莫之識，問名，答言名明慧，從天安寺來。忽然不見。天下無此寺名，乃改中興曰天安寺。大明中，外國沙門摩訶衍苦節有精理，於都下出新經勝鬘經，尤見重釋學。

師子國，天竺旁國也。其地和適，無冬夏之異。五穀隨人種，不須時節。其國舊無人，止有鬼神及龍居之。諸國商估來共市易，鬼神不見其形，但出珍寶，顯其所堪價。商人依價取之。諸國人聞其土樂，因此競至，或有住者，遂成大國。

晉義熙初，始遣使獻玉像，經十載乃至。像高四尺二寸，玉色潔潤，形制殊特，殆非人工。此像歷晉、宋在瓦官寺，先有徵士戴安道手製佛像五軀，及顧長康維摩畫圖，世人號之

三絕。至齊東昏遂毀玉像，前截臂，次取身，爲嬖妾潘貴妃作釵釧。

宋元嘉五年，其王剎利摩訶遣使奉表貢獻。〔三〇〕十二年，又遣使奉獻。梁大通元年，後王迦葉伽羅訶黎邪使使奉表貢獻。

校勘記

〔一〕有西圖夷亦稱王　「西圖夷」梁書作「西國夷」。太平御覽三九〇引異物志作「西屠夷」。

〔二〕功曹區連殺縣令　「區連」梁書作「區逵」。按晉書、隋書、册府元龜九五六並作「區連」。

〔三〕晉成帝咸康三年　「三年」梁書同。晉書林邑傳作「二年」。

〔四〕文本日南西卷縣夷帥范幼家奴　「幼」本字「稚」，此避唐諱改。

〔五〕佛孫須達復寇日南九德諸郡　「須達」梁書同。晉書安帝紀作「范達」。按須達爲范文之孫，故亦稱「范達」。

〔六〕子咄立慕其父復曰陽邁　「慕」各本作「篡」，據南齊書、太平御覽七八六引改。

〔七〕國王事尼乾道　「尼乾道」太平御覽七八六引、通志並作「竺乾道」。

〔八〕王高戍勝鎧遣使獻方物　「戍」梁書作「式」，下「高戍律陁羅跋摩」同。

〔九〕扶南國在日南郡之南海西大灣中　「在」字各本並脫，據南齊書、梁書及册府元龜九五七補。

「海西大灣」南齊書、太平御覽七八六引作「大海西灣」。

〔一〇〕頸長三尺　「頸」各本作「頭」，據册府元龜九九七改。

〔一一〕無央限也　「央」梁書作「所」。

〔一二〕以國事委其大將范蔓　「范蔓」南齊書作「范師蔓」。

〔一三〕使沙門安法程造小塔　「安法程」梁書作「安法師程」。

〔一四〕又使沙門僧尙加爲三層　「加」梁書作「伽」。

〔一五〕後有三藏那跋摩識之云是阿育王爲第四女所造也　「那」下梁書有「求」字。

〔一六〕明帝以其長史竺須羅達　「達」各本作「遠」，據宋書改。

〔一七〕二十六年二十八年復遣使獻方物　按上已出「二十六年」，則此「二十六年」非衍文即有譌誤。據文帝紀二十七年亦無婆達國事。

〔一八〕闍婆達國　「闍婆」下宋書更有「婆」字。按文帝紀作「闍婆婆達」，通志同。

〔一九〕國王師黎婆達呵陁羅跋摩遣使奉表曰　「呵陁」宋書作「陁呵」。

〔二〇〕干陁利國在南海洲上　「干陁利」宋書作「斤陁利」。按天竺迦毗黎國傳出「斤陁利國」。「南海」各本作「海南」，據梁書、太平御覽七八七引乙。

〔二一〕子毗針邪跋摩立　梁書無「針」字。

中華書局

〔二二〕女子則被布　「被」字各本並脫，據梁書補。

〔二三〕王乃用斑絲者　「者」梁書作「布」。

〔二四〕其王頻伽復遣使珠智獻白鸚鵡　「珠智」梁書作「珠貝智」。

〔二五〕別之則薄如蟬翼　「薄如」二字各本並脫，據梁書補。

〔二六〕蘇合是合諸香汁煎之　下「合」字據梁書補。

〔二七〕又遣使貢獻以其使主竺扶大竺阿珍並爲建威將軍　上「使」字各本並脫，據宋書補。「阿珍」宋書作「阿彌」。

〔二八〕後廢帝元徽元年婆黎國遣使貢獻　按婆黎國即婆利國。上婆利國據梁書爲傳，此又據宋書爲說，重出。

〔二九〕會稽孔覬嘗詣之　「孔覬」各本譌爲「孔顗」，下同，今改正。按宋書有孔覬傳。

〔三〇〕宋元嘉五年其王剎利摩訶遣使奉表貢獻　「五年」梁書作「六年」，「訶」下宋書有「南」字。

南史卷七十九

列傳第六十九

夷貊下

東夷　西戎　蠻　西域諸國　蠕蠕

東夷之國，朝鮮爲大，得箕子之化，其器物猶有禮樂云。魏時，朝鮮以東馬韓、辰韓之屬，世通中國。自晉過江，泛海來使，有高句麗、百濟，而宋、齊間常通職貢，梁興又有加焉。扶桑國，在昔未聞也，梁普通中有道人稱自彼而至，其言元本尤悉，故幷錄焉。

高句麗，在遼東之東千里，其先所出，事詳北史。地方可二千里，中有遼山，遼水所出。漢、魏世，南與朝鮮獩貊、東與沃沮、北與夫餘接。其王都於丸都山下，〔一〕地多大山深谷，無原澤，百姓依之以居，食澗水。雖土著，無良田，故其俗節食，好修宮室。於所居之左立

大屋，〔二〕祭鬼神，又祠零星、社稷。人性凶急，喜寇鈔。其官有相加、對盧、沛者、古鄒加、主簿、優台、使者、皁衣、先人，〔三〕尊卑各有等級。言語諸事，多與夫餘同，其性氣衣服有異。本有五族，有消奴部、絕奴部、愼奴部、灌奴部、桂婁部。〔四〕本消奴部爲王，微弱，桂婁部代之。其置官，有對盧則不置沛者，有沛者則不置對盧。俗喜歌儛，國中邑落，男女每夜羣聚歌戲。其人潔淨自喜，善藏釀，跪拜申一脚，行步皆走。〔五〕以十月祭天大會。其公會衣服皆錦繡金銀以自飾，大加、主簿頭所著似幘而無後，其小加著折風，形如弁。其國無牢獄，有罪者則會諸加評議，重者便殺之，沒入其妻子。其俗好淫，男女多相奔誘。已嫁娶便稍作送終之衣。其死葬，有椁無棺。〔六〕好厚葬，金銀財幣盡於送死。積石爲封，列植松柏。兄死妻嫂。其馬皆小，便登山。國人尙氣力，便弓矢刀矛，有鎧甲，習戰鬭，沃沮、東濊皆屬焉。

晉安帝義熙九年，高麗王高璉遣長史高翼奉表，獻赭白馬，晉以璉爲使持節、都督營州諸軍事、征東將軍、高麗王、樂浪公。宋武帝踐阼，加璉征東大將軍，〔七〕餘官並如故。三年，加璉散騎常侍，增督平州諸軍事。少帝景平二年，璉遣長史馬婁等來獻方物，遣謁者朱邵伯、王邵子等慰勞之。

元嘉十五年，馮弘爲魏所攻，敗奔高麗北豐城，表求迎接。文帝遣使王白駒、趙次興迎

之，并令高麗資遣。璉不欲弘南，乃遣將孫漱、高仇等襲殺之。白駒等率所領七千餘人生禽漱，殺仇等二人。璉以白駒等專殺，遣使執送之。上以遠國不欲違其意，白駒等下獄見原。

璉每歲遣使。十六年，文帝欲侵魏，詔璉送馬，獻八百匹。

孝武孝建二年，璉遣長史董騰奉表，慰國哀再周，並獻方物。大明二年，又獻肅愼氏楛矢石砮。七年，詔進璉爲車騎大將軍、開府儀同三司，餘官並如故。明帝泰始、後廢帝元徽中，貢獻不絕，歷齊並授爵位，百餘歲死。子雲立，齊隆昌中，以爲使持節、散騎常侍、都督營平二州、征東大將軍、高麗王、樂浪公。〔八〕

梁武帝卽位，進雲車騎大將軍。天監七年，詔爲撫東大將軍、開府儀同三司，持節、常侍、都督、王並如故。十一年、十五年，累遣使貢獻。十七年，雲死，子安立。普通元年，詔安纂襲封爵，持節、督營平二州諸軍事、寧東將軍。七年，安卒，子延立，遣使貢獻。詔以延襲爵。中大通四年、六年，大同元年、七年，累奉表獻方物。太清二年，延卒，詔其子成襲延爵位。

百濟者，其先東夷有三韓國：一曰馬韓，二曰辰韓，三曰弁韓。弁韓、辰韓各十二國，馬

韓有五十四國。大國萬餘家，小國數千家，總十餘萬戶，百濟卽其一也。後漸强大，兼諸小國。其國本與句麗俱在遼東之東千餘里，晉世句麗旣略有遼東，百濟亦據有遼西、晉平二郡地矣，自置百濟郡。

晉義熙十二年，以百濟王餘映爲使持節、都督百濟諸軍事、鎭東將軍、百濟王。宋武帝踐阼，進號鎭東大將軍。少帝景平二年，映遣長史張威詣闕貢獻。元嘉二年，文帝詔兼謁者閭丘恩子、兼副謁者丁敬子等往宣旨慰勞，其後每歲遣使奉獻方物。七年，百濟王餘毗復修貢職，以映爵號授之。二十七年，毗上書獻方物，私假臺使馮野夫西河太守，表求易林、式占、腰弩，文帝並與之。毗死，子慶代立。孝武大明元年，遣使求除授，詔許之。二年，慶遣上表，言行冠軍將軍、右賢王餘紀十一人忠勤，並求顯進。於是詔並加優進。明帝泰始七年，又遣使貢獻。慶死，立子牟都。都死，立子牟大。齊永明中，除大都督百濟諸軍事、鎭東大將軍、百濟王。梁天監元年，進大號征東將軍。尋爲高句麗所破，衰弱累年，遷居南韓地。普通二年，王餘隆始復遣使奉表，稱累破高麗，今始與通好，百濟更爲强國。其年，梁武帝詔隆爲使持節、都督百濟諸軍事、寧東大將軍、百濟王。五年，隆死，詔復以其子明爲持節、督百濟諸軍事、綏東將軍、百濟王。

號所都城曰固麻，謂邑曰檐魯，如中國之言郡縣也。其國土有二十二檐魯，皆以子弟宗族分據之。其人形長，衣服潔淨。其國近倭，頗有文身者。言語服章略與高麗同，呼帽曰冠，襦曰複衫，袴曰褌。其言參諸夏，亦秦、韓之遺俗云。

中大通六年、大同七年，累遣使獻方物，并請涅槃等經義、毛詩博士并工匠畫師等，並給之。太清三年，遣使貢獻。及至，見城闕荒毁，並號慟涕泣。侯景怒，囚執之，景平乃得還國。

新羅，其先事詳北史，在百濟東南五千餘里。其地東濱大海，南北與句麗、百濟接。魏時曰新盧，宋時曰新羅，或曰斯羅。其國小，不能自通使聘。梁普通二年，王姓募名泰，始使使隨百濟奉獻方物。〔九〕

其俗呼城曰健牟羅，其邑在內曰啄評，在外曰邑勒，亦中國之言郡縣也。國有六啄評、五十二邑勒。土地肥美，宜植五穀，多桑麻，作縑布，服牛乘馬，男女有別。其官名有子賁旱支、壹旱支、齊旱支、謁旱支、壹吉支、〔一〇〕奇貝旱支。其冠曰遺子禮，襦曰尉解，袴曰柯半，靴曰洗。其拜及行與高麗相類。無文字，刻木爲信。語言待百濟而後通焉。

倭國，其先所出及所在，事詳北史。其官有伊支馬，次曰彌馬獲支，次曰奴往鞮。人種

禾、稻、紵、麻，蠶桑織績，有薑、桂、橘、椒、蘇。出黑雉、眞珠、靑玉。有獸如牛名山鼠，又有大蛇吞此獸。蛇皮堅不可斫，其上有孔，乍開乍閉，時或有光，射中而蛇則死矣。物產略與儋耳、朱崖同。地氣溫暖，風俗不淫。男女皆露髠，〔一一〕富貴者以錦繡雜采爲帽，似中國胡公頭。食飲用籩豆。其死有棺無槨，封土作冢。人性皆嗜酒。俗不知正歲，多壽考，或至八九十，或至百歲。其俗女多男少，貴者至四五妻，賤者猶至兩三妻。婦人不嫇妬，無盜竊，少諍訟。若犯法，輕者沒其妻子，重則滅其宗族。

晉安帝時，有倭王讚遣使朝貢。及宋武帝永初二年，詔曰：「倭讚遠誠宜甄，可賜除授。」文帝元嘉二年，讚又遣司馬曹達奉表獻方物。讚死，弟珍立，遣使貢獻，自稱使持節、都督倭百濟新羅任那秦韓慕韓六國諸軍事、安東大將軍、倭國王，表求除正。詔除安東將軍、倭國王。珍又求除正倭洧等十三人平西、征虜、冠軍、輔國將軍等號，〔一二〕詔並聽之。二十年，倭國王濟遣使奉獻，復以爲安東將軍、倭國王。二十八年，加使持節、都督倭新羅任那加羅秦韓慕韓六國諸軍事，安東將軍如故；并除所上二十三人職。濟死，世子興遣使貢獻。孝武大明六年，詔授興安東將軍、倭國王。興死，弟武立，自稱使持節、都督倭百濟新羅任那加羅秦韓慕韓七國諸軍事、安東大將軍、倭國王。順帝昇明二年，遣使上表，言「自昔祖禰，躬擐甲胄，跋涉山川，不遑寧處。東征毛人五十五國，西服衆夷六十六國，陵平海

二十四史

北九十五國。王道融泰，廓土遐畿，累葉朝宗，不愆于歲。道逕百濟，裝飾船舫，而句麗無道，圖欲見吞。臣亡考濟方欲大舉，奄喪父兄，使垂成之功，不獲一簣。今欲練兵申父兄之志，竊自假開府儀同三司，其餘咸各假授，以勸忠節」。詔除武使持節、都督倭新羅任那加羅秦韓慕韓六國諸軍事、[一三]安東大將軍、倭王。齊建元中，除武持節、都督倭新羅任那加羅秦韓慕韓六國諸軍事、鎮東大將軍。梁武帝即位，進武號征東大將軍。

其南有侏儒國，人長四尺。又南有黑齒國、裸國，去倭四千餘里，船行可一年至。又西南萬里有海人，身黑眼白，裸而醜，其肉美，行者或射而食之。

文身國在倭東北七千餘里，人體有文如獸，其額上有三文，文直者貴，文小者賤。[一四]土俗歡樂，物豐而賤，行客不齎糧。有屋宇，無城郭。國王所居，飾以金銀珍麗，繞屋爲塹，廣一丈，實以水銀，雨則流于水銀之上。市用珍寶。犯輕罪者則鞭杖，犯死罪則置猛獸食之，有枉則獸避而不食，經宿則赦之。

大漢國在文身國東五千餘里，無兵戈，不攻戰，風俗並與文身國同而言語異。

扶桑國者，齊永元元年，其國有沙門慧深來至荊州，說云：「扶桑在大漢國東二萬餘里，地在中國之東。其土多扶桑木，故以爲名。扶桑葉似桐，初生如筍，國人食之。實如梨而赤，績其皮爲布，以爲衣，亦以爲錦。[一五]作板屋，無城郭。有文字，以扶桑皮爲紙。無兵甲，不攻戰。其國法有南北獄，若有犯，輕罪者入南獄，重罪者入北獄。有赦則放南獄，不赦北獄。在北獄者男女相配，生男八歲爲奴，生女九歲爲婢。犯罪之身，至死不出。貴人有罪，國人大會，坐罪人於坑，對之宴飲分訣若死別焉。以灰繞之，其一重則一身屏退，二重則及子孫，三重者則及七世。名國王爲乙祁。貴人第一者爲對盧，[一六]第二者爲小對盧，第三者爲納咄沙。國王行有鼓角導從。其衣色隨年改易，甲乙年青，丙丁年赤，戊己年黃，庚辛年白，壬癸年黑。有牛角甚長，以角載物，至勝二十斛。有馬車、牛車、鹿車。國人養鹿如中國畜牛，以乳爲酪。有赤梨，經年不壞。[一七]多蒲桃。其地無鐵有銅，不貴金銀。市無租估。其昏姻法，則壻往女家門外作屋，晨夕灑掃，經年而女不悅即驅之，相悅乃成昏。昏禮大抵與中國同。親喪七日不食，祖父母喪五日不食，兄弟伯叔姑姊妹三日不食。設座爲神像，朝夕拜奠，不制衰絰。嗣王立，三年不親國事。其俗舊無佛法。宋大明二年，罽賓國嘗有比丘五人游行其國，流通佛法經像，教令出家，風俗遂改。」

慧深又云：「扶桑東千餘里有女國，容貌端正，色甚潔白，身體有毛，髮長委地。至二三月競入水則任娠，六七月產子。女人胸前無乳，項後生毛，[一八]根白，毛中有汁以乳子。百日能行，三四年則成人矣。見人驚避，偏畏丈夫。食鹹草如禽獸。鹹草葉似邪蒿，而氣香味鹹。梁天監六年，有晉安人度海，爲風所飄至一島，登岸，有人居止，女則如中國，而言語不可曉。男則人身而狗頭，其聲如吠。其食有小豆，其衣如布。築土爲牆，其形圓，其戶如竇云。」

河南、宕昌、鄧至、武興，其本並爲氐、羌之地。自晉南遷，九州分裂，此等諸國，地分西垂，提挈于魏，時通江左。今採其舊土，編于西戎云。

河南王者，其先出自鮮卑慕容氏。初，慕容弈洛干有二子，庶長曰吐谷渾，嫡曰廆洛干。卒，廆嗣位，吐谷渾避之，西徙上隴，度枹罕，出涼州西南，至赤水而居之。地在河南，故以爲號。事詳北史。其界東至疊川，西隣于闐，北接高昌，東北通秦嶺，方千餘里，蓋古之流沙地焉。乏草木，少水潦，四時恒有冰雪，唯六七月雨雹甚盛。若晴則風飄沙礫，常蔽光景。其地有麥無穀。有青海方數百里，放牝馬其側，輒生駒，土人謂之龍種，故其國多善馬。

有屋宇，雜以百子帳，即穹廬也。著小袖袍，小口袴，大頭長裙帽。女子被髮爲辮。

其後吐谷渾孫葉延，頗識書記，[一九]自謂曾祖弈洛干始封昌黎公，吾蓋公孫之子也。禮以王父字爲氏，因姓吐谷渾，亦爲國號。至其末孫阿豺，始通江左，受官爵。弟子慕延，宋元嘉末，又自號河南王。慕延死，從弟拾寅立，乃用書契，起城池，築宮殿。其小王並立宅國中。有佛法。拾寅死，子度易侯立。易侯死，子休留代立。[二〇]齊永明中，以代爲使持節、都督西秦河沙三州、鎮西將軍、護羌校尉、西秦河二州刺史。梁興，進代爲征西將軍。代死，子伏連籌襲爵位。[二一]天監十三年，遣使獻金裝馬腦鍾二口，又表於益州立九層佛寺，詔許焉。十五年，又遣使獻赤舞龍駒及方物。其使或歲再三至，或再歲一至。其地與益州隣，常通商賈。普通元年，又奉表獻方物。籌死，子呵羅眞立。大通三年，詔以爲寧西將軍、護羌校尉、西秦河二州刺史。眞死，子佛輔襲爵位，其世子又遣使獻白龍駒於皇太子。

宕昌國，在河南國之東、益州之西北隴西之地，[二二]西羌種也。宋孝武世，其王梁瑾忽始獻方物。[二三]梁天監四年，王梁彌博來獻甘草、當歸。詔以爲使持節、都督河涼二州諸軍事、安西將軍、東羌校尉、河涼二州刺史、隴西公、宕昌王。佩以金章。彌博死，子彌泰立。大

中華書局

同七年，復策授以父爵位。其衣服風俗與河南略同。

鄧至國，居西涼州界，羌別種也。世號持節、平北將軍、西涼州刺史。宋文帝時，王象屈耽遣使獻馬。梁天監元年，詔以鄧至王象舒彭爲督西涼州諸軍事，進號安北將軍。五年，舒彭遣使獻黃耆四百斤，馬四匹。其俗呼帽曰突何。其衣服與宕昌同。

武興國，本仇池。楊難當自立爲秦王，宋文帝遣裴方明討之，難當奔魏。其兄子文德又聚衆葭蘆，宋因授以爵位。魏又攻之，文德奔漢中。從弟僧嗣又自立，復戍葭蘆，卒。文德弟文度立，以弟文弘爲白水太守，〔二四〕屯武興。宋世以爲武都王。武興之國自於此矣。難當族弟廣香又攻殺文度，自立爲陰平王、葭蘆鎭主。死，子炅立。炅死，子崇祖立。崇祖死，子孟孫立。齊永明中，魏南梁州刺史仇池公楊靈珍據泥功山歸齊，〔二五〕齊武帝以靈珍爲北梁州刺史、仇池公。文洪死，以族人集始爲北秦州刺史、武都王。梁天監初，以集始爲持節、都督秦雍二州諸軍事、輔國將軍、平羌校尉、北秦州刺史、武都王。靈珍爲冠軍將軍。孟孫爲假節、督沙州諸軍事、平羌校尉、沙州刺史、陰平王。集始死，子紹先襲爵位。二年，以靈珍爲持節、督隴右諸軍事、左將軍、北涼州刺史、仇池王。十年，孟孫死，詔贈安沙將

軍、北雍州刺史。子定襲封爵。紹先死，子智慧立。大同元年，剋復漢中，智慧遣使上表，求率四千戶歸梁，詔許焉，卽以爲東益州。

其國東連秦嶺，西接宕昌。其大姓有苻氏、姜氏、梁氏。言語與中國同。著烏皁突騎帽，長身小袖袍，小口袴，皮鞾。地植九穀。婚姻備六禮。知書疏。種桑麻。出紬絹布漆蠟椒等，山出銅鐵。

書云「蠻夷猾夏」，其作梗也已舊。及于宋之方盛，蓋亦屢興戍役，豈詩所謂「蠢爾蠻荊，大邦爲讎」者乎。今亦編錄以備諸蠻云爾。

荊、雍州蠻，盤瓠之後也，種落布在諸郡縣。宋時因晉於荊州置南蠻、雍州置寧蠻校尉以領之。孝武初，罷南蠻併大府，而寧蠻如故。蠻之順附者，一戶輸穀數斛，其餘無雜調。而宋人賦役嚴苦，貧者不復堪命，多逃亡入蠻。蠻無徭役，强者又不供官稅。結黨連郡，動有數百千人，州郡力弱，則起爲盜賊，種類稍多，戶口不可知也。所在多深險。居武陵者有雄溪、樠溪、辰溪、酉溪、武溪，〔二六〕謂之五溪蠻。而宜都、天門、巴東、建平、江北諸郡蠻所居

皆深山重阻，人跡罕至焉。前世以來，屢爲人患。

少帝景平二年，宜都蠻帥石寧等一百二十三人詣闕上獻。文帝元嘉六年，建平蠻張維之等五十人，七年，宜都蠻田生等一百一十三人，並詣闕獻見。其後，沔中蠻大動，行旅殆絕。天門漊中令宋矯之徭賦過重，〔二七〕蠻不堪命。十八年，蠻田向求等爲寇，破漊中，虜掠百姓。荊州刺史衡陽王義季遣行參軍曾孫念討破之，〔二八〕免矯之官。二十年，〔二九〕南郡臨沮、當陽蠻反，縛臨沮令傅僧驥。荊州刺史南譙王義宣遣中兵參軍王諶討破之。

先是，雍州刺史劉道產善撫諸蠻，前後不附者，皆引出平土，多緣沔爲居。及道產亡，蠻又反叛。至孝武出爲雍州，羣蠻斷道。臺遣軍主沈慶之連年討蠻，所向皆平，事在慶之傳。

二十八年正月，龍山雉水蠻寇鈔涅陽縣，南陽太守朱詔遣軍討之，〔三〇〕失利。詔又遣二千人係之，蠻乃散走。是歲，灄水諸蠻因險爲寇，雍州刺史隨王誕遣使說之，又遣軍討沔北諸蠻。襲濁山、如口、蜀松三柴，剋之，又圍斗錢、柏義諸柴。蠻悉力距戰，軍大破之。

孝武大明中，建平蠻向光侯寇暴峽川，巴東太守王濟、荊州刺史朱脩之遣軍討之。光侯走清江，清江去巴東千餘里。時巴東、建平、宜都、天門四郡蠻爲寇，諸郡人戶流散，百不存一。明帝、順帝世尤甚，荊州爲之虛弊云。

豫州蠻，廩君後也。盤瓠、廩君事，並具前史。西陽有巴水、蘄水、希水、赤亭水、西歸水，謂之五水蠻。所在並深岨，種落熾盛，歷世爲盜賊。北接淮、汝，南極江、漢，地方數千里。

宋元嘉二十八年，西陽蠻殺南川令劉臺。二十九年，新蔡蠻破大雷戍，略公私船入湖。有亡命司馬黑石逃在蠻中，共爲寇。文帝遣太子步兵校尉沈慶之討之。孝武大明四年，又遣慶之討西陽蠻，大剋獲而反。司馬黑石徒黨三人，其一名智，黑石號曰太公，以爲謀主。一人名安陽，號譙王，一人名續之，號梁王。蠻文山羅等討禽續之，〔三一〕爲蠻世財所篡，山羅等相率斬世財父子六人。豫州刺史王玄謨遣殿中將軍郭元封慰勞諸蠻，使縛送亡命。蠻乃執智、安陽二人，送詣玄謨。孝武使於壽陽斬之。

明帝初卽位，四方反叛，及南賊敗於鵲尾，西陽蠻田益之、田義之、成邪財、田光興等起義，攻郢州剋之。以益之爲輔國將軍，都統四山軍事。又以蠻戶立宋安、光城二郡。以義之爲宋安太守，光興爲光城太守。封益之邊城縣王，成邪財陽城縣王。成邪財死，子婆思襲爵云。

中華書局

玉門以西達于西海，考之漢史，通爲西域，高昌迄于波斯，則其所也。自晉、宋以還，雖有時而至，論其風土，甚未能詳。今略備西域諸國，編之于次云。

高昌國，初闞氏爲主，其後爲河西王沮渠茂虔弟無諱襲破之。其王闞爽奔于蠕蠕。無諱據之稱王，一世而滅於魏。其國人又推麴氏爲王，名嘉，魏授爲車騎將軍、司空公、都督秦州諸軍事、秦州刺史、金城郡公。在位二十四年卒，國謚曰昭武王。子子堅，子堅嗣位，[三二]魏授使持節、驃騎大將軍、散騎常侍、都督瓜州刺史、西平郡公[三三]、開府儀同三司、高昌王。

其國蓋車師之故地，南接河南，東近敦煌，西次龜茲，北隣敕勒。置四十六鎮，交河、田地、高寧、臨川、橫截、柳婆、洿林、新興、由寧、始昌、篤進、白力等鎮。[三四]官有四鎮將軍，及置雜號將軍、長史、司馬、門下校郎、中兵校郎、通事舍人、通事令史、諮議、諫議、校尉、主簿。國人言語與華略同。有五經、歷代史、諸子集。面貌類高麗，辮髮垂之於背。著長身小袖袍、縵襠袴。女子頭髮，辮而不垂，著錦纈纓珞環釧。昏姻有六禮。其地高燥，築土爲城，架木爲屋，土覆其上。寒暑與益州相似，備植九穀，人多噉麨及牛羊肉。出良馬、蒲桃酒、石鹽。多草木，有草實如繭，繭中絲如細纑，名曰白疊子，國人取織以爲布。布甚軟白，交市用焉。

有朝烏者，旦旦集王殿前，爲行列，不畏人，日出然後散去。

梁大同中，子堅遣使獻鳴鹽枕、蒲桃、良馬、氍毹等物。

滑國者，車師之別種也。漢永建元年，八滑從班勇擊北虜有功，勇上八滑爲後部親漢侯。自魏、晉以來，不通中國。至梁天監十五年，其王厭帶夷栗陁始遣使獻方物。普通元年，遣使獻黃師子、白貂裘、波斯錦等物。七年，又奉表貢獻。

魏之居代都，滑猶爲小國，屬蠕蠕。後稍强大，征其旁國波斯、渴盤陀、[三五]罽賓、焉耆、龜茲、疏勒、姑墨、于闐、句般等國，開地千餘里。土地溫暖，多山川，少樹木，有五穀。國人以麨及羊肉爲糧。其獸有師子、兩脚駱駝，野驢有角。人皆善騎射，著小袖長身袍，用金玉爲帶。女人被裘，頭上刻木爲角，長六尺，以金銀飾之。少女子，兄弟共妻。無城郭，氈屋爲居，東向開戶。其王坐金牀，隨太歲轉，與妻並坐接客。無文字，以木爲契。與旁國通，則使旁國胡爲胡書，羊皮爲紙。無職官。事天神、火神，每日則出戶祀神而後食。其跪一拜而止。葬以木爲槨。父母死，其子截一耳，葬訖卽吉。其言語待河南人譯然後通。

呵跋檀、周古柯、胡密丹等國，並滑旁小國也。凡滑旁之國，衣服容貌皆與滑同。普通元年，使使隨滑使來貢獻方物。

白題國王姓支名史稽毅，其先蓋匈奴之別種胡也。漢灌嬰與匈奴戰，斬白題騎一人是也。在滑國東，去滑六日行，西極波斯。土地出粟、麥、瓜果，食物略與滑同。普通三年，遣使獻方物。

龜茲者，西域之舊國也。自晉度江不通，至梁普通二年，王尼瑞摩珠那勝遣使奉表貢獻。

于闐者，西域之舊國也。梁天監九年，始通江左，遣使獻方物。十三年，又獻波羅婆步鄣。十八年，又獻瑠璃甖。大同七年，又獻外國刻玉佛。

渴盤陁國，于闐西小國也。西隣滑國，南接罽賓國，北連沙勒。國都在山谷中，城周回十餘里。國有十二城，風俗與于闐相類。衣古貝布，著長身小袖袍、小口袴。地宜小麥，資以爲糧。多牛馬駱駝羊等。出好氈。王姓葛沙氏，梁中大同元年，[三六]始通江左，遣獻方物。

末國，漢世且末國也。勝兵萬餘戶。北與丁零、東與白題、西與波斯接。土人剪髮，著氈帽、小袖衣，爲衫則開頸而縫前。多牛羊騾驢。其王安末深盤，梁普通五年，始通江左，遣使來貢獻。

波斯國，其先有波斯匿王者，子孫以王父字爲氏，因爲國號。國有城周回三十二里，城高四丈，皆有樓觀。城內屋宇數百千間，城外佛寺二三百所。西去城十五里有土山，山非過高，其勢連接甚遠。中有鷲鳥噉羊，土人極以爲患。國中有優鉢曇花，鮮華可愛。出龍駒馬。鹹池生珊瑚樹，長一二尺。[三七]亦有武魄、馬腦、眞珠、玫瑰等，[三八]國內不以爲珍。市買用金銀。昏姻法，下娉財訖，女壻將數十人迎婦。壻著金線錦袍、師子錦袴，戴天冠。婦亦如之。婦兄弟便來捉手付度，夫婦之禮，於茲永畢。國東與滑國、西及南俱與婆羅門國、北與泛慄國接。[三九]梁中大通二年，始通江左，遣使獻佛牙。

北狄種類實繁，蠕蠕爲族，蓋匈奴之別種也。魏自南遷，因擅其故地。[四〇]無城郭，隨水草畜牧，以穹廬居。辮髮，衣錦小袖袍、小口袴，深雍鞾。其地苦寒，七月流澌亘河。宋昇明中，遣王洪範使焉，引之共謀魏。〔四一〕齊建元三年，洪範始至。是歲通使，求并力攻魏。其相國刑基祇羅回表，言「京房讖云：『卯金卒，草肅應王。』歷觀圖緯，代宋者齊。」又獻師子皮袴褶。其國後稍侵弱，永明中，爲丁零所破，更爲小國而南移其居。〔四二〕梁天監十四年，遣使獻馬、貂裘。〔四三〕普通元年，又遣使獻方物。是後數歲一至焉。大同七年，又獻馬一匹，金一斤。

其國能以術祭天而致風雪，前對皎日，後則泥潦橫流，故其戰敗莫能追及。或於中夏爲之，則不能雨，問其故，蓋以暖云。

論曰：自晉氏南度，介居江左，北荒西裔，隔礙莫通。至於南徼東邊，界壤所接，洎宋元嘉撫運，爰命干戈，象浦之捷，〔四四〕威震冥海。於是鞮譯相係，無絕歲時。以洎齊、梁，職貢有序。及侯景之亂，邊鄙日蹙。陳氏基命，衰微已甚，救首救尾，身其幾何。故西賮南琛，無聞竹素，豈所謂有德則來，無道則去者也。

校勘記

〔一〕其王都於丸都山下　「丸都」各本作「九都」，據梁書改。按三國志魏志、梁書無「山」字。

〔二〕於所居之左立大屋　「立大屋」各本倒作「大立屋」，據三國志魏志、梁書乙。

〔三〕皁衣先人　「皁衣」各本作「帛衣」，據三國志魏志、梁書改。

〔四〕本有五族有消奴部絕奴部慎奴部灌奴部桂婁部　「慎奴部」三國志魏志、後漢書並作「順奴部」，梁書避蕭衍父順之諱作「慎奴部」，此循之未回改。

〔五〕行步皆走　「步」字各本並脫，據魏志、梁書補。

〔六〕其死葬有槨無棺　「死」下各本並脫「葬」字，據梁書補。

〔七〕宋武帝踐阼加璉征東大將軍　「征東」各本作「鎮東」，據宋書改。按「鎮東大將軍」時以之封百濟王，見百濟傳。

〔八〕以爲使持節散騎常侍都督營平二州征東大將軍高麗王樂浪公　「二州」下南齊書有「諸軍事」三字。「高麗王」三字各本並脫，據南齊書補。按下云「持節、常侍、都督、王並如故」，明此脫「高麗王」三字。

〔九〕王姓慕名泰始使使隨百濟奉獻方物　「泰」汲古閣本、金陵書局本及梁書作「秦」。「使」下從梁書疊一「使」字。

〔一〇〕壹吉支　梁書作「壹告支」。

〔一一〕男女皆露髻　「髻」梁書作「紒」，魏志云「男子皆露紒」。

〔一二〕珍又求除正倭洧等十三人平西征虜冠軍輔國將軍等號　「倭洧」宋書作「倭隋」。

〔一三〕詔除武使持節都督倭新羅任那加羅秦韓慕韓六國諸軍事　「加羅」據南齊書補。

〔一四〕文小者賤　「文小者」太平御覽七八四引、通志作「文小曲者」。

〔一五〕亦以爲錦　「錦」梁書作「綿」。

〔一六〕貴人第一者爲對盧　「對盧」梁書作「大對盧」。

〔一七〕有赤梨經年不壞　「赤梨」梁書作「桑梨」。

〔一八〕項後生毛　「項後」各本作「頂後」，據梁書改。

〔一九〕其後吐谷渾孫葉延頗識書記　「葉延」各本作「葉廷」，據梁書、晉書改。

〔二〇〕子度易侯立易侯死子休留代立　「度易侯」南齊書作「易度侯」，此同梁書、通鑑。「休留代」南齊書作「休留茂」。

〔二一〕子伏連籌襲爵位　「伏連籌」各本作「休運籌」，據册府元龜九六七改。錢大昕廿二史考異謂「休運」當作「伏連」。

〔二二〕宕昌國在河南國之東益州之西北隴西之地　梁書「東」下有「南」字，「隴西之」下無「地」字。

〔二三〕其王梁瑾忽始獻方物　「梁瑾忽」梁書作「梁彌忽」。

〔二四〕文德弟文度立以弟文弘爲白水太守　「文度」南齊書作「文慶」，此同宋書。「文弘」各本作「文洪」，據宋書、南齊書改。通鑑考異：「楊文弘，魏書本紀作楊鼠，氐傳作鼠。皆避顯祖諱也。」按魏顯祖名弘，故爲諱改，則字本作「弘」，作「洪」者非。

〔二五〕魏南梁州刺史仇池公楊靈珍據泥功山歸齊　「泥功山」各本作「泥切山」，據梁書改。按南齊書魏虜傳又作「泥公山」。

〔二六〕武溪　宋書作「舞溪」，是。

〔二七〕天門漊中令宋矯之徭賦過重　「宋」宋書作「宗」。

〔二八〕曾孫念討破之　「曾」宋書作「曹」。

〔二九〕二十年　宋書作「二十四年」。

〔三〇〕南陽太守朱韶遣軍討之　「朱韶」宋書作「朱曇韶」。下同。

〔三一〕蠻文山羅等討禽續之　「文山羅」宋書作「文小羅」。下同。

〔三二〕子子堅子堅嗣位　各本作「子堅堅嗣位」，據梁書補正。

〔三三〕西平郡公　魏書、北史並作「平西郡公」，梁書作「河西郡開國公」。

〔三四〕置四十六鎮交河田地高寧臨川橫截柳婆洿林新興由寧始昌篤進白力等鎮　「由寧」各本作「寧

中華書局

由」，據梁書改。「白力」各本作「白刃」，梁書作「白刀」，蓋卽北史之「白棘」、魏書唐和傳之「白力」，「白刃」、「白刀」並譌，今據改。

〔三五〕征其旁國波斯渴盤陀　「渴盤陀」各本作「盤盤」，據通志改。按盤盤爲海南諸國，與西域諸國不相連。下有渴盤陁國云：「西鄰滑國，南接罽賓。」正與此「旁國」合。

〔三六〕梁中大同元年　「中大同元年」各本作「中大同七年」，據梁書改。按中大同只一年。

〔三七〕鹹池生珊瑚樹長一二尺　「鹹池」各本作「鹹地」，據梁書改。

〔三八〕亦有武魄馬腦眞珠玫瑰等　「武魄」本字「虎魄」，此避唐諱改。

〔三九〕國東與滑國西及南俱與婆羅門國北與泛慄國接　「東與滑國」各本脫，據梁書補。

〔四〇〕因擅其故地　「故地」各本互倒作「地故」，據梁書乙正。

〔四一〕宋昇明中遣王洪範使焉引之共謀魏　「王洪範」各本作「王洪軌」，據通鑑齊高帝建元元年紀改。說見卷七十循吏傳校勘記第二十一條。

〔四二〕更爲小國而南移其居　「南」字各本並脫，據梁書補。

〔四三〕遣使獻馬貂裘　「馬貂裘」梁書作「鳥貂裘」。

〔四四〕象浦之捷　「捷」各本作「絕」，今改正。

南史卷八十

列傳第七十

賊臣

侯景　王偉　熊曇朗　周迪　留異　陳寶應

侯景字萬景，魏之懷朔鎭人也。少而不羈，爲鎭功曹史。魏末北方大亂，乃事邊將尒朱榮，甚見器重。初學兵法於榮部將慕容紹宗，〔一〕未幾紹宗每詢問焉。後以軍功爲定州刺史。始魏相高歡微時，與景甚相友好，及歡誅尒朱氏，景以衆降，仍爲歡用。稍至吏部尙書，非其好也。每獨曰：「何當離此反故紙邪。」尋封濮陽郡公。

歡之敗於沙苑，景謂歡曰：「宇文泰恃於戰勝，今必致怠，請以數千勁騎至關中取之。」歡以告其妃婁氏，曰：「彼若得泰，亦將不歸。得泰失景，於事奚益。」歡乃止。後爲河南道大行臺，位司徒。又言於歡曰：「恨不得泰。請兵三萬，橫行天下，要須濟江縛取蕭衍老公，以

作太平寺主。」歡壯其言，使擁兵十萬，專制河南，仗任若己之半體。

景右足短，弓馬非其長，所在唯以智謀。時歡部將高昂、彭樂皆雄勇冠時，唯景常輕之，言「似豕突爾，勢何所至」。及將鎭河南，請于歡曰：「今握兵在遠，姦人易生詐僞，大王若賜以書，請異於他者。」許之。每與景書，別加微點，雖子弟弗之知。

及歡疾篤，其世子澄矯書召之。景知僞，懼禍，因用王偉計，乃以太淸元年二月遣其行臺郎中丁和上表求降。帝召羣臣議之，尙書僕射謝舉等皆議納景非便，武帝不從。初，帝以是歲正月乙卯於善言殿讀佛經，因謂左右黃慧弼曰：「我昨夢天下太平，爾其識之。」及和至，校景實以正月乙卯日定計，帝由是納之。於是封景河南王、大將軍、使持節、董督河南南北諸軍事、〔二〕大行臺，承制如鄧禹故事。

高澄嗣事爲勃海王，遣其將慕容紹宗圍景於長社。景急，乃求割魯陽、長社、東荆、北兗請救于西魏，魏遣五城王元慶等率兵救之，紹宗乃退。景復請兵於司州刺史羊鴉仁，鴉仁遣長史鄧鴻率兵至汝水，元慶軍夜遁，鴉仁乃據懸瓠。

時景將蔡道遵北歸，言景有悔過志。高澄以爲信然，乃以書喻景，若還，許以豫州刺史終其身，所部文武更不追攝，闔門無恙，弁還寵妻愛子。景報書不從。澄知景無歸志，乃遣軍相繼討景。

中華書局

帝聞鴉仁已據懸瓠，遂命羣帥指授方略，大舉攻東魏，以貞陽侯蕭明爲都督。明軍敗見俘。紹宗攻潼州，刺史郭鳳棄城走。景乃遣其行臺左丞王偉、左戶郎中王則詣闕獻策，請元氏子弟立爲魏主。詔遣太子舍人元貞爲咸陽王，須度江許卽位，以乘輿之副資給之。高澄又遣慕容紹宗追景，景退保渦陽，使謂紹宗曰：「欲送客邪？將定雄雌邪？」紹宗曰：「將決戰。」遂順風以陣。景閉壘，頃之乃出。紹宗曰：「景多詭，好乘人背。」使備之，果如其言。景命戰士皆被短甲短刀，但低視斫人脛馬足，遂敗紹宗軍。裨將斛律光尤之，紹宗曰：「吾戰多矣，未見此賊之難也。爾其當之。」光被甲將出，紹宗戒之曰：「勿度渦水。」既而又爲景敗。紹宗謂曰：「定何如也。」相持連月，景食盡，誑其衆以爲家口並見殺。衆皆信之。紹宗遙謂曰：「爾等家並完。」乃被髮向北斗以誓之。景士卒並北人，不樂南度，其將暴顯等各率所部降紹宗。景軍潰散，喪甲士四萬人，馬四千匹，輜重萬餘兩。乃與腹心數騎自硤石濟淮，稍收散卒，得馬步八百人。南過小城，人登陴詬之曰：「跛脚奴何爲邪！」景怒，破城殺言者而去。晝夜兼行，追軍不敢逼。使謂紹宗曰：「景若就禽，公復何用？」紹宗乃縱之。

既而莫適所歸，馬頭戍主劉神茂者，爲韋黯所不容，因是踏馬乃馳謂景曰：〔三〕「壽陽去此不遠，城池險固，韋黯是監州耳。王若次近郊，必郊迎，因而執之，可以集事。得城之後，徐以啓聞，朝廷喜王南歸，必不責也。」景執其手曰：「天教也。」及至，而黯授甲登陴。景謂

神茂曰：「事不諧矣。」對曰：「黯懦而寡智，可說下也。」乃遣豫州司馬徐思玉夜入說之，黯乃開門納景。景執黯，數將斬之，久而見釋。乃遣于子悅馳以敗聞，自求貶削。優詔不許。復求資給，卽授南豫州刺史，本官如故。

帝以景兵新破，未忍移易，故以鄱陽王範爲合州刺史，卽鎭合肥。魏人攻懸瓠，懸瓠糧少，羊鴉仁去懸瓠歸義陽。

魏人入懸瓠，更求和親，帝召公卿謀之。張綰、朱异咸請許之。景聞未之信，乃僞作鄴人書，求以貞陽侯換景。帝將許之。舍人傅岐曰：「侯景以窮歸義，棄之不祥。且百戰之餘，寧肯束手受縶。」謝舉、朱异曰：「景奔敗之將，一使之力耳。」帝從之，復書曰：「貞陽旦至，侯景夕反。」景謂左右曰：「我知吳兒老公薄心腸。」又請娶於王、謝，帝曰：「王、謝門高非偶，可於朱、張以下訪之。」景恚曰：「會將吳兒女以配奴。」王偉曰：「今坐聽亦死，舉大事亦死，王其圖之。」於是遂懷反計。屬城居人，悉占募爲軍士。輒停責市估及田租，百姓子女悉以配將士。又啓求錦萬疋爲軍人袍，中領軍朱异議以御府錦署止充頒賞，〔四〕不容以供邊用，請送靑布以給之。又以臺所給仗多不能精，啓請東冶鍛工欲更營造，敕並給之。景自渦陽敗後，多所徵求，朝廷含弘，未嘗拒絕。

是時貞陽侯明遣使還梁，述魏人請追前好，許放之還。武帝覽之流涕，乃報明啓當別遣行人。帝亦欲息兵，乃與魏和通。景聞之懼，馳啓固諫，帝不從。爾後表疏跋扈，言辭不遜。又聞遣伏挺、徐陵使魏，不知所爲。

元貞知景異志，累啓還朝。景謂曰：「將定江南，何不少忍。」貞益懼，奔還建鄴，具以事聞。景又招司州刺史羊鴉仁同逆，鴉仁錄送其使。時鄱陽王範鎭合肥，及鴉仁俱累啓稱景有異志。朱异曰：「侯景數百叛虜，何能爲役。」並抑不奏聞，景所以姦謀益果。乃上言曰：「高澄狡猾，寧可全信。陛下納其詭語，求與連和，臣亦竊所笑也。臣行年四十有六，未聞江左有佞邪之臣，一旦入朝，乃致囂讟，寧堪粉骨，投命讎門。請乞江西一境，受臣控督；如其不許，卽領甲臨江，上向閩、越。非唯朝廷自恥，亦是三公旰食。」帝使朱异宣語答景使曰：「譬如貧家畜十客五客，尚能得意，朕唯有一客，致有忿言，亦是朕之失也。」景又知臨賀王正德怨望朝廷，密令要結。正德許爲內啓。

二年八月，景遂發兵反，於豫州城內集其將帥，登壇歃血。是日地大震。於是以誅中領軍朱异、少府卿徐驎、太子左率陸驗、制局監周石珍爲辭，以爲姦臣亂政，請帶甲入朝。先攻馬頭、木柵，執太守劉神茂、戍主曹璆等。武帝聞之，笑曰：「是何能爲，吾以折箠笞之。」乃敕：「斬景者不問南北人同賞封二千戶兼一州刺史；其人主帥欲還北不須州者，賞以絹布二萬，以禮發遣。」於是詔合州刺史鄱陽王範爲南道都督，北徐州刺史封山侯正表爲北道都

督，司州刺史柳仲禮爲西道都督，通直散騎常侍裴之高爲東道都督，同討景，濟自歷陽。又令侍中、開府儀同三司邵陵王綸持節，董督衆軍。

景聞之，謀於王偉。偉曰：「莫若直掩揚都，臨賀反其內，大王攻其外，天下不足定也。兵聞拙速，不聞工遲，令今便須進路，不然邵陵及人。」九月，景發壽春，聲云游獵，人不覺也。留僞中軍大都督王貴顯守壽春城，〔五〕出軍僞向合肥，遂襲譙州。助防董紹先降之，執刺史豐城侯泰。武帝聞之，遣太子家令王質率兵三千巡江遏防。景進攻歷陽太守莊鐵，鐵遣弟均夜斫景營，戰沒。鐵母愛其子，勸鐵降。景拜其母，鐵乃勸景曰：「急則應機，緩必致禍。」景乃使鐵爲導。

是時鎭戍相次啓聞，朱异尚曰：「景必無度江志。」蕭正德先遣大船數十艘僞稱載荻，〔六〕實擬濟景。景至江將度，慮王質爲梗，俄而質被追爲丹陽尹，無故自退。景聞未之信，乃密遣覘之，謂使者：「質若退，折江東樹枝爲驗。」覘人如言而返。景大喜曰：「吾事辦矣。」乃自采石濟，馬數百匹，兵八千人，都下弗之覺。

景出，分襲姑孰，執淮南太守文成侯寧，遂至慈湖。南津校尉江子一奔還建鄴。皇太子見事急，入面啓武帝曰：「請以事垂付，願不勞聖心。」帝曰：「此自汝事，何更問爲。」太子仍停中書省指授，內外擾亂相劫不復通。於是詔以揚州刺史宣城王大器爲都督內外諸軍事，

都官尚書羊侃爲軍師將軍以副焉。遣南浦侯推守東府城，西豐公大春守石頭，輕車長史謝禧守白下。

既而景至朱雀航，遣徐思玉入啓，乞帶甲入朝，除君側之惡，請遣了事舍人出相領解，實欲覘城中虛實。帝遣中書舍人賀季、主書郭寶亮隨思玉往勞之于板橋。景北面受敕，季曰：「今者之舉，何以爲名？」景曰：「欲爲帝也。」王偉進曰：「朱异、徐驎諂黷亂政，欲除姦臣耳。」景既出惡言，留季不遣，寶亮還宮。

先是，大同中童謠曰：「青絲白馬壽陽來。」景渦陽之敗，求錦，朝廷所給青布，及是皆用爲袍，采色尚青。景乘白馬，青絲爲轡，欲以應謠。蕭正德先屯丹陽郡，至是率所部與景合。建康令庾信率兵千餘人屯航北，及景至徹航，始除一舶，見賊軍皆著鐵面，遂棄軍走。南塘游軍復閉航度景。皇太子以所乘馬授王質，配精兵三千，使援庾信。質至領軍府與賊遇，未陣便奔。景乘勝至闕下。西豐公大春棄石頭城走，景遣其儀同于子悅據之。謝禧亦棄白下城走。

景遣百道攻城，縱火燒大司馬、東西華諸門。城中倉卒未有備，乃鑿門樓，下水沃火，久之方滅。賊又斫東掖門將入，羊侃鑿門扇刺殺數人，〔七〕賊乃退。又登東宮牆射城內。至夜，簡文募人出燒東宮臺殿遂盡，所聚圖籍數百廚，一皆灰燼。先是簡文夢有人畫作秦始

皇，云「此人復焚書」，至是而驗。景又燒城西馬廄、士林館、太府寺。明日，景又作木驢數百攻城，城上擲以石，並皆碎破。〔八〕賊又作尖頂木驢，狀似槥，石不能破。乃作雉尾炬，灌以膏蠟，叢下焚之。

賊既不剋，士卒死者甚多，乃止攻，築長圍以絕內外。又啓求誅朱异、陸驗、徐驎、周石珍等。城內亦射賞格出外，有能斬景首，授以景位，幷錢一億萬，布絹各萬疋，女樂二部。莊鐵乃奔歷陽，紿言景已梟首。景城守郭駱懼，棄城走壽陽。鐵得入城，遂奔尋陽。

十一月，景立蕭正德爲帝，卽僞位，居於儀賢堂，改年曰正平。初童謠有「正平」之言，故立號以應之。識者以爲正德卒當平殄也。景自爲相國、天柱將軍，正德以女妻之。景又攻東府城，設百尺樓車，鉤城堞盡落。城陷，景使其儀同盧暉略率數千人持長刀夾城門，悉驅城內文武倮身而出，使交兵殺之，死者三千餘人。南浦侯推是日遇害。景使正德子見理及暉略守東府城。

初，景至都，便唱云「武帝已晏駕」。雖城內亦以爲然。簡文慮人情有變，乃請上輿駕巡城。上將登城，陸驗諫曰：「陛下萬乘之重，豈可輕脫。」因泣下。帝深感其言，乃幸大司馬門。城上聞蹕聲皆鼓譟，軍人莫不屑涕，百姓乃安。

景又於城東西各起土山以臨城，城內亦作兩山以應之，簡文以下皆親畚鍤。初，景至便望剋定建鄴，號令甚明，不犯百姓。既攻不下，人心離沮，又恐援軍總集，衆必潰散，乃縱兵殺掠，交尸塞路。富室豪家，恣意裒剝，子女妻妾，悉入軍營。又募北人先爲奴者，並令自拔，賞以不次。朱异家黥奴乃與其儕踰城投賊，景以爲儀同，使至闕下以誘城內，乘馬披錦袍詬曰：「朱异五十年仕宦，方得中領軍。我始事侯王，已爲儀同。」於是奴僮競出，盡皆得志。

景食石頭常平倉既盡，便掠居人，爾後米一升七八萬錢，人相食，有食其子者。又築土山，不限貴賤，晝夜不息，亂加毆棰，疲羸者因殺以塡山，號哭之聲動天地。百姓不敢藏隱，並出從之，旬日間衆至數萬。

景儀同范桃棒密貪重賞，求以甲士二千人來降，以景首應購，遣文德主帥前白馬游軍主陳昕夜踰城入，密啓言狀。簡文以啓上，上大悅，使報桃棒，事定許封河南王，鐫銀券以與之。簡文恐其詐，猶豫不決。上怒曰：「受降常理，何忽致疑。」朱异、傅岐同請納之。簡文曰：「吾卽堅城自守，所望外援，外援若至，賊豈足平。今若開門以納桃棒，桃棒之意尚且難知，一旦傾危，悔無及矣。」桃棒又曰：「今止將所領五百餘人，若至城門，自皆脫甲。乞朝廷賜容。事濟之時，保禽侯景。」簡文見其言愈疑之。朱异以手搥胸曰：「今年社稷去矣。」俄而桃棒軍人魯伯和告景，並烹之。

至是，邵陵王綸率西豐公大春、新淦公大成、永安侯確、南安鄉侯駿、前譙州刺史趙伯超、武州刺史蕭弄璋、步兵校尉尹思合等馬步三萬，發自京口，〔九〕直據鍾山。景黨大駭，咸欲逃散，分遣萬餘人拒戰。綸大敗之於愛敬寺下。

景初聞綸至，懼形於色，及敗軍還，尤言其盛，愈恐，命具舟石頭將北濟。任約曰：「去鄉萬里，走欲何之？戰若不捷，君臣同死。草間乞活，約所不爲。」景乃留宋子仙守壁，自將銳卒拒綸，陣於覆舟山北，與綸相持。會暮，景退還，南安侯駿率數十騎挑之。景回軍，駿退。時趙伯超陣於玄武湖北，見駿退，仍率軍前走。衆軍因亂，〔一〇〕遂敗績。綸奔京口。賊執西豐公大春、綸司馬莊丘慧達、直閤將軍胡子約、廣陵令霍儁等來送城下，逼令云：「已禽邵陵王。」霍儁獨云：「王小失利，已全軍還京口，城中但堅守，援軍尋至。」語未卒，賊以刀傷其口，景義而釋焉。正德乃收而害之。是日，鄱陽世子嗣、裴之高至後渚，結營于蔡洲。景分軍屯南岸。

十二月，景造諸攻具及飛樓、橦車、登城車、鉤堞車、階道車、火車，並高數丈，車至二十輪，陳於闕前，百道攻城。以火車焚城東南隅大樓，〔一一〕因火勢以攻城。城上縱火，悉焚其攻具，賊乃退。是時，景土山成，城內土山亦成。以太府卿韋黯守西土山，左衞將軍柳津守東土山。山起芙蓉層樓，高四丈，飾以錦罽，捍以烏笙，山峯相近。募敢死士，厚衣袍鎧，名曰

中華書局

「僧騰客」，配二山，交矟以戰。鼓叫沸騰，昏旦不息。土山攻戰既苦，人不堪命，柳津命作地道，毀外山，擲雉尾炬燒其櫓堞。外山崩，壓賊且盡。賊又作蝦蟆車，運土石填塹，戰士升之樓車，四面並至。城內飛石碎其車，賊死積於城下。賊又掘城東南角，城內作迂城形如却月以捍之，賊乃退。

材官將軍宋嶷降賊，因爲立計，引玄武湖水灌臺城，闕前御街並爲洪波矣。又燒南岸居人營寺，莫不咸盡。司州刺史柳仲禮、衡州刺史韋粲、南陵太守陳文徹、宣猛將軍李孝欽等皆來赴援；鄱陽世子嗣、裴之高又濟江。柳仲禮營朱雀航南，裴之高營南苑，韋粲營青塘，陳文徹、李孝欽屯丹陽郡，〔一二〕鄱陽世子嗣營小航南，並緣淮造柵。及旦，景方覺，乃登禪靈寺門樓以望之。見韋粲營壘未合，度兵擊之，粲敗，景斬粲首徇城下。柳仲禮聞粲敗，不遑貫甲，與數十人赴之。遇賊，斬首數百，仍投水死者千餘人。仲禮深入，馬陷泥，亦被重創。自是賊不敢濟岸。

邵陵王綸又與臨城公大連等自東道集于南岸，荆州刺史湘東王繹遣世子方等、兼司馬吳曄、天門太守樊文皎赴援，營于湘子岸前，〔一三〕高州刺史李遷仕、前司州刺史羊鴉仁又率兵繼至。既而鄱陽世子嗣、永安侯確、羊鴉仁、李遷仕、樊文皎率衆度淮，攻破賊東府城前柵，遂營于青溪水東。景遣其儀同宋子仙緣水西立柵以相拒。景食稍盡，人相食者十五六。

初，援兵至北岸，衆號百萬。百姓扶老攜幼以候王師，纔過淮，便競剝掠，徵責金銀，列營而立，互相疑貳。邵陵王綸、柳仲禮甚於讎敵，臨城公大連、永安侯確逾於水火，無有鬭心。賊黨有欲自拔者，聞之咸止。

賊之始至，城中纔得固守，平蕩之事，期望援軍。既而中外斷絕，有羊車兒獻計，作紙鵄繫以長繩，藏敕於中。簡文出太極殿前，因西北風而放，冀得書達。羣賊駭之，謂是厭勝之術，又射下之，其危急如此。是時城中圍逼既久，膜味頓絕，簡文上厨，僅有一肉之膳。軍士煮弩燻鼠捕雀食之。殿堂舊多鴿羣聚，至是殲焉。初，宮門之閉，公卿以食爲念，男女貴賤並出負米，得四十萬斛，收諸府藏錢帛五十億萬，並聚德陽堂，魚鹽樵採所取蓋寡。至是乃壞尚書省爲薪，撤薦剉以飼馬，盡又食飰焉。御甘露厨有乾苔，味酸鹹，分給戰士。軍人屠馬於殿省閒鬻之，雜以人肉，食者必病。賊又置毒於水竇，於是稍行腫滿之疾，城中疫死者太半。初，景之未度江，魏人遺檄，極言景反覆猜忍，又言帝飾智驚愚，將爲景欺。至是禍敗之狀，皆如所陳，南人咸以爲讖。

時景軍亦飢，不能復戰。東城有積粟，其路爲援軍所斷，且聞湘東王下荆州兵。彭城劉邈乃說景曰：「大軍頓兵已久，攻城不拔，今衆軍雲集，未易可破。如聞軍糧不支一月，運漕路絕，野無所掠，嬰兒掌上，信在於今。未若乞和，全師而反。」景乃與王偉計，遣任約至城北拜表僞降，以河南自効。帝曰：「吾有死而已，寧有是議。且賊凶逆多詐，此言云何可信。」既而城中日蹙，簡文乃請武帝曰：「侯景圍逼，既無勤王之師，今欲許和，更思後計。」帝大怒曰：「和不如死。」簡文曰：「城下之盟，乃是深恥；白刃交前，流矢不顧。」上遲回久之，曰：「爾自圖之，無令取笑千載。」乃聽焉。

景請割江右四州地，并求宣城王大器出送，然後解圍濟江。仍許遣其儀同于子悅、左丞王偉入城爲質。中領軍傅岐議以宣城王嫡嗣之重，有輕言者請劍斬之。乃請石城公大款出送，詔許焉。遂於西華門外設壇，遣尚書僕射王克、兼侍中上甲鄉侯韶、兼散騎常侍蕭瑳與于子悅、王偉等登壇共盟。右衞將軍柳津出西華門下，景出其柵門，與津遙相對，刑牲歃血。

南兗州刺史南康嗣王會理、前青冀二州刺史湘潭侯退、西昌侯世子彧率衆三萬至于馬卬洲，景慮北軍自白下而上，斷其江路，請悉勒聚南岸。敕乃遣北軍並進江潭苑。景又啓稱：「永安侯、趙威方頻隔柵詬臣，云『天子自與爾盟，我終當逐汝』。乞召入城，即進發。」敕並召之。景遂運東城米于石頭，食乃足。又啓云：「西岸信至，高澄已得壽春、鍾離，便無處安足，權借廣陵、譙州，須征得壽春、鍾離，即以奉還朝廷。」

時荆州刺史湘東王繹師于武成，河東王譽次巴陵，前信州刺史桂陽王慥頓江津，並未

之進。既而有敕班師，湘東王欲旋。中記室參軍蕭賁曰：「景以人臣舉兵向闕，今若放兵，未及度江，童子能斬之，必不爲也。大王以十萬之師，未見賊而退，若何！」湘東王不悅。賁，骨鯁士也，每恨湘東不入援。嘗與王雙六，食子未下，賁曰：「殿下都無下意。」王深爲憾，遂因事害之。

景既知援軍號令不一，終無勤王之效，又聞城中死疾轉多，當有應之者。既却湘東王等兵，又得東城之米，〔一四〕王偉且說景曰：「王以人臣舉兵背叛，圍守宮闕，已盈十旬。逼辱妃主，陵穢宗廟，今日持此，何處容身？願且觀變。」景然之，乃表陳武帝十失。三年三月丙辰朔，城內於太極殿前設壇，使兼太宰、尚書僕射王克等告天地神祇，以景違盟，舉烽鼓譟。初，城圍之日，男女十餘萬，貫甲者三萬，至是疾疫且盡，守埤者止二三千人，並悉羸懦。橫屍滿路，無人埋瘞，臭氣熏數里，爛汁滿溝洫。於是羊鴉仁、柳仲禮、鄱陽世子嗣進軍於東府城北。柵壘未立，爲景將宋子仙所敗，送首級於闕下。景又遣于子悅乞和，城內遣御史中丞沈浚至景所。景無去意，〔一五〕浚因責之，景大怒，即決石闕前水，百道攻城，晝夜不息。

丁卯，邵陵王世子堅帳內白曇朗、董勛華於城西北樓納賊。〔一六〕五鼓，賊四面飛梯，衆悉上。永安侯確與其兄堅力戰不能却，乃還見文德殿言狀。須臾，景乃先使王偉、儀同陳慶入殿陳謝曰：「臣既與高氏有隙，所以歸投，每啓不蒙爲奏，所以入朝。而姦佞懼誅，深見推

中華書局

拒，連兵多日，罪合萬誅。」武帝曰：「景今何在？可召來。」景入朝，以甲士五百人自衞，帶劍升殿。拜訖，帝神色不變，使引向三公榻坐，謂曰：「卿在戎日久，無乃爲勞。」景默然。又問：「卿何州人？而來至此。」又不對。其從者任約代對。又問：「初度江有幾人？」景曰：「千人。」「圍臺城有幾人？」曰：「十萬。」「今有幾人？」曰：「率土之內，莫非己有。」帝俛首不言。景出，謂其廂公王僧貴曰：「吾常據鞍對敵，矢刃交下，而意了無怖。今見蕭公，使人自慴，豈非天威難犯。吾不可以再見之。」出見簡文于永福省，簡文坐與相見，亦無懼色。

初，簡文寒夕詩云：「雪花無有蔕，冰鏡不安臺。」又詠月云：「飛輪了無轍，明鏡不安臺。」後人以爲詩讖，謂無蔕者，是無帝。不安臺者，臺城不安。輪無轍者，以邵陵名綸，空有赴援名也。

既而景屯兵西州，使僞儀同陳慶以甲防太極殿，悉鹵掠乘輿服玩、後宮嬪妾，收王侯朝士送永福省，撤二宮侍衞。使王偉守武德殿，于子悅屯太極東堂，矯詔大赦，自爲大都督、都督中外諸軍、錄尚書事，其侍中、使持節、大丞相、王如故。

先是，城中積屍不暇埋瘞，又有已死未斂，或將死未絕，景悉令聚而焚之，臭氣聞十餘里。尚書外兵郎鮑正疾篤，賊曳出焚之，宛轉火中，久而方絕。景又矯詔征鎭牧守各復本位，於是諸軍並散。降蕭正德爲侍中、大司馬，百官皆復其職。

帝雖外迹不屈，而意猶忿憤，景欲以宋子仙爲司空，帝曰：「調和陰陽，豈在此物。」景又請以文德主帥鄧仲爲城門校尉，帝曰：「不置此官。」簡文重入奏，帝怒曰：「誰令汝來！」景聞亦不敢逼。後每徵求，多不稱旨，至於御膳亦被裁抑。遂懷憂憤。五月，感疾餒，崩于文德殿。景祕不發喪，權殯于昭陽殿，自外文武咸莫之知。二十餘日，然後升梓宮於太極前殿，迎簡文即位。及葬脩陵，使衞士以大釘於要地釘之，欲令後世絕滅。矯詔赦北人爲奴婢者，冀收其力用焉。時東揚州刺史臨城公大連據州，吳興太守張嵊據郡，自南陵以上並各據守。景制命所行，唯吳郡以西、南陵以北而已。

六月，景乃殺蕭正德於永福省，封元羅爲西秦王，元景襲爲陳留王，〔一七〕諸元子弟封王者十餘人。以柳仲禮爲使持節、大都督，隸大丞相，參戎事。〔一八〕

十一月，百濟使至，見城邑丘墟，於端門外號泣，行路見者莫不灑泣。景聞大怒，收小莊嚴寺，禁不聽出入。

大寶元年正月，景矯詔自加班劍四十人，給前後部羽葆、鼓吹，置左右長史、從事中郎四人。三月甲申，〔一九〕景請簡文禊宴於樂游苑，帳飲三日。其逆黨咸以妻子自隨，皇太子以下，並令馬射，箭中者賞以金錢。翌日向晨，簡文還宮。景拜伏苦請，簡文不從。及發，景即與溧陽主共據御牀南面並坐，羣臣文武列坐侍宴。

四月辛卯，景又召簡文幸西州，簡文御素輦，侍衞四百餘人。景衆數千浴鐵翼衞。簡文至西州，景等逆拜。上冠下屋白紗帽，服白布裙襦。景服紫紬褶，上加金帶，與其僞儀同陳慶、索超世等西向坐。溧陽主與其母范淑妃東向坐。上聞絲竹，悽然下泣。景起謝曰：「陛下何不樂？」上爲笑曰：「丞相言索超世聞此以爲何聲？」景曰：「臣且不知，豈獨超世。」上乃命景起儛，景即下席應弦而歌。上顧命淑妃，淑妃固辭乃止。景又上禮，遂逼上起儛。酒闌坐散，上抱景于牀曰：「我念丞相。」景曰：「陛下如不念臣，臣何至此。」上索筌蹄，曰：「我爲公講。」命景離席，使其唱經。景問超世何經最小，超世曰：「唯觀世音小。」景即唱「爾時無盡意菩薩」。上大笑，夜乃罷。

時江南大饑，江、揚彌甚，旱蝗相係，年穀不登，百姓流亡，死者塗地。父子攜手共入江湖，或弟兄相要俱緣山岳。芰實荇花，所在皆罄，草根木葉，爲之凋殘。雖假命須臾，亦終死山澤。其絕粒久者，鳥面鵠形，俯伏牀帷，不出戶牖者，莫不衣羅綺，懷金玉，交相枕藉，待命聽終。於是千里絕烟，人跡罕見，白骨成聚如丘隴焉。而景虐於用刑，酷忍無道，於石頭立大舂碓，有犯法者擣殺之。東陽人李瞻起兵，爲賊所執，送詣建鄴。景先出之市中，斷其手足，刻析心腹，破出肝腸。瞻正色整容，言笑自若，見其膽者乃如升焉。又禁人偶語，不許大酺，有犯則刑及外族。其官人任兼閫外者位必行臺，入附凶徒者並稱開府，其親寄

隆重則號曰左右廂公，勇力兼人名爲庫眞部督。

七月，景又矯詔自進位相國，封泰山等二十郡爲漢王。入朝不趨，贊拜不名，劍履上殿，依漢蕭何故事。十月，景又矯詔自加宇宙大將軍、都督六合諸軍事，以詔文呈簡文。簡文大驚曰：「將軍乃有宇宙之號乎？」初，武帝既崩，景立簡文，升重雲殿禮佛爲盟曰：「臣乞自今兩無疑貳，臣固不負陛下，陛下亦不得負臣。」及南康王會理之事，景稍猜懼，謂簡文欲謀之。王偉因搆扇，遂懷逆謀矣。

二年正月，景以王克爲太宰，宋子仙爲太保，元羅爲太傅，郭元建爲太尉，張化仁爲司徒，任約爲司空，于慶爲太師，紇奚斤爲太子太傅，時靈護爲太子太保，王偉爲尚書左僕射，索超世爲右僕射。於大航跨水築城，名曰捍國。

四月，景遣宋子仙襲陷郢州刺史方諸。景乘勝西上，號二十萬，聯旗千里，江左以來，水軍之盛未有也。元帝聞之，謂御史中丞宗懍曰：〔二〇〕「賊若分守巴陵，鼓行西上，荆、郢殆危，此上策也。身頓長沙，徇地零、桂，運糧以至洞庭，湘、郢非吾有，〔二一〕此中策也。擁衆江口，連攻巴陵，銳氣盡於堅城，士卒飢於半菽，此下策也。吾安枕而臥，無所多憂。」及次巴陵，王僧辯沉船臥鼓，若將已遁。景遂圍城。元帝遣平北將軍胡僧祐與居士陸法和大破之，禽其將任約，景乃夜遁還都。左右有泣者，景命斬之。王僧辯乃東下，自是衆軍所至皆

捷。先是，景每出師，戒諸將曰：「若破城邑，淨殺却，使天下知吾威名。」故諸將以殺人爲戲笑，百姓雖死不從之。

是月，景乃廢簡文，幽於永福省，迎豫章王棟卽皇帝位，升太極前殿，大赦，改元爲天正元年。有回風自永福省吹其文物皆倒折，見者莫不驚駭。初，景既平建鄴，便有篡奪志，以四方須定，故未自立。既而巴陵失律，江、郢喪師，猛將外殲，雄心內沮，便欲速僭大號。又王偉云：「自古移鼎必須廢立。」故景從之。其太尉郭元建聞之，自秦郡馳還諫曰：「主上仁明，何得廢之？」景曰：「王偉勸吾。」元建固陳不可，景意遂回，欲復帝位，以棟爲太孫。王偉固執不可，乃禪位于棟。景以哀太子妃賜郭元建，元建曰：「豈有皇太子妃而降爲人妾。」竟不與相見。景司空劉神茂、儀同尹思合、劉歸義、王曄、桑乾王元頵等據東陽歸順。

十一月，景矯蕭棟詔，自加九錫，漢國置丞相以下百官，陳備物於庭。忽有鳥似山鵲翔于景册書上，赤足丹觜，都下左右所無。賊徒悉駭，競射之，不能中。景又矯棟詔，追崇其祖爲大將軍，父爲大丞相，自加冕十有二旒，建天子旌旗，出警入蹕，乘金根車，駕六馬，備五時副車，置旄頭雲罕，樂儛八佾，鍾簴宮懸之樂，一如舊儀。尋又矯蕭棟詔禪位，使僞太宰王克奉璽紱于己。先夕，景宿大莊嚴寺，卽南郊，柴燎于天，升壇受禪，大風拔木，旍蓋盡偃，文物並失舊儀。既唱警蹕，識者以爲名景而言警蹕，非久祥也。景聞惡之，改爲備蹕。

人又曰，備於此便畢矣。有司乃奏改云永蹕。乃以廣柳車載鼓吹，橐駝負犧牲，輦上置垂脚坐焉。景所帶劍水精標無故墮落，手自拾取，甚惡之。將登壇，有兔自前而走，俄失所在。又白虹貫日三重，日青無色。還將登太極殿，醜徒數萬同共吹脣唱吼而上。及升御牀，牀脚自陷。大赦，改元爲太始元年。方饗羣臣，中會而起，觸扆墜地。封蕭棟爲淮陰王，幽之。改梁律爲漢律，改左戶尚書爲殿中尚書，五兵尚書爲七兵尚書，直殿主帥爲直寢。

景三公之官，動置十數，儀同尤多。或匹馬孤行，自執羈紲。以宋子仙、郭元建、張化仁、任約爲佐命元功，並加三公之位；王偉、索超世爲謀主；于子悅、彭儁主擊斷；陳慶、呂季略、盧暉略、于和、史安和爲爪牙；〔三〕斯皆尤毒於百姓者。其餘王伯醜、任延和等復有數十人。梁人而爲景用者，則故將軍趙伯超、前制局監姬石珍、內監嚴亶、邵陵王記室伏知命，此四人盡心竭力者。若太宰王克、太傅元羅、侍中殷不害、太常姬弘正等雖官尊，止從人望，非腹心任也。景祖名乙羽周，及篡以周爲廟諱，故改周弘正、石珍姓姬焉。

王偉請立七廟，景曰：「何謂七廟？」偉曰：「天子祭七世祖考，故置七廟。」幷請七世諱，敕太常具祭祀之禮。景曰：「前世吾不復憶，唯阿爺名標，且在朔州，伊那得來噉是。」衆聞咸笑之。景黨有知景祖名乙羽周者，自外悉是王偉制其名位。以漢司徒侯霸爲始祖，晉徵

士侯瑾爲七世祖。於是推尊其祖周爲大丞相，父標爲元皇帝。

于時景修飾臺城及朱雀、宣陽等門，童謠曰：「的脰烏，拂朱雀，還與吳。」又曰：「脫青袍，著芒屩，荆州天子挺應著。」時都下王侯庶姓五等廟樹，咸見殘毀，唯文宣太后廟四周栢樹獨鬱茂。及景篡，修南郊路，僞都官尚書呂季略說景令伐此樹以立三橋。始斫南面十餘株，再宿悉枿生，便長數尺。時既冬月，翠茂若春。賊乃大驚惡之，使悉斫殺。識者以爲昔僵柳起於上林，乃表漢宣之興，今廟樹重青，必彰陝西之瑞。又景牀東邊香爐無故墮地，景呼東西南北皆謂爲廂，景曰：「此東廂香爐那忽下地。」議者以爲湘東軍下之徵。

十二月，謝答仁、李慶等軍至建德，攻元頵、李占柵，大破之。執頵、占送京口，截其手足徇之，經日乃死。

景二年，謝答仁攻東陽，劉神茂降，以送建康，景爲大剉碓，先進其脚，寸寸斬之，至頭方止。使衆觀之以示威。

王僧辯軍至蕪湖，城主宵遁。侯子鑒率步騎萬餘人度州，幷引水軍俱進。僧辯逆擊，大破之。景聞之大懼涕下，覆面引衾臥，良久方起，歎曰：「咄叱！咄叱！誤殺乃公。」

初，景之爲丞相，居于西州，將率謀臣，朝必集行列門外，謂之牙門。以次引進，賚以酒食，言笑談論，善惡必同。及篡，恒坐內不出，舊將稀見面，咸有怨心。至是登烽火樓望西

師，看一人以爲十人，大懼。僧辯及諸將遂於石頭城西步上，連營立柵，至于落星墩。景大恐，遣掘王僧辯父墓，剖棺焚其屍。王僧辯等進營於石頭城北，景列陣挑戰，僧辯大破之。景既退敗，不敢入宮，斂其散兵屯于闕下，遂將逃。王偉按劍攬轡諫曰：「自古豈有叛天子，今宮中衞士尚足一戰，寧可便走。」景曰：「我在北打賀拔勝，敗葛榮，揚名河朔，與高王一種人。來南直度大江，取臺城如反掌，打邵陵王於北山，破柳仲禮於南岸，皆乃所親見。今日之事，恐是天亡。乃好守城，當復一決。」仰觀石闕，逡巡歎息久之。乃以皮囊盛二子挂馬鞍，與其儀同田遷、范希榮等百餘騎東奔。王偉遂委臺城竄逸。侯子鑒等奔廣陵。王克開臺城門引裴之橫入宮，縱兵蹂掠。是夜遺燼燒太極殿及東西堂、延閣、祕署皆盡，羽儀輦輅莫有孑遺。王僧辯命武州刺史杜崱救火，僅而得滅。故武德、五明、重雲殿及門下、中書、尚書省得免。

僧辯迎簡文梓宮升於朝堂，三軍縞素，踊於哀次。命侯瑱、裴之橫追賊於東，焚僞神主於宣陽門，作神主於太廟，收圖書八萬卷歸江陵。杜崱守臺城，都下戶口百遺一二，大航南岸極目無煙。老小相扶競出，纔度淮，王琳、杜龕軍人掠之，甚于寇賊，號叫聞于石頭。僧辯謂爲有變，登城問故，亦不禁也。僉以王師之酷，甚於侯景，君子以是知僧辯之不終。

初，景之圍臺城，援軍三十萬，兵士望青袍則氣消膽奪。及赤亭之役，胡僧祐以羸卒一

千破任約精甲二萬，轉戰而東，前無橫陣。既而侯瑱追及，景衆未陣，皆舉幡乞降，景不能制。乃與腹心人數十單舸走，推墮二子於水，自滬瀆入海至胡豆洲。前太子舍人羊鯤殺之，送于王僧辯。

景長不滿七尺，長上短下，眉目疎秀，廣顙高顴，色赤少鬢，低眡屢顧，聲散，識者曰：「此謂豺狼之聲，故能食人，亦當爲人所食。」既南奔，魏相高澄悉命先剝景妻子面皮，以大鐵鑊盛油煎殺之。女以入宮爲婢，男三歲者並下蠶室。後齊文宣夢獼猴坐御牀，乃並煮景子於鑊，其子之在北者殲焉。

景性猜忍，好殺戮，恒以手刃爲戲。方食，斬人於前，言笑自若，口不輟飡。或先斷手足，割舌劓鼻，經日乃殺之。自篡立後，時著白紗帽，而尙披青袍，頭插象牙梳，牀上常設胡牀及筌蹄，著靴垂脚坐。或跂戶限，或走馬遨游，彈射鴉鳥。自爲天子，王偉不許輕出，於是鬱怏，更成失志，曰：「吾無事爲帝，與受擯不殊。」及聞義師轉近，猜忌彌深，牀前蘭錡自遶，然後見客。每登武帝所常幸殿，若有芒刺在身，恒聞叱咄者。又處宴居殿，一夜驚起，若有物扣其心。自是凡武帝所常居處，並不敢處。多在昭陽殿廊下。所居殿屋，常有鵂鶹鳥鳴呼，景惡之，每使人窮山野捕鳥。景所乘白馬，每戰將勝，輒躑躅嘶鳴，意氣駿逸，其有奔衂，必低頭不前。及石頭之役，精神沮喪，臥不肯動。景使左右拜請，或加箠策，終不肯

進。始景左足上有肉瘤，狀似龜，戰應剋捷，瘤則隱起分明；如不勝，瘤則低。至景敗日，瘤隱陷肉中。[一三]

天監中，沙門釋寶誌曰：「掘尾狗子自發狂，當死未死嚙人傷，須臾之間自滅亡，起自汝陰死三湘。」又曰：「山家小兒果攘臂，太極殿前作虎視。」狗子，景小字，山家小兒，猴狀。景遂覆陷都邑，毒害皇家。起自懸瓠，卽昔之汝南。巴陵有地名三湘，景奔敗處。其言皆驗。景常謂人曰：「侯字人邊作主，下作人，此明是人主也。」臺城既陷，武帝嘗語人曰：「侯景必得爲帝，但不久耳。破『侯景』字成『小人百日天子』，爲帝當得百日。」案景以辛未年十一月十九日篡位，壬申年三月十九日敗，得一百二十日。而景以三月一日便往姑孰，計在宮殿足滿十旬，其言竟驗。又大同中，太醫令朱耽嘗直禁省，無何夢犬羊各一在御坐，覺而告人曰：「犬羊非佳物也，今據御座，將有變乎？」既而天子蒙塵，景登正殿焉。

及景將敗，有僧通道人者，意性若狂，飲酒噉肉，不異凡等。世間游行已數十載，姓名鄉里，人莫能知。初言隱伏，久乃方驗。人並呼爲闍梨。景甚信敬之。景嘗於後堂與其徒共射，時僧通在坐，奪景弓射景陽山，大呼云「得奴已」。景後又宴集其黨，又召僧通。僧通取肉搵鹽以進景，問曰：「好不？」景答：「所恨大鹹。」僧通曰：「不鹹則爛。」及景死，僧辯截其二手送齊文宣，傳首江陵，果以鹽五斗置腹中，送于建康，暴之于市。百姓爭取屠膾羹食皆盡，幷溧陽主亦預食例。景焚骨揚灰，曾罹其禍者，乃以灰和酒飲之。首至江陵，元帝命梟於市三日，然後煮而漆之，以付武庫。先是江陵謠言：「苦竹町，市南有好井。荆州軍，殺侯景。」及景首至，元帝付諮議參軍李季長宅，宅東卽苦竹町也。既加鼎鑊，卽用市南井水焉。[一四]景儀同謝答仁、行臺趙伯超降于侯瑱，生禽賊行臺田遷、儀同房世貴、蔡壽樂、領軍王伯醜。凶黨悉平，斬房世貴於建康市，餘黨送江陵。初，郭元建以有禮於皇太子妃，將降，侯子鑒曰：「此小惠也，不足自全。」乃奔齊。

王偉，其先略陽人。父略，仕魏爲許昌令，因居潁川。偉學通周易，雅高辭采，仕魏爲行臺郎。景叛後，高澄以書招之，偉爲景報澄書，其文甚美。澄覽書曰：「誰所作也？」左右稱偉之文。澄曰：「才如此，何由不早使知邪。」偉既協景謀謨，其文檄並偉所製，及行篡逆，皆偉創謀也。

景敗，與侯子鑒俱走相失，潛匿草中，直瀆戍主黃公喜禽送之。見王僧辯，長揖不拜。執者促之，偉曰：「各爲人臣，何事相敬。」僧辯謂曰：「卿爲賊相，不能死節，而求活草間，顚而不扶，安用彼相。」偉曰：「廢興時也，工拙在人。向使侯氏早從偉言，明公豈有今日之勢。」僧辯大笑，意甚異之，命出以徇。偉曰：「昨及朝行八十里，願借一驢代步。」僧辯曰：「汝

頭方行萬里，何八十里哉。」偉笑曰：「今日之事，乃吾心也。」前尙書左丞虞騭嘗見辱於偉，遇之而唾其面，曰：「死虜，庸復能爲惡乎！」偉曰：「君不讀書，不足與語。」騭慚而退。及呂季略、周石珍、嚴亶俱送江陵，偉尙望見全，於獄爲詩贈元帝下要人曰：「趙壹能爲賦，鄒陽解獻書，何惜西江水，不救轍中魚。」又上五百字詩於帝，帝愛其才將捨之，朝士多忌，乃請曰：「前日偉作檄文，有異辭句。」元帝求而視之，檄云：「項羽重瞳，尙有烏江之敗；湘東一目，寧爲赤縣所歸。」[一五]帝大怒，使以釘釘其舌於柱，剜其腸。[一六]顏色自若。仇家臠其肉，俛而視之，至骨方刑之。石珍及亶並夷三族。

趙伯超，趙革子也。初至建鄴，王僧辯謂曰：「卿荷國重恩，遂復同逆。」對曰：「當今禍福，恩在明公。」僧辯又顧謝答仁曰：「聞卿是侯景梟將，恨不與卿交兵。」答仁曰：「公英武蓋世，答仁安能仰敵。」僧辯大笑。答仁以不失禮於簡文見宥，伯超及伏知命俱餓死江陵獄中。彭儁亦生獲，破腹抽出其肝藏，儁猶不死，然後斬之。

熊曇朗，豫章南昌人也，世爲郡著姓。曇朗跅弛不羈，有膂力，容貌甚偉。侯景之亂，稍聚少年，據豐城縣爲柵，桀黠劫盜多附之。梁元帝以爲巴山太守。魏剋荆州，曇朗兵力

稍强，劫掠隣縣，縛賣居人，山谷之中，最爲巨患。

及侯瑱鎭豫章，曇朗外示服從，陰欲圖瑱。侯方兒之反瑱也，曇朗爲之謀主。瑱敗，曇朗獲瑱馬仗子女甚多。

及蕭勃踰嶺，歐陽頠爲前軍。曇朗紿頠共往巴山襲黃法𣰰。又報法𣰰期共破頠，且曰：「事捷與我馬仗。」乃出軍與頠掎角而進。又紿頠曰：「余孝頃欲相掩襲，須分留奇兵。」頠送甲二百領助之。及至城下，將戰，曇朗僞北，法𣰰乘之，頠失援，狼狽退衂。[二七]曇朗取其馬仗而歸。

時巴山陳定亦擁兵立砦，曇朗僞以女妻定子，又謂定曰：「周迪、余孝頃並不願此昏，必須以强兵來迎。」定信之。及至，曇朗執之，收其馬仗，並論價責贖。

陳初以南川豪帥，歷宜新、豫章二郡太守。抗拒王琳有功，封永化縣侯，位平西將軍、開府儀同三司。及周文育攻余孝勱於豫章，曇朗出軍會之，文育失利，曇朗乃害文育以應王琳。琳東下，文帝徵南川兵，江州刺史周迪、高州刺史黃法𣰰欲沿流應赴，曇朗乃據城列艦遏迪等。及王琳敗走，迪攻陷其城。曇朗走入村中。村人斬之，傳首建鄴，懸于朱雀航，宗族無少長皆棄市。

周迪，臨川南城人也。少居山谷，有膂力，能挽强弩，以弋獵爲事。侯景之亂，迪宗人周續起兵於臨川，梁始興王蕭毅以郡讓續，迪占募鄉人從之，每戰勇冠諸軍。續所部渠帥，皆郡中豪族，稍驕横，續頗禁之，渠帥等乃殺續推迪爲主。梁元帝授迪高州刺史，封臨汝縣侯。紹泰二年，爲衡州刺史，領臨川內史。周文育之討蕭勃也，迪按甲保境，以觀成敗。陳武帝受禪，王琳東下，迪欲自據南川，乃總召所部八郡守宰結盟，聲言入赴，朝廷恐其爲變，因厚撫之。琳至盆城，新吳洞主余孝頃舉兵應琳。琳以爲南川諸郡可傳檄而定，乃遣其將李孝欽、樊猛等南徵糧餉。孝欽等與余孝頃逼迪，迪大敗之，禽孝欽、猛、孝頃送建鄴。以功加平南將軍、開府儀同三司。

文帝嗣位，熊曇朗反，迪與周敷、黃法𣰰等圍曇朗，屠之。王琳敗後，文帝徵迪出鎭盆口，又徵其子入朝，迪趑趄顧望並不至。豫章太守周敷本屬迪，至是與法𣰰率其部詣闕，文帝錄其破熊曇朗功，並加官賞。迪聞之不平，乃陰與留異相結。及王師討異，迪疑懼，乃使其弟方興襲周敷，敷與戰，破之。又別使兵襲華皎於盆城，事覺，盡爲皎禽。

天嘉三年，文帝乃使江州刺史吳明徹都督衆軍，與高州刺史黃法𣰰、豫章太守周敷討迪，不能尅。文帝乃遣宣帝總督討之，迪衆潰，脫身踰嶺之晉安，依陳寶應。寶應以兵資

迪，留異又遣第二子忠臣隨之。明年秋，復越東興嶺。文帝遣都督章昭達征迪，迪又散于山谷。

初，侯景之亂，百姓皆棄本爲盜，唯迪所部獨不侵擾，耕作肆業，各有贏儲，政令嚴明，徵斂必至。性質朴，不事威儀。冬則短身布袍，夏則紫紗袜腹。居常徒跣，雖外列兵衞，內有女伎，挼繩破篾，傍若無人。然輕財好施，凡所周贍，毫釐必均。訥於語言，而衿懷信實，臨川人皆德之。至是並藏匿，雖加誅戮，無肯言者。

昭達仍度嶺與陳寶應相抗。迪復收合出東興，文帝遣都督程靈洗破之。迪又與十餘人竄山穴中。後遣人潛出臨川郡市魚鮭，臨川太守駱文牙執之，[二八]令取迪自効。誘迪出獵，伏兵斬之。傳首建鄴，梟于朱雀航三日。

留異，東陽長山人也，世爲郡著姓。異善自居處，言語醞籍，爲鄉里雄豪。多聚惡少，陵侮貧賤，守宰皆患之。仕梁，晉安、安固二縣令。

侯景之亂，還鄉里，占募士卒。太守沈巡援臺，讓郡於異，異使兄子超監知郡事，率兵隨巡出都。及城陷，異隨梁臨城公大連，大連委以軍事。異性殘暴，無遠略，私樹威福，衆

並患之。會景將宋子仙濟浙江，異奔還鄉里，尋以衆降子仙。子仙以爲鄉導，令執大連。邵陵王綸聞之曰：「姓作去留之留，名作同異之異，理當同於逆虜。」侯景署異爲東陽太守，收其妻子爲質。行臺劉神茂建義拒景，異外同神茂，而密契於景。及神茂敗，被景誅，異獨獲免。

景平後，王僧辯使異慰勞東陽，仍保據巖阻，州郡憚焉。魏克荆州，王僧辯以異爲東陽太守。陳文帝平定會稽，異雖有糧饋，而擁擅一郡，威福在己。紹泰二年，以應接功，除縉州刺史，領東陽太守，封永嘉縣侯。[二九]又以文帝長女豐安公主配異第三子貞臣。

陳永定三年，徵異爲南徐州刺史，遷延不就。文帝卽位，改授縉州刺史，領東陽太守。異頻遣其長史王澌爲使入朝。澌每言朝廷虛弱，異信之，恒懷兩端，與王琳潛通信使。及琳敗，文帝遣左衞將軍沈恪代異爲郡，實以兵襲之。異與恪戰，敗，乃表啓遜謝。時朝廷方事湘、郢，且羈縻之。異知終見討，乃使兵戍下淮及建德，以備江路。

湘州平，文帝乃下詔揚其罪惡，使司空侯安都討之。異與第二子忠臣奔陳寶應。及寶應平，幷禽異送都，斬建康市，子姪並伏誅，唯第三子貞臣以尙主獲免。

中華書局

陳寶應，晉安候官人也，世爲閩中四姓。父羽，有材幹，爲郡雄豪。寶應性反覆，多變詐。梁時晉安數反，累殺郡將，羽初並扇惑成其事，後復爲官軍鄉導破之，由是一郡兵權皆自己出。侯景之亂，晉安太守賓化侯蕭雲以郡讓羽，羽年老，但主郡事，令寶應典兵。時東境饑饉，會稽尤甚，死者十七八，而晉安獨豐沃，士衆强盛。

侯景平，元帝因以羽爲晉安太守。陳武帝輔政，羽請歸老，求傳郡於寶應，武帝許之。紹泰二年，封候官縣侯。〔三〇〕武帝受禪，授閩州刺史，領會稽太守。文帝卽位，加其父光祿大夫，仍命宗正錄其本系，編爲宗室。

寶應娶留異女爲妻，侯安都之討異，寶應遣師助之，又資周迪兵糧，出寇臨川。及都督章昭達破迪，文帝因命討寶應，詔宗正絕其屬籍。寶應據建安湖際逆拒昭達，昭達深溝高壘不與戰。但命爲簰，俄而水盛，乘流放之，突其水柵，寶應衆潰。執送都，斬建康市。

論曰：侯景起于邊服，備嘗艱險，自北而南，多行狡算。于時江表之地，不見干戈。梁武以耄期之年，溺情釋教，外弛藩籬之固，內絕防閑之心，不備不虞，難以爲國。加以姦回在側，貨賄潛通，景乃因機騁詐，肆行矯慝。王偉爲其謀主，飾以文辭，武帝溺於知音，惑茲邪

說。遂使乘桴直濟，長江喪其天險，揚旌指闕，金墉亡其地利。生靈塗炭，宗社丘墟。於是村屯塢壁之豪，郡邑巖穴之長，恣陵侮而爲暴，資剽掠以爲雄。陳武應期撫運，戡定安輯。熊曇朗、周迪、留異、陳寶應等，雖逢興運，未改迷塗，志在亂常，自致夷戮，亦其宜矣。

校勘記

〔一〕初學兵法於榮部將慕容紹宗　「紹宗」各本作「超宗」，據通志改。按史不聞有慕容超宗，而慕容紹宗則先爲尒朱榮部將，當卽其人。

〔二〕董督河南南北諸軍事　「董」字、「河南」下「南」字各本並脫，據梁書補。

〔三〕因是踣馬乃馳謂景曰　王懋竑讀書記疑云：「踣字可疑。」按踣或是蹋之譌。劉穆之傳孫瑀附傳「瑀蹋馬及之」，蹋卽踏之本字，謂蹴蹋。

〔四〕中領軍朱异議以御府錦署止充頒賞　「頒」各本作「領」，據梁書、通志改。

〔五〕留僞中軍大都督王貴顯守壽春城　「王貴顯」梁書作「王顯貴」，通鑑同；此同陳書任忠傳。

〔六〕蕭正德先遣大船數十艘僞稱載荻　「稱」字各本並脫，據梁書、通志補。

〔七〕羊侃鑿門扇刺殺數人　「數」字各本並脫，據梁書補。

〔八〕城上擲以石並皆碎破　「城」字各本並脫，據梁書補。

〔九〕邵陵王綸率西豐公大春新淦公大成永安侯確南安鄉侯駿前譙州刺史趙伯超武州刺史蕭弄璋步兵校尉尹思合等馬步三萬發自京口　「新淦公」、「三萬」各本作「新塗公」、「二萬」。按地志無「新塗」，有「新淦」，涉形近而訛。梁書侯景傳、邵陵王綸傳作「三萬」，今並改正。

〔一〇〕衆軍因亂　「因」各本作「前」，據梁書改。

〔一一〕以火車焚城東南隅大樓　「車」字各本並脫，據梁書補。

〔一二〕陳文徹李孝欽屯丹陽郡　「孝」字各本並脫，據梁書補。

〔一三〕營于湘子岸前　「湘子」各本作「洲子」或「州子」，據梁書、册府元龜二八五改。

〔一四〕又得東城之米　「東城」各本作「城東」或「城中」。按上云「景遂運東城米于石頭」，則此「城東」當爲「東城」之倒，今乙正。

〔一五〕景又遣于子悅乞和城內遣御史中丞沈浚至景所景無去意　「和」字、「無」上「景」字各本並脫，據通志補。按梁書云「景又遣于子悅至，更請和」云云，又沈浚傳「侯景表請求和」，明此誤奪「和」字。

〔一六〕邵陵王世子堅帳內白曇朗董勛華於城西北樓納賊　「世子堅」、「白曇朗」各本作「世子子堅」、「白雲朗」，據梁書邵陵王綸傳删改。

〔一七〕元景襲爲陳留王　「元景襲」梁書作「元景龍」。

〔一八〕以柳仲禮爲使持節大都督隸大丞相參戎事　「柳仲禮」梁書作「柳敬禮」。按柳敬禮傳：「留敬禮爲質，以爲護軍將軍。」梁書侯景傳：「景以柳敬禮爲護軍將軍。」則作敬禮是。

〔一九〕三月甲申　按大寶元年三月庚戌朔，是月無甲申。

〔二〇〕元帝聞之謂御史中丞宗懍曰　「宗懍」各本作「宗懷」。按時有「宗懍」，不聞有「宗懷」其人，今改正。

〔二一〕身頓長沙徇地零桂運糧以至洞庭湘郢非吾有　「湘郢」二字各本並脫，據通志補。

〔二二〕陳慶呂季略盧暉略于和史安和爲爪牙　張森楷南史校勘記：「時無于和而有于慶，疑『和』當是『慶』誤。」

〔二三〕如不勝瘤則低至景敗日瘤隱陷肉中　「至景敗日」各本作「至日」，據册府元龜九五一補。

〔二四〕卽用市南井水焉　「井」字各本並脫，據通志補。

〔二五〕項羽重瞳尙有烏江之敗湘東一目寧爲赤縣所歸　「赤縣」各本作「四海」，據太平御覽五九七引梁書改。

〔二六〕使以釘釘其舌於柱剜其腸　「剜其腸」太平御覽五九七引梁書作「抽其腸」。

〔二七〕曇朗僞北法甎乘之傾失援狼狽退衂　「之」字各本並脫，據陳書補。

〔二八〕臨川太守駱文牙執之　「駱文牙」陳書作「駱牙」，有傳；本書有駱文牙傳。

〔二九〕封永嘉縣侯　「永嘉」陳書作「永興」。

〔三〇〕紹泰二年封候官縣侯　「二年」各本作「三年」，據陳書改。按紹泰無三年。

二十四史

中華書局

〔唐〕李延壽　撰

北史

中華書局

二十四史

北史

唐 李延壽 撰

第一冊

卷一至卷八（紀）

中華書局

南史北史出版說明

一

南史八十卷，北史一百卷，唐李延壽撰。南史起公元四二〇年（宋武帝永初元年），終公元五八九年（陳后主禎明三年），記述南朝宋、南齊、梁、陳四個封建政權共一百七十年的歷史。北史起公元三八六年（北魏道武帝登國元年），終公元六一八年（隋恭帝義寧二年），記述北朝魏、北齊（包括東魏）、周（包括西魏）、隋四個封建政權共二百三十三年的歷史。兩書合稱南北史。

李延壽，唐初相州人，官至符璽郎。在唐太宗時代，他曾先後參加隋書紀傳、十志和晉書的編寫工作，還參預過編輯唐朝的「國史」，並著有太宗政典。

南北史的撰著，是由李延壽的父親李大師開始的。隋末，李大師曾在農民起義軍領袖竇建德所建立的夏政權中做過尚書禮部侍郎。竇建德失敗後，他被唐朝流放到西會州（今甘肅境內），後遇赦放回，死於公元六二八年（唐太宗貞觀二年）。

當李大師開始編纂南北史的時候，沈約的宋書、蕭子顯的齊書、魏收的魏書已經流傳

很久，魏澹的魏書和王劭的齊志等也已成書。而當李延壽繼續編纂南北史的時侯，梁、陳、北齊、周、隋五代史的編纂工作也正在進行或定稿。既然關於南北朝的史書已有多種，那麽，李氏父子爲什麽還要另外編寫這一時期的歷史著作呢？李延壽的自序回答了這個問題。他説他的父親「常以宋、齊、梁、陳、魏、齊、周、隋南北分隔，南書謂北爲『索虜』，北書指南爲『島夷』。又各以其本國周悉，書別國並不能備，亦往往失實。常欲改正」。顯然，在隋、唐全國統一的局面形成後，人們很需要綜合敍述南北各朝歷史的新著。同時，分裂的封建政權互相敵視的用語如「索虜」、「島夷」之類，已與全國統一後南北各民族大融合的形勢不相適應，比李延壽時代稍後的劉知幾也强烈反對這種稱謂。所以李氏父子打破了朝代的斷限，通敍南北各朝歷史，又在書中删改了一些不利於統一的提法，正是反映了當時歷史的要求。這也是南北史取得成功的一個重要原因。

李大師本是仿照吳越春秋，採用編年體，沒有成書。李延壽在他的基礎上，改用史記紀傳的體裁，删節宋、南齊、梁、陳、魏、北齊、周、隋八書，又補充了一些史料，寫成南史和北史。公元六五九年（唐高宗顯慶四年），這兩部書經唐朝政府批准流傳。唐高宗對它很重視，曾親自爲之作序，但這篇序到宋代已經失傳。

中華書局

二

南北史的一個顯著特點是突出門閥士族的地位。它用家傳形式，按世系而不按時代先後編次列傳，一姓一族的人物，集中在一起。這種編纂方法並不開始於李延壽。劉宋時，何法盛著晉中興書，就有瑯邪王録、陳郡謝録等篇名，就是將東晉大族王、謝兩家的人物集中爲傳。北齊魏收著魏書，也是參用家傳形式。但魏書對大族中的重要人物還是抽出來單獨立傳，南北史則凡是子孫都附於父祖傳下，因此家傳的特徵更爲突出。這不僅是方法問題，而是南北朝時期社會現實的反映。

南北朝是門閥士族統治的時代，世家大族倚仗祖先的政治地位和宗族姻親的黨援，享有政治特權，佔有大量部曲、佃客、奴婢、蔭户和土地。高門子弟從青少年時期就在中央或地方任官，三四十歲便可飛黄騰達。大族之間以及大族與皇室之間由婚姻關係聯結起來，構成一個膠漆堅固的特權階層。他們也排斥着庶族地主。「地望」和「婚」、「宦」，是門第高下的重要標幟，這些都記載在他們的譜牒裏。所以南北朝的大族特別重視譜牒，講究譜學。但是，激烈的階級鬥爭衝擊着高門大族，從南北朝到隋末的歷次大規模農民起義，沉重地打擊了門閥士族。許多大族地主被革命的農民所鎮壓，或被趕出他們原來盤據的地區。

他們的譜牒連同他們的家業，也被革命的洪流衝刷得蕩然無存。他們的政治和經濟地位迅速下降，門閥士族的「盛世」已經江河日下。

但是，「百足之蟲，死而不僵」，爲了挽救自己的頹運，他們用盡了各種手法。在史書裏塞進家譜，就是其中的一種。魏收就曾直言不諱地說：「往因中原喪亂，人士譜牒遺逸略盡，是以具書其枝派。」這就是企圖通過修史來肯定門閥士族的世襲特權。唐朝初年編纂梁、陳、北齊、周、隋五代史，對「朝廷貴臣，必父祖有傳」，也是要把新貴和舊門閥聯繫起來，從而恢復舊門閥的政治地位。出身隴西大族的李延壽就是在這種時代背景下寫成南北史的。

三

南北史和宋、南齊、梁、陳、魏、北齊、周、隋八書相比較，從史料的角度來説是長短互見的。八書保存史料較多較詳，經過南北史的删節，篇幅僅及原書總和的二分之一，自然不免缺略。它所删掉的，在本紀中多屬册文、詔令，在列傳中多屬奏議、文章。删節以後，敍事部分相對突出，讀來比較醒目。可是，也有删所不當删的地方，例如北魏李安世關於均田的奏疏，梁朝范縝關於神滅的著名辯論，都是有關當時階級關係和思想鬥爭的重要資

料，南北史一則摒棄不録，一則删存無幾。在删節過程中，還有由於疏忽而造成的史實錯誤，甚至文氣不接，辭義晦澀。這些都是這兩史在編纂上的缺點。

南北史並非單純節抄八書，它也根據當時所能見到的資料作了不少補充。例如南史補了王琳、張彪等人的專傳，在循吏、文學、隱逸、恩倖等類傳中也補了若干人的整篇傳記。北史因魏書不記西魏史事，所以它根據魏澹魏書補了西魏三帝紀，后妃傳中補了西魏諸帝后，宗室傳中對入關的元魏宗室都增補了資料，此外還補了梁覽、雷紹、毛遐、乙弗朗、魏長賢等人的專傳。至於增加附傳或在原來的紀傳中補充史實的地方也爲數不少。有的原傳文字無幾，增補的部分超出數倍，如南史的恩倖傳就是例子。所補史料，也有些價值較高的。例如南史郭祖深傳，通過他所上的封事，揭露了梁武帝殘民佞佛的弊政。茹法亮傳保存了唐寓之起義的部分史料。巴陵王子倫傳和吕文顯傳記録了宋、齊兩代中書舍人和典籤權力膨脹的事例。范縝傳增加了他不肯「賣論取官」的一段對話，表現了這位唯物主義思想家的戰鬥精神。北史李弼等人傳後，對西魏、北周的軍事制度有較詳細的記載。蘇威傳補充了江南人民反隋鬥爭的史實。這些都是有關政治經濟和階級鬥爭的重要史料，有助於我們了解和研究南北朝時期的歷史。

李延壽自序説他補充的史料很多出於當時的「雜史」，即所謂「小説短書」，故事性較

强，且多口語材料，增補入傳，常常能使人物形象更加生動，更能反映當時真實情況。這類資料在南史的何佟之傳，北史的東魏孝静帝紀、高昂傳、斛律金傳、李稚廉傳、尒朱榮傳中都可以發現。但因此也摻入了大量神鬼故事、謠言讖語、戲謔笑料，這又是它的嚴重缺點。

總之，南北史就史料的豐富完整來説，不如八書，但也不乏勝過八書的地方。作爲研究南北朝歷史的資料，可以和八書互相補充，而不可以偏廢。

四

我們這次點校，南史和北史都是採用百衲本（即商務印書館影印元大德本）爲工作本。南史以汲古閣本、武英殿本進行通校，以南、北監本和金陵書局本作爲參校。北史以南監本、武英殿本進行通校，以北監本、汲古閣本作爲參校。又查對了北京圖書館所藏宋本殘卷。版本異同，一般擇善而從，不作校記，但遇有一本獨是或可能引起誤解的地方，則仍寫校記説明。

除版本校勘外，還參校了宋書、南齊書、梁書、陳書、魏書、北齊書、周書、隋書和通志。因爲南北史本是節删八書，它的原則是「若文之所安，則因而不改」，這八部史書當然可以作爲校勘的主要根據。而通志的南北朝部分，則基本上是鈔録南北史，文字上的異同，對

中華書局

二十四史

於校正這兩部史書也有一定的參考價值。此外，還參考了通鑑、太平御覽、通典等書。

前人成果利用最多的是錢大昕的二十二史考異和張元濟、張森楷的南北史校勘記稿本。其他如王鳴盛的十七史商榷，張熷的讀史舉正，洪頤煊的諸史考異，李慈銘的南史札記和北史札記等書，也都曾參考。

各卷目錄基本上保持元大德本原目，只改正了其中若干錯誤。總目則是我們新編的，目的在便於尋檢。

南史由盧振華同志點校，經王仲犖同志覆閱，趙守儼、魏連科同志參加了編輯整理工作。北史由陳仲安同志點校。不妥之處，希望讀者隨時指正。

中華書局編輯部

北史目錄

中華書局

二十四史

中華書局

卷二十一 列傳第九

卷二十二 列傳第十

卷二十三 列傳第十一

卷二十四 列傳第十二

卷二十五 列傳第十三

卷二十六 列傳第十四

中華書局

二十四史

中華書局

北史目錄 二三

北史目錄 二四

北史目錄 二五

二六

中華書局

卷六十八 列傳第五十六

卷六十九 列傳第五十七

卷七十 列傳第五十八

卷七十一 列傳第五十九

隋宗室諸王

文帝四王

煬帝三子

卷七十二 列傳第六十

卷七十三 列傳第六十一

卷七十四 列傳第六十二

卷七十五 列傳第六十三

卷八十三 列傳第七十一

文苑

卷八十四 列傳第七十二

孝行

卷八十五 列傳第七十三

節義

卷八十六 列傳第七十四

循吏

卷八十七 列傳第七十五

酷吏

卷八十八 列傳第七十六

隱逸

卷八十九 列傳第七十七

藝術上

卷九十 列傳第七十八

藝術下

卷九十一 列傳第七十九

列女

中華書局

中華書局

操樹碑於大邗城，以頌功德。子普根代立。

十三年，昭帝崩。穆帝遂總攝三部爲一統。

帝天姿英峙，勇略過人。元年，劉元海僭帝號，自稱大漢。

三年，晉并州刺史劉琨遣子遵爲質，乞師。帝使弟子平文皇帝助琨破白部大人，次攻鐵弗劉武。晉懷帝進帝大單于，封代公。帝以封邑去國縣遠，從琨求句注陘北地。琨大喜，乃徙馬邑、陰館、樓煩、繁畤、崞五縣人於陘南，更立城邑，盡獻其地，東接代郡，西連西河、朔方數百里。帝乃徙十萬家以充之。

六年，城盛樂以爲北都，修故平城以爲南都。帝登平城西山，觀望地勢，乃更南百里，於灅水之陽黃瓜堆築新平城，晉人謂之小平城，使子六脩鎮之，統領南部。

八年，晉愍帝進帝爲代王，置官屬，食代、常山二郡。先是國俗寬簡，至是明刑峻法，諸部人多以違命得罪。凡後期者皆舉部戮之，或有室家相攜，悉赴死所，人問何之，曰當就誅。其威嚴若此。

九年，帝召六脩不至，怒，討之失利，遂崩。

普根先守外境，聞難，來攻六脩滅之。普根立月餘薨。普根子始生，桓帝后立之，又薨，思帝子平文皇帝立。

平文皇帝諱鬱律。姿質雄壯，甚有威略。元年，歲在丁丑。二年，劉武據朔方，來侵西部，帝大破之。西兼烏孫故地，東吞勿吉以西，控弦上馬將百萬。

是歲，晉元帝即位於江南，劉曜僭帝位。帝聞晉愍帝爲曜所害，顧謂大臣曰：「今中原無主，天其資我乎。」曜遣使請和，帝不納。

三年，石勒自稱趙王，遣使乞和，請爲兄弟，帝斬其使以絕之。五年，晉元帝遣使韓暢加崇爵服，帝絕之。講武，有平南夏志。桓帝后以帝得衆心，恐不利己子，害帝，遂崩，大人死者數十人。天興初，追尊曰太祖。

桓帝中子惠帝賀傉立，以五年爲元年。帝未親政事，太后臨朝，遣使與石勒通和，時人謂之女國使。四年，帝始臨朝，以諸部人情未悉款順，乃築城於東木根山，徙都之。五年，帝崩。

弟煬帝紇那立，以五年爲元年。三年，石勒遣石季龍寇邊部，帝禦之，不利，遷於大甯。

時平文帝長子烈帝居於舅賀蘭部，帝遣使求之，賀蘭部帥藹頭擁護不遣。帝怒，召宇文部并力擊藹頭。宇文衆敗，帝還大甯。五年，帝出居於宇文部，賀蘭及諸部大人共立烈帝。

烈皇帝諱翳槐，以五年爲元年。石勒遣使求和，帝遣弟昭成帝如襄國，從者五千餘家。

七年，藹頭不修臣職，召而戮之，國人復貳。於是煬帝自宇文部還入，諸部大人復奉之。煬帝以烈帝七年爲後元年。時烈帝出居於鄴。三年，石季龍納烈帝於大甯。國人六千餘家部落叛，煬帝出居於慕容部。

烈帝復立，以煬帝三年爲後元年。城盛樂城，在故城東南十里。一年而崩，弟昭成皇帝立。

昭成皇帝諱什翼犍，平文皇帝之次子也。生而奇偉，寬仁大度，身長八尺，隆準龍顏，立髮委地，臥則乳垂至席。烈帝臨崩，顧命迎帝，曰：「立此人則社稷乃安。」故帝弟孤自詣鄴奉迎，與帝俱還。

建國元年十一月，帝即位於繁畤北，時年十九。

二年春，始置百官，分掌衆職。東自濊貊，西及破落那，莫不款附。五月，朝諸大人於參合陂，議定都灅源川，連日不決，乃從太后計而止。娉慕容晃妹爲皇后。

三年春，移都雲中之盛樂宮。

四年，築盛樂城於故城南八里。皇后慕容氏崩。十月，劉武寇西境，帝遣軍大破之。

武死，子務桓立，始來歸順，帝以女妻之。

七年二月，遣大人長孫秩迎后慕容氏於和龍，晃送女於境。七月，慕容晃遣使來聘，求交婚，帝許之，以烈帝女妻焉。

十四年，帝以中州紛梗，將親率六軍，乘石氏之亂，廓定中原，諸大人諫，乃止。

十八年，太后王氏崩。

十九年正月，劉務桓死，其弟閼頭立，潛謀反。

二十一年，閼頭部人多叛，懼而東走，度河半濟而冰陷。後衆盡歸其兄子悉勿祈。初，閼頭之叛，悉勿祈兄弟十二人在帝左右，盡遣之歸，欲其自相猜離。至是，悉勿祈奪其衆，閼頭窮而歸命，帝待之如初。

二十二年春，帝東巡桑乾川。四月，悉勿祈死，弟衞辰立。

二十三年六月，皇后慕容氏崩。七月，衞辰來會葬，因求婚，許之。

二十五年，帝南巡君子津。

二十八年正月，衞辰謀反，度河東，帝討之，衞辰懼，遁走。

三十年十月，帝征衞辰。時河冰未成，帝乃以葦絙約澌，俄然冰合，乃散葦於上，冰草相結若浮橋，衆軍利涉。衞辰與宗族西走，收其部落而還。

三十四年春，長孫斤謀反，伏誅。斤之反也，拔刃向御坐，太子寔格之，傷脅，五月薨，後追謚焉，是爲獻明皇帝。七月，皇孫珪生，大赦。

三十九年，苻堅遣其大司馬苻洛帥衆二十萬及其將朱彤、張蚝、鄧羌等諸道來寇，王師不利。帝時不豫，乃率國人避於陰山之北。高車雜種盡叛，四面寇抄，不得芻牧，復度漠南。堅軍稍退，乃還。十二月，至雲中。旬有二日，皇子寔君作亂，帝暴崩，時年五十七。道武即位，尊曰高祖。

帝性寬厚。時國少繒帛，代人許謙盜絹二疋，守者以告，帝匿之，謂燕鳳曰：「吾不忍視謙之面，卿勿洩之，謙或慚而自殺，爲財辱士，非也。」帝嘗擊西部叛賊，流矢中目。賊破後，諸大臣執射者，各持錐刀欲屠割之。帝曰：「各爲其主，何罪也，釋之。」其仁恕若此。

太祖道武皇帝諱珪，昭成皇帝之嫡孫，獻明帝之子也。母曰獻明賀皇后，初因遷徙，游於雲澤，寢，夢日出室內，寤而見光自牖屬天，欻然有感，以建國三十四年七月七日生帝於參合陂北，其夜復有光明。昭成大悅，羣臣稱慶，大赦，告于祖宗。保者以帝體重倍於常兒，竊獨奇怪。明年有榆生於藏胞之坎，後遂成林。帝弱而能言，目有光曜，廣顙大耳。六

歲而昭成崩，苻堅遣將內侮，將遷帝長安，賴燕鳳乃免。堅軍既還，國衆離散，堅使劉庫仁、劉衞辰分攝國事。南部大人長孫嵩及元他等盡將故人衆南依庫仁，帝於是轉在獨孤部。

元年，葬昭成皇帝於金陵，營梓宮木柹盡生成林。帝雖沖幼，而嶷然不羣。劉庫仁常謂其子曰：「帝有高天下之志，必興復洪業。」

七年十月，晉敗苻堅于淮南。慕容文等殺劉庫仁，弟眷代攝國部。

八年，慕容暐弟沖僭立。姚萇自稱大單于、萬年秦王。慕容垂僭稱燕王。

九年，劉庫仁子顯殺眷而代之，乃將謀逆，商人王霸知之，履帝足於衆中，帝乃馳還。是時，故大人梁盆子六眷爲顯謀主，盡知其計，密使部人穆崇馳告。帝乃陰結舊臣長孫犍、元他等，因幸賀蘭部。其日，顯果使人殺帝，不及。語在獻明太后傳。

是歲，乞伏國仁私署秦、河二州牧、大單于。姚萇殺苻堅，堅子丕僭即皇帝位於晉陽。

登國元年春正月戊申，帝即代王位，郊天建元，大會於牛川。復以長孫嵩爲南部大人，以叔孫普洛爲北部大人。是月，慕容垂僭即皇帝位于中山，國號燕。二月，幸定襄之盛樂，息衆課農。慕容沖爲其部下所殺。

夏四月，改稱魏王。五月，姚萇僭即皇帝位於長安，國號大秦。

秋八月，劉顯遣弟亢泥迎皇叔父窟咄于慕容永，以兵隨之，來逼南境。帝左右于桓等與諸部大人謀應之，事洩，誅造謀者五人，餘悉不問。帝慮內難，乃北踰陰山，幸賀蘭部，阻山爲固。遣行人安同、長孫賀徵師于慕容垂，垂令其子賀驎率師隨同等。軍未至而寇逼，於是北部大人叔孫普洛等十三人及諸烏丸亡奔衞辰。帝自弩山幸牛川，屯于延水，南出代谷，會賀驎於高柳，大破窟咄，悉收其衆。

冬十月，苻丕爲晉將馮該所殺。慕容永僭即皇帝位於長子。十一月，苻登僭即皇帝位於隴東。十二月，慕容垂遣使奉帝西單于印綬，封上谷王，帝不納。

二年夏五月，遣安同徵兵於慕容垂，垂遣子賀驎率衆來會。六月，帝親征劉顯，顯奔慕容永，盡收其部落。

冬十二月，巡松漠，還幸牛川。

三年夏五月癸亥，北征庫莫奚，大破之。六月，乞伏國仁死，其弟乾歸立，私署河南王。秋七月，庫莫奚部帥鳩集遺散，夜犯行宮，縱騎撲討，盡滅之。

八月，使九原公儀於慕容垂。冬十月，垂遣使朝貢。

四年春正月甲寅，襲高車諸部落。二月癸巳，遂至女水，討叱突隣部。並大破之。是月，呂光自稱三河王。

夏五月，使陳留公虔於慕容垂。冬十月，垂遣使朝貢。

五年春三月甲申，西征，次鹿渾海，襲高車袁紇部，大破之。慕容垂遣子賀驎來會。夏四月丙寅，〔三〕行幸意辛山，與賀驎討賀蘭、紇奚諸部落，大破之。

秋八月，還幸牛川。使秦王觚於慕容垂。九月壬申，討叱奴部囊曲水，破之。

冬十月，討高車豆陳部於狼山，破之。十二月，帝還次白漠。

六年春正月，幸紐垤川。三月，遣九原公儀、陳留公虔等西討黜弗部，大破之。

夏四月，祭天。

秋七月壬申，講武于牛川。慕容垂止秦王觚而求名馬，帝絕之。乃遣使於慕容永，永使其大鴻臚慕容鈞奉表勸進尊號。九月，帝襲五原，屠之，收其積穀。還紐垤川，於棝陽塞北樹碑記功。

中華書局

冬十月戊戌，北征蠕蠕，追破之於大磧南商山下。十一月戊辰，還幸紐垤川。戊寅，衞辰遣子直力鞮寇南部。壬午，帝大破之於鐵歧山南，衞辰父子奔遁。十二月，滅之，衞辰少子屈丐亡奔薛干部。〔三〕自河以南，諸部悉平。收衞辰子弟宗黨無少長五千餘人，盡殺之。是歲，起河南宮。

七年春正月，幸木根山，遂次黑鹽池，饗羣臣，北之美水。三月，還幸河南宮。

秋七月，行幸漠南，仍築巡臺。

冬十二月，慕容永遣使朝貢。

八年春正月，南巡。二月，幸羖羊原，赴白樓。

夏六月，北巡。秋七月，臨幸新壇。

先是衞辰子屈丐奔薛干部，徵之不送，八月，帝南征薛干部，屠其城。九月，還幸河南宮。

九年春三月，北巡。使東平公元儀屯田於河北五原，至於棝陽塞外。夏五月，田於河

東。秋七月，還幸河南宮。

冬十月，蠕蠕社崙等率部落西走。

是歲，姚萇子興僭立，殺苻登。慕容垂滅永。

十年秋七月，慕容垂遣其子寶來寇五原。八月，帝親兵於河南。〔四〕冬十月辛未，寶燒船夜遁。十一月己卯，〔五〕帝進軍濟河。乙酉夕，至參合陂。丙戌，大破之，禽其王公以下文武將吏數千人。於俘虜中擢其才識者賈彝、賈閏、晁崇等參謀議，憲章故實。

十二月，還幸雲中之盛樂。

皇始元年春正月，大蒐于定襄，因東幸善無北陂。三月，慕容垂寇桑乾川，陳留公虔死之。垂遂至平城西北，聞帝將至，乃築城自守，疾甚，遂遁，死於上谷。子寶祕喪，還至中山乃僭立。

夏六月丁亥，皇太后賀氏崩。是月，葬獻明太后。呂光僭稱天王，國號涼。

秋七月，左司馬許謙上書勸進尊號，於是改元，始建天子旌旗，出警入蹕。

八月己亥，大舉討慕容寶。帝親勒六軍四十餘萬南出馬邑，踰句注，旌旗駱驛二千餘里，鼓行而前，人屋皆震。別詔將軍封眞等從東道襲幽州，圍薊。九月戊午，次陽曲，乘西山，臨觀晉陽。寶幷州牧、遼西王農棄城遁，幷州平。

初建臺省，置百官，封拜公、侯、將軍、刺史、太守，尙書郎以下悉用文人。帝初拓中原，留心慰納，諸士大夫詣軍門者，無少長皆引入，人得盡言，苟有微能，咸蒙敍用。己未，詔輔國將軍奚牧略地晉川，獲慕容寶丹楊王買得等於平陶城。九月，晉孝武帝殂。

冬十一月庚子朔，帝至眞定，自常山以東，守宰或捐城奔竄，或稽顙軍門，唯中山、鄴、信都三城不下。別詔東平公儀攻鄴，冠軍將軍王建、左軍將軍李栗等攻信都，軍所行不得傷桑棗。戊午，進軍中山。己未，圍之。帝曰：「朕量寶不能出戰，必憑城自守，急攻則傷士，久守則費糧，不如先平鄴、信都，然後還取中山。」諸將稱善。丁卯，車駕幸魯口城。

二年春正月壬戌，帝引騎圍信都。其夜，寶冀州刺史、宜都王慕容鳳踰城奔中山。癸亥，寶輔國將軍張驤、護軍將軍徐超舉城降。是月，鮮卑禿髮烏孤私署大單于、西平王。

二月丁丑，帝軍于鉅鹿之栢肆塢，臨滹沱水。其夜，寶悉衆犯營，燎及行宮，兵人駭散。帝驚起，不及衣冠，跣出擊鼓。俄而左右及中軍將士稍集。帝設奇陣，列烽營外，縱騎衝之。寶衆大敗，走還中山，獲其器械數十萬計。寶尙書閔亮、祕書監崔逞等降者相屬，賜拜

職爵各有差。三月己酉，車駕次盧奴。寶求和，請送秦王觚，割常山以西奉魏，乞守中山以東。帝許之。已而寶背約。辛亥，車駕次中山，命將圍之。是夜，寶弟賀驎將妻子走西山。寶恐賀驎先據和龍，壬子夜，北遁。城內共立慕容普驎爲主。

夏四月，帝以軍糧不繼，詔東平公儀罷鄴圍，徙屯鉅鹿。五月庚子，帝以中山城內爲普驎所脅，乃招喻之。甲辰，曜兵揚威，以示城內，命諸軍罷圍南徙，以待其變。甲寅，以東平公儀爲左丞相，封衞王。進襄城公題爵爲王。

秋七月，普驎遣烏丸張驤率五千餘人出城求食，寇靈壽。賀驎自丁零中入驤軍，因其衆，復入中山，殺普驎而自立。八月丙寅朔，帝進軍九門。時大疫，人馬牛死者十五六，中山猶拒守，羣下咸思北還。帝知之，謂曰：「斯固天命，將若之何！四海之人皆可與爲國，在吾所以撫之耳，何恤乎無人！」羣臣乃不敢言。九月，賀驎飢窮，率三萬餘人寇新市。甲子晦，帝進軍討之。太史令晁崇奏曰：「不吉。」帝曰：「何也？」對曰：「紂以甲子亡，兵家忌之。」帝曰：「周武不以甲子勝乎？」崇無以對。

冬十月丙寅，帝進軍新市，賀驎退阻泒水，依漸洳澤以自固。甲戌，帝臨其營，戰於義臺塢，大破之。賀驎單馬走鄴，慕容德殺之。甲申，賀驎所署公卿尙書將吏士卒降者二萬餘人。其將張驤、李沈、慕容文等先來降，尋皆亡還，是日復獲之，皆赦而不問。獲其所傳

中華書局

皇帝璽綬、圖書、府庫珍寶。中山平。乙酉，襄城王題薨。

天興元年春正月，慕容德走保滑臺，衞王儀剋鄴。庚子，行幸眞定，遂幸鄴。百姓有老病不能自存者，詔郡縣振卹之。帝至鄴，巡登臺榭，偏覽宮城，將有定都之志，乃置行臺。遂還中山，所過存問百姓。詔大軍所經州郡皆復貲租一年，除山東人租賦之半。車駕將北還，發卒萬人通直道，自望都鐵關鑿恒嶺至代五百餘里。帝慮還後山東有變，乃於中山置行臺，詔衞王儀鎭之，使略陽公遵鎭勃海之合口。右軍將軍尹國先督租于冀州，聞帝將還，謀反，欲襲信都，安南將軍長孫嵩執送，斬之。辛酉，車駕發中山，至于望都堯山。徙山東六州人吏及徒何、高麗雜夷、三十六署百工伎巧十餘萬口以充京師。車駕次于恒山之陽。博陵、勃海、章武諸郡羣盜並起，略陽公遵等討之。是月，慕容德自稱燕王，據廣固。〔六〕三月，

二月，車駕至自中山。幸繁時宮。更選屯衞。詔給內徙新戶耕牛，計口受田。

徵左丞相、衞王儀還京師，詔略陽公遵代鎭中山。

夏四月壬戌，以歷陽公穆崇爲太尉，鉅鹿公長孫嵩爲司徒，進封略陽公遵爲常山王，南安公順爲毗陵王。祭天於西郊，旗幟有加焉。廣平太守、遼西公意列謀反，與郡人韓奇矯假讖圖，將襲鄴城。詔反者就郡賜死。是月，蘭汗殺慕容寶而自立爲大單于、昌黎王。

六月丙子，詔有司議定國號。羣臣奏曰：「昔周、秦以前，帝王居所生之土，及王天下，卽承爲號。今國家啓基雲、代，應以代爲號。」詔曰：「昔朕遠祖總御幽都，控制遐國，雖踐王位，未定九州。逮于朕躬，掃平中土，凶逆蕩除，遐邇率服，宜仍先號爲魏。」

秋七月，遷都平城，始營宮室，建宗廟，立社稷。慕容寶子盛殺蘭汗而自立爲長樂王。八月，詔有司正封畿，制郊甸，端徑術，標道里，平五權，較五量，定五度。遣使循行郡國，舉奏守宰不法者，親覽察黜陟之。

冬十月，起天文殿。十一月辛亥，尚書吏部郎中鄧彥海典官制，立爵品，定律呂，協音樂；儀曹郎中董謐撰郊廟、社稷、朝覲、饗宴之儀；三公郎中王德定律令，申科禁；太史令晁崇造渾儀，考天象；吏部尚書崔宏總裁之。

閏月，左丞相衞王儀及王公卿士詣闕上書曰：「臣等聞宸極居中，則列宿齊其晷；帝王順天，則羣后仰其度。伏惟陛下德協二儀，道隆三五，仁風被于四海，盛化塞于天區，澤及昆蟲，恩霑行葦，謳歌所屬，八表歸心；而躬履謙虛，退身後己，宸儀未彰，衮服未御，非所以上允皇天之意，下副樂推之心。臣等謹昧死以聞。」帝三讓乃許之。

十二月己丑，帝臨天文殿，太尉、司徒進璽綬，百官咸稱萬歲。大赦，改元，追尊成帝以下及后號謚，樂用皇始之舞。詔百司議定行次，尚書崔宏等奏從土德，服色尚黃，數用五，

祖以未，臘以辰，犧牲用白，五郊立氣，宣贊時令，敬授人時，行夏之正。徙六州二十二郡守宰豪傑吏人二千家于代都。

二年春正月甲子，初祀上帝于南郊，以始祖神元皇帝配，降壇視燎，成禮而反。乙丑，赦京師。始制三駕之法。庚午，北巡。分命諸將大襲高車，常山王遵三軍從東道出長川，高涼王樂眞等七軍從西道出牛川，車駕親勒六軍從中道自駮髯水西北出。二月丁亥朔，諸軍同會，破高車雜種三十餘部。衞王儀督三將別從西北絕漠千餘里，破其遺迸七部。還次牛川，及薄山，並刻石紀功。以所獲高車衆起鹿苑於南臺陰，北距長城，東苞白登，屬之西山，廣輪數十里。鑿渠引武川水，注之苑中，疏爲三溝，分流宮城內外。又穿鴻雁池。三月己未，車駕至自北伐。甲子，初令五經羣書各置博士，增國子太學生員三千人。是月，氐人李辯叛慕容德，求援於鄴。行臺尚書和跋以輕騎應之，剋滑臺，收德宮人府藏。

秋七月，起天華殿。辛酉，大閱于鹿苑。八月，增啓京城十二門，作西武庫。除州郡人租賦之半。辛亥，詔禮官備撰衆儀，著于新令。范陽人盧溥聚衆海濱，稱幽州刺史，攻掠郡縣，殺幽州刺史封沓干。

是月，禿髮烏孤死，其弟利鹿孤立，遣使朝貢。

冬十月，太廟成，遷神元、平文、昭成、獻明皇帝神主于太廟。十二月，天華殿成。呂光立其子紹爲天王，自稱太上皇，及死，庶子纂殺紹而僭立。

三年春正月戊午，材官將軍和突破盧溥於遼西，獲之，及其子煥傳送京師，轘之。癸亥，祀北郊。分命諸官循行州郡，觀風俗，察舉不法。二月丁亥，詔有司祀日于東郊。始耕籍田。壬寅，皇子聰薨。三月戊午，立皇后慕容氏。是月，穿城南渠通於城內，作東西魚池。

夏四月，姚興遣使朝貢。五月戊辰，詔謁者僕射張濟使於興。己巳，東巡，遂幸涿鹿，遣使者以太牢祀帝堯、帝舜廟。西幸馬邑，觀灅源。六月庚辰朔，日有蝕之。

秋七月，乞伏乾歸大爲姚興所破。壬子，車駕還宮。起中天殿及雲母堂、金華室。

時太史屢奏天文錯亂，〔七〕帝親覽經占，多云宜改王易政，於是數革官號，欲以防塞凶狡，消弭災變。已而慮臣下疑惑，冬十二月丙申，下詔述成敗之理，鑒殷、周之失，革秦、漢之弊，以喻臣下。

是歲，河右諸郡奉涼武昭王李玄盛爲秦涼二州牧、涼公，肇興霸業，年號庚子。

四年春二月丁亥，命樂師入學習舞，釋菜于先聖、先師。丁酉，分命使者巡行州郡，聽察辭訟，糾劾不法。是月，呂光弟子隆弑呂纂而自立。三月，帝親漁，薦于寢廟。

夏四月辛卯，罷鄴行臺。詔有司明揚隱逸。五月，起紫極殿、玄武樓、涼風觀、石池、鹿苑臺。六月，盧水胡沮渠蒙遜私署涼州牧、張掖公。

秋七月，詔兗州刺史長孫肥南徇許昌、彭城。詔賜天下鎮戍將士布帛各有差。八月，段興殺慕容盛，〔八〕叔父熙盡誅段氏，僭卽皇帝位。

冬十二月，集博士儒生比衆經文字，義類相從，凡四萬餘字，號曰衆文經。

是歲，涼武昭王、沮渠蒙遜並遣使朝貢。

五年春正月，帝聞姚興將寇邊，庚寅，大簡輿徒，詔并州諸軍積穀于平陽乾壁。

三月，禿髮利鹿孤死。

夏五月，姚興遣其弟義陽公平來侵平陽，〔九〕攻陷乾壁。秋七月戊辰朔，車駕西討。八月乙巳，至柴壁，平固守，進軍圍之。〔一〇〕姚興悉舉其衆來救。甲子，帝度蒙坑，逆擊興軍大破之。冬十月，平赴水而死，俘其餘衆三萬餘人，獲興尚書左僕射狄伯支以下四品將軍以上四十餘人。獲前亡臣王次多、靳勤，並斬以徇。興頻使請和，帝不許。羣臣請進平蒲坂，帝

慮蠕蠕爲難，戊申，班師。

十一月，車駕次晉陽。徵相州刺史庾岳爲司空。十二月辛亥，至自西征。越勤莫弗率其部萬餘家內屬。〔一一〕

六年春正月辛未，朔方尉遲部別帥率萬家內屬，入居雲中。

夏四月癸巳朔，日有蝕之。五月，大簡輿徒，將略江淮。

秋七月，鎭西大將軍、司隸校尉、毗陵王順有罪，以王還第。戊子，北巡，築離宮于犲山，縱士校獵，東北踰罽嶺，出參合、代谷。九月，行幸南平城，規度灅南夏屋山，背黃瓜堆，〔一二〕將建新邑。辛未，車駕還宮。

冬十月，起西昭陽殿。乙卯，立皇子嗣爲齊王，加車騎大將軍，位相國；紹爲淸河王，加征南大將軍；熙爲陽平王，曜爲河南王。封故秦愍王子夔爲豫章王，陳留桓王子悅爲朱提王。丁巳，晉人來聘。十一月庚午，將軍伊謂大破高車。十二月，晉桓玄廢其主司馬德宗爲平固王而自立，僭號楚。

天賜元年春二月，晉劉裕起兵誅桓玄。三月，初限縣戶不滿百罷之。

夏五月，置山東諸冶，發州郡徒謫造兵甲。

秋九月，帝臨昭陽殿，分置衆職，引朝臣文武親自簡擢，量能敍用；制爵四等，曰王、公、侯、子，除伯、男之號；追錄舊臣，加封爵各有差。

是秋，江南大亂，流人繈負奔淮北者行道相尋。

冬十月辛巳，大赦，改元。築西宮。十一月，幸西宮，大選臣僚，令各辨宗黨，保舉才行，諸部子孫失業賜爵者二千餘人。

二年春正月，晉主司馬德宗復位。

夏四月，祀西郊，車旗盡黑。

冬十月，慕容德死。

三年春正月甲申，北巡，幸犲山宮，校獵，還至屋孤山。二月乙亥，幸代園山，建五石亭。三月庚子，車駕還宮。

夏四月庚申，復幸犲山宮。占授著作郎王宜弟造兵法孤虛立成圖三百六十時。遂登定襄角史山，又幸馬城。甲戌，車駕還宮。六月，發八部五百里內男丁築灅南宮，門闕高十

餘丈；引溝穿池，廣苑囿；規立外城方二十里，分置市里，經途洞達。三十日罷。

秋七月，太尉穆崇薨。八月甲辰，行幸犲山宮，遂至青牛山。丙辰，西登武要北原，觀九十九泉，造石亭，遂之石漠。九月甲戌朔，幸漠南鹽池。壬午，至漠中，觀天鹽池。度漠北，之吐鹽池。癸巳，南還長川。丙申，臨觀長陂。

冬十月庚申，車駕還宮。

四年春二月，封皇子脩爲河間王，處文爲長樂王，連爲廣平王，黎爲京兆王。

夏五月，北巡，自參合陂東過蟠羊山，大雨，暴水流輜車數百乘，殺百餘人。遂東北踰石漠，至長川，幸濡源。常山王遵有罪賜死。六月，赫連屈丐自稱大單于、大夏天王。

秋七月，西幸參合陂。築北宮垣，三旬而罷，乃還宮。慕容寶養子高雲殺慕容熙而自立，僭號天王。八月，誅司空庾岳。

五年春正月。行幸犲山宮，遂如參合陂，觀漁于延水，至寧川。三月，姚興遣使朝貢。

秋七月戊戌朔，日有蝕之。

冬十月，禿髮傉檀僭卽涼王位。

六年夏，帝不豫。初，帝服寒食散，自太醫令陰羌死後，藥數動發，至此愈甚。而災變屢見，憂懣不安，或數日不食，或不寢達旦，歸咎羣下，喜怒乖常。謂百僚左右不可信，慮如天文之占，或有肘腋之虞。追思既往成敗得失，終日竟夜獨語不止，若傍有鬼物對揚者。朝臣至前，追其舊惡，便見殺害，其餘或以顏色變動，或以喘息不調，或以行步乖節，或以言辭失措，帝以為懷惡在心，變見於外，乃手自毆擊。死者皆陳天安殿前。於是朝野人情各懷危懼，有司廢怠，莫相督攝，百工偷劫，盜賊公行，巷里之間，人為稀少。帝亦聞之，曰：「朕故縱之使然，幸過災年，當更清整之耳。」

秋七月，慕容氏支屬百餘家謀欲外奔，發覺，伏誅死者三百餘人。八月，衞王儀謀叛，賜死。

十月戊辰，清河王紹作亂，帝崩於天安殿，時年三十九。永興二年九月甲寅，上謚曰宣武皇帝，葬於盛樂金陵，廟號太祖。[三]泰常五年改謚曰道武。

太宗明元皇帝諱嗣，道武皇帝之長子也，母曰劉貴人，登國七年，生於雲中宮。道武晚

有男，聞而大悅，乃大赦。帝明叡寬毅，非禮不動。天興六年，封齊王，拜相國。初，帝母既賜死，道武召帝告曰：「昔漢武將立其子而殺其母，不令婦人與國政，汝當繼統，故吾遠同漢武。」帝素純孝，哀不自勝。道武怒。帝還宮，哀不自止，道武知而又召帝。帝欲入，左右諫，請待和解而進，帝從之。及元紹之逆，帝還而誅之。

永興元年冬十月壬午，皇帝即位，大赦改元，追尊皇妣為宣穆皇后。公卿大臣先能歸第者，悉復登用之。詔南平公長孫嵩、北新侯安同對理人訟，簡賢任能。是月，馮跋弒其主高雲，僭號天王，國號北燕。[四]

閏十月丁亥，朱提王悅謀反，賜死。詔鄭兵將軍山陽侯奚斤巡諸州，[五]問人疾苦。十二月戊戌，封衞王儀子良為南陽王，進陰平公烈爵為王，[六]改封高涼王樂眞為平陽王。己亥，帝始居西宮，御天文殿。蠕蠕犯塞。

是歲，乞伏乾歸自稱秦王。

二年春正月甲寅朔，詔南平公長孫嵩等北征蠕蠕，因留屯漠南。夏五月，嵩等自大漠還，蠕蠕追圍之於牛川。壬申，帝北伐，蠕蠕聞而遁走。車駕還幸參合陂。

六月，晉將劉裕滅慕容超。

秋七月丁巳，立射臺於陂西，仍講武。乙丑，至自北伐。

三年春二月戊戌，詔簡宮人非御及伎巧者，悉以賜鰥人。己亥，詔北新侯安同等持節巡行并、定二州及諸山居雜胡、丁零，問其疾苦，察舉守宰不法者。辛丑，簡宮人工伎之不急者出，賜人不能自存者。三月己未，詔侍臣常佩劍。

夏五月丙寅，復出宮人賜鰥人。丁卯，車駕謁金陵於盛樂。己巳，昌黎王慕容伯兒謀反，伏誅。六月，姚興遣使朝貢。

秋七月戊申，賜衞士酺三日。

冬十一月丁未，大閱于東郊。

四年春二月癸未，登獸圈，射猛獸。

夏四月乙未，宴羣臣於西宮，使各獻直言，勿有所諱。六月，乞伏乾歸為兄子公府所弒。

閏月丙辰，大閱于東郊。

秋七月己巳朔，東巡。置四廂大將，又放十二時，置十二小將。以山陽侯奚斤、元城公

屈行左右丞相。己卯，大獮于石會山。戊子，臨去畿陂觀漁。庚寅，至于濡源，西巡，幸北部諸落。八月壬子，幸西宮，臨板殿，大饗羣臣，命百姓大酺三日。乙卯，賜王公以下至宿衞將士布各有差。

冬十一月己丑，賜宗室近屬南陽王良以下至於緦麻親布帛各有差。是月，沮渠蒙遜僭稱河西王。[七]十二月丁巳，北巡，至長城而旋。

五年春正月己巳，大閱畿內，男年十二以上悉集。己卯，幸西宮。頻拔大渠帥四十餘人詣闕奉貢，賜以繒帛錦罽各有差。乙酉，詔諸州，六十戶出戎馬一匹。庚寅，大閱于東郊，署將帥，以山陽侯奚斤為前軍，衆三萬，陽平王熙等十二將各一萬騎，帝臨白登，躬自校覽。二月庚戌，幸高柳川。癸丑，穿魚池於北苑。庚午，姚興遣使朝貢。己卯，詔使者巡行天下，招延儁彥，搜揚隱逸。

夏四月乙卯，西巡。五月乙亥，行幸雲中舊宮之大室。丙子，大赦。六月，西幸五原，校獵于骨羅山，獲獸十萬。

秋七月己巳，還幸薄山。帝登觀宣武游幸刻石頌德之處，乃於其旁起石壇而薦饗焉，賜從者大酺於山下。前軍奚斤等破越勤倍泥部落於跋那山西，徙二萬餘家而旋。丙戌，車

二十四史 中華書局

駕自大室西南巡諸部落，遂南次定襄大洛城，東踰七嶺山，田于善無川。八月癸卯，車駕還宮。癸丑，奚斤等班師。甲寅，帝臨白登山，觀降人，數軍實。置新人於大甯，給農器，計口受田。

冬十一月癸酉，大饗于西宮。姚興遣使朝貢，請進女，帝許之。

神瑞元年春正月辛酉，以禎瑞頻集，大赦改元。辛巳，行幸繁畤。賜王公以下至于士卒百工布帛各有差。二月戊戌，車駕還宮。乙卯，起豐宮於平城東北。

夏六月，乞伏熾盤滅禿髮傉檀。

秋七月，晉將朱齡石滅蜀。八月戊子，詔馬邑侯元陋孫使於姚興。姚興遣使朝貢。九月丁巳朔，日有蝕之。

冬十一月壬午，詔使者巡行諸州，校閱守宰資財，非自家所齎，悉簿爲贓。守宰不如法，聽百姓詣闕告之。十二月丙戌朔，蠕蠕犯塞。丙申，車駕北伐。

二年春正月丙辰，車駕至自北伐。二月丁亥，大饗于西宮。甲辰，立宣武廟于白登西。三月丁丑，詔以刺史守宰率多逋慉，今年貲調縣違者，謫出家財以充，不聽徵發於人。

夏四月，晉人來聘。己卯，北巡。五月丁亥，次於參合，東幸大甯。丁未，田于四岬山。六月戊午，臨去畿陂觀漁。辛酉，次于濡源，立蜯臺。遂射白熊於頹牛山，獲之。丁卯，幸赤城，親見長老，問人疾苦，復租一年。南次石亭，幸上谷，問百年，訪賢儁，復田租之半。壬申，幸涿鹿，登嶠山，觀溫泉，使以太牢祠黃帝、唐堯廟。癸酉，幸廣甯，事如上谷。己卯，登廣甯之歷山，以太牢祠舜廟，帝親加禮焉。庚辰，幸代。

秋七月癸未，車駕還宮，復所過田租之半。八月庚辰晦，〔10〕日有蝕之。九月，京師人飢，聽就食山東。

冬十月壬子，姚興使奉其西平公主至，帝以后禮納之。辛酉，行幸沮洳城。癸亥，車駕還宮。丙寅，詔以頻遇霜旱，年穀不登，命出布帛倉穀以振貧窮。

泰常元年春二月丁未，姚興死。三月己丑，長樂王處文薨。

夏四月壬子，大赦改元。庚申，河間王脩薨。五月甲申，彗星二見。六月丁巳，北巡。

秋七月甲申，大獮于牛川，登釜山，臨殷繁水，南觀于九十九泉。戊戌，車駕還宮。辛亥晦，日有蝕之。

九月，晉劉裕溯河伐姚泓，遣部將王仲德從陸道至梁城。兗州刺史尉建畏懦，棄守北渡，仲德遂入滑臺。詔將軍叔孫建等度河曜威，斬尉建於城下。

冬十一月戊寅，起蓬臺于北苑。十二月，南陽王良薨。

二年春正月甲戌朔，日有蝕之。二月丙午，詔使者巡行天下，觀風俗，問其所苦。是月，涼武昭王薨。五月，西巡至雲中，遂濟河，田于大漠。

秋七月乙亥，車駕還宮。乙酉，起白臺於城南，高二十丈。是月，晉劉裕滅姚泓。

冬十月癸丑，豫章王夔薨。十二月己酉，詔河東、河內購泓子弟播越人間者。

三年春三月，晉人來聘。庚戌，幸西宮。以勃海、范陽郡去年水，復其租稅。夏四月己巳，徙冀、定、幽三州徒何於京師。五月壬子，東巡至濡源，及甘松。遣征東將軍長孫道生帥師襲馮跋，遂至龍城，徙其居人萬餘家而還。

秋七月戊午，車駕至京師。八月，雁門、河內大雨水，復其租稅。

冬十月戊辰，築宮於西苑。十一月，赫連屈丐剋長安。十二月，晉安帝殂。

四年春正月壬辰朔，車駕臨河，大蒐于犢渚。癸卯，還宮。

三月，赫連屈丐僭卽皇帝位。癸丑，築宮於蓬臺北。

夏四月庚辰，享東廟，遠蕃助祭者數百國。辛巳，南巡，幸雁門，賜所過無出今年租賦。五月庚寅朔，觀漁于灅水。己亥，車駕還宮。

秋八月辛未，東巡，遣使祠恒岳。甲申，車駕還宮，賜所過無出今年田租。九月甲寅，築宮於白登山。

冬十一月丁亥朔，日有蝕之。十二月癸亥，西巡，至雲中，踰白道，北獵野馬於辱孤山，至于黃河，從君子津西度，大狩於薛林山。

五年春正月丙戌朔，自薛林東還，至屋竇城，饗勞將士，大酺二日，班禽以賜之。己亥，車駕還宮。三月丙戌，南陽王意文薨。

夏四月丙寅，起灅南宮。五月乙酉，詔曰：「宣武皇帝體得一之玄遠，應自然之沖妙，大行大名，未盡盛美。今啓緯圖，始覩尊號，其更上尊謚曰道武皇帝，以章靈命之先啓，聖德之玄同。」庚戌，淮南侯司馬國璠、池陽侯司馬道賜等謀反，伏誅。六月丙寅，幸翳犢山。是月，晉恭帝禪位于宋。

秋七月丁酉，西至五原。丁未，幸雲中大室，賜從者大酺。八月癸亥，車駕還宮。閏月

中華書局

二十四史

甲午，陰平王烈薨。

是歲，西涼亡。

六年春二月己亥，詔天下戶二十輸戎馬一匹、大牛一頭。三月甲子，陽平王熙薨。乙亥，制六部人羊滿百口者調戎馬一匹。發京師六千餘人築苑，起自舊苑，東苞白登，周回四十餘里。

夏六月乙酉，北巡，至于蟠羊山。秋七月乙卯，車駕還宮。癸酉，西巡。獵于祚山，親射猛獸，獲之。遂至于河。八月庚子，大獮于犢渚。九月庚戌，車駕還宮。壬申，宋人來聘。

冬十月己亥，行幸代。十二月丙申，西巡于雲中。

七年春正月甲辰朔，自雲中西幸屋竇城，賜從者大酺三日。二月丙戌，車駕還宮。三月乙丑，河南王曜薨。

夏四月甲戌，封皇子燾爲太平王，拜相國，加大將軍；丕爲樂平王，加車騎大將軍；彌爲安定王，加衞大將軍；範爲樂安王，加中軍大將軍；健爲永昌王，加撫軍大將軍；崇爲建寧王，加輔國大將軍；俊爲新興王，加鎮軍大將軍；獻懷長公主子嵇敬爲長樂王，拜大司馬、大將軍。初，帝服寒食散，頻年發動，不堪萬機，五月，立太平王燾爲皇太子，臨朝聽政。是月，宋武帝殂。

秋九月，詔司空奚斤等帥師伐宋。乙巳，幸灅南宮，遂如廣甯。己酉，詔皇太子率百國以法駕田于東苑，車乘服物皆以乘輿之副。辛亥，築平城外郭，周回三十二里。辛酉，幸嶠山，遣使者祠黃帝、唐堯廟。因東幸幽州，見耆年，問其所苦，賜以爵號。分遣使者巡行州郡，觀察風俗。

冬十月甲戌，車駕還宮，復所過田租之半。奚斤等濟河，攻滑臺不拔，求濟師，帝怒不許。議親南征，爲其聲援。壬辰，南巡，出自天門關，踰恒嶺，四方蕃附大人各帥所部從者五萬餘人。十一月，皇太子親統六軍鎮塞上，安定王彌與北新公安同居守。丙午，曲赦司州殊死以下。丙辰，次於中山，問人疾苦。十二月丙戌，行幸冀州，存問人俗。遣壽光侯叔孫建等率衆自平原東度，〔九〕徇下靑、兗諸郡。

八年春正月丙辰，行幸鄴，存問人俗。司空奚斤既平兗、豫，還圍武牢，宋守將毛德祖距守不下。蠕蠕犯塞。二月戊辰，築長城於長川之南，起自赤城，西至五原，延袤二千餘里，備置戍衞。三月乙卯，濟自靈昌。

夏四月丁卯，幸成皐，觀武牢。而城內乏水，縣綆汲河。帝令連艦，上施轒輼，絕其汲路；又穿地道，以奪其井。丁丑，幸洛陽，觀石經。閏月丁未，還幸河內，北登太行，幸高都。己未，武牢潰。士衆大疫，死者十二三。辛酉，幸晉陽，班賜王公以下至於廝役。五月丙寅，還次鴈門，皇太子率留臺王公迎于句注之北。庚寅，車駕至自南巡。六月己亥，太尉、宜都公穆觀薨。丙辰，北巡，至參合陂。

秋七月，幸三會屋侯泉，詔皇太子率百官以從。八月，幸馬邑，觀于灅源。九月乙亥，車駕還宮。

冬十月癸卯，廣西宮，起外牆，周回二十里。是歲飢，詔所在開倉振給。

十一月己巳，帝崩於西宮，時年三十二。遺詔以司空奚斤所獲軍實賜大臣自司徒長孫嵩以下，至于士卒各有差。十二月庚子，上謚曰明元皇帝，葬于雲中金陵，廟稱太宗。

帝兼資文武，禮愛儒生，好覽史傳，以劉向所撰新序、說苑於經典正義多有所闕，乃撰新集三十篇，採諸經史，該洽古義云。

論曰：自古帝王之興，誠有天命，亦賴累功積德，方契靈心。有魏奄宅幽方，代爲君長。神元生自天女，桓、穆勤於晉室，冥符人事，夫豈徒然。昭成以雄傑之姿，苞君人之量，征伐四剋，威被遐荒，乃改都立號，恢隆大業，終百六十載，光宅區中，其原固有由矣。道武顯晦安危之中，屈申潛躍之際，驅率遺黎，奮其靈武，克翦方難，遂啓中原，垂拱人神，顯登皇極。雖冠履不暇，棲遑外土，而制作經謨，咸出長久，所謂大人利見，百姓與能，抑不世之神武也。而屯厄有期，禍生非慮，將人事不足，豈天實爲之乎？明元承運之初，屬廓定之始，于時狠顧鴟跱，猶有窺覦，加以天賜之末，內難尤甚。帝孝心叡略，權正兼運，纂業固基，內和外撫，終能周、鄭款服，聲敎南被，祖功宗德，其義良已遠矣。

校勘記

〔一〕帝元年分國爲三部　百衲本、南本、北本、汲本「元」並作「九」，殿本改作「元」。按下文有二年、三年直至十三年，則此應作「元年」。又「桓帝統部凡十一年」，也是從昭帝即位之年算起。作「九」誤，今從殿本。

中華書局

〔二〕丙寅　諸本「丙」作「景」。按北史避唐李昞諱，凡「丙」都改作「景」，今一律回改。

〔三〕衞辰少子屈丐亡奔薛干部　諸本及魏書卷二太祖紀「干」作「于」，通志卷十五上後魏紀、通鑑卷一〇七三四〇二頁作「干」。按晉書卷一三〇赫連勃勃即屈丐載記作「叱干部」。據魏書卷一一三官氏志稱「叱干氏後改爲薛氏」，知「薛干」即「叱干」。姚薇元北朝胡姓考薛氏條引證史傳及石刻資料，也認爲「于」是「干」之訛，今據改。

〔四〕帝親兵於河南　魏書太祖紀「兵」上有「治」字，北史避唐高宗李治諱刪，以致文義不明。

〔五〕十一月己卯　諸本無「十一月」三字，魏書有。按通鑑卷一〇八三四二三頁及本書卷九三慕容廆傳並作「十一月」。是年十月丁未朔，無己卯；十一月丁丑朔，己卯是三日。今據魏書補。

〔六〕是月慕容德自稱燕王據廣固　魏書此事繫於本年末，無「據廣固」三字。按慕容德是年正月在滑臺稱燕王，見晉書卷一二七慕容德載記及通鑑卷一一〇三四六一頁。所以下文天興二年三月說和跋乘慕容德不在滑臺時，乘虛襲取。慕容德據廣固在晉安帝隆安三年七月即北魏道武帝天興二年，公元三九九年，見晉書卷十安帝紀及通鑑卷一一一。此「廣固」乃「滑臺」之誤。

〔七〕時太史屢奏天文錯亂　魏書此事置十二月後，北史刪十一月事，又將此句提至十二月前，遂似其事在七月。

〔八〕段興殺慕容盛　張森楷北史校勘記云以後簡稱張森楷云：「晉書載記卷一二四及後燕錄並稱段璣殺

慕容盛，而無段興其人。唯從璣作亂者有秦興，此或誤合二人爲一人歟？」按張說是。

〔九〕姚興遣其弟義陽公平來侵平陽　諸本「公」作「王」，魏書作「公」。按晉書卷一一七姚興載記，當時姚興降號稱王，其叔父姚緒、姚碩德都降稱公。姚平不得稱王。魏書卷九五姚萇傳、本書卷九三後秦姚氏傳都作「義陽公」，是，今據改。

〔一〇〕至柴壁平固守進軍圍之　諸本「柴」作「乾」，魏書作「柴」。按姚平固守柴壁，見本書卷二〇、魏書卷三〇安同傳，本書卷二七、魏書卷三二李先傳。據本書卷九五後秦姚氏傳及晉書姚興載記，姚平先攻陷乾壁，後魏軍反攻，退守柴壁。此作「乾」，是涉上文而誤，今據改。

〔一一〕越勒莫弗率其部萬餘家內屬　魏書「勒」作「勤」。按「勒」「勤」二字形似易混。本書卷九八高車傳有越勤倍泥部，魏書卷一〇三高車傳是用北史補，但却作「勒」。二字未知孰是。今各仍其舊，下不再出校記。

〔一二〕規度漯南夏屋山背黃瓜堆　魏書「夏屋山」上有「面」字，與「背」字對文，疑此脫。

〔一三〕廟號太祖　魏書同。按拓拔珪廟號初爲烈祖，至太和十五年才改爲太祖，見魏書卷一〇八禮志一及卷八四孫惠蔚傳。太祖原是拓拔鬱律平文帝廟號見平文紀。魏紀、北史遥以永興二年所上廟號爲「太祖」，於事實不合，疑是後人妄改。

〔一四〕僭號天王國號北燕　張森楷云：「魏書卷三太宗紀作『自稱大燕天王』。北燕之目，後世就其地加之，非當時本如是也。」按張說是，太平御覽以後簡稱御覽卷一〇二四八六頁引後魏書作「僭號天王，國稱大燕」。今本魏書太宗紀是用魏澹書補，御覽所引，應是原文。北史文據魏書，也應作「大燕」。作「北」疑是後人妄改。

〔一五〕詔鄭兵將軍山陽侯奚斤巡諸州　諸本及魏書卷三太宗紀「鄭」作「都」，册府元龜以後簡稱册府卷一六一一九四二頁作「鄭」。按魏書卷二九奚斤傳云：「太宗即位，爲鄭兵將軍，循行州郡。」本書卷二〇奚斤傳也作「鄭」。「都」乃形似致訛，今據改。

〔一六〕進陰平公烈爵爲王　諸本「烈」作「列」，魏書太宗紀作「烈」。按本卷下文泰常五年及卷一五秦王翰傳亦作「烈」，今據改。

〔一七〕沮渠蒙遜僭稱河西王　諸本「河西」誤倒，據魏書太宗紀及本書卷九三、魏書卷九九沮渠蒙遜傳乙正。

〔一八〕八月庚辰晦　按此出魏書卷一〇五天象志。但神瑞二年八月壬子朔，庚辰是二十六日，不應爲晦，疑干支有誤。

〔一九〕遣壽光侯叔孫建等率衆自平原東度　諸本「建」訛「達」，據魏書太宗紀及本書卷二〇叔孫建傳改。

中華書局

北史卷二

魏本紀第二

世祖太武皇帝諱燾，明元皇帝之長子也，母曰杜貴嬪。天賜五年，生於東宮。體貌瓌異，道武奇之曰：「成吾業者必此兒也。」泰常七年四月，封太平王，五月，立爲皇太子，及明元帝疾，命帝總攝百揆。帝聰明大度，意豁如也。

八年十一月己巳，明元帝崩，壬申，太子卽皇帝位，大赦天下。十二月，追尊皇妣爲密皇太后，進司徒長孫嵩爵爲北平王，司空奚斤爲宜城王，藍田公長孫翰爲平陽王，其餘普增爵位各有差。於是除禁錮，釋嫌疑，開倉庫，振窮乏。河南流人相率內屬者甚衆。

始光元年春正月丙寅，安定王彌薨。

夏四月甲辰，東巡，幸大甯。六月，宋徐羨之弒其主義符。

秋七月，車駕還宮。

八月，蠕蠕六萬騎入雲中，殺略人吏，攻陷盛樂。帝帥輕騎討之，虜乃退走。九月，大簡輿徒於東郊，將北討。

冬十二月，遣平陽王長孫翰等討蠕蠕，車騎次祚山，蠕蠕北遁，諸軍追之，大獲而還。

二年春正月己卯，車駕至自北伐。三月丙辰，尊保母竇氏曰保太后。丁巳，以北平王長孫嵩爲太尉，平陽王長孫翰爲司徒，宜城王奚斤爲司空。庚申，營故東宮爲萬壽宮，起永安安樂二殿、臨望觀、九華堂。初造新字千餘。

夏四月詔龍驤將軍步堆使宋。五月，詔天下十家發大牛一頭運粟塞上。

秋八月，赫連屈丐死。九月，永安、安樂二殿成，丁卯，大饗以落之。

冬十月癸卯，車駕北伐，東西五道並出。平陽王長孫翰等絕漠追寇，蠕蠕北走。

三年春正月壬申，車駕至自北伐。乞伏熾盤遣使朝貢，請討赫連昌。二月，起太學於城東，祀孔子，以顏回配。

夏五月辛卯，進中山公纂爵爲王，復南安公素先爵常山王。六月，幸雲中舊宮，謁陵廟，西至五原，田於陰山，東至和兜山。

秋七月，築馬射臺于長川，帝親登臺走馬。〔一〕王公諸國君長馳射中者，賜金錦繒絮各有差。八月，車駕還宮。宋人來聘。

帝以赫連屈丐死，諸子相攻，冬十月丁巳，車駕西伐，幸雲中，臨君子津。會天暴寒，數日冰合。十一月戊寅，率輕騎襲赫連昌。壬午，徙萬餘家而還。至祚山，班虜獲以賜將士各有差。十二月，詔奚斤西據長安。秦、隴氐羌皆叛昌詣斤降。武都王楊玄及沮渠蒙遜等使使內附。

四年春正月乙酉，車駕至自西伐，賜留臺文武各有差。從人在道多死，到者裁十六七。己亥，行幸幽州。赫連昌遣其弟定向長安。帝聞之，遣就陰山伐木造攻具。二月，車駕還宮。三月丙子，〔二〕詔執金吾桓貸造橋於君子津。丁丑，廣平王連薨。

夏四月丁未，詔員外散騎常侍步堆使於宋。

五月，車駕西討赫連昌，次拔鄰山，築城舍輜重，以輕騎三萬先行。戊戌，至黑水。帝親祈天，告祖宗之靈而誓衆。六月癸卯朔，日有蝕之。甲辰，大破赫連昌，昌奔上邽。乙巳，車駕入城，虜昌羣弟及其母妹妻妾宮人萬數，府庫珍寶車旗器物不可勝計。辛酉，班師。留常山王素、執金吾桓貸鎮統萬。

秋七月己卯，築壇於祚嶺，戲馬馳射，賜中者金帛繒絮各有差。蠕蠕寇雲中，聞破赫連昌，懼而逃。八月壬子，車駕至自西伐，飲至策勳，告宗廟，班軍實以賜留臺百僚各有差。

冬十一月，以氐王楊玄爲假征南大將軍、都督、梁州刺史、南秦王。十二月，行幸中山，守宰貪汚免者十數人。癸卯，車駕還宮，復所過田租之半。

神䴥元年春正月，以天下守令多非法，精選忠良悉代之。辛未，京兆王黎薨。二月，改元。司空奚斤進軍安定。監軍侍御史安頡出戰，禽昌。其餘衆立昌弟定爲主，走還平涼。三月辛巳，侍中古弼送赫連昌至于京師。司空奚斤追赫連定於平涼馬髦嶺，爲定所禽。將軍丘堆先在安定，聞斤敗，東走長安。帝大怒，詔頡令斬之。

夏四月，赫連定遣使朝貢。壬子，西巡。戊午，田于河西，大赦。南秦王楊玄遣使朝貢。五月，乞伏熾盤死。

秋八月，東幸廣甯，臨觀溫泉。以大牢祭黃帝、堯、舜廟。九月，車駕還宮。

冬十一月乙未朔，日有蝕之。是月，行幸河西，大校獵。十二月甲申，車駕還宮。

二年夏四月，宋人來聘。庚寅，車駕北伐。五月丁未，次于沙漠，舍輜重，輕騎兼馬至

中華書局

栗水，[三]蠕蠕震怖，焚廬舍，絕跡西走。

冬十月，振旅凱旋于京師，告于宗廟。列置新人于漠南，東至濡源，西暨五原、陰山，竟三千里。十一月西巡，田于河西，至祚山而還。

三年春正月庚子，車駕還宮。壬寅，大赦。癸卯，行幸廣甯，臨溫泉，作溫泉歌。二月丁卯，司徒、平陽王長孫翰薨。戊辰，車駕還宮。三月壬寅，進會稽公赫連昌爲秦王。

夏四月甲子，行幸雲中。敕勒萬餘落叛走，詔尚書封鐵追滅之。五月戊戌，[四]詔討敕勒功，大明賞罰。

秋七月己亥，詔諸征鎮將軍、王公杖節邊遠者，聽開府辟召，其次增置吏員。庚子，詔大鴻臚卿杜超假節都督冀定相三州諸軍事、行征南大將軍、太宰，進爵爲王，鎮鄴，爲諸軍節度。

八月，宋將到彥之自清水入河，泝流西行。丙寅，彥之遣將度河攻冶坂，冠軍將軍安頡督諸軍擊破之。九月癸卯，立密皇太后廟于鄴。甲辰，行幸統萬，遂征平涼。是月，馮跋死。

冬十月乙卯，冠軍將軍安頡濟河攻洛陽，丙子，拔之。辛巳，安頡平武牢。

十一月乙酉，車駕至平涼。己亥，行幸安定。庚子，帝自安定還臨平涼，[五]遂掘塹圍

守之。行幸紐城，安慰初附，赦秦、隴之人，賜復七年。辛丑，安頡帥諸軍攻滑臺。[六]沮渠蒙遜遣使朝貢。壬寅，封壽光侯叔孫建爲丹楊王。

十二月丁卯，赫連定弟社于度洛孤面縛出降，平涼平，[七]收其珍寶。定長安、臨晉、武功守將皆奔走，關中平。壬申，車駕還東，留巴東公延普等鎮安定。

四年春正月壬午，車駕次木根山，大饗羣臣。丙申，宋將檀道濟、王仲德從清水救滑臺。丹楊王叔孫建、汝陰公長孫道生拒之，道濟等不敢進。

是月，赫連定滅乞伏慕末。

二月辛酉，安頡、司馬楚之平滑臺。癸酉，車駕還宮，飲至策勳，告于宗廟，賜留臺百官各有差。戰士賜復十年。定州人飢，詔開倉以振之。宋將檀道濟、王仲德東走。三月庚戌，冠軍將軍安頡獻宋俘萬餘人，甲兵三萬。

夏六月，赫連定北襲沮渠蒙遜，爲吐谷渾慕璝所執。閏月乙未，蠕蠕國遣使朝貢。詔散騎侍郎周紹使于宋。

秋七月己酉，行幸河西。起承華宮。八月乙酉，沮渠蒙遜遣子安周入侍。吐谷渾慕璝遣使奉表，請送赫連定。己丑，以慕璝爲大將軍，封西秦王。

九月癸丑，車駕還宮。庚申，加太尉長孫嵩柱國大將軍，以左光祿大夫崔浩爲司徒，征西大將軍長孫道生爲司空。癸亥，詔兼太常李順持節拜河西王沮渠蒙遜爲假節、加侍中、都督涼州及西域羌戎諸軍事、[八]行征西大將軍、太傅、涼州牧、涼王。

壬申，詔曰：「范陽盧玄、博陵崔綽、趙郡李靈、河間邢穎、勃海高允、廣平游雅、太原張偉等皆賢儁之胄，冠冕州邦，有羽儀之用。易曰：『我有好爵，吾與爾縻之。』如玄之比，隱跡衡門，不曜名譽者，盡敕州郡以禮發遣。」遂徵玄等。州郡所遣至者數百人，皆差次敍用。

冬十月戊寅，詔司徒崔浩改定律令。行幸漠南。十一月丙辰，北部敕勒莫弗庫若于率其部數萬騎驅鹿獸數百萬詣行在所。帝因而大狩，以賜從者，勒石漠南，以記功德。宜城王奚斤坐事降爵爲公。十二月，車駕還宮。

延和元年春正月丙午，尊保太后爲皇太后，立皇后赫連氏，以皇子晃爲皇太子，謁于太廟，大赦改元。三月丁未，追贈夫人賀氏爲皇后。壬申，西秦王吐谷渾慕璝送赫連定於京師。

夏五月，宋人來聘。六月庚寅，車駕伐和龍。詔尚書左僕射安原等屯于漠南，以備蠕蠕。辛卯，詔兼散騎常侍鄧穎使於宋。

秋七月己巳，車駕至和龍，穿塹以守之。是月，築東宮。九月乙卯，車駕西還。徙營丘、成周、遼東、樂浪、帶方、玄菟六郡人三萬家于幽州，開倉以振之。

冬十月，吐谷渾慕璝遣使朝貢。十一月己巳，車駕至自和龍。十二月己丑，馮弘子長樂公崇及其母弟朗、朗弟邈以遼西內屬。先是，辟召賢良而州郡多逼遣之，詔以禮申喻，任其進退。

二年春二月庚午，詔兼鴻臚卿李繼持節假馮崇車騎大將軍、遼西王，承制，聽置尚書已下。壬午，詔兼散騎常侍宋宣使於宋。

夏四月，沮渠蒙遜死，以其子牧犍爲車騎將軍，改封河西王。[九]

六月，遣永昌王健、尚書左僕射安原督諸軍討和龍。辛巳，詔樂安王範發秦、雍兵一萬築小城於長安城內。

秋八月，遼西王馮崇上表求說降其父，帝不聽。九月，宋人來聘，并獻馴象一。戊午，詔兼大鴻臚卿崔賾持節拜征虜將軍楊難當爲征南大將軍、儀同三司，封南秦王。

冬十二月己巳，大赦天下。辛未，幸陰山北。詔兼散騎常侍盧玄使於宋。

三年春正月乙未，車駕次于女水，大饗羣臣。戊戌，馮弘遣使求和，帝不許。丙辰，南秦王楊難當剋漢中，送雍州流人七千家于長安。二月戊寅，詔以頻年屢征，有事西北，運輸之役，百姓勤勞，令郡縣括貧富以爲三級，富者租賦如常，中者復二年，下窮者復三年。辛卯，車駕還宮。三月甲寅，行幸河西。

閏月甲戌，秦王赫連昌叛走，丙子，河西候將格殺之，驗其謀反，羣弟皆伏誅。己卯，車駕還宮。進彭城公粟爵爲王。

秋七月辛巳，東宮成，備置屯衞，三分西宮之一。壬午，行幸美稷，遂至隰城。命諸軍討山胡白龍于西河。〔一〇〕九月戊子，剋之，斬白龍及其將帥，屠其城。

冬十一月，車駕還宮。十二月甲辰，行幸雲中。

太延元年春正月己未朔，〔一一〕日有蝕之。壬午，降死罪刑已下各一等。癸未，出道武、明元宮人，令得嫁。甲申，大赦改元。二月庚子，蠕蠕、焉耆、車師各遣使朝貢。詔長安及平涼人徙在京師其孤老不能自存者，聽還鄉里。丁未，車駕還宮。

夏五月庚申，進宜都公穆壽爲宜都王，汝陰公長孫道生爲上黨王，宜城公奚斤爲恒農王，廣陵公婁伏連爲廣陵王。遣使者二十輩使西域。甲戌，行幸雲中。

六月甲午，詔曰：「去春小旱，東作不茂，憂勤剋己，祈請靈祇。豈朕精誠有感，何報應之速。雲雨震灑，流澤霑渥。有鄙婦人持方寸玉印詣潞縣侯孫家，既而亡去，莫知所在。印有三字，爲龍鳥之形，要妙奇巧，不類人迹，文曰『旱疫平』。推尋其理，蓋神靈之報應也。比者以來，禎瑞仍臻，甘露流液，降於殿內；嘉瓜合蔕，生于中山；野木連理，殖於魏郡；在先后載誕之鄉，白燕集于盛樂舊都，玄鳥隨之，蓋有千數；嘉禾頻歲合秀於恒農；白兔並見於勃海；白雉三隻又集於平陽太祖之廟。天降嘉貺，將何德以酬之？其令天下大酺五日，禮報百神，守宰祭界內名山大川，上答天意。」丙午，高麗、鄯善國並遣使朝貢。

秋七月，田於棝陽。己卯，樂平王丕等五將東伐，至和龍，徙男女六千口而還。八月丙戌，行幸河西。粟特國遣使朝貢。九月，車駕還宮。

冬十月癸卯，尚書左僕射安原謀反，伏誅。甲辰，行幸定州，次于新城宮。十一月己巳，校獵于廣川。丙子，行幸鄴，祀密太后廟。諸所過親問高年，褒禮賢俊。十二月癸卯，遣使者以太牢祀北岳。

二年春正月甲寅，車駕還宮。二月戊子，馮弘遣使朝貢，求送侍子，帝不許。壬辰，遣使者十餘輩詣高麗、東夷諸國，詔喻之。三月丙辰，宋人來聘。辛未，遣平東將軍娥清、安西將軍古弼討馮弘。弘求救於高麗，高麗遣其大將葛蔓盧迎之。

夏四月甲申，〔一二〕皇子小兒、苗兒並薨。五月乙卯，馮弘奔高麗。戊午，詔散騎常侍封撥使高麗，徵送馮弘。丁卯，行幸河西。

赫連定之西也，楊難當竊據上邽，秋七月庚戌，命樂平王丕等討之。詔散騎常侍游雅使於宋。八月丁亥，遣使六輩使西域。帝校獵于河西，詔廣平公張黎發定州七郡一萬二千人通莎泉道。甲辰，高車國遣使朝貢。

九月庚戌，樂平王丕等至略陽，難當奉詔攝上邽守。〔一三〕高麗不送馮弘，帝將伐之，納樂平王丕計而止。

冬十一月己酉，幸棝陽。驅野馬於雲中，置野馬苑。閏月壬子，車駕還宮。乙丑，改封潁川王提爲武昌王。河西王沮渠牧犍遣使朝貢。

是歲，吐谷渾慕璝死。

三年春正月癸未，中山王纂薨。戊子，太尉、北平王長孫嵩薨。乙巳，丹楊王叔孫建薨。二月乙卯，行幸幽州，存恤孤老，問人疾苦。還幸上谷，遂至代，所過復田租之半。三月己卯，車駕還宮。丁酉，宋人來聘。

夏五月己丑，詔天下吏人得舉告守令不如法者。丙申，行幸雲中。

秋七月戊子，使永昌王健、上黨王長孫道生討山胡白龍餘黨於西河，滅之。八月甲辰，行幸河西。九月甲申，車駕還宮。丁酉，遣使者拜西秦王慕璝弟慕利延爲鎮西大將軍、儀同三司，改封西平王。

冬十月癸卯，行幸雲中。十一月壬申，車駕還宮。

是歲，河西王沮渠牧犍世子封壇來朝，高麗、契丹、龜茲、悅般、焉耆、車師、粟特、疏勒、烏孫、渴盤陁、鄯善、破洛那、〔一四〕者舌等國各遣使朝貢。

四年春三月庚辰，鄯善王弟素延耆來朝。癸未，罷沙門年五十以下。江陽王根薨。是月，高麗殺馮弘。

夏五月戊寅，大赦。

秋七月壬申，車駕北伐。

冬十一月丁卯朔，日有蝕之。十二月，車駕至自北伐。上洛巴泉蕇等相帥內附。詔兼散騎常侍高雅使于宋。〔一五〕

中華書局

五年春正月庚寅，行幸定州。三月辛未，車駕還宮。庚寅，以故南秦王世子楊保宗爲征南大將軍、秦州牧、武都王，鎮上邽。

夏五月癸未，遮逸國獻汗血馬。

六月甲辰，車駕西討沮渠牧犍。侍中、宜都王穆壽輔皇太子決留臺事，大將軍長樂王嵇敬、輔國大將軍建寧王崇二萬人屯漠南，以備蠕蠕。

秋七月己巳，車駕至上郡屬國城，〔一六〕大饗羣臣，講武馬射。壬午，留輜重，分部諸軍。八月丙申，車駕至姑臧，牧犍兄子祖踰城來降。乃分軍圍之。

九月丙戌，牧犍與左右文武五千人面縛軍門，帝解其縛，待以藩臣之禮。收其城內戶口二十餘萬，倉庫珍寶不可稱計。進張掖公禿髮保周爵爲王，與龍驤將軍穆羆、安遠將軍源賀分略諸郡。牧犍弟張掖太守宜得西奔酒泉太守無諱，後奔晉昌；樂都太守安周南奔吐谷渾。

戊子，蠕蠕犯塞，遂至七介山，京都大駭。皇太子命上黨王長孫道生等拒之。

冬十月辛酉，車駕還宮。徙涼州人三萬餘家于京師。留樂平王丕、征西將軍賀多羅鎮涼州。癸亥，遣張掖王禿髮保周喻諸部鮮卑，保周因率諸部叛於張掖。十一月乙巳，宋人來聘，幷獻馴象一。十二月壬午，車駕至自西伐，飲至策勳，告于宗廟。楊難當寇上邽，鎮將

元勿頭討走之。

是歲，鄯善、龜兹、疏勒、焉耆、高麗、粟特、渴盤陁、破洛那、悉居半等國並遣使朝貢。〔一七〕

太平眞君元年春正月己酉，沮渠無諱圍酒泉。辛亥，分遣侍臣巡行州郡，觀察風俗，問人疾苦。二月己巳，詔假通直常侍邢穎使於宋。發長安人五千浚昆明池。三月，酒泉陷。

夏四月戊午朔，日有蝕之。庚辰，沮渠無諱寇張掖。禿髮保周屯删丹。六月丁丑，皇孫濬生，大赦改元。

秋七月，行幸陰山。己丑，永昌王健大破禿髮保周，走之。丙申，保太后竇氏崩于行宮。癸丑，保周自殺，傳首京師。八月甲申，沮渠無諱降。九月壬寅，車駕還宮。

是歲，州鎮十五飢，詔開倉振恤之。以河南王曜子羯兒爲河間王，後改封略陽王。

二年春正月癸卯，拜沮渠無諱爲征西大將軍、涼州牧、酒泉王。三月辛卯，葬惠太后於崞山。庚戌，新興王俊、略陽王羯兒有罪，黜爲公。辛亥，封蠕蠕郁久閭乞歸爲朔方王，沮渠萬年爲張掖王。

夏四月丁巳，宋人來聘。

秋八月辛亥，詔散騎侍郎張偉使于宋。九月戊戌，永昌王健薨。

冬十一月庚子，鎮南大將軍奚眷平酒泉。〔一八〕十二月丙子，宋人來聘。

三年春正月甲申，帝至道壇，親受符籙，備法駕，旗幟盡青。三月壬寅，北平王長孫頹有罪，削爵爲侯。

夏四月，酒泉王沮渠無諱走渡流沙，據鄯善。涼武昭王孫李寶據敦煌，遣使內附。五月，行幸陰山北。六月丙戌，楊難當朝於行宮。先是，起殿於陰山北，殿成而難當至，因曰廣德焉。

秋八月甲戌晦，〔一九〕日有蝕之。

冬十月己卯，封皇子伏羅爲晉王，翰爲秦王，譚爲燕王，建爲楚王，余爲吳王。十二月辛巳，太保、襄城公盧魯元薨。丁酉，車駕還宮。李寶遣使朝貢，以寶爲鎮西大將軍、開府儀同三司、沙州牧、敦煌公。

四年春正月庚午，行幸中山。二月丙子，次于恒山之陽，詔有司刊石勒銘。是月，剋仇

池。三月庚申，車駕還宮。

夏四月，武都王楊保宗謀反，諸將禽送京師。氐、羌復推保宗弟文德爲主，圍仇池。六月庚寅，詔復人貲賦三年，其田租歲輸如常，牧守不得妄有徵發。癸巳，大閱于西郊。

九月辛丑，行幸漠南。甲辰，捨輜重，以輕騎襲蠕蠕，分軍爲四道。

冬十一月甲子，車駕還至朔方。詔曰：「夫陰陽有往復，四時有代謝，授子任賢，蓋古今不易之令典也。其令皇太子副理萬機，總統百揆。諸功臣勤勞日久，皆當以爵歸第，隨時朝請，饗宴朕前，論道陳謨而已，不宜復煩以劇職。更舉賢俊，以備百官，明爲科制，以稱朕心。」十二月辛卯，車駕至自北伐。

五年春正月壬寅，皇太子始總百揆。侍中中書監宜都王穆壽、司徒東郡公崔浩、〔二〇〕侍中廣平公張黎、侍中建興公古弼輔太子以決庶政。諸上書者皆稱臣，上疏儀與表同。戊申，詔自王公已下至於庶人，私養沙門、巫及金銀工巧之人在其家者，皆遣詣官曹，限今年二月十五日。過期不出，巫、沙門身死，主人門誅。庚戌，詔自三公已下至於卿士，〔二一〕其子息皆詣太學，其百工伎巧騶卒子息當習其父兄所業，不聽私立學校，違者師身死，主人門誅。

二月辛未，中山王辰等八人以北伐後期，斬于都南。癸酉，樂平王丕薨。庚辰，行幸

廬。〔二二〕三月戊戌，〔二三〕大會于那南。遣使者四輩使西域。甲辰，車駕還宮。

夏四月乙亥，太宰、陽平王杜超爲帳下所殺。五月丁酉，行幸陰山北。六月，西平王吐谷渾慕利延殺其兄子緯代，緯代弟叱力延等來奔，〔二四〕乞師。以叱力延爲歸義王。

秋八月乙丑，田于河西。壬午，詔員外散騎常侍高濟使於宋。九月，帝自河西至于馬邑，觀于崞川。己亥，車駕還宮。丁未，行幸漠南。

冬十月癸未，晉王伏羅大破慕利延，慕利延走奔白蘭，其部一萬三千內附。十一月，宋人來聘。十二月丙戌，車駕還宮。

六年春正月辛亥，行幸定州，引見長老，存問之。詔兼員外散騎常侍宋愔使于宋。二月，遂西幸上黨，觀連理樹於玄氏。至吐京，討徙叛胡，出配郡縣。三月庚申，車駕還宮。詔諸有疑獄皆付中書，以經義量決。

夏六月戊子朔，日有蝕之。壬辰，北巡。

秋八月壬辰，散騎常侍成周公萬度歸以輕騎至鄯善，執其王眞達，與詣京師。帝大悅，厚待之。車駕幸陰山北，次于廣德宮。詔發天下兵，三取一，各當戒嚴，以須後命。徙諸種雜人五千餘家於北邊。令人北徙畜牧至廣漠，以餌蠕蠕。壬寅，征西大將軍、高涼王那等討

吐谷渾慕利延。軍到曼頭城，慕利延驅其部落西度流沙，那急追，故西秦王慕璝世子被囊逆軍拒戰，那擊破之。中山公杜豐追度三危，至雪山，禽被囊及慕利延兄子什歸、〔二五〕熾盤子成龍，送于京師。慕利延遂西入于闐國。

九月，盧水胡蓋吳聚衆反於杏城。

冬十一月，高涼王那振旅還京師。庚申，遼東王竇漏頭薨。河東蜀薛永宗聚黨入汾曲，西通蓋吳，受其位號。蓋吳自號天台王，署百官。辛未，車駕還宮。選六州兵勇猛者，使永昌王仁、高涼王那分領爲二道，南略淮、泗以北。徙青、徐之人以實河北。癸未，西巡。

七年春正月戊辰，車駕次東雍，禽薛永宗，斬之。其男女無少長皆赴水死。辛未，南幸汾陰。蓋吳退走北地。二月丙戌，幸長安，存問父老。丁亥，幸昆明池，遂田于岐山之陽。所過誅與蓋吳通謀反害守將者。

三月，詔諸州坑沙門，毀諸佛像，徙長安城內工巧二千家於京師。

夏四月甲申，車駕至自長安。戊子，毀鄴城五層佛圖，於泥像中得玉璽二，其文皆曰「受命於天，既壽永昌」。其一刻其旁曰「魏所受漢傳國璽」。

五月，蓋吳復聚杏城，自號秦地王。丙戌，發司、幽、定、冀四州十萬人築畿上塞圍，〔二六〕起上谷，西至于河，廣袤皆千里。六月癸未朔，日有蝕之。

秋八月，蓋吳爲其下人所殺，傳首京師。復略陽公羯兒王爵。

八年春正月癸未，行幸中山。三月，河西王沮渠牧犍謀反，伏誅。

夏五月，車駕還宮。六月，西征諸將扶風公處眞等八將坐盜沒軍資，所在虜掠，贓各千萬計，並斬之。

秋八月，樂安王範薨。

冬十一月，侍中、中書監、宜都王穆壽薨。十二月，晉王伏羅薨。

九年春正月，宋人來聘。二月癸卯，行幸定州。山東人飢，詔開倉振之。罷塞圍作。遂西幸上黨。詔於壺關東北大王山累石爲三封，又斬其鳳皇山南足以斷之。〔二七〕三月，車駕還宮。

夏五月甲戌，以交趾公韓拔爲假征西將軍、〔二八〕領護西戎校尉、鄯善王，鎭鄯善，賦役其人，比之郡縣。六月辛酉，行幸廣德宮。丁卯，悅般國遣使求與王師俱討蠕蠕。帝許之。

秋八月，詔中外諸軍戒嚴。九月乙酉，練兵于西郊。丙戌，幸陰山。

是月，成周公萬度歸千里驛上，大破焉耆國，其王鳩尸卑那奔龜茲。

冬十月辛丑，恒農王奚斤薨。癸卯，以婚姻奢靡，喪葬過度，詔有司更爲科限。癸亥，大赦。十二月，詔成周公萬度歸自焉耆西討龜茲。皇太子朝于行宮，遂從北討。至受降城，不見蠕蠕，因積糧城內，留守而還。北平王長孫敦坐事降爵爲公。

十年春正月戊辰朔，帝在漠南，大饗百僚。甲戌，蠕蠕吐賀眞懼，遠遁。〔二九〕三月，蒐于河西。庚寅，車駕還宮。

夏四月丙申朔，日有蝕之。九月，閱武於磧上，遂北伐。

冬十月庚子，皇太子及羣官奉迎於行宮。十二月戊申，車駕至自北伐。己酉，以平昌公託眞爲中山王。

十一年春正月乙丑，行幸洛陽，所過郡國，皆親對高年，存恤孤寡。二月甲午，大蒐於梁川。〔三〇〕皇子眞薨。是月，大修宮室，皇太子居于北宮。車駕遂征懸瓠。

夏四月癸卯，車駕還宮，賜從者及留臺郎吏已上生口各有差。六月己亥，誅司徒崔浩。辛丑，北巡陰山。

秋七月，宋將王玄謨攻滑臺。八月癸亥，[三]田于河西。癸未，練兵於西郊。九月辛卯，車駕南伐。癸巳，皇太子北伐，屯于漠南。吳王余留守京都。庚子，曲赦定、冀、相三州死罪已下。

冬十月乙丑，車駕濟河，玄謨棄軍而走，乃命諸將分道並進。車駕自中道，十一月辛卯，至鄒山。使使者以太牢祀孔子。是月，頻盾國獻師子一。十二月丁卯，車駕至淮。詔刈萑葦作筏數萬而濟，淮南皆降。癸未，車駕臨江，起行宮於瓜步山。諸軍同日皆臨江，所過城邑，莫不望塵奔潰，其降附者不可勝數。甲申，宋文帝使獻百牢，貢其方物，又請進女於皇孫，以求和好。帝以師婚非禮，許和而不許婚，使散騎侍郎夏侯野報之。帝詔皇孫爲書，致馬通問焉。

正平元年春正月丙戌朔，大會羣臣於江上，文武受爵者二百餘人。丁亥，車駕北旋。二月癸未，次于魯口。皇太子朝於行宮。三月己亥，車駕至自南伐，飲至策勳，告於宗廟，以降人五萬餘家分置近畿，賜留臺文武所獲軍資生口各有差。

夏五月壬寅，大赦。六月壬戌，改元。車師國王遣子入侍。詔以刑網太密，犯者更衆，命有司其案律令，務求厥中，自餘有不便於人者，依比增損。詔太子少傅游雅、中書侍郎胡

方回等改定律制。略陽王羯兒、高涼王那有罪賜死。戊辰，皇太子薨。壬申，葬景穆太子於金陵。

秋七月丁亥，行幸陰山。省諸曹吏員三分之一。九月癸巳，車駕還宮。

冬十月庚申，行幸陰山。宋人來聘。詔殿中將軍郎法祐使於宋。己巳，司空、上黨王長孫道生薨。十二月丁丑，車駕還宮。封皇孫濬爲高陽王，尋以皇孫世嫡，不宜在藩，乃止。改封秦王翰爲東平王，燕王譚爲臨淮王，楚王建爲廣陽王，吳王余爲南安王。

二年春正月庚辰朔，南來降人五千餘家於中山謀叛，州軍討平之。冀州刺史、張掖王沮渠萬年與降人通謀，賜死。

三月甲寅，中常侍宗愛構逆，帝崩於永安宮，時年四十五。祕不發喪。愛又矯皇后令，殺東平王翰，迎南安王余立，大赦，改元爲永平。尊謚曰太武皇帝，葬於雲中金陵，廟號世祖。

帝生不逮密太后，及有所識，言則悲慟，哀感傍人，明元聞而嘉歎。及明元不豫，衣不釋帶。性清儉率素，服御飲膳，取給而已，不好珍麗，食不二味，所幸昭儀、貴人，衣無兼綵。羣臣白帝，更峻京邑城隍以從周易設險之義，又陳蕭何壯麗之說。帝曰：「古人有言，在德不在險。屈丐蒸土築城，而朕滅之，豈在城也？今天下未平，方須人力，土功之事，朕所未爲。蕭何之對，非雅言也。」每以財者軍國之本，無所輕費。至於賞賜，皆是勳績之家，親戚愛寵，未嘗橫有所及。

臨敵，常與士卒同在矢石間，左右死傷者相繼，而帝神色自若，是以人思效命，所向無前。命將出師，指授節度，從命者無不制勝，違爽者率多敗失。性又知人，拔士於卒伍之中，唯其才效所長，不論本末。兼甚嚴斷，明於刑賞，功者賞不遺賤，罪者刑不避親，雖寵愛之，終不虧法。常曰：「法者，朕與天下共之，何敢輕也。」故大臣犯法，無所寬假。

雅長聽察，瞬息之間，下無以措其姦隱。然果於誅戮，後多悔之。司徒崔浩死後，帝北伐，時宣城公李孝伯疾篤，傳者以爲卒，帝聞而悼之，謂左右曰：「李宣城可惜。」又曰：「朕向失言，崔司徒可惜，李宣城可哀。」褒貶雅意，皆此類也。

景穆皇帝諱晃，太武皇帝之長子也，母曰賀夫人。延和元年正月丙午，立爲皇太子，時年五歲。明慧强識，聞則不忘。及長，好讀經史，皆通大義。太武甚奇之。及西征涼州，皇太子監國。

初，太武之伐河西，李順等咸言姑臧無水草，不可行師。太子有疑色。及車駕至姑臧，乃詔太子曰：「姑臧城東西門外涌泉，合於城北，其大如河，澤草茂盛，可供大軍數年。人之多言，亦可惡也。」太子謂宮臣曰：「爲人臣不實若此，豈是忠乎！吾初聞有疑，但帝決行耳。幾誤人大事，言者復何面目見帝也。」

眞君四年，從征蠕蠕，至鹿渾谷，與賊遇。虜惶怖擾亂，太子言於太武曰：「宜速進擊，掩其不備。」尙書令劉潔固諫，以爲塵盛賊多，須軍大集。太子曰：「此由賊恇擾，何有營上而有此塵？」太武疑之，遂不急擊，蠕蠕遠遁。既而獲虜候騎，乃云不覺官軍卒至，上下惶懼，北走經六七日，知無追者，乃徐行。帝深恨之。自是太子所言軍國大事，多見納用，遂知萬機。及監國，命有司使百姓有牛家以人牛相貿，又禁飲酒雜戲棄本沽販者，於是墾田大增。

正平元年六月戊辰，薨於東宮，時年二十四。庚午，命持節兼太尉張黎、兼司空竇瑾奉策即柩謚景穆太子。文成即位，追尊爲景穆皇帝，廟號恭宗。

高宗文成皇帝諱濬，景穆皇帝之長子也，母曰閭氏。眞君元年六月，生於東宮。帝少聰

中華書局

達，太武常置左右，號世嫡皇孫。年五歲，太武北巡，帝從在後，逢虜帥桎一奴，將加罰。帝謂曰：「奴今遭我，汝宜釋之。」帥奉命解縛。太武聞之曰：「此兒雖小，欲以天子自處。」意奇之。及長，風格異常，每參決大政可否。

正平二年三月，中常侍宗愛弒逆，立南安王余。十月丙午朔，又賊余。於是殿中尚書長孫渴侯與尚書陸麗奉迎世嫡皇孫。

興安元年冬十月戊申，皇帝卽位於永安前殿，大赦，改元，正平二年爲興安。以驃騎大將軍元壽樂爲太宰、都督中外諸軍、錄尚書事，以尚書長孫渴侯爲尚書令、儀同三司。十一月丙子，二人爭權，並賜死。癸未，廣陽王建、臨淮王譚薨。甲申，皇妣閭氏薨。〔三二〕進平南將軍、宋子侯周忸爵爲樂陵王，南部尚書、章安子陸麗爲平原王，〔三三〕文武各加位一等。壬寅，追尊皇考景穆太子爲景穆皇帝，妣閭氏爲恭皇后，尊保母常氏爲保太后。

十二月戊申，祔葬恭皇后於金陵。乙卯，初復佛法。丁巳，以樂陵王周忸爲太尉，平原王陸麗爲司徒，鎭西將軍杜元寶爲司空。保達、沙獵等國各遣使朝貢。戊寅，進建業公陸俟爵爲東平王，進廣平公杜遺爵爲王。癸亥，詔以營州蝗，開倉振恤。甲子，太尉、樂陵王周忸有罪賜死。進濮陽公閭若文爵爲王。

二年春正月辛巳，進司空杜元寶爵爲京兆王。廣平王杜遺薨。進尚書僕射、東安公劉尼爵爲王。封建寧王崇子麗爲濟南王。癸未，詔與百姓雜調十五。丙戌，進尚書、西平公源賀爵爲王。

二月己未，司空、京兆王杜元寶謀反，伏誅。建寧王崇、崇子濟南王麗爲元寶所引，各賜死。乙丑，發京師五千人穿天泉池。〔三四〕是月，宋太子劭殺文帝。三月，尊保太后爲皇太后。進安豐公閭武皮爵爲河間王。〔三五〕

夏五月，宋孝武帝殺太子劭而自立。閏月乙亥，太皇太后赫連氏崩。

秋七月辛亥，行幸陰山。濮陽王閭若文、永昌王仁謀反。乙卯，仁賜死，若文伏誅。己巳，車駕還宮。是月，築馬射臺於南郊。八月戊戌，詔曰：「朕卽位以來，風雨順序，邊方無事，衆瑞兼呈，又於苑內獲方寸玉印，其文曰『子孫長壽』。羣公卿士咸曰休哉，豈朕一人，克臻斯應，實由天地祖宗降祐之所致也。思與兆庶，共茲嘉慶，其令百姓大酺三日，降殊死已下囚。」九月壬子，閱武於南郊。

冬十一月辛酉，行幸信都、中山，觀察風俗。十二月甲午，車駕還宮。復北平公長孫敦王爵。

是歲，疏勒、渴盤陁、庫莫奚、契丹、罽賓等國各遣使朝貢。

興光元年春正月乙丑，以侍中、河南公伊馛爲司空。二月甲午，帝至道壇，登受圖籙。禮畢，曲赦京師。

夏六月，行幸陰山。

秋七月丙申朔，日有蝕之。庚子，皇子弘生。辛丑，大赦改元。八月甲戌，趙王深薨。乙亥，車駕還宮。己丑，皇叔武頭、龍頭薨。〔三六〕九月，庫莫奚國獻名馬，有一角，狀如麟。閉都門，大索三日，獲姦人亡命數百人。

冬十一月戊戌，行幸中山，遂幸信都。十二月丙子，還幸靈丘，至溫泉宮。庚辰，車駕還宮。出于、叱萬單等國各遣使朝貢。

太安元年春正月辛酉，奉太武、景穆神主于太廟。樂平王拔有罪，賜死。二月癸未，武昌王提薨。三月己亥，以太武、景穆神主入太廟，改元，曲赦京師死囚已下。

夏六月壬戌，詔名皇子弘，曲赦。〔三七〕癸酉，詔尚書穆眞等二十人巡行州郡，觀察風俗，大明賞罰。

冬十月庚午，以遼西公常英爲太宰，進爵爲王。

是歲，遮逸、波斯、疏勒等國各遣使朝貢。

二年春正月乙卯，立皇后馮氏。二月丁巳，立皇子弘爲皇太子，大赦。

夏六月，羽林中郎于判、元提等謀逆，誅。

秋八月，田於河西。平西將軍、漁陽公尉眷北擊伊吾，剋其城，大獲而還。九月辛巳，進河東公閭毗、零陵公閭紇爵，並爲王。

冬十月甲申，車駕還宮。甲午，曲赦京師。十一月，改封西平王源賀隴西王。嚈噠、普嵐等國各遣使朝貢。

三年春正月，徵漁陽公尉眷拜太尉，進爵爲王，錄尚書事。

夏五月，封皇弟新成爲陽平王。六月癸卯，行幸陰山。

秋八月，田於陰山之北。己亥，還宮。

冬十月，將東巡，詔太宰常英起行宮於遼西黃山。十二月，州鎭五蝗，百姓飢，使開倉振給之。

二十四史

中華書局

是歲，粟特、于闐等五十餘國並遣使朝貢。

四年春正月丙午朔，初設酒禁。乙卯，行幸廣甯溫泉宮，遂東巡。庚午，至遼西黃山宮，遊宴數日，親對高年，勞問疾苦。二月丙子，登碣石山，觀滄海，大饗羣臣於山上，班賞進爵各有差。改碣石山爲樂遊山，築壇記行於海濱。戊寅，南幸信都，田於廣川。三月丁未，觀馬射於中山。所過郡國賜復一年。丙辰，車駕還宮。起太華殿。乙丑，東平王陸俟薨。

夏五月壬戌，詔曰：「比年以來，雜調減省，而所在州郡咸有逋懸，非在職之官綏導失所，貪穢過度，誰使之然？自今常調不充，人不安業，宰人之徒，加以死罪。」六月丙申，田於松山。

秋七月庚午，行幸河西。九月乙巳，[三八]還宮。辛亥，太華殿成。丙寅，饗羣臣，大赦。

冬十月甲戌，北巡，至陰山。有故冢毀廢，詔曰：「昔姬文葬枯骨，天下歸仁。自今有穿墳壠者，斬之。」辛卯，次于車輪山，累石記行。十一月，車駕渡漠，蠕蠕絕迹遠遁。十二月，中山王託眞薨。

五年春二月己酉，司空、河南公伊馛薨。三月庚寅，曲赦京師死罪已下。

夏四月乙巳，封皇弟子推爲京兆王。五月，居常國遣使朝貢。[三九]六月戊申，行幸陰山。

秋八月庚戌，遂幸雲中。壬戌，還宮。九月戊辰，儀同三司、敦煌公李寶薨。

冬十二月戊申，詔以六鎭、雲中、高平、二雍、秦州徧遇災旱，年穀不收，開倉廩振乏。有徙流者，喻還桑梓。

和平元年春正月甲子朔，大赦改元。庚午，詔散騎侍郎馮闡使於宋。

夏四月戊戌，皇太后常氏崩於壽安宮。五月癸酉，葬昭太后於廣甯鳴雞山。

六月甲午，詔征西大將軍、陽平王新成等討吐谷渾什寅。崔浩之誅也，史官遂廢，至是復置。

秋七月，西征諸軍至西平，[四〇]什寅走保南山。九月庚申朔，日有蝕之。是月，諸軍濟河，追什寅。遇瘴氣，多病疫，乃引還。庚午，車駕還宮。[四一]

冬十月，居常王獻馴象三。十一月，詔散騎侍郎盧度世使於宋。

二年春正月乙酉，詔曰：「刺史牧人，爲萬里之表。自頃每因發調，逼人假貸，大商富賈，要射時利，上下通同，分以潤屋。爲政之弊，莫過於此，其一切禁絕。犯者，十疋以上皆死。布告天下，咸令知禁。」

二月，行幸中山，遂幸信都。三月，宋人來聘。車駕所過，皆親對高年，問疾苦。詔年八十，一子不從役。靈丘南有山高四百餘丈，乃詔羣臣仰射山峯，無能踰者。帝彎弧發矢，出三十餘丈，過山南二百二十步。遂刊石勒銘。是月，發幷、肆州五千餘人修河西獵道。辛巳，車駕還宮。

夏四月乙未，河東王閭毗薨。五月癸未，詔南部尙書黃盧頭、李敷等考課諸州。[四二]

秋七月戊寅，封皇弟小新成爲濟陰王，天賜爲汝陰王，萬壽爲樂良王，洛侯爲廣平王。八月，波斯國遣使朝貢。

冬十月，詔假員外散騎常侍游明根使于宋。廣平王洛侯薨。

三年春正月壬午，以東郡公乙渾爲太原王。癸未，樂良王萬壽薨。二月壬子朔，日有蝕之。癸酉，田於崞山，遂觀漁于旋鴻池。三月甲申，宋人來聘。高麗、蓰王、契嚙、思厭於師、疏勒、石那、悉居半、渴盤陁等國並遣使朝貢。

夏六月庚申，行幸陰山。

秋七月壬寅，幸河西。九月壬辰，常山王素薨。

冬十月，詔員外散騎常侍游明根使于宋。十一月壬寅，車駕還宮。十二月乙卯，制戰陣之法十有餘條，因大儺曜兵，有飛龍騰蛇魚麗之變，以示威武。戊午，零陵王閭拔薨。[四三]

四年春三月乙未，賜京師人年七十以上太官厨食，以終其年。皇子胡仁薨，[四四]追封樂陵王。

夏四月癸亥，上幸西苑，親射猛獸三頭。五月壬辰，侍中、漁陽王尉眷薨。壬寅，行幸陰山。

秋七月壬午，詔曰：「朕每歲閑月，命羣臣講武，所幸之處，必立宮壇。糜費之功，勞損非一，宜仍舊貫，何必改作也。」八月丙寅，遂田于河西。九月辛巳，車駕還宮。

冬十月，以定、相二州實霜傷稼，免其田租。詔員外散騎常侍游明根使於宋。

十二月辛丑，詔以喪葬嫁娶，大禮未備，命有司爲之條格，使貴賤有章，上下咸序，著之于令。壬寅，詔曰：「婚姻者，人道之始。比者以來，貴族之門多不率法，或貪利財賂，或因緣私好，在於苟合，無所擇選。塵穢淸化，虧損人倫，將何以宣示典謨，垂之來裔。今制皇族肺腑王公侯伯及士庶之家，[四五]不得與百工伎巧卑姓爲婚，犯者加罪。」

中華書局

二十四史

五年春正月丁亥，封皇弟雲爲任城王。二月，詔以州鎮十四去歲蟲水，開倉振恤。

夏四月癸卯，進封頓丘公李峻爲王。閏月戊子，帝以旱故，減膳責身。是夜，澍雨大降。五月，宋孝武帝殂。六月丁亥，行幸陰山。

秋七月壬寅，行幸河西。九月辛丑，車駕還宮。

冬十月，琅邪王司馬楚之薨。[四六]十二月，南秦王楊難當薨。吐呼羅國遣使朝貢。

六年春正月丙申，大赦。二月丁丑，行幸樓煩宮。高麗、蓰王、對曼等國各遣使朝貢。三月戊戌，相州刺史、西平郡王吐谷渾權薨。乙巳，車駕還宮。

夏四月，破洛那國獻汗血馬，普嵐國獻寶劍。

五月癸卯，帝崩于太華殿，時年二十六。六月丙寅，奉尊謚曰文成皇帝，廟號高宗。八月，葬雲中之金陵。

顯祖獻文皇帝諱弘，文成皇帝之長子也，母曰李貴人。興光元年七月生於陰山之北。太安二年二月，立爲皇太子。

和平六年五月甲辰，卽皇帝位，大赦，尊皇后曰皇太后。車騎大將軍乙渾矯詔殺尙書楊保年、平陽公賈愛仁、南陽公張天度于禁中。戊申，司徒公、平原王陸麗自湯泉入朝，又殺之。己酉，以渾爲太尉公，以錄尙書事、東安王劉尼爲司徒公，以尙書左僕射和其奴爲司空公。六月，封繁陽侯李嶷爲丹楊王，征東大將軍馮熙爲昌黎王。

秋七月癸巳，以太尉乙渾爲丞相，位居諸王上，事無大小皆決焉。

九月庚子，曲赦京師。丙午，詔曰：「先朝以州牧親人，宜置良佐，故敕有司班九條之制，使前政選吏以待後人。然牧司舉非其人，愆于典度。今制刺史守宰到官之日，仰自舉人望忠信，以爲選官，不論前政，共相平置。[四七]若簡任失所，以罔上論。」是月，宋義陽王劉昶自彭城來奔。

冬十月，徵陽平王新成、京兆王子推、濟陰王小新成、汝陰王天賜、任城王雲入朝。十一月，宋湘東王彧殺其主子業而自立。

天安元年春正月己丑朔，大赦，改元。二月庚申，丞相、太原王乙渾謀反，伏誅。乙亥，以侍中元孔雀爲濮陽王，侍中陸定國爲東郡王。三月庚子，以隴西王源賀爲太尉公。辛丑，高宗文成皇帝神主祔于太廟。辛亥，帝幸道壇，親受符籙。曲赦京師。

秋九月己酉，初立鄉學，郡置博士二人，助教二人，學生六十人。

冬十二月，皇弟安平薨。[四八]

是歲，州鎮十一旱，人飢，開倉振恤。

皇興元年春正月癸巳，鎮南大將軍尉元大破宋將張永、沈攸之於呂梁東。宋人來聘。庚子，東平王道符謀反於長安，其司馬段太陽斬之，傳首京師。道符兄弟皆伏誅。閏月，以頓丘王李峻爲太宰。二月，濟陰王小新成薨。

宋東平太守申纂戍無鹽，遏絕王使，詔征南大將軍慕容白曜督諸軍往討，三月甲寅，剋之。

秋八月丁酉，幸武州山石窟寺。戊申，皇子宏生，大赦，改元。九月己巳，進馮翊公李白爲梁郡王。

冬十月己亥朔，日有蝕之。癸卯，田於那男池。濮陽王孔雀坐怠慢降爲公。

二年春二月癸未，田于西山，親射武豹。[四九]三月，慕容白曜進圍東陽。戊午，宋人來聘。

夏四月丙子朔，日有蝕之。辛丑，進南郡公李惠爵爲王。五月乙卯，田于崞山，遂幸繁

時。辛酉，車駕還宮。六月庚辰，以河南闢地，曲赦京師殊死已下。以昌黎王馮熙爲太傅。

秋九月辛亥，封皇叔楨爲南安王，長壽爲城陽王，太洛爲章武王，休爲安定王。

冬十月癸酉朔，日有蝕之。辛丑，田于冷泉。十一月，州鎮二十七水旱，詔開倉振恤。十二月甲午，詔曰：「頃張永敢拒王威，暴骨原隰。天下之人一也，其永軍殘廢之士，聽還江南。露骸草莽者，敕州縣收瘞之。」

三年春正月乙丑，東陽潰，虜沈文秀。戊辰，司空、平昌公和其奴薨。二月己卯，進上黨公慕容白曜爵爲濟南王。

夏四月壬辰，宋人來聘。丙申，名皇子宏，大赦。丁酉，田于崞山。五月，徙青、齊人於京師。六月辛未，立皇子宏爲皇太子。

冬十月丁酉朔，日有蝕之。是月，太宰、頓丘王李峻薨。十一月，進襄城公韓頹爵爲王。

四年春正月，州鎮大飢，詔開倉振恤。二月，以東郡王陸定國爲司空公。詔征西大將軍、上黨王長孫觀討吐谷渾什寅。廣陽王石侯薨。三月丙戌，詔天下人病者，所在官司遣醫就家診視，所須藥任醫所量給之。

中華書局

夏四月辛丑，大赦。戊申，長孫觀軍至曼頭山，大破什寅。五月，封皇弟長樂為建昌王。六月，宋人來聘。

秋八月，蠕蠕犯塞。九月丙寅，車駕北伐，諸將俱會于女水，大破虜軍。司徒、東安王劉尼坐事免。〔三〇〕壬申，車駕至自北伐，飲至策勳，告于宗廟。

冬十月，誅濟南王慕容白曜、高平公李敷。十一月，詔弛山澤禁。十二月甲辰，幸鹿野苑、石窟寺。陽平王新成薨。

五年春二月乙亥，詔假員外散騎常侍邢祐使于宋。〔三一〕

夏四月，北平王長孫敦薨。六月丁未，行幸河西。

秋七月丙寅，遂至陰山。八月丁亥，車駕還宮。

帝幼而神武，聰叡機悟，有濟人之規。仁孝純至，禮敬師友。及即位，雅薄時務，常有遺世之心，欲禪位於叔父京兆王子推，羣臣固請，乃止。丙午，使太保建安王陸馛、太尉源賀奉皇帝璽綬，册命皇太子升帝位。於是羣公奏上尊號太上皇帝。己酉，太上皇帝徙御崇光宮，采椽不斲，土階而已。國之大事咸以聞。承明元年，文明太后有憾，帝崩於永安殿，年二十三。上尊謚曰獻文皇帝，廟號顯祖，葬雲中金陵。

論曰：太武聰明雄斷，威靈傑立，籍二世之資，奮征伐之氣，遂戎軒四出，周旋夷險，平秦、隴，掃統萬，翦遼海，蕩河源，南夷荷擔，北蠕絕迹，廓定四表，混一華戎，其為武功也大矣。遂使有魏之業，光邁百王，豈非神叡經綸，事當命世。至於初則東儲不終，末乃釁成所忽，固本貽防，殆弗思乎。景穆明德令聞，夙世殂夭，其戾園之悼歟。文成屬太武之後，內頗虛耗，既而國釁時艱，朝野楚楚。帝與時消息，靜以鎮之。養威布德，懷緝中外，自非機悟深裕，矜濟為心，亦何能若此？可謂有君人之度矣。獻文聰叡夙成，兼資雄斷，故能更清漠野，大啟南服。而早有厭世之心，終致宮闈之變，將天意也。

校勘記

〔一〕帝親登臺走馬　魏書卷四上世祖紀「臺」下有「觀」字，疑此脫。

〔二〕三月丙子　諸本「子」作「午」，魏書作「子」。按是年三月甲戌朔，無丙午，丙子是三日。下有丁丑，日序正合。今據改。

〔三〕輕騎兼馬至栗水　諸本「兼」下有「冀」字，魏書及通鑑卷一二一三八一〇頁無。通鑑胡注云：「每騎兼有副馬也。」「冀」字衍，今刪。

〔四〕五月戊戌　諸本「戌」作「午」，魏書作「戌」。按是年五月丙戌朔，無戊午，戊戌是十三日。今據改。

〔五〕帝自安定還臨平涼　諸本「定」作「西」，魏書及通志卷一五上後魏紀都作「定」。按上言「行幸安定」，自應從安定還，今據改。

〔六〕辛丑安頡率諸軍攻滑臺　諸本「丑」作「酉」，魏書作「丑」。張元濟北史校勘記云以後簡稱張元濟云：「上文庚子，下文壬寅，當從魏書作辛丑。」按是年十一月癸未朔，無辛酉，辛丑是十九日。張說是，今據改。

〔七〕平涼平　諸本脫「涼」下「平」字，據魏書補。

〔八〕拜河西王沮渠蒙遜為假節加侍中都督涼州及西域羌戎諸軍事　諸本「河西」誤倒，據魏書乙。又「涼州」下諸本衍「持節」二字，據魏書世祖紀及本書卷九三北涼沮渠氏傳刪。

〔九〕以其子牧犍為車騎將軍改封河西王　諸本「河西」誤倒，據魏書乙。

〔一〇〕命諸軍討山胡白龍於西河　諸本「西河」作「河西」，魏書作「西河」。按下文太延三年七月及魏書卷一七永昌王健傳都有「討山胡白龍餘黨於西河」的記載。上文言太武由美稷至隰城指揮諸軍，美稷、隰城即漢之茲氏自漢以來皆屬西河郡。「河西」誤倒，今據乙。

〔一一〕太延元年春正月己未朔　諸本「己」作「乙」，魏書卷一〇五天象志、通鑑卷一二二三八五五頁作「己」。按下文有壬午、癸未、甲申，則本月朔不得是乙未。己未朔則壬午、癸未、甲申分別為二十四、五、六日。今據天象志、通鑑改。

〔一二〕夏四月甲申　諸本「申」作「寅」，魏書作「申」。按是年四月壬午朔，無甲寅，甲申是三日。今據改。

〔一三〕樂平王丕等至略陽難當奉詔攝上邽守　諸本「略陽」下有「公」字，魏書無。張森楷云：「據難當傳本書卷九六氐傳未嘗封略陽公。」按「公」字衍，今據魏書刪。

〔一四〕破洛那　諸本脫「那」字，據魏書世祖紀及本書卷九七西域傳序補。

〔一五〕詔兼散騎常侍高雅使于宋　魏書同。張森楷云：「高允傳本書卷三一、魏書卷四八『雅』作『推』。據推字仲讓，名誼相協，則『雅』字誤也。」

〔一六〕車駕至上郡屬國城　諸本「郡」作「都」，魏書百衲本、通鑑卷一二三三八七三頁作「郡」。按通鑑胡注云：「班書地理志：上郡龜茲縣，屬國都尉治。」據水經注卷三河水注，龜茲縣在榆林西北，拓拔燾進攻涼州，正是行軍所經之地。「都」乃「郡」之訛，今據改。

〔一七〕破洛那悉居半等國並遣使朝貢　諸本脫「洛」字，「居半」誤倒，據魏書世祖紀及本書卷九七西域傳補乙。

〔一八〕鎭南大將軍奚眷平酒泉　魏書無「大」字。張森楷云：「眷本傳本書卷二〇、魏書卷三〇亦不云進大將軍，則此『大』字衍文。」

〔一九〕秋八月甲戌晦　按是年八月乙亥朔，晦日是癸卯，甲戌是七月晦日。此條出魏書天象志，原文已誤。

〔二〇〕司徒東郡公崔浩　諸本「郡」訛作「都」，據魏書世祖紀及魏書卷三五、本書卷二一浩本傳改。

〔二一〕詔自三公已下至於卿士　魏書、通志、通鑑卷一二四三九〇三頁「三」並作「王」。按上文有「自王公已下，至於庶人」，疑此「三」是「王」之訛。

〔二二〕庚辰行幸廬　南本及魏書「廬」下注「闕」，當有脫文。

〔二三〕三月戊戌　諸本「戊」作「辰」，魏書作「戊」。按是年三月丙申朔，無戊辰，戊戌是三日。又上文有庚辰，下文有甲辰，中間不得有戊辰。今據魏書改。

〔二四〕慕利延殺其兄子緯代緯代弟叱力延等來奔　諸本作「殺其兄子緯，代立，緯弟叱力延等來奔」。魏書作「殺其兄子緯代，是月，緯代弟叱力延等來奔」。按本書卷九六吐谷渾傳，緯代是慕利延兄阿豺之子。阿豺死，弟慕璝立。慕璝死，弟慕利延立。緯代未嘗嗣位，慕利延並非殺之而後

代立。諸本衍「立」字，又脫下「代」字，今據魏書删補。

〔二五〕禽被囊及慕利延兄子什歸　諸本「兄」作「元」，魏書作「兄」。按本書卷三七、魏書卷五一封敕文傳云：「征吐谷渾慕利延兄子什歸於枹罕。」「元」乃「兄」之訛，今據改。

〔二六〕丙戌發司幽定冀四州十萬人築畿上塞圍　按魏書此上有「六月甲申發定、冀、相三州兵二萬人屯長安南山諸谷，以防越逸」等語。北史删節，並「六月」二字去之，遂似築塞圍在五月。是年五月癸丑朔，無丙戌；六月癸未朔，丙戌是四日。

〔二七〕又斬其鳳皇山南足以斷之　魏書「其」下有「北」字。按本書卷六齊神武紀引此事亦有。其北，指大王山之北，此當脫「北」字。

〔二八〕以交趾公韓拔爲假征西將軍　魏書「假」下有「節」字。按本書卷九七西域鄯善國傳也作「假節征西將軍」。此脫「節」字。

〔二九〕甲戌蠕蠕吐賀眞懼遠遁　魏書作「甲戌，北伐。二月，蠕蠕渠帥尒綿他拔等率其部落千餘家來降，蠕蠕吐賀眞恐懼遠遁」。北史删節失當。

〔三〇〕大蒐於梁川　百衲本、南本及魏書作「梁川」，北、汲、殿三本作「梁山」。按水經注卷二一汝水注：「黃水出梁山，東南逕周承休縣故城東。」此山當在今河南臨汝縣東北，本春秋時南梁故地。其西是廣成澤，自東漢以來卽爲狩獵之所。拓拔燾由洛陽傍汝水南下攻懸瓠，梁山是路途所經。疑作「山」是。

〔三一〕八月癸亥　各本「癸」作「辛」，南本及魏書作「癸」。按是年魏閏七月，八月戊午朔，無辛亥，癸亥是六日。今從南本。

〔三二〕甲申皇妣閭氏薨　魏書卷五高宗紀無「閭氏」二字。錢大昕廿二史考異以後簡稱錢氏考異云：「按后妃傳，本書卷一三少以才，選入東宮。有寵，生文成皇帝而薨。文成卽位，追尊號諡。是閭氏之薨在文成卽位以前，紀書於卽位以後，自相矛盾。」洪頤煊諸史考異卷一七云以後簡稱洪頤煊云：「按魏書卷一三恭皇后傳，眞君元年六月生高宗，世祖末年薨，卽興安元年十一月，本與紀合，北史删去其薨年，遂致牴牾。」

〔三三〕南部尙書章安子陸麗爲平原王　諸本「章」訛「常」，據魏紀及本書卷二八、魏書卷四〇麗本傳改。

〔三四〕天泉池　魏書「泉」作「淵」，北史避唐李淵諱改。

〔三五〕進安豐公閭武皮爵爲河間王　魏書「武」作「虎」，北史避唐李虎諱改。

〔三六〕己丑皇叔武頭龍頭薨　諸本「己」作「乙」，魏書作「己」。按是年八月乙丑朔，但上文已有甲戌十日、乙亥十一日，則此不得爲乙丑。己丑是二十五日。今據魏書改。又魏書「武」作「虎」，北史避唐諱改。

〔三七〕三月己亥以太武景穆神主入太廟改元曲赦京師死囚已下夏六月壬戌詔名皇子弘曲赦　按魏書三月己亥詔中不言改元。六月壬戌，因元弘命名才改元。此「改元」二字當在「詔名皇子弘」下，錯簡，誤移於前。

〔三八〕九月乙巳　諸本「乙」作「丁」，魏書作「乙」。按下文有辛亥，是年九月壬寅朔，乙巳是四日，辛亥是十日，丁巳是十六日。不得先丁巳而後辛亥。作「乙」是，今據改。

〔三九〕居常國遣使朝貢　各本「居常」作「常居」，殿本從魏書作「居常」。按下文和平元年十月「居常王獻馴象」，魏書、北史並同，今從殿本。

〔四〇〕秋七月西征諸軍至西平　魏書作「秋七月乙丑，劉駿遣使朝貢。壬午，行幸河西。八月，西征諸軍至西平」。按北史删去七月紀事，保留「七月」二字而誤删「八月」，遂使八月內事誤繫七月下。

〔四一〕庚午車駕還宮　魏書於七月書「行幸河西」，北史删去，此處書「車駕還宮」，便無所承。

〔四二〕詔南部尙書黃盧頭李敷等考課諸州　諸本「等」作「業」，魏書作「等」。按本書卷三三、魏書卷三六李順傳，順子敷，文成時曾爲南部尙書。「業」乃「等」之訛，今據改。

〔四三〕零陵王閭拔薨　張森楷云：「拔當作紘。」按上文太安二年九月辛巳條，本書卷八〇外戚閭毗傳，都作「紘」。「拔」字當誤。但魏紀此處亦作「拔」，今不改。

〔四四〕皇子胡仁薨　張森楷云："「子當作弟。」按本書卷一七、魏書卷一九上景穆十二王傳序，樂陵王胡仁與文成同爲景穆之子。張說是。

〔四五〕今制皇族肺腑王公侯伯及士庶之家　各本及魏書「肺腑」作「師傅」，百衲本作「肺腑」。張元濟云："『師傅』誤，『肺腑』謫人主疏末之親，見史記惠景間侯者年表。」按張說是。御覽卷一〇二四九〇頁引後魏書亦作「肺腑」。蓋魏書本作「肺腑」，後訛爲「師傅」。後人又據魏書訛文以改北史。今從百衲本。

〔四六〕琅邪王司馬楚之薨　諸本「王」誤作「侯」，據魏書及本書卷二九、魏書卷三七楚之本傳改。

〔四七〕不論前政共相平置　魏書卷六顯祖紀作「不聽前政，共相干冒」。按詔文，意在改革「前政選吏，以待後人」舊制，所以要「刺史守宰到官之日，仰自舉人望忠信」。此作「不論前政，共相平置」，則是前任官與現任官可共同商議，似與上文文意不諧。疑當從魏書。

〔四八〕皇弟安平薨　諸本「安平」下有「王」字，魏書無。張森楷云："「此卽文成五王傳本書卷一九之韓哀王安平也。」按張說是，安平是人名，不是封號，「王」字衍，今據刪。

〔四九〕親射武豹　魏書「武」作「虎」，北史避唐諱改。

〔五〇〕司徒東安王劉尼坐事免　諸本「王」訛作「公」，據魏紀及魏書卷三〇尼本傳改。

〔五一〕春二月乙亥詔假員外散騎常侍邢祐使于宋　魏書「二」作「三」。按是年二月己丑朔，無乙亥；三月己未朔，乙亥是十七日。但宋書卷八明帝紀泰始七年卽魏皇興五年，公元四七一年稱："「三月辛酉，索虜遣使獻方物。」通鑑卷一三三四一五八頁從宋書。而辛酉是三月三日。若魏於乙亥十七日遣使，豈能於辛酉三日到達？疑「二月」不誤，誤在「乙亥」。

北史卷三

魏本紀第三

高祖孝文皇帝諱宏，獻文皇帝之太子也。母曰李夫人。皇興元年八月戊申，生於平城紫宮，神光照室，天地氛氳，和氣充塞。帝潔白有異姿，襁褓岐嶷，長而弘裕仁孝，綽然有人君之表。獻文尤愛異之。三年六月辛未，立爲皇太子。五年，受禪。

延興元年秋八月丙午，皇帝卽位於太華前殿，改皇興五年爲延興。丁未，宋人來聘。九月壬戌，詔在位及人庶進直言。壬午，青州高陽人封辨聚黨自號齊王，州軍討平之。

冬十月丁亥，沃野、統萬二鎭敕勒叛，詔太尉、隴西王源賀追擊至枹罕滅之，徙其遺迸於冀、定、相三州爲營戶。

十二月乙酉，封駙馬都尉穆亮爲趙郡王。壬辰，詔求舜後，獲東萊人嬀苟之，復其家畢世，以彰盛德之不朽。復前濮陽王孔雀本封。辛丑，徙趙郡王穆亮爲長樂王。癸卯，日有蝕之。〔一〕

二年春正月，大陽蠻酋桓誕率戶內屬，拜征南將軍，封襄陽王。曲赦京師及河西，南至秦、涇，西至枹罕，北至涼州及諸鎭。詔假員外散騎常侍邢祐使於宋。

二月乙巳，〔二〕詔曰："「頃者，淮徐未賓，尼父廟隔非所，致令祠典寢頓，禮章殄滅，遂使女巫妖覡淫進非禮。自今有祭孔廟，制用酒脯而已，不聽婦女雜合，以祈非望之福。犯者以違制論。其公家有事，自如常禮。」蠕蠕犯塞，太上皇帝次於北郊，詔諸將討之，悉皆遁走。北部敕勒叛，奔蠕蠕。太上皇帝追至石磧，不及而還。三月戊辰，以散騎常侍、駙馬都尉萬安國爲大司馬、大將軍，封安城王。庚午，親耕籍田。連川敕勒謀叛，徙配青、徐、齊、兗四州爲營戶。〔三〕

夏四月庚子，詔工商雜伎，盡聽赴農。諸州課人益種菜果。辛亥，宋人來聘。癸酉，詔沙門不得去寺，行者以公文。是月，宋明帝殂。五月丁巳，詔軍警給璽印傳符，次給馬印。六月，安州遭水雹，詔丐租振恤。丙申，詔："「今年貢舉，尤爲猥濫。自今所遣，皆可門盡州郡之高，才極鄉閭之選。」戊午，行幸陰山。〔四〕

秋七月壬寅，詔州郡縣各遣二人才堪專對者，赴九月講武，當親問風俗。八月，百濟遣

中華書局

二十四史

使請兵伐高麗。九月辛巳，車駕還宮。戊申，統萬鎮將、河間王閭武皮坐貪殘賜死。己酉，詔以州鎮十一水旱，丐其田租，開倉振恤。又詔流迸之人，皆令還本，違者徙邊。

冬十月，蠕蠕犯塞，及五原。十一月，太上皇帝親討之，將度漠，蠕蠕聞之，北走數千里。丁亥，封皇叔略爲廣川王。壬辰，分遣使者巡省風俗，問人疾苦。帝每月一朝崇光宮。十二月庚戌，詔曰：「頃者以來，官以勞升，未久而代，牧守無恤人之心，競爲聚斂，送故迎新，相屬於路，非所以固人志、隆政道也。自今牧守溫良仁儉克己奉公者，可久於其任，歲積有成，遷位一級；其貪殘非道，侵削黎庶者，雖在官甫爾，必加黜罰。著之於令，以爲彝準。」詔以代郡事同豐沛，代人先配邊戍者免之。

是歲，高麗、地豆干、庫莫奚、高昌等國並遣使朝貢。

三年春正月庚辰，詔員外散騎常侍崔演使於宋。丁亥，改崇光宮爲寧光宮。二月戊午，太上皇帝至自北討，飲至策勳，告於宗廟。甲戌，詔縣令能靜一縣劫盜者，兼理二縣，卽食其祿；能靜三縣者，三年遷爲郡守。〔五〕二千石能靜二郡上至三郡，亦如之，三年遷爲刺史。〔六〕三月壬午，詔諸倉屯穀麥充積者，出賜貧人。

夏四月戊申，詔假司空、上黨王長孫觀等討吐谷渾拾寅。壬子，詔以孔子二十八世孫

魯郡孔乘爲崇聖大夫，給十戶以供灑掃。

六月甲子，詔曰：「往年縣召秀才二人，問守宰善惡，而賞者未幾，罪者衆多，肆法傷生，情所未忍。諸爲人所列者，特原其罪，盡可代之。」〔七〕

秋七月，詔河南六州人，戶收絹一匹、綿一斤、租三十石。乙亥，行幸陰山。八月庚申，帝從太上皇帝幸河西。拾寅謝罪請降，許之。九月辛巳，車駕還宮。乙亥，宋人來聘。〔八〕己亥，詔曰：「今京師及天下囚未判，在獄致死，無近親者，給衣衾棺櫝葬之，不得暴露。」辛丑，詔遣十使，循行州郡，撿括戶口。

冬十月，太上皇帝將南討，詔州郡之人，十丁取一，充行；戶租五十石，以備軍糧。十一月戊寅，詔以河南州郡牧守多不奉法，致新邦百姓莫能上達，遣使者觀風察獄，黜陟幽明，搜揚振恤。癸巳，太上皇帝南巡至懷州，所過問人疾苦，賜高年孝悌力田布帛。十二月癸卯朔，日有蝕之。〔九〕庚戌，詔關外苑囿，聽人樵採。

是歲，高麗、契丹、庫莫奚、悉萬斤等國並遣使朝貢。州鎮十一水旱，丐人田租，開倉振恤。相州人餓死者二千八百四十五人。妖人劉舉自稱天子，齊州刺史、武昌王平原捕斬之。

四年春正月癸酉朔，日有蝕之。丁丑，太尉、隴西王源賀以病辭位。二月甲辰，太上皇帝至自南巡。辛未，禁寒食。三月丁亥，詔員外散騎常侍許赤武使於宋。〔一〇〕

夏四月丁卯詔：自今非謀反大逆、干紀外奔，罪止其身而已。〔一一〕

秋七月己卯，曲赦仇池。八月戊申，大閱於北郊。九月，以宋亂故，詔將軍元蘭等伐蜀漢。

冬十月庚子，宋人來聘。十一月，分遣侍臣循河南七州，觀察風俗，撫慰初附。

是歲，粟特、敕勒、吐谷渾、高麗、曹利、闊悉、契丹、庫莫奚、地豆干等國並遣使朝貢。州鎮十三大飢，丐人田租，開倉振之。

五年春二月癸丑，詔定考課，明黜陟。

夏四月，詔禁畜鷹鷂，開相告之制。五月丙午，詔員外散騎常侍許赤武使於宋。丁未，幸武州山。辛酉，幸車輪山。六月庚午，禁殺牛馬。壬申，曲赦京師死罪，遣備蠕蠕。

秋九月癸卯，洛州人賈伯奴稱恒農王，豫州人田智度稱上洛王，郡討平之。

冬十月，太上皇帝大閱於北郊。十二月丙寅，改封建昌王長樂爲安樂王。己丑，城陽王長壽薨。庚寅，宋人來聘。

是歲，高麗、吐谷渾、龜茲、契丹、庫莫奚、地豆干、蠕蠕等國並遣使朝貢。

承明元年春二月，司空、東郡王陸定國坐事免官爵爲兵。

夏五月，冀州人宋伏龍聚衆自稱南平王。郡縣捕斬之。

六月甲子，詔中外戒嚴。分京師見兵爲三等，第一軍出，遣第一兵，二等亦如之。辛未，太上皇帝崩。壬申，大赦，改元。大司馬、大將軍、安城王萬安國坐法賜死。戊寅，以征西大將軍、安樂王長樂爲太尉；尚書左僕射、南平公目辰爲司徒，進封宜都王；以南部尚書李訢爲司空。尊皇太后爲太皇太后，臨朝稱制。

秋七月甲辰，追尊皇妣李貴人爲思皇后。濮陽王孔雀有罪賜死。八月甲子，詔羣公卿士，有便人益國者，具狀以聞。甲申，以長安二蠶多死，〔一二〕丐人歲賦之半。九月丁亥，曲赦京師。

冬十月丁巳，起七寶永安行殿。乙丑，進假東陽王丕爵爲王。己未，詔羣官卿士下及吏人，〔一三〕各聽上書，直言極諫，勿有所隱。諸有益政利人可以正風俗者，有司以聞。辛未，幸建明佛寺，大宥罪人。進濟南公羅拔爲王。

是歲，蠕蠕、高麗、庫莫奚、波斯、契丹、宕昌、悉萬斤等國並遣使朝貢。

中華書局

太和元年春正月乙酉，改元。辛亥，起太和、安昌二殿。己酉，秦州略陽人王元壽聚衆，自號衝天王。雲中飢，開倉振恤。二月辛未，秦益二州刺史、武都公尉洛侯討破王元壽。三月庚子，以雍州刺史、東陽王丕爲司徒。丙午，詔曰：「去年牛疫，死傷太半。今東作既興，人須肆業，其敕在所督課田農，有牛者加勤於常歲，無牛者倍庸於餘年。一夫制田四十畝，〔一四〕中男二十畝，無令人有餘力，地有遺利。」

夏四月，樂安王良薨。詔復前東郡王陸定國官爵。五月，車駕祈雨於武州山，俄而澍雨大洽。

秋七月壬辰，京兆王子推薨。庚子，定三等死刑。己酉，起朱明、思賢門。是月，宋人殺其主昱。

八月壬子，大赦。丙子，詔曰：「工商皁隸，各有厥分，而有司縱濫，或染淸流。自今戶內有工役者，唯止本部丞，已下準次而授。若階藉元勳以勞定國者，不從此制。」戊寅，宋人來聘。九月乙酉，詔羣臣定律令於太華殿。庚子，起永樂遊觀殿於北苑，穿神泉池。〔一五〕

冬十月辛亥朔，日有蝕之。癸酉，宴京邑耆老年七十已上於太華殿，賜以衣服。詔七十已上一子不從役。宋葭蘆戍主楊文度遣弟鼠襲陷仇池。十一月丁亥，懷州人伊祁苟自稱堯後，應王，聚衆於重山。洛州刺史馮熙討平之。閏月庚午，詔員外散騎常侍李長仁使於宋。十二月壬寅，征西將軍皮喜攻陷葭蘆，斬楊文度，傳首京師。丁未，州郡八水旱蝗，人飢，詔開倉振恤。

是歲，高麗、契丹、庫莫奚、蠕蠕、車多羅、西天竺、舍衞、疊伏羅、粟楊婆、員闊等國並遣使朝貢。

二年春正月丁巳，封昌黎王馮熙第二子始興爲北平王。二月丁亥，行幸代之湯泉，所過問人疾苦，以宮女賜貧人無妻者。癸卯，車駕還宮。乙酉晦，日有蝕之。〔一六〕三月丙子，以河南公梁彌機爲宕昌王。

夏四月己丑，宋人來聘。京師旱。甲辰，祈天災於北苑，親自禮焉，減膳避正殿。丙午，澍雨大洽，曲赦京師。

五月，詔曰：「迺者人漸奢尙，婚葬越軌。又皇族貴戚及士庶之家，不惟氏族高下，與非類婚偶。先帝親發明詔，爲之科禁。而百姓習常，仍不肅改。朕念憲章舊典，永爲定準，犯者以違制論。」六月庚子，皇叔若薨。

秋八月，分遣使者，考察守宰，問人疾苦。丙戌，詔罷諸州禽獸之貢。九月乙巳朔，日有蝕之。丙辰，曲赦京師。

冬十月壬辰，詔員外散騎常侍鄭羲使於宋。〔一七〕十二月癸巳，誅南郡王李惠。

是歲，龜茲國獻名駝龍馬珍寶甚衆。吐谷渾、蠕蠕、勿吉等國並遣使朝貢。州鎭二十餘水旱，人飢，詔開倉振恤。

三年春正月癸丑，坤德六合殿成。庚申，詔罷行察官。二月辛巳，帝、太皇太后幸代郡湯泉，問人疾苦。鰥貧者妻以宮女。〔一八〕己亥，還宮。三月癸卯朔，日有蝕之。甲辰，曲赦京師。

夏四月壬申，宋人來聘。癸未，樂良王樂平薨。甲午，宋順帝禪位于齊。庚子，進淮陽公尉元爵爲王。宜都王目辰有罪賜死。五月丁巳，帝祈雨於北苑，閉陽門，是日澍雨大洽。六月辛未，以雍州人飢，開倉振恤。起文石室靈泉殿於方山。

秋七月壬寅，詔免宮人年老及病者。八月壬申，詔羣臣進直言。乙亥，幸方山，起思遠佛寺。丁丑，還宮。九月壬子，以司徒、東陽王丕爲太尉；趙郡公陳建爲司徒，進爵魏郡王；河南公苟頹爲司空，進爵河東王。進太原公王叡中山王，隴東公張祐新平王。己未，定州刺史、安樂王長樂有罪賜死。〔一九〕庚申，隴西王源賀薨。

冬十月己巳朔，大赦。十一月癸卯，賜京師貧窮高年疾患不能自存衣服布帛各有差。

癸丑，進假梁郡公元嘉爵爲假王，督二將出淮陰；隴西公元琛三將出廣陵；河東公薛豹子三將出廣固，至壽春。〔二〇〕

是歲，吐谷渾、高麗、蠕蠕、地豆干、契丹、庫莫奚、龜茲、粟特、州逸、河龔、疊伏羅、員闊、悉萬斤等國各遣使朝貢。

四年春正月癸卯，乾象六合殿成。乙卯，廣川王略薨。丁巳，罷畜鷹鷂之所，以其地爲報德佛寺。戊午，襄城王韓頹有罪，削爵徙邊。二月癸巳，以旱故，詔天下祀山川羣神及能興雲雨者，修飾祠堂，薦以牲璧。人有疾苦，所在存問。

夏四月乙卯，〔二一〕幸廷尉、籍坊二獄，引見諸囚。詔隨輕重決遣，以赴耕耘。甲申，賜天下貧人一戶之內無雜財穀帛者廩一年。六月丁卯，以澍雨大洽，曲赦京師。

秋七月辛亥，行幸火山。〔二二〕壬子，詔會京師耆老，賜錦綵衣服几杖稻米蜜麪，復家人不徭役。閏月丁亥，幸獸圈，親錄囚徒，輕者皆免之。壬辰，頓丘王李鍾葵有罪賜死。八月乙卯，〔二三〕詔諸州置冰室。九月乙亥，思義殿成。壬午，東明觀成。戊子，詔曰：「隆寒雪降，可遣侍臣詣廷尉獄及囚所，察飢寒者給以衣食，桎梏者代以輕鎖。」

是歲，郡鎭十八水旱，〔二四〕人飢，詔開倉振恤。蠕蠕、悉萬斤等國並遣使朝貢。

中華書局

五年春正月己卯，南巡。丁亥，至中山，親見高年，問人疾苦。二月辛卯朔，大赦。賜孝悌力田孤貧不能自存者，穀帛各有差。免宮人之老者，還其親。丁酉，至信都，存問如中山。癸卯，還中山。己酉，講武于唐水之陽。庚戌，車駕還宮。沙門法秀謀反，伏誅。假梁郡王嘉大破齊，俘獲三萬餘口，送京師。

三月辛酉朔，幸肆州。癸亥，講武于雲水之陽。所經考察守宰，黜陟之。己巳，車駕還宮。詔曰：「法秀妖詐亂常，妄說符瑞。蘭臺御史張求等一百餘人招結奴隸，謀爲大逆。有司科以族誅，誠合刑憲。但矜愚重命，猶所不忍。其五族者降止同祖，三族止一門，門誅止身。」

夏四月己亥，行幸方山。建永固石室，於山立碑焉，銘太皇太后終制于金册。又起鑒玄殿。甲寅，以旱故，詔所在掩骸骨，祈禱神祇。任城王雲薨。五月庚申，以農月時要，〔二五〕詔天下勿使有留獄。六月甲辰，中山王叡薨。〔二六〕戊午，封皇叔簡爲齊郡王，猛爲安豐王。

秋七月庚申朔，日有蝕之。〔二七〕甲子，齊人來聘。九月庚午，閱武於南郊，大饗羣臣。齊使車僧朗以班在宋使殷靈誕後，辭不就席。宋降人解奉君刃僧朗於會中。詔誅奉君等。乙亥，封昌黎王馮熙世子誕爲南平王。

冬十二月癸巳，州鎮十二飢，詔開倉振恤。

是歲，鄧至、蠕蠕等國並遣使朝貢。

六年春正月甲戌，大赦。二月辛卯，詔以靈丘郡土旣褊埆，又諸州路衝，復其人租十五年。〔二八〕癸巳，白蘭王吐谷渾翼世以誣罔伏誅。乙未，詔曰：「蕭道成逆亂江淮，戎旗頻舉。七州之人旣有征運之勞，深乖輕徭之義，其復常調三年。」癸丑，賜王公已下清勤著稱者，穀帛有差。三月庚辰，幸獸圈。詔曰：「武狼猛暴，食肉殘生，從今勿復捕貢。」辛巳，幸武州山石窟寺，賜貧老衣服。是月，齊高帝殂。

夏四月甲辰，賜畿內鰥寡孤獨不能自存者，粟帛各有差。

秋七月，發州郡五萬人修靈丘道。八月癸未朔，分遣大使巡行天下遭水之處，丐其租賦，貧儉不自存者，賜以粟帛。庚子，罷山澤禁。九月辛酉，以氐楊後起爲武都王。

是歲，地豆干、吐谷渾等國並遣使朝貢。

七年春正月庚申，詔曰：「朕每思知百姓疾苦以增修寬政，故具問守宰苛虐之狀於州郡使者。今秀孝計掾對多不實，甚乖朕虛求之意。宜案以大辟，明罔上必誅。然情猶未忍，可恕罪聽歸，申下天下，使知後犯無恕。」丁卯，詔青、齊、光、東徐四州戶，運倉粟二十萬石送瑕丘、琅邪，〔二九〕復租算一年。三月甲戌，以冀、定二州飢，詔郡縣爲粥於路以食之，又弛關津之禁。

夏四月庚子，幸崞山，賜所過鰥寡不能自存者衣服粟帛。壬寅，車駕還宮。閏月癸丑，皇子生，大赦。六月，定州上言，爲粥所活九十四萬七千餘口。

秋七月甲申，詔假員外散騎常侍李彪使於齊。九月壬寅，冀州上言，爲粥所活七十五萬一千七百餘口。改封濟南王羅拔爲趙郡王。

冬十月戊午，皇信堂成。十一月辛丑，齊人來聘。十二月乙巳朔，日有蝕之。癸丑，詔曰：「夏、殷不嫌一族之婚，周世始絕同姓之娶。斯皆教隨時設，政因事改者也。皇運初基，日不暇給，古風遺樸，未遑釐改。自今悉禁絕之，有犯者以不道論。」庚午，開林慮山禁，與人共之。州鎮十三飢，詔開倉振恤。

八年春正月，詔隴西公琛、尚書陸叡爲東西二道大使，褒善罰惡。

夏五月己卯，詔振賜河南七州戍兵。甲申，詔員外散騎常侍李彪使於齊。

六月丁卯，詔曰：「置官班祿，行之尙矣，自中原喪亂，兹制中絕。先朝因循，未遑釐改。

朕顧憲章舊典，始班俸祿，罷諸商人，以簡人事。戶增調三匹、穀二斛九斗，以爲官司之祿。均預調爲二匹之賦，卽兼商用。雖有一時之煩，終克永逸之益。祿行之後，贓滿一匹者死。變法改度，宜爲更始，其大赦天下，與之惟新。」戊辰，武州水壞人居。

秋八月甲辰，詔以班制俸祿，更興刑書，寬猛未允，人或異議。制百辟卿士工商吏人各上便宜，勿有所隱。九月甲午，齊人來聘。戊戌，詔俸制十月爲首，每季一請。於是內外百官，受祿有差。

冬十一月乙未，詔員外散騎常侍李彪使于齊。十二月，州鎮十五水旱，人飢，詔使者開倉振恤。

是歲，蠕蠕、高麗等國各遣使朝貢。

九年春正月戊寅，詔禁圖讖祕緯及名孔子閉房記，留者以大辟論。又諸巫覡假稱神鬼，妄說吉凶，及委巷諸非墳典所載者，〔三〇〕嚴加禁斷。癸未，大饗羣臣于太華殿，班賜皇誥。二月己亥，制皇子封王者、皇孫皇曾孫紹封者、皇女封者，歲祿各有差。封廣陽王建第二子嘉爲廣陽王。乙巳，詔百辟卿士工商吏人各上書極諫，靡有所隱。三月丙申，封皇弟禧爲咸陽王，幹爲河南王，羽爲廣陵王，雍爲潁川王，勰爲始平王，詳爲北海王。

夏五月，齊人來聘。

秋七月丙寅朔，〔三一〕新作諸門。癸未，遣使拜宕昌王梁彌機兄子彌承爲宕昌王。八月庚申，詔曰：「數州災水，飢饉荐臻，致有賣鬻男女者。天譴在予一人，百姓橫罹艱毒。今自太和六年已來，買定、冀、幽、相四州飢人良口者，盡還所親。雖娉爲妻妾，遇之非理，情不樂者，亦離之。」

冬十月丁未，詔使者循行州郡，與牧守均給天下之田，還受以生死爲斷。勸課農桑，興富人之本。辛酉，司徒、魏郡王陳建薨。詔員外散騎常侍李彪使於齊。十二月乙卯，以侍中、淮南王他爲司徒。

是歲，京師及州鎮十三水旱傷稼。宕昌、高麗、吐谷渾等國並遣使朝貢。

十年春正月癸亥朔，帝始服袞冕，朝饗萬國。二月甲戌，初立黨、里、鄰三長，定人戶籍。三月庚戌，齊人來聘。

夏四月辛酉朔，始制五等公服。甲子，帝初法服御輦祀西郊。六月己卯，名皇子曰恂，大赦。

秋八月乙亥，給尚書五等品爵已上朱衣玉珮大小組綬。九月辛卯，詔起明堂辟雍。

冬十月癸酉，有司議依故事配始祖於南郊。十一月，議定州郡縣官依口給俸。〔三二〕十二月乙酉，汝南、潁川飢，詔丐人田租，開倉振恤。

是歲，蠕蠕、高麗、吐谷渾、勿吉等國並遣使朝貢。

十一年春正月丁亥朔，詔定樂章，非雅者除之。二月甲子，肆州之雁門及代郡人飢，詔開倉振恤。

夏五月癸巳，南平王渾薨。甲午，詔復七廟子孫及外戚緦服已上，賦役無所與。六月辛巳，秦州人飢，詔開倉振恤。

秋七月己丑，詔今年穀不登，聽人出關就食。遣使者造籍，分遣去留，所在開倉振恤。八月壬申，蠕蠕犯塞，遣平原王陸叡討之。庚辰，大議北伐。辛巳，罷山北苑，以其地賜貧人。

冬十月辛未，詔罷起部無益之作，出宮人不執機杼者。甲戌，詔曰：「鄉飲之禮廢，則長幼之序亂。孟冬十月，人閑歲隙，宜於此時，導以德義。可下諸州，黨、里之內，推賢而長者，教其里人父慈、子孝、兄友、弟順、夫和、妻柔。不率長教者，具以名聞。」

十一月丁未，詔罷尚方錦繡綾羅之工，百姓欲造，任之無禁。其御府衣服金銀珠玉綾紬錦、太官雜器、太僕乘具、內庫弓矢，出其太半，班賚百官及京師人庶，下至工商皁隸，逮於六鎮戍士，各有差。戊申，詔今寒氣勁切，杖策難任。自今月至來年孟夏，不聽栲問罪人。又歲飢，輕囚宜速決了，無令薄罪久留獄犴。十二月，詔祕書丞李彪、著作郎崔光改析國記，依紀傳體。

是歲大飢，詔所在開倉振恤。吐谷渾、高麗、悉萬斤等國並遣使朝貢。

十二年春正月辛巳朔，初建五牛旌旗。乙未，詔鎮戍流徙之人，年滿七十，孤單窮獨，無成人子孫，旁無期親者，具狀以聞。〔三三〕二月辛亥朔，日有蝕之。三月丁亥，中散梁衆保等謀反，伏誅。

夏四月甲子，大赦。己巳，齊將陳顯達攻陷灃陽，〔三四〕長樂王穆亮率騎討之。五月丁酉，詔六鎮、雲中、河西及關內郡，〔三五〕各修水田，通渠溉灌。壬寅，增置彝器於太廟。

秋九月甲午，詔曰：「日蝕修德，月蝕修刑。迺者癸巳夜，月蝕盡，公卿已下，宜慎刑罰，以答天意。」丁酉，起宣文堂、經武殿。癸卯，淮南王他薨。

冬閏十月甲子，〔三六〕帝觀築圓丘于南郊。十一月，雍、豫二州人飢，詔開倉振恤。梁州刺史、臨淮王提坐貪縱，配北鎮。

是歲，高麗、宕昌、吐谷渾、勿吉、武興等國並遣使朝貢。

十三年春正月辛亥，祀圓丘，初備大駕。乙丑，兗州人王伯恭聚衆勞山，自稱齊王，東萊鎮將孔伯孫討斬之。戊辰，齊人寇邊，淮南太守王僧儁擊走之。二月庚子，引羣臣訪政道得失損益之宜。三月，夏州刺史章武王彬以貪財削封。

夏四月丁丑，詔曰：「升樓散物，以賚百姓，至使人馬騰踐，多有毀傷。今可斷之。以本所費之物賜窮老貧獨者。」州鎮十五大飢，詔所在開倉振恤。五月庚戌，祀方澤。六月，汝陰王天賜、南安王楨並坐贓賄，免爲庶人。

秋七月，立孔子廟於京師。八月乙亥，詔兼員外散騎常侍邢產使於齊。九月，出宮人賜北鎮人貧鰥者。

冬十一月己未，安豐王猛薨。十二月丙子，司空、河東王苟頹薨。甲午，齊人來聘。己亥，以尚書令尉元爲司徒，左僕射穆亮爲司空。

是歲，高麗、吐谷渾、陰平、中赤、武興、宕昌等國各遣使朝貢。

十四年春正月己巳朔，日有蝕之。〔三七〕二月戊寅，〔三八〕初詔定起居注制。詔遣侍臣巡行州

中華書局

郡，問人疾苦。

夏四月，地豆干頻犯塞。甲戌，征西大將軍、陽平王頤擊走之。[三九]甲午，詔兼員外散騎常侍邢產使於齊。五月己酉，庫莫奚犯塞，安州都將樓龍兒擊走之。沙門司馬御惠自言聖王，謀破平原郡，禽獲伏誅。

秋七月甲辰，詔罷都牧雜制。八月，詔議國之行次。

九月癸丑，太皇太后馮氏崩。詔聽藩鎮會經內侍者，前後奔赴。冬十月戊辰，詔將親侍龍輿，奉訣陵隧，諸常從之具，悉可停之。其武衞之官，防侍如法。癸酉，葬文明太皇太后於永固陵。甲戌，車駕謁永固陵。羣臣固請公除，帝不許。己卯，車駕謁永固陵。庚辰，帝居廬，引見羣僚於太和殿。太尉、東陽王丕等據權制固請。帝引古禮往復，羣臣乃止。京兆王太興有罪，免官削爵。詔曰：「公卿屢依金册遺旨，中代權制，式請過葬卽吉。[四〇]朕思遵遠古，終三年之制。依禮，既虞卒哭。此月二十一日授服，以葛易麻。既以衰服在上，公卿不得獨釋於下，故於朕之授服，變從練禮。已下復爲節降，斟酌古今，以制厥衷。且取遺旨速除之一端，粗申臣子罔極之巨痛。」癸未，詔曰：「朕遠遵古式，欲終三年之禮。百辟羣臣，據金册顧命，將奪朕心，從先朝之制。朕仰惟金册，俯自推省，取諸二衷，不許衆議。以衰服過期，終四節之慕。又奉遵聖訓，聿修誥旨，不敢闇默自居，[四一]以曠機政。庶不愆

遺令之意，差展哀慕之情。並下州鎮，長至、三元，絕告慶之禮。」甲申，車駕謁永固陵。十一月甲寅，詔內外職人先朝班次及諸方雜客，冬至之日，盡聽入臨。三品已下衰服者，至夕復臨。[四二]其餘唯旦臨而已。其拜哭之節，一依別儀。丁巳，齊人來聘。

十二月壬午，詔依準丘井之式，遣使與州郡宣行條制。隱口漏丁，卽聽附實。若朋附豪勢，陵抑孤獨，罪有常刑。

是歲，吐谷渾、宕昌、武興、陰平、高麗等國並遣使朝貢。

十五年春正月丁巳，帝始聽政於皇信東室。初分置左右史官。癸亥晦，日有蝕之。二月己丑，齊人來聘。三月甲辰，車駕謁永固陵。

夏四月癸亥，帝始進蔬食。乙丑，謁永固陵。自正月不雨至于癸酉，有司奏祈百神。詔曰：「何宜四氣未周，便行禮事，唯當考躬責己，以待天譴。」甲戌，詔員外散騎常侍李彪使於齊。己卯，經始明堂，改營太廟。五月己亥，議改律令。於東明觀折疑獄。乙卯，枹罕鎮將長孫百年攻吐谷渾所置洮陽、泥和二戍剋之，俘獲三萬餘人。詔悉免歸。丙辰，詔造五輅。六月丁未，[四三]濟陰王鬱以貪殘賜死。

秋七月乙丑，謁永固陵。規建壽陵。己卯，詔議祖宗，以道武皇帝爲太祖。乙酉，車駕

巡省京邑，聽訟而還。八月壬辰，議養老；又議肆類上帝、禋于六宗禮，帝親臨決。詔郡國有時物可以薦宗廟者，貢之。戊戌，移道壇於桑乾之陰，改曰崇虛寺。己亥，詔諸州舉秀才，先盡才學。乙巳，親定禘祫禮。丁巳，議律令事，仍省雜祀。九月辛巳，齊人來聘。

冬十月庚寅，車駕謁永固陵。是月，明堂太廟成。十一月丁卯，遷七廟神主於新廟。乙亥，大定官品。戊寅，考諸牧守。詔假通直散騎常侍李彪聘於齊。丙戌，初罷小歲賀。丁亥，詔二千石考上上者，假四品將軍，賜乘黃馬一匹；上中者，五品將軍；上下者，衣一襲。十二月壬辰，遷社於內城之西。癸巳，班賜刺史已下衣冠。以安定王休爲太傅，齊郡王簡爲太保。帝爲高麗王璉舉哀於城東行宮。己酉，車駕迎春於東郊。辛亥，詔簡選樂官。[四四]

是歲，吐谷渾、悉萬斤、高麗、鄧至、宕昌等國並遣使朝貢。

十六年春正月戊午朔，朝饗羣臣於太華殿。帝始爲王公興縣而不樂。己未，宗祀顯祖獻文皇帝於明堂，以配上帝。遂升臺以觀雲物，[四五]降居青陽左个，布政事。每朔依以爲常。辛酉，始以太祖配南郊。壬戌，詔定行次，以水承金。甲子，詔罷袒裸。[四六]乙丑，制諸遠屬非太祖子孫及異姓爲王者，皆降爲公，公爲侯，侯爲伯，子男仍舊。皆除將軍之號。戊辰，帝臨思義殿，策問秀、孝。丙子，始以孟月祭廟。

二月戊子，帝移御永樂宮。庚寅，壞太華殿，經始太極殿。辛卯，罷寒食享。壬辰，幸北部曹，歷觀諸省。巡省京邑，聽理寃訟。甲午，車駕初朝日于東郊，遂以爲常。丁酉，詔祀唐堯於平陽，虞舜於廣甯，夏禹於安邑，周文於洛陽。丁未，改諡宣尼曰文聖尼父，告諡孔廟。三月丁卯，巡省京邑。癸酉，省西郊郊天雜事。乙亥，車駕初迎氣於南郊，自此爲常。辛巳，以高麗王璉孫雲爲其國王。齊人來聘。

夏四月丁亥朔，頒新律令，大赦。甲寅，幸皇宗學，親問博士經義。五月癸未，詔羣臣於皇信堂更定律條，流徒限制，帝親臨決之。

秋七月壬戌，詔曰：「自今選舉，每以季月，本曹與吏部銓簡。」甲戌，詔兼員外散騎常侍宋弁使於齊。八月庚寅，車駕初夕月於西郊，[四七]遂以爲常。乙未，詔陽平王頤、左僕射陸叡督十二將北討蠕蠕。丙午，宕昌王梁彌承來朝。司徒尉元以老遜位。己酉，以尉元爲三老，游明根爲五更。又養國老、庶老，將行大射之禮。雨，不克成。癸丑，詔曰：「國家雖崇文以懷九服，修武以寧八荒，然於習武之方，猶爲未盡。將於馬射之前，先行講武之式。可敕有司豫修場埒。其列陣之儀，五戎之數，別俟後敕。」

九月甲寅朔，大序昭穆於明堂，祀文明太皇太后於玄堂。辛未，帝以文明太皇太后再周忌日，哭於陵左，絕膳三日，哭不輟聲。辛巳，武興王楊集始來朝。

中華書局

冬十月己亥，以太傅、安定王休爲大司馬，特進馮誕爲司徒。甲辰，詔以功臣配饗太廟。庚戌，太極殿成，饗羣臣。十一月乙卯，依古六寢，權制三室，以安昌殿爲內寢，皇信堂爲中寢，四下爲外寢。十二月，賜京邑老人鳩杖。齊人來聘。

是歲，高麗、鄧至、契齧、[四八]吐谷渾等國並遣使朝貢。

十七年春正月壬子朔，饗百僚於太極殿。乙丑，詔大賜諸蕃君長車、旗、衣、馬、錦綵、繒纊，多者一千，少者三百，各以命數爲差。詔兼員外散騎常侍邢巒使於齊。丙子，以吐谷渾伏連籌爲其國王。庚辰，錫大司馬安定王休、太保齊郡王簡朔望之朝。二月乙酉，詔賜議律令之官各有差。己酉，車駕始籍田於都南。三月戊辰，改作後宮。

夏四月戊戌，立皇后馮氏。是月，齊直閤將軍蠻酋田益宗率部落內屬。五月壬戌，宴四廟子孫於宣文堂，帝親與之齒，行家人禮。甲子，帝臨朝堂，引見公卿以下，決疑政，錄囚徒。丁丑，以旱徹膳。襄陽蠻酋雷婆思等率其部內徙，居於太和川。

六月庚辰朔，日有蝕之。丙戌，帝將南伐，詔造河橋。乙未，講武。乙巳，詔曰：「比百秩雖陳，事典未敍。自八元樹位，躬加省覽，作職員令二十一卷。事迫戎期，未善周悉，須待軍迴，更論所闕。權可付外施行。」立皇子恂爲皇太子。

秋七月癸丑，以皇太子立，詔賜人爲父後者爵一級，爲公士；曾爲吏屬者爵二級，爲上造。鰥寡孤獨不能自存者，人粟五斛。戊午，中外戒嚴。是月，齊武帝殂。

八月乙酉，三老山陽郡公尉元薨。丙戌，車駕類於上帝，遂臨尉元喪。丁亥，帝辭永固陵。己丑，發京師南伐，步騎三十餘萬。太尉丕奏請以宮人從，詔以臨戎不語內事，不許。壬寅，車駕至肆州。人年七十已上，賜爵一級。路見眇跛，停駕親問，賜衣食，復終身。戊申，幸并州，親見高年，問疾苦。

九月壬子，詔兼員外散騎常侍高聰聘於齊。丁巳，詔車駕所經，傷人秋稼者，畝給穀五斛。戊辰，濟河。詔洛、懷、并、肆所過四州，賜高年爵，恤鰥寡孤獨各有差；孝悌廉義文武應求者，皆以名聞。又詔厮養戶不得與庶士婚，有文武之才積勞應進者，同庶族例，聽之。庚午，幸洛陽，周巡故宮基跡。帝顧謂侍臣曰：「晉德不修，荒毀至此！」遂詠黍離詩，爲之流涕。壬申，觀河橋。[四九]幸太學，觀石經。丙子，六軍發軫。丁丑，帝戎服執鞭，御馬而出。羣臣稽顙於馬前，請停南伐，帝乃止。仍議遷都計。

冬十月戊寅朔，幸金墉城。詔徵司空穆亮與尚書李沖、將作大匠董爵經始洛京。己卯，幸河南城。乙酉，幸豫州。癸巳，次於石濟。乙未，解嚴。設壇於滑臺宮。[五〇]詔京師及諸州從戎者，賜爵一級；應募者，加二級；主將加三級。癸卯，幸鄴城。乙巳，詔安定王休率從宮迎家口於代，車駕送於漳水上。

初，帝之南伐，起宮殿於鄴西。十一月癸亥，宮成，徙御焉。十二月戊寅，巡省六軍。乙未，詔隱恤軍士，死亡疾病，務令優給。

是歲，勿吉、吐谷渾、宕昌、陰平、契丹、庫莫奚、高麗、鄧至等國並遣使朝貢。

十八年春正月丁未朔，朝羣臣於鄴宮澄鸞殿。癸亥，南巡。詔相、兗、豫三州賜高年爵，恤鰥寡孤老各有差，孝悌廉義文武應求者，皆以名聞。戊辰，經殷比干墓，祭以太牢。乙亥，幸洛陽西宮。二月己丑，行幸河陰，規建方澤之所。丙申，徙封河南王幹爲趙郡王，潁川王雍爲高陽王。壬寅，北巡。癸卯，齊人來聘。甲辰，詔喻天下以遷都意。閏月癸亥，次勾注陘南。皇太子朝于蒲地。壬申，至平城宮。癸酉，臨朝堂，部分遷留。甲戌，謁永固陵。三月庚辰，罷西郊祭天。壬辰，帝臨太極殿，喻在代羣臣遷移之略。

夏五月甲戌朔，日有蝕之。乙亥，詔罷五月五日、七月七日饗。六月己巳，詔兼員外散騎常侍盧昶使於齊。

秋七月乙亥，以宋王劉昶爲大將軍。壬辰，北巡。戊戌，謁金陵。辛丑，幸朔州。是月，齊蕭鸞殺其主昭業。

八月癸卯，[五一]皇太子朝於行宮。甲辰，行幸陰山，觀雲川。丁未，幸閱武臺，臨觀講武。因幸懷朔、武川、撫冥、柔玄等四鎮。乙丑，南還。所過皆親見高年，問人疾苦，貧窘孤老者，賜以粟帛。丙寅，詔六鎮及禦夷城人年老孤貧廢疾者，賜粟宥罪各有差。戊辰，車駕次旋鴻池。庚午，謁永固陵。辛未，還平城宮。

九月壬申朔，詔曰：「三載考績，自古通經，三考黜陟，以彰能否。朕今三載一考，考卽黜陟。欲令愚滯無妨於賢者，才能不擁於下位。各令當曹，考其優劣爲三等。六品已下，尚書重問；五品已上，朕將親與公卿論其善惡。上上者遷之，下下者黜之，中中者守其本任。」壬午，帝臨朝堂，親加黜陟。壬辰，陰平王楊炅來朝。[五二]

冬十月甲辰，以太尉、東陽王丕爲太傅。戊申，親告太廟，奉迎神主。辛亥，車駕發平城宮。壬戌，次於中山之唐湖。乙丑，分遣侍臣，巡問疾苦。己巳，幸信都。庚午，詔曰：「比聞緣邊之蠻，多有竊掠，致有父子乖離，室家分絕。可詔荆、郢、東荆三州，勒諸蠻人，勿有侵暴。」是月，齊蕭鸞殺其主昭文而自立。

十一月辛未朔，詔冀、定二州，賜高年爵，恤鰥寡孤老各有差，孝義廉貞文武應求者，具以名聞。丁丑，幸鄴。甲申，經比干墓，親爲吊文，樹碑刊之。己丑，車駕至洛陽。

十二月辛丑朔，分命諸將南征。壬寅，革衣服之制。癸卯，詔中外戒嚴。戊申，復代遷

中華書局

戶租賦三歲。己酉，詔王、公、侯、伯、子、男開國食邑者：〔五三〕王食半，公三分食一，侯、伯四分食一，子、男五分食一。辛亥，車駕南伐。丁卯，詔郢、豫二州賜高年爵，恤孤寡鰥老各有差；緣路之丁，復田租一歲；〔五四〕孝悌廉貞文武應求者，具以名聞。戊辰，車駕至懸瓠。己巳，詔壽陽、鍾離、馬頭之師所獲男女口皆放還南。

是歲，高麗國遣使朝貢。

十九年春正月辛未朔，朝饗羣臣於懸瓠。癸酉，詔禁淮北人不得侵掠，犯者以大辟論。壬午，講武於汝水西，大賚六軍。平南將軍王肅、左將軍元麗並大破齊軍。己亥，車駕濟淮。二月甲辰，幸八公山。路中雨甚，詔去蓋。見軍士病者，親隱恤之。戊申，車駕巡淮南，東人皆安堵，〔五五〕租運屬路。丙辰，幸鍾離。戊午，軍士禽齊人三千。帝曰：「在君爲君，其人何罪？」於是免歸。辛酉，發鍾離，將臨江水。司徒馮誕薨。壬戌，詔班師。丁卯，遣使臨江，數齊主罪惡。三月戊子，太師馮熙薨。

夏四月丁未，曲赦徐、豫二州，其運轉之士，復租三年。辛亥，詔賜高年爵，恤孤寡老疾各有差；德著丘園者，具以名聞；齊人降者，給復十五年。癸丑，幸小沛。使以太牢祭漢高祖廟。己未，幸瑕丘。使以太牢祠岱嶽。詔宿衞武官增位一級。庚申，幸魯城。親祠孔子

廟。辛酉，詔拜孔氏四人，顏氏二人爲官。詔兗州刺史舉部內士人堪軍國及守宰政績者，具以名聞。詔賜兗州人爵及粟帛如徐州。又詔選諸孔宗子一人封崇聖侯，邑一百戶，以奉孔子祀。命兗州爲孔子起園栢，修飾墳隴，更建碑銘，褒揚聖德。戊辰，行幸碻磝。太和廟成。

五月己巳，城陽王鸞赭陽失利，降爲定襄縣王。廣川王諧薨。庚午，遷文成皇后馮氏神主於太和廟。甲戌，行幸滑臺。丙子，次于石濟。庚辰，皇太子朝於平桃城。癸未，車駕至自南伐。甲申，減閑官祿以裨軍國之用。乙酉，行飮至禮，班賜各有差。甲午，皇太子冠於廟。

六月己亥，詔不得以北俗之語，言於朝廷。違者，免所居官。辛丑，詔復軍士從駕渡淮者租賦三年。癸卯，詔皇太子赴平城宮。壬子，詔濟州、東郡、滎陽及河南諸縣車駕所經者，賜高年爵，恤孤寡老疾各有差；孝悌廉義文武應求者，具以名聞。癸丑，求天下遺書。祕閣所無，有裨時用者，加以厚賞。乙卯，曲赦梁州，復人田租三歲。丙辰，詔遷洛人，死葬河南，不得還北。於是代人南遷者，悉爲河南洛陽人。戊午，詔改長尺大斗，依周禮制度，班之天下。

秋八月，幸西宮。路見壞塚露棺，駐輦埋之。乙巳，詔選天下勇士十五萬人爲羽林、武賁，以充宿衞。丁巳，詔諸從兵從征被傷者，皆聽還本。金墉宮成。甲子，引羣臣歷宴殿堂。

九月，六宮及文武盡遷洛陽。丙戌，行幸鄴。丁亥，詔諸墓舊銘記見存昭然爲時人所知者，三公及位從公者，去墓三十步；尚書令僕、九列，十五步；黃門、五校，十步：各不聽墾殖。壬辰，遣黃門郎以太牢祭比干墓。乙未，車駕還宮。

冬十月甲辰，曲赦相州，賜高年爵，恤孤老痼疾各有差。丙辰，車駕至自鄴。辛酉，詔州郡舉士。壬戌，詔諸州牧考屬官爲三等之科以聞，將加親覽，以定升降。詔徐、兗、光、南青、荆、洛六州嚴纂戎備，應須赴集。十一月，行幸委粟山。議定圓丘。甲申，祀圓丘。丙戌，大赦。十二月乙未朔，引見羣臣光極堂，宣下品令，爲大選之始。辛酉，以咸陽王禧爲長兼太尉，復前南安王楨本爵。甲子，引見羣臣光極堂，班賜冠服。

是歲，高麗、鄧至、吐谷渾等國各遣使朝貢。

二十年春正月丁卯，詔改姓元氏。壬辰，封始平王勰爲彭城王，復封定襄王鸞爲城陽王。二月辛丑，幸華林，聽訟於都亭。壬寅，詔自非金革，皆聽終三年喪。丙午，詔畿內七十已上，暮春赴京師，將行養老禮。庚戌，幸華林，聽訟於都亭。癸丑，詔介山之邑，聽爲寒

食，自餘禁斷。

三月丙寅，宴羣臣及國老、庶老於華林園。詔國老黃耇以上，假中散大夫、郡守；耆年以上，假給事中、縣令。庶老直假郡縣。各賜鳩杖衣裳。丁丑，詔諸州中正各舉其鄉人望，年五十已上，守素衡門者，授以令長。

夏五月丙子，詔敦勸農功，令畿內嚴加課督，墮業者申以楚撻，力田者具以名聞。丙戌，初營方澤於河陰。遣使以太牢祭漢光武及明、章三帝陵。又詔漢、魏、晉諸帝陵各禁方百步不得樵蘇踐藉。丁亥，祀方澤。

秋七月，廢皇后馮氏。戊寅，帝以久旱，咸秩羣神。自癸未不食至于乙酉。是夜，澍雨大洽。八月壬辰朔，幸華林園，親錄囚徒，咸降本罪二等決遣之。丁巳，南安王楨薨。幸華林園聽訟。九月戊辰，車駕閱武于小平津。癸酉，還宮。丁亥，將通洛水入穀，帝親臨觀。庚寅晦，日有蝕之。

冬十月戊戌，以代遷之士，皆爲羽林、武賁。司州之人，十二夫調一吏，爲四年更卒，歲開番假，以供公私力役。己酉，曲赦京師。十一月乙酉，復封前汝陰王天賜孫景和爲汝陰王，前京兆王太興爲西河王。十二月甲子，以西北州郡旱儉，遣侍臣巡察，開倉振恤。乙丑，開鹽池禁。丙寅，廢皇太子恂爲庶人。戊辰，置常平倉。樂陵王思譽知恒州刺史穆泰

謀反不告，削爵爲庶人。

二十一年春正月丙申，立皇子恪爲皇太子。賜天下爲父後者爵一級。己亥，遣侍臣巡方省察，問人疾苦，黜陟守宰。乙巳，北巡。二月壬戌，次於太原。親見高年，問所不便。乙丑，詔并州士人年六十以上，假以郡守。先是，定州人王金鈎訛言自稱應王，丙寅，州郡捕斬之。癸酉，車駕至平城。甲戌，謁永固陵。乙未，南巡。〔三六〕甲寅，詔汾州賜高年爵各有差。丙辰，次平陽。使以太牢祭唐堯。

夏四月庚申，幸龍門。使以太牢祭夏禹。癸亥，幸蒲坂。使以太牢祭虞舜。修堯、舜、夏禹廟。辛未，幸長安。壬申，武興王楊集始來朝。乙亥，親見高年，問所疾苦。丙子，遣侍臣分省縣邑，振賜穀帛。戊寅，幸未央殿、阿房宮，遂幸昆明池。癸未，宋王劉昶薨。丙戌，使以太牢祀漢帝諸陵。

五月丁亥朔，衞大國遣使朝貢。己丑，車駕東旋，汎渭入河。庚寅，詔雍州士人百年以上，假華郡太守；九十以上，假荒郡；八十以上，假華縣；七十以上，假荒縣。庶老以年各減一等，七十已上，賜爵三級。其營船夫，賜爵一級。孤寡鰥貧，各賜穀帛。其孝友德義文武才幹，悉仰貢舉。壬辰，使以太牢祭周文王於酆，祭周武王於鎬。癸卯，遣使祭華岳。六月

庚申，車駕至自長安。壬戌，詔冀、定、瀛、相、濟五州發卒士二十萬，將以南討。癸亥，司空穆亮遜位。

秋七月甲午，立昭儀馮氏爲皇后。甲寅，帝親爲羣臣講喪服於清徽堂。八月丙辰，詔中外戒嚴。壬戌，立皇子愉爲京兆王，懌爲清河王，懷爲廣平王。甲戌，講武於華林園。〔三七〕庚辰，車駕南討。

九月丙申，詔司州洛陽人年七十以上無子孫，六十以上無期親，貧不自存者，給以衣食。及不滿六十而有廢痼之疾，無大功親，窮困無以自療者，皆於別坊，遣醫救護，給太醫師四人，豫請藥物療之。辛丑，帝留諸將攻赭陽，引師南討。丁未，車駕發南陽，留太尉咸陽王禧、前將軍元英攻之。己酉，車駕至新野。

冬十月丁巳，四面進攻不剋，詔左右軍築長圍以守之。乙亥，追廢貞皇后林氏爲庶人。

十一月丁酉，大破齊軍於沔北。於是人皆復業。九十以上，假以郡守；六十五以上，假以縣令。

十二月丁卯，詔流、徒之囚，皆勿決遣，登城之際，令其先鋒自効。庚午，車駕臨沔，遂東還。戊寅，還新野。己卯，親行營壘，恤六軍。以齊郡王子琛紹河間王若後。高昌國遣使朝貢。

二十二年春正月癸未朔，饗羣臣於新野行宮。丁亥，拔新野，斬其太守劉忌於宛。庚午，至自新野。〔三八〕辛未，詔以穰人首歸大順始終若一者，給復三十年，標其所居曰歸義鄉；次降者，給復十五年。

三月壬午朔，大破齊將崔慧景、蕭衍軍於鄧城。庚寅，行幸樊城，觀兵襄沔，耀武而還。曲赦二荆、魯陽。辛亥，行幸懸瓠。

夏四月，趙郡王幹薨。

秋七月壬午，詔后之私府損半；六宮嬪御、五服男女恒恤恒供，亦令減半；在戎之親，三分省一：以供賞。是月，齊明帝殂。八月辛亥，皇太子自京師來朝。壬戌，高麗國遣使朝貢。九月己亥，帝以禮不伐喪，詔反旆。丙午，車駕發懸瓠。

冬十月己酉朔，曲赦二豫州殊死已下，復人田租一歲。十一月辛巳，幸鄴。

二十三年春正月戊寅朔，朝饗羣臣於鄴。先是，帝不豫，至是有瘳。庚辰，羣臣上壽，大饗於澄鸞殿。壬午，幸西門豹祠，遂歷漳水而還。戊戌，車駕至自鄴。癸卯，行飲至策勳之禮。甲辰，大赦。太保、齊郡王簡薨。二月辛亥，以長兼太尉、咸陽王禧爲太尉。癸亥，

以中軍大將軍、彭城王勰爲司徒。復樂陵王思譽本封。癸酉，齊將陳顯達攻陷馬圈戍。

三月庚辰，車駕南伐。癸未，次梁城。丙戌，帝不豫。丁酉，車駕至馬圈。戊戌，頻戰破之。己亥，收其戎資億計。諸將追奔漢水，斬獲及赴水死者十八九。庚子，帝疾甚，車駕北次穀塘原。甲辰，詔賜皇后馮氏死。詔司徒勰徵太子於魯陽踐阼。以北海王詳爲司空，王肅爲尚書令，廣陽王嘉爲左僕射，尚書宋弁爲吏部尚書，與太尉咸陽王禧、右僕射任城王澄等六人輔政。

夏四月丙午朔，帝崩于穀塘原之行宮，時年三十三。祕諱至魯陽發喪，還京師。上謚曰孝文皇帝，廟曰高祖。五月丙申，葬長陵。

帝幼有至性。年四歲時，獻文患癰，帝親自吮膿。五歲受禪，悲泣不自勝。獻文問其故，對曰：「代親之感，內切於心。」獻文甚歎異之。文明太后以帝聰聖，後或不利馮氏，將謀廢帝，乃於寒月，單衣閉室，絕食三朝，召咸陽王禧將立之。元丕、穆泰、李沖固諫乃止。帝初不有憾，唯深德丕等。撫念諸弟，始終曾無纖介。惇睦九族，禮敬俱深。雖於大臣，持法不縱。然性寬慈，進食者曾以熱羹覆帝手，又曾於食中得蟲穢物，並笑而恕之。宦者先有譖帝於太后，太后杖帝數十，帝默受，不自申明。太后崩後，亦不以介意。

中華書局

聽覽政事，從善如流。哀矜百姓，恒思所以濟益。天地、五郊、宗廟、二分之禮，常必躬親，不以寒暑爲倦。尙書奏案，多自尋省；百官大小，無不留心。務於周洽，每言，凡爲人君，患於不均，不能推誠遇物。苟能均誠，胡越之人，亦可親如兄弟。常從容謂史官曰：「直書時事，無諱國惡。人君威福自己，史復不書，將何所懼！」南北征巡，有司奏請修道。帝曰：「粗修橋梁，通輿馬便止，不須去草剗令平也。」凡所修造，不得已而爲之，不爲不急之事，重損人力。巡幸淮南，如在內地。軍事須伐人樹者，必留絹以酬其直。人苗稼無所傷踐。諸有禁忌禳厭之方非典籍所載者，一皆除罷。

雅好讀書，手不釋卷。五經之義，覽之便講。學不師受，探其精奧，史傳百家，無不該涉。善談莊、老，尤精釋義。才藻富贍，好爲文章，詩賦銘頌，在興而作。有大文筆，馬上口授，及其成也，不改一字。自太和十年已後，詔册皆帝文也。自餘文章，百有餘篇。

愛奇好士，情如飢渴。待納朝賢，隨才輕重。常寄以布素之意，悠然玄邁，不以世務嬰心。又少善射，有膂力，年十餘，能以指彈碎羊髆骨，射禽獸，莫不隨行所至而斃之。至十五，便不復殺生，射獵之事悉止。性儉素，常服澣濯之衣，鞍勒鐵木而已。帝之雅志，皆此類也。

論曰：有魏始基代朔，廓平南夏，闢土經世，咸以威武爲業，文教之事，所未遑也。孝文纂承洪緒，早著叡聖之風。時以文明攝事，優游恭己，玄覽獨得，著自不言，神契所標，固以符於冥化。及躬總大政，一日萬機，十許年間，曾不暇給，殊塗同歸，百慮一致。夫生靈所難行，人倫之高迹，雖尊居黃屋，盡蹈之矣。若乃欽明稽古，協御天人，帝王制作，朝野軌度，斟酌用舍，煥乎其有文章。海內黔黎，咸受耳目之賜。加以雄才大略，愛奇好士，視下如傷，役己利物，亦無得而稱之。其經緯天地，豈虛謚也！

校勘記

〔一〕癸卯日有蝕之　按是年十二月乙酉朔，癸卯是十九日，不應有日蝕。此因襲魏書天象志之誤。

〔二〕二月乙巳　諸本「乙」作「丁」，魏書卷七上高祖紀作「乙」。按是年二月甲申朔，無丁巳，乙巳是二十二日。今據改。

〔三〕徙配青徐齊兗四州爲營戶　諸本脫「營」字，據魏書補。

〔四〕戊午行幸陰山　按是年六月壬午朔，無戊午；閏六月壬子朔，戊午是七日。魏書此上本有閏六月紀事，北史刪節致誤。

〔五〕能靜三縣者三年遷爲郡守　南、北、汲、殿四本「三縣」作「二縣」，百衲本及通志卷十五作「三縣」。按魏書作「能靜二縣者兼治三縣，三年遷爲郡守」。通典卷三三縣令條同魏書，唯「治」作「理」。疑此作「三縣」，是北史刪改魏書原文。若從各本作「二縣」，則「者」下當脫「兼理三縣」四字。今從百衲本。

〔六〕二千石能靜二郡上至三郡亦如之三年遷爲刺史　魏書同。通典云：「二千石能靜二郡者兼理，至三郡亦如之，三年遷爲刺史。」按通典多「兼理」二字，以上文縣令類比，疑有訛脫。

〔七〕盡可代之　魏書汲本及册府卷四一四六四頁「代」作「貸」。按上云「特原其罪」，疑作「貸」是。

〔八〕乙亥宋人來聘　各本及魏書並同，殿本據上有辛巳下有己亥其間不得有乙亥，改作「丁亥」。按此「乙亥」必誤，但也可能是誤在「亥」而不在「乙」，故不從殿本。

〔九〕十二月癸卯朔日有蝕之　按下文四年正月癸酉朔，又書日蝕，不得連續兩月日蝕，疑有誤。

〔一〇〕詔員外散騎常侍許赤武使於宋　魏書「武」作「虎」，北史避唐諱改。

〔一一〕夏四月丁卯詔自今非謀反大逆干紀外奔罪止其身而已　魏書此詔在六月乙卯，通鑑卷一三三四一八二頁同魏書。按魏書此上尙有五月甲戌記事，疑魏書是。

〔一二〕甲申以長安二蠶多死　諸本「申」作「戌」，魏書作「申」。按是年八月戊午朔，甲戌是十七日，甲申是二十七日。但魏書此上有壬午記事，是二十五日，則此不得作甲戌。今據改。

〔一三〕詔羣官卿士下及吏人　魏書同，册府卷一〇二一二二一頁「官」作「公」。按「羣官」即包括「卿士」，文義重複。「羣公卿士」，屢見史籍，如上文八月甲子詔卽有此語。「官」當爲「公」之訛。

〔一四〕一夫制田四十畝　魏書「田」上有「治」字，北史避唐諱刪。

〔一五〕穿神泉池　魏書「泉」作「淵」，北史避唐諱改。

〔一六〕乙酉晦日有蝕之　按是年二月己卯朔，乙酉是七日，不得稱「晦」，又不應有日蝕。又上文已有丁亥九日、癸卯二十五日，乙酉不得反在其後，必有誤。

〔一七〕詔員外散騎常侍鄭羲使於宋　北、汲、殿三本「羲」作「發」，百衲本、南本作「義」，魏書作「羲」。按通志卷一五後魏紀、通鑑卷一三四四二一九頁亦作「羲」。鄭羲傳見本書卷三五、魏書卷五六。傳言其於孝文初使宋。「義」乃「羲」之訛，今據改。

〔一八〕鰥貧者妻以宮女　諸本「鰥」下衍「寡」字，據魏書刪。

〔一九〕己未定州刺史安樂王長樂有罪賜死　諸本「己」作「乙」，魏書作「己」。按是年九月庚子朔，無乙未，己未是二十日。今據改。

〔二〇〕河東公薛豹子三將出廣固至壽春　魏書「豹」作「虎」。按本書卷二五本傳又作「彪」。「豹」、「彪」都是避唐諱改，但紀傳不統一。

〔二一〕夏四月乙卯　諸本及魏書並同。按是年四月丙寅朔，無乙卯。且魏書上文三月已有乙卯，四月不應重見。魏書此下有辛巳，爲四月十六日，辛巳之前有己卯，爲十四日。「乙卯」當爲「己卯」之訛。

〔二二〕行幸火山　諸本「火」作「太」，魏書作「火」。按通鑑卷一三五四二三八頁作「火」，胡注云：「水經注卷一三濛水注曰：白登南有武周川，川東南有火山，山上有火井。」此地與平城鄰近，故魏書五月亦有「幸火山」紀事。「太」爲「火」之訛，今據改。

〔二三〕八月乙卯　諸本「卯」作「酉」，魏書作「卯」。按是年魏閏七月，八月甲午朔，無乙酉，乙卯是二十三日。今據改。

〔二四〕是歲郡鎭十八水旱　魏書「郡」作「州」。按前後舉水旱地區總數，皆以州鎭並稱，此作「郡」，誤。

〔二五〕以農月時要　魏書作「農時要月」，是。

〔二六〕中山王叡薨　魏書同。張森楷云：「『王』下當更有『王』字。」按此即本書卷九二恩幸傳之王叡，太和三年封中山王。異姓王照例書姓，但魏書亦無，蓋史之駁文。

〔二七〕秋七月庚申朔日有蝕之　魏書天象志同。按是年七月己未朔，早於庚申一日。或當時曆法推算有誤。

〔二八〕復其人租十五年　魏書「租」下有「調」字。

〔二九〕詔青齊光東徐四州戶運倉粟二十萬石送瑕丘琅邪　魏書百衲本及册府卷四九〇五八五八頁無

「萬」字。按無「萬」字則指每戶運粟數量，疑當從魏書百衲本及册府。

〔三〇〕及委巷諸非墳典所載者　魏書「諸」下有「卜」字，疑此脫。

〔三一〕秋七月丙寅朔　諸本「寅」作「午」，魏書作「寅」。按是年七月丙寅朔，今據魏書改。

〔三二〕職定州郡縣官依口給俸　魏書「口」作「戶」。按通典卷三五祿秩亦作「戶」，並注云：「本史又曰：初邊方小郡太守，數戶而已，一請只六尺絹，歲不滿匹。」通典所引見魏書卷四四薛虎子傳作「戶」是。

〔三三〕詔鎭戍流徙之人年滿七十孤單窮獨無成人子孫旁無期親者具狀以聞　魏書「孤單窮獨」下有「雖有妻妾而無子孫，諸如此等，聽解名還本。諸犯死刑者，父母、祖父母年老，更」三十字。按魏書原意是說流人年老者可以放還，犯死刑而父祖年老無人奉養者可以酌情減刑，本是兩件事。北史誤刪。

〔三四〕齊將陳顯達攻陷澧陽　各本「澧」作「灃」，汲本及通志作「澧」，魏紀及卷二七穆亮傳作「醴」。按通鑑卷一三六四二八〇頁同魏書，胡注云：「醴陽蓋在醴水之北。水經注卷二九比水注醴水水經注原作澧出桐柏山，與淮同源而別流，西注，逕平氏縣東北，又西流注於沘水。」魏書卷四五韋閬傳，閬族弟珍鎭比陽時，曾與齊將陳顯達作戰。比陽亦在澧水附近，知當時魏齊交戰正在澧水一帶。「醴」、「澧」通，「灃」乃「澧」之訛，今從汲本。

〔三五〕詔六鎭雲中河西及關內郡　魏書「郡」上有「六」字，此誤脫。

〔三六〕冬閏十月甲子　魏書無「冬」「十」兩字。按是年閏九月，「冬」「十」二字衍。

〔三七〕春正月己巳朔日有蝕之　張森楷云：「魏書天象志作『二月己巳朔』，據前年十二月有丙子、己亥，則正月不得己巳朔也。」按張說是，作「正」誤。

〔三八〕三月戊寅　魏書「三」作「二」。張森楷云：「據二月己巳朔，則戊寅是二月十日，不得在三月，魏書是也。」按張說是。但北史上文若作「二月」，則此不得重出「二月」。此北史原文已誤，非後來傳刻之訛。

〔三九〕征西大將軍陽平王頤擊走之　各本及魏書「頤」作「熙」，殿本據魏書卷一〇五天象志之二改作「頤」。按陽平王熙乃道武拓拔珪子，已死於泰常六年。陽平王頤乃陽平王新成子，正當孝文時。殿本是，今從之。

〔四〇〕中代權制式請過葬即吉　魏書高祖紀無「制」字，其卷一〇八禮志三載此詔作「中代成式」，亦無「制」字，此疑誤衍。

〔四一〕不敢闇默自居　諸本「闇」作「暗」，魏書高祖紀及禮志都作「闇」。按作「闇」是，當讀如「音」，今據改。

〔四二〕三品已下衰服者至夕復臨　魏書「已下」作「已上」。按官高者服重，疑作「已上」是。

〔四三〕六月丁未　張元濟云：「以五月己亥、乙卯推算，當有誤。」按是年六月壬戌朔，無丁未。張說是。

〔四四〕辛亥詔簡選樂官　諸本「亥」作「卯」，魏書、通志作「亥」。按上文已見己酉。是月戊子朔，四日辛卯，二十二日己酉，二十四日辛亥。依日序作辛亥是。今據改。

〔四五〕遂升臺以觀雲物　魏書「臺」上有「靈」字。按祀明堂升靈臺觀雲物，是漢代故事，見續漢志第八祭祀志。此當脫「靈」字。

〔四六〕詔罷袓祼　魏書、通志「袓」作「祖」。旁注「疑」字。按字書無「袓」字，「祖」是祭名，「祼」是祭時酌酒灌地。疑作「祖祼」是。

〔四七〕車駕初夕月於西郊　諸本「初」下有「祀」字，魏書無。按「夕月」即祭祀月神，不應再有「祀」字，今據刪。

〔四八〕契齧　諸本「契」下有「丹」字。按魏書是年來使諸國，有契齧，無契丹。「丹」字衍文，今據刪。

〔四九〕觀河橋　魏書「河」作「洛」。按洛水浮橋，一名永橋，在太學之西，見洛陽伽藍記卷三，作「洛」是。

〔五〇〕設壇於滑臺宮　魏書作「設壇於滑臺城東，告行廟以遷都之意。大赦天下，起滑臺宮」。北史文義未完，當有脫文。

〔五二〕八月癸卯　諸本「卯」作「亥」，魏書作「卯」。按是年八月癸卯朔，下文甲辰是二日，丁未是五日。癸亥是二十一日，不得在甲辰、丁未之前。作「亥」誤，今據改。

〔五三〕陰平王楊炅來朝　諸本「楊」作「陽」，魏書作「楊」。按楊炅見南齊書卷五九河南氏羌傳。陰平氐王與仇池氐楊氏爲同族，見本書卷九六氐傳，「陽」誤，今據改。

〔五四〕詔王公侯伯子男開國食邑者　諸本無「侯」字，魏書有。按下文有「侯伯四分食一」，此脫文，今據補。

〔五五〕緣路之丁復田租一歲　魏書「丁」作「民」，北史避唐諱改作「丁」，與原意有出入。

〔五六〕車駕巡淮南東人皆安堵　魏書作「車駕巡淮而東，人皆安堵。」此「南」字當是「而」之訛。

〔五七〕乙未南巡　按魏書此前有二月癸未、三月庚寅、辛卯共三條記事。北史删節，併去「三月」二字，此乙未及下甲寅、丙辰三條記事遂繫於二月下。查是年二月戊午朔，無乙未、甲寅、丙辰。三月戊子朔，八日乙未，二十七日甲寅，二十九日丙辰。北史誤。

〔五八〕甲戌講武於華林園　諸本「甲戌」作「戊辰」，魏書作「甲戌」。按是年八月丙辰朔，戊辰是十三日，甲戌十九日。但魏書此條前有壬申記事，壬申是十七日。故作「甲戌」是。今據改。

〔五九〕庚午至自新野　殿本考証云：「以上文癸未朔計之，則此庚午上脫二月二字」。按魏書正在二月。此乃北史删二月前後數事，誤删「二月」所致。又「至自新野」，魏書作「幸新野」，是。此時新野爲魏軍攻取，孝文由南陽進駐，非返洛陽，觀下文可知。「自」字衍。

北史卷四

魏本紀第四

世宗宣武皇帝諱恪，孝文皇帝第二子也。母曰高夫人，初，夢爲日所逐，避於牀下，日化爲龍，繞已數匝，寤而驚悸，遂有娠。太和七年閏四月，生帝於平城宮。二十一年正月丙申，立爲皇太子。

二十三年四月丙午，孝文帝崩。丁巳，太子卽皇帝位，諒闇，委政宰輔。五月，高麗國遣使朝貢。六月乙卯，分遣侍臣，巡行州郡，問人疾苦，考察守令，黜陟幽明，褒禮名賢。戊辰，追尊皇妣曰文昭皇后。

秋八月戊申，遵遺詔，孝文皇帝三夫人已下，悉免歸家。癸丑，增宮臣位一級。

冬十月癸未，鄧至國王象舒彭來朝。丙戌，謁長陵。丁酉，享太廟。十一月，幽州人王惠定聚衆反，自稱明法皇帝。刺史李肅捕斬之。

是歲，州鎮十八水饑，分遣使者，開倉振恤。

景明元年春正月辛丑朔，日有蝕之。壬寅，謁長陵。乙巳，大赦，改元。丁未，齊豫州刺史裴叔業以壽春內屬。二月戊戌，復以彭城王勰爲司徒。

齊將胡松、李居士軍屯宛，陳伯之水軍逼壽春。夏四月丙申，司徒彭城王勰、車騎將軍王肅大破之。己亥，皇弟恌薨。

五月甲寅，北鎮饑，遣兼侍中楊播巡撫振恤。六月丙子，以司徒、彭城王勰爲大司馬。

秋七月己亥朔，日有蝕之。齊將陳伯之寇淮南。八月乙酉，彭城王勰破伯之於肥口。九月，齊州人柳世明聚衆反。

冬十月丁卯朔，謁長陵。庚寅，齊、兗二州討世明平之。丁亥，改授彭城王勰司徒、錄尙書事。十一月丁巳，陽平王頤薨。

是歲，州鎮十七大饑，分遣使者，開倉振恤。高麗、吐谷渾等國並遣使朝貢。

二年春正月丙申朔，謁長陵。庚戌，帝始親政。遵遺詔，聽司徒、彭城王勰以老歸第，〔一〕進太尉、咸陽王禧位太保，以司空、北海王詳爲大將軍、錄尙書事。丁巳，引見羣臣於太極前殿，告以覽政之意。壬戌，以太保、咸陽王禧領太尉，以大將軍、廣陵王羽爲司空。分遣大使，黜陟幽明。二月庚午，進宿衞之官位一級。甲戌，大赦。三月乙未朔，詔以比年連有軍旅，正調之外，皆蠲罷。壬戌，青、齊、徐、兗四州大饑，人死者萬餘口。是月，齊雍州刺史蕭衍奉其南康王寶融爲主，東赴建鄴。

夏五月壬子，廣陵王羽薨。壬戌，太保、咸陽王禧謀反，賜死。六月丁亥，考諸州刺史，加以黜陟。

秋七月癸巳朔，日有蝕之。乙巳，蠕蠕犯塞。辛酉，大赦。九月丁酉，發畿內夫五萬五千人築京師三百二十坊，四旬罷。己亥，立皇后于氏。乙卯，免壽春營戶，並隸揚州。

冬十一月丙申，以驃騎大將軍穆亮爲司空。丁酉，以大將軍、北海王詳爲太傅，領司徒。壬寅，改築圜丘於伊水之陽，乙卯，仍有事焉。十二月，齊直後張齊殺其主蕭寶卷以降蕭衍。

是歲，高麗、吐谷渾等國並遣使朝貢。

三年春二月戊寅，以旱故，詔州郡掩骸骨。三月，齊建安王寶夤來奔。

夏四月，詔撫軍將軍李崇討魯陽反蠻。齊主蕭寶融遜位於梁。閏四月丁巳，司空穆亮薨。

秋七月丁巳朔，日有蝕之。八月乙卯，〔二〕以前太傅、平陽公元丕爲三老。九月丁巳，行幸鄴。丁卯，詔使者弔比干墓。戊寅，閱武於鄴南。

冬十月庚子，帝躬御弧矢射，遠及一里五十步，羣臣勒銘於射所。甲辰，車駕還宮。十二月壬寅，以太極前殿初成，饗羣臣，賜布帛有差。

是歲，河州大饑，死者二千餘口。西域二十七國並遣使朝貢。

四年春正月乙亥，親耕籍田。三月己巳，皇后先蠶於北郊。

四月癸未朔，以蕭寶夤爲東揚州刺史，封丹楊郡公、齊王。庚寅，南天竺國獻辟支佛牙。戊戌，爲旱故，命鞫寃獄。己亥，減膳徹懸。辛丑，澍雨大洽。五月甲戌，行梁州事楊椿大破反氐。六月壬午朔，封皇弟悅爲汝南王。

秋七月乙卯，三老平陽公元丕薨。庚午，詔復收鹽池利。辛未，以彭城王勰爲太師。八月，勿吉國貢楛矢。

冬十一月己未，封武興國世子楊紹先爲武興王。

正始元年春正月丙寅，大赦，改元。

夏五月丁未朔，太傅、北海王詳以罪廢爲庶人。六月，以旱故，徹樂減膳。癸巳，詔有司修案舊典，祗行六事。甲午，帝以旱故，親薦享於太廟。戊戌，詔立周旦、夷、齊廟於首陽山。庚子，以旱故，公卿以下，引咎責躬。〔三〕又錄京師見囚，殊死以下皆減一等；鞭杖之坐，悉原之。

秋七月癸丑，〔四〕假鎭南將軍李崇大破諸蠻。八月丙子，假鎭南將軍元英破梁將馬仙琕於義陽。詔洛陽令有大事，聽面敷奏。乙酉，元英攻拔義陽。辛卯，英又大破梁軍，仍清三關。丁酉，封英爲中山王。九月，詔諸州蠲停徭役，不得橫有徵發。蠕蠕犯塞，詔左僕射源懷討之。

冬十月乙未，詔斷羣臣白衣募吏。十一月戊午，詔有司依漢、魏舊章，營繕國學。十二月丙子，以苑牧公田分賜代遷戶。己卯，詔羣臣議定律令。閏月癸卯朔，行梁州事夏侯道遷據漢中來降。〔五〕乙丑，以高陽王雍爲司空。

是歲，高麗遣使來朝貢。

二年春正月丙子，封宕昌世子梁彌博爲宕昌王。二月，梁州氐、蜀反，絕漢中運路，州刺史邢巒頻大破之。

夏四月己未，城陽王鸞薨。乙丑，詔曰：「中正所銓，但爲門第，吏部彝倫，仍不才舉。八坐可審議往代擢賢之體，必令才學並申，資望兼致。」邢巒遣統軍王足西伐，頻破梁諸軍，遂入劍閣。

秋七月戊子，王足擊破梁軍，因逼涪城。八月壬寅，詔中山王英南討襄沔。

冬十一月戊辰朔，武興王楊紹先叔父集起謀反，詔光祿大夫楊椿討之。王足圍涪城，益州諸郡戍降者十二三，送編籍者五萬餘戶。既而足引軍退。

是歲，鄧至國遣使朝貢。

三年春正月丁卯朔，皇子昌生，大赦。壬申，梁、秦二州刺史邢巒連破氐賊，剋武興。秦州人王智等聚衆，自號王公，尋推秦州主簿呂苟兒爲主，年號建明。己卯，楊集起兄弟相率降。二月丙辰，詔求讜言。戊午，詔右衞將軍元麗等討呂苟兒。三月己巳，以戎旅興，詔停諸作。己卯，樂良王長命坐殺人，賜死。庚寅，平南將軍、曲江縣公陳伯之自梁城南奔。

夏四月丁未，詔罷鹽池禁。五月丙寅，詔以時澤未降，春稼已旱，或有孤老餧疾，無人贍救，因以致死，暴露溝塹者，令洛陽部尉，依法棺埋。

秋七月庚辰，元麗大破秦賊，降呂苟兒及其王公三十餘人，秦、涇二州平。戊子，中山

中華書局

王英大破梁徐州刺史王伯敖於陰陵。己丑，詔發定、冀、瀛、相、并、肆六州卒十萬，以濟南軍。八月壬寅，安東將軍邢巒破梁將桓和於孤山。諸將所在剋捷，兗州平。壬戌，曲赦涇、秦、岐、涼、河五州。九月癸酉，邢巒大破梁軍於淮南，遂攻鍾離。[六]

冬十一月甲子，帝為京兆王愉、清河王懌、廣平王懷、汝南王悅講孝經於式乾殿。

是歲，高麗、蠕蠕國並遣使朝貢。

四年夏四月戊戌，鍾離大水，中山王英敗績而還。六月己丑朔，詔有司準前式，置國子，立太學，樹小學於四門。

秋八月己亥，中山王英、齊王蕭寶夤坐鍾離敗，除名。辛丑，敦煌人饑，詔開倉振恤。九月己未，詔以徙正宮極，庸績未酬，以司空、高陽王雍為太尉，尚書令、廣陽王嘉為司空，百官悉進位一級。庚申，夏州長史曹明謀反，伏誅。甲子，開斜谷舊道。丙戌，司州人饑，詔開倉振恤。閏月甲午，禁大司馬門不得車馬出入。

冬十月丁卯，皇后于氏崩。自碣石至於劍閣，東西七千里，置二十二郡尉。[七]

是歲，西域、東夷四十餘國並遣使朝貢。

永平元年春三月戊子，皇子昌薨。丙午，以去年旱儉，遣使者所在振恤。

夏五月辛卯，帝以旱故，減膳徹懸。六月壬申，詔依洛陽舊圖，修聽訟觀。

秋七月甲午，立夫人高氏為皇后。八月壬子朔，日有蝕之。癸亥，冀州刺史、京兆王愉據州反。丁卯，大赦，改元。九月丙戌，復前中山王英本封。戊戌，殺太師、彭城王勰。癸卯，假鎮北將軍李平剋信都，冀州平。

冬十月，豫州彭城人白早生殺刺史司馬悅，[八]據城南叛。十二月己未，尚書邢巒剋懸瓠，斬早生，禽梁將齊苟兒等。

是歲，北狄、東夷、西域十八國並遣使朝貢。高昌國王麴嘉表求內徙。

二年春正月，涇州沙門劉慧汪聚衆反，詔華州刺史奚康生討之。

夏四月己酉，武川鎮饑，詔開倉振恤。甲子，詔緣邊州鎮，自今一不聽寇盜境外，犯者罪同境內。五月辛丑，帝以旱故，減膳徹懸，禁斷屠殺。甲辰，幸華林都亭錄囚徒，死罪以下，降一等。六月辛亥，詔曰：「江海方同，車書宜一，諸州軌轍，南北不等。今可申敕四方，遠近無二。」

秋八月丙午朔，日有蝕之。戊申，以鄧至國世子像覽蹄為其國王。九月辛巳，封故北海王子顥為北海王。壬午，詔定諸門闥名。

冬十月癸丑，以司空、廣陽王嘉為司徒。庚午，郢州獻七寶牀，詔不納。十一月甲申，[九]詔禁屠殺含孕，以為永制。己丑，帝於式乾殿為諸僧、朝臣講維摩詰經。

十二月，詔五等諸侯，其同姓者出身：公，正六下；侯，從六上；伯，從六下；子，正七上；男，正七下。異族出身：公，從七上；侯，從七下；伯，正八上；子，正八下；男，從八上。清修出身：公，從八下；侯，正九上；伯，正九下；子，從九上；男，從九下。

是歲，西域、東夷二十四國並遣使朝貢。

三年春二月壬子，秦州沙門劉光秀謀反，州郡捕斬之。癸亥，秦州隴西羌殺鎮將趙儁反，州軍討平之。三月丙戌，皇子詡生，大赦。

夏四月，平陽郡之禽昌、襄陵二縣大疫，自正月至此月，死者二千七百三十人。五月丁亥，冀、定二州旱儉，詔開倉振恤。六月甲寅，詔重求遺書於天下。

冬十月辛卯，中山王英薨。丙申，詔太常立館，使京畿內外疾病之徒，咸令居處，嚴敕醫署分師救療，考其能否而行賞罰。又令有司集諸醫工，惟簡精要，取三十卷以班九服。十二月辛巳，江陽王繼坐事除名。甲申，詔於青州立孝文皇帝廟。殿中侍御史王敞謀反，伏誅。

是歲，西域、東夷、北狄十六國並遣使朝貢。

四年春正月丁巳，汾州劉龍駒聚衆反，詔諫議大夫薛和討之。二月壬午，青、齊、徐、兗四州人饑甚，遣使振恤。三月壬戌，司徒、廣陽王嘉薨。

夏四月，梁遣其鎮北將軍張稷及馬仙琕寇朐山。詔徐州刺史盧昶率衆赴之。五月己亥，遷代京銅龍置天泉池西。丙辰，詔禁天文學。

冬十一月，朐山城陷，盧昶大敗而還。十二月壬戌朔，日有蝕之。

是歲，西域、東夷、北狄二十九國並遣使朝貢。

延昌元年春正月乙巳，以頻年水旱，百姓饑弊，分遣使者，開倉振恤。丙辰，以尚書令高肇為司徒，清河王懌為司空。三月甲午，州郡十一大水，詔開倉振恤。以京師穀貴，出倉粟八十萬石以振恤貧者。己未，安樂王詮薨。

夏四月，詔以旱故，斷食粟之畜。丁卯，詔曰：「遷京嵩縣，年將二紀，博士端然虛祿。靖言念之，有兼愧慨。可嚴敕有司，國子學，孟冬使成；太學、四門，明年暮春令就。」戊辰，以

二十四史

中華書局

旱故，詔尚書與羣司鞫理獄訟。辛未，詔饑人就穀六鎮。丁丑，帝以旱故，減膳徹懸。癸未，詔曰：「肆州地震陷裂，死傷甚多。亡者不可復追，生病宜加療救。可遣太醫、折傷醫幷給所須藥就療。」乙酉，大赦，改元。詔立理訴殿、申訟車，以盡寃窮之理。五月丙午，詔天下有粟之家，供年之外，悉貸饑人。自二月不雨至於是月。己未晦，日有蝕之。六月壬申，澍雨大洽。戊寅，通河南牝馬之禁。庚辰，詔出太倉粟五十萬石，以振京師及州郡饑人。

冬十月乙亥，立皇子詡爲皇太子。十一月丙申，詔以東宮建，賜天下爲父後者爵一級。孝子順孫廉夫節婦旌表門閭，量給粟帛。十二月己巳，詔守宰爲御史彈敕免者，及考在中第，皆代之。

是歲，西域、東夷十國並遣使朝貢。

二年春正月戊戌，帝御申訟車，親理寃訟。二月丙辰朔，振恤京師貧人。甲戌，以六鎮大饑，開倉拯贍。己卯，進太尉、高陽王雍位太保。閏月辛丑，以苑牧地賜代遷人無田者。

是春，人饑，死者數萬口。

夏四月庚子，以絹十五萬疋振河南郡人。五月甲寅朔，日有蝕之。是月，壽春大水，遣平東將軍奚康生等步騎數千赴之。六月乙酉，青州人饑，詔使者開倉振恤。甲午，曲赦揚

州。辛亥，帝御申訟車，親理寃訟。是夏，十三郡大水。

秋八月辛卯，詔以水旱饑儉，百姓多陷罪辜，降死以下刑。九月丙辰，以貴族豪門，崇習奢侈，詔尚書嚴立限級，節其流宕。

冬十月，詔以恒、肆地震，人多死傷，重丏一年租賦。十二月丙戌，丏洛陽、河陰二縣租賦。乙巳，詔以恒、肆地震，人多離災，其有課丁沒盡，老幼單立，家無受復者，各賜廩粟，以接來稔。

是歲，東夷、西域十餘國並遣使朝貢。

三年春二月乙未，詔曰：「肆州秀容郡敷城縣、雁門郡原平縣並自去年四月以來山鳴地震，于今不已。告譴彰咎，朕甚懼焉。可恤瘼寬刑，以答災譴。」

夏四月，青州人饑。辛巳，開倉振恤。乙巳，上御申訟車，親理寃訟。

秋八月甲申，帝臨朝堂，考百司而加黜陟。

冬十一月辛亥，詔司徒高肇爲大將軍、平蜀大都督，步騎十五萬，西伐益州。丁巳，幽州沙門劉僧紹聚衆反，自號淨居國明法王。州郡捕斬之。十二月庚寅，詔立明堂。

是歲，東夷、西域八國並遣使朝貢。

四年春正月甲寅，帝不豫。丁巳，崩于式乾殿，時年三十三。二月甲戌朔，上尊謚曰宣武皇帝，廟號世宗。甲午，葬景陵。

帝幼有大度，喜怒不形於色，雅性儉素。初，孝文欲觀諸子志尚，大陳寶物，任其所取。京兆王愉等皆競取珍玩，帝唯取骨如意而已。孝文大奇之。及庶人恂失德，孝文謂彭城王勰曰：「吾固疑此兒有非常志相，今果然矣！」乃見立爲儲貳。雅愛經史，尤長釋氏之義，每至講論，連夜忘疲。善風儀，美容貌，臨朝深默，端嚴若神，有人君之量矣。

肅宗孝明皇帝諱詡，宣武皇帝之第二子也。母曰胡充華。永平三年三月丙戌，生於宣光殿之東北，有光照於庭中。延昌元年十月乙亥，立爲皇太子。

四年正月丁巳，宣武帝崩。是夜，太子卽皇帝位。戊午，大赦。己未，徵下西討東防諸軍。庚申，詔太保、高陽王雍入居西栢堂決庶政，以任城王澄爲尚書令，百官總己以聽二王。二月庚辰，尊皇后高氏爲皇太后。辛巳，司徒高肇至京師，以罪賜死。癸未，進太保、高

陽王雍位太傅，領太尉，以司空、清河王懌爲司徒，以驃騎大將軍、廣平王懷爲司空。己亥，尊胡充華爲皇太妃。〔一〇〕三月甲辰朔，皇太后出俗爲尼，徙御金墉城。丙辰，詔進宮臣位一級。乙丑，進文武羣官位一級。

夏六月，沙門法慶聚衆反於冀州，殺阜城令，自稱大乘。

秋八月乙亥，領軍于忠矯詔殺左僕射郭祚、尚書裴植，免太傅、高陽王雍官，以王還第。丙子，尊皇太妃爲皇太后。戊子，帝朝太后於宣光殿。大赦。己丑，進司徒、清河王懌爲太傅，領太尉；以司空、廣平王懷爲太保，領司徒；任城王澄爲司空。庚寅，以車騎大將軍于忠爲尚書令，特進崔光爲車騎大將軍，並儀同三司。壬辰，復江陽王繼本國，復濟南王彧先封爲臨淮王。羣臣奏請皇太后臨朝稱制。九月乙巳，皇太后親覽萬機。甲寅，征北大將軍元遙破斬法慶，〔一一〕傳首京師。安定王燮薨。

冬十二月辛丑，以高陽王雍爲太師。己酉，鎮南將軍崔亮破梁將趙祖悅軍，遂圍硤石。丁卯，帝、皇太后謁景陵。

是歲，東夷、西域、北狄十八國並遣使朝貢。

熙平元年春正月戊辰朔，大赦，改元。荆沔都督元志大破梁軍。以吏部尚書李平爲行

中華書局

臺，節度討硤石諸軍。二月乙巳，鎮東將軍蕭寶夤大破梁將於淮北。癸亥，初聽秀才對策，第中上已上敍之。乙丑，鎮南崔亮、鎮軍李平等剋硤石，斬趙祖悅，傳首京師，盡俘其衆。三月戊辰朔，日有蝕之。

夏四月戊戌，以瀛州人饑，開倉振恤。五月丁卯朔，以炎旱，命釐察獄訟，權停作役。庚午，詔放華林野獸於山澤。

秋七月庚午，重申殺牛禁。八月丙午，詔古帝諸陵四面各五十步，勿聽耕稼。九月丁丑，淮堰破，梁緣淮城戍村落十餘萬口，皆漂入海。

是歲，吐谷渾、宕昌、鄧至、高昌、陰平等國並遣使朝貢。

二年春正月，大乘餘賊，復相聚攻瀛州，刺史宇文福討平之。甲戌，大赦。庚寅，詔遣大使巡行四方，問疾苦，恤孤寡，黜陟幽明。二月丁未，封御史中尉元匡爲東平王。三月丁亥，太保、領司徒、廣平王懷薨。

夏四月丁酉，詔京尹所統年高者，板賜郡各有差。戊申，以開府儀同三司胡國珍爲司徒。乙卯，皇太后幸伊闕石窟寺，即日還宮。改封安定王超爲北平王。五月庚辰，重申天文禁，犯者以大辟論。

秋七月乙亥，儀同三司、汝南王悅坐殺人免官，以王還第。己巳，享太廟。八月戊戌，宴道武以來宗室年十五以上於顯陽殿，申家人禮。己亥，詔庶族子弟年未十五，不聽入仕。庚子，詔咸陽、京兆二王子女，還附屬籍。丁未，詔太師、高陽王雍入居門下，參決尚書奏事。

冬十月，以幽、冀、滄、瀛、光五州饑，遣使巡撫，開倉振恤。

是歲，東夷、西域、氐、羌等十一國並遣使朝貢。

神龜元年春正月甲子，詔以氐酋楊定爲陰平王。壬申，詔給京畿及諸州老人板郡縣各有差，及賜鰥寡孤獨粟帛。庚辰，詔以雜役戶或冒入清流，所在職人，皆令五人相保。無人任保者，奪官還役。乙酉，秦州羌反。〔二〕幽州大飢，死者三千七百九十人。詔刺史開倉振恤。二月己酉，詔以神龜表瑞，大赦，改元。東益州氐反。三月，南秦州氐反。

夏四月丁酉，司徒胡國珍薨。甲辰，改封江陽王繼爲京兆王。六月，自正月不雨，是月辛卯，澍雨乃降。

秋七月，河州人却鐵忽聚衆反，自稱水池王。閏月甲辰，開恒州銀山禁。八月癸丑朔，詔京師見囚殊死以下，悉滅一等。甲子，却鐵忽詣行臺源子恭降。

九月戊申，皇太后高氏崩于瑤光寺。冬十月丁卯，以尼禮葬高太后於芒山。

十二月辛未，詔曰：「人生有終，下歸兆域。京邑隱振，口盈億萬，貴賤攸憑，未有定所。今制乾脯山以西，擬爲九原。」

是歲，東夷、西域、北狄十一國並遣使朝貢。

二年春正月辛巳朔，日有蝕之。丁亥，詔曰：「皇太后撝挹自居，稱號弗備。宜遵舊典，稱詔宇內，以副黎蒸元元之望。」是月，改葬文昭皇太后高氏。二月乙丑，齊郡王祐薨。庚午，羽林千餘人焚征西將軍張彝第，毆傷彝，燒殺其子均。乙亥，大赦。丁丑，詔求直言。壬寅，詔以旱故，命依舊雩祈，察理寃獄，掩胔埋骼，振窮恤寡。三月甲辰，澍雨大洽。

夏五月戊戌，以司空、任城王澄爲司徒，京兆王繼爲司空。

秋八月己未，〔三〕御史中尉、東平王匡坐事削除官爵。九月庚寅，皇太后幸嵩高山。癸巳，還宮。

冬十二月癸丑，司徒、任城王澄薨。庚申，大赦。詔除淫祀，焚諸雜神。

是歲，吐谷渾、宕昌、嚈噠等國並遣使朝貢。

正光元年春正月乙亥朔，日有蝕之。

夏四月丙辰，詔尚書長孫承業巡撫北蕃，觀察風俗。五月辛巳，以炎旱故，詔八坐鞫見囚，申枉濫。

秋七月丙子，侍中元叉、中常侍劉騰奉帝幸前殿，〔四〕矯皇太后詔，歸政遜位。乃幽皇太后北宮，殺太傅、清河王懌，總勒禁旅，決事殿中。辛卯，帝加元服，大赦，改元。內外百官進位一等。八月甲寅，相州刺史、中山王熙舉兵欲誅叉、騰，〔五〕不果，見殺。九月壬辰，蠕蠕主阿那瓌來奔。戊戌，以太師、高陽王雍爲丞相。

冬十月乙卯，以儀同三司、汝南王悅爲太尉。十一月己亥，封阿那瓌爲朔方郡公、蠕蠕王。十二月壬子，詔送蠕蠕王阿那瓌歸北。辛酉，以司空、京兆王繼爲司徒。

二年春正月，南秦州氐反。二月，車駕幸國子學，講孝經。三月庚午，幸國子學，祠孔子，以顏回配。甲午，右衞將軍奚康生於禁中將殺元叉，不果，爲叉所害。以儀同三司劉騰爲司空。

夏四月庚子，進司徒、京兆王繼位太保。壬寅，以儀同三司崔光爲司徒。五月丁酉朔，日有蝕之。〔六〕

秋七月癸丑，〔七〕以旱故，詔有司修案舊典，祗行六事。八月己巳，蠕蠕後主郁久閭俟

匿伐來奔懷朔鎮。[一八]

十二月甲戌，詔司徒崔光、安豐王延明等議定服章。庚辰，以東益、南秦州氐反，詔河間王琛討之，失利。

是歲，烏萇、居密、波斯、高昌、勿吉、伏羅、高車等國並遣使朝貢。

三年春正月辛亥，耕籍田。

夏四月庚辰，以高車國主覆羅伊匐爲鎮西將軍、西海郡公、高車國王。五月壬辰朔，日有蝕之。六月己巳，以旱故，詔分遣有司馳祈岳瀆及諸山川百神能興雲雨者。命理冤獄，止土功，減膳徹懸，禁止屠殺。

冬十一月己丑朔，日有蝕之。乙巳，祀圜丘。丙午，詔班曆，大赦。十二月癸酉，以太保、京兆王繼爲太傅，[一九]司徒崔光爲太保。

是歲，波斯、不漢、龜茲、吐谷渾並遣使朝貢。

四年春二月壬申，追封故咸陽王禧爲敷城王，京兆王愉爲臨洮王，清河王懌爲范陽王，以禮加葬。丁丑，河間王琛、章武王融並以貪汙，削爵除名。己卯，蠕蠕主阿那瓌率衆犯

塞，遣尚書左丞元孚爲北道行臺，持節喻之。蠕蠕後主郁久閭俟匿伐來朝。司空劉騰薨。

夏四月，阿那瓌執元孚北遁。

秋八月癸未，追復故范陽王懌爲清河王。[二〇]九月丁酉，詔太尉、汝南王悅入居門下，與丞相、高陽王雍參決尚書奏事。

冬十一月癸未朔，日有蝕之。丙申，趙郡王謐薨。丁酉，太保崔光薨。十二月，以太尉、汝南王悅爲太保。徐州刺史、北海王顥坐貪汙，削爵除官。

是歲，宕昌、庫莫奚國並遣使朝貢。

五年春正月辛丑，祀南郊。

三月，沃野鎮人破六韓拔陵反，聚衆殺鎮將，號眞王元年。

夏四月，高平酋長胡琛反，自稱高平王，攻鎮以應拔陵。別將盧祖遷擊破之。五月，都督北征諸軍事、臨淮王彧攻討，敗于五原，削除官爵。壬申，詔尚書令李崇爲大都督，率廣陽王深等北討。[二一]

六月，秦州城人莫折大提據城反，自稱秦王，殺刺史李彥。大提尋死，子念生代立，僭稱天子，年號天建，置立百官。丁酉，大赦。

秋七月戊午，復河間王琛、臨淮王彧本封。是月，涼州幢帥于菩提、呼延雄執刺史宋穎，據州反。念生遣其兄高陽王天生下隴東寇。八月甲午，雍州刺史元志西討，大敗於隴東，退守岐州。丙申，詔諸州鎮軍元非犯配者，悉免爲編戶。[二二]改鎮爲州，依舊立稱。

九月壬申，詔尚書左僕射、齊王蕭寶夤爲西道行臺、大都督，復撫軍、北海王顥官爵，爲都督。並率諸將西討。乙亥，帝幸明堂，餞寶夤等。吐谷渾主伏連籌遣兵討涼州，于菩提走，追斬之。城人趙天安復推宋穎爲刺史。

冬十月，營州城人劉安定、就德興據城反，執刺史李仲遵。城人王惡兒斬安定以降。德興東走，自號燕王。

十二月，詔太傅、京兆王繼爲太師、大將軍，率諸將西討。汾州正平、平陽胡叛逆，詔復征東將軍、章武王融封爵，爲大都督，率衆討之。莫折念生遣兵攻涼州，城人趙天安復執刺史以應之。

是歲，嚈噠、契丹、地豆干、庫莫奚等國並遣使朝貢。

孝昌元年春正月庚申，徐州刺史元法僧據城反，自稱宋王，年號天啓。遣其子景仲歸梁。梁遣其將豫章王綜入守彭城。法僧擁其僚屬南入。詔臨淮王彧、尚書李憲爲都督，安

豐王延明爲東道行臺，俱討徐州。癸亥，蕭寶夤及征西將軍崔延伯大破賊於黑水。天生退走入隴，涇、岐及隴悉平。[二三]以太師、大將軍、京兆王繼爲太尉。二月，詔追復故樂良王長命爵，以其子忠紹之。戊戌，大赦。三月甲戌，詔五品以上，各薦所知。

夏四月辛卯，皇太后復臨朝攝政，引羣臣面陳得失。壬辰，征西將軍、都督崔延伯大敗於涇川，戰歿。六月癸未，大赦，改元。蠕蠕主阿那瓌大破拔陵。是月，諸將逼彭城，蕭綜夜潛出降，梁諸將奔退，衆軍追躡，免者十一二。

秋八月癸酉，詔斷遠近貢獻珍麗，違者免官。柔玄鎮人杜洛周反於上谷，年號眞王。九月乙卯，詔減天下諸調之半。[二四]壬戌，詔五品以上，各舉所知。辛未，曲赦南北秦州。

冬十月，蠕蠕遣使朝貢。十一月辛亥，詔父母年八十以上者，皆聽居官。時四方多事，諸蠻復反。

十二月，山胡劉蠡升反，自稱天子。

二年春正月庚戌，封廣平王懷長子誨爲范陽王。壬子，以太保、汝南王悅領太尉。

是月，五原鮮于脩禮反於定州，年號魯興。二月甲申，[二五]帝及皇太后臨大夏門，親覽冤訟。三月庚子，追復中山王熙本爵，以其子叔仁紹之。

中華書局

夏四月，大赦。戊申，北討都督河間王琛、長孫承業失利奔還，詔並免官爵。五月丁未，車駕將北討，內外戒嚴。前給事黃門侍郎元略自梁還朝，封義陽王。以丞相、高陽王雍爲大司馬。

六月己巳，曲赦齊州。絳蜀陳雙熾聚衆反，自號始建王。曲赦平陽、建興、正平三郡。詔假鎮西將軍、都督長孫承業討雙熾，平之。丙子，改封義陽王略爲東平王。戊寅，詔復京兆王繼本封江陽王。戊子，詔曰：「自運屬艱棘，歷載于茲。朕威德不能遐被，經略無以及遠，何以苟安黃屋，無愧黔黎！今便避居正殿，蔬食素服。當親自招募，收集忠勇。其有直言正諫之士，敢決徇義之夫，二十五日，悉集華林東門，人別引見，共論得失。」

秋八月丙子，進封廣川縣公元阳爲常山王。〔二六〕戊子，進武城縣公子攸爲長樂王。癸巳，賊帥元洪業斬鮮于脩禮請降，爲賊黨葛榮所殺。

九月辛亥，葛榮敗都督廣陽王深、章武王融於博野白牛邏。融歿於陣。榮自稱天子，國號齊，年稱廣安。

冬十一月戊戌，杜洛周攻陷幽州，執刺史王延年及行臺常景。丙午，稅京師田租，畝五升；借賃公田者，畝一斗。閏月，稅市，人出入者，各一錢，店舍爲五等。梁將元樹逼壽春，揚州刺史李憲力屈而降。初留州縣及長史、司馬、戍主副質子於京師。〔二七〕詔：「頃舊京淪

覆，中原喪亂，宗室子女屬籍在七廟內爲雜戶濫門拘辱者，悉聽離絕。」

是歲，疊伏羅、庫莫奚國並遣使朝貢。〔二八〕

三年春正月甲戌，以司空皇甫度爲司徒，儀同三司蕭寶夤爲司空。辛巳，葛榮陷殷州，刺史崔楷固節死之。甲申，詔峻鑄錢之制。蕭寶夤大敗于涇州，北海王顥尋亦敗走。曲赦關西及正平、平陽、建興。戊子，以司徒皇甫度爲太尉。己丑，以四方未平，詔內外戒嚴，將親征。

二月丁酉，詔開輸賞格。輸粟入瀛、定、岐、雍四州者，官斗二百斛賞一階；入二華州者，五百石賞一階。不限多少，粟畢授官。虜賊據潼關。三月甲子，詔將西討，中外戒嚴。虜賊走，復潼關。

秋七月，相州刺史、安樂王鑒據州反。己丑，大赦。八月，都督源子邕、李神軌、裴衍攻鄴。丁未，斬鑒，相州平。

九月己未，〔二九〕東豫州刺史元慶和以城南叛。秦州城人杜粲殺莫折念生，自行州事。

冬十月戊申，曲赦恒農已西河北、正平、平陽、邵郡及關西諸州。〔三〇〕甲寅，雍州刺史蕭寶夤據州反，自號齊，年稱隆緒。

十一月己丑，葛榮攻陷冀州，執刺史元孚，逐出居人，凍死者十六七。十二月戊申，都督源子邕、裴衍與榮戰，敗於陽平東北，並歿。是月，杜粲爲駱超所殺。超遣使歸罪。

是歲，蠕蠕遣使朝貢。

武泰元年春正月乙丑，生皇女，祕言皇子。丙寅，大赦，改元。丁丑，雍州人侯終德相率攻蕭寶夤。寶夤度渭走，雍州平。

二月癸丑，帝崩於顯陽殿，時年十九。甲寅，皇子卽位，大赦。皇太后詔曰：「皇家握曆受圖，年將二百，祖宗累聖，社稷載安。高祖以文思先天，世宗以下武繼世，大行在御，重以寬仁奉養，率由溫明恭順。實望穹靈降祐，麟趾衆繁，自潘充華有孕椒宮，冀誕儲兩，而熊羆無兆，唯虺遂彰。于時直以國步未康，假稱統胤，欲以底定物情，係仰宸極。何圖一旦弓劍莫追！皇曾孫故臨洮王寶暉世子釗，體自高祖，天表卓異。大行平日養愛特深，義齊若子，事符當璧，允膺大寶。卽日踐祚。可班宣遠邇，咸使知之。」乙卯，幼主卽位。儀同三司、大都督尒朱榮抗表請入奔赴，勒兵而南。是月，杜洛周爲葛榮所并。三月甲申，上尊謚曰孝明皇帝。乙酉，葬於定陵，廟號肅宗。

四月戊戌，尒朱榮濟河。庚子，皇太后、幼主崩。

論曰：宣武承聖考德業，天下想望風化，垂拱無爲，邊徼稽服。而寬以攝下，從容不斷，太和之風替矣。比之漢世，元、成、安、順之儔歟。宣武之後，政綱不張。〔三一〕孝明沖齡統業，靈后婦人專制，任用非人，賞罰乖舛。於是釁起宇內，禍延邦畿，卒於享國不長，抑亦淪胥之始也。

校勘記

〔一〕聽司徒彭城王勰以老歸第　魏書卷八世宗紀「老」作「王」。張森楷云：「勰以承明元年四七六生，是時景明二年，五〇一年二十五，不得云老，作『王』是。」按張說是。

〔二〕八月乙卯　諸本「乙」作「丁」，魏書作「乙」。按是年八月丙戌朔，無丁卯，乙卯是三十日。今據改。

〔三〕以旱故公卿以下引咎責躬　魏書「故」作「見」。按「引咎責躬」者應是宣武帝，非指公卿。疑北史「故」下脫「見」字。

〔四〕秋七月癸丑　諸本「癸丑」作「丙子」，魏書作「癸丑」。按是年七月丙午朔，癸丑是八日，無丙

子。今據改。

〔五〕行梁州事夏侯道遷據漢中來降　魏書「行」上有「蕭衍」二字。按北史例改「蕭衍」爲「梁」，此當有「梁」字。

〔六〕九月癸酉邢巒大破梁軍於淮南遂攻鍾離　按魏書言邢巒九月癸酉，大破梁軍於宿豫，徐州平。己丑，中山王英大破梁軍於淮南，遂攻鍾離。本書卷四三邢巒傳說他反對攻鍾離，不肯和元英會師。攻鍾離者是元英，非邢巒。這裏「邢巒」下當有脫文。

〔七〕自碣石至於劍閣東西七千里置二十二郡尉　魏書上有「十有一月丁未，禁河南畜牝馬」語，北史刪去，此事遂繫於十月，誤。又魏書及通志卷十五下後魏紀「郡」作「都」，疑是。

〔八〕豫州彭城人白早生殺刺史司馬悅　魏書同。按彭城不屬豫州。本書卷二九魏書卷三七悅本傳、本書卷四三魏書卷六五邢巒傳、册府卷一二一一四五〇頁都作「豫州城人白早生」。本書卷八五劉侯仁傳但作「城人白早生」。「城人」是當時專稱，此「彭」字當是涉上文「彭城王」而衍。

〔九〕十一月甲申　諸本「十」上衍「冬」字，據魏書刪。

〔一〇〕己亥尊胡充華爲皇太妃　諸本「己」作「乙」，魏書卷九肅宗紀作「己」。按是年二月甲戌朔，乙亥是二日，己亥是二十五日。上有庚辰七日、辛巳八日、癸未十日，依日序應作「己亥」。今據改。

〔一一〕征北大將軍元遙破斬法慶　諸本「北」作「西」，魏書作「北」。按漢魏南北朝墓誌集釋以後簡稱

墓誌集釋元遙墓誌作「北」。今據改。

〔一二〕秦州羌反　各本「反」作「及」，殿本從魏書作「反」。按魏書卷一〇五天象志一云：「神龜元年正月，秦州羌反。」「及」字訛，今從殿本。

〔一三〕秋八月己未　諸本「己」作「乙」，魏書作「己」。按是年八月戊申朔，無乙未，己未是十二日。今據改。

〔一四〕中常侍劉騰奉帝幸前殿　魏書「中常侍」作「侍中」。按魏書卷九四劉騰傳，騰於宣武時爲中常侍，靈太后臨朝，除崇訓太僕、中侍中。中侍中見隋書卷二七百官志。劉騰此時官當是「中侍中」。

〔一五〕相州刺史中山王熙舉兵欲誅叉騰　諸本無「叉」字，魏書有。按魏書卷一九下熙本傳，熙舉兵以討元叉爲名，「叉」字不可少，今據補。

〔一六〕五月丁酉朔日有蝕之　按是年五月戊辰朔。此作丁酉誤。

〔一七〕秋七月癸丑　諸本「癸」作「己」，魏書作「癸」。按是年七月丁酉朔，無己丑；癸丑是十七日。今據改。

〔一八〕蠕蠕後主郁久閭侯匿伐來奔懷朔鎭　按本書卷九八魏書卷一〇三蠕蠕傳、通鑑卷一四九四六六九頁「侯」作「俟」，疑是。但魏書肅宗紀也作「侯」。

〔一九〕十二月癸酉以太保京兆王繼爲太傅　按魏書云：「十有二月癸酉，以左光祿大夫皇甫度爲儀同三司。乙酉，以車騎大將軍、尙書右僕射元欽爲儀同三司，太保、京兆王繼爲太傅。」則元繼爲太傅是在乙酉。北史刪皇甫度、元欽二事，保留「癸酉」，誤刪「乙酉」。

〔二〇〕追復故范陽王懌爲清河王　諸本「清河」誤作「河間」，據魏書改。清河王懌傳見本書卷一九。

〔二一〕率廣陽王深等北討　魏書「深」作「淵」，北史避唐諱改。

〔二二〕詔諸州鎭軍元非犯配者悉免爲編戶　魏書「軍」下有「貫」字。按「諸州鎭軍貫」指名屬軍籍之「城人」，與州鎭軍有別，「貫」字不宜省。

〔二三〕天生退走入隴涇岐及隴悉平　魏書作「天生退走入隴西，涇岐及隴東悉平」。按「西」「東」二字不可省。

〔二四〕詔減天下諸調之半　魏書同。册府卷四九〇五八五九頁、御覽卷一〇三四九六頁「諸」作「租」。

〔二五〕二月甲申　諸本「甲」作「庚」，魏書作「甲」。按是年二月庚午朔，無庚申，甲申是十五日。今據改。

〔二六〕進封廣川縣公元卲爲常山王　諸本「卲」作「邵」。按新出常山文恭王墓誌云：「王諱卲，字子開。」乃清河王懌第二子。誌言其以廣川縣公進爵常山王，與此全合。「卲」字見集韻卷三宵韻下，即昭穆之「昭」。梁書卷二八韋放傳、卷三二陳慶之傳兩見魏之常山王元昭，並即此人。

本書此紀及卷三孝靜紀興和元年，卷九二劉思逸傳並訛作「邵」或作「劭」，今並依墓誌改正，下不另出校記。

〔二七〕初留州縣及長史司馬戍主副質子於京師　魏書「州」下有「郡」字。按州刺史及縣令並留質子，不應郡太守獨否，此誤脫「郡」字。

〔二八〕疊伏羅庫莫奚國並遣使朝貢　各本脫「莫奚」二字，殿本據魏書補，今從之。庫莫奚見本書卷九四奚傳。

〔二九〕九月己未　魏書「己未」作「辛卯」。按是年九月辛酉朔，既無己未，亦無辛卯。

〔三〇〕曲赦恒農已西河北正平平陽邵郡及關西諸州　諸本「已」作「巴」，「州」下有「軍」字。魏書百衲本作「已」，無「軍」字。按巴西與河北、正平、平陽等郡相去懸遠，作「已」是，今據改。又當時並不以「軍」爲地區名稱，「軍」乃涉下文「甲」字形似而衍，今據刪。

〔三一〕比之漢世元成安順之儔歟宣武之後政綱不張　諸本訛作「比之漢世安順，宣武之後，繼以元成」。錢氏考異卷三八云：「按延壽史論，多襲舊史之文。此篇前半用魏收世宗紀論，後半用肅宗紀論也。世宗紀末云：『比夫漢世，元、成、安、順之儔歟。』肅宗紀論首云：『宣武已後，政綱不張。』李延壽用其語，後轉寫顚倒，又爲妄人改竄，文義遂不可通。當依魏書正之。」按錢說是，今據改。

北史卷五

魏本紀第五

敬宗孝莊皇帝諱子攸，彭城王勰之第三子也。母曰李妃。明帝初，以勰有魯陽翼衞之勳，封帝武城縣公。幼侍明帝書於禁中，及長，風神秀慧，姿貌甚美，雅爲明帝親待。孝昌二年八月，進封長樂王，歷位侍中、中軍將軍。以兄彭城王劭事，轉爲衞將軍、左光祿大夫、中書監，實見出也。武泰元年二月，明帝崩，大都督尒朱榮謀廢立，以帝家有忠勳，且兼人望，陰與帝通，率衆來赴。帝與兄弟夜北度河，會榮於河陽。

永安元年夏四月戊戌，帝南濟河，即皇帝位。以皇兄彭城王劭爲無上王，皇弟霸城公子正爲始平王，以尒朱榮爲使持節、侍中、都督中外諸軍事、大將軍、尚書令、領軍將軍、領左右，封太原王。己亥，百僚相率，有司奉璽綬，備法駕，奉迎於河梁。西至陶渚，榮以兵權在己，遂有異志，乃害靈太后及幼主，次害無上王劭、始平王子正，又害丞相、高陽王雍已下

王公卿士二千人，列騎衞帝，遷於便幕。榮尋悔，稽顙謝罪。

辛丑，車駕入宮，御太極殿，大赦，改武泰爲建義元年。壬寅，榮表請追謚無上王爲皇帝；餘死河陰者，諸王、刺史贈三司，三品者令僕，五品者刺史，七品已下及庶人，郡、鎮。諸死者子孫，聽立後，授封爵。詔從之。癸卯，以前太尉、江陽王繼爲太師、司州牧；以相州刺史、北海王顥爲太傅、開府，[一] 仍刺史；封光祿大夫、淸泉縣侯李延寔爲陽平王，[二] 位太保，還太傅；以并州刺史元天穆爲太尉，封上黨王；以儀同三司楊椿爲司徒；以儀同三司、頓丘郡公穆紹爲司空，領尚書令，進爵爲王；以雍州刺史長孫承業爲開府儀同三司，進封馮翊王；以殿中尚書元諶爲尚書右僕射，封魏郡王；以給事黃門侍郎元瑱爲東海王。甲辰，以敷城王坦爲咸陽王，以諫議大夫元貴平爲東萊王，以直閤將軍元肅爲魯郡王，以祕書郎中元曄爲長廣王，以馮翊郡公源紹景復先爵隴西王，扶風郡公馮冏、東郡公陸子彰、北平公長孫悅並復先王爵，以北平王超還復爲安定王。丁未，詔中外解嚴。庚戌，封大將軍尒朱榮次子义羅爲梁郡王。詔蠕蠕王阿那瓌讚拜不名，上書不稱臣。

是月，汝南王悅、北海王顥、臨淮王彧前後奔梁。

五月丁巳朔，以右僕射元羅爲東道大使，光祿勳元欣副之，循方黜陟，先行後聞。辛酉，大將軍尒朱榮還晉陽，帝餞於邙陰。

六月癸卯，以高昌王世子光爲平西將軍、瓜州刺史，襲爵泰臨縣伯、高昌王。帝以寇難未夷，避正殿，責躬撤膳。又班募格，收集忠勇。有直言正諫之士者，集華林園，面論時事。幽州平北府主簿河間邢杲率河北流移人萬餘戶，反於北海，[三] 自署漢王，年號天統。

秋七月乙丑，加大將軍尒朱榮柱國大將軍、錄尚書事。壬子，光州人劉舉聚衆反於濮陽，自稱皇武大將。[四]

是月，高平鎮人万俟醜奴僭稱大位。臨淮王彧自江南還朝。

八月，太山太守羊侃據郡反。甲辰，詔大都督宗正珍孫討劉舉，平之。

九月己巳，以齊州刺史元欣爲沛郡王。壬申，柱國大將軍尒朱榮率騎七千討葛榮於滏口，破禽之，冀、定、滄、瀛、殷五州平。乙亥，以葛榮平，大赦，改元爲永安。辛巳，以尒朱榮爲大丞相，進榮子平昌郡公文殊、昌樂郡公文暢爵並爲王，以司徒楊椿爲太保，城陽王徽爲司徒。

冬十月丁亥，尒朱榮檻送葛榮於京師。帝臨閶闔門，榮稽顙謝罪，斬於都市。戊戌，江陽王繼薨。[五] 癸丑，復膠東縣侯李侃希祖爵南郡王。是月，大都督費穆大破梁軍，禽其將曹義宗，檻送京師。梁以北海王顥爲魏主，年號孝基，入據南兗之銍城。

十一月戊午，以無上王世子韶爲彭城王，陳留王子寬爲陳留王，寬弟剛爲浮陽王，剛弟質爲林慮王。癸亥，行臺于暉等大破羊侃於瑕丘，侃奔梁。戊寅，封前軍元凝爲東安王。

是歲，葛榮餘黨韓樓復據幽州反。

二年春二月甲午，追尊皇考爲文穆皇帝，廟號肅祖。皇妣爲文穆皇后。

夏四月癸未，遷文穆皇帝及文穆皇后神主于太廟，降畿內死罪已下刑。辛丑，上黨王天穆大破邢杲於濟南，杲降，送於京師，斬於都市。

五月壬子朔，元顥剋梁國。乙丑，內外戒嚴。癸酉，元顥陷滎陽。甲戌夜，車駕北巡。乙亥，幸河內。丙子，元顥入洛。丁丑，進封城陽縣公元祉爲平原王，安昌縣公元鷙爲華山王。[六] 戊寅，太原王尒朱榮會車駕於長子，即日反旆。上黨王天穆北度，會車駕於河內。

秋七月戊辰，都督尒朱兆、賀拔勝從硤石夜濟，破顥子冠受及安豐王延明軍，元顥敗走。庚午，車駕入居華林園，升大夏門大赦。壬申，以柱國大將軍、太原王尒朱榮爲天柱大將軍。癸酉，臨潁縣卒江豐斬元顥，傳首京師。甲戌，以大將軍、上黨王天穆爲太宰，以司徒、城陽王徽爲大司馬、太尉。己卯，以南靑州刺史元旭爲襄城王，南兗州刺史元暹爲汝陽王。閏月辛巳，帝始居宮內。辛卯，以兼吏部尚書楊津爲司空。八月己未，以太傅李延寔

爲司徒。丁卯，封瓜州刺史元太榮爲東陽王。[七]

九月，大都督侯深破韓樓於薊，斬之，幽州平。

冬十月己酉朔，日有蝕之。[八]丁丑，以前司空、丹楊王蕭贊爲司徒。

十一月己卯，就德興自營州遣使請降。[九]丙午，以大司馬、太尉、城陽王徽爲太保，以司徒、丹楊王蕭贊爲太尉，以雍州刺史長孫承業爲司徒。

三年夏四月丁卯，雍州刺史尒朱天光討万俟醜奴、蕭寶夤於安定，破禽之，囚送京師。甲戌，以關中平，大赦。斬醜奴於都市，賜寶夤死。

六月戊午，嚈噠國獻師子一。

是月，白馬龍涸胡王慶雲僭稱帝號於水洛城。[一〇]秋七月丙子，尒朱天光平水洛城，禽慶雲。

九月辛卯，天柱大將軍尒朱榮、上黨王天穆自晉陽來朝。戊戌，帝殺榮、天穆於明光殿，及榮子菩提。乃升閶闔門大赦。遣武衞將軍奚毅、前燕州刺史侯深率衆鎮北中。[一一]是夜，左僕射尒朱世隆、榮妻鄉郡長公主率榮部曲，自西陽門出屯河陰，己亥，攻河橋，禽毅等，屠害之，據北中城，南逼京師。

冬十月癸卯朔，封大鴻臚卿寶炬爲南陽王，汝陽縣公脩爲平陽王，[一二]新陽伯誕爲昌樂王，琅邪公昶爲太原王。甲辰，徙封魏郡王諶爲趙郡王，諶弟子趙郡王賔爲平昌王。[一三]戊申，皇子生，大赦。乙卯，通直散騎常侍李苗以火船焚河橋，尒朱世隆退走。壬申，世隆停建興之高都，尒朱兆自晉陽來會之，共推長廣王曄爲主，大赦所部，年號建明。徐州刺史尒朱仲遠反，率衆向京師。

十一月乙亥，以司徒長孫承業爲太尉，以臨淮王彧爲司徒。丙子，進雍州刺史、廣宗郡公尒朱天光爵爲王。

十二月甲辰，尒朱兆、尒朱度律自富平津上率騎涉度以襲京城。事出倉卒，禁衞不守。帝步出雲龍門。兆逼帝幸永寧寺，殺皇子。亂兵殺司徒臨淮王彧、左僕射范陽王誨。戊申，尒朱度律自鎮京師。甲寅，尒朱兆遷帝於晉陽。甲子，帝遇弒於城內三級佛寺，時年二十四。幷害陳留王寬。中興二年，廢帝奉謚爲武懷皇帝。及孝武立，又以廟諱故，改謚孝莊皇帝，廟號敬宗。葬靜陵。

節閔皇帝諱恭，字脩業，廣陵惠王羽之子也。母曰王氏。帝少有志度，事祖母、嫡母以

孝聞。正始中，襲爵。位給事黃門侍郎。帝以元叉擅權，託稱瘖病，絕言垂一紀。居於龍花佛寺，無所交通。永安末，有白莊帝，言帝不語，將有異圖。人間遊聲，又云常有天子氣。帝懼禍，遂逃匿上洛。尋見追蹤，送京師，拘禁多日，以無狀獲免。

及莊帝崩，尒朱世隆等以元曄疏遠，又非人望所推；以帝有過人之量，將謀廢立。恐實不語，乃令帝所親申意，兼迫脅。帝曰：「天何言哉。」世隆等大悅。及元曄至邙南，世隆等奉帝東郭外，行禪讓禮。太尉尒朱度律奉路車，進璽紱。服袞冕，百官侍衞，入自建春、雲龍門。

普泰元年春二月己巳，皇帝卽位於太極前殿，羣臣拜賀。禮畢，遂登閶闔門大赦。以魏爲大魏，改建明二年爲普泰元年。罷稅市及稅鹽之官。庚午，詔曰：「自秦之末，競爲皇帝，忘負乘之深殃，垂貪鄙於萬葉。予今稱帝，已爲褒矣！可普告令知。」

是月，鎮遠將軍清河崔祖螭聚青州七郡之衆圍東陽。幽州刺史劉靈助起兵於薊。河北大使高乾及其弟昂夜襲冀州，執刺史元嶷，共推前河內太守封隆之行州事。

三月癸酉，封長廣王曄爲東海王；以青州刺史、魯郡王肅爲太師；沛郡王欣爲太傅、司州牧，改封淮陽王；以徐州刺史彭城王尒朱仲遠、雍州刺史隴西王尒朱天光並爲大將軍；以

柱國大將軍、幷州刺史、潁川王尒朱兆爲天柱大將軍；封晉州刺史、平陽郡公高歡爲勃海王；以特進、清河王亶爲太傅；以尚書令、樂平王尒朱世隆爲太保；以趙郡王諶爲司空。丙申，定州刺史侯深破劉靈助於安國城，斬之，傳首京師。

夏四月壬子，享太廟。癸亥，隴西王尒朱天光破宿勤明達，[一四]禽送京師，斬之。丙寅，以侍中尒朱彥伯爲司徒。詔有司不得復稱僞梁，罷細作之條，無禁鄰國還往。

五月丙子，尒朱仲遠使其都督魏僧勗等討崔祖螭於東陽，斬之。

六月己亥朔，日有蝕之。庚申，勃海王高歡起兵信都，以誅尒朱氏爲名。

秋七月壬申，尒朱世隆等害前太保楊椿、前司空楊津。丙戌，司徒尒朱彥伯以旱遜位。

九月，以彭城王尒朱仲遠爲太宰。庚辰，以隴西王尒朱天光爲大司馬。癸巳，追尊皇考爲先帝，皇妣王氏爲先太妃。封皇弟永業爲高密王，皇子子恕爲勃海王。

冬十月壬寅，高歡推勃海太守元朗卽皇帝位於信都。

二年春閏三月，高歡敗尒朱天光等於韓陵。[一五]

夏四月辛巳，高歡與廢帝至芒山，使魏蘭根慰喻洛邑，且觀帝之爲人。蘭根忌帝雅德，還致毀謗，竟從崔㥄議，廢帝於崇訓佛寺，而立平陽王脩，是爲孝武帝。

中華書局

帝既失位，乃賦詩曰：「朱門久可患，紫極非情翫，顚覆立可待，一年三易換。時運正如此，唯有修眞觀。」五月丙申，帝遇弒，殂於門下外省，時年三十五。孝武帝詔百司赴會，葬用王禮，加九旒、鑾輅、黃屋、左纛，班劍百二十人。後西魏追謚節閔皇帝。

廢帝諱朗，字仲哲，章武王融第三子也。母曰程氏。帝少稱明悟。元曄建明二年正月戊子，爲勃海太守。普泰元年十月，勃海王高歡奉帝以主號令。

中興元年冬十月壬寅，皇帝卽位於信都西，大赦，改普泰元年爲中興。以勃海王高歡爲丞相、都督中外諸軍事，以河北大使高乾爲司空。辛亥，高歡大破尒朱兆於廣阿。十一月，梁將元樹入據譙城。

二年春二月甲子，以勃海王高歡爲大丞相、柱國大將軍、太師。及歡敗尒朱氏於韓陵，四月辛巳，帝於河陽遜位於別邸。五月，孝武封帝爲安定郡王。十一月，殂於門下外省。時年二十。永熙二年，葬於鄴西南野馬崗。

孝武皇帝諱脩，字孝則，廣平武穆王懷之第三子也。母曰李氏。帝性沈厚，學涉，好武事，遍體有鱗文。年十八，封汝陽縣公。夢人有從諱謂己曰：〔一六〕「汝當大貴，得二十五年。」永安三年，封平陽王。普泰中，爲侍中、尙書左僕射。

中興二年，高歡旣敗尒朱氏，廢帝自以疏遠，請遜大位。歡乃與百僚議，以孝文不可無後，時召汝南王悅於梁，至，將立之，宿昔而止。又諸王皆逃匿，帝在田舍。先是，嵩山道士潘彌望見洛陽城西有天子氣，候之乃帝也。於是造第密言之。居五旬而高歡使斛斯椿求帝。椿從帝所親王思政見帝，帝變色曰：「非賣我耶？」椿遂以白歡。歡遣四百騎奉迎帝入氈帳，陳誠，泣下霑襟。讓以寡德。歡再拜，帝亦拜。歡出，備服御，進湯沐。達夜嚴警。昧爽，文武執鞭以朝。使斛斯椿奉勸進表。椿入帷門，罄折延首而不敢前。帝令思政取表，曰：「視，便不得不稱朕矣。」於是假廢帝安定王詔策而禪位焉。卽位于東郭之外，用代都舊制，以黑氈蒙七人，歡居其一，帝於氈上西向拜天訖，自東陽、雲龍門入。

永熙元年夏四月戊子，皇帝御太極前殿，羣臣朝賀，禮畢，升閶闔門大赦。改中興二年爲太昌元年。壬辰，高歡還鄴。

五月丙申，節閔帝殂。以太傅、淮陽王欣爲太師，改封沛郡王，以司徒、趙郡王諶爲太保，以司空、南陽王寶炬爲太尉，以太保長孫承業爲太傅。辛丑，復前司空高乾位。己酉，以儀同三司、淸河王亶爲司徒。乙卯，內外解嚴。

六月癸亥朔，帝於華林園納訟。丁卯，南陽王寶炬坐事，降爲驃騎大將軍，開府，以王歸第。己卯，臨顯陽殿納訟。丙戌，詔曰：「間者，凶權誕恣，法令變常，遂立夷貊輕賦，冀收天下之意。隨以箕斂之重，終納十倍之征，掩目捕雀，何能過此！今歲租調，且兩收一丐，明年復舊。」

秋七月庚子，以南陽王寶炬爲太尉。乙卯，帝臨顯陽殿，親理冤獄。是月，東南道大行臺樊子鵠大破梁軍於譙城，禽其將元樹。八月丁卯，封西中郎將元寧爲高平王。九月癸卯，進燕郡公賀拔允爵爲王。癸丑，改封沛郡王欣爲廣陵王，節閔子勃海王子恕爲沛郡王。

冬十月辛酉朔，日有蝕之。十一月丁酉，祀圓丘。甲辰，殺安定王朗及東海王曄。己酉，以汝南王悅爲侍中、大司馬，開府。葬太后胡氏。十二月丁亥，殺大司馬、汝南王悅。大赦，改元爲永興。以同明元時年號，尋改爲永熙。

是歲，蠕蠕、嚈噠、高麗、契丹、庫莫奚、高昌等國並遣使朝貢。

二年春正月庚寅朔，朝饗羣臣于太極前殿。丁酉，勃海王高歡大敗尒朱氏，山東平，罷諸行臺。丁巳，追尊皇考爲武穆皇帝，太妃馮氏爲武穆皇后，皇妣李氏曰皇太妃。二月，以咸陽王坦爲司空。三月甲午，太師、魯郡王肅薨。丁巳，以太保、趙郡王諶爲太尉，以太尉、南陽王寶炬爲尙書令、太保，開府。是月，阿至羅十萬戶內附。詔復以勃海王高歡爲大行臺，隨機裁處。

夏四月己未朔，日有蝕之。

秋七月壬辰，以太師、廣陵王欣爲大司馬，以太尉、趙郡王諶爲太師，並開府。庚戌，以前司徒、燕郡王賀拔允爲太尉。

冬十月癸未，以衞將軍、瓜州刺史、泰臨縣伯、高昌王麴子堅爲儀同三司，〔一七〕進爵郡公。十二月丁巳，狩於嵩陽，士卒寒苦。己巳，遂幸溫湯。丁丑，還宮。

三年春二月壬戌，大赦。壬午，封左衞將軍元斌之爲潁川王。

夏四月癸丑朔，日有蝕之。辛未，高平王寧坐事降爵爲公。五月丙戌，置勳府庶子，箱別六百人；騎官，箱別二百人；閤內部曲，數千人。帝內圖高歡，乃以斛斯椿爲領軍，使與王思政等統之，以爲心膂。軍謀朝政，咸決於椿。分置督將及河南、關西諸刺史。辛卯，下詔戒嚴，揚聲伐梁，實謀北討。

是夏，契丹、高麗、吐谷渾並遣使朝貢。

秋七月己丑，帝親總六軍十餘萬，次河橋。高歡引軍東度。丙午，帝率南陽王寶炬、清河王亶、廣陽王湛、斛斯椿以五千騎宿於瀍西楊王別舍，[一八]沙門都維那惠臻負璽持千牛刀以從。有牛百頭，盡殺以食軍士。衆知帝將出，其夜亡者過半。清河、廣陽二王亦逃歸。略陽公宇文泰遣都督駱超、李賢和各領數百騎赴。駱超先至。戊申，賢和會帝於崤中。[一九]己酉，高歡入洛，遣婁昭及河南尹元子思領左右侍官追帝，請廻駕。高昂率勁騎及帝於陝西。帝鞭馬長騖至湖城，飢渴甚，有王思村人以麥飯壺漿獻帝，帝甘之，復一村十年。是歲二月，熒惑入南斗，衆星北流，羣鼠浮河向鄴。梁武跣而下殿，以禳星變，及聞帝之西，慚曰："虜亦應天乎？"帝至稠桑，潼關大都督毛洪賓迎獻食。

八月，宇文泰遣大都督趙貴、梁禦甲騎二千來赴，乃奉迎。帝過河謂禦曰："此水東流而朕西上，若得重謁洛陽廟，是卿等功也。"帝及左右皆流涕。宇文泰迎帝於東陽，帝勞之，將士皆呼萬歲。遂入長安，以雍州公廨爲宮，大赦。甲寅，高歡推司徒、清河王亶爲大司馬，承制總萬機，居尚書省。歡追車駕至潼關。

九月己酉，歡東還洛陽。帝親督衆攻潼關，斬其行臺薛長瑜，[二〇]又克華州。

其冬十月，高歡推清河王亶子善見爲主，徙都鄴，是爲東魏。魏於此始分爲二。

帝之在洛也，從妹不嫁者三：一曰平原公主明月，南陽王同產也；二曰安德公主，清河王懌女也；三曰蒺藜，亦封公主。帝內宴，令諸婦人詠詩，或詠鮑照樂府曰："朱門九重門九閨，願逐明月入君懷。"帝既以明月入關，蒺藜自縊。宇文泰使元氏諸王取明月殺之。帝不悅，或時彎弓，或時推案，君臣由此不安平。

閏十二月癸巳，潘彌奏言："今日當甚有急兵。"[二一]其夜，帝在逍遙園宴阿至羅，顧侍臣曰："此處彷彿華林園，使人聊增悽怨。"命取所乘波斯騮馬，使南陽王躍之，將攀鞍，蹶而死，帝惡之。日晏還宮，至後門，馬驚不前，鞭打入。謂潘彌曰："今日幸無他不？"彌曰："過夜半則大吉。"須臾，帝飲酒，遇酖而崩，時年二十五。諡曰孝武。殯於草堂佛寺，十餘年乃葬雲陵。始宣武、孝明間謠曰："狐非狐，貉非貉，焦梨狗子齧斷索。"識者以爲索謂本索髮，[二二]焦梨狗子指宇文泰，俗謂之黑獺也。

文皇帝諱寶炬，孝文皇帝之孫，京兆王愉之子也。母曰楊氏。帝正始初坐父愉罪，兄弟皆幽宗正寺。及宣武崩，乃得雪。正光中，拜直閤將軍。時胡太后多嬖寵，帝與明帝謀誅之，事泄，免官。武泰中，封邵縣侯。永安三年，進封南陽王。孝武即位，拜太尉，加侍中。永熙二年，進位太保、開府、尚書令。三年，孝武與高歡構難，以帝爲中軍四面大都督。及從入關，拜太宰、錄尚書事。孝武崩，丞相、略陽公宇文泰率羣公卿士奉表勸進，三讓乃許焉。

大統元年春正月戊申，皇帝即位於城西，大赦，改元。追尊皇考爲文景皇帝，皇妣楊氏爲皇后。己酉，進丞相、略陽公宇文泰都督中外諸軍、錄尚書事、大行臺，改封安定郡公。以尚書令斛斯椿爲太保，廣平王贊爲司徒。乙卯，立妃乙氏爲皇后，立皇子欽爲皇太子。甲子，以廣陵王欣爲太傅，以儀同三司万俟壽樂干爲司空。東魏將侯景攻陷荆州。二月，前南青州刺史大野拔斬兗州刺史樊子鵠，以州降東魏。

夏五月，降罪人。加安定公宇文泰位柱國。

秋七月，以開府儀同三司念賢爲太尉，以司空万俟壽樂干爲司徒，以開府儀同三司越勒肱爲司空。梁州刺史元羅以州降梁。九月，有司奏煎御香澤，[二三]須錢萬貫。帝以軍旅在外，停之。

冬十月，太師、上黨王長孫承業薨。十二月，以太尉念賢爲太傅，以河州刺史梁景叡爲太尉。

二年春正月辛亥，祀南郊，改以神元皇帝配。東魏攻陷夏州。二月，儀同三司段敬討叛羌梁企定平之。三月，以涼州刺史李叔仁爲司徒，以司徒万俟壽樂干爲太宰。

夏五月，司空越勒肱薨。秦州刺史、建忠王万俟普撥[二四]及其子太宰壽樂干率所部奔東魏。

秋九月，以扶風王孚爲司空，以太保斛斯椿爲太傅。

冬十一月，追改始祖神元皇帝爲太祖，道武皇帝爲烈祖。

是歲，關中大飢，人相食，死者十七八。

三年春二月，槐里獲神璽，大赦。

夏四月，太傅斛斯椿薨。五月，以廣陵王欣爲太宰，賀拔勝爲太師。六月，以司空、扶風王孚爲太保，以太尉梁景叡爲太傅，以司徒、廣平王贊爲太尉，以開府儀同三司王盟爲司空。

冬十月，安定公宇文泰大破東魏軍於沙苑，拜泰柱國大將軍。十二月，司徒李叔仁自

中華書局

涼州通使於東魏，〔三三〕建昌太守賀蘭植攻斬之。

四年春正月辛酉，拜天於清暉室，終帝世遂爲常。

二月，東魏攻陷南汾、潁、豫、廣四州。廢皇后乙氏。三月，立蠕蠕女郁久閭氏爲皇后，大赦。以司空王盟爲司徒。

秋七月，東魏將侯景等圍洛陽，帝與安定公宇文泰東伐。九月，車駕至自東伐。以撫軍將軍梁禽定爲南洮州刺史、安西蕃。

五年春二月，赦京城內。

夏五月，以開府儀同三司李弼爲司空。免妓樂雜役之徒，皆從編戶。

秋七月，詔自今恒以朔望親閱京師見禁囚徒。以司空、扶風王孚爲太尉。〔三六〕

冬十月，於陽武門外縣鼓，置紙筆，以求得失。

六年春正月庚戌，朝羣臣。自西還至此，禮樂始備。太尉、扶風王孚薨。二月，鑄五銖錢。降罪人。

冬十一月，太師念賢薨。

七年春二月，幽州刺史、順陽王仲景以罪賜死。〔三七〕三月，夏州刺史劉平謀反，大都督于謹討禽之。

秋九月，詔班政事之法六條。

冬十一月，叛羌梁禽定徒黨屯於赤水城，秦州刺史獨孤信擊平之。尚書奏班十二條制。十二月，御憑雲觀，引見諸王，敍家人之禮，手詔爲宗誡十條以賜之。

八年春三月，初置六軍。

夏四月，鄯善王兄鄯朱那率衆內附。

秋八月，以太尉王盟爲太保。

冬十月，詔皇太子鎮河東。十二月，行幸華州，起萬壽殿於沙苑北。

九年春正月，降罪人。禁中外及從母兄弟姊妹爲婚。閏月，車駕至自華州。

二月，東魏北豫州刺史高仲密據武牢內附，以仲密爲侍中、司徒，封勃海郡公。

秋七月，大赦。以太保王盟爲太傅，以太尉、廣平王贊爲司空。

冬十二月，以司空李弼爲太尉。

十年春正月甲子，詔公卿已下，每月上封事三條，極言得失。刺史二千石銅墨已上，有讜言嘉謀，勿有所諱。

夏五月，太師賀拔勝薨。

秋七月，更權衡度量。

十一年夏五月，太傅王盟薨，詔諸鞫大辟獄，皆命三公覆審，然後加刑。

冬，始築圜丘於城南。封皇子儉。

十二年春二月，涼州刺史宇文仲和反，秦州刺史獨孤信討平之。三月，鑄五銖錢。

夏五月，詔女年不滿十三以上，勿得以嫁。

秋九月，東魏勃海王高歡攻玉壁，晉州刺史韋孝寬力戰禦之。冬十二月，歡燒營而退。〔三八〕

十三年春正月，開白渠以溉田。二月，詔自今應宮刑者，直沒官，勿刑。亡奴婢應黥者，止科亡罪。以開府儀同三司若干惠爲司空。

東魏勃海王高歡薨。其司徒侯景據潁川率河南六州內附，〔三九〕授景太傅、河南大行臺、上谷郡公。三月，大赦。

夏五月，以太傅侯景爲大將軍，以開府儀同三司獨孤信爲大司馬。晉王謹薨。

秋七月，司空若干惠薨。大將軍侯景據豫州叛。封皇子寧爲趙王。

十四年春正月，赦潁、豫、廣、北、洛、東荊、襄等七州。〔四〇〕以開府儀同三司趙貴爲司空。

皇孫生，大赦。

夏五月，以安定公宇文泰爲太師，廣陵王欣爲太傅，太尉李弼爲大宗伯，前太尉趙貴爲大司寇，以司空于謹爲大司空。

十五年己巳五月，侯景殺梁武帝。初詔諸代人太和中改姓者，並令復舊。六月，東魏勃海王高澄攻陷潁川。

秋八月，盜殺東魏勃海王高澄。

冬十二月，封梁雍州刺史、岳陽王蕭詧爲梁王。

十六年夏四月，封皇子儒爲燕王，公爲吳王。五月，東魏靜帝遜位于齊。

秋七月，安定公宇文泰東伐，至恒農，齊師不出，乃還。九月，大赦。

十七年春三月庚戌，帝崩于乾安殿，時年四十五。夏四月庚辰，葬於永陵，上謚曰文皇帝。

帝性强果，始爲太尉時，侍中高隆之恃勃海王高歡之黨，驕狎公卿。因公會，帝勸酒不飲，怒而毆之，罵曰：「鎭兵，何敢爾也！」孝武以歡故，免帝太尉，歸第，命羽林守衞，月餘復位。及歡將改葬其父，朝廷追贈太師，百僚會弔者盡拜。帝獨不屈，曰：「安有生三公而拜贈太師耶！」

及踐大位，權歸周室。嘗登逍遙觀望嵯峨山，因謂左右曰：「望此，令人有脫屣之意。若使朕年五十，便委政儲宮，尋山餌藥，不能一日萬機也。」既而大運未終，竟保天祿云。

廢帝諱欽，文皇帝之長子也。母曰乙皇后。大統元年正月乙卯，立爲皇太子。十七年三月，卽皇帝位。是月，梁邵陵王蕭綸侵安陸，大將軍楊忠討禽之。

元年冬十一月，梁湘東王蕭繹討侯景，禽之。遣其舍人魏彥來告，仍嗣位於江陵。

二年秋八月，大將軍尉遲迥克成都，劍南平。

冬十一月，安定公宇文泰殺尚書元烈。

三年春正月，安定公宇文泰廢帝而立齊王廓。帝自元烈之誅，有怨言。淮安王育、廣平王贊等並垂泣諫，帝不聽，故及於辱。

恭皇帝諱廓，文皇之第四子也。大統十四年，封爲齊王。廢帝三年正月，卽皇帝位，

改元。

元年夏四月，蠕蠕乙旃達官寇廣武。五月，柱國李弼追擊之，[三二]斬首數千級，收輜重而還。

冬十一月，魏師滅梁，戕梁元帝。梁太尉王僧辯奉元帝子方智爲王，承制，居建業。

二年秋七月，梁太尉王僧辯納貞陽侯蕭明於齊，奉以爲主。梁王方智爲太子。九月，梁司空陳霸先殺僧辯，廢蕭明，復奉方智爲帝。

是歲，梁廣州刺史王琳寇邊，大將軍豆盧寧帥師討之。

三年春正月丁丑，初行周禮，建六官，以安定公宇文泰爲太師、冢宰，[三三]以柱國李弼爲大司徒，[三四]趙貴爲太保、大宗伯，以尚書令獨孤信爲大司馬，以于謹爲大司寇，以侯莫陳崇爲大司空。

冬十月乙亥，安定公宇文泰薨。

十二月庚子，帝遜位於周。周閔帝元年正月，封帝爲宋公，尋殂。

東魏孝靜皇帝諱善見，清河文宣王亶之世子也。母曰胡妃。永熙三年八月，拜開府儀同三司。孝武帝既入關，勃海王高歡乃與百僚會議，推帝以奉明帝之後，時年十一。

天平元年冬十月丙寅，皇帝卽位于城東北，大赦，改元。庚午，以太師、趙郡王諶爲大司馬，以司空、咸陽王坦爲太尉，以開府儀同三司高盛爲司徒，以開府儀同三司高昂爲司空。壬申，享太廟。丙子，車駕北遷于鄴。詔勃海王高歡留後部分。改司州爲洛州，以尚書令元弼爲儀同三司、洛州刺史，鎭洛陽。

十一月兗州刺史樊子鵠、南青州刺史大野拔據瑕丘反。庚寅，車駕至鄴，居北城相州之廨。改相州刺史爲司州牧，魏郡太守爲魏尹。徙鄴舊人西徑百里，以居新遷人。分鄴置臨漳縣。以魏郡、林慮、廣平、陽平、頓丘、汲郡、黎陽、東郡、濮陽、清河、廣宗等郡爲皇畿。[三五]

十二月丁卯，燕郡王賀拔允薨。庚午，詔內外戒嚴，百司悉依舊章，從容雅服，不得以務衫從事。[三六]丙子，遣侍中封隆之等五人爲大使，[三七]巡喻天下。丁丑，赦畿內。

中華書局

閏月，梁以元慶和爲魏王，入據平瀨鄉。孝武崩于長安。初置四中郎將，於礓石橋置東中，蒲泉置西中，濟北置南中，洛水置北中。

二年春正月乙亥，兼尚書右僕射、東南道行臺元晏討元慶和，破走之。二月壬午，以太尉、咸陽王坦爲太傅，以司州牧、西河王悰爲太尉。己丑，前南青州刺史大野拔斬樊子鵠以降，兗州平。戊戌，梁司州刺史陳慶之寇豫州，刺史堯雄擊走之。三月辛酉，以司徒高盛爲太尉，以司空高昂爲司徒，濟陰王暉業爲司空。勃海王高歡討平山胡劉蠡升。辛未，以旱故，詔京邑及諸州郡縣收瘞骸骨。

是春，高麗、契丹並遣使朝貢。

夏四月，前青州刺史侯深反，〔三七〕攻掠青、齊。癸未，濟州刺史蔡儁討平之。壬辰，降京師見囚。夏五月，大旱，勒城門殿門及省府寺署坊門澆人，不簡王公，無限日，得雨乃止。六月，元慶和寇南頓，豫州刺史堯雄大破之。

秋七月甲戌，封汝南王悅孫綽爲琅邪王。八月辛卯，司空、濟陰王暉業坐事免。甲午，發衆七萬六千人，營新宮。九月丁巳，以開府儀同三司、襄城王旭爲司空。

冬十一月丁未，〔三八〕梁柳仲禮寇荊州，刺史王元軌擊破之。〔三九〕癸丑，祀圓丘。甲寅，閶

闔門災。龍見幷州人家井中。十二月壬午，車駕狩于鄴東。甲午，文武百官量事各給祿。

是歲，西魏文帝大統元年也。

三年春正月癸卯朔，饗羣臣於前殿。戊申，詔百官舉士，舉不稱才者，兩免之。二月丁未，梁光州刺史郝樹以州內附。丁酉，加勃海王世子澄爲尚書令、大行臺、大都督。三月甲寅，以開府儀同三司、華山王鷙爲大司馬。丁卯，陽夏太守盧公纂據郡南叛，大都督元整破之。

夏四月丁酉，昌樂王誕薨。五月癸卯，賜鰥寡孤獨貧窮者衣物各有差。丙辰，以錄尚書事、西河王悰爲司州牧。戊辰，太尉高盛薨。六月辛巳，趙郡王諶薨。

秋七月庚子，大赦。梁夏州刺史田獨鞞、潁川防城都督劉鸞慶並以州內附。八月，幷、肆、涿、建四州霜賨，〔四〇〕大飢。九月壬寅，以定州刺史侯景兼尚書右僕射、南道行臺，節度諸軍南討。丙辰，陽平人路季禮聚衆反。〔四一〕辛酉，御史中尉竇泰討平之。

冬十一月戊申，詔遣使巡檢河北流移飢人。侯景攻剋梁楚州，獲刺史桓和。十二月，以幷州刺史尉景爲太保。辛未，遣使者板假老人官，百歲已下，各有差。壬申，大司馬、清河王亶薨。癸未，以太傅、咸陽王坦爲太師。

是歲，高麗、勿吉並遣使朝貢。

四年春正月，以汝陽王暹爲錄尚書事。

夏四月辛未，遷七帝神主入新廟，大赦，內外百官普進一階。先是，滎陽人張儉等聚衆反於大騩山，通西魏，壬辰，武衞將軍高元咸討破之。〔四二〕六月己巳，幸華林園理訟。辛未，詔尚書掩骼埋胔，推錄囚徒。壬午，閶闔門災。

秋七月甲辰，遣兼散騎常侍李諧聘于梁。〔四三〕八月，西魏剋陝州，刺史李徽伯死之。九月，侍中元子思與其弟子華謀西入，並賜死。閏月乙丑，衞將軍、右光祿大夫蔣天樂謀反，伏誅。禁京師酤酒。

冬十月，以咸陽王坦爲錄尚書事。壬辰，勃海王高歡西討，敗于沙苑。己酉，西魏行臺宮景壽、都督楊白駒寇洛州，大都督韓賢大破之。西魏又遣其大行臺元季海、大都督獨孤信逼洛州，刺史廣陽王湛棄城歸闕，季海、信遂據金墉。十一月丙子，以驃騎大將軍、儀同三司万俟普爲太尉。十二月甲寅，梁人來聘。河間人邢磨納、范陽人盧仲禮等各聚衆反。

是歲，高麗、蠕蠕並遣使朝貢。

元象元年春正月辛酉朔，日有蝕之。有巨象自至碭郡陂中，南兗州獲送于鄴。丁卯，大赦，改元。二月丙辰，遣兼散騎常侍鄭伯猷聘于梁。

夏四月庚寅，曲赦畿內，開酒禁。六月壬辰，帝幸華林都堂，聽訟。

是夏，山東大水，蝦蟇鳴于樹上。

秋七月乙亥，高麗遣使朝貢。八月辛卯，〔四四〕大敗西魏于河陰。九月，大都督賀拔仁擊邢磨納、盧仲禮等破平之。

冬十月，梁人來聘。十二月庚寅，遣陸操聘于梁。

興和元年春正月辛酉，以尚書令孫騰爲司徒。三月甲寅朔，封常山郡王邵第二子曜爲陳郡王。

五月甲戌，立皇后高氏。乙亥，大赦。是月，高麗遣使朝貢。六月乙酉，以尚書左僕射司馬子如爲山東黜陟大使，尋爲東北道行臺，差選勇士。庚寅，前潁州刺史奚思業爲河南大使，簡發勇士。丁酉，梁人來聘。戊申，開府儀同三司、汝陽王暹薨。

秋八月壬辰，遣兼散騎常侍王元景聘于梁。九月甲子，發畿內十萬人城鄴，四十日罷。辛未，曲赦畿內死罪已下，各有差。

中華書局

冬十一月癸亥，以新宮成，大赦，改元。八十已上賜綾帽及杖；七十旁無期親及有疾廢者，各賜粟帛；築城之夫，給復一年。

二年春正月壬申，以太保尉景爲太傅，以驃騎大將軍、開府儀同三司厙狄干爲太保。丁丑，徙御新宮，大赦。內外百官普進一階，營構主將別優一階。三月乙卯，梁人來聘。

夏五月己酉，西魏行臺宮延和、陝州刺史宮元慶率戶內屬，置之河北馬場，振廩各有差。壬子，遣兼散騎常侍李象聘于梁。閏月丁丑朔，日有蝕之。己丑，封皇兄景植爲宜陽王，皇弟威爲淸河王，諶爲潁川王。六月壬子，大司馬、華山王鷙薨。〔四五〕

冬十月丁未，梁人來聘。十二月乙卯，遣兼散騎常侍崔長謙聘於梁。

是歲，高麗、蠕蠕、勿吉並遣使朝貢。

三年春二月甲辰，阿至羅出吐拔那渾大率部來降。三月乙酉，梁州人公孫貴賓聚衆反，自號天王，陽夏鎭將討禽之。

夏四月戊申，阿至羅國主副伏羅越居子去賓來降，〔四六〕封爲高車王。六月乙丑，梁人來聘。

秋七月己卯，宜陽王景植薨。八月甲子，遣兼散騎常侍李騫聘於梁。

先是，詔羣官於麟趾閣議定新制，冬十月甲寅，班於天下。己巳，發夫五萬人築漳濱堰，三十五日罷。癸亥，車駕狩于西山。十一月戊寅，還宮。丙戌，以開府儀同三司、彭城王韶爲太尉，以度支尙書胡僧敬爲司空。

是歲，蠕蠕、高麗、勿吉國並遣使朝貢。

四年春正月丙辰，梁人來聘。

夏四月丙寅，遣兼散騎常侍李繪聘于梁。乙酉，以侍中、廣陽王湛爲太尉，以尙書右僕射高隆之爲司徒，以太尉、彭城王韶爲錄尙書事。丁亥，太傅尉景坐事，降爲驃騎大將軍、開府儀同三司。辛卯，以太保厙狄干爲太傅，以領軍將軍婁昭爲大司馬，封祖裔爲尙書右僕射。六月丙申，復前侍中、樂良王忠爵。丁酉，復陳留王景皓、常山王紹宗、高密王永業爵。

秋八月庚戌，以開府儀同三司、吏部尙書侯景爲兼尙書僕射、河南行臺，隨機討防。

冬十月甲寅，梁人來聘。十一月壬午，驃騎大將軍、開府儀同三司、靑州刺史、西河王悰薨。十二月辛亥，使兼散騎常侍陽斐使于梁。

是歲，蠕蠕、高麗、吐谷渾並遣使朝貢。

武定元年春正月壬戌朔，大赦，改元。己巳，車駕蒐于邯鄲之西山。癸酉，還宮。二月壬申，北豫州刺史高仲密據武牢西叛。三月丙午，帝親納訟。戊申，勃海王高歡大敗西魏師于邙山，追奔至恒農而還，豫、洛二州平。

夏四月，封彭城王韶弟䙰爲武安王。五月壬辰，以尅復武牢，降天下死罪已下囚。乙未，以吏部尙書侯景爲司空。六月乙亥，梁人來聘。戊寅，封前員外散騎侍郎元長春爲南郡王。

八月乙丑，以汾州刺史斛律金爲大司馬。

冬十一月甲午，車駕狩于西山。乙巳，還宮。壬午，遣兼散騎常侍李渾聘于梁。

是歲，吐谷渾、高麗、蠕蠕並遣使朝貢。

二年春二月丁卯，徐州人劉烏黑聚衆反，遣行臺慕容紹宗討平之。三月，梁人來聘。以旱故，宥死罪已下囚。丙午，以開府儀同三司孫騰爲太保。壬子，以勃海王世子高澄爲大將軍，領中書監，元弼爲錄尙書事，以尙書令、以太原公高洋爲左僕射。

夏五月甲午，遣散騎常侍魏季景聘于梁。丁酉，太尉、廣陽王湛薨。

秋八月癸酉，尙書令司馬子如坐事免。九月甲申，以開府儀同三司、濟陰王暉業爲太尉。太師、咸陽王坦坐事免，以王還第。

冬十月丁巳，太保孫騰、大司馬高隆之各爲括戶大使，凡獲逃戶六十餘萬。十一月，西河地陷，有火出。甲申，以司徒高隆之爲尙書令，以前大司馬婁昭爲司徒。庚子，祀圜丘。辛丑，梁人來聘。

是歲，吐谷渾、地豆干、室韋、高麗、蠕蠕、勿吉等並遣使朝貢。

三年春正月丙申，遣兼散騎常侍李獎聘于梁。二月庚申，吐谷渾國奉其從妹以備後庭，納爲容華嬪。

夏五月甲辰，大赦。

秋七月庚子，梁人來聘。

冬十月，遣中書舍人尉瑾聘于梁。十二月，以司空侯景爲司徒，以中書令韓軌爲司空。戊子，以太保孫騰爲錄尙書事。

是歲，高麗、吐谷渾、蠕蠕並遣使朝貢。

四年夏五月壬寅，梁人來聘。六月庚子，以司徒侯景爲河南大行臺，應機討防。

秋七月壬寅，遣兼散騎常侍元廓聘于梁。八月，移洛陽漢魏石經于鄴。

是歲，室韋、勿吉、地豆干、高麗、蠕蠕並遣使朝貢。

五年春正月己亥朔，日有蝕之。丙午，勃海王高歡薨。辛亥，司徒侯景降于西魏以求救，西魏遣其將李弼、王思政赴之。思政等入據潁川，景乃出走豫州。乙丑，梁人來聘。二月，侯景復背西魏歸梁。

夏四月壬申，大將軍高澄來朝。甲午，遣兼散騎常侍李緯聘于梁。五月丁酉朔，大赦。戊戌，以尚書右僕射、襄城王旭爲太尉。甲辰，以太原公高洋爲尚書令，領中書監，以青州刺史尉景爲大司馬，以開府儀同三司厙狄干爲太師，以錄尚書事孫騰爲太傅，以汾州刺史賀拔仁爲太保，以司空韓軌爲司徒，以領軍將軍可朱渾道元爲司空，以司徒高隆之錄尚書事，以徐州刺史慕容紹宗爲尚書左僕射，高陽王斌爲右僕射。戊午，大司馬尉景薨。六月乙酉，帝爲勃海王舉哀於東堂，服緦衰。

秋九月辛丑，梁貞陽侯蕭明寇徐州，堰泗水於寒山，灌彭城，以應侯景。冬十一月乙

酉，以尚書左僕射慕容紹宗爲東南道行臺，與大都督高岳、潘相樂大破禽之，及其二子琇、道。〔四七〕十二月乙亥，蕭明至，帝御閶闔門，讓而宥之。岳等迴師討侯景。

是歲，高麗、勿吉並遣使朝貢。

六年春正月己亥，大都督高岳等於渦陽大破侯景，俘斬五萬餘人，其餘溺死於渦水，水爲不流。景走淮南。二月己卯，梁遣使求和，許之。三月癸巳，以太尉、襄城王旭爲大司馬，以開府儀同三司高岳爲太尉。辛亥，以冬春亢旱，赦罪人各有差。

夏四月甲子，吏部令史張永和、青州人崔闊等僞假人官，事覺糾檢，首者六萬餘人。甲戌，太尉高岳、司徒韓軌、大都督劉豐等討王思政於潁川，〔四八〕引洧水灌其城。

九月乙酉，梁人來聘。

冬十月戊申，侯景濟江，推梁臨賀王正德爲主，以攻建業。

是歲，高麗、室韋、蠕蠕、吐谷渾並遣使朝貢。

七年春正月戊辰，梁北徐州刺史、封山侯蕭正表以鎮內附，〔四九〕封蘭陵郡公、吳郡王。

三月丁卯，侯景剋建業。

夏五月丙辰，侯景殺梁武帝。戊寅，勃海王高澄帥師赴潁川。六月，剋之，獲西魏大將軍王思政等。

秋八月辛卯，立皇子長仁爲太子。盜殺勃海王高澄。癸巳，大赦，內外百官並進二級。甲午，太原公高洋如晉陽。

冬十月癸未，以開府儀同三司、咸陽王坦爲太傅。甲午，以開府儀同三司潘相樂爲司空。十二月甲辰，吳郡王蕭正表薨。己酉，以并州刺史彭樂爲司徒。

是歲，蠕蠕、地豆干、室韋、高麗、吐谷渾並遣使朝貢。

八年春正月辛酉，帝爲勃海王高澄舉哀於東堂。戊辰，詔太原公高洋嗣事，徙封齊郡王。甲戌，地豆干、契丹並遣使朝貢。二月庚寅，以尚書令高隆之爲太保。三月庚申，進齊郡王高洋爵爲齊王。

夏四月乙巳，蠕蠕遣使朝貢。

五月甲寅，詔齊王爲相國，總百揆，備九錫之禮。以齊國太妃爲王太后，王妃爲王后。丙辰，遜帝位於齊。天保元年己未，封帝爲中山王，邑一萬戶，上書不稱臣，答不稱詔，載天子旌旗，行魏正朔，乘五時副車。封王諸子爲縣公，邑各一千戶。奉絹一萬疋，錢一萬貫，

粟二萬石，奴婢三百人，水碾一具，田百頃，園一所，於中山國立魏宗廟。二年十二月己酉，中山王殂，時年二十八。三年二月，奉謚曰孝靜皇帝。葬於鄴西漳北。其後發之，陵崩，死者六十人。

帝好文，美容儀，力能挾石師子以踰牆，射無不中。嘉辰宴會，多命羣臣賦詩，從容沉雅，有孝文風。勃海王高澄嗣事，甚忌焉，以大將軍中兵參軍崔季舒爲中書、黃門侍郎，令監察動靜，小大皆令季舒知。澄與季舒書曰：「癡人復何似？癡勢小差未？」帝嘗與獵於鄴東，馳逐如飛。監衞都督烏那羅受工伐從後呼帝曰：「天子莫走馬，大將軍怒！」澄嘗侍帝飲，大舉觴曰：「臣澄勸陛下。」帝不悅曰：「自古無不亡之國，朕亦何用此活！」澄怒曰：「朕，朕，狗腳朕！」澄使季舒毆帝三拳，奮衣而出。明日，澄使季舒勞帝，帝亦謝焉。賜絹，季舒未敢受，以啓澄，澄使取一段。帝束百疋以與之，曰：「亦一段爾。」

帝不堪憂辱，詠謝靈運詩曰：「韓亡子房奮，秦帝魯連恥，本自江海人，志義動君子。」〔五〇〕常侍、侍講荀濟知帝意，乃與華山王大器、元瑾密謀於宮中，僞爲山而作地道向北城。至千秋門，門者覺地下響動，以告澄。澄勒兵入宮，曰：「陛下何意反耶？臣父子功存社稷，何負陛下耶？」及將殺諸妃嬪，帝正色曰：「王自欲反，何關於我？我尚不惜身，何況妃嬪！」澄下

中華書局

牀叩頭，大啼，謝罪。於是酣飲，夜久乃出。居三日，幽帝於含章堂。大器、瑾等皆見烹於市。

及將禪位於文宣，襄城王旭〔三〕及司徒潘相樂、侍中張亮、黃門郎趙彥深等求入奏事。帝在昭陽殿見之。旭曰：「五行遞運，有始有終。齊王聖德欽明，萬姓歸仰，臣等昧死聞奏，願陛下則堯禪舜。」帝便斂容答曰：「此事推挹已久，謹當遜避。」又云：「若爾，須作詔書。」侍郎崔劼、裴讓之奏云：「詔已作訖。」即付楊愔進於帝，凡十條。〔三〕書訖，曰：「將安朕何所？復若爲而去？」楊愔對曰：「在北城，別有館宇，還備法駕，依常仗衞而去。」帝乃下御座，步就東廊，口詠范蔚宗後漢書贊云：「獻生不辰，身播國屯，終我四百，永作虞賓。」所司奏請發，帝曰：「古人念遺簪弊履，欲與六宮別，可乎？」高隆之曰：「今天下猶陛下之天下，況在後宮！」乃與夫人嬪以下訣，莫不欷歔掩涕。嬪趙國李氏誦陳思王詩云：「王其愛玉體，俱享黃髮期。」皇后已下皆哭。直長趙德以故犢車一乘，候於東上閤。帝上車，德超上車，持帝。帝肘之，曰：「朕畏天順人，授位相國，何物奴，敢逼人！」趙德尚不下。及出雲龍門，王公百僚衣冠拜辭，帝曰：「今日不減常道鄉公、漢獻帝。」衆皆悲愴，高隆之泣灑。遂入北城，下司馬子如南宅。

及文宣行幸，常以帝自隨。帝后封太原公主，常爲帝嘗食，以護視焉。竟遇酖而崩。

論曰：莊帝運接交喪，招納勤王，雖時事孔棘，而卒有四海。猾逆翦除，權强擅命，神慮獨斷，芒刺未除，而天未忘亂，禍不旋踵。自茲之後，魏室土崩，始則制屈强胡，終乃權歸霸政。主祭祀者不殊於寄坐，遇黜辱者有甚於弈棊。雖以節閔之明，孝武之長，祇以速是奔波。文帝以剛强之質，終以守雌自寶。靜、恭運終天祿，高蹈唐、虞，各得其時也。

校勘記

〔一〕以前太尉江陽王繼爲太師司州牧以相州刺史北海王顥爲太傅開府　諸本「司州」上有「以」字，「相州」上無「以」字。魏書卷一〇孝莊紀並無「以」字。按本書卷一六繼本傳云：「建義初，復以繼爲太師、司州牧。」本書卷一九顥本傳，顥其時方任相州刺史，即由相州奔梁，未嘗爲司州牧。此「以」字誤置於「司州」上。今移正。

〔二〕封光祿大夫清泉縣侯李延寔爲陽平王　魏書「泉」作「淵」，北史避唐諱改。又諸本「寔」作「實」，從魏書及本書卷一〇〇寔本傳改。

〔三〕河間邢杲率河北流移人萬餘戶反於北海　魏書「萬餘戶」作「十餘萬戶」。按本書卷一五元天穆傳，言杲反時，所在流人率來從之，「旬朔之間，衆踰十萬」。通鑑卷一五二四七五〇頁作「十萬餘戶」。疑此「萬」上脫「十」字。

〔四〕自稱皇武大將　魏書「將」下有「軍」字，疑此脫。

〔五〕戊戌江陽王繼薨　魏書「戊戌」作「壬子」。按魏書：十月戊戌，加尒朱榮太師。庚子，命于暉、高歡討羊侃。壬子，元繼死。北史刪前兩事，而留「戊戌」，去「壬子」，誤。

〔六〕安昌縣公元鷙爲華山王　魏書「公」作「侯」。按墓誌集釋元鷙墓誌圖版四二，言鷙先封昌安縣侯，永安二年改封華山郡王。這裏「公」字誤，「安昌」亦當爲「昌安」誤倒。

〔七〕封瓜州刺史元太榮爲東陽王　諸本「榮」作「宗」，魏書作「榮」。按本書卷六七、周書卷三六令狐整傳，本書卷六九、周書卷三二申徽傳都作「榮」。今據改。

〔八〕冬十月己酉朔日有蝕之　諸本「己」作「乙」，魏書天象志作「己」。按是年十月己酉朔。今據改。

〔九〕就德興自營州遣使請降　諸本「營」作「榮」，魏書作「營」。按就德興起於營州，見本書卷四明帝紀正光五年十月。今據改。

〔一〇〕白馬龍涸胡王慶雲僭稱帝號於水洛城　諸本及魏書「水」皆作「永」。通鑑卷一五四四七七五頁作「水」。胡注云：「水經注卷一七滑水注：水洛水導源隴山，西逕水洛亭西，南注略陽川。九域志：水洛城在德順軍西南一百里。范仲淹曰：朝那之西，秦亭之東，有水洛城。」今據改。以後逕改，不另出校記。

〔一一〕遣武衞將軍奚毅前燕州刺史侯深率衆鎭北中　魏書「侯深」作「崔淵」。御覽卷一〇四四九八頁引後魏書作「侯淵」。通鑑從魏書。按疑當作「侯淵」，北史避唐諱改「淵」作「深」。此侯淵乃侯剛之子，見魏書卷九三恩倖傳、與本書卷四九、魏書卷八〇有傳者非一人。

〔一二〕汝陽縣公脩爲平陽王　諸本「汝陽」作「汝南」，魏書作「汝陽」。按本卷孝武紀、魏書卷一一出帝紀並言脩始封汝陽縣公。今據改。

〔一三〕諶弟子趙郡王亶爲平昌王　諸本「亶」作「宣」，魏書作「亶」。按魏書卷二一上趙郡王幹傳作「亶」，今據改。

〔一四〕宿勤明達　諸本「勤」作「勒」，魏書卷一一前廢帝紀作「勤」。按宿勤明達見本書卷四九、周書卷一四賀拔岳傳，魏書卷七五尒朱天光傳。作「勒」誤，今據改。

〔一五〕二年春閏三月高歡敗尒朱天光等於韓陵　諸本「三」作「二」，魏書前廢帝紀作「三」，但無「閏」字，通志卷一五下後魏紀作「閏三月」。按本書卷六齊神武紀、魏書卷一一後廢帝紀，都記韓陵之戰於閏三月。通志是，今據改。

〔一六〕夢人有從諱謂己曰　魏書卷一一出帝紀無此語。按「從諱」不可解，疑是北史避「虎」字改作「諱」。

中華書局

〔一七〕高昌王麴子堅爲儀同三司　各本「麴」作「趙」，殿本據魏書改作「麴」。按高昌王姓麴氏。麴堅，麴嘉子。見本書卷九七高昌傳。殿本是，今從之。

〔一八〕以五千騎宿於瀍西楊王別舍　通鑑卷一五六四八五一頁「楊王」作「南陽王」，通志後魏紀作「廣陽王」。按「楊王」不可解，疑誤。

〔一九〕戊申賢和會帝於崤中　諸本「戊申」作「甲戌」，通鑑卷一五六四八五一頁作「戊申」。按上有丙午，下有己酉，中間不得有甲戌。是年七月辛巳朔，丙午二十六日，戊申二十八日，己酉二十九日，日序正合。蓋「戊申」倒誤爲「甲戌」。今據通鑑改。

〔二〇〕斬其行臺薛長瑜　諸本「薛」作「華」。按本書卷六齊神武紀云：「命行臺尚書長史薛瑜守潼關。」本書卷九、周書卷一文帝紀云：「神武留其將薛瑾守關而退，帝乃進軍斬瑾。」魏書卷四二薛辯傳附見薛長瑜云：「天平中，『擊賊潼關，沒於陣』。其人當是名瑾字長瑜，「華」乃「薛」之誤，今據改。

〔二一〕今日當甚有急兵　殿本「甚」作「愼」。按作「愼」於文較洽，但各本及通志並作「甚」，或本是衍文，殿本以意改。今不從之。

〔二二〕識者以爲索謂本索髮　通志「謂」下有「魏」字。按當時宋、齊稱北魏爲「索頭虜」，即因其辮髮之故。此疑脫「魏」字。

〔二三〕有司奏煎御香澤　諸本「奏」作「詔」，册府卷五六六二三頁作「奏」，通志作「請」。按作「詔」不通。「奏」「詔」雙聲，「詔」「請」形近，都有致誤的可能。今姑從册府改。

〔二四〕秦州刺史建忠王万俟普撥　諸本「忠」作「中」。本書卷六齊神武紀、卷九周文帝紀作「忠」。按建忠郡見隋書地理志上京兆郡三原縣條。本書卷四九毛鴻賓傳，稱魏孝明帝「改三原縣爲建中郡以旌其兄弟」。字作「中」。但太平寰宇記卷三耀州三原縣條引周地圖記却說：「置建忠郡以旌其功。」既是旌表毛氏兄弟，則字本當作「忠」。今據改。

〔二五〕司徒李叔仁自涼州通使於東魏　諸本「涼」作「梁」。按上文二年三月條及本書卷三七李叔仁傳並作「涼州」。下文言「建昌太守賀蘭植攻斬之」。建昌郡屬涼州，見魏書地形志下。作「梁」誤，今據改。

〔二六〕以司空扶風王孚爲太尉　張森楷云：「『司空』當作『太保』。上三年已書『以司空扶風王孚爲太保』。」

〔二七〕幽州刺史順陽王仲景以罪賜死　按西魏境內無幽州，疑是「豳州」之訛。但本書卷一七京兆王子推傳附見元仲景，也作「幽州」。

〔二八〕冬十二月歡燒營而退　按本書卷六齊神武紀，言高歡班師在十一月庚子一日。魏書卷一二孝靜紀也作武定四年十一月。周書卷二文帝紀下大統十二年稱高歡於九月圍玉壁，六旬而退。也應在十一月。這裏作「十二月」當誤。

〔二九〕東魏勃海王高歡薨其司徒侯景據潁川率河南六州內附　按本書下文及魏書卷一二孝靜紀，稱高歡死於武定五年正月丙午八日，侯景卽於辛亥十三日降西魏。本書卷九、周書卷二文帝紀大統十三年，亦記其事於正月。這裏系於二月，誤。

〔三〇〕赦潁豫廣北洛東荆襄等七州　按「北洛」無此州名。且「北洛」若爲一州，只得六州。疑「北」下脫「荆」字。北荆州見魏書地形志中及隋書卷三〇地理志中河南郡陸渾縣條。此州本東魏武定二年置，治伊陽，與潁州治長社、豫州治懸瓠、洛州治洛陽、廣州治魯陽、東荆治灌安、襄州治赭陽並在今河南中部。蓋侯景降西魏後，初爲西魏所得，故赦。

〔三一〕柱國李弼追擊之　周書卷二文帝紀「李弼」作「趙貴」。按事見周書卷一六趙貴傳。卷一五李弼傳不載此事。此疑誤。

〔三二〕以安定公宇文泰爲太師冢宰　本書卷九、周書卷二文帝紀「冢宰」上有「大」字，是。此誤脫。

〔三三〕以柱國李弼爲大司徒　周書文帝紀及卷一五李弼傳並云弼「爲太傅、大司徒」。按當時宇文泰爲太師，李弼爲太傅，趙貴爲太保，卽所謂三師。這裏宇文泰、趙貴皆書，不應李弼獨否。蓋脫文。

〔三四〕以魏郡林慮廣平陽平頓丘汲郡黎陽東郡濮陽清河廣宗等郡爲皇畿　諸本「陽平、頓丘」作「陽丘」，「東郡、濮陽」作「東濮陽」，魏書卷一二孝靜帝紀同。錢氏考異卷二八云：「按地形志司州無『陽邱郡』，當是陽平、頓邱二郡各脫一字。志亦無『東濮陽』，『東』下當脫『郡』字。志尚有北廣平郡，紀亦脫之。」按錢說是，今據補「平頓」、「郡」三字。「北廣平」不補。

〔三五〕詔內外戒嚴百司悉依舊章從容雅服不得以務衫從事　魏書「戒」作「解」。按據下文文義，作「解」是。又魏書、通志「務衫」都作「矛鉖」。張森楷所據本作「絳衫」。按：「鉖」是刀名，「不得以矛鉖從事」，猶云不得佩帶武器，可通。「務衫」不可考。「絳衫」乃南北朝通行之戎服。南齊書卷四七王融傳，稱齊武帝垂死時，「融戎服絳衫，於中書省閤口斷東宮仗不得進」。卷五一崔慧景傳附見崔恭祖，有「恭祖禿馬絳衫，手刺倒賊」語。作「絳衫」較長，但不知張氏所據何本。

〔三六〕遣侍中封隆之等五人爲大使　諸本「遣」訛作「進」，據魏書改。

〔三七〕前青州刺史侯深反　諸本及魏書「深」作「梁」。按本書卷四九侯深傳，言深先行青州事，後以封延之爲青州刺史，深遂反。又北齊書卷一九蔡儁傳，言儁爲濟州刺史時，「侯深反，復以儁爲大都督，率衆討之」。與此紀合。「梁」乃「深」之訛，今據改。

〔三八〕冬十一月丁未　諸本無「一」字，魏書有。按是年十月甲戌朔，無丁未；十一月癸卯朔，丁未是五日。今據補。

〔三九〕刺史王元軌擊破之　諸本無「軌」字。按魏書卷九八蕭衍傳，天平二年十一月云：「衍雍州刺史蕭恭遣將柳仲禮寇荊州，刺史王元軌破之於牛飲。」北齊書卷二〇王則傳，言則字元軌，天平初爲荊州刺史。此脫「軌」字，今據補。

〔四〇〕八月幷肆涿建四州霜實　按魏書地形志無「涿州」，疑是「汾」之訛。

〔四一〕陽平人路季禮聚衆反　諸本「陽平」誤倒，據魏書乙。路氏是陽平大族，見本書卷四五、魏書卷七二路侍慶傳。

〔四二〕武衞將軍高元咸討破之　魏書「咸」作「盛」。按魏書下文武定五年見「豫州刺史高元成」，本書卷七、北齊書卷三文襄紀同。梁書卷五六侯景傳作「高成」。疑即此人。「咸」「盛」皆當是「成」之訛。

〔四三〕遣兼散騎常侍李諧聘于梁　諸本及魏書「諧」作「楷」，御覽卷一〇四五〇二頁作「諧」。按李諧本傳見本書卷四三、魏書卷六五說他與盧元明使梁，事又見本書卷五六魏收傳。魏書記其副使正爲盧元明。作「楷」誤，今據御覽改。

〔四四〕秋七月乙亥高麗遣使朝貢八月辛卯　諸本「秋七月乙亥，高麗遣使朝貢」十一字誤移於上文「是夏，山東大水，蝦蟇鳴于樹上」之前。據魏書移正。又諸本「八月」上衍「秋」字，據魏書刪。

〔四五〕六月壬子大司馬華山王鷙薨　魏書同。按本書卷一五高凉王孤附鷙傳，言鷙死於興和三年。墓誌集釋元鷙墓誌圖版四二言鷙死於興和三年六月九日，與傳合。此置於二年，誤。

〔四六〕阿至羅國主副伏羅越居子去賓來降　諸本「居」訛作「君」，據魏書及本書卷九八、魏書卷一〇三高車傳改。

〔四七〕冬十一月乙酉以尙書左僕射慕容紹宗爲東南道行臺與大都督高岳潘相樂大破禽之及其二子瑀道　按魏書作「冬十月乙酉，以尙書左僕射慕容紹宗爲東南道行臺，與驃騎大將軍儀同三司大都督高岳、潘相樂討淵明。十有一月，大破之，擒淵明及其二子瑀、道」。則遣慕容紹宗是十月乙酉，而破蕭明是在十一月。北史刪簡，改「十月」爲「十一月」以就破蕭明之時間，却不去「乙酉」二字，遂似兩事俱在「十一月乙酉」。查是年魏曆十月乙丑朔，乙酉爲二十一日；十一月甲午朔，無乙酉。北史誤。

〔四八〕甲戌太尉高岳司徒韓軌大都督劉豐等討王思政於潁川　魏書「甲戌」上有「秋八月」三字，下有「以尙書左僕射慕容紹宗爲大行臺，與」十五字。按此承上文，則當是四月甲戌。但本書卷六齊文襄紀言高澄遣慕容紹宗、高岳、劉豐等攻王思政是在八月庚寅。據本書卷六二王思政傳，稱大統十四年即武定六年，公元五四八「九月，東魏太尉高岳、行臺慕容紹宗、儀同劉豐生等率步騎十萬來攻潁川」。不可能高岳等四月受命，九月方到潁川。疑作「八月」是。但通鑑卷一六一四九七八頁亦作四月甲戌。當是以是年四月壬戌朔，甲戌爲十三日；八月己丑朔，月內無甲戌之故。疑此及魏書之「甲戌」亦誤，當從齊文襄紀作「八月庚寅」八月二日。又此次戰役，東魏將帥爲高岳、慕容紹宗、劉豐三人，歷見相關紀傳。此脫慕容紹宗，而多出韓軌。

〔四九〕梁北徐州刺史封山侯蕭正表以鎭內附　諸本及魏書「封」作「中」。御覽卷一〇四五〇三頁引後魏書作「封」。按梁書卷二二臨川王宏傳云：「正表，封山侯。」南史卷五一宏傳作「封封山侯」。封山縣屬交州新昌郡，見南齊書卷十四州郡志。蓋魏書本不誤，後人以「封山」少見，遂妄改爲「中山」。今從御覽回改。

〔五〇〕志義動君子　魏書、通志及北齊書卷三文襄紀、宋書卷六七謝靈運傳「志」作「忠」。

〔五一〕襄城王旭　諸本「旭」作「昶」，魏書作「旭」。按襄城王旭見魏書卷一九下城陽王長壽傳。「昶」誤，今據改。

〔五二〕凡十條　李慈銘北史札記云以後簡稱李慈銘云：「按北齊書卷三〇高德政傳作『凡有十餘條』，此當脫『餘』字。」

中華書局

北史卷六

齊本紀上第六

齊高祖神武皇帝姓高氏，諱歡，字賀六渾，勃海蓨人也。六世祖隱，晉玄菟太守。隱生慶，慶生泰，泰生湖，三世仕慕容氏。及慕容寶敗，國亂，湖率衆歸魏，爲右將軍。湖生四子。第三子謐，仕魏，位至侍御史，坐法徙居懷朔鎭。謐生皇考樹生，性通率，不事家業，住居白道南，數有赤光紫氣之異，隣人以爲怪，勸徙居以避之。皇考曰：「安知非吉？」居之自若。

及神武生而皇妣韓氏殂，養於同產姊壻鎭獄隊尉景家。神武旣累世北邊，故習其俗，遂同鮮卑。長而深沈有大度，輕財重士，爲豪俠所宗。目有精光，長頭高權，齒白如玉，少有人傑表。家貧，及娉武明皇后，始有馬，得給鎭爲隊主。鎭將遼西段長常奇神武貌，謂曰：「君有康濟才，終不徒然。」便以子孫爲託。及貴，追贈長司空，擢其子寧而用之。神武自隊主轉爲函使。嘗乘驛過建興，雲霧晝晦，雷聲隨之，半日乃絕，若有神應者。

每行道路，往來無風塵之色。又嘗夢履衆星而行，覺而內喜。爲函使六年，每至洛陽，給令史麻祥使。祥嘗以肉啗神武，神武性不立食，坐而進之，祥以爲慢己，笞神武四十。及自洛陽還，傾產以結客。親故怪問之，答曰：「吾至洛陽，宿衞羽林相率焚領軍張彝宅，朝廷懼其亂而不問，爲政若此，事可知也。財物豈可常守邪？」自是乃有澄清天下之志。與懷朔省事雲中司馬子如及秀容人劉貴、中山人賈顯智爲奔走之友，懷朔戶曹史孫騰、外兵史侯景亦相友結。劉貴嘗得一白鷹，與神武及尉景、蔡儁、子如、賈顯智等獵於沃野，見一赤兔，每搏輒逸，遂至迴澤。澤中有茅屋，將奔入，有狗自屋中出噬之，鷹兔俱死。神武怒，以鳴鏑射之，狗斃。屋中乃有二人出，持神武襟甚急。其母兩目盲，曳杖，呵其二子，曰：「何故觸大家！」出甕中酒，烹羊以待客。因自言善暗相，徧捫諸人，言皆貴，而指麾俱由神武。又曰：「子如歷位顯，智不善終。」飲竟，出行數里，還更訪之，則本無人居，乃向非人也。[一]由是諸人益加敬異。

孝昌元年，柔玄鎭人杜洛周反於上谷，神武乃與同志從之。醜其行事，私與尉景、段榮、蔡儁圖之，不果而逃，爲其騎所追。文襄及魏永熙后皆幼，武明后於牛上抱負之。文襄屢落牛，神武彎弓將射之以決去，后呼榮求救，賴榮透下取之以免。遂奔葛榮，又亡歸尒朱榮於秀容。

先是劉貴事榮，盛言神武美，至是始得見。以憔悴故，未之奇也。貴乃爲神武更衣，復求見焉。因隨榮之廐，廐有惡馬，榮命剪之，神武乃不加羈絆而剪，竟不蹄齧。已而起曰：「御惡人亦如此馬矣。」榮遂坐神武於牀下，屏左右而訪時事。神武曰：「聞公有馬十二谷，色別爲羣，將此竟何用也？」榮曰：「但言爾意。」神武曰：「方今天子愚弱，太后淫亂，孽寵擅命，朝政不行。以明公雄武，乘時奮發，討鄭儼、徐紇而清帝側，霸業可舉鞭而成。此賀六渾之意也。」榮大悅，語自日中至夜半乃出。自是每參軍謀。

後從榮徙據并州，抵揚州邑人龎蒼鷹，[二]止團焦中。每從外歸，主人遙聞行響動地。蒼鷹母數見團焦上赤氣赫然屬天。又蒼鷹嘗夜欲入，有青衣人拔刀叱曰：「何故觸王？」言訖不見。始以爲異，密覘之，唯見赤蛇蟠牀上，乃益驚異，因殺牛分肉，厚以相奉。蒼鷹母求以神武爲義子。及得志，以其宅爲第，號爲南宅。雖門巷開廣，堂宇崇麗，其本所住團焦，以石堊塗之，留而不毀。至文宣時，遂爲宮。

旣而榮以神武爲親信都督。于時魏明帝銜鄭儼、徐紇，逼靈太后，未敢制，私使榮舉兵內向。榮以神武爲前鋒。至上黨，明帝又私詔停之。及帝暴崩，榮遂入洛。因將篡位，神武諫恐不聽，請鑄像卜之，鑄不成，乃止。孝莊帝立，以定策勳，封銅鞮伯。及尒朱榮擊葛榮，令神武喻下賊別稱王者七人。後與行臺于暉破羊侃于太山。尋與元天穆破邢杲于濟

南。累遷第三鎭人酋長。

嘗在榮帳內，榮嘗問左右曰：「一日無我，誰可主軍？」皆稱尒朱兆。榮曰：「此正可統三千騎以還。堪代我主衆者，唯賀六渾耳。」因誡兆曰：「爾非其匹，終當爲其穿鼻。」[三]乃以神武爲晉州刺史。於是大聚斂，因劉貴貨榮下要人，盡得其意。時州庫角無故自鳴，神武異之，無幾而孝莊誅榮。

及尒朱兆自晉陽將舉兵赴洛，召神武，神武使長史孫騰辭以絳蜀、汾胡欲反，不可委去，兆恨焉。騰復命，神武曰：「兆舉兵犯上，此大賊也，吾不能久事之。」自是始有圖兆計。及兆入洛，執莊帝以北，神武聞之大驚，又使孫騰僞賀兆，因密覘孝莊所在，將劫以舉義，不果。乃以書喻之，言不宜執天子以受惡名於海內。兆不納，殺帝而與尒朱世隆等立長廣王曄，改元建明，封神武爲平陽郡公。

及費也頭紇豆陵步藩入秀容，逼晉陽，兆徵神武。神武將往，賀拔焉過兒請緩行以弊之。神武乃往往逗留，[四]辭以河無橋，不得渡。步藩軍盛，兆敗走。初，孝莊之誅尒朱榮，知其黨必有逆謀，乃密勑步藩，令襲其後。步藩旣敗兆等，以兵勢日盛，兆又請救於神武。神武內圖兆，復慮步藩後之難除，乃與兆悉力破之，藩死。兆深德神武，[五]誓爲兄弟。時世隆、度律、彥伯共執朝政，天光據關右，兆據并州，仲遠據東郡，各擁兵爲暴，天下苦之。

萬榮衆流入并、肆者二十餘萬，爲契胡陵暴，皆不聊生，大小二十六反，誅夷者半，猶草竊不止。兆患之，問計於神武。神武曰：「六鎭反殘，不可盡殺，宜選王素腹心者，私使統焉，若有犯者，罪其帥，則所罪者寡。」兆曰：「善！誰可行也？」賀拔允時在坐，請神武。神武拳毆之，折其一齒，曰：「生平天柱時，奴輩伏處分如鷹犬，今日天下安置在王，而阿鞠泥敢誣下罔上，請殺之。」兆以神武爲誠，遂以委焉。神武以兆醉，恐醒後或致疑貳，遂出，宣言「受委統州鎭兵，可集汾東受令」。乃建牙陽曲川，陳部分。有款軍門者，絳巾袍，自稱梗楊驛子，願厠左右。訪之，則以力聞，嘗於并州市搤殺人者，乃署爲親信。兵士素惡兆而樂神武，於是莫不皆至。

居無何，又使劉貴請兆，以并、肆頻歲霜旱，降戶掘黃鼠而食之，皆面無穀色，徒汚人國土。請令就食山東，待溫飽而處分之。兆從其議。其長史慕容紹宗諫曰：「不可，今四方擾擾，人懷異望，況高公雄略，又握大兵，將不可爲。」兆曰：「香火重誓，何所慮邪？」紹宗曰：「親兄弟尚難信，何論香火！」時兆左右已受神武金，因譖紹宗與神武舊隙，兆乃禁紹宗而催神武發。

神武乃自晉陽出滏口。路逢尒朱榮妻鄉郡長公主自洛陽來，馬三百匹，盡奪易之。兆聞，乃釋紹宗而問焉。紹宗曰：「猶掌握中物也。」於是自追神武，至襄垣。會漳水暴長，橋

壞，神武隔水拜曰：「所以借公主馬，非有他故，備山東盜耳。王受公主言，自來賜追，今渡河而死，不辭，此衆便叛。」兆自陳無此意，因輕馬渡，與神武坐幕下，陳謝，遂授刀引頭，使神武斫己。神武大哭，曰：「自天柱薨背，賀六渾更何所仰！願大家千萬歲，以申力用。今旁人構間至此，大家何忍復出此言？」兆投刀於地，遂刑白馬而盟，誓爲兄弟，留宿夜飲。尉景伏壯士欲執兆，神武齧臂止之，曰：「今殺之，其黨必奔歸聚結。兵飢馬瘦，不可相支。若英雄蜩起，〔六〕則爲害滋甚。不如且置之。兆雖勁捷，而兇狡無謀，不足圖也。」旦日，兆歸營，又召神武，神武將上馬詣之，孫騰牽衣乃止。兆隔水肆罵，〔七〕馳還晉陽。兆心腹念賢領降戶家累別爲營，神武僞與之善，觀其佩刀，因取之以殺其從者，盡散。於是士衆咸悅，倍願附從。

初，魏眞君中，內學者奏言上黨有天子氣，云在壺關大王山。太武帝於是南巡以厭當之，〔八〕累石爲三封，斬其北鳳皇山以毀其形。後上黨人居晉陽者號上黨坊，神武實居之。及是行，舍大王山，六旬而進。將出滏口，倍加約束，纖毫之物，不聽侵犯。將過麥地，神武輒步牽馬。遠近聞之，皆稱高儀同將兵整肅，益歸心焉。遂前行屯鄴北，求糧於相州刺史劉誕，誕不供。有軍營租米，神武自取之。

魏普泰元年二月，神武軍次信都，高乾、封隆之開門以待，遂據冀州。是月，尒朱度律

廢元曄而立節閔帝。欲羈縻神武，三月，乃白節閔帝，封神武爲勃海王，徵使入覲。神武辭。四月癸巳，又加授東道大行臺、第一鎭人酋長。龐蒼鷹自太原來奔，神武以爲行臺郎，尋以爲安州刺史。

神武自向山東，養士繕甲，禁兵侵掠，百姓歸心。乃詐爲書，言尒朱兆將以六鎭人配契胡爲部曲，衆皆愁。又爲并州符，徵兵討步落稽。發萬人將遣之，孫騰、尉景爲請留五日，如此者再。神武親送之郊，雪涕執別。人號慟，哭聲動地。神武乃喻之，曰：「與爾俱失鄉客，義同一家，不意在上乃爾徵召！直向西已當死，後軍期又當死，配國人又當死，奈何？」衆曰：「唯有反耳！」神武曰：「反是急計，須推一人爲主。」衆願奉神武。神武曰：「爾鄉里難制，不見葛榮乎？雖百萬衆，無刑法，終自灰滅。今以吾爲主，當與前異，不得欺漢兒，不得犯軍令，生死任吾，則可。不爾，不能爲取笑天下。」衆皆頓顙，死生唯命。神武曰若不得已。〔九〕明日，椎牛饗士，喻以討尒朱兆之意。封隆之進曰：「千載一時，普天幸甚。」神武曰：「討賊，大順也，拯時，大業也，吾雖不武，以死繼之，何敢讓焉。」

六月庚子，建義於信都，尙未顯背尒朱氏。及李元忠與高乾平殷州，斬尒朱羽生首來謁，神武撫膺曰：「今日反決矣！」乃以元忠爲殷州刺史。是時，兵威旣振，乃抗表罪狀尒朱氏。世隆等祕表不通。八月，尒朱兆攻陷殷州，李元忠來奔。

孫騰以爲朝廷隔絕，不權立天子，則衆望無所係。十月壬寅，奉章武王融子勃海太守朗爲皇帝，年號中興，是爲廢帝。時度律、仲遠軍次陽平，尒朱兆會之。〔一〇〕神武用竇泰策，縱反間，度律、仲遠不戰而還，神武乃敗兆於廣阿。十一月，攻鄴，相州刺史劉誕嬰城固守。神武起土山，爲地道，往往建大柱，一時焚之，城陷入地。麻祥時爲湯陰令，神武呼之曰麻都，祥慚而逃。

永熙元年正月壬午，拔鄴城，據之。廢帝進神武大丞相、柱國大將軍、太師。是時，青州建義大都督崔靈珍、大都督耿翔皆遣使歸附，行汾州事劉貴棄城來降。

閏三月，尒朱天光自長安，兆自并州，度律自洛陽，仲遠自東郡，同會鄴，衆號二十萬，挾洹水而軍。節閔以長孫承業爲大行臺，總督焉。神武令封隆之守鄴，自出頓紫陌。時馬不滿二千，步兵不至三萬，衆寡不敵。乃於韓陵爲圓陣，連牛驢以塞歸道。於是將士皆爲死志，四面赴擊之。尒朱兆責神武以背己。神武曰：「本勠力者，共輔王室，今帝何在？」兆曰：「永安枉害天柱，我報讎耳。」神武曰：「我昔日親聞天柱計，汝在戶前立，豈得言不反邪？且以君殺臣，何報之有？今日義絕矣。」乃合戰，大敗之。尒朱兆對慕容紹宗叩心曰：「不用公言，以至於此。」〔一一〕將輕走，紹宗反旗鳴角，收聚散卒，成軍容而西上。高季式以七騎追奔，

度野馬崗，與兆遇。高昂望之不見，哭曰：「喪吾弟矣！」夜久，季式還，血滿袖。斛斯椿倍道先據河橋。初，普泰元年十月，歲星、熒惑、鎮星、太白聚於觜、參，色甚明。太史占云，當有王者興。是時，神武起於信都，至是而破兆等。

四月，斛斯椿執天光、度律以送洛陽。〔一二〕長孫承業遣都督賈顯智、張歡入洛陽，執世隆、彥伯斬之。兆奔幷州。仲遠奔梁，遂死焉。〔一三〕時凶蠹既除，朝廷慶悅。初，未戰之前月，章武人張紹夜中忽被數騎將踰城至一大將軍前，勑紹爲軍導向鄴，云佐受命者除殘賊。紹回視之，兵不測，整疾無聲。將至鄴，乃放焉。及戰之日，尒朱氏軍人見陣外士馬四合，蓋神助也。

既而神武至洛陽，廢節閔及中興主而立孝武。孝武既即位，授神武大丞相、天柱大將軍、太師，世襲定州刺史，增封幷前十五萬戶。神武辭天柱，減戶五萬。壬辰，還鄴，魏帝餞於乾脯山，執手而別。

七月壬寅，神武帥師北伐尒朱兆。封隆之言，侍中斛斯椿、賀拔勝、賈顯智等往事尒朱，普皆反噬，今在京師寵任，必構禍隙。神武深以爲然。乃歸天光、度律於京師，斬之。遂自滏口入。尒朱兆大掠晉陽，北保秀容，幷州平。神武以晉陽四塞，乃建大丞相府而定居焉。

尒朱兆既至秀容，分兵守險，出入寇抄。神武揚聲討之，師出止者數四，兆意怠。神武

揣其歲首當宴會，遣竇泰以精騎馳之，一日一夜行三百里，神武以大軍繼之。

二年正月，竇泰奄至尒朱兆庭。軍人因宴休惰，忽見泰軍，驚走，追破之於赤洪嶺。兆自縊，神武親臨，厚葬之。慕容紹宗以尒朱榮妻子及餘衆自保烏突城，〔一四〕降，神武以義故待之甚厚。

神武之入洛也，尒朱仲遠部下都督橋寧、張子期自滑臺歸命，神武以其助亂，且數反覆，皆斬之。斛斯椿由是內不自安，乃與南陽王寶炬及武衞將軍元毗、魏光、王思政構神武於魏帝。〔一五〕舍人元士弼又奏神武受勑大不敬，故魏帝心貳於賀拔岳。初，孝明之時，洛下以兩拔相擊，謠言「銅拔打鐵拔，元家世將末」，好事者以二拔謂拓拔、賀拔，言俱將衰敗之兆。

時司空高乾密啓神武，言魏帝之貳。神武封呈，魏帝殺之。又遣東徐州刺史潘紹業密勑長樂太守龐蒼鷹，令殺其弟昂。昂先聞其兄死，以矟刺柱，伏壯士執紹業於路，得勑書於袍領，遂來奔。神武抱其首哭曰：「天子枉害司空。」遽使以白武幡勞其家屬。時乾次弟慎在光州，爲政嚴猛，又縱部下取納，魏帝使代之。慎聞難，將奔梁，其屬曰：「公家勳重，必不兄弟相及。」乃弊衣推鹿車歸勃海，逢使者，亦來奔。於是魏帝與神武隙矣。

阿至羅虜正光以前常稱藩，自魏朝多事，皆叛。神武遣使招納，便附款。先是，詔以寇賊平，罷行臺，至是以殊俗歸降，復授神武大行臺，隨機處分。神武賚其粟帛，議者以爲徒費無益，神武不從，撫慰如初。其酋帥吐陳等感恩，皆從指麾，救曹泥，取万俟受洛干，大收其用。河西費也頭虜紇豆陵伊利居苦池河，〔一六〕恃險擁衆，神武遣長史侯景屢招不從。

天平元年正月壬辰，神武西伐費也頭虜紇豆陵伊利於河西，滅之，遷其部落於河東。

二月，永寧寺九層浮屠災。既而人有從東萊至，云及海上人咸見之於海中，俄而霧起，乃滅。說者以爲天意若曰：「永寧見災，魏不寧矣，飛入東海，勃海應矣。」

魏帝既有異圖，時侍中封隆之與孫騰私言，隆之喪妻，魏帝欲妻以從妹。騰亦未之信，心害隆之，泄其言於斛斯椿。椿以白魏帝。又孫騰帶仗入省，擅殺御史。並亡來奔。稱魏帝撾舍人梁續於前，光祿少卿元子幹攘臂擊之，謂騰曰：「語爾高王，元家兒拳正如此。」領軍婁昭辭疾歸晉陽。魏帝於是以斛斯椿兼領軍，分置督將及河南、關西諸刺史。華山王鷙在徐州，神武使邸珍奪其管籥。建州刺史韓賢、濟州刺史蔡儁皆神武同義，魏帝忌之，故省建州以去賢，使御史中尉綦儁察儁罪，以開府賈顯智爲濟州，儁拒之。魏帝逾怒，五月，下詔，云將征句吳，發河南諸州兵，增宿衞，守河橋。六月丁巳，密詔神武曰：「宇文黑獺自平破秦、隴，多求非分，脫有變非常，事資經略。但表啓未全背戾，進

討事涉忽忽。遂召羣臣，議其可否。僉言假稱南伐，內外戒嚴，一則防黑獺不虞，二則可威吳楚。」時魏帝將伐神武，神武部署將帥，慮疑，故有此詔。〔一七〕神武乃表曰：「荆州綰接蠻左，密邇畿服，關隴恃遠，將有逆圖。臣今潛勒兵馬三萬，擬從河東而渡；又遣恒州刺史厙狄干、瀛州刺史郭瓊、汾州刺史斛律金、前武衞大將軍彭樂擬兵四萬，從其來違津渡；遣領軍將軍婁昭、相州刺史竇泰、前瀛州刺史堯雄、幷州刺史高隆之擬兵五萬，以討荆州；遣冀州刺史尉景、前冀州刺史高敖曹、濟州刺史蔡儁、前侍中封隆之擬山東兵七萬、突騎五萬，以征江左。皆約勒所部，伏聽處分。」魏帝知覺其變，乃出神武表，命羣官議之，欲止神武諸軍。

神武乃集在幷僚佐，令其博議。還以表聞，仍以信誓自明忠款曰：「臣爲嬖佞所間，陛下一旦賜疑，令猖狂之罪，尒朱時計。〔一八〕臣若不盡誠竭節，敢負陛下，則使身受天殃，子孫殄絕。陛下若垂信赤心，使干戈不動，佞臣一二人，願斟量廢出。」

辛未，帝復錄在京文武議意，以答神武。使舍人溫子昇草勑，子昇逡巡未敢作，帝據胡牀拔劍作色，子昇乃爲勑曰：

前持心血，遠以示王，深冀彼此共相體悉，而不良之徒，坐生間貳。近孫騰倉卒向彼，致使聞者疑有異謀。故遣御史中尉綦儁，具申朕懷。今得王啓，言誓懇惻，反覆思

之，猶所未解。以朕眇身，遇王武略，不勞尺刃，坐爲天子。所謂生我者父母，貴我者高王。今若無事背王，規相攻討，則使身及子孫，還如王誓，皇天后土，實聞此言。近慮宇文爲亂，賀拔勝應之，故纂嚴，欲與王俱爲聲援。宇文今日使者相望，觀其所爲，更無異迹。賀拔在南，開拓邊境，爲國立功，念無可責。君若欲分討，何以爲辭？東南不賓，爲日已久，先朝已來，置之度外，今天下戶口減半，未宜窮兵極武。

朕既闇昧，不知佞人是誰，可列其姓名，令朕知也。如聞庫狄干語王云：「本欲取懦弱者爲主，無事立此長君，使其不可駕御。今但作十五日行，自可廢之，更立餘者。」如此議論，自是王間勳人，豈出佞臣之口？去歲封隆之背叛，今年孫騰逃走，不罪不送，誰不怪王？騰既爲禍始，曾無愧懼，王若事君盡誠，何不斬送二首？王雖啓圖西去，而四道俱進，或欲南度洛陽，或欲東臨江左，言之者猶應自怪，聞之者寧能不疑？王若守誠不貳，晏然居北，在此雖有百萬之衆，終無圖彼之心。王脫信邪棄義，舉旗南指，縱無匹馬隻輪，猶欲奮空拳而爭死。朕本寡德，王已立之，百姓無知，或謂實可。若爲他所圖，則彰朕之惡；假令還爲王殺，幽辱齏粉，了無遺恨。何者？王既以德見推，以義見舉，一朝背德舍義，便是過有所歸。

本望君臣一體，若合符契，不圖今日，分疏到此！古語云：「越人射我，笑而道之；

吾兄射我，泣而道之。」朕既親王，情如兄弟，所以投筆拊膺，不覺歔欷。

初，神武自京師將北，以爲洛陽久經喪亂，王氣衰盡，雖有山河之固，土地褊狹，不如鄴，請遷都。魏帝曰：「高祖定鼎河洛，爲永永之基，經營制度，至世宗乃畢。王既功在社稷，宜遵太和舊事。」神武奉詔。至是，復謀焉。遣兵千騎鎮建興，益河東及濟州兵，於白溝虜船，不聽向洛，諸州和糴粟，運入鄴城。魏帝又勅神武曰：「王若厭伏人情，杜絕物議，唯有歸河東之兵，罷建興之戍，送相州之粟，追濟州之軍，令蔡儁受代，使邸珍出徐，止戈散馬，各事家業。脫須糧廩，別遣轉輸。則讒人結舌，疑悔不生。王高枕太原，朕垂拱京洛，終不舉足渡河，以干戈相指。王若馬首南向，問鼎輕重，朕雖無武，欲止不能，必爲社稷宗廟，出萬死之策。決在於王，非朕能定，爲山止簣，相爲惜之。」

魏帝時以任祥爲兼尚書左僕射，加開府。祥棄官走至河北，據郡待神武。魏帝乃勅文武官，北來者任去留。下詔罪狀神武，爲北伐經營。神武亦勒馬宣告曰：「孤遇尒朱擅權，舉大義於四海，奉戴主上，義貫幽明。橫爲斛斯椿讒構，以誠節爲逆首。昔趙鞅興晉陽之甲，誅君側惡人。今者南邁，誅椿而已。」以高昂爲前鋒，曰：「若用司空言，豈有今日之舉！」司馬子如答神武曰：「本欲立小者，正爲此耳。」

魏帝徵兵關右，召賀拔勝赴行在所，遣大行臺長孫承業、大都督潁川王斌之、斛斯椿共鎮武牢，汝陽王暹鎮石濟，行臺長孫子彥帥前恒農太守元洪略鎮陝，賈顯智率豫州刺史斛斯元壽伐蔡儁。神武使竇泰與左箱大都督莫多婁貸文逆顯智，韓賢逆暹。元壽軍降泰。〔一九〕貸文與顯智遇於長壽津，顯智陰約降，引軍退。軍司元玄覺之，馳還請益師。魏帝遣大都督侯幾紹赴之，戰於滑臺東，顯智以軍降，紹死之。

七月，魏帝躬率大衆屯河橋。神武至河北十餘里，再遣口申誠款，魏帝不報。神武乃引軍度河。魏帝問計於羣臣，或云南依賀拔勝，或云西就關中，或云守洛口死戰，未決。而元斌之與斛斯椿爭權不睦，斌之棄椿徑還，紿帝云神武兵至。即日，魏帝遜於長安。

己酉，神武入洛，停於永寧寺。八月甲寅，召集百官謂曰：「爲臣奉主，匡救危亂。若處不諫爭，出不陪隨，緩則耽寵爭榮，急便竄失，臣節安在！」遂收開府儀同三司叱列延慶、兼尚書左僕射辛雄、兼吏部尚書崔孝芬、都官尚書劉廞、兼度支尚書楊機、散騎常侍元士弼，並殺之，誅其貳也。士弼籍沒家口。

神武以萬機不可曠廢，乃與百僚議，以清河王亶爲大司馬，居尚書下舍而承制決事焉。王稱警蹕，神武醜之。神武尋至弘農，遂西剋潼關，執毛洪賓；進軍長城，龍門都督薛崇禮降。神武退舍河東，命行臺尚書長史薛瑜守潼關，大都督庫狄溫守封陵；於蒲津西岸築城守華州，以薛紹宗爲刺史；高昂行豫州事。神武自發晉陽至此，凡四十啓，魏帝皆不答。

九月庚寅，神武還至洛陽，乃遣僧道榮奉表關中，又不答。乃集百僚沙門耆老，議所推立。以爲自孝昌喪亂，國統中絕，神主靡依，昭穆失序，永安以孝文爲伯考，永熙遷孝明於夾室，業喪祚短，職此之由。遂議立清河王世子善見。議定，白清河王。王曰：「天子無父，苟使兒立，不惜餘生。」乃立之，是爲孝靜帝。魏於是始分爲二。

神武以孝武既西，恐逼崤陝，洛陽復在河外，接近梁境，如向晉陽，形勢不能相接，依議遷鄴。護軍祖瑩贊焉。詔下三日，車駕便發，戶四十萬，狼狽就道。神武留洛陽部分，事畢還晉陽。自是軍國政務，皆歸相府。先是童謠曰：「可憐青雀子，飛來鄴城裏，羽翮垂欲成，化作鸚鵡子。」好事者竊言，雀子謂魏帝清河王子，〔二〇〕鸚鵡謂神武也。

初，孝昌中，山胡劉蠡升自稱天子，年號神嘉，居雲陽谷，西土歲被其寇，謂之胡荒。

二年正月，西魏渭州刺史可朱渾道元擁衆內屬，神武迎納之。壬戌，神武襲擊劉蠡升，大破之。己巳，魏帝褒詔，以神武爲相國，假黃鉞，劍履上殿，入朝不趨，神武固辭。

三月，神武欲以女妻蠡升太子，候其不設備，辛酉，潛師襲之。其北部王斬蠡升首以送，其衆復立其子南海王。神武進擊之，又獲南海王，及其弟西海王、北海王、皇后、公卿已下四百餘人，胡、魏五萬戶。壬申，神武朝于鄴。

中華書局

四月，神武請給遷人廩各有差。

九月甲寅，神武以州、郡、縣官多乖法，請出使問人疾苦。

三年正月甲子，神武帥厙狄干等萬騎襲西魏夏州。身不火食，四日而至，縛矟爲梯，夜入其城，擒其刺史費也頭斛拔俄彌突，〔二〕因而用之。留都督張瓊以鎮守，遷其部落五千戶以歸。西魏靈州刺史曹泥與其壻涼州刺史劉豐遣使請內屬。周文圍泥，水灌其城，不沒者四尺。神武命阿至羅發騎三萬，徑度靈州，繞出西軍後，獲馬五十匹，西師乃退。神武率騎迎泥、豐生，拔其遺戶五千以歸，復泥官爵。魏帝詔加神武九錫，固讓乃止。

二月，神武令阿至羅逼西魏秦州刺史建忠王万俟普撥，神武以衆應之。六月甲午，普撥與其子太宰受洛干、豳州刺史叱干寶樂、右衞將軍破六韓常及督將三百餘人，擁部來降。

八月丁亥，神武請均斗尺，班於天下。

九月辛亥，汾州胡王迢觸、曹貳龍聚衆反，署立百官，年號平都，神武討平之。

十二月丁丑，神武自晉陽西討，遣兼僕射行臺、汝陽王暹，司徒高昂等趣上洛，大都督竇泰入自潼關。

四年正月癸丑，竇泰軍敗自殺。神武軍次蒲津，以冰薄不得赴救，乃班師。高昂攻剋上洛。

二月乙酉，神武以并、肆、汾、建、晉、東雍、南汾、秦、陝九州霜旱，〔三〕人飢流散，請所在開倉振給。

六月壬申，神武如天池，獲瑞石，隱起成文曰「六王三川」。

十月壬辰，神武西討，自蒲津濟，〔四〕衆二十萬。周文軍於沙苑。神武以地阨少却，西人鼓譟而進。軍大亂，棄器甲十有八萬，神武跨槖駝，候船以歸。

元象元年三月辛酉，神武固請解丞相，魏帝許之。

四月庚寅，神武朝于鄴。壬辰，還晉陽，請開酒禁，并振恤宿衞武官。

七月壬午，行臺侯景、司徒高昂圍西魏將獨孤信於金墉，西魏帝及周文並來赴救。大都督厙狄干帥諸將前驅，神武總衆繼進。

八月辛卯，戰於河陰，大破西魏軍，俘獲數萬。司徒高昂、大都督李猛、宋顯死之。〔五〕西師之敗，獨孤信先入關，周文留其都督長孫子彥守金墉，遂燒營以遁。神武遣兵追奔至崤，不及而還。初，神武知西師來侵，自晉陽率衆馳赴，至孟津，未濟，而軍有勝負。既而神武渡河，子彥亦棄城走。神武遂毀金墉而還。

十一月庚午，神武朝於京師。十二月壬辰，還晉陽。

興和元年七月丁丑，魏帝進神武爲相國、錄尚書事，固讓乃止。

十一月乙丑，神武以新宮成，朝於鄴。魏帝與神武讌射，神武降階下稱賀。又辭勃海王及都督中外諸軍事，詔不許。十二月戊戌，神武還晉陽。

二年十二月，阿至羅別部遣使請降，神武帥衆迎之，出武州塞，不見，大獵而還。

三年五月，神武巡北境，使使與蠕蠕通和。

四年五月辛巳，神武朝于鄴。請令百官，每月面敷政事，明揚仄陋，納諫屏邪，親理獄訟，褒黜勤怠；牧守有愆，節級相坐；椒掖之內，進御以序；後園鷹犬，悉皆棄之。六月甲辰，神武還晉陽。

九月，神武西征，十月己亥，圍西魏儀同三司王思政於玉壁城，欲以致敵，西師不敢出。

十一月癸未，神武以大雪，士卒多死，乃班師。

武定元年二月壬申，北豫州刺史高慎據武牢西叛。三月壬辰，周文率衆援高慎，圍河橋南城。戊申，神武大敗之於芒山，禽西魏督將以下四百餘人，俘斬六萬計。是時軍士有盜殺驢者，軍令應死，神武弗殺，將至并州決之。明日，復戰，奔西軍，告神武所在，西師盡銳來攻。衆潰，神武失馬，赫連陽順下馬，以授神武，與蒼頭馮文洛扶上，俱走。從者步騎六七人。追騎至，親信都督尉興慶曰：「王去矣，興慶腰邊百箭，足殺百人。」神武勉之曰：「事濟，以爾爲懷州；若死，則用爾子。」興慶曰：「兒小，願用兄。」許之。興慶鬬，矢盡而死。西魏太師賀拔勝以十三騎逐神武，河州刺史劉洪徽射中其二。勝矟將中神武，段孝先橫射勝馬殪，遂免。豫、洛二州平，神武使劉豐追奔拓地，至恒農而還。

七月，神武貽周文書，責以殺孝武之罪。

八月辛未，魏帝詔神武爲相國、錄尚書事、大行臺，餘如故，固辭乃止。是月，神武命於肆州北山築城，西自馬陵戍，東至土隥，四十日罷。

十二月己卯，神武朝於京師，庚辰，還晉陽。

中華書局

二年三月癸巳，神武巡行冀、定二州，因朝京師。以冬春亢旱，請蠲縣責，振窮乏，宥死罪以下。又請授老人板職各有差。四月丙辰，神武還晉陽。

十一月，神武討山胡，破平之，俘獲一萬餘戶，分配諸州。

三年正月甲午，開府儀同三司尒朱文暢、開府司馬任冑、都督鄭仲禮、中府主簿李世林、前開府參軍房子遠等謀賊神武，因十五日夜打簇，懷刃而入。其黨薛季孝以告，並伏誅。丁未，神武請於并州置晉陽宮，以處配口。

三月乙未，神武朝鄴。丙午，還晉陽。

十月丁卯，神武上言，幽、安、定三州北接奚、蠕蠕，請於險要修立城戍以防之。躬自臨履，莫不嚴固。乙未，神武請釋芒山俘桎梏，〔二三〕配以人間寡婦。

四年八月癸巳，神武將西伐，自鄴會兵於晉陽。殿中將軍曹魏祖曰：「不可，今八月西方王，以死氣逆生氣，爲客不利，主人則可。兵果行，傷大將。」神武不從。自東西魏構兵，鄴下每先有黃黑蝗陣鬬。占者以爲黃者東魏戎衣色，黑者西魏戎衣色，人間以此候勝負。是時黃蝗盡死。

九月，神武圍玉壁以挑西師，不敢應。西魏晉州刺史韋孝寬守玉壁。城中出鐵面，神武使元盜射之，〔二六〕每中其目。用李業興孤虛術，萃其北，北，天險也。乃起土山，鑿十道，又於東面鑿二十一道，以攻之。城中無水，汲於汾，神武使移汾，一夜而畢。孝寬奪據土山。頓軍五旬，城不拔，死者七萬人，聚爲一冢。有星墜於神武營，衆驢並鳴，士皆讋懼。神武有疾。

十一月庚子，輿疾班師。庚戌，遣太原公洋鎮鄴。辛亥，徵世子澄至晉陽。有惡鳥集於亭樹，世子使斛律光射殺之。己卯，神武以無功，表解都督中外諸軍事，〔二七〕魏帝優詔許焉。是時，西魏言神武中弩，神武聞之，乃勉坐見諸貴。使斛律金敕勒歌，神武自和之，哀感流涕。

侯景素輕世子，嘗謂司馬子如曰：「王在，吾不敢有異，王無，吾不能與鮮卑小兒共事。」子如掩其口。至是，世子爲神武書，召景。景先與神武約，得書，書背微點，乃來。書至，無點，景不至。又聞神武疾，遂擁兵自固。神武謂世子曰：「我雖疾，爾面更有餘憂色，何也？」世子未對。又問曰：「豈非憂侯景叛邪？」曰：「然。」神武曰：「景專制河南十四年矣，常有飛揚跋扈志，顧我能養，豈爲汝駕御也。今四方未定，勿遽發哀。厙狄干鮮卑老公，斛律金敕勒老公，並性遒直，終不負汝。可朱渾道元、劉豐生遠來投我，必無異心。賀拔焉過兒樸實無罪過，潘相樂本作道人，〔二八〕心和厚，汝兄弟當得其力。韓軌少戇，宜寬借之。彭相樂心腹難得，〔二九〕宜防護之。少堪敵侯景者，唯有慕容紹宗，我故不貴之，留以與汝，宜深加殊禮，委以經略。」

五年正月朔，日蝕。神武曰：「日蝕其爲我邪？死亦何恨。」丙午，陳啓於魏帝。是日，崩於晉陽，時年五十二。祕不發喪。六月壬午，魏帝於東堂舉哀三日，制緦衰，詔凶禮依漢大將軍霍光、東平王蒼故事，贈假黃鉞、使持節、相國、都督中外諸軍事、齊王璽紱、轀輬車、黃屋左纛、前後羽葆鼓吹、輕車介士，兼備九錫殊禮，謚獻武王。八月甲申，葬於鄴西北漳水之西，魏帝臨送於紫陌。天保初，追崇爲獻武帝，廟號太祖，陵曰義平。天統元年，改謚神武皇帝，廟號高祖。

神武性深密高岸，終日儼然，人不能測，機權之際，變化若神。至於軍國大略，獨運懷抱，文武將吏，罕有預之。經馭軍衆，法令嚴肅，臨敵制勝，策出無方。聽斷昭察，不可欺犯，知人好士，全護勳舊。性周給，每有文教，常殷勤款悉，指事論心，不尙綺靡。擢人授任，在於得才，苟其所堪，乃至拔於廝養，有虛聲無實者，稀見任用。諸將出討，奉行方略，

罔不克捷，違失指畫，多致奔亡。雅尙儉素，刀劍鞍勒無金玉之飾。少能劇飲，自當大任，不過三爵。居家如官。仁恕愛士。始范陽盧景裕以明經稱，魯郡韓毅以工書顯，咸以謀逆見禽，並蒙恩置之第館，敎授諸子。其文武之士，盡節所事見執獲而不罪者甚多，故遐邇歸心，皆思効力。至南和梁國，北懷蠕蠕，吐谷渾、阿至羅咸所招納，獲其力用，規略遠矣。

世宗文襄皇帝諱澄，字子惠，神武長子也。母曰婁太后。生而岐嶷，神武異之。魏中興元年，立爲勃海王世子。就杜詢講學，敏悟過人，詢甚歎服。二年，加侍中、開府儀同三司，尙孝靜帝妹馮翊長公主。時年十二，神情儁爽，便若成人。神武試問以時事得失，辨析無不中理。自是軍國籌策皆預之。

天平元年，加使持節、尙書令、大行臺、并州刺史。三年，入輔朝政，加領左右、京畿大都督。〔三〇〕時人雖聞器識，猶以少年期之，而機略嚴明，事無疑滯，於是朝野振肅。元象元年，攝吏部尙書。魏自崔亮以後，選人常以年勞爲制。文襄乃釐改前式，銓擢唯在得人。又沙汰尙書郎，妙選人地以充之。至于才名之士，咸被薦擢。假有未居顯位者，皆致之門下，以爲賓客。每山園游宴，必見招攜，執射賦詩，各盡其所長，以爲娛適。

中華書局

興和二年，加大將軍，領中書監，仍攝吏部尚書。自正光已後，天下多事，在任羣官，廉絜者寡。文襄乃奏吏部郎崔暹爲御史中尉，糾劾權豪，無所縱捨，於是風俗更始，私枉路絕。乃牓於街衢，具論經國政術，仍開直言之路，有論事上書苦言切至者，皆優容之。

武定四年十一月，神武西討，不豫，班師。文襄馳赴軍所，侍衞還晉陽。

五年正月丙午，神武崩，祕不發喪。辛亥，司徒侯景據河南反，潁州刺史司馬世雲以城應之。景誘執豫州刺史高元成、襄州刺史李密、廣州刺史暴顯等。遣司空韓軌率衆討之。四月壬申，文襄朝于鄴。六月己巳，韓軌等自潁州班師。丁丑，文襄還晉陽，乃發喪，告喻文武，陳神武遺志。

七月戊戌，魏帝詔以文襄爲使持節、大丞相、都督中外諸軍、錄尚書事、大行臺、勃海王。文襄啓辭位，願停王爵。壬寅，魏帝詔太原公洋攝理軍國，遣中使敦喻。

八月戊辰，文襄啓申神武遺令，請減國邑，分封將督各有差。辛未，朝于鄴，固辭丞相。魏帝詔曰："旣朝野攸憑，安危所繫，不得令遂本懷，須有權奪。可復前大將軍，餘如故。"壬辰，尚書祠部郎中元瑾、梁降人荀濟〔三〕長秋卿劉思逸及淮南王宣洪、華山王大器、濟北王徽等謀害文襄，事發伏誅。

九月己亥，文襄請舊勳灼然未蒙齒錄者，悉求旌賞；朝士名行有聞，或以年耆疾滿告謝

者，准其本秩，授以州郡，不得莅事，聽蔭子孫；自天平元年以來，遇事亡官者，聽復本資。豪貴之家，不得占護山澤。其第宅車服婚姻送葬奢僭無限者，並令禁斷。從太昌元年以來，將帥有殊功異効者，其子弟年十歲以上，請聽依第出身。其兵士從征，身殞陣場者，蠲其家租課。若有藏器避世者，以禮招致，隨才擢敍。罷營構之官。在朝百司，怠惰不勤，有所曠廢者，免所居官。若清幹克濟，皎然可知者，卽宜超敍，不拘常式。辛丑，文襄還晉陽。

武定六年正月己未，文襄朝于鄴。

二月己卯，梁遣使慰文襄，幷請通和。文襄許其和而不答書。侯景之叛也，南兗州刺史石長宣頗相影響，諸州刺史、守、令、佐史多被詿誤。景破後，悉被禽獲，尚書咸處極刑，文襄並請減降。於是斬長宣，其餘並從寬宥。

三月戊申，文襄請朝臣及牧、守、令、長各舉賢良及驍武膽略堪守邊城者，務在得才，不拘職素。其稱事六品、散官五品以上，朝廷所悉，不在舉限。其稱事七品、散官六品以下，幷及州、郡、縣雜白身，不限在官，解職，並任舉之，隨才進擢。辛亥，文襄南臨黎陽，濟於武牢，自洛陽，從太行而反晉陽。於路遺書朝士，以相戒厲。於是朝野承風，莫不震肅。六月，文襄巡北邊城戍，振賜各有差。

七月乙卯，文襄朝于鄴。八月庚寅，還晉陽。使大行臺慕容紹宗與太尉高岳、大都督劉豐討王思政於潁川。先是，文襄遣行臺尚書辛術率諸將略江淮之北，至是，凡所獲二十三州。

七年四月甲辰，魏帝進文襄位相國，封齊王，綠綟綬，贊拜不名，入朝不趨，劍履上殿；食冀州之勃海、長樂、安德、武邑，瀛州之河間五郡，邑十五萬戶，使持節、都督中外諸軍事、錄尚書、大行臺並如故。丁未，文襄入朝，固讓，魏帝不許。

五月戊寅，文襄帥師自鄴赴潁川。六月丙申克潁川，禽西魏大將軍王思政，以忠於所事，釋而待之。

七月，文襄朝于鄴，請魏帝立皇太子，復辭爵位殊禮，未報。

八月辛卯，遇盜而崩。初，梁將蘭欽子京見虜，文襄以配厨，欽求贖之，不許。京再訴，文襄使監厨蒼頭薛豐洛杖之曰："更訴，當殺汝。"京與其黨六人謀作亂。時文襄將受魏禪，與陳元康、崔季舒屛左右謀于北城東柏堂。太史啓言宰輔星甚微，變不一月。時京將進食，文襄却之，謂人曰："昨夜夢此奴斫我。"又曰："急殺却。"京聞之，寘刀於盤下，冒言進食。文襄見之，怒曰："我未索食，何遽來？"京揮刀曰："將殺汝！"文襄自投，傷足，入牀下。

賊黨至，去牀，因見弑，時年二十九。祕不發喪。明年正月辛酉，魏帝舉哀於太極東堂，詔贈物八萬段，凶事依漢大將軍霍光、東平王蒼故事，贈假黃鉞、使持節、相國、都督中外諸軍事，齊王璽紱，轀輬車、黃屋左纛，後部羽葆鼓吹，輕車介士，備九錫禮，謚曰文襄王。二月甲申，葬於義平陵之北。天保初，追尊曰文襄皇帝，廟號世宗，陵曰峻成。

文襄美姿容，善言笑，談謔之際，從容弘雅。性聰警，多籌策，當朝作相，聽斷如流。愛士好賢，待之以禮，有神武之風焉。然少壯氣猛，嚴峻刑法，高愼西叛，侯景南翻，非直本懷狠戾，兼亦有懼威略。情欲奢淫，動乖制度。嘗於宮西造宅，牆院高廣，聽事宏壯，亞太極殿，神武入朝，責之，乃止。

論曰：昔魏氏失馭，中原蕩析，齊神武爰從晉部，大號冀方，屢戰而翦凶徒，一麾以清京洛，尊主匡國，功濟天下。旣而魏武帝規避權逼，曆數旣盡，適所以速關、河之分焉。

文襄嗣膺霸道，威略昭著，內除姦逆，外拓淮夷，擯斥貪殘，存情人物。而志在峻法，急於御下，於前王之德，有所未同。蓋天意人心，好生惡殺，雖吉凶報應，未皆影響，總而論

之，積善多慶。然文襄之禍生所忽，蓋有由焉。

校勘記

〔一〕乃向非人也　通志卷一六北齊紀「乃」下有「知」字，疑北史脫。

〔二〕後從榮徙據并州抵揚州邑人龐蒼鷹　按北齊書卷一九蔡儁傳見「太原龐蒼鷹」，云蒼鷹「居於州城，高祖客其舍」。并州太原郡無「揚州」，有陽邑。疑「州」字衍，「揚邑」即「陽邑」。蒼鷹當是太原陽邑人，居於并州城中。

〔三〕終當爲其穿鼻　諸本「其」下有「子」字，北齊書南本卷一神武紀及通鑑卷一五四四七八九頁無「子」字，通志「其子」作「此子」。按作「其子」不可通，今據北齊書南本及通鑑刪。

〔四〕神武乃往往逗留　諸本脫一「往」字，據通志、通鑑四七九三頁補。

〔五〕藩死兆深德神武　諸本脫「兆」字，據通志、册府卷一六六二二四九頁補。

〔六〕若英雄崛起　諸本「崛」作「屈」，據北齊書、通志改。

〔七〕兆隔水肆罵　諸本脫「兆」字，據北齊書、通志補。

〔八〕太武帝於是南巡以厭當之　諸本脫「太」字，據通志及册府卷二〇三二四四六頁補。事見魏書卷四下世祖卽太武紀太平眞君九年。

〔九〕神武曰若不得已　通志「曰」作「陽」。按「曰」字於文義不洽，當誤。

〔一〇〕時度律仲遠軍次陽平尒朱兆會之　諸本「陽平」作「晉陽」。按本書卷四八、魏書卷七五尒朱兆傳、尒朱仲遠傳，魏書卷十一後廢帝紀、卷八〇斛斯椿傳、賈顯智傳，通鑑卷一五五四八一五頁皆言度律、仲遠屯軍陽平。陽平在今山東莘縣，距尒朱兆駐兵之廣阿今河北隆堯縣和高歡所據之信都今河北冀縣不遠。晉陽乃尒朱兆之根據地，遠在并州，顯誤。今據改。

〔一一〕不用公言以至於此　諸本脫「至於」二字，據北齊書補。

〔一二〕斛斯椿執天光度律以送洛陽　按本書卷四八、魏書卷七五尒朱度律傳、尒朱天光傳，魏書卷一一後廢帝紀都說椿是送二人於高歡軍前。當時高歡尚未入洛。故下文又云：「神武深以爲然，乃歸天光、度律於京師斬之。」京師即洛陽，如已先送洛陽，這句就解釋不通。這裏「洛陽」二字疑是「神武」之誤。

〔一三〕仲遠奔梁遂死焉　諸本「梁」下有「州」字。按本書卷四八尒朱仲遠傳云：「復與天光等於韓陵戰敗，南走，尋乃奔梁，死於江南。」魏書卷七五尒朱仲遠傳作「南走東郡，仍奔蕭衍，死於江南」。「州」字衍文。今據刪。

〔一四〕慕容紹宗以尒朱榮妻子及餘衆自保烏突城　諸本「烏」作「焉」，本書卷五三慕容紹宗傳作「烏」。按北齊書卷一七斛律金傳，言武定三年，高歡攻山胡，「度赤洪嶺，會金於烏突戍」。「赤洪嶺」自即此紀之「赤洪嶺」。「烏突戍」自即「烏突城」。隋書卷三〇地理志中離石郡太和縣條、太平寰宇記卷四二石州臨泉縣條，都說北周於此地置烏突郡烏突縣。自是因原有烏突城而得名。作「焉」誤，今據改。

〔一五〕乃與南陽王寶炬及武衞將軍元毗魏光王思政構神武於魏帝　諸本「光」下有「祿」字。北齊書百衲本及册府卷一八六二二五一頁、御覽卷一三〇六二九頁無。按魏書卷一一出帝紀永熙三年五月稱：「時帝爲斛斯椿、元毗、王思政、魏光等諂佞間阻。」「祿」字衍文，今據刪。

〔一六〕河西費也頭虜紇豆陵伊利居苦池河　按魏書卷一一出帝紀永熙三年正月稱高歡「討費也頭於河西苦洩河」。疑「池」是「泄」之訛。「泄」即「洩」。

〔一七〕時魏帝將伐神武神武部署將帥慮疑故有此詔　通志「慮疑」上有「帝」字。按「部署將帥」，當是孝武帝，即上所稱「發河南諸州兵，增宿衞，守河橋」等事，慮高歡生疑，故下詔解釋。此誤衍「神武」二字。通志是因文義不通，以意增「帝」字。

〔一八〕令猖狂之罪尒朱時計　北齊書卷二神武紀下「令」作「今」，「計」作「討」。按文義都不可解，當有訛脫。

〔一九〕元壽軍降泰　各本「元壽」作「乙素」，殿本及北齊書、通志作「元壽」。張元濟云：「元壽指斛斯元壽。」按張說是，今從殿本。

〔二〇〕雀子謂魏帝清河王子　諸本「清河王」下無「子」字，北齊書有。按隋書卷二二五行志上記此童謠，末云：「魏孝靜帝，清河王之子也。」孝靜即位前，未嘗嗣王爵，此脫「子」字，今據補。

〔二一〕擒其刺史費也頭斛拔俄彌突　殿本「斛」作「賀」，北齊書作「斛」。按本書卷九、周書百衲本卷一文帝紀，本書卷四九、周書卷一四賀拔岳傳，都作「解拔彌俄突」。北齊書卷一七段韶傳作「斛律彌娥突」。大體上周書所記及北史採自周書的紀傳都作「解拔」。北齊書所記，則作「斛拔」。今本北齊書神武紀雖是用北史補，但北史本是採自北齊書，所以都作「斛拔」。北齊書段韶傳「律」字雖誤，但「斛」字與本紀同。「解」「斛」之分，是周、齊兩書之異，難以判其是非。「斛律」、「賀拔」都是因爲「斛拔」少見，後人臆改。又上引各書，「俄彌突」都作「彌俄突」，周書卷一三宋獻公震傳，震小字「彌俄突」。本書卷九八高車傳有高車主「彌俄突」。可知「彌俄突」是當時北方各族習用名。這裏「俄彌」二字誤倒。

〔二二〕二月乙酉神武以幷肆汾建晉東雍南汾秦陝九州霜旱　魏書卷一一〇食貨志記此事，「秦」作「泰」。按河東之秦州，錢氏考異卷三〇以爲當作「泰州」。

〔二三〕十月壬辰神武西討自蒲津濟　諸本「十月」作「十一月」。通鑑卷一五七四八八三頁考異云：「魏帝紀魏書卷十二十月壬辰敗於沙苑。按長曆，十月壬辰朔，北齊紀誤也。」按是年十一月無壬辰，周書卷二文帝紀大統三年稱「十月壬辰至沙苑」，與魏書合。此「一」字衍，今據刪。

中華書局

〔二四〕大都督李猛宋顯死之　諸本「宋」作「宗」。按本書卷九、周書卷二文帝紀大統四年，魏書卷十二孝靜紀元象元年都作「宋顯」。本書卷五三、北齊書卷二〇宋顯傳說他死於河陰之役，與此合。作「宗」誤，今據改。

〔二五〕乙未神武請釋芒山俘桎梏　按十月丙午朔，無乙未；是年閏十月，丙子朔，乙未是二十日。疑「乙未」上脫「閏月」二字。

〔二六〕神武使元盜射之　冊府卷一八六二二五六頁「盜」作「溢」。人名不應作「盜」，疑「溢」是。

〔二七〕己卯神武以無功表解都督中外諸軍事　按是年十一月庚子朔，無己卯。通鑑卷一五九作「十二月己卯」此據涵芬樓影宋本。此「己」上疑脫「十二月」。

〔二八〕潘相樂本作道人　諸本「樂」下衍「今」字，據北齊書刪。

〔二九〕彭相樂心腹難得　北齊書除百衲本外皆無「相」字，按本書卷五三彭樂傳，樂字興，不云別名相樂，本書及北齊書他處都未見「彭相樂」，疑「相」是涉「潘相樂」而衍。

〔三〇〕加領左右京畿大都督　諸本「領」下有「軍」字，冊府卷一八六二二五六頁無。按領左右府爲魏、齊領軍所屬二府之一，見隋書卷二七百官志中。魏末齊初，此官屢見。這裏若有「軍」字，則領軍爲一官，「左右」當與「京畿大都督」連讀。而京畿大都督不分左右，不可通。今據冊府刪「軍」字。

〔三一〕梁降人荀濟　諸本「荀」訛作「苟」，據本書卷八三荀濟傳改。

北史卷七

齊本紀中第七

顯祖文宣皇帝諱洋，字子進，神武第二子，文襄之母弟也。武明太后初孕帝，每夜有赤光照室，太后私怪之。及產，命之曰侯尼于。鮮卑言有相子也。以生於晉陽，一名晉陽樂。時神武家徒壁立，后與親姻相對，共憂寒餒。帝生始數月，尚未能言，欻然曰：「得活。」太后及左右大驚，不敢言。

及長，黑色，大頰兌下，鱗身重踝，瞻視審定，不好戲弄，深沈有大度。晉陽有沙門，乍愚乍智，時人不測，呼爲阿禿師。太后見諸子焉，歷問祿位。至帝，再三舉手指天而已，口無所言，見者異之。神武嘗從諸子過鳳陽門，有龍在上，唯神武與帝見之。

內雖明敏，貌若不足，文襄每嗤之曰：「此人亦得富貴，相法亦何由可解。」神武以帝貌陋，神彩不甚發揚，曾問以時事，帝略有所辨，儻語一事，必得事衷。又嘗令諸子，各使理亂絲，帝獨抽刀斬之，曰：「亂者須斬。」神武以爲然。又各配兵四出，而使彭樂率甲騎僞攻之，

文襄等怖撓，帝勒衆與彭樂相格，樂免冑言情，猶禽之以獻。由是神武稱異之，謂長史薛琡曰：「此兒意識過吾。」琡亦私怪之。幼時，師事范陽盧景裕，默識過人，未嘗有所自明，景裕不能測也。天平二年，封太原郡公，累遷尚書左僕射。後從文襄行過遼陽山，獨見天門開，餘無人見者。

武定五年，神武崩，猶祕凶事，衆情疑駭。帝雖內嬰巨痛，外若平常，人情頗安。魏帝授帝尚書令、中書監、京畿大都督。

七年八月，文襄遇賊，帝在城東雙堂，事出倉卒，內外震駭。帝神色不變，指麾部分，自臠斬羣賊而漆其首，祕不發喪。徐言奴反，大將軍被傷，無大苦也。當時內外，莫不驚異。乃諷魏朝立皇太子，因以大赦。乃赴晉陽總庶政。帝內雖明察，外若不了，老臣宿將皆輕帝。於是帝推誠接下，務從寬厚，事有不便者咸蠲省焉，羣情始服。

八年正月辛酉，魏帝爲文襄舉哀於東堂。戊辰，詔進帝位使持節、丞相、都督中外諸軍、錄尚書事、大行臺、齊郡王，食邑一萬戶。三月庚申，又進封齊王，食冀州之勃海、長樂、安德、武邑、瀛州之河間五郡，邑十萬戶。帝自居晉陽，寢室每夜有光如晝。既爲王，夢人以筆點己額。旦日，以語館客王曇哲，曰：「吾其退乎？」曇哲拜賀曰：「王上加點爲主，當進也。」

中華書局

五月辛亥，帝如鄴。光州獲九尾狐以獻。甲寅，魏帝遣兼太尉彭城王韶、司空潘相樂奉册，進帝位相國，總百揆，以冀州之勃海、長樂、安德、武邑、瀛州之河間、高陽、章武、定州之中山、常山、博陵十郡，邑二十萬戶，加九錫殊禮，齊王如故。丙辰，魏帝遜位別宮，又使兼太尉彭城王韶、兼司空敬顯儁奉册禪位，致璽書於帝，并奉皇帝璽綬，禪代之禮，一依唐、虞、漢、魏故事。帝累表固辭，詔不許。於是尚書令高隆之率百僚勸進。

天保元年夏五月戊午，皇帝即位於南郊，升壇，柴燎告天。是日，鄴下獲赤雀，獻于郊所。事畢還宮，御太極前殿，大赦，改元。百官進兩大階，六州緣邊職人三大階。自魏孝莊已後，百官絕祿，至是復給焉。己未，詔封魏帝爲中山王。追尊皇祖文穆王爲文穆皇帝，皇祖妣爲文穆皇后，皇考獻武王爲獻武皇帝，皇兄文襄王爲文襄皇帝。命有司議祖宗以聞。辛酉，尊王太后爲皇太后。乙丑，降魏朝封爵各有差；[一]其信都從義，及宣力霸朝者，又西來人，并武定六年以來南來投化者，不在降限。辛未，遣大使於四方觀察風俗，問人疾苦。甲戌，還神主於太廟。

六月辛巳，詔改封崇聖侯孔長爲恭聖侯，邑一百戶，以奉孔子祀，并下魯郡，以時修葺廟宇。又詔：吉凶車服制度，各爲等差，具立條式，使儉而獲中。分遣使人致祭於五岳、四

瀆，其堯祠、舜廟下及孔父、老君等載於祀典者，咸秩罔遺。又詔：冀州之勃海、長樂二郡，先帝始封之國，義旗初起之地；并州之太原、青州之齊郡，霸朝所在，王命是基。君子有作，貴不忘本，齊郡、勃海，可並復一年，長樂復二年，太原復三年。

壬午，詔故太傅孫騰、故太保尉景、故大司馬婁昭、故司徒高敖曹、故尚書左僕射慕容紹宗、故領軍万俟干、故定州刺史段榮、故御史中尉劉貴、故御史中尉竇泰、故殷州刺史劉豐、故濟州刺史蔡儁等，並左右先帝，經贊皇基，或不幸早殂，或隕身王事，可遣使者就墓致祭，并撫問妻子。又詔封宗室，太尉高岳爲清河王，太保高隆之爲平原王，開府儀同三司高歸彥爲平秦王，徐州刺史高思宗爲上洛王，營州刺史高長弼爲廣武王，兼武衞將軍高普爲武興王，兼武衞將軍高子瑗爲平昌王，兼北中郎將高顯國爲襄樂王，前太子庶子高叡爲趙郡王，揚州縣開國公高孝緒爲脩城王。又詔封功臣，太師厙狄干爲章武王，大司馬斛律金爲咸陽王，并州刺史賀拔仁爲安定王，殷州刺史韓軌爲安德王，瀛州刺史可朱渾道元爲扶風王，司徒公彭樂爲陳留王，司空公潘相樂爲河東王。癸未，詔封諸弟，青州刺史浚爲永安王，尚書左僕射淹爲平陽王，定州刺史澈爲彭城王，儀同三司演爲常山王，冀州刺史渙爲上黨王，儀同三司清爲襄城王，儀同三司湛爲長廣王，湝爲任城王，湜爲高陽王，濟爲博陵王，凝爲新平王，潤爲馮翊王，洽爲漢陽王。丁亥，詔立王子殷爲皇太子，王后李氏爲皇后。庚

寅，詔以太師厙狄干爲太宰，司徒彭樂爲太尉，司空潘相樂爲司徒，開府儀同三司司馬子如爲司空。己亥，以皇太子初入東宮，赦畿內及并州死罪已下，降餘州死罪已下囚。

秋七月辛亥，尊文襄妃元氏爲文襄皇后，宮曰靜德。又封文襄子孝琬爲河間王，孝瑜爲河南王。乙卯，以尚書令、平原王隆之爲錄尚書事，[二]尚書左僕射、平陽王淹爲尚書令，改御史中尉還爲中丞。詔魏御府所有珍奇雜綵常所不給人者，悉送內後園，以供七日宴賜。

八月，詔郡國修立黌序，廣延髦俊，敦述儒風。其國子學生，亦依舊銓補。往者文襄皇帝所運蔡邕石經五十二枚，移置學館，依次修立。又詔求直言正諫之士，待以不次；命牧人之官，廣勸農桑。庚寅，詔曰：「朕以虛薄，嗣弘王業，思所以贊揚盛績，播之萬古。雖史官執筆，有聞無墜，猶恐緒言遺美，時或未書。在位王公、文武大小，降及庶人，爰至僧徒，或親奉音旨，或承傳旁說，凡可載之文籍，悉條封上。」甲午，詔曰：「魏世議定麟趾格，遂爲通制，官司施用，猶未盡善。羣官可更論討新令。未成之間，仍以舊格從事。」

九月癸丑，以領東夷校尉、遼東郡開國公、高麗王成爲使持節、侍中、驃騎大將軍、領護東夷校尉，王、公如故。丁卯，詔以梁侍中、使持節、假黃鉞、都督中外諸軍事、大將軍、承制邵陵王蕭綸爲梁王。庚午，幸晉陽。是日，皇太子入居涼風堂，監國。

冬十月己卯，法駕，御金輅，入晉陽宮，朝皇太后於內殿。辛巳，曲赦并州太原郡晉陽

縣及相國府四獄囚。乙酉，以特進元韶爲尚書左僕射，[三]并州刺史段韶爲右僕射。壬辰，罷相國府，留騎兵、外兵曹，各立一省，別掌機密。

十一月，周文帝帥師至陝城，分騎北度至建州。甲寅，梁湘東王蕭繹遣使朝貢。丙寅，帝親戎出次城東，周文帝見軍容嚴盛，歎曰：「高歡不死矣！」遂班師。

十二月辛丑，車駕至自晉陽。

是歲，高麗、蠕蠕、吐谷渾、庫莫奚並遣使朝貢。

二年春正月丁未，梁湘東王蕭繹遣使朝貢。辛亥，祀圓丘，以神武皇帝配。癸亥，親耕籍田。乙丑，享太廟。二月壬辰，太尉彭樂謀反，伏誅。三月丙午，襄城王淯薨。己未，詔梁承制湘東王繹爲梁使持節、假黃鉞、相國，建梁臺，總百揆，承制梁王。庚申，司空司馬子如坐事免。是月，梁交、梁、義、新四州刺史，各以地內附。西魏文帝崩。

夏四月壬辰，梁王蕭繹遣使朝貢。六月庚午，以前司空司馬子如爲太尉。

秋七月己卯，改顯陽殿還爲昭陽殿。辛卯，改殷州爲趙州以避太子之諱。是月，侯景廢梁簡文帝，立蕭棟爲主。[四]九月壬申，免諸伎作屯牧雜色役隸之徒爲白戶。癸巳，行幸趙、定二州，因至晉陽。

冬十月戊申，起宣光、建始、嘉福、仁壽諸殿。庚申，蕭繹遣使朝貢。丁卯，文襄皇帝神主入于廟。十一月，侯景廢梁主棟，僭即僞位於建鄴，自稱曰漢。十二月，中山王殂。

是歲，蠕蠕、室韋、高麗並遣使朝貢。

三年春正月丙申，帝親討庫莫奚於代郡，大破之，以其口配山東爲百姓。二月，蠕蠕主阿那瓌爲突厥所破，瓌自殺。其太子菴羅辰及瓌從弟登注俟利、〔五〕登注子庫提並擁衆來奔。蠕蠕餘衆立注次子鐵伐爲主。辛丑，契丹遣使朝貢。三月戊子，詔清河王岳、司徒潘相樂、行臺辛術帥師南伐。癸巳，詔進梁王蕭繹爲梁主。

夏四月壬申，東南道行臺辛術於廣陵送傳國八璽。甲申，以吏部尚書楊愔爲尚書右僕射。六月己亥，清河王岳等班師。乙卯，車駕幸晉陽。

冬十月乙未，次黃櫨嶺。仍起長城，北至社于戍，四百餘里，立三十六戍。十一月辛巳，梁主蕭繹即位於江陵，是爲元帝，遣使來聘。十二月壬子，車駕還宮。戊午，幸晉陽。

是歲，西魏廢帝元年。

四年春正月丙子，山胡圍離石戍，帝親討之。未至而逃，因巡三堆戍，大狩而旋。戊

寅，庫莫奚遣使朝貢。自魏末用永安錢，又有數品，皆輕濫，己丑，鑄新錢，文曰常平五銖。二月，送蠕蠕鐵伐父登注及子庫提還北。鐵伐尋爲契丹所殺，國人復立登注爲主，仍爲其大人阿富提等所殺，國人復立庫提爲主。

夏四月，車駕還宮。戊午，西南有大聲如雷。五月庚午，校獵於林慮山。戊子，還宮。六月甲辰，章武王庫狄干薨。

秋，北巡冀、定、幽、安，仍北討契丹。冬十月丁酉，車駕至平州，遂西道趣長塹。甲辰，帝步踰山嶺，爲士卒先，指麾奮擊，大破契丹。是行也，帝露頭袒身，晝夜不息，行千餘里，唯食肉飲水，氣色彌厲。丁巳，登碣石山，臨滄海。十一月己未，帝自平州還，遂如晉陽。閏月壬寅，梁人來聘。

十二月己未，突厥復攻蠕蠕，蠕蠕舉國來奔。癸亥，帝北討突厥，迎納蠕蠕。乃廢其主庫提，立阿那瓌子菴羅辰爲主，置之馬邑川。追突厥於朔方，突厥請降，許之而還。自是貢獻相繼。

五年春正月癸丑，帝討山胡，大破之，男子十二已上皆斬，女子及幼弱以賞軍士，遂平石樓。石樓絕險，自魏代所不能至。於是遠近山胡，莫不懾伏。是役也，有都督戰傷，其什長

路暉禮不能救，帝命刳其五藏，使九人分食之，肉及穢惡皆盡。自是始行威虐。是月，周文帝廢西魏帝而立齊王廓，是爲恭帝。

三月，蠕蠕菴羅辰叛，帝親討大破之，辰父子北遁。太保賀拔仁坐違緩，拔其髮，免爲庶人，使負炭輸晉陽宮。

夏四月，蠕蠕寇肆州。丁巳，帝自晉陽討之，至恒州。時虜騎散走，大軍已還，帝帥麾下二千餘騎爲殿，夜宿黃瓜堆。蠕蠕別部數萬騎，扣鞍而進，四面圍逼，帝安睡，平明方起，神色自若，指畫軍形，潰圍而出。虜走，追擊之，伏尸二十里，獲菴羅辰妻子、生口三萬餘。五月丁亥，地豆干、契丹並遣使朝貢。丁未，北討蠕蠕，又大破之。六月，蠕蠕遠遁。

秋七月戊子，肅愼遣使朝貢。壬辰，降罪人。庚戌，至自北伐。八月庚午，以司州牧、清河王岳爲太保，以安德王韓軌爲大司馬，〔六〕以扶風王可朱渾道元爲大將軍，以司空尉粲爲司徒，以太子少師侯莫陳相爲司空，以尚書令、平陽王淹爲錄尚書事，以常山王演爲尚書令，以上黨王渙爲尚書右僕射。丁丑，行幸晉陽。辛巳，錄尚書事、平原王高隆之薨。封冀州刺史段韶爲平原王。是月，詔常山王演、上黨王渙、清河王岳、平原王段韶率衆於洛陽西南築伐惡城、新城、嚴城、河南城四鎭。九月，帝親自臨幸，欲以致西師。西師不出，乃如晉陽。

冬十月，西魏攻陷江陵，殺梁元帝。梁將王僧辯在建業，推其晉安王蕭方智爲太宰、都

督中外諸軍事、承制置百官。十二月庚申，車駕北巡，至達速嶺，親覽山川險要，將起長城。

是歲，西魏恭帝元年。

六年春正月壬寅，清河王岳度江，剋夏首。梁司徒、郢州刺史陸法和請降。詔以梁貞陽侯蕭明爲梁主，遣尚書右僕射、上黨王渙送之江南。二月甲子，以陸法和爲使持節、都督十州諸軍事、太尉、大都督、西南道大行臺。三月丙戌，上黨王渙剋東關，斬梁將裴之横。丙申，車駕至自晉陽。封文襄二子，孝珩爲廣寧王，延宗爲安德王。戊戌，帝臨昭陽殿決獄。是月，發寡婦以配軍士築長城。

夏五月，蕭明入于建業。六月甲子，河東王潘相樂薨。壬申，帝親討蠕蠕。甲戌，諸軍大會祁連池。乙亥，出塞，至厙狄谷，百餘里無水泉，六軍渴乏，俄而大雨。

秋七月己卯，帝頓白道，留輜重，親率輕騎五千，追蠕蠕。壬午，及之懷朔鎭。帝躬犯矢石，頻大破之，遂至沃野。壬辰，還晉陽。九月己卯，車駕至自晉陽。

冬十月，梁將陳霸先襲殺王僧辯，廢蕭明，復立蕭方智爲主。辛亥，行幸晉陽。十一月，梁秦州刺史徐嗣徽、南豫州刺史任約等襲據石頭城，並以州內附。壬辰，大都督蕭軌帥衆至江，遣都督柳達摩等度江，鎭石頭。己亥，太保、清河王岳薨。柳達摩爲霸先攻逼，以石

自頭降。

是歲，高麗、庫莫奚並遣使朝貢。詔發夫一百八十萬人築長城，[七]自幽州北夏口，西至恒州，九百餘里。

七年春正月辛丑，封司空侯莫陳相爲白水郡王。車駕至自晉陽。於鄴城西馬射，大集衆庶觀之。二月辛未，詔常山王演等於涼風堂讀尚書奏案，論定得失，帝親決之。三月丁酉，大都督蕭軌等帥衆濟江。

夏四月乙丑，儀同三司婁叡討魯陽蠻，大破之。丁卯，造金華殿。五月，漢陽王洽薨。帝以肉爲斷慈，遂不復食。

六月乙卯，蕭軌等與梁師戰於鍾山西，遇霖雨失利，軌及都督李希光、王敬寶、東方老、軍司裴英起並沒，士卒還者十二三。乙丑，梁湘州刺史王琳獻馴象。

秋七月。乙亥，周文帝殂。是月，發山東寡婦二千六百人配軍士，[八]有夫而濫奪者十二三。十一月壬子，併省州三，郡一百五十三，縣五百八十九，鎭三，戍二十六。十二月庚子，魏恭帝遜位於周。

是歲，庫莫奚、契丹遣使朝貢。修廣三臺宮殿。先是，自西河總秦戍築長城東至海，前

後所築，東西凡三千餘里，六十里一戍，[九]其要害置州鎭凡二十五所。

八年春三月，大熱，人或暍死。

夏四月庚午，詔禁取蝦蟹蜆蛤之類，唯許私家捕魚。乙酉，詔公私禁取鷹鷂。以太師、咸陽王斛律金爲右丞相，以前大將軍、扶風王可朱渾道元爲太傅，以開府儀同三司賀拔仁爲太保，尚書令、常山王演爲司空、錄尚書事，以長廣王湛爲尚書令，[一〇]以尚書右僕射楊愔爲左僕射，以幷省尚書右僕射崔暹爲右僕射，[一一]以上黨王渙爲錄尚書事。是月，帝在城東馬射，敕京師士女悉赴觀，不赴者，罪以軍法，七日乃止。五月辛酉，冀州人劉向於鄴謀逆，黨與皆伏誅。

秋八月己巳，庫莫奚遣使朝貢。庚辰，詔丘郊禘祫時祭，皆市取少牢，不得刲割，有司監視，必令豐備；農社、先蠶，酒肉而已；雩、禖、風、雨、司人、司祿、靈星雜祀，果餅酒脯。唯當務盡誠敬，義同如在。辛巳，制榷酤。自夏至九月，河北六州、河南十三州、畿內八郡大蝗，飛至鄴，蔽日，聲如風雨。甲辰，詔今年遭蝗處，免租。

冬十月乙亥，梁主蕭方智遜位於陳。陳武帝遣使稱藩朝貢。

是歲，周閔帝元年。周冢宰宇文護殺閔帝而立明帝，又改元焉。初於長城內築重城，

庫洛拔而東，至於塢紇戍，凡四百餘里。

九年春二月丁亥，降罪人。己丑，詔燎野限以仲冬，不得他時行火，損昆蟲草木。三月丁酉，車駕至自晉陽。

夏四月辛巳，大赦。是月，北豫州刺史司馬消難以城叛于周。大旱，帝以祈雨不降，毀西門豹祠，掘其冢。五月辛丑，以尚書令、長廣王湛爲錄尚書事，以驃騎大將軍、平秦王歸彥爲右僕射。甲辰，以前左僕射楊愔爲尚書令。六月乙丑，帝自晉陽北巡。己巳，至祁連池。戊寅，還晉陽。是夏，山東大蝗，差人夫捕而坑之。

秋七月辛丑，給畿內老人劉奴等九百四十三人版職及杖帽，各有差。戊申，詔趙、燕、瀛、定、南營五州，及司州廣平、清河二郡，去年螽澇損田，兼春夏少雨，苗稼薄者，免今年租稅。八月乙丑，車駕至自晉陽。甲戌，行幸晉陽。先是，發丁匠三十餘萬人營三臺於鄴，因其舊基而高博之，大起宮室及遊豫園。至是，三臺成。改銅爵曰金鳳，金武曰聖應，[一二]冰井曰崇光。

冬十一月甲午，車駕至自晉陽。登三臺，御乾象殿，朝宴羣臣。以新宮成，丁酉，大赦內外，文武官並進一大階。丁巳，梁湘州刺史王琳遣使請立蕭莊爲梁主，仍以江州內屬，令

莊居之。十二月癸酉，詔以梁王蕭莊爲梁主，進居九派。戊寅，以太傅可朱渾道元爲太師，以司徒尉粲爲太尉，以冀州刺史段韶爲司空，以錄尚書事、常山王演爲大司馬，以錄尚書事、長廣王湛爲司徒。起大莊嚴寺。

是歲，殺永安王浚、上黨王渙。

十年春正月戊戌，以司空侯莫陳相爲大將軍。辛丑，太尉長樂郡公尉粲、肆州刺史濮陽公婁仲遠並進爵爲王。甲寅，行幸遼陽甘露寺。二月丙戌，帝於甘露寺禪居深觀，唯軍國大政奏聞。三月戊戌，以侍中高德正爲尚書右僕射。丙辰，車駕至自遼陽。是月，梁主蕭莊至郢州，遣使朝貢。

夏閏四月丁酉，以司州牧、彭城王浟爲兼司空，以侍中、高陽王湜爲尚書左僕射。乙巳，以兼司空、彭城王浟爲兼太尉，攝司空事，封皇子紹廉爲長樂王。五月癸未，誅始平公元世、[一三]東平公元景式等二十五家，禁止特進元韶等十九家。尋並誅之，男子無少長皆斬，所殺三千人，並投漳水。

六月，陳武帝殂。

秋八月戊戌，封皇子紹義爲廣陽王。以尚書右僕射、河間王孝琬爲左僕射。癸卯，詔

諸軍人，或有父祖改姓冒入元氏，或假託攜認，妄稱姓元者，不問世數遠近，悉聽改復本姓。是月，殺左僕射高德正。九月己巳，行幸晉陽。

冬十月甲午，帝暴崩於晉陽宮德陽堂，時年三十一。遺詔，凶事一從儉約，喪月之斷，限以三十六日，嗣子百僚，內外遐邇，奉制割情，悉從公除。癸卯，發喪，斂於宣德殿。十一月辛未，梓宮還鄴。十二月乙酉，殯於太極前殿。乾明元年二月丙申，葬於武寧陵，謚曰文宣帝，廟號顯祖。〔一四〕

帝沈敏有遠量，外若不遠，內鑒甚明。文襄年長英秀，神武特所愛重，百僚承風，莫不震懼。而帝善自晦迹，言不出口，恒自貶退，言咸順從，故深見輕，雖家人亦以爲不及。文襄嗣業，帝以次長見猜嫌，帝后李氏色美，每預宴會，容貌遠過靖德皇后，文襄彌不平焉。帝每爲后私營服翫，小佳，文襄卽令逼取。后恚，有時未與。帝笑曰：「此物猶應可求，兄須，何容吝。」文襄或愧而不取，便恭受，亦無飾讓。每退朝還第，輒閉閤靜坐，雖對妻子，能竟日不言。或袒跣奔躍，后問其故，對曰：「爲爾漫戲。」此蓋習勞而不肯言也。所寢至夜曾有光，巨細可察，后驚告帝，帝曰：「慎勿妄言。」自此唯與后寢，侍御皆令出外。

文襄崩，祕不發喪，其後漸露，魏帝竊謂左右曰：「大將軍此殂，似是天意，威權當歸王

室矣。」及帝將赴晉陽，親入辭謁於昭陽殿，從者千人，居前持劍者十餘輩。帝在殿下數十步立，而衞士升階已二百許人，皆攘袂扣刃，若對嚴敵。帝令主者傳奏，須詣晉陽，言訖，再拜而出。魏帝失色，目送帝曰：「此人似不能見容，吾不知死在何日。」及至并州，慰諭將士，措辭款實。衆皆欣然，曰：「誰謂左僕射翻不減令公。」令公卽指文襄也。

時訛言上黨出聖人，帝聞之，將從一郡。而郡人張思進上言，殿下生於南宮，坊名上黨，卽是上黨出聖人，帝悅而止。先是童謠曰：「一束藁，兩頭然，河邊羖䍽飛上天。」藁然兩頭，於文爲高，河邊羖䍽爲水邊羊，指帝名也。於是徐之才盛陳宜受禪。帝曰：「先父亡兄，功德如此，尚終北面，吾又何敢當。」之才曰：「正爲不及父兄，須早升九五，如其不作，人將生心。且讖云『羊飲盟津角挂天』，盟津水也，羊飲水，王名也，角挂天，大位也。又陽平郡界面星驛傍有大水，土人常見羣羊數百，立臥其中，就視不見，事與讖合，願王勿疑。」帝以問高德正，德正又贊成之，於是始決。乃使李密卜之，遇大橫，曰：「大吉，漢文帝之卦也。」〔一五〕帝乃鑄象以卜之，一寫而成。使段韶問斛律金於肆州，金來朝，深言不可，以鎧曹宋景業首陳符命，〔一六〕請殺之。乃議於太后前。太后謂諸貴曰：「我兒獰直，必自無此意，直高德正樂禍，教之耳。」帝意決，乃整兵而東。使高德正之鄴，諷喻公卿，莫有應者。司馬子如逆帝於遼陽，固言未可。杜弼亦抱馬諫，帝欲還，尚食丞李集曰：「此行事非小，而言還？」帝僞言使

向東門殺之，而別令賜絹十疋。四月，夜，禾生於魏帝銅硯，旦長數寸，有穗。五月，帝復東赴鄴，令左右曰：「異言者斬。」是月，光州獻九尾狐。帝至鄴城南，召入，并齎板策。旦，高隆之進謁曰：〔一七〕「用此何爲？」帝作色曰：「我自作事，若欲族滅耶！」隆之謝而退。於是乃作圓丘，備法物，草禪讓事。

及登極之後，神明轉茂，外柔內剛，果於斷割，人莫能窺。又特明吏事，留心政術，簡靖寬和，坦於任使，故楊愔等得盡於匡贊，朝政粲然。兼以法馭下，不避權貴，或有違犯，不容勳戚，內外莫不肅然。至於軍國機策，獨決懷抱，規謀宏遠，有人君大略。又以三方鼎峙，繕甲練兵，左右宿衞，置百保軍士。每臨行陣，親當矢石，鋒刃交接，唯恐前敵不多。屢犯艱厄，常致剋捷。嘗追及蠕蠕，令都督高阿那肱率騎數千，塞其走道。時虜軍猶盛，五萬餘人。肱以兵少請益，帝更減其半騎。那肱奮擊，遂大破之。虜主踰越巖谷，僅以身免。都督高元海、王師羅並無武藝，先稱怯弱，一旦交鋒，有踰驍壯。嘗於東山游宴，以關隴未平，投盃震怒，召魏收於前，立爲詔書，宣示遠近，將事西行。是歲，周文帝殂，西人震恐，常爲度隴之計。

既征伐四剋，威振戎夏，六七年後，以功業自矜，遂留情耽湎，肆行淫暴。或躬自鼓舞，歌謳不息，從旦通宵，以夜繼晝。或袒露形體，塗傅粉黛，散髮胡服，雜衣錦綵，拔刃張弓，

游行市肆。勳戚之第，朝夕臨幸。時乘鹿車、白象、駱駝、牛、驢，並不施鞍勒。或盛暑炎赫，日中暴身，隆冬酷寒，去衣馳走，從者不堪，帝居之自若。街坐巷宿，處處游行。多使劉桃枝、崔季舒負之而行。或擔胡鼓而拍之。親戚貴臣，左右近習，侍從錯雜，無復差等。徵集淫嫗，悉去衣裳，分付從官，朝夕臨視。或聚棘爲馬，紐草爲索，逼遣乘騎，牽引來去，流血灑地，以爲娛樂。凡諸殺害，多令支解，或焚之於火，或投之於河。沈酗既久，彌以狂惑，每至將醉，輒拔劍挂手，或張弓傅矢，或執持牟槊。游行市鄽，問婦人曰：「天子何如？」答曰：「顚顚癡癡，何成天子。」帝乃殺之。或馳騁衢路，散擲錢物，恣人拾取，爭競諠譁，方以爲喜。

太后嘗在北宮，坐一小榻，帝時已醉，手自舉牀，后便墜落，頗有傷損。醒悟之後，大懷慚恨，遂令多聚柴火，將入其中。太后驚懼，親自持挽。又設地席，令平秦王高歸彥執杖，口自責疏，脫背就罰。敕歸彥：「杖不出血，當卽斬汝。」太后涕泣，前自抱之，帝流涕苦請，不肯受於太后。太后聽許，方捨背杖，笞脚五十，莫不至到。衣冠拜謝，悲不自勝，因此戒酒。一旬，還復如初。

自是耽湎轉劇。遂幸李后家，以鳴鏑射后母崔，正中其頰，因罵曰：「吾醉時尚不識太后，老婢何事！」馬鞭亂打一百有餘。三臺構木高二十七丈，兩棟相距二百餘尺，工匠危怯，

中華書局

帝尋如晉陽。有詔，軍國大政，咸諮決焉。

帝既當大位，知無不爲，擇其令典，考綜名實，廢帝恭己以聽政。太皇太后尋下令廢少主，命帝統大業。

皇建元年八月壬午，皇帝卽位於晉陽宣德殿，大赦，改乾明元年爲皇建。詔奉太皇太后還稱皇太后，皇太后稱文宣皇后，宮曰昭信。乙酉，詔自太祖創業已來，諸有佐命功臣，子孫絕滅，國統不傳者，有司搜訪近親，以名聞，當量爲立後；諸郡國老人，各授板職，賜黃帽鳩杖。又詔謇正之士，並聽進見陳事；軍人戰亡死王事者，以時申聞，當加榮贈；督將朝士名望素高，位歷通顯，天保以來未蒙追贈者，亦皆錄奏。又以廷尉、中丞，執法所在，繩違案罪，不得舞文弄法。其宮奴婢年六十已上，免爲庶人。戊子，以太傅、長廣王湛爲右丞相，以太尉、平陽王淹爲太傅，以尚書令、彭城王浟爲大司馬。

壬辰，詔分遣大使，巡省四方，觀察風俗，問人疾苦，考求得失，搜訪賢良。甲午，詔曰：「昔武王克殷，先封往代，兩漢魏晉，無廢茲典。及元氏統歷，不率舊章，朕纂承大業，思弘古典。但二王三恪，舊說不同，可議定是非，列名條奏。其禮儀體式，亦仰議之。」又詔國子寺可備立官屬，依舊置生，講習經典，歲時考試。其文襄帝所運石經，宜卽施列於學館。外

州大學，亦仰典司，勤加督課。丙申，詔九州勳人有重封者，聽分授子弟，以廣骨肉之恩。

九月壬申，詔議定三祖樂。

冬十一月辛亥，立妃元氏爲皇后，世子百年爲皇太子，賜天下爲父後者，爵一級。癸丑，有司奏太祖獻武皇帝廟宜奏武德之樂，舞昭烈之舞；世宗文襄皇帝廟宜奏文德之樂，〔三七〕舞宣政之舞；高祖文宣皇帝廟宜奏文正之樂，舞光大之舞。詔曰：「可。」庚申，詔以故太師尉景、故太師竇泰、故太師太原王婁昭、故太宰章武王厙狄干、故太尉段榮、故太師万俟普、故司徒蔡儁、故太師高乾、故司徒莫多婁貸文、故太保劉貴、故太保封祖裔、故廣州刺史王懷十三人配饗太祖廟庭，〔三八〕故太師清河王岳、故太宰安德王韓軌、故太宰扶風王可朱渾道元、故太師高昂、故大司馬劉豐、故太師万俟受洛干、故太尉慕容紹宗十一人配饗世宗廟庭，〔三九〕故太尉河東王潘相樂、故司空薛脩義、故太傅破六韓常三人配饗高祖廟庭。

是月，帝親戎北討庫莫奚，出長城。虜奔遁，分兵致討，大獲牛馬，括總入晉陽宮。

十二月丙午，車駕至晉陽。

二年春正月辛亥，祀圓丘。壬子，禘於太廟。癸丑，詔降罪人各有差。

二月丁丑，詔內外執事之官從五品已上、及三府主簿錄事參軍、諸王文學、侍御史、廷尉三官、尚書郎中、中書舍人，每二年之內，各舉一人。

冬十月丙子，以尚書令、彭城王浟爲太保，長樂王尉粲爲太尉。己酉，野雉栖于前殿之庭。

十一月甲辰，詔曰：「朕嬰此暴疾，奄忽無逮。今嗣子沖眇，未閑政術，社稷業重，理歸上德。右丞相、長廣王湛，研機測化，體道居宗，人雄之望，海內瞻仰，同胞共氣，家國所憑。可遣尚書左僕射、趙郡王叡喻旨，徵王統茲大寶。其喪紀之禮，一同漢文，三十六日，悉從公除。山陵施用，務從儉約。」先是，帝不豫而無闕聽覽，是日，崩於晉陽宮，時年二十七。大寧元年閏十二月癸卯，梓宮還鄴，上諡曰孝昭皇帝。庚午，葬於文靜陵。

帝聰敏有識度，深沈能斷，不可窺測。身長八尺，腰帶十圍，儀望風表，迥然獨秀。自居臺省，留心政術，閑明簿領，吏所不逮。及正位宸居，彌所克勵，輕徭薄賦，勤恤人隱。內無私寵，外收人物，雖后父，位亦特進無別。〔四〇〕日昃臨朝，務知人之善惡。

每訪問左右，冀獲直言。曾問舍人裴澤在外議論得失，澤率爾對曰：「陛下聰明至公，自可遠侔古昔，而有識之士，咸言傷細，帝王之度，頗爲未弘。」帝笑曰：「誠如卿言。朕初臨萬機，慮不周悉，故致爾耳。此事安可久行，恐後又嫌疏漏。」澤因被寵遇。其樂聞過也如

此。趙郡王叡與厙狄顯安侍坐，帝曰：「須拔我同堂弟，顯安我親姑子，今序家人禮，除君臣之敬，可言我之不逮。」顯安曰：「陛下多妄言。」曰：「若何？」對曰：「陛下昔見文宣以馬鞭撻人，常以爲非，而今行之，非妄言邪？」帝握其手謝之。又使直言，對曰：「陛下太細，天子乃更似吏。」帝曰：「朕甚知之，然無法來久，將整之以至無爲耳。」又問王晞，晞答如顯安，皆從容受納。

性至孝，太后不豫，出居南宮，帝行不正履，容色貶悴，衣不解帶，殆將四旬。殿去南宮五百餘步，雞鳴而去，辰時方還，來去徒行，不乘輿輦。太后所苦小增，便卽寢伏閤外，食飲藥物，盡皆躬親。太后嘗心痛，不自堪忍，帝立侍帷前，以爪掐手心，血流出袖。友愛諸弟，無君臣之隔。

雄勇有謀。于時國富兵强，將雪神武遺恨，意在頓駕平陽，爲進取之策。遠圖不遂，惜哉。

初，帝與濟南約，不相害。及輿駕在晉陽，武成鎭鄴，望氣者云「鄴城有天子氣」。帝恐濟南復興，乃密行鴆毒。濟南不從，乃扼而殺之。後頗愧悔。初苦內熱，頻進湯散。〔四一〕時有尚書令史姓趙，於鄴見文宣從楊愔、燕子獻等西行，言相與復讎。帝在晉陽宮，與毛夫人亦見焉。遂漸危篤，備禳厭之事，或煑油四灑，或持炬燒逐。諸厲方出殿梁，山騎棟上，歌呼自

中華書局

若，了無懼容。時有天狗下，乃於其所講武以厭之，有兎驚馬，帝墜而絕肋。太后視疾，問濟南所在者三，帝不對。太后怒曰：「殺去邪！不用吾言，死其宜矣。」臨終之際，唯扶服牀枕，叩頭求哀。遣使詔追長廣王入纂大統。又手書云：「宜將吾妻子置一好處，勿學前人也。」

論曰：神武平定四方，〔一二〕威權在己，遷鄴之後，雖主祭有人，號令所加，政皆自出。文宣因循鴻業，內外叶從，自朝及野，羣心屬望，東魏之地，舉國樂推，曾未期月，遂登宸極。始則存心政事，風化肅然，數年之間，朝野安乂。其後縱酒肆欲，事極猖狂，昏邪殘暴，近代未有，饗國不永，實由斯疾。濟南繼業，大革其弊，風教粲然，搢紳稱幸。股肱輔弼，雖懷厥誠，既不能贊弘道德，和睦親懿，又不能遠慮防身，深謀衞主。應斷不斷，自取其災。臣既誅夷，君尋廢辱，皆任非其器之所致爾。

孝昭早居臺閣，故事通明，人吏之間，無所不委。文宣崩後，大革前弊，及臨尊極，留心更深，時人服其明而譏其細也。情好稽古，率由禮度，將封先代之胤，且敦學校之風，徵召

才賢，文武畢集。于時周氏朝政，移於宰臣，主將相猜，不無危殆。乃眷關右，寔懷兼并之志。經謀宏曠，諒近代之明主。而降年不永，其故何哉？豈幽顯之途，別有復報；將齊之基宇，止在於斯，帝欲大之，天不許也？

校勘記

〔一〕乙丑降魏朝封爵各有差　諸本「丑」誤作「酉」，據北齊書卷四文宣紀改。是年五月己酉朔，無乙酉，乙丑是十七日。

〔二〕以尙書令平原王隆之爲錄尙書事　諸本「隆之」上有「封」字，北齊書無。張森楷謂此平原王乃高隆之，非封隆之，「封」字衍文。按高隆之封平原王見上文，宗室例不書姓，張說是，今從北齊書刪。

〔三〕以特進元韶爲尙書左僕射　諸本「韶」作「紹」，北齊書作「韶」。按元韶本書卷一九、北齊書卷二七有傳，本卷天保十年五月見「特進元韶」。齊初別無元紹。今據北齊書改。

〔四〕是月侯景廢梁簡文帝立蕭棟爲主　北齊書置於五月。按梁書卷四簡文帝紀，事在八月戊午，疑此及北齊書並誤。

〔五〕其太子菴羅辰及瓌從弟登注俟利　諸本「利」作「刑」，北齊書及本書卷九八蠕蠕傳作「利」。按「俟利」是蠕蠕官號，今據改。

〔六〕以安德王韓軌爲大司馬　諸本無「韓」字。張森楷云：「案軌姓韓，非宗室，當書韓軌。」按韓軌封安德王，見天保元年六月，張說是，今據補。

〔七〕詔發夫一百八十萬人築長城　諸本脫「長」字，據北齊書及通鑑卷一六六五一三〇頁補。

〔八〕秋七月乙亥周文帝殂是月發山東寡婦二千六百人配軍士　按北齊書「秋七月」下連敍七月、八月、九月、十月事，然後才說：「是月，發山東寡婦二千六百人以配軍士，有夫而濫奪者五分之一。是月，周文帝殂。」則這兩事都是在十月，不在七月。據周書卷二文帝紀，也說宇文泰死於十月乙亥。此「七月」下當有脫文。

〔九〕六十里一戍　北齊書、御覽卷一三〇六三三頁、通鑑卷一六六五一五六頁並作「率十里一戍」。疑是「率」字下半殘缺，因譌爲「六」。

〔一〇〕尙書令常山王演爲司空錄尙書事以長廣王湛爲尙書令　諸本「以」在「錄尙書事」上。按孝昭紀言高演於天保八年轉司空、錄尙書事，則「以」應在「長廣王」上，今改正。

〔一一〕以幷省尙書右僕射崔暹爲右僕射　諸本「爲」下「右」字作「左」，北齊書作「右」。張森楷云：「據上文，楊愔自右僕射轉左僕射，暹即補其缺，不得爲左僕射也。」按張說是，本書卷三二崔暹傳也作「右」。崔暹是由幷州尙書省之右僕射轉爲鄴都之右僕射。今據改。

〔一二〕金武曰聖應　北齊書「武」作「獸」。張森楷云：「皆避虎字改。」

〔一三〕誅始平公元世　通鑑卷一六七五一八五頁作「誅始平公元世哲等二十五家」。李慈銘北史札記卷一云：「考魏書任城王雲傳有世哲，武定中吏部郎，爲僕射世儁之弟，即雲之孫，而未嘗有始平之封。」按魏書卷二一下彭城王勰傳，勰子子正封始平王，子欽，字世道襲，入齊，隨例降爵。則此始平公應是元世道，即元欽，而非元世哲。通鑑誤。此「世」下當脫「道」字。但元世哲亦是同時被殺者，見本書卷一九元韶傳。

〔一四〕諡曰文宣帝廟號顯祖　通志卷一六北齊紀「帝」上有「皇」字，「顯祖」作「高祖」。按「皇」字當是脫文。高洋廟號初爲「高祖」，天統元年改爲「威宗」，武平元年改爲「顯祖」，見卷八齊後主紀、卷四七祖珽傳。這裏指乾明元年所上廟號，自應作「高祖」。通志是。

〔一五〕遇大横曰大吉漢文帝之卦也　諸本「卦」作「封」。通鑑卷一六三五〇四三頁作「卦」。按史記卷一〇文帝紀，「卜之龜，卦得大横」。作「卦」是，今據改。

〔一六〕以鎧曹宋景業首陳符命　諸本「宋」訛作「宗」，據本書卷八九宋景業傳改。

〔一七〕召入並齎板策且高隆之進謁曰　張森楷云：「『策當作築』。」按通鑑卷一六三同上頁云：「高洋至鄴，召夫齎築具，集城南。高隆之請曰。」張說是，「入」和「且」也當是「夫」和「具」之訛。此乃準備築受禪用之圓丘，覩下文可知。

中華書局

〔一八〕謂其母尒朱曰憶汝辱我母婿時向何由可耐　通志「辱」作「奪」。按本書卷一四彭城太妃尒朱氏傳云：「神武納爲別室，敬重踰於婁妃。」又馮翊太妃鄭氏傳云：「時彭城尒朱太妃有寵，生王子浟，神武將有廢立意。」此乃高洋謂尒朱奪其母之寵，作「奪」是。

〔一九〕凡所屠害動多支解或投之烈火或棄之漳流　按上文已見。此段文意重沓，蓋雜抄北齊書及其他資料而忘去其雷同之處。

〔二〇〕曾有典御丞李集面諫　按上文見尚食丞李集。據隋書卷二七百官志中，門下省尚食局有典御及丞。丞是典御之佐，無「典御丞」官名。此必有誤。

〔二一〕向來彌不及矣　諸本「向」作「回」，通志、册府卷五四八六五七九頁、通鑑卷一六六五一五〇頁作「向」是，今據改。

〔二二〕夜宿杠門嶺　御覽卷九五四四二三五頁「杠」作「松」。按隋書卷三〇地理志中，上黨郡黎城縣有松門嶺。由鄴經滏口赴晉陽，當經此地，疑作「松」是。

〔二三〕始祖珽以險薄多過　諸本「始」作「如」，通志作「初」。張元濟云：「『如』當作『始』。」按「如」顯是「始」之殘缺，今據張說改。

〔二四〕高陽王湜爲尙書左僕射河間王孝琬爲司州牧　按本書卷五一神武諸子傳，湜於天保十年遷尙書令，疑此「尙書」下脫「令」字，「左僕射」屬河間王孝琬。文宣紀天保十年八月，稱以孝琬爲左僕射，可証。

〔二五〕改封上黨王紹仁爲漁陽王　按本書卷五二文宣諸子傳，紹仁封西河王。文襄諸子傳，有漁陽王紹信。此「仁」當是「信」之誤。紹仁爲紹義之弟，不當列名在前。

〔二六〕長樂王紹廉爲隴西王　諸本「廉」作「廣」。張森楷云：「案前文宣紀末書封皇子紹廉爲長樂王，紹廉傳本書卷五二文宣諸子傳同。初無紹廣其人，『廣』字非也。」按張說是，今據改。

〔二七〕二月己亥以太傅常山王演爲太師錄尙書事　諸本無「二月」二字，通鑑卷一六八五一九六頁繫於二月己亥。按是年正月癸丑朔，無己亥；二月癸未朔，己亥是十七日。今據通鑑補。

〔二八〕詔河南定冀趙瀛滄南膠光南青九州　北齊書卷五廢帝紀「南青」作「青」。按定、冀、趙、瀛、滄五州都在河北，疑「河南」下脫「北」字。又「南膠」無此「州名」。膠、光、青、南青四州相鄰，豈有鄰州皆災，青州獨否？疑「南」下脫「青」字，而「青」上之「南」爲衍文。河南之南青、膠、光、青四州加河北之定、冀、趙、瀛、滄方符「九州」之數。

〔二九〕乃遣歸彥馳驛至晉陽害之　諸本「驛」訛作「駟」，據北齊書改。又通鑑卷一六八五二二五頁云：「帝乃使歸彥至鄴，徵濟南王至晉陽。」按廢帝本囚禁在鄴，故本書卷五一高元海傳云：「乃使平秦王歸彥之鄴，迎濟南赴并州。」這裏「驛」下當脫「徵」字。

〔三〇〕葬於武寧之西北　按「武寧」爲高洋陵名，此「寧」下當脫「陵」字。

〔三一〕從而尤之曰　諸本脫「曰」字，據北齊書、通志補。

〔三二〕每歎云雖盟津之師左驂震而不衄以爲能　按高演語意未足，「不衄」下當有脫文。

〔三三〕召被帝罰者　諸本「帝」訛作「立」，據北齊書卷六、通志孝昭紀改。

〔三四〕三月甲戌　按：楊愔被殺在二月乙巳，見廢帝紀及本書卷四一楊愔傳。此作三月甲戌，疑誤。

〔三五〕侍中宋欽道等　諸本「等」下衍「於坐」二字，與上文重複，今删。

〔三六〕高歸彥敕勞衞士解嚴　諸本「解」作「戒」，北齊書、通志作「解」。按下云「永樂乃內刀而泣」，作「解」是，今據改。

〔三七〕世宗文襄皇帝廟宜奏文德之樂　諸本「世」作「太」，北齊書作「世」。按高澄廟號「世宗」，見卷六文襄紀。下文即作「世宗」，今據改。

〔三八〕十三人配饗太祖廟庭　南、殿二本「三」作「二」，百衲、北、汲三本作「三」。按上列人數雖止十二，但本書卷五四北齊書卷一八孫騰傳有「皇建中配享神武廟廷」語，此處當脫孫騰，合計仍爲十三。今從百衲本。

〔三九〕十一人配饗世宗廟庭　北齊書「十一」作「七」。按上列只七人，或「十一」是「七」字誤分爲二。但依前例，也可能是人名脫漏，今不改。

〔四〇〕雖后父位亦特進無別　册府卷一九〇二二九六頁作「雖后父位尊，亦待遇無別」。疑此有脫訛。

〔四一〕頻進湯散　諸本「湯」訛作「渴」，據北齊書改。

〔四二〕神武平定四方　按北齊書卷四文宣紀後論，「四方」作「四胡」，指尒朱兆等，是。

中華書局

北史卷八

齊本紀下第八

世祖武成皇帝諱湛，神武皇帝第九子，孝昭皇帝之母弟也。儀表瓌傑，神武尤所鍾愛。神武方招懷荒遠，乃爲帝娉蠕蠕太子菴羅辰女，號隣和公主。帝時年八歲，冠服端嚴，神情閑遠，華戎歎異。元象中，封長廣郡公。天保初，進爵爲王，拜尚書令，尋兼司徒，遷太尉。乾明初，楊愔等密相疏忌，以帝爲大司馬，領并州刺史。帝既與孝昭謀，誅諸執政，遷太傅、錄尚書事，領京畿大都督。皇建初，進位右丞相。孝昭幸晉陽，帝以懿親居守鄴，政事咸見委託。二年，孝昭崩，遺詔徵帝入統大位。及晉陽宮，發喪於崇德殿。皇太后令所司宣遺詔，左丞相斛律金率百僚敦勸，三奏乃許之。

大寧元年〔一〕冬十一月癸丑，皇帝卽位於南宮，大赦，改皇建二年爲大寧。乙卯，以司徒、平秦王歸彥爲太傅，以尚書右僕射、趙郡王叡爲尚書令，〔二〕以太尉尉粲爲太保，以尚書

令段韶爲大司馬，以豐州刺史婁叡爲司空，以太傅、平陽王淹爲太宰，以太保、彭城王浟爲太師、錄尚書事，以冀州刺史、博陵王濟爲太尉，以中書監、任城王湝爲尚書左僕射，以并州刺史斛律光爲右僕射。封孝昭皇帝太子百年爲樂陵郡王。庚申，詔大使巡行天下，求政善惡，問人疾苦，擢進賢良。

是歲，周武帝保定元年。

河清元年春正月乙亥，車駕至自晉陽。辛巳，祀南郊。壬午，享太廟。丙戌，立妃胡氏爲皇后，子緯爲皇太子。戊子，大赦，內外百官，普加汎級；諸爲父後者，賜爵一級。己亥，以前定州刺史、馮翊王潤爲尚書左僕射。詔普斷屠殺，以順春令。二月丁未，以太宰、平陽王淹爲青州刺史、太傅、領司徒，以領軍大將軍、宗師、平秦王歸彥爲太宰、冀州刺史。乙卯，以兼尚書令、任城王湝爲司徒。詔散騎常侍崔瞻聘于陳。

夏四月辛丑，皇太后婁氏崩。乙巳，青州刺史上言，今月庚寅，河、濟清。以河、濟清，改大寧二年爲河清，降罪人各有差。五月甲申，祔葬武明皇后於義平陵。己丑，以尚書右僕射斛律光爲尚書令。

秋七月，太宰、冀州刺史、平秦王歸彥據州反，詔大司馬段韶、司空婁叡討禽之。乙未，斬歸彥，并其三子及黨與二十人於都市。丁酉，以大司馬段韶爲太傅，以司空婁叡爲司徒，以太傅、平陽王淹爲太宰，以尚書令斛律光爲司空，以太子太傅、趙郡王叡爲尚書令，中書監、河間王孝琬爲尚書左僕射。癸亥，行幸晉陽。陳人來聘。

冬十一月丁丑，詔兼散騎常侍封孝琰使於陳。十二月丙辰，車駕至自晉陽。

是歲，殺太原王紹德。

二年春正月乙亥，帝詔臨朝堂，策試秀、孝。以太子少傅魏收爲兼尚書右僕射。己卯，兼右僕射魏收以阿縱除名。丁丑，以武明皇后配祭北郊。〔三〕辛卯，帝臨都亭錄見囚，降在京罪人各有差。三月乙丑，〔四〕詔司空斛律光督五營軍士築戍於軹關。壬申，室韋國遣使朝貢。丙戌，以兼尚書右僕射趙彥深爲左僕射。

夏四月，并、汾、晉、東雍、南汾五州蟲旱傷稼，遣使振恤。戊午，陳人來聘。五月壬午，詔以城南雙堂之苑，迴造大總持寺。六月乙巳，齊州上言，濟河水口見八龍升天。乙卯，詔兼散騎常侍崔子武使于陳。庚申，司州牧、河南王孝瑜薨。

秋八月辛丑，詔以三臺宮爲大興聖寺。

冬十二月癸巳，陳人來聘。己酉，周將楊忠帥突厥阿史那木杆可汗等二十餘萬人，〔五〕

自恒州分爲三道，殺掠吏人。是時，大雨雪連月，南北千餘里，平地數尺，霜晝下，雨血於太原。戊午，帝至晉陽。己未，周軍逼并州，又遣大將達奚武帥衆數萬至東雍及晉州，與突厥相應。

是歲，室韋、庫莫奚、靺鞨、契丹並遣使朝貢。

三年春正月庚申朔，周軍至城下而陳。戰於城西，周軍及突厥大敗，人畜死者相枕，數百里不絕。詔平原王段韶追出塞而還。三月辛酉，以律令班下，大赦。己巳，盜殺太師、彭城王浟。庚辰，以司空斛律光爲司徒，以侍中、武興王普爲尚書左僕射。甲申，以尚書令、馮翊王潤爲司空。

夏四月辛卯，詔兼散騎常侍皇甫亮使於陳。五月甲子，帝至自晉陽。壬午，以尚書令、趙郡王叡爲錄尚書事，以前司徒婁叡爲太尉。甲申，以太傅段韶爲太師。丁亥，以太尉、任城王湝爲大將軍。壬辰，行幸晉陽。六月庚子，大雨，晝夜不息，至甲辰乃止。是月，晉陽訛言有鬼兵，百姓競擊銅鐵以捍之。殺樂陵王百年。歸宇文媼于周。

秋九月乙丑，封皇子綽爲南陽王，儼爲東平王。〔六〕是月，歸閻媼于周。陳人來聘。突厥寇幽州，入長城，虜掠而還。閏月乙未，詔遣十二使巡行水潦州，免其租調。乙巳，突厥

二十四史 中華書局

承武成之奢麗，以爲帝王當然。乃更增益宮苑，造偃武修文臺，其嬪嬙諸院中，起鏡殿、寶殿、瑇瑁殿，丹青彫刻，妙極當時。又於晉陽起十二院，壯麗逾於鄴下。所愛不恒，數毁而又復。夜則以火照作，寒則以湯爲泥。百工困窮，無時休息。鑿晉陽西山爲大佛像，一夜燃油萬盆，光照宮內。又爲胡昭儀起大慈寺，未成，改爲穆皇后大寶林寺。窮極工巧，運石塡泉，勞費億計，人牛死者，不可勝紀。御馬則藉以氈罽，食物有十餘種，將合牝牡，則設青廬、具牢饌而親觀之。狗則飼以粱肉。馬及鷹犬，乃有儀同、郡君之號。故有赤彪儀同、逍遙郡君、陵霄郡君。高思好書所謂駮龍、逍遙者也。[二八]犬於馬上設褥以抱之。鬬雞亦號開府。犬馬雞鷹，多食縣幹。鷹之入養者，稍割犬肉以飼之，至數日乃死。

又於華林園立貧窮村舍，帝自弊衣爲乞食兒。又爲窮兒之市，躬自交易。寫築西鄙諸城，使人衣黑衣爲羌兵，[二九]鼓譟陵之，親率內參臨拒，或實彎弓射人。自晉陽東巡，單馬馳騖，衣解髮散而歸。又好不急之務，曾一夜索蝎，及旦，得三升。特愛非時之物，取求火急，皆須朝徵夕辦，當勢者因之，貸一而責十焉。

賦斂日重，徭役日煩，人力既殫，帑藏空竭，乃賜諸佞幸賣官，或得郡兩三，或得縣六七，各分州郡，下逮鄉官，亦多降中旨。[三〇]故有敕用州主簿，敕用郡功曹。於是州縣職司，多出富商大賈，競爲貪縱，人不聊生。爰自鄴都及諸州郡，所在徵稅，百端俱起。凡此諸役

皆漸於武成，至帝而增廣焉。然未嘗有帷薄淫穢，唯此事頗優於武成云。

初，河清末，武成夢大蝟攻破鄴城，故索境內蝟膏以絕之。識者以後主名聲與蝟相協，亡齊徵也。又婦人皆翦剔以著假髻，而危邪之，狀如飛鳥，至於南面，則髻心正西。始自宮內爲之，被於四遠。天意若曰，元首翦落，危側，當走西也。又爲刀子者，刃皆狹細，名曰盡勢。遊童戲者，好以兩手持繩，拂地而却上跳，且唱曰「高末」。高末之言，蓋高氏運祚之末也。然則亂亡之數，蓋有兆云。

論曰：武成風度高爽，經算弘長，文武之官，俱盡謀力，有帝王之量矣。但愛狎庸豎，委以朝權，帷薄之間，淫侈過度，滅亡之兆，其在斯乎。玄象告變，傳位元子，名號雖殊，政猶己出，迹有虛飾，事非憲典，聰明臨下，何易可誣。又河南、河間、樂陵等諸王，或以時嫌，或以猜忌，皆無罪而殞，非所謂知命任天體大道之義也。

後主以中庸之姿，懷易染之性，永言先訓，教匪義方。始自襁褓，至于傳位，隔以正人，閉其善道。養德所履，異乎春誦夏弦，過庭所聞，莫非不軌不物。輔之以中宮嬭媪，屬之以麗色淫聲，縱韝紲之娛，恣朋淫之好。語曰「從惡若崩」，蓋言其易。武平在御，彌見淪胥，罕

接朝士，不親政事，一日萬機，委諸凶族。內侍帷幄，外吐絲綸，威厲風霜，志迴天日，虐人害物，搏噬無厭，賣獄鬻官，谿壑難滿。重以名將貽禍，忠臣顯戮，始見浸溺之萌，俄觀土崩之勢，周武因機，遂混區夏，悲夫！蓋桀紂罪人，其亡也忽焉，自然之理矣。

鄭文貞公魏徵總而論之曰：神武以雄傑之姿，始基霸業；文襄以英明之略，伐叛柔遠。于時喪君有君，師出以律。河陰之役，摧宇文如反掌；渦陽之戰，掃侯景如拉枯。故能氣懾西鄰，威加南服。王室是賴，東夏宅心。文宣因累世之資，膺樂推之會，地居當璧，遂遷魏鼎。懷譎詭非常之才，運屈奇不測之智，網羅俊乂，明察臨下，文武名臣，盡其力用。親戎出塞，命將臨江，定單于於龍城，納長君於梁國。外內充實，疆埸無警，胡騎息其南侵，秦人不敢東顧。既而荒淫敗德，罔念作狂，爲善未能亡身，餘殃足以傳後。得以壽終，幸也；胤嗣不永，宜哉。孝昭地逼身危，逆取順守，外敷文教，內蘊雄圖，將以牢籠區域，奄有函夏，享齡不永，績用無成。若或天假之年，足使秦、吳旰食。武成卽位，雅道陵遲，昭、襄之風，摧焉已墜。暨乎後主，外內崩離，衆潰於平陽，身禽于青土。天道深遠，或未易談；吉凶由人，抑可揚榷。

觀夫有齊全盛，控帶遐阻，西包汾、晉，南極江、淮，東盡海隅，北漸沙漠。六國之地，我

獲其五；九州之境，彼分其四。料甲兵之衆寡，校帑藏之虛實，折衝千里之將，帷幄六奇之士，比二方之優劣，無等級以寄言。

然其太行、長城之固，自若也，江、淮、汾、晉之險，不移也，帑藏輸稅之富，未虧也，士庶甲兵之衆，不缺也。然而前王用之而有餘，後主守之而不足，其故何哉？前王之御時也，沐雨櫛風，拯其溺而救其焚，信必賞，過必罰，[三一]安而利之。既與共其存亡，故得同其生死。後主則不然，以人從欲，損物益己，雕牆峻宇，甘酒嗜音，廛肆遍於宮園，禽色荒於外內。俾晝作夜，罔水行舟，所欲必成，所求必得。既不軌不物，又暗於聽受，忠信弗聞，萋斐必入。視人如草芥，從惡如順流。佞閹處當軸之權，婢媪擅回天之力。賣官鬻獄，亂政淫刑，刳剒被於忠良，祿位加於犬馬。讒邪並進，法令多聞。持瓢者非止百人，搖樹者不唯一手。於是土崩瓦解，衆叛親離，顧瞻周道，咸有西歸之志。方更盛其宮觀，窮極荒淫，謂黔首之可誣，指白日以自保，驅倒戈之旅，抗前歌之師，五世崇基，一舉而滅。豈非鐫金石者難爲功，摧枯朽者易爲力歟。

抑又聞之，「皇天無親，唯德是輔」。「天時不如地利，地利不如人和」。齊自河清之後，逮于武平之末，土木之工不息，嬪嬙之選無已。征稅盡，人力殫，物產無以給其求，江海不能贍其欲。所謂火既熾矣，更負薪以足之；數既窮矣，又爲惡以促之。欲求大厦不燔，延期過

曆，不亦難乎。由此言之，齊氏之敗亡，蓋亦由人，匪惟天道也。

校勘記

〔一〕大寧元年　按諸本於「大寧」年號，「大」「太」錯出。墓誌集釋所載石信墓誌、法懃禪師墓誌、高虬墓誌並作「大寧」。今一律改作「大寧」，以下不悉注。

〔二〕以尚書右僕射趙郡王叡爲尚書令　張森楷云：「『右』當作『左』。」廢帝紀，乾明元年以左僕射、平秦王歸彥爲司空，趙郡王叡爲尚書左僕射。右僕射燕子獻誅，以劉洪徽爲右僕射。交替之跡，顯然可考。叡非右僕射決矣。」

〔三〕己卯兼右僕射魏收以阿縱除名丁丑以武明皇后配祭北郊　按是年正月辛未朔，己卯是九日，丁丑是七日，先後顚倒。

〔四〕三月乙丑　諸本「乙」作「己」，北齊書卷七武成紀作「乙」。按是年三月乙丑朔，己丑是二十五日，但下文又有壬申八日、丙戌二十二日，不得反在己丑之後。今據北齊書改。

〔五〕周將楊忠帥突厥阿史那木杆可汗等二十餘萬人　諸本脫「杆」字。據周書卷一九楊忠傳、本書卷一一隋文帝紀、卷九九突厥傳補。

〔六〕儼爲東平王　殿本考証引顧炎武云：「本卷後主天統二年五月己亥，封太上皇子儼爲東平王。

一事兩書，必有一誤。」

〔七〕以瀛州刺史尉粲爲太尉斛律光爲大將軍　按下文云「東安王婁叡爲太尉」，同時不能有兩太尉。據本書卷五四尉景附子粲傳，粲曾爲司徒、太傅，不言爲太尉。疑「太尉」上脫「太傅」二字，「太尉」屬下讀。武成紀，河清三年十二月以斛律光爲太尉，可証。

〔八〕仁堅爲北平王　諸本「堅」作「固」。按北平王仁堅，見下文武平三年八月，四年二月。本書卷五二武成諸子傳，云：「北平王貞字仁堅。」蓋李百藥齊書因襲其父李德林舊稿，德林避隋諱，改「堅」爲「固」，百藥復改爲「堅」，此處漏改而北史承之也。今回改作「堅」，以歸一律。

〔九〕徙馮翊王潤爲太尉　張森楷謂「徙」當作「徒」，上脫「司」字。按上文天統元年四月，記以潤爲司徒，本書卷五一馮翊王潤傳也說：「歷司徒、太尉、大司馬。」張說是。

〔一〇〕京官執事散官三品已上各舉三人　諸本無「各」字，北齊書卷八後主紀有。按下云「五品已上，各舉二人」，知脫「各」字，今據補。

〔一一〕仁約爲樂浪王　按本書卷五二武成諸子傳，無「仁約」，仁機下是樂平王仁邕。此人疑名約字仁邕。後主兄弟，字皆有「仁」字，如後主名緯，字仁綱；南陽王綽，字仁通；東平王儼，字仁威。下文丹楊王統，武成諸子傳作丹楊王仁直，知是名統，字仁直。這裏的「仁」字，疑是後人誤加。「樂浪」、「樂平」未知孰是。

〔一二〕諸寺署所縮雜保戶姓高者　按「雜保戶」不可解。「保」疑是「役」之訛。下文說「天保之初，雖有優放」。據卷六齊文宣紀天保二年九月稱：「免諸伎作屯牧雜色役隸之徒爲白戶。」當卽指此。「雜色役隸之徒」，卽「雜役戶」。

〔一三〕癸未太上皇帝至自晉陽　按是年十一月戊戌朔，無癸未。通鑑卷一七〇五二七一頁作「癸丑」，疑是。

〔一四〕南陽王綽爲司徒　北齊書下有「開府儀同三司徐顯秀爲司空」十二字。按下天統五年三月有「以司空徐顯秀爲太尉」語，這裏當有脫文。

〔一五〕詔侍中叱列長叉使於周　百衲本、殿本「叉」作「文」，南、北、汲三本作「叉」。通志卷一六北齊後主紀、通鑑卷一七〇五二七九頁作「叉」。按本書卷五三叱列平傳，平子長叉。墓誌集釋叱李綱子墓誌，稱：「祖長乂，齊侍中、許昌王。」隋書卷一高祖紀開皇二年四年兩見叱李長叉。「叱李」卽「叱列」的異譯。「乂」「叉」同，作「文」「又」都誤，今據改。

〔一六〕九月乙巳立皇子恒爲皇太子　按下文言高恒於「武平元年六月生於鄴，其年十月立爲皇太子」。與此不同。是年九月辛亥朔，無乙巳。當有訛誤。

〔一七〕詔右丞相斛律光出晉州道　諸本「右」作「左」，通志作「右」。按此紀言光於本年二月爲右丞相，明年十一月才升左丞相。這時左丞相是段韶。今據改。

〔一八〕太師馮翊王潤爲太尉　按本書卷五二馮翊王潤傳，潤歷官太師、太宰。疑高潤非以太師降爲太尉，而是自太師遷太宰。這時高湝以太宰升爲右丞相，高潤繼爲太宰，於情勢相合。這裏「爲」下當脫「太宰」二字，「太尉」屬下讀。上文二年二月以高長恭爲太尉，可証。

〔一九〕太尉衞菩薩爲大將軍　諸本「太尉」上有「大司馬」三字，通志無。按上文三年以衞菩薩爲太尉，不言其兼大司馬。且大司馬位在大將軍上，一般不會由大司馬遷大將軍。這裏是涉上文而誤重。今據通志刪。

〔二〇〕張彫唐　北齊書及通志「唐」作「虎」。張森楷云：「疑本缺文，後人註以『唐諱』，傳刻誤脫，遂存『唐』耳。」按張彫本名「張雕虎」，北齊書、北史避唐諱，或改作「張彫武」，或刪「虎」字。這裏作「唐」，或如張說。但當時避諱改字有代以形狀相近字之例，如「沮渠秉」改「沮渠康」之類。這裏也可能是北史有意改「虎」爲「唐」。

〔二一〕投水死焚其尸　諸本「水」作「火」。按本書卷五一高思好傳作「投水而死」。又說「屠剝焚之」。若自已投火，無須再焚，這裏作「火」誤，今據改。

〔二二〕閏月己丑遣右丞相高阿那肱自晉陽禦之　通鑑卷一七二五三四六頁置於九月，不記日，考異云：「北齊書云：『閏月己丑。』按是月癸丑朔，無己丑，又下有庚辰，蓋誤也。」

〔二三〕二月丙寅　張森楷云：「案上已書二月辛酉，則此不當複書二月，當是『三月』之誤。」按隋書卷二三五行志常風作「三月」。但是年三月己卯朔，無丙寅。若「三月」是，則「丙寅」誤。或「二月」二字衍，今不改。

〔二四〕丁丑太皇太后太上皇后自鄴先趣濟州　諸本「太上皇」下無「后」字，通鑑卷一七三五三六九頁有。按下云「癸巳，燒城西門，太上皇將百餘騎東走。」是月乙亥朔，丁丑是三日，癸巳是十九日。若高緯已於三日趣濟州，如何可能十九日又從鄴城出走？據周書卷六武帝紀，也說高緯是先送母妻到青州，城破後才自己出走。高緯稱「太上皇」，其妻卽是「太上皇后」，這裏脫「后」字，據通鑑補。

〔二五〕乙亥　按是年正月乙亥朔，上文已見癸巳是十九日，乙亥不應反在癸巳後。通鑑卷一七三五三七〇頁作「乙未」，疑是。

〔二六〕爲周將尉遲綱所獲　按本書卷一〇、周書卷六武帝紀，擒北齊後主者是尉遲勤。勤父綱已死於天和四年，見周書卷二〇本傳。此紀誤。

〔二七〕至建德七年誣與宜州刺史穆提婆謀反　按周書卷六武帝紀建德六年十月稱：「是月，誅溫國公高緯。」這裏「七」當是「六」之誤。

〔二八〕高思好書所謂駮龍逍遙者也　諸本「駮」作「駃」，北齊書、通志及本書卷五一高思好傳都作「駮」。按「駮」，馬名。今據改。

〔二九〕使人衣黑衣爲羌兵　諸本脫「使人衣」三字，據北齊書、通志、通鑑卷一七二五三三九頁補。

〔三〇〕下逮鄉官亦多降中旨　諸本「旨」訛作「者」，據通典卷十四、御覽卷一三一六三七頁改。

〔三一〕信必賞過必罰　北齊書作「信賞必罰」。按「信必賞」不通，當是「功必賞」之誤。

北史

唐　李延壽　撰

第二冊

卷九至卷一六（紀傳）

中華書局

中華書局

北史卷九

周本紀上第九

周太祖文皇帝姓宇文氏，諱泰，字黑獺，代郡武川人也。其先出自炎帝。炎帝爲黃帝所滅，子孫遁居朔野。其後有葛烏兎者，雄武多算略，鮮卑奉以爲主，遂總十二部落，世爲大人。及其裔孫曰普回，因狩得玉璽三紐，文曰皇帝璽，普回以爲天授，己獨異之。其俗謂天子曰「宇文」，故國號宇文，并以爲氏。

普回子莫那，自陰山南徙，始居遼西，是曰獻侯，爲魏舅甥之國。自莫那九世至侯歸豆，爲慕容晃所滅。〔一〕其子陵仕燕，拜駙馬都尉，封玄菟公。及慕容寶敗，歸魏，拜都牧主，賜爵安定侯。天興初，魏遷豪傑於代都，陵隨例徙居武川，卽爲其郡縣人焉。陵生系，系生韜，韜生皇考肱，並以武略稱。

肱任俠有氣幹。正光末，沃野鎭人破六韓拔陵作亂，其僞署王衞可瓌最盛，肱乃糾合鄉里，斬瓌，其衆乃散。後陷鮮于修禮，爲定州軍所破，戰沒於陣。武成初，追謚曰德皇帝。

帝，德皇帝之少子也。母曰王氏。初孕五月，夜夢抱子升天，纔不至而止，寤，以告德皇帝。德皇帝喜曰：「雖不至天，貴亦極矣。」帝生而有黑氣如蓋，下覆其身。及長，身長八尺，方顙廣額，美鬚髯，髮長委地，垂手過膝，背有黑子，宛轉若龍盤之形，面色紫光，人望而敬畏之。

少有大度，不事家人生業，輕財好施，以交結賢士大夫爲務。隨德皇帝在鮮于修禮軍。及葛榮殺修禮，帝時年十八，榮下任將帥，察其無成，謀與諸兄去之。計未行，會榮滅，因隨尒朱榮遷晉陽。榮忌帝兄弟雄傑，遂託以他罪誅帝第三兄洛生。帝以家寃自理，辭旨慷慨，榮感而免之，益加敬待。

始以統軍從榮征討，後以別將從賀拔岳討北海王顥於洛陽。孝莊反正，以功封寧都子。後從岳入關，平万俟醜奴，行原州事。時關、隴寇亂，帝撫以恩信，百姓皆喜，曰：「早遇宇文使君，吾等豈從逆亂。」帝嘗從數騎於野，忽聞簫鼓之音，以問從者，皆莫之聞，意獨異之。

普泰二年，尒朱天光東拒齊神武，留弟顯壽鎭長安，召秦州刺史侯莫陳悅東下。岳知天光必敗，欲留悅共圖顯壽，計無所出。帝謂岳曰：「今天光尙近，悅未必貳心，若以此事告之，恐其驚懼。然悅雖爲主將，不能制物，若先說其衆，必人有留心。進失尒朱之期，退恐人情變動，若乘此說悅，事無不遂。」岳大喜，卽令帝入悅軍說之。悅遂與岳襲長安，帝輕騎爲前鋒，追至華陰，禽顯壽。及岳爲關西大行臺，以帝爲左丞，領岳府司馬，事無巨細，皆委決焉。

齊神武旣除尒朱氏，遂專朝政。帝請往觀之，至并州。神武以帝非常人，曰：「此小兒眼目異。」將留之。帝詭陳忠款，具託左右，苦求復命，倍道而行。行一日而神武乃悔，發上驛千里，追帝至關，不及而反。帝還，謂岳曰：「高歡豈人臣邪，逆謀未發者，憚公兄弟耳。侯莫陳悅本實庸材，亦不爲歡忌，但爲之備，圖之不難。今費也頭控弦之騎，不下一萬，夏州刺史解拔彌俄突，勝兵三千餘人，及靈州刺史曹泥，並恃僻遠，常懷異望。河西流人紇豆陵伊利等，戶口富實，未奉朝風。今若移軍近隴，扼其要害，示之以威，懷之以德，卽可收其士馬，以資吾軍。西輯氐、羌，北撫沙塞，還軍長安，匡輔魏室，此桓文之舉也。」岳大悅。復遣帝詣闕請事，密陳其狀。魏帝納之，加帝武衞將軍，還令報岳。岳遂引軍西次平涼。岳以夏州隣接寇賊，欲求良刺史以鎭之，衆皆舉帝。岳曰：「宇文左丞，吾左右手，何可廢也。」沉吟累日，乃從衆議，表帝爲夏州刺史。帝至州，伊利望風款附，而曹泥猶通使於齊神武。

魏永熙三年正月，賀拔岳欲討曹泥，遣都督趙貴至夏州與帝謀。帝曰：「曹泥孤城阻遠，未足爲憂。侯莫陳悅貪而無信，是宜先圖也。」岳不聽，遂與悅俱討泥。二月，至河曲，果爲

悅所害。衆散還平涼，唯大都督趙貴率部曲收岳屍還營。三軍未知所屬，諸將以都督寇洛年最長，推總兵事。洛素無雄略，威令不行，乃請避位。於是趙貴言於衆，稱帝英姿雄略，若告喪，必來赴難，因而奉之，大事濟矣。諸將皆稱善，乃令赫連達馳至夏州告帝。士吏咸泣，請留以觀其變。帝曰：「難得而易失者時也，不俟終日者機也，今不早赴，將恐衆心自離。」都督彌姐元進規應悅，密圖帝。事發，斬之。

帝乃率帳下，輕騎馳赴平涼。時齊神武遣長史侯景招引岳衆，帝至安定，遇之於傳舍。吐哺上馬，謂曰：「賀拔公雖死，宇文泰尙存，卿何爲也？」景失色曰：「我猶箭耳，隨人所射者也。」景於此還。帝至平涼，哭岳甚慟。將士悲且喜曰：「宇文公至，無所憂矣。」

齊神武又使景與常侍張華原、義寧太守王基勞帝，帝不受命。與基有舊，將留之，幷欲留景，並不屈，乃遣之。時斛斯椿在帝所，曰：「景，人傑也，何故放之？」帝亦悔，驛追之不及。基亦逃歸，言帝雄傑，請及其未定滅之。神武曰：「卿不見賀拔、侯莫陳乎，吾當以計拱手取之。」及沙苑之敗，神武乃始追悔。

于時魏帝將圖神武，聞岳被害，遣武衞將軍元毗宣旨勞岳軍，追還洛陽。毗到平涼，會諸將已推帝。侯莫陳悅亦被敕追還，悅旣附神武，不肯應召。帝曰：「悅枉害忠良，復不應詔命，此國之大賊。」乃令諸軍戒嚴，將討悅。

二十四史

中華書局

及毗還，帝表於魏帝，辭以高歡至河東，侯莫陳悅在水洛，首尾受敵，乞少停緩。帝志在討悅，而未測朝旨，且衆未集，假爲此辭。因與元毗及諸將，刑牲盟誓，同獎王室。

初，賀拔岳營河曲，軍吏獨行，忽見一翁，謂曰：「賀拔雖據此衆，終無所成。當有一宇文家從東北來，後必大盛。」言訖不見。至是方驗。

魏帝因詔帝爲大都督，卽統賀拔岳軍。帝乃與悅書，責以殺賀拔岳罪，又喻令歸朝。悅乃詐爲詔書與秦州刺史万俟普撥，令爲己援。普撥疑之，封以呈帝，帝表奏之。魏帝因問帝安秦、隴計。帝請召悅，授以內官，及處以瓜、涼一藩；不然，則終致猜虞。

三月，帝進軍至原州，衆軍悉集，諭以討悅意，士卒莫不懷憤。四月，引兵上隴，留兄子導爲都督，鎭原州。〔二〕帝軍令嚴肅，秋毫無犯，百姓大悅。軍出木峽關，〔三〕大雪，平地二尺。帝知悅怯而多猜，乃倍道兼行，出其不意。悅果疑其左右有異志，左右不自安，衆遂離貳。聞大軍且至，退保略陽，留一萬餘人據守水洛。〔四〕帝至，圍之，城降。帝卽輕騎數百趣略陽，以臨悅軍。其部將皆勸悅退保上邽。時南秦州刺史李弼亦在悅軍，間遣使請爲內應。其夜，悅出軍，軍自驚潰，將卒或來降，帝縱兵奮擊，大破之。悅與其子弟及麾下數十騎遁走。帝乃命原州都督導追悅，至牽屯山斬之，傳首洛陽。帝至上邽，悅府庫財物山積，皆以賞士卒，毫釐無所取。左右竊以一銀甕歸，帝知而罪之，卽剖賜將士，衆大悅。

齊神武聞關隴剋捷，遣使於帝，深相倚結。帝拒而不納，封神武書以聞。時神武已有異志，故魏帝深仗於帝，仍令帝稍引軍而東。帝乃令大都督梁禦率步騎五千，將鎭河、渭合口，爲圖河東計。魏帝進帝侍中、驃騎大將軍、開府儀同三司、關西大都督、略陽縣公，承制封拜，使持節如故。

時魏帝方圖齊神武，又遣徵兵。帝乃令前秦州刺史駱超爲大都督，率輕騎一千赴洛。魏帝進授帝兼尚書左僕射、關西大行臺，餘官如故。帝乃傳檄方鎭曰：

蓋聞陰陽遞用，盛衰相襲，苟當百六，無閒三五。皇家創歷，陶鑄蒼生，保安四海，仁育萬物。運距孝昌，屯沴屢起，隴、冀騷動，燕、河狼顧。雖靈命重啓，蕩定有期，而乘釁之徒，因翼生羽。

賊臣高歡，器識庸下，出自輿皁，罕聞禮義。直以一介鷹犬，效力戎行，靦冒恩私，遂階榮寵。不能竭誠盡節，專挾姦回，乃勸尒朱榮行茲篡逆。及榮以專政伏誅，世隆以凶黨外叛，歡苦相敦勉，令取京師。又勸吐万兒復爲弒虐，暫立建明，以令天下，假推普泰，欲竊威權。並歸廢斥，俱見酷害。於是稱兵河北，假討尒朱，亟通表奏，云取讒賊。旣行廢黜，遂將篡弒。以人望未改，恐鼎鑊交及，乃求宗室，權允人心。天方與魏，必將有主，翊戴聖明，誠非歡力。而歡阻兵安忍，自以爲功，廣布腹心，跨州連郡，

端揆禁闥，莫非親黨，皆行貪虐，窫窳生靈。而舊將名臣，正人直士，橫生瘡痏，動掛網羅。故武衞將軍伊琳，清直武毅，禁旅攸屬；直閤將軍鮮于康仁，忠亮驍傑，爪牙斯在：歡收而戮之，曾無聞奏。司空高乾，是其黨與，每相影響，謀危社稷。但姦志未從，恐先泄漏，乃密白朝廷，使殺高乾，方哭對其弟，稱天子橫戮。孫騰、任祥，歡之心膂，並使入居樞近，伺國間隙，知歡逆謀將發，相繼歸逃，歡益加撫待，亦無陳白。

然歡入洛之始，本有姦謀。令親人蔡儁作牧河、濟，厚相恩贍，爲東道主人。故關西大都督清水公賀拔岳，勳德隆重，興亡攸寄，歡好亂樂禍，深相忌毒，乃與侯莫陳悅，陰圖陷害。幕府以受律專征，便卽討戮。歡知逆狀已露，稍懷旅拒，遂遣蔡儁拒代，令竇泰佐之，又遣侯景等云向白馬，輔世珍等徑趣石濟，高隆之疋婁昭等屯據壺關，〔五〕韓軌之徒擁衆蒲坂。於是上書天子，數論得失，訾毀乘輿，威侮朝廷。藉此微庸，冀茲大寶，谿壑可盈，禍心不測。或言徑赴荆、楚，開疆於外；或言分詣伊、洛，取彼讒人；或言欲來入關，與幕府決戰。今聖明御運，天下淸夷，百僚師師，四隩來暨，人盡忠良，誰爲君側？而歡威福自己，生是亂階，緝構南箕，指鹿爲馬，包藏凶逆，伺我神器。是而可忍，孰不可容。

幕府折衝宇宙，親當受脤，銳師百萬，彀騎千羣，裹糧坐甲，唯敵是俟，義之所在，

靡軀匪吝。頻有詔書，班告天下，稱歡逆亂，徵兵致伐。今便分命將帥，應機進討，或趣其要害，或襲其窟穴，電繞蛇擊，霧合星羅。而歡違負天地，毒被人鬼，乘此掃蕩，易同俯拾。歡若度河，稍逼宮廟，則分命諸將，直取幷州，幕府躬自東轅，電赴伊、洛。若固其巢穴，未敢發動，亦命羣帥，百道俱前，轘裂賊臣，以謝天下。

其州鎭郡縣，率土黎人，或州鄉冠冕，或勳庸世濟，並宜捨逆歸順，立効軍門。封賞之科，已有別格，凡百君子，可不勉哉。

帝謂諸軍曰：「高歡雖智不足而詐有餘，今聲言欲西，其意在入洛。吾欲令寇洛率馬步萬餘，自涇州東引；王羆率甲士一萬，先據華州。歡若西來，王羆足得抗拒；如其入洛，寇洛卽襲汾、晉。吾便速駕，直赴京邑，使其進有內顧之憂，退有被躡之勢，一舉大定，此爲上策。」衆咸稱善。

七月，帝帥衆發自高平，前軍至于弘農。而齊神武稍逼京師，魏帝親總六軍屯河橋，令左衞元斌之、領軍斛斯椿鎭武牢。帝謂左右曰：「高歡數日行八九百里，曉兵者所忌，正須乘便擊之。而主上以萬乘之重，不能度河決戰，方緣津據守。且長河萬里，扞禦爲難，一處得度，大事去矣。」卽以大都督趙貴爲別道行臺，自蒲坂濟，趣幷州；遣大都督李賢將精騎一千赴洛陽。會斌之與斛斯椿爭權，鎭防不守，魏帝遂輕騎入關。帝備儀衞奉迎，謁見於東陽

中華書局

驛，〔六〕免冠流涕謝罪。

乃奉魏帝都長安，披草萊，立朝廷，軍國之政，咸取決於帝。仍加授大將軍、雍州刺史，兼尚書令，進封略陽郡公，別置二尚書，隨機處分，解尚書僕射，餘如故。初，魏帝在洛陽，許以馮翊長公主配帝，未及結納而魏帝西遷。至是詔帝尚之，拜駙馬都尉。

八月，齊神武襲陷潼關，侵華陰，帝率諸軍屯霸上以待之。神武留其將薛瑾守關而退，帝乃進軍斬瑾，虜其卒七千。還長安，進位丞相。

十一月，遣儀同李虎與李弼、趙貴等討曹泥於靈州，虎引河灌之。〔七〕明年，泥降，遷其豪帥于咸陽。

閏十二月，魏孝武帝崩，〔八〕帝與羣公定册，尊立魏南陽王寶炬爲嗣，是爲文帝。

大統元年正月己酉，魏帝進帝都督中外諸軍、錄尚書事、大行臺，改封安定郡王。帝固讓王及錄尚書，魏帝許之，乃改封安定郡公。東魏將司馬子如寇潼關，帝軍霸上。子如乃回軍自蒲津寇華州，刺史王羆擊走之。

三月，帝命有司爲二十四條新制，奏行之。

二年五月，秦州刺史、建忠王万俟普撥率所部入東魏，帝輕騎追之，至河北千餘里，不及而還。

三年正月，東魏寇龍門，屯軍蒲坂，造三道浮橋度河。又遣其將竇泰趣潼關，高昂圍洛州。帝出軍廣陽，召諸將謂曰：「賊掎吾三面，又造橋，示欲必度，是欲綴吾軍，使竇泰得西入耳。且歡起兵以來，泰每先驅，下多銳卒，屢勝而驕。今襲之必剋，剋泰，則歡不戰而走矣。」諸將咸曰：「賊在近，捨而襲遠，若差跌，悔何及也。」帝曰：「歡前再襲潼關，吾軍不過霸上。今者大來，謂吾但自守耳。又狃於得志，有輕我之心，乘此擊之，何往不剋。賊雖造橋，未能徑度，比五日中，吾取泰必矣。」庚戌，帝還長安，聲言欲向隴右。辛亥，謁魏帝而潛軍至小關。竇泰卒聞軍至，陳未成，帝擊之，盡俘其衆，斬泰，傳首長安。高昂聞之，焚輜重而走。齊神武亦撤橋而退。帝乃還。

六月，帝請罷行臺，魏帝復申前命，授帝錄尚書事，固讓乃止。〔九〕

八月丁丑，帝率李弼、獨孤信、梁禦、趙貴、于謹、若干惠、怡峯、劉亮、王德、侯莫陳崇、李遠、達奚武等十二將東伐，至潼關。帝乃誓於師曰：「與爾有衆，奉天威，誅暴亂。惟爾衆士，整爾甲兵，戒爾戎事，無貪財以輕敵，無暴人以作威。用命則有賞，不用命則有戮，爾衆

士其勉之。」乃遣于謹先徇地至盤豆，拔之，獲東魏將高叔禮，送于長安。戊子，至弘農，攻之，城潰，禽東魏陝州刺史李徽伯，虜其戰士八千。守將高千走度河，命賀拔勝追禽之，並送長安。於是宜陽、邵郡皆歸附。先是河南豪傑應東魏者，皆降。

齊神武懼，率衆趣蒲坂，〔一〇〕將自后土濟。遣其將高昂以三萬人出河南。是歲，關中飢，帝館穀於弘農五十餘日。時軍士不滿萬人，聞神武將度，乃還。神武遂度河，逼華州，刺史王羆嚴守，乃涉洛，軍於許原西。帝至渭南，徵諸州兵，未會。將擊之，諸將以衆寡不敵，請且待歡更西以觀之。帝曰：「歡若至咸陽，人情轉騷擾。今及其新至，可擊之。」即造浮橋於渭，令軍士齎三日糧，輕騎度渭，輜重自渭南，夾渭而西。

十月壬辰，至沙苑，距齊軍六十餘里，神武引軍來會。癸巳，候騎告齊軍至，帝召諸將謀。李弼曰：「彼衆我寡，不可平地置陣。此東十里，有渭曲，可先據以待之。」遂進至渭，背水東西爲陣，李弼爲右拒，趙貴爲左拒。命將士皆偃戈於葭蘆中，聞鼓聲而起。日晡，齊師至，望見軍少，競萃於左，軍亂不成列。兵將交，帝鳴鼓，士皆奮起。于謹等六軍與之合戰，李弼等率鐵騎橫擊之，絕其軍爲二，遂大破之，斬六千餘級，臨陣降者二萬餘人。神武夜遁，追至河上，復大剋。前後虜其卒七萬，留其甲兵二萬，餘悉縱歸。〔一一〕收其輜重兵甲，獻俘長安。李穆曰：「高歡膽破矣，逐之可獲。」帝不聽，乃還軍渭南。時所徵諸州兵始至。乃於戰

所，準當時兵，人種樹一株，栽柳七千根，以旌武功。魏帝進帝柱國大將軍，增邑并前五千戶。李弼等十二將，亦進爵增邑。

以左僕射、馮翊王元季海爲行臺，與開府獨孤信帥步騎二萬向洛陽，賀拔勝、李弼度河圍蒲坂。蒲坂鎮將高子信開門納勝軍，東魏將薛崇禮棄城走，〔一二〕勝等追獲之。帝進軍蒲坂，略定汾、絳。初，帝自弘農入關後，東魏將高昂圍弘農。聞其軍敗，退守洛陽。獨孤信至新安，昂復走度河，遂入洛陽。自梁、陳已西，將吏降者相屬。

於是東魏將堯雄、趙育、是云寶出潁川，欲復降地。帝遣儀同宇文貴、梁遷等逆擊，大破之，趙育來降。東魏復遣任祥率河南兵與堯雄合，儀同怡峯與貴、遷等復擊破之。又遣都督韋孝寬取豫州。是云寶殺其東揚州刺史那椿，以州來降。

四年三月，帝率諸將入朝，禮畢還華州。

七月，東魏將侯景等圍獨孤信於洛陽，齊神武繼之。帝奉魏帝至穀城，臨陣斬東魏將莫多婁貸文，悉虜其衆，送弘農。遂進軍瀍東。景等夜解圍去。及旦，帝率輕騎追至河上。景等北據河橋，南屬芒山爲陣，與諸軍戰。帝馬中流矢，驚逸，軍中擾亂。都督李穆下馬授帝，軍復振。於是大捷，斬其將高昂、李猛、宋顯等，虜其甲士一萬五千人，赴河死者萬數。

中華書局

是日,置陣既大,首尾懸遠,從旦至未,戰數十合,氛霧四塞,莫能相知。獨孤信、李遠居右,趙貴、怡峯居左,戰並不利,又未知魏帝及帝所在,皆棄其卒先歸。開府李虎、念賢等爲後軍,遇信等退,卽與俱還。由是班師,洛陽亦失守。大軍至弘農,守將皆已棄城西走。所虜降卒在弘農者,因相與閉門拒守。進攻拔之,誅其魁首數百人。

大軍之東伐也,關中留守兵少,而前後所虜東魏士卒,皆散在百姓間,乃謀亂。及李虎等至長安,計無所出,乃與太尉王盟、僕射周惠達輔魏太子出次渭北。關中大震恐,百姓相剽劫。於是沙苑所俘軍人趙青雀、雍州人于伏德等遂反。青雀據長安子城,伏德保咸陽,與太守慕容思慶各收降卒,以拒還師。[一三]長安城人皆相率拒青雀,[一四]每日接戰。魏帝留止閿鄉,令帝討之。長安父老見帝,且悲且喜曰:「不意今日,復得見公。」士女咸相賀。華州刺史宇文導襲咸陽,斬思慶,禽伏德,南度渭,與帝會,攻破青雀。太傅梁景叡先以疾留長安,遂與青雀通謀,至是亦伏誅,關中乃定。魏帝還長安,帝復屯華州。

十二月,是云寶襲洛陽,東魏將王元軌棄城走。都督趙剛襲廣州拔之,自襄、廣以西城鎮復西屬。

五年冬,大閱於華陰。

六年春,東魏將侯景出三鵶,將侵荆州,帝遣開府李弼、獨孤信各率騎出武關,景乃還。夏,蠕蠕度河至夏州,帝召諸軍屯沙苑以備之。

七年十一月,帝奏行十二條制,恐百官不勉於職事,又下令申明之。

八年十月,齊神武侵汾、絳,圍玉壁。帝出軍蒲坂,神武退,度汾追之,遂遁去。

十二月,魏帝狩於華陰,大饗將士。帝帥諸將,朝於行在所。

九年二月,東魏北豫州刺史高愼舉州來附,帝帥師迎之。

三月,齊神武據芒山陣,不進者數日。帝留輜重於瀍曲,軍士銜枚,夜登芒山,未明擊之。神武單騎爲賀拔勝所逐,僅免。帝率右軍若干惠,大破神武軍,悉虜其步卒。趙貴等五將軍居左,戰不利。[一五]神武復合戰,帝又不利,夜引還。入關,屯渭上。神武進至陝,開府達奚武等禦之,乃退。帝以芒山諸將失律,上表自貶,魏帝不許。於是廣募關、隴豪右,以增軍旅。

十月,大閱於櫟陽,還屯華州。

十年五月,帝朝京師。

七月,魏帝以帝前後所上二十四條及十二條新制,方爲中興永式,命尙書蘇綽更損益之,總爲五卷,班於天下。於是搜簡賢才爲牧、守、令,習新制而遣焉。數年間,百姓便之。

十月,大閱於白水。

十一年十月,大閱于白水,遂西狩岐陽。

十二年春,涼州刺史宇文仲和據州反,瓜州人張保害刺史成慶以應之,帝遣開府獨孤信討之。東魏將侯景侵襄州,帝遣開府若干惠禦之,至穰,景遁去。

五月,獨孤信平涼州,禽仲和,遷其百姓六千餘家於長安。瓜州都督令狐延起義誅張保,瓜州平。

七月,帝大會諸軍於咸陽。

十三年正月,東魏河南大行臺侯景舉河南六州來附,被圍於潁川。六月,帝遣開府李弼援之,東魏將韓軌等遁去。景遂徙鎭豫州。於是遣開府王思政據潁川,弼引軍還。

七月,侯景密圖附梁,帝知其謀,悉追還前後所配景將士,景懼,遂叛。

冬,帝奉魏帝西狩咸陽。[一六]

十四年春,魏帝詔封帝長子毓爲寧都郡公。[一七]初,帝以平元顥納孝莊帝功,封寧都縣子,至是,改以爲郡,以封毓,用彰勤王之始也。

五月,魏帝進帝位太師。帝奉魏太子巡撫西境,登隴,刻石紀事。遂至原州,歷北長城,大狩,東趣五原,至蒲川,[一八]聞魏帝不豫而還。及至,魏帝疾已愈,乃還華州。

是歲,東魏將高岳圍王思政於潁川。

十五年春,帝遣大將軍趙貴帥師援王思政。高岳堰洧水以灌城,潁川以北皆爲陂澤,救兵不得至。六月,潁川陷。

初,侯景圍建鄴,梁司州刺史柳仲禮赴臺城,梁竟陵郡守孫暠以郡內附,帝使大都督苻貴鎭之。及建鄴陷,仲禮還司州,來寇,暠以郡叛,帝大怒。

中華書局

十一月，遣開府楊忠攻剋隨州，〔九〕進圍仲禮長史馬岫於安陸。

十六年正月，仲禮來援安陸，楊忠逆擊於漴頭，大破之，禽仲禮。馬岫以城降。三月，魏帝封帝第二子震爲武邑公。

七月，帝東伐，拜章武公導爲大將軍，總督留守諸軍，屯涇北，鎭關中。九月丁巳，軍出長安。連雨，自秋及冬，諸軍馬驢多死。遂於弘農北造橋濟河，自蒲坂還。於是河南自洛陽，河北自平陽以東，遂入齊。

十七年三月，魏文帝崩，皇太子嗣位，帝以冢宰總百揆。

十月，帝遣大將軍王雄出子午，伐上津、魏興，大將軍達奚武出散關，伐南鄭。

廢帝元年春，王雄平上津、魏興，以其地置東梁州。

四月，達奚武圍南鄭，月餘，梁州刺史宜豐侯蕭脩以州降武。〔一〇〕

八月，東梁州百姓圍州城，帝復遣王雄討之。

二年正月，魏帝詔帝爲左丞相、大行臺、都督中外諸軍事。〔一一〕二月，東梁州平，遷其豪帥於雍州。

三月，帝遣大將軍、魏安公尉遲迥帥師伐梁武陵王蕭紀於蜀。

四月，帝勒銳騎三萬，西踰隴，度金城河，至姑臧。吐谷渾震懼，遣使獻其方物。七月，帝至自姑臧。

八月，尉遲迥剋成都，劍南平。

十一月，尚書元烈謀亂，伏誅。

三年正月，始作九命之典，以敍內外官爵。以第一品爲九命，第九品爲一命，改流外品爲九秩，亦以九爲上。又改置州、郡、縣，凡改州四十六，置州一，改郡一百六，改縣三百三十。〔一二〕

魏帝有怨言，於是帝與公卿議，廢帝，立齊王廓，是爲恭帝。

恭帝元年四月，帝大饗羣臣。魏史柳虬執簡書告于朝曰：「廢帝，文皇帝之嗣子，年七歲，文皇帝託於安定公曰：『是子也，才，由于公，不才，亦由于公，公宜勉之。』公既受茲重寄，居元輔之任，又納女爲皇后，遂不能訓誨有成，致令廢黜，負文皇帝付屬之意，此咎非安定公而誰？」帝乃令太常盧辯作誥喩公卿曰：「嗚呼！我羣后曁衆士，維文皇帝以襁褓之嗣託於予，訓之誨之，庶厥有成。而予罔能弗變厥心，庸曁乎廢墜我文皇帝之志。嗚呼！茲咎予其焉避？予實知之，矧爾衆人之心哉。惟予之顏，豈惟今厚，將恐來世，以予爲口實。」

乙亥，魏帝詔封帝子邕爲輔城公，憲爲安城公。

七月，西狩至原州。

梁元帝遣使請據舊圖以定疆界，又連結於齊，言辭悖慢。帝曰：「古人有言，天之所棄，誰能興之，其蕭繹之謂乎。」十月壬戌，遣柱國于謹、中山公護與大將軍楊忠、韋孝寬等步騎五萬討之。十一月癸未，師濟漢，中山公護與楊忠率銳騎先屯其城下。丙申，于謹至江陵，列營圍守。辛亥，剋其城，戕梁元帝，虜其百官士庶以歸，沒爲奴婢者十餘萬，免者二百餘家。立蕭詧爲梁主，居江陵，爲魏附庸。

魏氏之初，統國三十六，大姓九十九，後多絕滅。至是，以諸將功高者爲三十六國後，次者爲九十九姓後，所統軍人，亦改從其姓。

二年，梁廣州刺史王琳寇邊。十月，帝遣大將軍豆盧寧帥師討之。

三年正月丁丑，初行周禮，建六官，魏帝進帝位太師、大冢宰。帝以漢、魏官繁，思革前弊，大統中，乃令蘇綽、盧辯依周制改創其事，尋亦置六卿官，然爲撰次未成，衆務猶歸臺閣。至是始畢，乃命行之。

四月，帝北巡。七月，度北河。魏帝封帝子直爲秦郡公，招爲正平公。

九月，帝不豫，還至雲陽，命中山公護受遺輔嗣子。十月乙亥，帝薨于雲陽宮，還長安發喪，時年五十。十二月甲申，葬于成陵，謚文公。及孝閔帝受禪，追尊爲文王，廟曰太祖。武成元年，追尊爲文皇帝。

帝知人善任使，從諫如順流，崇尚儒術，明達政事，恩信被物。能駕馭英豪，一見之者，咸思用命。沙苑所獲囚俘，釋而用之，及河橋之役，以充戰士，皆得其死力。諸將出征，授以方略，無不制勝。性好樸素，不尙虛飾，恒以反風俗復古始爲心云。

孝閔皇帝諱覺，字陁羅尼，文帝第三子也。母曰元皇后。大統八年，生於同州。七歲封略陽郡公。時善相者史元華見帝，退謂所親曰：「此公子有至貴相，但恨不壽耳。」

魏恭帝三年三月，命爲安定公世子。四月，拜大將軍。十月乙亥，文帝崩。丙子，世子嗣位爲太師、大冢宰。十二月丁亥，魏帝詔以岐陽地封帝爲周公。庚子，詔禪位于帝曰：「予聞皇天之命不于常，惟歸于德。故堯授舜，舜授禹，時宜也。天厭我魏邦，垂變以告，惟爾罔弗知。予雖不明，敢弗龔天命，格有德哉。今踵唐、虞舊典，禪位于周，庸布告爾焉。」〔二三〕使大宗伯趙貴持節奉冊書曰：「咨爾周公，帝王之位弗常，有德者受命，時乃天道。予式時庸，荒求于唐、虞之彝踵，曰我魏德之終舊矣，我邦小大罔弗知，今其可亢怫于天道而不歸有德歟。時用詢謀，僉曰：公昭考文公，格勳德于天地，丕濟黔黎。洎公，又躬宣重光。故玄象徵見于上，謳訟奔走于下，天之曆數，用實在焉，予安敢弗若。是以欽祗聖典，遜位于公。公其享茲天命，保有萬國，可不慎歟。」魏帝臨朝，遣戶部中大夫、濟北公元迪致皇帝璽綬。帝固辭，公卿百辟勸進，太史陳祥瑞，乃從之。是日，魏帝遜位于大司馬府。

元年春正月，天王即位，柴燎告天，朝百官于路門。追尊皇考文公爲文王，皇妣爲文后，大赦。封魏帝爲宋公。是日，槐里獻赤雀。百官奏議曰：「帝王之興，罔弗更正朔，明受之於天，革人視聽也。逮于尼甫，稽諸陰陽，云行夏之時，後王所不易。今魏曆告終，周室受命，

以木承水，實當行錄，正用夏時，式遵聖道。惟文王誕玄氣之祥，有黑水之讖，服色宜尚烏。」〔二四〕制曰：「可。」以大司徒、趙郡公李弼爲太師，〔二五〕以大宗伯、南陽公趙貴爲太傅、大冢宰，以大司馬、河內公獨孤信爲太保，以大宗伯、中山公護爲大司馬，〔二六〕以大將軍寧都公毓、高陽公達奚武、武陽公豆盧寧、小司寇陽平公李遠、小司馬博陵公賀蘭祥、小宗伯魏安公尉迥等並爲柱國。壬寅，祀圓丘。詔曰：「予本自神農，其於二丘，宜作厥主。始祖獻侯，啓土遼海，配南北郊；文考德符五運，受天明命，祖于明堂，以配上帝。」癸卯，祀方丘。甲辰，遂祭太社。初除市門稅。乙巳，享太廟。丁未，會于乾安殿，班賞各有差。戊申，詔有司分命使者，巡察風俗，求人得失，禮餼高年，恤于鰥寡。辛亥，祀南郊。壬子，立王后元氏。辛酉，享太廟。癸亥，親耕籍田。

二月癸酉，朝日于東郊。〔二七〕戊寅，祭太社。丁亥，柱國、楚國公趙貴謀反，伏誅，太保獨孤信罪免。甲午，以大司空、梁國公侯莫陳崇爲太保，大司馬、晉國公護爲大冢宰，柱國、博陵公賀蘭祥爲大司馬，高陽公達奚武爲大司寇，〔二八〕大將軍、化政公宇文貴爲柱國。

三月己酉，衞國公獨孤信賜死。癸亥，省六府士員三分之一。

夏四月壬申，降死罪已下囚。壬午，謁成陵。丁亥，享太廟。五月己酉，帝將觀漁於昆明池，博士姜須諫，乃止。

秋七月壬寅，帝聽訟於右寢，多所哀宥。辛亥，享太廟。八月戊辰，祭太社。辛未，降死罪已下囚。甲午，詔二十四軍舉賢良。九月庚申，改太守爲郡守。

帝性剛果，忌晉公護之專。司會李植、軍司馬孫恒以先朝佐命，入侍左右，亦疾護權重，乃與宮伯乙鳳、賀拔提等潛請帝誅護，帝許之。又引宮伯張先洛。〔二九〕先洛以白護，護乃出植爲梁州刺史，恒爲潼州刺史。鳳等更奏帝，將召羣臣入，因此誅護。先洛又白之。時小司馬尉綱總統宿衞兵，護乃召綱入殿中，詐呼鳳等論事，以次執送護第，並誅之。綱仍罷禁兵，帝無左右，獨在內殿，令宮人執兵自守。護遣大司馬賀蘭祥逼帝遜位，貶爲略陽公，遂幽於舊邸。月餘日，以弒崩，時年十六。植、恒等亦遇害。

及武帝誅護後，乃詔曰：「故略陽公至德純粹，天姿秀傑。屬魏祚告終，寶命將改，謳歌允集，曆數攸歸，上協蒼靈之慶，下昭后祇之錫。而禍生肘腋，釁起蕭牆，白武噬駿，〔三〇〕蒼鷹集殿，幽辱神器，弒酷乘輿，冤結生靈，毒流寓縣。今河海澄清，氛沴消蕩，追尊之禮，宜崇徽號。」遣太師、蜀國公迥於南郊上謚曰孝閔皇帝，陵曰靜陵。

世宗明皇帝諱毓，小名統萬突，文皇帝之長子也。母曰姚夫人。永熙三年，文帝臨夏

州，生於統萬城，因以名焉。大統十四年，封寧都郡公。魏恭帝三年，累遷大將軍，鎮隴右。孝閔踐阼，進位柱國，轉岐州刺史，有美政。及孝閔廢，晉公護遣迎帝於岐州。九月癸亥，至京師，止於舊邸。羣臣上表勸進，備法駕奉迎，帝固讓，羣臣固請，乃許之。

元年秋九月，天王即位，大赦。乙丑，朝羣臣於延壽殿。

冬十月癸酉，太師、趙國公李弼薨。己卯，以大將軍、昌平公尉綱爲柱國。乙酉，祀圓丘。丙戌，祀方丘。甲午，祭太社。陽平公李遠賜死。辛未，梁敬帝遜位于陳。

十一月庚子，享太廟。丁未，祀圓丘。

十二月庚午，謁成陵。庚辰，以大將軍、輔城公邕爲柱國。戊子，赦長安見囚。甲午，詔元氏子女自坐趙貴等事以來，所有沒入爲官口者，悉免之。

二年春正月乙未，以大冢宰、晉公護爲太師。辛亥，親耕籍田。癸丑，立王后獨孤氏。丁巳，於雍州置十二郡。

三月甲午，齊北豫州刺史司馬消難舉州來附。〔三一〕改雍州刺史爲牧，京兆郡守爲尹。庚申，詔三十六國、九十九姓，自魏南徙，皆稱河南人，今周室既都關中，宜改稱京兆人。

中華書局

夏四月己巳，以太師、晉公護爲雍州牧。辛未，降死罪囚一等，五歲刑已下皆原之。甲戌，天王后獨孤氏崩。甲申，葬敬后。五月乙未，以大司空、梁國公侯莫陳崇爲大宗伯。六月癸亥，嚈噠國遣使朝貢。己巳，板授高年刺史、守、令，恤鰥寡孤獨各有差。分長安爲萬年縣，並居京城。壬申，遣使分行州郡，理囚徒，察風俗，掩骼埋胔。

秋七月，順陽獻三足烏。八月甲子，羣臣上表稱慶，於是大赦，文武普進級。九月辛卯，以大將軍楊忠、王雄並爲柱國。甲辰，封少師元羅爲韓國公，以紹魏後。丁未，行幸同州故宅，賦詩。

冬十月辛酉，突厥遣使朝貢。〔三〕癸亥，太廟成。乙亥，以功臣琅邪貞獻公賀拔勝等十三人配享文帝廟庭。壬午，大赦。

武成元年春正月己酉，太師、晉公護上表歸政，帝始親萬機，軍旅猶總於護。初改都督諸州軍事爲總管。三月癸巳，陳六軍，帝親擐甲冑，迎太白於東方。吐谷渾寇邊，庚戌，遣大司馬、博陵公賀蘭祥率衆討之。

夏五月戊子，詔有司造周曆。己亥，聽訟於正武殿。辛亥，以大宗伯、梁國公侯莫陳崇爲大司徒，大司寇、高陽公達奚武爲大宗伯，武陽公豆盧寧爲大司寇，柱國、輔城公邕爲大

司空。乙卯，詔曰：「比屢有糺發官司赦前事者，有司自今勿推究。唯庫廄倉廩，與海內所共。漢帝有云：『朕爲天下守財耳。』若有侵盜公家財畜錢粟者，魏朝之事，年月既遠，一不須問，自周有天下以來，雖經赦宥，事迹可知者，有司宜即推窮。得實之日，免其罪，徵備如法。」賀蘭祥攻拔洮陽、洪和二城，吐谷渾遁走。閏月，高昌遣使朝貢。

六月戊子，大雨霖。詔公卿大夫士爰及牧守黎庶等，令各上封事，讜言極諫，無有所諱。其遭水者，有司可時巡檢，條列以聞。庚子，詔曰：「潁川從我，是曰元勳，無忘父城，實起王業。文考屬天地草昧，造化權輿，拯彼流亡，匡茲頹運。賴英賢盡力，文武同心，翼贊大功，克隆帝業。而被堅執銳，櫛風沐雨，永言疇昔，良用憮然。若功成名遂，建國剖符，予唯休也。其有致死王事，妻子無歸者，朕甚傷之。凡從先王向夏州，發夏州從來，見在及薨亡者，並量賜錢帛，稱朕意焉。」是月，陳武帝殂。

秋八月己亥，改天王稱皇帝，追尊文王爲文皇帝，大赦，改元。癸丑，增御正四人，位上大夫。

冬十月，齊文宣帝殂。

二年春正月癸丑朔，大會羣臣于紫極殿，始用百戲。三月辛酉，重陽閣成，會羣臣公侯

列將卿大夫及突厥使於芳林園，〔三〕賜錢帛各有差。

夏四月，帝因食糖䭔遇毒，庚子，大漸。詔曰：

人生天地之間，稟五常之氣，天地有窮已，五常有推移，人安得長在。是以有生有死者，物理之必然。處必然之理，修短之間，何足多恨。朕雖不德，性好典墳，披覽聖賢餘論，未嘗不以此自曉。今乃命也，夫復何言！諸公及在朝卿大夫士、軍中大小督將軍人等，並立勳効，積有年載，輔翼太祖，成我周家，令朕纘承大業，處萬乘之上。此上不負太祖，下不負朕躬。朕得啓手啓足，從先帝於地下，實無恨于心矣。所可恨者，朕享大位，可謂四年矣，不能使政化修理，黎庶豐足，九州未一，二方猶梗，顧此恨恨，目用不瞑。唯冀仁兄冢宰，洎朕先正先父公卿大臣等，協和爲心，勉力相勸，勿忘太祖遺志，提挈後人，朕雖沒九泉，形骸不朽。

今大位虛曠，社稷無主，朕兒幼少，未堪當國。魯國公邕，朕之介弟，寬仁大度，海內共聞，能弘我周家，必此子也。夫人貴有始終，公等事太祖，輔朕躬，可謂有始矣。若克念政道，顧其艱難，輔邕以主天下者，可謂有終矣。哀死事生，人臣大節，公等可思念此言，令萬代稱歎。

朕稟生儉素，非能力行菲薄，每寢大布之被，服大帛之衣，凡是器用，皆無彫刻。身

終之日，豈容違棄此好。喪事所須，務從儉約，斂以時服，勿使有金玉之飾。若以禮不可闕，皆令用瓦。小斂訖，七日哭。文武百官，各權辟麻苴，以素服從事。葬日，選擇不毛之地，因勢爲墳，勿封勿樹。且厚葬傷生，聖人所誡，朕既服膺聖人之教，安敢違之。凡百官司，勿異朕意。四方州鎮使到，各令三日哭。哭訖，權辟凶服，還以素服從事，待大例除。非有呼召，各按部自守，不得輒奔赴闕庭。禮有通塞隨時之義，葬訖，內外悉除服從吉。三年之內，勿禁婚娶，一令如平常也。

時事殷猥，病困心亂，止能及此。如事有不盡，準此以類爲斷。死而可忍，古人有之，朕今忍死，盡此懷抱。

其詔即帝口授也。辛丑，帝崩於延壽殿，時年二十七。諡曰明皇帝，廟號世宗。五月辛未，葬於昭陵。

帝寬明仁厚，敦睦九族，有君人之量。幼而好學，博覽羣書。善屬文，詞彩溫麗。及即位，集公卿已下有文學者八十餘人，於麟趾殿刊校經史。又捃採衆書，自羲、農已來，訖于魏末，敘爲世譜，凡百卷。所著文章十卷。

論曰：昔者水運將終，羣凶放命，或權威震主，或釁逆滔天。咸謂大寶可以力致，神器可以求得，而卒誅夷繼及，亡不旋踵。是知天命有底，庸可慆乎。

周文爰自潛躍，衆無一旅，驅馳戎馬之際，躡足行伍之間。時屬輿能，運膺啓聖，鳩集義勇，糾合同盟，一舉而殄仇讎，再駕而匡帝室。於是內詢帷幄，外杖材雄，推至誠以待人，弘大順以訓物。高氏藉甲兵之衆，恃戎馬之强，屢入近畿，志圖吞噬。及英謀電發，神旆風馳，弘農建城濮之勳，沙苑有昆陽之捷，取威定霸，以弱爲强。紹元宗之衰緒，創隆周之景命，南清江、漢，西舉巴、蜀，北控沙漠，東據伊、瀍。

乃擯落魏、晉，憲章古昔，修六官之廢典，成一代之鴻規。德刑並用，勳賢兼敍，遠安邇悅，俗阜人和。億兆之望有歸，揖讓之期允集。功業若此，人臣以終，盛矣哉。非夫雄略冠時，〔一四〕英姿不世，天與神授，緯武經文者，孰能與於此乎。昔漢獻蒙塵，曹公成夾輔之業；晉安播蕩，宋武建匡合之勳。校德論功，綽有餘裕。

至於渚宮制勝，闔城孥戮，蠕蠕歸命，盡種誅夷，雖事出於權道，而用乖於德教，斯爲過矣。

孝閔承旣安之業，膺樂推之運，明皇處代邸之尊，纂大宗之緒，始則權臣專命，終乃政出私門，俱懷芒刺之疑，用致幽紩之禍，惜哉。

校勘記

〔一〕及其裔孫曰普回至爲慕容晃所滅　錢氏考異卷三八云：「按後周之先，出自匈奴宇文，而紀所述世系與匈奴宇文莫槐傳本書卷九八互異。中略兩篇所述人名、世系無一同者，一據周書，一據魏書也。延壽生於唐初，去周未遠，何以不考乃爾。」

〔二〕留兄子導爲都督鎭原州　諸本「導」作「遵」，周書作「導」。按宇文導傳見本書卷五七，作「遵」誤，今據改。

〔三〕軍出木峽關　諸本「峽」作「狹」，周書作「峽」。按太平寰宇記卷三三，原州平高縣有木峽關。今據改。

〔四〕留一萬餘人據守水洛　諸本「水」作「永」。按「永洛」當作「水洛」，見卷五孝莊紀校記，今據改。

〔五〕高隆之疋婁昭等屯據壺關　諸本「疋」作「及」，周書作「疋」。按魏書卷一一三官氏志云：「匹婁氏後改爲婁氏。」元和姓纂五質、通志氏族略作「疋婁」。疋婁昭卽婁昭，作「及」乃形似致訛。今據改。

〔六〕謁見於東陽驛　諸本無「陽」字，周書及本書卷五魏孝武紀、通鑑卷一五六四八五二頁並有「陽」字。胡三省注云：「水經注卷一九渭水注渭水過長安城北，又東過新豐，東合西陽水，又東，合東陽水，二水並東出廣鄉原。」此脫「陽」字，今據補。

〔七〕遣儀同李虎與李弼趙貴等討曹泥於靈州虎引河灌之　諸本「虎」字作「諱」，乃李延壽避唐諱所改。但其子李昞也改作「諱」，父子易混。今從周書殿本回改。

〔八〕閏十二月魏孝武帝崩　諸本無「閏」字，周書有。按本書卷五魏孝武紀、魏書卷一一出帝紀稱其死於閏十二月癸巳，今據補。

〔九〕魏帝復申前命授帝錄尙書事固讓乃止　周書卷二文帝紀下作「帝復申前命，太祖受錄尙書事，餘固讓乃止」。按元年正月云：「魏帝進帝都督中外諸軍、錄尙書事、大行臺，改封安定郡王。帝固讓王及錄尙書，魏帝許之。」這次復申前命，應卽指授錄尙書及封王。宇文泰受錄尙書而辭王爵，故云：「餘固讓乃止。」北史則似並錄尙書亦辭而不受，疑誤。

〔一〇〕齊神武懼率衆趨蒲坂　百衲本「趨」作「走」，南、北、汲、殿四本作「下」，周書作「趨」。按下云「神武遂渡河，逼華州」，則高歡是進攻，非敗退，作「走」不洽。蓋因「趨」字右半殘缺，遂訛作「走」。南、北、汲、殿四本又誤改作「下」。今據周書改作「趨」。

〔一一〕留其甲兵二萬餘悉縱歸　周書「兵」作「士」。按「甲士」當時指職業軍人，主要是騎兵。「甲兵」通常是指武器，疑誤。

〔一二〕蒲坂鎭將高子信開門納勝軍東魏將薛崇禮棄城走　「蒲坂鎭將」周書作「牙門將」。按「鎭將」通常指該鎭主將。據周書卷三五薛善傳，當時東魏守河東卽蒲坂者，主將爲薛崇禮，高子信乃其防城都督，卽所謂「牙門將」。此作「鎭將」，誤。

〔一三〕與太守慕容思慶各收降卒以拒還師　諸本「慶」訛「度」，據周書卷二文帝紀、卷一〇宇文導傳，本書卷五七宇文導傳，通鑑卷一五八四八九七頁改。

〔一四〕長安城人皆相率拒青雀　周書「城」上有「大」字。按趙青雀據子城，故此云大城。疑北史脫「大」字。

〔一五〕趙貴等五將軍居左戰不利　諸本「左」作「右」，周書作「左」。按本書卷五九、周書卷一六趙貴傳言芒山之戰，「貴爲左軍，失律」。作「右」誤，今據改。

〔一六〕帝奉魏帝西狩咸陽　周書「咸」作「岐」。按咸陽與長安僅隔一渭水，似不得特書「西狩」。上文十一年亦有「西狩岐陽」的記載，疑作「岐」是。

〔一七〕魏帝詔封帝長子毓爲寧都郡公　諸本「毓」作「覺」，周書作「毓」。洪頤煊諸史考異卷一七云：「孝閔帝紀，諱覺，文帝第三子。明帝紀，諱毓，文帝長子，大統十四年封寧都公。此紀作長子覺者，誤也。」按洪說是，今據改。

〔一八〕東趣五原至蒲川　諸本「川」作「州」，周書作「川」。按周書卷四明帝紀，蒲州始置在明帝二年，

二十四史

則大統十四年不得有蒲州。且其地在河東，非宇文泰巡視北邊所必經。本書卷二〇周書卷一五于寔傳、周書卷四九稽胡傳見「蒲川」，此地與丹、綏、銀三州相鄰，當在今陝北、寧夏之間，正當宇文泰由原州赴五原道上。作「川」是，今據改。

〔一九〕遣開府楊忠攻剋隨州　周書「州」作「郡」。按隋書卷三一地理志漢東郡注云：「西魏置幷州，後改曰隋州。」隋縣注云：「舊置隋郡。」又據周書卷二文帝紀，幷州改隨州在西魏廢帝三年，則在此以前無隨州。周書作「郡」是。

〔二〇〕梁州刺史宜豐侯蕭脩以州降武　按蕭脩爲梁之梁州刺史，「梁」上當脫「梁」字。又「蕭脩」周書皆作「蕭循」。北史皆作「脩」。二字易混，未知孰是。

〔二一〕魏帝詔帝爲左丞相大行臺都督中外諸軍事　周書作「魏帝詔太祖去丞相、大行臺，爲都督中外諸軍事」。按宇文泰於永熙三年卽已爲丞相，大統元年又爲都督中外諸軍事、大行臺。當時丞相並不分左右，何得忽由丞相轉爲左丞相？蓋大統十七年，泰已爲冢宰，卽丞相之職，官號重疊，故去丞相、大行臺之號，止留「都督中外諸軍事」爲冢宰之兼職。周書是。

〔二二〕改縣三百三十　周書作「二百三十」。

〔二三〕庸布告爾焉　周書卷三孝閔紀「爾」作「遐邇」。按「爾」與「邇」通，疑脫「遐」字。

〔二四〕服色宜尙烏　諸本「烏」作「焉」，周書作「烏」。按上言「玄氣」、「黑水」，都是指烏色，今據改。

〔二五〕以大司徒趙郡公李弼爲太師　諸本「公」作「王」，周書作「公」。張森楷云：「按西魏無異姓王。以宇文泰之專而止於安定公，則弼詎得爲王耶？公字是。」按李弼於大統初封趙郡公，入周爲趙國公，見本書卷六〇、周書卷十五本傳。張說是，今據改。

〔二六〕以大司馬河內公獨孤信爲太保以大宗伯中山公護爲大司馬　按周書卷一六獨孤信傳：「孝閔踐祚，遷太保、大宗伯。」又卷一一宇文護傳，護於遷大司馬前，官小司空，非大宗伯。則大宗伯乃信新授之官，「太保」下「以」字當在「大宗伯」下。

〔二七〕二月癸酉朝日于東郊　諸本「癸酉」下有「朔」字，周書無。按是年二月庚午朔，癸酉是四日，「朔」字衍，今刪。

〔二八〕以大司空梁國公侯莫陳崇爲太保至高陽公達奚武爲大司寇　按周書卷二文帝紀下，魏恭帝三年建六官，于謹爲大司寇。卷一五于謹傳云：「孝閔帝踐祚，進封燕國公，邑萬戶，遷太傅、大宗伯。」但本紀不見于謹自大司寇遷太傅、大宗伯的記載。這裏說達奚武爲大司寇，則于謹必已遷官。疑此處「以」下脫「大司寇燕國公于謹爲太傅、大宗伯」十四字。當時太傅趙貴死，大宗伯獨孤信免，以謹繼任，於情事亦符。

〔二九〕又引宮伯張先洛　周書「先」作「光」。按本書卷五七周書卷一一宇文護傳、通鑑卷一六七一六五頁都作「光」。周書卷三〇于翼傳見「大將軍張光洛」，疑作「先」誤。

〔三〇〕白武嗌膠　周書「武」作「獸」，都是避「虎」字改。

〔三一〕齊北豫州刺史司馬消難舉州來附　諸本脫「齊」字，據周書卷四明帝紀補。

〔三二〕冬十月辛酉突厥遣使朝貢　周書作：「冬十月辛酉還宮。乙丑，遣柱國尉遲迥鎭隴右。長安獻白兔。十二月辛酉，突厥遣使獻方物。」按此因前後並有「辛酉」，誤脫一段，遂以十二月事繫於十月。

〔三三〕會羣臣公侯列將卿大夫及突厥使於芳林園　周書無「臣」「侯」二字。按「羣公列將」常見於周代詔文，如周書卷二三蘇綽所作大誥，卽有是語。這裏「臣」「侯」二字當是衍文。

〔三四〕非夫雄略冠時　各本「夫」作「求」，南本從周書改作「夫」，是，今從之。

中華書局

北史卷十

周本紀下第十

高祖武皇帝諱邕，字禰羅突，文帝第四子也。母曰叱奴太后。魏大統九年，生於同州，有神光照室。帝幼而孝敬，聰敏有器質。文帝異之曰：「成吾志者，此兒也。」年十二，封輔城郡公。孝閔帝踐阼，拜大將軍，出鎮同州。明帝卽位，遷柱國，授蒲州刺史，入爲大司空，行御正，進封魯國公，領宗師。甚見親愛，參議朝廷大事。性沉深，有遠識，非因問，終無所言。帝每歎曰：「夫人不言，言必有中。」

武成二年四月，帝崩，遺詔傳位於帝。帝固讓，百官勸進，乃從之。壬寅，卽皇帝位，大赦。冬十二月，改作路門。

是歲，齊孝昭帝廢其主殷而自立。

保定元年春正月戊申，改元，文武百官各增四級。以大冢宰、晉公護爲都督中外諸軍

事，令五府總於天官。庚戌，祀圓丘。壬子，祀方丘。甲寅，祀感帝於南郊。乙卯，祭太社。己巳，享太廟。班文帝所述六官於廟庭。甲戌，板授高年官，各有差。乙亥，親耕籍田。丙子，大射於正武殿，賜百官各有差。二月己卯，遣大使巡察天下風俗。甲午，朝日於東郊。丙午，省輦輿，去百戲。

三月丙寅，改八丁兵爲十二丁兵，率歲一月役。

夏四月丙子朔，日有蝕之。庚寅，以少傅、吳公尉綱爲大司空。丁酉，白蘭遣使獻犀甲鐵鎧。五月丙午，封孝閔皇帝子康爲紀國公，皇子贇爲魯國公。晉公護獲玉斗以獻。六月乙酉，遣御正殷不害使於陳。

秋七月戊申，以旱故，詔所在降死罪已下囚。更鑄錢，文曰布泉，以一當五，與五銖並行。

九月甲辰，南寧州使獻滇馬及蜀鎧。

冬十月甲戌朔，日有蝕之。〔一〕十一月乙巳，陳人來聘。丁巳，狩於岐陽。是月，齊孝昭帝殂。十二月，車駕至自岐陽。

是歲，突厥、吐谷渾、高昌、宕昌、龜茲等國並遣使朝貢。

二年春正月壬寅，初於蒲州開河渠，同州開龍首渠，以廣溉灌。丁未，以陳主弟頊爲柱

國，送還江南。閏月己亥，大司馬、涼公賀蘭祥薨。二月癸丑，以久不雨，宥罪人，京城三十里內禁酒。梁主蕭詧薨。

夏四月甲辰，以旱故，禁屠宰。癸亥，詔曰：「諸柱國等勳德隆重，宜有優崇。各準別制，邑戶聽寄食他縣。」五月庚午，以南山衆瑞並集，免今年役及租賦之半。〔二〕壬辰，以柱國、隋公楊忠爲大司空。六月己亥，以柱國、蜀公尉迥爲大司馬。分山南荆州、安州、襄州、江陵爲四總管。

秋九月戊辰朔，日有蝕之。陳人來聘。

冬十月辛亥，帝御大武殿大射。戊午，講武於少陵原。十一月丁卯，以大將軍衞公直、趙公招並爲柱國。

三年春正月辛未，改光遷國爲遷州。乙酉，太保、梁公侯莫陳崇賜死。二月庚子，初頒新律。辛酉，詔自今舉大事，行大政，非軍機急速，皆依月令，以順天心。三月乙丑朔，日有蝕之。丙子，宕昌國獻生猛獸二，詔放之南山。

夏四月乙未，以柱國、鄭公達奚武爲太保，大將軍韓果爲柱國。己亥，帝御正武殿錄囚徒。癸卯，大雩。癸丑，有牛足生於背。戊午，幸太學，以太傅、燕公于謹爲三老而問道焉。

初禁天下報讎，犯者以殺人論。壬戌，詔百官及庶人上封事，極言得失。五月甲子朔，〔三〕以旱故，避正寢，不受朝。甲戌，雨。

秋七月戊辰，行幸原州。庚午，陳人來聘。丁丑，幸津門，問百年，賜以金帛，又賜高年板職，各有差。降死罪四一等。八月丁未，改作路寢。九月甲子，自原州登隴山。丙戌，幸同州。戊子，詔柱國楊忠率騎一萬與突厥伐齊。己丑，初令世襲州、郡、縣者悉改爲五等爵。州封伯，郡封子，縣封男。

冬十月庚戌，陳人來聘。十二月辛卯，車駕至自同州。遣太保達奚武率騎三萬出平陽，以應楊忠。是月，有人生子，男而陰在背後，如尾，兩足指如獸爪。有犬生子，腰以後分爲二身，兩尾六足。

四年春正月庚申，楊忠破齊長城，至晉陽而還。二月庚寅朔，日有蝕之。三月庚辰，初令百官執笏。

夏四月癸卯，以柱國、鄧公竇熾爲大宗伯。五月壬戌，封明帝長子賢爲畢公。癸酉，以大將軍、安武公李穆爲柱國。丁亥，改禮部爲司宗，大司禮爲禮部，大司樂爲樂部。六月庚寅，改御伯爲納言。

中華書局

秋七月，焉耆國遣使獻名馬。八月丁亥朔，日有蝕之。詔柱國楊忠帥師與突厥東伐，至北河而還。戊子，以柱國、齊公憲爲雍州牧，以許公宇文貴爲大司徒。九月丁巳，以柱國、衞公直爲大司空。陳人來聘。是月，以皇世母閻氏自齊至，大赦。閏月己亥，以大將軍韋孝寬、長孫儉並爲柱國。

冬十月癸亥，以大將軍陸通、宇文盛、蔡公廣並爲柱國。甲子，詔大冢宰、晉公護伐齊，齋於太廟，庭授以斧鉞。於是護總大軍出潼關，大將軍權景宣帥山南諸軍出豫州，少師楊摽出軹關。丁卯，帝幸沙苑勞師。癸酉，還宮。

十一月甲午，柱國尉遲迥圍洛陽，柱國、齊公憲營芒山，晉公護次陝州。

十二月丙辰，齊豫州刺史王士良以州降。壬戌，齊師度河，晨至洛陽，諸軍驚散。尉迥帥麾下數十騎扞敵，得却，至夜引還。柱國王雄力戰，死之。遂班師。楊摽於軹關戰沒。權景宣亦棄豫州而還。

是歲，突厥、粟特等國並遣使朝貢。

五年春正月甲申朔，以柱國王雄死王事故，廢朝。乙巳，以雄世子謙爲柱國。二月辛酉，[四]詔陳公純等逆皇后于突厥。丙寅，以柱國李穆爲大司空，綏德公陸通爲大司寇。壬

申，行幸岐州。三月戊子，柱國豆盧寧薨。[五]

夏四月，齊武成帝禪位於其太子緯，自稱太上皇帝。五月己亥，左右武伯各置中大夫一人。六月庚申，彗星出三台，入文昌，犯上將，經紫宮入危，[六]漸長丈餘，百餘日乃滅。辛未，詔江陵人年六十五已上爲官奴婢者，已令放免，其公私奴婢年七十以外者，所在官私宜贖爲庶人。

秋七月辛巳朔，日有蝕之。庚寅，行幸秦州，降死罪已下刑。辛丑，遣大使巡察天下。八月丙子，車駕至自秦州。

冬十月辛亥，改函谷關城爲通洛防。十一月丁未，陳人來聘。

是歲，吐谷渾遣使朝貢。

天和元年春正月己卯朔，日有蝕之。辛巳，幸路寢，[七]命羣臣賦古詩。京邑耆老亦會焉，頒賜各有差。癸未，大赦，改元，百官普加四級。己亥，親耕籍田。丁未，於宕昌國置宕州。遣小載師杜杲使於陳。[八]二月戊辰，詔三公已下，各舉所知。庚午，日鬭，光遂微，日中見烏。三月丙午，祀南郊。

夏四月辛亥，雩。是月，陳文帝殂。五月庚辰，帝御正武殿，集羣臣，親講禮記。吐谷

渾龍涸王莫昌率戶內附，以其地爲扶州。甲午，詔曰：「甲子、乙卯，禮云不樂。萇弘表昆吾之稔，杜蕢有揚觶之文。自世道喪亂，禮儀紊毀，此典茫然，已墜於地。宜依是日，省事停樂。[九]庶知爲君之難，爲臣不易，貽之後昆，殷鑒斯在。」六月丙午，以大將軍辛威爲柱國。

秋七月戊寅，築武功、郿、斜谷、武都、留谷、津坑諸城，以置軍人。壬午，詔諸胄子入學，但束脩於師，不勞釋奠。釋奠者，學成之祭。自今即爲恒式。八月己未，詔諸有三年之喪，或負土成墳，或寢苫骨立，一志一行，可稱揚者，本部官司，隨事上言。當加弔勉，以勵薄俗。九月乙亥，信州蠻反，詔開府陸騰討平之。

冬十月甲子，初造山雲舞，以備六代樂。十一月丙戌，行幸武功等城。十二月庚申，還宮。

二年春正月癸酉朔，日有蝕之。己亥，親耕籍田。三月癸酉，改武遊園爲道會苑。丁亥，初立郊丘壇壝制度。

夏四月乙巳，省併東南諸州。以大將軍、陳公純爲柱國。六月辛亥，尊所生叱奴氏爲皇太后。閏月庚午，地震。戊寅，陳湘州刺史華皎帥衆來附。壬辰，以大將軍、譙公儉爲柱國。

秋七月辛丑，梁州上言鳳凰集楓樹，羣鳥列侍以萬數。甲辰，立路門學，置生七十二

人。壬子，以太傅、燕公于謹爲雍州牧。

九月，衞公直等與陳將淳于量、吳明徹戰于沌口，王師敗績。元定以步騎數千先度，遂沒江南。

冬十一月戊戌朔，日有蝕之。癸丑，太保、許國公宇文貴薨。

是歲，突厥、吐谷渾、安息等國並遣使朝貢。

三年春正月辛丑，祀南郊。三月癸卯，皇后阿史那氏至自突厥。甲辰，大赦。丁未，大會百僚及賓客於路寢。戊午，太傅、燕公于謹薨。

夏四月辛巳，以太保達奚武爲太傅，大司馬尉迥爲太保，柱國、齊公憲爲大司馬。五月庚戌，享太廟。六月甲戌，有星孛於東井。

秋七月壬寅，柱國、隋公楊忠薨。八月乙丑，韓公元羅薨。齊人來聘，請和親，詔軍司馬陸逞報聘。癸酉，帝御大德殿，集百僚及沙門道士等，親講禮記。

冬十月癸亥，享太廟。丁亥，上親帥六軍，講武於城南，京邑觀者，與馬彌漫數十里，諸蕃使咸在焉。十一月壬辰朔，日有蝕之。壬子，遣開府崔彥穆使於齊。甲寅，陳安成王頊廢其主伯宗而自立。十二月辛未，齊武成帝殂。[一〇]

四年春正月辛卯朔，以齊武成殂故，廢朝。遣司會李綸等會葬於齊。二月戊辰，帝御大德殿，集百僚道士沙門等討論釋老。

夏四月己巳，齊人來聘。五月己丑，帝製象經成，集百僚講說。封魏廣平公子元謙爲韓國公，以紹魏後。丁巳，柱國、吳公尉綱薨。六月，築原州及涇州東城。

秋七月，突厥遣使獻馬。柱國、昌寧公長孫儉薨。〔一一〕

五年春三月甲辰，初令宿衞官住關外者，將家累入京，不樂者，解宿衞。

夏四月甲寅，以柱國宇文盛爲大宗伯。省帥都督官。丙寅，遣大使巡察天下。六月庚子，〔一二〕以皇女生故，降宥罪人，幷免逋租懸調。

冬十月辛巳朔，日有蝕之。丁酉，太傅、鄭公達奚武薨。十一月丁卯，柱國、豳公廣薨。十二月癸巳，大將軍鄭恪帥師平越嶲，置西寧州。是月，齊將斛律光侵邊，於汾北築城，自華谷至龍門。

六年春正月己酉朔，以路門未成故，廢朝。丁卯，以大將軍王傑、譚公會、鴈門公田弘、魏公李暉等並爲柱國。

三月己酉，齊公憲自龍門度河，斛律光退保華谷，憲攻拔其新築五城。

夏四月戊寅朔，日有蝕之。辛卯，信州蠻反，遣大將軍趙闇帥師討平之。庚子，以大將軍司馬消難、侯莫陳瓊、大安公閻慶、神武公竇毅、南陽公叱羅協、平高公侯伏侯龍恩並爲柱國。五月癸亥，遣納言鄭詡使於陳。丙寅，以大將軍李昞、〔一三〕中山公訓、杞公亮、上庸公陸騰、安義公宇文丘、北平公寇紹、許公宇文善、犍爲公高琳、鄭公達奚震、隴東公楊纂、常山公于翼並爲柱國。六月乙未，以大將軍、太原公王秉爲柱國。是月，齊將段孝先攻陷汾州。

秋七月乙丑，以大將軍、越公盛爲柱國。八月。癸酉，省掖庭四夷樂、〔一四〕後宮羅綺工五百餘人。

冬十月壬午，冀公通薨。乙未，遣右武伯谷會琨使於齊。壬寅，上親帥六軍講武於城南。十一月壬子，以大將軍梁公侯莫陳芮、大將軍李意並爲柱國。丙辰，齊人來聘。丁巳，行幸散關。十二月己丑，還宮。是冬，牛疫死者十六七。

建德元年春正月戊午，帝幸玄都觀，親御法座講說，公卿道俗論難，事畢還宮。降死罪及流罪一等，其五歲刑已下，並宥之。二月癸酉，遣大將軍、昌城公深使於突厥，司宗李際使於齊。乙酉，柱國、安義公宇文丘薨。

三月癸卯朔，日有蝕之。齊人來聘。丙辰，誅大冢宰、晉公護及其子柱國、譚公會，幷柱國侯伏侯龍恩及其弟大將軍萬壽，大將軍劉勇等。大赦，改元。罷中外府。癸亥，以太傅尉迥爲太師，柱國竇熾爲太傅，大司空李穆爲太保，齊公憲爲大冢宰，衞公直爲大司徒，趙公招爲大司空，柱國辛威爲大司寇，綏德公陸通爲大司馬。詔曰：「人勞不止則星動於天，作事不時則石言於國。頃興造無度，徵發不已，加以頻歲師旅，農畝廢業，去秋災蝗，年穀不登。自今正調以外，無妄徵發。」

夏四月甲戌，以代公達、滕公逌並爲柱國。己卯，詔公卿已下，各舉所知。遣工部、代公達使於齊。丙戌，詔百官軍人上封事，極言得失。丁亥，詔斷四方非常貢獻。庚寅，追尊略陽公爲孝閔皇帝。癸巳，立魯公贇爲皇太子。大赦，百官各加封級。

五月壬戌，以大旱，集百官於庭，詔之曰：「亢陽不雨，豈朕德薄，刑賞乖中歟？將公卿大臣，或非其人歟？宜盡直言，無有所隱。」公卿各引咎自責，其夜澍雨。六月庚子，改置宿衞官員。

秋七月辛丑，陳人來聘。九月庚子朔，日有蝕之。庚申，扶風掘地得玉盃以獻。

冬十月庚午，詔江陵所獲俘虜充官口者，悉免爲百姓。辛未，遣小匠師楊勰使於陳。大司馬、綏德公陸通薨。十一月丙午，上親御六軍，講武于城南。庚戌，行幸羌橋，集京城以東諸軍都督以上，頒賜各有差。〔一五〕乙卯，還宮。壬戌，以大司空、趙公招爲大司馬。十二月壬申，行幸斜谷，集京城以西諸軍都督以上，頒賜有差。丙戌，還宮。己丑，帝御正武殿，親錄囚徒，至夜而罷。庚寅，幸道會苑，以上善殿壯麗，遂焚之。

二年春正月辛丑，祀南郊。乙巳，以柱國田弘爲大司空，大將軍若干鳳爲柱國。庚戌，復置帥都督官。乙卯，享太廟。閏月己巳，陳人來聘。

二月甲寅，詔皇太子贇巡撫西土。壬戌，遣司會侯莫陳凱使於齊。省雍州內八郡，併入京兆、馮翊、扶風、咸陽等郡。〔一六〕三月己卯，皇太子於岐州獲白鹿二以獻。詔答曰：「在德不在瑞。」癸巳，省六府諸司中大夫以下官，府置四司，以下大夫爲官之長，上士貳之。

夏四月己亥，享太廟。丙辰，增改東宮官員。五月丁丑，以柱國侯莫陳瓊爲大宗伯，滎陽公司馬消難爲大司寇，上庸公陸騰爲大司空。六月庚子，省六府員外諸官，皆爲丞。壬子，皇孫衍生，〔一七〕文武官普加一級大階。大選諸軍將帥。丙辰，帝御路寢，集諸軍將，勗以戎事。庚申，詔諸軍旗旌皆畫以猛獸鷙鳥之象。

中華書局

秋七月己巳，享太廟。自春末不雨，至於是月，壬申，集百僚於大德殿，帝責躬罪己，問以時政得失，戊子，雨。八月丙午，改三夫人爲三妃。關中大蝗。九月乙丑，陳人來聘。戊寅，詔曰：「頃者婚嫁，競爲奢靡，有司宜加宣勸，使遵禮制。」

冬十月癸卯，齊人來聘。甲辰，奏六代樂成，帝御崇信殿，集百官觀之。十一月辛巳，帝親帥六軍，講武於城東。癸未，集諸軍都督以上五十人於道會苑大射，帝親臨射堂，大備軍容。

十二月癸巳，集羣官及沙門道士等，帝升高座，辨釋三教先後。以儒教爲先，道教次之，佛教爲後。以大將軍赫連達爲柱國。詔軍人之間，年多耆壽，可頒授老職，使榮沾邑里。戊午，聽訟於正武殿，自旦及夜，繼之以燭。

三年春正月壬戌，朝羣臣於路門。册柱國齊公憲、衞公直、趙公招、譙公儉、陳公純、越公盛、代公達、滕公逌並進爵爲王。己巳，享太廟。庚午，突厥遣使獻馬。癸酉，詔自今男年十五，女年十三以上，爰及鰥寡，所在以時嫁娶，務從節儉。乙亥，親耕籍田。丙子，初服短衣，享二十四軍督將以下，試以軍旅之法，縱酒盡歡。詔以往歲年穀不登，令公私道俗，凡有貯積粟麥者，皆準口聽留，已外盡糶。

二月壬辰朔，日有蝕之。丁酉，紀公康、畢公賢、酆公貞、宋公實、漢公贊、秦公贄、曹公允並進爵爲王。丙午，令六府各舉賢良清正之士。癸丑，柱國、許公宇文善有罪免。丙辰，大赦。

三月癸酉，皇太后叱奴氏崩。帝居倚廬，朝夕共一溢米，羣臣表請，累旬乃止。詔皇太子贇總庶政。

夏四月乙卯，齊人來弔賵會葬。丁巳，有星孛於東井。五月庚申，葬文宣后於永固陵，帝祖跣至陵所。辛酉，詔曰：「齊斬之情，經籍彝訓，近代沿革，遂亡斯禮。伏奉遺令，既葬便除，攀慕几筵，情實未忍。三年之喪，達於天子，古今無易之道，王者之所常行。但時有未諧，不得全制，軍國務重，庶有聽朝。衰麻之節，苫廬之禮，率遵前典，以申罔極。百僚以下，宜遵遺令。」公卿上表固請俯就權制，過葬卽吉。帝不許，引古答之。羣臣乃止。於是遂申三年之制。五服之內，亦令依禮。初置太子諫議，員四人；文學，十人。皇子、皇弟友，員各二人；學士，六人。戊辰，詔故晉公護及諸子並追復先封，改葬加謚。丙子，初斷佛、道二教，經像悉毁，罷沙門、道士，並令還俗。并禁諸淫祀，非祀典所載者，盡除之。

六月丁未，集諸軍將，敎以戰陣之法。壬子，更鑄五行大布錢，以一當十，與布泉錢並行。戊午，詔曰：「至道弘深，混成無際，體包空有，理極幽玄。但歧路既分，源流逾遠，淳離朴散，形器斯乖。遂使三墨八儒，朱紫交競；九流七略，異說相騰。道隱小成，其來舊矣，不有會歸，爭驅靡息。今可立通道觀，聖哲微言，先賢典訓，金科玉篆，祕賾玄文，可以濟養黎元扶成敎義者，並宜弘闡，一以貫之。俾夫翫培塿者識嵩岱之崇崛；守磧礫者悟渤澥之泓澄，不亦可乎。」

秋七月庚申，行幸雲陽宮。乙酉，衞王直在京反，欲突入肅章門，司武尉遲運等拒守，直敗，遁走。戊子，車駕至自雲陽宮。八月辛卯，禽直於荆州，免爲庶人。

冬十月丙申，詔御正楊尚希使於陳。庚子，詔蒲州人遭飢乏絕者，令向鄜城以西及荆州管內就食。甲寅，行幸蒲州。乙卯，曲赦蒲州見囚大辟以下。丙辰，行幸同州。十一月戊午，于闐遣使獻名馬。己巳，大閱於同州城東。甲戌，車駕至自同州。

十二月戊子，大會衞官及軍人以上，賜錢帛各有差。丙申，改諸軍軍人並名侍官。癸卯，集諸軍講武於臨臯澤。涼州比年地震，壞城郭，地裂涌泉出。

四年春正月戊辰，初置營軍器監。壬申，布寬大之詔，多所蠲免。二月丙戌朔，日有蝕之。辛卯，改置宿衞官員。己酉，柱國、廣德公李意有罪免。三月丙辰，遣小司寇元偉使於齊。[一八]郡縣各省主簿一人。甲戌，以柱國、趙王招爲雍州牧。

夏四月甲午，柱國、燕公于寔有罪免。丁酉，初令上書者並爲表，於皇太子以下稱啓。

秋七月己未，禁五行大布錢不得出入關，布泉錢聽入而不聽出。甲戌，陳人來聘。丙子，召大將軍以上於大德殿，帝親諭以伐齊之旨。言往以政出權宰，無所措懷，自親覽萬機，便圖東討。惡衣菲食，繕甲練兵，數年以來，戰備稍足。而僞主昏虐，恣行無道，伐暴除亂，斯實其時。羣臣咸稱善。

丁丑，下詔暴齊氏過惡。以柱國、陳王純爲前一軍總管，滎陽公司馬消難爲前二軍總管，鄭公達奚震爲前三軍總管，越王盛爲後一軍總管，周昌公侯莫陳瓊爲後二軍總管，趙王招爲後三軍總管，齊王憲帥衆二萬趣黎陽，隋公楊堅、廣寧公侯莫陳廻[一九]舟師三萬自渭入河，柱國、梁公侯莫陳芮帥衆一萬守太行道，申國公李穆帥衆三萬守河陽道，常山公于翼帥衆二萬出陳、汝。壬午，上親帥六軍衆六萬，直指河陰。

八月癸卯，入齊境，禁伐樹殘苗稼，犯者以軍法從事。丁未，上親帥諸軍，攻拔河陰大城。攻子城未剋，上有疾。

九月辛酉夜，班師，水軍焚舟而退。齊王憲、于翼、李穆等所在剋捷，降拔三十餘城，皆棄而不守。唯以王藥城要害，令儀同三司韓正守之。正尋以城降齊。戊寅，至自東伐。

冬十月戊子，初置上柱國、上大將軍官，改開府儀同三司爲開府儀同大將軍，又置上開

中華書局

府、上儀同官。閏月，以柱國齊王憲、蜀公尉遲迥爲上柱國。詔諸畿郡各舉賢良。十一月己亥，改置司內官員。十二月辛亥朔，日有蝕之。丙子，陳人來聘。

是歲，岐、寧二州人飢，開倉振恤。

五年春正月辛卯，行幸河東涑川，集關中河東諸軍校獵。〔三〇〕甲午，還同州。丁酉，詔分遣大使，周省四方，察訟聽謠，問人卹隱。廢布泉錢。戊申，初令鑄錢者至絞，從者遠配。

二月辛酉，遣皇太子贇巡撫西土，仍討吐谷渾。

三月壬寅，車駕至自同州。文宣皇太后服再朞。戊申，祥。

夏六月戊申朔，日有蝕之。辛亥，享太廟。丙辰，利州總管、紀王康有罪，賜死。

秋七月乙未，京師旱。

八月戊申，皇太子入吐谷渾，至伏俟城而還。乙丑，陳人來聘。

九月丁丑，大醮於正武殿，以祈東伐。

冬十月，帝復諭羣臣伐齊。以去歲屬有疹疾，遂不得剋平逋寇。于時出軍河外，直爲撫背，未扼其喉。然晉州本高歡所起，統攝要重，今往攻之，彼必來援，嚴軍以待，擊之必剋。然後乘破竹之勢，鼓行而東，足以窮其窟穴。諸將多不願行。帝曰：「機者事之微，不

可失矣，沮軍事者，以軍法裁之。」

己酉，帝總戎東伐，以越王盛爲右一軍總管，杞公亮爲右二軍總管，隋公楊堅爲右三軍總管，譙王儉爲左一軍總管，大將軍竇恭爲左二軍總管，〔三一〕廣化公丘崇爲左三軍總管，齊王憲、陳王純爲前軍。

癸亥，帝至晉州，遣齊王憲帥精騎二萬守雀鼠谷，陳王純步騎二萬守千里徑，鄭公達奚震步騎一萬守統軍川，大將軍韓明步兵五千守齊子嶺，烏氏公尹升步騎五千守鼓鍾鎮，涼城公辛韶步騎五千守蒲津關，柱國趙王招步騎一萬自華谷攻汾州諸城，柱國宇文盛步兵一萬守汾水關，遣內史王誼監六軍攻晉州城。帝屯於汾曲。齊王憲攻洪洞、永安二城並拔之。是夜，虹見於晉州城上，首向南，尾入紫宮。帝每日自汾曲赴城下，親督戰。庚午，齊行臺左丞侯子欽出降。壬申，齊晉州刺史崔嵩夜密使送款，上開府王軌應之，未明登城，遂剋晉州。甲戌，以上開府梁士彥爲晉州刺史以鎮之。

十一月己卯，齊主自并州帥衆來援，帝以其兵新集，且避之，乃詔諸軍班師。齊主遂圍晉州。齊王憲屯諸軍於涑水爲晉州聲援。河東地震。癸巳，至自東伐，獻俘于太廟。丙申，放齊諸城鎮降人還。丁酉，帝發京師。壬寅，度河，與諸軍合。

十二月戊申，次晉州。庚戌，帝帥諸軍八萬，置陣東西二十餘里，乘常御馬，從數人巡陣。所至輒呼主帥姓名以慰勉之，將士感見知之恩，各思自厲。將戰，有司請換馬，帝曰：「朕獨乘良馬何所之？」齊主亦於塹北列陣。申後，齊人塡塹南引，帝大喜，勒諸軍擊之，齊人便退。齊主與其麾下數十騎走還并州。齊衆大潰，軍資甲仗數百里間委棄山積。

辛亥，帝幸晉州，仍率諸軍追齊主。諸將固請還師，帝曰：「縱敵患生。卿等若疑，朕將獨往。」諸將不敢言。甲寅，齊主遣其丞相高阿那肱守高壁，帝麾軍直進，那肱望風退散。丙辰，師次介休，齊將韓建業舉城降，以爲上柱國，封郇國公。

丁巳，大軍次并州。齊主留其從兄安德王延宗守并州，自將輕騎走鄴。是日，詔齊王公以下，示以逆順之道，於是齊將帥降者相繼。

戊午，高延宗僭卽僞位，改年曰德昌。己未，軍次并州。〔三二〕帝帥諸軍合戰，齊人退，帝逐北入城東門，〔三三〕諸軍遶城置陣。至夜，延宗帥其衆排陣而前，城中軍卻，人相蹂踐，大爲延宗所敗。齊人欲閉門，以閫下積尸，扉不得闔，帝從數騎，崎嶇危險，僅得出門。至明，帥諸軍更戰，大破之，禽延宗，并州平。壬戌，詔曰：

昔天厭水運，龍戰於野，兩京否隔，四紀于茲。朕垂拱巖廊，君臨宇縣，相邠人於海內，混楚弓於天下，一物失所，有若推溝。方欲德綏未服，義征不譓。僞主高緯，放命燕、齊，怠慢典刑，俶擾天紀。加以背惠怒隣，棄信忘義。朕應天從物，伐罪弔人，一

鼓而蕩平陽，再舉而摧強敵。僞署王公，相繼道左，高緯智窮數屈，逃竄草間。僞安德王高延宗，擾攘之間，遂竊名號，與僞齊昌王莫多婁敬顯等，收合餘燼，背城借一。王威既振，魚潰鳥離，破竹更難，建瓴非易。〔三四〕延宗衆散，衿甲軍門。根本既傾，枝葉自實，幽青海岱，折簡而來，冀北河南，傳檄可定。八紘共貫，六合同風。方當偃伯靈臺，休牛桃塞，無疆之慶，非獨在予。

漢皇約法，除其苛政，姬王輕典，刑彼新邦。思覃惠澤，被之率土，新集臣庶，皆從蕩滌，可大赦天下。高緯及王公以下，若釋然歸順，咸許自新。諸亡入僞朝，亦從寬宥。官榮次序，依例無失。齊制僞令，卽宜削除。鄒、魯搢紳，幽、并騎士，一介可稱，並宜銓錄。」

丙寅，出齊宮中金銀寶器珠玉麗服及宮女二千人，班賜將士。以柱國趙王招、陳王純、越王盛、杞公亮、梁公侯莫陳芮、庸公王謙、北平公寇紹、鄭公達奚震並爲上柱國，封齊王憲子安城郡公質爲河間王。諸有功者封授各有差。癸酉，帝帥六軍趣鄴。

六年春正月乙亥，齊主傳位於其太子恒，改年曰承光，自號太上皇。壬辰，帝至鄴。癸巳，帥諸軍圍之，齊人拒守，諸軍奮擊大破之，遂平。齊主先送其母及妻子於青州，及城陷，

帥數十騎走青州，遣大將軍尉勤追之。

是戰也，於陣獲其齊昌王莫多婁敬顯，帝數之曰：「汝有死罪三：前從并州走鄴，棄母攜妻妾，是不孝；外爲僞主勠力，內實通啓於朕，是不忠；送款之後，猶持兩端，是不信。如此用懷，不死何待。」遂斬之。是日，西方有聲如雷。

甲午，帝入鄴城。〔二五〕詔去年大赦班宣未及之處，皆從赦例。己亥，詔曰：「晉州大陣至鄴，身殞戰場者，其子即授父本官。」尉勤禽齊主及其太子恒於青州。

庚子，詔曰：「僞齊之末，姦佞擅權，濫罰淫刑，動挂羅網。僞右丞相咸陽王故斛律明月、〔二六〕僞侍中特進開府故崔季舒等七人，或功高獲罪，或直言見誅。朕兵以義動，翦除凶暴，表閭封墓，事切下車。宜追贈謚，并加窆措。其見在子孫，各隨蔭敍錄。家口田宅沒官者，並還之。」辛丑，詔僞齊東山、南園及三臺，並毀撤。瓦木諸物凡入用者，盡賜百姓。山園之田，各還本主。

二月丙午，論定諸軍勳，置酒於齊太極殿，會軍士以上，班賜有差。丁未，齊主至，帝降自阼階，見以賓主禮。齊任城王湝在冀州，擁兵未下，遣上柱國、齊王憲與柱國、隋公楊堅討平之。齊范陽王高紹義叛入突厥。齊諸行臺州鎮悉降，關東平。合州五十五，郡一百六十二，〔二七〕縣三百八十五，戶三百三十萬二千五百二十八，〔二八〕口二千萬六千八百八十六。乃

於河陽及幽、青、南兗、豫、徐、北朔、定州置總管府。相、并二總管，各置宮及六府官。〔二九〕

癸丑，詔自僞武平三年以來，河南諸州人，僞齊破掠爲奴婢者，不問公私，並放免之。其住在淮南者，亦即聽還；願住淮北者，可隨便安置。癃疾孤老不能自存者，所在矜恤。乙卯，車駕發自鄴。

三月壬午，詔山東諸州各舉士。

夏四月乙巳，至自東伐。列齊主於前，其王公等並從，車輿旌旗及器物以次陳於其後。大駕布六軍，備凱樂，獻俘於太廟。京邑觀者，皆稱萬歲。戊申，封齊主爲溫國公。庚戌，大會羣臣及諸蕃客於路寢。乙卯，廢蒲、陝、涇、寧四州總管。己巳，享太廟。詔分遣使人，巡方撫慰，觀風省俗。

五月丁丑，以柱國、譙王儉爲大冢宰。庚辰，以上柱國、杞公亮爲大司徒，鄭公達奚震爲大宗伯，梁公侯莫陳芮爲大司馬，柱國、應公獨孤永業爲大司寇，鄖公韋孝寬爲大司空。辛巳，大醮於正武殿，以報功。

己丑，祀方丘。詔曰：「往者，冢臣專任，制度有違，正殿別寢，事窮壯麗。非直彫牆峻宇，深戒前王，而締構弘敞，有踰淸廟，不軌不物，何以示後。兼東夏初平，人未見德，率先海內，宜自朕始。其路寢、會義、崇信、含仁、雲和、思齊諸殿等，農隙之時，悉可毀撤。彫斲之物，並賜貧人。繕造之宜，務從卑朴。」戊戌，詔曰：「京師宮殿，已從撤毀，并、鄴二所，華侈過度，誠復作之非我，豈容因而弗革。諸堂殿壯麗，並宜除蕩，甍宇雜物，分賜窮人。三農之隙，別漸營構，止蔽風雨，務在卑狹。」庚子，陳人來聘。是月，青城門無故自崩。

六月辛亥，御正武殿錄囚徒。甲子，東巡。丁卯，詔曰：「自今不得娶母同姓以爲妻妾。」

秋七月丙戌，行幸洛州。己丑，詔山東諸州，舉有才望者赴行在所，共論政事得失。

八月壬寅，議權衡度量，頒於天下。其不依新式者，悉追停之。詔曰：「以刑止刑，以輕代重，罪不及嗣，皆有定科。雜役之徒，獨異常憲，一從罪配，百代不免。罰既無窮，刑何以措？凡諸雜戶，悉放爲百姓。配雜之科，因之永削。」甲子，鄭州獻九尾狐，皮肉銷盡，骨體猶具。帝曰：「瑞應之來，必昭有德。若使五品時序，四海和平，家識孝慈，乃能致此。今無其時，恐非實錄。」乃令焚之。

九月壬申，以柱國鄧公竇熾、申公李穆爲上柱國。戊寅，初令庶人以上，非朝祭之服，唯得衣綢、綿綢、絲布、圓綾、紗、絹、綃、葛、布等九種。壬辰，詔東土諸州儒生，明一經以上，並舉送，州郡以禮發遣。

冬十月戊申，行幸鄴宮。戊午，改葬德皇帝於冀州，帝服緦，哭於太極殿，百官素服哭。

是月，誅溫公高緯。

十一月壬申，封皇子充爲道王，兌爲蔡王。癸酉，陳將吳明徹侵呂梁，徐州總管梁士彥與戰不利，退守徐州。遣上大將軍、郯公王軌討之。是月，稽胡反，遣齊王憲討平之。

詔自永熙三年七月以來，去年十月以前，東土人被抄在化內爲奴婢者，〔三〇〕及平江陵日，良人沒爲奴婢者，並免同人伍。詔曰：「正位於中，有聖通典，質文相革，損益不同。五帝則四星之象，三王制六宮之數。劉、曹已降，等列彌繁，選擇徧於生靈，命秩方於庶職，椒房丹地，有衆如雲，本由嗜欲之情，非關風化之義。朕運當澆季，思復古始，弘贊後庭，事從簡約。可置妃二人，世婦三人，御妻三人。自茲以外，宜悉減省。」己亥晦，日有蝕之。

初行刑書要制。持杖羣强盜一疋以上，不持杖羣强盜五疋以上，監臨主掌自盜二十疋以上，小盜及詐請官物三十疋以上，正長隱五戶及十丁以上、隱地三頃以上，皆至死。刑書所不載者，自依律科。

十二月，北營州刺史高寶寧據州反。庚申，行幸并州宮。移并州軍人四萬戶於關中。戊辰，廢并州宮及六府。

是歲，吐谷渾、百濟並遣使朝貢。

宣政元年春正月癸酉，吐谷渾僞趙王他婁屯來降。壬午，行幸鄴宮。辛卯，幸懷州。癸巳，幸洛州。詔於懷州置宮。

二月甲辰，柱國、大冢宰、譙王儉薨。丁巳，車駕至自東巡。乙丑，以上柱國、越王盛爲大冢宰，陳王純爲雍州牧。

三月戊辰，於蒲州置宮，廢同州及長春二宮。壬申，突厥遣使朝貢。甲戌，初服常冠，以皂紗爲之，加簪而不施纓導，其制若今之折角巾也。上大將軍王軌破陳師於呂梁，禽其將吳明徹等，俘斬三萬餘人。丁亥，詔柱國豆盧寧征江南武陵、南平等郡所有士庶爲人奴婢者，悉依江陵放免。〔三二〕壬辰，改元。

夏四月壬子，初令遭父母喪者，聽終制。庚申，突厥入寇幽州。

五月己丑，帝總戎北伐，遣柱國原公姬願、東平公宇文神舉等五道俱入，發關中公私馬驢悉從軍。癸巳，帝不豫，止于雲陽宮。丙申，詔停諸軍。

六月丁酉，帝疾甚，還京，其夜崩於乘輿，時年三十六。遺詔曰：

人肖形天地，稟質五常，修短之期，莫非命也。朕君臨宇縣，十有九年，未能使百姓安樂，刑措不用。未旦求衣，分宵忘寢。昔魏室將季，海內分崩，太祖扶危翼傾，肇開王業。燕、趙榛蕪，久竊名號。朕上述先志，下順人心，遂與王公將帥，共平東夏。

雖復妖氛蕩定，而人勞未康，每一念如此，若臨冰谷。將欲包舉六合，混同文軌。今遘疾大漸，力氣稍微，有志不申，以此歎息。

天下事重，萬機不易，王公以下，爰及庶僚，宜輔導太子，副朕遺意，令上不負太祖，下無失爲臣。朕雖瞑目九泉，無所復恨。

朕平生居處，每存菲薄，非直以訓子孫，亦乃本心所好。喪事資用，須使儉而合禮。墓而不墳，自古通典。隨吉卽葬，葬訖公除。四方士庶，各三日哭。妃嬪以下無子者，悉放還家。」

諡曰武皇帝，廟稱高祖。己未，葬於孝陵。

帝沉毅有智謀，初以晉公護專權，常自晦迹，人莫測其深淺。及誅護之後，始親萬機，克己勵精，聽覽不怠。用法嚴整，多所罪殺，號令懇惻，唯屬意於政，羣下畏服，莫不肅然。性旣明察，少於恩惠，凡布懷立行，皆欲踰越古人。身衣布袍，寢布被，無金寶之飾。諸宮殿華綺者，皆撤毀之，改爲土階數尺，不施櫨栱。其彫文刻鏤，錦繡纂組，一皆禁斷。後宮嬪御，不過十餘人。勞謙接下，自强不息。以海內未康，銳情教習，至於校兵閱武，步行山谷，履涉勤苦，皆人所不堪。平齊之役，見軍士有跣行者，帝親脫靴以賜之。每宴會將士，必自執盃勸酒，或手付賜物。至於征伐之處，躬在行陣。性又果決，能斷大事，故能得士卒死力，以弱制强。破齊之後，遂欲窮兵極武，平突厥，定江南，一二年間，必使天下一統，此其志也。

宣皇帝諱贇，字乾伯，武帝長子也。母曰李太后。武成元年，生於同州。保定元年五月丙午，封魯國公。建德元年四月癸巳，武帝親告廟，冠於阼階，立爲皇太子。二年，詔皇太子巡撫西土。文宣后崩，武帝諒闇，詔太子總朝政，五旬而罷。武帝每巡幸四方，太子常留監國。五年二月，又詔太子巡西土，因討吐谷渾。

宣政元年六月丁酉，武帝崩，戊戌，太子卽皇帝位。尊皇后曰皇太后。甲子，誅上柱國、齊王憲。

閏月乙亥，詔山東流人新復業，及突厥侵掠家口破亡不能存濟者，給復一年。立妃楊氏爲皇后。辛巳，以上柱國、趙王招爲太師，陳王純爲太傅，柱國、代王達、滕王逌、盧公尉遲運、薛公長孫覽並爲上柱國。

是月，幽州盧昌期據范陽反，詔柱國、東平公宇文神舉討平之。

秋七月乙巳，享太廟。丙午，祀圓丘。戊申，祀方澤。庚戌，以小宗伯、岐公斛斯徵爲大宗伯。壬戌，以南兗州總管、隋公楊堅爲上柱國、大司馬。癸亥，尊所生李氏爲帝太后。

八月丙寅，夕月於西郊。長安、萬年二縣人居京城者，給復三年。壬申，幸同州。遣大使巡察諸州。制九條，宣下州郡。其母族絕服外者，聽婚。以上柱國、薛公長孫覽爲大司徒，柱國、楊公王誼爲大司空。丙戌，以柱國、永昌公椿爲大司寇。

九月丁酉，以柱國宇文盛、張掖公王傑、枹罕公辛威、鄖國公韋孝寬並爲上柱國。庚戌，封皇弟元爲荆王。詔諸應拜者，皆以三拜成禮。

冬十月癸酉，至自同州。戊子，百濟遣使朝貢。

十一月己亥，講武於道會苑，帝親擐甲。是月，突厥犯邊，圍酒泉，殺掠吏士。

十二月甲子，以柱國、畢王賢爲大司空。己丑，以上柱國、河陽總管、滕王逌爲行軍元帥，伐陳。免京師見徒，並令從軍。

大象元年春正月癸巳，〔三三〕受朝於路門，帝服通天冠、絳紗袍，羣臣皆服漢魏衣冠。大赦，改元爲大成。初置四輔官，以大冢宰、越王盛爲大前疑，蜀公尉遲迥爲大右弼，申公李穆爲大左輔，大司馬隋公楊堅爲大後丞。癸卯，封皇子衍爲魯王。甲辰，東巡。丙午，以柱

中華書局

國、常山公于翼爲大司徒。辛亥，以柱國、許公宇文善爲大宗伯。戊午，行幸洛陽。立魯王衍爲皇太子。

二月癸亥，詔曰：「河、洛之地，舊稱朝市，自魏氏失馭，城闕爲墟。我太祖受命酆、鎬，有懷光宅，高祖往巡東夏，布政此宮。朕以眇身，祇承寶運，雖庶幾聿修之志，敢忘燕翼之心。一昨駐蹕金墉，備嘗遊覽。百王制度，基址尙存。今若因循，爲功易立。宜命邦事，修復舊都。奢儉取文質之間，功役依子來之義。北瞻河內，咫尺非遙，前詔經營，今宜停罷。」於是發山東諸州兵，增一月功爲四十五日役，起洛陽宮。常役四萬人，以迄晏駕。幷移相州六府於洛陽，稱東京六府。殺柱國、徐州總管、郯公王軌。停南討諸軍。以趙王招女爲千金公主，嫁於突厥。乙亥，行幸鄴。丙子，初令總管、刺史行兵者加持節，餘悉罷之。

辛巳，詔傳位於皇太子衍。大赦，改元，大成爲大象。帝於是自稱天元皇帝，所居稱天臺，冕二十有四旒，車服旗鼓皆以二十四爲節。內史、御正皆置上大夫。皇帝衍稱正陽宮。置納言、御正、諸衞等官，皆準天臺。尊皇太后爲天元皇太后。癸未，日出、將入時，其中並有烏色，大如雞卵，經四日乃滅。戊子，以大前疑、越王盛爲太保，[三三]大右弼、蜀公尉迥爲大前疑，代王達爲大右弼。辛卯，詔徙鄴城石經於洛陽。又詔洛陽凡是元遷戶，並聽還洛州。此外欲往者，聽之。河陽、幽、相、豫、亳、青、徐七總管受東京六府處分。

三月庚申，車駕至自東巡，大陳軍伍，親擐甲冑，入自青門，皇帝衍備法駕從，百官迎於青門外。是時驟雨，儀衞失容。辛酉，封趙王招第二子貫爲永康縣王。

夏四月壬戌朔，有司奏言日蝕，不視事。過時不蝕，乃臨軒。立妃朱氏爲天元帝后。癸亥，以柱國、畢王賢爲上柱國。己巳，享太廟。壬午，大醮於正武殿。

五月辛亥，以洛州襄國郡爲趙國，齊州濟南郡爲陳國，豐州武當、安富二郡爲越國，潞州上黨郡爲代國，荆州新野郡爲滕國，邑各一萬戶，令趙王招、陳王純、越王盛、代王達、滕王逌並之國。是月，遣使簡視京城及諸州士庶女，充選後宮。[三四]突厥寇幷州。

六月，咸陽有池水變爲血。徵山東諸州人修長城。

秋七月庚寅，以大司空、畢王賢爲雍州牧，大後丞、隋公楊堅爲大前疑，柱國、滎陽公司馬消難爲大後丞。丙申，納大後丞司馬消難女爲正陽宮皇后。己酉，尊帝太后李氏爲天皇太后。壬子，改天元帝后朱氏爲天皇后，立妃元氏爲天右皇后，妃陳氏爲天左皇后。

八月庚申，幸同州。壬申，還宮。甲戌，以天左皇后父大將軍陳山提、天右皇后父開府元晟並爲上柱國。初，武帝作刑書要制，用法嚴重。及帝卽位，恐物情未附，除之。至是，爲刑經聖制，其法深刻，大醮於正武殿，告天而行焉。壬午，以上柱國、雍州牧畢王賢爲太師，上柱國、郇公韓建業爲大左輔。是月，所在蝗蟲闞，各方四五尺，[三五]死者十八九。

九月乙卯，[三六]以酆王貞爲大冢宰。上柱國、鄖公韋孝寬爲行軍元帥，率行軍總管杞公亮、郕公梁士彥伐陳。遣御正杜杲使於陳。[三七]

冬十月壬戌，幸道會苑，大醮，以高祖武皇帝配醮。初復佛象及天尊象，帝與二象俱南坐。大陳雜戲，令京城士庶縱觀。是月，相州人段德舉謀反，伏誅。

十一月乙未夜，行幸同州。[三八]壬寅，還宮。丁巳，初鑄永通萬國錢，[三九]以一當千，與五行大布並行。

是月，韋孝寬拔壽陽，杞國公亮拔黃城，梁士彥拔廣陵。陳人退走，於是江北盡平。

十二月戊午，以災異屢見，帝御路寢，見百官。詔曰：「朕以寡德，君臨區宇。始於秋季，及此玄冬，幽憂殷勤，[四〇]屢貽深戒。至有金入南斗，木犯軒轅，熒惑干房，又與土合，流星照夜，東南而下。然則南斗主於爵祿，軒轅爲於後宮，房曰明堂，布政所也，火、土則憂孽之兆，流星乃兵凶之驗。豈其宮人失序，[四一]女謁尙行，政事乖方，憂患將至，何其昭著，若斯之甚。將避正寢，齋居克念，惡衣減膳，去飾徹懸，披不諱之誠，開直言之路。欲使刑不濫及，賞弗踰等，選舉以才，宮闈修德。宜宣諸內外，庶盡弼諧，允叶人心，用消天譴。」於是舍仗衞，往天興宮。百官上表，勸復寢膳，許之。

甲子，還宮，御正武殿，集百官及宮人、內外命婦，大列妓樂，又縱胡人乞寒，用水澆沃，

以爲戲樂。乙丑，行幸洛陽。帝親御驛馬，日行三百里。四皇后及文武侍衞數百人，並乘驛以從。令四后方駕齊驅，或有先後，便加譴責。人馬頓仆，相屬於道。己卯，還宮。

二年春正月丁亥，帝受朝于道會苑。癸巳，享太廟。乙巳，造二扆，畫日月象以置左右。戊申，雨雪，雪止又雨細黃土，移時乃息。乙卯，詔江右諸州新附人，給復二十年。初稅入市者，人一錢。

二月丁巳，帝幸路門學，行釋奠禮。戊午，突厥遣使獻方物，且逆千金公主。乙丑，改制詔爲天制，敕爲天敕。尊天元皇太后爲天元上皇太后，天皇太后李氏曰天元聖皇太后。癸未，立天元皇后楊氏爲天元大皇后，天皇后朱氏爲天大皇后，天右皇后元氏爲天右大皇后，天左皇后陳氏爲天左大皇后，正陽宮皇后直稱皇后。是月，洛陽有禿鶖鳥集新太極殿前，滎州有黑龍見，與赤龍鬬於汴水側，黑龍死。

三月丁亥，賜百官及百姓大酺。詔進封孔子爲鄒國公，邑數準舊，幷立後承襲，別於京師置廟，以時祭享。戊子，行軍總管、杞公亮舉兵反，行軍元帥韋孝寬獲而殺之。辛卯，行幸同州。增候正，前驅式道，爲三百六十重，自應門至赤岸澤，數十里間，幡旗相蔽，鼓樂俱作。又令武賁持鈒馬上，稱警蹕，以至同州。乙未，改同州宮爲天成宮。庚子，車駕至自同

二十四史

中華書局

州。詔天臺侍衞，皆着五色及紅紫綠衣，以雜色緣，名曰品色衣，有大事，與公服間服之。壬寅，詔內外命婦皆執笏，其拜宗廟及天臺，皆俛伏。甲辰，初置天中大皇后，立天左大皇后陳氏爲天中大皇后，立妃尉遲氏爲天左大皇后。

夏四月己巳，享太廟。己卯，以旱故，降見囚死罪已下。壬午，幸仲山祈雨，〔四三〕至咸陽宮，雨降。甲申，還宮。令京城士女於衢巷作音樂以迎候。五月甲午，帝備法駕幸天興宮。乙未，帝不悆，還宮。詔揚州總管、隋公楊堅入侍疾。丁未，追趙、越、陳、代、滕五王入朝。己酉，大漸。御正下大夫劉昉與內史上大夫鄭譯矯制以隋公楊堅受遺輔政。是日，帝崩於天德殿，時年二十二。謚宣皇帝。七月丙申，葬定陵。

帝之在東宮也，武帝慮其不堪承嗣，遇之甚嚴。朝見進止，與諸臣無異，雖隆寒盛暑，亦不得休息。性嗜酒，武帝遂禁醪醴不許至東宮。帝每有過，輒加捶扑。嘗謂之曰：「古來太子被廢者幾人，餘兒豈不堪立邪！」於是遣東宮官屬錄帝言語動作，每月奏聞。帝憚威嚴，矯情修飾，以是惡不外聞。

嗣位之初，方逞其欲。大行在殯，曾無戚容，卽通亂先帝宮人。纔踰年，便恣聲樂，采擇天下子女，以充後宮。好自矜夸，飾非拒諫。禪位之後，彌復驕奢。躭酗於後宮，或旬日

不出，公卿近臣請事者，皆附閹官奏之。所居宮殿，帷帳皆飾以金玉珠寶，光華炫燿，極麗窮奢。及營洛陽宮，雖未成畢，其規摹壯麗，踰於漢、魏遠矣。

唯自尊崇，無所顧憚。國典朝儀，率情變改。後宮位號，莫能詳錄。每對臣下，自稱爲天。以五色土塗所御天德殿，各隨方色。又於後宮，與皇后等列坐，用宗廟禮器罇彝珪瓚之屬，以次食焉。〔四四〕又令羣臣朝天臺者，致齋三日，清身一日。車旗章服，倍於前王之數。既自比上帝，不欲令人同己。常自帶綬及冠通天冠，加金附蟬，顧見侍臣武弁上有金蟬，及王公有綬者，並令去之。

又不聽人有高者大者之稱，諸姓高者改爲姜，九族稱高祖者爲長祖，曾祖爲次長祖。〔四四〕官稱名位，凡謂上及大者，改爲長，有天者，亦改之。又令天下車皆渾成爲輪，禁天下婦人皆不得施粉黛，唯宮人得乘有輻車，加粉黛焉。

西陽公溫，杞公亮之子，卽帝從祖兄子也。〔四五〕其妻尉遲氏有容色，因入朝，帝遂飲以酒，逼而淫之。亮聞之懼，謀反。纔誅溫，卽追尉遲氏入宮，初爲妃，尋立爲皇后。

每左右侍臣論議，唯欲興造革易，未嘗言及政事。其後遊戲無恒，出入不節，羽儀仗衞，晨出夜還，或幸天興宮，或遊道會苑，陪侍之官，皆不堪命。散樂雜戲，魚龍爛漫之伎，常在目前。好令京城少年爲婦人服飾，入殿歌舞，與後宮觀之，以爲喜樂。

擯斥近臣，多所猜怨。又吝於財，略無賜與。恐羣臣規諫，不得行己之志，常遣左右密伺察之，動止所爲，莫不抄錄，小有乖違，輒加其罪。自公卿以下，皆被楚撻，其間誅戮黜免者，不可勝言。每捶人皆以百二十爲度，名曰天杖。宮人內職亦如之。后妃嬪御，雖被寵嬖，亦多被杖背。於是內外恐懼，人不自安，皆求苟免，莫有固志，重足累息，以逮於終矣。

靜皇帝諱衍，後改名闡，宣帝之長子也。母曰朱皇后。建德二年六月，生于東宮。大象元年正月癸卯，封魯王。戊午，立爲皇太子。二月辛巳，宣帝於鄴宮傳位授帝，居正陽宮。

二年五月乙未，宣帝寢疾，詔帝入宿路門學。己酉，宣帝崩，帝入居天臺，廢正陽宮。大赦，停洛陽宮作。庚戌，上天元上皇太后尊號爲太皇太后，天元聖皇太后李氏爲太帝太后，天元大皇后爲皇太后，天大皇后朱氏爲帝太后。其天中大皇后陳氏、天右大皇后元氏、天左大皇后尉遲氏並出俗爲尼。以柱國、漢王贊爲上柱國、右大丞相，上柱國、揚州總管、隋公楊堅爲假黃鉞左大丞相，柱國、秦王贄爲上柱國。帝居諒闇，百官總己以聽於左大丞相。

壬子，以上柱國、鄖公韋孝寬爲相州總管。罷入市稅錢。

六月戊午，以柱國許公宇文善、神武公竇毅、脩武公侯莫陳瓊、大安公閻慶並爲上柱國。趙王招、陳王純、越王盛、代王達、滕王逌來朝。庚申，復佛、道二教。辛酉，以柱國杞公椿、〔四六〕燕公于寔、郜公賀拔伏恩並爲上柱國。

甲子，相州總管尉遲迥舉兵不受代，詔發關中兵，卽以韋孝寬爲行軍元帥，討之。上柱國、畢王賢以謀執政，被誅。〔四七〕以上柱國、秦王贄爲大冢宰，杞公椿爲大司徒。己巳，詔南定、北光、衡、巴四州人爲宇文亮抑爲奴婢者，並免之。甲戌，有赤氣起西方，漸東行，偏天。庚辰，罷諸魚池及山澤公禁者，與百姓共之。以柱國、蔣公梁睿爲益州總管。

秋七月甲申，突厥送齊范陽王高紹義。庚寅，申州刺史李惠起兵。庚子，詔趙、陳、越、代、滕五王，入朝不趨，劍履上殿。滎州刺史、邵公宇文冑舉兵，遣大將軍楊素討之。青州總管尉遲勤舉兵。〔四八〕丁未，隋公楊堅都督內外諸軍事。己酉，鄖州總管司馬消難舉兵，以柱國、楊公王誼爲行軍元帥討之。壬子，趙王招、越王盛以謀執政，被誅。癸丑，封皇弟衎爲萊王，術爲郢王。〔四九〕是月，豫州、襄州總管諸蠻，各帥種落反。〔五〇〕

八月庚申，益州總管王謙舉兵不受代，卽以梁睿爲行軍元帥討之。庚午，韋孝寬破尉迥於鄴，迥自殺，相州平。移相州於安陽，其鄴城及邑，毀廢之。丙子，以漢王贊爲太師，以

中華書局

上柱國、并州總管、申公李穆爲太傅，以宋王實爲大前疑，以秦王贄爲大右弼，以燕公于寔爲大左輔。己卯，以尉迥平，大赦。庚辰，司馬消難擁衆以魯山、甑山二鎮奔陳，遣大將軍元景山追擊之，鄖州平。沙州氏帥開府楊永安聚衆反，應王謙，遣大將軍達奚儒討之。楊素破宇文胄於滎陽，斬之。以上柱國、神武公竇毅爲大司馬，以齊公于智爲大司空。廢相、靑、荊、金、晉、梁州六總管。

九月丙戌，廢河陽總管爲鎭，隸洛州。以小宗伯、竟陵公楊慧爲大宗伯。壬辰，廢皇后司馬氏爲庶人。戊戌，以柱國、楊公王誼爲上柱國。庚戌，以柱國常山公于翼、化政公宇文忻並爲上柱國。壬子，丞相去左右號，隋公楊堅爲大丞相。

冬十月甲寅，日有蝕之。壬戌，陳王純以怨執政，被誅。大丞相、隋公楊堅加大冢宰，五府總於天官。戊寅，梁睿破王謙，斬之，傳首京師，益州平。

十一月甲辰，達奚儒破楊永安，沙州平。丁未，上柱國、鄖公韋孝寬薨。

十二月壬子，以柱國、蔣公梁睿爲上柱國。丁巳，以柱國邗公楊雄、〔五一〕普安公賀蘭蓍、郕公梁士彥、上大將軍新寧公叱列長叉、〔五二〕武鄉公崔弘度、大將軍中山公宇文恩、濮陽公宇文述、渭原公和干子、任城公王景、漁陽公楊銳、上開府廣宗公李崇、隴西公李詢並爲上柱國。庚申，以柱國、楚公豆盧勣爲上柱國。

癸亥，詔曰：「太祖受命，龍德猶潛，三分天下，志扶魏室，多所改作，冀允上玄。文武羣官，賜姓者衆，本殊國邑，實乖胙土。不歆非類，異骨肉而共蒸嘗；不愛其親，嗟行路而敍昭穆。且神徽革姓，本爲曆數有歸；天命在人，推讓終而弗獲。故君臨區宇，累世於茲，不可仍遵謙挹之旨，〔五三〕久行權宜之制。諸改姓者，悉宜復舊。」

甲子，大丞相、隋公楊堅進爵爲王，以十郡爲隋國。〔五四〕己巳，以柱國、沛公鄭譯爲上柱國。辛未，代王達、滕王逌並以謀執政，被誅。壬申，以大將軍、長寧公楊勇爲上柱國、大司馬，以小冢宰、始平公元孝矩爲大司寇。

大定元年，春正月壬午，改元。丙戌，詔戎秩上開府以上，職事下大夫以上，外官刺史以上，各舉賢良。

二月甲子，帝遜位于隋，居于別宮。隋氏奉帝爲介國公，邑萬戶，車服禮樂，一如周制，上書不稱表，答表不稱詔。有其文，事竟不行。隋開皇元年五月壬申，帝崩，時年九歲。隋志也。諡曰靜皇帝，葬恭陵。

論曰：自東西否隔，二國爭强，戎馬生郊，干戈日用，兵連禍結，力敵勢均，疆場之事，一彼一此。武皇纘業，未親萬機，慮遠謀深，以蒙養正。及英威電發，朝政惟新，內難旣除，外略方始。乃苦心焦思，克己勵精，勞役爲士卒之先，居處同疋夫之儉。修富國之政，務强兵之術，乘讎人之有釁，順天道而推亡。數年之間，大勳斯集。攄祖宗之宿憤，拯東夏之阽危，盛矣哉，有成功者也。若使翌日之瘳無爽，經營之志獲申，黷武窮兵，雖見譏於良史；雄圖遠略，足方駕於前王。

而識嗣子之非才，顧宗祏之至重，滯愛同於晉武，則哲異於宋宣，但欲威之榎楚，期於懲肅，義方之敎，豈若是乎。卒使昏虐君臨，姦回肆毒，迹宣后之行事，身歿已爲幸矣。

靜帝越自幼冲，紹茲衰統，內相挾孫、劉之詐，〔五五〕戚藩無齊、代之强，隋氏因之，遂遷龜鼎。雖復岷、峨投袂，翻成凌奪之威；漳、滏勤王，無救宗周之殞。嗚呼！以文皇之經啓鴻基，武皇之克隆景業，未踰二紀，不祀忽諸。斯蓋先帝之餘殃，非孺子之罪戾也。

校勘記

〔一〕冬十月甲戌朔日有蝕之　周書卷五武帝紀上無「朔」字。按是年十月癸酉朔，「甲戌」是二日。或當「朔」字衍。下文靜帝紀大象二年「十月甲寅，日有蝕之」。周書同。檢朔閏表也是二日。或當

時曆法錯誤，故日蝕不在朔。

〔二〕以南山衆瑞並集免今年役及租賦之半　周書「南山」作「山南」。「集」下有「大赦天下，百官及軍人普汎二級。南陽宛縣三足烏所集」二十二字。按周書於四月載南陽、湖州所謂「祥瑞」，其地都在山南，這裏作「南山」，誤倒。又據周書，免役及租賦之半止宛縣一縣。北史無二十二字，遂似遍及全境。當是因有二「集」字，傳鈔時誤脫一行。

〔三〕五月甲子朔　諸本「子」作「午」，周書作「子」。按是年五月甲子朔，今據改。

〔四〕二月辛酉　諸本「酉」作「丑」，周書作「酉」。按是年二月甲寅朔，無辛丑，辛酉是八日。今據改。

〔五〕三月戊子柱國豆盧寧薨　諸本無「三月」二字，周書有。按是年二月甲寅朔，月內無戊子。三月癸未朔，戊子是六日。此誤脫，今據補。

〔六〕經紫宮入危　諸本「危」作「苑」，周書作「危」。按「危」指危宿，今據改。

〔七〕辛巳幸路寢　諸本「幸」作「考」。按周書作「辛巳，路寢成，幸之」。「考」乃「幸」之訛，今據改。

〔八〕遣小載師杜杲使於陳　諸本「杲」作「果」，周書殿本作「杲」。張森楷云：「按杲字子暉，有專傳本書卷七〇、周書卷三九，則非『果』也。」按張說是，今據改。

〔九〕甲子乙卯禮云不樂至宜依是日省事停樂　諸本「省」作「有」，周書作「省」。按禮記檀弓下：「子卯不樂。」鄭注：「不以舉樂，爲吉事。」卽「省事停樂」之意。作「有」誤，今據改。

中華書局

北史卷十一

隋本紀上第十一

隋高祖文皇帝姓楊氏，諱堅，小名那羅延。本弘農華陰人，漢太尉震之十四世孫也。震八世孫，燕北平太守鉉。鉉子元壽，魏初爲武川鎮司馬，因家于神武樹頹焉。元壽生太原太守惠嘏，嘏生平原太守烈，烈生寧遠將軍禎，禎生皇考忠。

初，禎屬魏末喪亂，避地中山，結義徒以討鮮于修禮，遂死之。周保定中，皇考著勳，追贈柱國大將軍、少保、興城郡公。

皇考美鬚髯，身長七尺八寸，狀貌瓌偉，武藝絕倫，識量深重，有將率之略。年十八，客游泰山，會梁兵陷郡國，沒江南。及北海王元顥入洛，乃與俱歸。顥敗，尒朱度律召爲帳下統軍。後從獨孤信，屢有軍功。又與信從魏孝武西遷。東魏荆州刺史辛纂據穰城，皇考從信討之，與都督康洛兒、元長生乘城而入，彎弓大呼，斬纂以徇，城中懾服。居半歲，以東魏

之逼，與信俱歸。[一]周文帝召居帳下。

嘗從周文狩於龍門，皇考獨當一猛獸，左挾其腰，右拔其舌，周文壯之。北臺謂猛獸爲揜于，因以字之。從禽竇泰，破沙苑陣，封襄武縣公。河橋之役，皇考與壯士五人力戰守橋，敵人不敢進。又與李遠破黑水稽胡，并與怡峯解玉壁圍，以功歷雲、洛二州刺史。芒山之戰，先登陷陣，除大都督。

及侯景度江，梁氏喪敗，周文將經略，乃授皇考都督荆等十五州諸軍事，[二]鎮穰城。梁雍州刺史、岳陽王蕭詧，雖曰稱藩，而尚懷貳心。皇考自樊城觀兵漢濱，易旗遞進，實二千騎，詧登樓望之，以爲三萬，懼而服焉。又攻梁隨郡，剋之，獲其守桓和。所過城戍，望風請服。進圍安陸。梁司州刺史柳仲禮恐安陸不守，馳歸赴援。諸將恐仲禮至則安陸難下，請急攻之。皇考曰：「仲禮已在近路，吾以奇兵襲之，一舉必剋，則安陸不攻自拔，諸城可傳檄而定。」於是選騎二千，銜枚夜進，遇仲禮於漴頭，禽之，悉俘其衆。安陸、竟陵並降。梁元帝大懼，送子方略爲質，并送載書，請魏以石城爲限，梁以安陸爲界。皇考乃旋師。進爵陳留郡公，位大將軍。

十七年，梁元帝逼其兄邵陵王綸。綸送質於齊，欲來寇。梁元帝密報周文。遣皇考討之，禽綸，數其罪，殺之。初，皇考禽柳仲禮，遇之甚厚。仲禮至京，反譖皇考，言在軍大取金寶。周文以皇考功重，不問。然皇考悔不殺仲禮，故至此殺綸。皇考間歲再舉，盡定漢東地，甚得新附心。魏恭帝賜姓普六茹氏，行同州事。

及于謹伐江陵，皇考爲前軍，屯江津，遏其走路。梁人束刃於象鼻以戰，皇考射之，二象反走。江陵平，周文立蕭詧爲梁主，令皇考鎮穰城。

周孝閔踐阼，入爲小宗伯。及司馬消難請降，皇考與柱國達奚武援之。入齊境五百里，前後遣三使報消難，皆不反命。及去北豫州三十里，武疑有變，欲還。皇考曰：「有進死，無退生。」獨以千騎，夜趣城下，候門開而入，乃馳遣召武。時齊鎮城伏敬遠勒甲士三千據東陴，舉烽嚴警，武憚之，不欲保城，乃多取財寶，以消難先歸。皇考以三千騎殿，到洛南，皆解鞍而臥，齊衆來追，至於洛北，皇考謂將士曰：「但飽食，今在死地，賊必不敢度水。」食畢，齊兵陽若度水，皇考馳將擊之，齊兵不敢逼，遂徐引而還。武歎曰：「達奚武自言是天下健兒，今日服矣。」進位柱國大將軍。武成元年，進封隋國公，邑萬戶，別食竟陵縣一千戶，收其租賦。

保定二年，爲大司空。時朝議與突厥伐齊，公卿咸以齊兵强國富，斛律明月不易可當，兵非十萬衆不可。皇考獨曰：「萬騎足矣，明月豎子，亦何能爲！」

三年，乃以皇考爲元帥，大將軍楊纂、李穆、王傑、尒朱敞及開府元壽、田弘、慕容近等

皆隸焉。又令達奚武帥步騎三萬自南道進，期會晉陽。皇考乃留敏據什賁，游兵河上。皇考出武川，過故宅，祭先人，饗將士，席卷二十餘城。齊人守陘嶺之隘，皇考縱奇兵大破之，留楊纂屯靈丘爲後拒。突厥木杆可汗控地頭可汗、步離可汗等，以十萬騎來會。

四年正月朔，攻晉陽。時大雪風寒，齊人乃悉其精銳，鼓譟而出。突厥引上西山，不肯戰，衆失色。皇考乃率七百人步戰，死者十四五。以武後期，乃班師。齊人亦不敢逼。突厥乃縱兵大掠，自晉陽至平城，七百餘里，人畜無遺。周武帝拜皇考爲太傅，[三]晉公護以其不附己，以爲涇州總管。

是歲，大軍又東伐，晉公護出洛陽，令皇考出沃野，以應接突厥。時軍糧少，諸將憂之，皇考曰：「當權以濟事耳。」[四]乃招誘稽胡首領，咸令在坐，使王傑盛軍容鳴鼓而出。[五]皇考陽怪問之，傑曰：「大冢宰已至洛陽，天子聞銀、夏間胡擾動，故使傑就攻除之。」又令突厥使者馳告曰：「可汗更入并州，留兵馬十萬在長城下，故令問公，若有稽胡不服，欲來共破之。」坐者皆懼。皇考慰喻遣之，於是歸命，饋輸塡積。屬晉公護先退，皇考亦罷兵而還鎮。又以政績稱，詔賜錢三十萬，布五百匹，穀二千斛。

以疾還京，周武及晉公護屢臨視焉。薨，贈太保、都督同朔等十三州軍事、同州刺史，本官如故。諡曰桓公。開皇元年，追尊爲武元皇帝，廟號太祖。

帝，武元皇帝之長子也。皇妣曰呂氏，以周大統七年六月癸丑夜，生帝於馮翊波若寺。有紫氣充庭。時有尼來自河東，謂皇妣曰：「此兒所從來甚異，不可於俗間處之。」乃將帝舍於別館，躬自撫養。皇妣抱帝，忽見頭上出角，偏體起鱗，墜帝于地。尼自外見，曰：「已驚我兒，致令晚得天下。」帝龍頷，額上有五柱入頂，目光外射，有文在手曰「王」字，長上短下，沈深嚴重。初入太學，雖至親昵，不敢狎也。

年十四，京兆尹薛善辟爲功曹。十五，以皇考勳，授散騎常侍、車騎大將軍、儀同三司，封成紀縣公。十六，遷驃騎大將軍，加開府。周文帝見而歎曰：「此兒風骨，非世間人。」明帝卽位，授右小宮伯，〔六〕進封大興郡公。明帝嘗遣善相者來和視帝，和詭對曰：「不過柱國。」既而私謂帝曰：「公當爲天下君，必大誅殺而後定。」

周武帝卽位，遷左小宮伯，〔七〕出爲隨州刺史，進位大將軍。後徵還，遇皇妣寢疾三年，晝夜不離左右，以純孝稱。宇文護執政，尤忌帝，屢將害焉。賴大將軍侯伏侯壽等救護以免。後襲爵隋國公。周武既爲皇太子娉帝長女爲妃，益加禮重。齊王憲言於周武曰：「普六茹堅相貌，臣每見之，不覺自失。恐非人下，請早除之。」周武曰：「此止可爲將耳。」內史王軌驟諫曰：「皇太子非社稷主，普六茹堅有反相。」周武不悅曰：「必天命，將若之何？」〔八〕

帝甚懼，深自晦匿。

後從周武平齊，進柱國。又與齊王憲破齊任城王湝於冀州，除定州總管。先是州城門久閉不行，〔九〕齊人白：文宣時，或請開之，〔一〇〕文宣不許，曰：「當有聖人啓之。」及帝至而開之，莫不驚異。遷亳州總管。

周宣帝卽位，以后父，徵拜上柱國、大司馬。大象初，遷大後丞、右司武，俄轉大前疑。周宣每巡幸，恒委以居守。時周宣爲刑經聖制，其法深刻，帝以法令滋章，非興化之道，切諫，不納。帝位望益隆，周宣頗以爲忌。時周宣四幸女並爲皇后，爭寵相毀。周宣每謂后曰：「必族滅爾家。」因召帝，命左右曰：「若色動，卽殺之。」帝容色自若，遂免。

大象二年五月，以帝爲揚州總管，將發，暴足疾而止。乙未，周宣不悆。時靜帝幼沖，前內史上大夫鄭譯、御正大夫劉昉以帝皇后之父，衆望所集，遂矯詔引帝入侍疾，因受遺輔政，都督內外諸軍事。帝恐周氏諸王在藩生變，〔一一〕稱趙王招將嫁女於突厥爲詞以徵之。己酉，周宣崩。庚戌，靜帝詔假黃鉞、左大丞相，百官總己而聽焉。以正陽宮爲丞相府，以鄭譯爲長史，劉昉爲司馬，具置僚佐。周宣時刑政峻酷者，悉更以寬大之制，天下歸心矣。

六月，趙王招、陳王純、越王盛、代王達、〔一二〕滕王逌並至長安。相州總管尉遲迥自以宿將，至是不能平，遂舉兵。趙、魏之士響應，旬日間，衆至十餘萬。宇文冑以滎州，石愻以建州，席毗以沛郡，毗弟叉羅以兗州，皆應。迥遣子質於陳，以求援。帝命上柱國、鄖公韋孝寬討之。雍州牧、畢王賢及趙、陳等五王謀作亂。帝執賢斬之，而掩趙王等罪，因詔五王劍履上殿，入朝不趨，以安之。時五王陰謀滋甚，帝以酒肴造趙王，觀其指。趙王伏甲於臥內，帝賴元冑以免，於是誅趙、越二王。

八月庚午，韋孝寬破尉遲迥，斬之，傳首闕下，餘黨悉平。初，迥之亂，鄖州總管司馬消難據州應迥，淮南州縣多從之。襄州總管王誼討之，消難奔陳。荆、郢羣蠻乘釁而起，命亳州總管賀若誼討平之。先是，上柱國王謙爲益州總管，亦擁衆巴、蜀，以匡復爲辭。帝以東夏、山南爲事，未遑致討，謙遂屯劍口，陷始州。至是，乃命上柱國梁睿討平之，傳首闕下。巴、蜀阻劍閣之險，以絕好亂之萌焉。

九月壬子，周帝進帝大丞相。十月，周帝詔追贈皇曾祖烈爲柱國、太保、都督十州諸軍事、徐州刺史、隋國公，謚曰康。皇祖禎爲柱國、都督十三州諸軍事、〔一三〕同州刺史、隋國公，謚曰獻。皇考忠爲上柱國、太師、大冢宰、都督十三州諸軍事、雍州牧。壬戌，誅陳王純。周帝進帝大冢宰，五府總於天官。十一月辛未，誅代王達、滕王逌。〔一四〕

十二月甲子，周帝授帝相國，總百揆，去都督內外諸軍事、大冢宰之號，進爵爲王。以隋州之崇業，鄖州之安陸、城陽，溫州之宜人，應州之平靖、上明，順州之淮南，士州之永川，〔一五〕昌州之廣昌、安昌，申州之義陽、淮安，息州之新蔡、建安，豫州之汝南、臨潁、廣寧、初安，蔡州之蔡陽，郢州之漢東二十郡爲隋國。劍履上殿，入朝不趨，贊拜不名，備九錫之禮。加璽紱、遠游冠，相國印綠綟綬，位在諸侯王上。隋國置丞相以下，一依舊式。帝再讓，乃受王爵，十郡而已。周帝詔進皇祖、皇考爵並爲王，夫人爲王妃。

大定元年二月壬子，下令曰：「以前賜姓，皆復其舊。」甲寅，帝受九錫之禮。丙辰，周帝又詔帝冕十有二旒，建天子旌旗，出警入蹕，乘金根車，駕六馬，備五時副車，置旄頭雲罕，樂舞八佾，設鍾簴宮縣，王妃爲王后，世子爲太子。前後三讓，乃受。俄而下詔，依唐虞、漢魏故事。帝三讓，不許。乃遣太傅、上柱國、杞國公椿奉册曰：

咨爾相國隋王。粵若上古之初，爰啓清濁，降符授聖，爲天下君，事上帝而理兆庶，和百靈而利萬物，非以區宇之富，未以宸極爲尊。大庭、軒轅以前，驪連、赫胥之日，咸以無爲無欲，不將不迎，遐哉，其詳不可聞已。

厥有載籍，遺文可觀，聖莫逾於堯，美未過於舜，堯得太尉，已作運衡之篇，舜遇司空，便敍菁華之竭。褰裳脫屣，二宮設饗，百官歸禹，若帝之初。斯蓋上則天時，不敢不授，下祇天命，不敢不受。湯代於夏，武革於殷，干戈揖讓，雖復異揆，應天順人，其道靡異。自漢迄晉，有魏至周，天曆逐獄訟之歸，神鼎隨謳歌之去，道高者稱帝，籙盡

中華書局

者不王，與夫文祖神宗，無以別也。

周德將盡，禍難頻興。宗戚姦回，咸將竊發，顧瞻宮闕，將圖宗社。藩維連率，逆亂相尋，搖蕩三方，不合如礪。蛇行鳥攫，投足無所。王受天明命，叡德在躬，救頹運之艱，匡墜地之業，援大川之溺，救燎原之火，除羣凶於城社，廓妖氛於遠服。至德合於造化，神用洽於天壤，八極九野，萬方四裔，圓首方足，莫不樂推。往歲長星夜掃，經天晝見，八風比夏后之作，五緯同漢帝之聚，除舊之徵，昭然在上。近者赤雀降祉，玄龜効靈，鍾石變音，蛟魚出穴，布新之貺，[一六]煥焉在下。九區歸往，百靈協贊，人神屬望，我不獨知。仰祇皇靈，俯順人願，敬以帝位，禪於爾躬。天祚告窮，天祿永終。於戲！王其允執厥和，儀刑典訓，升圓丘而敬蒼昊，御皇極而撫黔黎，副率土之心，恢無疆之祚，可不盛歟！

遣大宗伯、大將軍、金城公趙煚奉皇帝璽紱，百官勸進，帝乃受焉。

開皇元年春二月甲子，自相府常服入宮，備禮卽皇帝位於臨光殿。設壇於南郊，遣兼太傅、上柱國、鄧公竇熾柴燎告天。是日，告廟，大赦，改元。京師慶雲見。改周官，依漢、魏之舊。制：以相國司馬高熲爲尚書左僕射兼納言，相國司錄虞慶則爲內史監兼吏部尚

書，相國內郎李德林爲內史令，上開府韋世康爲禮部尚書，上開府元暉爲都官尚書，開府、戶部尚書元巖爲兵部尚書，上儀同、司宗長孫毗爲工部尚書，上儀同、司會楊尙希爲度支尚書，雍州牧楊惠爲左衞大將軍。

乙丑，追尊皇考爲武元皇帝，廟號太祖；皇妣呂氏爲元明皇后。改周氏左社右廟制爲右社左廟。遣八使巡省風俗。丙寅，修廟社。立王后獨孤氏爲皇后，王太子勇爲皇太子。丁卯，以大將軍趙煚爲尚書右僕射，以上開府伊婁彥恭爲右武候大將軍。[一七]己巳，以五千戶封周帝介國公爲隋室賓，旌旗車服禮樂，一如其舊，上書不爲表，答表不稱詔。周氏諸王，盡降爲公。辛未，以皇弟同安郡公爽爲雍州牧。乙亥，封皇弟邵國公慧爲滕王，同安公爽爲衞王，皇子雁門公廣爲晉王，[一八]俊爲秦王，秀爲越王，諒爲漢王。幷州總管李穆爲太師，上柱國竇熾爲太傅，幽州總管于翼爲太尉，觀國公田仁恭爲太子太師，武德郡公柳敏爲太子太保。丁丑，以晉王廣爲幷州總管，封陳留郡公智積爲蔡王，興城郡公靜爲道王。戊寅，改東京府爲尚書省，發官牛五千頭，分賜貧人。

三月，宣仁門槐樹連理，衆枝內附。壬午，白狼國獻方物。丁亥，詔犬馬器翫口味，不得獻上。戊子，弛山澤禁。己丑，移埶屋連理樹植于宮庭。戊戌，以太子少保蘇威兼納言、吏部尚書。[一九]庚子，詔前代品爵，悉依舊定。丁未，梁蕭巋使其太宰蕭巖來賀。

夏四月辛巳，大赦。戊戌，太常散樂並免爲編戶。禁雜樂百戲。辛丑，陳人來聘于周，至而上已受禪，致之介國。是月，發稽胡修築長城，二旬而罷。

五月戊午，封邗國公楊雄爲廣平王，永康郡公楊弘爲河間王。辛未，介公薨，上舉哀於朝堂，謚曰周靜帝。

六月癸未，詔以初受命，赤雀降祥，推五德相生，爲火色。其郊及社、廟，依服冕之儀；而朝會之服、旗幟、犧牲盡尙赤，戎服尙黃。

秋七月乙卯，上始服黃，百僚畢賀。

八月壬午，廢東京官。甲午，遣樂安公元諧擊吐谷渾於青海，破而降之。

九月戊申，遣使振給戰亡者家。庚午，陳將周羅睺攻陷胡墅，蕭摩訶寇江北。辛未，以越王秀爲益州總管，改封蜀王。壬申，以薛公長孫覽、宋安公元景山並爲行軍元帥，伐陳，仍令尚書左僕射高熲節度諸軍。是月，行五銖錢。

冬十月乙酉，百濟王扶餘昌遣使來賀，授昌上開府儀同三司、帶方郡公。戊子，行新律。壬辰，行幸岐州。

十一月乙卯，以永富郡公竇榮定爲右武候大將軍。遣兼散騎侍郎鄭撝使於陳。己巳，有流星如墜牆，光照于地。

十二月甲申，以禮部尚書韋世康爲吏部尚書。庚子，至自岐州。壬寅，高麗王高陽遣使朝貢，[二〇]授陽大將軍、遼東郡公。太子太保柳敏卒。

是歲，靺鞨、突厥阿波可汗、沙鉢略可汗並遣使朝貢。

二年春正月庚申，陳宣帝殂。辛酉，置河北道行臺尚書省於幷州，以晉王廣爲尚書令；置河南道行臺尚書省於洛州，以秦王俊爲尚書令；置西南道行臺尚書省於益州，以蜀王秀爲尚書令。戊辰，陳人遣使請和，求歸胡墅。甲戌，詔舉賢良。

二月己丑，詔以陳有喪，命高熲等班師。庚寅，加晉王廣左武衞大將軍，秦王俊右武衞大將軍。庚子，京師雨土。

三月，初命入宮殿門通籍。戊申，開渠引杜陽水於三畤原。

夏四月丁丑，以寧州刺史竇榮定爲左武候大將軍。庚寅，大將軍韓僧壽破突厥於雞頭山，上柱國李充破突厥於河北山。

五月戊申，以上開府長孫平爲度支尚書。己酉，以旱故，上親省囚徒，其日大雨。己未，高寶寧寇平州，突厥入長城。庚申，以豫州刺史皇甫績爲都官尚書。甲子，改傳國璽曰受命璽。丁卯，制人年六十以上免課。

中華書局

六月壬午，以太府卿蘇孝慈爲兵部尚書。甲申，使使弔於陳。乙酉，上柱國李充破突厥于馬邑。丙申詔曰：

朕祗奉上玄，君臨萬國，屬生靈之弊，處前代之宮，以爲作之者勞，居之者逸，改創之事，心未遑也。而王公大臣，陳謀獻策，咸云：羲、農以降，至于姬、劉，有當世而屢遷，無革命而不徙。曹、馬之後，時見因循，乃末世之宴安，非往聖之宏義。此城從漢，彫殘日久，屢爲戰場，舊經喪亂。今之宮室，近代權宜，又非謀筮從龜，瞻星揆日，不足建皇王之邑，合大衆所聚。論變通之數，具幽顯之情，同心固請，詞情深切。然則京師百官之府，四海歸向，非朕一人之所獨有，苟利於物，其可違乎。且殷之五遷，恐人盡怨，是則以吉凶之土，制長短之命，謀新去故，如農望秋，雖則劬勞，其究安宅。今區宇寧一，陰陽順序，安安以遷，勿懷胥怨。龍首山川原秀麗，卉物滋阜，卜食相土，宜建都邑。定鼎之基永固，無窮之業在斯。公私府宅，規模遠近，營構資須，隨事修葺。[二]

仍詔左僕射高熲、將作大匠劉龍、鉅鹿郡公賀婁子幹、太府少卿高龍叉等創造新都。秋七月癸巳，詔新置都處墳墓，令悉遷葬設祭，仍給人功，無主者，命官爲殯葬。甲午，行新令。

冬十月，以撤毀故，徙居東宮。給內外官人祿。癸酉，皇太子勇屯兵咸陽，以備胡虜。庚寅，上疾愈，享百僚於觀德殿，賜錢帛，皆任自取，盡力以出。辛卯，以營新都副監賀婁子幹爲工部尚書。

十一月丙午，初命爲方陣戰法，及制軍營圖樣，下諸軍府，以擬征突厥。

十二月辛未，上講武于後園。甲戌，上柱國竇毅卒。丙子，名新都曰大興城。乙酉，遣彭城公虞慶則屯弘化以備胡。突厥寇周槃，行軍總管達奚長儒爲虜所敗。丙戌，賜國子生經明者束帛。丁亥，親錄囚徒。

是歲，高麗、百濟並遣使朝貢。

三年春正月庚子，將遷新都，大赦。禁大刀長矟。始令人以二十一成丁，[三]歲役功不過二十日，不役者收庸。廢遠近酒坊，罷鹽井禁。

二月己巳朔，日有蝕之。癸酉，陳人來聘。突厥犯邊。癸未，以左武衞大將軍李禮成爲右武衞大將軍。

三月丁未，上柱國、鮮虞縣公謝慶恩卒。丙辰，以雨故，常服入新都。京師承明里醴泉出。丁巳，詔購遺書於天下。癸亥，城榆關。

夏四月己巳，衞王爽大破突厥於白道山，停築原陽、雲內、紫河等鎮而還。上柱國、建平郡公于義卒。庚午，吐谷渾寇臨洮，洮州刺史皮子信死之。壬申，以尚書右僕射趙煚兼內史令。丁丑，以滕王瓚爲雍州牧。庚辰，行軍總管陰壽大破高寶寧于黃龍。甲申，以旱故，上親祀雨師。丙戌，詔天下勸學行禮。己丑，陳郢州城主張子譏遣使請降，上以和好不納。辛卯，遣兼散騎常侍薛舒聘於陳。癸巳，上親雩。

五月癸卯，太尉、任城公于翼薨。[四]行軍總管李晃破突厥於摩那渡口。乙巳，梁太子蕭琮來賀遷都。辛酉，親祀方澤。壬戌，行軍元帥竇榮定破突厥及吐谷渾於涼州。赦黃龍死罪以下。

六月庚午，封衞王爽子集爲遂安郡王。戊寅，突厥遣使求和。庚辰，行軍總管梁遠破吐谷渾於尒汗山，斬其名王。

秋七月壬戌，詔曰：「往者山東河表，經此妖亂，孤城遠守，多不自全。濟陰太守杜猷身陷賊徒，命懸寇手，郡省事范臺玫傾產營護，免其戮辱。眷言誠節，實有可嘉，宜超恒賞，用明沮勸。臺玫可大都督，假湘州刺史。」丁卯，日有蝕之。

八月壬午，遣尚書左僕射高熲出寧州道，[五]吏部尚書虞慶則出原州道，並爲行軍元帥以擊胡。戊子，親祀太社。九月壬子，幸城東觀穀稼。癸丑，大赦。

冬十月甲戌，廢河南道行臺省。十一月，發使巡省風俗。庚辰，陳人來聘。陳主知帝貌異世人，使副使袁彥圖像而去。甲午，罷天下諸郡。閏十二月乙卯，[六]遣兼散騎常侍唐令則使於陳。戊午，以刑部尚書蘇威爲戶部尚書。

是歲，高麗、突厥、靺鞨並遣使朝貢。

四年春正月甲子朔，日有蝕之。祀太廟。辛未，祀南郊。壬申，梁主蕭巋來朝。甲戌，大射於北苑，十日而罷。壬午，齊州水。辛卯，渝州獲獸，似麋，一角同蹄。壬辰，班新曆。

二月乙巳，上餞梁主于霸上。庚戌，行幸隴州。突厥可汗阿史那玷厥率其屬來降。

夏四月己亥，勅總管、刺史，父母及子年十五以上，不得將之官。庚子，以吏部尚書虞慶則爲尚書右僕射，瀛州刺史楊尚希爲兵部尚書，毛州刺史劉仁恩爲刑部尚書。五月癸酉，契丹主莫賀弗遣使請降，拜大將軍。

六月庚子，降囚徒。壬子，開通濟渠，自渭達河，[七]以通運漕。甲寅，制官人非戰功不授上柱國以下戎官。以雍、同、華、岐、宜五州旱，命無出今年租調。戊午，秦王俊來朝。

秋七月丙寅，陳人來聘。八月甲午，遣十使巡省天下。戊戌，衞王爽來朝。壬寅，上柱國、太傅、鄧公竇熾薨。乙卯，陳將夏侯苗請降，上以通和不納。九月己巳，上親錄囚徒。

庚午，契丹內附。甲戌，以關中饑，行幸洛陽。

冬十一月壬戌，遣兼散騎常侍薛道衡使於陳。甲戌，改周十二月爲臘蜡。

是歲靺鞨及女國並遣使朝貢。

五年春正月戊辰，詔行新禮。壬申，詔罷江陵總管。其後，梁主請依舊，許之。三月戊午，以尚書左僕射高熲爲左領軍大將軍，以上柱國宇文忻爲右領軍大將軍。

夏四月甲午，契丹遣使朝貢。壬寅，上柱國王誼謀反，誅。乙巳，詔徵山東大儒馬榮伯等。[二七]戊申，車駕至自洛陽。五月甲申，初置義倉。梁主蕭巋殂。遣上大將軍元契使于突厥阿波可汗。

秋七月庚申，陳人來聘。壬午，突厥沙鉢畧可汗上表稱臣。八月甲辰，河南諸州水，遣戶部尚書蘇威振給之。戊申，有流星數百，四散而下。九月乙丑，改鮑陂曰杜陂，霸水曰滋水。丙子，遣兼散騎常侍李若使於陳。

冬十一月丁卯，晉王廣來朝。十二月丁未，降囚徒。

六年春正月甲子，党項羌內附。庚午，班曆於突厥。[二八]壬申，使戶部尚書蘇威巡省山

東。

二月乙酉，山南荆淅七州水，[二九]遣前工部尚書長孫毗振恤之。丙戌，制刺史上佐，每歲暮，更入朝上考課。丁亥，發丁男十一萬修築長城，二旬而罷。庚子，大赦。

三月己未，洛陽男子高德上書，請帝爲太上皇，傳位皇太子。帝曰：「朕承天命，撫育蒼生，日旰孜孜，猶恐不逮。豈學近代帝王，事不師古，傳位於子，自求逸樂哉。」癸亥，突厥沙鉢略可汗遣使朝貢。

夏四月己亥，陳人來聘。

秋七月辛亥，河南諸州水。乙丑，京師雨毛如馬尾，長者二尺餘，短者有六七寸。八月辛卯，關內七州旱，蠲其賦稅。遣散騎常侍裴世豪使于陳。戊申，上柱國、太師、申公李穆薨。閏月丁卯，皇太子鎮洛陽。辛未，晉王廣、秦王俊並來朝。丙子，上柱國郕公梁士彥、上柱國杞公宇文忻、柱國舒公劉昉謀反，伏誅。上柱國、許公宇文善有罪，除名。九月辛巳，帝素服御射殿，詔百僚射梁士彥三家資物。丙戌，上柱國、宋安公元景山卒。辛丑，詔振恤大象以來死事之家。

冬十月己酉，以河北道行臺尚書令、并州總管、晉王廣爲雍州牧，餘官如故。以兵部尚書楊尚希爲禮部尚書。癸丑，置山南道行臺尚書省於襄州，以秦王俊爲尚書令。

七年春正月癸巳，祀太廟。乙未，制諸州歲貢三人。

二月丁巳，祀朝日於東郊。[三〇]己巳，陳人來聘。壬申，幸醴泉宮。是月，發丁男十萬修築長城，二旬而罷。

夏四月庚戌，於揚州開山陽瀆，以通運漕。突厥沙鉢畧可汗卒。癸亥，頒青龍符於東方總管、刺史，西方以白武，南方以朱雀，北方以玄武。甲戌，遣兼散騎常侍楊周使于陳。以戶部尚書蘇威爲吏部尚書。五月乙亥朔，日有蝕之。己卯，隕石於武安、滏陽間，十餘里。

秋七月己丑，衞王爽薨。八月庚申，梁主蕭琮來朝。九月乙酉，梁安平王蕭巖掠於其國以奔陳。辛卯，廢梁國，曲赦江陵。以梁主蕭琮爲柱國，封莒國公。

冬十月庚申，行幸同州。以先帝所居故，曲降囚徒。癸亥，幸蒲州。丙寅，宴父老，上極歡，曰：「此間人物，衣服鮮麗，容止閑雅。良由仕宦之鄉，陶染成俗也。」十一月甲午，幸馮翊，祭故社。父老對詔失旨，上大怒，免其縣官而去。戊戌，車駕至自馮翊。

八年春正月乙亥，陳人來聘。二月辛酉，陳人寇硤州。三月辛未，上柱國、隴西公李詢

卒。甲戌，遣兼散騎常侍程尚賢使于陳。戊寅，詔大舉伐陳。

秋八月丁未，河北諸州饑，遣吏部尚書蘇威振恤之。九月癸巳，嘉州言龍見。

冬十月己未，置淮南行臺省於壽春，以晉王廣爲尚書令。辛酉，陳人來聘，拘留不遣。甲子，有星孛于牽牛。享太廟，授律，令晉王廣、秦王俊、清河公楊素並爲行軍元帥以伐陳。於是晉王出六合，秦王出襄陽，清河公楊素出信州，荆州刺史劉仁恩出江陵，宜陽公王世積出蘄春，新義公韓擒出廬江，襄邑公賀若弼出吳州，落叢公燕榮出東海，合總管九十，兵五十一萬八千，皆受晉王節度。東接滄海，西拒巴蜀，旌旃舟檝，横亘數千里。仍曲赦陳國。

十一月丁卯，車駕餞師。詔購陳叔寶，位上柱國、萬戶公。乙亥，行幸定城，陳師誓衆。丙子，幸河東。十二月，車駕至自河東。

九年春正月癸酉，以尚書右僕射虞慶則爲右衞大將軍。[三一]丙子，賀若弼敗陳師於蔣山，獲其將蕭摩訶；韓擒進師入建鄴，獲陳主叔寶，陳國平。合州四十，郡一百，縣四百，戶五十萬，口二百萬。癸巳，遣使持節巡撫之。

二月乙未，廢淮南尚書省。丙申，制五百家爲鄉，正一人；百家爲里，長一人。

中華書局

夏四月己亥，幸驪山，親勞旋師。乙巳，三軍凱入，獻俘於太廟。以晉王廣爲太尉。庚戌，帝御廣陽門，宴將士，頒賜各有差。辛亥，大赦。以陳都官尚書孔範、散騎常侍王瑳、王儀、御史中丞沈觀等邪佞於其主，以致亡滅，皆投之邊裔。陳人普給復十年。軍人畢世免徭役。擢陳之文武衆才而用之。宮奴數千，可歸者歸之，其餘盡以分賜將士及王公貴臣。其資物，皆於五埭賜王公以下大射。毀所得秦漢三大鍾，越二大鼓。又設亡陳女樂，謂公卿等曰：「此聲似啼，朕聞之甚不喜，故與公等一聽亡國之音，俱爲永鑒焉。」辛酉，以吏部侍郎宇文弼爲刑部尚書，宗正卿楊异爲工部尚書。

壬戌，詔曰：「今率土大同，含生遂性。兵可立威，不可不戢，刑可助化，不可專行。禁衞九重之餘，鎮守四方之外，戎旅軍器，皆宜停罷。武力之子，俱可學文。人間甲仗，悉皆除毁。」

閏月丁丑，頒木魚符於總管、刺史，雌一雄三。己卯，以吏部尚書蘇威爲尚書右僕射。

六月乙丑，以荆州總管楊素爲納言。丁卯，以吏部侍郎盧愷爲禮部尚書。時羣臣咸請封禪，詔不許，曰：「豈可命一將軍除一小國，以薄德而封名山，用虛言而干上帝邪。」八月壬戌，以廣平王雄爲司空。

冬十一月壬辰，考使定州刺史豆盧通等上表請封禪，上不許。庚子，以右衞大將軍虞

慶則爲右武候大將軍，右領軍將軍李安爲右領軍大將軍。甲寅，降囚徒。

十二月甲子，詔太常卿牛弘、通直散騎常侍許善心、秘書丞姚察、通直郎虞世基等議定樂。

十年春正月乙未，以皇孫昭爲河南王，楷爲華陽王。二月庚申，行幸幷州。

夏五月乙未，詔曰：「魏末喪亂，宇縣瓜分，役軍歲動，未遑休息。兵士軍人，權置坊府，南征北伐，居處無定，家無完堵，地罕苞桑，恒爲流寓之人，竟無鄉里之號，朕甚愍之。凡是軍人，可悉屬州縣，墾田籍帳，一同編戶。軍府統領，宜依舊式。」罷山東、河南及北方緣邊之地新置軍府。

六月辛酉，制人年五十，免役折庸。

秋七月癸卯，以納言楊素爲內史令。庚戌，上親錄囚徒。辛亥，高麗遼東郡公高陽卒。

八月壬申，遣柱國韋洸、上開府王景並持節巡撫嶺南，百越皆服。九月丁酉，至自幷州。〔三二〕

冬十月甲子，頒木魚符於京官五品以上。

十一月辛卯，幸國學，頒賜各有差。辛丑，祀南郊。

是月，婺州人汪文進、會稽人高智慧、蘇州人沈玄懀皆舉兵反，自稱天子。樂安蔡道人、饒州吳世華、永嘉沈孝徹、泉州王國慶、餘杭楊寶英、交阯李春等，皆自稱大都督。詔內史令楊素討平之。

是歲，吐谷渾、契丹並遣使朝貢。

十一年春正月丁酉，以平陳所得古器，多爲妖變，悉命毁之。丙午，皇太子妃元氏薨，上舉哀於東宮文思殿。二月戊午，以大將軍蘇孝慈爲工部尚書。丙子，以臨潁令劉曠政績尤異，擢爲莒州刺史。辛巳晦，日有蝕之。

夏五月乙巳，以右衞將軍元旻爲左衞大將軍。

秋八月壬申，滕王瓚薨。乙亥，上柱國沛國公鄭譯卒。

是歲，高麗、靺鞨並遣使朝貢。突厥獻七寶盌。

十二年春二月己巳，以蜀王秀爲內史令，兼右領軍大將軍；以漢王諒爲雍州牧、右衞大將軍。

秋七月乙巳，尚書右僕射邳公蘇威、禮部尚書容城侯盧愷並坐事除名。壬申晦，日有

蝕之。

八月甲戌，制天下死罪，諸州不得便決，皆令大理覆之。癸巳，制宿衞者不得輒離所守。丁酉，上柱國、楚公豆盧勣卒。戊戌，上親錄囚徒。

冬十月丁丑，以遂安王集爲衞王。壬午，祀太廟。至太祖神主前，帝流涕嗚咽，不自勝。十一月辛亥，祀南郊。己未，上柱國、新義公韓擒卒。甲子，百僚大射於武德殿。十二月乙酉，以內史令楊素爲尚書右僕射。

是歲，突厥、吐谷渾、靺鞨幷遣使朝貢。

十三年春正月乙巳，上柱國、郇公韓建業卒。壬子，祀感帝。己未，以信州總管韋世康爲吏部尚書。壬戌，行幸岐州。二月丙子，詔營仁壽宮。丁亥，至自岐州。己卯，立皇孫暕爲豫章王。戊子，晉州刺史南陽郡公賈悉達、隰州總管撫寧郡公韓延等以賄伏誅。己丑，制坐事去官者，配防一年。丁酉，制私家不得隱藏緯候圖讖。

夏五月癸亥，詔禁人間撰集國史，臧否人物。

秋七月戊辰晦，日有蝕之。九月丙辰，降囚徒。庚申，封邵公楊綸爲滕王。

冬十一月乙卯，上柱國、華陽公梁彥光卒。〔三三〕

是歲，契丹、霫、室韋、靺鞨並遣使朝貢。

十四年夏四月乙丑，詔曰：「比命有司，總令研究，正樂雅聲，詳定已訖，宜即施用，見行者停。人間音樂，流僻日久，棄其舊體，競造繁聲，浮宕不歸，遂以成俗。宜加禁約，務存其本。」五月辛酉，京師地震。關內諸州旱。

六月丁卯，詔省、府、州、縣皆給廨田，不得興生，與人爭利。

秋七月乙未，以邳公蘇威爲納言。八月辛未，關中大旱，人飢，行幸洛陽，幷命百姓山東就食。

冬閏十月甲寅，詔曰：「梁、齊、陳往皆創業一方，綿歷年代。既宗祀廢絶，祭奠無主，興言矜念，良以愴然。莒國公蕭琮及高仁英、陳叔寶等，宜令以時世修祭祀，所須器物，有司給之。」乙卯，制外官九品以上，父母及子年十五不得從之官。十一月壬戌，制州縣佐史，三年一代，不得重任。癸未，有星孛于角、亢。十二月乙未，東巡狩。

十五年春正月壬戌，車駕次齊州，親問疾苦。丙寅，旅王符山。庚午，以歲旱，祀太山以謝愆咎，大赦。二月丙辰，禁私家畜兵器，關中、緣邊不在其例。禁河以東無得乘馬。丁

巳，上柱國、蔣公梁睿卒。三月己未，車駕至自東巡。望祭五嶽海瀆。丁亥，幸仁壽宮。

夏四月己丑朔，大赦。甲辰，以趙州刺史楊達爲工部尚書。五月丁亥，制京官五品以上佩銅魚符。六月戊子，詔鑿砥柱。庚寅，相州刺史豆盧通貢綾文布，命焚之于朝堂。辛丑，詔名山未在祀典者，悉命祀之。

秋七月甲戌，遣邳公蘇威巡省江南。戊寅，至自仁壽宮。辛巳，制九品以上官，以理去官者，並聽執笏。

冬十二月戊子，敕盜邊糧一升以上，皆斬，籍沒其家。己丑，詔文武官以四考更代。

是歲，吐谷渾、林邑等國並遣使朝貢。

十六年春二月丁亥，封皇孫裕爲平原王，筠爲安成王，嶷爲安平王，恪爲襄城王，該爲高陽王，韶爲建安王，煚爲潁川王。

夏六月甲午，制工商不得進仕。幷州大蝗。辛丑，詔九品以上妻、五品以上妾，夫亡不得改嫁。

秋八月庚戌，詔決死罪者，三奏而後行刑。

冬十月己丑，幸長春宮。十一月壬子，至自長春宮。

十七年春二月癸未，太平公史萬歲伐西寧，剋之。[二四]庚寅，行幸仁壽宮。庚子，上柱國王世積討桂州賊李光仕，平之。三月丙辰，詔諸司屬官有犯，聽於律令外斟酌決杖。辛酉，上親錄囚徒。癸亥，上柱國、彭國公劉昶以罪伏誅。[二五]庚午，遣御史柳彧、皇甫誕巡省河南北。

夏四月戊寅，頒新曆。五月庚申，宴百僚於玉女泉，班賜各有差。己巳，蜀王秀來朝。閏月己卯，羣鹿入殿門，馴擾侍衛之內。

秋七月丁丑，桂州人李世賢反，遣右武候大將軍虞慶則討平之。丁亥，幷州總管、秦王俊坐事免，以王就第。九月甲申，車駕至自仁壽宮。庚寅，上謂侍臣曰：「廟庭設樂，本以迎神。齋祭之日，觸目多感，當此之際，何可爲心？在路奏樂，禮爲未允。公卿宜更詳之。」

冬十月丁未，頒銅武符於驃騎、車騎府。[二六]戊申，道王靜薨。庚午，詔曰：「五帝異樂，三王殊禮，皆隨事而有損益，因情而立節文。仰惟祭享宗廟，瞻敬如在，罔極之感，情深茲日。而禮畢升路，鼓吹發音，還入宮門，金石振響，斯則哀樂同日，心事相違，情所不安，理實未允。宜改茲往式，用弘禮教。自今享廟日，不須備鼓吹，殿庭勿設樂縣。」辛未，京下大索。十二月壬子，上柱國、右武候大將軍、魯公虞慶則以罪伏誅。

是歲，高麗、突厥並遣使朝貢。

十八年春正月辛丑，詔曰：「吳、越之人，往承弊俗，所在之處，私造大船，因相聚結，致有侵害。江南諸州，人間有船長三丈以上，悉括入官。」二月甲辰，幸仁壽宮。乙巳，以漢王諒爲行軍元帥，水陸三十萬，伐高麗。

夏五月辛亥，詔畜貓鬼、蠱毒、厭魅、野道之家，投于四裔。六月丙寅，詔黜高麗王高元官爵。

秋七月丙子，[二七]詔京官五品以上，總管、刺史，舉志行修謹、清平幹濟之士。九月己丑，漢王諒師遇疾疫而旋，死者十二三。庚寅，敕舍客無公驗者，坐及刺史、縣令。辛卯，車駕至自仁壽宮。

冬十一月甲戌，帝親錄囚徒。癸未，祀南郊。十二月庚子，上柱國、夏州總管、東萊公王景以罪伏誅。[二八]

是歲，自京師至仁壽宮，置行宮十所。杞、宋、陳、亳、曹、戴、潁等州水，詔並免庸調。

十九年春正月癸酉，大赦。戊寅，大射于武德殿。二月己亥，晉王廣來朝。甲寅，幸仁

中華書局

壽宮。

夏四月丁酉，突厥利可汗內附。〔三九〕達頭可汗犯塞，行軍總管史萬歲擊破之。六月丁酉，以豫章王暕爲內史令。

秋八月癸卯，上柱國、尙書左僕射、齊公高熲坐事免。辛亥，上柱國、皖城公張威卒。甲寅，上柱國、城陽公李徹卒。九月乙丑，以太常卿牛弘爲吏部尙書。

冬十月甲午，以突厥利可汗爲啓人可汗，築大利城，處其部落。十一月，有司言元年已來，日漸長。十二月乙未，突厥都藍可汗爲部下所殺，國大亂。星隕於勃海。

二十年春正月辛酉朔，突厥、高麗、契丹並遣使朝貢。二月丁丑，無雲而雷。三月辛卯，熙州人李英林反，遣行軍總管張衡討之。

夏四月壬戌，突厥犯塞，以晉王廣爲行軍元帥，擊破之。乙亥，天有聲如寫水，自南而北。六月丁丑，秦王俊薨。

秋九月丁未，車駕至自仁壽宮。

冬十月乙丑，廢皇太子勇及其諸子，並爲庶人。殺柱國、太平公史萬歲。己巳，殺左衞大將軍、五原公元旻。十一月戊子，以晉王廣爲皇太子。天下地震，京城大風雪。十二月

戊午，詔東宮官屬於皇太子不得稱臣。辛巳，詔毀壞偸盜佛及天尊像、嶽鎭海瀆神形者，以不道論。沙門壞佛像，道士壞天尊像，以惡逆論。

仁壽元年，春正月乙酉朔，大赦，改元。以尙書右僕射楊素爲左僕射，以納言蘇威爲右僕射。丁酉，徙河南王昭爲晉王。突厥寇恒安，遣柱國韓洪擊之，敗焉。以晉王昭爲內史令。辛丑，詔曰：「投生殉節，自古稱難，殞身王事，禮加二等。而世俗之徒，不達大義，致命戎旅，不入兆域。興言念此，每深愍歎。且入廟祭祀，並不廢闕，何止墳塋，獨在其外？自今戰亡之徒，宜入墓域。」二月乙卯朔，日有蝕之。

夏五月己丑，突厥男女九萬餘口來降。壬辰，驟雨震雷，大風拔木，宜君湫水，移於始平。六月乙卯，遣十六使巡省風俗。乙丑，廢太學及州縣學，唯留國子一學，取正三品以上子七十二人充生。頒舍利於諸州。

秋七月戊戌，改國子爲太學。十一月己丑，祀南郊。十二月，楊素擊突厥，大破之。

二年春三月己亥，幸仁壽宮。

夏四月庚戌，岐、雍二州地震。

秋七月丙戌，詔內外官各舉所知。八月己巳，皇后獨孤氏崩。九月丙戌，車駕至自仁壽宮。壬辰，河南北諸州大水，遣工部尙書楊達振恤之。乙未，上柱國、袁州總管、金水公周搖卒。〔四〇〕隴西地震。

冬十月壬子，曲赦益州管內。癸丑，以工部尙書楊達爲納言。閏月甲申，詔尙書左僕射楊素與諸術者刊定陰陽舛謬。己丑，詔楊素、右僕射蘇威、吏部尙書牛弘、內史侍郎薛道衡、秘書丞許善心、內史舍人虞世基、著作郎王劭等修定五禮。壬寅，葬獻皇后於太陵。

十二月癸巳，益州總管、蜀王秀有罪，廢爲庶人。交州人李佛子舉兵反，遣行軍總管劉方討平之。

三年春二月戊子，以大將軍、蔡陽郡公姚辯爲左武候大將軍。

夏五月癸卯，詔曰：「六月十三日是朕生日，其日令海內爲武元皇帝、元明皇后斷屠。」

六月甲午，詔曰：

禮云：親以期斷。蓋以四時之變易，萬物之更始，故聖人象之。其有三年，加隆爾也。但家無二尊，母爲厭降，是以父在喪母，還服于期者，服之正也。豈容期內而更小祥？然三年之喪而有小祥者，禮云：「期祭，禮也，期而除喪，道也。」以是之故，雖未再

期，而天地一變，不可不祭，不可不除，故有練焉，以存喪祭之本。然期喪有練，於理未安。雖云十一月而練，乃無所法象，非期非時，豈可除祭？而儒者徒擬三年之喪，立練禫之節，可謂苟存其變，而失其本；欲漸於奪，乃薄於喪。致使子則冠練去絰，黃裏縓緣；絰則布葛在躬，粗服未改。豈非絰哀尙存，子情已奪，〔四一〕親疏失倫，輕重顚倒，乃不順人情，豈聖人之意也？故非先聖之禮，廢於人邪！〔四二〕三年之喪，尙有不行之者，至於祥練之節，安能不墜者乎！

禮云：父母之喪，無貴賤一也。而大夫士之喪父母，乃貴賤異服。然則禮壞樂崩，由來漸矣。所以晏平仲之斬粗縗，其老謂之非禮。滕文公之服三年，其臣咸所不欲。蓋由王道既衰，諸侯異政，將踰越於法度，惡禮制之害己，乃滅去篇籍，自制其宜。遂至骨肉之恩，輕重從俗，無易之道，降殺任情。〔四三〕

夫禮不從天降，不從地出，乃人心而已者，謂情緣於恩也。故恩厚者其禮隆，情輕者其禮殺。聖人以是稱情立文，別親疏貴賤之節。自臣子道消，上下失序，莫大之恩，逐情而薄，莫重之禮，〔四四〕與時而殺。此乃服不稱喪，容不稱服，非所謂聖人緣恩表情制禮之義也。然喪與其易也，寧在於戚，則禮之本也。禮有其餘，未若於哀，則情之實也。今十一月而練者，非禮之本，非情之實。由是言之，父在喪母，不宜有練。但依禮

十三月而祥，中月而禫，庶以合聖人之意，達人子之心。

秋七月丁卯，詔州縣搜揚賢哲，皆取明知古今，通識安危，究政教之本，達禮樂之源。不限多少，不得不舉。徵召將送，必須以禮。八月壬申，上柱國、檢校幽州總管、落叢公燕榮以罪伏誅。九月壬戌，置常平官。甲子，以營州總管韋沖爲戶部尚書。

十二月癸酉，河南諸州水，遣納言楊達振恤之。

四年春正月丙辰，大赦。甲子，幸仁壽宮。

夏四月乙卯，上不豫。六月庚午，大赦。有星入月中，數日而退。長人見於雁門。

秋七月乙未，日青無光，八日乃復。甲辰，帝疾甚，臥於仁壽宮，與百僚辭訣，上握手歔欷。

丁未，崩于大寶殿，時年六十四。詔曰：

嗟乎！自昔晉室播遷，天下喪亂，四海不一，以至周、齊，戰爭相尋，年將三百。故割疆土者非一所，稱帝王者非一人，書軌不同，生靈塗炭。上天降監，受命于朕，[四五]用登大位，豈關人力？故得撥亂反正，偃武修文，天下大同，聲教遠被，此又是天意欲寧區夏。所以昧旦臨朝，不敢逸豫，一日萬機，留心親覽，晦明寒暑，不憚劬勞，匪曰朕躬，蓋爲百姓故也。王公卿士，每日闕庭，刺史以下，歲時朝集，何嘗不罄竭心府，誡敕

殷勤。義乃君臣，情兼父子，庶藉百僚之智，萬國歡心，欲令率土之人，永得安樂。不謂遘疾彌留，至於大漸。此乃人生常分，何足言及。但四海百姓，衣食不豐，教化政刑，猶未盡洽，興言念此，唯以留恨。朕今踰六十，不復稱夭，但筋力精神，一時勞竭，如此之事，本非爲身，止欲安養百姓，所以致此。

人生子孫，誰不念愛，既爲天下，事須割情。勇及秀等，並懷悖惡，既無臣子之心，所以黜廢。古人有云：「知臣莫若君，知子莫若父。」令勇、秀得志，共理家國，亦當戮辱遍於公卿，酷毒流於人庶。今惡子孫已爲百姓黜屏，好子孫足堪負荷大業。此雖朕家事，理不容隱，前對文武侍衞，具已論述。皇太子廣，地居上嗣，仁孝著聞，以其行業，堪成朕志。但念內外羣官，同心勠力，以此共安天下。朕雖瞑目，何所復恨？

國家大事，不可限以常禮，既葬公除，行之自昔，今宜遵用，不勞改定。凶禮所須，纔令周事，務從節儉，不得勞人。諸州總管、刺史以下，宜率其職，不須奔赴。自古哲王，因人作法，前帝後帝，沿革隨時。律令格式有不便於事者，宜依前修改，務當政要。

嗚呼！敬之哉，無墜朕命。

乙卯，發喪。河間楊柳四株，無故黃落，既而花葉復生。八月丁卯，梓宮至自仁壽宮。丙子，殯於大興前殿。十月己卯，葬於太陵，[四六]同墳而異穴。士庶赴葬者，皆聽入視陵內。

帝性嚴重有威容，外質木而內明敏，有大略。初得政之始，羣情不附，諸子幼弱，內有六王之謀，外致三方之亂，握强兵、居重鎭者，皆周之舊臣。上推以赤心，各盡其用，不踰期月，剋定三邊，未及十年，平一四海。薄賦歛，輕刑罰，內修制度，外撫戎夷。每旦聽朝，日仄忘倦，居處服翫，務存節儉，令行禁止，上下化之。開皇、仁壽之間，丈夫不衣綾綺而無金玉之飾。常服率多布帛，裝帶不過以銅鐵骨角而已。雖嗇於財，至於賞賜有功，亦無所愛惜。

每乘輿四出，路逢上表者，駐馬親自臨問。或潛遣行人，采聽風俗，吏政得失，人間疾苦，無不留意。嘗遇關中飢，遣左右視百姓所食，有得豆屑雜糠而奏之者，上流涕以示羣臣，深自咎責，爲之損膳而不御酒肉者，殆將一期。及東拜太山，關中戶口就食洛陽者，道路相屬。帝敕斥候，不得輒有驅逼，男女參廁於仗衞之間。遇逢扶老攜幼者，輒引馬避之，慰勉而去。至艱嶮之處，見負擔者，遽令左右扶助之。其有將士戰歿，必加優賞，仍令使者，就家勞問。自强不息，朝夕孜孜。人庶殷繁，帑藏充實，雖未能臻於至道，[四七]亦足稱近代之良主。

然雅性沈猜，素無學術，好爲小數。言神燭聖杖，堪能療病。又信王劭解石文以爲己瑞焉。不達大體如是。故忠臣義士，莫得盡心竭辭。其草創元勳，及有功諸將，誅夷獲罪，

罕有存者。又不悅詩書，楊素由之希旨，遂奏除學校。唯婦言是用，廢黜諸子。逮于暮年，持法尤峻，喜怒失常，果於殺戮。嘗令左右送西域朝貢使出關，其人所經之處，受牧宰小物，饋鸚鵡、麖皮、馬鞭之屬，聞而大怒；又詣武庫，見署中蕪穢不理。於是執武庫令及諸受遺者，出開遠門外，親自臨決，死者數十人。又往往潛令賂遺令史，府史受者必死，無所寬貸，議者以此少之。

論曰：隋文帝樹基立本，積德累仁，徒以外戚之尊，受託孤之任，[四八]與能之議，未爲所許，[四九]是以周室舊臣，咸懷憤惋。既而王謙固三蜀之阻，不踰期月；尉遲迥舉全齊之衆，一戰而亡。斯乃非止人謀，抑亦天之所贊。乘茲機運，遂遷周鼎。

于時蠻夷猾夏，荆、揚未一，劬勞日仄，經營四方。樓船南邁，則金陵失險；驃騎北指，則單于款塞。職方所載，並入疆理；禹貢所圖，咸受正朔。雖晉武之克平吳會，漢宣之推亡固存，比義論功，不能尚也。七德既敷，九歌已洽，尉候無警，遐邇肅清。於是躬節儉，平徭賦，倉廩實，法令行，君子咸樂其生，小人各安其業，强不陵弱，衆不暴寡，人物殷阜，朝野歡娛。自開皇二十年間，天下無事，區宇之內，晏如也。考之前王，足以參蹤盛烈。

而素無術業，不能盡下，無寬仁之度，有刻薄之資，暨乎暮年，此風愈扇。又雅好瑞符，暗於大道。建彼維城，權侔京室，皆同帝制，靡所適從。聽姤婦之言，惑邪臣之說，溺寵廢嫡，託付失所。滅父子之道，開昆弟之隙，縱其尋斧，翦伐本根。墳土未乾，子孫繼踵爲戮，松檟纔列，天下已非隋有。惜哉！迹其衰怠之源，稽其亂亡之兆，起自文皇，成於煬帝，所由來遠矣，非一朝一夕，其不祀忽諸，未爲不幸也。

校勘記

〔一〕以東魏之逼與信俱歸　李慈銘云：「周書卷一九楊忠傳云『以東魏之逼，與信奔梁，梁武帝深奇之，以爲大德主帥、關外侯。大統三年，與信俱歸闕』，此有脫文。」按李說是。

〔二〕周文將經略乃授皇考都督荆等十五州諸軍事　李慈銘云：「『經略』下當從周書有『漢沔』二字。又周書云：『都督三荆、三襄、二廣、南雍、平、信、隨、江、二郢、淅十五州諸軍事。』」按北史不必列舉，但「荆」上應有「三」字，文氣方順。

〔三〕周武帝拜皇考爲太傅　李慈銘云：「按周書作高祖將以忠爲太傅，晉公護難之，乃拜總管。是忠未爲太傅也，觀下文卒後始贈太保可證。『拜』上當脫一『將』字。」

〔四〕當權以濟事耳　諸本「權」作「獲」，不可通，據周書、通志卷一八隋紀改。

〔五〕使王傑盛軍容鳴鼓而出　周書「出」作「至」。按下王傑語云：「天子聞鄖、夏間胡擾動，使傑就攻除之。」則王傑是僞作新至，若云「鳴鼓而出」，則軍自內出，豈能欺騙稽胡？作「至」是。

〔六〕授右小宮伯　諸本「宮」作「宗」，隋書卷一高祖紀作「宮」。按通典卷三九後周官品，小宗伯不分左右，小宮伯分左右。且小宗伯品級很高，楊堅初仕，不得便爲小宗伯。此「宗」乃「宮」之訛，今據隋書改。

〔七〕遷左小宮伯　諸本無「左」字，「宮」作「宗」，據隋書補正。

〔八〕必天命將若之何　李慈銘云：「按隋書，『必天命』下有『有在』二字，此脫。」按通志卷一八作「必有天命」。

〔九〕先是州城門久閉不行　隋書「門」上有「西」字。按無「西」字則似所有城門都閉，「西」字不宜省。

〔一〇〕齊人白文宣時或請開之　隋書無「人白」二字，此衍文。

〔一一〕帝恐周氏諸王在藩生變　諸本「氏」作「武」，隋書作「氏」。按下文所徵趙王招等五王都非周武帝子，作「武」誤，今據改。

〔一二〕越王盛代王達　諸本誤作「越王達、代王盛」，據隋書及本書卷五八文帝十三王傳改。

〔一三〕皇祖禎爲柱國都督十三州諸軍事　隋書、通志「柱國」下有「太傅」二字。按堅曾祖烈贈太保，父忠贈太師，祖禎不應獨無，此脫「太傅」二字。

〔一四〕十一月辛未誅代王達滕王逌　隋書同，本書卷一〇、周書卷八靜帝紀在十二月辛未。按大象二年十一月癸未朔，無辛未；十二月壬子朔，辛未是二十日。北史從隋紀，誤。

〔一五〕土州之永川　諸本「土」作「士」。按隋書卷三一地理志下，漢東郡土山縣注云：「梁曰龍巢，置土州。」梁書卷三九羊鴉仁傳見「土州刺史桓和之」，陳書卷五宣帝紀言周司馬消難據九州降陳，其中有土州。「士」乃「土」之訛，今據改。

〔一六〕布新之貺　諸本「布」作「有」，隋書作「布」。按「布新」與上「除舊」對文，作「有」誤，今據改。

〔一七〕以上開府伊婁彥恭爲右武候大將軍　隋書「右」作「左」。按彥恭即伊婁謙，本書卷七九及隋書卷五四謙本傳都作「左」，作「右」誤。

〔一八〕皇子雁門公廣爲晉王　諸本脫「廣」字，據隋書補。

〔一九〕以太子少保蘇威兼納言吏部尚書　隋書同，通鑑卷一七五五四三八頁「吏部」作「度支」。按隋書卷四一蘇威傳，言威以太子少保兼納言、民部尚書。又言威父綽在西魏時，爲征稅法頗重，歎爲非平世法，至是，威奏減賦役，務從輕典。則威此時當是官爲民部而非吏部。通典卷三三戶部尚書條云：「隋初有度支尚書，則幷後周民部之職，開皇三年改度支爲民部。」此在開皇元年，故通鑑改作「度支」。

〔二〇〕高麗王高陽遣使朝貢　隋書同。按本書卷九四、隋書卷八一、周書卷四九高麗傳都作「高湯」。作「陽」疑誤。

〔二一〕營構資須隨事修葺　隋書「修葺」作「條奏」。按隋書原意是建築所需，隨事奏請，此作「修葺」不通。疑「修」是「條」之訛，後人又改「奏」爲「葺」。

〔二二〕始令人以二十一成丁　隋書卷二四食貨志、册府卷四八六五八〇八頁作「初令軍人以二十一成丁」。軍人卽軍民，當時軍民異籍，故並稱，此疑脫「軍」字。

〔二三〕太尉任城公于翼薨　張森楷云：「隋書無此文。據翼傳本書卷二三，周大象末，封任國公，初無降爵之文，何以忽稱『任城』？疑『城』是『國』之訛。」

〔二四〕遣尚書左僕射高熲出寧州道　諸本「左」作「右」，隋書作「左」。按高熲開皇元年爲左僕射，十九年免官，見本紀及熲本傳隋書卷四一、本書卷七二，中間未嘗轉官。作「右」誤，今據改。

〔二五〕閏十二月乙卯　諸本無「閏」字，隋書有。按是年閏十二月，乙未朔，乙卯是二十一日，今據補。

〔二六〕開通濟渠自渭達河　隋書無「通濟」二字。按通濟渠乃隋煬帝大業元年所開，引洛達河，引河通淮，見卷一二煬帝紀。隋書卷二四食貨志，開皇四年命宇文愷率水工鑿渠，引渭水自大興城東至潼關，三百餘里，名曰廣通渠。此「通濟」乃「廣通」之誤。

〔二七〕乙巳詔徵山東大儒馬榮伯等　諸本「巳」作「卯」，隋書作「巳」。按上有壬寅、下有戊申，其間不

中華書局

得有乙卯，是年四月丁亥朔，乙巳是十九日。今據改。

〔二八〕庚午班曆於突厥　各本「午」作「子」，殿本據上文甲子、下文壬申改作「午」。按隋書作「午」。是年正月癸丑朔，無庚子，庚午是十八日。今從殿本。

〔二九〕山南荆淅七州水　諸本「淅」作「浙」。錢氏考異卷三八云：「『浙』當作『淅』，周、隋置淅州於淅陽郡，卽後魏之析州也。『浙』非州名，此轉寫之譌。」按錢說是，今據改。

〔三〇〕祀朝日於東郊　按「朝日」卽祭祀日神，不須再着「祀」字，此衍文。隋書、通志同衍。

〔三一〕以尙書右僕射虞慶則爲右衞大將軍　諸本「右僕射」作「左僕射」。按此紀及隋書高祖紀、本書卷七三、隋書卷四〇虞慶則傳都不言慶則曾以右僕射轉左，且此時左僕射是高熲。「左」字誤，今據改。

〔三二〕九月丁酉至自幷州　隋書繫於四月辛酉。按上文二月庚申幸幷州，至七月庚戌，親錄囚徒，則七月應已在長安，不得至九月始返。疑隋書繫於四月是。

〔三三〕上柱國華陽公梁彥光卒　諸本「陽」作「陰」，隋書作「陽」。按本書卷八六、隋書卷七三梁彥光傳作「陽」，今據改。

〔三四〕太平公史萬歲伐西寧剋之　隋書作「擊西寧羌，平之」。通鑑卷一七八五五五一頁作「擊南寧羌平之」。胡注云：「南寧之地，漢屬牂柯，蜀漢屬南中，晉屬寧州，梁爲南寧州。其後爲爨氏所據。西爨，蠻也，非羌也。通鑑因隋紀成文。」按本書卷七三、隋書卷五三史萬歲傳但云萬歲擊南寧夷爨翫，不云擊西寧羌。

〔三五〕上柱國彭國公劉昶以罪伏誅　諸本作「彭城公」，隋書作「彭國公」。按本書卷六五、周書卷一七劉亮傳，昶以亮功封彭國公。隋書卷八〇劉昶女傳、卷八四突厥傳都作「彭國」。作「城」誤，今據改。

〔三六〕頒銅武符於驃騎車騎府　隋書「武」作「獸」，都是避李虎諱改。

〔三七〕秋七月丙子　諸本「七」作「八」，隋書作「七」。按是年八月己亥朔，無丙子；七月庚午朔，丙子是七日。今據改。

〔三八〕上柱國夏州總管東萊公王景以罪伏誅　隋書「東萊公」作「任城郡公」。按本書卷一〇、周書卷八靜帝紀大象二年，隋書卷五四田仁恭傳末，並見任城公王景田仁恭傳「任」訛作「玉」，官爲上柱國。但隋書高祖紀於開皇十年八月又見「上開府東萊公王景」本書但作上開府王景。岑仲勉隋書求是州鎭年表一二四夏州條，以爲任城公王景在大象末已位上柱國，東萊公王景在開皇十年才位上開府，二者不是一人。則此處作「東萊公」是誤合二人爲一。隋書作「任城郡公」是。

〔三九〕突厥利可汗內附　按本書卷九九、隋書卷六四突厥傳，開皇十九年突利可汗降隋，這裏「利」上脫「突」字。下文十月甲午條同脫。

〔四〇〕上柱國袁州總管金水公周搖卒　隋書、通志「袁」作「襄」。按隋書文帝紀開皇十二年稱以壽州總管周搖爲襄州總管。本書卷七三搖本傳云：「徙壽、襄二州總管，俱有能名，進上柱國，以老乞骸骨。」則襄州是其最終官。傳不言其曾官袁州，此「袁」當爲「襄」之誤。

〔四一〕經則布葛在躬粗服未改豈非經哀尙存子情已奪　張元濟云：「二『經』字皆『絰』之誤，上『經』疑字對『子則冠練去絰』之『子』字。下『經』疑對『子情已奪』之『子』字。下文『親疏失倫』，親指子，疏指絰。」按張說是，但諸本及隋書並同，今不改。

〔四二〕故非先聖之禮廢於人邪　隋書「非」作「知」。

〔四三〕降殺任情　隋書「降」作「隆」。按「隆殺任情」，正對「輕重從俗」，又下文「故恩厚者其禮隆，情輕者其禮殺」，亦「隆」「殺」對文，作「隆」是。

〔四四〕莫重之禮　諸本「禮」訛作「化」，據隋書改。

〔四五〕受命于朕　隋書「受」作「爰」，是。但「受」亦可通「授」，今不改。

〔四六〕十月己卯葬於太陵　諸本「己」作「乙」，隋書作「己」。按是年十月甲子朔，無乙卯；己卯是十六日。今據改。又隋書「葬」上有「合」字，與下「同墳而異穴」語相應，不宜省。

〔四七〕雖未能臻於至道　諸本「臻」上衍「致」字，語意重複，據隋書刪。

〔四八〕隋文帝樹基立本積德累仁徒以外戚之尊受託孤之任　隋書無「樹基立本積德累仁」八字。按此八字與下文語意不連貫，疑「樹」上有脫文。

〔四九〕未爲所許　隋書作「未爲當時所許」。疑此脫「當時」二字。

中華書局

北史卷十二

隋本紀下第十二〔一〕

煬皇帝諱廣，一名英，小字阿䴠，高祖第二子也。母曰文獻獨孤皇后。上美姿儀，少敏慧，高祖及后於諸子中，特所鍾愛。在周以高祖勳，封鴈門郡公。開皇元年，立爲晉王，拜柱國、并州總管，時年十三。尋授武衞大將軍，進上柱國、河北道行臺尚書令，大將軍如故。高祖令項城公歆、安道公李徹輔導之。〔二〕上好學，善屬文，沈深嚴重，朝野屬望。高祖密令善相者來和徧視諸子。和曰：「晉王眉上雙骨隆起，貴不可言。」既而高祖幸上所居第，見樂器絃多斷絶，又有塵埃，若不用者，以爲不好聲妓之翫。上尤自矯飾，當時稱爲仁孝。嘗觀獵遇雨，左右進油衣，上曰：「士卒皆霑濕，我獨衣此乎！」乃令持去。六年，轉淮南道行臺尚書令。其年，徵拜雍州牧，〔三〕內史令。

八年冬，大舉伐陳，以上爲行軍元帥。及陳平，執陳湘州刺史施文慶、散騎常侍沈客卿、市令湯慧朗、〔四〕刑法監徐析、尚書都令史暨慧，以其邪佞，有害於民，斬之石闕下以謝三吳。於是封府庫資財，無所取，天下稱賢。進位太尉，賜路車、乘馬、袞冕之服，玄珪、白璧各一雙。復拜并州總管。俄而江南高智慧等相聚作亂，徙上爲揚州總管，鎮江都，每歲一朝。高祖之祠太山也，領武候大將軍。明年，歸藩。後數載，突厥寇邊，復爲行軍元帥，出靈武。無虜而旋。

及太子勇廢，立上爲皇太子。是月，當受册。高祖曰：「吾以大興公成帝業。」令上出舍大興。其夜，烈風大雪，地震山崩，民舍多壞，壓死者百餘口。仁壽初，奉詔巡撫東南。是後，高祖每避暑仁壽宮，恒令上監國。

四年七月，高祖崩，上卽皇帝位於仁壽宮。八月，奉梓宮還京師。并州總管、漢王諒舉兵反，詔尚書左僕射楊素討平之。九月乙巳，以備身將軍崔彭爲左領軍大將軍。

十一月乙未，幸洛陽。丙申，發丁男十數萬掘塹，自龍門東接長平、汲郡，抵臨清關，度河，至浚儀、襄城，達于上洛，以置關防。癸丑，詔曰：

乾道變化，陰陽所以消息；沿創不同，生靈所以順序。若使天意不變，施化何以成四時？人事不易，爲政何以利萬姓？易不云乎，通其變，使民不倦。變則通，通則久。有德則可久，有功則可大。朕又聞之，安安而能遷，民用丕變。是故姬邑兩周，如武王之意；殷人五徙，成湯后之業。若不因民順天，功業見乎變，愛民治國者，可不謂歟。

然雒邑自古之都，王畿之內，天地之所合，陰陽之所和，控以三河，固以四塞，水陸通，貢賦等。故漢祖曰：「吾行天下多矣，唯見雒陽。」自古皇王，何嘗不留意，所不都者，蓋有由焉，或以九州未一，或以困其府庫，作雒之制，所以未暇也。我有隋之始，便欲創茲懷、雒，日復一日，越暨于今。念茲在茲，興言感哽。朕肅膺寶曆，纂臨萬邦，遵而不失，心奉先志。今者，漢王諒悖逆，毒被山東，遂令州縣，或淪非所。由關河懸遠，兵不赴急。加以并州移戶，復在河南，周遷殷民，意在於此。況復南服遐遠，東夏殷大，因機順動，今也其時。羣司百辟，僉諧厥議。但成周墟塉，弗堪胥宇，今可於伊雒營建東京，便卽設官分職，以爲民極也。

夫宮室之制，本以便生人，上棟下宇，足以避風露。高臺廣廈，豈曰適形？故傳云：儉，德之恭；侈，惡之大。宣尼有云：與其不遜也，寧儉。豈謂瑤臺瓊室，方爲宮殿者乎？土堦采椽，而非帝王者乎？是知非天下以奉一人，乃一人以主天下也。民惟國本，本固邦寧。百姓足，孰與不足。今所營構，務從節儉。無令雕牆峻宇，復起於當今；欲使卑宮菲食，將貽於後世。有司明爲條格，稱朕意焉。

十二月乙丑，以右武衞將軍來護兒爲右驍衞大將軍。戊辰，以柱國李景爲右武衞大將軍，以右衞率周羅睺爲右武候大將軍。

大業元年，春正月壬辰朔，大赦，改元。立妃蕭氏爲皇后。改豫州爲溱州，洛州爲豫州。廢諸州總管府。丙申，立晉王昭爲皇太子。丁酉，以上柱國宇文述爲左衞大將軍，上柱國郭衍爲左武衞大將軍，延壽公于仲文爲右衞大將軍。己亥，以豫章王暕爲豫州牧。

戊申，發八使巡省風俗。下詔曰：

昔者哲王之理天下也，其在愛民乎？既富而教，家給人足，故能風教淳厚，遠至邇安，理定功成，率由斯道。朕恭嗣寶位，撫育黎獻，夙夜戰兢，若臨川谷。雖則聿遵先緒，弗敢失墜，永言政術，多有缺然。況以四海之遠，兆民之衆，未獲親臨，問其疾苦。每慮幽仄莫舉，寃屈不申，一物失所，用傷和氣。萬方有罪，責在朕躬，所以興寤增歎，而夕惕載懷者也。

今既布政惟始，宜存寬大。可分遣使人，巡省方俗，宣揚風化，薦拔淹滯，申達幽枉。孝悌力田，給以優復。鰥寡孤獨不能自存者，量加振濟。義夫節婦，旌表門閭。高年之老，加其板授，並依別條，賜以粟帛。篤疾之徒給侍丁者，雖有侍養之名，曾無賙贍之實，明加檢校，使得存養。若有名行顯著，操履修潔，及學業才能，一藝可取，咸宜訪採，將身入朝。所在州縣，以禮發遣。其蠹政害人，不便於時者，使還之日，具錄

中華書局

奏聞。己酉，以吳州總管宇文弼爲刑部尚書。

二月己卯，以尚書左僕射楊素爲尚書令。

三月丁未，詔尚書令楊素、納言楊達、將作大匠宇文愷營建東京，徙豫州郭下居民以實之。戊申，詔曰：「聽採輿頌，謀及黎庶，故能審政刑之得失。是知昧旦思治，欲使幽枉必達，彝倫有章。而牧宰任稱朝委，苟爲僥幸，以求考課，虛立殿最，不存理實。綱紀於是不理，冤屈所以莫申。關河重阻，無由自達。朕故建立東京，躬親存問。今將巡歷淮海，觀省風俗。眷求讜言，徒繁詞翰，而鄉校之內，闃爾無聞，恇然夕惕，用勞興寢。其民下有知州縣官人政理苛刻，侵害百姓，背公徇私，不便於民者，聽詣朝堂封奏。庶乎四聰以達，天下無冤。」又於皁澗營顯仁宮，採海內奇禽異獸草木之類，以實園苑。徙天下富商大賈數萬家於東京。

辛亥，發河南諸郡男女七百萬開通濟渠，〔五〕自西苑引穀、洛水達于河，自板渚引河通于淮。庚申，遣黃門侍郎王弘、上儀同於士澄往江南採木，造龍舟、鳳艒、黃龍、赤艦、樓船等數萬艘。

夏四月癸亥，大將軍劉仲方擊林邑破之。

五月庚戌，戶部尚書、義豐侯韋沖卒。

六月甲子，〔六〕熒惑入太微。

秋七月丁酉，制戰亡之家，給復十年。丙午，滕王綸、衞王集並奪爵徙邊。

閏七月甲子，以尚書令楊素爲太子太師，安德王雄爲太子太傅，河間王弘爲太子太保。丙子，詔曰：

君民建國，教學爲先，移風易俗，必自茲始。而言絕義乖，多歷年代，進德修業，其道浸微。漢採坑焚之餘，不絕如線；晉承板蕩之運，掃地將盡。自時厥後，軍國多虞，雖復黌宇時建，示同愛禮，函丈或陳，殆爲虛器。遂使紆青拖紫，非以學優；製錦操刀，類多牆面。上陵下替，綱維不立，雅缺道消，實由於此。

朕纂承洪緒，思弘大訓，將欲尊師重道，用闡厥繇，講信脩睦，敦奬名教。方今區宇平壹，文軌攸同，十步之內，必有芳草；四海之中，豈無孝、秀。諸在家及見入學者，若有篤志好古，耽典悅禮，學行優敏，堪膺時務，所在採訪，具以名聞。即當隨其器能，擢以不次。若研精經術，未願進仕，可依其藝業深淺，門蔭高卑，雖未升朝，並量準給祿。庶夫恂恂善誘，〔七〕不日成器，濟濟盈朝，何遠之有。其國子等學，亦宜申明舊制，教習生徒，具爲課試之法，以盡砥礪之道。

八月壬寅，上御龍舟幸江都，以左武衞大將軍郭衍爲前軍，右武衞大將軍李景爲後軍。文武官五品以上給樓船，九品以上給黃篾，舳艫相接，二百餘里。

冬十月己丑，赦江、淮已南，揚州給復五年，舊總管內，給復三年。

十一月己未，以大將軍崔仲方爲禮部尚書。

二年春正月辛酉，東京成，賜監督者有差。以大理卿梁毗爲刑部尚書。丁卯，遣十使，併省州縣。

二月丙戌，詔尚書令楊素、吏部尚書牛弘、大將軍宇文愷、內史侍郎虞世基、禮部侍郎許善心制定輿服。始備輦輅及五時副車。上常服皮弁，十有二琪。文官弁服，珮玉，五品已上，給犢車通幰，三公、親王加油絡。武官平巾幘，袴褶，三品已上，給瓟槊。下至胥吏，服色各有差。非庶人不得戎服。戊戌，置都尉官。

三月庚午，車駕發江都。先是，太府少卿何稠、太府丞雲定興盛修儀仗，於是課州縣送羽毛。百姓求捕之，網羅被水陸，禽獸有堪氅毦之用者，殆無遺類。至是而成。

夏四月庚戌，上自伊闕，陳法駕，備千乘萬騎，入於東京。辛亥，上御端門，大赦天下，免今年租賦。癸丑，以冀州刺史楊文思爲民部尚書。

五月甲寅，金紫光祿大夫、兵部尚書李通坐事免。乙卯，詔曰：「旌表先哲，式在饗祀，所以優禮賢能，顯彰遺愛。朕永鑒前脩，尚想名德，何嘗不興歎九原，屬懷千載。其自古以來賢人君子，有能樹聲立德，佐世匡時，博利殊功，有益於人者，並宜營立祠宇，以時致祭。墳壟之處，不得侵踐。有司量爲條式，稱朕意焉。」

六月壬子，以尚書令、太子太師楊素爲司徒。進封豫章王暕爲齊王。

秋七月癸丑，以衞尉卿衞玄爲工部尚書。庚申，制百官不得計考增級。必有德行功能，灼然顯著者，擢之。壬戌，擢藩邸舊臣鮮于羅等二十七人，官爵有差。甲戌，皇太子昭薨。乙亥，上柱國、司徒、楚國公楊素薨。

八月辛卯，封皇孫倓爲燕王，侗爲越王，侑爲代王。

九月乙丑，立秦王俊子浩爲秦王。

冬十月戊子，以靈州刺史段文振爲兵部尚書。

十二月庚寅，詔曰：「前代帝王，因時創業，君民建國，禮尊南面。而歷運推移，年代永久，丘壟殘毀，樵牧相趨，塋兆堙蕪，封樹莫辨。興言淪滅，有愴于懷。自古以來帝王陵墓，可給隨近十戶，蠲其雜役，以供守視。」

中華書局

三年春正月癸亥，赦并州逆人已流配而逃亡者，所獲之處，卽宜斬決。丙子，長星竟天，出於東壁，二旬而止。是月，武陽郡上言河水清。

二月己丑，彗星見於東井、文昌，歷大陵、五車、北河，入太微，掃帝座，前後百餘日而止。

三月辛亥，車駕還京師。壬子，以大將軍姚辯爲左衞將軍。〔八〕癸丑，遣羽騎尉朱寬使於流求國。〔九〕乙卯，河間王弘薨。

夏四月庚辰，詔曰：「古者帝王觀風俗，皆所以憂勤兆庶，安集遐荒。自蕃夷內附，未遑親撫，山東經亂，須加存恤。今欲安輯河北，巡省趙、魏，所司依式。」甲申，頒律令，大赦天下，關內給復三年。壬辰，改州爲郡。改度量衡，並依古式。改上柱國以下官爲大夫。甲午，詔曰：

天下之重，非獨理所安；帝王之功，豈一士之略。自古明君哲后，立政經邦，何嘗不選賢與能，振拔淹滯。周稱多士，漢號得人，尙想前風，載懷欽佇。朕負扆夙興，冕旒待旦，引領巖谷，置以周行，冀與羣才，共康庶績。而彙茅寂漠，投竿罕至。豈美璞韜采，未値良工；將介石在懷，確乎難拔？永鑒則哲，憮然興歎。凡厥在位，譬諸股肱，若濟巨川，義同舟檝。豈得保茲寵祿，晦爾所知，優游卒歲，甚非謂也。祁大夫之舉

善，良史以爲至公；臧文仲之蔽賢，尼父譏其竊位。求諸往古，非無褒貶。宜思進善，用匡寡薄。

夫孝悌有聞，人倫之本；德行敦厚，立身之基。或節義可稱，或操履清潔，所以激貪厲俗，有益風化。强毅正直，執憲不撓，學業優敏，文才美秀，並爲廊廟之用，實乃瑚璉之資。才堪將略，則拔之以禦侮；力有驍壯，則任之以爪牙。爰及一藝可取，亦宜採錄；若衆善畢舉，與時無棄。以此求理，庶幾非遠。文武有職事者，五品已上，宜依令十科舉人。有一於此，不必求備。朕當待以不次，隨才升用。其見任九品已上官者，不在舉送之限。

丙申，車駕北巡狩。丁酉，以刑部尙書宇文㢸爲禮部尙書。戊戌，敕百司不得踐暴禾稼。其有須開爲路者，有司計地所收，卽以近倉酬賜，務從優厚。己亥，至赤岸澤，以太牢祭故太師李穆。

五月丁巳，突厥啓民可汗遣子拓特勤來朝。〔一〇〕戊午，發河北十餘郡丁男，自太行山達于幷州，以通馳道。丙寅，啓民可汗遣其兄子毗黎伽特勤來朝。辛未，〔一一〕啓民可汗使請自入塞奉迎輿駕，上不許。癸酉，有星孛于文昌，上將星常皆動搖。〔一二〕

六月辛巳，獵於連谷。丁亥，詔曰：

聿追孝饗，德莫至焉；崇建寢廟，禮之大者。然則質文異代，損益殊時。學滅坑焚，經典散逸，憲章湮墜，廟堂制度，師說不同。所以世數多少，莫能是正，連室異宮，亦無定準。

朕獲奉祖宗，欽承景業，永惟嚴配，冀隆大典。於是詢謀在位，博訪儒術。咸以爲高祖文皇帝受天明命，奄有區夏，拯羣飛於四海，革彫弊於百王。恤獄緩刑，生靈皆遂其性；輕徭薄賦，比屋各安其業。芟夷宇宙，混壹車書。東漸西被，無思不服；南征北怨，俱荷來蘇。駕毳乘風，歷代所弗至；辮髮左衽，聲教所罕及。莫不厥角關塞，頓顙闕庭，譯靡絕時，書無虛月。韜戈偃伯，天下晏如；嘉瑞休徵，表裏禔福。猗歟偉歟，無得而名者也。

朕又聞之，德厚者流光，理辨者禮縟。是以周之文、武，漢之高、光，其典章特立，謚號斯重。豈非緣情稱述，卽崇顯之義乎。高祖文皇帝宜別建廟宇，以彰巍巍之德，仍遵月祭，用表蒸蒸之懷。有司以時創造，務合典制。又名位既殊，禮亦異等。天子七廟，事著前經；諸侯二昭，義有差降。故知以多爲貴，王者之禮，今可依用，貽厥後昆。

戊子，次榆林郡。丁酉，啓民可汗來朝。己亥，吐谷渾、高昌並遣使貢方物。甲辰，上御北樓，觀漁于河，以宴百僚。

秋七月辛亥，啓民可汗上表請變服，襲冠帶。詔啓民贊拜不名，在諸侯王上。〔一三〕甲寅，上於郡城東御大帳，其下備儀衞，建旌旗，宴啓民及其部落三千五百人。奏百戲之樂，賜啓民及其部落各有差。丙子，殺光祿大夫賀若弼、禮部尙書宇文㢸、太常卿高熲。尙書左僕射蘇威坐事免。發丁男百餘萬築長城，西距榆林，東至紫河，二旬而罷，死者十五六。

八月壬午，車駕發榆林。乙酉，啓民飾廬清道以候乘輿，帝幸其帳。啓民奉觴上壽，宴賜極厚。上謂高麗使者曰：「歸語爾王，當早來朝見。不然者，吾與啓民巡彼土矣。」皇后亦幸義城公主帳。己丑，啓民可汗歸蕃。癸巳，入樓煩關。壬寅，次太原，詔營晉陽宮。

九月己未，次濟源，幸御史大夫張衡宅，宴享極歡。己巳，至于東都。壬申，以齊王暕爲河南尹、開府儀同三司。癸酉，以戶部尙書楊文思爲納言。

四年春正月乙巳，詔發河北諸郡男女百餘萬開永濟渠，引沁水南達于河，北通涿郡。庚戌，百僚大射於允武殿。丁卯，賜城內居民米各十石。壬申，以太府卿元壽爲內史令，鴻臚卿楊玄感爲禮部尙書。癸酉，以工部尙書衞玄爲右武候大將軍，大理卿長孫熾爲戶部尙書。

二月己卯，遣司朝謁者崔毅使突厥處羅，致汗血馬。

三月辛酉，以將作大匠宇文愷爲工部尙書。壬戌，百濟、倭、赤土、迦羅舍國〔一四〕並遣使

中華書局

貢方物。乙丑，車駕幸五原，因出塞，巡長城。丙寅，遣屯田主事常駿使赤土，致羅剎。

夏四月丙午，以離石之汾源、臨泉，雁門之秀容爲樓煩郡。起汾陽宮。癸丑，以河內太守張定和爲左屯衞大將軍。乙卯，詔曰：「突厥意利珍豆啓民可汗率領部落，保附關塞，遵奉朝禮，思改戎俗。頻入謁覲，屢有陳請，以氈牆毳幕，事窮荒陋，上棟下宇，願同比屋。誠心懇切，朕之所重。宜於萬壽戍置城造屋，其帷帳牀褥以上，隨事量給，務從優厚，稱朕意焉。」

五月壬申，蜀郡獲三足烏，張掖獲玄狐，各一。

秋七月辛巳，發丁男二十餘萬築長城，自榆林谷而東。乙未，左翊衞大將軍宇文述破吐谷渾於曼頭、赤水。

八月辛酉，親祠恒岳，河北道郡守畢集。大赦天下，車駕所經郡縣，免一年租調。

九月辛未，徵天下鷹師，悉集東京，至者萬餘人。戊寅，彗星出五車，掃文昌，至房而滅。辛巳，詔免長城役者一年租賦。

冬十月丙午，詔曰：「先師尼父，聖德在躬，誕發天縱之姿，憲章文武之道，命世膺期，蘊茲素王。而頽山之歎，忽踰於千祀；盛德之美，不在於百代。永惟懿範，宜有優崇。可立孔子後爲紹聖侯，有司求其苗裔，錄以申上。」辛亥，詔曰：「昔周王下車，首封唐虞之胤；漢

帝承曆，亦命殷周之後。皆所以褒立先代，憲章在昔。朕嗣膺景業，傍求雅訓，有一弘益，欽若令典。以爲周兼夏殷，文質大備；漢有天下，車書混一；魏晉沿襲，風流未遠。並宜立後，以存繼絕之義。有司可求其胄緒，列聞。」乙卯，頒新式於天下。

五年春正月丙子，改東京爲東都。癸未，詔天下均田。戊子，上自東都還京師。己丑，制民間鐵叉搭鉤穳刃之類，皆禁絕之。太守每歲密上屬官景迹。

二月戊戌，次于閿鄉。詔祭古帝王陵及開皇功臣墓。庚子，制，魏、周官不得爲蔭。〔一五〕辛丑，赤土國遣使貢方物。戊申，車駕至京師。丙辰，宴耆舊四百人於武德殿，頒賜各有差。己未，上御崇德殿之西院，愀然不悅，顧謂左右曰：「此先帝所居，實用增感，情所未安。於此院之西，別營一殿。」〔一六〕壬戌，制父母聽隨子之官。

三月己巳，車駕西巡河右。庚午，有司言武功男子史永遵與從父昆弟同居，上嘉之，賜物一百段，米二百石，表其門閭。乙亥，幸扶風舊宅。

夏四月己亥，大獵於隴西。壬寅，高麗、吐谷渾、伊吾並遣使來朝。〔一七〕乙巳，次狄道。党項羌來貢方物。癸亥，出臨津關，度黃河，至西平，陳兵講武。

五月乙亥，上大獵於拔延山，〔一八〕長圍周亘二千里。庚辰，入長寧谷。壬午，度星嶺。甲

申，宴羣臣於金山之上。丙戌，梁浩亹，御馬度而橋壞，斬朝散大夫黃亘及督役者九人。吐谷渾主率衆保覆袁川。帝分命內史元壽南屯金山，兵部尚書段文振北屯雪山，太僕卿楊義臣東屯琵琶峽，將軍張壽西屯泥嶺，四面圍之。吐谷渾主伏允以數十騎遁出，遣其名王詐稱伏允，保車我眞山。壬辰，詔右屯衞大將軍張定和往捕之，定和挺身挑戰，爲賊所殺。亞將柳武建擊破之，斬首數百級。甲午，其仙頭王窮蹙，率男女十餘萬口來降。

六月丁酉，遣左光祿大夫梁默、右翊衞將軍李瓊等追吐谷渾主，皆遇賊，死之。癸卯，經大斗拔谷，山路隘險，魚貫而出，風霰晦暝，與後宮相失。士卒凍死者太半。丙午，次張掖。辛亥，詔諸郡學業該通，才藝優洽；膂力驍壯，超絕等倫；在官勤奮，堪理政事；立性正直，不避強禦：四科舉人。壬子，高昌王麴伯雅來朝。伊吾吐屯設等獻西域數千里之地，上大悅。癸丑，置西海、河源、鄯善、且末等四郡。丙辰，上御觀風行殿，盛陳文物，奏九部樂，設魚龍曼延，宴高昌王、吐屯設於殿上，以寵異之。其蠻夷陪列者，三十餘國。戊午，大赦天下。開皇已來流配，悉放還鄉。晉陽逆黨，不在此例。隴右諸郡，給復三年。〔一九〕

秋七月丁卯，置馬牧於青海渚中，以求龍種，無効而止。

九月癸未，車駕入長安。

冬十月癸亥，詔曰：「優德尚齒，載之典訓；尊事乞言，義彰膠序。鬻熊爲師，無取筋力；

方叔元老，克壯其猷。朕永言稽古，用求至理，是以龐眉黃髮，更令收敍，務簡秩優，無虧藥餌，庶等臥理，佇其弘益。今歲耆老赴集者，可於近郡處置。年七十已上，疾患沈滯不堪居職，卽給賜帛，送還本郡。其官至七品以上者，量給廩以終厥身。」

十一月丙子，車駕幸東都。

六年春正月癸亥朔，旦，有盜數十人，皆素冠練衣，焚香持華，自稱彌勒佛，入自建國門，監門者皆稽首。既而奪衞士仗，將爲亂，齊王暕遇而斬之。於是都下大索，與相連坐者千餘家。丁丑，角觝大戲於端門街，天下奇伎異藝畢集，終月而罷。帝數微服往觀之。己丑，倭國遣使貢方物。

二月乙巳，武賁郎將陳稜、朝請大夫張鎭州擊流求破之，獻俘萬七千口，頒賜百官。乙卯，詔曰：「夫帝圖草創，王業艱難，咸依股肱，叶同心德，用能救厥頹運，克膺大寶。然後疇庸茂賞，開國承家，誓以山河，傳之不朽。近代凋喪，四海未壹，茅土妄假，名實相乖，歷茲永久，莫能懲革。皇運之初，百度伊始，猶循舊貫，未暇改作。今天下交泰，文軌攸同，宜率遵先典，永垂大訓。自今已後，唯有功勳，乃得賜封，仍令子孫承襲。」丙辰，改封安德王雄爲觀王，河間王子慶爲郇王。庚申，徵魏、齊、周、陳樂人，悉配太常。

二十四史

三月癸亥，幸江都宮。甲子，以鴻臚卿史祥爲左驍衞大將軍。

夏四月丁未，宴江、淮已南父老，頒賜各有差。

六月辛卯，室韋、赤土並遣使貢方物。壬辰，雁門賊帥尉文通，聚衆三千，保於莫壁谷，遣鷹揚楊伯泉擊破之。甲寅，制江都太守，秩同京尹。

冬十月壬申，〔三〇〕刑部尚書梁毗卒。壬子，戶部尚書、銀青光祿大夫長孫熾卒。

十二月己未，左光祿大夫、吏部尚書牛弘卒。辛酉，朱崖人王萬昌舉兵作亂，遣隴西太守韓洪討平之。

七年春正月壬寅，左武衞大將軍、光祿大夫、眞定侯郭衍卒。

二月己未，上升釣臺，臨楊子津，大宴百僚，頒賜各有差。庚申，百濟遣使朝貢。乙亥，上自江都御龍舟入通濟渠，遂幸于涿郡。壬午，詔曰：「武有七德，先之以安民；政有六本，興之以教義。高麗虧失藩禮，將欲問罪遼左，恢宣勝略。雖懷伐國，仍事省方。今往涿郡，巡撫民俗。其河北諸郡及山西、山東年九十已上，版授太守；八十者，授縣令。

三月丁亥，右光祿大夫、左屯衞大將軍姚辯卒。

夏四月庚午，幸涿郡之臨朔宮。

五月戊子，以武威太守樊子蓋爲民部尚書。

秋，大水，山東、河南漂沒三十餘郡，民相賣爲奴婢。

冬十月乙卯，底柱山崩，偃水逆流數十里。〔三一〕戊午，以東平太守吐萬緒爲左屯衞大將軍。

十二月己未，〔三二〕突厥處羅多利可汗來朝，〔三三〕帝大悅，接以殊禮。于時，遼東戰士及餽運者塡咽於道，晝夜不絕。苦役者，始爲羣盜。甲子，敕都尉、鷹揚與郡縣相知追捕，隨獲斬決之。

八年春正月辛巳，大軍集于涿郡。以兵部尚書段文振爲左候衞大將軍。壬午，下詔曰：

天地大德，降繁霜於秋令；聖哲至仁，著兵甲於刑典。故知造化之有肅殺，義在無私；帝王之用干戈，蓋非獲已。版泉、丹浦，莫匪龔行；取亂覆昏，咸由順動。況乎甘野誓師，夏開承大禹之業；商郊問罪，周發成文王之志。永監載籍，屬當朕躬。

粵我有隋，誕膺靈命。兼三才而建極，一六合而爲家。提封所漸，細柳、蟠桃之外；聲教爰暨，紫舌、黃枝之域。遠至邇安，罔弗和會，功成理定，於是乎在。而高麗小醜，迷昏不恭，崇聚勃、碣之間，荐食遼、濊之境。雖復漢、魏誅夷，巢窟暫擾，亂離多阻，種落還集。萃川藪於前代，播實繁以迄今。眷彼華壤，翦爲夷類。歷年永久，惡稔既盈；天道禍淫，亡徵已兆。亂常敗德，非可勝圖；掩慝懷姦，唯日不足。移告之嚴，未嘗面受；朝覲之禮，莫肯躬親。誘納亡叛，不知紀極，充斥邊垂，亟勞烽候。關柝以之不靜，生人爲之廢業。〔三四〕在昔薄伐，已漏天網。既緩前禽之戮，未卽後服之誅。曾不懷恩，翻其長惡。乃兼契丹之黨，虔劉海戍；習靺鞨之服，侵軼遼西。又青丘之表，咸脩職貢，碧海之濱，同稟正朔，遂復寇攘琛賮，遏絕往來，虐及弗辜，誠而遇禍。輶軒奉使，爰暨海東，旌節所次，途經藩境，而擁塞道路，拒絕王人。無事君之心，豈爲臣之禮？此而可忍，孰不可容！且法令苛酷，賦斂煩重。强臣豪族，咸執國均，朋黨比周，以之成俗。賄貨如市，寃枉莫申。重以仍歲災凶，比屋飢饉，兵戈不息，徭役無期。力竭轉輸，身塡溝壑。百姓愁苦，爰誰適從。境內哀惶，不勝其弊。回面內向，各懷性命之圖；黃髮稚齒，咸興酷毒之歎。省俗觀風，爰屆幽朔，弔人問罪，無俟再駕。親總六師，用申九伐。拯厥阽危，協從天意；殄茲逋穢，克嗣先謨。

今宜授律啓行，分麾屆路，掩勃澥而雷震，及夫餘以電掃。比戈按甲，俟誓而後行；三令五申，必勝而後戰。左第一軍可鏤方道，第二軍可長岑道，第三軍可海冥道，第四軍可蓋馬道，第五軍可建安道，第六軍可南蘇道，第七軍可遼東道，第八軍可玄菟

道，第九軍可扶餘道，第十軍可朝鮮道，第十一軍可沃沮道，第十二軍可樂浪道；右第一軍可黏蟬道，第二軍可含資道，第三軍可渾彌道，第四軍可臨屯道，第五軍可候城道，第六軍可提奚道，第七軍可踏頓道，第八軍可肅愼道，第九軍可碣石道，第十軍可東暆道，第十一軍可帶方道，第十二軍可襄平道。凡此衆軍，先奉廟略，絡繹引途，總集平壤。莫非如豺如貔之勇，百戰百勝之雄。顧眄則山岳傾頹，叱咤則風雲騰鬱。腹心攸同，爪牙斯在。朕躬馭元戎，爲其節度。涉遼而東，循海之右。解倒懸於遐裔，問疾苦於遺黎。其外輕齎游闕，隨機赴響，卷甲銜枚，出其不意。又滄海道軍，舟艫千里，高颿電逝，巨艦雲飛。橫斷沮江，逕造平壤。島嶼之望斯絕，坎井之路已窮。其餘被髮左衽之人，控弦待發，微、盧、彭、濮之旅，不謀同辭。杖順臨逆，人百其勇，以此衆戰，勢等摧枯。

然則王者之師，義存止殺；聖人之敎，必也勝殘。天罰有罪，本在元惡；人之多辟，脅從罔理。若高元泥首轅門，自歸司寇，卽解縛焚櫬，弘之以恩。其餘臣人，願歸朝奉化，咸加慰撫，各安生業，隨才任用，無隔夷夏。營壘所次，務在整肅，芻蕘有禁，秋毫勿犯。以布恩宥，以喻禍福。若其同惡相濟，抗拒官軍，國有常刑，俾無遺類。明加曉示，稱朕意焉。

中華書局

總一百一十三萬三千八百，號二百萬，其餽運者倍之。癸未，第一軍發，終四十日，引師乃盡。旌旗亘千里，近古出師之盛，未之有也。乙未，以右候衞大將軍衞玄爲刑部尚書。甲辰，內史令元壽卒。

二月甲寅，詔曰：「朕觀風燕裔，問罪遼濱，文武叶力，爪牙思奮，莫不執銳勤王，捨家從役。罕蓄倉廩之資，兼捐播殖之務。朕所以夕惕愀然，慮其匱乏。雖復素飽之衆，情在忘私；悅使之徒，宜從其厚。諸行從一品以下佽飛募人以上家口，郡縣宜數存問。若有糧食乏少，皆賑給之。或雖有田疇，貧弱不能自耕種，可於多丁富室，勸課相助。使夫居者有斂積之豐，行役無顧後之慮。」壬戌，司空、京兆尹、光祿大夫、觀王雄薨。

三月辛卯，兵部尚書、左候衞大將軍段文振卒。癸巳，上御師。甲午，臨戎于遼水橋。[二五]戊戌，大軍爲賊所拒，不果濟。右屯衞大將軍左光祿大夫麥鐵杖、武賁郎將錢士雄、孟金叉等皆死之。甲午，車駕度遼，大戰于東岸，擊賊破之，進圍遼東。乙未，大頓。[二六]見二大鳥，高丈餘，皜身朱足，游泳自若，上異之，命工圖寫，幷立銘頌。

五月壬午，納言楊達卒。[二七]于時，諸將各奉旨，不敢赴機。[二八]既而高麗各固城守，攻之不下。

六月己未，幸遼東，責怒諸將，止城西數里，御六合城。

七月壬午，宇文述等敗績于薩水，[二九]右屯衞將軍辛世雄死之。[三〇]九軍並陷，師奔還，亡者千餘騎。[三一]癸卯，班師。

九月庚辰，上至東都。己丑，詔：「軍國異容，文武殊用，匡危拯難，則霸德攸興；化人成俗，則王道斯貴。時當撥亂，屠販可以登朝；世屬隆平，經術然後升仕。豐都爰肇，儒服無預於周行；建武之朝，功臣不參於吏職。自三方未一，四海交爭，不遑文教，唯尚武功。設官分職，罕以才授，班朝理人，乃由勳敍。莫非拔足行陣，出自勇夫。學斆之道，既所不習；政事之方，故亦無取。是非暗於在己，威福專於下吏。貪冒貨賄，不知紀極，蠹政害民，實由於此。自今已後，諸授勳官者，並不得回授文武職事。庶遵彼更張，取類於調瑟；求諸名製，不傷於美錦。若吏部輒擬用者，御史卽宜糾彈。」

冬十月甲寅，[三二]工部尚書宇文愷卒。

十一月己卯，以宗女華容公主嫁于高昌王。辛巳，光祿大夫韓壽卒。甲申，敗將宇文述、于仲文等除名爲民，斬尚書右丞劉士龍以謝天下。

是歲，大旱疫，人多死，山東尤甚。密詔江、淮南諸郡，閱視民間童女姿質端麗者，每歲貢之。

九年春正月丁丑，徵天下兵，募民爲驍果，集于涿郡。壬午，賊帥杜彥永、王潤等陷平原郡，大掠而去。辛卯，置折衝、果毅、武勇、雄武等郎將官，以領驍果。乙未，平原李德逸聚衆數萬，稱阿舅賊，劫掠山東。靈武白楡妄稱奴賊，劫掠牧馬，北連突厥，隴右多被其患。遣將軍范貴討之，連年不能克。戊戌，大赦。己亥，遣代王侑、刑部尚書衞玄鎭京師。辛丑，以右驍衞將軍李渾爲右驍衞大將軍。

二月己未，濟北人韓進洛聚衆數萬爲羣盜。壬午，[三三]復宇文述等官爵，又徵兵討高麗。

三月丙子，濟北人孟海公起兵爲盜，[三四]衆至數萬。丁丑，發丁男十萬城大興。戊寅，幸遼東。以越王侗、工部尚書樊子蓋鎭東都。[三五]庚子，北海人郭方預聚徒爲賊，自號盧公，衆至三萬，攻陷郡城，大掠而去。

夏四月庚午，車駕度遼。壬申，遣宇文述、楊義臣趣平壤城。

五月丁丑，熒惑入南斗。己卯，濟北人甄寶車聚衆萬餘，寇掠城邑。

六月乙巳，禮部尚書楊玄感反於黎陽。丙辰，玄感逼東都。河南贊理裴弘策拒之，[三六]反爲賊所敗。戊辰，兵部侍郎斛斯政奔于高麗。庚午，上班師。高麗犯後軍，敕右武衞大將軍李景爲後拒，遣左翊衞大將軍宇文述、左候衞將軍屈突通等馳傳發兵，以討玄感。

秋七月己卯，令所在發人城縣府驛。癸未，餘杭人劉元進舉兵反，衆至數萬。

八月壬寅，左翊衞大將軍宇文述等破楊玄感於閿鄉，斬之，餘黨悉平。癸卯，吳人朱燮、晉陵人管崇擁衆十萬餘，自稱將軍，寇江左。甲辰，制驍果之家，蠲免賦役。丁未，詔郡縣城去道過五里已上者，徙就之。戊申，制盜賊籍沒其家。乙卯，賊帥陳瑱等三萬，攻陷信安郡。辛酉，司農卿、光祿大夫、葛國公趙元淑以罪伏誅。

九月己卯，濟陰人吳海流、東海人彭孝才並舉兵爲盜，衆數萬。庚辰，賊帥梁慧尚聚衆四萬，陷蒼梧郡。甲午，車駕次上谷，以供費不給，上大怒，免太守虞荷等官。丁酉，東陽人李三兒、向但子舉兵作亂，衆至萬餘。閏月己巳，幸博陵。庚午，上謂侍臣曰：「朕昔從先朝，周旋於此，年甫八歲。日月不居，倏經三紀，追惟曩昔，不可復希。」言未卒，流涕嗚咽。侍衞者皆泣下沾襟。

冬十月丁丑，賊帥呂明星率衆數千圍東郡，武賁郎將費青奴擊斬之。乙酉，詔曰：「博陵昔爲定州，地居衝要，先王歷試所基，王化斯遠。故以道冠豳風，義高姚邑。朕巡撫氓庶，爰屆茲邦，瞻望郊廛，緬懷敬止。思所以宣播慶澤，覃被下人，崇紀顯號，式光令緒。可改博陵爲高陽郡，赦境內死罪以下，給復一年。」於是召高祖時故吏，皆量才授職。壬辰，以納言蘇威爲開府儀同三司。

朱燮、管崇推劉元進爲天子，遣將軍吐萬緒、魚俱羅討之，連年不能剋。齊人孟讓、王薄等衆十餘萬，據長白山，攻剽諸郡。清河賊張金稱衆各數萬，〔三七〕勃海賊帥格謙，自號燕王，孫宣雅自號齊王，衆各十萬，山東苦之。丁亥，以右候衞將軍郭榮爲右候衞大將軍。

十一月己酉，右候衞將軍馮孝慈討張金稱於清河，反爲所敗，孝慈死之。

十二月甲申，〔三八〕車裂楊玄感弟朝散大夫積善及黨與十餘人，仍焚而揚之。丁亥，扶風人向海明舉兵作亂，稱皇帝，建元白烏。遣太僕卿楊義臣擊破之。

十年春正月甲寅，以宗女爲信義公主，嫁於突厥曷娑那可汗。

二月辛未，詔百僚議伐高麗，數日無敢言者。戊子，詔曰：「竭力王役，致身戎事，咸由徇義，莫匪勤誠。委命草莽，暴骸原野，興言念之，每懷愍惻。往年問罪，將届遼濱，廟算勝略，具有進止。而諒惛凶，罔識成敗，高熲愎狠，本無智謀。臨三軍猶兒戲，視人命如草芥，不遵成規，坐貽撓退。遂令死亡者衆，不及埋藏。今宜遣使人，分道收葬。設祭於遼西郡，立道場一所。恩加泉壤，庶弭窮魂之冤；澤及枯骨，用弘仁者之惠。」辛卯，詔曰：

黃帝五十二戰，成湯二十七征，方乃德施諸侯，令行天下。盧芳小盜，漢祖尚且親戎；隗囂餘燼，光武猶自登隴。豈不欲除暴止戈，勞而後逸者哉。

朕纂承寶業，君臨天下，日月所照，風雨所霑，孰非我臣，獨隔聲教。蕞爾高麗，僻居荒裔，鴟張狼噬，侮慢不恭，抄竊我邊垂，侵逼我城鎮。是以去歲出軍，問罪遼、碣，殪長蛇於玄菟，戮封豕於襄平。扶餘衆軍，風馳電逝，追奔逐北，徑踰浿水。滄海舟楫，衝賊腹心，焚其城郭，汙其宮室。高元伏鑕泥首，送款軍門。尋請入朝，歸罪司寇。朕以許其改過，乃詔班師。

而長惡靡悛，宴安鴆毒。此而可忍，孰不可容。便可分命六師，百道俱進。朕當親執武節，臨御諸軍，秣馬丸都，〔三九〕觀兵遼水，順天誅於海外，拯窮民於倒懸。征伐以正之，明德以誅之，止除元惡，餘無所問。若有識存亡之分，悟安危之機，翻然北首，自求多福。必其同惡相濟，抗拒王師，若火燎原，刑茲無赦。有司便宜宣布，咸使知聞。

丁酉，扶風人唐弼舉兵反，衆十萬，推李弘爲天子，自稱唐王。

三月壬子，行幸涿郡。癸亥，次臨渝宮，親御戎服，禡祭黃帝，斬叛軍者以釁鼓。

夏四月辛未，彭城賊張大彪聚衆數萬，〔四〇〕保縣薄山爲盜，遣榆林太守董純擊破斬之。甲午，車駕次北平。

五月庚子，詔舉郡孝悌廉潔各十人。壬寅，賊帥宋世謨陷琅邪。庚申，延安人劉迦論舉兵反，自稱皇王，建元大世。

六月辛未，賊帥鄭文雅、林寶護等衆三萬，陷建安郡，太守楊景祥死之。

秋七月癸丑，車駕次懷遠鎮。乙卯，曹國遣使貢方物。甲子，高麗遣使請降，囚送斛斯政。上大悅。

八月己巳，班師。右衞大將軍、左光祿大夫鄭榮卒。〔四一〕

冬十月丁卯，上至東都。己丑，還京師。

十一月丙申，支解斛斯政於金光門外。乙巳，有事於南郊。己酉，賊帥司馬長安破長平郡。乙卯，離石胡劉苗王舉兵反，自稱天子，以其弟六兒爲永安王，衆至數萬。將軍潘長文討之，不能剋。是月，賊帥王德仁擁衆數萬，保林慮山爲盜。

十二月壬申，上如東都，其日大赦天下。戊子，入東都。庚寅，賊帥孟讓衆十餘萬，據都梁宮。遣江都丞王世充擊破之，盡虜其衆。

十一年春正月甲午朔，宴百僚。突厥、新羅、靺鞨、畢大辭、訶咄、傳越、烏那曷、波臘、吐火羅、俱慮建、忽論、靺鞨、〔四二〕訶多、沛汗、龜茲、疏勒、于闐、安國、曹國、何國、穆國、畢、衣密、失範延、伽折、契丹等國，並遣使朝貢。戊戌，武賁郎將高建毗破賊帥顏宣政於齊郡，虜男女數千口。乙卯，大會蠻夷，設魚龍曼延之樂，頒賜各有差。

二月戊辰，賊帥楊仲緒等率衆萬餘攻北平，滑公李景破斬之。庚午，詔曰：「設險守國，著自前經，重門禦暴，事彰往策。所以宅土寧邦，禁邪固本。而近代戰爭，居人散逸，田疇無伍，郛郭不修。遂使遊惰實繁，寇攘未息。今天下平一，海內晏如，宜令人悉城居，田隨近給。使强弱相容，力役兼濟，穿窬無所厝其姦宄，萑蒲不得聚其逋逃。有司具爲事條，務令得所。」丙子，王須拔反，自稱漫天王，國號燕，賊帥魏刀兒自稱歷山飛，衆各十餘萬，北連突厥，南寇趙。

三月丁酉，殺右驍衞大將軍光祿大夫郕公李渾、將作監光祿大夫李敏，並族滅其家。癸卯，賊帥司馬長安破西河。己酉，幸太原，避暑汾陽宮。

秋七月己亥，淮南人張起緒舉兵爲盜，衆至三萬。辛丑，光祿大夫、右禦衞大將軍張壽卒。

八月乙丑，巡北塞。〔四三〕戊辰，突厥始畢可汗率騎數十萬，謀襲乘輿，義成公主遣使告變。壬申，車駕馳幸鴈門。癸酉，突厥圍城，官軍頻戰不利。上大懼，欲率精騎潰圍而出，民部尚書樊子蓋固諫，乃止。齊王暕以後軍保于崞縣。甲申，詔天下諸郡募兵，於是守令各來赴難。九月甲辰，突厥解圍而去。丁未，曲赦太原、鴈門死罪已下。

冬十月壬戌，上至于東都。丁卯，彭城人魏騏驎聚衆萬餘爲盜，寇魯郡。壬申，賊帥盧明月聚衆十餘萬，寇陳、汝間。東海賊李子通擁衆度淮，自號楚王，建元明政，寇江都。

十一月乙卯，賊帥王須拔破高陽郡。

十二月戊寅，有大流星如斛，墜明月營，破其衝車。庚辰，詔民部尚書樊子蓋發關中兵，討絳郡賊敬盤陁、柴保昌等，經年不能剋。譙郡人朱粲擁衆數十萬寇荆、襄，僭稱楚帝，建元昌達。漢南諸郡，多爲所陷焉。

十二年春正月甲午，雁門人翟松柏起兵於靈丘，衆至數萬，轉攻傍縣。

二月己未，眞臘遣使貢方物。甲子夜，有二大鳥似鵰，飛入大業殿，止于御幄，至明而去。癸亥，[四四]東海賊盧公暹率衆萬餘，保于蒼山。

夏四月丁巳，顯陽門災。癸亥，魏刀兒所部將甄翟兒號歷山飛，衆十萬，轉寇太原。將軍潘長文討之，反爲所敗，長文死之。

五月丙戌朔，日有蝕之，既。癸巳，大流星隕於吳郡，爲石。壬午，[四五]上於景華宮徵求螢火，得數斛，夜出遊山而放之，光遍巖谷。

秋七月壬戌，民部尚書、光祿大夫、濟北公樊子蓋卒。[四六]甲子，幸江都宮，以越王侗、光祿大夫段達、太府卿元文都、檢校民部尚書韋津、右武衞將軍皇甫無逸、右司郎盧楚等總留

守事。奉信郎崔民象以盜賊充斥，於建國門表諫不宜巡幸，上大怒，先解其頤，乃斬之。戊辰，馮翊人孫華自號總管，舉兵爲盜。高涼通守洗珤徹舉兵作亂，嶺南溪洞多應之。己巳，熒惑守羽林，月餘乃退。車駕次汜水，奉信郎王愛仁以盜賊日盛，諫上，請還西京，上怒，斬之而行。

八月乙巳，賊帥趙萬海衆數十萬，自恒山寇高陽。壬子，有大流星如斗，出王良、閣道，聲如壞牆。癸丑，大流星如甕，出羽林。

九月丁酉，東海人杜伏威、揚州沈覓敵等作亂，[四七]衆至數萬，右禦衞將軍陳稜擊破之。戊午，有二枉矢，出北斗魁，委曲蛇形，注於南斗。壬戌，安定人荔非世雄殺臨涇令，舉兵作亂，自號將軍。

冬十月己丑，開府儀同三司、左翊衞大將軍、光祿大夫、許公宇文述薨。

十二月癸未，鄱陽賊操天成舉兵反，自號元興王，建元始興，攻陷豫章郡。乙酉，以右翊衞大將軍來護爲開府儀同三司，行左翊衞大將軍。壬辰，鄱陽人林士弘自稱皇帝，國號楚，建元太平，攻陷九江、廬陵郡。唐公破甄翟兒於西河，虜男女千口。

十三年春正月壬子，齊郡賊杜伏威率衆度淮，攻陷歷陽郡。丙辰，勃海賊竇建德設壇

於河間之樂壽，自稱長樂王，建元丁丑。辛巳，賊帥徐圓朗率衆數千破東平郡。弘化人劉企成聚衆萬餘人爲盜，[四八]傍郡苦之。

二月壬午，朔方人梁師都殺郡丞唐世宗，據郡反，自稱大丞相。遣銀青光祿大夫張世隆擊之，反爲所敗。戊子，賊帥王子英破上谷郡。己丑，馬邑校尉劉武周殺太守王仁恭，舉兵作亂，北連突厥，自稱定楊可汗。庚寅，賊帥李密、翟讓等陷興洛倉。越王侗遣武賁郎將劉長恭、光祿少卿房崱擊之，反爲所敗，死者十五六。庚子，李密自號魏公，稱元年，開倉以賑羣盜，衆至數十萬。河南諸郡，相繼皆陷焉。壬寅，劉武周破武賁郎將王智辯於桑乾鎮，智辯死之。

三月戊午，廬江人張子路舉兵反，遣右禦衞將軍陳稜討平之。丁丑，賊帥李通德衆十萬寇廬江，左屯衞將軍張鎭州擊破之。

夏四月癸未，金城校尉薛舉率衆反，自稱西秦霸王，建元秦興，攻陷隴右諸郡。己丑，賊帥孟讓夜入東都外郭，燒豐都市而去。癸巳，李密陷迴洛東倉。丁酉，賊帥房憲伯陷汝陰郡。是月，光祿大夫武賁郎將裴仁基、淮陽太守趙佗等，並以衆叛歸李密。

五月辛酉夜，有流星如甕，墜於江都。[四九]甲子，唐公起義師於太原。丙寅，突厥數千寇太原，唐公擊破之。

秋七月壬子，熒惑守積屍。丙辰，武威人李軌舉兵反，攻陷河西諸郡，[五〇]自稱涼王，建元安樂。

八月辛巳，唐公破武牙郎將宋老生於霍邑，斬之。

九月己丑，帝括江都人女、寡婦以配從兵。是月，武陽郡丞元寶藏以郡叛歸李密，與賊帥李文相攻陷黎陽倉。彗星見於營室。

冬十月丁亥，太原陽世洛聚衆萬餘人，寇掠城邑。丙申，羅令蕭銑以縣反，鄱陽人董景珍以郡反，迎銑於羅縣，號爲梁王，攻陷傍郡。戊戌，武賁郎將高毗敗濟北郡賊甄寶車於嶧山。

十一月丙辰，唐公入京師，辛酉，遙尊帝爲太上皇，立代王侑爲帝，改元義寧。上起宮丹楊，將遜于江左。有烏鵲來巢幄帳，驅不能止，熒惑犯太微，有石自江浮入于楊子，日光四散如流血，上甚惡之。二年三月，右屯衞將軍宇文化及、武賁郎將司馬德戡、元禮、監門直閤裴虔通、將作少監宇文智及、武勇郎將趙行樞、鷹揚郎將孟景、[五一]內史舍人元敏、符璽郎李覆、牛方裕、千牛左右李孝本、弟孝質、直長許弘仁、薛世良、城門郎唐奉義、醫正張愷等，以驍果作亂，入犯宮闈，上崩于溫室，時年五十。蕭后令宮人撤牀簀爲棺，以埋之。化及發後，右禦衞將軍陳稜奉梓宮於成象殿，葬吳公臺下。發斂之始，容貌若生，衆

中華書局

咸異之。大唐平江南之後，改葬雷塘。

初，上自以蕃王，次不當立，每矯情飾行，以釣虛名，陰有奪宗之計。時高祖雅重文獻皇后，而性忌妾媵，皇太子勇內多嬖幸，以此失愛。帝後庭有子皆不育之，示無私寵，取媚於后。大臣用事者，傾心與交。中使至第，無貴賤，皆曲承顏色，申以厚禮。婢僕往來者，無不稱其仁孝。又常私入宮掖，密謀於文獻后。楊素等因機構扇，遂成廢立。

自高祖大漸暨諒闇之中，蒸淫無度。山陵始就，即事巡游。以天下承平日久，士馬全盛，慨然慕秦皇、漢武之事。乃盛理宮室，窮極侈靡。召募行人，分使絕域，諸蕃至者，厚加禮賜；有不恭命，以兵擊之。盛興屯田於玉門、柳城之外。課天下富室分道市武馬，疋直十餘萬，富强坐是而凍餒者，十家而九。性多詭譎，所幸之處，不欲人知，每幸之所，輒數道置頓。四海珍羞殊味，水陸必備焉。求市者無遠不至。郡縣官人，競爲獻食，豐厚者進擢，疏儉者獲罪。姦吏侵漁，內外虛竭，頭會箕斂，人不聊生。

于時，軍國多務，日不暇給。帝方驕怠，惡聞政事，寃屈不理，奏請罕決。又猜忌臣下，無所專任，朝臣有不合意者，必構其罪而族滅之。高熲、賀若弼先皇心膂，參謀帷幄；張衡、李金才藩邸惟舊，績著經綸。惡其直道，忌其正議，求其無形之罪，加以丹頸之戮。其餘事

君盡禮，謇謇匪躬，無辜無罪，橫受夷戮者，不可勝紀。政刑弛紊，賄貨公行，莫敢有言，道路以目。六軍不息，百役繁興，行者不歸，居者失業，人饑相食，邑落爲墟，上弗之恤也。

東西行幸，靡有定居，每以供費不給，逆收數年之賦。所至，唯與後宮流連耽湎，惟日不足。招迎姥媼，朝夕共肆醜言。又引少年，令與宮人穢亂。不軌不遜，以爲娛樂。

區宇之內，盜賊蜂起，劫掠從官，屠陷城邑。近臣互相掩蔽，皆隱賊數，不以實對。或有言賊多者，輒大被詰責。各求苟免，上下相蒙。每出師徒，敗亡相繼。戰士盡力，不加賞賜；百姓無辜，咸受屠戮。蒸庶積怨，天下土崩，至於就禽，而猶未之寤也。

恭皇帝諱侑，元德太子之子也。母曰韋妃。性聰敏，有氣度。大業三年，立爲陳王。後數載，徙爲代王。〔三三〕及煬帝親征遼東，令於京師總留事。十一年，從幸晉陽，拜太原太守，尋鎭京師。義兵入長安，尊煬帝爲太上皇，奉帝纂業。

義寧元年，十一月壬戌，上即皇帝位於大興殿。詔曰：「王道喪亂，天步不康，屬之於朕，逢此百罹。襁褓之歲，夙遭憫凶；孺子之辰，太上播越。興言感動，實疚于懷。太尉唐

公，膺期作宰，糾合義兵，翼戴皇室。爰奉明詔，弼予幼沖，顯命光臨，天威咫尺。對揚尊號，悼心失圖，一人在遠，三讓不遂，僶俛南面，厝身無所。苟利社稷，莫敢或違，俯從羣議，奉遵聖旨。可大赦天下。改大業十三年爲義寧元年。十一月十六日昧爽以前，大辟罪已下，皆赦除之；常赦所不免者，不在赦限。」

甲子，以光祿大夫、大將軍、太尉唐公爲假黃鉞、使持節、大都督內外諸軍事、尙書令、大丞相，進封唐王。丙寅，詔曰：「朕惟孺子，未出深宮，太上遠巡，追蹤穆滿。時逢多難，委當尊極，辭不獲免，恭己臨朝。若涉大川，罔知所濟，民之情僞，曾未之聞。賴股肱戮力，上宰賢良，匡佐沖人，輔其不逮。軍國機務，事無大小，文武設官，位無貴賤，憲章賞罰，咸歸相府。庶績其凝，責成斯屬。」已巳，以唐王子隴西公建成爲唐國世子，敦煌公爲京兆尹，改封秦公，元吉爲齊公。太原置鎭北府。乙亥，張掖康老和舉兵反。

十二月癸未，薛舉自稱天子，寇扶風，秦公爲元帥擊破之。丁亥，桂陽人曹武徹舉兵反，建元通聖。丁酉，義師禽驍衛大將軍屈突通於閿鄉。乙巳，賊帥張善安陷廬江郡。

二年春正月丁未，詔唐王劍履上殿，入朝不趨，贊拜不名，加前後羽葆鼓吹。壬戌，將軍王世充爲李密所敗，河內通守孟善誼、武賁郎將王辯、楊威、劉長恭、梁德、董智通皆死

之。庚戌，〔三四〕河陽郡尉獨孤武都降於李密。

三月丙辰，右屯衛將軍宇文化及弒太上皇於江都宮，右禦衛將軍獨孤盛死之，齊王暕、趙王杲、燕王倓、右翊衛大將軍宇文協、內史侍郎虞世基、御史大夫裴蘊、給事郎許善心皆遇害。化及立秦王浩爲帝，自稱大丞相，朝士文武，皆受其官爵。光祿大夫宿公麥才、折衝郎將朝請大夫沈光同謀討賊，〔三五〕夜襲化及營，反爲所害。戊辰，詔唐王備九錫之禮，加璽紱、遠游冠、綠綟綬，位在諸侯王上。唐國置丞相已下，一依舊式。

五月乙巳朔，詔唐王冕十有二旒，建天子旌旗，出警入蹕，金根車，駕備五時副車，置旄頭雲罕車，舞八佾，設鍾虡宮縣。王后、王子、王女爵命之號，一遵舊典。

戊午，詔曰：「天禍隋國，大行太上皇遇盜江都。憫予小子，哀號永感，仰惟荼毒，仇復靡申。相國唐王膺期命世，扶危拯溺，自北徂南，東征西怨。總九合於一匡，決百勝於千里。糾率夷夏，大庇甿黎，保乂朕躬，繄王是賴。德侔造化，功格蒼旻，兆庶歸心，曆數斯在，屈爲人臣，載違天命。當今九服崩離，三靈改卜，大運去矣，請避賢路。私僮命駕，須歸藩國。予本代王，及予而代，天之所廢，豈期如是。庶憑稽古之聖，以誅四凶；幸值惟新之恩，預充三恪。雪寃恥於皇祖，守禋祀爲孝孫，朝聞夕殞，及泉無恨。今遵故事，遜於舊邸。庶官羣辟，改事唐朝。宜依前典，趣上尊號。若釋重負，感泰兼懷。假手眞人，俾除醜逆。」

仍敕有司，凡有表奏，皆不得以聞。是日，上遜位於大唐。以爲酅國公。武德二年夏五月崩，時年十五。

史臣曰：煬帝爰在弱齡，早有志尚，南平吳會，北却匈奴，昆弟之中，獨著聲績。於是矯情飾貌，肆厥姦回，故得獻后鍾心，文皇革慮。天方肇亂，遂升儲兩。踐峻極之榮基，〔三五〕承丕顯之休命。地廣三代，威振八紘。單于頓顙，越常重譯。赤仄之泉，流溢于都內；紅腐之粟，充積於塞下。

負其富強之資，思逞無厭之欲。狹殷周之制度，尚秦漢之規摹。恃才矜己，傲狠明德。內懷險躁，外示凝簡。盛冠服以塞其姦，除諫官以掩其過。淫荒無度，法令滋彰，教絕四維，刑參五虐。誅鋤骨肉，屠剿忠良。受賞者莫見其功，爲戮者莫聞其罪。驕怒之兵屢動，土木之功不息。頻出朔方，三駕遼左。旌旗萬里，徵稅百端。猾吏侵漁，人弗堪命。乃急令暴賦以擾之，嚴刑峻法以臨之，甲兵威武以董之，自是海內騷然，無聊生矣。

俄而玄感肇黎陽之亂，匈奴有雁門之圍，天子方棄中土，遠之揚、越。姦宄乘釁，強弱相陵，關梁閉而不通，皇輿往而莫返。加之以師旅，因之以飢饉，流離道路，轉死溝壑，十七

八焉。於是相聚萑蒲，蝟毛而起，大則跨州連郡，稱帝稱王；小則千百爲羣，攻城剽邑。流血成川澤，死人如亂麻，炊者不及析骸，食者不追易子。茫茫九土，並爲麋鹿之場；慄慄黔黎，俱充蛇豕之餌。四方萬里，簡書相續。猶謂鼠竊狗盜，不足爲虞，上下相蒙，莫肯念亂。振蜉蝣之羽，窮長夜之樂。土崩魚爛，貫盈惡稔。普天之下，莫匪仇讎；左右之人，皆爲敵國。

終然不悟，同彼望夷，遂以萬乘之尊，死於疋夫之手。億兆靡感恩之士，九牧無勤王之師。子弟同就誅夷，骸骨棄而莫掩。〔三六〕社稷顛隕，本枝殄絕。自肇有書契，以迄于茲，宇宙崩離，生靈塗炭，喪身滅國，未有若斯之甚也。書曰：「天作孽，猶可違；自作孽，不可逭。」傳曰：「吉凶由人，妖不妄作。」又曰：「兵猶火也，不戢將自焚。」觀隋室之存亡，斯言有徵矣。恭帝年在幼沖，遭家多難。一人失德，四海土崩，羣盜蠭起，豺狼塞路，南巢遂往，流彘不歸。既鍾百六之期，躬踐數終之運，謳歌有屬，笙鍾變響，雖欲不遵堯、舜之迹，庸可得乎。

校勘記

〔一〕隋本紀下第十二 錢氏考異卷三八引王懋竑云：「此紀全是隋書之文，略無增減。詔令載於南、

北史者，較本書不過什之二三，獨此紀皆載全文。大業八年征遼詔千有餘言，亦備載不遺一字。疑北史闕此卷，後人以隋書補之耳。北史本紀例稱帝，此篇獨稱上，亦一證也。」錢氏又按云：「北史紀傳後皆有論曰，獨此篇稱史臣曰。」按王、錢二人所舉證據外，本卷不避「民」字，有數處不避「治」字，也與北史他卷不同。雖有易「治」爲「理」處，當是後人所改。其中煬帝紀與隋書略無差異，恭帝紀則節删字句頗多，或補者所爲。

〔二〕高祖令項城公韶安道公李徹輔導之 諸本及隋書「韶」作「歆」，「安道公」下有「才」字。御覽卷一〇六五一〇頁「歆」作「韶」。按王韶封項城郡公，李徹封安道郡公，二人受命輔楊廣，各見本書卷七五、卷六六本傳。「歆」乃「韶」之訛，今據御覽改。又「韶」上應有「王」字。「才」或是「王」之訛，誤移於「安道公」之下；或是緣「李」字上半形似而誤衍，今删去。

〔三〕六年轉淮南道行臺尚書令其年徵拜雍州牧 按卷一一隋文帝紀，開皇六年十月，書「以河北道行臺尚書令、并州總管、晉王廣爲雍州牧」。八年十月，又書「置淮南行臺省於壽春，以晉王廣爲尚書令」。隋書同。此作六年轉淮南行臺，在爲雍州牧前，疑誤。

〔四〕湯慧朗 隋書卷三煬帝紀、通鑑卷一七七五五一〇頁、南史卷七七沈客卿傳「湯」作「陽」。疑「湯」誤。

〔五〕發河南諸郡男女七百萬開通濟渠 隋書七百萬作「百餘萬」。通鑑卷一八〇五六一八頁據大業

略記也作「百餘萬」。疑北史誤。

〔六〕六月甲子 諸本無「六月」二字，隋書有。按是年五月庚寅朔，無甲子；六月庚申朔，甲子是五日，隋書卷二一天文志也作「六月甲子」。今據補。

〔七〕庶夫恂恂善誘 諸本「善誘」誤倒，據隋書乙。

〔八〕以大將軍姚辯爲左衞將軍 隋書「左」下有「屯」字。按大業七年三月稱「左屯衞大將軍姚辯卒」，有「屯」字是。又「衞」下當有「大」字。

〔九〕遣羽騎尉朱寬使於流求國 諸本脫「尉」字，據隋書煬帝紀、隋書卷八一及本書卷九四流求傳補。羽騎尉見隋書卷二八百官志下。

〔一〇〕突厥啓民可汗遣子拓特勤來朝 諸本「勤」作「勒」。按清人及近人考證，「特勒」皆「特勤」之訛，今改正。以後凡「特勒」皆逕改，不另出校記。

〔一一〕辛未 諸本「未」作「酉」，隋書作「未」。按上有丙寅下有癸酉，其間無辛酉。作「辛未」是，今據改。

〔一二〕上將星常皆動搖 隋書無「常」字，此疑衍。

〔一三〕詔啓民贊拜不名在諸侯王上 隋書「在」上有「位」字，通志卷一八「在」作「位」，是。

〔一四〕迦羅舍國 隋書、通志、册府卷九七〇一一三九五頁「舍」作「舍」。

〔一五〕制魏周官不得爲蔭　諸本「魏」上有「漢」字，隋書、通志無。按「魏」指西魏，「周」指北周。「漢」字衍文，今據删。

〔一六〕於此院之西別營一殿　隋書「於」上有「宜」字，此疑脱。

〔一七〕高麗吐谷渾伊吾並遣使來朝　隋書「高麗」作「高昌」。按高昌與伊吾、吐谷渾相鄰，疑是。但册府卷九七〇一一三九五頁亦作「高麗」。

〔一八〕上大獵於拔延山　諸本無「拔」字，隋書、通鑑卷一八一五六四三頁有。胡注云：「隋志隋書卷二九西平郡化隆縣有拔延山。杜佑通典卷一七四曰：拔延山在廓州廣威縣，隋煬帝征吐渾經此山。」今據補。

〔一九〕隴右諸郡給復三年　隋書作「隴右諸郡給復一年，行經之所，給復二年」。疑此誤。

〔二〇〕冬十月壬申　按是年十月己丑朔，無「壬申」，疑誤。

〔二一〕偃水逆流數十里　諸本「水」作「木」，隋書作「河」，通志作「水」。按「木」乃「水」之訛，今據改。

〔二二〕十二月己未　諸本「未」作「酉」，隋書作「未」。按是年十二月壬子朔，無己酉，己未是八日，今據改。

〔二三〕突厥處羅多利可汗來朝　隋書「突」上有「西面」二字，此脱。

〔二四〕生人爲之廢業　各本「生」作「三」，殿本及隋書作「生」，今從之。

〔二五〕甲午臨戎於遼水橋　各本「午」作「子」，殿本從上癸巳，下戊戌，改作「甲午」。按隋書作「甲午」。是年三月庚辰朔，無甲子，甲午是十五日。今從殿本。

〔二六〕甲午車駕度遼至乙未大頓　通鑑卷一八一五六六二頁考異云：「隋帝紀：癸巳，上御師。甲子，臨遼水橋。戊戌，麥鐵杖死。甲午，車駕渡遼。乙未，大頓。丙申，大赦。按長歷是月庚辰朔，不容有甲子。又戊戌之下，不容有甲午、乙未、丙申。此必誤也，今並除之。」按此處日干必有誤，無從是正。又考異謂有丙申大赦事，今隋書、北史皆無，疑尚有脱文。

〔二七〕五月壬午納言楊達卒　諸本「壬」作「戊」，隋書作「壬」。按是年五月己卯朔，無戊午，壬午是四日，今據改。

〔二八〕諸將各奉旨不敢赴機　諸本「赴」作「越」，御覽卷一〇六五一二頁、通鑑卷一八一五六六三頁作「赴」。按本書卷九四、隋書卷八一高麗傳也作「赴」。「越機」無義，今據改。

〔二九〕七月壬午宇文述等敗績於薩水　隋書及通鑑同上卷頁「午」作「寅」。按是年七月己卯朔，壬午是四日，壬寅是二十四日。下云「癸卯班師」，卽二十五日。當是薩水敗后，次日卽退，不得四日敗績，猶延宕二十日之久。疑「壬寅」是。

〔三〇〕右屯衛將軍辛世雄死之　諸本「辛」作「薛」。張森楷云：「隋書『薛』作『辛』」，通鑑同。按薛世雄從伐遼東，敗還除名，後爲竇建德所襲，慚恚而死，具見本傳本書卷七六，未曾死是役也。隋書爲是。」按張說是，今據改。

〔三一〕九軍並陷師奔還亡者千餘騎　隋書「師」作「將帥」，「千」上有「二」字。通志「亡」字作「至」。按本書卷七八、隋書卷六一宇文述傳云：「初度遼，九軍三十萬五千人。及還至遼東城，唯二千七百人。」則是士卒潰散，唯將帥奔還。此脱「將」字，「帥」訛爲「師」。又「亡」字不通，疑作「至」是。「千」上當有「二」字，與宇文述傳合。

〔三二〕冬十月甲寅　諸本「甲」作「戊」，隋書、通鑑卷一八一五六六六頁作「甲」。按是年十月丁未朔，無戊寅，甲寅是八日。今據改。

〔三三〕壬午　按是年二月乙巳朔，無壬午，此必有誤。

〔三四〕濟北人孟海公起兵爲盜　隋書「北」作「陰」。按舊唐書卷五四竇建德傳作「曹州濟陰人孟海公」。太平寰宇記卷一三曹州條云：隋大業初改爲濟陰郡，武德四年平孟海公，復爲曹州。作「濟陰」是。

〔三五〕以越王侗工部尚書樊子蓋鎭東都　隋書「工」作「民」。按本卷大業七年五月：「以武威太守樊子蓋爲民部尚書。」本書卷七六樊子蓋傳作「戶部尚書」，則是避唐諱所改。本卷是用隋書補不避「民」字，這裡「工」當是「民」之訛。

〔三六〕河南贊理裴弘策拒之　隋書「理」作「務」。按此官本名「贊治」，作「務」作「理」都是避唐諱改。

〔三七〕濟河賊張金稱衆各數萬　隋書無「各」字。按此只敍張金稱一支，「各」字衍。

〔三八〕十二月甲申　諸本「申」作「辰」，隋書作「申」。按是年十二月庚午朔，無甲辰，甲申是十五日。今據改。

〔三九〕秣馬丸都　諸本「丸」訛作「九」，據隋書改。丸都見本書卷九四、隋書卷八一高麗傳。

〔四〇〕彭城賊張大彪聚衆數萬　通鑑卷一八二五六九〇頁「彪」作「虎」。按此是避唐諱改。

〔四一〕右衛大將軍左光祿大夫鄭榮卒　張森楷云：「時未聞有『鄭榮』其人，而郭榮官名卒年皆與此合，疑『鄭』是『郭』之訛。」按張說是。郭榮傳見本書卷七五、隋書卷五〇。傳言榮官右候衛大將軍，又見上年十月丁亥條，此當脱「候」字。

〔四二〕靺鞨　張森楷云：「上文已見，此似重出。」按此處國名，不能完全確定，姑且以意標斷。

〔四三〕八月乙丑巡北塞　諸本「丑」作「卯」，隋書作「丑」。按是年八月辛酉朔，乙丑是五日，無乙卯。今據改。

〔四四〕甲子夜有二大鳥似鵰至癸亥　按癸亥應在甲子前，日序倒誤。

〔四五〕壬午　按本月丙戌朔，無壬午；閏五月丙辰朔，壬午爲二十七日。非「壬午」誤，則「壬午」上當脱「閏五月」三字。

〔四六〕濟北公樊子蓋卒　通鑑卷一八三五七〇四頁作「濟景公」。胡注云：「樊子蓋傳隋書卷六三：帝以子蓋守京都、平玄感之功，進爵濟公，謂其功濟天下，封以嘉名，無此郡國也。」按「景」乃謚號，北史當衍「北」字。

〔四七〕東海人杜伏威揚州沈覓敵等作亂　隋書無「伏威」二字。按舊唐書卷五六杜伏威傳，伏威齊州章丘人，並不起於東海。下十三年，又記「齊郡賊杜伏威率衆渡淮」，與此顯是兩支。疑「伏威」二字衍文，「杜揚州」乃人名。

〔四八〕弘化人到仚成聚衆萬餘人爲盜　按通鑑卷一八八五九〇〇頁、舊唐書卷五六梁師都傳、卷六四隱太子建成傳見「稽胡帥劉仚成」，當卽此人。「到」當爲「劉」之訛，劉乃稽胡著姓。

〔四九〕五月辛酉夜有流星如甕墜於江都　各本「酉」作「卯」，殿本及隋書作「酉」。張元濟云：「天文志隋書卷二一作辛亥。」按是年五月庚戌朔，無辛卯。辛亥是二日，辛酉十二日。「卯」必誤，「酉」「亥」未知孰是。今姑從殿本。

〔五〇〕攻陷河西諸郡　諸本「西」作「曲」，隋書、通志作「西」。按舊唐書卷五五李軌傳云：「攻陷張掖、燉煌、西平、枹罕，盡有河西五郡。」五郡還包括武威，都在黃河以西。作「曲」誤，今據改。

〔五一〕鷹揚郎將孟景　隋書卷八五宇文化及傳作「孟秉」，此避唐諱改。李淵父名昞，因避「昞」同音字，如「秉」、「丙」等。

〔五二〕大業三年立爲陳王後數載徙爲代王　按煬帝紀，大業二年封侑爲代王，與此不同，必有一誤。

〔五三〕壬戌將軍王世充爲李密所敗至庚戌　按是月丁未朔，庚戌爲四日，不應在壬戌十六日後。日干必有誤。

〔五四〕光祿大夫宿公麥才折衝郎將朝請大夫沈光同謀討賊　諸本「才」訛作「木」，脫「光」字，據隋書卷五恭帝紀及通志補。麥才卽麥孟才，與沈光同見本書卷七八麥鐵杖傳。

〔五五〕踐峨極之榮基　隋書「榮」作「祟」，是。

〔五六〕骸骨棄而莫掩　諸本「骸」訛作「體」，據隋書改。